DORO JÚNIOR

PROCESSO DE EXECUÇÃO e CUMPRIMENTO DE SENTENÇA

O GEN | Grupo Editorial Nacional – maior plataforma editorial brasileira no segmento científico, técnico e profissional – publica conteúdos nas áreas de concursos, ciências jurídicas, humanas, exatas, da saúde e sociais aplicadas, além de prover serviços direcionados à educação continuada.

As editoras que integram o GEN, das mais respeitadas no mercado editorial, construíram catálogos inigualáveis, com obras decisivas para a formação acadêmica e o aperfeiçoamento de várias gerações de profissionais e estudantes, tendo se tornado sinônimo de qualidade e seriedade.

A missão do GEN e dos núcleos de conteúdo que o compõem é prover a melhor informação científica e distribuí-la de maneira flexível e conveniente, a preços justos, gerando benefícios e servindo a autores, docentes, livreiros, funcionários, colaboradores e acionistas.

Nosso comportamento ético incondicional e nossa responsabilidade social e ambiental são reforçados pela natureza educacional de nossa atividade e dão sustentabilidade ao crescimento contínuo e à rentabilidade do grupo.

HUMBERTO THEODORO JÚNIOR

PROCESSO DE EXECUÇÃO e CUMPRIMENTO DE SENTENÇA

33.ª edição | revista e atualizada

- O autor deste livro e a editora empenharam seus melhores esforços para assegurar que as informações e os procedimentos apresentados no texto estejam em acordo com os padrões aceitos à época da publicação, e todos os dados foram atualizados pelo autor até a data de fechamento do livro. Entretanto, tendo em conta a evolução das ciências, as atualizações legislativas, as mudanças regulamentares governamentais e o constante fluxo de novas informações sobre os temas que constam do livro, recomendamos enfaticamente que os leitores consultem sempre outras fontes fidedignas, de modo a se certificarem de que as informações contidas no texto estão corretas e de que não houve alterações nas recomendações ou na legislação regulamentadora.

- Fechamento desta edição: *14.03.2025*

- O Autor e a editora se empenharam para citar adequadamente e dar o devido crédito a todos os detentores de direitos autorais de qualquer material utilizado neste livro, dispondo-se a possíveis acertos posteriores caso, inadvertida e involuntariamente, a identificação de algum deles tenha sido omitida.

- **Atendimento ao cliente:** (11) 5080-0751 | faleconosco@grupogen.com.br

- Direitos exclusivos para a língua portuguesa
  Copyright © 2025 by
  Editora Forense Ltda.
  Uma editora integrante do GEN | Grupo Editorial Nacional
  Travessa do Ouvidor, 11 – Térreo e 6º andar
  Rio de Janeiro – RJ – 20040-040
  www.grupogen.com.br

- Reservados todos os direitos. É proibida a duplicação ou reprodução deste volume, no todo ou em parte, em quaisquer formas ou por quaisquer meios (eletrônico, mecânico, gravação, fotocópia, distribuição pela Internet ou outros), sem permissão, por escrito, da Editora Forense Ltda.

- Esta obra passou a ser publicada pela Editora Forense a partir da 30ª edição.

- Capa: Daniel Kanai

- **CIP-BRASIL. CATALOGAÇÃO NA PUBLICAÇÃO**
  SINDICATO NACIONAL DOS EDITORES DE LIVROS, RJ

T355p
33. ed.

  Theodoro Júnior, Humberto, 1938-
  Processo de execução e cumprimento de sentença / Humberto Theodoro Júnior. - 33. ed., rev., atual. e reform. - Rio de Janeiro : Forense, 2025.
  1.136 p. ; 24 cm.

  Inclui bibliografia
  ISBN 978-85-3099-685-7

  1. Processo civil - Brasil. 2. Execução (Direito) - Brasil. 3. Sentenças (Processo civil) - Brasil. I. Título.

25-96592 CDU: 347.952(81)

Meri Gleice Rodrigues de Souza - Bibliotecária - CRB-7/6439

Sobre o Autor

Professor Titular aposentado da Faculdade de Direito da UFMG. Desembargador aposentado do Tribunal de Justiça do Estado de Minas Gerais. Membro da comissão de juristas encarregados pelo Senado Federal da elaboração do Anteprojeto do novo Código de Processo Civil brasileiro. Doutor. Advogado (Parecerista).

Agradecimentos

Para esta nova edição do *Processo de Execução e Cumprimento de Sentença*, como na anterior, contei com a cooperação competente e dedicada de Aníger Lara Neiva Pires e Helena Lanna Figueiredo, levada a cabo na pesquisa e na interpretação dos elementos legislativos, doutrinários e jurisprudenciais, que me permitiram cotejar, com bastante proveito, as disposições do Código de 1973 com as inovações trazidas pelo Estatuto de 2015, além de confrontá-las com as tendências pretorianas mais atuais.

Fica, pois, registrado o meu reconhecimento e sincero agradecimento pelo muito que tal colaboração tem representado para o esforço de manter sempre atualizada a obra ora reeditada.

Apresentação à 33ª edição

Sem embargo das inovações legislativas acontecidas nos últimos anos de vigência do Código de Processo Civil de 1973 e daquelas ocorridas no seio do novo Código de 2015, continua a intranquilizar nossa economia a crise crônica da execução civil, caracterizada por notória lentidão e insuperada ineficiência da Justiça estatal no tratamento dos processos dessa natureza.

Queixa-se de que as reformas aqui ocorridas até hoje têm se passado apenas no plano formal, enquanto no direito europeu e norte-americano se assiste a uma verdadeira revolução estrutural, afastando o problema do âmbito judicial para buscar soluções realmente satisfatórias por meio de remédios como a desjudicialização da tutela executiva e a autotutela executiva.

É certo, contudo, que a doutrina, entre nós, tem produzido debates consideráveis sobre a matéria e diversos projetos de lei se acham em tramitação em torno da execução, no todo ou em parte, fora dos serviços judiciais ordinários.[1] Até mesmo, em volume não suficientemente expressivo, já se acham em vigor leis que permitem a autossatisfação de determinados créditos acobertados por garantia real, como as relativas às garantias hipotecárias e pignoratícias, em certas circunstâncias, e a alienação fiduciária em garantia, com total amplitude.

Merecem destaque, nesse terreno, outrossim, projetos legislativos como o PL n. 6.204/2019, do Senado Federal, que trata da implantação da execução extrajudicial, pela via notária, e o PL n. 4.257/2019 que cuida da instituição da execução fiscal administrativa e da arbitragem tributária. Já se editou, outrossim, a Lei n. 14.711/2023, que dispõe sobre o aprimoramento das regras de garantia, a execução extrajudicial de créditos garantidos por hipoteca, a execução extrajudicial de garantia imobiliária em concurso de credores, bem como sobre o procedimento de busca e apreensão extrajudicial de bens móveis em caso de inadimplemento de contrato de alienação fiduciária. Entre os objetivos visados por esta última lei, destaca-se a busca de dotar o sistema de garantias reais de maior efetividade, autorizando, por exemplo, o pacto marciano, dentro do seguinte esquema ajustado negocialmente: *(i)* venda direta do bem pelo credor; *(ii)* apropriação direta do bem pelo credor; e *(iii)* execução realizada perante o Registro Público (o que hoje já é possível na alienação fiduciária imobiliária e na execução hipotecária do SFH).[2]

Nas próprias execuções tradicionais, de crédito público ou privado, já existe, dentro do processo judicial, autorização preferencial ao exequente para adjudicar os bens penhorados ou assumir o encargo de aliená-los particularmente, sem necessidade, portanto, de passar pelos inconvenientes do leilão judicial (CPC/2015, arts. 876 e 880; Lei n. 6.830/1980, art. 24).

O que se constata é que essas possibilidades de dinamismo executivo nem sempre despertam maior interesse dos credores, que, por comodidade ou razões culturais, preferem acomodar-se à morosidade e pouca eficiência da execução judicial.

---

[1] Por exemplo: sobre desjudicialização da execução civil e fiscal, sobre realização das garantias reais e os negócios fiduciários em geral.

[2] MILAGRES, Marcelo. *Manual de direito das coisas*. 3.ª ed. Belo Horizonte: D'Plácido, 2011, p. 416.

Essa inércia cultural, no entanto, aos poucos vem sendo abalada de maneira mais sensível nos últimos tempos no seio da doutrina especializada, que já não trata a expropriação executiva como monopólio do Poder Judiciário, posição que ganhou peso máximo com as decisões recentes do Supremo Tribunal Federal que negaram a inconstitucionalidade que corrente tradicionalista atribuía à execução extrajudicial da hipoteca em garantia do financiamento do SFH[3] e da alienação fiduciária em garantia largamente utilizada no mercado de veículos e dos bens de consumo duráveis em geral.[4]

Esse cenário prenuncia novos tempos para a execução forçada no direito processual civil brasileiro e, desde já, autoriza o incentivo aos aplicadores da legislação atual ao esforço de interpretá-la dentro dos padrões do processo justo, que asseguram o máximo de efetividade à prestação jurisdicional, que encontra seu clímax de eficiência na modernização da execução civil.

É esse o espírito que nos tem inspirado, nas sucessivas edições deste livro, a revisá-lo e atualizá-lo, de modo a não só acompanhar, de perto, as inovações legislativas, mas também a extrair das lições doutrinárias e jurisprudências todos os potenciais aprimoramentos do sistema executivo vigente.

Levamos em conta, nesse afã, a ponderação de Leonardo Greco sobre a conveniência de recorrer, sempre que possível, às soluções alvitradas em países de mais sólida tradição democrática, e de tirar dos dispositivos do nosso CPC "o maior alcance no sentido da efetividade da execução e, quiçá, contribuir para uma reflexão que possa auxiliar na busca de novos paradigmas para essa importante área do direito processual civil brasileiro".[5]

Esta edição foi atualizada de acordo com as Leis n. 14.711/2023 e n. 14.833/2024.

Janeiro de 2025

O Autor

---

[3] STF, Pleno, RE 627.106/SP e RE 556.520/SP, ac. 08.04.2021, *DJe* 14.06.2021.
[4] STF, Pleno, RE 382.928/MG, ac. 22.09.2020, *DJe* 13.10.2020.
[5] GRECO, Leonardo. *Comentários ao Código de Processo Civil*. São Paulo: Saraiva, 2020, v. XVI, p. 17-18.

Sumário

Título I
INTRODUÇÃO ÀS TÉCNICAS DE EXECUÇÃO FORÇADA

Capítulo I – AS VIAS DE EXECUÇÃO NO PROCESSO CIVIL BRASILEIRO 1

1. Tutelas jurisdicionais 1
2. Breve histórico da ação executiva 1
3. As sucessivas reformas do processo civil brasileiro, que culminaram com a abolição da *actio iudicati*, no campo do cumprimento das sentenças, e com a implantação em caráter geral da *executio per officium iudicis* (sistema mantido pelo CPC/2015) 4
4. A modernização da execução do título extrajudicial 8
5. Principais inovações da execução do título extrajudicial e direito intertemporal 8
6. Vias de execução disponíveis no moderno processo civil brasileiro 10
    - 6.1. Uma via alternativa moderna: a autotutela executiva 12
    - 6.2. A autotutela satisfativa e a vedação ao pacto comissório 13
    - 6.3. A convenção processual na execução 15
    - 6.4. Execução de sentenças coletivas e que interferem em políticas públicas 16
      - I – O denominado processo estrutural e as decisões que interferem em políticas públicas 16
      - II – A execução da sentença proferida em processo estrutural: execução em etapas ... 18
      - III – Execução de ações coletivas complexas 19
    - 6.5. Tendência à desjudicialização da execução civil 20
7. Nova estrutura do presente livro 22

Título II
O PROCESSO DE EXECUÇÃO DISCIPLINADO PELO LIVRO II DO CÓDIGO DE PROCESSO CIVIL

Capítulo II – EXECUÇÃO FORÇADA 23

8. Processo de execução 23
9. Evolução histórica da execução 24
10. A execução no direito brasileiro 26
11. Tendências do processo de execução no direito brasileiro 27
12. Opção entre ação executiva e ação cognitiva 29

13.	Meios de execução	32
14.	Ampliação do uso dos meios coercitivos pelo CPC/2015 (medidas atípicas)	33
14-A.	A execução das garantias reais e a autossatisfação do credor	37
15.	Modalidades dos meios de execução	38
16.	Natureza do processo de execução	39
17.	Processo de execução e processo de conhecimento. Diferenças essenciais	40
18.	Autonomia do processo de execução	43
19.	Autonomia da execução e as reformas do CPC de 1973	44
20.	A execução forçada no atual Código de Processo Civil	45
21.	Objetivo da execução	45
22.	Condições e pressupostos da execução	46
23.	A função do título executivo	47
24.	Princípios informativos do processo de execução	49
24-A.	A execução e o princípio da duração razoável	54
25.	As várias modalidades de execução	55
26.	Atos de execução	55
27.	Relação processual executiva	57
27-A.	Demanda executiva	57
28.	Citação executiva	58
28-A.	Audiência de conciliação ou mediação	59
29.	Princípio da oficialidade	59
29-A.	Princípio da cooperação e impulso oficial da execução	60
29-B.	Princípio do contraditório	61

Capítulo III – ELEMENTOS DO PROCESSO DE EXECUÇÃO 62

30.	Visão dinâmica e estática do processo	62
31.	Classificação dos elementos do processo	62
32.	Objeto da execução	63

Capítulo IV – AS PARTES NO PROCESSO DE EXECUÇÃO (I) 65

33.	Conceito	65
34.	Legitimação ativa	65
35.	Legitimação ativa originária	66
	I – Credor conforme o título executivo	66
	II – Legitimação extraordinária do Ministério Público	67
36.	Litisconsórcio e assistência no processo de execução	67
37.	Legitimação ativa derivada ou superveniente	68
38.	Espólio	69
39.	Herdeiros e sucessores	70
40.	Momento da sucessão	71
41.	Cessionário	71
42.	Sub-rogado	73
43.	Situações especiais: massa falida, condomínio e herança jacente ou vacante	74
44.	Terceiros interessados	74

45.	Desnecessidade de consentimento do executado para o exercício da legitimidade ativa superveniente...	75

Capítulo V – AS PARTES NO PROCESSO DE EXECUÇÃO (II) 76

46.	Legitimação passiva	76
46-A.	Dívida e responsabilidade	76
47.	O devedor	77
48.	O devedor em regime de recuperação judicial..	78
49.	Sucessores..	79
	I – Espólio	79
	II – Herdeiros	80
	III – Representação do espólio	80
	IV – Sucessores *causa mortis* e *inter vivos*	80
	V – Sucessão entre empresas	81
	VI – A defesa que nega a sucessão	81
	VII – Desconsideração da personalidade jurídica...	82
50.	O novo devedor	84
51.	Fiador judicial...	86
52.	Fiador extrajudicial	86
53.	Responsável titular do bem vinculado por garantia real ao pagamento do débito	89
54.	Responsável tributário	90
55.	Denunciação da lide...	94
56.	Chamamento ao processo	95
56-A.	Intervenções de terceiro cabíveis no processo de execução.....................................	98
	I – Desconsideração da personalidade jurídica (CPC, arts. 133 a 137).....	98
	II – *Amicus curiae* (CPC, art. 138)	98
	III – Recurso de terceiro prejudicado (CPC, art. 996)	99
	IV – Algumas intervenções de terceiro específicas da execução	99
57.	Litisconsórcio..	100
58.	Intervenção de curador especial ao executado revel	101

Capítulo VI – CÚMULO DE EXECUÇÕES E RESPONSABILIDADE CIVIL DO EXEQUENTE.. 102

59.	Cúmulo objetivo de execuções	102
60.	Cumulação sucessiva de execuções..	104
61.	Cúmulo subjetivo	104
	61.1. Cooperação judiciária para reunião de execuções contra o mesmo devedor ...	105
62.	Responsabilidade civil decorrente de execução indevida	105
63.	Concurso de execução forçada e ação de conhecimento sobre o mesmo título	107

Capítulo VII – COMPETÊNCIA.. 110

64.	Juízo competente para a execução..	110
65.	Execução de sentença...	110
66.	Competência para execução de títulos extrajudiciais..	111
67.	Competência para a execução fiscal	112

68.	Título executivo extrajudicial estrangeiro	113
69.	Competência para deliberação sobre os atos executivos e os atos de apoio à execução	113
70.	Competência internacional. Execução de sentenças e decisões interlocutórias estrangeiras	114

Capítulo VIII – REQUISITOS NECESSÁRIOS PARA REALIZAR QUALQUER EXECUÇÃO ... 116

71.	Requisitos específicos da execução forçada	116
72.	Inadimplemento do devedor	117
73.	Inadimplemento em contrato bilateral	118
74.	Título executivo	120
74-A.	Natureza do título executivo	120
75.	Conteúdo do título executivo	121
	75.1. Conteúdo do título executivo: obrigação certa, líquida e exigível	123
	75.2. Função do título executivo	125
	75.3. Efeito prático do título executivo	126
	75.4. Admissibilidade e mérito da execução	126
	75.5. Inocorrência de coisa julgada material, em regra, no ato judicial que encerra a execução	127
76.	Forma dos títulos executivos	129
77.	Execuções de dívida de pequeno valor perante Conselho de Classe	129

Capítulo IX – TÍTULOS EXECUTIVOS EXTRAJUDICIAIS ... 131

78.	Execução de sentença e ação executiva	131
79.	Impossibilidade de conversão de execução forçada em ação ordinária de cobrança	131
80.	Posição do título executivo extrajudicial no atual regime processual brasileiro	132
81.	Classificação	133
82.	Títulos cambiários e cambiariformes	134
83.	Duplicata	137
	I – Duplicata sem aceite	137
	II – Pluralidade de notas fiscais e faturas	141
	III – Duplicata emitida sob forma virtual	141
83-A.	Cheque	142
83-B.	Cambial vinculada a contrato	142
83-C.	Transferência de títulos cambiários nas operações de *factoring*	143
	I – Sistemática da operação	143
	II – Cessão de crédito e não endosso cambiário	143
	III – Contrato de mútuo feneratício ajustado por empresa de *factoring*	143
	IV – Fundos de investimento em direitos creditórios e operações de *factoring*	144
84.	Boleto bancário	144
85.	Registro fiscal das cambiais	145
86.	Responsáveis cambiários	146

	I – Tipicidade das coobrigações cambiárias	146
	II – O cheque e as coobrigações	146
	III – O cheque pós ou pré-datado	147
	IV – O cheque e a solidariedade nas contas conjuntas	147
	V – O cheque e o prazo legal de apresentação ao sacado	147
	VI – O endosso da cambial vencida	147
	VII – Algumas particularidades do aval cambiário	148
86-A.	Coobrigados e avalistas de devedor em recuperação judicial	148
87.	Título cambial prescrito	149
88.	Cambial cedida a empresa de *factoring*	150
89.	Documento público ou particular	152
	89.1. Documento eletrônico	155
	89.2. Contrato eletrônico de mútuo	155
	89.3. Confissão de dívida relacionada com título negociado em operação de *factoring*	156
89-A.	Decisão do Tribunal de Contas	156
90.	Contrato com convenção arbitral	157
91.	Confissões de dívida	157
92.	O instrumento de transação referendado por conciliador ou mediador credenciado por tribunal	158
93.	Hipoteca, penhor, anticrese e caução	158
94.	Execução hipotecária	160
	I – Alienação do imóvel hipotecado	160
	II – Abandono do imóvel	161
	III – Remição pelo adquirente	161
	IV – Remição pelo executado	161
	V – Adjudicação pelo credor	162
	VI – Superposição de hipotecas sobre o mesmo imóvel	162
95.	A execução hipotecária extrajudicial do Sistema Financeiro da Habitação (SFH)	162
95-X.	A execução hipotecária extrajudicial da Lei nº 14.711/2023	163
	I – Procedimento administrativo perante o oficial do registro de imóveis	163
	II – Leilão público	164
	III – Remição da execução	164
	IV – Satisfação do direito do exequente	165
	V – Operações de financiamento da casa própria	165
	VI – Título da arrematação (Ata notarial)	165
	VII – Imissão na posse do credor ou do arrematante. Despesas e encargos	165
96.	Superposição de hipotecas sobre o mesmo imóvel	166
97.	Remição da hipoteca e pagamento do débito hipotecário pelo novo proprietário do imóvel	166
98.	A hipoteca e a prescrição	167
99.	Classificação das garantias. Cauções reais e fidejussórias	168

100.	Fiança..	169
101.	Extensão da caução fidejussória	171
102.	Seguros..	172
103.	Rendas imobiliárias...	172
104.	Encargos de condomínio..	174
105.	O crédito referente às contribuições ordinárias ou extraordinárias de condomínio edilício, previstas na respectiva convenção ou aprovadas em assembleia geral..........	175
	105.1. Legitimação passiva para a execução das contribuições condominiais	176
106.	Dívida ativa da Fazenda Pública..	177
107.	Certidão expedida por serventia notarial ou de registro relativa a valores de emolumentos e outras despesas devidas pelos atos por ela praticados.............................	181
107-A. Seguro-garantia...		181
108.	Títulos executivos definidos em outras leis	182
	108.1. Inovações da Lei n. 13.986/2020..	182
109.	Decisões dos Tribunais de Contas...	182
110.	Contrato administrativo e nota de empenho	183
111.	Cédulas de crédito rural	184
	111.1. Lei do Agronegócio	185
112.	Outras cédulas de crédito	186
112-A. A nota comercial: um novo título de crédito escritural		188
113.	Títulos estrangeiros...	188
114.	Contrato de abertura de crédito	189
115.	Conclusões	195
116.	Invalidação do título executivo..	195

Capítulo X – CERTEZA, LIQUIDEZ E EXIGIBILIDADE DA OBRIGAÇÃO CONSTANTE DO TÍTULO EXECUTIVO 199

117.	Requisitos da obrigação retratada no título executivo	199
118.	Conceito de certeza, liquidez e exigibilidade...	199
119.	Liquidação dos títulos executivos	201
120.	Iliquidez parcial da sentença..	201
121.	Prestações de trato sucessivo	202
	121.1. O procedimento a ser observado na satisfação das prestações sucessivas......	203
	121.2. Cessação da execução das prestações sucessivas................................	204
	121.3. Títulos que permitem a execução continuada de obrigações de trato sucessivo...	205
	121.4. Execução de aluguel provisório estabelecido em ação revisional	205

Capítulo XI – EXECUÇÃO PROVISÓRIA E DEFINITIVA 207

122.	Procedimento da execução forçada	207
123.	Observações sobre a petição inicial	208
124.	Execução provisória de título extrajudicial..	209

Capítulo XII – RESPONSABILIDADE PATRIMONIAL 211

125. Obrigação e responsabilidade 211
    125.1. Extensão da responsabilidade patrimonial do devedor 212
    I – Bens presentes e futuros 212
    II – Bens excluídos da responsabilidade patrimonial 213
    III – Bens de sociedade limitada unipessoal 213
126. Responsabilidade e legitimação passiva para a execução 213
127. Responsabilidade executiva secundária 213
128. Sucessor singular 214
    I – Alienação do bem litigioso 214
    II – Ampliação do regime aplicável à alienação do bem litigioso 215
    III – Boa-fé do adquirente 215
    IV – Posição processual do terceiro adquirente 216
    V – Necessidade de intimação do terceiro adquirente 216
    VI – Defesa do terceiro adquirente 216
129. Sócio 217
130. Desconsideração da personalidade jurídica 219
    I – Desconsideração direta 219
    II – Desconsideração invertida 220
    III – Desconsideração da personalidade jurídica positiva 220
131. Bens do devedor em poder de terceiros 221
132. Dívida de cônjuge ou companheiro: tutela da meação 222
133. Dívida do condomínio: responsabilidade dos condôminos 223
134. Fraude de execução 223
135. Bens objeto de ação fundada em direito real ou de pretensão reipersecutória (inciso I)... 226
136. Bens vinculados a processo de execução (inciso II) 227
137. Bens sujeitos à hipoteca judiciária ou outro ato de constrição judicial (inciso III).... 229
138. Alienação que produz ou agrava a insolvência do devedor, na pendência de processo (inciso IV) 231
    138.1. Defesa do terceiro adquirente 232
139. Demais casos expressos em lei (inciso V) 232
140. Visão pretoriana atual da fraude de execução 234
    I – Generalidades 234
    II – Jurisprudência formada ao tempo do CPC de 1973 234
    III – Regime do CPC de 2015 235
141. Fraude à execução e má-fé 236
142. Momento de configuração da fraude à execução 236
143. A fraude por meio de negócio financeiro 237
144. A aplicação da teoria da distribuição dinâmica do ônus da prova à fraude de execução..... 238
145. A posição do terceiro adquirente em face da execução 239
146. Fraude à execução e desconsideração da personalidade jurídica 241

147.	Fraude de execução e bem de família	242
148.	Penhorabilidade excepcional do bem de família	244
149.	Credor titular de direito de retenção	246
150.	Execução contra o fiador	246
151.	Falecimento do devedor	247
152.	Execução que tenha por objeto bem gravado com direito real de superfície	247
153.	Execução que envolva o direito real de laje	248
154.	A Lei n. 13.097/2015 e a fraude à execução	249
155.	A defesa do responsável executivo secundário	250

Fluxograma n. 1 – Redirecionamento da execução para terceiro adquirente da coisa litigiosa (art. 790) 253

Fluxograma n. 2 – Redirecionamento da execução por quantia certa, no caso de alienação em fraude à execução, do bem penhorado ou penhorável (art. 792) 254

Capítulo XIII – DISPOSIÇÕES GERAIS 255

156.	Normas do processo de conhecimento	255
157.	Ação declaratória incidental	256
158.	Poderes do juiz no processo de execução	258
159.	Coibição dos atos atentatórios à dignidade da Justiça	259
160.	Encargos da sucumbência: custas e honorários advocatícios	263
160-A.	Honorários advocatícios na desistência da execução	265

Capítulo XIV – AS DIVERSAS ESPÉCIES DE EXECUÇÃO 266

161.	Disposições gerais	266
162.	Direito de preferência gerado pela penhora	266
	162.1. Leilão de carteira bancária de crédito	269
163.	Ampliação da tutela aos privilégios	270
164.	Documentação da petição inicial	270
	I – Petição inicial da ação executiva	270
	II – Título executivo	270
	III – Obrigação sujeita a condição ou termo	271
	IV – Memória de cálculo	271
165.	Outras providências a cargo do credor	272
	I – Obrigações alternativas	272
	II – Bens gravados com direitos reais ou já penhorados em outras execuções	272
	III – Imóvel objeto de compromisso de compra e venda	273
	IV – Imóvel sujeito a direito de superfície, de enfiteuse, ou de uso	273
	V – Quotas sociais ou ações	274
	VI – Medidas cautelares	275
	VII – Medidas indutivas e coercitivas	275
	VIII – Crédito sujeito a contraprestação	275
	IX – Contrato bilateral ou sinalagmático	276

166.	Prevenção contra a fraude de execução por meio de registro público	276
	I – Averbação da execução por título executivo extrajudicial	276
	II – Averbação em caso de cumprimento de sentença	277
167.	Efeito da averbação	278
168.	Abuso do direito de averbação	278
169.	Petição inicial incompleta ou mal instruída	279
170.	Execução e prescrição	280
171.	Prescrição intercorrente	281
172.	A exceção de prescrição	281
173.	Nulidades no processo de execução	282
174.	Imperfeição do título executivo	283
175.	Falta de título executivo	283
176.	Nulidade da execução fiscal	284
177.	Vício da citação	284
178.	Verificação da condição ou ocorrência do termo	286
179.	A arguição das nulidades	286
180.	Arrematação de bem gravado com direito real	287
181.	Intimação de outros credores com penhora sobre os mesmos bens	289
182.	Intimação de condômino em caso de penhora de cota de bem indivisível	289
183.	Menor onerosidade na execução realizável por vários meios	290
184.	Reação do executado à execução excessivamente onerosa	291
	184.1. Notas conclusivas sobre o princípio da menor onerosidade da execução	292
	184.2. Execução precedida de ação cognitiva e medida cautelar de caução	294
185.	Peculiaridades da citação executiva	295
186.	Despacho da petição inicial e recurso	296

Capítulo XV – EXECUÇÃO PARA A ENTREGA DE COISA 297

187.	Conceito	297
188.	Entrega de coisa certa	298
189.	Procedimento	299
190.	Efeito dos embargos	300
191.	Cominação de multa diária	301
192.	Alienação da coisa devida	301
193.	Execução da obrigação substitutiva	303
194.	Iniciativa da conversão	305
195.	Execução de coisa sujeita a direito de retenção	306
196.	Casos especiais de execução para a entrega de coisa certa	307
197.	Execução para entrega de coisa incerta	308
198.	A generalização da sentença executiva *lato sensu*	309
199.	Providências cabíveis para reforçar a efetividade da tutela às obrigações de entrega de coisa	309
200.	Embargos de retenção	310

201. Medidas de coerção e apoio utilizáveis na execução do título extrajudicial.................. 311

Fluxograma n. 3 – Execução para entrega de coisa certa com base em título extrajudicial (arts. 806 a 810) 312

Fluxograma n. 4 – Execução para entrega de coisa incerta com base em título extrajudicial (arts. 811 a 813) 313

Capítulo XVI – EXECUÇÃO DAS OBRIGAÇÕES DE FAZER E NÃO FAZER................. 314

202. Introdução... 314
203. O problema da execução das prestações de fato 315
204. Fungibilidade das prestações 315
205. A multa como meio de coação 316
    I – Critérios de arbitramento e aplicação das *astreintes*........................... 316
    II – Fixação convencional da multa.. 318
    III – Periodicidade da multa... 318
    IV – Orientação jurisprudencial sobre a fixação do valor da multa 319
    V – Revisão da multa.. 319
    VI – Impossibilidade de realização da prestação....................................... 320
    VII – Obrigações parcialmente cumpridas, justa causa para o descumprimento e dificuldades de cumprimento no prazo marcado 321
    VIII – Procedimento para exigência da multa periódica 322
        205.1. Critérios preconizados para a revisão das *astreintes*................... 322
        205.2. Termo inicial e termo final da exigibilidade da multa................. 324
        205.3. Acessoriedade da multa 324
        205.4. Cumulação de astreinte e multa de litigância de má-fé............... 325
206. Distinções preliminares 326
207. Princípios comuns... 326
208. A sistemática de execução de título judicial e extrajudicial que reconheça obrigação de fazer ou de não fazer 327
209. Execução das prestações fungíveis 328
210. Realização da prestação fungível por terceiro 329
211. Inadimplência do terceiro contratante 330
212. Realização da prestação pelo próprio credor... 331
213. Autotutela prevista no atual Código Civil.. 331
214. Execução das prestações infungíveis 332
215. Execução das prestações consistentes em declaração de vontade.......... 333
216. Execução das obrigações de não fazer.. 333
217. Medidas sub-rogatórias e antecipatórias 334

Fluxograma n. 5 – Execução das obrigações de fazer (prestações fungíveis) com base em título extrajudicial (arts. 815 a 820) 335

Fluxograma n. 6 – Execução das obrigações de fazer (prestações infungíveis) com base em título extrajudicial (art. 821) 336

Fluxograma n. 7 – Execução das obrigações de não fazer com base em título extrajudicial (arts. 822 e 823)... 336

Capítulo XVII – EXECUÇÃO POR QUANTIA CERTA CONTRA O DEVEDOR SOLVENTE: GENERALIDADES 337

218. Introdução 337
219. Execução por quantia certa como forma de desapropriação pública de bens privados 337
220. O objetivo da execução por quantia certa 338
221. Espécies 339
222. Execução por quantia certa contra o devedor solvente 340
223. Proposição 340
224. Arbitramento dos honorários advocatícios antes da citação 342
    224.1. Honorários advocatícios em execução extinta por acordo 344
225. Honorários em exceção de pré-executividade 345
226. Redução da verba advocatícia arbitrada 346
227. Majoração da verba advocatícia arbitrada 346
228. Arresto de bens do devedor não encontrado 347
228-A. Terceiros cuja intimação cabe ao exequente promover após a penhora (CPC, art. 799) 348
228-B. Intimação de outro exequente que tenha penhora sobre o mesmo bem (CPC, art. 889, V) 350
228-C. Intimação do locatário do imóvel penhorado 350
228-D. Intimação do cônjuge ou companheiro do executado 351

Capítulo XVIII – EXECUÇÃO POR QUANTIA CERTA CONTRA O DEVEDOR SOLVENTE: INSTRUÇÃO PELA PENHORA 352

229. Instrução 352
230. Penhora 352
231. Procedimento da penhora e avaliação 355
    I – Realização da penhora 355
    II – Falta de nomeação de bens à penhora 355
    III – Intimação da penhora 356
232. Realização prática da penhora 357
233. Natureza jurídica da penhora 357
234. Extensão da penhora 360
235. Razão da impenhorabilidade do capital de giro 362
236. Objeto da penhora: bens penhoráveis 364
237. Bens impenhoráveis 365
238. Noção de impenhorabilidade 365
239. Bens absolutamente impenhoráveis 366
    239.1. Os bens inalienáveis e os declarados, por ato voluntário, não sujeitos à execução (art. 833, I) 366
    239.2. Os móveis, os pertences e as utilidades domésticas que guarnecem a residência do executado (art. 833, II) 367

239.3. Os vestuários, bem como os pertences de uso pessoal do executado, salvo se de elevado valor (art. 833, III) 368

239.4. Os vencimentos e outras verbas de natureza alimentar (art. 833, IV) 368

    239.4.1. Ressalva em prol dos créditos alimentícios 370

    239.4.2. Progressivas limitações à impenhorabilidade das verbas alimentares 370

    239.4.3. Limitação da impenhorabilidade ao último salário mensal 371

    239.4.4. Limitação da impenhorabilidade a parte da remuneração 372

    239.4.5. Limitações geradas pelo CPC/2015 373

    239.4.6. Limitação da penhora de honorários advocatícios com preservação de parcela superior a 50 salários mínimos 373

    239.6.1. Plano de previdência privada (pecúlio) 378

    239.4.7. Possibilidade de penhora parcial dos proventos de aposentadoria 374

    239.4.8. Limitação da penhora de proventos advindos de aposentadoria privada de caráter complementar 374

    239.8.1. A propósito das dimensões da pequena propriedade rural 381

    239.8.2. Impenhorabilidade da propriedade rural como bem de família.... 382

    239.4.9. Limitação da penhora referente às verbas recebidas a título de rescisão trabalhista 376

239.5. Os bens necessários ou úteis ao exercício da profissão do executado (art. 833, V) 377

239.6. O seguro de vida (art. 833, VI) 378

239.7. Os materiais necessários para obras em andamento, salvo se estas forem penhoradas (art. 833, VII) 379

239.8. A pequena propriedade rural (art. 833, VIII) 379

239.9. Os recursos públicos recebidos por instituições privadas (art. 833, IX) 382

239.10. A quantia depositada em caderneta de poupança (art. 833, X) 383

    239.10.1. Interpretação extensiva do inciso X para abarcar outras modalidades de aplicação financeira 383

239.11. Os recursos públicos oriundos do fundo partidário (art. 833, XI) 385

239.12. Créditos oriundos de alienação de unidades imobiliárias, sob regime de incorporação imobiliária, vinculados à execução da obra (art. 833, XII) 385

240. Ressalva geral da impenhorabilidade 385

241. Ressalva da impenhorabilidade em relação aos bens móveis úteis ou necessários ao produtor rural 386

242. Impenhorabilidades previstas em leis especiais: o bem de família (Lei 8.009/1990) 386

    242.1. Impenhorabilidade do bem gravado de alienação fiduciária em garantia (CC, art. 1.361, Decreto-Lei n. 911/1969) 391

    242.2. Impenhorabilidade dos bens vinculados às cédulas de crédito rural e industrial (Decreto-Lei n. 167/1967) 392

    242.3. Impenhorabilidade de receita de espetáculos artísticos (Lei n. 9.610/1998).. 392

    242.4. O patrimônio de afetação como mecanismo de restrição à penhorabilidade 392

243. Impenhorabilidade sucessiva do bem penhorado em execução fiscal 393

244.	Renúncia à impenhorabilidade	394
245.	Bens relativamente impenhoráveis	395
246.	As quotas ou ações de sociedades empresariais	395
247.	Ilegalidade da penhora	398
248.	Remição da execução	399
249.	Limites da penhora	400
250.	Valor dos bens penhoráveis	400
	250.1. Penhora de arma de fogo	401

Capítulo XIX – EXECUÇÃO POR QUANTIA CERTA CONTRA DEVEDOR SOLVENTE: PROCESSAMENTO DA PENHORA 402

251.	Nomeação de bens à penhora	402
252.	Falta de nomeação de bens na petição inicial	402
253.	Ordem de preferência legal para a escolha dos bens a penhorar	403
254.	Outras exigências a serem cumpridas na escolha dos bens a penhorar, por qualquer das partes	405
	I – Prioridade do dinheiro na gradação dos bens penhoráveis	405
	II – Equiparação ao dinheiro da fiança bancária e do seguro garantia judicial	405
	III – Liquidação da fiança bancária e do seguro garantia	407
	IV – Imprestabilidade, como garantia, da fiança ou do seguro prestados pelo próprio devedor	408
	V – As garantias reais e a preferência para a penhora	409
	VI – Eventos comprometedores da eficácia da nomeação de bens à penhora	409
255.	Penhora de bens escolhidos pelo executado	409
256.	Dever de cooperação do executado na busca dos bens a penhorar	410
257.	Nomeação de bens pelo exequente	410
258.	Investigação patrimonial para viabilizar a penhora	411
259.	Situação dos bens a penhorar	412
260.	Bens fora da comarca	412
261.	Penhora pelo oficial de justiça	413
262.	Impedimentos e obstáculos à realização da penhora	414
	I – Inexpressividade dos bens a penhorar	414
	II – Necessidade de arrombamento	415
	III – Resistência do executado	415
	IV – Impedimento da penhora em razão de falecimento do executado	415
263.	Auto de penhora pelo oficial de justiça e penhora por termo do escrivão	416
264.	Intimação da penhora	416
	I – Penhora realizada pelo Oficial de Justiça	416
	II – Penhora por ato do escrivão	417
	III – Penhora de imóveis e veículos automotores	418
	IV – Penhora de imóvel pertencente a executado casado	418
265.	Alienação antecipada dos bens penhorados	418

Capítulo XX – EXECUÇÃO POR QUANTIA CERTA CONTRA O DEVEDOR SOLVENTE: PENHORA E SUAS PARTICULARIDADES 420

266. Particularidades da penhora de certos bens 420
267. Penhora de dinheiro em depósito ou aplicação financeira 420
    I – Penhora *on-line* 420
    II – Indisponibilidade de ativos financeiros existentes em nome do executado 421
    III – Bacen Jud/Sisbajud 422
    IV – Cancelamento de eventual indisponibilidade excessiva 423
    V – Cumprimento parcial do bloqueio 424
    VI – Intimação e defesa do executado 424
    VII – Indisponibilidade procedida em conta conjunta 424
    VIII – Decisão do juiz 426
    IX – Comprometimento do faturamento da empresa executada 426
    X – Conversão da indisponibilidade em penhora 427
    XI – Pagamento da dívida 428
    XII – Responsabilidade das instituições financeiras 428
    XIII – Remuneração da conta bancária judicial 429
    XIV – Penhora *on-line* de conta de partido político 429
    XV – Penhora de moeda estrangeira 429
268. Impenhorabilidade do saldo bancário 430
269. Penhora de parte do faturamento da empresa executada 431
270. Efetivação do esquema de apropriação das parcelas do faturamento 435
271. Penhora *on-line* e preservação do capital de giro da empresa 435
272. Equiparação da penhora de mão própria à penhora de dinheiro 437
273. Penhora de bem indivisível e preservação da cota do cônjuge ou coproprietário não devedor 438
274. Penhora de ações e quotas sociais 440
    I – Procedimento 440
    II – Diligências a serem adotadas pela sociedade após a penhora 440
    III – Liquidação das quotas ou ações 441
    IV – Prazo para cumprimento das diligências 441
    V – Leilão judicial das quotas ou das ações 441
    VI – Procedimento para as sociedades anônimas de capital aberto 441
275. Penhora de créditos e de outros direitos patrimoniais 441
276. Penhora de direitos e ações 442
277. Penhora sobre créditos do executado 443
278. Sub-rogação do exequente nos direitos do executado 444
279. Penhora no rosto dos autos 444
280. Penhora sobre créditos parcelados ou rendas periódicas 445
281. Penhora de empresas, de outros estabelecimentos e de semoventes 445
281-A. Particularidades da penhora de semoventes 446
281-B. Penhora de animais de estimação 447

282.	Penhora de edifícios em construção sob o regime de incorporação imobiliária	447
283.	Empresas concessionárias ou permissionárias de serviço público	448
284.	Penhora de navio ou aeronave	449
285.	Penhora de imóvel	449
286.	Penhora de imóvel e veículos automotores situados fora da comarca da execução	453
287.	Penhora de imóvel integrante do estabelecimento da empresa	454
288.	Multiplicidade de penhoras sobre os mesmos bens. Reunião das execuções	454
	288.1. Intimações de outros exequentes com igual penhora	455
	288.2. Requisitos da reunião de execuções	456
289.	Penhora de frutos e rendimentos de coisa móvel ou imóvel	457
	I – Conceito	457
	II – Procedimento	458
	III – Nomeação do administrador-depositário	458
	IV – O administrador-depositário	459
	V – Celebração de contrato de locação do móvel ou imóvel	459
	VI – Pagamento da dívida	459
290.	Efeitos da penhora de frutos e rendimentos de coisa móvel ou imóvel	459
291.	Modificações da penhora	460
292.	Substituição da penhora	461
293.	Substituição por iniciativa de qualquer das partes	462
294.	Substituição por iniciativa do executado	463
295.	Ausência de prejuízo para o exequente na substituição	464
296.	Menor onerosidade para o executado	465
297.	Substituição da penhora por fiança bancária ou seguro	465
297-A.	Momento da substituição da penhora por fiança bancária ou seguro-garantia judicial	467
297-B.	Liquidação da fiança bancária e do seguro-garantia	467
298.	Liberação da penhora por remição	468
Fluxograma n. 8 – Penhora de dinheiro em depósito ou em aplicação financeira (Penhora on-line) (art. 854)		469

Capítulo XXI – EXECUÇÃO POR QUANTIA CERTA: DEPÓSITO E ADMINISTRAÇÃO DOS BENS PENHORADOS 470

299.	Depósito dos bens penhorados	470
300.	Nomeação do depositário	471
301.	Depósito dos bens móveis, semoventes, imóveis urbanos e direitos aquisitivos sobre imóveis urbanos	472
302.	Depósito no caso de saldo bancário ou aplicação financeira	473
303.	Depósito em caso de penhora sobre joias, pedras e objetos preciosos	474
304.	Função do depositário	474
305.	Depositário comum e depositário administrador	476
306.	Direitos e deveres do depositário	477

307.	Ações sobre a posse e o domínio dos bens penhorados	478
308.	Responsabilidade do depositário	479
309.	Ação de depósito	480
310.	Ação de prestação de contas	481
311.	Ação de indenização	482
312.	Entrega de bens após a expropriação executiva	483
313.	Prisão civil do depositário judicial	484

Capítulo XXII – EXECUÇÃO POR QUANTIA CERTA: A EXPROPRIAÇÃO 486

314.	Conceito	486
	314.1. Modalidades de expropriação	486
	I – Variações do ato expropriatório	486
	II – Ordem de preferência entre os meios expropriatórios	486
	III – Remição dos bens penhorados	487
315.	Avaliação	487
316.	O encarregado da avaliação	488
317.	Laudo de avaliação	489
318.	Dispensa da avaliação	489
319.	Avaliação de bem imóvel	491
320.	Avaliação e contraditório	491
321.	Repetição da avaliação	491
	I – Cabimento	491
	II – Realização especial de nova avaliação	492
	III – Regras a observar na segunda avaliação	493
	IV – Impugnação à avaliação	494
322.	Reflexos da avaliação sobre os atos de expropriação executiva	494

Capítulo XXIII – ADJUDICAÇÃO 496

323.	Introdução	496
324.	Conceito de adjudicação	496
325.	Requisitos da adjudicação	497
326.	Intimação do executado	498
327.	Depósito do preço	498
328.	Legitimação para adjudicar	499
329.	Adjudicação por credor	500
330.	Condições de admissibilidade da adjudicação por credor	501
331.	Adjudicação por cônjuge, companheiro, descendente ou ascendente do executado	501
332.	Adjudicação (remição) do bem hipotecado após o praceamento	502
333.	Prazo para a adjudicação	504
334.	Concurso entre pretendentes à adjudicação	505
335.	Auto de adjudicação	507
336.	Aperfeiçoamento da adjudicação	507
337.	Invalidação ou desconstituição da adjudicação	508

338.	Carta de adjudicação	508
339.	Remição do imóvel hipotecado	509
340.	Efeito prejudicial da remição sobre a adjudicação	510

Capítulo XXIV – ALIENAÇÃO POR INICIATIVA PARTICULAR ... 511

341.	As atuais dimensões da expropriação judicial através de alienação por iniciativa particular	511
	I – Cabimento da alienação por iniciativa particular	511
	II – Procedimento	511
	III – Alienação particular por iniciativa do devedor	512
	IV – Escolha do corretor ou leiloeiro público para a alienação por iniciativa particular	513
342.	O preço mínimo para a alienação por iniciativa particular	513
	I – Valor a observar na alienação	513
	II – Vantagens da alienação por iniciativa particular reconhecidas doutrinariamente	515
343.	Formalização da alienação por iniciativa particular	515
344.	Carta de alienação	516
	I – Alienação de bem imóvel	516
	II – Alienação de bem móvel	516
	III – Invalidação ou desconstituição da alienação por iniciativa particular	517

Capítulo XXV – ALIENAÇÃO EM LEILÃO JUDICIAL ... 518

345.	Conceito de leilão judicial e arrematação	518
346.	Natureza jurídica	518
347.	Espécies de hasta pública e conteúdo dos editais	519
	I – Espécies de hasta pública	519
	II – Conteúdo dos editais	520
	III – Regulamentação especial do leilão eletrônico	521
	IV – Lugar do leilão	522
348.	Leiloeiro público	522
	I – Escolha do leiloeiro	522
	II – Deveres do leiloeiro	522
	III – Remuneração do leiloeiro	523
349.	Leilão eletrônico (particularidades)	524
350.	Editais e outras divulgações da hasta pública	524
351.	Intimação do devedor	525
352.	Outras intimações	526
	I – Outros credores com direito incidente sobre os bens a leiloar	526
	II – Titulares de direito real sobre o bem a leiloar	527
353.	Adiamento da hasta pública	528
354.	O leilão judicial	529
	I – Arrematação	529

	II – Frustração da alienação judicial	529
	III – Repulsa ao preço vil	529
	IV – Situação após fracasso do leilão	530
	V – O papel do juiz na alienação mediante leilão	530
355.	Legitimação para arrematar	530
356.	Leilão de múltiplos bens	532
357.	Forma de pagamento da arrematação	533
358.	Auto de arrematação	533
359.	Arrematação de imóveis	534
360.	Oportunidade da proposta de arrematação a prazo	536
361.	Requisitos mínimos da proposta	536
	I – Mora ou inadimplemento do adquirente	537
	II – Realização do leilão, não obstante a proposta de parcelamento	537
362.	O cumprimento das prestações	537
363.	Remédios contra os vícios da arrematação	538
364.	Desistência da arrematação	540
365.	Perda de eficácia da arrematação	541
	I – Regime do CPC/1973	541
	II – Regime do CPC/2015	541
366.	Natureza da perda de efeitos da arrematação	542
367.	Alienação de bens gravados com direitos reais em favor de terceiros	544
368.	Procedimento para obtenção das medidas do art. 903 do CPC/2015	545
369.	Arrematação realizada antes do julgamento dos embargos do devedor	545
370.	Arrematação em execução provisória de título extrajudicial	545
371.	Carta de arrematação	546
372.	Arrematação e remição da execução	548
373.	Efeitos da arrematação	549
374.	Evicção e arrematação	550
375.	Vícios redibitórios	551
376.	Ação anulatória da arrematação	551
377.	Remição dos bens arrematados	552
378.	Efeito prejudicial da remição sobre o ato expropriatório	553
379.	Outros casos de remição de bens dados em garantia real	553

Capítulo XXVI – APROPRIAÇÃO DE FRUTOS E RENDIMENTOS 555

380.	Modalidade especial de expropriação	555
381.	Iniciativa	555
382.	Pressuposto	556
383.	Procedimento	556
384.	Pagamento ao exequente	556

Capítulo XXVII – EXECUÇÃO POR QUANTIA CERTA: PAGAMENTO AO CREDOR 557

385. Observações preliminares 557
386. Última etapa do processo de execução 558
387. Entrega do dinheiro 558
388. Levantamento a maior 559
389. O pagamento no caso de fiança bancária e seguro-garantia judicial 559
390. Concurso de preferência sobre o produto da execução 560
    I – O concurso do art. 908 do CPC 560
    II – Legitimação 560
    III – Competência 561
    IV – Objeto do concurso 561
    V – Classificação dos credores 563
    VI – Procedimento 564
        390.1. Reunião das execuções para processamento do concurso de preferências 564
391. Das preferências de direito substancial 566
392. O privilégio superespecial dos créditos trabalhistas e dos honorários de advogado 567
393. Disputa entre o cliente e o advogado no concurso de preferências 568
393-A. Concurso de preferência e crédito da Fazenda Pública 571
Fluxograma n. 9 – Execução por quantia certa com base em título extrajudicial (arts. 824 a 869) 572

Capítulo XXVIII – EXECUÇÃO POR QUANTIA CERTA: DÍVIDA DA FAZENDA PÚBLICA 573

394. Execução contra a Fazenda Pública 573
    I – Título judicial (cumprimento de sentença) 574
    II – Título extrajudicial 574
    394.1. Prescrição 574
    394.2. Cancelamento do precatório e prescrição da execução contra a Fazenda Pública 575
395. Procedimento 578
396. Defesa da Fazenda Pública 579
    I – Conteúdo dos embargos à execução 579
    II – Cumulação de execuções 579
    III – Arguição de incompetência 580
    IV – Arguição de suspeição ou impedimento 580
    V – Excesso de execução 580
397. Julgamento 580
    I – Execução embargada 580
    II – Execução não embargada 580
    III – Honorários advocatícios 581
    IV – Erro e excessos nos cálculos homologados 581
    V – Ordem de preferência para o cumprimento dos precatórios. Credores idosos ou portadores de doença grave e pessoas com deficiência 582
    VI – Acordos diretos para pagamento de precatórios 583

398.	Opção entre execução e ordinária de cobrança contra a Fazenda Pública	583
399.	Execução fiscal contra a Fazenda Pública	583
400.	Execução contra entidade da Administração Indireta	584
401.	Execução de obrigação de dar ou de fazer e não fazer	584

Fluxograma n. 10 – Execução contra a Fazenda Pública com base em título extrajudicial (art. 910) 586

Capítulo XXIX – EXECUÇÃO POR QUANTIA CERTA DE TÍTULOS EXTRAJUDICIAIS EM MATÉRIA DE ALIMENTOS 587

402.	Introdução	587
403.	Execução autônoma da prestação alimentícia	587
404.	Execução de alimentos fundada em título extrajudicial, segundo o CPC/2015	588
405.	Averbação em folha de pagamento	588
406.	Prisão civil do devedor	589
407.	Opção entre a execução comum por quantia certa e a execução especial de alimentos	591

Fluxograma n. 11 – Execução de prestação de alimentos com base em título extrajudicial (arts. 911 a 913) 592

Capítulo XXX – A DEFESA DO DEVEDOR. INCIDENTES DA EXECUÇÃO 593

408.	Resistência à execução	593
409.	Outros meios impugnativos	594
409-A.	Defesas do devedor fora do processo executivo	596
	I – Defesas heterotópicas	596
	II – Classificação das defesas heterotópicas	597
	III – Diferenças entre a defesa via embargos e a através de ação heterotópica	598
	IV – Fungibilidade ou conexão entre a ação de embargos e a ação autônoma de defesa contra a execução	598
410.	Exceção de pré-executividade	599
411.	Embargos e impugnação	605
412.	Natureza jurídica dos embargos à execução	608
	412.1. Sucumbência nos embargos à execução	609
	412.2. Embargos limitados à arguição de nulidade da citação	610
413.	Classificação dos embargos do devedor	610
414.	Legitimação	611
415.	Autonomia dos embargos de cada executado	612
416.	Competência	613
417.	Generalidades sobre o processamento dos embargos	614
418.	Segurança do juízo	616
419.	Prazo para propositura dos embargos do devedor	617
420.	Litisconsórcio passivo e prazo para embargar	618
421.	Rejeição liminar dos embargos	619
	I – Casos de rejeição liminar dos embargos	619

	II – Embargos intempestivos	619
	III – Inépcia da petição inicial e outros casos de indeferimento	620
	IV – Vícios sanáveis	621
	V – Natureza do indeferimento	622
	VI – Embargos protelatórios	622
	VII – Sancionamento ao atentado à dignidade da justiça	623
422.	Procedimento	623
423.	A multa aplicável aos embargos manifestamente protelatórios	624
424.	Cobrança das multas e indenizações decorrentes de litigância de má-fé	626
425.	Os embargos à execução e a revelia do embargado	627
426.	Efeitos dos embargos sobre a execução	629
427.	Atribuição de efeito suspensivo aos embargos	629
428.	Embargos parciais	631
429.	Embargos de um dos coexecutados	631
430.	Embargos fundados em excesso de execução	631
431.	Embargos à execução de sentença	632
432.	Arguição de incompetência, suspeição ou impedimento	633
433.	Embargos de retenção por benfeitorias	633
434.	Embargos à execução de título extrajudicial	634
435.	Arguição de nulidade da execução	635
436.	Vícios da penhora e da avaliação	636
	436.1. Excesso de execução e excesso de penhora	637
437.	Excesso de execução	637
	437.1. Excesso de execução e confissão de dívida	638
438.	Cumulação indevida de execuções	639
439.	Retenção por benfeitorias	640
440.	Defesas próprias do processo de conhecimento	641
441.	Pagamento em dobro do valor cobrado indevidamente	642
442.	Autonomia dos embargos do devedor em relação à execução	642
443.	Sucumbência nos embargos do devedor	643
444.	Embargos à adjudicação, alienação ou arrematação	644
445.	Legitimação para a ação autônoma do art. 903, § 4º, do CPC/2015	645
446.	Objeto da ação autônoma do art. 903, § 4º, do CPC/2015	645
447.	A posição especial do arrematante	646
448.	Sucumbência na exceção de pré-executividade	647
Fluxograma n. 12 – Embargos à execução (arts. 914 a 920)		649

Capítulo XXXI – PARCELAMENTO JUDICIAL DO CRÉDITO EXEQUENDO — 650

449.	Moratória legal	650
450.	Requisitos para a obtenção do parcelamento	650
451.	Procedimento do incidente	652
452.	Indeferimento do parcelamento	653
453.	Descumprimento do parcelamento	653
453-A.	Proteção ao consumidor superendividado	654

453-B. Parcelamento na ação monitória 654
Fluxograma n. 13 – Parcelamento judicial do crédito exequendo (art. 916) 655

Capítulo XXXII – EMBARGOS DE TERCEIRO 656

454. Conceito 656
455. Objeto dos embargos 657
456. Legitimação ativa 657
457. Legitimação passiva 660
458. Valor da causa 660
459. Competência 660
460. Oportunidade 661
461. Julgamento e recurso 662
462. Procedimento 662
    462.1. Reconhecimento de fraude contra credores em reconvenção a embargos de terceiro 663
463. Efeitos dos embargos quando há deferimento da liminar 664
464. Efeitos do julgamento do mérito dos embargos 665
465. Embargos de terceiro opostos por credor com garantia real 665
466. Sucumbência na ação de embargos de terceiro 666
Fluxograma n. 14 – Embargos de terceiros (arts. 674 a 681) 667

Capítulo XXXIII – EXECUÇÃO POR QUANTIA CERTA CONTRA O DEVEDOR INSOLVENTE: INSOLVÊNCIA CIVIL 668

467. Introdução 668
468. Execução coletiva e execução singular 668
469. Pressupostos da execução coletiva 669
470. Efeitos da declaração de insolvência 671
471. Características da execução coletiva 673
472. Algumas diferenças entre a falência e a insolvência civil 673
473. Insolvência de cônjuges 674
474. Apuração ou verificação da insolvência. Natureza jurídica do processo 675
475. Caracterização da insolvência 676
476. Legitimação 677
477. Insolvência requerida pelo credor 679
478. Insolvência requerida pelo devedor ou seu espólio 683
479. Competência 685
480. Declaração judicial de insolvência 686
481. Atribuições do administrador da massa 688
482. Verificação e classificação dos créditos 690
483. Credores retardatários e credores sem título executivo 692
484. Quadro geral de credores 692
    I – Inexistindo impugnação 692
    II – Existindo impugnação 692
485. Apuração do ativo e pagamento dos credores 693

486.	Encerramento e suspensão do processo	694
487.	Saldo devedor	696
488.	Extinção das obrigações	696
489.	Concordata civil	698
489-A.	Lei do Superendividamento nas relações de consumo (Lei n. 14.181/2021)	699
489-B.	Superendividamento do consumidor e insolvência civil	701
489-C.	Recuperação judicial do produtor rural, nos moldes da Lei n. 11.101/2005	702
489-D.	Recuperação judicial e concomitância de execução singular	703
489-E.	Recuperação judicial e credor não habilitado	703
490.	Pensão para o devedor	703
491.	Insolvência de pessoas jurídicas	704
Fluxograma n. 15 – Execução por quantia certa contra devedor insolvente (arts. 748 a 773 do CPC/1973)		705
Fluxograma n. 16 – Extinção das obrigações do insolvente (arts. 777 a 782 do CPC/1973)		706

Capítulo XXXIV – SUSPENSÃO E EXTINÇÃO DO PROCESSO DE EXECUÇÃO. RECURSOS ... 707

492.	Suspensão da execução	707
493.	Suspensão prevista nos arts. 313 e 315 do CPC/2015	709
	I – Previsões do art. 313	709
	II – Previsão do art. 315	710
	III – Suspensão convencional (art. 313, II)	711
	IV – Suspensão para parcelamento legal do débito	711
	V – Suspensão por transação	712
494.	Suspensão provocada por embargos	712
495.	Suspensão por inexistência de bens penhoráveis	712
495-A.	Suspensão por não localização do executado	713
496.	Suspensão e prescrição intercorrente	713
	I – Execução por quantia certa	713
	II – Nulidade do procedimento de decretação da prescrição intercorrente	716
	III – Outras modalidades de execução	717
	IV – Prescrição intercorrente e *supressio*	717
	V – Prescrição intercorrente e honorários advocatícios	717
497.	A prescrição intercorrente e a jurisprudência do STJ anterior ao CPC/2015	720
498.	Suspensão da execução e possibilidade de embargos do devedor	722
499.	Suspensão da execução por falta de interessados na arrematação dos bens penhorados	722
500.	Suspensão em razão do parcelamento do débito	723
501.	Inocorrência de suspensão da execução por superveniência de ação cognitiva	723
502.	Suspensão da execução em virtude de recuperação judicial	723
503.	Suspensão da execução em virtude de liquidação extrajudicial	724
504.	Suspensão da execução em virtude de consignação em pagamento	725
505.	Suspensão da execução em razão do incidente de desconsideração da personalidade jurídica	725
506.	Suspensão da execução em virtude de falência do executado	726
507.	Superposição de penhoras não acarreta suspensão da execução	726

508.	Efeitos da suspensão..	727
509.	Extinção da execução...	728
	I – Quando a petição inicial for indeferida	728
	II – Quando a obrigação for satisfeita..	729
	III – Quando o executado obtiver, por qualquer outro meio, a extinção total da dívida...	730
	IV – Quando o exequente renunciar ao crédito	731
	V – Quando ocorrer a prescrição intercorrente	731
	VI – A sentença de extinção da execução..	732
510.	Outros casos de extinção da execução..	732
511.	Sentença de extinção..	733
512.	Extinção parcial da execução...	735
513.	Recursos no processo de execução	736
514.	Sentenças e decisões em matéria de execução e seus incidentes.............	736
515.	Efeitos dos recursos..	738
516.	Desapensamento dos autos dos embargos para tramitação da apelação.......	739
517.	Causas de alçada...	739
518.	Recursos extraordinário e especial..	739
Fluxograma n. 17 – Suspensão do processo e prescrição intercorrente (art. 921, III)		740

Capítulo XXXV – EXECUÇÃO FORÇADA E COISA JULGADA 741

519.	Introdução...	741
520.	Processo de execução...	741
521.	Diferenças fundamentais entre o processo de conhecimento e o processo de execução...	741
522.	Execução forçada no atual direito brasileiro...	743
523.	Embargos à execução	745
524.	Coisa julgada e estabilidade dos efeitos da execução forçada	747
525.	Repetição do pagamento indevido..	752
526.	Jurisdição e execução	753
527.	Opiniões de Carnelutti e Micheli	755
528.	Preclusão *pro iudicato*	756
529.	Execução injusta no CPC/2015	758
529-A.	Impossibilidade de se formar coisa julgada material sobre a sentença que apenas extingue a execução	759
530.	Conclusões...	761

Capítulo XXXVI – EXECUÇÃO DA DÍVIDA ATIVA DA FAZENDA PÚBLICA 763

531.	Procedimento especial da execução fiscal...	763
532.	Simplificação da petição inicial...	764
533.	Despacho da inicial...	764
534.	Citação do devedor	765

534-A.	Execução fiscal contra devedor falido	766
535.	Prescrição	766
	535.1. Teses vinculantes firmadas pelo STJ em matéria de prescrição intercorrente...	767
	535.2. Parcelamento da obrigação fiscal	769
536.	Penhora	770
537.	Remoção e substituição dos bens penhorados	770
538.	Embargos do devedor	771
	I – Noções gerais	771
	II – Matéria arguível	772
	III – Vedação à exceção de compensação	772
538-A.	Transação resolutiva de litígio relativa à cobrança de crédito da Fazenda Pública Federal	773
539.	Expropriação	774
540.	Arrematação	775
541.	Adjudicação	776
	541.1. Momento processual da adjudicação	776
542.	Despesas processuais	777
	542.1. Extinção do executivo sem resolução do mérito	778
542-A.	Suspensão e extinção de executivos fiscais de pequeno valor	778
543.	Recursos	779
543-A.	Fraude à execução fiscal	779
543-B.	Medida cautelar fiscal	780
543-C.	Medida administrativa preparatória	781
543-D.	Concurso de preferência e crédito da Fazenda Pública	781
543-E.	Concurso de preferência entre entes públicos, após o julgamento da ADPF 357	782
543-F.	Concorrência de penhoras de execução fiscal e execução comum	783
543-G.	Participação da Fazenda Pública no concurso falimentar	784
543-H.	Execução fiscal e meios extrajudiciais de solução de conflitos	785
	I – Arbitragem	785
	II – Mediação, transação e negócio jurídico processual	787

Título III
CUMPRIMENTO DA SENTENÇA

Capítulo XXXVII – A EXECUÇÃO FORÇADA COM BASE EM TÍTULO JUDICIAL... 789

544.	As vias executivas no processo civil brasileiro	789
545.	A execução como ofício normal do juiz	789
546.	O cumprimento de sentença no CPC/2015	791

Capítulo XXXVIII – CUMPRIMENTO DA SENTENÇA CONDENATÓRIA... 793

547.	A noção de sentença condenatória perante as novas técnicas de cumprimento dos julgados	793
548.	Cumprimento de sentença e contraditório	795
548-A.	Medidas coercitivas em reforço da autoridade da sentença	796

549.	Necessidade de requerimento do exequente..	796
550.	Intimação do devedor..	798
	I – Regra geral..	798
	II – Exceções..	799
	III – Intimação presumida..	799
	IV – Inatividade processual longa	800
	V – Prazo da intimação..	800
551.	Legitimação ativa e passiva. Devedores solidários..	800
552.	Regras disciplinadoras do cumprimento das sentenças..	801
553.	A possibilidade de execução com base em sentença declaratória............................	802
	553.1. Efeito implícito do acertamento efetuado pela sentença............................	805
554.	A possibilidade de execução da sentença de improcedência da demanda	806
555.	Tutela interdital como padrão	808
556.	Defesa do executado	809
556-A.	O excesso de execução no cumprimento de sentença..	810
	I – A configuração do excesso de execução...	810
	II – Exceção de contrato não cumprido..	810
	III – Ônus da prova...	811
	IV – Momento adequado à arguição de contrato não cumprido........................	812
	V – Efeitos da exceção de contrato não cumprido no plano da execução forçada	813
	VI – Distinção entre exceção de contrato não cumprido e ação de resolução de contrato por inadimplemento..	815
	VII – Encargos sucumbenciais aplicáveis na acolhida da exceção de contrato não cumprido..	816
557.	Impugnação à validade dos atos posteriores ao prazo do art. 525.........................	816
558.	Cumprimento por iniciativa do devedor	817
559.	O cumprimento forçado por iniciativa do devedor no caso de dívida de dinheiro ...	817
560.	Sucumbência...	819
	I – Regime do Código de 1973..	819
	II – Regime do atual Código...	819
	III – Sucumbência na impugnação ao cumprimento da sentença.....................	820
	IV – Base de cálculo da verba advocatícia..	820
	V – Despesas e custas do cumprimento de sentença	820
561.	Sentença que decide relação jurídica sujeita a condição ou termo.........................	821
561-A.	Uma melhor visão da precisão na sentença sobre relação jurídica condicional.........	823
562.	Requisito do requerimento de cumprimento da sentença que decide relação jurídica sujeita a condição ou termo	825

Capítulo XXXIX – CUMPRIMENTO DA SENTENÇA RELATIVA ÀS OBRIGAÇÕES DE FAZER E NÃO FAZER... 826

563.	Noção de obrigação de fazer e não fazer..	826
564.	Execução específica e execução substitutiva...	827
565.	Tutela específica...	828

	I – Técnica processual na legislação anterior (tutela específica e tutela subsidiária)	828
566.	Tutela substitutiva..	829
566-A.	Possibilidade de o devedor excepcionalmente impor a execução específica em resistência a pretensão do credor às perdas e danos (Lei nº 14.833/2024).............................	830
567.	Medidas sub-rogatórias e antecipatórias no cumprimento de sentença........................	831
568.	Conversão em perdas e danos	834
569.	A multa (*astreinte*)...	834
	I – Conceito	834
	II – Cabimento da multa...	835
	III – Valor da multa	835
	IV – Reexame da multa...	836
	V – Casos de modificação ou exclusão da multa...	837
	VI – A multa e as obrigações personalíssimas	838
	VII – As *astreintes* e a Fazenda Pública..	841
570.	Cumulação da multa diária com medida de execução específica..................................	841
571.	Execução da multa	842
	I – Procedimento...	842
	II – Regime do Código de 1973..	842
	III – Regime do CPC de 2015...	842
	IV – A necessidade de constituir-se um título judicial completo para a execução da multa...	843
	V – Termo inicial e final de incidência da multa..	844
	VI – Cobrança da multa segundo o regime do CPC/2015...	845
	VII – As *astreintes* e a tutela provisória...	846
	VIII – Multa diária, correção monetária e juros moratórios	846
572.	Procedimento a observar na execução da multa...	847
573.	Modificação da multa imposta	848
574.	Obrigações de não fazer	850
575.	Defesa do executado	851
576.	Encerramento do processo..	852
Fluxograma n. 18 – Cumprimento de sentença que reconhece a exigibilidade de obrigação de fazer ou não fazer (arts. 536 e 537)		854

Capítulo XL – EXECUÇÃO DA SENTENÇA QUE CONDENA AO CUMPRIMENTO DE OBRIGAÇÃO DE DECLARAR VONTADE.. 855

577.	Execução das prestações de declaração de vontade..	855
578.	Satisfação da contraprestação a cargo do exequente	856
579.	A execução das sentenças que condenam à declaração de vontade	858
580.	Algumas observações sobre o compromisso de compra e venda de imóveis...............	858
	580.1. Compromisso de compra e venda não registrado...	859
	580.2. Ilicitude da comercialização de loteamento irregular.....................................	861
581.	A natureza jurídica da sentença	862

Capítulo XLI – CUMPRIMENTO DA SENTENÇA RELATIVA À OBRIGAÇÃO DE ENTREGA DE COISA ... 864

582. Noção de obrigação de dar (entrega de coisa) ... 864
583. Histórico dos títulos especiais de entrega de coisa: ações executivas *lato sensu* ... 864
    I – Regime antigo ... 864
    II – Regime atual ... 865
    III – Providências cabíveis para reforçar a efetividade da tutela às obrigações de entrega de coisa ... 866
584. Execução específica e execução substitutiva ... 866
585. Procedimento pós-sentença ... 867
586. Tutela substitutiva ... 868
587. Multa e outras medidas de apoio ... 869
588. Defesa do executado ... 869
589. Obrigação genérica ... 870
590. Retenção por benfeitorias ... 870
591. Encerramento do processo ... 872
Fluxograma n. 19 – Cumprimento de sentença que reconhece a exigibilidade de obrigação de entregar coisa (art. 538) ... 873

Capítulo XLII – CUMPRIMENTO DA SENTENÇA RELATIVA À OBRIGAÇÃO POR QUANTIA CERTA ... 874

592. Noção de obrigação por quantia certa ... 874
593. Cumprimento de sentença que reconhece o dever de pagar quantia certa ... 874
594. Multa legal e honorários de advogado ... 876
    I – Cabimento ... 876
    II – Multa no cumprimento provisório da sentença ... 877
    III – Pagamento parcial do débito ... 878
    IV – Pagamento integral do débito ... 878
    V – Multa na execução de sentença arbitral e outras decisões ... 878
    VI – Quando cabe a verba honorária, e como arbitrá-la ... 879
    VII – Depósito do *quantum* devido, antes de recorrer da sentença exequenda ... 879
    VIII – Acessoriedade da multa ... 880
    IX – Necessidade de requerimento do exequente ... 880
595. Requerimento do credor ... 880
    I – Iniciativa do credor ... 880
    II – Iniciativa do devedor ... 881
596. Intimação do devedor ... 881
    I – Regra geral ... 881
    II – Exceções ... 882
    III – Intimação presumida ... 882
    IV – Inatividade processual longa ... 882
    V – Prazo da intimação ... 883
597. Contagem do prazo para pagamento ... 883
598. Prazo de pagamento e litisconsórcio passivo ... 884
599. Penhora e avaliação ... 885

600.	Inexecutividade do fiador e outros coobrigados	885
601.	O procedimento executivo	886
	I – Dados necessários do requerimento	886
	II – Depósito do valor da dívida no prazo da intimação para cumprimento da sentença	886
	III – Nomeação dos bens a penhorar	887
	IV – Definição do *quantum* exequendo	887
	V – Demonstrativo que dependa de dados extra-autos	888
602.	Cumprimento de sentença e exceção de pré-executividade	888
603.	Impugnação do executado	889
	603.1. Prazo para a impugnação	890
	603.2. Agravo de instrumento em lugar de impugnação ao cumprimento de decisão	891
604.	Enumeração legal dos temas abordáveis na impugnação ao cumprimento da sentença	891
	I – Falta ou nulidade da citação se, na fase de conhecimento, o processo correu à revelia	892
	II – Ilegitimidade das partes	893
	III – Inexequibilidade do título ou inexigibilidade da obrigação	894
	A) Generalidades	894
	B) Excesso de execução	894
	C) Inconstitucionalidade da sentença como causa de inexigibilidade da obrigação nela reconhecida (art. 525, §§ 12 a 15)	896
	D) Permissão para modulação temporal da decisão que acolhe a inexigibilidade da obrigação por inconstitucionalidade	900
	E) Direito intertemporal em matéria de arguição de inconstitucionalidade	900
	IV – Penhora incorreta ou avaliação errônea	900
	V – Excesso de execução ou cumulação indevida de execução	901
	VI – Incompetência absoluta ou relativa do juízo da execução	903
	VII – Qualquer causa modificativa ou extintiva da obrigação	903
	VIII – Nulidade da sentença arbitral	905
605.	Atos executivos posteriores ao prazo legal da impugnação	905
606.	O cumprimento da sentença e a prescrição	906
607.	Casos particulares de prescrição e decadência	909
	I – Ação de repetição do pagamento indevido	909
	II – Ação de anulação da fiança prestada sem outorga conjugal	910
608.	Impedimento ou suspeição do juiz	911
609.	Executados com diferentes procuradores	912
610.	Regra especial para a impugnação por excesso de execução, no tocante a obrigação de quantia certa	912
611.	O problema da iliquidez da sentença	912
	611.1. Não é ilíquida a sentença omissa quanto aos juros e correção monetária	913
612.	As decisões homologatórias de autocomposição e a defesa do executado	914
613.	Procedimento da impugnação	914
614.	Efeito da impugnação	914
615.	Instrução probatória	915

616. Julgamento da impugnação. Recurso cabível 916
617. Coisa julgada no incidente de impugnação ao cumprimento de sentença 916
618. Suspensão do cumprimento de sentença em virtude de rescisória 917
Fluxograma n. 20 – Cumprimento definitivo da sentença que reconhece a exigibilidade de obrigação de pagar quantia certa (arts. 523 a 527) 919

Capítulo XLIII – CUMPRIMENTO DE SENTENÇA QUE RECONHECE A EXIGIBILIDADE DE OBRIGAÇÃO DE PAGAR QUANTIA CERTA PELA FAZENDA PÚBLICA 920

619. Evolução da execução por quantia certa fundada em sentença contra a Fazenda Pública 920
620. Generalidades do cumprimento de sentença contra a Fazenda Pública 920
    I – Execução por quantia certa sem penhora e expropriação 920
    II – Execução de outras obrigações da Fazenda Pública 921
    III – Execução de obrigações de fazer. Políticas públicas 922
    IV – Ações estruturais na ótica do STJ e do STF 923
621. Procedimento 925
    I – Requerimento do exequente 925
    II – Execução contra a Fazenda Pública no Juizado Especial 925
    III – Intimação da Fazenda executada 926
    IV – Expedição do precatório 926
    V – Créditos de alimentos 927
    VI – Parcelamento do precatório (CF, art. 100, § 2º – incluído pela EC n. 94/2016) ... 928
    VII – Financiamento de parte dos precatórios e obrigações de pequeno valor (CF, art. 100, § 19 – incluído pela EC n. 94/2016) 928
    VIII – A importância da ordenação cronológica dos precatórios na execução contra a Fazenda Pública 928
    IX – Utilização de créditos, do interessado ou de terceiros, para quitação de débitos junto à União, Autarquias e Fundações Federais 929
622. Defesa da Fazenda 931
    I – Temas discutíveis 931
    II – Alguns destaques 931
    III – Arguição de incompetência, suspeição ou impedimento do juízo 932
    IV – Duplo grau obrigatório 933
    V – Atribuições do Presidente do Tribunal na execução da Fazenda Pública 933
    VI – Impugnações e revisões de cálculo perante o Tribunal e perante o juízo da execução 934
    VII – Revisão do cálculo de juros de mora e coisa julgada 935
622-A. Honorários advocatícios sucumbenciais no cumprimento de sentença contra a Fazenda Pública 935
623. Execução provisória contra a Fazenda Pública 936
    623.1. Execução parcial da condenação na pendência de recurso da Fazenda Pública 937
624. Execução definitiva sob forma de precatório 938
625. Execução definitiva na modalidade "requisição de pequeno valor" 940
    625.1. Requisição de pequeno valor em caso de crédito alimentar "superpreferencial" 941
    625.2. Pagamento do precatório em parcelas ou por acordo direto 942
    625.3. Limite legal das requisições de pequeno valor 943
    625.4. Parâmetros traçados pelo STF para as requisições de pequeno valor 943

626.	Sequestro de verbas públicas	944
	626.1. Procedimento do sequestro	945
	626.2. Outras medidas coercitivas	945
627.	Exceções ao regime dos precatórios	946
627.-A.	Acordo para pagamento com desconto de precatórios federais	947
628.	Autonomia do crédito de honorários sucumbenciais	949
629.	Credores litisconsorciados	950
630.	Possibilidade de fracionamento do precatório	951
631.	Cessão e compensação no âmbito dos precatórios	952
632.	Regime especial dos precatórios	953
633.	Atraso no cumprimento dos precatórios	954
634.	Procedimento para obtenção do precatório complementar	957
	634.1. Acordos diretos para pagamento de precatórios	958
	I – Em relação ao acordo de pagamento de precatórios	958
	II – Em relação ao acordo terminativo de litígio	958
	634.2. Renúncia parcial do crédito para demandá-lo através do Juizado Especial Federal	959
	634.3. Execução por quantia certa contra entidade da Administração Pública Indireta	960

Fluxograma n. 21 – Cumprimento de sentença que reconhece a exigibilidade de obrigação de pagar quantia certa pela Fazenda Pública (arts. 534 e 535) 961

Capítulo XLIV – CUMPRIMENTO DE SENTENÇA QUE RECONHECE A EXIGIBILIDADE DE OBRIGAÇÃO DE PRESTAR ALIMENTOS 962

635.	Execução de prestação alimentícia	962
636.	A ação de alimentos e a técnica de cumprimento da sentença	962
637.	Procedimento específico de cumprimento da decisão que fixa alimentos	963
638.	Disposições próprias do cumprimento da decisão que fixa prestação alimentícia	965
	I – Legitimação	965
	II – Competência	965
	III – Averbação em folha de pagamento	966
	IV – Protesto da decisão judicial	967
	V – Prisão civil do executado	967
	VI – Cumprimento da decisão definitiva e da decisão provisória que fixa alimentos	969
	VII – Crime de abandono material	970
	VIII – Pensionamento decorrente de ato ilícito	971
639.	Sentenças de indenização por ato ilícito	971
640.	Revisão, cancelamento, exoneração ou modificação do pensionamento	975
641.	Pensionamento em salários mínimos	976

Fluxograma n. 22 – Cumprimento de sentença que reconhece a exigibilidade de obrigação de prestar alimentos (arts. 528 a 533) 977

Capítulo XLV – TÍTULOS EXECUTIVOS JUDICIAIS ... 978
642. Noções introdutórias ... 978
643. Medidas preparatórias especiais ... 980
644. Procedimento especial: sentença penal, sentença arbitral e sentença ou decisão interlocutória estrangeira ... 981
645. Encerramento do cumprimento de sentença ... 982
646. Sentença condenatória civil ... 982
647. Sentença condenatória contra a Fazenda Pública ... 984
648. Nova visão dos efeitos da sentença declaratória ... 985
649. Ação declaratória e prescrição ... 986
650. Sentença penal condenatória ... 987
    I – Força civil da sentença penal ... 987
    II – Requisitos da execução civil da sentença penal ... 988
    III – Condenação civil provisória no bojo da sentença penal ... 988
    IV – Legitimação para a execução civil da sentença penal ... 989
    V – Prescrição criminal ... 990
651. Sentença homologatória de autocomposição e a defesa do executado ... 991
    I – Autocomposição judicial ... 991
    II – Amplitude subjetiva da autocomposição judicial ... 992
    III – Procedimento executivo ... 992
    IV – A defesa do executado ... 992
    V – Autocomposição extrajudicial ... 993
652. Sentença arbitral ... 993
653. Sentença estrangeira ... 994
    I – Sentença estrangeira ... 994
    II – Decisão interlocutória estrangeira ... 995
    III – Sentença oriunda de país membro do MERCOSUL ... 995
654. O formal e a certidão de partilha ... 996
655. Crédito de auxiliar da justiça ... 997

Capítulo XLVI – PARTICULARIDADES DE ALGUNS TÍTULOS JUDICIAIS ... 998
656. Condenações a prestações alternativas ... 998
657. Sentença que decide relação jurídica sujeita a condição ou termo ... 998
    I – Noção de condição e termo ... 998
    II – Restrições doutrinárias às sentenças condicionais ... 999
    III – Admissibilidade legal da sentença condicional ... 999
658. Requisito de admissibilidade da sentença condicional ou a termo ... 1000
659. Julgamento fracionado da lide ... 1001
660. Decisões proferidas em procedimento de tutela provisória ... 1001
661. Protesto da decisão judicial transitada em julgado ... 1002
    I – A sentença como título protestável ... 1002
    II – Procedimento do protesto ... 1002
    III – Pagamento no cartório de protesto ... 1003
    IV – Cancelamento do protesto ... 1003

	V – Superveniência de ação rescisória	1003
	VI – Inscrição em cadastro de inadimplentes	1003
662.	Cumprimento parcelado da sentença	1004

Capítulo XLVII – EXECUÇÃO PROVISÓRIA E DEFINITIVA 1005

663.	Noções introdutórias	1005
664.	Fundamentos da execução provisória	1005
665.	Execução de título extrajudicial embargada	1006
666.	Situação do tema no Código de 2015	1007
667.	Normas básicas da execução provisória	1008
668.	Casos de dispensa de caução	1011
669.	Novas regras relativas ao cumprimento provisório	1013
670.	Aplicação subsidiária das regras de cumprimento provisório de obrigação de quantia certa às obrigações de fazer, não fazer ou de dar	1013
671.	Incidentes da execução provisória	1014
672.	Processamento da execução provisória	1014
673.	Prazo para ajuizamento do cumprimento provisório da sentença	1015

Fluxograma n. 23 – Cumprimento provisório de sentença que reconhece a exigibilidade de obrigação de pagar quantia certa (arts. 520 a 522) 1016

Capítulo XLVIII – COMPETÊNCIA 1017

674.	Juízo competente para o cumprimento da sentença	1017
675.	Regras legais sobre competência aplicáveis ao cumprimento da sentença	1017
676.	Execução dos honorários advocatícios sucumbenciais	1018
677.	Competência opcional para o cumprimento da sentença	1019
678.	Competência para cumprimento da sentença arbitral	1021
679.	Competência para execução civil da sentença penal	1021
680.	Competência internacional	1022
681.	Direito intertemporal	1023

Capítulo XLIX – TÍTULO JUDICIAL ILÍQUIDO 1024

682.	Sentença ilíquida	1024
683.	Execução da sentença ilíquida	1024
684.	Liquidação de sentença declaratória e de outros títulos judiciais	1025
685.	Casos de iliquidez da sentença	1026
686.	Natureza jurídica da liquidação da sentença	1026
687.	A liquidação e os honorários advocatícios	1028
688.	Limites da liquidação	1030
689.	Contraditório	1032
690.	Liquidez parcial da sentença	1032
691.	Liquidação por iniciativa do vencido	1032
692.	Recursos	1032
693.	Liquidação frustrada	1033
	693.1. Inviabilidade da liquidação de danos apenas hipotéticos	1034
694.	Procedimentos possíveis	1035

695.	Liquidação por cálculo	1035
696.	Cálculo com base em dados ainda não juntados aos autos	1037
697.	Memória de cálculo a cargo da parte beneficiária da assistência judiciária	1037
698.	Memória de cálculo aparentemente excessiva	1038
699.	Liquidação por arbitramento	1038
700.	Liquidação pelo procedimento comum	1040
701.	A indisponibilidade do rito da liquidação	1042
702.	Rescisão da decisão liquidatória	1042

Capítulo L – EXECUÇÃO DE AÇÕES COLETIVAS ... 1044

703.	Histórico	1044
704.	Direito material coletivo e direito processual coletivo	1044
705.	Configuração dos direitos materiais tuteláveis pela ação civil pública	1045
706.	Ações coletivas possíveis após o CDC	1046
	I – Ações coletivas	1046
	II – Direitos individuais homogêneos	1046
	III – Direitos difusos e coletivos	1047
	IV – Procedimento único	1047
707.	Coisa julgada	1049
708.	Execução	1050
709.	Execução coletiva por meio de sindicato ou associação	1052

Capítulo LI – DIREITO INTERTEMPORAL NA EXECUÇÃO E NO CUMPRIMENTO DE SENTENÇA ... 1054

710.	Introdução	1054
711.	Cumprimento de sentença que reconhece a exigibilidade de obrigação de pagar quantia certa contra a Fazenda Pública	1055
712.	Título executivo acrescido ao CPC/2015	1056
713.	Alterações no procedimento do cumprimento de sentença	1056
	I – Prazo para oferecimento de impugnação ao cumprimento da sentença	1056
	II – Multa e honorários advocatícios no cumprimento provisório de sentença	1057
714.	Penhora *on-line*	1058
715.	Invalidação da arrematação	1059
716.	Protesto da decisão judicial transitada em julgado	1060

BIBLIOGRAFIA ... 1061

Título I

Introdução às Técnicas de Execução Forçada

Capítulo I
AS VIAS DE EXECUÇÃO NO PROCESSO CIVIL BRASILEIRO

1. TUTELAS JURISDICIONAIS

Desde suas origens romanas, o processo civil europeu continental, de onde deriva o direito processual brasileiro, proporciona ao direito material, nas situações conflituosas, dois tipos de tutela: uma de acertamento ou definição e outra de realização ou satisfação. A primeira realiza-se por meio de um provimento denominado *sentença*, no qual o órgão judicial declara a real situação jurídica dos contendores frente ao litígio deduzido em juízo. A segunda conduz a um provimento que atua no plano material, provocando alterações na esfera concreta do patrimônio dos litigantes, por meio de uma atividade denominada *execução forçada*. O órgão jurisdicional realiza concretamente a prestação que uma parte deveria efetuar em favor da outra. Substituindo o devedor, o juiz utiliza, coativamente, bens de seu patrimônio para proporcionar a satisfação do direito subjetivo do credor.

Ao método usado pelo Poder Judiciário para definir a situação jurídica litigiosa dá-se o nome de *processo de conhecimento*; e ao utilizado para satisfação forçada da obrigação inadimplida pelo devedor, atribui-se a denominação de *processo de execução*.

A instauração do processo, tanto de conhecimento como de execução, é provocada pela parte interessada por meio do exercício do direito de ação – direito à prestação jurisdicional – que se especializa em *ação cognitiva*, quando se busca a sentença, e *ação executiva*, quando são os atos de satisfação material o que se pretende da jurisdição.

A história da ação executiva confunde-se com a do próprio processo e tem passado por muitas vicissitudes ao longo da evolução do direito que se costuma apelidar de instrumental. É o que abordaremos no item seguinte.

2. BREVE HISTÓRICO DA AÇÃO EXECUTIVA

No primeiro estágio do direito romano, dito período clássico, o processo era desenvolvido em dois momentos distintos: iniciava-se perante o *praetor* e se completava perante o *judex*. O *praetor* era um magistrado, agente estatal que detinha o *imperium* e que se encarregava dos negócios da Justiça. Não julgava, entretanto, os conflitos que lhe eram submetidos por meio das *actiones*. Ouvidas as partes, nomeava-se um jurista, que assumia a função de *iudex*, cujo desempenho culminava com a *sententia*. Ao contrário do *praetor*, o *iudex* não era um agente estatal permanente: era um particular a que, no caso concreto, se confiava a tarefa de julgar. O sistema era, portanto, arbitral, com nítida feição negocial. Considerava-se a *litis contestatio* como o compromisso assumido pelos litigantes, em face do *praetor*, de submeterem-se àquilo que fosse decidido pelo *iudex*.

Como o *iudex* não detinha o *imperium*, mas apenas o *iudicium*, não tinha poder para fazer cumprir sua sentença. Se o vencido deixava de cumpri-la voluntariamente, o vencedor teria de voltar ao detentor do *imperium* para poder empregar a força na realização do comando sentencial. Para tanto, teria de propor uma nova *actio*, que se denominava *actio iudicati*. Esse sistema, intitulado *ordo iudiciorum privatorum*, exigia, por sua estrutura negocial e arbitral, essa dualidade de ações para alcançar-se a efetiva satisfação do direito subjetivo violado: uma ação para acertar a existência do direito da parte, que se encerrava pelo pronunciamento do *iudex*; e outra ação quando eventualmente o vencido não cuidasse de cumprir a prestação que lhe impusera a *sententia*[1].

É bom lembrar que nos primórdios do direito romano não havia um poder judiciário organizado de forma autônoma diante dos outros poderes estatais. O *praetor* não julgava e o *iudex* sentenciava, mas não tinha poderes executivos. Daí o recurso ao processo dual em que a *actio* se realizava por ato, puramente declaratório, de um árbitro (o *iudex*); e a execução forçada, quando necessária, reclamava a intervenção, em ação especial (*actio iudicati*), do *praetor* (magistrado que realmente dispunha do *imperium*)[2].

Essa duplicidade de ações em torno de um só litígio conservou-se no período *formulário*, em que o *praetor* assumiu maiores poderes na organização e encaminhamento da causa, sem, entretanto, eliminar o feitio arbitral do julgamento[3]. Já na era cristã, o império romano chegou a organizar a Justiça de forma autônoma e totalmente pública. A esse período histórico deu-se o nome de *extraordinaria cognitio*, porque inicialmente o *praetor* passou a assumir, em determinadas causas, o seu conhecimento e julgamento, eliminando a figura arbitral do *iudex*. Essa abolição foi gradual, mas com o passar dos tempos generalizou-se. O *praetor* fundiu o *imperium* com o *iudicium* e se tornou um juiz completo, nos mesmos padrões que nos tempos atuais caracterizam o Poder Judiciário e os Juízes estatais[4].

---

[1] Na vigência da Lei das XII Tábuas, *manus iniectio* (uma ação executiva primitiva) permitia ao credor aprisionar o devedor que não cumpria a sentença, reduzindo-o à condição de escravo, se durante algum tempo não pagasse a dívida nem apresentasse alguém para responder por ela (o *vindex*). Ainda segundo a mesma Lei, não havendo acordo ou pagamento da dívida, o devedor seria morto ou vendido, como escravo, além do Tibre, ou seja, fora dos limites de Roma. Esse requisito se explicava porque, sendo o devedor cidadão romano não podia ser negociado como escravo senão fora de Roma, dado que a escravatura era incompatível com a cidadania dentro de seu território (LUCON, Paulo Henrique dos Santos. Perfil histórico da execução civil: do direito romano ao CPC de 2015. In: NASCIMENTO FILHO, Firly; FERREIRA, Márcio Vieira Souto Costa; BENEDUZI, Renato (coords.). *Estudos em homenagem a Sérgio Bermudes*. Rio de Janeiro: GZ Editora, 2023, p. 611).

[2] O período clássico, também conhecido como o período das ações da lei (legis actiones), porque o iudex só poderia decidir, observando um dos procedimentos previstos na lei, em numerus clausus, durou, desde a Lei das XII Tábuas (século V a. C.) até meados do século II a.C.

[3] O período formulário, em que se reconhecia ao pretor o poder de criar novas fórmulas procedimentais, além daquelas antigas estabelecidas pela lei (*legis actiones*), adequando-as às particularidades de certas demandas, perdurou durante os séculos I a.C. e II d.C. Aos dois períodos mais antigos do processo civil romano – o das legis actiones e o formulário – em que prevalecia o sistema arbitral do julgamento pelo iudex, atribui-se a denominação de ordo iudiciorum privatorum, tendo em vista que se caracterizava basicamente pela colaboração entre partes e magistrado na escolha e nomeação do julgador. A instância era organizada e as partes, em presença do praetor, firmavam a litis contestatio, espécie de contrato no qual escolhiam um iudex para decidir. "Por meio da litis contestatio, os litigantes se submetiam, de modo voluntário, ao futuro resultado judicial ainda incerto" (LUCON, Paulo Henrique dos Santos. Op. cit., p. 605).

[4] O sistema da extraordinaria cognitio vigorou durante a cristianização do Império Romano, até sua extinção na Idade Média.

No auge da evolução do processo romano já não mais se justificava o recurso a duas ações para alcançar o cumprimento forçado da sentença, pois seu prolator era titular tanto do *imperium* como do *iudicium*. Somente por inércia histórico-cultural foi que se continuou a usar a *actio iudicati* até a queda do império romano.

É importante registrar que a execução civil romana passou por uma gradativa humanização iniciada no período formulário e consumada pela *extraordinaria cognitio, com a possibilidade cada vez maior de o devedor participar de um processo em contraditório* em que a responsabilidade atuada judicialmente, por fim, concentrou-se exclusivamente sobre o patrimônio do devedor, como prevalece no direito contemporâneo[5].

Na Idade Média, inicialmente, os novos dominadores do que antes fora o império romano – os povos germânicos – tinham hábitos primitivos no tocante à tutela dos direitos violados. Os credores realizavam por suas próprias forças seus direitos inadimplidos. A execução forçada era privada e não dependia de prévia sentença judicial. Ao devedor é que, discordando da execução promovida pelo credor, competia instaurar o processo de impugnação. Invertiam-se os termos, em relação ao direito romano: primeiro se executava para depois se acertar o direito controvertido.

Mais tarde, sob influência da retomada dos estudos do direito romano nas universidades, os germânicos aboliram a execução privada e aceitaram a necessidade do prévio acertamento do direito do credor por meio de sentença, para só depois cuidar de sua realização forçada. Não aceitaram, porém, que para se cumprir o comando da sentença condenatória tivesse o credor de instaurar uma nova ação, como era da tradição romana. Aboliram, por completo, a *actio iudicati*. Em seu lugar, os glosadores do século XIII, liderados por Martino de Fano, conceberam a doutrina do *officium iudicis*, segundo a qual o dever do juiz era não apenas o de julgar, mas incluía, por seu próprio ofício, todas as medidas ou providências para que a condenação se tornasse realidade. Independentemente dos percalços da *actio iudicati*, competia ao juiz determinar, por decorrência de seu ofício, as medidas de cumprimento forçado das sentenças. Esse sistema recebeu a denominação de *executio per officium iudicis*[6].

Esqueceu-se durante vários séculos da velha *actio iudicati* romana. Só nos últimos anos da Idade Média e nos primórdios da Era Moderna foi que, com o aparecimento dos títulos de crédito, se voltou a cogitar da *actio iudicati*, para atribuir-lhes maior liquidez, em atendimento às exigências do mercado. Equiparando-se a força do título de crédito à da sentença, poderia o credor ingressar em juízo diretamente nas vias executivas, obtendo desde logo a penhora, sem necessidade de aguardar o trâmite complicado do prévio acertamento em ação condenatória.

A partir de então, e até o século XVIII, existiram na Europa duas vias executivas: uma singela, para o cumprimento da sentença, que se resumia no mandado de execução expedido como consequência automática da condenação; outra sob a forma de *ação de execução*, sujeita às exigências de um processo completo, inclusive no tocante à eventualidade de contraditório sobre o direito do exequente, por iniciativa do devedor, após o ato inicial da penhora.

No século XIX, sob influência do Código de Processo Civil de Napoleão, entendeu-se que, do ponto de vista técnico, era conveniente unificar as vias executivas. Desapareceu a *executio per officium iudicis* e implantou-se a *ação executiva* como procedimento único tanto para os títulos judiciais como para os extrajudiciais.

---

[5] "A evolução mostra-se ainda mais importante quando, em momento ulterior, através da *bonorum distractio*, a execução atinge tão somente aqueles bens suficientes ao pagamento de débito. Gradativamente, passou a haver uma saudável e justa proporcionalidade entre a obrigação devida e os atos executivos destinados ao seu cumprimento" (LUCON, Paulo Henrique dos Santos. *Op. cit.*, p. 628).

[6] Sobre a história medieval da execução (direito intermédio), v. LIEBMAN, Enrico Tullio. *Embargos do executado*. Trad. de J. Guimarães Menegale. 2. ed. São Paulo: Saraiva, 1968, p. 27 a 83.

Se os títulos de créditos saíram prestigiados nessa sistemática processual, as sentenças sofreram grande perda de efetividade. Ao se exigir que o credor, vitorioso no processo de conhecimento, tivesse que iniciar um novo processo para alcançar a satisfação de seu direito já revestido da autoridade da coisa julgada, a sentença condenatória foi reduzida a um mero acertamento declaratório: declaração do direito violado e da prestação a que ficava sujeito o violador. Encerrando-se a prestação jurisdicional com tal sentença, praticamente a sentença condenatória em nada diferia das declaratórias, principalmente num processo como o brasileiro que admite a ação declaratória mesmo depois de violado o direito (CPC/2015, art. 20).

Pela inadequação da *actio iudicati* para atender à premência do cumprimento de várias condenações, o direito processual teve de manter e ampliar os casos de procedimentos especiais unitários – como o das ações possessórias, ação de depósito,[7] ação de nunciação de obra nova,[8] de despejo etc. – em que a sentença era qualificada como predominantemente executiva, para justificar a imediata expedição de mandado de cumprimento, sem passar pelos percalços da ação autônoma de execução.

As sentenças, após restauração da *actio iudicati*, passaram a figurar em dois grupos, no tocante ao *modus procedendi* de seu cumprimento: a) as que, em regime de ações especiais, cumpriam-se de plano, dentro da mesma relação processual em que foram prolatadas, nos moldes da *executio per officium iudicis*; b) as que, no regime ordinário, submetiam-se a uma nova ação para alcançar a execução forçada (*actio iudicati*).

3. AS SUCESSIVAS REFORMAS DO PROCESSO CIVIL BRASILEIRO, QUE CULMINARAM COM A ABOLIÇÃO DA *ACTIO IUDICATI*, NO CAMPO DO CUMPRIMENTO DAS SENTENÇAS, E COM A IMPLANTAÇÃO EM CARÁTER GERAL DA *EXECUTIO PER OFFICIUM IUDICIS* (SISTEMA MANTIDO PELO CPC/2015)

Tal como acontecera na Idade Média, a total submissão do cumprimento da sentença condenatória a uma nova e autônoma ação, provocou, na prática, uma frustração social, que, de várias maneiras o direito processual procurou contornar. Na Europa, as reformas adotaram o rumo da desjudicialização dos atos executivos que, confiados a agentes administrativos ou parajudiciais, poderiam ser iniciados e encerrados sem a participação do juiz e da secretaria do juízo. Ao juiz ficaria reservado um controle eventual e a distância. Somente em casos de litígios incidentais, como os embargos, é que se daria a intervenção judicial[9].

---

[7] No sistema do CPC de 2015 não mais existe procedimento especial para a ação de depósito. Ela será processada segundo o procedimento comum. Entretanto, em razão da tutela de evidência pertinente ao regime material desse tipo de contrato, o autor poderá, exibindo prova documental, requerer na petição inicial, a expedição de ordem liminar de entrega do objeto custodiado pelo demandado, sob cominação de multa (CPC/2015, art. 311, III).

[8] O CPC/2015 também deixou de prever um procedimento especial para a ação de nunciação de obra nova. Entretanto, mesmo não existindo uma ação de rito especial a seu dispor, poderá o vizinho prejudicado pela construção planejada ou iniciada no imóvel confinante pleitear e obter, em procedimento comum, *in limine litis*, embargo judicial. Essa liminar, requerida na petição inicial, como efeito derivado diretamente do direito subjetivo a tutelar, não ficará condicionada à prévia demonstração do requisito do *periculum in mora*, desde que exista comprovação, ainda que superficial, da situação de vizinhança e da interferência nociva da obra na esfera jurídica do promovente.

[9] "Em alguns sistemas jurídicos, o tribunal só tem de intervir em caso de *litígio*, exercendo então uma função de tutela. O exemplo extremo é dado pela Suécia, país em que é encarregue da execução o *Serviço Público de Cobrança Forçada*, que constitui um organismo administrativo e não judicial" (...) "Noutros países da União Europeia, há um agente de execução (*huissier* em França, na Bélgica, no Luxemburgo, na Holanda e na Grécia; *sheriff officer* na Escócia) que, embora seja um funcionário de nomeação oficial e, como tal, tenha

Em Portugal, implantou-se, por reforma do seu antigo Código de Processo Civil, levada a cabo nos primórdios do século XXI, uma nova sistemática para a execução forçada, a qual posteriormente veio a ser mantida pelo atual Código lusitano editado em 2013. Mesmo mantendo a dualidade de ações para condenar e executar, procurou-se dar aos atos executivos uma ligeireza maior, colocando-os fora da esfera judicial comum onde o desenvolvimento do processo depende fundamentalmente de atos do juiz.[10] Na moderna concepção do direito português, optou-se por deixar o juiz mais longe das atividades executivas. Reservou-se-lhe uma tarefa tutelar desempenhada à distância. Sua intervenção não é sistemática e permanente, mas apenas eventual. No exercício dessa função de *tutela* e de *controle*, o juiz interfere no procedimento para "proferir despacho liminar" (art. 723º, I, *a*), julgar "a oposição à execução e à penhora" (art. 723º, I, *b* e art. 726º) e "as reclamações de atos e impugnações de decisões do agente da execução" (art. 723º, I, *c*), "guardar os créditos, no prazo máximo de três meses contados da oposição ou reclamação" (art. 723º, I, *b*), e "decidir outras questões suscitadas pelo agente de execução, pelas partes ou por terceiros intervenientes" (art. 723º, I, *d*), garantir a proteção de direitos fundamentais ou de matéria sigilosa (arts. 833-3, 840-2, 842-A, 847-1, 843-3, 850-1, 861-A-1), ou assegurar a realização dos fins da execução (arts. 856-5, 862-A, n. 3 e 4, 866-C-1, 893-1, 901-A n. 1 e 2, 905-2).

Não cabe ao moderno juiz português, em regra, "ordenar a penhora, a venda ou o pagamento, ou extinguir a instância executiva". Tais atos, sem embargo de eminentemente executivos, "passaram a caber ao *agente de execução*" (art. 719º). É a um *profissional liberal,* ou a um funcionário judicial (oficial de justiça) que a lei lusitana atribui o desempenho de um conjunto de tarefas, exercidas em nome do tribunal. Tal como o *huissier* francês, o *solicitador de execução* em Portugal "é um misto de profissional liberal e funcionário público, cujo estatuto de *auxiliar da justiça* implica a detenção de *poderes de autoridade* no processo executivo"[11].

No Brasil, após o Código de 1973 ter consagrado a completa separação entre o processo de conhecimento e o processo de execução, registrou-se, ao longo de sua vigência, um movimento reformista com o nítido propósito de minimizar os inconvenientes notórios da satisfação do direito da parte somente após o trânsito em julgado da sentença condenatória e ainda sujeita aos evidentes percalços da abertura de uma nova relação processual.

Foi assim que nos últimos anos do século passado e nos primeiros do século atual, o legislador brasileiro procedeu a profundas reformas no Código de Processo Civil e, em quatro

---

o dever de exercer o cargo quando solicitado, é contratado pelo exequente e, em certos casos (penhora de bens móveis ou de créditos), actua extrajudicialmente...", podendo "desencadear a hasta pública, quando o executado não vende, dentro de um mês, os móveis penhorados (...)". "A Alemanha e a Áustria também têm a figura do agente de execução (Gerichtsvollzieher); mas este é um funcionário judicial pago pelo erário público...; *quando a execução é de sentença*, o juiz só intervém em caso de *litígio* (...); quando a execução se baseia em *outro título*, o juiz exerce também uma função de *controlo prévio*, emitindo a fórmula executiva, sem a qual não é desencadeado o processo executivo" (FREITAS. José Lebre de. *A acção executiva depois da reforma*. 4. ed. Coimbra: Coimbra Editora, 2004, p. 25, nota 54).

[10] Sobre a moderna estrutura da execução em Portugal, ver MEDEIROS NETO, Elias Marques. Desjudicialização: a execução no sistema processual português. *In* LUCON, Paulo Henrique dos Santos *et al.* (coords.) *Processo em Jornadas*. Salvador: Editora JusPodivm, 2016, p. 229 a 244.

[11] FREITAS, José Lebre de. *A ação executiva depois da reforma cit*., n. 1.6, p. 27 28. É ao agente de execução (nomenclatura adotada pelo atual CPC português), "enquanto responsável primeiro ou principal pela condução e direção do processo executivo, que compete, em primeira linha, com autonomia relativamente aos demais sujeitos processuais, decidir todas as questões e praticar todos os atos de que dependa a satisfação efetiva dos direitos do exequente, excetuadas as decisões e os atos tipificados na lei, em que se preveja, expressamente, a intervenção, no processo de execução, do juiz ou da secretaria judicial" (MINEIRO, Pedro Edgar. Competências do juiz e do agente de execução na ação executiva para pagamento de quantia certa. Coimbra: Almedina, 2016, p. 144).

etapas, logrou abolir por completo os vestígios da indesejável dualidade de processos para promover o acertamento e a execução dos direitos insatisfeitos.

Num primeiro momento, a Lei n. 8.952, de 13.12.94, alterou o texto do art. 273 do CPC/1973,[12] acrescentando-lhe vários parágrafos (que viriam a sofrer adições da Lei n. 10.444, de 07.05.2002), com o que se implantou, em nosso ordenamento jurídico, uma verdadeira revolução, consubstanciada na *antecipação de tutela*. Com isso fraturou-se, em profundidade, o sistema dualístico que, até então, separava por sólida barreira o processo de conhecimento e o processo de execução, e confinava cada um deles em compartimentos estanques. É que, nos termos do art. 273 do CPC/1973 e seus parágrafos, tornava-se possível, para contornar o perigo de dano e para coibir a defesa temerária, a obtenção imediata de medidas executivas (satisfativas do direito material do autor) dentro ainda do processo de cognição e antes mesmo de ser proferida a sentença definitiva de acolhimento do pedido deduzido em juízo. É certo que essa antecipação, que era provisória, não ocorria em todo e qualquer processo, e podia vir a ser revogada. Mas, quando deferida em relação a todo o pedido da inicial, uma vez obtida a condenação do réu na sentença final, não haveria o que executar por meio de *actio iudicati*. A sentença definitiva encontraria, em muitos casos, o autor já no desfrute do direito subjetivo afinal acertado. A sentença, dessa forma, apenas confirmaria a situação já implantada executivamente pela decisão incidental proferida com apoio no art. 273 do CPC/1973.

A inovação do art. 273 da codificação anterior a um só tempo desestabilizou a pureza e autonomia procedimental do processo de conhecimento e do processo de execução. Em lugar de uma *actio* que fosse de pura cognição ou de uma *actio iudicati* que fosse de pura realização forçada de um direito adrede acertado, instituiu-se um procedimento híbrido, que numa só relação processual procedia às duas atividades jurisdicionais. Em vez de uma ação puramente *declaratória* (que era, na verdade, a velha ação *condenatória*), passou-se a contar com uma *ação interdital*, nos moldes daqueles expedientes de que o pretor romano lançava mão, nos casos graves e urgentes, para decretar, de imediato, uma composição provisória da situação litigiosa, sem aguardar o pronunciamento (*sententia*) do *iudex*.

Dessa maneira, a reforma do art. 273 do CPC/1973, ao permitir genericamente o recurso à antecipação de tutela, sempre que configurados os pressupostos nele enunciados, na verdade abalou, em profundidade, o caráter declaratório do processo de conhecimento. De *ordinária* a ação de conhecimento se tornou *interdital*, pelo menos em potencial.

O segundo grande momento de modernização do procedimento de execução de sentença no processo civil brasileiro ocorreu com a reforma do art. 461 do CPC/1973. Pela redação que a Lei n. 8.952, de 13.12.1994, deu a seu *caput* e parágrafos (complementada pela Lei n. 10.444, de 07.05.2002), a sentença em torno do cumprimento de obrigação de fazer ou não fazer deveria conceder à parte a "tutela específica"; de modo que sendo procedente o pedido, o juiz determinaria providências que assegurassem "o resultado prático equivalente ao do adimplemento". Para alcançar esse desiderato, dever-se-ia, conforme o caso, adotar medida de antecipação de tutela e poder-se-iam observar medidas de coerção e apoio, como multas, busca e apreensão, remoção de pessoas e coisas, desfazimento de obras e impedimento de atividade. Enfim, o credor deveria ter acesso aos atos de satisfação de seu direito, desde logo, sem depender do complicado procedimento da ação de execução de sentença. Em outras palavras, as sentenças relativas a obrigação de fazer ou não fazer não se cumpririam mais segundo as regras da *actio iudicati* autônoma, mas de acordo com as regras do art. 461 e seus parágrafos, como deixou claro o texto reformado do art. 644 (ambos do CPC/1973), com a redação dada pela Lei n. 10.444, de 07.05.2002[13].

---

[12] CPC/2015, art. 300.

[13] Antes da reforma do CPC, de 2002, o CDC já havia abolido a actio iudicati para o cumprimento de sentença, relativamente às obrigações de fazer e não fazer, no âmbito das relações de consumo (Lei 8.078/1990, art. 84).

Num terceiro e importante momento da sequência de inovações do processo civil brasileiro, deu-se a introdução no CPC/1973 do art. 461-A, por força da Lei n. 10.444, de 07.05.2002. Já então, a novidade se passou no âmbito das ações de conhecimento cujo objeto fosse a entrega de coisa. Também em relação às obrigações de dar ou restituir, a tutela jurisdicional deveria ser específica, de modo que o não cumprimento voluntário da condenação acarretaria, nos próprios autos em que se proferiu a sentença, a pronta expedição de mandado de busca e apreensão ou de imissão na posse (art. 461-A, § 2º, CPC/1973). Não cabia mais, portanto, a *actio iudicati* nas ações condenatórias relativas ao cumprimento de obrigações de entrega de coisas. Tudo se processaria sumariamente dentro dos moldes da *executio per officium iudicis*.

Por fim, concluiu-se o processo de abolição da ação autônoma de execução de sentença com a reforma da execução por quantia certa, constante da Lei n. 11.232, de 22.12.2005.

Também as condenações a pagamento de quantia certa, para serem cumpridas, não mais dependeriam de manejo da *actio iudicati* em nova relação processual posterior ao encerramento do processo de conhecimento.

Ao condenar-se ao cumprimento de obrigação de quantia certa, o juiz, na verdade, assinaria o prazo em que o devedor haveria de realizar a prestação devida[14]. Ultrapassado dito termo sem o pagamento voluntário, seguir-se-iam, na mesma relação processual em que a sentença foi proferida, a expedição do mandado de penhora e avaliação para preparar a expropriação dos bens necessários à satisfação do direito do credor (art. 475-J, CPC/1973). Naquele estágio, o Código de Processo Civil de 1973, após a Lei n. 11.232, de 22.12.2005, passara a prever duas vias de execução forçada singular, sistema integralmente mantido pelo CPC/2015:

a) o cumprimento forçado das sentenças condenatórias, e outras a que a lei atribui igual força (CPC/2015, arts. 513 a 519; CPC/1973, arts. 475-I a 475-N);
b) o processo de execução dos títulos extrajudiciais enumerados no art. 784 do CPC/2015 (art. 585 do CPC/1973), que se sujeita aos diversos procedimentos do Livro II da Parte Especial do CPC atual.

Há, ainda, a previsão de execução *coletiva* ou *concursal*, para os casos de devedor insolvente, cuja disciplina regulada pelo CPC/1973, arts. 748 a 782, foi mantida provisoriamente pelo art. 1.052 do CPC/2015, até que ocorra a edição de lei específica. Resumindo os propósitos que levaram à completa abolição da ação autônoma de execução de sentença, operada pela Lei n. 11.232/2005, a Exposição de Motivos do então Ministro da Justiça Márcio Thomaz Bastos ao Projeto que a precedeu, ressaltou:

"4 – Lembremos que Alcalá-Zamora combate o tecnicismo da dualidade, artificialmente criada no direito processual, entre processo de conhecimento e processo de execução. Sustenta ser mais exato falar apenas de fase processual de conhecimento e de fase processual de execução, que de processo de uma e outra classe. Isso porque 'a unidade da relação jurídica e da função processual se estende ao longo de todo o procedimento, em vez de romper-se em dado momento' (*Proceso, autocomposición y autodefensa*, 2ª ed., UNAM, 1970, n. 81, p. 149).

---

[14] O art. 475-J introduzido no CPC/1973 pela Lei n. 11.232, de 22.12.2005, fixou em 15 dias o prazo para cumprir a sentença que condenava a pagamento de quantia certa. No caso de condenação ilíquida, dito prazo seria contado da decisão que fixasse o *quantum debeatur* no procedimento de liquidação da sentença (arts. 475-A a 475-H, CPC/1973).

Lopes da Costa afirmava que a intervenção do juiz era não só para restabelecer o império da lei, *mas para satisfazer o direito subjetivo material*. E concluía: 'o que o autor mediante o processo pretende é que seja declarado titular de um direito subjetivo e, sendo o caso, que esse direito se realize pela execução forçada' (*Direito Processual Civil Brasileiro*, 2ª ed., v. I, n. 72).

As teorias são importantes, mas não podem transformar-se em embaraço a que se atenda às exigências naturais dos objetivos visados pelo processo, só por apego a tecnicismo formal. A velha tendência de restringir a jurisdição ao processo de conhecimento é hoje ideia do passado, de sorte que a verdade por todos aceita é a da completa e indispensável integração das atividades cognitivas e executivas. Conhecimento e declaração sem execução – proclamou Couture – é academia e não processo (*apud* Humberto Theodoro Júnior, *A execução de sentença e a garantia do devido processo legal*, Ed. Aide, 1987, p. 74).

A dicotomia atualmente existente, adverte a doutrina, importa a paralisação da prestação jurisdicional logo após a sentença e a complicada instauração de um novo procedimento, para que o vencedor possa finalmente tentar impor ao vencido o comando soberano contido no decisório judicial. Há, destarte, um longo intervalo entre a definição do direito subjetivo lesado e sua necessária restauração, isso por pura imposição do sistema procedimental, sem nenhuma justificativa, quer de ordem lógica, quer teórica, quer de ordem prática (*op. cit.*, p. 149 e *passim*)".

Assim, a Exposição de Motivos concluiu que o Projeto que veio a transformar-se na Lei n. 11.232/2005 adotou "uma sistemática mais célere, menos onerosa e mais eficiente às execuções de sentença que condena ao pagamento de quantia certa".

4. A MODERNIZAÇÃO DA EXECUÇÃO DO TÍTULO EXTRAJUDICIAL

A tarefa legislativa de remodelação da atividade executiva não se restringiu ao cumprimento da sentença (Lei n. 11.232, de 22.12.2005). Também o regime da execução dos títulos extrajudiciais passou por grande renovação, toda ela voltada para um programa de simplificação e agilização, e, consequentemente, de maior efetividade da tutela ao crédito do exequente.

As principais inovações ocorreram, fundamentalmente, na disciplina da citação, da penhora e da expropriação dos bens penhorados (Lei n. 11.382, de 06.12.2006).

Dessas últimas reformas também se beneficiou a técnica do cumprimento da sentença, já que essa via executiva, embora tratada no Livro I do CPC/1973 como simples incidente do processo de conhecimento, se valia, subsidiariamente, dos procedimentos expropriatórios regulados pelo Livro II. Toda a execução forçada civil, de tal sorte, restou aprimorada pela conjugação das reformas do CPC/1973 implantadas pelas Leis n. 11.232 e 11.382.

5. PRINCIPAIS INOVAÇÕES DA EXECUÇÃO DO TÍTULO EXTRAJUDICIAL E DIREITO INTERTEMPORAL

A Lei n. 11.382, de 06.12.2006, inspirada nas mesmas garantias de efetividade e economia processual que orientaram a remodelação do cumprimento da sentença, prosseguiu, em seguida, na reforma da execução do título extrajudicial, o único que, realmente, passou a justificar a existência de um processo de execução completamente autônomo frente à atividade cognitiva da jurisdição.

Segundo esclareceu a Exposição de Motivos do Ministro da Justiça Márcio Thomaz Bastos, que sustentou o projeto do qual originou a Lei n. 11.382, de 06.12.2006, as posições inovadoras adotadas, com vistas ao aprimoramento da execução dos títulos extrajudiciais[15], foram basicamente as seguintes:

a) ampliação do prazo para o pagamento para três dias e realização (pelo oficial de justiça) da *penhora e da avaliação em uma mesma oportunidade*;
b) embargos do devedor em prazo maior (quinze dias), sem depender de prévia segurança do juízo a defesa do executado, e em regra *sem efeito suspensivo*;
c) possibilidade de pagamento do débito exequendo em até seis parcelas mensais, com o depósito inicial de trinta por cento do valor do débito;
d) adoção da *adjudicação pelo próprio credor* como meio preferencial para realização do crédito;
e) previsão de alienação dos bens penhorados por iniciativa particular ou através de agentes credenciados;
f) utilização da *hasta pública* somente em último caso, simplificados seus trâmites, permitindo-se ao arrematante o pagamento parcelado do preço do bem imóvel, mediante garantia hipotecária;
g) abolição do instituto da *remição*, com sua absorção pela adjudicação;
h) limitação do formalismo ao estritamente necessário, na linha de condutas que já vinham sendo preconizadas pela doutrina e pelos tribunais;
i) modernização das regras relativas à *penhorabilidade e impenhorabilidade* de bens, mormente no tratante à penhora de dinheiro.

Nota-se, numa visão geral da execução renovada pela Lei 11.382, a abertura para oportunidades de atuação das partes com maior autonomia e mais significativa influência sobre os atos executivos e a solução final do processo. Com isso, reconheceu o legislador, acompanhando o entendimento da melhor doutrina, que as partes não são apenas figurantes passivos da relação processual, mas agentes ativos com poderes e deveres para uma verdadeira e constante cooperação na busca e definição do provimento que, afinal, pela voz do juiz, virá pôr fim ao conflito jurídico. Aliás, ninguém mais do que as partes têm, na maioria das vezes, condições de eleger, ou pelo menos tentar eleger, o melhor caminho para pacificar e harmonizar as posições antagônicas geradoras do litígio, endereçando-as para medidas consentâneas com a efetividade esperada da prestação jurisdicional.

Em matéria de *direito intertemporal*, deve-se levar em conta que a sistemática criada pela Lei n. 11.382, de 06.12.2006, ficou sujeita a uma *vacatio legis* de quarenta e cinco dias, contados da data de sua publicação (art. 1º da Lei de Introdução), de maneira sua efetiva entrada em vigor se deu a partir de 21 de janeiro de 2007.

Durante os quarenta e cinco dias da *vacatio legis*, os procedimentos de execução dos títulos extrajudiciais continuaram a observar os ritos primitivos do Código de Processo Civil/1973. Após a entrada em vigor da Lei n. 11.382/2006 sua observância impôs-se de imediato, tanto para os processos novos como para aqueles ainda em curso. Respeitaram-se, todavia, os atos executivos já consumados sob o regime anterior.

O mandado de citação, por exemplo, já expedido, seria cumprido para pagamento em 24 horas, sob pena de penhora. O prazo de três dias, instituído pela Lei nova, aplicar-se-ia aos mandados expedidos já na sua vigência.

---

[15] Conforme se vê da Exposição de Motivos, o projeto foi de iniciativa original do Instituto Brasileiro de Direito Processual, sob a coordenação final dos processualistas Athos Gusmão Carneiro (do STJ), Sálvio de Figueiredo Teixeira (do STJ) e Petrônio Calmon Filho (da Procuradoria de Justiça do DF).

Quanto ao prazo para os embargos, que, então seria contado desde logo a partir da citação, somente seria aplicado aos casos em que o ato citatório ocorresse já na vigência da lei nova.

Em relação à multa instituída pela Lei n. 11.382/2006, para os embargos protelatórios (art. 740, parágrafo único), em se tratando de *sanção* ou *pena*, a regra não poderia ser aplicada a embargos ajuizados antes da lei que a instituiu, ainda que se pudesse reconhecê-los como efetivamente protelatórios.

A dispensa de penhora para manejo dos embargos foi de aplicação imediata, pouco importando a data do início da execução. Sem, entretanto, a segurança do juízo, os novos embargos não suspenderiam o curso da execução. Também o pedido de parcelamento da dívida exequenda foi de aplicação a qualquer execução por quantia certa, com base em título extrajudicial, desde que ainda não se tivesse posto o processo em fase de arrematação.

As novas preferências e modalidades de atos expropriatórios incidiram sobre as execuções em andamento, cuja arrematação não tivesse tido início segundo o sistema anterior. A remição de bens por cônjuge e parentes do executado continuou sendo possível sempre que a arrematação e a adjudicação se consumassem segundo o texto primitivo do Código. A substituição da remição por adjudicação tornou-se cabível apenas quando o procedimento expropriatório ainda não tivesse principiado nos moldes da legislação pretérita.

As regras de impenhorabilidade ou de relativização da penhorabilidade tiveram incidência imediata, alcançando até mesmo as penhoras já praticadas, como já se reconhecia na jurisprudência (STJ, Súmula n. 205).

6. VIAS DE EXECUÇÃO DISPONÍVEIS NO MODERNO PROCESSO CIVIL BRASILEIRO

O Código de Processo Civil de 2015, mantendo e aprimorando a sistemática estabelecida desde a Lei n. 11.232, de 22.12.2005, prevê, como já afirmado, duas vias de execução forçada singular:

a) o cumprimento forçado das sentenças condenatórias, e outras a que a lei atribui igual força (arts. 513 a 538 do CPC/2015);

b) o processo de execução dos títulos extrajudiciais enumerados no art. 784, que se sujeita aos diversos procedimentos do Livro II da Parte Especial do CPC/2015.

Quanto à execução *coletiva* ou *concursal*, para os casos de devedor insolvente, prevalece a disciplina do Código anterior (arts. 748 a 782, CPC/1973).

O Código de 2015 incluiu na sistemática do cumprimento de sentença as execuções singulares especiais por dívidas da Fazenda Pública (arts. 534 e 535) e pelas obrigações de alimentos (arts. 528 a 533), que no regime anterior se conservaram nos padrões antigos de separação das duas ações: uma para condenar, outra para executar.

Dessa maneira, o direito processual conseguiu adequar-se ao direito material, proporcionando-lhe instrumentos de tutela variáveis e compatíveis com as características dos direitos substanciais em crise e amoldados, com praticidade, à situação em que deveriam ser tutelados e efetivados.

Tratando-se, pois, de título executivo judicial, a execução forçada singular, no direito brasileiro renovado, afastou-se do padrão romano da *actio iudicati* e filiou-se ao sistema medieval da *executio per officium iudicis* – regime conservado e aprimorado pelo CPC de 2015 –, no qual destacam-se os seguintes dados fundamentais.[16]

---

[16] Exposição de Motivos do Ministro da Justiça Márcio Thomaz Bastos no Projeto que se converteu na Lei n. 11.232, de 22.12.2005.

a) a efetivação forçada da sentença condenatória far-se-á como etapa final do processo de conhecimento, após um *tempus iudicati*, sem necessidade de um "processo autônomo" de execução;
b) a *liquidação de sentença*, quando necessária, dar-se-á por meio de incidente do processo de conhecimento, de modo que deixou de existir a antiga *ação incidental liquidatória*. Não haverá mais citação e o julgamento do incidente dar-se-á por decisão interlocutória, sujeita a agravo de instrumento e não mais apelação;
c) desaparecem os *embargos à execução*, como *ação incidental*, devendo as eventuais objeções do devedor ao cumprimento de sentença serem veiculadas mediante simples impugnação nos próprios autos, cuja decisão desafiará agravo de instrumento (CPC/2015, art. 525);
d) o Livro II da Parte Especial do CPC/2015, ocupa-se da regulação somente das *execuções por título extrajudicial*. Suas normas, todavia, de acordo com o art. 771 aplicar-se-ão subsidiariamente:
   d.1) *Aos procedimentos especiais de execução*: Há vários procedimentos executivos traçados por leis extravagantes, como, *v.g.*, os relativos à execução hipotecária no âmbito do sistema financeiro de habitação (Lei n. 5.741/1971); à excussão dos bens gravados de alienação fiduciária em garantia (Lei n. 9.514/1997); à recuperação dos adiantamentos efetuados por meio de contratos de câmbio (Lei n. 11.101/2005) etc.; os quais configuram modalidades de *tutela executiva diferenciada*, cuja estrutura se completa com as normas do CPC, subsidiariamente;
   d.2) *Aos atos executivos realizados no procedimento de cumprimento de sentença*: O cumprimento de sentença não constitui objeto de uma *ação executiva*, é simples incidente (ou fase) do processo em que a sentença foi pronunciada (CPC/2015, arts. 513-519), mas os atos executivos praticados nesse incidente regulam-se, no que couber, pelas regras do *processo de execução* (Livro II, da Parte Especial) (arts. 513, *caput* e 771, *caput*);
   d.3) *Aos efeitos de atos ou fatos processuais a que a lei atribui força executiva*: Ao longo do curso do processo, muitas medidas de repressão à conduta de má-fé ou à realização das tutelas de urgência, são decretadas por meio de decisões interlocutórias. Caberá, na sua implementação, o emprego subsidiário das regras relativas à execução dos títulos extrajudiciais constantes do Livro II da Parte Especial;
   d.4) Por sua vez, quando necessário, aplicam-se subsidiariamente à execução dos títulos extrajudiciais as disposições reguladoras do processo de conhecimento constante do Livro I da Parte Especial do CPC/2015 (art. 771, parágrafo único).

No quadro atual do processo civil brasileiro, destarte, a execução forçada nem sempre exige o exercício de uma ação autônoma e específica. A ação executiva, com tais características, ficou praticamente restrita aos títulos extrajudiciais. Para os títulos judiciais, pode, em regra, acontecer como incidente (ou fase) do processo em que a sentença for proferida. Uma só relação processual cumpre a função cognitiva e a função executiva (arts. 513 e ss., CPC/2015).

Em suma: o processo de execução contém a disciplina da *ação executiva* própria para a satisfação dos direitos representados por *títulos executivos extrajudiciais*. Serve também de fonte normativa subsidiária para o procedimento do *cumprimento da sentença* (CPC/2015, art. 771).

A atividade jurissatisfativa pode acontecer como incidente complementar do processo de acertamento, dentro, portanto, da mesma relação processual em que se alcançou a sentença condenatória, ou como objeto principal do processo de execução, reservado este para os títulos extrajudiciais, que, para chegar ao provimento de satisfação do direito do credor titular da ação executiva, prescinde do prévio acertamento em sentença.[17]

6.1. Uma via alternativa moderna: a autotutela executiva

As notórias necessidades, no âmbito do mercado, de maior presteza na realização forçada dos créditos inadimplidos, têm levado à criação de mecanismos extrajudiciais capazes de dotar o credor de poderes mais eficientes do que aqueles exercitados através da tutela executiva estatal. Esses poderes vêm sendo paulatinamente outorgados pela lei, a determinados credores, como se passa, historicamente, com o penhor, com a caução de títulos de crédito e com a alienação fiduciária em garantia, primeiro das coisas móveis, e, atualmente, também dos bens imóveis. A própria execução hipotecária já há muito tempo foi confiada ao próprio financiador da aquisição da casa própria, dentro do Sistema Financeiro da Habitação (SFH).

O movimento do direito rumo àquilo que a doutrina contemporânea denominou de *autotutela executiva* vai, no entanto, muito além das figuras de satisfação obrigacional fora do processo judicial que o legislador casuisticamente tem disciplinado. O tema passou, há tempos, a ser abordado, de maneira larga, entre os relacionados com a liberdade contratual ou, mais precisamente, com a autonomia privada exercitada por meio dos negócios jurídicos, a qual tem sido acatada também pelo direito processual contemporâneo (cf., *v.g.*, o art. 190 do CPC/2015).

A amplitude com que nosso atual Direito Processual Civil acolhe a autonomia privada no campo da composição dos conflitos – especialmente no que toca à adequação dos procedimentos legais às peculiaridades das relações jurídicas materiais e à negocialidade dos direitos, deveres e ônus processuais – tem permitido ao doutrinador e ao legislador, em nosso País e na Europa, conceber remédios de origem consensual aplicáveis não só ao processo de conhecimento, mas também à execução forçada. Ou seja, a exemplo do que se verifica na Comunidade Europeia, já se reconhece entre nós que é chegado o tempo de usar o negócio jurídico processual (CPC, art. 190) para melhorar, quanto possível, os resultados da execução das obrigações patrimoniais inadimplidas.

A ideia vitoriosa é a de que as próprias partes, em sua vida negocial, podem prever e autorizar, em muitos casos, medidas satisfativas utilizáveis sem a interferência do aparelhamento judiciário e que se revelem aptas a enfrentar o inadimplemento e a proporcionar, por obra do próprio credor, a satisfação da obrigação de natureza econômica, legitimada por convenção ajustada nos limites da autonomia privada.

Até recentemente, a doutrina só cogitava da autotutela executiva para lembrar seus aspectos ilícitos que levavam à incriminação da justiça pelas próprias mãos do titular do direito violado ameaçado. Com a moderna e ampla admissão do negócio jurídico processual, não há mais razão para fechar os olhos à óbvia utilidade da convenção autorizadora de medidas autossatisfativas por meio de cláusulas livre e legitimamente ajustadas entre devedor e credor, mormente quando se trate de executar garantias e cauções ou prestações patrimoniais realizáveis independentemente da cooperação pessoal do obrigado.

É bom ver que, nesses moldes, a autotutela satisfativa não implica negação da tutela jurisdicional estatal – mesmo porque a parte eventualmente prejudicada por abuso ou excesso da contraparte não restará impedida de acesso à Justiça –, mas, no dizer de abalizada doutrina,

---

[17] Observe-se que o cumprimento da sentença sem *actio iudicati* e como simples cumprimento de mandado expedido nos próprios autos da condenação já vigorava no sistema do CPC, há bastante tempo, para as prestações de fazer, não fazer e de entrega de coisa (arts. 461 e 461-A, CPC/1973; CPC/2015, arts. 497 a 500). Com relação às obrigações de quantia certa, o sistema de processo unitário foi instituído pela Lei n. 11.232, de 22.12.2005, cuja vigência, todavia, se deu a partir de 24.06.2006. O CPC/2015 conserva esse sistema.

de categórica "reafirmação da autonomia privada", respaldada pela "fórmula hoje já aceita da *justiça multiportas*".[18]

Enfim, admitir a tutela dos direitos fora da justiça estatal significa apenas "conferir um poder, útil à comunidade e ao sistema jurídico, sem eliminar os meios de reparar os eventuais abusos", na lição de LEPORE, que ainda acrescenta: por essa razão, o sistema estatal de tutela jurisdicional continuará "sempre presente, com um papel fundamental, de garantia".[19] Além do mais, deve-se levar em conta que muitos são os passos dados pelo próprio sistema normativo atual nessa direção, "o qual tem introduzido múltiplas modalidades de autotutela satisfativa", podendo-se afirmar que "a abertura às formas de autotutela convencional executiva, na Itália e na Europa, é evidente".[20]

Em conclusão: no direito positivo são inúmeros os casos em que o credor é autorizado a realizar extrajudicialmente a garantia contratada, quando se verifica o inadimplemento da obrigação. A par disso, embora haja certa resistência da jurisprudência, o certo é que "o art. 190 do CPC, ao criar uma cláusula geral de negociação processual atípica, pode servir como fundamento para a construção de uma execução extrajudicial convencional. O tema, por isso, ganha novo impulso".[21]

6.2. A autotutela satisfativa e a vedação ao pacto comissório

A resistência maior à execução privada de garantia real por diligência do credor, sem passar pelo processo judicial apoiava-se no veto legal ao pacto comissório constante do art. 1.428, *caput*, do Código Civil: "É nula a cláusula que autoriza o credor pignoratício, anticrético ou hipotecário a ficar com o objeto da garantia, se a dívida não for paga no vencimento".

Mas, desde as origens remotas dessa regra no direito romano, o que se proíbe é a pura e simples apropriação da garantia real pelo credor diante do inadimplemento cometido pelo devedor. Leva-se em conta, nessa restrição, a necessidade de prevenção contra o risco de vantagens abusivas e usurárias, ou mesmo de enriquecimento ilícito, que a medida satisfativa nessa modalidade ensejaria para o devedor. É que o credor, com frequência, se aproveitaria

---

[18] YARSHELL, Flávio Luiz; RODRIGUES, Viviane Siqueira. Desjudicialização da execução civil: uma solução útil e factível entre nós? In: MEDEIROS NETO, Elias Marques; RIBEIRO, Flávia Pereira (coords.). *Reflexões sobre a desjudicialização da execução civil*. Curitiba: Juruá Editora, 2020, p. 368-369: "Tal ideia encontra respaldo, tanto mais agora, no disposto no art. 190 do CPC que, ao abrir caminho para os negócios jurídicos processuais atípicos, pode ser fundamento para que se eleja um agente privado para a efetivação de atividades de execução, sob controle jurisdicional".

[19] LEPORE, Andrea. *Autotutela e autonomia negoziale*. Napoli: Edizioni Scientifiche Italiane, 2019, p. 40 e 48.

[20] LEPORE, Andrea. *Op. cit.*, p. 21, 187 e 144. Cf., também, BONGIORNO, Girolamo. Profili sistematice e prospettiva dell'esecuzione forzata in autotutela. *Rivista Trimestrale di Diritto e Procedura Civile*, Milano: Giuffrè, anno XLII, 1988, n. 2, p. 451; BIANCA, Cesare Massimo di. Verbete Autotutela (dir. priv.). In: *Enciclopedia del Diritto*. Milano: Giuffrè, 2000, v. IV; ZOPPINI, Andrea. L'effettività *in-vece* del processo. *Rivista di Diritto Processuale*, Padova: CEDAN, anno LXXIV, 2019, n. 3, p. 679-680; LUMINOSO, Angelo. Patto comissorio, patto marciano e nuovi strumenti di autotutela executiva. *Rivista di Diritto Civile*, Padova: CEDAN, anno LXIII, 2017, n. 1, p. 20; D'AMICO, Giovanni; PAGLIANTINI, Stefano; PIRAINO, Fabrizio; RUMI, Tiziana. *I nuovi marciani*. Torino: G. Giappichelli Editore, 2017, p. 1, 2 e 4; GABRIELLI, Enrico. Pegno "non possessorio" e teoria dele garanzie mobiliari. *Rivista del Diritto Commerciale e del Diritto Generale delle obbligazioni*, Padova: Piccin, anno CXV, 2017, parte seconda, p. 241-265.

[21] DIDIER JR., Fredie; CUNHA, Leonardo Carneiro da; BRAGA, Paula Sarno; OLIVEIRA, Rafael Alexandria de. *Curso de Direito Processual Civil*. 7. ed. Salvador: JusPodivm, 2017, v. 5, p. 49. Cf., também, LAMEGO, Nelson Luiz Machado. Recuperação de crédito: evitando a excussão judicial de garantias. *Revista dos Tribunais*, São Paulo: Ed. RT, v. 891, p. 9/28, jan. 2010; DIDIER JR., Fredie; CABRAL, Antonio do Passo. Negócios jurídicos processuais atípicos e execução. *Revista de Processo*, São Paulo, v. 275/2018, p. 193-228.

da fragilidade do devedor para apropriar-se do bem caucionado sem respeitar a desproporção entre o valor da garantia e o efetivo montante do débito resgatado.

Quando, porém, o bem caucionado é vendido ou adjudicado pelo credor, segundo o valor de mercado, não ocorre nenhum abuso ou usura, se o excedente do preço apurado sobre a dívida é restituído de imediato ao devedor.

A convenção que autorizava esse tipo de autotutela chamava-se, em Roma, *pacto marciano*, e não incorria na vedação do *pacto comissório*, uma vez que não se contaminava das suspeitas justificadoras da condenação da *lex comissoria*.

Modernamente, a doutrina civilista – nas pegadas do direito europeu e na sequência da propriedade fiduciária em garantia amplamente acatada pelo Código Civil de 2002 (arts. 1.361 a 1.368-B)[22] –, é francamente favorável à validade da cláusula negocial que permita ao credor o desempenho da autotutela executiva, com objetivo de proporcionar mais efetividade e liquidez ao crédito assegurado por caução ou direito real de garantia[23]. Na jurisprudência é significativa a posição do STF, que reconheceu, em precedentes vinculantes, a constitucionalidade do sistema legal da excussão extrajudicial dos bens gravados de hipoteca nos financiamentos imobiliários (Decreto-lei n. 70/1966) e nos casos de créditos assegurados por alienação fiduciária em garantia (Decreto-lei n. 911/1969)[24].

Logo, se é válida a cláusula no âmbito do direito substancial, perfeitamente possível é a extensão de seus efeitos para o terreno procedimental, graças à previsão ampla do negócio jurídico processual constante do art. 190 do CPC.

Registre-se que no direito positivo italiano a autotutela executiva, nos moldes do *pacto marciano*, já figura em texto legal explícito[25], com amplo tratamento doutrinário[26]; e no Brasil há

---

[22] O próprio Código Civil, que no art. 1.428 proíbe o pacto comissório, autoriza explicitamente a autotutela executiva quando prevista em cláusula contratual, não só através da garantia constituída por meio de propriedade fiduciária (art. 1.364), como também nos casos de penhor (art. 1.433, IV) e de caução de títulos de crédito (art. 1.459, II), e, ainda, na hipótese de anticrese (art. 1.506, *caput*).

[23] Cf. TEPEDINO, Gustavo; MONTEIRO FILHO, Carlos Edson do Rêgo; RENTERIA, Pablo. *Fundamentos do direito civil*. Rio de Janeiro: Forense, 2020, v. 5, p. 424-425; PEREIRA, Caio Mário da Silva. *Instituições de direito civil: direitos reais*. 26. ed. atualizada por Carlos Edson do Rêgo Monteiro Filho. Rio de Janeiro: Forense, 2018, v. IV, n. 348, p. 291; MELO, Marco Aurélio Bezerra de. *Direito civil: coisas*. 3. ed. Rio de Janeiro: Forense, 2019, p. 430-431.

[24] "Não afronta o art. 1.428 do Código Civil, em relações paritárias, o *pacto marciano*, cláusula contratual que autoriza que o credor se torne proprietário da coisa objeto da garantia mediante aferição de seu justo valor e restituição do supérfluo (valor do bem em garantia que excede o da dívida)" (Enunciado n. 626, CJF, VIII Jornada de Direito Civil).

[25] A figura negocial equivalente ao esquema do *pacto marciano* foi recebida de modo expresso no direito positivo italiano por meio de duas medidas legislativas com as quais se introduziram dois grupos de normas no Texto Único Bancário (TUB): o primeiro compreende os arts. 120-*quinquies* a 120-*noviesdecies* que disciplina uma nova espécie de mútuo denominada *crédito imobiliário aos consumidores*; e o segundo consta do art. 48-*bis*, no qual se regula um empréstimo bancário que a lei denomina *financiamento às empresas garantido pela transferência de um bem imóvel suspensivamente condicionada*.

[26] Em relação às duas figuras de mútuo com que o direito italiano consagra o *pacto marciano*, "o legislador previu um instrumento convencional de 'autotutela executiva' que assegura ao banco financiador a possibilidade, no caso de inadimplemento do financiado, de apropriar-se de um bem imóvel (individuado no contrato) de propriedade do mutuário (ou de um terceiro), com a finalidade de satisfazer seu crédito, com a obrigação de restituir ao expropriado o eventual excesso de valor do bem em relação ao montante do crédito" (LUMINOSO, Angelo. Patto marciano e sottotipi, *Rivista de Diritto Civile*, Imprenta: Padova, A. Milani, 1955, v. 63, n. 6, p. 1398-1421, nov.-dic./2017). Atualmente, a regulamentação do direito italiano, embora ampla, é vista como especial, porque se aplica especificamente às operações de financiamento bancário. A doutrina, no entanto, reconhece a importância da legislação especial para confirmar a possibilidade de extrair dela preciosos suportes para identificar os elementos que permitem a configuração do pacto comissório utilizável em caráter geral, ou seja, nos negócios jurídicos comuns e não apenas no comércio bancário identificado nos

anteprojeto de lei preparado no âmbito do Ministério da Economia que regula detalhadamente o instituto em texto similar ao da legislação italiana, sob inspiração da política de aprimoramento das garantias reais em cotejo com os padrões internacionais[27].

De qualquer maneira, é irrecusável que, mesmo no estágio atual de nosso direito positivo, não há impedimento algum a que a garantia real, em qualquer de suas modalidades, seja contratada mediante cláusula de autotutela executiva, prevista para atuar na eventualidade do inadimplemento, a exemplo do padrão adotado pelo Código Civil no tratamento de penhor, da anticrese e da propriedade fiduciária; assim como das dimensões que o Código de Processo Civil reconhece a eficácia, no âmbito processual, da autonomia privada exercida por meio de negócio jurídico processual, antes ou no curso da demanda em juízo, sempre que se trate de litígio entre maiores e capazes, sobre direitos disponíveis.

Aliás, é importante registrar que a recente Lei nº 14.711/2023, que dispõe sobre o aprimoramento das regras de garantia e altera vários dispositivos do Código Civil e do Código de Processo Civil, instituiu, amplamente, a execução extrajudicial da hipoteca baseada em convenção equiparável ao pacto marciano vigorante no direito italiano. Sobre a matéria, ver, adiante o item 95-A.

6.3. A convenção processual na execução

A expansão da autonomia privada no processo judicial estatal – como registra Leonardo Greco – "é uma tendência verificada recentemente em muitos sistemas processuais, mesmo os mais publicistas, como o francês e o italiano, e agora o brasileiro, como uma consequência do desmoronamento da crença na absoluta superioridade cognitiva e moral do Estado e dos seus agentes em relação aos particulares, do reconhecimento de um dever recíproco de diálogo e cooperação que propicia uma interação mais leal e fecunda entre os exercentes e os destinatários dos atos estatais, revigorando a legitimidade daqueles e a confiança destes e da sociedade como um todo nos seus resultados"[28].

A negociabilidade entre as partes, permitida pelos arts. 190 e 191, do CPC, sobre ônus, poderes, faculdades e deveres dos sujeitos processuais, é consequência imediata da ampliação da autonomia da vontade que levou à consagração legislativa dos princípios do contraditório participativo (art. 7º) e do dever de cooperação entre todos os sujeitos do processo no empenho de obter, em tempo razoável, "decisão de mérito justa e efetiva" (art. 6º). Decorre, ainda, segundo a lição de Greco, do princípio político da *subsidiariedade*, "que, em todas as esferas de atuação do Estado de Direito contemporâneo, rege as relações deste com os cidadãos, intervindo nas relações privadas apenas para suprir as insuficiências dos próprios interessados, como decorrência da *liberdade de cada um de se autodeterminar*"[29].

---

dispositivos legais já referidos. Requisito legitimante do pacto marciano em caráter geral é a adoção de uma forma que fuja da repressão ao pacto comissório preconizada pelo Código Civil. É indispensável, portanto, que "o credor seja obrigado a restituir ao devedor o eventual excesso do valor do bem alienado em relação ao montante do crédito", o que corresponde a uma opinião unânime, na Itália, tanto da doutrina como da jurisprudência (LUMINOSO, Angelo, *op. cit., loc. cit.*; Corte di Cassazione, 21 *gennaio* 2005, n. 1.273; 9 *maggio* 2013, n. 10.986; 28 *gennaio* 2015, n. 1.625).

[27] Consta do Anteprojeto da Lei de Reforma das Garantias Reais a inclusão de dois parágrafos no art. 1.428 do Código Civil com os seguintes textos: "§ 2º É lícita a cláusula que autoriza o credor a ficar com o bem ou direito objeto da garantia, se a dívida não for paga no vencimento, desde que o valor da dívida seja igual ou superior ao valor do bem; ou, sendo inferior, que haja a restituição do excedente. § 3º O bem ou direito de que trata o parágrafo anterior será apropriado pelo credor pelo valor justo, apurado com pelo menos cento e oitenta dias de antecedência por profissional designado por acordo ou judicialmente".

[28] GRECO, Leonardo. *Comentários ao Código de Processo Civil*. São Paulo: Saraiva, 2020, v. XVI, p. 51.

[29] Idem, ibidem. Cf. também CAPONI, Remo. A autonomia privada e processo civile: gli accordi processuali. *In*: CARPI, Federico *et alii*. *Accordi di parte e processo*. Milano: Giuffrè, 2008, p. 102-103.

Nada impede que o negócio jurídico processual seja praticado em relação à execução, já que este, diante de qualquer processo, representa o reconhecimento moderno de que as partes, como destinatárias da prestação jurisdicional, têm também "interesse em influir na atividade-meio e, em certas circunstâncias, estão mais habilitadas do que o próprio julgador a adotar decisões sobre os seus rumos e a de dar providências em harmonia com os objetivos publicísticos do processo, consistentes em assegurar a paz social e a própria manutenção e efetividade da ordem jurídica"[30].

Versando sobre o direito e a forma de realizar o próprio crédito e de cumprir a própria obrigação, não se pode negar às partes a autonomia para convencionar a respeito, seja no plano pré-processual, seja no âmbito do procedimento em curso. Num sistema processual que consagra em norma fundamental o dever do próprio Estado de estimular a autocomposição dos litígios (art. 3º, § 2º), nada é mais natural do que admitir que as próprias partes ajustem como, por exemplo, executar as garantias contratadas para realizar a prestação obrigacional, quando tudo se passa no terreno dos negócios sobre bens e direitos disponíveis. Mais uma vez, é bom relembrar a experiência exitosa vivida, de longa data, por nosso ordenamento jurídico no tocante a autossatisfação permitida para os contratos de penhor, de caução de títulos de crédito, de hipoteca do SFH, de alienação fiduciária em garantia, de incorporação imobiliária, de compromisso de compra e venda, de terrenos loteados etc.

Nesse sentido, Bruno Dantas e Daniel Vianna Vargas entendem ser admissível até mesmo a renúncia à fase de cumprimento de sentença, por meio de negócio processual. Segundo os autores, seria uma desjudicialização negociada, que traria benefícios para as partes e para o sistema: "infere-se vantagem para o sistema de Justiça civil, com diminuição da litigiosidade repetitiva, assim como para os próprios envolvidos, que ganham em celeridade e possibilidade de solução definitiva do litígio – agora insatisfeito – por meio de negociação"[31].

6.4. Execução de sentenças coletivas e que interferem em políticas públicas

I – O denominado processo estrutural e as decisões que interferem em políticas públicas

Atualmente, não se recusa, pelo menos em termos absolutos, a possibilidade de o Poder Judiciário interferir na consecução de metas de políticas públicas, principalmente quando provocado por ações de iniciativa do Ministério Público. A propósito, o STJ tem orientação no sentido de que "ao Poder Judiciário não é vedado debater o mérito administrativo. Se a Administração deixar de se valer da regulação para promover políticas públicas, proteger hipossuficientes, garantir a otimização do funcionamento do serviço concedido ou mesmo assegurar o 'funcionamento em condições de excelência tanto para o fornecedor/produtor como principalmente para o consumidor/usuário', haverá vício ou flagrante ilegalidade a justificar a intervenção judicial"[32].

Aquela Corte tem decidido, reiteradamente, no sentido da "adequação da Ação Civil Pública como meio próprio de se buscar a implementação de políticas públicas com relevante repercussão social"[33]. Por exemplo, a Segunda Turma assentou que "o inciso I do art. 1º e o

---

[30] GRECO, Leonardo. *Op. cit., loc. cit.*

[31] DANTAS, Bruno; VARGAS, Daniel Vianna. A tutela executiva na contemporaneidade: reflexões sobre a desjudicialização. *In:* BELLIZZE, Marco Aurélio; MENDES, Aluisio Gonçalves de Castro; ALVIM, Teresa Arruda; CABAL, Trícia Navarro Xavier (coords.). *Execução civil*: Estudos em homenagem ao professor Arruda Alvim. Indaiatuba: Editora Foco, 2022, p. 538.

[32] STJ, 2ª T., REsp 1.176.552/PR, Rel. Min. Herman Benjamin, ac. 22.02.2011, DJe 14.09.2011.

[33] STJ, 2ª T., REsp 1.367.549/MG, Rel. Min. Humberto Martins, ac. 02.09.2014, DJe 08.09.2014; STJ, 1ª T., AgRg no AREsp 50.151/RJ, Rel. Min. Benedito Gonçalves, ac. 03.10.2013, DJe 16.10.2013; STJ, 2ª T., REsp 743.678/SP,

art. 3º da Lei n. 7.347/1985 são claros em afirmar que a Ação Civil Pública é meio processual adequado para discutir temas afetos à ordem urbanística e obter provimento jurisdicional condenatório de obrigação de fazer. Assim, a ação deve prosseguir".[34] O caso decidido versava sobre o cabimento de ação civil pública, aforada pelo Ministério Público, visando à proibição de tráfico de veículos pesados no perímetro urbano da cidade.

Um problema sério gerado pela interferência do Poder Judiciário no terreno das políticas públicas é o da inexequibilidade, ou da difícil execução, das sentenças que impõem prestações de fazer à Administração. É que não depende apenas da vontade dos administradores o cumprimento da condenação, nos moldes e prazos fixados na respectiva sentença. Os projetos, recursos e contratações necessários às obras e serviços públicos sujeitam-se necessariamente a trâmites burocráticos complicados e demorados. Por isso, o procedimento executivo judicial ordinário é impotente e frustrante, na espécie, já que, em regra, os comandos judiciais simplesmente não se transformam em realidade.

Condenações a construir estradas, presídios, escolas, creches, ou a ampliar instalações e serviços, não podem ser cumpridas sem respeitar previsões orçamentárias, licitações públicas e disponibilidade de recursos, dentro das prioridades naturais da gestão pública.[35] O papel do magistrado, na espécie, é completamente diverso daquele desempenhado ordinariamente na execução forçada. Seu comportamento, na verdade, deverá ser o de "um gerente de procedimento, pautado sob o prisma de uma decisão que deverá ser construída, progressivamente, durante a execução".[36]

Por isso, é preciso que, de conformidade com o princípio fundamental do processo ordenado e desenvolvido em cooperação entre todos os sujeitos do processo, a condenação e a execução das ações que interferem em políticas públicas sejam deliberadas de forma estrutural: oportunidade, dimensões, técnica de planejamento e orçamento de custos haverão de ser definidos

---

Rel. Min. Mauro Campbell Marques, ac. 15.09.2009, *DJe* 28.09.2009; STJ, 2ª T., REsp 1.041.197/MS, Rel. Min. Humberto Martins, ac. 25.08.2009, *DJe* 16.09.2009; STJ, 2ª T., REsp 429.570/GO, Rel. Min. Eliana Calmon, ac. 11.11.2003, *DJU* 22.03.2004; STJ, 1ª T., REsp 725.257/MG, Rel. Min. José Delgado, ac. 10.04.2007, *DJU* 14.05.2007.

[34] STJ, 2ª T., REsp 1.294.451/GO, Rel. Min. Herman Benjamin, ac. 01.09.2016, *DJe* 06.10.2016.

[35] "O exemplo de processo estrutural, por excelência, é aquele voltado à implantação de políticas públicas que envolvam direitos coletivos de interesse público: não cumpre, com efeito, de forma devida a função jurisdicional o juiz que, isoladamente, em um solilóquio jurisdicional impõe à administração pública a obrigação de prestar um determinado serviço público sem conhecer, por exemplo, as receitas orçamentárias do ente público ou que não acompanha a efetiva implementação da medida de modo a alterar a execução imposta às necessidades concretas e atuais, conforme o caso" (LUCON, Paulo Henrique dos Santos. Fundamentos de processo estrutural. *In*: JAYME, Fernando *et al.* (coords.). *Inovações e modificações do Código de Processo Civil: avanços, desafios e perspectivas*. Belo Horizonte: Del Rey, 2017, p. 12).

[36] ALMENDRA, Matheus Leite. Limites e critérios para a execução de decisão estruturante no processo para solução de conflitos de interesse público. *Revista de Processo*, n. 309, p. 119. Costuma-se adotar com exemplo de correta observância do processo estrutural o caso denominado "Ação Civil Pública do carvão", resolvido pela Justiça Federal de Criciúma/SC: a recuperação e/ou indenização de danos ambientais por mineração em cerca de 6.000 hectares, se deu por um procedimento executivo desdobrado em três fases: *(i)* a primeira se destinou à apuração de como seria possível, tecnicamente, efetuar a recuperação da área degradada, qual seria a extensão dessa área e como seria feita a fiscalização da recuperação; *(ii)* na segunda fase, o Ministério Público (autor da ação) se encarregou de submeter ao crivo de sua assessoria técnica todos os projetos coletados ao longo do processo, e de formalizar os procedimentos a serem observados ao longo da execução de sentença da ACP; *(iii)* por fim, na terceira fase tiveram início especificamente os atos projetados pela assessoria técnica do MP; nessa altura criou-se, também, um grupo de assessoramento técnico do juízo, cuja principal função era a de propor estratégias, métodos e técnicas para implementar a recuperação ambiental ordenada pela sentença exequenda. Trata-se de um projeto muito complexo, cuja consecução demanda longo tempo, e que vem sendo implantado paulatinamente, por anos e anos, com a participação e controle de todos os interessados inseridos no processo estrutural da respectiva ACP (cf. ALMENDRA, Matheus Leite. *Op. cit.*, p. 120-121).

em estrita cooperação entre o juiz da execução e os órgãos administrativos competentes. Em outros termos, o que viabiliza o cumprimento da sentença deverá ser fruto desse esforço comum e leal, sob pena de continuarmos a conviver com a inexequibilidade desmoralizadora das condenações da Administração Pública.[37]

O fundamento dessa nova postura judicial executiva, além do princípio cooperativo adotado pelo art. 6º, estaria assentado na norma do art. 536, ambos do CPC, especialmente na previsão do último dispositivo que autoriza o juiz a determinar "as *medidas necessárias* à satisfação do exequente", seja na efetivação da "tutela específica" da obrigação de fazer, seja na "obtenção de tutela pelo resultado prático equivalente".[38]

Lembra Edilson Vitorelli, no melhor estudo realizado no Brasil sobre o tema, que foi no direito norte-americano que se forjou e implantou a técnica do processo estrutural (*structural litigation*), especialmente para as ações judiciais de interesse público (*public law litigation*), de que emanam ordens judiciais que impõem obrigações de fazer ou não fazer (*injunctions*), no plano da realização de direitos fundamentais (*civil rights injunctions*). Mas não é só a circunstância de referir-se a direito fundamental que leva o processo a seguir a técnica estrutural, é preciso, para tanto, que as ordens judiciais tenham o objetivo de reformar instituições em profundidade (*structural injunctions*).[39]

II – A execução da sentença proferida em processo estrutural: execução em etapas

As características mais marcantes do processo estrutural manifestam-se na fase de implementação da sentença, embora já na fase cognitiva se devam observar cautelas adequadas à técnica de composição estrutural da demanda coletiva. Por isso, Vitorelli, advertindo para a elevada complexidade da execução estrutural, que pode ser praticada por múltiplos caminhos,

---

[37] Na execução de julgado em torno de políticas públicas, deve-se observar um planejamento e um gerenciamento: "As medidas executivas devem ser negociadas e implementadas em conjunto entre interessados e Poder Público – e a presença deste é indispensável, porque tem o domínio da técnica e a chave do cofre. O juiz deve acompanhar a execução de tais medidas, valendo-se de um administrador, o Gerente da Execução, para lhe auxiliar e tomar a linha de frente na condução dos trabalhos. Se ficar constatado que determinada ação não surtiu os efeitos desejados, outra será pensada, planejada e executada"; tudo dentro de um procedimento de natureza experimentalista, através do qual "o juiz e os interessados agirão como um tomador de contas das ações do Poder Público" (SABINO, Marco Antônio da Costa. Políticas públicas, Judiciário e saúde: limites, excessos e remédios – tese de doutoramento perante a Faculdade de Direito da USP, São Paulo, 2014, p. 404; *apud* ALMENDRA, Matheus Leite. Limites e critérios para a execução de decisão estruturante no processo para solução de conflitos de interesse público. *Revista de Processo*, n. 309, p. 118, São Paulo, nov./2020. Também Berizonce recomenda, para esse tipo de execução estrutural, a institucionalização de "um verdadeiro processo de aprendizagem e de reconstrução contínua de experimentação – 'experimentalista'" (BERIZONCE, Roberto. Los conflictos de interés público. *In*: GRINOVER, Ada Pellegrini *et al.* (coords.). O processo para solução de conflitos de interesse público. Salvador: JusPodivm, 2017, p. 267-268).

[38] Eduardo José da Fonseca Costa, a propósito, expõe, em excelente artigo doutrinário, a proposta de superação do modelo de execução como *sanção* por um modelo de execução *negociada*, no que tange às execuções de fazer envolvendo prestações de fazer no âmbito das políticas públicas (A "execução negociada" de políticas públicas em juízo. *Revista de Processo*, São Paulo, v. 212, p. 25-56, out. 2012. No mesmo sentido: THEODORO JÚNIOR, Humberto; NUNES, Dierle; BAHIA, Alexandre Melo Franco. Litigância de interesse público e execução comparticipada de políticas públicas. *Revista de Processo*, v. 224, p. 121-152; BAHIA, Alexandre Melo Franco de Moraes; NUNES, Leonardo Silva; COTA, Samuel Paiva. Das ações coletivas aos processos estruturais: as formas de tutela diferenciada dos direitos fundamentais. *In*: NUNES, Dierle et al. (Orgs.). *Processo coletivo, desenvolvimento sustentável e tutela diferenciada dos direitos fundamentais*. Porto Alegre: Ed. Fi, 2019, p. 15-38).

[39] "Assim, a referência ao processo coletivo estrutural (*structural litigation*) é aplicável aos casos em que a pretensão coletiva não é apenas de imposição de um comportamento, mas a realização de uma alteração estrutural em uma organização, com o objetivo de potencializar o comportamento desejado no futuro" (VITORELLI, Edilson. *Processo civil estrutural*: teoria e prática. Salvador: JusPodivm, 2020, p. 71).

sem que haja prévia e expressa definição legal de escolha, preconiza duas grandes providências operacionais:

> *(a)* subjetivamente, é natural que se busque fazer a execução de *forma negociada*, com a participação e colaboração do demandado, e até de variados atores, mesmo que alguns nem sequer tenham integrado o processo na fase de conhecimento;[40]
>
> *(b)* objetivamente, é de toda conveniência em muitos casos, que a execução se divida em fases, de modo a viabilizar o gradual cumprimento das determinações judiciais e a avaliação de seus efeitos, não apenas da perspectiva do juiz, mas dos demais sujeitos impactados.[41]

III – Execução de ações coletivas complexas

Fiéis às origens norte-americanas do processo estrutural, há aqueles que restringem essa categoria apenas às ações coletivas que visam a reformulação de uma estrutura (uma instituição, uma política ou um programa), cujo mau funcionamento é a causa do litígio.[42] No entanto, mesmo quem assim entende reconhece que, embora não havendo substancialmente um litígio estrutural no sentido estrito original, é possível que, de modo atípico, as medidas estruturais sejam aplicadas à execução de sentenças coletivas pronunciadas em torno de questões cuja resolução exige provimentos injuntivos enquadráveis na técnica executiva própria dos processos estruturais. Assim, para os fins processuais, especialmente os executivos, não é relevante a qualificação substancial da ação em estrutural ou não, se a execução da sentença coletiva, por sua alta complexidade, é daquelas que devem ser divididas em fases e demandam a cooperação do executado ou a participação de diversos atores. É o que se passa, por exemplo, em implementação de sentença de recuperação ambiental, cujo cumprimento pode se dividir em fases, envolvendo atividades negociais complexas, de modo a demonstrar que, em tal contexto, somente a técnica de ação estrutural, com seus vários desdobramentos, é capaz de proporcionar condições de funcionalidade real.[43] Foi o caso, também, das medidas reparatórias e restauradoras dos interesses patrimoniais e culturais pleiteadas em favor dos índios Krenak, vítimas do rompimento da Barragem do Fundão: o litígio não seria enquadrável substancialmente na categoria de ação estrutural, mas, sem dúvida, teve processualmente as características estruturais (isto é, visou o estabelecimento de um programa de saúde, a ser organizado e cumprido com a participação dos indígenas; de um programa de medidas estruturais e culturais; e de um plano de ação com prazo máximo de seis meses, tudo a ser elaborado conjuntamente com os Krenak etc.).[44]

O certo é que – conforme destacou o Min. Roberto Barroso – "o juiz, por vocação e treinamento, normalmente está preparado para realizar a justiça do caso concreto, *i.e.*, a

---

[40] "Isso porque a efetividade das mudanças pode estar ligada ao comportamento de pessoas que, conquanto não sejam destinatárias da ordem, são colateralmente atingidas por ela ou ocupam posições capazes de bloquear, total ou parcialmente, os resultados esperados" (VITORELLI, Edilson. *Op. cit.*, p. 72).

[41] "A reavaliação dos resultados das etapas cumpridas permite o planejamento mais adequado das subsequentes, evitando custos desnecessários e efeitos colaterais indesejáveis" (idem, ibidem). NASSAR, Marcos. Revisão judicial de políticas públicas no Brasil: a novidade dos provimentos estruturais e as velhas sentenças mandamentais e executivas. Revista de Processo, n. 333, p. 299-300.

[42] VITORELLI, Edilson. *Op. cit.*, p. 74: nessa perspectiva, "*o que torna uma execução estrutural é o seu objetivo, não a sua metodologia*" (g.n.).

[43] ARENHART, Sérgio Cruz. Processos estruturais no Brasil: reflexões a partir do caso da ACP do Carvão. In: GRINOVER, Ada Pellegrini et al. *O processo para solução de conflitos de interesse público*. Salvador: JusPodivm, 2017, p. 487.

[44] VITORELLI, Edilson. *Op. cit.*, p. 68.

microjustiça. Nem sempre ele dispõe das informações, do tempo e mesmo do conhecimento específico para instruir políticas públicas e avaliar o impacto de determinadas decisões que digam respeito a questões técnicas e extrajudiciais complexas. E mais, quando decide o caso concreto, o juiz fatalmente ignora outras necessidades relevantes e a imposição inexorável de gerenciar recursos escassos para o atendimento a demandas ilimitadas, *i.e.*, a macrojustiça".[45] Aliás, "o que recorrentemente acontece, em reformas estruturais, é que o juiz, conquanto seja o condutor do processo, é quem menos entende do objeto do debate", principalmente em razão dos aspectos técnicos que a implementação do decisório envolve.[46] Daí a imprescindibilidade de uma adequada execução estrutural, como já restou delineada, sem embargo das notórias dificuldades que a cultura arraigada de tutela limitada ao caso concreto ainda continua oferecendo à importante inovação trazida pelo processo coletivo no âmbito das políticas públicas.[47]

6.5. Tendência à desjudicialização da execução civil

Atualmente fala-se muito em crise da tutela executiva, em razão não apenas do enorme volume das execuções em relação ao total de processos em curso na Justiça,[48] mas também da impressionante taxa de congestionamento na execução judicial. Por isso, é preciso, urgentemente, repensar e rediscutir a tutela executiva na Justiça brasileira, como um dos principais pontos para melhorar a eficiência da atuação da jurisdição estatal na busca de maior adequação às normas fundamentais do CPC/2015, como a implementação da tutela efetiva dos direitos em tempo razoável, permeada pela busca de eficiência na atuação jurisdicional (arts. 4º e 8º do CPC), o que significa melhorar a gestão e a adequação da distribuição dos recursos alocados no Judiciário como um todo, no novo contexto da visão da justiça como serviço público.

Esse debate, que já vem sendo feito pela doutrina,[49] adentrou agora o legislativo federal, com a apresentação de dois projetos de lei em 2019, ora em tramitação no Senado, quais sejam o PL n. 4.257/2019[50], envolvendo a execução fiscal, e o PL n. 6.204/2019[51], tratando da execução civil, seguindo orientação já há um tempo adotada no continente europeu.

---

[45] STF, RE 566.471, voto do Min. Roberto Barroso, j. 11.03.2020.

[46] VITORELLI, Edilson. *Op. cit.*, p. 397.

[47] É importante registrar que o STJ, em acórdão paradigmático, reconheceu não apenas a legitimidade, mas a efetiva necessidade de utilização, em ação civil pública, do processo estrutural para tratar de litígio complexo envolvendo política pública (STJ, 2ª T., REsp 1.733.412/SP, Rel. Min. Og Fernandes, ac. 17.09.2019, *DJe* 20.09.2019).

[48] Segundo o levantamento do Conselho Nacional de Justiça – CNJ, divulgado na publicação Justiça em números de 2019, o "Poder Judiciário contava com um acervo de 79 milhões de processos pendentes de baixa no final do ano de 2018, sendo que mais da metade desses processos (54,2%) se referia à fase de execução" (Justiça em números. Brasília: CNJ, 2019, p. 126. Disponível em: www.cnj.jus.br/wpcontent/uploads/conteudo/arquivo/2019/08/justica_em_numeros20190919.pdf. Acesso em: 29.09.2020). Na última edição do Justiça em números, de 2020, não obstante o número total de processos pendentes no Judiciário ter sofrido redução para 77 milhões, se indica aumento do número de execuções pendentes (55,8%) (Justiça em números. Brasília: CNJ, 2020, p. 150. Disponível em: www.cnj.jus.br/wp-content/uploads/2020/08/WEB-V3-Justi%C3%A7a-em--N%C3%BAmeros-2020-atualizado-em-25-08-2020.pdf. Acesso em: 29.09.2020).

[49] Como, por exemplo, recente trabalho de Marco Félix Jobim e Ricardo Chemale Selistre Peña, denominado Reflexões sobre a efetividade da tutela executiva: cumprimento de sentença e processo de execução em debate. In: ASSIS, Araken de; BRUSCHI, Gilberto Gomes (coords.). Processo de execução e cumprimento da sentença: temas atuais e controvertidos. São Paulo: RT, 2022, p. 47-72.

[50] Disponível em: https://legis.senado.leg.br/sdleg-getter/documento?dm=7984784&ts=1594035701857&disposition=inline. Acesso em: 29.09.2020.

[51] Disponível em: https://legis.senado.leg.br/sdleg-getter/documento?dm=8049470&ts=1594037651957&disposition=inline. Acesso em: 29.09.2020.

Outro instituto que integra o movimento atual da desjudicialização da execução *lato sensu*, mas, em sentido estrito, é algo que com esta não se confunde, é a *autotutela executiva*, que se processa sem a intervenção do Poder Judiciário ou de qualquer outro terceiro que seja seu delegatário. Nessa esteira, a Lei nº 14.711/2023, ao tratar do aprimoramento das regras de garantia, dispôs sobre a execução extrajudicial dos créditos garantidos *(i)* por alienação fiduciária de bem imóvel (art. 2º), *(ii)* por hipoteca (art. 9º), e *(iii)* da garantia imobiliária em concurso de credores (art. 10)[52].

No direito brasileiro pode-se divisar ainda a possibilidade de convencionar tanto medidas típicas como atípicas de autotutela executiva, ou seja, medidas executivas promovidas diretamente pelo credor insatisfeito, de forma extrajudicial.[53] Contribuem para isso, tanto a postura doutrinária favorável à superação do veto clássico ao pacto comissório, como a largueza com que o legislador vem criando no direito positivo casos típicos de autotutela executiva, apoiados na sistemática do *pacto marciano*, tal como vem também ocorrendo no direito italiano.[54] Visto por um outro ângulo, a chamada genericamente *desjudicialização* (melhor identificada como *extrajudicialização*) compreende, na verdade, espécies diferentes, conforme a dimensão com que a execução se afasta das atribuições dos órgãos do judiciário a que ela é conferida tradicionalmente: desjudicialização ocorreria nos processos judiciais em que determinados atos são retirados da esfera de atuação do juiz, enquanto a desjurisdicionalização referir-se-ia aos casos em que a tutela de determinadas pretensões seria retirada por inteiro do Poder Judiciário[55]. No Brasil, o que já se realizou e se acha projetado, em matéria de execução, no momento circunscreve-se ao terreno da desjudicialização. Desjurisdicionalização existe, por exemplo, na Suécia, onde a execução civil foi retirada da esfera judicial e atribuída a organismo da administração, e, entre nós, nos juízos arbitrais, que se desenvolvem por um procedimento totalmente conduzido, instruído e julgado por um agente privado, da confiança das partes (Lei n. 9.307/1996, art. 3º).

---

[52] O art. 2º da Lei 14.711/2023, a propósito de execução extrajudicial dos contratos garantidos por alienação fiduciária de imóveis, alterou, principalmente, os artigos 22; 26 a 27-A; 30; 37-A e 39 da Lei 9.514/1997. O art. 9º da Lei 14.711 instituiu a execução extrajudicial dos créditos garantidos por hipoteca. O art. 10 da mesma Lei 14.711, por sua vez, disciplinou a execução extrajudicial da garantia imobiliária em concurso de credores, tanto em relação aos créditos hipotecários como os garantidos por propriedade fiduciária.

[53] Dois casos de autotutela típica no direito brasileiro são emblemáticos: (i) o do Dec.-Lei n. 70/1966, que, nos financiamentos do SFH, autoriza a venda do imóvel hipotecado, por iniciativa do agente financeiro, em leilão extrajudicial, se o débito não for resgatado no devido tempo; e (ii) o Dec.-Lei n. 911/1969, com as alterações da Lei n. 13.043/2014, que prevê também a venda extrajudicial, pelo credor, do bem móvel gravado de alienação fiduciária em garantia, alienação que nem mesmo necessita de leilão para consumar-se. Referidas modalidades legais já foram solenemente havidas como não contaminadas de inconstitucionalidade, pelo STF, a saber: (i) a venda extrajudicial do Dec.-Lei n. 911/1969 e sucessivas alterações, através de tese fixada no julgamento do RE 382.928/MG (ac. 22.09.2020, Pleno, *DJe* 13.10.2020); e (ii) o procedimento de execução hipotecária extrajudicial do Dec.-Lei n. 70/1966, através de tese fixada no julgamento do RE 627.106/SP e do RE 556.520/SP (ac. 08.04.2021, *DJe* 14.06.2021). Igual entendimento prevalece no STJ: STJ, 3ª T., REsp 1.302.777/SP, Rel. Min. Nancy Andrighi, ac. 13.08.2013, *DJe* 27.08.2013.

[54] "A desjudicialização de atividades antes restritas ao monopólio do Poder Judiciário não é novidade no panorama atual" (CASTRO, Daniel Penteado de. Atividades extrajudiciais antes delegadas ao Poder Judiciário: breves comentários em confronto as iniciativas de desjudicialização da execução civil. In: MEDEIROS NETO, Elias Marques de; RIBEIRO, Flávia Pereira (coords.). Reflexões sobre a desjudicialização da execução civil. Curitiba: Juruá Editora, 2020, p. 110).

[55] COSTA, Rosalina Moitta Pinto da; MOURA, João Vitor Mendonça de. Descortinando novos caminhos para um sistema multiportas de execução no Brasil: "há vários caminhos até a montanha", *Revista de Processo*, v. 334, p. 416-417, São Paulo, dez./2022; FARIA, Márcio Carvalho. Primeiras impressões sobre o Projeto de Lei 6.204/2019, *Revista de Processo*, v. 313, p. 396-398, São Paulo, mar./2021.

7. NOVA ESTRUTURA DO PRESENTE LIVRO

Para adequar-se à sistemática renovada da execução forçada do processo civil brasileiro, nosso livro "Processo de Execução", a partir de sua 24ª edição, teve o título alterado para "Processo de Execução e Cumprimento da Sentença" e teve sua estrutura remodelada da seguinte maneira:

a) numa primeira parte, que compreende os Capítulos II a XXXIV, são tratados os temas do Processo de Execução, que constituem o objeto do Livro II, da Parte Especial, do atual Código de Processo Civil, aplicáveis aos títulos extrajudiciais especificamente e, em caráter subsidiário, aos títulos judiciais;

b) na segunda parte (Capítulos XXXVII a XLVIII) aborda-se, principalmente, a execução forçada do título executivo judicial, doravante submetida ao regime denominado de "cumprimento da sentença" (Título II, do Livro I, da Parte Especial do CPC/2015);

c) ao longo do trabalho, capítulos especiais são dedicados, particularmente, à evolução histórica das técnicas executivas (Capítulo I), à insolvência civil (Capítulo XXXIII), à coisa julgada (Capítulo XXXV), à execução fiscal (Capítulo XXXVI), à liquidação do título executivo judicial (Capítulo XLIX), à execução das ações coletivas (Capítulo L) e ao direito intertemporal (Capítulo LI).

Título II
O Processo de Execução Disciplinado pelo Livro II do Código de Processo Civil

Capítulo II
EXECUÇÃO FORÇADA

8. PROCESSO DE EXECUÇÃO

O homem não realiza seu destino de ser racional senão pela vida em sociedade. Esse *modus vivendi*, no entanto, exige dos cidadãos a submissão a normas de conduta, sem as quais o organismo coletivo não subsiste.

Incidindo sobre o procedimento humano, traçam-se regras morais, religiosas, de etiqueta, de bons costumes etc. Todas destinam-se a regular o convívio social. Mas, como simples normas, não são suficientes para assegurar a estabilidade comunitária.

Daí a necessidade de certas normas de caráter obrigatório e indiscutível, impostas pelo grupo social organizado (Estado), vinculando todos os seus componentes e até mesmo o próprio grupo como pessoa moral. São as chamadas normas jurídicas, constantes de leis, costumes, doutrina, jurisprudência e princípios gerais do direito, cujo conjunto forma a estrutura normativa do grupo social organizado, e que se traduz no conceito moderno de Direito.

Essas normas que alcançam os mais variados lances da vida humana, cuidando de tudo quanto se mostre útil ou relevante à tutela do indivíduo e à preservação do organismo social, caracterizam-se por sua imposição coativa a quantos se coloquem no seu raio de incidência.

A coatividade da ordem jurídica manifesta-se por meio da sanção. De tal sorte, desobedecido o preceito normativo, o Estado está sempre pronto a interferir, por meio de órgãos adequados, para restaurar a ordem jurídica violada, atribuindo a cada um o que é seu, haja ou não concordância do cidadão responsável pela situação concreta.

As medidas que o próprio ordenamento jurídico traça para que o Estado possa invadir a esfera de autonomia do indivíduo e fazer cumprir efetivamente a regra de direito, vem a ser o que se denomina *sanção* da norma jurídica.

De maneira ampla, as sanções podem ser *civis e criminais*. Estas últimas dizem respeito à prática de delitos punidos pelo direito penal e dão ensejo a aplicação de penas. As sanções civis são de caráter *reparatório* e visam compensar ao titular de algum direito subjetivo o prejuízo injustamente causado por outrem.

Em direito processual, a *execução forçada* destina-se especificamente a realizar a sanção. E, por isso, LIEBMAN a define como "a atividade desenvolvida pelos órgãos judiciários para dar atuação à sanção".[1]

Se, por exemplo, alguém causou dano a outrem e foi condenado a reparar os prejuízos, terá que cumprir a norma de direito que manda o responsável por ato ilícito indenizar a vítima. Da mesma forma, quem assinou uma nota promissória, no vencimento, terá que honrar a obrigação assumida, resgatando a dívida. Em ambos os casos, se o devedor não cumpre por iniciativa própria a obrigação, caberá a intervenção do Estado em seu patrimônio para tornar efetiva a sua vontade sancionatória, realizando, à custa do devedor, sem ou contra a vontade deste, o direito do credor.

O processo de execução cria assim para o devedor uma situação ou estado de sujeição, ficando seu patrimônio à mercê da vontade do Estado, para dele extrair-se o bem devido ou o valor a que tem direito o credor.[2]

Com a execução forçada e por meio do remédio jurídico denominado processo, o Poder Público procura realizar, sem o concurso da vontade do devedor, "o resultado prático a que tendia a regra jurídica que não foi obedecida".[3] Em termos práticos, pode se afirmar que "o sistema processual pátrio entende a execução como um conjunto de meios materiais previstos em lei, à disposição do juízo, visando à satisfação do direito".[4]

Deve-se notar que muitas vezes a prestação devida, após o inadimplemento ou a violação do direito do credor, não é mais suscetível de realização na própria espécie em que foi convencionada ou estabelecida. Nem por isso a sanção deixará de atuar. Em matéria civil, a realização da sanção, por meio do processo executivo, pode dar-se de duas maneiras distintas, ou seja:

a) realizando o órgão executivo a prestação devida, como no caso de entrega de coisa certa, quando seja possível encontrar o próprio bem devido no patrimônio do devedor; ou

b) expropriando o Estado bens do devedor inadimplente para propiciar ao credor um valor equivalente à prestação a que tenha direito.

A primeira hipótese denomina-se execução específica e a segunda, execução da *obrigação subsidiária*. Mas, em ambos os casos, o que o Estado faz é sempre a realização da sanção, seja entregando ao credor o bem devido, seja reparando-lhe o prejuízo decorrente da impossibilidade de realizar a prestação *in natura*.

9. EVOLUÇÃO HISTÓRICA DA EXECUÇÃO

O Direito Romano não conhecia outro título executivo que não fosse a sentença judicial. Observava-se com todo rigor o princípio, segundo o qual "deviam conhecer-se as razões das partes antes de fazer-se a execução".[5]

Nos primórdios, nem sequer havia um processo regular de execução, como hoje se conhece. O vencido na ação de condenação ficava à mercê do vencedor, que realizava o direito

---

[1] LIEBMAN, Enrico Tullio. *Processo de Execução*. 3. ed. São Paulo: Saraiva, 1968, n. 2, p. 4.
[2] REIS, José Alberto dos. *Processo de Execução*. Coimbra: Coimbra Editora, 1943, vol. I, n. 7, p. 9.
[3] LIEBMAN, Enrico Tullio. *Op. cit., loc. cit.*
[4] NEVES, Daniel Amorim Assumpção. Manual de direito processual civil. 9. ed. Salvador: JusPodivm, 2017, n. 40.1, p. 1.053.
[5] LIEBMAN, Enrico Tullio. *Op. cit.*, n. 6, p. 9.

reconhecido em seu favor *ex-proprio Marte*, agindo até fisicamente sobre a pessoa do devedor, que podia até ser reduzido à condição de escravo do credor.

Quando surgiu a *actio iudicati*, em moldes de intervenção do Estado para realizar concretamente o direito reconhecido pela Justiça, a execução forçada só era viável com base em sentença condenatória e tinha lugar depois de decorrido o *tempus iudicati*, que era o prazo concedido ao devedor para a satisfação voluntária da obrigação.

Mas esse remédio processual importava reabertura da contenda judicial, com discussões infindáveis e possibilidade de novas e sucessivas execuções, tornando-o expediente imperfeito e inadequado ao fim a que se destinava.[6]

Com a dominação dos povos germânicos sobre a Europa ocidental, nos princípios da Idade Média, houve um retrocesso à fase do desconhecimento do processo judicial de execução. Não faziam eles qualquer diferenciação entre processo de cognição e de execução, nem sequer distinguiam entre responsabilidade civil e penal. O regime jurídico era, então, excessivamente individualista, e o devedor sujeitava-se fisicamente ao cumprimento das obrigações, por força de ato do próprio credor.

Com o desenvolvimento dos estudos romanísticos nas grandes universidades da Idade Média, o direito romano passou a influir sobre os conceitos jurídicos então vigorantes na Europa. Desse modo, a partir do ano 1000, aproximadamente, a execução privada foi caindo no descrédito dos povos.

Como, no entanto, a *actio iudicati* dos romanos ensejava a reabertura de nova disputa judicial, com grandes percalços e inconvenientes, os juristas medievais engendraram um novo instituto que, mantendo o controle jurisdicional sobre a execução, pudesse satisfazer às necessidades sociais e jurídicas da época. Criou-se assim a *executio parata*, que foi o germe do atual processo de execução.

Segundo esse novo instituto, reafirmou-se o princípio romano da necessidade de prévia condenação judicial do devedor. Mas aboliu-se a *actio iudicati* com novo procedimento contraditório, para autorizar a *execução forçada* como simples atividade complementar do juiz da condenação. Para obter essa nova prestação jurisdicional, bastava ao credor endereçar um requerimento ao juiz e este, sem sequer ouvir a parte contrária, lançava mão das "faculdades e deveres inerentes a seu ofício" e praticava "os atos necessários a assegurar a execução da sentença por ele proferida".[7]

Essa execução, tida como simples prosseguimento ou complemento do ato de prolação da sentença, recebia a denominação de execução *per officium iudicis*.

Mais tarde, e ainda por influência do direito germânico, atendendo às necessidades da grande expansão do comércio e procurando contornar os inconvenientes e delongas do procedimento de cognição, passou-se a admitir que os negócios particulares, em determinadas condições, pudessem conduzir diretamente à execução, dispensando-se a sentença condenatória.

Eram os chamados *instrumenta guarentigiata* ou *confessionata* (espécies de escritura pública de confissão de dívida), dos quais se dizia que tinham eficácia de *execução aparelhada*. Depois, igual força foi estendida, também, à letra de câmbio.

Baseados na força que atribuíam à confissão do devedor solenemente manifestada em tais documentos, o resultado prático a que se chegou foi a equiparação, para os efeitos executivos, desses instrumentos à sentença condenatória.

Notava-se, entretanto, uma diferença: na execução promovida com base em sentença, as possíveis defesas do devedor eram muito reduzidas, graças à coisa julgada que amparava o

---

[6] LIEBMAN, Enrico Tullio. *Op. cit., loc. cit.*
[7] LIEBMAN, Enrico Tullio. *Op. cit.*, n. 6, p. 11.

pedido do credor. Cogitava-se apenas da nulidade da sentença e do pagamento posterior a ela. Já na execução fundada em título negocial assegurava-se ao executado a ampla possibilidade de defender-se por todos os meios.[8]

Com o tempo acentuou-se a diferenciação entre as duas execuções que passaram a ser tratadas como institutos distintos: a) uma tida como simples prosseguimento da ação de condenação, com escassas oportunidades de defesa ao devedor; e b) outra em que, ao contrário, tinha-se uma verdadeira *ação executiva* com prazos e oportunidades especiais para a defesa ampla do executado.

Esse entendimento difundiu-se por toda a Europa central e ocidental penetrando no Direito Português e vindo a refletir no Brasil, onde até o Código de Processo Civil de 1939 vigorava a dicotomia "execução de sentença" e "ação executiva".

Apresentava-se, destarte, como da tradição de nosso direito a separação entre a *parata executio* e a "ação executiva". Aquela sempre fundada na sentença condenatória e esta apenas em título executivo extrajudicial.

Aconteceu, porém, que depois de feita a distinção entre os dois remédios executivos, "o direito costumeiro francês reafirmou energicamente a equivalência das sentenças e dos instrumentos públicos (*letres obligatoires faites par devant notaire ou passées sous Seel Royal*); reconheceu a ambos a *exécution parée*. Esse princípio foi acolhido pelas Ordenações reais e depois pelo *Code de Procédure Civile* napoleônico de 1806, do qual passou para a maior parte das legislações modernas".[9] A partir de então, um só processo e uma só ação se prestavam à execução forçada, referisse essa a obrigação documentada em sentença ou em título extrajudicial.

10. A EXECUÇÃO NO DIREITO BRASILEIRO

Na colônia e mesmo no império a legislação vigorante no Brasil era a portuguesa, toda ela profundamente influenciada pelo direito romano. Mesmo após o movimento francês de equiparação da sentença aos títulos executivos extrajudiciais, continuou-se fiel à dicotomia entre execução de sentença (execução aparelhada) e ação executiva (títulos negociais).

Até 1850 nosso sistema processual era ainda o das Ordenações Filipinas. Adveio aquele ano o Regulamento 737 que traçou nova disciplina para o processo comercial, que se estendeu ao processo civil em 1890, pelo Decreto n. 763. A partir de então estava constituído o direito processual brasileiro.

Em 1939, após uma longa e infrutífera adoção de Códigos estaduais imposta pela Constituição republicana de 1891, adveio o primeiro Código de Processo Civil nacional. Foi um Código moderno em suas linhas gerais, mas em matéria de execução de títulos extrajudiciais conservou, inexplicavelmente, a velha ação executiva, que, na verdade, não passava de uma ação cognitiva com adiantamento de penhora. O credor tinha, após a medida constritiva liminar, de sujeitar-se a todos os trâmites do rito ordinário e somente após obter reconhecimento de seu direito de crédito por sentença é que os atos executivos finais poderiam ser efetivados. Não havia, assim, paridade de efeitos executivos entre os títulos judiciais e os extrajudiciais.

O Código de 1973 equiparou, de fato, a força de todos os títulos executivos e, assim, tirou o Brasil do atraso em que se encontrava perante as legislações europeias, inclusive a portuguesa, da qual derivamos. Filiando-se à corrente dominante, consagrada, entre outros pelos atuais Códigos da Itália, Alemanha, Portugal e Áustria, aquele Código brasileiro esposou o conceito

---

[8] LIEBMAN, Enrico Tullio. *Op. cit.*, n. 6, p. 12.
[9] BUZAID, Alfredo. *Exposição de Motivos*, de 1972, n. 21.

unitário, abolindo a ação executiva para absorvê-la, inteiramente, na ideia única de processo de execução.

A partir do Código de 1973, não houve mais, quanto à força e aos efeitos executórios, distinção entre título executivo judicial e extrajudicial. Desapareceu a ação executiva sujeita aos moldes de ação especial nos padrões do Código de 1939.

Entre as inúmeras e evidentes vantagens da unificação do regime executivo, assumiu maior importância a eliminação da fase de cognição, que na ação pertinente aos títulos extrajudiciais, reclamava audiência e sentença obrigatória, ainda mesmo quando não houvesse contestação (art. 301 do CPC/1939).

No sistema de tratamento unitário para títulos judiciais e extrajudiciais, então adotado, o processo de execução não era destinado ao contraditório e nele não havia nem audiência nem sentença. Só haveria julgamento quando o executado opusesse embargos, mas isso ocorreria em autos apartados (processo incidente) e sem interferência no processo de execução, salvo sua suspensão nos casos do art. 741 do CPC/1939.

Ocorrida à revelia do executado, o procedimento executório seguiria sua marcha normal, ultimando-se com a expropriação de bens do devedor, sem necessidade de sentença condenatória para assegurar a força executiva do título extrajudicial "isto é, com abolição completa da fase de conhecimento da antiga ação executiva".[10]

A inovação do Código de 1973 mereceu aplausos da doutrina, pois, "na verdade, a ação executiva nada mais é do que uma espécie de execução geral" e só vantagens podem advir ao tratamento unificado dos títulos executivos judiciais e extrajudiciais[11], afirmava-se à unanimidade. Por isso mesmo, o Código de 2015 não só o conservou como o ampliou e aperfeiçoou.

11. TENDÊNCIAS DO PROCESSO DE EXECUÇÃO NO DIREITO BRASILEIRO

Tradicionalmente o direito processual conhece três procedimentos executivos básicos: a execução por quantia certa, a execução das obrigações de fazer e não fazer e a execução das obrigações de dar. Todos eles se assentam nos mesmos pressupostos, isto é, no título executivo e no inadimplemento do devedor.

Na origem do direito ocidental, somente a sentença transitada em julgado constituía título executivo, de tal sorte que nunca se chegava diretamente à execução forçada. Tinha-se sempre que passar, primeiro, pelo acertamento do direito subjetivo do credor, para só depois munir-se do título que permitia o uso da força estatal para satisfazer compulsoriamente à prestação patrimonial a que fazia jus o titular da obrigação inadimplida.

Somente no final da Idade Média e no limiar dos tempos modernos foi que, por exigência do incremento das atividades comerciais, se conceberam os títulos de crédito como os primeiros documentos que, por sua reconhecida certeza e liquidez, podiam ensejar a execução forçada sem depender do prévio acertamento do processo de conhecimento. Dizia-se que tais títulos equiparavam-se à sentença passada em julgado e, por isso, propiciavam ao respectivo portador a *execução aparelhada*.

Essa evolução, todavia, registrou-se apenas em face das obrigações de dinheiro (execução por quantia certa), já que, nos primeiros tempos de vigência do CPC/1973, as execuções das obrigações de fazer e de dar somente eram admissíveis à base de título judicial (sentença obtida em processo de conhecimento) e, nas mais das vezes, convertiam-se em equivalente econômico

---

[10] LACERDA, Galeno. *O Novo Direito Processual Civil e os Feitos Pendentes*. Rio de Janeiro: Forense, 1974, p. 40.
[11] BUZAID, Alfredo. *Exposição de Motivos*, de 1972, n. 21; LACERDA, Galeno. *Op. cit.*, p. 39.

(perdas e danos), cumprindo-se, com enormes percalços, principalmente na liquidação do respectivo *quantum,* pela via final da execução por quantia certa.

Em nosso século, o direito brasileiro lançou-se numa hercúlea tarefa voltada para a meta de ampliar o acesso à execução forçada e, ao mesmo tempo, de simplificar seus trâmites e desenvolver sua eficácia prática.

Isso se registrou em diversos níveis, desde a concepção de vias de execução para as *obrigações de fazer*, com especial destaque para as de *contratar*, e para as de *obrigações de dar*, tanto coisas certas como coisas genéricas (fungíveis), até o reforço da responsabilidade patrimonial, mediante o disciplinamento da repressão à fraude de execução e a instituição de novas garantias reais de maior eficácia executiva (reserva de domínio, alienação fiduciária, garantias cedulares nos financiamentos rurais, industriais e comerciais etc.).

Em 1994 e 1995, o Código de Processo Civil de 1973 submeteu-se a notáveis alterações, das quais resultaram, dentre outras, as seguintes inovações no plano da execução forçada:

a) proclamou-se, enfaticamente, que é direito do credor o acesso à *execução específica*, mesmo no caso de obrigações de fazer (art. 461);

b) criou-se a *antecipação de tutela*, no processo de conhecimento, para evitar o risco de insucesso da futura execução de sentença, e que atua, praticamente, como antecipada realização, em caráter provisório, de medidas que na verdade deveriam acontecer como efeito prático de sentença ainda não proferida (arts. 273 e 461, § 3º);

c) ampliou-se, ao máximo, o conceito de *título executivo extrajudicial*, de maneira a configurá-lo em qualquer documento particular firmado pelo devedor e duas testemunhas, no qual se tenha assumido obrigação de qualquer natureza (CPC/1973, art. 585, II), desde que tal título revele sua *liquidez, certeza* e *exigibilidade* (CPC/1973, art. 586);

d) por outro lado, procurou-se eliminar um dos mais graves entraves à eficácia e ao prestígio da execução por quantia certa que eram as controvérsias em torno de anulações de arrematação por disputas nascidas de alienação fraudulenta de imóveis penhorados. A medida tomada consistiu em tornar obrigatória a inscrição do gravame judicial no Registro de Imóveis (CPC, art. 659, § 4º).

Com esta última providência, ou seja, com a inscrição da penhora no registro público, nenhum adquirente poderia impugnar a arrematação a pretexto de boa-fé, visto que somente poderia adquirir a propriedade por meio de ato operado no Registro competente e lá estaria a notícia, de efeito *erga omnes,* do gravame judicial.

Cumprindo-se, portanto, o mandamento do novo § 4º do art. 659 do CPC/1973 (redação da Lei n. 8.953/1994), eliminado restou o problema da fraude de execução, já que qualquer que fosse o adquirente e quaisquer que fossem as condições da aquisição, assegurada estaria a eficácia da constrição judicial por sua plena oponibilidade contra terceiros (*RT* 726/347 e 737/435).

Outra grande novidade se deu quanto ao cumprimento das sentenças relativas a obrigações de fazer e não fazer, cuja execução passou a não mais depender de *ação executória*, resolvendo-se em simples incidente do processo em que a condenação fora pronunciada (CPC/1973, art. 461, com a redação da Lei n. 8.952/1994). Nos primeiros anos do século XXI outras grandes reformas aconteceram no Código de 1973, em matéria de execução:

a) pela Lei n. 10.444, de 07.05.2002, o cumprimento forçado das sentenças relativas à entrega de coisa deixou também de exigir a *actio iudicati* e passou a ocorrer sumariamente por meio de mandado expedido, nos próprios autos da condena-

ção, após vencido o prazo de cumprimento voluntário fixado no título judicial (art. 461-A, § 2º);
b) pela Lei n. 11.232, de 22.12.2005, acrescentou-se um novo capítulo ao CPC/1973, que eliminou a *actio iudicati* também para as sentenças relativas às obrigações de quantia certa e instituiu o sistema de "cumprimento da sentença", como incidente de todo e qualquer processo de conhecimento em que haja condenação a realizar prestações obrigacionais (de fazer, não fazer, entrega de coisa ou quantia certa).

Com essas últimas reformas, o processo de execução, como fonte de ação autônoma (ação executiva), ficou praticamente restrito aos títulos extrajudiciais. Apenas as sentenças condenatórias contra a Fazenda Pública e o devedor de alimentos continuaram sujeitas a execução em ação separada daquela em que o julgado ocorreu (arts. 730 e 732, CPC/1973).

Todas essas inovações atestaram um só e claro propósito legislativo: reforçar a eficiência do processo de execução. E quando assim se age, cumpre-se o maior desígnio do processo moderno, que é o da *efetividade*. O processo, hoje, não pode ser visto como mero rito ou procedimento. Mas igualmente não pode reduzir-se a palco de elucubrações dogmáticas, para recreio de pensadores esotéricos. O processo, desde o final do século passado é sobretudo um instrumento de realização efetiva dos direitos subjetivos violados ou ameaçados. E de realização pronta, célere e pouco onerosa. Enfim, um processo a serviço de metas não apenas legais, mas, também, sociais e políticas. Um processo que, além de legal, seja sobretudo um instrumento de justiça. Assim, o *devido processo legal* dos tempos de João Sem Terra tornou-se, em nossa época, o *processo justo*.

Nenhuma justiça efetiva se cumpre sem a realização concreta da alteração fática na situação das pessoas envolvidas no litígio. Daí a importância relevantíssima do processo de execução, pois é por meio dele que se alcança o resultado prático da tutela jurisdicional.

Nenhuma ordem jurídica processual pode aspirar a realizar a meta do *processo justo* se não dispuser de mecanismos de promoção concreta de resultados capazes de eliminar as ofensas e os riscos corridos pelos direitos subjetivos. Por isso, sem um processo de execução *enérgico, eficiente e acessível* nenhum país pode ser considerado moderno, em termos de direito processual civil.

Foi com esse objetivo que o Código de Processo Civil brasileiro de 1973 foi sendo submetido a sucessivas modificações nos últimos anos, até a sua revogação pelo Código de 2015 (Lei n. 13.105 de 16.03.2015). É claro que está muito longe da *meta optata*, mesmo porque o resultado eficiente da prestação jurisdicional não depende apenas de leis. Não se pode, contudo, deixar de reconhecer o esforço legislativo e o acerto da orientação imprimida à evolução do direito processual legislado.

12. OPÇÃO ENTRE AÇÃO EXECUTIVA E AÇÃO COGNITIVA

Quem dispõe de sentença definitiva reconhecendo o seu crédito não tem possibilidade de propor, acerca da mesma obrigação, processo de conhecimento para acertamento, com ou sem condenação. Falta-lhe interesse e ocorre mesmo impossibilidade jurídica de renovação de qualquer acertamento em virtude da imutabilidade e indiscutibilidade geradas pela coisa julgada (CPC/2015, art. 502). A pretensão que resta ao credor, destarte, é apenas a executiva (*actio iudicati*). Quando, porém, o credor dispuser apenas de título de crédito negocial, a situação será muito diferente, porque sobre ele não pairará a autoridade da *res iudicata*, nem estará o credor imune a juízos de acertamento com o devedor muito embora tenha acesso à ação executiva.

O fato, pois, de existir título executivo extrajudicial, não inibe o credor de lançar mão das ações de conhecimento, se lhe forem úteis para solucionar algum litígio travado com o devedor acerca do negócio documentado no referido título.

A ação é o instrumento que viabiliza o direito fundamental à prestação jurisdicional, assegurada pela Constituição diante de qualquer lesão ou ameaça a direito (art. 5º, XXXV). Se a parte anuncia uma possível lesão ou uma eventual ameaça a algum direito material, não pode o juiz recusar-se a conhecer do conflito jurídico que lhe é apresentado dentro da forma processual adequada.

O título executivo extrajudicial franqueia o acesso direto ao processo executivo, mas não elimina a discutibilidade da relação material que nele se retrata. Tanto é assim que, iniciada a execução, ao devedor se assegura a faculdade de instaurar uma ação de conhecimento incidental para negar eficácia à obrigação exequenda, com toda amplitude do procedimento comum (art. 917, CPC/2015). Dessa maneira, o permitir a execução ao credor, na espécie, é apenas uma inversão na ordem lógica das atividades jurisdicionais: ao invés de primeiro *conhecer* para depois *executar*, permite-se, por meio de um sumário contato com o título, uma antecipação da atividade executiva, relegando o acertamento exauriente e definitivo para a eventualidade dos embargos.

Como a posse do título executivo extrajudicial não exclui a possibilidade de cognição ampla em torno do direito material do credor, é claro que, se, antes da execução, já tem este ciência das resistências do devedor à força do título, criado estará o campo propício à prévia instauração do processo de conhecimento. Nada obrigaria o credor a correr o risco de promover uma execução forçada quando pressente o perigo de decair dela por falhas ou imprecisões do título ou do negócio por ele acobertado. Basta lembrar que a simples iliquidez ou incerteza do direito subjetivo material é suficiente para dar apoio aos embargos do devedor e para provocar a sucumbência da pretensão executiva (arts. 783 e 803 do CPC/2015).[12]

Não tem razão aqueles que pensam faltar interesse ao credor para propor ação de conhecimento pelo simples fato de dispor de título executivo extrajudicial que conduziria à carência de ação no plano do processo de acertamento da relação material travada entre as partes. O interesse necessário ao manejo de qualquer ação está na necessidade que toca à parte de recorrer ao processo jurisdicional para evitar um dano jurídico. É a existência do litígio que representa essa possibilidade de dano. Justifica-se o exercício do direito de ação pela necessidade de eliminar o litígio pela sentença ou por algum outro provimento jurisdicional. Como a previsão de execução forçada não impede a formação do litígio entre credor e devedor, continuam as partes – tanto o credor como o devedor – com a possibilidade de, antes ou independentemente da execução, recorrerem ao processo de conhecimento para obter o definitivo acertamento de suas posições jurídicas na ordem material.

A submissão do litigante aos enérgicos, mas estreitos, caminhos da execução forçada, nem sempre corresponde a uma economia processual. Se há pendências não acertadas entre devedor e credor, e se a eventual solução dessas pendências pode inviabilizar a solução da pretensão executiva, claro é que o credor correrá o risco de protelar a satisfação de seu direito subjetivo e até mesmo inviabilizá-lo, em alguns casos, se aventurar pelas vias da execução forçada. É uma questão de lógica e bom senso: diante das controvérsias e incertezas reinantes no âmbito do relacionamento subjacente ao título executivo, a atitude correta e prudente é, sem dúvida, a de primeiro tentar o acertamento pelo processo de conhecimento, para depois intentar a execução forçada já então sob o pálio da indiscutibilidade da sentença trânsita em julgado.

---

[12] A existência de pretensão à condenação ou à executividade, e a existência de ações correspondentes a tais pretensões "de modo nenhum excluem a possibilidade da ação declaratória"... "Quem já tem pretensão a condenação (a ser pago...) pode satisfazer-se com o exercício da simples pretensão à declaração"... "o que poderia pedir a execução (ação executiva de título, ou outra...)" ... "pode pedir a simples declaração jurídica, de que é titular" (PONTES DE MIRANDA, Francisco Cavalcanti. *Comentários ao Código de Processo Civil*. 5. ed. Rio de Janeiro: Forense, 1996, v. I, p. 117).

Convém ressaltar que execução de sentença e execução de título extrajudicial não são duas coisas completamente iguais. Como adverte Pontes de Miranda, "a diferença entre a ação executiva de títulos extrajudiciais e a ação executiva de sentença está em que, nessa, há cognição completa, preestabelecida pela eficácia executiva (pelo menos, peso 3) sentencial. *Ao título extrajudicial o sistema jurídico atribuiu, condicionalmente, eficácia executiva*".[13]

Ou seja, a executividade do título extrajudicial pode cair no acertamento dos embargos do devedor ou em outro procedimento cognitivo de força equivalente (uma ação à parte declaratória ou constitutiva, por exemplo).

Inocorre carência da ação ordinária na espécie, porque, como explica Pontes de Miranda, não há contradição ou incompatibilidade entre ação executiva de título extrajudicial e ação de cobrança relacionada com o mesmo título:

"A ação executiva de títulos extrajudiciais é a ação correspondente à *pretensão à execução*, aí *à frente* (e preponderando) em relação à ação de condenação, correspondente à *pretensão à condenação*. As duas pretensões se exercem no mesmo processo, mediante a 'ação executiva', adiantando-se a cognição, para que se possa começar pela eficácia executiva da *causa petendi*".[14]

Na verdade, quando o credor prefere cobrar seu crédito por via da ação cognitiva (ação de cobrança), não está desprezando a ação executiva. Está apenas invertendo a ordem daquilo que aconteceria caso optasse pela execução de título extrajudicial. A cognição exauriente que viria (ou poderia vir) mais tarde foi desde logo estabelecida.[15]

Em conclusão, o credor beneficiado por título executivo extrajudicial tem a *faculdade*, e não a *obrigatoriedade* de reclamar seu pagamento por meio do procedimento executivo: "A nossa tradição e a tradição europeia, a despeito de alguns inovadores, que o queriam transformar em obrigatório, são no sentido da facultatividade. Posto que o Código não o diga, essa é a solução coincidente, aliás, com a sugestão dos maiores processualistas (*e.g.*, Konrad Hellwig, *Justizreform*)".[16]

O credor de qualquer título cambiário tem a seu dispor a ação executiva, mas não está obrigado a utilizá-la. Seguindo a clássica lição de Whitaker, "a ação executiva é um predicado que decorre de sua natureza. (…) todavia, é um benefício para o credor e, como tal, pode ele dispensá-la, substituindo-a pela ação ordinária".[17]

No estágio atual do direito processual civil, em que se busca a todo instante, implantar medidas antecipatórias de natureza executiva dentro do procedimento cognitivo, ao mesmo tempo em que se intenta eliminar a *actio iudicati* como meio para realizar o comando da

---

[13] PONTES DE MIRANDA, Francisco Cavalcanti, *Comentários ao Código de Processo Civil*. 2. ed. Rio de Janeiro: Forense, 2001, v. IX, p. 5.

[14] PONTES DE MIRANDA, Francisco Cavalcanti. *Comentários, cit.*, v. IX, p. 28.

[15] "A ação executiva de títulos extrajudiciais tem a característica de ser 'ação' de duas finalidades pré-processuais, portanto, em verdade, duas ações, uma das quais prepondera e lhes dá o nome, na classificação das ações… O art. 585 [CPC/2015, art. 784] recolhe casos de processo executivo em que se começa por executar antes de se ter plena *cognitio*" (PONTES DE MIRANDA, Francisco Cavalcanti. *Comentários, cit.*, v. IX, p. 29).

[16] PONTES DE MIRANDA, Francisco Cavalcanti. *Comentários, cit.*, v. IX, p. 37.

[17] WHITAKER, José Maria. *Letra de Câmbio*. 7. ed. São Paulo: RT, 1963, n. 190, p. 270. No mesmo sentido: CARVALHO DE MENDONÇA, J. X. *Tratado de direito comercial brasileiro*. Rio de Janeiro: Freitas Bastos, 1960, v. V, 2ª parte, n. 918, nota 1, p. 416. "A ação própria do título cambiário em devida forma é a executiva, que se caracteriza pela penhora preliminar; não obstante, o credor pode preferir outra ação menos violenta e que faculte ao réu mais segura defesa (TÔRRES, Magarinos. *Nota promissória*. 6. ed. Rio de Janeiro: Forense, s/d, v. II, n. 367, p. 257).

sentença condenatória, "o valor da dicotomia '*procedimento de cognição, procedimento de execução*', no plano teórico e prático, é quase nenhum. Pode-se tratar, a fundo, o processo civil sem qualquer alusão a ela".[18]

Soa falso, portanto, defender, diante do processo civil contemporâneo, a carência de ação de cognição por parte do credor simplesmente em razão de dispor de título executivo extrajudicial que, de modo algum, o isenta de disputas e questionamentos no que se relaciona com o negócio jurídico subjacente.

Logo, é perfeitamente possível que o real interesse do credor esteja melhor tutelado na ação de conhecimento do que na de execução. Nessa linha de pensamento, o STJ já decidiu que o fato de a lei autorizar o uso da via executiva para cobrança do título de crédito não implica vedação do recurso a "outras medidas legais postas à disposição do credor, como a ação de cobrança".[19] Também na vigência do Código de 1973, o STJ já havia reconhecido que a opção do credor de cobrar seu crédito pela ação comum de cobrança gera "situação menos gravosa" para o próprio devedor, uma vez que lhe propicia defesa ampla, sem o risco de se sujeitar a imediatas medidas executivas.[20]

Aliás, após o advento do CPC atual, ou seja, do CPC de 2015, a controvérsia foi totalmente superada pelo seu art. 785, que, *in verbis*, estatui que "a existência de título executivo extrajudicial não impede a parte de optar pelo processo de conhecimento, a fim de obter título executivo judicial".

13. MEIOS DE EXECUÇÃO

Para fazer imperar a ordem jurídica, o Estado utiliza de meios de *coação* e meios de *sub-rogação*.

No primeiro caso, temos a multa e a prisão, que são sanções de caráter intimidativo e de força indireta para assegurar a observância das regras de direito. No conceito do direito processual civil, os meios de coação não integram o quadro das medidas executivas propriamente ditas, muito embora uma parte da doutrina costume apelidá-los de *execução indireta*.[21]

No segundo caso – meios de sub-rogação – temos a atuação do Estado, como substituto do devedor, procurando, "sem ou contra a vontade deste, dar satisfação ao credor, isto é, conseguir-lhe o benefício que para ele representaria o cumprimento da obrigação, ou um benefício equivalente".[22]

Assim, o Estado pode apreender a coisa devida e entregá-la ao credor (execução por coisa certa), ou pode alienar o bem penhorado e apurar o dinheiro para solver a dívida (execução por quantia certa), ou, ainda, para custear a obra cuja realização estava obrigado o devedor (execução de obrigação de fazer).

Tecnicamente, em processo civil, o conceito de execução forçada deve ser reservado para exprimir o fenômeno da atuação da sanção por emprego dos meios de *sub-rogação*.[23]

---

[18] PONTES DE MIRANDA, Francisco Cavalcanti. *Comentários*, cit., v. I, p. 71. s.

[19] STJ, 3ª T., REsp 1.087.170/GO, Rel. Min. Nancy Andrighi, ac. 11.10.2011, *RT* 915/597-598; jan/2012.

[20] STJ, 2ª T., AgRg no AREsp 260.516/MG, Rel. Min. Assusete Magalhães, ac. 25.03.2014, *DJe* 03.04.2014.

[21] REIS, José Alberto dos. *Processo de Execução*. Coimbra: Coimbra Editora, 1943, v. I, n. 12, p. 25; LIEBMAN, Enrico Tullio. *Processo de Execução*. 3. ed. São Paulo: Saraiva, 1968, n. 3, p. 6.

[22] REIS, José Alberto dos. *Op. cit.*, v. I, n. 12, p. 24.

[23] LIMA, Alcides de Mendonça. *Comentários ao Código Processo Civil*. Rio de Janeiro: Forense, 1974, v. VI, n. 134, t. I, p. 86; LIEBMAN, Enrico Tullio. *Op. cit.*, n. 13, p. 27.

Não se deve, outrossim, confundir a *execução* com o cumprimento da obrigação pelo próprio devedor, muito embora, em linguagem comum, seja usual a sinonímia entre adimplemento e execução.

Da mesma forma, não é tecnicamente execução, o que a doutrina chama de *execução imprópria*, ou seja, a atividade administrativa consistente em inscrições ou averbações em registros públicos, mesmo quando ordenadas por sentença. Trata-se, aí, apenas de publicidade do ato judicial.[24]

Em suma, a execução forçada é apenas a "intromissão coercitiva na esfera jurídica do devedor com o fim de obter um resultado real ou jurídico a cuja produção esteja ele obrigado ou pelo qual responda".[25]

Sem a agressão direta sobre o patrimônio do devedor não se pode falar tecnicamente em execução forçada.[26]

14. AMPLIAÇÃO DO USO DOS MEIOS COERCITIVOS PELO CPC/2015 (MEDIDAS ATÍPICAS)

Na execução de sentença relativa às obrigações de fazer e não fazer sempre se autorizou o recurso a meios coercitivos para induzir o devedor a cumprir a prestação devida, a exemplo das *astreintes* (CPC/2015, art. 814), e das diversas providências elencadas exemplificativamente no art. 536, § 1º, do CPC/2015 (busca e apreensão, remoção de pessoas e coisas, desfazimento de obras e impedimento de atividade nociva, inclusive com auxílio de força policial). Havia, no entanto, séria resistência à utilização desses meios coercitivos (apelidados de *medidas de apoio*, segundo uns, ou de *medidas de execução indireta*, segundo outros) nas execuções de obrigações por quantia certa, por falta de autorização expressa em lei.

No direito comparado, especialmente na Europa, as medidas restritivas a direitos do executado são questionadas quando forem abusivas e utilizadas com objetivos impróprios. A Corte Europeia de Direitos Humanos, por exemplo, embora reconheça a importância da execução para o direito de acesso à Justiça e à efetividade do processo, entende que ela pode sofrer limitações. Por isso, "a limitação a direitos do executado não é compatível com o artigo 6º, § 1º, da Convenção Europeia se ela não persegue um objetivo legítimo e se ela não tem uma relação razoável de proporcionalidade entre os meios empregados e o objetivo a alcançar"[27]. Esse equilíbrio é importante para "prevenir a exclusão social dos devedores e evitar a sua falência"[28].

Para Michele Taruffo, o poder discricionário do juiz para empregar medidas coercitivas não significa arbítrio, e deve sempre respeitar as garantias constitucionais fundamentais[29]. O CPC/2015 enfrentou o problema e no art. 139, IV, ultrapassou a antiga tese da *tipicidade* dos

---

[24] LIEBMAN, Enrico Tullio. *Op. cit.* n. 3, p. 6.
[25] GOLDSCHMIDT, James. *Derecho Procesal Civil*. Barcelona: Labor, 1936, v. III, § 87, p. 575.
[26] ROSENBERG, Leo. *Derecho Procesal Civil*. Buenos Aires: EJEA, 1955, v. III, p. 4.
[27] GRECO, Leonardo. Coações indiretas na execução pecuniária. *Revista EMERJ*, Rio de Janeiro, v. 20, p. 114, jan. abr.-2018. O autor destaca, também, que a preocupação com a proteção da propriedade do executado é utilizada como argumento para evitar excessivas incidências da execução sobre o patrimônio do devedor e de terceiros (*Op. cit., loc. cit.*).
[28] GRECO, Leonardo. Coações indiretas na execução pecuniária *cit.*, p. 114. Com efeito, é necessário "ao avanço da efetividade, contrapõe-se o substrato ético e democrático que deve inspirar o processo judicial. Esse perfil democrático é assegurado pela cláusula genérica do devido processo legal, que tem uma função organizatória, impondo a busca do equilíbrio entre as posições do credor e do devedor na execução" (*Op. cit.*, p. 120).
[29] TARUFFO, Michele. General Report. *In* TARUFFO, Michele *et al. Abuse of procedural rights, comparative standards of procedural fairness*. The Hague: Klumer Law International. 1999, p. 8-18. "É em nome dos valores humanos e éticos alojados à base do sistema executivo que a lei busca o adequado equilíbrio entre os interesses das

meios executivos praticáveis na execução das obrigações de quantia certa, que a excluía do alcance dos meios coercitivos atípicos. Agora, o dispositivo do Código referido inclui, textualmente, entre os poderes do juiz determinar "todas as medidas indutivas, coercitivas, mandamentais ou sub-rogatórias necessárias para assegurar o cumprimento de ordem judicial, *inclusive nas ações que tenham por objeto prestação pecuniária*" (g.n.).

Instituiu-se, dessa maneira, um *poder geral de efetivação*, "permitindo a aplicação de medidas atípicas para garantir o cumprimento de qualquer ordem judicial, inclusive no âmbito de cumprimento de sentença e no processo de execução baseado em títulos extrajudiciais".[30] Na doutrina moderna, já se formou uma forte corrente a consagrar a tese em questão, para reconhecer, à luz do art. 139, IV, do CPC atual, que "é possível ao juiz determinar medidas coercitivas atípicas para pressionar psicologicamente o devedor de obrigação de pagar quantia certa a cumprir sua obrigação mediante ameaça de piora de sua situação".[31] Com isso, reconhece-se que as *astreintes* e as medidas de coerção, antes apropriadas apenas às obrigações de fazer e não fazer, passaram a caber em qualquer modalidade de execução, inclusive no caso das dívidas de quantia certa.

Essa possibilidade de emprego de medidas coercitivas atípicas na execução por quantia certa não deve, porém, transformar-se na liberdade para inseri-las em toda e qualquer execução da espécie. Há um procedimento típico que, em princípio, há de ser observado, e no qual as medidas coercitivas previstas são outras (protesto, registro em cadastro de inadimplentes, multa por atentado à dignidade da justiça, hipoteca judicial etc.). A aplicação do art. 139, IV, portanto, deve ocorrer em caráter extraordinário, quando as medidas ordinárias se mostrarem ineficazes. Primeiro, haverá de observar-se o procedimento típico, amparado basicamente na penhora e na expropriação de bens do devedor.[32]

Além disso, a medida coercitiva tem de amparar-se na possibilidade real de que o devedor tenha condições patrimoniais para saldar o débito,[33] e tem de ser aplicada pelo juiz com moderação e adequação para evitar situações vexatórias incompatíveis com a dignidade da pessoa humana.[34]

---

partes em conflito, para que a execução seja tão eficiente quanto possível, com o menor sacrifício possível ao patrimônio do devedor" (DINAMARCO, Cândido Rangel. *Execução civil*. 5.ed. São Paulo: Malheiros, 1997, p. 307).

[30] Enunciado 48 da Escola Nacional de Formação dos Magistrados – ENFAM.

[31] NEVES, Daniel Amorim Assumpção. Medidas executivas coercitivas atípicas na execução de obrigação de pagar quantia certa – Art. 139, IV, do novo CPC. Revista de Processo, v. 265, p. 112, São Paulo, mar/2017. Nessa linha de pensamento: MARINONI, Luiz Guilherme; ARENHART, Sergio Cruz; MITIDIERO, Daniel. O novo processo civil. São Paulo: Ed. RT, 2015, p. 373; WAMBIER, Teresa Arruda Alvim; CONCEIÇÃO, Maria Lúcia Lins; RIBEIRO, Leonardo Ferres da Silva; MELLO, Rogério Licastro Torres de. Primeiros comentários ao novo Código de Processo Civil. 2. ed. São Paulo: Ed. RT, 2016, p. 896; GAJARDONI, Fernando da Fonseca. Teoria geral do processo. São Paulo: Método, 2016, p. 458.

[32] As medidas atípicas, segundo já se decidiu, devem ser aplicadas quando, diante da má-fé do executado, as medidas típicas representarem inócuo dispêndio de tempo e de recursos públicos, mostrando-se incapazes de satisfazer o direito do credor, ou seja, quando frustrados todos os meios executivos diretos disponíveis ao juiz. Observado, sempre, o contraditório prévio, salvo quando puder comprometer os efeitos da medida (STJ, 2ª T., HC 478.963/RS, Rel. Min. Francisco Falcão, ac. 14.05.2019, *DJe* 21.05.2019).

[33] Não tem sentido, por exemplo, impor astreinte ao executado visivelmente insolvente, com todo o patrimônio penhorado e sem perspectiva de fonte alguma para a solução da dívida antes da expropriação dos bens constritos.

[34] "As medidas coercitivas atípicas sugeridas se voltam para o devedor que não paga porque não quer, e que sabe que a blindagem de seu patrimônio torna inútil qualquer tentativa de constrição judicial" (NEVES, Daniel Amorim Assumpção. Medidas executivas, cit., p. 139). Para Leonardo Greco, a lei, muitas vezes, coloca limites à tutela específica, tal como o respeito à dignidade humana do devedor (CF, art. 1º, III). "Esses limites evidenciam, de um lado, que não está ao alcance do Judiciário revogar as leis da natureza e, de outro, que há valores humanitários tão elevados ou mais elevados do que a integral satisfação do credor, que não deve ser

Com base no art. 139, IV, do CPC/2015, têm sido deferidas, em execução por quantia certa, medidas coercitivas atípicas, como apreensão de passaporte e suspensão da habilitação de motorista e do uso de cartão de crédito, sem maiores demonstrações de como isto forçaria efetivamente o andamento regular e a solução da execução. O tema foi objeto de minuciosa análise do STJ, em acórdão[35] do qual se extraíram as seguintes ponderações:

(a) "O Código de Processo Civil de 2015, a fim de garantir maior celeridade e efetividade ao processo, positivou regra segundo a qual incumbe ao juiz determinar todas as *medidas* indutivas, *coercitivas*, mandamentais ou sub-rogatórias necessárias para assegurar o cumprimento de ordem judicial, inclusive nas ações que tenham por objeto prestação pecuniária (art. 139, IV)".

(b) "A interpretação sistemática do ordenamento jurídico revela, todavia, que tal previsão legal não autoriza a adoção indiscriminada de qualquer medida executiva, independentemente de balizas ou meios de controle efetivos".

(c) "De acordo com o entendimento do STJ, as modernas regras de processo, ainda respaldadas pela busca da efetividade jurisdicional, em nenhuma circunstância poderão se distanciar dos ditames constitucionais, apenas sendo possível a implementação de comandos não discricionários ou que restrinjam direitos individuais de forma razoável. Precedente específico".

(d) "A adoção de meios executivos atípicos é cabível desde que, verificando-se a existência de indícios de que o devedor possua patrimônio expropriável, tais *medidas* sejam adotadas de modo subsidiário, por meio de decisão que contenha fundamentação adequada às especificidades da hipótese concreta, com observância do contraditório substancial e do postulado da proporcionalidade".

Nessa mesma linha, tratando de medida atípica acerca de cancelamento de cartões de crédito, para compelir o executado a pagar o débito ajuizado, o TJ de Minas Gerais assentou que, no caso dos autos, não se poderia acolher a pretensão do exequente, com os seguintes fundamentos:

"Isso porque, não obstante o art. 139, inciso IV, do CPC/2015 autorize o juiz a determinar todas as medidas indutivas, coercitivas, mandamentais ou sub-rogatórias necessárias para assegurar o cumprimento de ordem judicial, inclusive nas ações que tenham por objeto a prestação pecuniária, como aqui ocorre, tal deferimento não prescinde de análise de necessidade e adequação, bem assim deve ser observada a preservação de outros princípios nos quais o processo de execução também se pauta, como o da menor onerosidade ao devedor, da proporcionalidade e da boa-fé processual".[36]

Como se vê, o entendimento tanto do STJ como do TJ/MG é no sentido de que as medidas coercitivas atípicas não são de aplicação discricionária, ao livre alvedrio do juiz, dependendo sempre de fundamentação adequada, especificamente de seu poder, *in concreto*, de contribuir efetivamente para o êxito da execução embaraçada pela não localização de bens a penhorar,

---

um objetivo a ser perseguido a qualquer preço" (GRECO, Leonardo. Coações indiretas na execução pecuniária *cit.*, p. 117).

[35] STJ, 3ª T., REsp 1.782.418/RJ, Rel. Min. Nancy Andrighi, ac. 23.04.2019, *DJe* 26.04.2019.

[36] TJ/MG, 16ª C. Civ., Agravo de Inst. 70078464393, Rel. Des. Deborah Coleto Assumpção de Moraes, ac. 27.09.2018, *DJ* 02.10.2018. "As medidas de coação indireta são subsidiárias e dependem da observância do princípio do contraditório. Não são uma punição ao devedor inadimplente, mas, apenas, mecanismos destinados a viabilizar a satisfação do credor" (GRECO, Leonardo. Coações indiretas na execução pecuniária *cit.*, p. 121).

no caso de obrigação de natureza monetária. O bloqueio, portanto, de cartão de crédito não representa, por si só, medida adequada na espécie, se não justificado por alguma demonstração "de que o devedor esteja adquirindo bens ou efetuando gastos em detrimento da dívida contraída com os cartões de crédito que se pretende bloquear, de forma que a medida que se busca se reveste de caráter estritamente coercitivo". Uma vez que a parte recorrente não logrou demonstrar a necessidade, adequação e proporcionalidade da medida postulada, o Tribunal manteve a decisão de primeira instância que a denegara.[37]

Em doutrina, é bastante ponderada a lição de Raphael Silva Rodrigues, Rodrigo Almeida Magalhães, Thiago Penido Martins e Fauez Shafir Leonardo Seif Eddine, exposta, principalmente, a propósito da apreensão de Carteira Nacional de Habilitação (CNH) do executado por obrigação de quantia certa. Suas conclusões – diante do conflito entre, de um lado, os que repelem a questionada medida coercitiva atípica por ofensiva à garantia da liberdade individual de ir e vir, além de ser inócua e inadequada na persecução do pagamento da obrigação exequenda; e, de outro lado, os que aplaudem o seu cabimento, reconhecendo-lhe, em muitos casos, a aptidão para superar a frustração da referida modalidade executiva – são assim expostas:

> "Do cotejo das posições contrárias e favoráveis à adoção da medida atípica para suspensão da CNH e com vistas à nova vertente processual, que busca eficácia e efetividade da tutela jurisdicional, notadamente na execução pecuniária, tem-se que é possível a adoção da medida coercitiva atípica, todavia, *é necessário que a leitura do referido dispositivo* [art. 139, IV, do CPC/2015] *seja feita com vistas a não malferir os princípios regentes da execução, que são balizas construídas para se ter um processo justo e garantidor no atual Estado Democrático de Direito* (g.n.).
>
> Nesse passo, cabe, casuisticamente, ao magistrado averiguar se a suspensão da CNH do devedor é medida subsidiária àquelas legalmente tipificadas, porquanto restaram frustradas – as medidas atípicas devem ser a *ultima ratio* –, bem como se é *útil* e o seu caminho é o *adequado*, ou seja, se o devedor possui condições de solver a dívida, a fim de que a medida atípica não se revele *contraproducente* (g.n.). Por certo, não seria condizente onerar o exequente a comprovar exaustivamente a capacidade financeira do executado, valendo-se, conforme restou discutido acima, demonstrar apenas os sinais exteriores de riquezas do devedor. Ademais, o contraditório há de ser observado, a fim de que se oportunize ao devedor indicar medida menos gravosa, notadamente se este depende de sua habilitação para trabalhar, de modo que a medida não viole direito constitucional".[38]

A advertência dos referidos autores é pela adoção de medida coercitiva atípica com base no art. 139, IV, do CPC, inclusive por meio de suspensão da CNH, mas sempre à luz de critérios objetivos, "a fim de não se permitir que se desdobre em violações a direitos individuais de forma arbitrária".[39] Certamente, como a doutrina pondera cautelosamente, "não se trata de tarefa simples para o operador do Direito, mas tal questão deverá ser enfrentada pelos doutrinadores

---

[37] TJ/MG, Agravo de Inst. 70078464393, cit.

[38] RODRIGUES, Raphael Silva et al. A possibilidade de aplicação de medida coercitiva atípica para suspensão da Carteira Nacional de Habilitação na execução civil de pagar quantia certa: avanço ou retrocesso? *Revista Magister de Direito Civil e Processual Civil*, v. 97, p. 134, jul.-ago. 2020: Lembram os autores que pende no STF ação de inconstitucionalidade contra o dispositivo do CPC que permite medida coercitiva atípica (ADI 5.941).

[39] Para Dierle Nunes e Tatiane Costa de Andrade, a tentativa de tornar mais eficiente a execução seria mais frutífera se efetuada por meios tecnológicos de pesquisa e localização dos bens executáveis. Alertam, portanto, que "a aposta em métodos questionáveis de coerção é, sem dúvida, o caminho mais fácil e mais barato para o Estado, mas transforma o processo civil em *instrumento de vingança*, em contrariedade à sua pretensão democrática de se constituir *garantia de direitos fundamentais*" (g.n.) (NUNES, Dierle; ANDRADE,

e pela jurisprudência, a fim de que se possa construir uma hermenêutica justa e que atenda ao postulado da nova dogmática processual civil".[40]

Interessante adoção de medida atípica foi feita pelo STJ, ao estender aos créditos privados uma medida protetiva criada pelo legislador apenas para o crédito tributário: invocando o art. 139, IV, do CPC, assim como a necessidade de assegurar a efetividade da jurisdição (arts. 4º e 6º do CPC), as Turmas que compõem a 2ª Seção daquela Corte Superior têm decidido pela possibilidade de utilização da Central Nacional de Indisponibilidade de Bens (CNIB)[41], de maneira subsidiária, nas demandas cíveis em geral, isto é, desde que exauridos os meios executivos típicos[42]. Trata-se do mecanismo previsto no art. 185-A do CTN e no art. 30, III, da Lei nº 8.935/1994, para defesa dos créditos públicos, quando não se encontram bens do devedor a penhorar, e que a jurisprudência do STJ, apoiada em provimento do CNJ, passou a admitir também em prol dos créditos civis em geral[43].

14-A. A EXECUÇÃO DAS GARANTIAS REAIS E A AUTOSSATISFAÇÃO DO CREDOR

Durante muitos séculos, perdurou, no direito de tradição romanística, a proibição do *pacto comissório*, considerando nula a cláusula contratual que autorizasse o credor, no caso de inadimplemento do devedor, a ficar com o bem dado em garantia real, em pagamento do crédito (Cód. Civ./1916, art. 765; Cód. Civ./2002, art. 1.428).

A vedação, porém, não era absoluta, porque não impedia a dação em pagamento do bem onerado após o vencimento da obrigação (Cód. Civ./2002, art. 1.428, parágrafo único) nem

---

Tatiane Costa de. Tecnologia a serviço da efetividade na execução: uma alternativa aos dilemas do art. 139, IV CPC: mais um passo na discussão – PT2. *Revista de Processo*, v. 304, p. 358, São Paulo, jun. 2020).

[40] RODRIGUES, Raphael Silva *et al*. *Op. cit.*, p. 135. De fato, as medidas coercitivas são excepcionais e devem ser usadas quando absolutamente necessárias, pertinentes e adequadas para cumprir sua finalidade (GRECO, Leonardo. Coações indiretas na execução pecuniária *cit.*, p. 125).

[41] O art. 185-A do CTN estabelece que "na hipótese de o devedor tributário, devidamente citado, não pagar nem apresentar bens à penhora no prazo legal e não forem encontrados bens penhoráveis, o juiz determinará a indisponibilidade de seus bens e direitos, comunicando a decisão, preferencialmente por meio eletrônico, aos órgãos e entidades que promovem registros de transferência de bens, especialmente ao registro público de imóveis e às autoridades supervisoras do mercado bancário e do mercado de capitais, a fim de que, no âmbito de suas atribuições, façam cumprir a ordem judicial". A CNIB foi instituída para especificamente viabilizar o cumprimento dessa medida tutelar, mas assumiu, na prática, uma dimensão que vai além da proteção dos créditos tributários.

[42] "...2. Consoante o provimento nº 39/2014 do CNJ, o sistema foi instituído tendo em vista a 'necessidade de racionalizar o intercâmbio de informações entre o Poder Judiciário e os órgãos prestadores de serviços notariais e de registro, visando celeridade e efetividade na prestação jurisdicional e eficiência do serviço público delegado'. 3. A utilização do CNIB de forma subsidiária, após o esgotamento das medidas ordinárias e sempre sob o crivo do contraditório, encontra apoio no art. 139, incisos II e IV do CPC, e não viola os princípios da razoabilidade, proporcionalidade ou da menor onerosidade ao devedor" (STJ, 4ª T., REsp 1.969.105/MG, Rel. Min. Maria Isabel Gallotti, ac. 12.09.2023, *DJe* 19.09.2023).

[43] Súmula 560 do STJ: "A decretação da indisponibilidade de bens e direitos, na forma do art. 185-A do CTN, pressupõe o exaurimento das diligências na busca por bens penhoráveis, o qual fica caracterizado quando infrutíferos o pedido de constrição sobre ativos financeiros e a expedição de ofícios aos registros públicos do domicílio do executado, ao Denatran ou Detran". "A partir da declaração de constitucionalidade do art. 139, IV, do CPC pelo Supremo Tribunal Federal (ADI 5.941/DF, *DJe* 9/2/2023), bem como com amparo no princípio da efetividade da jurisdição (arts. 4º e 6º do CPC), as Turmas que compõem a Segunda Seção desta Corte têm decidido pela possibilidade de utilização da Central Nacional de Indisponibilidade de Bens (CNIB) nas demandas cíveis, de maneira subsidiária, isto é, desde que exauridos os meios executivos típicos, nos termos do REsp n. 1.963.178/SP, Terceira Turma, *DJe* de 14/12/2023 e REsp n. 1.969.105/MG, Quarta Turma, *DJe* 19/9/2023" (STJ, 3ª T., REsp. 2.141.068/PR, Rel. Min. Nancy Andrighi, ac. 18.06.2024, *DJe* 21.06.2024).

recusava validade, no caso do penhor, à cláusula que autorizava o credor a vender, extrajudicialmente, o bem empenhado, após o inadimplemento do devedor (Cód. Com./1850, art. 275; Cód. Civ./1916, art. 774, III).

Na verdade o que se proibia era a prática abusiva da usura e do enriquecimento ilícito, configurável através da sumária apropriação da garantia, sem atentar para a necessária equivalência entre a dívida e o valor atual da coisa constitutiva da garantia real. No entanto, o próprio direito romano que estabeleceu historicamente a nulidade do pacto comissório, acabou acatando o pacto marciano, através do qual se autorizava a apropriação da garantia real pelo credor, desde que feita pelo preço atualizado do bem e com reposição ao devedor do eventual excesso em face da quantia devida pelo inadimplente.

Nessa linha de pacto marciano, nosso direito positivo paulatinamente, veio, na segunda metade do século XX, adotando a autossatisfação executiva (pelas vias extrajudiciais), sob influência do que se passava no direito comparado, a exemplo da execução hipotecária dos financiamentos do Sistema Financeiro da Habitação (SFH) (Decreto-Lei 70/1966, art. 32; atual art. 9º da Lei 14.711/2023), da apreensão e venda das coisas móveis objeto de alienação fiduciária em garantia (Dec.-Lei 911/1969, art. 2º), da excussão dos imóveis onerados por meio de alienação fiduciária em garantia (Lei 9.514/1997, art. 27, *caput* e § 2º-B). Finalmente, adveio a Lei do Marco Legal das Garantias Reais (Lei 14.711/2023) que, entre várias inovações, estabeleceu, com amplitude, a execução hipotecária extrajudicial (sobre a matéria, v., adiante, o item 95-A).

Pode-se afirmar, hoje, a presença marcante, no direito positivo nacional e estrangeiro, da autossatisfação executiva das garantias reais, principalmente (mas não exclusivamente) no mercado financeiro, mobiliário e imobiliário. O Código Civil de 2002, por exemplo, cuida da propriedade fiduciária de coisa móvel em garantia de qualquer obrigação financeira (art. 1.361), e a Lei nº 14.711/2023 permite a convenção de execução hipotecária extrajudicial de qualquer obrigação por quantia certa, com exclusão apenas das operações de financiamento da atividade agropecuária (art. 9º, *caput* e § 13).

15. MODALIDADES DOS MEIOS DE EXECUÇÃO

Pode-se fazer, entre outros meios de execução, uma tríplice distinção,[44] conforme as particularidades de cada uma das execuções disciplinadas pelo Código:

a) meios de desapossamento;
b) meios de transformação; e
c) meios expropriatórios.

Os *meios de desapossamento* são típicos da execução para a entrega de coisa. Consistem em providências, como a busca e apreensão das coisas móveis e a imissão na posse das coisas imóveis, com as quais o órgão judicial retira o bem perseguido em juízo da posse do executado, ou de outrem que o detenha, e o entrega ao exequente.

Os *meios de transformação* são os próprios para a execução das obrigações de fazer e não fazer. Por seu intermédio, o órgão judicial toma providências no sentido de autorizar a feitura da obra ou seu desfazimento, quando não cumpridos pelo devedor, para que sejam realizados por outrem (o credor, ou terceiro por ele contratado).

Os *meios expropriatórios*, por sua vez, são os que se utilizam na execução por quantia certa. Por seu intermédio, o órgão judicial invade o patrimônio do executado e dele extrai um

---

[44] STJ, 1ª T., Voto do Rel. Min. Teori Albino Zavascki no REsp. 506.765, *RJTJRGS* 258/41.

ou alguns bens que são aplicados na obtenção de meios para cumprir a obrigação de pagar uma soma de dinheiro inadimplida. A expropriação consuma-se pela transferência forçada do bem seja para dá-lo em pagamento ao exequente, seja para obter, com alienação a terceiro, o dinheiro com que saldar o crédito exequendo.

Embora com dimensões diferentes todas as três modalidades representam agressões patrimoniais com transferência de bens da esfera jurídica de uma das partes para outra. Com efeito, quando se força a entrega de uma coisa, provoca-se a perda da posse ao executado, que, sendo em si uma expressão econômica, acarreta, quando suprimida, uma perda patrimonial, ainda que sem estar sempre em jogo a perda ou transferência da propriedade. Da mesma forma, quando uma obra ou seu desfazimento se realiza judicialmente por terceiro, o respectivo custeio dar-se-á, afinal, com recursos a serem reembolsados pelo executado. O desfecho da execução de obrigação de fazer e não fazer acabará se dando por via de uma execução por quantia certa, se o devedor não recolher voluntariamente os gastos de realização forçada da prestação originária por ele descumprida.

Toda execução forçada, como se vê, culmina numa invasão judicial no patrimônio, com sacrifício de propriedade ou posse para o executado, como medida capaz de realizar a efetiva satisfação do direito do exequente.

16. NATUREZA DO PROCESSO DE EXECUÇÃO

A civilização moderna não admite a solução dos litígios por meio da chamada "justiça privada", ou justiça das "próprias mãos". A lesão a qualquer direito, em geral, só pode ser decidida e reparada coativamente pelo Estado, pelos órgãos jurisdicionais. Em outras palavras, acha-se institucionalizada a denominada "Justiça Pública", ou "Oficial", detida com exclusividade nas mãos do Estado.

Em contrapartida, surge para cada cidadão o direito subjetivo ou a faculdade assegurada de invocar sempre a atuação do Estado para solucionar suas controvérsias com terceiros, obtendo a composição oficial do conflito de interesses, pela atuação da vontade concreta da lei.

Essa prestação a que tem direito o particular perante o Estado é atendida por dois meios: 1º) pela declaração da norma jurídica aplicável ao caso concreto; 2º) pela realização de atos materiais sobre o patrimônio do devedor para, à custa dele, tornar efetivo o direito do credor.

No primeiro caso, temos o processo de conhecimento, em que, conforme Cândido Dinamarco, o Estado proclama "a lei do caso concreto".[45] Na segunda hipótese, temos o processo de execução, no qual, de acordo com Chiovenda, desenvolvem-se as medidas necessárias para que a vontade dessa lei seja realmente satisfeita.[46] Ambos, coordenadamente, concorrem para a paz social, eliminando os litígios e mantendo o império da ordem jurídica.

Deve-se entender a *jurisdição* como a atividade que o Estado exerce visando à realização prática das normas jurídicas, quer quando declara o direito do caso concreto, quer quando o executa efetivamente.

Pela jurisdição, o Estado não cria o direito, nem mesmo o completa, segundo clássica conceituação.[47] Apenas revela e faz atuar suas normas preexistentes, tornando-as concretas diante

---

[45] DINAMARCO, Cândido Rangel. *Execução Civil*. São Paulo: Ed RT, 1973, n. 6, p. 63.
[46] CHIOVENDA, Giuseppe. *Instituições do Direito Processual Civil*. Trad. de Menegale. 3. ed. São Paulo: Saraiva, 1969, v. I, p. 285.
[47] Na moderna concepção do direito processual civil e do papel da jurisdição no Estado Democrático de Direito, a ordem jurídica não se resume à lei em sentido estrito, mas compreende também a interpretação adotada pela jurisprudência, revelada na composição dos conflitos por obra dos tribunais. O atual CPC valoriza a jurisprudência como fonte subsidiária do direito, postura que mais se justifica na atualidade, diante da postura

do conflito deduzido em juízo. Com ela o Estado realiza uma de suas funções fundamentais, substituindo os titulares dos interesses em conflito, para imparcialmente buscar a atuação da vontade do direito objetivo substancial válida para o caso concreto.

Para atuar a vontade concreta da lei, o Estado tem de contar com a colaboração das partes, ou pelo menos de uma delas, já que é princípio básico da jurisdição a indispensabilidade de provocação do interessado *(nemo iudex sine actore ou ne procedat iudex ex officio)*.

O instrumento de atuação da jurisdição é o processo, "que além de ser uma série de atos coordenados pela finalidade comum que visam atingir, é também uma relação jurídica".[48] Trava-se nele uma relação entre o Estado, de um lado, e as partes em conflito, de outros lados, ficando o órgão judicial como no vértice do ângulo formado pelos interesses dos litigantes. A marcha processual desenvolve-se graças à atividade conjunta de todos os participantes da relação jurídica travada no processo. O processo é método, é sistema, que engloba toda a atividade desenvolvida em juízo "para a estrutura temporal e a eficácia da relação jurídica processual: vai da petição inicial ao último ato que diz respeito à relação jurídica processual".[49] Já o procedimento, variável conforme as diversas espécies de pretensão à tutela jurisdicional, "é a forma do processo, o seu rito, a sua estruturação exterior".[50]

Tanto no processo de conhecimento como no processo de execução exercita-se o *direito de ação*, "que é o direito subjetivo fundamental do direito processual",[51] ou seja, o direito de obter a tutela jurisdicional para o direito subjetivo lesado ou ameaçado (CF, art. 5º, XXXV).

Tal como se concebe modernamente a jurisdição, não se pode negar o caráter jurisdicional e contencioso ao *processo de execução*.[52] Pois, não teria sentido para realização da vontade concreta da lei, limitar o Estado sua função pacificadora dos litígios à simples enunciação do direito aplicável em cada caso. O monopólio estatal da justiça exige que a função jurisdicional vá além, para evitar que o particular tenha que usar a própria força para fazer valer o direito subjetivo reconhecido em seu favor.

Há, nessa ordem de ideias, como destaca Carnelutti, um significativo interesse público no processo de execução, com o qual se completa a atividade voltada à atuação da vontade concreta da lei.

17. PROCESSO DE EXECUÇÃO E PROCESSO DE CONHECIMENTO. DIFERENÇAS ESSENCIAIS

Atua o Estado, na execução, como substituto, promovendo uma atividade que competia ao devedor exercer: a satisfação da prestação a que tem direito o credor. Somente quando o obrigado não cumpre voluntariamente a obrigação é que tem lugar a intervenção do órgão judicial executivo. Daí a denominação de "execução forçada", adotada pelo atual Código de Processo Civil, no art. 778, à qual se contrapõe a ideia de "cumprimento voluntário" (adimplemento) da prestação.[53]

---

normativa do legislador que cada vez mais lança mão de cláusulas gerais, conceitos indeterminados e normas principiológicas, para introduzir no direito positivo preceitos éticos e valores caros à Constituição.

[48] LIEBMAN, Enrico Tullio. *Op. cit.*, n. 20, p. 42.
[49] PONTES DE MIRANDA, Francisco Cavalcanti. *Comentários ao Código de Processo Civil*. Rio de Janeiro: Forense, v. I, 1974, prólogo, p. XXXII.
[50] PONTES DE MIRANDA, Francisco Cavalcanti. *Op. cit., e loc. cit.*
[51] LIEBMAN, Enrico Tullio. *Op. cit.*, n. 11, p. 24.
[52] "Em consequência, a execução forçada faz também parte da jurisdição contenciosa" (ROSENBERG, Leo. *Op. cit.*, n. 1, p. 5).
[53] AMARAL SANTOS, Moacyr. *Direito Processual Civil*. 4. ed. São Paulo: Saraiva, 1973, v. III, n. 799, p. 221.

Enquanto no processo de conhecimento o juiz examina a lide para "descobrir e formular a regra jurídica concreta que deve regular o caso", no processo de execução providencia "as operações práticas necessárias para efetivar o conteúdo daquela regra, para modificar os fatos da realidade de modo que se realize a coincidência entre as regras e os fatos".[54]

Embora tanto num como noutro, a parte exerça perante o Estado o direito subjetivo público de ação, a grande diferença entre os dois processos reside no fato de tender o processo de cognição à pesquisa do direito dos litigantes, ao passo que o processo de execução parte justamente da certeza do direito do credor, atestado pelo chamado "título executivo".

Não há decisão de mérito em ação de execução.[55] A atividade do juiz "é prevalentemente prática e material",[56] visando produzir na situação de fato as modificações necessárias para pô-la de acordo com a norma jurídica reconhecida e proclamada no título executivo. No processo de conhecimento, o juiz julga (decide). No processo de execução, o juiz executa (realiza). Em outras palavras: "o processo de conhecimento é processo de sentença", enquanto "o processo executivo é processo de coação".[57]

A declaração de certeza é pressuposto que antecede ao exercício da ação de execução.[58] Daí a afirmação dos processualistas de que o processo de execução não é contraditório,[59] mas instrumento de sujeição do devedor a cumprir forçadamente a prestação a que tem direito o credor (CPC/2015, art. 786).

Deve-se, no entanto, evitar a conclusão de que ocorre um total desequilíbrio entre as partes,[60] pois não é verdade que o Estado seja inteiramente parcial a favor do credor na execução. O certo é que "o processo de execução não é predisposto para a discussão do mérito, ele se contenta com o título executório".[61] É como destaca Satta, de "índole não contraditória".[62]

É verdade que ao devedor é lícito resistir à pretensão executiva do credor. Mas, para tanto, terá que se valer dos embargos de executado, no qual, fora da execução, se instalará o contraditório. Assim, mesmo quando o devedor procura impugnar a pretensão do credor e cria um contraditório em torno dela, a discussão se passa no processo dos embargos, e não no de execução, em face do qual o primeiro é um processo incidente;[63] desconhece-se, no típico processo executivo, a figura da *contestação*.

Não obstante essa particular natureza do processo de execução, o juiz, muitas vezes, em seu curso, profere juízos de valor, tratando ambas as partes em pé de igualdade, como ocorre, por exemplo, no exame dos pressupostos processuais, das condições da ação ou dos pressupostos específicos dos diversos atos executivos a levar a efeito, como a penhora, sua restrição ou ampliação, a avaliação, a arrematação, a adjudicação, a remição etc.

---

[54] LIEBMAN, Enrico Tullio. *Op. cit.*, n. 18, p. 37.
[55] DINAMARCO, Cândido Rangel. *Op. cit.*, n. 16, p. 126.
[56] LIEBMAN, Enrico Tullio. *Op. cit.*, n. 18, p. 37.
[57] MARQUES, José Frederico. *Manual de Direito Processual Civil*. Campinas: Bookseller, 1997, v IV, n. 738, p. 11.
[58] MICHELI, Gian Antonio. *Curso de Derecho Procesal Civil*. Buenos Aires: EJEA, 1970, v. III p. 4.
[59] LOPES DA COSTA, Alfredo Araújo. *Direito Processual Civil Brasileiro*. 2. ed. Rio de Janeiro: Forense, 1959, v. IV, n. 38; MICHELI, Gian Antonio. *Op. cit.*, v. III, p. 144.
[60] LIMA, Cláudio Vianna de. *Processo de Execução*. Rio de Janeiro: Forense, 1973, n. 3, p. 22.
[61] DINAMARCO, Cândido Rangel. *Op. cit.*, n. 10, p. 95.
[62] SATTA, Salvatore. *Direito Processual Civil*. Tradução e notas de Luiz Autuori. Rio de Janeiro: Borsoi, 1973, v. II, n. 321, p. 532.
[63] AMARAL SANTOS, Moacyr. *Op. cit.*, v. III, n. 804, p. 232.

Em síntese: no tocante ao mérito da execução, as posições das partes são claras e nítidas. Nada há que acertar ou decidir em contraditório.[64] Mas, sobre a forma de executar, é perfeitamente lícito o debate entre as partes, de sorte a gerar o mesmo contraditório que se conhece no processo de conhecimento.[65]

Uma vez que a garantia do contraditório em qualquer processo conquistou a posição de direito fundamental (CF, art. 5º, LV), é insustentável a velha tese de que não haveria lugar para aplicá-lo na execução forçada. Nela, com efeito, o devedor vai ser desapossado e expropriado de bens e valores patrimoniais, que, em linha de princípios, integram o conceito de propriedade, *lato sensu*, a qual também é objeto de tutela dentro do rol de direitos fundamentais (CF, art. 5º, XXII). Ora, é categórica a Constituição quando garante que ninguém será privado de seus bens "sem o devido processo legal" (art. 5º, LIV), e que ao litigante, em processo judicial ou administrativo, sempre "são assegurados o *contraditório e ampla defesa*" (art. 5º, LV).

Logo, a expropriação executiva somente será legítima se procedida dentro das garantias do devido processo legal e, consequentemente, da sujeição ao contraditório e ampla defesa. Processo em contraditório não é apenas aquele em que se discute e se define *direito* controvertido. É todo aquele em que, de uma forma ou de outra, se praticam atos tendentes a sacrificar ou restringir direitos patrimoniais de alguém. Esses sacrifícios e essas supressões de direito, tal como se dão no processo de execução, somente poderão ser praticados em juízo, se a seu respeito se travar o contraditório, que versará não sobre o crédito já certificado no título executivo, mas sobre os atos executivos propriamente ditos, como a penhora, a avaliação, a alienação judicial e o pagamento ao credor, dentro das forças de seu título. Esses e outros atos da execução jamais poderão ser levados a efeito, sem a ciência e o controle da parte que irá suportar seus efeitos expropriatórios.[66]

O processo moderno, além de ser regular no sentido procedimental, tem de ser *justo*, tanto no conceito formal como no resultado material. Essa visão da jurisdição, dentro do Estado Democrático de Direito, assegura aos litigantes uma efetiva participação na formação dos provimentos do órgão judicial, que vai além da ciência bilateral daquilo que ocorre ao longo da marcha do processo. Compreende não só o direito da parte de ser ouvida em juízo, mas também e principalmente o de influir no provimento pacificador do litígio. Por isso, se atribui ao juiz de nosso tempo, a par do poder de ditar o provimento, o dever de ouvir, advertir e orientar os litigantes, assim como de suprir deficiências acaso detectadas na defesa processual dos interesses em disputa. Essa postura típica do moderno contraditório faz com que o juiz não se limite a assistir ao debate entre os litigantes, mas que ele mesmo se insira dentro do contraditório, de maneira que nada se decida ou se execute sem prévio debate com todos os interessados. Há, no justo processo, uma garantia de não-surpresa, que inibe o magistrado de tomar decisões sem audiência das partes, mesmo quando lhe caiba deliberar de ofício acerca de certas matérias (CPC/2015, arts. 9º e 10).

---

[64] FURNO, Carlo. *La Sospensione del Processo Esecutivo*. Milano : A. Giuffrè, 1956, n. 18, p. 78.

[65] MARQUES, José Frederico. *Op. cit.*, v. IV, n. 801, p. 88.

[66] Paula Costa e Silva e Paula Meira Lourenço reconhecem que a execução não será justa se não se respeitar o devido processo legal, mas advertem: "a execução é a estrutura processual em que a satisfação do interesse do credor não pode deixar de interferir com direitos fundamentais do executado. Se o credor tem direito ao cumprimento e à integridade do seu patrimônio – no qual se integram os direitos de crédito –, o executado tem direito à integridade do seu patrimônio e à sua proteção contra agressões ilícitas". Por isso, concluem que "a insurgência do executado contra qualquer ato de agressão patrimonial tem de ser rapidamente avaliada por um juiz" (SILVA, Paula Costa e; LOURENÇO, Paula Meira. A desjudicialização da execução cível em Portugal. In: BELLIZZE, Marco Aurélio; MENDES, Aluisio Gonçalves de Castro; ALVIM, Teresa Arruda; CABAL, Trícia Navarro Xavier (coords.). *Execução civil*: Estudos em homenagem ao professor Arruda Alvim. Indaiatuba: Editora Foco, 2022, p. 425).

A esse contraditório efetivo e sem surpresas se vincula, também, o processo de execução, motivo pelo qual devem se superar por completo as velhas concepções que negavam a sua sujeição ao contraditório. O que há é apenas uma diversidade do objeto do contraditório, entre o processo de conhecimento e o processo de execução, mas nunca a supressão mesma da garantia constitucional do contraditório e ampla defesa em qualquer deles.[67]

18. AUTONOMIA DO PROCESSO DE EXECUÇÃO

Cognição e execução, em seu conjunto, formam a estrutura global do processo civil, como instrumento de pacificação dos litígios. Ambas se manifestam como formas da jurisdição contenciosa, mas não se confundem necessariamente numa *unidade*, já que os campos de atuação de uma e outra se diversificam profundamente: o processo de pura cognição busca a *solução*, enquanto o de pura execução vai em rumo à *realização* das pretensões. Daí afirmar a doutrina tradicional que a execução forçada não convém ser tratada como parte integrante do processo em sentido estrito, (isto é, do processo de definição do direito controvertido) nem sequer como uma consequência necessária dele.[68]

Importava sempre a execução forçada, segundo a orientação primitiva do Código de Processo Civil de 1973, a exigência de uma relação processual própria e autônoma, ainda quando seu fito fosse o cumprimento coativo de uma sentença condenatória.

Embora modernamente se tenha concebido um sistema processual unitário para a cognição e a execução, em termos de acertamento que culmine por sentença condenatória, continua válida a visão doutrinária em torno da autonomia do processo de execução. O que se dispensou foi o processo de execução para a hipótese de cumprimento forçado da sentença. Esse processo, contudo, continua sendo autônomo plenamente no caso dos títulos executivos extrajudiciais. Com efeito, pode-se ter como evidenciada a autonomia do processo de execução pelos seguintes dados:

   a) o processo de conhecimento em muitos casos se exaure, dando satisfação completa à pretensão do litigante sem necessidade de utilizar o mecanismo do processo de execução (basta lembrar os casos resolvidos por meio de sentenças declaratórias e sentenças constitutivas);

   b) o processo de execução não pressupõe, necessariamente, uma prévia definição por meio do processo de conhecimento (os títulos executivos extrajudiciais permitem o acesso à atividade jurisdicional executiva, sem qualquer acertamento judicial sobre o direito do exequente).

Pode-se, portanto, compor o litígio sem necessidade de utilizar o processo de execução; e pode-se, também, compor o litígio apenas com o processo de execução, sem necessidade de passar pelo prévio acertamento do processo de conhecimento.

Uma coisa, porém, é preciso ficar esclarecida: as atividades de acertamento (definição) e execução (realização) no direito processual moderno não são mais confinadas a processos totalmente estanques. O juiz, ao acertar o direito controvertido e ao comprovar a ofensa ocorrida,

---

[67] "A informação feita no passado de que não há contraditório na execução já se encontra superada. A atividade jurisdicional executiva, como em todo e qualquer processo, é realizada em contraditório entre as partes oportunizando-as a possibilidade de participarem da formação dos provimentos executivos" (NUNES, Dierle; BAHIA, Alexandre; CÂMARA, Bernardo Ribeiro; SOARES, Carlos Henrique. *Curso de Direito Processual Civil*. Belo Horizonte: Ed. Fórum, 2011, n. 5.5.11, p. 385).

[68] ROSENBERG, Leo. *Tratado de Derecho Procesal Civil*. Buenos Aires: EJEA, 1955, v. III, p. 5-6.

não só deverá declarar a existência do direito subjetivo do litigante como haverá de tomar as providências concretas para defendê-lo e restaurá-lo diante do reconhecimento de sua violação. E, para tanto, não dependerá de instauração, pela parte, de um novo e autônomo processo de execução. Ao proferir a sentença condenatória, ordenará, implicitamente, na própria decisão, a providência executiva necessária à concretização do pronunciamento condenatório.

Há, na quadra atual do direito processual, uma distinção entre atos executivos (execução forçada) e processo de execução (relação processual específica para promoção de atos executivos). Há *atos executivos* (atos de realização material das prestações com que se satisfazem direitos subjetivos violados) e há o *processo de execução* (relação processual específica para realizar a execução forçada dos atos necessários ao cumprimento das prestações correspondentes ao direito subjetivo já acertado em título executivo).

Quem obteve sentença que reconheceu seu direito a receber uma coisa ou uma quantia determinada, não precisa recorrer ao processo de execução. A atividade de realização de seu direito se dará na própria relação jurídica processual em que se proferiu a sentença condenatória, como um complemento da condenação, ou como um efeito imediato dela.

Quem, por outro lado, dispõe de um título executivo extrajudicial (uma nota promissória, um cheque, uma hipoteca etc.), tem acesso direto ao processo de execução. Conseguirá promover os atos de realização material de seu crédito sem passar pelo acertamento judicial de seu direito. Em outros termos, não dependerá de sentença para promover a expropriação dos bens do devedor, necessários à satisfação do seu crédito.

19. AUTONOMIA DA EXECUÇÃO E AS REFORMAS DO CPC DE 1973

A partir de meados da década de 1990 o Código de Processo Civil de 1973 foi submetido a uma sequência de minirreformas voltadas para imprimir à prestação jurisdicional maior celeridade e mais efetividade na composição dos litígios e na realização concreta dos direitos subjetivos lesados ou ameaçados.

No campo da execução registrou-se um crescente movimento no sentido de romper com a dicotomia imposta pelo texto de 1973 que forçava o jurisdicionado a manejar duas ações para acertar e depois executar o mesmo direito subjetivo. O surgimento da antecipação de tutela e a criação de um regime próprio para as causas relativas às obrigações e fazer e não fazer (Lei n. 8.952, de 13.12.1994, que deu novas redações aos arts. 273 e 461 do CPC/1973), vieram a comprovar que uma só ação, dentro de uma única relação processual, poderia permitir a atividade de acertamento e a execução forçada, eliminando em muitas hipóteses a necessidade da *actio iudicati* autônoma.

Mais tarde, a Lei n. 10.444, de 07.05.2002, reformando o CPC de 1973 para inserir o art. 461-A, viria a abolir totalmente a execução de sentença para as ações em que o credor disputasse a entrega ou restituição de coisa. Da sentença condenatória, simplesmente decorreria a automática expedição do mandado de cumprimento da obrigação, nos moldes das tradicionais ações executivas *lato sensu*, como as de despejo e as possessórias. Reimplantava-se, assim, a antiquíssima *executio per officium iudicis* no domínio dos litígios em torno de obrigações de dar e fazer ou não fazer. A ação autônoma de execução ficava praticamente confinada aos títulos executivos extrajudiciais.

A Lei n. 11.232, de 22.12.2005 completou a adoção da *executio per officium iudicis*, ao estendê-la também às sentenças de condenação a prestações de quantia certa (CPC/1973, arts. 475-I e 475-J). Com essa radical remodelação, pôs-se fim à longa história de separação entre o processo de conhecimento e o de execução, no que diz respeito aos títulos judiciais. Remanesceu, enfim, a ação executiva autônoma apenas para os títulos extrajudiciais.

20. A EXECUÇÃO FORÇADA NO ATUAL CÓDIGO DE PROCESSO CIVIL

O Código de 2015 conserva o regime executivo do Código de 1973, segundo o qual a realização material do direito do credor não é mais objeto exclusivo do processo de execução. O processo de conhecimento, quando atinge o nível da condenação, não se encerra com a sentença. Prossegue, na mesma relação processual, até alcançar a realização material da prestação a que tem direito o credor e a que está obrigado o devedor. O cumprimento da sentença é ato do ofício do juiz que a profere (*executio per officium iudicis*).

Processo de execução, como relação processual instaurada apenas para realização ou satisfação de direito subjetivo já acertado, é remédio processual que somente se aplica à execução de títulos executivos extrajudiciais.

Em síntese: a) para a sentença condenatória (e títulos judiciais equiparados), o remédio executivo é o procedimento do "cumprimento da sentença"; b) para o título executivo extrajudicial, cabe "o processo de execução", provocável pela ação executiva, que é independente de qualquer acertamento prévio em processo de conhecimento.

Diante das profundas remodelações da execução forçada levada a cabo pelas Leis n. 11.232/2005 e 11.382/2006, o atual Código, não pretendeu introduzir alterações substanciais, fosse no regime do cumprimento de sentença, fosse na execução dos títulos extrajudiciais, mesmo porque o sistema atual ainda se achava em fase de implantação prática.

Como se pode deduzir da Exposição de Motivos da Comissão de Juristas encarregada da elaboração do Anteprojeto, nada de relevante foi inovado no âmbito da execução. Apenas se procurou afastar pequenas controvérsias ainda não solucionadas de maneira definitiva pela jurisprudência posterior às Leis n. 11.232/2005 e 11.382/2006, como, por exemplo, as relativas à aplicação da multa do art. 475-J do Código revogado e ao procedimento da penhora *on-line*.

21. OBJETIVO DA EXECUÇÃO

O processo é o meio de que se vale o Estado para compor os litígios ou conflitos de interesses gerados por pretensões resistidas. Assim, de maneira geral, pode-se dizer que o objetivo do processo é a composição da lide, pela aplicação da norma jurídica abstrata ao fato concreto deduzido em juízo.

Entende Liebman que não se pode falar em tal objetivo no processo de execução, porque inexistiria uma lide a ser composta pelo juiz, eis que a composição já se realizou no processo de conhecimento e não caberia, então, ao juízo executivo, qualquer novo pronunciamento de mérito.

Diferentemente do processo de conhecimento, afirma o notável processualista, na espécie o pedido baseia-se no título executório, "que determina inquestionavelmente – para os efeitos da execução – a regra sancionadora que deve ser efetivada: não cabe mais ao juiz julgar e sim simplesmente realizar as atividades decorrentes do conteúdo do título. O pedido do exequente visa provocar estas atividades. A tarefa do juiz consiste apenas em realizá-las".[69]

Carnelutti, no entanto, demonstra que mesmo na execução o objeto do processo continua sendo a *lide*, entendida ela como "conflito de interesses qualificado pela pretensão de um dos interessados e pela resistência do outro". Essa resistência, configuradora da lide – para o grande mestre peninsular – pode apresentar-se sob duas modalidades: a *contestação* (*pretesa contestata*) ou a *insatisfação* da pretensão (*pretesa insoddisfatta*). Quando a pretensão é contestada, compõe-se a lide pelo processo de cognição; quando o caso é de pretensão apenas insatisfeita, soluciona-se a lide pelo processo de execução.[70]

---

[69] LIEBMAN, Enrico Tullio. *Op. cit.*, n. 22, p. 48.
[70] CARNELUTTI Francesco. *Istituzioni del Processo Civile*. 5. ed. Roma: Società Editrice del Foro Italiano, 1956, v. I, p. 28, 38 e 83-84; *Diritto e Processo*. Napoli: Milano, 1958, p. 284 e nota 3.

Sob o ponto de vista prático, o objeto do processo de execução é, como já se ressaltou, fazer atuar efetivamente determinado interesse, quando para compor a lide não foi suficiente apenas a declaração de certeza do direito da parte.[71] Dessa forma, "representa la prosecución más avanzada de la obra de actuación concreta de la ley por parte del juez".[72]

Do mesmo sentir é Allorio, para quem "a pretensão discutida" e a "pretensão insatisfeita" são espécies de um só gênero: "o conflito jurídico".[73] A unificação das duas hipóteses dentro do conceito geral de *lide* tem a vantagem de demonstrar que não há contraste substancial entre as duas grandes concepções da finalidade do processo, isto é, da corrente que vê o processo como meio de atuação do direito e da que o vê como instrumento de composição da lide. Bem ponderado, a noção de lide coincide com "obstáculos na atuação do direito". E, por isso, para o grande processualista italiano, "composição da lide e atuação do direito são fórmulas equivalentes, se se reflexiona que os próprios sustentadores da teoria que vê o fim do processo na atuação do direito, não aludem diretamente à atuação pacífica, senão à atuação mediante superação dos obstáculos que o direito (objetivo) encontra em seu caminho".[74]

22. CONDIÇÕES E PRESSUPOSTOS DA EXECUÇÃO

A execução forçada é um ato de força privativo do Estado. Realiza-se por meio de invasão da esfera patrimonial privada do devedor para promover *coativamente* o cumprimento da prestação a que tem direito o credor.

É, pois, a "realização de pretensões de direito material mediante *coação estatal*; por isso se realiza por meio de um procedimento autoritário (judicial) e pertence por inteiro e exclusivamente ao direito *público*".[75]

O direito de *praticar* a execução forçada é exclusivo do Estado, cabendo ao credor apenas a faculdade de pedir a sua atuação (direito de ação).[76]

Sendo a execução forçada uma forma de ação, o seu manejo está, naturalmente, subordinado às chamadas *condições de ação* e que são, segundo velha concepção, a possibilidade jurídica do pedido, a legitimação para agir e o interesse de agir.[77-78]

Diversos das condições são os pressupostos processuais, que, no dizer de Pontes de Miranda, são "as qualidades que o juízo, as partes e a matéria submetida, bem como os atos essenciais do início devem apresentar, para que possa ser proferida sentença com entrega da prestação jurisdicional.[79]

---

[71] MICHELI, Gian Antonio. *Op. cit.*, v. III, p. 4.
[72] MICHELI, Gian Antonio. *Op. e loc cits.*
[73] ALLORIO, Enrico. *Problemas de Derecho Procesal*. Buenos Aires: EJEA, 1963, t. II, p. 181.
[74] ALLORIO, Enrico. *Op. cit., loc. cit.*
[75] ROSENBERG, Leo. *Op. cit.*, v. III, § 169, p. 4.
[76] ROSENBERG, Leo. *Op. cit., loc. cit.*
[77] AMARAL SANTOS, Moacyr. *Op. cit.*, v. III, n. 815, p. 248; DINAMARCO, Cândido Rangel. *Op. cit.*, n. 18, p. 136-137.
[78] O CPC/1973 incluía a possibilidade jurídica entre as condições da ação (art. 267, VI). Para o CPC/2015, as condições que se exigem para a resolução do mérito da causa são apenas o interesse e a legitimidade (art. 17). Antes mesmo do advento do Código atual, a doutrina, em boa parte, já se achava convencida da dificuldade de tratar a impossibilidade jurídica como uma condição distinta, já que as raras hipóteses aventadas na jurisprudência ora se confundiam com o mérito, ora se ingeriam no interesse, tornando-se uma inutilidade sua categorização como a terceira condição de ação (cf. nosso Curso de direito processual civil. 60 ed., Rio de Janeiro: Forense, 2019, v. I, n. 97-V).
[79] PONTES DE MIRANDA, Francisco Cavalcanti. *Op. cit., loc. cit.*, vol. I, p. XXXII.

Como na execução forçada não há sentença, pressupostos processuais *in casu* são tudo o que de início se requer para que seja possível a válida realização dos atos executivos pretendidos pelo credor, como a capacidade civil da parte, sua representação por advogado e a observância da forma procedimental adequada.

Mas, em face da coação que se realiza com o processo executivo, onde não mais se vai discutir o direito das partes, e sim apenas realizar o crédito do autor, sujeita-se esse processo a condições especiais e completamente distintas daquelas que se notam no processo de conhecimento. Basta dizer que só pode haver execução baseada em *título executivo*, circunstância que se apresenta, *prima facie*, como condição *necessária e suficiente* para fazer atuar a pretensão executiva.

Fundando-se a execução, obrigatoriamente, no *título executivo*, torna-se muito simples a verificação das condições da ação. Bastará, quase sempre, a comprovação da existência do título a que a lei confere a força executiva. Daí o ensinamento de que o título se apresenta como "a expressão integral das condições da ação executória".[80] É através dele, em suma, que se definem a legitimidade das partes e o interesse de agir *in executivis*, a par dos pressupostos gerais de formação válida e desenvolvimento regular do processo (pressupostos processuais)

Quanto aos requisitos específicos da execução forçada são dois:

1º) um *formal* ou *legal*, que é a existência do *título executivo*, que lhe serve de base, atestando a certeza e liquidez da dívida;
2º) um outro *prático* ou *substancial*, que é a atitude ilícita do devedor, ou seja, o *inadimplemento* da obrigação, que comprova a exigibilidade da dívida.[81]

O primeiro, que é de caráter formal (instrumento), conforme a lição de Alberto dos Reis, põe a execução em contato com o direito processual; o segundo, de caráter substancial (prático), "põe a execução em contato com o direito material".[82]

O Código de 1973 e o atual CPC de 2015, aperfeiçoando a regulamentação do processo de execução, cada qual com a linguagem de seu tempo, referem-se expressamente aos dois pressupostos acima (arts. 580 a 590, CPC/1973; e arts. 783 a 788, CPC/2015), apresentando-os sob o título de "requisitos necessários para realizar qualquer execução".

23. A FUNÇÃO DO TÍTULO EXECUTIVO

Em última análise, a execução apresenta-se como um ato de força realizado pelo Estado, em benefício do credor e contra o patrimônio do devedor.

Enquanto no processo de conhecimento basta a simples alegação de um direito para invocar-se a prestação jurisdicional, o processo de execução só é franqueado àquele que se apresenta munido do título executivo.

O Estado, para pôr sua força de coação a serviço do credor, precisa certificar-se da existência, pelo menos aparente, do direito do exequente. O título justifica, assim, a utilização dos meios de realização da vontade sancionatória, porque dá aos órgãos de jurisdição a certeza, *prima facie*, de que o exequente tem razão.

Daí o princípio axiomático: *nulla executio sine titulo*.

---

[80] MANDRIOLI, Crisanto. *L'azione executiva*. Milano: Giuffrè, 1955, n. 14, p. 114, apud DINAMARCO, Cândido Rangel. *Execução Civil*. São Paulo: Ed RT, 1973, n. 18, p. 136.
[81] LIEBMAN, Enrico Tullio. *Op. cit.*, n. 4 e 5, p. 6-9.
[82] REIS, José Alberto dos. *Processo de Execução*. Coimbra: Coimbra Editora Ltda., 1943, v. I, n. 2, p. 2.

Revela-se, destarte, o título executivo como a base indispensável para o processo de execução[83] e sua função processual reveste-se de tríplice aspecto, pois:

1º) É o título que *autoriza* o credor a utilizar a ação de execução.

O título, nessa ordem de ideias, não é apenas a base da execução. Assume, na verdade, a posição de *condição necessária e suficiente* para a ação. É condição necessária – explica Alberto dos Reis – porque não é admissível execução que não se baseie em título executivo. É condição suficiente, porque desde que exista o título, pode logo iniciar-se a via executiva, sem que haja de propor-se previamente a ação de condenação, tendente a comprovar o direito do autor.[84]

2º) É o título executivo que *define o fim* da execução.

Revela ele qual foi a obrigação contraída pelo executado e é esta obrigação que apontará o fim a ser atingido no procedimento executivo: se a obrigação é de pagar uma soma de dinheiro, o procedimento corresponderá à execução por quantia certa; se a obrigação é de dar, executar-se-á sob o rito de execução para entrega de coisa; se a obrigação é de prestar fato, caberá, então, a execução das obrigações de fazer.

3º) É o título que *fixa os limites* da execução,[85] estipulando com precisão o conteúdo da obrigação do devedor, tal como o montante que se deve pagar, a coisa que se deve entregar, a natureza e as características do fato que o devedor está obrigado a prestar. Estes limites da obrigação, comprovados pelo título, são justamente os limites da execução.[86]

Entre Liebman e Carnelutti travou-se célebre polêmica a respeito da natureza essencial do título executivo. Enquanto Carnelutti ensinava ser a função do título executivo fornecer a prova do crédito, sob a forma não de prova livre, mas de *prova legal*,[87] para Liebman o título executivo seria "um ato jurídico que incorpora a sanção, isto é, que exprime a vontade concreta do Estado de que se proceda a uma determinada execução";[88] teria, destarte, força constitutiva, pois seria o título que faz nascer a ação executiva, "dando ao credor o direito de a promover, sujeitando o devedor a sofrê-la e impondo aos órgãos do Estado o dever de pôr a sua atividade ao serviço da mesma ação".[89]

---

[83] REIS, José Alberto dos. *Op. cit.*, v. I, n. 57, p. 197; ROSENBERG, Leo. *Op. cit.*, v. III, p. 16; GUASP, James. *Derecho Procesal Civil*. Madrid: Instituto de Estudios Políticos, 1956, p. 852.

[84] GARBAGNATI, Edoardo. *Il Concorso di Creditori nei Processo di Espropriazione*. Milano: A. Giuffrè, 1959, p. 115; SATTA, Salvatore. *Op. cit.* p. 25; REIS, José Alberto dos. *Op. cit.*, v. I, n. 28, p. 78; CARNELUTTI, Francesco. *Diritto e Processo*, cit., p. 299.

[85] ROSENBERG, Leo. *Op. cit.*, v. III, p. 16.

[86] REIS, José Alberto dos. *Op. cit.*, v. I, n. 22, p. 69.

[87] CARNELUTTI, Francesco. *Istituzioni del Processo Civile Italiano*. 5. ed. Roma: Socità Editrice del Foro Italiano, 1956, v. I, n. 173, p. 161.

[88] REIS, José Alberto dos. *Op. cit.*, v. I, n. 40, p. 99-100.

[89] REIS, José Alberto dos. *Op. cit.*, v. I, n. 40, p. 100; Redenti distingue entre título executivo *processual* (documento) e título executivo *substancial* (negócio documentado) (cfr. REDENTI, Enrico. *Diritto Processuale Civile*. 2. ed. Milano: A. Giuffrè, 1954, v. III, p. 108 e segs.); Micheli, que considera o título executivo como o "fato constitutivo" da ação de execução e repele a conceituação dele como a simples noção de prova legal, recomenda também a necessidade de não ver no referido título apenas a figura de um documento. Haveria para o mestre peninsular uma "inescindible complejidad", já que a lei para reconhecer a força executiva ao título levaria em conta tanto sua feição documental como o negócio substancial nele retratado (MICHELI, Gian Antonio. *Op. cit.*, v. III, p. 150 e 151).

É sensível a superioridade da lição de Liebman[90], adotada, entre outros, por Alberto dos Reis,[91] Micheli[92] e Garbagnati,[93] pois a teoria de Carnelutti, atribuindo ao título apenas a força de prova, desloca a fonte da ação executiva para o ato de vontade do devedor, situando-a, portanto, no âmbito do direito material, em contradição com as teorias modernas da autonomia do direito de ação, particularmente no que toca ao processo de execução.

Na verdade, se, como quer Carnelutti, a função do título fosse apenas a de documentar o ato jurídico, seria este e não a cártula que ensejaria o direito à ação executiva.[94] Basta, porém, lembrar que o mesmo negócio jurídico, como um mútuo, pode, ou não, dar lugar à execução forçada, conforme o credor disponha, ou não, de título com força executiva. Não é o fato jurídico material, portanto, que enseja a oportunidade da execução, mas a sua incorporação formal em um documento com as feições específicas determinadas pelo direito processual.

Em suma, o título executivo deve ser havido como o *documento* revestido das formalidades que a lei exige, com conteúdo também especificado pela lei, apto a propiciar a seu portador a utilização das vias do processo de execução.

Aliás, depois de tanto debater em prol de sua tese, do título como prova legal, Carnelutti acabou fazendo, em sua última obra, uma importante concessão aos adversários, ao reconhecer que o título executivo é, realmente, alguma coisa mais que uma prova legal: "uma *prova* retrata a existência dos fatos, dos quais deriva a relação, enquanto um *título* retrata não apenas a existência dos fatos, dos quais derivam a relação jurídica, mas a existência da relação mesma".[95]

24. PRINCÍPIOS INFORMATIVOS DO PROCESSO DE EXECUÇÃO

Rege-se a execução forçada por alguns princípios especiais que costumam ser assim classificados:

a) "*Toda execução é real*", porque incide sobre o patrimônio e não sobre a pessoa do devedor.[96]

Nesse sentido, dispõe o art. 789 do atual Código de Processo Civil que "o devedor responde com todos os seus bens presentes e futuros para o cumprimento de suas obrigações". Salvo os casos excepcionais do devedor de alimentos e do depositário infiel (CF, art. 5º, LXVII), não tolera o direito moderno a prisão civil por dívidas. Em linha de princípio, portanto, frustra-se a execução e suspende-se o processo

---

[90] LIEBMAN, Enrico Tullio. *Op. cit.*, n. 8, p. 17-20.
[91] REIS, José Alberto dos. *Op. cit.*, v. I, n. 41, p. 107.
[92] MICHELI, Gian Antonio. *Op. cit.*, v. III, p. 148.
[93] GARBAGNATI, Edoardo. *Op. cit.*, p. 127.
[94] REIS, José Alberto dos. *Op. cit.*, v. I, n. 41, p. 108.
[95] CARNELUTTI, Francesco. *Diritto e Processo*. Napoli: Morano Editore, 1958, n. 188, p. 301. Explica o autor que "questo qualcosa di più è già espresso, con una felice intuizione, dalla parola *titolo*, la quale serve appunto a significare un documento fornito di una efficacia più intensa di quella del mezzo di prova, in quanto vale a stabilire l'esistenza di un rapporto giuridico o, in altri termini, l'efficacia giuridica di un fatto" (*op. cit., loc. cit.*).
[96] LOPES DA COSTA, Alfredo de Araújo. *Direito Processual Civil Brasileiro*. 2. ed. Rio de Janeiro: Forense, 1959, v. IV, n. 48 p. 53; GOLDSCHMIDT, James. *Derecho Procesal Civil*. Barcelona: Labor, 1936, v. III, § 87, p. 575.

quando o devedor não disponha de bens patrimoniais exequíveis (CPC/2015, art. 921, III).[97]

b) *"Toda execução tem por finalidade apenas a satisfação do direito do exequente"*,[98] isto é, deve ser parcial, não atingindo todo o patrimônio do devedor, mas apenas a porção indispensável para a realização do direito do credor.

Dispõe o art. 831 do CPC/2015 que serão penhorados "tantos bens quantos bastem para o pagamento do principal atualizado, dos juros, das custas e dos honorários advocatícios". E quando a penhora atingir vários bens, "será suspensa a arrematação logo que o produto da alienação dos bens [alguns deles, naturalmente] for suficiente para o pagamento do credor e para a satisfação das despesas da execução" (CPC/2015, art. 899).

c) *"A execução deve ser útil ao credor."*[99]

É intolerável o uso do processo de execução apenas para causar prejuízo ao devedor, sem qualquer vantagem para o credor. Por isso, "não se levará a efeito a penhora quando ficar evidente que o produto da execução dos bens encontrados será totalmente absorvido pelo pagamento das custas da execução" (CPC/2015, art. 836). Por força do mesmo princípio, o art. 891 do CPC/2015 proíbe a arrematação de bens penhorados, mediante lance que importe *preço vil*, devendo considerar-se como tal o que for inferior ao mínimo estipulado pelo juiz e constante do edital; e não tendo sido fixado preço mínimo, o que for inferior a cinquenta por cento do valor da avaliação (CPC/2015, art. 891, parágrafo único).

d) *"Toda execução deve ser econômica"*, isto é, deve realizar-se da forma que, satisfazendo o direito do credor, seja o menos prejudicial possível ao devedor.[100-101] Assim, "quando por vários meios o exequente puder promover a execução, o juiz mandará que se faça pelo modo menos gravoso para o executado" (CPC/2015, art. 805).

e) *"A execução deve ser específica."*[102]

Deve propiciar ao credor precisamente o que ele obteria, se a obrigação fosse cumprida pessoalmente pelo devedor. Permite-se, porém, a substituição da prestação pelo equivalente em dinheiro (perdas e danos) nos casos de impossibilidade de obter-se a entrega da coisa devida (CPC/2015, art. 809), ou de recusa da prestação de fato (CPC/2015, art. 816). Em regra, o que prevalece é a inviabilidade, seja de o

---

[97] Embora o dispositivo constitucional abra oportunidade para a prisão do depositário infiel, esta prática foi abolida do processo civil, em virtude do compromisso assumido pelo Brasil nos tratados de direitos do homem que proscrevem, em definitivo, a prisão por dívidas.

[98] LOPES DA COSTA, Alfredo de Araújo. *Op. cit.*, v. IV, n. 49, p. 53; GOLDSCHMIDT, James. *Op. cit.*, § 87, p. 576.

[99] LOPES DA COSTA, Alfredo de Araújo. *Op. cit.*, v. IV, n. 50 p. 54. Dando aplicação prática ao princípio da utilidade da execução, decidiu o Tribunal de Alçada do Rio Grande do Sul que o juiz deve suspender a arrematação quando o lanço só atingir preço vil. "A expressão a quem *mais der*, constante do item VI do art. 686 do Cód. de Proc. Civil, merece adequado entendimento consentâneo com a finalidade do processo de execução. Não deve ser recebida a oferta de preço irrisório, incapaz de cobrir as despesas processuais e quota razoável do débito. A arrematação a preço vil atenta contra a dignidade da Justiça" (Apel. 13.671, Rel. Athos Gusmão Carneiro, ac. de 7.12.76).

[100] LIMA, Cláudio Vianna de. *Processo de Execução*. Rio de Janeiro: Forense, 1973, n. 5, p. 25.

[101] "A previsão do princípio da menor gravosidade se deve a razões humanitárias", entretanto, é imperioso "estar atento a uma indispensável linha de equilíbrio entre o direito do credor, que deve ser satisfeito mediante imposição dos meios executivos, e a possível preservação do patrimônio do devedor, que não deve ser sacrificado além do necessário" (RIBEIRO, Sérgio Luiz de Almeida. *Execução Civil no Novo CPC*. São Paulo: Lualri Editora, 2016, p. 31).

[102] LOPES DA COSTA, Alfredo de Araújo. *Op. cit.*, v. IV, n. 52, p. 54.

credor exigir, seja de o devedor impor prestação diversa daquela constante do título executivo, sempre que esta for realizável *in natura*. Por isso mesmo, nas sentenças que condenam ao cumprimento de obrigações de entrega de coisa e de fazer ou não fazer, a lei determina ao juiz que seja concedida, sempre que possível, a tutela específica. Na hipótese de obrigações de fazer ou não fazer, a sentença, portanto, há de determinar providências concretas para assegurar o resultado prático equivalente ao do adimplemento (CPC/2015, art. 497, *caput*); e, no caso de obrigações de dar, a recomendação será de expedição, em favor do credor, de mandado de busca e apreensão ou de imissão na posse, conforme se trate de entrega de coisa móvel ou imóvel (CPC/2015, art. 806, § 2º). A conversão em perdas e danos somente se dará quando requerida pelo próprio credor, ou quando se tornar impossível a tutela específica (CPC/2015, art. 499).

f) *"A execução corre a expensas do executado."*

O fundamento básico da execução forçada, ao lado da existência do título executivo, é o *inadimplemento* do devedor, ou seja, o descumprimento de obrigação líquida e certa em seu termo. Volta-se, destarte, a execução forçada sempre contra um devedor em mora, e a obrigação do devedor moroso é a de suportar todas as consequências do retardamento da prestação, de sorte que só se libertará do vínculo obrigacional se reparar, além da dívida principal, todos os prejuízos que a mora houver acarretado para o credor, compreendidos nestes os juros, a atualização monetária e os honorários de advogado (CC de 2002, arts. 395 e 401). Por isso, assume o feitio de princípio informativo do processo executivo a regra de que "a execução corre a expensas do executado"[103]. E, por consequência, todas as despesas da execução forçada são encargos do devedor, inclusive os honorários gastos pelo exequente com seu advogado (CPC/2015, arts. 826 e 831). Assim, mesmo nas execuções de títulos extrajudiciais não embargados, em que inexiste sentença condenatória, o juiz imporá ao devedor a obrigação de pagar os honorários em favor do credor[104]. Da mesma forma, nos cumprimentos de sentença, o devedor se sujeitará à nova verba de sucumbência, pouco importando haja ou não impugnação[105]. A propósito, o CPC/2015 adotou orientação que já vinha sendo seguida pelo STJ,[106] determinando, no seu art. 85, § 1º, serem devidos honorários advocatícios no cumprimento de sentença, provisório ou definitivo. Nas execuções de títulos extrajudiciais, impõe-

---

[103] LOPES DA COSTA, Alfredo de Araújo. *Op. cit.*, v. IV, n. 109, p. 101.

[104] Simpósio Nacional de Direito Processual Civil, realizado em Curitiba, em 1975, conf. Relato de Edson Prata, in *Revista Forense*, 257/26. CPC/2015, art. 85, § 1º.

[105] STJ, 3ª Seção, ERESP. 132.229/RS, Rel. Min. Hamilton Carvalhido, ac. de 09.02.2000, *DJU* 11.09.2000, p. 219; STJ, 2ª T., REsp. 190.795/RS, Rel. Min. Hélio Mosimann, ac. de 09.02.1999, *DJU* 12.02.2001, p. 104; STJ, 4ª T., REsp. 193.521/SP, Rel. Min. Aldir Passarinho Júnior, ac. de 06.02.2001, *DJU* 19.03.2001, p. 118; STJ, 5ª T., REsp. 140.406/RS, Rel. Min. Edson Vidigal, ac. de 13.11.2000, *DJU* 11.12.2000, p. 224; STJ, 1ª T., Rel. Min. Milton Luiz Pereira, ac. de 25.09.2000, *DJU* 05.02.2001, p. 77. Com efeito, não se haveria de pensar, a nosso ver, em reiteração da condenação em honorários no procedimento de cumprimento da sentença condenatória que, no regime da Lei n. 11.232/2005, seguido pelo atual CPC, passou a simples incidente do processo de conhecimento. Entretanto, esse entendimento, que julgávamos coerente com as regras da sucumbência previstas no *caput* e § 1º do art. 20 do CPC/1973 (CPC/2015, art. 85, *caput*), não foi adotado pela jurisprudência, nem pelo atual Código (art. 85, § 1º).

[106] A tese consagrada pelo Superior Tribunal de Justiça, e seguida pelo CPC atual, é a de que a execução sob a forma de "incidente de cumprimento da sentença" não alterou o regime dos honorários de advogado, que permanecem exigíveis nos termos do § 4º do art. 20 do CPC [§ 1º do art. 85 do CPC/2015], mesmo não existindo mais a *ação de execução de sentença* (STJ, Corte Especial, REsp 1.028.855/SC, Rela. Min. Nancy Andrighi, ac. 27.11.2008, *DJe* 05.03.2009).

-se sempre a condenação em honorários de sucumbência independentemente da oposição de embargos. Ocorrendo tal oposição, torna-se cabível outra condenação, já então em razão do insucesso da ação incidental[107]. Prevê o art. 827, *caput*, do CPC/2015, que o juiz arbitrará honorários de dez por cento no despacho da petição inicial da execução, e que estes poderão ser elevados até vinte por cento no caso de rejeição dos embargos do executado (§ 2º), bem como reduzidos pela metade, se houver pagamento integral no prazo de três dias após a citação executiva (§ 1º). No cumprimento de sentença, a verba advocatícia é estipulada na taxa fixa de 10% sobre o débito exequendo, sem prejuízo dos honorários previstos no julgamento do processo de conhecimento (art. 523, § 1º).[108]

g) *"A execução não deve levar o executado a uma situação incompatível com a dignidade humana."*[109]

Não pode a execução ser utilizada como instrumento para causar a ruína, a fome e o desabrigo do devedor e sua família, gerando situações incompatíveis com a dignidade da pessoa humana[110]. Nesse sentido, instituiu o Código a impenhorabilidade de certos bens como provisões de alimentos, salários, instrumentos de trabalho, pensões, seguro de vida etc. (CPC/2015, art. 833).

h) *"O credor tem a livre disponibilidade do processo de execução."*

No processo de conhecimento, o autor pode desistir da ação e, assim o fazendo, extingue o processo (CPC/2015, art. 485, VIII). No entanto, uma vez decorrido o prazo de resposta, a desistência só é possível mediante consentimento do réu (CPC/2015, art. 485, § 4º).

Outro é o sistema adotado pelo Código no que toca ao processo de execução. Aqui não mais se questiona sobre a apuração do direito aplicável à controvérsia das partes. O crédito do autor é líquido e certo e a atuação do órgão judicial procura apenas torná-lo efetivo. A atividade jurisdicional é toda exercida em prol do atendimento de um direito já reconhecido anteriormente ao credor no título executivo. Daí dispor o art. 775 que "o exequente tem o direito de desistir de toda a execução ou de apenas alguma medida executiva", sem sujeitá-lo a qualquer dependência de assentimento da parte contrária.

Fica, assim, ao alvedrio do credor desistir do processo ou de alguma medida como a penhora de determinado bem ou ao praceamento de outros.

Com a desistência, o credor assume, naturalmente, o ônus das custas. Se houver embargos do executado, além das custas terá de indenizar os honorários advocatícios do patrono do embargante (CPC/2015, art. 90).

---

[107] STJ, 1ª T., REsp. 48.900-3/SP, Rel. Min. Humberto Gomes de Barros, ac. de 21.06.1994, *RSTJ* 71/358. Todavia, reconhece-se como justo estabelecer-se, ordinariamente, "como limite máximo total, abrangendo a execução e os embargos, o quantitativo de 20%" (STJ, 4ª T., REsp. 97.466/RJ, Rel. Min. Ruy Rosado de Aguiar, ac. de 15.10.1996, *DJU* 02.12.1996, p. 47.684).

[108] Entretanto, o acordo bilateral entre as partes, envolvido na renegociação da dívida, demanda reciprocidade das concessões, não caracteriza sucumbência e é resultado da conduta de ambas as partes. Nessa situação, os honorários devem ser arcados por cada parte, em relação a seu procurador (art. 90, § 2º, do CPC/2015 e art. 12 da Lei 13.340/2016) (STJ, 3ª T., REsp 1.836.703/TO, Rel. Min. Nancy Andrighi, ac. 06.10.2020, *DJe* 15.10.2020).

[109] LOPES DA COSTA, Alfredo de Araújo. *Op. cit.*, v. IV, n. 53, p. 55.

[110] LIMA, Cláudio Vianna de. *Op. cit.*, n. 5, p. 26.

A desistência não se confunde com a renúncia. Aquela se refere apenas ao processo e não impede a renovação da execução forçada sobre o mesmo título. Esta diz respeito ao mérito da causa, fazendo extinguir "a pretensão formulada na ação" (CPC/2015, art. 487, III, *c*). Desaparecido o crédito em razão da renúncia, não será, portanto, possível a reabertura pelo renunciante de nova execução com base no mesmo título executivo (CPC/2015, art. 924, III).

No entanto, sendo os embargos uma ação de conhecimento em que o autor é o executado, se lhe convier poderá o devedor prosseguir no feito, mesmo que o credor desista da execução, em casos como aquele em que se pretenda a anulação do título executivo ou a declaração de extinção do débito nele documentado (veja-se, adiante, o n. 415).

Após a desistência da execução, se observará o seguinte (CPC/2015, art. 775, parágrafo único):

a) serão extintos a impugnação e os embargos que versarem apenas sobre questões processuais, pagando o exequente as custas e os honorários advocatícios (inciso I);
b) nos demais casos, a extinção dependerá da concordância do impugnante ou embargante.

Fica claro, portanto, que a desistência da execução sem o consentimento do devedor não é obstáculo ao prosseguimento dos embargos de mérito. Poderá, pois, o executado, à falta de consenso, prosseguir nos embargos, mesmo depois de extinta a execução por desistência.

Entretanto, o fato de o CPC/2015, em seu art. 775, assegurar ao credor o "direito de desistir de toda a execução" sem prévia anuência do devedor não pode ser interpretado como empecilho à redução unilateral do pedido depois de citado o devedor. É certo que, no processo de conhecimento, o autor não pode alterar o pedido, uma vez ultimado o ato citatório e até o saneamento do processo, sem o assentimento do réu (CPC/2015, art. 329), e que as disposições que regem o processo de conhecimento se aplicam subsidiariamente à execução (CPC/2015, art. 771, parágrafo único). Naturalmente, isto se dá apenas quando se verifica lacuna na disciplina específica. Existindo, porém, norma própria no processo executivo, não se há de invocar regra diversa do processo cognitivo.[111] Como o problema da disponibilidade da execução encontra sede normativa especial no art. 775, é a partir desse dispositivo e não do art. 329 que se tem de analisar os limites do poder de desistência do exequente.

Ora, quem pode desistir, unilateralmente, de "toda a execução" é claro que pode, também, alterar o pedido, para excluir alguma verba a respeito da qual não mais deseja prosseguir na exigência executiva. Quem pode o mais pode o menos, segundo elementar princípio jurídico. *In casu*, excluir parte do pedido de execução nada mais é do que desistir de parte da execução.

No processo de conhecimento, o autor não pode desistir de parte do pedido, depois da citação, porque isto equivale a alterar o objeto da causa. Sendo o processo destinado ao acertamento de situação jurídica controvertida, o direito de obter dita composição por meio de coisa julgada cabe tanto ao autor como ao réu. Não pode, por isso, o autor, unilateralmente, alterar o pedido original, impedindo a composição da lide por inteiro, sem o consentimento do réu. Essa bilateralidade ação-exceção não existe na execução forçada, onde as partes não se acham alinhadas no mesmo nível e, ao contrário, a prestação jurisdicional realiza-se, fundamentalmente, "no interesse do exequente" (CPC/2015, art. 797).

Desse estado de sujeição a que se reduz o devedor dentro do processo executivo decorrem as seguintes consequências:

---

[111] STJ, 4ª T., REsp. 767/GO, Rel. Min. Sálvio de Figueiredo Teixeira, ac. de 24.10.89, *in* RSTJ 6/419; STJ, AgRg no REsp 542.430/RS, Rel. Min. Denise Arruda, ac. 20.04.2006, *DJU* 11.05.2006.

(a) enquanto não embargada a execução, "é o exequente senhor de seu crédito, e dele pode desistir, parcial ou totalmente",[112] sem depender de consentimento do devedor;[113]

(b) pode, igualmente, alterar o pedido, para variar de espécie de execução, sem o assentimento do executado, mesmo após a citação;[114]

(c) se vários são os coexecutados, cabe ao credor o poder de desistir, a qualquer tempo, em relação a um ou alguns deles, já que "tem a livre disponibilidade da execução";[115]

(d) a desistência da execução, no todo ou em parte, depois dos embargos, independe de anuência do executado, mas não impede que este faça prosseguir sua ação incidental, se versar sobre o mérito da dívida.[116]

Merece ser lembrado que a livre disponibilidade da execução pelo credor não lhe dá a faculdade de praticá-la discricionária e irresponsavelmente. A execução – é certo – se realiza a benefício do credor (art. 797) e sob sua livre disponibilidade (art. 775), mas também sob sua responsabilidade, de modo que sua conduta temerária ou abusiva – declarada em sentença transitada em julgado, com reconhecimento de inexistência, no todo ou em parte, da obrigação exequenda –, acarreta-lhe o dever de ressarcir ao executado os danos que este houver sofrido (art. 776) (ver adiante o item 62).

24-A. A EXECUÇÃO E O PRINCÍPIO DA DURAÇÃO RAZOÁVEL

A Emenda Constitucional n. 45, de 30.12.2004, atenta ao mal causado pela morosidade dos processos, incluiu a *razoável duração do processo* no elenco dos direitos fundamentais: "a todos, no âmbito judicial e administrativo, são assegurados a razoável duração do processo e os meios que garantam a celeridade de sua tramitação" (CF, art. 5º, LXXVIII).

O Código atual, na esteira da Constituição, prevê que essa garantia aplica-se ao tempo de obtenção da solução integral do mérito, que compreende não apenas o prazo para pronunciamento da sentença, mas também para a ultimação da atividade satisfativa (art. 4º). É que

---

[112] TJSP, 7ª C. Civ., Ag. 7.383, Rel. Des. Benini Cabral, ac. de 12.06.96, in *LEX-JTJ* 192/194: "Na execução, não ocorre a bilateralidade ação-exceção, porque não se fala mais em pretensão resistida, senão pretensão insatisfeita. Em decorrência, é o exequente senhor de seu crédito, e dele pode desistir, parcial ou totalmente, sem que surta sucumbência, pois não há vencido, mas faculdade legal, como se observa do art. 569, *caput*, do Código de Processo Civil [CPC/2015, art. 775, *caput*]." O exequente tem a faculdade de, a qualquer tempo, desistir da execução, atento ao princípio segundo o qual a execução existe em proveito do credor, para a satisfação de seu crédito (STJ, 4ª T., REsp 489.209/MG, Rel. Min. Barros Monteiro, ac. 12.12.2005, DJU 27.03.2006).

[113] STJ, 4ª T., REsp. 75.057/MG, Rel. Min. Ruy Rosado de Aguiar, ac. de 13.05.96, in *RSTJ* 87/299; STJ, 4ª T., REsp. 767/GO, Rel. Min. Sálvio de Figueiredo Teixeira, ac. de 24.10.89, in *RSTJ* 33 STJ, 4ª T., REsp. 7.370/PR, Rel. Min. Sálvio de Figueiredo, ac. de 01.10.91, in *RSTJ* 29/386. Mas, se houver embargos de mérito, a desistência da execução sem a anuência do executado permite-lhe prosseguir na ação incidental para resolver o litígio em torno do crédito exequendo (STJ, 3ª Seção, AgRg na ExeMS 6.359/DF, Rel. Min. Laurita Vaz, ac. 08.09.2010, DJe 14.10.2010).

[114] STJ, 4ª T., REsp. 7.370/PR, Rel. Min. Sálvio de Figueiredo, ac. de 01.10.91, in *RSTJ* 29/386.

[115] STJ, 4ª T., REsp. 767/GO, Rel. Min. Sálvio de Figueiredo Teixeira, ac. de 24.10.89, in *RSTJ* 6/419. TJRS, 15ª Câm. Cív. 70020567061 RS, Rel. Des. Paulo Roberto Felix, ac. 16.02.2008, *DJRS* 21.02.2008.

[116] STJ, 4ª T., REsp 489.209/MG, Rel. Min. Barros Monteiro, ac. 12.12.2005, DJU 27.03.2006, p. 277: "O exequente tem a faculdade de, a qualquer tempo, desistir da execução, atento ao princípio segundo o qual a execução existe em proveito do credor, para a satisfação de seu crédito. Versando os embargos do devedor questão de direito material, a sua extinção depende da anuência do executado embargante. Em caso de discordância, terão eles seguimento de forma autônoma".

condenação sem execução não dispensa à parte a tutela jurisdicional a que tem direito, que deve englobar a certificação do direito e sua efetiva realização.[117]

25. AS VÁRIAS MODALIDADES DE EXECUÇÃO

A execução realiza-se segundo diversos procedimentos variando de acordo com a natureza da prestação assegurada ao credor pelo título executivo extrajudicial.

Assim é que o Código prevê:

a) execução *para entrega de coisa*, com ritos especiais para a prestação de coisa *certa* (CPC/2015, art. 806) e de coisa *incerta* (art. 811);
b) execução das *obrigações de fazer* (CPC/2015, arts. 815, 821) e *não fazer* (arts. 822 e 823);
c) execução por *quantia certa* (CPC/2015, arts. 824 e ss.), com destaques especiais para a execução contra a Fazenda Pública (art. 910) e execução de prestações alimentícias (arts. 911 a 913).

Na execução por quantia certa é que se localizaram as maiores inovações introduzidas pelo Código de 1973, todas consolidadas pelo atual CPC, entre as quais se destacam:

a) a eliminação da antiga ação executiva aplicável aos títulos extrajudiciais, para submetê-los ao procedimento único da execução forçada, sem os resquícios de ação condenatória especial que prevaleciam no Código de 1939;
b) a instituição do procedimento especial de execução contra devedor insolvente, criando, no lugar do antigo concurso de credores, um instituto, para o devedor civil, similar à falência do comerciante (CPC/1973, arts. 748 e ss., mantidos pelo CPC/2015, art. 1.052).

Seja, porém, qual for a modalidade de execução haverá sempre a característica de visar o processo a efetivação da sanção a que se acha submetido o devedor. Em qualquer dos casos não se cuida de esclarecer situações litigiosas, mas apenas de realizar praticamente a prestação a que tem direito o credor e a que está comprovadamente obrigado o devedor, seja por condenação em prévio processo de cognição, seja pela existência de documento firmado por ele, a que a lei confira a força executiva.

26. ATOS DE EXECUÇÃO

Enquanto no processo de conhecimento a composição do litígio se faz pela apreciação ideal da norma jurídica e declaração do direito concreto das partes por meio da sentença, na execução a prestação jurisdicional consiste em atuação material dos órgãos da Justiça para a

---

[117] "Registre-se que a execução, seja do título judicial, seja do título extrajudicial, está incluída no cômputo da razoabilidade da duração do processo, tendo o legislador ordinário feito questão de pontuar o tema, ao consignar que a atividade satisfativa deve ser concluída dentro de um prazo considerado razoável" (JOBIM, Candice Lavocat Galvão; GALVÃO, Ludmila Lavocat. Duração razoável do processo e desjudicialização da execução civil. In: BELLIZZE, Marco Aurélio; MENDES, Aluisio Gonçalves de Castro; ALVIM, Teresa Arruda; CABAL, Trícia Navarro Xavier (coords.). *Execução civil*: Estudos em homenagem ao professor Arruda Alvim. Indaiatuba: Editora Foco, 2022, p. 557). Sobre o tema, ver itens 38 e 47 do nosso *Curso de Direito Processual Civil*, Rio de Janeiro: Forense, vol. I.

efetiva realização do direito do credor, cuja certeza, liquidez e exigibilidade são atestadas pelo título executivo.

Verifica-se, destarte, no processo de execução uma série de atos, da mais variada índole, desde atos meramente materiais até atos puramente de direito, praticados pelas partes, pelos órgãos judiciários e por terceiros, visando todos a finalidade de "realizar progressivamente a sanção".[118]

Encadeiam-se esses atos executivos numa sucessão que Liebman dividiu em três fases principais:

a) a *proposição* do processo, em que os interessados fornecem ao órgão judicial os elementos necessários ao estabelecimento da relação processual executiva;

b) a fase de *preparação ou de instrução*, que, na maioria dos casos, consiste em "apreensão e transformação" dos bens do executado para obtenção de meios de realização da prestação reclamada pelo credor (penhora e arrematação); e

c) a fase *final*, ou da entrega do produto da execução ao credor.[119]

Quanto aos atos do juiz, dada a natureza especial do processo de execução, não visam ao julgamento ou decisão de uma controvérsia, e podem ser assim classificados, segundo a lição do mesmo processualista;

a) *despachos de mero expediente*, os que dispõem sobre a marcha do processo e que são poucos, visto que, na execução forçada, o procedimento é célere e quase automático, conforme o sistema do Código;

b) *atos executórios, em sentido estrito*, que são os mais importantes e característicos da execução, representando a específica atuação da sanção, como a realização da hasta pública, o deferimento da adjudicação, o pagamento ao credor etc.

Estes últimos atos *afetam* a condição jurídica dos bens sujeitos à execução, com eficácia constitutiva, muito embora não devam ser considerados como *sentenças constitutivas*. Produzem apenas "alguma modificação na condição jurídica dos bens do executado, com a finalidade de realizar a satisfação do credor".[120]

Sirva de exemplo o que ocorre na arrematação de um bem penhorado, na qual o executado sofre a desapropriação de parte de seu patrimônio, com transferência coativa da propriedade a terceiro (arrematante), como meio de obter o numerário indispensável ao pagamento do credor.

Há, em suma, nos atos tipicamente executivos do processo de execução, uma verdadeira agressão ao patrimônio do devedor, para dele extrair-se, sem a sua participação ou consentimento, o bem ou valor necessário à satisfação do crédito do exequente.[121]

Naqueles casos, contudo, em que o juiz é invocado a proferir juízos valorativos e a dirimir questões surgidas no curso da execução, como quando, *v.g.*, decide sobre a ampliação ou redução da penhora, sobre o pedido de remição ou adjudicação, sobre a disputa de preferência entre vários credores, a anulação ou a retratação da arrematação, a imposição de multa ao arrematante e fiador remissos, e outras hipóteses, em todas essas eventualidades, não se pode dizer

---

[118] LIEBMAN, Enrico Tullio. *Op. cit.*, n. 23, p. 49-50.
[119] LIEBMAN, Enrico Tullio. *Op. cit.*, n. 23, p. 50.
[120] LIEBMAN, Enrico Tullio. *Op. cit.*, n. 24, p. 51.
[121] DINAMARCO, Cândido Rangel. *Op. cit.*, n. 9, p. 84.

que o juiz apenas profere despacho de expediente, nem tão pouco que pratica atos executivos. Sua atividade, em tal circunstância, resulta em verdadeiras *decisões interlocutórias*, nos precisos termos do art. 203, § 2º, do CPC/2015.

27. RELAÇÃO PROCESSUAL EXECUTIVA

Como em qualquer processo, a pendência da execução forçada é causa de estabelecimento de uma relação jurídica entre as partes e o Estado (na pessoa do juiz).

A relação processual, também aqui, é progressiva: primeiro alcança apenas o autor e o juiz, por força do ajuizamento da causa (distribuição da inicial ou despacho do juiz); depois aperfeiçoa-se, pela inclusão do réu, por força da citação.

Cumpre, porém, distinguir entre *processo executivo e execução forçada*, propriamente dita.

Processo executivo, como relação jurídica trilateral, existe a partir da citação do devedor. Mas, execução forçada, que pressupõe atos materiais de agressão ao patrimônio do executado, só existe mesmo com a penhora ou o depósito dos bens do devedor.

O mandado executivo, malgrado seu nome, não é ainda ato de execução. O primeiro ato de execução é aquele que se segue à citação quando o devedor não cumpre a ordem de adimplir.

A diferença é importante, porque todas as faculdades processuais que pressuponham a existência de execução só poderão ser exercidas quando do primeiro ato executivo e não da simples citação. Assim, os embargos do devedor, que se destinam a atacar a execução forçada, só são admissíveis, em casos como o do executivo fiscal (Lei n. 6.830/1980), após a penhora.

Em síntese:

a) o início do *processo executivo* (relação processual completa) se dá com a citação; mas,
b) execução forçada só se inicia, mesmo, com a agressão patrimonial ao devedor,[122] a qual, por sua vez, pode acontecer com ou sem relação processual específica, ou seja, tanto pode ocorrer no bojo da ação de execução autônoma como em incidente de outro processo, inclusive de conhecimento, segundo a moderna sistemática do "cumprimento da sentença" (CPC/2015, art. 513).

A citação executiva, nos termos ora expostos, é ato típico da execução dos títulos extrajudiciais. Quando se trata de executar o título judicial (sentença), não há citação executiva, porque o cumprimento da condenação se dá, sem solução de continuidade, na mesma relação processual em que se procedeu ao acertamento do direito do credor. A interpelação para realizar o pagamento se faz, legalmente, pela simples intimação da própria sentença, de modo que ultrapassado o prazo legal estabelecido para cumprimento voluntário, sem o adimplemento, autorizada estará a expedição do mandado executivo (CPC/2015, arts. 497, 498, 513 e 523).

27-A. DEMANDA EXECUTIVA

A execução – como se passa com todo gênero de processo – sujeita-se ao princípio da *demanda* ou da *ação* expresso, entre as normas fundamentais do processo civil, no art. 2º do CPC, *in verbis*: "O processo começa por iniciativa da parte e se desenvolve por impulso oficial, salvo as exceções previstas em lei".

---

[122] FURNO, Carlo. *La Sospensione del Processo Esecutivo*. Milano: A. Giuffrè, 1956, n. 9, p. 32 e 37.

A ordem jurídica vincula fundamentalmente o exercício da jurisdição estatal à liberdade da parte de fazer atuar, ou não, o direito de ação. Sem embargo de se tratar de uma função pública (atividade soberana do Estado), a prestação jurisdicional não é praticada pelo Poder Judiciário a não ser quando requerida por quem se acha envolvido em algum conflito jurídico. Daí reconhecer-se que a jurisdição é, em regra, atividade "provocada" e não espontânea da Justiça: *ne procedat iudex ex officio*.

O processo de execução não foge dessa norma fundamental, de maneira que deve ser promovido por aquele a que a lei confere título executivo (CPC, art. 778), através de petição inicial que atenda as exigências do art. 798 do referido Código.

Mesmo quando se trata de título executivo judicial, caso em que não ocorre a instauração de um processo autônomo e a execução se dá numa fase da mesma relação processual em que a sentença condenatória foi pronunciada, o seu cumprimento depende de requerimento do exequente (CPC, art. 523). Em qualquer caso, outrossim, o CPC adota como princípio a livre disponibilidade da execução pelo credor, seja na instauração ou na desistência do respectivo procedimento (arts. 775 e 778).

As poucas exceções em que o CPC prevê a instauração de processo por iniciativa do juiz – arrecadação da herança jacente (art. 738) ou dos bens de ausente (art. 744) – não se referem à execução forçada especificamente. Apenas no caso da falência, é que a Lei n. 11.101/2005 permite ao juiz decretar, de ofício, a execução coletiva do patrimônio do insolvente, em forma de concurso universal de credores (art. 73, III, da LRJF, alterado pela Lei n. 14.112/2020).

Nas execuções de sentença relacionadas com obrigações de fazer ou não fazer, e de entrega de coisa, a respeito das quais o CPC cogita de providências tomadas de ofício ou a requerimento (arts. 536 e 538, § 3º), o poder de iniciativa do juiz não se refere à abertura do procedimento executivo, mas sim às medidas coercitivas e instrumentais enumeradas no § 1º do art. 536 e referidas nos arts. 537 e 538, § 3º, todos do CPC[123].

Enfim, no regime do CPC, a regra é que a execução, seja de título judicial ou extrajudicial, subordina-se sempre à iniciativa da parte.

28. CITAÇÃO EXECUTIVA

O processo de execução não se destina a definição ou acertamento, mas à realização do direito do credor. Por isso, a citação do executado não é para se defender, é para pagar, sob pena de iniciar-se a agressão patrimonial, necessária para dar cumprimento forçado à obrigação inadimplida[124]. Na verdade, o principal objetivo da citação do executado é confirmar, em

---

[123] "No cumprimento de sentença que reconheça a exigibilidade de obrigação de fazer ou de não fazer, o juiz poderá, de ofício ou a requerimento, para a efetivação da tutela específica ou a obtenção de tutela pelo resultado prático equivalente, determinar as *medidas necessárias à satisfação do exequente*" (art. 536, *caput*) (g.n.). "Para atender ao disposto no *caput*, o juiz *poderá determinar*, entre outras medidas, a imposição de multa, a busca e apreensão, a remoção de pessoas e coisas, o desfazimento de obras e o impedimento de atividade nociva, podendo, caso necessário, requisitar o auxílio de força policial" (§ 1º). (g.n.)

[124] "No processo de conhecimento, cujo provimento final se dá por meio de uma sentença de acertamento ou definição da situação jurídica controvertida, a citação é feita como um chamamento do réu para *se defender*, antes que o juiz dite a solução para o litígio. No processo de execução, o título executivo já contém o acertamento necessário da relação jurídica material existente entre as partes. Sabe-se de antemão que o autor é credor de determinada obrigação e que o réu é sujeito passivo dela. O chamamento do devedor a juízo, por isso, não é para se defender, mas para cumprir a prestação obrigacional inadimplida, sob pena de iniciar-se a invasão judicial em sua esfera patrimonial, para promovê-la de maneira coativa" (THEODORO JÚNIOR, Humberto. *Curso de direito processual civil*. 55. ed. Rio de Janeiro: Forense, 2022, v. III, p. 208).

juízo, o inadimplemento, requisito necessário para justificar a realização forçada da obrigação. A discussão a respeito da pretensão exercida pelo exequente, se vier a ser instalada, será travada em ação à parte (embargos), de iniciativa do executado. O incidente é eventual e não fase natural do processo de execução.

A citação executiva, porém, ao aperfeiçoar a relação processual típica da execução forçada, produz todos os efeitos normais da *in ius vocatio* cognitiva, ou seja, torna prevento o juízo, induz litispendência, faz litigiosa a coisa, constitui em mora o devedor e interrompe a prescrição (CPC/2015, art. 240, *caput* e § 1º). Quanto à forma, não há mais, no CPC/2015, restrição que impeça o uso da citação pelo correio nas ações executivas (CPC/1973, art. 222, *d*). Dessa maneira, o executado pode ser citado preferencialmente por meio eletrônico, ou, inviabilizado este, pelo correio, pelo oficial de justiça, pelo escrivão ou por edital, como previsto genericamente no art. 246, *caput* e § 1º-A, do CPC/2015, na redação da Lei n. 14.195/2021[125].

28-A. AUDIÊNCIA DE CONCILIAÇÃO OU MEDIAÇÃO

Embora a citação executiva, por natureza, não convoque o executado para se defender nem para a tentativa de encontrar solução conciliatória para a demanda, mas apenas para cumprir a prestação de que é devedor, nada impede que o exequente requeira a designação de audiência de conciliação ou mediação, nos termos do art. 319, VII, do CPC, escudando-se, para tanto, na aplicação subsidiária das regras do processo de conhecimento ao processo de execução (CPC, art. 771, parágrafo único) e no princípio geral que recomenda o estímulo judicial à autocomposição (CPC, art. 3º, § 3º)[126].

29. PRINCÍPIO DA OFICIALIDADE

Ao contrário do princípio do contraditório que se enfraquece no processo de execução, registra-se, nesse tipo de atividade jurisdicional, uma exacerbação do princípio da oficialidade.

A abertura do processo continua sendo iniciativa do credor. Provocada a instauração do processo, porém, domina a marcha do procedimento, o impulso oficial, não só no encadeamento de suas fases, como também no uso do poder discricionário de regular os atos executivos, de modo que se possa realizá-los da forma menos onerosa para o devedor e limitá-los ao estritamente necessário à realização do direito do credor.

A situação típica do processo de execução não é de equilíbrio das partes que caracteriza o contraditório, no processo de conhecimento, onde ainda se investiga para apurar com quem está o direito. Aqui na execução forçada, o Estado inicia a função jurisdicional sabendo que o credor tem direito à prestação que lhe recusa o devedor. Há, destarte, na gênese da execução, um desequilíbrio jurídico, que se reflete em todo o curso do processo. A atividade do juiz é desenvolvida em favor do credor e contra o devedor. Há verdadeira sujeição deste aos atos de coação estatal que se destinam a beneficiar àquele.[127]

---

[125] "Na execução de título extrajudicial ou judicial (art. 515, § 1º, do CPC) é cabível a citação postal" (CEJ/I Jorn. Dir. Proc. Civ., Enunciado n. 85).

[126] "Nesse caso, não havendo autocomposição, o prazo para cumprimento da prestação e o prazo para oferecimento de impugnação ou embargos à execução correrão nos termos do art. 335 do CPC, por aplicação subsidiária" (DIDIER JÚNIOR, Fredie; CUNHA, Leonardo José Carneiro da; BRAGA, Paula Sarno; OLIVEIRA, Rafael. *Curso de Direito Processual Civil*. 7. ed. Salvador: JusPodivm, 2017, v. 5, p. 163).

[127] FURNO, Carlo. *Op. cit.*, n. 4, p. 12. O estado de sujeição em que é posto o devedor na execução não o priva do direito ao devido e justo processo, que há de se desenvolver dentro dos parâmetros da legalidade e dos princípios específicos da atividade processual executiva, especialmente aqueles destacados no item 23 deste livro.

Dispõe, por isso mesmo o juiz, de maiores poderes do que no processo de conhecimento, merecendo destaque aqueles outorgados pelos arts. 772[128], 774[129] e 903, § 6º,[130] do CPC/2015, destinados a coibir os atos do devedor considerados atentatórios à dignidade da justiça.

Revelam, também, o maior poder de iniciativa conferido ao juiz da execução as medidas de efetivação da tutela específica ou de obtenção de tutela pelo resultado prático equivalente, necessárias à satisfação do direito do exequente, quando se trata do cumprimento de sentença relacionada com obrigações de fazer, de não fazer ou de entrega de coisa. Todas essas medidas de apoio, coerção ou de instrumentalização, o juiz está autorizado a tomar, tanto a requerimento como de ofício (CPC, arts. 536, 537 e 538, § 3º).

Em caráter geral, o reforço dos poderes executivos do juiz se dá pela outorga legal da permissão ampla para adotar medidas atípicas, ou seja, para "determinar todas as medidas indutivas, coercitivas, mandamentais ou sub-rogatórias necessárias para assegurar o cumprimento de ordem judicial, inclusive nas ações que tenham por objeto prestação pecuniária" (CPC, art. 139, IV). Além desse poder coercitivo, tem o juiz da execução o poder punitivo exercitável, de ofício ou a requerimento, através de multa imposta ao executado que comete atentado à dignidade da justiça, entre outros casos, por meio de fraude, oposição maliciosa aos atos executivos, ou resistência injustificada à ordem judicial (CPC, art. 774, *caput* e parágrafo único).

29-A. PRINCÍPIO DA COOPERAÇÃO E IMPULSO OFICIAL DA EXECUÇÃO

Respeitada a iniciativa do credor na abertura da execução, incumbe ao juiz o impulso processual, adotando de ofício ou a requerimento todas as providências para "realizar materialmente a prestação reclamada"[131] (CPC, art. 2º). Não se trata, porém, de função desempenhada exclusivamente pelo juiz, pois terá de ser cumprida com a colaboração das partes (arts. 6º e 139), cooperação essa que Greco vê como um dever ínsito no conteúdo dos princípios do contraditório e da lealdade, aos quais se submete a atuação de todos os sujeitos processuais (arts. 6º, 77 e 80). Assim, o exequente é obrigado a praticar os atos necessários a continuidade do processo, sob pena de extinção (art. 485, III e §§ 1º e 2º), e o executado a submeter-se aos atos executórios, agindo com lealdade e fornecendo as informações que lhe forem solicitadas (arts. 77, 80 e 772 a 774). É seu dever, ainda, colaborar no impulso oficial, não opondo obstáculos injustificáveis à continuidade da execução. Grave, por exemplo, é a não informação sobre a existência e localização de seus bens exequíveis, falta qualificada como ato atentatório à dignidade da justiça, punido com multa (arts. 774 e 903, § 6º).

---

[128] "Art. 772. O juiz pode, em qualquer momento do processo: I – ordenar o comparecimento das partes; II – advertir o executado de que seu procedimento constitui ato atentatório à dignidade da justiça; III – determinar que sujeitos indicados pelo exequente forneçam informações em geral relacionadas ao objeto da execução, tais como documentos e dados que tenham em seu poder, assinando-lhes prazo razoável".

[129] "Art. 774. Considera-se atentatória à dignidade da justiça a conduta comissiva ou omissiva do executado que: I – frauda a execução; II – se opõe maliciosamente à execução, empregando ardis e meios artificiosos; III – dificulta ou embaraça a realização da penhora; IV – resiste injustificadamente às ordens judiciais; V – intimado, não indica ao juiz quais são e onde estão os bens sujeitos à penhora e os respectivos valores, nem exibe prova de sua propriedade e, se for o caso, certidão negativa de ônus. Parágrafo único. Nos casos previstos neste artigo, o juiz fixará multa em montante não superior a vinte por cento do valor atualizado do débito em execução, a qual será revertida em proveito do exequente, exigível nos próprios autos do processo, sem prejuízo de outras sanções de natureza processual ou material".

[130] "Art. 903 (...) § 6º Considera-se ato atentatório à dignidade da justiça a suscitação infundada de vício com o objetivo de ensejar a desistência do arrematante, devendo o suscitante ser condenado, sem prejuízo da responsabilidade por perdas e danos, ao pagamento de multa, a ser fixada pelo juiz e devida ao exequente, em montante não superior a vinte por cento do valor atualizado do bem".

[131] ZAVASCKI, Teori Albino. *Comentários ao Código de Processo Civil – arts. 771 ao 796*. São Paulo: Ed. RT, v. XII, p. 39-40.

A cooperação entre os sujeitos do processo interliga-se com a garantia de efetividade da prestação jurisdicional executiva comprometida com a busca do resultado justo com o mínimo dispêndio de recursos, de atividade humana, dentro de uma duração razoável do processo (arts. 4º, 5º e 6º)[132].

29-B. PRINCÍPIO DO CONTRADITÓRIO

Na velha doutrina processual negava-se a existência de contraditório na execução, pelo fato de inexistir, nesse processo, equilíbrio entre as partes, pois o devedor não seria chamado a discutir o direito do exequente, mas a sujeitar-se ao dever de satisfazê-lo[133]. Entretanto, havia aqueles que ressaltavam, diante da presença do título executivo e a função por ele desempenhada na execução, que não se poderia afirmar a inexistência de contraditório, mas apenas que o executado, por sua posição desequilibrada em face do exequente, teria a seu alcance um contraditório "parcial ou atenuado"[134].

Na verdade, na sistemática do devido processo legal, que hoje é garantia constitucional do Estado Democrático de Direito (CF, art. 5º, LIV), não haverá processo senão quando assegurados o contraditório e a ampla defesa (CF, art. 5º, LV). Sendo assim, embora o título executivo coloque o devedor, na execução, em posição mais difícil do que no processo de conhecimento, cabe-lhe, não obstante, o direito de defesa, a fim de impedir que a atividade expropriatória ultrapasse os limites do título em que se baseia, bem como para preservar, dentro do que a lei lhe permite, os bens de seu patrimônio.

Explica José Frederico Marques:

"Não se registra o contraditório dialético da cognição, mas há contraditório como forma do devido processo legal, em que o executado se defende, a fim de que a coação estatal não ultrapasse as fronteiras demarcadas na lei. O executado tem poderes e faculdades no exercício do direito de defesa, pois, embora sujeito aos atos executivos de coação, não se encontra desprovido de meios e remédios para impedir que seu patrimônio fique atingido mais do que se faz imprescindível, para o cumprimento da prestação a que desatendeu"[135].

Não é, outrossim, apenas pelos embargos do devedor que o contraditório se introduz no procedimento executivo. O processo principal mesmo se desenvolve através de uma sucessão de atos que culminarão na satisfação do direito do credor à custa de sacrifício de bens do executado, todos eles, portanto, com potenciais reflexos sobre interesses jurídicos de ambos os sujeitos processuais. Claro é, então, que não poderão ser preparados, deliberados e praticados sem o respeito ao contraditório, vale dizer, sem que se enseje às partes a oportunidade de manifestação e defesa, inclusive mediante recurso (CF, art. 5º, LV). Conclui-se, com isso, que não é meramente eventual, mas amplo e constante, o contraditório ao longo da execução, tal como se passa obrigatoriamente com qualquer processo judicial ou administrativo[136].

---

[132] "Esta visão instrumentalista do processo deve inspirar a atuação de todos os sujeitos do processo, especialmente daqueles a quem a lei atribui o dever de impulsioná-lo" (GRECO, Leonardo. *Comentários ao Código de Processo Civil*. São Paulo: Saraiva, 2020, v. XVI, p. 95).

[133] LIEBMAN, Enrico Tullio. *Processo de Execução*. 4. ed. São Paulo: Saraiva, 1980, p. 44.

[134] PUNZI, Carmine. *Il processo civile, sistema e problematiche*: il processo di esecuzione. 2. ed. Torino: G. Giappichelli, 2010, v. IV, p. 9. Também Redenti seguia igual pensamento: o princípio do contraditório não teria sido eliminado da execução, mas reduzido a uma aplicação virtual, que apenas eventualmente pode tornar-se efetiva e atual (REDENTI, Enrico. *Diritto processuale civile*. 2. ed. Milano: Giuffrè, 1954, v. III, p. 113-114).

[135] MARQUES, José Frederico. *Manual de Direito Processual Civil*. 1. ed. atual. por Vilson Rodrigues Alves. Campinas: Bookseller, 1997, v. IV, p. 28.

[136] "O Estado de Direito contemporâneo ... construído em todo o Ocidente a partir da reconstitucionalização ocorrida após a 2ª Guerra Mundial, apresenta algumas características essenciais que refletem diretamente

Capítulo III
ELEMENTOS DO PROCESSO DE EXECUÇÃO

30. VISÃO DINÂMICA E ESTÁTICA DO PROCESSO

O processo, como instituição jurídica, é uma sequência de atos das partes e do órgão judicial tendentes à formação ou à atuação do comando jurídico, conforme lição de Carnelutti[1].

Desenvolve-se no processo, com a colaboração das partes, "uma atividade de órgãos públicos destinada ao exercício duma função estatal",[2] que é a de prevenir ou solucionar o conflito de interesses, fazendo atuar a vontade da lei.[3]

A pendência do processo dá lugar, entre os seus participantes, a uma relação jurídica, que é a *relação jurídica processual*, gerando uma série de direitos e deveres, denominada pela doutrina *direitos e deveres processuais*, que vinculam as partes e o próprio Estado, pelo juiz: *iudicium est actus trium personarum*.[4]

Revela-se, destarte, o processo fundamentalmente como o *método* utilizado pelo Estado para promover a atuação do direito[5] diante de situação litigiosa. E, como tal, "é uma unidade, um todo, e é uma *direção* no movimento",[6] que se manifesta e desenvolve na relação processual estabelecida entre os respectivos sujeitos, "durante a substanciação do litígio".[7]

Do ponto de vista dinâmico, o processo se resume assim no complexo dos atos ou fatos que o compõem. Mas o fenômeno processual pode também ser analisado estaticamente, isto é, com abstração do seu natural e obrigatório movimento.

Sob esse novo ponto de vista – o estático –, o processo é estudado fora do tempo, ou com abstração dele. É encarado como uma *situação*, dando-se relevo apenas aos elementos que o compõem e à relação que se estabelece entre eles, enquanto a questão controvertida estiver posta em juízo.

31. CLASSIFICAÇÃO DOS ELEMENTOS DO PROCESSO

Os elementos do processo costumam ser divididos em *subjetivos e objetivos*.

---

no alcance do contraditório em qualquer processo judicial: o respeito absoluto à dignidade da pessoa humana, a eficácia concreta dos direitos dos cidadãos, a participação democrática e a cooperação. Nesse novo Estado de Direito, nenhuma decisão de qualquer autoridade pública, que possa atingir a esfera de interesses de algum particular, deve ser adotada sem que tenha sido antecedida da garantia ao interessado da ampla oportunidade de influir eficazmente na sua elaboração" (GRECO, Leonardo. *Comentários ao Código de Processo Civil*. São Paulo: Saraiva, 2020, v. XVI, p. 98-99).

[1] CARNELUTTI, Francesco. *Istituzioni del Processo Civile Italiano*. 5. ed. Roma: Socità Editrice del Foro Italiano, 1956, v. I, p. 3.
[2] CHIOVENDA, Giuseppe. *Instituições de Direito Processual Civil*. trad. brasileira. 3. ed. São Paulo: Saraiva, 1969, v. I, n. 11, p. 37.
[3] CHIOVENDA, Giuseppe. *Idem, ibidem*.
[4] COSTA, Sérgio. *Manuale del Diritto Processuale Civile*. 4. ed. Torino: UTET, 1973, n. 15, p. 19.
[5] CARNELUTTI, Francesco. *Op. cit.*, v. I, p. 3.
[6] AMARAL SANTOS, Moacyr. As fases lógicas do procedimento ordinário, Revista Forense, v. 243, p. 22, jul-ago-set/1973.
[7] MARQUES, José Frederico. *Instituições de Direito Processual Civil*. Rio de Janeiro: Forense, 1958, v. I, n. 4, p. 15.

Os subjetivos compreendem as *partes* e o *órgão judicial*, que são os sujeitos principais do processo. Há, também, sujeitos secundários que atuam como auxiliares no desenvolvimento da marcha processual, tais como escrivão, oficial de justiça, depositários, avaliadores, peritos etc.

Os elementos *objetivos* compreendem as provas e os bens, que são os objetos do processo.[8]

No processo de conhecimento, o manejo das provas é amplo e, salvo os casos expressos de prova legal, ou obrigatória, todos os meios de convencimento são válidos para fundamentar o pedido e a sentença. No processo de execução, como já se demonstrou, só o título executivo assegura a viabilidade do processo.

Enquanto o processo de conhecimento termina e se exaure com a sentença que declara ou define o direito das partes em conflito, o processo de execução parte do pressuposto da certeza do direito do credor e tende à realização material da prestação que lhe assegura o *título executivo*.

Daí o acerto da afirmação de que o processo de cognição tem, precipuamente, por objeto *as provas*, e o processo de execução, *os bens*.

O ofício jurisdicional, na execução forçada, atua, portanto, não na definição dos direitos substanciais das partes, mas na obtenção de *bens*, no patrimônio do devedor, para satisfação do crédito do exequente.

Impossível, por isso, é o desenvolvimento do processo executivo sem a existência de bens penhoráveis do devedor. Inexistindo estes, manda a Lei seja suspenso (não extinto) o processo, que assim permanecerá enquanto não surgirem bens excutíveis no patrimônio do devedor (CPC/2015, art. 921, III, com redação da Lei n. 14.195/2021).

Podemos, diante do exposto, apontar como elementos necessários do processo de execução:

I – subjetivos:

    a)   *as partes*: credor e devedor;
    b)   *o juiz*, ou órgão judicial, e seus auxiliares;

II – objetivos:

    a)   *a prova* do direito líquido, certo e exigível do credor, representada, obrigatoriamente, pelo título executivo;
    b)   *os bens* do devedor, passíveis de execução.

32. OBJETO DA EXECUÇÃO

Entre os bens que se prestam a servir de objeto da execução forçada cumpre distinguir entre aqueles que são objeto *específico* e os que apenas são objeto *instrumental*.

Objeto *específico* são os bens que figuram originariamente como objeto da própria obrigação de direito material, como o bem devido nas execuções para entrega de coisa certa.[9]

Objeto *instrumental* são os bens do devedor de que se vale o juiz da execução por quantia certa para obter, pela alienação forçada, o numerário necessário ao pagamento do credor.

Pressupondo a execução a responsabilidade executiva do sujeito passivo, não pode, de ordinário, atingir bens que pertençam ao patrimônio de terceiros. Só o devedor é que deve responder por suas obrigações. Há, porém, casos, como o da sucessão ou o da fraude de execução, em que a responsabilidade executiva alcança, também, o patrimônio de terceiro (CPC/2015, arts. 109 e 790).

---

[8] CARNELUTTI, Francesco. *Op. cit.*, v. I, n. 100, p. 97.
[9] REIS, José Alberto dos. *Processo de Execução*. Coimbra: Coimbra Editora Ltda., 1943, v. I, p. 273-274.

Sendo a execução, no direito moderno, essencialmente *real*, isto é, tão somente *patrimonial*, dela se exclui a *pessoa* do devedor. Há, no entanto, alguns casos em que a pessoa humana pode ser objeto de execução forçada. Tal se dá nas condenações a entrega de menores ou incapazes para que sua guarda seja exercida por quem determinou a sentença ou a lei.[10]

---

[10] REIS, José Alberto dos. *Op. cit.*, v. I, p. 273, nota 1.

Capítulo IV
AS PARTES NO PROCESSO DE EXECUÇÃO (I)

33. CONCEITO

O processo é a relação jurídica trilateral, que envolve como sujeitos o juiz e as partes. Aquele representa o Estado, no exercício da função jurisdicional, e estas (as partes), como titulares dos interesses em conflito, ficam submetidas ao poder judicante do primeiro, para alcançar-se a composição do litígio.

No conceito tradicional e civilista, as partes na relação processual seriam os sujeitos ativo e passivo da relação de direito material controvertida no processo.[1] Passado, porém, o estágio em que o direito processual era considerado mero apêndice do direito substantivo, o conceito civilista perdeu seu prestígio, não só diante da comprovada autonomia daquele direito, como principalmente em razão de situações em que evidentemente a parte da relação processual não se confunde com o sujeito do direito material posto em juízo (haja vista o que ocorre no caso da substituição processual).[2]

Com o reconhecimento da insuficiência das conceituações de caráter civilista no âmbito do processo, a parte passou a ser definida, com propriedade, no sentido formal ou processual, ou seja, como elemento do processo, que é autônomo diante dos vínculos da relação de direito material em litígio.

Assim, nessa moderna concepção, partes do processo "são as pessoas que pedem ou em face das quais se pede a tutela jurídica estatal".[3]

Do lado ativo – correspondente ao que pede a tutela jurisdicional –, tem-se o *autor*. Do lado *passivo*, isto é, daquele em face de quem se pediu a providência jurisdicional, tem-se o *réu*.

Na execução forçada, autor e réu são chamados, respectivamente, *exequente* e *executado*, ou simplesmente *credor* e *devedor*, como às vezes preferia o Código de Processo Civil de 1973. O CPC/2015, entretanto, corrigiu a nomenclatura adotada de forma indiferente pela codificação anterior, utilizando os termos tradicionais de *exequente* e *executado* para tratar das partes ativa e passiva da execução, respectivamente. As poucas vezes em que, no Livro II, referiu-se a *credor* e *devedor*, o fez para ressaltar a situação material subjacente ao título executivo (são alguns exemplos os arts. 778, 779, 786 e 787).

34. LEGITIMAÇÃO ATIVA

Na prática, e salvo as exceções legais (CPC/2015, arts. 778, § 1º e 779, II a VI), "a execução tem de ser promovida pela pessoa que no título executivo figurar como credor e deve sê-lo contra a pessoa que no mesmo título tiver a posição de devedor".[4]

---

[1] AMARAL SANTOS, Moacyr Amaral. *Primeiras Linhas de Direito Processual Civil.* 3. ed. 2ª tiragem. São Paulo: Max Limonad, 1962, v. I, n. 259, p. 384.

[2] Em casos especiais, a lei permite que a parte demande em nome próprio a defesa de direito alheio (CPC/2015, art. 18). É nisso que consiste a denominada substituição processual, também tratada como "legitimação extraordinária".

[3] SCHÖNKE, Adolfo. *Derecho Procesal Civil.* Barcelona: Bosch, 1950, p. 85, apud MARQUES, José Frederico. *Instituições de Direito Processual Civil.* Rio de Janeiro: Forense, 1958, v. II, n. 339, p. 164.

[4] REIS, José Alberto dos. *Processo de Execução.* Coimbra: Coimbra Editora Ltda, 1943, v. I, n. 62, p. 218.

Historicamente, o primeiro legitimado para propor a *actio iudicati* foi o vencedor da ação condenatória. Mais tarde, sob influência do direito germânico, evoluiu-se para uma equiparação entre a sentença de condenação e certos títulos extrajudiciais de confissão de dívida.

Daí em diante, a execução forçada (*executio parata*) passou a ser possível tanto em face da sentença como daqueles títulos negociais comprobatórios de dívida líquida, certa e exigível, a que a lei reconhece a força de *título executivo*.

A verdade é, contudo, que não se pode cogitar de execução sem que um título legalmente a justifique. *Nulla executio sine titulo*.

A existência do título executivo e o inadimplemento do devedor são requisitos específicos da execução forçada (arts. 783 e 786).

Satisfeitos ambos, cumpre determinar-se a legitimação das partes para formação da relação processual executiva.

Via de regra, o título se apresenta como "a expressão integral das condições da ação executória",[5] revelando em seu contexto, diretamente, as figuras do credor e do devedor, que serão as partes legítimas para o processo executivo.

Nem sempre, porém, será ele suficiente para demonstrar, *prima facie*, a legitimidade das partes. Pode, por exemplo, ter havido sucessão *mortis causa*, cessão manual de título ao portador, endosso, cessão de crédito etc. E tudo isto altera a titularidade do crédito, exigindo exame de outros elementos para reconhecer-se a legitimidade de parte para a execução.

Nessas condições, o postulante da tutela executiva terá, além de exibir o título, de comprovar o fato jurídico que o transformou em seu proprietário, como sucessor daquele que primitivamente figurava como credor.

O Código trata da *legitimatio ad causam* ativa no art. 778. No *caput* e no § 1º, inciso I, do dispositivo, tem-se a legitimação *originária*, ou seja, a que decorre do conteúdo do próprio título e compreende:

a) o *credor*, como tal indicado no título; e
b) o Ministério Público, nos casos previstos em lei.

Nos demais incisos do § 1º, acha-se especificada a legitimação *derivada ou superveniente*, que corresponde às situações formadas posteriormente à criação do título e que se verificam nas hipóteses de *sucessão* tanto *mortis causa* como *inter vivos*.

35. LEGITIMAÇÃO ATIVA ORIGINÁRIA

I – Credor conforme o título executivo

Compete a execução, em primeiro lugar, ao credor "a quem a lei confere o título executivo" (CPC/2015, art. 778, *caput*).

A força executiva atribuída a determinados títulos de crédito, como se vê, decorre da lei. A legitimação das partes, por sua vez, será extraída, quase sempre, do próprio conteúdo do título. Assim, no título *judicial*, credor ou exequente será o vencedor da causa, como tal apontado na sentença. E, no título *extrajudicial*, será a pessoa em favor de quem se contraiu a obrigação.

Excepcionalmente, pode a lei admitir modificação ou substituição da figura do credor, sem que o título reflita diretamente a mutação. É o que ocorre, por exemplo, no caso da Lei n.

---

[5] MANDRIOLI, Crisanto. *L'Azione Esecutiva*. Milano: Giuffrè, 1955, n. 14, p. 114, *apud* DINAMARCO, Cândido Rangel. *Execução Civil. Execução Civil*. São Paulo: Ed RT, 1973, n. 18, p. 136.

8.906, de 04.07.94, que legitima o advogado a executar, em nome próprio, a sentença proferida em favor do seu constituinte, na parte que condenou o adversário ao ressarcimento dos gastos de honorários advocatícios (art. 23).

Por outro lado, o processo de execução acha-se subordinado aos mesmos princípios gerais que fundamentam o processo de conhecimento, como bem esclarece o art. 771, parágrafo único, do CPC/2015. Por isso, além de ser parte legítima, por figurar no título como credor, ou por tê-lo legalmente sucedido, para manejar o processo de execução o interessado terá ainda que:

a) *ser capaz*, ou estar representado de acordo com a lei civil pelo pai, tutor ou curador;
b) outorgar mandato a *advogado*.

II – Legitimação extraordinária do Ministério Público

Pode, também, promover a execução forçada "o Ministério Público, nos casos previstos em lei" (CPC/2015, art. 778, § 1º, I).

A propósito, convém notar que o Ministério Público é considerado pelo Código, ora na função de órgão *agente* (CPC/2015, art. 177), ora de órgão *interveniente* (art. 178).

Quando, nos casos previstos em lei, exercer o direito de ação, caber-lhe-ão os mesmos poderes e ônus que tocam às partes da relação processual.

Daí a sua legitimidade *ad causam*, também, para promover a execução da respectiva sentença (art. 778, § 1º, I), sempre que for colocado na posição de *órgão agente*.

Como exemplo dessas funções do Ministério Público, podem ser citados os casos de tomada de contas de testamenteiro, de arrecadação de resíduos, de cumprimentos de legados pios, da execução, no juízo civil, da sentença condenatória penal, quando a vítima for pobre, para fins de obter a indenização do dano, na forma do art. 68 do CPP etc.

36. LITISCONSÓRCIO E ASSISTÊNCIA NO PROCESSO DE EXECUÇÃO

É uniforme o entendimento de que não há litisconsórcio *necessário* no processo de execução, seja fundado em título judicial, seja em título extrajudicial.[6] Mesmo sendo múltipla a titularidade do crédito, com ou sem solidariedade ativa, a cada credor será sempre lícita a execução da parte que lhe toque. Poderão, é verdade, os credores cobrar a totalidade da dívida em *litisconsórcio facultativo*, mas não estarão obrigatoriamente vinculados à execução única.[7]

Um caso excepcional de litisconsórcio necessário temo-lo no concurso universal do devedor insolvente[8] pois, "na execução do devedor insolvente, os diversos credores são partes principais".[9] Ainda que não se habilitem, todos os credores do insolvente são convocados para o concurso.

Quanto à assistência, sua admissibilidade no processo de execução tem sido motivo de largas controvérsias que, infelizmente, o Código não conseguiu superar. Basta dizer que, em comentários ao Estatuto de 1973, Pontes de Miranda advogava a admissibilidade da assistência, "qualquer que seja a forma do processo de cognição, ou executivo, ou cautelar", sem

---

[6] REIS, José Alberto dos. *Código de Processo Civil Anotado*. Coimbra: Coimbra Ed., 1952, v. I, p. 97, *apud* LIMA, Alcides de Mendonça. *Comentários ao Código de Processo Civil*. Rio de Janeiro: Forense, 1974, v. VI, t. I, n. 183, p. 108.

[7] LIMA, Alcides de Mendonça. *Op. cit.*, n. 181 a 190.

[8] MARQUES, José Frederico. *Manual de Direito Processual Civil*. São Paulo: Saraiva, 1974, v. I, n. 232, p. 257.

[9] REIS, José Alberto dos. *Op. cit.*, n. 59, p. 208.

restrição de espécie alguma.[10] Já Alcides de Mendonça Lima batia-se energicamente contra a possibilidade da medida no processo de execução, propriamente dito, admitindo-a apenas, em caráter excepcional, nos embargos à execução e, assim mesmo, somente quando se tratar de título extrajudicial.[11]

A *assistência*, como a conceitua o Código, é figura afim do litisconsórcio e consiste na intervenção voluntária de terceiro interessado, em causa pendente entre outras pessoas, para coadjuvar uma das partes a *obter sentença favorável* (CPC/2015, art. 119).

Já ficou demonstrado que o processo de execução não tende à obtenção de sentença, mas apenas se destina à prática dos atos concretos de realização coativa do crédito do autor. Logo, parece-nos intuitivo que, dada a inexistência de julgamento de mérito, nunca se poderá falar em assistente do credor ou exequente quando a execução não sofrer embargos do executado ou terceiros. Isto porque, faltaria a possibilidade jurídica de o assistente coadjuvar, a parte a obter sentença favorável, que é o objeto específico do instituto da assistência.[12]

Mas, havendo embargos, instaura-se uma nova relação processual incidente, de natureza diversa da execução, pois o procedimento, que é cognitivo, então, visará a uma sentença com eventual força constitutiva diante do título executivo, podendo até neutralizá-lo definitivamente.

Assim, o terceiro interveniente poderá, perfeitamente, ter interesse em assistir qualquer das partes embargante ou embargado – "pois, aí, será proferida sentença da mesma forma que em qualquer processo de conhecimento".[13] Nesse sentido também a atual doutrina de Araken de Assis.[14]

37. LEGITIMAÇÃO ATIVA DERIVADA OU SUPERVENIENTE

O art. 778, § 1º, II, III e IV, do atual CPC completa o elenco das pessoas legitimadas ativamente para a execução forçada, arrolando os casos em que estranhos à formação do título executivo tornaram-se, posteriormente, *sucessores do credor*, assumindo, por isso, a posição que lhe competia no vínculo obrigacional primitivo.

A modificação subjetiva da lide, em tais hipóteses, tanto pode ocorrer antes como depois de iniciada a execução forçada, e os fatores determinantes da *sucessão* tanto podem ser *causa mortis* como *inter vivos*, sendo, ainda, indiferente que o título executivo transmitido seja judicial ou extrajudicial.

Sempre que o pretendente promover a execução e não for o que figura na posição de credor no título executivo, para legitimar-se como exequente terá de comprovar, ao ingressar em juízo, que é "o *legítimo sucessor* de quem o título designa credor".[15]

---

[10] PONTES DE MIRANDA, Francisco Cavalcanti. *Comentários ao Código de Processo Civil*. Rio de Janeiro: Forense, 1974 v. II, p. 62.

[11] LIMA, Alcides de Mendonça. *Op. cit.*, n. 219, p. 125.

[12] LIMA, Alcides de Mendonça. *Op. cit.*, n. 206, p. 120. Nesse sentido é a jurisprudência: STJ, 6ª T., REsp. 329.059/SP, Rel. Min. Vicente Leal, ac. 07.02.2002, *DJU* 04.03.2002, p. 306; STJ, 3ª T., AgRg no REsp. 911.557/MG, Rel. Min. Paulo de Tarso Sanseverino, ac. 21.06.2011, *DJe* 29.06.2011; 1º TACivSP, 9ª C., MS 663.527-8, Rel. Juiz Sebastião Flávio da Silva Filho, ac. 26.02.1996, *RT* 728/269.

[13] LIMA, Alcides de Mendonça. *Op. cit.*, n. 207, p. 121. TFR, 5ª T., Ag. 55.037/DF, Rel. Min. Torreão Braz, ac. 13.06.1988, *DJU* 22.08.1988, p. 20.526.

[14] "Admite-se a assistência, a intervenção de *amicus curiae*, porque não interferem nas atividades próprias do procedimento *in executivis*, velando pela inexistência de *errores in procedendo*, e a desconsideração da personalidade jurídica" (ASSIS, Araken de. *Manual da execução*. 18 ed. São Paulo: Revista dos Tribunais, 2016, p. 577 e 600-601).

[15] REIS, José Alberto dos. *Processo de Execução*. Coimbra: Coimbra Editora Ltda., 1943, v. I, n. 63, p. 222.

Consoante o art. 778, § 1º, II, III e IV, do CPC/2015, os legitimados *supervenientes* para promover a execução, ou nela prosseguir, são:

a) o espólio, os herdeiros ou sucessores do credor, sempre que, por morte deste, for-lhes transmitido o direito resultante do título executivo;
b) o cessionário, quando o direito resultante do título executivo lhe for transferido por ato entre vivos;
c) sub-rogado, nos casos de sub-rogação legal ou convencional.

Cumpre ressaltar que a sucessão do exequente, em todas essas hipóteses elencadas no dispositivo referido, opera automaticamente, por força da lei, independentemente "de consentimento do executado" (art. 778, § 2º).

Na vida das pessoas jurídicas também pode ocorrer sucessão de empresas, com transferência ativa e passiva de obrigações, evento que, naturalmente, reflete sobre a legitimação para o processo de execução, por instaurar ou já em andamento. Assim se dá nos casos de incorporação, fusão e cisão de sociedades (Código Civil, arts. 1.113 a 1.122 e Lei n. 6.404/1976, arts. 223 a 234)[16]. Uma vez que a sucessão de empresas importa, em regra, extinção da sucedida, torna-se necessário renovar a representação nos processos em curso, visto que os mandatários até então constituídos estarão, após a sucessão, representando pessoa jurídica inexistente. É necessário que a sucessora venha a ocupar a posição de parte na execução, outorgando, para tanto, o competente mandato judicial[17].

38. ESPÓLIO

O Código de 1973 substituiu a tradicional denominação de "herança" pelo vocábulo "espólio" para designar o patrimônio deixado pelo falecido, enquanto não ultimada a partilha entre os sucessores.

Embora quebrando a tradição de nossos estatutos processuais, não cometeu pecado algum o legislador de 1973, pois é clássico, também, o entendimento de que com o vocábulo "espólio" designa-se a sucessão aberta, até a partilha dos bens.[18] A nomenclatura foi repetida pelo CPC/2015.

Admite o nosso sistema jurídico a atuação do espólio em juízo, ativa e passivamente, muito embora não lhe reconheça o caráter de pessoa jurídica. Dá-se, portanto, com o espólio, um caso de *representação anômala*, "uma vez que a lei designa o representante, posto não atribua personalidade ao representado. Não obstante esta ausência de personificação legal, o

---

[16] "A empresa incorporadora sucede a incorporada em todos os seus direitos e obrigações, de modo que a indenização por esta devida em processo já em fase de execução, constitui obrigação a ser satisfeita pela incorporadora"(STJ, 3ª T., RMS 4.949-3/MG, Rel. Min. Cláudio Santos, ac. 12.12.1994, *RSTJ* 75/159). Nesse sentido: (STJ, 2ª T., AgRg no REsp 895.577/RS, Rel. Min. Mauro Campbell Marques, ac. 19.10.2010, *DJe* 27.10.2010; STJ, 2ª Seção, REsp. 1.322.624/SC, Rel. Min. Paulo de Tarso Sanseverino, ac. 12.06.2013, *DJe* 25.06.2013).

[17] "A incorporação de uma empresa por outra extingue a incorporada, nos termos do art. 227, § 3º da Lei das Sociedades Anônimas, tornando irregular a representação processual"(STJ, 4ª T., REsp. 394.379/MG, Rel. Min. Sálvio de Figueiredo, ac. 18.09.2003, *DJU* 19.12.2003, p. 471). Nesse sentido: (STJ, 3ª T., AgRg nos EDcl. no Ag. 718.164/PR, Rel. p/ ac. Castro Filho, ac. 05.06.2007, *DJU* 25.09.2007, p. 235; STJ, 4ª T., AgRg no Ag. 536.921/SP, Rel. Min. Barros Monteiro, ac. 29.06.2004, *DJU* 18.10.2004, p. 286).

[18] PEREIRA, Caio Mário da Silva. *Instituições de Direito Civil*. Rio de Janeiro: Forense, 1974, vol. VI, n. 435, p. 59.

tratamento dado à herança na qualidade de massa necessária é o de uma pessoa jurídica, ao menos aparente".[19] Fala-se, a propósito, em pessoas formais[20].

Representado, normalmente, pelo inventariante, ou excepcionalmente, pela totalidade dos herdeiros (CPC/2015, art. 75, VII, e § 1º), é natural que o espólio possa promover a execução forçada, ou nela prosseguir, se já iniciada em vida pelo *de cujus*, pois o direito de ação também integra a universalidade que compõe a herança, enquanto sucessão aberta (CC de 2002, arts. 90 e 91).

Sobrevindo a partilha, desfaz-se a massa necessária da herança indivisa e cada herdeiro ou sucessor, de per si, será legitimado à execução quando for contemplado na sucessão do *de cujus* com o título executivo.

Durante, porém, a indivisão que sucede à morte do autor da herança e antecede à partilha, o espólio é representado legalmente pelo inventariante (art. 75, VII). Se, no entanto, este for dativo, não terá a referida representação, que passará à totalidade dos herdeiros (art. 75, § 1º). Mesmo, contudo, quando a representação é exercida pelo inventariante, isso não exclui a participação dos herdeiros, na execução, como litisconsortes facultativos.

Além do mais, sendo o herdeiro um comunheiro na universalidade da herança, deve-se considerar que a representação do espólio, atribuída ao inventariante, não exclui os direitos patrimoniais do primeiro, que, por isso, poderá sempre participar das ações intentadas pelo representante legal da comunhão.

E se o inventariante não cuidar de executar o crédito do espólio? Entendemos, com Pontes de Miranda, que "a representação da herança pelo inventariante é legitimação da comunidade de interesses; não tira aos herdeiros a sua qualidade de partes". Portanto, "se o inventariante se recusa a propor a ação em nome do espólio, qualquer herdeiro pode propô-la".[21]

Dada a posição de representante legal do espólio, o inventariante, na circunstância acima, deverá ser convocado para tomar conhecimento da execução, como uma espécie de litisconsorte necessário, eis que representando ele a "comunhão hereditária", que é a titular do direito de ação (CPC/2015, arts. 114 e 116), deverá ser tido como parte *de ofício ou por ofício*.[22]

A prova da qualidade de inventariante é feita por certidão extraída do processo de inventário, com o esclarecimento de que o interessado se acha no exercício do *munus*. Sendo destituído o primitivo inventariante, com eventual substituição por um *dativo* e estando já em curso a execução, todos os herdeiros deverão habilitar-se, para regularizar a representação do espólio.

A omissão do inventariante, outrossim, não impede que qualquer herdeiro tome a iniciativa da defesa dos direitos do espólio em juízo, de sorte que, se o representante legal da massa hereditária não propõe a execução, o herdeiro, como comunheiro dos bens, pode tomar a iniciativa da ação.[23]

39. HERDEIROS E SUCESSORES

Herdeiro é o que sucede ao morto, em seu patrimônio, por direito próprio (filho, neto, etc.) ou por disposição testamentária.

---

[19] PEREIRA, Caio Mário da Silva. *Op. cit., loc. cit.*
[20] THEODORO JÚNIOR, Humberto. Curso de direito processual civil. 60. ed. Rio de Janeiro: Forense, 2019, v. I, n. 188, p. 288.
[21] PONTES DE MIRANDA, Francisco Cavalcanti. *Op. cit.*, v. I, 1974, p. 328.
[22] PONTES DE MIRANDA. *Op. cit.*, v. I, 1974, p. 329.
[23] PONTES DE MIRANDA, Francisco Cavalcanti. *Comentários ao Código de Processo Civil*. Rio de Janeiro: Forense, 1974, v. I, 1974, p. 328.

A sucessão pode ser *causa mortis* ou por ato *inter vivos* (cessão) e, em ambos os casos, pode ser a título universal ou singular.

O art. 778, § 1º, inciso II, do atual Código tratou apenas da sucessão *causa mortis*, pois cuidou de esclarecer que os sucessores ali mencionados eram aqueles a quem, por morte do credor, foi transmitido o direito ao título executivo.

Julgada a partilha e ocorrido o trânsito em julgado da sentença, cessam as funções do inventariante, e, consequentemente, sua capacidade de representar o espólio. Desaparece, a partir de então, a universalidade da herança e cada herdeiro, dentro da força e dos limites de seu quinhão, será o sucessor universal de todos os direitos e obrigações do *de cujus*. Recebendo, do finado, o direito ao título executivo, suceder-lhe-á o herdeiro, plenamente, no direito à ação de execução, que exercitará, a partir de então, em nome próprio.

A situação do sucessor testamentário, que é a última prevista no art. 778, § 1º, II, assemelha-se à do herdeiro legítimo na transmissão do direito à execução.

Deve-se, porém, distinguir entre a sucessão universal e a singular. Na primeira, há a instituição de herdeiros testamentários, e "as relações jurídicas constituídas do *patrimônio* do defunto, transmitem-se como um todo orgânico, compreendendo *ativo e passivo*, isto é, direitos, créditos, obrigações, débitos".[24] O herdeiro testamentário recebe, portanto, toda a herança ou uma parte ideal dela, não havendo qualquer diferença entre a sua situação jurídica e a do herdeiro legítimo. Ambos sucedem *ipso jure* ao defunto, na posse e domínio da herança, tão logo aberta a sucessão (CC, art. 1.784).

Já o mesmo não ocorre com o *legatário*, que é o sucessor a título singular, ou seja, aquele que é contemplado, no testamento, com determinado bem da herança e não com uma cota ideal dela. Tem o legatário, em nosso sistema, assegurada a propriedade do legado, não porém sua posse (art. 1.923, CC), não podendo entrar nela por autoridade própria (idem, § 1º).

O sucessor singular, de tal sorte, terá primeiro que obter dos herdeiros a transferência do título executivo, para depois legitimar-se à execução.

40. MOMENTO DA SUCESSÃO

Os reflexos da sucessão *causa mortis* sobre a lide são diferentes, caso a abertura ocorra antes ou depois de proposta a execução.

No primeiro caso, o sucessor, para iniciar a execução forçada, terá de demonstrar, com a petição inicial, que adquiriu o título executivo, segundo os meios ordinários de convencimento.

No segundo caso, o sucessor deverá promover o incidente denominado "renovação da instância" ou "habilitação incidente", em que, com suspensão do processo principal, demonstrará que sucedeu ao exequente no direito ao título executivo, passando a ocupar a posição do *de cujus* na relação processual pendente (CPC/2015, arts. 687 e ss.).

41. CESSIONÁRIO

A transferência dos direitos tanto pode ocorrer por ato *causa mortis*, como por ato *inter vivos*. Na primeira hipótese, temos a sucessão hereditária (heranças e legados), que já foi objeto de exame no tópico anterior. Na segunda, a cessão de crédito, que o art. 778, § 1º, III do CPC/2015 também considera como apta a legitimar a execução forçada estranhos que não participaram da criação do título executivo.

---

[24] GOMES, Orlando. *Sucessões*. Rio de Janeiro: Forense, 1970, n. 5, p. 26.

Para que haja transferência negocial do crédito é preciso que a isso não se oponham a natureza da obrigação, a lei ou a convenção entre as partes (CC, art. 286).

Casos mais comuns de *cessão* são os de endosso dos títulos cambiais, que se regem por legislação específica e cuja circulabilidade é ampla e da própria natureza das obrigações neles corporificadas.

Com relação à generalidade dos créditos, também, a regra é a possibilidade de cessão. A vedação apresenta-se como exceção. Como exemplo de impedimento *pela natureza* do direito, temos o caso das obrigações personalíssimas. Crédito não cedível por determinação da lei é, *verbi gratia*, o relativo a benefícios da Previdência Social (Lei n. 8.213/1991, art. 114) e o crédito alimentício (art. 1.707, CC). Finalmente, as partes são livres para convencionar que a obrigação ajustada só seja exigível entre os próprios contraentes vedada a cessão a estranhos, quer da dívida, quer do crédito.

Para execução forçada, o cessionário, além de exibir o título executivo, terá o ônus de demonstrar a cessão, a fim de legitimar-se à causa.

Registre-se, outrossim, que em matéria de cessão de crédito, estando pendente a relação processual, não existe obrigação para o cessionário de assumir o lugar do exequente-cedente, mas apenas uma faculdade. Se não exercitar essa faculdade, a execução prosseguirá com o primitivo *credor*, "que passará a funcionar como *substituto processual*, isto é, defendendo direito alheio, mas com *legitimação ad processum* apenas".[25]

Ao contrário do que se passa no processo de conhecimento, o cessionário do crédito já em execução não depende de anuência do devedor para assumir a posição processual do cedente. A regra a aplicar é especial e consta do art. 778, § 1º, III, do CPC/2015, afastando, pois, a norma geral constante do art. 109, § 1º[26]. Isto é, o cessionário do direito constante do título executivo pode promover a execução forçada ou nela prosseguir, em sucessão ao exequente originário (§ 1º). E o § 2º do mesmo artigo explicita que, na espécie, a sucessão "independe de consentimento do executado". Com isso, o atual Código positivou o que já estava admitido pela jurisprudência.

Embora seja pacífico o entendimento jurisprudencial em torno da possibilidade de sucessão processual, na execução, no caso de cessão de créditos, inclusive de precatórios, decidiu o STJ que a medida, excepcionalmente, não se estende à "cessão de direitos creditórios derivados do crédito-prêmio de IPI". A justificação consistiu em que "esse crédito tem natureza de incentivo fiscal e objetivo único de favorecer a exportação de mercadorias por seu titular originário (exportador)". Inadmitiu-se, enfim, a sucessão processual na execução em andamento para impedir a burla à legislação tributária, "tanto referente ao estímulo fiscal, quanto à compensação tributária prevista no art. 74 da Lei n. 9.430/1996"[27].

A lei civil não sujeita a cessão de crédito à anuência do devedor. Prevê apenas que a cessão seja a ele notificada (CC, art. 290). Em momento algum, todavia, condiciona a validade da transmissão *inter vivos* do crédito a essa providência. Assim, não é condição da propositura da execução, ou de seu prosseguimento, a comprovação, pelo cessionário, de ter sido a cessão cientificada ao devedor. É interessante notar que o Código Civil, revelando o aperfeiçoamento

---

[25] LIMA, Alcides de Mendonça. *Comentários ao Código de Processo Civil*. Rio de Janeiro: Forense, 1974, v. VI, t. I, n. 273, p. 114.

[26] STF, Pleno, RE 97.461-0/AgRg., Rel. Min. Aldir Passarinho, ac. 20.08.1986, *DJU* 19.09.1986, p. 17.143; STJ, 1ª T., REsp. 284.190/SP, Rel. Min. José Delgado, ac. 24.04.2001, *DJU* 20.08.2001, p. 354; STJ, 3ª T., REsp. 588.321, Rel. Min. Nancy Andrighi, ac. 04.08.2005, *DJU* 05.09.2005, p. 399; STJ, Corte Especial, REsp. 1.091.443/SP, Rel. Min. Maria Thereza de Assis Moura, ac. 02.05.2012, *DJe* 29.05.2012; STJ, 1ª T., AgRg no REsp. 1.098.657/RS, Rel. Min. Napoleão Nunes Maia Filho, ac. 18.02.2014, *DJe* 12.03.2014.

[27] STJ, 1ª Seção, EREsp 1.390.228/RS, Rel. Min. Gurgel de Faria, ac. 26.09.2018, *DJe* 25.10.2018.

imediato da cessão, assegura ao cessionário o exercício dos atos conservatórios do direito cedido, "independentemente do conhecimento da cessão pelo devedor" (CC, art. 293).

O que está em jogo, na previsão legal da notificação, é apenas a eficácia da cessão em face do devedor, de modo que, se a dívida for solvida de boa-fé perante o credor primitivo (cedente), o cessionário, que deixou de proceder à competente notificação, não terá direito de exigir que o pagamento seja renovado em seu favor.

Segundo a jurisprudência do STJ, "o objetivo da notificação é informar ao devedor quem é o seu novo credor, isto é, a quem deve ser dirigida a prestação. A ausência de notificação traz essencialmente duas consequências: em primeiro lugar, dispensa o devedor que tenha prestado a obrigação diretamente ao cedente de pagá-la novamente ao cessionário; em segundo lugar, permite que o devedor oponha ao cessionário as exceções de caráter pessoal que teria em relação ao cedente, anteriores à transferência do crédito e também posteriores, até o momento da cobrança (art. 294 do Código Civil)".[28]

Assim, "a ausência de notificação da cessão de crédito não tem o condão de isentar o devedor do cumprimento da obrigação, tampouco de impedir o registro do seu nome, se inadimplente, em órgãos de restrição ao crédito".[29]

42. SUB-ROGADO

Diz-se credor *sub-rogado* aquele que paga a dívida de outrem, assumindo todos os direitos, ações, privilégios e garantias do primitivo credor contra o devedor principal e seus fiadores (CC, art. 349).

A sub-rogação tanto pode ser *legal* como *convencional*. A legal decorre da lei e não depende do consentimento das partes. A convencional é fruto de transferência expressamente ajustada entre os interessados.

O art. 346 do Código Civil de 2002 enumera os casos de sub-rogação legal, ou de pleno direito, que são aqueles, em suma, "em que o pagamento é feito por um terceiro *interessado* na relação jurídica".[30] É o que ocorre, tipicamente, com o avalista ou fiador que salda a dívida do avalizado ou afiançado. O pagador, assim agindo, sub-roga-se no direito e na ação do credor satisfeito. Se este possuía *título executivo*, será ele transferido para o sub-rogado, ficando-lhe assegurado, por consequência, o manejo do processo de execução para reembolso da importância dispendida, perante o obrigado principal pela dívida. Mantêm-se, nesse caso, todos os elementos da obrigação primitiva, inclusive o prazo prescricional.[31]

A sub-rogação é convencional quando operada em favor de terceiro *não interessado*, e ocorre, segundo o art. 347 do Código Civil de 2002, quando:

I – o credor recebe o pagamento de terceiro e expressamente lhe transfere todos os seus direitos; ou

---

[28] STJ, 3ª T., AgRg no REsp. 1.408.914/PR, Rel. Min. Sidnei Beneti, ac. 22.10.2013, *DJe* 14.11.2013. No mesmo sentido: STJ, 4ª T., AgRg no REsp. 1.400.749/RS, Rel. Min. Marco Buzzi, ac. 16.06.2015, *DJe* 24.06.2015; STJ, 4ª T., AgRg no AREsp. 720.309/RS, Rel. Min. Antônio Carlos Ferreira, ac. 18.02.2016, *DJe* 29.02.2016.

[29] STJ, 2ª Seção, AgRg no EREsp. 1.482.670/SP, ac. 26.08.2015, *DJe* 24.09.2015. No mesmo sentido: (i) "a ausência de notificação do devedor acerca da cessão de crédito (art. 290 do CC/2002) não torna a dívida inexigível, tampouco impede o novo credor de praticar os atos necessários à preservação dos direitos cedidos" (STJ, 4ª T., AgRg no AREsp. 677.463/SP, Rel. Min. Raul Araujo, ac. 23.06.2015, *DJe* 03.08.2015); (ii) STJ, 4ª T., AgRg AREsp. 720.309/RS, Rel. Min. Antonio Carlos Ferreira, ac. 18.02.2016, *DJe* 29.02.2016.

[30] WALD, Arnoldo. Curso de Direito Civil Brasileiro. Obrigações e Contratos. 2. ed. São Paulo: Sugestões Literárias, 1969, n. 36, p. 84.

[31] STJ, 3ª T., REsp 1.769.522/SP, Rel. Min. Nancy Andrighi, ac. 12.03.2019, *DJe* 15.03.2019.

II – terceira pessoa empresta ao devedor a quantia de que precisa para solver a dívida, sob a condição expressa de ficar o mutuante sub-rogado nos direitos do credor satisfeito.

Na primeira hipótese, temos uma verdadeira cessão de crédito e serão aplicáveis os princípios específicos desse instituto jurídico, como determina o art. 348 do Código Civil de 2002.

O sub-rogado, em qualquer caso, para demonstrar sua legitimidade para a execução forçada, de par com a exibição do título executivo, terá o ônus de comprovar a sub-rogação.

Também o sub-rogado, como o cessionário, não tem o dever de comparecer à execução pendente para assumir a posição do credor sub-rogatório. O feito poderá prosseguir com este na condição de *substituto processual*.[32]

Ocorrida, porém, a sub-rogação incidental, isto é, a do coobrigado que, executado, solve a dívida cuja responsabilidade principal é de outrem, pode ele requerer que em vez da extinção do processo, seja determinado o seu prosseguimento contra o devedor principal. O sub-rogado, da posição de executado passa para a de exequente.

Observe-se que nem sequer há necessidade de propor uma nova ação, pois o art. 778, § 1º, IV, do CPC/2015 assegura ao sub-rogado não só a legitimação para "promover a execução forçada" como também para "nela prosseguir".

Daí já se ter julgado que o "avalista que pagou o débito em execução pode, como sub-rogado, prosseguir contra o devedor avalizado na execução", com aproveitamento dos mesmos autos, "a despeito da homologação da desistência" do pedido do credor satisfeito, ou seja, daquele que iniciou a execução forçada.[33]

43. SITUAÇÕES ESPECIAIS: MASSA FALIDA, CONDOMÍNIO E HERANÇA JACENTE OU VACANTE

O atual Código, assim como o anterior, omitiu-se quanto à situação da massa falida, do condomínio e da herança jacente ou vacante, no processo executivo, limitando-se a arrolar o "espólio" como universalidade capaz de promover e sofrer a execução forçada.

Mas é óbvio que a massa falida, o condomínio e a herança jacente ou vacante, como massas necessárias que são e que se equiparam ao espólio, também podem figurar na relação processual da execução. E em tal se dando, suas representações caberão, respectivamente, ao administrador judicial (CPC/2015, art. 75, V), ao *administrador ou síndico* (art. 75, XI) e ao *curador* (art. 75, VI). O mesmo ocorrerá com a massa do devedor civil insolvente, que é representada em juízo pelo *administrador* (art. 766, II, do CPC/1973, que foi mantido em vigor por força do art. 1.052 do CPC/2015), cujo *múnus* é o mesmo do administrador judicial na falência do comerciante.

44. TERCEIROS INTERESSADOS

Os estranhos ao título executivo, ainda que interessados na solução da dívida, não são partes legítimas para promover a execução, ou seu andamento.[34]

---

[32] LIMA, Alcides de Mendonça. *Op. cit.*, n. 275, p. 146.

[33] 1º TACivSP – Ac. de 27-9-77, no Agr. 235.982, rel. Juiz JURANDYR NILSSON, in "RT" 508/143; STJ, 4ª T., REsp 4100/SP, Rel. Min. Barros Monteiro, ac. 26.2.1991, *DJU* 15.4.1991, p. 4303; TJRS, 15ª Câm. Cív., Apelação 70032380370 RS, Rel. Niwton Carpes da Silva, ac. 6.7.2011, *DJRS* 12.7.2011; TJMG, 14ª Câm. Cív., AI 513605-0, Rel. Des. Heloísa Combat, ac. 18.08.2005, *DJMG* 3.9.2005.

[34] AMARAL SANTOS, Moacyr. *Direito Processual Civil*. 4. ed. São Paulo: Saraiva, 1973, v. III. n. 816, p. 249.

Terão, antes, que se sub-rogarem, por alguma forma, no direito à execução, para depois promovê-la. Como exemplo de meio de obter a sub-rogação pelo terceiro interessado, temos o caso, quando possível, da penhora de direito e ação, nos termos do art. 857 do CPC/2015.

45. DESNECESSIDADE DE CONSENTIMENTO DO EXECUTADO PARA O EXERCÍCIO DA LEGITIMIDADE ATIVA SUPERVENIENTE

O atual Código explicitou tese que já era consagrada pela jurisprudência formada ao tempo do Código anterior, segundo a qual a sucessão prevista no § 1º do art. 778 – isto é, aquela em favor do Ministério Público, do espólio e herdeiros, do cessionário e do sub-rogado – independe de consentimento do executado (§ 2º). Em verdade, o dispositivo reproduz entendimento do STJ, reiterado em regime de recurso repetitivo, no sentido de que, na execução, "a legitimidade ativa superveniente não está vinculada ao consentimento da parte contrária".[35]

---

[35] STJ, Corte Especial, REsp. 1.091.443/SP, Rel. Min. Maria Thereza de Assis Moura, ac. 02.05.2012, *DJe* 29.05.2012.

Capítulo V
AS PARTES NO PROCESSO DE EXECUÇÃO (II)

46. LEGITIMAÇÃO PASSIVA

O art. 779 do Código atual indica quem pode ser sujeito passivo da execução, arrolando:

I – o devedor, reconhecido como tal no título executivo;
II – o espólio, os herdeiros ou os sucessores do devedor;
III – o novo devedor que assumiu, com o consentimento do credor, a obrigação resultante do título executivo;
IV – o fiador do débito constante em título extrajudicial;
V – o responsável titular do bem vinculado por garantia real ao pagamento do débito;
VI – o responsável tributário, assim definido em lei.

Dentro da sistemática do Código, a legitimação passiva pode ser dividida em:

a) *devedores originários*, segundo a relação obrigacional de direito substancial: "devedores" definidos pelo próprio título;
b) *sucessores* do devedor originário: espólio, herdeiros ou sucessores, bem como o "novo devedor";
c) *apenas responsáveis* (e não obrigados pela dívida): o "fiador do débito", o "responsável titular do bem vinculado por garantia real ao pagamento do débito" e o "responsável tributário".

46-A. DÍVIDA E RESPONSABILIDADE

Os sucessores, a título universal, praticamente ocupam o mesmo lugar do devedor primitivo e com ele se confundem na qualidade jurídica.

Quanto à última espécie de sujeitos passivos da execução, decorre ela da moderna distinção, que juridicamente se faz entre "dívida" e "responsabilidade".[1]

Sabe-se que o devedor, embora vinculado à obrigação, não pode ser física e corporalmente compelido a cumpri-la. Mas seu patrimônio fica sempre sujeito a sofrer a ação do credor, caso o crédito não seja devidamente satisfeito.

Nota-se, destarte, um desdobramento da obrigação em dois elementos distintos: a) um de caráter *pessoal*, que é a *dívida* (*Schuld*); e b) outro de caráter *patrimonial* que é a *responsabilidade* (*Haftung*) e que se traduz na sujeição do patrimônio a sofrer a sanção civil.

Para o credor, os dois elementos passivos da obrigação (dívida e responsabilidade) correspondem a dois direitos distintos: a) direito à *prestação*, que se satisfaz pelo cumprimento

---

[1] LIMA, Alcides de Mendonça. *Comentários ao Código de Processo Civil*. Rio de Janeiro: Forense, 1974, v. VI, n. 282, p. 148; REIS, José Alberto dos. *Processo de Execução*. Coimbra: Coimbra Editora Ltda, 1943, v. I n. 7, p. 8 e 9.

voluntário da obrigação pelo devedor; e b) direito de garantia ou de execução, que se satisfaz mediante intervenção estatal, por meio da execução forçada.²

Do lado passivo, normalmente os dois elementos se reúnem numa só pessoa, o devedor, e é certo que não pode existir dívida sem responsabilidade. Mas, o contrário é perfeitamente possível, pois uma pessoa pode sujeitar seu patrimônio ao cumprimento de uma obrigação sem ser o *devedor*.

É o que se passa, por exemplo, com o fiador, diante da dívida do executado, ou com o sócio solidário diante da dívida da sociedade: "o devedor é um, o responsável é outro".³

A propósito, o Código Civil Português (de 1966), em seu art. 818, regulava expressamente essa situação, dispondo que "o direito de execução pode incidir sobre bens de terceiro, quando estejam vinculados à garantia do crédito, ou quando sejam objeto de ato praticado em prejuízo do credor, que este haja procedentemente impugnado".

A norma é completada pelo art. 735 do atual CPC lusitano (de 2013), onde se afirma, no n. 1, que "estão sujeitos à execução todos os bens do devedor suscetíveis de penhora que, nos termos da lei substantiva, respondem pela dívida exequenda". No n. 2 se acrescenta que "nos casos especialmente previstos na lei, podem ser penhorados bens de terceiro, desde que a execução tenha sido movida contra ele".

Tem-se, aí, a consagração legal evidente da dissociação dos elementos da obrigação, ou seja, a dívida e a responsabilidade.

Há, portanto, profunda diferença de natureza jurídica entre a relação que vincula o devedor ao credor – que é de direito *material* – e a relação que sujeita o responsável ao juízo de execução – que é de direito *processual*. Enquanto na primeira existe *obrigação*, na segunda há *sujeição*. Assim, os bens do responsável (devedor ou não) sofrem os efeitos da execução em virtude de sujeição inerente à relação de direito processual, que torna ditos bens destinados à satisfação compulsória do direito do credor.⁴

Para início da execução forçada, sempre que o responsável não for o primitivo obrigado, terá o credor que provar a responsabilidade do executado *initio litis*, já que o processo de execução não apresenta, em seu curso, uma fase probatória, e só pode ser aberto mediante demonstração prévia de direito líquido, certo e exigível do promovente contra o executado.

Não é possível, porém, executar os bens do terceiro responsável sem vinculá-lo à relação processual, mediante regular citação, visto que ninguém pode ser privado de seus bens sem observância do devido processo legal e sem que lhe sejam assegurados o contraditório e os meios ordinários de defesa em juízo (CF, art. 5º, LIV e LV).

Observe-se, por último, que o sujeito passivo da execução, para comparecer em juízo, tem de satisfazer os pressupostos processuais comuns, isto é, deve ser *capaz* ou estar legalmente representado ou assistido, e ainda atuar por meio de advogado.

47. O DEVEDOR

O primeiro legitimado passivo para a execução forçada, segundo o art. 779, I, do CPC/2015 é "o devedor, reconhecido como tal no título executivo".⁵

---

² REIS, José Alberto dos. *Op. cit.*, n. 7, p. 9.
³ REIS, José Alberto dos. *Op. cit.*, n. 60, p. 215.
⁴ CARNELUTTI, Francesco. *Diritto e Processo*. Napoli: Morano Editore, 1958, p. 314 e 323; LIEBMAN, Enrico Tullio. *Processo de Execução*. 3. ed. São Paulo: Saraiva, 1968, n. 35, p. 67; MICHELI, Gian Antonio. *Curso de Derecho Procesal Civil*. Buenos Aires: EJEA, 1970, v. III, p. 131-132.
⁵ "O cônjuge que apenas autorizou seu consorte a prestar aval, nos termos do art. 1.647 do Código Civil (outorga uxória), não é avalista" (STJ, 4ª T., REsp 1.475.257/MG, Rel. Min. Maria Isabel Gallotti, ac. 10.12.2019,

Se se trata de execução de sentença, o executado será o vencido no processo de conhecimento e sua identificação far-se-á pela simples leitura do decisório exequendo. Convém lembrar, todavia, que não apenas o réu pode ser vencido, pois também o autor, quando decai de seu pedido, é condenado aos efeitos da sucumbência (custas e honorários advocatícios), assumindo, assim, a posição de vencido e sujeitando-se à execução forçada, sob a modalidade de cumprimento de sentença (CPC/2015, art. 513).

Também o opoente (art. 682), o denunciado à lide (art. 125), bem como o chamado ao processo (art. 130), quando integrados à relação processual e *vencidos*, são partes legítimas para sofrerem a execução forçada, de acordo com o teor do título executivo judicial (sentença condenatória).

Da mesma forma, se a execução for de título extrajudicial, será sempre legitimado passivo aquele que figurar no documento negocial como devedor.

Pode, no entanto, haver mutações na responsabilidade pela dívida, após a corporificação da obrigação no título seja judicial ou não. É o que passaremos a ver nos itens seguintes.

48. O DEVEDOR EM REGIME DE RECUPERAÇÃO JUDICIAL

O STJ, interpretando o alcance da eficácia da recuperação judicial sobre a inexigibilidade dos títulos executivos do empresário em dificuldade de solvência (Lei n. 11.101/2005), fixou o entendimento no sentido de que "o deferimento do pedido de recuperação judicial não obsta o prosseguimento de eventual execução movida em face de seus respectivos avalistas, tendo em vista o caráter autônomo da garantia cambiária oferecida".[6]

Em outros termos, o que prevalece é justamente o art. 49, § 1º, da Lei n. 11.101/2005, que prevê que "os credores do devedor em recuperação judicial conservam seus direitos e privilégios contra os coobrigados, fiadores e obrigados de regresso (REsp n. 1.333.349/SP, *DJe* 02.02.2015)".[7]

Nos termos do art. 6º, inciso II, da referida Lei (redação da Lei 14.112/2020), a decretação da falência ou o deferimento do processamento da recuperação judicial acarretam a suspensão das execuções singulares movidas contra a empresa devedora e seus *sócios solidários*. Essa regra não se estende, portanto, aos cotistas eventualmente coobrigados pela dívida da sociedade, cujas execuções prosseguirão normalmente.[8]

Outra situação interessante ocorre quando o credor não é incluído na relação apresentada pelo devedor no processo de recuperação judicial (Lei n. 11.101/2005, art. 51, III e IX).

É certo que a habilitação, por iniciativa do credor, pode ser pleiteada a qualquer tempo enquanto não encerrado o processo da recuperação. Não pode, entretanto, dar prosseguimento

---

DJe 13.12.2019). E, como simples anuente, não deve ser citado para responder pela execução. Ressalve-se, porém, o caso de a penhora recair sobre bem imóvel do casal, quando então haverá litisconsórcio necessário entre ambos os cônjuges (CPC/2015, art. 842).

[6] STJ, 2ª Seção, CC 142.726/GO, Rel. Min. Marco Buzzi, ac. 24.02.2016, *DJe* 01.03.2016. No mesmo sentido: STJ, 4ª T., AgRg no AREsp. 457.117/SP, Rel. Min. Marco Buzzi, ac. 01.04.2014, *DJe* 07.04.2014; STJ, 3ª T., AgRg no AREsp. 276.695/SP, Rel. Min. Ricardo Villas Bôas Cueva, ac. 18.02.2014, *DJe* 28.02.2014.

[7] CC 142.726/GO *cit.*

[8] "Conforme o disposto no art. 6º da Lei n. 11.101/2005, o deferimento da recuperação judicial à empresa coexecutada não tem o condão de suspender a execução em relação a seus avalistas, a exceção do sócio com responsabilidade ilimitada e solidária" (STJ, 3a T., Ag Rg no AREsp. 62.794/SP, Rel. Min. Sidnei Beneti, ac. 25.06.2013, *DJe* 01.08.2013). No mesmo sentido: STJ, 2ª Seção, AgRg no CC 126.173/MS, Rel. Min, Luis Felipe Salomão, ac. 24.04.2013, *DJe* 30.04.2013; STJ, 2ª Seção, EAg 1.179.654/SP, Rel. Min. Sidnei Beneti, ac. 28.03.2012, *DJe* 13.04.2012.

à execução individual já ajuizada a pretexto de seu crédito não ter sido incluído no processo recuperatório, como já decidiu o STJ[9].

O regime de pagamento decorrente da recuperação judicial sujeita, em regra, todos os credores, habilitados ou não ao juízo concursal. Assim, a execução singular iniciada antes da instauração do processo recuperatório, ou mesmo após seu encerramento, não tem possibilidade de prosseguir pelo valor integral do crédito, devendo respeitar as limitações aplicáveis a todos aqueles regularmente habilitados.

Nesse contexto, assentou o STJ, em regime de recurso repetitivo, que, apesar de o credor não citado na relação inicial de que trata o art. 51, III e IX, da Lei n. 11.101/2005, não ser obrigado a se habilitar, pois o direito de crédito é disponível, não terá ele o direito de receber, fora do juízo concursal, seu crédito pelo valor integral. Terá, inevitavelmente, de se submeter às condições estabelecidas no plano de recuperação aprovado. Todavia, não cabe ao plano de recuperação suprimir garantias sem a autorização do respectivo credor[10].

Segundo orientação do STJ, são opções exercitáveis pelo credor, em semelhante conjuntura:

a) Habilitar-se no processo recuperatório, se ainda não encerrado por sentença transitada em julgado, hipótese em que dará fim à execução singular suspensa em decorrência da recuperação judicial.

b) Aguardar o encerramento do processo recuperatório para dar sequência à execução individual, caso em que, no entanto, o crédito mesmo não habilitado no juízo concursal se sujeitará aos efeitos do plano de recuperação aprovado, diante da novação *ope legis* (art. 59 da LREF)[11].

Observe-se, outrossim, que o regime de recuperação judicial aplica-se aos empresários pessoas físicas ou jurídicas, urbanos ou rurais. Exige-se, porém, dos ruralistas que exerçam sua atividade de forma empresarial por mais de dois anos, e que se achem inscritos na Junta Comercial (Lei n. 11.101/2005, art. 48, § 2º)[12].

49. SUCESSORES

A morte é o fim natural e obrigatório da pessoa humana e com ela extingue-se a personalidade e a capacidade jurídica, transmitindo-se direitos e obrigações do defunto aos sucessores legais.

I – Espólio

Enquanto não se ultima a partilha e não se fixa a parcela dos bens que tocará a cada herdeiro ou sucessor, o patrimônio do *de cujus* apresenta-se como uma universalidade que, embora não possua personalidade jurídica, é tida como uma unidade suscetível de estar em juízo, ativa e passivamente.

---

[9] STJ, 2ª Seção, CC 114.952/SP, Rel. Min. Raul Araújo, ac. 14.09.2011, *DJe* 26.09.2011.

[10] "A anuência do titular da garantia real é indispensável na hipótese em que o plano de recuperação judicial prevê a sua supressão ou substituição" (STJ, 2ª Seção, REsp 1.794.209/SP, Rel. Min. Ricardo Villas Bôas Cueva, ac. 12.05.2021, *DJe* 29.06.2021).

[11] STJ, 2ª Seção, REsp 1.655.705/SP, Rel. Min. Ricardo Villas Bôas Cueva, ac. 27.04.2022, *DJe* 25.05.2022.

[12] "Tese firmada para efeito do art. 1.036 do CPC/2015: Ao produtor rural que exerça sua atividade de forma empresarial há mais de dois anos é facultado requerer a recuperação judicial, desde que esteja inscrito na Junta Comercial no momento em que formalizar o pedido recuperacional, independentemente do tempo de seu registro" (STJ, 2ª Seção, REsp 1.905.573/MT, Rel. Min. Luis Felipe Salomão, ac. 22.06.2022, *DJe* 03.08.2022, recurso repetitivo).

Daí o disposto no art. 796 do CPC/2015, onde se lê que "o espólio responde pelas dívidas do falecido".

Sobre a representação processual do espólio, o assunto foi largamente tratado quando se abordou a legitimação ativa e nada há de se acrescentar (item 33, *retro*).

II – Herdeiros

Ultimada a partilha, desaparece a figura da herança ou espólio, como massa indivisa, e cada herdeiro só responderá pelas dívidas do finado "dentro das forças da herança e na proporção da parte que lhe coube" (art. 796)[13].

Embora o herdeiro suceda automaticamente ao defunto nas relações ativas e passivas, seus patrimônios não se confundem. Por isso, "se a execução não tiver começado ao tempo da sucessão, enquanto o herdeiro não tenha aceitado a herança não poderá incidir execução em seus bens pessoais por obrigação da herança, nem tampouco executar nesta obrigação do herdeiro".[14]

Mesmo depois de aceita a herança, em homenagem ao princípio de que o patrimônio de terceiro não está sujeito à execução, a penhora por dívida do *de cujus* só deve alcançar os bens que o herdeiro "tenha recebido do autor da herança",[15] salvo, naturalmente, se tiver ocorrido alienação, hipótese em que serão alcançados outros bens do sucessor até a proporção da cota hereditária.

Se a execução já estiver em curso quando ocorrer o óbito do devedor, sua substituição pelo espólio ou pelos sucessores dar-se-á pela habilitação incidente, com observância dos arts. 110 e 687 a 692 do CPC/2015, suspendendo-se o processo pelo prazo necessário à citação dos interessados (art. 313, I e § 1º).

III – Representação do espólio

Ocorrendo a morte antes do início da execução, esta será ajuizada diretamente contra espólio, representado pelo inventariante, se não houver partilha e se a inventariança não for dativa; ou contra os herdeiros, se o inventariante for dativo ou se já existir partilha. Pode a execução também ser aforada contra o espólio, representado pelo administrador provisório, nos termos dos arts. 613 e 614 do CPC/2015,[16] enquanto não nomeado e compromissado o inventariante.

Se ainda não tiver sido partilhada a herança, os herdeiros figurarão no processo como representantes do espólio, e não como devedores diretos da obrigação exequenda. Responderão pela execução, *in casu*, apenas os bens integrantes da massa hereditária.

IV – Sucessores causa mortis e inter vivos

O art. 779, II, do CPC/2015, indica, para o caso de falecimento do devedor, a legitimidade passiva do espólio, dos herdeiros ou sucessores.

---

[13] "Após a homologação da partilha e havendo mais de um herdeiro, revela-se incabível a constrição de bem herdado por um deles para a garantia de toda a dívida deixada pelo *de cujus*, pois a responsabilidade do sucessor é proporcional ao seu quinhão" (STJ, 6ª T., REsp 1.290.042/SP, Rel. Min. Maria Thereza de Assis Moura, ac. 01.12.2011, *DJe* 29.02.2012). Consta do acórdão que a observância da regra acima pressupõe a existência da partilha, mas independe de registro do respectivo formal, já que a transmissão dos bens hereditários não se condiciona à solenidade registral. No mesmo sentido: (STJ, 4ª T., REsp. 1.367.942/SP, Rel. Min. Luis Felipe Salomão, ac. 21.05.2015, *DJe* 11.06.2015).

[14] GOLDSCHMIDT, James. *Derecho Procesal Civil*. Barcelona: Labor, 1936, § 89, p. 599.

[15] REIS, José Alberto dos. *Op. cit.*, n. 82, p. 306.

[16] STJ, 3ª T., REsp 1.386.220/PB, Rel. Min. Nancy Andrighi, ac. 03.09.2013, *DJe* 12.09.2013.

Como já se explicou, no exame da legitimação ativa, cujos ensinamentos se aplicam inteiramente à legitimação passiva, herdeiros são os sucessores a título universal, por força de lei ou de testamento; e, com a expressão "sucessores", abrangeu o Código os "sucessores *mortis causa* a título singular", que são os *legatários*. Os sucessores por ato *inter vivos* acham-se contemplados no item III do mesmo artigo ("o novo devedor que assumiu, com o consentimento do credor, a obrigação resultante do título executivo")[17], e compreendem também, entre outros, os casos de sucessão de empresas.

V – Sucessão entre empresas

Há, também, que se registrar a repercussão sobre a legitimidade passiva das pessoas jurídicas nos casos de sucessão de empresas, em situações como as de incorporação, fusão e cisão, as quais provocam transferência universal de direitos e obrigações (v. item 37, *retro*)[18]. Tal como o espólio e os herdeiros, as empresas sucessoras podem ser executadas pelas dívidas constantes de títulos executivos de responsabilidade das empresas extintas ou sucedidas. Haverá, naturalmente, de observar-se o limite do patrimônio absorvido pela empresa sucessora.

Uma hipótese frequente de sucessão de empresas devedoras é a que se acha contemplada no art. 133, da Lei n. 5.172/1966 (CTN), e que ocorre quando se configura a sucessão de atividade empresarial caracterizada pela aquisição de fundo de comércio ou estabelecimento comercial, com a continuação da respectiva atividade. Não se presta, entretanto, para configurá-la "o simples fato de uma nova sociedade empresária se estabelecer no mesmo endereço antes ocupado pelo devedor e atuar no mesmo seguimento de mercado por este último explorado". Para admitir a sucessão é necessário seja comprovada que a suposta sucessora dê continuação à atividade antes desenvolvida no local pelo executado. Só assim, ensejará "a responsabilidade tributária da nova locatária" do imóvel antes utilizado pelo devedor tributário.[19]

VI – A defesa que nega a sucessão

Negada, em embargos, a ocorrência da sucessão de empresas, cabe, em princípio, o ônus da prova ao exequente embargado, visto tratar-se do fato constitutivo de seu direito à execução contra o terceiro pretenso sucessor do devedor figurante no título executivo. Esse ônus, todavia, só é relevante quando não conste dos elementos dos autos prova suficiente para a resolução dos embargos. Inocorrendo ausência ou insuficiência de esclarecimentos acerca da existência

---

[17] LIMA, Alcides de Mendonça. *Op. cit.*, n. 304, p. 160-161.

[18] "Na sucessão empresarial, por incorporação, a sucessora assume todo o passivo tributário da empresa sucedida, respondendo em nome próprio pela dívida de terceiro (sucedida), consoante inteligência do art. 132 do CTN – cuidando-se de imposição automática de responsabilidade tributária pelo pagamento de débitos da sucedida, assim expressamente determinada por lei – e, por isso, pode ser acionada independentemente de qualquer outra diligência por parte do credor" (STJ, 1ª T., AgInt no REsp 1.679.466/SP, Rel. Min. Gurgel de Faria, ac. 21.06.2018, *DJe* 07.08.2018). No mesmo sentido: STJ, 1ª T., AgInt no REsp 1.695.313/SP, Rel. Min. Gurgel de Faria, ac. 14.08.2018, *DJe* 06.09.2018. A cisão, que pode ser total ou parcial, é também uma operação societária que pode acarretar sucessão em obrigação constante de título executivo. Como regra geral, o art. 233 da Lei n. 6.404/1976, prevê que a sociedade cindida que subsistir e aquelas que receberem parte de seu patrimônio serão solidariamente responsáveis pela satisfação das obrigações da primeira anteriores à cisão. Entretanto, o parágrafo único do mesmo dispositivo legal, autoriza que o ato de cisão parcial possa estipular a inexistência de solidariedade, respondendo cada sociedade apenas pelas obrigações transferidas no ato (STJ, 4ª T., REsp 1.635.572/RJ, Rel. Min. Marco Buzzi, ac. 08.02.2018, *DJe* 22.02.2018). "Necessidade, porém, de cláusula expressa no pacto de cisão na forma do art. 233, e seu parágrafo único, da Lei n. 6.404/1976" (STJ, 3ª T., REsp 1.396.716/MG, Rel. Min. Paulo de Tarso Sanseverino, ac. 24.03.2015, *DJe* 30.03.2015).

[19] TJRJ, 18ª C. Civ., Ag Int. no Ag. de Inst. n. 0018721-19.2012.8.19.0000, Rel. Des. Heleno Ribeiro Pereira Nunes, j. 29.05.2012, *Revista de Direito Civil e Processual Civil – LEX*, n. 57, p. 331, maio-jun/2012.

de sucessão empresarial, não tem lugar a aplicação da regra do ônus da prova, devendo a sentença apoiar-se nos meios probatórios disponíveis, ainda que sejam de natureza indireta ou indiciária. Não pode, por exemplo, o embargante arguir a reduzida capacidade esclarecedora da prova indireta, quando se manteve inerte, na fase instrutória dos seus embargos, omitindo-se intencionalmente acerca das informações a seu alcance e que comprovadamente seriam aptas a melhor elucidação das questões controvertidas. Sendo a parte que detinha condições de apresentá-las, a omissão *in casu* configuraria conduta processual incorreta enquadrável, até mesmo, na violação aos princípios da boa-fé e da cooperação em matéria instrutória, nos moldes do art. 378 do CPC/2015.

Apreciando caso em que o sucessor questionava a falta de prova pericial, decidiu o STJ que inexistia razão para negar validade à sentença acolhedora da sucessão empresarial. Isto porque "embora a produção de prova pericial pudesse, em tese, qualificar o acervo probatório produzido, a sua não realização não acarreta modificação no julgado que reconheceu a existência de sucessão empresarial com base em verossimilhança preponderante, lastreado em suficientes provas indiciárias ou indiretas, examinadas à luz das máximas de experiência e que demonstram que a formação da convicção dos julgadores ocorreu mediante um incensurável juízo de probabilidade lógica"[20].

VII – Desconsideração da personalidade jurídica

Pelo incidente da desconsideração da personalidade jurídica, a execução poderá ser redirecionada da pessoa jurídica para os dirigentes e sócios, ou vice-versa, nas hipóteses e formas dos arts. 133 a 137 do CPC/2015[21].

O fenômeno da desconsideração da personalidade jurídica é, originariamente, de direito material, porque é nele que se estabelece a distinção e autonomia da pessoa jurídica em face das pessoas físicas que a integram e administram. O que cabe ao direito processual, *in casu*, é estabelecer o procedimento por meio do qual se pode definir a ocorrência do fenômeno de direito material, no caso concreto.

Assim, o ponto de partida no campo processual é a afirmação de que "os bens particulares dos sócios não respondem pelas dívidas da sociedade, senão nos casos previstos em lei" (CPC/2015 art. 795). É entre as regras do direito material que haverão de ser encontradas as exceções que levam os sócios a responder, em determinadas circunstâncias, por obrigações contraídas pela pessoa jurídica, ou vice-versa.

Nessa ordem de ideias, é que o Código Civil estabelece: "Em caso de abuso da personalidade jurídica, caracterizado pelo desvio de finalidade ou pela confusão patrimonial, pode o juiz, a requerimento da parte, ou do Ministério Público quando lhe couber intervir no processo, desconsiderá-la para que os efeitos de certas e determinadas relações de obrigações sejam estendidos aos bens particulares de administradores ou de sócios da pessoa jurídica beneficiados direta ou indiretamente pelo abuso" (art. 50)[22].

---

[20] STJ, 3ª T., REsp 1.698.696/SP, Rel. Min. Nancy Andrighi, ac. 02.08.2018, *DJe* 17.08.2018.

[21] De acordo com o STJ, no julgamento do REsp 1786311: Redirecionamento de execução fiscal contra pessoa jurídica não exige incidente de desconsideração. Disponível em: http://www.stj.jus.br/sites/portalp/Paginas/Comunicacao/Noticias/Redirecionamento-de-execucao-fiscal-contra-pessoa-juridica-nao-exige-incidente--de-desconsideracao.aspx

[22] A Lei 13.874/2019, introduziu inovações ao art. 50 do Código Civil, constantes de vários parágrafos, para melhor precisar os alcançados pela desconsideração e definir as circunstâncias em que o incidente tem cabimento, de modo a superar controvérsias que reinavam na matéria. O tema é objeto do item 277.1 do v. I, do nosso Curso de direito processual civil.

É bom lembrar que a execução forçada é o meio que, em processo, se presta à realização da responsabilidade patrimonial, sendo certo que é do inadimplemento da obrigação que nasce a responsabilidade patrimonial, ou seja, a sanção a ser aplicada ao devedor. É este, não qualquer outro, que em regra haverá de suportar em seus bens a sanção correspondente ao descumprimento da obrigação. É o que diz o art. 391 do CC: "Pelo inadimplemento das obrigações respondem todos os bens do devedor".

Para o deslocamento da responsabilidade, no caso de desconsideração da personalidade, o juiz não pode agir discricionariamente. Deve, antes de tudo, proceder à verificação de que se acham comprovados nos autos os requisitos enumerados no art. 50 do CC, o que terá de acontecer, a requerimento do credor, em incidente no qual se cumpra adequadamente o contraditório.

No Código de Processo Civil de 1973 inexistia procedimento específico para o caso, o que, com frequência, ensejava conflitos nem sempre conduzidos e solucionados a contento. Uma das novidades do atual Código de Processo Civil é, justamente, o estabelecimento da forma procedimental a ser observada na tramitação do pedido de aplicação da responsabilidade extraordinária prevista no art. 50 do CC, e em outras leis especiais, a exemplo da legislação tributária.

Em primeiro lugar, o atual Estatuto Processual deixa claro que não se pode impor a responsabilidade ao sócio senão depois de observado o procedimento legal, editado para o incidente de desconsideração da personalidade jurídica (CPC/2015, art. 133, § 1º). Por sua vez, o art. 134, colocado na Parte Geral da nova codificação processual, prevê o cabimento do incidente em qualquer processo ou procedimento, deixando clara sua admissibilidade tanto no processo de conhecimento como no de execução[23].

Fica, também, evidenciada a desnecessidade de uma ação separada para a definição da possibilidade de ser desconsiderada a personalidade jurídica. Tudo se resolve em mero incidente instaurado dentro do processo já existente, antes ou depois da sentença (art. 134, § 2º). Em outros termos, o incidente é cabível em todas as fases do processo de conhecimento, no cumprimento de sentença e também na execução fundada em título executivo extrajudicial (art. 134, *caput*).

Provocado o incidente, pela parte ou pelo Ministério Público (quando este tiver legitimidade para intervir no processo) (CPC/2015, art. 133, *caput*), serão citados o sócio ou a pessoa

---

[23] "Evidenciadas as situações previstas nos arts. 124 e 133, do CTN, não se apresenta impositiva a instauração do incidente de desconsideração da personalidade jurídica, podendo o julgador determinar diretamente o redirecionamento da execução fiscal para responsabilizar a sociedade na sucessão empresarial" (STJ, 2ª T., AREsp 1.455.240/RJ, Rel. Min. Francisco Falcão, ac. 15.08.2019, *DJe* 23.08.2019). Embora hajam outros arestos defendendo a possibilidade de redirecionar a execução fiscal da sociedade para o sócio, com base nos citados arts. do CTN, o certo é que neles se cogita de regra de direito material, cuja incidência não é automática, pois fica sempre na dependência de apuração de situação fática enquadrável na previsão legal. Como não se pode executar obrigação alguma sem que tenha sido previamente definida, objetiva e subjetivamente, em título executivo, não nos parece benemérita de aplausos a tese assentada pelo acórdão em referência, sob pena de admitir-se execução promovida sem a presença do requisito indispensável do art. 783 do CPC/2015: "a execução para cobrança de crédito fundar-se-á sempre em título de obrigação certa, líquida e exigível". A sucessão de empresas, em matéria de responsabilidade patrimonial, não escapa a essa disciplina processual, de sorte que não sendo objeto de verificação prima facie terá de se submeter a acertamento antes de exercício da execução do sucessor por obrigação do sucedido. Convém distinguir entre sucessão de direito e sucessão de fato. No primeiro caso, o instrumento da sucessão é suficiente para produzir efeitos na legitimação passiva da execução, mas na sucessão de fato, a legitimação para responder por obrigação da empresa sucedida exige, em regra, acertamento em ação própria, ou em incidente de desconsideração da personalidade jurídica, ou algo equivalente. Somente após isso, será possível citar o sucessor executivamente e submetê-lo à penhora. Inobservada essa medida, ter-se-á, contra o suposto sucessor, execução sem título capaz de atribuir certeza e liquidez à sua responsabilidade executiva. In casu, o irregular redirecionamento incorrerá na nulidade do art. 803, I, do CPC/2015, vício que será reconhecível pelo tribunal de ofício, por tratar-se de matéria de ordem pública (ASSIS, Araken de. *Comentários ao Código de Processo Civil*. 2. ed. São Paulo: Ed. RT, 2018, p. 118).

jurídica, conferindo-lhes o prazo comum de quinze dias, para se manifestar e requerer as provas cabíveis (art. 135). É bom lembrar que a desconsideração se dá, ordinariamente, para atribuir ao sócio a responsabilidade por dívida da sociedade. O CPC/2015, todavia, admite também a chamada desconsideração inversa, ou seja, para atribuir à sociedade responsabilidade por dívida contraída pelo sócio (art. 133, § 2º).

Daí falar o art. 135 em citação do sócio ou da pessoa jurídica. Não são os dois que serão citados conjuntamente, mas um ou outro, conforme a desconsideração seja direta ou inversa. Em outros termos: a citação para o incidente será de quem ainda não é parte no processo (o sócio ou a sociedade) e contra o qual se requer o redirecionamento da execução ou da ação.

Concluída a instrução probatória, quando necessária, o incidente será resolvido por decisão interlocutória impugnável por agravo de instrumento (CPC/2015, art. 136). O recurso será de agravo interno se a decisão for proferida em tribunal pelo relator (art. 136, parágrafo único).

De tal forma, o contraditório e a ampla defesa são assegurados, e a penhora dos bens particulares do sócio somente acontecerá após o julgamento do incidente. Não há necessidade, porém, de aguardar-se o trânsito em julgado, visto que o recurso manejável não é provido de efeito suspensivo.

Pode ocorrer perigo de desvio de bens e frustração da medida, caso se tenha de aguardar a decisão do incidente para efetivar a constrição executiva. Isto, contudo, não será motivo para realizar de imediato a penhora, já que esta pressupõe a citação e o transcurso do prazo para pagamento voluntário, e o sócio não pode ser citado ou intimado a pagar sem que antes sua responsabilidade extraordinária seja definida. O perigo de dano, *in casu*, se contorna mediante a medida cautelar de arresto, deferível de imediato, a exemplo do que se passa quando o executado não é encontrado para a citação (CPC/2015, art. 830). É de se recordar, também, que se confere ao exequente, ao propor qualquer execução, o direito de requerer cumulativamente "medidas urgentes", se for o caso (CPC/2015, art. 799, VIII).

Enfim, para mais ampla tutela dos interesses do exequente, permite o atual Código, mesmo antes da citação e penhora, a averbação em registro público para conhecimento de terceiros, do ato de ajuizamento da execução e dos eventuais atos de constrição (art. 799, IX). Além do mais, há a previsão, em defesa do exequente, de que se consideram, em fraude de execução, as alienações e onerações praticadas pelo requerido após o ajuizamento do pedido de desconsideração, tornando-as, portanto, ineficazes em relação ao requerente (art. 137).

50. O NOVO DEVEDOR

O inciso III do art. 779 do CPC/2015 cuida da cessão do débito pelo devedor ou assunção da dívida por terceiro.

O credor, via de regra, pode ceder livremente seu título executivo. Mormente nos casos como o das cambiais e títulos equiparados, em que a transmissibilidade do crédito é da própria essência do negócio jurídico incorporado no título e não depende da aquiescência do devedor, nem sequer fica subordinado a qualquer comunicação ou notificação a este. Em outras hipóteses, e de uma maneira geral, o credor continua livre para transferir seus direitos (CC, art. 286), devendo, no entanto, notificar o devedor para que a cessão valha em relação a ele (CC, art. 290)[24].

---

[24] "Cláusula proibitiva de cessão não poderá ser oposta ao cessionário de boa-fé, se não constar do instrumento da obrigação" (Código Civil, art. 286, *in fine*).

Já o mesmo não ocorre com a parte passiva da obrigação. Diversamente do que se passa no direito alemão, inexiste entre nós, como regra, "a cessão de dívida".[25] Por isso, ao devedor não é lícito transferir a dívida assumida, a não ser mediante expresso consentimento do credor.

Daí dizer o art. 779, III, do Código de Processo Civil que a execução poderá atingir o "novo devedor que assumiu, com o consentimento do credor, a obrigação resultante do título executivo".

Também o Código Civil cuida da assunção da dívida por terceiro, sujeitando sua eficácia sempre ao consentimento expresso do credor (art. 299).

A assunção da dívida será possível em duas circunstâncias: a) em ato negocial de que participem o velho e o novo devedor; e b) em ato unilateral do novo devedor.[26] Em ambas as hipóteses, porém, será sempre indispensável "o consentimento do credor" (art. 779, III). Faltando este, qualquer ajuste do devedor com terceiro, visando transmitir-lhe a dívida, será tido como *res inter allios acta*, sem qualquer eficácia perante o titular do crédito e sem qualquer efeito em relação à legitimação das partes para a execução forçada.

Satisfeito o pressuposto do assentimento do credor, a assunção da dívida poderá ocorrer sob três situações distintas:

a) com exoneração do primeiro devedor e com seu consentimento (novação por *delegação*);

b) com exoneração do primitivo devedor, mas sem o seu consentimento (novação por *expromissão*);

c) por assunção pura e simples da dívida pelo novo devedor, sem excluir a responsabilidade do devedor primitivo, que, de par com o assuntor, continua vinculado à obrigação, caso em que não se pode falar em novação.[27]

Em todas as três circunstâncias, o credor, ao iniciar a execução, terá de, além da exibição do título executivo, comprovar a assunção da dívida pelo "novo devedor".

Embora a assunção não obrigue o credor sem o seu consentimento, este não precisa ser prévio, nem concomitante ao negócio translatício. Pode ser posterior e, às vezes, até tácito ou presumido (CC, arts. 299, parágrafo único, e 303). Não se pode, outrossim, qualificar de nula ou ineficaz a assunção não consentida pelo credor. O fenômeno passa-se no plano da eficácia, e não no da validade. Entre os participantes o negócio é perfeitamente válido. Perante o credor é que não produz o efeito desejado pelas partes que o praticaram (ineficácia relativa, ou inoponibilidade). Mesmo assim, não se trata de negócio totalmente irrelevante para o credor. Valerá, sempre, como uma "estipulação em favor de terceiro" (CC, art. 436, parágrafo único). Dessa forma, o credor, a qualquer tempo, terá a possibilidade de invocar a assunção do débito para reclamar do assuntor o cumprimento da obrigação assumida, embora não tenha figurado no negócio. Essa atitude, porém, importará para o credor a sujeição às condições estabelecidas no contrato ajustado entre o assuntor e o devedor (CC, art. 436, parágrafo único).

---

[25] LOPES DA COSTA, Alfredo de Araújo. *Direito Processual Civil Brasileiro*. 2. ed. Rio de Janeiro: Forense, 1959, v. IV, n. 100, p. 97.

[26] LIMA, Alcides de Mendonça. *Op. cit.*, n. 307, p. 161.

[27] MONTEIRO, Washington de Barros. *Curso de Direito Civil – Direito de Obrigações*. 1ª parte. 29. ed. São Paulo: Saraiva, 1997, v. IV, p. 323.

51. FIADOR JUDICIAL

A *caução* é o meio jurídico de garantir o cumprimento de determinada obrigação. Pode ser *real* ou *fidejussória*. Real é a representada pela hipoteca, penhor etc.; a fidejussória é a garantia pessoal representada pela fiança e pelo aval.

A fiança, por sua vez, pode ser *convencional* ou *judicial*, conforme provenha de contrato ou ato processual. Como caução, a fiança configura título executivo em qualquer caso (art. 784, V).

Considera-se, portanto, fiador judicial aquele que presta, no curso do processo, garantia pessoal ao cumprimento da obrigação de uma das partes.

São exemplos de fiança judicial os casos dos arts. 559, 895, § 1º, e 897, do CPC/2015, entre outros.

O fiador judicial responde pela execução sem ser o obrigado pela dívida e a execução contra ele não depende de figurar o seu nome na sentença condenatória. Responde, porém, por título executivo judicial, visto que como tal não se entende apenas a sentença, mas qualquer decisão que reconheça a exigibilidade de obrigação (art. 515, I). Logo, tendo sido a fiança acolhida em processo judicial por decisão do juiz, se for o caso de executá-la, o procedimento será o dos arts. 513 e ss.

Em todos os casos de execução contra o fiador, este, solvendo a dívida ajuizada, terá ação regressiva contra o devedor, sub-rogando-se nos direitos do credor e legitimando-se ao manejo da execução forçada contra o afiançado (CC, art. 832), que se dará nos mesmos autos (CPC/2015, art. 794, § 2º).

No caso de arrematação, não sendo o preço pago pelo arrematante, o fiador poderá preferir a transferência da arrematação a seu benefício, em lugar de executar o afiançado pela importância despendida (CPC/2015, art. 898). Ao fiador, seja convencional ou judicial, é assegurado o benefício da ordem, isto é, a faculdade de nomear à penhora bens livres e desembargados do devedor (art. 794). Assim, a execução incidirá, primeiro, sobre bens do afiançado, e só se estes não forem suficientes é que recairá sobre o patrimônio do fiador. O que, porém, firma a fiança como devedor solidário e principal pagador, não pode se valer do benefício de ordem (CC, art. 828, II e CPC/2015, art. 794, § 3º).[28] A norma do art. 794 do atual Código de Processo Civil está endereçada indistintamente ao prestador tanto da fiança judicial, como da extrajudicial, muito embora não seja comum no foro aceitar-se a ressalva do benefício de ordem por reduzir muito a pronta liquidez esperada da fiança a obrigação processual.

52. FIADOR EXTRAJUDICIAL

À época do CPC de 1973, em face de mencionar o art. 568, IV [CPC/2015, art. 779, IV], apenas o *fiador judicial* entre os legitimados passivos da execução forçada, chegou-se a afirmar que o Código teria rompido com as tradições do Regulamento 737 e das Ordenações do Reino, e ainda dos Códigos estaduais, de modo que teria excluído do elenco dos títulos executivos extrajudiciais o contrato de fiança civil ou comercial.[29]

---

[28] STJ, 3ª T., REsp. 4.850/SP, Rel. Min. Nilson Naves, ac. 16.10.1990, *DJU* 03.12.1990, p. 14.319; STJ, 6ª T., AgRg no REsp 795.731/RS, Rel. Min. Paulo Gallotti, ac. 14.10.2008, *DJe* 17.11.2008.

[29] LIMA, Alcides de Mendonça. *Comentários ao Código Processo Civil*. Rio de Janeiro: Forense, 1974, v. VI, 1974, n. 314, p. 164; PONTES DE MIRANDA. *Comentários ao Código de Processo Civil*. ed. 1976, v. IX, p. 99-100; CASTRO, Amílcar de. *Comentários ao Código de Processo Civil*. São Paulo: RT, 1974. v. VIII, n. 26, p. 17.

O fiador comum, assim, só seria sujeito passivo de execução quando tivesse contra si uma sentença condenatória, mas, já então, suportaria a atividade executiva não mais como simples fiador, e sim como "devedor principal", diante da condenação que lhe foi imposta.[30]

Data venia, a restrição não tinha razão de ser. O art. 585, III, do CPC/1973, ao enumerar os títulos executivos extrajudiciais arrolava os "contratos de caução". Ora, *caução* é sinônimo de *garantia*, que em direito privado pode ser "evidentemente real ou *fidejussória*".[31]

Se o Código considerava o contrato de caução como título executivo, sem qualquer restrição a determinados tipos de garantia, forçoso era concluir que o contrato de fiança (garantia fidejussória) também era alcançado pelo art. 585, III, do CPC/1973.

O fato de ter o art. 568, IV, do CPC/1973 incluído tão somente o fiador judicial entre os sujeitos passivos da execução decorreu da distinção que se deve fazer entre o legitimado passivo originário e o superveniente. O fiador judicial é legitimado superveniente, como os sucessores, os herdeiros, o novo devedor etc. Daí a sua menção em inciso próprio. Já o fiador comum é legitimado originário, vinculado ao *contrato de garantia* ou de *caução*, isto é, ocupa a posição de "*devedor*, reconhecido como tal no título executivo" (art. 568, I, CPC/1973).

Em relação à caução fidejussória, coexistem dois contratos, gerando duas obrigações distintas:

a) o *principal*, vinculando o devedor principal ao credor;
b) o *acessório*, vinculando o fiador ao credor.

Diante do contrato principal, o fiador aparece apenas como responsável (garantia). Mas, no contrato de fiança, o fiador assume uma obrigação pessoal, e é, portanto, a *parte principal*. Vale dizer, com relação ao conteúdo do contrato de caução, o fiador assume a posição de *devedor*, para efeito da execução.

Ao colocar no Código de 1973 o contrato de caução entre os títulos executivos, o que fez o legislador foi, portanto, erigir o contrato acessório a primeiro plano, equiparando-o ao contrato garantido, para efeito de execução forçada.

De tal sorte, muito embora o fiador, tecnicamente, seja responsável e não devedor pelo contrato principal, o Código de 1973 ao incluir o *contrato de fiança* (caução fidejussória) entre os títulos executivos, considerou, *ipso facto*, o prestador da garantia como *devedor* (obrigado) pelo contrato acessório (contrato *de caução*, a que alude o art. 585, III, CPC/1973).

Essa a razão pela qual, no art. 568, IV, do CPC/1973, o legislador mencionou apenas o fiador judicial entre os legitimados derivados ou supervenientes, ou seja, entre aqueles que não sendo devedores, mesmo assim sujeitam-se à responsabilidade executiva pela obrigação de outrem.

Na verdade, era imprescindível a inclusão do fiador judicial no elenco do art. 585, para que contra ele pudesse ser movida a execução forçada. É que contra o fiador comum existe um título executivo extrajudicial (contrato de caução, nos termos do art. 585, III, CPC/1973). Mas contra o fiador judicial, inexiste título, seja judicial ou extrajudicial. Daí a necessidade de figurar no rol dos *responsáveis* não devedores (art. 568, IV, CPC/1973).

---

[30] VILLAR, Willard de Castro. *Processo de Execução*. São Paulo: RT,1975, p. 53; MARQUES, José Frederico. *Manual de Direito Processual Civil*. São Paulo: Sariva,1976, v. IV, n. 821, p. 111.

[31] LIMA, Alcides de Mendonça. *Op. cit.*, n. 820, p. 372.

Para efeito de constituir título executivo, a lei considera em pé de igualdade todos os contratos de caução,[32] inclusive o de fiança.[33] E se não há motivo para negar a legitimidade passiva do terceiro que presta garantia hipotecária ou pignoratícia ao devedor, não há razão também para excluir o fiador comum, prestador de caução fidejussória, do elenco dos legitimados a sofrer a execução forçada.

O CPC/2015 pacificou definitivamente o tema, uma vez que o art. 779, IV, ao arrolar os legitimados passivos para a execução forçada, fala amplamente em "fiador do débito" constante em título extrajudicial sem qualquer discriminação entre fiança judicial ou extrajudicial.

Assim, o que se deve exigir do contrato de fiança, para que autorize a coação executiva, é tão somente que seja representativo de obrigação certa, líquida e exigível, conforme dispõe o art. 783 do CPC/2015.

Por outro lado, não se admite que a sentença condenatória (título executivo judicial) obtida apenas contra o devedor afiançado seja também executada contra o fiador. No caso, o título executivo é a sentença e não o contrato de fiança e, na sentença, figura como vencido (devedor) apenas o demandado. Se foi necessária uma sentença, é porque o contrato não era, por si só, título executivo. Ou porque houve necessidade de acertar, contra o devedor principal, algo mais que o valor das prestações previstas no contrato. O fato, porém, de a sentença, na espécie, não ser exequível contra o fiador, não impede que o credor lance mão da execução por título extrajudicial, que terá por base o contrato, se este contiver termos suficientes para se emprestar certeza, liquidez e exigibilidade à obrigação. A diferença é que, figurando o fiador na sentença, terá contra si um título judicial, o que reduz muito a possibilidade de defesa durante a execução (CPC/2015, art. 525, § 1º). Já na execução do contrato de fiança, a defesa do fiador é a mais ampla possível, sendo-lhe permitido manejar, na ação de embargos, toda a matéria cabível na ação comum de conhecimento (CPC/2015, art. 917).

O benefício de ordem, que, em geral não deve ser facultado ao fiador judicial (art. 794, CPC/2015), tampouco favorece o fiador extrajudicial, quando este tenha firmado a garantia como devedor solidário e principal pagador (CC, art. 828, III).

Um requisito importante a observar para que a fiança goze da força de título executivo é o que decorre do impedimento, previsto no art. 1.647, III, do CC, isto é, o de que um dos cônjuges preste garantia fidejussória sem autorização do outro, salvo apenas no caso de casamento sob regime da separação absoluta de bens. Muito já se discutiu sobre se a fiança pactuada sem a referida vênia conjugal seria nula em toda extensão ou se prevaleceria apenas sobre a meação do fiador. O STJ, porém, já superou a divergência e fez inserir em sua jurisprudência sumulada que "a fiança prestada sem autorização de um dos cônjuges implica a ineficácia total da garantia" (Súmula n. 332). A nulidade da fiança, na espécie, portanto, é de pleno direito e invalida até mesmo a penhora efetivada apenas sobre a meação do prestador da garantia, conforme entendimento consolidado do STJ, cujo fundamento se apoia no art. 166, VII, do Código Civil.[34]

---

[32] "Toda caução contratual, portanto, pode ser objeto de execução, desde que formalizada em documento público ou particular. A mais comum continua sendo a fiança, como nos contratos de locação; mútuo; abertura de crédito etc." (LIMA, Alcides de Mendonça. *Op. cit.*, n. 821, pág. 373). A jurisprudência é, também, no sentido de ser o fiador extrajudicial legitimado passivo para a execução forçada (STJ, 3ª T., REsp. 634.104/SP, Rel. Min. Carlo Alberto Menezes Direito, ac. 13.09.2005, *DJU* 28.11.2005, p. 276).

[33] "Segundo lições da doutrina, na expressão 'caução', do inciso III do art. 585, CPC [CPC/2015, art. 784, V], compreendem-se tanto a caução real como a fidejussória" (STJ, 4ª T., REsp. 129.002/MT, Rel. p/ Acórdão Min. Sálvio de Figueiredo Teixeira, ac. 25.03.1998, *DJU* 28.06.1999 p. 115). No mesmo sentido: (STJ, 3ª T., REsp. 135.475/SP, Rel. Min. Menezes Direito, ac. 16.06.1998, *DJU* 24.08.1998, p. 74).

[34] STJ, 3ª T., AgRg no REsp. 1.447.925/MS, Rel. Min. Sidnei Beneti, ac. 27.05.2014, *DJe* 09.06.2014; STJ, 3ª T., REsp. 525.765/RS, Rel. Min. Castro Filho, ac. 29.10.2003, *DJU* 17.11.2003, p. 325; STJ, 4ª T., REsp. 111.877/RS, Rel. Min. Cesar Asfor Rocha, ac. 24.08.1999, *DJU* 16.11.1999, p. 213.

Sem embargo da nulidade atribuída à fiança prestada sem a outorga do outro cônjuge, a jurisprudência consagra a tese de que "a nulidade da fiança só pode ser demandada pelo cônjuge que não a subscreveu, ou por seus respectivos herdeiros". Desse modo, "afasta-se a legitimidade do cônjuge autor da fiança para alegar sua nulidade, pois a ela deu causa". Tal posicionamento, na ótica do STJ, "busca preservar o princípio consagrado na lei substantiva civil segundo o qual não pode invocar a nulidade do ato aquele que o praticou, valendo-se da própria ilicitude para desfazer o negócio".[35]

Por outro lado, é bom ressaltar que o cônjuge que apenas autoriza seu consorte a prestar aval, nos termos do art. 1.647 do Código Civil (outorga uxória), não se torna avalista. Por isso, não havendo sido prestada garantia real, desnecessária é sua citação como litisconsorte, bastando a mera intimação, se a penhora tiver recaído sobre imóvel.[36]

53. RESPONSÁVEL TITULAR DO BEM VINCULADO POR GARANTIA REAL AO PAGAMENTO DO DÉBITO

O CPC/2015 incluiu, entre os sujeitos passivos da execução, "o responsável titular do bem vinculado por garantia real ao pagamento do débito" (CPC/2015, art. 779, V). Ou seja, reconheceu a legitimidade passiva para a execução forçada daquele que tenha oferecido em garantia real bem próprio para assegurar o cumprimento de obrigação alheia.

Com efeito, o bem dado em garantia real fica vinculado ao pagamento do débito (art. 1.419 do CC). Destarte, na execução será esse bem preferencialmente penhorado para satisfação do crédito. Ora, se a coisa será penhorada no processo executivo, é evidente que o proprietário deverá integrá-lo. Nesse sentido, a jurisprudência dominante do STJ ao tempo do Código anterior já proclamava: "é necessária a citação do proprietário de bem hipotecado em garantia de dívida alheia. À míngua de tal citação, queda-se nula a penhora".[37] Por esse motivo, o art. 784, V, do CPC/2015, positivando a tese pretoriana, arrola como título executivo extrajudicial o "contrato garantido por hipoteca, penhor, anticrese ou outro direito real de garantia"; e o art. 779, V, reconhece a legitimidade executiva passiva do terceiro garante quando constitui garantia real sobre bem próprio para assegurar débito de outrem[38].

É certo, contudo, que a responsabilidade do titular do bem dado em garantia *limita-se ao valor da coisa*. Esgotada a garantia real pelo perecimento do objeto, ou por sua completa excussão, não subsiste nenhuma responsabilidade pessoal do terceiro garante. Em outros termos, nenhum outro bem do garantidor da dívida alheia será alcançado pela execução. Mas, enquanto existir a garantia real, será o terceiro responsável executivamente pela realização da dívida. Trata-se, destarte, de uma responsabilidade patrimonial *limitada*. Costuma-se falar, *in casu*, em "fiança real", limitada que é a garantia apenas e exclusivamente ao bem gravado.

---

[35] STJ, 5ª T., REsp. 832.576/SP, Rel. Min. Arnaldo Esteves Lima, DJU 22.10.2007; Revista de Direito Civil e Processo Civil, n. 51, p. 172. No mesmo sentido: STJ, 4ª T., Ag.Rg. nos EDcl no Ag 1.165.674/RS, Rel. Min. Aldir Passarinho Junior, ac. 05.04.2011, DJe 08.04.2011.

[36] STJ, 4ª T., REsp 1.475.257/MG, Rel. Min. Maria Isabel Gallotti, ac. 10.12.2019, DJe 13.12.2019.

[37] STJ, 3ª T., AgRg nos EDcl no REsp. 341.410/SP, Rel. Min. Humberto Gomes de Barros, ac. 09.05.2006, DJU 29.05.2006, p. 227. No mesmo sentido: STJ, 4ª T., AgRg no AREsp. 131.437/PR, Rel. Min. Luis Felipe Salomão, ac. 07.05.2013, DJe 20.05.2013.

[38] "A execução pode ser promovida apenas contra o titular do bem oferecido em garantia real, cabendo, nesse caso, somente a intimação de eventual coproprietário que não tenha outorgado a garantia" (CJF/I Jorn. Dir. Proc. Civ., Enunciado n. 97).

54. RESPONSÁVEL TRIBUTÁRIO

Esse sujeito passivo da execução é específico da legislação fiscal e sua presença no art. 779, VI, do CPC/2015 deveu-se à unificação da execução forçada procedida pelo Código de 1973, de forma que abrangeu também a cobrança da "Dívida Ativa" da Fazenda Pública.

A Lei n. 6.830, de 22.9.1980, publicada no *Diário Oficial* de 24.9.1980, com *vacatio legis* de 90 dias, no entanto, voltou ao sistema de regulamentação apartada para as execuções fiscais.

De maneira que, a partir de sua vigência, o Código de Processo Civil passou a ser aplicado à cobrança judicial da "Dívida Ativa" apenas subsidiariamente.

Definindo o sujeito passivo da obrigação tributária, a Lei n. 5.172, de 25.10.1966 (Código Tributário Nacional), o conceituou como "a pessoa obrigada ao pagamento do tributo ou penalidade pecuniária" (art. 121, *caput*), classificando-o em duas espécies:

a) *contribuinte*, "quando tenha relação pessoal e direta com a situação que constitua o respectivo fato gerador" (art. 121, parágrafo único, n. I);
b) *responsável*, "quando, sem revestir a condição de contribuinte, sua obrigação decorra de disposição expressa de lei" (art. 121, parágrafo único, II).

A primeira hipótese representa o *devedor* no sentido comum, pois atinge diretamente a pessoa "que retira a vantagem econômica" do fato gerador[39] e está abrangida pelo inciso I do art. 779 do CPC/2015.

Na figura do *responsável tributário*, o CTN englobou "todas as hipóteses de sujeição passiva indireta", isto é, daquelas situações em que o tributo não é cobrado da pessoa que retira uma vantagem econômica do ato, fato ou negócio tributado, mas sim de pessoa diversa."[40]

A *responsabilidade tributária* que engloba "todas as figuras de sujeição passiva indireta", pode ocorrer sob duas modalidades principais:

I – a *transferência*, "que é a passagem da sujeição passiva para outra pessoa, em virtude de um fato posterior ao nascimento da obrigação contra o obrigado direto; comporta três hipóteses: a) *solidariedade*, quando, havendo simultaneamente mais de um devedor, o que paga o total adquire a condição de obrigado indireto, quanto à parte que caberia aos demais; b) *sucessão*, quando, desaparecendo o devedor por morte, falência ou cassação do negócio, a obrigação passa para seus herdeiros ou continuadores; c) *responsabilidade*, quando a lei põe a cargo de um terceiro a obrigação não satisfeita pelo obrigado direto;

II – a *substituição*, que é "a hipótese em que independentemente de fato novo posterior ao nascimento da obrigação, a lei já define a esta como surgindo desde logo contra pessoa diversa da que seria o obrigado direto, isto é, contra pessoa outra que aquela que auferiu vantagem econômica do ato, fato ou negócio tributado".[41]

O Código Tributário Nacional traçou as linhas gerais da *responsabilidade tributária* nos arts. 128 a 138, as quais são completadas pela legislação específica de cada tributo em vigor no País. É condição, porém, da execução forçada do crédito tributário a sua regular inscrição

---

[39] SOUZA, Rubens Gomes de. "Sujeito Passivo das Taxas", *in Revista de Direito Público*, v. 16, p. 347.
[40] SOUZA, Rubens Gomes de. *Op. e loc. cits.*
[41] SOUZA, Rubens Gomes de. *Op. cit.*, p. 347-348.

em "dívida ativa" na repartição competente, em nome do contribuinte e dos corresponsáveis (CTN, arts. 201 a 204; Lei n. 6.830/1980, art. 2º, § 5º, I).[42]

Destarte, a Fazenda Pública *não tem título executivo contra o corresponsável tributário* sem prévia inscrição do débito também em seu nome, pelo menos em princípio.

Mesmo com a quebra de unidade do processo executivo, operada pela Lei n. 6.830/1980, a sistemática da execução fiscal continua sendo a da execução forçada por quantia certa, nas mesmas bases estruturais traçadas pelo Código de Processo Civil.

Tanto no Código como na Lei n. 6.830/1980, o responsável tributário é alguém que deve sujeitar-se à execução forçada, mas dentro das forças do título executivo e das regras que definem a liquidez e certeza do documento básico e indispensável à atuação do processo de expropriação judicial (ver, adiante, o Cap. XXVIII).

Contribuinte é o devedor propriamente dito, pois é a pessoa "que retira a vantagem econômica" do fato gerador; e *responsável tributário* é aquele que, sem extrair vantagem econômica do ato ou negócio tributado, fica sujeito, por força da lei, ao pagamento do imposto. Isto se dá nos casos de "sujeição passiva indireta", como aqueles definidos nos arts. 128 a 138 do CTN, dentre os quais se destacam os de abuso de gestão cometidos por sócios, diretores, gerentes ou representantes das pessoas jurídicas de direito privado, pela maior frequência com que surgem na jurisprudência.

Mas não basta invocar-se a corresponsabilidade fiscal, como não basta invocar-se a responsabilidade do devedor comum, para manejar a execução forçada.

No sistema do Código, a que permanece subsidiariamente vinculada a execução fiscal, o título executivo é a base indispensável e insubstituível da execução forçada, como já restou demonstrado. É dele que se extrai a certeza, liquidez e exigibilidade da obrigação, requisitos sem os quais o próprio documento definido legalmente como título executivo perde a força de autorizar a coação estatal executiva (CPC/2015, art. 783).

Por isso, quando a pretensa responsabilidade de terceiro é invocada, o órgão judicial há de averiguar se ela se acha integrada inquestionavelmente ao título, como se dá com o fiador, o sócio solidário e outros similares. Em outras situações em que a responsabilidade depende de demonstração de fatos outros estranhos ao título ou às regras cogentes de lei, é claro que o órgão judicial não dispõe de um meio imediato e eficaz de verificação da *certeza* do vínculo do suposto devedor à responsabilidade executiva.

Essa *certeza* jurídica não se confunde com a certeza *humana* ou *comum*. A certeza que autoriza a execução forçada só se verifica quando ocorre "identidade entre o executado e a pessoa contra quem foi declarada a aplicação da sanção" corporificada no título.[43] Em outras palavras: é indispensável que o título e os atos processuais a ele relativos atestem, de plano, a *certeza* da responsabilidade do executado.

Em caso de execução fiscal movida contra sócio, por dívida da sociedade, só haverá certeza da responsabilidade pessoal do primeiro, quando:

a) decorra de inquestionável mandamento legal, como nas hipóteses de sócio solidário;
b) provenha de voluntária e expressa assunção do débito social pelo sócio particularmente;

---

[42] SILVA, José Afonso da. *Execução Fiscal*. São Paulo: RT, 1975, § 8º, p. 34.
[43] VILLAR, Willard de Castro. *Processo de Execução*. São Paulo: RT, 1975, p. 32. Vale recordar a lição de LIEBMAN, sempre citada, no sentido de que "a responsabilidade, assim como a ação executória, está ligada imediatamente apenas ao título" (LIEBMAN, Enrico Tullio. *Processo de Execução*. 3. ed. São Paulo: Saraiva, 1968, n. 35, p. 67).

c) exista sentença declaratória da responsabilidade do sócio, apurada em prévio processo de cognição;
d) em regular procedimento administrativo se tenha procedido ao lançamento e inscrição da dívida ativa não só em nome da sociedade, mas também do sócio como corresponsável tributário (CTN, art. 202, I; Lei n. 6.830/1980, art. 2º, § 5º, I).

A certidão de dívida ativa, que é o título executivo da Fazenda Pública, título que "fundamenta e limita a execução fiscal",[44] só é perfeita quando corresponda exatamente à inscrição regularmente feita contra o executado.

O meio normal de obter-se em juízo a certeza sobre uma situação controvertida é o processo de conhecimento e não o de execução. À Fazenda Pública cabe, porém, o privilégio de atribuir *certeza* a seus créditos mediante procedimento administrativo de inscrição de dívida ativa. Mas essa certeza, por força da lei excepcional que a criou, só surge quando, findo o processo administrativo, o crédito fazendário seja definitivamente inscrito, com rigor formal em nome do *contribuinte* e dos eventuais *corresponsáveis tributários* (CTN, art. 202, I; Lei n. 6.830/1980, art. 2º, § 5º, I).

O Fisco, "postulando na Justiça, não possui mais vantagens do que as que a lei lhe outorga", como já decidiu o Tribunal de Alçada de Minas Gerais. De sorte que a "presunção legal de certeza de que o Estado goza não o é de incontestabilidade". E, "não havendo o reconhecimento preciso dos elementos constitutivos originais, sem regular curso do processo administrativo e da inscrição da dívida, inexistente é o crédito fazendário líquido e certo, por nulidade absoluta do débito".[45]

O que confere liquidez e certeza à certidão de dívida ativa é a presunção de regularidade do procedimento administrativo que lhe serviu de base. Falho, ausente ou nulo o procedimento administrativo, irremediavelmente nula será igualmente a certidão.

Se não houve procedimento administrativo contra o sócio, nem sequer se extraiu certidão de dívida ativa contra ele, não é possível desviar-se o rumo da execução da sociedade para a pessoa física do sócio não solidário.

Não fica, como é evidente, a Fazenda com o alvedrio de executar qualquer corresponsável, porquanto seu título executivo (certidão) terá força contra os devedores perante os quais foi constituído. Só contra estes é que o título se apresenta líquido, certo e exigível.

Se o fato que tornou o sócio corresponsável pela satisfação do crédito fiscal foi posterior e não dimana de uma situação legal incontroversa, como a de assunção negocial da dívida, a solidariedade por transformação do tipo social, ou a sucessão na propriedade do bem penhorado, a Fazenda Pública, para executar pessoalmente o mesmo sócio pela dívida inscrita apenas contra a pessoa jurídica, deverá, primeiro, obter a declaração eficaz da responsabilidade individual daquele. E isto tanto poderá ser feito pelo procedimento administrativo do lançamento e nova inscrição do débito fiscal, seguidos da extração da competente certidão de dívida ativa, como por meio de ação judicial comum de condenação. *De lege ferenda*, a adoção do procedimento monitório parece-nos que seria o ideal para formar o título da Fazenda Pública em tal hipótese.

O que não é possível é pretender usar o processo de execução instaurado contra outrem – a sociedade – para reclamar a atuação de uma responsabilidade (a do sócio: um estranho à relação processual e ao próprio título executivo), a qual, *in limine litis*, é impossível de aceitar-se como *líquida* e *certa*.

---

[44] SILVA, José Afonso da. *Op. cit.*, § 8º, p. 30.
[45] T.A.M.G. – Ac. de 14.8.1974, na Apel. 5.759, Rel. Juiz VIEIRA DE BRITO, in "D. Jud M. G." de 5.11.1974.

Em conclusão: tendo a Fazenda Pública inscrito a dívida apenas contra a pessoa jurídica, carece de título executivo contra a pessoa física do sócio ou gestor.

E, por conseguinte, a jurisprudência que, ao tempo do Código de 1939, admitia penhora de bens de sócio, em execução fiscal contra sociedade por quotas, em casos de dissolução irregular ou abuso de gestão, não mais poderia prevalecer perante o Estatuto Processual Civil de 1973 ou o atual, que manteve a mesma sistemática, nem mesmo depois da vigência da Lei n. 6.830/1980.

Nada obstante, continuam os tribunais a decidir, majoritariamente, que mesmo não constando o nome do responsável tributário da certidão de dívida ativa, a execução fiscal pode ser movida contra ele (RTJ, 103/1.274; RTJ 123/1.208; RTJ 59/162; RT 721/290; JTJ 174/53).

O entendimento do STF tem sido de que esses responsáveis tributários com base no art. 779, VI, do atual Código de Processo Civil, podem ser atingidos pela penhora, em bens particulares, mesmo não figurando seus nomes na certidão de inscrição da Dívida Ativa. No entanto, o próprio STF ressalva que a questão da corresponsabilidade do sócio poderá ser amplamente discutida nos embargos à execução e que à Fazenda exequente competirá o ônus de provar o fato que, segundo a lei, configurou o suporte legal de sua responsabilidade, *i.e.*, a violação da lei ou contrato social, sem o que a excussão dos seus bens particulares não subsistirá.[46]

A orientação jurisprudencial não merece aplausos porque desnatura o processo executivo, permitindo sua movimentação sem prévio acertamento da obrigação do executado e atribui o ônus da prova, nos embargos, ao demandado (a Fazenda) e não ao autor (o embargante). Disso resulta um enorme tumulto na base do instituto processual da execução forçada, que acaba se transformando num verdadeiro palco de acertamento de obrigações e responsabilidades, que, até o ajuizamento da causa, e até mesmo após a penhora, ainda permaneciam obscuras, imprecisas e controvertidas.

Embora se oriente pela possibilidade de o sócio-gerente da sociedade executada ser alcançado mesmo sem figurar na certidão de dívida ativa, a jurisprudência atual do STJ ressalva a necessidade de sua citação pessoal, prévia para possibilitar-lhe participação efetiva no processo[47].

Certo, pois, que, a jurisprudência do STJ orienta-se no sentido de permitir o redirecionamento da execução fiscal contra o sócio-gerente da sociedade executada, sem depender de prévia inclusão de seu nome na inscrição de dívida ativa. Dever-se-á, porém, promover sua citação pessoal, atribuindo-lhe regularmente as condições de exercer o direito de defesa[48]. Por isso mesmo, para viabilizar o redirecionamento da execução "é indispensável que a respectiva petição descreva uma das situações caracterizadoras da responsabilidade subsidiária do terceiro pela dívida do executado"[49], previstas em lei.

A posição do STJ, portanto, é a de que não basta à Fazenda exequente invocar a qualidade de sócio-gerente para redirecionar contra ele o executivo antes aforado contra a pessoa jurídica. Nem basta invocar o inadimplemento da obrigação tributária da sociedade, como fato gerador da corresponsabilidade do sócio administrador. "O simples inadimplemento não caracteriza infração legal. Inexistindo prova de que tenha agido com excesso de poderes, ou infração de

---

[46] STF, RE n. 97.612, rel. Min. Soares Muñoz, ac. 21.09.1982, *in DJU* de 08.10.1982, p. 10.191; RE n. 98.996, rel. Min. Alfredo Buzaid, ac. de 08.02.1983, *in DJU* de 25.03.83, *apud ADV–Seleções jurídicas*, junho/1983, p. 43, nota 39; STJ, REsp. 14.904/MG, Rel. Min. Garcia Vieira, ac. de 04.12.1991, *in DJ* de 23.03.1992, p. 3.437, STJ, 1ª T., AgRg no REsp 1.080.295/SP, Rel. Min. Denise Arruda, ac. 02.04.2009, *DJe* 04.05.2009.

[47] Tudo se passa num procedimento equivalente ao da desconsideração da personalidade jurídica, ou seja, de um incidente necessário para incluir na execução um terceiro corresponsável não figurante no título exequendo (CPC, arts. 133 a 137).

[48] STJ, 1ª T., REsp. 236.131/MG, Rel. Min. Humberto Gomes de Barros, ac. 25.09.2000, *DJU* 03.11.2000, p. 132.

[49] STJ, 1ª T., AgRg. no REsp. 544.879/SC, Rel. Min. Teori Zavascki, ac. 20.05.2004, *DJU* 07.06.2004, p. 163.

contrato social ou estatutos, não há falar-se em responsabilidade tributária do ex-sócio a esse título ou a título de infração legal"[50]. O ônus da prova é da Fazenda exequente[51].

Com a instituição pelo CPC/2015 do procedimento específico para a desconsideração da personalidade jurídica, será ele o caminho procedimental adequado para a Fazenda Pública redirecionar o executivo fiscal contra sócios e administradores da empresa devedora, se a respectiva responsabilidade não chegou a ser apurada em adequado procedimento administrativo.

Note-se, por fim, que a referida Lei n. 6.830/1980 instituiu em favor dos *responsáveis tributários* o benefício de ordem, igual ao que sempre houve em prol dos fiadores e sócios solidários, ou seja, a faculdade de, sendo o responsável executado pessoalmente, poder nomear à penhora bens livres e desembaraçados do devedor. "Os bens dos responsáveis ficarão, porém, sujeitos à execução, se os do devedor forem insuficientes à satisfação da dívida" (Lei n. 6.830/1980, art. 4º, § 3º). Isto quer dizer que o benefício de ordem é de caráter apenas dilatório, não decorrendo de sua utilização a liberação definitiva do corresponsável tributário. Somente, portanto, com a solução integral da dívida é que o responsável terá condições de livrar-se da sujeição à relação jurídica tributária.

55. DENUNCIAÇÃO DA LIDE

Dentre as figuras de "intervenção de terceiro" no processo, a *denunciação da lide* é o remédio adequado para o adquirente legitimar-se a executar a garantia da evicção contra o alienante, quando se der reivindicação de outrem sobre o bem transmitido (CPC/2015, art. 125, I).

O atual Código, porém, estendeu a aplicação do instituto, também, à hipótese de asseguração de direito regressivo, genericamente. Assim, é cabível a denunciação da lide ao terceiro que estiver obrigado, pela lei ou pelo contrato, a indenizar, em ação regressiva, o prejuízo do que perder a demanda (art. 125, II).

A denunciação se dá por meio de citação do denunciado, cujo pedido deve ser formulado, pelo autor, na inicial, e pelo réu, no prazo de contestação (art. 126).

Feita a denunciação, é facultado ao terceiro denunciado assumir a posição de litisconsorte ao lado do denunciante, ou negar a qualidade que lhe foi atribuída, ou, ainda, confessar os fatos alegados pelo autor (arts. 127 e 128).

---

[50] STJ, 1ª Seção, Emb. Div. no REsp. 174.532/PR, Rel. Min. José Delgado, ac. 18.06.2001, *RT* 797/215.

[51] "O redirecionamento da execução fiscal, e seus consectários legais, para o sócio-gerente da empresa, somente é cabível quando reste demonstrado que este agiu com excesso de poderes, infração à lei ou contra o estatuto, ou na hipótese de dissolução irregular da empresa" (STJ, 1ª T., AgRg. no REsp. 720.043/RS, Rel. Min. Luiz Fux, ac. 20.10.2005, *DJU* 14.11.2005 p. 214). A matéria sobre ônus da prova da responsabilidade tributária do sócio ficou muito bem esclarecida no seguinte aresto: "1. Iniciada a execução contra a pessoa jurídica e, posteriormente, redirecionada contra o sócio-gerente, que não constava da CDA, cabe ao Fisco demonstrar a presença de um dos requisitos do art. 135 do CTN Se a Fazenda Pública, ao propor a ação, não visualizava qualquer fato capaz de estender a responsabilidade ao sócio-gerente e, posteriormente, pretende voltar-se também contra o seu patrimônio, deverá demonstrar infração à lei, ao contrato social ou aos estatutos ou, ainda, dissolução irregular da sociedade. 2. Se a execução foi proposta contra a pessoa jurídica e contra o sócio-gerente, a este compete o ônus da prova, já que a CDA goza de presunção relativa de liquidez e certeza, nos termos do art. 204 do CTN c/c o art. 3º da Lei n. 6.830/1980. 3. Caso a execução tenha sido proposta somente contra a pessoa jurídica e havendo indicação do nome do sócio-gerente na CDA como corresponsável tributário, não se trata de típico redirecionamento. Neste caso, o ônus da prova compete igualmente ao sócio, tendo em vista a presunção relativa de liquidez e certeza que milita em favor da Certidão de Dívida Ativa" (STJ, 1ª Seção, EREsp. 702.232/RS, Rel. Min. Castro Meira, ac. 14.09.2005, *DJU* 26.09.2005 p. 169). No mesmo sentido: STJ, 1ª Seção, REsp. 1.104.900/ES, Rel. Min. Denise Arruda, ac. 25.03.2009, *DJe* 01.04.2009.

Se o denunciante for vencido na ação principal, o juiz passará ao julgamento da denunciação. Se, contudo, o denunciante for vencedor, a ação de denunciação não terá o seu pedido examinado (art. 129).

Caberia denunciação da lide em execução forçada de título extrajudicial, como, por exemplo, nos casos de endossantes e endossatários de títulos cambiários? A resposta é negativa, em primeiro lugar, porque o direito cambiário já contém um sistema próprio de estabelecer os direitos regressivos, que dispensa a sentença judicial. Em segundo lugar, porque, conforme a lição de Celso Barbi, "examinando as características do procedimento de execução dessa natureza, verifica-se que nele não há lugar para a denunciação da lide. Esta pressupõe prazo de contestação, que não existe no processo de execução, onde a defesa é eventual e por embargos. Além disso os embargos são uma ação incidente entre o executado embargante e o exequente, para discussão apenas das matérias da execução. Não comportam ingresso de uma ação indenizatória do embargante como terceiro. A sentença que decide os embargos apenas deve admiti-los ou rejeitá-los, não sendo lugar para decidir questões estranhas à execução"[52].

56. CHAMAMENTO AO PROCESSO

A figura de intervenção de terceiro denominada *chamamento ao processo*, regulada pelos arts. 130 a 132 do atual Código de Processo Civil, consiste "na *faculdade* atribuída ao devedor, que está sendo demandado para o pagamento de determinada dívida, de chamar ao processo os codevedores ou aqueles a quem incumbia precipuamente o pagamento, de modo que os torna também réus na ação. Além dessa finalidade há outra, qual seja, obter sentença que possa ser executada contra os codevedores ou contra o obrigado principal, pelo devedor que pagar o débito".[53]

Assim, o "chamamento é feito para que a mesma sentença declare as responsabilidades dos obrigados (arts. 77 e 78) [CPC/2015, arts. 130 e 131], pelo que ela, julgando procedente a ação, condenará todos os devedores; e valerá como título executivo (art. 584, I) [CPC/2015, art. 515, I] em favor do que satisfizer a dívida para exigi-la, por inteiro, do devedor principal ou de cada um dos codevedores a sua cota, na proporção que lhes tocar (art. 80) [CPC/2015, art. 130]".[54]

Prevê o Código a admissibilidade ao chamamento ao processo (CPC/2015, art. 130):

I – do afiançado, na ação em que o fiador for réu;
II – dos demais fiadores, na ação proposta contra um ou alguns deles;
III – dos demais devedores solidários, quando o credor exigir de um ou de alguns, o pagamento da dívida comum.

O problema prático que tem surgido é o de estabelecer quais os procedimentos em que teria cabimento o chamamento dos devedores solidários. Nos procedimentos de cognição, comuns ou especiais, é certa sua admissibilidade.

Mas, como adverte Celso Barbi, "no caso do procedimento de execução, fundado em título extrajudicial, não é possível admitir o chamamento, porque várias razões de natureza processual a isso se opõem. A começar pela inexistência de fase adequada para discussão e decisão das divergências entre os vários codevedores. A execução é procedimento do tipo de contraditório eventual, isto é, em que a impugnação pelo executado não é considerada como fase integrante

---

[52] BARBI, Celso Agrícola. *Comentários ao Código de Processo Civil* Rio de Janeiro: Forense, 1975, v. I, t. II, n. 425, p. 354. STJ, 2ª T., REsp 691235/SC, Rel. Min. Castro Meira, ac. 19.6.2007, *DJU* 1.8.2007, p. 435.
[53] BARBI, Celso. *Op. cit.*, n. 433, p. 359.
[54] ASSIS, Jacy de. *Procedimento Ordinário*. São Paulo: Lael, 1975, n. 66, p. 103-104.

do processo. Se ela surgir, o faz como incidente, em forma de embargos e não de contestação, e para autuação em apenso, como dispõe o art. 736 [CPC/2015, art. 914, § 1º]".[55]

Não sendo a execução um procedimento preordenado ao contraditório, porque nasce do pressuposto de liquidez e certeza do direito do credor, atestado pelo título executivo, a ação de embargos, de natureza constitutiva, tem por objetivo específico neutralizar a força do título.

Por isso, no processo de execução propriamente dito não há sentença de mérito. Apenas os embargos, quando opostos, é que são julgados procedentes ou não.

O que cabe discutir, destarte, nos embargos, é apenas o que é possível opor ao credor para desconstituir seu título executivo. "Inserir nesses embargos matéria de discussão entre o executado e seus codevedores é inteiramente impertinente".[56]

Não há, sequer, julgamento de procedência ou improcedência da ação de execução, onde se deveria, segundo a sistemática do art. 131, declarar a responsabilidade dos devedores solidários chamados ao processo.[57]

O Juiz Antônio Rodrigues Porto, à luz de considerações semelhantes, arrola os seguintes argumentos em prol da inadmissibilidade do chamamento ao processo na execução forçada:

"a) Diz o art. 80 [CPC/2015, art. 132] que a sentença valerá como título executivo, o que quer dizer, dará direito ao processo de execução. Como se vê, o chamamento ao processo se situa numa fase anterior à execução.

b) O mesmo dispositivo esclarece que a sentença valerá como título executivo em favor do que satisfizer a dívida. Mas, independentemente disso, tanto o avalista pode cobrar executivamente o avalizado, como o fiador pode fazê-lo em relação ao locatário.

c) Justamente porque no processo de execução não cabe o chamamento ao processo, é que o parágrafo único do art. 595 do novo Código [CPC/2015, art. 794, § 2º] diz que o fiador, quando for executado e pagando a dívida, poderá executar o afiançado nos mesmos autos.

d) O chamamento ao processo tem efeito suspensivo, nos termos do art. 79;[58] no entanto, ao enumerar as hipóteses de suspensão do processo de execução, no art. 791 [CPC/2015, art. 921], não está contemplado o chamamento ao processo.

e) Na generalidade dos casos, seria inútil o chamamento ao processo na execução. O mais comum é o fiador e o avalista terem de pagar a dívida porque geralmente são os que estão em situação de fazê-lo. E sempre poderá o fiador ou o avalista mover execução contra o devedor principal, para reaver o que pagou."[59]

Afinando-se ao argumento supra "c", lembra Antônio Cezar Peluso que o mais incisivo argumento de que a lei não possibilita o chamamento no processo de execução, está no art. 595, parágrafo único [CPC/2015, art. 794, § 2º], "que, supondo-se (epítrope) a admissibilidade ali, seria norma gritantemente inócua e, a todos os títulos, dispensabilíssima. Pois, se o mesmo decorre dos arts. 77, I, e 80 [CPC/2015, arts. 130, I e 132], a que teria vindo o art. 595, parág. único? Não é, portanto, desarrazoado concluir porque o art. 595, parágrafo único, na verdade,

---

[55] BARBI, Celso. *Op. cit.*, n. 440, p. 364-365.
[56] BARBI, Celso. *Op. cit.*, n. 440, p. 365.
[57] PELUSO, Antônio Cezar. Decisão in "O Estado de São. Paulo", de 15-6-74.
[58] Esse dispositivo não foi repetido pelo CPC/2015, donde se conclui que essa intervenção não possui mais efeito suspensivo.
[59] PORTO, Antônio Rodrigues. Do chamamento ao processo no novo Código de Processo Civil, *in Revista dos Tribunais*, v. 458, p. 262.

está predisposto a alcançar o efeito do art. 80, c/c art. 77, I, exatamente porque estes não se aplicam ao processo de execução. Seria lugar comum dizer que a lei não tem palavras inúteis".[60]

Nessa mesma ordem de ideias, decidiu o antigo 1º Tribunal de Alçada Civil de São Paulo que a vantagem prática do chamamento ao processo "é a obtenção, pelo réu, de título executivo contra o coobrigado". Ora, o fiador que paga a dívida fica sub-rogado nos direitos do credor (art. 1.495 do CC). Um dos efeitos da sub-rogação é transferir ao novo credor todos os direitos e ações do primitivo, em relação à dívida, contra o devedor principal (art. 988 do mesmo Estatuto).

Consequentemente, os fiadores que pagam a dívida, por força de execução forçada, têm o mesmo título executivo que o credor original, para reclamar do afiançado o seu valor. Nenhum interesse remanesceria, então, para o fiador, no chamamento ao processo.

"E, como bem lembrou o Dr. Juiz de Direito, o novo Estatuto processual cuidou taxativamente da perspectiva", dispondo que o "fiador, que pagar a dívida, poderá executar o afiançado nos autos do mesmo processo (art. 595, parágrafo único); previsão que desautoriza, de todo, a pretensão dos agravantes".[61]

Também os devedores cambiários executados se encontram legalmente sub-rogados no direito do exequente contra o devedor principal, por inteiro, ou contra os coobrigados, por rateio, tornando completa inutilidade o chamamento ao processo, que só viria tumultuar um procedimento que, por sua própria índole, deve ser pronto e enérgico.

Aliás, o *sub-rogado*, como o avalista que paga a dívida em execução, pelo art. 778, § 1º, IV, tem mais do que o direito de propor execução contra o devedor principal ou solidário. Tem, na verdade, e por força do texto expresso do *caput* do § 1º daquele dispositivo do Código, o direito de aproveitar os próprios autos do feito pendente e "prosseguir na execução", assumindo a posição do primitivo credor (*i. e.*, daquele que teve o crédito satisfeito) e fazendo com que o rumo dos atos executivos se volte contra o avalizado ou os coobrigados (v. *retro* Cap. IV, n. 42).

Por último, convém registrar que o Simpósio Nacional de Processo Civil realizado em outubro de 1975, em Curitiba, reunindo os principais processualistas brasileiros, aprovou a tese de que "não cabe o chamamento ao processo no processo de execução".[62] Idêntico é o pensamento atual de Araken de Assis.[63]

Impõe-se, pois, em caráter definitivo, "a conclusão que o chamamento ao processo não pode ser usado no processo de execução"[64], e tampouco no procedimento de cumprimento de sentença[65].

---

[60] PELUSO, Antônio Cezar. *Op. cit., loc. cit.*

[61] 1º TACivSP – Agr. 204.826, ac. de 31-7-74, rel. Juiz CÉSAR DE MORAES, in "Rev. Tribs.", vol. 468, p. 125.

[62] *In* "Rev. Brasileira de Direito Processual", vol. V, p. 197.

[63] "Por isso, a natureza dessa modalidade de intervenção de terceiros [denunciação da lide e chamamento ao processo] desautoriza, nada obstante situadas na Parte Geral do NCPC, sua admissibilidade na execução" (ASSIS, Araken de. *Manual da execução*. 18. ed. revista, atualizada e ampliada, São Paulo: Editora Revista dos Tribunais, 2016, p. 577).

[64] BARBI, Celso Agrícola. Op. cit., n. 440, p. 366. STJ, 2ª T., REsp 691235/SC, Rel. Min. Castro Meira, ac. 19.6.2007, DJU 1.8.2007, p. 435. O STF, não obstante, já admitiu o "chamamento ao processo" de coobrigados solidários em execução de título extrajudicial com base no art. 771, parágrafo único, do NCPC (RE. 87.057, Rel. Min. Djaci Falcão, in "R.T.J." 82/324). Posteriormente, no entanto, o Plenário do STF, fixou o entendimento de que "o chamamento em regra não é admissível no processo de execução por título cambial", orientação essa que, em seguida, viria a consolidar-se em sucessivos acórdãos do Pleno e de ambas as Turmas (STF, Pleno, RE 89.142/SP, Rel. Min. Antônio Neder, ac. 15.02.1979, RTJ 90/1028; STF, 1ª T., RE 91.266/SP, Rel. Min. Rafael Mayer, ac. 14.08.1979, RTJ 91/1.168; STF, 2ª T. RE 90.091/SP, Rel. Min. Décio Miranda, ac. 04.12.1979, RTJ 93/397).

[65] "O chamamento ao processo é instituto típico da fase de cognição, que visa à formação de litisconsórcio passivo facultativo por vontade do réu, a fim de facilitar a futura cobrança do que for pago ao credor em

56-A. INTERVENÇÕES DE TERCEIRO CABÍVEIS NO PROCESSO DE EXECUÇÃO

I – Desconsideração da personalidade jurídica (CPC, arts. 133 a 137)

O incidente da desconsideração da personalidade jurídica, que tem como objetivo – em casos de obrigações contraídas em situação configuradora de abuso de direito –, a autonomia patrimonial e obrigacional das sociedades existentes entre a pessoa jurídica e os sócios, no que toca às dívidas daquela e destes, já foi objeto de apreciação no item 49-VII, com destaque para as regras procedimentais observáveis.

Trata-se de incidente de larga aplicação em juízo, não se limitando ao terreno do processo de conhecimento. O art. 134 do CPC retrata este largo espectro da desconsideração, ao prever sua utilização "em todas as fases do processo de conhecimento, no cumprimento de sentença e na execução fundada em título executivo extrajudicial". Do ponto de vista prático, talvez seja justamente nos procedimentos executivos que mais se instauram os incidentes da espécie.

A Lei n. 13.874/2019, em defesa da liberdade econômica e do livre mercado, alterou o art. 50 do Código Civil, visando melhor esclarecer o conceito de "desvio de finalidade" e de "confusão patrimonial", matéria relevante para a boa e correta aplicação do instituto da desconsideração da personalidade jurídica. A intenção do legislador foi, sem dúvida, a de delimitar a utilização dessa regra expressamente qualificada como excepcional, a fim de deixar bem delineadas as situações de sua incidência, que não devem ultrapassar aquelas configuradoras do *abuso*, uma vez que "A autonomia patrimonial das pessoas jurídicas é um instrumento lícito de alocação e segregação de riscos, estabelecido pela lei com finalidade de estimular empreendimentos, para a geração de empregos, tributo, renda e inovação em benefício de todos" (art. 49-A, parágrafo único, do CC, incluído pela Lei n. 13.874/2019).

Sobre o tema da desconsideração da personalidade jurídica, ver, no vol. I, do nosso *Curso de Direito Processual Civil*, os itens 277 a 281.

II – Amicus curiae (CPC, art. 138)

O *amicus curiae*, ou amigo do tribunal, previsto pelo CPC entre as figuras de intervenção de terceiro, atua preponderantemente como um auxiliar do juízo em causas de relevância social ou de repercussão geral, ou cujo objeto seja bastante específico, de modo que o magistrado necessite de apoio técnico. Não é propriamente parte no processo – pelo menos no sentido técnico de sujeito da lide objeto do processo –, mas é em razão de seu interesse jurídico (institucional) na solução do feito, ou por possuir conhecimento especial que contribuirá para o julgamento, que ocorre sua convocação ou seu comparecimento espontâneo, sempre com o objetivo de ser sua manifestação ouvida no processo.

A contribuição técnica do *amicus curiae* é de utilidade para tomada de decisão em qualquer modalidade de processo, não sendo de descartá-la nas execuções mais complexas, como, por exemplo, naquelas que envolvem medidas de políticas públicas.

---

face dos codevedores solidários ou do devedor principal, por meio da utilização de sentença de procedência como título executivo (art. 132, do CPC/2015). Não cabe sua aplicação, assim, em fase de cumprimento de sentença, que se faz no interesse do credor, a quem é dada a faculdade de exigir, de um ou mais codevedores, parcial ou totalmente, a dívida comum (art. 275, do CC)" (STJ, 3ª T., AgInt no AREsp 2.076.758/DF, Rel. Min. Nancy Andrighi, ac. 03.04.2023, *DJe* 10.04.2023).

III – Recurso de terceiro prejudicado (CPC, art. 996)

A admissibilidade de recurso por quem não é parte no processo, mas vem a ser prejudicado pela decisão judicial (CPC, art. 996, *caput* e parágrafo único), é qualificada como hipótese de intervenção de terceiro, embora não seja tratada pelo legislador na parte geral do Código.

Estando, porém, essa figura interventiva no título próprio que disciplina os recursos manejáveis indistintamente contra todas as decisões, sem distinção da natureza dos procedimentos, é óbvio que o recurso de terceiro prejudicado caberá também em face daquelas pronunciadas durante o cumprimento de sentença ou a execução de títulos executivos extrajudiciais. Bastará ao terceiro "demonstrar a possibilidade de a decisão sobre a relação jurídica submetida à apreciação judicial atingir direito de que se afirme titular ou que possa discutir em juízo como substituto processual" (CPC, art. 996, parágrafo único).

IV – Algumas intervenções de terceiro específicas da execução

Podem ser apontadas várias intervenções no procedimento executivo, que mesmo não roturadas como tais, são doutrinariamente qualificadas como modalidades de *intervenções de terceiro específicas da execução*[66], como:

(a) O *protesto de preferência* manifestado pelo credor titular de privilégio ou direito real de garantia sobre o bem expropriado em execução de outro credor (CPC, art. 908). É o caso do credor pignoratício, hipotecário, anticrético ou fiduciário, cuja preferência deve ser respeitada nas execuções alheias. É por essa razão, aliás, que o art. 799, I, do CPC imputa ao exequente o dever de requerer a intimação dos referidos credores quando a penhora recair sobre bens gravados como garantias reais, anteriormente à constrição executiva promovida por outro credor[67].

(b) O *concurso particular de credores*, que acontece quando vários credores, em diversas execuções provocam sucessivas penhoras sobre o mesmo bem (CPC, art. 908, § 2º). Verificada a hipótese, cada credor pode habilitar-se ao concurso particular, instaurado na execução em que o bem foi expropriado, visando a que o produto apurado seja aplicado na satisfação dos credores concorrentes segundo a ordem de preferência cronológica das penhoras. Esse concurso de preferência entre as penhoras só acontecerá após satisfeitos os credores com privilégio ou garantia real, ou quando inexistirem credores com tais preferências legais.

(c) A *sub-rogação de terceiro no crédito exequendo*, que ocorre quando solve o débito do executado e fica legalmente autorizado a prosseguir na execução, nos mesmos autos, em lugar do exequente originário (CPC, art. 778, § 1º, IV), como se dá, por exemplo, com o fiador do executado (CPC, art. 794, § 2º) ou com o sócio que paga a dívida da sociedade executada (CPC, art. 795, § 3º).

(d) O *benefício de ordem*, que acorre em favor do sócio e do fiador e que permite a esses executados por dívida de terceiro nomear à penhora bem da pessoa jurídica ou do afiançado, antes que o patrimônio próprio seja excutido (CPC, art. 795, §§ 1º e 2º; e art. 794, respectivamente). Em tais casos, o devedor principal que até então figurava na relação processual executiva será chamado a dela participar,

---

[66] DIDIER JÚNIOR, Fredie; CUNHA, Leonardo José Carneiro da; BRAGA, Paula Sarno; OLIVEIRA, Rafael. *Curso de Direito Processual Civil*. 7. ed. Salvador: JusPodivm, 2017, v. 5, p. 329-330.

[67] SHIMURA, Sérgio. Intervenção do credor hipotecário em execução alheia. In: DIDIER JR., Fredie; WAMBIER, Teresa Arruda Alvim; BRONZATTO, Alexandre Novelli (coords.). *Aspectos polêmicos e atuais sobre os terceiros no processo civil (e assuntos afins)*. São Paulo: Ed. Revista dos Tribunais, 2004, p. 996.

após a nomeação de bens à penhora feita pelo devedor secundário, favorecido pelo benefício de ordem.

(e) *A intimação do terceiro adquirente,* em fraude à execução, de bem do executado, medida essa ordenada de ofício pelo juiz, com o objetivo de convocá-lo a se manifestar, querendo, por meio de embargos de terceiro, em quinze dias, antes que a fraude seja declarada (CPC, art. 792, § 4º).

(f) *A intimação da sociedade,* no caso de penhora de ações ou quotas, ocorrida em execução de dívida do sócio, medida essa que tem duplo objetivo: *(i)* ordenar à sociedade que levante e apresente balanço especial na forma da lei (CPC, art. 861, I); e *(ii)* não havendo interesse dos demais sócios na aquisição das quotas ou ações penhoradas, determinar que a sociedade proceda à liquidação respectiva, depositando em juízo o valor apurado, em dinheiro (CPC, art. 861, III).

As intervenções ora apontadas são apenas algumas das possíveis integrações de terceiro aos procedimentos executivos alheios. Várias outras podem ser detectadas ao longo da execução, tanto de título judicial, como extrajudicial, lembrando-se, exemplificativamente, dos casos de: *(i)* penhora de crédito do executado junto a terceiro (CPC, art. 855); *(ii)* resguardo da preferência dos sócios ou acionistas, a cargo da sociedade, no caso de penhora de quotas sociais ou de ações de sociedade anônima fechada (CPC, art. 876, § 2º); *(iii)* preferência dos entes públicos na arrematação dos bens tombados (CPC, art. 892); *(iv)* transferência ao fiador do bem arrematado pelo licitante remisso (CPC, art. 898); *(v)* participação do arrematante no incidente de desconstituição ou desistência da arrematação (CPC, art. 903, § 2º) etc.

57. LITISCONSÓRCIO

Há consenso em torno da inexistência, em princípio, do litisconsórcio *necessário,* mormente ativo, no processo de execução, seja fundado em título judicial ou extrajudicial.[68] Mesmo sendo múltipla a titularidade do crédito, com ou sem solidariedade ativa, a cada credor separadamente sempre se reconhece o poder de executar a parte que lhe toca. Poderão, é verdade, os credores agir em conjunto e executar a totalidade da dívida comum, mas fá-lo-ão em *litisconsórcio facultativo,* apenas (ver, *retro,* o item 36).

No lado passivo, entretanto, são frequentes os casos de litisconsórcio necessário, como o de marido e mulher, quando a penhora atinge bem imóvel (CPC/2015, art. 842). Em tais circunstâncias a ausência de participação de um dos cônjuges, na formação da relação processual executiva, é causa de nulidade visceral de todo o processo.[69] Somente não haverá necessidade de citação do cônjuge se forem casados em regime de separação absoluta de bens (art. 842, *in fine*).

A solidariedade ou a corresponsabilidade, no entanto, é motivo de litisconsórcio passivo apenas facultativo, porque aí a execução tanto pode ser proposta contra um como contra diversos ou todos coobrigados.

Uma questão interessante a destacar é a ausência de repercussão do litisconsórcio formado na execução sobre a outra relação processual que se estabelece na ação incidental de embargos à execução. Tratando-se de nova ação, os embargos, mesmo nos casos de litisconsórcio passivo

---

[68] REIS, José Alberto dos. *Código de Processo Civil anotado.* Coimbra: Coimbra Ed., 1952, v. I, p. 97. *Apud* LIMA, Alcides de Mendonça. *Comentários ao Código de Processo Civil.* Rio de Janeiro: Forense, 1974, v. VI, n. 183, p. 108.

[69] STJ, 4ª T., REsp. 1.512/GO, Rel. Min. Sálvio de Figueiredo Teixeira, ac. 13.02.1990, *RSTJ* 10/409; STJ, 3ª T., REsp. 567.091, Rel. Min. Menezes Direito, ac. 28.06.2004, *DJU* 11.10.2004, p. 317; STJ, 4ª T., REsp. 252.854/RJ, Rel. Min. Sálvio de Figueiredo, ac. 29.06.2000, *DJU* 11.09.2000, p. 258.

necessário, podem ser ajuizados individualmente apenas por um ou alguns dos executados. É que, para defender-se, nenhum devedor, qualquer que seja sua condição jurídica, depende de anuência de coobrigados ou corresponsáveis.

58. INTERVENÇÃO DE CURADOR ESPECIAL AO EXECUTADO REVEL

Dispõe o art. 72, II, do CPC/2015, que compete ao juiz da causa dar curador especial ao réu revel citado por edital ou com hora certa. No processo de conhecimento, entende-se por revel o demandado que não oferece contestação (art. 344). E, como na execução, inexiste contestação, uma vez que o devedor não é citado para se defender, mas sim para cumprir a obrigação (art. 829), há julgados no sentido de inexistir revelia no processo executivo, e, por conseguinte, de inexistir nomeação de curador especial para o executado que não se faz representar nos autos, mesmo quando a citação tenha se dado por via de edital ou com hora certa.[70]

No entanto, não se deve confundir revelia com efeitos da revelia. Revelia há, em sentido lato, sempre que alguém é convocado para integrar uma relação processual e, não obstante, conserva-se inerte, sem comparecer em juízo. Já os efeitos da revelia, previstos no art. 344, consistem na presunção de veracidade dos fatos afirmados pelo autor e não contestados pelo réu.

Ora, a ausência em juízo, que é revelia em sentido próprio, nada tem que ver com a contestação e, por isso, tanto pode ocorrer no processo de conhecimento como no processo de execução. Os efeitos da revelia, indicados pelo art. 344, é que são exclusivos do processo de conhecimento. Tanto não se confunde a revelia com seus eventuais efeitos, que, no próprio processo de conhecimento, há casos em que ocorre a revelia, mas não se verificam os questionados efeitos, como nas lides em torno de direitos indisponíveis. A ninguém, obviamente, ocorrerá negar a existência de revelia e a necessidade de curador especial ao réu que, citado por edital, deixar de se representar numa causa dessa natureza.

Da mesma forma, citado o devedor por edital ou com hora certa, a excussão de seus bens não poderá prosseguir à sua revelia, sem que se lhe dê um curador especial para velar por seus interesses no curso da execução forçada.

O que a lei procura com o instituto da curatela especial do art. 72, II, é assegurar o princípio do contraditório, diante de situações de citação ficta. Como não se tem a certeza de ter o edital chegado ao conhecimento do sujeito passivo do processo, quer a lei que seu prosseguimento só ocorra em presença de alguém que, pelo menos, possa falar em seu nome e evitar atos processuais nocivos a seus interesses.

A jurisprudência dominante adota, a nosso ver, com acerto, a tese que ora se expõe e conclui, até mesmo, pela legitimidade do curador especial para opor embargos à execução, se encontrar, nos autos, elementos suficientes para tanto.[71] Nesse sentido é a Súmula n. 196 do Superior Tribunal de Justiça.[72-73]

---

[70] TAPR, Ap. 33/75, in RT, 482/234.

[71] 1º TACivSP, Ap. 259.530, in RT, 535/124; Ap. 281.334, in RT, 553/152; Apel. 248.388, in RT, 530/121; STJ, 1ª Seção, AgRg no REsp 710.449/MG, Rel. Min. Francisco Falcão, ac. 07.06.2005, DJU 29.08.2005, p. 192; STJ, 2ª T., AgRg no REsp 844.958/MG, Rel. Min. Eliana Calmon, ac. 20.08.2009, DJe 10.09.2009.

[72] Súmula n. 196 do STJ: "Ao executado que, citado por edital, ou por hora certa, permanecer revel, será nomeado curador especial, com legitimidade para apresentação de embargos."

[73] Modificando o seu entendimento anterior, Araken de Assis admite a possibilidade de designação de curador especial na execução para o réu revel, que poderá, inclusive, opor embargos à execução (ASSIS, Araken de. Manual da execução. 18. ed. revista, atualizada e ampliada, São Paulo: Editora Revista dos Tribunais, 2016, p. 560-561).

Capítulo VI
CÚMULO DE EXECUÇÕES E RESPONSABILIDADE CIVIL DO EXEQUENTE

59. CÚMULO OBJETIVO DE EXECUÇÕES

Na execução forçada não se discute mais o mérito do crédito do autor. O título lhe assegura o caráter de liquidez e certeza. Não importa, portanto, a diversidade de *títulos* para que o credor se valha de um só processo. Todos eles serão utilizados para um só fim: a realização da sanção a que se acha sujeito o devedor.

É por isso que, numa evidente medida de economia processual, admite o art. 780 do CPC/2015 que o credor cumule num só processo várias execuções contra o mesmo devedor, "ainda que fundadas em títulos diferentes", e desde que a sanção a realizar seja de igual natureza, para todos eles.

Quando isso ocorre, "sob o ponto de *vista formal*, a execução é só uma, porque fica correndo um único processo, mas sob o ponto de vista *substancial*, as execuções são tantas quantas as *dívidas* que o processo se destina a satisfazer"[1].

Verifica-se, portanto, pluralidade de lides ou de pretensões insatisfeitas solucionadas dentro de um mesmo processo.

Não obstam à cumulação, nem a desigualdade de valores, nem a diversidade da natureza dos títulos[2]. Podem ser cumulados, assim, títulos cambiários com títulos comuns de confissão de dívida, títulos quirografários com títulos acobertados por garantia real etc.

Trata-se, outrossim, de mera faculdade do credor, que assim não está compelido sempre a unificar suas execuções contra o devedor. Mas, uma vez utilizada a cumulação, é evidente a economia tanto do juízo como do próprio devedor, que terá de arcar com as despesas e ônus de apenas um processo.

Para a admissibilidade da unificação das execuções, exigem-se, de acordo com o art. 780, os seguintes requisitos:

a) *Identidade do credor* nos diversos títulos. O Código não permite a chamada "coligação de credores" (reunião numa só execução de credores diversos com base em títulos diferentes) a não ser na execução do devedor insolvente. Não impede, porém, o litisconsórcio ativo no caso em que o título executivo conferir o direito de crédito a mais de uma pessoa.

b) *Identidade de devedor*. As execuções reunidas terão obrigatoriamente que se dirigir contra o mesmo executado (CPC/2015, art. 780). Admite-se o litisconsórcio passivo, mas repele-se a "coligação de devedores", tal como se dá com o sujeito ativo[3]. Entretanto, se um só contrato é garantido por fiança de uma pessoa e por hipoteca de bem de outra, a identidade do devedor principal, permitirá que a

---

[1] REIS, José Alberto dos. *Processo de Execução*. Coimbra: Coimbra Editora, 1943, v. I, n. 71, p. 259.
[2] REIS, José Alberto dos. *Op. cit.*, v. I, n. 92, p 260.
[3] LIMA, Alcides de Mendonça. *Comentários ao Código de Processo Civil*. Rio de Janeiro: Forense, 1974, v. VI, t. I, n. 424, p. 205.

execução cumule os vários coobrigados num só processo, embora cada um deles responda por títulos diferentes e por valores diversos[4].

c) *Competência do mesmo juiz para todas as execuções*. Se a competência para uma das execuções for apenas relativa, não poderá ser declarada *ex officio*, mas apenas através de regular alegação. A natureza diversa dos títulos não impede a cumulação, que é perfeitamente viável entre hipoteca e cambial, por exemplo. Entre títulos judiciais procedentes de diversos juízos entendia-se à época do Código anterior, não ser possível a cumulação, porque a competência determinada pelo antigo art. 575, II, do CPC/1973 era firmada no juízo onde fora prolatada cada sentença, e, além disso, o processamento de cada execução deveria ocorrer nos respectivos autos da ação condenatória (art. 589, CPC/1973). Todavia, com a reforma do CPC/1973 realizada pela Lei n. 11.232, de 22.12.2005, abriu-se a possibilidade de deslocar o procedimento de cumprimento da sentença para juízo diverso daquele em que a causa foi julgada: o art. 475-P, parágrafo único, que foi mantido pelo CPC/2015,[5] facultava ao exequente optar pelo juízo do local onde se encontravam os bens sujeitos à expropriação ou do atual domicílio do executado. Nestas circunstâncias, a competência funcional do juízo originário da causa cedia à competência territorial eleita pelo credor. Não há mais, por isso, vedação à cumulação de execuções de diversas sentenças contra o mesmo devedor, oriundas de ações diferentes, já que a lei permite a remessa dos autos dos processos de conhecimento a juízos diferentes, segundo a conveniência do exequente. É o que, textualmente, permite o parágrafo único do art. 516 do CPC/2015[6].

d) *Identidade da forma do processo*. Não se permite cumulação, por exemplo, de execução de obrigação de dar com de fazer. O tumulto processual decorrente da diversidade de ritos e objetivos seria evidente, caso se reunissem num só processo pretensões tão diversas. Não há também como reunir títulos executivos judiciais com títulos extrajudiciais, dada a profunda diversidade do procedimento de cumprimento de sentença e o da execução dos títulos extrajudiciais[7]. A aplicação mais frequente de execução cumulativa ocorre mesmo é com os títulos extrajudiciais de dívida de dinheiro.

Em resumo, "os traços característicos da cumulação são: unidade do exequente, unidade de executado, unidade de processo e pluralidade de execuções".[8] Advirta-se, porém, que "não se exige que exista qualquer conexão ou afinidade entre os créditos que se pretende cumular na mesma execução civil".[9]

A cumulação indevida pode ser repelida pelo devedor por meio de embargos, conforme dispõe o art. 917, III, do CPC/2015, regra aplicável também às execuções de todos os títulos

---

[4] "Se o contrato é garantido por título cambial, assim vinculado ao negócio, a execução pode ser feita em um só processo, com base nos dois títulos, coobrigados os que assim figuram no primeiro e como avalista, no segundo" (STJ, 3ª T., REsp 4.367/MG, Rel. Min. Dias Trindade, ac. 05.03.1991, *DJU* 25.03.1991, p. 3220).

[5] CPC/2015, art. 516, parágrafo único.

[6] CPC/2015: "Art. 516. (...) Parágrafo único. Nas hipóteses dos incisos II e III, o exequente poderá optar pelo juízo do atual domicílio do executado, pelo juízo do local onde se encontrem os bens sujeitos à execução ou pelo juízo do local onde deva ser executada a obrigação de fazer ou de não fazer, casos em que a remessa dos autos do processo será solicitada ao juízo de origem".

[7] ABELHA, Marcelo. *Manual de execução civil*. Rio de Janeiro: Forense Universitária, 2006, p. 180.

[8] REIS, José Alberto dos. *Op. cit.*, v. I, n. 71, p. 208.

[9] RODRIGUES, Marcelo Abelha. *Op. cit.*, p. 179.

extrajudiciais (art. 745). Na hipótese geral de cumprimento da sentença, sem *actio iudicati*, e sem embargos, a discussão em torno do cúmulo indevido de execuções será provocada nos próprios autos, em impugnação (CPC/2015, art. 525, V).

Sobre a reunião de execuções singulares em que se verifica a intercorrência de penhoras sobre os mesmos bens, veja-se adiante, o n. 288.

60. CUMULAÇÃO SUCESSIVA DE EXECUÇÕES

A cumulação originária de várias execuções, ainda que fundadas em títulos diferentes, é expressamente autorizada pelo art. 780, do CPC/2015 e deve ocorrer por iniciativa do exequente no momento da propositura da ação.

Uma vez citado o executado, não cabe mais ao exequente acrescentar, unilateralmente, outras pretensões fundadas em títulos diversos daquele que sustentou a petição inicial. Isto, se admitido, representaria alteração do objeto do processo, o que não se permite em nosso sistema processual civil, a não ser mediante acordo entre as partes (CPC/2015, art. 329). Trata-se do fenômeno da estabilização da relação processual. No entanto, há casos em que a própria lei autoriza que execuções supervenientes se cumulem com a originária. É o que, por exemplo, acontece quando o executado é condenado a pena de ato atentatório à dignidade da justiça, cuja execução será promovida nos próprios autos do processo (CPC/2015, art. 777). Igual cumulação sucessiva acontece perante obrigações de trato sucessivo, já que a execução das prestações que se vencem durante o processo pode ser acrescida à originária (CPC/2015, art. 323). E, também, nas execuções para entrega de coisa, que se converte em execução por quantia certa, nos próprios autos, quando o bem devido não é encontrado (CPC/2015, art. 809); e quando na compensação entre benfeitorias e créditos do exequente houver saldo em seu favor, a respectiva cobrança será feita nos próprios autos da execução de entrega de coisa (art. 810, II).

De certa forma, também se pode falar em cúmulo sucessivo de execuções, quando, na superposição de penhoras promovidas por credores diferentes, sobre o mesmo bem do executado, se torna necessária a reunião das diversas execuções, para efetivação do concurso de credores previsto nos arts. 908 e 909 (v., adiante, o item 178).

61. CÚMULO SUBJETIVO

Fenômeno diverso do cúmulo objetivo de execuções (reunião de vários títulos executivos diferentes num só processo) é o do cúmulo subjetivo na execução da mesma dívida, porque por ela respondem diversos coobrigados ou corresponsáveis. É o caso de títulos de crédito com sujeição de emitentes, sacados, endossantes, sacadores, avalistas, ou de obrigação garantida por fiança ou por gravame real constituído por bem de terceiro.

Havendo mais de uma responsabilidade pela dívida, permitido é ao credor fazê-las atuar cumulativamente numa única execução forçada. Os diversos codevedores ou corresponsáveis figurarão como litisconsortes passivos. Esse cúmulo subjetivo é facultativo, não estando o credor jungido a formá-lo sempre que, no plano material houver mais de uma pessoa sujeita a sofrer a execução. O que não é razoável e, por isso, não se aceita é o paralelo ajuizamento de execuções separadas para cada um dos coobrigados ou corresponsáveis. Essa diversidade de execuções para realizar a mesma dívida oneraria excessivamente os devedores, contrariando o princípio de que toda execução deve ser feita "pelo modo menos gravoso para o executado" (CPC/2015, art. 805).

Por igual fundamento, ao credor que disponha de vários títulos para o mesmo crédito (*v.g.*, contrato de mútuo, carta de fiança, garantia de alienação fiduciária, caução de títulos de crédito, hipoteca, penhor etc.) não é dado ajuizar simultânea e paralelamente uma execução para cada título. Pode a execução, uma única execução, fundar-se em mais de um título extrajudicial (Súmula 27/STJ). O que não se admite, segundo jurisprudência do STJ, é afrontar o art. 805 do CPC/2015, utilizando-se simultaneamente duas vias executivas buscando o mesmo efeito satisfativo[10].

Verificado o abuso da multiplicidade de execuções, deverá o juiz coibi-lo, reduzindo o processo a uma única execução, para evitar que os gastos processuais se repitam inutilmente nos diversos feitos[11].

61.1. Cooperação judiciária para reunião de execuções contra o mesmo devedor

O CNJ, por meio da Resolução n. 350/2020, estabeleceu diretrizes e procedimentos sobre a cooperação judiciária nacional entre os órgãos do Poder Judiciário, oportunidade em que previu a possibilidade de os juízos formularem, entre si, pedido de cooperação para a prática de qualquer ato processual, para, por exemplo, reunir ou apensar processos, inclusive "de execuções contra um mesmo devedor em um único juízo" (arts. 3º e 6º, IV). A cooperação inclui, ainda, a investigação patrimonial, busca por bens e realização prática de penhora, arrecadação, indisponibilidade ou qualquer outro tipo de constrição judicial, bem como a regulação de procedimento expropriatório de bem penhorado ou dado em garantia em diversos processos (art. 6º, XII e XIII).

Essa resolução, como se vê, permite e facilita a reunião de execuções contra o mesmo devedor, a fim de auxiliar na gestão processual adequada de conflitos, trazendo maior eficiência ao Poder Judiciário.[12]

62. RESPONSABILIDADE CIVIL DECORRENTE DE EXECUÇÃO INDEVIDA

Se os embargos do executado forem acolhidos não apenas para dar pela improcedência da pretensão executiva, como no caso de deficiência do título ou iliquidez da dívida, mas para "declarar *inexistente*, no todo ou em parte, a obrigação que deu ensejo à execução", como nas hipóteses de dívida já resgatada ou de falsidade, o credor, além dos ônus processuais das custas e honorários advocatícios, terá de ressarcir ao executado "os danos que este sofreu" em decorrência do processo (CPC/2015, art. 776)[13]. O reconhecimento judicial da inexistência da obrigação poderá ocorrer, também, em ação comum, fora da execução, no seu curso ou depois de seu encerramento.

---

[10] STJ, 3ª T., REsp. 34.195/RS, Rel. Min. Nilson Naves, ac. 22.02.1994, *RSTJ* 66/301; STJ, 4ª T., REsp 24.242/RS, Rel. Min. Sálvio de Figueiredo Teixeira, ac. 8.8.1995, *RSTJ* 79/229; STJ, 4ª T., REsp. 40.282/PA, Rel. Min. Barros Monteiro, ac. 18.11.1997, *RSTJ* 106/308; STJ, 4ª T., REsp 159.808/SP, Rel. Min. Barros Monteiro, ac. 6.2.2001, *DJU* 9.4.2001, p. 365); STJ, 3ª T., REsp 1.167.031/RS, Rel. Min. Massami Uyeda, ac. 6.10.2011, *DJe* 17.10.2011.

[11] STJ, 3ª T., REsp. 16.240/GO, Rel. Min. Dias Trindade, ac. 18.2.1992, *RSTJ* 31/460; STJ, 4ª T., REsp 97.854/PR, Rel. Min. Cesar Asfor Rocha, ac. 15.10.1998, *DJU* 30.11.1998, p. 165.

[12] CHAVES, Guilherme Veiga; TESOLIN, Fabiano da Rosa. A cooperação judiciária e a reunião de execuções: a efetividade das decisões com menor onerosidade. *In*: ASSIS, Araken de; BRUSCHI, Gilberto Gomes (coords.). *Processo de execução e cumprimento da sentença*: temas atuais e controvertidos. São Paulo: RT, 2022, p. 175-176.

[13] "Credor de título executivo judicial que propõe ação executiva contra quem sabidamente não é devedor, buscando facilidades para recebimento dos créditos, age no exercício irregular de direito, atraindo a incidência das disposições do art. 574 do CPC" [equivalente ao art. 776 do CPC/2015] (STJ, 3ª T., REsp 1.245.712/MT, Rel. Min. João Otávio de Noronha, ac. 11.03.2014, *DJe* 17.03.2014).

Trata-se da execução *ilegal* e não da apenas injusta. A sanção caberá tanto nos casos de títulos judiciais como extrajudiciais, mas a declaração de inexistência da obrigação exequente só gerará a eficácia do art. 776 depois de passada em julgado.

Essa responsabilidade independe do elemento subjetivo "culpa", que no sistema legal é posto à margem, "derivando a responsabilidade do exequente do fato de haver sentença, passada em julgado, declarando inexistente, no todo ou em parte, a obrigação que deu lugar à execução".[14]

No regime do Código anterior, chegou-se a entender que a reparação das perdas e danos (por exemplo: imobilização do bem penhorado, perda de negócios rendosos etc.) não poderia ser exigida nos próprios autos da execução, por falta de permissão legal. O prejudicado deveria demandar o credor em ação própria, provando os danos e liquidando o seu *quantum*[15]. Na sistemática do CPC/2015, porém, a situação mereceu regulação expressa. O art. 777, circunscrito ao campo do processo de execução, prevê que tanto as multas como as indenizações processuais serão cobradas nos próprios autos em que a sanção for aplicada. Na Parte Geral do mesmo Código já constava a regra de que a condenação e a indenização por litigância de má-fé, assim como a respectiva liquidação, se dariam "nos próprios autos" (art. 81, *caput* e § 3º).

Sendo, pois, a hipótese de condenação imposta por decisão judicial, o procedimento incidental para exigir o devido pagamento é o do "cumprimento de sentença" (art. 513, §§ 1º e 2º; e arts. 523 e ss.), que independe de ação executiva autônoma. Deve-se lembrar que o título executivo judicial, que permite a execução forçada por quantia certa, não é apenas a sentença em sentido estrito, mas qualquer decisão proferida no processo civil que reconheça a exigibilidade de obrigação da espécie (art. 515, I).

Quanto à identificação do dano indenizável (art. 776), dever-se-ão observar os parâmetros gerais fornecidos pelo Código Civil, nos arts. 186 e 927. Em regra, "são aqueles decorrentes da expropriação dos bens em razão da penhora", como observa Nelson Nery Júnior. Vale dizer: são aqueles valores de que o executado foi indevidamente privado em virtude de alguma forma de alienação judicial, como a arrematação, a venda por iniciativa particular, a adjudicação etc. "Porém – segundo a mesma lição –, nada impede que outro tipo de dano possa ser reconhecido, p. ex., o dano moral decorrente da divulgação pública da dívida, que pode colocar em dúvida a solvabilidade do executado em relação a outros credores"[16].

Uma das hipóteses aventadas de reconhecimento de execução abusiva enquadráveis na sanção do art. 776 é a do recurso à desconsideração da personalidade jurídica em flagrante ofensa às regras excepcionais que, no direito material (CC, art. 50), a autorizam:

> "Essa teoria não pode servir como justificativa para que o credor de título executivo judicial ajuíze, a seu alvedrio, ação executiva contra os sócios de empresa sem que eles sejam devedores. Credor de título executivo judicial que propõe ação executiva contra quem sabidamente não é devedor, buscando facilidades para recebimento dos créditos, age no exercício irregular de direito, atraindo a incidência das disposições do CPC/1973 574 [CPC 776] (STJ, 3ª T., REsp 1.245.712/MT, Rel. Min. João Otávio de Noronha, j. 11.3.2014, *DJUe* 17.3.2014)".[17]

---

[14] CALMON DE PASSOS, José Joaquim. Responsabilidade do exequente no novo Código de Processo Civil. *Revista Forense Comemorativa – 100 anos*, t. V, p. 284, 2006. No mesmo sentido: CARVALHO, Fabiano. In: WAMBIER, Teresa Arruda Alvim *et al.* (coord.). *Breves comentários ao novo Código de Processo Civil cit.*, p. 1.782; NERY JÚNIOR, Nelson; NERY, Rosa Maria de Andrade. *Comentários ao Código de Processo Civil* – 2ª tiragem. São Paulo: Ed. RT, 2015, p. 1.624. RODRIGUES, Mônica Cecilio. A responsabilidade civil do exequente de acordo com o art. 776, do CPC. In: ASSIS, Araken de; BRUSCHI, Gilberto Gomes (coords.). Processo de execução e cumprimento da sentença: temas atuais e controvertidos. São Paulo: RT, 2022, p. 273-286.

[15] LIMA, Alcides de Mendonça. *Op. cit.*, v. IV, n. 460, p. 218.

[16] NERY JÚNIOR, Nelson; NERY, Rosa Maria de Andrade. *Comentários ao Código de Processo Civil, cit.*, p. 1.624.

[17] NERY JÚNIOR, Nelson; NERY, Rosa Maria de Andrade. *Comentários ao Código de Processo Civil, cit.*, p. 1.624.

63. CONCURSO DE EXECUÇÃO FORÇADA E AÇÃO DE CONHECIMENTO SOBRE O MESMO TÍTULO

Dispõe o art. 784, § 1º, que "a propositura de qualquer ação relativa a débito constante de título executivo não inibe o credor de promover-lhe a execução". Antes, a regra codificada era expressa apenas quanto às execuções fiscais. É obvio, porém, que o princípio se reconhecia aplicável a qualquer título dotado de executividade, mesmo diante do silêncio do texto legal. Agora, o princípio se acha explicitado em toda sua abrangência.

É que não existe entre a execução forçada e a anulatória a figura da litispendência, tal como a conceitua o art. 337, § 3º, do CPC/2015. Mas a matéria que foi ventilada na ação anulatória pode voltar a ser deduzida perante o juiz executivo, sob a forma de embargos do devedor. Já então ocorrerá a suspensão da execução, até que se solucionem os embargos, desde que respeitadas as condições do art. 919, § 1º, do CPC/2015.

O que se nota então, é que a controvérsia sobre a *causa debendi* não impede a instauração da execução que deve caminhar normalmente até a penhora; mas, pode gerar a suspensão da atividade executiva, quando revestir a forma de embargos (CPC/2015, arts. 535 e 917).

Por outro lado, entre os embargos à execução e a anulatória do débito quando se refiram à mesma obrigação existe, sem dúvida, a conexão em virtude de identidade de causa de pedir (CPC/2015, art. 55). Deverão os respectivos autos ser reunidos para que a decisão das duas ações seja simultânea (CPC/2015, art. 55, § 1º):[18]

> "1. Se é certo que a propositura de qualquer ação relativa ao débito constante do título não inibe o direito do credor de promover-lhe a execução (CPC, art. 585, § 1º) [CPC/2015, art. 784, § 1º], o inverso também é verdadeiro: o ajuizamento da ação executiva não impede que o devedor exerça o direito constitucional de ação para ver declarada a nulidade do título ou a inexistência da obrigação, seja por meio de *embargos* (CPC, art. 736) [CPC/2015, art. 914], seja por outra *ação declaratória* ou *desconstitutiva* (destacamos). Nada impede, outrossim, que o devedor se antecipe à execução e promova, em caráter preventivo, pedido de nulidade do título ou a declaração de inexistência da relação obrigacional.
>
> 2. Ações dessa espécie têm natureza idêntica à dos embargos do devedor, e quando os antecedem, podem até substituir tais embargos, já que repetir seus fundamentos e causa de pedir importaria litispendência.
>
> 3. Assim como os embargos, a ação anulatória ou desconstitutiva do título executivo representa forma de oposição do devedor aos atos de execução, razão pela qual quebraria a lógica do sistema dar-lhes curso perante juízos diferentes, comprometendo a unidade natural que existe entre pedido e defesa".[19]

A regra contida no art. 784, § 1º, do CPC/2015 permite, outrossim, dupla conclusão: *a*) não é só pelos embargos que o devedor pode questionar o título executivo em juízo; as vias

---

[18] "Executiva fiscal pode ser proposta havendo anulatória sem depósito. Mas depois da penhora aguarda-se decisão da anulatória" (TFR, Apel. 28.0417, ac. de 16.04.1973, *in DJU* de 20.08.1973). "Execução fiscal e anulatória de débito, em juízos diferentes, devem ser apensados" (TFR, Apel. 38.590, ac. de 03.12.1976, *in DJU* de 02.06.1977). No mesmo sentido: STJ, CC 16.201/DF, Rel. Min. Ari Pargendler, ac. de 22.05.1996, *in DJU* de 12.08.1996, p. 27.439; STJ, 1ª Seção, CC 103.229/SP, Rel. Min. Castro Meira, ac. 28.04.2010, *DJe* 10.05.2010.

[19] STJ, 1ª Seção, C. Comp 38.045/MA, Rel. Min. Teori Albino Zavascki, ac. 12.11.2003, *DJU* 19.12.2003, p. 202). No mesmo sentido: STJ, 2ª T., AgRg no Ag. 1.392.114/RS, Rel. Min. Mauro Campbell Marques, ac. 06.10.2011, *DJe* 17.10.2011.

ordinárias sempre lhe estarão franqueadas, sem necessidade de submeter-se aos prazos e demais requisitos da ação incidental de embargos; *b*) só os embargos, porém, têm força para suspender a execução de imediato; os reflexos da ação comum somente atingirão a execução após o trânsito em julgado. Esta última restrição, contudo, somente prevalecerá na hipótese de a ação declaratória superveniente à citação executiva tiver sido aforada além do prazo dos embargos à execução, e o devedor não tiver obtido êxito no pleito de eficácia suspensiva manifestado por meio de medida cautelar ou de antecipação de tutela.[20]

Quando, todavia, a ação de impugnação ao título extrajudicial for anterior à execução, não estará o devedor, segundo jurisprudência do STJ, obrigado a propor embargos simplesmente para repetir os mesmos argumentos da ação preexistente. *In casu*, a própria ação revisional ou anulatória assumirá a função dos embargos à execução e produzirá os efeitos que lhe são próprios. Para, entretanto, produzir o efeito suspensivo dos embargos, necessário será que a penhora se realize, constituindo a segurança do juízo executivo.[21]

Com o art. 914 do CPC/2015, o manejo dos embargos do devedor, em qualquer modalidade de execução forçada, torna-se viável independentemente de penhora, depósito ou caução. Mas sem a segurança do juízo não se obterá a suspensão do feito executivo (art. 919, § 1º). Portanto, a execução fiscal, que é modalidade de execução por quantia certa, dependerá, para ser suspensa, de prévia penhora, fiança bancária ou depósito.[22] Existindo ação anulatória ou embargos do devedor sem a adequada segurança do juízo, a execução fiscal prosseguirá. Uma vez ocorrida a penhora abrir-se-á oportunidade ao executado de pleitear a suspensão dos atos executivos expropriatórios para aguardar-se o julgamento da ação impugnativa preexistente. Essa suspensão, todavia, não é automática, pois dependerá, além da segurança do juízo, da satisfação dos requisitos apontados no § 1º do art. 919, ou seja: *(i)* relevância dos fundamentos dos embargos (ou da ação anulatória); *(ii)* previsão de risco de dano de difícil ou incerta reparação, caso se dê o prosseguimento da execução.[23]

---

[20] As mesmas razões que justificam o efeito suspensivo dos embargos (art. 739-A, § 1º) [CPC/2015, art. 919, § 1º] podem ser utilizadas para uma liminar na ação anulatória, que faça as vezes dos embargos, desde que seguro o juízo pela penhora (arts. 273 e 798) [CPC/2015, arts. 300 e 297].

[21] "Os embargos à execução, não se discute, têm a natureza de processo de conhecimento. Se já ajuizada ação, tendente a desconstituir o título em que, posteriormente, veio a fundar-se a execução, não se compreende fosse exigível que se apresentassem embargos com o mesmo objetivo (entendo mesmo que isso não seria possível, pois haveria litispendência). A solução será, uma vez feita a penhora, proceder-se ao apensamento do processo já em curso que seria tratado como embargo, com as consequências daí decorrentes, inclusive suspensão da execução. Se apresentados também embargos, versando outros temas, terão eles curso, podendo aí ser reconhecida a conexão para julgamento simultâneo" (STJ, 3ª T., REsp. 33.000/MG, Rel. Min. Eduardo Ribeiro, ac. de 06.09.1994, *in DJU* de 26.09.94, p. 25.646). No mesmo sentido: REsp. 435.443/SE, Rel. Min. Barros Monteiro, ac. de 06.08.2002, *in DJU* de 28.10.02, p. 327. Precedentes: 4ª T., REsp. 192.175/RS, Rel. Min. Ruy Rosado de Aguiar, ac. de 04.02.1999, *in DJU* de 15.03.1999, p. 255; 3ª T., REsp. 34.166-1/RS, Rel. Min. Eduardo Ribeiro, ac. de 10.10.1994, *in DJU* de 07.11.1994, p. 30.019; 3ª T., REsp. 57.624-5/RS, Rel. Min. Eduardo Ribeiro, ac. de 16.04.1996, *in DJU* de 03.06.1996, p. 19.247; 4ª T., REsp. 55.040/RS, Rel. Min. Sálvio de Figueiredo, ac. de 22.10.1997, *in DJU* de 24.11.1997, p. 61.220; 4ª T., REsp. 181.052/RS, Rel. Min. Sálvio de Figueiredo, ac. de 17.09.1998, *in DJU* de 03.11.1998, p. 173; 4ª T., REsp. 180.998/RS, Rel. Min. Barros Monteiro, ac. de 05.11.1998, *in DJU* de 08.03.1999, p. 231.

[22] "Em atenção ao princípio da especialidade da LEF, mantido com a reforma do CPC/1973, a nova redação do art. 736 do CPC dada pela Lei n. 11.382/2006 – artigo que dispensa a garantia como condicionante dos embargos – não se aplica às execuções fiscais diante da presença de dispositivo específico, qual seja o art. 16, § 1º, da Lei n. 6.830/1980, que exige expressamente a garantia para a apresentação dos embargos à execução fiscal" (STJ, 1ª Seção, REsp 1.272.827/PE, Rel. Min. Mauro Campbell Marques, ac. 22.05.2013, *DJe* 31.05.2013).

[23] Em regime de solução de recursos repetitivos, o STJ assentou a tese de que, na execução fiscal, os embargos do devedor não gozam de efeito suspensivo automático (STJ, 1ª Seção, REsp 1.272.827/PE, *cit.*).

Outra observação a se fazer refere-se à garantia ou caução prestada cautelarmente no processo cognitivo anterior à execução. Se a ação anulatória do título executivo tem a mesma natureza dos embargos à execução, a garantia do juízo naquela ação prestada, para cobertura de toda a dívida principal e complementos, se transforma na segurança que ordinariamente caberia à penhora.

Tendo em conta o princípio da menor onerosidade da execução para o devedor (CPC, art. 805), não seria justo submetê-lo à penhora de outros bens somente porque a ação de execução seria distinta da ação de conhecimento. Para todos os fins de direito, o juízo estará seguro pela caução preexistente, inclusive para o fim de se obter o efeito suspensivo dos embargos à execução (CPC, art. 919, § 1º).[24]

---

[24] "Tendo sido reconhecido, no bojo da ação cautelar, que houve o caucionamento do débito – que, frisa-se, é o mesmo discutido na ação de execução e, consequentemente, cujo título os recorridos visam a desconstituir por meio da oposição de embargos à execução – não há por que determinar que seja realizada nova constrição no patrimônio dos agravados, a fim de que seja concedido o efeito suspensivo aos seus embargos" (STJ, 3ª T., REsp 1.743.951/MG, Rel. Min. Nancy Andrighi, ac. 06.10.2020, *DJe* 14.10.2020).

Capítulo VII
COMPETÊNCIA

64. JUÍZO COMPETENTE PARA A EXECUÇÃO

As regras do Código sobre competência, em matéria de execução, têm conteúdo diverso, conforme o título seja judicial ou extrajudicial; e, mesmo em se tratando de títulos judiciais, há variações de competência, de acordo com os tipos de sentença a executar.

Em princípio, no entanto, as normas básicas são estas: a competência é *funcional e improrrogável* em se tratando de execução de sentença civil condenatória, e é *territorial* e *relativa*, nos demais casos, podendo, pois, sofrer prorrogações ou alterações convencionais, de acordo com as regras gerais do processo de conhecimento (sobre a competência para processar o *cumprimento da sentença*, v. nosso *Curso de Direito Processual Civil*, v. III, itens 40 a 45).

65. EXECUÇÃO DE SENTENÇA

Para a execução dos títulos judiciais, a competência foi definida pelo art. 516 do CPC/2015 nos seguintes termos:

"O cumprimento da sentença efetuar-se-á perante:

I – os tribunais, nas causas de sua competência originária;

II – o juízo que decidiu a causa no primeiro grau de jurisdição;

III – o juízo cível competente, quando se tratar de sentença penal condenatória, de sentença arbitral, de sentença estrangeira ou de acórdão proferido pelo Tribunal Marítimo."[1-2]

Importante ressaltar, que o Código de 1973, mesmo após a inovação da Lei n. 11.232/2005, continuou mantendo o art. 575 em seu texto original, onde se previa a competência para execução fundada em título judicial, repetindo, quase literalmente, as hipóteses do art. 475-P do CPC/1973 (regras próprias para a execução de quantia certa).

À época, a conciliação entre as duas notas reguladoras da execução de sentenças, para evitar a aparente duplicidade de disciplina para o mesmo caso, era feita da seguinte maneira: o art. 575 subsistia porque nem toda sentença havia sido abrangida pela sistemática da *executio per officium iudicis*, preconizada pelo art. 475-I. Havia, ainda, casos de sentença que davam lugar à

---

[1] Art. 516, parágrafo único do CPC/2015: "Nas hipóteses dos incisos II e III, o exequente poderá optar pelo juízo atual do domicílio do executado, pelo juízo do local onde se encontram bens sujeitos à execução ou pelo juízo do local onde deve ser executada a obrigação de fazer ou de não fazer, casos em que a remessa dos autos do processo será solicitada ao juízo de origem". A regra do parágrafo único do art. 516, como se vê, flexibiliza a competência funcional tradicionalmente reservada ao juiz da causa para a execução da sentença. De certa forma, no entanto, o princípio é preservado, visto que, nas permissões excepcionais do dispositivo em comento, o processo em cujo bojo se acha a sentença exequenda será transferido para o novo juízo escolhido pelo credor.

[2] Em face do veto oposto ao art. 515, X, o acórdão proferido pelo Tribunal Marítimo é executado no juízo cível como título extrajudicial, e não como sentença (título judicial). O procedimento, portanto, é o da ação executiva autônoma, não se aplicando as regras do cumprimento de sentença.

actio iudicati, ou seja, continuavam a exigir que seu cumprimento ocorresse em novo processo, mediante provocação de nova ação movida após o encerramento do processo de conhecimento. Era o caso, por exemplo, da condenação da Fazenda Pública ao pagamento de quantia certa, cuja execução não seguia o procedimento do art. 475-I, mas o da ação de execução regulada pelo art. 730, ambos do CPC/1973.

Dessa maneira, justificava-se a existência dos arts. 475-P e 575, interpretado o primeiro como a regra própria do procedimento incidental de "cumprimento da sentença" em geral, e o segundo como a disciplina aplicável aos casos em que ainda persistia a "execução de sentença" nos moldes tradicionais de ação autônoma.

A sistemática, contudo, não foi mantida pelo CPC/2015, que adotou o procedimento de cumprimento de sentença também para a sentença que reconheça a exigibilidade de obrigação de pagar quantia certa pela Fazenda Pública (arts. 534 e 535). Destarte, todos os casos de sentença cíveis se acham unificados, segundo o regime da *executio per officium iudicis*.

Sobre a matéria, v., nosso *Curso*, vol. III, itens n. 41 a 45 e o itens 674 a 681 do Capítulo XLVIII desta obra.

66. COMPETÊNCIA PARA EXECUÇÃO DE TÍTULOS EXTRAJUDICIAIS

O atual Código, ao contrário do anterior, optou por enfrentar hipóteses concretas e variadas de competência de acordo com o título extrajudicial que está sendo executado, em vez de prever apenas a observância das regras comuns do processo de conhecimento (CPC/2015, art. 781).[3]

A execução fundada em título extrajudicial, portanto, será processada perante o juízo competente, observando-se o seguinte:

a) a execução poderá ser proposta no foro de domicílio do executado, no foro de eleição constante do título ou, ainda, no foro de situação dos bens a ela sujeitos. Como se vê, a lei não prioriza um foro sobre o outro, cabendo ao exequente optar por aquele que melhor lhe convém;[4]

b) tendo mais de um domicílio, o executado poderá ser demandado no foro de qualquer deles;

c) sendo incerto ou desconhecido o domicílio do executado, a execução poderá ser proposta no lugar onde for encontrado ou no foro de domicílio do exequente;

d) havendo mais de um devedor, com diferentes domicílios, a execução será proposta do foro de qualquer deles, à escolha do exequente. Trata-se da hipótese de litisconsórcio passivo, em que o exequente poderá escolher, dentre os diversos domicílios dos executados, o que lhe é mais conveniente;

e) a execução poderá ser proposta no foro do lugar em que se praticou o ato ou em que ocorreu o fato que deu origem ao título, mesmo que nele não mais resida o executado.

A escolha, como já se afirmou, cabe ao exequente, uma vez que a execução tem por finalidade a satisfação daquele que a promove. Ou seja, "realiza-se a execução no interesse do exequente", como ressalta o art. 797. A opção dada ao exequente, na realidade, é assinalada

---

[3] ARAÚJO, José Henrique Mouta. *In:* WAMBIER, Teresa Arruda Alvim, *et al. Breves Comentários ao novo Código de Processo Civil*. São Paulo: Ed. RT, 2015, p. 1791-1792. ASSIS, Araken de. *Manual da execução*. 18. ed. revista, atualizada e ampliada, São Paulo: Editora Revista dos Tribunais, 2016, p. 531.

[4] À época do CPC/1973, havia de observar-se a seguinte ordem de preferência: 1) foro de eleição; 2) lugar de pagamento; 3) domicílio do devedor.

por evidente preocupação de ordem pública, pois importa instituir vários foros concorrentes, com o fito de permitir a definição, *in concreto*, daquele que melhores condições de efetividade e eficiência oferece ao desempenho judicial da tutela executiva. Por isso, não há, em regra, nenhuma preferência entre os foros concorrentes. Nem mesmo o foro de eleição afasta a liberdade de escolha legalmente assegurada ao exequente,[5] desde, é claro, que não contaminada por capricho ou má-fé.

67. COMPETÊNCIA PARA A EXECUÇÃO FISCAL

O Código de Processo Civil de 1973 havia unificado o processo de execução por quantia certa, incluindo em seu bojo a matéria também relativa ao "executivo fiscal".

Em decorrência dessa unificação e das particularidades da "dívida ativa", foram traçadas no art. 578 do CPC/1973[6] normas especiais para a determinação da competência nos casos de execução fiscal.

Posteriormente, a Lei n. 6.830, de 22.09.1980, veio a restabelecer o procedimento especial para a cobrança da "Dívida Ativa", reservando para o Código de Processo Civil apenas a função de regulamentar subsidiariamente a execução fiscal. No entanto, as regras sobre competência, instituídas pelo Código, permaneceram em vigor, porque a lei nova não continha dispositivo expresso sobre o tema.

Esclareceu, todavia, a Lei n. 6.830, que "a competência para processar e julgar a execução da Dívida Ativa da Fazenda Pública exclui a de qualquer outro juízo, inclusive o da falência, da concordata, da liquidação, da insolvência ou do inventário"[7].

As regras especiais do Código de Processo Civil, em matéria de competência para a execução fiscal, obedecem ao seguinte critério de preferência:

a) normalmente, o devedor fiscal será executado no foro de seu domicílio (CPC/2015, art. 46, § 5º);

b) se não o tiver, no de sua residência (*idem*);

c) faltando as duas situações anteriores, será executado "onde for encontrado" (*idem*).

Consigne-se, finalmente, que o domicílio de que aqui se cuida é o civil, sede jurídica da pessoa natural ou moral (Código Civil de 2002, arts. 70 a 78), e não o *fiscal*, isto é, aquele que as leis tributárias consideram como o local em que, administrativamente, se pode exigir o

---

[5] Diante das dificuldades práticas que costumam afetar a efetividade da execução, o legislador adotou o sistema de foros de competência concorrente. Ensina Carmona, a propósito, que, "opondo o interesse público ao privado, fez opção pelo primeiro: a convenção entre as partes cede lugar à conveniência do Estado de que as medidas executivas se concretizem de forma mais ágil e mais rápida, tudo em prol da eficiente (e veloz) prestação jurisdicional" (CARMONA, Carlos Alberto. Comentários ao art. 781. In: TUCCI, José Rogério Cruz e et al. (Coord.). *Código de Processo Civil anotado*. Rio de Janeiro: GZ, 2016, p. 1.055. No mesmo sentido: CARRETEIRO, Mateus Aimoré. Competência concorrente para execução fundada em título extrajudicial no CPC/2015. In: MARCATO, Ana Cândida Menezes et al. (Coord.). *Reflexões sobre o Código de Processo Civil de 2015*. São Paulo: Verbatim, 2018, p. 573.

[6] CPC/2015, art. 46, § 5º.

[7] "Com efeito, a Segunda Seção possui firme o entendimento de que embora a execução fiscal não se suspenda, os atos de constrição e de alienação de bens voltados contra o patrimônio social das sociedades empresárias submetem-se ao juízo universal, em homenagem ao princípio da conservação da empresa" (STJ, 2ª Seção, AgInt no CC 159.771/PE, Rel. Min. Luis Felipe Salomão, ac. 24.02.2021, *DJe* 30.03.2021).

recolhimento dos tributos. Para a execução forçada, portanto, não tem relevância o domicílio fiscal do devedor[8].

68. TÍTULO EXECUTIVO EXTRAJUDICIAL ESTRANGEIRO

O título executivo extrajudicial criado no estrangeiro, mas que deva ser cumprido no Brasil, executa-se perante a justiça nacional como qualquer título criado no país (CPC/2015, art. 21, II). Não depende de homologação judicial e segue as mesmas regras de competência para execução dos títulos nacionais (art. 781), apontados no n. 66. A única exigência especial a cumprir será, no caso de documento redigido em língua estrangeira, a sua versão para o português por tradutor juramentado (art. 192, parágrafo único).

69. COMPETÊNCIA PARA DELIBERAÇÃO SOBRE OS ATOS EXECUTIVOS E OS ATOS DE APOIO À EXECUÇÃO

Já ficou consignado que a execução se efetiva através de uma série de atos ou operações, jurídicos e práticos, tendentes à realização da prestação a que tem direito o credor.

"Não dispondo a lei de modo diverso, o juiz determinará os atos executivos e o oficial de justiça os cumprirá" (CPC/2015, art. 782, *caput*).

A competência para decidir sobre o cabimento, ou não, dos atos executivos e determinar sua realização é sempre do juiz. O cumprimento deles, no entanto, caberá ao oficial de justiça, via de regra.

Assim se passa, por exemplo, com a penhora e a apreensão e entrega da coisa ao depositário. Quem pode determinar tais atos é exclusivamente o juiz. O oficial de justiça, a quem compete realizá-los, não tem autonomia para agir, nem a pedido direto da parte, nem por iniciativa própria.

Dentre os atos executivos praticados pelos oficiais de justiça, podem ser citados: a penhora, a avaliação, o arresto, o sequestro, o depósito, a remoção dos bens apreendidos, o leilão (se não houver leiloeiro disponível na sede do juízo) etc. A avaliação é feita pelo oficial de justiça em casos especiais, como a dos bens penhorados (arts. 154, V, e 829, § 1º).

São atos executivos realizados por outros serventuários: a guarda dos bens penhorados (art. 840), a avaliação (art. 870, parágrafo único) e a alienação, em leilão (art. 881, § 1º), em Bolsa de Valores (art. 881, § 2º) ou por iniciativa particular (art. 880, *caput*).

Podem os oficiais de justiça recorrer ao auxílio da força policial para realização das diligências da execução, quando encontrarem resistência do devedor ou de terceiros. Mas, para tanto, deverão comunicar, primeiramente, a ocorrência ao juiz da causa, porque é a este que compete a requisição da força policial, nos casos em que seu concurso se faz necessário (arts. 782, § 2º, e 846, § 2º).

O CPC/2015 repetiu, para o processo de execução, a regra constante nas intimações e citações do oficial de justiça no processo de conhecimento, permitindo-lhe cumprir os atos executivos determinados pelo juiz também nas comarcas contíguas, de fácil comunicação, e nas que se situem na mesma região metropolitana, evitando, assim, a expedição de carta precatória que, certamente, retarda e encarece o andamento processual (art. 782, § 1º).

Entre as medidas de apoio tomadas para reforçar a autoridade da tutela executiva, o CPC/2015 instituiu a possibilidade de o juiz, a pedido do exequente, determinar a inclusão do

---

[8] LIMA, Alcides de Mendonça. *Op. cit.*, n. 529, p. 243. ASSIS, Araken de. *Manual da execução cit.*, p. 536.

nome do executado em cadastros de inadimplentes (art. 782, § 3º)[9]. Trata-se de mais um meio coercitivo para compelir o executado a cumprir a obrigação, conferindo maior efetividade à execução.[10] Entretanto, se for efetuado o pagamento da dívida, se for garantida a execução, ou se ela for extinta por qualquer outro motivo, a inscrição deverá ser cancelada imediatamente (§ 4º).

A inclusão do nome do executado em cadastro de inadimplentes está prevista pelo § 3º do art. 782 como medida própria da execução de título extrajudicial. O § 5º do mesmo artigo, porém, autoriza sua aplicação a execução de título judicial, mas apenas quando se processar em caráter definitivo[11]. Não se aplica, portanto, ao cumprimento provisório de sentença[12].

Releva notar, contudo, que a inscrição indevida poderá gerar responsabilidade civil por danos morais, nos termos da jurisprudência do STJ.[13]

70. COMPETÊNCIA INTERNACIONAL. EXECUÇÃO DE SENTENÇAS E DECISÕES INTERLOCUTÓRIAS ESTRANGEIRAS

O CPC/2015 regula, entre os processos de competência originária dos Tribunais, o procedimento a observar para tornar exequíveis no Brasil as sentenças e decisões interlocutórias estrangeiras (arts. 960 a 965).

A execução forçada integra a jurisdição e, como tal, é exercício da soberania estatal. Em regra, não se admite que uma Justiça estrangeira decida sobre atos de execução e delegue, por meio de rogatória, seu cumprimento ao Judiciário brasileiro.

Os títulos extrajudiciais estrangeiros podem ser executados diretamente no Brasil (art. 784, § 2º), mas a ação executiva terá de ser aqui ajuizada, cabendo ao juiz brasileiro ordenar a prática dos atos executivos cabíveis (art. 782).

Se o título executivo for judicial (sentença estrangeira), sua execução em nosso país só se viabilizará após obtida homologação pelo Superior Tribunal de Justiça (CF, art. 105, I, *i*; CPC/2015, arts. 960 a 965)[14]. Pela homologação, o órgão judicial brasileiro "não indaga da justiça ou injustiça da sentença estrangeira"; verifica apenas se preenche determinadas condições, frente as quais "a nacionaliza e lhe confere eficácia no seu território"[15].

Também a sentença arbitral estrangeira é passível de homologação pelo STJ, como requisito de sua exequibilidade no País (art. 960, § 3º). Esta homologação sujeita-se a requisitos próprios, que não se confundem inteiramente com aqueles traçados para as sentenças estatais, os quais constam do art. 38 da Lei n. 9.307/1996.

---

[9] "O art. 782, § 3º, do CPC não veda a possibilidade de o credor, ou mesmo o órgão de proteção ao crédito, fazer a inclusão extrajudicial do nome do executado em cadastros de inadimplentes" (CEJ/I Jorn. Dir. Proc. Civ., Enunciado n. 98).

[10] WAMBIER, Teresa Arruda Alvim; CONCEIÇÃO, Maria Lúcia Lins; RIBEIRO, Leonardo Ferres da Silva; MELLO, Rogério Licastro Torres de. *Primeiros Comentários ao novo Código de Processo Civil*. São Paulo: Ed. RT, 2015, p. 1125.

[11] "A inclusão do nome do executado em cadastros de inadimplentes poderá se dar na execução definitiva de título judicial ou extrajudicial" (CEJ/I Jorn. Dir. Proc. Civ., Enunciado n. 99).

[12] WAMBIER, Teresa Arruda Alvim. *et al. Op.cit. loc.cit.*

[13] STJ, 3ª T., AgRg no REsp. 748.474/RS, Rel. Min. Ricardo Villas Bôas Cueva, ac. 10.06.2014, *DJe* 17.06.2014; STJ, 4ª T., AgRg no AREsp. 456.331/RS, Rel. Min. Luis Felipe Salomão, ac. 18.03.2014, *DJe* 03.04.2014.

[14] No chamado "juízo de delibação", a que se subordina a eficácia da sentença estrangeira no País, não há revisão de mérito do julgado (BARBOSA MOREIRA, José Carlos. *Comentários ao Código de Processo Civil*. 11. ed. Rio de Janeiro: Forense, 2003. v. V, n. 43, p. 60).

[15] AMARAL SANTOS, Moacyr. *Primeiras linhas de Direito Processual Civil*. 4. ed. São Paulo: Max Limonad, 1973. v. III, n. 936, p. 421.

Permite, ainda, o § 1º do art. 960 do CPC/2015 que a decisão interlocutória estrangeira seja executada no Brasil por meio de carta rogatória. Nesse caso, porém, o *exequatur* (a ser concedido pelo STJ), em relação a medidas executivas, ficará restrito às rogatórias relativas à execução de decisões concessivas de medidas de urgência (art. 962, § 1º). A homologação do STJ poderá ser dispensada por previsão em tratado ou convenção internacional, caso em que se procederá segundo o rito da *cooperação direta,* devendo a rogatória ou o simples pedido ser encaminhado diretamente ao juízo brasileiro competente[16], como dispõe o CPC/2015, arts. 30 a 33. Não se admite, é bom lembrar, que, a título de urgência no cumprimento de sentença, o credor utilize a carta rogatória e obtenha apenas o *exequatur*. As sentenças estrangeiras, por exigência constitucional, devem se submeter ao procedimento homologatório, para só assim se tornarem exequíveis no País[17].

Como as medidas de urgência podem ser deferidas no curso do processo ou após a sentença, a sua execução por meio de rogatória não dispensa a posterior homologação do julgado definitivo pelo STJ. Do contrário, seria fácil atribuir eficácia à sentença estrangeira, sem cumprir a condição imposta pela Constituição (art. 101, I, *i*).

Em resumo:

a) Os títulos executivos extrajudiciais estrangeiros independem de homologação para serem executados no País (CPC/2015, art. 784, § 2º);

b) Salvo no caso de divórcio consensual, a sentença estrangeira só se torna exequível no País depois de homologada pelo STJ (CPC/2015, art. 961);

c) As decisões interlocutórias estrangeiras sobre medidas de urgência são exequíveis no Brasil, mediante carta rogatória, seguida de *exequatur* concedido pelo STJ, salvo quando por Tratado ou Convenção for admitida a solução por meio de cooperação internacional direta (CPC/2015, art. 961).

Obtida a homologação ou o *exequatur,* o cumprimento da decisão estrangeira no Brasil será feito perante o juízo federal competente, observadas as normas estabelecidas para o cumprimento de decisão nacional (art. 965).

Fica assegurado ao exequente requerer a execução, a seu critério, perante *(i)* o juízo do atual domicílio do executado; *(ii)* perante o juízo do local onde se encontrem os bens sujeitos à execução; ou *(iii)* perante o juízo do local onde deva ser executada a obrigação de fazer ou de não fazer (art. 516, parágrafo único).

---

[16] É o caso, por exemplo, do Tratado concluído em Ouro Preto, em 16.12.1994, acerca das medidas cautelares no âmbito do Mercosul (NERY JUNIOR, Nelson; NERY, Rosa Maria de Andrade. *Comentários ao Código de Processo Civil* cit. p. 287).

[17] No entanto, "a execução, por meio de carta rogatória, de sentença proferida em processo ajuizado na Justiça argentina encontra previsão nos arts. 19 e 20 do Protocolo de Cooperação e Assistência em Matéria Civil, Comercial, Trabalhista e Administrativa no âmbito do Mercosul – Protocolo de Las Leñas – promulgado no Brasil pelo Decreto n. 2.067/1996" (STJ, Corte Especial, AgRg nos EDcl nos EDcl na CR 398/AR, Rel. p/ acórdão Min. Cesar Asfor Rocha, ac. 29.06.2010, *DJe* 12.08.2010).

Capítulo VIII
REQUISITOS NECESSÁRIOS PARA REALIZAR QUALQUER EXECUÇÃO

71. REQUISITOS ESPECÍFICOS DA EXECUÇÃO FORÇADA

Realizam-se, através do processo de execução, pretensões de direito material formuladas pelo credor em face do devedor. O direito de praticar a execução forçada, no entanto, é exclusivo do Estado. Ao credor cabe apenas a faculdade de requerer a atuação estatal, o que se cumpre por via do direito de ação. Sendo, destarte, a execução forçada uma forma de ação, o seu manejo sofre subordinação aos pressupostos processuais e às condições da ação, tal como se passa com o processo de conhecimento.

A relação processual há de ser validamente estabelecida e validamente conduzida até o provimento executivo final, para o que se reclamam a capacidade das partes, a regular representação nos autos por advogado, a competência do órgão judicial e o procedimento legal compatível com o tipo de pretensão deduzida em juízo, além de outros requisitos dessa natureza (v. volume I do *Curso de direito processual civil*, n. 87).

As condições da ação, como categorias intermediárias entre os pressupostos processuais e o mérito da causa, apresentam-se como requisitos que a lei impõe para que a parte possa, numa relação processual válida, chegar até a solução final da lide. Sem as condições da ação, portanto, o promovente não obterá a sentença de mérito ou o provimento executivo, ainda que o processo se tenha formado por meio de uma relação jurídica válida.

O atual Código estabelece como condições da ação a legitimidade de parte e o interesse de agir. Para a execução forçada prevalecem essas mesmas condições genéricas. Mas sua aferição se torna mais fácil, porque a lei só admite esse tipo de processo quando o credor possua título executivo e a obrigação nele documentada já seja exigível. É, pois, no título que se revelam todas as condições da ação executiva.

Desta forma, a admissibilidade da execução forçada exige a concorrência de dois requisitos básicos e indispensáveis, que são:

I – o *prático*, que é a atitude ilícita do devedor, consistente no inadimplemento de obrigação exigível (CPC/2015, art. 786); e
II – o *formal*, que se traduz na existência de título executivo, judicial ou extrajudicial, para documentar a obrigação inadimplida (arts. 798, I, *a* e 917, I).

Não é suficiente, outrossim, apenas a situação de um crédito documentalmente provado, tampouco a situação de uma obrigação descumprida. Só com a conjugação dos dois requisitos acima é que se torna viável o manejo do processo de execução.

A esses dois requisitos refere-se expressamente o atual Código, nos arts. 783 a 788, ao colocar o *título executivo* e a *exigibilidade da obrigação* sob a denominação de "dos requisitos necessários para realizar qualquer execução".

A exigência dos pressupostos em questão é, portanto, geral, aplicando-se indistintamente a todas as espécies de execução, sejam das obrigações de pagar quantia certa, sejam das obrigações de dar, de fazer ou não fazer.

Questiona-se sobre se tais requisitos se enquadrariam entre os pressupostos processuais ou entre as condições da ação. A propósito, é bom consignar que, pelo fato de o Código atual ter evitado falar em *condições da ação* e *carência de ação*, no plano de extinção do processo sem resolução do mérito, certa corrente doutrinária passou a defender que todos os requisitos de procedibilidade teriam sido englobados na categoria única dos pressupostos processuais[1]. Não é o que pensamos, uma vez que, sem recorrer ao rótulo de condição de ação, o art. 485 do CPC prevê, em incisos diferentes, a extinção do processo por ausência de "pressupostos de constituição e desenvolvimento válido e regular do processo" (inciso IV) e a que ocorre por "ausência de legitimidade ou de interesse" (inciso VI), figuras tradicionalmente identificadas com as "condições da ação" (art. 17).

Logo, na sistemática do CPC/2015 continuam atrelados os pressupostos ao plano de validade da relação processual, enquanto os requisitos da legitimidade e interesse permanecem localizados no plano da eficácia do processo, ou seja, da possibilitação do julgamento de mérito dentro de processo válido[2].

Admitidas essas duas categorias processuais, o título executivo e a exigibilidade da obrigação – por versarem sobre a exigência de utilidade e adequação do processo –, se enquadrariam mais facilmente entre as condições de acesso ao provimento executivo (mérito da ação de execução), do que entre os pressupostos de validade do processo; muito embora se reconheça que o art. 803, I, do CPC considere nula a execução quando falte certeza, liquidez e exigibilidade à obrigação documentada no título.

De qualquer maneira, a controvérsia a respeito é de cunho acadêmico apenas, visto que se revela despida de qualquer interesse prático, pois, trate-se de pressuposto ou condição, o efeito jurídico da respectiva ausência é exatamente o mesmo: o processo se extinguirá sem atingir o provimento satisfativo da pretensão do exequente. Daí ser preferível, em consideração da tipicidade e complexidade do papel reservado ao título executivo, ver nele um requisito especial da execução, no qual seria possível entrever traços tanto de pressuposto processual como de condição de ação. O certo, portanto, é que a lei não franqueia a execução judicial senão ao credor que se apoie em título executivo representativo de obrigação certa, líquida e exigível (CPC, arts. 783 e 786). Mais adiante, voltaremos a tratar, mais detidamente, da natureza e conteúdo do título executivo.

72. INADIMPLEMENTO DO DEVEDOR

A situação de fato que dá lugar a execução consiste sempre "na falta de cumprimento de uma obrigação por parte do obrigado"[3], no respectivo termo.

Pertence ao direito material a conceituação do inadimplemento, no qual se considera devedor inadimplente aquele que não cumpriu, na forma e no tempo devidos, o que lhe competia segundo a obrigação pactuada.[4]

Relaciona-se a ideia de inadimplemento com a de exigibilidade da prestação, de maneira que, enquanto não vencido o débito, não se pode falar em descumprimento da obrigação do devedor.

---

[1] DIDIER JÚNIOR, Fredie. Será o fim da categoria "condições da ação"? Um elogio ao projeto do novo Código de Processo Civil. *Revista de Processo*, v. 197, p. 255-260, São Paulo, jul./2011; CUNHA, Leonardo Carneiro da. Será o fim da categoria condições da ação? *Revista de Processo*, v. 198, p. 227-235, São Paulo, ago./2011.

[2] THEODORO JÚNIOR, Humberto. *Curso de direito processual civil*. 64. ed. Rio de Janeiro: Forense, 2023, v. I., n. 95, p. 150-152; CÂMARA, Alexandre Freitas. Será o fim da categoria "condições da ação"? Uma resposta a Fredie Didier Jr. *Revista de Processo*, v. 197, p. 261-269, São Paulo, jul./2011.

[3] LIEBMAN, Enrico Tullio. *Processo de Execução*. 3. ed. São Paulo: Saraiva, 1968, n. 4, p. 6.

[4] ALVIM, Agostinho. *Da Inexecução das Obrigações e suas Consequências*. 3. ed. Rio de Janeiro: Jurídica Universitária, 1965, n. 4, p. 23-25.

Ciente dessa verdade, ensinava Lopes da Costa que, para a execução, torna-se necessário que: a) exista o título executivo; e b) "a obrigação esteja vencida".[5]

É evidente que sem o vencimento da dívida, seja normal ou extraordinário, não ocorre a sua exigibilidade. E não sendo exigível a obrigação, o credor carece da ação executiva (CPC/2015, arts. 783 e 786).

Não há, todavia, necessidade de produzir-se prova do inadimplemento com a inicial, o transcurso do prazo da citação sem o cumprimento da obrigação, como forma de interpelação judicial, é a mais enérgica e convincente demonstração da mora do devedor. Além do mais, a simples verificação, no título, de que já ocorreu o vencimento é a prova suficiente para abertura da execução. Ao devedor é que incumbe o ônus da prova em contrário, isto é, a demonstração de que inocorreu o inadimplemento, o que deverá ser alegado e provado em embargos à execução (arts. 535, n. III e 917, I) ou em impugnação ao cumprimento da sentença (art. 525, § 1º, III).

Salvo a excepcional possibilidade da execução *provisória*, em matéria de sentença (título executivo judicial), só se pode falar em inadimplemento após o trânsito em julgado e a liquidação da condenação, se for o caso. Para os títulos extrajudiciais, não se tratando de obrigação a vista, o inadimplemento se dá após a ultrapassagem do termo ou a verificação da condição suspensiva.

No atual Código, a estipulação do primeiro requisito da execução acha-se contida no art. 786, onde se dispõe que ela, "pode ser instaurada caso o devedor não satisfaça a obrigação certa, líquida e exigível, consubstanciada em título executivo". O que se quis assentar foi a conotação de inadimplemento no campo da execução. Para que se tenha presente o requisito material da execução forçada, não basta o inadimplemento de qualquer obrigação. É preciso que o descumprimento se refira a uma obrigação corporificada em título executivo definido por lei.

O inadimplemento pressupõe uma situação de inércia culposa do devedor. Por isso mesmo, se ocorre o cumprimento voluntário da obrigação pelo devedor, "o credor não poderá iniciar a execução" (art. 788). E mesmo que já tenha tido início a execução forçada, caberá sempre ao devedor o direito de fazer cessar a sujeição processual mediante pagamento da dívida, que é, invariavelmente, fato extintivo do processo executivo (arts. 788 e 924, II).

Mas, para desvencilhar-se da execução e obter a quitação da dívida é imprescindível que o devedor cumpra a prestação exatamente como a define o título executivo. Caso contrário, será lícito ao credor recusá-la e dar curso ao processo executivo (arts. 788 do CPC/2015, e 245, 249 e 313 do Código Civil).

A discussão em torno da regularidade e perfeição do pagamento, se anterior à execução, deverá ser objeto do processo incidente (mas à parte) dos embargos à execução (art. 917, VI), se se tratar de execução fundada em título extrajudicial. Será tratada a matéria em impugnação quando a execução forçada estiver sendo processada como "cumprimento de sentença" (arts. 513 e 525, § 1º, VII). Se o pagamento foi oferecido no curso da execução, qualquer divergência em torno dele será apreciada e decidida nos próprios autos.

73. INADIMPLEMENTO EM CONTRATO BILATERAL

Há negócios jurídicos em que após seu aperfeiçoamento apenas uma das partes tem obrigações (empréstimo, por exemplo). Em outros, ambas as partes assumem deveres e direitos recíprocos (compra e venda, parceria agrícola etc.).

Diz-se que o contrato é *unilateral* no primeiro caso; e *bilateral* no segundo. Regulando a segunda hipótese, dispõe o Código Civil de 2002 que "nos contratos bilaterais, nenhum dos contratantes, antes de cumprida a sua obrigação, pode exigir o implemento da do outro" (art. 476).

---

[5] LOPES DA COSTA, Alfredo de Araújo. *Direito Processual Civil Brasileiro*. 2. ed. Rio de Janeiro: Forense, 1959, v. IV, n. 73, p. 71.

Prevendo a possibilidade de execução de título que contenha uma obrigação dessa natureza, estatuiu o atual Código de Processo Civil que, "se o devedor não for obrigado a satisfazer sua prestação senão mediante a contraprestação do credor, este deverá provar que a adimpliu ao requerer a execução, sob pena de extinção do processo" (CPC/2015, art. 787).

Trata-se de aplicação da *exceptio non adimpleti contractus*, que é de natureza substancial, ao processo de execução, e que terá lugar sempre que o credor pretender intentá-lo sem a prévia ou concomitante realização da contraprestação a seu cargo.

Por força dessa exceção, a execução se frustrará, dada a ausência de um dos seus pressupostos indeclináveis – inadimplemento – já que a recusa do devedor ao pagamento será justa e, por isso, o credor, enquanto não cumprida sua contraprestação, apresentar-se-á como carente da ação de execução.[6] É que não se poderá falar em *exigibilidade da obrigação* na espécie a não ser depois que o exequente houver cumprido a prestação a seu cargo. Daí exigir o art. 787, *caput*, que a petição inicial da execução seja acompanhada da prova de já ter o exequente satisfeito a prestação a seu cargo.

Na realidade, nos contratos bilaterais não há nem credor nem devedor, pois ambos os contraentes são, a um só tempo, credores e devedores. Aquele que pretender executar o respectivo crédito, terá antes que deixar de ser devedor, solvendo o débito a seu cargo e fazendo cessar a bilateralidade do vínculo contratual.

Nota-se que a reciprocidade de obrigações, para os fins do art. 787, deverá proceder do mesmo e único título, pois se assim não for as obrigações serão *independentes* e não autorizarão a exceção de contrato não cumprido.[7]

Mesmo sem o prévio adiantamento da contraprestação do exequente, o executado, em vez de opor a exceção, pode preferir cumprir sua parte no contrato. Ser-lhe-á, então, permitido oferecer a prestação em juízo para exonerar-se da dívida. Isso ocorrendo, o juiz suspenderá a execução e só permitirá ao credor-exequente o respectivo levantamento se "cumprir a contraprestação que lhe tocar" (art. 787, parágrafo único).

Naturalmente, será marcado um prazo pelo juiz para cumprimento da citada obrigação, levando-se em conta a natureza da prestação e as condições do contrato. Decorrido ele sem providência do exequente, o primitivo executado, agora munido de declaração judicial de exoneração de seu débito, estará em condições de assumir a posição de sujeito ativo e promover a completa execução contra aquele que teve a iniciativa do processo.

Não é, por outro lado, correto pretender que o contrato, por ser bilateral, impede a configuração do título executivo, sob o pretexto de que o direito do credor estaria na dependência de acertamento em torno da contraprestação, reclamando, por isso, processo de conhecimento, e repelindo a execução forçada.

O que descaracteriza o título executivo é a iliquidez ou incerteza relativamente às prestações previstas no título, não a sua bilateralidade. Se estas têm objeto certo e momentos precisos para sua implementação, uma vez comprovado documentalmente o pagamento de uma delas, o contrato se torna unilateral e aquele que já cumpriu a prestação a seu cargo terá contra a outra parte título obrigacional líquido, certo e exigível.

Tanto pode o contrato bilateral servir de título executivo, que o art. 798, I, "d", prevê, expressamente, a obrigação do credor de, ao requerer a execução, instruir a inicial com "a provar,

---

[6] LIMA Alcides de Mendonça. *Comentários ao Código de Processo Civil*. Rio de Janeiro: Forense, 1974, v. VI, t. 1, n. 586, p. 266.

[7] "Logo, o art. 787, *caput,* aplica-se às prestações recíprocas sucessivas, traduzindo a impossibilidade de o inadimplente executar a prestação do outro parceiro, desde que ambas, evidentemente, estejam previstas em título executivo" (ASSIS, Araken de. *Manual da execução*. 18. ed. revista, atualizada e ampliada, São Paulo: Editora Revista dos Tribunais, 2016, p. 282).

se for o caso, de que adimpliu a contraprestação que lhe corresponde ou que lhe assegura o cumprimento, se o executado não for obrigado a satisfazer a sua prestação senão mediante a contraprestação do exequente".[8]

74. TÍTULO EXECUTIVO

Além da existência de um crédito insatisfeito, para que haja execução forçada, é ainda indispensável que o credor conte com a posse de um *título executivo*.

Enquanto no processo de conhecimento *se discute*, à procura da definição do direito que virá solucionar a controvérsia das partes, no processo de execução apenas se realiza o direito já declarado numa sentença condenatória ou num documento extrajudicial a que a lei reconhece o poder de conferir à obrigação certeza, liquidez e exigibilidade.

Por que não se visa a uma sentença ou decisão de mérito é que se costuma afirmar que "o processo de execução não é contraditório".[9]

Por isso mesmo que nele não se pode mais discutir o direito substancial das partes, é que toda execução tem por base título executivo, judicial ou extrajudicial. *Nulla executio sine titulo*, cabendo ao exequente exibi-lo com a petição inicial (CPC/2015, art. 798), sob pena de nulidade do processo (CPC/2015, art. 917, I).

Como muito bem elucida Liebman, "ao poder executório do Estado e à ação executória do credor corresponde a *responsabilidade executória* do devedor que é a situação de sujeição à atuação da sanção...", a qual será realizada em prejuízo de seu patrimônio mediante coação estatal. "Esta responsabilidade, ainda na lição do mestre italiano, consiste propriamente na destinação dos bens do vencido (devedor) a servirem para satisfazer o direito do credor. Ela decorre do *título*, exatamente como deste decorre a ação executória correspondente...". Em suma: "a responsabilidade, assim como a ação executória, está ligada imediatamente apenas ao título".[10]

74-A. NATUREZA DO TÍTULO EXECUTIVO

Não há consenso doutrinário sobre o conceito e a natureza do título executivo. Para Liebman, é ele um elemento constitutivo da ação de execução forçada; para Zanzuchi, é uma condição do exercício da mesma ação; para Carnelutti, é a prova legal do crédito; para Furno e Couture, é o pressuposto da execução forçada; para Rocco, é apenas o pressuposto de fato da mesma execução etc.

No entanto, em toda a doutrina e na maioria dos textos dos Códigos modernos, está unanimemente expressa a regra fundamental da *nulla executio sine titulo*. I.e., nenhuma execução forçada é cabível sem o título executivo que lhe sirva de base.

A discussão em torno da natureza do título passa, portanto, a um plano mais filosófico do que prático, já que ninguém contesta que, sem o documento e o respectivo conteúdo que a lei determina, nenhuma execução será admitida.

Nesse sentido, dispunha expressamente o art. 583 do nosso Código de Processo Civil de 1973 que "toda execução tem por base título executivo judicial ou extrajudicial". O dispositivo

---

[8] "O contrato bilateral pode servir de título de pagar quantia certa, desde que definida a liquidez e certeza da prestação do devedor, comprovando o credor o cumprimento integral de sua prestação" (STJ, 4ª T., REsp. 170.446/SP, Rel. Min. Ruy Rosado de Aguiar, *DJU* 15.09.1998, p. 82; STJ, 3ª T., AgRg no Ag 454.513/MT, Rel. Min. Vasco Della Giustina, ac. 18.8.2009, *DJe* 1.9.2009).

[9] LOPES DA COSTA, Alfredo de Araújo. *Direito processual civil brasileiro*. 2. ed. Rio de Janeiro: Forense, 1959, v. IV, n. 103, p. 98.

[10] LIEBMAN, Enrico Tullio. *Processo de Execução*, cit., n. 35, p. 67.

foi revogado pela Lei n. 11.382, de 06.12.2006, e não foi repetido em sua literalidade pelo CPC/2015 (art. 783), mas a omissão se deveu apenas ao fato de que o texto antigo fazia referência tanto ao título judicial quanto ao extrajudicial, e à circunstância de que o primeiro foi deslocado no Código atual para disciplinamento no Livro I, sob a rubrica de "do processo de conhecimento e do cumprimento da sentença". Dita inovação, porém, não abalou o princípio de que a execução forçada somente é cabível com base em título legalmente qualificado como executivo. Continua explícita a exigência, em outro dispositivo, de que a petição inicial deva sempre ser instruída "com o título executivo extrajudicial" (CPC/2015, art. 798, I, "a"), além de o art. 783 prever que "a execução para a cobrança de crédito fundar-se-á sempre em título de obrigação certa, líquida e exigível" e o art. 786 agregar a exigência de que tal obrigação deverá sempre ser "consubstanciada em título executivo".

Assim, não há dúvida de que a natureza do título executivo para o CPC brasileiro é a de um requisito essencial para a realização de qualquer execução forçada (arts. 783 e 786, *caput*). Ou, no entendimento de Didier Júnior, é o *"documento indispensável à propositura da ação e ao desenvolvimento válido do processo executivo. É requisito da petição inicial da ação executiva. É o documento que a lei exige para que se possa instaurar o procedimento executivo. É um requisito de admissibilidade específico do procedimento executivo"*[11].

75. CONTEÚDO DO TÍTULO EXECUTIVO

A admissibilidade da execução pressupõe certeza do órgão judicial quanto ao crédito do exequente, pois só assim desencadeará a coação estatal tendente à realização prática da obrigação descumprida.

Para dar início à execução, portanto, o credor obrigatoriamente deverá estar de posse do título executivo que funciona, no espirituoso exemplo de Carnelutti, como o bilhete que o passageiro tem que apresentar ao cobrador para penetrar no trem antes da viagem.[12]

Não basta, porém, ao exequente ser titular de um crédito comprovado para promover a respectiva execução. O título executivo, que lhe franqueia o manejo da execução forçada e assegura ao órgão judicial a certeza da justiça contida no ato de força que vai praticar contra o devedor, há de satisfazer, também, específicos requisitos formais.

Comumente a palavra *título* costuma ser encarada em dois sentidos diversos: "um *interno* – o ato jurídico de onde derivou o direito", quando se fala, por exemplo, em aquisição do domínio a título de compra e venda ou a título de sucessão; "outro *externo* – a prova escrita daquele ato, o documento",[13] quando se cogita, *verbi gratia*, da sentença, da escritura, da letra de câmbio etc.

No conceito de título executivo, refletem-se as duas ideias, podendo distinguir-se, como faz Redenti, um título executivo *processual*, como documento, e um título executivo *substancial*, como negócio jurídico documentado.[14]

---

[11] DIDIER JÚNIOR, Fredie; CUNHA, Leonardo Carneiro da; BRAGA, Paula Sarno; OLIVEIRA, Rafael Alexandria de. *Curso de direito processual civil*: execução. 7. ed. Salvador: JusPodivm, 2017, v. 5, p. 260. Também qualificam o título executivo como *pressuposto específico* da execução: GUERRA, Marcelo Lima. Título executivo como representação documental típica do crédito. In: DIDIER JÚNIOR, Fredie; JORDÃO, Eduardo Ferreira (coords.). *Teoria do processo*: panorama doutrinário mundial. Salvador: JusPodivm, 2008, p. 699-700; SHIMURA, Sérgio. *Título executivo*. São Paulo: Saraiva, 1997, p. 85.

[12] CARNELUTTI, Francesco. *Istituzioni del Processo Civile Italiano*. 5. ed. Roma: Società Editrice del Foro Italiano, 1956, v. I, n. 173, p. 161.

[13] LOPES DA COSTA, Alfredo de Araújo. *Op. cit.*, v. IV, n. 61, p. 61.

[14] REDENTI, Enrico. *Diritto Processuale Civile*. 2. ed. Milano: Giuffrè, 1954, v. III p. 108 e ss.

Na verdade, o título que se reclama como pressuposto da execução forçada, é tanto título-documento como título-direito. Isso porque nos títulos executivos há que considerar os requisitos *formais* e os requisitos *substanciais*: quer dizer, "o título há de satisfazer a uma certa forma e ter um certo conteúdo".[15] Não é só prova, nem só documento, mas sim "fato complexo", no dizer de Micheli.[16]

Veja-se o caso de uma escritura pública (*forma*): se contiver em seu bojo um mútuo, será título executivo (CPC/2015, art. 784, n. II); já não o será se o negócio nela documentado for uma empreitada ou uma constituição de sociedade.

O mesmo se passa com o objeto do título (*substância*): um mútuo dará lugar à execução se, por exemplo, estiver representado por uma nota promissória (art. 784, n. I). Não será possível, porém, executá-lo, sem a prévia condenação, se o mútuo estiver apenas retratado em documento particular, sem testemunhas (art. 784, III).

Conclui-se, portanto, que só o direito substancial à prestação e sua prova ordinária não são suficientes para dar oportunidade de movimentar o aparelhamento judicial-executivo. Quase sempre terá o credor de obter primeiro a condenação do devedor por meio do processo de conhecimento. Será, então, a sentença condenatória que lhe fornecerá o *título executivo* contra o devedor inadimplente. Há casos, no entanto, em que a lei reconhece a determinados documentos extrajudiciais, públicos ou particulares, um efeito semelhante ao da sentença condenatória, erigindo-os, também, à condição de *título executivo* e tornando dispensável a condenação do devedor no processo de cognição.

No primeiro exemplo – sentença condenatória – diz-se que o credor possui título executivo judicial, funcionando como fato constitutivo *do juiz* da ação de execução. No segundo – título negocial – diz-se que o direito à execução derivou de fato constitutivo *das partes*.

Nas duas espécies, como se vê, o credor não só dispõe da prova perfeita de seu direito de crédito, como, em razão das particularidades formais de seu título, possui, também, o direito subjetivo à execução, voltado contra o Estado. O título executivo agregou certeza à obrigação[17] e deu-lhe exequibilidade. Assiste ao credor, dessa forma, o direito de dirigir-se ao juiz e exigir dele, sem demonstração analítica da constituição do débito,[18] que as forças de coação do Estado sejam atuadas contra o devedor para realizar, compulsoriamente, a prestação patrimonial em mora, apoiando-se unicamente no documento que possui.

Em última análise, porém, só a lei é que define, em consideração à forma e ao negócio jurídico documentado, quais os documentos que podem ser havidos como títulos executivos e ensejam, nos casos especificados, a possibilidade de o credor se valer do processo de execução para a concreta realização de seu direito. "A lei, portanto, é a única fonte para um título ter força executiva. Nem mesmo o acordo das partes permite tal condição".[19]

Sem negar o caráter eminentemente documental ou instrumental do título executivo, é lícito, diante do exposto, afirmar que só quando houver um título hábil, na *forma e na essência*, é que o processo de execução será manejável.

Processualmente, o título executivo é, em suma, o documento que, dando certeza a determinados créditos, gera para o portador o direito à ação executiva.

---

[15] REIS, José Alberto dos. *Processo de Execução*. Coimbra: Coimbra Editora, 1943, v. I, n. 45, p. 125.
[16] MICHELI, Gian Antonio. *Derecho Procesal Civil – Proceso de Ejecución*. Buenos Aires: Ediciones Jurídicas Europa-América, 1970, vol. III, p. 148.
[17] MICHELI, Gian Antonio. *Op. cit.*, p. 9.
[18] MICHELI, Gian Antonio. *Op. cit., loc. cit.*
[19] LIMA, Alcides de Mendonça. *Op. cit.*, v. VI, n. 651, p. 292.

Exata, por isso, é a conceituação de Micheli, que o define como "un documento que tiene determinados requisitos formales y cuya posesión es necesaria para promover el proceso ejecutivo", devendo o referido documento "tener un cierto contenido que puede ser um acto de juez e un acto de parte".[20]

75.1. Conteúdo do título executivo: obrigação certa, líquida e exigível

Já demonstramos que o processo de execução não tem conteúdo cognitivo e que, por isso, todo acertamento do direito do credor deve preceder à execução forçada. Não há, por isso mesmo, execução sem título, *i.e.*, sem o documento de que resulte certificada, ou legalmente acertada, a tutela que o direito concede ao interesse do credor.[21] O título executivo, portanto, é figura complexa – como quer Micheli –, que engloba em seu conteúdo elementos formais e substanciais, e cuja eficácia precípua é a de constituir para o credor o direito subjetivo à execução forçada (direito de ação).

Mas, para que o título tenha essa força, não basta a sua denominação legal. É indispensável que, por seu conteúdo, se revele uma obrigação *certa, líquida e exigível*, como dispõe textualmente o art. 783 do CPC/2015.[22] Só assim terá o órgão judicial elementos prévios que lhe assegurem a abertura da atividade executiva, em situação de completa definição da existência e dos limites objetivos e subjetivos do direito a realizar.

Esses requisitos indispensáveis para se reconhecer ao título a força executiva legal são definidos por Carnelutti nos seguintes termos: o direito do credor "é certo quando o título não deixa dúvida em torno de sua existência; líquido quando o título não deixa dúvida em torno de seu objeto; exigível quando não deixa dúvida em torno de sua atualidade".[23] Em outras palavras, mas com o mesmo alcance, ensina Calamandrei que ocorre a *certeza* em torno de um crédito quando, em face do título, não há controvérsia sobre sua existência (*an*); a *liquidez*, quando é determinada a importância da prestação (*quantum*); e a *exigibilidade*, quando o seu pagamento não depende de termo ou condição, nem está sujeito a outras limitações.[24]

A certeza da obrigação, atestada pelo título, requisito primeiro para legitimar a execução, decorre normalmente de perfeição formal em face da lei que o instituiu e da ausência de reservas à plena eficácia do crédito nele documentado. Certa, pois, é a obrigação cujos elementos essenciais à sua existência jurídica se acham todos identificados no respectivo título.

---

[20] MICHELI, Gian Antonio. *Op. cit.*, p. 8.

[21] ROCCO, Ugo. *Tratado de derecho procesal civil*. Buenos Aires: Depalma, 1976, IV, p. 137.

[22] O *caput* do art. 586 do CPC/1973 [CPC/2015, art. 783], na sua redação primitiva, falava em "título líquido, certo e exigível". A Lei n. 11.382/2006 a alterou para acomodar o dispositivo à doutrina que entendia serem a certeza, liquidez e exigibilidade atributos da obrigação e não do título. Daí dispor a nova redação do questionado artigo que a execução para cobrança de crédito deverá se fundar sempre em título de "obrigação certa, líquida e exigível". Alterou-se, também, a ordem dos requisitos. O texto originário falava em "liquidez, certeza e exigibilidade". O texto alterado, e agora repetido pelo novo Código, coloca a certeza em primeiro lugar, atendendo a uma ponderação de Pontes de Miranda ("Além de falar da certeza e da liquidez [embora, erradamente, quanto à colocação dos adjetivos, *título líquido e certo*], o art. 586 alude a ser *exigível*". Cf. PONTES DE MIRANDA, Francisco Cavalcanti. *Comentários ao Código de Processo Civil*. Rio de Janeiro: Forense, 1976, t. IX, p. 401). Com efeito, antes de ser líquida, a obrigação tem de existir. Somente havendo certeza a respeito de sua existência é que se pode cogitar da determinação, ou não, de seu objeto. Por último, para ser exigível, a obrigação terá, antes, de ser certa e líquida. De tal sorte, a ordem lógica dos atributos reclamados para a execução de qualquer obrigação é a da certeza, liquidez e exigibilidade, tal como consta do texto do art. 783 do CPC/2015.

[23] CARNELUTTI, Francesco. *Istituzioni del processo civile italiano*. 5. ed. Roma: Società Editrice del Foro Italiano, 1956, v. I, n. 175, p. 164.

[24] SERPA LOPES, Miguel Maria de. *Exceções substanciais*. Rio de Janeiro: Freitas Bastos, 1959, n. 57, p. 263.

Não está a certeza, portanto, no plano da vontade ulterior das partes, mas na convicção que o órgão judicial tem de formar diante do documento que lhe é exibido pelo credor. Pouco importa que, particularmente, estejam controvertendo as partes em torno da dívida. A *certeza que permite ao juiz expedir o mandado executivo é a resultante* do documento judicial ou de outros documentos que a lei equipare à sentença condenatória.[25] Nessa ordem de ideias, o título há de ser completo, já que não se compreende nos objetivos da execução forçada a definição ou o acertamento de situação jurídica controvertida.

Na sistemática da tutela executiva, o título, quando perfeito, contém o acertamento da obrigação necessário e suficiente para autorizar o manejo, pelo credor, do processo de execução.[26] Por isso, discussões em torno da certeza, liquidez e exigibilidade da dívida exequenda não impedem a abertura do procedimento respectivo, se o título executivo é em si completo quanto aos requisitos formais e substanciais. Eventuais questionamentos em torno do negócio subjacente serão, se for o caso, suscitados e resolvidos na ação de embargos à execução.

"Por suas medidas, brandas ou drásticas" – observa Mendonça Lima – "apenas se tornará efetivo o que já fora anteriormente assegurado". Toda declaração ou reconhecimento do direito do credor há de se conter, por inteiro, no título, visto que a execução "nada agrega, nem diminui e nem amplia: *realiza-o* se não o foi espontaneamente pelo vencido (devedor)".[27]

Não cabendo ao juiz pesquisar em torno da existência e extensão do direito do credor, no curso da execução, toda fonte de convicção ou certeza deve se concentrar no título executivo. "A simples leitura do escrito – na lição de Amílcar de Castro – deve pôr o juiz em condições de saber quem seja o credor, quem seja o devedor, qual seja o bem devido e quando ele seja devido...".[28]

Quanto à liquidez, dispõe o CPC/2015 que a necessidade de simples operações aritméticas para apurar o crédito não retira a liquidez da obrigação do título (art. 786, parágrafo único). Tanto é assim que o art. 509, § 2º, no tocante ao título executivo judicial, dispensa o procedimento de liquidação quando a apuração do valor fixado pela sentença depender apenas de cálculo aritmético, podendo o credor iniciar, imediatamente, o cumprimento de sentença.

Em suma, diante da exigência legal de que o título executivo demonstre obrigação sempre certa, líquida e exigível, um de seus requisitos substanciais é "o de ser completo", tanto objetiva como subjetivamente.[29] Isso, porém, não impede que se agregue ao documento originário outros posteriormente obtidos para se realizar o aperfeiçoamento do título em seus requisitos de certeza, liquidez e exigibilidade. O importante é que esses requisitos emanem de prova documental inequívoca e não estejam ainda a reclamar apuração e acertamento em juízo por diligências complexas e de resultado incerto (cf., por exemplo, a regra do art. 798, I, "d", que autoriza o credor a executar obrigação derivada de contrato bilateral, mediante prova de já ter adimplido a contraprestação a seu cargo).

---

[25] ROCCO, Ugo. *Op. cit.*, IV, p. 145.

[26] O ponto de partida da ação executiva é o acertamento contido no título, como lembra José Lebre de Freitas: "daí que se diga que [o título] constitui a *base da execução*, por ele se determinando o fim e os limites da ação executiva (art. 105) [...] em face dele [título] se verificando se a *obrigação é certa, líquida e exigível* (art. 713)" (FREITAS, José Lebre de. *Ação executiva à luz do Código de Processo Civil de 2013*. 7. ed. Coimbra: Gestlegal, 2018, n. 3.1, p. 45-47). Em face disso, "do título executivo é frequente dizer-se que é *condição necessária e suficiente da ação executiva*" (*Op. cit.*, n. 3.7.2, p. 89. No mesmo sentido: MANDRIOLI, Crisanto. *Corso di diritto processuale civile*. Torino: G. Giapichelli, 1995, v. I, p. 26; CASTRO, Artur Anselmo de. *A acção executiva singular, comum e especial*. Coimbra: Coimbra Ed., 1973, p. 14).

[27] LIMA, Alcides de Mendonça. *Comentários ao Código de Processo Civil*. 2. ed. Rio de Janeiro: Forense, 1974, v. VI, n. 28, p. 14.

[28] CASTRO, Amílcar de. *Comentários ao Código de Processo Civil*. São Paulo: RT, 1974, v. VIII, n. 90, p. 57.

[29] Cf. CASTRO, Amílcar de. *Op. cit., loc. cit.*

75.2. Função do título executivo

Porque não pode haver execução sem título executivo, assume ele, no processo de realização coativa do direito do credor, tríplice função, como lembra Rosenberg, ou seja:

(a) a de autorizar a execução;
(b) a de definir o fim da execução; e
(c) a de fixar os limites da execução.

Como lógica e juridicamente não se concebe execução sem prévia certeza sobre o direito do credor, cabe ao título executivo transmitir essa convicção ao órgão judicial. E, nessa ordem de ideias, observa José Alberto dos Reis, não é o título apenas a base da execução, mas, na realidade, sua condição necessária e suficiente. É condição necessária, explica o grande mestre, porque não é admissível execução que não se baseie em título executivo. É condição suficiente, porque, desde que exista o título, pode-se logo iniciar a ação de execução, sem que se haja de previamente propor a ação de condenação, tendente a comprovar o direito do autor.[30]

Diz-se que é o título que define o fim da execução porque é ele que revela qual foi a obrigação contraída pelo devedor e qual a sanção que corresponde a seu inadimplemento, apontando, dessa forma, o fim a ser alcançado no procedimento executivo. Assim, se a obrigação é de pagar uma soma de dinheiro, o procedimento corresponderá à execução por quantia certa; se a obrigação é de dar, executar-se-á sob o rito de execução para entrega de coisa; se a obrigação é de prestar fato, caberá a execução prevista para as obrigações de fazer.

Finalmente, como pressuposto legal indeclinável que é de toda e qualquer execução, cabe ao título executivo fixar os limites objetivos e subjetivos da coação estatal a ser desencadeada. Cabe-lhe, nesse sentido, definir os sujeitos ativo e passivo, assim como o objeto da execução forçada. Por princípio, a execução não se justifica a não ser dentro do indispensável para realizar a prestação a que tem direito o credor perante o devedor. Assim, o conteúdo da obrigação, o seu valor ou seu objeto, os seus acessórios, quem responde pela dívida, quem pode exigi-la, tudo isto há de se definir pelo título executivo.

Como muito bem elucida Liebman, "ao poder executório do Estado e à ação executória do credor corresponde a responsabilidade executiva do devedor, que é a situação de sujeição à atuação da sanção", a qual será realizada em prejuízo de seu patrimônio mediante coação estatal. "Esta responsabilidade – ainda na lição do mestre peninsular – consiste propriamente na destinação dos bens do vencido (devedor) a servirem para satisfazer o direito do credor. Ela decorre do título, exatamente como deste decorre a ação executória correspondente..." Em suma, "a responsabilidade, assim como a ação executória, está ligada imediatamente apenas ao título".[31]

Daí se conclui que, sendo, como se reconhece amplamente, o título executivo a base, o fundamento, ou o pressuposto da execução forçada, a legitimação das partes, tanto ativa como passiva, não pode fugir aos seus limites subjetivos.

Ensina, a propósito, Rocco que "a legitimação ativa e passiva determinam as normas processuais com base na titularidade *ativa*, efetivamente existente, ou apenas afirmada, de uma determinada relação jurídica substancial que seja juridicamente certa ou presuntivamente certa, a respeito dos dois sujeitos (sujeito do direito e sujeito da obrigação jurídica), declaração de certeza que resulte de um *documento* que a consagre", que outro não é senão o título executivo.[32]

---

[30] REIS, José Alberto dos. *Processo de execução*. Coimbra: Coimbra Ed., 1943, v. I, n. 28, p. 78.
[31] LIEBMAN, Enrico Tullio. *Processo de execução*. 3. ed. São Paulo: Saraiva, 1968, n. 35, p. 67.
[32] ROCCO, Ugo. *Tratado de derecho procesal civil*. Buenos Aires: Depalma, 1976, v. IV, p. 133-134.

Enfim, "a ação executiva – observa Liebman – não só nasce com o título, mas tem unicamente nele o seu fundamento jurídico".[33]

75.3. Efeito prático do título executivo

Como nenhuma execução pode ser admitida sem a prévia declaração de certeza a respeito do direito do credor, esteja ela contida numa sentença ou em outro documento a que a lei reconheça força equivalente à de uma sentença, impõe-se admitir, com base na lição de Ronaldo Cunha Campos, que o título executivo representa "o *acertamento* de um crédito", do qual promana "a certeza necessária para autorizar o Estado a desenvolver o processo onde a sanção se concretiza, em benefício do credor e a expensas do devedor".[34]

"O Estado – prossegue o mesmo processualista – atua a sanção (por meio da execução forçada) após verificar se o preceito se viu desatendido e por quem." Dessa maneira, "a atuação da sanção sempre é precedida pela atividade do órgão jurisdicional que *acerta* (define) a ocorrência de violação". Em regra, portanto, "entre o desatendimento do preceito e a imposição da sanção há um interregno representado pelo processo de conhecimento".[35]

Mesmo quando a lei permite o início da execução sem o prévio processo de conhecimento, o título executivo extrajudicial exerce função equivalente à da sentença condenatória, *i.e.*, representa, por vontade da lei, uma forma de declaração de certeza ou de acertamento da relação jurídica estabelecida entre devedor e credor. É que, na sistemática do direito atual, não apenas o Judiciário, mas também as próprias partes podem dar efetiva aplicação à lei.

Ao criar um documento a que a lei reconhece a força de título executivo, o devedor, além de reconhecer sua obrigação, aceita, no mesmo ato, o consectário lógico-jurídico de que poderá vir a sofrer a agressão patrimonial que corresponde à sanção de seu eventual inadimplemento. O título, portanto, para Carnelutti, torna certa não apenas a existência do fato, mas também a sua eficácia jurídica.[36]

75.4. Admissibilidade e mérito da execução

Todo procedimento judicial tem um objetivo a ser alcançado através de determinado provimento (mérito da causa) e tem de se sujeitar a alguns requisitos legais para se formar e desenvolver validamente (pressupostos processuais e condições da ação), atingindo a resolução do mérito.

Uma vez que a execução só tem cabimento quando baseada em título executivo, cujo teor há de demonstrar *quantum satis* a existência e exigibilidade da obrigação exequenda, impõe-se o reconhecimento de que essa modalidade de processo, antes de tudo, não se destina à certificação judicial do direito que o credor opõe ao executado. Em outros termos, não se trata de um processo de sentença, mas de execução ou realização de direito previamente reconhecido e certificado.

Isto, porém, não equivale a dizer que se está diante de um procedimento desprovido de mérito a ser resolvido judicialmente. Mérito, em qualquer tipo de processo ou procedimento, corresponde ao provimento pleiteado pelo autor junto ao órgão judicial, para ser atuado na esfera jurídica do réu. Nessa perspectiva, é irrecusável que a execução, uma vez acolhida no

---

[33] LIEBMAN, Enrico Tullio. *Le opposizioni di merito nel processo d'esecuzione*. 2. ed. Roma: Soc. Editrice del Foro Italiano, 1936, p. 157-158.
[34] CUNHA CAMPOS, Ronaldo. *Execução fiscal e embargos do devedor*. Rio de Janeiro: Forense, 1978, n. 5, p. 6-7.
[35] CUNHA CAMPOS, Ronaldo. *Op. cit.*, p. 7.
[36] CUNHA CAMPOS, Ronaldo. *Op. cit.*, p. 11.

juízo preliminar de admissibilidade, persiga um objetivo muito bem definido – a *satisfação do crédito exequendo* – na qual concentra o mérito do respectivo procedimento. O que caracteriza esse procedimento é a especificidade de o provimento requerido poder proporcionar a solução do mérito – a satisfação do direito do exequente – antes da sentença de encerramento da execução. Quando, pois, advém tal sentença, via de regra o mérito do pleito do credor já foi ultrapassado e adrede solucionado.

Assim, o provimento de mérito típico da execução costuma acontecer antes e independentemente de qualquer sentença, mesmo porque a tutela jurisdicional postulada pelo autor não é a de reconhecimento e declaração de seu direito material, mas especificamente a promoção da respectiva satisfação, por obra da autoridade judiciária, exercida diretamente sobre o patrimônio do devedor inadimplente, ou de outrem não devedor, mas responsável pela solução da dívida do executado, dívida essa fora de controvérsia ou discussão porque já comprovada e certificada pelo título executivo.

Sendo certo que a execução tem um objetivo de início definido pelo promovente da atividade judicial (o exequente), o seu pedido define também o *mérito* da demanda, identificando-o com o provimento satisfativo requerido. Como para alcançá-lo, no caso concreto, há sempre medidas preparatórias e requisitos de procedibilidade a serem observados, cabe ao juiz verificar a respectiva ocorrência e regularidade, proferindo a respeito decisões que podem afetar o plano dos pressupostos processuais e das condições de admissibilidade da execução, e, eventualmente, podem até envolver questões de mérito. É o que se passa no caso de resolução de impugnações fundadas em vícios comprometedores da higidez da própria obrigação substancial cujo cumprimento se reclama em juízo.

Sem embargo de não ser a execução um processo de acertamento de situações jurídicas controvertidas, é perfeitamente possível e necessário que o juiz se veja nas circunstâncias da causa compelido a pronunciar incidentemente decisões interlocutórias formais e até mesmo decisões de mérito, no bojo do procedimento executivo. Mas, não havendo questão incidental capaz de abalar eventualmente a certeza ou inteireza da pretensão do credor, diante da força jurídica do título executivo em que se ampara o exequente, a execução tem condições técnicas para realizar o provimento de mérito antes e independentemente da sentença, a qual, quando enfim se torna necessária, se limitará tão somente a pôr termo à relação processual executiva. E isto ocorrerá em regra – destaque-se – depois de satisfeita a obrigação substancial descumprida pelo executado; vale dizer, depois de proporcionada a tutela satisfativa ao exequente (CPC, arts. 924, II, e 925).

75.5. Inocorrência de coisa julgada material, em regra, no ato judicial que encerra a execução

Não se põe em dúvida que o processo de execução tenha um mérito a ser resolvido em juízo. Isso, porém, não conduz a que fatalmente o encerramento da relação processual, na espécie, se dê sempre por ato judicial apto a formar coisa julgada material em torno do direito satisfeito por meio da força jurisdicional executória.

O fenômeno da coisa julgada material é próprio da atividade cognitiva realizada pela jurisdição, em princípio, dentro dos padrões dos procedimentos de conhecimento. E nesse terreno o que enseja a indiscutibilidade específica da coisa julgada é justamente a solução dada pela sentença à *questão principal*, colocada pela parte como *objeto do processo*: "a decisão que julgar total ou parcialmente o mérito tem força de lei nos limites da *questão principal expressamente decidida*" (g.n.), segundo a literal disposição do art. 503 do CPC.

A coisa julgada, na sistemática do direito processual positivo, portanto, pressupõe controvérsia (questão), cuja solução fora demandada ao juiz e cujo acertamento se deu através da chamada *sentença de mérito*. Como o acertamento do direito do credor e da obrigação do devedor constitui fato jurídico anterior ao processo executivo, esse se forma, se desenvolve e se encerra, em regra, sem resolver qualquer controvérsia ou *questão*. Logo, se no mérito da execução (isto é, quanto ao direito de realizar o crédito ajuizado), não surgiu incidentalmente questionamento algum, não haverá como constatar a formação de coisa julgada material, muito embora na sistemática da execução o provimento de mérito – que não é de acertamento – tenha se ultimado.

A tentativa de equiparar a sentença da ação de consignação em pagamento à de encerramento da execução, para concluir que esta como aquela fazem coisa julgada sobre a obrigação litigiosa satisfeita[37], é inadequada e não convincente. Em primeiro lugar, porque a consignatória é um procedimento cognitivo, necessariamente de *acertamento*, enquanto a execução é na essência um procedimento de *realização* e não de definição de direito ou obrigação. Depois, porque o pedido (isto é, o mérito) da consignatória é precisamente o acertamento por sentença de que a liberação do débito aconteceu validamente por força do depósito anterior ao contraditório processual. Tanto é assim que, ao julgar procedente o pedido do consignante, "o juiz declarará extinta a obrigação" (CPC, art. 546, *caput*) e fará igual declaração quando o demandado (ou seja, o credor) comparecer ao processo para receber o que lhe é devido, dando a competente quitação (CPC, art. 546, parágrafo único).

Não é de forma alguma o que se passa na ação de execução já que o devedor nem sequer é citado para se defender, mas para pagar seu débito certo e líquido no prazo de direito, sob pena de iniciarem-se os atos executivos sobre seu patrimônio tendentes à realização forçada da satisfação do crédito exequendo. Nenhum tipo de *acertamento* ou *definição* se pede ou aguarda do órgão judicial e, por isso, a sentença de extinção do processo nenhuma certificação contém, em regra, sobre a existência, validade ou invalidade da obrigação adrede definida e validada pelo título executivo.

Para que a sentença, na execução, possa conter um acertamento de tal natureza, é preciso que o devedor instaure um incidente cognitivo que, por meio da ação de embargos ou da suscitação eventual de *questão* no bojo da ação principal (a de execução), reclame composição de conflito através de sentença declaratória ou constitutiva. Não é, portanto, o pedido executivo do credor que traz para o processo a necessidade de um acertamento judicial em torno da pretensão do exequente. É, isto sim, algum pedido incidente ou eventual formulado pelo executado que provoca a resposta judicial em sentença de definição ou acertamento do crédito, cuja *realização* (ou *satisfação*) fora demandada pelo credor, como objeto específico e único do processo principal.

Em suma, a execução não se concebe, na sistemática do direito positivo, como instrumento de acertamento judicial sobre relações jurídicas contenciosas, de sorte que, em sua pureza, a prestação jurisdicional executiva se realiza e se efetiva sem solucionar *questão* alguma, e por isso mesmo a sentença de extinção dessa modalidade especial de procedimento não tem aptidão para a formação de coisa julgada material.

Por outro lado, não há empecilho absoluto à ocorrência de decisão ou sentença proferida durante o procedimento executivo que venha a adquirir a autoridade da *res iudicata*. Mas isto, como já demonstrado, será excepcional e provocado não pelo provimento normal do processo executivo, mas por algum incidente eventual que tenha trazido para seu interior *questão*, cuja resolução tenha de acorrer em sentença declaratória ou constitutiva em torno da obrigação exequenda[38].

---

[37] DIDIER JÚNIOR, Fredie; CUNHA, Leonardo José Carneiro da; BRAGA, Paula Sarno; OLIVEIRA, Rafael. *Curso de Direito Processual Civil*. 7. ed. Salvador: JusPodivm, 2017, v. 5, p. 62.

[38] "Na verdade, quando se fala que não é de mérito a sentença proferida no processo de execução, o que se afirma não é a inexistência de mérito em tal processo, mas apenas que não é apreciável o seu mérito (crédito

Sobre a não configuração de coisa julgada material no ato judicial de encerramento da execução não embargada e desenvolvida sem questionamento substancial relacionado com o crédito exequendo, ver, também, o maior desenvolvimento do tema constante dos itens 519 a 530, adiante.

76. FORMA DOS TÍTULOS EXECUTIVOS

Sob o aspecto *formal*, os títulos que contêm a "declaração imperativa"[39] geradora da ação de execução, podem ser assim classificados:

a) o *original da sentença* (tanto na condenação como na homologação de acordos), contido no bojo dos autos da ação de cognição, nos quais também se desenvolverá a execução (CPC/2015, arts. 513 e 523);

b) a *certidão ou cópia autenticada da decisão exequenda*, nos casos de execução provisória (art. 522, parágrafo único, I), e em geral, de execução civil da sentença penal condenatória (art. 515, VI), da sentença arbitral (art. 515, VII) e da sentença estrangeira homologada (art. 965, parágrafo único), ou *carta de sentença*, em hipóteses como a do formal de partilha (art. 515, IV);

c) os *documentos extrajudiciais*, públicos ou particulares, sempre sob a forma escrita, a que a lei reconhecer a eficácia executiva (art. 784).

77. EXECUÇÕES DE DÍVIDA DE PEQUENO VALOR PERANTE CONSELHO DE CLASSE

Com o objetivo de evitar o ajuizamento de demandas para cobrança de valores tidos como irrisórios pelo legislador e assim evitar o colapso da máquina judiciária, o art. 8º da Lei 12.514/2011 veda a execução pelos Conselhos de Classe de dívida oriunda de anuidade inferior a cinco vezes o constante do inciso I do *caput* do art. 6º da mesma Lei, na redação da Lei n. 14.195/2021 (o que equivale a R$ 2.500,00)[40]. Em tal situação, é indiferente que o credor seja portador de título executivo, pois em função de seu inexpressivo valor a lei lhe nega o acesso à execução. É claro que se, com o passar do tempo, as contribuições inadimplidas, cuja soma superar o limite da Lei 12.514, adquirirão exequibilidade.

A restrição em foco não obsta ou limita a realização de medidas administrativas de cobrança, tais como a notificação extrajudicial, a inclusão em cadastros de inadimplentes e o protesto de certidões de dívida ativa (§ 1º do art. 8º, Incluído pela Lei n. 14.195, de 2021). Em 16 de setembro de 2024, o STJ aprovou a Súmula n.º 673, segundo a qual "a comprovação da regular notificação do executado para o pagamento da dívida de anuidade de conselhos de classe ou, em caso de recurso, o esgotamento das instâncias administrativas são requisitos indispensáveis à constituição e execução do crédito".

---

exequendo) no bojo da execução, porque o local apropriado para o respectivo enfrentamento são os embargos. Ali é que, ordinariamente, portanto, se produz o julgamento de mérito em torno do objeto da execução. Mas, se, por qualquer razão de direito, a extinção do crédito ou sua inexistência vem a ser apreciada dentro do próprio procedimento executivo, a natureza do julgamento será idêntica à da sentença dos embargos, gerando, por isso, coisa julgada material sobre a questão debatida e solucionada" (THEODORO JÚNIOR, Humberto. *Código de Processo Civil anotado*. 25. ed. Rio de Janeiro: Forense, 2022, p. 1.070).

[39] CARNELUTTI, Francesco. *Op. cit.*, v. I, n. 175, p. 163.

[40] Lei n. 12.514/2011: "Art. 6º As anuidades cobradas pelo conselho serão no valor de: I – para profissionais de nível superior: até R$ 500,00 (quinhentos reais)".

Os executivos fiscais de valor inferior ao previsto no *caput* do art. 8º serão arquivados, sem baixa na distribuição das execuções fiscais, sem prejuízo do disposto no art. 40 da Lei n. 6.830, de 22 de setembro de 1980 (§ 2º do art. 8º, incluído pela Lei n. 14.195, de 2021). Vale dizer: permanecerão sujeitos à prescrição intercorrente, prevista na LEF.

Em julgamento de recurso especial repetitivo (Tema 1.193), o STJ definiu a seguinte tese em relação ao arquivamento das execuções fiscais: "o arquivamento das execuções fiscais cujo valor seja inferior ao novo piso fixado no *caput* do art. 8º da Lei 12.514/2011, previsto no § 2º do artigo referido (acrescentado pela Lei 14.195/2021), o qual constitui norma de natureza processual, que deve ser aplicada de imediato, alcança os executivos fiscais em curso, ressalvados os casos em que concretizada a penhora"[41].

A vedação em questão aplica-se, inclusive, à OAB, a qual, indiferentemente da natureza especial de sua personalidade jurídica, é um Conselho de Classe, e que, por isso, se põe sob o alcance da Lei 12.514, como reconhece a jurisprudência do STJ.[42]

Sobre suspensão e extinção de executivos fiscais de créditos de pequeno valor da Fazenda Nacional (Lei n. 10.522/2002), v., adiante, o item 542-A.

---

[41] STJ, 1ª Seção, REsp. 2.030.253/SC, Rel. Min. Mauro Campbell Marques, ac. 28.08.2024, *DJe* 23.10.2024.

[42] STJ, 2ª T., REsp 1.615.805/PE, Rel. Min. Herman Benjamin, ac. 15.09.2016, *DJe* 11.10.2016.

Capítulo IX
TÍTULOS EXECUTIVOS EXTRAJUDICIAIS

78. EXECUÇÃO DE SENTENÇA E AÇÃO EXECUTIVA

O Código de 1973, em seu feitio originário, teve o nítido propósito de abolir a velha distinção entre ação *executória*, baseada em sentença de condenação, e a ação *executiva*, fundada em títulos extrajudiciais. Desde sua entrada em vigor, passou a existir uma só execução forçada que poderia, por isso mesmo, merecer a denominação única de *ação executiva* ou *ação de execução*, e que, indistintamente, podia ser fundada em título judicial e extrajudicial. Com a reforma da Lei n. 11.232/2005, cujo sistema o Código de 2015 manteve em linhas gerais, a execução civil voltou a observar procedimentos diferentes, conforme o título seja judicial ou extrajudicial. No primeiro caso, não há necessidade de uma ação executiva autônoma, tudo se resolvendo numa simples *fase* do processo em que a sentença foi proferida. Apenas os títulos extrajudiciais continuaram a se submeter a ação de execução, nos moldes tradicionais. A força de ambos os títulos, porém, é a mesma, e os atos executivos são também os mesmos, variando apenas o modo de o credor dar início à atividade processual executiva, e de a defesa do executado ser processada.

O natural e lógico é que primeiro se acerte e liquide a obrigação para depois exigir seu cumprimento. A precedência do processo de conhecimento sobre o de execução é a regra. Existe, porém, previsão em lei de casos em que o acesso do credor à tutela executiva é direto, sem necessidade de submeter seu crédito à prévia certificação por sentença. Só a lei, no entanto, pode abrir semelhante exceção; e quando o faz, o documento formado extrajudicialmente se apresenta dotado de força executiva em tudo igual à da sentença pronunciada pela autoridade judicial no processo de conhecimento.

A força da vontade das partes não é suficiente para outorgar ao negócio privado a qualidade de título executivo. Tampouco tem a possibilidade de excluir tal autoridade aos documentos que a lei insere no rol de títulos executivos extrajudiciais. A matéria é de competência exclusiva da lei, de modo que agindo em sentido contrário, as partes produzem negócio ineficaz[1].

O critério do legislador para a instituição de título executivo extrajudicial é de conveniência prática, predominando, geralmente, a relevância das atividades do comércio e dos instrumentos necessários à eficácia e à segurança imediata de seus negócios, bem como o interesse público que se encontra na solução célere de alguns créditos de natureza e importância especiais.

É assim que, "quando as circunstâncias são de molde a fazer crer que o direito de crédito existe realmente, quando o instrumento de obrigação se encontra revestido de formalidades que dão a garantia de que a execução movida com base nele não será injusta, atribui-se ao título eficácia executiva e poupa-se ao credor o dispêndio de atividade, tempo e dinheiro que representa o exercício da ação declarativa".[2]

79. IMPOSSIBILIDADE DE CONVERSÃO DE EXECUÇÃO FORÇADA EM AÇÃO ORDINÁRIA DE COBRANÇA

Na sistemática do Código de Processo Civil de 1973, não era mais possível a conversão da ação executiva (execução forçada) em ordinária de cobrança, por duas razões:

---

[1] ASSIS, Araken de. *Manual da execução* cit. n. 29, p. 239.
[2] REIS, José Alberto dos. *Processo de Execução*. Coimbra: Coimbra Editora, 1943 v. I, n. 29, p. 82.

a) Não se destinando a execução forçada a condenar o devedor, mas apenas a realizar o direito líquido e certo atestado pelo título do credor, o pedido que a provoca é específico. Dessa forma, a lide deduzida em juízo é apenas de pretensão insatisfeita, e não de pretensão contestada, como acontece com o processo de cognição. Por isso, o conhecimento do pedido executivo como pretensão de condenação importa julgamento *extra petita*, atingindo matéria estranha ao objeto do processo.

b) Entre a ação ordinária e a execução forçada, a diferença não é apenas de rito ou procedimento, mas de *processo*. E, como ensina J. J. Calmon de Passos, "... inexiste possibilidade de conversão de um processo (impróprio) em outro (próprio), na mesma espécie de processo (cognição, execução ou cautelar). Assim, pode adaptar-se o procedimento ordinário ao sumaríssimo, ou vice-versa, como se pode converter uma execução por quantia certa em outro tipo de procedimento executivo, mas não será viável, em nenhuma hipótese, converter-se um processo de cognição em processo de execução ou vice-versa, porquanto, na espécie, o próprio pedido é que estaria sendo modificado, o que não é admissível na sistemática do Código".[3]

80. POSIÇÃO DO TÍTULO EXECUTIVO EXTRAJUDICIAL NO ATUAL REGIME PROCESSUAL BRASILEIRO

Doutrinariamente[4], a situação e as características da execução do título extrajudicial têm sido assim esquematizadas:

a) para provocar diretamente a execução forçada, a posição do título extrajudicial é idêntica à da sentença condenatória;

b) só nos casos especialmente definidos em lei, o título de crédito pode ensejar diretamente a execução;

c) a execução de título extrajudicial pode referir-se a cumprimento de qualquer obrigação (pagar quantia, fazer, não fazer ou entregar coisa), desde que certa, líquida e exigível;[5]

d) nos embargos, o devedor por título extrajudicial pode alegar defesa ampla, arguindo tudo o que ao réu é lícito invocar no processo de cognição (CPC/1973, art. 745, V).[6] Não sofre, portanto, as limitações do devedor por título judicial (CPC/1973, arts. 741 e 475-L);[7]

e) os embargos são ação incidental autônoma de eficácia constitutiva negativa (visam desconstituir a força executiva do título extrajudicial);

---

[3] CALMON DE PASSOS, José Joaquim. *Comentários ao Código de Processo Civil*. Rio de Janeiro: Forense, 1974, v. III, p. 222. No mesmo sentido é o ensinamento de MONIZ DE ARAGÃO, conforme se vê às fls. 316 a 317 dos seus *Comentários ao Código de Processo Civil*. Rio de Janeiro: série Forense, 1974, v. II (Ac. T.A.M.G. – Apel. 7.165, de 29.8.1975, *in* "D.J.M.G." de 22.11.1975).

[4] LIMA, Alcides de Mendonça. *Comentários ao Código de Processo Civil*. Rio de Janeiro: Forense, 1974, v. VI, t. I, n. 730, p. 326-329.

[5] Primitivamente, só as obrigações pecuniárias e de entrega de coisa fungível poderiam ser objeto de título executivo extrajudicial. Sucessivas reformas do Código de 1973, entretanto, vieram a ampliar a área de atuação dos títulos executivos extrajudiciais, de modo que já não estão mais limitados a apenas algumas modalidades de obrigações. Esses títulos, para adquirirem a exequibilidade, dependem tão somente de retratar obrigação líquida, certa e exigível (CPC/1973, art. 586; CPC/2015, art. 783), podendo versar sobre qualquer espécie de prestação (de fazer, não fazer, de entregar coisa ou de pagar quantia certa).

[6] CPC/2015, art. 917, VI.

[7] CPC/2015, arts. 535 e 525, § 1º.

f) não havendo embargos, não há condenação do devedor nos autos da execução. O juiz apenas decidirá em torno dos acessórios: juros, custas e honorários. Quando houver embargos, estas questões serão apreciadas também na sentença que os julgar[8];

g) a obrigação a ser executada deve sempre decorrer de documento escrito, embora em alguns casos inexista o reconhecimento expresso do devedor (encargos de condomínio, duplicata sem aceite, dívida ativa fiscal e emolumentos e despesas dos atos praticados por serventia notarial ou de registro);

h) desapareceu a exigência de acertamento judicial em ação especial (ação executiva) para completar ou ratificar a força do título executivo extrajudicial por meio de sentença. Na sistemática atual, a execução é pura *ação* executiva, que se inicia, se desenvolve e se ultima sem passar por sentença em torno do direito do exequente. Ou seja: "realizadas a penhora e a avaliação, o juiz dará início aos atos de expropriação do bem" (art. 875).

81. CLASSIFICAÇÃO

Podem os títulos executivos extrajudiciais ser classificados em *particulares* e *públicos*. *Particular* é o título originado de negócio jurídico privado e elaborado pelas próprias partes. *Público* é o que se constitui por meio de documento oficial, emanado de algum órgão da administração pública.

Só a lei, porém, estipula quais são os títulos executivos e fixa seus característicos formais indispensáveis. Inexiste, em nosso sistema jurídico, a executividade por mera convenção das partes. Só os documentos descritos pelo legislador (no Código ou em leis especiais) é que têm essa força.[9]

Segundo o art. 784 do CPC/2015, são os seguintes os títulos executivos extrajudiciais:

I – a letra de câmbio, a nota promissória, a duplicata, a debênture e o cheque;

II – a escritura pública ou outro documento público assinado pelo devedor;

III – o documento particular assinado pelo devedor e por 2 (duas) testemunhas;

IV – o instrumento de transação referendado pelo Ministério Público, pela Defensoria Pública, pela Advocacia Pública, pelos advogados dos transatores ou por conciliador ou mediador credenciado por tribunal;

V – o contrato garantido por hipoteca, penhor, anticrese ou outro direito real de garantia e aquele garantido por caução;

VI – o contrato de seguro de vida em caso de morte;

VII – o crédito decorrente de foro e laudêmio;

---

[8] A rigor, só os embargos é que são submetidos a julgamento por sentença. "Assim, se não oferecidos, a execução devera prosseguir independentemente de sentença, com a simples nomeação de avaliador e demais atos da execução – Art. 680 e segs. do CPC [CPC/2015, arts. 870 e segs.]. Mas, se apresentados e recebidos com efeito suspensivo, somente eles, os embargos, devem ser julgados, sem necessidade de proferir decisão, também no processo principal" (1º TACivSP – Apel. 230.095, Rel. Juiz ALVES FERREIRA, ac. de 23.2.1977, *in* ADCOAS B.J.A./1978, n. 58.247, p. 469). E, justamente, porque não há sentença em execução não embargada, "não há falar em apelação" em tal processo (T.F.R. – Apel. 41.011, Rel. Min. CARLOS MÁRIO VELLOSO, ac. de 5.10.1977, *in* ADCOAS – B.J.A./1978, n. 58.146, p. 456).

[9] Nesse mesmo sentido: MEDINA, José Miguel Garcia. *Direito Processual Civil Moderno*. 2. ed. São Paulo: Ed. RT, 2016, p. 1.047-1.048; ASSIS, Araken de. *Manual da execução*. 18. ed. revista, atualizada e ampliada, São Paulo: Editora Revista dos Tribunais, 2016, n. 29, p. 239.

VIII – o crédito, documentalmente comprovado, decorrente de aluguel de imóvel, bem como de encargos acessórios, tais como taxas e despesas de condomínio;

IX – a certidão de dívida ativa da Fazenda Pública da União, dos Estados, do Distrito Federal e dos Municípios, correspondente aos créditos inscritos na forma da lei[10];

X – o crédito referente às contribuições ordinárias ou extraordinárias de condomínio edilício, previstas na respectiva convenção ou aprovadas em Assembleia-Geral, desde que documentalmente comprovadas;

XI – a certidão expedida por serventia notarial ou de registro, relativa a valores de emolumentos e demais despesas devidas pelos atos por ela praticados, fixados nas tabelas estabelecidas em lei;

XI-A – o contrato de contragarantia ou qualquer outro instrumento que materialize o direito de ressarcimento da seguradora contra tomadores de seguro-garantia e seus garantidores (inciso incluído pela Lei nº 14.711, de 2023);

XII – todos os demais títulos aos quais, por disposição expressa, a lei atribuir força executiva.

O Código de 1973 incluía nesse rol o "crédito de serventuário de justiça, de perito, de intérprete, ou de tradutor, quando as custas, emolumentos ou honorários forem aprovados por decisão judicial" (CPC/1973, art. 585, VI). O CPC/2015, contudo, colocou esses créditos na condição de título executivo judicial no art. 515, V. Constitui título executivo extrajudicial, segundo a nova codificação, a certidão relativa a emolumentos das serventias notariais e de registro, documentadas em certidão por elas expedida (CPC/2015, art. 784, XI).

O sistema do Código é o da taxatividade dos títulos executivos, de modo que só se revestem dessa qualidade aqueles instituídos pela lei. Quanto ao rol enunciado pelo art. 784, convém observar que alguns têm todos os requisitos formais e substanciais definidos em lei própria. É o caso dos títulos cambiários (inc. I). Outros são apenas parcialmente identificados, como ocorre com a escritura pública (inc. II) e o documento particular assinado pelo devedor e por duas testemunhas (inc. III). O mesmo se pode dizer dos demais títulos constantes dos incisos IV a XI-A, os quais ora se identificam pela forma documental, ora pelo conteúdo, sem que haja na previsão legal uma completa configuração.

Desse modo, para que se lhes reconheça a plena eficácia executiva, necessário se torna recorrer ao direito material para concluir sobre a retratação da certeza, liquidez e exigibilidade da obrigação titulada. Enquanto a lei cambiária reduz a cártula à fonte única da ação executiva, nos demais títulos do art. 784, tal não ocorre, já que cada um deles apenas aponta para o requisito mínimo da executividade. Quando, por exemplo, se afirma que a escritura pública e o documento particular assinado pelo devedor e duas testemunhas são títulos executivos, nada se esclarece quanto ao conteúdo que devem portar. É por isso que a respectiva força executiva dependerá da satisfação de outros requisitos além daqueles indicados nos incisos II e III do art. 784, sem os quais não se atenderão às exigências indispensáveis a qualquer título executivo: certificação de exigibilidade de obrigação certa e líquida (art. 783). Não basta que a obrigação conste de escritura pública ou de documento particular subscrito pelo devedor e duas testemunhas. Para se ter o título executivo *in casu*, é indispensável a certificação no documento da existência de obrigação certa, líquida e exigível.

82. TÍTULOS CAMBIÁRIOS E CAMBIARIFORMES

A letra de câmbio, a nota promissória, a duplicata e o cheque são títulos *negociais* particulares que autorizam a execução forçada.

---

[10] A execução da dívida ativa da Fazenda Pública se faz segundo procedimento especial regulado pela Lei nº 6.830/1980, que é objeto de estudo em nosso *Lei de Execução Fiscal*. 14. edição, São Paulo: Saraiva, 2022.

Todos eles fazem exprimir, à primeira vista, a certeza e liquidez da obrigação retratada em seu texto.

Pertence ao direito material a regulamentação dos modos de criar e formalizar esses títulos, bem como de fixar a responsabilidade e as obrigações deles decorrentes.

O processo apenas cuida da ação competente para a exigência judicial do crédito, quando inocorre o cumprimento voluntário da obrigação.

Cada um dos títulos cambiários enumerados pelo art. 784, n. I, acha-se regulado em lei material própria, sendo que, com relação à letra de câmbio e à nota promissória, a legislação nacional (Dec. n. 2.044, de 1908) acha-se grandemente alterada pela adesão do Brasil à Convenção de Genebra para adoção de "lei uniforme", que foi posta em vigor, entre nós, pelo Decreto n. 57.663, de 24.01.1966.

A matéria relativa ao cheque, primitivamente disciplinada pelo Decreto n. 2.591, de 1912, passou a ser regulada pela Lei n. 7.357, de 02.09.1985, que incorporou ao direito positivo nacional as normas da Lei Uniforme de Genebra, antes promulgadas pelo Decreto n. 57.595, de 07.01.1966.

A duplicata – título cambiariforme de criação brasileira – tem seu estatuto na Lei n. 5.474, de 18.07.1968, que tratou tanto do direito material como do processual. A parte formal, no entanto, foi revogada com a superveniência do Código de Processo Civil de 1973.

O ingresso no juízo executivo, em relação aos títulos cambiários, exige exibição do original do título executivo, não sendo tolerada a utilização de fotocópias. Estando, porém, o título no bojo de outro processo, de onde não seja permitido o seu desentranhamento, a jurisprudência tem admitido a execução mediante certidão.[11]

A debênture, regulada pela Lei n. 6.404, de 15.12.1976, arts. 52 a 74, como instrumento de captação de recursos pelas sociedades anônimas no mercado de capitais, configura, também, crédito que goza de força executiva (art. 784, I, do CPC/2015)[12].

Em relação a qualquer dos títulos de crédito em exame, a força executiva decorre automaticamente de sua correspondência às exigências formais delineadas pela lei que lhes confere validade e eficácia para fundamentar execução forçada. Dessa maneira, faltando qualquer um dos requisitos específicos, perde a cártula a qualidade de cambial e, consequentemente, de título executivo extrajudicial.

Em relação à nota promissória, o STJ já decidiu que se o título estiver vinculado a um contrato de abertura de crédito perde a sua autonomia, em razão da iliquidez do título que a originou, o que acarretará a nulidade da execução por ela embasada. Entretanto,

> "a vinculação de uma nota promissória a um contrato retira a autonomia de título cambial, mas não, necessariamente, a sua executoriedade. Assim, quando a relação jurídica subjacente estiver consubstanciada em contrato que espelhe uma dívida líquida, como no caso, não há empecilho ao prosseguimento da execução. Diversamente, se estiver amparada em contrato que não espelhe dívida líquida, como se verifica do contrato de abertura de crédito, não será possível a execução. Dessa forma, este Tribunal tem admitido a execução de nota promissória vinculada a contrato de mútuo que contenha valor determinado, por se entender que o contrato traduz a existência de dívida líquida e certa".[13]

---

[11] Tem-se admitido, também, que o original do título de crédito fique, por precaução, no cofre do cartório, juntando-se fotocópia aos autos da execução.

[12] A Lei n. 14.165/2021 define as diretrizes para a quitação e para a renegociação das dívidas relativas às debêntures emitidas por empresas e subscritas pelos fundos de investimentos regionais e para o desinvestimento, a liquidação e a extinção dos fundos.

[13] STJ, 3ª T., AgRg nos EDcl. no REsp. 1.367.833/SP, Rel. Min. Marco Aurélio Bellizze, ac. 16.02.2016, DJe 19.02.2016.

No tocante ao cheque, a jurisprudência do STJ admite a sua pós-datação, reconhecendo a configuração de dano moral sempre que houver apresentação antecipada da cártula (Súmula 370/STJ). Entretanto, a pós-datação irregular, ou seja, realizada em campo diverso do local específico do cheque – como ocorre na cláusula "bom para" –, não amplia o prazo de apresentação da cártula (30 dias, quando for emitido no local do pagamento; 60 dias, quando emitido em outro lugar do País ou do exterior). Assim, "a pactuação da pós-datação de cheque, para que seja hábil a ampliar o prazo de apresentação à instituição financeira sacada, deve espelhar a data de emissão estampada no campo específico da cártula". Em todo caso, "sempre será possível, no prazo para a execução cambial, o protesto cambiário de cheque, sem a indicação do emitente como devedor".[14]

Ainda em relação ao cheque, a jurisprudência é tranquila em permitir a existência dos chamados "cheques incompletos", os quais não perdem sua cambiaridade e tampouco sua executividade. Reflete, porém, a incompletude no plano da prescrição, cuja contagem se dará em função da data expressamente consignada no espaço reservado para a emissão da cártula, conforme tese fixada pelo STJ, no Tema Repetitivo n. 945. Prevalece, outrossim, o entendimento da mesma Corte de que o interesse social visa, no terreno do crédito, a proporcionar ampla circulação dos títulos de crédito, dando aos terceiros de boa-fé plena garantia e segurança na sua aquisição, mesmo quando emitidos de forma incompleta, e desde que se completem antes da execução judicial.

Os riscos da emissão de cheque com claros – para aquela Alta Corte – recaem particularmente sobre seu emitente, uma vez que se presume a boa-fé do tomador que completa os dados faltantes, cabendo ao devedor o ônus de provar eventual abuso no preenchimento, sem falar na inoponibilidade de semelhante exceção, quando o título houver circulado e se achar na posse de terceiro portador de boa-fé.

Nem mesmo pode – também na ótica do STJ – o julgador deduzir a existência de má-fé do portador do cheque pelo simples fato de o preenchimento da data de emissão tiver ocorrido após a contraordem para revogação do cheque, a não ser que reste evidenciado no processo a efetiva existência de má-fé do exequente[15].

Na forma tradicional, os títulos de crédito têm como elemento essencial a assinatura do emitente e coobrigados. Modernamente, a possibilidade de criação eletrônica desses documentos não oferece margem a controvérsias. O Código Civil prevê, expressamente, que o título de crédito pode "ser emitido a partir dos caracteres criados em computador ou meio técnico equivalente e que constem da escrituração do emitente" (CC, art. 889, § 3º)[16].

---

[14] STJ, 2ª Seção, REsp. 1.423.464/SC, Rel. Min. Luis Felipe Salomão, ac. 27.04.2016, *DJe* 27.05.2016.

[15] STJ, 3ª T., REsp 1.647.871/MT, Rel. Min. Nancy Andrighi, ac. 23.10.2018, *DJe* 26.10.2018. A doutrina segue rumo similar ao do acórdão, no que toca às exceções oponíveis à execução do título cambial, à presunção de boa-fé do portador do cheque e ao ônus da prova do seu preenchimento abusivo (Cf. REQUIÃO, Rubens. *Curso de direito comercial*. 27. ed. São Paulo: Saraiva, 2010, v. II, p. 415-423; RESTIFFE NETO, Paulo; RESTIFFE, Paulo Sérgio. *Lei do cheque e novas medidas de proteção aos usuários*. 5. ed. São Paulo: Malheiros, 2012, p. 154).

[16] "Hoje no Brasil o título é sempre um documento, mas não necessariamente um documento escrito. Quando a lei se refere ao negócio ou à obrigação, como foro ou aluguel (CPC, art. 585, IV) [CPC/2015, art. 784, VII], e não ao documento escrito, o título poderá ser outro tipo de documento, como a fita magnética, o disquete de computador ou a mensagem eletrônica transmitida pela internet, desde que aptos a conservar o registro do negócio ou do contrato com permanência e inalterabilidade" (GRECO, Leonardo. *O Processo de Execução*. Rio de Janeiro: Renovar, 2001, v. 2, n. 7.4.2.3.1, p. 119). "Admite o direito brasileiro a emissão de títulos de crédito em forma eletrônica (...) desde que observados os requisitos mínimos referidos no mesmo preceito legal" [art. 889, § 3º do Código Civil] (MEDINA, José Miguel Garcia. *Novo Código de Processo Civil Comentado*. São Paulo: Ed. RT, 2015, p. 1.054).

83. DUPLICATA

I – Duplicata sem aceite

A Lei n. 5.474, de 18.07.1968, a seu tempo, instituiu uma novidade, ao autorizar a ação executiva do título sem aceite do comprador, desde que protestado e acompanhado de comprovante da entrega da mercadoria.

Com o advento, porém, do Código de Processo Civil de 1973, surgiu uma polêmica sobre se teria sido ou não derrogada a Lei de Duplicatas, nesse particular.

Filiamo-nos, desde os primeiros momentos, ao entendimento de que não se poderia considerar título líquido e certo o que não contivesse o reconhecimento do devedor, de sorte que, em face do art. 586 do Código de Processo Civil de 1973, a duplicata sem aceite havia perdido sua força executiva.

O legislador, contudo, preferiu seguir outro caminho e editou a Lei extravagante n. 6.458, de 1.11.77, que ratificou vários dispositivos da antiga Lei de Duplicatas, para tornar claro que a duplicata ou triplicata não aceita pode também configurar título executivo, mesmo no regime do Código de 1973.

Com efeito, a redação do art. 15 da Lei n. 5.474, de 18.07.1968, passou a ser a seguinte: "A cobrança judicial de duplicatas ou triplicata será efetuada de conformidade com o processo aplicável aos títulos executivos extrajudiciais, de que cogita o Livro II do Código de Processo Civil [de 1973], quando se tratar:

I – de duplicata ou triplicata aceita, protestada ou não;

II – de duplicata ou triplicata não aceita, contanto que, cumulativamente:

a) haja sido protestada;

b) esteja acompanhada de documento hábil comprobatório da entrega e do recebimento da mercadoria, permitida a sua comprovação por meio eletrônico (redação dada pela Lei n. 14.301/2022); e

c) o sacado não tenha, comprovadamente, recusado o aceite, no prazo, nas condições e pelos motivos previstos nos arts. 7º e 8º desta lei.

§ 1º Contra o sacador, os endossantes e respectivos avalistas caberá o processo de execução referido neste artigo, quaisquer que sejam a forma e as condições do protesto.

§ 2º Processar-se-á também da mesma maneira a execução de duplicata ou triplicata não aceita e não devolvida, desde que haja sido protestada mediante indicações do credor ou do apresentante do título, nos termos do art. 14, preenchidas as condições do inciso II deste artigo.

§ 3º A comprovação por meio eletrônico de que trata a alínea *b* do inciso II do *caput* deste artigo poderá ser disciplinada em ato do Poder Executivo federal (incluído pela Lei n. 14.301, de 2022).

Legem habemus. Contudo, continuamos a entender que a solução legal não foi a mais técnica, nem a mais harmônica com a sistemática do Código de 1973, pois, sem embargo de ser competência do legislador atribuir liquidez e certeza jurídicas aos títulos que julgar conveniente, não cremos que seja razoável desprezar as normas usuais do bom senso e da lógica tradicional.

Por isso mesmo, continuamos a considerar muito débil a certeza jurídica que se possa extrair de um documento elaborado unilateralmente pelo credor, e transformado em título executivo sem nenhuma participação do devedor, pois dos requisitos do inciso II do art. 15 da Lei de Duplicatas, em sua redação atual, nenhum depende de assentimento do comprador. Isso porque:

a) o protesto é ato eminentemente destinado a documentação de uma declaração de vontade do credor, levada apenas ao conhecimento do devedor. Independe de anuência deste e não se sujeita a nenhuma espécie de decisão em torno de qualquer alegação que o comprador possa formular;

b) não tendo definido a lei qual seja o comprovante da entrega e recebimento da mercadoria, qualquer documento, firmado por qualquer pessoa, mesmo que não o comprador, poderá ser utilizado pelo credor para completar a exequibilidade de seu título não aceito. Teremos, assim, a convicção do juiz, sobre a certeza jurídica do título, formada à luz de documento que também não provém do devedor;

c) finalmente, a condição de que o sacado não tenha, comprovadamente, recusado o aceite, no prazo e nas condições da lei, é requisito impossível de ser examinado no limiar da execução, já que esta comprovação incumbe ao executado e não ao exequente.

Ora, o que a doutrina e a legislação codificada reclamam é que o título executivo deve sempre apresentar-se como a condição necessária e suficiente para a execução forçada. Desse modo, "a responsabilidade, assim como a ação executória, está ligada imediatamente apenas ao título", como destaca Liebman[17].

No entanto, a Lei de Duplicatas, em sua redação atual, veio permitir que um título incerto pudesse revestir-se de certeza jurídica pela exibição de documento outro, cujo conteúdo nem sequer foi especificado convenientemente.

E o que é pior, considerou título executivo um documento subordinado a requisito de comprovação negativa a cargo do devedor.

Logo, se o sacado comprova que devolveu a mercadoria no prazo de direito, a duplicata sem aceite, protestada e acompanhada do comprovante de entrega, deixa de ser título executivo.

Acontece que, nessa altura, execução já existe e o sacado teve que se sujeitar a sofrer uma injusta penhora antes de ver acolhidos os embargos manejados para provar que o exequente não dispõe de título executivo.

Basta essa comuníssima hipótese para evidenciar o grave defeito técnico da posição eleita pelo legislador, porquanto, não se destinando o processo de execução a um acertamento de controvérsias das partes, mas apenas à realização do direito do credor, não se concebe que se possa dar início à coação executiva à luz de uma certeza apenas parcial em torno do direito que a fundamenta.

Enfim, malgrado o texto claro da lei, não se conseguiu instituir para a duplicata sem aceite, uma situação de certeza satisfatória e completa antes da propositura da execução, o que era, sem dúvida, requisito indispensável para preservar-se a sistemática enfatizada pelo direito codificado (art. 586 do CPC/1973; CPC/2015, art. 783).

Foi tão longe o legislador extravagante que chegou a permitir execução até sem título nenhum, no caso em que a duplicata tenha sido retida pelo comprador. Aqui, para acesso à execução forçada, bastará a exibição do instrumento de protesto, tirado mediante indicações do credor ou do apresentante do título, uma vez preenchidas as condições do art. 15, n. II, da Lei de Duplicatas.

Em síntese, não se pode deixar de reconhecer que, acatando exigências do mercado, o direito positivo admite, atualmente, a execução por quantia certa baseada em duplicata, nas seguintes condições:

---

[17] LIEBMAN, Enrico Tullio. *Processo de Execução*. 3. ed. São Paulo: Saraiva, 1968, n. 35, p. 67.

a) *título aceito*, independentemente de protesto, se não se tratar de direito regressivo;

b) *título não aceito*, quando houver protesto e documento hábil comprobatório da entrega e recebimento da mercadoria, e, ainda, não tiver o sacado se recusado ao aceite, no prazo, nas condições e pelos motivos previstos nos arts. 7º e 8º da Lei n. 5.474;[18]

c) *título retido*, caso em que a execução se iniciará à luz apenas do instrumento de protesto e dos comprovantes indicados no tópico anterior.

Importa destacar entendimento do Tribunal de Justiça de Minas Gerais, admitindo a emenda da inicial para "a regularização da duplicada que embasa a execução, ainda que já opostos os embargos do devedor, em homenagem aos princípios da celeridade e da economia processuais".[19] O relator fundamentou-se em acórdão do STJ no sentido de que "considerando o juiz incompletos ou insuficientes os documentos ou cálculos apresentados pelo credor, tem lugar a emenda da inicial da ação executiva e não a extinção do processo, ainda que já opostos os embargos do devedor (STJ, 4ª T., REsp. 440.719/SC, Rel. Min. Cesar Asfor Rocha, ac. 07.11.2002, *DJU* 09.12.2002, p. 352)".

Por seu lado, o Superior Tribunal de Justiça, reconhecendo a importância da literalidade e cartularidade dos títulos de crédito em geral, inadmitiu execução fundada em duplicata cujo aceite foi dado em instrumento separado. Segundo o entendimento esposado pelo Relator, o credor, munido de tais documentos, teria à sua disposição a ação monitória, mas não teria título executivo extrajudicial, hábil a embasar uma execução:

"RECURSO ESPECIAL. COMERCIAL. NEGATIVA DE PRESTAÇÃO JURISDICIONAL. NÃO OCORRÊNCIA. EMBARGOS À EXECUÇÃO. TÍTULOS DE CRÉDITO. DUPLICATA MERCANTIL. ACEITE EM SEPARADO. INADMISSIBILIDADE. ATO FORMAL. AUSÊNCIA DE EFICÁCIA CAMBIAL. FALTA DE EXECUTIVIDADE. PROVA DA RELAÇÃO NEGOCIAL. INSTRUÇÃO DE AÇÃO MONITÓRIA.

1. Cinge-se a controvérsia a saber se é possível o aceite em separado na duplicata mercantil.

2. O aceite promovido na duplicata mercantil corresponde ao reconhecimento, pelo sacado (comprador), da legitimidade do ato de saque feito pelo sacador (vendedor), a desvincular o título do componente causal de sua emissão (compra e venda mercantil a prazo). Após o aceite, não é permitido ao sacado reclamar de vícios do negócio causal realizado, sobretudo porque os princípios da abstração e da autonomia passam a reger as relações, doravante cambiárias (art. 15, I, da Lei n. 5.474/1968).

3. O aceite é ato formal e deve se aperfeiçoar na própria cártula (assinatura do sacado no próprio título), incidindo o princípio da literalidade (art. 25 da LUG). Não pode, portanto, ser dado verbalmente ou em documento em separado. De fato, os títulos de crédito possuem algumas exigências que são indispensáveis à boa manutenção das relações comerciais. A experiência já provou que não podem ser afastadas certas características, como o formalismo, a cartularidade e a literalidade, representando o aceite em separado perigo real às práticas cambiárias, ainda mais quando os papéis são postos em circulação.

---

18 "Inicial instruída com comprovante de entrega e recebimento das mercadorias e de protesto por indicação. Desnecessidade de apresentação das duplicatas em si. Precedente da Segunda Seção" (STJ, 3ª T., AREsp. 717.014/RS, decisão do Rel. Min. Marco Aurélio Bellizze, *DJe* 09.11.2015).

19 TJMG, 13ª Câm., Apelação 1.0382.14.005527-0/001, Rel. Des. Luiz Carlos Gomes da Mata, *DJEMG* 05.11.2015.

4. O aceite lançado em separado à duplicata não possui nenhuma eficácia cambiária, mas o documento que o contém poderá servir como prova da existência do vínculo contratual subjacente ao título, amparando eventual ação monitória ou ordinária (art. 16 da Lei n. 5.474/1968).

5. A duplicata despida de força executiva, seja por estar ausente o aceite, seja por não haver o devido protesto ou o comprovante de entrega de mercadoria, é documento hábil à instrução do procedimento monitório.

6. Recurso especial provido" (STJ, 3ª T., REsp. 1.334.464/RS, Rel. Min. Ricardo Villas Bôas Cueva, ac. 15.03.2016, *DJe* 28.03.2016).

O Superior Tribunal de Justiça, à época do CPC/1973, vinha decidindo que, em matéria de duplicata sem aceite, não era admissível o protesto tirado mediante exibição de simples boleto bancário, sem que se provasse a injustificada retenção do título pelo sacado.[20] No entanto, ocorreu uma mudança de rumo no julgado do REsp 1.024.691/PR, no qual se consagrou a tese inovadora do reconhecimento de que a prática mercantil teria se aliado ao desenvolvimento tecnológico, para desmaterializar a duplicata, transformando-a em "registros eletromagnéticos transmitidos por computador ao banco". Este, por sua vez, passou a fazer a cobrança mediante expedição de mero aviso ao devedor – os chamados "boletos", de tal sorte que o título em si, "na sua expressão de cártula", surge do inadimplemento, diante do aviso bancário. Outrossim, os títulos virtuais, concebidos pelas práticas comerciais, foram regulamentados pela Lei nº 9.492/1997, e, atualmente constam do art. 889, § 3º, do Código Civil. Disso, o STJ extraiu a conclusão de que não se deve negar validade ao protesto de duplicata "emitida eletronicamente", ou seja, tirado com apoio em boleto bancário, que reproduza seus elementos essenciais.[21]

Releva notar que a Lei nº 13.775/2018 autorizou e disciplinou a emissão de duplicata sob a forma escritural, assim como a expedição de extrato do registro eletrônico, pelos gestores dos sistemas eletrônicos de escrituração ou pelos depositários centrais (arts. 3º e 6º). De acordo com o art. 7º da mesma Lei, a duplicata emitida sob a forma escritural e o extrato já mencionado são títulos executivos, observados os requisitos do art. 15 da Lei das Duplicatas[22-23].

---

[20] STJ, 3ª T., REsp 953.192/SC, Rel. Min. Sidnei Beneti, ac. 07.12.2010, *DJe* 17.12.2010.

[21] STJ, 3ª T., REsp 1.024.691/PR, Rel. Min. Nancy Andrighi, ac. 22.03.2011, *DJe* 12.04.2011.

[22] Lei nº 5.474/1968: "Art. 15. A cobrança judicial de duplicata ou triplicata será efetuada de conformidade com o processo aplicável aos títulos executivos extrajudiciais, de que cogita o Livro II do Código de Processo Civil, quando se tratar: (Redação dada pela Lei nº 6.458, de 1º.11.1977) I – de duplicata ou triplicata aceita, protestada ou não; (Redação dada pela Lei nº 6.458, de 1º.11.1977) II – de duplicata ou triplicata não aceita, contanto que, cumulativamente: (Redação dada pela Lei nº 6.458, de 1º.11.1977): a) haja sido protestada; (Redação dada pela Lei nº 6.458, de 1º.11.1977); b) esteja acompanhada de documento hábil comprobatório da entrega e do recebimento da mercadoria, permitida a sua comprovação por meio eletrônico; (Redação dada pela Lei nº 14.301, de 2022) c) o sacado não tenha, comprovadamente, recusado o aceite, no prazo, nas condições e pelos motivos previstos nos arts. 7º e 8º desta Lei. (Redação dada pela Lei nº 6.458, de 1º.11.1977). § 1º Contra o sacador, os endossantes e respectivos avalistas caberá o processo de execução referido neste artigo, quaisquer que sejam a forma e as condições do protesto. (Redação dada pela Lei nº 6.458, de 1º.11.1977); § 2º Processar-se-á também da mesma maneira a execução de duplicata ou triplicata não aceita e não devolvida, desde que haja sido protestada mediante indicações do credor ou do apresentante do título, nos termos do art. 14, preenchidas as condições do inciso II deste artigo" (Redação dada pela Lei nº 6.458, de 1º.11.1977).

[23] "1. As duplicatas virtuais – emitidas e recebidas por meio magnético ou de gravação eletrônica – podem ser protestadas por mera indicação, de modo que a exibição do título não é imprescindível para o ajuizamento da execução judicial. Lei 9.492/97. 2. Os boletos de cobrança bancária vinculados ao título virtual, devidamente acompanhados dos instrumentos de protesto por indicação e dos comprovantes de entrega da mercadoria ou da prestação dos serviços, suprem a ausência física do título cambiário eletrônico e constituem, em princípio, títulos executivos extrajudiciais" (STJ, 3ª T., REsp 1.024.691/PR, Rel. Min. Nancy Andrighi, ac. 22.03.2011,

Finalmente, dispõe o legislador que, também, para legitimar o pedido de falência do sacado, será considerada obrigação líquida a constante dos títulos executivos extrajudiciais ora instituídos pelo art. 15 da Lei n. 5.474 (Lei da Duplicata), por intermédio da redação da Lei n. 6.458. Cessou, destarte, a antiga polêmica em torno da possibilidade de falência fundada em duplicata não aceita.

II – Pluralidade de notas fiscais e faturas

A duplicata corresponde a uma reprodução da fatura, para efeito de criação de um título de crédito. Controverte-se, porém, sobre (i) a possibilidade de a duplicata corresponder a mais de uma nota fiscal ou fatura; e (ii) se haveria vício na duplicata que contivesse essa pluralidade de notas. O tema já foi enfrentado e solucionado pelo STJ, nos seguintes termos:

> "2. A fatura consiste em nota representativa de contratos de compra e venda mercantis ou de prestação de serviços, devendo haver, entre outras identificações, a discriminação das mercadorias vendidas e dos preços negociados e a menção à natureza dos serviços prestados. Pode, ainda, conter somente a indicação dos números e valores das notas parciais expedidas por ocasião das vendas, despachos ou entregas das mercadorias (arts. 1º, *caput* e § 1º, e 20 da Lei n. 5.474/1968).
>
> 3. A duplicata, de extração facultativa, materializava-se no ato da emissão da fatura, constituindo o título de crédito genuíno para documentar o saque do vendedor pela importância faturada ao comprador (art. 2º da Lei n. 5.474/1968).
>
> 4. *Apesar de a duplicata só poder espelhar uma fatura, esta pode corresponder à soma de diversas notas parciais. De fato, a nota parcial é o documento representativo de uma venda parcial ou de venda realizada dentro do lapso de um mês, que poderá ser agrupada a outras vendas efetivadas nesse período pelo mesmo comprador* (g.n).
>
> 5. Não há proibição legal para que se somem vendas parceladas procedidas no curso de um mês, e do montante se formule uma fatura única ao seu final, sobretudo diante da natureza do serviço contratado, como o de concretagem, a exigir a realização de diversas entregas de material ao dia".[24]

III – Duplicata emitida sob forma virtual

A emissão de duplicata sob forma virtual acha-se atualmente regulada pela Lei n. 13.775/2018, que estatui sobre os requisitos de sua emissão e circulação, reconhecida expressamente sua força de título executivo extrajudicial (art. 7º). A emissão dar-se-á "mediante lançamento em sistema eletrônico de escrituração gerido por quaisquer das entidades que exerçam a atividade de escrituração de duplicatas escriturais" (art. 3º). Tais entidades "deverão ser autorizadas por órgão ou entidade da administração federal direta ou indireta a exercer a atividade de escrituração de duplicatas" (art. 3º, § 1º), havendo previsão de que a escrituração possa ser feita através da Central Nacional de Registro de Títulos e Documentos, caso em que "a referida escrituração caberá ao oficial de registro do domicílio do emissor da duplicata" (§

DJe 12.04.2011). "... 7. O protesto de duplicata virtual por indicação apoiada em apresentação do boleto, das notas fiscais referentes às mercadorias comercializadas e dos comprovantes de entrega e recebimento das mercadorias devidamente assinados não descuida das garantias devidas ao sacado e ao sacador" (STJ, 2ª Seção, EREsp 1.024.691/PR, Rel. Min. Raúl Araújo, ac. 22.08.2012, DJe 29.10.2012).

[24] STJ, 3ª T., REsp. 1.356.541/MG, Rel. Min. Ricardo Villas Bôas Cueva, ac. 05.04.2016, *DJe* 13.04.2016. No mesmo sentido: STJ, 3ª T., REsp. 577.785/SC, Rel. Min. Carlos Alberto Menezes Direito, ac. 28.09.2004, *DJU* 17.12.2004, p. 527.

2º). Se o oficial local não estiver "integrado ao sistema central, a competência de que trata o § 2º deste artigo será transferida para a Capital da respectiva entidade federativa" (§ 3º).

A documentação de todos os aspectos relevantes da criação, circulação, pagamento, endosso e aval, será processada no sistema eletrônico de que trata a Lei 13.775 (art. 4º), devendo ser expedido extrato do registro eletrônico da duplicata, para aperfeiçoamento das coobrigações cambiárias (art. 6º).

Prestar-se-á o mesmo extrato como instrumento hábil ao protesto cambiário, nos termos da Lei 9.492/1997, art. 8º, § 2º, com a redação da Lei 13.775, desde que "atestado por seu emitente, sob as penas da lei, que as informações conferem com o que consta na origem".

83-A. CHEQUE

O cheque tem uma peculiaridade que o distingue substancialmente da letra de câmbio: nesta o saque não cria, só por si, um dever para o sacado de efetuar o pagamento ordenado pelo sacador, já que inexiste vínculo cambial que o sujeite a tanto, enquanto não houver o aceite (ato unilateral do sacado). Só a partir desse aceite é que surge o vínculo cambial entre o sacado e o beneficiário do saque. Já o cheque corresponde a uma ordem emanada a partir de prévia obrigação de acatá-la por parte de quem guarda recursos do sacador, mas o vínculo cambiário surge entre sacador e tomador desde o momento do saque. No entanto, a execução cambial entre eles depende da frustração do pagamento pelo banco sacado, sem embargo de este não chegar a estabelecer obrigação cambiária alguma com o tomador.

Assim, a exequibilidade da obrigação cambiária pelo credor, diante do emitente, depende de ter sido o cheque apresentado ao banco sacado, sem acolhida do saque.[25]

83-B. CAMBIAL VINCULADA A CONTRATO

Quando o mútuo é ajustado em contrato, que por si, constitui título executivo, e a ele se vincula, em garantia, uma nota promissória ou outra cambial, não se permite que se ajuízem duas ações executivas separadas, uma contra o mutuário, baseada no contrato, e outra contra o emitente e os avalistas do título cambiário. Sendo uma a dívida, configuraria intolerável e oneroso *bis in idem* executá-la duas vezes em processos diversos. Para não onerar os devedores com os encargos das duas ações, cumpre sejam todos os coobrigados demandados em uma só execução, sob o formato de litisconsórcio passivo, caso contrário, ter-se-á uma multiplicidade ilegítima de execuções.[26] Sem falar que se estaria infligindo ao devedor execução por meio mais oneroso que o necessário, em decorrência do cúmulo de despesas processuais e encargos sucumbenciais a serem suportados na realização de uma só obrigação reclamada repetidamente em feitos distintos.

---

[25] Nessa ordem de ideias – diante da Lei nº 7.357/1985 (Lei do Cheque) –, é forçoso concluir, com apoio do STJ, que, por materializar o cheque ordem a terceiro para pagamento à vista, "'o seu momento natural de realização é a apresentação (art. 32), quando então a instituição financeira verifica a existência de disponibilidade de fundos (art. 4º, § 1º), razão pela qual a apresentação é necessária, quer diretamente ao sacado quer por intermédio do serviço de compensação de cheques (art. 34)' (...) 'e, como o título tem por característica intrínseca a inafastável relação entre o emitente e a instituição financeira sacada, é indispensável a prévia apresentação da cártula; não só para que se possa proceder à execução do título, mas também para se cogitar do protesto [...]'" (STJ, 2ª Seção, REsp 1.423.464/SC, voto do Relator, Min. Luís Felipe Salomão, Recurso repetitivo, ac. 27.04.2016, *DJe* 27.05.2016).

[26] STJ, 3ª T., REsp. 2.883/MG, Rel. Min. Waldemar Zveiter, ac. 28.08.1990, *DJU* 24.09.1990, p. 9979; STJ, 4ª T., REsp. 80.403/MG, Rel. Min. Sálvio de Figueiredo Teixeira, ac. 30.04.1998, *DJU* 22.06.1998, *RT*, v. 758, p. 162, dez./1998.

83-C. TRANSFERÊNCIA DE TÍTULOS CAMBIÁRIOS NAS OPERAÇÕES DE *FACTORING*

I – Sistemática da operação

No contrato de *factoring*, a transferência dos créditos cambiários "não se opera por simples endosso, mas por cessão de crédito, hipótese que se subordina à disciplina do art. 294 do Código Civil"[27]. Por isso, a faturizadora que adquire duplicatas ou outros títulos de crédito por meio de contrato de cessão de crédito não fica imune às exceções pessoais do executado oponíveis ao emitente das cártulas, quando opostas por meio de embargos à execução. Destarte, a empresa faturizadora "não ocupa a posição de terceiro de boa-fé imune às exceções pessoais dos devedores das cártulas".[28]

II – Cessão de crédito e não endosso cambiário

O Superior Tribunal de Justiça, na análise da situação dos contratos de *factoring*, sedimenta o entendimento de que neles prevalece a estrutura da cessão de crédito. Esclarece que isto se justifica, porque há um profundo conhecimento, por parte da faturizada, acerca da situação jurídica dos créditos que são objeto de negociação, razão pela qual não pode ser considerada terceira de boa-fé, no que se relaciona com a origem dos títulos negociados[29]. Ademais, "o risco assumido pelo faturizador é inerente à atividade por ele desenvolvida, ressalvada a hipótese de ajustes diversos no contrato firmado entre as partes (REsp. 999.421/RS)".[30]

III – Contrato de mútuo feneratício ajustado por empresa de factoring

A propósito da possibilidade de a empresa de *factoring* ajustar, fora do padrão típico da fatorização, contrato de empréstimo de dinheiro, o STJ decidiu que, mesmo não se tratando de uma instituição financeira, não há proibição a operações de tal natureza[31]. Deverão, porém, ser afastados, nos contratos da espécie, as regras e privilégios pertinentes ao sistema financeiro nacional[32].

É que "no direito civil brasileiro, predomina a autonomia privada, de modo que se confere, em regra, total liberdade negocial aos sujeitos da relação obrigacional. Todavia, na hipótese de contratos típicos, além das regras gerais, incidem as disposições legais previstas especificamente para aquela modalidade de contrato, sendo nulas as cláusulas em sentido contrário quando se tratar de direito indisponível"[33].

Assim, diante da inexistência de vedação legal, o contrato de mútuo feneratício não se contamina, na espécie, de invalidade alguma, pelo simples fato de não ter sido ajustado por

---

[27] STJ, 3ª T., REsp 1.439.749/RS, Rel. Min. João Otávio de Noronha, ac. 02.06.2015, *DJe* 15.06.2015.

[28] STJ, 4ª T., AgRg no REsp. 1.386.200, Rel. Min. Maria Isabel Gallotti, ac. 01.12.2015, *DJe* 07.12.2015.

[29] STJ, 3ª T., REsp. 1.439.749/RS, Rel. Min. João Otávio de Noronha, ac. 02.06.2015, *DJe* 15.06.2015.

[30] STJ, 4ª T., AgRg no AREsp. 88.022/SP, Rel. Min. Luis Felipe Salomão, ac. 25.09.2012, *DJe* 02.10.2012.

[31] STJ, 4ª T., REsp 1.854.818/DF, Rel. Min. Maria Isabel Gallotti, ac. 07.06.2022, *DJe* 30.06.2022.

[32] "Não há proibição legal para empréstimo de dinheiro (mútuo feneratício) entre particulares (pessoas físicas ou jurídicas não integrantes do Sistema Financeiro Nacional). Nessa hipótese, entretanto, devem ser observados os arts. 586 a 592 do CC/2002, além das disposições gerais, e eventuais juros devidos não podem ultrapassar a taxa de 12% ao ano, permitida apenas a capitalização anual (arts. 591 e 406 do CC/2002; 1º do Decreto n. 22.626/1933; e 161, § 1º, do CTN), sob pena de redução ao limite legal, conservando-se o negócio. Precedentes" (STJ, 3ª T., REsp 1.987.016/RS, Rel. Min. Nancy Andrighi, ac. 06.09.2022, *DJe* 13.09.2022).

[33] STJ, REsp 1.987.016/RS, *cit.*

instituição financeira. O que não se aplica ao empréstimo concedido por empresa de *factoring* é a liberdade de estipular juros remuneratórios com taxa superior a 12% ao ano (Súmula 596/STF; CC, art. 591 c/c art. 406) e tampouco pactuar capitalização dos juros em periodicidade inferior à anual (Súmula 541/STJ), práticas autorizadas às instituições financeiras, mas que no caso da fatorizadora configuraria usura[34]. Mesmo assim, o contrato de mútuo não seria totalmente nulo, sujeitar-se-ia apenas à redução dos juros ao limite legal[35]. E esse quadro configura-se ainda quando o contrato venha rotulado como contrato de *factoring*, permitindo, no entanto, por seu conteúdo, a descaracterização para contrato de mútuo feneratício[36].

IV – Fundos de investimento em direitos creditórios e operações de factoring

Os Fundos de Investimentos em Direitos Creditórios – FIDCs, criados por deliberação da CVM (Res. n. 2.907/2001 do Banco Central/Conselho Monetário Nacional), com base na Lei n. 10.198/2001, sujeitam-se também à regulamentação da CVM. Encarregam-se tais Fundos de gerir aplicações dos associados em direitos creditórios e em títulos representativos desses direitos, originários de operações realizadas em segmentos como o financeiro, o comercial, o industrial, o imobiliário etc.

Embora sem personalidade jurídica, o FIDC e outros Fundos similares têm plena capacidade processual para atuar processualmente, inclusive no âmbito do processo de execução, na forma do art. 75, IX, do CPC, sempre que algum título executivo lhe houver sido cedido ou transferido por ato negocial.[37]

Observe-se que, de modo diverso do que se passa com as operações dos escritórios de *factoring*, o FIDC opera no mercado financeiro mediante securitização de recebíveis, por meio da qual determinado fluxo de caixa futuro é utilizado como lastro para a emissão de valores mobiliários (títulos) colocados à disposição dos investidores.

Enquanto o fatorizador atua sob o regime de cessão de crédito comum, o FIDC pode adquirir direitos creditórios tanto por meio de endosso (quando o título é de natureza cambiária), como por meio de cessão civil ordinária de crédito, segundo a disciplina do Código Civil, arts. 286 a 298. Nesse último caso, a cessão pode ser *pro soluto* ou *pro solvendo*, conforme o negócio translativo do direito de crédito, o que virá a interferir profundamente nas consequências do inadimplemento do devedor responsável pelo título, no tocante à ocorrência, ou não, do direito de regresso contra o cedente (Código Civil, arts. 295 a 297).[38]

84. BOLETO BANCÁRIO

Sem embargo da permissão legal a que o protesto se faça, em determinadas circunstâncias, sem a exibição física do título (Lei n. 5.474/1968, art. 13, § 1º), o Superior Tribunal de Justiça vinha

---

[34] "Dessa maneira, em que pese não seja usual, não é vedado à sociedade empresária de *factoring* celebrar contrato de mútuo feneratício com outro particular, devendo apenas serem observadas as regras dessa espécie contratual aplicáveis a particulares não integrantes do Sistema Financeiro Nacional, especialmente quanto aos juros devidos e à capitalização" (STJ, 3ª T., REsp 1.987.016/RS, voto da Relatora Min. Nancy Andrighi, ac. 06.09.2022, DJe 13.09.2022).

[35] STJ, 4ª T., AgInt nos EDcl no AREsp 40.581/PR, Rel. Min. Lázaro Guimarães, ac. 18.09.2018, DJe 21.09.2018.

[36] STJ, 3ª T., REsp 1.987.016/RS, voto da Relatora, *cit*.

[37] TJ/SP, 20ª Câm. Dir. Priv., Ag. Inst. 2.141.631-05.2017.8.26.0000, Rel. Des. Rebello Pinho, j. 05.03.2018, DJe 19.03.2018. Segundo o art. 75, IX, do CPC, têm capacidade processual "a sociedade e a associação irregulares e outros entes organizados sem personalidade jurídica", caso em que serão representados em juízo "pela pessoa a quem couber a administração de seus bens" (g.n.).

[38] STJ, 4ª T., 1.726.161/SP, Rel. Min. Luis Felipe Salomão, ac. 06.08.2019, DJe 03.09.2019.

decidindo que, em matéria de duplicata sem aceite, não era admissível o protesto tirado mediante exibição de simples boleto bancário, sem que se provasse a injustificada retenção do título pelo sacado[39]. No entanto, ocorreu uma mudança de rumo no julgado do REsp 1.024.691/PR, no qual se consagrou a tese inovadora do reconhecimento de que a prática mercantil teria se aliado ao desenvolvimento tecnológico, para desmaterializar a duplicata, transformando-a em "registros eletromagnéticos transmitidos por computador ao banco". Este, por sua vez, passou a fazer a cobrança mediante expedição de mero aviso ao devedor – os chamados "boletos", de tal sorte que o título em si, "na sua expressão de cártula" surge do inadimplemento, diante do aviso bancário. Outrossim, os títulos virtuais, concebidos pelas práticas comerciais, foram regulamentados pela Lei n. 9.497/1997, e, atualmente constam do art. 889, § 3º, do Código Civil. Disso, o STJ extraiu a conclusão de que não se deve negar validade ao protesto de duplicata "emitida eletronicamente", ou seja, tirado com apoio em boleto bancário, que reproduza seus elementos essenciais[40].

85. REGISTRO FISCAL DAS CAMBIAIS

A execução da letra de câmbio e nota promissória, além das exigências formais da legislação cambiária (Dec. n. 2.044, de 1908, e Lei Uniforme de Genebra), achava-se, antigamente, em vários casos, na dependência do registro fiscal dos títulos na forma e prazo previstos no Dec.-Lei n. 427, de 1969.

A falta de tal registro desnaturava o título, tornando-o nulo como cambial e impedia o protesto e a execução, conforme se achava expressamente disposto no art. 2º, §§ 1º e 2º, do Dec.-Lei n. 427.

Subsistia, porém, na ausência da medida fiscal, a relação de direito comum (negócio subjacente), que ensejava a ação ordinária de cobrança.[41] O título passava a funcionar como um começo de prova do negócio havido entre as partes.[42]

O Dec.-Lei n. 427/1969 foi, no entanto, revogado pelo Dec.-Lei n. 1.700, de 18.10.1979, de maneira que não mais se exige o registro fiscal de títulos cambiários para promover-se a execução forçada.

Restou, porém, o problema dos títulos emitidos na vigência do Dec.-Lei n. 427 e que não foram levados a registro na época adequada.

A questão foi enfrentada pelo Supremo Tribunal Federal que entendeu restabelecida a força executiva das cambiais em tal situação, ao argumento de que "a forma extrínseca dos atos rege-se pela lei do tempo em que se praticaram, não devendo, entretanto, declarar-se a nulidade do ato, por defeito de forma, após a vigência da lei que o considera válido, máximo quando o favorecido pela nulidade era o interesse do Fisco, e não o dos particulares, partícipes do ato".[43]

A exigência do Dec.-Lei n. 427 foi considerada pelo Pretório Excelso como "puramente administrativa, com fins tributários", de sorte que afastada por lei posterior os títulos cambiais perfeitos segundo a lei própria, readquiriram a exequibilidade, porque a destinatária da norma pretérita era o interesse da Fazenda Pública e não o interesse dos particulares ligado ao título não registrado.[44]

---

[39] STJ, 3ª T., REsp 953.192/SC, Rel. Min. Sidnei Beneti, ac. 7.12.2010, *DJe* 17.12.2010.

[40] STJ, 3ª T., REsp 1.024.691/PR, Rela. Min. Nancy Andrighi, ac. 22.3.2011, *DJe* 12.4.2011.

[41] TACivSP, ac. de 14.11.1972, na apel. 185.726, *in* "RT – Inf. 84/20".

[42] TAMG, ac. de 13.6.1973, *in* "D. Jud. M.G.", de 1.9.1973.

[43] R.E. 92.151, ac. de 21-3-80, Rel. Min. Décio Miranda, *in* "Juriscível do STF", 88/154-155.

[44] O STF, no entanto, mudou de orientação e passou, mais recentemente, a decidir que a nota promissória não registrada não pode ser aproveitada como título cambial, mesmo depois da revogação do Dec.-Lei n. 427/1969 (R. E. n. 94.460, ac. de 15.6.82, Rel. Min. Firmino Paz, *in* "R.T." 566/238).

Na verdade, a exigência do registro foi tratada como mera condição da ação de execução, ao tempo da vigência do Dec.-Lei n. 427. Com sua revogação, extinguiu-se a condição processual e, como as regras processuais são de incidência imediata, inclusive sobre os feitos pendentes, tornou-se aplicável à execução de todos os títulos cambiais, independentemente de registro, mesmo àqueles emitidos anteriormente à nova lei (Dec.-Lei n. 1.700).[45]

86. RESPONSÁVEIS CAMBIÁRIOS

I – Tipicidade das coobrigações cambiárias

A execução é possível contra todos aqueles a que as leis cambiárias atribuem responsabilidade solidária, pela dívida retratada no título, sejam *principais* (emitentes, aceitantes e avalistas), sejam *subsidiários* (sacadores e endossantes), observados quanto a estes, porém, as normas especiais do denominado *direito de regresso*.

Há, porém, de se levar em conta que as obrigações cambiárias são autônomas e abstratas, de sorte que na circulação dos títulos o negócio subjacente não é oponível aos endossatários. Sua discussão é, em regra, limitada aos participantes da criação da cambial, não podendo o emitente embargar a execução do endossatário de boa-fé com fundamento no negócio extracambiário. Ressalva-se, todavia, a transferência do título nas operações de *factoring*, sujeitas ao regime da cessão de crédito e não do endosso cambiário.

II – O cheque e as coobrigações

No caso do cheque, deve-se notar que o banco sacado não é coobrigado cambiário e, portanto, não é legitimado passivo para a execução, ainda quando recuse pagamento sem contraordem ou sem motivo justificado.[46]

O STJ também já decidiu que a instituição financeira não é obrigada a verificar a capacidade de pagamento dos seus clientes no momento da expedição do cheque, razão pela qual a ausência de fundos não é suficiente para implicar sua responsabilização por fato do serviço:

> "1. Ao receber um cheque para saque, é dever do banco conferir se está presente algum dos motivos para devolução do cheque, conforme previsto no art. 6º da Resolução do BACEN 1.682/1990. Caso o valor do título seja superior ao saldo ou ao eventual limite de crédito rotativo, deve o banco devolver o cheque por falta de fundos (motivo 11 ou 12). Não havendo mácula nessa conferência, não há defeito na prestação do serviço e, portanto, não cabe, com base no Código de Defesa do Consumidor, imputar ao banco conduta ilícita ou risco social inerente à atividade econômica que implique responsabilização por fato do serviço.
>
> 2. Na forma do disposto no art. 4º da Lei 7.357/1985 'a existência de fundos disponíveis é verificada no momento da apresentação do cheque para pagamento'.
>
> 3. A responsabilidade por verificar a capacidade de pagamento é de quem contrata. Ademais, o credor pode se negar a receber cheques, caso não queira correr o risco da devolução por falta de fundos".[47]

---

[45] Também atribuindo a qualidade de condição da ação de execução ao registro do Dec.-Lei n. 429 foi o julgado do T. A. de Minas Gerais na apelação n. 16.648, de modo que após a revogação do citado diploma legal, as cambiais não registradas passaram, novamente, a contar com a exequibilidade normal ainda que emitidas antes do Dec.-Lei n. 1.700/1979.

[46] TFR, ac. 25.11.1953 *in* "Rev. Dir. Merc.", vol. VI, p. 121-123.

[47] STJ, 4ª T, REsp. 1.538.064/SC, Rel. Min. Maria Isabel Gallotti, ac. 18.02.2016, *DJe* 02.03.2016.

III – O cheque pós ou pré-datado

Ainda quanto ao cheque, prevalece o entendimento de que o seu desnaturamento econômico não afeta sua cambiaridade, já que esta nasce da forma do título e não do negócio subjacente. Por isso, o cheque ainda quando pós-datado ou pré-datado, ou dado em garantia de pagamento futuro, não perde sua força executiva.[48] Assim, a utilização do cheque não como ordem de pagamento imediato, mas como garantia de obrigação, não é motivo para recusar-lhe a exequibilidade.[49] Especialmente diante da prática recorrente no comércio de transacionar com cheques para resgate futuro, a jurisprudência está assente no sentido de que "o cheque pós-datado emitido em garantia de dívida não se desnatura como título cambiariforme, tampouco como título executivo extrajudicial".[50]

IV – O cheque e a solidariedade nas contas conjuntas

Outro problema é o do cheque sacado contra conta corrente conjunta, da qual resulta uma solidariedade ativa entre os diversos cotitulares do depósito perante o banco. Qualquer um deles pode, individualmente, emitir cheque contra a conta conjunta. Entretanto, se o saque for rejeitado pelo depositário, a responsabilidade cambiária e executiva não alcançará senão aquele que emitiu o cheque frustrado. A execução, destarte, ficará restrita a quem emitiu o cheque, único que, perante o beneficiário, assumiu a obrigação cambiária.[51]

V – O cheque e o prazo legal de apresentação ao sacado

A lei prevê um prazo para que o cheque seja apresentado ao banco sacado, cuja inobservância pode comprometer o direito de regresso contra endossantes e seus avalistas, o que, entretanto, não afeta a exequibilidade frente ao sacador e seus avalistas.[52]

VI – O endosso da cambial vencida

O endosso posterior ao vencimento do título cambial não gera as consequências do endosso cambiário entre cedente e cessionário. Funciona como simples cessão civil. O cessionário, porém, terá a ação executiva contra os coobrigados anteriormente vinculados à cártula.[53]

---

[48] THEODORO JÚNIOR., Humberto. "O problema da exequibilidade do cheque emitido em promessa de pagamento e do cheque sem data". *RT*, v. 561, p. 260-268, jul/1982.

[49] A circunstância de o cheque ter sido emitido para garantia de dívida não retira sua condição de título executivo (1º TACivSP, 11ª Câmara, Ap. n.894.866-7, Rel. Des. Cláudio Augusto Pedrassi, ac. 09.03.2005. *RT*, v. 838, p. 252, ago/2005).

[50] STJ, 4ª T., REsp. 16.855/SP, Rel. Min. Sálvio de Figueiredo Teixeira, ac. 11.05.1993, *DJU* 07.06.1993, p. 11.261. No mesmo sentido: STJ, 3ª T., REsp. 237.376/RJ, Rel. Min. Carlos Alberto Menezes Direito, ac. 25.05.2000, *DJU* 01.08.2000, p. 270.

[51] "Apenas o subscritor do cheque sacado contra conta corrente conjunta é o responsável por seu pagamento" (STJ, 4ª T., REsp. 336.632/ES, Rel. Min. Aldir Passarinho Júnior, ac. 06.02.2003, *DJU* 31.03.2003, p. 227). No mesmo sentido: STJ, 4ª T., AgRg no AREsp. 196.279/SP, Rel. Min. Maria Isabel Gallotti, ac. 09.06.2015, *DJe* 16.06.2015; STJ, 3ª T., AgRg no Resp. 1.324.542/SP, Rel. Min. Sidnei Beneti, ac. 17.10.2013, *DJe* 21.11.2013.

[52] "Cabe ação executiva contra o emitente e seus avalistas, ainda que nao apresentado o cheque ao sacado no prazo legal, desde que não prescrita a ação cambiária" (STF, Súmula 600). O STJ, entretanto, decidiu que "3 – É nula a execução fundada em cheque não apresentado, previamente, ao sacado para pagamento, ante a ausência de exigibilidade do título, nos termos do inciso I, do art. 803, do CPC/2015. 4 – Na hipótese de execução aparelhada por múltiplos cheques, a devolução de um deles pelo sacado não desobriga o credor da apresentação para pagamento das demais cártulas emitidas pelo mesmo devedor, ainda que relacionados ao mesmo negócio jurídico originário" (STJ, 3ª T., REsp 2.031.041/DF, Rel. Min. Nancy Andrighi, ac. 14.03.2023, *DJe* 16.03.2023).

[53] TJMG, ac. *in* "M. Forense", 42/73; TACivSP ac. *in* "Rev. Forense", 232/210; STJ, 4ª T., REsp 826.660/RS, Rel. Min. Luis Felipe Salomão, ac. 19.5.2011, *DJe* 26.5.2011.

VII – Algumas particularidades do aval cambiário

O avalista, quando é compelido a saldar a dívida garantida, sub-roga-se nos direitos do credor e pode executar o avalizado.[54] Se forem vários os avalistas, e um só realizar o pagamento, terá este direito de cobrar a parcela que, em rateio, couber aos demais.[55]

Pontes de Miranda e João Eunápio Borges ensinam que o avalista póstumo, isto é, o que presta o aval após o vencimento do título, fica vinculado cambialmente, tal como o que tivesse avalizado antes do vencimento, e destarte, sujeita-se à execução.[56]

O art. 1.647, III, do Código Civil dispõe que nenhum dos cônjuges pode, sem a autorização do outro, prestar fiança ou aval.[57] Não se torna, porém, codevedor o que apenas autoriza o consorte a avalizar título cambial.[58]

A propósito, visando evitar a descaracterização do aval como instituto cambiário típico, o STJ adotou o entendimento de que a interpretação da referida exigência mais adequada à sua natureza e à segurança do intercâmbio econômico é a de que a norma civil deve ter sua incidência limitada "aos avais prestados aos títulos inominados regrados pelo Código Civil, excluindo-se os títulos nominados regidos por leis especiais"[59], como é o caso das cambiais típicas (letra de câmbio, nota promissória, cheque) e todos os demais títulos que, por lei, se submetem ao regime cambiário (títulos cambiariformes).

86-A. COOBRIGADOS E AVALISTAS DE DEVEDOR EM RECUPERAÇÃO JUDICIAL

Nos termos do art. 6º c/c o art. 49, § 1º, da Lei n. 11.101/2005, não se suspende a execução individual contra os garantidores da empresa em recuperação judicial.

Consta, a propósito, da jurisprudência sumulada do STJ, o entendimento de que "a recuperação judicial do devedor principal não impede o prosseguimento das ações e execuções

---

[54] STF, ac. de 6-3-69 no R. E. 64.614, *in* "Jur. Mineira" 44/669; STJ, 3ª T., REsp 139.093/PR, Rel. Min. Ari Pargendler, ac. 10.4.2001, *DJU* 28.5.2001, p. 157.

[55] TJMG, acs. *in* "D. Jud." de 28-1167; "M. Forense", 32/89; e "J. Mineira" 49/276; STJ, 4ª T., REsp 4100/SP, Rel. Min. Barros Monteiro, ac. 26.2.1991, *DJU* 15.4.1991, p. 4303; TJRS, 15a Câm. Cív., Apelação 70032380370, Rel. Niwton Carpes da Silva, ac. 6.7.2011, *DJRS* 12.7.2011; TJMG, 14a Câm. Cív. AI 513605-0, Rel. Des. Heloísa Combat, ac. 18.8.2005 *DJMG* 3.9.2005.

[56] BORGES, João Eunápio. *Títulos de Crédito*. Rio de Janeiro: Forense 1971, n. 110, p. 92; e T. J. Minas Gerais, ac. *in* "Jur. Min", 38/72.

[57] A Lei n. 14.118/2021 instituiu o Programa Casa Verde e Amarela, com a finalidade de promover o direito à moradia a famílias residentes em áreas urbanas com renda mensal de até R$ 7.000,00 (sete mil reais) e a famílias residentes em áreas rurais com renda anual de até R$ 84.000,00 (oitenta e quatro mil reais), associado ao desenvolvimento econômico, à geração de trabalho e de renda e à elevação dos padrões de habitabilidade e de qualidade de vida da população urbana e rural. Nos financiamentos compreendidos nos objetivos da referida Lei, se estabeleceu que os contratos serão formalizados, preferencialmente, em nome da mulher e, na hipótese de esta ser chefe de família, poderão ser firmados independentemente da outorga do cônjuge, afastada a aplicação do disposto nos arts. 1.647, 1.648 e 1.649 do Código Civil (Lei 14.118, art. 13). Com isso, a fiança e o aval, nos contratos especiais da referida Lei, poderão ser prestados por um cônjuge sem a autorização do outro (CC, art. 1.647, III), e sem depender de suprimento judicial (CC, art. 1.648), e sem correr o risco de anulação (CC, art. 1.649, *caput*).

[58] STJ, 4ª T., REsp 1.475.257/MG, Rel. Min. Maria Isabel Gallotti, ac. 10.12.2019, *DJe* 13.12.2019.

[59] STJ, 3ª T., REsp 1.526.560/MG, Rel. Min. Paulo de Tarso Sanseverino, ac. 16.03.2017, *DJe* 16.05.2017. No mesmo sentido: STJ, 4ª T., REsp 1.633.399/SP, Rel. Min. Luis Felipe Salomão, ac. 10.11.2016, *DJe* 01.12.2016. "É firme a jurisprudência desta Corte Superior no sentido de que a exigência da *outorga* conjugal não pode ser estendida, irrestritamente, a todos os títulos de crédito, sobretudo aos típicos ou nominados, que possuem regramento próprio. Precedentes" (STJ, 3ª T., AgInt no AREsp 1.725.638/SP, Rel. Min. Ricardo Villas Bôas Cueva, ac. 05.09.2022, *DJe* 12.09.2022).

ajuizadas contra terceiros devedores solidários ou coobrigados em geral, por garantia cambial, real ou fidejussória" (Súmula 581/STJ)[60]. A suspensão também da execução ajuizada contra a empresa insolvente e seus coobrigados foi admitida, excepcionalmente, pelo STJ num caso em que no plano de recuperação judicial havia cláusula prevendo a extinção de todas as ações e execuções movidas em desfavor da recuperanda e coobrigados. A extinção foi denegada, prevalecendo apenas a suspensão, tendo em vista a possibilidade de eventual convolação da recuperação em falência, como medida de preservação dos direitos e garantias originalmente contratados pelos credores[61].

Dentro desse mesmo prisma, a jurisprudência do STJ também assentou a orientação de que o plano de recuperação judicial que prevê supressão ou substituição de garantia real depende de anuência do titular da garantia real, estatuindo que: "a cláusula que estende aos coobrigados a novação, oriunda da aprovação do plano de recuperação judicial da devedora principal, não é eficaz em relação aos credores ausentes da assembleia geral, aos que abstiveram-se de votar ou se posicionaram contra tal disposição, restando intactas, para esses, as garantias de seu crédito e seu direito de execução fora do âmbito da recuperação judicial"[62].

87. TÍTULO CAMBIAL PRESCRITO

Os títulos de crédito, mesmo prescritos, não perdem a força para autorizar a ação específica de locupletamento ilícito prevista em legislação especial. Entretanto, esta ação não segue os mesmos requisitos previstos no art. 884, do Código Civil, para a ação de enriquecimento ilícito.

Na hipótese de cambial prescrita, o título de crédito é suficiente, por si só, para fundamentar o ajuizamento da ação, independentemente da existência de outras provas acerca da *causa debendi*. Nesse sentido, a jurisprudência do Superior Tribunal de Justiça:

> "Recurso especial. Ação de locupletamento. nota promissória prescrita. Dúvida quanto ao fundamento da ação: Art. 884 do código civil ou art. 48 do Decreto n. 2.044/1908. Brocardo da *mihi factum dabo tibi ius*. Aplicação do segundo dispositivo legal. Ausência de prescrição. Desnecessidade de comprovação do negócio jurídico subjacente. Presunção *juris tantum* do locupletamento pela só apresentação do título, acompanhado do protesto pela falta de pagamento. Violação do art. 333, I, do CPC reconhecida.
>
> 1. O juiz não está adstrito aos nomes jurídicos nem a artigos de lei indicados pelas partes, devendo atribuir aos fatos apresentados o enquadramento jurídico adequado. Aplicação do brocardo *da mihi factum dabo tibi ius*.
>
> 2. A existência de ação de locupletamento amparada em nota promissória prescrita, prevista no art. 48 do Decreto n. 2.044/1908 (aplicável às notas promissórias por força do art. 56 do mesmo diploma legal), desautoriza o cabimento da ação de enriquecimento sem causa amparada no art. 884 do Código Civil, por força do art. 886 seguinte.
>
> 3. Considerando que o art. 48 do Decreto n. 2.044/1908 não prevê prazo específico para a ação de locupletamento amparada em letra de câmbio ou nota promissória, utiliza-se o prazo de 3 (três) anos previsto no art. 206, § 3º, IV, do Código Civil, contado do dia em que se consumar a prescrição da ação executiva.

---

[60] "O juízo da recuperação judicial não é competente para decidir sobre a constrição de bens não abrangidos pelo plano de recuperação da empresa" (Súmula 480/STJ).

[61] STJ, 3ª T., REsp 1.899.107/PR, Rel. Min. Ricardo Villas Bôas Cueva, ac. 25.04.2023, *DJe* 28.04.2023.

[62] STJ, 2ª Seção, AgInt nos EDcl no CC 172.379/PE, Rel. Min. Ricardo Villas Bôas Cueva, ac. 05.03.2024, *DJe* 07.03.2024.

4. Na ação de locupletamento prevista na legislação de regência dos títulos de crédito, a só apresentação da cártula prescrita já é suficiente para embasar a ação, visto que a posse do título não pago pelo portador gera a presunção *juris tantum* de locupletamento do emitente, nada obstante assegurada a amplitude de defesa ao réu.

5. Recurso especial conhecido e parcialmente provido".[63]

Destarte, é de se concluir que a prescrição, *in casu*, afeta apenas a ação executiva. Não atinge a ação ordinária, que possui requisitos diminutos. Além disso, o credor poderá se valer da ação monitória que, segundo a jurisprudência, também não exige a demonstração da *causa debendi*:

"Processual civil. Recurso especial representativo de controvérsia. Art. 543-C do CPC. Ação monitória aparelhada em cheque prescrito. Dispensa da menção à origem da dívida.

1. Para fins do art. 543-C do CPC: Em ação monitória fundada em cheque prescrito, ajuizada em face do emitente, é dispensável menção ao negócio jurídico subjacente à emissão da cártula.

2. No caso concreto, recurso especial parcialmente provido".[64]

Para o STJ, na situação objetivada, "a ação monitória fundada em título de crédito prescrito está subordinada ao prazo prescricional de 5 (cinco) anos de que trata o art. 206, § 5º, I, do Código Civil ... A jurisprudência do STJ é firme no sentido de que a correção monetária incide para manutenção do poder aquisitivo, motivo pelo qual, o termo inicial, na ação monitória, é a data do vencimento do título, a fim de não gerar um enriquecimento da parte contrária"[65]. Igual termo inicial deve prevalecer também para a contagem da prescrição quinquenal, porquanto é a partir da data em que se tornou exigível o cumprimento da obrigação, isto é, o dia do respectivo vencimento que se configura a *actio nata*[66] (Súmula 504/STJ)[67].

88. CAMBIAL CEDIDA A EMPRESA DE *FACTORING*

O negócio praticado entre o tomador do título de crédito e a empresa de *factoring* não se rege pelas regras do direito cambial, mas pelo regime da cessão de crédito regulada pelo Código Civil. Por isso, é tranquilo e consolidado o entendimento do STJ de que "a empresa faturizada não responde pelo simples inadimplemento dos títulos cedidos", ressalvando-se apenas a hipótese de sua concorrência culposa pela inadimplência do devedor[68]. Com efeito, estabelece o art. 296, do CC/2002, que "salvo estipulação em contrário, o cedente não responde pela solvência do devedor". Sua responsabilidade nas cessões a título oneroso limita-se à existência do crédito ao tempo em que o transferiu ao cessionário (CC, art. 295).

---

[63] STJ, 3ª T., REsp. 1.323.468/DF, Rel. Min. João Otávio de Noronha, ac. 17.03.2016, *DJe* 28.03.2016.

[64] STJ, 2ª Seção, REsp.1.094.571/SP, Rel. Min. Luis Felipe Salomão, ac. 04.02.2013, *DJe* 14.02.2013.

[65] STJ, AgRg no AREsp 679.160/SP, Rel. Min. Marco Buzzi, ac. 23.03.2017, *DJe* 04.04.2017.

[66] AgInt no AREsp 1.889.810/SP, Rel. Min. Ricardo Villas Bôas Cueva, ac. 09.11.2022, *DJe* 16.11.2022.

[67] "2. 'O prazo para ajuizamento de ação *monitória* em face do emitente de nota promissória sem força executiva é *quinquenal*, a contar do dia seguinte ao vencimento do título' (Súmula n. 504/STJ), o que foi observado pela Corte local. 3. 'O fato de a dívida líquida e com vencimento certo haver sido cobrada por meio de ação *monitória* não interfere na data de início da fluência dos juros de mora, a qual recai no dia do vencimento, conforme estabelecido pela relação de direito material' (Corte Especial, EREsp n. 1.250.382/RS, Rel. Min. Sidnei Beneti, j. 02.04.2014, *DJe* 08.04.2014)" (STJ, AgInt no AgInt no AREsp 1.959.395/DF, Rel. Min. Antonio Carlos Ferreira, ac. 03.10.2022, *DJe* 05.10.2022).

[68] STJ, 4ª T., AgInt no AREsp 1.304.634/SE, Rel. Min. Antônio Carlos Ferreira, ac. 23.10.2018, *DJe* 30.10.2018.

De tal sorte, a eventual responsabilidade, no caso da cessão civil, pode nascer da convenção ou do ato ilícito praticado pelo cedente em prejuízo do cessionário. Nos negócios de faturização, porém, pela sua própria natureza, tão somente o ato culposo ou doloso do cedente, na ocorrência da insolvência do devedor, pode provocar sua responsabilidade em face do faturizador prejudicado pelo inadimplemento do devedor figurante no título cedido. Pouco importa, assim, o estabelecimento de cláusula, como a de recompra da cambial pelo faturizado, visto que, na ótica do STJ, "a estipulação contratual nesse sentido retira da empresa de *factoring* o risco inerente aos contratos dessa natureza", incorrendo, portanto, em nulidade.[69]

Nem mesmo através de cláusula inserida no contrato de *factoring* a jurisprudência permite seja o cedente responsabilizado pela solvência dos créditos envolvidos na operação, de maneira direta ou indireta (como, por exemplo, por meio de emissão de notas promissórias destinadas a garantir o negócio ajustado entre o cedente e o cessionário, ou de aval aposto nas cambiais faturizadas).

Eis como o entendimento do STJ[70], nesse sentido, se fundamentou:

a) "A natureza do contrato de *factoring*, diversamente do que se dá no contrato de cessão de crédito puro, não dá margem para que os contratantes, ainda que sob o signo da autonomia de vontades que regem os contratos em geral, estipulem a responsabilidade da cedente (faturizada) pela solvência do devedor/sacado. Por consectário, a ressalva constante no art. 296 do Código Civil – *in verbis*: 'Salvo estipulação em contrário, o cedente não responde pela solvência do devedor' – não tem nenhuma aplicação no contrato de *factoring*".

b) "Ratificação do posicionamento prevalecente no âmbito desta Corte de Justiça, segundo o qual, no bojo do contrato de *factoring*, a faturizada/cedente não responde, em absoluto, pela insolvência dos créditos cedidos, afigurando-se nulos a disposição contratual nesse sentido e eventuais títulos de créditos emitidos com o fim de garantir a solvência dos créditos cedidos no bojo de operação de factoring, cujo risco é integral e exclusivo da faturizadora. Remanesce, contudo, a responsabilidade da faturizadora pela existência do crédito, ao tempo em que lhe cedeu (*pro soluto*)".

Todo detentor de título de crédito está, em princípio, legitimado a praticar a operação de *factoring*, mesmo o empresário submetido a regime de recuperação judicial. É certo que a Lei

---

[69] STJ, AgInt no AREsp 1.304.634/SE, *cit*.

[70] STJ, 3ª T., REsp 1.711.412/MG, Rel. Min. Marco Aurélio Bellizze, ac. 04.05.2021, *DJe* 10.05.2021. Decidiu-se, ainda, no mesmo acórdão, que: "4. A obrigação assumida pelo avalista, responsabilizando-se solidariamente pela obrigação contida no título de crédito é, em regra, autônoma e independente daquela atribuída ao devedor principal. O avalista equipara-se ao avalizado, em obrigações. Sem descurar da autonomia da obrigação do avalista, assim estabelecida por lei, com relevante repercussão nas hipóteses em que há circulação do título, deve-se assegurar ao avalista a possibilidade de opor-se à cobrança, com esteio nos vícios que inquinam a própria relação originária (engendrada entre credor e o avalizado), quando, não havendo circulação do título, o próprio credor, imbuído de má-fé, é o responsável pela extinção, pela nulidade ou pela inexistência da obrigação do avalizado. 4.1. É de se reconhecer, para a hipótese retratada nos presentes autos, em que não há circulação do título, a insubsistência do aval aposto nas notas promissórias emitidas para garantir a insolvência dos créditos cedidos em operação de *factoring*. Afinal, em atenção à impossibilidade de a faturizada/cedente responder pela insolvência dos créditos cedidos, afigurando-se nula a disposição contratual nesse sentido, a comprometer a própria existência de eventuais títulos de créditos emitidos com o fim de garantir a operação de fomento mercantil, o aval ali inserido torna-se, de igual modo, insubsistente. 4.2. Esta conclusão, a um só tempo, obsta o enriquecimento indevido por parte da faturizadora, que sabe ou deveria saber não ser possível transferir o risco da operação de *factoring* que lhe pertence com exclusividade, e não compromete direitos de terceiros, já que não houve circulação dos títulos em comento".

11.101/2005 veda a esse devedor em crise a prática de atos de alienação ou oneração de bens ou direitos de seu ativo não circulante (art. 66, *caput*, com a redação da Lei 14.112/2020). Essa restrição, todavia, não atinge os bens (direitos de crédito) transferidos por meio de contratos de *factoring*, uma vez que não integram o *ativo permanente* da empresa, por não figurarem nas categorias *investimentos, ativo imobilizado* ou *ativo diferido*. Constituindo disponibilidades financeiras e direitos creditórios realizáveis no curso do exercício social subsequente ou após o término, inserem-se tais bens nas categorias *ativo circulante* ou *ativo realizável a longo prazo*, e, sendo assim, a contratação de *factoring* por empresa em recuperação judicial não é atingida pela restrição do art. 66, da LFRE.[71]

89. DOCUMENTO PÚBLICO OU PARTICULAR

Na enumeração dos títulos executivos extrajudiciais, o Código de 1973, na redação primitiva do art. 585, II, havia substituído a expressão "instrumento público" por "documento público", que é de conceituação mais ampla.

Enquanto "instrumento público" corresponde a "escritura" lavrada por tabelião, "documento público é todo aquele cuja elaboração se deu perante qualquer órgão público, como, por exemplo, um termo de confissão de dívida em repartição administrativa ou o compromisso de responsabilidade pela indenização dos danos em acidente automobilístico firmado perante a repartição do trânsito".[72]

Para dar ainda mais abrangência aos documentos de confissão de dívida, a Lei n. 8.953, de 13.12.1994, alterou o texto do referido inciso para declarar que são títulos executivos extrajudiciais "a escritura pública ou outro documento público assinado pelo devedor; o documento particular assinado pelo devedor e por duas testemunhas; o instrumento da transação referendado pelo Ministério Público, pela Defensoria Pública ou pelos advogados transatores".

Não vigora mais a restrição de que os documentos públicos e particulares só formavam título executivo quando se referiam a obrigação de pagar quantia determinada ou de entregar coisa fungível. Com a nova redação dada ao CPC/1973, seguida pelo CPC/2015, qualquer que seja a obrigação corporificada num dos documentos relacionados nos incisos II e III do art. 784, poderá ser exigida diretamente pelo processo de execução, desde que inexistam condições dependentes de fatos por apurar. Sendo, pois, líquido, certo e exigível, qualquer título, na situação descrita nos dispositivos enfocados, será tratado como título executivo extrajudicial, quer tenha como objeto prestação de dar coisa certa ou genérica, de fazer ou não fazer, ou de quantia certa.[73]

O documento público ou particular, para configurar título executivo necessita atender ao conteúdo constante de obrigação certa, líquida e exigível. Admite a lei, entretanto, que tais requisitos se aperfeiçoem em documentos distintos e complementares, como é o caso do contrato bilateral, que não impede sua qualificação como título executivo extrajudicial, desde que subscrito por duas testemunhas e acompanhado do comprovante de cumprimento integral da prestação a cargo do exequente.[74]

---

[71] STJ, 3ª T., REsp 1.783.068/SP, Rel. Min. Nancy Andrighi, ac. 05.02.2019, *DJe* 08.02.2019.

[72] LIMA, Alcides de Mendonça. *Comentários ao Código de Processo Civil*. Rio de Janeiro: Forense, 1974, v. VI, t. I, n. 751, p. 342.

[73] Por exemplo, constitui título executivo extrajudicial o contrato pelo qual o devedor se obriga a entregar, em certa data, quantidade certa de gado, no peso mencionado, que recebeu para engordar, em regime de pastoreio (STJ, 4ª T., REsp 90.307/PR, Rel. Min. Ruy Rosado de Aguiar, ac. 25.06.1996, *DJU* 02.09.1996, p. 31.087).

[74] STJ, 4ª T., REsp 170.446/SP, Rel. Min. Ruy Rosado de Aguiar, ac. 06.08.1998, *DJU* 14.09.1998, p. 82; STJ, 3ª T., REsp 705.837/SP, Rel. Min. Carlos Alberto Menezes Direito, ac. 01.03.2007, *DJU* 28.05.2007, p. 325; STJ, 1ª T.,

No art. 784, II e III, do CPC/2015, o "documento público" e o "documento particular" estão equiparados na força executiva. Mas, enquanto para o primeiro apenas se requer a autenticação do agente público, para o segundo exige-se mais a assinatura de duas testemunhas.[75] Não se exige, porém, que sejam testemunhas presenciais à conclusão do contrato[76] nem tampouco que sejam identificadas mediante indicação do RG e do CPF.[77] A testemunha instrumentária, todavia, não pode ser pessoa interessada no contrato, como o sócio da empresa contratante ou o advogado de uma das partes[78]. No entanto, embora o advogado não possa ser considerado não interessado, sua assinatura "só irá macular a executividade do título, caso o executado aponte a falsidade do documento ou da declaração nele contida. Na hipótese, não se aventou nenhum vício de consentimento ou falsidade documental apta a abalar o título, tendo-se, tão somente, arguido a circunstância de uma das testemunhas instrumentárias ser também o advogado do credor".[79]

Cumpre ressaltar, entretanto, entendimento recente do STJ, no sentido de admitir, excepcionalmente, execução de documento particular sem a assinatura de duas testemunhas, suprindo a omissão por outras provas a respeito da existência e validade do contrato. Segundo o entendimento esposado pelo relator,

> "a assinatura das testemunhas é um requisito extrínseco à substância do ato, cujo escopo é o de aferir a existência e a validade do negócio jurídico, sendo certo que, em caráter excepcional, os pressupostos de existência e os de validade do contrato podem ser revelados por outros meios idôneos e pelo próprio contexto dos autos, hipótese em que tal condição de eficácia executiva poderá ser suprida".[80]

O relator citou outros dois precedentes da Corte Superior que admitiram a exequibilidade de contratos sem a assinatura das duas testemunhas, mas em razão das seguintes peculiaridades: "a) houve a assinatura de avalistas no instrumento; e b) a impugnação cingiu-se à alegação de meros vícios formais, sem nenhuma repercussão no conteúdo do ajuste celebrado".

Não comungamos, *data venia*, do entendimento esposado no acórdão. A exigência das testemunhas nos contratos particulares possui justificativas distintas nos planos material e processual. Para o primeiro, as testemunhas asseguram a veracidade das informações contidas no instrumento. Servem, destarte, para conferir maior segurança ao teor do negócio jurídico, razão pela qual, conforme ressaltado no próprio acórdão, podem elas ser convocadas "a testemunhar em juízo, caso o devedor alegue algum vício de vontade". Entretanto, ao contrário do

---

REsp. 882.747/MA, Rel. Min. José Delgado, ac. 28.08.2007, *DJU* 26.11.2007, p. 123.

[75] STJ, 3ª T., REsp. 137.895/PE, Rel. p/ac. Min. Humberto Gomes de Barros, ac. 20.10.2005, *DJU* 19.12.2005, p. 392; STJ, 4ª T., EDCL no AG 1.386.597/MS, Rel. Min. Raul Araújo, ac. 16.05.2013, *DJe* 25.06.2013; TJMG, 10ª Câm. Cível, Ap. 1.0592.14.001208-5/001, Des. Convocado Anacleto Rodrigues, *DJRMG* 04.12.2015.

[76] STJ, 3ª T., REsp. 1.127/SP, Rel. Min. Cláudio Santos, ac. 7.11.1998, *DJU* 04.12.1989, p. 17.882.

[77] STJ, 4ª T., Resp. 137.824/SP, Rel. Min. Sálvio de Figueiredo Teixeira, ac. 31.08.1999, *DJU* 11.10.1999, p. 73; STJ, 3ª T., REsp. 165.531/SP, Rel. Min. Carlos Alberto Menezes Direito, ac. 22.06.1999, *DJU* 09.08.1999, p. 167.

[78] STJ, 3ª T., REsp 34.571/SP, Rel. Min. Carlos Alberto Menezes Direito, ac. 20.08.1996, *RSTJ* 87, p. 200. No entanto, embora o advogado não possa ser considerado não interessado, sua assinatura "só irá macular a executividade do título, caso o executado aponte a falsidade do documento ou da declaração nele contida. 8. Na hipótese, não se aventou nenhum vício de consentimento ou falsidade documental apta a abalar o título, tendo-se, tão somente, arguido a circunstância de uma das testemunhas instrumentárias ser, também, o advogado do credor" (STJ, 4ª T., REsp 1.453.949/SP, Rel. Min. Luis Felipe Salomão, ac. 13.06.2017, *DJe* 15.08.2017).

[79] STJ, 4ª T., REsp. 1.453.949/SP, Rel. Min. Luis Felipe Salomão, ac. 13.06.2017, *DJe* 15.08.2017.

[80] STJ, 4ª T., REsp. 1.438.399/PR, Rel. Min. Luis Felipe Salomão, ac. 10.03.2015, *DJe* 05.05.2015. No mesmo sentido: STJ, 3ª T., AgRg nos EDcl. no REsp. 1.183.496/DF, Rel. Min. Sidnei Beneti, ac. 13.08.2013, *DJe* 05.09.2013.

exposto pelo Relator, essa prerrogativa não confere "eficácia executiva" ao documento, mas, apenas, assegura a verdadeira intenção dos contratantes ao firmarem o instrumento.

Já no plano processual, a exigência tem como escopo conferir tipicidade a contrato particular como título executivo extrajudicial. Não se perquire, destarte, a respeito do conteúdo do documento. Analisa-se, tão somente, o preenchimento dos requisitos formais para se justificar a execução imediata do título, uma vez que não haverá um processo de conhecimento anterior para apurar a exequibilidade do crédito. O nosso direito processual adotou, portanto, o critério da tipicidade e da taxatividade, de sorte que não é dado às partes, nem ao juiz, criarem novos títulos executivos extrajudiciais, nem muito menos mitigar as exigências legais.

Não preenchendo o documento os requisitos expressamente elencados pela lei processual, o credor não poderá executá-lo, de imediato, devendo lançar mão da ação ordinária, para conferir exequibilidade ao seu crédito, ou da ação monitória, para acelerar a criação do título executivo judicial.

Exata, portanto, é a lição de José Miguel Garcia Medina, segundo a qual, "não se permite, no direito brasileiro, a celebração de convenções processuais tendentes à criação de título executivo não previsto em lei ou à eliminação de elemento constante em algum dos tipos escolhidos pelo legislador para que se configure o título. Trata-se, pois, a nosso ver, de limite à incidência do art. 190 do CPC/2015".[81]

Da mesma forma, pensa Araken de Assis, ou seja: "extirpou o direito pátrio a cláusula executiva (*pactum executivum; formula esecutiva; Vollstreckungsklausel*) do título", de modo que, "a declaração das partes, seja para circunscrever determinado negócio documentado à execução, seja para eliminá-lo da tutela executiva, é ineficaz perante o catálogo do art. 784 do CPC/2015. Tal manifestação de vontade não institui e não exclui a ação porventura cabível (...); escapando ao catálogo legal, o documento se afigura imprestável para basear a demanda executória. Identifica-se, portanto, o princípio da tipicidade do título executivo: a eficácia executiva do negócio ou do ato jurídico dependerá, exclusivamente, da lei em sentido formal".[82]

Não obstante, é importante ressaltar que o entendimento do STJ vem sendo reiterado em vários acórdãos,[83] de modo a apontar para uma tendência à formação de uma jurisprudência firme que já tem encontrado certa adesão na doutrina.[84]

---

[81] MEDINA, José Miguel Garcia. *Direito Processual Civil Moderno*. 2. ed. rev., atual. e ampl. São Paulo: Editora Revista dos Tribunais, 2016, p. 1.047-1.048. Observa, ainda, o autor, que "assim, não se considerará título executivo, p. ex., documento particular assinado apenas pelo devedor, em que conste convenção entre as partes no sentido de se dispensar a assinatura de testemunhas, assim como não se considerará título executivo negócio do qual não resulte obrigação de pagar quantia líquida, ainda que as partes designem um negócio assim celebrado como título executivo" (*Op. cit., loc. cit.*).

[82] ASSIS, Araken de. *Manual da execução* cit., n. 29, p. 239. No mesmo sentido: SHIMURA, Sérgio. *Título executivo*. São Paulo: Saraiva, 1997, n. 3.6.2, p. 257.

[83] STJ, 3ª T., AgInt no AREsp. 1.848.559/SP, Rel. Min. Marco Aurélio Bellizze, ac. 20.09.2021, *DJe* 23.09.2021; STJ, 4ª T., AgInt no AREsp. 1.925.658/DF, Rel. Min. Raul Araújo, ac. 16.05.2022, *DJe* 17.06.2022.

[84] A propósito da posição do STJ favorável à flexibilização da exigência de testemunhas no título executivo extrajudicial, observam Maria Lúcia Lins Conceição e David Pereira Cardoso que "é importante frisar que não se trata de criar um novo título executivo, ao arrepio do princípio da tipicidade legal (*nullus titulus sine lege*), mas de assegurar ao inciso III, do art. 784, do CPC interpretação mais aderente à realidade atual. É papel da jurisprudência adaptar o direito à sociedade, atribuir-lhe congruência social" (CONCEIÇÃO, Maria Lúcia Lins; CARDOSO, David Pereira. É necessária a assinatura de testemunhas instrumentárias para formação do título executivo? O papel da jurisprudência na atribuição de maior efetividade ao processo de execução. *In*: BELLIZZE, Marco Aurélio; MENDES, Aluísio Gonçalves de Castro; ALVIM, Teresa Arruda; CABRAL, Tricia Navarro Xavier. *Execução civil*: Estudos em homenagem ao professor Arruda Alvim. Indaiatuba: Editora Foco, 2022, p. 295). No mesmo sentido: ALVIM, Teresa Arruda; CONCEIÇÃO, Maria Lúcia Lins; RIBEIRO, Leonardo Ferres da

O documento particular, outrossim, só pode ser firmado, pelo devedor, de próprio punho, ou por procurador bastante. Não tem validade a chamada assinatura *a rogo*. Toda vez que o devedor for analfabeto ou estiver impossibilitado de assinar terá de constituir mandatário por escritura pública. Essa exigência é inaplicável ao documento público. O termo nos autos ou a escritura pública de confissão de dívida podem perfeitamente ser assinados por terceiro a rogo do devedor.

Independentemente da assinatura de testemunhas, são também considerados títulos executivos extrajudiciais o "instrumento de transação referendado pelo Ministério Público, pela Defensoria Pública, pela Advocacia Pública ou pelos advogados dos transatores" (CPC/2015, art. 784, IV). Não se exige, em tais casos, a subscrição dos documentos por testemunhas.

Como já visto (item 73), o fato de o documento conter contrato bilateral não impede sua qualificação como título executivo extrajudicial, desde que subscrito por duas testemunhas e acompanhado do comprovante de cumprimento integral da prestação a cargo do exequente.[85]

89.1. Documento eletrônico

O STJ já havia assentado jurisprudencialmente a possibilidade de reconhecer força executiva a contratos assinados eletronicamente, visto que a assinatura dessa espécie "atesta a autenticidade do documento", de maneira satisfatória[86].

O importante, ainda no posicionamento do STJ, era a dispensa de testemunhas para que o contrato eletrônico configurasse título executivo extrajudicial, em virtude da elevada força certificadora de autenticidade ostentada pela assinatura digital[87].

No âmbito do direito material, por sua vez, o Código Civil de 2002 já havia autorizado a emissão de título de crédito "a partir dos caracteres criados em computador" (art. 889, § 3º).

A inovação, agora, ocorreu no direito processual, por meio de acréscimo do § 4º ao art. 784 do CPC, *in verbis*: "Nos títulos executivos constituídos ou atestados por meio eletrônico, é admitida qualquer modalidade de assinatura eletrônica prevista em lei, dispensada a assinatura de testemunhas quando sua integridade for conferida por provedor de assinatura"[88]. As duas medidas modernizadoras ensaiadas pelo STJ foram, como se vê, acolhidas pelo direito positivo: o título executivo formalizado eletronicamente e a dispensa, em tal caso, da assinatura de testemunhas.

89.2. Contrato eletrônico de mútuo

Há consenso sobre o caráter de *numerus clausus* do rol de títulos executivos extrajudiciais previsto na legislação federal, motivo pelo qual deve ser interpretado restritivamente. No entanto, o STJ admite a possibilidade de excepcional reconhecimento da executividade de determinados títulos, como os contratos eletrônicos, quando atendidos especiais requisitos, em

---

Silva; MELLO, Rogério Licastro Torres de. *Primeiros comentários ao Novo Código de Processo Civil:* artigo por artigo. 3 ed. São Paulo: RT, 2020, p. 1.231.

[85] STJ, 4ª T., REsp 170.446/SP, Rel. Min. Ruy Rosado de Aguiar, ac. 06.08.1998, *DJU* 14.09.1998, p. 82; STJ, 3ª T., REsp 705.837/SP, Rel. Min. Carlos Alberto Menezes Direito, ac. 01.03.2007, *DJU* 28.05.2007, p. 325; STJ, 1ª T., REsp 882.747/MA, Rel. Min. José Delgado, ac. 28.08.2007, *DJU* 26.11.2007, p. 123.

[86] STJ, 3ª T., REsp 1.495.920/DF, Rel. Min. Paulo de Tarso Sanseverino, ac. 15.05.2018, *DJe* 07.06.2018; STJ, 3ª T., AgInt no REsp 1.978.859/DF, Rel. Min. Marco Aurélio Bellizze, ac. 23.05.2022, *DJe* 25.05.2022; STJ, 3ª T., AgInt no AREsp 2.001.080/SP, Rel. Min. Moura Rocha, ac. 03.10.2022, *DJe* 05.10.2022.

[87] STJ, 3ª T., REsp 1.495.920/DF, Rel. Min. Paulo de Tarso Sanseverino, ac. 15.05.2018, *DJe* 07.06.2018.

[88] O § 4º do art. 784, do CPC, foi acrescido pela Lei 14.620/2023.

face da nova realidade comercial, em que predomina o intenso intercâmbio de bens e serviços em sede virtual.[89]

Argumenta aquela Alta Corte que "nem o Código Civil, nem o Código de Processo Civil, inclusive o de 2015, mostraram-se permeáveis à realidade negocial vigente e, especialmente, à revolução tecnológica que tem sido vivida no que toca aos modernos meios de celebração de negócios, que deixaram de se servir unicamente do papel, passando a se consubstanciar em meio eletrônico". Pondera, ainda, que "a assinatura digital de contrato eletrônico tem a vocação de certificar, através de terceiro desinteressado (autoridade certificadora), que determinado usuário de certa assinatura a utilizara e, assim, está efetivamente a firmar o documento eletrônico e a garantir serem os mesmos os dados do documento assinado que estão a ser sigilosamente enviados".

No ambiente digital surgem novos instrumentos de verificação de autenticidade e presencialidade do contratante, que tornam possível o reconhecimento da executividade dos contratos eletrônicos. Nesse terreno, perde sentido a obrigatoriedade da comprovação do negócio pela assinatura de testemunhas, como requisito indispensável à configuração de título executivo. A autenticidade do título é superiormente comprovada através da assinatura digital (criptografia assimétrica), validada pela técnica da "conformidade com a Infraestrutura de Chaves Públicas Brasileira",[90] força que se aumenta quando o devedor sequer põe em dúvida a regularidade formal do documento eletrônico.

89.3. Confissão de dívida relacionada com título negociado em operação de *factoring*

Em relação às operações de *factoring* o STJ entende inexistir o direito de regresso da faturizadora contra a faturizada, quando o crédito cedido não é quitado pelo devedor. Isto porque, o inadimplemento é álea inerente à atividade mercantil desenvolvida. A cessão, na hipótese, é realizada em caráter *pro soluto* de modo que a faturizada responde apenas pela existência do crédito no momento da celebração do contrato.

Por isso, devem ser consideradas "nulas (i) eventuais cláusulas de recompra dos créditos vencidos e de responsabilização da faturizada pela solvência dos valores transferidos; (ii) eventuais títulos de crédito emitidos com o fim de garantir a solvência dos créditos cedidos no bojo de operação de *factoring*; e (iii) eventual fiança ou aval aposto na cártula garantidora". Assim, concluiu a Corte Superior que o instrumento de confissão de dívida fundado em operação de fomento mercantil estabelecida entre as partes é "título executivo inválido, uma vez que a origem do débito corresponde à dívida não sujeita a direito de regresso"[91].

89-A. DECISÃO DO TRIBUNAL DE CONTAS

Por força do § 3º do art. 71 da Constituição, as decisões do Tribunal de Contas têm eficácia de título executivo quando imputem débito ou multa a quem tenha causado dano ao Erário. Essa regra editada para o Tribunal da União estende-se aos outros tribunais locais por força do disposto no art. 75, *caput*, da Constituição.

As decisões condenatórias dos Tribunais de Contas são, por si mesmas, títulos executivos extrajudiciais, razão pela qual não se sujeitam à inscrição em dívida ativa para fundamentar

---

[89] STJ, 3ª T., REsp 1.495.920/DF, Rel. Min. Paulo de Tarso Sanseverino, ac. 15.05.2018, *DJe* 07.06.2018.

[90] STJ, REsp 1.495.920/DF, *cit.* No mesmo sentido: TJSP, 14ª C. de D. Priv., Ap. 1065937-38.2017.8.26.0100, Rel. Des. Lígia Araújo Bisogni, *DJ* 28.08.2018; TJSP, 15ª C. de D. Priv., Ap. 1000439- 04.2019.8.26.0624, Rel. Des. Eloi Estevão Troly, *DJ* 22.01.2020.

[91] STJ, 3ª T., REsp 2.106.765/CE, Rel. Min. Nancy Andrighi, ac. 12.03.2024, *DJe* 15.03.2024.

execução fiscal nos moldes da Lei n. 6.830/1980[92]. A execução, na espécie, é a comum prevista para obrigações de quantia certa no CPC, recaindo a competência nas varas também comuns da justiça estadual ou federal, de acordo com a entidade credora. Não há de se cogitar de atribuí-la às varas especializadas das execuções fiscais[93].

Não cabe, porém, à Procuradoria do TCU promover diretamente a execução de tais decisões. Segundo jurisprudência do STF, a legitimidade para tal execução compete ao ente público beneficiário da condenação,[94] que atuará por meio de suas próprias procuradorias, usando como título executivo certidão expedida pelo TCU.

90. CONTRATO COM CONVENÇÃO ARBITRAL

A convenção inserida em contrato de sujeição ao juízo arbitral exclui sua apreciação no juízo estatal por meio de processo de conhecimento (CPC/2015, art. 485, VII). No entanto, quando se trata da execução forçada, essa restrição não se aplica. Se o contrato configura, por si só, e por suas garantias, um título executivo extrajudicial, o credor não fica inibido de executá-lo judicialmente, mesmo existindo convenção de arbitragem. É que não se insere nos poderes dos árbitros a atividade executiva, mas apenas a de acertamento. Assim, não se pode exigir que todas as controvérsias oriundas de um contrato sejam submetidas à solução arbitral, se, como no caso da execução, a via da arbitragem se revela impotente. É por isso que o STJ já decidiu que "não é razoável exigir que o credor seja obrigado a iniciar uma arbitragem para obter juízo de certeza sobre uma confissão de dívida que, no seu entender, já consta de título executivo".[95]

Da mesma forma, o pedido de falência pode ser ajuizado perante a justiça estatal, sem qualquer passagem obrigatória pelo juízo arbitral, ainda que exista convenção de arbitragem, vigente entre credor e devedor.[96]

91. CONFISSÕES DE DÍVIDA

Ainda no regime do Código anterior, na luta contra a agiotagem e a sonegação fiscal, foi editado o Dec.-Lei n. 1.042, de 1969, que, complementando o sistema do registro fiscal obrigatório das letras de câmbio e notas promissórias (Dec.-Lei n. 427), aboliu a força executiva

---

[92] STJ, 2ª T., REsp 1.390.993/RJ, Rel. Min. Mauro Campbell Marques, ac. 10.09.2013, *DJe* 17.09.2013.

[93] STJ, 2ª T., REsp 1.684.104/RJ, Rel. Min. Francisco Falcão, ac. 11.12.2018, *DJe* 17.12.2018.

[94] STF, 1ª T. RE 606.306 AgR/RS, Rel. Min. Ricardo Lewandowski, ac. 18.06.2013, *DJe* 27.11. 2013. No mesmo sentido: STF, 2ª T., AI 826.676 AgR/MG, Rel. Min. Gilmar Mendes, ac. 08.02.2011, *DJe* 24.02.2011.

[95] "Deve-se admitir que a cláusula compromissória possa conviver com a natureza executiva do título"; donde a "possibilidade de execução de título que contém cláusula compromissória" (STJ, 3ª T., REsp 944.917/SP, Rel. Min. Nancy Andrighi, ac. 49.09.2008, *DJe* 03.10.2008). No mesmo sentido: STJ, 3ª T., AgRg nos EDcl no REsp. 1.556.779/SP, Rel. Min. Paulo de Tarso Sanseverino, ac. 17.12.2015, *DJe* 05.02.2016. "A convenção de arbitragem, que impede a tutela jurisdicional cognitiva por via judicial (art. 267, VII...), não é impeditiva da execução forçada...; existindo um título executivo extrajudicial, é lícito instaurar o processo executivo perante a Justiça estadual apesar da existência da convenção de arbitragem, porque do contrário a eficácia do título seria reduzida a nada" (DINAMARCO, Cândido Rangel. *Instituições de direito processual civil*. 4. ed. São Paulo: Malheiros, 2004, v. IV, p. 83). No mesmo sentido: CARMONA, Carlos Alberto. Considerações sobre a cláusula compromissória e a cláusula de eleição de foro. In: CARMONA, Carlos Alberto et al (coords.). *Arbitragem: Estudos em homenagem ao Prof. Guido Fernando da Silva Soares*. São Paulo: Atlas, 2007. p. 33-36.

[96] "A convenção de arbitragem prevista em contrato não impede a deflagração do procedimento falimentar fundamentado no art. 94, I, da Lei 11.101/2005. A existência de cláusula compromissória, de um lado, não afeta a executividade do título inadimplido. De outro lado, a falência, instituto que ostenta natureza de execução coletiva, não pode ser decretada por sentença arbitral. Logo, o direito do credor somente pode ser exercitado mediante provocação da jurisdição estatal" (STJ, 3ª T., REsp 1.277.725/AM, Rel. Min. Nancy Andrighi, ac. 12.03.2013, *DJe* 18.03.2013).

dos "contratos particulares de confissão de dívida". A partir de então, só à confissão feita por instrumento público é que a jurisprudência passou a reconhecer executoriedade.[97]

Ressalte-se, porém, que o Dec.-Lei n. 1.042 era endereçado às operações de mútuo e confissões de dívida pura e simples. Desse modo, não se aplicava em casos outros como aqueles em que a confissão resultava de prestação de contas pelo gestor de negócios, acertamento de responsabilidade civil e outros negócios jurídicos causais.[98]

O Dec.-Lei n. 1.700, de 18.10.1979, porém, revogou a condição imposta pelo Dec.-Lei n. 1.042, do mesmo modo como fez com a exigência do registro fiscal das cambiais instituída pelo Dec.-Lei n. 427/1969. Por isso, agora não há mais que se opor restrição à exequibilidade das confissões de dívida, sejam elas por instrumento público ou particular.

O que continua indispensável é que representem a obrigação de pagar quantia determinada e estejam subscritas por duas testemunhas, além do devedor, se for o caso de instrumento particular (CPC/2015, art. 784, n. III),[99] ou, em se tratando de instrumento de transação, tenha sido referendado pelo Ministério Público, pela Defensoria Pública, pela Advocacia Pública, ou pelos advogados dos transatores (art. 784, IV).

Se a confissão constar de escritura pública, nem mesmo haverá necessidade de testemunhas para o aperfeiçoamento do título executivo extrajudicial[100]. O mesmo se pode dizer das confissões contidas em acordos referendados, na forma do art. 784, IV.

92. O INSTRUMENTO DE TRANSAÇÃO REFERENDADO POR CONCILIADOR OU MEDIADOR CREDENCIADO POR TRIBUNAL

O CPC/2015 acrescentou, como título executivo extrajudicial, o instrumento de transação referendado por conciliador ou mediador credenciado por tribunal (art. 784, IV). Esse acréscimo está em conformidade com o espírito da nova codificação em estimular a autocomposição (art. 3º, §§ 2º e 3º). Ora, se o CPC/2015 incentiva a autocomposição por meio do auxílio de conciliadores e mediadores, é evidente que as transações que eles auxiliarem a efetivar devem possuir executividade. Nenhum proveito teria para as partes transigir se tivessem que ajuizar ação de cobrança para conferir executoriedade ao acordo.

Assim, basta que sejam subscritos pelo advogado público, pelo conciliador ou mediador credenciados, para que o acordo seja tido como título executivo extrajudicial, não se exigindo qualquer outra formalidade, nem mesmo a assinatura de testemunhas.

Também a Lei n. 13.140/2015 (Lei da Mediação) prevê que, ocorrendo o consenso entre as partes, no procedimento intermediado pelo mediador, o acordo será reduzido a termo e constituirá *título executivo extrajudicial* (art. 32, § 3º). Naturalmente, se a autocomposição for submetida à homologação judicial – o que, entretanto, não é obrigatório –, tornar-se-á *título executivo judicial* (CPC/2015, art. 515, III).

93. HIPOTECA, PENHOR, ANTICRESE E CAUÇÃO

O inciso V do art. 784 do CPC/2015 cuida, do "contrato garantido por hipoteca, penhor, anticrese ou outro direito real de garantia e aquele garantido por caução", ou seja, de todos os contratos que contem com garantias *reais* ou *pessoais*.

---

[97] 1º TACivSP, ac. de 7-3-73, na apel. 190.132, *apud* NETO, Paulo Restiffe. "Confissões de Dívida Perante o novo Cód. Pr. Civil", *in* "O Estado de S. Paulo" de 5-5-74, p. 244.

[98] 1º TACivSP, ac. de 22-5-74, na apel. 202.637, rel. Juiz GERALDO ARRUDA, *in* Evaristo dos Santos, "O Novo Cód. de Proc. nos Tribunais de Alçada Civil de S. Paulo", vol. II, n. 725, p. 678. No mesmo sentido: *Idem*, apel. 208.652, ac. 2.4.1975, idem, *op. cit.*, vol. II, n. 727, p. 681.

[99] STJ, 4ª T., REsp. 243.766/SP, Rel. Min. Eduardo Ribeiro, ac. 15.02.2000, *DJU* 12.06.2000, p. 110.

[100] 1º TACivSP, 1º C. Ap. 361.130-4, Rel. Juiz Marco César, ac. 10.11.1986, *RT* 614/115.

A palavra caução é de significado amplo, genérico, e no seu sentido lato, significa segurança ou garantia que o devedor oferece ao credor.[101] E como tal, abrange as garantias reais e pessoais. Diz-se, por isso, que a caução pode ser *real* (hipoteca, penhor e anticrese) ou *fidejussória* (fiança).

Como essas obrigações só podem ser constituídas por escrito (documentos públicos e particulares), tem-se a impressão, à primeira vista, de que sua exequibilidade já estaria englobada pela hipótese dos incisos n. II e III do art. 784.

Observa-se, porém, que as garantias, sem embargo de sua natureza acessória, podem ser constituídas por antecipação, mesmo antes de criada a obrigação principal (a dívida[102]); e até podem ser outorgadas por pessoa diversa da do devedor, como comumente ocorre nos contratos bancários de abertura de crédito e nas empreitadas públicas. Opera-se, então, uma dissociação entre o *título da garantia* e o *título do crédito*, e este, às vezes, nem terá o reconhecimento expresso do devedor (exemplo: fiança prestada diretamente ao credor sem a presença do afiançado).

Outra particularidade desses títulos é a possibilidade de a execução atingir pessoas diversas da do devedor, já que a garantia pode ser dada por terceiro.

Normalmente, o contrato com garantia hipotecária ou pignoratícia gera para o credor duas ações:

a) uma *pessoal*, para exigir do devedor a prestação a que se obrigou, isto é, o pagamento da dívida;

b) outra *real,* para realizar a garantia real, ou seja, para levar à expropriação, com preferência e sequela, o imóvel gravado de hipoteca, pagando-se com o produto apurado.

Enquanto a pessoal recai sobre todo o patrimônio do devedor, a real atinge apenas o bem gravado, que tanto pode ser do devedor como de terceiro, alcançando-o na posse e propriedade de quem quer que o detenha, pois sua eficácia é *erga omnes*.[103]

Discute-se, se sendo a hipoteca dada por terceiro teria o credor, ou não, de cumular as duas ações, criando um litisconsórcio necessário entre o devedor e o seu garante.

A nosso ver, o litisconsórcio *in casu* é apenas facultativo, como o é na execução da fiança. Na realidade, a outorga de garantia real à dívida alheia é equivalente jurídico de uma fiança (uma fiança *real*, como ensinam Planiol e Ripert). Em lugar de colocar genericamente o patrimônio próprio para responder pela dívida alheia, o terceiro hipotecante põe um imóvel determinado de seu patrimônio sujeito à realização da mesma dívida.

Assim, o terceiro que presta hipoteca ou outra garantia real em prol de dívida de outrem, é *responsável* pela satisfação da dívida, dentro das forças da garantia dada.

Como a lei considera o contrato de garantia real, por si só, como um *título executivo* (art. 784, n. V), o terceiro garante pode ser executado, individualmente, como "devedor" do aludido

---

[101] SENE, José Candido da Costa. Caução. *In:* CARVALHO SANTOS, J. M. de. *Repertório Enciclopédico do Direito Brasileiro*. Rio de Janeiro: Borsoi, s/d, v. VII p. 393.

[102] "O direito brasileiro admite a constituição de hipoteca para garantia de dívida futura ou condicional, própria ou de terceiros, bastando que seja determinado o valor máximo do crédito a ser garantido" (STJ, 4ª T., REsp 1.190.361/MT, Rel. Min. Luis Felipe Salomão, Rel. p/ ac. Min. João Otávio de Noronha, ac. 07.04.2011, *DJe* 25.08.2011).

[103] PONTES DE MIRANDA, Francisco Cavalcanti. *Comentários ao Código de Processo Civil*. Rio de Janeiro: Forense, 1976, v. IX, p. 302; NUSSBAUM, Arthur. Tratado de Derecho Hipotecario Alemán. *Revista de Derecho Privado*,1929, n. 12 e 29, p. 56 e 194.

contrato, que é distinto do contrato de dívida do devedor principal, mesmo quando convencionados ambos num só instrumento.[104]

O que há, na espécie, é uma responsabilidade patrimonial *limitada*. Esgotada a garantia real não subsiste nenhuma responsabilidade pessoal do terceiro garante. Mas, enquanto existir a garantia, será o terceiro responsável executivamente pela realização da dívida[105].

Como no processo de execução não há, em regra, litisconsórcio necessário, porque a atividade jurisdicional não se destina à prolação de uma sentença que, nos moldes do art. 114, tenha que ser uniforme para os diversos interessados, não há que se cogitar da obrigatoriedade de ser a execução movida conjuntamente contra o devedor e o terceiro garante.[106]

Porque a situação do terceiro hipotecante, perante o credor, é em tudo igual à do devedor que hipoteca seus próprios bens, ensina Pacifici-Mazzoni que o terceiro não poderá invocar o benefício de ordem, que é próprio da fiança, mas que não é compatível com a garantia real que é a hipoteca.[107]

Ressalta-se que é totalmente inadmissível pretender-se executar apenas o devedor principal e fazer a penhora recair sobre o bem do terceiro garante. Se a execução vai atingir o bem dado em caução real pelo não pagamento, este forçosamente terá de ser parte na relação processual executiva, quer isoladamente, quer em litisconsórcio com o devedor. Jamais poderá suportar a expropriação executiva sem ser parte no processo, como é óbvio.[108]

94. EXECUÇÃO HIPOTECÁRIA

I – Alienação do imóvel hipotecado

Há no direito material algumas regras que refletem significativamente sobre o procedimento da execução hipotecária, que a seguir serão apontadas.

O gravame real de hipoteca não torna inalienável o imóvel. Pelo contrário, considera-se nula a cláusula que proíba ao proprietário alienar o imóvel hipotecado (Código Civil, art. 1.475, *caput*). Válida, porém, é a convenção de vencimento antecipado do crédito hipotecário, se o imóvel for vendido (idem, parágrafo único). Por isso, ao credor será lícito intentar a execução

---

[104] "Aquele que oferece, por meio de hipoteca, imóvel próprio em garantia de terceiro, pode ser executado como devedor, individualmente, haja vista a autonomia do título executivo constituído pela garantia real (...). Em tais condições, também é parte legítima [o terceiro garante] para o ajuizamento dos correspondentes embargos do devedor" (STJ, 4ª T., REsp. 1.230.252/RS, Rel. Min. Antônio Carlos Ferreira, ac. 02.10.2014, DJe 22.10.2014). De qualquer maneira, não pode a execução, na espécie, ser movida apenas contra o devedor principal, sendo "necessária a citação do proprietário do bem hipotecado em garantia de dívida alheia" (STJ, 3ª T., AgRg nos EDcl no REsp. 341.410/SP, Rel. Min. Humberto Gomes de Barros, ac. 09.05.2006, DJU 29.05.2006, p. 227).

[105] "O garante de dívida alheia equipara-se ao devedor. Quem deu a garantia deve figurar no polo passivo da execução." (STJ, 4ª T., REsp 212.447/MS, Rel. Min. Barros Monteiro, ac. 17.8.2000, DJU 9.10.2000, p. 152; STJ, 4ª T., REsp 404.707/DF, Rel. Min. Aldir Passarinho Junior, ac. 5.6.2007, DJU 6.8.2007, p. 493).

[106] "Pode o credor executar o terceiro hipotecante para pagamento da dívida que o bem hipotecado garante sem necessidade da citação do devedor garantido, por não existir litisconsórcio passivo necessário entre o devedor e o terceiro que à dívida deste deu garantia real" (OLIVEIRA FILHO, João de. Parecer *in Revista Forense* 74/298). Nesse sentido: STJ, 3ª T., REsp 302.780/SP, Rel. Min. Nancy Andrighi, Rel. p/ Acórdão Min. Castro Filho, ac. 18.10.2001, DJU 8.4.2002, p. 211.

[107] PACIFICI-MAZZONI, Emidio. *Codice civile italiano commentato com la legge romana: tratatto dei privilegi e dele ipoteche*. 1904, v. I, n. 155, *apud* OLIVEIRA FILHO, João de. Ob. cit., *Revista Forense*, 74/278.

[108] "É indispensável que o garantidor hipotecário figure como executado, na execução movida pelo credor, para que a penhora recaia sobre o bem dado em garantia" (STJ, 4ª T., REsp. 472.769/SP, Rel. Min. Luis Felipe Salomão, ac. 11.05.2010, DJe 24.05.2010).

sobre o imóvel mesmo estando a propriedade sob titularidade do terceiro adquirente tanto no caso de dívida vencida normalmente, como no de vencimento antecipado.

Ao adquirente, em tal circunstância, cabem duas opções: a) pode exonerar-se da hipoteca (e consequentemente dos encargos de sua execução), mediante abandono do imóvel (Código Civil, art. 1.479); ou b) pode liberar o imóvel, por meio de *remição da hipoteca* (Código Civil, art. 1.481).

II – Abandono do imóvel

O abandono pressupõe que o adquirente não tenha se obrigado, na aquisição do imóvel, a pagar o débito do alienante junto ao credor hipotecário. Opera-se por meio de negócio jurídico unilateral receptício. O adquirente notifica o vendedor e o credor hipotecário (ou os vários credores hipotecários, se for o caso). A posse do imóvel é entregue conjuntamente a ambos. Se não se conseguir essa transferência direta aos interessados, o adquirente promoverá seu depósito em juízo, à disposição dos interessados (Código Civil, art. 1.480), valendo-se de um procedimento de jurisdição voluntária. De uma ou de outra forma, estará liberado de todos os encargos da hipoteca e de sua execução.

O prazo para exercer a faculdade do *abandono* começa da aquisição e perdura até 24 horas subsequentes à citação com que se inicia o procedimento executivo (Código Civil, art. 1.480, parágrafo único); ou seja, o abandono deve ser praticado antes de encerrar-se o prazo para pagamento da dívida (CPC/2015, art. 829). Na verdade, já estando proposta a execução, o abandono se dará por meio da nomeação do imóvel à penhora, pelo terceiro adquirente, cabendo o encargo do depósito judicial ao vendedor e ao credor hipotecário. Não haverá necessidade da notificação avulsa a que alude o art. 1.480 do Código Civil. Os interessados serão intimados nos próprios autos da execução.

III – Remição pelo adquirente

Por sua vez, a *remição* do imóvel hipotecado pelo adquirente pode ser feita independentemente da execução, nos 30 dias seguintes ao registro do título aquisitivo, por meio de procedimento judicial de jurisdição voluntária, no qual se requererá a citação dos credores hipotecários, propondo o resgate do bem gravado por preço que não seja inferior ao de sua aquisição (Código Civil, art. 1.481, *caput*). Naturalmente, não se sujeitará o adquirente a pagar ao credor montante maior do que o do crédito hipotecário, mesmo que o preço da aquisição tenha sido superior. Quando se cogita de oferta igual pelo menos ao preço da compra, pressupõe-se que o imóvel tenha sido adquirido por montante menor do que o crédito hipotecário.

Ao credor é permitido impugnar o preço da aquisição ou outro que se tenha oferecido para a remição. Nesse caso, proceder-se-á à venda judicial a quem oferecer maior preço. Ao adquirente do imóvel, porém, caberá preferência em relação ao arrematante, em igualdade de condições (Código Civil, art. 1.481, § 1º).

Quando o credor não impugnar a oferta do remidor, a liberação da hipoteca acontecerá tão logo se dê o pagamento ou o depósito do preço ofertado (Código Civil, art. 1.481, § 2º).

O adquirente que não procede à remição do imóvel hipotecado (nem efetiva o seu oportuno abandono ao credor e ao vendedor), sujeitar-se-á aos encargos da execução, além de responder, perante o credor, pela desvalorização do bem imputada à sua culpa (Código Civil, art. 1.481, § 3º). Disporá, contudo, de ação regressiva contra o vendedor, se for privado do imóvel, ou se sofrer desembolso para resgatar a hipoteca ou suportar a execução (idem, § 4º).

IV – Remição pelo executado

Prevê, ainda, o Código Civil a possibilidade de *remição do imóvel por parte do executado*, em situação diferente da que era regulada pelo Código de Processo Civil de 1973. Com efeito, a norma processual somente admitia remição de bens pelo cônjuge, pelo ascendente ou pelo descendente do devedor (CPC/1973, art. 787). A lei material ampliou a possibilidade de remição, estendendo-a, na execução hipotecária, também ao próprio executado, desde que ofereça preço igual ao da avaliação, se não tiver havido licitantes, ou ao de maior lance oferecido (Código Civil, art. 1.482). A antiga remição por terceiros prevista originariamente pelo CPC/1973 não é contemplada pelo CPC/2015, que a substituiu pela adjudicação. Remanescente na lei nova tão somente a remição pelo devedor em execução hipotecária, porque garantida por regra substancial não revogada (ver, adiante, o item n. 377).

V – Adjudicação pelo credor

Outra regra inovadora do Código Civil é a que diz respeito à *adjudicação* do imóvel pelo credor hipotecário quando se dá a falência ou insolvência do devedor. Faculta-se-lhe adjudicá-lo, quando avaliado em quantia inferior ao crédito, desde que dê quitação pela sua totalidade (Código Civil, art. 1.484). Essa adjudicação é feita por requerimento do credor, sem concorrência com outros licitantes.

Para dispensar a avaliação em juízo, permite o Código Civil que os interessados façam constar das escrituras o valor entre eles ajustado dos imóveis hipotecados, o qual, devidamente atualizado, servirá de base para as arrematações, adjudicações e remições (art. 1.484).

VI – Superposição de hipotecas sobre o mesmo imóvel

Situação interessante, para efeitos processuais, ocorre quando sobre um mesmo imóvel se superpõem hipotecas em favor de credores distintos. A lei civil admite, expressamente, essa pluralidade de gravames, impondo, porém, a restrição de que, mesmo vencida a segunda hipoteca, não poderá ser executada senão depois de ocorrido o vencimento da primeira (Código Civil, art. 1.477, *caput*). Faculta-se, entretanto, conforme o mesmo dispositivo legal, a execução imediata da segunda hipoteca em seu termo, independentemente do vencimento da primeira, quando o devedor incorrer em insolvência. Para esse fim, não é necessário que a execução coletiva ou concursal esteja instaurada. Basta que não se encontrem outros bens livres do executado a penhorar, segundo a presunção decorrente do art. 750, I, do CPC/1973, cuja vigência se manteve pelo art. 1.052 do CPC/2015.[109-110]

Vencida a primeira hipoteca, o credor da segunda, ao executá-la, terá de respeitar a preferência legal, de sorte que o produto de sua execução reverterá, antes de tudo, à satisfação do titular do primeiro gravame. Só o remanescente, se houver, aproveitará ao exequente. Para contornar essa concorrência, permite o art. 1.478 do Código Civil que o segundo credor hipotecário consigne o valor da primeira hipoteca, obtendo, assim, o seu resgate, seguido de sub-rogação nos direitos do *accipiens*. Dessa forma, passará a ser credor hipotecário em primeiro grau, pela soma dos créditos correspondentes às duas hipotecas consolidadas.

95. A EXECUÇÃO HIPOTECÁRIA EXTRAJUDICIAL DO SISTEMA FINANCEIRO DA HABITAÇÃO (SFH)

Previa o Dec.-lei n. 70/1966 um regime extrajudicial para a venda do imóvel hipotecado em garantia de operação bancária de financiamento de aquisição da casa própria. Independentemente da instauração de procedimento judicial, o credor, em face do inadimplemento do

---

[109] STF, 2ª T., RE 91.601/MG, Rel. Min. Cordeiro Guerra, ac. 29.10.1979, *RT* 541/268; TAPR, Ap. 1.025/76, Rel. Juiz Schiavon Puppi, ac. 01.06.1977, *RT* 507/245; RIZZARDO, Arnaldo. *Direito das coisas*. Rio de Janeiro: Forense, 2004, n. 37.5, p. 1.066; TJDF, 4ª T. Cível, AGI 20040020098048, Rel. Vera Andrighi, ac. 21.03.2005, *DJU* 14.06.2005, p. 1.417.

[110] "Art. 1.052. Até a edição de lei específica, as execuções contra devedor insolvente, em curso ou que venham a ser propostas, permanecem reguladas pelo Livro II, Título IV, da Lei n. 5.869, de 11 de janeiro de 1973."

financiado e da sua constituição em mora, podia confiar a um *agente fiduciário*, sem qualquer vínculo com as partes, a cobrança do crédito hipotecário, observadas as instruções regulamentares do SFH (art. 31 do Dec.-lei n. 70).

A Lei nº 14.711/2023 revogou as disposições do Capítulo III do Decreto-lei nº 70/1966, motivo pelo qual a execução da hipoteca e da alienação fiduciária de imóvel passou a reger-se pela disciplina da execução extrajudicial traçada pelo art. 9º da referida Lei 14.711, que não só criou normas próprias, como inovou a Lei nº 9.514/1997 mediante alterações de texto e acréscimo de dispositivos, os quais serão analisados abaixo.

Não se trata, é bom que se diga, de um procedimento jurisdicional, mas de um sistema privado de alienação do bem hipotecado, sem qualquer intervenção da autoridade judiciária. Por isso, não se deve cogitar de inobservância das garantias constitucionais do devido processo legal, como o da reserva do juiz natural e do contraditório, técnicas próprias da prestação jurisdicional. Não há cabimento para imputar inconstitucionalidade à antiga execução do Dec.-lei nº 70, e muito menos daquela implantada, em substituição, pela Lei nº 14.711/2023, em tais circunstâncias, porque: (a) ao agente fiduciário não são atribuídos poderes de decisão de conflito entre as partes, o que constitui a essência da função jurisdicional;[111] (b) a previsão da venda extrajudicial autorizada antes pelo Dec.-lei 70, e mantida pela Lei 14.711, não inibe o devedor de recorrer às vias judiciais, caso sofra algum dano ou ameaça de dano em virtude da referida alienação;[112] (c) é da tradição de nosso direito comercial a permissão a que as partes convencionem sobre a venda extrajudicial do bem dado em penhor para garantia de obrigações comerciais (e também nas obrigações civis).[113] A constitucionalidade da execução hipotecária extrajudicial (Decreto--lei nº 70/1966) tem sido reconhecida pelo STF, em mais de uma oportunidade, inclusive como tema de repercussão geral[114], e não poderá ser diferente o tratamento dispensado ao tema regulado pela Lei 14.711, principalmente agora que se inseriu no Código Civil, em caráter geral, a possibilidade de todas as garantias contratuais serem administradas por *agente de garantia*, com poderes de promover, inclusive a execução extrajudicial, desde que prevista em lei (CC, art. 853-A, acrescido pela Lei 14.711/2023).

95-A A EXECUÇÃO HIPOTECÁRIA EXTRAJUDICIAL DA LEI Nº 14.711/2023

I – Procedimento administrativo perante o oficial do registro de imóveis

A Lei nº 14.711/2023, dispôs, entre outros temas, sobre a execução extrajudicial de créditos garantidos por hipoteca, criando um procedimento específico para que o credor hipotecário

---

[111] COSTA E SILVA, Paula. A constitucionalidade da execução hipotecária do Decreto-Lei 70, de 21 de novembro de 1966. *Revista de Processo*, São Paulo, v. 284, , out.2018.

[112] "Nenhuma regra constitucional impõe que a venda de um bem dado em garantia ao credor deva ocorrer através de uma execução judicial (...) sob este prisma, o Decreto-Lei 70/1966 não merece qualquer censura, sendo conforme à Constituição" (COSTA E SILVA, Paula. A constitucionalidade da execução hipotecária do Decreto-Lei 70, de 21 de novembro de 1966. *Revista de Processo*, São Paulo, v. 284, p. 203, out. 2018). Muito antes do Dec.-lei nº 70, nosso direito positivo sempre autorizou a venda extrajudicial do objeto da garantia pignoratícia (Cód. Civ. de 1916, art. 774, III; Cód. Com. de 1850, arts. 275 e 279).

[113] "É o que autoriza o art. 275, in fine, do Cód. Comercial, e se pratica diariamente no comércio bancário. (...) A autorização para a venda extrajudicial pode constar do próprio contrato de penhor ou de instrumento subsequente ou ainda de procuração especial" (CARVALHO DE MENDONÇA, J. X. *Tratado de direito comercial brasileiro*. 5. ed. Rio de Janeiro: Liv. Freitas Bastos, 1956, v. VI, Parte II, n. 1.293, p. 630-631). Também, no Cód. Civil atual (como no anterior), está prevista a autorização contratual para a venda amigável do bem apenhado, caso em que "o credor deve entregar ao devedor o que sobejar do preço" (Cód. Civ., arts. 1.435, V, e 1.433, IV) (VENOSA, Sílvio de Salvo. *Direito civil – direitos reais*. 8. ed. São Paulo: Atlas, 2008, p. 526).

[114] "É constitucional, pois foi devidamente recepcionado pela Constituição Federal de 1988, o procedimento de execução extrajudicial, previsto no Decreto-lei nº 70/66" (STF, Pleno, RE 627.106/PR, Rel. Min. Dias Toffoli, ac. 08.04.2021, *DJe* 14.06.2021 – Tema 249).

satisfaça o seu crédito de forma mais célere, se não preferir realizar a execução judicial. A previsão da excussão extrajudicial, entretanto, deverá constar de previsão expressa do título constitutivo da hipoteca (art. 9º, § 15).

O procedimento para a excussão extrajudicial – que não se aplica às operações de financiamento da atividade agropecuária (art. 9º, § 13) – é o seguinte:

(a) vencida e não paga a dívida, o credor hipotecário ou seu cessionário poderá requerer ao oficial do registro de imóveis da situação do bem hipotecado a intimação pessoal do devedor, do terceiro hipotecante, de seus representantes legais ou procuradores regularmente constituídos, para purgar a mora no prazo de 15 dias, observando o disposto no art. 26 da Lei n.º 9.514/1997[115], que instituiu a alienação fiduciária de coisa imóvel (art. 9º, §1º, da Lei 14.711/2023);

(b) não purgada a mora, o credor poderá, nos 15 dias seguintes ao término do prazo, requerer o início do procedimento de excussão extrajudicial da garantia hipotecária, que ocorrerá por meio de leilão público. Este fato será previamente averbado na matrícula do imóvel (art. 9º, § 2º)

II – Leilão público

a) O próprio credor promoverá, com o concurso de leiloeiro público, alienação do imóvel hipotecado, que pode ser realizada por meio eletrônico, no prazo de 60 dias, contado da averbação da excussão no registro de imóveis. O devedor ou o terceiro hipotecante deverá ser comunicado das datas, dos horários e dos locais dos leilões, por meio de correspondência – física ou eletrônica – dirigida aos endereços constantes do contrato ou posteriormente fornecidos (art. 9º, §§ 3º e 4º, da Lei 14.711/2023).

b) A alienação observará o sistema de dupla licitação, mas somente será realizado o segundo leilão se no primeiro não for oferecido lance igual ou superior: *(i)* ao valor do imóvel estabelecido no contrato para fins de excussão ou *(ii)* ao valor de avaliação realizada pelo órgão público competente para cálculo do imposto sobre transmissão *inter vivos*, o que for maior. Nesse caso, o segundo leilão deverá ocorrer nos 15 dias seguintes (art. 9º, § 5º).

c) No segundo leilão será aceito o maior lance oferecido, desde que seja igual ou superior ao valor integral da dívida garantida pela hipoteca, das despesas, inclusive emolumentos cartorários, dos prêmios de seguro, dos encargos legais, inclusive tributos, e das contribuições condominiais. Caso não haja lance que alcance referido valor, o credor hipotecário, a seu exclusivo critério, poderá aceitar lance que corresponda a, pelo menos, metade do valor de avaliação do bem (art. 9º, § 6º).

d) a apropriação do imóvel hipotecado pelo credor é autorizada (Lei nº 14.711/2023, art. 9º, § 9º, I). Não pode ser, todavia, praticada imediatamente após a constituição em mora do devedor, tendo em vista a vedação ao ajuste do pacto comissório, prevista no art. 1.428 do Código Civil, a qual subsiste ao regime executivo extrajudicial instituído pela Lei nº 14.711/2023. Mas o que se proíbe é apenas a adjudicação pelo credor fundada simplesmente na falta de pagamento de débito "no vencimento". Na sistemática da Lei 14.711, o credor hipotecário, havendo previsão contratual, pode apropriar-se do imóvel garantidor para se pagar, mas só depois da frustração da arrematação no leilão público (Lei 14.711/2023, art. 9º, § 9º).

III – Remição da execução

a) Ao devedor ou ao prestador da garantia hipotecária é dado, antes de o bem ser alienado em leilão, remir a execução, efetuando o pagamento integral da dívida, acrescida das despesas

---

[115] "Vencida e não paga a dívida, no todo ou em parte, e constituídos em mora o devedor e, se for o caso, o terceiro fiduciante, será consolidada, nos termos deste artigo, a propriedade do imóvel em nome do fiduciário" (Lei 9.514/1997, art. 26, *caput*)

relativas ao procedimento de cobrança. O oficial de registro de imóveis está autorizado a receber o valor e transferi-lo ao credor no prazo de 3 dias (art. 9º, § 7º, da Lei 14.711/2023).

IV – Satisfação do direito do exequente

a) Caso o valor arrecadado na alienação da garantia seja superior à dívida, acrescida das despesas de cobrança, a quantia excedente será entregue ao devedor ou terceiro hipotecante, no prazo de 15 dias da efetivação do pagamento do preço da arrematação (art. 9º, § 8º, da Lei 14.711/2023).

b) Se o lance oferecido no segundo leilão não for igual ou superior ao referencial mínimo previsto na lei, o credor poderá, a seu critério: *(i)* apropriar-se do imóvel em pagamento da dívida, a qualquer tempo, pelo valor correspondente ao referencial mínimo devidamente atualizado. O oficial do registro de imóveis procederá às diligências necessárias à transmissão dominial em ato registral único[116]; ou *(ii)* realizar, no prazo de até 180 (cento e oitenta) dias, contado do último leilão, a venda direta do imóvel a terceiro, por valor não inferior ao referencial mínimo, dispensado novo leilão. Nesta hipótese, o credor hipotecário ficará investido de mandato irrevogável para representar o garantidor hipotecário, com poderes para transmitir domínio, direito, posse e ação, manifestar a responsabilidade do alienante pela evicção e imitir o adquirente na posse (art. 9º, § 9º). Qualquer que seja a opção do credor hipotecário (apropriação ou venda direta), somente será praticável depois de frustrado o leilão público.

V – Operações de financiamento da casa própria

Nas operações de financiamento para a aquisição ou a construção de imóvel residencial do devedor, excetuadas aquelas compreendidas no sistema de consórcio, se o produto da excussão da garantia hipotecária não for suficiente para o pagamento da totalidade da dívida e das demais despesas de cobrança, o devedor ficará exonerado da responsabilidade pelo saldo remanescente (art. 9º, § 10, da Lei 14.711/2023).

VI – Título da arrematação (Ata notarial)

Realizada a venda extrajudicial, os autos do procedimento serão distribuídos a tabelião de notas com circunscrição delegada que abranja o local do imóvel para lavratura da ata notarial de arrematação, constituindo título hábil à transmissão da propriedade ao arrematante a ser registrado na matrícula do imóvel (art. 9º, § 11).

VII – Imissão na posse do credor ou do arrematante. Despesas e encargos

a) Aplicam-se à execução hipotecária as disposições previstas para a execução extrajudicial da alienação fiduciária em garantia relativamente à desocupação do imóvel excutido e à obrigação do fiduciante em arcar com taxa de ocupação, ou seja: é assegurada ao fiduciário, ao seu cessionário ou aos seus sucessores, inclusive ao adquirente do imóvel em leilão público, a reintegração na posse do imóvel, que será concedida liminarmente, para desocupação no prazo de 60 (sessenta) dias, desde que comprovada a consolidação da propriedade em seu nome (art. 30 da Lei 9.514/1997).

b) Despesas e encargos: *(i)* o hipotecante responde pelo pagamento dos impostos, taxas, contribuições condominiais e quaisquer outros encargos que recaiam ou venham a recair sobre o imóvel, cuja posse tenha sido transferida, até a data em que este vier a ser imitido na posse; *(ii)* se à época da arrematação o devedor hipotecante ainda conservar o imóvel em sua posse, fica

---

[116] Nessa hipótese ficará dispensada a lavratura da ata notarial de especialização e a obrigação de entregar a quantia excedente ao hipotecante, prevista no § 8º.

sujeito ao pagamento da taxa de ocupação prevista pela Lei nº 9.514/1997, art. 37-A (com redação da Lei 14.711/2023), o qual determina sua base de cálculo e sua exigibilidade que, no caso de hipoteca, vai da data da expedição da ata notarial de arrematação, ou se for o caso, do registro da apropriação definitiva do bem pelo credor hipotecário no registro de imóveis, até a data em que este ou seu sucessor vier a ser imitido na posse do imóvel (art. 9º, § 12, da Lei 14.711/2023).

96. SUPERPOSIÇÃO DE HIPOTECAS SOBRE O MESMO IMÓVEL

Situação interessante, para efeitos processuais, ocorre quando sobre um mesmo imóvel se superpõem hipotecas em favor de credores distintos. A lei civil admite, expressamente, essa pluralidade de gravames, impondo, porém, a restrição de que, mesmo vencida a segunda hipoteca, não poderá ser executada senão depois de ocorrido o vencimento da primeira (Cód. Civ., art. 1.477, *caput*). Faculta-se, entretanto, conforme o mesmo dispositivo legal, a execução imediata da segunda hipoteca em seu termo, independentemente do vencimento da primeira, quando o devedor incorrer em insolvência. Para esse fim, não é necessário que a execução coletiva ou concursal esteja instaurada. Basta que não se encontrem outros bens livres do executado a penhorar, segundo a presunção decorrente do art. 750, I, do CPC/1973, cuja vigência se manteve pelo art. 1.052 do CPC/2015[117].

Vencida a primeira hipoteca, o credor da segunda, ao executá-la, terá de respeitar a preferência legal, de sorte que o produto de sua execução reverterá, antes de tudo, à satisfação do titular do primeiro gravame. Só o remanescente, se houver, aproveitará ao exequente. Para contornar essa concorrência, permite o art. 1.478 do Cód. Civil que o segundo credor hipotecário consigne o valor da primeira hipoteca, obtendo, assim, o seu resgate, seguido de sub-rogação nos direitos do *accipiens*. Dessa forma, passará a ser credor hipotecário em primeiro grau, pela soma dos créditos correspondentes às duas hipotecas consolidadas.

97. REMIÇÃO DA HIPOTECA E PAGAMENTO DO DÉBITO HIPOTECÁRIO PELO NOVO PROPRIETÁRIO DO IMÓVEL

Além da remição da hipoteca (Cód. Civil, art. 1.481), existe no direito material a possibilidade de o adquirente do imóvel proceder ao pagamento do débito hipotecário, como terceiro interessado (Cód. Civil, art. 304).

Remição e pagamento produzem o mesmo efeito sobre a hipoteca, ou seja, extinguem a garantia real, liberando o imóvel para a livre disponibilidade do novo proprietário. Há, no entanto, requisitos procedimentais distintos a observar numa e noutra situação:

a) a remição somente pode ser praticada nos trinta dias seguintes ao registro do título aquisitivo, mas pode liberar a hipoteca pelo pagamento de importância igual ao preço de aquisição (ou pelo preço de licitação, eventualmente), o que, às vezes, permite ao adquirente desonerar o imóvel, sem necessidade de pagar todo o débito hipotecário (Cód. Civil, art. 1.481 e § 1º);

b) já o pagamento, autorizado pelo art. 304 do Cód. Civil, pode acontecer a qualquer tempo, mas para liberar o imóvel do gravame hipotecário há de ser completo, isto é, o adquirente terá de resgatar a totalidade do débito.

Em ambos os casos, a extinção do gravame se dá em face do credor hipotecário, não em relação ao devedor que alienou o imóvel. Este continuará respondendo pela dívida, perante o

---

[117] STF, 2ª T., RE 91.601/MG, Rel. Min. Cordeiro Guerra, ac. 26.10.1979, *RT* 541/268; TAPR, Ap. 1.025/76, Rel. Juiz Schiavon Puppi, ac. 01.06.1977, *RT* 507/245; RIZZARDO, Arnaldo. *Direito das Coisas*. Rio de Janeiro: Forense, 2004, no 37.5, p. 1.066; TJDF, 4ª T. Cível, AGI 20040020098048, Rel. Vera Andrighi, ac. 21.3.2005, *DJU* 14.6.2005 p. 1417.

adquirente, em razão da sub-rogação legal prevista no Cód. Civil, art. 346, II. Como a sub-rogação compreende todas as ações, privilégios e garantias da obrigação (Cód. Civil, art. 349), o *solvens* (adquirente) se tornará titular de hipoteca sobre seu próprio imóvel.

Poder-se-á pensar que seria uma inutilidade essa sub-rogação hipotecária, visto ser impossível excutir seu próprio imóvel. A sub-rogação, em tal situação, porém, não visa atingir o devedor, mas se volta contra outros credores do alienante. Havendo outras hipotecas, além da que foi remida, ou outros credores com penhora ou possibilidade de penhora por débitos do transmitente, ao adquirente que remiu ou resgatou a hipoteca ficará assegurado o direito de preferência inerente ao gravame real sub-rogado. Dessa maneira, instaurado o concurso sobre o imóvel, o adquirente nele figurará em situação de preferência para recuperar o desembolso feito para exonerar o bem da hipoteca. Nisso consiste a grande utilidade da sub-rogação autorizada pelo art. 346, II, do Código Civil.

98. A HIPOTECA E A PRESCRIÇÃO

Segundo a autorizada lição de Pontes de Miranda, a prescrição da pretensão obrigacional não impede a constituição da hipoteca. "A inexigibilidade do crédito não significa inadimplibilidade. Quem deve e está prescrita a pretensão (encoberta a eficácia) pode solver, se quer, e expõe-se a que a atitude do credor, se teria, por exemplo, de contraprestar, lhe possa ser danosa. A dívida prescrita pode ser garantida por penhor, anticrese ou hipoteca, como por fiança"[118]. Daí a conclusão de Luciano de Camargo Penteado no sentido de que, tendo o credor hipotecário duas ações para exigir a satisfação de seu crédito – uma de direito real (a hipoteca) e outra de direito pessoal (o contrato de empréstimo) – a perda da pretensão a uma delas não acarreta necessariamente a da outra. Segundo o direito material, "são distintos o vencimento da dívida e o vencimento do gravame. A dívida é relação jurídica obrigacional, o gravame é composto por direito real de garantia"[119]. Por isso, "embora unidos o crédito e a garantia, a prescrição eventual daquele em nada afeta essa", como aduz o mesmo autor[120]. Extinta a ação pessoal, restará a ação real para excutir o bem hipotecado e resgatar o débito garantido por um direito real, que permanece vivo enquanto não extinto dentro da sistemática do direito substancial. Não se pode esquecer que a lei confere título executivo diretamente ao crédito garantido por hipoteca, sem vinculá-lo à natureza do débito assegurado (CPC/2015, art. 784, V).

Logo, a conclusão que se impõe é que o credor hipotecário continua tendo à sua disposição a ação real, sem embargo da perda da ação pessoal, de modo que a hipoteca, mesmo após vencida a obrigação, subsiste legalmente enquanto não ocorrer a caducidade do registro da garantia real, que só se dá em trinta anos (Código civil, art. 1.485).

A hipoteca, segundo a lei civil, sujeita-se a extinção em trinta anos contados da data do contrato que a constituiu, prazo que poderá completar-se antes ou depois do vencimento da obrigação garantida (Código Civil, art. 1.485, 1ª parte). Trata-se de um prazo decadencial, de sorte que não se sujeita a suspensão ou interrupção (Código Civil, art. 207). Permite-se, todavia, após atingida a decadência, que a hipoteca seja reconstituída, mas para tanto necessários serão novo título e novo registro. Efetuada a reconstituição, o credor não perderá sua posição na ordem de preferência, isto é, "lhe será mantida a precedência, que então lhe competir" (Código Civil, art. 1.485, *in fine*).[121]

---

[118] PONTES DE MIRANDA, Francisco Cavalcanti. *Tratado de Direito Privado*, atualizado por Nelson Nery Junior e Luciano de Camargo Penteado. São Paulo: Ed. RT, 2012, t. XX, § 2.451, n. 5, p. 181.

[119] PENTEADO, Luciano de Camargo. Prescrição do crédito hipotecário não afeta *ipso facto* a garantia. *Revista de Direito Privado*, v. 62, p. 190, abr-jun/2015.

[120] PENTEADO, Luciano de Camargo. *Op. cit.* p. 192.

[121] Sobre a matéria, v. THEODORO JÚNIOR, Humberto. A extinção da hipoteca pelo decurso do tempo no regimento do Código Civil de 2002. *Revista Magister de Direito Civil e Processo Civil*, v. 22, p. 17 e ss, São Paulo,

99. CLASSIFICAÇÃO DAS GARANTIAS. CAUÇÕES REAIS E FIDEJUSSÓRIAS

As garantias dos créditos exequendos podem ser de natureza real (hipoteca, penhor e anticrese) ou de natureza fidejussória (fiança, aval etc.).

A hipoteca pode ser *convencional, legal* e *judicial*; e o penhor, *convencional* e *legal*.

A garantia é convencional quando decorre de contrato; legal, quando imposta pela lei, em circunstâncias especiais, como do hóspede diante do hospedeiro e do locatário em face do locador (Código Civil, art. 1.467); e a hipoteca é judicial quando resulta de sentença condenatória, nos casos do art. 495 do CPC/2015. Não existe penhor judicial.

A sujeição de bens às garantias legais (hipoteca e penhor) pressupõe, como é óbvio, a sua penhorabilidade, já que a não ser assim, o gravame restaria sem utilidade alguma para o credor. Não haveria como submeter o bem constrito à penhora e tampouco à alienação judicial. Assim, trate-se de imóvel ou pertences domésticos, "a impenhorabilidade de que cuida o art. 1º da Lei n. 8.009/1990 alcança – por isso mesmo que impede – a constituição de hipoteca judicial"[122]; o mesmo ocorrendo com o penhor legal.

A hipoteca comum grava os imóveis, na sua clássica conceituação de solo e acessórios; o penhor comum refere-se aos móveis. Há, porém, hipotecas especiais sobre navios, estradas de ferro e aeronaves, e penhores, também especiais, sobre títulos de crédito, máquinas instaladas em indústrias, safras pendentes, semoventes etc.

As garantias que dão ensejo à execução forçada pelo só inadimplemento do devedor, são as *convencionais*, segundo se depreende dos termos do art. 784, V, do CPC/2015, onde apenas se fala em "contratos". A garantia legal depende de especialização e homologação em processo próprio e não dispensa a ação adequada de condenação do devedor. A judicial visa garantir a execução de sentença condenatória. Portanto, em ambos os casos a execução será de uma sentença e não da hipoteca ou do penhor propriamente ditos.

Os direitos reais de garantia criam para o credor o direito de sequela, que consiste no poder de perseguir e executar o bem gravado onde quer que ele se encontre, mesmo que o devedor o tenha alienado. Conferem, ainda, ao credor o direito de preferência, de modo que, na execução concursal, o titular do direito real de garantia será sempre satisfeito em primeiro lugar e sem concorrência dos quirografários sobre o produto dos bens gravados.

A execução de hipoteca é ação de natureza real e deve ser proposta no foro da situação do imóvel, e é lícito, porém, ao credor optar pelo foro do domicílio do devedor ou de eleição (CPC/2015, art. 47 e § 1º).

A *anticrese* é o direito real de garantia sobre "os frutos e rendimentos" de um imóvel (art. 1.506 do Código Civil). É instituto que está em desuso, desde longos anos na vida prática. O CPC/2015, assim como o CPC/1973, para ser fiel ao direito material, incluiu-a no processo executivo ao lado das demais garantias reais.

A execução da anticrese consistirá em obter a entrega do imóvel gravado ao credor, para que este possa obter as rendas necessárias à satisfação do respectivo crédito. O prazo máximo de retenção é de 15 anos (art. 1.423 do Código Civil).

A ação é real e corre, também, no foro da situação da coisa (CPC/2015, art. 47).

---

jan.-fev./2008.

[122] STJ, 4ª T., RMS, 12.373/RJ, Rel. Min. Cesar Asfor Rocha, ac. 14.11.2000, *DJU* 12.02.2001, p. 115. Destacou-se no acórdão que "a constituição de hipoteca judicial sobre bem impenhorável não conduz a nenhuma utilidade, pois ela em nada resultaria, já que não é permitida a expropriação desse bem".

100. FIANÇA

A caução, como já dissemos, é *real* ou *fidejussória*. Da real já tratamos ao abordar a hipoteca, o penhor e a anticrese. Resta apenas dizer que o Código Civil, entre os bens suscetíveis de penhor, inclui os "direitos e títulos de crédito" (Código Civil, arts. 1.451 a 1.460).

A caução fidejussória consiste na fiança, garantia tipicamente pessoal, e que pode ser *convencional, legal* e *judicial*, da mesma maneira que a hipoteca. A fiança é um contrato acessório, de modo que por si só não assegura a existência de título executivo. É preciso que o negócio garantido revista-se dos requisitos necessários à exequibilidade, isto é, deve a obrigação principal revestir-se de certeza, liquidez e exigibilidade.[123] Entretanto, a carta de fiança bancária, referindo-se a garantia com valor certo acobertado, é título exequível, principalmente quando o que se pretende exigir corresponde a títulos de crédito emitidos ou aceitos pelo afiançado.[124]

A execução, quando se volta contra o fiador judicial, incide sobre bens de terceiro, pois este não é o devedor, mas apenas o seu garante. Trata-se de um caso de *responsabilidade sem dívida*. Ao fiador, quando executado, é reconhecido o benefício de ordem, ou seja, o direito de exigir que primeiro sejam excutidos os bens do afiançado (CPC, art. 794, *caput*), regra que, entretanto, não prevalece quando o garante assume a qualidade de principal pagador ou de devedor solidário (CPC, art. 794, § 3º).[125]

Note-se que a garantia fidejussória só pode ser dada por escrito; "não está adstrita, porém, a fórmulas obrigatórias sem dependência de forma especial e de testemunhas para a sua legitimidade".[126]

Segundo o Código Civil, a fiança pode ser prestada no próprio contrato assegurado ou em documento à parte. Destaca-se, nesta última hipótese, que a garantia fidejussória pode ser estipulada "ainda que sem o consentimento do devedor ou contra a sua vontade" (CC, art. 820). Trata-se, portanto, de uma obrigação ajustada diretamente entre o credor e o garante.

Em relação ao fiador casado, qualquer que seja o regime, exceto o da separação absoluta, não pode um cônjuge, sem autorização do outro, prestar fiança ou aval (CC, art. 1.647, III e Súmula n. 332/STJ). Não se trata, porém, de uma nulidade absoluta declarável de ofício pelo juiz, mas de anulação somente arguível pelo cônjuge prejudicado, ou seus herdeiros, no prazo de até dois anos depois de terminada a sociedade conjugal (arts. 1.649 e 1.650).

A matéria já foi objeto de análise pelo STJ, tendo sido explicado o fundamento da norma legal da seguinte forma:

> "2. A outorga possui significativa relevância para a validade do ato negocial, se realizado com pessoa casada. Até porque o intuito do legislador não é só a tutela patrimonial do casal, mas também busca preservar a convivência entre os cônjuges. Por isso, estende o

---

[123] STJ, 3ª T., REsp. 1.941/SP, Rel. Min. Eduardo Ribeiro, ac. 13.03.1990, *DJU* 02.04.1990, p. 2.456; STJ, 2ª Seção, EREsp. 113.881/MG, Rel. Min. Ari Pargendler, ac. 28.09.2005, *DJU* 14.11.2005, p. 181; STJ, 4ª T., Resp. 701.226/PR, Rel. Min. Cesar Asfor Rocha, ac. 24.10.2006, *DJU* 11.12.2006, p. 364; STJ, 4a T., REsp. 850.083/SC, Rel. Min. Luis Felipe Salomão, ac. 07.06.2011, *DJe* 30.06.2011.

[124] STJ, 4ª T., REsp. 5.825/PA, Rel. Min. Athos Gusmão, ac. 21.08.1991, *DJU* 30.09.1991. p. 13.487.

[125] "O benefício de ordem não aproveita ao fiador que se obriga como devedor solidário" (STJ, 6ª T., AgRg no REsp. 795.731/RS, Rel. Min. Paulo Gallotti, ac. 18.10.2008, *DJe* 17.11.2008). "É válida a cláusula contratual em que o fiador renuncia ao benefício de ordem" (STJ, 5ª T., REsp. 851.507/RS, Rel. Min. Arnaldo Esteves, ac. 08.11.2007, *DJe* 07.02.2008).

[126] TJ Minas Gerais, apel. 39.745, ac. da 1ª Câm. Civil de 19.4.1974, *in* "D. Jud", do dia 27.8.1974; TJSP, 38ª Câm. de Direito Privado, Apelação 17202119968260526 SP 0001720-21.1996.8.26.0526, Rel. Maia da Rocha, ac. 11.5.2011, *DJSP* 19.5.2011.

prazo para 2 anos após o encerramento do vínculo matrimonial, pois se assim não fosse, poderia ocasionar um abalo na *affectio maritalis*.

3. A codificação civil expressamente prevê que o ajuizamento da ação de anulabilidade da fiança prestada sem a outorga conjugal será deflagrado apenas, e tão somente, pelo outro cônjuge, ou, com o seu falecimento, pelos herdeiros – como legitimado sucessivo.

4. Entende-se, portanto, que o prazo decadencial de 2 anos, estipulado inicialmente para o consorte prejudicado, reflete-se também nos herdeiros que, no lugar daquele, buscará a anulabilidade de um ato negocial defectível".[127]

Merece destacar que o próprio cônjuge infrator não pode arguir a invalidade da garantia prestada ao fundamento de ter faltado anuência do seu consorte. Veda-o não só a regra de direito material que limita a legitimidade para invocar o vício ao cônjuge ou herdeiros, como também o princípio da boa-fé objetiva, do qual se extrai a vedação de que venha o contratante a alegar invalidade a que ele mesmo causou. A hipótese enquadra bem no *venire contra factum proprium*, uma das manifestações recorrentes da conduta negocial que contraria a boa-fé objetiva.[128]

O prazo de dois anos para arguição do vício da fiança, que se conta a partir da dissolução da sociedade conjugal, é decadencial.

Com relação à união estável, a fiança tem sido analisada com mais cautela pela jurisprudência do STJ, como se pode ver do seguinte aresto:

"... Fiança. Fiadora que convivia em união estável. Inexistência de outorga uxória. Dispensa. Validade da garantia. Inaplicabilidade da Súmula n. 332/STJ.

1. Mostra-se de extrema relevância para a construção de uma jurisprudência consistente acerca da disciplina do casamento e da união estável saber, diante das naturais diferenças entre os dois institutos, quais os limites e possibilidades de tratamento jurídico diferenciado entre eles.

2. Toda e qualquer diferença entre casamento e união estável deve ser analisada a partir da dupla concepção do que seja casamento – por um lado, ato jurídico solene do qual decorre uma relação jurídica com efeitos tipificados pelo ordenamento jurídico, e, por outro, uma entidade familiar, dentre várias outras protegidas pela Constituição.

3. Assim, o casamento, tido por entidade familiar, não se difere em nenhum aspecto da união estável – também uma entidade familiar –, porquanto não há famílias timbradas como de "segunda classe" pela Constituição Federal de 1988, diferentemente do que ocorria nos diplomas constitucionais e legais superados. Apenas quando se analisa o casamento como ato jurídico formal e solene é que as diferenças entre este e a união estável se fazem visíveis, e somente em razão dessas diferenças entre casamento – ato jurídico – e união estável é que o tratamento legal ou jurisprudencial diferenciado se justifica.

4. A exigência de outorga uxória a determinados negócios jurídicos transita exatamente por este aspecto em que o tratamento diferenciado entre casamento e união estável é

---

[127] STJ, 4ª T., REsp. 1.273.639/SP, Rel. Min. Luis Felipe Salomão, ac. 10.03.2016, DJe 18.04.2016.

[128] "Dispõe o art. 239 do Código Civil de 1916 (atual art. 1650 CC/2002): 'A anulação dos atos do marido praticados sem outorga da mulher, ou sem suprimento do juiz, só poderá ser demandada por ela, ou seus herdeiros (arts. 178, § 9º, n. I, a e n. II)', razão pela qual carece de legitimidade processual ativa o varão para arguir a nulidade da fiança sem assinatura da esposa – Precedentes" (STJ, 5ª T., REsp. 1.128.770/PR, Rel. p/ ac. Honildo Amaral de Mello Castro, ac. 16.11.2020, DJe 06.12.2010). No mesmo sentido: STJ, 4ª T., AgRg nos EDcl no Ag. 1.165.674/RS, Rel. Min. Aldir Passarinho Júnior, ac. 05.04.2011, DJe 08.04.2011.

justificável. É por intermédio do ato jurídico cartorário e solene do casamento que se presume a publicidade do estado civil dos contratantes, de modo que, em sendo eles conviventes em união estável, hão de ser dispensadas as vênias conjugais para a concessão de fiança.

5. Desse modo, não é nula nem anulável a fiança prestada por fiador convivente em união estável sem a outorga uxória do outro companheiro. Não incidência da Súmula n. 332/STJ à união estável".[129]

101. EXTENSÃO DA CAUÇÃO FIDEJUSSÓRIA

A fiança pode ser prestada de maneira integral ou parcial. Se é integral, compreenderá a dívida principal e todos os seus acessórios, inclusive as despesas judiciais (nelas incluídos os honorários advocatícios), desde a citação do devedor (CC, art. 822). Mas, "ao assumir a condição de garante da obrigação, o fiador tem a opção de ficar vinculado a limites previamente definidos (CC, art. 823), os quais podem ser parciais, ou até a integralidade da dívida, podendo ainda estabelecer prazo e condições para sua validade e eficácia"[130].

Ressalva o STJ que, "por se tratar de contrato benéfico, as disposições relativas à fiança devem ser interpretadas de forma restritiva (CC, art. 819), ou seja, da maneira mais favorável ao fiador", de modo que estabelecido o valor pelo qual o fiador responderá, "forçoso reconhecer que a sua responsabilidade não pode ultrapassar esse valor", no somatório das verbas exequíveis em juízo.

No caso de fiança limitada, ainda no entendimento do mesmo tribunal, "a interpretação mais consentânea com o sentido teleológico da norma é a que exime o fiador do pagamento das despesas judiciais e, também, dos honorários advocatícios, uma vez que a responsabilidade do garante, que, em regra, é acessória e subsidiária, não pode estender-se senão à concorrência dos precisos limites nela indicados". Ainda que se possa na linguagem do Código processual distinguir entre as despesas do processo e os honorários advocatícios, o fato é irrelevante quando se trate de limites da garantia fidejussória. O enfoque deve se dar sobre o art. 822 do CC, "que trata, especificamente, dos efeitos da fiança limitada, o qual deve prevalecer, como regra de interpretação, sob aquele dispositivo processual que regula, apenas de maneira geral, a fixação dos honorários, ante a observância, inclusive, do princípio da especialidade"[131].

Em suma, não é possível tratar a verba advocatícia sucumbencial como algo não abrangido pelo limite da fiança parcial, não podendo a execução do fiador, a nenhum pretexto, ir além do valor afiançado.

Por outro lado, a fiança, uma vez honrada pelo fiador, lhe dá o direito regressivo contra o afiançado para exigir o reembolso de todos os gastos dispendidos na solução do débito garantido (principal, juros, despesas processuais, inclusive honorários advocatícios). A sub-rogação no direito e ação do credor contra o afiançado, assegura a execução regressiva tanto contra o afiançado como contra o seu avalista,[132] execução essa que poderá ser exercitada nos próprios autos em que o fiador solveu o débito garantido.[133]

---

[129] STJ, 4ª T., REsp. 1.299.866/DF, Rel. Min. Luis Felipe Salomão, ac. 25.02.2014, DJe 21.03.2014.
[130] STJ, 3ª T., REsp 1.482.565/SP, Rel. Min. Marco Aurélio Bellizze, ac. 06.12.2016, DJe 15.12.2016.
[131] REsp 1.482.565/SP, cit.
[132] STJ, 2ª Seção, CC 20.516/MG, Rel. Min. Carlos Alberto Menezes Direito, ac. 22.09.1999, DJU 29.11.1999, p. 117.
[133] CPC/2015, art. 794, § 2º.

102. SEGUROS

Na vida moderna existe uma variedade enorme de contratos de seguro, a maioria deles envolve situações complexas, de difícil enquadramento no conceito de obrigação líquida, certa e exigível, sem o qual não se pode cogitar da execução forçada.

O primitivo inciso III do art. 585 do CPC/1973 conferia força executiva aos contratos de seguro de vida e de acidentes pessoais de que resultasse morte ou incapacidade. Com a reforma da Lei n. 11.382, de 06.12.2006, a força executiva ficou limitada ao contrato de seguro de vida. Perdeu tal eficácia, portanto, o contrato de acidentes pessoais. A regra foi mantida pelo CPC/2015 que, no inciso VI, do art. 784, prevê "o contrato de seguro de vida em caso de morte" como título executivo extrajudicial.

Deve-se ponderar, todavia, que se o contrato de acidente cobre o risco de morte, não pode deixar de ser tratado, para fins executivos, como um seguro de vida. Mesmo, portanto, após a supressão efetuada pela Lei n. 11.382, de 06.12.2006, continua, a nosso ver, o beneficiário do seguro de acidente cujo sinistro acarretou a morte do segurado com o direito de exigir o pagamento da respectiva indenização por via de execução forçada. Só não é título executivo o seguro de acidentes pessoais de que resulte apenas incapacidade.[134] É natural, porém, que conste na apólice a cobertura para o caso de morte do acidentado, porque só assim haverá certeza e liquidez para a obrigação da seguradora.[135]

De qualquer modo, não se inclui no rol dos títulos executivos o seguro obrigatório (Dec.-Lei n. 814/1969), já que a cobrança da indenização, na espécie, deve se fazer pelo procedimento sumário,[136] de acordo com a Lei n. 6.194, de 19.12.1974.

Para manejo da execução de que cuida o art. 784, VI, do CPC/2015, o beneficiário do seguro deverá instruir seu pedido com o contrato (apólice) e a prova do óbito do segurado.

Importante, por fim, ressaltar o entendimento do STJ, a respeito da morte do segurado por suicídio, no sentido de que:

> "o 'art. 798 [Código Civil] adotou critério objetivo temporal para determinar a cobertura relativa ao suicídio do segurado, afastando o critério subjetivo da premeditação.' (REsp n. 1.334.005/GO, Relator o Ministro Paulo de Tarso Sanseverino, relatora para acórdão a Ministra Maria Isabel Gallotti, Segunda Seção, julgado em 08.04.2015, DJe 23.06.2015).
>
> 2. Verificado o suicídio dentro do período de dois anos da contratação do seguro, não é devido o pagamento do capital segurado".[137]

103. RENDAS IMOBILIÁRIAS

O crédito decorrente de foro e laudêmio, nos casos de enfiteuse (CPC/2015, art. 784, VII), e de aluguel, no caso de locação de imóveis, desde que haja contrato escrito (art. 784, VIII), pode ser cobrado pela via executiva.

---

[134] MEDINA, José Miguel Garcia. *Novo Código de Processo Civil Comentado*. 3. ed. São Paulo: RT, 2015, p. 1.058.

[135] "Quanto aos seguros, somente os contratos de seguro de vida dotados de liquidez, certeza e exigibilidade são títulos executivos extrajudiciais, podendo ser utilizada, pois, a via da ação executiva. Logo, a apólice de seguro de automóveis não pode ser considerada título executivo extrajudicial" (STJ, 3ª T., REsp. 1.416.786/PR, Rel. Min. Ricardo Villas Bôas Cueva, ac. 02.12.2014, DJe 09.12.2014). É que, em se tratando de seguro de responsabilidade civil, esta depende de apuração em processo de conhecimento.

[136] CPC/2015, art. 1.049, parágrafo único: "Na hipótese de a lei remeter ao procedimento sumário, será observado o procedimento comum previsto neste Código, com as modificações previstas na própria lei especial, se houver".

[137] STJ, 3ª T., AgRg no REsp. 1.562.753/SP, Rel. Min. Marco Aurélio Bellizze, ac. 16.02.2016, DJe 19.02.2016.

Foro é a pensão anual certa e invariável que o enfiteuta paga ao senhorio direto pelo direito de usar, gozar e dispor do imóvel objeto do direito real de enfiteuse (art. 678 do Código Civil de 1916). Esse direito real foi abolido no Código Civil de 2002. Subsistem em vigor, porém, os constituídos anteriormente sob a regência do Código de 1916 até a sua extinção (art. 2.038 do Código Civil de 2002).

Laudêmio é a compensação que é devida ao senhorio direto pelo não uso do direito de preferência, quando o enfiteuta aliena onerosamente o imóvel foreiro (art. 686 do Código Civil de 1916).

Para ajuizar a ação de execução fundada em *foro* o ato constitutivo da enfiteuse terá de ser exibido. No caso de *laudêmio*, o credor ainda deverá provar, na inicial, a alienação do bem, uma vez que esta se constitui em condição, subordinando o nascimento do crédito relativo ao laudêmio (CPC/2015, art. 798, I, *a* e *c*).[138]

Aluguel é a renda certa que o proprietário obtém no contrato de locação (Código Civil de 2002, arts. 565 e 569, II). O atual Código de Processo Civil, fiel ao princípio de que só pode haver execução de crédito por título de dívida certa, líquida e exigível (art. 783), exige que o contrato seja documentalmente comprovado (art. 784, VIII).

Ao sublocador também é franqueado o processo de execução diante dos subinquilinos. A executoriedade abrange tanto as locações urbanas como as rurais, tanto as residenciais e não residenciais como as comerciais simples e as protegidas por direito à renovação compulsória.

Entende Ernane Fidélis dos Santos que a permissão para considerar título executivo o crédito de aluguel só prevalece na vigência de contrato escrito. Não atinge o que foi ajustado por escrito mas prorrogado por lei sem aditivo firmado entre as partes[139]. A jurisprudência, todavia, está assentada em sentido diverso, ou seja, nos termos do art. 784, VIII, do CPC/2015, "constitui título executivo judicial o contrato de locação escrito, devidamente assinado pelos contratantes, ainda que vencido o prazo locatício e prorrogado por tempo indeterminado"[140].

É também ponto pacífico no entendimento pretoriano que para se ter o título executivo na espécie basta o contrato escrito de locação, não sendo exigível a presença de testemunhas[141]. Tampouco é obrigatória a exibição do original. "É suficiente, para instruir a inicial de execução, a cópia do contrato de locação, visto que a necessidade de juntar o original cabe às execuções fundadas em título cambial"[142]. Incluem-se na força executiva as obrigações acessórias da locação, tais como despesas com água, luz, multa e tributos, quando expressamente previstas no contrato.[143]

Um problema que causou controvérsia na jurisprudência foi o da prorrogação legal do contrato de locação. Questionava-se se em tal conjuntura seria possível continuar tratando a relação locatícia como fundada em instrumento documental. A divergência foi, por fim,

---

[138] ASSIS, Araken de. *Manual da execução cit.*, 18. ed., p. 253.

[139] SANTOS, Ernane Fidélis dos. *As reformas de 2006 do Código de Processo Civil: execução dos títulos extrajudiciais*. São Paulo: Saraiva, 2007, p. 7.

[140] STJ, 5ª T., REsp. 176.422/MG, Rel. Min. Felix Fischer, ac. 16.05.2002, *DJU* 03.06.2002, p. 232. No mesmo sentido: STJ, 6ª T., REsp. 215.148/SP, Rel. Min. Vicente Leal, ac. 16.05.2000, *DJU* 29.05.2000 p. 194.

[141] STJ, 5ª T., REsp. 446001/SP, Rel. Min. José Arnaldo da Fonseca, 08.04.2003, *DJU* 12.05.2003, p. 330; STJ, 6ª T., REsp. 201.123/RJ, Rel. Min. Fernando Gonçalves, ac. 19.10.1999, *DJU* 16.11.1999, p. 237; STJ, 5ªT., REsp. 578.355/BA, Rel. Min. José Arnaldo da Fonseca, ac. 28.09.2004, *DJU* 25.10.2004, p. 378.

[142] STJ, 5ª T., REsp. 543.102/SP, Rel. Min. Felix Fischer, ac. 07.08.2003, *DJU* 08.09.2003 p. 365. No mesmo sentido: STJ, 6ª T., REsp. 478.752/RJ, Rel. Min. Paulo Medina, ac. 04.05.2004, *DJU* 21.06.2004, p. 263; STJ, 5ª T., REsp 951.649/SP, Rel. Min. Arnaldo Esteves Lima, ac. 17.12.2007, *DJe* 10.03.2008.

[143] STJ, 5ª T., REsp. 440.171/SP, Rel. Min. Félix Fischer, ac. 18.02.2003, *DJU* 31.03.2003, p. 251; STJ, 5ª T., AgRg no Ag. 778.592/DF, Rel. Min. Félix Fischer, ac. 06.02.2007, *DJU* 09.04.2007, p. 263.

superada pela orientação traçada pelo STJ sobre a inteligência do art. 22, inciso X, da Lei n. 8.245/1991: "A execução para cobrança de aluguéis e encargos locatícios deve fundar-se em contrato escrito, que constitui título executivo extrajudicial. (CPC, art. 585) – É pacífico o pensamento construído no âmbito desta Corte no sentido de que, ainda que vencido o prazo locatício e prorrogado por tempo indeterminado, presume-se subsistente o contrato escrito nos termos anteriormente ajustados, constituindo título executivo extrajudicial adequado a embasar a cobrança dos valores locatícios"[144].

Prorrogado o contrato locatício, perduram as garantias, inclusive a fiança se ajustada para vigorar até a entrega das chaves. Ou seja: "para contratos de fiança firmados a partir de sua vigência, salvo disposição contratual em contrário, a garantia, em caso de prorrogação legal do contrato de locação por prazo indeterminado, também se prorroga automaticamente (*ope legis*), resguardando-se, durante essa prorrogação, evidentemente, a faculdade de o fiador de exonerar-se da obrigação mediante notificação resilitória"[145].

Portanto, enquanto não resilida a garantia fidejussória, o locador contará com os dois títulos executivos, o contrato de locação, para cobrar do locatário os aluguéis e encargos acessórios, e o contrato de fiança, para cobrá-los do fiador.

104. ENCARGOS DE CONDOMÍNIO

O conflito entre os textos primitivos dos arts. 275, II, *b*, e 585, IV do CPC/1973, gerou uma longa e não encerrada controvérsia sobre a subsistência, ou não, da antiga regra do art. 12, § 2º, da Lei n. 4.591, de 16.12.1964, que conferia ao condomínio edilício a titularidade de ação executiva para cobrança das contribuições ou encargos aprovados em convenções ou assembleia condominial.

A força executiva era defendida com base nos incisos IV e V do art. 585, do CPC/1973. No primeiro deles, porque, em redação pouco esclarecedora, se falava em título executivo tanto para a cobrança de aluguéis como de encargo de condomínio; e, no segundo, porque se ressalvava a ação executiva, em caráter geral, para toda e qualquer obrigação a que lei atribuísse força executiva.

A situação começou a clarear, em rumo à negativa da execução forçada para os encargos do condômino frente ao condomínio, quando a Lei n. 9.245, de 26.12.1995, alterou o inciso II, alínea *b*, para dispor que a ação de procedimento sumário deveria ser observada na "cobrança ao condômino de quaisquer quantias devidas ao condomínio".

Tornou-se mais precisa a posição do Código de 1973 quando a reforma da Lei n. 11.382, de 06.12.2006 reconheceu força executiva aos encargos em referência, tão somente quando tratados como acessórios do aluguel, tal como se vê da última redação dada ao art. 585, V.

Dessa maneira, a última versão do dispositivo teve o nítido propósito de consolidar a posição anteriormente adotada na remodelação do art. 275, II, *b*, do CPC/1973. Ou seja, o texto que a Lei n. 11.382/2006 atribuiu ao inciso V do art. 585 do CPC/1973 foi muito claro na previsão de que o título executivo extrajudicial referia-se ao crédito decorrente de aluguel de imóvel e "de encargos acessórios, tais como taxas e despesas de condomínio".

O atual Código pôs fim à controvérsia que existia sobre ser a taxa de condomínio cobrável por ação executiva ou por procedimento sumário. Agora a lei distingue duas situações em que o devedor responde pelas contribuições condominiais: *(i)* a do inquilino que as assume como

---

[144] STJ, 6ª T., REsp 215.148/SP, Rel. Min. Vicente Leal, ac. 16.05.2000, *DJU* 29.05.2000, p. 194. No mesmo sentido: STJ, 5ª T., REsp 176.422/MG, Rel. Min. Felix Fischer, ac. 16.05.2002, *DJU* 03.06.2002, p. 232; STJ, 5ª T., REsp; 953.150/SP, Rel. Min. Arnaldo Esteves Lima, ac. 07.10.2006, *DJe* 01.12.2008.

[145] STJ, 4ª T., REsp 1326557/PA, Rel. Min. Luis Felipe Salomão, ac. 13/11/2012, *DJe* 03.12.2012.

acessório do aluguel (inc. VIII do art. 784); e *(ii)* a do condômino em sua relação com o condomínio (inc. X do art. 784). Em ambas o devedor tem contra si título executivo extrajudicial.

O inc. VIII do art. 784 prevê expressamente que o crédito correspondente aos encargos acessórios ao aluguel de imóvel, como as taxas e despesas de condomínio, configura título extrajudicial se documentalmente comprovado.

É, pois, na qualidade de acessório do aluguel que os encargos de condomínio se revestem da força executiva. É o contrato de aluguel, que, como obrigação principal, atrai os encargos acessórios para o seu regime de cobrança executiva, na hipótese do art. 784, VIII.

Importante ressaltar, por oportuno, que o STJ entende haver preferência do crédito condominial sobre o crédito hipotecário, "por constituir obrigação *propter rem*, em função da utilização do próprio imóvel ou para evitar-lhe o perecimento".[146]

Fora do contrato locatício, os encargos, como dívida do condômino ao condomínio, também gozam isoladamente de semelhante força jurídica, nos termos do inciso X do art. 784 em comento, que foi acrescentado pelo CPC/2015, conforme se demonstrará no item seguinte.

105. O CRÉDITO REFERENTE ÀS CONTRIBUIÇÕES ORDINÁRIAS OU EXTRAORDINÁRIAS DE CONDOMÍNIO EDILÍCIO, PREVISTAS NA RESPECTIVA CONVENÇÃO OU APROVADAS EM ASSEMBLEIA GERAL

O Código de 1973, conforme já ressaltado, não contemplava como título executivo extrajudicial os encargos referentes às taxas ou despesas de condomínio, a não ser quando incluídas entre os acessórios do aluguel (CPC/1973, art. 585, V). A cobrança da dívida do condômino ao condomínio tinha, pois, de sujeitar-se à ação de conhecimento de procedimento sumário (art. 275, II, *b*). Podia o condomínio, também, valer-se da ação monitória, desde que houvesse algum documento escrito acerca das contribuições condominiais (art. 1.102-A).[147]

O CPC/2015, contudo, incluiu, expressamente, no rol dos títulos executivos extrajudiciais, o "crédito referente às contribuições ordinárias ou extraordinárias de condomínio edilício, previstas na respectiva convenção ou aprovadas em assembleia geral, desde que documentalmente comprovadas" (art. 784, X). A nova legislação, destarte, acabou com a discussão existente ao tempo do Código anterior, acatando a jurisprudência do STJ que já entendia essas verbas como passíveis de execução.[148]

A propósito da matéria, entende-se como documentos "aptos a comprovar o crédito condominial a cópia da convenção de condomínio e/ou da ata da assembleia que estabeleceu o valor das cotas condominiais ordinárias ou extraordinárias (art. 1.333, *caput*, do CC/02) somados aos demais documentos demonstrativos da inadimplência". De maneira que "mostra-se desnecessário – e indevidamente oneroso ao credor/exequente – exigir que seja apresentado 'orçamento anual, votado e aprovado em assembleia geral ordinária', bem como que a 'convenção condominial seja registrada no Cartório de Registro de Imóveis'", por se tratar de condição somente aplicável nos casos de oponibilidade contra terceiros (CC, art. 1.333, parágrafo único)[149].

---

[146] STJ, 4ª T., REsp. 511.003/SP, Rel. Min. Aldir Passarinho Júnior, ac. 18.05.2010, *DJe* 28.05.2010.

[147] STJ, 4ª T., REsp. 208.870/SP, Rel. Min. Sálvio de Figueiredo Teixeira, ac. de 08.06.1999, *RSTJ* 120/393; STJ, 4ª T., REsp. 405.011/RS, Rel. Min. Aldir Passarinho Júnior, ac. de 19.12.2002, *DJU* 02.06.2003, p. 300.

[148] STJ, 3ª T., REsp. 43.318/MG, Rel. Min. Cláudio Santos, ac. 07.11.1995, *DJU* 26.0.1996, p. 4008.

[149] STJ, 3ª T., REsp 2.048.856/SC, Rel. Min. Nancy Andrighi, ac. 23.05.2023, *DJe* 25.05.2023.

105.1. Legitimação passiva para a execução das contribuições condominiais

É reconhecido por ampla jurisprudência o caráter *propter rem* dos encargos condominiais, na propriedade comum edilícia, de maneira que os débitos dessa natureza acompanham a unidade nas mutações geradas pelos negócios translatícios dos direitos sobre o bem.

Assim, em recurso repetitivo, a 2ª Seção do STJ firmou as seguintes teses:

"Para efeitos do art. 543-C do CPC, firmam-se as seguintes teses: a) O que define a responsabilidade pelo pagamento das obrigações condominiais não é o registro do compromisso de compra e venda, mas a relação jurídica material com o imóvel, representada pela imissão na posse pelo promissário comprador e pela ciência inequívoca do condomínio acerca da transação. b) Havendo compromisso de compra e venda não levado a registro, a responsabilidade pelas despesas de condomínio pode recair tanto sobre o promitente vendedor quanto sobre o promissário comprador, dependendo das circunstâncias de cada caso concreto. c) Se ficar comprovado: (i) que o promissário comprador se imitira na posse; e (ii) o condomínio teve ciência inequívoca da transação, afasta-se a legitimidade passiva do promitente vendedor para responder por despesas condominiais relativas a período em que a posse foi exercida pelo promissário comprador".[150]

A mesma questão de legitimação passiva voltou posteriormente a ser abordada pela 3ª Turma da mesma Corte Superior, já então para enfrentá-la não mais na ação de cobrança, mas sim relacionada com a execução ou cumprimento da sentença já transitada em julgado.

A nova tese acatada, nessa altura, foi a de que, mesmo sem ter sido parte no processo de conhecimento, o proprietário do imóvel condominial pode ser executivamente responsabilizado pelo pagamento dos encargos a que fora condenado o promissário comprador ocupante da unidade negociada:

"Em se tratando a dívida de condomínio de obrigação *propter rem* e partindo-se da premissa de que o próprio imóvel gerador das despesas constitui garantia ao pagamento da dívida, o proprietário do imóvel pode figurar no polo passivo do cumprimento de sentença, ainda que não tenha sido parte na ação de cobrança originária, ajuizada, em verdade, em face dos promitentes compradores do imóvel".[151]

Diante da aparente contradição entre a tese uniformizada pela 2ª Seção e o novo julgado da 3ª Turma, o acórdão justificou-se alegando que, na verdade, não existiria colisão, "uma vez que a questão que se incumbiu decidir nos referidos autos foi acerca da responsabilidade pelo pagamento da dívida, e não propriamente sobre a legitimidade para figurar no polo passivo da ação".[152]

A nosso ver, é difícil conciliar esta última tese com os limites subjetivos da coisa julgada, já que a regra básica do CPC a seu respeito é categórica no sentido de que "a sentença faz coisa julgada às partes entre as quais é dada, *não prejudicando terceiro*" (art. 506). É justamente por causa dessa barreira legal que o § 5º do art. 513, que trata da legitimação passiva para o cumprimento da sentença, dispõe que este "não poderá ser promovido em face do fiador, do coobrigado ou do corresponsável *que não tiver participado da fase de conhecimento*" (g.n.).

Nada obstante, o acórdão em análise se escusa sob a alegação singela de que "essa regra não é absoluta e comporta exceções. Em determinadas hipóteses, a coisa julgada pode atingir, além

---

[150] STJ, 2ª Seção, REsp 1.345.331/RS, Rel. Min. Luis Felipe Salomão, ac. 08.04.2015, *DJe* 20.04.2015.

[151] STJ, 3ª T., REsp 1.696.704/PR, Rel. Min. Nancy Andrighi, ac. 08.09.2020, *DJe* 16.09.2020.

[152] STJ, REsp 1.696.704/PR, *cit.*

das partes, terceiros que não participaram de sua formação", sem, no entanto, especificar quais seriam essas e em qual delas se enquadraria a situação do proprietário da unidade condominial que não foi parte no processo de conhecimento gerador da sentença condenatória exequenda.

106. DÍVIDA ATIVA DA FAZENDA PÚBLICA

A execução da "dívida ativa fiscal" observava, antes da vigência do Cód. de 1973, um procedimento especial que era regulamentado pelo Dec.-Lei n. 960, de 1938.

O Código de 1973, porém, incluiu em seu âmbito também a execução fiscal, de modo que o Dec.-Lei n. 960 ficou subsistindo apenas no que dizia respeito ao direito material.

A Lei n. 6.830, de 22.9.1980, publicada no *Diário Oficial* de 24.9.1980, com *vacatio legis* de noventa dias, voltou ao sistema de regulamentação apartada para as execuções fiscais.

Por isso, a partir de sua vigência, o Código de Processo Civil passou a ser aplicado à cobrança judicial da Dívida Ativa apenas subsidiariamente.[153]

Embora profundamente alterado o rito da execução fiscal, o certo é que sua estrutura processual continua sendo a da execução por quantia certa, no que toca aos requisitos básicos e à natureza dos atos processuais que o compõem. E o Código de Processo Civil permanece sendo fonte de regulamentação em tudo aquilo que não foi expressamente regulado pela nova lei (Lei n. 6.830, art. 1º).

Dispunha o Dec.-Lei n. 960 que se deveria considerar Dívida Ativa, para os fins da execução, "a proveniente de impostos, taxas, contribuições e multas de qualquer natureza; foros, laudêmios e alugueres, alcance dos responsáveis e reposições" (art. 1º). E atribuía, também, a mesma força à dívida proveniente de contrato firmado com os poderes públicos, "quando assim for convencionado" (art. 1º, parágrafo único).

Com a nova Lei n. 6.830/1980, o alcance do conceito de Dívida Ativa é mais amplo ainda, pois abrange todas as receitas da Fazenda Pública, tal como as conceitua a Lei n. 4.320/1964, para fins orçamentários sejam definidas como tributárias ou não (Lei n. 6.830, art. 2º).

Isto quer dizer que "qualquer valor", cuja cobrança seja atribuída por lei à Fazenda Pública Federal, Estadual ou Municipal "será considerado Dívida Ativa" (Lei n. 6.830, art. 2º, § 1º).

A execução forçada depende, todavia, de ato prévio de controle administrativo da legalidade do crédito fazendário, que se faz por meio de *inscrição*, a cargo do órgão competente para apurar a liquidez e certeza do crédito (Lei n. 6.830, art. 2º, § 3º).

O título executivo não é, porém, a inscrição da dívida ou do contrato, mas a certidão "correspondente aos créditos inscritos na forma da lei" (CPC/2015, art. 784, n. IX).

A inscrição, contudo, é que, quando feita em procedimento administrativo regular, confere liquidez e certeza à dívida. Os requisitos da inscrição acham-se arrolados no art. 202 do CTN, bem como no art. 2º, § 5º, da Lei n. 6.830/1980, e são:

> I – o nome do devedor e, sendo caso, o dos corresponsáveis, bem como, sempre que possível, o domicílio ou a residência de um e de outros;

---

[153] A Lei n. 6.830/1980 é lei especial, de maneira que suas disposições prevalecem sobre as do CPC, quando divergentes. Por exemplo, não se aplicam ao executivo fiscal as regras do CPC que permitem embargos do devedor sem penhora (CPC/1973, art. 736; CPC/2015, art. 914), porque o art. 16, § 1º da LEF "exige expressamente a garantia para a apresentação dos embargos à execução fiscal". Já em relação ao efeito suspensivo não reconhecido ordinariamente aos embargos pela regra do art. 919 do CPC/2015 (art. 739-A, CPC/1973) o entendimento jurisprudencial é no sentido de sua aplicação ao executivo fiscal, por falta de previsão em contrário na legislação especial. As duas teses foram adotadas em julgamento de recursos repetitivos (art. 543-C do CPC), por unanimidade, pela 1ª Seção do STJ (REsp 1.272.827/PE, Min. Mauro Campbell Marques, ac. 22.5.2013 *DJe* 31.5.2013.

II – a quantia devida e a maneira de calcular os juros de mora acrescidos e demais encargos previstos em lei ou contrato;

III – a origem e a natureza do crédito, mencionada especificamente a disposição da lei em que seja fundado;

IV – a indicação, se for o caso, da sujeição da dívida à correção monetária, com indicação do fundamento legal e do termo inicial para o cálculo;

V – a data em que foi inscrita;

VI – sendo caso, o número do processo administrativo de que se originar o crédito.

A certidão – que é o título executivo – conterá além dos requisitos da inscrição, a indicação do livro e da folha em que esta se realizou (CTN, art. 202, parágrafo único).

A inscrição e a extração da certidão de dívida ativa hão de ser feitas com severo rigor formal.[154] A omissão de qualquer dos requisitos da certidão ou o erro a eles relativo são causas de "nulidade da inscrição e do processo de cobrança dela decorrente" (CTN, art. 203).

Admite-se, porém, a substituição do documento defeituoso no curso da execução, reabrindo-se ao devedor o prazo de defesa, a qual, no entanto, somente poderá versar sobre a parte modificada (CTN, art. 203). O saneamento do defeito do título executivo fiscal, obviamente, só poderá ocorrer "até a sentença de primeira instância",[155] conforme já se entendia da legislação revogada e é ratificada pelo § 8º do art. 2º da Lei n. 6.830/1980.

Com o advento do Código de Processo Civil de 1973 e com a absorção em suas regras do executivo fiscal passou-se a entender que o *termo ad quem* de admissibilidade da substituição da certidão de Dívida Ativa irregular não poderia ultrapassar a data da oposição dos embargos do devedor.

É que com os embargos cria-se uma litigiosidade sobre o título executivo que não mais permite ao credor alterar o objeto do processo, sob pena de violar os termos da *litis contestatio*.[156]

No entanto, a Lei n. 6.830/1980 veio reafirmar, expressamente, que até a decisão de primeira instância, isto é, até o julgamento dos embargos, a certidão poderá ser emendada ou substituída, assegurando-se, todavia, a devolução do prazo de embargos ao devedor (art. 8º).

Não deixa, porém, de ser estranha a situação dos embargos já propostos, quando o objeto deles for justamente a falha da certidão que a Fazenda acabou por reconhecer, ao substituir o título exequendo. Se se tratar da única alegação do embargante, o juiz deverá simplesmente julgar extinto ou prejudicado o procedimento dos embargos. Imporá, todavia, os ônus da sucumbência (reembolso de custas e honorários dispendidos pelo embargante) à Fazenda Pública, já que, *in casu*, terá havido verdadeiro reconhecimento da procedência do pedido (Lei n. 6.830, art. 39, parágrafo único). Em outros termos, os embargos serão extintos não por culpa do devedor,

---

[154] BALEEIRO, Aliomar. *Direito Tributário Brasileiro*. Rio de Janeiro: Forense, 1970, p. 559.

[155] BALEEIRO, Aliomar. Op. cit., 1º TACivSP, ac. 3.5.1973, in RT, 454/161; STJ, 1ª Seção, REsp 1.045.472/BA, Rel. Min. Luiz Fux, ac. 25.11.2009, DJe 18.12.2009.

[156] TJSC – Apel. 12.100, Rel. Des. Mauro Collaço, ac. de 8.3.77, in "RT" 502/179. Na sistemática do Código, como ensina Ronaldo Cunha Campos, se a Fazenda Pública, após os embargos, reconhece o defeito de sua certidão e pede a substituição, na verdade está confessando a sua invalidade. "Logo impõe-se, como consequência inarredável a procedência dos embargos do devedor porque este atingiu o objetivo que lhe impôs a lei; demonstrou a invalidade do título, e, destarte, a inviabilidade da execução" (CUNHA CAMPOS, Ronaldo. *Execução Fiscal e Embargos do Devedor*. Rio de Janeiro: Forense, 1978, n. 58, p. 221). É que sendo os embargos do devedor, não uma defesa passiva, mas uma ação do executado, onde este é autor, e o credor réu, o pedido de substituição de certidão defeituosa "implica na admissão da procedência do pedido do embargante, que, por si só, impõe a procedência dos embargos" (op. cit., loc. cit.).

mas por ato imputável à exequente, que assim terá de suportar os gastos do incidente, feitos pelo devedor, não obstante tenha prosseguimento normal a execução.[157]

Com a modernização da contabilidade pública, a jurisprudência tem admitido a substituição do livro de inscrição da dívida ativa por fichário, circunstância em que, naturalmente, a certidão deixará de mencionar o livro e a folha da ocorrência, substituindo-a pela indicação dos dados da ficha.[158]

A Lei n. 6.830 veio, de forma expressa, permitir que, doravante, o termo de inscrição e a certidão de Dívida Ativa possam ser "preparados e numerados por processo *manual, mecânico ou eletrônico*" (art. 2º, § 7º).

A regularidade do processo administrativo é pressuposto básico da execução mormente no que diz respeito à intimação inicial do contribuinte e ao exercício do livre direito de defesa. Por isso, "provando-se irregularidades no processo administrativo, que o sacrificaram completamente, sobretudo quanto à *inscrição*, que é formalidade essencial da constituição do débito, a ação proposta não tem cabimento".[159] Padecendo de nulidade a inscrição, o vício "atinge a ação executiva, tornando o processo passível de nulidade *ex radice*, por não se considerar mais a dívida como líquida e certa".[160]

Admite-se, contudo, a supressão do processo administrativo, quando o imposto é reconhecido espontaneamente pelo contribuinte, mediante lançamento em sua própria escrita fiscal.[161] Haverá, contudo, o crédito tributário de passar pela inscrição em dívida ativa e pela extração da competente certidão, sem o que faltará condição de procedibilidade pela via da execução fiscal.

A execução fiscal não admite defesa fundada em compensação de crédito, a não ser quando a iniciativa parta da própria Fazenda.[162]

O crédito fiscal é preferencial e goza, inclusive, de preferência sobre o do credor hipotecário e pignoratício, "ainda que constituídos, anteriormente, a hipoteca e o penhor".[163]

À mulher casada não assiste o direito de opor embargos de terceiro para excluir sua meação em execução fiscal ajuizada contra o marido. É que o art. 3º da Lei n. 4.121, de 1962, não alcança dívidas fiscais, mas apenas as obrigações derivadas de negócios jurídicos privados.[164]

---

[157] "O princípio da sucumbência cede lugar quando, embora vencedora, a parte deu causa à instauração da lide" (STJ, 3ª T., AgRg no Ag. 615.423/RJ, Rel. Min. Nancy Andrighi, ac. 17.03.2005, *DJU* 11.04.2005, p. 293). "Os ônus sucumbenciais subordinam-se [também] ao princípio da causalidade: devem ser suportados por quem deu causa à instauração do processo" (STJ, 1ª T., REsp. 664.475/RS, Rel. Min. Teori Albino Zavascki, ac. 03.05.2005, *DJU* 16.05.2005, p. 253).

[158] STF, ac. de 17.5.71, *in R.T.J.* 61/136.

[159] TFR, ac. de 10.11.72, *in* "Rev. Lemi", 64-197; STJ, 1ª T., REsp 816.069/RS, Rel. Min. Luiz Fux, ac. 2.9.2008, *DJe* 22.9.2008.

[160] Antigo Tribunal de Alçada de Minas Gerais ac. de 4-10-72. *in* "Rev. Lemi", 68/260. "Nulidade da inscrição em dívida ativa é matéria de ordem pública insuscetível de preclusão nas instâncias ordinárias, pois consubstancia-se em condição da ação executiva fiscal. Precedentes." (STJ, 2ª T., REsp 830.392/RS, Rel. Min. Castro Meira, ac. 4.9.2007, *DJU* 18.9.2007).

[161] T. A. Civ. S. P., ac. de 18-7-73, *in* "RT", 456/150; TJSP, 7a Câm. de Direito Público C, Embargos à Execução 9090709-50.2008.8.26.0000, Rel. Des. Ronaldo Frigini, ac. 1.12.2008, *DJSP* 19.12.2008.

[162] T. J. Paraná, ac. 9-11-71, *in* "Rev. For.", 240/214.

[163] STF, ac. de 31-8-73, *in* "RT: Inf.", 96/21; STJ, 2ª T., AgRg no REsp 434.916/SP, Rel. Min. Humberto Martins, ac. 20.11.2007, *DJU* 29.11.2007, p. 268). No regime falimentar existe regra especial que altera a gradação da preferência do crédito tributário na classificação concursal (Art. 83 da Lei n. 11.101/2005, na redação da Lei n. 14.112/2020).

[164] T. F. R., ac. no agr. pet. 36.897, *in* "Rev. Lemi", 87/234. *Idem*. agr. 36.909, *in* "Rev Lemi" 86/232. A regra é de sujeitar a exclusão notadamente quando o credor não comprovou a existência de benefício do cônjuge com

"A Fazenda Pública não está sujeita ao pagamento das custas e emolumentos. A prática dos atos judiciais de seu interesse independerá de preparo ou de prévio depósito" (Lei n. 6.830, art. 39).

Aplica-se, porém, ao executivo fiscal, a regra comum da sucumbência, de sorte que, "se vencida, a Fazenda Pública ressarcirá o valor das despesas feitas pela parte contrária" (Lei n. 6.830, art. 39, parágrafo único), isto é, as custas desembolsadas e a verba advocatícia.

O legislador de 1973, dada a particularidade do tema e o interesse que na prática forense ele apresentava, houve por bem esclarecer (o que era óbvio) que a propositura de ação anulatória de débito fiscal não inibia a Fazenda Pública de promover-lhe a cobrança (art. 585, § 1º). A regra foi mantida pelo CPC/2015 (art. 784, § 1º).

É que não existe entre a execução forçada e a anulatória a figura da litispendência, tal como a conceitua o art. 337, § 3º, do CPC/2015.

Mas, a matéria que foi ventilada na ação anulatória pode voltar a ser deduzida perante o juízo executivo, sob forma de embargos do devedor. Já então poderá ocorrer a suspensão da execução, até que se solucionem os embargos.

O que se nota, por um lado, é que a controvérsia sobre a *causa debendi* não impede a instauração da execução fiscal, que deve caminhar normalmente até a penhora; mas pode gerar a suspensão da atividade executiva, quando revestir a forma de embargos (CPC/2015, arts. 535 e 917).

Por outro lado, entre os embargos à execução fiscal e a anulatória do débito fiscal, quando se refiram ao mesmo lançamento, existe sem dúvida, a conexão em virtude de identidade de causa de pedir (CPC/2015, art. 55). Deverão os respectivos autos ser reunidos para que a decisão das duas ações seja simultânea (CPC/2015, art. 55, § 1º).[165]

Sujeita-se o executivo da Fazenda Pública, quando procedentes os embargos, no todo ou em parte, ao duplo grau de jurisdição (antigo recurso *ex officio*), conforme o disposto no art. 496, n. II, do CPC/2015. Tem-se entendido, desde o anterior regime do Dec.-Lei n. 960, que a medida só é aplicável nos julgamentos de mérito, isto é, quando se dá pela improcedência da execução. Se o caso é de extinção do processo apenas, como ocorre com a sentença que decreta a nulidade da execução, não há lugar para o duplo grau de jurisdição obrigatório.[166]

Em matéria de recursos voluntários, a execução fiscal sujeita-se ao regime das *causas de alçada* nas execuções de valor correspondente a até 50 ORTNs.[167] Não cabem, nessas ações de pequeno valor, apelação, nem agravo, nem qualquer outro recurso ordinário para submeter o feito a outros graus de jurisdição. Apenas embargos de declaração e embargos infringentes são manejáveis em primeira instância, para julgamento pelo próprio juiz da causa. Admite-se,

---

o produto da infração cometida pela empresa devedora. (STJ, 1ª T., REsp 641.400/PB, Rel. Min. José Delgado, ac. 4.11.2004, *DJU* 1.2.2005, p. 436).

[165] "Executiva fiscal pode ser proposta havendo anulatória sem depósito. Mas depois da penhora aguarda-se decisão de anulatória" (T.F.R. – Apel. 28.417, ac. de 16.4.1973, *in* "D.J.U." de 20.8.1973). "Execução fiscal e anulatória de débito, em juízos diferentes, devem ser apensados" (T. F. R. – Apel. 38.590, ac. de 3-12-76, *in* "D. J. U." de 2.6.1977).

[166] TJMG, ac. de 14.09.71, *in* D. Jud. de 07.10.71; Ada Pellegrini Grinover, *Direito Processual Civil*, ed. 1974, n. 5, p. 131-132. STJ, 1ª T., REsp 927.624/SP, Rel. Min. Luiz Fux, ac. 02.10.2008, *DJe* 20.10.2008.

[167] As primitivas 50 ORTNs correspondem, atualmente, a 311,59 UFIR, consoante fixou o STJ (REsp. n. 85.541/MG, Rel. Min. Ari Pargendler, *DJU* de 03.08.1998, p. 175). O valor das 50 ORTN'S (311,59 UFIR) equivale a "R$ 328,27 corrigidos pelo IPCA-E, a partir de janeiro de 2001, valor esse que deve ser observado à data da propositura da execução" (STJ, 2ª T., AgRg no AREsp 13.512/SP, Rel. Min. Humberto Martins, ac. 25.10.2011, *DJe* 04.11.2011).

porém, recurso extraordinário diretamente do juízo singular para o STF.[168] Não se permite, contudo, o recurso especial para o STJ.[169]

Sobre as peculiaridades do procedimento da execução da dívida ativa, consulte-se nosso *Lei de Execução Fiscal* (14. ed. São Paulo: Saraiva, 2022).

107. CERTIDÃO EXPEDIDA POR SERVENTIA NOTARIAL OU DE REGISTRO RELATIVA A VALORES DE EMOLUMENTOS E OUTRAS DESPESAS DEVIDAS PELOS ATOS POR ELA PRATICADOS

Outra inovação do CPC de 2015 é a atribuição de força executiva à certidão expedida por serventia notarial ou de registro, relativa às despesas e aos emolumentos previstos nas tabelas de serviços. Assim, em caso de inadimplemento, não será necessário o ajuizamento de ação de cobrança, podendo o cartório, munido da certidão, executar imediatamente o devedor, segundo as regras da execução de título executivo extrajudicial.

Já as custas, emolumentos ou honorários dos auxiliares da justiça, derivados de processo, quando aprovadas em decisão judicial, configuram título executivo judicial, de acordo com o art. 515, V, do CPC/2015.

107-A. SEGURO-GARANTIA

Na execução por quantia certa, a penhora pode ser substituída por seguro garantia judicial, cujo valor não pode ser inferior ao do débito exequendo, acrescido de trinta por cento (art. 835, § 2º do CPC/2015). Ao contratar essa modalidade de seguro, o devedor contrai, pela própria natureza da cobertura ajustada, uma dívida futura perante a seguradora, correspondente ao reembolso da soma por ela dispendida na eventualidade de o segurado não resgatar, no devido tempo, a obrigação cobrada judicialmente. Estabelece-se, dessa maneira, um contrato de contragarantia (ou qualquer outro instrumento equivalente), ao qual a lei atribui a força de título executivo extrajudicial, para materializar o direito da seguradora contra o tomador do seguro garantia e seus eventuais garantidores (art. 784, XI-A, incluído pela Lei 14.711/2023).

O regime jurídico do seguro garantia judicial é parecido com o da fiança ou do aval (garantias fidejussórias), quando se encara a sua função de garantia por dívida de outrem, mas não é o mesmo, quando se cuida da maneira com que se torna exigível a cobertura securitária pelo exequente e a contragarantia exigível pela seguradora em face do segurado executado. A propósito, é esclarecedora a jurisprudência do STJ:

"É firme o entendimento do STJ de que 'no seguro-garantia judicial, a relação existente entre o garantidor (seguradora) e o credor (segurado) é distinta daquela existente entre credor (exequente) e o garantidor do título (coobrigado), visto que no primeiro caso a relação resulta do contrato de seguro firmado e, no segundo, do próprio título, somente sendo devida a indenização se e quando ficar caracterizado o sinistro' (CC 161.667/GO, Relator Ministro Ricardo Villas Bôas Cueva, Segunda Seção, julgado em 26/8/2020, *DJe* de 31/8/2020)"[170].

---

[168] STF, 1ª T., RE n. 140.075-7/DF, Rel. Min. Sydney Sanches, ac. de 06.09.1995, *DJU* de 22.09.1995, p. 30.559; STJ, 1ª Seção, RMS 31.380/SP, Rel. Min. Castro Meira, ac. 26.05.2010, *DJe* 16.06.2010.

[169] STJ, 2ª T., REsp. n. 16.882/SP, Rel. Min. Hélio Mosimann, *DJU* de 20.02.1995, p. 3.169; STJ, 2ª T., RMS 31.389/SP, Rel. Min. Herman Benjamin, ac. 18.11.2010, *DJe* 04.02.2011.

[170] STJ, 4ª T., AgInt no AREsp 1.556.044/SP, Rel. Min. Raul Araújo, ac. 01.07.2024, *DJe* 02.08.2024.

108. TÍTULOS EXECUTIVOS DEFINIDOS EM OUTRAS LEIS

O inciso XII do art. 784 do atual Código de Processo Civil assegura, finalmente, a execução a "todos os demais títulos aos quais, por disposição expressa, a lei atribuir força executiva".

Só a lei pode dar executoriedade a determinado título de crédito, mas não apenas o Código de Processo tem essa atribuição. Assim, vários títulos executivos já existiam por definição legal anterior ao Código e outros poderão surgir no futuro, observada sempre a necessidade de definição expressa de lei.

Dentre esses casos especiais de títulos executivos podem ser citados, como exemplo, o contrato de honorários de advogado (Lei n. 8.906/1994, art. 24), as decisões dos Tribunais de Contas (CF, arts. 71, § 3º,e 75, *caput*), as cédulas de crédito rural (Dec.-Lei n. 167, de 1967, art. 41), as cédulas de crédito industrial (Dec.-Lei n. 413/1969), os contratos de alienação fiduciária em garantia (Dec.-Lei n. 911, de 1969, art. 5º), a Cédula de Crédito Imobiliário (CCI) e a Cédula de Crédito Bancário (Lei n. 10.931, de 02.08.2004, arts. 20 e 28); o Certificado de Depósito Agropecuário (CDA), o "Warrant" Agropecuário (WA), o Certificado de Direitos Creditórios do Agronegócio (CDCA), a Letra de Crédito do Agronegócio (LCA), o Certificado de Recebíveis do Agronegócio (CRA) (Lei n. 11.076, de 30.12.2004), o compromisso de ajustamento de conduta (TADC) (Lei n. 7.347/1985, art. 5º, § 6º), Certificado de Depósito Bancário (CDB) (Lei n. 13.986/2020, arts. 30 e 36), Nota Comercial (Lei n. 14.195, de 26.08.2021) etc.

108.1. Inovações da Lei n. 13.986/2020

A Lei n. 13.986/2020 trouxe interessantes inovações no campo da executividade dos títulos extrajudiciais: (a) regulou a constituição do Fundo Garantidor Solidário para garantia das operações de crédito realizadas por produtores rurais (arts. 1º a 6º); (b) facultou ao proprietário de imóvel rural, pessoa natural ou jurídica, a submissão de seu imóvel rural, no todo ou em parte, ao regime de afetação (arts. 7º a 16), vinculando o bem gravado à Cédula Imobiliária Rural (CIR) ou à Cédula de Produto Rural (CPR), de modo a torná-lo impenhorável por outras obrigações do mesmo devedor (art. 10, § 3º); e (c) instituiu um novo título executivo extrajudicial, a Cédula Imobiliária Rural (CIR), submetendo-o, no que couber, às normas de direito cambial (arts. 17 e 29).

109. DECISÕES DOS TRIBUNAIS DE CONTAS

Os Tribunais de Contas não desempenham função jurisdicional. Compete-lhes, na área administrativa, julgar as contas dos administradores e demais responsáveis pelos dinheiros, bens e valores públicos, bem como daqueles que deram causa a perda, extravio ou outra irregularidade de que resulte prejuízo ao Erário Público (CF, art. 71, n. II). Há um Tribunal de Contas da União e outros Tribunais de igual natureza junto aos Estados, Distrito Federal e até a alguns Municípios, aos quais compete a mesma função do Tribunal de Contas da União, detalhada no art. 71 da CF.

Por força do § 3º do art. 71 da Constituição, as decisões do Tribunal de Contas têm eficácia de título executivo, quando imputem débito ou multa a quem tenha causado dano ao Erário Público. Essa regra editada para o Tribunal da União estende-se aos outros tribunais locais por força do disposto no art. 75, *caput*, da Constituição.

Embora revestindo-se dos moldes de decisão, as condenações dos Tribunais de Contas não configuram sentença, no sentido que o termo assume no direito processual civil. São apenas decisões administrativas, incapazes de fazer coisa julgada e, por isso, sempre passíveis de sofrer revisão em processo judicial. Destarte, o título executivo gerado por Tribunal de Contas, nos termos da Constituição, é título executivo extrajudicial, equiparável ao produzido no procedimento administrativo tributário. É título público, pela origem, mas extrajudicial, pela força jurídica intrínseca. Na sua execução em juízo, portanto, é possível reapreciar o respectivo conteúdo, tanto no aspecto procedimental como substancial. A liberdade de defesa do executado apresentar-se-á ampla, sendo-lhe facultado invocar todas as matérias arguíveis em processo de conhecimento comum (CPC/2015, art. 917, VI).

Uma vez que as instâncias judicial e administrativa não se confundem, a fiscalização do TCU não inibe a propositura da ação civil pública de improbidade administrativa, razão pela qual é possível a formação de dois títulos executivos distintos, um em cada esfera.[171] Nessa hipótese, o STJ admite a execução dos títulos judicial e extrajudicial, afastando o *bis in idem*, desde que seja deduzido do valor da obrigação do título remanescente, o montante que primeiramente vier a ser executado.[172]

Apesar de a decisão do Tribunal de Contas configurar título executivo extrajudicial, o órgão não possui legitimidade para executar a multa por ele imposta. Segundo o entendimento adotado pelo STF, a legitimidade será do "ente beneficiário da condenação".[173] Por outro lado, é assente o entendimento do STJ no sentido de ser desnecessária a inscrição do acórdão desse Tribunal em dívida ativa para execução. Isto porque, "tais decisões já são títulos executivos extrajudiciais, de modo que prescindem da emissão de Certidão de Dívida Ativa". Deste modo, será aplicado o "rito do CPC quando o administrador discricionariamente opta pela não inscrição".[174]

A propósito de execução movida pela União ao Estado de Minas Gerais com base em acórdão do Tribunal de Contas da União, decidiu o STF que não seria o caso de reconhecer a competência originária daquela Suprema Corte prevista no art. 102, I, "f", da Constituição, por não configurada a hipótese de contenda que ponha em xeque a unidade e a harmonia inerentes ao pacto federativo. Na verdade, tudo se limita a uma causa de natureza meramente patrimonial, sem exposição do pacto federativo a risco de ruptura, único caso em que teria cabimento a jurisdição do STF[175].

110. CONTRATO ADMINISTRATIVO E NOTA DE EMPENHO

Questiona-se a força que, em vias de execução, poderia ter a nota de empenho emitida por pessoa jurídica de direito público. O problema tem sido solucionado pelo Superior Tribunal de Justiça à luz do conceito legal de título executivo extrajudicial. Existindo contrato administrativo e já havendo expresso reconhecimento da obrigação dele oriundo, estar-se-ia diante de documento público atestador de obrigação certa, líquida e exigível. Cumpridas, portanto, as exigências básicas para a configuração do título executivo extrajudicial (CPC/2015, art. 784, II, c/c art. 783), não há como deixar de reconhecer à nota de empenho, *in casu*, a possibilidade de fundamentar a execução por quantia certa[176].

---

[171] STJ, 2ª T., REsp. 1.135.858/TO, Rel. Min. Humberto Martins, ac. 22.09.2009, *DJe* 05.10.2009. No mesmo sentido: STJ, 2ª T., REsp. 1.504.007/PI, Rel. Min. Herman Benjamin, ac. 10.05.2016, *DJe* 01.06.2016.

[172] STJ, 1ª T., REsp. 1.413.674/SE, Rel. Min. Olindo Menezes, ac. 17.05.2016, *DJe* 31.05.2016.

[173] STF, 1ª T., RE 606.306 AgR, Rel. Min. Ricardo Lewandowski, ac. 18.06.2013, *DJe* 27.11.2013. No mesmo sentido: "O art. 71, § 3º, da Constituição Federal não outorgou ao TCE legitimidade para executar suas decisões das quais resulte imputação de débito ou multa. Competência do titular do crédito constituído a partir da decisão – o ente público prejudicado" (STF, 2ª T., AI 826.676 AgR, Rel. Min. Gilmar Mendes, ac. 08.02.2011, *DJe* 24.02.2011).

[174] STJ, 2ª T., REsp. 1.390.993/RJ, Rel. Min. Mauro Campbell Marques, ac. 10.09.2013, *DJe* 17.09.2013.

[175] STF, Pleno, ACO 1.834 AgR/MG, Rel. Min. Alexandre de Moraes, ac. 25.05.2018, *DJe* 05.06.2018.

[176] No REsp 894.726/RJ, o STJ reafirmou seu entendimento de que "a nota de empenho emitida por agente público é título executivo extrajudicial por ser dotada de liquidez, certeza e exigibilidade". Revela "obrigação de pagamento assumida pela entidade pública, por isso é passível de exigibilidade pela via executiva" (STJ,

111. CÉDULAS DE CRÉDITO RURAL

Para utilização nos financiamentos das atividades agropecuárias, pelos órgãos integrantes do sistema nacional de crédito rural, o Dec.-Lei n. 167, de 14.02.1967, instituiu os seguintes títulos cambiariformes, a que atribuiu a denominação genérica de *cédulas de crédito rural*:

a) cédula rural pignoratícia;
b) cédula rural hipotecária;
c) cédula rural pignoratícia e hipotecária;
d) nota de crédito rural.

As três primeiras contam com garantia real e a última, apenas pessoal.

De acordo com o art. 10 do referido diploma legal, a cédula de crédito rural, em qualquer de suas modalidades, foi qualificada como "título civil, líquido e certo, exigível pela soma dela constante ou do endosso, além dos juros, da comissão de fiscalização, se houver, e demais despesas que o credor fizer para segurança, regularidade e realização de seu direito creditório".

Por outro lado, o art. 41 do mesmo Dec.-Lei n. 167 dispôs que a cobrança das cédulas de crédito rural será feita pela *ação executiva*.

Assim, no regime do atual Código de Processo Civil, as cédulas de crédito rural configuram títulos executivos extrajudiciais, aptos a autorizar a execução forçada por quantia certa, na forma de seus arts. 783 e 784, XII.[177]

Deve-se, outrossim, considerar em vigor as normas processuais de caráter especial do Dec.-Lei n. 167, naquilo que não conflitar com o regime do Código atual.

Subsiste, por isso, o direito do credor de promover a venda dos bens constitutivos da garantia cedular, a qualquer momento depois da penhora, sem necessidade de audiência do devedor sobre esta pretensão[178].

Como ensina Arruda Alvim, "a remissão (do Dec.-Lei n. 167) feito no § 1º do art. 41, supracitado, no art. 704 do CPC de 1939, encontra símile perfeito no art. l.113 do atual Código [CPC/2015, art. 730]. Se assim é, segue-se o art. 41, § 1º, do Dec.-Lei n. 167, há de ser lido mudando-se os números dos arts. 704 e 705, para o art. 1.113 do Código de 1973 – como se referindo à nova sistemática geral".

"Na medida em que", prossegue o processualista, "a aplicação dos arts. 704 e 705, ao rito da antiga ação executiva, do Código de 1939, era considerado como aplicação de lei especial alterando, justamente, nos casos especiais, a lei geral (Cód. de 1939) dever-se-á continuar entendendo que o art. 1.113 [do CPC/1973] disciplinará, especialmente, a hipótese de execução de sentença, calcada em cédula de crédito rural, no que diz respeito à venda antecipada dos bens".[179]

Essa alienação judicial antecipada será feita segundo as regras comuns dos arts. 879 e ss. do CPC/2015, admitindo-se inclusive possa o próprio credor participar dos lanços, na forma do art. 895, § 2º.[180]

2ª T., REsp 894.726/RJ, Rel. Min. Castro Meira, ac. 20.10.2009, *DJe* 29.10.2009. Foram invocados os seguintes precedentes: REsp 793.969/RJ, *DJU* 26.06.2006; REsp 704.382/AC, *DJU*, 19.12.2005; REsp 331.199/GO, *DJU* 25.03.2002, e REsp 203.962/AC, *DJU*, 21.06.1999).

[177] ARRUDA ALVIM NETTO, José Manoel de. Parecer *in* Revista Forense., 246/333.
[178] Dec.-Lei n. 167, art. 41, § 1º; ARRUDA ALVIM NETTO, José Manoel de. *Op. cit.*, p. 334.
[179] ARRUDA ALVIM NETTO, José Manoel de. *Idem*, p. 335.
[180] ARRUDA ALVIM NETTO, José Manoel de. *Idem*, p. 338.

Além das cédulas de crédito rural propriamente ditas, o Dec.-Lei n. 167 instituiu, também, a *nota promissória rural* (art. 42) e a *duplicata rural* (art. 46), para utilização nas operações de comercialização das safras agropastoris.

Ambas são tidas como títulos formais líquidos e certos e, por disposição expressa, autorizam ação executiva (arts. 44 e 52 do Dec.-Lei n. 167). Logo, devem ser tratadas, perante o atual Código de Processo Civil, como títulos executivos extrajudiciais (CPC/2015, art. 784, n. XII).

111.1. Lei do Agronegócio

Como já registramos no item 111, vários títulos de crédito têm sido criados no Brasil nos últimos anos com o fim de facilitar e incrementar o financiamento da produção rural.

Adveio, mais recentemente, a Lei n. 13.986/2020 (apelidada "Lei do Agro") com o evidente propósito de introduzir no ordenamento jurídico novos e importantes instrumentos para melhorar e ampliar o mercado de crédito privado voltado para o agronegócio. Nessa perspectiva, novas modalidades de garantia foram adotadas, ao mesmo tempo que se criou um novo título de crédito, a cédula imobiliária rural (CIR) e se aprimoraram os que já se achavam em uso no mercado de crédito rural (Lei n. 13.986, art. 17).[181]

O Fundo Garantidor Solidário (FGS) foi instituído com o objetivo explícito de constituir uma garantia adicional, provida pelos próprios produtores, na forma de um aval coletivo e solidário, do qual podem participar também outros integrantes das cadeias produtivas e as instituições financeiras. Esse Fundo é um reforço de garantias, de que os produtores poderão lançar mão em operações novas de crédito rural e também em operações de consolidação de dívidas, assim como nas realizadas no âmbito dos mercados de capitais (Lei n. 13.986, art. 1º, com a redação da Lei n. 14.421/2022).

Outro novo e valioso instrumento de garantia para os financiamentos rurais é a permissão da Lei do Agro a que o produtor constitua o *patrimônio de afetação* (arts. 7º a 16), criado sobre seu imóvel ou parte dele.[182] Esse patrimônio separado ficará vinculado, com exclusividade, à garantia apenas de determinado financiamento, e não se sujeitará a garantir judicialmente execuções promovidas por outros credores; tampouco ficará passível de arrecadação em caso de falência ou recuperação judicial (art. 10, *caput* e § 3º).

A partir da constituição do patrimônio de afetação, o proprietário não pode gravar o imóvel apartado em garantia de outras obrigações, nem aliená-lo ou parcelá-lo (art. 10, *caput* e § 2º). E a sua vinculação deverá se dar a financiamentos realizados mediante CIR e CPR (art. 10, § 3º), sendo autorizada a criação desses títulos de crédito por meio escritural (art. 18, § 2º, da Lei n. 13.986 e art. 3º, § 1º, da Lei n. 8.929/1994, com a redação da Lei n. 13.986).[183]

Como título de crédito, a CIR pode receber aval (art. 21, § 1º) e deverá ser formalizada observando os requisitos do art. 29 da Lei n. 13.986.[184] Vencida a CIR e não pago o crédito por ela representado, a execução pode ocorrer nos mesmos moldes observáveis nos casos de

---

[181] A Lei n. 13.986 não revoga os instrumentos e modelos de financiamento rural tradicionais, previstos em leis anteriores. Apenas amplia o elenco dos mecanismos, ferramentas e alternativas de financiamento e garantias à disposição do produtor rural, com o objetivo final de obter crédito a um custo cada vez menor (*Comunicado Técnico da CNA* sobre a Lei n. 13.986/2020. Disponível em: www.cnabrasil.org.br. Acesso em: 23.04.2020).

[182] A constituição do patrimônio de afetação é feita pelo produtor rural perante o Oficial do Registro de Imóveis (Lei n. 13.986, arts. 11-13).

[183] A Lei n. 13.986 possibilita a emissão, além da CPR e da CPR-F, de vários outros títulos, como CDA, WA, CCR, NPR, DR, de forma cartular (papel) ou escritural (eletrônica).

[184] "Aplicam-se à CIR, no que couber, as normas de direito cambial, com as seguintes modificações: I – os endossos deverão ser completos; e II – os endossantes responderão somente pela existência da obrigação" (Lei n. 13.986, art. 29). No caso da CPR, a Lei permite que, em algumas situações, a atualização monetária da

alienação fiduciária: transferência da propriedade do imóvel afetado para o credor, que promoverá sua venda para resgate da obrigação inadimplida (Lei n. 13.986, art. 28). Aplica-se, ao procedimento satisfativo, o disposto, a respeito da alienação fiduciária de bem imóvel, nos arts. 26 e 27 da Lei n. 9.514/1997, por força do art. 28, § 2º, da Lei n. 13.986/2020.

Os negócios com base em CIR têm como principal garantia o imóvel constante do patrimônio de afetação, mas o título, além do aval, poderá ter garantias adicionais, inclusive por terceiros, como banco e seguradoras.

112. OUTRAS CÉDULAS DE CRÉDITO

Nos mesmos padrões da cédula de crédito rural, outros títulos cambiariformes foram criados por leis posteriores, visando facilitar as operações bancárias de financiamento às atividades econômicas. São eles: as *cédulas industriais* (Dec.-Lei n. 413/1969), a *cédula de exportação* (Lei n. 6.313/1975) e a *cédula comercial* (Lei n. 6.840/1980).

São elementos comuns a todos esses títulos de crédito:

a) todos são definidos como *títulos líquidos* e *certos* (Dec.-Lei n. 167, art. 10 na redação da Lei n. 13.986/2020; Dec.-Lei n. 413, art. 10; Lei n. 6.313, art. 1º, Lei n. 6.840, art. 5º);

b) todos são articulados com a estrutura de *abertura de crédito*, ou seja, são instrumentos que permitem "financiamento para utilização parcelada", devendo o financiador abrir "conta vinculada à operação, que o financiado movimenta por meio de cheques, saques, recibos, ordens, cartas ou quaisquer outros documentos, na forma e tempo previstos na cédula ou no orçamento" (Dec.-Lei n. 167, art. 4º, Dec.-Lei n. 413, art. 4º; Lei n. 6.313, art. 3º, Lei n. 6.840, art. 5º);

c) todos são *exigíveis pelo valor do título ou do respectivo endosso*, o qual corresponde ao saldo da conta vinculada, que, por sua vez, compreende o montante dos levantamentos feitos, menos os pagamentos parciais e mais juros, comissão de fiscalização, se houver, e demais despesas que o credor fizer para segurança, regularidade e realização de seu direito creditório (Dec.-Lei n. 167, art. 10, *caput* [Lei n. 13.986/2020] e § 1º; Dec.-Lei n. 413, art. 10 e § 1º; Lei 6.313, art. 3º; Lei n. 6.840, art. 5º); as cédulas industriais, comerciais e de exportação admitem que a abertura de crédito seja fixa ou em conta-corrente, pois permitem que se convencione a reutilização do crédito após amortizações, dentro do prazo de vigência do contrato (Dec.-Lei n. 413, art. 47; Lei n. 6.313, art. 3º; Lei 6.840, art. 5º);

d) todos podem ser emitidos *com ou sem garantia real* (Dec.-Lei n. 167, arts. 14, 20, 25 e 27 [todos com redação da Lei n. 13.986/2020]; Dec.-Lei n. 413, arts. 15 e 19);

e) *a todos são aplicáveis as normas do direito cambial*, inclusive quanto ao *aval* (Dec.-Lei n. 167, art. 60; Dec.-Lei n. 413, art. 52; Lei n. 6.313, art. 3º; Lei n. 6.840, art. 5º);

f) a todos é atribuída a força de *título executivo extrajudicial* (Dec.-Lei n. 167, art. 41; Dec.-Lei n. 413, art. 41; Lei n. 6.313, art. 3º; Lei n. 6.840, art. 5º);

Outras cédulas e títulos executivos foram inicialmente criados pelas Medidas Provisórias n. 2.160/25, de 23.08.2001 e 2.223, de 04.09.2001, os quais foram reafirmados e aperfeiçoados pela Lei n. 10.931, de 02.08.2004. Trata-se da *Cédula de Crédito Bancário*, legalmente definida como título executivo extrajudicial representativo de "dívida em dinheiro, certa, líquida e exigível,

---

obrigação possa ser feita com base na variação cambial (Lei n. 8.929/1994, art. 4º-A, com a redação da Lei n. 13.986/2020).

seja pela soma nela indicada, seja pelo saldo devedor demonstrado em planilha de cálculo, ou nos extratos da conta-corrente" (art. 28); e, ainda, da *Letra de Crédito Imobiliário* (LCI) e da *Cédula de Crédito Imobiliário* (CCI), a primeira sempre com garantia hipotecária ou alienação fiduciária de imóvel (art. 12) e a segunda com ou sem garantia real ou fidejussória (art. 18, § 3º). Ambas têm como pressuposto o crédito imobiliário e podem assumir tanto a forma cartular como a escritural. A LCI é de emissão de instituição bancária ou assemelhada (art. 12) e a CCI pode ser emitida pelo próprio credor imobiliário (art. 18, § 1º). Constituem, as duas, títulos de crédito (arts. 12 e 20) endossáveis (art. 12, § 1º, IX e 19, XII). Na forma escritural, a LCI "será registrada ou depositada em entidade autorizada pelo Banco Central do Brasil a exercer a atividade de registro ou de depósito centralizado de ativos financeiros" (art. 12, § 2º, com a redação da Lei 13.986/2020). Quanto à CCI, a emissão sob a forma escritural "ocorrerá por meio de escritura pública ou instrumento particular, que permanecerá custodiado em instituição financeira" (art. 18, § 4º, com a redação da Lei 13.986/2020). Há, porém, previsão de que o CMN "poderá estabelecer as condições para o registro e o depósito centralizado de CCI e a obrigatoriedade de depósito da CCI em entidade autorizada pelo Banco Central do Brasil a exercer a atividade de depósito centralizado de ativos financeiros" (Lei 10.931/2004, art. 18, § 4º-B, acrescido pela Lei 13.986/2020).

A Lei n. 8.929/1994, alterada pela Lei n. 13.986/2020, instituiu a Cédula de Produto Rural (CPR), representativa de promessa de entrega de produtos rurais, com ou sem garantia cedularmente constituída (art. 1º). Conferiu-lhe a qualidade de título líquido e certo, exigível pela quantidade e qualidade de produto nela previsto (art. 4º). A liquidação financeira da CPR é autorizada pelo art. 4º-A, acrescido pela Lei n. 10.200/2001. Para cobrança da cédula com liquidação financeira, cabe ação de execução por quantia certa (4º-A, III, § 2º). Embora haja a autorização legal do uso da via executiva, não está vedada a utilização de outras medidas legais postas à disposição do credor, como a ação de cobrança[185].

Novos títulos executivos foram ainda criados pela Lei n. 11.076, de 30.12.2004: Certificado de Depósito Agropecuário (CDA), o *"Warrant" Agropecuário (WA), o Certificado de Direitos Creditórios do Agronegócio* (CDCA); *Letra de Crédito do Agronegócio* (LCA) e o *Certificado de Recebíveis do Agronegócio* (CRA). Também a Lei n. 13.986/2020 criou a Cédula Imobiliária Rural (CIR), que pode ser garantida no todo ou em parte pelo patrimônio de afetação instituído pelo emitente (art. 14), com força de título executivo extrajudicial (art. 18), inclusive sobre dito patrimônio, a partir de seu registro ou depósito em entidade autorizada pelo Banco Central ou pela Comissão de Valores Mobiliários (art. 16). A CIR "será cartular, antes do seu depósito e após a sua baixa, e será escritural enquanto permanecer depositada" (art. 16, § 2º). A mesma Lei n. 13.986 conferiu ao Certificado de Depósito Bancário (CDB), a qualidade de título executivo extrajudicial (art. 32), representado pela certidão de inteiro teor do lançamento no sistema eletrônico da Instituição emissora (art. 31).

Em relação às operações de crédito realizadas por instituições financeiras com produtores rurais, incluídas as resultantes de consolidação de dívidas, a Lei 13.986/2020 estabeleceu a possibilidade de garanti-las, subsidiariamente, pelo *Fundo Garantidor Solidário – FGS*, cuja formação observará procedimento regulado pela mesma Lei (arts. 1º a 6º).

Outra inovação importante da Lei n. 13.986/2020 foi a autorização dada ao proprietário, pessoa natural ou jurídica, para submeter seu imóvel rural, no todo ou em parte, ao *regime de afetação* (art. 7º), caso em que o bem gravado ficará vinculado especificamente a CIR ou CPR, e não poderá ser alienado ou parcelado, enquanto durar o regime (art. 10, § 2º). Também não poderá garantir outras obrigações, nem se sujeitará a penhora nem a outras constrições judiciais,

---

[185] STJ, 3ª T., REsp 1.087.170/GO, Rel. Min. Nancy Andrighi, ac. 11.10.2011, *DJe* 25.10.2011.

que não sejam relacionadas com a CIR ou a CPR à qual a afetação se ache vinculada (art. 10, § 3º). Tampouco se submeterá a arrecadação em falência ou em massa concursal (art. 10, § 4º).

112-A. A NOTA COMERCIAL: UM NOVO TÍTULO DE CRÉDITO ESCRITURAL

Criada pela Lei n. 14.195/2021, a *nota comercial* é mais um título executivo extrajudicial, cuja emissão se dá exclusivamente sob a forma escritural, por meio de instituições autorizadas pela Comissão de Valores Mobiliários (CVM) a prestar o serviço de escrituração (art. 45)[186]. As características desse novo título de crédito – cuja emissão é permitida apenas às sociedades anônimas, às sociedades limitadas e às sociedades cooperativas (art. 46) – acham-se descritas no art. 47 da referida Lei n. 14.195[187].

A nota comercial representa promessa de pagamento em dinheiro, que pode ser executada como título executivo extrajudicial, independentemente de protesto, será documentada no processo por meio de certidão emitida pelo escriturador ou pelo depositário central, quando o título for objeto de depósito centralizado (Lei n. 14.195, art. 48).

A aquisição das notas comerciais será feita exclusivamente por meio de controle eletrônico realizado nos sistemas informatizados do escriturador ou no depositário central (art. 49). Admite-se a oferta pública ou a negociação em mercados regulamentados de valores mobiliários, podendo a CVM impor a eventual necessidade de contratação de agente fiduciário (art. 50).

113. TÍTULOS ESTRANGEIROS

O título executivo judicial estrangeiro só adquire eficácia em nosso território depois de homologado pelo STJ (CF, art. 105, I, *i*, acrescido pela EC n. 45, de 8.12.2004). Quando, porém, se tratar de título extrajudicial, como letra de câmbio, nota promissória, cheque etc., proveniente de outros países, seus efeitos serão produzidos aqui, independentemente de homologação (CPC/2015, art. 784, § 2º).[188]

Os requisitos formais exigíveis são os fixados pela legislação vigente no país de origem (Lei de Introdução às Normas de Direito Brasileiro, art. 9º). Mas o lugar de cumprimento da obrigação deverá ser alguma localidade brasileira (CPC/2015, art. 784, § 3º).[189] Considera-se,

---

[186] Trata-se de "título de crédito não conversível em ações, de livre negociação, representativo de promessa de pagamento em dinheiro" (Lei n. 14.195/2021, art. 45). Quando, porém, se tratar de títulos submetidos a *distribuições privadas* (i.e., não negociáveis por meio de oferta pública), será permitida a cláusula de conversibilidade em participação societária, nunca, contudo, em relação às sociedades anônimas (art. 51, § 2º).

[187] O art. 47 da Lei n. 14.195/2021 dispõe que "a nota comercial terá as seguintes características, que deverão constar de seu termo constitutivo: I – a denominação 'Nota Comercial'; II – o nome ou razão social do emitente; III – o local e a data de emissão; IV – o número da emissão e a divisão em séries, quando houver; V – o valor nominal; VI – o local de pagamento; VII – a descrição da garantia real ou fidejussória, quando houver; VIII – a data e as condições de vencimento; IX – a taxa de juros, fixa ou flutuante, admitida a capitalização; X – a cláusula de pagamento de amortização e de rendimentos, quando houver; XI – a cláusula de correção por índice de preço, quando houver; e XII – os aditamentos e as retificações, quando houver". Segundo o § 1º do mesmo artigo, "as notas comerciais de uma mesma série terão igual valor nominal e conferirão a seus titulares os mesmos direitos".

[188] "Os títulos de crédito constituídos em país estrangeiro, para serem executados no Brasil (CPC, art. 585, § 2º) [CPC/2015, art. 784, § 2º], não dependem de homologação pelo Supremo Tribunal Federal. A eficácia executiva que lhes é inerente não se subordina ao juízo de delibação a que se refere o art. 102, I, H, da Constituição, que incide, unicamente, sobre 'sentenças estrangeiras', cuja noção conceitual não compreende, não abrange e não se estende aos títulos de crédito, ainda que sacados ou constituídos no exterior" (STF, Tribunal Pleno, Recl. AgRg 1.908/SP, Rel. Min. Celso de Mello, ac. 24.10.2001, *DJU* 03.12.2004).

[189] "Os títulos executivos extrajudiciais, como a nota promissória, oriundos de país estrangeiro, somente terão eficácia executiva, no Brasil, nos termos da lei processual brasileira se o indicarem como lugar do cumprimento

também, que o lugar do cumprimento é o Brasil quando "o pagamento é feito por complexas transferências eletrônicas de fundos, a pedido do devedor, domiciliado no Brasil, a credor, residente no exterior".[190] Deve-se notar, porém, que essa regra não se refere à competência da justiça brasileira, mas às características do título estrangeiro que permitem sua execução no Brasil, pouco importando o domicílio das partes, e valorizando apenas o local de cumprimento da obrigação. A regra de competência internacional é a do art. 781, que remete o tema para o art. 21, n. I, de tal maneira que, sendo o réu domiciliado no Brasil, e atendendo o título executivo aos requisitos da lei nacional, é irrelevante sua elaboração no estrangeiro, assim como a não indicação de praça de pagamento no território brasileiro. Haverá sempre a competência internacional de nossa justiça em concorrência com a do local de criação do título, se o réu aqui tem domicílio.

O que o Código quis dizer no art. 784, §§ 2º e 3º, foi que o título estrangeiro pode se orientar quanto aos seus requisitos pela lei externa e, mesmo não enquadrando nos pressupostos da lei brasileira, será aqui exequível se contiver cláusula de pagamento em nosso território. A regra é excepcional e visa compatibilizar a lei estrangeira com a nacional em matéria de título executivo extrajudicial. Nada mais do que isso. Não reduz assim a competência internacional prevista no art. 21, I.

Se a língua utilizada na redação do título não for o português, deverá ele ser traduzido, previamente, por tradutor oficial (CPC/2015, art. 192, parágrafo único), e o valor cobrado será vertido para a unidade monetária vigente no Brasil.[191]

114. CONTRATO DE ABERTURA DE CRÉDITO

Há na história atual do processo civil brasileiro uma evidente tendência a ampliar cada vez mais o acesso à execução forçada, multiplicando o número de títulos executivos extrajudiciais e restringindo as exigências formais para sua configuração.[192]

Essa marcha irreversível ao reforço da função executiva da jurisdição, dentro da qual se insere, não apenas a reforma dos arts. 584 e 585 do CPC/1973, mas principalmente a criação da antecipação genérica de tutela jurisdicional (art. 273, CPC/1973) e a instituição das medidas liminares e sub-rogatórias nas ações de cumprimento das obrigações de fazer (art. 461, CPC/1973), levou a voz abalizada de Ovídio A. Baptista da Silva a proclamar o reconhecimento oficial de que "o processo de conhecimento não mais atende às aspirações contemporâneas por uma justiça efetiva, que antes de mais nada, não pode ser tardia".[193]

Na mesma linha se incluiu, também, a criação da ação monitória (Lei n. 9.079/1995), com que se tenta propiciar caminho de acesso direto ou abreviado à execução forçada até mesmo aos que não contam com título executivo (CPC/2015, arts. 700 a 702).

---

da obrigação" (STF, 1ª T., RE 101.120/RJ, Rel. Min. Rafael Mayer, ac. 04.09.1984, *DJU* 05.10.1984, *RTJ* 111/782). No mesmo sentido: STF, 2ª T., RE 104.428/RJ, Rel. Min. Francisco Rezek, ac. 26.03.1985, *DJU* 03.05.1985.

[190] STJ, 3ª T., REsp. 1.080.046/SP, Rel. Min. Nancy Andrighi, ac. 23.09.2008, *DJe* 10.12.2008.

[191] STJ, 3ª T., REsp. 4.819/RJ, Rel. Min. Waldemar Zveiter, ac. 30.10.1990, *DJU* 10.12.1990, p. 14.805.

[192] Igual movimento pode ser detectado no direito português. Seu CPC de 2013 dispõe, nesse sentido, que são títulos executivos, não só as sentenças condenatórias, mas todos "os documentos exarados ou autenticados, por notário ou por outras entidades ou profissionais com competência para tal, que importem constituição ou reconhecimento de qualquer obrigação" (art. 703º, n. 1, al. "b"). Exige-se, porém, como requisitos da obrigação exequenda que seja sempre certa, exigível e líquida (art. 713º).

[193] SILVA, Ovídio A. Baptista da. Ação para cumprimento das obrigações de fazer e não fazer. *In*: TEIXEIRA, José Carlos (org.). *Inovações do Código de Processo Civil*. Porto Alegre: Livraria do Advogado, 1996, p. 175.

O maior valor da atividade executiva, do que a cognitiva, para atingir o ideal da efetividade da prestação jurisdicional é que justifica o sempre crescente número de títulos executivos extrajudiciais, fazendo com que, na postura liberal do art. 784, III, do CPC/2015, se possa, realmente, configurar a tendência a colocar a *execução* como regra na atividade processual, relegando o processo de conhecimento a incidente eventual do processo executivo, tal como a história conheceu nos tempos do direito germânico medieval.[194] Assim, durante muitos anos, mostrou-se consolidada a jurisprudência no sentido de que não havia obstáculo que pudesse se antepor ao reconhecimento da natureza de título executivo extrajudicial aos numerosos contratos de abertura de crédito largamente utilizados no comércio bancário. Mesmo porque a regulamentação do direito positivo referente às múltiplas cédulas de financiamento dos diversos segmentos da economia apontava justamente para a valorização da força executiva dos ajustes de abertura de crédito (as *cédulas de crédito rural* – Dec.-Lei n. 167, de 14.02.1967; as *cédulas de crédito industrial* – Dec.-Lei n. 413, de 09.01.1969; a *cédula de crédito à exportação* e a *nota de crédito à exportação* – Lei n. 6.313, de 16.12.1975; e a *cédula de crédito comercial* e a *nota de crédito comercial* – Lei n. 6.840, de 03.11.1980).

Nessa quadra do direito brasileiro, causou, no entanto, estranheza quando se instalou divergência de jurisprudência entre a Terceira e a Quarta Turmas do Superior Tribunal de Justiça. Enquanto a última reconhecia a qualidade de título executivo para a abertura de crédito, desde que o contrato particular fosse subscrito pelas partes e duas testemunhas, e viesse acompanhado de extrato analítico da conta do financiamento,[195] a Terceira Turma se inclinava para negar ao aludido contrato a mesma qualidade a pretexto de faltar-lhe liquidez e certeza.[196]

Na uniformização de jurisprudência do STJ saiu prestigiada a tese da Terceira Turma, ou seja, a de que "o contrato de abertura de crédito, ainda que acompanhado de extrato da conta corrente, não é título executivo" (STJ, *Súmula* 233).

O impacto da radical mudança de rumo imposta à jurisprudência sobre a liquidez das operações bancárias foi, sem dúvida, muito grande. Tentando minimizá-lo, a Terceira Turma do STJ passou a decidir que a deficiência do contrato de abertura de crédito poderia ser contornada pelo uso de nota promissória que lhe fosse vinculada, isto porque, segundo velho entendimento doutrinário e pretoriano, a cambial não perde sua liquidez só pelo liame a algum contrato, em face de sua autonomia jurídica.[197]

Reiterados foram seus acórdãos no sentido de que "a nota promissória é título executivo, ainda quando vinculada a contrato de abertura de crédito e dispensa qualquer anexo para efeito de instruir a ação de execução contra o devedor".

A manobra, todavia, não logrou pleno sucesso. A Quarta Turma, vencida anteriormente quanto à liquidez do contrato de abertura de crédito, radicalizou as consequências da Súmula n. 233: "Da mesma forma que o contrato de abertura de crédito, ainda que acompanhado de

---

[194] SILVA, Ovídio A. Baptista da. *Op. cit.*, p. 176.

[195] STJ, 4ª T., REsp. 9.784, ac. 16.06.92, *RT* 692/165; STJ, REsp. 9.786-0-RJ, ac. 16.03.93, *DJU* 30.08.93, p. 17.294; STJ, REsp. 38.125-8-RS, ac. 11.10.93, *DJU* 29.11.93, p. 25.890. Essa inteligência era sequência da posição já adotada pelo STF: RE 91.769-1, 1ª T., Rel. Min. Rafael Mayer, ac. 24.11.81, *RTJ* 101/26.

[196] A posição contrária à configuração de título executivo funda-se em que o contrato de abertura de crédito não seria suficiente para documentar a dívida do creditado e que o extrato da conta de utilização do financiamento seria documento unilateral do credor, não lhe sendo dado criar, assim, seu próprio título (STJ, 3ª T., REsp. 29.597-3-RS, Rel. Min. Eduardo Ribeiro, ac. 10.08.93, *DJU* 13.9.93). No mesmo sentido: STJ, 3ª T., REsp. 30.445-7-GO, ac. 02.03.93, *DJU* 05.04.93, p. 5.837.

[197] STJ, 3ª T., REsp. 170.279/RS, Rel. Min. Eduardo Ribeiro, ac. 06.08.98, *DJU* 09.11.98, p. 96; STJ, 3ª T., REsp. 153.798/PB, Rel. Min. Eduardo Ribeiro, ac. 01.12.98, *DJU* 29.03.99, p. 166; STJ, 3ª T., Ag. 288.672/SP, Rel. Min. Carlos Alberto Menezes Direito, ac. 12.04.2000, *DJU* 28.04.2000.

demonstrativos dos lançamentos, não constitui título executivo, também a nota promissória emitida para sua garantia e a ele vinculada é desprovida de liquidez e certeza".[198]

Por último, a 2ª Seção do STJ pacificou a divergência, esposando a tese oriunda da 4ª Turma, segundo a qual "nota promissória vinculada a contrato de abertura de crédito perde autonomia face a iliquidez do título que a originou".[199] Atualmente a matéria já consta de súmula do STJ.[200] Ressalvou-se, no entanto, que "o contrato de abertura de crédito em conta-corrente, acompanhado de demonstrativo do débito, constitui título hábil para o ajuizamento da ação monitória" (STJ, Súmula 247)[201].

Muito antes da recente reforma de ampliação do alcance do processo executivo, o Supremo Tribunal Federal já havia assentado o caráter de título executivo do negócio de abertura de crédito, coerente, aliás, com a mais que cinquentenária evolução do crédito rural e industrial, cuja legislação desde a década de 1930 vem trabalhando o financiamento das atividades produtivas sempre à base de contratos de abertura de crédito e de cédulas creditícias que igualmente observam a forma de abertura de crédito.

Hoje, a par do velho contrato de penhor rural (Lei n. 492, de 1937), estão em plena utilização no comércio e com irrestrito acatamento nos tribunais, como títulos executivos extrajudiciais, entre outras, as seguintes cédulas, todas de abertura de crédito: cédulas rurais (Dec.-Lei n. 167/1967), cédulas industriais (Dec.-Lei n. 413/1969), cédula de exportação (Lei n. 6.313/1975) e cédula comercial (Lei n. 6.840/1980).

O fato de as cédulas em análise abrigarem a estrutura de abertura de crédito não representou, nem para a lei, nem para a doutrina, embaraço algum a que se lhes atribuísse a qualidade de título de crédito e de título executivo.

Embora a dívida do financiado não se constitua pela assinatura ou emissão da cédula, mas pela posterior utilização do crédito aberto, a lei considera que a cédula já é "promessa de pagamento" (Dec.-Lei n. 167, art. 9º; Dec.-Lei n. 413, art. 9º) e que, após a utilização do crédito, configura, para o financiador, "título líquido, certo e exigível" (Dec.-Lei n. 167, art. 10; Dec.-Lei n. 413, art. 10).

A utilização do crédito aberto, portanto, é o *negócio subjacente* que justifica o *título de crédito*, existente em qualquer das cédulas em exame, título que, sem embargo de suas peculiaridades, apresenta "as características e prerrogativas das cambiais, ou seja, *literalidade, autonomia* e capacidade de serem *transferidos* mediante *endosso*".[202]

São as cédulas, segundo Theófilo de Azeredo Santos, títulos de crédito "específicos, líquidos e certos, semiformais, confessórios, causais e incorporantes de obrigações, com ou sem garantia cedularmente constituída". Por isso, "podem ser avalizadas e transferidas pelo endosso, aplicando-se-lhes, no que for cabível, as normas da legislação cambial".[203]

---

[198] STJ, 4ª T., REsp. 201.840/SC, Rel. Min. Ruy Rosado, ac. 18.05.99, *DJU* 28.06.99, p. 122; STJ, 4ª T., REsp. 197.090/RS, Rel. Min. Barros Monteiro, ac. 11.02.99, *DJU* 24.05.99, p. 177; STJ, 4ª T., REsp. 167.221/MG, Rel. Min. Aldir Passarinho Júnior, ac. 25.10.99, *DJU* 29.11.99, p. 167; STJ, 4ª T., REsp. 158.039/MG, Rel. Min. Sálvio de Figueiredo, ac. 17.02.2000, *DJU* 03.04.2000, p. 153.

[199] STJ, 2ª Seção, AgRg. nos Emb. Div. no REsp. 196.957/DF, Rel. Min. Carlos Alberto Menezes Direito, ac. 14.03.2001, *DJU* 25.05.2001, p. 149. No mesmo sentido: STJ, 2ª Seção, Emb. Div. no REsp. 262.623/RS, Rel. Min. Nancy Andrighi, ac. 22.02.2001, *DJU* 02.04.2001, p. 251; STJ, 4ª T., REsp 911.206/SP, Rel. Min. Fernando Gonçalves, ac. 15.4.2010, *DJe* 26.4.2010.

[200] "A nota promissória vinculada a contrato de abertura de crédito não goza de autonomia em razão da iliquidez do título que a originou" (STJ, *Súmula* 258).

[201] STJ, 4ª T., REsp 1.323.951/PR, Rel. Luis Felipe Salomão, ac. 16.05.2017, *DJe* 14.06.2017.

[202] ANJOS, Alberico Teixeira dos. Títulos de Crédito Industrial. *Revista Forense*, 266/438.

[203] SANTOS, Theófilo de Azeredo. *Manual dos Títulos de Crédito*. 3. ed. Rio de Janeiro: Pallas, 1975, p. 320.

A cédula rural, para Fran Martins, "é um título que, procurando financiar atividades rurais, se vale de princípios dos títulos de crédito em geral (princípios que atuam no campo do direito comercial), possuindo, contudo, outras características que dão a esses documentos uma configuração própria".[204]

Uma vez que a obrigação do financiado será cobrável pelo saldo do crédito utilizado, acrescido de juros e despesas, Fran Martins observa que uma das peculiaridades das cédulas reside em que:

> "...o título poderá ser exigível não pela importância no mesmo mencionada, mas por importância diversa, não prevalecendo, portanto, o princípio da literalidade, característico dos títulos de crédito em geral".[205]

Tanto no financiamento rural como no industrial, a cédula importa no ajuste segundo o qual "o financiador abrirá um crédito em favor do financiado, o que é feito através de uma *conta vinculada* à operação, que o financiado movimentará por meio de cheques, saques, recibos, ordens, cartas, ou quaisquer outros documentos, na forma e no tempo previstos".[206] Mesmo assim, a lei considera que o emitente da cédula, pelo simples fato de tê-la subscrito, já está contraindo com o agente financiador uma "promessa de pagamento em dinheiro".[207]

O fato de se tratar de negócio de abertura de crédito, fixo ou em conta corrente, não desnatura o título executivo, justamente porque há uma *conta vinculada* ao negócio jurídico de financiamento no qual se encontrará o montante *líquido e certo* do crédito utilizado pelo financiado. Nesse sentido, é a lição de Theófilo de Azeredo Santos e Antônio Ferreira Álvares da Silva, *verbis*:

> "Embora sejam as Cédulas de Crédito Rural títulos civis líquidos e certos, a determinação de seu valor depende de prévia apuração, porque a utilização do crédito poderá ser feita parceladamente e a elas poderão ser acrescidos juros, comissão de fiscalização e outras despesas indispensáveis à segurança, regularidade e realização do direito creditório; além disso, admitem as cédulas a convenção de amortizações periódicas, cuja importância deverá ser abatida do valor do título".[208]

Em suma: a lei consagra, de maneira claríssima, a convivência plena entre o negócio da abertura de crédito e os mais modernos e numerosos títulos de crédito, atribuindo à simbiose entre os dois institutos a categoria de *título executivo extrajudicial complexo*, graças à reunião das cédulas ("promessa de pagamento") com a conta gráfica (forma de revelar o "crédito utilizado" e o "montante a restituir").

Em nosso modo de ver, há um equívoco na orientação adotada pelo STJ, com a devida vênia.

Se o legislador não encontra obstáculo algum para definir as cédulas de financiamento da agricultura, indústria, comércio e exportação como títulos executivos, no quadro que se acaba de retratar, à evidência não se pode recusar aos usuais contratos de abertura de crédito, tão largamente difundidos no comércio bancário, a mesma natureza jurídica. A estrutura jurídica deles é idêntica à dos negócios de financiamento por via das aludidas cédulas, ou seja, um instrumento inicial abre o crédito, fixando seu valor, determinando a forma de utilização e o

---

[204] MARTINS, Fran. *Títulos de Crédito*. 7. ed. Rio de Janeiro: Forense, 1994, v. II, n. 159, p. 253.
[205] MARTINS, Fran. *Op. cit.*, n. 159, p. 254.
[206] MARTINS, Fran. *Op. cit.*, n. 170, p. 276.
[207] *Idem*, n. 171, p. 277.
[208] SANTOS, Theófilo de Azeredo. *Op. cit.*, p. 320.

prazo de pagamento, tudo vinculado a uma conta gráfica, escriturada na contabilidade do agente financiador, na qual se determina o saldo devedor do financiado, representativo de sua dívida líquida, certa e exigível no devido tempo. Sem embargo, forçoso reconhecer que atualmente o posicionamento do Superior Tribunal de Justiça está firmemente assentado.

Na mesma linha de orientação, ocorreu a instituição da cédula de crédito bancário (MP n. 1.925, de 14.10.1999), como título executivo extrajudicial representativo de "dívida em dinheiro certa, líquida e exigível, seja pela soma nela indicada, seja pelo saldo devedor demonstrado em planilha de cálculo, ou nos extratos da conta corrente" (art. 3º). Igual disposição, acerca da Cédula de Crédito Bancário, constou da Lei n. 10.931, de 02.08.2004, art. 26. A objeção de que o extrato da conta corrente contratual seria documento unilateral e, assim, não poderia dar liquidez ao título do creditor, é, *data venia,* equivocada. A conta corrente é uma parte essencial do negócio da abertura de crédito. Não é um ato de vontade unilateral do credor. É um mecanismo previsto pelo contrato e, portanto, fruto do acordo bilateral que criou a própria abertura de crédito.

O credor não lança o que quer na conta corrente, mas apenas o que o contrato o autoriza a lançar. O que cria a obrigação de restituir para o creditado não é o extrato, é o contrato, cujo objeto previa a utilização de certa soma com a obrigação de restituí-la, na forma e tempo bilateralmente ajustados. O crédito, que era líquido e certo na abertura, transforma-se em débito também líquido e certo, após a utilização feita pelo creditado. Tudo remonta ao contrato e nele encontra justificativa para a certeza da relação obrigacional e para a liquidez da quantia a ser restituída.

Não é o contrato de abertura de crédito o único que se integra por atos e documentos posteriores ao originário instrumento do acordo de vontades. Assim, por exemplo, a duplicata sem aceite torna-se título executivo (líquido e certo) quando o sacador comprova ter entregue a mercadoria no local de destino, sem que a lei exija que o sacado sequer tenha assinado o recibo respectivo (Lei n. 5.474, de 18.07.1968, art. 15, n. II). Também, o contrato de compra e venda, que tem como elementos essenciais a coisa, o preço e o consenso, não perde sua eficácia, nem tem diminuída sua força jurídica de obrigar o comprador a pagar o preço a que tem direito o vendedor, quando o negócio contenha a previsão de que o respectivo *quantum* será arbitrado por terceiro (Código Civil de 2002, art. 485) ou quando será determinado pela taxa do mercado ou da bolsa (Código Civil de 2002, art. 486).

Nestes e em muitos outros casos similares, o ato de terceiro que determina o aperfeiçoamento da obrigação, embora não contenha em si uma nova declaração bilateral de vontade, já se acha, desde a origem, vinculado ao contrato e sofre todo o impacto de certeza e liquidez que o negócio bilateral previu.

Portanto, uma vez que o contrato de abertura de crédito tenha instituído a respectiva conta de movimento e tenha estabelecido o que nela poderá ser lançado, definida estará a *liquidez* do respectivo saldo, não pelos lançamentos em si, mas pela previsão bilateral ou negocial que os autorizou, de maneira certa e incontroversa, ao mesmo tempo em que se definia a obrigação de repor ao creditado as verbas lançadas com os acessórios ajustados.

Diante das previsões contratuais, os lançamentos da conta gráfica não passam de demonstrativo das operações aritméticas capazes de revelar o saldo devedor oriundo do contrato. E como já decidiu o Superior Tribunal de Justiça, acerca de cédula rural, "a dívida não deixa de ser líquida, se precisa, para saber em quanto importa, de simples operação aritmética".[209]

As contas gráficas, por espelharem as retiradas e lançamentos previstos na cédula rural, fonte da abertura de crédito, não dependem, para sustentar a execução, de perícia ou outras

---

[209] STJ, 4ª T., REsp. 15.346, Rel. Min. Barros Monteiro, ac. 11.2.92, *in DJU* 23.03.92, p. 3.489.

provas que justifiquem o débito do financiado. Justamente porque tal conta é parte integrante do negócio jurídico bilateral ajustado entre creditador e creditado. É certo que o devedor não está impedido de impugnar a conta ou algum lançamento nela efetuado de forma indevida ou exorbitante. Não pode, todavia, simplesmente recusar a aceitar a conta do credor.[210]

A correta visão do contrato de abertura de crédito e a que realmente se harmoniza com as tendências atuais do atual Código de Processo Civil, no tocante à executividade dos títulos negociais, continua sendo, a nosso sentir, aquela proclamada pelo Supremo Tribunal Federal:

> "Atendida à parte formal de sua assinatura pelo devedor e subscrição por duas testemunhas, não se deve perder de vista o tipo de contrato que nele se estipula, contendo necessariamente uma relação continuativa na qual se sucedem operações de retirada ou depósito, sempre tendentes à resultância de um determinado saldo, o que é da essência do próprio contrato, revelador da posição jurídica do creditado, ou de ser credor de disponibilidade ou devedor do que tenha utilizado."

Ora, em um contrato de execução dinâmica, em que há um intercâmbio constante de registros contábeis, sem dúvida, o que resulta desses extratos, devidamente admitidos como expressivos do estado da conta pela própria cláusula contratual acima transcrita, é a certeza e liquidez de quantia residual, em determinado momento, apta a figurar como título executivo.

Assim, quer pela natureza do contrato cuja execução se cumpre em atos sucessivos e correlacionados, de onde resultará a existência de tais quantias, créditos ou débitos, quer pelo próprio desenvolvimento da conta corrente segundo os registros contábeis que lhe são inerentes, não há dúvida de que o saldo devedor, constante do extrato de conta remetido pelo creditador ao creditado, sem a mínima oposição deste, e na forma do contrato, está revestido da condição de certeza e liquidez necessárias à legitimidade do título executivo".[211]

Sem embargo de tudo isso, não se pode desconhecer a posição sólida da jurisprudência do STJ consubstanciada nas Súmulas n. 233 e 258, que recusa força executiva não só ao contrato de abertura de crédito como à cambial que a ele se vincule.

Por outro lado, a resistência do STJ a aceitar o contrato de abertura de crédito como título executivo foi praticamente em vão. Com a instituição da Cédula de Crédito Bancário, criou-se título de crédito com força executiva, utilizável em qualquer operação bancária em que se estabelece promessa de pagamento em dinheiro, inclusive as da modalidade da abertura de crédito (Lei n. 10.931, de 02.08.2004, art. 26)[212]. Sua estrutura é a da abertura de crédito e sua liquidez decorre de disposição legal, de sorte que não se pode pôr em dúvida sua natureza de *título executivo*, tal como já ocorria com relação às diversas cédulas de crédito utilizadas no mercado.[213]

---

[210] "Não concordando a parte executada com os valores lançados no 'demonstrativo contábil' que instrui a execução, cumpre-lhe, com base no que foi pactuado e na legislação que considere aplicável, impugná-los e indicar o *quantum* que entenda devido" (STJ, 4ª T., REsp. 46.251-7/DF, Rel. Min. Sálvio de Figueiredo, ac. 25.10.1994, in DJU, 19.12.1994, p. 35.321).

[211] STF – 1ª T., RE 91.769-RJ, Rel. Min. RAFAEL MAYER, ac. unânime de 24.11.1981, R.T.J., 101/264-265.

[212] Lei n. 10.931, art. 28: "A Cédula de Crédito Bancário é título executivo extrajudicial e representa dívida em dinheiro, certa, líquida e exigível, seja pela soma nela indicada, seja pelo saldo devedor demonstrado em planilha de cálculo, ou nos extratos da conta corrente, elaborados conforme previsto no § 2º".

[213] As cédulas de crédito bancárias são disciplinadas, atualmente, pela Lei n. 10.931, de 02.08.2004, arts. 26 a 45. Constituem título executivo representativos de operações de crédito de qualquer natureza, mesmo quando decorram diretamente de contrato de abertura de crédito, rotativo ou não, como o denominado "cheque especial"(STJ, 2ª Seção, REsp 1.283.621/MS, Rel. Min. Luis Felipe Salomão, ac. 23.05.2012, DJe 18.06.2012). No mesmo sentido: STJ, 2ª Seção, REsp. 1.291.575/PR, Rel. Min. Luis Felipe Salomão, ac. 14.08.2013, DJe 02.09.2013.

Além do mais, a própria jurisprudência do STJ faz uma ressalva em favor do credor de contrato de abertura de crédito, que é a seguinte: "O instrumento de confissão de dívida, ainda que originário de contrato de abertura de crédito, constitui título executivo extrajudicial" (Súmula n. 300/STJ)[214].

115. CONCLUSÕES

A nítida preocupação e o evidente objetivo do direito positivo brasileiro se colocam no rumo de ampliar as vias de acesso à execução. O intérprete e aplicador da lei não pode adotar critérios restritivos na inteligência das regras pertinentes aos títulos executivos, sob pena de adotar posição incoerente com a *mens legis* inspiradora de toda a evolução do nosso direito processual civil.

116. INVALIDAÇÃO DO TÍTULO EXECUTIVO

O meio normal de invalidar o título executivo são os embargos do devedor (ou embargos à execução), que consistem numa ação de conhecimento manejável como incidente do processo de execução, em busca de uma sentença de natureza predominantemente constitutiva. Por meio de ação incidental, o devedor, que se apresenta como autor, formula pedido (i) que pode se voltar contra os atos processuais executivos, para extinguir a execução ou alterar os seus termos, em razão de ilegalidades formais (embargos de *forma*); ou (ii) que pode atacar a relação jurídica material subjacente ao título executivo, seja para anulá-la ou desconstituí-la, seja para opor ao exequente alguma causa extintiva, impeditiva ou modificativa da obrigação exequenda (embargos de *mérito*)[215].

Durante muito tempo, atribuiu-se aos embargos o caráter de instrumento único e exclusivo de defesa do devedor contra a execução forçada. O acesso à Justiça, porém, visto como direito a uma tutela efetiva e justa, assegurada como direito fundamental nas constituições do moderno Estado Democrático de Direito, não poderia conviver com uma concepção tão acanhada como a de reconhecer ao devedor, mormente o de obrigação retratada em documento extrajudicial, apenas uma via tão estreita e onerosa como a dos embargos à execução.

Em nome do devido processo legal material (processo *justo*) estabeleceu-se, em doutrina e jurisprudência, a tese de que os embargos são apenas a *defesa interna*, manejável para paralisar e extinguir a pretensão executiva. Não excluem o direito de o devedor recorrer a outros procedimentos, ordinários ou especiais, cabíveis para exercer o contraditório e ampla defesa em torno da relação material discutida com o credor.

Essa busca da tutela jurisdicional *externa à execução*, o devedor pode exercitar antes da execução, durante sua pendência, ou até depois de encerrado o processo executivo, se em *defesa interna* não se chegou à formação de coisa julgada acerca da controvérsia que ulteriormente se pretende discutir em *ação externa*.

Se o executado utiliza os embargos de mérito, o desfecho será uma sentença que, em torno do objeto da ação incidental, assumirá a força de coisa julgada material, impedindo que em qualquer outra ação, entre as mesmas partes, venha o litígio a ser reapreciado (CPC/2015, art.

---

[214] As cédulas de crédito bancárias são disciplinadas, atualmente, pela Lei n. 10.931, de 02.08.2004, arts. 26 a 45. Constituem título executivo representativos de operações de crédito de qualquer natureza, mesmo quando decorram diretamente de contrato de abertura de crédito, rotativo ou não, como o denominado "cheque especial" (STJ, 2ª Seção, REsp 1.283.621/MS, Rel. Min. Luis Felipe Salomão, ac. 23.05.2012, *DJe* 18.06.2012).

[215] No caso de sentença, as defesas são restritas às matérias previstas no art. 525, § 1º, do CPC/2015, mas em relação aos títulos executivos extrajudiciais, o embargante pode alegar "qualquer matéria que lhe seja lícito deduzir como defesa em processo de conhecimento" (CPC/2015, art. 917,VI).

502). Não ocorrendo, porém, os embargos, ou sendo estes encerrados sem apreciação do mérito, inexistirá obstáculo a que o devedor promova contra o credor uma ação de acertamento negativo em torno da dívida sob execução, pouco importando que o prazo de embargos já tenha se extinguido, ou que a satisfação executiva do direito do credor tenha se consumado. É que no processo de execução não há sentença de mérito e, consequentemente, não se forma a *coisa julgada material*.

Não se há de pensar em *preclusão* para o direito de defesa do devedor, capaz de impedi-lo de acesso às vias ordinárias, apenas por não ter em tempo hábil manejado a ação incidental de embargos. A preclusão opera apenas interiormente ao processo em que tenha se dado. Não projeta efeitos sobre outros processos.

O atual CPC, abarcando a orientação doutrinária e jurisprudencial, dispõe, em seu art. 784, § 1º, que "a propositura de qualquer ação relativa a débito constante do título executivo não inibe o credor de promover-lhe a execução". Antes, a regra codificada era expressa apenas quanto às execuções fiscais. É óbvio, porém, que o princípio se reconhecia aplicável a qualquer título dotado de executividade, mesmo diante do silêncio do texto legal. Agora, o princípio se acha explicitado em toda sua abrangência. Destarte, é possível, inclusive, o concurso de execução com ação ordinária sobre o mesmo título.

É que não existe entre a execução forçada e a anulatória a figura da litispendência, tal como a conceitua o art. 337, § 3º. Mas a matéria que foi ventilada na ação anulatória pode voltar a ser deduzida perante o juiz executivo, sob a forma de embargos do devedor. Já então ocorrerá a suspensão da execução, até que se solucionem os embargos conexos com a ação anulatória, desde que respeitadas as condições do art. 919, § 1º.

O que se nota, então, é que a controvérsia sobre a *causa debendi* não impede a instauração da execução que deve caminhar normalmente até a penhora; mas pode gerar a suspensão da atividade executiva, quando revestir a forma de embargos (arts. 535 e 917).

Por outro lado, entre os embargos à execução e a anulatória do débito, quando se refiram à mesma obrigação, existe, sem dúvida, a conexão em virtude de identidade de causa de pedir (art. 55). Deverão os respectivos autos ser reunidos para que a decisão das duas ações seja simultânea (art. 55, § 1º).[216]

A regra contida no art. 784, § 1º, permite, outrossim, dupla conclusão:

a) não é só pelos embargos que o devedor pode questionar o título executivo em juízo; as vias ordinárias sempre lhe estarão franqueadas, sem necessidade de submeter-se aos prazos e demais requisitos da ação incidental de embargos;

b) só os embargos, porém, têm força para suspender a execução de imediato; os reflexos da ação comum somente atingirão a execução após o trânsito em julgado. Esta última restrição, contudo, somente prevalecerá na hipótese de a ação declaratória superveniente à citação executiva tiver sido aforada além do prazo dos embargos

---

[216] "Executiva fiscal pode ser proposta havendo anulatória sem depósito. Mas depois da penhora aguarda-se decisão da anulatória" (TFR, Apel. 28.0417, ac. de 16.04.73, *in DJU* de 20.08.73). "Execução fiscal e anulatória de débito, em juízos diferentes, devem ser apensados" (TFR, Apel. 38.590, ac. de 03.12.1976, *in DJU* de 02.06.1977). No mesmo sentido: STJ, CC 16.201/DF, Rel. Min. Ari Pargendler, ac. de 22.05.96, *in DJU* de 12.08.1996, p. 27.439; STJ, 1ª Seção, CC 38.009/MA, Rel. Min. Luiz Fux, ac. 22.10.2003, *DJU* 19.12.2003, p. 306. Em outros termos: "A ação ordinária em que se discute débito fiscal somente suspende a execução fiscal já proposta se houver garantia do juízo, que é o caso dos autos" (STJ, 2ª T., AgRg no REsp 1.251.021/RJ, Rel. Min. Humberto Martins, ac. 02.08.2011, *DJe* 10.08.2011).

à execução, e o devedor não tiver obtido êxito no pleito de eficácia suspensiva manifestado por meio de medida cautelar ou de antecipação de tutela.[217]

Quando, todavia, a ação de impugnação ao título extrajudicial for anterior à execução, não estará o devedor, segundo jurisprudência do STJ, obrigado a propor embargos simplesmente para repetir os mesmos argumentos da ação preexistente. *In casu*, a própria ação revisional ou anulatória assumirá a função dos embargos à execução e produzirá os efeitos que lhe são próprios. Para, entretanto, produzir o efeito suspensivo dos embargos, necessário será que a penhora se realize, constituindo a segurança do juízo executivo.[218]

A qualquer tempo, portanto, livre será ao devedor o recurso às *ações externas* (heterotópicas) para se defender dos efeitos do título executivo ainda não ajuizado, da execução em curso, ou, da execução já consumada[219]. Conforme as circunstâncias do caso concreto, essa defesa externa poderá ocorrer por meio de *ação rescisória* (se o direito do credor já se achar amparado por sentença transitada em julgado), por *ação comum* (ordinária), de invalidação ou rescisão do negócio jurídico material, ou de reconhecimento da inexigibilidade da obrigação nele constituída.[220] Poderão, ainda, acontecer ações especiais, como a de anulação de arrematação ou de

---

[217] As mesmas razões que justificam o efeito suspensivo dos embargos (art. 739-A, § 1º) [NCPC, art. 919, § 1º] podem ser utilizadas para uma liminar na ação anulatória, que faça as vezes dos embargos, desde que seguro o juízo pela penhora (arts. 273 e 798) [CPC/2015, arts. 300 e 297].

[218] "Os embargos à execução, não se discute, têm a natureza de processo de conhecimento. Se já ajuizada ação, tendente a desconstituir o título em que, posteriormente, veio a fundar-se a execução, não se compreende fosse exigível que se apresentassem embargos com o mesmo objetivo (entendo mesmo que isso não seria possível, pois haveria litispendência). A solução será, uma vez feita a penhora, proceder-se ao apensamento do processo já em curso que seria tratado como embargo, com as consequências daí decorrentes, inclusive suspensão da execução. Se apresentados também embargos, versando outros temas, terão eles curso, podendo aí ser reconhecida a conexão para julgamento simultâneo" (STJ, 3ª T., REsp. 33.000/MG, Rel. Min. Eduardo Ribeiro, ac. de 06.09.1994, *in DJU* de 26.09.1994, p. 25.646). No mesmo sentido: REsp. 435.443/SE, Rel. Min. Barros Monteiro, ac. de 06.08.2002, *in DJU* de 28.10.2002, p. 327. Precedentes: 4ª T., REsp. 192.175/RS, Rel. Min. Ruy Rosado de Aguiar, ac. de 04.02.99, *in DJU* de 15.03.99, p. 255; 3ª T., REsp. 34.166-1/RS, Rel. Min. Eduardo Ribeiro, ac. de 10.10.1994, *in DJU* de 07.11.1994, p. 30.019; 3ª T., REsp. 57.624-5/RS, Rel. Min. Eduardo Ribeiro, ac. de 16.04.1996, *in DJU* de 03.06.1996, p. 19.247; 4ª T., REsp. 55.040/RS, Rel. Min. Sálvio de Figueiredo, ac. de 22.10.1997, *in DJU* de 24.11.1997, p. 61.220; 4ª T., REsp. 181.052/RS, Rel. Min. Sálvio de Figueiredo, ac. de 17.09.1998, *in DJU* de 03.11.1998, p. 173; 4ª T., REsp. 180.998/RS, Rel. Min. Barros Monteiro, ac. de 05.11.1998, *in DJU* de 08.03.1999, p. 231; STJ, 4ª T., AgRg no Ag 434.205/TO, Rel. Min. Barros Monteiro, ac. 17.03.2005, *DJU* 09.05.2005, p. 309.

[219] "Se é certo que a propositura de qualquer ação relativa ao débito constante do título não inibe o direito do credor de promover-lhe a execução (CPC, art. 585, § 1º) [CPC/2015, art. 784, § 1º], o inverso também é verdadeiro: o ajuizamento da ação executiva não impede que o devedor exerça o direito constitucional de ação para ver declarada a nulidade do título ou a inexistência da obrigação, seja por meio de embargos (CPC, art. 736) [CPC/2015, art. 914], seja por outra ação declaratória ou desconstitutiva. Nada impede, outrossim, que o devedor se antecipe à execução e promova, em caráter preventivo, pedido de nulidade do título ou a declaração de inexistência da relação obrigacional. Ações dessa espécie têm natureza idêntica à dos embargos do devedor, e quando os antecedem, podem até substituir tais embargos, já que repetir seus fundamentos e causa de pedir importaria litispendência. (STJ, REsp 741.507/RS, 1ª T, Rel. Min. Teori Albino Zavascki, ac. 02.10.2008, *DJe* 17/12/2008). "A não oposição, ou a oposição intempestiva pela esposa de embargos do devedor é fato que não impede o ajuizamento de ação autônoma posterior que, evidentemente, pode desconstituir o título executivo, mas já não terá o efeito de suspensão da execução" (STJ, REsp 817.829/MT, 3ª T. Rel. Min. Nancy Andrighi, ac. 25.11.2008, *DJe* 16.12.2008).

[220] "A execução ajuizada após a propositura de ação que tem por objeto a desconstituição do título extrajudicial dispensa a oposição de embargos do devedor e, ultimada a penhora, fica suspensa até a sentença proferida na ação de conhecimento" (STJ, 3ª T., REsp. 437.167/RS, Rel. Min. Ari Pargendler, ac. 27.08.2002, *DJU* 02.12.2002, p. 308). "O ajuizamento de ação de conhecimento buscando a discussão do valor do débito referente ao financiamento hipotecário não afasta o direito do credor hipotecário de mover a execução pertinente.

outros atos expropriatórios (CPC/2015, art. 966, § 4º) e de repetição do indébito, caso o bem penhorado já tenha sofrido a expropriação executiva e o devedor tenha de contentar-se com a recuperação do valor injustamente apropriado pelo exequente (Cód. Civ., art. 876).

Entretanto, se aquela ação e a ação consignatória pertinente são ajuizadas antes da execução hipotecária, admite-se a suspensão desta" (STJ, 3ª T., REsp. 508.944/DF, Rel. Min. Antônio de Pádua Ribeiro, ac. 10.06.2003, *DJU* 28.10.2003, p. 287). "Reconhece-se a conexão entre a execução e a ação declaratória de nulidade de cláusulas, por constituir esta resistência antecipada do devedor, em ordem a operar como verdadeiros embargos" (STJ, 4ª T., REsp. 294.562/RJ, Rel. Min. Barros Monteiro, ac. 25.03.2003, *DJU* 02.06.2003, p. 299). "Fixa-se o entendimento mais recente da 4ª Turma em atribuir à ação revisional o efeito de embargos à execução, de sorte que, após garantido o juízo pela penhora, deve ser suspensa a cobrança até o julgamento do mérito da primeira" (STJ, 4ª T., REsp. 486.069/SP, Rel. Min. Aldir Passarinho Júnior, ac. 03.02.2004, *DJU* 08.03.2004, p. 259).

Capítulo X
CERTEZA, LIQUIDEZ E EXIGIBILIDADE DA OBRIGAÇÃO CONSTANTE DO TÍTULO EXECUTIVO

117. REQUISITOS DA OBRIGAÇÃO RETRATADA NO TÍTULO EXECUTIVO

Uma vez que o processo de execução não tem conteúdo cognitivo, não há execução sem título, isto é, sem o documento de que resulte adrede certificada ou legalmente acertada, a tutela que o direito concede ao interesse do credor.[1] O título executivo, além de documento sempre revestido da forma escrita, necessariamente deve retratar obrigação *certa, líquida e exigível* (CPC/2015, art. 783)[2].

Como já se demonstrou, o título executivo é figura complexa, englobando em seu conteúdo elementos formais e substanciais. Sua função precípua é a de constituir para o credor o direito subjetivo à execução forçada (direito de ação). E isto ocorre quando a ordem jurídica reconhece a determinado documento a eficácia de consagrar para o portador, "la certeza giudiziale o la certezza, presuntiva e legale del diritto".[3]

Para ter acesso ao processo de execução, não basta a exibição de um documento que tenha a *forma* de título executivo (uma escritura pública, por exemplo). É indispensável, ainda, que o referido título revele a existência de uma obrigação *certa, líquida e exigível*, como dispõe textualmente o já citado art. 783 do CPC/2015.

118. CONCEITO DE CERTEZA, LIQUIDEZ E EXIGIBILIDADE

O direito do credor "è certo quando il titolo non lascia dubbio intorno alla *sua esistenza*; liquido quando il titolo non lascia dubbio intorno al suo *oggetto*; *esigibile* quando il titolo non lascia dubbio intorno alla sua *attualità*".[4]

Reportando ao magistério de Calamandrei, pode-se afirmar que ocorre a *certeza* do crédito, quando não há controvérsia sobre sua existência (*an*); a liquidez, quando é determinada a

---

[1] ROCCO, Ugo. *Tratado de derecho procesal civil*. Buenos Aires: Depalma, 1976, v. IV, p. 137.

[2] O *caput* do art. 586 do CPC/1973 [CPC/2015, art. 783], na sua redação primitiva, falava em "título líquido, certo e exigível". A Lei n. 11.382/2006 a alterou para acomodar o dispositivo à doutrina que entendia serem a certeza, liquidez e exigibilidade atributos da obrigação e não do título. Daí dispor a nova redação do questionado artigo que a execução para cobrança de crédito deverá fundar-se sempre em título de "obrigação certa, líquida e exigível". Alterou-se, também, a ordem dos requisitos. O texto originário falava em "liquidez, certeza e exigibilidade". O texto alterado, e agora repetido pelo atual Código, coloca a certeza em primeiro lugar, atendendo a uma ponderação de Pontes de Miranda ("Além de falar da certeza e da liquidez [embora, erradamente, quanto à colocação dos adjetivos, *título líquido e certo*], o art. 586 alude a ser *exigível*". Cf. PONTES DE MIRANDA, Francisco Cavalcanti. *Comentários ao Código de Processo Civil*. Rio de Janeiro: Forense, 1976, tomo IX, p. 401). Com efeito, antes de ser líquida, a obrigação tem de existir. Somente havendo certeza a respeito de sua existência é que se pode cogitar da determinação, ou não, de seu objeto. Por último, para ser exigível, a obrigação terá, antes, de ser certa e líquida. De tal sorte, a ordem lógica dos atributos reclamados para a execução de qualquer obrigação é a da certeza, liquidez e exigibilidade, tal como consta do texto do art. 783, do CPC/2015.

[3] ROCCO, Ugo. *Trattato di Diritto Processuale Civile*. Torino: UTET, 1959, v. IV, n. 7, p. 135.

[4] CARNELUTTI, Francesco. *Istituzioni del Processo Civile Italiano*. 5. ed. Roma: Società Editrice del Foro Italiano, 1956, v. I, n. 195, p. 164.

importância da prestação (*quantum*); e a *exigibilidade*, quando o seu pagamento não depende de termo ou condição, nem está sujeito a outras limitações.[5]

A *certeza* refere-se ao órgão Judicial, e não às partes. Decorre, normalmente, da perfeição formal do título e da ausência de reservas à sua plena eficácia.[6]

A *liquidez* consiste no *plus* que se acrescenta à certeza da obrigação. Por ela demonstra-se que não somente se sabe que "se deve", mas também "quanto se deve" ou "o que se deve".[7] Não são, porém, ilíquidos os títulos que, sem mencionar diretamente a quantia exata da dívida, indicam todos os elementos para apurá-la mediante simples operação aritmética em torno de dados do próprio documento (CPC, art. 786, parágrafo único). Destarte, a cláusula de juros, por exemplo, não retira a liquidez do título.[8]

A *exigibilidade*, finalmente, refere-se ao vencimento da dívida. "Obrigação exigível é, portanto, a que está vencida",[9] seja porque se alcançou o termo, seja porque se verificou a condição a cuja ocorrência a eficácia do negócio jurídico estava subordinada. É após o vencimento que o credor pode exigir o cumprimento da obrigação; e não sendo atendido, terá havido inadimplemento do devedor, que é o pressuposto prático ou substancial da execução forçada.

Observe-se, outrossim, que tanto a certeza e a liquidez, como principalmente a exigibilidade, devem ser verificadas no momento em que se inicia a execução forçada e não naquele em que se forma o título.[10] É de se destacar, também, que eventuais questionamentos do devedor quanto à obrigação corporificada no título executivo não afetam sua exequibilidade, se este formalmente reúne os requisitos para tanto. Certeza, liquidez e exigibilidade são aferidas pelo juiz segundo as características do título, e não em face do que as partes controvertem acerca do negócio que lhe é subjacente. Para franquear o acesso do credor ao processo executivo, basta a exibição de título que, por seus próprios termos, retrate obrigação certa, líquida e exigível. Questionamentos substanciais deverão, a seu tempo, ser formulados e resolvidos por meio da ação incidente de embargos à execução, e não como empecilho liminar à instauração da execução, se o título executivo formalmente está completo, quanto aos requisitos de documento de sua natureza.

É nesse sentido que se afirma que o acertamento necessário e suficiente para o exercício da pretensão à tutela é feito pelo próprio *título executivo*, de modo que o ponto de partida da ação executiva é a existência de título de tal natureza. Cabe-lhe a função de determinar "o fim e os limites [objetivos e subjetivos] da ação executiva" (art. 10-5 do CPC português), permitindo a verificação de que "*a obrigação é certa, líquida e exigível*" (art. 713, idem).[11] É justamente em face disso que "do título executivo é frequente dizer-se que é *condição necessária e suficiente da ação executiva*".[12]

---

[5] SERPA LOPES, Miguel Maria de. *Exceções Substanciais*. Rio de Janeiro: Freitas Bastos, 1959, n. 57, p. 263.

[6] REIS, José Alberto dos. *Processo de Execução*. Coimbra: Coimbra Editora, 1943, v. I, n. 103, p. 445-446.

[7] VINCENT, Paul Cuche Jean. *Voies d'Exécution – Précis Dalloz*. 10. ed. Paris: Dalloz, s/d, n. 22, p. 32.

[8] REIS, José Alberto dos. *Comentários ao Código de Processo Civil*. 2. ed. Coimbra: Coimbra Editora, 1960, v. I, p. 82.

[9] REIS, José Alberto dos. *Processo de Execução, cit.*, v. I, n. 103, p. 448.

[10] CARNELUTTI, Francesco. *Op. cit.*, n. 175, p. 164.

[11] FREITAS, José Lebre de. *A ação executiva à luz do Código de Processo Civil de 2013*. 7. ed. Coimbra: GESTLEGAL, 2018, n. 3.1, p. 45-47.

[12] FREITAS, José Lebre de. *Op. cit.*, n. 3.7.2, p. 89. No mesmo sentido: MANDRIOLI, Crisanto. *Corso di diritto processuale civile*. 6. ed. Torino: G. Giappichelli, 2008, v. I, n. 6, p. 25-26; CASTRO, Artur Anselmo de. *A acção executiva singular, comum e especial*. 3. ed. Coimbra: Coimbra Ed., 1977, n. 4, p. 14; REIS, José Aberto dos. *Processo de execução*. Coimbra: Coimbra Ed., 1943, v. I, n. 28, p. 78; LIEBMAN, Enrico Tullio. *Processo de execução*. 3. ed. São Paulo: Saraiva, 1968, n. 35, p. 67; PONTES DE MIRANDA, Francisco Cavalcanti. *Comentários ao Código de*

Registre-se, por último que os requisitos analisados dizem respeito não apenas aos títulos de dívida de dinheiro, mas a todos os títulos executivos admitidos pelo Código, como os de obrigação de entregar coisa, de fazer e não fazer.

119. LIQUIDAÇÃO DOS TÍTULOS EXECUTIVOS

O título extrajudicial, para autorizar a execução, haverá sempre de representar uma obrigação precisa quanto ao seu objeto (liquidez). Se isto não ocorrer, o credor, embora aparentemente munido de um título executivo, terá primeiro que lançar mão do processo de cognição, para obter a condenação do devedor. É o que ocorre, por exemplo, com cambiais vinculadas a certos contratos de conteúdo variável e eficácia condicional.

O título judicial, porém, tem sempre a força executiva latente, graças à certeza gerada pela condenação do devedor, ainda que essa condenação não seja líquida.

A execução forçada, entretanto, não condiz com a iliquidez da obrigação a ser exigida do devedor coativamente. Assim, quando a condenação for genérica – caso que comumente ocorre com as perdas e danos – o credor, antes de propor a execução, terá de proceder à *liquidação* da sentença (CPC/2015, art. 509), observando, para tanto, os procedimentos traçados pelos arts. 509 a 512.

O procedimento de liquidação é de natureza cognitiva, funcionando como um remédio processual preparatório da execução. Nele não mais se admite a discussão em torno da existência da obrigação, ficando o juízo limitado à apuração do montante do débito.

A decisão de liquidação aperfeiçoa e completa o título executivo judicial genérico. Com ela o credor obtém um título realmente executivo (porque só o que é líquido tem força executiva) *múltiplo*, isto é, integrado por mais de um documento: a sentença, que lhe deu a certeza do direito, e a decisão que lhe adicionou a *liquidez* e, consequentemente, a *exigibilidade*.[13]

Trata-se, porém, de procedimento preparatório apenas aplicável ao cumprimento de sentença (art. 509). Se o título extrajudicial retrata obrigação incerta ou ilíquida, somente através do processo de conhecimento se tornará viável a respectiva cobrança; e somente após a sentença de procedência da demanda é que o credor contará com título capaz de dar abertura à execução de seu crédito (art. 515, I).

120. ILIQUIDEZ PARCIAL DA SENTENÇA

Pode ocorrer que uma só sentença condene o vencido a uma parcela líquida e outra ilíquida, como é comum acontecer nas reparações do dano provocado em colisão de automóveis, onde quase sempre se determina o ressarcimento do valor exato das despesas de oficina e mais os prejuízos da paralisação do automóvel a serem estimados em liquidação do julgado.

Em tais hipóteses, é direito do credor, desde logo, executar a parte líquida da sentença. Poderá, também, facultativamente, propor em paralelo a liquidação da parte ilíquida.

São, no entanto, dois procedimentos distintos e de objetos totalmente diversos, que poderão, em suas marchas processuais, inclusive dar ensejo a provimentos e recursos diferentes e inconciliáveis. Deverão, por isso, correr em autos apartados: a execução nos autos principais,

---

Processo Civil. 2. ed. Rio de Janeiro: Forense, 2001, tomo IX, p. 288; ZAVASCKI, Teori Albino. *In:* MARINONI, Luiz Guilherme (diretor); ARENHART, Sérgio Cruz; MITIDIERO, Daniel (coords.). *Comentários ao Código de Processo Civil* – arts. 771 ao 796. 2. ed. São Paulo: Thomson Reuters Brasil, 2018, v. XII, p. 111-112.

[13] CARNELUTTI, Francesco. *Op. cit.*, n. 175, p. 165.

e a liquidação em autos formados com "cópias" das peças mencionadas no art. 522,[14] se não forem eletrônicos os autos.

Observe-se, porém, que o ajuizamento simultâneo é uma faculdade apenas do credor que, por isso, poderá preferir liquidar primeiro a parte ilíquida e depois ajuizar a execução, de uma só vez sobre toda a condenação.

121. PRESTAÇÕES DE TRATO SUCESSIVO

Pressupondo a execução forçada título de obrigação certa, líquida e exigível, poder-se-ia pensar que ajuizada a ação executiva não teria como inserir no processo outras prestações que só vieram a tornar-se exigíveis no curso do feito. Pensar-se-ia que a citação executiva já teria selado e cristalizado o objeto do processo: as prestações exigíveis à data da citação, as únicas que então ao credor caberia reclamar do devedor.

No entanto, o CPC/2015 não considera, no processo de conhecimento, alterado o pedido, nas obrigações de trato sucessivo, pela inclusão, na sentença condenatória, de prestações vencidas supervenientemente. Ao contrário, o que determina o art. 323 é que, mesmo sem requerimento da parte, e sem que se considere modificado o pedido, deve a sentença, a respeito das prestações de trato sucessivo (homogêneas e contínuas), incluí-las na condenação da ação de cobrança[15]. Não há razão para ser diferente no processo de execução, tendo em conta os princípios da efetividade e economia processual.

Tem-se admitido, por isso, que as prestações vencidas após a sentença condenatória, nas obrigações da espécie, liquidam-se juntamente com as pretéritas. Novas como são, mas integradas à mesma fonte obrigacional já acertada, "não precisam de nova sentença de condenação". Até mesmo depois de liquidadas e executadas as previstas na sentença condenatória, continuam as supervenientes sujeitas a nova liquidação e nova exigência executiva, "sem necessidade de outra ação de cobrança com sentença condenatória".[16]

Explica, a propósito, Teori Albino Zavascki:

"O âmbito de cognição na fase de liquidação se amplia quando há prestações vincendas. Sabemos que uma das hipóteses em que o juiz pode revisar a sua sentença é justamente nas situações de prestações de trato continuado, quando há modificação no estado de fato ou de direito (Cód. de Proc. Civ., art. 474, inc. I, se não me engano)[17]. Não que não haja coisa julgada material em se tratando de relações jurídicas de trato continuado. O que há é o acréscimo de a sentença a ser proferida com a cláusula *rebus sic standibus*, ou seja, aquela prestação será devida enquanto se mantiver o estado de fato e de direito (...)"

---

[14] LIMA, Alcides de Mendonça. *Comentários ao Código de Processo Civil*. Rio de Janeiro: Forense, 1974, v. VI, t. II, n. 920, p. 413.

[15] "Em ação de cobrança de despesas condominiais, as cotas de condomínio incluem-se entre as prestações periódicas, que se consideram implícitas no pedido, devendo ser incluídas na condenação, se não pagas enquanto durar a obrigação" (STJ, 4ª T., REsp. 155.714/ES, Rel. Min. Sálvio de Figueiredo, ac. 16.11.1999, *RT* 778/221. No mesmo sentido: STJ, 2ª T., Resp. 31.164/RJ, Rel. Min. Hélio Mosimann, ac. 20.11.1995, *DJU* 04.12.1995, p. 42.100; STJ, 3ª T., REsp. 1.390.324/DF, Rel. Min. João Otávio de Noronha, ac. 02.09.2014, *DJe* 09.09.2014).

[16] 1º TACivSP, 8ª CC., Ap. 426.675-5, Rel. Juiz Costa de Oliveira, ac. 13.12.1989, *RT* 651/97. No mesmo sentido: Lex-JTA 174/335.

[17] No CPC/2015, o dispositivo correspondente é o art. 323, *in verbis*: "Na ação que tiver por objeto cumprimento de obrigação em prestações sucessivas, essas serão consideradas incluídas no pedido, independentemente de declaração expressa do autor, e serão incluídas na condenação, enquanto durar a obrigação, se o devedor, no curso do processo, deixar de pagá-las ou de consigná-las."

"Portanto, na fase de liquidação é possível ao demandado quebrar, relativamente às prestações vincendas, o princípio da absoluta fidelidade ao título. Aliás, não se quebrará. Dar-se-á a execução ao título, observada a cláusula *rebus sic standibus*."

"Na liquidação, portanto, é possível discutir, relativamente àquelas prestações depois da sentença, se se manteve ou não o *status quo*."[18]

A regra do art. 323 do CPC/2015 está prevista tanto para o processo de conhecimento como para o de execução (CPC, art. 771, parágrafo único) e sua aplicação independe de pedido expresso formulado pelo credor na petição inicial, como deixa claro o texto do referido dispositivo legal. O caso é de "pedido implícito", de sorte que não se submetem a novas condenações as prestações periódicas supervenientes àquelas arroladas no momento da propositura da ação[19]. É certo, na dicção da lei, portanto, que, no pedido de pagamento de prestações periódicas (ou sucessivas, como quer o art. 323 do CPC/2015), "independentemente de estas serem requeridas, ou não, pelo autor, estarão elas incluídas na condenação"[20]. Em outros termos:

"Sendo de trato sucessivo as prestações (homogêneas, contínuas, da mesma natureza jurídica, sem modificação unilateral), enquanto durar a obrigação estão elas incluídas na sentença condenatória da ação de cobrança. Vencidas depois da condenação, liquidam-se. Novas, não precisam de nova sentença de condenação. As liquidadas por sentença formam título executivo judicial; executam-se. Após a sentença de liquidação, surgidas outras, novamente liquidam-se e se executam, sem necessidade de outra ação de cobrança com sentença condenatória".[21]

O mesmo se passa com as execuções de títulos extrajudiciais: ajuizada a execução de alugueis ou contribuições condominiais (art. 784, VIII e X), a expropriação dos bens penhorados atenderá às prestações vencidas ao tempo da propositura da execução e a todas as que se vencerem durante a pendência do processo[22].

121.1. O procedimento a ser observado na satisfação das prestações sucessivas

A inclusão das prestações vincendas no objeto das execuções de obrigações de trato sucessivo cria alguns problemas que devem ser solucionados no curso do processo e, afinal, na definição do *quantum* do débito a ser satisfeito.

---

[18] ZAVASCKI, Teori Albino. Controle das liquidações fraudulentas. Fraude nas execuções contra a Fazenda Pública. In: *Cadernos do CEJ*, v. 23, p. 281-282.

[19] A norma em questão "insere-se na sistemática de uma legislação que persegue a economia processual buscando evitar o surgimento de demandas múltiplas" (STJ, 4ª T., REsp 157.195/RJ, Rel. Min. Sálvio de Figueiredo Teixeira, ac. 02.02.1999, *Rev. Forense*, 351/390; STJ, 3ª T., AgRg no REsp 647.367/PR, Rel. Min. Humberto Gomes de Barros, ac. 20.09.2007; *DJU* 15.10.2007, p. 255; STJ, 4ª T., AgRg no AREsp 221.371/RJ, Rel. Min. Luis Felipe Salomão, ac. 24.09.2013, *DJe* 27.09.2013).

[20] STJ, 6ª T., REsp 1.055.806/PA, Rel. Min. Maria Thereza de Assis Moura, ac. 19.03.2009, *DJe* 13.04.2009.

[21] TJ/SP, 8ª Câm. do 1º Tribunal de Alçada Civil, Ap. 426.675-5, Rel. Juiz Costa de Oliveira, j. 13/12/1989, *RT* vol. 651, p. 97, jan./1990.

[22] "Da mesma maneira como o autor não precisa ajuizar uma nova ação de conhecimento no vencimento de cada nova prestação, por maior razão o credor já reconhecido no título deve poder acrescer as prestações futuras, sem ter de ajuizar nova execução, desde que uma ou algumas das prestações periódicas já se tenham tornado exigíveis" (GRECO, Leonardo. *O processo de execução*. Rio de Janeiro: Renovar, 1999, v. I, p. 356).

A lei não reconhece comprometimento da liquidez e certeza da obrigação exequenda pelo fato de no pedido de abertura do processo se considerar incluídas prestações que o credor, ao tempo do ajuizamento da ação, não poderia cobrar e cujo futuro descumprimento não seria sequer previsível. No entanto, a opção do legislador leva em conta que na obrigação de trato sucessivo, por sua própria natureza, há uma homogeneidade das prestações de modo que é um só o fundamento de direito material (*causa debendi*), assim como é o mesmo o objeto (*res debita*), no tocante ao bem devido e ao respectivo quantitativo. A única diversidade se localiza no termo, ou seja, no momento da exigibilidade de cada prestação, o qual, porém, é certo e determinado pelo próprio enunciado do título executivo. De tal sorte, não ocorre inovação alguma no objeto da execução, mas apenas inclusão de algumas parcelas condicionadas a exigibilidade futura, porém, a termo certo.

Se assim é, tem-se na verdade uma execução de débito cujo montante a ser satisfeito pela via executiva se define, a seu devido tempo, por simples cálculo aritmético. Da mesma forma com que os juros e a atualização monetária se liquidam no momento do pagamento ao exequente com o produto apurado na expropriação executiva por meio de simples cálculo do contador, sem quebra da liquidez e certeza, também o cômputo das prestações vencidas após o ajuizamento da execução poderá ser apurado por igual método, sem dano aos requisitos legais do procedimento executivo.

É claro que se o cálculo contiver erro devido à inclusão de parcelas descabidas ou a equívoco aritmético, sempre haverá oportunidade para a impugnação do executado, a qual independe de embargos à execução, podendo ser manifestada através de simples petição, a exemplo do que se passa com as reclamações contra incorreções da penhora ou da avaliação (CPC, art. 917, § 1º), assim como nos questionamentos a respeito da redução, ampliação ou substituição da penhora (art. 853), ou contra os vícios da arrematação (art. 903, § 2º).

O que não é admissível é o levantamento imediato pelo exequente do valor definido pelo cálculo liquidatório, sem que se tenha cumprido o contraditório consistente na abertura de vista ao devedor, assegurando-lhe o exercício do direito de defesa, nos moldes inafastáveis do devido processo legal.

O procedimento, entretanto, é o mais singelo possível, desde que não descure do respeito ao contraditório.

Por fim, pode acontecer que o produto apurado na expropriação executiva não seja suficiente para cobrir integralmente o acréscimo das prestações sucessivas. Nesse caso, proceder-se-á à ampliação da penhora e nova alienação judicial acontecerá segundo o procedimento comum da execução, até que se complete o pagamento de todas as prestações exequendas. Assim como não há necessidade de nova ação executiva para ampliar o valor do crédito a ser satisfeito, também não haverá necessidade de nova ação de embargos à execução para que o devedor se defenda.

121.2. Cessação da execução das prestações sucessivas

A existência de título executivo que consagre a sucessão de prestações vincendas não impede que, ao longo do tempo, surja razão superveniente de fato e de direito para pôr fim à vigência da relação obrigacional exequenda. Deve-se levar em conta que "não faz coisa julgada sobre a integralidade da relação jurídica o pronunciamento judicial que aprecia relações de trato continuado que sofrem modificações de ordem fática e jurídica no tempo".[23] É que, na sistemática do disposto no art. 505, I, do CPC, os fatos posteriores ao pronunciamento judicial relativos às obrigações da espécie, com aptidão para alterar o contexto jurídico e a relação existente entre as partes, não ficam imunes à apreciação jurisdicional, justamente porque não

---

[23] STJ, 3ª T., REsp. 2.027.650/DF, Rel. Min. Ricardo Villas Bôas Cueva, ac. 25.10.2022, *DJe* 28.10.2022.

alcançados pela indiscutibilidade gerada pela coisa julgada. Como restou assentado pelo decisório do STJ, "novo pronunciamento, que leva em consideração alteração fática superveniente, não ofende a imutabilidade da decisão anterior, que, ao apreciar obrigações continuadas e ainda não finalizadas, traz consigo, implicitamente, tal como salientado nas lições doutrinárias acima transcritas, uma cláusula *rebus sic stantibus*, que autoriza a adaptação de eventual novo provimento à nova realidade". Donde a possibilidade jurídica de extinguir-se a execução antes de finda a satisfação de toda a série prevista das prestações vincendas, havendo motivo superveniente determinador da cessação da respectiva exigibilidade.

121.3. Títulos que permitem a execução continuada de obrigações de trato sucessivo

A posição do STJ é firme no sentido de que a regra da inserção das prestações vencidas e vincendas na execução, prevista no art. 323 do CPC é ampla, aplicando-se tanto ao cumprimento de sentença[24] como à execução dos títulos extrajudiciais.

A despeito de referido dispositivo legal ser indubitavelmente aplicável aos processos de conhecimento, reconhece aquela Corte Superior que deve se admitir a sua aplicação, também, aos processos de execução, inclusive aqueles fundados em título executivo extrajudicial (art. 771 do CPC). "Tal entendimento está em consonância com os princípios da efetividade e da economia processual, evitando o ajuizamento de novas execuções com base em uma mesma relação jurídica obrigacional".[25] No entanto, já se decidiu que, em se tratando de processo encerrado por meio de transação judicialmente homologada, não se deve aplicar o art. 323 do CPC, "sob pena de ofensa a coisa julgada"[26].

121.4. Execução de aluguel provisório estabelecido em ação revisional

A provisoriedade de aluguel arbitrado em ação revisional não interfere no reconhecimento de certeza, liquidez e exigibilidade da obrigação, pois a imediata exequibilidade, na espécie, decorre da própria estrutura legal do provimento. Portanto, "uma vez arbitrado o valor do aluguel – seja o provisório e/ou o definitivo – revela-se o crédito do locador certo quanto à sua existência, líquido quanto ao seu valor, bem como exigível, desde a citação na ação revisional", conforme decidido pelo STJ[27]. Ademais, os requisitos de certeza, liquidez e exigibilidade são

---

[24] STJ, 3ª T., REsp. 1.548.227/RJ, Rel. Min. Nancy Andrighi, ac. 07.11.2017, *DJe* 13.11.2017.

[25] STJ, 3ª T., REsp. 1.756.791/RS, Rel. Min. Nancy Andrighi, ac. 06.08.2019, *DJe* 08.08.2019. No mesmo sentido: STJ, 4ª T., REsp. 1.835.998/RS, Rel. Min. Luis Felipe Salomão, ac. 26.10.2021, *DJe* 17.12.2021. Igual entendimento foi acolhido pela I Jornada CJF de Direito Processual Civil no Enunciado n. 86: "As prestações vincendas até o efetivo cumprimento da obrigação incluem-se na execução de título executivo extrajudicial (arts. 323 e 318, parágrafo único, do CPC)".

[26] "A transação, como ato de vontade das partes, na livre disposição de seus interesses, conserva a plena possibilidade de limitação do alcance das obrigações previstas. Assim, uma vez homologada, não há que se falar em inclusão de prestações sucessivas no tocante às taxas condominiais vencidas após o acordo, tendo em vista o conteúdo específico da transação, que abrangeu apenas o período objeto da ação de cobrança.5. No caso, o título executivo judicial não dispôs acerca da possibilidade de execução, a partir dos mesmos autos, de eventuais taxas de condomínio ou acessórios vencidos após o referido acordo. Assim, em respeito à coisa julgada, não se pode incluir débitos condominiais vencidos após a composição celebrada entre as partes" (STJ, 3ª T., REsp 1.840.908/SP, Rel. Min. Moura Ribeiro, ac. 11.04.2023, *DJe* 14.04.2023).

[27] "O arbitramento do aluguel provisório faz nascer, num primeiro momento, a obrigação do locatário de pagá-lo no vencimento, a partir da citação, e, por conseguinte, o direito do locador de exigi-lo, tão logo constatada eventual mora. E a fixação do aluguel definitivo em quantia inferior à do aluguel provisório, num segundo momento, faz surgir para o locatário o direito à repetição do indébito, relativamente às parcelas pagas depois

aferidos no momento do exercício da pretensão executiva, pouco importando o risco de que venham a correr futuramente, hipótese para a qual o Código tem regulamentação adequada para solução futura, se for o caso.

As diferenças exigíveis ou compensáveis após o trânsito em julgado da sentença revisional não podem ser vistas como permissão para executar o aluguel revisto somente após a *res iudicata*. O art. 69 da Lei 8.245/1991, que a elas se refere não pode ser interpretado de modo tal a impedir o direito do locador de receber, desde logo, os aluguéis que lhe são devidos, embora em caráter provisório. Essas diferenças dizem respeito ao valor cobrado antecipadamente, quando se constate que este foi maior ou menor do que o aluguel definitivamente arbitrado. Resultará, então, uma operação matemática de subtração em um crédito para o locador, se este for maior que aquele, ou para o locatário, na hipótese contrária. "A eventual existência desse crédito, no entanto, não fulmina a pretensão dos locadores de executar os aluguéis devidos pela locatária desde a citação na ação revisional"[28].

Semelhante critério é de ser observado não só nas preliminares das ações locatícias, devendo prevalecer, em caráter geral, para o cumprimento de todas as decisões de tutela antecipatória que imponha prestações de quantia certa, única ou sucessivas.

---

da citação, ou à compensação da diferença com os aluguéis vincendos" (STJ, 3ª T., REsp 1.714.393/SP, Rel. Min. Nancy Andrighi, ac. 13.08.2019, *DJe* 15.08.2019).

[28] STJ, REsp 1.714.393/SP, *cit*.

Capítulo XI
EXECUÇÃO PROVISÓRIA E DEFINITIVA

122. PROCEDIMENTO DA EXECUÇÃO FORÇADA

A execução forçada, quando fundada em título extrajudicial, desenvolve-se em relação processual autônoma. Terá sempre de ser iniciada por provocação do credor em petição inicial, seguindo-se a citação do devedor. No cumprimento de sentença, em regra, não há citação, porque os atos executivos são praticados imediatamente após a condenação, em continuidade à mesma relação processual em que se deu a condenação do devedor (CPC/2015, arts. 479; 498; 513, *caput* e § 1º e 523). Há apenas a sua intimação a cumprir a obrigação definida pela sentença (CPC/2015, art. 513, § 2º).

O cumprimento definitivo corre nos autos principais. Se se trata da execução de sentença, o processamento se dá, normalmente, no bojo dos autos da própria ação de cognição (CPC/2015, art. 513). É normal que o cumprimento de sentença assuma as formas definitiva ou provisória. Se o caso for de título extrajudicial, o processamento se fará em autuação própria, como feito originário.

O cumprimento provisório de sentença deve ser processado em autos próprios. A petição do credor, se o processo não for eletrônico, será instruída com cópias das seguintes peças do processo originário, cuja autenticidade poderá ser certificada pelo próprio advogado, sob sua responsabilidade pessoal (CPC/2015, art. 522):

    I – decisão exequenda;
    II – certidão de interposição do recurso não dotado de efeito suspensivo;
    III – procurações outorgadas pelas partes;
    IV – decisão de habilitação, se for o caso;
    V – facultativamente, outras peças processuais consideradas necessárias para demonstrar a existência do crédito.

Não há execução *ex officio* no processo civil, de maneira que, seja provisória, seja definitiva, a execução forçada dependerá sempre de promoção do credor. No caso de execução definitiva de título extrajudicial, a promoção se dará por meio de petição inicial (CPC/2015, art. 798), de modo a cumprir os requisitos normais da postulação inaugural de qualquer processo (art. 319). Quando se trata de execução definitiva de título judicial, não há petição inicial, porque se processa como simples incidente da relação processual já existente desde antes da sentença. Cabe ao credor apenas requerer, em petição simples, o prosseguimento do processo, mediante intimação do devedor a cumprir a prestação que a sentença lhe impôs (art. 513, § 2º).

Há, pois, execução forçada como objeto de relação processual completa e autônoma, quando se funda em título executivo extrajudicial, e ainda em alguns títulos judiciais, como a sentença estrangeira, a sentença arbitral e a sentença penal. Em todas essas situações, a petição inicial tem de ser instruída com o título executivo (CPC/2015, art. 798, I, a). Na execução definitiva do título judicial essa medida não cabe porque não há petição inicial nem há necessidade de qualquer documentação ao ato de promoção do credor, o qual se desenvolve em sequência à própria sentença condenatória.

Os procedimentos executivos são vários e se adaptam à natureza da prestação a executar (obrigações de fazer ou não fazer, de entrega de coisa, e de quantia certa). Procederemos, adiante, ao exame de cada um desses ritos, separadamente.

123. OBSERVAÇÕES SOBRE A PETIÇÃO INICIAL

Embora seja a peça-chave do processo, o que valoriza sobremodo os requisitos legais reclamados para a petição inicial, a jurisprudência, em nome da instrumentalidade e funcionalidade do processo, abranda o rigor da literalidade emergente das normas que disciplinam sua forma. Assim, a própria falta de assinatura do advogado procurador do autor, se passou despercebida quando do despacho da inicial, não é motivo para imediata anulação do processo. Recomenda-se que a medida correta seja assinar prazo para que a falta seja suprida[1].

Certo, o título executivo é documento essencial para o ajuizamento da execução forçada. No entanto, sua não juntada à petição inicial não representa desde logo razão para liminar indeferimento. "Não estando a inicial acompanhada dos documentos indispensáveis, deve o juiz determinar o suprimento e, não, indeferir de plano a inicial"[2]. Da mesma forma, a instrução da inicial com cópia do título de crédito soluciona-se com a abertura de oportunidade ao credor de substituí-la, dentro de prazo assinado, pelo original[3]. Ainda na mesma linha, os equívocos cometidos quanto à correta designação das pessoas jurídicas executadas não são defeitos irremediáveis da petição inicial se possível foi a adequada identificação da parte para cumprimento da citação, não tendo havido prejuízo para a defesa, afinal exercida amplamente[4].

A orientação, enfim, prevalente, é no sentido de que somente quando não suprida a falha da inicial, no prazo assinalado pelo juiz, torna-se cabível o indeferimento da petição ou a extinção do processo por falta de pressuposto processual[5].

A propósito, o art. 801 é claro: "verificando que a petição inicial está incompleta ou que não está acompanhada dos documentos indispensáveis à propositura da execução, o juiz determinará que o exequente a corrija, no prazo de quinze (15) dias, sob pena de indeferimento".

Censura-se, por outro lado, o acréscimo de exigências para a petição criado por capricho do juiz, assentando-se que "não é lícito ao juiz estabelecer, para as petições iniciais, requisitos não previstos nos arts. 282 e 283 do CPC [CPC/2015, arts. 319 e 320]", tais como autenticações de peças, cópias de CPF, números de RG, etc.[6] Ao juiz incumbe zelar pela regularidade da relação

---

[1] STJ, 2ª T., REsp. 199.559/PE, Rel. Min. Ari Pargendler, ac. 23.02.1999, *RSTJ* 119/263; STJ, 4ª T., REsp 440.719/SC, Rel. Min. Cesar Asfor Rocha, ac. 7.11.2002, *DJU* 9.12.2002, p. 352; STJ, 1ª T., REsp 480.614/RJ, Rel. Min. José Delgado, ac. 14.10.2003, *DJU* 9.2.2004, p. 129.

[2] STJ, 4ª T., REsp. 83.751/SP, Rel. Min. Sálvio de Figueiredo Teixeira, ac. 19.06.1997, *RSTJ* 100/197. "É firme a jurisprudência do STJ no sentido de que: 'O simples fato da petição inicial não se fazer acompanhada dos documentos indispensáveis à propositura da ação de execução, não implica de pronto seu indeferimento.'" (STJ, 1ª T., AgRg no Ag 908.395/DF, Rel. Min. José Delgado, ac. 27.11.2007, *DJU* 10.12.2007, p. 322).

[3] STJ, 3ª T., REsp. 2.259/RS, Rel. Min. Gueiros Leite, 26.06.1990, *DJU* 10.09.1990, p. 9123; STJ, REsp. 329.069/MG, Rel. Min. Barros Monteiro, ac. 06.09.2001, *DJU* 04.03.2002, p. 265; STJ, 3ª T., REsp. 47.964/MG, Rel. Min. Waldemar Zveiter, ac. 08.11.1994, *DJU* 05.12.1994, p. 33.558; STJ, 4ª T., REsp 924.989/RJ, Rel. Min. Luis Felipe Salomão, ac. 5.5.2011, *DJe* 17.5.2011.

[4] STJ, 4ª T., REsp. 13.810/DF, Rel. Min. Sálvio de Figueiredo Teixeira, ac. 01.09.1992, *DJU* 21.09.1992, p. 15.695; STJ, 3ª T., REsp 470.529/DF, Rel. Min. Castro Filho, ac. 17.5.2005, *DJU* 6.6.2005, p. 318.

[5] STJ, 1ª T., REsp. 295.642/RO, Rel. Min. Francisco Falcão, ac. 13.03.2001, *RSTJ* 157/93; STJ, 1ª T., AgRg no Ag 908.395/DF, Rel. Min. José Delgado, ac. 27.11.2007, *DJU* 10.12.2007, p. 322.

[6] STJ, Corte Especial, EREsp. 179.147/SP, Rel. Min. Humberto Gomes de Barros, ac. 01.08.2000, *DJU* 30.10.2000, p. 118; STJ, 1ª T., MS 3.568/RJ, Rel. Min. Humberto Gomes de Barros, ac. 14.09.1994, *DJU*, 17.10.1994, p. 27.860. O CNJ, porém, já assentou que "a exigência de apresentação do n. de inscrição da parte no CPF/CNPJ, bem como de seu Código de Endereçamento Postal – CEP, no momento da distribuição de ações, é legal e legítima,

processual, determinando, a todo tempo, o suprimento de pressupostos processuais inobservados e o saneamento de outros vícios processuais (art. 139, IX), mas não lhe cabe embaraçar ou inviabilizar o acesso ao provimento de mérito com exigências formais ou substanciais não impostas pelo ordenamento jurídico e que sejam incompatíveis com a primazia da resolução justa do objeto litigioso (*meritum causae*) e garantia de sua obtenção em processo de duração razoável e de rápida tramitação (CF, art. 5º, LXXVIII). O princípio da *duração razoável do processo* e da *celeridade de sua tramitação* corresponde a um desdobramento da garantia do *acesso à justiça* (CF, art. 5º, XXXV), que se pode definir como garantia da obtenção da tutela jurisdicional *adequada*[7].

A garantia fundamental em apreciação, quando se depara com expedientes judiciais não razoáveis, enfrenta verdadeira negação de vigência, deixando frustrado um direito básico que assiste a qualquer pessoa: "o direito à resolução do litígio, sem dilações indevidas"[8].

124. EXECUÇÃO PROVISÓRIA DE TÍTULO EXTRAJUDICIAL

A Lei n. 11.382, de 06.12.2006, à época do Código anterior, promoveu uma grande inovação no regime de execução provisória, cuja incidência, segundo o texto primitivo do art. 587 do CPC/1973, só ocorria na execução de sentença. A execução do título extrajudicial era sempre definitiva, e só se suspendia temporariamente durante o processamento dos embargos do devedor em primeira instância. Pronunciada sua improcedência ou rejeição, a apelação que não tinha efeito suspensivo permitia a retomada da execução, que continuava sendo definitiva, mesmo na pendência do recurso[9].

A definitividade da execução, em tais circunstâncias, abrangia todos os atos executivos, inclusive a alienação judicial dos bens penhorados[10], e a expedição de carta de arrematação[11], dispensada a caução[12]. Ocorrido o provimento da apelação, não se invalidava o ato expropriatório em benefício de terceiro (arrematante), e resolvia-se o direito do executado em perdas e danos reclamáveis do exequente[13].

---

desde que não represente comprometimento ao direito fundamental de acesso à justiça" (g.n.). *In*: NERY JUNIOR, Nelson, NERY, Rosa Maria de Andrade. *Constituição Federal comentada e legislação constitucional*. 6. ed. São Paulo: Ed. Revista dos Tribunais, 2017, p. 307). Registre-se, outrossim, que o CPC/2015, art. 319, II, inclui entre os requisitos da petição inicial, a indicação, em relação a ambas as partes, do n. de inscrição no Cadastro de Pessoas Físicas ou no Cadastro Nacional da Pessoa Jurídica. Os §§ 2º e 3º do mesmo art. 319, entretanto, fazem as seguintes ressalvas: *(a)* a petição inicial não será indeferida se, a despeito da falta de informações a que se refere o inciso II, for possível a citação do réu; e *(b)* a petição inicial não será indeferida pelo não atendimento ao disposto no inciso II deste artigo se a obtenção de tais informações tornar impossível ou excessivamente oneroso o acesso à justiça.

[7] NERY JUNIOR, Nelson; NERY, Rosa Maria de Andrade. *Constituição Federal comentada, cit.*, p. 281.

[8] STF, Pleno, HC 85.237/DF, Rel. Min. Celso de Mello, ac. 17.03.2005, *DJU* 29.04.2005, p. 8.

[9] "A execução fundada em título extrajudicial é definitiva, mesmo que pendente a apreciação de apelação, sem efeito suspensivo, interposta contra sentença que tenha julgado improcedentes os embargos do devedor" (STJ – Corte Especial, ED no REsp 195.742/SP, Rel. Min. Edson Vidigal, ac. 16.06.2003, *DJU* 04.08.2003, p. 205. Precedentes: *RSTJ* 70/306, 54/276, 79/259, 81/245, 136/141, 146/211 e 149/208).

[10] STJ, 4ª T., REsp 347.455/SP, Rel. Min. Sálvio de Figueiredo, ac. 06.07.2002, *DJU* 24.03.2003, p. 226.

[11] STJ, 3ª T., REsp 144.127/SP, Rel. Min. Waldemar Zveiter, ac. 15.10.1998, *DJU* 01.02.1999, p. 185; STJ, 4ª T., REsp 253.866/SP, Rel. Min. Barros Monteiro, ac. 16.08.2001, *DJU* 19.11.2001, p. 279, *RF* 365/228.

[12] TJSP, 4a C., AI 533.503-7, Rel. Juiz Tersio José Negrato, ac. 09.09.1993, *RT* 708/120; STJ, 1ª T., REsp 152.280/SP, Rel. Min. Humberto Gomes de Barros, ac. 29.04.1999, *DJU* 31.05.1999, p. 83; STJ, 4ª T., REsp. 45.967/GO, Rel. Min. Sálvio de Figueiredo, ac. 26.04.1994, *DJU* 23.05.1994, p. 12.618.

[13] Depois das Leis 10.444, de 07.05.2002, e 11.232, de 22.12.2005, que reformaram o CPC, até mesmo na execução provisória, mediante caução, a venda judicial do bem penhorado não se desfaz após o eventual

Com a Lei n. 11.382, de 06.12.2006, a execução provisória, que antes somente cabia em face do título judicial, passou a ser admissível, em certos casos, também para os títulos executivos extrajudiciais. Segundo o texto renovado do art. 587, que era de aplicação exclusiva aos títulos extrajudiciais, poder-se-ia haver, em relação a eles, execução provisória após a apelação interposta contra a sentença que rejeitasse os embargos do devedor. A provisoriedade prevaleceria enquanto não julgada a apelação e se aplicaria apenas aos casos em que os embargos tivessem sido recebidos com efeito suspensivo.

A norma foi repetida pelo CPC/2015, ao dispor que não tem efeito suspensivo a apelação interposta contra sentença que extingue os embargos à execução sem resolução do mérito, ou os julga improcedentes (art. 1.012, § 1º, III), caso em que o apelado (o exequente) "poderá promover o pedido de cumprimento provisório depois de publicada a sentença". Isto, obviamente, só pode acontecer se os embargos estivessem sendo processados com efeito suspensivo. Caso contrário, não teria sentido falar-se em execução provisória, porque o efeito suspensivo da apelação nenhuma repercussão teria sobre o procedimento executivo em andamento. Se os embargos não tiveram força de suspender a execução, muito menos teria a apelação contra uma sentença que os rejeitara.

É bom lembrar que, na execução dos títulos extrajudiciais, a regra é a não suspensividade dos embargos (CPC/2015, art. 919). A eficácia suspensiva será excepcional e dependerá de decisão judicial caso a caso, dentro dos condicionamentos do § 1º do art. 919.

Assim, se os embargos se processaram sem suspender a execução do título extrajudicial, a interposição de apelação, também sem efeito suspensivo, nenhuma interferência terá sobre o andamento da execução, que continuará comandada pelo caráter da definitividade. Se, todavia, aos embargos atribuiu-se força suspensiva, a eventual apelação contra a sentença que lhes decretou a improcedência fará com que, na pendência do recurso, o andamento da execução seja possível, mas em caráter de execução provisória.

Isto quer dizer que, sendo definitiva a execução, todos os atos executivos serão praticáveis, inclusive a alienação dos bens penhorados e o pagamento ao credor, sem necessidade de caução. Quando for provisória, observar-se-ão os ditames do art. 520 do CPC/2015:[14] praticar-se-ão os atos previstos para a execução definitiva, com a ressalva, porém, de que o levantamento de depósito em dinheiro e os atos que importem alienação de propriedade ou dos quais possa resultar grave dano ao executado dependerão de "caução suficiente e idônea, arbitrada de plano pelo juiz e prestada nos próprios autos" (art. 520, inc. IV).

Todavia, encontrando-se o processo em estágio de agravo em recurso extraordinário ou recurso especial perante o STF ou o STJ, pode a execução provisória ocorrer com dispensa da caução, desde que observado o disposto no art. 521, parágrafo único, do CPC/2015. Vale dizer: por expressa ressalva de lei, essa dispensa excepcional de caução não poderá se dar quando presente manifestamente o risco de a execução provisória provocar "grave dano, de difícil ou incerta reparação".

---

provimento da apelação (Cf. THEODORO JÚNIOR, Humberto. *Curso de Direito Processual Civil*. 40. ed. Rio de Janeiro: Forense, 2006, v. II, n. 678, p. 89-91).

[14] "Art. 520. O cumprimento provisório da sentença impugnada por recurso desprovido de efeito suspensivo será realizado da mesma forma que o cumprimento definitivo, sujeitando-se ao seguinte regime: I – corre por iniciativa e responsabilidade do exequente, que se obriga, se a sentença for reformada, a reparar os danos que o executado haja sofrido; II – fica sem efeito, sobrevindo decisão que modifique ou anule a sentença objeto da execução, restituindo-se as partes ao estado anterior e liquidando-se eventuais prejuízos nos mesmos autos, por arbitramento; III – se a sentença objeto de cumprimento provisório for modificada ou anulada apenas em parte, somente nesta ficará sem efeito a execução; IV – o levantamento de depósito em dinheiro e a prática de atos que importem transferência de posse ou alienação de propriedade ou de outro direito real, ou dos quais possa resultar grave dano ao executado dependem de caução suficiente e idônea, arbitrada de plano pelo juiz e prestada nos próprios autos."

Capítulo XII
RESPONSABILIDADE PATRIMONIAL

125. OBRIGAÇÃO E RESPONSABILIDADE

"El crédito encierra un deber para el deudor y una responsabilidad para su patrimonio."[1]

Sendo patrimonial a responsabilidade, não há execução sobre a pessoa do devedor, mas apenas sobre seus bens.[2]

Só excepcionalmente, nos casos de dívida de alimentos é que a lei transige com o princípio da responsabilidade exclusivamente patrimonial, para permitir atos de coação física sobre a pessoa do devedor, sujeitando-o à prisão civil (CPC/2015, art. 528, § 3º).[3]

Mesmo nessa exceção, a prisão do executado só é feita como medida de *coação* para obter do devedor o *cumprimento* da obrigação. Não há *sub-rogação* do Estado para realizar a prestação em lugar do devedor. Não se trata, por isso, propriamente de execução da dívida sobre o corpo do devedor, fato que ocorria nos primórdios do Direito Romano, quando se vendia o executado como escravo para com o produto saldar-se a dívida.

No direito moderno, portanto, "o objeto da execução são os bens e direitos que se encontram no patrimônio do executado".[4]

Daí o primeiro princípio informativo do processo executivo, já anteriormente indicado: "Toda execução é real" (não pessoal).[5]

Para compreender-se o mecanismo da execução diante de diversas pessoas cujos patrimônios ficam sujeitos à expropriação executiva, cumpre primeiro fixar-se o conceito material e processual de responsabilidade.

A obrigação, como dívida, é objeto do direito material. A responsabilidade, como sujeição dos bens do devedor à sanção, que atua pela submissão à expropriação executiva, é uma noção absolutamente processual.[6]

Ao tempo do Código Civil de 1916 não havia, no direito material, referência explícita à responsabilidade patrimonial, de maneira que era do Código de Processo Civil a previsão de responder o patrimônio do devedor pelas obrigações inadimplidas (art. 591, CPC/1973; CPC/2015, art. 789). O atual Código Civil (2002) entendeu por bem tratar da responsabilidade patrimonial dentre as consequências do descumprimento da obrigação; e o fez em termos análogos aos do

---

[1] VON TUHR, Andreas. *Tratado de las Obligaciones*. Madrid: Editorial Reus, 1934, v. I, p. 10.

[2] LOPES DA COSTA, Alfredo Araújo. *Direito Processual Civil Brasileiro*. 2. ed. Rio de Janeiro: Forense, 1959, v. IV, n. 48, p. 53.

[3] À época do CPC/1973, o art. 904, parágrafo único, autorizava também a prisão do depositário infiel. Ocorre que em virtude da adesão do Brasil aos Tratados Internacionais de Defesa dos Direitos do Homem, o STF decidiu que não mais vigoram os dispositivos da legislação interna que autorizavam a prisão civil do depositário infiel (STF, Plenário, HC 87.585, Rel. Min. Marco Aurélio, ac. 03.12.2008). A prisão do devedor, como meio coercitivo indireto, prevalece, portanto, apenas para a execução de dívidas de alimento.

[4] LIEBMAN, Enrico Tullio. *Processo de Execução*. 3. ed. São Paulo: Saraiva, 1968, n. 41, p. 78.

[5] LOPES DA COSTA, Alfredo Araújo. *Op. cit., loc. cit.*

[6] MICHELI, Gian Antonio. *Derecho Processual Civil. Proceso de Ejecución*. Buenos Aires: Ediciones Jurídicas Europa-América, 1970, v. III, p. 131-132.

dispositivo processual, ou seja: "Pelo inadimplemento das obrigações respondem todos os bens do devedor" (CC, art. 391). Há, portanto, perfeita sintonia entre o direito material e o direito processual, em matéria da sanção aplicável ao devedor que descumpre a obrigação.

No direito substancial, dívida e responsabilidade podem estar separadas, quando, por exemplo, uma pessoa assume a primeira e outra a segunda, como nos casos de fiança ou de garantia real outorgada em favor de obrigação de terceiro. O fiador ou o garante não são devedores, mas respondem com seus bens pela dívida cuja garantia assumiram voluntariamente.

No direito processual, vai-se mais longe e admite-se até a responsabilidade patrimonial de quem não é nem devedor nem responsável materialmente pelo cumprimento da obrigação. Há casos, assim, em que apenas o patrimônio ou determinados bens ficam sujeitos à execução, sem que o respectivo dono sequer seja parte no processo (adquirente de objeto de sentença em ação real, de bem alienado em fraude de execução, sócio solidário etc.).

Para o direito formal, por conseguinte, a responsabilidade patrimonial consiste apenas na possibilidade de algum ou de todos os bens de uma pessoa serem submetidos à expropriação executiva, pouco importando seja ela devedora, garante, ou até seja estranha ao negócio jurídico substancial.

125.1. Extensão da responsabilidade patrimonial do devedor

I – Bens presentes e futuros

A responsabilidade patrimonial do *devedor* atinge normalmente "todos os seus bens presentes ou futuros" (CPC/2015, art. 789). Vale dizer que tanto os bens existentes ao tempo da constituição da dívida como os que o devedor adquiriu posteriormente ficam vinculados à responsabilidade pela execução. Isto decorre de ser o patrimônio uma universalidade como um todo permanente em relação a seu titular, sendo irrelevantes as mutações sofridas pelas unidades que o compõem. Pouco importa, por isso, se o objeto do devedor a penhorar existia ou não ao tempo em que a dívida foi constituída.

Na realidade, a responsabilidade não se prende à situação patrimonial do devedor no momento da constituição da obrigação, mas da sua execução. O que se leva em conta, nesse instante, são sempre os *bens presentes*, pouco importando existissem ou não, ao tempo da assunção do débito. Nesse sentido, não se pode entender literalmente a fórmula legal do art. 789, quando cogita da responsabilidade executiva dos *bens futuros*. Jamais se poderá pensar em penhorar bens que ainda não foram adquiridos pelo devedor. Tampouco se há de pensar que os bens presentes ao tempo da constituição da obrigação permaneçam indissoluvelmente vinculados à garantia de sua realização. Salvo a excepcionalidade da alienação em fraude contra credores, os bens dispostos pelo devedor deixam de constituir garantia para os credores.

Dando maior precisão à linguagem da lei, deve-se compreender a responsabilidade patrimonial como a sujeição à execução de todos os bens que se encontrem no patrimônio do devedor no momento em que se pratica a ação executiva, sem se preocupar com a época em que foram adquiridos.[7]

O patrimônio é, outrossim, composto apenas de bens de valor pecuniário. Não o integram aqueles bens ou valores sem significado econômico como a honra, a vida, o nome, o pátrio poder, a liberdade e outros bens jurídicos de igual natureza.

---

[7] CARNELUTTI, Francesco. *Sistema de Direito Processual Civil*. São Paulo: Classic-Book, 2000, v. II, p. 706.

II – Bens excluídos da responsabilidade patrimonial

Em algumas circunstâncias especiais, a lei exclui também da execução alguns bens patrimoniais, qualificando-os de impenhoráveis por motivos de ordem moral, religiosa, sentimental, pública etc. (CPC/2015, art. 833).

III – Bens de sociedade limitada unipessoal

Em tema de responsabilidade patrimonial, situação interessante foi criada pela Lei n. 12.441 de 11 de julho de 2011, que incluiu entre as pessoas jurídicas a denominada empresa individual de responsabilidade limitada (EIRELI) (Cód. Civil, art. 980-A)[8], a qual se transformou automaticamente em sociedade limitada unipessoal, por força do art. 41 da Lei n.º 14.195/2021. À sociedade dessa espécie, que como o nome indica se compõe de uma só pessoa, o Código Civil manda aplicar a regra de que a responsabilidade do sócio ficará restrita à integralização do capital social (art. 1.052, com alteração da Lei n.º 13.874/2019). Por meio dessa instituição é possível à pessoa física dedicar-se à atividade empresarial sem associar-se com outras pessoas e sem comprometer a totalidade de seu patrimônio[9].

126. RESPONSABILIDADE E LEGITIMAÇÃO PASSIVA PARA A EXECUÇÃO

O sujeito passivo da execução é, normalmente, o vencido na ação de conhecimento ou o devedor que figure como tal no título extrajudicial (CPC/2015, art. 779, I). São seus bens, naturalmente, que se sujeitarão à execução forçada. Outras pessoas também prevê o Código como legitimadas a sofrer a execução, embora não figurem primitivamente no título, como o espólio, os herdeiros, o assuntor da dívida, o fiador judicial, o responsável tributário (CPC/2015, art. 779, II a VI). Não são estes, porém, terceiros em relação à dívida, pois na verdade todos eles ou sucederam ao devedor ou assumiram voluntariamente responsabilidade solidária, pelo cumprimento da obrigação. São, de tal arte, *partes legítimas* da execução forçada, sem embargo de não terem o nome constante do título executivo. Seus patrimônios serão alcançados pela execução dentro da mesma responsabilidade que toca ao devedor apontado como tal pelo título.

A defesa, que eventualmente tenham que apresentar, terá de revestir a forma de "embargos do executado" ou "de devedor" (art. 914).

127. RESPONSABILIDADE EXECUTIVA SECUNDÁRIA

"Bens de ninguém respondem por obrigação de terceiro, se o proprietário estiver inteiramente desvinculado do caso do ponto de vista jurídico."[10]

Há casos, porém, em que a conduta de terceiros, sem levá-los a assumir a posição de devedores ou de partes na execução, torna-os sujeitos aos efeitos desse processo. Isto é, seus

---

[8] O art. 980-A que regulava a empresa individual de responsabilidade limitada foi revogado pela Lei n° 14.382/2022. Em seu lugar, o art. 41 da Lei 14.195/2021 previu a transformação das EIRELIs existentes, em "Sociedade Limitada Unipessoal".

[9] Código Civil: "Art. 1.052. Na sociedade limitada, a responsabilidade de cada sócio é restrita ao valor de suas quotas, mas todos respondem solidariamente pela integralização do capital social. §1º A sociedade limitada pode ser constituída por 1 (uma) ou mais pessoas. (Incluído pela Lei nº 13.874, de 2019). § 2º Se for unipessoal, aplicar-se-ão ao documento de constituição do sócio único, no que couber, as disposições sobre o contrato social (Incluído pela Lei nº 13.874, de 2019)".

[10] LIMA, Alcides de Mendonça. *Comentários ao Código de Processo Civil*. Rio de Janeiro: Forense, 1974, v. VI, t. II, n. 1.041, p. 471.

bens particulares passam a responder pela execução, muito embora inexista assunção da dívida constante do título executivo. Quando tal ocorre, são executados "bens que não são do devedor, mas de terceiro, que não se obrigou, e, mesmo assim, respondem pelo cumprimento das obrigações daquele".[11] Trata-se, como se vê, de obrigação puramente processual.

Liebman qualifica a posição desses terceiros como de "responsabilidade executória secundária"[12].

O art. 790 do CPC/2015 enumera as hipóteses em que ocorre essa modalidade secundária de responsabilidade. São sujeitos à execução os bens:

I – do sucessor a título singular, tratando-se de execução fundada em direito real ou obrigação reipersecutória;
II – do sócio, nos termos da lei;
III – do devedor, ainda que em poder de terceiros;
IV – do cônjuge ou companheiro, nos casos em que os seus bens próprios ou de sua meação respondem pela dívida;
V – alienados ou gravados com ônus real em fraude à execução;
VI – cuja alienação ou gravação com ônus real tenha sido anulada em razão do reconhecimento, em ação autônoma, de fraude contra credores;
VII – do responsável, nos casos de desconsideração da personalidade jurídica.

As duas últimas hipóteses foram acrescidas pelo novo CPC. De qualquer maneira, adverte a doutrina que em primeiro lugar deve-se atingir os bens do devedor, tendo como regra a responsabilidade patrimonial primária, resultante da titularidade passiva da obrigação. A desvinculação entre a dívida e a responsabilidade, caracterizadora da responsabilidade secundária, é medida excepcional e como tal há de ser tratada[13].

128. SUCESSOR SINGULAR

I – Alienação do bem litigioso

A responsabilidade secundária do sucessor a título singular (por negócio oneroso ou gratuito) só ocorria, consoante a primitiva redação do art. 592, I, do CPC/1973, nos casos de sentença proferida em ação fundada em *direito real* e só atingia o próprio bem que foi objeto da decisão. Com a reforma da Lei n. 11.382, de 06.12.2006 – que foi reproduzida pelo CPC/2015 –, ampliou-se o alcance da norma de duas maneiras:

a) a responsabilidade do adquirente do bem exequível compreende tanto os títulos judiciais como extrajudiciais;
b) o bem disputado pode estar sujeito à execução por direito real ou por obrigação reipersecutória.

---

[11] LIMA, Alcides de Mendonça. *Op. cit.*, n. 1.042, p. 472.
[12] LIEBMAN, Enrico Tullio. *Op. cit.*, n. 39, p. 75.
[13] YARSHELL, Flavio Luiz. Ampliação da responsabilidade patrimonial: caminho para solução da falta de efetividade da execução civil brasileira? *In:* ARRUDA ALVIM; ALVIM, Eduardo Arruda; BRUSCHI, Gilberto Gomes; CHECHI, Mara Larsen; COUTO, Mônica Bonetti (coords.). *Execução civil e temas afins: do CPC/1973 ao novo CPC – Estudos em homenagem ao Prof. Araken de Assis*. São Paulo: Ed. RT, 2014, p. 395.

Se, após a sucessão, a coisa pereceu sem culpa do adquirente ou se foi por ele transmitida a outrem, não subsiste a responsabilidade questionada. É o bem adquirido, e não a pessoa do adquirente, que se vincula à responsabilidade executiva.

O campo de incidência é o das execuções para a entrega de coisa (CPC/2015, arts.498, c/c 513; 784, II a IV c/c 806 a 813). Não importa se o exequente esteja reclamando a entrega com fundamento em direito real ou pessoal. É irrelevante, também, a natureza do título que lhe assegura a entrega, que tanto pode ser sentença (art. 515) como documento extrajudicial dotado de força executiva (art. 784).

A eficácia *erga omnes* é um dos traços característicos do direito real. Dela extrai-se o direito de sequela que permite ao titular do direito de alcançar o bem onde quer que ele esteja.

Aliás, de uma maneira geral, os atos de disposição de bens praticados durante a pendência sobre eles de ação real, mesmo que ainda inexista a sentença em favor do credor, são sempre ineficazes perante o que afinal sair vencedor (art. 792, n. I).

II – Ampliação do regime aplicável à alienação do bem litigioso

O art. 790, I, do CPC/2015 não fica limitado às ações reais e invoca a antiga distinção entre ações *reais* e ações *reipersecutórias*, para colocar ambas como protegidas contra alienações fraudulentas. *Reais*, na visão civilista, são as que se manejam em face de lesões a algum direito real, que se costumam distinguir em possessórias, reivindicatórias e declarativas[14]. *Reipersecutórias*, por sua vez, são aquelas em que "o autor demanda coisa que lhe pertence ou lhe é devida e não se encontra em seu patrimônio ou está em poder de terceiro"[15]. Não importa o direito em que a demanda se apoia. Se a parte tem direito à entrega ou restituição da coisa, a ação manejável é *reipersecutória*.

O direito real é sempre oponível *erga omnes*, de modo que o terceiro que sucede ao obrigado a entregá-lo ao titular do *jus in re* sempre fica responsável pela respectiva execução. Já o direito pessoal nem sempre é oponível a outrem que não o devedor. Assim, dependerá do regime de direito material a definição do cabimento da execução contra quem adquiriu o bem perseguido em juízo.

Os contratos, em regra, vinculam apenas os contratantes, de maneira que seus efeitos só se opõem a terceiros a partir de sua publicidade por meio de registro público (CC, art. 221). Logo, se o título executivo é extrajudicial e não se refere a direito real, o sucessor singular somente responderá executivamente se existir aludido registro. Pode-se, também, pensar nessa responsabilidade se, mesmo inexistindo o registro, o terceiro adquire o bem de má-fé, isto é, ciente de que sua ação provocará a frustração do direito pessoal de outrem. Esse enfoque lastreia-se na função social que o direito moderno atribui ao contrato (CC, art. 421).

III – Boa-fé do adquirente

Enfim, a exequibilidade do título do credor por entrega de coisa não pode ser fraudada impunemente. Na medida do possível, a norma processual reprime a fraude, tornando o adquirente sujeito a suportar a execução cabível contra o alienante. Estando, todavia, fora do alcance de um direito real, ou de um direito pessoal oponível *erga omnes*, e estando protegido por uma aquisição de boa-fé, não terá o terceiro cometido fraude contra a execução, e, pois, não prevalecerá a regra do art. 790, I, do CPC/2015.

---

[14] SÁNCHEZ, A. Cabanillas. Verbete "Acción real". In: *Enciclopédia Jurídica Básica*, Madrid: Editorial Civitas, 1995, v. 1, p. 131.

[15] DINIZ, Maria Helena. *Dicionário Jurídico*. São Paulo: Saraiva, 1998, p. 73-75.

IV – Posição processual do terceiro adquirente

O sucessor não é parte na execução e para defender-se, se o pretender, terá de utilizar os embargos de terceiro.

Não há, para o credor, necessidade de anular-se a transferência previamente, nem de citar-se o adquirente como litisconsorte do executado. Para alcançar o bem indevidamente alienado, o credor nem ao menos tem o ônus de provar a irregularidade da alienação. Basta-lhe a situação objetiva do título reconhecendo em seu favor o direito real ou a obrigação reipersecutória sobre o objeto transferido em desrespeito à sua eficácia.

V – Necessidade de intimação do terceiro adquirente

Naturalmente, uma vez penhorado ou apreendido o bem em poder de seu atual proprietário, este será intimado, pois não é admissível ocorrer o ato expropriatório da execução sem respeitar-se o mínimo de contraditório em face daquele que o tem de suportar. Incide o princípio, que inspirou, entre outros, o dispositivo dos arts. 799, I, 804, 887, § 5º e 889, V, de maneira que qualquer titular de direito real sobre o bem a excutir terá de ser oportunamente intimado, a fim de que possa se defender pelos meios processuais possíveis. Aliás, em matéria de bem adquirido em fraude à execução, o art. 792, § 4º, é expresso em determinar ao juiz que, antes de declarar a sujeição do bem à responsabilidade executiva, determine a intimação do terceiro adquirente, dando-lhe o prazo de quinze dias para opor, querendo, os embargos do art. 674 ("embargos de terceiro").

VI – Defesa do terceiro adquirente

O terceiro adquirente de bens do executado responde pela obrigação deste em duas circunstâncias: *(i)* quando comete fraude contra credores; e *(ii)* quando pratica fraude à execução. Afetados bens do atual proprietário, para responder por dívida do transmitente, a defesa dos interesses do adquirente poderá ser promovida da seguinte maneira:

   a) Na *fraude contra credores*, a defesa se faz em contestação à *ação pauliana* (Código Civil, art. 161). O terceiro adquirente só sofrerá penhora depois de julgada procedente dita ação. Na execução, o atual proprietário do bem penhorado não mais poderá questionar a sujeição do bem adquirido em fraude à responsabilidade executiva, em vista da coisa julgada formada na ação pauliana. O mesmo se pode dizer a respeito da *ação revocatória falimentar*, fundada em conluio entre o falido e o terceiro (Lei de Falência, art. 130);
   b) Na *fraude à execução*, o bem de terceiro é penhorado sem ação prévia para declará-la (CPC/2015, art. 790, V). Portanto, qualquer defesa que o adquirente pretenda exercer haverá de ser manifestada por meio de *embargos de terceiro* (art. 792, § 4º). O mesmo ocorre com a *revogação falimentar* prevista no art. 129 da Lei de Falências.[16]

É bom ressaltar, porém, que tanto na fraude à execução como na fraude contra credores, a transferência de bens do devedor a terceiro não é alcançada por *nulidade*. O que se dá juridicamente é apenas a *ineficácia* do ato em face do credor prejudicado. O bem passa efetivamente

---

[16] A fraude de execução pode ser apreciada nos *embargos de terceiro* "opostos pelo adquirente", para livrar o bem da penhora (CAHALI. Youssef Said. *Fraudes contra credores*. São Paulo: Ed. RT, 1989, p. 100).

para o patrimônio do terceiro adquirente, mas continua sujeito à responsabilidade patrimonial perante o crédito fraudado pelo alienante.

129. SÓCIO

É na legislação material (civil e comercial) que se acham descritos os casos de responsabilidade solidária ou subsidiária dos sócios pelas dívidas da sociedade.

Em regra, a pessoa jurídica tem vida, personalidade e patrimônio distintos dos seus associados. Daí a ressalva do art. 795 do CPC/2015 de que "os bens particulares dos sócios não respondem pelas dívidas da sociedade senão nos casos previstos em lei". E mesmo nos casos em tela, a responsabilidade do sócio é de ser vista como excepcional e secundária, a prevalecer apenas quando não for possível cobrar a dívida diretamente da sociedade.

Por isso, quando tais sócios são executados, assegura-lhes o Código o *beneficium excussionis personalis*, ou benefício de ordem, *ad instar* do que ocorre com o fiador. Poderão, de tal sorte, "exigir que sejam primeiro executados os bens da sociedade" (art. 795, § 1º).

A responsabilidade da sociedade é sempre principal; e a dos sócios, quando existente, é sempre subsidiária.[17] Ainda que se trate do chamado sócio solidário, "em primeiro lugar deve ser executado quem contratou: a sociedade".[18] Só se a execução ficar frustrada é que caberá a excussão dos bens particulares dos sócios.[19]

Para valer-se do benefício de ordem, o sócio executado deverá "nomear quantos bens da sociedade, situados na mesma comarca, livres e desembargados, quantos bastem para pagar o débito" (art. 795, § 2º), o que há de se fazer no prazo de três dias assinado no mandado executivo para pagamento (art. 829, *caput*), visto que, depois disso, o oficial de justiça procederá à penhora na conformidade com o pleiteado pelo exequente na inicial (art. 829, § 1º).

O sócio que sofrer a execução e saldar o débito ficará sub-rogado nos direitos do credor e poderá executar a sociedade nos autos do mesmo processo (art. 795, § 3º).

Há que se distinguir entre a solidariedade que decorre puramente da lei por força da natureza da sociedade, e a que decorre por força da lei, mas da prática de certos atos anormais do sócio ou administrador.

No caso de sócios naturalmente solidários é que se dá a responsabilidade executiva secundária, na forma do art. 790, n. II, cuja atuação é direta e ocorre sem necessidade de condenação do terceiro responsável em sentença própria. A responsabilidade extraordinária, como a proveniente de abuso de gestão, violação do contrato, dolo, etc., dependerá de prévio incidente de desconsideração da personalidade jurídica, nos termos dos arts. 133 a 137 do CPC/2015, procedimento de cognição que irá determinar a responsabilização do sócio faltoso.

Finalmente, se se tratar de sociedade *irregular ou de fato*, a execução pode, de início, ser dirigida diretamente contra os sócios. Não há benefício de ordem, nem responsabilidade secundária dos sócios. Juridicamente, a pessoa moral não existe e os componentes reputam-se, pessoal e solidariamente, obrigados pelas dívidas assumidas irregularmente em nome da sociedade.

Há quem faça distinção entre sociedade *de fato* e sociedade *irregular*. A primeira seria formada sem contrato escrito, baseando-se em negócios comuns praticados por sócios;[20] a segunda

---

[17] LIMA, Alcides de Mendonça. *Op. cit.*, n. 1.071, p. 482.
[18] CASTRO, Amílcar de. *Comentários ao Código de Processo Civil*. 2. ed. Rio de Janeiro: Forense, 1963, v. X, n. 104, p. 114.
[19] No mesmo sentido do CPC, dispõe o art. 1.024 do Código Civil: "Os bens particulares dos sócios não podem ser executados por dívida da sociedade, senão depois de executados os bens sociais."
[20] BATALHA, Wilson de Souza Campos. *Direito processual societário*. Rio de Janeiro: Forense, 1986, n. 1.1.2.1.3, p. 57.

contaria com contrato formalizado, mas não registrado.[21] A diferenciação é irrelevante para o tema ora enfocado, pois o atual Código Civil considera como sociedade *em comum* aquela cujos atos constitutivos ainda não foram inscritos no registro público competente e, nesse caso, estatui que "todos os sócios respondem solidária e ilimitadamente pelas obrigações sociais, excluído do benefício de ordem (...) aquele que contratou pela sociedade" (art. 990). Ou seja: tanto na sociedade de fato como na irregular, não opera o benefício de ordem.

Importante ressaltar, outrossim, que a situação descrita nesse dispositivo – responsabilidade solidária do sócio – é diversa da responsabilidade decorrente da desconsideração da personalidade jurídica. Esta decorre da prática de ato abusivo e depende da observância do incidente previsto nos arts. 133 e ss. do CPC/2015 (art. 795, § 4º). Aquela é resultante da solidariedade entre a empresa e o sócio que resulta exclusivamente da lei em razão da natureza da sociedade.[22] Além disso, o benefício de ordem não pode ser suscitado na hipótese de desconsideração.

A jurisprudência admite a invocação da teoria da desconsideração da personalidade jurídica para fazer a penhora alcançar bens de sócios da sociedade devedora. Mas, "a regra geral continua sendo a da distinção entre o patrimônio da empresa e o dos seus sócios, princípio este que cede ante circunstâncias especiais e excepcionais, de acordo com a denominada *disregard doctrine*, com desconsideração da personalidade jurídica da empresa. Não provadas estas circunstâncias excepcionais como, por exemplo, dissolução irregular da sociedade, fraude à execução e à inexistência de bens da empresa passíveis de penhora", o caso é de se indeferir o pedido de penhora sobre bens do sócio.[23]

A desconsideração da personalidade jurídica, que era prevista no Código de Defesa do Consumidor (art. 28), foi acolhida também pelo Código Civil (art. 50), que se baseia no abuso de gestão (isto é, desvio de finalidade ou confusão patrimonial entre a sociedade e o sócio), para o efeito de que obrigações contraídas em nome da pessoa jurídica sejam estendidas aos bens particulares dos seus administradores ou sócios.

A jurisprudência do STJ, à época do Código anterior, admitia o redirecionamento da execução iniciada contra a sociedade para alcançar o sócio, quando pretendido com base na desconsideração da personalidade jurídica, sem necessidade de prévio acertamento em processo de conhecimento, e por decisão do juiz da própria execução[24].

Para, entretanto, respeitar-se o devido processo legal e assegurar-se o contraditório e a ampla defesa, era indispensável que o sócio fosse citado em nome próprio para integrar a relação processual da execução[25]. E que o pedido do exequente explicitasse os motivos, de fato e de direito, para justificar, à luz da teoria da desconsideração da pessoa jurídica, o cabimento da penhora sobre os bens particulares do sócio ou gestor[26].

---

[21] BATALHA, Wilson de Souza Campos. *Direito processual societário cit.*, n. 1.1.2.1.1, p. 48.

[22] CÂMARA JÚNIOR, José Maria. *In:* WAMBIER, Teresa Arruda Alvim, *et al. Breves Comentários ao novo Código de Processo Civil.* São Paulo: Ed. RT, 2015, p. 1818.

[23] TJRS, AI 598199750, 14ª Câm. Cível, Rel. Des. Henrique Oswaldo Poeta Roenick, ac. 22.10.98, *in* RJTJRGS 191/276.

[24] O Superior Tribunal de Justiça, entretanto, "tem decidido pela possibilidade da aplicação da teoria da desconsideração da personalidade jurídica nos próprios autos da ação de execução, sendo desnecessária a propositura de ação autônoma" (4ª T., REsp. 331.478/RJ, Rel. Min. Jorge Scartezzini, ac. 24.10.2006, *DJU* 20.11.2006, p. 310). Ainda segundo a jurisprudência, não haveria, *in casu*, um processo incidente, mas apenas um incidente processual, sem o estabelecimento de nova relação processual precedida, necessariamente, por citação dos sócios afetados pela desconsideração. O contraditório se aperfeiçoaria, *a posteriori*, "mediante embargos, impugnação ao cumprimento de sentença ou exceção de pré-executividade" (STJ, 4ª T., REsp 1.096.604/DF, Rel. Min. Luis Felipe Salomão, ac. 02.08.2012, *DJe* 16.10.2012).

[25] STJ, 2ª T., REsp. 7.397/MT, Rel. Min. Ari Pargendler, ac. 04.09.1995, *RSTJ* 81/159.

[26] STJ, 1ª T., AgRg. No REsp. 544.879/SC, Rel. Min. Teori Zavascki, ac. 20.05.2004, *DJU* 07.06.2004, p. 163.

Na esteira do entendimento jurisprudencial do STJ, o CPC/2015, ao prever um procedimento especial para a desconsideração da personalidade jurídica, exige, para o redirecionamento da execução da pessoa jurídica para os bens particulares do sócio ou gestor, a citação pessoal daquele que teria desviado os negócios sociais para acobertar seus interesses pessoais (art. 135).[27] O requerimento do credor, em tal situação, deverá obrigatoriamente explicitar o fato ou fatos configuradores do abuso da personalidade jurídica (Código Civil, art. 50), a fim de que aquele a quem se imputa o desvio ou abuso possa exercer o *contraditório* e *ampla defesa* assegurados constitucionalmente (art. 5º, LV).[28]

Sobre a necessidade de inscrição da dívida ativa fiscal também em nome do sócio, como corresponsável tributário, veja-se o que foi exposto no item n. 54.

130. DESCONSIDERAÇÃO DA PERSONALIDADE JURÍDICA

I – Desconsideração direta

Antes prevista como criação jurisprudencial e doutrinária, a desconsideração da personalidade jurídica, como forma excepcional de imputar aos sócios a responsabilidade por dívidas contraídas pela sociedade, recebeu regulamentação legal, por meio do art. 50 do Código Civil de 2002.

Para o direito positivo atual, o abuso da personalidade jurídica permite que, por decisão judicial, "os efeitos de certas e determinadas relações de obrigações sejam estendidas aos bens particulares dos administradores ou sócios da pessoa jurídica" (CC, art. 50).

O abuso, que autoriza sejam as obrigações contraídas em nome da sociedade imputadas aos sócios ou administradores, pode caracterizar-se de duas maneiras: *(i)* pelo *desvio de finalidade* (uso da pessoa jurídica para acobertar negócios do interesse particular dos seus gestores); ou *(ii)* pela *confusão patrimonial* (a sociedade absorve todo o patrimônio dos sócios, de modo que não se consegue distinguir o interesse da pessoa jurídica do interesse particular dos sócios).

A desconsideração não se dá apenas pelo inadimplemento e pela insolvência da sociedade. Depende sempre de uma decisão judicial, que reconheça a concorrência dos requisitos enumerados pelo art. 50 do Código Civil[29]. Para que tal ocorra, todavia, não há necessidade de uma ação autônoma e específica. A pretensão do credor pode ser manifestada incidentalmente no processo de conhecimento ou de execução (CPC/2015, art. 134 *caput*). Haverá, no entanto, de observar-se o contraditório, a ampla defesa e o devido processo legal, nos termos em que a Constituição os garante (art. 5º, LIV e LV) (art. 135). Essa garantia é uma constante no direito comparado[30].

---

[27] STJ, 1ª T., REsp. 236.131/MG, Rel. Min. Humberto Gomes de Barros, ac. 25.09.2000, *DJU* 13.11.2000, p. 132; STJ, 2ª T., REsp. 278.744/SC, Rel. Min. Eliana Calmon, ac. 19.03.2002, *DJU* 29.04.2002, p. 220.

[28] STJ, 1ª T., AgRg. no REsp. 544.879/SC, Rel. Min. Teori Albino Zavascki, ac. 20.05.2004, *DJU* 07.06.2004, p. 163; STJ, 2ª T., REsp. 260.077/SC, Rel. Min. Francisco Peçanha Martins, ac. 03.10.2002, *RT* 811/184.

[29] "(...) Para aplicação da teoria maior da desconsideração da personalidade jurídica (art. 50 do CC/2002), exige-se a comprovação de abuso, caracterizado pelo desvio de finalidade (ato intencional dos sócios com intuito de fraudar terceiros) ou confusão patrimonial, requisitos que não se presumem mesmo em casos de dissolução irregular ou de insolvência da sociedade empresária. Precedentes" (STJ, 3ª T., REsp 1.572.655/RJ, Rel. Min. Ricardo Villas Bôas Cueva, ac. 20.03.2018, *DJe* 26.03.2018).

[30] Na Inglaterra exige-se para configuração da desconsideração da personalidade jurídica, declaração judicial que reconheça ter ocorrido ato consciente no intuito de prejudicar os credores, embora a jurisprudência admita certas situações em que a fraude é presumida. Na França a responsabilidade secundária fundada na desconsideração da personalidade jurídica é prevista nos arts. 99 e 101 da Lei 67.563/1967, aplicáveis em caso de falência ou recuperação judicial, presumindo-se relativamente a culpa do dirigente social, mas permitindo-lhe provar que foi suficientemente diligente na condução da sociedade. Na Itália condiciona-se a

A resolução do incidente dar-se-á por meio de decisão interlocutória, contra a qual caberá agravo de instrumento ou agravo interno (art. 136). Trata-se de decisório que, quando resolve o mérito da desconsideração, faz coisa julgada material, nos limites subjetivos daqueles que participaram do incidente[31]. No caso, por exemplo, de sócios que só vieram a ser citados para a execução posteriormente ao julgamento do incidente, não cabe impedi-los de se defender dos efeitos da desconsideração (CPC, art. 506). "Afastada a preclusão indevidamente aplicada na origem, deve ser garantida aos sócios a possibilidade de produzirem prova apta, ao menos em tese, a demonstrar a ausência de conduta abusiva ou fraudulenta no uso da personalidade jurídica, sob pena de indevido cerceamento de defesa"[32].

O regime da desconsideração da personalidade jurídica no âmbito dos negócios praticados por meio das relações de consumo é diferente do que o traçado pelo Código Civil. Em defesa da hipossuficiência do consumidor em face do fornecedor, o CDC, além dos casos de abuso de gestão, infração da lei ou dos contratos e estatutos sociais, extinção irregular da sociedade, a desconsideração é permitida nos casos de falência e insolvência, encerramento ou inatividade da pessoa jurídica (art. 28, *caput*). E, mais do que isto, também poderá ser desconsiderada a pessoa jurídica "sempre que sua personalidade for, de alguma forma, obstáculo ao ressarcimento de prejuízos causados aos consumidores (art. 28, § 5º).

II – Desconsideração invertida

Embora a desconsideração prevista no Código Civil seja operada para estender a responsabilidade executiva da sociedade para os sócios ou administradores, está assente na doutrina, na jurisprudência e na lei (CPC/2015, art. 133, § 2º) a possibilidade também da denominada *desconsideração invertida*, qual seja, aquela em que se imputa à sociedade obrigação contraída pelos sócios individualmente. Trata-se, principalmente, dos casos de confusão patrimonial, em que todo o patrimônio dos sócios se incorpora numa pessoa jurídica, a exemplo do que costuma acontecer nas sociedades entre marido e mulher e outras empresas familiares[33] (sobre o incidente de desconsideração da personalidade jurídica, ver itens 277 a 281, do vol. 1 do nosso *Curso de Direito Processual Civil*, 62ª ed.).

III – Desconsideração da personalidade jurídica positiva

A desconsideração da personalidade jurídica positiva é uma criação da doutrina para justificar a proteção do imóvel pertencente à pessoa jurídica, utilizado por seus sócios como moradia. O STJ encampou o argumento em diversos julgados, dispondo ser "impenhorável a residência do casal, ainda que de propriedade de sociedade comercial, da qual os cônjuges são sócios exclusivos"[34], quando se tratasse de sociedade familiar.

---

desconsideração, ora à utilização consciente e consensual do negócio, determinado para alcançar finalidade diversa das que lhe seriam típicas (Ascarelli), ora ao objetivo de evitar que a pessoa jurídica seja utilizada para lesar o Estado e terceiros (Verrucolli) (JUSCELINO, Cristhiane Bessas. Débito e responsabilidade. *Revista dos Tribunais*, v. 287, p. 241-242, jan./2019).

[31] "Art. 506. A sentença faz coisa julgada às partes entre as quais é dada, não prejudicando terceiros".
[32] STJ, 3ª T., REsp 1.572.655/RJ, Rel. Min. Ricardo Villas Bôas Cueva, ac. 20.03.2018, *DJe* 26.03.2018.
[33] STJ, 3ª T., REsp 948.117/MS, Rel. Min. Nancy Andrighi, ac. 22.06.2010, *DJe* 03.08.2010; COMPARATO, Fábio Konder; SALOMÃO FILHO, Calixto. *O poder de controle da sociedade anônima*. 3. ed. Rio de Janeiro: Forense, 1983, cap. II, n. 137.
[34] STJ, 3ª T., REsp. 356.077/MG, Rel. Min. Nancy Andrighi, ac. 30.08.2002, *DJU* 14.10.2002, p. 226. No mesmo sentido: STJ, 4ª T., AgRg no AREsp. 709.060/RS, Rel. Min. Luis Felipe Salomão, ac. 20.08.2015, *DJe* 28.08.2015.

Posteriormente, o entendimento foi ampliado para proteger qualquer imóvel em que resida o sócio da empresa, ainda que não seja o único para tal finalidade no patrimônio da sociedade[35].

Analisando controvérsia em que se discutia a desconsideração da personalidade jurídica de empresa, proprietária de imóvel no qual residem seus sócios, para que o bem fosse subtraído do acervo patrimonial que responde pelas obrigações da sociedade, a Ministra Maria Isabel Gallotti observou que esses precedentes da Corte Superior poderiam conduzir, "na prática, à aniquilação do patrimônio da sociedade, o qual responde pelas dívidas da pessoa jurídica, nos termos dos arts. 49-A do Código Civil e 789 do CPC". Por isso, advertiu ser conveniente análise acurada para definir, "com a precisão possível, os pressupostos para que ocorra a desconsideração da personalidade da empresa não em razão de fraude, desvio de finalidade e confusão patrimonial para fugir ao cumprimento de obrigações legítimas, mas, de forma inversa à finalidade original do instituto, para proteger o sócio da empresa proprietária do imóvel penhorado, subtraindo da execução o bem que asseguraria a satisfação de créditos de responsabilidade da própria sociedade".

Assim, explicitou que as seguintes bases da chamada desconsideração positiva:

a) "configuração da pessoa jurídica como *pequena empresa familiar*, em que o imóvel de moradia, embora formalmente em nome da empresa, na realidade, se *confunda com o patrimônio da família*";

b) "a demonstração da boa-fé do sócio morador, que se infere de circunstâncias a serem aferidas caso a caso, como ser o imóvel de residência habitual da família, desde antes do vencimento da dívida, ou, em se tratando de construção, ter ela sido iniciada antes da instauração do processo executivo".

Asseverou, ainda, que "a desconsideração quando aplicada nessas hipóteses particulares deve ser via de mão dupla. Isso porque tem como pressuposto teórico a confusão entre o patrimônio da empresa familiar e o patrimônio da família".

Ao final, concluiu que, na hipótese, "haverá, na prática, desfalque do patrimônio social garantidor do cumprimento das obrigações da pessoa jurídica e, portanto, sendo a desconsideração via de mão dupla, poderão, ao meu sentir, ser executados bens pessoais dos sócios até o limite do valor de mercado do bem subtraído da execução, independentemente do preenchimento de requisitos como má-fé e desvio de finalidade previstos no *caput* do art. 50 do Código Civil". Por isso, "a confusão patrimonial de ordem prática entre a sociedade familiar e o sócio morador, base para o benefício, será igualmente a base para a excussão de bens particulares dos sócios"[36].

131. BENS DO DEVEDOR EM PODER DE TERCEIROS

Segundo o inciso III do art. 790 do CPC/2015 a posse ou detenção de outrem sobre os bens do devedor não é empecilho à execução.

Naturalmente, se o terceiro desfruta uma posse contratual legítima, como é o caso da locação com eficácia perante o adquirente (Código Civil de 2002, art. 576, *caput*), a execução contra o locador que atingir o bem arrendado, não excluirá a continuidade do exercício dos direitos do locatário até o final do contrato. O arrematante, adquirindo a propriedade do bem, ficará sub-rogado na posição do devedor, isto é, de locador.

---

[35] "Não se faz necessário provar que o imóvel em que reside o devedor seja o único de sua propriedade para que se reconheça a impossibilidade de penhora do bem de família, uma vez que essa exigência inexiste no conjunto de normas que disciplina a matéria" (STJ, 3ª T. REsp. 1.762.249/RJ, Rel. Min. Nancy Andrighi, ac. 04.12.2018, *DJe* 07.12.2018).

[36] STJ, 4ª T., REsp. 1.514.567/SP, Rel. Min. Maria Isabel Gallotti, ac. 14.03.2023, *DJe* 24.04.2023.

Quando o terceiro possuir o bem do devedor em nome próprio, e não em nome do executado, não poderá haver penhora direta sobre o bem, mas apenas sobre o direito e ação do proprietário contra o possuidor (v. adiante n. 224). Se o credor insistir e efetuar a penhora, o terceiro poderá manejar, com êxito os embargos de terceiro para proteger sua posse (CPC/2015, art. 674, § 1º).

132. DÍVIDA DE CÔNJUGE OU COMPANHEIRO: TUTELA DA MEAÇÃO

Sujeitam-se à execução por obrigação de um cônjuge ou companheiro os bens do outro, ou os comuns, "nos casos em que os seus bens próprios ou de sua meação respondem pela dívida" (CPC/2015, art. 790, IV).

A lei substantiva é que define os casos em questão, como, por exemplo, se vê do Código Civil, art. 1.668, III, dentre outros.

Como regra geral, "pelos títulos de dívida de qualquer natureza, firmados por um só dos cônjuges, ainda que casados pelo regime de comunhão universal, somente responderão os bens particulares do signatário e os comuns até o limite de sua meação" (Lei n. 4.121, de 1962, art. 3º, e Código Civil, arts. 1.644, 1.663, § 1º, 1.664 e 1.666). Observe-se, a propósito, que "o cônjuge que apenas autorizou seu consorte a prestar aval, nos termos do art. 1.647 do Código Civil (outorga uxória), não é avalista. Dessa forma, não havendo sido prestada garantia real, não é necessária sua citação como litisconsorte, bastando a mera intimação..."[37] (CPC/2015, art. 73, § 1º, I e IV).

A incomunicabilidade das dívidas assumidas por um só dos cônjuges ou companheiros deixa de ocorrer, entre outros casos, quando as obrigações foram contraídas "em benefício da família" (Cód. Civil de 2002, art. 1.644).

A defesa da meação do cônjuge, na execução de dívida do consorte, faz-se por meio de embargos de terceiro (CPC/2015, art. 674, § 2º, I), mesmo quando tenha sido ele intimado da penhora, que recaiu sobre o imóvel.

Isto porque, ainda que se torne parte na execução, por força da intimação da penhora, o cônjuge ou companheiro comparece aos embargos com um título jurídico diverso daquele que se põe à base do processo executivo. Assim é que sua citação decorreu do litisconsórcio necessário de ambos os cônjuges ou companheiros que provoca a causa judicial sobre qualquer bem imóvel, durante a constância do casamento ou da união estável. Já nos embargos, o direito posto em discussão é o de não se sujeitar a meação de um dos cônjuges ou companheiros à dívida exclusiva do outro, o que é, como se vê, matéria diversa da que serviu de causa à execução ajuizada contra o cônjuge ou companheiro devedor.

Portanto, o cônjuge ou o companheiro pode agir tanto como parte da execução, como na condição de terceiro. Se pretender discutir a validade ou a eficácia do título firmado pelo consorte, estará agindo como parte e suas arguições só poderão ser feitas através de embargos do devedor (CPC/2015, art. 914). Se, porém, o que se vai discutir é a matéria pertinente à exclusão de sua meação, a condição jurídica do cônjuge ou do companheiro é a de terceiro em face da dívida do consorte e da relação executiva que em torno dessa obrigação se instaurou. Essa questão, portanto, terá de ser debatida nos embargos de terceiro (CPC/2015, art. 674, § 2º, I).

A circunstância eventual de o cônjuge ou companheiro, intimado da penhora, alegar a questão pertinente à meação em embargos do devedor, em lugar de embargos de terceiro é, contudo, irrelevante, por não passar de irregularidade formal, que nenhum prejuízo acarreta à parte contrária. O que não se tolera é o contrário, isto é, usar o cônjuge ou o companheiro os embargos de terceiro, fora do prazo dos embargos do devedor, para discutir o mérito da dívida

---

[37] STJ, 4ª T., REsp 1.475.257/MG, Rel. Min. Maria Isabel Gallotti, ac. 10.12.2019, DJe 13.12.2019.

exequenda. Aí sim, a preclusão da faculdade de embargar a execução inviabiliza o deslocamento da lide principal para o procedimento acessório.

133. DÍVIDA DO CONDOMÍNIO: RESPONSABILIDADE DOS CONDÔMINOS

A obrigação do condomínio de indenizar o dano acarretado a terceiro, atinge a responsabilidade patrimonial dos respectivos condôminos, segundo a regra reconhecida pela jurisprudência do STJ[38], de que "constitui obrigação de todo condômino concorrer para as despesas condominiais, na proporção de sua cota-parte, dada a natureza de comunidade singular do condomínio, centro de interesses comuns, que se sobrepõe ao interesse individual".

Por outro lado, não importa a data em que o atual condômino adquiriu a sua unidade imobiliária, visto que, ainda na ótica do STJ, "as despesas condominiais, inclusive as decorrentes de decisões judiciais, são obrigações *propter rem* e, por isso, será responsável pelo seu pagamento, na proporção de sua fração ideal, aquele que detém a qualidade de proprietário da unidade imobiliária ou seja titular de um dos aspectos da propriedade (posse, gozo, fruição), desde que tenha estabelecido relação jurídica direta com o condomínio, ainda que a dívida seja anterior à aquisição do imóvel". Por isso, "uma vez ajuizada a execução em face do condomínio, se inexistente patrimônio próprio para satisfação do crédito, podem os condôminos ser chamados a responder pela dívida, na proporção de sua fração ideal".

134. FRAUDE DE EXECUÇÃO

Dispõe o art. 790 do CPC que respondem pela execução os bens alienados ou gravados com ônus real pelo devedor, tanto em fraude à execução (inciso V), como em fraude contra credores (inciso VI). Diferem apenas o modo e o momento em que a fraude deve ser reconhecida, em relação à penhorabilidade do bem transferido a terceiro, como a seguir veremos.

De início, cumpre não confundir a fraude contra credores com a fraude de execução. Na primeira são atingidos apenas interesses privados dos credores (arts. 158 e 159 do atual Código Civil). Na última, o ato do devedor executado viola a própria atividade jurisdicional do Estado (CPC/2015, art. 792).

Um dos atributos do direito de propriedade é o poder de disposição assegurado ao titular do domínio. Mas, o patrimônio do devedor é a garantia geral dos seus credores; e, por isso, a disponibilidade só pode ser exercitada até onde não lese a segurança dos credores.

Daí a lei desaprovar as alienações[39] fraudulentas que provoquem ou agravem a insolvência[40] do devedor, assegurando aos lesados a ação revocatória para retornar ao acervo patrimonial exequível do alienante o objeto indevidamente disposto, para sobre ele incidir a execução. Essa ação, que serve especificamente para os casos de fraude contra credores, comumente denominada *ação pauliana*, funda-se no duplo pressuposto do *eventus damni* e do *consilium fraudis*. Aquele

---

[38] STJ, 4ª T., REsp 1.473.484/RS, Rel. Min. Luis Felipe Salomão, ac. 21.06.2018, *DJe* 23.08.2018.

[39] "A alienação comporta qualquer transferência de bens a título oneroso ou gratuito e, também, o processo simulado pelas partes, cuja expressão incumbe ao órgão judiciário. Expressam oneração os direitos reais de garantia (penhor, hipoteca, anticrese) e os direitos sobre coisa alheia (art. 1.225, II a VII, do CC/2002): p. ex., o usufruto e a habitação, porque outorgam privilégio a certo credor ou desvalorizam a coisa. Em qualquer hipótese, exige-se ato comissivo ou omissivo imputável ao executado. Não há fraude, portanto, nas transferências coativas (arrematação, adjudicação, usufruto" (ASSIS, Araken de. *Manual de Execução,* 18. ed. São Paulo: Ed. RT, 2016, p. 234).

[40] "Insolvência é a insuficiência patrimonial, é o desequilíbrio econômico caracterizado por um patrimônio economicamente menos valioso que as dívidas do titular" (DINAMARCO, Cândido Rangel. *Instituições de Direito Processual Civil.* 4 ed. São Paulo: Malheiros, 2004, v. IV, p. 381).

consiste no prejuízo suportado pela garantia dos credores, diante da insolvência do devedor, e este no elemento subjetivo, que vem a ser o conhecimento, ou a consciência, dos contraentes de que a alienação prejudicará os credores do transmitente, desfalcando o seu patrimônio dos bens que serviriam de suporte para a eventual execução[41]. O exercício vitorioso da pauliana restabelece, portanto, a responsabilidade dos bens alienados em fraude contra credores. Embora o Código Civil fale em anulação do ato praticado em fraude dos credores, na verdade o que ocorre é apenas uma ineficácia da alienação em face dos terceiros prejudicados (aqueles que tinham crédito quirografário anterior ao ato de disposição)[42].

É, porém, muito mais grave a fraude quando cometida no curso do processo de condenação ou de execução. Além de ser mais evidente o intuito de lesar o credor, em tal situação "a alienação dos bens do devedor vem constituir verdadeiro atentado contra o eficaz desenvolvimento da função jurisdicional já em curso, porque lhe subtrai o objeto sobre o qual a execução deverá recair".[43] A fraude frustra, então, a atuação da Justiça, e, por isso, é repelida mais energicamente. Não há necessidade de *nenhuma ação* para anular ou desconstituir o ato de disposição fraudulenta. A lei o considera simplesmente ineficaz perante o exequente, e o juiz reconhece de plano a inoponibilidade do negócio, nos próprios autos.[44]

Não se cuida, como se vê, de ato nulo ou anulável.[45] O negócio jurídico, que frauda a execução, diversamente do que se passa com os negócios afetados em suas validades, gera pleno efeito entre alienante e adquirente[46]. Apenas não pode ser oposto ao exequente[47]. Assim, a força da execução continuará a atingir o objeto da alienação ou oneração fraudulenta, como se estas não tivessem ocorrido. O bem será de propriedade do terceiro, num autêntico exemplo de responsabilidade sem débito.[48]

---

[41] "O elemento de ordem subjetiva exige a ciência do terceiro adquirente do estado de insolvência do devedor alienante. Não se exige o conluio entre ambos, mas apenas, como veremos, que não seja o adquirente imprudente (...). Ou seja, a lei prevê sanção àquele que pratica o (sic) ato de aquisição do bem de modo imprudente, sem as cautelas de praxe, como a consulta aos cartórios de protesto, de distribuição de feitos judiciais, consulta aos órgãos de proteção ao crédito, entre outros" (JUSCELINO, Cristhiane Bessas. Débito e responsabilidade. *Revista dos Tribunais*, v. 287, p. 244, jan/2019). Por exemplo, é presumível o conhecimento das condições financeiras da empresa vendedora, que sofre execuções, quando a transação se realiza entre pessoas jurídicas que possuem sócios em comum (TJPR, 17ª C. Civ., Agravo de Instrum. n. 0001061-45.2018.8.16.0000, Rel. Des. Jefferson Alberto Johnsson, DJ 15.03.2018, *Revista Bonijuris*, ano 30, n. 653, p. 184, ago.-set./2018).

[42] DINAMARCO, Cândido Rangel. *Instituições de direito processual civil*. 3. ed. São Paulo: Malheiros, 2009, v. IV, p. 430 e 438; LIEBMAN, Enrico Tullio. *Processo de execução*. 5. ed. São Paulo: Saraiva, 1986, p. 106.

[43] LIEBMAN, Enrico Tullio. *Op. cit.*, n. 45, p. 85; DINAMARCO, Cândido Rangel. *Execução civil*. 8. ed. São Paulo: Malheiros, 2002, p. 289.

[44] CAHALI, Youssef Said. *Fraude contra credores*. São Paulo: RT, 1989, p. 403.

[45] "Na fraude de execução, o ato não é nulo, inválido, mas sim ineficaz em relação ao credor" (STJ, 4ª T., REsp 3.771/GO, Rel. Min. Sálvio de Figueiredo Teixeira, ac. 16.10.1990, DJU 05.11.1990, *RJSTJ* 20/282).

[46] "A fraude à execução atua no plano da eficácia, de modo que conduz à ineficácia da alienação ou oneração do bem em relação ao exequente (art. 592, V, do CPC/1973; art. 792, § 2º, do CPC/2015). Em outros termos, é como se o ato fraudulento não tivesse existido para o credor" (STJ, 3ª T., REsp 1.863.952/SP, Rel. Min. Nancy Andrighi, ac. 26.10.2021, *DJe* 29.11.2021).

[47] "Destaque-se, por fim, que a fraude à execução também apenas neutraliza a eficácia do ato de alienação praticado em relação àquele credor, sujeitando o bem que se mantém na esfera patrimonial de terceiro à execução, sendo verdadeira hipótese de responsabilidade patrimonial secundária" (JUSCELINO, Cristhiane Bessas. *Op. cit.*, p. 248).

[48] Fala-se, na fraude de execução, numa "extensão da responsabilidade patrimonial", de modo que o terceiro adquirente manterá a propriedade, "mas terá que suportar a vinculação patrimonial do seu bem à atividade executiva". Mas, como não é parte da execução, se quiser defender-se contra a penhora, terá de fazê-lo por meio de *embargos de terceiro* (CPC, art. 1.046) [CPC/2015, art. 674], e não embargos de devedor (NUNES,

Por não se tratar de ato nulo, não há que se cogitar de cancelamento do Registro no Cartório de Imóveis da alienação feita pelo executado ao terceiro. Assim, realizado o leilão no processo de execução, na própria carta de arrematação figurará a menção à penhora feita em virtude de fraude à execução, em nome de quem não é executado, mas responde pela dívida. Esta circunstância mantém íntegro o princípio da continuidade do registro.[49]

Consoante já decidiu o STJ, a decisão que autoriza a penhora do bem alienado em fraude de execução não atinge a transmissão da propriedade, razão pela qual a eficácia do gravame processual decorre do registro da penhora e não do cancelamento do registro do bem no ofício imobiliário.[50] Daí por que o registro da carta de arrematação se baseará na penhora para cumprir o princípio da continuidade registral.

Assim, a força da execução continuará a atingir o objeto da alienação ou oneração fraudulenta, como se estas não tivessem ocorrido. O bem será de propriedade do terceiro, num autêntico exemplo de responsabilidade sem débito.

Da fraude de execução decorre simples submissão de bens de terceiro à responsabilidade executiva. O adquirente não se torna devedor e muito menos coobrigado solidário pela dívida exequenda. Só os bens indevidamente alienados é que se inserem na responsabilidade que a execução forçada faz atuar; de sorte que, exauridos estes, nenhuma obrigação ou responsabilidade subsiste para o terceiro que os adquiriu do devedor.

Segundo antiga doutrina, que todavia merece acolhida *cum grano salis*, não se requer, para a confirmação da fraude cogitada nos arts. 790, V, e 791, a presença do elemento subjetivo da fraude (*consilium fraudis*) para que o negócio incida no conceito de fraude de execução. Para o mesmo entendimento, pouco importa, também, a boa-fé do adquirente. No dizer de Liebman, "a intenção fraudulenta está *in re ipsa*; e a ordem jurídica não pode permitir que, enquanto pende o processo, o réu altere a sua posição patrimonial, dificultando a realização da função jurisdicional".[51] É irrelevante, finalmente, que o ato seja real ou simulado, de boa ou de má-fé. No entanto, a legislação ulterior ao Código e a exegese jurisprudencial acabaram por dar sensível relevância ao lado psicológico também no que se refere à fraude de execução.

Em síntese, tanto a fraude contra credores como a fraude de execução compreendem atos de disposição de bens ou direitos em prejuízo de credores, mas a diferença básica é a seguinte:

(a) a fraude contra credores pressupõe sempre um devedor em estado de insolvência e ocorre antes que os credores tenham ingressado em juízo para cobrar seus créditos; é causa de anulação do ato de disposição praticado pelo devedor, nos moldes do Código Civil (arts. 158 a 165); depende de sentença em ação própria (*idem*, art. 161);

(b) a fraude de execução não depende, necessariamente, do estado de insolvência do devedor e só ocorre no curso de ação judicial contra o alienante; é causa de ineficácia da alienação, nos termos do Código de Processo Civil atual (arts. 790 e 792); opera independentemente de ação anulatória ou declaratória. Pressupõe alienação

---

Dierle; BAHIA, Alexandre; CÂMARA, Bernardo Ribeiro; SOARES, Carlos Henrique. *Curso de direito processual civil*. Belo Horizonte: Ed. Fórum, 2011, n. 5.12.4, p. 400).

[49] "Em virtude da declaração da fraude contra a execução, o negócio jurídico fraudulento, entrementes registrado em nome do adquirente, revela-se ineficaz perante a ulterior alienação forçada do bem (adjudicação ou arrematação). É como se não existisse, embora exista e produza efeitos entre seus figurantes, tanto no plano processual, quanto no registral, razão por que o título formal da alienação forçada (carta de adjudicação ou carta de arrematação) há de ser registrada sem a necessidade de desconstituição do título anterior (entre o executado e o terceiro) e ofensa ao art. 195 da Lei 6.015/1973 (princípio da continuidade)" (ASSIS, Araken de. Fraude contra execução no registro de imóveis. *In* SILVEIRA. *In* DIP, Ricardo (coord.). *Direito Registral e o Novo Código de Processo Civil*, Rio de Janeiro: Forense, 2016, p. 46).

[50] STJ, 3ª T., REsp. 38.369/SP, Rel. Min. Ari Pargendler, ac. 24.05.1999, *RSTJ* 124/265.

[51] LIEBMAN, Enrico Tullio. *Processo de execução*. 3. ed. São Paulo: Saraiva, 1968, n. 45, p. 85.

voluntária praticada pelo devedor, de sorte que não se pode ver fraude à execução nas transferências forçadas realizadas em juízo.[52]

As duas modalidades de fraude resultam em efeito igual no plano da responsabilidade patrimonial, qual seja: engendram responsabilidade patrimonial de terceiro não devedor. A distinção se nota apenas no momento de eficácia dessa responsabilidade:

(a) na fraude à execução, o terceiro se torna responsável executivamente pela dívida exequenda, nos limites do bem adquirido, no momento mesmo em que a aquisição se dá (CPC, art. 790, V);

(b) na fraude contra credores, essa responsabilidade surge quando o ato fraudulento é anulado pela sentença pauliana (CPC, art. 790, VI), fato que, ordinariamente, deve ocorrer antes da penhora, como requisito de sua legitimação[53].

Considera o Código, em fraude de execução, a alienação ou oneração de bens (CPC/2015, art. 792):

I – quando sobre eles pender ação fundada em direito real ou pretensão repersecutória, desde que a pendência do processo tenha sido averbada no respectivo registro público, se houver;

II – quando tiver sido averbada, no registro do bem, a pendência do processo de execução, na forma do art. 828;

III – quando tiver sido averbado, no registro do bem, hipoteca judiciária ou outro ato de constrição judicial originário do processo onde foi arguida a fraude;

IV – quando, ao tempo da alienação ou da oneração, tramitava contra o devedor ação capaz de reduzi-lo à insolvência;

V – nos demais casos expressos em lei.

135. BENS OBJETO DE AÇÃO FUNDADA EM DIREITO REAL OU DE PRETENSÃO REIPERSECUTÓRIA (INCISO I)

O primeiro inciso do art. 792 refere-se a uma hipótese análoga à do art. 790, n. I, do CPC/2015. Ambos tutelam o direito de sequela que integra todos os direitos reais. A diferença é que o art. 790, n. I, cuida da ineficácia da alienação ocorrida durante a execução, seja ela apoiada em título judicial, ou extrajudicial, ao passo que o art. 792, n. I, antecipa a proteção à sequela fazendo a ineficácia atingir mesmo as alienações verificadas antes do julgamento definitivo da causa no processo de conhecimento. Convém recordar que, durante a execução, a fraude se configura não só em relação aos direitos reais, mas também perante a realização das obrigações de entrega de coisa de natureza reipersecutória (arts. 790, I e 792, I), como as derivadas de possessórias, embargos de terceiro fundados em direitos pessoais, recuperação de bens locados ou dados em comodato etc.

Condiciona, porém, o CPC/2015 o reconhecimento da fraude ao requisito de que a pendência do processo tenha sido averbada no respectivo registro público, se houver.

O CPC/2015, dessa maneira, ampliou a possibilidade prevista no Código anterior, ao reconhecer a fraude não só quando cometida contra ação real, mas também em prejuízo das

---

[52] "Na hipótese de arrematação ou adjudicação judicial a vontade do devedor é irrelevante, o que obsta a caracterização da fraude" (STJ, 1ª T., REsp 538.656/SP, Rel. Min. Luiz Fux, ac. 16.10.2003, *DJU* 03.11.2003, p. 277).

[53] Sobre reconhecimento excepcional da fraude contra credores em reconvenção à ação de embargos de terceiro, ver, adiante, o item 536.1.

demandas que veiculam "pretensão reipersecutória". Nesta categoria, compreende-se a "ação pessoal em que o autor demanda coisa em poder de terceiro".[54]

Na situação do inciso I, embora a fraude independa da condição de insolvência do devedor, é essencial que o credor tenha promovido a prévia averbação da pendência do processo no registro público (quando houver) em que o bem alienado deva ser inscrito.

Assim, a previsão de fraude contida no inciso I do art. 792 correlaciona-se com a situação jurídica dos bens sujeitos a registro público, caso em que a preexistência de averbação da ação pendente não pode ser dispensada, porque erigida à categoria de pressuposto legal para reconhecimento da fraude à execução.

O regime adotado pelo CPC/2015, como se deduz do inciso I do art. 792, é muito mais rígido do que o do Código anterior, para o qual a averbação do processo facilitava o reconhecimento da fraude mas não era tratado como requisito indispensável. Agora, havendo registro público (e não apenas registro de imóveis) para inscrição do bem disputado em ação real ou reipersecutória, a aquisição do bem litigioso por terceiro somente será qualificada como em fraude à execução se atendida a exigência da prévia averbação do processo no mesmo registro. Não há mais lugar, portanto, para se distinguir entre terceiro de boa-fé ou de má-fé. Se há a averbação da ação, a alienação do bem litigioso será sempre fraudulenta; se não há, não cabe cogitar-se de fraude à execução, na hipótese identificada no inciso I do art. 792. De qualquer maneira, o dispositivo em questão trata objetivamente da fraude, sem correlacioná-la com o elemento subjetivo qualificador da conduta do terceiro adquirente[55].

Outro é o regime dos bens litigiosos não sujeitos a registro público. Deles se tratará mais adiante, em apreciação do § 2º do referido art. 792.

Por outro lado, esteja o bem sujeito ou não ao registro público, a fraude consistente na alienação da coisa litigiosa só se configurará quando a transferência da propriedade for praticada durante a litispendência, porque o bem ou direito se torna litigioso com a litispendência, ou seja, com a lide pendente. Esclarece a jurisprudência do STJ que: *(a)* "a lide é considerada pendente, para o autor, com a propositura da ação e, para o réu, com a citação válida"; *(b)* "para o adquirente, o momento em que o bem ou direito é considerado litigioso varia de acordo com a posição ocupada pela parte na relação jurídica processual que sucederia"; e *(c)* "não há falar em extensão dos efeitos da coisa julgada ao adquirente se o bem é adquirido por terceiro de boa-fé antes de configurada a litigiosidade"[56].

136. BENS VINCULADOS A PROCESSO DE EXECUÇÃO (INCISO II)

Ajuizada a execução, autoriza o art. 828 do CPC/2015 ao exequente obter certidão de que o processo foi admitido pelo juiz para averbação no registro de imóveis, de veículos ou de outros bens sujeitos a penhora, arresto ou indisponibilidade. Na pendência da execução, feita a averbação no registro adequado, considera-se em fraude a ela a alienação ou oneração do bem que tenha sido constrito (art. 792, inciso II).

Também nesse caso não se cogita de insolvência do executado nem de má-fé do terceiro adquirente. A fraude é presumida *ex lege*. O problema situa-se na eventualidade de não ter sido averbada a execução, mas de ser comprovada a ciência que tinha o adquirente da existência da penhora, do arresto ou da indisponibilidade que incidia sobre o bem negociado.

---

[54] WAMBIER, Teresa Arruda Alvim. CONCEIÇÃO, Maria Lúcia Lins; RIBEIRO, Leonardo Ferres da Silva; MELLO, Rogério Licastro Torres de. *Primeiros Comentários ao novo Código de Processo Civil*. São Paulo: Ed. RT, 2015, p. 1145.

[55] Sobre a possibilidade de invocar a má-fé do terceiro adquirente do bem litigioso, mesmo no caso de falta de registro da ação, ver o enunciado n. 149/CEJ, no item seguinte.

[56] STJ, 3ª T., AgInt no AREsp 1.293.353/DF, Rel. Min. Ricardo Villas Bôas Cueva, ac. 03.12.2018, *DJe* 06.12.2018.

De fato, diante da literalidade do art. 792, II, não se pode tecnicamente reconhecer que o adquirente, ainda que de má-fé, tenha participado de fraude à execução, uma vez que esta, por aquele dispositivo legal, pressupõe averbação do processo executivo no registro público a que se sujeita o bem constrito.

Observa, com propriedade, José Miguel Garcia Medina que se o caso não é, pelo CPC/2015, de fraude à execução, configura sem dúvida ato atentatório à dignidade da justiça. Com efeito, dispõe o art. 774 que comete o executado ato da espécie quando "fraudar a execução" (inc. I), ou "dificulta ou embaraça a realização da penhora" (inc. III). Se o executado não pode atentar contra a dignidade da justiça, é óbvio que também o terceiro não pode compactuar com ele nessa prática ilícita. Cabendo ao juiz "prevenir ou reprimir qualquer ato contrário à dignidade da justiça" (art. 139, inc. III), não pode permanecer impune a colusão levada a cabo entre executado e seu comparsa, cuja reparação consiste, *in casu*, na decretação de ineficácia do ato nocivo para a execução.[57]

De tal sorte, a má-fé será reprimida e a boa-fé será prestigiada, como manda a norma fundamental do art. 5º do CPC/2015[58]. Em outros termos, o que não se alcança pela regra técnica da fraude à execução (art. 792, n. II), consegue-se pela disciplina repressora do atentado à dignidade da justiça. O resultado prático é o mesmo.[59]

Ressalve-se, todavia, que, inexistindo averbação no registro público, não se pode presumir a má-fé do terceiro adquirente do bem penhorado ou arrestado. O que de ordinário se presume é a boa-fé. Assim, prevalece a antiga jurisprudência do STJ, com alguma modulação, no sentido de que "o reconhecimento da fraude à execução depende do registro da penhora do bem alienado ou da prova de má-fé do terceiro adquirente" (Súmula n. 375/STJ); e de que "inexistindo registro na penhora na matrícula do imóvel, é do credor o ônus da prova de que o terceiro adquirente tinha conhecimento da demanda...".[60] Levar-se-á em conta, entretanto, a demonstração que o terceiro deverá fazer acerca das cautelas necessárias para a aquisição, previstas no § 2º do art. 792, relativa aos bens não sujeitos a registro.

Nesse passo, a orientação do CPC/2015 reduz um pouco o alcance da Súmula 375, do STJ, visto que não mais imputa, invariavelmente, ao exequente o ônus de provar a má-fé do terceiro adquirente. Ao contrário, é deste último que exige prova de ter adotado as cautelas necessárias para a aquisição, mediante a exibição das certidões pertinentes, obtidas no domicílio do vendedor e no local onde se encontra o bem. É evidente, portanto, a adoção de um regime dinâmico de inversão do ônus da prova tradicional em matéria de fraude e má-fé. Não prevalece mais a presunção clássica de que a boa-fé se presume e a má-fé deve ser sempre provada.

---

[57] Para ocorrer a fraude à execução, nas hipóteses dos incisos I a III do art. 792 do CPC/2015, "faz-se necessário a averbação em registro público, mas isso não impede que se reconheça haver ato atentatório à dignidade da justiça quando o executado aliena bem penhorado, e o terceiro adquirente tem ciência da penhora (...), o reconhecimento do vício deverá conduzir ao mesmo resultado" (MEDINA, José Miguel Garcia. *Novo Código de Processo Civil comentado*. 3. ed. São Paulo: Ed. RT, 2015, p. 1071 e 1072).

[58] "A falta de averbação da pendência de processo ou da existência de hipoteca judiciária ou de constrição judicial sobre o bem no registro de imóveis não impede que o exequente comprove a má-fé do terceiro que tenha adquirido a propriedade ou qualquer outro direito real sobre o bem" (Enunciado n. 149/CEJ/CJF).

[59] Embora pronunciada sob o regime do CPC/1973, cabe aqui a tese assentada pelo STJ no sentido de que "realmente, se o bem onerado ou alienado tiver sido objeto de anterior constrição judicial, a ineficácia perante a execução se configurará, não propriamente por ser fraude à execução (CPC, art. 593, II) [de 1973], mas por representar atentado à função jurisdicional" (STJ, 1ª T., REsp 494.545/RS, Rel. Teori Albino Zavascki, ac. 14.09.2004, *DJU* 27.09.2004, p. 214).

[60] STJ, Corte Especial, REsp repetitivo 956.943/PR, Rel. p/ac. Min. João Otávio de Noronha, ac. 20.08.2014, *DJe* 01.12.2014.

Com isso, impõe-se reconhecer que a Súmula 375 perdeu eficácia na parte em que exigia prova da má-fé do adquirente.[61] É bom lembrar que o próprio STJ, em alguns casos posteriores à edição da Súmula em questão, já vinha decidindo que a ausência de boa-fé poderia ser provada com a demonstração de que o adquirente não se cercou dos mínimos cuidados inerentes à segurança do negócio jurídico entabulado, de modo que nem sempre se exija do exequente a prova direta da má-fé do terceiro.[62]

A averbação da execução pendente autorizada pelo art. 828 é muito importante para a configuração da fraude principalmente na hipótese de redução do executado à insolvência, porquanto quando efetuada à margem do registro de determinado bem, sua alienação será havida como fraudulenta sem necessidade de se demonstrar a efetiva ciência do adquirente sobre a existência da ação executiva. Desde que não haja outros bens do devedor suficientes para a garantia do juízo, a fraude à execução estará objetivamente configurada.

Atualmente, pode-se se reconhecer que o STJ tem o firme entendimento de que a averbação da penhora no registro do bem (seja ele imóvel ou qualquer outro sujeito a assento em registro público) "não constitui elemento integrativo do ato, mas sim requisito de eficácia perante terceiros", motivo pelo qual tem-se configurada a presunção absoluta (*juris et de jure*) de conhecimento por terceiros e, portanto, *de fraude à execução* caso o bem constrito seja alienado ou onerado após a averbação[63] de que cogita o art. 844 do CPC[64].

Por outro lado – ainda de acordo com a jurisprudência do STJ –, "se o bem se sujeitar a registro e a penhora ou a ação de execução não tiver sido averbada no respectivo registro, tal circunstância não obsta, *prima facie*, o reconhecimento da fraude à execução. Nesse caso, entretanto, caberá ao credor comprovar a má-fé do terceiro; vale dizer, de que o adquirente tinha conhecimento acerca da pendência do processo. Essa orientação é consolidada na jurisprudência deste Tribunal Superior e está cristalizada na Súmula 375 do STJ e no julgamento do Tema 243".

Desse modo – para a mesma Corte Superior –, "são pressupostos genéricos da fraude à execução: (i) processo judicial em curso em face do devedor/executado; (ii) registro, na matrícula do bem, da penhora ou outro ato de constrição judicial ou averbação premonitória ou, então, prova da má-fé do terceiro adquirente"[65].

137. BENS SUJEITOS À HIPOTECA JUDICIÁRIA OU OUTRO ATO DE CONSTRIÇÃO JUDICIAL (INCISO III)

O atual Código institui mais uma hipótese autônoma de fraude à execução, que consiste na alienação ou oneração de bem submetido à hipoteca judiciária ou outro ato de constrição judicial, como penhora, arresto, sequestro, arrecadação etc. Para tanto, exige o art. 792, inc. III, apenas que o gravame tenha sido averbado no registro público, dispensada a comprovação de má-fé e de insolvência do terceiro adquirente.

---

[61] "Dessarte, com o advento do Novo Código de Processo Civil, entendemos que houve revogação parcial da Súmula n. 375 do Colendo Superior Tribunal de Justiça" (ARRUDA ALVIM, Angélica. Fraude à execução no Novo CPC e a Súmula n. 375/STJ, *Revista Forense*, v. 421, p. 20, jan-jun/2015). No mesmo sentido: WAMBIER, Teresa Arruda Alvim, *et al*, Primeiros Comentários ao novo Código de Processo Civil cit., 2015, p. 1146-1147.

[62] STJ, 3ª T., RMS 27.358/RJ, Rel. Min. Nancy Andrighi, ac. 05.10.2010, DJe 25.10.2010. Cf. também: CÂMARA JÚNIOR, José Maria. Comentários ao § 2º, do art. 792, in WAMBIER, Teresa Arruda Alvim, *et al. Breves comentários ao novo Código de Processo Civil cit.*, p. 1.814-1.815.

[63] STJ, 3ª T., REsp 1.863.952/SP, Rel. Min. Nancy Andrighi, ac. 26.10.2021, DJe 29.11.2021.

[64] "Para presunção absoluta de conhecimento por terceiros, cabe ao exequente providenciar a averbação do arresto ou da penhora no registro competente, mediante apresentação de cópia do auto ou do termo, independentemente de mandado judicial" (art. 844 do CPC).

[65] STJ, 3ª T., REsp 1.863.952/SP, *cit.*

Mais uma vez o Código vincula a fraude à averbação no registro do bem, ampliando os ônus do credor, que é o maior interessado na preservação do patrimônio do devedor até a satisfação de seu crédito.[66]

Questão relevante diz respeito ao "outro ato de constrição judicial" de que trata o dispositivo. À época do Código anterior, não era preciso que a penhora estivesse inscrita, para que se considerasse a alienação de seu objeto em fraude de execução. Isto porque a penhora não traz a indisponibilidade dos bens apreendidos, como entendia a antiga doutrina civilista. Mas torna ineficaz, perante o processo, qualquer ato de disposição praticado pelo devedor que desrespeite a constrição. E essa ineficácia decorre da própria penhora, que é ato público e solene, e não necessariamente de sua inscrição no Registro Imobiliário, como ressaltava Pontes de Miranda.[67] A inscrição, aliás, nem era formalidade obrigatória,[68] pois casos há em que ela até mesmo é impossível (bens móveis, direitos e ações etc.).

Essa opinião, todavia, não era unânime, havendo quem entendesse que à falta de registro do gravame judicial, o credor teria o ônus de provar a ciência de que o terceiro adquirente teria da penhora.[69] Pode-se dizer que, aliás, esta última era a posição predominante na jurisprudência[70].

Quando a penhora recaía sobre imóveis, era obrigatória sua averbação no Registro Público respectivo (art. 659, § 4º, do CPC/1973, com a redação da Lei 11.382/2006) e, portanto, não se configuraria a fraude de execução sem tal ato de publicidade, senão provando má-fé do terceiro adquirente (*i. e.*, sua ciência do gravame).

Agora, o CPC/2015 ressalta, no inciso III do art. 792, que deve ter sido averbada, no registro do bem, a constrição para configuração da fraude à execução. Esta circunstância, todavia, não impede, por si só, a caracterização da fraude sem o registro. É que, o ato do executado de disposição do bem constrito é suficiente para configurar atentado à dignidade da justiça (art. 774, I e III, do CPC/2015). Nessa hipótese, não se pode deixar de reconhecer a corresponsabilidade do terceiro adquirente que, de má-fé, concorreu para o ato atentatório à dignidade da justiça, ato que merece repressão nos termos do art. 139, III, do CPC/2015.

Assim, ainda que não averbada a penhora ou outro ato constritivo, o bem desviado não escapará do vínculo à execução defraudada, mas deverá ser comprovada a má-fé do terceiro adquirente, nos moldes da antiga Súmula n. 375 do STJ.[71]

---

[66] CÂMARA JÚNIOR, José Maria. *In:* WAMBIER, Teresa Arruda Alvim, *et al. Breves Comentários ao novo Código de Processo Civil.* São Paulo: Ed. RT, 2015, p. 1814.

[67] PONTES DE MIRANDA. *Tratado de Direito Privado.* 2. ed. Rio de Janeiro: Borsoi, s/d, v. XI, p. 382. TJSP, ac. 11.5.1973, *in* "RT" 455/70 TJRGS, ac. 27.6.1969, *in* "Rev. For.", 232/257.

[68] TJRG do Sul, ac. de 27.6.1969, *in* Revista Forense, 232/257.

[69] LIMA, Alcides de Mendonça. *Comentários ao Código de Processo Civil.* Rio de Janeiro: Forense, 1974, v. VI, t. II, n. 1.123, p. 505; T.J. do ex– D.F.: "não tendo sido registrada a penhora, não se presume fraudulenta a compra que terceiro de boa-fé efetue de bem penhorado" (*in* ALEXANDRE DE PAULA. *O Processo Civil à Luz da Jurisprudência.* Rio de Janeiro: Forense, 1960, v. 21, n. 30.311, p. 1.617).

[70] STF, 1ª T., AI 96.838-AgRg., Rel. Min. Alfredo Buzaid, ac. 20.03.1984, *RTJ* 111/690; STJ, 4ª T., REsp. 40.854/SP, Rel. Min. Cesar Asfor Rocha, ac. 12.08.1997, *RSTJ* 111/216; STJ, 3ª T., REsp. 234.473/SP, Rel. Min. Nancy Andrighi, ac. 22.10.2001, *DJU* 18.02.2002 p. 409; STJ, 4ª T., REsp. 212.107/SP, Rel. Min. Ruy Rosado de Aguiar, ac. 04.11.1999, *DJU* 07.02.2000 p. 166.

[71] Nesse sentido, lição de Araken de Assis: "A averbação da penhora, e, *a fortiori*, de outros atos constritivos (*v. g*, o arresto), importará presunção absoluta de fraude, ou *juris et de jure*, quer dizer o juiz não admitirá a alegação de boa-fé do adquirente, rejeitando prova em contrário; na sua falta, incumbe ao exequente o ônus de provar o conhecimento da pendência do processo pelo adquirente" (ASSIS, Araken de. *Manual da execução.* 18. ed. revista, atualizada e ampliada, São Paulo: Editora Revista dos Tribunais, 2016 item 53.3, p. 397).

O que não se alcança pela literalidade da descrição da fraude contida no inciso III, do art. 792, configura-se pelo atentado à dignidade da justiça previsto no art. 774, I e III. É nesse sentido que se pode afirmar que a antiga jurisprudência do STJ, consolidada na Súmula n. 375, de certa forma permanece prestigiada pelo atual Código, se não totalmente, pelo menos em boa parte (ver, as ressalvas sobre a sanção à má-fé comprovada do terceiro adquirente, no caso de gravame não averbado no registro público, constantes do Enunciado n. 149/CEJ-CJF, no item anterior).

Tudo o que se disse sobre a penhora aplica-se ao arresto e ao sequestro, medidas cautelares de efeito similar à penhora. Se o devedor era de início solvente e efetuou várias vendas de bens livres, para só a final tornar-se insolvente, a fraude de execução só terá ocorrido com base no ato que gerou de fato insuficiência patrimonial para garantir a dívida ajuizada. A execução deverá, pois, atingir tão somente os bens dispostos nas últimas alienações, em ordem regressiva, "até o equivalente na dívida".[72]

Não existe a fraude de execução na eminência do processo. Antes de ser instaurada a relação processual, seja condenatória, seja executória, a fraude é apenas contra credores.[73]

Importante ressaltar que o Código limita a fraude ao credor do processo "onde foi arguida a fraude", de tal sorte que beneficia "unicamente o exequente, e, não, aos credores comuns do obrigado".[74]

138. ALIENAÇÃO QUE PRODUZ OU AGRAVA A INSOLVÊNCIA DO DEVEDOR, NA PENDÊNCIA DE PROCESSO (INCISO IV)

Sem dúvida, porém, a hipótese de maior relevância é a de alienação ou oneração praticada pelo devedor, contra o qual corria demanda capaz de reduzi-lo à insolvência (CPC/2015, art. 792, n. IV).

A aplicação do dispositivo deve ser feita distinguindo-se a hipótese em que o bem alienado esteja ou não vinculado especificamente a execução (penhora ou direito real ou medida cautelar).

Não havendo a prévia sujeição do objeto à execução, para configurar-se a fraude deverá o credor demonstrar o *eventus damni*, isto é, a insolvência do devedor decorrente da alienação ou da oneração. Esta decorrerá normalmente da inexistência de outros bens penhoráveis ou da insuficiência dos encontrados. Observe-se que a insolvência não deve decorrer obrigatoriamente da demanda pendente, mas do ato de disposição praticado pelo devedor. Não importa a natureza da ação em curso (pessoal ou real, de condenação ou de execução). O que importa é a aptidão do litígio para reconhecer uma obrigação de pagar quantia cuja satisfação se frustre em razão do desfalque patrimonial verificado. O caso, todavia, refere-se mais propriamente ao processo de cognição, uma vez que o inciso II, do art. 792, contempla norma especial para a configuração da fraude no processo de execução, que se presume a partir da simples averbação no registro do bem da pendência da ação. No entanto, não tendo sido a execução averbada, nem por isso deixará de ser possível a ocorrência da fraude, já então com base no inciso IV, do

---

[72] LIMA, Alcides de Mendonça. *Op. cit.*, n. 1.128, p. 507.

[73] TACivSP, ac. *in* "Rev. For.", 234/136. "O simples ajuizamento do pedido não induz fraude à execução, pois para caracterização de demanda pendente é necessário que ocorra a litispendência, ou seja, a instauração da instância com a citação do réu" (T.J.M.G., Ap. no 51.620 *in* "Jur. Mineira", 76/76). "Para que se tenha por caracterizada a fraude à execução prevista no inciso II do art. 593 do Código de Processo Civil, faz-se necessário a existência de ação em curso, com citação válida." (STJ, 3ª T., REsp 784.742/RS, Rel. Min. Castro Filho, ac. 21.11.2006, *DJU* 4.12.2006, p. 306). No mesmo sentido: STJ, 2ª T., REsp 604.118/MG, Rel. Min. João Otávio de Noronha, ac. 13.2.2007, *DJU* 8.3.2007, p. 183. STJ, Corte Especial, REsp 956.943/PR, Recurso Repetitivo – tema 243, Rel. p/ac. Min. João Otávio de Noronha, ac. 20.08.2014, *DJe* 01.12.2014.

[74] ASSIS, Araken de. *Manual da execução cit.*, item 53.3, p. 392.

art. 792. É que a previsão nele contida é a mais ampla possível, não fazendo distinção alguma entre as ações de cunho patrimonial que possam ser prejudicadas pela insolvência do devedor, ocasionada por alienação de bem ocorrida em prejuízo de ação pendente.

Se houver, por outro lado, vinculação do bem alienado ou onerado ao processo fraudado (como por exemplo: penhora, arresto ou sequestro), a caracterização da fraude de execução independe de qualquer outra prova. O gravame judicial acompanha o bem perseguindo-o no poder de quem quer que o detenha, mesmo que o alienante seja um devedor solvente.[75] A fraude caracterizar-se-á objetivamente nos moldes do inciso III do art. 792, e não do seu inciso IV, sem sujeitar-se ao requisito da insolvência.

Não é só a venda e outros atos de disposição como a doação que ensejam a fraude de execução. Também os atos de oneração de bens, como a hipoteca, o penhor, a promessa irretratável de venda, a alienação fiduciária etc., quando causem a insolvência do devedor, ou a agravem, são considerados como fraudulentos e lesivos à execução, apresentando-se, por isso mesmo, ineficazes perante o credor.

138.1. Defesa do terceiro adquirente

O adquirente ou o beneficiário da oneração, como já se demonstrou, não é parte na execução. Se pretender negar a fraude de execução ou furtar-se a suas consequências, terá de valer-se dos embargos de terceiro (CPC/2015, arts. 674 e 792, § 4º).[76] A Lei marca o prazo de quinze dias para que o terceiro adquirente ou beneficiário se defenda, por meio de embargos preventivos, contra a arguição de fraude à execução. Não se trata, porém, de prazo decadencial suficiente para eliminar o cabimento dos embargos de terceiro, de forma definitiva. O § 4º do art. 792 cogita de embargos destinados a impedir a penhora até então apenas ameaçada. Não propostos tais embargos no prazo de quinze dias, a penhora será efetuada; restarão, todavia, facultados ao terceiro os embargos repressivos, cuja oposição se mostra cabível a qualquer tempo, dentro dos limites fixados pelo art. 675, *caput*.[77]

139. DEMAIS CASOS EXPRESSOS EM LEI (INCISO V)

Os demais casos expressos em lei (inciso V do art. 792) são os que, em outros dispositivos do próprio Código e de outras leis, se consideram como praticados em fraude à execução. No Código de Processo temos os exemplos de penhora sobre crédito, contido no art. 856, § 3º, e da averbação no registro público da execução distribuída (art. 828, § 4º);[78] na Lei dos Registros Públicos, o caso da penhora registrada (art. 240); no Código Tributário Nacional, a alienação

---

[75] "O reconhecimento da fraude à execução depende de registro da penhora do bem alienado ou da prova de má-fé do terceiro adquirente" (Súmula n. 375/STJ).

[76] "A falta de oposição dos embargos de terceiro preventivos no prazo do art. 792, § 4º, do CPC não impede a propositura dos embargos de terceiro repressivos no prazo do art. 675 do mesmo Código" (CEJ/I Jorn. Dir. Proc. Civ., Enunciado n. 102).

[77] CPC/2015: "Art. 675. Os embargos podem ser opostos a qualquer tempo no processo de conhecimento enquanto não transitada em julgado a sentença e, no cumprimento de sentença ou no processo de execução, até 5 (cinco) dias depois da adjudicação, da alienação por iniciativa particular ou da arrematação, mas sempre antes da assinatura da respectiva carta".

[78] Com a Lei a Lei n. 11.382/2006, à época do Código anterior, instituiu-se um novo caso de fraude de execução, configurável após a averbação da distribuição da ação executiva. Antes mesmo da citação e da penhora, o exequente pode prevenir-se contra alienações fraudulentas, averbando o ingresso na via executiva, mediante simples certidão de ter distribuído a petição inicial (CPC/1973, art. 615-A). Esse regime foi mantido pelo CPC/2015, art. 828 c/c 792, II. A averbação cabe em qualquer registro público e não apenas no registro de imóveis, e pode ser feita à margem do registro que o exequente escolher.

ou oneração de bens do sujeito passivo da dívida ativa regularmente inscrita (art. 185); na Lei n. 8.009/1990, a aquisição de má-fé de imóvel mais valioso para transferir a residência familiar, desfazendo-se ou não da moradia antiga (art. 4º).[79]

Com relação à fraude na execução fiscal, é assente na jurisprudência do STJ não ser necessária "a caracterização da má-fé do terceiro adquirente ou mesmo a prova do conluio" para a configuração da fraude. Isto porque, "a natureza jurídica do crédito tributário conduz a que a simples alienação de bens pelo sujeito passivo por quantia inscrita em dívida ativa, sem a reserva de meios para quitação do débito, gera presunção absoluta de fraude à execução".[80] Esse regime especial, aplicado à execução fiscal, foi implantado pela Lei Complementar n. 118/2005, que alterou o art. 185 do Código Tributário Nacional.

Da Lei n. 13.097, de 19 de janeiro de 2015, constam regras importantes sobre a necessidade e eficácia das averbações em registro público, com repercussão sobre a configuração da fraude à execução, em suas principais modalidades, regras que, aliás, se harmonizam com o sistema do CPC/2015, editado logo em seguida, reforçando-o e tornando-o mais preciso.[81] A partir do enfoque da Lei n. 13.097, pode-se reconhecer que, em relação aos processos e atos sujeitos a registro ou averbação, a configuração da fraude à execução pressupõe prévio assento

---

[79] Para Araken de Assis, a fraude consistiria em "criar impenhorabilidade aparente de residência familiar, adquirida para tal fim, nela concentrando valores antes dispersos em outros bens móveis ou imóveis" (ASSIS, Araken de. *Manual da execução, cit.*, p. 241-242).

[80] STJ, 2ª T., AgRg no AREsp. 734.951/RS, Rel. Min. Humberto Martins, ac. 15.10.2015, *DJe* 26.10.2015. Para a Corte Superior, "a alienação engendrada até 08.06.2005 exige que tenha havido prévia citação no processo judicial para caracterizar a fraude de execução; se o ato translativo foi praticado a partir de 09.06.2005, data de início da vigência da Lei Complementar n. 118/2005, basta a efetivação da inscrição em dívida ativa para a configuração da figura da fraude" (STJ, 1ª Seção, REsp. 1.141.990/PR, Rel. Min. Luiz Fux, ac. 10.11.2010, *DJe* 19.11.2010).

[81] Lei n. 13.097/2015: "Art. 54. Os negócios jurídicos que tenham por fim constituir, transferir ou modificar direitos reais sobre imóveis são eficazes em relação a atos jurídicos precedentes, nas hipóteses em que não tenham sido registradas ou averbadas na matrícula do imóvel as seguintes informações: I – registro de citação de ações reais ou pessoais reipersecutórias; II – averbação, por solicitação do interessado, de constrição judicial, do ajuizamento de ação de execução ou de fase de cumprimento de sentença, procedendo-se nos termos previstos do art. 615-A da Lei n. 5.869, de 11 de janeiro de 1973 – Código de Processo Civil; III – averbação de restrição administrativa ou convencional ao gozo de direitos registrados, de indisponibilidade ou de outros ônus quando previstos em lei; e IV – averbação, mediante decisão judicial, da existência de outro tipo de ação cujos resultados ou responsabilidade patrimonial possam reduzir seu proprietário à insolvência, nos termos do inciso II do art. 593 da Lei n. 5.869, de 11 de janeiro de 1973 – Código de Processo Civil. Parágrafo único. Não poderão ser opostas situações jurídicas não constantes da matrícula no Registro de Imóveis, inclusive para fins de evicção, ao terceiro de boa-fé que adquirir ou receber em garantia direitos reais sobre o imóvel, ressalvados o disposto nos arts. 129 e 130 da Lei n. 11.101, de 9 de fevereiro de 2005, e as hipóteses de aquisição e extinção da propriedade que independam de registro de título de imóvel. Art. 55. A alienação ou oneração de unidades autônomas integrantes de incorporação imobiliária, parcelamento do solo ou condomínio edilício, devidamente registrada, não poderá ser objeto de evicção ou de decretação de ineficácia, mas eventuais credores do alienante ficam sub-rogados no preço ou no eventual crédito imobiliário, sem prejuízo das perdas e danos imputáveis ao incorporador ou empreendedor, decorrentes de seu dolo ou culpa, bem como da aplicação das disposições constantes da Lei n. 8.078, de 11 de setembro de 1990. Art. 56. A averbação na matrícula do imóvel prevista no inciso IV do art. 54 será realizada por determinação judicial e conterá a identificação das partes, o valor da causa e o juízo para o qual a petição inicial foi distribuída. § 1º Para efeito de inscrição, a averbação de que trata o *caput* é considerada sem valor declarado. § 2º A averbação de que trata o *caput* será gratuita àqueles que se declararem pobres sob as penas da lei. § 3º O Oficial do Registro Imobiliário deverá comunicar ao juízo a averbação efetivada na forma do *caput*, no prazo de até dez dias contado da sua concretização. § 4º A averbação recairá preferencialmente sobre imóveis indicados pelo proprietário e se restringirá a quantos sejam suficientes para garantir a satisfação do direito objeto da ação".

em registro público, necessário para que ocorra a presunção de divulgação *erga omnes* do ato ou evento capaz de justificar a fraude (sobre o tema ver, ainda, os itens 128, 129 e 130, retro).

140. VISÃO PRETORIANA ATUAL DA FRAUDE DE EXECUÇÃO

I – Generalidades

É claro que não se pode ter como eficaz um processo executivo que não consegue defender a própria garantia da prestação jurisdicional satisfativa. Com efeito, a execução tem como objeto bens aptos a satisfazer o direito do credor. Se esses bens são desviados impunemente, o que se frustra não é apenas o direito subjetivo da parte. É, acima de tudo, a prestação jurisdicional.

Por isso, a lei não pode limitar-se a definir a responsabilidade patrimonial do devedor. Cumpre criar e aprimorar mecanismos que preservem dita responsabilidade até que a execução atinja o momento de transferir os bens e valores do patrimônio do inadimplente para o do credor.

Nosso legislador, de forma original e sábia, teve a felicidade de criar o instituto da *fraude de execução*, de maneira mais maleável e eficaz do que a tradicional fraude contra credores do direito civil.

Quando o processo já existe, e o devedor desvia os bens necessários a que a prestação jurisdicional consume sua tarefa, a reação imaginada pelo legislador pátrio é muito mais simples, enérgica e eficaz do que a da ação pauliana. O processo simplesmente ignora o efeito da alienação. O bem é havido, para o processo pendente, como se não houvesse saído do patrimônio do devedor. Nossa lei adota, dessa maneira, o mecanismo da *ineficácia*. A alienação não reclama a anulação ou qualquer tipo de invalidação. Ela simplesmente não opera efeito algum diante do processo em curso.

Diz o art. 790 do CPC/2015:

"Ficam sujeitos à execução os bens:...

V – *alienados ou gravados com ônus real* em fraude à execução."

Os bens indevidamente alienados saem do patrimônio do devedor e passam para o do adquirente, para efeito do direito material. Mas, mesmo integrando o patrimônio de terceiro, continuam sujeitos à *responsabilidade patrimonial* pela satisfação do crédito reclamado pela via processual.

O esquema jurídico é muito singelo, já que a fraude de execução não depende de ação de acertamento, nem de sentença que a declare ou constitua. "Reconhecida a fraude de execução, a ineficácia da alienação de bens pode ser declarada incidentalmente no processo de execução, independentemente de ação específica".[82]

A dificuldade, porém, sempre se situou no tratamento a ser dispensado ao terceiro que negocia com o litigante fraudador da execução. Para este não há como qualificar de boa-fé sua conduta, pois não tem o devedor como ignorar o prejuízo acarretado à ação pendente. Já para o terceiro, é perfeitamente possível admitir que tenha adquirido o bem alienado pelo litigante, ignorando a existência do processo e do prejuízo que este veio a sofrer. Vale dizer: é possível que tenha agido de boa-fé, e à ordem jurídica não apraz desprezar a boa-fé, em linha de princípio.

---

[82] TJSP, Ap. n. 198.404-2, Rel. Des. Gildo dos Santos, ac. 24.09.1992, *RJTJESP*, 139/75; *RT*, 697/182. STJ, 3ª T., REsp 1.260.490/SP, Rel. Min. Nancy Andrighi, ac. 07.02.2012, *DJe* 02.08.2012.

II – Jurisprudência formada ao tempo do CPC de 1973

A posição dominante na jurisprudência, firmada ao tempo do Código de 1973, pode ser assim resumida:

a) Se o terceiro adquire bem judicialmente constrito por meio de penhora ou outro gravame processual equivalente, o ato aquisitivo, em princípio, "*é ineficaz, sendo desnecessário demonstrar insolvência do executado*"[83].

b) Quando ainda não se consumou a constrição judicial sobre o bem, *i.e.*, enquanto não existir penhora, arresto ou sequestro, a fraude, nos termos do art. 593, II, do CPC/1973, dependerá de prova do requisito objetivo: dano ou prejuízo decorrente da insolvência a que chegou o devedor com a alienação ou oneração de seus bens;[84] e, também, do requisito subjetivo, se a ação pendente não estiver inscrita no registro público, caso em que caberá ao credor "*o ônus de provar que o terceiro tinha ciência da demanda em curso*".[85]

III – Regime do CPC de 2015

O atual Código, coerente com a Lei n. 13.097/2015, coloca a fraude à execução, em regra, na dependência de estar a ação real ou reipersecutória, assim como o ato constritivo, averbados no registro público, sempre que o bem alienado se achar submetido a esse controle, como no caso dos imóveis, automóveis, aviões, navios, etc. (art. 828), como se deduz dos incisos I a III do art. 792. Não havendo anulação, nem por isso o conluio fraudulento entre o executado e o terceiro adquirente de má-fé restará impune. Por meio da repressão ao atentado à dignidade da justiça (art. 139, III, do CPC/2015) se chegará ao mesmo efeito da fraude contra constrição averbada (v. *retro*, o n. 134).

Se se trata de fraude por ato causador da insolvência do devedor (art. 792, IV), é indispensável que o bem alienado tenha desfalcado o acervo sobre o qual a responsabilidade patrimonial se assentava. Logo, se o devedor dispôs de bem impenhorável não há de se falar em fraude à execução, visto que o objeto da alienação jamais seria excutível pelo credor que se diz prejudicado. Inexistindo possibilidade de penhorá-lo, nenhum interesse teria o credor na arguição de fraude à execução, que, aliás, na realidade nunca existiu.[86] Da irrelevância do bem para a execução,

---

[83] STJ, 3ª T., REsp 4.198/MG, Rel. Min. Eduardo Ribeiro, ac. 27.11.1990, *DJU* 04.02.1991, p. 574; STJ, 1ª T., REsp 825.861/PR, Rel. Min. Teori Albino Zavascki, ac. 01.06.2006, *DJU* 12.06.2006, p. 454. STJ, 2ª T., REsp 1.085.933/SP, Rel. Min. Eliana Calmon, ac. 03.02.2009, *DJe* 26.02.2009; STJ, 5ª T., Resp 417.075/SP, Rel. Min. Laurita Vaz, ac. 11.12.2008, *DJe* 09.02.2009.

[84] STJ, 3ª T., REsp. 34.498-9/RS, rel. Min. Waldemar Zveiter, *in DJU* de 02.08.93; STJ, REsp. 24.154/GO, Rel. Min. Waldemar Zveiter, ac. 29.09.92, *in DJ* 03.11.92, p. 19.765; STJ, 2ª T., AgRg no REsp 1.117.704/SP, Rel. Min. Humberto Martins, ac. 18.03.2010, *DJe* 30.03.2010.

[85] STJ, 4ª T., REsp. 4.132/RS, Rel. Min. Sálvio de Figueiredo, *in RSTJ* 26/346; REsp. 26.866-0/RJ, Rel. Min. Sálvio de Figueiredo, *in DJU* de 16.11.92; STJ, Rec. em MS 7.229/SP, Rel. Min. Ruy Rosado de Aguiar, ac. de 08.10.96, *in RSTJ*, 93/265; STJ, 4ª T., AgRg. no Ag. 389.569-0, Rel. Min. Aldir Passarinho, ac. de 27.08.2002, *in DJU* de 11.11.2002, p. 222; STJ, 3ª T., REsp 312.661/SP, Rel. Min. Ricardo Villas Bôas Cueva, ac. 20.10.2011, *DJe* 26.10.2011. STJ, 3ª T., AgRg no AgRg no REsp 1.177.933/RS, Rel. Min. Massami Uyeda, ac. 15.12.2011, *DJe* 02.02.2012.

[86] "Não há fraude à execução na alienação de bem impenhorável nos termos da Lei n. 8.009/1990, tendo em vista que o bem de família jamais será expropriado para satisfazer a execução, não tendo o exequente nenhum interesse jurídico em ter a venda considerada ineficaz" (STJ, 4ª T., REsp. n. 976.566/RS, Rel. Min. Luis Felipe Salomão, ac. 20.04.2010, *DJe* 04.05.2010). "O fato de o recorrido já não residir no imóvel não afasta sua impenhorabilidade absoluta, já que foi transferido, no caso, para seus filhos com usufruto de sua ex-esposa. Como a lei objetiva tutelar a entidade familiar e não a pessoa do devedor, não importa que no imóvel já não resida o executado. Se o imóvel é absolutamente impenhorável e jamais poderia ser constrito pela execução

decorre a não configurabilidade de fraude no ato de disposição. É o que se passa com o imóvel destinado a moradia do devedor ("bem de família"), que mesmo sendo impenhorável, figura entre os bens disponíveis. Assim, quando o proprietário resolve vendê-lo, não comete fraude à execução, por não praticar redução na garantia patrimonial com que contavam seus credores. Não importa, *in casu*, a inexistência de outros bens do executado para garantir execução. Não terá sido a alienação do bem de família que criou ou agravou sua insolvabilidade[87].

141. FRAUDE À EXECUÇÃO E MÁ-FÉ

Em síntese, o CPC/2015 instituiu dois regimes para a fraude à execução, do ponto de vista do comportamento dos sujeitos envolvidos no negócio jurídico fraudulento:

a) Nos incisos I a III, o art. 792 elenca casos em que a declaração da fraude prescinde da averiguação da má-fé daquele que negocia com o devedor. Trata-se de vício puramente objetivo, para cuja configuração é irrelevante conhecer o estado de espírito de quem adquire o bem. É que seu pressuposto é a existência de averbação em registro público, com eficácia *erga omnes* da pendência do processo, ou do gravame judicial incidente sobre o objeto do negócio prejudicial à execução.[88]

b) No inciso IV, o art. 792 cuida de uma hipótese em que a configuração da fraude dependerá de prova do elemento subjetivo.[89] Embora se tenha estabelecido uma inversão do ônus da prova, a fraude não será declarada se o terceiro adquirente "provar que adotou as cautelas necessárias para a aquisição". Essa prova consistirá na "exibição das certidões pertinentes, obtidas no domicílio do vendedor e no local onde se encontra o bem" (art. 792, § 2º).

c) Nos casos do inciso V, isto é, fraudes previstas em outros dispositivos de lei, o regime do elemento subjetivo dependerá do critério adotado pelo dispositivo legal pertinente. Na hipótese, por exemplo, de devedor tributário, basta, para a configuração da fraude à execução, que o ato alienatário tenha sido praticado após a inscrição do débito em Dívida Ativa (CTN, art. 185). Não se cogita do elemento subjetivo.

142. MOMENTO DE CONFIGURAÇÃO DA FRAUDE À EXECUÇÃO

Todos os casos de fraude à execução enumerados nos incisos I a III do art. 792 reportam-se a atos de alienação ou oneração de bem ocorridos na pendência de ação de conhecimento ou de

---

fiscal, conclui-se que a doação do bem aos filhos do executado com usufruto pela ex-esposa não pode ser considerado fraude à execução, pois não há possibilidade dessa vir a ser frustrada em face da aludida alienação" (STJ, 2ª T., REsp. 1.059.805/RS, Rel. Min. Castro Meira, ac. 26.08.2008, *DJe* 02.10.2008).

[87] "Em se tratando de único bem de família, o imóvel familiar é revestido de impenhorabilidade absoluta, consoante a Lei n. 8.009/1990, tendo em vista a proteção à moradia conferida pela CF; segundo a jurisprudência desta Corte, não há fraude à execução na alienação de bem impenhorável, tendo em vista que o bem de família jamais será expropriado para satisfazer a execução, não tendo o exequente qualquer interesse jurídico em ter a venda considerada ineficaz" (STJ, 1ª T., AgRg no AREsp 255.799/RS, Rel. Min. Napoleão Nunes Maia Filho, ac. 17.9.2013, *DJe* 27.9.2013, *Rev. Dialética de Dir. Processual*, n. 129, p. 150-151).

[88] ANDRIGHI, Fátima Nancy; GUARIENTO, Daniel Bittencourt. Fraude de execução: o Enunciado da Súmula/STJ e o Projeto do novo CPC. *In* ARRUDA ALVIM; ARRUDA ALVIM, *et al. Execução fiscal e temas afins: Estudos em homenagem ao Professor Araken de Assis*. São Paulo: Ed. RT, 2014, p. 361. Nesse sentido: "Não se configura fraude à execução se o veículo automotor é objeto de sucessivas vendas após aquela iniciada pelo executado, inexistindo qualquer restrição no DETRAN que pudesse levar à indicação da ocorrência do *consilium fraudis*" (STJ, 4ªT., REsp 618.444/SC, Rel. Min. Aldir Passarinho Junior, ac. 07.04.2005, *DJU* 16.05.2005, p. 356).

[89] *Idem. Ibidem.*

execução. A litispendência, que vincula o réu à relação processual, só ocorre a partir da citação válida, como dispõe o art. 240, de sorte que o demandado apenas pode cometer ofensa a processo pendente contra ele depois de ter sido citado. Não existe a fraude à execução na iminência do processo. Antes de ser completamente formalizada a relação processual, seja condenatória ou executória, a fraude, se ocorrer, será apenas contra credores[90], e o seu tratamento em juízo dar-se-á por meio da ação pauliana (Código Civil, art. 161).

É possível, outrossim, que a fraude ocorra depois de julgada a ação de conhecimento, enquanto se aguarda o início da fase de cumprimento da sentença. Se o devedor dispõe, nesse interregno, dos bens que poderiam assegurar a execução, a fraude estará configurada, mesmo antes de ter o credor requerido a expedição da ordem judicial de pagamento. É bom lembrar que esta é apenas uma fase do processo, o qual continuará pendente enquanto não se realizar efetivamente a satisfação do direito declarado na sentença[91].

143. A FRAUDE POR MEIO DE NEGÓCIO FINANCEIRO

Como já se observou, qualquer negócio patrimonial, que crie ou agrave a insolvência do devedor, pode configurar fraude de execução. Dessa possibilidade não se excluem os atos de disposição de dinheiro, em caixa ou em depósito.

Uma doação de dinheiro, obviamente, assume feitio fraudulento, se no patrimônio do executado não remanescem outros bens penhoráveis, suficientes para a segurança do processo. A penhora, pelo mecanismo de repressão à fraude de execução, pode alcançar, no patrimônio do donatário, a soma equivalente ao objeto da liberalidade. A responsabilidade do donatário não é a de um coobrigado pela dívida exequenda, mas apenas a de um responsável pela reposição da quantia indevidamente desviada pelo insolvente. Se existir dinheiro disponível no patrimônio do donatário, é sobre ele que a penhora recairá. Se não existir, serão penhorados outros bens, no duplo limite da doação e do montante do débito exequendo.

Quando o desvio cometido pelo devedor tiver consistido em negócio financeiro (empréstimo, aquisição de ativos etc.), não haverá, em regra, fraude de execução, porquanto a penhorabilidade se sub-rogará no crédito derivado da operação. A penhora não terá sido frustrada, já que poderá recair sobre o crédito do executado junto ao terceiro que com ele contratou o empréstimo ou a operação em que o numerário foi investido, segundo os usos regulares do mercado.

É possível, todavia, um negócio oneroso, em que o desvio do dinheiro tenha se dado de má-fé, fora dos padrões do mercado, em um conluio evidente entre o executado e o terceiro partícipe da fraude. Imagine-se que o dinheiro disponível, às vésperas da penhora, é emprestado a um parente ou um amigo íntimo do devedor, a longo prazo, e em condições não usuais no mercado. A penhora do crédito remoto, em tais circunstâncias, não proporcionará a pronta exequibilidade do crédito a que tem direito o exequente e que a ele estaria assegurada, não fosse a manobra fraudulenta realizada em conluio entre o executado e o mutuário. Lícito, portanto,

---

[90] TAC-SP, ac. in Rev. For., 234/136. "Para que se tenha por caracterizada a fraude à execução prevista no inciso II do art. 593 do Código de Processo Civil, faz-se necessário a existência de ação em curso, com citação válida" (STJ, 3ª T., REsp 784.742/RS, Rel. Min. Castro Filho, ac. 21.11.2006, DJU 04.12.2006, p. 306). No mesmo sentido: STJ, 2ª T., REsp 604.118/MG, Rel. Min. João Otávio de Noronha, ac. 13.02.2007, DJU 08.03.2007, p. 183. Já no regime do CPC/2015: STJ, 3ª T., REsp 1.391.830/SP, Rel. Min. Nancy Andrighi, ac. 22.11.2016, DJe 01.12.2016.

[91] Já decidiu o STJ que mesmo quando a fraude à execução não tenha sido reconhecida incidentalmente em processo anterior, por falta de prova, não estará o credor inibido de voltar a alegá-la em processo subsequente relativo ao mesmo crédito, seja de natureza executiva ou cognitiva, já então, sem limitações probatórias e com amplo respeito ao contraditório. Isto porque "a fraude é questão de ordem pública e, assim, declarável de ofício". É que "não há preclusão *pro judicato* quanto às questões de ordem pública, gênero do qual a fraude à execução é espécie" (STJ, 3ª T., REsp 1.654.062/SC, Rel. Min. Nancy Andrighi, ac. 24.04.2018, DJe 30.04.2018).

será o exequente obter uma penhora, sobre o patrimônio do *partícips fraudis*, capaz de propiciar satisfação imediata do seu crédito, sem ter de se submeter à longa espera do remoto vencimento do empréstimo pactuado em fraude de execução.

A fraude, reprimida pelo art. 792, IV, nem sempre decorre de uma simples redução quantitativa do patrimônio do devedor. Configura-se, também, quando este sofre uma brusca e inaceitável redução de liquidez, mesmo que o saldo líquido se mantenha o mesmo. Enfim, a avaliação da fraude não pode se restringir a uma operação aritmética de compensação entre ativo e passivo do patrimônio do executado. Haverá de ser feita sempre à luz do caso concreto, e de suas peculiaridades, levando em conta, também, a funcionalidade do processo executivo. É evidente que a penhora de um crédito vencível em dez anos, *v.g.*, não exerce, na execução forçada, a mesma função e a mesma eficiência que seriam desempenhadas pela penhora de um saldo bancário. Daí a possibilidade, em determinados casos, de configuração de fraude em anômalas e maliciosas transformações do ativo financeiro, em manifesto prejuízo da liquidez executiva.

144. A APLICAÇÃO DA TEORIA DA DISTRIBUIÇÃO DINÂMICA DO ÔNUS DA PROVA À FRAUDE DE EXECUÇÃO

Segundo moderna teoria processual, a distribuição do ônus da prova prevista na sistemática ordinária do direito processual não pode ser invariavelmente feita, numa visão estática de absoluta rigidez. Conforme as particularidades da causa e segundo a evolução do processo, o juiz pode deparar-se com situações fáticas duvidosas em que a automática aplicação da distribuição legal do *onus probandi* não se mostra razoável para conduzi-lo a uma segura convicção acerca da verdade real. Num quadro como este, construiu-se a teoria da *distribuição dinâmica* do ônus probatório. Segundo esta nova concepção, o juiz deve imputar o encargo de esclarecer o quadro fático obscuro à parte que, na realidade, se acha em melhores condições de fazê-lo.

Aplicação dessa teoria tem sido feita, nos últimos tempos, pelo STJ, em matéria de fraude de execução enquadrável no inciso IV do art. 792. Embora não se negue a necessidade de tutelar a boa-fé do terceiro adquirente, já reconhecida por velha e coesa jurisprudência, tanto do STF como do STJ, decisão recente conferiu àquele que afirma não ter conhecimento da insolvência a tarefa de comprovar sua alegação, em certas circunstâncias. Essa postura mereceu adoção pelo CPC/2015, em seu art. 792, § 2º, no qual se impõem cautelas ao terceiro adquirente necessárias para justificar a arguição de boa-fé, com o propósito de elidir a fraude por insolvência do alienante (art. 792, IV).

Na hipótese, *v.g.*, de aquisição de imóveis, é obrigatória a apresentação de certidões negativas de ações para a lavratura do ato notarial, de modo que, se isto não se realiza a contento, a falha é do adquirente que tinha condições e, até mesmo, o dever de se certificar das demandas pendentes contra o alienante, das quais poderia decorrer sua insolvência, para os fins do art. 792, IV, do CPC/2015. Por isso, ao invocar a boa-fé para eximir-se das consequências da fraude de execução, o terceiro terá de demonstrar que, não obstante o zelo com que diligenciou a pesquisa e certificação de inexistência de ações contra o alienante, não chegou a ter conhecimento daquela que, *in concreto*, existia e, na realidade, acabou sendo fraudada.

Não se trata de impor-lhe prova negativa em caráter absoluto, mas de exigir-lhe comprovação de quadro fático dentro do qual se possa deduzir, com razoabilidade, que não teve conhecimento da insolvência do alienante, nem tinha condições de conhecer a ação ou as ações pendentes contra ele. É o que ocorre, por exemplo, quando as ações tenham sido aforadas em comarca diversa daquela em que ocorreu o negócio averbado de fraudulento, ou quando os protestos tenham sido registrados em cartório fora da localidade em que o transmitente mantém seu domicílio ou a sede de seus negócios habituais. Inexistindo no Brasil um registro público que centralize todas as ações e protestos acontecidos no País, seria injurídico e irrazoável exigir do adquirente de imóvel ou outros bens valiosos que saísse à procura de certidões negativas junto aos milhares e longínquos cartórios espalhados por todo o território nacional.

Exige-se, na ótica do STJ e do novo CPC, que, na medida do possível, o terceiro adquirente, para safar-se dos efeitos da fraude de execução, demonstre o motivo pelo qual não teve ciência das ações e protestos por que respondia o transmitente na data da aquisição do bem, cuja falta no seu patrimônio acarretou ou agravou a insolvência, que veio a frustrar a execução em curso ou em perspectiva.

Segundo a posição do STJ, "só se pode considerar, objetivamente, de boa-fé o comprador que toma as mínimas cautelas para a segurança jurídica da sua aquisição" (Precedente: REsp. 87.547/SP, *DJ* 22.03.1999). Portanto, "as pessoas precavidas são aquelas que subordinam os negócios de compra e venda de imóveis à apresentação das certidões negativas forenses". Motivo pelo qual "tem o terceiro adquirente o ônus de provar, nos embargos de terceiro, que, mesmo constando da escritura de transferência de propriedade do imóvel [como determina a Lei n. 7.433/1985], a indicação da apresentação dos documentos comprobatórios dos feitos ajuizados em nome do proprietário do imóvel, não lhe foi possível tomar conhecimento desse fato".[92]

E, naturalmente, não são apenas as aquisições de imóveis que podem provocar insolvência do transmitente. Coisas móveis e direitos de crédito podem tornar-se objeto de negócios jurídicos de elevado valor e, às vezes, capazes de esvaziar o patrimônio do transmitente. É óbvio que, antes de operações desse porte, tenha de acautelar-se o adquirente com pesquisa adequada acerca da existência de ações em curso contra o alienante.

Esse entendimento inovador, repita-se, não afasta a concepção de que a boa-fé do terceiro adquirente merece tutela e lhe assegura êxito nos *embargos de terceiro* contra a penhora fundada em aquisição em fraude de execução. A presunção geral de boa-fé é que restou abalada, pela imputação ao comprador do ônus, em caso de aquisição de imóveis [e não em toda e qualquer aquisição], de comprovar, objetivamente, que, sem embargo das cautelas dele exigidas por lei, não teve condições práticas de conhecer as ações e protestos que conduziam o alienante à insolvência, ao tempo da transferência.

Nesse mesmo sentido – com relação aos bens não sujeitos a registro, bens móveis, por exemplo –, o CPC/2015 dispôs, no § 2º, do art. 792, que o terceiro adquirente tem o ônus de provar que adotou as cautelas necessárias para a aquisição, mediante a exibição das certidões pertinentes, obtidas no domicílio do vendedor e no local onde se encontra o bem. Assim, também aqui haverá inversão do ônus da prova. Ou seja, caberá ao terceiro comprovar que antes da aquisição cuidou de se precaver quanto à possível insolvência do vendedor[93].

145. A POSIÇÃO DO TERCEIRO ADQUIRENTE EM FACE DA EXECUÇÃO

A fraude de execução, como já se demonstrou, é reconhecível incidentemente no curso do processo executivo. Não depende de ação e sentença para ser declarada. O juiz, diante da sumária demonstração, pelo credor, de ocorrência de disposição fraudulenta praticada pelo devedor, simplesmente ordena a expedição do mandado de apreensão ou penhora do bem desviado.

O terceiro, na realidade, não é parte do processo, porque mesmo após a alienação do bem litigioso, a legitimidade *ad causam* continua retida na pessoa do alienante (CPC/2015, art.

---

[92] STJ, 3ª T., REsp. 618.625/SC, Rel. Min. Nancy Andrighi, ac. 19.02.2008, *DJU* 11.04.2008, p. 01.

[93] "Está demonstrada a boa-fé do terceiro adquirente quando este junta aos autos certidões de distribuição cível e de protestos obtidas no domicílio da alienante e no local do imóvel. Não se pode exigir que o adquirente tenha conhecimento de ações ajuizadas em outras comarcas" (STJ, 3ª T., REsp 1.015.459/SP, Rel. Min. Nancy Andrighi, ac. 19.05.2009, *DJe* 29.05.2009). Nesse sentido, dispõe, também, o § 2º do art. 792 do CPC/2015.

109) e o eventual ingresso do adquirente em juízo somente se dará como assistente e não como substituto da parte que lhe transmitiu o bem (art. 109, § 2º).

Sem embargo de não ser parte, o terceiro adquirente, que irá suportar em seu patrimônio os efeitos da execução, tem irrecusável direito ao contraditório, antes de consumar-se a expropriação executiva em benefício do credor. Daí que, nos casos de alienação da coisa litigiosa, o mandado de execução não mais será endereçado à parte primitiva, mas se voltará contra aquele que se tornou o proprietário do bem (CPC/2015, art. 808).

Igual medida será cabível contra o que adquiriu bem penhorado ou bem cuja transmissão provocou ou agravou a insolvência do executado. O mandado de constrição terá de ser expedido contra o atual proprietário, para que tenha oportunidade de exercer o contraditório e a ampla defesa, sem os quais não se cumpre a garantia do devido processo legal (CF, art. 5º, LIV e LV).

Não se trata de incluir o adquirente na posição de parte da execução, mas de intimá-lo da penhora, para abrir-lhe a oportunidade de defender-se, como terceiro, comprovando, pelos embargos do art. 674[94], se lhe convier, que não se configurou a fraude de execução. Não é a dívida do executado que o terceiro irá discutir, e sim, a eventual inconfiguração da fraude com que se justificou a penhora de um bem que naquela altura já não mais integrava o patrimônio do devedor. O objeto da defesa do terceiro será, portanto, a ausência de sua responsabilidade executiva, no caso *sub iudice*.

Se os simples titulares de direitos reais limitados, como o usufrutuário, o anticrético, o credor hipotecário ou pignoratício, etc., têm de ser intimados da penhora sob pena de nulidade da arrematação (arts. 799, VIII e 804), com muito maior razão igual providência se impõe em face de quem ostenta a qualidade de titular atual do domínio pleno do objeto a excutir. Nula, portanto, será a hasta pública de bem adquirido em fraude de execução se o terceiro-proprietário não for tempestivamente intimado da penhora.[95]

O CPC/2015, por isso, foi expresso em determinar, no § 4º do art. 792, que "antes de declarar a fraude à execução, o juiz deverá intimar o terceiro adquirente, que, se quiser, poderá opor embargos de terceiro, no prazo de 15 (quinze) dias". Assim, ao invés de manifestar-se nos próprios autos, deverá o adquirente opor embargos de terceiro[96].

Se os simples titulares de direitos reais limitados, como o usufrutuário, o anticrético, o credor hipotecário ou pignoratício etc., têm de ser intimados da penhora sob pena de nulidade da arrematação (arts. 799, I e II, e 804), com muito maior razão igual a providência se impõe em face de quem ostenta a qualidade de titular atual do domínio pleno do objeto a excutir. Nula, portanto, será a hasta pública de bem adquirido em fraude de execução se o terceiro-proprietário não for tempestivamente intimado da penhora[97].

---

[94] De acordo com o art. 792, § 4º, do CPC/2015, é por meio de *embargos de terceiro*, e não de devedor, que o adquirente do bem do executado se defenderá da penhora realizada sob fundamento de alienação em fraude de execução.

[95] O STJ decidiu que é obrigatória a intimação da arrematação ao proprietário atual do imóvel objeto de fraude de execução, antes do respectivo praceamento, pelos mesmos princípios que exigem a citação inicial e todas as demais intimações no curso do processo: "A inobservância desse preceito simplesmente quebra o contraditório e anula a garantia do devido processo legal" (STJ, 3ª T., REsp. 2008/SP, Rel. Min. Dias Trindade, ac. de 10.06.91, *in Lex-JSTJ* 31/40).

[96] "O prazo para apresentação de embargos de terceiro tem natureza processual e deve ser contado em dias úteis" (Enunciado n. 132/CEJ/CJF).

[97] O STJ decidiu que é obrigatória a intimação da arrematação ao proprietário atual do imóvel objeto de fraude de execução, antes do respectivo praceamento, pelos mesmos princípios que exigem a citação inicial e todas as demais intimações no curso do processo: "A inobservância desse preceito simplesmente quebra o contraditório e anula a garantia do devido processo legal" (STJ, 3ª T., REsp. 2008/SP, Rel. Min. Dias Trindade, ac. 10.06.1991, *Lex-JSTJ* 31/40).

146. FRAUDE À EXECUÇÃO E DESCONSIDERAÇÃO DA PERSONALIDADE JURÍDICA

Com a provocação do incidente de desconsideração da personalidade jurídica, o sócio (ou a sociedade) que, originariamente, não era parte do processo deve ser citado para responder pela obrigação ajuizada. Prevê o art. 137 do CPC/2015 que, no curso do incidente, a alienação ou a oneração de bens pelo requerido poderá ser havida como em fraude de execução, tornando-se ineficaz em relação ao requerente.

O CPC/2015, seguindo a orientação que já prevalecia na jurisprudência do STJ,[98] segundo a qual a citação válida é pressuposto para o reconhecimento da fraude, dispôs que "nos casos de desconsideração da personalidade jurídica, a fraude à execução verifica-se a partir da citação da parte cuja personalidade se pretende desconsiderar" (art. 792, § 3º).

Para José Maria Câmara Júnior, essa orientação deve ser aplicada com cautela. "Interpretar que a citação válida representa o critério determinante para considerar que o devedor tinha conhecimento da existência da demanda e, portanto, o momento exato para tornar ineficaz o ato de alienação de bens, significa mitigar o ônus atribuído ao adquirente que pode perfeitamente obter certidões que atestam a pendência do processo antes da citação do devedor".[99]

Exigir, porém, que a fraude à execução somente ocorra depois de já ter sido citado o demandado alienante não equivale a deixar impune a ação fraudulenta praticada pelo terceiro adquirente em conivência com o sujeito processual. A fraude acaso cometida só não será reprimida como *fraude à execução*; poderá, no entanto, ser perfeitamente impugnada como *fraude contra credores*, através da ação pauliana prevista pela legislação civil. Não será caso de fraude à execução porque não se pode fraudar um processo cuja litispendência ainda não se estabeleceu, por força da indispensável citação do demandado.

Cumpre ressaltar a posição de alguns doutrinadores no sentido de que a fraude à execução verificar-se-ia a partir da citação da parte cuja personalidade se pretende desconsiderar, ou seja, "o referencial temporal não é exatamente aquele em que o incidente de postulação de ampliação da responsabilidade da pessoa jurídica é instaurado, mas sim o da citação do responsável que se quer alcançar".[100]

Data venia, não podemos comungar de tal posicionamento. Como poderá fraudar a execução quem não é executado, nem demandado em processo algum? É imprescindível a análise da fraude de execução não só do lado do devedor, mas também do lado do terceiro adquirente. Se não existe ação alguma contra o alienante (seja ou não sócio de alguma sociedade), como o adquirente poderia apurar a ocorrência de fraude à execução, na espécie? Não se pode pensar em proteger o exequente, desamparando o terceiro adquirente de boa-fé (!). A prova acaso exigível do terceiro seria, no mínimo, duplamente diabólica: (i) apurar se o alienante é sócio

---

[98] STJ, 4ª T., AgRg no REsp 316.905/SP, Rel. Min. Luis Felipe Salomão, ac. 20.11.2008, *DJe* 18.12.2008; STJ, Corte Especial, REsp. 956.943/PR, Rel. p/ac. Min. João Otávio de Noronha, ac. 20.08.2014, *DJe* 01.12.2014; STJ, 3ª T., AgRg no Ag 907.254/SP, Rel. Min. Sidnei Beneti, ac. 19.05.2009, *DJe* 01.06.2009.

[99] CÂMARA JUNIOR, José Maria. Comentários ao art. 792. *In* WANBIER, et al. *Breves Comentários ao Novo Código de Processo Civil, cit.* p. 1815.

[100] XAVIER, José Tadeu Neves. A processualização da desconsideração da personalidade jurídica. *Revista de Processo*, n. 254, p. 187. No mesmo sentido, Guilherme Amaral Rizzo, para quem se deve considerar como marco inicial da possibilidade de configurar fraude à desconsideração, o momento No mesmo sentido, Guilherme Amaral Rizzo, para que deve-se considerar como marco inicial da possibilidade de configurar fraude da citação da entidade devedora, no processo principal, e não o da citação do terceiro não devedor para o qual se quer estender a responsabilidade patrimonial. Desse modo, sendo a executada a sociedade, o ulterior incidente de desconsideração da personalidade jurídica ensejaria a configuração da fraude à execução pelo sócio, retroativamente, às alienações por ele praticadas desde a citação da pessoa jurídica (AMARAL, Guilherme Rizzo. *Comentários às alterações do novo CPC*. São Paulo: Ed. RT, 2015, p. 825).

de alguma empresa em todo o território nacional; e (ii) apurar se a eventual empresa estaria insolvente e se os negócios sociais estariam sendo praticados de modo a configurar as hipóteses de desconsideração da personalidade jurídica, reguladas pelo direito material.

Seria a suprema injustiça atribuir à instauração pura e simples do incidente de desconsideração da personalidade jurídica o efeito retroativo de tornar fraudulentas todas as alienações, mesmo as feitas em favor de terceiro de boa-fé, que nenhuma condição teria, ao tempo da transferência onerosa, de sequer suspeitar de algum prejuízo para qualquer pleito judicial pendente, que pudesse afetar o patrimônio do transmitente. Aliás, o STJ já interpretou o § 3º do art. 792 do CPC/2015, deixando assentado que "a fraude à execução só poderá ser reconhecida se o ato de disposição do bem for posterior à citação válida do sócio devedor, quando redirecionada a execução que fora originariamente proposta em face da pessoa jurídica".[101]

A interpretação correta e adequada do art. 792, § 3º, do CPC/2015, deve ser feita de modo a entender "citação da parte cuja personalidade se pretende desconsiderar" como se referindo àquele que vai ser atingido pela *desconsideração*, contraindo uma responsabilidade originariamente assumida pelo executado e que somente se voltou contra o terceiro não devedor por força do incidente do art. 133. Daí por que não seria compatível com o princípio fundamental da boa-fé (art. 5º) presumir que o estranho ao processo principal pudesse fraudá-lo ou concorrer para sua fraude, sem sequer ter conhecimento da existência do feito.

147. FRAUDE DE EXECUÇÃO E BEM DE FAMÍLIA

A alienação do imóvel da residência do devedor não pode, em princípio, configurar fraude de execução mesmo no caso de insolvência do alienante. É que, em se tratando de bem legalmente impenhorável, não se pode divisar, na espécie, redução ou supressão da garantia patrimonial com que contava o credor. A fraude, na espécie, consiste justamente em desviar, na pendência do processo, bem necessário a manter a responsabilidade patrimonial do demandado perante o demandante. Sem esse prejuízo efetivo para o exequente atual ou futuro, não há, pois, como cogitar de fraude à execução.

Há, contudo, algumas situações em que o bem de família se presta a funcionar como instrumento capaz de gerar a fraude de execução, como, por exemplo, nas hipóteses do art. 3º da Lei n. 8.009/1990, que afasta expressamente a impenhorabilidade do bem para as dívidas ali descritas. Nesse caso, se o devedor alienar o bem de família frustrando a execução, configurada estará a fraude.

Além disso, o art. 4º, *caput* da Lei dispõe que "não se beneficiará do disposto nesta Lei aquele que, sabendo-se insolvente, adquire de má-fé imóvel mais valioso para transferir a residência familiar, desfazendo-se ou não da moradia antiga". Vale dizer, é considerada fraude a aquisição, pelo devedor insolvente, de imóvel mais valioso para transferir a residência familiar, na tentativa de beneficiar-se da impenhorabilidade. Neste caso, a fraude poderá ser reconhecida na própria ação do credor, oportunidade em que o juiz irá "transferir a impenhorabilidade para a moradia familiar anterior ou anular-lhe a venda, liberando a mais valiosa para execução ou concurso, conforme a hipótese" (§ 1º). Destarte, a fraude resulta da má-fé em razão da "nítida intenção de, concentrando forças patrimoniais em imóvel dispendioso, criar impenhorabilidade artificial".[102]

O STJ já decidiu, também, haver fraude quando há "alteração na destinação primitiva do imóvel – qual seja, a morada da família – ou de desvio do proveito econômico da alienação (se

---

[101] STJ, 3ª T., REsp 1.391.830/SP, Rel. Min. Nancy Andrighi, ac. 22.11.2016, *DJe* 01.12.2016.
[102] ASSIS, Araken de. *Manual da execução cit.*, n. 53.5, p. 402.

existente) em prejuízo do credor".[103] Mas, é de se ponderar que se desvio patrimonial houver, será do produto da venda e não do objeto vendido, uma vez que este, ao tempo da alienação, não fazia parte do patrimônio representativo da garantia geral de seus credores.

Convém avaliar com cuidado a hipótese de alienação do bem de família, principalmente quando o proprietário dispõe do imóvel de sua residência para cobrir gastos com algum propósito relevante, como custear compromissos contraídos para manutenção da família ou para investimento na atividade profissional a que se dedica. Ademais, é entendimento recorrente nos tribunais o que defende a interpretação ampliativa da lei que protege o bem de família, estendendo a impenhorabilidade, por exemplo, para o saldo da arrematação, quando, por exceção legal, se autoriza a penhora sobre a moradia do devedor. Ou seja, mesmo quando o devedor perde o imóvel de residência, "o saldo da arrematação não perde sua natureza original de bem de família, sobretudo porque à proteção prevista na Lei 8.009/1990, que decorre do direito constitucional à moradia (CF, art. 6º, *caput*), deve ser dada a maior amplitude possível".[104]

O mesmo raciocínio que o STJ aplicou ao saldo da venda judicial do bem de família, cabe em relação à venda convencional, de modo que, realizada a disposição sem abuso ou malícia, o preço apurado deve conservar a mesma natureza do bem que o gerou, enquanto for conservado para tornar possível a aquisição de outra moradia ou propiciar meios para custear o aluguel da casa em que a família do alienante passará a habitar.

Ainda que o devedor não aplique o produto da alienação em fins habitacionais, não há como ter seu ato de disposição como configurador de uma fraude à execução, se, no momento da venda, o bem se achava recoberto da impenhorabilidade e, portanto, fora da garantia com que contava o exequente.[105]

Como já referimos, se o produto do ato de disposição do imóvel residencial foi desviado pelo devedor, a eventual fraude terá sido cometida no desvio de tais recursos, e não na venda do bem impenhorável (mas não inalienável), o qual nunca integrou o patrimônio exequível por seus credores. O certo, portanto, é que o terceiro adquirente do bem de família, não tendo participado do consumo do preço praticado pelo vendedor, jamais poderá ser qualificado como um codefraudador das garantias dos credores quirografários do alienante.

O prejuízo eventual dos credores, em tal situação, decorrerá de ato posterior à venda e nunca da própria alienação do imóvel residencial. Enfim, não é correto atribuir diretamente à venda do imóvel residencial a qualificação de ato em fraude à execução, ressalvadas as exceções do art. 3º da Lei n. 8.009/1990. Ainda quando inexistam outros bens do alienante para penhorar,

---

[103] STJ, 4ª T., REsp. 1.227.366/RS, Rel. Min. Luis Felipe Salomão, ac. 21.10.2014, *DJe* 17.11.2014. Em doutrina há quem também siga essa orientação: "é diferente, também, a situação em que a alienação do bem descaracteriza a sua destinação como abrigo da família do devedor, ou que – de outro modo – implica desvio do valor econômico do bem, afastando o credor do seu alcance. Se o devedor, por exemplo, vende o bem e tira de lá sua família, entregando o imóvel ao comprador, deixa de existir bem de família. A ação pauliana é acolhível porque a fraude reside em desviar do credor o dinheiro da venda" (CZAJKOWSKI, Rainer. *A impenhorabilidade do bem de família*. Curitiba: Ed. Juruá, 2001, p. 133-134).

[104] STJ, 4ª T., AgRg no AgRg no Ag. 1.094.203/SP, Rel. Min. Raul Araújo, ac. 26.04.2011, *DJe* 10.05.2011.

[105] "Não há fraude à execução na alienação de bem impenhorável nos termos da Lei n. 8.009/1990, tendo em vista que o bem de família jamais será expropriado para satisfazer a execução, não tendo o exequente nenhum interesse jurídico em ter a venda considerada ineficaz" (STJ, 4ª T., REsp. 976.566/RS, Rel. Min. Luis Felipe Salomão, ac. 20.04.2010, *DJe* 04.05.2010). No mesmo sentido: STJ, 1ª T., AgRg no AREsp. 255.799/RS, Rel. Min. Napoleão Nunes Maia Filho, ac. 17.09.2013, *DJe* 27.09.2013.

não há como divisar, na espécie, um desfalque na garantia patrimonial com que contavam seus credores. E sem esse desfalque, é inadmissível pensar em venda praticada em fraude à execução.

Nessa linha, as Turmas da Primeira Seção do STJ "adotam a orientação segundo a qual a alienação de imóvel que sirva de residência do executado e de sua família após a constituição do crédito tributário não afasta a cláusula de impenhorabilidade do bem, razão pela qual resta descaracterizada a fraude à execução fiscal", mesmo em se tratando de doação entre pai e filho[106].

148. PENHORABILIDADE EXCEPCIONAL DO BEM DE FAMÍLIA

A garantia de impenhorabilidade do bem de família é afastada, excepcionalmente, em alguns casos enumerados pelo art. 3º da Lei n. 8.009/1990, como o de gravame hipotecário, arrolado no inciso V do citado dispositivo legal. No entanto, a interpretação e aplicação dessas ressalvas têm sido feitas com *granum salis*, de modo a manter sempre a garantia de raízes constitucionais com a mais ampla extensão. No REsp. 997.261/SC, que pode ser visto como paradigmático, assim se posicionou o Superior Tribunal de Justiça:

"2. O caráter protetivo da Lei n. 8.009/1990 *impõe sejam as exceções nela estabelecidas interpretadas restritivamente* (g.n). Nesse sentido, a exceção prevista no inciso V do art. 3º da Lei 8.009/1990 abarca somente a hipoteca constituída como garantia de dívida própria do casal ou da família, *não alcançando aquela que tenha sido constituída em garantia de dívida de terceiro* (g.n.)".[107]

Em outra oportunidade, a mesma Corte, reafirmando que a tese exposta já configurava jurisprudência consolidada em ambas as Turmas de Direito Privado, assentou que:

"1. Nos termos da jurisprudência desta Corte, a exceção a que alude o art. 3º, V, da Lei n. 8.009/1990, *não se aplica aos casos em que a hipoteca é dada como garantia de empréstimo contraído em favor da sociedade empresária, da qual o sócio é o próprio titular do bem gravado, onde reside com a sua família*".[108]

A propósito da hipoteca constituída pelo sócio sobre a moradia da família, em garantia de sociedade empresária, o afastamento excepcional da impenhorabilidade, com base no art. 3º, V, da Lei 8.009/1990, tem sido admitido pelo STJ nos seguintes termos:

"1. O art. 1º da Lei n. 8.009/1990 instituiu a impenhorabilidade do bem de família, haja vista se tratar de instrumento de tutela do direito fundamental à moradia da família e, portanto, indispensável à composição de um mínimo existencial para uma vida digna, ao passo que o art. 3º, inciso V, desse diploma estabelece, como exceção à regra geral, a penhorabilidade do imóvel que tiver sido oferecido como garantia real pelo casal ou pela entidade familiar.

2. No ponto, a jurisprudência desta Casa se sedimentou, em síntese, no seguinte sentido: a) o bem de família é impenhorável, quando for dado em garantia real de dívida por um dos sócios da pessoa jurídica devedora, cabendo ao credor o ônus da prova de que o

---

[106] STJ, 1ª T., AgInt no AREsp 2.174.427/RJ, Rel. Min. Gurgel de Faria, ac. 18.09.2023, *DJe* 20.09.2023.

[107] STJ, 4ª T., REsp. 997.261/SC, Rel. Min. Luis Felipe Salomão, ac. 15.03.2012, *DJe* 26.04.2012. No mesmo sentido: STJ, 4ª T., AgRg no AREsp. 444.117/MG, Rel. Min. Maria Isabel Gallotti, ac. 02.10.2014, *DJe* 20.10.2014.

[108] STJ, 3ª T., AgRg no AREsp. 150.619/SP, Rel. Min. Ricardo Villas Bôas Cueva, ac. 25.09.2012, *DJe* 28.09.2012. No mesmo sentido: STJ, 3ª T., AgRg no AREsp. 43.308/SE, Rel. Min. Sidnei Beneti, ac. 27.09.2011, *DJe* 05.10.2011; STJ, 4ª T., AgRg no REsp. 1.075.254/RJ, Rel. Min. Luis Felipe Salomão, ac. 16.08.2011, *DJe* 22.08.2011.

proveito se reverteu à entidade familiar; e b) o bem de família é penhorável, quando os únicos sócios da empresa devedora são os titulares do imóvel hipotecado, sendo ônus dos proprietários a demonstração de que a família não se beneficiou dos valores auferidos"[109].

A exceção à impenhorabilidade do bem de família, quando dado em hipoteca a benefício da entidade familiar, também se aplica às hipóteses de garantia não registrada no cartório de imóveis, uma vez que, entre as partes, ela é válida desde o contrato de constituição do gravame, como direito pessoal:

"1. Nos termos do art. 3º, V, da Lei n. 8.009/1990, ao imóvel dado em garantia hipotecária não se aplica a impenhorabilidade do bem de família na hipótese de dívida constituída em favor da entidade familiar.

2. A hipoteca se constitui por meio de contrato (convencional), pela lei (legal) ou por sentença (judicial) e *desde então vale entre as partes como crédito pessoal*. Sua inscrição no cartório de registro de imóveis atribui a tal garantia a eficácia de direito real oponível *erga omnes*.

3. *A ausência de registro da hipoteca não afasta a exceção à regra de impenhorabilidade prevista no art. 3º, V, da Lei n. 8.009/1990*; portanto, não gera a nulidade da penhora incidente sobre o bem de família ofertado pelos proprietários como garantia de contrato de compra e venda por eles descumprido" (g.n.).[110]

Outro problema surgido a propósito do bem de família dado voluntariamente em garantia de dívida, refere-se a constituição de alienação fiduciária sobre o imóvel residencial da família do devedor. Decidiu o STJ, em nome da ética e da boa-fé, que devem permear todas as relações negociais, o seguinte:

5. Não pode o devedor ofertar bem em garantia que é sabidamente residência familiar para, posteriormente, vir a informar que tal garantia não encontra respaldo legal, pugnando pela sua exclusão (vedação ao comportamento contraditório).

6. Tem-se, assim, a ponderação da proteção irrestrita ao bem de família, tendo em vista a necessidade de se vedar, também, as atitudes que atentem contra a boa-fé e a eticidade, ínsitas às relações negociais.

7. Ademais, tem-se que a própria Lei 8.009/1990, com o escopo de proteger o bem destinado à residência familiar, aduz que o imóvel assim categorizado não responderá por qualquer tipo de dívida civil, comercial, fiscal, previdenciária ou de outra natureza, mas em nenhuma passagem dispõe que tal bem não possa ser alienado pelo seu proprietário.

8. Não se pode concluir que o bem de família legal seja inalienável e, por conseguinte, que não possa ser alienado fiduciariamente por seu proprietário, se assim for de sua vontade, nos termos do art. 22 da Lei 9.514/1997[111].

O acórdão supra, como se vê, revela um claro ensaio de mudança de rumo da jurisprudência, que vinha sendo sustentada predominantemente no sentido de rejeitar a validade

---

[109] STJ, 2ª Seção, EAREsp 848.498/PR, Rel. Min. Luis Felipe Salomão, ac. 25.04.2018, *DJe* 07.06.2018; STJ, 3ª T., AgInt no AgInt no AREsp. 1.155.639/SP, Rel. Min. Marco Aurélio Bellizze, ac. 23.08.2021, *DJe* 25.08.2021.

[110] STJ, 3ª T., REsp. 1.455.554/RN, Rel. Min. João Otávio de Noronha, ac. 14.06.2016, *DJe* 16.06.2016.

[111] STJ, 3ª T., REsp 1.560.562/SC, Rel. Min. Nancy Andrighi, ac. 02.04.2019, *DJe* 04.04.2019.

dos gravames reais voluntariamente constituídos sobre o imóvel de residência da família, fora das exceções abertas pela Lei 8.009/1990. O pretexto tem sido de que a proteção legal conferida ao bem de família não pode ser afastada por renúncia do devedor ao privilégio da impenhorabilidade, por se acobertar em princípio de ordem pública, "prevalente sobre a vontade manifestada".[112] Assim, a eficácia de garantia real, na espécie, não poderia ocorrer senão nas ressalvas expressamente feitas pela própria Lei n. 8.009. No entanto, o recurso ora enfocado refere-se a uma simples operação de mútuo bancário, no qual o proprietário deu em garantia o imóvel de residência da família, sob a forma de alienação fiduciária, fora, portanto, do casuísmo da Lei especial. Mesmo assim, a validade do gravame foi acatada pela 3ª Turma do STJ. Aliás, é bom registrar que não foi a primeira vez que a mesma Turma julgadora decidiu de igual maneira[113].

149. CREDOR TITULAR DE DIREITO DE RETENÇÃO

Há casos, no direito substancial, em que o credor retém legalmente bens do devedor para garantir a satisfação da obrigação, como ocorre, por exemplo, com o credor pignoratício (Código Civil, art. 1.433, I e II), com o depositário (Código Civil, arts. 647 e 648), com o locatário (Código Civil, art. 578), com o mandatário (Código Civil, arts. 664 e 681), etc.

Nessas circunstâncias, o devedor que já está privado da posse de determinados bens, goza da "*exceptio excussionis realis positiva*, de modo que se tem executar, primeiro, a coisa que o credor retém ou possui".[114] Só depois de excutidos os bens retidos e havendo saldo remanescente do débito, que será lícito ao credor penhorar outros bens do devedor.

Quer isto dizer que não é lícito ao credor somar duas garantias: a da retenção e a da penhora de outros bens do devedor. Se já exerce o direito de retenção, é sobre os bens retidos que deverá incidir a penhora, sob pena de praticar-se excesso de execução.

Esse benefício de excussão, cujo assento legal se encontra no art. 793 do CPC/2015, é invocável pelo executado mediante embargos à penhora,[115] se a execução for de título extrajudicial. No caso de cumprimento de sentença, o tema se discute em simples impugnação (CPC/2015, art. 525).

150. EXECUÇÃO CONTRA O FIADOR

Nas obrigações garantidas por fiança ocorre a dissociação entre dívida e responsabilidade: quem deve é o obrigado principal, mas respondem tanto ele como o fiador. Não sendo o fiador o devedor, a garantia fidejussória cria uma responsabilidade secundária ou subsidiária. Cabe ao credor, ocorrendo inadimplemento, excutir em primeiro lugar os bens do devedor.

Daí o *beneficium excussionis personalis*, consagrado pelo art. 794 do atual Código, que consiste no direito reconhecido ao fiador, quando executado, de "exigir que primeiro sejam executados os bens do devedor situados na mesma comarca, livres e desembaraçados, indicando-os pormenorizadamente à penhora". Naturalmente, a nomeação deve ser feita no prazo três dias da citação, previsto no art. 829, *caput*, sob pena de preclusão.

O benefício de ordem é renunciável expressa e tacitamente. Haverá renúncia expressa quando constar do próprio contrato de fiança; e tácita quando, iniciada a

---

[112] STJ, 2ª Seção, AgRg nos EREsp 888.654/ES, Rel. Min. João Otávio de Noronha, ac. 14.03.2011, *DJe* 18.03.2011.
[113] STJ, 3ª T., REsp 1.575.243/DF, Rel. Min. Nancy Andrighi, ac. 22.03.2018, *DJe* 02.04.2018.
[114] PONTES DE MIRANDA. *Comentários ao Código de Processo Civil*. Rio de Janeiro: Forense, 1961, v. XIII, p. 135.
[115] CASTRO, Amílcar de. *Comentários ao Código de Processo Civil*. 2. ed. Rio de Janeiro: Forense, 1963, v. X, n. 70, p. 89.

execução contra o fiador, este não invocar a exceção no prazo que antecede a penhora (art. 829, *caput*).[116]

O benefício em questão apresenta-se apenas como uma exceção dilatória, de maneira que não sendo suficientes os bens penhorados ao devedor para a satisfação integral do crédito exequendo, subsistirá ao credor o direito de excutir bens particulares do fiador (art. 794, § 1º).

Ao fiador que for compelido a saldar a dívida *sub judice*, o Código faculta executar, regressivamente, o devedor nos próprios autos em que se efetuou o pagamento (art. 794, § 2º). Ocorre uma sub-rogação de pleno direito do fiador nos direitos do credor.[117]

Igual faculdade deve ser reconhecida, também, ao avalista ou coobrigado cambiário, pois este, quando solve a dívida exequenda, torna-se sub-rogado no direito do credor-exequente (v, *retro*, n. 41).

151. FALECIMENTO DO DEVEDOR

Morto o devedor, o seu espólio continua respondendo pelas dívidas (CPC/2015, art. 796).

O princípio a ser observado no caso é o de que "as dívidas da herança executam-se nos bens da herança, e não nos outros bens dos herdeiros (Cód. Civ., art. 1.587)" (CC 2002, art. 1.821).[118]

Por isso, enquanto não se faz a partilha, "só os bens da herança (o espólio) podem ser executados pelas dívidas da herança".[119]

Mas, feita a partilha do acervo entre os herdeiros e sucessores, cada um responde pelas obrigações do *de cujus* apenas na proporção da parte que na herança lhe coube (CPC/2015, art. art. 796).[120] Assim, "após a homologação da partilha e havendo mais de um herdeiro, revela-se incabível a constrição de bem herdado por um deles para a garantia de toda a dívida deixada pelo *de cujus*, pois a responsabilidade do sucessor é proporcional ao seu quinhão".[121]

Na relação processual, o espólio é representado pelo inventariante não dativo (art. 75, VII), podendo os herdeiros atuarem como litisconsortes[122].

152. EXECUÇÃO QUE TENHA POR OBJETO BEM GRAVADO COM DIREITO REAL DE SUPERFÍCIE

O direito de superfície é o direito real sobre coisa alheia, por meio do qual o proprietário do terreno (fundeiro) cede a terceiro (superficiário), de modo gratuito ou oneroso, por tempo

---

[116] CASTRO, Amílcar de. *Op. cit.*, n. 101, p. 112. Contra: LIMA, Alcides de Mendonça para quem só é possível a *renúncia expressa* (*Comentários ao Código de Processo Civil*. Rio de Janeiro: Forense, 1974, v. VI, t. I, n. 1.158, p. 519).

[117] CASTRO, Amílcar de. *Op. cit.*, n. 46, p. 65.

[118] PONTES DE MIRANDA. *Comentários, cit.*, v. XIII, p. 149.

[119] PONTES DE MIRANDA. *Idem, idem.*

[120] STJ, 4ª T., REsp. 1.367.942/SP, Rel. Min. Luis Felipe Salomão, ac. 21.05.2015, *DJe* 08.05.2015.

[121] STJ, 6ª T., REsp. 1.290.042/SP, Rel. Min. Maria Thereza de Assis Moura, ac. 01.12.2011, *DJe* 29.02.2012.

[122] "O herdeiro pode ser assistente litisconsorcial nas causas em que o espólio, representado pelo inventariante, é parte, inclusive na execução. Precedentes do STJ" (STJ, 2ª T., REsp 1.019.337/PR, Rel. Min. Humberto Martins, ac. 21.02.2008, *DJe* 07.03.2008). "Tal como ocorre em relação a um condômino, ao coerdeiro é dada a legitimidade ad causam para reivindicar, independentemente da formação de litisconsórcio com os demais coerdeiros, a coisa comum que esteja indevidamente em poder de terceiro, nos moldes no art. 1314 da lei civil" (STJ, 3ª T., REsp 1.192.027/MG, Rel. Min. Massami Uyeda, ac. 19.08.2010, *DJe* 06.09.2010). Entretanto, quando se tratar de dívida do *de cujus*, e o inventário ainda não tiver sido aberto, o credor não pode executar apenas um coerdeiro individualmente. É que, "enquanto não há partilha, é a *herança* que *responde* por *eventual* obrigação deixada pelo *de cujus* e é o espólio, como parte formal, que detém legitimidade passiva *ad causam* para integrar a lide" (STJ, 3ª T., REsp. 1.125.510/RS, Rel. Min. Massami Uyeda, ac. 06.10.2011, *DJe* 19;10.2011). Enquanto não houver inventariante nomeado, a representação passiva do espólio em juízo caberá a todos os sucessores do autor da herança (CPC/2015, art. 75, § 1º).

determinado, mediante escritura pública registrada no Cartório de Registro de Imóveis, o direito de construir ou plantar em seu imóvel (Código Civil, art. 1.369). Esse direito não autoriza obra no subsolo (Código Civil, art. 1.369, parágrafo único).

Uma vez que sobre o imóvel objeto do direito de superfície convivem dois direitos reais distintos – a propriedade plena, de titularidade do fundeiro, e o direito real de propriedade superficiária que toca ao superficiário –, cada um deles responderá, isoladamente, pelas dívidas do respectivo titular. Daí por que o CPC/2015, em seu art. 791, *caput*, dispõe que a penhora ou outro ato de constrição recairá exclusivamente sobre o terreno ou sobre a construção ou a plantação, dependendo de quem seja o devedor[123].

Os atos de constrição, destarte, serão averbados separadamente na matrícula do imóvel, com a identificação exata do executado, do valor do crédito e do objeto sobre o qual recai o gravame. Por isso, o oficial deverá destacar o bem que responde pela dívida, se o terreno, a construção ou a plantação, para garantir a publicidade da responsabilidade patrimonial de cada um deles pelas dívidas e pelas obrigações que a eles estão vinculadas (art. 791, § 1º). A ideia é individualizar a responsabilidade patrimonial do proprietário e do superficiário.

A separação de responsabilidades ocorrerá, também, em outros institutos de direito civil que também formam duas realidades patrimoniais distintas,[124] quais sejam, a enfiteuse, a concessão de uso especial para fins de moradia e a concessão de direito real de uso (art. 791, § 2º). No caso do usufruto, porém, somente a nua propriedade é alienável e, portanto, penhorável.

153. EXECUÇÃO QUE ENVOLVA O DIREITO REAL DE LAJE

O direito real de laje, instituído pela Lei n. 13.465/2017, que acrescentou ao Código Civil os arts. 1.510-A a 1.510-E, constitui-se mediante cessão, pelo proprietário de uma construção-base, de sua superfície superior ou inferior, a fim de que o cessionário mantenha unidade distinta daquela originariamente construída sobre o solo (art. 1.510-A, *caput*).

Em se tratando de direito real sobre imóvel alheio, cujo regime se assemelha, de certa forma, ao do direito de superfície e, à enfiteuse, ao direito de laje aplicam-se as regras do art. 791 e seus parágrafos,[125] do CPC/2015, no que couber. O mesmo ocorre com as regras dos arts.

---

[123] "Os direitos e obrigações vinculados ao terreno e, bem assim, aqueles vinculados à construção ou à plantação formam patrimônios distintos e autônomos, respondendo cada um dos seus titulares exclusivamente por suas próprias dívidas e obrigações, ressalvadas as fiscais decorrentes do imóvel" (Enunciado n. 321 do CEJ).

[124] CÂMARA JÚNNIOR, José Maria. *In:* WAMBIER, Teresa Arruda Alvim, *et al. Breves Comentários ao novo Código de Processo Civil*. São Paulo: Ed. RT, 2015, p. 1812.

[125] "Art. 791. Se a execução tiver por objeto obrigação de que seja sujeito passivo o proprietário de terreno submetido ao regime do direito de superfície, ou o superficiário, responderá pela dívida, exclusivamente, o direito real do qual é titular o executado, recaindo a penhora ou outros atos de constrição exclusivamente sobre o terreno, no primeiro caso, ou sobre a construção ou a plantação, no segundo caso. § 1º Os atos de constrição a que se refere o *caput* serão averbados separadamente na matrícula do imóvel, com a identificação do executado, do valor do crédito e do objeto sobre o qual recai o gravame, devendo o oficial destacar o bem que responde pela dívida, se o terreno, a construção ou a plantação, de modo a assegurar a publicidade da responsabilidade patrimonial de cada um deles pelas dívidas e pelas obrigações que a eles estão vinculadas. § 2º Aplica-se, no que couber, o disposto neste artigo à enfiteuse, à concessão de uso especial para fins de moradia e à concessão de direito real de uso".

804[126] e 889, III[127], no que diz respeito às intimações necessárias, quando se tratar de excussão do imóvel onerado com o direito de laje ou quando o próprio direito de laje for o objeto da constrição e alienação judicial.[128]

154. A LEI N. 13.097/2015 E A FRAUDE À EXECUÇÃO

A Lei n. 13.097/2015, que cuidou de matéria relacionada ao direito público, contém algumas regras extravagantes que, dispondo sobre averbação de ações e atos executivos em registro público, interferem no regime geral da fraude à execução, as quais bem se prestam a interpretar a nova sistemática do CPC de 2015 sobre a matéria. Eis algumas normas significativas da referida lei:

   a) Não afetam a eficácia dos negócios jurídicos que constituem, transferem ou modificam direitos reais sobre imóveis, *(i)* os atos processuais relativos à citação de ações reais ou pessoais reipersecutórias, bem como *(ii)* os atos de constrição judicial, do ajuizamento de ação de execução ou de fase de cumprimento de sentença, quando não averbados no registro de imóveis competente (Lei n. 13.097/2015, art. 54, I e II).

   b) Também não são oponíveis aos negócios de transferência ou oneração de bens, registrados no registro imobiliário, para efeito de responsabilidade patrimonial do adquirente, fundada na redução do alienante à insolvência, quando inexistir averbação da ação capaz de produzir tal consequência, nos termos do art. 593, II do CPC/1973 (CPC/2015, 792, IV).

   c) Não poderão ser opostas situações jurídicas não constantes da matrícula no Registro de Imóveis ao terceiro de boa-fé que adquirir ou receber em garantia direitos reais sobre o imóvel (Lei n. 13.097/2015, art. 54, parágrafo único).

   d) Segundo o inciso V acrescido pela Lei nº 14.825/2024 ao art. 54 da Lei nº 13.097/2015, também não será afetada a eficácia dos atos de transferência ou modificação de direitos reais sobre imóveis pelos precedentes atos de constrição judicial sobre eles ou sobre o patrimônio do titular do imóvel, inclusive a proveniente de ação de improbidade administrativa ou a oriunda de hipoteca judiciária, quando não averbados na respectiva matrícula no registro de imobiliário competente.

---

[126] "Art. 804. A alienação de bem gravado por penhor, hipoteca ou anticrese será ineficaz em relação ao credor pignoratício, hipotecário ou anticrético não intimado. § 1º A alienação de bem objeto de promessa de compra e venda ou de cessão registrada será ineficaz em relação ao promitente comprador ou ao cessionário não intimado. § 2º A alienação de bem sobre o qual tenha sido instituído direito de superfície, seja do solo, da plantação ou da construção, será ineficaz em relação ao concedente ou ao concessionário não intimado. § 3º A alienação de direito aquisitivo de bem objeto de promessa de venda, de promessa de cessão ou de alienação fiduciária será ineficaz em relação ao promitente vendedor, ao promitente cedente ou ao proprietário fiduciário não intimado. § 4º A alienação de imóvel sobre o qual tenha sido instituída enfiteuse, concessão de uso especial para fins de moradia ou concessão de direito real de uso será ineficaz em relação ao enfiteuta ou ao concessionário não intimado. § 5º A alienação de direitos do enfiteuta, do concessionário de direito real de uso ou do concessionário de uso especial para fins de moradia será ineficaz em relação ao proprietário do respectivo imóvel não intimado. § 6º A alienação de bem sobre o qual tenha sido instituído usufruto, uso ou habitação será ineficaz em relação ao titular desses direitos reais não intimado".

[127] "Art. 889. Serão cientificados da alienação judicial, com pelo menos 5 (cinco) dias de antecedência: (...) III – o titular de usufruto, uso, habitação, enfiteuse, direito de superfície, concessão de uso especial para fins de moradia ou concessão de direito real de uso, quando a penhora recair sobre bem gravado com tais direitos reais".

[128] "Aplicam-se ao direito de laje os arts. 791, 804 e 889, III, do CPC" (Enunciado n. 150/CEJ/CJF).

Diante do regime da fraude de execução estatuído pelas Leis 13.097/2015 e 14.825/2024, em harmonia com o CPC/2015, arts. 792, 799 e 844, conclui Medina[129] que a subordinação do reconhecimento da fraude à execução nas alienações e onerações dos bens imóveis tem o duplo objetivo de resguardar a boa-fé, sempre que possível, e punir a má-fé em toda e qualquer situação em que se manifeste em juízo, de maneira que:

(a) a *regra geral* é – diante da existência de registro ou averbação do Registro de Imóveis do gravame judiciário sobre o bem alienado em prejuízo da responsabilidade patrimonial do demandado –, a impossibilidade de o terceiro adquirente alegar boa-fé para elidir a fraude à execução, e a desnecessidade de o credor demonstrar a má-fé do adquirente para que tal fraude seja reconhecida: esta se manifesta *in re ipsa*, diante da força publicitária dos registros públicos;

(b) mas, uma vez comprovada no processo, a má-fé terá de ser sempre repelida pela Justiça, tenham sido ou não os gravames executivos ou as ações pendentes submetidos a prévia averbação no Registro de Imóveis. Da falta dessa publicidade *erga omnes*, entretanto, decorre o ônus da prova a cargo do credor em torno da má-fé do terceiro adquirente, sendo certo que a má-fé, ao contrário da boa-fé, não se presume;

(c) subsiste válida, enfim, a Súmula nº 375/STJ: "o reconhecimento da fraude à execução depende do registro da penhora do bem alienado ou da prova de má-fé do terceiro adquirente".

À vista desse quadro normativo, fácil é concluir que tanto no regime da lei extravagante aplicável ao Registro de Imóveis como no do atual Código de Processo Civil, a fraude à execução, em regra, se acha atualmente subordinada ao requisito da prévia averbação em registro público do processo ou do ato constritivo cuja eficácia tenha sido afetada em razão do negócio qualificado como fraudulento. Todavia, a falta de tal averbação, se poderia impedir a configuração da fraude à execução, não obstará a que o ato prejudicial à jurisdição satisfativa venha, por sua gravidade, configurar atentado à dignidade da justiça. E se tal ocorrer a repressão que, a rigor, não se conseguiria por via do incidente de fraude à execução poderá perfeitamente ser promovida no combate que ao juiz cabe efetuar sempre contra os atos atentatórios à dignidade da justiça, como restou demonstrado no item 136.

155. A DEFESA DO RESPONSÁVEL EXECUTIVO SECUNDÁRIO

Em regra, o proprietário dos bens que, segundo o art. 790 do CPC/2015, respondem secundariamente pela execução, se torna parte do processo, quando a responsabilidade executiva é direcionada à sua esfera patrimonial. Duas consequências se extraem dessa particular situação jurídica:

a) O responsável haverá de ser *citado* para pagar o débito exequendo, antes de sofrer a penhora. Essa medida executiva pressupõe que quem a ela se submeta já se ache integrado à relação processual. E o responsável executivo secundário só se torna parte da execução forçada quando é citado para assumir o posto de sujeito passivo da relação processual executiva. É tranquilo o entendimento jurisprudencial de

---

[129] MEDINA, José Miguel Garcia. Processo novo. Impactos processuais da reforma da Lei 14.825/2024 na recuperação de créditos. *In*: https://www.conjur.com.br/2024-mar-22/impactos-processuais-da-reforma-da-lei-14-825-2024-na-recuperacao-de-creditos/ (Acesso em: 25.03.2024).

que o terceiro há de ser previamente citado, para que a penhora de seus bens se torne possível, depois de ultrapassado o prazo de pagamento assinado na *in jus vocatio*.[130]

b) Ocupando a posição de *parte* da execução, o responsável secundário terá de se defender em *embargos de devedor* e não por meio de *embargos de terceiro*. Por isso, poderá arguir exceção pessoal dele ou qualquer matéria oponível a obrigação contrária pelo devedor originário.

Isto se passa com o sócio, com o cônjuge ou companheiro bem como o responsável reconhecido em incidente de desconsideração da personalidade jurídica.

Diverso, contudo, é o tratamento que o Código dispensa aos bens alienados pelo devedor em fraude contra credores ou em fraude à execução:

I – no caso de *fraude contra credores*, o CPC/2015 considera o ato de disposição do devedor como *anulado pela sentença da ação pauliana* (art. 790, VI), de modo que a penhora, quando realizada, já encontra o bem reintegrado no patrimônio do executado para efeito executivo. Nosso ponto de vista é que, malgrado o uso da nomenclatura de *anulação* usada pelo Código Civil, o caso é de *ineficácia relativa*, uma vez que o bem desviado não retorna ao patrimônio do alienante, mas apenas se torna passível de penhora pelo credor prejudicado pela fraude (Código Civil, art. 165).[131] De qualquer maneira, há de se respeitar o tratamento processual que a lei adotou para atuar executivamente sobre o bem alienado em fraude contra credores. Isto é, a penhora se processará como se o bem não tivesse saído do patrimônio do executado, à luz do disposto no art. 790, VI, que condena como *anulado* o ato fraudulento pela sentença pauliana[132].

---

[130] STJ, 1ª T., REsp 141.516/SC, Rel. Min. Humberto Gomes de Barros, ac. 17. 09. 1998, *DJU*, 30.11.1998, p. 55; STJ, 1ª T., REsp 508.333/RS, Rel. Min. José Delgado, ac. 28.10.2003, *DJU*, 15.12.2003, p. 207; STF, 2ª T., RE 95.022/RJ, Rel. Min. Aldir Passarinho, ac. 04. 10. 1983, *DJU*, 04.11.1983, p. 17.146.

[131] THEODORO JÚNIOR, Humberto. *Fraude contra credores*. 2. ed. Belo Horizonte: Del Rey, 2001, Capítulo XI, p. 183-202; THEODORO JÚNIOR, Humberto. *Comentários ao Novo Código Civil*. 4. ed. Rio de Janeiro: Forense, 2008, v. III, t. I, n. 151, p. 378-380 e n. 159, p. 398-399; HANADA, Nelson. *Da insolvência e sua prova na ação pauliana*. 4. ed. São Paulo: Ed. RT, 2005, n. 100, p. 75. O STJ bem soube interpretar os efeitos da fraude contra credores, equiparando-os aos da fraude à execução, não obstante a rotulação empregada pelo Código Civil: "Nestes casos, demonstrada a fraude ao credor, a sentença não irá anular a alienação, mas simplesmente, *como nos casos de fraude à execução*, conduzirá à *ineficácia* do ato fraudatório *perante o credor embargado*, permanecendo o negócio válido entre os contratantes, o executado-alienante e o embargante-adquirente. A sentença terá, destarte, caráter dominantemente *declaratório*, pois declarará a validade e eficácia do ato de constrição e a possibilidade do bem fraudulentamente alienado responder pela dívida, embora mantido no patrimônio do adquirente. Tudo, assim, como se passa nos casos de fraude à execução, deslocando-se a discussão do plano do direito material para o plano predominantemente processual" (STJ, 4ª T., REsp. 5.307/RS, Rel. Min. Athos Carneiro, ac. 16.06.1992, *Lex-JSTJ* v. 47, p. 113). No mesmo sentido: STJ, 3ª T., AgRg no AREsp. 413.948/RS, Rel. Min. Sidnei Beneti, ac. 26.11.2013, *DJe* 03.12.2013; STJ, 3ª T., REsp. 971.884/PR, Rel. Min. Sidnei Beneti, ac. 22.03.2011, *DJe* 16.02.2012.

[132] "(...) A fraude contra credores não gera a anulabilidade do negócio (...). Portanto, a ação pauliana, que, segundo o próprio Código Civil, só pode ser intentada pelos credores que já o eram ao tempo em que se deu a fraude (art. 158, § 2º; CC/16, art. 106, par. Único), não conduz a uma sentença anulatória do negócio, mas sim à de retirada parcial de sua eficácia, em relação a determinados credores, permitindo-lhes excutir os bens que foram maliciosamente alienados, restabelecendo sobre eles, não a propriedade do alienante, mas a responsabilidade por suas dívidas" (STJ, 1ª T., REsp 506.312/MS, Rel. Min. Teori Albino Zavascki, ac. 15.08.2006, *DJU* 31.08.2006, p. 198).

Sendo assim, o adquirente não figurará como parte, e sim como terceiro perante a execução. Sua eventual defesa contra a penhora terá, pois, de se dar por meio de *embargos de terceiro*. Não poderá discutir o crédito exequendo; terá de se restringir à penhorabilidade, ou não, do bem, nas circunstâncias do caso dos autos.

Não se pode, entretanto, deixar de intimar o terceiro adquirente para acompanhar a expropriação executiva, porque lhe assiste o direito de liberar o bem constrito, substituindo-o pelo depósito do preço pago ou de seu valor real (Código Civil, art. 160, *caput* e parágrafos).

II – No caso de *fraude à execução*, a situação do terceiro que adquiriu bem do executado acha-se claramente definida em lei: uma vez reconhecida judicialmente a fraude, o tratamento dispensado ao adquirente é o de *terceiro interessado*, não o de *parte* na execução. Motivo pelo qual, o § 4º, do art. 792 do CPC/2015 determina que "antes de declarar a fraude à execução, o juiz *deverá intimar o terceiro adquirente*, que, se quiser, poderá *opor embargos de terceiro*, no prazo de quinze dias" (g.n.).

Há, na doutrina, quem defenda ser *primária*, e não *secundária*, a responsabilidade executiva, no caso de bem alienado ou onerado pelo devedor em fraude de execução, diante de sua completa *ineficácia perante o exequente*. "O art. 792 do CPC/2015, a propósito, é taxativo ao determinar a sujeição à execução dos bens alienados ou gravados com ônus real em fraude à execução, bens estes que, por conta da ineficácia da alienação fraudulenta perante a execução são considerados *in executivis* como ainda integrantes do patrimônio do devedor alienante".[133]

Na verdade, porém, a ineficácia nem sempre se passa no plano da validade. A chamada *ineficácia relativa*, que é a aplicável à fraude de execução, não suprime a validade da aquisição feita pelo terceiro. Apenas a existência da propriedade adquirida pelo terceiro não pode impedir o exequente de penhorar e expropriar o bem transferido fraudulentamente. O caso é, de fato, após a alienação, de responsabilidade executiva sobre bem de quem não é devedor, nem tampouco parte do processo[134]. Daí por que a penhora se realiza sobre bem de terceiro, e é por meio de embargos de terceiro que o adquirente pode se defender da constrição (art. 792, § 4º).

Em suma: o responsável executivo secundário, nas hipóteses do art. 792, se insere no processo, em regra, como *parte*, ou seja, torna-se *executado*, e, como tal, há de se defender através dos *embargos à execução* (embargos do devedor). Em se tratando, porém, de bens alienados ou onerados em fraude contra credores ou em fraude de execução, o tratamento legal que lhe é dispensado é o de *terceiro interessado* (não de *parte*). Por isso, o meio de defesa a seu alcance são os *embargos de terceiro*.

---

[133] MELLO, Rogério Licastro Torres de. *Responsabilidade executiva secundária*. 2 ed. São Paulo: Ed. RT, 2015, n. 16.3, p. 207.

[134] "A *fraude contra credores*, proclamada em ação pauliana, não acarreta a anulação do ato de alienação, mas, sim, a invalidade com relação ao credor vencedor da ação pauliana, e nos limites do débito do devedor para com este" (STJ, 3ª T., REsp. 971.884/PR, Rel. Min. Sidnei Beneti, ac. 22.03.2011, *DJe* 16.02.2012). Da mesma forma, "na *fraude de execução* o ato não é nulo, inválido, mas sim ineficaz em relação ao credor" (STJ, 4ª T., REsp. 3.771/GO, Rel. Min. Sálvio de Figueiredo Teixeira, ac. 16.10.1990, *DJU* 05.11.1990, p. 12.432. No mesmo sentido: STJ, 3ª T, REsp. 38.369/SP, Rel. Min. Ari Pargendler, ac. 24.05.1999, *DJU* 28.06.1999, p. 101).

Fluxograma n. 1 – Redirecionamento da execução para terceiro adquirente da coisa litigiosa (art. 790)

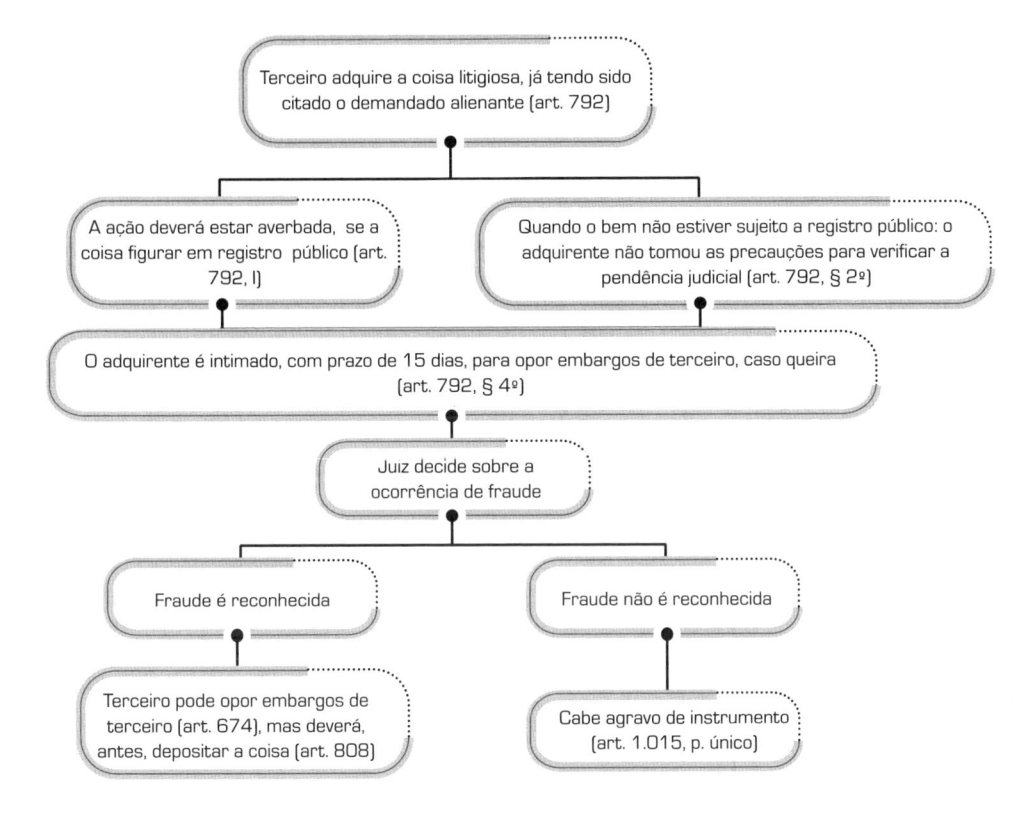

```
                    ┌─────────────────────────────────────────┐
                    │ Terceiro adquire a coisa litigiosa, já   │
                    │ tendo sido citado o demandado alienante  │
                    │ (art. 792)                               │
                    └─────────────────────────────────────────┘
                                      │
            ┌─────────────────────────┴──────────────────────────┐
            ▼                                                    ▼
┌────────────────────────────────┐      ┌────────────────────────────────────┐
│ A ação deverá estar averbada,  │      │ Quando o bem não estiver sujeito a │
│ se a coisa figurar em registro │      │ registro público: o adquirente não │
│ público (art. 792, I)          │      │ tomou as precauções para verificar │
│                                │      │ a pendência judicial (art. 792, §2º)│
└────────────────────────────────┘      └────────────────────────────────────┘
                    │
                    ▼
┌──────────────────────────────────────────────────────────────────────────┐
│ O adquirente é intimado, com prazo de 15 dias, para opor embargos de     │
│ terceiro, caso queira (art. 792, § 4º)                                   │
└──────────────────────────────────────────────────────────────────────────┘
                    │
                    ▼
        ┌────────────────────────────┐
        │ Juiz decide sobre a        │
        │ ocorrência de fraude       │
        └────────────────────────────┘
                    │
        ┌───────────┴───────────┐
        ▼                       ▼
┌──────────────────┐    ┌──────────────────────┐
│ Fraude é         │    │ Fraude não é         │
│ reconhecida      │    │ reconhecida          │
└──────────────────┘    └──────────────────────┘
        │                       │
        ▼                       ▼
┌────────────────────────────┐  ┌────────────────────────────┐
│ Terceiro pode opor embargos│  │ Cabe agravo de instrumento │
│ de terceiro (art. 674), mas│  │ (art. 1.015, p. único)     │
│ deverá, antes, depositar a │  │                            │
│ coisa (art. 808)           │  │                            │
└────────────────────────────┘  └────────────────────────────┘
```

Fluxograma n. 2 – Redirecionamento da execução por quantia certa, no caso de alienação em fraude à execução, do bem penhorado ou penhorável (art. 792)

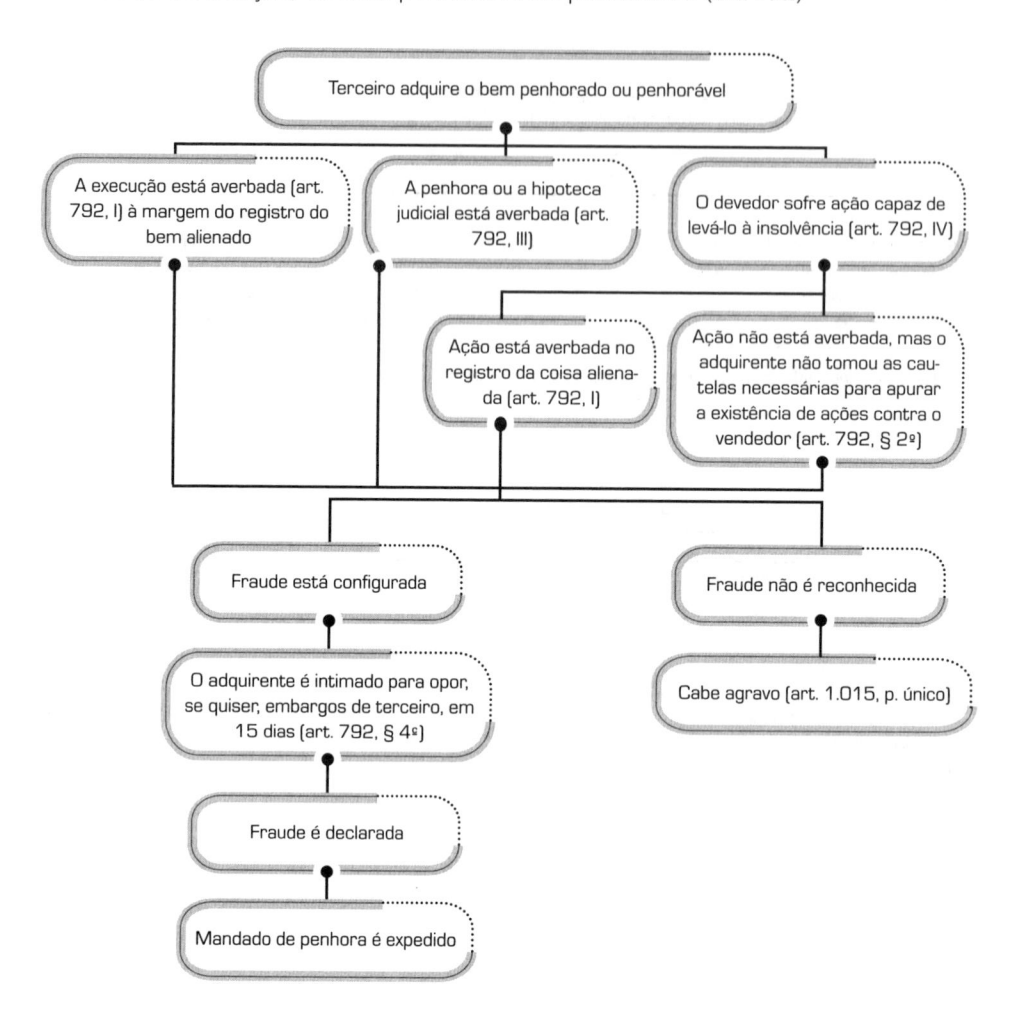

```
                    ┌─────────────────────────────────────────┐
                    │ Terceiro adquire o bem penhorado ou penhorável │
                    └─────────────────────────────────────────┘
                                        │
        ┌───────────────────────────────┼───────────────────────────────┐
        │                               │                               │
┌───────────────────┐         ┌───────────────────┐         ┌───────────────────────┐
│ A execução está   │         │ A penhora ou a    │         │ O devedor sofre ação  │
│ averbada (art.    │         │ hipoteca judicial │         │ capaz de levá-lo à    │
│ 792, I) à margem  │         │ está averbada     │         │ insolvência (art.     │
│ do registro do    │         │ (art. 792, III)   │         │ 792, IV)              │
│ bem alienado      │         │                   │         │                       │
└───────────────────┘         └───────────────────┘         └───────────────────────┘
                                                                       │
                                          ┌────────────────────────────┴────────────────┐
                                          │                                             │
                              ┌───────────────────────┐                  ┌────────────────────────────────┐
                              │ Ação está averbada no │                  │ Ação não está averbada, mas o  │
                              │ registro da coisa     │                  │ adquirente não tomou as cau-   │
                              │ alienada (art. 792, I)│                  │ telas necessárias para apurar  │
                              │                       │                  │ a existência de ações contra o │
                              │                       │                  │ vendedor (art. 792, § 2º)      │
                              └───────────────────────┘                  └────────────────────────────────┘
        │                               │                                             │
        └───────────────────────────────┴─────────────┬───────────────────────────────┘
                                                      │
              ┌───────────────────────────┐                        ┌──────────────────────────┐
              │ Fraude está configurada   │                        │ Fraude não é reconhecida │
              └───────────────────────────┘                        └──────────────────────────┘
                          │                                                    │
              ┌───────────────────────────┐                        ┌──────────────────────────────────┐
              │ O adquirente é intimado   │                        │ Cabe agravo (art. 1.015, p. único)│
              │ para opor, se quiser,     │                        └──────────────────────────────────┘
              │ embargos de terceiro, em  │
              │ 15 dias (art. 792, § 4º)  │
              └───────────────────────────┘
                          │
              ┌───────────────────────────┐
              │ Fraude é declarada        │
              └───────────────────────────┘
                          │
              ┌───────────────────────────┐
              │ Mandado de penhora é expedido │
              └───────────────────────────┘
```

Capítulo XIII
DISPOSIÇÕES GERAIS

156. NORMAS DO PROCESSO DE CONHECIMENTO

Processo de conhecimento e processo de execução não são figuras antagônicas e inconciliáveis. Ao contrário, são instrumentos que se completam no exercício da função pública de jurisdição. Subordinam-se a princípios comuns e se destinam a um mesmo fim: manutenção efetiva da ordem jurídica.

O atual Código de Processo Civil adotou uma Parte Geral, comum a qualquer procedimento, e, na Parte Especial, tratou, no Livro I, "do processo de conhecimento e do cumprimento de sentença" e, no Livro II, "do processo de execução".

Mas, determinou no art. 771, parágrafo único, que se apliquem subsidiariamente à execução as disposições que regem o processo de conhecimento (Livro I da Parte Especial).

Dentre estas podem ser, exemplificadamente, mencionadas as que se relacionam com a exigência de representação das partes por advogado (art. 103), as relativas à substituição de partes e procuradores (arts. 108 a 112), ao litisconsórcio (art. 113), à assistência (art. 119), intervenção do Ministério Público (arts. 176 a 181), regras gerais sobre competência (arts. 42 a 69), sobre poderes, deveres e responsabilidade do juiz (arts. 139 a 148), atribuições dos auxiliares da Justiça (arts. 149 a 175), forma dos atos processuais (arts. 188 a 211), sobre tempo e lugar dos atos processuais (arts. 212 a 217), prazos (arts. 218 a 235), comunicação dos atos (arts. 236 a 275), nulidades (arts. 276 a 283), distribuição, registro e valor dos processos (arts. 284 a 290), formação e suspensão do processo (arts. 312 a 315), petição inicial e seus requisitos (arts. 319 a 331), provas, recursos e tudo mais que, não tendo sido objeto de regulamentação específica no processo de execução (Livro II, da Parte Especial), possa ser cogitado e aplicado no curso da execução forçada e seus incidentes.

Em contrapartida, quando se trata de atos executivos praticados durante o desenvolvimento da relação processual própria do processo de conhecimento, como os que decorrem da tutela de urgência (arts. 294 a 302) e o cumprimento forçado da sentença (art. 513), é o processo de execução (Livro II, da Parte Especial) que atua de forma subsidiária, no que couber, para complementação da disciplina do processo de conhecimento (art. 513).

A aplicação das normas do processo de conhecimento durante o desenvolvimento da execução forçada, entretanto, não tem a força de afastar as regras específicas do processo executivo, mas apenas desempenhar papel complementar. Incide tão somente para disciplinar atos processuais que têm de ser praticados e para os quais não há regra própria no Livro II da Parte Especial.

O parágrafo único do art. 771, entretanto, não será aplicado, nem mesmo na lacuna do Livro II, quando a regra do processo de conhecimento for incompatível com a natureza do procedimento executivo, comprometendo a tutela que lhe compete prestar. É o caso, por exemplo, da presunção de veracidade decorrente da falta de defesa do demandado (CPC/2015, art. 344) que não se pode aplicar à revelia do exequente na ação de embargos à execução.[1]

---

[1] "Não serão aplicadas as regras do Livro I da Parte Especial do CPC/2015 quando: *(i)* houver disposição expressa (*v.g.* art. 931, § 3º, do CPC/2015); e *(ii)* incompatibilidade procedimental que comprometa a prestação da tutela executiva (*v.g.* art. 344 do CPC/2015)" (CARVALHO, Fabiano. Comentário ao art. 771. *In:* WAMBIER,

A previsão (constante do mesmo dispositivo legal) de que cabe aplicar as regras do processo de execução para efetivar atos ou fatos processuais a que a lei atribui força executiva, não equivale a admitir execução forçada sem o pressuposto do título executivo. O que a lei quer dizer é que sempre que houver, por previsão legal, necessidade de atuar concretamente sobre os bens ou o patrimônio da parte, a constrição ou a remoção se dará mediante observância subsidiária das regras do processo de execução. É o que se passa, *v.g.*, com o sequestro, o arresto, a busca e apreensão, a interdição de estabelecimento, a exibição de coisa ou documento, etc. Não se trata de efetuar uma execução completa e definitiva, mas apenas de atuar concretamente nos limites do necessário para realizar a medida constritiva ou inibitória que a lei quer seja prontamente cumprida.

Observar-se-á, por exemplo, a penhorabilidade, ou não, de adoção do depósito judicial etc. Mas, o caráter mandamental das medidas de urgência reflete sobre a imediatidade do comando judicial, de sorte que não ocorrerá a assinatura de prazo para cumprimento voluntário, nem ensejo ao manejo de embargos do devedor. Cumpre-se prontamente o mandado e, se a medida é incidental, qualquer defesa será feita pelo interessado, dentro do próprio processo principal. Se a medida urgente for deferida em procedimento antecedente ao processo principal, a defesa acontecerá em contestação, no prazo de cinco dias (art. 306), observando-se, em seguida, procedimento comum (art. 307, parágrafo único), sem que isso interfira no cumprimento do mandado de execução da medida urgente. No procedimento cautelar antecedente, portanto, o contraditório, a instrução e o julgamento se realizam no curso da medida urgente, observando-se, para tanto, o procedimento comum, limitado, porém, a resolução das questões próprias da tutela emergencial e às providências executivas necessárias ao imediato cumprimento da decisão cautelar[2].

157. AÇÃO DECLARATÓRIA INCIDENTAL

"Se, no curso do processo, se tornar litigiosa relação jurídica de cuja existência ou inexistência depender a decisão da lide, qualquer das partes poderá requerer que o juiz a declare por sentença" (art. 5º do CPC/1973).

Com esses dizeres o Código de 1973 introduziu em nossa legislação processual a ação declaratória incidental, cujo alcance se completava com o art. 470 que fazia estender o manto da *res iudicata* à solução da questão prejudicial que tivesse sido objeto de pedido de declaração incidente.

Assim, o que quis o legislador, "através da declaratória incidente, foi justamente possibilitar o julgamento conjunto, em processo com cumulação de pedidos", resolvendo, numa sentença, tanto a lide como questões lógicas surgidas no curso do processo, recobrindo todo o julgamento da eficácia da *res iudicata*.[3]

Como a execução forçada não se encaminhava para uma sentença de mérito, no processo de execução propriamente dito não havia lugar para a declaratória incidental.

Mas, ajuizada a ação de embargos do devedor, entendia Arruda Alvim, com procedência, que seria possível o manejo incidental da ação declaratória, na forma do art. 5º do CPC de 1973.

Teresa Arruda Alvim; DIDIER JÚNIOR, Fredie; TALAMINI, Eduardo; DANTAS, Bruno. *Breves Comentários ao novo Código de Processo Civil*. São Paulo: Ed. RT, 2015, p. 1.772).

[2] A defesa, no procedimento antecedente, não pode ir além do pedido cautelar, sendo inaceitável a antecipação do debate sobre o objeto do processo principal, a não ser nos estritos limites do *fumus boni iuris* (art. 300).

[3] GRINOVER, Ada Pellegrini. *Direito Processual Civil*. São Paulo: J. Bushatsky, 1974, p. 64-65.

Apresenta o referido processualista o seguinte exemplo para justificar a declaratória em incidentes de embargos: "suponhamos que um indivíduo é cobrado pelo Poder Público relativamente a uma relação jurídica de I.C.M., que o Poder Público entenda existir, e haver lançamentos, com periodicidade, entre ele e este contribuinte. Além de refutar aquele determinado título poderá o devedor solicitar a declaratória incidental negativa, da inexistência de crédito tributário do Poder Público em relação a ele. Se julgada procedente esta declaratória, ele torna-se beneficiário de tal efeito da sentença, revestido da coisa julgada, aí formada".[4]

Teria o contribuinte, com isso, um instrumento hábil para evitar futuros lançamentos com base no mesmo fato gerador.

Havia sérias resistências na jurisprudência à admissão da declaratória incidental na execução forçada, e mesmo nos embargos do devedor[5]. Uma coisa, porém, era inconteste: a execução não embargada não daria ensejo à ação declaratória incidental[6].

O atual Código pretendeu, no art. 503, abolir a ação declaratória, permitindo que a coisa julgada material se estendesse à solução da questão prejudicial decidida expressa e incidentemente no processo, desde que: (i) se apresente como antecedente lógico e necessário do julgamento do mérito da causa; (ii) tenha havido a seu respeito contraditório prévio e efetivo (não se aplicando ao caso o efeito da revelia); e (iii) tenha o juízo competência em razão da matéria e da pessoa para resolvê-la como questão principal (art. 503, § 1º).

No entanto, essa abolição não foi completa e radical, uma vez que em torno da arguição de falsidade da prova documental, que pode ser reconhecidamente objeto de ação declaratória (art. 19, II), o CPC/2015 prevê, no parágrafo único do art. 430, duas maneiras de produzi-la incidentemente no processo: (i) como simples questão incidental, caso em que a solução que lhe for dada não se recobrirá da autoridade da coisa julgada; e (ii) mediante pedido de que seja decidida como questão principal, nos termos do inciso II do art. 19; vale dizer, como objeto de ação declaratória, incidentemente proposta no curso da ação principal. Nesta última hipótese, a questão acrescida incidentalmente ao processo terá condição de provocar resolução configuradora de coisa julgada material, porque proposta pela parte e decidida pelo juiz, como "questão principal" (arts. 430, parágrafo único, c/c 503, § 1º).

Como a questão de falsidade documental pode surgir incidentalmente no bojo dos autos dos embargos à execução, persiste válida a doutrina já exposta, formada ao tempo do CPC de 1973, a respeito de cabimento de declaratória incidental, não só no processo de conhecimento, mas também na ação de embargos do devedor manejada no processo de execução.

---

[4] ARRUDA ALVIM. *Do Processo Judicial Tributário*, in *Revista da Faculdade de Direito da Universidade de Uberlândia*, v. 4, n. 1-2, p. 180.

[5] "Declaratória incidental. Inviabilidade em processo de execução, onde não se procederá a julgamento da lide" (STJ, 3ª T., REsp 89.012/SP, Rel. Min. Eduardo Ribeiro, ac. 10.03.1998, *DJU* 15.06.1998, p. 112). A mesma Turma, em outra oportunidade, decidiu que, não se tratando apenas de desconstituir o título executivo, mas de solucionar outros litígios, deve-se propiciar o "pleno exercício de defesa" ao executado, acolhendo-se a doutrina da admissibilidade da ação declaratória incidental nos autos de execução (STJ, 3ª T., REsp 11.171/SP, Rel. Min. Waldemar Zveiter, ac. 12.08.1991, *DJU* 25.11.1991, p. 17.072). Mesmo nos embargos à execução, já se decidiu não caber a declaratória incidental (STJ, 4ª T., REsp 11.172/SP, Rel. Min. Sálvio de Figueiredo Teixeira, ac. 12.11.1991, *DJU* 16.12.1991, p. 18.546; STJ, 4ª T., REsp 11.521/SP, Rel. Min. Bueno de Souza, ac. 31.05.1993, *DJU* 13.09.1993, p. 18.565; 1º TACivSP, 8ª C., Ap. 385.710, Rel. Juiz Raphael Salvador, ac. 20.04.1988, *RT* 632/145; 1º TACivSP, 2ª C., Ap. 389.225, Rel. Juiz Barreto de Moura, ac. 15.06.1988, *RT* 636/116).

[6] STJ, 4ª T., REsp 11.528/SP, Rel. Min. Sálvio de Figueiredo, ac. 12.11.1991, *DJU* 09.12.1991, p. 18.040; 1º TACivSP, 8ª C., Ap. 392.987-3, Rel. Juiz Raphael Salvador, ac. 28.09.1988, *RT* 640/120.

158. PODERES DO JUIZ NO PROCESSO DE EXECUÇÃO

É inegável que na execução forçada ocorre um desequilíbrio processual entre as partes, pois o autor é reconhecido *ab initio* como titular de direito líquido, certo e exigível contra o réu: "O exequente tem preeminência" enquanto o executado fica em "estado de sujeição", no dizer do Ministro Alfredo Buzaid.[7]

Sem embargo dessa notória posição de vantagem do exequente, "a execução se presta a manobras protelatórias, que arrastam os processos por anos, sem que o Poder Judiciário possa adimplir a prestação jurisdicional".[8] Daí ter o atual Código, na esteira do anterior, armado o Juiz da execução de poderes indispensáveis à realização da atividade executiva, poderes estes de forte conteúdo conciliador, ético e efetivo.[9] Nessa esteira, é dado ao juiz, "em qualquer momento do processo" (CPC/2015, art. 772):

a) *Ordenar o comparecimento das partes* (inc. I). O objetivo é facilitar: *(i)* a autocomposição, ou o *(ii)* negócio jurídico processual, para estimular o cumprimento voluntário da obrigação. Com efeito, a ordem de comparecimento se dirige não apenas ao exequente e ao executado, mas, também, a qualquer participante do processo, como, por exemplo, o adquirente do bem alcançável pelo processo de execução, o credor hipotecário etc.[10]

b) *Advertir sobre ato atentatório à dignidade da justiça* (inc. II). É dever das partes comportarem-se com lealdade e boa-fé, durante toda a relação processual (art. 5°). Assim, sempre que o executado agir de forma atentatória à finalidade da execução, seja sua conduta comissiva ou omissiva, é dever do juiz adverti-lo, para que altere sua postura em face do processo. Ainda sob a égide do Código de 1973, essa advertência era vista pela doutrina como pressuposto para a aplicação da multa prevista no art. 601.[11-12] O STJ, entretanto, já decidiu ser desnecessária a prévia advertência para a aplicação da multa, que fica "a critério do Juiz, podendo ser adotada quando este considerar que será de fato proveitosa".[13] Entendemos que a multa não é consectário da inobservância da advertência, mas decorre imediatamente do próprio ato atentatório, como já decidiu o STJ (sobre o tema, v. adiante, o item 159).

c) *Determinar o fornecimento de informações* (inc. III). Trata-se do dever fundamental de *cooperação* (art. 6°), que recai sobre as partes e "todos os sujeitos do processo", bem como sobre terceiros, que possam, de fato, auxiliar na composição da controvérsia. Por isso é dado ao juiz ordenar a um estranho na relação processual que forneça informações relacionadas ao objeto da execução, tais como documentos ou dados que estejam em seu poder.

---

[7] BUZAID, Alfredo. "Exposição de Motivos" do CPC/1973, n. 18.

[8] BUZAID, Alfredo. *Idem, ibidem*.

[9] CARVALHO, Fabiano. *In* WAMBIER, Teresa Arruda Alvim, *et al* (coord). *Breves Comentários ao Novo Código de Processo Civil*. São Paulo: Editora Revista dos Tribunais, 2015, p. 1773.

[10] CARVALHO, Fabiano. *Op. cit.*, p. 1774.

[11] CPC/2015, art. 774, parágrafo único.

[12] "Verificando fato enquadrado nos casos do art. 600 [CPC/2015, art. 774], deverá o órgão judiciário, previamente, *advertir o devedor que o seu procedimento constitui ato atentatório à dignidade da justiça* (art. 599, I) [CPC/2015, art. 772, II]. Qualquer punição, em decorrência desta espécie de ato, se aplicará no caso de o executado *persistir na prática dos atos questionados*" (ASSIS, Araken de. *Comentários ao Código de Processo Civil*. Rio de Janeiro: Forense, 2000, v. VI, p. 266).

[13] STJ, 4ª T., AgRg no REsp. 1.192.155/MG, Rel. Min. Raul Araújo, ac. 12.08.2014, *DJe* 01.09.2014.

O juiz poderá, ainda, de ofício ou a requerimento das partes, determinar as medidas necessárias ao cumprimento da ordem de entrega de documentos e dados (art. 773, *caput*), obrigação esta que pode recair tanto sobre as partes, quanto sobre terceiros. Essas "medidas necessárias" podem ser coercitivas ou executivas, tais como a fixação de multa diária pela não entrega e a busca e apreensão do próprio documento.[14]

Se, entre os documentos ou dados apresentados ao juízo, constar informação sigilosa, o magistrado deverá adotar as medidas necessárias para assegurar a confidencialidade (art. 773, parágrafo único). Isto, entretanto, não transforma a execução em *processo sujeito a segredo de justiça*. Apenas o *documento sigiloso* é que será resguardado de publicidade. Assim, o juiz pode determinar que o documento seja arquivado em pasta reservada ou, se se tratar de processo eletrônico, que seja bloqueado o acesso ao referido documento.[15]

159. COIBIÇÃO DOS ATOS ATENTATÓRIOS À DIGNIDADE DA JUSTIÇA

O CPC/2015 preza a conduta cooperativa, ética, leal e de boa-fé do juiz, das partes e dos demais sujeitos do processo (CPC/2015, arts. 5º e 6º). Daí por que elencou, em seu art. 80, um rol de atos que, uma vez praticados pela parte, a tornam litigante de má-fé, sujeita às penas do art. 81.

Em relação à execução, o legislador enumerou cinco condutas que são consideradas atentatórias à dignidade da justiça, ou porque protelam a execução ou tentam frustrar a satisfação do crédito, sujeitando o infrator ao pagamento de multa em montante não superior a vinte por cento do valor atualizado do débito em execução (art. 774 e parágrafo único). Em regra, os atos do art. 774 são praticáveis pelo executado, que, em tese, teria interesse em postergar o cumprimento da obrigação. Há possibilidade, porém, de atos ofensivos à boa-fé serem praticados também pelo exequente, acarretando-lhe sujeição à pena superior a um por cento e inferior a dez por cento do valor corrigido da causa, prevista no art. 81[16].

Importante ressaltar o entendimento do STJ no sentido de que os atos atentatórios à dignidade da justiça descritos no art. 774 do CPC/2015 abarcam somente "a conduta de deslealdade processual praticada pelo executado" (devendo, pois, ocorrer na pendência de execução forçada), de tal sorte que, tratando-se de conduta ocorrida em "pedido incidental de exibição de documentos em autos de ação de sobrepartilha – demanda tratada como de procedimento especial de jurisdição contenciosa (art. 1.040 do CPC) [CPC/2015, art. 669] –, não cabe falar em multa por ato atentatório à dignidade da Justiça, aplicada com base no inciso III do art. 600 do CPC [CPC/2015, art. 774]". Nesse caso, entendeu a Corte Superior que caberá ao magistrado "analisar a possibilidade de aplicação do parágrafo único do art. 14 do CPC [CPC/2015, art. 77] e examinar se a conduta da parte ora recorrente não configura litigância de má-fé (art. 17 do CPC) [CPC/2015, art. 80]".[17]

Releva notar que, dentre as infrações aos deveres das partes, figuram algumas classificadas pela lei como atos atentatórios à dignidade da justiça, e que podem ocorrer tanto no curso do processo de execução como no de conhecimento (CPC/2015, art. 77, § 1º).[18]

---

[14] WAMBIER, Teresa Arruda Alvim, *et al. Primeiros Comentários ao Código de Processo Civil* cit. 2015, p. 1117.

[15] CARVALHO, Fabiano. *In* WAMBIER, Teresa Arruda Alvim, *et al* (coord). *Breves Comentários ao Novo Código de Processo Civil*, cit. p. 1775.

[16] "A reiteração pelo exequente ou executado de matérias já preclusas pode ensejar a aplicação de multa por conduta contrária à boa-fé" (Enunciado n. 148/CEJ/CJF).

[17] STJ, 4ª T., REsp. 1.231.981/RS, Rel. Min. Luis Felipe Salomão, ac. 15.12.2015, *DJe* 03.03.2016.

[18] "Art. 77. Além de outros previstos neste Código, são deveres das partes, de seus procuradores e de todos aqueles que de qualquer forma participem do processo: (…) IV – cumprir com exatidão as decisões jurisdicionais, de

As condutas repelidas pela lei podem ser comissivas[19] ou omissivas[20] e estão descritas no art. 774 do CPC/2015, cujo rol é considerado pela doutrina meramente *exemplificativo*.[21] Considera-se, portanto, atentatória à dignidade da justiça a conduta do executado que:

a) *Fraude a execução* (inc. I). Essa conduta não significa apenas "cometer fraude à execução", em que o executado pratica ato de disposição de bens, capaz de reduzi-lo à insolvência. A sua noção é mais ampla, englobando "qualquer tipo de fraude perpetrada pelo executado capaz de frustrar a atividade jurisdicional executiva ou prejudicar o exequente".[22] É o caso, por exemplo, de o executado ocultar sua capacidade econômica, sem alienar bens.[23] Pense-se no depósito de dinheiro feito no estrangeiro, ou no empréstimo fictício feito, a longo prazo, a parente ou amigo íntimo. O patrimônio do devedor não terá sofrido redução em valor, mas a penhora se tornará problemática. No caso do falso empréstimo, o credor teria de se contentar com a penhora do crédito, em lugar da constrição do dinheiro, o que acarretaria a ter de aguardar o escoamento do longo prazo do mútuo para a efetiva satisfação do crédito exequendo. No caso do desvio do dinheiro, do banco nacional para o estrangeiro, o exequente, em lugar da penhora *on-line*, teria de enfrentar todos os ônus e dificuldades da carta rogatória.

b) *Se opõe maliciosamente à execução, empregando ardis e meios artificiosos* (inc. II). Aqui, o que se busca evitar é o manifesto abuso de direito processual, quando o executado extrapola os limites razoáveis do seu direito de se defender, agindo de forma contrária ao fim da execução.[24] É atentatória, portanto, a conduta do executado que se oculta da intimação da penhora; ou que indica bem em evidente desacordo com a ordem estabelecida pelo art. 835.[25]

---

natureza provisória ou final, e não criar embaraços à sua efetivação; (...) VI – não praticar inovação ilegal no estado de fato de bem ou direito litigioso. § 1º Nas hipóteses dos incisos IV e VI, o juiz advertirá qualquer das pessoas mencionadas no *caput* de que sua conduta poderá ser punida como *ato atentatório à dignidade da justiça*. § 2º A violação ao disposto nos incisos IV e VI constitui ato atentatório à dignidade da justiça, devendo o juiz, sem prejuízo das sanções criminais, civis e processuais cabíveis, aplicar ao responsável multa de até vinte por cento do valor da causa, de acordo com a gravidade da conduta" (g.n.).

[19] Seria o caso de oposição de embargos sem fundamento legal, manifestamente protelatórios.

[20] Dá-se como exemplo a não revelação dos bens penhoráveis, quando intimado a fazê-lo.

[21] "Tão amplas são as hipóteses de atos atentatórios à dignidade da justiça, que o rol se revela meramente exemplificativo, devendo ser incluído qualquer ato contrário à boa-fé objetiva" (AZEVEDO, Gustavo Henrique Trajano de; CUNHA, Leonardo Carneiro da. Comentário do art. 774, do NCPC. *In:* STRECK, Lenio Luiz; NUNES, Dierle; CUNHA, Leonardo Carneiro da (org.); FREIRE, Alexandre (coord. executivo). *Comentários ao Código de Processo Civil*. São Paulo: Saraiva, 2016, p. 1.014; ASSIS, Araken de. *Manual da execução*. 18. ed. São Paulo: Ed. RT, 2016, item 83, p. 499). Observe-se que, além do rol do art. 774 do CPC/2015, aplicável especificamente ao sujeito passivo do processo de execução, o art. 77, constante da Parte Geral da codificação, também enumera, nos incisos IV e VI, hipóteses de atentados à dignidade da justiça aplicáveis a todo o processo civil, inclusive, ao processo de execução.

[22] CARVALHO, Fabiano. *Breves Comentários cit.*, p. 1777; DINAMARCO, Cândido Rangel. *Instituições de Direito Processual*. 6. ed. São Paulo: Malheiros, 2009, v. 2, n. 529, p. 276; ZAVASCKI, Teori Albino. *Comentários ao Código de Processo Civil*. 2. ed. São Paulo: Ed. Revista dos Tribunais, 2003, v. 8, p. 294.

[23] CASTRO, Amílcar de. *Comentários do Código de Processo Civil*. São Paulo: Ed. RT, 1974, v. VIII, p. 108.

[24] ZAVASCKI, Teori Albino. *Comentários ao Código de Processo Civil*. São Paulo: Ed. RT, 2000, v. 8, p. 310.

[25] CARVALHO, Fabiano. *Ob. cit., loc. cit.*; WAMBIER, Teresa Arruda Alvim, *et al. Primeiros Comentários ao Novo Código de Processo Civil*. 2. ed., São Paulo: Ed. Revista dos Tribunais, 2016, p. 1.231; MEDINA, José Miguel Garcia. *Novo Código de Processo Civil Comentado*. 3. ed. São Paulo: Ed. Revista dos Tribunais, 2015, p. 1.029.

c) *Dificulta ou embaraça a realização da penhora* (inc. III). Essa inovação trazida pelo CPC/2015 visa coibir conduta que atrapalhe a efetivação da penhora. Tome-se como exemplos a ocultação de bens penhoráveis; o fornecimento de informações erradas a respeito de bens; a encoberta de documentos relativos ao bem suscetível de penhora etc.[26]

d) *Resiste injustificadamente às ordens judiciais* (inc. IV). Essa conduta viola o dever de lealdade e boa-fé processual e, ainda, o dever de cooperação entre as partes e o juízo.

e) *Intimado, não indica ao juiz quais são e onde estão os bens sujeitos à penhora e os respectivos valores, nem exibe prova de sua propriedade e, se for o caso, certidão negativa de ônus* (inc. V).[27] Trata-se de *dever* – e não mero *ônus* – o da indicação dos bens a penhorar e o da prestação das informações necessárias à sua realização. Aplica-se, aqui também, o *dever de cooperação* (art. 6º). Mesmo quando o executado entenda que só tem bens *impenhoráveis*, deverá informar ao juiz, mediante a ressalva da impenhorabilidade que os afeta.[28]

Considera-se, ainda, conduta atentatória à dignidade da justiça o oferecimento de embargos manifestamente protelatórios (art. 918, parágrafo único). Deve-se analisar os fundamentos dos embargos e verificar se têm a finalidade de apenas protelar o fim da execução.

Praticado o ato atentatório, o juiz fixará multa em montante não superior a vinte por cento do valor atualizado do débito em execução, sem prejuízo de outras sanções de natureza processual ou material, multa essa que reverterá em proveito do exequente e será exigível na própria execução (art. 774, parágrafo único). A lei não impõe um percentual fixo, mas apenas um teto a ser observado na aplicação da multa por atentado à dignidade da justiça. Até dito limite, o juiz arbitrará a sanção, segundo a maior ou menor gravidade da infração cometida pelo executado, no caso concreto.

Além da pena pelo atentado à dignidade da justiça (art. 774, parágrafo único), sujeita-se também o executado que se opõe maliciosamente à execução forçada à pena do art. 81, que impõe ao litigante de má-fé o dever de indenizar à parte contrária os prejuízos que esta tenha sofrido em decorrência da injustificada resistência ao andamento do processo (art. 80, IV), do procedimento temerário (inc. V) ou da provocação de incidente manifestamente infundado (inc. VI). Nessa mesma linha, a reiteração pelo exequente ou executado de matérias já preclusas pode ensejar a aplicação de multa por conduta contrária à boa-fé.[29]

---

[26] *Idem*, p. 1778.

[27] O STJ não reconhecia a existência de um dever, para o executado, de relacionar todos os seus bens penhoráveis. O ato atentatório só aconteceria quando houvesse prévia obrigação de apresentar à Justiça bens determinados, como os gravados de garantia real, ou de preservar os que estão sob sua guarda. Fora dessa conduta fraudulenta e desleal, a não indicação de bens pelo devedor era vista como simples abdicação da faculdade de nomear bens à penhora, e não como o ato atentatório de que cuida o art. 600, IV, do CPC (STJ, 4ª T., REsp. 152.737/MG, Rel. Min. Ruy Rosado de Aguiar, ac. 10.12.97, *DJU* 30.03.1998, p. 81). A situação mudou com a Lei n. 11.382, de 06.12.2006, ainda à época do CPC/1973, que alterou o texto do inciso IV do art. 600 [CPC/2015, inciso V, do art. 774], deixando claro que, sempre que houver dificuldade no cumprimento do mandado executivo, é dever do executado cooperar com o desempenho da prestação jurisdicional indicando ao juiz "quais são e onde se encontram os bens sujeitos à penhora e seus respectivos valores". A ordem judicial na espécie é mandamental (art. 14, V) [CPC/2015, art. 77, V], de forma que o não cumprimento da respectiva intimação, no prazo assinado pelo juiz, além da pesada multa, poderá sujeitar o executado à sanção penal do crime de desobediência (art. 14, parágrafo único) [CPC/2015, art. 77, § 2º].

[28] NEVES, Daniel Amorim Assumpção. *Manual de direito processual civil*. 6. ed. Rio de Janeiro: Forense, 2014, p. 939.

[29] Enunciado 148 das Jornadas de Direito Processual Civil do CJF.

Nas execuções por quantia certa estes prejuízos são facilmente apuráveis, no regime inflacionário em que vive o País, através da verificação da desvalorização da moeda enquanto tenha durado o obstáculo maliciosamente oposto pelo executado.

Assim, já à época do Código anterior, os tribunais nos julgamentos de recursos oriundos de embargos à execução, reveladores da qualidade de litigante de má-fé, vinham impondo ao devedor a pena de pagar correção monetária ao credor, a partir do momento em que a execução fora suspensa pelos embargos manifestamente infundados. E, para tanto, agia-se até mesmo *ex officio*, posto que a pena do art. 81 corresponde a um atentado cometido, não só contra o direito do credor, mas principalmente contra a dignidade da Justiça, já que a resistência é oposta diretamente a um ato de soberania estatal, qual seja, a realização executiva dos créditos a que a lei assegura a força de cumprimento coativo pelo processo da execução forçada.

Com o advento da Lei n. 6.899/1981, a aplicação da correção monetária tornou-se medida de caráter geral. Mas a pena do litigante de má-fé serviu, ainda, para fazer retroagir a correção monetária até data anterior à vigência da questionada lei, bem como para exacerbar a verba advocatícia, além de propiciar à parte prejudicada o direito de reclamar ressarcimento de qualquer outro prejuízo comprovadamente suportado em decorrência do ato atentatório à dignidade da Justiça[30]. A dificuldade de apuração dos prejuízos concretos acabou levando o legislador a instituir multas em percentuais sobre o valor da causa, o que torna mais fácil e efetiva a sanção aos atos de litigância de má-fé e de atentado à dignidade da justiça (arts. 81 e 774, parágrafo único).

Em alguns casos, há dupla punição do ato atentatório à dignidade da justiça, no sistema do atual Código: (i) na Parte Geral prevê-se, em duas circunstâncias, verificáveis em qualquer processo (inclusive no de execução) que a infração de deveres das partes, além de configurar litigância de má-fé, representa também "ato atentatório da justiça" sujeito à multa em favor da Fazenda Pública (art. 77, § 2º); e (ii) na Parte Especial, a disciplina específica do Processo de Execução arrola cinco hipóteses em que o executado pratica conduta "atentatória à dignidade da justiça" algumas delas enquadráveis também no rol do art. 77, IV e VI, da Parte Geral. Aqui a multa que se sujeita o infrator reverte-se em favor do exequente prejudicado pelo atentado (art. 774, parágrafo único).

O sistema, de tal sorte, permite a superposição de duas sanções ao devedor por um mesmo ato atentatório à dignidade da justiça. Isto, porém, não deve ser visto como *bis in idem*. É que a sanção do art. 774, parágrafo único, destina-se a reparar o prejuízo que o ato do executado causou ao exequente, motivo pelo qual a multa a este reverterá; já a sanção imposta pelo § 2º do art. 77, constitui pena pelo atentado cometido diretamente contra o Poder Judiciário, motivo pelo qual o respectivo montante será inscrito como dívida ativa da União ou do Estado, conforme o processo corra pela Justiça Federal ou pela Justiça Estadual (art. 77, § 3º).

Por outro lado, o parágrafo único do art. 774, ainda prevê que a multa do atentado à dignidade da justiça, cujo valor reverte em favor do exequente não exclui "outras sanções de natureza processual ou material", como multas por atraso no cumprimento da decisão judicial, honorários advocatícios e eventuais ressarcimentos de danos decorrentes da litigância de má-fé não ressarcidos pela sanção própria das ofensas à dignidade da justiça (art. 88).

---

[30] Por exemplo, a injusta ocultação da coisa a ser restituída ao exequente, pode privá-lo de uso de bem rentável, acarretando-lhe sério prejuízo, e, por consequência, ensejar-lhe a pretensão a perdas e danos, nos termos do art. 774, parágrafo único.

160. ENCARGOS DA SUCUMBÊNCIA: CUSTAS E HONORÁRIOS ADVOCATÍCIOS

Prevê o art. 82, *caput*, do CPC/2015, que incumbe às partes prover as despesas dos atos que realizarem ou requererem no processo, inclusive na execução. Regra especial dispensa o advogado, nas ações de cobrança por qualquer procedimento, comum ou especial, bem como nas execuções ou cumprimentos de sentença, de adiantar o pagamento das custas processuais, quando requerer a execução de seus honorários (CPC, art. 82, § 3º, acrescido pela Lei nº 15.109, de 13.03.2025). O art. 85, § 1º, por sua vez, dispõe que, nas execuções, embargadas ou não, o juiz arbitrará os honorários de sucumbência.

Volta-se a execução forçada sempre contra um devedor em *mora*. E a obrigação do devedor moroso é a de suportar todas as consequências do retardamento da prestação, de sorte que só se libertará do vínculo obrigacional se reparar, além da dívida principal, todos os prejuízos que a mora houver acarretado para o credor, compreendidos nestes os juros, a atualização monetária e os honorários de advogado (CC, arts. 395 e 401).

Por isso, assume o feitio de princípio informativo do processo executivo a regra de que "a execução corre a expensas do executado".[31] E, por consequência, todas as despesas da execução forçada são encargos do devedor, inclusive os honorários gastos pelo exequente com seu advogado (arts. 826 e 831).

Assim, mesmo nas execuções de títulos extrajudiciais não embargadas, em que inexiste sentença condenatória, o juiz imporá ao devedor a obrigação de pagar os honorários em favor do credor[32]. Da mesma forma, estava assente na jurisprudência, à época do Código de 1973, que, nas execuções de sentença, o devedor deveria sujeitar-se a nova verba de sucumbência, pouco importando houvesse ou não oposição de embargos[33]. Com a abolição da ação de execução de sentença e a sua substituição por simples incidente do processo de conhecimento, não haveria mais razão para dois honorários sucumbenciais. Não haveria mais duas ações sucessivas, mas uma única ação que se iniciaria com a *petição inicial* e só terminaria quando a sentença condenatória fosse efetivamente cumprida. Nem mesmo subsistia, naquele regime, a ação incidental de embargos do devedor, razão pela qual faltaria uma sentença para justificar uma nova e eventual sucumbência (v., adiante, o item 560). Pensava-se inicialmente que a regra do art. 20 do CPC/1973 [CPC/2015, art. 85, § 1º], portanto, não alcançaria o incidente de cumprimento da sentença e, a nosso ver, deveria ficar restrita às ações executivas, que, desde então, existiriam apenas para os títulos executivos extrajudiciais. Não foi, todavia, o que prevaleceu na exegese jurisprudencial, pois continuou a ser entendido nos tribunais que haveria uma nova sucumbência, também, no regime de cumprimento da sentença instituída pela Lei n. 11.232/2005[34]. E é este o regime que o CPC/2015 expressamente adotou, seja para a execução do título extrajudicial, seja para o cumprimento da sentença (art. 523, § 1º).

---

[31] COSTA, Lopes da. op. cit., v. IV, n 109, p. 101.

[32] Simpósio Nacional de Direito Processual Civil, realizado em Curitiba, em 1975, conf. relato de Edson Prata, *in Revista Forense*, 257/26, jan-mar/1977.

[33] STJ, 3ª Seção, EREsp. 132.229/RS, Rel. Min. Hamilton Carvalhido, ac. 09.02.2000, *DJU* 11.09.2000, p. 219; STJ, 2ª T., REsp. 190.795/RS, Rel. Min. Hélio Mosimann, ac. 09.09.99, *DJU* 12.02.2001, p. 104; STJ, 4ª T., REsp. 193.521/SP, Rel. Min. Aldir Passarinho Júnior, ac. 06.02.2001, *DJU* 19.03.2001, p. 118; STJ, 5ª T., REsp 140.406/RS, Rel. Min. Edson Vidigal, ac. 13.11.2000, *DJU* 11.12.2000, p. 224; STJ, 1ª T., Rel. Min. Milton Luiz Pereira, ac. 25.09.2000, *DJU* 05.02.2001, p. 77; STJ, Emb. no Resp. 158.884/RS, Corte, Rel. Humberto Gomes de Barros, ac. 04.10.2000, RJ 283/79.

[34] A implantação da sistemática da execução de sentença como simples incidente do processo condenatório "não traz nenhuma modificação no que tange aos honorários advocatícios" (STJ, Corte Especial, REsp. 1.028.855/SC, Rela. Min. Nancy Andrighi, ac. 27.11.2008, *DJe* 05.03.2009).

Nas execuções de títulos extrajudiciais, sem dúvida, impõe-se sempre a condenação em honorários de sucumbência independentemente da oposição de embargos. Ocorrendo tal oposição, torna-se cabível outra condenação, já então em razão do insucesso da ação incidental.[35]

Diante da sistemática legal, a jurisprudência, já à época do Código anterior, sempre entendeu que a citação executiva deveria ser precedida de arbitramento judicial dos honorários de advogado do exequente, já que o ato citatório tem de conter, na espécie, o comando ao executado para pagar a dívida ajuizada, no prazo estipulado no mandado, sob pena de penhora (CPC/2015, art. 829).[36]

O art. 827 do CPC/2015 explicitou o cabimento desse arbitramento, seguindo o que já era recomendado pela jurisprudência. O arbitramento liminar, feito no despacho da petição inicial, será fixo no percentual de dez por cento.

Para sistematizar o arbitramento da verba advocatícia nas execuções por quantia certa fundadas em títulos extrajudiciais, o art. 827, *caput*, dispõe que, "ao despachar a inicial, o juiz fixará, de plano, os honorários advocatícios de dez por cento, a serem pagos pelo executado". Se o executado realizar o pagamento no prazo de três dias previsto na citação, determina o § 1º do mesmo artigo que os honorários serão reduzidos pela metade. Por outro lado, se a execução for embargada, e o executado sucumbir, o encargo advocatício poderá ser majorado, porque o arbitramento inicial é provisório e não contempla os encargos acrescidos pela oposição feita por meio da ação incidental de embargos (art. 827, § 2º).

Destarte, sendo improcedentes os embargos, terá direito o credor a dois honorários: um pela execução e outro pela vitória nos embargos, os quais somados não poderão ir além de vinte por cento (art. 827, § 2º).[37] Embora sejam evidentes as duas sucumbências, o que, de maneira prática, acontece é o juiz arbitrar na sentença dos embargos uma verba honorária que amplia e absorve a que anteriormente fora estipulada para a execução apenas. É, aliás, o que recomenda o art. 827, § 2º do CPC/2015.

Com ou sem prévia impugnação do executado ao arbitramento inicial da verba advocatícia, é possível ao juiz revê-la na sentença dos embargos à execução. Pode anulá-la e invertê-la, no caso de procedência, ou agravá-la, na hipótese de improcedência da oposição do devedor. "Nesse sentido – lembra Carreira Alvim –, orientou-se o Superior Tribunal de Justiça, ao assentar que, nas execuções por título extrajudicial, o juiz pode, por ocasião do julgamento dos embargos do devedor, alterar, *secundum eventum litis*, o percentual da verba advocatícia, respeitado o máximo de vinte por cento (REsp. 13.722-0/SP)"[38].

Registre-se, outrossim, que a jurisprudência do STJ entende que os benefícios da assistência judiciária gratuita são aplicáveis a qualquer modalidade de processo, podendo, portanto, serem deferidos ao devedor na execução e seus incidentes quando satisfeitos os requisitos legais da gratuidade da justiça[39].

---

[35] STJ, 1ª T., REsp. 48.900-3/SP, Rel. Min. Humberto Gomes de Barros, ac. 21.06.1994, *RSTJ* 71/358. Todavia, reconhece-se como justo estabelecer-se, ordinariamente, "como limite máximo total, abrangendo a execução e os embargos, o quantitativo de 20%" (STJ, 4ª T., REsp. 97.466/RJ, Rel. Min. Ruy Rosado de Aguiar, ac. 15.10.1996, *DJU* 02.12.1996, p. 47.684).

[36] STJ, 2ª Seção, REsp. 450.163/MT, Rel. Min. Aldir Passarinho Jr., ac. 09.04.2003, *DJU* 23.08.2004, p. 117.

[37] STJ, 1ª T., REsp. 467.888/RS-EDcl., Rel. Min. José Delgado, ac. 18.02.2003, *DJU* 24.03.2003, p. 155; STJ, 2ª T., REsp. 337.419/RS, Rel. Min. Franciulli Netto, ac. 15.08.2002, *DJU* 31.05.2004, p. 259.

[38] ALVIM, J.E. Carreira. *Código de Processo Civil reformado*. 5. ed. Rio de Janeiro: Forense, 2003, p. 21-22.

[39] "3. A gratuidade de justiça não é incompatível com a tutela jurisdicional executiva, voltada à expropriação de bens do devedor para a satisfação do crédito do exequente. 4. O benefício tem como principal escopo assegurar a plena fruição da garantia constitucional de acesso à Justiça, não comportando interpretação

160-A. HONORÁRIOS ADVOCATÍCIOS NA DESISTÊNCIA DA EXECUÇÃO

A desistência da execução é livre e pode acontecer antes dos embargos, durante a pendência dos embargos e depois de rejeitados os embargos.

Quanto à responsabilidade pela verba advocatícia de sucumbência, não será devida pelo credor, se a desistência total ou parcial acontecer antes da citação, ou depois dela, mas antes dos embargos, em princípio.[40] Se o devedor citado já houver produzido seus embargos, a desistência da execução acarretará forçosamente o encargo para o credor de ressarcir os honorários sucumbenciais.[41] Mesmo antes do aforamento dos embargos, se, depois de citado, o devedor constituiu advogado que ingressou nos autos, *v.g.*, no caso de nomeação de bens à penhora, ou de pedido de extinção do processo, a desistência da execução a essa altura não isentará o credor de repor os honorários do representante do executado.[42]

Que ocorre se o credor desistir depois de julgados improcedentes os embargos? Simplesmente, não haverá sucumbência a reparar, pois o devedor já exerceu sua defesa, já sucumbiu e já foi condenado aos encargos da sucumbência. O exequente, portanto, segundo sua exclusiva conveniência, poderá exercer o poder de desistir do prosseguimento da execução, sem ter de pagar honorários ao executado. Continuará sendo credor, com a vantagem de ter seu título robustecido pela sentença que desacolheu os embargos, com autoridade de coisa julgada. A qualquer tempo poderá voltar a executá-lo, já, então, contando com a indiscutibilidade daquilo que tiver sido acertado pela sentença pronunciada nos embargos, que, nesta altura, estará acobertada pelo manto da *res iudicata*.

---

que impeça ou dificulte o exercício do direito de ação ou de defesa" (STJ, 3ª T., REsp 1.837.398/RS, Rel. Min. Nancy Andrighi, ac. 25.05.2021, *DJe* 31.03.2021).

[40] STJ, 3ª T., REsp 125.289/SP, Rel. Min. Waldemar Zveiter, ac. 24.03.1998, *DJU* 11.05.1998, p. 88. Tem o exequente a livre disponibilidade da execução, podendo dela desistir a qualquer momento. E, nos termos do art. 775, parágrafo único, I, ocorrendo antes da oposição dos embargos, prescindirá da anuência do devedor; após dependerá da concordância, caso os embargos não tratem somente de matéria processual, e o Credor arcará com as respectivas custas e honorários advocatícios (STJ, 3ª Seção, AgRg na ExeMS 6.359/DF, Rel. Min. Laurita Vaz, ac. 08.09.2010, *DJe* 14.10.2010; STJ, 2ª T., REsp 1.173.764/RS, Rel. Min. Eliana Calmon, ac. 20.04.2010, *DJe* 03.05.2010).

[41] STJ, 2ª T., AgRg no AgRg no REsp 1.217.649/SC, Rel. Min. Humberto Martins, ac. 04.10.2011, *DJe* 14.10.2011.

[42] STJ, 2ª T., AgRg no REsp 900.775/RS, Rel. Min. Eliana Calmon, 19.04.2007, *DJU* 30.04.2007, p. 307; STJ, 2ª T., AgRg no REsp 1.214.386/RS, Rel. Min. Humberto Martins, ac. 15.03.2011, *DJe* 23.03.2011.

Capítulo XIV
AS DIVERSAS ESPÉCIES DE EXECUÇÃO

161. DISPOSIÇÕES GERAIS

O atual Código, assim como o anterior, regulou separadamente as execuções de títulos extrajudiciais tendo em vista a natureza da prestação a ser obtida do devedor, classificando-as em:

   a) execução para a entrega de coisa;
   b) execução das obrigações de fazer e não fazer; e
   c) execução por quantia certa contra devedor solvente.

O CPC/2015 não cuidou da execução por quantia certa contra o devedor insolvente. Mas, até que seja editada lei específica, determinou que as execuções em curso ou que venham a ser propostas continuem reguladas pelos artigos relativos à matéria constantes do CPC de 1973 (CPC/2015, art. 1.052).

Antes, porém, de definir o procedimento e os incidentes de cada espécie de execução, o legislador fixou, em caráter genérico, alguns preceitos básicos e aplicáveis indistintamente a todos os processos executivos. Estão eles contidos nos arts. 797 a 805 e serão analisados a seguir.

162. DIREITO DE PREFERÊNCIA GERADO PELA PENHORA

O atual Código, assim como o anterior, expressa que a execução realiza-se "no interesse do exequente que adquire, pela penhora, o direito de preferência sobre os bens penhorados" (art. 797). Erigiu-se, portanto, a penhora "à posição de direito real".[1]

Por isso mesmo, "recaindo mais de uma penhora sobre o mesmo bem, cada exequente conservará o seu título de preferência" (art. 797, parágrafo único), isto é, o credor com segunda penhora só exercitará seu direito sobre o saldo que porventura sobrar após a satisfação do credor da primeira penhora. Não haverá concurso de rateio entre eles, mas apenas de preferência (art. 908 e § 2º).

Analisando nosso Direito anterior (Código de 1939), ensinava Lopes da Costa que "na legislação brasileira, a penhora nunca deu origem ao direito de penhor",[2] fato outrora verificado no direito romano e nas Ordenações Filipinas.

O Código de 1973, no que foi seguido pelo CPC/2015, no entanto, rompeu com a tradição de nosso processo executivo e filiou-se à corrente romanística revivida modernamente pelo direito alemão.

Em nosso atual processo, a penhora confere ao exequente uma preferência, colocando-o na situação de um verdadeiro credor pignoratício. Adquire ele com a penhora "a mesma posição

---

[1] LIMA, Alcides de Mendonça. *Comentários ao Código de Processo Civil*. Rio de Janeiro: Forense, 1974, v. VI, t. II, n. 1.422, p. 633.

[2] LOPES DA COSTA, Alfredo de Araújo. *Direito Processual Civil Brasileiro*. Rio de Janeiro: Forense, 1959, v. IV, n. 119, p. 109.

jurídica que adquiriria com um direito pignoratício contratual",³ pois passa a desfrutar de preferência e sequela sobre o bem constrito, em face dos demais credores quirografários.

Essa posição do credor penhorante tem efeitos tanto perante o devedor, como perante outros credores, permitindo a extração de duas importantes ilações:

a) a alienação pelo devedor, dos bens penhorados, é ineficaz em relação ao exequente;
b) as sucessivas penhoras sobre o mesmo objeto não afetam o direito de preferência dos que anteriormente constringiram os bens do devedor comum.

Ressalte-se, porém, que a preferência da penhora é plena apenas entre os credores quirografários e enquanto dure o estado de solvência do devedor. Não afeta nem prejudica em nada os direitos reais e preferências de direito material constituídos anteriormente à execução e desaparece quando os bens penhorados são arrecadados no processo de insolvência.

A prelação de um credor hipotecário ou pignoratício, sobre os bens gravados do devedor, não é atingida pela penhora de terceiro, nem mesmo no caso de insolvência. "O credor privilegiado participará do concurso universal em sua verdadeira posição, independentemente da penhora, que poderá nem se ter verificado, se a execução (dele credor com garantia de direito real) não tiver sido movida."⁴

O Código de 1973 já foi criticado pela adoção do sistema germânico, que seria injusto e contrário à índole do credor brasileiro, sempre propenso a ensejar uma solução de tolerância, retardando a execução à espera de melhor oportunidade para a satisfação voluntária do devedor. A injustiça consistiria, às vezes, em assegurar preferência a credores mais novos, porém mais espertos, em face de credores antigos, porém tolerantes com o devedor.⁵

Deve-se, no entanto, concluir que a crítica não procede. Tanto havia no sistema anterior, de 1939, como há no atual, meios eficientes de assegurar a *par condicio creditorum*. O que fez o Código de 1973, seguido pelo de 2015, foi conferir uma estrutura mais racional ao processo de execução, separando em procedimentos específicos a situação do devedor solvente e a do insolvente.

Enquanto o processo de *insolvência* tem caráter universal, afetando todo o patrimônio do devedor e procurando garantir a *par condicio creditorum*, "la esecución singular es movida esencialmente por el interés individual del acreedor procedente."⁶

Se o caso é de simples inadimplemento, a execução é do interesse individual do credor e não há justificativa para que outros credores, sem preferência, venham embaraçar-lhe o exercício do direito de realizar seu crédito sobre o patrimônio do devedor. Outros bens existirão para satisfazer aos demais créditos, pois, sendo solvente, o ativo será superior ao passivo.

Se, no entanto, o caso for de devedor insolvente, a preferência da primeira penhora nenhum prejuízo acarretará ao conjunto dos credores do devedor comum, pois haverá sempre possibilidade do socorro ao concurso universal (art. 751, III, do CPC/1973, mantido pelo art. 1.052 do CPC/2015), no qual a referida preferência não prevalece, de acordo com a expressa ressalva do art. 797.

Note-se, contudo, que o caráter singular da execução não impede que outros credores eventualmente tenham alguma participação nela, como, por exemplo, ocorre nos casos em

---

3   GOLDSCHMIDT, James. *Derecho Procesal Civil*. Barcelona: Labor, 1936, v. III, p. 631.
4   LIMA, Alcides de Mendonça. *Op. cit.*, n. 1.421, p. 632.
5   ANDRADE, Luis Antonio de, *apud* LIMA, Paulo C. A. *Código de Processo Civil*. Rio de Janeiro: Edições Trabalhistas, 1973, p. 323.
6   MICHELI, Gian Antonio. *Derecho Procesal Civil*. Buenos Aires: EJEA, 1970, v. III, n. 10, p. 141.

que a penhora atinge bem hipotecado a terceiro e este credor é convocado para exercitar seu direito de preferência (art. 799, I).

Assim, na execução singular com multiplicidade de interessados, a ordem de preferência no resultado da excussão dos bens penhorados ao devedor solvente será a seguinte:

a) em primeiro lugar, serão atendidos os credores privilegiados segundo o direito material, cuja preferência "independe da penhora";[7] há, contudo, tendência jurisprudencial e doutrinária a entender que também o credor privilegiado, uma vez intimado da penhora, terá de ajuizar a execução de seu crédito para habilitar-se ao concurso de preferências previsto no art. 908[8].

b) entre os quirografários e, após a satisfação dos privilegiados, cada credor conservará sua preferência, observada a ordem com que as penhoras foram realizadas (art. 797, parágrafo único)[9].

---

[7] LIMA, Alcides de Mendonça. *Op. cit.*, n. 1.425, p. 635. "O credor hipotecário, embora não tenha ajuizado execução, pode manifestar a sua preferência nos autos de execução proposta por terceiro. Não é possível sobrepor uma preferência processual a uma preferência de direito material." (STJ, 3ª T., REsp 159.930/SP, Rel. Min. Ari Pargendler, ac. 6.3.2003, *DJU* 16.6.2003, p. 332).

[8] Decisões exigindo que o credor hipotecário tenha execução e penhora para fazer prevalecer seu direito real: STJ, 4ª T., REsp. 32.881/SP, Rel. Min. César Rocha, ac. de 02.12.97, *in DJU* de 27.04.98, p. 166; STJ, 1ª T., REsp 660.655/MG, Rel.ª Min.ª Denise Arruda, ac. 17.04.2007, *DJ* 24.05.2007, p. 312; STJ, 3ª T., REsp 976.522/SP, Rel.ª Min.ª Nancy Andrighi, ac. 02.02.2010, *DJe* 25.02.2010. Em doutrina, também condicionam a participação do credor preferencial no concurso do art. 908 do CPC/2015 à prévia penhora: José Miguel Garcia Medina (*Novo Código de Processo Civil Comentado*. 3. ed. São Paulo: Ed. RT, 2015, p.1.201); Paulo Henrique dos Santos Lucon (Comentários ao art. 908 *in* Wambier, Teresa Arruda Alvim; DIDIER JÚNIOR, Fredie; TALAMINI, Eduardo; DANTAS, Bruno. *Breves Comentários ao novo Código de Processo Civil*. 3. ed. São Paulo: Ed. RT, 2016, p. 2016). A nosso ver, essa exigência não se harmoniza com o sistema do concurso de preferências, no qual a lei manda resguardar os privilégios de direito material anteriores à penhora (art. 905, II). Esses privilégios não desaparecem pelo fato de o credor preferencial não ter ainda iniciado sua execução, porque, adjudicado ou alienado o bem penhorado os créditos que recaem sobre o bem "sub-rogam-se sobre o respectivo preço, observada a ordem de preferência" (art. 908, § 1º). Assim, não será possível o levantamento desse preço, sem que se observe a eventual preferência que sobre ele incide, mesmo que o credor preferencial tenha se habilitado ao concurso sem prévia penhora. Correta, portanto, a lição de Marcelo Abelha, segundo a qual o objeto do concurso previsto no art. 908 é duplo: (i) identificar dentre os exequentes que penhoraram o mesmo bem em execuções singulares ou (ii) identificar os credores que tenham privilégios ou preferências legais anteriores à penhora. É assim que se definirá quem tem "primazia no levantamento da quantia obtida com a arrematação do bem penhorado". Tal primazia não decorre necessariamente de um concurso de penhoras, já que "se verifica pelo direito de preferência previsto na lei civil e na lei processual" (ABELHA, Marcelo. *Manual de execução civil*. 5. ed. Rio de Janeiro: Forense, 2015, p. 401-402). A posição do STJ parece ter, nos últimos tempos, chegado a um denominador comum: "Para o exercício da preferência material decorrente da hipoteca, no concurso especial de credores, não se exige a penhora sobre o bem, mas o levantamento do produto da alienação judicial não prescinde do aparelhamento da respectiva execução" (STJ, 3ª T., REsp 1.580.750/SP, Rel. Min. Nancy Andrighi, ac. 19.06.2018, *DJe* 22.06.2018). Vale dizer: o credor hipotecário pode habilitar-se sem penhora. O valor de seu crédito, porém, ficará retido e o levantamento só será autorizado depois de ajuizada a execução e concedida ao devedor a oportunidade de defesa, pelas vias regulares.

[9] O registro da penhora, acorrido durante a execução por quantia certa, que tem função de publicidade *erga omnes*, não altera o direito de preferência gerado pela ordem das diversas penhoras efetuadas sobre o mesmo bem. Segundo jurisprudência do STJ, "tal providência não constitui requisito integrativo do ato de penhora e, portanto, não interfere na questão relativa à preferência temporal das penhoras realizadas que, para esse efeito, contam-se a partir da data da expedição do respectivo termo de penhora" (STJ, 3ª T., AgRg no REsp 1.195.540/RS, Rel. Min. Sidnei Beneti, ac. 09.08.2011, *DJe* 22.08.2011). "Nos termos do art. 664 do CPC [art. 839 do CPC/2015], "considerar-se-á feita a penhora mediante a apreensão e o depósito dos bens, lavrando-se um só auto se as diligências forem concluídas no mesmo dia". Assim, o registro ou a averbação não são atos constitutivos da penhora, que se formaliza mediante a lavratura do respectivo auto ou termo no processo. Não há exigência de averbação imobiliária ou referência legal a tal registro da penhora como condição para

c) é por meio da penhora que se estabelece a ordem de preferência entre os credores quirografários; por isso, o acolhimento em juízo da arguição de alienação de bens em fraude à execução não coloca, por si só o credor arguente em posição de preferência, que continuará sempre sujeita à ordem em que após a declaração da fraude a consequente penhora vier a se colocar[10].

162.1. Leilão de carteira bancária de crédito

Segundo orientação do STJ, o devedor proprietário do bem vinculado à cédula de crédito bancário garantida por alienação fiduciária não tem direito de preferência para adquirir título da própria dívida em leilão de carteira de crédito, no caso de falência do banco credor:

"... 4. Direito de preferência é aquele que confere a seu titular o exercício de determinada prerrogativa ou vantagem em caráter preferencial, quando em concorrência com terceiros. Tal prerrogativa pode decorrer de lei, quando o legislador elege determinadas circunstâncias fáticas ou jurídicas que justificam que determinada pessoa pratique um ato ou entabule um negócio jurídico de forma prioritária ou precedente, ou ainda pode ter origem contratual, desde que não interfira na posição de terceiros estranhos à relação jurídica, a quem a própria lei confira posição de vantagem. 5. O legislador confere ao devedor fiduciante o direito de preferência na reaquisição do bem que já lhe pertencia, cuja privação decorra do inadimplemento de obrigação à qual se vinculava por garantia fiduciária, nos termos do art. 27, § 2º-B, da Lei n. 9.514/1997. No caso, contudo, trata-se de alienação da carteira de crédito, em que foi incluído o crédito representado pela cédula de crédito bancário emitida em benefício da instituição financeira. 6. O art. 843 do CPC/2015 estabelece que, na hipótese de penhora de bem indivisível, há preferência do coproprietário ou cônjuge executado em sua arrematação. Com isso, possibilita-se a penhora da integralidade do bem, ainda que o executado seja proprietário de uma fração ou quota-parte, evitando-se, a um só tempo, a dificuldade de alienação da parte do devedor e a constituição forçada de condomínio entre o adquirente e o cônjuge ou coproprietário. 7. Ausência de semelhança fática que autorize a aplicação da analogia para reconhecer o direito de preferência dos emitentes da cédula. 8. Para o recurso à autointegração do sistema pela analogia, faz-se necessário que se estenda, a uma hipótese não regulamentada, a disciplina legalmente prevista para um caso semelhante. Essa forma de expansão regulatória, portanto, depende de similitude fática significativa entre o caso em referência e seu paradigma. 9. A regra prevista pelo ordenamento em tais casos é a alienação dos bens ou direitos em hasta pública para qualquer interessado que atenda aos editais de chamamento, orientando-se a disciplina processual civil nesse sentido. Ao não ser atribuída uma prerrogativa adicional aos emitentes de cédula de crédito bancário com garantia representada por alienação fiduciária de bem imóvel, conclui-se que não houve de fato omissão regulamentadora, senão a intenção legislativa de manter a regra geral nessas situações. 10. Direito de preferência do emitente da cédula de crédito bancário inexistente.

---

definição do direito de preferência, o qual dispensa essas formalidades" (STJ, 4ª T., REsp 1.209.807/MS, Rel. Min. Raul Araújo, ac. 15.12.2011, *DJe* 15.02.2012). No mesmo sentido: STJ, 4ª T., AgInt no AREsp 298.558/SP, Rel. Min. Raul Araújo, ac. 23.04.2019, *DJe* 22.05.2019; STJ, 3ª T., AgInt no REsp 1.712.437/MS, Rel. Min. Paulo de Tarso Sanseverino, ac. 03.12.2018, *DJe* 07.12.2018.

10 "(...) 3. A decisão que declara a fraude não afeta, por si só, o bem à execução, ela apenas declara a ineficácia do negócio jurídico em relação ao exequente, possibilitando que esse bem seja posteriormente penhorado. Contudo, a responsabilidade patrimonial do executado continua a ser genérica. 4. A averbação da declaração de ineficácia da venda é um ato de natureza diversa da penhora" (STJ, 3ª T., REsp 1.254.320/SP, Rel. Min. Nancy Andrighi, ac. 06.12.2011, *DJe* 15.12.2011).

Recurso especial não provido"[11].

163. AMPLIAÇÃO DA TUTELA AOS PRIVILÉGIOS

Com a Lei n. 11.382/2006, que modificou o texto do art. 698, o Código de 1973, passou a dispensar aos privilégios da penhora, adquiridos nos termos dos arts. 612 e 613, daquela codificação, tutela que a coloca praticamente no mesmo nível dos direitos reais de garantia, máxime quando se tratar de gravame averbado em registro público. Essa regra foi repetida pelo CPC/2015 no art. 797. Assim:

   a) assegura ao exequente, a partir da penhora, preferência no pagamento a ser realizado com o produto da alienação judicial sobre todos os demais credores que estejam em posição inferior na gradação das penhoras;
   b) garante ao exequente com penhora averbada no Registro Público direito à intimação relacionada com penhoras supervenientes sobre o mesmo bem, a ser realizada antes da adjudicação ou alienação promovidas por outro credor (CPC/2015, art. 889, V), tal como se passa com os credores que contam com garantia real (sobre o tema, v., adiante, os n. 288 e 390).

164. DOCUMENTAÇÃO DA PETIÇÃO INICIAL

A execução é um processo e se subordina ao princípio geral da provocação da parte interessada. Não existe execução *ex officio* no processo civil. O credor deverá sempre requerer a execução para estabelecer-se a relação processual (título executivo extrajudicial), ou para prosseguir nos atos de cumprimento da sentença, dentro da própria relação em que ela foi proferida (título executivo judicial):

I – Petição inicial da ação executiva

Tratando-se de título extrajudicial, a execução será iniciada, destarte, por meio de uma petição inicial que, além de preencher os requisitos do art. 319, deverá indicar (art. 798, II do CPC/2015):

   a) a espécie de execução de sua preferência, quando por mais de um modo puder ser realizada;
   b) os nomes completos do exequente e do executado e seus números de inscrição no Cadastro de Pessoas Físicas ou no Cadastro Nacional da Pessoa Jurídica;
   c) os bens suscetíveis de penhora, sempre que possível.

II – Título executivo

Como não há execução sem título, o ingresso do credor em juízo para realizar obrigação constante de título não judicial, só é possível quando a petição inicial estiver acompanhada do competente *título executivo extrajudicial* (art. 798, I, *a*).

Se o caso, entretanto, for de título executivo judicial (sentença), é claro que o credor não o juntará à petição, porquanto a execução forçada correrá nos próprios autos em que se prolatou

---

[11] STJ, 4ª T., REsp 2.035.515/SP, Rel. Min. Antonio Carlos Ferreira, ac. 07.03.2023, *DJe* 13.03.2023.

a decisão exequenda. Bastará, naturalmente, fazer referência ao decisório (título) que já se encontra nos autos.

Uma vez que, a partir da Lei n. 11.232/2005, à época do Código anterior, a realização da prestação prevista em título judicial, não mais depende de ação autônoma, a exigência de instrução de petição inicial com título executivo ficou restrita à execução de títulos extrajudiciais, como deixou certo o art. 798, I, *a*, do CPC/2015. Simplesmente não há mais petição inicial nos casos de cumprimento da sentença (mero incidente processual do processo de conhecimento).

III – Obrigação sujeita a condição ou termo

Na hipótese do art. 514 do CPC/2015 – sentença de condenação condicional ou a termo, ou de qualquer título executivo extrajudicial sob condição ou a termo –, o credor, além de exibir o título, deverá instruir seu pedido executivo com a prova da verificação da condição ou do vencimento da dívida (art. 798, I, *c*)[12].

A exigência decorre do princípio de que só o título de obrigação certa, líquida e *exigível* pode dar lugar à execução (art. 783). E sem a prova da verificação da condição ou da ocorrência do termo, não se pode falar em *exigibilidade* da dívida, nem muito menos em *inadimplemento* do devedor, que é pressuposto primário da execução (art. 786).

IV – Memória de cálculo

Em se tratando de execução por quantia certa, o credor deverá instruir sua pretensão com demonstrativo do débito atualizado até a data da propositura da ação (art. 798, I, *b*). Esse demonstrativo tanto pode ser incluído no texto da própria inicial como em documento a ela apensado. Dita providência, outrossim, será observada em execução de título seja extrajudicial, seja judicial, posto que se aboliu a liquidação por cálculo do contador para a última espécie (Lei n. 8.898, de 29.06.94, à época do CPC de 1973).

O demonstrativo do débito, nos termos do parágrafo único do art. 798 do CPC/2015, deverá conter: *(i)* o índice de correção monetária adotado; *(ii)* a taxa de juros aplicada; *(iii)* os termos inicial e final de incidência do índice de correção monetária e da taxa de juros utilizados; *(iv)* a periodicidade da capitalização dos juros, se for o caso; e, *(v)* a especificação de desconto obrigatório realizado. Como se vê, o demonstrativo deverá ser claro e detalhado, de modo a possibilitar ao executado e ao juiz apurarem a correção do valor executado[13].

Analisando situação em que se pretendia a extinção da execução sob o argumento de iliquidez do título, ante a não juntada dos extratos que demonstrariam a evolução da dívida, o STJ entendeu que não há que se falar em iliquidez do título na espécie, porque a não juntada dos extratos não enseja a extinção da execução, especialmente porque a exequente, *in casu*, juntou os contratos, a partir dos quais se permitiu verificar a higidez do título executivo. Assim, concluiu que "em exibição incidental de documentos, cabe a presunção relativa de veracidade dos fatos que a parte adversa pretendia comprovar com a juntada dos documentos solicitados, nos termos do art. 359 do CPC/1973 (atual art. 400 do CPC/2015), sendo certo que, no

---

[12] "Nos casos de contrato bilateral, incumbe ao credor provar o cumprimento de sua obrigação (art. 615, IV, CPC) [art. 787, CPC/2015], a fim de tornar o instrumento hábil a instruir o processo de execução como título executivo extrajudicial" (STJ, 4ª T., REsp 196.967/DF, Rel. Min. Sálvio de Figueiredo Teixeira, ac. 02.12.1999, DJU 08.03.2000, p. 122).

[13] No caso das cédulas de crédito rural e de outras cédulas a estas equiparadas na força executiva, existe uma conta gráfica que define o saldo devedor a ser executado. O extrato dessa conta, todavia, nem sempre constitui documento indispensável à execução respectiva, "desde que a petição inicial seja instruída com documento hábil à demonstração pormenorizada do débito, propiciando ampla defesa ao devedor" (STJ, 3ª T., REsp 784.422/MG, Rel. Min. Nancy Andrighi, ac. 16.10.2008, DJe 28.10.2008).

julgamento da lide, as consequências dessa veracidade serão avaliadas, pelo Juízo de origem, em conjunto com as demais provas produzidas nos autos"[14].

165. OUTRAS PROVIDÊNCIAS A CARGO DO CREDOR

De par com a exibição do título executivo e com a prova da exigibilidade da dívida (art. 798), o Código impõe, ainda, ao credor algumas providências preliminares a serem observadas em circunstâncias especiais, que examinaremos a seguir:

I – Obrigações alternativas

A primeira delas refere-se às obrigações alternativas, cuja execução depende de prévia fixação da prestação a ser executada, medida que ora depende do credor, ora do devedor (CPC/2015, art. 800); sendo do exequente a opção: a petição de propositura da execução deverá conter a escolha da prestação que lhe convier (arts. 800, § 2º, e 855, I).

A alternatividade pode decorrer de cláusula contratual (exemplo: obrigação de entregar uma coisa ou pagar uma multa), ou de imposição da sentença condenatória (como cumprir o contrato ou indenizar perdas e danos). Em qualquer dos casos, a execução da sentença condenatória ou do título negocial deverá ser feita mediante opção liminar do credor por uma das alternativas admissíveis.

Quando, segundo o título, a escolha couber ao executado, a sua citação será para exercer a opção e realizar a prestação eleita nos dez dias seguintes, se outro prazo não lhe foi determinado em lei, no contrato ou na sentença (art. 800, *caput*). Se o devedor não fizer a opção no prazo constante da citação, o direito de escolha ficará transferido para o credor (art. 800, § 1º). Porém, se o credor fizer a escolha, sem respeitar o direito de opção do devedor, a execução nascerá viciada e poderá ser extinta por nulidade, uma vez que não estará respeitando as condições do próprio título executivo.[15]

II – Bens gravados com direitos reais ou já penhorados em outras execuções

Recaindo a penhora sobre bens gravados por penhor, hipoteca, anticrese ou usufruto, o exequente deverá promover a intimação do terceiro, titular dos referidos direitos reais (art. 799, I e II). Também será intimado, antes da alienação judicial, o credor com penhora anteriormente averbada, que recaia sobre o mesmo bem (art. 889, V). Essa intimação tem dupla função: 1ª) enseja oportunidade ao titular do direito real para resguardar seus privilégios durante a execução e 2ª) outorga plena eficácia à alienação judicial do bem penhorado, que, sem a ciência do privilegiado, será ato ineficaz perante ele (art. 804, *caput*, §§ 3º e 6º)[16].

---

[14] STJ, 4ª T., AgInt no AREsp. 2.102.423/PR, Rel. Min. Marco Buzzi, ac. 21.08.2023, *DJe* 24.08.2023.

[15] STJ, 4ª T., REsp. 1.680/PR, Rel. Min. Sálvio de Figueiredo Teixeira, ac. de 06.03.1990, *DJU* 02.04.1990, p. 2.458; TJDF, 3ª T. Cível, Apelação Cível 602981320058070001 DF 0060298-13.2005.807.0001, Rel. Mario-Zam Belmiro, ac. 28.10.2009, *DJe* 09.12.2009, p. 98.

[16] É de se ter em conta que a oneração do bem com penhora ou direito real em favor de terceiro não gera sua inalienabilidade para o titular do domínio e tampouco a impenhorabilidade por outro credor. A intimação do titular do direito real sobre a coisa alheia penhorada tem o objetivo de permitir-lhe resguardar eventuais interesses, como *v.g.*, a possível sub-rogação nos direitos creditórios do exequente (CC, art. 346) ou, se for o caso, o exercício do direito de remição da dívida (NERY JÚNIOR, Nelson; NERY, Rosa Maria de Andrade. *Comentários ao Código de Processo Civil* – 2ª tiragem. São Paulo: Ed. RT, 2015, p. 1.674).

III – Imóvel objeto de compromisso de compra e venda

A promessa de compra e venda, em que não se pactuou arrependimento, devidamente registrada no Cartório de Registro de Imóveis do bem constitui direito real à aquisição do imóvel ao promitente comprador, nos termos do art. 1.417, do Código Civil.

Daí por que o promitente comprador deverá ser intimado, quando a penhora recair sobre o bem objeto da promessa (CPC/2015, art. 799, III). A alienação judicial do bem objeto de promessa de compra e venda ou de cessão registrada será ineficaz perante o promitente comprador ou cessionário, se não ocorrer a intimação (art. 804, § 1º).

Por outro lado, se se penhorar o direito aquisitivo derivado da promessa de compra e venda, o promitente vendedor deverá ser intimado (art. 799, IV). Essa intimação constitui requisito de eficácia da alienação judicial do direito aquisitivo sobre a coisa objeto de promessa de venda ou promessa de cessão, sem a qual será ineficaz perante o promitente vendedor, promitente cedente ou proprietário fiduciário (art. 804, § 3º).

Observe-se, ainda, que "a penhora de direitos aquisitivos decorrentes de contrato de promessa de compra e venda independe do registro do negócio jurídico. O exequente, após os devidos atos expropriatórios, adquirirá os direitos aquisitivos penhorados no estado em que se encontrarem, sejam de caráter pessoal, sejam real - a depender da existência ou não do registro da avença"[17]. Destacam-se as seguintes possibilidades:

"... 5. No que tange às consequências da penhora sobre direitos aquisitivos, estabelece o art. 857 do CPC/15 que, 'feita a penhora em direito e ação do executado, e não tendo ele oferecido embargos ou sendo estes rejeitados, o exequente ficará sub-rogado nos direitos do executado até a concorrência de seu crédito'. Nos termos do § 1º, pode o exequente preferir, ao invés da sub-rogação, a alienação judicial do direito penhorado. 6. Na situação de o executado ser o titular de direitos de aquisição de imóvel e o exequente ser o proprietário desse mesmo bem, podem ser de duas ordens as consequências da penhora sobre direitos aquisitivos: (I) ao escolher a sub-rogação, eventualmente, poderá ocorrer a confusão, na mesma pessoa, da figura de promitente comprador e vendedor, conforme art. 381 do CC/02; ou (II) ao optar pela alienação judicial do título, seguir-se-ão os trâmites pertinentes e o exequente perceberá o valor equivalente (art. 879 e seguintes do CPC/15). Nesta hipótese, o terceiro arrematante se sub-rogará nos direitos e obrigações decorrentes do contrato, tornando-se titular do crédito, e se apropriará do produto da cobrança do crédito e, uma vez satisfeito o crédito que arrematou, será obrigado a dar quitação ao devedor. 7. Não há, em tese, restrição legal para o deferimento da penhora dos direitos aquisitivos decorrentes de contrato de promessa de compra e venda, ainda que o exequente seja o promitente vendedor/proprietário do imóvel e que a referida avença tampouco esteja registrada. Recorda-se, no ponto, a natureza instrumental da penhora, a constituir tão somente pressuposto para os ulteriores atos executivos. 8. Trata-se de conclusão que privilegia os interesses do credor, sem onerar sobremaneira o devedor (art. 805 do CPC/15). No ponto, obstar o exequente de penhorar os direitos aquisitivos coloca-o em desvantagem frente a eventuais credores, uma vez que é a partir do ato de constrição propriamente dito que exsurge a preferência na execução de tais direitos (art. 797, *caput*, CPC/15)"[18].

IV – Imóvel sujeito a direito de superfície, de enfiteuse, ou de uso

Recaindo a penhora sobre imóvel sujeito ao regime do direito de superfície, enfiteuse, concessão de uso especial para fins de moradia ou concessão de direito real de uso, o exequente

---

[17] STJ, 3ª T., REsp 2.015.453/MG, Rel. Min. Nancy Andrighi, ac. 28.02.2023, *DJe* 02.03.2023.
[18] STJ, 3ª T., REsp 2.015.453/MG, *cit.*

deverá promover a intimação do terceiro, titular dos referidos direitos reais (CPC/2015, art. 799, V). Da mesma forma, quando a penhora recair sobre o direito do superficiário, do enfiteuta ou do concessionário, o proprietário do terreno deverá ser notificado (art. 799, VI). Tal como ocorre com o bem sobre o qual recai outros direitos reais, essa intimação é essencial para a eficácia da alienação judicial, sob pena de se tornar ineficaz em relação àquele interessado não intimado (art. 804, §§ 2º, 4º e 5º)[19].

V – Quotas sociais ou ações

Caso terceiro alheio à sociedade penhore suas quotas sociais ou ações, a respectiva pessoa jurídica deverá ser intimada (CPC/2015, art. 799, VII). Assim que for cientificada da constrição, a sociedade deverá informar aos sócios a ocorrência da penhora, assegurando-se a estes a preferência na adjudicação ou alienação das quotas sociais ou ações (art. 876, § 7º).

A jurisprudência do STJ, à época do Código de 1973, firmou-se no sentido de que "deve ser facultado à sociedade, na qualidade de terceira interessada, remir a execução, remir o bem ou conceder-se a ela e aos demais sócios a preferência na aquisição das cotas, a tanto por tanto (CPC, arts. 1.117, 1.118 e 1.119)[20] [refere-se o acórdão ao CPC de 1973], assegurado ao credor, não ocorrendo solução satisfatória, o direito de requerer a dissolução total ou parcial da sociedade".[21]

A propósito do tema, o art. 861 do CPC/2015 prevê que, caso os sócios não se interessem pela preferência na aquisição das quotas ou ações penhoradas, a sociedade poderá: (i) liquidar contabilmente o valor das quotas ou ações e depositar em juízo o quantum apurado em dinheiro, sobre o qual sub-rogará a penhora; ou (ii) adquirir as próprias quotas ou ações; ou, ainda, (iii) deixar que as quotas ou ações sejam levadas a leilão judicial.

Decidiu o STJ, a propósito do tema:

"... 7. Não se ignora que o art. 861, inc. I, do CPC exige a apresentação de balanço especial pela sociedade para a definição do valor correspondente às quotas ou ações objeto de penhora. Todavia, se credor e devedor anuírem com o montante indicado pelo sócio e não houver oposição, será viável o exercício imediato do direito de preferência pelo sócio interessado, procedendo-se à transferência das quotas ou ações à sua titularidade mediante termo nos autos (art. 880, § 2º, do CPC). Aplica-se, por analogia, o disposto no art. 871, inc. I, do CPC. 8. Se o montante ofertado pelo sócio for impugnado, será necessário aguardar o transcurso do prazo definido pelo juiz para apresentação do balanço especial pela sociedade (art. 861, inc. I, do CPC). Mas, havendo requerimento de qualquer dos interessados, o juiz poderá dispensar o balanço especial e determinar a realização de avaliação judicial (art. 870 do CPC) se entender que tal medida se revela mais adequada. A avaliação judicial também será cabível se a sociedade se omitir ou se recusar a elaborar o balanço especial. 9. Nessa situação, as quotas ou ações deverão ser avaliadas para, na sequência, serem adjudicadas ou alienadas em leilão eletrônico ou presencial. Em atenção à previsão contida no art. 876, § 7º, do CPC, a sociedade deverá ser novamente intimada, a fim de que seja oportunizado aos sócios o exercício do direito de preferência mediante a adjudicação das quotas ou ações penhoradas. 10. É certo que o art. 861, § 5º, do CPC apenas autoriza o leilão judicial das quotas ou ações se nenhuma das medidas preconizadas em seus incisos tiver êxito. Todavia, esse dispositivo deve ser interpretado ampliativamente, em homenagem ao disposto no art. 797 do CPC e aos princípios da

---

[19] "Aplicam-se ao direito de laje os arts. 791, 804 e 889, III, do CPC" (Enunciado n. 150/CEJ/CJF).
[20] CPC/2015, sem correspondentes precisos.
[21] STJ, 4ª T., REsp. 147.546/RS, Rel. Min. Sálvio de Figueiredo Teixeira, ac. 06.04.2000, *DJU* 07.08.2000, p. 109.

efetividade (art. 4º do CPC), da celeridade e da economia processual (art. 5º, LXXVIII e art. 6º do CPC)"[22].

VI – Medidas cautelares

O inciso VIII do art. 799 do CPC/2015 concede ao exequente a faculdade de "pleitear, se for o caso, medidas urgentes". Trata-se de uma simples reafirmação do poder geral de cautela adotado amplamente no art. 297, *caput*, do CPC/2015 (tutela provisória)[23].

É o caso, por exemplo, de arresto de bens móveis, quando o devedor está ausente e sua citação pode demorar, com risco de desaparecimento fraudulento da garantia, ou de depósito de bens abandonados e em risco de deterioração, e outras situações análogas.

Essa faculdade o credor poderá exercitar na própria petição inicial, ou em petição avulsa, e independerá de abertura de um processo separado. As medidas, *in casu*, são simples incidentes da execução e visam a assegurar a prática dos atos executivos do processo em andamento[24].

A propósito do tema de medidas acautelatórias admitidas liminarmente na execução por quantia certa, o STJ decidiu ser possível o arresto *on-line* sobre saldo do executado em conta bancária, antes da citação do devedor, desde que a medida seja necessária para garantir a futura penhora, a ser realizada, por conversão, após a competente citação, nos moldes do art. 854.[25]

VII – Medidas indutivas e coercitivas

Além das medidas executivas típicas, o art. 139, IV, autoriza medidas indutivas e coercitivas que se prestem a assegurar o cumprimento das ordens judiciais, o que também se pode pleitear, na propositura da execução, como liminar de feitio acautelatório. Nesse terreno, inclui-se a inscrição do executado em bancos de dados de proteção ao crédito, providência que, aliás, o credor pode tomar até mesmo sem prévia autorização judicial.[26]

Merece ser lembrada também a possibilidade do protesto do título judicial autorizado pelo art. 517, em simetria com o que se passa com o protesto dos títulos extrajudiciais (Lei n. 9.492/1997). O protesto, seja judicial ou extrajudicial, exerce importante papel na prevenção e repressão na fraude contra credores e da fraude à execução.

---

[22] STJ, 3ª T., REsp 2.101.226/SP, Rel. Min. Nancy Andrighi, ac. 12.03.2024, *DJe* 14.03.2024.

[23] Ao juiz se reconhece o poder de velar pela efetividade da execução, determinando de ofício medidas coercitivas ou mandamentais para tanto (CPC, art. 139, IV). Medidas cautelares como o arresto, no caso de devedor não encontrado para a citação, são tomáveis de ofício pelo oficial de justiça, até mesmo sem prévia determinação do juiz (CPC, art. 830). Assim, o pleito de medidas urgentes na petição inicial da execução é apenas uma iniciativa a mais no desígnio amplo da lei de proporcionar ao credor uma execução realmente efetiva. Não exclui, portanto, a iniciativa oficial do juiz, apenas a estimula. A norma legal, *in casu*, não reduz o poder geral de cautela, que, na execução, de ordinário, não depende de iniciativa do credor, "mas na prática, é o credor quem comunica a situação de perigo no processo" (NERY JÚNIOR, Nelson; NERY, Rosa Maria de Andrade. *Comentários ao Código de Processo Civil*, cit., p. 1.674; ASSIS, Araken de. *Manual da execução*. 18. ed. revista, atualizada e ampliada. São Paulo: Ed. RT, 2016, § 18, n. 80, p. 491-492).

[24] ASSIS, Araken de. *Manual da execução*, cit., p. 492.

[25] STJ, 4ª T., REsp 1.370.687/MG, Rel. Min. Antonio Carlos Ferreira, ac. 04.04.2013, *DJe* 15.08.2013.

[26] "5. Nos termos expressos do art. 5º do DL 911/1969, é facultado ao credor fiduciário, na hipótese de inadimplemento ou mora no cumprimento das obrigações contratuais pelo devedor, optar pela excussão da garantia ou pela ação de execução. 6. De todo modo, independentemente da via eleita pelo credor, a inscrição dos nomes dos devedores solidários em bancos de dados de proteção ao crédito, em razão do incontroverso inadimplemento do contrato, não se reveste de qualquer ilegalidade, tratando-se de exercício regular do direito de crédito" (STJ, 3ª T., REsp 1.833.824/RS, Rel. Min. Nancy Andrighi, ac. 05.05.2020, *DJe* 11.05.2020).

VIII – Crédito sujeito a contraprestação

Há casos, ainda, em que a prestação a que tem direito o credor fica, pela própria lei, ou pela sentença, subordinada a uma contraprestação em favor do devedor, como, por exemplo, se se condena à restituição do imóvel, resguardando o direito de retenção do possuidor de boa-fé por benfeitorias. Ao propor a execução, o autor deverá comprovar o cumprimento da contraprestação que lhe cabe, sob pena de inviabilizar a pretensão executiva por falta de prova do requisito da exigibilidade da obrigação (arts. 783, 786 e 803, III).

IX – Contrato bilateral ou sinalagmático

Outras vezes, a contraprestação é uma decorrência do contrato existente entre as partes, dada sua natureza sinalagmática, de maneira que "nenhum dos contraentes, antes de cumprida a sua obrigação, pode exigir o implemento da do outro" (CC, art. 476). Na permuta, por exemplo, nenhum dos dois permutantes pode exigir que o outro lhe entregue o bem negociado sem antes oferecer o próprio objeto. Da mesma forma, quem comprou um objeto não pode reclamar a sua entrega sem antes provar que pagou o preço, ou que o depositou, por recusa do vendedor em recebê-lo. Em ambos os casos, o título executivo tem sua eficácia condicionada à comprovação, pelo credor, do cumprimento da contraprestação que lhe cabe (CPC/2015, art. 787). Essa prova há de ser apresentada com a inicial, como condição de procedibilidade (art. 798, I, *d*). Sua falta, não suprida em quinze dias, dá lugar a indeferimento da petição do credor, por inépcia (art. 801). Se, não obstante, a execução tiver início, o executado poderá libertar-se do processo mediante embargos de excesso de execução, nos termos do art. 917, § 2º.

166. PREVENÇÃO CONTRA A FRAUDE DE EXECUÇÃO POR MEIO DE REGISTRO PÚBLICO

I – Averbação da execução por título executivo extrajudicial

Anteriormente à Lei n. 11.382, de 06.12.2006, que alterou o CPC/1973, havia previsão de registro da penhora, para divulgá-la *erga omnes*, e tornar inoponível a alegação de boa-fé por parte de quem quer que fosse o seu futuro adquirente (CPC/1973, art. 659, § 4º). Previa-se a fraude de execução apenas depois da penhora e tão somente em relação ao objeto da constrição judicial. O art. 615-A, inserido no CPC/1973 pela Lei n. 11.382/2006, ampliou muito o uso do registro público nesse campo.

O CPC/2015, por sua vez, previu, em seu art. 799, IX, a possibilidade de o exequente proceder à averbação em registro público do ato de propositura da execução e dos atos de constrição realizados, para conhecimento de terceiros. E o exercício dessa faculdade foi disciplinado pelo art. 828.

Portanto, não é mais necessário aguardar-se o aperfeiçoamento da penhora. Desde a propositura da ação de execução, já fica autorizado o exequente a obter certidão do ajuizamento do feito, para averbação no registro público. Não basta, todavia, a simples distribuição da petição inicial, como ocorria no regime do Código anterior. De acordo com o art. 828 do atual Código, a certidão da pendência da execução, para efeito de averbação à margem do registro de algum bem destinado à futura penhora, só será fornecida após a *admissão da execução* pelo juiz, ou seja, depois de ter sido deferida a petição inicial.[27] Da certidão deverá constar a identificação das partes e o valor da causa, além do despacho judicial que admitiu a execução. Não é, pois,

---

[27] Para Leonardo Baldissera e Paulo Roberto Pegoraro Júnior, "a inclusão da necessidade de recebimento da execução pelo juiz aparenta ter fundamento de cautela e prudência, evitando averbações premonitórias oriundas de execuções infundadas, propostas em face de parte notoriamente ilegítima ou com base em

apenas a penhora que se registra, é também a própria execução que pode ser averbada no registro de qualquer bem penhorável do executado (imóvel, veículo, ações, cotas sociais etc.). Cabe ao exequente escolher onde averbar a execução, podendo ocorrer várias averbações de uma só execução, mas sempre à margem do registro de algum bem que possa sofrer eventual penhora ou arresto.

A Lei n. 13.097/2015 também prevê a averbação da execução no registro de imóveis, visando prevenção contra a alienação em fraude à execução (art. 54, II). O CPC/2015 autoriza a medida em caráter mais amplo, ou seja, admite a averbação em qualquer registro público, e não apenas no registro imobiliário. Alcança, pois, registro de veículos, aeronaves, navios, quotas sociais etc.

A medida é cumprida pelo exequente, que, para tanto, não necessita de mandado judicial. Efetuada a medida, incumbe-lhe comunicar ao juízo da execução a averbação, ou averbações efetivadas, no prazo de dez dias (CPC/2015, art. 828, § 1º). Com a comunicação "a averbação em si e sua consequente comunicação assumem interesse público, e não apenas ao credor, possibilitando tanto o controle quanto o excesso, quanto eventual responsabilização do exequente".[28]

A medida, que tem forte eficácia cautelar, é provisória, pois, uma vez aperfeiçoada a penhora, as averbações serão canceladas pelo exequente, no prazo de dez dias. Apenas subsistirá aquela correspondente ao bem que afinal foi penhorado (§ 2º).

Se, contudo, a penhora não se aperfeiçoar, ainda assim a averbação terá alcançado sua finalidade de "propiciar publicidade sobre a existência da execução e da concreta possibilidade do bem em análise vir a ser penhorado".[29] Com efeito, a averbação acautelatória antecipa "os efeitos de publicidade que seriam alcançados somente quando da realização do registro da penhora do bem em questão". Vale dizer: "existe uma nítida intenção de publicar a demanda executiva para torná-la ainda mais efetiva e autorrealizável".[30]

Se o exequente não providenciar o cancelamento no prazo legal, o juiz poderá determiná-lo de ofício ou a requerimento (§ 3º), e a parte omissa ficará sujeita a indenizar os danos acarretados ao adversário (§ 5º).

II – Averbação em caso de cumprimento de sentença

Não é apenas a execução embasada em título executivo extrajudicial que poderá ser averbada nos registros de imóveis e outros bens. Com maior razão impõe-se a averbação da ação em fase de cumprimento de sentença, uma vez que também aqui se acha em jogo um título executivo reforçado pela natureza judicial. Tão logo seja possível requerer-se o cumprimento forçado, lícito será ao exequente obter a certidão para proceder a respectiva averbação. Mesmo porque, consta do art. 513 do CPC/2015, a regra de que o cumprimento da sentença observará, no que couber, "o disposto no Livro II da Parte Especial deste Código".

Como a fraude à execução pode legalmente se configurar antes mesmo do aperfeiçoamento do título executivo judicial, mediante ato de disposição voluntário capaz de reduzir o devedor à insolvência (art. 792, IV), entende Marinoni que a averbação em registro público, cogitada no art. 828, seja viável desde que tenha sido deferida petição inicial de ação destinada

---

títulos prescritos" (BALDISSERA, Leonardo; PEGORARO JÚNIOR, Paulo Roberto. Averbação premonitória no novo Código de Processo Civil. *Revista de Processo*, v. 256, p. 129).

[28] BALDISSERA, Leonardo; PEGORARO JÚNIOR, Paulo Roberto. Averbação premonitória no novo Código de Processo Civil cit. p. 187.

[29] WAMBIER, Luiz Rodrigues. *Curso Avançado de Direito Processual Civil*. São Paulo: Ed. RT, 2008, v. II, p. 187.

[30] BALDISSERA, Leonardo; PEGORARO JÚNIOR, Paulo Roberto. Averbação premonitória no novo Código de Processo Civil cit., p. 126. No mesmo sentido: "serve para divulgar riscos pendentes sobre direitos inscritos, inclusive o de iminente constituição de gravame, para o fim de chamar a atenção de terceiros acerca de pretensões adversas àqueles, pondo-os de sobreaviso quanto ao imóvel atingido por elas" (CARVALHO, Afrânio. *Registro de Imóveis*. Rio de Janeiro: Forense, 1997, p. 147).

à obtenção de sentença passível de frustrar-se por meio de alienações que reduzam ou anulem a responsabilidade patrimonial.[31] De fato, se a lei permite a averbação de medidas cautelares como o arresto e a indisponibilidade, que são obteníveis independentemente da existência de execução aforada, parece razoável o entendimento de que a averbação em causa possa ocorrer já na pendência de ação cognitiva passível de frustrar-se diante de disposições patrimoniais abusivas praticadas pelo demandado.

167. EFEITO DA AVERBAÇÃO

Os bens afetados pela averbação não poderão ser livremente alienados pelo devedor. Não que ele perca o poder de dispor, mas porque sua alienação pode frustrar a execução proposta. Trata-se de instituir um mecanismo de ineficácia relativa. A averbação, destarte, não é impeditiva da disposição do bem. A eventual alienação será válida entre as partes do negócio, mas não poderá ser oposta à execução, por configurar hipótese de fraude (CPC/2015, art. 792), nos termos do art. 828, § 4º. Não obstante a alienação, subsistirá a responsabilidade sobre o bem, mesmo tendo sido transferido para o patrimônio de terceiro.

Naturalmente, essa presunção legal de fraude de execução, antes de aperfeiçoada a penhora, não é absoluta e não opera quando o executado continue a dispor de bens para normalmente garantir o juízo executivo. Mas se a execução ficar desguarnecida, a fraude é legalmente presumida, independentemente da boa ou má-fé do adquirente, graças ao sistema de publicidade da averbação, no registro público, da simples existência de execução contra o alienante.

Em outros termos, a averbação torna a força da execução ajuizada oponível *erga omnes*, no tocante aos bens objeto da medida registral, de sorte que sendo alienados permanecerão, mesmo no patrimônio do adquirente, sujeitos a penhora, sem que se possa cogitar de boa-fé do terceiro para impedi-la.

168. ABUSO DO DIREITO DE AVERBAÇÃO

Após a admissão do feito executivo por ato judicial, estará o credor legalmente autorizado a se acautelar contra as alienações fraudulentas mediante averbação em registro público. Não há, de antemão, uma delimitação sobre que bens pode incidir a medida. Caberá ao credor escolher onde será feita a averbação. Como todo direito, o de averbar a execução há de ser exercido sem abusos e desvios, respeitando as necessidades de segurança para a execução proposta.

O uso desarrazoado e desproporcional das averbações pode, eventualmente, causar ao executado prejuízos injustos e desnecessários. Por exemplo: se já existe bem sobre o qual o credor exerce direito de retenção ou garantia real, seria, em princípio, abusiva a averbação sobre outros bens do executado, a não ser que a garantia disponível seja manifestamente insuficiente para cobrir todo o crédito aforado.

Para esses casos de exercício do direito de averbação do art. 828, vigora a sanção prevista em seu § 5º, ou seja: "O exequente que promover averbação manifestamente indevida ou não cancelar as averbações" dos bens não penhorados "indenizará a parte contrária, processando-se o incidente em autos apartados".[32] Não se pode, evidentemente, impor essa sanção apenas porque o bem averbado é de valor superior ao do crédito exequendo. O direito de averbação há de ser exercido, em regra, na medida do necessário para garantir o crédito exequendo.[33] Nem

---

[31] MARINONI, Luiz Guilherme. *Novo Código de Processo Civil comentado*. São Paulo: Ed. RT, 2015, p. 782.

[32] A jurisprudência determinava ser imprescindível, na espécie, a prova da existência de prejuízo ao executado (TJRS, 8ª Câm. Cível, Ac 70050803824/RS, Rel. Des. Rui Portanova, ac. 04.07.2013, *DJe* 08.07.2013).

[33] CARVALHO FILHO, Antônio. Comentários ao art. 828. *In* STRECK, Lenio Luiz; *et al* (coords.). *Comentários ao Código de Processo Civil*. São Paulo: Saraiva, 2016, p. 1.088.

sempre, contudo, se encontrará um bem de valor exato para essa cobertura, razão pela qual se haverá de admitir a averbação sobre bem de valor maior, se esse foi o único bem localizado pelo exequente, em condições de assegurar a futura penhora.[34] O que a lei pune é a "averbação manifestamente indevida". É o ato que de maneira alguma encontraria justificativa no caso concreto e que fora praticado por puro intuito de prejudicar o devedor, ou por mero capricho.

169. PETIÇÃO INICIAL INCOMPLETA OU MAL INSTRUÍDA

Na execução forçada, o início da atividade jurisdicional, como em qualquer ação, é provocada pela petição inicial, cujos requisitos se acham indicados no art. 319 do CPC/2015, com os acréscimos eventuais dos arts. 798 e 799.

Além disso, deve ser obrigatoriamente instruída com os documentos apontados pelo art. 798, I, ou seja:

   a) O título executivo extrajudicial[35];
   b) O demonstrativo do débito atualizado até a data de propositura da ação, quando se tratar de execução por quantia certa[36];
   c) A prova de que se verificou a condição ou ocorreu o termo, se for o caso;
   d) A prova, se for o caso, de que adimpliu a contraprestação que lhe corresponde ou que lhe assegura o cumprimento, se o executado não for obrigado a satisfazer a sua prestação senão mediante a contraprestação do exequente.

A omissão de algum requisito da petição torna-a incompleta e a ausência de documento indispensável faz com que ela esteja mal instruída.

Na sistemática do Código, o juiz não pode indeferir liminarmente a petição inicial, nem por defeito de forma, nem por falta de documentos fundamentais. O legislador, por medida de economia processual, determina que seja acolhida a petição, mesmo deficiente, concedendo-se ao exequente o prazo de dez dias para suprir a falha. Só depois de ultrapassado esse prazo, sem as necessárias providências do interessado, é que poderá acontecer o indeferimento da petição inepta (art. 801). É claro que a diligência pressupõe defeito sanável. Se se

---

[34] "Deste modo, tem-se por *manifestamente indevida* (art. 828, § 5º, primeira parte do CPC), a averbação que ultrapassa significativamente o *quantum debeatur*, representando exercício de direito desproporcional e inútil", ou seja, configurando *emulação* – abuso de direito levado a cabo "sem utilidade e com o propósito de causar dano a outrem" (CARVALHO FILHO. *Op. cit., loc. cit.*).

[35] Em se tratando de título cambiário, é necessária a apresentação em original, tendo em vista a circulabilidade da cártula, exigência que, todavia, não se aplica aos contratos constantes de documentos públicos ou particulares os quais podem ser exibidos por meio de certidões ou cópias autenticadas (STJ, 4ª T., REsp 296.796/ES, Rel. Min. Barros Monteiro, ac. 17.05.2001, *DJU* 03.09.2001, p. 227). Mesmo no caso de título cambiário exibido apenas por cópia, não se justifica o indeferimento da petição inicial, sem que antes seja dada oportunidade à apresentação do original (STJ, 4ª T., REsp 595.768/PB, Rel. Min. Fernando Gonçalves, ac. 09.08.2005, *DJU* 10.10.2005, p. 375; STJ, 4ª T., REsp 924.989/RJ, Rel. Min. Luis Felipe Salomão, ac. 05.05.2011, *DJe* 17.05.2011).

[36] A falta ou insuficiência do demonstrativo da evolução pormenorizada do débito, no que toca aos índices e critérios atualizadores, "afronta o art. 614, II, do CPC/2015 [CPC/1973, art. 798, I, b], pois impede a adequada defesa da executada" (STJ, 3ª T., REsp 1.262.401/BA, Rel. Min. Nancy Andrighi, ac. 18.10.2011, *DJe* 15.12.2011). O que, obviamente, não é empecilho a que se dê oportunidade ao exequente de sanear o defeito do demonstrativo, em tempo útil, nos moldes do art. 801 do CPC. Em nome da função instrumental do processo e em homenagem aos princípios da efetividade e da economia processual, o STJ evita a anulação do processo, "possibilitando o suprimento de eventual irregularidade (art. 616 do CPC) [art. 801 do CPC/2015] mesmo em momentos posteriores ao primeiro contato que o juiz tiver com a petição inicial" (STJ, 3ª T., REsp 1.262.401/BA, Rel. Min, Nancy Andrighi, ac. 18.10.2011, *DJe* 15.12.2011).

trata de falha irremediável, não haverá o juiz de ordenar seu suprimento[37]. A petição terá de ser, desde logo, indeferida (pense-se na inicial apoiada em documento que definitivamente não é título executivo, ou na execução proposta por quem não é o credor nem seu substituto processual).

A circunstância de ter sido embargada a execução não impede o juiz de cumprir a regra do art. 801, devendo, porém, após regularização do defeito, reabrir a oportunidade ao exequente para se pronunciar sobre o aditamento dos embargos[38].

170. EXECUÇÃO E PRESCRIÇÃO

Para o autor a execução está proposta desde o despacho da inicial, ou mesmo a partir do protocolo, nas comarcas em que houver mais de uma vara (CPC/2015, art. 312). Contra o réu, porém, a propositura só estará completa quando cumprida a diligência da citação (art. 239, *caput*), ou quando ocorrer seu comparecimento espontâneo nos autos (art. 239, § 1º).

Um dos efeitos da propositura da execução é a interrupção da prescrição (art. 802). Para tanto, porém, não basta a distribuição da inicial. Mister se faz que seja deferida pelo juiz e que a citação se realize dentro do prazo do art. 240, § 2º. Se isto ocorrer, entender-se-á que a interrupção ocorreu no dia do despacho do pedido do credor. O prazo que a lei fixa para que o exequente "viabilize a citação" é de dez dias (art. 240, § 2º), dentro do qual a diligência a seu cargo deverá ser "promovida", para que a interrupção da prescrição se considere operada na data da propositura da execução.

Na verdade, pode-se afirmar que é a citação válida que tem o poder de interromper a prescrição (art. 240, § 1º); seus efeitos é que retroagem à data da propositura da ação, desde que o chamamento do devedor a juízo se dê no prazo legal (art. 802, parágrafo único).

Ultrapassados, todavia, os limites temporais do art. 240, sem que o executado seja citado, não ocorrerá a interrupção da prescrição pela propositura da execução (art. 240, § 2º), isto é, não haverá retroação dos efeitos da citação.

Se, porém, o atraso da citação não decorrer de omissão da parte, mas de deficiências do serviço judiciário, não se pode aplicar a regra do § 2º do art. 240, visto que "viabilizar a citação" – como determina o dispositivo legal – não é o mesmo que realizá-la. A parte "viabiliza" a citação cumprindo as exigências processuais que lhe tocam, como fornecendo o endereço do citando, depositando o montante das despesas da diligência etc. Já o cumprimento efetivo da ordem judicial é ato que lhe escapa, por completo, do poder jurídico de que dispõe no processo. Assim, "a parte não será prejudicada pela demora imputável exclusivamente ao serviço judiciário" (art. 240, § 3º). O efeito retroativo da interrupção da prescrição se manterá sem embargo do retardamento da realização do ato citatório, para o qual não concorreu o exequente.

Muito se controverteu na doutrina sobre qual seria o prazo prescricional após a sentença condenatória, ou seja, sobre o prazo de prescrição da execução. A jurisprudência, hoje, no

---

[37] Nem mesmo a falta do título executivo a instruir a petição inicial é causa de seu indeferimento imediato, se não há evidência de má-fé do exequente, nem de prejuízo irremediável para o executado. O caso é, ordinariamente, de abrir oportunidade à parte de suprir a falta, até mesmo quando a execução tenha sido embargada (STJ, 4ª T., REsp 924.989/RJ, Rel. Min. Luis Felipe Salomão, ac. 05.05.2011, *DJe* 17.05.2011).

[38] STJ, 4ª T., REsp 440.719-0/SC, Rel. Min. Cesar Asfor Rocha, ac. 07.11.2002, *DJU* 09.12.2002, p. 352, *Ementário de Jurisp. STJ*, v. 35, p. 213-214. Ainda na mesma linha: "inexistindo má-fé ou malícia por parte do exequente, é permitida a juntada do original do título de crédito objeto da execução, mesmo que já tenham sido opostos os embargos do devedor denunciando sua falta. A falta de identificação das testemunhas que subscrevem o título executivo não o torna nulo, somente sendo relevante essa circunstância se o executado aponta falsidade do documento ou da declaração nele contida" (STJ, 3ª T., EDcl. nos EDcl. no AgRg n. AI 276.444/SP, Rel. Min. Castro Filho, ac. 28.05.2000, *DJU* 24.06.2002, p. 295).

entanto, é pacífica: "prescreve a execução no mesmo prazo de prescrição da ação" (Súmula n. 150 do STF).

171. PRESCRIÇÃO INTERCORRENTE

Outra questão importante é a da impossibilidade, em regra, de prescrição intercorrente, isto é, durante a marcha do processo, cuja citação foi causa da respectiva interrupção. Isto porque, para o Código Civil, a fluência do prazo prescricional, na espécie, só se restabelece a partir "do último ato do processo" (CC, art. 202, parágrafo único).

A regra vale, porém, apenas para os feitos de andamento normal, pois se o credor abandona a ação condenatória ou a executiva por um lapso superior ao prazo prescricional, já então sua inércia terá força para combalir o direito de ação, dando lugar à consumação da prescrição.[39] Com o atual Código, o cabimento da prescrição intercorrente, no tocante à ação executiva, consta de norma expressa (arts. 921, § 4º e 924, V), similar àquela que já vigorava para os executivos fiscais (Lei n. 6.830/1980, art. 40, § 4º), cuja incidência se dá sobre processo que permanece suspenso por um ano sem que o executado seja citado ou sem que sejam localizados bens a penhorar (CPC/2015, art. 921, § 2º). Ressalte-se, porém, a regra de direito intertemporal constante do art. 1.056, segundo a qual o prazo da prescrição intercorrente instituído pelo atual Código, somente será contado a partir da data de sua vigência (18.03.2016), inclusive para as execuções pendentes. Nenhuma influência, portanto, terá o prazo de paralisação da execução civil (não da execução fiscal), ocorrido antes de o CPC/2015 ter entrado em vigor.

Aliás, a possibilidade da prescrição intercorrente é, atualmente, reconhecida no próprio plano do direito positivo material, já que o art. 206-A do Código Civil, com a redação da Lei n. 14.382/2022, dispõe, *in verbis*, que "a prescrição intercorrente observará o mesmo prazo de prescrição da pretensão, observadas as causas de impedimento, de suspensão e de interrupção da prescrição previstas neste Código e observado o disposto no art. 921 da Lei n. 13.105, de 16 de março de 2015 (Código de Processo Civil)".

No caso de reconhecimento da prescrição intercorrente por ausência de localização de bens penhoráveis, a imputação da verba honorária sucumbencial não segue a regra comum de condenação da parte vencida (art. 85, *caput*). Segundo jurisprudência do STJ, "diante dos princípios da efetividade do processo, da boa-fé processual e da cooperação, não pode o devedor se beneficiar do não-cumprimento de sua obrigação"[40]. A questão se resolve nos termos do princípio da causalidade, de maneira que não sendo o credor o causador da prescrição, o encargo sucumbencial deverá ser suportado pela parte que deu causa à instauração do processo, isto é, o executado.

172. A EXCEÇÃO DE PRESCRIÇÃO

A prescrição é uma defesa de que se vale o devedor para inibir a pretensão do credor de exigir a prestação que, conforme o título da obrigação, poderia ser objeto de execução em juízo.

Sendo os embargos o meio com que o executado se opõe à execução forçada, é fora de dúvida que nessa ação incidental cabe a exceção da prescrição (CPC/2015, arts. 525, § 1º, VII e 917, VI). Mas, como a lei material assegura ao obrigado arguir essa exceção a qualquer tempo e

---

[39] STF, ac. de 24-8-71, no R.E. 72.444, in "R.T.J.", 58/773; STJ, 2ª T., AgRg no Ag 1.005.334/SP, Rel. Min. Castro Meira, ac. 12.8.2008, *DJe* 2.9.2008. A controvérsia, outrora existente, desapareceu depois que a Lei n. 11.051/2004 acrescentou o parágrafo 4º ao art. 40 da Lei n. 6.830/1980, justamente para permitir o reconhecimento da prescrição intercorrente quando a execução fiscal permanecer suspensa por falta de bens a penhorar durante o lapso prescricional.

[40] STJ, 4ª T., REsp 1.769.201/SP, Rel. Min. Maria Isabel Gallotti, ac. 12.03.2019, *DJe* 20.03.2019.

em qualquer fase do processo (CC, art. 193), não fica sob o efeito da preclusão aquele que não a argui nos embargos e mesmo aquele que nem embargos opõe em tempo útil.

As condições e formas traçadas para o procedimento em juízo não podem anular aquilo que o direito material assegura às partes. Se o Código Civil prevê a arguição da prescrição em qualquer tempo e fase do processo, não pode a lei instrumental só aceitar o exercício desse direito substancial de defesa (exceção material) apenas dentro dos embargos e dentro do curtíssimo prazo de sua dedução em juízo. As formas do instrumento têm de ceder às exigências do direito material a que estão destinadas a servir e tutelar. Não podem embaraçá-las e muito menos inibi-las.

Por isso, correta é a orientação que prevalece na jurisprudência no sentido de que:

a) o devedor não depende de embargos para alegar a prescrição da obrigação exequenda, podendo fazê-lo em petição avulsa[41] ou em exceção de pré-executividade[42];
b) se os embargos foram opostos sem mencionar a exceção de prescrição, pode o devedor argui-la em petição ulterior, sem limitação do prazo de embargos[43]; pode, em caso tal, fazer a arguição, também, no recurso de apelação[44];
c) mesmo sendo rejeitados os embargos por intempestivos, pode a prescrição ser alegada em apelação[45].

A Lei n. 11.280/2006, à época do CPC/1973, alterou o art. 219, § 5º, para permitir ao juiz pronunciar de ofício a prescrição, o que gerou sérios conflitos com a sistemática do direito civil[46].

Se a lei material assegura o direito do devedor de renunciar à prescrição, até mesmo tacitamente (CC, art. 191), como o juiz poderia decretá-la, de ofício, sem antes ouvir o executado?

A disposição a respeito da oportunidade para alegação da prescrição foi repetida pelo CPC/2015, no art. 487, II, prevendo, entretanto, o legislador, que ressalvada a hipótese de reconhecimento da prescrição em julgamento de improcedência liminar do pedido, o juiz não poderá reconhecê-la "sem que antes seja dada às partes oportunidade de manifestar-se" (CPC/2015, art. 487, parágrafo único). Mantém-se, destarte, o poder do juiz de apreciar de ofício a prescrição, mas somente será admitida sua decretação depois de ouvidas as partes. Cumpre-se, dessa maneira, a norma fundamental que assegura o contraditório efetivo e a garantia de "não surpresa" (art. 10).

173. NULIDADES NO PROCESSO DE EXECUÇÃO

O processo de execução está sujeito ao regime comum das nulidades previstas no processo de conhecimento (CPC/2015, arts. 276 a 283).

O art. 803, no entanto, cuida de destacar alguns vícios que são *típicos* ou mais relevantes na execução forçada, porque se referem a nulidades que nascem da inobservância das *condições*

---

[41] 1º TACivSP, 7ª CC., Ag. 765.864-6, Rel. Juiz Álvares Lobo, ac. 17.02.1998, *RT* 754/301.
[42] 1º TACivSP, 7ª C., Ap. 367.266-3, Rel. Juiz Vasconcellos Pereira, ac. 19.05.1987, *RT* 624/105.
[43] STJ, 4ª T., REsp 260.470/SP, Rel. Min. Aldir Passarinho Jr., ac. 14.12.2000, *DJU* 08.10.2001, p. 219. No mesmo sentido: STJ, 1ª T., REsp. 554.132/MG, Rel. Min. Luiz Fux, ac. 18.03.2004, *DJU* 10.05.2004, p. 185.
[44] STJ, 3ª T., REsp 219.581/GO, Rel. Min. Ari Pargendler, ac. 06.05.2002, *DJU* 05.08.2002, p. 326.
[45] 1º TACivSP, 8ª C., Ap. 272.814, Rel. Juiz Pereira da Silva, ac. 04.11.1980, *RT* 548/128; TJSP, 14ª CC., Ap. 20.973-2, Rel. Des. Geraldo Roberto, ac. 19.05.1982, *RJTJESP* 80/165.
[46] Sobre o tema v. nosso *As novas reformas do Código de Processo Civil*. Rio de Janeiro: Forense, 2006, Cap. II.

específicas da ação de execução, ou seja, daqueles pressupostos sem os quais o credor não se legitima a manejar o processo executivo.

Assim, dispõe o referido artigo que é nula a execução se:

I – o título executivo extrajudicial não corresponder a obrigação certa, líquida e exigível;
II – o devedor não for regularmente citado;
III – for instaurada antes de se verificar a condição ou de ocorrer o termo.

Examinaremos, a seguir, cada um desses vícios invalidantes do processo de execução, em particular.

174. IMPERFEIÇÃO DO TÍTULO EXECUTIVO

No processo de execução propriamente dito não há julgamento de qualquer natureza, mas apenas atos judiciais de realização de uma obrigação. A eventual defesa do devedor se faz em outro processo, os embargos, esse sim contraditório e de conhecimento.

Não basta, por isso, que o credor seja portador de um título executivo (uma sentença ou uma escritura pública, por exemplo). Tem ele, para ser admitido a executar, de exibir título que represente obrigação certa, líquida e exigível (CPC/2015, art. 783). E se não o faz, sua petição deve ser indeferida por inépcia (art. 801). Pode, no entanto, acontecer que, por descuido, o juiz dê seguimento à execução com base em título ilíquido ou inexigível. Se tal ocorrer, todo o processo será nulo de pleno direito e a nulidade poderá ser declarada em qualquer fase de seu curso, tanto a requerimento da parte como *ex officio* (CC, art. 168 e parágrafo único).[47]

A arguição de incerteza, iliquidez ou inexigibilidade pode ser feita nos embargos à execução, ou, a qualquer tempo, em exceção de pré-executividade.[48]

O conceito de certeza, liquidez e exigibilidade já ficou demonstrado no capítulo sobre os requisitos do título executivo (v. itens 117 a 121).

175. FALTA DE TÍTULO EXECUTIVO

Mais grave do que a incerteza, a iliquidez ou a inexigibilidade é a própria ausência do título executivo. É evidente que nenhum credor pode iniciar execução sem título executivo. Mas se por descuido do órgão judicial foi despachada uma petição inicial sem esse pressuposto básico da execução, é claro que será nulo todo o processado (CPC/2015, art. 917, I).

O mesmo pode ser dito da desconformidade entre o título executivo e o pedido do credor, como quando o título é de quantia certa e pede-se coisa certa, é de fazer e reclama-se entrega de coisa.

Propor execução sem base no conteúdo do título é o mesmo que propô-la sem título. A inicial é inepta e deve ser liminarmente indeferida. Se isto não for feito, o processo estará nulo.[49]

Se, porém, a desconformidade for apenas de *quantidade*, como a do credor de "cem" que pede "duzentos", não será o caso de indeferir a inicial, nem anular o processo. Deverá o juiz

---

[47] "A certeza, a liquidez e a exigibilidade são requisitos indispensáveis para o ajuizamento da ação executiva (...). Faltando qualquer dos três elementos, nula é a execução" (STJ, 4ª T., REsp 932.910/PE, Rel. Min. João Otávio de Noronha, ac. 05.04.2011, *DJe* 12.04.2011).
[48] STJ, 1ª T., REsp 435.372/SP, Rel. Min. Luiz Fux, ac. 12.11.2002, *DJU* 09.12.2002, p. 299.
[49] REIS, José Alberto dos. *Processo de Execução*. Coimbra: Coimbra Editora, 1943, v. I, n. 57, p. 198.

apenas ajustar o pedido à força do título, reduzindo a execução ao *quantum* sancionado pelo documento do credor.⁵⁰

O fato de já ter sido arguido o defeito ou a falta do original do título executivo em embargos do devedor não impede a aplicação do art. 801, de sorte que o exequente poderá, mesmo assim, sanar a falha no prazo legal de dez dias.⁵¹

176. NULIDADE DA EXECUÇÃO FISCAL

A execução fiscal rege-se por princípios comuns à execução por quantia certa. O título executivo da Fazenda Pública, no entanto, apresenta uma particularidade que o distingue de todos os demais títulos executivos extrajudiciais: é o único formado, unilateralmente, pelo credor, sem o reconhecimento do devedor.

Daí a influência que sobre sua validade exerce o procedimento administrativo de formação, de modo que não apenas a regularidade do título, mas de todo o histórico de sua criação é indispensável para sua eficácia.

Destarte, a regularidade do procedimento administrativo é pressuposto básico da execução fiscal, de modo que a nulidade da inscrição repercute em todo o processo executivo, contagiando-o de vício de origem.

Com efeito, é inquestionável o privilégio outorgado à Fazenda Pública de criar por si mesma os próprios títulos executivos, dispensando-se a aceitação do devedor.

Isso decorre do fato de que a obrigação do contribuinte não é de natureza contratual, mas um dever legal que nasce de situações predefinidas em lei e das quais não é dado se furtar.

Inexistindo, porém, o aceite do devedor na criação do título, toda sua legitimidade se concentra na perfeição formal da inscrição, que, por sua vez, se fundamenta na regularidade do procedimento tributário administrativo (CTN, arts. 201 e 202, parágrafo único).

A certidão de dívida ativa é o título que vai abrir à Fazenda Pública a via executiva. Sendo produto direto da inscrição e do procedimento que a precedeu, sofre reflexos imediatos de todo e qualquer defeito que se tenha registrado nesses atos básicos.

Assim, representando a certidão o título executivo da Fazenda Pública, sua nulidade, ou a nulidade de seu antecedente, comunica-se a todo o processo judicial de execução, pela razão inconteste de que o título executivo é o pressuposto indeclinável e insubstituível da relação processual executiva.

177. VÍCIO DA CITAÇÃO

A citação válida é indispensável para o completo estabelecimento da relação processual, seja no processo de cognição, seja no de execução (CPC/2015, art. 240).

À sua falta, não se pode realizar a prestação jurisdicional reclamada pelo promovente e qualquer decisão proferida pelo juiz não obriga o demandado. É nulo, portanto, o processo que tenha andamento sem o chamamento regular do executado ou devedor para a causa (art. 803, II).

Não apenas a ausência da citação dá lugar à nulidade do processo. Também a citação irregular, isto é, a que não observa os requisitos e solenidades estabelecidos em lei, anula o processo.

---

50 REIS, José Alberto dos. *Op. cit., loc. cit.* Entende o STJ que a inclusão na execução de verbas não previstas na sentença é matéria que pode ser arguida, sem necessidade de embargos, por meio de simples petição de exceção de pré-executividade (STJ, 4ª T., REsp. 545.568/MG, Rel. Min. Aldir Passarinho Júnior, ac. 16.10.2003, *DJU* 24.11.2003).

51 STJ, 3ª T., EDcl. nos EDcl. no AgRg n. AI 276.444/SP, Rel. Min. Castro Filho, ac. 28.05.2000, *DJU* 26.04.2002.

Assim, será nula, por exemplo, a citação pessoal do réu demente ou enfermo, quando impossibilitado de recebê-la (art. 245), a do menor púbere sem a necessária assistência e a do procurador sem poderes especiais (art. 242). Nula, ainda, será a citação feita sem despacho judicial (arts. 154, II, e 2º), a promovida fora do horário estabelecido pelo Código ou em dia não útil (art. 212); ou quando o mandado não contiver os requisitos do art. 250, bem como quando o oficial não observar o rito do art. 251. Em se tratando de citação pelo correio, haverá nulidade quando não se utilizar o registro postal com aviso de recepção (art. 248, §§ 1º e 2º) ou quando o ofício do escrivão não for acompanhado de cópia da petição inicial despachada pelo juiz (art. 248, *caput*), e ainda quando a correspondência for entregue a outrem que não o citando (art. 248, §§ 1º e 2º)[52]. Será nula, finalmente, a citação do réu, por via postal, quando não se tratar de pessoa domiciliada no Brasil.

Cumpre, porém, ressaltar que a nulidade decorrente da citação é suprível pelo comparecimento espontâneo do demandado em juízo, observado o que dispõe o § 1º do art. 239. Se o executado comparecer e apresentar seus embargos, com ampla defesa, descabida será a arguição de nulidade da execução por falta de citação ou de nulidade dela. Qualquer nulidade processual só tem cabimento quando a parte realmente sofra efetivo prejuízo no âmbito do contraditório e ampla defesa (art. 282, § 1º).

Importante ressaltar, que o Código de 1973 não permitia o emprego da citação pelo correio no processo de execução (art. 222, *d*, CPC/1973). Essa disposição, contudo, não foi repetida pela nova codificação, razão pela qual, atualmente, pode-se, sem dúvida, efetuar a citação do executado por via postal.

Quando o título executivo é judicial, a falta ou nulidade da citação tanto pode ser detectada no primitivo processo de conhecimento (CPC/2015, arts. 525, § 1º, I e 535, I), como no superveniente procedimento de cumprimento da sentença, no qual a intimação executiva faz as vezes da citação (art. 513, § 2º). Num e noutro caso, o processo executivo será afetado por invalidade.

O que justifica a nulidade do processo por falta de citação é a quebra da garantia fundamental do devido processo legal e do contraditório (CF, art. 5º, LIV e LV). Processo sem citação do devedor é processo nulo *ipso iure*. Portanto, e pelo mesmo princípio, quando a execução atingir bem de terceiro responsável (como sócio ou adquirente em fraude de execução) também haverá nulidade do processo, se a expropriação executiva se ultimar sem a prévia intimação do terceiro proprietário do bem. Na linguagem forense, usa-se o nome de *exceção de pré-executividade*, ou *objeção de pré-executividade*, para a arguição de nulidade do processo executivo, mediante petição avulsa, fora dos embargos do devedor. A tese é acolhida tanto pela jurisprudência,[53] como pela doutrina[54].

---

[52] "Sendo o citando pessoa jurídica, será válida a entrega do mandado a pessoa com poderes de gerência geral ou de administração ou, ainda, a funcionário responsável pelo recebimento de correspondências" (CPC/2015, art. 248, § 2º). Também nos condomínios edilícios ou nos loteamentos com controle de acesso, será válida a entrega do mandado a funcionário da portaria responsável pelo recebimento de correspondência. Este, entretanto, poderá recusar o recebimento, se declarar por escrito, sob as penas da lei, que o destinatário da correspondência está ausente (CPC, art. 248, § 4º).

[53] "A arguição de nulidade de execução, com base no art. 618 do estatuto processual civil, não requer a propositura de ação de embargos à execução, sendo resolvida incidentalmente" (STJ, 3ª T., REsp. 3.079, Rel. Min. Cláudio Santos, ac. 14.08.1990, DJU 10.09.1990, p. 9.126; STJ, REsp. 3.264/PR, Rel. Min. Nilson Naves, ac. 28.06.1990, DJU 18.12.1991, p. 1.034; conf., ainda, RSTJ 40/447, RT 671/187 e RF 306/208; STJ, 1ª T., AgRg no REsp 886.626/DF, Rel. Min. Denise Arruda, ac. 24.3.2009, DJe 30.4.2009; STJ, 4ª T., REsp 312.520/AL, Rel. Min. Cesar Asfor Rocha, ac. 9.4.2002, DJU 24.3.2003, p. 224). STJ, 2ª T., AgRg no AREsp 223.196/RS, Rel. Min. Humberto Martins, ac. 16.10.2012, DJe 24.10.2012.

[54] Em doutrina, ver, por todos, NERY JÚNIOR, Nelson; NERY, Rosa Maria de Andrade. *Comentários ao Código de Processo Civil*. 2ª tiragem. São Paulo: Ed. RT, 2015, p. 1.676 – 1.677: "As hipóteses enumeradas neste artigo [art. 803, do CPC/2015] respeitam à inexistência de condição para a ação de execução (CPC 803 I e III) e de ausência de pressuposto de constituição e desenvolvimento válido do processo (CPC 803 II), todas possíveis

178. VERIFICAÇÃO DA CONDIÇÃO OU OCORRÊNCIA DO TERMO

A condenação exequenda pode ser condicional ou a termo (CPC/2015, art. 514). E se isto acontecer, tem o credor de instruir a sua petição executiva com a prova de que se verificou a "condição ou de que ocorreu o termo" (art. 798, I, *c*). Se não o faz, a petição é inepta e deve ser indeferida (art. 801), pois falta ao credor uma condição de procedibilidade.

Admitindo-se, porém, o andamento da execução em desobediência ao requisito questionado, abre-se oportunidade ao executado de optar entre duas medidas processuais:

a) opor embargos de excesso de execução (arts. 535, V e 917, § 2º, V); ou
b) pedir simplesmente a declaração de nulidade do processo, com base no art. 803, III, o que, sem dúvida, será mais prático, por dispensar a penhora e a formação da relação processual incidente dos embargos.

A regra do art. 514 menciona a hipótese de influência do termo e da condição apenas no caso de sentença. Mas é claro que a sujeição do credor à observância do termo ou condição se aplica, também, ao título extrajudicial, segundo a regra geral de que toda execução tem de fundar-se em obrigação certa, líquida e exigível (art. 783)[55]. É que sem a comprovação de que a condição se realizou ou que o termo já foi atingido, não há ainda dívida exigível. A nulidade poderá atingir, portanto, a execução, nos termos do art. 803, I, se o credor não proceder conforme determina o art. 798, I, *c*, juntando aos autos a prova de que se verificou a condição, ou ocorreu o termo, a que se sujeita o crédito exequendo.

179. A ARGUIÇÃO DAS NULIDADES

A nulidade é vício fundamental e, assim, priva o processo de toda e qualquer eficácia. Sua declaração, no curso da execução, não exige forma ou procedimento especial. A todo momento o juiz poderá declarar a nulidade do feito tanto a requerimento da parte como *ex officio*, independentemente de embargos à execução (CPC/2015, art. 803, parágrafo único). Fala-se, na hipótese, em exceção de pré-executividade ou mais precisamente em objeção de não executividade, já que a matéria envolvida é daquelas que o juiz pode conhecer independentemente de provocação da parte.[56]

Não é preciso, portanto, que o devedor utilize dos embargos à execução. Poderá arguir a nulidade em simples petição, nos próprios autos da execução[57].

Quando, porém, depender de mais detido exame de provas, que reclamam contraditório, só através de embargos será possível a arguição de nulidade. É o caso, por exemplo, de vícios

---

de serem reconhecidas de ofício, como se vislumbra do CPC 485 IV e VI combinado com o CPC 485 § 3º (...). A nulidade do processo pode ser reconhecida *ex officio*, a qualquer tempo e grau de jurisdição, independentemente de arguição da parte, ou do oferecimento de embargos. A regularidade processual, o *due process of law*, é matéria de ordem pública que não escapa ao crivo do juiz. V. CPC 914". Aliás, o CPC/2015 positivou essa norma no parágrafo único do art. 803, em relação ao processo de execução.

[55] Aliás, o art. 787 prevê, para o caso de o devedor não ser obrigado a satisfazer sua prestação senão mediante a contraprestação do credor –, a obrigação do exequente de provar, na propositura da execução fundada em título extrajudicial, que já adimpliu a prestação que lhe competia. Há, pois, para execução de título extrajudicial, regra similar à que o art. 514 estatui para o cumprimento da sentença.

[56] "O parágrafo único do art. 803 do CPC de 2015 é a positivação da objeção de pré-executividade, no sentido de que autoriza o juiz a se pronunciar de ofício sobre a incidência de nulidades previstas no *caput*, ou mediante provocação da parte, independentemente da oposição de embargos à execução" (RIEIRO, Sérgio Luiz de Almeida. *Execução civil no novo CPC*. São Paulo: Lualri Editora, 2016, p. 104). No mesmo sentido: NERY JÚNIOR, Nelson; NERY, Rosa Maria de Andrade. *Comentários ao Código de Processo Civil, cit.*, 2015, p. 1.676-1.677.

[57] REIS, José Alberto dos. *Op. cit.*, n. 57, p. 195-196.

ligados ao negócio subjacente aos títulos cambiários, que exigem, quase sempre, complexas investigações só realizáveis dentro do amplo contraditório dos embargos.

Após o encerramento do processo, é preciso distinguir entre os atos que foram ou não objeto de apreciação em embargos. Para os primeiros, existirá a coisa julgada, de sorte que o ataque somente se dará por meio de ação rescisória (CPC/2015, art. 966). Para os demais, será bastante o manejo de ação comum de nulidade, uma vez que os atos executivos em geral não são objeto de sentença (CPC, art. 966, § 4º). Quanto às pessoas que foram alcançadas pela execução sem terem sido citadas ou intimadas regularmente, terão elas sempre a seu dispor a ação ordinária de nulidade, visto que não poderiam, de forma alguma, suportar as consequências de uma relação processual de que não participaram[58].

180. ARREMATAÇÃO DE BEM GRAVADO COM DIREITO REAL

O bem enfitêutico ou gravado por penhor, hipoteca, anticrese, alienação fiduciária, usufruto, uso, habitação, direito real de uso, direito real de uso especial para fins de moradia, direito de superfície ou direito de aquisição do imóvel não se torna inalienável só pela existência do gravame. Por isso, poderá ser penhorado em execução promovida por terceiro que não o titular do direito real. Mas esse direito confere a seu titular, além da sequela, uma preferência que a lei procura resguardar, dispondo que a alienação judicial dos bens questionados será ineficaz em relação ao senhorio direto, ou ao credor pignoratício, hipotecário, anticrético, usufrutuário, concessionário, superficiário, promitente comprador, promitente vendedor ou proprietário do imóvel sobre o qual tenha sido instituído o direito de superfície que não for intimado da designação da hasta pública (CPC/2015, art. 804 e seus parágrafos).

A intimação deve ser feita logo após a penhora, mas não se fixa momento exato para sua realização. Apenas não poderá deixar de respeitar a antecedência mínima de cinco dias da alienação judicial conforme se depreende do art. 889, III a VII.

O art. 804, naturalmente, só tem aplicação quando se tratar de credor estranho ao gravame, como um quirografário ou o titular da segunda hipoteca. Sendo o exequente o próprio credor hipotecário ou pignoratício, é claro que não terá de ser intimado pessoalmente para a hasta pública, por já se achar representado nos autos por seu advogado.

O estranho à execução, no entanto, será intimado pessoalmente ou por seu procurador com poderes especiais, mediante mandado judicial que o cientificará da penhora, da avaliação, da data, local e horário da arrematação dos bens gravados.

A omissão da cautela, todavia, não redunda em nulidade da alienação, nem prejudica o direito real existente. A disposição será apenas ineficaz perante o credor hipotecário ou o titular do direito real. O bem passará ao poder do arrematante conservando o vínculo real em favor do terceiro não intimado.

O arrematante adquirirá o domínio, mas o bem continuará sujeito a ser executado pelo credor hipotecário ou pignoratício para satisfação de seu crédito, porque contra ele a arrematação apresentar-se-á *inoperante*, "não obstante válida entre o executado e o arrematante".[59]

Registre-se, com estranheza, que malgrado considerar apenas *ineficaz* a alienação do bem gravado de hipoteca ou enfiteuse sem prévia intimação do titular do direito real (art. 804), o Código ao tratar da retratabilidade da arrematação admitiu possam o credor hipotecário e o senhorio promovê-la no caso acima, o que equivale considerá-la como ato rescindível ou

---

[58] "A sentença faz coisa julgada às partes entre as quais é dada, não prejudicando terceiros" (CPC/2015, art. 506).

[59] CASTRO, Amílcar de. *Comentários ao Código de Processo Civil*. 2. ed. Rio de Janeiro: Forense, 1963, v. X, n. 327, p. 317.

anulável, em contradição, portanto, com a ineficácia que é questão apenas de efeito e não de validade como adiante ficará demonstrado (ver item 365).

Já, porém, havendo a regular intimação, a alienação judicial extingue o gravame hipotecário ou pignoratício, que ficará sub-rogado no preço, passando o bem livre e desembaraçado ao arrematante. Em tal caso, a arrematação válida faz com que o imóvel entre no patrimônio do arrematante livre do gravame real que antes o onerava porque a alienação judicial produz, como ato expropriatório, uma "aquisição originária".[60]

Havendo mais de uma hipoteca em graus diferentes sobre o imóvel penhorado, todos os credores hipotecários deverão ser intimados, e não apenas o titular da garantia real de primeiro grau[61]. A imposição legal não distingue entre os credores hipotecários, e é de ser aplicada mesmo quando o exequente for um dos vários titulares da garantia real.

Com relação ao usufruto, à enfiteuse, ao uso, à habitação, à concessão de direito real de uso e à concessão de direito real especial para fins de moradia não há desaparecimento do gravame, mesmo que o titular do direito real tenha sido intimado da hasta pública. A intimação visa apenas evitar futuros percalços para o arrematante em face do direito de preferência que assiste principalmente ao senhorio direto.

O direito de superfície se extingue com a arrematação, tendo o superficiário ou o proprietário do imóvel, direito de preferência na aquisição, conforme o caso (CC, art. 1.373).

Se os titulares de direitos reais sobre o bem penhorado devem ser intimados, sob pena de invalidade da alienação judicial, com maior razão a medida se impõe em relação àquele que tem o imóvel registrado em seu nome no registro público competente.[62] Se havia lugar para alguma dúvida durante o regime do CPC/1973, esta foi claramente superada pelo CPC/2015, cujo art. 792, § 4º, impõe seja o adquirente de bem do executado, em fraude à execução, intimado, antes que a penhora seja efetuada. A penhora, *in casu*, não torna o terceiro adquirente parte do processo executivo, tanto que sua eventual defesa não será por meio de embargos do devedor, mas de embargos de terceiro, como deixa evidenciado o § 4º do art. 792.

Deve-se observar, finalmente, que só no caso de insolvência do devedor é que será indiscutível o direito de penhorar os bens hipotecados, apenhados ou gravados de anticrese, pois o Código confere ao credor com garantia real a faculdade de embargos de terceiro "para obstar expropriação judicial do objeto de direito real de garantia" (CPC/2015, art. 674, § 2º, IV). Tais embargos, no entanto, serão havidos por improcedentes quando o embargado provar a insolvência do devedor (art. 680, I). A insolvência a que se refere o Código, nesse passo, não é a que decorre de declaração judicial na forma do art. 761 do CPC/1973,[63] mas a de sentido prático correspondente à inexistência de outros bens do devedor para garantir a execução, conforme a clássica lição de Pontes de Miranda.[64] Ademais, mesmo havendo configuração do estado de insolvência, o credor pode preferir a execução singular, para evitar os percalços do concurso universal, que sempre depende de requerimento e cuja instauração não é obrigatória. Embargada a penhora em tal caso, poderá o credor provar a situação deficitária do devedor, levando o credor hipotecário a decair de sua pretensão, sem que haja necessidade de abrir o processo

---

[60] STJ, 4ª T., REsp. 110.093/MG, Rel. Min. Barros Monteiro, ac. 04.02.2003, *DJU* 07.04.2003, p. 288; STJ, 4ª T., REsp. 40.191/SP, Rel. Min. Dias Trindade, ac. 14.12.1993, *RSTJ* 57/433.

[61] STF, 2ª T., RE 87.655, Rel. Min. Djaci Falcão, ac. 19.08.1989, *RTJ* 98/1.111; STF, 2ª T., RE 96.819/SP, Rel. Min. Djaci Falcão, ac. 08.06.1982, *RTJ* 105/377.

[62] TA 105/187; THEOTÔNIO NEGRÃO. *Código de Processo Civil e legislação processual em vigor*. 36. ed. São Paulo: Saraiva, 2004, p. 795, nota n. 4 ao art. 698.

[63] Esse artigo foi mantido pelo CPC/2015, art. 1.052.

[64] PONTES DE MIRANDA. *Tratado de direito privado*, Atual. Por Nelson Nery Jr. e Luciano de Camargo Penteado. São Paulo: RT, 2012, t. XX, § 2.557, p. 378 a 382.

universal da insolvência. Bastará, em muitos casos, apenas provar a inexistência de *outros bens livres* do devedor (ver, adiante, n. 477).

Deve-se, enfim, observar que a invalidade do praceamento feito sem a intimação de que trata o art. 889 não pode ser arguida pelo executado nem por qualquer outro interessado, mas apenas por aquele em favor de quem a medida intimatória foi instituída pela lei[65].

181. INTIMAÇÃO DE OUTROS CREDORES COM PENHORA SOBRE OS MESMOS BENS

A intimação que se exige antes da adjudicação ou alienação não está mais restrita aos titulares de direito real sobre o bem penhorado. A intimação prevista no art. 889, III a VII, do CPC/2015, inclui, também, qualquer outro credor que tenha penhora cumulativa sobre o mesmo objeto, ainda que quirografário.[66]

Aumentou-se, dessa forma, a equiparação dos direitos e preferências oriundos da penhora àqueles produzidos pelos direitos reais de garantia, já que o tratamento processual executivo foi uniformizado. O dever de intimação, todavia, não abrange todo e qualquer credor com penhora, pois o art. 889, V torna a diligência obrigatória apenas quando se trate de penhora anteriormente averbada no registro público.

Em relação aos bens cujo gravame não esteja averbado, o juiz da arrematação ou alienação só fica sujeito ao dever de intimar o credor de outro processo quando a penhora houver sido comunicada pelo interessado a fim de que a conexão de constrições judiciais se oficialize perante o juízo em que a expropriação irá se consumar. É bom lembrar que nem sempre será possível a averbação da penhora, pois há bens sujeitos ao gravame executivo que não são objeto de registro público. Nesses casos, o credor que tiver sua execução garantida pelo mesmo bem que será leiloado no processo alheio terá de levar ao juízo competente a notícia da intercorrência das penhoras, para se beneficiar da intimação para acompanhar o leiloamento, na forma do art. 889, V.

Uma vez que seja do conhecimento do juízo a intercorrência de penhoras sobre o mesmo bem em processos diferentes, não se poderá dar a alienação judicial sem que todos os credores com penhora sobre ele tenham sido intimados com a antecedência mínima de cinco dias (art. 889)[67].

182. INTIMAÇÃO DE CONDÔMINO EM CASO DE PENHORA DE COTA DE BEM INDIVISÍVEL

Na alienação de cota ideal de bem indivisível, o condômino tem preferência sobre terceiros (CC, art. 504, *caput*). Por isso, recaindo a penhora sobre bem da espécie, cabe ao exequente promover a intimação dos condôminos que não figuram no processo como executados[68], a exemplo do que se passa com os titulares de direito real sobre bem alheio (art. 799, I a VI).

---

[65] STJ, 1ª T., REsp. 7.862/SP, Rel. Min. Garcia Vieira, ac. 10.06.1992, *RSTJ* 36/309.

[66] Eduardo Francisco dos Santos Júnior, ao analisar o tema, entende tratar-se de pressuposto de validade ou eficácia da expropriação, já que a intimação também pode ser determinada de ofício pelo juiz. Por isso, não se pode falar em preclusão se não houver pedido na inicial. Tal intimação pode ser validamente feita a qualquer tempo, desde que até 5 dias antes da expropriação (SANTOS JR., Eduardo Francisco dos. Processo de execução visando à obrigação pecuniária – Fase inicial. *In*: ASSIS, Araken de; BRUSCHI, Gilberto Gomes (coords.). *Processo de execução e cumprimento de sentença*. 2. ed. São Paulo: RT, 2022, vol. 1, p. 651).

[67] Em todos os casos elencados no art. 889, a intimação "é estritamente necessária, tendo em vista que essas pessoas têm direito sobre o bem penhorado ... essas pessoas devem ter oportunidade de contrapor seu direito àquele do credor na execução, especialmente se se tratar de crédito com preferência ou privilégio superior ao do mesmo credor. A alienação sem a intimação dessas pessoas é nula (CPC 804)" (NERY JÚNIOR, Nelson; NERY, Rosa Maria de Andrade. *Comentários ao Código de Processo Civil*, cit., p. 1.771).

[68] "O exequente deve providenciar a intimação de coproprietário no caso da penhora de bem indivisível ou de direito real sobre bem indivisível" (Enunciado n. 154/CEJ/CJF).

De qualquer maneira, não se procederá à alienação judicial, *in casu*, sem que seja cientificado, com pelo menos cinco dias de antecedência, o coproprietário de bem indivisível, do qual tenha sido penhorada fração ideal (CPC/2015, art. 889, II). Omitida a diligência, a alienação será tida como ineficaz perante o condômino, que poderá exercer seu direito de preferência, mesmo após a arrematação (CC, art. 504 c/c CPC/2015, art. 725, V).

Sobre o procedimento a observar para o exercício do direito de preferência, ver, nosso Curso de Direito Processual Civil, vol. II, itens n. 305 a 307.

183. MENOR ONEROSIDADE NA EXECUÇÃO REALIZÁVEL POR VÁRIOS MEIOS

O art. 805 do CPC/2015 dispõe que "quando por vários meios o exequente puder promover a execução, o juiz mandará que se faça pelo modo menos gravoso para o executado".

É fácil compreender o espírito do legislador, sempre preocupado em resguardar o devedor de vexames e sacrifícios desnecessários. Essa orientação pode ser entrevista quando se outorga ao executado o direito de nomear bens à penhora, quando se estabelece a impenhorabilidade de certos bens, quando se veda a penhora inútil etc.

Por isso, "se a finalidade é esta de obter o Poder Judiciário, à custa do executado, o bem devido ao exequente, é intuitivo que, quando por vários meios executivos puder executar a sentença, *id est*, quando por vários modos puder conseguir para o exequente o bem que lhe for devido, o juiz deve mandar que a execução se faça pelo meio menos dispendioso"[69].

Jus est ars boni et aequi – "a arte do conveniente e do útil", segundo a lição de Amílcar de Castro. Mas, na verdade, como advertia Jorge Americano, é difícil figurar uma hipótese em que a norma do artigo examinado tenha uma aplicação concreta. É que "cada sentença (ou título) tem determinado meio de execução conforme o pedido refere-se a uma obrigação de dar, de fazer ou de não fazer. Mesmo nas alternativas, ou são instituídas a favor do credor, e então não cabe preceito deste artigo, ou são a favor do devedor, e então o exercício da escolha por ele já dispensa a disposição legal aludida".[70] Na interpretação literal do texto, não se chega assim a descobrir caso concreto para sua incidência. Vale, no entanto, como um princípio, "para o caso dos atos ociosos, dos atos emulativos, e outros equivalentes".[71]

Deve-se, portanto, entender a disposição do Código como dizendo respeito aos *atos de execução* e não às *espécies de execução*. A preocupação do legislador é quanto ao *modus faciendi*, como, *in exemplis*, ocorreria quando entre os bens penhoráveis do devedor o oficial de justiça encontrasse um automóvel de passeio e um veículo de trabalho. O juiz mandaria que a constrição executiva atingisse o primeiro, porque a privação do devedor à posse do último naturalmente seria mais gravosa do que a do primeiro[72].

A regra da menor onerosidade – convém ressaltar – está prevista na lei para disciplinar o modo de praticar o ato executivo. Não pode ser utilizada para impor ao credor uma alteração no objeto de seu crédito, contra sua vontade e contra a possibilidade de a execução atingir especificamente o bem devido. Assim, não pode o juiz impor indenização quando o que se executa é a entrega de coisa determinada ou a realização de prestação de fazer perfeitamente

---

[69] CASTRO, Amílcar de. *Op. cit.*, n. 119, p. 123.

[70] AMERICANO, Jorge. *Comentários ao Código de Processo Civil do Brasil*. 2. ed. São Paulo: Saraiva, 1960, v. IV, p. 139.

[71] AMERICANO, Jorge. *Op. cit., loc. cit.*

[72] "O princípio da menor onerosidade, consagrado no art. 620, CPC, é concernente ao processo de execução, sendo inaplicável, de ofício, ao processo de conhecimento" (STJ, 4ª T., REsp. 18048/RJ, Rel. Min. Sálvio de Figueiredo Teixeira, ac. 26.10.1993, *DJU* 29.11.1993 p. 25.883).

identificada e prevista no título exequendo; nem vice-versa: ou seja, não se pode substituir a indenização de perdas e danos, pleiteada pelo credor, para forçá-lo a aceitar uma prestação originária que já não mais lhe convém, tendo sido a opção pelo equivalente exercida segundo faculdade assegurada pelo direito material. Mudanças como estas representariam não uma execução por modo menos gravoso, mas corresponderiam a uma intolerável mudança no objeto do processo executivo, inovando o pedido deduzido em juízo pelo credor.

Uma vez, porém, configurada a hipótese visada pelo art. 805, deve ser ele entendido e aplicado como consagrador de "um princípio de direito", que não se confunde com simples regra e se impõe como um modo de atuar todo o sistema executivo, otimizando-o tal como entende a doutrina de Robert Alexy[73]. Daí a precisa conclusão de Zavascki de que "o princípio da menor onerosidade permeia todo o sistema do processo executivo, incidindo em qualquer situação compatível, servindo inclusive como suporte para interpretação de outros dispositivos, tendo como critério norteador o do menor prejuízo possível ao executado 'na dimensão econômica, jurídica, moral, ou outra'"[74].

Cita o autor como exemplos de correta aplicação do princípio da menor onerosidade da execução, alguns julgados expressivos do STJ: 1ª T., REsp. 24.242/RS, Rel. Min. Sálvio de Figueiredo, ac. 08.08.1995, *RSTJ* 79/229; 1ª T., REsp. 15.464/SP, Rel. Min. Milton Luiz Pereira, ac. 17.08.1994, *DJU* 05.09.1994 p. 23.035; 1ª T., REsp 35.584/SP, Rel. Min. Milton Luiz Pereira, ac. 14.09.1994, *DJU* 10.10.1994 p. 27.110; 2ª T., REsp. 47.046/SP, Rel. Min. Antônio de Pádua Ribeiro, ac. 22.08.1996, *DJU* 09.09.1996 p. 32345; 2ª T., RMS 28/SP, Rel. Min. Ilmar Galvão, ac. 06.06.1990; *RSTJ* 22/141; 2ª T., RMS 47/SP, Rel. Min. Carlos Velloso, ac. 07.05.1990, *DJU* 21.05.1990, p. 4.427.

184. REAÇÃO DO EXECUTADO À EXECUÇÃO EXCESSIVAMENTE ONEROSA

A penhora, em desrespeito à menor onerosidade para o devedor, enseja a este a medida de substituição da penhora prevista no art. 847, *caput*, do CPC/2015, que se pratica como incidente da execução provocado por simples petição. Deve, a substituição do bem constrito, ser pleiteada no prazo dez dias após a intimação da penhora, e que haverá de basear nos requisitos que o dispositivo enuncia, ou seja: (i) a troca não deverá trazer prejuízo algum ao exequente; e (ii) deverá proporcionar uma execução menos onerosa para o devedor. A solução dar-se-á por decisão interlocutória atacável por agravo.

Se ainda não houve a penhora, nada impede que o direito do executado a um gravame menos oneroso seja, desde logo, exercido por meio de uma petição de nomeação de bens à penhora, que o juiz apreciará e decidirá antes da efetivação da medida constritiva.

O parágrafo único do art. 805 impõe ao executado que alega ser a medida executiva mais gravosa, o dever de indicar outros meios mais eficazes e menos onerosos. Se não o fizer, serão mantidos os atos executivos já determinados. Ou seja, se é certo que a execução deve ser efetivada do modo menos gravoso ao executado, não se pode, entretanto, olvidar que a finalidade desse tipo de processo é a satisfação integral do credor que, de modo algum, pode ficar prejudicado. Dessa sorte, se o executado não lograr indicar outro meio igualmente eficaz para adimplir sua obrigação, não se aplicará o princípio da menor onerosidade.

A função do princípio ora analisado, dentro desse prisma, acha-se bem avaliada por Teresa Arruda Alvim:

---

[73] "Los principios son mandatos de optimización" (ALEXY, Robert. *Teoría de los derechos fundamentales*. Trad. de Ernesto Garzón Valdés. Madrid: Centro de Estúdios Constitucionales, 1997, p. 86).

[74] ZAVASCKI, Teori Albino. *Processo de execução – parte geral*. 3. ed. São Paulo: RT, 2004, p. 113-114.

"É certo que o *princípio da menor onerosidade* não pode ser analisado isoladamente. Ao lado dele, há outros *princípios informativos do processo de execução*, dentre eles, o da *máxima utilidade da execução*, que visa à plena satisfação do exequente. Cumpre, portanto, encontrar um equilíbrio entre essas forças, aplicando-se o *princípio da proporcionalidade*, com vistas a buscar uma *execução equilibrada*, proporcional".[75]

A propósito do destaque de tal equilíbrio, Cássio Scarpinella Bueno ensina que a exigência de uma "execução equilibrada" imposta pela aplicação do art. 805 "não é, propriamente, um 'princípio' da tutela jurisdicional executiva mas, diferentemente, um verdadeiro resultado *desejável* da escorreita aplicação, em cada caso, dos princípios do 'resultado' e da 'menor gravosidade da execução'".[76]

Nesse sentido, o CPC cuida de compatibilizar o direito do devedor à execução menos gravosa com o direito do credor à efetividade da pronta realização de seu crédito. A regra do parágrafo único do art. 805 tem, pois, um objetivo prático: o executado não pode apenas alegar a onerosidade excessiva para impugnar um ato executivo; terá de indicar qual o outro ato menos gravoso que pretende possa substituir o impugnado, sem perda de sua eficácia.[77] Com essa ressalva, o que se intenta é "cercear alegações vazias e tentativas de procrastinação e, ao mesmo tempo, equilibrando os direitos de exequente e executado".[78] Ou seja: "o princípio da menor onerosidade do devedor" – para o Superior Tribunal de Justiça – "tem de estar em *equilíbrio com a satisfação do credor*, sendo indevida sua aplicação de forma abstrata e presumida, cabendo ao executado fazer prova do efetivo prejuízo".[79]

184.1. Notas conclusivas sobre o princípio da menor onerosidade da execução

Diante do que se expôs nos itens anteriores, podemos chegar, sinteticamente, às seguintes conclusões:

(a) A menor onerosidade da execução, enunciada no art. 805 do CPC, constitui um verdadeiro princípio geral do processo executivo,[80] cujo alcance não se limita à penhorabilidade de bens e outros atos da execução por quantia certa. A norma

---

[75] WAMBIER, Teresa Arruda Alvim *et al. Primeiros comentários ao novo Código de Processo Civil* – artigo por artigo. 2. ed. São Paulo: Ed. RT, 2016, p. 1.280.

[76] BUENO, Cássio Scarpinella. *Curso sistematizado de direito processual civil*: tutela jurisdicional executiva. São Paulo: Saraiva, 2012, v. 3, n. 3.7, p. 62-63.

[77] O parágrafo único do art. 805 – "sensível à *menor gravosidade*, porém consciente de que a execução, ao fim e ao cabo, representa a força do Estado-juiz contra o devedor inadimplente – impõe ao *executado* o ônus de apontar outro caminho *menos gravoso*, porém *igualmente efetivo*, para a execução, sob pena dos atos executivos serem mantidos, mesmo que mais onerosos ao executado" (WAMBIER, Teresa Arruda Alvim *et al. Primeiros comentários ao novo Código de Processo Civil, cit.*, p. 1.281). À vista desse mesmo argumento, já decidiu o STJ ser procedente a recusa ao oferecimento de precatório à penhora, quando o devedor dispõe de outros bens melhores qualificados na escala legal de preferência para garantia da execução fiscal, sem que isso representasse ofensa ao princípio da menor onerosidade (STJ, 2ª T., AgRg no AREsp 582.715/DF – recurso repetitivo, Rel. Min. Herman Benjamin, ac. 25.11.2014, *DJe* 04.12.2014).

[78] NERY JÚNIOR, Nelson; NERY, Rosa Maria de Andrade. *Comentários ao Código de Processo Civil cit.*, p. 1.679.

[79] STJ, 2ª T., AgRg no AREsp 540.498/PR, Rel. Min. Humberto Martins, ac. 18.09.2014, *DJe* 29.09.2014.

[80] "Em torno dessa disposição de caráter muito geral e amplo gravitam outras mais específicas, contidas na lei ou desenvolvidas pelos tribunais, cada uma delas portadora de uma regra de mitigação das constrições executivas..." (DINAMARCO, Cândido Rangel. *Instituições de direito processual civil*. 4. ed. São Paulo: Malheiros, 2019, v. IV, p. 50).

incide, como anota Araken de Assis, "a quaisquer atos executivos",[81] sempre que, por mais de um modo, se puder realizar a execução.

(b) É a necessidade de *moderação nos meios processuais* a utilizar que, como limite político da execução civil, constitui o conteúdo da disposição principiológica contida no questionado art. 805 do CPC, conforme destaca Cândido Dinamarco: "Essa disposição representa o núcleo de um verdadeiro sistema de proteção ao devedor contra excessos executivos, inspirado nos princípios da justiça e da equidade, sabendo-se que essa proteção constitui uma das linhas fundamentais da história da execução civil em sua generosa tendência à humanização".[82]

(c) A rigor, o art. 805 contém um desdobramento dos princípios da dignidade da pessoa humana e da economicidade da execução, de sorte que se pode considerá-lo como assentado em dois pilares: "(a) a dignidade da pessoa humana, freando a atuação dos meios executivos; (b) o caráter patrimonial da execução. Quer dizer, a execução há de realizar o direito do exequente de forma *justa* e *equilibrada*".[83]

(d) Na escolha da menor onerosidade não se cogita de "espécie de execução", mas sim de "modo" de execução; e " de modo nenhum se pode invocar o art. 620 [art. 805, do CPC/2015] se há obrigações alternativas, e, se a escolha é do credor".[84]

(e) Na aplicação da regra em questão, "o juiz não tem arbítrio, mas sim dever de escolher o modo menos gravoso para o devedor".[85]

(f) A aplicação do benefício da menor onerosidade deve ser feita de modo a compatibilizar-se com a garantia de efetividade da execução em favor do credor, não podendo, em regra, comprometer a pronta realização de seu crédito.[86] Assim, o devedor somente será atendido se indicar ao juiz "outros meios mais eficazes e menos onerosos, sob pena de manutenção dos atos executivos determinados" (art. 805, parágrafo único, *in fine*).[87] Nesse sentido, a jurisprudência do STJ também não

---

[81] ASSIS, Araken de. *Comentários ao Código de Processo Civil* – arts. 797 ao 823. São Paulo: Ed. RT, 2018, v. XIII, p. 126.

[82] DINAMARCO, Cândido Rangel. *Instituições, cit.*, p. 50.

[83] ASSIS, Araken de. *Comentários, cit.*, p. 125-126. "Como desdobramento do princípio da *dignidade da pessoa humana* e da *patrimonialidade*, exsurge o da *menor gravosidade para o devedor*, pelo qual, havendo vários meios de se promover a execução, esta deve se dar de modo menos oneroso para o executado" (SHIMURA, Sérgio. O princípio da menor gravosidade ao executado, *cit.*, p. 539).

[84] PONTES DE MIRANDA, Francisco Cavalcanti. *Comentários ao Código de Processo Civil*. 2. ed. Rio de Janeiro: Forense, 2002, t. X, p. 35.

[85] Idem, ibidem. "Ao devedor não pode ser imposto dano maior do que a lei permite, *devendo o juiz sempre optar pela medida coativa menos onerosa para o devedor*, e pela satisfação da prestação pelo meio que lhe seja menos prejudicial" (g.n.) (GRECO, Leonardo. *O processo de execução*. Rio de Janeiro: Renovar, 1999, v. I, p. 307).

[86] Em julgado repetitivo na Primeira Seção do STJ, "firmou-se a compreensão pela 'inexistência de preponderância, em abstrato, do princípio da menor onerosidade para o devedor sobre o da efetividade da tutela executiva'" (STJ, 1ª T., AgInt no REsp 1.585.771/CE, Rel. Min. Sérgio Kukina, ac. 04.04.2017, *DJe* 10.04.2017).

[87] ASSIS, Araken de. *Comentários, cit.*, p. 127. "Mas as generosidades em face do executado não devem mascarar um descaso em relação ao dever de oferecer tutela jurisdicional a quem tiver um direito insatisfeito, sob pena de afrouxamento do sistema executivo (...). Os juízes não devem permitir que a regra do art. 805 do Código de Processo Civil seja manipulada como um escudo a serviços dos maus pagadores nem como um modo de renunciar o Estado-juiz a cumprir seu dever de oferecer tutelas jurisdicionais adequadas e integrais sempre que possível" (DINAMARCO, Cândido Rangel. *Instituições, cit.*, p. 50-51). "Desde logo, imperioso deixar claro que o princípio em estudo, aliás, como outro qualquer, jamais pode servir de pretexto para encobrir ilegalidades, para proteger o devedor inescrupuloso, que se valha do processo para ludibriar o credor em sua boa-fé ou postergar irregularmente o cumprimento de sua obrigação" (SHIMURA, Sérgio. O princípio

admite a invocação do princípio da menor onerosidade quando reduz a garantia de efetividade da tutela a que faz jus o exequente.[88]

184.2. Execução precedida de ação cognitiva e medida cautelar de caução

O STJ, no julgamento do REsp 1.743.951, decidiu à unanimidade da 3ª Turma, que, tendo sido a execução precedida de medida cautelar em que o devedor prestou caução para garantir a totalidade do mesmo crédito objeto da ação executiva, não há justificativa para se exigir penhora de novos bens, para se obter efeito suspensivo para os embargos do devedor, nos moldes do art. 919, § 1º, do CPC. Alicerçou-se o julgado no "princípio da menor onerosidade do devedor, que – na ótica do Tribunal – *deve ser sempre observado pelo julgador*" (g.n.).[89]

O decisório está em consonância com teses que há um bom tempo vêm sendo consagradas por aquele Tribunal Superior, dentre elas a de que o ataque ao título executivo não é medida defensiva exclusiva dos embargos à execução, e a de que a preexistência de demanda de nulidade ou desconstituição do título executivo pode até dispensar a oposição de embargos à execução superveniente, ou gerar a reunião da ação impugnativa anterior com os embargos, dada a evidente conexão de ações na espécie.

De fato, da regra do art. 784, § 1º, do CPC, de que "a propositura de qualquer ação relativa a débito constante de título executivo não inibe o credor de promover-lhe a execução", decorre a possibilidade irrecusável de coexistência das ações cognitiva e executiva em torno de uma só relação obrigacional.[90] E, quando isso se dá, a consequência será o apensamento das duas

---

da menor gravosidade ao executado. *In:* Gilberto Gomes Bruschi e Sergio Shimura (coords.). *Execução civil e cumprimento da sentença*. São Paulo: Método, 2007, v. 2, p. 540).

[88] "1. Conquanto seja possível a nomeação à penhora das debêntures da CVRD, em razão de sua baixa liquidez e difícil alienação, é válida a recusa da parte exequente, diante da ordem de preferência estabelecida no art. 11 da Lei 6.830/1980, o que não importa violação do princípio da *menor onerosidade* (art. 620 do CPC) [art. 805, do CPC/2015], tendo em vista que a execução se dá também no interesse da satisfação do credor. Entendimento firmado pela Primeira Seção do Superior Tribunal de Justiça" (STJ, 1ª T., AgInt no AREsp 954.136/SP, Rel. Min. Sérgio Kukina, ac. 13.12.2016, *DJe* 03.02.2017).

[89] STJ, 3ª T., REsp. 1.743.951/MG, Rel. Min. Nancy Andrighi, ac. 06.10.2020, *DJe* 14.10.2020: "(...) 5. O art. 919, § 1º, do CPC/2015 prevê que o magistrado poderá atribuir efeito suspensivo aos embargos à execução quando presentes, cumulativamente, os seguintes requisitos: (a) requerimento do embargante; (b) relevância da argumentação; (c) risco de dano grave de difícil ou incerta reparação; e (d) garantia do juízo. 6. No caso concreto, as parcelas contratuais que figuram como objeto da ação de execução são as mesmas que dão sufrágio ao pleito declaratório de inexigibilidade do débito, sendo tais parcelas, também, as mesmas que foram objeto de protesto pela recorrente e, via de consequência, objeto da ação de sustação de protesto, na qual foi concedida a providência liminar ante, dentre a presença dos outros requisitos, a existência de caucionamento do suposto débito. Inclusive, não se descura que, posteriormente, houve o reconhecimento de conexão entre as referidas demandas. 7. Tendo sido reconhecido, no bojo da ação cautelar, que houve o caucionamento do débito – que, frisa-se, é o mesmo discutido na ação de execução e, consequentemente, cujo título os recorridos visam a desconstituir por meio da oposição de embargos à execução – não há por que determinar que seja realizada nova constrição no patrimônio dos agravados, a fim de que seja concedido o efeito suspensivo aos seus embargos".

[90] "1. Se é certo que a propositura de qualquer ação relativa ao débito constante do título não inibe o direito do credor de promover-lhe a execução (CPC, art. 585, § 1º), o inverso também é verdadeiro: o ajuizamento da ação executiva não impede que o devedor exerça o direito constitucional de ação para ver declarada a nulidade do título ou a inexistência da obrigação, seja por meio de embargos (CPC, art. 736), seja por outra ação declaratória ou desconstitutiva. Nada impede, outrossim, que o devedor se antecipe à execução e promova, em caráter preventivo, pedido de nulidade do título ou a declaração de inexistência da relação obrigacional. 2. Ações dessa espécie têm natureza idêntica à dos embargos do devedor, e quando os antecedem, podem até substituir tais embargos, já que repetir seus fundamentos e causa de pedir importaria litispendência. 3. Assim como os embargos, a ação anulatória ou desconstitutiva do título executivo representa forma de oposição do devedor aos atos de execução, razão pela qual quebraria a lógica do sistema dar-lhes curso

ações para processamento conjunto, nada obstante a diversidade de natureza processual entre elas. O art. 55, § 1º, do CPC não deixa margem a dúvida em torno de que a reunião de ações conexas também deve acontecer entre a execução de título extrajudicial e a ação de conhecimento relativa ao mesmo ato jurídico.

Efetuado o apensamento, o processo cognitivo já em curso "seria tratado como embargo, com as consequências daí decorrentes, inclusive suspensão da execução [se for o caso]. Se apresentados também embargos, versando sobre outros temas, terão eles curso, podendo aí ser reconhecida a conexão para julgamento simultâneo".[91]

Se, pois, a ação cognitiva e os embargos reunidos por conexão formam uma unidade procedimental no campo da defesa contra a execução, andou muito bem o acórdão do REsp 1.743.951/MG quando dispensou a penhora de novos bens do executado, sob a consideração de que o juízo já se achava adequadamente seguro pela caução prestada cautelarmente no bojo do processo cognitivo anterior.

Condicionar à penhora a atribuição de efeito suspensivo aos embargos equivaleria a ignorar a caução já prestada no processo anterior, não levando em conta que a exigência do § 1º do art. 919 do CPC não restringe a medida postulada à garantia de um ato formal de penhora, podendo a segurança da execução se dar, *ex lege*, tanto pela penhora propriamente dita como também por "depósito ou caução suficientes".

Logo, exigir penhora de outros bens como condição para apreciar o pedido de atribuição de efeito suspensivo aos embargos à execução representaria impor ao devedor duas garantias para o mesmo crédito, num intolerável *bis in idem*. Esse incremento injustificável de encargos, se acaso prevalecesse, afrontaria, sem dúvida, o *princípio da menor onerosidade da execução para o devedor*, "que deve ser sempre observado pelo julgador" – como bem destacou o voto da Ministra Nancy Andrighi (Relatora do REsp 1.743.951/MG).

185. PECULIARIDADES DA CITAÇÃO EXECUTIVA

Diversamente do que se passa no processo de conhecimento, em que o réu é citado para se defender, a citação realizada no limiar do processo de execução é uma ordem para que o devedor cumpra a prestação devida (entregue a coisa, faça o que corresponde à obrigação de fazer ou não fazer, pague a quantia devida), sob pena de sofrer a intervenção estatal em seu patrimônio (ato executivo) necessária à satisfação forçada do direito do credor (CPC/2015, arts. 806, 815 e 829).

Os embargos do devedor são eventuais e admissíveis no prazo de quinze dias contado, em cada caso, de acordo com a forma com que a citação foi realizada (por correio, mandado, precatória etc.) (art. 915). Sua admissão independe de segurança do juízo, por penhora, depósito ou caução (art. 914). A citação não é para esse incidente, que decorre de iniciativa apenas do devedor e tem natureza de verdadeira ação incidental cognitiva e não de fase do procedimento executivo.

Ao despachar a inicial, especialmente nos casos de execução por quantia certa, o juiz deverá ter em vista que o pagamento a que se acha obrigado o executado tem de compreender o principal da dívida, atualizado monetariamente, mais os acessórios decorrentes da mora e gastos do ajuizamento do feito (custas e honorários advocatícios). Deverá, pois, arbitrar os honorários que se incluirão no valor do débito, caso o devedor se disponha a realizar o pagamento no prazo constante do mandado (art. 827, *caput*). Esse arbitramento é provisório e valerá apenas para a

---

perante juízos diferentes, comprometendo a unidade natural que existe entre pedido e defesa"(STJ, 1ª Seção, CC 38.045/MA, Rel. Teori Albino Zavascki, ac. 12.11.2003, *DJU*, 19.12.2003, p. 202. No mesmo sentido: STJ, 2ª T., AgRg no Ag 1.392.114/RS, Rel. Min. Mauro Campbell Marques, ac. 06.10.2011, *DJe* 17.10.2011).

[91] STJ, 3ª T., REsp. 33.000/MG, Rel. Min. Eduardo Ribeiro, ac. 06.09.1994, *DJU*, 26.09.1994, p. 25.646. No mesmo sentido: STJ, 4ª T., REsp. 435.443/SE, Rel. Min. Barros Monteiro, ac. 06.08.2002, *DJU* 28.10.2002, p. 327.

hipótese de adimplemento imediato. Se ocorrer embargo, nova oportunidade terá o juiz para fixar, já então definitivamente, os honorários de sucumbência.

O arbitramento inicial torna-se definitivo também quando a execução prossegue sem oposição de embargos pelo executado. Entretanto, mesmo sem os embargos, o juiz poderá, ao final do processo executivo, majorar os honorários, levando-se em conta o trabalho realizado pelo advogado do exequente (art. 827, § 2º, *in fine*).

Ocorrendo, porém, o pagamento integral no prazo de três dias, assinalado pela citação, a verba honorária será reduzida pela metade (art. 827, § 1º). Por outro lado, esse valor pode ser majorado para até vinte por cento, quando os embargos à execução forem rejeitados (§ 2º, primeira parte).

Convém lembrar que a execução forçada é, por si só, causa justificadora da verba honorária, nos casos de título executivo extrajudicial, pouco importando haja ou não embargos do devedor (art. 85, § 1º). Daí por que não deve a citação executiva ser cumprida sem explicitação da verba arbitrada para o cumprimento da obrigação ajuizada.

Após a implantação da sistemática de "cumprimento da sentença", sem ação executiva, e como simples incidente do processo em que se obteve a condenação, chegou-se a cogitar do não cabimento de novos honorários sucumbenciais na fase executiva. Outra, porém, foi a posição adotada pelo STJ,[92] e acolhida pelo CPC/2015 que, no art. 85, § 1º, deixou expresso serem devidos honorários advocatícios no cumprimento de sentença, provisório ou definitivo.

186. DESPACHO DA PETIÇÃO INICIAL E RECURSO

O indeferimento da petição inicial da execução é, sem dúvida, uma sentença e, como tal, desafia o recurso de apelação (CPC/2015, arts. 331 e 771, parágrafo único). Não haverá cominação da verba advocatícia, se o indeferimento acontecer antes da citação do executado.

O deferimento, com a consequente ordem de citação executiva, por sua vez, é visto como simples despacho, não cabendo na espécie o agravo de instrumento. Havendo, contudo, ilegalidade verificável, *prima facie*, o executado poderá lançar mão de exceção de pré-executividade. Aí, então, se a solução lhe for adversa, terá cabimento interpor o agravo[93]. Já aqui, será o caso de condenação do exequente a suportar os encargos sucumbenciais, inclusive honorários do advogado do executado.

Caberá a verba advocatícia também quando o cumprimento de sentença não for impugnado (art. 523, § 1º), ou quando a impugnação for rejeitada. Nessa hipótese, o valor da verba honorária poderá ser elevado até 20% (art. 827, § 2º, aplicável ao cumprimento da sentença *ex vi* do art. 771 do CPC/2015).[94]

Superada, pelo atual Código, a jurisprudência antiga que só cogitava de honorários sucumbenciais quando a impugnação ao cumprimento da sentença fosse acolhido, e nunca quando fosse rejeitada.[95]

---

[92] A Corte Especial do STJ chancelou a tese antes esboçada pelas 3ª e 4ª Turmas, de que "esgotado *in albis* o prazo para cumprimento voluntário da sentença, torna-se necessária a realização dos atos tendentes à satisfação forçada do julgado, o que está a exigir nova condenação em honorários, como forma de remuneração do advogado em relação ao trabalho desenvolvido nessa etapa do processo" (STJ, Corte Especial, REsp. 1.028.855/SC, Rel. Min. Nancy Andrighi, ac. 27.11.2008, *DJe* 05.03.2009).

[93] STJ, 3ª T., REsp. 172.093/DF, Rel. Min. Waldemar Zveiter, ac. 25.05.2000, *RSTJ* 139/264.

[94] MEDINA, José Miguel Garcia. *Novo Código de Processo Civil anotado*. 3 ed. São Paulo: Ed. RT, 2015, p. 829.

[95] Aplica-se à impugnação o mesmo regime sucumbencial que a jurisprudência traçou para a exceção de pré-executividade: não há honorários, quando rejeitada, mas os há quando é acolhida para extinguir a execução (STJ, 4ª T., AgRg. no AI 489.915/SP, Rel. Min. Barros Monteiro, ac. 02.03.2004, *DJU* 10.05.2004, p. 288; STJ, 4ª T., AgRg. nos EDcl. no REsp. 434.900/PA, Rel. Min. Fernando Gonçalves, ac. 02.09.2003, *DJU* 15.09.2003, p. 323).

Capítulo XV
EXECUÇÃO PARA A ENTREGA DE COISA

187. CONCEITO

A execução para a entrega de coisa corresponde às obrigações de dar em geral, sendo indiferente a natureza do direito a efetivar, que tanto pode ser *real* como *pessoal*.[1]

No feito – contra o alienante (possuidor direto) – baseado numa escritura pública de aquisição de imóvel, com constituto possessório, devidamente assentada no Registro Imobiliário, o adquirente (possuidor indireto) que reclama a posse direta do bem retido injustamente pelo primeiro, ter-se-á uma execução lastreada em direito real. Já no caso de o comprador da coisa móvel que o vendedor não lhe entregou, a execução do contrato se referirá a um direito pessoal, já que o domínio só será adquirido pelo credor após a tradição. Ambas as hipóteses, no entanto, ensejarão oportunidade ao exercício da execução para entrega de coisa.[2]

Numa visão civilista, antiga e ultrapassada, costumava-se atrelar a execução de entrega de coisa a algum direito real, de maneira que inexistindo alguma forma de domínio pleno ou limitado a ser exercido pela parte, descabida seria a pretensão executiva específica. Ter-se-ia de contentar, no caso de inadimplemento, com a reparação das perdas e danos[3]. A tutela jurisdicional moderna, todavia, encaminhou-se para o rumo da plena efetividade, qualquer que seja a modalidade de obrigação e qualquer que seja sua fonte. Assim, tanto para as obrigações de fazer ou não fazer, como para as de entrega de coisa, a previsão legal é de tutela específica (CPC/2015, arts. 497, 499, 500 e 498). A conversão em perdas e danos é, em ambos os casos, excepcional e nunca será objeto de imposição autoritária do juiz ou de exigência unilateral do executado. Somente acontecerá quando o credor a requerer ou a tutela específica mostrar-se, *in concreto*, impossível (art. 499). Ao devedor somente caberá pleiteá-la, quando demonstrar, de forma efetiva, a impossibilidade de cumprir a entrega da coisa devida, nos termos das previsões de direito material (CC, arts. 234 e 239).

Não importa, pois, que o direito do exequente oponível ao executado provenha de direito real ou pessoal, pois a execução dar-se-á do mesmo modo. Segundo Francesco Carnelutti, "enquanto o direito de crédito tenha por objeto, como se disse, uma *species*, não se apresenta nos atos executivos nenhuma diferença saliente entre o caso da simples execução (de um direito real) e o da expropriação (para um direito de crédito). A execução se efetua sempre tirando ao obrigado o bem que devia não tomar ou deixar tomar para consigná-la ao titular do direito".[4]

Se o devedor descumpre a prestação de entrega de coisa, móvel ou imóvel, a execução forçada cumprir-se-á por meio de mandado, em favor do credor, de busca e apreensão ou de imissão na posse, conforme o caso (CPC/2015, art. 806, § 2º). Ocorre, entretanto, que o objeto da prestação, em tais obrigações, nem sempre vem completamente individuado. Por isso, o Código de 1973, no que foi repetido pelo CPC/2015, separou em seções distintas a execução

---

[1] AMARAL SANTOS, Moacyr. *Direito Processual Civil*. 4. ed. São Paulo: Saraiva, 1980, v. III, n. 880, p. 337. ALLORIO, Enrico. *Problemas de Derecho Procesal*. Buenos Aires: EJEA, 1963, v. II, n. 33, p. 223-239.

[2] LIEBMAN, Enrico Tullio. *Processo de Execução*. 3. ed. São Paulo: Saraiva, 1968, n. 93, p. 163.

[3] GOMES, Orlando. *Obrigações*. 15. ed. Rio de Janeiro: Forense, 2001, n. 33, p. 37.

[4] CARNELUTTI, Francesco. *Sistema de direito processual civil*. Tradução Hiltomar Martins Oliveira, São Paulo: Classic Book, 2000, v. I, n. 68, p. 305.

da entrega de *coisa certa* (CPC/2015, arts. 806 a 810) e a de *coisa incerta* (arts. 811 a 813), já que no último caso deve-se passar, preliminarmente, por uma fase de individualização das coisas indicadas no título executivo apenas pelo gênero e quantidade.

Compreende essa modalidade de execução forçada prestações que costumam ser classificadas em *dar, prestar* e *restituir*. Diz-se que a prestação é de *dar* quando incumbe ao devedor entregar o que não é seu, embora estivesse agindo como dono; de *prestar*, quando a entrega é de coisa feita pelo devedor, após a respectiva conclusão; e de *restituir*, quando o devedor tem a obrigação de devolver ao credor algo que recebeu deste para posse ou detenção temporária.[5]

188. ENTREGA DE COISA CERTA

A área de abrangência da execução forçada para entrega de coisa certa passou, nos últimos tempos, por marcantes modificações legais, sucessivamente adotadas, ao mesmo tempo em que o respectivo procedimento, antes único, adaptou-se ao propósito da busca da maior utilidade e eficácia, graças ao recurso de opções modernas recomendadas pela técnica das tutelas diferenciadas.

Tal como a definia o art. 621 do CPC/1973, em sua redação primitiva, a execução para entrega de coisa certa tinha cabimento contra "quem for condenado a entregar coisa certa". Assim, inicialmente, para aquele código só era admissível essa modalidade de execução forçada nos casos de títulos executivos judiciais.

A Lei n. 8.953, de 13.12.94, no entanto, modificou o texto do art. 621, eliminando a referência que outrora limitava esse tipo de execução às sentenças condenatórias. De tal sorte, passou a ser cabível a execução de obrigação de dar coisa certa ou incerta tanto com base em título judicial como extrajudicial.

Finalmente, a Lei n. 10.444, de 07.05.2002, separou as execuções de títulos judiciais e extrajudiciais. Apenas para estas destinou a antiga *ação executiva*, nos moldes dos arts. 621 a 631, do Código de 1973. Para as sentenças condenatórias a entrega de coisa, o regime adotado era o da *executio per officium iudicis*. Não havia mais a ação de execução em sucessivo processo. O sistema era o da sentença executiva *lato sensu*, como já anteriormente se passava com as ações de despejo e com as possessórias. Ao julgamento do pleito seguia-se a expedição do mandado de entrega da coisa perseguida pelo autor, sem necessidade da abertura do processo de execução (art. 461-A, § 2º, do CPC/1973, com a redação da Lei n. 10.444, de 07.05.2002). Esse regime executivo, enfim, foi mantido e generalizado pela Lei n. 11.232, de 22.12.05, que acrescentou ao Código de Processo Civil de 1973 a disciplina do "*cumprimento de sentença*" fora do campo da antiga *actio iudicati*, qualquer que fosse a prestação a cumprir de maneira forçada (art. 475-I). Reservou-se a ação executiva autônoma apenas para os títulos extrajudiciais.

O atual Código de Processo Civil manteve a distinção entre os dois regimes (título judicial e extrajudicial). Destinou, assim, um capítulo próprio para tratar do cumprimento de sentença que reconheça a exigibilidade de obrigação entregar coisa e outro para a execução de obrigação de entrega de coisa constante de título executivo extrajudicial. Em qualquer das duas modalidades de execução, porém, o objeto é a *coisa certa*, isto é, coisa específica ou individuada, que pode ser: *a)* imóvel (casas, terrenos, fazendas etc.); ou *b)* móvel (joia, automóvel etc.). Sendo incerta (determinada apenas pelo gênero), a coisa deverá, como visto anteriormente, sofrer especialização, observado o regramento próprio a ser examinado mais adiante, item 197.

189. PROCEDIMENTO

---

[5] LIMA, Alcides de Mendonça. *Comentários ao Código de Processo Civil*. Rio de Janeiro: Forense, 1974, v. VI, t. II, n. 1.519, p. 676.

A execução, sob a modalidade de ação autônoma, *i.e.*, a velha *actio iudicati* (apoiada em título extrajudicial), inicia-se sempre por provocação do interessado, mediante petição inicial.

Deferida a petição, o devedor será citado para em quinze dias, satisfazer a obrigação, entregando a coisa prevista no título executivo (CPC/2015, art. 806).

Enquanto o Código anterior previa a expedição de dois mandados – um para a citação do devedor a entregar a coisa, e outro de apreensão caso a entrega voluntária não ocorresse –, o atual Código simplifica o procedimento, determinando que um só mandado compreenda as duas diligências. De posse dele, o oficial procederá à citação e aguardará o transcurso dos quinze dias previstos no art. 806, *caput*. Se a entrega ou depósito se efetivou, completa estará a diligência a seu cargo; caso contrário, prosseguirá na busca do objeto da execução, sem depender de novo mandado. É assim que se deve interpretar o "cumprimento imediato" do mandado executivo, de que fala o § 2º, do art. 806.

Como o mandado de citação não retorna aos autos senão depois de ultrapassado o prazo de cumprimento pessoal da obrigação pelo executado, a contagem dos prazos de cumprimento da prestação devida e o de embargos à execução, se dará de forma diversa: *(i)* o de entrega voluntária (ato pessoal do executado) terá como ponto de partida o próprio ato de citação praticado pelo oficial de justiça; *(ii)* já o prazo para oferecimento de embargos pelo executado, por ser ato que depende da intermediação de representante judicial, começará a fluir, segundo a regra geral do Código, da data da juntada aos autos no mandado de citação (art. 915 c/c art. 231) e será de quinze dias úteis (art. 219), independentemente da segurança do juízo (art. 914).

Cumprida a citação, poderão ocorrer quatro situações distintas:

a) *Entrega da coisa:* O devedor, acatando o pedido do credor, entrega-lhe a coisa devida. Lavra-se, então, o competente termo nos autos, dando-se por finda a execução (CPC/2015, art. 807). Se houver sujeição, também, ao pagamento de frutos e ressarcimento de perdas e danos, o processo prosseguirá sob a forma de execução por quantia certa. Naturalmente, se o *quantum* for ilíquido, ter-se-á que proceder à prévia liquidação (arts. 509 a 512), medida, porém, cabível em princípio apenas no procedimento de "*cumprimento de sentença*". Sendo o título extrajudicial, não deveria haver o incidente de liquidação. A obrigação ilíquida, segundo o próprio título, é inexequível (art. 783), e terá de passar, previamente, por acertamento judicial em processo de conhecimento pelas vias ordinárias. Ressalva-se, contudo, o cabimento de liquidação de título extrajudicial, quando este é líquido quanto à coisa devida, e por ato do devedor o objeto da obrigação foi desviado ou consumido. Nesse caso, o Código abre uma exceção e permite a liquidação de seu valor e dos prejuízos sofridos pelo credor em simples petição, nos termos dos arts. 509 a 512, como se faria ordinariamente com as sentenças ilíquidas (art. 809, § 2º).

b) *Inércia do devedor*: O executado deixa escoar o prazo de quinze dias sem entregar a coisa e sem depositá-la em juízo. Agora, no lugar de ser expedido novo mandado em favor do credor, deverá o oficial de justiça, para que haja o "cumprimento imediato" da ordem de entrega, aguardar o prazo assinalado para o cumprimento voluntário da obrigação e, então, providenciar, desde logo, a imissão na posse ou a busca e apreensão, conforme o caso (art. 806, § 2º).

c) *Depósito da coisa*: Dentro do prazo de quinze dias da juntada do mandado citatório, o devedor, em lugar de entregar, *deposita* a coisa devida em juízo, lavrando-se termo nos autos. Com essa providência, ficará habilitado a pleitear efeito suspensivo para os embargos, se atendidas as exigências do art. 919, § 1º. Repita-se que o depósito, após a Lei n. 11.382/2006, ainda a época do CPC/1973, deixou de ser requisito para os embargos à execução, mas continua sendo uma das condições para se tentar a suspensão da execução do título extrajudicial. Não influi, em nada, na contagem do prazo de embargos, que, como já esclarecido, flui da juntada do mandado de citação e não da segurança do juízo. A principal função do depósito é impedir que o exequente seja imediatamente imitido na posse do bem exequendo, colocando-o sob custódia judicial até que se julguem os embargos do executado. Uma vez, porém, que nem sempre os embargos terão efeito suspensivo, para que o executado possa, de fato, impedir o exequente de se apoderar, de plano, do objeto da execução, terá, além de depositá-lo em juízo, de obter o deferimento da eficácia suspensiva a que alude o art. 919, § 1º.

d) *Embargos à execução*: Juntado o mandado citatório aos autos, o executado terá quinze dias para se defender por meio de embargos (art. 915). Ditos embargos não terão, em regra, efeito suspensivo (art. 919), de sorte que a imissão na posse ou a busca e apreensão conservarão o seu feitio de definitividade. Poderá o executado, contudo, pleitear efeito suspensivo, se demonstrar os requisitos para concessão de tutela provisória (art. 919, § 1º), considerando que a execução já está segura.

Para tanto, o embargante:

(i) na hipótese de *tutela de urgência*, deverá trazer elementos que evidenciem a probabilidade do direito que alega e demonstrar o perigo de dano ou o risco ao resultado útil do processo (art. 300); ou,

(ii) tratando-se de tutela da evidência, deverá valer-se de alegações de fato que possam ser comprovadas apenas documentalmente e apoiar-se em tese firmada em julgamento de casos repetitivos ou em súmula vinculante; ou, ainda, instruir a petição inicial com prova documental suficiente dos fatos constitutivos de seu direito, a que o embargado não tenha oposto prova capaz de gerar dúvida razoável (art. 311).

A imissão e a apreensão, diante do efeito suspensivo dos embargos, tornam-se provisórias, ficando a solução definitiva da execução na dependência da decisão do incidente. Se são julgados improcedentes, a posse do credor passará a definitiva; caso contrário, devolver-se-á a coisa ao executado.

190. EFEITO DOS EMBARGOS

Dispunha o art. 623 do CPC/1973 que, sendo a coisa depositada pelo executado, como lhe facultava o art. 622, o exequente não poderia levantá-la antes do julgamento dos embargos. A regra, no entanto, justificava-se, pela disposição geral que conferia sempre efeito suspensivo aos embargos à execução (art. 739, § 1º, do CPC/1973). A sistemática instituída pela Lei n. 11.382, de 06.12.2006, foi, ao contrário, a de que "os embargos do executado não terão efeito suspensivo" (art. 739-A, *caput*, do CPC/1973). Por isso, a mesma lei revogou o § 1º do art. 739. Por conseguinte, o art. 623, que impedia o levantamento da coisa depositada para segurança do juízo, teve o seu alcance reduzido, e somente era aplicado quando o devedor conseguisse, excepcionalmente, efeito suspensivo para seus embargos (art. 739-A, § 1º).

O dispositivo não foi repetido pelo CPC/2015, que sequer tratou do depósito da coisa, considerando que a eventual oposição de embargos, tal qual acontecia após as últimas reformas do Código anterior, dispensa a garantia do juízo (CPC/2015, art. 919). Isso não quer dizer, porém, que o executado não possa mais fazer o depósito da coisa a ser entregue. Pode ser que o devedor tenha sim interesse no depósito, como forma de se promover, com a própria coisa, a garantia do juízo. Afinal, tal garantia permanece como requisito para obtenção de efeito suspensivo aos embargos do executado (art. 919, § 1º).

Destarte, em síntese, os embargos à execução para entrega de coisa não desfrutam, ordinariamente, de efeito suspensivo e, pois, não impedem que o exequente desde logo, se aposse da coisa objeto da execução. O efeito suspensivo é exceção que depende de deferimento judicial e que se sujeita aos condicionamentos previstos no § 1º do art. 919 do CPC/2015 (ver, adiante, o item 427). Concedido o efeito suspensivo, a coisa permanecerá depositada até o julgamento da defesa oferecida pelo executado.

191. COMINAÇÃO DE MULTA DIÁRIA

Da citação executiva, poderá constar a cominação de multa por dia de atraso no cumprimento da obrigação de entrega de coisa (CPC/2015, art. 806, § 1º, 1ª parte). Essa penalidade já pode ter sido prevista no título executivo. Mas, mesmo que não exista tal previsão, a lei dá ao juiz poder para fixá-la no despacho da inicial da execução. De qualquer forma, o valor a constar do mandado executivo é o que o juiz fixar, ainda que o título extrajudicial preveja outro. A multa, *in casu*, é meio de coerção, e não forma de indenizar prejuízo do credor. A sanção é de ordem pública e não pode ficar sob o controle exclusivo da parte. O juiz não deve, portanto, omitir-se na sua dosagem e na sua aplicação.

É por ser um instrumento da atividade jurisdicional executiva, que a lei confere ao juiz o poder de rever, a qualquer tempo, o valor da multa já fixada, tanto para ampliá-lo como para reduzi-lo, caso se torne insuficiente ou excessivo, diante das peculiaridades do processo (art. 806, § 1º, 2ª parte)[6].

Ainda dentro da mesma perspectiva, pode o juiz deixar de aplicar a multa de coerção, ou revogá-la, se estiver evidente a impossibilidade de o devedor cumprir a obrigação de entrega de coisa na sua modalidade específica[7]. Para compelir o obrigado a pagar o equivalente econômico, não prevê a lei o emprego da "astreinte".

Se, porém, o devedor criou a impossibilidade intencionalmente ou se esta ocorreu por causa do retardamento, terá lugar a cumulação das perdas e danos com a multa cominada, até o momento em que a prestação originária se inviabilizou. É que o art. 500, que também se aplica às obrigações de entrega de coisa, dispõe que "a indenização por perdas e danos dar-se-á sem prejuízo da multa, fixada periodicamente para compelir o réu ao cumprimento específico da obrigação".

192. ALIENAÇÃO DA COISA DEVIDA

Mesmo quando houver alienação da coisa devida a terceiro, se o ato de disposição ocorreu após a propositura da execução, continuará ela alcançável pela constrição judicial (CPC/2015, art. 808).

---

[6] "Quando o título contém valor da multa cominatória, o CPC estabelece que ao juiz somente cabe a redução do valor, caso a considere excessiva, não lhe sendo permitido aumentar a multa estipulada expressamente no título extrajudicial" (STJ, 2ª T., REsp 859.857/PR, Rel. Min. Eliana Calmon, ac. 10.06.2008, *DJe* 19.05.2010). O acórdão funda-se na regra do atual art. 814, parágrafo único, que cuida da execução das obrigações de fazer. Pode, entretanto, ser estendida às obrigações de entrega de coisa, por analogia, mormente se se tratar de título executivo extrajudicial.

[7] "Afasta-se a multa cominatória quando há impossibilidade fático – material de se cumprir a ordem judicial" (STJ, 3ª T., REsp 743.185/SP, Rel. Min. Nancy Andrighi, ac. 09.03.2010, *DJe* 17.03.2010). No mesmo sentido: STJ, 4ª T., REsp 1.003.372/RJ, Rel. Min. Aldir Passarinho Júnior, ac. 06.10.2009, *DJe* 16.11.2009.

O caso é de fraude de execução, de maneira que a transferência do bem (embora válida) apresenta-se ineficaz perante o credor (arts. 790, I e 792, I).

Essa modalidade de fraude, porém, só ocorre na pendência do processo, de modo que se o ato de disposição praticado pelo devedor ocorreu antes do aforamento de qualquer demanda entre credor e devedor, a coisa devida somente será alcançável depois de invalidada a alienação, pelas vias ordinárias. Só se recorrerá aos efeitos sumários da fraude de execução, no pressuposto de que a transmissão ocorreu sobre *coisa litigiosa* (art. 109, § 3º, c/c art. 790, I e V).

Nessa hipótese, se aprouver ao credor, o mandado executivo será expedido contra o adquirente (art. 808). Este, se quiser defender sua posse ou domínio, só poderá fazê-lo após depósito da coisa litigiosa (art. 808, *in fine*).

Não sendo devedor, o adquirente terá de defender-se por meio de "embargos de terceiro",[8] como deixa certo o art. 792, § 4º.

Cumpre ressaltar, que parte da doutrina entende que o instrumento cabível seria os embargos do devedor, por força do art. 790, I, do CPC/2015 (art. 592, I, do CPC/1973), que abrange "a legitimidade passiva na demanda executória" revelando que "o terceiro é parte", devendo, portanto, defender-se por meio dos embargos à execução.[9-10] Não há, porém, como ignorar a norma do CPC/2015 que superou a divergência pretérita, dispondo expressamente sobre a qualidade de terceiro que adquiriu o bem do devedor em fraude à execução (art. 792, § 4º).

A doutrina em parte, já à época do Código anterior, criticava a necessidade de prévio depósito da coisa litigiosa para que o terceiro opusesse embargos (sejam eles à execução ou de terceiro), uma vez que não se fazia essa exigência para o devedor apresentar defesa.[11] Não há razão lógica ou jurídica para impor tratamento igual ao devedor e ao terceiro adquirente da coisa litigiosa. É justamente por isso, que a lei permite ao executado/devedor formular embargos à execução, independentemente da segurança do juízo, enquanto impõe àquele que não é parte do processo, mas adquiriu o bem exequendo, o ônus de depositá-lo, se pretender opor *embargos de terceiro*, para impedir sua execução e defender sua propriedade.

---

[8] LIMA, Cláudio Viana de. *Processo de Execução*. Rio de Janeiro: Forense, 1973, n. 3, p. 124; LIMA, Alcides de Mendonça. *Comentários ao Código de Processo Civil*. Rio de Janeiro: Forense, 1974, v. VI, t. II n. 1.950, p. 704; LOPES DA COSTA, Alfredo de Araújo. *Direito Processual Civil Brasileiro*.2. ed. Rio de Janeiro: Forense, 1959, v. IV, n. 343, p. 250; CASTRO, Amílcar de. *Comentários ao Código de Processo Civil*. 2. ed. Rio de Janeiro: Forense, 1963, v. X, n. 409, p. 401.

[9] ASSIS, Araken de. *Manual da execução cit.*, 2016, n. 204, p. 807. O autor justifica o seu entendimento embasado em um julgado antigo do STJ (3ª T., REsp. 9365/SP, Rel. Min. Waldemar Zveiter, ac. 04.06.1991, *DJU* 01.07.1991, p. 9.193).

[10] José Miguel Garcia Medina, embora não trate especificamente sobre o tema, ao analisar o art. 792, § 4º do CPC/2015 reconhece que o remédio adequado são os embargos de terceiro (*Novo Código de Processo Civil Comentado*. 3. ed. São Paulo: Ed. RT, 2015, p. 1.073). Tereza Arruda Alvim Wambier, por sua vez, admitindo existirem vozes no sentido de que os embargos são do devedor, entende que o melhor seria adotar os embargos de terceiro: "o terceiro, segundo pensamos, não se torna parte apenas porque os atos executivos voltaram-se contra um bem que está em seu poder; ele continua sendo terceiro e, portanto, deve, querendo, manejar embargos de terceiro e não embargos à execução" (WAMBIER, Teresa Arruda Alvim; CONCEIÇÃO, Maria Lúcia Lins; RIBEIRO, Leonardo Ferres da Silva; MELLO, Rogério Licastro Torres de. *Primeiros Comentários ao Novo Código de Processo Civil*. São Paulo: Editora RT, 2016, p. 1162). A nosso ver, não há razão para persistir na discussão, que só tinha motivo de ser diante da lacuna do CPC de 1973. Agora, a matéria recebeu tratamento explícito e claro do atual Código: a defesa daquele que frauda a execução, adquirindo o objeto litigioso, terá de ser produzida, *ex vi legis*, por meio de *embargos de terceiro* (CPC/2015, art. 792, § 4º).

[11] "Ora, se não se exige para os embargos à execução nem para os embargos de terceiro o depósito da coisa, como interpretar esta exigência do depósito para que o terceiro seja ouvido? Trata-se de locução inútil, e, portanto, inaplicável diante do fato de que tanto os embargos à execução quanto os embargos de terceiro, não exigem depósito prévio" (WAMBIER, Teresa Arruda Alvim, *et al. Primeiros Comentário cit.*, p. 1162).

A responsabilidade executiva do adquirente é, todavia, limitada exclusivamente à entrega da coisa.[12] É claro que o adquirente pode optar por simplesmente entregar a coisa, "livrando-se de quaisquer incômodos e, contra ele, encerrada a atuação do meio executório"[13] (CPC/2015, art. 807). Se o bem, por qualquer razão, não mais estiver em seu poder, não terá o adquirente a obrigação de indenizar o credor pelo equivalente.[14] A obrigação pelo equivalente é tão somente do devedor.

O credor, é bom notar, não está obrigado a buscar a coisa devida em poder de terceiros. Pode preferir executar o devedor pelo valor da coisa, mais perdas e danos decorrentes da alienação (art. 809).

193. EXECUÇÃO DA OBRIGAÇÃO SUBSTITUTIVA

O fim específico da execução por coisa certa é a procura do bem devido no patrimônio do devedor, ou de terceiro, para entregá-lo *in natura* ao credor.

Pode, no entanto, ocorrer que o devedor se recuse a entregar a coisa, ou que tenha ela se deteriorado ou haja sido alienada.

Se a coisa ainda existe e pode ser materialmente localizada, assiste ao credor o direito de buscá-la e apreendê-la, seja no patrimônio do devedor (CPC/2015, art. 806, § 2º), seja no do terceiro adquirente, se a alienação se deu em fraude de execução (art. 808).

Não sendo possível localizá-la ou não convindo ao credor persegui-la junto a terceiro, lícito será pleitear a execução da obrigação *substitutiva* ou *subsidiária*[15]. Transforma-se, por essa opção, a execução de coisa certa em execução por quantia certa[16].

Se o título executivo contiver o valor da coisa, prevalecerá ele para a execução da "obrigação subsidiária". Caso contrário, o credor far-lhe-á a estimativa, que se não for aceita pela parte contrária, causará o encaminhamento dos interessados ao processo de liquidação segundo o rito aplicável às sentenças genéricas (art. 809, § 2º)[17]. O valor da coisa será apurado por arbitramento (art. 809, § 1º) e o das perdas e danos pelo procedimento que se mostrar adequado ao caso (arts. 509 a 512). Quando se tratar de valor determinado pelo próprio título exequendo ou quando for o caso de mercadorias cotadas em bolsa, caberá ao credor instruir seu pedido de conversão em execução por quantia certa com a competente memória de cálculo, que deverá compreender o valor atual da obrigação, isto é, o principal e todos os seus acessórios e acréscimos. Para essas

---

[12] LIMA, Alcides de Mendonça. *Op. cit.*, n. 1.592, p. 705.

[13] ASSIS, Araken de. *Manual da execução cit.*, 2016, n. 204, p. 807.

[14] AMERICANO, Jorge. *Comentários ao Código de Processo Civil do Brasil*. 2. ed. São Paulo: Saraiva, 1958, v. IV, p. 264.

[15] "É certo que a execução deve obediência ao princípio da fidelidade ao julgado exequendo, não podendo fugir aos limites da condenação. Todavia, essa regra não tem caráter absoluto, especialmente quando, em se tratando de obrigação pessoal (fazer ou não fazer) ou de entrega de coisa (como é o caso, em última análise, da ação de reintegração de posse), a execução específica se mostra inviável ou impossível na prática, por fato superveniente. Em casos tais, a lei processual admite expressamente a conversão da tutela específica em tutela alternativa de indenização em dinheiro" (STJ, 1ª T., REsp 1.007.110/SC, Rel. Min. Teori Zavascki, ac. 18.12.2008, *DJe* 02.03.2009).

[16] "(...) Possibilidade de conversão do procedimento de execução para entrega de coisa incerta para execução por quantia certa na hipótese de ter sido entregue o produto perseguido com atraso, gerando danos ao credor da obrigação" (STJ, 3ª T., REsp 1.507.339/MT, Rel. Min. Paulo de Tarso Sanseverino, ac. 24.10.2017, *DJe* 30.10.2017).

[17] No caso de conversão da execução para perdas e danos, "não há falar em abertura de nova demanda cognitiva unicamente para o fim de discutir e apurar eventuais perdas e danos advindos da execução de entregar coisa certa, o que deve se dar mediante incidente de liquidação no próprio procedimento executório" (STJ, 3ª T., REsp 695.770/PR, ac. 11.05.2010, *DJe* 27.05.2010).

simples operações aritméticas, a partir de dados certos, não haverá necessidade de liquidação por arbitramento e, muito menos, por procedimento comum (liquidação por artigos) (art. 509, § 2º). Se o devedor discordar do cálculo, impugná-lo-á em embargos[18].

Liquidada a obrigação por qualquer das formas referidas, intimar-se-á o devedor para pagamento no prazo de três dias (art. 829) prosseguindo-se de conformidade com o procedimento da execução por quantia certa. Não há necessidade de nova citação, porque, nessa altura, o procedimento executivo já se acha em andamento e a conversão é apenas um incidente processual.

Embora a conversão em execução por quantia certa tenha sido definida em decisão judicial, a execução continuará sendo de título extrajudicial, pelo que o procedimento seguirá o prazo de pagamento e o meio de defesa previstos nos arts. 829 e 914, respectivamente. Não se pode utilizar, após a conversão, a impugnação ao cumprimento de decisão judicial, porque isto cercearia a defesa do executado que é a mais ampla possível, permitindo arguição de "qualquer matéria que lhe seria lícito deduzir como defesa em processo de conhecimento" (art. 917, VI). Apenas em relação ao valor apurado na liquidação dão *quantum* equivalente à coisa devida, é que o tratamento processual será o de título judicial. No tocante à *causa debendi* subjacente ao título executivo extrajudicial, tudo continuará sendo discutível nos moldes dos embargos ajuizáveis com a amplitude da defesa em processo de conhecimento (art. 917, VI).

Nesse sentido, o entendimento do STJ:

"PROCESSO CIVIL. RECURSO ESPECIAL. EXECUÇÃO PARA ENTREGA DE COISA INCERTA. CONVERSÃO EM EXECUÇÃO POR QUANTIA CERTA. EMBARGOS À EXECUÇÃO. OBJETO DE IMPUGNAÇÃO. LIMITES.

1. Discussão sobre se a conversão da execução para entrega de coisa incerta em execução por quantia certa limita o âmbito de discussão dos embargos à execução.

2. O art. 629 e seguintes do CPC disciplinam o processo executivo para entrega de coisa incerta fundado em título executivo extrajudicial, sendo aplicáveis à espécie, por força do art. 631 do CPC, as regras processuais relativas à execução de dar coisa certa (arts. 621 a 628 do CPC).

3. Nas hipóteses em que a coisa não for entregue, tiver se deteriorado, ou não for encontrada, poderá o credor optar pela entrega de quantia em dinheiro, equivalente ao valor da coisa, transformando-se a execução para entrega de coisa em execução por quantia certa. Contudo, para que essa conversão seja possível, é necessária a prévia apuração do *quantum debeatur*, por estimativa do credor ou por arbitramento judicial.

4. À época em que a execução para entrega de coisa foi proposta, os embargos só eram admitidos após a segurança do juízo.

5. O componente judicial do título é somente o valor da execução, que efetivamente não pode, novamente, ser objeto de ampla discussão em embargos porque, sobre ele, já houve a tutela de acertamento.

6. A conversão da execução, portanto, não implica a transmudação do título executivo extrajudicial (cédula de produto rural), que embasa a execução, em título executivo judicial e não impede a oposição de embargos com ampla abrangência, podendo ser discutidas todas as matérias previstas no art. 745 do CPC, que outrora, os executados não tiveram a oportunidade de alegar, haja vista a inexistência de segurança do juízo".[19]

---

[18] "(...) 4. A certeza da obrigação deriva da própria lei processual ao garantir, em favor do credor do título extrajudicial, os frutos e o ressarcimento dos prejuízos decorrentes da mora do devedor. 5. A liquidação pode ser por estimativa do credor ou por simples cálculo (art. 627, §§ 1º e 2º, do CPC/1973 ou art. 809, §§ 1º e 2º, do CPC/15)" (STJ, REsp 1.507.339/MT, *cit.*).

[19] STJ, 3ª T., REsp. 1.159.744/MG, Rel. Min. Nancy Andrighi, ac. 11.06.2013, *DJe* 24.06.2013.

Assim, liquidado o *quantum* correspondente a coisa devida e não encontrada, o executado terá o prazo de três dias para pagá-lo (art. 829), sob pena de penhora, e o prazo de quinze dias para opor embargos à execução por quantia certa (art. 915, *caput*).

De qualquer maneira, o credor ao iniciar a execução da obrigação substitutiva deverá, em sua petição, cumprir a exigência do art. 798, I, *b*, ou seja, terá de apresentar o "demonstrativo do débito atualizado até data da propositura da ação" (isto é, da execução por quantia certa).

Por fim, cumpre ressaltar que a liquidação é incidente que, normalmente, se aplica apenas aos títulos judiciais, conforme explicita o art. 509. Títulos extrajudiciais que retratam obrigações incertas ou ilíquidas devem submeter-se a acertamento pelas vias ordinárias do processo de conhecimento. Não podem servir para a direta instauração da execução forçada, em face da regra contida no art. 783. Todavia, quando o credor dispõe de título líquido, certo e exigível sobre obrigação de entrega de coisa, e o desvio ou desaparecimento do bem devido é constatado já no curso da execução forçada, a liquidação do equivalente econômico não depende de remessa das partes às vias ordinárias. Permite o Código sua definição no incidente de liquidação, tal como se faria com o título judicial (art. 809, § 2º).

194. INICIATIVA DA CONVERSÃO

A conversão da execução de entrega de coisa em execução de quantia certa é, em regra, promovida a requerimento do exequente. Entretanto, não se pode, aprioristicamente, negar igual direito ao executado, quando demonstre, em resposta ao pedido executivo do credor, a impossibilidade física ou jurídica de cumprir *in natura* a entrega da coisa devida.

Caso interessante de restituição de posse de imóvel ocupado por grande unidade fabril foi examinado pelo Tribunal de Justiça de Minas Gerais, em incidente provocado pelo réu durante o cumprimento de sentença que ordenara a execução para entrega de coisa certa (área de posse do autor em terreno do réu). Demonstrou o executado a impossibilidade superveniente de cumprir, em parte do terreno, a obrigação na forma específica. Ter-se-ia de demolir uma parte da indústria para restituir a pequena faixa de terra objeto da execução. É que a empresa havia concluído a edificação de seu complexo industrial sob efeito de liminar que antes da sentença a havia mantido na posse de toda a área em que o projeto se implantava. Afinal, a solução do interdito lhe foi desfavorável, mas a indústria já estava totalmente construída e em plena atividade, de sorte que somente através de demolição seria possível restituir a posse pretendida pelo exequente. Além do impedimento econômico, havia, ainda, o impedimento ecológico, pois a demolição afetaria grandes depósitos de resíduos tóxicos, causando grave e inevitável impacto ambiental. A impossibilidade de entrega da coisa *in natura* era, portanto, econômica e jurídica. Como o obrigado se achava sob execução e lhe cabia o direito de ser liberado da obrigação, só lhe restava pleitear a conversão em equivalente econômico. Foi o que fez e lhe reconheceu o TJMG nos Agravos de Instrumento n. 2.0000.00.513.687-2/000 e 2.0000.00.519. 695-8/000, mesmo com a oposição do exequente.

Para o TJMG, "determinação de desocupação e restituição da área turbada em favor dos agravados prevalece, mas não de maneira cega, ou seja, sem ponderar os fatores de impedimento da devolução de toda a área, e de aplicação da legislação civil e processual civil em vigor, que resolve o impasse da impossibilidade de entrega da coisa, no todo ou em parte, e confere ao exequente o direito de receber o seu valor e indenização por perdas e danos (CC 947 e CPC 627; CPC/2015, art. 809)"[20].

---

[20] TJMG, AI 2.0000.00.513.687-2, 12ª CC., Rel. Des. Saldanha da Fonseca, ac. 29.05.2005.

Pela mesma razão, o Tribunal revogou, em outro acórdão, a decisão de 1º grau que ordenara a paralisação do funcionamento da indústria como medida de pressão para a restituição da área disputada[21].

Outro caso semelhante foi decidido pelo STJ, a propósito de uma reintegração de posse que tinha como objeto uma área que, no curso do processo, se transformou em um bairro. O princípio da substituição do bem devido pelo equivalente econômico foi aplicado para converter uma execução de sentença de entrega de imóvel em execução por quantia certa, ao seguinte argumento:

"No caso dos autos, o imóvel originalmente reivindicado, na verdade, não existe mais. O bairro hoje, no lugar do terreno antes objeto de comodato, tem vida própria, dotado de infraestrutura urbana, onde serviços são prestados, levando-se à conclusão de que o cumprimento da ordem judicial de reintegração na posse, com satisfação do interesse da empresa de empreendimentos imobiliários, será à custa de graves danos à esfera privada de muitas famílias que já anos construíram suas vidas naquela localidade, fazendo dela uma comunidade, irmanada por idêntica herança cultural e histórica, razão pela qual não é adequada a ordem de reintegração".[22]

195. EXECUÇÃO DE COISA SUJEITA A DIREITO DE RETENÇÃO

Direito de retenção gera a seu titular uma exceção dilatória. Não impede a condenação à entrega da coisa, mas subordina a eficácia da sentença à prévia satisfação do crédito daquele que detém o *jus retentionis*.[23]

No processo de execução de título extrajudicial, da mesma forma, não se dará curso ao feito sem se respeitar o eventual direito de retenção do obrigado a restituir.

Por isso, se o título executivo refere-se a entrega de coisa benfeitorizada pelo devedor, ou por terceiro, antes da execução é obrigatória a liquidação do valor das obras ou melhoramentos a serem indenizados pelo credor (CPC/2015, art. 810), o que se fará de acordo com o disposto nos arts. 509 a 512, observando-se também a memória do cálculo atualizado do *quantum* devido até a data do depósito, tal como se acha previsto no art. 798, I, *b*[24].

A execução só terá início depois do depósito do valor das benfeitorias (art. 810, parágrafo único).

Poderá haver direitos do credor contra o possuidor, como os provenientes de frutos, do uso das perdas e danos etc. Se isso ocorrer, será lícita a compensação entre eles e o crédito das

---

[21] "EMENTA: AGRAVO – EXECUÇÃO DE SENTENÇA – RESTITUIÇÃO DE ÁREA – INDENIZAÇÃO. Definido que a restituição da área cuja posse é disputada deve respeitar a constatação material de possibilidade de retomada no todo ou em parte, e que se parcial a devolução, cabível é a indenização, inclusive por perdas e danos, inconcebível é a ordem judicial de desligamento de máquinas e cessação de atividade produtiva" (TJMG, AI 2.0000.00.519.695-8/000, 12ª CC., Rel. Des. Saldanha da Fonseca, ac. 31.08.2005).

[22] STJ, 4ª T., REsp. 1.302.736/MG, Rel. Min. Luis Felipe Salomão, ac 12.04.2016, DJe 23.05.2016.

[23] FONSECA, Arnoldo Medeiros da. *Direito de Retenção*. 3. ed. Rio de Janeiro: Forense, 1957, n. 163, p. 302. Na moderna sistemática do cumprimento da sentença sem *actio iudicati* (CPC/2015, art. 513), não há mais embargos à execução, de sorte que toda matéria referente ao direito de retenção deverá ser agitada na contestação e solucionada na sentença. Na execução dos títulos extrajudiciais, que não é precedida de processo de conhecimento, o executado, se for titular de direito de retenção, deverá exercitá-lo por meio dos embargos previstos no art. 745, IV, CPC/1973 (CPC/2015, art. 917, IV).

[24] "A liquidação prévia a que faz referência o art. 628 do CPC (de 1973) [CPC/2015, art. 810] pressupõe o reconhecimento, no título executivo, das benfeitorias a serem indenizadas" (STJ, 4ª T., AgRg no Ag 405.987/SP, Rel. Min. Barros Monteiro, ac. 18.03.2003, DJU 02.06.2003, p. 300).

benfeitorias, tendo o exequente que depositar apenas a diferença que se apurar em favor do executado (art. 810).

É comum, nas demandas em torno da posse, a estipulação de indenização pela retenção do imóvel, pelo tempo em que a parte, afinal vencida, o conservou em seu poder; e a forma usual de reparar o prejuízo do vendedor consiste em arbitrar um aluguel pelo tempo de duração da posse injusta do vencido, tomando-se como base o valor locatício do bem objeto da ação, segundo as cotações de mercado. Esse valor é devido continuativamente, enquanto durar a posse injusta. Uma vez, porém, que se tenha exercitado o direito de retenção, com reconhecimento judicial, deve cessar a fluência do aluguel-indenização. Caso contrário, o vencedor nunca indenizaria as benfeitorias feitas de boa-fé pelo vencido. Bastaria acomodar-se para que, com o passar do tempo, o valor das benfeitorias fosse absorvido e anulado pela inércia daquele a quem a sentença imputou a obrigação de reembolsar o melhoramento praticado de boa-fé. Para que isto não ocorra, o STJ já decidiu que os aluguéis a compensar nos termos do art. 1.221 do Código Civil "devem corresponder [apenas] ao tempo em que cessou a boa-fé dos possuidores (data da citação na ação de imissão) até a data em que se manifestaram, nos embargos que vieram a ser julgados procedentes, a pretensão de serem indenizados pelas benfeitorias necessárias e úteis"[25]. A partir daí cessa o dever de pagar aluguéis, porque a posse se torna legitimada pelo exercício do direito de retenção, e assim perdurará até que a parte vencedora no pleito principal indenize as benfeitorias realizadas de boa-fé pelo vencido.

Se na compensação o saldo favorecer ao credor, ficará prejudicado o direito de retenção e será lícito ao exequente cobrar o seu crédito, como execução por quantia certa, nos mesmos autos (art. 810, parágrafo único, I).

A movimentação da execução forçada sem o depósito para ressarcir as benfeitorias a que alude o art. 810 faculta ao devedor a oposição de *embargos* (art. 917, IV). Antigamente, o Código de 1973, em sua concepção original, previa uma modalidade especial de embargos com a denominação de embargos de retenção e com rito próprio para oposição do *jus retentionis*. Com a Lei n. 11.382/2006, esse tipo de defesa passou a ser simples tema dos embargos à execução, sem nenhuma especialização de rito. O atual Código simplesmente reproduziu o regramento anterior, mantendo o exercício do direito de retenção pelo devedor vinculado aos embargos do executado (art. 917, IV).

196. CASOS ESPECIAIS DE EXECUÇÃO PARA A ENTREGA DE COISA CERTA

Antes da Lei n. 10.444, de 07.05.2002, poucas eram as sentenças condenatórias que levavam à entrega forçada de coisa, sem passar pela *actio iudicati*. A regra era a submissão geral das obrigações da espécie a dois processos: um de acertamento, para obtenção do título executivo judicial (ação condenatória), e outro para realização forçada da condenação (ação executória).

Sempre houve, porém, exceções. Assim é, que, por tradição, nas ações de despejo e de reintegração de posse, embora haja sentença que condena à entrega de coisa certa (prestação de dar ou de restituir), a execução de seus decisórios não segue o procedimento comum dos arts. 806 e ss. do CPC/2015. É que essas ações, além de condenatórias, são "preponderantemente executivas", no dizer de Pontes de Miranda,[26] de maneira que já tendem à execução de suas sentenças independentemente do processo próprio, da execução forçada.

---

[25] STJ, 4ª T, REsp 279.303-BA, Rel. Min. Ruy Rosado de Aguiar, ac. 14.12.2000, DJU 12.03.2001, p. 149.
[26] PONTES DE MIRANDA. *Tratado das Ações*. São Paulo: RT, 1970, v. I, p. 125.

Assim, no despejo, o locatário após a sentença de procedência será simplesmente notificado a desocupar o prédio e, findo o prazo da notificação, será de logo expedido o mandado de *evacuando*, sem sequer haver oportunidade para embargos do executado.[27]

Da mesma forma, na reintegração de posse, a execução da sentença faz-se por simples mandado e não comporta embargos do executado.[28]

Trata-se, como já ficou dito, de ações executivas, *lato sensu*, de modo que "sua execução é sua força, e não só efeito de sentença condenatória".[29]

Como não há embargos nessas execuções, o direito de retenção que acaso beneficie o devedor haverá de ser postulado na contestação, sob pena de decair de seu exercício.[30]

Atualmente, a execução imediata das condenações a entrega de coisa (como de resto, todas as demais condenações) tornou-se regra geral, de maneira que não há mais sentenças executivas e não executivas. Todas as condenações a cumprir prestações de entrega de coisa efetivam-se por meio de mandado de busca e apreensão (bens móveis) ou de imissão na posse (bens imóveis) (art. 513). Desapareceu a ação separada e autônoma (*actio iudicati*) para alcançar o cumprimento forçado das sentenças. A ação executiva, só para títulos extrajudiciais.

Registre-se, finalmente, a possibilidade de execução para entrega de pessoa, nos casos de guarda de menores e incapazes, execução essa que se processará sob a forma de mandado de busca e apreensão.

197. EXECUÇÃO PARA ENTREGA DE COISA INCERTA

A execução para entrega de coisa incerta está prevista no art. 811 do CPC/2015. Tem cabimento nos casos de condenação à entrega de coisas determinadas pelo gênero e quantidade. Excluem-se da execução das obrigações de dar coisa incerta, naturalmente, as de dinheiro, que, embora sendo fungíveis, são objeto de execução própria, a de quantia certa.

Nas obrigações de coisa incerta a escolha, segundo o título, pode ser do credor ou do devedor. Se é do credor, deverá ele individualizar as coisas devidas na petição inicial da execução (art. 811, parágrafo único). Se for do devedor, será este citado para entregá-las já individualizadas a seu critério (art. 811, *caput*). Não se abre um incidente especial para definir, previamente, a individualização da coisa. A citação é única, e a resposta do executado já deve se dar pela entrega ou depósito da coisa escolhida, no prazo de quinze dias do art. 806.[31]

Tanto a escolha do credor como a do devedor podem ser impugnadas pela parte contrária no prazo de quinze dias (art. 812). O prazo para a escolha do devedor é o da citação para a entrega: quinze dias (art. 806).

Os critérios para a escolha são os do art. 244 do Código Civil, isto é, o devedor "não poderá dar a coisa pior, nem será obrigado a prestar a melhor".

---

[27] ANDRADE, Luís Antônio de. *Locação e Despejo*. Rio de Janeiro: Forense, 1966, n. 120, p. 97. T. J. M. G., ac. de 20.4.1971, *in* "D.J. de M.G." de 22.5.1971.

[28] TJSP, ac. de 23.10.69, *in* "Rev. For.", 234/139. TACivSP, ac. de 24-4-73, in "Rev. Tribs.", 445/115; TJSP, 23ª Câm. de Direito Privado, APC 9224630132005826 SP 9224630-13.2005.8.26.0000, Rel. José Marcos Marrone, ac. 2.2.2011, *DJSP* 21.2.2011; TJSP, 5ª Câm. de Direito Público, 990103609263 SP, Rel. Franco Cocuzza, ac. 6.12.2010, *DJSP* 6.12.2010.

[29] PONTES DE MIRANDA. *Apud* ANDRADE, Luís Antônio de. *Op. cit.*, n. 119, p. 97.

[30] ANDRADE, Luís Antônio de. *Op. cit.*, n. 120, p. 97.

[31] "Não há que se falar em um momento prévio de escolha para posterior entrega, após homologação" (STJ – 3ª T., REsp. n. 701.150/SC, Rel.ª Min.ª Nancy Andrighi, ac. 15.12.05, *DJU* 01.02.06, p. 545).

A apreciação da impugnação deve ser sumária, decidindo-a o juiz de plano. Se julgar necessário, porém, poderá louvar-se em perito, observando-se o procedimento normal dos exames periciais (art. 812).

A omissão do devedor em efetuar a escolha, quando lhe caiba esse direito, importa transferência da faculdade para o credor.[32]

Superada a fase de individualização das coisas genéricas, o procedimento da execução é o mesmo observado na entrega da coisa certa (art. 813).

198. A GENERALIZAÇÃO DA SENTENÇA EXECUTIVA *LATO SENSU*

Com o advento do art. 461-A, no CPC/1973,[33] instituído pela Lei n. 10.444, de 07.05.2002, o que era exceção passou a regra, de modo que nenhuma sentença de condenação ao cumprimento de obrigação de entrega de coisa se submeterá ao sistema da duplicidade de ações. Uma única relação processual proporcionará o acertamento e a realização do direito do credor de coisa. Generalizou-se, no campo dessas obrigações, a ação executiva *lato sensu*. Apenas se empregará a antiga *actio iudicati* para os títulos executivos extrajudiciais.

O procedimento unitário, conservado pelo Código de 2015, está assim disciplinado:

a) sempre que o credor reclamar, no processo de conhecimento a entrega de coisa, o juiz lhe concederá a tutela específica, fixando, na sentença, o prazo para cumprimento da obrigação (CPC/2015, art. 498, *caput*);

b) independentemente de nova citação, aguardar-se-á o transcurso do prazo assinado na sentença, cuja contagem será a partir do respectivo trânsito em julgado;

c) comunicado nos autos o transcurso do prazo sem que o devedor tenha cumprido a obrigação, expedir-se-á em favor do credor mandado para sua realização compulsória por oficial de justiça: o mandado será de busca e apreensão, se se tratar de coisa móvel; e de imissão na posse, se o bem devido for coisa imóvel (art. 538, *caput*). No primeiro caso, o oficial toma fisicamente posse da coisa e a entrega ao credor; no segundo, os ocupantes são desalojados do imóvel, para que o credor dele se assenhoreie. A diligência, portanto, se aperfeiçoa com a colocação do exequente na posse efetiva e desembaraçada do imóvel disputado.

199. PROVIDÊNCIAS CABÍVEIS PARA REFORÇAR A EFETIVIDADE DA TUTELA ÀS OBRIGAÇÕES DE ENTREGA DE COISA

Além de ter suprimido a ação de execução de sentença para as obrigações de entrega de coisa, que se cumprirão por meio de simples mandado expedido por força imediata da própria sentença condenatória, a Lei n. 10.444, de 07.05.2002, à época do Código anterior, reforçou a exequibilidade com enérgicas medidas de apoio, mandando aplicar-lhes os mesmos procedimentos coercitivos previstos para a execução das obrigações de fazer e não fazer e que se acham elencadas nos §§ 2º, 4º e 5º do art. 461, CPC/1973 (art. 461-A, § 3º, CPC/1973). A determinação foi repetida pelo CPC/2015, nos arts. 536 e 538, § 3º.

Tais medidas acessórias serão examinadas no Capítulo XVI, quando se cogitará das sentenças condenatórias, cuja disciplina se tornou comum a obrigações de fazer e não fazer e de entrega de coisa. Dentre elas, a de maior destaque é, sem dúvida, a permissão para empregar-se, também nas ações relativas às obrigações de dar, a multa periódica por retardamento

---

[32] LIMA, Alcides de Mendonça. *Op. cit.*, n. 1.629, p. 717.
[33] CPC/2015, art. 498.

no cumprimento da decisão judicial ("astreintes"). Sobre as medidas de apoio em referência, vejam-se os itens 194, 197 e 206.

200. EMBARGOS DE RETENÇÃO

Já no Código de 1973, a Lei n. 10.444, de 07.05.02, havia restringido a exigência dos embargos de retenção por benfeitorias apenas às execuções para entrega de coisa fundadas em título extrajudicial (cf. art. 745, IV, CPC/1973, acrescentado pela Lei n. 11.382/2006). O atual Código manteve a mesma lógica (art. 917, IV).

Como não há mais *actio iudicati*, para realizar a condenação contida nas sentenças que impõem o cumprimento das obrigações de dar coisa certa, a arguição do *ius retentionis* somente será viável na contestação, ou seja, ainda na fase de postulação do processo de conhecimento[34]. Depois da sentença não haverá mais oportunidade para os questionados embargos. O mandado de busca e apreensão (móveis) ou de imissão de posse (imóveis) é consequência imediata da sentença, sem ensejar novas oportunidades, para qualquer incidente cognitivo ou de acertamento, que não aqueles enquadráveis no regime da impugnação ao cumprimento da sentença (art. 525, § 1º).

É de se destacar, portanto, o exercício do direito de retenção continua sendo, no sistema do CPC/2015, matéria arguível nos embargos à execução, mas somente perante o título extrajudicial relativo à entrega de coisa certa, caso em que não mais se exigem embargos especiais, mas simples inserção do tema nos embargos comuns do executado.

Isto não quer dizer que a parte perca o direito de ser indenizado por eventuais benfeitorias, tal como se prevê no direito material, pelo fato de não tê-lo invocado na ação reipersecutória. Se o tema não foi aventado na litiscontestação, sobre ele não se formou a coisa julgada. Não impedirá a execução pura e simples da entrega da coisa, já que não haverá oportunidade para embargos de retenção. O titular, todavia, do direito ao ressarcimento do valor das benfeitorias poderá exercitá-lo por meio de ação ordinária que, nessa altura, porém, não prejudicará o cumprimento do mandado de entrega oriundo da primeira demanda.

Mesmo no caso de serem cabíveis os embargos de retenção, como nas execuções de título extrajudicial, o executado que os não utiliza perde a oportunidade de fazer atuar o *jus retentiones*, mas não perde o direito de reclamar, pelas vias ordinárias, a indenização de benfeitorias assegurada pelo direito material. Do contrário, ocorreria um locupletamento ilícito, que a ordem jurídica, obviamente, não pode aprovar.[35]

Na verdade, a liquidação do valor das benfeitorias a indenizar, sob regime de direito de retenção, a que se procede como incidente da execução de entrega de coisa benfeitorizada, somente acontece quando o reconhecimento do *ius retentionis* tenha sido feito no próprio título executivo[36].

---

[34] "A existência de benfeitorias deve ser alegada na fase de conhecimento, em contestação, de forma discriminada e com atribuição, sempre que possível e justificadamente, do respectivo valor" (CPC/2015, art. 538, § 1º). "O direito de retenção por benfeitorias deve ser exercido na contestação, na fase de conhecimento" (art. 538, § 2º).

[35] TJSP, 17ª CC., AI 164.466-2, Rel. Des. Viseu Júnior, ac. 17.10.1990, *RJTJESP* 130/313.

[36] STJ, 4ª T, AgRg no Ag 405.987/SP, Rel. Min. Barros Monteiro, ac. 18.03.2003, *DJU* 02.06.2003, p. 300.

201. MEDIDAS DE COERÇÃO E APOIO UTILIZÁVEIS NA EXECUÇÃO DO TÍTULO EXTRAJUDICIAL

No Código anterior, ao cuidar da sentença da ação de conhecimento em que se exerce pretensão a entrega de coisa, o § 3º do art. 461-A instituiu algumas medidas de que o juiz pode lançar mão para assegurar a eficácia da execução da prestação devida, como a cominação de multa por atraso e a busca e apreensão, com emprego da força policial, se necessário. O atual Código praticamente reproduziu a redação de seu antecessor, com as mesmas medidas para o cumprimento das obrigações de fazer e não fazer (art. 536, § 1º), igualmente extensíveis ao cumprimento da obrigação de entrega de coisa (art. 538, § 3º).

Nesses dispositivos a atenção normativa está voltada para o processo de conhecimento. Seu objetivo final, todavia, é a execução do provimento jurisdicional. Por isso, mesmo que inexista sentença condenatória, tais meios de coerção têm cabimento, igualmente nas execuções de título extrajudicial, ainda que o art. 806, § 1º, mencione apenas a multa. De fato, não seria razoável pensar que a execução do título extrajudicial fosse dotada de menos efetividade que a do título judicial, quando o Código não faz, em momento algum, qualquer tipo de discriminação no acesso à justiça pela parte que disponha de título para reclamar a tutela jurisdicional executiva. O empenho do Código em propiciar o efetivo proveito que o título assegura ao credor é um só, seja ele judicial ou extrajudicial.

Fluxograma n. 3 – Execução para entrega de coisa certa com base em título extrajudicial (arts. 806 a 810)

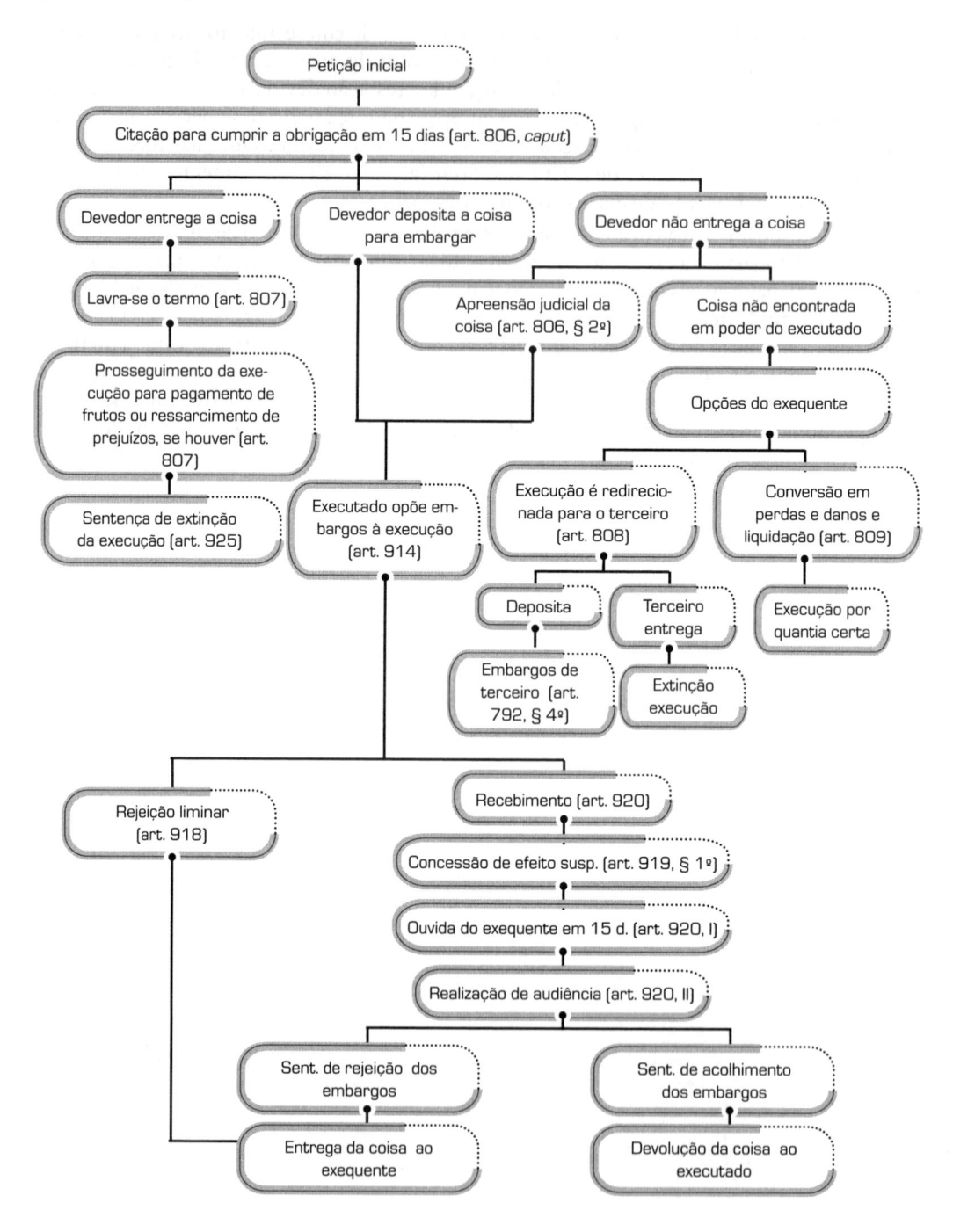

- Petição inicial
- Citação para cumprir a obrigação em 15 dias (art. 806, *caput*)

Ramificações:

Devedor entrega a coisa
- Lavra-se o termo (art. 807)
- Prosseguimento da execução para pagamento de frutos ou ressarcimento de prejuízos, se houver (art. 807)
- Sentença de extinção da execução (art. 925)

Devedor deposita a coisa para embargar
- Apreensão judicial da coisa (art. 806, § 2º)
- Executado opõe embargos à execução (art. 914)

Devedor não entrega a coisa
- Coisa não encontrada em poder do executado
- Opções do exequente:
  - Execução é redirecionada para o terceiro (art. 808)
    - Deposita
      - Embargos de terceiro (art. 792, § 4º)
    - Terceiro entrega
      - Extinção execução
  - Conversão em perdas e danos e liquidação (art. 809)
    - Execução por quantia certa

Embargos à execução:
- Rejeição liminar (art. 918)
- Recebimento (art. 920)
  - Concessão de efeito susp. (art. 919, § 1º)
  - Ouvida do exequente em 15 d. (art. 920, I)
  - Realização de audiência (art. 920, II)
    - Sent. de rejeição dos embargos
      - Entrega da coisa ao exequente
    - Sent. de acolhimento dos embargos
      - Devolução da coisa ao executado

Fluxograma n. 4 – Execução para entrega de coisa incerta com base em título extrajudicial (arts. 811 a 813)

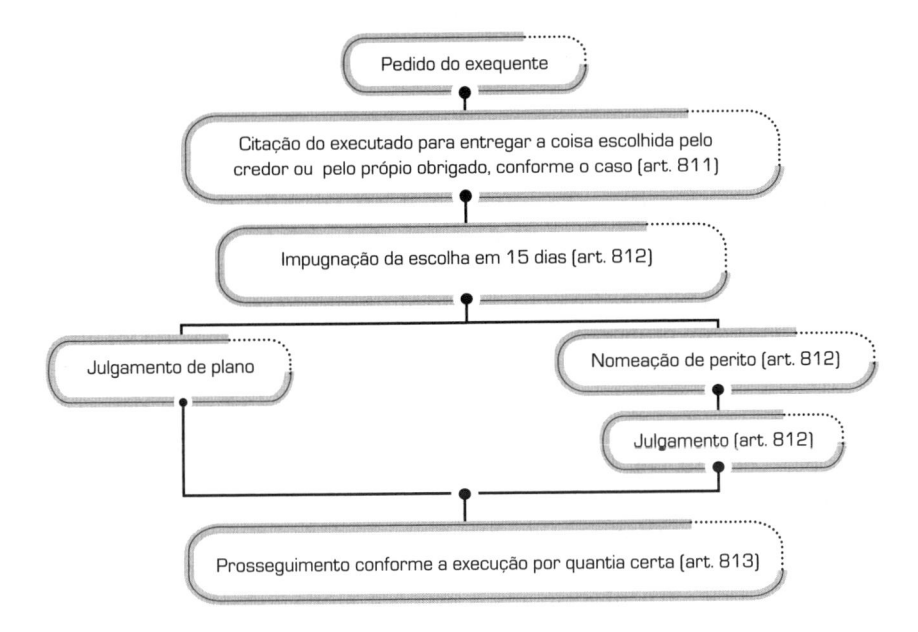

```
                    Pedido do exequente
                            │
    Citação do executado para entregar a coisa escolhida pelo
       credor ou pelo próprio obrigado, conforme o caso (art. 811)
                            │
              Impugnação da escolha em 15 dias (art. 812)
                            │
              ┌─────────────┴─────────────┐
       Julgamento de plano         Nomeação de perito (art. 812)
                            │              │
                            │       Julgamento (art. 812)
                            │              │
              └─────────────┬─────────────┘
                            │
     Prosseguimento conforme a execução por quantia certa (art. 813)
```

Capítulo XVI
EXECUÇÃO DAS OBRIGAÇÕES DE FAZER E NÃO FAZER

202. INTRODUÇÃO

O Código de Processo Civil, no Livro II (Capítulo III do Título II), da Parte Especial, cuida da execução das obrigações de fazer e não fazer quando lastreadas em título extrajudicial. As sucessivas reformas do Código de 1973, que culminaram com a abolição da *ação* de execução de sentença, instituíram o procedimento do *"cumprimento da sentença"* que se desenvolve, como incidente, dentro do próprio processo em que a sentença condenatória for pronunciada.

Assim, determinava o art. 475-I do CPC/1973 (redação da Lei n. 11.232, de 22.12.2005) que o cumprimento da sentença relativa à prestação de fazer e não fazer se desse conforme o art. 461 e não segundo os arts. 632 e segs. A regra, aliás, já havia sido instituída pelo art. 644 (na redação dada pela Lei n. 10.444, de 07.05.2002), que previa, para os títulos judiciais, a aplicação apenas subsidiária do disposto no Livro II.

Imperativamente, como prevê o CPC/2015 (reproduzindo a sistemática da lei anterior), o art. 497 impõe ao juiz a concessão da tutela específica, retirando-lhe o arbítrio nas conversões das obrigações da espécie em perdas e danos. A sentença que dá provimento ao pedido de cumprimento de obrigação de fazer ou não fazer deverá condenar o devedor a realizar, *in natura*, a prestação devida. Para que essa condenação seja dotada de maior efetividade, a norma do art. 497 se afasta do complexo procedimento tradicionalmente observável nas execuções das obrigações de fazer e não fazer (arts. 815 a 823 do CPC/2015) e recomenda uma providência prática e funcional: na sentença de procedência do pedido, competirá ao juiz determinar "providências que assegurem a obtenção de tutela pelo resultado prático equivalente".

Dessa maneira, tão logo transitada em julgado a condenação, as providências determinadas na sentença (ou em complemento desta) serão postas em prática por meio de mandado dirigido ao devedor ou por meio de autorização para as medidas a cargo do credor ou de terceiros sob sua direção. Assim, tarefas que, primitivamente, eram do devedor podem ser autorizadas ao próprio credor, que as implementará por si ou por prepostos, como previsto no art. 249 do Código Civil. Concluída a obra, caberá ao credor apresentar nos autos as contas dos gastos efetuados e dos prejuízos acrescidos, para prosseguir na execução por quantia certa. As medidas de cumprimento devem ser, em regra, precedidas de autorização judicial, inseridas na sentença ou em decisão subsequente. Entretanto, nos casos de urgência, como, *v.g.*, na premência de demolir edificação em perigo de ruína, ou diante da necessidade inadiável de afastar riscos ecológicos ou de danos à saúde, e outros, de igual urgência, há autorização legal para que o credor execute ou mande executar o fato, independentemente de autorização judicial, para posteriormente reclamar o cabível ressarcimento (Código Civil, art. 249, parágrafo único).

Os poderes do juiz para fazer cumprir especificamente a obrigação de fazer não ficam restritos à autorização para que o credor realize ou mande realizar por terceiro o fato devido. Poderá o juiz adotar outras providências que, mesmo não sendo exatamente o fato devido, correspondam a algo que assegure o resultado prático equivalente ao do adimplemento. Por exemplo, o fabricante de um aparelho eletrônico ou de um veículo automotor, que deva garantir seu funcionamento durante certo tempo, não efetue a contento os reparos necessários. Diante da gravidade do defeito e da impossibilidade de manter o objeto em condições de funcionamento dentro de um prazo razoável, poderá o juiz ordenar que, em lugar dos fracassados reparos, o fabricante substitua a máquina defeituosa por uma equivalente, mas que esteja em condições de perfeito funcionamento. Outras vezes, diante da insuficiência técnica da oficina que deveria efetuar os reparos, o juiz poderá autorizar o credor que confira o serviço a outra oficina. Há, portanto, muitos caminhos para que a tutela específica proporcione ao credor de obrigação de fazer o resultado prático que deveria advir do fiel cumprimento da prestação devida.

Essa orientação normativa conservada pelo CPC/2015, bem se harmoniza com o sistema de direito material traçado pelo Código Civil para o cumprimento das obrigações de fazer e de não fazer.

203. O PROBLEMA DA EXECUÇÃO DAS PRESTAÇÕES DE FATO

Obrigação de fazer é a que tem por objeto a realização de um ato do devedor. A de não fazer é a que importa no dever de abstenção do obrigado, isto é, em não praticar determinado ato. Uma é positiva e outra negativa.

Enquanto nas obrigações de dar a prestação incide sobre *coisas*, nas obrigações de fazer ou não fazer o objeto da relação jurídica é um *comportamento* do devedor.

Normalmente, as obrigações de dar são realizáveis mediante execução específica, mesmo quando o devedor se torna inadimplente, pois a interferência do Estado é quase sempre capaz de atingir o *bem devido* para entregá-lo ao credor.

Já com referência às obrigações de fazer acontece o contrário, visto que raramente se conseguirá a atuação compulsória do devedor faltoso para realizar a prestação a que pessoalmente se obrigou.

Há, no caso, razões de ordem prática e ordem jurídica criando obstáculos à execução forçada específica. Subordinado o cumprimento da obrigação a uma atividade ou abstenção do devedor, na ordem prática fica a prestação na dependência de sua vontade, contra a qual o Estado nem sempre dispõe de meio adequado para exigir o implemento específico. Na ordem jurídica, encontra-se o tradicional repúdio ao emprego da força contra a pessoa para constrangê-la ao cumprimento de qualquer obrigação, retratado no princípio geral de que *nemo potest cogi ad factum*[1] (ninguém pode ser coagido a fazer alguma coisa).

Daí o motivo pelo qual o Direito Romano proclamava que o inadimplemento das obrigações de fazer ou não fazer resolver-se-ia sempre em indenização[2], princípio conservado, em toda pureza, pelo direito medieval e que foi contemplado no Código de Napoleão (art. 1.142).

Com o correr dos tempos, todavia, tornou-se forçosa uma distinção, que veio a abrandar o rigor da impossibilidade da execução específica dessas obrigações. Estabeleceu-se, então, a diferença entre as obrigações só exequíveis pelo devedor e aquelas cujo resultado também pode ser produzido por terceiros.

Criou-se, destarte, o conceito de obrigações de fazer *fungíveis* e *infungíveis*, com soluções diversas para cada espécie no processo de execução.[3]

204. FUNGIBILIDADE DAS PRESTAÇÕES

Em matéria de obrigação de fazer, entende-se por prestações *fungíveis* "as que, por sua natureza, ou disposição convencional, podem ser satisfeitas por terceiro, quando o obrigado não

---

[1] AMARAL SANTOS, Moacyr. *Direito Processual Civil*. 4. ed. São Paulo: Saraiva, 1980, v. III, n. 888, p. 347-348; LIEBMAN, Enrico Tullio. *Processo de Execução*. 3. ed. São Paulo: Saraiva, 1968, n. 96, p. 167-168.

[2] CELSO – Digesto, 42, 1, 13.

[3] LIEBMAN, Enrico Tullio. *Op. cit.*, n. 961, p. 168-169; LIMA, Cláudio Vianna de. *Processo de Execução*. Rio de Janeiro: Forense, 1973, n. 2, p. 148-149.

as satisfaça".[4] São exemplos comuns as empreitadas de serviços rurais, como desmatamentos, plantio de lavouras, e as de limpeza ou reforma de edifícios.

Por outro lado, *infungíveis* "são as prestações que somente podem ser satisfeitas pelo obrigado, em razão de suas aptidões ou qualidades pessoais",[5] como ocorre com o pintor célebre que se obriga a pintar um quadro e de maneira geral com todos os contratos celebrados *intuitu personae*. A infungibilidade pode decorrer simplesmente do contrato, pelo acordo das partes (infungibilidade convencional), ou da própria natureza da prestação (infungibilidade natural).

A grande importância da distinção que ora se faz está em que, sendo fungível a prestação, poderá o credor executá-la especificamente, ainda que contrariamente à vontade do devedor. Utilizar-se-ão, para tanto, os serviços de terceiros e o devedor ficará responsável pelos gastos respectivos (CPC/2015, arts. 816 e 817)[6]. Enquadra-se, também, no conceito de prestação fungível a que na forma original não mais se pode alcançar, mas permite substituição por medida capaz de produzir "resultado prático equivalente", segundo decisão judicial (art. 497).

Se, porém, a obrigação for de prestação infungível, a recusa ou mora do devedor importa sua conversão em perdas e danos,[7] gerando a execução pela "obrigação subsidiária" e dando lugar à aplicação do clássico princípio de que "é na obrigação de perdas e danos que se resolvem todas as obrigações de fazer alguma coisa".[8] Nesse sentido, dispõe o Código Civil brasileiro de 2002 que "incorre na obrigação de indenizar perdas e danos o devedor que recusar a prestação a ele só imposta, ou só por ele exequível" (art. 247).

205. A MULTA COMO MEIO DE COAÇÃO

I – Critérios de arbitramento e aplicação das astreintes

A jurisdição não se limita ao "dizer o direito", compreende, além da definição jurídica do caso concreto, os atos com que faz "atuar o direito definido *in concreto*, por meio daquilo que se denomina 'poder de *imperium*' do juiz"[9]. A multa (ou *astreinte*) é, nos termos do art. 139, IV, do CPC, um dos meios de exercício do "poder de *imperium* do juiz", seja ela aplicada para fazer cumprir decisão final ou interlocutória, mas sempre em busca de alcançar o efetivo desempenho da função jurisdicional[10].

Além da execução por terceiro, que é objeto próprio do processo de execução, o direito moderno criou a possibilidade de coagir o devedor das obrigações de fazer e não fazer a cumprir as prestações a seu cargo mediante a imposição de multas. Respeitada a intangibilidade corporal

---

[4] AMARAL SANTOS, Moacyr. *Op. cit.*, n. 889, p. 351.

[5] AMARAL SANTOS, Moacyr. *Op. cit., loc. cit.*

[6] Código Civil: "Art. 249. Se o fato puder ser executado por terceiro, será livre ao credor mandá-lo executar à custa do devedor, havendo recusa ou mora deste, sem prejuízo da indenização cabível. Parágrafo único. Em caso de urgência, pode o credor, independentemente de autorização judicial, executar ou mandar executar o fato, sendo depois ressarcido".

[7] MEDINA, José Miguel Garcia. *Direito Processual Civil Moderno*. 2. ed. rev., atual. e ampl. São Paulo: Editora Revista dos Tribunais, 2016. p. 1.186.

[8] "C'est en cette obligation de dommages et intérêts que se résolvent toutes les obbligations de faire quelque chose" (POTHIER, Robert Joseph. *Traité des Obligations*. Paris: Libr. De L'oeuvre de Saint-Paul, 1883, n. 157-158).

[9] Cf. PRATA, Edson Gonçalves. As *astreintes* no direito brasileiro. *Revista Brasileira de Direito Processual*, v. 2, p. 20, Uberaba, 1980; DINAMARCO, Cândido Rangel. *Instituições de direito processual civil*. 4. ed. São Paulo: Malheiros, 2004, v. I. p. 317.

[10] AMARAL, Guilherme Rizzo. *As astreintes e o processo civil brasileiro*. 2. ed. Porto Alegre: Livraria do Advogado, 2010, p. 69.

do devedor, criam-se, dessa forma, forças morais e econômicas de coação para convencer o inadimplente a realizar pessoalmente a prestação pactuada.

O Código prevê, expressamente, a utilização de multa diária para compelir o devedor a realizar a prestação de fazer ou não fazer. Essa multa será aquela prevista na sentença condenatória (ou em decisão interlocutória) e, se omissa, a que for arbitrada durante o cumprimento da condenação (CPC/2015, art. 536, § 1º). No caso de título executivo extrajudicial, a multa será fixada pelo juiz ao despachar a inicial da execução, oportunidade em que também definirá a data a partir da qual será devida (art. 814).

Não se atribui à *astreinte* a finalidade de propriamente criar um crédito em favor do credor exequente, ou de impor uma pena ao devedor, já que "só existe como meio, ou *técnica* para a consecução da tutela jurisdicional"[11]. Com efeito, não lhe cabe função nem sancionatória, nem reparatória, mas apenas a de servir de "meio processual de coerção indireta voltado a dar efetividade às ordens do juiz"[12], entendimento compartilhado amplamente pela doutrina e pela jurisprudência[13].

Pessoas físicas e jurídicas sujeitam-se ao mecanismo coercitivo das *astreintes*. Não há razão para excluir as pessoas jurídicas de direito público desse regime, conforme entendimento aceito tanto na doutrina[14] como na jurisprudência[15].

Note-se, contudo, que as multas, como meios coativos, "não têm propriamente caráter executório, porque visam conseguir o adimplemento da obrigação pela prestação do próprio executado, compelido a cumpri-la para evitar as pesadas sanções que o ameaçam".[16] Não há nelas a presença da sub-rogação estatal que configura a essência da execução forçada.[17] É algo equivalente à prisão civil do devedor de alimentos, que também atua como meio de pressioná-lo à satisfação do débito por que responde.

Rodrigo Fux, tratando sobre o tema, entende ser a multa também um mecanismo indutor da cooperação processual, para promover a efetividade do processo. Citando lição de Daniel

---

[11] *Idem, ibidem.*

[12] MARINONI, Luiz Guilherme. *Tutela específica*: arts. 461, CPC, e 84, CDC. 2. ed. São Paulo: Ed. RT, 2001, p. 63. No mesmo sentido: GRECO, Leonardo. *Comentários ao Código de Processo Civil*. São Paulo: Saraiva, 2020, v. XVI, p. 293.

[13] "O objetivo buscado pelo legislador, ao prever a pena pecuniária no art. 644, CPC [art. 814 do CPC/2015], foi *coagir o devedor a cumprir a obrigação específica*" (g.n.) (STJ, 4ª T., REsp 13.416/RJ, Rel. Min. Sálvio de Figueiredo Teixeira, ac. 17.03.1992, *DJU* 13.04.1992, p. 5001). "A pena pecuniária que, a título de *astreintes*, se comina não tem o caráter de indenização pelo inadimplemento da obrigação de fazer ou de não fazer, mas, sim, o de *meio coativo de cumprimento da sentença*, como resulta expresso na parte final do art. 287 do CPC [cf. arts. 536, § 1º, e 537, *caput*, do CPC/2015]" (g.n.) (STF, 2ª T., RE 94.966, Rel. Min. Moreira Alves, ac. 20.11.1981, *DJU* 26.03.1982, *RTJ* 103/774). "O escopo da multa do art. 461, § 4º do CPC é *compelir a parte ao cumprimento da ordem judicial emprestando, assim, efetividade ao processo e à vontade do Estado*" (g.n.) (STJ, 4ª T., AgRg no Ag 713.962/PR, Rel. Min. Luis Felipe Salomão, ac. 27.10.2009, *DJe* 16.11.2009).

[14] GRECO FILHO, Vicente. *Da execução contra a Fazenda Pública*. São Paulo: Saraiva, 1986, p. 34; ASSIS, Araken de. *Manual da execução cit.*, n. 221, p. 826-827.

[15] STJ, 5ª T., REsp. 464.388/SP, Rel. Min. José Arnaldo da Fonseca, ac. 26.08.2003, *RSTJ* 182/460; STJ, 5ª T., REsp. 581.931/RS, Rel. Min. José Arnaldo da Fonseca, ac. 11.11.2003, *DJU* 09.12.2003 p. 341; STJ, 6ª T., AgRg. no AI 480.864/RS, Rel. Min. Paulo Medina, ac. 13.05.2003, *DJU* 09.06.2003, p. 319; STF, 2ª T., RE 495.740/DF, Rel. Min. Celso de Mello, ac. 02.06.2009, *DJe* 14.08.2009.

[16] LIEBMAN, Enrico Tullio. *Op. cit.*, n. 97, p. 170. Sobre os casos de admissibilidade da imposição de multa ao devedor, veja-se o nosso *Curso de Direito Processual Civil*, v. II, n. 789. Quanto à duração da multa do art. 644 do CPC/1973 [CPC/2015, sem correspondente] ensina Sálvio de Figueiredo Teixeira que se trata de figura processual equiparada às astreintes do direito francês, que são ilimitadas, podendo levar o devedor à insolvência (*Código de Processo Civil*. Rio de Janeiro: Forense, 1979, nota, p. 152).

[17] REIS, José Alberto dos. *Processo de Execução*. Coimbra: Coimbra Ed., 1943, v. I, n. 12, p. 25.

Mitidiero, o autor lembra que a cooperação obriga as partes a colaborarem com o cumprimento e a realização da decisão da causa, ainda que sua conduta seja estimulada por multas coercitivas. Por outro lado, esse dever de cooperação "almeja garantir que a decisão do Juízo seja dotada de efetividade, ou seja, se concretize".[18]

II – Fixação convencional da multa

O CPC regula a multa atribuindo ao juiz o poder de arbitrá-la (art. 536, § 1º), o que é natural nos casos de títulos executivos judiciais. Há, porém, reconhecimento também de que, tratando-se de título extrajudicial de obrigação de fazer ou não fazer, possa prevalecer a multa pelo valor ajustado convencionalmente pelas partes (art. 814, parágrafo único).

Trata-se, todavia, de uma atribuição feita sem exclusividade, uma vez que ao juiz é reconhecido o poder de reduzir o valor da multa convencional, se considerá-lo excessivo. O dispositivo legal cogita de forma expressa apenas da possibilidade de redução, a doutrina, no entanto, afirma que o magistrado tanto possa reduzir, como aumentar a multa prevista no contrato. Aumentá-la-á, em decisão adequadamente fundamentada, quando for "evidente a sua insuficiência, como meio intimidativo, para não frustrar a efetividade da tutela jurisdicional do direito do credor, garantia de ordem pública".[19]

III – Periodicidade da multa

Embora o usual seja o cálculo diário da multa, não está impedido o juiz de fixar ou alterar a periodicidade, com base em outros padrões temporais.[20] Aliás, o CPC/2015, a propósito das obrigações de fazer ou não fazer, não mais fala em multa diária, mas em multa fixada "por período de atraso no cumprimento da obrigação e a data a partir da qual será devida" (art. 814). Logo, perante o Código, embora o mais usual seja a multa diária, qualquer outra grandeza temporal poderá ser utilizada pelo juiz para aplicar e alterar as *astreintes*[21]. Admite-se até a multa de valor fixo (multa simples), para incidir apenas uma vez[22].

O valor da multa não é definido por lei, podendo variar de acordo com as circunstâncias do caso concreto. Deverá, de acordo com sua função, corresponder a uma quantia "suficiente para constranger"[23], em face das posses do devedor e a expressão econômica da obrigação. Há de evitar-se abuso, obviamente, que possa transformar o meio legítimo de constrangimento executivo em fonte de locupletamento indevido ou enriquecimento sem causa.[24]

Ao dispor o Código que a multa arbitrada pelo juiz seja *suficiente* e *compatível* com a obrigação o que se fez foi confiar na prudência do julgador estabelecendo uma cláusula geral por meio de um dispositivo capaz de dar, segundo Kazuo Watanabe, "maior plasticidade ao processo". Com isso, destaca o processualista, se enseja ao juiz proceder ao "adequado equilíbrio entre o direito e a execução respectiva, procurando fazer com que esta última ocorra de

---

[18] FUX, Rodrigo. Multa coercitiva (*astreintes*) e indução de comportamento processual. *In:* BELLIZZE, Marco Aurélio; MENDES, Aluisio Gonçalves de Castro; ALVIM, Teresa Arruda; CABAL, Trícia Navarro Xavier (coords.). *Execução civil:* Estudos em homenagem ao professor Arruda Alvim. Indaiatuba: Editora Foco, 2022, p. 272-273.

[19] GRECO, Leonardo. *Comentários ao Código de Processo Civil*. São Paulo: Saraiva, 2020, v. XVI, p. 293.

[20] ASSIS, Araken de. *Manual da Execução*. 18. ed. revista, atualizada e ampliada, São Paulo: Editora Revista dos Tribunais, 2016, n. 222.3, p. 830-831.

[21] ASSIS, Araken de. *Manual da execução cit.*, n. 222.3, p. 831.

[22] GRECO, Leonardo. *Comentários ao Código de Processo Civil*. São Paulo: Saraiva, 2020, v. XVI, p. 293.

[23] PONTES DE MIRANDA. *Comentários ao Código de Processo Civil*. 2. ed. Rio de Janeiro: Forense, 2002, v. X, p. 156; STJ, 3ª T., REsp. 43.389/RJ, Rel. Min. Waldemar Zveiter, ac. 22.03.1994, *RSTJ* 63/438.

[24] ASSIS. *Manual da execução cit.*, n. 222.2, p. 829.

forma *compatível e proporcional* à peculiaridade de cada caso"[25]. Portanto, o arbitramento e a aplicação da multa haverão de acontecer sob a influência das máximas da razoabilidade e da proporcionalidade[26].

IV – Orientação jurisprudencial sobre a fixação do valor da multa

É importante atentar para a orientação traçada pelo STJ[27], na preocupação de uniformizar os critérios determinantes do arbitramento das *astreintes*, o qual haverá de levar em conta os seguintes dados:

(a) valor da obrigação a cumprir e importância do bem jurídico tutelado;
(b) tempo exigido para o cumprimento da prestação, de modo a estabelecer um prazo razoável e uma periodicidade adequada;
(c) capacidade econômica e capacidade de resistência do devedor;
(d) possibilidade de adoção de outros meios coercitivos pelo magistrado; e
(e) dever do credor de mitigar o próprio prejuízo e, consequentemente, de evitar o desleal agravamento da responsabilidade do devedor.

Com esse posicionamento, intentou-se conciliar as duas preocupações mais relevantes na jurisprudência do STJ sobre a matéria: proporcionalidade e razoabilidade entre a multa e a prestação que ela objetiva compelir o devedor a cumprir[28] e impedimento de valor excessivo da multa ensejador do enriquecimento sem causa[29].

Segundo a mesma orientação pretoriana, os mesmos critérios preconizados para o arbitramento original da multa coercitiva também se prestam à sua revisão e ao controle do montante acumulado[30].

V – Revisão da multa

Confere-se ao juiz da execução poderes, também, para rever a multa antes imposta, ampliando-a ou reduzindo-a, conforme as necessidades da atividade executiva. Nesse sentido, o art. 461, § 6º do CPC/1973, que dispunha que "o juiz poderá, de ofício, modificar o valor ou a periodicidade da multa, caso verifique que se tornou insuficiente ou excessiva".

O atual Código traz dispositivo semelhante, referindo-se expressamente, porém, à alteração da multa *vincenda* (art. 537, § 1º). Sobre o avolumar da *astreinte* derivado do comportamento malicioso do credor, trata-se de abuso de direito processual, que o juiz pode coibir, mediante redução equitativa.

---

[25] WATANABE, Kazuo. *In*: GRINOVER, Ada Pellegrini *et al*. *Código brasileiro de defesa do consumidor comentado pelos autores do Anteprojeto*. 7. ed. Rio de Janeiro: Forense Universitária, 2001, p. 773.

[26] "O princípio da razoabilidade é um parâmetro de valoração dos atos do Poder Público para aferir-se eles estão informados pelo valor superior inerente a todo ordenamento jurídico: *a justiça*" (BARROSO, Luís Roberto. *Interpretação e aplicação da Constituição*: fundamentos de uma dogmática constitucional transformadora. 3. ed. São Paulo: Saraiva, 1999, p. 215). A proporcionalidade é "uma questão de medida" ou "desmedida" para alcançar um fim: reclama "pesar as desvantagens dos meios em relação às vantagens do fim" (CANOTILHO, José Joaquim Gomes. *Direito constitucional e teoria da Constituição*. 4. ed. Coimbra: Almedina, s/d, p. 263).

[27] STJ, 4ª T., AgInt no AgRg no AREsp 738.682/RJ, Rel. p/ac. Min. Luis Felipe Salomão, ac. 17.11.2016, *DJe* 14.12.2016.

[28] STJ, 3ª T., REsp 1.475.157/SC, Rel. Min. Marco Aurélio Bellizze, ac. 18.09.2014, *DJe* 06.10.2014.

[29] STJ, 4ª T., REsp 1.602.245/RJ, Rel. Min. Marco Buzzi, ac. 09.08.2016, *DJe* 23.09.2016.

[30] STJ, AgInt no AgRg no AREsp 738.682/RJ, *cit*.

É certo, pois, que as multas mesmo vencidas e acumuladas podem ser revistas e reduzidas, quando se revelarem abusivas e injustas, sem embargo de a regra do § 1º do art. 537 do CPC só se referir à alteração das multas vincendas. Com efeito:

a) "É firme a jurisprudência do Superior Tribunal de Justiça no sentido de que a multa cominatória deve ser fixada em valor razoável, podendo, em casos como o dos autos, em que desobedecidos os princípios da razoabilidade e da proporcionabilidade, ser revista em qualquer fase do processo, até mesmo após o trânsito em julgado da decisão que a fixou, pois tal não constitui ofensa a coisa julgada"[31].

b) "A decisão que arbitra *astreintes*, instrumento de coerção indireta ao cumprimento do julgado, não faz coisa julgada material, podendo, por isso mesmo, ser modificada, a requerimento da parte ou de ofício, seja para aumentar ou diminuir o valor da multa ou, ainda, para suprimi-la"[32].

É de se ressaltar que, ainda na ótica do STJ, a referência do § 1º do art. 537 à redução das *multas vincendas* não deve ser entendida como radical vedação à redução das *vencidas*. O que o dispositivo teve em mira foi flexibilizar mais o tratamento das vincendas, por serem elas as que mais sofrem impacto do prolongar da execução. Uma vez, porém, que a imposição da multa cominatória *não passa em julgado*[33], trazendo consigo "o caráter da *precariedade*"[34], e não podendo ser fixada em "valor *desproporcional* e *não razoável*", capaz de provocar o "enriquecimento sem causa"[35], claro é que, em situações como estas, o juízo da execução, ou Tribunal em grau de recurso, tem poder de reduzir a multa exorbitante ou de excluir a incabível, mesmo após o trânsito em julgado da decisão que a impôs.[36]

Entretanto, a revisão da multa que já incidiu (a vencida) é excepcional e, em princípio, só se justifica quando, efetivamente, se tenha de impedir o enriquecimento sem causa.[37-38]

VI – Impossibilidade de realização da prestação

A imposição, bem como a exigibilidade da multa pressupõem ser factível o cumprimento da obrigação em sua forma originária.[39] Comprovada a impossibilidade da realização da

---

[31] STJ, 2ª Seção, Reclamação n. 3.897/PB, Rel. Min. Raul Araújo, ac. 11.04.2012, *DJe* 12.06.2012.

[32] STJ, 3ª T., REsp 1.691.748/PR, Rel. Min. Ricardo Villas Bôas Cueva, ac. 07.11.2017, *DJe* 17.11.2017.

[33] STJ, 5ª T., REsp 708.290/RS, Rel. Min. Arnaldo Esteves Lima, ac. 26.06.2007, *DJU* 06.08.2007, p. 618.

[34] STJ, 4ª T., REsp 1.239.714/RJ, Rel. p/ac. Min. Maria Isabel Gallotti, ac. 16.08.2011, *DJe* 17.02.2012.

[35] STJ, 3ª T., REsp 1.475.157/SC, Rel. Min. Marco Aurélio Bellizze, ac. 18.09.2014, *DJe* 06.10.2014.

[36] Leonardo Greco, todavia, é de entendimento que diante do texto expresso do legislador (CPC, art. 537, § 1º) "a modificação vigorará apenas para o futuro, ou seja, não alterará o valor da multa vencida, apenas da vincenda" (GRECO, Leonardo. *Comentários ao Código de Processo Civil*. São Paulo: Saraiva, 2020, v. XVI, p. 293).

[37] Gabriela Rosa Rache e Rafael Caselli Pereira, analisando e endossando a jurisprudência do STJ sobre o tema, observaram que: "A análise empírica dos acórdãos do STJ demonstra de maneira uníssona e inequívoca a possibilidade de alteração do montante vencido. Entre os julgados de mérito, 83% entenderam pela possibilidade de redução da multa vencida, sendo a diminuição, em média, na ordem de 83% de seu valor total" (RACHE, Gabriela Rosa; PEREIRA, Rafael Caselli. A (im)possibilidade de redução das *astreintes* vencidas: uma análise empírica da jurisprudência do STJ. *In*: ASSIS, Araken de; BRUSCHI, Gilberto Gomes (coords.). *Processo de execução e cumprimento da sentença*: temas atuais e controvertidos. São Paulo: RT, 2022, p. 671-697). Aceitando a revisão da multa vencida apenas em caráter excepcional, justificado por comportamento do credor contrário à boa-fé processual, em violação ao chamado *duty to mitigate the loss*, FUX, Rodrigo. Multa coercitiva (*astreintes*) e indução de comportamento processual, cit., p. 280.

[38] DIDIER JR., Fredie; CUNHA, Leonardo Carneiro da; BRAGA, Paula Sarno; OLIVEIRA, Rafael Alexandria de. *Curso de direito processual civil – execução*. 7. ed. Salvador: JusPodivm, 2017, v. 5, p. 617.

[39] ASSIS, Araken de. *Manual do Processo de Execução*. 5. ed. São Paulo: RT, 1998, p. 26.

prestação *in natura*, mesmo por culpa do devedor, não terá mais cabimento a exigência da multa coercitiva. Sua finalidade não é, na verdade, *punir*, mas basicamente, obter a prestação específica. Se isso é inviável, tem o credor de contentar-se com o equivalente econômico (perdas e danos). No entanto, se essa inviabilidade foi superveniente à imposição da multa diária, a vigência da medida prevalecerá até o momento do fato que impossibilitou a prestação originária. A revogação da multa, por outro lado, torna-se cabível tanto por impossibilidade *objetiva* da prestação (o fato devido tornou-se materialmente inexequível), como por impossibilidade *subjetiva* do devedor (este caiu, por exemplo, em insolvência).[40]

VII – Obrigações parcialmente cumpridas, justa causa para o descumprimento e dificuldades de cumprimento no prazo marcado

A multa fixada também pode ser modificada caso o juiz verifique que "o obrigado demonstrou *o cumprimento parcial* superveniente da obrigação" (art. 537, § 1º, II). Em casos tais, é dado ao magistrado, analisando a situação concreta, alterar o valor ou a periodicidade da *astreinte*, bem como suprimir parcialmente o crédito, levando-se sempre em conta a parcela faltante e aquela que já foi devidamente adimplida pelo devedor.[41]

Por outro lado, caso o devedor comprove justa causa para o descumprimento, o juiz poderá reconhecer a não incidência da multa (suprimi-la) durante a pendência do motivo justificador do inadimplemento (art. 537, § 1º, II, parte final). De fato, não é razoável aplicar-se multa de caráter eminentemente *coercitivo* ao devedor enquanto lhe é impossível cumprir a obrigação devida.[42] Essa conduta transformaria a *astreinte* em mecanismo de punição, subvertendo sua real finalidade.

Por fim, o juiz não pode se descurar da análise de eventuais dificuldades de cumprimento da obrigação no prazo marcado ao devedor. Se o atraso ou inadimplemento se deu por motivos estranhos à vontade do devedor que, apesar de seus esforços, encontrou embaraços para o adimplemento, esta circunstância deve ser levada em consideração para modificar o valor da multa ou, até mesmo, suprimi-la, mormente se a conduta do credor for relevante para os fatos. A boa-fé objetiva exige das partes uma cooperação, que inclui o dever de o credor, se não auxiliar, ao menos não inviabilizar o cumprimento da obrigação. Nesse contexto, a conduta do credor para o inadimplemento deve servir de norte para a alteração da *astreinte* anteriormente fixada.[43]

Da mesma forma, o credor não pode se beneficiar de sua própria conduta ao, por exemplo, não diligenciar junto ao juiz o cumprimento da obrigação pelo executado que permanece inerte, com o único objetivo de enriquecer-se indevidamente pela incidência da multa por semanas, meses ou anos.[44] Por esta razão, a *astreinte* deve ser vista como uma figura dinâmica, que pode (e mesmo deve) sofrer alterações de acordo com os fatos ocorridos após a sua fixação. Não é por

---

[40] GUERRA, Marcelo Lima. *Execução Indireta*. São Paulo: RT, 1998, p. 203.

[41] AMARAL, Guilherme Rizzo. *In:* WAMBIER, Teresa Arruda Alvim *et al. Breves comentários ao novo Código de Processo Civil.* 3. ed. São Paulo: Ed. RT, 2016, p. 1482.

[42] Idem. Ibidem.

[43] "Também o comportamento do exequente, contudo, deve ser levado em conta com relação à questão. Por isso é que não tenho dúvidas de que o ideal é que a fixação da multa e sua dinâmica sejam as mais dinâmicas possíveis para evitar que seu valor, individualmente considerado possa *tentar* o exequente a preferi-la à obtenção da tutela específica, ou, quando menos, ao resultado prático equivalente" (BUENO, Cassio Scarpinella. Comentários ao art. 537. *In:* GOUVÊA, José Roberto F.; BONDIOLI, Luis Guilherme A.; FONSECA, João Francisco N. da. *Comentários ao Código de Processo Civil*. São Paulo: Saraiva Educação, 2018, p. 372).

[44] Conforme bem elucidado por Cassio Scarpinella Bueno, a multa "nunca e de forma nenhuma [deve] servir como baliza para fixar perdas e danos ou, mais amplamente, assumir qualquer sentido *indenizatório* em prol do exequente" (*Ob. cit.*, p. 373).

outro motivo que o STJ entende serem descabidos juros moratórios sobre *astreinte*, para evitar ampliação da sanção, embora caiba correção monetária para consumar a expressão coercitiva.[45]

VIII – Procedimento para exigência da multa periódica

A exigência da multa se dá por meio do procedimento de execução por quantia certa. Como a sentença (ou o título executivo extrajudicial) que a institui é apenas genérica e subordinada a condição, tem o credor de promover a necessária liquidação antes de dar início à respectiva execução. O rito adequado é, em regra, o da liquidação pelo procedimento comum (liquidação por artigos), pois haverão de ser provados fatos novos, como a constituição em mora do devedor, o descumprimento da prestação, a data em que este ocorreu e a duração do estado de inadimplência. Caberá, em tal procedimento, o juízo de revisão da multa, para reduzi-la, aumentá-la ou fazê-la cessar, conforme o caso (CPC/2015, arts. 537, § 1º, e 814, parágrafo único). Ainda sobre a execução da multa, v. adiante, o item n. 571. Se o credor já dispuser de elementos para demonstrar, de plano, o descumprimento da prestação por ato imputável ao devedor, assim como as datas inicial e final da aplicação da multa já fixada, poderá liquidar o *quantum* a executar por memória de cálculo, na forma do art. 798, I, *b*, com a qual instruirá a inicial da execução por quantia certa.

No caso da execução de título extrajudicial, a incidência da multa é muito singela, já que a cominação é feita na própria citação e o termo inicial da *astreinte* coincidirá com o termo final do prazo para cumprimento voluntário da obrigação. Desse momento em diante, a apuração do valor da multa será feita por simples cálculo aritmético. Sobre correção monetária e juros moratórios em matéria de *astreinte*, ver, adiante, o item n. 571, subitem VIII.

De qualquer maneira, o cumprimento da medida coercitiva, quando desrespeitada a decisão cominatória, se dá nos próprios autos, como simples incidente do processo, sem necessidade de instaurar uma ação executiva autônoma. Utiliza-se o procedimento do incidente de cumprimento de sentença condenatória relativo às obrigações de quantia certa (CPC, arts. 139, IV, e 519).[46]

205.1. Critérios preconizados para a revisão das *astreintes*

A permissão para que o juiz, ou o tribunal, a requerimento da parte ou de ofício, proceda à redução ou aumento da multa coercitiva (*astreinte*), após a sentença que a cominou, consta literalmente do § 1º do art. 537 do CPC/2015, deixando evidente que a matéria não se sujeita aos impeditivos da preclusão ou da coisa julgada.[47]

A revisão, nos termos do referido dispositivo legal, é viável sempre que o valor arbitrado se mostre *insuficiente* ou *excessivo* para cumprir a função atribuída às *astreintes*. Resta, então, definir como se pode aferir, satisfatoriamente, a insuficiência ou a excessividade, nos casos concretos apreciados em juízo.

---

[45] "4. O termo inicial de incidência da correção monetária sobre a multa do § 4º do art. 461 do CPC deve ser a data do respectivo arbitramento, como ocorre nas hipóteses de dano moral (Súm. 362/STJ). 5. Não incidem juros de mora sobre a multa imposta pelo descumprimento de obrigação de fazer, sob pena de configurar *bis in idem*" (STJ, 3ª T., REsp. 1.327.199/RJ, Rel. Min. Nancy Andrighi, ac. 22.04.2014, *DJe* 02.05.2014). No mesmo sentido: STJ, 3ª T., AgRg no REsp. 1.355.82/GO, Rel. Min. Moura Ribeiro, ac. 07.05.2015, *DJe* 18.05.2016; STJ, 3ª T., AgInt no REsp. 1.963.280/SP, Rel. Min. Ricardo Villas Bôas Cueva, ac. 12.09.2022, *DJe* 19.09.2022.

[46] AMARAL, Guilherme Rizzo. *As astreintes e o processo civil brasileiro*. 2. ed. Porto Alegre: Livraria do Advogado, 2010, p. 62.

[47] Tanto a 1ª como a 2ª Seção do STJ, em julgamento de recursos repetitivos (Temas 98 e 706), firmaram a tese de que a decisão que fixa *astreintes* não preclui nem faz coisa julgada (STJ, Corte Especial, EAREsp 650.536/RJ, Rel. Min. Raul Araújo, ac. 07.04.2021, *Informativo n. 0691*, de 12.04.2021).

No julgamento dos Embargos de Divergência n. EAREsp 650.536/RJ, a Corte Especial do STJ, pelo voto vitorioso do relator, Min. Raul Araújo, definiu alguns critérios importantes para orientar e justificar a revisão do valor da multa *sub cogitatione*, a saber:

(a) o valor alcançado pelo cálculo progressivo da multa não pode ferir os princípios da *razoabilidade* e da *proporcionalidade*;

(b) a revisão deve preservar a *efetividade* da tutela judicial (ou seja, não reduzir a multa a um valor tão pequeno que perca a força de pressionar o devedor ao adimplemento da obrigação);

(c) a multa não pode ser motivo para gerar *enriquecimento sem causa* (ou seja, não deve ultrapassar o valor razoavelmente suficiente para estimular o pagamento voluntário da obrigação);

(d) deve-se guardar a *proporcionalidade* com o valor da obrigação principal, seja na aferição da insuficiência como na do excesso da multa;

(e) deve-se, ainda, levar em conta o tempo de *cumprimento* da prestação devida e o da *resistência* do devedor, assim como sua real *capacidade econômica* para suportar a pena cominada (ou seja, não se deve estipular um prazo exíguo para o cumprimento da obrigação principal e consequente termo inicial da sujeição à multa progressiva; não se pode desprezar os motivos que levaram ao descumprimento da condenação; e tampouco seria legítima a imposição de pena superior à real capacidade de pagamento de devedor).

No julgamento em questão, o valor da condenação imposta na origem foi de R$ 19.300,00, e a multa estipulada foi de R$ 500,00 por dia de atraso no cumprimento da sentença. Quando se chegou à fase executiva, o valor acumulado da multa atingiu o montante de R$ 730.000,00, equivalente a quase quarenta vezes o valor da condenação principal. Reconhecendo o excesso da sanção, que atingiu nível desproporcional em face da obrigação, o acórdão reduziu a multa de mais de R$ 730 mil para R$ 100 mil.[48]

Ressalte-se que pode ocorrer justa causa para o não cumprimento da sentença, como a abusividade da multa imposta ou da própria cobrança da obrigação principal. Em muitos casos, o devedor se dispõe a cumprir a prestação realmente devida e o credor caprichosamente se empenha em dificultar o pagamento, justamente para enriquecer-se indevidamente com o avolumar desproporcional da multa. Em situações como esta, o juiz pode reduzir drasticamente a multa, ou até mesmo excluí-la, se se convencer da inexistência de justa causa para manutenção da penalidade (CPC, art. 537, § 1º, II)[49].

Por outro lado, se o avolumar da multa decorreu de evidente descaso do devedor, por grande que se mostre o *quantum* atual, o que de fato ocorreu foi a abusiva resistência ao cumprimento de decisão judicial, o que torna descabida a pretensão revisional[50].

---

[48] STJ, Corte Especial, EAREsp 650.536/RJ, *cit*.

[49] O comportamento das partes no processo está sempre sujeito ao princípio da boa fé (CPC, art. 5º). Desse princípio decorre o dever do credor de mitigar o próprio prejuízo, o que, no caso das *astreintes*, lhe impõe o dever de evitar o crescimento exorbitante da multa. Ou seja, "ao não exercer a pretensão pecuniária em lapso de tempo razoável, deixando que o valor da multa aumente consideravelmente, o autor comporta-se abusivamente, violando o princípio da boa-fé. Esse ilícito processual implica a perda do direito ao valor da multa (*supressio*), respectivamente ao período de tempo considerado pelo órgão jurisdicional como determinante para a configuração do abuso do direito" (DIDIER JR., Fredie; CUNHA, Leonardo Carneiro da; BRAGA, Paula Sarno; OLIVEIRA, Rafael Alexandria de. *Curso de direito processual civil – execução*. 7. ed. Salvador: JusPodivm, 2017, v. 5, p. 623).

[50] Se ocorreu desinteresse do devedor no cumprimento da ordem, "a redução ou exclusão do montante da multa implicaria verdadeiro prêmio à sua torpeza" (DIDIER JR., Fredie *et al*. *Op. cit*., p. 619-620).

205.2. Termo inicial e termo final da exigibilidade da multa

As *astreintes* são reclamáveis de imediato, não havendo de se aguardar o encerramento do processo para executá-las. Em outras palavras, incidem elas imediatamente após o descumprimento da decisão a que se acham vinculadas[51], como explicita o art. 537, § 4º, do CPC: "A multa será devida desde o dia em que se configurar o descumprimento da decisão e incidirá enquanto não for cumprida a decisão que a tiver cominado".

Para saber se a parte incorreu, ou não, na multa, há de se indagar qual o momento em que a ordem judicial deveria ter sido cumprida. Ultrapassado tal momento, começará a incidir de imediato a multa. É decisivo, portanto, o requisito da intimação, pois ninguém se sujeita processualmente aos efeitos de qualquer decisão, senão depois de ser dela regularmente intimado (sobre o tema, ver, ainda, o item 571, III, adiante).

Várias são, outrossim, as causas de cessação da incidência da multa[52], a saber:

(a) o cumprimento da condenação principal;
(b) a opção do credor por reclamar o equivalente econômico em lugar da execução específica da obrigação de fazer;
(c) a opção por perdas e danos;
(d) a verificação da impossibilidade de cumprimento da obrigação determinada na decisão judicial, com ou sem culpa do devedor.

A cessação de fluência da multa, qualquer que seja o motivo, não impede a persistência de sua exigibilidade pelo tempo que antecedeu o momento de extinção da respectiva incidência. Ou seja, as *astreintes* continuam exequíveis pelos valores vencidos antes do cumprimento da obrigação principal; da opção do credor por perdas e danos ou pelo equivalente econômico; da autorização judicial para que a obra seja realizada por terceiro ou pelo próprio credor; ou antes da verificação da impossibilidade de cumprimento da obrigação principal[53] (ver, ainda, o item, 571, subitem V).

205.3. Acessoriedade da multa

Já se decidiu que, nos casos de multa aplicada em decisão interlocutória, a execução dos valores vencidos se daria de maneira independente e definitiva, ainda que a sentença final fosse adversa à parte antes beneficiada pela medida coercitiva, ao argumento de que teria esta vida própria, não afetada pelo resultado negativo do provimento final[54]. A mesma Corte, porém,

---

[51] AMARAL, Guilherme Rizzo. *As astreintes e o processo civil brasileiro*. 2. ed. Porto Alegre: Livraria do Advogado, 2010, p. 143; GRECO, Leonardo. *Comentários ao Código de Processo Civil*. São Paulo: Saraiva, 2020, v. XVI, p. 294.

[52] GRECO, Leonardo. *Comentários ao Código de Processo Civil*. São Paulo: Saraiva, 2020, v. XVI, n. 45, p. 294.

[53] Se a obrigação já não era exequível antes da condenação, caem as *astreintes* (GRECO, Leonardo. *Op. cit., loc. cit.*), ou a multa não incide (DIDIER JÚNIOR, Fredie et al. *Curso de Direito Processual Civil, cit.*, p. 607). Se a inexequibilidade foi posterior, as *astreintes* persistem até o momento da ocorrência da impossibilidade (ASSIS, Araken de. *Manual da execução*. 18. ed. revista, atualizada e ampliada. São Paulo: Editora Revista dos Tribunais, 2016, n. 222.4, p. 833). A condenação não desaparece, mas daí em diante o regime executivo passa a ser o do equivalente econômico (perdas e danos), que se realiza sem a cumulação das *astreintes* (AMARAL, Guilherme Rizzo. *Op. cit.*, p. 81). Desaparece, contudo, a cominação da multa, se em virtude de ulterior decisão desaparecer a condenação principal, caso em que o efeito extintivo cobre inclusive o período em que, no curso do processo, as *astreintes* incidiram (MARINONI, Luiz Guilherme. *Tutela específica*: arts. 461, CPC, e 84, CDC. 2. ed. São Paulo: Ed. RT, 2001, p. 111).

[54] STJ, 3ª T., AgRg no REsp 724.160/RJ, Rel. Min. Ari Pargendler, ac. 04.12.2007, *DJU* 01.02.2008, p. 1.

assentou em outro aresto que se o fato superveniente tornou inexistente a obrigação de fazer, não pode subsistir a incidência das *astreintes* impostas em anterior decisão interlocutória[55].

Melhor, a nosso ver, é o entendimento também esposado pela jurisprudência e pela doutrina que preconiza ser a multa, *in casu*, apenas "uma peça acessória do feito principal", de modo que não se deve falar em pagamento de multa pelo descumprimento de obrigação quando esta já não mais exista: "desapareceu junto com a ação principal"[56]. De fato, as *astreintes* não são *pena* (punição), são, isto sim, meio de coerção para forçar o cumprimento de determinada obrigação. Se a obrigação já não existe, não pode subsistir o instrumento destinado a dar-lhe exequibilidade (mero acessório processual)[57].

205.4. Cumulação de *astreinte* e multa de litigância de má-fé

Já houve controvérsia em torno da possibilidade ou não de cumulação da multa por ato atentatório à dignidade da justiça (art. 77, § 2º, do CPC/2015) com a multa diária (art. 536, § 1º, do CPC/2015). Doutrina e jurisprudência, no entanto, superaram o problema a partir do argumento de que não sendo a *astreinte* multa indenizatória, nem punitiva, não há impedimento de cumular-se com a indenização por perdas e danos (art. 500 do CPC), nem com a multa por litigância de má-fé (art. 536, § 3º), e tampouco com a sanção por atentado à dignidade da justiça (art. 77, § 2º).

De fato, punição existe quando o litigante se enquadra nas hipóteses de litigância de má-fé e de atentado à dignidade da justiça. Com a *astreinte* o que se passa é algo muito diferente, já que sua cominação não tem outra finalidade que não seja a busca da efetividade da realização da prestação ordenada pelo juiz a uma das partes em favor da outra.

Muito expressivo, a propósito do tema, foi o assentado no acórdão do REsp 1.815.621/SP:

> "4. A multa por ato atentatório à dignidade da justiça (art. 77, § 2º, do CPC/2015) é específica para as hipóteses de violação de dever processual, dentre eles o dever de cumprir com exatidão as decisões judiciais de caráter mandamental e o de não criar embaraços à efetivação dos provimentos judiciais, seja de natureza antecipatória ou final (art. 77, inciso IV), com claras raízes no instituto do *contempt of court* de larga utilização no sistema da *common law*. Referida multa possui natureza tipicamente sancionatória pelo descumprimento de dever processual de obediência às decisões judiciais e consequente ofensa ao princípio da efetividade processual.
>
> 5. A *multa diária* (art. 536, § 1º, do CPC/2015) apresenta caráter eminentemente coercitivo, e não sancionatório ou punitivo.
>
> 6. A multa por ato atentatório à dignidade da justiça e a *multa diária (astreintes)* possuem naturezas jurídicas distintas, de modo que podem coexistir perfeitamente.

---

[55] STJ, 2ª T., REsp 445.905/DF, Rel. Min. Franciulli Neto, ac. 13. 05.2003, *DJU* 08.09.2003, p. 286.

[56] TJSP, 23ª Câm. de Dir. Priv., AI n. 7.106.054-1.23, Rel. Des. Rizzato Nunes, ac. 07.03.2007, *in* AMARAL, Guilherme Rizzo. *Op. cit.*, p. 199.

[57] É nesse sentido que se reconhece a possibilidade de execução provisória da *astreinte*, mas será ela desfeita se a solução final for contrária ao exequente (AMARAL, Guilherme Rizzo. *Op. cit.*, p. 263-264). Isso, explica o mesmo autor, "vale tanto para as sentenças de improcedência, quanto para decisões dos tribunais que porventura venham a cassar ou reformar sentenças de procedência" (*Op. cit.*, p. 203). No mesmo sentido: RODRIGUES, Marcelo Abelha. Tutela específica do art. 461 do CPC e o processo de execução. *In*: SHIMURA, Sérgio; WAMBIER, Teresa Arruda Alvim (coords.). *Processo de execução*. São Paulo: Ed. RT, 2001, p. 372; TALAMINI, Eduardo. *Tutela relativa aos deveres de fazer e de não fazer*: CPC, art. 461; CDC, art. 84. São Paulo: Ed. RT, 2001, p. 255.

7. O Código de Processo Civil de 2015 passou a prever expressamente a possibilidade de *cumulação* das multas no seu art. 77, § 4º"[58].

Em doutrina, merece ser lembrada a lição, por todos, de Fredie Didier Jr., no mesmíssimo sentido da orientação jurisprudencial do STJ[59].

206. DISTINÇÕES PRELIMINARES

Para o manejo prático do processo de execução, é importante distinguir inicialmente entre as obrigações positivas (de fazer) e as negativas (de não fazer). O Código regula-as em seções distintas.

Com relação às positivas, cumpre, ainda, distinguir: a) as de prestação *fungível*; b) as de prestação *materialmente infungível*; e c) as de prestação outrora vista como *apenas juridicamente infungível* (obrigações de declaração de vontade).[60] Isto porque o encaminhamento da execução forçada e o resultado a ser alcançado pelo credor variarão conforme se enquadre a obrigação numa das três espécies citadas. A regulamentação do cumprimento da sentença que tenha por objeto a emissão de declaração de vontade consta do art. 501 do CPC/2015. A da sentença relativa à prestação fungível regula-se pelos arts. 536 e 537, assim como pelos arts. 815 a 820, todos do CPC. Já o cumprimento da condenação à prestação infungível (personalíssima) resolve-se em perdas e danos, exequíveis segundo o procedimento próprio das execuções por quantia certa (CPC, art. 821, parágrafo único).

207. PRINCÍPIOS COMUNS

À época do Código de 1973, com a redação do art. 632, dada pela Lei n. 8.953, de 13.12.1994, a execução das obrigações de fazer ou não fazer passou a ser cabível tanto para os títulos judiciais como para os extrajudiciais. A regra foi mantida pelo CPC/2015.

O início do procedimento executivo, em caso de título extrajudicial, será sempre através da citação do devedor para que cumpra a obrigação em prazo determinado, seja realizando a obra ou o fato, nas prestações positivas (CPC/2015, art. 815), seja desfazendo-os, nas negativas (art. 822). Se judicial o título, o cumprimento da condenação não segue o rito ora em apreciação, mas o do art. 536.

Somente depois de verificado em juízo o não cumprimento voluntário da obrigação, é que terão lugar os atos judiciais de execução propriamente ditos.

Há, outrossim, para o credor sempre a possibilidade de optar pela reparação das perdas e danos em lugar da obra devida, ainda que se trate de obrigação fungível (arts. 816 e 823), caso em que a execução se transforma em execução por quantia certa[61].

---

[58] STJ, 3ª T., REsp 1.815.621/SP, Rel. Min. Ricardo Villas Bôas Cueva, ac. 28.09.2021, DJe 01.10.2021.

[59] "Além de arcar com o montante da multa coercitiva e com o pagamento eventual da multa por *contempt of court* do art. 77, § 2º, do CPC, o destinatário renitente pode ser sancionado por litigância de má-fé (art. 81, CPC). A multa do art. 81 tem natureza processual, tal como a multa do art. 536, § 1º, e do art. 537, mas a sua finalidade é sancionatória, não coercitiva – justamente por isso, admite-se a cumulação. O valor da multa por litigância de má-fé deve ser pago à parte contrária (art. 96, CPC) e será fixado em alíquota variável entre um e dez por cento do valor corrigido da causa, além de indenização dos prejuízos sofridos, dos honorários advocatícios e das despesas que efetuou (art. 81, CPC)" (DIDIER JR., Fredie; CUNHA, Leonardo Carneiro da; BRAGA, Paula Sarno; OLIVEIRA, Rafael Alexandria de. *Curso de direito processual civil – execução*. 7. ed. Salvador: JusPodivm, 2017, v. 5, p. 632).

[60] LIMA, Cláudio Vianna de. *Processo de Execução*. Rio de Janeiro: Forense, 1973, n. 4, p. 151-152.

[61] Se o título executivo compreende obrigação de fazer, não pode o credor iniciar a execução pedindo, desde logo, perdas e danos em lugar do fato devido. É preciso, primeiro citá-lo, na forma do art. 816 do CPC/2015,

Também a multa, como meio executivo indireto, ou meio de coação, é remédio aplicável à generalidade das execuções de obrigações de fato, positivas e negativas, bastando que tenha a sanção figurado no título executivo. Mesmo que nele não haja fixação expressa, possível será a imposição de multa pelo juiz da execução (art. 814). Entretanto, o valor fixado não se torna inalterável. Confere-se ao juiz da execução o poder de reduzi-lo, se excessivo diante das particularidades do caso (art. 814, parágrafo único).

Em regra, porém, não se aplica a multa às obrigações de contratar ou declarar vontade, por se tratar de providência executiva totalmente desnecessária. Há, no entanto, cabimento do uso das *astreintes* quando não for possível ao juiz proferir uma sentença que substitua perfeitamente o contrato definitivo, como por exemplo se dá na hipótese de compromisso a que falte dado essencial para a lavratura do negócio principal. O adimplemento da obrigação de fazer (firmar o contrato definitivo) dependerá de fato do devedor, ou seja, do fornecimento dos dados em seu poder. A condenação, *in casu*, poderá valer-se da cominação de multa diária para forçar o devedor a adimplir sua obrigação. Já para os casos de aplicação ordinária do art. 501, não tem sentido impor-se multa cominatória ao devedor, porque a sentença atingirá, por si só, o resultado prático da declaração de vontade não prestada, independentemente de qualquer concurso do inadimplente[62].

208. A SISTEMÁTICA DE EXECUÇÃO DE TÍTULO JUDICIAL E EXTRAJUDICIAL QUE RECONHEÇA OBRIGAÇÃO DE FAZER OU DE NÃO FAZER

Já no Código de 1973, o art. 644, com a redação que lhe deu a Lei n. 10.444, de 07.05.2002, separou os procedimentos a que se devem submeter os títulos judiciais e os extrajudiciais, em tema de obrigações de fazer e não fazer. A sistemática foi mantida pelo CPC/2015 (arts. 536 e 814), de forma que:

a) as sentenças judiciais serão cumpridas, em princípio, de acordo com os arts. 536 e seguintes;

b) os títulos extrajudiciais é que se sujeitam basicamente à ação executiva disciplinada pelos arts. 814 a 823.

c) qualquer que seja o título executivo, o direito do devedor de se defender contra a execução ser-lhe-á sempre assegurado. Se for o caso de título judicial, a defesa será feita por "impugnação ao cumprimento da sentença" (art. 525); se o título for extrajudicial, a defesa se dará por meio de "embargos à execução" (art. 914).

É bom lembrar que no art. 497 e seus parágrafos o juiz encontra meio de moldar, de maneira individualizada, a solução do descumprimento da obrigação de fato. Pode, até mesmo antes da sentença, tomar providências que antecipem os efeitos da prestação descumprida; e pode, ainda, determinar medidas que, mesmo não sendo iguais à prestação devida, asseguram

---

para, no prazo designado, cumprir a obrigação específica ou sujeitar-se, caso não o faça, à obrigação indenizatória. O direito de converter a execução de prestação de fazer em execução por quantia certa para cobrar as perdas e danos nasce após a citação do devedor e o descumprimento do preceito. O *quantum* da Indenizaçao será, então, apurado por liquidação, nos próprios autos da execução, e, em seguida observar-se-á o procedimento correspondente à execução para cobrança de quantia certa (art. 816, parágrafo único). A execução, porém, continuará sendo de título extrajudicial, para não sacrificar o direito do devedor à ampla defesa cabível nos embargos acaso manejados. Será inválida, *in casu*, a apuração das perdas e danos "sem o procedimento de liquidação e sem a garantia da ampla defesa e do contraditório" (STJ, 4ª T., REsp 885.988/ES, Rel. Min. João Otávio de Noronha, ac. 09.03.2010, *DJe* 22.03.2010).

62 BARBOSA MOREIRA, José Carlos. *O Novo Processo Civil Brasileiro*. 19. ed. Rio de Janeiro: Forense, 1998, p. 219.

efeito prático equivalente. Assim, não fica o magistrado preso ao esquema complexo e pouco flexível da execução forçada prevista nos arts. 815 e ss., podendo definir mecanismos muito mais práticos e eficientes para dar a melhor e mais justa solução ao litígio sobre obrigação de fazer e não fazer. É a sentença, enfim, que definirá a prestação a ser cumprida pelo réu e o modo de sua efetivação. As regras dos referidos artigos, todavia, continuam aplicáveis, subsidiariamente, às execuções de títulos judiciais formados dentro dos mesmos moldes do art. 497.

A execução das obrigações de fazer e não fazer, por isso mesmo, é muitas vezes, principalmente nas ações coletivas, palco para o manejo do moderno processo estrutural, como já expusemos no item 6.4, *retro*.

209. EXECUÇÃO DAS PRESTAÇÕES FUNGÍVEIS

O início da execução do título extrajudicial será por meio da citação do devedor, provocada por pedido de credor (petição inicial), convocando o inadimplente a cumprir a prestação em prazo determinado (CPC/2015, art. 815).

Esse prazo é variável, podendo constar no *contrato* das partes, *na sentença* ou na *lei*, conforme as particularidades de cada caso concreto.

Se ao iniciar a execução ainda não estiver estipulado o prazo por uma das formas citadas, cumprirá ao juiz assiná-lo ao devedor no ato de ordenar a citação. Para tanto, o credor requererá ao juiz que arbitre o prazo, podendo fazer sugestões de acordo com a natureza da obra a ser realizada pelo devedor[63], observando-se, sempre, critérios de proporcionalidade e razoabilidade.

Como já ficou assentado, as obrigações de fazer podem ser de prestação fungível ou infungível. Qualquer que seja a natureza da obrigação, se for a prestação voluntariamente cumprida no prazo da citação, extinguir-se-á o processo executivo (CPC/2015, art. 924, II), fato que constará de termo e será declarado em sentença (art. 925).

Se o devedor conservar-se inadimplente, sendo infungível a prestação, outra alternativa não terá o credor senão a de promover a execução da obrigação subsidiária, ou seja, reclamar perdas e danos, sob o rito de execução por quantia certa (art. 821, parágrafo único).

Se a hipótese, no entanto, é de prestação fungível, caberá ao credor, vencido o prazo da citação sem o cumprimento da obrigação, optar entre: a) pedir a realização da prestação por terceiro, à custa do devedor; ou b) reclamar perdas e danos, convertendo a prestação de fato em indenização, hipótese em que o respectivo valor deverá ser apurado em liquidação, na forma do disposto nos arts. 509 a 512. Apurado o *quantum debeatur*, prosseguir-se-á como execução para cobrança de quantia certa (arts. 824 e ss.).

É de se notar, porém, que em matéria de título judicial a hipótese de execução de prestação de fazer fungível é de raríssima aplicação prática, visto ser remota a possibilidade de sentença de condenação dessa espécie. Comumente, a recusa ou mora do devedor já são apuradas na ação de conhecimento e a sentença que se obtém manda reparar os danos decorrentes da inexecução contratual. Por consequência, a execução já terá início como de quantia certa e não de obrigação de fazer.

---

[63] *"Nas obrigações, o devedor é citado para satisfazê-las'no prazo em que o juiz lhe assinalar, se outro não estiver determinado no título executivo'. Não é possível presumir que, no caso de omissão do título executivo ou do juiz em fixar o referido prazo, possa ser de vinte e quatro horas"* (STJ, 3ª T., REsp 131.868/RJ, Rel. Min. Antônio de Pádua Ribeiro, ac. 08.06.2000, *DJU* 01.08.2000, p. 257, *RSTJ* 135/312).

210. REALIZAÇÃO DA PRESTAÇÃO FUNGÍVEL POR TERCEIRO

Se a prestação devida é suscetível de ser realizada por terceiro, pode o juiz, a requerimento do exequente, decidir que um estranho realize o fato à custa do executado (CPC/2015, art. 817, *caput*).

Para tanto, o exequente apresentará, com a inicial, uma ou algumas propostas, subscritas por interessados na realização da obra, sobre as quais o juiz ouvirá o executado (art. 817, parágrafo único). Aprovada a proposta pelo juiz, lavrar-se-á termo nos autos, para formalização do contrato respectivo.

Não há mais obrigatoriedade de uma avaliação prévia como se exigia no antigo § 1º do art. 634 do CPC/1973. Eventualmente, para solucionar alguma controvérsia sobre a proposta trazida pelo exequente, poder-se-á lançar mão de instrução probatória, inclusive por meio de prova pericial.

Para viabilizar a obra, toca ao exequente adiantar as quantias previstas na proposta aprovada em juízo (art. 817, parágrafo único).

Na redação original do Código de 1973, o procedimento para que o credor delegasse a terceiro ou assumisse ele mesmo a realização do fato devido pelo executado era complexo e altamente oneroso. Exigia-se, antes da assunção do encargo, uma concorrência pública que, diante da perspectiva da opção preferencial do credor, desanimava qualquer possível interessado, que, além do mais, para submeter sua proposta à licitação pública, ficava sujeito a prestação de caução. Esse quadro normativo frustrava praticamente o direito de o credor tomar a iniciativa de levar adiante a obra inadimplida pelo executado, tal como lhe faculta o direito material (Código Civil, art. 249)[64].

Segundo se deduz do art. 249 do Código Civil, a execução pelo próprio credor, ou por terceiro de sua escolha, ordinariamente é precedida de autorização judicial, que pode ser incluída na sentença condenatória do cumprimento da obrigação (art. 497), ou durante o procedimento de execução forçada, em caso como o do título extrajudicial ou da sentença que não se pronunciou, originariamente, sobre a medida (art. 817).

A Lei n. 11.382/2006, à época do Código anterior, cancelou todas as medidas de concorrência pública ou licitação que, anteriormente, inviabilizavam o exercício da faculdade assegurada, de maneira ampla, pelo direito substancial. O Código atual manteve a mesma linha.

Qualquer que seja o título executivo (sentença ou contrato), o juiz pode autorizar a execução pelo credor ou por terceiro de sua escolha, orientando-se pelos arts. 815 e seguintes e sempre observando as providências que assegurem o resultado prático equivalente ao do adimplemento.

Ou seja, o modo de atingir os efeitos do adimplemento fica livre de procedimento rígido, devendo ser deliberado pelo juiz, segundo as particularidades do caso concreto.

Essa singeleza, anteriormente própria apenas das execuções dos títulos judiciais na redação original do Código de 1973, e estendida às execuções de título extrajudicial pela Lei n. 11.382/2006, também se observa no regime da codificação atual.

É claro que o juiz poderá traçar alguns parâmetros para a obra realizada ou desfeita por diligência do credor, principalmente para evitar gastos e sacrifícios além dos necessários. Poderá até exigir avaliação ou demonstração de custos, antes de autorizar o início da obra, observando-se o contraditório. O que, definitivamente, ficou abolido foi a inútil, infrutífera e irrealizável concorrência pública antes imposta pelos parágrafos do art. 634, do Código de 1973.

---

[64] Código Civil: "Art. 249. Se o fato puder ser executado por terceiro, será livre ao credor mandá-lo executar à custa do devedor, havendo recusa ou mora deste, sem prejuízo da indenização cabível. *Parágrafo único*. Em caso de urgência, pode o credor, independentemente de autorização judicial, executar ou mandar executar o fato, sendo depois ressarcido".

É certo, pois, que a escolha do terceiro e as condições de sua contratação devem partir do exequente, que as submeterá ao juiz para autorizar o início das obras. Não é do juiz, portanto, a escolha. Sua função é apenas a de conferir o projeto do credor com a força do título executivo e evitar qualquer excesso.

A deliberação judicial, por isso, será feita informalmente, sem maiores complexidades procedimentais. Poderá até não ocorrer, caso se dê a urgência de que cogita o parágrafo único do art. 249 do Código Civil. Nessas circunstâncias emergenciais, cabe ao credor decidir pela inadiável realização do fato devido, antes de qualquer consulta ao juiz. O cumprimento forçado será extrajudicial. A pretensão a ser deduzida no processo, então, será a de cobrar o custo dos gastos já efetuados, além de eventuais perdas e danos. Nessa altura, a obrigação de fazer ou não fazer já se terá convertido em seu equivalente econômico. A execução, quando cabível, será por quantia certa.

Concluída a obra, ouvir-se-ão as partes no prazo de dez dias. As eventuais impugnações serão solucionadas de plano. Não havendo impugnação ou estando as impugnações resolvidas, o juiz dará por cumprida a obrigação, pondo fim à execução (art. 818). A recuperação das importâncias adiantadas pelo exequente para custeio da obra dar-se-á com os acréscimos dos gastos processuais (custas e honorários de advogado) por meio de execução por quantia certa, nos próprios autos, uma vez que a realização do fato devido deve se dar à custa do executado (art. 817, *caput*). O procedimento é dos arts. 523 e ss., c/c 824 e ss.

Cumpre ressaltar, outrossim, o entendimento de José Miguel Garcia Medina, no sentido de que nem sempre será necessário que o exequente adiante o valor a ser pago ao terceiro, conforme a literalidade do art. 817, parágrafo único, do CPC/2015. Segundo o autor, essa interpretação pode levar à frustração da busca pelo resultado prático equivalente. Isto porque, se o exequente não tiver condições de arcar com o pagamento adiantado do valor proposto pelo terceiro, a ele restará apenas a alternativa da indenização por perdas e danos. Além disso, "exigir-se que, em qualquer hipótese, o valor seja adiantado pelo exequente, importaria em impor-se a ele dupla privação, já que, além de prejudicado pelo não cumprimento da obrigação pelo executado, teria que arcar, antecipada mente, com os custos resultantes daquele inadimplemento".[65]

Por isso, sustenta o autor ser "possível que o devedor seja citado para dar cumprimento à obrigação e alternativamente seja indicado terceiro, momento em que será realizado o pedido de ressarcimento específico, ou seja, para pagamento do valor requerido pelo terceiro que será responsável pelo adimplemento específico da obrigação".[66]

211. INADIMPLÊNCIA DO TERCEIRO CONTRATANTE

Pode ocorrer que o contratante não preste o fato no prazo convencionado, ou que o realize de modo incompleto ou defeituoso. Se isto acontecer, será lícito ao exequente requerer autorização judicial para concluir a obra ou repará-la (CPC/2015, art. 819). Sobre o pedido, que deverá ser formulado nos quinze dias seguintes à entrega da obra, ou ao vencimento do prazo convencionado, o contratante será ouvido em quinze dias (art. 819, parágrafo único).

Estabelece-se, assim, um incidente processual com contraditório entre o exequente e o contratante, para cuja solução, geralmente, o juiz terá de recorrer a uma vistoria. Comprovada a inexecução, total ou parcial, proceder-se-á a uma perícia para avaliar o custo das despesas a serem efetuadas para a conclusão ou reparo da obra, condenando o contratante a pagá-lo (art. 819, parágrafo único).

---

[65] MEDINA, José Miguel Garcia. *Direito Processual Civil Moderno*. 2. ed. rev., atual. e ampl. São Paulo: Editora Revista dos Tribunais, 2016, p. 1.187.

[66] MEDINA, José Miguel Garcia. *Op. cit., loc. cit.*

212. REALIZAÇÃO DA PRESTAÇÃO PELO PRÓPRIO CREDOR

Desde que foi abolida a licitação pública pela Lei n. 11.382, de 06.12.2006, cabe ao credor apresentar ao juiz a proposta, ou as propostas, de terceiros interessados na realização da obra (CPC/2015, art. 817, parágrafo único). Aprovada uma proposta, o normal será a obra ser executada sob controle judicial e mediante verbas adiantadas pelo credor. Concluída a obra, proceder-se-á na forma dos arts. 818 e 819, para ultimar a execução forçada.

Mas o credor não está jungido a ver a obra sempre executada por terceiro autorizado judicialmente. O direito material lhe assegura a opção por realizar pessoalmente ou por prepostos os trabalhos respectivos (Código Civil, art. 249), podendo desempenhá-los até sem autorização prévia do juiz, nos casos de urgência (parágrafo único do mesmo artigo).

Daí a previsão de que, apresentada a proposta de terceiro, caberá ao credor a preferência para pessoalmente se encarregar dos trabalhos, dentro dos termos estabelecidos na referida proposta (CPC/2015, art. 820). Sua manifestação deverá ocorrer nos cinco dias que se seguem ao depósito da proposta em juízo (art. 820, parágrafo único).

Se o propósito do credor já é requerer a execução por sua conta, desde o seu ajuizamento, deverá trazer manifestação em tal sentido já na petição inicial da ação executiva. Naturalmente, deverá juntar orçamentos, se o custo previsto para a execução for diverso do constante do contrato (título executivo extrajudicial). Se o título já tem dados que permitem a imediata consecução dos serviços, sem necessidade de orçamentos atualizados, o credor pode requerer a permissão judicial para promovê-los sem maiores delongas.

É bom lembrar que o custo das obras nem sempre será integralmente exigível do executado. Isto somente ocorrerá se o credor já houver pago (ou de qualquer forma compensado) o preço previsto no título. Aí, sim, terá direito de realizar a obra inexecutada pelo devedor, devendo haver a totalidade do custo.

Caso nada tenha pago, ou apenas tenha realizado pagamento de parte do custo, a execução haverá de limitar-se à recuperação das parcelas pagas, mais o prejuízo do eventual acréscimo de custo e das perdas e danos decorrentes do retardamento na conclusão dos trabalhos para chegar ao cumprimento da obrigação.

Nesta hipótese o projeto de execução da obrigação de fazer deverá especificar que verbas serão recuperadas do devedor e quais as que serão suportadas pelo exequente.

Se as obras não foram sequer iniciadas pelo devedor e o credor não chegou a fazer desembolso em favor do primeiro, ou apenas o fez em pequenas quantidades, não há praticamente interesse no processo de execução de obrigação de fazer. O caminho adequado será da pretensão de perdas e danos, a desaguar, oportunamente, numa execução por quantia certa.

213. AUTOTUTELA PREVISTA NO ATUAL CÓDIGO CIVIL

O Código Civil de 2002 abriu para o credor de obrigação de fazer ou não fazer o ensejo de uma autotutela muito mais simples do que a prevista no art. 820 do atual Código de Processo Civil. De acordo com o parágrafo único do art. 249 do Estatuto Civil, "em caso de urgência, pode o credor, independentemente de autorização judicial, executar ou mandar executar o fato, sendo depois ressarcido".

Há, portanto, possibilidade de o credor tomar a iniciativa e se encarregar da realização da obra (objeto da obrigação de fazer), sem necessidade de obter prévio acertamento judicial em processo de conhecimento, ou sem prévia propositura da execução forçada. Essa autotutela empreendida extrajudicialmente sujeita-se, porém, a um requisito: a urgência da obra.

Configurada a urgência, o credor não terá de exigir qualquer alvará ou mandado judicial, e tampouco dependerá de autorização do devedor para levar a cabo a obra devida. Comprovará, simplesmente, o seu custo, e exigirá o seu reembolso do devedor. Estando este em mora, não poderá questionar a iniciativa do credor, nem se recusar ao reembolso do custo comprovado.

Poderá, no entanto, demonstrar que teria inexistido urgência para justificar a execução da obra sem prévio acertamento judicial ou extrajudicial. E se assim o fizer terá direito de exigir a apuração do custo normal da prestação, para se sujeitar ao ressarcimento apenas dele, e não dos acréscimos provocados pelo credor afoito, antes do necessário contraditório.

Pensamos que o credor não perderá o direito ao ressarcimento pelo só fato de se comprovar que a obra não era urgente. Será, entretanto, indenizado apenas pelo valor apurado posteriormente em juízo como sendo o preço justo ou razoável, na hipótese de ter o credor pago preço maior nas condições em que implementou o fato.

Igual autorização de autotutela se vê, também, do parágrafo único do art. 251, do Código Civil, no tocante às obrigações de não fazer, ou seja, em caso de urgência, o credor poderá desfazer ou mandar desfazer aquilo que o devedor tiver feito em descumprimento de sua obrigação negativa. Também para esse desfazimento, não há necessidade de prévia autorização judicial, nem prévio entendimento entre credor e devedor. Terá, contudo, de se justificar pela urgência da medida. Sem esse requisito, a demolição unilateral do bem do devedor não se justifica e pode até configurar exercício arbitrário das próprias razões, para fins penais. Aqui a situação é mais grave do que a da obrigação positiva, visto que a demolição importa, em regra, invasão da esfera do devedor e destruição de bens deste, fato que não deve acontecer sem a observância do devido processo legal. Diante das obrigações de fazer, não há essa agressão sumária do patrimônio do devedor. Mesmo quando o credor realiza unilateralmente a obra, o reembolso forçado somente acontecerá depois de ensejado o contraditório ao devedor.

Tanto no caso de urgência da realização de obras como de demolição, o reembolso não pode ser pleiteado diretamente em ação executiva. O credor não dispõe de título executivo, nem se pode considerar certa e líquida a obrigação do devedor, motivo pelo qual será obrigatório o seu prévio acertamento pelas vias do processo de conhecimento.

214. EXECUÇÃO DAS PRESTAÇÕES INFUNGÍVEIS

Cuida o art. 821 do CPC/2015 das obrigações infungíveis, isto é, daquelas em que a prestação, por natureza ou convenção, só pode ser prestada pessoalmente pelo devedor (Código Civil, art. 247). É o caso, por exemplo, do pintor famoso que se obrigou a fazer um quadro ou um mural. Não há possibilidade de a obra ser realizada por outrem, já que o contrato visou especificamente a pessoa do artista (contrato *intuitu personae*).

A execução, em tal hipótese, consiste em assinar um prazo ao devedor para cumprir a obrigação, citando-o para tanto (art. 821). Se houver recusa ou mora de sua parte, outra solução não há, senão a de converter a obrigação personalíssima em perdas e danos (obrigação *subsidiária*) (art. 821, parágrafo único).[67] Nesse caso, não tem cabimento a aplicação da multa cominatória (*astreinte*). O próprio direito material determina como sanção aplicável às prestações personalíssimas, ou infungíveis, a substituição por perdas e danos (Código Civil, art. 247)[68]. O CPC/2015, harmônico com a regra de direito material, dispõe que, na espécie, "havendo recusa ou mora do executado, sua obrigação pessoal será convertida em perdas e danos, caso em que

---

[67] "O art. 821 do CPC/2015 deve ser interpretado em consonância com os arts. 814 e 815 do Código. Tendo-se pleiteado a tutela específica, com fixação de multa coercitiva, e persistindo, a despeito disso, a mora, converter-se-á a obrigação de fazer em de pagar quantia correspondente às perdas e danos, em favor do exequente. O valor será definido em liquidação (cf. art. 816, parágrafo único), seguindo-se, doravante, as regras previstas nos arts. 829 ss. do CPC/2015" (MEDINA, José Miguel Garcia. *Direito Processual Civil Moderno, cit.*, p. 1.187).

[68] MESQUITA, José Ignácio Botelho de; et al. "Breves considerações sobre a exigibilidade e a execução das astreintes", in Revista Jurídica, v. 338, p. 36, dez/2005.

se observará o procedimento de execução por quantia certa" (art. 821, parágrafo único). Não há, pois, no sistema legal, lugar para aplicar a multa coercitiva.

Se o contrato não previu o *quantum* da indenização em caso de inadimplemento, o credor utilizará o processo de liquidação da sentença. Uma vez líquido o valor da indenização, a execução forçada tomará as feições de execução por quantia certa.

É de se notar, porém, que a hipótese de execução de prestação de fazer infungível é de raríssima aplicação prática, visto ser remota a possibilidade de sentença de condenação dessa espécie. Comumente, a recusa ou a mora do devedor já são apuradas na ação de conhecimento e a sentença que se obtém manda reparar os danos decorrentes da inexecução contratual. Por consequência, a execução já terá início como por quantia certa e não de obrigação de fazer.

215. EXECUÇÃO DAS PRESTAÇÕES CONSISTENTES EM DECLARAÇÃO DE VONTADE

As promessas de contratar, como as de declaração de vontade em geral, representam típicas obrigações de fazer. Durante muito tempo prevaleceu o entendimento de que o ato de vontade era personalíssimo (só o devedor podia prestá-lo), de modo que tais obrigações figurariam entre as materialmente *infungíveis* e só ensejariam perdas e danos quando descumpridas.

O Código de 1939, em boa hora, rompeu com a injustificada tradição e esposou tese contrária, isto é, no sentido da *fungibilidade* dessas prestações, admitindo o suprimento da declaração de vontade omitida por uma manifestação judicial equivalente (art. 1.006 e parágrafos). Assentou-se, assim, o entendimento de que a antiga infungibilidade das prestações de declaração de vontade era apenas jurídica e não essencial ou natural.

Da mesma maneira como nas execuções de dívida de dinheiro, o órgão judicial pode, contra a vontade do devedor, agredir o seu patrimônio e expropriar bens para a satisfação coativa da prestação a que tem direito o credor; também é lógico que pode suprir a vontade do promitente e realizar o contrato de transferência dominial a que validamente se obrigou. Não há diferença essencial ou substancial entre as duas hipóteses de agressão ao patrimônio do executado para realizar a sanção a que se submeteu juridicamente.

A concordância do devedor, o seu ato de vontade, não é fato ausente das obrigações sob apreciação. Acontece que firmando o compromisso de contratar, sem a possibilidade de arrependimento, já houve a vontade indispensável para a vinculação do promitente. A execução, por isso, poderá prescindir de nova aquiescência do obrigado.

Do pré-contrato (promessa ou compromisso) nasce, portanto, ao credor o direito à conclusão do contrato principal. Se o devedor não cumpre a obrigação, será lícito ao credor obter uma condenação daquele a emitir a manifestação de vontade a que se obrigou, por meio de uma sentença que, uma vez transitada em julgado, produzirá os efeitos da declaração não emitida (CPC/2015, art. 495). Sobre o tema, ver, ainda, os itens 577 e 578.

216. EXECUÇÃO DAS OBRIGAÇÕES DE NÃO FAZER

Não há mora nas obrigações negativas.[69] Se o dever do obrigado é de abstenção, a prática do ato interdito por si só importa inexecução total da obrigação. Surge para o credor o direito a desfazer o fato ou de ser indenizado quando os seus efeitos forem irremediáveis.

---

[69] ALVIM, Agostinho. *Da Inexecução das Obrigações e suas Consequências*. 3. ed. Rio de Janeiro: Jurídica Universitária, 1965, n. 105, 137-138.

É assim que dispõe o art. 822, onde se lê que "se o executado praticou ato a cuja abstenção estava obrigado por lei ou por contrato, o exequente requererá ao juiz que assine prazo ao executado para desfazê-lo".

Não há, propriamente, como se vê, uma execução da obrigação de não fazer. Com a transgressão do dever de abstenção, o obrigado criou para si uma obrigação positiva, qual seja a de desfazer o fato indébito.

Diante dessa situação, o processo executivo tenderá a uma das duas opções: desfazer o fato à custa do devedor ou indenizar o credor pelas perdas e danos (art. 823 e seu parágrafo único). No primeiro caso, teremos uma execução de prestação de fazer, e no segundo uma de quantia certa.

217. MEDIDAS SUB-ROGATÓRIAS E ANTECIPATÓRIAS

Tratando da sentença que condena ao cumprimento de obrigação de fazer e não fazer, o art. 497 do CPC/2015 prevê que a condenação deve sempre propiciar ao credor a tutela específica. Dispõe ainda que, procedente a demanda, a sentença determinará providências concretas que assegurem a obtenção de tutela pelo resultado prático equivalente ao adimplemento. Autoriza, outrossim, antecipação de tutela, em casos de urgência para demolições, reparos e interdições e liminares.

O art. 497 foi editado visando diretamente o título a ser obtido no processo de conhecimento. No entanto, as medidas nele autorizadas não são exclusivas para a execução daquele título, podendo, com as devidas adaptações, ser aplicadas também à execução dos títulos extrajudiciais (sobre a mesma matéria, ver, adiante, o Capítulo XXXIX).

Tít. II • Cap. XVI – EXECUÇÃO DAS OBRIGAÇÕES DE FAZER E NÃO FAZER

Fluxograma n. 5 – Execução das obrigações de fazer (prestações fungíveis) com base em título extrajudicial (arts. 815 a 820)

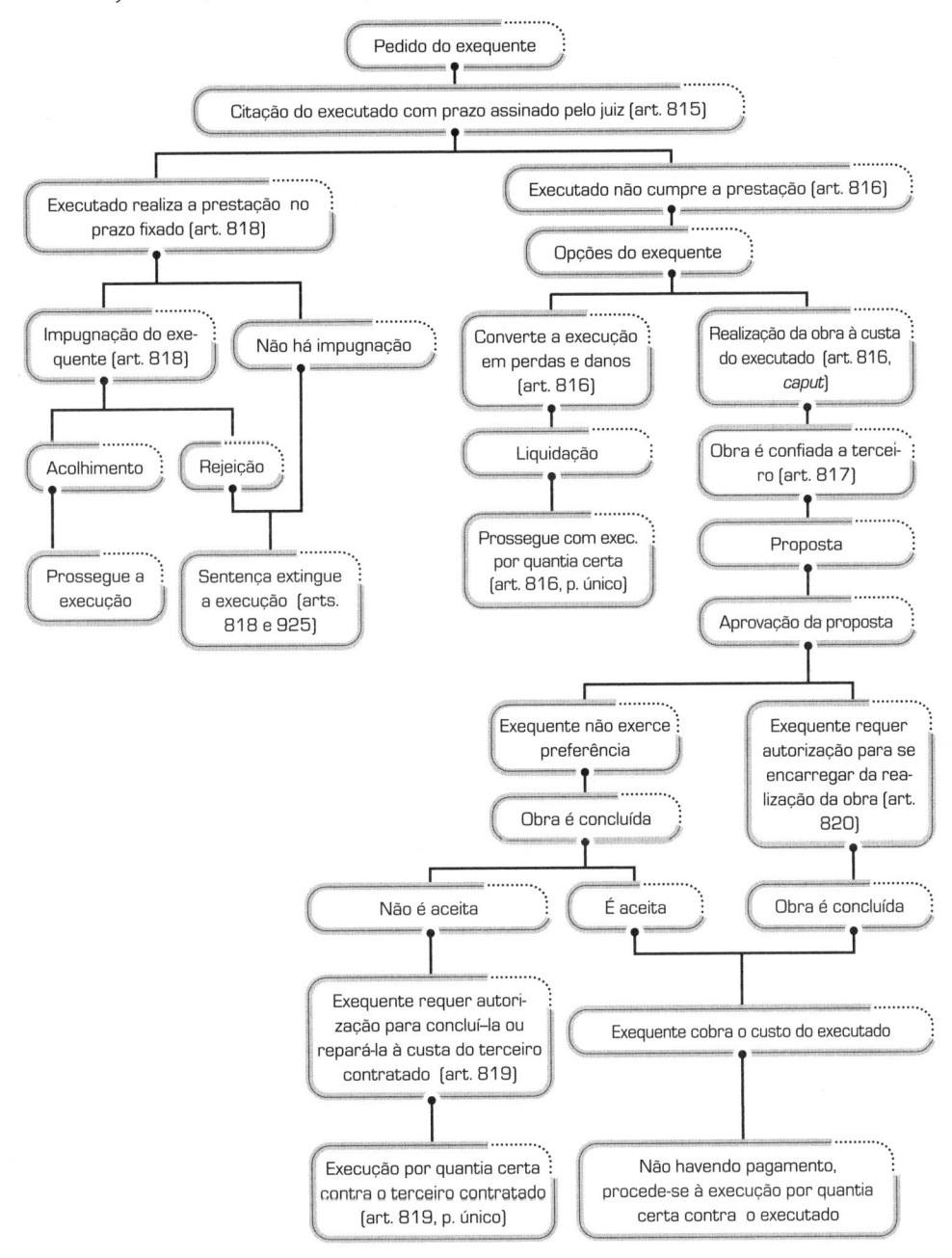

```
                          Pedido do exequente
                                  │
              Citação do executado com prazo assinado pelo juiz (art. 815)
                      │                                 │
         Executado realiza a prestação         Executado não cumpre a prestação (art. 816)
            no prazo fixado (art. 818)                  │
                      │                         Opções do exequente
                      │                          │                │
          ┌───────────┴───────────┐     Converte a execução   Realização da obra
    Impugnação do          Não há         em perdas e danos    à custa do executado
    exequente (art. 818)   impugnação        (art. 816)         (art. 816, caput)
          │                    │                │                    │
     ┌────┴────┐                │           Liquidação        Obra é confiada a
  Acolhimento  Rejeição         │                │            terceiro (art. 817)
     │           │              │         Prossegue com exec.        │
  Prossegue   Sentença extingue           por quantia certa      Proposta
  a execução  a execução                  (art. 816, p. único)       │
              (arts. 818 e 925)                              Aprovação da proposta
                                                                     │
                                              ┌──────────────────────┴──────────────────┐
                                     Exequente não exerce              Exequente requer autorização
                                          preferência                  para se encarregar da realização
                                              │                        da obra (art. 820)
                                     Obra é concluída                          │
                                     │          │                       Obra é concluída
                              Não é aceita   É aceita                          │
                                     │                                 Exequente cobra o
                          Exequente requer autorização                 custo do executado
                          para concluí-la ou repará-la                         │
                          à custa do terceiro contratado            Não havendo pagamento,
                          (art. 819)                                procede-se à execução por
                                     │                              quantia certa contra o executado
                          Execução por quantia certa
                          contra o terceiro contratado
                          (art. 819, p. único)
```

Fluxograma n. 6 – Execução das obrigações de fazer (prestações infungíveis) com base em título extrajudicial (art. 821)

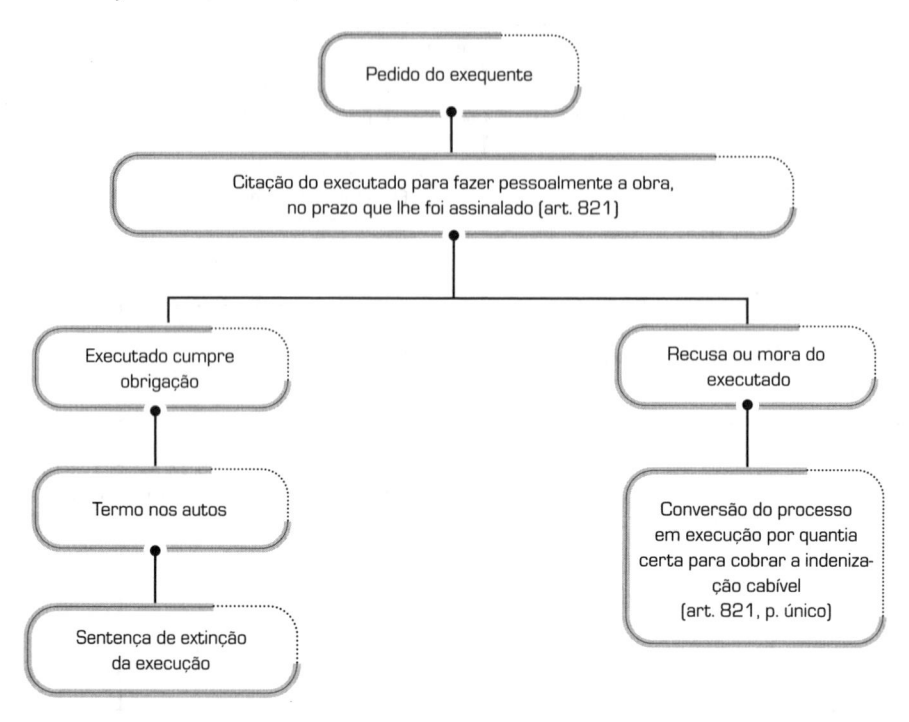

```
                        Pedido do exequente
                                │
        Citação do executado para fazer pessoalmente a obra,
            no prazo que lhe foi assinalado (art. 821)
                    │                           │
        Executado cumpre                Recusa ou mora do
           obrigação                       executado
                │                              │
         Termo nos autos              Conversão do processo
                │                    em execução por quantia
                                   certa para cobrar a indeniza-
                                            ção cabível
        Sentença de extinção              (art. 821, p. único)
           da execução
```

Fluxograma n. 7 – Execução das obrigações de não fazer com base em título extrajudicial (arts. 822 e 823)

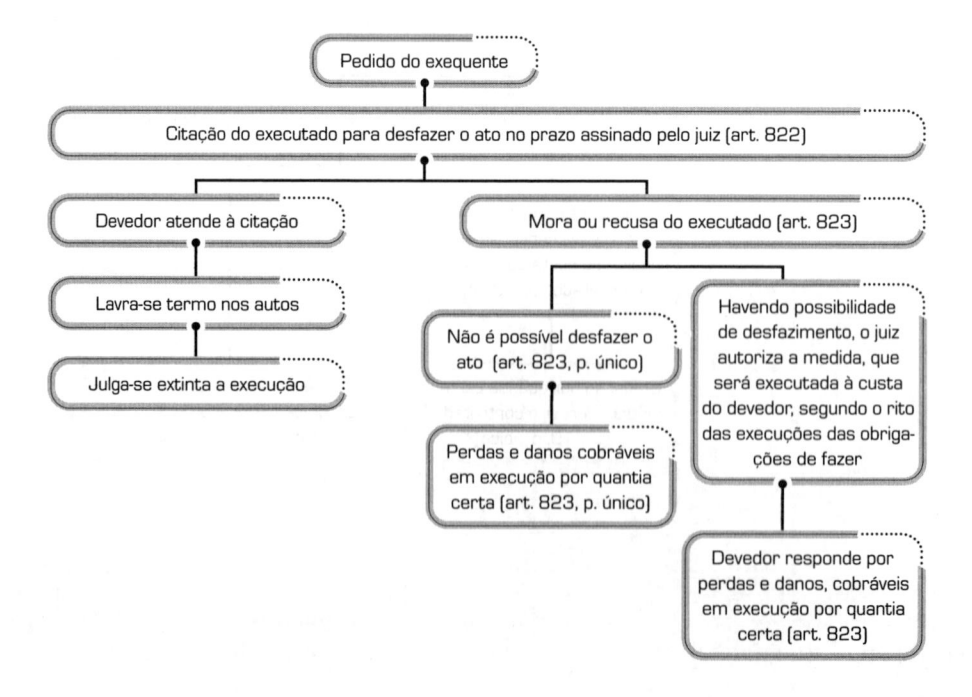

```
                    Pedido do exequente
                            │
    Citação do executado para desfazer o ato no prazo assinado pelo juiz (art. 822)
            │                               │
  Devedor atende à citação         Mora ou recusa do executado (art. 823)
            │                       │                        │
  Lavra-se termo nos autos   Não é possível desfazer o   Havendo possibilidade
            │                 ato (art. 823, p. único)   de desfazimento, o juiz
  Julga-se extinta a execução            │               autoriza a medida, que
                              Perdas e danos cobráveis   será executada à custa
                              em execução por quantia    do devedor, segundo o rito
                              certa (art. 823, p. único) das execuções das obriga-
                                                         ções de fazer
                                                                │
                                                        Devedor responde por
                                                        perdas e danos, cobráveis
                                                        em execução por quantia
                                                        certa (art. 823)
```

Capítulo XVII
EXECUÇÃO POR QUANTIA CERTA CONTRA O DEVEDOR SOLVENTE: GENERALIDADES

218. INTRODUÇÃO

Tal como se passou com as obrigações de fazer, ou não fazer e de entrega de coisa, também o regime executivo do Livro II do atual Código traçado para as obrigações de quantia certa ficou restrito à execução forçada dos títulos extrajudiciais. As sentenças que imponham pagamento em dinheiro não mais se executam nos padrões da *ação executiva* separada ou autônoma. Seu cumprimento, após a vigência da Lei n. 11.232/2005, segue as regras do incidente de cumprimento de sentença, disciplinado pelos arts. 520 a 527 do CPC/2015. Aplicam-se, entretanto, ao cumprimento da sentença, em caráter subsidiário, as normas que regem o processo de execução de título extrajudicial, no que couber (art. 771).

A Lei n. 11.382/2006, à época do CPC/1973, completou a reforma da execução forçada civil, por meio de uma remodelação do Livro II, daquele CPC, visando simplificar e agilizar, também, as execuções dos títulos extrajudiciais. Foi, porém, na execução por quantia certa que, nessa segunda etapa da modernização das vias executivas, se concentraram as maiores inovações, que foram posteriormente mantidas pelo CPC de 2015.

À guisa de exemplos, podem-se citar algumas medidas, de alto impacto prático engendradas pela Lei n. 11.382 e mantidas pelo atual CPC, como a outorga de poderes ao exequente para indicar, já na petição inicial, os bens a penhorar (CPC/2015, art. 829, § 2º) e para matar o processo no nascedouro, por meio da adjudicação dos bens penhorados, sem necessidade de conduzir a execução até hasta pública (CPC/2015, art. 876); a possibilidade de o próprio exequente diligenciar a alienação dos bens penhorados, promovendo-a particularmente, por si mesmo ou com o concurso de corretor (CPC/2015, art. 880) se não lhe convier adjudicá-los. Tal opção, também, pode ser tomada no início do processo, sem depender do complicado e ineficiente procedimento da hasta pública. Os embargos do devedor, por outro lado, perderam a força de instrumento que o executado malicioso usava para tumultuar a execução e procrastinar os atos de expropriação e satisfação, pois agora não dependem da solução prévia das questões em torno da nomeação de bens à penhora; devem ser propostos logo nos quinze dias que se seguem à citação (CPC/2015, art. 915), haja ou não penhora (CPC/2015, art. 914); e não têm, de ordinário efeito suspensivo (CPC/2015, art. 919).

Outras inovações relevantes foram introduzidas na disciplina da penhorabilidade e da impenhorabilidade (CPC/2015, arts. 833, 835, 854 e 843) e da repressão à fraude e à litigância de má-fé (CPC/2015, art. 847, § 2º), bem como no incidente da substituição da penhora (CPC/2015, arts. 848 e 847).

219. EXECUÇÃO POR QUANTIA CERTA COMO FORMA DE DESAPROPRIAÇÃO PÚBLICA DE BENS PRIVADOS

A execução das obrigações de dinheiro é preparada por meio de atos expropriatórios realizados judicialmente sobre o patrimônio do executado (CPC/2015, art. 824). *Expropriar* é o mesmo que *desapropriar* e consiste no ato de autoridade pública por meio do qual se retira da propriedade ou posse de alguém, o bem necessário ou útil a uma função desempenhada em nome do interesse público. De ordinário, a desapropriação transfere o bem do domínio privado para o domínio público do próprio órgão expropriante. No processo executivo, a expropriação dá-se por via da alienação forçada do bem que se seleciona no patrimônio do devedor para servir de instrumento à satisfação do crédito exequendo.

Quando a Administração Pública, no desempenho de suas funções, resolve realizar uma obra pública, à custa de bens do domínio privado, tem que proceder, primeiro, à transferência de ditos bens para o domínio público, a fim de, depois, utilizar-se deles na consecução do serviço projetado.

Tal, como é óbvio, não se faz arbitrariamente, mas segundo um plano jurídico-legal que vai desde a definição do bem particular a ser utilizado até seu efetivo emprego no serviço público, mediante prévia e justa indenização ao proprietário.

Para tanto existe, no ordenamento jurídico, um processo que se inicia nas vias administrativas e pode, eventualmente, se consumar na via judicial, se o particular não concordar com a indenização que lhe oferecer a Administração.

A execução por quantia certa, no âmbito da jurisdição, é um serviço público que o Estado põe à disposição do credor para realizar, coativamente, a benefício deste, mas também no interesse público de manutenção da ordem jurídica, o crédito não satisfeito voluntariamente pelo devedor, na época e forma devidas.

Partindo da regra de que "o devedor responde com todos os seus bens presentes e futuros para o cumprimento de suas obrigações" (CPC/2015, art. 789), a execução por quantia certa tem por objetivo expropriar aqueles bens do devedor inadimplente que sejam necessários à satisfação do direito do credor, como dispõe o art. 824 do mesmo Código.

Essa expropriação executiva para obter o numerário a ser aplicado na realização do crédito exequendo se opera, ordinariamente, por meio da alienação forçada do bem afetado ao processo, seja em favor de terceiros, seja em favor do próprio credor. Mas, pode, excepcionalmente, limitar-se à apropriação de frutos e rendimentos de empresa ou de estabelecimentos e de outros bens para, assim, conseguir numerário que possa cobrir o crédito insatisfeito (CPC/2015, art. 825, III).

O *modus faciendi* da expropriação executiva não é, em essência, diverso do da desapropriação por utilidade ou necessidade pública. A exemplo do que se passa na atividade da Administração Pública que se vai utilizar compulsoriamente de bens particulares, o procedimento complexo de expropriação da execução por quantia certa compreende providências de três espécies, quais sejam:

a) de *afetação* de bens;
b) de *transferência forçada* de domínio; e
c) de *satisfação* de direitos.

Isto, em outras palavras, faz da execução por quantia certa uma sucessão de atos que importam:

a) a escolha dos bens do devedor que se submeterão à sanção;
b) a transformação desses bens em dinheiro, ou na sua expressão econômica;
c) o emprego do numerário ou valor apurado no pagamento a que tem direito o credor.

220. O OBJETIVO DA EXECUÇÃO POR QUANTIA CERTA

O patrimônio do devedor é a garantia genérica de seus credores (CPC/2015, art. 789). Ao assumir uma obrigação, o devedor contrai para si uma dívida e para seu patrimônio uma responsabilidade.

A dívida é normalmente satisfeita pelo cumprimento voluntário da obrigação pelo devedor. A responsabilidade patrimonial atua no caso de inadimplemento, sujeitando os bens do devedor à execução forçada, que se opera pelo processo judicial.

Quando a obrigação representada no título executivo extrajudicial refere-se a uma importância de dinheiro, a sua realização coativa dá-se por meio da execução por quantia certa (CPC/2015, arts. 824 e ss.).

Não importa que a origem da dívida seja contratual ou extracontratual, ou que tenha como base material o negócio jurídico unilateral ou bilateral, ou ainda o ato ilícito. O que se exige é que o fim da execução seja a obtenção do pagamento de uma quantia expressa em valor monetário.[1]

Pode a execução por quantia certa fundar-se tanto em título judicial (sentença condenatória) como em título extrajudicial (documentos públicos e particulares com força executiva), muito embora as disposições dos arts. 824 e segs. tenham sido traçadas especificamente para os títulos extrajudiciais[2]. Pode, também, decorrer da *substituição* de obrigação de entrega de coisa e da obrigação de fazer ou não fazer, quando a realização específica dessas prestações mostrar-se impossível ou quando o credor optar pelas equivalentes perdas e danos (arts. 809, 816 e 821, parágrafo único, do CPC/2015).

Pressupõe essa execução sempre a *liquidez* da soma a ser exigida do devedor. Se a condenação porventura não especificar o *quantum debeatur* (sentença genérica), impõe-se antes de iniciar a execução a medida preparatória da liquidação da sentença (arts. 509 a 512), remédio, porém, que não se aplica aos títulos executivos extrajudiciais.

Consiste a execução por quantia certa em expropriar bens do devedor para apurar judicialmente recursos necessários ao pagamento do credor. Seu objetivo é, no texto do Código, a "expropriação de bens do executado" (art. 824), para cumprir sua função específica.[3]

A obrigação de quantia certa é, na verdade, uma obrigação de dar, cuja coisa devida consiste numa soma de dinheiro. Por isso, a execução de obrigação da espécie tem como objetivo proporcionar ao exequente o recebimento de tal soma. Se é possível encontrá-la em espécie no patrimônio do devedor, o órgão judicial a apreenderá para usá-la em pagamento do crédito do exequente. Não sendo isto possível, outros bens serão apreendidos para transformação em dinheiro ou para adjudicação ao credor, se a este convier assim se pagar. O estabelecimento de procedimento diverso daquele observado na execução de entrega de coisa se deve à dificuldade de proceder da maneira singela com que esta se realiza, ou seja, mediante simples mandado de apreensão e repasse da coisa devida a quem a ela tem direito. A execução por quantia certa tem que passar, necessariamente, por uma fase complexa de apropriação judicial de bens ou valores pertencentes ao executado para munir-se o juiz de meio adequado à satisfação do crédito do exequente. Tem como atos fundamentais a *penhora, a alienação e o pagamento*,[4] podendo redundar na entrega ao credor dos próprios bens apreendidos, em satisfação de seu direito.[5]

221. ESPÉCIES

Nosso Código atual, assim como o de 1973, tratou diversamente a execução de título extrajudicial por quantia certa, conforme a situação econômico-financeira do devedor.

---

[1] REIS, José Alberto dos. *Processo de Execução*. Coimbra: Coimbra Editora, 1943, v. I, n. 16, p. 42.

[2] A execução do título judicial não segue o procedimento da "ação de execução" (CPC/2015, arts. 824 a 909), mas o de "cumprimento de sentença" (CPC/2015, arts. 513 a 538).

[3] A *expropriação*, no sentido jurídico-processual, consiste no "ato do Estado que, praticado pelo juiz, transfere bem do credor a outra pessoa, a fim de satisfazer o direito do devedor, mesmo sem a sua anuência" (*Dicionário Houaiss da Língua Portuguesa*, verbete *expropriação*, p. 1.290).

[4] REIS, José Alberto dos. *Op. cit.*, n. 16, p. 37.

[5] LIEBMAN, Enrico Tullio. *Processo de Execução*. 3. ed. São Paulo: Saraiva, 1968, n. 50, p. 91.

Fixou um procedimento de índole individualista, realizado no interesse particular do credor, com aquisição de direito de preferência mediante a penhora, e que se destina à execução do devedor *solvente* (art.797). Manteve, também, o procedimento adotado pelo CPC/1973 para o caso do devedor insolvente (CPC/2015, art. 1.052),[6] ou seja, uma execução de caráter universal e solidarista, cujo objetivo é assegurar aos credores daquele que não dispõe de bens suficientes para a satisfação de todas as dívidas, a chamada *par condicio creditorum* (arts. 748 a 786, CPC/1973).

No primeiro caso (CPC/2015, arts. 824 a 909), o ato expropriatório executivo inicia-se pela penhora e restringe-se aos bens estritamente necessários à solução da dívida ajuizada. No segundo, há, *ad instar* da falência do comerciante, uma arrecadação geral de todos os bens penhoráveis do devedor para satisfação da universalidade dos credores. Instaura-se a denominada execução por *concurso universal* dos credores do insolvente (art. 751, III, do CPC/1973).

222. EXECUÇÃO POR QUANTIA CERTA CONTRA O DEVEDOR SOLVENTE

Devedor solvente é aquele cujo patrimônio apresenta ativo maior do que o passivo. Mas, para efeito da adoção do rito processual em questão só é insolvente aquele que já teve sua condição de insolvência declarada por sentença,[7] de maneira que, na prática, um devedor pode ser acionado sob o rito de execução do solvente, quando na realidade já não o é. A insolvência não se decreta *ex officio*[8] e o credor não está forçado a propor a execução concursal podendo-do, a seu critério, preferir a execução singular, mesmo que o devedor seja patrimonialmente deficitário. Não poderá fazê-lo, entretanto, se a insolvência do devedor já tiver sido objeto de declaração judicial em sentença.

A execução por quantia certa contra o devedor dito solvente consiste em expropriar-lhe tantos bens quantos necessários para a satisfação do credor (CPC/2015, art. 789).

A sanção a ser realizada *in casu* é o pagamento coativo da dívida documentada no título executivo extrajudicial. Após a provocação do credor (petição inicial) e a convocação do devedor (citação para pagar), os atos que integram o procedimento em causa "consistem, especialmente, na apreensão de bens do devedor (*penhora*), sua transformação em dinheiro mediante desapropriação (*arrematação*) e entrega do produto ao exequente (*pagamento*)."[9]

Essas providências correspondem às fases da *proposição* (petição inicial e citação), da *instrução* (penhora e alienação) e da *entrega do produto* ao credor (pagamento), segundo a clássica divisão do procedimento executivo recomendada por Liebman.[10]

223. PROPOSIÇÃO

Não há, no processo civil, execução *ex officio*, de modo que a prestação jurisdicional executiva sempre terá que ser provocada pelo credor, mediante petição inicial, que, com as devidas

---

[6] Nas Disposições Finais e Transitórias, o CPC/2015 previu, em seu art. 1.052, que a execução contra devedor insolvente deveria futuramente ser objeto de legislação específica. Enquanto tal não ocorresse, manteve em vigor o procedimento estabelecido pelo CPC/1973 destinado à "Execução por Quantia Certa Contra Devedor Insolvente".

[7] CASTRO, Amílcar de. *Comentários ao Código de Processo Civil*. São Paulo: RT, 1974, v. VIII, n. 254, p. 191.

[8] Ver, adiante, o item n. 476.

[9] AMARAL SANTOS, Moacyr. *Primeiras Linhas de Direito Processual Civil*. São Paulo: Saraiva, 1970, v. III, n. 831, p. 266.

[10] LIEBMAN, Enrico Tullio LIEBMAN. *Op. cit.*, n. 23, p. 49-55.

adaptações, deverá conter os requisitos do art. 319.[11] As partes serão suficientemente identificadas e qualificadas e a fundamentação do pedido será simplesmente a invocação do título executivo e do inadimplemento do devedor.[12] Quanto ao pedido, apresenta-se ele com duplo objetivo, ou seja, da postulação da medida executiva e da citação do devedor, ensejando-lhe o prazo de três dias para que a prestação seja voluntariamente cumprida, sob a cominação de penhora (art. 829, *caput* e § 1º).[13]

A inicial, nos termos do art. 798 do CPC/2015, será sempre instruída: a) com o título executivo extrajudicial (inciso I, *a*); b) com o demonstrativo do débito atualizado até a data da propositura da ação (inciso I, *b*); e c) indicará os bens suscetíveis de penhora, sempre que possível (inciso I, *c*).

A memória de cálculo deve ser analítica, de modo a demonstrar com precisão a composição do débito, para o que, nos termos do parágrafo único do art. 798, indicará: a) o índice de correção monetária adotado; b) a taxa de juros aplicada; c) os termos inicial e final de incidência do índice de correção monetária e da taxa de juros utilizados; d) a periodicidade da capitalização dos juros, se for o caso; e) a especificação do desconto obrigatório realizado. É importante o demonstrativo, com todos os requisitos legais, pois somente assim o devedor terá condições de defender-se contra pretensões eventualmente abusivas ou exorbitantes do título e da lei[14]. A ação de execução, porém, só será extinta se o exequente, intimado a emendar a inicial para suprir a falta ou insuficiência do demonstrativo, deixar de fazê-lo no prazo que lhe for assinalado[15]. Admite-se o saneamento da falha mesmo depois de opostos embargos à execução, "em razão do princípio da instrumentalidade do processo"[16], prestigiado pelo art. 801 do CPC.

Acolhida a inicial, o órgão judicial providencia a expedição do *mandado executivo,* que consiste na ordem de citação do devedor, intimando-o a, em três dias, cumprir a obrigação, sob pena de penhora (art. 829, *caput* e § 1º).

O mandado deverá conter, com as necessárias adaptações, os requisitos do art. 250, dentre os quais, e obrigatoriamente, os nomes e endereços das partes, o fim da citação, com as especificações da inicial e do título executivo, a cominação de penhora, a cópia do despacho que deferiu o pedido do credor, e a assinatura do escrivão, com a declaração de que o subscreve por ordem do juiz.

Dada a índole não contraditória do processo de execução, a citação não é feita, propriamente, para convocar o demandado a defender-se, pois a prestação jurisdicional executiva não tende a qualquer julgamento de mérito. O chamamento do devedor é especificamente para pagar, conferindo-lhe, dessa forma, "uma última oportunidade de cumprir sua obrigação e, na falta, submetê-la imediatamente à atuação dos órgãos judiciários que procedem à execução".[17]

---

[11] Mesmo nos casos de "cumprimento da sentença" que independe de "ação de execução", o credor deve requerer o mandado executivo, se o devedor não efetuar espontaneamente o pagamento objeto da condenação (CPC/2015, art. 523, § 3º).

[12] AMARAL SANTOS, Moacyr. *Op. cit.*, v. III, n. 832, p. 267.

[13] LIMA, Cláudio Vianna de. *Processo de Execução.* Rio de Janeiro: Forense, 1973, n. 3, p. 60.

[14] "A ausência do demonstrativo atualizado da dívida não acarreta a extinção automática da execução, devendo o julgador, antes permitir ao credor que, supra a falta" (STJ, 5ª T., REsp 264.065/AM, Rel. Min. Arnaldo Esteves Lima, ac. 07.03.2006, *DJU* 01.08.2006, p. 507. No mesmo sentido: STJ, 1ª T., REsp 1.082.683/RJ, Rel. Min. Luiz Fux, ac. 19.05.2009, *DJe* 24.06.2009).

[15] STJ, 4ª T., REsp 577.773/PR, Rel. Min. Jorge Scartezzini, ac. 18.10.2005, *DJU* 14.11.2005, p. 327.

[16] STJ, REsp 577.773/PR, *cit.*

[17] LIEBMAN, Enrico Tullio. *Op. cit.*, n. 53, p. 92. Porque a citação executiva não é para discutir fatos controvertidos, mas apenas para chamar o devedor a fim de saldar seu débito líquido e certo, não se aplica ao mandado executivo a exigência da advertência de que se presumirão verdadeiros os fatos não contestados.

Cumprida a citação, completa-se a relação processual trilateral "credor-juiz-devedor" e fica o órgão executivo aparelhado para iniciar a expropriação por meio do primeiro ato de agressão contra o patrimônio do devedor que é a penhora.

Não se inclui mais no ato citatório a convocação para nomear bens à penhora, visto que, na disciplina implantada pela Lei n. 11.382/2006 à época do CPC/1973 e mantida pelo CPC/2015, a faculdade de indicar os bens à penhora foi atribuída ao credor, que a pode exercer na propositura da execução, ou seja, na própria petição inicial (art. 798, II, *c* e 829, § 2º). Exercida a faculdade, constarão do mandado de citação os bens a serem penhorados, caso o devedor não pague a dívida nos três dias fixados pelo art. 829[18].

Havendo mais de um executado, o prazo de pagamento (3 dias) e o de embargos (15 dias) serão contados individualmente, à medida que cada um for citado (art. 915, § 1º).

Ultrapassado o prazo de três dias sem o pagamento, seguir-se-á a diligência da penhora contra o devedor citado, sem necessidade de aguardar-se a citação dos demais coexecutados.

Em razão do princípio do contraditório, não pode o executado ser privado do direito de defesa, seja em relação ao mérito da dívida exequenda, seja quanto à regularidade ou não dos atos processuais executivos em curso. Mas, para deduzir sua oposição, deverá estabelecer uma nova relação processual incidente, fora do processo executivo propriamente dito, em que ele será o autor e o credor o réu: são os embargos à execução (art. 914 e segs.). Não se recorre à ação de embargos quando a execução é de título judicial, visto que, a seu respeito não há ação de execução, mas simples cumprimento da sentença, como incidente do processo condenatório, devendo a eventual resistência do devedor ser feita por meio de simples petição de "impugnação" (CPC/2015, art. 525).

224. ARBITRAMENTO DOS HONORÁRIOS ADVOCATÍCIOS ANTES DA CITAÇÃO

Na execução por quantia certa, o devedor se libera mediante pagamento da "importância atualizada da dívida acrescida de juros, custas e honorários advocatícios" (CPC/2015, art. 826); e, com ou sem embargos, a verba honorária de sucumbência será fixada nos termos do art. 85, § 1º.

Diante dessa sistemática legal, a jurisprudência sempre entendeu que a citação executiva deveria ser precedida de arbitramento judicial dos honorários do advogado do exequente, já que o ato citatório tem de conter, na espécie, o comando ao executado para pagar a dívida ajuizada, no prazo estipulado no mandado, sob pena de penhora (art. 829)[19]. O art. 827 do CPC/2015 veio explicitar em texto legal o que já se achava consagrado na orientação dos tribunais.

O arbitramento liminar, feito no despacho da petição inicial, aplicará o percentual fixo de dez por cento, previsto no *caput* do art. 827. Não impede, outrossim, que novo arbitramento ocorra quando do julgamento dos embargos à execução. Se os embargos são procedentes e a execução extingue-se, desaparecem com ela os honorários iniciais, para prevalecer apenas a verba da sentença da ação incidental em favor do embargante. Sendo, porém, improcedentes os embargos, terá direito o credor a dois honorários: um pela execução e outro pela vitória dos embargos, os quais somados não poderão ir além de vinte por cento (art. 827, § 2º).[20]

---

[18] É claro, outrossim, que o credor não dispõe de um poder absoluto para definir o objeto da penhora. Tem a iniciativa, mas ao devedor cabe o direito de impugnar a nomeação se não obedecer à gradação legal (CPC/2015, art. 835) ou se não respeitar a forma menos gravosa para o executado (CPC/2015, arts. 805 e 847).

[19] STJ, 2ª Seção, REsp 450.163/MT, Rel. Min. Aldir Passarinho Jr., ac. 09.04.2003, *DJU* 23.08.2004, p. 117.

[20] STJ, 1ª T., REsp 467.888/RS-EDcl, Rel. Min. José Delgado, ac. 18.02.2003, *DJU* 24.03.2003, p. 155; STJ, 2ª T., REsp 337.419/RS, Rel. Min. Franciulli Netto, ac. 15.08.2002, *DJU* 31.05.2004, p. 259; STJ, Corte Especial, EREsp 659.228/RS, Rel. Min. Francisco Falcão, ac. 01.08.2011, *DJe* 29.08.2011.

Discutia-se no Superior Tribunal de Justiça sobre o cabimento de dois honorários advocatícios – um para a execução e outro para os embargos, quando estes fossem julgados improcedentes. Às vezes, decidia-se que os honorários seriam únicos, de modo que aqueles arbitrados na sentença de embargos substituiriam definitivamente os que antes foram estipulados em caráter provisório para a citação executiva[21].

Não se pode, porém, fugir da regra do art. 85, § 1º, do CPC/2015, onde o legislador previu, expressamente, o cabimento de honorários "na execução resistida ou não". Assim, não se pode questionar sobre ser a ação de execução, por si só, fonte dos ônus sucumbenciais, inclusive a verba honorária. Como os eventuais embargos configurarão nova ação, de natureza e objeto distintos da ação executiva, irrecusável é sua força de gerar nova sucumbência, que poderá redundar em anulação da eficácia da ação executiva ou em acumulação de duas forças no mesmo sentido: uma oriunda da execução e outra, da derrota da ação cognitiva que contra ela se ergueu por meio dos embargos.

Embora sejam evidentes as duas sucumbências, o que, de maneira prática acontece, é o juiz arbitrar na sentença dos embargos uma verba honorária que amplia e absorve a que anteriormente fora estipulada apenas para a execução[22]. É, aliás, o que recomenda o art. 827, § 2º, do CPC/2015. Nada impede, porém, que o arbitramento da sentença dos embargos seja feito exclusivamente para a referida ação cognitiva, caso em que ao credor vitorioso caberá o direito de somar as duas verbas honorárias.

Quando se decide que os honorários advocatícios são definitivamente estatuídos na sentença que rejeita os embargos do executado,[23] o que implicitamente se reconhece é que o julgamento da ação incidental do executado autoriza o juiz a proclamar nova sucumbência, capaz de majorar a da ação principal.

Em outros termos: os honorários da execução fixados na citação tornar-se-ão definitivos, não havendo embargos; e poderão ser ampliados, caso nova sucumbência do devedor ocorra na eventual ação de embargos.

Diante de tais termos, torna-se despicienda a discussão sobre ser *única* ou *dupla* a imposição da verba sucumbencial nas ações executivas embargadas, se é certo que em dois processos distintos e em dois momentos diversos o juiz terá de impor tal ônus ao executado. Se elas se somam ou não, dependerá do critério adotado pelo juiz ao definir a segunda sucumbência, isto é, a da ação de embargos. Tanto poderá ele estatuir uma verba distinta para somar à anterior

---

[21] "A circunstância de serem os embargos processados em ação autônoma não desfigura sua natureza de defesa à pretensão veiculada na ação de execução. Tem-se aí duas ações ligadas a uma mesma e única questão de direito material, qual seja, a procedência ou não da dívida, razão pela qual, sendo apenas uma a solução, também há de ser uma só a sucumbência. 2. Assim, deve o juiz, ao deferir a inicial (...) fixar os honorários a serem suportados pelo executado em caso de pronto pagamento da dívida. 3. Não sendo realizado tal pagamento, e sobrevindo a oposição de embargos, resta, evidentemente, sem efeito essa estipulação, devendo ser novamente estabelecida a verba honorária, por ocasião do julgamento dos embargos – quando, então, terá o juiz plena condição de avaliar a extensão da sucumbência imposta a cada uma das partes, mediante o cotejo do objeto inicial da execução, tal como posto na inicial da ação executiva, e aquele resultante da sentença dos embargos" (STJ, 1ª T., REsp. 539.574/RJ, Rel. Min. Teori Zavascki, ac. 15.12.2005, *DJU* 13.02.2006, p. 662).

[22] "Sob essa perspectiva, na espécie, pouco importa, para a solução da causa, se a sucumbência experimentada no processo de execução e no de embargos é única, ensejando uma só condenação em honorários, ou, se distintas as ações, comportar-se-ia uma condenação independente em cada um dos processos, já que, conforme registrado na sentença que julgou improcedente os embargos do devedor, os honorários advocatícios foram fixados em '20% sobre o valor atualizado da execução, remunerando os serviços prestados em ambas as ações', ficando o percentual dentro dos parâmetros admitidos pela doutrina e jurisprudência" (STJ, 3ª T., REsp. 589.772/RS, Rel. Min. Castro Filho, ac. 16.02.2006, *DJU* 24.04.2006, p. 392).

[23] STJ, 3ª T., REsp 619.766/RS. Min. Nancy Andrighi, ac. 19.05.2005, *DJU* 13.06.2005, p. 297.

como arbitrar uma nova que se destine a absorver a antiga. São os critérios objetivos da sentença, portanto, que deverão decidir sobre a soma, ou não, dos dois arbitramentos.

A regra do art. 827 do CPC/2015, por outro lado, deveria, a nosso ver, ser exclusiva da execução de título extrajudicial. Não haveria como aplicá-la ao procedimento de "cumprimento da sentença", porque este não é mais objeto de uma ação de execução e se resume a um simples incidente do processo onde se proferiu a sentença condenatória. Além disso, não há citação alguma do executado em que pudesse figurar a imposição de outra verba sucumbencial em acréscimo àquela já constante do título judicial. Ao tempo em que se exigia ação autônoma para promover a execução de sentença, havia controvérsia acerca de novos honorários de sucumbência na citação do devedor. Com a reforma da Lei n. 11.232, de 22.12.2005, à época do CPC/1973, que eliminou a execução de título judicial sob a forma de ação, saiu vitoriosa, de início, a corrente jurisprudencial que não admitia aplicar-se outra vez a sanção da sucumbência, já que esta inexistiria na espécie.[24] Na jurisprudência atual – e segundo expressa disposição do CPC/2015, no art. 85, § 1º –, porém, prevalece o entendimento de haver nova sucumbência no incidente de cumprimento da sentença, mesmo não existindo, após a Lei n. 11.232, a velha ação executória.[25]

Se os embargos são acolhidos apenas em parte, a base de cálculo dos honorários devidos ao embargante será o valor decotado do *quantum* executado[26]. Da mesma forma, se os embargos impugnam apenas parte do crédito exequendo, sendo estes integralmente acolhidos, a verba honorária será calculada sobre o valor da redução obtida e "não sobre o total da execução"[27]. O valor-base para cálculo dos honorários do embargante será feito em função do valor do crédito ao tempo do ajuizamento da execução.[28]

224.1. Honorários advocatícios em execução extinta por acordo

À indagação de que, tendo sido extinta a execução, após o arbitramento inicial dos honorários previsto no art. 827, por meio de acordo de que não participou o advogado, teria este de se valer de ação própria para cobrar a verba honorária, ou poderia fazê-lo nos próprios autos da execução finda, o STJ – 3ª Turma deu a seguinte solução:

"(...) 2. É indiscutível o fato de que a jurisprudência desta Corte Superior entende que os honorários fixados no despacho inicial da execução possuem caráter provisório. Contudo, percebe-se que a legislação de regência prevê apenas a majoração desses honorários, não havendo previsão legal para que a aludida verba seja reduzida, salvo no caso de pagamento do débito no prazo de 3 (três) dias, o que não se verifica na espécie. 2.1. Por conseguinte, ao fixá-los no mínimo de 10% sobre a dívida, o Magistrado de primeiro grau garantiu o recebimento desse valor, no mínimo, exceto se o próprio escritório de advogados tivesse transacionado sobre seu direito, o que não ocorreu, de modo que a referida decisão deve ser considerada um título executivo. 2.2. Ademais, a transação extrajudicial ocorrida na hipótese se deu para reconhecimento do débito e parcelamento do débito, de maneira que

---

[24] Não havendo embargos, "inexiste sucumbência", na execução de sentença (STJ, 1ª T., REsp. 259.421/RS, Rel. Min. Garcia Vieira, ac. 17.08.2000, DJU 25.09.2000, p. 78; STJ, 5ª T., REsp. 158.581/RS, Rel. Min. Edson Vidigal, ac. 06.10.1998, DJU 09.11.1998, p. 135; STJ, 2ª T., REsp. 217.883/RS, Rel. Min. Peçanha Martins, ac. 19.09.2000, DJU 16.10.2000, p. 299).

[25] STJ, Corte Especial, REsp 1.028.855/SC, Rela. Min. Nancy Andrighi, ac. 27.11.2008, DJe 05.03.2009.

[26] STJ, 1ª Seção, AgInt nos EDcl nos EAREsp 218.245/PR, Rel. Min. Napoleão Nunes Maia Filho, ac. 22.03.2017, DJe 19.04.2017.

[27] STJ, 4ª T., REsp 120.895/CE, Rel. Min. Ruy Rosado de Aguiar, ac. 16.12.1997, DJU 30.03.1998, p. 70.

[28] STJ, 3ª T., REsp 928.133/RS, Rel. Min. Ricardo Villas Bôas Cueva, ac. 27.06.2017, DJe 02.08.2017.

houve sucumbência por parte da devedora, que reconheceu sua dívida e se comprometeu a adimpli-la nos termos do acordo firmado. 2.3. O pedido de homologação da transação extrajudicial foi protocolado exatamente no dia posterior à revogação do mandato outorgado ao escritório recorrente, e não existiu nenhuma disposição acerca dos honorários no acordo entabulado. 2.4. Portanto, a decisão inicial que arbitrou os honorários advocatícios pode ser considerada como um título executivo, até mesmo em homenagem ao princípio da instrumentalidade das formas, pois as partes não seriam prejudicadas e o processo atingiria sua finalidade sem o indesejável e excessivo apego ao formalismo".[29]

No mesmo sentido decidiu a 4ª Turma daquela Corte Superior no REsp 729.021/RS,[30] e reiterou a 3ª Turma no REsp 1.851.329/RJ:

"(...) 3. O propósito recursal, a par de definir acerca da ocorrência de negativa de prestação jurisdicional, é decidir se são devidos os honorários de sucumbência ao procurador que não participou do acordo firmado entre as partes, realizado e homologado antes do trânsito em julgado da sentença que fixou tal verba.

(...) 5. O acordo firmado entre as partes, sem a concordância do advogado, não atinge o direito ao recebimento dos honorários advocatícios fixados em sentença judicial transitada em julgado. 6. A despeito da ausência de trânsito em julgado da sentença condenatória, entende-se que a questão, na espécie, deve ser analisada sob outro viés, dada as peculiaridades do caso concreto, mostrando-se plausível a flexibilização da interpretação normativa. 7. Na presente hipótese, verifica-se que, em 1º grau, a sentença condenatória condenou a recorrente ao pagamento de 10% (dez por cento) do valor da condenação a título de verba honorária, condenação esta que foi mantida pelo TJ/RJ e que estava prestes a transitar em julgado, não fosse pelo fato de as partes terem, neste meio tempo, atravessado pedido de homologação de acordo extrajudicial – que sequer fez menção ao pagamento de qualquer verba honorária –, com a participação de nova advogada constituída nos autos, o que revogou automaticamente anterior procuração outorgada pelo Condomínio. 8. Dada as particularidades da situação ora analisada, convém reconhecer o direito autônomo do recorrido ao recebimento da verba honorária estabelecida na sentença condenatória, devendo a mesma ser considerada título executivo judicial, nos termos dos arts. 23 e 24 da Lei 8.906/1994".[31]

Como se vê, o STJ considera o arbitramento inicial (provisório) dos honorários do exequente (art. 827 do CPC) como título executivo judicial em favor do advogado que propôs a execução por quantia certa, mesmo que o processo se extinga por transação, e desde que alguma decisão judicial não tenha disposto sobre a matéria de modo a alterar ou revogar o arbitramento feito no despacho da petição inicial.

225. HONORÁRIOS EM EXCEÇÃO DE PRÉ-EXECUTIVIDADE

Nos casos em que se admite a defesa do executado por meio de exceção de pré-executividade, os honorários sucumbenciais seguem, segundo a jurisprudência, os seguintes princípios:

---

[29] STJ, 3ª T., REsp 1.819.956/SP, Rel. p/ac. Min Marco Aurélio Bellizze, ac. 10.12.2019, *DJe* 19.12.2019.

[30] "(...) 4. O reconhecimento pelo executado de que a transação importou o pagamento do montante total do débito executado, com todos os acréscimos legais decorrentes, equivale ao reconhecimento do pedido (CPC, art. 26) e, na execução, a pronto pagamento, autorizando a execução dos honorários sucumbenciais fixados para tal hipótese" (STJ, 4ª T., REsp 729.021/RS, Rel. Min. Raúl Araújo, ac. 03.02.2015, *DJe* 06.02.2015).

[31] STJ, 3ª T., REsp 1.851.329/RJ, Rel. Min. Nancy Andrighi, ac. 22.09.2020, *DJe* 28.09.2020.

(a) *Exceção de pré-executividade acolhida com extinção da execução:* A verba honorária é devida ao executado[32].

(b) *Exceção parcial acolhida, sem pôr fim à execução:* Configurada a sucumbência, ainda que não extinta a execução, a verba honorária incide sobre a vantagem alcançada pelo executado[33].

(c) *Exceção improcedente:* "Não é cabível a condenação em honorários advocatícios em exceção de pré-executividade julgada improcedente"[34].

O STJ já arbitrou os honorários advocatícios em 1% sobre R$ 2.700.000,00, valor da execução extinta logo em seguida à exceção de pré-executividade, ao argumento de que seria inadequada e injusta a observância do critério do percentual mínimo estipulado pelo art. 85, § 2º, do CPC, quando o trabalho profissional desempenhado mereceu classificar-se como sumário, simples ou descomplicado. Procedeu-se equitativamente, embora reconhecendo que não se tratava da hipótese do § 8º do referido art. 85, uma vez que a causa à evidência não era de *valor inestimável* nem o *proveito econômico obtido era irrisório*. Argumentou-se, porém, com a chamada "justiça no caso concreto", a qual encontraria apoio no art. 1º do CPC e respaldo ainda nos valores "da razoabilidade e da proporcionalidade". Empregou-se, sem dúvida, esforço notório para adequar a verba honorária "à realidade do ocorrido no processo"[35]. Julgou-se, entretanto, por equidade, sem autorização da lei para que se deixasse de observar o direito positivo expresso aplicável à espécie, estabelecendo um precedente evidentemente perigoso, no terreno do princípio constitucional da legalidade (CF, arts. 5º, II, e XXXVII, *caput*).

226. REDUÇÃO DA VERBA ADVOCATÍCIA ARBITRADA

O arbitramento feito pelo juiz para figurar na citação executiva prevê o desenvolvimento normal do processo até a expropriação dos bens penhorados e a satisfação do direito do exequente.

Por isso, quando o pagamento se dá de imediato, ou seja, dentro dos três dias que se seguem à citação, a lei concede ao executado o benefício da redução da verba advocatícia para a metade da que fora arbitrada no deferimento da petição inicial (CPC/2015, art. 827, § 1º). A vantagem legal somente se aplica ao pagamento integral dentro do referido prazo. Se o depósito for de importância inferior à quantia realmente devida (principal corrigido, juros e custas e 50% dos honorários), não terá cabimento a aludida redução. Mesmo que posteriormente o executado complete a soma devida, perderá direito à redução dos honorários, se a complementação se der além dos três dias previstos no parágrafo *sub examine*.

227. MAJORAÇÃO DA VERBA ADVOCATÍCIA ARBITRADA

Como já anotado, o CPC/2015 previu, ainda, a possibilidade de a verba honorária inicialmente arbitrada ser elevada até vinte por cento, quando o executado opuser embargos à execução e estes forem rejeitados (art. 827, § 2º). A verba poderá ser elevada, também, mesmo

---

[32] STJ, 4ª T., AgRg nos EDcl no REsp 434.900/PA, Rel. Min. Fernando Gonçalves, ac. 02.09.2003, *DJU* 15.09.2003, p. 323; STJ, 2ª T., AgRg no Ag 621.488/PR, Rel. Min. João Otávio de Noronha, ac. 09.11.2004, *DJU* 01.02.2005, p. 508.

[33] STJ, 3ª T., AgRg no REsp 631.478/MG, Rel. Min. Nancy Andrighi, ac. 26.08.2004, *DJU* 13.09.2004, p. 240; STJ, 2ª T., REsp 306.962/SC, Rel. Min. João Otávio de Noronha, ac. 02.02.2006, *DJU* 21.03.2006, p. 107; STJ, 1ª T., AgRg no REsp 670.038/RS, Rel. Min. José Delgado, ac. 08.03.2005, *DJU* 18.04.2005, p. 228.

[34] STJ, Corte Especial, EREsp 1.048.043/SP, Rel. Min. Hamilton Carvalhido, ac. 17.06.2009, *DJe* 29.06.2009.

[35] STJ, 1ª T., REsp 1.771.147/SP, Rel. Min. Napoleão Nunes Maia Filho, ac. 05.09.2019, *DJe* 25.09.2019.

não havendo oposição de embargos, se o trabalho realizado pelo advogado do exequente for tal que assim o justifique, segundo a regra de que o arbitramento dos honorários sucumbenciais deve levar em conta o trabalho efetivamente desempenhado e o tempo exigido para a sua prestação (art. 85, § 2º, IV).

228. ARRESTO DE BENS DO DEVEDOR NÃO ENCONTRADO

Uma regra criada pelo Código de 1973, e que foi mantida pelo art. 830, *caput*, do CPC/2015, constitui no dever imposto ao Oficial de Justiça encarregado do cumprimento do mandado executivo, de arrestar bens do devedor, suficientes para garantir a execução, sempre que não conseguir localizá-lo para a citação. Não se exige a suspeita de ocultação. Basta, segundo a lei, que o oficial não encontre o executado em seu endereço.

A medida cautelar preparatória da penhora poderá incidir em qualquer bem do executado, desde que penhorável. Admite a jurisprudência do STJ que o arresto possa, inclusive, ser efetuado sobre saldo bancário, sob a modalidade *on-line*[36]*, ou até mesmo sobre créditos do executado, como, por exemplo, os aluguéis, como já decidiu o TJSP*[37]*.

Após essa medida cautelar, tomada *ex officio*, o Oficial conservará o mandado em seu poder e durante dez dias procurará o executado, duas vezes, para tentar realizar a citação. Se houver suspeita de ocultação, procederá à citação com hora certa, certificando pormenorizadamente o ocorrido no mandado (art. 830, § 1º).

O exequente deverá, então, requerer a citação do executado por edital, uma vez frustradas a pessoal e a com hora certa (art. 830, § 2º). Aperfeiçoada a citação, seja por qual modalidade for, e transcorrido o prazo de três dias para pagamento da dívida, o arresto será convertido em penhora, independentemente de termo (art. 830, § 3º). É intuitivo, contudo, que o transcurso do prazo necessário à conversão seja documentado pelo escrivão nos autos, a fim de ser o executado intimado.

Segundo entendimento antigo esposado pelo Superior Tribunal de Justiça, era possível incluir num só edital a ordem de citação e a intimação da conversão do arresto em penhora, para a abertura, desde logo, do prazo para oposição de embargos do devedor.[38] Entretanto, aquela Corte alterou o seu posicionamento, adotando, atualmente, a tese segundo a qual "ainda que no edital citatório conste que haverá a conversão automática do arresto em penhora, quando esta se efetivar, é necessária nova intimação do devedor, ainda que por meio de edital, para que tenha início o prazo para a oposição de embargos à execução".[39] Essa jurisprudência, na sistemática do CPC/2015, acha-se superada, visto que os embargos não mais dependem do aperfeiçoamento da penhora (art. 914), devendo serem opostos nos 15 dias seguintes à citação, nos moldes do art. 915.

A medida prevista no art. 830 é tomada de ofício pelo oficial, posteriormente às frustradas tentativas de citação do executado. Mas a iniciativa pode, também, partir do próprio exequente.

---

[36] "(...)2. Frustrada a tentativa de localização do executado, é admissível o arresto de seus bens na modalidade *on-line* (CPC, art. 655-A, aplicado por analogia) [CPC/2015, art. 854]. 3. Com a citação, qualquer que seja sua modalidade, se não houver o pagamento da quantia exequenda, o arresto será convertido em penhora(CPC, art. 654) [CPC/2015, art. 830, §§ 2º e 3º]" (STJ, 4ª T., REsp 1.370.687/MG, Rel. Min. Antônio Carlos Ferreira, ac. 04.04.2013, *DJe* 15.08.2013). No mesmo sentido: STJ, 3ª T., REsp 1.338.032/SP, Rel. Min. Sidnei Beneti, ac. 05.11.2013, *DJe* 29.11.2013.

[37] TJ/SP, 6ª C. Civ., Agravo de Inst. 183.587-2, Rel. Des. Marcello Motta, ac. 06.11.1991, *RJTJESP*, 134/298.

[38] STJ, 4ª T., REsp. 39.296/SP, Rel. Min. Sálvio de Figueiredo, ac. 11.06.1996 *RSTJ* 88/157; STJ, 4ª T., REsp. 575.123/SP, Rel. Min. Aldir Passarinho Jr., ac. 24.05.2005, *DJU* 20.06.2005, p. 289.

[39] "STJ, 3ª T., REsp. 779.466/RS, Rel. Min. Castro Filho, ac. 21.02.2006, *DJU* 10.04.2006, p. 190. No mesmo sentido: STJ, 4ª T., AgRg no REsp. 846.737/RJ, Rel. Min. Aldir Passarinho Júnior, ac. 26.06.2007, *DJU* 08.10.2007, p. 298.

Havendo justo receio de prejuízo para a execução, no entanto, com base no art. 799, VIII, é lícito ao exequente pedir o arresto, logo na petição inicial, para que a apreensão de bens do devedor se realize antes mesmo da diligência citatória. Feito o arresto, o oficial de justiça prosseguirá, citando o executado.

Por outro lado, em se tratando de medida excepcional e provisória, a duração do arresto, em qualquer caso, estará subordinada à citação do devedor no prazo legal. Descumprido o disposto no art. 830, § 2º, o arresto ficará sem efeito.[40]

Observe-se, também, que o arresto não elimina o direito de o devedor pretender substituição do bem arrestado, segundo as regras dos arts. 847 e 848, traçadas para a penhora.[41] Se destinando o arresto à transformação em penhora, é de se observar na escolha e nas medidas de execução dessa cautelar, os requisitos de admissibilidade e de procedibilidade previstos para a penhora. A circunstância, outrossim, de prever o Código a citação por edital é, na espécie, apenas uma regalia para o credor, que, por isso mesmo, não exclui a aplicação de outras formas citatórias comuns como o mandado (se o devedor deixou de ocultar-se) ou a citação com hora certa (se continua a maliciosa obstrução da diligência), se assim preferir o exequente. Aliás, o CPC/2015, diversamente do que se passava com o Código anterior, não se limita a prever a citação por edital, após o arresto. Ao contrário, dispõe que o exequente requererá a citação por edital, uma vez frustradas a pessoal e a com hora certa" (art. 830, § 2º). Portanto, antes de recorrer ao edital, deverão ser tentadas a citação por mandado (pessoal) e a com hora certa.

228-A. TERCEIROS CUJA INTIMAÇÃO CABE AO EXEQUENTE PROMOVER APÓS A PENHORA (CPC, ART. 799)

Sem transformá-los em parte do processo executivo, o CPC (art. 799)[42] determina ao credor que, além da citação inicial do executado, promova após a penhora a intimação de vários terceiros interessados, assim arrolados:

(a) O credor pignoratício, hipotecário, anticrético ou fiduciário será intimado quando o bem objeto de sua garantia real for objeto de penhora promovida por outro credor. O motivo dessa cientificação prende-se à preferência que o titular da hipoteca, penhor ou anticrese tem para adjudicar o bem gravado ou para receber o pagamento de respectivo crédito com o produto da expropriação executiva. Deve-se lembrar que a execução de outro credor sobre o bem gravado com garantia real acarreta o vencimento antecipado da dívida, permitindo sua imediata cobrança (CC, art. 333, II).

Quanto ao bem alienado fiduciariamente, o executado não tem propriedade atual sobre ele, mas apenas a posse direta e o direito real de aquisição. Esse direito real sobre coisa alheia é que pode ser penhorado por obrigação do devedor fiduciante (CPC, art. 835, XII). A intimação do proprietário fiduciário justifica-se pela preferência que tem sobre o produto da expropriação

---

[40] MARQUES, José Frederico. *Manual de Direito Processual Civil*. São Paulo: Saraiva, 1976, v. IV, n. 850, p. 144. No mesmo sentido: "Além de a pré-penhora se mostrar passível de desconstituição, uma vez citado o executado pessoalmente, a medida caducará se o exequente não requerer tempestivamente a citação por edital do devedor ou deixar de publicar o respectivo edital. Nessas hipóteses, incumbe ao juiz, *ex officio*, liberar os bens" (ASSIS, Araken de. *Manual da execução*. 18. ed. revista, atualizada e ampliada, São Paulo: Editora Revista dos Tribunais, 2016, n. 264.6, p. 907).

[41] No mesmo sentido, o entendimento de Araken de Assis: "a orientação subsiste no direito vigente, subsumida na possibilidade de o executado requerer a substituição dos bens objeto da pré-penhora (art. 847)" (ASSIS, Araken de. *Manual da execução, cit.*, n. 264.3, p. 906).

[42] Os casos de intimação de terceiro na execução acham-se bem analisados e fundamentados *in* DIDIER JÚNIOR, Fredie; CUNHA, Leonardo José Carneiro da; BRAGA, Paula Sarno; OLIVEIRA, Rafael. *Curso de Direito Processual Civil*. 7. ed. Salvador: JusPodivm, 2017, v. 5, p. 165 e ss.

para saldar o débito garantido pela alienação fiduciária. Justifica-se, ainda, a intimação referida, por ser ineficaz a alienação do objeto da garantia real ou do direito aquisitivo do fiduciante, sem a prévia ciência do credor pignoratício, hipotecário ou fiduciário (CPC, art. 804, *caput* e § 3º).

Ainda que não ocorra a intimação inicial desses terceiros titulares de garantia real, o juiz cuidará para que a alienação judicial do bem gravado lhes seja cientificada com pelo menos cinco dias de antecedência (CPC, art. 889, V).

(b) O titular de direito real de uso, usufruto ou habitação, terceiro em relação à obrigação exequenda, também será intimado da ocorrência da penhora de outrem sobre o bem gravado, sob pena de ineficácia do ato alienatório (CPC, art. 804, § 6º). A medida é justificada ainda pelo direito que o titular do gravame tem de consolidar sua situação dominial, mediante adjudicação da nua propriedade no respectivo leilão. Aplica-se também à hipótese, além da intimação inicial, a cientificação do terceiro interessado com pelo menos cinco dias de antecedência da alienação judicial (CPC, 889, III).

(c) Os participantes do contrato de promessa de compra e venda ou de promessa de cessão incluem-se no rol dos terceiros a serem intimados da penhora em processo de que não façam parte:

(i) Se o *promitente vendedor* for o executado, e a penhora atingir o *bem compromissado*, o promitente comprador terá de ser intimado (CPC, art. 799, III), sob pena de ineficácia da respectiva alienação judicial, se a promessa de compra e venda se achar registrada (CPC, art. 804, § 1º);

(ii) Se o executado for o *promitente comprador* e se a penhora tiver recaído sobre seu *direito de aquisição*, será necessária a intimação do *promitente vendedor* (CPC, art. 799, IV), tendo em vista sua preferência para se pagar com o produto da expropriação executiva, sob pena de ineficácia da alienação judicial (art. 804, § 3º). Cabe aqui, nas duas variantes, a advertência de que, com ou sem a intimação inicial, os sujeitos do compromisso de compra e venda deverão ser cientificados da alienação judicial com pelo menos cinco dias de antecedência (CPC, art. 889, VI e VII);

(iii) Tratamento idêntico será dispensado aos casos de penhora que afete os direitos decorrentes de *promessa de cessão registrada*, que é equiparada ao *compromisso de compra e venda*, quanto ao regime de intimação de terceiros, pelo art. 804, § 1º, do CPC.

(d) A existência dos *direitos reais de enfiteuse, superfície, e uso especial para fins de moradia*, no objeto da penhora, leva à necessidade das seguintes intimações de terceiros:

(i) Se o *executado é o titular da propriedade* e a penhora incide sobre o imóvel, a intimação será feita ao enfiteuta, ao superficiário ou concessionário (CPC, art. 799, V), sob pena de ineficácia da alienação judicial do bem penhorado (CPC, art. 804, §§ 2º e 4º).

Registre-se que o enfiteuta tem direito de preferência na adjudicação do bem (CC/1916, art. 684), e igual direito tem também o superficiário (CC/2002, art. 1.373). O interesse do concessionário de uso na consolidação do domínio através da adjudicação do bem penhorado é implicitamente reconhecido pelo art. 804, § 4º, quando o coloca ao lado do enfiteuta, na exigência da intimação prévia da alienação judicial;

(ii) Se o *executado é o enfiteuta, o superficiário ou o concessionário*, e a penhora recai sobre o seu *direito real limitado*, a intimação de terceiro interessado será feita ao *proprietário do terreno* (CPC, art. 799, VI). Enfiteuta e superficiário são titulares de preferência à adjudicação do bem gravado (CC/1916, art. 683; e CC/2002, art. 1.373). Aos concessionários de uso, a lei não confere direito de preferência na aquisição do imóvel, mas lhe reconhece interesse em participar do processo executivo em que a possível alienação poderá acontecer. Tanto que se admite expressamente a ineficácia do ato ultimado sem a prévia intimação do concessionário (CPC, art. 804, §§ 5º e 6º).

(e) *O direito real de laje*, previsto no Código Civil, arts. 1.225, XIII, e 1.510-A a 1.510-E, não passa de uma espécie do *direito de superfície*, de maneira que o regime da penhora que envolve bem com esse gravame é o mesmo traçado para o caso da superfície. Deve-se distinguir a penhora do direito do proprietário e a do direito de laje, para definir quando um ou outro será aquele que tem de ser intimado como terceiro interessado: se o executado é o titular da construção-base, e esta foi o objeto da penhora, a intimação será feita ao titular do direito de laje (CPC, art. 799, XI). Ao contrário, se a penhora recaiu sobre a laje, intimar-se-á o proprietário da construção-base (CPC, art. 799, X). O Código Civil, a propósito, reconhece direito de preferência a qualquer um deles para a aquisição do direito do outro, quando levado à alienação (art. 1.510-D).

(f) No caso de penhora, em execução contra o sócio, de *quota social* ou de *ação de sociedade anônima fechada*, é necessária a intimação da sociedade (CPC, art. 799, VII), será necessária a intimação da pessoa jurídica, para o objetivo previsto no art. 876, § 7º, ou seja, para que ela fique responsável por informar aos demais sócios a ocorrência da penhora e assegurar-lhes a preferência na aquisição das quotas em ações penhoradas.

Essa medida não se aplica às sociedades anônimas de capital aberto, cujas ações podem ser livremente negociadas nas bolsas de valores[43].

228-B. INTIMAÇÃO DE OUTRO EXEQUENTE QUE TENHA PENHORA SOBRE O MESMO BEM (CPC, ART. 889, V)

Embora não conste do rol das intimações necessárias do art. 799, o art. 889, V, deixa claro que há necessidade de dar ciência da execução a outro ou outros credores que tenham penhora sobre o mesmo bem, e que não participem de qualquer modo do processo. Esta cientificação deve acontecer pelo menos até cinco dias antes da alienação judicial do bem penhorado.

Aplica-se tal intimação a qualquer modalidade de credor, com ou sem privilégio, mas é importante, sobretudo, no caso dos quirografários, cuja preferência sobre o produto da alienação judicial se define pela ordem cronológica da penhora (CPC, art. 797, parágrafo único).

Não pode deixar de ser feita também aos credores com garantia ou privilégio legal, pois lhes cabem preferências e faculdades exercitáveis perante os credores concorrentes, como já visto no item 278-A, *retro*.

Quanto aos credores quirografários a intimação é obrigatória somente perante aqueles cuja penhora tenha sido anteriormente averbada (CPC, art. 889, V).

228-C. INTIMAÇÃO DO LOCATÁRIO DO IMÓVEL PENHORADO

Ao arrendatário rural, o art. 92, § 3º, do Estatuto da Terra (Lei n. 4.504/1964), assegura preferência na aquisição do imóvel arrendado quando seja posto à venda, impondo ao

---

[43] DIDIER JÚNIOR, Fredie; CUNHA, Leonardo José Carneiro da; BRAGA, Paula Sarno; OLIVEIRA, Rafael. *Curso de Direito Processual Civil*. 7. ed. Salvador: JusPodivm, 2017, v. 5, p. 173.

proprietário o dever de notificar o preferente, com prazo de trinta dias "a fim de que possa exercitar o direito de preempção".

Segundo entendimento do STJ, essa preferência e essa cientificação prevalecem em qualquer forma de alienação onerosa, não havendo motivo para excluir do alcance do art. 92 da Lei n. 4.504/1964 "a alienação coativa ou judicial"[44]. Daí por que, penhorado o imóvel rural, deverá o arrendatário ser intimado da alienação judicial, com a necessária antecedência, possibilitando-lhe, assim, o exercício da preferência durante a hasta pública.

Igual cautela não se aplica quando a penhora é de imóvel urbano locado. A Lei do Inquilinato assegura ao locatário urbano o direito de preferência e o de ser notificado a exercê-lo, no devido tempo (Lei n. 8.245/1991, art. 27), mas o faz com a expressa ressalva de não alcançarem os casos de alienação "por decisão judicial" (art. 32). Por isso, não cabe intimação do locatário urbano, quando o imóvel locado for penhorado e expropriado em execução contra o locador[45].

228-D. INTIMAÇÃO DO CÔNJUGE OU COMPANHEIRO DO EXECUTADO

Recaindo a penhora sobre imóvel ou direito real sobre imóvel, será necessariamente intimado o cônjuge do executado, salvo se o regime de bens do casamento for o da absoluta separação de bens (CPC, art. 842). Essa intimação, como lembra Leonardo Greco, é exigida também quando a ação resultar de fato que diga respeito a ambos os cônjuges, ou de ato por eles praticado, bem como quando a dívida tiver sido contraída em benefício da família (CPC, art. 73, § 1º, II e III). A mesma regra aplica-se à união estável comprovada nos autos (art. 73, § 3º)[46]. No caso em que a presença do cônjuge na execução se dá com vistas à proteção do interesse da família (incisos III e IV do § 1º do art. 73), a falta de intimação, no entender de Greco, acarreta a nulidade da execução ou dos atos para os quais este não tenha sido devidamente intimado. Já no caso da penhora sobre imóvel (inciso I) e fato ou ato comum aos dois cônjuges (inciso II), a intimação seria feita no interesse patrimonial do consorte, o que não justificaria, na opinião do mesmo autor, a nulidade, mas apenas a ineficácia do ato executivo não precedido da cientificação do cônjuge ou companheiro. Este, entretanto, poderia tomar todas as iniciativas para resguardar o seu interesse, incidentalmente (arts. 674 a 681), ou por meio de ações autônomas[47].

Justifica-se, ainda, a intimação do cônjuge ou companheiro pelo direito à adjudicação dos bens penhorados a eles reconhecido pelo art. 876, § 5º, do CPC.

---

[44] STJ, 3ª T., REsp 1.148.153/MT, Rel. Min. Paulo de Tarso Sanseverino, ac. 20.03.2012, *DJe* 12.04.2012.
[45] DIDIER JÚNIOR, Fredie *et al. Curso, cit.*, p. 176.
[46] GRECO, Leonardo. *Comentários ao Código de Processo Civil*. São Paulo: Saraiva, 2020, v. XVI, p. 202-203.
[47] Idem, p. 203.

Capítulo XVIII
EXECUÇÃO POR QUANTIA CERTA CONTRA O DEVEDOR SOLVENTE: INSTRUÇÃO PELA PENHORA

229. INSTRUÇÃO

Se, após a citação, o executado salda a dívida, o processo extingue-se (CPC/2015, art. 924, II). Não ocorrendo, porém, o pagamento, segue-se a penhora que abrangerá os bens nomeados pelo exequente na petição inicial, ou à falta desses, outros que forem apontados pelo executado ou encontrados pelo Oficial de Justiça.

A expropriação com que se busca realizar o direito do credor pode, na sistemática do art. 825, consistir:

a) na adjudicação do bem penhorado em favor do exequente ou das pessoas indicadas no § 5º do art. 876[1];
b) na alienação por iniciativa particular;
c) na alienação em leilão judicial;
d) na apropriação de furtos e rendimentos de empresa ou de estabelecimentos e de outros bens.

É com a ultimação da expropriação que se perfaz a segunda fase do processo executivo. Em qualquer caso, todavia, a medida inicial ou preparatória da expropriação executiva se faz sempre por meio da penhora. Admite-se, todavia, sua ulterior substituição por fiança bancária ou seguro garantia judicial (art. 848, parágrafo único).

230. PENHORA

A execução forçada, diante do que já se expôs, compreende providências de três naturezas: *de afetação, de expropriação e de satisfação*. Na primeira temos a penhora, na segunda a

---

[1] De acordo com o dispositivo citado, a adjudicação, além do exequente, pode ser exercida por: a) o *coproprietário* de bem indivisível do qual tenha sido penhorada fração ideal (art. 889, II); b) o *titular* de usufruto, uso, habitação, enfiteuse, direito de superfície, concessão de uso especial para fins de moradia ou concessão de direito real de uso, quando a penhora recair sobre bem gravado com tais direitos reais (art. 889, III); c) o *proprietário* do terreno submetido ao regime de direito de superfície, enfiteuse, concessão de uso especial para fins de moradia ou concessão de direito real de uso, quando a penhora recair sobre tais direitos reais (art. 889, IV); d) o *credor pignoratício, hipotecário, anticrético, fiduciário* ou *com penhora* anteriormente averbada, quando a penhora recair sobre bens com tais gravames, caso não seja o credor, de qualquer modo, parte na execução (art. 889, V); e) o *promitente comprador*, quando a penhora recair sobre bem em relação ao qual haja promessa de compra e venda registrada (art. 889, VI); f) o *promitente vendedor*, quando a penhora recair sobre direito aquisitivo derivado de promessa de compra e venda registrada (art. 889, VII); g) a *União*, o *Estado* e o *Município*, no caso de alienação de bem tombado (art. 889, VIII); h) os *credores concorrentes* que hajam penhorado o mesmo bem (art. 876, § 5º); i) o *cônjuge*, o *companheiro*, os *descendentes ou ascendentes* do executado (art. 876, § 5º); j) os demais *sócios*, quando a penhora recair sobre quota social ou ação de sociedade anônima fechada, e a execução for movida por exequente alheio à sociedade contra algum de seus sócios (art. 876, § 7º). Também se reconhece preferência de aquisição por via de adjudicação, em favor do titular do *direito de laje* ou titular da *construção-base*, conforme a penhora tenha recaído sobre o direito real limitado do primeiro ou do segundo, respectivamente (art. 799, X, incluído pela Lei 13.465/2017).

alienação e na terceira o pagamento do credor[2]. Todas essas providências são realizadas pelo órgão judicial, com o concurso de seus auxiliares, como atos públicos de natureza processual executiva, tendentes a um só objetivo, que é satisfazer o interesse do credor.

A penhora é o primeiro ato oficial por meio de que o Estado põe em prática o processo de expropriação executiva[3-4]. Tem ela a função de "individualizar el bien sobre el cual el oficio ejecutivo deberá proceder para satisfacer a los acreedores, y someterlo materialmente a la transferencia coativa".[5] É a penhora, portanto, "o primeiro ato executório e coativo do processo de execução por quantia certa".[6]

Consiste, assim, a penhora no "ato inicial de expropriação do processo de execução, para individualizar a responsabilidade executória, mediante apreensão material, direta ou indireta, de bens constantes do patrimônio do devedor".[7] Diz-se que é um ato de *afetação* porque sua consequência imediata é sujeitar os bens por ela alcançados aos fins da execução, colocando-os à disposição do órgão judicial para "à custa e mediante sacrifício desses bens, realizar o objetivo da execução", que é "dar satisfação ao credor".[8]

Importa sempre a penhora em apreensão efetiva e em depósito dos bens à ordem judicial. Além disso, no sistema do direito processual alemão, também adotado entre nós (art. 797, *caput*), a penhora cria para o credor uma *preferência, tal como se implantasse* "um direito real sobre os bens penhorados",[9] conferindo-lhe uma *garantia pignoratícia* equivalente ao penhor convencional ou legal, como "terceira espécie do direito de penhor" (de direito material), de cuja natureza participa, e cujos princípios informativos podem ser-lhe aplicados por analogia.[10]

Aliás, se se reconhece à penhora a força de *sequela*[11] (ineficácia das alienações diante do gravame) e se se proclama o direito de *preferência* dela emergente, oponível a qualquer outro credor que não tenha privilégio ou garantia real anteriores,[12] não é difícil equiparar a penhora a uma espécie da figura geral da garantia pignoratícia.

Diante desse quadro, pode-se reconhecer à penhora a tríplice função de:

a) individualizar e apreender efetivamente os bens destinados ao fim da execução;
b) conservar ditos bens, evitando sua deterioração ou desvio; e
c) criar a preferência para o exequente, sem prejuízo das prelações de direito material anteriormente estabelecidas.

---

[2] REIS, José Alberto dos. *Processo de Execução*. Coimbra: Coimbra Editora, 1943, v. I, n. 16, p. 37; CARNELUTTI, Francesco. *Sistema di Diritto Processuale Civile*. Padova: CEDAM, 1936, v. I, p. 61.

[3] COSTA, Sérgio. Manuale di Diritto Processuale Civile. 4 ed. Torino: Editrice Torinense, 1973, n. 389, p. 517.

[4] "Com a penhora o Estado passa a ser o titular da posse indireta do bem, permanecendo a posse direta com o executado, que será nomeado depositário (art. 840, § 2º, do CPC)" (OLIVEIRA NETO, Olavo de; PRADO, Pedro Pierobon Costa do. Penhora, bens penhoráveis e impenhorabilidades. In: ASSIS, Araken de; BRUSCHI, Gilberto Gomes (coords.). *Processo de execução e cumprimento de sentença*. 2. ed. São Paulo: RT, 2022, vol. 1, p. 663).

[5] MICHELI, Gian Antonio. Derecho Procesal Civil. Buenos Aires: Ediciones Jurídicas Europa-América, 1970, v. III, p. 155.

[6] AMARAL SANTOS, Moacyr. *Primeiras Linhas de Direito Processual Civil*. 4. ed. São Paulo: Saraiva, 1970, v. III, n. 837, p. 270.

[7] MARQUES, José Frederico. *Instituições de Direito Processual Civil*. Rio de Janeiro: Forense, 1960, v. V, n. 1.169, p. 152.

[8] REIS, José Alberto dos. *Op. cit.*, n. 16, p. 37-38.

[9] BUZAID, Alfredo. *Exposição de Motivos*, de 1972, n. 22.

[10] ROSENBERG, Leo. *Tratado de Derecho Procesal Civil*. Buenos Aires: EJEA, 1955, v. III, p. 151.

[11] CARDOSO, Eurico Lopes. *Manual da Ação Executiva*. Coimbra: Almedina, 1964, n. 144, p. 443.

[12] CARDOSO, Eurico Lopes. *Op. cit.*, n. 143, p. 441-442.

Uma primeira penhora não impede que outras, de diversos credores, venham a atingir o mesmo bem. Mas a ordem das penhoras fixa, entre os credores quirografários[13], a ordem para o pagamento, de acordo com o tempo do nascimento do direito pignoratício processual de cada credor: *prior tempore, potior jure*[14] (CPC/2015, art. 797, parágrafo único).[15]

A preferência da penhora, que não exclui os privilégios e preferências instituídos anteriormente a ela (art. 905, II), é de aplicação apenas à execução contra o devedor solvente, não prevalecendo no concurso contra devedor *insolvente* (art. 797), "onde as preferências são apenas as da lei civil (art. 769) [artigo mantido pelo CPC/2015, pelo art. 1.052]".[16] Na verdade, as preferências que só superam a da penhora quando anteriores a ela (art. 905, II) são as convencionais como as derivadas das garantias reais. De fato, a hipoteca, o penhor, a alienação fiduciária etc. não superam a preferência da penhora quando constituídos após a constrição executiva promovida pelo credor quirografário. Mas, os privilégios instituídos por lei, como os dos créditos tributários e trabalhistas, não decorrem de anterioridade de data, mas sim da natureza da respectiva causa; razão pela qual não se lhes aplica a regra do art. 797[17].

Por outro lado, sendo o arresto medida constritiva concebida como preparatória e garantidora da *penhora* (art. 830), deve-se definir a preferência (art. 797), a partir de interpretação sistemática, que inclua o *arresto* na expressão legal "penhora". Desse modo, quando a penhora for precedida de arresto, a preferência do art. 797 será computada desde a data da medida preparatória[18].

É de se ressaltar, ainda, que a insolvência que afasta a preferência da ordem das diversas penhoras contra os mesmos bens (art. 797), não decorre simplesmente da superposição de várias execuções do devedor comum. O concurso universal do insolvente é feito de procedimento especial equivalente, no âmbito das obrigações do devedor civil, à falência do empresário. Da superposição de penhoras decorre apenas o *concurso particular* no qual concorrem, não todos os credores do insolvente, mas apenas "os exequentes cujo crédito frente ao executado é garantido por um mesmo bem, sucessivamente penhorado"[19].

---

[13] No sistema de nosso Código de Processo Civil "é a penhora que determina o direito de preferência entre os credores quirografários", sendo desinfluente na ordem das penhoras, a data da decisão que declarou a ocorrência de alienação em fraude da execução, bem como a data de averbação de tal decisão no Registro de Imóveis. "A averbação da declaração de ineficácia da venda é um ato de natureza diversa da penhora" (STJ, 3ª T., REsp 1.254.320/SP, Rel. Min. Nancy Andrighi, ac. 06.12.2011, *DJe* 15.12.2011). Por isso, não influi na ordem de preferência que a lei só atribui à penhora propriamente dita.

[14] ROSENBERG, Leo. *Op. cit.*, v. III, p. 154.

[15] "A satisfação do crédito se dará de acordo com a circunstância de haver um único credor (CPC 905, I), ou vários (CPC 908). O credor garantido pela penhora tem direito de preferência sobre os bens penhorados e alienados, de sorte a fazer jus ao levantamento do dinheiro depositado para segurar o juízo ou o produto dos bens alienados, até a satisfação integral de seu crédito (CPC 904 *caput*), devolvendo-se ao devedor a importância que sobejar (CPC 907). Se são vários credores concorrendo, será respeitada a ordem das respectivas prelações, ou seja, a anterioridade da penhora (CPC 908 e 909), o que poderá ensejar incidente processual na execução, tendo por objeto decidir sobre o direito de preferência e a anterioridade da penhora (CPC 909)" (NERY JÚNIOR, Nelson; NERY, Rosa Maria de Andrade. *Código de Processo Civil comentado*. 16. ed. São Paulo: Ed. RT, 2016, p. 1.788).

[16] LACERDA, Galeno. *O Novo Direito Processual Civil e os Feitos Pendentes*. Rio de Janeiro: Forense, 1974, n. 11, p. 61.

[17] "Entre os credores privilegiados a preferência vem regulada segundo as diversas qualidades dos privilégios: (...) *privilegia non tempore aestimatur sed ex causa*" (NERY JÚNIOR, Nelson; NERY, Rosa Maria de Andrade. *Código de Processo Civil comentado*. 16. ed., *cit.*, p. 1.788).

[18] STJ, 4ª T., REsp 2.435/MG, Rel. p/ac. Min. Sálvio de Figueiredo Teixeira, ac. 01.12.1994, *DJU* 28.08.1995, p. 26.635; STJ, 4ª T., AgRg no AgRg no AgRg no REsp 1.190.055/MG, Rel. Min. Maria Isabel Gallotti, ac. 11.10.2016, *DJe* 21.10.2016.

[19] STJ, 3ª T., REsp 976.522/SP, Rel. Min. Nancy Andrighi, ac. 02.02.2010, *DJe* 25.02.2010.

Com o advento da Lei n. 8.953, de 13.12.94, que acrescentou o § 4º ao art. 659 do CPC/1973, nosso direito positivo adotou, para a penhora de imóvel, a obrigatoriedade de sua inscrição no Registro Imobiliário[20], o que foi mantido pelo CPC/2015, no art. 844. A Lei n. 11.382/2006 substituiu a inscrição por *averbação*. Com isso, procurou eliminar um grande número de demandas sobre bens que após a arrematação se descobriram já alienados pelo devedor, gerando insegurança e intranquilidade para partes e licitantes e, também, para a própria Justiça. Agora, não mais se deverá levar à praça imóvel sem que previamente a penhora esteja lançada no Registro Público. E, sendo assim, ninguém poderá arguir boa-fé se se aventurar a comprar imóvel sem comprovar no Registro respectivo a inexistência de penhora. E se o fizer, arcará com as consequências da fraude de execução, irremediavelmente configurada (CPC, art. 792, III).

A redação do art. 844 do CPC/2015, assim como era a da lei anterior, esclarece qual é a função do ato registral, que é a de gerar "presunção absoluta de conhecimento por terceiros". O andamento da execução, por sua vez, não ficará sobrestado, enquanto se aguarda a diligência a cargo do registro imobiliário. Para a execução a penhora já está aperfeiçoada desde que lavrado o respectivo auto. Mas, para segurança da alienação do bem penhorado, o juiz não deverá autorizar o ato expropriatório sem que antes se comprove a averbação da penhora no Registro Público competente.

231. PROCEDIMENTO DA PENHORA E AVALIAÇÃO

I – Realização da penhora

O art. 829 do CPC/2015 traça o procedimento com que se cumpre o mandado de citação na ação de execução por quantia certa, evitando incertezas e diligências procrastinatórias.

Num só mandado, o oficial receberá a incumbência de citar o executado e realizar a penhora e avaliação. Citado o devedor, com as cautelas próprias do ato, o oficial deverá aguardar o prazo de três dias para pagamento voluntário[21]. Passado o prazo, verificará em juízo se o pagamento ocorreu ou não. Permanecendo o inadimplemento, procederá à penhora, lavrando-se o respectivo auto, com imediata intimação do executado (art. 829, § 1º, *in fine*).[22]

II – Falta de nomeação de bens à penhora

Se o credor exerceu a faculdade de indicar na petição inicial os bens a serem penhorados (art. 798, II, *c*), o oficial de justiça fará com que a constrição recaia sobre ditos bens (art. 829, § 2º).

---

[20] O texto do § 4º do art. 659, do CPC/1973 foi alterado pela Lei n. 10.444, de 07.05.2002, para proclamar o caráter de publicidade *erga omnes* do registro da penhora, e para determinar que o procedimento de tal registro não deve retardar o andamento da execução. O CPC/2015, embora não repita exatamente os termos daquele dispositivo, dispõe, no *caput* do art. 841, que "formalizada a penhora por qualquer dos meios legais, dela será imediatamente intimado o executado".

[21] O prazo de pagamento, na execução por quantia certa, não se conta a partir da juntada do mandado cumprido aos autos, como o art. 231, II, estatui em caráter geral. Aqui o mandado compreende duplo objetivo: citar e penhorar (art. 829, § 1º). Dessa maneira, o prazo de pagamento que decorre da primeira fase da diligência flui a partir do próprio ato citatório. O mandado só retorna ao cartório depois de cumprida a segunda fase da diligência, reservada à penhora e avaliação (NERY JÚNIOR, Nelson. *Código de Processo Civil comentado*, cit., p. 1.821).

[22] Nos casos de litisconsórcio facultativo, não é preciso aguardar a citação de todos os codevedores para contar o prazo de pagamento e de penhora. Esse prazo é individual, correndo separadamente para cada executado, à medida que sua citação ocorre (STJ, 1ª T., REsp 182.234/SP, Rel. Min. Milton Luiz Pereira, ac. 12.03.2002, *DJU* 29.04.2002, p. 164). No mesmo sentido: STJ, 3ª T., AgInt no REsp 1.387.711/AL, Rel. Min. Marco Aurélio Bellizze, ac. 18.03.2019, *DJe* 22.03.2019.

Não havendo tal nomeação, penhorará os que encontrar, em volume suficiente para garantir a satisfação do crédito e acessórios (art. 831).

Ocorrendo dificuldade, na localização de bens penhoráveis, o juiz, de ofício, ou a requerimento do exequente, poderá determinar que o executado seja intimado a indicar bens passíveis de constrição, com especificação dos respectivos valores, prova de propriedade, e certidão negativa de ônus (art. 774, V). A não indicação sem justificativa, em tal caso, representará atentado à dignidade da justiça, sujeito às penas do parágrafo único do mesmo artigo (multa não superior a 20% do valor atualizado da execução).

A intimação para indicar bens à penhora pode ser feita ao advogado, se o executado já estiver representado nos autos. Somente será pessoal ao devedor, se não tiver, ainda, constituído advogado (art. 841, §§ 1º e 2º, analogicamente).[23]

III – Intimação da penhora

Consumada a penhora pelo oficial, o executado será imediatamente intimado, em regra, na pessoa de seu advogado ou da sociedade de advogados a que ele pertença (art. 841, *caput* e § 1º). Não havendo advogado constituído nos autos, o executado será intimado pessoalmente, de preferência por via postal (art. 841, § 2º). Em relação a essa diligência, o CPC/2015 previu que, mesmo não sendo encontrado o destinatário no endereço constante dos autos, a intimação será havida como realizada "quando o executado houver mudado de endereço sem prévia comunicação ao juízo" (art. 841, § 4º), desrespeitando, portanto, a exigência do parágrafo único do art. 274.[24]

É bom de ver que a penhora ocorre depois que o devedor já foi citado, pelo que já está ele ciente de que, no prazo da lei, a constrição se consumará. Se não compareceu nos autos e nem é encontrado em seu endereço habitual, é lícito ao juiz autorizar o prosseguimento do feito sem novas intimações, além daquela relacionada à própria penhora. Observar-se-á a regra geral da revelia (art. 346).[25] Cabe-lhe decidir em face das particularidades do caso concreto, para insistir na procura do devedor, ou no encerramento da diligência, pela intimação postal, com ou sem êxito. O certo é que a lei não quer que o executado, já ciente da execução pelo ato citatório, crie situação de embaraço intencional à intimação da penhora, e, consequentemente, ao prosseguimento da execução.

Por outro lado, a intimação do advogado tornar-se-á desnecessária sempre que a constrição se realize na presença do executado. Nessa circunstância, ele se reputará intimado naquele momento (art. 841, § 3º).

---

[23] A intimação na pessoa do advogado aplica-se inclusive às execuções iniciadas antes das Leis n. 11.232/2005 e 11.382/2006, em virtude da regra de direito intertemporal que determina a imediata aplicação da norma procedimental até mesmo aos processos iniciados antes de sua vigência (STJ, 3ª T., REsp. 1.076.080/SC, Rel. Min. Nancy Andrighi, ac. 17.02.2009, *DJe* 06.03.2009). O CPC/2015 contém regra expressa sobre a matéria, em seu art. 14, *in verbis*: "a norma processual não retroagirá e será aplicável imediatamente aos processos em curso, respeitados os atos processuais praticados e as situações jurídicas consolidadas sob a vigência da norma revogada".

[24] "Art. 274 (...) Parágrafo único. Presumem-se válidas as intimações dirigidas ao endereço constante dos autos, ainda que não recebidas pessoalmente pelo interessado, se a modificação temporária ou definitiva não tiver sido devidamente comunicada ao juízo, fluindo os prazos a partir da juntada aos autos do comprovante de entrega da correspondência no primitivo endereço".

[25] Os efeitos da revelia incidem também sobre o processo de execução, por força da regra constante do art. 771, parágrafo único, que dispõe aplicar-se à execução, subsidiariamente, as disposições do processo de conhecimento (Livro I da Parte Especial do CPC). Tanto é assim que a nomeação de curador ao revel citado por edital ou com hora certa deve ser observada seja nas ações cognitivas como nas executivas (Súmula n. 196 do STJ).

232. REALIZAÇÃO PRÁTICA DA PENHORA

Antes de tudo, a penhora importa *individualização, apreensão* e *depósito* de bens do devedor, que ficam à disposição judicial (CPC/2015, arts. 838 e 839), tudo com o objetivo de subtraí-los à livre disponibilidade do executado e sujeitá-los à expropriação. Para esse mister o agente do órgão judicial há, primeiramente, que *buscar* ou *procurar* os bens do devedor, respeitando, porém, a faculdade que a lei confere ao próprio credor de fazer a escolha, desde que obedecidas as preferências e demais requisitos legais de validade da nomeação de bens à penhora (CPC/2015, arts. 798, II, *c* e 829, § 2º).

Individualizados os bens que haverão de dar efetividade à responsabilidade patrimonial, segue-se o ato de *apreensão* deles pelo órgão executivo, e a sua entrega a um *depositário*, que assumirá um encargo público, sob o comando direto do juiz da execução, ficando, assim, responsável pela guarda e conservação dos bens penhorados e seus acessórios, presentes e futuros, enquanto a expropriação não se ultimar. Trata-se, como se vê, de ato complexo.

Aperfeiçoada a penhora, pela apreensão e depósito dos bens, bem como pela lavratura do competente termo processual, surge, para o devedor, e para terceiros, a indisponibilidade dos bens afetados pela execução.[26]

O devedor já não poderá mais realizar, livremente, a transferência de domínio ou posse de ditos bens, sob pena de ineficácia perante o credor exequente, dos atos jurídicos que vier a praticar em tal sentido. Tampouco o terceiro poderá adquirir os bens constritos, sem que fique sujeito à permanência dos efeitos da penhora sobre o objeto da aquisição (art. 790, V).

Além disso, no sistema processual alemão, adotado entre nós pelo art. 797 do atual Código de Processo Civil, a penhora cria para o credor que a promove uma *preferência*, que, em face dos demais credores quirografários do devedor comum, equivale a "um direito real sobre os bens penhorados".

Realizada a penhora e recaindo sobre bem imóvel ou direito real imobiliário, o cônjuge do devedor será intimado, salvo se casados sob o regime da separação absoluta de bens. Se o bem pertencer a mais de um proprietário, todos devem ser intimados da constrição. Se o bem for sujeito a registro, a sua realização não é ato constitutivo da penhora, mas mera publicidade para produção de efeitos contra terceiros.[27]

233. NATUREZA JURÍDICA DA PENHORA

Para a mais antiga e tradicional corrente, a penhora, embora não extinga o direito de propriedade do devedor, importa para ele perda do *poder de disposição*, paralisando o seu direito dominial.[28] Para esta corrente, enfim, com a penhora os bens tornam-se indisponíveis pelo devedor.[29]

Na realidade, contudo, não é bem isto que ocorre. O melhor entendimento é aquele que não admite sequer falar em nulidade dos atos de alienação praticados pelo devedor sobre os bens penhorados. A apreensão judicial decorrente da penhora não retira os bens da posse (indireta) e do domínio do dono. Ditos bens ficam apenas vinculados à execução, sujeitando-se ao poder

---

[26] "Mesmo quando o devedor é nomeado depositário, ele deixa de ter poder sobre a coisa e passa a ter o dever de zelar por ela, ou seja, ele deixa de ter a posse e passa a ter mera detenção" (SANTOS JR., Eduardo Francisco dos. Processo de execução visando à obrigação pecuniária – Fase inicial. In: ASSIS, Araken de; BRUSCHI, Gilberto Gomes (coords.). *Processo de execução e cumprimento de sentença*. 2. ed. São Paulo: RT, 2022, vol. 1, p. 656).

[27] SANTOS JR., Eduardo Francisco dos. *Op. cit.*, *loc. cit.*

[28] REIS, José Alberto dos. *Op. cit.*, v. I, n. 16, p. 38.

[29] COSTA, Sérgio. *Op. cit.*, n. 391, p. 519.

sancionatório do Estado.[30] Não se verifica, porém, sua indisponibilidade ou inalienabilidade. O efeito da penhora, como bem registrou Lopes da Costa, é o de "tornar *ineficaz* em relação ao exequente os atos de disposição praticados pelo executado sobre os bens penhorados".[31] O atual Código de Processo Civil, aliais, é expresso no reconhecimento de que a alienação do bem constrito judicialmente, quando configurada a fraude à execução, é apenas "ineficaz em relação ao exequente" (art. 792, § 1º).

Por isso mesmo, já se tem decidido que o fato de os bens acharem-se onerados com penhora "não constitui obstáculo ao respectivo registro translatício da propriedade, que no domínio do novo proprietário, permanecerá suportando os gravames nela incidentes".[32]

O devedor, pela penhora, não deixa de ser o proprietário dos bens apreendidos judicialmente. Só a expropriação final acarretará a extinção de seu direito dominial. Ficam afetados, porém, seus poderes diretos sobre a utilização dos bens. Esvaziam-se, assim, os poderes jurídico-materiais que definem o gozo direto da coisa, reduzindo-se o executado à situação de nu-proprietário, representado pela detenção de um "simples poder jurídico de disposição do direito".[33]

Se, em razão do depósito decorrente da penhora, ocorre a indisponibilidade *material* absoluta, "quanto à disposição jurídica, como acaba de dizer-se, rege o princípio oposto da livre disponibilidade do direito, apenas com a limitação da ineficácia dos respectivos atos, para com a execução, independentemente de declaração judicial, isto é, tendo-se os atos como válidos e eficazes em todas as direções menos em relação à execução, para a qual são havidos como se não existissem (*tanquam non essent*)".[34]

Juridicamente, nada impede que o executado venda, doe, permute, onere seu direito sobre o bem penhorado, pois, nada obstante, "o efeito da penhora não se exerce sobre o *direito* (substancial) do credor, nem, correlativamente, sobre a obrigação (substancial) do devedor a respeito dele; senão sobre a *responsabilidade* do devedor, correlativamente, sobre a *ação* (executiva) do credor, a qual pode continuar exercitando-se como se o devedor não houvesse disposto do bem penhorado; portanto, a penhora atua em prejuízo dos terceiros que tenham adquirido um direito real ou pessoal ou ainda um privilégio, sobre o bem penhorado, no sentido de que, não obstante tal aquisição, o bem continua submetido à expropriação em prejuízo do terceiro e em favor do credor exequente e dos credores intervenientes".[35]

A ineficácia da transferência perante o exequente não decorre, no caso, de uma comum fraude de execução, de maneira que seu reconhecimento independe de prova ou mesmo da alegação de qualquer prejuízo efetivo sofrido pelo credor. O ato de disposição atenta contra uma situação processual, de natureza pública, violando a função jurisdicional que o Estado exerce no processo. Não há que se cogitar nem de má-fé do devedor, nem de boa-fé do adquirente. A transmissão dos bens penhorados, perante a execução será sempre inoperante, se se assegurou a publicidade legalmente exigida para a eficácia *erga omnes* da constrição judicial (CPC/2015, art. 792; Lei 6.015/1973, art. 240; Lei n. 13.097/2015, arts. 54 a 58 e 61).

Não é cabível, contudo, falar-se em nulidade ou em anulabilidade da alienação.[36]

---

[30] LIEBMAN, Enrico Tullio. *Op. cit.*, n. 57, p. 97.

[31] LOPES DA COSTA, Alfredo de Araújo. *Direito Processual Civil Brasileiro*. 2. ed. Rio de Janeiro: Forense, 1959, v. IV, n. 120, p. 109.

[32] T.J.M.G. – Apel. 32.349, in "D. Jud. M.G." de 15-9-70.

[33] CASTRO, Artur Anselmo de. *A Ação Executiva Singular, Comum e Especial*. Coimbra: Coimbra Ed. 1970, n. 35E, p. 151.

[34] CASTRO, Artur Anselmo de. *Op. cit.*, n. 35; p. 151-152.

[35] CARNELUTTI, Francesco. *Instituciones del processo civil*. 2. ed. Buenos Aires: EJEA, 1973 v. III, n. 689, p. 25.

[36] CASTRO, Artur Anselmo de. *Op. cit.*, n. 35, p. 152-153.

Quando muito, poder-se-ia falar numa indisponibilidade relativa, isto é, de atuação apenas perante credor exequente. A disposição feita pelo devedor em desatenção à penhora é, no entanto, sempre válida como ato jurídico perfeito praticado entre ele e o adquirente. Tanto que, remida a execução pelo pagamento da dívida *sub judice* e levantada a penhora, nenhum vício se encontrará para obstar a total eficácia da alienação, que subsistirá plenamente entre as partes que a realizaram. Houvesse nulidade na disposição dos bens penhorados (por indisponibilidade), nenhum efeito dela resultaria, em qualquer circunstância, segundo o princípio clássico do *quod nullum est, nullum efectus producit*[37].

Sob o ponto de vista estritamente processual, alguns processualistas pretendem ver na penhora um provimento cautelar com fim executivo (Zanzuch), ou uma medida dúplice, de natureza tanto *executiva como cautelar* (Alfredo Rocco).

A penhora, no entanto, não é medida que se tome eventualmente como instrumento de mera segurança ou cautela de interesse em litígio, como especificamente ocorre com as providências cautelares típicas, *ad instar* do sequestro, do arresto e similares.

Longe da eventualidade e da acessoriedade que caracterizam as medidas cautelares, a penhora "constitui um momento *necessário* do processo executivo (de expropriação)".[38]

Por meio de sua indispensável presença é que se dá o primeiro passo nos atos executivos tendentes a realizar a transferência forçada dos bens do devedor. É ela, a penhora, que realiza a função de individualizar o bem sobre o qual o juízo executivo deverá proceder para satisfazer a pretensão do credor. É certo que resguarda ditos bens de desvios e deterioração, conservando-os sob custódia até que se ultime a expropriação. Mas "uma coisa é a função cautelar de uma providência, inserta em um processo diverso, e outra coisa é a função cautelar de todo um processo (Carnelutti). Por conseguinte, o fato de que a penhora tenha a função de preservar os bens de subtrações e deteriorações, de modo a fazer possível o posterior desenvolvimento da expropriação, não autoriza a considerar dita penhora como uma providência cautelar, absolutamente igual aos sequestros (conservativo e judiciário), os quais, por sua vez, acionam através de um processo funcionalmente autônomo, uma específica medida cautelar. A penhora, pelo contrário, esgota sua função como ato de um processo que tem uma finalidade própria bem determinada".[39]

O entendimento dominante na melhor e mais atualizada doutrina, por isso, é o de que a penhora é simplesmente um *ato executivo* (ato do processo de execução), cuja finalidade é a individuação e preservação dos bens a serem submetidos ao processo de execução, como ensina Carnelutti. Trata-se, em suma, de um meio de fixar a responsabilidade executiva sobre determinados bens do devedor.[40]

Registre-se, finalmente, que o arresto e o sequestro são medidas cautelares, cujo objetivo final é assegurar futura execução. Participam, pois, da mesma natureza e eficácia jurídica da penhora – embora em caráter provisório –, inclusive no que diz respeito a ineficácia dos atos de disposição praticados pelo devedor.[41] É o que se pode deduzir da previsão legal genérica de fraude à execução diante do ato de disposição praticado pelo devedor em relação a qualquer bem constrito judicialmente (CPC/2015, art. 792, III, e § 2º).

---

[37] "Na fraude de execução o ato não é nulo, inválido, mas sim ineficaz em relação ao credor. Ocorrendo, porém, remição da execução (CPC, art. 651) [CPC/2015, art. 826], não mais se pode cogitar da ineficácia do ato de alienação" (STJ, 4ª T. REsp 3.771/GO, Rel. Min. Sálvio de Figueiredo Teixeira, ac. 16.10.1990, *DJU* 05.11.1990, p. 12.432).

[38] MICHELI, Gian Antonio. *Curso de Derecho Procesal Civil*. Buenos Aires: EJEA, 1970, v. III, p. 157.

[39] MICHELI, Gian Antonio. *Op. cit.*, v. III, p. 155-156.

[40] LIEBMAN, Enrico Tullio. *Op. cit.*, n. 57, p. 95-98; AMARAL SANTOS, Moacyr. *Op. cit.*, v. III, n. 838, p. 278.

[41] LIEBMAN, Enrico Tullio. *Op. cit.*, n. 46, p. 86.

234. EXTENSÃO DA PENHORA

A penhora abrange o bem constringido como um todo, uma unidade econômica correspondente à coisa descrita no respectivo auto.[42] Aplica-se-lhe, por isso, a regra *accessorium sequitur principale*, de maneira que os efeitos da constrição judicial compreendem a coisa penhorada e todos os frutos e produtos gerados, bem como a coisa dela resultante mediante transformação ou elaboração.[43] Pelo mesmo princípio, são alcançados pela penhora as benfeitorias, acessões[44] e pertences da coisa gravada.[45]

A *contrario sensu* deve-se admitir, também, que as partes integrantes essenciais de uma coisa (como o motor de um veículo) não podem ser penhoradas separadamente do todo.[46] É, também, o que se passa com o elevador de um edifício em condomínio[47] ou de um hotel[48]. É segundo o mesmo princípio que se restringe a possibilidade da penhora diretamente sobre o capital de giro da empresa. Embora o dinheiro ocupe o primeiro lugar na escala de preferências para a penhora, não se tolera sua constrição quando esteja ele representando o *capital de giro* da empresa devedora e disponha essa de outros bens livres capazes de assegurar o juízo, adequadamente.

A explicação está em que a empresa não é uma figura estática de um simples patrimônio. É um organismo vivo, cuja preservação interessa a toda a sociedade e não apenas a seus associados, pela reconhecida função social que desempenha na circulação da riqueza e na produção de bens e serviços úteis e necessários à vida comunitária.

Como todo ser vivo, a empresa constitui-se de um complexo organismo que precisa ser convenientemente alimentado. Os animais e as plantas captam, no ar e nos alimentos naturais, os nutrientes que se incorporam à circulação sanguínea e à seiva e, assim, conseguem manter em funcionamento todos os seus órgãos vitais. Fenômeno igual passa-se com a empresa, que só consegue sobreviver se for convenientemente nutrida do indispensável *capital de giro*. É com ele que forma seus estoques de matérias primas e o numerário de custeio da mão de obra[49]. Sem ele não funciona o organismo da empresa e sua degeneração é imediata e inevitável.

Privar, então, uma empresa de seu capital de giro equivale a suprimir-lhe o elemento que lhe assegura a vida. É o mesmo que condená-la à inanição e, consequentemente, à morte.

Por isso, a jurisprudência repele a possibilidade de a penhora de dinheiro ser utilizada para atingir o faturamento periódico da empresa devedora. Embora lícita, em princípio, a penhora de dinheiro, *in casu*, não se pode admiti-la "porquanto não tem o juízo meios de aquilatar os efeitos da penhora pretendida, sobre o fluxo financeiro da executada"[50].

Para que o faturamento da empresa fosse alcançado pela penhora, teria esta, segundo o acórdão do STJ, de incidir sobre toda a empresa, para, aí sim, submetê-la a um administrador

---

[42] CARNELUTTI, Francesco. *Istituciones del Proceso Civil. Op. cit.*, n. 688, p. 22.

[43] ROSENBERG, Leo. *Op. cit.*, v. III, p. 161; MICHELI, Gian Antonio. *Op. cit.*, v. III, p. 168.

[44] MICHELI, Gian Antonio. *Op. cit.*, v. III, p. 174-176.

[45] CARNELUTTI, Francesco. *Op. cit.*, v. III, n. 688, p. 22.

[46] GOLDSCHMIDT, James. *Derecho Procesal Civil*. Barcelona: Labor, 1936, § 98, p. 639.

[47] "Não pode ser penhorado, separadamente, o elevador de um edifício em condomínio. art. 3. da Lei 4.591/1964" (STJ, 4ª T., REsp 89.721/RJ, Rel. Min. Ruy Rosado de Aguiar, ac. 21.05.1996, *DJU* 24.06.1996, p. 22.774).

[48] "É inadmissível a penhora de elevadores de um imóvel em que funciona um hotel, porquanto, além de estarem incorporados à estrutura do prédio, são bens essenciais para a realização da atividade e o seu desligamento importará em inviabilidade da própria utilização do bem, como um todo" (STJ, 4ª T., REsp 786.292/RJ, Rel. Min. Aldir Passarinho Júnior, ac. 20.04.2010, *DJe* 17.05.2010).

[49] GASTALDI, J. Petrelli. *Elementos de Economia Política*. 15. ed. São Paulo: Saraiva, 1992, n. 62, p. 128.

[50] STJ, 2ª T., REsp. 36.870-7-SP, Rel. Min. Hélio Mosimann, ac. 15.9.93, *RSTJ* 56/339.

judicial, que organizaria um plano de administração, no qual se estabeleceria o "esquema de pagamento" compatível com a gestão empresarial em globo, tudo conforme disciplina o art. 869 do CPC/2015.[51]

Penhorar singelamente o faturamento periódico da empresa é medida inaceitável, porque, como decidiu o Tribunal de Justiça de São Paulo, "implicaria ostensiva restrição ao exercício das atividades comerciais da executada, podendo inclusive conduzi-la ao estado de insolvência"[52].

Segundo decidiu o Tribunal de Justiça do Rio de Janeiro, "não há como confundir a penhora em dinheiro com a penhora na féria diária de um estabelecimento comercial. *Esta tem destinação certa: atender às necessidades da firma e outras*, possivelmente preferenciais ao crédito em execução". Sendo impossível conhecer-se, de plano, o líquido de uma receita, sua penhora torna-se "injusta, ilegal e abusiva"[53].

Enfim, é amplamente majoritária, na jurisprudência, a tese de que não se pode penhorar o faturamento periódico de uma empresa porque, sem assumir sua completa administração, a medida isolada "compromete o *capital de giro*", atingindo, por isso, o próprio estabelecimento[54].

Assim, na mesma linha, já decidia o antigo 2º TA Civil de São Paulo que não se pode penhorar o faturamento de uma empresa porque sua receita periódica "não é equiparável a lucro" e, por conseguinte, sua constrição, para satisfazer o crédito do exequente, importa sacrifício do "*capital de giro* da devedora, com sua compulsória *descapitalização*"[55].

Diversa não é a posição da doutrina, acerca da impenhorabilidade da receita, como bem separado do patrimônio de uma empresa. A propósito, preleciona Sérgio Sahione Fadel:

"A gradação legal começa pelo dinheiro, que não pode ser confundido com o produto da retribuição do trabalho, ou a remuneração *lato sensu*, mas apenas reservas em dinheiro, que o executado possua".

Também a receita ou a féria diária da sociedade comercial ou industrial não deve ser suscetível de penhora... A penhora pode recair em dinheiro, mas não na féria diária que é *capital de giro*"[56]. Idêntico é o ensinamento de Arnaldo Marmitt:

"A realização da penhora de bens não deve afastar-se de certas regras de procedibilidade. Além dos critérios legais, impende sejam também observados os critérios de *conveniência* e de *utilidade*, sempre com o intuito de atingir os melhores patamares de *justiça*.

---

[51] STJ, REsp. 36.870-7 cit., p. 340. No mesmo sentido: "Contudo, em se tratando de penhora sobre capital de giro, a questão ganha outros contornos, pois, conforme estabelecem as disposições do art. 655-A, § 3º, do CPC [CPC/2015, art. 866], há de se atentar para certos requisitos, tais como a nomeação de administrador e o limite da penhora em percentual que permita à empresa a continuidade de suas atividades" (STJ, 4ª T., AgRg no REsp. 1.184.025/RS, Rel. Min. João Otávio de Noronha, ac. 10.05.2011, DJe 19.05.2011).

[52] AI n. 170.751-2, Rel. Des. Telles Corrêa, ac. 18.3.91, *JUIS-Saraiva*, 5.

[53] TJGB, Rec. 7.655, Rel. Des. Elmano Cruz, ac. 8.11.72, *RT*, 451/240.

[54] STJ, 1ª T., REsp. 37.027-2-SP, Rel. Min. Milton Luiz Pereira, DJU 5.12.94. "1. A jurisprudência do Superior Tribunal de Justiça firmou entendimento de que somente é admissível proceder-se à penhora sobre faturamento da empresa se preenchidos – concomitantemente – os seguintes pressupostos: a) comprovada a inexistência de outros bens passíveis de garantir a execução ou sejam os indicados de difícil alienação; b) nomeação de administrador (arts. 678 e 719, *caput*, do CPC), ao qual incumbirá a apresentação das formas de administração e pagamento; c) *fixação de percentual que não inviabilize a atividade econômica da empresa*" (g.n.) (STJ, 2ª T., AgRg no REsp. 1.101.696/RJ, Rel. Min. Humberto Martins, ac. 17.08.2010, DJe 03.09.2010).

[55] 2º TACivSP, AI n. 430.952, 7ª Câm., Rel. Juiz Demóstenes Braga, ac. 4.4.95; e AI n. 455.042, 6ª Câm., Rel. Juiz Lagrasta Neto, ac. 28.2.96, *JUIS-Saraiva*, n. 5, 3º trimestre/1996.

[56] FADEL, Sérgio Sahione. *Código de Processo Civil Comentado*. Rio de Janeiro: J. Kofino, 1974, t. IV, p. 21-22.

Considera-se penhora por excelência aquela que recai em dinheiro, que dispensa futura avaliação e alienação judicial. No entanto, embora viável e excelente a constrição em numerário, não se tem aceito penhora feita em féria diária de estabelecimento comercial. Essa féria é reputada *capital de giro*, necessário para atender às necessidades da firma, ordinariamente preferenciais em relação ao crédito em execução"[57].

Em suma: doutrina e jurisprudência estão acordes em que não se deve penhorar o *capital de giro* porque a tanto equivale penhorar a própria empresa e porque não se tolera venha a execução, desnecessariamente, atingir a estrutura de sustentação da empresa. Ou seja, "considerando que o estabelecimento ou fundo de comércio é o instrumento da atividade empresarial, não deve ser penhorado se o devedor possuir outros bens necessários para garantir a execução, pois, na prática, sua penhora pode conduzir a empresa à *falência*"[58].

A Lei n. 11.382/2006, à época do Código anterior, disciplinou o modo de atingir o faturamento da empresa por meio da penhora. A sistemática foi mantida pelo CPC/2015, no art. 866. Nunca será ele total e arbitrariamente constrito. O gravame executivo somente será viável: (i) se não existirem outros bens penhoráveis ou, existindo, serem insuficientes ou de difícil alienação para saldar o crédito; (ii) se incidir sobre parte do faturamento e por período razoável, que não torne inviável o exercício da atividade empresarial; (iii) será sempre realizado mediante nomeação de um administrador-depositário que elaborará o plano de efetivação da medida para aprovação judicial. Esse plano destina-se justamente a preservar o capital de giro, e respeitar os compromissos preferenciais de responsabilidade da empresa (salários, impostos, fornecedores etc.). A penhora de parte do faturamento nunca poderá inviabilizar a própria empresa.

235. RAZÃO DA IMPENHORABILIDADE DO CAPITAL DE GIRO

Quando se tem uma coisa complexa, isto é, formada pela integração de vários elementos, sendo impossível a eliminação de qualquer um deles, sob pena de perda de substância, diz-se que cada um desses elementos configura *parte integrante* da coisa.

A parte integrante é mais do que um acessório, já que este pode, às vezes, ser destacado da coisa principal, sem que esta perca sua substância, tal como se dá com os frutos e rendimentos. Com relação à *coisa composta*, as partes que a integram não podem ser destacadas, porque isto desconfiguraria a própria coisa. Caio Mário da Silva Pereira ensina, nessa ordem de ideias, que "as *partes integrantes* de uma coisa composta são aquelas que se acham em conexão corporal com ela, erigindo-se em complemento da própria coisa, participando de sua natureza" e que por isso devem seguir a sorte desta[59].

Vicente Ráo observa que as partes integrantes são as "que por sua natural conexão com a coisa principal com esta formam um só todo e são desprovidas de existência material própria"; e, ainda, as que "à coisa principal por tal modo estão unidas que, dela separadas, esta ficaria incompleta". Entre elas, o civilista inclui "certas partes de um organismo vivo, ou as coisas artificiais como os edifícios em relação ao solo"[60].

---

[57] MARMITT, Arnaldo. *A penhora*. 2. ed. Rio de Janeiro: Aide, 1992, p. 450.
[58] NICÁCIO, Antônio. *A Nova Lei de Execução Fiscal: cobrança judicial da dívida ativa da União*, Estados e Municípios: Lei n. 6.830 de 22-9-1980. São Paulo: LTr, 1981, p. 240-241.
[59] PEREIRA, Caio Mário da Silva. *Instituições de Direito Civil*. 18. ed. Rio de Janeiro: Forense, 1997, v. I, n. 75, p. 275.
[60] RÁO, Vicente. *O Direito e a Vida dos Direitos*. São Paulo: Max Limonad, 1960, v. II, n. 195; RODRIGUES, Silvio. *Direito Civil*. 25. ed. São Paulo: Saraiva, 1995, v. I, p. 133, nota n. 99.

Porque não se pode tratar, juridicamente, a *parte integrante* como objeto de direito distinto da coisa complexa, o art. 833, VII, do CPC/2015, considera impenhoráveis "os materiais necessários para obras em andamento". Somente poderão ser constritos se a construção (coisa complexa) for integralmente penhorada.

Esse mesmo raciocínio prevalece para o *capital de giro* no caso da empresa mercantil. Sem este, aquela perde parte substancial de sua complexidade econômica. Logo, para não ser a empresa desnaturada ou destruída, o gravame não pode restringir-se àquela parte integrante do ente complexo que é a empresa economicamente estruturada. Ou o gravame atinge o todo, ou o capital de giro fica imune à penhora, de forma isolada.

Pensar-se em penhora apenas do capital de giro seria o mesmo que admitir-se a penhora da casa (parte integrante do terreno edificado) ou do motor ou dos pneus do veículo (partes integrantes do automóvel).

É uma imposição natural e lógica: a parte integrante devendo seguir sempre o destino da coisa complexa, não poderá ser atingida por penhora, separadamente.

Sendo, outrossim, o capital de giro parte essencial da empresa econômica, que, por isso mesmo não pode ser tratado, para efeito de penhora, como uma unidade autônoma dentro do patrimônio da entidade executada, resta conceituar o que se entende, tecnicamente, por semelhante *parte integrante*.

Em termos de administração financeira, o capital de giro consiste no *ativo corrente* da empresa, que tem como componentes os títulos "caixa", "títulos negociáveis", "valores a receber" e "estoques"[61]. O líquido dessas contas forma para a ciência contábil, o *capital de giro* da empresa.

No ensinamento de Richard T. Cherry, "o conceito de capital de giro como ativo corrente visa diretamente ao ciclo recorrente da caixa ao estoque, do estoque às contas a receber e de volta à caixa. Na sequência convencional do fluxo, os recursos financeiros aparecem primeiro como caixa disponível. A caixa é usada para adquirir estoque, o qual é processado e colocado à venda; à medida que o estoque é vendido, os recursos financeiros fluem para contas a receber, para manter o crédito dos clientes, e finalmente volta para a caixa, conforme as contas são cobradas"[62].

Semelhante é a lição de Dávio A. Prado Zarzana, para quem "o capital de giro é o elemento integrante do patrimônio da empresa ou entidade correspondente, em valor, à parcela do capital aplicada no Ativo Circulante. Tal seria o Capital de Giro Global que está 'girando', seguindo o fluxo (disponibilidades – produção – estoques – contas a receber – disponibilidades)"[63].

Inviável, destarte, se revela a penhora de "contas a receber" dentro do ativo circulante de uma empresa. Ditas contas são parte integrante do *capital de giro*, do qual a entidade não pode ser privada, sem sofrer profundo abalo no fluxo da circulação econômica que a mantém ativa.

Atingi-la nesse ponto vital importa decretar-lhe a imediata paralisia. Se não contar com os créditos a receber, como a empresa custeará o funcionamento de suas atividades? Como resgatará os compromissos trabalhistas e tributários? Como alimentará de matéria prima sua linha de produção? A insolvência e a quebra serão o seu fim imediato e irremediável.

É bom de ver que o estrangulamento e a extinção das empresas não são o desiderato da sociedade contemporânea nem, muito menos, o objetivo do processo de execução, cujo desenvolvimento, ao contrário, a lei manda subordinar-se ao princípio fundamental da menor onerosidade possível para o executado (CPC/2015, art. 805).

---

[61] *Enciclopédia Saraiva de Direito*, verbete "Capital de giro", v. 13, p. 94.

[62] CHERRY, Richard T. *Introdução à Administração Financeira*. São Paulo: Atlas, 1975, *apud* Enciclopédia Saraiva de Direito, verbete *cit.*, p. 95.

[63] ZARZANA, Dávio A. Prado. *Enciclopédia Saraiva do Direito*, vol. 13, verbete "Capital de giro tributário", p. 96.

Mesmo quando, em casos extremos, se chega a admitir a penhora de toda a empresa, não permite a lei processual, que o credor, ou o juízo, se apodere sumariamente de todo o seu faturamento ou de todo o seu capital de giro. Muito pelo contrário, o que impõe o Código é o estabelecimento de um plano de administração e de um esquema de pagamento, dentro das disponibilidades das receitas e do fluxo econômico da empresa (CPC/2015, arts. 862, 863 e 865).

Sem, portanto, o gravame por inteiro da empresa, impenhorável se mostra o capital de giro, quer como disponibilidade de caixa, quer como títulos ou créditos a receber da clientela.

Foi, por isso, que a Lei n. 11.382/2006, acrescentou ao CPC/1973 o art. 655-A, § 3º, mantido e ampliado pelo CPC/2015 (art. 866), para traçar os critérios a observar quando, excepcionalmente, se autorizar a penhora de alguma parcela do faturamento da executada. Medidas rígidas como nomeação de administrador-depositário e elaboração de um plano de efetivação da penhora a ser aprovado judicialmente, assim como a prestação de contas mensais revelam o cuidado com que a lei procura preservar o capital de giro e evitar a privação dos meios que viabilizam o funcionamento da própria empresa e garantir o cumprimento de obrigações prioritárias, sem o qual a atividade empresarial se torna inexequível (como os compromissos de salários, tributos, contribuições sociais, fornecedores etc.).

236. OBJETO DA PENHORA: BENS PENHORÁVEIS

A penhora visa dar início, ou preparação, à transmissão forçada de bens do devedor. Pressupõe, portanto, a responsabilidade patrimonial e a transmissibilidade dos bens.

É o patrimônio do devedor (ou de alguém que tenha assumido responsabilidade pelo pagamento da dívida) que deve ser atingido pela penhora, nunca o de terceiros estranhos à obrigação ou à responsabilidade.

Além do mais, só os bens alienáveis podem ser transmitidos e, consequentemente, penhorados.[64] E não é por outra razão que o Código dispõe que "não estão sujeitos à execução os bens que a lei considera impenhoráveis ou inalienáveis" (CPC/2015, art. 832).

A penhora pode atingir bem do devedor em poder de terceiro, desde que obrigado à sua entrega, como o depositário, arrendatário ou comodatário. Mas quando o terceiro exerça posse em nome próprio, sem a obrigação assumida de restituir o bem, a penhora só poderá incidir sobre o direito à ação reivindicatória do devedor, para sub-rogar-se o credor no direito de promovê-la e nunca diretamente sobre os próprios bens.[65]

A *contrario sensu*,[66] "não devem ser penhorados os bens que se encontrem em poder ou em casa do executado, mas pertençam realmente a outras pessoas", como nos casos de arrendamento, aluguel, parceria, depósito, hospedagem, mandato, transporte, simples guarda etc.

São penhoráveis, por outro lado, conforme o art. 835, tanto os bens *corpóreos* (dinheiro, pedras e metais preciosos, móveis e semoventes, imóveis, navios e aeronaves), como os *incorpóreos* (títulos de dívida pública, títulos de crédito cotados em bolsa, direitos e ações)[67].

Subordina-se a penhora, em todos os casos, a dois limites: a) deve atingir apenas os bens que bastem à satisfação do crédito exequendo, com seus acessórios (arts. 831 e 874); e b) não deve ser realizada quando evidente que o produto da execução dos bens encontrados será

---

[64] REIS, José Alberto dos. *Op. cit.*, n. 85, p. 312.
[65] GOLDSCHMIDT, James. *Op. cit.*, § 95, p. 637-638.
[66] REIS, José Alberto dos. *Op. cit.*, n. 83, p. 309.
[67] "Não se admite a penhora do bem alienado fiduciariamente em execução promovida por terceiros contra o devedor fiduciante, haja vista que o patrimônio pertence ao credor fiduciário, permitindo-se, contudo, a constrição dos direitos decorrentes do contrato de alienação fiduciária. Precedentes"(STJ, 3ª T., REsp 1.677.079/SP, Rel. Min. Ricardo Villas Bôas Cueva, ac. 25.09.2018, *DJe* 01.10.2018).

totalmente absorvido pelo pagamento das custas da execução (art. 836). Não pode, portanto, a penhora ser nem *excessiva, nem inútil*.[68]

Em matéria de imóveis, que são os bens mais comumente penhorados, tem-se entendido que quando o bem for divisível, é viável a penhora apenas de parte da gleba desde que individualizada convenientemente para o depósito judicial.[69] Entretanto, quando for indivisível, o CPC atual ampliou a regra do art. 655-B do CPC/1973, que se referia apenas à meação do cônjuge, para determinar que a penhora, *in casu*, deverá abranger a *totalidade do imóvel*, reservando-se, contudo, o equivalente à quota-parte do cônjuge ou de *qualquer coproprietário* sobre o produto da alienação (art. 843).

237. BENS IMPENHORÁVEIS

Nem todos os bens do devedor são atingidos pela execução forçada. Sendo o processo executivo um meio coativo de transmissão de bens para satisfação do direito do credor, vê-se, logo, que só os bens *transmissíveis* ou *alienáveis* podem ser penhorados.

A *inalienabilidade* importa necessariamente a *impenhorabilidade*, de maneira que não podem ser objeto de execução, e, portanto não podem ser penhorados, os bens ou direitos que não podem ser transmitidos.

Embora a impenhorabilidade seja fato de natureza processual, pode a causa situar-se tanto no direito material como no processual.

A impenhorabilidade *substancial*, isto é, a que decorre do direito material, pode ser *absoluta*, quando os bens se apresentam absolutamente intransmissíveis, e *relativa* quando apenas não são sujeitos à transmissão forçada, como, por exemplo, se dá nas cláusulas de testamento e doação que imponham apenas a impenhorabilidade dos bens, sem declará-los inalienáveis.

No que toca à impenhorabilidade *processual*, também ocorre a distinção entre bens *absolutamente impenhoráveis e relativamente impenhoráveis*, embora o sentido seja diverso daquele de direito substancial: para o processo aqueles são os que nunca podem ser penhorados (CPC/2015, art. 833) e estes os que só se sujeitam à penhora na falta de outros bens do devedor (art. 834).

Deve-se, outrossim, ter a penhorabilidade como a regra e a impenhorabilidade como a exceção.

A penhora de bens impenhoráveis é ato plenamente nulo, mas a nulidade é apenas do ato e não de todo o processo[70]. No caso de penhora de bens relativamente impenhoráveis, o silêncio do devedor convalida o ato.

238. NOÇÃO DE IMPENHORABILIDADE

Com a abolição da antiga responsabilidade pessoal e com a implantação da *responsabilidade patrimonial* no campo do cumprimento das obrigações, estabeleceu-se um princípio sancionatório fundamental para o processo de execução, que nosso Código assim enuncia:

---

[68] AMARAL SANTOS, Moacyr. *Op. cit.*, n. 839, p. 280.

[69] CASTRO, Amílcar de. *Comentários ao Código de Processo Civil*. 2. ed. Rio de Janeiro: Forense, 1963, v. X, n. 196, p. 191.

[70] A regra da impenhorabilidade de certos bens é de ordem pública, razão pela qual pode ser arguida "em qualquer fase ou momento, devendo inclusive ser apreciada de ofício" (STJ, 4ª T., REsp 262.654/RS, Rel. Min. Sálvio de Figueiredo Teixeira, ac. 05.10.2000, DJU 20.11.2000, p. 302). No mesmo sentido: STJ, 2ª T., AgRg no AREsp 223.196/RS, Rel. Min. Humberto Martins, ac. 16.10.2012, *DJe* 24.10.2012; STJ, 3ª T., AgRg no AREsp 55.742/RS, Rel. Min. Sidnei Beneti, ac. 13.12.2011, *DJe* 01.02.2012).

"o devedor responde com todos os seus bens presentes e futuros para o cumprimento de suas obrigações, salvo as restrições estabelecidas em lei" (CPC/2015, art. 789).

Portanto, a exequibilidade geral do patrimônio do devedor é a regra que, todavia, admite exceções ou restrições, que a lei mesma se incumbe de estatuir.

Dentre essas restrições figuram os casos de impenhorabilidade, que formam um conjunto de bens considerados pelo direito positivo como "núcleo patrimonial essencial do indivíduo", inacessível à expropriação que se pratica na execução das obrigações pecuniárias[71].

239. BENS ABSOLUTAMENTE IMPENHORÁVEIS

O art. 833 do CPC/2015 enumera vários casos de bens patrimoniais disponíveis que são impenhoráveis, levando-se em conta razões diversas, de origem ético-social, humanitária, política ou técnico-econômica[72]. Enfrentou, outrossim, exigências contemporâneas tanto para explicitar novas situações de impenhorabilidade como para impor limites à exclusão de certos bens que o Código anterior isentava, de forma absoluta, da execução[73].

A regulamentação do art. 833 engloba situações tanto de direito material como processual, declarando impenhoráveis os bens a que se referem os itens abaixo.

239.1. Os bens inalienáveis e os declarados, por ato voluntário, não sujeitos à execução (art. 833, I)

Os bens públicos são sempre impenhoráveis, dada a sua intrínseca inalienabilidade (CC, art. 100). Não há penhora na execução contra a Fazenda Pública (CPC/2015, art. 910). O mesmo ocorre com certos direitos reais sobre bens alheios, como o usufruto[74].

Os bens particulares podem se tornar inalienáveis ou apenas impenhoráveis[75], em atos de vontade unilaterais ou bilaterais, como nas doações, testamentos, instituição do bem de família etc.[76-77] Caso de impenhorabilidade de larga aplicação prática é o dos bens vinculados às cédulas de crédito rural enquanto não resgatado o financiamento (Decreto-Lei n. 167, de 14.02.67, art. 69).

---

[71] FÉRES, Marcelo Andrade. Ampliação da impenhorabilidade da pequena propriedade rural: leitura a partir do novo art. 649, VIII, do CPC (Lei n. 11.382/2006). *Revista Dialética de Direito Processual*, n. 47, p. 80.

[72] ROCCO, Ugo. *Tratado de derecho procesal civil*. Buenos Aires: Depalma, 1979, v. V, p. 191.

[73] "A *ratio essendi* do art. 649 do CPC [art. 833 do CPC/2015] decorre da necessidade de proteção a certos valores universais considerados de maior importância, quais sejam o Direito à vida, ao trabalho, à sobrevivência, à proteção à família" (STJ, 2ª T., REsp 864.962/RS, Rel. Min. Mauro Campbell Marques, ac. 04.02.2010, DJe 18.02.2010). É por essa razão que o juiz pode conhecer de ofício dessa matéria (STJ, 4ª T., REsp 262.654/RS, Rel. Min. Sálvio de Figueiredo Teixeira, ac. 05.10.2000, DJU 20.11.2000, p. 302).

[74] "O direito real de usufruto é impenhorável, mas há possibilidade de a penhora recair sobre o seu exercício ou sobre os seus frutos" (STJ, 3ª T., AgRg no AREsp 86.620/RS, Rel. Min. Paulo de Tarso Sanseverino, ac. 10.12.2013, DJe 17.12.2013).

[75] "O gravame da impenhorabilidade pode ser instituído independentemente da cláusula de inalienabilidade. O donatário não estará impedido de alienar, mas o bem ficará a salvo de penhoras" (STJ, 4ª T., REsp 226.142/MG, Rel. Min. Barros Monteiro, ac. 02.03.2000, DJU 29.05.2000, p. 160).

[76] Qualquer que seja a inalienabilidade do bem particular, não prevalecerá ela em face das obrigações tributárias (CTN, art. 186). Sobre o bem de família também há exceções à impenhorabilidade legal (v., adiante, item 242).

[77] "Os bens deixados em herança, ainda que gravados com cláusula de inalienabilidade ou de impenhorabilidade, respondem pelas dívidas do morto (...). A cláusula testamentária de inalienabilidade não impede a penhora em execução contra o espólio" (STJ, 3ª T., REsp 998.031/SP, Rel. Min. Humberto Gomes de Barros, ac. 11.12.2007, DJU 19.12.2007, p. 1.230).

Observe-se, a propósito, que o Decreto-Lei n. 167, que é lei especial, não foi revogado pelo Código, de maneira que suas normas, que aliás, não conflitam com as da nova codificação, subsistem em vigor.[78]

Por se não permitir que os bens "objeto de penhor ou hipoteca constituídos pelas cédulas de crédito rural" sejam penhorados, arrestados ou sequestrados por outras dívidas do emitente ou do terceiro empenhador ou hipotecante, o que criou o legislador para os órgãos financiadores da economia rural foi mais do que uma garantia real, pois conferiu-lhes "verdadeira garantia exclusiva".[79]

Essa imunidade executiva que envolve os bens vinculados às cédulas rurais hipotecárias e pignoratícias não é absoluta e deve cessar quando se decreta a insolvência do devedor, já que do concurso universal de credores não se exclui nenhum credor, a não ser a Fazenda Pública;[80] e não prevalece, obviamente, quando a execução é movida pelo próprio titular da garantia cedular.

Outro caso interessante de impenhorabilidade legal é a que prevê o art. 76 da Lei n. 9.610, de 19.02.1998, e que compreende, em matéria de direitos autorais, "a parte do produto dos espetáculos reservada ao autor e aos artistas".

Com a ampla permissão legal para o negócio jurídico processual (art. 190 do CPC/2015), é possível a convenção entre credor e devedor no sentido de excluir do âmbito da penhorabilidade um ou alguns bens[81]. A eficácia de tal negócio, todavia, só prevalece entre os contratantes, como é natural da força obrigatória dos contratos. Terceiros, portanto, não serão afetados por semelhante impenhorabilidade convencional[82].

239.2. Os móveis, os pertences e as utilidades domésticas que guarnecem a residência do executado (art. 833, II)

Prevê o art. 833, II, a impenhorabilidade dos móveis, dos pertences e das utilidades domésticas que guarnecem a residência do executado, "salvo os de elevado valor ou os que ultrapassem as necessidades comuns".[83] Prevalece, na espécie, além do resguardo da dignidade da pessoa humana, o intuito de evitar penhora sobre bens que geralmente não encontram preços significativos na expropriação judicial e cuja privação pode acarretar grandes sacrifícios de ordem pessoal e familiar para o executado. A impenhorabilidade legal, no entanto, sofre limitações instituídas para manter o privilégio dentro do razoável, como, *v.g.*, se acha ressalvado no final do texto do inciso II do art. 833.

---

[78] ARRUDA ALVIM NETTO, José Manoel de. "Parecer", *in Revista Forense*, 246/334-335, abr-maio-jun/1974. Várias outras cédulas de crédito foram instituídas posteriormente ao Dec.-Lei n. 167, adotando o mesmo regime de impenhorabilidade por terceiros, como, *v.g.*, as cédulas de crédito industriais, disciplinadas pelo Dec.-Lei n. 413, de 09.01.1969.

[79] ARRUDA ALVIM, NETTO, José Manoel de. *Op. cit.*, p. 339.

[80] 1º TACSP, Apel. 215.321, ac. de 17.12.75, *in RT*, 487/104. "... a jurisprudência do colendo Superior Tribunal de Justiça relativizou o princípio da impenhorabilidade, permitindo o ato constritivo após o vencimento da cédula de crédito, facultando-se a outro credor obter a penhora do bem, obedecido o direito de prelação do credor rural hipotecário." (TJMG, 11ª Câm. Cív., Agravo Inst. 1.0016.02.022531-0/001 Rel. Des. Duarte de Paula, ac. 11.10.2006, *DJMG* 11.11.2006).

[81] "A penhorabilidade dos bens, observados os critérios do art. 190 do CPC, pode ser objeto de convenção processual das partes" (Enunciado n. 153/CEJ/CJF).

[82] "O pacto de impenhorabilidade (arts. 190, 200 e 833, I) produz efeito entre as partes, não alcançando terceiros" (Enunciado n. 152/CEJ/CJF).

[83] Também a lei que protege o bem de família (imóvel residencial do devedor e seus familiares), tornando-o impenhorável, inclui na proteção legal "todos os equipamentos, inclusive os de uso profissional, ou móveis que guarnecem a casa, desde que quitados" (Lei n. 8.009/1990, art. 1º, parágrafo único).

Cumpre ressaltar, outrossim, que a lei afasta a penhora desses bens domésticos apenas quando "guarnecem a residência do executado", razão pela qual, para Araken de Assis, se "situados em outro local, como o escritório profissional (exceto tratando-se de peça integrada à residência, na qual o obrigado trabalha à noite, ou aos finais de semana, e, por comodidade, dotada de um pequeno refrigerador, por exemplo) e a casa de veraneio, comportam penhora". E acrescenta: "os imóveis de lazer, em si, consoante disciplina conhecida da Lei n. 8.009/1990, bem como os respectivos móveis, pertenças e utilidades domésticas, situados nesses locais de ocupação transitória, ou periódica, são plenamente penhoráveis".[84]

Assim, para evitar abusos ou fraudes, excluíram-se, ainda, da impenhorabilidade: (i) os *bens de elevado valor* (como obras de arte, aparelhos eletrônicos sofisticados, tapetes orientais, móveis de antiquário, automóveis etc.); e (ii) os *bens que ultrapassem as necessidades comuns correspondentes* a um médio padrão de vida (como uma quantidade maior de televisões, geladeiras, aparelhos de som e projeção etc.).

Por fim, a impenhorabilidade aqui cogitada cessa quando a execução se refere a dívida relativa ao próprio bem, inclusive aquela contraída na aquisição do objeto a constringir (art. 833, § 1º).

239.3. Os vestuários, bem como os pertences de uso pessoal do executado, salvo se de elevado valor (art. 833, III)

A justificativa, aqui, é a mesma utilizada no inciso II. Também nesse caso o legislador impôs limitação à impenhorabilidade, de modo a dela excluir os bens de elevador valor (como roupas de alta costura, bebidas finas importadas, joias, relógios de ouro).

Também no caso do inciso III, a impenhorabilidade cessa quando a execução se refere a dívida contraída para adquirir o objeto a executar (art. 833, § 1º).

239.4. Os vencimentos e outras verbas de natureza alimentar (art. 833, IV)

Considera, o inciso IV do art. 833, impenhoráveis as seguintes verbas: "os vencimentos, os subsídios, os soldos, os salários, as remunerações, os proventos de aposentadoria, as pensões, os pecúlios e os montepios, bem como as quantias recebidas por liberalidade de terceiro e destinadas ao sustento do devedor e de sua família, os ganhos de trabalhador autônomo e os honorários de profissional liberal, ressalvado o § 2º".

A enumeração desse inciso é vista como meramente exemplificativa[85] e deve englobar qualquer verba que sirva ao sustento do executado e de sua família.[86] O dispositivo detalha e

---

[84] ASSIS, Araken de. *Manual da execução*. 18. ed. revista, atualizada e ampliada, São Paulo: Editora Revista dos Tribunais, 2016, n. 48.2, p. 339.

[85] Por exemplo, "na expressão 'salários', empregada pelo art. 649, IV, do CPC [art. 833, IV, do CPC/2015], há de compreender-se a *comissão*, percebida por *leiloeiros*, não se justificando a exegese restritiva, que não compadece com a razão de ser da norma. Impenhorável aquela remuneração, não se admite seja colocada à disposição do juízo com a finalidade de garantir a execução" STJ, 3ª T., REsp. 204.066/RJ, Rel. Min. Eduardo Ribeiro, ac. 27.04.1999, *DJU* 31.5.1999, p. 147).

[86] Ressalva Araken de Assis que a descrição legal mostra-se ainda insatisfatória, sendo preferível que mencionasse "retribuição pecuniária" ou "remuneração". Exemplificando o seu entendimento, explica o autor que o leiloeiro, exerce atividade por conta própria, mas como um agente auxiliar do comércio, matriculado na Junta Comercial, razão pela qual não pode ser qualificado como profissional liberal ou trabalhador autônomo. A despeito disso, por identidade de motivos, suas comissões seriam impenhoráveis. A regra, destarte, segundo o autor, "exige interpretação extensiva para alcançar seus elevados fins sociais" (ASSIS, Araken de. *Manual cit.*, n. 48.4, p. 342). No mesmo sentido: BUENO, Cassio Scarpinella. *Curso sistematizado de direito processual civil*. São Paulo: Saraiva, 2008, v. 3, p. 225.

reúne num só inciso as remunerações do trabalho e as verbas de aposentadoria e pensionamento. Tem-se, então, como impenhoráveis, na dicção ampla do inciso, "os vencimentos, os subsídios, os soldos, os salários, as remunerações, os proventos de aposentadoria, as pensões, os pecúlios e os montepios". Estende-se o benefício legal a verbas de finalidades equiparáveis ao pensionamento, como "as quantias recebidas por liberalidade de terceiro e destinadas ao sustento do devedor e sua família". Daí o entendimento de Araken de Assis de que "a impenhorabilidade envolve a renda da pessoa natural".[87]

Também por sua destinação de "socorro ao trabalhador", são absolutamente impenhoráveis as contas vinculadas ao FGTS[88] e ao PIS (Lei n. 8.036/1990, art. 2º § 2º; LC n. 26/1975, art. 4º)[89]. Em caráter excepcional, no entanto, o STJ tem admitido a penhora de saldo do FGTS para execução de alimentos stricto sensu, "nos casos de comprometimento de direito fundamental do titular do fundo [risco de prisão] ou de seus dependentes" [premência de atender às necessidades imediatas da prole][90].

Em face de antiga divergência jurisprudencial, em torno de serem ou não verbas alimentares os honorários de advogado[91], o inciso IV do art. 833 qualifica como verba alimentar impenhorável todos "os ganhos de trabalhador autônomo e os honorários de profissional liberal". Dessa maneira, a impenhorabilidade legal foi além dos honorários de advogado, para atingir toda e qualquer remuneração obtida por exercício autônomo de trabalho ou profissão.

Aliás, em matéria de precatórios judiciais, a Lei n. 11.033, de 21.12.2004, já reconhecia que, entre os créditos de natureza alimentar, incluíam-se os honorários advocatícios (art. 19, parágrafo único, I). Diante da nova disposição legal, não remanescem dúvidas acerca da natureza alimentar e da impenhorabilidade de todos os honorários ou ganhos obtidos como remuneração do trabalho de profissionais liberais ou não. Nesse sentido, importante ressaltar julgado do STJ que inadmitiu a penhora de remuneração paga ao executado por serviços médicos prestados à cooperativa médica da qual ele era associado.[92]

---

[87] ASSIS, Araken de. *Manual cit.*, n. 84.4, p. 341.

[88] "Apesar da natureza alimentar dos honorários advocatícios, não é permitido o bloqueio do saldo do Fundo de Garantia por Tempo de Serviço (FGTS) para o pagamento de créditos relacionados a honorários, sejam contratuais ou sucumbenciais, em razão da impenhorabilidade absoluta estabelecida pelo art. 2º, § 2º, da Lei n. 8.036/1990" (STJ, 4ª T., REsp. 1.913.811/SP, Rel. Min. Antonio Carlos Ferreira, ac. 10.09.2024, *DJe* 16.09.2024).

[89] Desaparece, porém, a impenhorabilidade, depois que o beneficiário sacou o valor da conta do FGTS e o depositou em conta corrente bancária comum (TJDF, Proc. n. 2013.00.2.025760-8. Acórdão n. 745.654 – Ag de Inst., Rel. Des. João Egmont, *DJe-TJDFT*, 8.1.2014, p. 248).

[90] STJ, 3ª T., REsp 1.619.868/SP, Rel. Min. Ricardo Villas Bôas Cueva, ac. 24. 10.2017, *DJe* 30.10.2017. Ressalvou, o aresto, contudo, que a interpretação ampliativa excepcional, em favor de dívida alimentar, não franqueia a penhora do FGTS para pagamento de honorários advocatícios sucumbenciais e outros honorários devidos a profissionais liberais.

[91] Sobre serem os honorários de sucumbência prestação alimentícia, vejam-se os acórdãos do STF no RE 170.220-6, *DJU* 07.08.1998, p. 41 e *RT* 718/240. Em sentido contrário: STJ, REsp 653.864, *DJU* 13.12.2004, p. 339 e STF, RE 143.802-9/SP-Edcl-Edcl, *DJU* 09.04.1999, p. 34. A antiga divergência, no entanto, foi superada pelo STF e pelo STJ: "Os honorários advocatícios contratuais e sucumbenciais possuem natureza alimentar. Divergência jurisprudencial, antes existente neste Tribunal, dirimida após o julgamento do REsp n. 706.331PR pela Corte Especial. Entendimento semelhante externado pelo Excelso Pretório (RE 470.407, rel. Min. Marco Aurélio). Reconhecido o caráter alimentar dos honorários advocatícios, tal verba revela-se insuscetível de penhora" (STJ, 2ª T., REsp 865.469/SC, Rel. Min. Mauro Campbell Marques, ac. 5.8.2008, *DJe* 22.8.2008).

[92] STJ, 3ª T., AgRg no REsp. 1.374.755/SP, Rel. Min. Sidnei Beneti, ac. 28.05.2013, *DJe* 14.06.2013.

239.4.1. Ressalva em prol dos créditos alimentícios

Em relação a todas as verbas do inciso IV, há uma ressalva legal que abre possibilidade para a penhora, qual seja: se o débito em execução consistir em prestação de alimentos, torna-se cabível a penhora sobre salários, remunerações e outras verbas equivalentes auferidas por aquele que responda pela pensão alimentícia (§ 2º do art. 833).[93] Embora admitida a penhora para ocorrer ao pagamento de pensão alimentícia, não poderá a constrição ser total. Haverá de se preservar, sempre, o necessário para prover a subsistência do próprio executado (alimentante)[94].

Em relação ao tema, a Corte Especial do STJ, em julgamento de recurso repetitivo (Tema 1153), firmou a tese segundo a qual "a verba honorária sucumbencial, a despeito da sua natureza alimentar, não se enquadra na exceção prevista no § 2º do art. 833 do CPC/2015 (penhora para pagamento de prestação alimentícia)"[95].

239.4.2. Progressivas limitações à impenhorabilidade das verbas alimentares

Constava do § 3º do art. 649 do CPC/1973, em texto aprovado pelo Congresso, a previsão de um limite para a impenhorabilidade das verbas alimentares, de sorte que acima do valor correspondente a 20 salários mínimos, 40% da remuneração tornar-se-iam penhoráveis. Essa limitação, todavia, não se converteu em lei, uma vez que foi atingida por veto do Presidente da República.

Sem embargo do veto presidencial, a interpretação sistemática e teleológica à época daquele Código, e perfeitamente aplicável ao atual, não pode conduzir a uma impenhorabilidade absoluta das verbas provenientes de remuneração do trabalho. Isto somente se justifica enquanto subsistir a destinação do numerário ao sustento pessoal e familiar do titular. Assim, já entendeu o STJ ser possível, excepcionalmente, "a afetação de parcela menor de montante maior, desde que o percentual afetado se mostre insuscetível de comprometer o sustento do favorecido e de sua família".[96]

Se as somas em questão, por exemplo, são desviadas para entesouramento ou especulação financeira, perdem sua natureza alimentar e, por consequência, passam à categoria de parcelas do patrimônio comum, sujeito a responder pelas obrigações do devedor inadimplente, como seus demais bens de fundo econômico. É o que se passa, por exemplo, com os saldos bancários não utilizados pelo titular durante longo tempo, de modo a evidenciar que não depende dele para o custeio normal da subsistência do devedor e sua família; e, principalmente, o que ocorre quando os recursos oriundos de remuneração do trabalho são aplicados em operações financeiras a longo prazo.[97]

---

[93] "1. Honorários advocatícios, sejam contratuais, sejam sucumbenciais, possuem natureza alimentar. (EREsp 706.331/PR, Rel. Ministro Humberto Gomes de Barros, Corte Especial, DJe 31.03.2008). 2. Mostrando-se infrutífera a busca por bens a serem penhorados e dada a natureza de prestação alimentícia do crédito do exequente, de rigor admitir o desconto em folha de pagamento do devedor, solução que, ademais, observa a gradação do art. 655 do CPC [CPC/2015, art. 835], sem impedimento da impenhorabilidade constatada do art. 649, IV, do CPC [CPC/2015, art. 833, IV]. 3. Recurso Especial provido" (STJ, 3ª T., REsp 948.492/ES, Rel. Min. Sidnei Beneti, ac. 01.12.2011, DJe 12.12.2011).

[94] STJ, 3ª T., REsp. 770.797/RS, Rel. Min. Nancy Andrighi, ac. 29.11.2006, DJU 18.12.2006, p. 377.

[95] STJ, Corte Especial, REsp. 1.954.382/SP, Rel. Min. Ricardo Villas Bôas Cueva, ac. 05.06.2024, DJe 17.09.2024.

[96] STJ, 2ª T., REsp; 1.264.358/SC, Rel. Min. Humberto Martins, ac. 25.11.2014, DJe 05.12.2014.

[97] "Se os rendimentos salariais deixam de ser utilizados e permanecem por algum tempo em conta-corrente, não sendo consumidos no mês do recebimento, ou são revertidos para aplicação financeira, ou lhes é dada qualquer outra destinação, tal circunstância é indicativa da perda da sua natureza alimentar. Não é o simples fato de o salário se encontrar depositado em conta bancária (conta corrente comum) que deixa de ser impenhorável... É a mudança de destinação, caracterizada pelo depósito da verba em poupança ou

O STJ, ainda à época do CPC/1973, reconheceu, por meio dessa interpretação criativa, que os honorários de advogado poderiam ser executados parcialmente, porque a execução visava satisfação de crédito do cliente vítima de falta de repasse de valores, por parte do próprio causídico. Argumentava-se, ainda, que a parcela de honorários penhorada não comprometia a subsistência do executado.[98] Por outro lado, aquela alta Corte possui entendimento sedimentado no sentido de ser possível a penhora de "verbas remuneratórias para pagamento de honorários advocatícios", tendo em vista que "têm natureza alimentícia".[99]

Muitos outros abrandamentos à impenhorabilidade dos rendimentos do trabalho têm sido admitidos pelo STJ, como se pode ver, exemplificativamente, dos dois arestos abaixo, ambos de teor que continua aplicável dentro do regime do atual Código de Processo Civil:

239.4.3. Limitação da impenhorabilidade ao último salário mensal

"1. A Segunda Seção pacificou o entendimento de que a remuneração protegida pela regra da impenhorabilidade é a última percebida – a do último mês vencido – e, mesmo assim, sem poder ultrapassar o teto constitucional referente à remuneração de Ministro do Supremo Tribunal Federal. Após esse período, eventuais sobras perdem tal proteção.

2. É possível ao devedor poupar valores sob a regra da impenhorabilidade no patamar de até quarenta salários mínimos, não apenas aqueles depositados em cadernetas de poupança, mas também em conta-corrente ou em fundos de investimento, ou guardados em papel-moeda.

3. Admite-se, para alcançar o patamar de quarenta salários mínimos, que o valor incida em mais de uma aplicação financeira, desde que respeitado tal limite.

4. Embargos de divergência conhecidos e providos."[100]

Nesse sentido é a lição de Leonardo Greco que, trazendo subsídios da legislação estrangeira que também limita a impenhorabilidade dos vencimentos – Alemanha, França, Espanha, Portugal e Estados Unidos –, conclui:

"Antes mesmo dessa reforma, parece-me indispensável recorrer à já citada teoria da integração de lacunas ocultas, em especial por redução teleológica, para sujeitar essa norma pelo menos a um limite temporal, sem o qual ela constituirá instrumento abusivo de iníquo privilégio em favor do devedor, para considerar que a impenhorabilidade de toda a remuneração, somente perdura no mês da percepção. Tal como a lei estabelece o limite de um mês para os alimentos e combustíveis (inciso II), aqui também esse limite se impõe. Até a percepção da remuneração do mês seguinte, toda a remuneração mensal é

---

outra aplicação financeira, bem como a permanência do numerário sem utilização por prazo considerável que indica a perda da natureza alimentar dos rendimentos salariais" (REINALDO FILHO, Demócrito. Penhora: possibilidade sobre saldos de contas bancárias de origem salarial – Interpretação do inciso IV do art. 649 do CPC em face da alteração promovida pela Lei n. 11.382, de 06.12.06. *Rev. Magister de Direito Civil e Processual Civil*, v. 24, p. 67-68, maio-jun/2008). No mesmo sentido: DINAMARCO, Cândido Rangel. *Instituições de Direito Processual Civil*. São Paulo: Malheiros, 2004, v. IV, n. 1.548, p. 350.

[98] STJ, 3ª T., REsp 1.326.394/SP, Rel. Min. Nancy Andrighi, ac. 12.03.2013, *DJe* 18.03.2013.

[99] STJ, 3ª T., REsp. 1.365.469/MG, Rel. Min. Nancy Andrighi, ac. 18.06.2013, *DJe* 26.06.2013. No mesmo sentido: STJ, 4ª T., AgRg no AREsp. 632.356/RS, Rel. Min. Luis Felipe Salomão, ac. 03.03.2015, *DJe* 13.03.2015; STJ, Corte Especial, EDcl nos EAREsp. 387.601/RS, Rel. Min. Benedito Gonçalves, ac. 26.02.2015, *DJe* 04.03.2015.

[100] STJ, 2ª Seção, EREsp 1.330.567/RS, Rel. Min. Luis Felipe Salomão, ac. 10.12.2014, *DJe* 19.12.2014. No mesmo sentido: STJ, 2ª T., AgRg no AREsp. 565.827/PE, Rel. Min. Assusete Magalhães, ac. 23.06.2015, *DJe* 01.07.2015.

impenhorável e pode ser consumida pelo devedor, para manter padrão de vida compatível com o produto do seu trabalho. Mas a parte da remuneração que não for utilizada em cada mês, por exceder as necessidades de sustento suas e de sua família, será penhorável como qualquer outro bem do seu patrimônio".[101]

239.4.4. Limitação da impenhorabilidade a parte da remuneração

A dificuldade do sistema engendrado pela jurisprudência para permitir a excepcional penhora de parte do salário ou de outros rendimentos do devedor residia na complexidade da quantificação da parcela a reter para cobrir o necessário à subsistência digna do executado. Tome-se como exemplo o que se decidiu no seguinte aresto do STJ:

> "1. É firme nesta Corte Superior o entendimento que reconhece a natureza alimentar dos honorários advocatícios e a impossibilidade de penhora sobre verba alimentar, em face do disposto no art. 649, IV, do CPC.
>
> 2. Contudo, a garantia de impenhorabilidade assegurada na regra processual referida não deve ser interpretada de forma gramatical e abstrata, podendo ter aplicação mitigada em certas circunstâncias, como sucede com crédito de natureza alimentar de elevada soma, que permite antever-se que o próprio titular da verba pecuniária destinará parte dela para o atendimento de gastos supérfluos, e não, exclusivamente, para o suporte de necessidades fundamentais.
>
> 3. Não viola a garantia assegurada ao titular de verba de natureza alimentar a afetação de parcela menor de montante maior, desde que o percentual afetado se mostre insuscetível de comprometer o sustento do favorecido e de sua família e que a afetação vise à satisfação de legítimo crédito de terceiro, representado por título executivo.
>
> 4. Sopesando criteriosamente as circunstâncias de cada caso concreto, poderá o julgador admitir, excepcionalmente, a penhora de parte menor da verba alimentar maior sem agredir a garantia desta em seu núcleo essencial.
>
> 5. Com isso, se poderá evitar que o devedor contumaz siga frustrando injustamente o legítimo anseio de seu credor, valendo-se de argumento meramente formal, desprovido de mínima racionalidade prática.
>
> 6. Caso se entenda que o caráter alimentar da verba pecuniária recebe garantia legal absoluta e intransponível, os titulares desses valores, num primeiro momento, poderão experimentar uma sensação vantajosa e até auspiciosa para seus interesses. Porém, é fácil prever que não se terá de aguardar muito tempo para perceber os reveses que tal irrazoabilidade irá produzir nas relações jurídicas dos supostos beneficiados, pois perderão crédito no mercado, passando a ser tratados como pessoas inidôneas para os negócios jurídicos, na medida em que seus ganhos constituirão coisa fora do comércio, que não garante, minimamente, os credores.
>
> 7. Recurso especial a que se nega provimento."[102]

Nesse contexto, embora reconhecendo que a impenhorabilidade dos vencimentos visa à preservação da dignidade do devedor, garantindo a manutenção do mínimo existencial, aquela

---

[101] GRECO, Leonardo. *O Processo de Execução*. Rio de Janeiro: Renovar, 2001, v. II, p. 18-21.

[102] STJ, 4ª T., REsp 1.356.404/DF, Rel. Min. Raul Araújo, ac. 04.06.2013, *DJe* 23.08.2013. Em igual sentido: STJ, 3ª T., REsp 1.673.067/DF, Rel. Min. Nancy Andrighi, ac. 12.09.2017, *DJe* 15.09.2017 (julgamento ainda sob o regime do CPC/1973).

Corte Especial admite a constrição parcial "quando for preservado percentual capaz de dar guarida à dignidade do devedor e de sua família".[103] Isto porque, "só se revela necessária, adequada, proporcional e justificada a impenhorabilidade daquela parte do patrimônio do devedor que seja efetivamente necessária à manutenção de sua dignidade e da de seus dependentes".[104]

239.4.5. Limitações geradas pelo CPC/2015

O verdadeiro impasse que obstaculava o desenvolvimento da tese sobre a penhorabilidade em questão foi superado pelo CPC de 2015, o qual, de maneira objetiva, delimitou a impenhorabilidade das verbas remuneratórias apenas até o limite mensal de cinquenta salários mínimos. Acima disso, tais verbas são suscetíveis de penhora em qualquer execução por quantia certa, e não apenas nas de obrigações alimentares (art. 833, § 2º, *in fine*).

Independentemente do limite acima, o STJ, por sua Corte Especial, admitiu, em caso concreto não alimentar, a penhora de 30% da remuneração mensal do executado a qual era de R$ 33.153,04. Os fundamentos do aresto foram os seguintes:

> "(...) 3. A interpretação dos preceitos legais deve ser feita a partir da Constituição da República, que veda a supressão injustificada de qualquer direito fundamental. A impenhorabilidade de salários, vencimentos, proventos etc. tem por fundamento a proteção à dignidade do devedor, com a manutenção do mínimo existencial e de um padrão de vida digno em favor de si e de seus dependentes. Por outro lado, o credor tem direito ao recebimento de tutela jurisdicional capaz de dar efetividade, na medida do possível e do proporcional, a seus direitos materiais.
>
> 4. O processo civil em geral, nele incluída a execução civil, é orientado pela boa-fé que deve reger o comportamento dos sujeitos processuais. Embora o executado tenha o direito de não sofrer atos executivos que importem violação à sua dignidade e à de sua família, não lhe é dado abusar dessa diretriz com o fim de impedir injustificadamente a efetivação do direito material do exequente.
>
> 5. Só se revela necessária, adequada, proporcional e justificada a impenhorabilidade daquela parte do patrimônio do devedor que seja efetivamente necessária à manutenção de sua dignidade e da de seus dependentes.
>
> 6. A regra geral da impenhorabilidade de salários, vencimentos, proventos etc. (art. 649, IV, do CPC/1973; art. 833, IV, do CPC/2015), pode ser excepcionada quando for preservado percentual de tais verbas capaz de dar guarida à dignidade do devedor e de sua família"[105].

239.4.6. Limitação da penhora de honorários advocatícios com preservação de parcela superior a 50 salários mínimos

De acordo com o § 2º, do art. 833 do CPC/2015, a impenhorabilidade dos honorários advocatícios, e das verbas remuneratórias em geral, cessa após preservação de 50 salários mínimos mensais, para atender à subsistência do devedor e de sua família. Em caso concreto, pretendeu-se que, diante de os honorários atingirem soma elevada, auferida de uma só vez, fosse adotado critério de preservação em volume superior ao fixado pelo dispositivo legal referido.

---

[103] STJ, 3ª T., AgInt no REsp. 1.900.494/MS, Rel. Min. Nancy Andrighi, ac. 22.06.2021, *DJe* 25.06.2021; STJ, 4ª T., AgInt no REsp. 1.732.927/DF. Rel. Min. Marcos Buzzi, ac. 12.02.2019, *DJe* 22.03.2019.

[104] STJ, Corte Especial, EREsp. 1.582.475/MG, Rel. Min. Benedito Gonçalves, ac. 03.10.2018, *DJe* 16.10.2018.

[105] STJ, Corte Especial, EREsp 1.582.475/MG, Rel. Min. Benedito Gonçalves, ac. 03.10.2018, *DJe* 19.03.2019.

Argumentou-se que 50 salários mínimos seriam insuficientes para cumprir o objetivo de assegurar a subsistência condigna visada pela lei. Decidiu, porém, o STJ que o quantum destinado a essa finalidade já foi fixado pela lei, não havendo como o julgador ignorá-lo[106].

239.4.7. Possibilidade de penhora parcial dos proventos de aposentadoria

A previsão do art. 833, § 2º, do CPC/2015, de afastamento parcial da impenhorabilidade nas verbas remuneratórias, inclusive proventos de aposentadoria, não se limita às execuções de alimentos, devendo, no entanto, respeitar-se a reserva do necessário à subsistência condigna do devedor e de sua família. Assim, reconheceu o STJ a possibilidade de o advogado executar seus honorários contratuais ou sucumbenciais, contra aposentado, penhorando-lhe parcela da aposentadoria.

Destacou o aresto, porém, que, em casos da espécie, impõem-se a consideração de que "para uma família de baixa renda, qualquer percentual de constrição sobre os proventos do arrimo pode vir a comprometer gravemente o sustento do núcleo essencial, ao passo que o mesmo não necessariamente ocorre quanto à vida, pessoal ou familiar, daquele que recebe elevada remuneração. Assim, a penhora de verbas de natureza remuneratória deve ser determinada com zelo, em atenta e criteriosa análise de cada situação, sendo indispensável avaliar concretamente o impacto da penhora sobre a renda do executado". Na particularidade do caso concreto, aquela Alta Corte decidiu que a penhora seria limitada a 10% dos rendimentos líquidos do executado, para evitar "grave comprometimento da subsistência básica do devedor e do seu núcleo essencial"[107].

239.4.8. Limitação da penhora de proventos advindos de aposentadoria privada de caráter complementar

Em regra, os depósitos bancários para fins de previdência social têm as mesmas características da previdência estatal e, como tal, devem ser tratadas como impenhoráveis, nos termos do art. 833, IV, do CPC/2015 (proventos de aposentadoria, as pensões, os pecúlios e os montepios).[108]

---

[106] "Recurso Especial. Processo civil. Execução de título extrajudicial. Nota promissória vencida e não paga. Penhora no rosto dos autos. Honorários advocatícios de sucumbência. Impenhorabilidade dos honorários de profissional liberal. Exceção do § 2º do art. 833. Penhora das importâncias excedentes a 50 salários mínimos. Flexibilização. Inadmissibilidade. 1. Execução ajuizada em 20.09.2012. Recurso especial interposto em 23.11.2017 e atribuído ao gabinete em 18.05.2018. Julgamento: CPC/15. 2. O propósito recursal no STJ consiste em definir o alcance do art. 833, §2º, do CPC/15, sobretudo, se a penhora pode ser reduzida para 30% dos honorários advocatícios a serem recebidos em outro processo, em vez do parâmetro legal de 50 salários-mínimos. 3. Utilizando o mesmo raciocínio em que se baseou esta Corte ao interpretar o processo de execução no código revogado, deve ser preservada a subsistência digna do devedor e de sua família. A percepção de qual é efetiva e concretamente este mínimo patrimonial a ser resguardado já foi adotada em critério fornecido pelo legislador: 50 salários-mínimos mensais. 4. Será reservado em favor do devedor pelo menos esta quantia, ainda que os valores auferidos a título salarial entrem para a sua esfera patrimonial de uma única vez e não mensalmente e, por este motivo, excedam eventualmente muito mais do que este critério prático e objetivo. 5. Recurso especial conhecido e não provido" (STJ, 3ª T., Resp 1.747.645/DF, Rel. Min. Nancy Andrighi, ac. 07.08.2018, DJe 10.08.2018). Tese firmada em Recurso Repetitivo, para os fins do art. 1.040 do CPC: "A verba honorária sucumbencial, a despeito da sua natureza alimentar, não se enquadra na exceção prevista no § 2º do art. 833 do CPC/2015 (penhora para pagamento de prestação alimentícia)" (STJ, Corte Especial, REsp 1.954.380/SP, Rel. Min. Ricardo Villas Bôas Cueva, ac. 05.06.2024, DJe 17.09.2024).

[107] STJ, 4ª T., AgInt no Resp 1.732.927/DF, Rel. Min. Raul Araújo, ac. 12.02.2019, DJe 22.03.2019.

[108] "Os proventos advindos de aposentadoria privada de caráter complementar têm natureza salarial e encontram-se abrangidos pela dicção do art. 649, IV, do CPC [CPC/2015, art. 833, IV]" (STJ, 2ª T., Resp. 1.442.482/PE, Rel. Min. Mauro Campbell Marques, ac. 04.12.2014, DJe 19.12.2014). No mesmo sentido: STJ, 4ª T., Resp. 536.760/SP, Rel. Min. Cesar Asfor Rocha, ac. 07.10.2003, DJU 15.12.2003, p. 318.

Não se trata, porém, de uma impenhorabilidade absoluta. O próprio Código, no § 2º do dispositivo em questão, ressalva a possibilidade de penhora para "pagamento de prestação alimentícia", bem como admite, para execução de qualquer outra dívida, a constrição do saldo que sobejar o teto de 50 salários mínimos mensais.

Interpretando-se a sistemática desse dispositivo, é de se concluir que, enquanto o dinheiro está no investimento complementar da previdência, ele tem caráter alimentar e não pode ser penhorado. Entretanto, ocorrida a incorporação no patrimônio do beneficiário, a situação é diversa, podendo-se, em casos especiais, admitir sua constrição.

Nesse sentido, decisão monocrática proferida pelo Min. Antônio Carlos Ferreira, que é bastante elucidativa:

"... Por isso, a impenhorabilidade dos valores depositados em fundo de previdência privada complementar deve ser aferida pelo Juiz casuisticamente, de modo que, se as provas dos autos revelarem a necessidade de utilização do saldo para a subsistência do participante e de sua família, caracterizada estará a sua natureza alimentar. Ou seja, a menos que fique comprovado que, no caso concreto, o participante resgatou as contribuições vertidas ao Plano, sem consumi-las para o suprimento de suas necessidades básicas, valendo-se, pois, do fundo de previdência privada como verdadeira aplicação financeira, o saldo existente se encontra abrangido pelo art. 649, IV, do CPC. (EREsp 1121719/SP, Rel. Ministra NANCY ANDRIGHI, SEGUNDA SEÇÃO, julgado em 12.02.2014).

(...) Diante das peculiaridades do caso, com base em posicionamento do E. Superior Tribunal de Justiça, estando comprovado que os valores não são necessários à subsistência da executada, a manutenção da penhora é medida de rigor (e-STJ fls. 104/105).

(...) Segundo a orientação firmada nos EREsp n. 1.121.719/SP, julgados em 12.2.2014, invocados no acórdão recorrido, as importâncias recolhidas para a formação do fundo de previdência complementar são, em princípio, impenhoráveis. Quando provado, entretanto, que tais valores não se destinam efetivamente à subsistência do beneficiário e de seus familiares, afasta-se o caráter alimentar e permite-se a constrição. A propósito, no voto-vista que proferi no referido precedente, acentuei:

'O regime da previdência privada é facultativo e se baseia na constituição de reservas que garantam o benefício contratado, nos termos do art. 202 da Constituição Federal. Assim, o capital acumulado em plano de previdência privada representa patrimônio destinado à geração de aposentadoria, possuindo natureza previdenciária e, consequentemente, alimentar. Em tais circunstâncias, acompanho o entendimento da eminente Relatora no sentido de reconhecer a impenhorabilidade dos valores acumulados em planos de benefícios de previdência privada. Sucede, porém, que o regime da previdência privada admite o resgate do saldo aplicado em seus diferentes planos de benefícios. Nesse caso, os valores resgatados podem perder o caráter alimentar, tornando-se penhorável a parte que exceder o que for razoavelmente considerado indispensável, ou útil, para a subsistência e o suprimento das necessidades do titular do plano de previdência complementar. Com efeito, a despeito de a impenhorabilidade das verbas alimentares ser objeto de proteção legal, conforme art. 649, IV, do CPC, tal se limita às que forem indispensáveis à subsistência do devedor, razão pela qual é possível a constrição do que sobejar para o suprimento de suas necessidades básicas. A propósito, a eminente Relatora registrou na ementa de seu voto: 'A menos que fique comprovado que, no caso concreto, o participante resgatou as contribuições vertidas ao Plano, sem consumi-las para o suprimento de suas necessidades básicas, valendo-se, pois, do fundo de previdência privada como verdadeira reserva de capital, o saldo existente se encontra abrangido pelo art. 649, IV, do CPC'. Portanto, as quantias aplicadas em plano de benefício de previdência privada são impenhoráveis tão somente enquanto afetadas para esse propósito. Nada impede a constrição judicial sobre o valor resgatado, na parte que exceder o necessário à subsistência do participante do plano. Ademais, parece-me que a regra da impenhorabilidade do valor acumulado em PGBL pode comportar exceções, como, por exemplo, a prova da ocorrência de um aporte excepcional e desproporcional visando unicamente a proteger capital, em prejuízo de credores. Também não se pode desconhecer a existência de operações financeiras nas quais o saldo em PGBL constitui garantia de empréstimo, sendo possível, a meu ver, a constrição de tais verbas de forma a garantir o pagamento da correspondente dívida'".[109]

Nesse sentido o entendimento do STJ, para quem "a impenhorabilidade dos valores depositados em fundo de previdência privada complementar deve ser aferida pelo Juiz casuisticamente, de modo que, se as provas dos autos revelarem a necessidade de utilização do saldo para a subsistência do participante e de sua família, caracterizada estará a sua natureza alimentar".[110]

239.4.9. Limitação da penhora referente às verbas recebidas a título de rescisão trabalhista

Com relação às verbas rescisórias trabalhistas, o STJ já entendeu que, enquanto a questão está sendo discutida na Justiça especial, trata-se de verba salarial impenhorável, não sendo possível a penhora no rosto dos autos. Entretanto, uma vez integrada ao patrimônio do devedor e satisfeitas suas necessidades imediatas, a verba perde o caráter alimentar:

> "Na hipótese dos autos, não se pode dizer que se trate, propriamente, de sobras de salários não utilizadas no mês em que recebidas pelo empregado. Com efeito, as verbas rescisórias alcançadas após a solução de litígio perante a Justiça do Trabalho constituem poupança forçada de parcelas salariais das quais o empregado se viu privado em seu dia a dia por ato ilícito do empregador. Despesas necessárias, como as relacionadas à saúde, podem ter sido adiadas; arcadas por familiares ou pagas à custa de endividamento.
>
> Penso, portanto, que deverá prevalecer, no caso de indenização trabalhista, solução compatível com o escopo da regra legal, a saber, proteger o sustento básico do devedor e de sua família, e não criar um escudo para que, atrás dele, o executado se escuse do pagamento de suas dívidas.
>
> Assim, enquanto crédito não satisfeito, em disputa nos autos de reclamação trabalhista, trata-se, ao meu sentir, de verba salarial impenhorável, motivo pelo qual se me afigura ilegal penhora no rosto dos autos de reclamação trabalhista, salvo para o fim de solver pensão alimentícia (CPC, art. 649, § 2º) [CPC/2015, art. 833, § 2º].
>
> Posta, todavia, a quantia à disposição do empregado/reclamante, satisfeitas suas necessidades imediatas, e as dívidas contraídas para sua sobrevivência durante o período de litígio e privação, a quantia porventura restante, depositada em conta corrente, caderneta de poupança ou outro tipo de aplicação financeira, não está compreendida na hipótese de impenhorabilidade descrita no inciso IV do art. 649 do CPC [NCOC, art. 833, IV].
>
> (...)

---

[109] STJ, AREsp. 800753, Decisão Min. Antônio Carlos Ferreira, *DJe* 04.05.2016.

[110] STJ, 3ª T., Resp. 1.121.426/SP. Rel. p/ acórdão Min. Nancy Andrighi, ac. 11.03.2014, *DJe* 20.03.2014. No mesmo sentido: STJ, 2ª T., AgRg no Resp. 1.503.161/PE, Rel. Min. Humberto Martins, ac. 05.03.2015, *DJe* 11.03.2015; STJ, 2ª Seção, EREsp. 1.121.719/SP, Rel. Min. Nancy Andrighi, ac. 12.2.2014, *DJe* 04.04.2012.

Considero, portanto, que o valor obtido a título de indenização trabalhista, após longo período depositado em fundo de investimento, perdeu a característica de verba salarial impenhorável (inciso IV). Reveste-se, todavia, de impenhorabilidade a quantia de até quarenta salários mínimos poupada, seja ela mantida em papel moeda, conta-corrente ou aplicada em caderneta de poupança propriamente dita, CDB, RDB ou em fundo de investimentos, desde que a única reserva monetária em nome do recorrente, e ressalvado eventual abuso, má-fé ou fraude, a ser verificado caso a caso, de acordo com as circunstâncias do caso concreto (inciso X)".[111]

239.5. Os bens necessários ou úteis ao exercício da profissão do executado (art. 833, V)

O inciso V do art. 833 do CPC/2015 resguarda de penhora "os livros, as máquinas, as ferramentas, os utensílios, os instrumentos ou outros bens móveis necessários ou úteis ao exercício da profissão do executado". À época do CPC/1973, dúvidas eram suscitadas a respeito da abrangência do privilégio, principalmente em torno das pessoas jurídicas e dos bens imóveis. O STF, em jurisprudência mais antiga, entendia que a impenhorabilidade dos instrumentos de trabalho operava em favor apenas das pessoas físicas, no que chegou a ser seguido pelo STJ[112]. Posteriormente, o entendimento relativizou-se para que a regra da isenção de penhora desse inciso pudesse amparar também as pequenas empresas, em que os sócios pessoalmente desempenhassem os misteres para os quais a sociedade se organizara, como, *v.g.*, oficinas de consertos ou de serviços de limpeza, de pintura, de confecções etc.[113]

Quanto aos bens imóveis, a exegese era restritiva, de modo que mesmo entre as pessoas físicas, como os profissionais liberais, não se estendia a impenhorabilidade à casa ou sala onde se instalava o respectivo escritório.[114]

Prevalecia, portanto, na visão pretoriana, o entendimento de que os instrumentos de trabalho se confundiam com as ferramentas manejáveis pelo profissional. Apenas coisas móveis poderiam enquadrar-se nesse conceito restritivo.

A reforma da Lei n. 11.382/2006, operada na vigência do CPC/1973, reforçou tal posicionamento. Ao transplantar essa impenhorabilidade, o legislador teve o cuidado de explicitar que, a par das ferramentas e utensílios propriamente ditos, a isenção de penhora compreende "outros *bens móveis* necessários ou úteis ao exercício de qualquer profissão". A norma foi encampada pelo inciso V do art. 833 do CPC/2015.

---

[111] STJ, 2ª Seção, Resp. 1.230.060/PR, Rel. Min. Maria Isabel Gallotti, ac. 13.08.2014, *DJe* 29.08.2014.

[112] STF, 1ª T., RE 88.795/SP, Rel. Min. Soares Muñoz, ac. 13.10.1978, *DJU* 10.11.1978, *RTJ* 90/638; STJ, 1ª T., Resp 60.039/SP, Rel. Min. Garcia Vieira, ac. 29.03.95, *DJU* 08.05.1995, p. 12.327, *RSTJ* 73/401; STJ, 3ª T., Ag. 200.068/MG – AgRg, Rel. Min. Nilson Naves, ac. 04.03.1999, *DJU* 04.03.1999, p. 102. Outros tribunais seguiam a mesma linha: 2º TASP, 7ª C., AI 286.213-0/00, Rel. Juiz Garrido de Paula, ac. 26.02.91, *RT* 669/130; TJMS, 1ª T., AI 44.288-2, Rel. Des. Frederico Farias de Miranda, ac. 22.08.1995, *RT* 725/324; TJSP, 2ª C., Ap 277.593-2/9, Rel. Des. Marrey Neto, ac. 23.04.1996, *RT* 731/282; TAMG, 3ª C., AI 4.058, Rel. Juiz Cláudio Costa, ac. 26.02.1985, *RF* 295/280; TJRS, 1ª C., AI 593057128, Rel. Juiz Tupinambá Miguel Castro do Nascimento, ac. 03.08.1993, *RJTJERGS* 161/275; TAMG, 2ª C., ApCiv 212.819-4, Rel. Juiz Caetano Levi Lopes, ac. 19.03.1996, *RJTAMG* 62/308.

[113] STJ, 3ª T., Resp 156.181/RO, Rel. Min. Waldemar Zveiter, ac. 17.12.1998, *DJU* 15.03.1999, p. 217; STJ, 4ª T., Resp. 536.544/SP, Rel. Min. César Asfor Rocha, ac. 16.09.2003, *DJU* 03.11.2003, p. 324; TAMG, 3ª C., AI 6.413, Rel. Juiz Pinheiro Lago, ac. 02.02.1988, *RT* 658/167; STJ, 1ª T., Resp 512.564/SC, Rel. Min. Francisco Falcão, ac. 28.10.2003, *DJU* 15.12.2003, p. 211.

[114] "Imóvel onde funcione escritório de advocacia não se inclui na dicção do art. 649, VI, CPC, nem na sua literalidade e nem no conceito de necessidade, utilidade ou mesmo indispensabilidade que norteia sua interpretação" (STJ, 3ª T, Resp 98.025/RS, Rel. Min. Waldemar Zveiter, ac. 10.02.1998, *DJU* 30.03.1998, p. 41).

Restou, pois, bem explicitada a *mens legis* de privilegiar o profissional com preservação apenas do aparelhamento *móvel* de sua atividade. Os imóveis, ainda que se prestem a sediar o desempenho da profissão, não se inserem no benefício da inexecutibilidade.

A *ratio essendi* do dispositivo não atrita com a orientação que vinha sendo observada pela jurisprudência do STJ, quando estendia a impenhorabilidade às pessoas jurídicas organizadas em pequenas empresas. Dessa maneira, merece ser preservada a orientação daquele Tribunal, desde que se trate realmente de empresa cuja atividade seja desempenhada pessoalmente pelos sócios.

A impenhorabilidade em questão foi estendida expressamente pelo CPC/2015 aos equipamentos, implementos e máquinas agrícolas pertencentes a pessoa física ou empresa individual produtora rural (art. 833, § 3º). A regra, todavia, não se aplica às pessoas jurídicas que se dedicam em escala empresarial ao agronegócio.

O inciso V é mais um daqueles em que a impenhorabilidade se extingue quando a execução visa realizar o débito proveniente da compra do próprio bem a constringir (art. 833, § 1º).

239.6. O seguro de vida (art. 833, VI)

A função de seguro de vida é criar em favor de terceiro (o beneficiário) "um fundo alimentar".[115] Dessa natureza jurídica é que decorre a impenhorabilidade do seguro de vida.[116] Essa impenhorabilidade do capital estipulado pelo seguro de vida prevalece em relação tanto ao segurado como ao terceiro beneficiário, de modo que sobre esse capital de destinação alimentar não se admite penhora por dívida do segurado nem do beneficiário.

Discute-se sobre se a impenhorabilidade alcançaria apenas o *direito expectativo* à reparação securitária[117] ou se atingiria também o capital percebido pelo beneficiário após o óbito do segurado, por se tratar de uma renda de natureza alimentar[118].

O STJ enfrentou o tema e assentou que a impenhorabilidade do seguro de vida compreende o valor recebido pelo beneficiário, limitado, porém, ao montante de quarenta salários mínimos, "por aplicação analógica do art. 649, X, do CPC/1973 [art. 833, X, do CPC/2015], cabendo a constrição judicial da quantia que a exceder"[119].

239.6.1. *Plano de previdência privada (pecúlio)*

Para se beneficiar da impenhorabilidade, equipara-se o pecúlio, ajustado em regime de previdência privada, ao seguro de vida. A propósito,

> "(...) 3. A jurisprudência do STJ é no sentido de que o contrato de previdência privada com plano de pecúlio por morte assemelha-se ao seguro de vida, estendendo-se às enti-

---

[115] REZENDE FILHO, Gabriel. *Curso de Direito Processual Civil*. 5. ed. São Paulo: Saraiva, 1959, v. III, n. 1.063, p. 243.

[116] CASTRO, Amílcar de. *Comentários ao Código de Processo Civil*. 2. ed. Rio de Janeiro: Forense, 1963, vol. X, n. 239, p. 229; ASSIS, Araken de. *Manual da execução*. 18. ed. revista, atualizada e ampliada, São Paulo: Editora Revista dos Tribunais, 2016, *n.* 47.2, p. 335.

[117] PONTES DE MIRANDA, Francisco Cavalcanti. *Comentários ao Código de Processo Civil*. 2. ed. Rio de Janeiro: Forense, 2002, t. X, p. 145; DIDIER JÚNIOR, Fredie; CUNHA, Leonardo José Carneiro da; BRAGA, Paula Sarno; OLIVEIRA, Rafael. *Curso de Direito Processual Civil*. 7. ed. Salvador: JusPodivm, 2017, v. 5, p. 835.

[118] CASTRO, Amílcar de. *Comentários ao Código de Processo Civil*. São Paulo: RT, 1974, v. VIII, p. 203; MAZZEI, Rodrigo; MERÇON-VARGAS, Sara. Comentários ao art. 833. *In*: CABRAL, Antônio do Passo; CRAMER, Ronaldo (coords.). *Comentários ao novo Código de Processo Civil*. Rio de Janeiro: Forense, 2015, p. 1190-1191; ZANETTI JÚNIOR, Hermes. *Comentários ao Código de Processo Civil*. São Paulo: ed. RT, 2017, v. XIV, p. 184.

[119] STJ, 3ª T., Resp 1.361.354/RS, Rel. Min. Ricardo Villas Bôas Cueva, ac. 22.05.2018, *DJe* 25.06.2018.

dades abertas de previdência complementar as normas aplicáveis às sociedades seguradoras, nos termos do art. 73 da LC 109/2001.

4. Aplica-se ao contrato de previdência privada com plano de pecúlio a regra do art. 794 do CC/2002, segundo o qual o capital estipulado não está sujeito às dívidas do segurado, nem se considera herança para todos os efeitos de direito.

5. No particular, a morte da participante do plano de previdência complementar fez nascer para os seus beneficiários o direito de exigir o recebimento do pecúlio, não pelo princípio de saisine, mas sim por força da estipulação contratual em favor dos filhos, de tal modo que, se essa verba lhes pertence por direito próprio, e não hereditário, não pode responder pelas dívidas da estipulante falecida"[120].

Por outro lado, é ineficaz a autorização dada pelo estipulante, em forma de garantia, de que empréstimo contraído junto à entidade previdenciária complementar pudesse ser resgatado a débito do pecúlio, em caso de morte do instituidor. É que "ademais, a vontade manifestada pela participante em vida, ao contrair o empréstimo junto à entidade aberta de previdência complementar oferecendo o pecúlio em garantia, não sobrevive à sua morte, porque não pode atingir o patrimônio de terceiros, independentemente de quem sejam os indicados por ela como seus beneficiários"[121].

239.7. Os materiais necessários para obras em andamento, salvo se estas forem penhoradas (art. 833, VII)

Os materiais são, por antecipação, parte integrante da obra. Como tal só podem ser penhorados se o todo for. Segundo Araken de Assis, "tradicionalmente, estima-se conclusa a obra faltando apenas arremates, pinturas e acabamentos de pouca monta".[122]

Trata-se de impenhorabilidade que não se aplica à execução da dívida contraída na própria aquisição do objeto a excutir (art. 833, § 1º).

239.8. A pequena propriedade rural (art. 833, VIII)

A exemplo do art. 5º, XXVI, da Constituição, o dispositivo da lei processual preserva de penhora "a pequena propriedade rural, assim definida em lei" (CPC/2015, art. 833, VIII). Cabe, por isso, à legislação agrária definir o que se deve entender por "pequena propriedade rural". Firmou-se a jurisprudência do STJ no sentido de que a impenhorabilidade, na espécie, incide sobre a propriedade rural cujo tamanho vai até quatro módulos fiscais, conforme fixado pelo art. 4º, II, *a*, da Lei n. 8.629/1993[123], respeitada a fração mínima de parcelamento, prevista pelo mesmo dispositivo legal, após a alteração procedida pela Lei 13.465/2017.

---

[120] STJ, 3ª T., Resp 1.713.147/MG, Rel. Min. Nancy Andrighi, ac. 11.12.2018, *DJe* 13.12.2018.

[121] STJ, Resp 1.713.147/MG, *cit.*

[122] ASSIS, Araken de. *Manual cit.*, n. 48.6, p. 348.

[123] STJ, 4ª T., AgRg no Ag 1.050.472/GO, Rel. Min. Luis Felipe Salomão, ac. 4.10.2011, *DJe* 7.10.2011; STJ, 4ª T., Resp 1.018.635/ES, Rel. Min. Luis Felipe Salomão, ac. 22.11.2011, *DJe* 1.2.2012; STJ, 3ª T., Resp 1.284.708/PR, Rel. Min. Massami Uyeda, ac. 22.11.2011, *DJe* 9.12.2012. Para a jurisprudência do STF e do STJ, a pequena propriedade rural, protegida pela impenhorabilidade "deve ter tamanho suficiente para garantir o sustento (subsistência), bem como o desenvolvimento socioeconômico da família" (CANAN, Ricardo. Impenhorabilidade da pequena propriedade rural. *Revista de Processo*, n. 221, p. 144, jul/2013; GRAU, Eros Roberto. *A ordem econômica na Constituição de 1988*. 8. ed. São Paulo: Malheiros, 2003, p. 213).

Além disso, a pequena propriedade rural, para ser impenhorável, ainda nos termos da Constituição, deve ser "trabalhada pela família". O texto do inciso VIII do art. 833 do CPC/2015, adapta-se à previsão constitucional, pois declara que o benefício da impenhorabilidade alcançará a pequena propriedade rural, "desde que trabalhada pela família".

O STJ já havia declarado que a parte final do antigo inciso X do art. 649 do CPC/1973 não fora recepcionada pela Constituição de 1988 (art. 5º, XXVI), que, a respeito, fixara a impenhorabilidade levando em conta o critério definidor da "propriedade rural de exploração familiar", e não mais os dados ressaltados pelo dispositivo do Código[124]. Também o STF, após a Constituição de 1988, definiu que o dispositivo do art. 5º, XXVI, da CF, era de aplicação imediata, afastando a vigência da regra diversa do CPC, devendo-se adotar, por analogia, para efeito da impenhorabilidade, o conceito de propriedade familiar" dado pelo Estatuto da Terra[125].

Nem mesmo subsistiu a ressalva de penhorabilidade da "propriedade rural familiar" quando dada em "hipoteca para fins de financiamento agropecuário", que se achava no final do antigo inciso X do art. 649 do CPC/1973. A Constituição de 1988 não a manteve e, ao contrário, previu, para substituir a garantia hipotecária, que a lei deveria dispor sobre os meios de financiar o desenvolvimento da propriedade rural familiar. A redação do CPC/2015 afina-se com a exegese constitucional que já vinha sendo observada pela jurisprudência, de modo que nem mesmo a hipoteca permite a quebra da impenhorabilidade incidente sobre a pequena propriedade rural trabalhada pela família.[126] É que, pela Constituição (art. 5º, XXVI), "o bem de família agrário é direito fundamental da família rurícola", constituindo "uma garantia mínima de proteção à pequena propriedade rural, de um patrimônio mínimo necessário à manutenção e à sobrevivência da família"[127].

Para obter o reconhecimento da impenhorabilidade, o agricultor executado terá apenas o ônus de provar que seu imóvel rural se enquadra nas dimensões da pequena propriedade rural. No tocante à exigência da prova de que a propriedade é trabalhada pela família, o STJ admite que há uma presunção de que pelas diminutas dimensões do imóvel, sua exploração esteja a cargo do ente familiar, como "decorrência natural do que normalmente se espera que aconteça no mundo real, inclusive, das regras de experiência (CPC/2015, art. 375)". Diante dessa presunção *juris tantum*, toca ao exequente o encargo de demonstrar a inocorrência da exploração familiar da terra, "para afastar a hiperproteção da pequena propriedade rural".[128]

A impenhorabilidade da pequena propriedade rural não depende de o executado residir no imóvel. O fundamento do benefício constitucional volta-se para a garantia da fonte de subsistência do produtor rural e de sua família, cuja incidência deve dar-se mediante interpretação segundo o princípio hermenêutico da máxima efetividade. Não se permite, portanto, a invocação analógica de restrições que ultrapassem os requisitos expressamente elencados pela própria Constituição e pelo CPC. É, por isso, que não se pode condicionar essa peculiar impenhorabilidade à comprovação de residência do pequeno proprietário rural no imóvel, requisito não imposto pelo art. 5º, XXVI, da CF, e tampouco pelo art. 833, VIII, do CPC[129].

---

[124] STJ, 4ª T., Resp 262.641/RS, Rel. Min. Sálvio de Figueiredo, ac. 28.06.2001, *DJU* 15.04.2002, p. 223.
[125] STF, T. Pleno, RE 136.753, Rel. Min. Sepúlveda Pertence, ac. 13.02.1997, *RTJ* 163/329.
[126] STJ, 4ª T., Resp 684.648/RS, Rel. Min. Raul Araújo, ac. 08.10.2013, *DJe* 21.10.2013.
[127] STJ, 4ª T., Resp 1.408.152/PR, Rel. Min. Luis Felipe Salomão, ac. 01.12.2016, *DJe* 02.02.2017.
[128] STJ, 4ª T., Resp 1.408.152/PR, cit.
[129] STJ, 3ª T., Resp 1.591.298/RJ, Rel. Min. Marco Aurélio Bellizze, ac. 14.11.2017, *DJe* 21.11.2017.

Cessa dita impenhorabilidade apenas nas ressalvas dos §§ 1º e 2º do art. 833 do CPC, ou seja, quando a dívida exequenda provier da aquisição ou conservação do próprio imóvel, ou corresponder à prestação de alimentos.

Em suma: a pequena propriedade rural sob exploração familiar é absolutamente impenhorável, segundo o CPC/2015.

239.8.1. A propósito das dimensões da pequena propriedade rural

A impenhorabilidade da pequena propriedade rural tem origem constitucional (CF, art. 5º, XXVI), mas sua definição foi relegada à lei ordinária.

O Código atual manteve a impenhorabilidade constitucional, mas reduziu-lhe os requisitos que passaram a ser apenas dois: a) enquadrar-se o bem na definição legal de pequena propriedade rural; e b) ser o imóvel explorado pela família (art. 833, VIII). Não se exige, mais, como o fazia a Constituição, que a dívida exequenda seja decorrente da atividade produtiva nele desenvolvida pelo proprietário e sua família[130].

O problema que se nos oferece é onde encontrar, na legislação vigente, a definição do que seja *a pequena propriedade rural* para sobre ela fazer incidir a impenhorabilidade do art. 833, VIII, do CPC/2015, já que há mais de uma lei tratando da matéria, e o Código processual, tal como a Constituição, não a dimensiona. Por exemplo: Carreira Alvim e Luciana Alvim Cabral apontavam para a Medida Provisória n. 2.166-67, de 24.08.2001, que alterou o Código Florestal (Lei n. 4.771, de 15.09.1965), e no seu art. 1º, § 2º, inc. I, conceituou a *pequena propriedade rural*, para os objetivos de sua disciplina[131]. Marcelo Andrade Féres, por seu turno, preferia recorrer ao art. 2º, parágrafo único, da Lei n. 9.393, de 19.12.1996, o qual considerava, de maneira diversa, o que seriam as *pequenas glebas rurais* para efeito de imunidade ao Imposto Territorial Rural – ITR.

Atualmente, a definição das dimensões da "pequena propriedade rural" encontra-se na Lei n. 11.326/2006, que estabelece as diretrizes para a formulação da "Política Nacional da Agricultura Familiar e Empreendimentos Familiares Rurais", e cujo art. 3º, I, limita a referida propriedade a 4 (quatro) módulos fiscais.

É bom de ver que o STJ, antes da Lei 11.326, já vinha decidindo, com base na Lei 8.629/1993 (Lei da Reforma Agrária), que a pequena propriedade rural impenhorável era aquela cujo tamanho vai até quatro módulos fiscais. Portanto, parece não haver dúvida de que, seja pela legislação florestal, seja pela lei da agricultura familiar, a pequena propriedade rural impenhorável não pode ter área maior do que quatro módulos fiscais.

A impenhorabilidade da pequena propriedade rural, outrossim, é uma daquelas que se submete à limitação do § 1º do art. 833, ou seja, cessa quando se trata de execução de dívida relativa ao próprio bem, inclusive àquela contraída para sua aquisição[132] (ver, adiante, o item 240).

---

[130] STJ, 3ª T., Resp 1.591.298/RJ, Rel. Min. Marco Aurélio Bellizze, ac. 14.11.2017, *DJe* 21.11.2017: "As normas constitucional e infralegal já citadas estabelecem como requisitos únicos para obstar a constrição judicial sobre a pequena propriedade rural: i) que a dimensão da área seja qualificada como pequena, nos termos da lei de regência; e ii) que a propriedade seja trabalhada pelo agricultor e sua família. Assim, para o reconhecimento da impenhorabilidade da pequena propriedade rural, não se exige que o imóvel seja a moradia do executado, impõe-se, sim, que o bem seja o meio de sustento do executado e de sua família, que ali desenvolverá a atividade agrícola".

[131] A Lei n. 12.651/2012 revogou e substituiu o antigo Código Florestal, sob o rótulo de "Lei da Proteção da Vegetação Nativa".

[132] "Realmente, não teria sentido que o adquirente de um bem, tendo obtido de outrem um empréstimo para adquiri-lo, viesse a alegar a impenhorabilidade desse bem, sem outros para indicar à penhora" (ALVIM, J. E. Carreira e CABRAL, Luciana Alvim. *Nova execução de título extrajudicial*, Curitiba: Juruá, 2007, p. 65). Não

É importante notar que a impenhorabilidade da pequena propriedade rural, por norma constitucional prevalece até mesmo no caso de hipoteca que se estabeleceu para garantia de dívida oriunda da atividade agrícola.[133] Se assim é, "com mais razão há de reconhecer a impossibilidade de débitos de outra natureza viabilizar a constrição judicial do bem do qual é extraída a subsistência do agricultor e de sua família.[134]

239.8.2. Impenhorabilidade da propriedade rural como bem de família

A Lei n. 8.009/1990, art. 4º, § 2º estende a proteção do bem de família ao imóvel rural, limitada, porém, à sede utilizada para moradia. Contudo, "o fundamento que orienta a impenhorabilidade do bem de família (rural) não se confunde com aquele que norteia a da pequena propriedade rural, ainda que ambos sejam corolários do princípio maior da dignidade da pessoa humana, sob a vertente da garantia do patrimônio mínimo. O primeiro, destina-se a garantir o direito fundamental à moradia; o segundo, visa assegurar o direito, também fundamental, de acesso aos meios geradores de renda, no caso, o imóvel rural, de onde a família do trabalhador rural, por meio do labor agrícola, obtém seu sustento"[135].

Na proteção à fonte de sustento do trabalhador rural, o reconhecimento da impenhorabilidade só depende da qualificação de "pequena propriedade rural", não se exigindo que o imóvel seja a moradia do executado e de sua família. Impõe-se, no entanto, que o imóvel seja de pequenas dimensões nos termos da legislação própria, e que seja a fonte de sustento do executado e de sua família, através do desenvolvimento da atividade agrícola (CPC/2015, art. 833, VIII). Quando se trata da impenhorabilidade a título de "bem de família rural", a lei põe a salvo da penhora apenas a sede da moradia com os respectivos bens móveis, não importando as dimensões do imóvel como um todo. Já no caso da "pequena propriedade rural", a isenção de penhora atinge toda a área do bem, sem indagar se nela a família mora ou não[136].

239.9. Os recursos públicos recebidos por instituições privadas (art. 833, IX)

Os recursos públicos não perdem sua impenhorabilidade, mesmo quando recebidos por instituições privadas para aplicação compulsória em educação, saúde ou assistência social, conforme se vê do inciso IX do art. 833.[137]

é, porém, só o empréstimo de terceiro que se insere na exceção do § 1º do art. 833. Também, e com maior razão, não pode prevalecer a impenhorabilidade contra o alienante, quando foi ele mesmo que concedeu o crédito ao adquirente, deferindo-lhe prazo para pagamento do respectivo preço.

[133] STJ, 4ª T., Resp 1.368.404/SP, Rel. Min. Maria Isabel Gallotti, ac. 13.10.2015, DJe 23.11.2015.

[134] STJ, 3ª T., Resp 1.591.298/RJ, Rel. Min. Marco Aurélio Bellizze, ac. 14.11.2017, DJe 21.11.2017.

[135] STJ, 3ª T., Resp 1.591.298/RJ, Rel. Min. Marco Aurélio Bellizze, ac. 14.11.2017, DJe 21.11.2017.

[136] "O tratamento legal dispensado à impenhorabilidade da pequena propriedade rural, objeto da presente controvérsia, afigura-se totalmente harmônico com aquele conferido à impenhorabilidade do *bem de família* (rural). O art. 4º, § 2º, da Lei n. 9.008/1990, que disciplina a impenhorabilidade do bem de família, põe a salvo de eventual constrição judicial a *sede da moradia*, e, em se tratando de *pequena propriedade rural, a área* a ela referente" (g.n) (STJ, Resp 1.591.298, *cit.*).

[137] A restrição à responsabilidade patrimonial do devedor, no caso do art. 649, IX, justifica-se em razão da prevalência do interesse coletivo em relação ao interesse particular, tendo como objetivo garantir a efetiva aplicação dos recursos públicos nas atividades legalmente previstas. Porém, "(...) 3. Não é qualquer recurso público recebido pelas entidades privadas que é impenhorável, mas apenas aquele de aplicação compulsória na saúde. 4. Os valores recebidos pela entidade privada recorrente vinculam-se à contraprestação pelos serviços de saúde prestados em parceria com o SUS – Sistema Único de Saúde, razão pela qual são absolutamente impenhoráveis" (STJ, 3ª T., Resp 1.324.286/RJ, Rel. Min. Nancy Andrighi, ac.04.12.2012, DJe 11.12.2012).

O fato, porém, de uma instituição ser beneficiária de subvenções do Poder Público não torna seu patrimônio imune de penhora. Apenas as verbas públicas, enquanto tais, é que não podem ser bloqueadas por meio de penhora. Os bens particulares da instituição, mesmo de utilidade pública, conservam-se como garantia de seus credores e, assim, podem ser executados para realizar suas obrigações inadimplidas. São os recursos públicos, e apenas estes, que devem ser aplicados nas metas projetadas de educação, saúde e assistência social, sem sofrer embaraço de penhora por dívidas da instituição a que se destinam.

239.10. A quantia depositada em caderneta de poupança (art. 833, X)

O inciso X do art. 833 preserva de penhora a quantia mantida em depósito de caderneta de poupança, atribuindo-lhe uma função de segurança alimentícia ou de previdência pessoal e familiar. A impenhorabilidade, na espécie, porém não é total, pois vai apenas até o limite de quarenta salários mínimos. Sendo o saldo maior do que esse montante, a penhora pode alcançá-lo. Sempre, porém, será mantida intocável pela execução os quarenta salários. A constrição executiva somente atingirá o que deles sobejar.[138]

Por outro lado, "constatado que a parte executada não possui saldo suficiente, cabe ao juiz, independentemente da manifestação da interessada, indeferir o bloqueio de ativos financeiros ou determinar a liberação dos valores constritos. Isso porque, além de as matérias de ordem pública serem cognoscíveis de ofício, a impenhorabilidade em questão é presumida, cabendo ao credor a demonstração de eventual abuso, má-fé ou fraude do devedor. Precedentes"[139].

Dúvidas existem quanto ao limite de 40% na existência de mais de uma poupança do mesmo devedor. Araken de Assis entende que se deve considerar o valor total das aplicações, penhorando-se o que sobejar referido montante, sob pena de se permitir "que valores expressivos" fossem "pulverizados em várias contas, burlando a finalidade da regra, cujo propósito é o de proteger a população de baixa renda".[140]

Outrossim, não se reconhece a impenhorabilidade do saldo da caderneta de poupança quando se tratar de execução de prestação alimentícia, qualquer que seja sua origem (art. 833, § 2º).

239.10.1. Interpretação extensiva do inciso X para abarcar outras modalidades de aplicação financeira

Há discussão doutrinária e jurisprudencial a respeito da interpretação que deve ser dada a esse dispositivo legal, limitando a impenhorabilidade aos valores depositados em caderneta de poupança ou ampliando-a para alcançar, também, outras modalidades de aplicação financeira.

O STJ em substancioso acórdão, houve por bem ampliar a regra da impenhorabilidade, limitada ao valor de 40 salários mínimos, sem se preocupar se a quantia é "mantida em

---

[138] "1. O art. 649, IV, do CPC dispõe serem absolutamente impenhoráveis os saldos. 2. Na hipótese dos autos, o beneficiário utilizou parte do saldo para aplicar em poupança, a qual foi objeto de constrição em Execução Fiscal. 3. A poupança alimentada exclusivamente por parcela da remuneração prevista no art. 649, IV, do CPC é impenhorável – mesmo antes do advento da Lei n. 11.382/2006 –, por representar aplicação de recursos destinados ao sustento próprio e familiar" (STJ, 2ª T., Resp. n. 515.770/RS, Rel. Min. Herman Benjamim, ac. 25.11.2008, *DJe* 27.03.2009; *ver. de Processo* 183/358).

[139] STJ, 1ª T., AgInt no AREsp. 2.220.880/RS, Rel. Min. Paulo Sérgio Domingues, ac. 26.02.2024, *DJe* 29.02.2024.

[140] ASSIS, Araken de. Manual *cit.*, n. 48.7, p. 349. No mesmo sentido: MEDINA, José Miguel Garcia. Direito Processual Civil Moderno. 2. everrev., atual. e ampl. São Paulo: Editora Revista dos Tribunais, 2016, p. 1121. "Se o legislador estabeleceu um valor determinado como expressão desse mínimo existencial, a proteção da impenhorabilidade deve atingir todo esse valor, independentemente do número de contas-poupança mantidas pelo devedor" (STJ, 3ª T., REsp. 1.231.123/SP, Rel. Min. Nancy Andrighi, ac. 02.08.2012, *DJe* 30.08.2012).

papel-moeda; em conta corrente; aplicada em caderneta de poupança propriamente dita ou em fundo de investimentos, e ressalvado eventual abuso, má-fé ou fraude, a ser verificado caso a caso".[141]

O voto da Relatora, trazendo a controvérsia existente,[142] aplicou a interpretação ampliativa, aos seguintes argumentos:

> "Observo que, em determinadas situações, tal previsão legislativa poderá deixar pequeno credor em situação mais desfavorável do que o próprio devedor. Figuro, por exemplo, a hipótese de credora idosa e viúva, que dependa do aluguel de determinado imóvel para sobreviver. O inquilino inadimplente pode ser jovem servidor público que ganhe vencimento equivalente ao teto de remuneração e possua caderneta de poupança no valor de 40 salários mínimos. Por outro lado, a viúva, devedora do supermercado do bairro, pode ter sua reserva financeira investida em CDB, RDB, ou outro tipo de aplicação financeira acessível a pequenos poupadores.
>
> Assim, embora tenha eu reservas à proteção dispensada pelo inciso X à reserva de capital do devedor inadimplente em face de seu credor, diante do texto legal em vigor, e considerado o seu escopo, não vejo, *data maxima venia*, sentido em restringir o alcance da regra apenas às cadernetas de poupança assim rotuladas, sobretudo no contexto atual em que diversas outras opções de aplicação financeira se abrem ao pequeno investidor, eventualmente mais lucrativas, e contando com facilidades como o resgate automático, várias delas também asseguradas pelo Fundo Garantidor de Créditos (FGC), conforme Resolução CMN 4.222/2013.
>
> É certo que a caderneta de poupança é investimento de relevante interesse público, pois parte expressiva dos recursos nela aplicados são obrigatoriamente destinados a finalidades sociais, como o sistema financeiro da habitação. Por isso, conta com incentivos legais, notadamente tributários.
>
> O escopo do inciso X do art. 649 [CPC/2015, art. 833, X] não é, todavia, estimular a aquisição de reservas em caderneta de poupança em detrimento do pagamento de dívidas, mas proteger devedores de execuções que comprometam o mínimo necessário para a sua subsistência e de sua família, finalidade para qual não tem influência alguma que a reserva esteja acumulada em papel moeda, conta corrente, caderneta de poupança propriamente dita ou outro tipo de aplicação financeira, com ou sem garantia do FGC.
> (...)
> Considero, portanto, que o valor obtido a título de indenização trabalhista, após longo período depositado em fundo de investimento, perdeu a característica de verba salarial impenhorável (inciso IV). Reveste-se, todavia, de impenhorabilidade a quantia de até quarenta salários mínimos poupada, seja ela mantida em papel moeda, conta-corrente ou aplicada em caderneta de poupança propriamente dita, CDB, RDB ou em fundo de investimentos, desde que a única reserva monetária em nome do recorrente, e ressalvado eventual abuso, má-fé ou fraude, a ser verificado caso a caso, de acordo com as circunstâncias do caso concreto (inciso X)".[143]

---

[141] STJ, 2ª Seção, REsp. 1.230.060/PR, Rel. Min. Maria Isabel Gallotti, ac. 13.08.2014, *DJe* 29.08.2014.

[142] Entendendo que a interpretação deve ser restritiva à caderneta de poupança: STJ, 3ª T., REsp. 1.330.567/RS, Rel. Min. Nancy Andrighi, ac. 16.05.2013, *DJe* 27.05.2013.

[143] REsp. 1.230.060/PR *cit*.

Registre-se, por fim, que a previsão do art. 833, X, de impenhorabilidade do saldo depositado em caderneta de poupança até o limite de quarenta salários mínimos, tem sido, reiteradamente, estendida pela jurisprudência do STJ aos valores constantes de conta corrente, fundos de investimento ou guardados em papel-moeda.[144]

239.11. Os recursos públicos oriundos do fundo partidário (art. 833, XI)

Em regra, os bens dos partidos políticos não gozam do privilégio da impenhorabilidade. A novidade restringe-se aos recursos públicos transferidos, na forma da lei, a partir do *fundo partidário*, de sorte que os demais bens integrantes do patrimônio dos partidos políticos continuam respondendo executivamente por suas dívidas.

Uma nova disposição legal que afeta a exequibilidade dos bens partidários foi instituída pela mesma Lei n. 11.694, que introduziu o art. 15-A na Lei n. 9.096, de 19.09.1995, cuja redação foi alterada pela Lei 12.034/2009. Embora o partido político, como pessoa jurídica, seja uma unidade nacional, para efeito de responsabilidade, a lei o fracionou entre os vários órgãos que atuam em seu nome nas esferas municipal, estadual e nacional. Atribuiu a responsabilidade civil e trabalhista com exclusividade ao órgão que houver descumprido a obrigação, violado o direito ou causado dano pela prática de ato ilícito. Cada órgão responderá individualmente pelos atos que praticar, sujeitando à execução apenas os recursos e bens penhoráveis que lhe pertençam. Expressamente, ressalvou-se a inexistência de solidariedade entre os vários órgãos de direção partidária.

239.12. Créditos oriundos de alienação de unidades imobiliárias, sob regime de incorporação imobiliária, vinculados à execução da obra (art. 833, XII)

Trata-se de inovação do CPC/2015, que visa resguardar o andamento da obra para sua entrega aos adquirentes. Assim, é impenhorável o crédito vinculado à execução da obra, resultante da alienação da unidade. Protege-se o denominado *patrimônio de afetação*, que a Lei n. 4.591/1964 declara não se comunicar com os demais bens, direitos e obrigações do patrimônio geral do incorporador, de modo que "só responde por dívidas e obrigações vinculadas à incorporação respectiva" (Lei n. 4.591, art. 31-A, § 1º, incluído pela Lei n. 10.931/2004).

Essa impenhorabilidade, contudo, não é absoluta, nem permanente, já que estando satisfeitas todas as obrigações relativas ao custeio da incorporação, "o excedente é excluído dos efeitos da afetação e é direcionado ao patrimônio geral da empresa incorporadora, onde compõe a garantia geral dos seus credores não vinculados ao patrimônio de afetação; logo, o *quantum* que exceder ao custeio da incorporação é penhorável para garantia de quaisquer das suas obrigações sejam ou não relacionadas à incorporação afetada".[145]

240. RESSALVA GERAL DA IMPENHORABILIDADE

Nos casos de coisas impenhoráveis contemplados nos incisos I, II, III, V, VII e VIII que tenham sido adquiridos pelo devedor por meio de negócio oneroso, não deve prevalecer o

---

[144] STJ, 2ª Seção, EREsp 1.330.567/RS, Rel. Min. Luis Felipe Salomão, ac. 10.12.2014, *DJe* 19.12.2014. No mesmo sentido: STJ, 2ª Seção, REsp 1.230.060/PR, Rel. Min. Maria Isabel Gallotti, ac. 13.08.2014, *DJe* 29.08.2014; STJ, 3ª T., REsp 1.624.431/SP, Rel. Min. Nancy Andrighi, ac. 01.12.2016, *DJe* 15.12.2016.

[145] CHALUB, Melhim Namen. Primeiras impressões: direito imobiliário e o novo CPC. *In*: ALVIM, Thereza; CAMARGO, Luiz Henrique Volpe Camargo; SCHMITZ, Leonard Ziesemer; CARVALHO, Nathália Gonçalves de Macedo (coord.). *O novo Código de Processo Civil brasileiro* – Estudos dirigidos: sistematização e procedimentos. Rio de Janeiro: Forense, 2015, p. 582.

privilégio da impenhorabilidade se o crédito executado provier justamente do preço de aquisição do bem ou do respectivo financiamento.

Nesse sentido, dispõe o § 1º do art. 833 do CPC/2015 que "a impenhorabilidade não é oponível à execução de dívida relativa ao próprio bem, inclusive àquela contraída para sua aquisição". Seria sumamente injusto que o credor que propiciou ao atual titular do bem sua própria aquisição não tivesse como haver o respectivo preço. Dar-se-ia um intolerável locupletamento por parte do adquirente.

De duas maneiras pode surgir o crédito em semelhante situação: (i) o alienante concede ao adquirente prazo para pagar o preço do bem que lhe é desde logo transferido; ou (ii) o adquirente obtém financiamento com terceiro para custear o preço da coisa adquirida. Nos dois casos, configurar-se-á o crédito capaz de elidir a impenhorabilidade legal, como se prevê no atual § 1º do art. 833.

241. RESSALVA DA IMPENHORABILIDADE EM RELAÇÃO AOS BENS MÓVEIS ÚTEIS OU NECESSÁRIOS AO PRODUTOR RURAL

O CPC/2015 prevê que são também impenhoráveis os equipamentos, os implementos e as máquinas agrícolas pertencentes a pessoa física ou a empresa individual produtora rural (art. 833, § 3º). Nesse sentido, abarcou o entendimento do STJ de que estão também protegidos os bens móveis necessários e úteis das pequenas empresas. Entretanto, ressalvou a impenhorabilidade quando tais bens tenham sido objeto de financiamento e estejam vinculados em garantia a negócio jurídico ou quando respondam por dívida de natureza alimentar, trabalhista ou previdenciária.

De qualquer modo, a regra que beneficia o produtor rural com a impenhorabilidade das máquinas e equipamentos agrícolas refere-se expressamente às pessoas físicas e às empresas individuais, não alcança, portanto, as pessoas jurídicas organizadas empresarialmente para a exploração do agronegócio. Há, porém, de se conservar o entendimento do STJ de que pequenas sociedades em que os próprios sócios desempenham a atividade rural merecem o tratamento da impenhorabilidade relativa aos instrumentos de trabalho tal como se passa com a pessoa física[146].

242. IMPENHORABILIDADES PREVISTAS EM LEIS ESPECIAIS: O BEM DE FAMÍLIA (LEI 8.009/1990)

A Lei n. 8.009, de 29.03.90, instituiu também a impenhorabilidade do imóvel residencial do casal ou da entidade familiar, por qualquer dívida, salvo apenas as exceções de seus arts. 3º e 4º. Cumpre ressaltar que essa impenhorabilidade é diversa daquela instituída pelo Código Civil nos arts. 1.711 e seguintes, para o bem de família convencional. A lei material trouxe requisitos específicos para a instituição convencional, a fim de resguardar a família do devedor, mas, também, o direito do credor de satisfazer efetivamente o seu crédito. Assim, se de um lado limitou a instituição a um terço do patrimônio líquido do devedor existente à época, permitiu que o bem de família englobasse, também, "valores mobiliários, cuja renda será aplicada na conservação do imóvel e no sustento da família" (CC, art. 1.712).

Esses requisitos expressos no Código Civil não se aplicam ao bem de família legal (Lei n. 8.009/1990), que tem por função proteger, objetivamente, a residência da entidade familiar de execuções. A própria lei, contudo, oferece mecanismos de defesa do credor, sempre que se

---

[146] STJ, 1ª T., REsp 512.564/SC, Rel. Min. Francisco Falcão, ac. 28.10.2013, *DJU* 15.12.2003, p. 211); STJ, 2ª T., AgRg no REsp 1381709/PR, Rel. Min. Mauro Campbell Marques, ac. 05.09.2013, *DJe* 11.09.2013.

verificar a intenção maliciosa do devedor em proteger seu patrimônio, bem como afastando a impenhorabilidade em situações específicas, como se verá a seguir.

É importante ressaltar que a Lei n. 8.009/1990 protege a "entidade familiar" assim entendida não apenas a família constituída pelo casamento ou união estável. Nesse sentido, o entendimento sumulado do STJ: "o conceito de impenhorabilidade do bem de família abrange também o imóvel pertencente a pessoas solteiras, separadas e viúvas" (Súmula n. 364).[147]

Para os efeitos dessa impenhorabilidade, a Lei n. 8.009/1990 considera "residência um único imóvel utilizado pelo casal ou pela entidade familiar para moradia permanente" (art. 5º). Havendo pluralidade de imóveis utilizados para aquele fim, a impenhorabilidade recairá sobre o de menor valor (art. 5º, parágrafo único).[148] A jurisprudência do STJ, no entanto, tem flexibilizado a limitação em tela, para estender a impenhorabilidade a mais de um imóvel, quando a família se desdobra e ocupa mais de uma residência, em caso de casamentos sucessivos, em que os filhos do ex-cônjuge e os do novo matrimônio habitem prédios diferentes.[149]

O benefício da lei em questão atinge o solo, a construção, as plantações, as benfeitorias e todos os equipamentos ou móveis que guarneçam a casa, desde que quitados (art. 1º, parágrafo único).[150] Não se exige que o imóvel esteja integralmente incorporado ao domínio do morador. "A regra da impenhorabilidade do bem de família legal também abrange o imóvel em fase de aquisição, como aqueles decorrentes da celebração do compromisso de compra e venda ou do financiamento de imóvel para fins de moradia, sob pena de impedir que o devedor (executado) adquira o bem necessário à habitação da entidade familiar"[151]. O benefício da impenhorabilidade compreende, portanto, a situação de quem se apresenta como adquirente do imóvel residencial com base em contrato de alienação fiduciária em garantia, no qual, havendo a quitação integral da dívida, o devedor fiduciante consolidará a propriedade para si[152].

Também o locatário foi beneficiado pela impenhorabilidade, ficando a medida restrita aos bens móveis que guarneçam sua residência e que sejam de sua propriedade e já se achem quitados (art. 2º, parágrafo único).

A jurisprudência tem dado uma interpretação ampliativa à impenhorabilidade do bem de família, de sorte que "o fato de o único imóvel residencial vir a ser alugado não o desnatura como bem de família, quando comprovado que a renda auferida destina-se à subsistência da família"[153]. O entendimento foi sumulado pelo Enunciado 486, do STJ: "é impenhorável o único

---

[147] "Execução. Penhora. Bem de Família. Viúva. É impenhorável o imóvel residencial de pessoa solteira ou viúva. Lei n. 8.009/1990. Precedentes. Recurso conhecido e provido" (STJ, 4ª T., REsp. 420.086/SP, Rel. Min. Ruy Rosado de Aguiar, ac. de 27.08.02, in RSTJ 165/425).

[148] "1. 'A interpretação teleológica do art. 1º da Lei n. 8.009/1990 revela que a norma não se limita ao resguardo da família. Seu escopo definitivo é a proteção de um direito fundamental da pessoa humana: o direito à moradia' (EREsp 182.223/SP, Corte Especial, Rel. Min. Humberto Gomes de Barros, DJ 06.02.2002). 2. A impenhorabilidade do bem de família visa resguardar não somente o casal, mas o sentido amplo de entidade familiar. Assim, no caso de separação dos membros da família, como na hipótese em comento, a entidade familiar, para efeitos de impenhorabilidade de bem, não se extingue, ao revés, surge em duplicidade: uma composta pelos cônjuges e outra composta pelas filhas de um dos cônjuges. Precedentes." (STJ, 3ª T., REsp 1.126.173/MG, Rel. Min. Ricardo Villas Bôas Cueva, ac. 09.04.2013, DJe 12.04.2013).

[149] STJ, 3ª T., REsp 1.126.173/MG, cit.

[150] "O vencimento da dívida exequenda durante a construção de imóvel sobre terreno de propriedade da devedora, não agasta a incidência da Lei n. 8.009/1990, de modo que o imóvel fica a salvo da penhora por constituir bem de família" (STJ, 4ª T., REsp. 1.087.727/GO, Rel. Min. Aldir Passarinho Júnior, ac. 06.10.2009, DJe 16.11.2009).

[151] STJ, 3ª T., REsp 1.677.079/SP, Rel. Min. Ricardo Villas Bôas Cueva, ac. 25.09.2018, DJe 01.10.2018.

[152] STJ, REsp 1.677.079/SP, cit.

[153] STJ, 3ª T., REsp. 439.920/SP, Rel. Min. Castro Filho, ac. 11.11.2003, DJU 09.12.2003, p. 280.

imóvel residencial do devedor que esteja locado a terceiros, desde que a renda obtida com a locação seja revertida para a subsistência ou a moradia da sua família".

As exceções da impenhorabilidade da Lei n. 8.009/1990 são as seguintes:

a) veículos de transporte, obras de arte e adornos suntuosos (art. 2º, *caput*);
b) não prevalece a impenhorabilidade, nem do imóvel, nem dos seus acessórios se a execução for movida (art. 3º):[154]

(i) pelo titular do crédito decorrente do financiamento destinado à construção ou aquisição do imóvel, no limite dos créditos e acréscimos constituídos em função do respectivo contrato (inc. II do art. 3º)[155];

(ii) pelo credor de pensão alimentícia, resguardados os direitos, sobre o bem, do seu coproprietário que, com o devedor, integre união estável ou conjugal, observadas as hipóteses em que ambos responderão pela dívida (inc. III do art. 3º);[156]

(iii) para cobrança de impostos, predial ou territorial, taxas e contribuições devidas em função do imóvel familiar (inc. IV do art. 3º);

(iv) para execução de hipoteca sobre imóvel oferecido como garantia real pelo casal ou pela entidade familiar (inc. V do art. 3º);[157]

---

[154] O inc. I do art. 3º da Lei 8.009/1990, que afastava a impenhorabilidade do bem de família no caso de créditos de trabalhadores da própria residência e das respectivas contribuições previdenciárias, foi revogado pela Lei Complementar n. 150, de 2015.

[155] Já se decidiu que a exceção à impenhorabilidade do bem de família prevista no art. 3º, II, da Lei 8.009/1990 se aplica à dívida contraída para reforma do imóvel: "Da exegese do comando do art. 3º, II, da Lei nº 8.009/90, fica evidente que a finalidade da norma foi coibir que o devedor se escude na impenhorabilidade do bem de família para obstar a cobrança de dívida contraída para aquisição, construção ou reforma do próprio imóvel, ou seja, de débito derivado de negócio jurídico envolvendo o próprio bem. Portanto, a dívida relativa a serviços de reforma residencial se enquadra na referida exceção" (STJ, 3ª T., REsp 2.082.860/RS, Rel. Min. Nancy Andrighi, ac. 06.02.2024, *DJe* 27.02.2024).

[156] O inc. III do art. 3º da Lei 8.009/1990, relativo à execução de prestação alimentícia, teve sua redação alterada pela Lei n. 13.144 de 2015. " – Tese de impenhorabilidade de bem de família que não pode ser oponível ao credor de alimentos, conforme art. 3º, III, da Lei n. 8.009/1990 – Precedentes desta C. 5ª Câmara de Direito Privado" (TJSP, 5ª Câmara de Direito Privado, Agravo de Instrumento 2212521-27.2021.8.26.0000, Rel. Des. Rodolfo Pellizari, ac. 30.11.2021, Data de Registro 30.11.2021).

[157] "A exceção do inciso V do art. 3º da Lei 8.009/1990 deve se restringir aos casos em que a hipoteca é instituída como garantia da própria dívida, constituindo-se os devedores em beneficiários diretos, situação diferente do caso sob apreço, no qual a dívida foi contraída pela empresa familiar, ente que não se confunde com a pessoa dos sócios" (STJ, 4ª T., REsp 1.022.735/RS, Rel. Min. Fernando Gonçalves, ac. 15.12.2009, *DJe* 18.02.2010). "Não se aplica a exceção à impenhorabilidade prevista no art. 3º, inciso V, da Lei n. 8.009/1990, se a hipoteca garantiu empréstimo feito a pessoa jurídica. Não se pode presumir que este investimento tenha sido concedido em benefício da família" (STJ, AgRg no AgRg no Ag 482.454/SP, Rel. Min. Vasco Della Giustina, ac. 06.10.2009, *DJe* 20.10.2009). No mesmo sentido: STJ, 3ª T., AgRg no Ag 921.299/SE, Rel. Min. Sidnei Beneti, ac. 11.11.2008, *DJe* 28.11.2008; STJ, 4ª T., AgRg no AREsp 252.286/PR, Rel. Min. Luis Felipe Salomão, *DJe* 20.02.2013. "Ainda que dado em garantia de empréstimo concedido a pessoa jurídica, é impenhorável o imóvel de sócio se ele constitui bem de família" (STJ, 3ª T., AgRg no Ag. 1.067.040/PR, Rel. Min. Nancy Andrighi, ac. 20.11.2008, *DJe* 28.11.2008). No mesmo sentido: STJ, 4ª T., REsp. 1.180.873/RS, Rel. Min. Luis Felipe Salomão, ac. 17.09.2015. "Bem de família. Bem ofertado em garantia de dívida de terceiro. Hipoteca não registrada. Agravo de instrumento conhecido para dar provimento ao recurso especial para desconstituir a penhora" (STJ, 4ª T., AgRg no Ag 957.818/SP, Rel. Min. Luis Felipe Salomão, ac. 27.04.2010, *DJe* 10.05.2010. No mesmo sentido: STJ, 3ª T., AgRg no Ag 711.179/SP, Rel. Min. Humberto Gomes de Barros, ac. 04.05.2006. *DJU* 29.05.2006, p. 235; STJ, 4ª T., REsp 268.690/SP, Rel. Min. Ruy Rosado de Aguiar, ac. 14.12.2000, *DJU* 12.03.2001, p. 147; STJ, 3ª T., AgRg no Ag 1.067.040/PR, Rela. Min. Nancy Andrighi, ac. 20.11.2008, *DJe* 28.11.2008; STJ, 2ª T., REsp 1.059.805/RS, Rel. Min. Castro Meira, ac. 26.08.2008, *DJe* 02.10.2008).

(v) – por ter sido adquirido, com produto de crime ou para execução de sentença penal condenatória a ressarcimento, indenização ou perdimento de bens (inc. VI do art. 3º);[158]

(vi) – por obrigação decorrente de fiança concedida em contrato de locação; e (incluído pela Lei n. 8.245, de 18.10.91) (inc. VII do art. 3º);[159]

c) ainda, deixará de incidir a impenhorabilidade quando o devedor, sabendo-se insolvente, adquirir de má-fé imóvel mais valioso para transferir a residência familiar, desfazendo-se ou não da moradia antiga (art. 4º).

Já se decidiu que a vaga de garagem nem sempre se considera parte integrante da unidade condominial qualificada como bem de família, para os fins da Lei 8.009/1990. Desse modo, é penhorável a vaga de garagem se tiver matrícula própria e distinta do imóvel principal, porque, então, corresponderá a uma outra "unidade autônoma do condomínio residencial, sem função social-familiar"[160].

Por outro lado, a alienação do imóvel de residência da família, não é vedada. A Lei n. 8.009/1990 institui apenas a sua impenhorabilidade e não sua inalienabilidade. Por consequência, o ato de sua disposição, gratuito ou oneroso, não configurará em hipótese alguma fraude de execução ou fraude contra credores, uma vez que o bem de família, sendo impenhorável, não integra o patrimônio de garantia dos credores (CPC/2015, art. 824).[161] Em outros termos, a declaração legal de impenhorabilidade de um bem outro sentido não tem que "o de reconhecer que ele está fora, em todos os casos ou diante de certas condições, do âmbito da responsabilidade patrimonial do devedor".[162] Sobre o tema ver item 139, *retro*.

Não obstante a impenhorabilidade do bem de família, o STJ, certamente tendo em vista que a restrição não é absoluta, já reconheceu o cabimento do protesto contra alienação de imóvel residencial, bem como de sua averbação no Registro de Imóveis.[163] Importante ressaltar, con-

---

[158] "CIVIL. RECURSO ESPECIAL. EXECUÇÃO. EMPRÉSTIMO. PENHORA DO IMÓVEL. BEM DE FAMÍLIA. EXCEÇÃO À REGRA DA IMPENHORABILIDADE DO BEM DE FAMÍLIA. SENTENÇA PENAL CONDENATÓRIA. AUSÊNCIA. INTERPRETAÇÃO RESTRITIVA. PRESUNÇÃO. IMPOSSIBILIDADE. (...) 2. O propósito recursal consiste em determinar pela legalidade da aplicação na hipótese da exceção à impenhorabilidade do bem de família, prevista no art. 3º, VI, da Lei n. 8.009/1990, considerando a ausência de condenação penal em definitivo. 3. A lei estabelece, de forma expressa, as hipóteses de exceção à regra da impenhorabilidade do bem de família. 4. O art. 3º, VI, da Lei n. 8.009/1990 expressamente afastou a impenhorabilidade quando o bem imóvel é adquirido com produto de crime ou para execução de sentença penal condenatória a ressarcimento, indenização ou perdimento de bens. 5. Na hipótese, não há sentença penal condenatória e, mesmo que seja em função da prescrição, é impossível presumir sua existência para fins de aplicação da exceção contida no art. 3º, VI, da Lei 8.009/1990" (STJ, 3ª T., REsp 1.823.159/SP, Rel. Min. Nancy Andrighi, ac. 13.10.2020, *DJe* 19.10.2020).

[159] O STF declarou inconstitucional a ressalva de penhorabilidade do bem de família no caso do fiador do contrato locatício, sob o argumento de que a impenhorabilidade, na espécie, "decorre de constituir a moradia um direito fundamental". Daí a conclusão de que "o inciso VII do art. 3º da Lei n. 8.009, de 1990, introduzido pela Lei n. 8.245, de 1991, não foi recebido pela CF, art. 6º, redação da EC 26/2000" (STF, RE 352.940/SP, Rel. Min. Carlos Velloso, j. 25.04.2005, *DJU* 09.05.2005, p. 106). Em julgamento posterior, o STF mudou sua orientação e, por maioria de votos, entendeu não haver inconstitucionalidade na regra que permite a penhora do imóvel do fiador de contrato de locação (STF, Pleno, RE 407.688/SP, Rel. Min. Cezar Peluzo, ac. 08.02.2006, *DJU* 06/10/2006).

[160] STJ, 4ª T., REsp 582.044/RS, Rel. Min. Aldir Passarinho Jr., ac. 02.03.2004, *DJU* 29.03.2004, p. 252.

[161] STJ, 4ª T., REsp. n. 976.566/RS, Rel. Min. Luis Felipe Salomão, ac. 20.04.2010, *DJe* 04.05.2010.

[162] PUNZI, Carmine. Limiti alla pignorabilità e oggeto della responsabilità. *Rivista di Diritto Processuale*, CEDAM, n. 6, anno LXVIII (seconda serie), p. 1.289, nov.-dic./2013.

[163] "DIREITO PROCESSUAL CIVIL. RECURSO ESPECIAL. PROTESTO CONTRA ALIENAÇÃO DE BEM DE FAMÍLIA. LEGÍTIMO INTERESSE. NÃO PREJUDICIALIDADE DA EFETIVA MEDIDA. RECURSO DESPROVIDO. 'A averbação, no Cartório de Registro de Imóveis, de protesto contra alienação de bem, está dentro do poder geral de

tudo, que a jurisprudência se posiciona no sentido de permanecer a impenhorabilidade do bem ainda que ele seja oferecido em penhora pelo devedor, uma vez que "a impenhorabilidade do imóvel residencial tem como escopo a segurança da família – não do direito de propriedade".[164]

O STJ já decidiu que:

"A proteção conferida ao instituto de bem de família é princípio concernente às questões de ordem pública, não se admitindo nem mesmo a renúncia por seu titular do benefício conferido pela lei, sendo possível, inclusive, a desconstituição de penhora anteriormente feita.
2. A jurisprudência do STJ tem, de forma reiterada e inequívoca, pontuado que o benefício conferido pela Lei 8.009/1990 trata-se de norma cogente, que contém princípio de ordem pública, e sua incidência somente é afastada se caracterizada alguma hipótese descrita no art. 3º da Lei 8.009/1990, o que não é o caso dos autos".[165]

Por fim, a Corte Superior reconheceu a impenhorabilidade de direitos hereditários por credores se recaírem sobre o único bem da família:

"1. A proteção instituída pela Lei n. 8.009/1990 impede a penhora sobre direitos hereditários no rosto do inventário do único bem de família que compõe o acervo sucessório.
2. A garantia constitucional de moradia realiza o princípio da dignidade da pessoa humana (arts. 1º, III, e 6º da Constituição Federal).
3. A morte do devedor não faz cessar automaticamente a impenhorabilidade do imóvel caracterizado como bem de família nem o torna apto a ser penhorado para garantir pagamento futuro de seus credores".[166]

Em sentido oposto, o STJ já reconheceu a penhorabilidade do bem de família no caso de extinção de condomínio, quando um consorte cobra do outro indenização pelo uso exclusivo do imóvel:

"... 3 – É admissível a penhora de imóvel, em regime de copropriedade, quando é utilizado com exclusividade, como moradia pela família de um dos coproprietários, o qual foi condenado a pagar alugueres devidos em favor do coproprietário que não usufrui do imóvel, eis que o aluguel por uso exclusivo do bem configura-se como obrigação *propter rem* e, assim, enquadra-se nas exceções previstas no art. 3º, IV, da Lei 8.009/90 para afastar a impenhorabilidade do bem de família. Precedente. 4 – Conquanto existam nuances fáticas específicas, em especial o fato de que, na hipótese, discute-se a possibilidade de penhora ou de adjudicação do bem em decorrência de dívida contraída entre ex-conviventes pelo uso exclusivo do imóvel que habitavam ao tempo da união estável, há similitude suficiente para impor a mesma solução jurídica, aplicando-se o princípio segundo o qual onde há a mesma razão de ser, deve prevalecer a mesma razão de decidir"[167].

---

cautela do juiz (art. 798, CPC) e se justifica pela necessidade de dar conhecimento do protesto a terceiros, prevenindo litígios e prejuízos para eventuais adquirentes' (EREsp 440.837/RS, Rel. Min. Eliana Calmon, Rel. p/ Acórdão Ministro Barros Monteiro, Corte Especial, julgado em 16.08.2006, *DJ* 28.05.2007)" (STJ, 4ª T., REsp 1.236.057/SP, Rel. Min. Antonio Carlos Ferreira, ac. 06.04.2021, *DJe* 28.04.2021).

[164] STJ, 3ª T., AgRg no AG 711.179/SP, Rel. Min. Humberto Gomes de Barros, ac. 04.05.2006, *DJU* 29.05.2006, p. 235.

[165] STJ, 4ª T., AgRg no AREsp. 537.034/MS, Rel. Min. Raul Araújo, ac. 26.08.2014, *DJe* 01.10.2014.

[166] STJ, 3ª T., REsp. 1.271.277/MG, Rel. Min. Ricardo Villas Bôas Cueva, ac. 15.03.2016, *DJe* 28.03.2016.

[167] STJ, 3ª T., REsp 1.990.495/DF, Rel. Min. Nancy Andrighi, ac. 15.08.2023, *DJe* 22.08.2023.

242.1. Impenhorabilidade do bem gravado de alienação fiduciária em garantia (CC, art. 1.361, Decreto-Lei n. 911/1969)

Quando se estabelece a alienação fiduciária em garantia, o credor fiduciário adquire a propriedade resolúvel sobre o bem gravado, enquanto não for solvida a obrigação contraída pelo ex-proprietário (devedor fiduciante). A este cabe apenas o direito de recuperar a propriedade quando do resgate do débito garantido. Ou seja: "com a constituição da propriedade fiduciária, dá-se o desdobramento da posse, tornando-se o devedor [apenas] possuidor direto da coisa" (CC, art. 1.361, § 2º). Possuirá, desde então, coisa alheia. A propriedade, sem embargo de resolúvel, é toda do credor (CC, art. 1.361, *caput*), a quem cabe a posse indireta, a qual se tornará direta, se o devedor inadimplir a obrigação. Ocorrendo esta hipótese, a propriedade fiduciária se transformará em definitiva, permitindo ao credor alienar o bem para se pagar com o preço apurado (CC, art. 1.364).

Diante dessa situação de direito material, forçoso é reconhecer que o bem alienado fiduciariamente não pode ser objeto de penhora em execução ajuizada contra o devedor fiduciante. Com efeito, em tais circunstâncias, não integrando o patrimônio do executado, o bem por ele alienado fiduciariamente não pode, à evidência, ser objeto de penhora[168].

Portanto, se ocorrer penhora em tais circunstâncias, terá havido, no entender do Supremo Tribunal Federal, violação, em nível constitucional, do direito de propriedade. Não só a garantia do devido processo legal teria sido ofendida, como também "a propriedade do credor garantido pela alienação fiduciária de bens determinados". Ainda segundo a Suprema Corte, em defesa desse direito fundamental (mesmo que circunstancialmente se apresente resolúvel), não se pode recusar ao credor fiduciário o uso dos embargos de terceiro, sob pena de ser-lhe denegado o acesso à justiça.[169]

Induvidoso, como se vê, o direito do credor fiduciário de defender sua propriedade por meio dos embargos de terceiro, quando o bem gravado por alienação fiduciária em garantia for indevidamente alcançado por penhora em execução movida contra o devedor fiduciante.[170]

Essa impenhorabilidade, contudo, é relativa, já que opera apenas em relação a terceiros credores do fiduciante. O credor fiduciário tem a opção de realizar a satisfação extrajudicial de seu crédito, por meio de venda particular, independentemente de leilão (art. 2º, do Decreto-Lei n. 911/1969). Mas, se preferir, poderá cobrar a dívida por meio de execução de título extrajudicial, caso em que a penhora recairá sobre os bens objeto do contrato de alienação fiduciária em garantia, "só se justificando a constrição sobre outros bens se os indicados forem insuficientes".[171]

---

[168] STJ, 1ª T., AgRg no Ag 460.285/SP, Rel. Min. Francisco Falcão, ac. 11.03.2003, *DJU* 05.05.2003, p. 229; STF, 2ª T., RE 88.059/ SP, Rel. Min. Cordeiro Guerra, ac. 13.12.1977, *RTJ* 85, p. 326; STF, 2ª T., RE 107.994/PE, Rel. Min. Aldir Passarinho, ac. 16.09.1988, *RT* 639, p. 224; STJ, 3ª T., REsp 34.751/MA, Rel. Min. Claudio Santos, ac. 04.04.1995, *RSTJ* 78, p. 184. Apenas os direitos do devedor fiduciante oriundos do contrato podem ser constritos, nunca o próprio objeto da alienação fiduciária (STJ, 5ª T., REsp 260.880/RS, Rel. Min. Félix Fischer, ac. 13.12.2000, *DJU* 12.02.2001, p. 130; STJ, 4ª T., REsp 1.171.341/DF, Rel. Min. Isabel Gallotti, ac. 06.12.2011, *DJe* 14.12.2011. Entretanto, se o imóvel gravado for a residência do devedor fiduciante, seu direito real de aquisição será impenhorável, nos termos da Lei 8.009/1990 (Enunciado 325 do CEJ).

[169] STF, 1ª T., RE 102.299/PR, Rel. Min. Rafael Mayer, ac. 11.09.1984, *DJU* 05.10.1984, p. 16.456, *RTJ* 111, p. 860; STF, 1ª T., RE 117.063/SP, Rel. Min. Sydney Sanches, *DJU* 15.09.1989, p. 14.513; STF, 1ª T., RE 114.940/ PA, Rel. Min. Néri da Silveira, *DJU* 16.02.1990, p. 932; STF, 2ª T., RE 144.984/SC, Rel. Min. Marco Aurélio, *DJU* 01.07.1996, p. 23.866; STF, 2ª T., RE 163.000/PE, Rel. Min. Marco Aurélio, *DJU* 14.08.1998, p. 12.

[170] "É possível ao credor a oposição de embargos de terceiro para resguardar o bem alienado fiduciariamente" (STJ, 4ª T., REsp 622.898/SC, Rel. Min. Aldir Passarinho Júnior, ac. 04.05.2010, *DJe* 24.05.2010). No mesmo sentido: STJ, 3ª T., REsp 421.996/SP, Rel. Min. Carlos Alberto Menezes Direito, ac. 06.12.2002, *DJU* 24.02.2003, p. 227, *RT* 816, p. 183.

[171] STJ, 4ª T., REsp. 448.489/RJ, Rel. Min. Rui Rosado de Aguiar, ac. 25.11.2002, *DJU* 19.12.2002, p. 376.

De outro lado, a impenhorabilidade de que se trata refere-se apenas ao próprio bem objeto da alienação fiduciária (móvel ou imóvel). Os direitos do devedor fiduciante, assegurados pelo contrato ajustado com o credor fiduciário, estes são perfeitamente penhoráveis, na categoria de "direitos aquisitivos derivados de promessa de compra e venda e de alienação fiduciária em garantia" (CPC/2015, art. 835, XIII)[172].

242.2. Impenhorabilidade dos bens vinculados às cédulas de crédito rural e industrial (Decreto-Lei n. 167/1967)

Caso de impenhorabilidade de larga aplicação prática é o dos bens vinculados às cédulas de crédito rural enquanto não resgatado o financiamento (Decreto-Lei n. 167, de 14.02.67, art. 69) (sobre o tema, ver item 239, *retro*).

Também os "bens vinculados à cédula de crédito industrial não serão penhorados ou sequestrados por outras dívidas do emitente ou de terceiro prestante da garantia real, cumprindo a qualquer deles denunciar a existência da cédula as autoridades incumbidas da diligência, ou a quem a determinou, sob pena de responderem pelos prejuízos resultantes de sua omissão" (art. 57, do Decreto-Lei n. 413/1969)[173]. Não prevalece, porém, dita impenhorabilidade em face da execução fiscal, seja porque não é absoluta tal impenhorabilidade, seja porque a preferência legal dos créditos tributários é especial em sua ampla extensão[174].

242.3. Impenhorabilidade de receita de espetáculos artísticos (Lei n. 9.610/1998)

Outro caso interessante de impenhorabilidade legal é a que prevê o art. 76 da Lei n. 9.610, de 19.02.1998, e que compreende, em matéria de direitos autorais, "a parte do produto dos espetáculos reservada ao autor e aos artistas".

242.4. O patrimônio de afetação como mecanismo de restrição à penhorabilidade

O patrimônio de afetação é um instrumento jurídico que permite a formação – em função de certo empreendimento – de um *patrimônio autônomo* a partir de um conjunto de bens que, desde sua constituição, não mais se misturam com os integrantes do patrimônio geral de seu instituidor, que serve de garantia para a generalidade de suas obrigações.

Desse modo, a responsabilidade patrimonial realizável através da execução forçada das dívidas do instituidor passa a sofrer significativo impacto: a parcela destacada para constituir o patrimônio de afetação fica destinada exclusivamente à realização do objetivo do empreendimento que justificou, *in concreto*, o destaque patrimonial. Por isso, somente os investidores no financiamento daquele empreendimento poderão contar, perante o instituidor, com a garantia dos bens afetados, para realização dos respectivos créditos. Para os demais credores, tais bens se tornam *impenhoráveis* (Lei n. 13.986/2020, art. 10, § 3º, II).

---

[172] STJ, 3ª T., REsp 1.677.079/SP, Rel. Min. Ricardo Villas Bôas Cueva, ac. 25.09.2018, *DJe* 01.10.2018.

[173] "A impenhorabilidade instituída no art. 69 do Decreto-lei n. 167/1967 pode ser relativizada quando o valor do bem excede à dívida garantida pela hipoteca" (STJ, 3ª T., AgRg no AREsp 128.211/MT, Rel. Min. Paulo de Tarso Sanseverino, ac. 06.08.2013, *DJe* 15.08.2013). No mesmo sentido: STJ, 4ª T., REsp 318.328/RS, Rel. Min. Raul Araújo, ac. 15.05.2012, *DJe* 29.05.2012; STJ, 3ª T., AgRg no AREsp 285.586/SP, Rel. Min. Sidnei Beneti, ac. 16.04.2013, *DJe* 03.05.2013.

[174] STJ, 1ª T., REsp 309.853/SP, Rel. Min. José Delgado, ac. 07.06.2001, *DJU* 27.08.2001, p. 232.

No direito pátrio, o patrimônio de afetação já vem sendo utilizado há um bom tempo, na atividade de incorporação imobiliária, "por meio da qual o terreno, as acessões e os demais bens e direitos vinculados ao empreendimento formam um *patrimônio separado* que não se comunica com os demais bens do incorporador, acarretando uma blindagem patrimonial que protege os adquirentes das unidades"[175] (Lei n. 4.591/1964, arts. 31-A a 31-F, acrescidos pela Lei n. 10.931/2004).

O instituto, com a Lei n. 13.986/2020, ganhou novas dimensões e maior repercussão prática, ao expandir para o terreno do financiamento do agronegócio, onde assumiu configuração distinta daquela ostentada na incorporação imobiliária. Nessa nova Lei, o patrimônio de afetação é constituído apenas por um imóvel rural ou fração dele e, ainda, pelas suas acessões e benfeitorias, não podendo abranger outros ativos de titularidade do instituidor. "Além disso, o escopo não se volta ao desenvolvimento de uma atividade, mas se limita a servir de garantia a uma operação de crédito, de forma que fique disponível para uma única finalidade, que é a vinculação em garantia na Cédula Imobiliária Rural (CIR) ou na Cédula de Produto Rural (CPR)".[176]

Ainda em reforço da garantia constituída pelo patrimônio de afetação criado pela Lei do Agro (art. 10, § 4º, I), tal como se passa com os bens em regime de alienação fiduciária, o imóvel rural afetado não se sujeita aos efeitos da falência e da recuperação judicial do respectivo proprietário (sobre a matéria, v., também, o item 111.1, *retro*).

243. IMPENHORABILIDADE SUCESSIVA DO BEM PENHORADO EM EXECUÇÃO FISCAL

O fato de um bem já estar penhorado em outro processo não impede sua sucessiva constrição em novas execuções. Resolve-se o problema por meio do concurso de preferências (CPC/2015, art. 908).

Quando, porém, a penhora tiver acontecido em execução fiscal movida pela União, suas autarquias e fundações públicas, a Lei n. 8.212, de 24.7.1991, art. 53, § 1º, impõe a automática *indisponibilidade* dos bens constritos. Como a penhora pressupõe disponibilidade dos bens a serem afetados torna-se impenhorável, por outros credores, o objeto da penhora efetuada em executivo fiscal intentado pela União e suas autarquias e fundações públicas.[177]

A impenhorabilidade sucessiva decorrente da Lei n. 8.212/1991, art. 53, § 1º, beneficia apenas a Fazenda Pública Federal, de sorte que a penhora ocorrida em execução da dívida ativa estadual ou municipal não impede o concurso de outras constrições promovidas por credores diversos.

---

[175] SILVA, Ellen Carolina; ASSAD, José Roberto Camasmie. Importância do financiamento privado no agronegócio sob o prisma da nova Lei do Agro. Fonte: https://luchesiadv.com.br/2020/07/20/importancia-do-financiamento-privado-no-agro... Acesso em 29.03.2021.

[176] Idem, ibidem: "Nesse sentido também, o texto da exposição de motivos interministerial (EMI) n. 00240/2019, que precedeu a proposta da MP 897 de 1/10/2019, convertida na nova Lei do Agro, é claro ao discorrer que o patrimônio em afetação tem como objetivo reduzir custos operacionais e melhorar a qualidade das garantias oferecidas pelos produtores rurais, permitindo que submetam o seu imóvel rural ou fração dele ao referido regime. Confere-se, assim, maior segurança à concedente de crédito, uma vez que essa passa a ter, em caso de inadimplência do devedor, autorização imediata e irretratável para se apropriar do patrimônio dado em garantia para posterior alienação". É, nesse aspecto, uma garantia equivalente à alienação fiduciária de imóveis (Lei n. 9.514/1997, art. 27).

[177] TJSP, CSM, Ap. 29.886-0/4, Rel. Des. Márcio Martins, ac. 04.06.1996; Ap. 5.235/0, Rel. Des. Marcos Nogueira Garcez, *apud* COSTA, Daniel Carnio. Execução fiscal da Fazenda Nacional – Inalienabilidade dos bens penhorados. Alcance e aplicação do art. 53, § 1º da Lei n. 8.212/1991. *Síntese Jornal*, n. 72, p. 6, fev/2003.

No entanto, deve-se ponderar que a restrição da Lei n. 8.212/1991 não opera em face das fazendas públicas estaduais ou municipais, porquanto o concurso de preferências entre todas as fazendas decorre de previsão de leis especiais como o Código Tributário Nacional (art. 187, parágrafo único) e a Lei de Execuções Fiscais (art. 30).[178]

Em suma: a penhora da Fazenda Pública Federal acarreta indisponibilidade e consequentemente impenhorabilidade sucessiva por outros credores, porquanto bem indisponível é o mesmo que bem inalienável (CPC/2015, art. 833, I). A impenhorabilidade, todavia, é relativa, pois não opera em face de outras fazendas públicas, mas apenas perante particulares.[179]

244. RENÚNCIA À IMPENHORABILIDADE

Casos como o do bem *inalienável* e o do *bem de família* enfrentam, em princípio, a completa impenhorabilidade. O primeiro, por exigir a lei, como requisito básico da penhora, a alienabilidade do bem a ser constrito (CPC/2015, arts. 832 e 833, I). E o segundo, por decorrer a impenhorabilidade da garantia constitucional à moradia, privilégio que tutela socialmente a família, transcendendo os interesses individuais do devedor.[180] Por isso, não há, na espécie, viabilidade de o executado renunciar à impenhorabilidade absoluta de tais bens[181].

Há, porém, aqueles casos em que a lei prevê apenas a impenhorabilidade sobre certo bem, do qual o titular conserva a livre disponibilidade. Em semelhante situação, inexiste razão para impedir que o executado o nomeie, voluntariamente, à penhora, renunciando, assim, à tutela do Código dispensada, por exemplo, aos instrumentos úteis ao exercício de atividade profissional. Uma vez aperfeiçoada a constrição executiva por provocação do próprio executado, não lhe será lícito pretender a invalidação do gravame judicial, a pretexto da impenhorabilidade prevista no art. 833, V, do CPC/2015, sob pena de ofensa ao princípio da boa-fé objetiva (art. 5º). A hipótese configuraria comportamento contraditório e injurídico (*venire contra factum proprium*) e, por isso, inaceitável dentro do regime do devido processo legal.[182]

---

[178] "Execução fiscal. O fato dos bens terem sido penhorados na execução fiscal ajuizada pela Fazenda Nacional não impede a penhora na execução fiscal ajuizada pela Fazenda do Estado. Concurso de credores que se resolve pelos arts. 187, parágrafo único, do CTN e 29 da Lei n. 6.830/1980. Inaplicabilidade do disposto no § 1º do art. 53 da Lei n. 8.212, de 1991. Recurso provido" (TJSP, 8ª CDPúbl., Ag. 65.219-5, Rel. Des. Toledo Silva, ac. 10.12.1997, *JTJ* 205/226). "O Pretório Excelso, não obstante a título de *obiter dictum*, proclamou, em face do advento da Constituição Federal de 1988, a subsistência da Súmula 563 do STF: 'O concurso de preferência a que se refere o parágrafo único do art. 187 do Código Tributário Nacional é compatível com o disposto no art. 9º, I, da Constituição Federal'" ... "STF, AI 608769 AgR, Relator(a): Min. EROS GRAU, Segunda Turma, julgado em 18.12.2006, *DJ* 23.02.2007" (STJ, 1ª Seção, REsp 957.836/SP, Rel. Ministro Luiz Fux, ac. 13.10.2010, *DJe* 26.10.2010).

[179] COSTA, Daniel Carnio. *Op. cit.*, p. 7.

[180] "Se a proteção do bem [de família] visa à família, e não apenas ao devedor, deve-se concluir que este não poderá, por ato processual individual e isolado [nomeação do bem de família à penhora] renunciar à proteção, outorgada por lei em norma de ordem pública, a toda a entidade familiar" (STJ, 2ª S., REsp 526.460/RS, Rel. Min. Nancy Andrighi, ac. 08.10.2003, *DJU* 18.10.2004, p. 184).

[181] Já se decidiu, é verdade, que, podendo alienar o imóvel da moradia, o devedor pode, voluntariamente, nomeá-lo à penhora, renunciando, assim, a impenhorabilidade da Lei n. 8.009/1990 (STJ, 4ª T., REsp 1.365.418/SP, Rel. Min. Marco Buzzi, ac. 04.04.2013, *DJe* 16.04.2013). A tese, porém, que tem prevalecido no STJ é a de que a impenhorabilidade do bem de família "é matéria de ordem pública que não pode, nem mesmo, ser objeto de renúncia por parte do devedor executado, já que o interesse tutelado pelo ordenamento jurídico não é o do devedor, mas da entidade familiar, que detém, com a Carta Política de 1988, estatura constitucional" (STJ, 2ª T., REsp 1.059.805/RS, Rel. Min. Castro Meira, ac. 26.08.2008, *DJe* 02.10.2008). No mesmo sentido: STJ, 3ª T., REsp 1.115.265/RS, Rel. Min. Sidnei Beneti, ac. 24.04.2012, *DJe* 10.05.2012; STJ, 4ª T., AgRg no AREsp 252.286/PR, Rel. Min. Luis Felipe Salomão, ac. 07.02.2013, *DJe* 20.02.2013.

[182] STJ, 4ª T., REsp 1.365.418/SP, Rel. Min. Marco Buzzi, ac. 04.04.2013, *DJe* 16.04.2013.

245. BENS RELATIVAMENTE IMPENHORÁVEIS

Consideram-se bens relativamente impenhoráveis aqueles cuja penhora a lei só permite quando inexistirem outros bens no patrimônio do devedor que possam garantir a execução. Nessa perspectiva, somente na falta de outros bens exequíveis, é que o atual Código admite a penhora dos frutos e dos rendimentos dos bens inalienáveis (CPC/2015, art. 834).

Os frutos e os rendimentos dos bens inalienáveis seguem, em princípio, o destino destes, ou seja, são impenhoráveis. Os credores comuns do titular do bem inalienável, por isso, não podem penhorar seus frutos e rendimentos. A imunidade, contudo, não é total. Prevalece enquanto seja possível o gravame executivo recair sobre outros bens livres do executado. Faltando os bens livres, cessará a impenhorabilidade, e os frutos e rendimentos a que alude o art. 834 terão de submeter-se à penhora. Daí falar-se, na espécie, de impenhorabilidade relativa.

À época do Código de 1973, o art. 650 ressalvava a hipótese do crédito de prestação alimentícia, situação em que a penhorabilidade deixava de ser relativa e tornava-se plena. O credor podia, desde logo, fazer a penhora recair sobre os frutos e rendimentos do bem inalienável, sem ter de demonstrar a inexistência de outros bens livres para garantir a execução. Essa regra, contudo, não foi repetida pelo art. 834 do CPC/2015, razão pela qual, "a impenhorabilidade decorre de apenas um requisito: a existência de outros bens livres e desembaraçados".[183] Vale dizer: ainda que o crédito seja alimentício, a penhora não afetará os frutos e os rendimentos do bem inalienável, se o exequente tem a seu dispor outros bens livres a excutir.

246. AS QUOTAS OU AÇÕES DE SOCIEDADES EMPRESARIAIS

Registrava-se, desde longa data, na doutrina e jurisprudência, o entendimento de que apenas os fundos líquidos que o sócio tivesse como credor da sociedade comercial poderiam ser penhorados; não assim a sua cota social, que, salvo na hipótese de sociedade anônima, não seria um valor disponível, mas parte do próprio capital da pessoa jurídica, sem o qual esta não poderia subsistir.[184] Daí o corolário inevitável, para os que pensavam dessa maneira, de que a cota social do devedor ou "a fração do capital social é *impenhorável*".[185]

Argumentavam, mais, os adeptos desse entendimento, que as sociedades, inclusive as limitadas, são formadas *intuitu personae*, de sorte que seria inadmissível que, por via da penhora e consequente arrematação da cota, um estranho viesse a imiscuir-se na sociedade, assumindo a posição de sócio contra ou sem a vontade dos demais participantes do contrato social.[186]

Os argumentos, sem embargo das excelentes autoridades que os prestigiavam, nunca nos convenceram do acerto da radical posição dos que se opunham, intransigentemente, à penhorabilidade da participação do sócio no capital social da empresa econômica. Embora a pessoa jurídica tenha personalidade e patrimônio próprios, a consequência obrigatória desse fato nos parece que é a de que não responderá ela, como pessoa jurídica, pelas dívidas dos sócios, nem vice-versa. Mas não se nos afigura razoável dizer que o capital da sociedade não integra o patrimônio do sócio, a nenhum título.

Ora, o patrimônio de qualquer pessoa natural se compõe de todos os valores de expressão econômica de que possa usufruir e dispor. E nesse sentido é inegável que a criação e manutenção da pessoa jurídica, no plano comercial, se fazem apenas no interesse lucrativo dos respectivos

---

[183] ASSIS, Araken de. *Manual da execução cit.*, n. 48.9, p. 350.

[184] VAMPRÉ, Spencer; FERREIRA, Waldemar; MENDONÇA, Carvalho de. *Apud* RAZUK, Abrão. *Da Penhora*. São Paulo: Saraiva, 1980, p. 79.

[185] 1º TACSP, *in Jur.*, TASP, 33/257.

[186] TARS, ac. de 05.11.74, *in RT*, 479/214-218.

sócios. A sociedade, na verdade, existe para servir aos sócios, para assegurar-lhes lucros e rendimentos. É um instrumento, enfim, da atividade econômica dos seus componentes.

A personalidade jurídica que o direito atribui ao ente criado pelos sócios não lhe retira esse apanágio de criatura dos sócios com o fim único de lhes servir no plano econômico.

Ademais, não perde o sócio o domínio sobre a sua cota social, pois, na dissolução da sociedade, deverá ser reembolsado de parcela do acervo societário que lhe seja correspondente. E, no caso de sucessão hereditária, seus herdeiros receberão ditas cotas, ou pelo menos o seu equivalente econômico, como parcela integrante do inventário e partilha do patrimônio deixado pelo *de cujus*.

A posição do sócio não é, de tal arte, a de alguém que apenas tenha perdido a propriedade dos bens que deu para a formação do patrimônio social. Ao contrário: por não configurar a espécie uma *doação*, a verdadeira posição do sócio é a de real credor, perante a pessoa jurídica, do valor correspondente à sua cota-parte no acervo social. E tanto é, realmente, assim, que o capital social, na contabilidade mercantil figura entre as verbas do *passivo* da empresa.

A nosso entender, o desvio de ótica que cometiam os que negavam a penhorabilidade da cota social se prendia ao fato de focalizarem apenas o *contrato* entre os sócios, deixando de lado o principal, para os credores, que não é o vínculo social, mas a expressão ou o produto que desse vínculo se pode extrair em conversão econômica.

A qualidade de sócio nos parece que, inegavelmente, é personalíssima e, assim, nas sociedades *intuitu personae*, não pode ser expropriada e transferida a terceiro por arrematação em execução forçada.

Mas a expressão dessa qualidade no patrimônio do devedor, *i.e.*, o que representa essa participação na sociedade para a economia do devedor, esse valor ou esses haveres nos parece que não podem ser sonegados à responsabilidade patrimonial, sob pena de colocar o sócio em posição de suprema e injusta vantagem perante o credor insatisfeito, que não consegue executar seu devedor, por falta de bens particulares, embora seja titular de meios econômicos expressivos empregados em sociedade comercial, não raras vezes detentora de vultosos patrimônios e recursos.

O que urge reconhecer é que a cota do sócio integra o patrimônio da pessoa jurídica apenas enquanto aquele conserva sua condição plena de sócio. Rompida a relação econômica entre os sócios, o valor da cota é um crédito como qualquer outro, que o respectivo titular pode exigir e dispor como o condômino exige seu quinhão e dispõe dele ao dissolver-se a comunhão.

Respeitada, portanto, a impenhorabilidade da qualidade personalíssima de sócio, nunca vimos obstáculo a que a penhora incida sobre a expressão econômica da participação do devedor nos bens sociais.

A arrematação ou adjudicação da cota social, destarte, faz-se por meio de sub-rogação apenas econômica do adquirente sobre os direitos do sócio de requerer a dissolução total ou parcial da sociedade, a fim de receber seus haveres na empresa, nunca, como adverte Amílcar de Castro, como substituição ao devedor, como se fosse, na qualidade de novo sócio, um sucessor do devedor.[187]

Daí por que se nos afigura melhor o entendimento de que a penhora dos fundos líquidos do sócio deve alcançar não apenas os créditos dele perante a sociedade, mas igualmente sua cota-parte no patrimônio social.

Essa possibilidade de penhora da própria cota social estava, aliás, implicitamente reconhecida pelo Código de Processo Civil de 1973, cujo art. 720, em sua primitiva redação,

---

[187] CASTRO, Amilcar de. *Comentários ao Código de Processo Civil*. 2. ed. Rio de Janeiro: Forense, 1963, v. X, n. 241, p. 231.

regulava, de maneira expressa, o usufruto forçado sobre *quinhão do sócio na empresa*, como uma das formas de pagamento ao credor na execução por quantia certa. Ora, para se chegar a essa modalidade de pagamento, era claro que a cota do sócio teria que, previamente, ter sido submetida à penhora.

Ainda no regime do CPC de 1939, o Colendo Tribunal de Alçada Civil de São Paulo chegou a admitir a penhora de cota social e mereceu, por isso, aplausos de Luiz Gastão Paes de Barros Leães.[188]

Posteriormente, já sob o império do Código de 1973, voltou o 1º Tribunal de Alçada Civil paulista a decidir que "o quinhão social integra o patrimônio do sócio e responde pelas suas dívidas, com a ressalva de que a eventual arrematação ou adjudicação do quinhão penhorado não importa em transmissão de qualidade de sócio, mas apenas de direito orientado à solução da dívida, ainda que à custa da dissolução da sociedade".[189] Atualmente, pode-se afirmar que, sob a liderança do Superior Tribunal de Justiça, a jurisprudência já se firmou no sentido de que "a penhorabilidade das cotas, porque não vedada em lei, é de ser reconhecida".[190]

Nem mesmo a existência de cláusula no contrato social impeditiva de transferência de cotas tem sido reconhecida como obstáculo à penhora. O contrato não pode, na ótica do Superior Tribunal de Justiça, impor vedação que a lei não criou. A defesa do interesse da sociedade contrária à introdução de estranho na empresa deve ser encontrada por outras vias e não pela vedação da penhora das cotas sociais. É que, na verdade, "a penhora não acarreta a inclusão de novo sócio, devendo ser 'facultado à sociedade, na qualidade de terceira interessada, remir a execução, remir o bem e conceder-se a ela e aos demais a preferência na aquisição das cotas, a tanto por tanto (CPC, arts. 1.117, 1.118 e 1.119)' [CPC/2015, sem correspondente], como já acolhido em precedente da Corte".[191]

Enfim, a tendência firmada pela jurisprudência mereceu consagração do CPC/2015, pois no inciso IX do art. 835 restou expressamente autorizada a penhora de "ações e quotas de sociedades simples e empresárias", sem qualquer ressalva ou limitação[192].

---

[188] Ac. de 07.05.70, in Rev. Dir. Mercantil (nova série), v. 5, p. 116.

[189] 1º ac. de 06.06.78, in Rev. dos Tribs., 520/159. Do mesmo pensar é Cláudio Vianna de Lima, para quem o novo Estatuto aboliu a restrição antes existente, de modo que agora são livremente penhoráveis "os saldos de lucros à disposição dos sócios e a parte, ou quota, que couber a cada sócio na liquidação da sociedade" (LIMA, Cláudio Vianna. *Processo de Execução*. Rio de Janeiro: Forense, 1973, p. 70). No mesmo sentido: ASSIS, Araken de. *Comentários ao Código de Processo Civil*. Porto Alegre: Lejur, 1985, v. IX, n. 104, p. 179; VILLAR, Willard de Castro. *Processo de Execução*. São Paulo, ed. RT, 1975, pp. 130-131. Na Jurisprudência: STF, RE 90.910. Ac. de 21.10.80, in *Juriscível*, 96/155-156; ERE 90.910, ac. de 29.02.84, Pleno, *RTJ* 109/1004; TAMG, Apel. 32.375, ac. de 17.10.86, in *Julgados*, 29/180. Contra: STF, RE 95.381-7, ac. de 14.12.84, *DJU* 19.04.85, p. 5.457; TAMG, Apel. 32.932, ac. de 28.11.86, *Julgados*, 29/208.

[190] STJ, REsp. 30.854-2/SP, Rel. Min. Sálvio de Figueiredo Teixeira, ac. de 08.03.94, in *RT* 712/268. No mesmo sentido: STJ, REsp. 39.609-3/SP, Rel. Min. Sálvio de Figueiredo Teixeira, ac. de 14.03.94, in *RSTJ* 69/386; TAMG, Apel. 148.810-2, Rel. Juiz Pinheiro Lago, ac. de 24.03.93, in *RJTAMG* 50/190; TACiv.RJ, Apel. 10.617/92, Rel. Juiz Nascimento A. Póvoas Vaz, ac. de 07.10.92, in *RF* 329/272; TARJ, AI 873/93, Rel. Juiz Affonso Rondeau, in *COAD-ADV* 44/93, p. 701, n. 63.493. "Os efeitos da penhora incidente sobre as cotas sociais devem ser determinados levando em consideração os princípios societários" (STJ, 3ª T., REsp 221.625/SP, Rel. Min. Nancy Andrighi, ac. 07.12.2000, *DJU* 07.05.2001, p. 138).

[191] STJ, 3ª T., REsp. 234.391/MG, Rel. Min. Menezes Direito, *DJU* de 12.02.2001, p. 113. Se não for possível o ingresso do arrematante da cota no quadro social, assegura-se-lhe "o direito de requerer a dissolução total ou parcial da sociedade" (STJ, 4ª T., REsp. 147.546, Rel. Min. Sálvio de Figueiredo, ac. de 06.04.2000, *RJTJRGS* 216/37).

[192] Em acórdão isolado, a 4ª Turma do STJ decidiu que a penhora de quotas sociais não deve ser deferida de imediato, cabendo ao exequente, primeiro, requerer "a penhora dos lucros relativos às quotas sociais correspondentes à devedora". Invocaram-se os princípios da conservação de empresa e da menor onerosidade da execução, argumentando que, no caso concreto, tratava-se de sociedade empresária em plena atividade e,

Sobre a forma de penhorar e expropriar as quotas e ações foram traçadas regras especiais nos arts. 861 e 876, § 7º, ou seja:

a) a sociedade simples ou empresária (não a sociedade anônima de capital aberto) deverá, no prazo que lhe for assinado, apresentar balanço especial, na forma da lei (art. 861, I);
b) deverá oferecer as quotas ou as ações aos demais sócios, para observar o direito de preferência legal ou contratual (art. 861, II);
c) não havendo interesse dos sócios na aquisição das ações, a sociedade procederá à liquidação das quotas ou das ações, depositando em juízo o valor apurado em dinheiro (art. 861, III);
d) a sociedade, para evitar a liquidação, poderá adquirir as quotas ou ações penhoradas, sem redução do capital social e com utilização de reservas, para manutenção em tesouraria (art. 861, § 1º);
e) se a penhora recair sobre ações de sociedade anônima de capital aberto, serão elas adjudicadas ao exequente ou alienadas em bolsa de valores (art. 861, § 2º).

247. ILEGALIDADE DA PENHORA

Para que nasça, validamente, a vinculação efetiva dos bens penhorados à execução, com a consequente preferência em favor do credor, devem ser satisfeitos, segundo Goldschmidt, os seguintes requisitos:[193]

a) a penhora deve ser realizada com todos os requisitos e formalidades exigidos pelo Código;
b) as coisas apreendidas hão de ser penhoráveis;
c) deverão pertencer elas ao patrimônio do devedor; e
d) haverá de estar o crédito do exequente regularmente documentado (título executivo). Haverá, pois, ilegalidade da penhora, tanto *objetiva* como *subjetivamente*. No primeiro caso, pode-se indicar a constrição de bens insuscetíveis de penhora, ou a feita sem observância das solenidades indispensáveis. No segundo, a que alcança bens de pessoa não sujeita à execução[194].

A ilegalidade objetiva pode ser alegada por simples petição da parte ao juiz da execução.[195] A subjetiva deve ser objeto do processo especial incidente denominado "embargos de terceiro", que é o remédio específico contra esbulho derivado de ato judicial (CPC/2015, art. 674). Se, porém, o exequente reconhece a irregularidade da penhora, o bem constrito será liberado,

---

por isso, a empresa não poderia ser prejudicada por execução de "dívida estranha à referida pessoa jurídica" (STJ, 4ª T., AgInt no REsp 1.346.712/RJ, Rel. Min. Luis Felipe Salomão, ac. 14.03.2017, DJe 20.03.2017). *Data venia*, a tese adotada pelo r. acórdão não se afina bem com a ampla sistemática de defesa dos interesses da sociedade e dos sócios preconizada pelo CPC/2015 (art. 861) para viabilizar a penhora de quotas sociais. Impôs, outrossim, a prioridade de penhora de rendimentos da empresa, quando, na gradação legal, a penhora das quotas sociais está em posição anterior a de rendas e direitos do executado (cf. art. 835, IX, X e XIII).

[193] GOLDSCHMIDT, James. *Derecho Procesal Civil*. Barcelona: Labor, 1936, v. III, § 94, p. 629-630.

[194] Deve-se lembrar que as pessoas cujo patrimônio se sujeita à execução não se limitam aos devedores, pois há várias hipóteses em que, por lei, a responsabilidade patrimonial pode atingir não-devedores (CPC, art. 790).

[195] REIS, José Alberto dos. *Op. cit.*, n. 88, p. 395.

independentemente da oposição de embargos. Deve-se ter em mente que ao exequente cabe sempre o direito de desistir de toda a execução ou de apenas alguma medida executiva (art. 775).

248. REMIÇÃO DA EXECUÇÃO

"Antes de adjudicados ou alienados os bens, o executado pode, a todo tempo, remir a execução, pagando ou consignando a importância atualizada da dívida, acrescida de juros, custas e honorários advocatícios" (CPC/2015, art. 826).[196-197]

Eis aí a previsão legal da figura da remição, que se configura como ato capaz de impedir a execução ou fazê-la extinguir, conforme o pagamento preexista ao ajuizamento da ação executiva ou ocorra no curso do processo.

Esse poder de remir a execução e impedir a transferência judicial dos bens penhorados é exercitável em qualquer fase do processo enquanto não ultimada a adjudicação ou alienação.

Como as diversas formas de alienação judicial só se consideram perfeitas e acabadas quando é assinado o respectivo auto ou termo (arts. 877, § 1º, 880, *caput* e § 2º e 903, *caput*), deve-se entender que, enquanto tal assinatura não ocorre, ainda é possível ao devedor remir a execução. Pouco importa, nessa ordem de ideias, que o juiz já tenha deferido o pedido de adjudicação ou de alienação, se o auto ou termo não chegaram a ser assinados[198].

A remição da execução, não obstante referir-se o Código no art. 826 apenas ao executado, pode ser feita, também, por qualquer terceiro, interessado, ou não. Como adverte Amílcar de Castro, "o credor não pode recusar o pagamento, qualquer que seja a pessoa que se proponha saldar a dívida (arts. 930 e segs., 973, I, e 973, III, do Código Civil)" (CC/2002, arts. 304 e 335, I e III).[199]

Não se confunde a remição da execução com a sub-rogação da penhora em dinheiro, permitida pelo art. 847. A remição visa extinguir a execução, ao passo que a sub-rogação apenas libera o bem penhorado, mas a execução prossegue sobre a quantia depositada. A sub-rogação

---

[196] A partir da Lei n. 6.899, de 8.4.81, a remição da execução compreende, também, a correção monetária, aplicável, até mesmo aos processos pendentes a partir de 9.4.81. Para as execuções novas, a correção começa a fluir do vencimento do título, salvo se corrido antes de 9.4.81, caso em que essa data será o *dies a quo* (Dec. n. 86.649/1981, art. 3º). Quanto às verbas de sucumbência, a jurisprudência sempre entendeu que havia dupla incidência, no caso de execução de títulos judiciais, ou seja, o devedor responde tanto pela verba calculada na sentença condenatória como pela que decorre do ajuizamento da execução forçada, pouco importando haja ou não oposição de embargos nesta última (STJ, 3ª Seção, EREsp. 132.229/RS, Rel. Min. Hamilton Carvalhido, ac. 09.02.2000, *DJU* 11.09.2000, p. 219; STJ, 2ª T., REsp 190.795/RS, Rel. Min. Hélio Mosimann, ac. 09.02.99, *DJU* 12.02.2001, p. 104; STJ, 4ª T., REsp. 193.521/SP, Rel. Min. Aldir Passarinho Júnior, ac. 06.02.2001, *DJU* 19.03.2001, p. 118; STJ, 5ª T., REsp. 140.406/RS, Rel. Min. Edson Vidigal, ac. 13.11.2000, *DJU* 11.12.2000, p. 224; STJ, 1ª T., Rel. Min. Milton Luiz Pereira, ac. 25.09.2000, *DJU* 05.02.2001, p. 77; STJ, Emb. no REsp. 158.884/RS, Corte, Rel. Min. Humberto Gomes de Barros, ac. 04.10.2000, *RJ* 283/79). A situação não se alterou após a implantação do processo sincrético instituído pela Lei n. 11.232/2005. Em relação aos títulos judiciais, mesmo não havendo mais duas ações para justificar duas verbas advocatícias, a jurisprudência continuou entendendo que o cumprimento da sentença não era diverso da ação de execução da sentença, para fins de imposição da verba advocatícia sucumbencial (STJ, Corte Especial, REsp. 1.028.855/SC, Rel. Min. Nancy Andrighi, ac. 27.11.2008, *DJe* 05.03.2009).

[197] O valor atualizado, de que fala o art. 826 do CPC/2015, é o corrigido monetariamente. Pode acontecer que, no período de atualização, tenha ocorrido deflação em algum momento. Segundo a jurisprudência, os índices negativos, derivados da deflação, serão computados, mas não podem ser utilizados para reduzir o principal da dívida, visto que o valor nominal da obrigação tem de ser preservado (STJ, Corte Especial, REsp 1.265.580/RS, Rel. Min. Teori Zavascki, ac. 21.03.2012, *DJe* 18.04.2012).

[198] "O legitimado pode remir a execução até a lavratura do auto de adjudicação ou de alienação (CPC, art. 826)" (Enunciado n. 151/CEJ/CJF).

[199] CASTRO, Amílcar de. *Comentários ao Código de Processo Civil*. Rio de Janeiro: Forense, 1961, v. XIII, p. 24.

não tem, portanto, força de resgate, mas apenas de substituição da garantia da execução. O credor não pode levantar o depósito, para se pagar, enquanto a execução não atingir o estágio normal de satisfação do crédito exequendo.

É preciso, também, não confundir *remição da execução* com *remissão do débito exequendo*. Na *remição* ocorre o resgate ou a extinção da obrigação e a execução se extingue porque seu objetivo – o pagamento da dívida – se exauriu. Na *remissão*, a obrigação extingue-se gratuitamente, sem que o credor receba o que lhe era devido. Há uma disposição pura e simples do direito do exequente. Ocorre o *perdão da dívida*, que também é forma de extinção da obrigação no plano do direito material. Também aqui a execução se extingue, não porque o débito foi satisfeito, mas porque a obrigação desapareceu, por ato de liberalidade do credor.

249. LIMITES DA PENHORA

A execução por quantia certa há de agredir o patrimônio do devedor até apenas onde seja necessário para a satisfação do direito do credor. E deve fazê-lo, também, apenas enquanto tal agressão representar alguma utilidade prática para o fim colimado pela execução forçada.

Em outras palavras, o Código institui dois limites à penhora:

a) deve atingir apenas os bens que bastem à satisfação do valor atualizado monetariamente do crédito exequendo, com seus acessórios: juros, custas e honorários advocatícios (CPC/2015, arts. 831 e 874); e

b) não deve ser realizada, nem mantida, quando evidente que o produto da execução dos bens encontrados será totalmente absorvido pelo pagamento das custas da execução (art. 836, *caput*).

Não pode, em suma, a penhora ser nem *excessiva*, nem *inútil*.

250. VALOR DOS BENS PENHORÁVEIS

O art. 831 do CPC/2015 limita a penhora a tantos bens quantos bastem para o pagamento da dívida exequenda e os custos da execução. O texto explicita a sujeição do executado à *atualização monetária* do principal constante do título executivo.

Diante da perenização do processo inflacionário da moeda, a correção monetária passou a incidir sobre as obrigações pecuniárias como consequência automática da *mora solvendi* (CC, art. 395). Daí por que a execução de obrigação por quantia certa compreende sempre o valor corrigido da prestação devida, além dos acréscimos dos juros e das despesas processuais (custas e honorários do advogado do exequente). Primeiro, atualiza-se o principal, depois calculam-se, sobre o valor corrigido, os juros e honorários advocatícios. É assim que se define o valor da execução, para efeito da segurança do juízo.

Como a execução forçada, na espécie, não compreende a expropriação universal do patrimônio do devedor, mas apenas do suficiente para realizar o crédito do exequente, a penhora, para não ser qualificada de excessiva, terá de limitar-se a bens cujo valor corresponda ao suficiente para cobrir o principal atualizado, mais juros e encargos processuais.

Sendo certo que o processo durará algum tempo para proporcionar a satisfação do direito do exequente, é óbvio que os bens penhorados haverão de apresentar uma razoável margem de excesso sobre o montante contemporâneo do débito, destinado a cobrir os acréscimos vincendos inevitáveis. É impossível estabelecer-se uma igualdade matemática entre a dívida e a penhora, no momento da constrição executiva. Não se deve tolerar, no entanto, excessos evidentes ou abusos notórios.

250.1. Penhora de arma de fogo

A circunstância de que a aquisição de arma de fogo depende de o adquirente atender aos requisitos do art. 4º da Lei n. 10.826/2003 não inviabiliza a penhora nem a respectiva alienação em execução por quantia certa. O tema já foi apreciado pelo STJ, que assentou o seguinte:

> "Entre as excepcionais hipóteses de impenhorabilidade descritas no art. 833 do CPC/2015 não se inclui a arma de fogo. O inciso I da norma estabelece de forma geral que são impenhoráveis os bens inalienáveis, mas esse não é o caso das armas e munições, cuja comercialização e aquisição são regulamentadas, com diversas restrições, pela Lei 10.826/2003".[200]

Ressaltou, outrossim, o decisório daquela Corte Superior que "a alienação judicial de armas de fogo em procedimentos executivos é prevista pela Portaria 036-DMB, de 9.12.1999, do Ministério da Defesa, que, em seu art. 48, parágrafo único, estabelece: 'A participação em leilões de armas e munições só será permitida às pessoas físicas ou jurídicas, que preencherem os requisitos legais vigentes para arrematarem tais produtos controlados'". Por conseguinte, "não se incluindo nas excepcionais hipóteses legais de impenhorabilidade, a arma de fogo pode ser penhorada e expropriada, desde que assegurada pelo Juízo da execução a observância das mesmas restrições impostas pela legislação de regência para a sua comercialização e aquisição".

---

[200] STJ, 2ª T., REsp 1.866.148/RS, Rel. Min. Herman Benjamin, ac. 26.05.2020, *DJe* 20.08.2020.

Capítulo XIX
EXECUÇÃO POR QUANTIA CERTA CONTRA DEVEDOR SOLVENTE: PROCESSAMENTO DA PENHORA

251. NOMEAÇÃO DE BENS À PENHORA

Ao executado, a redação original do Código de 1973 atribuía a faculdade de escolher os bens a penhorar, a qual deveria ser exercitada no prazo de citação para pagamento (CPC/1973, art. 652). Com a reforma da Lei n. 11.382/2006, transferiu-se ao credor o poder de indicar, na petição inicial da execução por quantia certa, os bens a serem penhorados (art. 652, § 2º, na redação inovada). Essa regra foi repetida pelo CPC/2015, no art. 798, II, *c*. Se não o fizer, a penhora atingirá bens que forem encontrados pelo oficial de justiça, até o limite previsto no art. 831 do CPC/2015.

É claro, outrossim, que o credor não dispõe de um poder absoluto para definir o objeto da penhora. Tem a iniciativa, mas ao devedor cabe o direito de impugnar a nomeação se não obedecer à gradação legal (art. 835) ou se não respeitar a forma menos gravosa para o executado (art. 805).

Não sendo uma obrigação a escolha de bens na petição inicial, quando o credor não exercer tal faculdade, autorizado estará o executado a indicar ao oficial de justiça o bem que entenda deva ser penhorado dentro da escala de preferência legal (art. 835) e segundo o critério da menor onerosidade da execução (art. 805).

Simplificou-se bastante o procedimento para definir o bem a penhorar. A citação, em regra, já se fará com a escolha consumada por obra do próprio exequente, sem prévia interferência do executado. Transcorrido o prazo de pagamento, o oficial de justiça providenciará a penhora, segundo o que tiver sido previsto na petição inicial, sem que ocorram embaraços à sua diligência. Somente depois de seguro o juízo, por meio da providência executiva consumada, é que o devedor eventualmente poderá pleitear substituição do bem penhorado (arts. 847 e 848). De tal sorte, os problemas em torno da penhora, quando surgem, não tumultuam o processo de execução e tampouco influem na contagem do prazo para embargos, cujo transcurso inicia-se com a citação e não depende de segurança do juízo (arts. 914 e 915).

252. FALTA DE NOMEAÇÃO DE BENS NA PETIÇÃO INICIAL

Melhor seria que, em vez da faculdade de o credor indicar, na inicial, os bens a penhorar, a lei lhe tivesse imposto o dever de fazê-lo, porque não é razoável que, para sua comodidade, venha a transformar o oficial de justiça em um investigador à procura de problemáticos bens para viabilizar a execução. Sendo a execução realizada no interesse do credor, justo seria que dele se exigisse a preparação do processo, de modo a tornar viável a pretensão deduzida em juízo. Para a lei, entretanto, o exequente tem apenas a faculdade, e não o dever, de apontar os bens a penhorar (CPC/2015, art. 798, II, *c*).

Por isso, sempre que a penhora seja problemática para o oficial, ainda que o exequente não o requeira, expressamente, o juiz, diante da falta de indicação dos bens exequíveis na petição inicial, deverá determinar que, juntamente com a citação para pagar, seja o devedor intimado a apontar os bens passíveis de penhora, tal como preveem os arts. 774, V e 829 do CPC/2015. Nessa hipótese, ficará advertido da grave sanção do art. 847, § 2º, c/c art. 774, parágrafo único (multa de até 20% sobre o valor atualizado do débito em execução), aplicável caso não indique, no prazo da intimação, "quais são e onde estão os bens sujeitos à penhora e os respectivos valores" (art. 774, V). A intimação tem o caráter mandamental (art. 77, IV), motivo por que, não sendo cumprida a ordem judicial, nem sendo apresentada justificação adequada para o não cumprimento, o executado praticará "ato atentatório à dignidade da justiça", cuja sanção pecuniária civil não excluirá a responsabilidade criminal pelo delito de desobediência (art. 77, § 2º).

253. ORDEM DE PREFERÊNCIA LEGAL PARA A ESCOLHA DOS BENS A PENHORAR

Institui o art. 835 do CPC/2015, uma ordem a ser observada, preferencialmente, na escolha do bem a ser penhorado, que é a seguinte:

I – dinheiro, em espécie ou em depósito ou aplicação em instituição financeira;
II – títulos da dívida pública da União, dos Estados e do Distrito Federal com cotação em mercado;
III – títulos e valores mobiliários com cotação em mercado;
IV – veículos de via terrestre;
V – bens imóveis;
VI – bens móveis em geral;
VII – semoventes;
VIII – navios e aeronaves;
IX – ações e quotas de sociedades simples e empresárias;
X – percentual do faturamento de empresa devedora;
XI – pedras e metais preciosos;
XII – direitos aquisitivos derivados de promessa de compra e venda e de alienação fiduciária em garantia;
XIII – outros direitos.

Não há mais direito do devedor de escolher, no prazo da citação, os bens a serem penhorados. É ao credor que se passou a reconhecer a faculdade de apontar, na petição inicial, os bens que o oficial de justiça penhorará em cumprimento do mandado de citação expedido na execução por quantia certa, fundada em título extrajudicial (CPC/2015, art. 798, II, *c*).

A ordem de preferência para a escolha dos bens para garantia da execução, instituída pelo art. 835, endereça-se ao exequente, e não mais ao executado. Havendo, porém, desobediência à gradação legal, caberá ao devedor impugnar a escolha feita e pleitear a substituição do bem constrito (art. 848, I).

A jurisprudência, ainda à época do CPC de 1973, já entendia que a ordem de preferência em questão, hoje contemplada pelo art. 835 do CPC/2015, não era absoluta e inflexível[1]. O texto do dispositivo pertinente, destarte, afina-se com a jurisprudência ao estatuir que "a

---

[1] "A ordem legal estabelecida para a nomeação de bens à penhora não tem caráter rígido, absoluto, devendo atender às circunstâncias do caso concreto, à satisfação do crédito e à forma menos onerosa para o devedor" (STJ, 4ª T., REsp 167.158/PE, Rel. Min. Sálvio de Figueiredo Teixeira, ac. 17.06.1999, *DJU* 09.08.1999, p. 172, *RSTJ* 123/301. No mesmo sentido: STJ, 4ª T., REsp 213.991/SP, Rel. Min. Sálvio de Figueiredo Teixeira, ac. 10.08.1999, *DJU* 13.09.1999, p. 71, *RSTJ* 127/343; STJ, 4ª T., REsp 304.770/MG, Rel. Min. Sálvio de Figueiredo Teixeira, ac. 17.04.2001, *DJU* 25.06.2001, p. 196, *RSTJ* 150/405; STJ, 2ª T., REsp 602.382/MG, Rel. Min. Eliana Calmon, ac. 22.03.2005, *DJU* 09.05.2005, p. 339).

penhora observará, *preferencialmente*" a gradação da lei (e não obrigatória ou necessariamente) (CPC/2015, art. 835).

Admite-se, de tal sorte, a justificação da escolha dentro dos parâmetros (i) da facilitação da execução e sua rapidez, e (ii) da conciliação, quanto possível, dos interesses de ambas as partes. Segundo a posição do Superior Tribunal de Justiça, ora prestigiada pelo novo texto do art. 835, *caput*, "a gradação legal há de ter em conta, de um lado, o objetivo de satisfação do crédito e, de outro, a forma menos onerosa para o devedor. A conciliação desses dois princípios é que deve nortear a interpretação da lei processual, especificamente os arts. 655, 656 e 620 do CPC [CPC/2015, arts. 835, 848 e 805]"[2].

Não há mais a regra rigorosa que outrora declarava *ineficaz* a nomeação fora da ordem legal (art. 656 do CPC/1973), de maneira que dúvida não há de se ter que o direito de escolher o bem a penhorar dentro da gradação do Código não é *absoluto*, mas *relativo*[3].

As regras do art. 835 devem ser observadas também na penhora relativa ao cumprimento da sentença *(executio per officium iudicis)*, em que não há citação de devedor, mas expedição direta do mandado de penhora, após o prazo de cumprimento voluntário. Ao credor, no requerimento da diligência, cabe indicar o bem a penhorar (art. 524, VII).

O crédito do executado perante terceiro figura no último posto da gradação legal de preferência para a penhora (art. 835, XIII: "outros direitos"). Quando, porém, se tratar de crédito do executado contra o próprio exequente, sua liquidez, sendo incontestável, fará com que, na relação direta entre as partes da execução, seu posicionamento se equipare ao dinheiro, ou seja, passará a figurar no primeiro grau de preferência para a penhora.

É a denominada penhora de mão própria que, apesar de não constar expressamente da lei, é admitida pela doutrina e jurisprudência pátrias:

"Embora a lei não trate expressamente da penhora de mão própria, consistente na possibilidade da constrição recair sobre crédito que o executado possui frente ao próprio exequente, tal modalidade de penhora encontra viabilidade na dicção do art. 671, II, do CPC [CPC/2015, art. 855, I], apenas com a peculiaridade de que o terceiro devedor, nesta hipótese, é o próprio exequente.

– A penhora de mão própria só é possível se ambos os créditos forem certos, líquidos e exigíveis, hipótese em que, mais do que a garantia do juízo, haverá a compensação *ope legis*, até o limite do crédito do executado frente ao exequente.

– Considerando que o crédito objeto de penhora de mão própria terá como resultado final sua compensação automática com o débito em execução, não há como deixar de incluí-lo em primeiro lugar, juntamente com o depósito em dinheiro, na ordem de gradação do art. 655 do CPC [CPC/2015, art. 835], visto que esta segue o critério da liquidez, isto é, da maior facilidade do bem ser utilizado para quitação da dívida. Se a compensação opera-se automaticamente, dispensando até mesmo a necessidade de conversão em moeda, conclui-se que essa forma de garantia do juízo é a mais eficaz e célere, indo ao encontro dos princípios constitucionais da economia processual e da razoável duração

---

[2] STJ, 4ª T., REsp 167.158/PE, Rel. Min. Sálvio de Figueiredo Teixeira, ac. 17.06.1999, *DJU* 09.08.1999, p. 172, *RSTJ* 123/301; STJ, 4ª T., REsp 304.770/MG, Rel. Ministro Sálvio de Figueiredo Teixeira, ac. 17.4.2001, *DJU* 25.6.2001, p. 196; STJ, 3ª T., AgRg no Ag 709.575/RJ, Rel. Min. Nancy Andrighi, ac. 10.11.2005, *DJU* 28.11.2005, p. 287.

[3] STJ, 2ª T., REsp 546.247/DF, Rel. Min. Eliana Calmon, ac. 26.10.2004, *DJU* 17.12.2004, p. 487, *RSTJ* 110/167.

do processo, bem como de realização da execução pelo modo menos gravoso para o devedor".[4]

254. OUTRAS EXIGÊNCIAS A SEREM CUMPRIDAS NA ESCOLHA DOS BENS A PENHORAR, POR QUALQUER DAS PARTES

I – Prioridade do dinheiro na gradação dos bens penhoráveis

Além da ordem de preferência, a lei institui outras exigências que interferem na eficácia da escolha do bem que deve suportar a execução por quantia certa.

O CPC/2015 colocou o dinheiro não apenas como o bem preferencialmente penhorável, mas, também, prioritário. Assim é que declara textualmente ser "prioritária a penhora em dinheiro" (CPC/2015, art. 835, § 1º). A ordem dos demais bens, prevista na gradação legal do art. 835, pode, de acordo com as circunstâncias do caso concreto, ser alterada pelo juiz. Releva notar que nem mesmo a prioridade conferida à penhora de dinheiro deve ser entendida como de caráter absoluto, na esteira da Súmula n. 417, do STJ: "na execução civil, a penhora de dinheiro na ordem de nomeação de bens não tem caráter absoluto". Assim, a ordem legal deve ser ajustada de forma a conciliar, caso a caso, os princípios da máxima utilidade da execução em favor do exequente e da menor onerosidade ao executado.[5]

II – Equiparação ao dinheiro da fiança bancária e do seguro garantia judicial

O CPC/2015 equipara, ainda, ao dinheiro a fiança bancária e o seguro garantia judicial, para fins de substituição da penhora (art. 835, § 2º). A faculdade demonstra que a prioridade da penhora em dinheiro não é absoluta, tanto assim que pode ser substituída por fiança bancária e seguro garantia judicial. Entretanto, para que o executado possa efetivar a substituição, é necessário que oferte valor não inferior ao débito constante da inicial, acrescido de trinta por cento,[6] como faz certo o dispositivo legal referido.

As justas dimensões do papel da fiança bancária e do seguro garantia judicial, no plano da substituição dos bens penhorados, quaisquer que sejam eles, sem excluir o dinheiro, foram bem explicitadas pelo STJ no julgamento do REsp 1.691.748/PR, *in verbis*:

> "(...) 7. O CPC/2015 (art. 835, § 2º) equiparou, para fins de substituição da penhora, a dinheiro a fiança bancária e o seguro garantia judicial, desde que em valor não inferior ao do débito constante da inicial da execução, acrescido de 30% (trinta por cento).
>
> 8. O seguro garantia judicial, espécie de seguro de danos, garante o pagamento de valor correspondente aos depósitos judiciais que o tomador (potencial devedor) necessite realizar no trâmite de processos judiciais, incluídas multas e indenizações. A cobertura terá efeito depois de transitada em julgado a decisão ou o acordo judicial favorável ao segurado (potencial credor de obrigação pecuniária sub judice) e sua vigência deverá vigorar

---

[4] STJ, 3ª T., REsp. 829.583/RJ, Rel. Min. Nancy Andrighi, ac. 03.09.2009, DJe 30.09.2009. No mesmo sentido: STJ, 4ª T., AgRg no AREsp. 155.342/RJ, Rel. Min. Luis Felipe Salomão, ac. 02.12.2014, DJe 10.12.2014. Em doutrina, admitindo a penhora de mão própria: MEDINA, José Miguel Garcia. *Direito Processual Civil Moderno* cit., p. 1125; ASSIS, Araken de. *Manual da execução* cit., n. 292, p. 968.

[5] WAMBIER, Teresa Arruda Alvim; CONCEIÇÃO, Maria Lúcia Lins; RIBEIRO, Leonardo Ferres da Silva; MELLO, Rogério Licastro Torres de. *Primeiros Comentários ao novo Código de Processo Civil*. São Paulo: Ed. RT, 2015, p. 1191.

[6] Nesse sentido é a orientação do STJ: 4ª T., REsp. 1.043.730/AM, Rel. Min. Fernando Gonçalves, ac. 07.10.2008, DJe 20.10.2008; STJ, 3ª T., REsp. 1.116.647/ES, Rel. Min. Nancy Andrighi, ac. 15.03.2011, DJe 25.03.2011.

até a extinção das obrigações do tomador (Circular SUSEP n. 477/2013). A renovação da apólice, a princípio automática, somente não ocorrerá se não houver mais risco a ser coberto ou se apresentada nova garantia.

9. No cumprimento de sentença, a fiança bancária e o seguro garantia judicial são as opções mais eficientes sob o prisma da análise econômica do direito, visto que reduzem os efeitos prejudiciais da penhora ao desonerar os ativos de sociedades empresárias submetidas ao processo de execução, além de assegurar, com eficiência equiparada ao dinheiro, que o exequente receberá a soma pretendida quando obter êxito ao final da demanda.

10. Dentro do sistema de execução, a fiança bancária e o seguro garantia judicial produzem os mesmos efeitos jurídicos que o dinheiro para fins de garantir o juízo, não podendo o exequente rejeitar a indicação, salvo por insuficiência, defeito formal ou inidoneidade da salvaguarda oferecida.

11. Por serem automaticamente conversíveis em dinheiro ao final do feito executivo, a fiança bancária e o seguro garantia judicial acarretam a harmonização entre o princípio da máxima eficácia da execução para o credor e o princípio da menor onerosidade para o executado, a aprimorar consideravelmente as bases do sistema de penhora judicial e a ordem de gradação legal de bens penhoráveis, conferindo maior proporcionalidade aos meios de satisfação do crédito ao exequente.

12. No caso, após a definição dos valores a serem pagos a título de perdas e danos e de *astreintes*, nova penhora poderá ser feita, devendo ser autorizado, nesse instante, o oferecimento de seguro garantia judicial pelo devedor, desde que cubra a integralidade do débito e contenha o acréscimo de 30% (trinta por cento), pois, com a entrada em vigor do CPC/2015, equiparou-se a dinheiro"[7].

Quanto à oportunidade em que se torna cabível a segurança do juízo mediante fiança bancária ou seguro garantia judicial, já decidiu a 2ª Turma do STJ que, em face de o art. 848, parágrafo único, do CPC tratar dessa garantia apenas para a substituição da penhora, não seria possível ampliar seu cabimento para a hipótese de nomeação inicial pelo devedor, visando a evitar a constrição de outros bens[8].

Porém, a doutrina majoritariamente, e a meu ver com inteira razão, entende ser irrelevante que a matéria tenha sido tratada em parágrafo único do dispositivo que cuida da substituição da penhora (art. 848, parágrafo único), pois também no art. 835, que trata da gradação dos bens penhoráveis e que coloca o dinheiro em posição preferencial para a constrição executiva, vem declarado que se equiparam a dinheiro a fiança bancária e o seguro garantia judicial (art. 835, § 2º). Portanto, para o Código, a substituição da penhora por fiança ou seguro tanto pode ocorrer na nomeação inicial (art. 835) como posteriormente, quando já exista penhora formalizada (art. 848).

Assim, havendo expresso reconhecimento da equivalência jurídica entre as referidas garantias negociais e a penhora, não teria sentido que tal equivalência só fosse levada em conta quando já tivesse ocorrido penhora de outros bens. Aliás, a antecipação da apresentação do contrato de fiança bancária ou de seguro garantia funciona até mesmo como medida de economia processual, já que evita a prática de uma constrição onerosa fadada a ser imediatamente invalidada: a diligência apenas ampliaria a duração do processo, sem falar no acréscimo dos custos processuais que representaria a sucessão de dois atos com a mesma e idêntica função de segurança da execução. Sem embargo, portanto, de a lei prever a equivalência em foco na

---

[7] STJ, 3ª T., REsp 1.691.748/PR, Rel. Min. Ricardo Villas Bôas Cueva, ac. 07.11.2017, *DJe* 17.11.2017.

[8] STJ, 2ª T., AgInt no REsp 1.760.556/GO, Rel. Min. Mauro Campbell Marques, ac. 14.05.2019, *DJe* 21.05.2019.

regulação dos casos de substituição da penhora, nada deve impedir que essa substituição se dê, preventivamente, antes mesmo de realizada qualquer penhora[9].

Ademais, o Código lexicamente fala em substituição da penhora nos art. 835, § 2º, e 848, parágrafo único, não no sentido cronológico de substituir sucessivamente uma penhora por outra garantia. Cogita, isto sim, em sentido substancial e geral de permitir a substituição de um ato (a penhora) por outro ato diferente (o contrato de fiança ou de seguro garantia), pouco importando o momento processual em que o ato equivalente à penhora aconteça. A fiança e o seguro, com efeito, não são sequer penhora, em sentido técnico, visto que nem mesmo figuram no rol dos bens penhoráveis do art. 835, *caput*.

A penhora é uma constrição genuinamente processual, uma garantia instituída por meio de ato judicial típico, enquanto a fiança e o seguro são contratos pactuados pelo executado extrajudicialmente, em negociação direta com o banco ou a seguradora, sem necessidade de prévia autorização ou interferência do juiz. Trata-se de atos jurídicos de natureza distinta, mas que se prestam igualmente a garantir a execução por quantia certa, nos termos dos citados arts. 835, § 2º, e 848, parágrafo único. A substituição, por isso, tem a função de liberar o executado da inconveniência de uma constrição imediata de bens de seu patrimônio, sem prejuízo para a segurança da execução[10].

Repita-se, por fim, não foi sem sentido que o CPC cuidou da substituição da penhora por um equivalente em dois dispositivos distintos: o art. 835, § 2º, e o art. 848, parágrafo único. Foi, ao contrário, justamente para indicar a possibilidade da substituição da penhora por fiança bancária ou seguro garantia judicial se dar tanto na fase inicial de nomeação de bens à penhora (art. 835) como nos dez dias após a intimação da penhora já consumada (arts. 847 e 848).

III – Liquidação da fiança bancária e do seguro garantia

A conversão da fiança e do seguro em depósito de dinheiro deve ocorrer quando o executado deixa de opor embargos à execução no prazo legal, ou após a sentença de rejeição dos embargos tempestivamente propostos.

A fiança e o seguro, na espécie, funcionam como caução cuja exigibilidade pressupõe o não pagamento do débito exequendo pelo executado, no momento processual em que este se torne efetivamente exigível da parte acobertada pela garantia fidejussória ou securitária.

Em relação ao seguro garantia, o sinistro que torna exigível a respectiva cobertura assumida pela seguradora ocorre justamente quando o segurado, no final do processo tem sua defesa rejeitada por sentença definitiva.

Desse modo, não se pode acolher a pretensão comumente manifestada pela Fazenda Pública Federal nas execuções fiscais de exigir prematuramente a conversão da fiança bancária ou do seguro garantia em depósito judicial, para permitir o imediato repasse à conta única do Tesouro Nacional (Lei n. 9.703/1988, art. 1º, § 2º).[11]

---

[9] "Muito embora o instituto seja mencionado a título de substituição de penhora, pode o executado, antes mesmo de realizada qualquer penhora, já ofertar o seguro garantia judicial. Trata-se de conduta previdente, inibindo que seja procedida a constrição de seu patrimônio e servindo igualmente para garantir a execução – não faria sentido que se considerasse o referido contrato como garantidor da execução apenas a título de substituição de penhora" (MACEDO, Lucas Buril de. Seguro garantia judicial no CPC/2015. *Revista de Processo*, v. 321, p. 139, São Paulo, nov./2021). No mesmo sentido: MENDONÇA, Vinícius de Carvalho Pires. O seguro garantia judicial no novo Código. *Revista Tributária e de Finanças Públicas*, v. 126, p. 297-353, São Paulo, 2016; NEVES, Daniel Amorim Assumpção. *Comentários ao Código de Processo Civil*. São Paulo: Saraiva, 2018, v. XVII, p. 192.

[10] Quando os dispositivos destacados cogitam de substituir uma garantia por outra, indicam apenas que a execução tanto pode ser garantida por penhora como por fiança bancária ou seguro garantia judicial, fenômeno passível de acontecer seja antes, seja depois de penhora formalizada.

[11] "1. O levantamento da fiança bancária oferecida como garantia da execução fiscal fica condicionado ao trânsito em julgado da respectiva ação. 2. A leitura sistemática da Lei n. 6.830/1980 aponta que o legislador

Em doutrina o entendimento predominante é o mesmo da jurisprudência: "Em momento algum, o legislador processual previu a possibilidade de 'liquidação' da fiança bancária ou do seguro garantia, para fins de conversão em depósito judicial".[12]

IV – Imprestabilidade, como garantia, da fiança ou do seguro prestados pelo próprio devedor

A autofiança é figura inexistente no quadro das garantias fidejussórias, de modo que ao executado não é lícito impedir a penhora sobre bem integrante de seu patrimônio mediante apresentação de carta de fiança por ele mesmo emitida.

Somente terceiro tem legitimidade para afiançar alguma dívida, segundo o conceito jurídico dessa modalidade de garantia. A fiança pela definição do art. 818 do Código Civil é o contrato por meio do qual uma pessoa garante "satisfazer ao credor uma obrigação assumida pelo devedor, caso este não a cumpra". O fim, portanto, dessa garantia é ampliar a responsabilidade patrimonial em face de dívida de outrem. Uma fiança prestada pelo próprio devedor em nada aumenta a responsabilidade com que pode contar o credor, não podendo, por isso, representar garantia alguma.

Esse raciocínio – o da alteridade do fiador – aplica-se a qualquer modalidade de fiança, inclusive a fiança bancária. Dessa maneira, a constituição de tal garantia pressupõe o concurso de três pessoas distintas: o credor (exequente), o devedor-afiançado (executado) e o banco-fiador (garante). Não se aceita, pois, que, sendo executado o banco, possa ele mesmo ser o fiador judicial em condições de garantir a execução e evitar a penhora real sobre dinheiro ou outro bem de seu ativo patrimonial[13].

Observa, outrossim, acórdão do STJ que o art. 34 da Lei n. 4.595/1964 dispõe ser vedado às instituições financeiras realizar operação de crédito com partes a ela relacionadas, além de repisar a doutrina, por sua vez, a imperiosidade de que fiador e afiançado sejam pessoas distintas, mesmo quando se tratar de banco público. Dessa forma, o entendimento jurisprudencial é no sentido de que não pode ser aceita carta de fiança bancária em que a instituição financeira figura, a um só tempo, como fiador e afiançado, porquanto tal prática desvirtuaria os pressupostos e objetivos da garantia fidejussória[14].

Os fundamentos da recusa à autofiança aplicam-se a qualquer espécie de fiança, assim como ao seguro garantia judicial, ou seja, ninguém será validamente garante pessoal útil da execução, apresentando-se ao mesmo tempo como devedor e garantidor.

---

equiparou a fiança bancária ao depósito judicial como forma de garantia da execução, conforme se depreende dos dispostos dos artigos 9º, § 3º e 15, da LEF, por isso que são institutos de liquidação célere e que trazem segurança para satisfação ao interesse do credor. 3. O levantamento de depósito judicial em dinheiro depende do trânsito em julgado da sentença, nos termos do art. 32, § 2º, daquele dispositivo normativo. Precedentes: REsp 543.442/PI, Rel. Ministra Eliana Calmon, DJ 21.06.2004; EREsp 479.725/BA, Rel. Ministro José Delgado, DJ 26.09.2005. 4. À luz do princípio *ubi eadem ratio ibi eadem dispositio*, a equiparação dos institutos – depósito judicial e fiança bancária – pelo legislador e pela própria jurisprudência deste e. Superior Tribunal de Justiça impõe tratamento semelhante, o que vale dizer que a execução da fiança bancária oferecida como garantia da execução fiscal também fica condicionado ao trânsito em julgado da ação satisfativa" (STJ, 1ª T., REsp 1.033.545/RJ, Rel. Min. Luiz Fux, ac. 28.04.2009, *DJe* 28.05.2009).

[12] "Mas, para seguir prestigiando o postulado da especialidade normativa, como tradicionalmente o fez a jurisprudência do STJ, *há de ser reconhecida a ausência de autorização legal para liquidação antecipada do seguro judicial de maneira indistinta*" (LINS, Roberto Maia; FERNANDES, Pablo Gurgel; REQUE, Taísa Silva. A liquidação antecipada do seguro garantia no processo judicial tributário federal: um mecanismo *sui generis* de execução. *Revista de Processo*, São Paulo, v. 345, p. 329, nov. 2023 – grifos do original).

[13] STJ, 3ª T., REsp 1.997.043/MT, Rel. Min. Nancy Andrighi, ac. 25.10.2022, *DJe* 27.10.2022.

[14] STJ, 3ª T., REsp 1.997.043/MT, *cit.*

V – As garantias reais e a preferência para a penhora

Por fim, existindo garantia real (hipoteca, penhor ou anticrese), a penhora recairá, preferencialmente, sobre a coisa dada em garantia, pouco importando a posição que ocupe na gradação legal (art. 835, § 3º).

VI – Eventos comprometedores da eficácia da nomeação de bens à penhora

Outras circunstâncias que podem comprometer a eficácia da escolha do bem constam do art. 848, e são as seguintes:

a) não ter a penhora incidido sobre os bens designados em lei, contrato ou ato judicial para o pagamento (é o caso, por exemplo, do bem já em poder do credor por força do direito de retenção ou do que já foi acolhido em juízo a título de caução);
b) ter a penhora recaído sobre o bem situado em foro diverso do da execução, quando neste existam outros que possam garantir o juízo;
c) ter a penhora recaído sobre bens já penhorados ou objeto de gravame, havendo disponibilidade de bens livres;
d) incidir a penhora sobre bens de baixa liquidez (sempre que for possível garantir o juízo com outros de mais fácil exequibilidade).

255. PENHORA DE BENS ESCOLHIDOS PELO EXECUTADO

As regras traçadas pelo art. 848, I a V, do CPC/2015 aplicam-se à escolha de bens a penhorar feita tanto pelo exequente como pelo executado, de sorte que a violação cometida por uma das partes permite à outra reclamar a substituição do bem irregularmente nomeado. Outras exigências legais são feitas apenas para a escolha que parta do executado. São as hipóteses do art. 847, § 1º.

Atribui o referido dispositivo legal as seguintes incumbências ao executado, necessárias a que sua escolha afaste a do credor:

a) comprovar, quanto aos bens imóveis, as respectivas matrículas e registros por certidão do correspondente ofício;
b) quanto aos móveis, particularizar o estado e o lugar em que se encontram, além de descrevê-los com todas as suas propriedades e características;
c) quanto aos semoventes, especificá-los, indicando o número de cabeças, a marca ou sinal e o local onde se encontram;
d) quanto aos créditos, indicar o devedor, a origem da dívida, o título que a representa e a data do vencimento;
e) atribuir, em qualquer caso, valores aos bens indicados na penhora, além de especificar os ônus e os encargos a que estejam sujeitos.

A não indicação do valor dos bens ou a omissão de qualquer dos dados a que se referem os incisos do art. 847, § 1º acarreta a possibilidade de o exequente recusar a pretensão do executado de escolher o bem a figurar na penhora, como dispõe o inciso VII do art. 848.

Em outras palavras, a atual sistemática da execução por quantia certa concede ao credor a iniciativa de escolher os bens a penhorar. Ao executado se ressalva a possibilidade de se opor à escolha feita na petição inicial da execução. Toca-lhe, todavia, o ônus de cumprir fielmente as exigências do art. 847, § 1º, caso pretenda substituir a penhora promovida pelo exequente.

256. DEVER DE COOPERAÇÃO DO EXECUTADO NA BUSCA DOS BENS A PENHORAR

Ao requerer a substituição do bem penhorado, o Código impõe ao executado o dever de indicar "onde se encontram os bens sujeitos à execução, exibir a prova de sua propriedade e a certidão negativa ou positiva de ônus, bem como abster-se de qualquer atitude que dificulte ou embarace a realização da penhora". A infringência desse dever configura litigância de má-fé (art. 77, § 2º, do CPC/2015) e ato atentatório à dignidade da justiça (art. 774).

A norma do inciso V do art. 774, torna mais incisiva a repressão à fraude do executado.

Se intimado a indicar os bens penhoráveis, bem como a esclarecer sua localização e valor, o devedor deixar escoar o prazo sem tomar a providência que lhe foi ordenada, configurado estará o atentado à dignidade da justiça e cabível será a aplicação da multa prevista no parágrafo único do art. 774. Não se pode mais condicionar a sanção à conduta comissiva e intencional de obstruir a penhora por meio de ocultação dos bens exequíveis. Bastará não cumprir o preceito judicial para incorrer na sanção legal.

As partes têm o dever de cooperar na prestação jurisdicional, inclusive na execução forçada. Não revelar os bens penhoráveis, por isso, é um ato atentatório à dignidade da Justiça, oriundo de uma quebra da norma fundamental do processo justo, enunciada no art. 5º do CPC/2015.

Claro é que, se não existem bens para garantir a execução, o executado não deverá ser punido por isso. Deverá, contudo, esclarecer, no prazo assinado pela intimação judicial, sua situação patrimonial.[15]

257. NOMEAÇÃO DE BENS PELO EXEQUENTE

A nomeação de bens à penhora por parte do credor faz-se na própria inicial da execução (art. 798, II, c, do CPC/2015). Se não tiver condições de apontar tais bens no ato de propositura da execução, não ficará o exequente impedido de fazê-lo posteriormente, por meio de petição avulsa.

A lei não instituiu nenhuma preclusão a respeito da faculdade processual em questão. A indicação tardia pode muito bem justificar-se pela circunstância de o exequente só ter descoberto e identificado os bens penhoráveis depois do aforamento da execução.

Se o credor não conseguir apontar os bens que irão garantir o juízo, e o oficial de justiça também não os descobrir durante o cumprimento do mandado de citação, caberá ao juiz, de ofício ou a requerimento do exequente, ordenar a intimação do executado para indicar os bens passíveis de penhora. A não indicação sem justificativa, em tal caso, configurará ato atentatório à dignidade da justiça, sujeito às penas do art. 774, parágrafo único.

A intimação de que cogita o art. 841, § 1º será feita ao advogado, se o devedor já estiver representado nos autos. Somente será pessoal ao devedor, se não tiver, ainda, constituído advogado (§ 2º).

---

[15] "A intimação para indicar bens à penhora advém do princípio da cooperação coadjuvado pelo princípio da boa-fé processual. Dessa forma o magistrado tem o dever de provocar as partes a noticiarem complementos indispensáveis à solução da lide, na busca da efetiva prestação da tutela jurisdicional." (STJ, 2ª T., AgRg no REsp 1.191.653/MG, Rel. Ministro Humberto Martins, ac. 4.11.2010, DJe 12.11.2010). "De acordo com o inciso IV do art. 600 do Código de Processo Civil [CPC/2015, art. 774, V], com a nova redação dada pela Lei n. 11.382/2006, 'considera-se atentatório à dignidade da Justiça o ato do executado que, intimado, não indica ao juiz, em 5 (cinco) dias, quais são e onde se encontram os bens sujeitos à penhora e seus respectivos valores'. A consequência advinda do descumprimento da referida obrigação está prevista no art. 601 do mesmo diploma legal[CPC/2015, art. 774, parágrafo único]." (STJ, 1ª T., REsp 1.060.511/PR, Rel. Min. Denise Arruda, ac. 6.8.2009, DJe 26.8.2009).

258. INVESTIGAÇÃO PATRIMONIAL PARA VIABILIZAR A PENHORA

Segundo entendimento antigo, a iniciativa de investigar e localizar os bens penhoráveis do executado caberia ao exequente, preferencialmente, e não ao juiz. Em nome do sigilo bancário e tributário, requisições de informações acerca do patrimônio do executado só seriam feitas pelo juiz, em casos excepcionais, depois de frustradas as diligências diretamente promovidas junto ao devedor e aos registros públicos.

A orientação do direito processual moderno, todavia, tem tomado outros rumos, aqui e no direito comparado, de modo a facilitar esse tipo de expediente, em nome da busca de imprimir maior efetividade à execução civil, mormente no tocante às obrigações de quantia certa.

Na Inglaterra, nos Estados Unidos, na Alemanha e na Espanha, por exemplo, o juiz da execução é dotado do poder de exigir do devedor a informação acerca dos bens penhoráveis, sob pena de cometer desobediência grave aquele que não acate a ordem judicial. Multas e até privação de liberdade podem ser impostas ao executado recalcitrante.[16]

O novo CPC brasileiro, nessa esteira, considera *atentatória à dignidade da justiça* a conduta do executado que "intimado, não indica ao juiz quais são e onde estão os bens sujeitos à penhora" (art. 774, V). Caberá ao juiz aplicar, na espécie, multa de até 20% do valor atualizado do débito em execução (art. 774, parágrafo único).

Coerente com essa política executiva, alguns expedientes de pesquisa patrimonial têm sido adotados, todos reconhecidos como legítimos em face da sistemática executiva estabelecida pelo CPC de 2015. Eis os principais, todos voltados à investigação de cadastros e arquivos públicos ou privados, com que o Poder Judiciário se acha conveniado:

a) *BACENJUD*: é um sistema que interliga a Justiça ao Banco Central, e que permite o acesso direto, por via eletrônica, a contas bancárias do executado, para bloquear e penhorar somas de dinheiro necessárias à garantia da execução por quantia certa (CPC/2015, art. 854);

b) *RENAJUD*: mecanismo de investigação *on-line*, estabelecido pelo CNJ e que interliga a Justiça ao Departamento Nacional de Trânsito – DENATRAN, permitindo às autoridades judiciárias conveniadas o acesso eletrônico à base de dados do Registro Nacional de Veículos Automotores – RENAVAM, possibilitando a penhora de veículos em qualquer região do país, sem necessidade de comunicação escrita. Esse acesso é feito por meio de certificação digital obtida pelos órgãos judiciais, de acordo com o convênio de cooperação técnica estabelecido;

c) *INFOJUD*: convênio estabelecido entre o CNJ e a Receita Federal, destinado a permitir acesso do juiz da execução a informações patrimoniais sobre o executado, a fim de possibilitar a realização da penhora ou de outros gravames judiciais. Também aqui não há troca de correspondência escrita, pois tudo se resolve eletronicamente. É interessante notar que o sigilo fiscal é preservado, porquanto as informações recebidas pelo órgão judicial não são introduzidas nos autos do processo. Serão impressas, mas se conservarão em cartório, para ciência das partes, sem publicidade perante terceiros;

d) *Informações imobiliárias por via eletrônica*: outra investigação patrimonial que tem sido feita por meio eletrônico é a relativa a bens e direitos constantes do Registro de Imóveis. Já se tem notícia de convênio assinado entre a ANOREG/SP, a ARISO e o TRT – 15ª Região, contendo termo de cooperação para a pesquisa *on-line* no banco

---

[16] GAIO JÚNIOR, Antônio Pereira; OLIVEIRA, Thais Miranda de. Processo Civil e os modelos de investigação patrimonial na atividade executiva. *Revista de Processo*, v. 259, p. 121-123, set/2006.

de dados da ARISP, o qual permite acesso da Justiça aos 18 cartórios imobiliários da Capital, além dos de Araçatuba, Diadema e Ribeirão Preto.

O "ofício eletrônico" informa se o investigado possui ou não imóveis e, se for o caso, em que cartórios estão registrados. Dirigindo-se, também, eletronicamente, ao cartório indicado, o juízo solicitante obtém certidão assinada digitalmente, cuja remessa se dá, pela mesma via, em cinco dias.

O sistema "garante alto nível de segurança graças à criptografia ou codificação dos dados armazenados, que só serão acessíveis para o usuário identificado mediante o certificado digital no padrão ICP-Brasil".[17]

259. SITUAÇÃO DOS BENS A PENHORAR

O art. 845 do CPC/2015 manteve o princípio de que os bens devem ser penhorados em qualquer lugar, ou seja, onde quer que se encontrem. Importante ressaltar que:

a) não mais se condiciona a penhora de bens localizados em repartição pública à requisição do juiz ao respectivo chefe;
b) a posse, detenção ou guarda de terceiros não impede que os bens do executado sejam alcançados pela penhora.

No primeiro caso, a penhora realizar-se-á normalmente, se o bem constrito estiver dentro da repartição pública, mas sob a posse e disponibilidade do executado (por exemplo: dinheiro, joias, rádio, *lap top* e outros valores pessoais). Se o bem estiver em custódia ou sob controle da repartição pública (uma caução ou uma locação do particular em favor da Administração), não é possível removê-lo para o depositário judicial, de imediato. A penhora deverá recair sobre o *direito* do executado sobre o bem, e não sobre este imediatamente. O chefe da repartição, em tal circunstância, será notificado do gravame judicial, após o aperfeiçoamento da penhora por auto ou termo no processo.

No caso de penhora de bem do devedor possuído, detido ou custodiado por terceiro, a penhora, em regra, recairá sobre o próprio bem. Se o terceiro o possuir em nome próprio, a penhora não poderá imediatamente privá-lo de sua posse. A penhora deverá recair sobre o direito do devedor; se assim não for, os embargos de terceiro permitirão ao possuidor desconstituí-la, nos termos do art. 674. Se se trata, porém, de detentor ou guardião, a posse jurídica é realmente do dono (isto é, do executado), nada havendo que impeça a penhora real (gravame do próprio bem). O mero detentor possui para o preponente, de modo que não tem posse, cabendo essa ao único e verdadeiro possuidor (o executado, titular do bem a penhorar). A penhora haverá de acontecer da mesma maneira que ocorreria sobre os bens em poder direto do proprietário. Haverá constrição física e submissão a depósito judicial, inclusive com remoção, se necessária. Já no caso de uma custódia regularmente constituída (como a do credor pignoratício ou dos armazéns gerais), não há razão para deslocamento do bem penhorado. O correto e lógico é confiar o encargo de depositário judicial a quem já custodia negocialmente a coisa, sem deslocá-la de onde já se acha sob adequada guarda.

260. BENS FORA DA COMARCA

Os bens são penhorados no local em que se encontram, pois a penhora compreende sua efetiva apreensão e entrega a um depositário, à ordem judicial (CPC/2015, art. 839). Por isso,

---

[17] GAIO JÚNIOR e OLIVEIRA. *Op. cit.,* p. 133.

quando o devedor não tiver bens no foro da causa, "a execução será feita por carta, penhorando-se, avaliando-se e alienando-se os bens no foro da situação" (art. 845, § 2º).

Isto quer dizer que "a penhora não pode ser efetuada por Oficial de Justiça fora da Comarca em que serve".[18] Mas, se a nomeação dos bens é feita pelo próprio devedor, que assume o encargo de depositário perante o juiz da execução, permite-se que se lavre o respectivo termo nos autos principais, "mesmo que os bens estejam em outra comarca, independente de precatória".[19] Nesse caso, a carta precatória só será necessária para a avaliação e praceamento do bem penhorado.[20]

Também quando se trata de execução de crédito pignoratício, anticrético ou hipotecário, como a lei determina que a penhora recairá sobre a coisa gravada, independentemente de nomeação, pode a penhora, sem ofensa à lei, ser concretizada no juízo da execução, diverso da situação dos bens, sem necessidade de se expedir carta precatória para a constrição judicial.[21]

No caso de imóvel e veículo automotor, o art. 845, § 1º, do CPC/2015 criou regra especial para a penhora. Por esse dispositivo, o ato constitutivo pode ser lavrado por termo do escrivão da causa, qualquer que seja a localização territorial do imóvel, bastando que se tenha exibido a certidão da respectiva matrícula no Registro Imobiliário e a certidão que ateste a existência do automóvel.

Quanto à expedição da carta de arrematação, trata-se de ato que normalmente ficará a cargo do juízo deprecado, mas que, também, poderá ocorrer no juízo deprecante, se os autos da diligência retornarem à origem sem que o arrematante a houvesse requerido.

261. PENHORA PELO OFICIAL DE JUSTIÇA

Passados os três dias da citação, o oficial de justiça encarregado do mandado penhorar-lhe-á "tantos bens quanto bastem para o pagamento do principal atualizado, dos juros, das custas e dos honorários advocatícios" (CPC/2015, art. 831).[22] Num só mandado, o oficial receberá a incumbência de citar o executado e realizar a penhora e avaliação.

Citado o devedor, com as cautelas próprias do ato, começará a correr o prazo para pagamento voluntário. Passado o prazo de três dias, o oficial verificará em juízo se o pagamento ocorreu ou não. Permanecendo o inadimplemento, procederá à penhora, lavrando-se o respectivo auto, com imediata intimação do executado.

---

[18] 1º TACivSP – Agr. 231.617, rel. OCTÁVIO STUCCHI, ac. de 13-4-77, in "RT", 504/166; TJMG, Ap. 47.232/4, Rel. Des. Campos Oliveira, DJMG 16.08.96, in Alexandre de Paula, Código de Processo Civil Anotado. 7. ed. São Paulo: RT, 1998, v. III, p. 2.749. Entretanto, já se decidiu que "não é absolutamente nula a penhora realizada por oficial de justiça, ao invés de carta precatória, em comarca contígua, devendo-se aplicar o princípio de que 'o juiz considerará válido o ato se, realizado de outro modo, lhe alcançar a finalidade' (art. 244 do CPC) [CPC/2015, art. 277]" (STJ, REsp. 68.264/RS, Rel. Min. Menezes Direito, ac. de 12.05.97, in DJU 30.06.97, p. 31.022).

[19] 1º TACivSP – Apel. 231.246, rel. GERALDO ARRUDA ac. de 23-3-77 in "RT", 501/131; TAMG, Emb. Decl. na Ap. 44.250, Rel. Juiz Pinheiro Lago, ac. de 05.09.89, in DJMG 26.04.90. No mesmo sentido: "Penhora. Bens previamente indicados. Desnecessidade de penhora, uma vez ficando o próprio devedor como depositário" (STJ, 3ª T., REsp. 79.418/MG, Rel. Min. Eduardo Ribeiro, ac. 12.08.1997, DJU 15.09.1997, p. 44.373); STJ, 4ª T., AgRg no REsp. 298.474/MG, Rel. Min. Luis Felipe Salomão, ac. 25.08.2009, DJe 21.09.2009.

[20] BARBOSA MOREIRA, José Carlos. O Novo Processo Civil. 2. ed. Rio de Janeiro: Forense, 1976, v. II, p. 73.

[21] TJGO, Ap. 39.267/188, 2ª C., Rel. Des. Fenelon Teodoro Reis, ac. 18.06.1996, RT 733/314; STJ, 3ª T., REsp. 79.418/MG, cit.

[22] No procedimento de "cumprimento da sentença", não há citação do executado nem prevalece o prazo de 3 dias para pagamento. O devedor, a requerimento do credor, em regra na pessoa do seu advogado, é intimado a pagar a quantia devida, em 15 dias, findos os quais o mandado de penhora e avaliação será imediatamente expedido, se a obrigação não for satisfeita (CPC/2015, art. 523, § 3º).

Se o credor exerceu a faculdade de indicar na petição inicial os bens a serem penhorados (art. 798, II, *c*), o oficial de justiça fará com que a constrição recaia sobre ditos bens. Não havendo tal nomeação, penhorará os que encontrar, em volume suficiente para garantir a satisfação do crédito e acessórios.

Na escolha dos bens a penhorar, o oficial procurará evitar prejuízos desnecessários ao devedor, atentando para a regra do art. 805, que determina seja a execução feita pelo modo menos gravoso para o executado. Dará preferência aos bens livres e observará, quanto possível, a gradação legal.[23]

No regime do Código de 1939 a penhora era feita por dois oficiais, o da citação e um *companheiro* (art. 928). Para o Código de 1973, assim como o atual, basta, ordinariamente, um só oficial, conforme se depreende dos termos do art. 836, § 3º. Somente quando houver resistência (art. 846, § 3º) ou necessidade de arrombamento (art. 846, § 1º) é que a penhora será realizada por dois oficiais.

Efetua-se a penhora "onde quer que se encontrem os bens, ainda que sob a posse, a detenção ou a guarda de terceiros" (art. 845) (v. *retro*, o item 244). Não existe mais a requisição do juiz, do chefe da repartição pública, quando os bens a penhorar estejam ali situados. Convém, contudo, fazer uma distinção: a penhora é livre se o bem constrito estiver dentro da repartição pública, mas sob a posse e disponibilidade do executado (por exemplo: dinheiro, joias, rádio, *lap top* e outros valores pessoais). Se o bem estiver em custódia ou sob controle da repartição pública (uma caução ou uma locação do particular em favor da Administração), não é possível removê-lo para o depositário judicial, de imediato. A penhora deverá recair sobre o *direito* do executado sobre o bem, e não sobre este imediatamente. O chefe da repartição, em tal circunstância, será notificado do gravame judicial, após o aperfeiçoamento da penhora por auto ou termo no processo.

262. IMPEDIMENTOS E OBSTÁCULOS À REALIZAÇÃO DA PENHORA

I – Inexpressividade dos bens a penhorar

Como a execução não visa a ruína do devedor, mas a satisfação do direito do credor, o oficial não realizará a penhora "quando ficar evidente que o produto da execução dos bens encontrados será totalmente absorvido pelo pagamento das custas da execução" (CPC/2015, art. 836, *caput*). Cuida-se de evitar a chamada execução *inútil*.

Ocorrendo essa hipótese, e também quando não se encontrar qualquer bem penhorável, o oficial descreverá na certidão os que guarnecem a residência ou o estabelecimento do executado, quando este for pessoa jurídica (art. 836, § 2º). A medida visa dar ao juiz e ao credor condições de apreciar e controlar a deliberação do oficial de não realizar a penhora.

Elaborada essa lista dos bens que o oficial encontrou, ele nomeará o executado ou seu representante legal depositário provisório deles, até ulterior determinação do juiz (§ 2º). O juiz, destarte, analisando os fatos, irá determinar a penhora total ou parcial dos bens ou sua liberação, conforme o caso. Trata-se, como se vê, de uma medida de segurança, com o intuito de evitar eventual fraude por parte do executado.[24]

---

[23] LIEBMAN, Enrico Tullio. *Processo de Execução*. 3. ed. São Paulo: Saraiva, 1968, n. 61, p. 101.

[24] Teresa Arruda Alvim Wambier entende que a medida configura-se num arresto provisório, que permite uma avaliação posterior acerca da penhorabilidade dos bens. (WAMBIER, Teresa Arruda Alvim, *et al. Primeiros Comentários ao Novo Código de Processo Civil cit.*, 2015, p. 1.198). Bruno Garcia Redondo, porém, é contrário ao entendimento de tratar-se de arresto provisório, uma vez que não tem o condão de vincular os bens à execução, mas defende que a medida impõe ao executado uma responsabilidade ao sujeitá-lo ao risco da

II – Necessidade de arrombamento

Quando o devedor mantiver fechada a casa, a fim de obstar a penhora dos bens, o oficial não poderá usar violência por iniciativa própria. Deverá comunicar a ocorrência ao juiz, solicitando-lhe ordem de arrombamento (art. 846), pois a penetração em casa alheia, sem a observância das formalidades legais, mesmo para realização de diligência judicial, configura crime de violação de domicílio (CP, art. 150, § 2º).[25]

Uma vez autorizado o arrombamento, expedir-se-á novo mandado, cujo cumprimento será feito por dois oficiais de justiça, em presença de duas testemunhas, lavrando-se, a seguir, auto circunstanciado de toda a diligência, que poderá compreender ruptura de portas, móveis e gavetas, onde presumivelmente se acharem os bens procurados (art. 846, § 1º). O auto será assinado pelos oficiais e pelas testemunhas.

III – Resistência do executado

A resistência do devedor ao cumprimento do mandado de penhora configura o crime do art. 329 do CP vigente. Quando tal se der, o oficial comunicará o fato ao juiz, a quem compete requisitar a necessária força policial, cuja função será "auxiliar os oficiais de justiça na penhora dos bens" (art. 846, § 2º).

No caso de resistência, como no de arrombamento, a diligência requer o concurso de dois oficiais de justiça e a presença de testemunhas. O auto de resistência será lavrado em duplicata, sendo uma via entregue ao escrivão do processo para ser junta aos autos e outra à autoridade policial, a quem couber a apuração criminal dos eventuais delitos de desobediência ou resistência (art. 846, § 3º).

O auto em questão, que servirá de base para o início da ação penal,[26] deverá conter, além da descrição circunstanciada da ocorrência, "o rol de testemunhas, com a respectiva qualificação" (art. 846, § 4º).

IV – Impedimento da penhora em razão de falecimento do executado

De acordo com o art. 313, I, do CPC, a morte de qualquer das partes é causa de suspensão do processo, enquanto não se proceder à habilitação do espólio ou sucessores (CPC, art. 689). Sendo a penhora um ato de natureza processual, sua prática é proibida no período de suspensão do processo decorrente do falecimento do executado (CPC, art. 314), salvo apenas no caso de urgência determinante da necessidade de evitar dano irreparável (CPC, art. 923).

---

infidelidade do depósito (REDONDO, Bruno Garcia. In: WAMBIER, Teresa Arruda Alvim, DIDIER JR, Fredie; TALAMINI, Eduardo; DANTAS, Bruno. *Breves comentários ao novo Código de Processo Civil*. São Paulo: Ed. Revista dos Tribunais, 2015, p. 1932). A divergência é de pequeníssima repercussão prática, pois toda medida cautelar é provisória e fica sujeita a reexame do juiz quanto a sua manutenção, modificação ou extinção. O que a medida do art. 836, § 1º quer é assegurar bens que possam eventualmente sujeitar-se à penhora, segundo oportuno entendimento do juiz da execução. Pouco importa se denomine arresto provisório ou depósito cautelar. A medida é, sem dúvida, cautelar e seu objetivo está claramente enunciado no texto da lei que a determina. Ademais, o atual CPC aboliu as medidas cautelares típicas ou nominadas. Tudo se resume no amplo poder geral de cautela (arts. 297 e 301), de sorte que pouca ou nenhuma relevância tem o nome que se dê à provisória medida concretamente pleiteada e realizada.

[25] Araken de Assis entende que a locução "fechar as portas" trazida pelo art. 846, do CPC/2015 "é simbólica e a ela se outorga sentido elástico. Abrange da educada e formal negativa do executado, ou de seus familiares fâmulos e prepostos, até a disposição de obstáculos físicos contra a passagem do oficial". Esses fatos, segundo o autor, geram presunção *juris tantum* de resistência (ASSIS, Araken de. *Manual da execução*. 18. ed. revista, atualizada e ampliada, São Paulo: Editora Revista dos Tribunais, 2016, n. 273.1, p. 934).

[26] AMARAL SANTOS, Moacyr. *Primeiras Linhas de Direito Processual Civil*. 4. ed. São Paulo: Saraiva, 1970, v. III, n. 843, p. 288.

Nesse sentido, decidiu o STJ que, estando delineado o quadro de indispensabilidade da penhora para assegurar a utilidade e a satisfatividade da execução em curso, desde muito tempo, sem perspectiva alguma de adimplemento do crédito exequendo, a penhora assume no contexto "o papel de medida assecuratória e conservativa de direito, de modo a atrair a incidência da exceção prevista na parte final do art. 793 do CPC/1973"[27] (CPC/2015, art. 923)[28].

263. AUTO DE PENHORA PELO OFICIAL DE JUSTIÇA E PENHORA POR TERMO DO ESCRIVÃO

A penhora implica retirada dos bens da posse direta e da livre disposição do devedor. Por isso, será feita "mediante a apreensão e depósito dos bens", seguindo-se a lavratura de um só auto, redigido e assinado pelo oficial de Justiça (CPC/2015, art. 839). Naturalmente, também o depositário terá de assiná-lo.

Se não for possível concluir todas as diligências no mesmo dia, como nas apreensões de mercadorias e outros bens numerosos, lavrar-se-ão autos separados e parciais para as tarefas cumpridas em cada dia. Também, se houver mais de uma penhora, como no caso de vários devedores solidários ou de apreensão de bens situados em locais diferentes, lavrar-se-á para cada qual um auto (art. 839, parágrafo único).

O auto de penhora, de acordo com o art. 838, deve conter:

I – a indicação do dia, do mês, do ano e do lugar em que foi feita;
II – os nomes do exequente e do executado;
III – a descrição dos bens penhorados, com as suas características;
IV – a nomeação de depositário dos bens.

O mandado executivo, nas obrigações de quantia certa, compreende não só a citação e penhora, mas também a avaliação, conforme prevê o art. 829, § 1º. O auto de penhora, portanto, deverá conter, além da descrição, a avaliação dos bens penhorados (arts. 829, § 1º e 872) (ver adiante os itens n. 317 a 324).

Quando a nomeação dos bens é feita em juízo, por petição deferida pelo Juiz, não há a diligência do oficial de justiça para realizar a penhora. Aí quem formaliza o ato processual é o escrivão, mediante lavratura de *termo* nos próprios autos do processo. Assim, a diferença entre *auto* e *termo* de penhora é a seguinte:

a) o *auto* é elaborado pelo oficial de justiça, fora do processo, em diligência cumprida fora da sede do juízo;
b) o *termo* é redigido pelo escrivão, no bojo do processo, pois, que se pratica na sede do juízo.

264. INTIMAÇÃO DA PENHORA

I – Penhora realizada pelo Oficial de Justiça

Formalizada a penhora, por qualquer dos meios legais, mediante a lavratura do competente auto (CPC/2015, art. 838), o oficial de justiça intimará o executado imediatamente (art. 841).

---

[27] STJ, 3ª T., REsp 1.643.012/RS, Rel. Min. Nancy Andrighi, ac. 22.03.2018, DJe 26.03.2018.
[28] "Art. 923. Suspensa a execução, não serão praticados atos processuais, podendo o juiz, entretanto, salvo no caso de arguição de impedimento ou de suspeição, ordenar providências urgentes".

Não há mais a intimação para embargar, nessa fase, porque na sistemática instituída pela Lei n. 11.382, à época do CPC/1973 e que se conservou no CPC/2015, os embargos do executado não dependem de penhora e o prazo para a sua interposição conta-se da citação, ou, mais precisamente, da juntada aos autos do mandado citatório cumprido (CPC/2015, arts. 914 e 915).

A intimação da penhora consumada pelo oficial será, em regra, feita na pessoa do executado. Se o oficial, entretanto, não localizá-lo, providenciará certidão detalhada das diligências frustradas, caso em que o juiz decidirá como realizá-la. É bom de ver que a penhora ocorre depois que o devedor já foi citado, pelo que já está ele ciente de que, no prazo da lei, a constrição se consumará. Se não compareceu nos autos e nem é encontrado em seu endereço habitual, é lícito ao juiz autorizar o prosseguimento do feito sem novas intimações, segundo a sistemática da revelia. Cabe-lhe decidir em face das particularidades do caso concreto, para insistir na procura do devedor, ou no encerramento da diligência. Não estando seguro da resistência maliciosa do devedor, o juiz poderá 'ordenar', por exemplo, que o oficial insista uma vez mais na intimação pessoal, ou que lance mão da intimação com hora certa, ou que se utilize a intimação por via postal etc. Evidenciada a dificuldade intencionalmente criada pelo executado, poderá, finalmente, dispensar a intimação, ordenando o prosseguimento da execução, independentemente da diligência. O certo é que a lei não quer que o executado, já ciente da execução pelo ato citatório, crie situação de embaraço intencional à intimação da penhora, e, consequentemente, ao prosseguimento da execução. O tratamento processual dispensado ao devedor que não mais é encontrado no local onde foi citado é equivalente ao do demandado revel sem advogado nos autos, contra o qual a lei permite o andamento do processo independentemente de intimação (art. 346)[29]. É bom de ver que o instituto da revelia, embora disciplinado no bojo da parte especial reservada ao processo de conhecimento, é também aplicável ao processo de execução, subsidiariamente, como dispõe o art. 771, parágrafo único, do CPC/2015.

É verdade que o CPC/1973 era mais explícito quanto à possibilidade de o juiz, eventualmente, determinar o prosseguimento da execução sem a intimação da penhora (art. 652, § 5º). O atual Código apenas prevê que o devedor não encontrado pelo oficial para a intimação pessoal será, de preferência, intimado por via postal (art. 841, § 2º). Nada impede que, na falta do endereço nos autos, o juiz determine outra forma de intimação, como a publicação no Diário Oficial, ou até a comunicação telefônica. E, se a dificuldade maliciosamente criada pelo executado já citado for tamanha que não abra caminho para a intimação pessoal, não será de todo injurídica a aplicação do regime da revelia.

Havendo, porém, endereço conhecido nos autos, o mais recomendável é que a intimação seja efetuada pelo correio, tendo-a por consumada, ainda que o destinatário não seja ali encontrado para receber a carta intimatória (CPC/2015, art. 841, § 4º).

Dois são, portanto, os requisitos para o juiz eventualmente dispensar a intimação pessoal da penhora ao executado: a) que não seja mais encontrado, pelo oficial, no endereço ou local em que a citação pessoal se consumou; e b) que o citado não tenha se feito representar por advogado no processo, tornando-se revel na execução.

II – Penhora por ato do escrivão

Quando a penhora é feita por termo do escrivão, nos autos do processo, a intimação se confunde com o próprio ato processual, visto que o devedor terá de participar da lavratura do termo, firmando-o, por meio de seu advogado, juntamente com o serventuário da Justiça.

---

[29] ALVIM, J. E. Carreira; CABRAL, Luciana G. Carreira Alvim. *Nova execução de título extrajudicial. Comentários à Lei 11.382/2006*. Curitiba: Juruá, 2ª tiragem, 2007, p. 75.

III – Penhora de imóveis e veículos automotores

Quanto à penhora de imóvel, o art. 845, § 1º permite que, em face da exibição de certidão de matrícula do Registro de Imóveis, exibida por qualquer das partes, possa o termo ser lavrado, mesmo sem a presença do devedor ou de seu advogado. Nesse caso, a intimação será feita, pelas vias adequadas, após a formalização do ato constritivo e será pessoal ao executado, se este ainda não tiver procurador nos autos, ou ao seu advogado, caso já o tenha constituído. Da mesma forma, se a penhora recair sobre veículos automotores, apresentada certidão que ateste a sua existência, a constrição também será realizada por termo nos autos.

Ao ser intimado da penhora, em qualquer das duas situações, o executado se investe, por força da lei, no encargo de depositário do imóvel constrito.

IV – Penhora de imóvel pertencente a executado casado

Recaindo a constrição sobre imóveis ou direitos reais sobre imóvel, e sendo casado o executado, exige a lei que se faça intimação da penhora também ao seu cônjuge (art. 842). A intimação será dispensada se os cônjuges forem casados em regime de separação absoluta de bens[30]. A *ratio essendi* da norma é a de observar o litisconsórcio necessário de ambos os cônjuges, que a lei impõe em qualquer processo judicial que gire em torno de bem imóvel pertencente à pessoa casada (art. 73, § 1º).

Além da intimação obrigatória do cônjuge, a penhora de imóvel sujeita-se, também, a averbação no Registro Imobiliário, cuja diligência incumbe ao exequente, sem prejuízo da imediata intimação do executado (art. 844).[31]

A intimação da penhora ao devedor e ao cônjuge é, portanto, ato anterior à averbação no Registro Imobiliário, de sorte que o prazo de embargos e os prosseguimento dos atos executivos não ficam prejudicados ou protelados pela eventual demora da diligência cartorária na promoção do assento registral. Aliás, a averbação da penhora é incumbência que a lei atribui ao exequente.

Não se deve, todavia, prosseguir nos atos finais de expropriação, sem a consumação do assento da penhora no registro público, por se tratar de ato que passou a integrar o procedimento executivo, em face principalmente da necessidade de proteger os interesses de todos os que se envolvem nas alienações judiciais.

265. ALIENAÇÃO ANTECIPADA DOS BENS PENHORADOS

A função do depositário é guardar e conservar os bens penhorados até que chegue o momento de sua alienação forçada ou que ocorra algum fato extintivo da execução. Seus poderes são apenas de administração, sendo-lhe vedado dispor dos bens.

---

[30] "Impõe-se o reconhecimento da desnecessidade da intimação do ex-cônjuge da penhora calcada em processo de execução, tendo em vista a autonomia do acervo patrimonial da devedora decorrente do regime matrimonial adotado, a saber: o da separação convencional de bens" (STJ, 3ª T., REsp 1.367.343/DF, do voto do Rel. Min. Ricardo Villas Bôas Cueva, ac. 13.12.2016, *DJe* 19.12.2016).

[31] O texto do art. 844 deixa claro que: a) a penhora sobre imóvel se aperfeiçoa com a lavratura do respectivo auto ou termo; b) ao exequente incumbe providenciar a averbação no Cartório Imobiliário, que será feita mediante apresentação de certidão de inteiro teor do ato, independentemente de mandado judicial; c) seu objetivo é a publicidade *erga omnes* da penhora, produzindo "presunção absoluta de conhecimento por terceiros"; ou seja, eventual adquirente do imóvel constrito jamais poderá arguir boa-fé para se furtar aos efeitos da aquisição em fraude de execução; d) a averbação não é condição para que a execução tenha prosseguimento, pois, após a lavratura do auto ou termo de penhora, dar-se-á a intimação do executado para os ulteriores termos do processo executivo. O dispositivo legal, portanto, dissocia completamente o ato processual do ato registral; um para efeito interno no processo, e outro para efeito externo, em relação a terceiros.

Pode, no entanto, haver casos em que a conservação dos bens constritos seja prejudicial às partes e à própria execução. O depositário deverá estar atento e sempre que os bens se mostrarem expostos a riscos anormais terá a obrigação de informar o juiz da situação.[32]

Admite o Código que o juiz autorize antecipadamente a alienação dos bens penhorados, o que é possível em duas hipóteses (CPC/2015, art. 852):

a) Quando se tratar de veículos automotores, de pedras e metais preciosos e de outros bens moveis sujeitos à deterioração; e

b) Quando houver manifesta vantagem, como por exemplo, nos casos de depósito dispendioso, capaz de absorver o valor dos bens ou a maior parte dele se retardar a alienação, e outras situações equivalentes.

O CPC/2015 explicitou que para o regime de alienação antecipada, os veículos automotores, as pedras e os metais preciosos são bens notoriamente sujeitos ao risco de depreciação ou deterioração, afastando, desse modo, discussões a esse respeito (art. 852, I)[33].

Em se tratando de bens de fácil deterioração, que estiverem avariados ou exigirem grandes despesas para a sua guarda, a alienação antecipada é medida que poderá ser *decretada ex officio* pelo juiz (art. 730), ou por provocação do depositário e, ainda, por requerimento de qualquer das partes.

Nos casos, porém, de venda a requerimento de uma das partes, "o juiz ouvirá sempre a outra, no prazo de 3 (três) dias, antes de decidir" (art. 853).

A alienação antecipada observa o regime do *leilão*, segundo regra prevista para os procedimentos de jurisdição voluntária (art. 730), mas se houver acordo das partes poderá, também, ser feita sob a forma de venda por iniciativa particular. Aplica-se aqui a permissão ao ajuste de negócio jurídico processual (CPC/2015, art. 190).

Por outro lado, embora o Código tenha previsto que a alienação judicial observe a regra traçada pelo procedimento de jurisdição voluntária no art. 730 (leilão), outras formas de disposição dos bens penhorados existem na disciplina específica da execução por quantia certa, as quais poderão ser adotadas, nas hipóteses do art. 852, até com preferência sobre a previsão do art. 730. Aliás, o próprio art. 730 abre oportunidade, no final de seu texto, para a observância, no que couber, do disposto nos arts. 879 a 903. São justamente estes dispositivos da execução por quantia certa que permitem a alienação dos bens penhorados tanto por leilão judicial como por iniciativa particular.

Enfim, não se pode esquecer que as regras procedimentais estipuladas para os feitos de jurisdição voluntária não têm sua observância sujeita a critério de legalidade estrita. Como prevê o art. 723, parágrafo único, ao juiz é lícito "adotar em cada caso a solução que considerar mais conveniente ou oportuna".

Assim, a adjudicação e a alienação por iniciativa privada caberão nas alienações antecipadas de bens penhorados, antes que o leilão, desde que o exequente tome a iniciativa de promovê-las.

---

[32] "A rigor, o art. 852 cuida da antecipação do ato expropriatório, realizado de forma sumária, a fim de evitar a depreciação, deterioração ou perda de vantagem diante do decurso do tempo até o desfecho da expropriação normal do bem" (SANTOS, Silas Silva. Modificações da penhora. *In*: ASSIS, Araken de; BRUSCHI, Gilberto Gomes (coords.). *Processo de execução e cumprimento de sentença*. 2. ed. São Paulo: RT, 2022, vol. 1, p. 687).

[33] Justifica-se a alienação antecipada dos veículos automotores porque "como é notório, sujeitam-se a contínua (e, não raro, acentuada) desvalorização e, além disso, se ficam sem funcionamento enquanto depositados, tendem a deteriorar-se rapidamente" (MEDINA, José Miguel Garcia. *Novo Código de Processo Civil Comentado*. 3. ed. São Paulo: Ed. RT, 2015, p. 1.151).

Capítulo XX
EXECUÇÃO POR QUANTIA CERTA CONTRA O DEVEDOR SOLVENTE: PENHORA E SUAS PARTICULARIDADES

266. PARTICULARIDADES DA PENHORA DE CERTOS BENS

A penhora das *coisas corpóreas* (móveis ou imóveis) se faz mediante apreensão física, com deslocamento da posse para o depositário, que é o agente auxiliar do juízo, encarregado da guarda e conservação dos bens penhorados. Assim, lavrado o auto de penhora, depósito e avaliação, perfeita se acha a garantia da execução. Há, porém, outros cuidados e algumas particularidades a observar quando a penhora recai sobre bens incorpóreos ou mesmo algumas coisas corpóreas de natureza especial. Nos arts. 854 e seguintes, o atual Código regula, com especificidade, por exemplo, penhoras como a de dinheiro em depósito ou aplicação financeira, de percentual do faturamento, de créditos, direitos, ações, estabelecimentos etc.

267. PENHORA DE DINHEIRO EM DEPÓSITO OU APLICAÇÃO FINANCEIRA

I – Penhora on-line

A reforma da Lei n. 11.382/2006 consagrou, no Código de 1973, a denominada penhora *on-line*, por meio da qual o juiz da execução obtém, por via eletrônica, o bloqueio junto ao Banco Central, de depósitos bancários ou de aplicações financeiras mantidas pelo executado[1]. O sistema foi mantido e aperfeiçoado pelo CPC/2015, em seu art. 854.

O art. 835, I e § 1º do CPC/2015 colocam o dinheiro como bem preferencial e prioritário de penhora, para fins de garantir a execução. Nessa esteira, a penhora *on-line* mostra-se como o meio mais eficaz de realizar a execução no interesse do exequente (CPC/2015, art. 797). Releva notar que essa medida não atrita com o princípio da menor onerosidade ao executado, nem exige o exaurimento prévio de diligências para localizar outros bens penhoráveis, conforme já assentado pelo STJ.[2]

Uma importante distinção tem sido feita pela jurisprudência em relação à penhora de fundos bancários: o art. 835, I, do CPC/2015, considera penhora de dinheiro tanto aquela que incide sobre "dinheiro em espécie" como aquela que recai sobre "dinheiro em depósito ou em aplicação em instituição financeira". Todas essas modalidades de segurança da execução figuram

---

[1] Antes da Lei 11.382/2006, a jurisprudência majoritária era no sentido de que a penhora *on-line* configurava medida excepcional só manejável após comprovação de não terem sido localizados bens livre e desembaraçados do devedor para segurança do juízo. "Contudo, após o advento da referida Lei, essa exigência não mais tem cabimento (STJ, 2ª T., REsp 1.254.349/MG, Rel. Min. Mauro Campbell Marques, ac. 2.8.2011, *DJe* 9.8.2011).

[2] "Após a edição da Lei n. 11.382/2006, revela-se consolidado o entendimento jurisprudencial sobre a possibilidade de penhora em dinheiro em espécie ou em depósito e aplicação financeira mantida em instituição bancária, sem que isso implique em violação do princípio da menor onerosidade para o executado" (STJ, 4ª T., AgRg no AREsp. 315.017/SP, Rel. Min. Luis Felipe Salomão, ac. 24.04.2014, *DJe* 30.04.2014). "Após o advento da Lei n. 11.382/2006, o Juiz, ao decidir acerca da realização da penhora *on-line*, não pode mais exigir a prova, por parte do credor, de exaurimento de vias extrajudiciais na busca de bens a serem penhorados" (STJ, Corte Especial, REsp. 1.112.943/MS, Rel. Min. Nancy Andrighi, ac. 15.09.2010, *DJe* 23.11.2010).

na primeira posição de preferência para a nomeação à penhora. No entanto, nem toda aplicação pode ser qualificada como dinheiro disponível à ordem do aplicador.

A jurisprudência, com sólida razão, entende, por exemplo, que, para os fins do art. 835, I, do CPC/2015, não é possível equiparar as cotas de "fundos de investimento" a "dinheiro em aplicação financeira", quando do oferecimento de bens à penhora. Para o STJ, embora os fundos de investimento sejam uma espécie de "aplicação financeira", eles não se confundem com a expressão "dinheiro em aplicação financeira", a que se refere o aludido dispositivo do CPC/2015. Para se manter a prioridade na gradação legal da penhora, é preciso que a constrição processual atinja numerário *certo* e *líquido*, o qual ficará bloqueado à disposição do juízo da execução. Tal não ocorre com o *valor financeiro* referente a cotas de "fundo de investimento", já que este "não é certo e pode não ser líquido", por depender de fatos futuros que não podem ser previstos, quer pelas partes, quer pelo juízo da execução".[3]

II – Indisponibilidade de ativos financeiros existentes em nome do executado

À época do Código de 1973, não se podia realizar a penhora sem que antes conhecesse o juízo a existência do numerário. Daí a necessidade de o juiz requisitar informações à autoridade supervisora do sistema bancário sobre os ativos existentes em nome do executado. Na requisição era informado o montante necessário para cobrir a quantia exequenda (débito atualizado no momento da propositura da execução, mais estimativa para honorários, custas e acessórios eventuais) (CPC/1973, art. 659). Não havia necessidade da previsão de juros e atualização monetária, porque a partir da penhora esses encargos são obrigatórios e automáticos nos depósitos judiciais (Súmulas n. 179 e 271 do STJ).

O CPC/2015 alterou um pouco o procedimento ao determinar, no *caput* do art. 854, que o juiz, por via eletrônica, determine às instituições financeiras que tornem indisponíveis ativos financeiros existentes em nome do executado. Como se vê, não há mais a requisição de informações prévias. A determinação já é de imediata indisponibilidade do numerário. Tal situação coloca fim à alegação de que haveria quebra ilegal do sigilo bancário do executado existente à época do Código anterior. Com efeito, não há quebra de sigilo algum, uma vez que o valor depositado em conta do executado ou outras movimentações não são informados ao exequente.[4] Apenas o valor da execução, indicado na requisição judicial, é indisponibilizado, o que se passa sem real devassa sobre os recursos do devedor custodiados pelo banco.

É de se destacar, outrossim, que a determinação do juiz às instituições financeiras é feita "*sem dar ciência prévia do ato ao executado*" (art. 854, *caput*). É evidente que o executado não deva ser cientificado do ato previamente, sob pena de frustrar a medida constritiva mediante o redirecionamento dos recursos financeiros. Não há, tampouco, que se falar em desrespeito ao contraditório. Em verdade, o contraditório será apenas diferido. Após a indisponibilidade, abre-se a oportunidade em que o executado poderá comprovar o excesso da medida ou a impenhorabilidade do numerário (§ 3º).[5]

---

[3] STJ, 1ª T., REsp 1.346.362/RS, Rel. Min. Benedito Gonçalves, ac. 04.12.2012, *DJe* 07.12.2012. Para o acórdão, não há violação ao art. 655, I, do CPC [CPC/2015, art. 835, I], na recusa de equiparação, no ato de nomeação à penhora, entre "cotas de fundos de investimento" e "dinheiro em aplicação financeira", muito embora "os fundos de investimento sejam uma espécie de aplicação financeira". Falta-lhes a necessária certeza e liquidez. No mesmo sentido: STJ, 3ª T., AgRg no AREsp. 679.676/DF, Rel. Min. Ricardo Villas Bôas Cueva, ac. 20.10.2015, *DJe* 27.10.2015.

[4] PEREIRA, Luiz Fernando Casagrande. *In:* WAMBIER, Teresa Arruda Alvim, DIDIER JR, Fredie; TALAMINI, Eduardo; DANTAS, Bruno. *Breves comentários ao novo Código de Processo Civil*. São Paulo: Ed. Revista dos Tribunais, 2015, p. 1956.

[5] Há uma certa divergência doutrinária em relação ao bloqueio sem audiência prévia do executado. Marcelo Abelha, por exemplo, seguindo a opinião majoritária, entende ser perfeitamente viável a indisponibilidade

O *caput* do art. 854 prevê que o juiz irá agir "a requerimento do exequente", o que poderia levar a crer que não poderia, em caráter absoluto, agir de ofício para determinar a penhora *on-line*. Entretanto, o entendimento da doutrina é no sentido de ser possível ao magistrado agir sem provocação do exequente, ainda que esta não seja a regra geral a observar sempre.[6] Ora, se é dado ao oficial de justiça, ao cumprir o mandado de citação, penhora e avaliação, fazer a constrição dos bens que encontrar, inclusive dinheiro, sem que necessariamente haja prévia indicação pelo exequente, não há motivo para que o juiz também não possa fazê-lo.[7] Além disso, trata-se de ato prévio de indisponibilidade dos valores depositados, e não de penhora,[8] mera providência acauteladora, portanto.

Recebida a determinação judicial, o Banco Central efetuará o bloqueio e comunicará ao juiz requisitante o valor indisponibilizado, especificando o banco onde o numerário ficou constrito. Eventualmente, o valor poderá ser menor do que o requisitado, se o saldo localizado não chegar ao *quantum* da execução. Em hipótese alguma, porém, se admitirá bloqueio indiscriminado de contas e de valores superiores ao informado na requisição. O dispositivo é bastante claro nesse sentido: "limitando-se a indisponibilidade ao valor indicado na execução".

Como se vê, a penhora não é realizada imediatamente. Primeiro o numerário fica indisponível para, somente depois de ouvido o executado, efetivar-se a penhora, sobre os recursos mantidos em conta bancária, se for o caso de realmente praticá-la.

III – Bacen Jud/Sisbajud

O procedimento de formalização da penhora de conta bancária foi grandemente simplificado por meio do *Bacen Jud*, convênio que o Banco Central mantém com a Justiça Federal e alguns órgãos das justiças estaduais, para viabilizar a penhora *on-line*, o qual passa por aprimoramentos, para superar as deficiências de início observadas, como a multiplicação indevida do bloqueio em diferentes contas do executado e a demora na sua liberação, quando autorizada pelo juiz da execução ("Bacen Jud. 2.0"). Atualmente, a sistemática do Bacen Jud acha-se aprimorada e ampliada pelas inovações criadas pelo novo Sistema de Busca de Ativos do Poder Judiciário – SISBAJUD.

O principal objetivo do desenvolvimento do novo sistema, como divulgou o CNJ, foi atender a necessidade de renovação tecnológica da ferramenta, para permitir inclusão de novas e

---

antes da citação (*Manual de execução civil*. 5. ed. Rio de Janeiro: Forense, 2015, p. 345). Para Luiz Fernando Casagrande Pereira, o art. 854 deveria ser aplicado depois que o devedor tivesse sido citado e escoado o prazo para o pagamento do débito (Comentários ao art. 854. *In* WAMBIER, Tereza Arruda Alvim; *et al*. *Breves Comentários ao novo Código de Processo Civil*. 2. ed. São Paulo: RT, 2016, p. 2.047-2.048). No mesmo sentido: BRUSCHI, Gilberto Gomes; LEÃO, Leandro. Cumprimento da sentença de obrigação pecuniária: aspectos relevantes. *In* LUCON, Paulo Henrique dos Santos; OLIVEIRA, Pedro Miranda de (coords). *Panorama atual do novo CPC*. 2. ed. Florianópolis: Empório do Livro, 2016, p. 202). A justificativa para essa corrente minoritária é que a indisponibilidade antes da citação ofenderia o contraditório e a norma fundamental do art. 10, do CPC/2015, no qual se proíbe a decisão surpresa. Essa última tese parte da visão equivocada da indisponibilidade, cuja natureza é cautelar e, como tal, sempre tem possibilidade de deferimento *inaudita altera parte*. Na execução de título extrajudicial consta previsão de arresto até mesmo de ofício, quando o devedor não é encontrado para a citação (art. 830, *caput*).

[6] Em sentido divergente, Araken de Assis. *Manual da execução*. 18. ed. revista, atualizada e ampliada, São Paulo: Editora Revista dos Tribunais, 2016, n. 284, p. 957.

[7] PEREIRA, Luiz Fernando Casagrande. *Op. cit.*, *loc. cit.*

[8] WAMBIER, Teresa Arruda Alvim; CONCEIÇÃO, Maria Lúcia Lins; RIBEIRO, Leonardo Ferres da Silva; MELLO, Rogério Licastro Torres de. *Primeiros Comentários ao novo Código de Processo Civil*. São Paulo: Ed. RT, 2015, p. 1221.

importantes funcionalidades, o que já não era possível apenas com os instrumentos, do Bacen Jud, tendo em vista a natureza defasada das tecnologias nas quais foi originalmente escrito[9].

Por meio do SISBAJUD é possível, ainda, o juiz utilizar a funcionalidade denominada de "teimosinha", que é a reiteração automática de ordens de bloqueio até o valor total da dívida, evitando-se que o juiz tenha que realizar o procedimento várias vezes.[10]

O STF declarou constitucional a Resolução 61/2008 do CNJ que impõe ao juiz a realização de cadastro pessoal junto ao sistema do *Bacen Jud* para a efetivação da penhora *on-line*:

> "(...) IV – A determinação aos magistrados de inscrição em cadastros ou sítios eletrônicos, com finalidades estatística, fiscalizatória ou, então, de viabilizar a materialização de ato processual insere-se perfeitamente nessa competência regulamentar.
>
> V – Inexistência de violação à convicção dos magistrados, que remanescem absolutamente livres para determinar ou não a penhora de bens, decidir se essa penhora recairá sobre este ou aquele bem e, até mesmo, deliberar se a penhora de numerário se dará ou não por meio da ferramenta denominada 'BACEN JUD'.
>
> VI – A necessidade de prévio cadastramento é medida puramente administrativa que tem, justamente, o intuito de permitir ao Poder Judiciário as necessárias agilidade e efetividade na prática de ato processual, evitando, com isso, possível frustração dos objetivos pretendidos, dado que o tempo, no processo executivo, corre em desfavor do credor.
>
> VII – A 'penhora *on-line*' é instituto jurídico, enquanto 'BACEN JUD' é mera ferramenta tendente a operacionalizá-la ou materializá-la, através da determinação de constrição incidente sobre dinheiro existente em conta-corrente bancária ou aplicação financeira em nome do devedor, tendente à satisfação da obrigação.
>
> VIII – Ato administrativo que não exorbita, mas, ao contrário, insere-se nas funções que constitucionalmente foram atribuídas ao CNJ".[11]

Assim, não é mais permitido ao juiz indeferir o pedido de penhora *on-line* alegando não possuir cadastro junto ao sistema, uma vez que esta diligência torna-se obrigatória para todos os juízes.

IV – Cancelamento de eventual indisponibilidade excessiva

O § 1º do art. 854 do CPC/2015 estabelece que, no prazo de vinte e quatro horas a contar da resposta das instituições financeiras, o juiz deverá determinar o cancelamento de eventual

---

[9] "Além do envio eletrônico de ordens de bloqueio e requisições de informações básicas de cadastro e saldo, já permitidos pelo Bacenjud, o novo sistema permitirá requisitar informações detalhadas sobre extratos em conta corrente no formato esperado pelo sistema SIMBA do Ministério Público Federal, e os juízes poderão emitir ordens solicitando das instituições financeiras informações dos devedores tais como: cópia dos contratos de abertura de conta corrente e de conta de investimento, fatura do cartão de crédito, contratos de câmbio, cópias de cheques, além de extratos do PIS e do FGTS. Podem ser bloqueados tanto valores em conta corrente, como ativos mobiliários como títulos de renda fixa e ações" (CNJ, Informações "Sisbajud").

[10] "A ferramenta de reiteração automática da ordem de bloqueio, também conhecida como 'teimosinha', está à disposição do Juízo, garantindo a localização e bloqueio de ativos existentes em nome do executado, garantindo o cumprimento da função de distribuição da justiça pelo Poder Judiciário" (TJMG, 14ª Câmara Cível, Agravo de Instrumento-Cv 1.0000.22.202349-1/001, Rel. Des. Evangelina Castilho Duarte, ac. 15.12.2022, publicação da súmula 15.12.2022). PEREIRA, Rafael Caselli. A teimosinha como instrumento para efetividade da penhora de dinheiro via Sisbajud. *In*: ASSIS, Araken de; BRUSCHI, Gilberto Gomes (coords.). *Processo de execução e cumprimento de sentença*. 2. ed. São Paulo: RT, 2022, vol. 1, p. 700-701.

[11] STF, Pleno, MS 37.621/DF, Rel. Min. Ricardo Lewandowski, ac. 07.12.2011, *DJe* 11.05.2012.

indisponibilidade excessiva. O cancelamento deverá ser cumprido pela instituição também no prazo de vinte e quatro horas.

O descumprimento desse prazo pela instituição torna-a responsável pelos prejuízos causados ao executado (§ 8º).

V – Cumprimento parcial do bloqueio

Segundo o § 4º do art. 13 do Regulamento Bacen Jud 2.0, aprovada em 12.12.2018, "*cumprida a ordem judicial na forma do § 2º e não atingida a integralidade da penhora nela pretendida, sendo assim necessária a complementação (cumprimento parcial), a instituição financeira participante deverá manter a pesquisa de ativos do devedor durante todo o dia, até o horário limite para a emissão de uma Transferência Eletrônica Disponível – TED do dia útil seguinte à ordem judicial ou até a satisfação integral do bloqueio, o que ocorrer primeiro. Neste período, permanecerão vedadas operações de débito (bloqueio intra day), porém permitidas amortizações de saldo devedor de quaisquer limites de crédito (cheque especial, crédito rotativo, conta garantida etc.)*".

Por outro lado, com a arquitetura do sistema renovado, programou-se a reiteração automática de ordens de bloqueio (conhecida como "teimosinha"), e a partir da emissão da ordem de penhora *on-line* de valores, permitiu-se ao magistrado registrar a quantidade de vezes que a mesma ordem terá que ser reiterada no Sisbajud até o bloqueio do valor necessário para o seu total cumprimento. Na visão do CNJ, "esse novo procedimento eliminará a emissão sucessiva de novas ordens da penhora eletrônica relativa a uma mesma decisão, como é feito atualmente no Bacenjud" (CNJ, Informações "Sisbajud").

VI – Intimação e defesa do executado

Tornados indisponíveis os ativos financeiros do executado, será ele intimado na pessoa de seu advogado ou, não o tendo, pessoalmente, para se manifestar. Após a cientificação, poderá o executado comprovar, no prazo de cinco dias, que *(i)* as quantias tornadas indisponíveis são impenhoráveis; ou, *(ii)* ainda remanesce indisponibilidade excessiva de ativos financeiros (CPC, art. 854, § 3º).Esse procedimento tem por finalidade conferir ao executado possibilidade de se defender antes de efetivamente realizada a penhora (contraditório diferido).

Ao invés da mencionada pretensão, admite-se que o executado postule, desde logo, a substituição da garantia da execução (arts. 847 e 848, parágrafo único) pelo oferecimento de fiança bancária ou seguro garantia, a fim de evitar a indisponibilidade de seus ativos financeiros. Não há necessidade de aguardar-se o aperfeiçoamento da penhora. Seria exagerada a "formalidade de exigir-se do executado que primeiro aguardasse a conversão da indisponibilidade em penhora para, só depois disso, requerer a modificação da penhora".[12]

Em qualquer caso, após a manifestação do executado o exequente deverá ser ouvido, também no prazo de cinco dias, para que se respeite o contraditório.

VII – Indisponibilidade procedida em conta conjunta

Se a indisponibilidade for determinada em conta que não seja apenas de titularidade do executado – observa Luiz Fernando Casagrande Pereira[13] – que se deve considerar presumida a propriedade de metade do saldo para cada um dos cotitulares. Daí, o terceiro prejudicado

---

[12] SANTOS, Silas Silva. Modificações da penhora. *In*: ASSIS, Araken de; BRUSCHI, Gilberto Gomes (coords.). *Processo de execução e cumprimento de sentença*. 2. ed. São Paulo: RT, 2022, vol. 1, p. 688-689.

[13] PEREIRA, Luiz Fernando Casagrande. Comentários ao art. 854. *In*: WAMBIER, Teresa Arruda Alvim, *et al*. *Breves comentários ao novo Código de Processo Civil*, cit., 2016, p. 1961-1962.

poderia, no seu entender, utilizar-se da defesa prevista no § 3º do art. 854, em medida de economia processual, para liberar o seu patrimônio da constrição, em alternativa aos embargos de terceiro, seguindo jurisprudência do TJSP que se contenta com simples petição para desconstituir penhora *on-line* quando alcança patrimônio de terceiro.[14]

No entanto, e sem que houvesse unanimidade, o posicionamento do STJ, especificamente sobre a penhora *on-line* de saldo bancário em conta conjunta mantida pelo executado e estranho ao processo, tem, às vezes, outro sentido, e não aquele defendido pelo referido autor, como se pode ver do seguinte acórdão:

> "1. No caso de conta conjunta, cada um dos correntistas é credor de todo o saldo depositado, de forma solidária. O valor depositado pode ser penhorado em garantia da execução, ainda que somente um dos correntistas seja responsável pelo pagamento do tributo.
>
> 2. Se o valor supostamente pertence somente a um dos correntistas – estranho à execução fiscal – não deveria estar nesse tipo de conta, pois nela a importância perde o caráter de exclusividade.
>
> 3. O terceiro que mantém dinheiro em conta corrente conjunta, admite tacitamente que tal importância responda pela execução fiscal. A solidariedade, nesse caso, se estabelece pela própria vontade das partes no instante em que optam por essa modalidade de depósito bancário".[15]

Melhor, a nosso ver, seria o entendimento da 3ª Turma do STJ, *in verbis*:

> "(...) 4. Há duas espécies de conta-corrente bancária: (i) individual (ou unipessoal); e (ii) coletiva (ou conjunta). A conta corrente bancária coletiva pode ser (i) fracionária ou (ii) solidária. A fracionária é aquela que é movimentada por intermédio de todos os titulares, isto é, sempre com a assinatura de todos. Na conta solidária, cada um dos titulares pode movimentar a integralidade dos fundos disponíveis.
>
> 5. Na conta corrente conjunta solidária, existe solidariedade ativa e passiva entre os correntistas apenas em relação à instituição financeira mantenedora da conta corrente, de forma que os atos praticados por qualquer dos titulares não afeta os demais correntistas em suas relações com terceiros. Precedentes.
>
> 6. Aos titulares da conta corrente conjunta é permitida a comprovação dos valores que integram o patrimônio de cada um, sendo certo que, na ausência de provas nesse sentido, presume-se a divisão do saldo em partes iguais. Precedentes do STJ.
>
> 7. Na hipótese dos autos, segundo o Tribunal de origem, não houve provas que demonstrassem a titularidade exclusiva da recorrente dos valores depositados em conta corrente conjunta.
>
> 8. Mesmo diante da ausência de comprovação da propriedade, a constrição não pode atingir a integralidade dos valores contidos em conta corrente conjunta, mas apenas a cota-parte de cada titular"[16].

---

[14] TJSP, AgIn 990100870580, Rel. Des. Manoel Justino Ferreira Filho, p. 29.04.2010. In: PEREIRA, Luiz Fernando Casagrande. *Op. cit., loc. cit.*

[15] STJ, 2ª T., REsp. 1.229.329/SP, Rel. Min. Humberto Martins, ac. 17.03.2011, *DJe* 29.03.2011. No mesmo sentido: STJ, 4ª T., REsp. 669.914/DF, Rel. Min. Raul Araújo, ac. 25.03.2014, *DJe* 04.04.2014.

[16] STJ, 3ª T., REsp 1.510.310/RS, Rel. Min. Nancy Andrighi, ac. 03.10.2017, *DJe* 13.10.2017. No mesmo sentido: STJ, 4ª T., REsp 13.680/SP, Rel. Min. Athos Carneiro, ac. 15.09.1992, *DJU* 16.11.1992, p. 21.144.

Finalmente o tema foi pacificado pela Corte Especial do STJ (tema IAC 12) nos seguintes termos:

"A) É presumido, em regra, o rateio em partes iguais do numerário mantido em conta corrente conjunta solidária quando inexistente previsão legal ou contratual de responsabilidade solidária dos correntistas pelo pagamento de dívida imputada a um deles.

B) Não será possível a penhora da integralidade do saldo existente em conta conjunta solidária no âmbito de execução movida por pessoa (física ou jurídica) distinta da instituição financeira mantenedora, sendo franqueada aos cotitulares e ao exequente a oportunidade de demonstrar os valores que integram o patrimônio de cada um, a fim de afastar a presunção relativa de rateio"[17].

Em suma: a tese definitiva fixada em regime de IAC pela Corte Especial do STJ é que ao saldo da conta conjunta solidária aplica-se, em princípio, o regime do condomínio, de modo que, salvo prova contrária, presume-se a repartição do numerário em partes iguais entre os correntistas, de acordo com o art. 1.315, parágrafo único, do Código Civil[18].

VIII – Decisão do juiz

Apresentada defesa pelo executado, o juiz deverá decidi-la. Acolhendo a alegação do executado, determinará o cancelamento da indisponibilidade irregular ou excessiva, providência que deverá ser cumprida pela instituição financeira em vinte e quatro horas (CPC, art. 854,§ 4º). Como se vê, o Código fixa prazo bastante exíguo para o cancelamento da indisponibilidade de numerário indevida e determina que tudo se proceda sumariamente, dispensando embargos ou outras formas processuais mais solenes.

IX – Comprometimento do faturamento da empresa executada

A penhora *on-line* não pode redundar em bloqueio de valores do faturamento da empresa. Conforme decidiu o TJ/PR, "a penhora do faturamento é medida excepcional e sujeita ao cumprimento dos requisitos elencados pelo Superior Tribunal de Justiça, que dentre os quais está a fixação de um percentual que não inviabilize a atividade econômica (REsp 584.915/RJ, Rel. Min. Luiz Fux)".[19] O fundamento invocado foi o de que se deve atender ao princípio que impõe seja a execução realizada do modo menos oneroso ao devedor (CPC, art. 805), assim como se há de respeitar o princípio da preservação da empresa (Lei n. 11.101/2005, art. 47).

Recomenda o questionado acórdão do TJ/PR, com procedência, que "uma vez bloqueados valores das contas da empresa pelo Sisbajud, é necessário analisar a origem dos valores depositados. Caso se trate de faturamento da empresa, ou seja, do capital giro, fluxo de créditos e débitos da atividade empresarial, a constrição deve ser imediatamente levantada, porquanto não obedecidas as exigências legais do art. 866 do CPC. Vício processual de nulidade absoluta por violação ao devido processo legal. Possibilidade de reconhecimento de ofício pelo julgador, respeitado o princípio da não surpresa (CPC, art. 10)".

---

[17] STJ, Corte Especial, REsp 1.610.844/BA, Rel. Min. Luis Felipe Salomão, ac. unânime 15.06.2022, *DJe* 09.08.2022 (tema IAC 12).

[18] STJ, REsp 1.610.844, *cit.*, voto do Relator.

[19] TJ/PR, 16ª Cam. Civ., Agravo de Instrumento 0004871-23.2021.8.16.0000, Rel. Des. Lauro Laertes de Oliveira, ac. 26.05.2021, *apud* OLIVEIRA, Lauro Laertes de *et al.* Contributo à penhora de valores depositados em contas bancárias com emprego do Sisbajud, *Revista dos Tribunais*, São Paulo, v. 1.040, p. 297-298, jun./2022.

O entendimento exposto remonta ao julgado do STJ em que restou assentado:

"2. O faturamento de uma empresa representa, para o empresário, a disponibilidade completa de sua expressão financeira, porquanto – e isso nem sempre é lembrado – são variados e inúmeros os dispêndios para produzir os bens e/ou os serviços que compõem o faturamento: salários, fornecedores, tributos, aluguéis, encargos financeiros, matérias-primas, secundárias e de embalagem; comissões, provisões para devedores duvidosos, FGTS, INSS, IRPJ, CSSL e muitos outros encargos; portanto, reter 10% do faturamento de qualquer empresa é o mesmo que decretar a sua pré-falência.

3. Acrescente-se isso as variáveis quanto à gestão, ao local, à tradição, ao produto comercializado, se essencial ou não para o mercado, pois todos esses fatores irão influir de forma direta no faturamento da empresa. Faturamento este, diga-se de passagem, que não é fixo, pois tudo dependerá de inúmeros fatores, como já foi dito, que influirão de forma direta no lucro da empresa.

4. Dessa forma, fixar a constrição dos valores percebidos no caixa – o que não se pode garantir que corresponde ao lucro, frise-se mais uma vez – sem individualizar e fundamentar, de forma eficaz, que esta constrição não prejudicará a própria sobrevivência da empresa, é no mínimo descabida, senão ilegal.

5. Em casos similares, esta Corte tem entendido que os recebíveis de operadoras de cartão de crédito equiparam-se ao faturamento da empresa e, por isso, devem ser restringidos de forma a viabilizar o regular desempenho da atividade empresarial. Precedente: REsp. 1.408.367/SC, Rel. Min. Herman Benjamin, *DJe* 16.12.2014).

6. De igual forma, a penhora de todos os valores apresentados na boca do caixa inviabilizará o funcionamento da empresa, bem como o pagamento de seus empregados, fornecedores, débitos previdenciários e demais tributos, comprometendo a atividade empresarial"[20].

Conclui o Des. Lauro Laertes de Oliveira que "o Sisbajud tem sido um caminho de singular valor em prol do resultado útil da execução, mas sua utilização exige atenção e cuidado para que sirva de mecanismo de realização da justiça alinhado ao devido processo legal, e não simplesmente de opressão do executado para arrecadar dinheiro e desassociado de outros valores jurídicos"[21].

X – Conversão da indisponibilidade em penhora

Rejeitada a defesa deduzida pelo executado, ou não apresentada impugnação por ele, a indisponibilidade será convertida em penhora, sem necessidade de lavratura de termo. Nesse caso, o juiz determinará à instituição financeira depositária que, no prazo de vinte e quatro horas, transfira o montante bloqueado para conta judicial vinculada ao juízo da execução (CPC, art. 854, § 5º).

O atual Código, portanto, tornou a penhora *on-line* em ato complexo: primeiro procede-se à indisponibilidade do numerário; e somente após a defesa do executado é que se efetiva a penhora. Essa sistemática tem dupla função: *(i)* evitar que o executado se desfaça de suas aplicações financeiras, para evitar a penhora de suas contas correntes; *(ii)* permitir que

---

[20] STJ, 1ª T., AgInt no REsp 1.592.597/PR, Rel. Min. Napoleão Nunes Maia Filho, ac. 08.06.2020, *DJe* 17.06.2020.

[21] OLIVEIRA, Lauro Laertes de *et al*. Contributo à penhora de valores depositados em contas bancárias com emprego do Sisbajud, *cit.*, p. 299.

o executado demonstre, antes de realizada a constrição, o excesso da indisponibilização ou a impenhorabilidade desses valores.

O art. 854, em seu § 5º, deixa claro que, no caso da penhora *on-line*, não há lavratura de termo, operando-se automaticamente a conversão do bloqueio inicial na constrição definitiva. Isto, porém, não dispensa a certificação nos autos do fato determinante da conversão, seguindo-se a intimação do executado, a qual é obrigatória, nos termos do art. 841, para qualquer modalidade legal de penhora[22].

O retardamento injustificado na transferência do montante bloqueado para a conta judicial vinculada à execução, pode ser eventualmente causa de prejuízo ao credor, porque durante o atraso da diligência perde-se a remuneração própria do depósito judicial do numerário penhorado. Entretanto, não podendo ser a demora imputada ao devedor, mas a problemas do próprio serviço forense, incabível é a pretensão de exigir dele que arque com juros de mora e correção monetária pelo período em que o valor permaneceu bloqueado na conta do executado sem nenhuma atualização, conforme já decidiu o STJ[23].

XI – Pagamento da dívida

Se o executado realizar o pagamento da dívida, por qualquer outro meio, o juiz determinará, imediatamente, por sistema eletrônico gerido pela autoridade supervisora do sistema financeiro nacional, a notificação da instituição financeira para que, em até vinte e quatro horas, cancele a indisponibilidade (CPC, art. 854, § 6º).

Estabelece o Código que todas as transmissões das ordens de indisponibilidade, cancelamento ou penhora sejam realizadas por meio de sistema eletrônico gerido por autoridade supervisora do sistema financeiro nacional (CPC, art. 854, § 7º).

XII – Responsabilidade das instituições financeiras

As instituições financeiras desempenham importante papel de auxiliar o juízo na penhora *on-line*, na medida em que devem tornar indisponível o valor executado, transferir o numerário para conta vinculada ao juízo da execução, liberar o valor excessivo etc. E, com a finalidade de dar celeridade ao processo, o Código confere a elas prazo exíguo, de vinte e quatro horas, para cumprir as determinações judiciais.

É certo que o descumprimento da ordem judicial ou a sua execução de forma falha pode causar prejuízos ao exequente ou ao executado. Assim, o CPC/2015, no § 8º do art. 854, prevê a responsabilidade das instituições financeiras "pelos prejuízos causados ao executado em decorrência da indisponibilidade de ativos financeiros em valor superior ao indicado na execução ou pelo juiz, bem como na hipótese de não cancelamento da indisponibilidade no prazo de vinte e quatro horas, quando assim determinar o juiz". Trata-se de responsabilidade objetiva, que independe da verificação da culpa da instituição, sendo suficiente o excesso no valor indisponibilizado ou a demora no seu cancelamento.

---

[22] STJ, 3ª T., REsp 1.195.976/RN, Rel. Min. João Otávio de Noronha, ac. 20.02.2014, *DJe* 05.03.2014.

[23] "2. A demora de conversão, em depósito judicial vinculado, dos valores constritos pelo sistema de penhora on-line (Bacenjud/Sisbajud)) não pode ser imputada ao devedor-executado (art. 396 do CC/2022), pois, nesse cenário de retardo ao cumprimento da ordem judicial, incumbe à parte exequente apresentar requerimento - ou ao juízo promover diligências, de ofício - no afã de que se transfira o importe para conta bancária à disposição do processo.(AREsp n. 2.313.673/RJ, relator Ministro Benedito Gonçalves, Primeira Turma, julgado em 5/9/2023, *DJe* de 12/9/2023.) 3. Inaplicabilidade do Tema 677 do STJ por ausência de similitude fática e jurídica, configurando-se distinção (*distinguish*) entre os casos" (STJ, 3ª T., AgInt no REsp 1.763.569/RN, Rel. Min. Humberto Martins, ac. 27.05.2024, *DJe* 29.05.2024).

Embora o Código fale apenas do executado, é evidente que o exequente também pode sofrer prejuízos, mormente quando a demora no cumprimento da determinação judicial frustrar a execução. Destarte, também nessa hipótese é evidente a responsabilidade da instituição financeira, que encontra respaldo no Código Civil (art. 927, parágrafo único).

XIII – Remuneração da conta bancária judicial

A conta bancária judicial não transforma o banco em responsável integral pela atualização e remuneração do crédito exequendo, de maneira que, afinal, havendo diferença entre as taxas creditadas pela instituição depositária e aquelas previstas no título executivo, continuará o executado obrigado à complementação.

O STJ, por meio de recurso repetitivo, decidiu no sentido de que o depósito judicial por si só não afasta os efeitos da mora em que o devedor se acha incurso e, muito menos, os transfere para o depositário judicial:

> "Dessa maneira, considerando que o depósito judicial em garantia do Juízo – seja efetuado por iniciativa do devedor, seja decorrente de penhora de ativos financeiros – não implica imediata entrega do dinheiro ao credor, tampouco enseja quitação, não se opera a cessação da mora do devedor. Consequentemente, contra ele continuarão a correr os encargos previstos no título executivo, até que haja efetiva liberação em favor do credor"[24].

Por isso, se os índices de atualização e remuneração do depósito não cobrirem por inteiro a responsabilidade moratória do executado, este continuará sujeito ao pagamento da necessária complementação. No final da execução, o montante a ser levantado pelo credor será calculado respeitando a atualização e os juros, exatamente como previstos no título executivo. Deduzir-se-ão, porém, as verbas creditadas pelo banco na conta judicial a esse título. Enfim, o STJ alterou o teor do entendimento firmado no Tema 677, fixando-lhe a seguinte redação:

> "na execução, o depósito efetuado a título de garantia do juízo ou decorrente da penhora de ativos financeiros não isenta o devedor do pagamento dos consectários de sua mora, conforme previstos no título executivo, devendo-se, quando da efetiva entrega do dinheiro ao credor, deduzir do montante final devido o saldo da conta judicial"[25].

XIV – Penhora on-line de conta de partido político

O § 9º do art. 854 do CPC/2015 instituiu uma disciplina especial para a penhora de fundos bancários dos partidos políticos. Reconheceu autonomia da responsabilidade dos diversos órgãos de representação por meio dos quais o partido atua nas esferas municipal, estadual e nacional (Lei n. 9.096/1995, art. 15-A); e, em consequência disso, determinou que a penhora *on-line* ficasse restrita aos ativos financeiros existentes em nome do órgão que tenha contraído a dívida exequenda, ou, de qualquer forma, tenha dado causa à obrigação (violação de direito ou provocação de dano). Portanto, ao requisitar do Banco Central a indisponibilidade preparatória da penhora, o juiz deverá ficar atento, em primeiro lugar, à impenhorabilidade dos recursos originados do fundo partidário; e, em segundo lugar, à limitação da executividade apenas à conta bancária do órgão legalmente responsável pela dívida em execução.

XV – Penhora de moeda estrangeira

O Código Civil, em seus arts. 315 e 318,[26] veda o pagamento em moeda estrangeira, uma vez que a moeda nacional tem curso obrigatório. Assim, não se pode admitir a penhora de

---

[24] STJ, Corte Especial, REsp. 1.820.963/SP, Rel. Min. Nancy Andrighi, ac. 19.10.2022, DJe 16.12.2022.

[25] STJ, REsp. 1.820.963/SP, *cit*.

[26] "Art. 315. As dívidas em dinheiro deverão ser pagas no vencimento, em moeda corrente e pelo valor nominal, salvo o disposto nos artigos subsequentes. (...) Art. 318. São nulas as convenções de pagamento em ouro ou

moeda estrangeira, a não ser que ela seja convertida em dinheiro nacional por uma instituição financeira.[27]

268. IMPENHORABILIDADE DO SALDO BANCÁRIO

Se o saldo bancário for alimentado por vencimentos, salários, pensões, honorários e demais verbas alimentares arroladas no art. 833, IV, do CPC/2015, sua impenhorabilidade prevalecerá, não podendo o bloqueio subsistir, conforme ressalva o § 3º do art. 854.

Caberá ao executado, para se beneficiar da impenhorabilidade, o ônus da comprovação da origem alimentar do saldo. Na maioria das vezes, isto será facilmente apurável por meio do extrato da conta. Se os depósitos não estiverem claramente vinculados a fontes pagadoras, terá o executado de usar outros meios de prova para identificar a origem alimentar do saldo bancário.

Os embargos à execução servem de remédio processual para a desconstituição da penhora indevida (art. 917, II). Em se tratando, porém, de necessidade urgente de natureza alimentar, não é de descartar a possibilidade de antecipação de tutela, diante de prova inequívoca da origem do saldo bancário, que o torne impenhorável.

Dispondo o devedor de prova documental suficiente e pré-constituída, a liberação do depósito penhorado eletronicamente poderá ser pleiteada de forma incidental nos autos da execução, sem necessidade dos embargos. É que, sendo o caso de impenhorabilidade absoluta, a penhora que acaso a desrespeite incorre em "nulidade absoluta"; e invalidade desse jaez não preclui, nem exige ação especial para ser reconhecida e declarada, ou seja:

> "Em se tratando de nulidade absoluta, a exemplo do que se dá com os bens absolutamente impenhoráveis (CPC, art. 649) [CPC/2015, art. 833], prevalece o interesse de ordem pública, podendo ser ela arguida em qualquer fase ou momento, devendo inclusive ser apreciada de ofício".[28]

Vale dizer: ao executado é lícito arguir a impenhorabilidade absoluta do bem alcançado pela constrição judicial a todo tempo, "mediante simples petição e independentemente de apresentação de embargos à execução".[29] Desde que o faça no prazo de cinco dias da intimação da indisponibilidade de numerário em suas contas (art. 854, § 3º).

Dessa maneira, só há de se pensar em embargos, para invocar a impenhorabilidade do depósito prevista no § 3º do art. 854 em conjugação com o inc. IV do art. 833, quando o executado não dispuser de prova documental pré-constituída e, assim, depender de dilação probatória para demonstrar sua arguição por meio de elementos de convicção complexos.

De qualquer modo, "provada a impenhorabilidade, o juiz tem o dever de ordenar, urgente e eletronicamente, o desbloqueio da quantia penhorada de maneira indevida, tendo em conta o direito fundamental à igualdade no processo (arts. 5º, I, CRFB, e 125, I, CPC) [CPC/2015, art.

---

em moeda estrangeira, bem como para compensar a diferença entre o valor desta e o da moeda nacional, excetuados os casos previstos na legislação especial".

[27] BALZANO, Felice. A penhora *on-line* e o prazo dos embargos de terceiro. *Revista de Processo*, n. 252, São Paulo: RT, p. 172.

[28] STJ, 4ª T., REsp. 262.654/RS, Rel. Min. Sálvio de Figueiredo Teixeira, ac. 05/10/2000, *RT* 787/215. No mesmo sentido: STJ, 2ª T., REsp. 864.962/RS, Rel. Min. Mauro Campbell Marques, ac. 04.02.2010, *DJe* 18.02.2010.

[29] STJ, 4ª T., REsp. 443.131/PR, Rel. Min. Ruy Rosado de Aguiar, ac. 13.05.2005, *DJU* 04.08.2003, p. 311, apud Theotônio Negrão; José Roberto Ferreira Gouvêa. *Código de Processo Civil e legislação processual em vigor.* 39. ed. São Paulo: Saraiva, 2007, p. 820.

139, I]".³⁰ E a ordem deverá ser cumprida pela instituição financeira em vinte e quatro horas (art. 854, § 4º, CPC/2015). Se é pela via expedita da comunicação eletrônica que o exequente atinge o depósito bancário do devedor, haverá de ser, necessariamente, pela mesma via que o executado se livrará da constrição ilegítima.

A previsão do art. 833, X, de impenhorabilidade do saldo depositado em caderneta de poupança até o limite de quarenta salários mínimos tem sido estendida pela jurisprudência do STJ aos valores constantes de conta-corrente, fundos de investimento ou guardados em papel-moeda.³¹ Desse modo, o bloqueio pelo sistema *on-line*, contra pessoa física, deverá ser efetuado a partir de tal limite.

Convém ressaltar que a ressalva feita à penhorabilidade do saldo bancário não está restrita às verbas alimentares indicadas pelo inciso IV do art. 833. Também se consideram excluídas da penhora autorizada pelo art. 854 os depósitos representativos de verbas "impenhoráveis" (art. 854, § 3º, I). É o caso, *v.g.*, das importâncias descontadas na fonte e que se acham em depósito bancário aguardando a oportunidade de recolhimento em favor dos respectivos credores; ou que corresponde ao montante necessário para honrar a folha salarial da empresa; ou que, de maneira geral, represente o capital de giro indispensável à sobrevivência da empresa (v. adiante, o item n. 273).

Assim, o devedor empresário, por exemplo, poderá demonstrar que, no saldo bancário bloqueado, está todo o seu capital de giro (ou grande parte dele), de sorte que a sua penhora virá a impedir a solução de seus compromissos inadiáveis com a folha de pagamento dos empregados, com os recolhimentos dos tributos e encargos sociais do mês, com os fornecedores etc. Existindo outros bens penhoráveis, será o caso de preferi-los, para não inviabilizar a continuidade da empresa. Poder-se-á, entre outras penhoras, optar pela parte do faturamento, em proporção que não prive a empresa dos recursos necessários para mantê-la em funcionamento, segundo o regime previsto no art. 866 do atual Código; ou até mesmo poder-se-á dirigir a penhora para toda a empresa, dentro das cautelas do art. 862 do referido Código. Em face da função social atribuída à empresa, a execução haverá de preservá-la em atividade, sempre que possível, zelando assim pela realização forçada do direito do exequente pela maneira menos onerosa para o executado (CPC/2015, art. 805), e mais consentânea com o papel por ela desempenhado no meio social e econômico. De qualquer maneira, a impenhorabilidade, mesmo quando o depósito bancário é constituído por verbas de natureza alimentícia, não é absoluta. Se o titular da conta a transforma num veículo de entesouramento, o que ocorre quando vultosas somas são mantidas durante longo tempo na conta-corrente, e, principalmente, quando se tornam objeto de investimento em cadernetas de poupança ou outras aplicações financeiras, deixa o saldo de corresponder a recursos necessários à subsistência pessoal e familiar do titular. Em tais casos, desaparece a razão de ser da impenhorabilidade, já que o dinheiro recolhido à instituição financeira se torna uma simples parcela do patrimônio com que o devedor deve responder por suas obrigações.

269. PENHORA DE PARTE DO FATURAMENTO DA EMPRESA EXECUTADA

A jurisprudência, há algum tempo, vinha admitindo, com várias ressalvas, a possibilidade de a penhora incidir sobre parte do faturamento da empresa executada. A reforma do CPC

---

30 MARINONI, Luiz Guilherme; MITIDIERO, Daniel. *Código de Processo Civil Comentado artigo por artigo*. São Paulo: RT, 2008, p. 649, nota 5 ao art. 655-A. "Se o sistema *Bacen Jud* garante ao credor *celeridade* e *efetividade*, as mesmas garantias devem ser oferecidas ao devedor que prova ter sido a penhora realizada indevidamente" (CORREIA, André de Luizi. Em defesa da penhora *on-line*. *Revista de Processo*, v. 125, p. 148, jul/2005).

31 STJ, 2ª Seção, EREsp 1.330.567/RS, Rel. Min. Luis Felipe Salomão, ac. 10.12.2014, *DJe* 19.12.2014. No mesmo sentido: STJ, 2ª Seção, REsp 1.230.060/PR, Rel. Min. Maria Isabel Gallotti, ac. 13.08.2014, *DJe* 29.08.2014; STJ, 3ª T., REsp 1.624.431/SP, Rel. Min. Nancy Andrighi, ac. 01.12.2016, *DJe* 15.12.2016.

de 1973, realizada pela Lei n. 11.382/2006, e que criou o art. 655-A, normatizou em seu § 3º a orientação que predominava no Superior Tribunal[32].

A regra foi repetida pelo CPC/2015, que sistematizou essa penhora de forma um pouco mais detalhada em seu art. 866. Assim a penhora sobre parte do faturamento da empresa devedora é permitida, desde que, cumulativamente, se cumpram os seguintes requisitos:

   a) inexistência de outros bens penhoráveis, ou se existirem, sejam eles de difícil execução ou insuficientes a saldar o crédito exequendo;
   b) nomeação de depositário administrador com função de estabelecer um esquema de pagamento;
   c) o percentual fixado sobre o faturamento não pode inviabilizar o exercício da atividade empresarial.

A penhora de percentual do faturamento figura em décimo lugar na ordem de preferência do art. 835, de sorte que havendo bens livres de menor gradação não será o caso de recorrer à constrição da receita da empresa, que, sem maiores cautelas, pode comprometer o seu capital de giro e inviabilizar a continuidade de sua normal atividade econômica. É por isso que se impõe a nomeação de um depositário administrador que haverá de elaborar o plano de pagamento a ser submetido à apreciação e aprovação do juiz da execução[33]. Com isto, evita-se o comprometimento da solvabilidade da empresa executada[34].

O depositário não irá administrar a empresa, "cuja gestão subsiste íntegra", mas avaliará "qual o percentual do faturamento que, atendidas as despesas correntes, pode satisfazer o exequente, paulatinamente, sem prejuízo da atividade empresarial". Destarte, o principal dever do administrador-depositário será "o de transferir para conta vinculada em juízo a quantia mensal" estabelecida.[35]

Em outros termos, a penhora do faturamento, mesmo parcial, não pode ser indiscriminada e nunca se fará mediante simples ordem judicial para recolher determinado percentual em conta judicial, "sem se dar conta que, sem o seu capital de giro, para manter as suas atividades,

---

[32] STJ, 3ª T., REsp. 418.129/SP, Rel. Min. Nancy Andrighi, ac. 16.05.2002, *DJU* 24.06.2002, p. 302; STJ, 2ª T., REsp. 36.870/SP, Rel. Min. Hélio Mosimann, ac. 15.09.1993, *DJU* 25.10.1993, p. 22.480, *RSTJ* 56/338; STJ, 2ª T., REsp. 118.780/SP, Rel. Min. Hélio Mosimann, ac. 07.05.1998, *DJU* 15.06.1998, p. 102, *RSTJ* 109/107; STJ, 1ª T., AgRg nos EDcl no REsp 275.954/RJ, Rel. Min. Humberto Gomes de Barros, ac. 11/12/2001, *DJU* 04.03.2002, p. 189, *RT* 801/155; STJ, 2ª T., REsp. 728.911/SP, Rel. Min. Castro Meira, ac. 12.04.2005, *DJU* 06.06.2005, p. 308, *RT* 839/202.

[33] Admite-se a possibilidade de mais de uma penhora simultânea sobre o faturamento da mesma empresa, desde que o administrador zele pela preferência e limites observáveis: "A existência de mais de uma ordem de penhora sobre faturamento, proveniente de juízos diferentes, não inviabiliza a medida. Na sua execução, o administrador deverá observar a ordem de preferência para os pagamentos" (STJ, 3ª T., Ag 1.380.194/SC, Rel. Min. Nancy Andrighi, ac. 06.12.2011, *DJe* 16.12.2011).

[34] "A jurisprudência do Tribunal orienta-se no sentido de restringir a penhora sobre o faturamento da empresa a hipóteses excepcionais ... Mostra-se necessário, no entanto, que a penhora não comprometa a solvabilidade da devedora. Além disso, impõe-se a nomeação de administrador e a apresentação de plano de pagamento, nos termos do art. 678, parágrafo único, CPC [CPC/2015, art. 863, § 1º]" (STJ, 4ª T., REsp 286.326/RJ, Rel. Min. Sálvio de Figueiredo, ac. 15.02.2001, *DJU* 02.04.2001, p. 302). É, pois, inadmissível a penhora do faturamento "se não há nos autos informações sobre a tentativa de penhora de outros bens da empresa, restando descaracterizada a situação excepcionalíssima" (STJ, 1ªT., REsp. 628.406/BA, Rel. Min. Luiz Fux, ac. 11.05.2004, *DJU* 31.05.2004, p. 249).

[35] ASSIS, Araken de. *Manual da execução cit.*, n. 306, p. 992.

a empresa ou estabelecimento não tem a menor condição de sobreviver no mercado"[36]. Encontram-se na jurisprudência do STJ arbitramentos que vão de 5% até 30% da receita mensal da empresa executada[37].

É por isso que são rigorosas as exigências da lei para se adotar essa modalidade de penhora sem que destrua a possibilidade de continuar a vida empresarial do executado[38]. O fato de ter a lei a colocado no décimo posto da ordem de preferência revela bem a preocupação em que não seja confundida com a simples penhora de dinheiro, esta sim graduada no primeiro posto da referida ordem, com possibilidade de efetivação sumária e sem as cautelas do art. 866, § 2º. Daí por que, "apesar de possível a penhora sobre faturamento de sociedade empresária, a constrição deve-se dar de maneira excepcional e sem colocar em risco a existência da executada".[39] Em outros termos: "a penhora sobre o faturamento é medida excepcional, somente sendo admitida quando esgotados os esforços para localização de bens aptos a garantir a execução"[40].

O § 1º do art. 866 prevê, expressamente, que o juiz "fixará percentual que propicie a satisfação do crédito exequendo em tempo razoável, mas que não torne inviável o exercício da atividade empresarial"[41]. O "tempo razoável", obviamente, dependerá no valor da dívida e do seu faturamento mensal.

Mais recentemente, o STJ, por sua 1ª Seção, em julgamento de regime repetitivo, afastou a penhora de faturamento do âmbito da excepcionalidade, suprimindo a antiga exigência de esgotamento das diligências em busca de outros bens penhoráveis da empresa executada. Estabeleceram-se, então, quatro teses:

"I – A necessidade de esgotamento das diligências como requisito para a penhora de faturamento foi afastada após a reforma do CPC/1973 pela Lei 11.382/2006;

II – No regime do CPC/2015, a penhora de faturamento, listada em décimo lugar na ordem preferencial de bens passíveis de constrição judicial, poderá ser deferida após a demonstração da inexistência dos bens classificados em posição superior, ou, alternativamente, se houver constatação, pelo juiz, de que tais bens são de difícil alienação; finalmente, a constrição judicial sobre o faturamento empresarial poderá ocorrer sem a observância da ordem de classificação estabelecida em lei, se a autoridade judicial, conforme as circunstâncias do caso concreto, assim o entender (art. 835, § 1º, do CPC/2015), justificando-a por decisão devidamente fundamentada;

---

[36] ALVIM, J. E. Carreira; CABRAL, Luciana G. Carreira Alvim. *Nova execução de título extrajudicial. Comentários à Lei 11.382/2006*. Curitiba: Juruá, 2ª tiragem, 2007, p. 94.

[37] STJ, 1ª T., REsp 515.208/RS, Rel. Min. Luiz Fux, ac. 20.11.2003, *DJU* 17.05.2004, p. 120; STJ, 3ª T., REsp 782.901/SP, Rel. Min. Nancy Andrighi, ac. 27.05.2008, *DJe* 20.06.2008; STJ, 2ª T., REsp 287.603/PR, Rel. Min. Francisco Peçanha Martins, ac. 01.04.2003, *DJU* 26.05.2003, p. 304.

[38] "A penhora de renda ou faturamento da empresa, sem a observância das formalidades processuais, configura um 'confisco', pois retira o capital de giro da empresa para colocá-lo, até que se ultime a execução, numa conta judicial ... Este o motivo pelo qual tal 'penhora' não satisfaz as exigências legais, nem constitucionais, pois atinge a renda ou faturamento (capital de giro) da empresa no falso suposto de estar atingindo o dinheiro". (CARREIRA ALVIM e CABRAL, Luciana Alvim. *Op. cit.*, p. 95).

[39] STJ, 3ªT., AgRg no EDcl no REsp. 1.281.500/SP, Rel. Min. Paulo de Tarso Sanseverino, ac, 05.03.2013, *DJe* 03.04.2013. No mesmo sentido: TRF, 2ª Região, AI 0016322-49.2013.4.02.000, 3ª T. Esp., Rel. Des. Lana Regueira, *DJEF* 09.11.2015.

[40] STJ, 4ª T., REsp 1.057.076/MA, Rel. Min. Maria Isabel Gallotti, ac. 07.12.2017, *DJe* 15.12.2017.

[41] "Em se tratando de concessionária, a penhora não pode comprometer o desenvolvimento de serviço público essencial. Hipótese em que foram recusados, sem fundamentação, bens imóveis nomeados à penhora e determinado o bloqueio irrestrito e imediato levantamento em prol da exequente de valores em todas as contas da concessionária, vinculadas ao desenvolvimento do serviço público" (STJ, REsp 1.057.076, *cit.*).

III – A penhora de faturamento não pode ser equiparada à constrição sobre dinheiro;

IV – Na aplicação do princípio da menor onerosidade (art. 805, parágrafo único, do CPC/2015; art. 620 do CPC/1973): a) autoridade judicial deverá estabelecer percentual que não inviabilize o prosseguimento das atividades empresariais; e b) a decisão deve se reportar aos elementos probatórios concretos trazidos pelo devedor, não sendo lícito à autoridade judicial empregar o referido princípio em abstrato ou com base em simples alegações genéricas do executado"[42].

A 3ª Turma do STJ, em acórdão isolado, decidiu que a penhora de percentual de créditos futuros, certos e determinados,[43] em execução contra o sacador, não se enquadraria nas regras da penhora de "faturamento" (art. 835, X), mas nas de penhora de "crédito" (arts. 855 a 860). Não se tratando de penhora de "féria diária de um estabelecimento", em que se atingem "todas as receitas empresariais, sem que haja uma individualização de qualquer crédito", entendeu o aresto que não se poderia pensar em penhora de faturamento e, assim, não haveria lugar para a observância das cautelas preconizadas pelo art. 866. Em vez de nomear-se o administrador para elaboração do plano de apropriação das verbas, a penhora haveria de ser feita pela singela "intimação do terceiro *debitor debitoris*".[44]

A diferença entre faturamento na "boca do caixa" e faturamento por meio de "títulos ou duplicatas" é, *data venia*, insustentável. Faturamento, segundo noção elementar de contabilidade, equivale à "receita bruta das vendas de mercadorias e serviços e de mercadorias e serviços de qualquer natureza, das empresas públicas e privadas" (Dec.-lei n. 2.397/1987, art. 22). Não é diferente o sentido léxico do termo: "*faturamento* é o ato ou efeito de faturar", ou seja, de relacionar "mercadorias, com os respectivos preços, vendidas a uma pessoa ou firma".[45]

Faturamento, portanto, é sinônimo de receita obtida pelo empresário com a venda, no mercado de seus produtos ou serviços. É irrelevante, para tanto, que as vendas sejam no balcão, a distância, à vista ou a prazo, mediante expedição de título de saque, ou sem título algum. É com o faturamento que o empresário mantém o capital de giro indispensável à manutenção do seu estabelecimento e ao cumprimento de suas obrigações passivas inadiáveis.

É por isso que a lei não consente na penhora de parte do faturamento sem que se verifique, previamente, a capacidade de pagamento do executado, seja a receita líquida em caixa, seja aquela faturada para pagamento futuro.

A maioria das grandes empresas nem mesmo tem uma "boca de caixa" significativa, visto que seus fornecimentos correspondem, em regra, a vendas a prazo. Penhorar, portanto, indiscriminadamente suas duplicatas equivalerá a desorganizar-lhe o giro financeiro, em detrimento das prioridades de compromissos e obrigações preferenciais. Daí a necessidade de cumprirem-se as cautelas do art. 866, §§ 1º e 2º, tanto nas penhoras de "boca de caixa" como naquelas que atingem as duplicatas e faturas de vendas a prazo.

---

[42] STJ, 1ª Seção, REsp 1.666.542/SP, Recurso repetitivo, Rel. Min. Herman Benjamin, ac. 18.04.2024, *DJe* 09.05.2024, Tema 769. Esclareceu o voto do Relator que "a penhora sobre o faturamento, atualmente, perdeu o atributo da excepcionalidade, pois concedeu-se literalmente à autoridade judicial o poder de – respeitada, em regra, a preferência do dinheiro – desconsiderar a ordem estabelecida no art. 835 do CPC e permitir a constrição do faturamento empresarial, de acordo com as circunstâncias do caso concreto (que deverão ser objeto de adequada fundamentação do juiz)". No mesmo sentido: STJ, 1ª Seção, REsp 1.835.864/SP, Rel. Min. Herman Benjamin, ac. 18.04.2024, *DJe* 09.05.2024.

[43] O caso correspondia à constrição de 5% de certo fornecimento que periodicamente cabiam à cliente da empresa executada (STJ, 3ª T., REsp. 1.035.510/RJ, Rel. Min. Nancy Andrighi, ac. 02.09.2008, *DJe* 16.09.2008).

[44] "Dispensa-se, nessa circunstância, a nomeação de administrador, figura necessária e indispensável para a penhora sobre o faturamento, que exige rigoroso controle sobre a boca do caixa, o que não é, evidentemente, a hipótese" (STJ, 3ª T., REsp. 1.035.510/RJ, cit. trecho da ementa).

[45] *Dicionário Houaiss da Língua Portuguesa*. Verbetes "faturamento" e "fatura", p. 1.313.

Da mesma forma, entende o STJ que "a penhora das vendas efetuadas por meio de cartão de crédito e de débito implica, na realidade, em verdadeira penhora sobre o faturamento da empresa, que deve obedecer maior rigor, devendo ser determinada apenas se frustradas todas as tentativas de localização de bens pela exequente".[46]

270. EFETIVAÇÃO DO ESQUEMA DE APROPRIAÇÃO DAS PARCELAS DO FATURAMENTO

Prevê o § 2º do art. 866 do CPC/2015 que o administrador-depositário procederá à prestação de contas mensalmente, "entregando em juízo as quantias recebidas, com os respectivos balancetes mensais, a fim de serem imputadas no pagamento da dívida". Essa entrega *pro soluto*, porém, só será cabível se a execução não estiver suspensa por embargos ou não estiver sendo afetada por recurso processado com efeito suspensivo. Em tais circunstâncias, as importâncias arrecadadas mensalmente pelo depositário serão recolhidas em depósito judicial e assim permanecerão até que se tenha condição jurídica de liberá-las em favor do exequente.

O administrador-depositário exercerá uma intervenção parcial na gestão da empresa, durante o cumprimento do esquema judicial de pagamento.[47] Tomará providências para recolher as importâncias deduzidas do caixa da empresa, ou descontadas da conta bancária de cobrança das duplicatas. Poderá, até mesmo, encarregar-se da cobrança dos títulos correspondentes ao percentual do faturamento penhorado. O esquema de pagamento poderá explicitar, caso a caso, a forma adequada de apropriação das parcelas estabelecidas.

De qualquer maneira, quando a execução estiver se desenvolvendo em caráter definitivo e sem qualquer embaraço à apropriação de seu produto pelo exequente, o próprio administrador-depositário, em seguida à prestação mensal de contas em juízo, cuidará de repassar ao exequente as quantias recebidas, para imputação no pagamento da dívida ajuizada.

Trata-se, como se vê, de pagamento parcelado do débito, mediante o depósito mensal de valores do faturamento.

É importante ressaltar que o CPC/2015 determina que o juiz fixe o percentual da penhora que propicie a satisfação do crédito em tempo razoável, mas que não torne inviável o exercício da atividade empresarial (art. 866, § 1º)[48]. O Código, destarte, busca harmonizar o princípio da celeridade processual com o da preservação da empresa.

Por fim, o § 3º do art. 866 determina que se apliquem, no que couber, o disposto quanto ao regime de penhora de frutos e rendimentos de coisa móvel e imóvel à penhora de percentual de faturamento de empresa.

271. PENHORA *ON-LINE* E PRESERVAÇÃO DO CAPITAL DE GIRO DA EMPRESA

Embora o dinheiro esteja em primeiro lugar na escala de preferência para a penhora, não se pode ignorar que o depósito bancário normalmente recolhe o capital de giro, sem o qual não se viabiliza o exercício da atividade empresarial do devedor.

---

[46] STJ, 2ª T., AgRg no AREsp. 385.525, Rel. Min. Assusete Magalhães, ac. 19.03.2015, *DJe* 26.03.2015. No mesmo sentido: STJ, 2ª T., REsp. 1.408.367/SC, Rel. Min. Herman Benjamin, ac. 25.11.2014, *DJe* 16.12.2014; STJ, 1ª T., MC 23.968/SP, Rel. Min. Napoleão Nunes Maia Filho, ac. 20.08.2015, *DJe* 31.08.2015.

[47] Nesse sentido, também, a lição de MEDINA, José Miguel Garcia. *Direito Processual Civil Moderno cit.*, p. 1146.

[48] STJ, 3ª T., REsp 866.382/RJ, Rel. Min. Nancy Andrighi, ac. 11.11.2008, *DJe* 26.11.2008; STJ, 2ª T., AgRg no AREsp 15.658/PR, Rel. Min. Castro Meira, ac. 23.08.2011, *DJe* 30.08.2011; STJ, 1ª T., AgRg no AREsp 242.970/PR, Rel. Min. Benedito Gonçalves, ac. 13.11.2012, *DJe* 22.11.2012; STJ, 1ª T., REsp 1.331.670/MG, Rel. Min. Benedito Gonçalves, ac. 27.08.2013, *DJe* 03.09.2013.

Assim, da mesma forma que a penhora do faturamento não pode absorver o capital de giro, sob pena de levar a empresa à insolvência e à inatividade econômica, também a constrição indiscriminada do saldo bancário pode anular o exercício da atividade empresarial do executado. Por isso, lícito lhe será impedir ou limitar a penhora sobre a conta bancária, demonstrando que sua solvabilidade não pode prescindir dos recursos líquidos sob custódia da instituição financeira.

Essa objeção dependerá da demonstração da existência de outros bens livres para suportar a penhora sem comprometer a eficiência da execução.

A penhora sobre saldos bancários do executado pode não abalar a atividade das empresas sólidas e de grande porte. Representa, no entanto, a ruína de pequenas empresas que só contam com os modestos recursos da conta corrente bancária para honrar os compromissos inadiáveis e preferenciais junto ao fisco, aos empregados e aos fornecedores. Reclama-se, portanto, do Judiciário, a necessária prudência na penhora prevista no art. 866 do CPC/2015.

Tratando-se da mais onerosa das formas de penhora, sempre que o executado sentir-se abalado no capital de giro de sua empresa pela constrição do saldo bancário terá direito à substituição por outro bem, que seja suficiente para manter a liquidez da execução e que torne menos gravosa a execução, tal como se acha autorizado no art. 847. O requerimento deverá ser apresentado nos dez dias subsequentes à intimação da penhora e terá de ser apreciado pelo juiz à luz da regra do art. 805, onde se dispõe que o juiz ordenará que a execução se faça pelo "modo menos gravoso para o executado", sempre que haja mais de um meio de promovê-la. É bom lembrar, ainda, que o fato de o dinheiro figurar no primeiro lugar da ordem de preferência para a penhora não impede a substituição quando requerida nos moldes do art. 847, pela razão de que a gradação legal não é absoluta, segundo os próprios termos do art. 835, e o direito de substituição não se condiciona à referida ordem de preferência.

Para o STJ, não basta a falta de nomeação de bens pelo executado, para que se dê automaticamente a penhora *on-line*. Muitas vezes "é necessário exaurir todos os meios de levantamento de dados na via extrajudicial (art. 185-A do CTN). Outrossim, no caso, foi oferecida garantia de fiança bancária pela executada, *ex vi* do art. 15, I, da Lei n. 6.830/1980. Precedentes citados: AgRg no REsp 779.128-RS, *DJ* 01.08.2008; REsp 824.488-RS, *DJ* 18.05.2006; REsp 660.288-RJ, *DJ* 10.10.2005, e REsp 849.757-RJ, *DJ* 20.11.2006."[49]

Embora o dinheiro ocupe o primeiro lugar na gradação de preferência para a penhora, não se pode deixar de ponderar que a constrição indiscriminada do saldo bancário pode, em regra, acarretar sérios problemas à gestão da empresa devedora. Por isso, a jurisprudência aconselha prudência na sua aplicação; e a regra constante do art. 847 do CPC/2015 pode ser invocada para substituir a quantia penhorada por outro bem menos oneroso, desde que não acarrete prejuízo para o exequente, segundo o princípio geral de que a execução deve ser efetuada pelo modo menos gravoso para o devedor (CPC/2015, art. 805)[50]. Também, a jurisprudência tem resistido à penhora *on-line* praticada de forma abrupta, em processo em que o executado nem sequer chegou a ser integrado à relação processual, pela regular citação. Para respeitar-se o devido processo legal e garantia do contraditório e ampla defesa, o STJ já decidiu que não se deve usar o bloqueio de contas bancárias para fins de penhora antes que essa medida executiva se torne

---

[49] STJ, 2ª T., REsp. 1.067.630/RJ, Rel. Min. Humberto Martins, ac. 23.09.2008, *DJe* 04.11.2008.

[50] "2. A penhora em saldo bancário do devedor equivale à penhora sobre dinheiro. 3. Somente em situações excepcionais e devidamente fundamentadas é que se admite a especial forma de constrição" (STJ, 1ª Seção, EREsp 791.231/SP, Rel. Min. Eliana Calmon, ac. 26.03.2008, *DJe* 07.04.2008).

processualmente cabível, o que só se dá depois que o devedor já tenha sido regularmente citado (CPC/2015, art. 829, § 1º)[51].

Mesmo não se considerando obrigatória a pesquisa de outros bens penhoráveis para efetuar a constrição do saldo bancário, visto que o dinheiro se coloca no primeiro grau de escala de preferência legal, a jurisprudência do STJ é no sentido de harmonizar o art. 835 com o art. 805, *in verbis*: "Embora não tenha força para, por si só, comprometer a ordem legal de nomeação e substituição dos bens à penhora estabelecida no art. 655 do Código de Processo Civil [CPC/2015, art. 835], o princípio da menor onerosidade (art. 620 do CPC) [CPC/2015, art. 805] pode, em determinadas situações específicas, ser invocado para relativizar seu rigorismo, amoldando-o às peculiaridades do caso concreto".[52]

É inegável que, em nosso direito positivo, vigora o princípio de raízes constitucionais, segundo o qual cabe à empresa uma função social relevante. Por isso, a penhora, em regra, não deve comprometer o capital de giro, cuja falta conduz a empresa a imediato aniquilamento. É que a constrição do saldo bancário, sem maiores cautelas, pode, não raras vezes, se transformar no bloqueio do capital de giro, com supressão da possibilidade de manter-se a empresa em atividade. É preciso, nessa perspectiva, utilizar com parcimônia e adequação a penhora *on-line*, fazendo prevalecer, sempre que necessário, o princípio, de grande relevância no ordenamento jurídico, da "preservação da empresa",[53] com o qual se harmoniza também o princípio da menor onerosidade, destacado pelo art. 805.

Dando correta aplicação ao princípio da menor onerosidade, o STJ assentou não ser possível a rejeição da fiança bancária, apenas por existir numerário disponível na conta da empresa executada, para ensejar a penhora *on-line*. É que, aduziu o aresto, a própria lei prevê a faculdade, reconhecida em favor do devedor, de substituir a penhora por "fiança bancária ou seguro garantia judicial, em valor não inferior ao débito, mais 30% (trinta por cento)" (art. 848, parágrafo único). Ponderou ainda o acórdão sobre a inconveniência da recusa de substituição da penhora por fiança bancária, argumentando que "a paralisação de recursos, em conta corrente, superiores a R$ 1.000.000,00 gera severos prejuízos a qualquer empresa que atue em ambiente competitivo"[54].

272. EQUIPARAÇÃO DA PENHORA DE MÃO PRÓPRIA À PENHORA DE DINHEIRO

Penhora de *mão própria* é aquela que recai sobre crédito que o executado possui frente ao próprio exequente. Não há no Código uma referência textual a essa modalidade de garantia, mas o STJ já decidiu que ela é possível segundo a previsão genérica do art. 855, II, do CPC/2015, relativa à penhorabilidade dos créditos do executado. A peculiaridade, de tal hipótese, é que o devedor da obrigação penhorada é o próprio exequente.

---

[51] "... apenas o executado validamente citado que não pagar e nem nomear bens à penhora é que poderá ter seus ativos financeiros indisponibilizados por meio do Bacen-Jud. Uma das bases do Estado Democrático de Direito é a de que a lei é imposta contra todos, e a Fazenda Pública não foge a essa regra. É inadmissível indisponibilizar bens do executado sem nem mesmo citá-lo, sob pena de violação ao princípio do devido processo legal." (STJ, 1ª T, REsp 1.044.823-PR, Rel. Min. Francisco Falcão, j. 02.09.2008, *DJe* 15.09.2008).

[52] STJ, 1ª T., REsp. 741.507/RS, Rel. Min. Teori Zavascki, 02.10.2008, *DJe* 17.02.2008.

[53] É esse princípio o que por exemplo, desacolhe a pretensão de obter o decreto de falência quando o pedido se refere a créditos de valor insignificante (STJ, 3ª T., REsp. n. 870.509/SP, Rela Min. Nancy Andrighi, ac. 17.02.2009, *DJe* 04.08.2009).

[54] STJ, 3ª T., REsp 1.116.647/ES, Rela. Min. Nancy Andrighi, ac. 15.3.2011, *DJe* 25.3.2011 ("Recurso especial parcialmente conhecido e, nessa parte, provido para o fim de autorizar o oferecimento de Carta de Fiança pelo devedor, desde que esta cubra a integralidade do débito mais 30%").

Para que se viabilize essa penhora especialíssima, a jurisprudência em causa, exige que ambos os créditos (*i. e.*, o do exequente e o do executado) sejam certos, líquidos e exigíveis, situação em que, "mais do que a garantia do juízo, haverá a compensação *ope legis,* até o limite do crédito do executado frente ao exequente"[55].

Entende o STJ que, na gradação legal de preferência para a penhora, o objeto da penhora de mão própria deve ser incluído no mesmo grau do dinheiro. Isto porque, com a força de gerar a compensação e a extinção do crédito exequendo, a obrigação constrita ostenta liquidez igual ao dinheiro, se se tem em mira o objetivo da execução por quantia certa.

Com efeito, "se a compensação opera-se automaticamente, dispensando até mesmo a necessidade de conversão em moeda, conclui-se que essa forma de garantia do juízo é a mais eficaz e célere, indo ao encontro dos princípios constitucionais da economia processual e da razoável duração do processo, bem como da execução pelo modo menos gravoso para o devedor"[56].

273. PENHORA DE BEM INDIVISÍVEL E PRESERVAÇÃO DA COTA DO CÔNJUGE OU COPROPRIETÁRIO NÃO DEVEDOR

Na constância do casamento, os bens da comunhão não respondem, além da meação, pelas dívidas contraídas individualmente por um dos cônjuges, a não ser quando reverterem na cobertura dos encargos da família, das despesas de administração dos próprios bens comuns, ou as decorrentes de imposição legal (CC, art. 1.664). É em razão disso que se confere o remédio dos embargos de terceiro ao cônjuge, para livrar sua meação da penhora quando, em tais circunstâncias, a execução de dívida do outro consorte recair sobre bem comum do casal (CPC/2015, art. 674, § 2º, I).

Discutia-se, na jurisprudência, sobre a forma de excluir da penhora a meação do cônjuge não devedor ou não responsável pela dívida exequenda.

A Lei n. 11.382/2006, à época do CPC de 1973, optou pela corrente que preconizava a penhora sobre a totalidade do bem comum, devendo a meação ser excluída sobre o produto apurado na expropriação executiva. Justificou-se a medida diante da constatação da reduzida liquidez representada pela alienação judicial de simples cota ideal de bem comum. É evidente o quase nenhum interesse despertado entre os possíveis licitantes numa hasta pública em tais condições; e quando algum raro interessado aparece só o faz para oferecer preço muito inferior àquele que se apuraria na alienação total do bem. Justo era, portanto, que a expropriação incidisse sobre o bem por inteiro, para afinal restituir ao cônjuge não devedor a parcela do produto apurado que corresponda à sua meação.

A norma foi conservada pelo CPC/2015, porém, de forma ampliada. Isto porque o art. 843 abrange também *qualquer coproprietário*, não se limitando apenas ao cônjuge. Em qualquer caso, destarte, o bem indivisível será vendido por inteiro, reservando-se o equivalente à quota-parte do cônjuge ou do coproprietário sobre o produto da alienação.[57]

---

[55] STJ, 3ª T., REsp 829.583/RJ, Rela. Min. Nancy Andrighi, ac. 03.09.2009, *DJe* 30.09.2009.

[56] STJ, REsp. 829.583/RJ, *cit.*

[57] "(...) 4. Sob o novo quadro normativo, é autorizada a alienação judicial do bem indivisível, em sua integralidade, em qualquer hipótese de copropriedade. Ademais, resguarda-se ao coproprietário alheio à execução o direito de preferência na arrematação do bem ou, caso não o queira, a compensação financeira pela sua quota-parte, agora apurada segundo o valor da avaliação, não mais sobre o preço obtido na alienação judicial (art. 843 do CPC/15). 5. Nesse novo regramento, a oposição de embargos de terceiro pelo cônjuge ou coproprietário que não seja devedor nem responsável pelo adimplemento da obrigação se tornou despicienda, na medida em que a lei os confere proteção automática. Basta, de fato, que sejam oportunamente intimados da penhora e da alienação judicial, na forma dos arts. 799, 842 e 889 do CPC/15, a fim de que lhes seja oportunizada a manifestação no processo, em respeito aos postulados do devido processo legal e do contraditório" (STJ, 3ª T., REsp 1.818.926/DF, Rel. Min. Nancy Andrighi, ac. 13.04.2021, *DJe* 15.04.2021).

A penhora, na verdade, não vai além da quota ideal do executado. O imóvel é alienado judicialmente por inteiro, como meio de liquidar a quota penhorada. Mas essa venda, de maneira alguma, poderá afetar a quota do condômino não devedor. Por isso, o § 2º do art. 843 defende o direito real deste, não permitindo que a expropriação por preço menor que o da avaliação prejudique o valor de sua quota ideal. Não se deferirá, portanto, a arrematação por preço que não assegure ao coproprietário "o correspondente à sua quota parte calculado sobre o valor da avaliação".

Outra novidade trazida pelo Código é o direito de preferência do cônjuge ou coproprietário não executado na arrematação do bem, em igualdade de condições (art. 843, § 1º). A norma está em consonância com o Código Civil que prevê o direito de preferência do condômino perante terceiros na alienação do bem indivisível (CC, art. 1.322).

No atual regramento da penhora sobre quota de bem indivisível, a oposição de embargos de terceiro pelo cônjuge ou coproprietário que não seja devedor nem responsável pelo adimplemento da obrigação se tornou despicienda, na medida em que a lei os confere proteção automática. É necessário, todavia, que os interesses do terceiro condômino sejam resguardados por meio de oportuna intimação da penhora e da alienação judicial, "na forma dos arts. 799, 842 e 889 do CPC/2015, a fim de que lhes seja oportunizada a manifestação no processo, em respeito aos postulados do devido processo legal e do contraditório"[58]. Observe-se que não basta a intimação às vésperas da arrematação (art. 889), pois o direito do condômino envolve a apuração do preço justo da expropriação (art. 843, § 2º), que se dá por meio da avaliação judicial, fato anterior à colocação do bem penhorado em leilão. É necessário, pois, que lhe seja assegurado o acompanhamento do processo desde então[59].

É importante ressaltar que o art. 843, § 2º, não impede propriamente a alienação do bem indivisível por preço inferior à avaliação. Veda, isto sim, que a arrematação ocorra por preço que não assegure o valor da quota ideal do terceiro condômino fixado com base na avaliação judicial do bem penhorado. Se o preço apurado for menor, a garantia do coproprietário não devedor é a de que terá ele direito ao ressarcimento integral de sua fração dentro dos parâmetros da avaliação judicial. O exequente terá de se contentar com o que sobejar à satisfação do terceiro condômino, e se o ressarcimento deste absorver a totalidade ou a quase totalidade

---

[58] STJ, 3ª T., REsp 1.818.926/DF, Rel. Min. Nancy Andrighi, ac. 13.04.2021, *DJe* 15.04.2021. No teor do acórdão fixaram-se os critérios da interpretação do art. 843 e parágrafos, do atual CPC, que resumidamente são os seguintes: *(a)* embora a alienação judicial deva alcançar a totalidade do imóvel, a penhora se restringirá à quota ideal do executado, porque de fato a responsabilidade patrimonial atuada executivamente é apenas deste; *(b)* o bem indivisível, no entanto, será alienado por inteiro; *(c)* ao coproprietário que não é parte da execução é assegurada a participação no produto da arrematação equivalente a sua quota condominial nos termos do § 2º do art. 843; *(d)* essa proteção é automática, não havendo necessidade de manejo dos embargos de terceiro, mas a intimação prévia do condômino não devedor é indispensável, nos moldes dos arts. 799, 842 e 889 do CPC.

[59] "... o referido coproprietário do bem indivisível, cuja fração ideal foi penhorada, embora na condição de terceiro juridicamente interessado, tem necessariamente que ser intimado da realização da penhora, tão logo ela seja determinada pelo órgão judicial. Assim, o coproprietário estranho à execução, caso queira, poderá acompanhar e se manifestar oportunamente e influenciar o convencimento das partes integrantes do processo e do próprio julgador, por exemplo: *(a)* sobre o cabimento ou não da penhora e os demais e subsequentes atos processuais; *(b)* a respeito da avaliação do bem (art. 873, I, CPC/2015) ..." (BENNESBY, Melvin. Notas sobre a expropriação forçada de bem indivisível também pertencente ao terceiro coproprietário não devedor – art. 843 do CPC/2015. In: NASCIMENTO FILHO, Firly; FERREIRA, Márcio Vieira Souto Costa; BENEDUZI, Renato (coords.). *Estudos em homenagem a Sérgio Bermudes*. Rio de Janeiro: GZ Editora, 2023, p. 576-577). Sem falar nas questões eventuais sobre a indivisibilidade, a impenhorabilidade, como no caso do bem de família, a existência de outro bem livre e desembaraçado do executado em condição de responder pela execução etc.

do referido preço, ter-se-á uma execução inútil para o credor (art. 836)[60]. O caso será de uma execução frustrada, visto que não se pode levar adiante aquela em que o produto esperado da penhora evidentemente não tem condições nem mesmo de amortecer razoavelmente o crédito exequendo. A solução será o cancelamento da arrematação e a suspensão do processo até que outro bem exequível do devedor seja encontrado para viabilizar a retomada de curso da execução até então frustrada.

274. PENHORA DE AÇÕES E QUOTAS SOCIAIS

I – Procedimento

Muito se discutiu no passado sobre a penhorabilidade das quotas sociais. Quanto às ações de sociedades anônimas, nunca houve dúvida, mas acerca das participações em sociedades de pessoas, especialmente nas limitadas, sempre se verificou resistência a admitir sua penhorabilidade.

A polêmica restou totalmente superada depois que a Lei n. 11.382/2006 deu nova redação ao inciso VI do art. 655 do CPC/1973, para prever,[61] de forma expressa, a penhora das quotas de sociedades empresárias em paridade com as ações das sociedades anônimas.

O CPC/2015 manteve-se na mesma linha do Código anterior e trouxe como novidade o estabelecimento de procedimento específico para a realização dessa penhora, descrito no art. 861:

II – Diligências a serem adotadas pela sociedade após a penhora

Penhoradas as quotas ou as ações de sócio em sociedades personificadas (simples ou empresárias), o juiz assinará um prazo razoável, não superior a três meses, para que a sociedade proceda às seguintes diligências: *(i)* apresente balanço especial, na forma da lei; *(ii)* ofereça as quotas ou as ações aos demais sócios, observado o direito de preferência legal ou contratual; e *(iii)* não havendo interesse dos sócios na aquisição das ações, proceda à liquidação das quotas ou das ações, depositando em juízo o valor apurado, em dinheiro (art. 861, *caput*).

Como se vê, o CPC/2015 preocupa-se com a *affectio societatis*, na medida em que garante aos sócios a preferência na alienação das quotas ou ações. Da mesma forma, permite que a sociedade evite a liquidação das quotas ou das ações, adquirindo-as sem redução do capital social e com utilização de reservas, para manutenção em tesouraria (§ 1º).

A avaliação das cotas pela sociedade deve ser feita tomando por base o valor patrimonial, ou seja, o patrimônio líquido acumulado pela empresa, até a data-base do balanço (balanço de determinação).[62] Nessa modalidade, conforme a lição de Fábio Ulhoa Coelho: "realiza-se simulação para o cálculo do patrimônio líquido da sociedade na qual (i) se atribui aos bens e direitos da sociedade, tangíveis ou intangíveis, os valores de mercado na data-base do balanço (ou seja, quanto a sociedade receberia se alienasse todos esses bens e direitos); (ii) se pagam todas as dívidas pendentes; (iii) se cobram todos os créditos; (iv) se quantifica qual seria o patrimônio líquido da sociedade, caso houvesse a sua dissolução total".[63]

---

[60] Não havendo parcela sobejada do valor apurado judicialmente a ser entregue ao exequente, "a execução, ocorrida até ali, terá sido ao menos para ele, inútil" (BENNESBY, Melvin. *Op. cit.*, p. 587).

[61] CPC/2015, art. 835, IX.

[62] MONTEIRO FILHO, Ralpho Waldo de Barros. Penhora de quotas sociais. *In*: ASSIS, Araken de; BRUSCHI, Gilberto Gomes (coords.). *Processo de execução e cumprimento de sentença*. 2. ed. São Paulo: RT, 2022, vol. 1, p. 711.

[63] COELHO, Fábio Ulhoa. A ação de dissolução parcial de sociedade. *Revista de Informação Legislativa*. Brasília: Senado Federal, ano 48, n. 190, p. 147, abr.-jun./2011.

III – Liquidação das quotas ou ações

Caso ocorra a liquidação das quotas ou ações, para depósito em juízo do valor apurado, o juiz poderá, a requerimento do exequente ou da sociedade, nomear administrador, que deverá submeter à aprovação judicial a forma de liquidação (§ 3º).

O depositário poderá administrar as ações e quotas penhoradas, recolhendo os dividendos e lucros distribuídos à ordem judicial e evitando manobras que possam fraudar os direitos societários constritos. Não lhe cabe, porém, o direito de voto nas assembleias da pessoa jurídica. O depósito gerado pela penhora não é translativo da propriedade das ações, fenômeno que somente acontecerá, no processo executivo, quando ocorrer o ato expropriatório (arrematação, adjudicação etc.). Daí por que a penhora não suspende o direito de voto conservado pelo sócio, enquanto não consumada a expropriação executiva.[64]

IV – Prazo para cumprimento das diligências

O *caput* do art. 861 prevê que o juiz deve fixar prazo, não superior a três meses, para que a sociedade tome as medidas necessárias para depositar o valor das quotas ou ações penhoradas. Entretanto, esse prazo poderá ser ampliado pelo juiz, se o pagamento das quotas ou das ações liquidadas: *(i)* superar o valor do saldo de lucros ou reservas, exceto a legal, e sem diminuição do capital social, ou por doação; *(ii)* colocar em risco a estabilidade financeira da sociedade (§ 4º).

Essa flexibilização do prazo, contudo, deve ser feita pelo juiz levando-se em conta alguns critérios: *(i)* efetividade da execução; *(ii)* garantia do contraditório e da ampla defesa; *(iii)* prestígio do princípio da preservação da empresa; *(iv)* fundamentação das decisões.[65]

V – Leilão judicial das quotas ou das ações

Como se viu, o CPC/2015 privilegiou a *affectio societatis*, de modo que somente permite o leilão judicial das quotas ou ações da sociedade se não forem elas adquiridas por seus sócios ou pela própria empresa (§ 5º). Nesse caso, se a liquidação das quotas ou ações for excessivamente onerosa para a sociedade, o juiz determinará o leilão judicial.

VI – Procedimento para as sociedades anônimas de capital aberto

As sociedades anônimas de capital aberto, cujas ações são negociadas em bolsa, não seguem o procedimento especial previsto no art. 861. De acordo com o § 2º desse dispositivo, as ações serão adjudicadas ao exequente ou alienadas em bolsa de valores. O gravame judicial deverá ser intimado à sociedade (art. 861, *caput*) e poderá ser averbado, para conhecimento de terceiros, nos registros de ações da companhia e nos assentos da Junta Comercial, onde o contrato social se achar registrado (art. 844).

275. PENHORA DE CRÉDITOS E DE OUTROS DIREITOS PATRIMONIAIS

O dinheiro continua ocupando o primeiro lugar na ordem de preferência para sujeição à penhora. É natural que assim seja, pois, se a finalidade da execução por quantia certa é expropriar bens do executado para transformá-los em fonte de obtenção de meios de saldar a dívida

---

[64] PONTES DE MIRANDA. *Tratado de direito privado*. 3. ed. São Paulo: RT, 1984, t. 50, p. 246; CUNHA PEIXOTO, Carlos Fulgêncio. *Sociedade por ações*. São Paulo: Saraiva, 1972, v. 2, p. 369; COELHO, Fábio Ulhoa. O direito de voto das ações empenhadas e penhoradas. *Revista dos Tribunais*, v. 920, p. 160-164, jun/2012.

[65] OLIVEIRA, Guilherme Peres de. *In*: WAMBIER, Teresa Arruda Alvim, DIDIER JR, Fredie; TALAMINI, Eduardo; DANTAS, Bruno. *Breves comentários ao novo Código de Processo Civil*. São Paulo: Ed. Revista dos Tribunais, 2015, p. 1.971-1.972.

exequenda, nada melhor do que, quando possível, fazer recair a penhora diretamente sobre somas de dinheiro. Com isso, elimina-se o procedimento da transformação do bem constrito em numerário, sempre que este se encontre disponível no patrimônio do executado em volume capaz de assegurar o resultado final da execução.

Alterações sensíveis ocorreram, porém, na ordem preferencial da penhora após o dinheiro, por força do art. 835 do CPC/2015. Buscando resultados práticos mais consistentes, a ordem legal de penhora, depois do dinheiro, passou a ser a seguinte: (a) títulos da dívida pública com cotação em mercado, (b) títulos e valores mobiliários com cotação em mercado, (c) veículos de via terrestre, (d) bens imóveis, (e) bens móveis em geral, (f) semoventes, (g) navios e aeronaves, (h) ações e quotas de sociedades simples e empresárias, (i) percentual do faturamento de empresa devedora, (j) pedras e metais preciosos, (k) direitos aquisitivos derivados de promessa de compra e venda e de alienação fiduciária em garantia e (l) outros direitos (art. 854 do CPC/2015).

A alteração preocupou-se com ordenar a preferência de penhora segundo a normal liquidez dos bens a constringir. Já à época do CPC de 1973, entretanto, cuidou-se de disciplinar, também, algumas modalidades importantes de penhora que vinham sendo praticadas na praxe forense sem regulamentação legal, como a dos saldos bancários e a do faturamento da empresa executada, ensejando constantes conflitos e reclamações (art. 655-A, CPC/1973).[66]

Continuam penhoráveis os direitos do devedor contra terceiro, quando de natureza patrimonial, desde que possam ser transferidos ou cedidos independentemente do consentimento do terceiro.[67] A penhorabilidade dos direitos exige dois requisitos, portanto:

a) o valor econômico; e
b) a livre cessibilidade.[68]

276. PENHORA DE DIREITOS E AÇÕES

Incluem-se entre os direitos e ações penhoráveis as dívidas ativas, vencidas e vincendas, as ações reais, reipersecutórias, ou pessoais para cobrança de dívidas, as quotas de herança em inventário, os fundos líquidos do devedor em sociedades civis ou comerciais e todos os demais direitos similares.[69]

Não podem, contudo, ser penhorados os direitos do arrendatário de gleba rural, que decorrem de contrato sinalagmático não transferível.[70] Também o direito real de usufruto não pode ser penhorado, por se tratar de bem jurídico inalienável (CC, art. 1.393). Admite-se, todavia, a penhora de frutos e rendimentos de coisa móvel ou imóvel. Pela mesma razão, permite-se a penhora de título de sócio de sociedade civil, quando negociável,[71] bem como do direito de uso de telefone ou dos direitos decorrentes do compromisso de compra e venda de imóvel.[72]

---

[66] CPC/2015, art. 854.

[67] LIEBMAN, Enrico Tullio. *Processo de Execução*. 3. ed. São Paulo: Saraiva, 1968, n. 62, p. 102.

[68] TJMG, ac. de 10.12.53, *in Rev. For.*, 169/254; TJMG, 11ª Câm. Cív., Agravo Inst. 1.0024.03.965156-7/003, Rel. Des. Duarte de Paula, ac. 13.5.2009, *DJMG* 8.6.2009.

[69] LIEBMAN, Enrico Tullio. *Op. Cit.*, n. 62, p. 103.

[70] TJRG do Sul, ac. In "RT", 404/367. "Também não se admite penhora de bem ou direitos de arrendatário em contrato de 'LEASING'" antes de exercida a opção de compra pelo devedor. (TJMG, 8ª Câm. Cív., Agravo de Inst. 1.0702.07.387911-7/001, Rel. Des. Fernando Botelho, ac. 15.10.2009, *DJMG* 12.1.2010).

[71] TJSP, ac. 3-12-68, *in* "Rev. For.", 230/164.

[72] TAMG, *in Rev. Lemi*, 73/217; TJPR, Ag. 26.801-7, Rel. Des. Oto Luiz Sponholz, ac. 08.06.93, *in Paraná Judiciário* 42/44; TJSP, Ap. 2.519-4, Rel. Des. Gildo dos Santos, ac. 02.04.96, *JTJSP* 181/83. No entanto, quando integrante

É certo não ser penhorável, por dívida do fiduciante, em ação movida por terceiro, o bem alienado em garantia, visto que, nos negócios da espécie, a propriedade é do credor e não do devedor, enquanto não solvida a obrigação garantida. No entanto, o fiduciante é titular de um direito de aquisição sobre o objeto da alienação fiduciária em garantia, direito esse de natureza patrimonial, de modo a tornar possível sua penhora por parte de outros credores, que não o fiduciário (CPC/2015, art. 835, XII).

277. PENHORA SOBRE CRÉDITOS DO EXECUTADO

A penhora sobre crédito do devedor é feita, normalmente, por intimação ao terceiro obrigado (CPC/2015, art. 855, I) para que "não satisfaça a obrigação senão por ordem da Justiça, tornando-se ele deste momento em diante depositário judicial da coisa ou quantia devida, com todas as responsabilidades inerentes ao cargo".[73]

O credor do terceiro (*i.e.*, o executado) também deve ser intimado "para que não pratique ato de disposição do crédito" (art. 855, II).

O atual CPC, mantendo o sistema Código de 1973, eliminou a publicação de editais que o Estatuto de 1939 exigia para divulgação da penhora perante terceiros interessados (art. 934).

A penhora de crédito representado por letra de câmbio, nota promissória, duplicata, cheque ou outros títulos circuláveis, realiza-se pela apreensão efetiva do documento, esteja ou não em poder do devedor (art. 856).

Não sendo encontrado o título, mas havendo confissão do terceiro sobre a existência da dívida, tudo se passará como nos casos comuns de penhora de créditos, isto é, o terceiro "será este tido como depositário da importância" (art. 856, § 1º), ficando intimado a não pagá-la a seu credor (o executado).

O terceiro responsável pelo crédito penhorado só obtém exoneração, depositando em juízo a importância da dívida (art. 856, § 2º). Se ocorrer a hipótese de o terceiro negar o débito, em conluio com o devedor, a quitação, que este lhe der, será ineficaz perante o exequente, por configurar fraude de execução (art. 856, § 3º).[74]

Nos casos de penhora de créditos, a fim de esclarecer e definir a situação, pode o credor requerer que o juiz determine o comparecimento do devedor e do terceiro para, em audiência especialmente designada, tomar os seus depoimentos (art. 856, § 4º).

Entre os créditos penhoráveis incluem-se os representados por precatório contra a Fazenda Pública, seja a execução movida, ou não, pela credora figurante no precatório.[75]

É interessante notar que os títulos de crédito representam bens penhoráveis, mas nem sempre figuram na mesma posição dentro da gradação legal de preferência: se são cotados em Bolsa de Valores, seu posicionamento se dá no inciso III do art. 835. Caso contrário, decaem para última posição na escala do referido artigo (inc. XIII).

---

da casa de moradia da família, estende-se a impenhorabilidade do bem de família à linha telefônica dele integrante, nos termos da Lei n. 8.009/1990 (STJ, Resp. 180.642/SP, Rel. Min. Waldemar Zveiter, ac. De 04.03.99, *DJU* de 10.05.99, p. 171; STJ, Resp. 64.629-4/SP, Rel. Min. Eduardo Ribeiro, ac. De 14.08.95, *RSTJ* 76/294; STJ, Resp. 70.337/RS, Rel. Min. Nilson Naves, ac. De 27.11.95, *DJU* de 26.02.96, p. 4.013; 2º TACivSP, Ap-rev. 399.190-00/4, Rel. Juiz Souza Aranha, ac. De 05.06.95, *RT* 719/170.

[73] T. J. de M. Gerais ac. De 10-12-53 *in* "Rev. For.", 169/254; STJ, 4ª T., AgRg no Resp 512.011/SP, Rel. Ministro Luis Felipe Salomão, ac. 17.3.2011, *DJe* 23.3.2011.

[74] LIEBMAN, Enrico Tullio. *Op. cit.*, n. 62, p. 103.

[75] STJ, 2ª T., Resp. 178.500/SP, Rel. Min. Eliana Calmon, ac. De 06.11.2001, *DJU* de 18.03.2002, p. 194; STJ, 1ª T., Resp. 151.598/DF, Rel. Min. Garcia Vieira, ac. De 10.03.1998, *DJU* de 04.05.1998, p. 94; STJ, 1ª T., Resp. 667.810/PR, Rel. Min. José Delgado, ac. De 20.06.2006.

O tema tem sido abordado pela jurisprudência, a propósito das debêntures oferecidas à penhora, com maior frequência nas execuções fiscais, em vista de nem sempre serem negociáveis em Bolsa[76]. Em face da baixa gradação do título não cotado em bolsa, difícil tem sido fazer prevalecer a nomeação de debêntures à penhora, quando haja outros bens livres ao alcance da execução, como já reconheceu o STJ no caso das debêntures da Eletrobrás[77].

Por último, é de observar que, com a reforma da Lei n. 11.382/2006, e posteriormente com o CPC/2015, a ordem de preferência dos bens penhoráveis foi alterada, e desse modo os títulos de crédito deixaram de figurar nos incisos X (título cotado em bolsa) e XI (título não contado em bolsa), e foram deslocados para os incisos III e XIII, respectivamente.

Uma situação curiosa e especialíssima é a da denominada *penhora de mão própria*, que se dá quando a constrição atinge crédito que o executado tem perante o próprio exequente (sobre o tema, ver, *retro*, o n. 259.1).

278. SUB-ROGAÇÃO DO EXEQUENTE NOS DIREITOS DO EXECUTADO

A penhora em direito e ação sub-roga o exequente nos direitos do executado, até a concorrência do seu crédito (CPC/2015, art. 857), que assim poderá mover contra o terceiro as ações que competiam ao executado.

Se o exequente, por meio da sub-rogação, não conseguir apurar o suficiente para saldar seu crédito, poderá prosseguir na execução, nos mesmos autos, penhorando outros bens do executado (art. 857, § 2º).

É facultado ao exequente preferir, em vez da sub-rogação, a alienação judicial do direito penhorado, o que se fará pela arrematação, devendo, porém, a opção ser exercida nos autos, no prazo de dez dias contados da realização da penhora do crédito (art. 857, § 1º).

279. PENHORA NO ROSTO DOS AUTOS

Quando a penhora alcançar direito objeto de ação em curso, proposta pelo devedor contra terceiro, ou cota de herança em inventário, o oficial de justiça, depois de lavrado o auto de penhora, intimará o escrivão do feito para que este averbe a constrição na capa dos autos, a fim de se tornar efetiva, sobre os bens que, oportunamente, "forem adjudicados ou que vierem a caber ao executado" (CPC/2015, art. 860).[78]

Não é, porém, penhora de direito e ação a que se faz sobre bens do espólio em execução de dívida da herança, assumida originariamente pelo próprio *de cujus*. Esta é penhora *real* e *filhada*, isto é, "feita com efetiva apreensão e consequentemente depósito dos bens do espólio".[79] Não é cabível, nesse caso, falar-se em penhora no rosto dos autos, ocorrência que só se dá quando a execução versar sobre dívida de herdeiro e a penhora incidir sobre seu direito à herança ainda não partilhada. Nada impede, e tudo aconselha, que a penhora seja comunicada pelo exequente

---

[76] STJ, 1ª T., Resp 834.885/RS, Rel. Min. Teori Zavaski, ac. 20.06.2006, *DJU* 30.06.2006, p. 203.

[77] "*Processo Civil. Tributário. Art. 535 do CPC. Debêntures da ELETROBRÁS. Nomeação à Penhora. 1. (...) 2. É absolutamente razoável a recusa do credor quanto à garantia que não expressa efetivamente o valor da execução ou que seja de difícil alienação, conforme disposto no art. 15 da Lei das Execuções Fiscais. Precedentes da Corte. 3. Recurso especial provido em parte*" (STJ, 2ª T., Resp 842.128/RS, Rel. Min. Castro Meira, ac. 15.08.2006, *DJU* 25.08.2006, p. 339).

[78] "A penhora a que alude o art. 860 do CPC poderá recair sobre direito litigioso ainda não reconhecido por decisão transitada em julgado" (Enunciado n. 155/CEJ/CJF).

[79] CASTRO, Amílcar de. *Comentários ao Código de Processo Civil*. 2. ed. Rio de Janeiro: Forense, 1963, v. X, t. I, n. 216, p. 206.

nos autos do inventário, para fins de ressalva na partilha, e perante terceiros que eventualmente venham a negociar com o espólio ou com os herdeiros em torno do bem constrito.

280. PENHORA SOBRE CRÉDITOS PARCELADOS OU RENDAS PERIÓDICAS

A penhora pode recair sobre créditos vincendos exigíveis em prestações ou sujeitos a juros periódicos. Quando isto ocorre, o terceiro fica obrigado a depositar em juízo os juros, rendas ou prestações à medida que se vencerem. O exequente, após cada depósito, observado o art. 520, IV, do CPC/2015 (quando for o caso), poderá levantar as importâncias respectivas, abatendo-as parceladamente de seu crédito, conforme as regras da imputação em pagamento, que constam dos arts. 352 a 355 do Código Civil (art. 858 do CPC/2015).

Não tolera a jurisprudência, porém, a penhora indiscriminada sobre a féria diária de um estabelecimento comercial, por afetar o capital de giro da empresa.[80] Deve-se, no caso, observar as cautelas da penhora de estabelecimento (regras especiais do art. 859)[81], que, afinal, foram explicitamente recomendadas pelo art. 866, § 2º, do atual Código (ver *retro*, o item n. 257).

Deve-se reconhecer, porém, que, na sistemática do CPC/2015, a penhora não é possível antes da citação do executado, mas admite-se medida cautelar no limiar da execução, *inaldita altera parte*. Por isso, o bloqueio *on-line* na conta bancária é expressamente autorizado para imediata efetivação, de acordo com os princípios que regem as medidas cautelares (art. 854, *caput*).

281. PENHORA DE EMPRESAS, DE OUTROS ESTABELECIMENTOS E DE SEMOVENTES

Quando a penhora recair em estabelecimento comercial, industrial ou agrícola, bem como em semoventes, plantações ou edifício em construção, o depositário será um administrador nomeado pelo juiz (CPC/2015, art. 862, *caput*).

A este administrador incumbe organizar o plano de administração, no prazo de dez dias após a investidura na função (art. 862). Sobre tal plano serão ouvidas as partes da execução, cabendo ao juiz decidir sobre as dúvidas e divergências suscitadas (art. 862, § 1º).

---

[80] TJGB *in Rev. Lemi*, 66/221; TJRS, AgI 598.121.887, Rel. Des. Francisco José Moesch, ac. De 16.09.98, *in RJ*, ano 46, março de 99, n. 257, p. 77; STJ, Resp. 163.549/RS, Rel. Min. José Delgado, ac. De 11.05.98, *in DJU* 14.09.98, p. 15; 2º TACivSP, AgI 430.952-00/4, Rel. Juiz Demóstenes Braga, ac. De 04.04.95, *in RT* 721/194. "Contudo, em se tratando de penhora sobre capital de giro, a questão ganha outros contornos, pois, conforme estabelecem as disposições do art. 655-A, § 3º, do CPC [CPC/2015, art. 866, § 2º], há de se atentar para certos requisitos, tais como a nomeação de administrador e o limite da penhora em percentual que permita à empresa a continuidade de suas atividades." (STJ, 4ª T., AgRg no Resp 1.184.025/RS, Rel. Ministro João Otávio de Noronha, ac. 10.5.2011, *DJe* 19.5.2011).

[81] "A jurisprudência tem admitido a penhora do faturamento diário da devedora executada tão-somente em casos excepcionais" (STJ, Resp. 114.603/RS, Rel. Min. Milton Luiz Pereira, ac. De 15.06.98, *in DJU* 31.08.98, p. 17). E nesses casos excepcionais, é preciso que não haja "outros bens a serem penhorados" (STJ, Resp. 183.725/SP, Rel. Min. Garcia Vieira, ac. De 01.12.98, *in DJU* de 08.03.99, p. 129). De qualquer modo, "a penhora sobre a renda da empresa, em uma execução fiscal, pressupõe a nomeação de um administrador (CPC, art. 719, *caput*, e seu parágrafo único) [CPC/2015, art. 869, *caput*], com as prerrogativas insculpidas nos arts. 728 e 678, parágrafo único, do CPC [CPC/2015, art. 863], ou seja, mediante apresentação da forma de administração e de um esquema de pagamento" (STJ, Resp. 182.220/SP, Rel. Min. José Delgado, ac. De 05.11.98, *in DJU* de 19.04.99, p. 87). "Admite-se, em casos excepcionais, a penhora do faturamento de empresa, desde que: a) o devedor não possua bens para assegurar a execução, ou estes sejam insuficientes para saldar o crédito; b) haja indicação de administrador e esquema de pagamento, nos termos do art. 677, CPC [CPC/2015, art. 862]; c) o percentual fixado sobre o faturamento não torne inviável o exercício da atividade empresarial. Precedentes." (STJ, 4ª T., Resp 489.508/RJ, Rel. Ministro Luis Felipe Salomão, ac. 6.5.2010, *DJe* 24.5.2010).

Podem as partes, outrossim, ajustar entre si, mediante negócio jurídico processual (art. 190), a forma de administração, escolhendo depositário de sua confiança. Esta solução, naturalmente, só tem cabimento quando haja inteiro e expresso acordo de ambas as partes, caso em que o juiz apenas homologará por despacho a deliberação dos interessados (art. 862, § 2º).

O sistema depositário-administrador visa impedir a ruína total e a paralisação da empresa, evitando prejuízos desnecessários e resguardando o interesse coletivo de preservar quanto possível as fontes de produção e comércio e de manter a regularidade do abastecimento.

O atual Código foi omisso a respeito dos emolumentos do administrador, mas é curial que haja uma remuneração para sua quase sempre pesada e onerosa função, a qual, à falta de regulamentação no regime de custas, deverá ser arbitrada pelo juiz.

Como adverte Amílcar de Castro, "o administrador não está exposto à ação de depósito, mas à de prestação de contas, sujeitando-se, por esta, à pena de remoção, sendo sequestrados, os bens sob sua guarda, e glosados quaisquer prêmios ou gratificações a que tenha direito".[82]

A penhora desses bens – empresas, outros estabelecimentos, semoventes, plantações, edifícios em construção, navios, aeronaves, empresas concessionárias de serviços públicos – somente será determinada se não houver outro meio eficaz para a efetivação do crédito (art. 865). Assim, a penhora tem caráter subsidiário e eventual.[83]

281-A. PARTICULARIDADES DA PENHORA DE SEMOVENTES

Ocorrendo a penhora de semoventes, os animais, em regra, ficarão em poder do administrador-depositário nomeado pelo juiz. Entretanto, é possível que permaneçam com o próprio executado, desde que o exequente concorde. Nessa hipótese, o depositário deverá apresentar o plano de administração a que se refere o art. 862, na medida em que os semoventes "precisam ser geridos para permanecer atingindo a sua finalidade".[84]

Como se vê, essa penhora não é simples, envolvendo atividade complexa, razão pela qual deve ser adotada apenas subsidiariamente.[85]

Realizada a penhora, os animais deverão ser avaliados por perito com formação técnica suficiente para determinar o seu valor de mercado.

Sobre o tema ver, ainda, itens 294, 301, 305 e 347 adiante.

---

[82] CASTRO, Amílcar de. Op. Cit., n. 275, p. 267.

[83] WAMBIER, Teresa Arruda Alvim; CONCEIÇÃO, Maria Lúcia Lins; RIBEIRO, Leonardo Ferres da Silva; MELLO, Rogério Licastro Torres de. *Primeiros Comentários ao novo Código de Processo Civil*. São Paulo: Ed. RT, 2015, p. 1.235; ORTENEY, Jaqueline Brizante; RODRIGUES, Rafael Ribeiro. Leilão de bens móveis e semoventes. In: ASSIS, Araken de; BRUSCHI, Gilberto Gomes (coords.). Processo de execução e cumprimento de sentença. 2. ed. São Paulo: RT, 2022, vol. 1, p. 779; SANTOS JÚNIOR, Eduardo Francisco dos. Processo de execução visando à obrigação pecuniária – fase inicial. In: ASSIS, Araken de; BRUSCHI, Gilberto Gomes (coords.). Processo de execução e cumprimento de sentença. 2. ed. São Paulo: RT, 2022, vol. 1, p. 657.

[84] ORTENEY, Jaqueline Brizante; RODRIGUES, Rafael Ribeiro. Leilão de bens móveis e semoventes, *cit.*, p.779.

[85] Para requerer essa modalidade de penhora, o exequente deve demonstrar, portanto, "que o executado não possui outros bens passíveis de penhora, que os outros bens penhoráveis não são suficientes para o adimplemento do crédito exequendo e/ou que pela situação fática os semoventes são a melhor opção de penhora para satisfazer o crédito exequendo" (ORTENEY, Jaqueline Brizante; RODRIGUES, Rafael Ribeiro. Op. Cit., p. 780).

281-B. PENHORA DE ANIMAIS DE ESTIMAÇÃO

Questão interessante diz respeito à possibilidade ou não de se penhorar animal de estimação. É indubitável o vínculo afetivo que envolve a relação das pessoas com seus animais de estimação, o que justifica a adoção de tratamento diferenciado em relação a eles.

Essa circunstância foi bem analisada pelo STJ, especialmente em relação à guarda dos animais ao final do casamento ou da união estável, nos seguintes termos:

> 2. A solução de questões que envolvem a ruptura da entidade familiar e o seu animal de estimação não pode, de modo algum, desconsiderar o ordenamento jurídico posto – o qual, sem prejuízo de vindouro e oportuno aperfeiçoamento legislativo, não apresenta lacuna e dá respostas aceitáveis a tais demandas –, devendo, todavia, o julgador, ao aplicá-lo, tomar como indispensável balizamento *o aspecto afetivo que envolve a relação das pessoas com o seu animal de estimação, bem como a proteção à incolumidade física e à segurança do pet, concebido como ser dotado de sensibilidade e protegido de qualquer forma de crueldade.*
>
> 2.1 A relação entre o dono e o seu animal de estimação encontra-se inserida no direito de propriedade e no direito das coisas, com o correspondente reflexo nas normas que definem o regime de bens (no caso, o da união estável). *A aplicação de tais regramentos, contudo, submete-se a um filtro de compatibilidade de seus termos com a natureza particular dos animais de estimação, seres que são dotados de sensibilidade, com ênfase na proteção do afeto humano para com os animais* (g.n.).[86]

Em razão, pois, dessa particularidade que envolve os animais de estimação, Jaqueline Brizante Orteney e Rafael Ribeiro Rodrigues[87] defendem a tese de serem eles impenhoráveis para garantir qualquer execução.

282. PENHORA DE EDIFÍCIOS EM CONSTRUÇÃO SOB O REGIME DE INCORPORAÇÃO IMOBILIÁRIA

O CPC/2015 regulou de modo específico a penhora de edifícios em construção, no art. 862, §§ 3º e 4º, do CPC/2015. A legislação contém regras protetivas dos adquirentes das unidades imobiliárias, uma vez que estabelece que a constrição, somente poderá recair sobre "as unidades imobiliárias ainda não comercializadas pelo incorporador" (§ 3º). Essa norma está em consonância com a jurisprudência do STJ, que reconhece a prevalência dos interesses dos compromissários compradores, nas Súmulas 84 e 308.[88]

Além disso, o Código prevê a possibilidade de afastamento do incorporador da administração da incorporação. Nessa hipótese, a administração será exercida pela comissão de representantes dos adquirentes. Se se tratar de construção financiada, a administração será feita por empresa ou profissional indicado pela instituição fornecedora dos recursos para a obra, ouvida a comissão de representantes dos adquirentes (§ 4º).

---

[86] STJ, 3ª T., Resp. 1.944.228/SP, Rel. Min. Ricardo Villas Bôas Cueva, ac. 18.10.2022, *DJe* 07.11.2022; STJ, 4ª T., Resp. 1.713.167/SP, Rel. Min. Luis Felipe Salomão, ac. 19.06.2018, *DJe* 09.10.2018.

[87] *Op. cit.*, p. 782-783.

[88] Súmula n. 84: "é admissível a oposição de embargos de terceiro fundados em alegação de posse advinda de compromisso de compra e venda de imóvel, ainda que desprovido do registro". Súmula 308: "a hipoteca firmada entre a construtora e o agente financeiro, anterior ou posterior à celebração da promessa de compra e venda, não tem eficácia perante os adquirentes do imóvel".

Outra circunstância especial, relativa à execução de dívidas do incorporador, é aquela verificável em razão do regime de *patrimônio de afetação*, que nos termos da Lei 4.591/1964, pode ser instituído, para apartar o acervo do empreendimento do patrimônio geral do incorporador. Esse patrimônio afetado permanece incomunicável, enquanto não concluída a obra e entregue o edifício aos compradores. Cria-se uma impenhorabilidade relativa, visto que os bens integrantes da obra não são penhoráveis em razão das obrigações comuns do incorporador, mas apenas por aquelas contraídas para custeio e implementação do próprio empreendimento. Se concluída e entregue a obra, remanescer bens e valores para o incorporador, retornarão eles livremente ao seu patrimônio geral e só então responderão por suas obrigações, cessando, dessa maneira, o regime de afetação.

283. EMPRESAS CONCESSIONÁRIAS OU PERMISSIONÁRIAS DE SERVIÇO PÚBLICO

Se a executada for empresa que exerça serviço público, sob regime de concessão ou permissão, a penhora, conforme a extensão do crédito, poderá atingir a renda, determinados bens, ou todo o patrimônio da devedora. Mas o depositário ou administrador será escolhido, de preferência, entre seus diretores (CPC/2015, art. 863, *caput*).[89] Ressalte-se, contudo, que o sócio administrador da empresa não pode ser coagido a aceitar o encargo de depositário judicial[90].

A penhora não deve prejudicar o serviço público delegado.[91] O depositário apresentará, portanto, a forma de administração e o esquema de pagamento do credor, nos casos de penhora sobre renda ou determinados bens (§ 1º). Se versar sobre toda a empresa, a execução prosseguirá até final arrematação ou adjudicação, e é, porém, obrigatória a ouvida do poder público concedente, antes do praceamento (art. 863, § 2º).

O sistema de concessão de serviços públicos prevê que, ao final do contrato, os bens vinculados à respectiva prestação, ou seja, os utilizados no objeto da concessão, revertem ao poder concedente, não importando se preexistentes ou incorporados no curso da delegação.[92]

Em face do poder de encampação dos serviços da concessão e da reversão dos bens empregados nesses serviços, portanto, a Administração Pública pode impedir a alienação judicial do acervo penhorado da empresa concessionária (Lei n. 8.987/1995, arts. 35, 36 e 37). O interesse público em jogo suplanta o interesse privado dos credores exequentes.

Entretanto, ocorrendo a hipótese de absorção do patrimônio da concessionária pelo Poder Público, terá este, naturalmente, de responder pelas obrigações que o oneram, pelo menos

---

[89] A penhora recairá sobre a renda da concessionária, "quando não houver outros bens a serem penhorados" (STJ, Resp. 183.725/SP, Rel. Min. Garcia Vieira, ac. De 01.12.98, *DJU* de 08.03.99, p. 129). Além da nomeação de um depositário administrador, haverá necessidade de atentar para as "peculiaridades que circundam a executada por tratar-se de empresa concessionária de serviço público de transporte." (STJ, 2ª T., RHC 11.107/SP, Rel. Ministro Franciulli Netto, ac. 5.6.2001, *DJU* 10.9.2001, p. 366).

[90] STJ, 4ª T., HC 71.222/SP, Rel. Hélio Quaglia Barbosa, ac. 13.02.2007, *DJU* 12.03.2007, p. 234. De acordo com a Súmula n. 319 do STJ, "o encargo de depositário de bens penhorados pode ser expressamente recusado".

[91] O Tribunal de Justiça de São Paulo já decidiu que, embora a concessionária seja pessoa jurídica de direito privado, "adstrita ao regime jurídico de direito privado", e, em tese "sujeita à penhora de seus bens", "por prestar serviço público, parte destes bens – somente aqueles afetos diretamente ao serviço público – é tida como impenhorável, em respeito ao princípio da continuidade do serviço público" (AI 2157117-98.2015.8.26.0000, 10ª Câm. D. Público, Rel. Des. Torres de Carvalho, DJESP 08.09.2015, in *Revista Brasileira de Direito Comercial*, n. 6, ago-set/2015, p. 165/168).

[92] TOLOSA FILHO, Benedito. *Lei das concessões e permissões de serviços públicos*. Rio de Janeiro: AIDE, 1995, p. 74.

nos limites do acervo incorporado ao patrimônio público. Do contrário, estabelecer-se-ia um intolerável locupletamento do Estado à custa do prejuízo dos credores da concessionária.

284. PENHORA DE NAVIO OU AERONAVE

O executado, quando a penhora atingir aeronave ou navio, não ficará impedido de continuar utilizando tais veículos nos seus serviços normais de navegação, enquanto não ultimada a alienação judicial (CPC/2015, art. 864).

O depositário, na espécie, será de preferência um dos diretores da empresa executada. O juiz, porém, ao conceder a autorização para navegar ou operar, condicionará a utilização da regalia à comprovação, pelo executado, da contratação dos seguros usuais, de modo que o navio ou o avião só poderão sair do porto ou do aeroporto depois de atendida essa cautela (art. 864).

285. PENHORA DE IMÓVEL

Quando o Código de 1973 entrou em vigor, estabeleceu-se uma divergência de orientação normativa entre sua disciplina traçada para a penhora de bem imóvel e as exigências da Lei de Registros Públicos. Esta considerava obrigatório o registro da penhora para produzir efeito contra terceiros (art. 240), enquanto o Código de Processo Civil dispunha que se devia considerar feita a penhora mediante a apreensão e depósito dos bens, seguindo-se a lavratura do auto, sem qualquer exigência registral (art. 664, CPC/1973).[93]

Diante da diversidade de posições legais, duas correntes doutrinárias e jurisprudenciais se formaram:

a) a dos que defendiam a prevalência da Lei de Registros Públicos sobre o Código de Processo Civil, de sorte que haveria em nosso direito dois momentos de eficácia para a penhora:

1º) o momento de eficácia para as partes da execução, atingido apenas com o *ato processual executivo*, nos termos que regula o Código de Processo Civil; e

2º) o momento da eficácia *erga omnes*, ou de oponibilidade da penhora a terceiros, que só os atingiria a partir da *inscrição* no registro público, na forma da Lei n. 6.015/1973;[94] e

b) a dos que entendiam que o ato processual da penhora tinha por si só a publicidade para valer *erga omnes*, independentemente de registro.

Com a superveniência da Lei n. 8.953, de 13.12.1994, acrescentou-se o § 4º ao art. 659 do Código de Processo Civil de 1973,[95] tornando obrigatório o registro da penhora de imóvel no Registro Público competente. A dúvida, porém, continuou, porque não estava claro na inovação legislativa se o registro tinha função no aperfeiçoamento do ato processual da penhora, ou se seu objetivo era apenas o da publicidade contra terceiros.

---

[93] CPC/2015, art. 839.

[94] ERPEN, Décio Antônio. Registro da penhora e eficácia frente a terceiros, *Revista AJURIS*, Porto Alegre, v. 27, p. 74-85. "O registro de que trata o art. 659, § 4º do CPC não constitui requisito de validade, mas de eficácia do ato, para oponibilidade contra terceiros de boa-fé" (TRF 1ª R., Ap. 96.01.29308-6/MG, Rel. Juíza Eliana Calmon, ac. 09.10.1996, *RT* 737/426). No mesmo sentido: 2º TACivSP, Ap. 442.474-00/3, Rel. Juiz Menezes Gomes, ac. 20.11.1995, *RT* 726/347; STJ, Resp. 113.666/DF, Rel. Min. Menezes Direito, ac. 13.05.1997, *DJU* 30.06.1997, p. 31.031; STJ, 5ª T., Resp 293.686/SP, Rel. Ministro José Arnaldo da Fonseca, ac. 3.5.2001, *DJU* 25.6.2001, p. 224; STJ, 3ª T., Resp 351.490/SP, Rel. Min. Nancy Andrighi, ac. 21.5.2002, *DJU* 1.7.2002, p. 337.

[95] CPC/2015, art. 844.

A controvérsia desapareceu quando a Lei n. 10.444/2002 alterou o texto do § 4º do art. 659 do CPC/1973, adotando redação que em seu sentido geral foi mantida pelo atual Código (arts. 844 c/c 839). Desse novo posicionamento legal restou bem claro que:

a) o ato da penhora sobre imóvel, para o processo, se aperfeiçoa com a lavratura do respectivo auto ou termo;

b) ao credor, e não ao juízo, incumbe providenciar o registro do gravame processual no Cartório Imobiliário; esse ato registral será feito mediante apresentação de certidão de inteiro teor do ato, independentemente de mandado judicial;

c) o objetivo do registro é a publicidade *erga omnes* da penhora, de sorte a produzir "presunção absoluta de conhecimento por terceiros". Quer isto dizer que, estando registrada a penhora, o eventual adquirente do imóvel constrito jamais poderá arguir boa-fé para se furtar aos efeitos da aquisição em fraude de execução. A presunção estabelecida pela lei é *juris et de jure*[96];

d) o registro, porém, não é condição para que a execução tenha prosseguimento, pois, após a lavratura do auto ou termo de penhora, dar-se-á a intimação do executado para abertura do prazo de embargos e para os ulteriores termos do processo executivo. O dispositivo legal, portanto, dissocia completamente o ato processual do ato registral; um para efeito interno no processo, e outro para efeito externo, em relação a terceiros.

Nessa sistemática bifronte, a utilidade do registro, no aspecto de segurança dos atos executivos, corre o risco de perder-se, se o juiz não exigir do exequente que dê cumprimento à divulgação da penhora pelo registro.

O CPC/2015 repetiu a regra, em seu art. 844, determinando a obrigatoriedade da averbação não apenas no registro de imóveis, mas em qualquer outro registro público, no qual a propriedade do bem penhorado esteja assentada. Ou seja, para produzir eficácia perante terceiros, presumindo o seu conhecimento, é obrigatória a averbação da penhora ou do arresto no "registro competente" (Detran, registro de imóveis, junta comercial etc.).

Havendo negligência a respeito do registro, a eventual alienação do bem penhorado ficará na incerteza da ocorrência ou não de boa-fé do adquirente. A fraude de execução só acontecerá se o adquirente a título oneroso tiver, efetivamente, conhecimento do gravame judicial. Sem o registro não se pode presumir sua má-fé, pois, ao contrário, o que de ordinário se presume é a boa-fé.[97] Em outros termos, o exequente que não registra a penhora de imóvel do devedor cria para o terceiro de boa-fé, que negocia a sua compra junto ao legítimo dono, uma aparência que impedirá a configuração de fraude de execução.[98]

---

[96] "Esta Corte tem entendimento sedimentado no sentido de que a inscrição da penhora no registro do bem não constitui elemento integrativo do ato, mas sim requisito de eficácia perante terceiros. Precedentes. Por essa razão, o prévio registro da penhora do bem constrito gera presunção absoluta (*juris et de jure*) de conhecimento para terceiros e, portanto, de fraude à execução caso o bem seja alienado ou onerado após a averbação (art. 659, § 4º, do CPC/1973; art. 844 do CPC/2015)" (STJ, 3ª T., Resp 1.863.952/SP, Rel. Min. Nancy Andrighi, ac. 26.10.2021, *DJe* 29.11.2021).

[97] "Na linha de precedentes desta Corte, não havendo registro da penhora, não há que se falar em fraude à execução, salvo se aquele que alegar a fraude provar que o terceiro adquiriu o imóvel sabendo que estava penhorado" (STJ, 3ª T., Resp. 113.666/DF, Rel. Min. Menezes Direito, ac. 13.05.1997, *DJU* 30.06.1997, p. 31.031; STJ, Resp. 167.134/ES, Rel. Min. Menezes Direito, ac. 06.04.1999, *DJU* 07.06.1999, p. 103; STJ, 2ª T., Resp 892.117/RS, Rel. Min. Eliana Calmon, ac. 4.11.2008, *DJe* 17.11.2009).

[98] "Sempre que se colocar frente a frente o desleixo do credor em não registrar a constrição ou o ônus que recai sobre o bem e a boa-fé do terceiro adquirente que vivifica o seu desconhecimento da existência de ônus ou

Pensamos que, para evitar riscos de litígio e de prejuízos para partes e terceiros, o juiz não deve determinar a praça do imóvel penhorado sem que antes o exequente junte aos autos o comprovante de ter registrado a penhora no Registro Imobiliário.

A averbação no registro de imóveis é, em especial, relevante. É verdade que autos ou termos mal elaborados encontrarão dificuldades para serem registrados. Caberá ao interessado, porém, exigir que o serventuário retifique o ato processual, pois o que não se concebe é a realização de uma arrematação fundada em descrição do imóvel, que jamais virá a permitir a transcrição do respectivo título no Cartório de Imóveis; e o que é pior, uma venda judicial que possa ter por objeto imóvel já não pertencente ao executado. Para simplificar o ato de publicidade registral da penhora sobre imóvel, o CPC/2015 não exige seu *registro* ou *inscrição*, mas apenas sua *averbação*, que é sabidamente menos formal e muito mais facilmente factível.

Todo o rigor é pouco na preparação do praceamento do imóvel penhorado. O juiz somente deve consentir na sua realização, quando estiver completamente seguro, pelos elementos do processo, de que a venda forçada será um ato perfeito, sem risco algum para os interesses das partes e terceiros. Nessa tarefa, o registro público de penhora desempenha papel fundamental. Não se pode, então, encará-lo como mera formalidade, mas como exigência de ordem pública, que não se pode desprezar ou relegar.

É do interesse do próprio exequente que o registro da penhora se dê o mais rápido possível, porquanto durante o seu retardamento haverá sempre o risco de atos de disposição do executado que poderão se tornar irreversíveis, se o adquirente estiver de boa-fé. Só o registro terá a força de tranquilizar o exequente quanto à plena oponibilidade da penhora *erga omnes*. Sem ele, persistirá o risco de os terceiros se esquivarem dos efeitos do ato constritivo, invocando desconhecimento do evento executivo. Daí por que, para se precaver, terá o credor de promover o registro da penhora o quanto antes.

Entendemos, enfim, que o espírito do art. 844 do CPC/2015 não pode ser o de encarar a averbação da penhora em registro público (sempre que possível) como mera faculdade do exequente. O ato expropriativo, porém, a se consumar pela venda judicial do imóvel constrito há de ficar condicionado à consumação da averbação no registro competente (se houver, é claro). Sem ela, não estará o órgão executivo autorizado a alienar um bem cuja aquisição nem sequer se sabe se poderá figurar no Registro Público competente. No tocante ao bem imóvel, é bom lembrar que as alienações judiciais não escapam, em sua eficácia, da sistemática da transmissão da propriedade pela transcrição no Registro de Imóveis, donde a necessidade de zelar para que não se consume sob sua autoridade ato insuscetível de eficácia na dinâmica registral.

Nesse aspecto, é que mais se avulta a significação da exigência legal do registro da penhora de imóveis, já que por ele se define, por antecipação, se a venda judicial vai ou não produzir ato translatício de domínio idôneo para o fim do negócio jurídico processual a que se propõe o órgão judicial.

Para coibir a fraude de execução, faz tempo que o Código de 1973 adotou a *averbação* da penhora do imóvel no Ofício competente. A novidade a destacar consistiu em substituir o ato de *registro* por *averbação* da penhora à margem do registro da respectiva propriedade (o art. 844 do CPC/2015, manteve a regra). Deve o juiz, velando pelo interesse do futuro arrematante e de terceiros que eventualmente negociem a aquisição do bem constrito, exigir que a penhora seja sempre averbada no registro público adequado, porquanto a configuração da fraude de execução, no regime do CPC/2015, está, em regra, subordinada aos efeitos *erga omnes* do gravame executivo, só asseguráveis mediante a publicidade registral (art. 792, II).

---

constrição, esta deve prevalecer em nome e em acolhimento à teoria da aparência" (SOUZA, Gelson Amaro de. Teoria da Aparência e fraude à execução, *Revista Intertemas*, Presidente Prudente, Faculdades Toledo, v. 5, p. 148-149, nov/2001).

O intuito evidente foi o de simplificar o assento da penhora no registro de imóveis, visto que é procedimentalmente muito menos rigoroso em sua forma e substância o ato da averbação que o do registro (equivalente à inscrição de um direito real de garantia). O registro é sempre cercado de exigências formais e substanciais que, no caso da penhora, retardariam a publicidade do ato judicial, que a lei empenha seja pronta. De mais a mais, não se trata de ato constitutivo do direito real, e nem mesmo constitutivo do gravame judicial. Sua função é puramente de publicidade perante terceiros. Como a penhora não se constitui pelo lançamento no registro público, mas pelo auto ou termo constante dos autos (CPC/2015, art. 839), não havia razão para submetê-la aos rigores da inscrição de um direito real imobiliário. A simples averbação cumpre com eficiência e singeleza o fim da publicidade *erga omnes* da penhora.[99]

Uma outra importante medida procedimental, constante do art. 837 do CPC/2015, é a franquia para a utilização da comunicação eletrônica para as averbações de penhora sobre bens que constem de assentos em registros públicos, como imóveis, veículos, ações e cotas sociais, valores mobiliários etc. Entretanto, a utilização da via eletrônica não será imediata e livre. Dependerá de adoção pelo Conselho Nacional de Justiça de providências administrativas para estabelecer convênios e normas operacionais que possam conferir segurança e uniformidade aos procedimentos. Essas normas já existem, por exemplo, para as relações entre o Poder Judiciário e o Banco Central, visando a facilitar a penhora sobre dinheiro em depósito bancário ou em aplicação financeira (CPC/2015, art. 854).

O STJ já admitiu essa comunicação eletrônica para penhora de veículos:

"1. Cinge-se a controvérsia a definir se é dado ao exequente solicitar ao Juízo a busca – pelo sistema RENAJUD – de informação acerca da existência de veículos de propriedade do executado, independentemente da comprovação do esgotamento das vias extrajudiciais para tal finalidade.

2. O RENAJUD é um sistema *on-line* de restrição judicial de veículos criado pelo Conselho Nacional de Justiça (CNJ), que interliga o Judiciário ao Departamento Nacional de Trânsito (Denatran) e permite consultas e envio, em tempo real, à base de dados do Registro Nacional de Veículos Automotores (Renavam) de ordens judiciais de restrições de veículos, inclusive registro de penhora.

3. Considerando-se que i) a execução é movida no interesse do credor, a teor do disposto no art. 612 do Código de Processo Civil [CPC/2015, art. 797]; ii) o sistema RENAJUD é ferramenta idônea para simplificar e agilizar a busca de bens aptos a satisfazer os créditos executados e iii) a utilização do sistema informatizado permite a maior celeridade do processo (prática de atos com menor dispêndio de tempo e de recursos) e contribui para a efetividade da tutela jurisdicional, é lícito ao exequente requerer ao Juízo que promova a consulta via RENAJUD a respeito da possível existência de veículos em nome do executado, independentemente do exaurimento de vias extrajudiciais".[100]

---

[99] Havia, conforme se nota da jurisprudência, muito atrito entre o juiz-corregedor dos Registros Imobiliários e o juiz das execuções, a propósito de dúvidas quanto ao registro da penhora ordenado por este (Cf. STJ, 1ª Seção, CC 32.641-PR, Rel. Min. Eliana Calmon, ac. 12.12.2001, *DJU* 04.03.2002, p. 170; e STJ, 2ª Seção, CC 37.081/SP, Rel. Min. Fernando Gonçalves, ac. 10.08.2005, *DJU* 24.08.2005, p. 118). Em ambos os precedentes, o STJ assentou que decisão administrativa do juiz-corregedor não poderia impedir o registro da penhora ordenado por ato judicial.

[100] STJ, 3ª T., Resp. 1.347.222/RS, Rel. Min. Ricardo Villas Bôas Cueva, ac. 25.08.2015, *DJe* 02.09.2015. No mesmo sentido: STJ, 2ª T., Resp. 1.151.626/MS, Rel. Min. Mauro Campbell Marques, ac. 17.02.2011, *DJe* 10.03.2011.

286. PENHORA DE IMÓVEL E VEÍCULOS AUTOMOTORES SITUADOS FORA DA COMARCA DA EXECUÇÃO

A penhora, em regra, deverá ser efetuada no local em que se encontrem os bens, ainda que sob a posse, detenção ou guarda de terceiros (CPC/2015, art. 845). É que a constrição executiva importa, em regra, apreensão e depósito judicial do bem penhorado (art. 839). Por isso, quando o executado não tiver bens no foro do processo, a execução deverá ser feita por meio de carta precatória, cabendo ao juízo da situação dos bens proceder à penhora, avaliação e alienação respectivas (art. 845, § 2º).

A essa regra geral, porém, o § 1º do art. 845 abre exceção, em determinadas situações, para a penhora de imóveis e de veículos automotores.

Embora a regra sempre fosse a realização da penhora por carta precatória, se os bens não se encontrassem no foro da causa (CPC/1973, art. 658), prevalecia, na jurisprudência, o entendimento de que, em se tratando de nomeação feita pelo devedor, perante o juízo da execução, afastada ficava a necessidade de precatória, ainda que não situado o imóvel na sua circunscrição territorial.[101] O mesmo critério prevalecia para o caso de bens hipotecados, que poderiam ser penhorados no juízo da execução, mesmo sem nomeação do devedor e ainda que localizados em outra comarca.[102]

O CPC atual, na esteira da jurisprudência já consolidada e do que já dispunha o Código de 1973 (art. 659, § 5º), dispensa a carta precatória não apenas para a penhora de imóveis situados fora da comarca ou seção judiciária, como também dos veículos em semelhante localização (CPC/2015, art. 845, § 1º). Destarte, torna-se possível a penhora no próprio juízo da execução, de qualquer imóvel ou veículo sem indagação acerca de sua localização territorial. A inovação, no regime do CPC/2015, foi, como se vê, a ampliação do expediente para abarcar, também, a penhora de veículos automotores. Porém, a novidade foi além dos precedentes pretorianos, pois não se exige mais que o bem tenha sido nomeado pelo executado, nem que esteja vinculado por hipoteca ao título executivo. Permite-se a penhora qualquer que seja a situação do imóvel ou veículo, seja por nomeação do executado, seja por indicação do exequente. Basta que se apresente certidão da respectiva matrícula no Registro de Imóveis ou de certidão que ateste a existência de registro do automóvel no órgão público que controle a respectiva circulação.

Ao escrivão caberá lavrar o termo de penhora, no qual atribuirá ao devedor, proprietário do bem constrito, o encargo de depositário, considerando que o ato executivo se passa à distância do objeto, e levando em conta o que dispõe o art. 840, § 2º.

O encargo de depositário, embora o texto do § 1º do art. 845 não seja muito claro, é do executado, ou seja, do proprietário do bem constrito, pois é este que de fato e de direito detém sua posse na ocasião da penhora, e a exerce fora do foro da execução. Diante da regra constante do § 2º do art. 840, o executado tem, em princípio, o dever de assumir o encargo de depositário dos bens penhorados em seu poder, quando seja difícil removê-los, norma que bem se aplica à hipótese de imóvel situado em foro diverso do da execução, e as vezes também no caso de veículos, se a tanto consentir o exequente.

Eventualmente, porém, poderá ter motivos para recusar o encargo, justificando-se adequadamente, perante o juiz. É o caso, por exemplo, de bem litigioso ou ocupado por terceiros (invasores ou pretensos titulares de direito que excluiriam o do executado). É razoável que não se queira contrair obrigação de depositário sobre uma coisa de que, física e juridicamente, não

---

[101] *Revista de Crítica Judiciária*, v. 1, p. 95; JTA 102/24.

[102] TJGO, Ap. 39.267/188, 2ª C., Rel. Des. Fenelon Teodoro Reis, ac. 18.06.1996, *RT* 733/314; STJ, 3ª T., Resp. 79.418/MG, Rel. Min. Eduardo Ribeiro, ac. 12.08.1997, *DJU* 15.09.1997, p. 44.373; TAMG, Ap. 210.015-8, 1ª C., Rel. Juíza Jurema Brasil Marins, ac. 23.04.1996, *RT* 732/386.

se tem controle. Na ausência de escusa motivada e de sua colhida pelo juiz, o executado será havido como depositário do bem penhorado, independentemente de figurar compromisso nos autos. O encargo é legal e provém da norma de direito que o impõe.

Para que a penhora se realize no juízo da própria execução, e não no local do imóvel ou do veículo automotor, é necessária a apresentação de certidão da respectiva matrícula, no caso de imóvel, ou, em se tratando de veículo, certidão da respectiva existência, passada pelo órgão administrativo controlador da sua circulação (art. 845, § 1º).

À falta de tais comprovantes, a penhora terá de ser efetuada por meio de carta precatória, caso em que o juízo deprecado se encarregará não só da penhora, mas também da avaliação e alienação do bem constrito.

Se a penhora do imóvel se faz apenas com base na certidão da matrícula, pode acontecer que construções, plantações e outras acessões industriais não sejam mencionadas no respectivo termo. A parte poderá comunicar a existência desses bens acessórios para oportuna inclusão no gravame. E mesmo ocorrendo omissão, será ela suprida por ocasião da avaliação para preparar a arrematação. Ao avaliador, caberá descrever e estimar o imóvel tal como ele se encontrar no momento da perícia, ou seja, com todos os seus acréscimos ou supressões, de modo a retratar a realidade contemporânea à venda judicial.

287. PENHORA DE IMÓVEL INTEGRANTE DO ESTABELECIMENTO DA EMPRESA

O imóvel em que se acha instalada a sede de uma empresa ou uma unidade industrial a ela integrada não se acha acobertado de impenhorabilidade absoluta, tal como ocorre com os instrumentos de trabalho do profissional pessoa física (CPC/2015, art. 833). Entretanto, em face da função social que a Constituição reconhece à empresa, a constrição de bem indispensável ao seu normal funcionamento deve ser praticada com cautela, mesmo porque, sendo possível, toda execução há de ser feita da forma menos gravosa para o executado (art. 805).

Diante dessa realidade, a jurisprudência do STJ se fixou no sentido de que é possível a penhora do imóvel sede da empresa, mas sempre em caráter excepcional, ou seja, apenas quando inexistentes outros bens passíveis de penhora, sem comprometimento da atividade empresarial.[103] A própria lei, quando autoriza de forma expressa a penhora do estabelecimento comercial, industrial ou agrícola, em casos como o da execução fiscal, o faz com a ressalva da excepcionalidade (Lei n. 6.830/1980, art. 11, § 1º). Esse critério deve prevalecer, também, nas execuções disciplinadas pelo Código de Processo Civil.

288. MULTIPLICIDADE DE PENHORAS SOBRE OS MESMOS BENS. REUNIÃO DAS EXECUÇÕES

No sistema do Código de 1939, a incidência de mais de uma penhora sobre os mesmos bens resolvia as execuções em concurso de credores. Para o Código de 1973, só havia concurso universal mediante provocação própria (arts. 748 e seguintes do CPC/1973, mantidos pelo art. 1.052, do CPC/2015); e a penhora, nas execuções singulares, criava para o credor exequente um direito de preferência que não era afetado pela superveniência de outras penhoras de terceiros (arts. 612 e 613). A sistemática foi mantida pelo art. 797, do CPC/2015.

---

[103] STJ, Corte Especial, Resp 1.114.767/RS, Rel. Min. Luiz Fux, ac. 02.12.2009, *DJe* 04.02.2010. No mesmo sentido: STJ, 1ª T., Resp 994.218/PR, Rel. Min. Francisco Falcão, ac. 04.12.2007, *DJe* 05.03.2008; STJ, 3ª T., AgRg nos Edcl no Ag 746.461/RS, Rel. Min. Paulo Furtado, ac. 19.05.2009, *DJe* 04.06.2009; STJ, 2ª T., AgRg no Resp 1.341.001/PR, Rel. Min. Mauro Campbell Marques, ac. 19.02.2013, *DJe* 26.02.2013.

Mas, como o bem penhorado é o *objeto* da ação de execução e sendo ele comum a mais de um processo executivo, é forçoso reconhecer conexão entre as várias ações em que a penhora atinja os mesmos bens do devedor comum, conforme a regra do art. 55 do CPC/2015, que se aplica também à execução forçada, *ex vi* do art. 771, parágrafo único, do mesmo Código.

Assim, sempre que houver sujeição dos mesmos bens a várias penhoras, poderá o juiz de competência preventa (arts. 58 e 540) ordenar a reunião das ações propostas em separado, a fim de que sejam ultimadas simultaneamente (art. 55, § 1º). Essa, aliás, é a solução recomendada expressamente pelo direito italiano[104], e que também entre nós se impõe como necessária, por ser providência que resguarda interesses relevantes das partes e dos terceiros participantes do ato judicial expropriatório, os quais, à falta da unificação do procedimento, poderiam não tomar conhecimento do leilão. Consequentemente correriam graves riscos, a exemplo dos derivados de pagamentos indevidos, de invalidação da alienação judicial por violação de preferências e outros danos semelhantes.

A par disso, sob visão do lado positivo, é evidente a facilitação que a reunião das execuções proporcionará aos trabalhos dos credores concorrentes no acompanhamento dos mecanismos expropriatórios e na defesa de seus direitos em jogo no ulterior concurso de preferências sobre o produto da execução (CPC, art. 908).[105]

Releva notar que a superposição de penhoras sobre o mesmo bem, por credores diferentes, leva, a seu tempo, à instauração do concurso de preferências, nos moldes dos arts. 908 e 909, o que evidencia a conveniência de que, antes da expropriação executiva, já estejam reunidas as execuções interconectadas. É, aliás, por essa mesma razão que o art. 889, V, exige do novo exequente que promova, após verificada a superposição de penhoras, a intimação do outro credor que tenha "penhora anteriormente averbada" e que não participe, a qualquer título, da nova execução.[106]

288.1. Intimações de outros exequentes com igual penhora

Há duas situações a distinguir no concurso de penhoras de credores diversos: *(i)* a dos que contam com averbação em registro público (CPC/2015, art. 844); e *(ii)* a dos que não contam com esse ato publicitário de eficácia *erga omnes*.

É importante lembrar-se, ainda, de que os outros credores com penhora sobre o mesmo bem, desde que averbada no registro público, terão de ser obrigatoriamente intimados da adjudicação ou alienação, com antecedência de cinco dias, sempre que não forem parte na execução em que o ato expropriatório irá realizar-se (art. 889, V). Em relação a estes, a falta de

---

[104] CARNELUTTI, Francesco. *Instituciones del proceso civil*. 2. ed. Buenos Aires: EJEA, 1973, v. III, n. 731, p. 66, n. 760, p. 93; SATTA, Salvatore. *Direito Processual Civil*. Trad. Brasileira. 7. ed. Rio de Janeiro: Borsoi, 1973, v. II, n. 370, p. 596, e 385, p. 615.

[105] A reunião das execuções, em tal conjuntura, é medida que atende ao interesse dos exequentes e do executado, e até mesmo dos terceiros participantes do procedimento da arrematação dos bens penhorados. É que, com a unificação das execuções, evitam-se "atos dispersivos, contraditórios e custos elevados; abreviam-se transtornos, impedindo a duplicidade de atos de alienação; e, por fim, facilita-se o trabalho dos expectadores da operação do mecanismo expropriatório" (ASSIS, Araken de. *Comentários ao Código de Processo Civil*. São Paulo: Ed. RT, 2018, v. XIII, p. 34).

[106] Se a primeira penhora não se acha averbada, não há a obrigatoriedade de intimação do exequente anterior após a segunda penhora do mesmo bem. Não ficará o primitivo penhorante, porém, privado de sua preferência legal. Caber-lhe-á, todavia, diligenciar para que a informação acerca de sua preferência seja comunicada ao juiz da segunda penhora, antes da consumação da expropriação e do levantamento do respectivo produto pelo promovente da venda forçada.

oportuna comunicação acarretará a nulidade da distribuição do preço apurado na arrematação, ensejando renovação do ato, com participação do prejudicado no novo rateio[107].

Também será intimado previamente da alienação judicial o credor cuja penhora não foi averbada no registro público, mas que compareceu ao processo alheio para comunicar a existência de seu gravame e, assim, assegurar sua posição na gradação de preferências, no oportuno concurso. Este passará a figurar em posição processual, equiparável à das partes principais e, por isso, haverá de ser intimado, mas a comunicação não será pessoal e, sim, na pessoa do respectivo advogado. Aqui, também, a omissão da ciência do ato alienatório poderá ensejar sua nulidade, como no exemplo do credor com penhora averbada.

Por outro lado, o credor que não conta com penhora averbada nem diligenciou sua oportuna inserção na execução em que o bem penhorado veio a ser alienado nada poderá reclamar contra o leilão e a distribuição já consumada do dinheiro apurado. Terá de procurar outro bem para substituir, em sua execução, aquele que já foi expropriado no processo alheio[108].

288.2. Requisitos da reunião de execuções

A sistemática do CPC impõe três requisitos para que a reunião das execuções sobre o mesmo bem penhorado ocorra: *(i)* as execuções devem ser contra *devedor solvente* ou, se forem contra devedor insolvente de fato, que sua insolvência ainda não tenha sido objeto de declaração judicial para fins de execução concursal; *(ii)* a superposição de penhoras do *mesmo bem* em processos distintos, movidos por credores diversos; *(iii)* a competência relativa do juízo deverá prevalecer diante de todas as execuções conexas.

Concorrendo competências absolutas (Justiça do Trabalho e Justiça Federal) com competência comum (Justiça Estadual) a reunião das execuções não será possível. Os interessados, porém, poderão intervir para resguardar eventuais preferências, naturalmente.

Reunidas as execuções, no caso de competência comum, o concurso de preferências será processado no juízo que realizou a alienação forçada, e não necessariamente no juízo em que se deu a primeira penhora.

O natural seria que a reunião das execuções se desse no juízo em que ocorreu a primeira penhora. Mas, como a Lei não designa um prazo para que tal ocorra, e nem sempre a identidade se dá sobre todos os bens penhorados em uma ou outra execução, o que comumente se vê é que as duas execuções continuam a se desenvolver de maneira independente, permitindo que, eventualmente, a da segunda penhora chegue mais rápido à expropriação. Nesse caso, será preferível, pelo critério da eficiência, que a reunião ocorra perante o juízo que primeiro atingiu a fase da alienação forçada do bem penhorado, sem indagação da ordem em que a constrição executiva aconteceu. Não haveria razão lógico-jurídica para que se paralisasse a execução mais avançada para aguardar que a da primeira penhora atingisse também o nível da expropriação. Por isso, sendo substancialmente independentes as diversas execuções, a que primeiro chegar ao estágio da alienação forçada será aquela no bojo da qual se realizará o concurso de preferências.[109] Isso, porém, como é óbvio, não desvinculará o juiz do concurso do dever de só autorizar o levantamento do produto da arrematação dentro da ordem legal de gradação das penhoras concorrentes.[110]

---

[107] ASSIS, Araken de. *Comentários ao Código de Processo Civil*. 2. ed. São Paulo: Ed. RT, 2018, v. XIII, p. 35.
[108] ASSIS, Araken de. *Op. cit.*, p. 36.
[109] GRECO, Leonardo. *O processo de execução*. Rio de Janeiro: Renovar, 2001, v. 2, n. 8.5.3, p. 443.
[110] ASSIS, Araken de. *Comentários ao Código de Processo Civil*, cit., p. 37.

Se, por acaso, a execução em que houve a primeira penhora estiver paralisada por efeito de embargos suspensivos, tal não será obstáculo a que o juízo da segunda penhora ultime a expropriação do bem constrito e chegue ao concurso de preferências: a quota do exequente preferencial, porém, permanecerá retida em juízo, no aguardo da solução dos embargos pendentes. Ao credor da segunda penhora, que promoveu a alienação forçada, será, desde logo, facultado o levantamento de seu crédito, nos limites do que sobejar ao produto retido em benefício do exequente preferencial.

Tudo isso será assegurado e facilitado em função da oportuna reunião das execuções intervinculadas por penhoras sobre o mesmo bem.

289. PENHORA DE FRUTOS E RENDIMENTOS DE COISA MÓVEL OU IMÓVEL

I – Conceito

O atual Código prevê a possibilidade de o juiz, ao invés de ordenar a penhora sobre bem móvel ou imóvel, determinar que a constrição recaia sobre os frutos ou rendimentos desses bens (CPC/2015, art. 867). É uma forma de conciliar a efetividade da execução com o princípio da menor onerosidade ao devedor. Daí por que a medida somente pode ser instituída quando o juiz "a considerar mais eficiente para o recebimento do crédito e menos gravosa ao executado". Segundo Araken de Assis, o juiz não está obrigado a penhorar frutos e rendimentos, "em lugar do imóvel ou do móvel, só porque houve consenso das partes".[111]

O Código anterior tinha uma figura semelhante, denominada de "usufruto de móvel ou imóvel" (art. 716, CPC/1973). A legislação estabelecia, assim, um direito real temporário sobre o bem penhorado em favor do exequente. A nova modalidade de penhora instituída pelo CPC/2015 é mais ampla, haja vista que estabelece um direito pessoal ao credor, que pode recair sobre qualquer bem (inclusive os incorpóreos) que produza frutos e rendimentos. Trata-se de medida prática, porque dispensa a constituição de um direito real (usufruto) para que o credor logre apropriar-se das rendas necessárias à satisfação de seu crédito.

O gravame durará até que os rendimentos auferidos sejam suficientes para resgatar o principal, os juros, as custas e os honorários advocatícios (art. 868, *caput, in fine*).

Consiste, portanto, essa penhora num ato de expropriação executiva em que se institui direito pessoal temporário (de fonte processual) sobre o bem penhorado em favor do exequente, a fim de que este possa receber seu crédito através das rendas que vier a auferir.

Essa forma de expropriação independe de pedido do exequente, estando prevista no art. 867 como integrada à iniciativa do juiz no comando da execução. Naturalmente, poderá o exequente, no exercício da faculdade de nomear o bem a penhorar, requerer que a constrição se faça sobre frutos e rendimentos de determinado bem do executado. Será, também, possível cogitar desse tipo de penhora, nos momentos em que se permite a substituição do bem penhorado, a pedido de qualquer das partes. Na decisão a seu respeito, incumbe ao juiz levar em conta, entre outras, a regra do art. 805, que consagra o princípio da execução sempre pelo modo menos gravoso para o executado.

A finalidade do instituto é realizar a execução segundo o princípio da menor onerosidade para o devedor (art. 805), preservando-lhe, quanto possível, a propriedade ou domínio sobre o

---

[111] ASSIS, Araken de. *Manual da Execução cit.*, n. 310, p. 996. No mesmo sentido: NEVES, Celso. *Comentários ao Código de Processo Civil*. 7. ed. Rio de Janeiro: Forense, 1999, v. 7, n. 78, p. 140.

bem penhorado.[112] Trata-se de uma forma aperfeiçoada da antiga *adjudicação de rendimentos* (art. 982 do Código de 1939), assemelhada à arrematação de real a real, do velho direito português, e que Lopes da Costa, com propriedade, denominava "execução mediante administração forçada".[113] Seus pressupostos, segundo o art. 867 do CPC/2015, são:

a) versar a penhora sobre frutos ou rendimentos de coisa móvel ou imóvel;
b) realizar a execução pelo meio menos gravoso para o executado;
c) ser a medida eficiente para a satisfação do direito do exequente.

Questão interessante diz respeito à possibilidade de a penhora recair também sobre os frutos e rendimentos do bem objeto da constrição. Para a doutrina, os frutos e rendimentos não estão automaticamente englobados na penhora, se assim não constar expressamente do termo.[114]

II – Procedimento

Ordenada a penhora, o juiz nomeará um administrador-depositário, que será investido em todos os poderes que concernem à administração do bem e à fruição de seus frutos e utilidades. Com isso, investe-se o exequente no exercício de um direito pessoal temporário de receber os frutos e rendimentos da coisa, perdendo o executado o direito de gozo do bem, até que o exequente seja inteiramente pago com os frutos auferidos (art. 868).

Tratando-se de um direito pessoal, não tem eficácia *erga omnes* imediata. Assim, para que a medida seja eficaz também em relação a terceiros,[115] é necessária a publicação da decisão que a concede. No caso de imóvel, a eficácia *erga omnes* reclama, além da publicação da decisão, a sua averbação no Registro de Imóveis (art. 868, § 1º). A averbação deverá ser feita pelo exequente, mediante a apresentação de certidão de inteiro teor do ato, independentemente de mando judicial (§ 2º).

III – Nomeação do administrador-depositário

Na decisão de instituição dessa penhora, o juiz deverá nomear um administrador, que será investido nos poderes que concernem à administração do bem e à fruição de seus frutos e utilidades (art. 868, *caput*). Poderá a nomeação recair no exequente e até no próprio executado,

---

[112] "Em princípio, a penhora dos frutos e rendimentos sempre é menos gravosa ao executado. Entre perder a raiz (e os frutos), ou só os frutos, por certo período, o executado aderirá de bom grado à segunda hipótese. A única exceção concebível, a respeito, reside na longa duração da constrição, em razão de exorbitante desproporcionalidade do valor do crédito, que subsiste à constituição da medida, e os rendimentos dos bens penhorados" (ASSIS, Araken de. *Manual da Execução cit.*, n. 310.2, p. 997).

[113] AMARAL SANTOS, Moacyr. *Primeiras linhas de direito processual civil*. 4. ed. São Paulo: Max Limonad, 1970, v. III, n. 874, p. 329.

[114] SANTOS, Silas Silva. Modificações da penhora. *In*: ASSIS, Araken de; BRUSCHI, Gilberto Gomes (coords.). *Processo de execução e cumprimento de sentença*. 2. ed. São Paulo: RT, 2022, vol. 1, p. 689; PONTES DE MIRANDA, Francisco Cavalcanti. *Comentários ao Código de Processo Civil*. Rio de Janeiro: Forense, 1976, t. X, p. 271; DINAMARCO, Cândido Rangel. *Instituições de direito processual civil*. 4. ed. São Paulo: Malheiros, 2004, v. IV, p. 582.

[115] Araken de Assis explica que esse "terceiros" a que se refere o artigo diz respeito àqueles que mantêm relações jurídicas dependentes com as partes: "o art. 868, § 1º, somente constata o óbvio envolvimento dos titulares das relações jurídicas dependentes e conexas, identificadas na também célebre classificação dos 'terceiros' perante o processo, à mudança subjetiva no poder de fruição da coisa penhorada (*v.g.*, o locatário, objeto de regra específica no art. 869, § 6º), doravante expropriado do executado" (ASSIS, Araken de. *Manual da execução cit.*, n. 311.1, p. 998).

desde que haja acordo dos interessados (art. 869, *caput*), ou em profissional qualificado para o desempenho da função, não havendo acordo entre as partes.

Essa nomeação, entretanto, não é obrigatória em casos de imóveis arrendados, como se depreende do § 3º, do art. 869, que permite ao próprio exequente receber os aluguéis.

IV – O administrador-depositário

Nomeado o administrador, deverá ele submeter à aprovação judicial a forma de administração e de prestação de contas periódicas (art. 869, § 1º). As partes deverão ser ouvidas pelo juiz antes de decidir. Havendo discordância entre elas ou entre as partes e o administrador, o juiz decidirá sobre a melhor forma de administração do bem (§ 2º).

V – Celebração de contrato de locação do móvel ou imóvel

Quando a renda do bem for obtida através de locação, e esta preexistir à decretação da penhora, o inquilino passará a pagar o aluguel diretamente ao exequente, ou ao administrador, se houver (art. 869, § 3º).

No caso de locações novas relativas a móveis ou imóveis, o exequente ou o administrador não dependem do consentimento do executado para a respectiva contratação. Deverão, no entanto, ouvi-lo, para respeitar-se o contraditório (art. 869, § 4º).

VI – Pagamento da dívida

As quantias recebidas pelo administrador serão depositadas em juízo à disposição do exequente, e imputadas ao pagamento da dívida (art. 869, § 5º). Por isso, o exequente dará ao executado, por termo nos autos, quitação das quantias recebidas (§ 6º). Trata-se, como se vê, de pagamento parcelado da dívida. Enquanto, porém, a expropriação executiva estiver suspensa, por força de embargos ou de recurso, os valores auferidos não serão apropriados pelo exequente, e permanecerão em depósito à ordem judicial.

290. EFEITOS DA PENHORA DE FRUTOS E RENDIMENTOS DE COISA MÓVEL OU IMÓVEL

O CPC/2015 não prevê o estabelecimento prévio de um prazo para duração da penhora de frutos e rendimentos de coisa móvel e imóvel, ao contrário do que fazia o Código anterior em relação ao usufruto. O art. 722 do CPC/1973 previa que o juiz deveria nomear perito para "avaliar os frutos e rendimentos do bem e calcular o tempo necessário para o pagamento da dívida".

O estabelecimento de um prazo para que o credor desfrutasse do bem, a nosso ver, era necessário, porque a natureza de direito real daquela modalidade executiva de pagamento não poderia ficar na incerteza da diligência do credor na exploração econômica do bem e, tampouco, de sua prestação de contas. Assim, quando o juiz deferia o usufruto, como forma de pagamento, já o fazia prevendo o prazo em que o gozo do bem seria suficiente para resgatar a dívida exequenda (art. 722 do CPC/1973). Por isso, sua exploração econômica far-se-ia por conta e risco do usufrutuário. Pouco importava que *in concreto* ele auferisse rendimentos maiores ou menores do que o seu crédito. Findo o prazo assinalado pelo juiz na constituição do gravame, extinguir-se-ia o usufruto e, com ele, o crédito exequendo.[116] Tudo se passava

---

[116] O próprio Amílcar de Castro, que pensava de maneira diversa, fixou sua doutrina, no regime do Código de 1973, no sentido de que "se o credor ao fim do tempo marcado não houver auferido rendimentos suficientes para saldar a dívida, ainda assim, esta considera-se extinta" (CASTRO, Amilcar de. *Comentários ao Código de*

nos moldes de uma dação de posse e usufruição por tempo certo que compensaria, ao final, o crédito do exequente, sem indagação quantitativa das verbas realmente apuradas. A dação era *pro soluto* e não *pro solvendo*.

O regime do Código novo não é o de estabelecimento de direito real sobre a coisa. A penhora se dá apenas e diretamente sobre os frutos e rendimentos que ela produz. O gravame é de natureza pessoal ou obrigacional, embora imposto como instrumento de realização do crédito exequendo. Sua duração, portanto, se estende até que o direito do exequente seja efetivamente satisfeito. A apropriação dos rendimentos, portanto, é *pro solvendo* e não *pro soluto*. O art. 868 do CPC/2015 não deixa dúvida sobre que a fruição dos frutos e rendimentos durará "até que o exequente seja pago do principal, dos juros, das custas e dos honorários advocatícios".

291. MODIFICAÇÕES DA PENHORA

Apreendido o bem e entregue ao depositário, lavrado o auto ou termo e intimado o devedor, tem-se por perfeita a penhora que, em geral, é irretratável (CPC/2015, art. 851). Admite-se, contudo, em casos especiais, que a penhora possa sofrer modificações sob a forma de *substituição* de bens, *ampliação* e *redução* de seu alcance, e, ainda, por sua *renovação*.

A *substituição* é uma faculdade que o Código confere, ora ao executado, ora ao exequente, de trocar o bem penhorado por dinheiro ou outros bens, liberando aqueles originariamente constritos (arts. 847 e 848).

A *ampliação* da penhora pode ocorrer quando, após a avaliação, verificar-se que os bens apreendidos são insuficientes para resgate integral do direito do credor. Essa ampliação depende de requerimento do exequente e só será deferida após audiência da parte contrária. Pode compreender a apreensão de novos bens para reforço dos já penhorados, ou a substituição destes por outros mais valiosos (art. 874, II).[117]

A *redução* da penhora também é possível após a avaliação, quando se apurar que o valor dos bens apreendidos seja consideravelmente superior ao crédito do exequente e acessórios (art. 874, I). Essa redução pode consistir em liberação parcial dos bens avaliados ou em sua total substituição por outros de menor valor.

Tanto no caso de ampliação, como no de redução, o pedido da parte interessada será manifestado por simples requerimento, dispensando-se os embargos. Observar-se-á, contudo, o contraditório, ouvindo-se a parte contrária em três dias, antes de decidir, de plano, o incidente (art. 847, § 4º). A avaliação é medida importante para os diversos casos de modificação da penhora. Não haverá, porém, necessidade da diligência se o exequente concordar com a estimativa do executado, ou vice-versa (art. 871, I).

O CPC/2015 prevê, em seu art. 850, ser admitida a redução ou a ampliação da penhora, bem como sua substituição, se, no curso do processo, o valor de mercado dos bens penhorados sofrer alteração significativa. O Código não define o que configuraria essa modificação significativa, de sorte que caberá ao juiz, de forma proporcional e de acordo com o caso concreto, verificar sua ocorrência ou não.

Processo Civil. São Paulo: RT, 1974, v. VIII, n. 497, p. 363). Nada impede, contudo, que convencionalmente exequente e executado estipulem condições diversas para o usufruto judicial, acerca da estimativa dos frutos, do prazo de duração e do modo de calculá-lo, podendo, inclusive, dar-lhe o feitio *pro solvendo* (ALVIM, J. E. Carreira; CABRAL, Luciana G. Carreira Alvim. *Nova execução de título extrajudicial*. Curitiba: Juruá, 2007, p. 185 e 186).

[117] TJSP, ac. De 08.02.73, *in RT*, 455/109; 1º TACiv.-SP, Ag. 589108-2/00, Rel. Juiz Carlos Roberto Gonçalves, ac. De 31.05.94, *in JUIS – Saraiva* n. 14. "A ampliação da penhora deve ser precedida da avaliação dos bens penhorados, mesmo porque, tão somente após tal providência é que poderá o juiz, com maior convicção, aferir a necessidade da medida" (STJ, 5ª T., Resp 600.001/SP, Rel. Min. Felix Fischer, ac. 13.04.2004, *DJU* 07.06.2004, p. 273).

Releva destacar, outrossim, que sempre que ocorrer a substituição dos bens penhorados, lavrar-se-á novo termo de penhora (art. 849).

A *renovação* da penhora é medida de feição extraordinária, que consiste em realizar nova penhora na mesma execução. Sua admissibilidade ocorre quando (art. 851):

I – for anulada a primeira penhora;

II – executados os bens, o produto da alienação não bastar para o pagamento do credor;

III – o credor desistir da primeira penhora, atitude que será lícita por:

a) serem litigiosos os bens; ou

b) estarem submetidos a outra constrição judicial.

A desistência será acolhida quando a penhora não se fez sob nomeação ou aprovação do credor, ou quando, ao tempo dela, ignorava o gravame ou a existência de outros bens livres do devedor; ou, finalmente, quando os bens livres só vieram a ser adquiridos após a penhora.[118]

Outro caso de nova penhora, não indicado pelo Código, mas cuja admissão é inegável, é o do perecimento, destruição ou subtração do bem primitivamente penhorado.[119]

292. SUBSTITUIÇÃO DA PENHORA

Há, no atual Código, duas previsões que autorizam o pleito de substituição do bem penhorado:

a) a do art. 847, que é privativa do executado, e deve ser praticada no prazo de dez dias após a intimação da penhora, e que haverá de basear nos requisitos que o dispositivo enuncia, ou seja: (i) a troca não deverá trazer prejuízo algum ao exequente; e (ii) deverá proporcionar uma execução menos onerosa para o devedor Os dois requisitos são cumulativos, isto é, ambos devem ser demonstrados para que o requerimento de substituição da penhora seja acolhido; e

b) a do art. 848, que não é exclusiva do executado, pois permite a qualquer das partes o requerimento de substituição da penhora já consumada, desde que presente um dos motivos arrolados em um dos seus sete incisos. Ao contrário do que ocorre com o art. 847, qualquer um dos permissivos é, isoladamente, capaz de autorizar a troca do objeto da penhora. É bom destacar, ainda, que o art. 848 não marca prazo para as substituições de que cogita, o que autoriza a conclusão de sua possibilidade enquanto não ocorrer a expropriação judicial.

Outra diferença entre os dois dispositivos situa-se no prazo de requerimento da substituição que é fixado taxativamente pelo art. 847 (10 dias) e não figura na regra do art. 848, autorizando concluir que o primeiro está sujeito à preclusão temporal e o segundo não.

A sistemática adotada na gradação da preferência para a penhora, retratada principalmente nos arts. 847 e 848, põe em destaque a relatividade e flexibilidade com que a lei trata a matéria. Embora continue impugnável a nomeação de bens à penhora por desrespeito à ordem legal de preferência, certo é que a substituição prevista no art. 847 não se prende a ela quando franqueia ao executado a substituição justificada na menor onerosidade. Da mesma forma, a substituição

---

[118] AMARAL SANTOS, Moacyr. *Op. Cit.*, n. 846, p. 293.

[119] LIEBMAN, Enrico Tullio. *Op. Cit.*, n. 65, p. 106.

autorizada ao exequente pelo inciso V do art. 848 leva em conta a baixa liquidez do bem penhorado, sem cogitar da posição que o bem substituto ocupe na escala legal de preferências.

Seguindo tendências já esboçadas há bastante tempo na jurisprudência, a orientação atual do Código faz com que as linhas mestras da disciplina da escolha do bem para a penhora sejam traçadas a partir de dois parâmetros mais significativos do que a simples gradação legal, que são aqueles mencionados no art. 847, *caput*: menor onerosidade para o executado e ausência de prejuízo para o exequente.[120]

Do ponto de vista prático, não é a ordem de gradação que influi na troca do bem penhorado, mas a dificuldade de colocação no mercado ou o ônus exagerado que a privação do bem representa, para a atividade econômica do executado. Um veículo que, *v.g.*, está na frente do imóvel, na preferência de direito, pode, na circunstância do caso concreto, ser de comercialização mais difícil do que este. Em contrapartida, o executado que sofreu a penhora sobre uma aeronave, pode pretender substituí-la por veículo de via terrestre, indiferentemente da gradação mais favorável em que se achava o primeiro bem, em virtude do papel mais relevante que este representa para sua exploração econômica.

293. SUBSTITUIÇÃO POR INICIATIVA DE QUALQUER DAS PARTES

Sem marcar prazo para a medida, o art. 848 permite, a qualquer das partes, requerer a substituição da penhora, quando:

I – não tiver sido obedecida a ordem legal[121];

II – não tiver incidido sobre os bens designados em lei, contrato ou em ato judicial para o pagamento[122];

III – tiver recaído sobre bens situados em local diverso do foro da execução, se, neste, outros existirem[123];

---

[120] É por isso que, *v.g.*, no caso de penhora sobre saldo bancário, é legítima a pretensão do executado de substituir a constrição por outro bem menos gravoso (como, *v. g.*, a fiança bancária e o seguro garantia judicial), quando a penhora possa acarretar prejuízos sérios à administração de sua empresa (cf., retro, os n. 255 e 259).

[121] "Indicado bem imóvel pelo devedor, mas detectada a existência de numerário em conta-corrente, preferencial na ordem legal de gradação, é possível ao juízo, nas peculiaridades da espécie, penhorar a importância em dinheiro" (STJ, 4ª T., Resp 537.667/SP, Rel. Min. Cesar Asfor Rocha, ac. 20.11.2003, *DJU* 09.02.2004, p. 190. No mesmo sentido: STJ, 3ª T., AgRg nos Edcl no Ag 702.610/MG, Rel. Min. Sidnei Beneti, ac. 27.05.2008, *DJe* 20.06.2008). "O credor, após aceitar a oferta do bem dado em garantia, poderá vir a recusá-lo, pedindo a sua substituição ou o reforço de penhora" (STJ, 2ª T., Resp 602.382/MG, Rel. Min. Eliana Calmon, ac. 22.03.2005, *DJU* 09.05.2005, p. 339). Deverá, contudo, haver justificação plausível para a medida, como é lógico. Por outro lado, "a ordem de nomeação, constante do art. 655, I, CPC [art. 835, I, do CPC/2015], embora seja taxativa, dispensa por parte do intérprete maior flexibilidade para se adaptar às circunstâncias fáticas" (STJ, Resp 602.382/MG, *cit.*).

[122] "A exegese do art. 656 do CPC [art. 848 do CPC/2015] torna indiscutível a circunstância de que a gradação de bens visa favorecer o credor/exequente, porquanto a nomeação pelo executado somente é válida e eficaz se obedecer a ordem legal e houver concordância daquele" (STJ, 1ª T., Resp 996.380/RS, Rel. Min. Luiz Fux, ac. 24.03.2009, *DJe* 30.04.2009). Mas, "havendo bens gravados, para garantia do debito, sobre eles haverá de recair a penhora" (STJ, 3ª T., MC 674/SP, Rel. Min. Eduardo Ribeiro, ac. 04.03.1997, *DJU* 14.04.1997, p. 12.734). E isto ocorrerá, "independentemente de nomeação" (STJ, 4ª T., AgRg no Ag 300.295/GO, Rel. Min. Barros Monteiro, ac. 16.10.2001, *DJU* 25.03.2002, p. 291). Havendo acordo do credor, no entanto, torna-se aceitável a substituição da penhora da garantia por outro bem indicado pelo executado (STJ, 4ª T., AgRg no Ag 35.855/GO, Rel. Min. Sálvio de Figueiredo Teixeira, ac. 24.06.1993, *DJU* 02.08.1993, p. 14.259).

[123] "É assente na jurisprudência desta Corte que a Fazenda Pública não é obrigada a aceitar bens nomeados à penhora, uma vez que, não obstante o princípio da menor onerosidade ao devedor, a execução é feita no interesse do credor, como dispõe o art. 612 do Código de Processo Civil [art. 797 do CPC/2015]. É majoritária

IV – houver recaído sobre bens penhorados ou objeto de gravame, quando outros livres existirem[124];

V – houver incidido sobre bens de baixa liquidez[125];

VI – tiver fracassado a tentativa de alienação judicial do bem.

Por iniciativa do exequente, é possível promover a substituição do bem penhorado, quando o gravame houver sido realizado por nomeação do devedor e este não tiver indicado o valor da coisa ou tiver omitido qualquer das indicações previstas em lei (art. 848, VII). É irrecusável o requerimento do executado, a qualquer tempo, para substituir o bem penhorado por dinheiro, em quantia que garanta adequadamente o valor da execução e seus complementos. Isto porque o dinheiro está em primeiro lugar na escala legal de preferência para a penhora, e nenhum outro bem o suplanta na capacidade de propiciar plena liquidez à execução por quantia certa.

Qualquer que seja a parte que tome a iniciativa de requerer a substituição, o juiz, antes de decidir, ouvirá a outra parte no prazo de três dias (art. 853, *caput*). Não há uma dilação probatória. O requerente deverá demonstrar suas alegações de imediato, argumentando com dados dos autos ou com provas pré-constituídas (ordinariamente, documentos).

No caso de falta de interessados na arrematação do bem penhorado, não há necessidade de se reiterar, em torno do mesmo bem, a tentativa frustrada de alienação. O desinteresse dos possíveis concorrentes, já demonstrado, evidencia a falta de liquidez do objeto constrito. Por isso, a pretensão de substituir a penhora deverá ser, de plano, deferida.

Não se há de pensar em embargos depois da nova penhora que substituiu ou ampliou a primitiva. A oportunidade legal dos embargos não mais leva em conta a ocorrência do gravame processual. O prazo flui da citação, independentemente da existência ou não de penhora, motivo pelo qual (a não ser os eventuais embargos à arrematação) não há lugar para se pensar em embargos à execução apenas porque a penhora se renovou. A eventual ilegalidade ou nulidade da nova penhora, se for o caso, poderá ser suscitada por simples petição, e será resolvida de plano pelo juiz, observado, naturalmente, o contraditório.

294. SUBSTITUIÇÃO POR INICIATIVA DO EXECUTADO

Além das hipóteses do art. 848, que são comuns a ambas as partes, a lei reconhece ao executado, particularmente, o direito de requerer a substituição do bem penhorado por indicação do credor ou iniciativa do oficial de justiça, na hipótese indicada no art. 847 (ver, *retro*, o item n. 279).

No sistema originário do Código de 1973, a substituição aludida só era facultada ao devedor quando este oferecesse dinheiro para substituir o bem penhorado. Após as reformas ocorridas no Código anterior e diante do art. 848 do CPC/2015, é possível obter êxito na pretensão de substituição por qualquer outro tipo de bem, desde que se proporcione menor onerosidade

---

a jurisprudência do STJ quanto à possibilidade de o exequente recusar bem localizado em outra comarca" (STJ, 2ª T., AgRg no Ag 1.278.118/SP, Rel. Min. Humberto Martins, ac. 13.04.2010, *DJe* 23.04.2010).

[124] "Se por um lado o art. 620 do CPC [art. 805 do CPC/2015] *assegura a promoção menos gravosa* da execução para o devedor, por outro, não se afigura sensato que esta seja feita pela forma mais *gravosa* ao credor, sendo plausível possibilitar a substituição de bem onerado por garantia real [em favor de terceiro] por outro livre e desimpedido que, à evidência, possui mais liquidez" (TJMG, 13ª C. Civ., Agravo de Instr. 1.0145.07.392566-4/001, Rel. Des. Cláudia Maia, ac. 05.06.2008, *DJe* 28.06.2008).

[125] "'Pode o credor-exequente, malgrado a ordem estabelecida no art. 655 do CPC [art. 835 do CPC/2015], recusar bens indicados à penhora e, por conseguinte, requerer que outros sejam penhorados caso verifique que aqueles sejam de difícil alienação' (Resp 573.638/RS, 2ª Turma, Rel. Min. João Otávio de Noronha, DJ de 7.2.2007)" (STJ, 1ª T., AgRg no Ag 1.104.354/SP, Rel. Min. Denise Arruda, ac. 16.04.2009, *DJe* 06.05.2009).

para o executado e se preserve a liquidez para o exequente. O pleito será processado de maneira sumária, baseando-se em simples petição, que será despachada de plano, sempre com prévia audiência da parte contrária (art. 847, § 4º).

A substituição por dinheiro continua sendo irrecusável porque situa-se esse bem no primeiro grau da escala de preferências para a penhora, previsto pelo art. 835. O exequente não tem como obstar a pretensão do executado em tal sentido. Se o objetivo da execução é obter uma quantia para realizar o pagamento a que tem direito o exequente, nada é mais líquido, para tanto, que o dinheiro.

Outros bens que se prestam a uma substituição irrecusável são a fiança bancária e o seguro garantia judicial, cuja liquidez é notoriamente reconhecida (art. 848, parágrafo único). (v., *adiante*, o item n. 281).

O requerimento de substituição está sujeito a alguns requisitos previstos no § 1º do art. 847. São eles:

I – quanto aos bens imóveis, devem ser comprovadas as respectivas matrículas e os por certidão do correspondente ofício;
II – quanto aos móveis, deverão ser particularizadas as suas propriedades e características, bem como o estado e o lugar em que se encontram;
III – quanto aos semoventes, devem ser especificados, com indicação da espécie, do número de cabeças, de marca ou sinal e do local em que se encontram;
IV – quanto aos créditos, deverá ser identificado o devedor, com descrição da origem da dívida, e do título que a representa e a data do respectivo vencimento;
V – qualquer que seja o bem indicado para a substituição da penhora, caberá ao executado atribuir-lhe valor, além de especificar os ônus e os encargos a que esteja sujeito.

295. AUSÊNCIA DE PREJUÍZO PARA O EXEQUENTE NA SUBSTITUIÇÃO

A primeira exigência do art. 847 é que a substituição pleiteada pelo executado não acarrete prejuízo algum para o exequente. Tal requisito é fora de cogitação quando a troca se faz por dinheiro, fiança bancária ou seguro garantia judicial, em virtude da evidente preferência legal por garantir a execução por meio desses bens dotados de extrema liquidez.

O prejuízo de que cogita o art. 847 corresponde à redução ou ausência de liquidez da execução. A troca por qualquer outro bem que torna a apuração do numerário para resgate da dívida ajuizada mais problemática, demorada ou custosa não pode ser acolhida.

Assim, o art. 848 deve ser, em regra, mas não obrigatoriamente, conjugado com o art. 847. Se a troca pretendida irá contrariar o que o primeiro dispositivo preconiza (*v.g.*, ofensa à gradação legal de preferência, ou à garantia vinculada ao pagamento etc.), não merecerá acolhida sob agasalho do segundo dispositivo. De fato, seria contraproducente deferir ao executado uma substituição (apoiada no art. 847) que, em seguida, se tornaria objeto de novo pedido de substituição, desta vez, pelo credor (apoiada no art. 848). Daí por que só é de admitir-se o exercício da faculdade assegurada ao executado pelo art. 847 se a nova escolha da penhora não entrar em colisão com os ditames do art. 848.

É claro, porém, que a ordem de preferência legal para a penhora e as regras de sua substituição não são rígidas e absolutas, podendo o juiz, à luz de particularidades do caso concreto e da lógica do razoável, flexibilizá-las quando necessária se fizer a adoção de critérios de maior equidade e justiça[126].

---

[126] STJ, 1ª T., Resp 992.524/ES, Rel. Min. Denise Arruda, ac. 03.04.2008, *DJe* 24.04.2008.

296. MENOR ONEROSIDADE PARA O EXECUTADO

A redução da onerosidade para o executado é exigência que, cumulativamente com a falta de prejuízo para o credor, deve ser satisfeita para que o pedido de substituição de penhora venha a ser deferido, segundo o previsto no art. 847.

O art. 805 traduz um princípio geral cuja repercussão deve atingir todas as execuções e todos os atos executivos: "Quando por vários meios o exequente puder promover a execução, o juiz mandará que se faça pelo modo menos gravoso para o executado".

Trata-se de uma regra de forma, cuja aplicação não pode afetar o direito material da parte (suprimindo, por exemplo, bens sobre os quais pesam privilégios derivados de direito real de garantia ou outras preferências legais ou contratuais); nem se há de tolerar a sujeição do credor a seguir formas comprometedoras da normal liquidez do processo executivo. A aferição da menor onerosidade para o devedor só será legitimamente feita quando não implicar aumento de onerosidade ou de dificuldade para a realização do direito do credor.

297. SUBSTITUIÇÃO DA PENHORA POR FIANÇA BANCÁRIA OU SEGURO

O parágrafo único do art. 848 permite que a penhora, qualquer que seja o seu objeto, possa ser substituída por fiança bancária ou seguro garantia judicial. A experiência já constava da Lei de Execuções Fiscais (art. 15, I) e, sem comprometimento da liquidez da garantia judicial, atende, quase sempre, ao princípio de que a execução deve ser promovida pela forma menos gravosa para o executado (art. 805)[127].

A norma afina-se com a jurisprudência do Superior Tribunal de Justiça, segundo o qual "o art. 15, I, da Lei n. 6.830/1980, confere à fiança bancária o mesmo *status* do depósito em dinheiro, para efeitos de substituição da penhora, sendo, portanto, instrumento suficiente para garantia do executivo fiscal"[128].

Pelo texto do parágrafo único do art. 848, a liquidez da fiança bancária foi estendida também ao seguro garantia judicial. Ambos se prestam, portanto, a substituir qualquer modalidade de penhora[129].

A exemplo do dinheiro, a substituição da penhora por fiança bancária ou seguro garantia judiciária, autorizada pelo parágrafo único do art. 848, não está sujeita ao prazo de dez dias do art. 847. Pode ser requerida a qualquer tempo, antes de iniciada a expropriação, pois representa

---

[127] MELO, Gustavo de Medeiros. Seguro Garantia Judicial: Aspectos processuais e materiais de uma figura ainda desconhecida. *Rev. Forense*, v. 415, p. 423 a 443, jan-jun/2012: "O texto analisa a função do seguro garantia judicial previsto no sistema jurídico pela Lei n. 11.382/2006 como mais uma forma de garantia apta a ser utilizada pelo devedor no processo judicial."" (...) Por serem automaticamente conversíveis em dinheiro ao final do feito executivo, a fiança bancária e o seguro garantia judicial acarretam a harmonização entre o princípio da máxima eficácia da execução para o credor e o princípio da menor onerosidade para o executado, a aprimorar consideravelmente as bases do sistema de penhora judicial e a ordem de gradação legal de bens penhoráveis, conferindo maior proporcionalidade aos meios de satisfação do crédito ao exequente" (STJ, 3ª T., Resp, 1.691.748/PR, Rel. Min. Ricardo Villas Bôas Cueva, ac. 07.11.2017, *DJe* 17.11.2017).

[128] STJ, 2ª T., Resp 660.288/RJ, Rel. Min. Eliana Calmon, ac. 13.09.2005, *DJU*, 10.10.2005, p. 311. Cf., também, STJ, 1ª T., Resp 534.710/SC, Rel. Min. Francisco Falcão, ac. 25/11/2003, *DJU* 22.03.2004, p. 229, *RSTJ* 181/108.

[129] A fiança bancária – como já se decidiu – pode substituir a penhora de percentual de faturamento, porque tem o mesmo *status* de garantia desta, e pode ser menos onerosa para o devedor, sendo de evitar-se a penhora sobre a receita, cuja admissibilidade deve dar-se de maneira excepcional, já que interfere diretamente no funcionamento da empresa executada (STJ, 2ªT., Resp. 660.288/RJ *cit*.). "(...) Dentro do sistema de execução, a fiança bancária e o seguro garantia judicial produzem os mesmos efeitos jurídicos que o dinheiro para fins de garantir o juízo, não podendo o exequente rejeitar a indicação, salvo por insuficiência, defeito formal ou inidoneidade da salvaguarda oferecida" (STJ, 3ª T., Resp, 1.691.748/PR, *cit*).

um verdadeiro expediente de incremento da liquidez da execução, mediante facilitação evidente dos meios de apuração do numerário perseguido pela execução por quantia certa.

A lei fala em substituir a penhora por fiança ou seguro, o que não quer dizer que se tenha de exigir primeiro a penhora para depois substituí-la pela garantia bancária ou securitária. Como bem observa Ernane Fidélis dos Santos, a substituição pode dar-se, a requerimento do devedor, em qualquer momento, e até mesmo antes de a penhora se consumar. "Em outras palavras, a garantia pode ser prestada antes mesmo da penhora, ou em substituição a ela"[130].

Como regra geral, haverá de se manter a possibilidade de substituição de qualquer penhora, inclusive a do saldo bancário, pela fiança bancária, como, aliás, já se reconheceu na jurisprudência em torno do Código de 1973.[131] Nessa linha, o CPC/2015 contém dispositivo especial em que se declara a equiparação a dinheiro da fiança bancária e do seguro garantia judicial, para efeito de substituição da penhora (art. 835, § 2º). Portanto, se o valor da garantia cobrir o débito exequendo, "mais trinta por cento", o dispositivo em questão assegurará a substituição da penhora *on-line*, cumprindo, assim, o princípio geral da execução pelo modo menos gravoso para o devedor (CPC/2015, art. 805). O seguro garantia judicial, como uma das diversas modalidades de seguro garantia, acha-se regulamentado pela Circular n. 232 da Superintendência de Seguros Privados (SUSEP), de 3 de junho de 2003, devendo garantir o valor inicial da execução mais 30%, conforme exige a parte final do parágrafo único do art. 848.

A substituição autorizada pelo dispositivo em foco depende, em primeiro lugar, de requerimento do executado, que virá acompanhado da apólice do seguro especial ajustado nos moldes da Circular 232, cuja aceitação em juízo dependerá de sua idoneidade para garantir a execução.[132] Estando em ordem o pedido do executado, não há motivo algum para deixar de acolhê-lo, tendo em conta a equiparação feita pelo CPC/2015 (art. 523, § 1º), para efeito de

---

[130] SANTOS, Ernane Fidélis dos. *As reformas de 2006 do Código de Processo Civil: execução dos títulos extrajudiciais*. São Paulo: Saraiva, 2007, p. 54.

[131] Em matéria de gradação da preferência para penhora, "o dinheiro encontra-se em primeiro lugar na lista e a fiança bancária, em face da supracitada norma, foi a ele equiparada" (STJ, 2ª T., Resp. n. 1.223.540/RS, Rel. Min. Mauro Campbell Marques, ac. 07.04.2011, *DJe* 15.04.2011). Mesmo quando não se reconhece supremacia da fiança bancária sobre o ativo financeiro, "admite-se, em caráter excepcional, a substituição de um (dinheiro) por outro (fiança bancária), mas somente quando estiver comprovada de forma irrefutável, perante a autoridade judicial, a necessidade de aplicação do princípio da menor onerosidade (art. 620 do CPC)" (STJ, 1ª Seção, EREsp. n. 1.077.039/RJ, Rel. Min. Herman Benjamin, ac. 09.02.2011, *DJe* 12.04.2011). Altamente expressivo é o seguinte aresto: "3. Conquanto o regime das Leis 11.232/2005, 11.280/2006 e 11.386/2006 tenha atribuído mais força ao Estado em sua intervenção sobre o patrimônio do devedor, não resta revogado o princípio da menor onerosidade disciplinado no art. 620 do CPC. Não é possível rejeitar o oferecimento de fiança bancária para garantia de execução meramente com fundamento em que há numerário disponível em conta-corrente para penhora. 4. A Lei Civil atribui, ao devedor, a possibilidade de substituição da penhora por 'fiança bancária ou seguro garantia judicial, em valor não inferior ao débito, mais 30% (trinta por cento)' (art. 656, § 2º, do CPC). ... 6. A paralisação de recursos, em conta-corrente, superiores a R$ 1.000.000,00 gera severos prejuízos a qualquer empresa que atue em ambiente competitivo. 7. Recurso especial parcialmente conhecido e, nessa parte, provido para o fim de autorizar o oferecimento de Carta de Fiança pelo devedor, desde que esta cubra a integralidade do débito mais 30%" (STJ, 3ª T., Resp. n. 1.116.647/ES, Rel. Min. Nancy Andrighi, ac. 15.03.2011, *DJe* 25.03.2011).

[132] É idônea a garantia do seguro se a apólice for emitida por seguradora em funcionamento regular; tiver prazo de duração para acompanhar todo o desenrolar da execução; não se sujeitar à perda de eficácia em caso de inadimplemento do prêmio; e for apta a proporcionar o efeito imediato correspondente ao depósito da soma garantida, tão logo acionada, a garantia, pelo órgão judicial (Cf. MELO, Gustavo de Medeiros. Seguro garantia judicial: aspectos processuais e materiais de uma figura ainda desconhecida. *Rev. Forense*, v. 415, jan-jun/ 2012, p. 429). A exemplo da fiança bancária, o seguro garantia pode substituir qualquer tipo de penhora, inclusive a de dinheiro, desde que demonstre o executado que a segurança atual da execução se revela insuportável, por inviabilizar sua atividade econômica (STJ, 1ª Seção, EREsp 1.077.039/RJ, Rel. p/ ac. Min. Herman Benjamin, ac. 09.02.2011, *DJe* 12.04.2011).

substituição da penhora, entre o dinheiro e a fiança bancária e o seguro garantia judicial. Ademais, para as obrigações por quantia certa, "dentro do sistema de execução, a fiança bancária e o seguro garantia judicial produzem os mesmos efeitos jurídicos que o dinheiro para fins de garantir o juízo, não podendo o exequente [no entender do STJ] rejeitar a indicação, salvo por insuficiência, defeito formal ou inidoneidade da salvaguarda oferecida"[133].

297-A. MOMENTO DA SUBSTITUIÇÃO DA PENHORA POR FIANÇA BANCÁRIA OU SEGURO-GARANTIA JUDICIAL

Os contratos extrajudiciais de fiança bancária ou de seguro-garantia não são penhora, mas negócio jurídico material que podem substituir o ato processual executivo da penhora. Duas são as oportunidades em que o CPC autoriza a substituição da penhora por seus equivalentes, isto é, pela fiança ou pelo seguro-garantia: (a) na fase inicial reservada à nomeação de bens à penhora, oportunidade em que a medida extrajudicial funciona em caráter preventivo, afastando a constrição de bens iminente (art. 835, § 2º); e (b) nos dez dias subsequentes à intimação da penhora já praticada, caso em que os bens constritos são liberados e a garantia negocial substitui a penhora extinta (art. 848, parágrafo único).

Segundo jurisprudência do STJ, a substituição de penhora em dinheiro por seguro-garantia, é direito do executado, mesmo com oposição do credor[134].

297-B. LIQUIDAÇÃO DA FIANÇA BANCÁRIA E DO SEGURO-GARANTIA

A liquidação da fiança bancária ou do seguro-garantia (i.e., sua conversão em dinheiro) pelo garantidor não é imediata. Deve ocorrer quando o executado deixa de opor embargos à execução no prazo legal, ou após a sentença de rejeição dos embargos tempestivamente propostos.

A fiança e o seguro, na espécie, funcionam como caução cuja exigibilidade pressupõe o não pagamento do débito exequendo pelo executado, no momento processual que este se torne efetivamente exigível da parte acobertada pela garantia fidejussória ou securitária.

Em relação ao seguro-garantia, o sinistro que torna exigível a respectiva cobertura assumida pela seguradora ocorre justamente quando o segurado, no final do processo tem sua defesa rejeitada por sentença definitiva.

Desse modo, não se pode acolher a pretensão comumente manifestada pela Fazenda Pública Federal nas execuções fiscais de exigir prematuramente a conversão da fiança bancária ou do seguro garantia em depósito judicial, para permitir o imediato repasse à conta única do Tesouro Nacional (Lei nº 14.973/2024, art. 41, *caput*)[135].

---

[133] STJ, 3ª T., Resp 1.691.748/PR, Rel. Min. Ricardo Villas Bôas Cueva, ac. 07.11.2017, *DJe* 17.11.2017. Consta, ainda, do acórdão que "por serem automaticamente conversíveis em dinheiro ao final do feito executivo, a fiança bancária e o seguro garantia judicial acarretam a harmonização entre o princípio da máxima eficiência da execução para o credor e o princípio da menor onerosidade para o executado, a aprimorar consideravelmente as bases do sistema de penhora judicial e a ordem de gradação legal de bens penhoráveis, conferindo maior proporcionalidade aos meios de satisfação do crédito ao exequente".

[134] STJ, 3ª T., REsp 2.034.482/SP, Rel. Min. Nancy Andrighi, ac. 21.03.2023, *DJe* 23.03.2023.

[135] "1. O levantamento da fiança bancária oferecida como garantia da execução fiscal fica condicionado ao trânsito em julgado da respectiva ação". 2. A leitura sistemática da Lei n.º 6.830/80 aponta que o legislador equiparou a fiança bancária ao depósito judicial como forma de garantia da execução, conforme se depreende dos dispostos dos artigos 9º, § 3º e 15, da LEF, por isso que são institutos de liquidação célere e que trazem segurança para satisfação ao interesse do credor. 3. O levantamento de depósito judicial em dinheiro depende do trânsito em julgado da sentença, nos termos do art. 32, § 2º, daquele dispositivo normativo. Precedentes: REsp 543.442/PI, Rel. Ministra Eliana Calmon, DJ 21/06/2004; EREsp 479.725/BA, Rel. Ministro José Delgado, DJ 26/09/2005. 4. À luz do princípio *ubi eadem ratio ibi eadem dispositio*, a equiparação dos institutos – depósito

Em doutrina o entendimento predominante é o mesmo da jurisprudência: "em momento algum, o legislador processual previu a possibilidade de 'liquidação' da fiança bancária ou do seguro garantia, para fins de conversão em depósito judicial"[136].

298. LIBERAÇÃO DA PENHORA POR REMIÇÃO

Remir a execução por quantia certa consiste em pagar, a qualquer tempo, a dívida exequenda, direito que assiste ao devedor e a qualquer terceiro interessado ou não na obrigação (CPC/2015, art. 826; CC, arts. 304 e 335, I e III).

Resgatado o débito a que se refere o título executivo, extingue-se o processo e, com ele, a penhora. Levantam-se os bens constritos, restituindo-os à parte que se achava sujeita ao gravame judicial.

O resgate pode dar-se por meio de pagamento direto ao exequente, ou por consignação do *quantum debeatur* nos autos da execução (sobre o tema ver, *retro*, o n. 248).

Como a alienação judicial só se aperfeiçoa com a assinatura do respectivo auto, mesmo após a arrematação ou o deferimento da adjudicação, é ainda possível ao executado, ou alguém por ele, proceder ao pagamento do débito exequendo e, assim, realizar a remição capaz de extinguir a execução e impedir a conservação da expropriação do bem penhorado[137]. Assinado, portanto, o auto, extinguir-se-á o direito de salvar dito bem da execução[138].

---

judicial e fiança bancária - pelo legislador e pela própria jurisprudência deste e. Superior Tribunal de Justiça impõe tratamento semelhante, o que vale dizer que a execução da fiança bancária oferecida como garantia da execução fiscal também fica condicionado ao trânsito em julgado da ação satisfativa (STJ, 1ª T., REsp 1.033.545/RJ, Rel. Min. Luiz Fux, ac. 28.04.2009, *DJe* 28.05.2009).

[136] "Mas, para seguir prestigiando o postulado da especialidade normativa, como tradicionalmente o fez a jurisprudência do STJ, *há de ser reconhecida a ausência de autorizativo legal para liquidação antecipada do seguro judicial de maneira indistinta*" (g.n.) (LINS, Roberto Maia; FERNANDES, Pablo Gurgel; REQUE, Taísa Silva. A liquidação antecipada do seguro garantia no processo judicial tributário federal: um mecanismo *sui generis* de execução. *Revista de Processo*, São Paulo, v. 345, p. 329, nov. 2023).

[137] "Portanto, conclui-se que o direito de remição da execução pode ser exercido até a assinatura do auto de arrematação" (STJ, 3ª T., RMS 31.914/RS, Rel. Min. Massami Uyeda, ac. 21.10.2010, *DJe* 10.11.2010).

[138] "O pagamento da dívida após a assinatura do auto de arrematação não tem o condão de remir a execução, consoante dispõe o art. 651 do Código de Processo Civil" [art. 826 do CPC/2015] (STJ, 3ª T., AgRg no Ag 1.116.932/RJ, Rel. Min. Vasco Della Giustina, ac. 08.02.2011, *DJe* 14.02.2011).

Fluxograma n. 8 – Penhora de dinheiro em depósito ou em aplicação financeira (Penhora *on-line*) (art. 854)

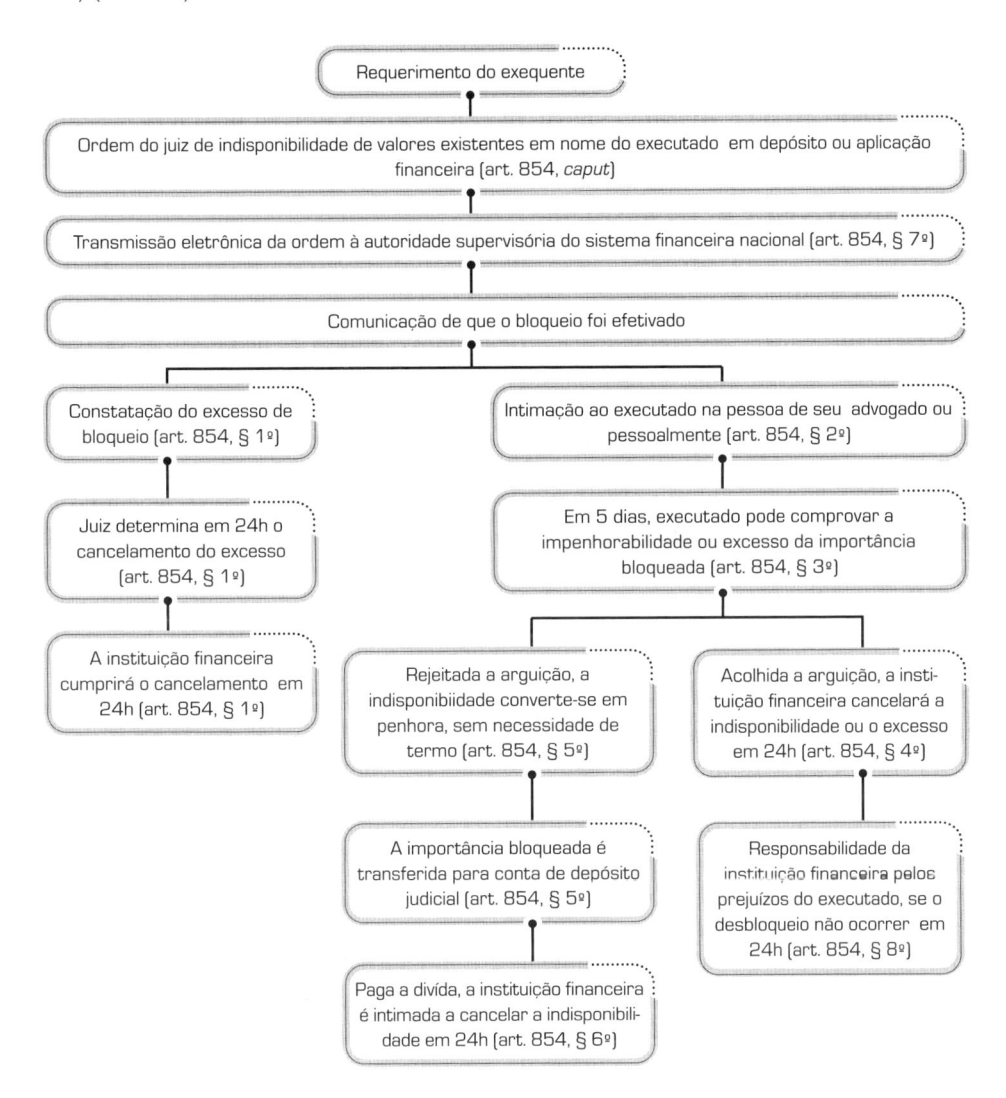

```
                    Requerimento do exequente
                              │
                              ▼
  Ordem do juiz de indisponibilidade de valores existentes em nome do executado em depósito ou aplicação
                              financeira (art. 854, caput)
                              │
                              ▼
  Transmissão eletrônica da ordem à autoridade supervisória do sistema financeira nacional (art. 854, § 7º)
                              │
                              ▼
              Comunicação de que o bloqueio foi efetivado
                 ┌────────────┴────────────┐
                 ▼                         ▼
   Constatação do excesso de      Intimação ao executado na pessoa de seu advogado ou
   bloqueio (art. 854, § 1º)      pessoalmente (art. 854, § 2º)
                 │                         │
                 ▼                         ▼
   Juiz determina em 24h o        Em 5 dias, executado pode comprovar a
   cancelamento do excesso        impenhorabilidade ou excesso da importância
   (art. 854, § 1º)               bloqueada (art. 854, § 3º)
                 │                ┌────────┴────────┐
                 ▼                ▼                 ▼
   A instituição financeira   Rejeitada a arguição, a    Acolhida a arguição, a insti-
   cumprirá o cancelamento em indisponibiidade converte-se em tuição financeira cancelará a
   24h (art. 854, § 1º)       penhora, sem necessidade de indisponibilidade ou o excesso
                              termo (art. 854, § 5º)      em 24h (art. 854, § 4º)
                                       │                         │
                                       ▼                         ▼
                              A importância bloqueada é   Responsabilidade da
                              transferida para conta de depósito instituição financeira pelos
                              judicial (art. 854, § 5º)   prejuízos do executado, se o
                                       │                  desbloqueio não ocorrer em
                                       ▼                  24h (art. 854, § 8º)
                              Paga a divída, a instituição financeira
                              é intimada a cancelar a indisponibili-
                              dade em 24h (art. 854, § 6º)
```

Capítulo XXI
EXECUÇÃO POR QUANTIA CERTA: DEPÓSITO E ADMINISTRAÇÃO DOS BENS PENHORADOS

299. DEPÓSITO DOS BENS PENHORADOS

Nosso Código considera feita a penhora "mediante a apreensão e o depósito dos bens" (CPC/2015, art. 839).

Como ensina Satta, o ato da penhora, formalmente, compõe-se da procura e escolha do bem a penhorar, bem como de sua efetiva apreensão. Materialmente, porém, consiste na subtração do bem apreendido à administração do devedor, mercê da entrega a um depositário.[1]

Assim, usa a lei de dois expedientes para assegurar a conservação da coisa penhorada: juridicamente torna ineficaz as transferências dominiais do devedor sobre a coisa; e, fisicamente, submete a mesma coisa a uma custódia obrigatória, "depósito esse que pode ser atribuído a um terceiro, ao próprio credor, ou também ao devedor, mas que, em qualquer caso, investe o sujeito de particulares poderes (de caráter público), que o colocam junto ao juiz, como seu auxiliar".[2]

Implica a penhora, destarte, a retirada dos bens da posse direta do executado, o que faz do depósito um elemento constitutivo essencial do ato, que, imediatamente, deve ser documentado num auto, com os requisitos do art. 838.

Esse auto de penhora e depósito é uno e também exerce relevante função no processo executivo, sendo mesmo considerado "elemento essencial de formalização de penhora".[3] "Se houve a penhora e o depositário não assinou o auto de penhora, penhora não houve".[4] Não se trata, porém, de vício insanável, pois se considera apenas "irregularidade formal sanável"[5], cumprindo ao juiz apenas ordenar a diligência tendente à coleta da assinatura faltante[6].

Mesmo que a execução prossiga e chegue à expropriação do bem penhorado, sem a assinatura do depositário no auto de depósito, razão não haverá para anulação do processo, nem da hasta pública, se os executados oferecerem embargos à execução, sem sofrer prejuízo processual algum em sua defesa, limitando-se tardiamente a arguir a irregularidade formal da penhora[7].

Convém ressaltar que a regra é aplicável, com todo rigor, à penhora das coisas corpóreas, em relação às quais o risco físico de consumação ou desvio é real e muito grande.

Não tem aplicação significativa a figura do depósito em caso de bens incorpóreos como *direitos* e *ações*, mormente quando a penhora se cumpre por meio de averbação no *rosto dos autos*. Uma simples certidão do escrivão do feito é o suficiente para aperfeiçoamento do ato

---

[1] SATTA, Salvatore. *L'esecuzione forzata*. 4. ed. Torino: Torinense, 1963, n. 58, p. 95.
[2] MICHELI, Gian Antonio. *Curso de Derecho Procesal Civil*. Buenos Aires: EJEA, 1970, v. III, p. 162.
[3] NEVES, Celso. *Comentários ao Código de Processo Civil*. Rio de Janeiro: Forense, 1975, v. VII n. 23, p. 53.
[4] PONTES DE MIRANDA. *Comentários ao Código de Processo Civil*. Rio de Janeiro: Forense, 1961, v. XIII, p. 244.
[5] STJ, 4ª T., Resp 990.502/MS, Rel. Min. Fernando Gonçalves, ac. 06.05.2008, ac. DJe 19.05.2008.
[6] STJ, 4ª T., Resp 15.713/MG, Rel. Min. Sálvio de Figueiredo Teixeira, ac. 04.12.1991, DJU 24.02.1992, p. 1.876.
[7] "*A penhora deve ser real*, com a *efetiva apreensão do bem*. Daí que se completa com o depósito. A falta de declaração de que esse se realizou, entretanto, não haverá de conduzir a nulidade de todo o processo de execução, que se exauriu com realização de hasta pública e pagamento ao credor. Tanto mais que os executados oferecem embargos à execução, não tendo havido o menor prejuízo" (STJ, 3ª T., Resp 85.471/AL, Rel. Min. Eduardo Ribeiro, ac. 06.05.1997, DJU 09.06.1997, p. 25.534).

executivo (art. 860). Da mesma forma, a penhora sobre crédito do executado junto a terceiro realiza-se por meio de intimação ao devedor para não satisfazer a obrigação senão por ordem judicial (art. 855, I). Feita a intimação, independentemente de recibo ou termo de depósito, o executado passa a ser considerado automaticamente como depositário judicial da quantia devida, por força da própria lei. Não lhe cabe evitar esse encargo, recusando-se a firmar compromisso de depositário. Sua situação jurídica não muda pela falta de tal termo.

Mesmo, porém, no caso de depósito presumido ou compulsório, a parte que tem motivos pessoais para não aceitar o encargo, não pode ser coativamente compelida a assumi-lo[8].

A irrelevância da omissão do comprometimento de depositário, nota-se também na penhora de imóvel ou de veículos automotores feita à luz dos dados extraídos da matrícula no registro competente, em que o § 1º do art. 845 atribui ao proprietário o respectivo depósito, mesmo sem sua presença ao termo lavrado pelo escrivão. Mais uma vez se está diante de depósito legal e não voluntário (ver, retro, o Cap. n. IX)[9].

Também na penhora de dinheiro em depósito bancário, ou em aplicação financeira (art. 854), o STJ entende que não há obrigatoriedade da lavratura do auto de penhora e depósito[10].

Mas, fora esses casos excepcionais, as demais hipóteses que envolvem apreensão física das coisas penhoradas, a essencialidade do depósito à ordem judicial é irrecusável e sua prática tem de respeitar os ditames do art. 838.

A exigência dos requisitos do art. 838 tem o importante significado de fazer atuar as seguintes funções que são próprias da penhora: "pela data, tem-se elemento determinante *da prioridade*; pelos nomes das partes, a identificação subjetiva da relação jurídica ajuizada; pela descrição dos bens, a determinação da responsabilidade, *in casu*; pela nomeação do depositário, a segurança da conservação e oportuna entrega, segundo o *eventus* do processo".[11]

300. NOMEAÇÃO DO DEPOSITÁRIO

A nomeação do depositário é ato que integra o cumprimento do mandado executivo. Cabe, pois, em princípio, ao próprio oficial de justiça escolher o depositário e atribuir-lhe o encargo judicial, mediante assinatura do termo de depósito, que integra o auto de penhora.

A escolha do depositário, no Código anterior, recaía normalmente sobre a pessoa do executado, e somente em caso de discordância do exequente é que se confiavam os bens penhorados a outro depositário, conforme dispunha o *caput* do art. 666 do CPC/1973, em seu texto primitivo.

---

[8] "O encargo de depositário de bens penhorados pode ser expressamente recusado" (Súmula 319/STJ). "1. O sócio administrador de empresa não pode ser obrigado a aceitar o encargo de depositário judicial. 2. O nomeado compulsoriamente e contra a sua vontade pode se eximir do encargo. Art. 5º, II da Constituição Federal" (STJ, 4ª T., HC 71.222/SP, Rel. Min. Hélio Quaglia Barbosa, ac. 13.02.2007, *DJU* 12.03.2007, p. 234).

[9] Atribuído o depósito do imóvel ao executado, mesmo que este se recuse a assinar o respectivo auto, após sua devida leitura, a certidão do oficial de justiça acerca do ocorrido supre a ausência da assinatura do depositário, diante da fé pública do serventuário (STJ, 4ª T., Resp 122.748/MG, Rel. Min. Barros Monteiro, ac. 21.03.2000, *DJU* 05.06.2000, p. 163).

[10] "(...) CUMPRIMENTO DE SENTENÇA. PENHORA *ON-LINE*. AUSÊNCIA DE TERMO (...). Havendo penhora *on-line*, não há expedição de mandado de penhora e de avaliação, uma vez que a constrição recai sobre numerário encontrado em conta-corrente do devedor, sendo desnecessária diligência além das adotadas pelo próprio magistrado por meio eletrônico" (STJ, 3ª T., Resp 1.195.976/RN, Rel. Min. João Otávio de Noronha, ac. 20.02.2014, *DJe* 05.03.2014).

[11] NEVES, Celso. *Op. Cit.*, n. 23, p. 53.

Atualmente, não há mais a preferência genérica em favor do executado (isto é, do dono dos bens penhorados). O encargo de depositário somente por exceção ser-lhe-á atribuído. A regra geral é o deslocamento do bem penhorado para a guarda de outrem[12].

Em três situações excepcionais o executado assumirá o encargo, segundo a previsão do art. 840 do CPC/2015:

a) quando for penhorado imóvel rural, direito aquisitivo sobre imóvel rural, máquinas, utensílios e instrumentos necessários ou úteis à atividade agrícola.[13] Nesta hipótese, será necessária a prestação de caução idônea (art. 840, III);

b) quando houver expressa anuência do exequente, qualquer que seja o bem penhorado; de modo que não é mais a impugnação de exequente que afasta o executado da função de depositário, mas é a liberdade do credor que permite, eventualmente, assunção do encargo processual pelo devedor (art. 840, § 2º);

c) serão mantidos em poder do executado (que assumirá o encargo de depositário), os bens penhorados que forem de difícil remoção (v.g., maquinário industrial instalado e em funcionamento na fábrica ou estabelecimento do devedor) (art. 840, § 2º).[14]

301. DEPÓSITO DOS BENS MÓVEIS, SEMOVENTES, IMÓVEIS URBANOS E DIREITOS AQUISITIVOS SOBRE IMÓVEIS URBANOS

Dispõe o inciso II do art. 840 do CPC/2015 que os bens móveis, semoventes, imóveis urbanos e direitos aquisitivos sobre imóveis urbanos serão depositados em poder do depositário judicial. Entretanto, excepcionalmente, não havendo depositário judicial, os bens ficarão em poder do exequente (§ 1º). Assim, a regra é a nomeação de um depositário judicial.

O atual Código adotou, destarte, orientação um pouco diversa da legislação anterior. Isto porque entre os bens que normalmente se conservavam com o executado, destacavam-se os imóveis, que não corriam risco algum de desvio e, de ordinário, não reclamavam guarda por terceiro, tornando a medida desnecessariamente onerosa para o executado. Justificava-se tal sistemática com o argumento de que a constituição de um terceiro como depositário, sem maior utilidade para o processo, aumentaria seu custo, contrariando o princípio de que, sempre que possível, a execução deve realizar-se pela forma menos gravosa para o devedor (CPC/2015, art. 805).

Por isso, em relação aos imóveis em geral, mandava a regra especial do art. 659, § 5º, do CPC/1973, que a penhora, após o respectivo termo, fosse intimada ao executado, ficando este,

---

[12] "6. Embora tenha sido alterada a regra geral no tocante à nomeação do depositário de bens constritos para a garantia da execução (art. 666, § 1º), sendo tal encargo, após a Lei 11.382/2006, preferencialmente atribuído a outrem que não o próprio devedor, essa nova regra, de fato, não é absoluta, devendo ser cotejada com as demais regras e princípios do processo de execução, notadamente, o da menor onerosidade, prevista no art. 620 do CPC [art. 805 do CPC/2015]. 7. Além das hipóteses de concordância do credor e de dificuldade de remoção do bem constrito (art. 666, § 1º do CPC) [art. 840, § 2º do CPC/2015], o devedor poderá permanecer na sua posse, exercendo o encargo de depositário, quando a remoção do bem puder lhe causar evidentes prejuízos" (STJ, 3ª T., Resp 1.304.196/SP, Rel. Min. Nancy Andrighi, ac.10.06.2014, DJe 18.06.2014. No mesmo sentido: STJ, 4ª T., AgRg no AREsp 418.768/MS, Rel. Min. Luis Felipe Salomão, ac. 21.08.2014, DJe 26.08.2014).

[13] Para José Miguel Garcia Medina, essa regra também pode ser aplicada, analogicamente, aos casos em que "se penhora imóvel urbano não residencial (p. ex., depósito utilizado pelo executado)" (MEDINA, José Miguel Garcia. Direito processual civil moderno. ed. rev., atual. e ampl. São Paulo: Editora Revista dos Tribunais, 2016, p. 1128).

[14] José Miguel Garcia Medina exemplifica a regra com o imóvel em que reside o executado, nos casos que excepcionam a regra da impenhorabilidade do bem de família (Op. Cit., loc. Cit.).

por força do ato processual, constituído depositário. Quer isto dizer que o devedor, *in casu*, recebia o encargo de depositário *ex vi legis*. Era um depositário legal, independentemente de compromisso formal e expresso. O sistema era, como se vê, muito simples e econômico. Sem embargo disso, a norma, como antes se afirmou, foi alterada pelo CPC/2015. Atualmente, o imóvel ficará depositado em poder do depositário judicial e, não o havendo, em poder do exequente. O executado, destarte, não é mais depositário de seus bens imóveis, a não ser no caso dos imóveis rurais (art. 840, III).

Nada impede, porém, que o exequente, em nome da economia processual, concorde em que o depósito do imóvel seja confiado ao executado que já detém a respectiva posse. É uma solução de bom senso, que a lei não veda e, ao contrário, autoriza (art. 840, § 2º)[15]. Mesmo sem a concordância do exequente, o STJ tem admitido que o juiz atribua o depósito ao executado, para cumprir a regra da menor onerosidade e evitar prejuízos que a remoção dos bens penhorados fatalmente acarretaria ao executado[16].

Por outro lado, quando o art. 840, II, fala em confiar ao depositário judicial "os direitos aquisitivos sobre imóveis", não está se referindo ao direito real propriamente dito – pois direito como ente abstrato não se deposita –, mas ao imóvel objeto do referido direito.

302. DEPÓSITO NO CASO DE SALDO BANCÁRIO OU APLICAÇÃO FINANCEIRA

O depósito do dinheiro penhorado em mãos do executado faz-se, preferencialmente, em estabelecimento oficial de crédito, ou, na falta deste, em qualquer instituição de crédito designada pelo juiz, segundo dispõe o art. 840, I. Entretanto, o STF considerou inconstitucional a exigência do art. 535, § 3º, II, que prevê depósito judicial apenas em banco oficial, e conferiu interpretação conforme à Constituição do mesmo dispositivo para que a expressão "agência" nele referida seja entendida como referente a "instituição financeira pública ou privada". Declarou, ainda, inconstitucional a expressão "na falta desses estabelecimentos" do art. 840, I, de maneira que em interpretação conforme se entenda que poderá a administração do tribunal efetuar os depósitos judiciais: "(a) no Banco do Brasil, na Caixa Econômica Federal ou em banco do qual o Estado ou o Distrito Federal possua mais da metade do capital social integralizado; ou (b) não aceitando o critério preferencial proposto pelo legislador e observada a realidade do caso concreto, os regramentos legais e os princípios constitucionais aplicáveis, realizar procedimento licitatório visando à escolha da proposta mais adequada para a administração dos recursos dos particulares".[17]

No caso, porém, de dinheiro em depósito bancário ou objeto de aplicação financeira, não cabe o deslocamento do numerário para outra instituição de crédito, mesmo não sendo oficial o estabelecimento que o tem em seu poder. A penhora se faz, *in casu*, mediante bloqueio junto ao Banco Central, com notificação à instituição competente, a qual responderá, daí em diante,

---

[15] "A constituição do executado como depositário é medida que tende a agilizar o processo, é menos dispendioso, eliminando gastos com depositário judicial, e, além disso, é medida que atende ao disposto no art. 805 do CPC/2015, já que menos onerosa ao executado" (MEDINA, José Miguel Garcia. *Novo Código de Processo Civil Comentado*. 3. ed. São Paulo: Ed. RT, 2015, p. 1.139). A jurisprudência estimula essa orientação: "o devedor poderá permanecer na sua posse, exercendo o encargo de depositário, quando a remoção do bem puder lhe causar evidentes prejuízos" (STJ, 3ªT., Resp. 1.304.196/SP, Rel. Min. Nancy Andrighi, ac. 10.06.2014, *DJe* 18.06.2014). Pense-se, por exemplo, na penhora sobre a sala de escritório profissional ou do imóvel de residência do executado, quando penhorável.

[16] STJ, 3ª T., Resp 1.304.196/SP, Rel. Min. Nancy Andrighi, ac. 10.06.2014, *DJe* 18.06.2014.

[17] STF, Pleno, ADI 5.737/DF, Rel. p/ac. Min. Roberto Barroso, ac. 25.04.2023, *DJe* 27.06.2023. Constou do acórdão que "a obrigatoriedade de depósitos judiciais e de pagamento de obrigações de pequeno valor em bancos públicos cerceia a autonomia dos entes federados e configura ofensa aos princípios da eficiência administrativa, da livre concorrência e da livre iniciativa".

perante o juízo da execução como depositária judicial da soma penhorada.[18] Mas, a soma penhorada será transferida para conta especial, vinculada ao juízo da execução (art. 854, § 5º).

Com relação aos depósitos judiciais em geral, o art. 1.058 do CPC/2015 estabeleceu que, quando houver recolhimento de importância em dinheiro, esta será depositada em nome da parte ou do interessado, em conta especial movimentada por ordem do juiz, nos termos do art. 840, I, do CPC/2015. Ou seja, as quantias deverão ser depositadas preferencialmente no Banco do Brasil, na Caixa Econômica Federal ou em banco do qual o Estado ou o Distrito Federal possua mais da metade do capital social integralizado. E, na falta desses estabelecimentos, em qualquer instituição de crédito designada pelo juiz.

Está assente em jurisprudência sumulada do STJ que: *(i)* "o estabelecimento de crédito que recebe dinheiro, em depósito judicial, responde pelo pagamento da correção monetária relativa aos valores recolhidos" (Súmula n. 179); e que *(ii)* "a correção monetária dos depósitos judiciais independe de ação específica contra o banco depositário" (Súmula n. 271).[19] Além disso "a correção monetária dos depósitos judiciais deve incluir os expurgos inflacionários"[20].

303. DEPÓSITO EM CASO DE PENHORA SOBRE JOIAS, PEDRAS E OBJETOS PRECIOSOS

Exige o § 3º do art. 840 do CPC/2015 que o depósito de joias, pedras e objetos preciosos, quando penhorados (caso em que serão recolhidos em estabelecimentos bancários, de preferência oficiais), se faça necessariamente "com registro do valor estimado de resgate".

Assim, a qualquer tempo, será facilitada a liberação dos bens preciosos, mediante sub-rogação da penhora no numerário que vier a ser utilizado no respectivo resgate. Fixado previamente o valor de resgate, evitar-se-ão controvérsias ao tempo da liberação, e a liquidez da execução será maior.

304. FUNÇÃO DO DEPOSITÁRIO

Dada a finalidade da penhora, que é a de determinar o bem sobre o qual se realizará a expropriação, sujeitando-o à execução forçada, o *depositário*, como responsável pela sua conservação, assume posição de "figura essencial da penhora".[21]

Sua função no processo é a de "auxiliar da justiça" (CPC/2015, art. 159). "O ato executivo do depósito não se confunde com o depósito convencional regulado no direito privado. O depósito de bem penhorado é de direito processual".[22]

> "As funções do depositário, por isso mesmo, são de direito público. Ele é a longa *manus* do juízo da execução, seu auxiliar e órgão do processo executivo, com poderes e deveres próprios no exercício de suas atribuições."[23]

---

[18] "Penhora em dinheiro de instituição financeira, devedora em processo de execução. Desnecessidade de que o valor penhorado seja depositado em outra instituição financeira oficial" (STJ, 3ª T., Resp 317.629-SP, Rel. Min. Nancy Andrighi, ac. 07.06.2001, *DJU* 25.06.2001, p. 176).

[19] STJ, Corte Especial, Resp 1.131.360/RJ, recurso repetitivo – tema 369, Rel. p/ ac. Maria Thereza de Assis Moura, ac. 03.05.2017, *DJe* 30.06.2017.

[20] "Para fins do art. 543-C do Código de Processo Civil [1973] fixa-se a seguinte tese: 'a correção monetária dos depósitos judiciais deve incluir os expurgos inflacionários'" (STJ, Corte Especial, Resp 1.131.360/RJ, cit.). Nota: o artigo citado do CPC/1973 corresponde ao art. 1.036 do CPC/2015.

[21] CASTRO, Artur Anselmo de. *A Ação Executiva Singular, Comum e Especial*. Coimbra: Coimbra Ed., 1970, n. 35, p. 146.

[22] MARQUES, José Frederico. *Instituições de Direito Processual Civil*. Rio de Janeiro: Forense, 1960, v. V, n. 1.181, p. 203.

[23] MARQUES, José Frederico. *Op. Cit.*, v. V, n. 1.181, p. 203-204.

"Quando se atribui ao próprio devedor o encargo do depósito, assume ele duplo papel no processo, figurando, a um só tempo, como executado e depositário, em "duas relações inconfundíveis.""[24]

Qualquer que seja o depositário compete-lhe a guarda e conservação dos bens apreendidos judicialmente, evitando que se extraviem ou deteriorem.[25]

No caso de penhora de ações de sociedade anônima, ou de quotas de sociedade limitada, o direito de voto não é assumido pelo depositário ou pelo exequente. Conserva-se sob o poder do sócio.[26]

Cabe ao depositário, no exercício da sua função processual, empregar "a diligência de um bom pai de família", estando sempre pronto a apresentar em juízo os bens que lhe foram confiados.[27]

Não lhe assiste, por outro lado, a faculdade de usar as coisas penhoradas, salvo expressa autorização do juiz,[28] e muito menos tem o poder de disponibilidade sobre os mesmos bens.[29]

A autorização para uso deve ser concedida quando se trate de coisas que se deteriorem se não as usa, ou também daquelas de cujo uso pode-se obter um normal proveito.[30] Os eventuais rendimentos auferidos, obviamente, serão em proveito da execução e não do depositário.

Qualquer que seja o depositário, sua posse é sempre em nome do órgão judicial, pois os bens, com a penhora, passam a sofrer uma gestão pública.

A função do depositário é guardar e conservar ditos bens, evitando extravios e deteriorações, enquanto se aguarda o ato expropriatório final (a arrematação ou outra forma legal de alienação), agindo sempre em nome e à ordem do juiz. Em situações especiais, como a de penhora de empresa ou de rendimentos de bens móveis ou imóveis, o depositário assume encargos de gestor, que ultrapassam a função de singular guardião do bem penhorado. Desempenha, pois, a função de depositário-administrador, devendo sua escolha recair sobre profissional com aptidões técnicas adequadas (art. 869, *caput*).

Quanto à alienação de bens, mesmo daqueles que por sua natureza exijam rápida comercialização por riscos de depreciação ou perecimento, e cuja negociação seja de sua essência, o depositário, ainda assim, não poderá dispor deles livremente. A alienação só poderá ser feita com prévia e expressa autorização do juiz da execução.[31]

Pode, ainda, haver casos em que a conservação dos bens seja prejudicial às partes e à própria execução. O depositário deverá estar atento, e sempre que os bens estiverem expostos a riscos anormais terá a obrigação de informar ao juiz a situação.

Normalmente, os bens penhorados só são alienados na fase da execução própria para a expropriação, por meio da adjudicação, arrematação ou outra forma legal de transferência forçada. Riscos especiais podem, contudo, exigir a disposição antecipada, o que admite o Código (art. 852) possa ocorrer nas seguintes hipóteses:

---

[24] MARQUES, José Frederico. *Op. Cit.*, v. V, n 1.181, p. 204.
[25] BARBI, Celso Agrícola. *Comentários ao Código de Processo Civil*. Rio de Janeiro: Forense, 1975, v. I, n. 793, p. 606.
[26] COELHO, Fábio Ulhoa. O direito de voto das ações empenhadas e penhoradas. *Revista dos Tribunais*, v. 920, jun/2012, p. 153-165.
[27] CASTRO, Artur Anselmo de. *Op. Cit.*, n. 35, p. 147.
[28] CARNELUTTI, Francesco. *Instituciones del proceso civil*. 2. ed. Buenos Aires: EJEA, 1973, v. III, n. 726, p. 65.
[29] CASTRO, Artur Anselmo de. *Op. cit.*, n. 35, p. 148, nota n. 1.
[30] CARNELUTTI, Francesco. *Instituciones del proceso civil*. 2. ed. Buenos Aires: EJEA, 1973, v. III, n. 726, p. 65.
[31] CASTRO, Artur Anselmo de. *Op. cit.*, n. 35, p. 148, nota n. 1.

a) quando se tratar de veículos automotores, de pedras e metais preciosos e de outros bens móveis sujeitos à deterioração ou à depreciação; e

b) quando houver manifesta vantagem, como por exemplo, nos casos de depósito dispendioso, capaz de absorver o valor dos bens ou a maior parte dele se retardar a alienação, e outras situações equivalentes. É, ainda, o que se passa com os bens sujeitos a constantes flutuações de preço no mercado e cuja venda se aconselha quando se acham em cotação elevada.

O CPC/2015 explicitou que para o regime de alienação antecipada, os veículos automotores, as pedras e os metais preciosos são bens sujeitos ao risco de depreciação ou deterioração, afastando, desse modo, discussões a esse respeito.[32]

A alienação antecipada é providência que o juiz pode tomar de ofício ou a requerimento do depositário ou de qualquer das partes (art. 730).

Nos casos, porém, de venda a requerimento de uma das partes, "o juiz ouvirá sempre a outra, no prazo de 3 (três) dias, antes de decidir" (art. 853, *caput*).

A alienação antecipada observa o regime do *leilão* (art. 730), mas se houver acordo das partes poderá, também, ser feita sob a forma de venda por iniciativa particular.

Todavia, na sistemática implantada para a execução por quantia certa, em que se instituiu uma gradação de preferência para a expropriação dos bens penhorados, entendemos que se deva observar essa disciplina executiva específica, com preferência sobre a da jurisdição voluntária traçada pelo art. 730. Aliás, não se pode esquecer que as regras procedimentais estipuladas para os feitos de jurisdição voluntária não têm sua observância sujeita a critério de legalidade estrita. Como prevê o art. 723, parágrafo único, ao juiz é lícito "adotar em cada caso a solução que considerar mais conveniente ou oportuna".

Assim, a adjudicação e alienação por iniciativa privada caberão nas alienações antecipadas de bens penhorados, antes que o leilão, desde que o exequente tome a iniciativa de promovê-las.

A locação do bem penhorado exige, também, autorização judicial, e feita sem essa anuência, pode ser impugnada e desfeita a requerimento de qualquer das partes ou do arrematante.[33]

305. DEPOSITÁRIO COMUM E DEPOSITÁRIO ADMINISTRADOR

Ordinariamente, o objetivo do depósito é a guarda e conservação dos bens penhorados, evitando extravio ou deterioração. Casos ocorrem, contudo, em que a *natureza dos bens* apreendidos exige a continuidade da sua exploração econômica.

O depositário, então, se transforma também em administrador. É o que ocorre quando a penhora atinge empresas comerciais, industriais ou agrícolas, bem como semoventes, plantações ou edifício em construção (CPC/2015, art. 862).

---

[32] Justifica-se a alienação antecipada dos veículos automotores porque "como é notório, sujeitam-se a contínua (e, não raro, acentuada) desvalorização e, além disso, se ficam sem funcionamento enquanto depositados, tendem a deteriorar-se rapidamente" (MEDINA, José Miguel Garcia. *Novo Código de Processo Civil Comentado cit.*, p. 1.151).

[33] MICHELI, Gian Antonio. *Op. Cit.*, vol. III, p. 208; SATTA, Salvatore. *Direito Processual Civil*, trad. Brasileira. 7. ed. Rio de Janeiro: Borsoi, 1973, v. II, n. 394, p. 623.

A função do depositário, em tais casos, é ativa, pois consiste em "manter em atividade e produção o estabelecimento penhorado".³⁴ Trata-se de realizar uma *gestão* e não uma simples guarda.³⁵

A gestão desse depositário segue um plano previamente preparado pelo administrador e aprovado pelo juiz da execução (CPC/2015, art. 862). As rendas auferidas são objeto de prestação de contas periódicas e revertem em benefício da execução. Isto, porém, só acontecerá depois que o administrador houver promovido as aplicações prioritárias, dentro do plano de gestão (tais como obrigações trabalhistas, tributárias, fornecedores e todos os insumos indispensáveis à manutenção da empresa em funcionamento). Sua função não é, em última análise, a de extrair, a qualquer preço, os recursos derivados do faturamento para realizar o pagamento do crédito exequendo. Deverá fazê-lo sem inviabilizar a continuidade da atividade produtiva da empresa penhorada.

306. DIREITOS E DEVERES DO DEPOSITÁRIO

O depositário tem poderes e deveres decorrentes do encargo público assumido perante o juízo da execução.

Assim, cabe-lhe o poder de guarda e administração dos bens que lhe são confiados, fazendo jus, outrossim, a uma remuneração pelo desempenho do cargo, que é fixada pelo juiz, atendendo à situação dos bens, ao tempo do serviço e às dificuldades de sua execução (CPC/2015, art. 160).

Essa remuneração, como é óbvio, pressupõe que o depositário não seja o próprio executado, dono do bem penhorado.

O STJ já admitiu que o depositário exerça o direito de retenção sobre o bem que a ele é confiado até que sejam ressarcidos os custos e pagos os seus honorários:

"1. Como regra geral, a execução corre por conta do exequente até a satisfação do seu direito, devendo adiantar as despesas dos atos ou diligências que requerer e ainda aquelas determinadas pelo juízo. Interpretação do art. 19, *caput* e § 2º, do CPC.

2. Se não foi prestada caução nem foram adiantadas as despesas para cobrir despesas com armazenagem e conservação do produto agrícola depositado, o respectivo armazém, ainda que no múnus público de depositário, pode exercer o direito de retenção de parte do produto até que sejam ressarcidos esses custos e pagos seus honorários".³⁶

São deveres do depositário: a) guardar e conservar a coisa depositada com a diligência de um bom pai de família;³⁷ b) receber frutos e rendas do bem sob sua guarda; c) alugar a propriedade, quando autorizado pelo juiz; d) representar ao juiz sobre a utilidade da venda antecipada dos bens;³⁸ e) prestar contas; f) apresentar os bens sempre que lhe for ordenado pelo juiz, sob as penas da infidelidade de depósito.³⁹

---

34 BARBI, Celso Agrícola. *Op. Cit.*, n. 793, p. 606-607.
35 NEVES, Celso. NEVES, Celso. *Comentários ao Código de Processo Civil*. Rio de Janeiro: Forense, 1975, v. VII, n. 88, p. 161.
36 STJ, 3ª T., Resp. 1.300.584/MT, Rel. Min. João Otávio de Noronha, ac. 03.03.2016, *DJe* 09.03.2016.
37 REIS, José Alberto dos. *Processo de Execução*. Coimbra: Coimbra Editora, 1954, v. II, p. 136.
38 PACHECO, José da Silva. *Tratado das Execuções*. São Paulo: Borsoi, 1959, v. IV, n. 307, p. 463.
39 REIS, José Alberto dos. *Op. Cit.*, v. II, p. 136; LOPES DA COSTA, Alfredo de Araújo. *Direito Processual Civil Brasileiro*. 2. ed. Rio de Janeiro: Forense, 1959, v. IV, n. 139, p. 118.

Para execução de sua missão, o depositário pode admitir o concurso de prepostos. Se o faz por iniciativa própria, a responsabilidade é exclusivamente sua, pois a função pública por ele exercida "é indelegável".[40]

Quando a designação de auxiliar ou preposto é aprovada pelo juiz, há atenuação da responsabilidade do depositário, que, porém, continua sendo o guardião da coisa penhorada e supervisor dos atos de seus auxiliares. A aprovação, no dizer de Pontes de Miranda, exclui a responsabilidade pela culpa *in eligendo*, "posto que deixando de pé a responsabilidade pela culpa *in vigilando* ou *in inspeciendo*".[41]

307. AÇÕES SOBRE A POSSE E O DOMÍNIO DOS BENS PENHORADOS

Com a penhora, o executado não sofre perda ou limitação da capacidade de agir (de direito substancial). Seus direitos sobre a coisa não são afetados.[42] Não perde o executado, portanto, a capacidade de promover ou de continuar ações relativas ao objeto da execução. Não pode, todavia, fazer transação em detrimento da execução e dos credores, nem tampouco pode renunciar à ação, nem fazer acordo ou conciliação prejudicial ao exequente.[43]

Na verdade, o depositário não tem posse própria sobre a coisa. A posse continua com o executado. Aquele apenas a detém por dever do cargo para o qual foi nomeado.[44] "Em geral, devemos observar que a legitimação do depositário restringir-se-á aos atos diretos de conservação da coisa a partir do instante em que for constituída a custódia. Para as ações sujeitas a fatos precedentes, compreendidas as possessórias, legitimado será o devedor, mas convenhamos que o credor deve ser chamado a juízo".[45]

O depositário, de tal sorte, não tem legitimidade para intentar ação reivindicatória do bem penhorado.[46]

Como bem elucida Pontes de Miranda, não obstante a penhora, que afeta fisicamente a posse do executado, este "continua proprietário da coisa". Se alguém lhe nega o direito de propriedade, pode o executado propor ação de domínio ou defender-se nela. E quanto à posse desses bens, "a tradição da doutrina luso-brasileira é a de reconhecer que lhe cabem as ações possessórias contra os que turbarem a posse, ou a esbulharem ao depositário".[47] Apesar do desapossamento operado com a penhora, posse ainda resta ao devedor, pois é em seu nome que o depositário detém o bem[48]. Pode, por isso, usar o executado dos interditos de manutenção e reintegração de posse, esclarecido, porém, que a restituição do bem esbulhado há de ser feita ao depositário e não ao executado.[49]

---

[40] PONTES DE MIRANDA, Francisco Cavalcanti. *Comentários ao Código de Processo Civil*. Rio de Janeiro: Forense, 1961, v. XIII, p. 305.

[41] PONTES DE MIRANDA, Francisco Cavalcanti. *Op. cit., loc. Cit.*

[42] LIEBMAN, Enrico Tullio. *Processo de execução, cit.*, n. 57, p. 97.

[43] MICHELI, Gian Antonio. *Curso de Derecho Procesal Civil*. Buenos Aires: EJEA, 1970, v. III, p. 212-213.

[44] LIEBMAN, Enrico Tullio. *Processo de Execução*. 3. ed. São Paulo: Saraiva, 1968, n. 58, p. 98.

[45] SATTA, Salvatore. *Direito Processual Civil*, trad. Brasileira. 7. ed. Rio de Janeiro: Borsoi, 1973, v. II, n. 369, p. 596.

[46] MICHELI, Gian Antonio. *Op. cit.*, v. III, p. 164.

[47] PONTES DE MIRANDA, Francisco Cavalcanti. *Op. cit.*, v. XIII, p. 245.

[48] "A posse *direta*, de pessoa que tem a coisa em seu poder, temporariamente, em virtude de direito pessoal, ou real, não anula a *indireta*, de quem aquela foi havida, podendo o possuidor direto defender a sua posse contra o indireto" (Cód. Civ., art. 1.197) (g.n.).

[49] PONTES DE MIRANDA, Francisco Cavalcanti. *Op. Cit., loc. Cit.*

Não tem poderes o depositário, igualmente, para propor despejo de inquilino do prédio penhorado, ainda que seja administrador e que ocorra falta de pagamento do aluguel.[50] Esse tipo de ação depende de iniciativa do locador ou de autorização do juiz da execução.

Reconhece a doutrina ao depositário a legitimidade para propor medidas cautelares, destinadas à conservação da coisa[51] ou para "agir judicialmente na defesa dos direitos sobre os bens depositados".[52]

Essa faculdade, no entanto, deve ser tratada de maneira especial, pois, se a função do depositário é pública, exercida em nome do próprio órgão judicial, não se compreende que tenha ele de lançar mão de uma ação para proteger a atividade do Poder Judiciário.

As medidas cautelares que o depositário há de postular não são os interditos possessórios. O ato ilícito cometido contra a posse pública e oficial dos bens penhorados viola não um direito do depositário, mas uma situação de direito público, administrada diretamente pelo juiz da execução. Para restabelecer a posse do depositário sobre o bem esbulhado durante a marcha da execução, bastará a denúncia da ocorrência ao juiz, o qual, de pronto, determinará a providência cautelar (sequestro, busca e apreensão etc.) necessária para restauração do *statu quo*.

Nesse sentido é a lição de Amílcar de Castro, para quem "o depositário judicial não tem *legitimatio ad causam* para intentar ações possessórias contra terceiros estranhos ao litígio". "O que deve fazer é pedir providências ao juiz, para que este lhe garanta o exercício de suas funções, ordenando nova apreensão dos bens, ou cessação da violência".[53]

Quanto às alienações e onerações realizadas pelo executado durante o depósito, são atos que não reclamam qualquer providência judiciária do depositário, visto que são ineficazes perante a execução. Não há, por isso mesmo, necessidade de ação para desconstituí-los.

308. RESPONSABILIDADE DO DEPOSITÁRIO

No exercício da função pública que lhe é afeta, o depositário assume responsabilidade civil e criminal pelos atos praticados em detrimento da execução e de seus objetivos.

Apropriando-se o depositário dos bens sob sua custódia, pratica o crime de apropriação indébita, com a agravante do § 1º do art. 168 do vigente Código Penal[54].

---

[50] TACivSP, 4ª Câm., Mandado de Segurança 124.620, Rel. Min. Silvio do Amaral, ac. 02.09.1969, *in* "Rev. Forense", 231/186, jul-ago-set/1970.

[51] MICHELI, Gian Antonio. *Op. cit.*, v. III, p. 164.

[52] PACHECO, José da Silva. *Op. cit.*, v. IV, n 307, p. 463.

[53] CASTRO, Amílcar de. *Comentários ao Código de Processo Civil*. 2. ed. Rio de Janeiro: Forense, 1963, v. X, n. 252, p. 243.

[54] Segundo a jurisprudência do STF, não se tipifica o crime de apropriação indébita, quando o bem penhorado e desviado se achar depositado em poder do próprio executado, ou do administrador da pessoa jurídica executada. É que a penhora não retira o bem da propriedade do devedor, enquanto não ocorre a alienação forçada (expropriação executiva). Assim, o desvio do bem constrito não configura, na espécie, apropriação de "coisa alheia", requisito legal do crime tipificado no art. 168, § 1º, do Código Penal (STF, 2ª T., HC 215.102/PR, Rel. p/ac. Min. Nunes Marques, ac. 17.10.2023, *DJe* 19.12.2023). Configurará, portanto, o delito em questão a apropriação cometida pelo depositário judicial que se apresentar no processo como não-executado, nem seu representante institucional. Poder-se-á pensar no delito de fraude processual que se configura quando a parte inova artificiosamente, na pendência do processo, o estado de lugar ou de coisa, com o fim de induzir a erro o juiz (CP, art. 347). A dificuldade, no entanto, reside na circunstância de que a fraude de execução nem sempre exige conduta "artificiosa" do executado, tampouco a indução do juiz a "erro". A incriminação do desvio da garantia da execução por ato do próprio executado, dono do bem penhorado, somente se viabilizará, segundo o tipo penal do art. 347 do CP, quando a parte se valer de expedientes "artificiosos" para induzir o juiz a erro quanto à prática da fraude à execução (por exemplo, forjando a data ou as circunstâncias da alienação com o propósito de levar o juiz a acreditar que o negócio teria sido consumado antes

Os atos fraudulentos cometidos pelo devedor para evitar a penhora ou desviar bens já penhorados configuram o crime do art. 179 do CP, que é figura afim do estelionato.

Da responsabilidade civil do depositário decorre a possibilidade de ser ele demandado em ação de depósito, de prestação de contas e de indenização.

309. AÇÃO DE DEPÓSITO

O depositário, como já restou explanado, não é figura de uma relação contratual. É um órgão auxiliar do juízo executivo, de modo que "sua figura escapa à classificação ordinária de direito privado".[55]

A função prática que exercita é, no entanto, idêntica à de um depositário convencional: guarda e conservação de bens de terceiro.

Em virtude dessa equiparação, aplicava-se também ao depositário judicial o procedimento especial da ação de depósito, prevista no art. 901 do CPC/1973, como destinada a "exigir a restituição da coisa depositada".[56]

O CPC/2015, entretanto, aboliu a *ação especial de depósito*. Permitiu, porém, que, observado o procedimento comum, possa o depositante se valer da tutela da evidência. Com isso, lhe será facultado requerer, na petição inicial, instituída com prova documental do depósito, a expedição de ordem liminar de entrega do objeto custodiado pelo demandado, sob cominação de multa (CPC/2015, art. 311, III). Esse regime também poderá ser utilizado para o depositário judicial.

A tutela provisória, que o atual Código chama de tutela da evidência, serve para suprir a medida liminar que antigamente se obtinha por meio de ação especial de depósito, a qual, doravante, observará o procedimento comum.

Embora não haja contrato de depósito, como já se disse, a função do depositário judicial em tudo se assemelha à do depositário contratual. Destarte, é permitido o requerimento da tutela da evidência sempre que não houver restituição da coisa depositada, uma vez que a sua retenção se torna verdadeiro esbulho.

Por isso, na antiga ação de depósito, o réu era citado, com base em prova literal do contrato, para, no prazo de cinco dias, "entregar a coisa, depositá-la em juízo ou consignar-lhe o equivalente em dinheiro" (CPC, de 1973, art. 902, I). Esse procedimento especial não foi mantido pelo atual CPC. Pode, entretanto, o autor, na petição inicial da ação comum intentada para recuperar a coisa custodiada, formular pedido de tutela da evidência, em caráter liminar, desde que disponha de prova documental adequada para comprovar a existência do depósito entre as partes (art. 311, III).

Busca-se, nessa ação, a coisa *in natura*. A medida, a exemplo do que se passa nos interditos possessórios, assume a feição de uma injunção ou mandado para que o depositário entregue a coisa imediatamente, sob pena de busca e apreensão. O autor, com isso, retoma a posse do objeto depositado, mas em caráter provisório, porquanto a ação deve prosseguir em seus trâmites ordinários até que a sentença de mérito seja pronunciada em caráter definitivo. A liminar, deferida nos termos do art. 311, III, não é um julgamento antecipado da lide, mas apenas uma antecipação dos efeitos da futura sentença, como, aliás, ocorre com todos os provimentos sumários, seja de urgência ou da evidência.

---

da pendência do processo, impedindo ou tentando impedir, astuciosamente, assim, o reconhecimento da fraude processual).

[55] SATTA, Salvatore. *L'esecuzione forzata*. 4. ed. Torino: Torinese, 1963, n. 60, p. 98.

[56] MACHADO GUIMARÃES, Luiz. *Comentários ao Código de Processo Civil*. Rio de Janeiro: Forense, 1942, v. IV, n. 566, p. 650; PONTES DE MIRANDA, Francisco Cavalcanti. *Comentários ao Código de Processo Civil*. Rio de Janeiro: Forense, 1959, v. V, p. 434.

Trata-se de medida que, *in casu*, se baseia apenas no *fumus boni iuris*, não havendo necessidade de alegação ou comprovação do *periculum in mora*. A liminar funda-se, portanto, apenas na natureza do contrato existente entre as partes e na prova documental produzida pelo requerente. Justifica-se a medida liminar, na espécie, porquanto é da essência da relação obrigacional de depósito a pronta restituição do objeto custodiado, tão logo reclamado pelo depositante (CC, arts. 629 e 633). O descumprimento desse dever primário pode, conforme o caso, configurar até a responsabilidade criminal do depositário infiel, na modalidade de apropriação indébita, agravada pela circunstância de ter sido praticada no desempenho da função de depositário judicial (CP, art. 168, § 1º, II).

310. AÇÃO DE PRESTAÇÃO DE CONTAS

A primeira e mais importante função do depositário é guardar e conservar os bens penhorados. Sua gestão, porém, é toda feita em benefício da execução, de modo que é dever inerente a ela a prestação de contas, a requerimento de qualquer das partes ou por determinação do juiz.[57]

O depositário comum sujeita-se tanto à ação comum de depósito com a liminar da tutela da evidência (CPC/2015, art. 311, III) como à ação de prestação de contas (art. 550), ficando por aquela sujeito às sanções da infidelidade do depósito e, por esta, às penas de remoção, sendo sequestrados os bens sob sua guarda, e glosado qualquer prêmio ou gratificação, a que tenha direito (CPC/2015, art. 161).[58] Os bens individualizadamente depositados são reclamáveis *in natura* por meio da ação reipersecutória acrescida da liminar própria da tutela da evidência, e os frutos e rendimentos pela ação de prestação de contas.

Mesmo quando o próprio devedor assume a função de depositário, ainda subsiste a obrigação de prestar contas da gestão.[59]

As contas devidas pelo depositário devem, como regra, ser prestadas espontaneamente, nos autos da execução, nos prazos certos (caso de administrador) ou ao final da gestão (depositário comum), que pode coincidir com o levantamento da penhora, com a alienação judicial do bem, ou com a substituição do depositário.

No caso de omissão da iniciativa do depositário, "tem legitimidade para exigir contas ao depositário: o exequente, por ser quem requereu a execução; o executado, por ser contra quem foi promovida a penhora; e ainda qualquer pessoa, além deles, que tenha interesse nos rendimentos dos bens penhorados".[60] Entre os estranhos à relação processual executiva legitimados a postular contas, citam-se o credor hipotecário, o adquirente do bem em fraude de execução, o sócio solidário da empresa executada, o autor dos embargos de terceiro etc.

Já "o depositário por administração não está sujeito à ação de depósito, mas tão somente à prestação de conta", conforme entende uniformemente a doutrina e a jurisprudência.[61]

---

[57] AMARAL SANTOS, Moacyr. *Primeiras Linhas de Direito Processual Civil*. 4. ed. São Paulo: Saraiva, 1970, v. III, n. 849, p. 296.
[58] CASTRO, Amilcar de. *Comentários, cit.*, v. X, ed. 1963, n. 255.
[59] CARDOSO, Eurico Lopes. *Manual da Ação Executiva*. Coimbra: Almedina, 1964, n. 139, p. 428.
[60] CARDOSO, Eurico Lopes. *Op. cit.*, n. 139, p. 429-430.
[61] CASTRO, Amilcar de. *Op. cit.*, v. X, n. 275, p. 267; PONTES DE MIRANDA. *Comentários ao Código de Processo Civil*. Rio de Janeiro: Forense, 1961, v. XIII, p. 328; PACHECO, José da Silva. *Tratado das Execuções – Execução de sentença*. São Paulo: Borsoi, 1959, v. II, n. 354, p. 491; Ac. T.J.M.G., 2ª Cam. Civ., Ap. Civ. 33.658, Rel. Des. Mello Júnior, ac. 1º.03.1971, *Jur. Mineira*, 47/216.

O saldo devedor apurado contra o depositário na tomada de contas pode ser executado sob forma de execução por quantia certa, mas não enseja prisão civil pela falta de pagamento.[62]

Quando a reclamação de contas parte do credor, do devedor ou de terceiro interessado, o rito a observar é o do procedimento especial do art. 550 do CPC/2015 ("ação para exigir contas").

O juiz da execução, também, pode reclamar contas ao depositário, administrador ou não, sempre que lhe parecer conveniente, pois trata-se do desempenho de função auxiliar, subordinado diretamente ao seu comando.[63]

A exigência de contas, quando parte do juiz, não depende de qualquer procedimento especial; é simples incidente da execução, instaurado por despacho nos autos.[64]

311. AÇÃO DE INDENIZAÇÃO

O puro depositário tem, normalmente, a simples guarda e conservação da coisa; o depositário-administrador, além da posse, exerce a gestão sobre o bem penhorado. "Ambos respondem pelos prejuízos que, por dolo ou culpa, causarem ao executado".[65]

A responsabilidade civil do depositário, em nosso direito, está expressamente prevista no art. 161 do CPC/2015, no qual se dispõe que "o depositário ou administrador responde pelos prejuízos que, por dolo ou culpa, causar à parte, perdendo a remuneração que lhe foi arbitrada, mas tem o direito a haver o que legitimamente despendeu no exercício do encargo".

Destarte, "o depositário negligente, além de poder ser removido, responde, como mandatário que é, pelas perdas e danos a que der causa".[66] O dispositivo comentado, segundo observação de Hélio Tornaghi, comporta o desdobramento em três regras, a saber:

"1ª o depositário e o administrador respondem pelos prejuízos por eles causados, se atuam com dolo ou culpa;

2ª perdem, nas mesmas circunstâncias, a remuneração que lhes seria devida;

3ª mantêm o direito de receber o que houverem desembolsado, legitimamente, no desempenho do encargo".[67]

"A lei não o diz expressamente, mas se deve entender que a indenização dos prejuízos sofridos pela parte será pedida em ação própria, dando origem a processo especial para esse fim, em que será autor a parte que sofreu prejuízo e réu o depositário ou administrador que o causou. A necessidade de provar o dolo ou a culpa e o prejuízo sofrido exigem discussão ampla, não se podendo, por isso, fazê-lo no mesmo processo em que ele ocorreu. A parte contrária nesse processo primitivo nada tem a ver com o litígio e teria sua causa tumultuada e retardada pela inclusão de outra demanda no seu processo".[68]

---

[62] CARDOSO, Eurico Lopes. *Op. cit.*, n. 150, p. 460.

[63] AMERICANO, Jorge. *Comentários ao Código de Processo Civil do Brasil*. 2. ed. São Paulo: Saraiva, 1960, v. IV, p. 211.

[64] PACHECO, José da Silva. *Op. cit.*, v. II, n. 354, p. 491.

[65] NEVES, Celso. *Op. cit.*, n. 88, p. 161.

[66] CARDOSO, Eurico Lopes. *Op. cit.*, n. 138, p. 428; BORGES, Marcos Afonso. *Comentários ao Código de Processo Civil*. São Paulo: LEUD, 1974, v. I, p. 149.

[67] TORNAGHI, Hélio. *Comentários ao Código de Processo Civil*. São Paulo: Ed. Revista dos Tribunais, 1974, v. I, p. 462.

[68] BARBI, Celso Agrícola. *Comentários ao Código de Processo Civil*. Rio de Janeiro: Forense, 1975, v. I, t. II, n. 800, p. 611.

Para que haja a perfeita responsabilidade do depositário é, no entanto, indispensável que o depósito tenha sido regularmente constituído, com efetiva entrega do bem à sua exclusiva guarda. Por isso mesmo, já decidiu o Supremo Tribunal Federal que "não há responsabilidade do depositário quando o depósito não lhe é efetivamente entregue".[69]

E, em outra oportunidade, o mesmo Pretório Excelso também assentou que "o depositário não é responsável pelo *depositum*, se este não lhe é posto na sua casa ou em qualquer lugar que esteja unicamente à sua disposição, como o decidia a Ord. Liv. Terc., tít. 68, § oitavo, n. 12".[70]

Os danos sofridos pela coisa depositada em decorrência de caso fortuito ou de força maior não impõem ao depositário o dever de indenização, porquanto, como já se afirmou, o risco da penhora corre a cargo do devedor (*res perit domino*).

Finalmente, deve-se lembrar mais uma vez que o depositário exerce função pública, à ordem do Poder Judiciário. Atua, no desempenho do encargo processual, como agente do Poder Público, criando, portanto, a responsabilidade, também, do Estado pelos prejuízos sobrevindos às partes.

Por isso, além da responsabilidade pessoal do depositário, também "responde o Estado pelo ato culposo praticado pelo depositário infiel", mesmo que se trate de servidor "interino" ou *ad hoc*.[71]

312. ENTREGA DE BENS APÓS A EXPROPRIAÇÃO EXECUTIVA

Se a arrematação foi a prazo ou a prestações, é preciso que o arrematante preste a necessária garantia (caução) antes de receber a posse dos bens arrematados (art. 895, § 1º). Na arrematação de imóvel em prestações, a garantia é a hipoteca do próprio bem adquirido (art. 895, § 1º). O auto de arrematação constituirá o título do gravame que será levado a registro do Cartório Imobiliário por meio de carta de arrematação. Constituída a hipoteca, poder-se-á expedir o mandado de imissão na posse, caso o depositário ofereça alguma resistência à entrada do arrematante na posse do bem praceado.[72]

No caso de bens móveis, não há necessidade de carta de arrematação. O juiz, depois de recolhido o preço, ou de caucionado o seu pagamento, expedirá ordem ao depositário para a imediata entrega ao arrematante.

Seja móvel ou imóvel o bem arrematado, não se exige, no caso de resistência à ordem de entrega ao arrematante, o uso de uma ação para compelir o depositário a cumpri-la. Sendo o depositário um agente do juízo, que desempenha a guarda da coisa em nome e sob as ordens do juiz, a este toca o poder de compeli-lo ao cumprimento da ordem de entrega por meio do mandado de busca e apreensão (móvel) ou de imissão na posse (imóvel) em favor do arrematante. Tudo se dará sumariamente, inclusive com o emprego de força policial, se o oficial de

---

[69] STF, 1ª T., RE 20.360/RN, Rel. Min. Nelson Hungria, ac. 30.06.1952, *DJU* 23.10.1952, *in* "Rev. For.", 146/202.

[70] STF, 1ª T., RE 20.360/RN, Rel. Mi. Nelson Hungria, ac. 30.06.1952, *DJU* 23.10.1952, p. 11.710, *Revista "Minas Forense"*, 8/326.

[71] Ac. do T.J.M.G., *In* "Jur. Mineira", vol. XV, n. 4, p. 96; Ac. do T.J.M.G. *In* "M. Forense", 19/147; PONTES DE MIRANDA, Francisco Cavalcanti. *Comentários*, cit., v. XIII, p. 304-305.

[72] MICHELI, Gian Antonio. *Curso de Derecho Procesal Civil*. Buenos Aires: EJEA, 1970, v. III, p. 54. Decidiu o STF que o poder de disposição do juiz sobre os bens penhorados compreende o de "determinar a sua entrega ao adjudicante", independentemente de ação de imissão de posse (RE n. 93.716, ac. de 15.09.81, rel. Min. Soares Muñoz, *in RTJ*, 104/245). No mesmo sentido: STJ, 2ª Seção, CC 118.185/SP, Rel. Min. Luis Felipe Salomão, ac. 28.09.2011, *DJe* 03.10.2011.

justiça, encarregado da diligência, encontrar resistência física por parte do depositário (seja ele um terceiro ou o próprio executado)[73].

É o que já se achava assentado na jurisprudência[74] e que passou a figurar expressamente no parágrafo único do art. 693 do CPC/1973 e foi mantido no art. 901, § 1º, do CPC/2015. A entrega imediata do bem adquirido é de observar-se tanto na arrematação em hasta pública como nas demais formas de expropriação executiva previstas no art. 825. Em qualquer hipótese, porém, a entrega do bem móvel ou a imissão na posse do bem imóvel somente será determinada depois de depositado o preço da arrematação ou prestadas as garantias de seu pagamento, bem como depois de pagas a comissão do leiloeiro e demais despesas da execução (art. 901, § 1º).

No caso, porém, de relação *ex locato* vigorante sobre o imóvel alienado judicialmente, sua extinção não se dá pelo simples fato da arrematação ou de outra forma expropriatória. O adquirente se sub-roga na posição de locador e somente conseguirá desalojar o locatário por meio de ação de despejo, de acordo com o previsto no art. 5º da Lei n. 8.245/1991. Não é cabível, *in casu*, a imediata imissão na posse em detrimento do locatário.[75]

313. PRISÃO CIVIL DO DEPOSITÁRIO JUDICIAL

Antiga e grande divergência pairava sobre o cabimento da prisão civil como medida coercitiva contra o depositário judicial, independentemente da ação de depósito. A jurisprudência do Superior Tribunal de Justiça[76] e do Supremo Tribunal Federal[77], no entanto, se inclinava por admitir a sanção, como exercício do poder de polícia do juiz da causa, praticado incidentalmente no processo em que o depósito se aperfeiçoara. Outros tribunais, porém, resistiam a esse entendimento[78].

A Lei n. 11.382/2006, à época do CPC/1973, pôs fim ao dissídio, adotando no § 3º do art. 666, a orientação que vinha prevalecendo no STJ e no STF. Assim, portanto, constava de disposição expressa do Código de Processo Civil a autorização ao juiz para decretar a prisão civil do depositário judicial infiel, sem depender da existência da ação especial de depósito[79].

Ocorre que em 23.12.2009 o STF editou a Súmula Vinculante n. 25, no sentido de ser "ilícita a prisão civil de depositário infiel, qualquer que seja a modalidade de depósito". O entendimento daquela Corte se baseou no fato de o Brasil ter aderido ao Pacto Internacional dos Direitos Civis e Políticos e à Convenção Americana sobre Direitos Humanos – Pacto de San José da Costa Rica, que negavam a possibilidade de prisão civil do depositário infiel. O caráter

---

[73] MICHELI, Gian Antonio. *op. cit.*, III, p. 54.

[74] STF, RE 93.716, Rel. Min. Soares Muñoz, ac. 15.09.1981, *RTJ* 104/245; STJ, 4ª T., REsp 742.303/MG, Rel. Min. Aldir Passarinho Junior, ac. 30.05.2006, *DJU* 26.06.2006, p. 160.

[75] STJ, 3ª T., REsp. 265.254/SP, Rel. Min. Carlos Alberto Menezes Direito, ac. 30.05.2001, *DJU* de 20.08.2001, p. 461.

[76] "A prisão do depositário judicial pode ser decretada no próprio processo em que se constituiu o encargo, independentemente da propositura de ação de depósito" (STJ – Súmula n. 619).

[77] STF, 2ª T., RE 103.164-SP, Rel. Min. Carlos Madeira, ac. 07.03.1986, *RTJ* 118/228; STF, 1ª T., HC 71.038.7-MG, Rel. Min. Celso de Mello, ac. 15.03.1994, *DJU* 13.05.1994, *RT* 708/243.

[78] TJSP, 2ª Câm. Cív., HC 169.671-1/9, Rel. Des. Cézar Peluso, ac. 17.03.1992, *RT* 690/77; TJRS, 3ª Câm. Cív, AI 595062472, Rel. Des. Araken de Assis, ac. 25.05.1995, *RJTJERGS* 173/242.

[79] "No depósito judicial, o depositário representa a *longa manus* do juízo da execução, seu auxiliar e órgão do processo executório, com poderes e deveres próprios no exercício de suas atribuições, cumprindo-lhe, no exercício do mister, guardar e conservar os bens apreendidos, estando sempre pronto a apresentá-los em juízo. A falta de argumentos plausíveis a justificar o descumprimento do dever de guarda legitima a prisão civil do depositário judicial" (STJ, 2ª T., AgRg no HC 30.045-SP, Rel. Min. João Otávio Noronha, ac. 26.08.2003, *DJU* 06.10.2003, *RT* 823/156).

especial desses diplomas internacionais sobre direitos humanos lhes reserva lugar específico no ordenamento, abaixo da Constituição Federal, mas acima da legislação interna. Destarte, "o *status* normativo supralegal dos tratados internacionais de direitos humanos subscritos pelo Brasil torna inaplicável a legislação infraconstitucional com ela conflitante, seja ela anterior ou posterior ao ato de adesão".[80] A partir de 2009, portanto, o STF não mais admitiu a prisão civil do depositário infiel, sendo mantida, apenas, a do devedor inadimplente de pensão alimentícia.

Diante disto, o CPC/2015 não repetiu o dispositivo da legislação anterior que permitia a prisão do depositário infiel.

---

[80] STF, Pleno, RE 349.703-1/RS, Rel. p/ac. Min. Gilmar Mendes, ac. 03.12.2008, *DJe* 05.06.2009.

Capítulo XXII
EXECUÇÃO POR QUANTIA CERTA: A EXPROPRIAÇÃO

314. CONCEITO

A execução forçada, na modalidade de execução por quantia certa, compreende atos de *afetação* de bens, de *alienação compulsória* e de *pagamento* do credor.

Para substituir a prestação que o devedor não cumpriu voluntariamente, o Estado, por meio do órgão judicial, penhora bens do inadimplente, aliena-os e com o produto apurado paga ao credor.[1]

Essa atividade processual, como já se demonstrou, compreende três fases: a de *postulação*, a de *instrução* e a de *pagamento*.

Se a penhora (início da segunda fase da execução) *recair* sobre dinheiro, nada mais há que se praticar para completar a instrução. Não havendo embargos do devedor ou sendo estes julgados improcedentes, passar-se-á, logo, ao pagamento do credor.[2]

Contudo, se os bens apreendidos forem de outra natureza, a instrução da execução deverá prosseguir para apurar-se a quantia necessária à satisfação do direito do credor, o que se faz pela alienação forçada, ou expropriação dos bens afetados pela penhora.

Define-se, portanto, a expropriação executiva como o ato estatal coativo por meio do qual o juiz transfere a propriedade do executado (ou de terceiro) sobre o bem penhorado, no todo ou em parte, independentemente da concordância do dono, e como meio de proporcionar a satisfação do direito do credor.

314.1. Modalidades de expropriação

I – Variações do ato expropriatório

O ato expropriatório pode ser alcançado de três maneiras diferentes (CPC/2015, art. 825):

   a) preferencialmente pela *adjudicação* dos próprios bens penhorados (art. 876);
   b) pela *alienação, por iniciativa particular ou por leilão judicial eletrônico ou presencial* (arts. 879 e seguintes); e
   c) pela *apropriação de frutos e rendimentos de empresa ou de estabelecimentos e de outros bens* (arts. 825, III, e 867).

II – Ordem de preferência entre os meios expropriatórios

Em razão da Lei n. 11.382/2006, ainda ao tempo do CPC/1973, a ordem de preferência para a aplicação das diferentes modalidades de expropriação dos bens penhorados sofreu radical transformação. Em vez da alienação dos bens penhorados, a preferência legal se deslocou para a adjudicação, colocada em primeiro lugar na relação das medidas expropriatórias estatuídas pelo art. 647 do referido Código. O atual Código segue a mesma orientação (CPC/2015, art. 876).

---

[1] REIS, José Alberto dos. *Processo de Execução*. Coimbra: Coimbra Editora, 1943, v. I n. 16, p. 37.
[2] LIEBMAN, Enrico Tullio. *Processo de Execução*. 3. ed. São Paulo: Saraiva, 1968, n. 67, p. 107.

A alienação em hasta pública passa para o terceiro lugar na ordem de cabimento dos atos expropriatórios. Se não houver interessado na adjudicação, a expropriação realizar-se-á por meio de "alienação particular", a requerimento do exequente (CPC/2015, art. 880). Somente quando não houver requerimento de adjudicação ou de alienação particular é que se procederá ao ato expropriatório por meio de hasta pública.

Com o atual Código, restou, assim, mantida basicamente a estrutura do CPC/1973. Foram conservadas a adjudicação e a alienação por iniciativa particular ou leilão judicial. Introduziu-se, outrossim, a apropriação de frutos e rendimentos de empresa, ou de estabelecimentos e de outros bens do executado, como uma terceira modalidade expropriatória.

Convém notar que a adjudicação está colocada no primeiro lugar da gradação legal entre os meios expropriatórios. A ordem de preferência, todavia, não é impositiva, pois a adjudicação depende de requerimento do credor (art. 876), o mesmo ocorrendo com a alienação por sua própria iniciativa ou por meio de leiloeiro público (art. 880).

Nota-se, por último, que apenas a alienação é ato puramente de instrução da execução por quantia certa, já que a adjudicação e a apropriação de frutos e rendimentos de empresa, estabelecimento ou outros bens, ao mesmo tempo que expropriam bens do devedor, satisfazem também o direito do credor. São, pois, figuras que integram a terceira fase da execução por quantia certa, ou seja, a fase de satisfação ou pagamento.

III – Remição dos bens penhorados

A *remição*, outrora prevista no art. 787 do CPC/1973, não configurava uma outra modalidade da expropriação, pois não passava de uma variante da arrematação em hasta pública, em que se deferia a alienação forçada ao cônjuge ou parente do executado, com preferência sobre o estranho arrematante. A Lei n. 11.382/2006 extinguiu a remição, revogando o art. 787 e criou, para seus antigos beneficiários, o direito de pretender a adjudicação, fora e antes, da hasta pública, com preferência sobre os demais legitimados (art. 685-A, §§ 2º e 3º; CPC/2015, art. 876, §§ 5º e 6º).

O art. 902, *caput*, do atual Código de Processo Civil, porém, prevê, para ser fiel ao direito material (Código Civil, art. 1.482),[3] a possibilidade de remição do imóvel hipotecado pelo executado, direito esse que será exercitável, mesmo após o leilão, mas antes da assinatura do auto de arrematação, mediante oferta de preço igual ao do maior lance apresentado na licitação (art. 902, parágrafo único).[4]

315. AVALIAÇÃO

Após a penhora, sobrevém a *avaliação* como ato preparatório e necessário à expropriação executiva. Tem ela a finalidade de tornar conhecido a todos os interessados o valor aproximado dos bens a serem utilizados como fonte dos meios com que o juízo promoverá a satisfação do crédito do exequente.[5] É ato de decisiva importância para todas as modalidades expropriatórias, e não apenas para a hasta pública, conforme se depreende dos arts. 876, 880, § 1º e 886, II e V. É a avaliação que, basicamente, determinará o preço pelo qual os interessados poderão

---

[3] O art. 1.482 do Código Civil foi revogado pelo CPC/2015. Mas, a regra outrora inserida na lei civil material foi deslocada para a lei processual, por se entender que nesta seria mais adequada à localização (CPC/2015, art. 902).

[4] "No caso de falência ou insolvência do devedor hipotecário, o direito de remição previsto no *caput* defere-se à massa ou aos credores em concurso, não podendo o exequente recusar o preço da avaliação do imóvel" (CPC/2015, art. 902, parágrafo único).

[5] ROSENBERG, Leo. *Tratado de Derecho Procesal Civil*. Buenos Aires: EJEA, 1955, v. III, p. 227.

adjudicar os bens penhorados (art. 876), e o preço a partir do qual, na venda por iniciativa particular e na hasta pública, os interessados poderão formular suas propostas ou lanços (arts. 880, § 1º, e 886, II).

No caso da *apropriação de frutos e rendimentos de empresa ou de estabelecimento e de outros bens*, a penhora que a prepara (art. 867), importa a nomeação de um depositário-administrador que elaborará o plano submetido a aprovação judicial, no qual se delimitará até quando a medida expropriatória durará (art. 869, § 1º).

Se, contudo, a penhora recair sobre títulos da dívida pública, ações de sociedades e títulos de créditos negociáveis em bolsa, não haverá necessidade de avaliação, pois, o valor a ser anunciado para oferta ao público será o da cotação oficial do dia, provada por certidão ou publicação no órgão oficial (art. 871, III).

316. O ENCARREGADO DA AVALIAÇÃO

O sistema tradicional do processo civil, ao tempo do CPC/1973, atribuía a avaliação dos bens penhorados a um perito nomeado pelo juiz que desempenhava sua função depois que fosse superado o estágio dos embargos do executado. Com a reforma da Lei n. 11.382/2006, o encargo processual foi imputado ao oficial de justiça. O mandado executivo, a ser por ele cumprido, compreende a citação, a penhora e a avaliação, conforme previa o art. 652 do CPC/1973, disposição que foi mantida pelo art. 829 do CPC/2015. O mandado de citação, portanto, deve conter o prazo para pagamento, a quantia a ser paga, além da ordem para penhora e avaliação dos bens, que será cumprido pelo oficial de justiça, independentemente de nova decisão judicial, tão logo seja verificado o não pagamento no prazo assinalado. De tudo lavrar-se-á auto, com intimação do executado (CPC/2015, art. 829, § 1º).

Em duas situações, porém, o oficial de justiça não procederá à avaliação:

(i) quando forem necessários conhecimentos especializados para apuração do valor dos bens penhorados (art. 870, parágrafo único);

(ii) nos casos em que a avaliação de certos bens é dispensada pela lei (art. 871).

A avaliação pelo oficial de justiça já fora adotada pela Lei n. 6.830/1980, para as execuções fiscais (art. 13), a qual também previa o recurso à perícia por técnico, na hipótese de impugnação por alguma das partes ou pelo Ministério Público (art. 13, §§ 1º e 2º).[6]

A perícia avaliatória, para efeitos executivos, todavia, não deve sujeitar-se aos rigores de uma prova técnica mais complexa, em que as partes formulam quesitos e indicam assistentes técnicos. Para efeito da execução por quantia certa, a perícia é singela, limitando-se à atribuição de valores aos bens penhorados. A lei quer que a diligência se realize no menor prazo possível, cabendo ao juiz que a ordena fixar prazo nunca superior a dez dias para entrega do respectivo laudo (art. 870, parágrafo único). Não há, por isso mesmo, que se dilatar o cumprimento da medida com formulação de quesitos e designação de assistentes técnicos[7].

---

[6] "É remansosa a jurisprudência do Superior Tribunal de Justiça no sentido de que a avaliação de bens penhorados por oficial de justiça, sem condições técnicas para tanto, realizada sem mínimos fundamentos, contraria a legislação processual, ainda mais quando desacompanhada do obrigatório Laudo de Avaliação. *In casu*, compete ao juiz da execução nomear perito habilitado técnica e legalmente para proceder à avaliação." (STJ, 1ª T., REsp. 351.931/SP, Rel. Min. José Delgado, ac. 11.12.2001, *DJU* 04.03.2002, p. 207).

[7] STJ, 2ª T., RMS 13.038/RS, Rel. Min. Castro Meira, ac. 25.04.2004, *DJU* 09.08.2004, p. 195; TJSP, 16ª Câm. Cív., AI 113.034-2, Rel. Des. Mariz de Oliveira, ac. 26.11.1986, *RJTJESP* 106/329; STJ, 4ª T., RMS 10.994/PE, Rel. Min. Jorge Scartezzini, ac. 21.10.2004, *DJU* 06.12.2004, p. 311.

Já decidiu o STJ que "a determinação do valor de um imóvel [para fins da execução] depende principalmente do conhecimento do mercado imobiliário local e das características do bem, matéria que não se restringe às áreas de conhecimento de engenheiro, arquiteto ou agrônomo, podendo ser aferida por outros profissionais"[8].

Quanto à estimativa do executado, sua prevalência só se dá quando o exequente não a impugna, fundamentadamente, ou quando o juiz não tenha dúvida sobre o valor que foi atribuído ao bem (art. 873, III). Instalada a discordância, a solução dar-se-á pela perícia avaliatória (art. 871, parágrafo único).[9]

317. LAUDO DE AVALIAÇÃO

Desde a reforma efetuada por meio da Lei n. 11.382/2006, à época do CPC/1973, a avaliação dos bens penhorados passou a acontecer, ordinariamente, no momento da realização da própria penhora, por ato do oficial de justiça. As hipóteses de estimativa por perito (avaliador) nomeado pelo juiz correspondem a exceções frente às atribuições normais do oficial de justiça previstas nos arts. 154, V, 829, § 1º, e 670, do CPC/2015.

De qualquer modo, seja realizada pelo oficial de justiça ou pelo avaliador nomeado pelo juiz, a avaliação sempre constará de laudo em que os bens penhorados serão descritos com observância dos requisitos previstos pelo art. 872. Quando o avaliador é o oficial de justiça, seu laudo integrará o auto de penhora. Um só documento conterá a constrição executiva (penhora e depósito) e a estimativa dos valores dos bens penhorados. Embora peça única, o auto deverá satisfazer as exigências legais tanto da penhora (art. 838)[10] como do laudo avaliatório (art. 872).[11]

Sendo a avaliação efetuada por oficial de justiça, caber-lhe-á elaborar laudo anexado ao auto de penhora. E, em caso de perícia realizada por avaliador nomeado pelo juiz, o laudo deverá ser apresentado no prazo fixado judicialmente. Em ambas as hipóteses, o laudo deve especificar os dados exigidos pelo art. 872. Não se admitirá uma singela atribuição de valores aos bens penhorados. O laudo, peça importante para orientar a alienação judicial, tem de descrever, convenientemente, os bens avaliados, especificando não só suas características como o estado em que se encontram. A estimativa do perito, portanto, tem de se conectar com os dados apontados como caracterizadores dos bens periciados e do seu estado de conservação, e de funcionamento, se for o caso, que são os seguintes:

   a)   a descrição dos bens, com os seus característicos;
   b)   a indicação do estado em que se encontram; e
   c)   a atribuição de valor a cada um deles.

318. DISPENSA DA AVALIAÇÃO

Quando o bem é indicado à penhora pelo executado, incumbe-lhe a atribuição de valor, além da especificação dos ônus e encargos a que estão sujeitos (CPC/2015, art. 847, § 1º, V),

---

[8]   STJ, 1ª T., REsp 351.931/SP, Rel. Min. José Delgado, ac. 11.12.2001, *DJU* 04.03.2002, p. 207.

[9]   "Impugnada a avaliação realizada por oficial de justiça de bens imóveis objeto de penhora, faz-se necessária a nomeação de um avaliador oficial capacitado" (STJ, 2ª T., REsp 1.213.013/RS, Rel. Min. Mauro Campbell Marques, ac. 09.11.2010, *DJe* 19.11.2010).

[10]   O auto ou termo da penhora, de acordo com o art. 838 do CPC/2015, deverá conter: I – a indicação do dia, do mês, do ano e do lugar em que foi feita; II – os nomes do exequente e do executado; III – a descrição dos bens penhorados, com as suas características; IV – a nomeação do depositário dos bens".

[11]   O conteúdo do laudo avaliatório será, adiante, explicitado.

sob pena de rejeitar-se a nomeação (art. 848, VII). Nos casos em que a penhora se dá sobre bens escolhidos pelo oficial de justiça, a avaliação lhe compete, em regra (art. 870). Nomeados os bens pelo exequente, na propositura da execução (art. 798, II, *c*), não fica ele obrigado a estimar-lhes o valor. Caberá ao oficial de justiça a tarefa (art. 870, *caput*). Nada impede, porém, que o exequente se disponha a avaliar os bens por ele nomeados à penhora. Se o executado não impugnar a estimativa do credor, subentende-se sua concordância, pela mesma razão aplicável à falta de impugnação do exequente à estimativa do executado.

O atual Código, todavia, elenca quatro hipóteses em que a avaliação não será realizada (art. 871):

> *(a)* quando uma das partes aceitar a estimativa feita pela outra (inc. I);
> *(b)* quando se tratar de títulos ou de mercadorias que tenham cotação em bolsa, comprovada por certidão ou publicação no órgão oficial (inc. II);
> *(c)* quando se tratar de títulos da dívida pública, de ações de sociedades e de títulos de crédito negociáveis em bolsa, cujo valor será o da cotação oficial do dia, comprovada por certidão ou publicação no órgão oficial (inc. III);
> *(d)* quando se tratar de veículos automotores ou de outros bens cujo preço médio de mercado possa ser conhecido por meio de pesquisas realizadas por órgãos oficiais ou de anúncios de venda divulgados em meios de comunicação, caso em que caberá a quem fizer a nomeação o encargo de comprovar a cotação de mercado (inc. IV).

Na hipótese de aceitação da estimativa feita por uma das partes, ainda assim a avaliação poderá ser realizada quando houver fundada dúvida do juiz quanto ao real valor do bem (parágrafo único do art. 871). Explica-se essa intervenção do juiz pela suspeita de que, sendo irreal a estimativa aceita por ambas as partes, poderá ocultar conluio entre elas para prejudicar terceiros ou sonegar tributos.[12] Mas, admitindo o Código a autonomia das partes para o ajuste de negócio jurídico processual, não se há reconhecer uma completa discricionariedade do juiz para recusar a estimativa consensual dos litigantes e determinar, a seu puro alvedrio, a avaliação pericial. Para tanto, será necessária a ocorrência de razões sérias para suspeitar a tramoia urdida pelos ímprobos litigantes. Caso contrário, a regra será a não avaliação, diante da aquiescência de uma parte à estimativa da outra.

No caso de impugnação da estimativa do executado pelo exequente, não será o caso de submeter a questão à avaliação técnica de um perito. O melhor caminho, dentro da singeleza da excussão de bens constritos, é o da avaliação pelo oficial de justiça, já que doravante se insere entre suas atribuições legais a de "efetuar avaliações, quando for o caso" (art. 154, V). Mormente em se tratando de coisas de pequeno valor ou de cotações facilmente apuráveis no mercado, raros serão os casos a reclamar conhecimentos especializados para sua estimativa, sendo bastante a experiência prática reconhecida ao oficial de justiça.

Na verdade, em nenhuma hipótese a expropriação será realizada sem avaliação ou algum meio estimativo dos valores expropriados, uma vez que o preço é elemento essencial e indispensável à alienação judicial dos bens penhorados. O que o art. 871 dispensa é apenas a avaliação por oficial ou perito. Outras formas de estimativa, entretanto, deverão estar presentes nos autos (estimativa da parte ou cotação da Bolsa, ou ainda algum dos expedientes acima relacionados). Realmente, só não haverá necessidade de avaliação alguma, por razão lógica,

---

[12] LUCON, Paulo Henrique dos santos. Comentários ao art. 871. *In* WAMBIER, Teresa Arruda Alvim, *et al. Breves Comentários ao novo Código de Processo Civil.* 2. ed. São Paulo: Ed. RT, 2015, p. 2071; ASSIS, Araken de. *Manual da execução.* 18. ed. revista, atualizada e ampliada, São Paulo: Editora Revista dos Tribunais, 2016, n. 335.1, p. 1.056.

quando a penhora recair sobre dinheiro[13]. É que já estando seguro o juízo por uma soma de dinheiro, não ocorrerá a necessidade de converter o bem penhorado em moeda para satisfação do crédito exequendo.

319. AVALIAÇÃO DE BEM IMÓVEL

Como a execução deve ser realizada pela forma menos gravosa para o executado (CPC/2015, art. 805), o avaliador, quando o bem penhorado for imóvel suscetível de cômoda divisão, deverá avaliá-lo por partes, sugerindo os possíveis desmembramentos. É que, às vezes, o fracionamento facilitará o praceamento, e, outras vezes, bastará a alienação de uma parte do imóvel para, eventualmente, proporcionar numerário suficiente para a realização do crédito exequendo (art. 872, § 1º). Em tal hipótese, a parte interessada no fracionamento deverá requerer, a tempo, mediante exibição de planta e memorial descritivo para a adequada individualização das respectivas glebas (CPC/2015, art. 894, § 2º).

Realizada a avaliação e, apresentada a proposta de desmembramento, as partes devem ser ouvidas em cinco dias (art. 872, § 2º). Não há, todavia, necessidade de consenso das partes. Sendo possível o desmembramento, o juiz poderá determiná-lo coativamente.

320. AVALIAÇÃO E CONTRADITÓRIO

O processo de execução, sabidamente, não se acha preordenado à discussão e acertamento do direito do exequente e da obrigação do executado. Tudo já se acha definido no título executivo. O processo é, pois, de sujeição e não de declaração. Isto, contudo, não o torna impermeável à garantia do contraditório, de modo que os diversos atos que preparam e realizam a expropriação executiva e a satisfação do direito do credor não podem ser praticados em juízo sem a ciência e a participação de ambas as partes.

Por isso, após a avaliação, a execução forçada não pode prosseguir sem que as partes tomem conhecimento do laudo e tenham oportunidade de impugná-lo, se houver motivo para tanto[14]. Aliás, o CPC/2015 contém norma expressa sobre o prazo de cinco dias para ouvida das partes, após a juntada do laudo de avaliação (art. 872, § 2º). Entretanto, a falta de audiência do executado, ou de seus sucessores, gera nulidade apenas relativa, que, por isso, não se decreta sem demonstração de prejuízo[15].

321. REPETIÇÃO DA AVALIAÇÃO

I – Cabimento

Em regra, não se repete a avaliação, seja aquela feita pelo oficial de justiça, seja a do perito, ou mesmo a do executado, se não impugnada tempestivamente pelo exequente.

O art. 873 do CPC/2015 arrola três situações em que se admite nova avaliação dos bens penhorados, que são as seguintes:

---

[13] ABELHA, Marcelo. *Manual de execução civil*. 5. ed. Rio de Janeiro: Forense, 2015, p. 357.

[14] "Sem embargo da inexistência de norma expressa a respeito, impõe-se sejam as partes intimadas do laudo de avaliação após sua juntada aos autos, como aliás, recomenda a boa doutrina" (STJ, 4ª T., REsp. 17.805-GO, Rel. Min. Sálvio de Figueiredo, ac. 09.06.1992, *DJU* 03.08.92, p. 11.327. No mesmo sentido: STJ, 1ª T., REsp. 626.791, Rel. Min. Luiz Fux, ac. 15.02.2005, *DJU* 21.03.2005, p. 251.

[15] Avaliação de bem penhorado realizada sem a substituição processual de parte falecida é nulidade relativa (STJ, 3ª T., REsp 2.033.239/SP, Rel. Min. Marco Aurélio Bellizze, ac. 14.02.2023, *DJe* 16.02.2023).

a) quando, fundamentadamente, se arguir a ocorrência de erro na avaliação ou dolo do avaliador;

b) quando, posteriormente à avaliação, se verificar que houve majoração ou diminuição no valor do bem; ou

c) quando o juiz tiver fundada dúvida sobre o valor atribuído ao bem na primeira avaliação.

A primeira hipótese é de suscitação por qualquer das partes, pois o erro ou dolo na diligência avaliatória causa prejuízos processuais a ambos os litigantes. A majoração ou redução do valor do bem, por fatores de mercado, influem, sobretudo sobre os interesses do executado. Não deixa, porém, de afetar os do exequente, em menor escala, é verdade. É possível, pois, que o requerimento de nova avaliação, *in casu*, seja também de iniciativa de qualquer das partes. Um valor subestimado evidentemente cria para o executado o risco de uma adjudicação lesiva a seu patrimônio. Já um valor acima das cotações de mercado, inibe o exequente de exercitar o direito de adjudicação, ou somente o permite em bases que lhe acarretam prejuízos. Daí a verificação de que estão em jogo no inciso II do art. 873 interesses das duas partes da execução, permitindo a qualquer delas o exercício da pretensão de renovar a avaliação dos bens penhorados que passaram por superveniente depreciação ou valorização.

O último inciso do art. 873, por envolver dúvida do juiz acerca do valor atribuído ao bem nomeado à penhora, pressupõe sempre que tenha havido uma avaliação anterior. Independentemente da arguição de qualquer das partes, poderá o juiz determinar nova avaliação, com o intuito, principalmente, de evitar colusão entre os litigantes, com o risco de lesão a terceiros.[16]

O *inciso I* do aludido artigo, destaca corretamente que o erro deve ser da avaliação e o dolo, do avaliador. Além disso, prevê que a arguição pode partir de qualquer das partes, mas sempre deverá apresentar-se fundamentada. Não bastará, portanto, o simples inconformismo. O exequente terá de apoiar o pedido de nova avaliação em prova pré-constituída, ou em argumentação que, de plano, evidencie o erro ou o dolo. Às vezes, a prova ainda não é completa, mas há alegações convincentes acerca do vício da avaliação. O juiz, portanto, poderá ordenar a nova avaliação que, por si mesma, confirmará o defeito imputado à primeira. De qualquer maneira é sempre indispensável a produção de elementos sérios do erro de estimativa ou do dolo praticado pelo avaliador.

O *inciso II* contempla tanto a redução como a majoração de valor ocorrida após a primeira avaliação. A atual disposição corresponde à reclamação doutrinária que não se conformava com a nova avaliação apenas para o caso de desvalorização. Também a valorização superveniente pode comprometer a expropriação executiva, levando, por exemplo, a arrematação ou adjudicação por valor muito inferior ao real. Se a desvalorização não corrigida dificulta a licitação e inviabiliza a adjudicação, não são menores os inconvenientes da colocação em hasta pública, ou em adjudicação, de bens superavaliados.

O *inciso III*, como já visto, corresponde a uma diligência de ofício do juiz para impedir possível lesão de terceiros (v. *retro*, o item 302).

II – Realização especial de nova avaliação

O art. 878 ainda prevê outra hipótese em que é possível realizar nova avaliação: "Frustradas as tentativas de alienação do bem, será reaberta oportunidade para requerimento de

---

[16] ZATZ, Debora Ines Kram Baumöhl. O sistema de avaliação dos bens penhorados no CPC/2015: principais peculiaridades. *In:* ASSIS, Araken de; BRUSCHI, Gilberto Gomes (coords.). *Processo de execução e cumprimento de sentença.* 2. ed. São Paulo: RT, 2022, vol. 1, p. 722-723.

adjudicação, caso em que também se poderá pleitear a realização de nova avaliação". É que a falta de interessados na aquisição do bem levado à alienação judicial sugere que a avaliação está em descompasso com o mercado. Daí a renovação da avaliação, cujo objetivo é permitir estimativa mais realista, capaz de atrair possíveis candidatos à aquisição do bem penhorado.

III – Regras a observar na segunda avaliação

Sendo o caso de realização de nova avaliação, nos termos do *inciso III* do art. 873, deverão ser aplicadas as regras do art. 480 sobre nova perícia (art. 873, parágrafo único), ou seja:

a) a determinação do juiz de nova perícia, de ofício ou a requerimento da parte, ocorrerá "quando a matéria não estiver suficientemente esclarecida" (art. 480, *caput*);
b) a segunda perícia terá como objeto o mesmo da primeira, e destinará "a corrigir eventual omissão ou inexatidão dos resultados a que esta conduziu" (§ 1º);
c) "a segunda perícia rege-se pelas disposições estabelecidas para a primeira" (§ 2º);
d) "a segunda perícia não substitui a primeira, cabendo ao juiz apreciar o valor de uma e de outra" (§ 3º).

O teor da regra – pertinente ao dever do executado de atribuir valor aos bens indicados à penhora – não sofreu alteração alguma no regime do atual Código (art. 847, § 1º, V).

Dessa maneira, a regra de permissão de nova avaliação continua sendo a mesma: impugnação do exequente, provocando a realização de perícia para rever a avaliação da própria parte (art. 871, parágrafo único).

A jurisprudência tem sido flexível na permissão de nova avaliação do bem penhorado[17], sempre que o pedido venha instruído com prova técnica de valor irrecusável (*v.g.*, laudo de engenheiro especializado em avaliações), evidenciadora de grande discrepância entre a estimativa judicial e a do avaliador técnico[18]. Segundo a ótica do Superior Tribunal de Justiça, a aplicação do art. 873 do CPC/2015 deve ser feita, sem se cogitar de preclusão[19]: a) porque não há na lei prazo fatal para se impugnar e se rever a avaliação incorreta ou defasada; e b) porque na sistemática do processo justo, há de se ter em conta a necessidade de que o bem penhorado seja sempre levado à expropriação executiva pelo seu real valor de mercado, cautela indispensável ao cumprimento da garantia de que a execução seja sempre realizada pela maneira

---

[17] Jurisprudência mais antiga recomendava o uso da *correção monetária*, para atualizar o valor do bem a ser alienado (STJ, 4ª T., AgRg no Ag 28.423/BA, Rel. Min. Sálvio de Figueiredo Teixeira, ac. 09.02.1993, *DJU* 08.03.1993, p. 3.123). Posteriormente, decisão da 3ª Turma do STJ assentou que "A atualização do valor da avaliação deve observar as oscilações de mercado no preço do bem penhorado, sendo inaplicáveis para tanto os índices contratuais ou legais utilizados especificamente na atualização do crédito exequendo" (STJ, 3ª T., REsp 864.873/SC, Rel. Min. Humberto Gomes de Barros, ac. 06.03.2008, *DJe* 01.04.2008). Submetida, entretanto, a questão à apreciação da Corte Especial do STJ, ficou assentada a legalidade da atualização monetária, ordenada de ofício pelo juiz, "em nada equivalente a uma nova avaliação" (STJ, Corte Especial, EREsp 82.068/SP, Rel. Min. José Dantas, ac. 18.02.1998, *DJU* 09.03.1998, p. 3). O mais acertado, a nosso sentir, foi o decidido, pela 3ª T: "Para tornar a execução menos onerosa ao devedor (CPC; Art. 620), o Juiz pode, de ofício, determinar nova avaliação do bem. Nada no Art. 683 do CPC [art. 873 do CPC/2015] veda tal possibilidade" (STJ, 3ª T., REsp 299.120/MS, Rel. Min. Humberto Gomes de Barros, ac. 12.04.2005, *DJU* 09.05.2005, p. 388). Conciliando as duas posições, a atualização monetária é a medida mais prática e expedita a ser observada quando as partes não têm objeções à medida. Havendo impugnação, o caso deve ser resolvido pela nova avaliação.

[18] STJ, 3ª T., REsp 59.525/RO, Rel. Min. Menezes Direito, ac. 26.11.1996, *DJU* 03.02.1997, p. 716; STJ, 3ª T., MC 13.994/RJ, Rel. Min. Nancy Andrighi, ac. 01.04.2008, *DJe* 15.04.2008.

[19] STJ, 3ª T., MC 13.994/RJ, *cit*.

menos gravosa para o devedor (CPC/2015, art. 805)[20]; c) o que se tem de exigir do impugnante é que requeira a nova avaliação com base em documentos técnicos idôneos[21], para evitar que a medida prevista no art. 873 do CPC/2015 se torne veículo de mera procrastinação do processo executivo[22].

IV – Impugnação à avaliação

A impugnação deve ser manifestada logo que o laudo ou a estimativa são juntados aos autos. Constará de simples petição, em cuja fundamentação se arguirá um dos motivos previstos no art. 873. A cognição será sumária, devendo o juiz decidir o incidente de plano. Por isso, cumpre ao interessado exibir com a impugnação a prova do alegado[23].

É da eventual acolhida da impugnação à avaliação ou à estimativa do executado (art. 873) que podem advir as modificações da penhora previstas no art. 874, ou seja, a redução, ampliação ou renovação da penhora[24].

Resolvidas as eventuais impugnações à avaliação, bem como realizadas as modificações da penhora, se for o caso, estará a execução em condições de passar à expropriação executiva, em que se vai promover a adjudicação ou outra das modalidades de alienação forçada previstas no art. 879 para os bens penhorados. Providenciará o juiz, então, o andamento dos atos executivos pleiteados pelo exequente (art. 875).

322. REFLEXOS DA AVALIAÇÃO SOBRE OS ATOS DE EXPROPRIAÇÃO EXECUTIVA

Sem a avaliação ou algum sucedâneo como a estimativa do executado e a cotação bolsa, não se pode dar início aos atos de expropriação. Exerce, outrossim, relevante influência sobre as condições da alienação forçada em todas as suas modalidades.

Na *adjudicação*, o requisito legal de admissibilidade da medida é que o adjudicante ofereça preço não inferior ao da avaliação (CPC/2015, art. 876). O interessado pode superá-lo, mas nunca propor preço menor.

---

[20] STJ, 3ª T., REsp 299.120/MS, Rel. Min. Humberto Gomes de Barros, ac. 12.04.2005, *DJU* 09.05.2005, p.388; STJ, 4ª T., REsp 39.060/SP, Rel. Min. Sálvio de Figueiredo, ac. 28.04.1997, *DJU* 26.05.1997, p. 22.541.

[21] STJ, 3ª T., REsp 1.269.474/SP, Rel. Min. Nancy Andrighi, ac. 06.12.2011, *DJe* 13.12.2011.

[22] "O laudo de avaliação deve exprimir e corresponder ao real valor do bem, considerado o seu preço médio para venda à vista, levando-se em conta os indispensáveis elementos de ordem técnica e econômica. (...) Além de que, deve-se sempre assegurar que o bem seja oferecido pelo seu valor de mercado, a fim de se evitar enriquecimento sem causa do arrematante ou do credor que adjudicar o imóvel em detrimento do executado" (TJRJ, 4ª Câm. Civ., AI n. 2009.002.14246, Rel. Des. Sidney Hartung Buarque, ac. 16.06.2009, *DORJ* 24.06.2009, p. 132).

[23] "1. A realização de leilão mais de dois anos após a data em que feita a avaliação do imóvel é capaz de impor prejuízo ao executado, pois tal lapso temporal é suficiente para alterar substancialmente o valor do bem. 2. Ademais, é de se considerar que a variação do valor de imóveis perante o mercado imobiliário não ocorre pelos mesmos índices aplicáveis à dívida executada, de modo que se torna essencial que o leilão ocorra com base no valor atualizado do bem, para evitar descompasso entre o valor pago pelo arrematante e o verdadeiro valor do bem" (STJ, 4ª T., AgInt no REsp 1.130.982/PB, Rel. Min. Raul Araújo, ac. 15.08.2017, *DJe* 29.08.2017).

[24] "Sempre que apresentadas evidências concretas de dessemelhança significativa entre avaliações sobre o mesmo bem, mostra-se prudente a confirmação do seu valor real" (por meio de nova avaliação) (STJ, 3ª T., MC 13.994/RJ, Rel. Min. Nancy Andrighi, ac. 01.04.2008, *DJe* 15.04.2008).

Na *alienação por iniciativa particular*, compete ao juiz traçar os detalhes da transmissão a ser negociada pelo exequente ou por corretor credenciado. O preço mínimo, porém, será o da avaliação (art. 870), conforme dispõe o art. 880, § 1º.

Na *hasta pública*, marcante é a influência exercida pelo valor fixado na avaliação. Assim é que:

a) dito valor deve figurar no edital de hasta pública, além do preço mínimo pelo qual poderá ser alienado, as condições de pagamento e, se for o caso, a comissão do leiloeiro designado (art. 886, II);

b) a ausência do preço mínimo no edital não tem maiores repercussões. Não há cominação de nulidade na espécie. O juiz estabelecerá o preço mínimo (art. 885), e não será aceito lance que ofereça preço vil (art. 891), ou seja, preço inferior ao mínimo estipulado pelo juiz. Mas, não tendo sido fixado preço mínimo, considera-se vil o preço inferior a 50% do valor da avaliação.

c) não será aceito lance que ofereça preço vil, ou seja, inferior ao valor mínimo estipulado pelo juiz. Mas, não tendo sido fixado preço mínimo, considera-se vil o preço inferior a 50% do valor da avaliação (art. 891, *caput* e parágrafo único);

d) se o leilão for de vários bens, adquirirá preferência o licitante que oferecer lanço global para todos, em conjunto, desde que ofereça, para os bens que não tiverem lance, preço igual ao da avaliação, e para os demais, preço igual ao do maior lance que, na tentativa de arrematação individualizada tenha sido oferecido para eles (art. 893);

e) no leilão de imóvel de incapaz, não se deferirá a arrematação se não houver lanço de pelo menos 80% da avaliação. Não havendo quem se interesse pela arrematação, em tal base, a alienação forçada será adiada por prazo de até um ano, ficando o imóvel sob guarda e administração de depositário idôneo escolhido pelo juiz (art. 896);

f) não há, no CPC/2015, a exigência de duas licitações que, no direito antigo, ocorria quando na primeira hasta pública não se obtinha lance superior ao previsto na avaliação (CPC/1973, art. 686, VI). No caso de total ausência de interessados na primeira licitação, outra será promovida, em data já indicada o edital (CPC/2015, art. 886, V). Não será, entretanto, uma oferta a quem mais der, como outrora se fazia. O bem será leiloado pelo preço mínimo mencionado no edital, ou por outro que, nas circunstâncias do caso, vier a ser estipulado pelo juiz.

Capítulo XXIII
ADJUDICAÇÃO

323. INTRODUÇÃO

Com a sistemática implantada pela Lei n. 11.382/2006, à época do CPC/1973, e mantida pelo CPC/2015, a alienação em hasta pública deixou de ser a meta normal ou preferencial da expropriação na execução por quantia certa. Antes de chegar a tal modalidade expropriatória, o art. 825, I, do CPC/2015 prioriza a adjudicação dos bens penhorados em favor do exequente ou de outras pessoas previstas no art. 876, § 5º. Antes de chegar ao leilão, há ainda a permissão ao exequente para optar pela alienação por iniciativa particular (art. 880, *caput*). Somente depois de inviabilizadas essas duas primeiras modalidades de expropriação é que se passará a cogitar da alienação em leilão judicial, como se depreende do citado art. 880.

Uma vez, portanto, superadas as eventuais questões em torno da penhora e da avaliação (reduções, ampliações e substituições), o juiz dará início aos atos de expropriação de bens (art. 875). Tais atos poderão ser o deferimento da adjudicação, se requerida por algum interessado, ou, à sua falta, a autorização para início da alienação por iniciativa particular. Do leilão judicial só se cogitará mais tarde, se não houver manifestação de interessado pelas formas preferenciais de expropriação elencadas no art. 881.

324. CONCEITO DE ADJUDICAÇÃO

A adjudicação é uma figura assemelhada à *dação em pagamento*, uma forma *indireta* de satisfação do crédito do exequente, que se realiza pela transferência do próprio bem penhorado ao credor, para extinção de seu direito.[1]

Em lugar da soma de dinheiro, que é objeto específico da execução por quantia certa, na adjudicação o credor recebe bens outros do executado, numa operação, porém, que nada tem de contratual, pois participa da mesma natureza da arrematação, como ato executivo ou de transferência forçada de bens, sob a forma de expropriação. Conceitua-se, portanto, a *adjudicação* como ato de expropriação executiva em que o bem penhorado se transfere *in natura* para o credor, fora da arrematação[2]. Há situações especiais em que se admite a terceiros, além do exequente, a faculdade de obter a adjudicação, também sem o pressuposto da concorrência em hasta pública (CPC/2015, art. 876, § 5º).

Quando o adjudicante é o exequente, a medida pressupõe requerimento de sua parte, não obstante seja a forma preferencial de expropriação na execução por quantia certa. É que tendo o direito de se pagar em dinheiro, não pode ser compelido, contra sua vontade, a receber coisa diversa para solução de seu crédito.

A adjudicação dos bens penhorados, repita-se, transformou-se, com a reforma da Lei n. 11.382/2006, na forma preferencial de satisfação do direito do credor na execução de obrigação por quantia certa, regime mantido pelo CPC/2015 (arts. 825, I e 881, *caput*). As tradicionais

---

[1] LIEBMAN, Enrico Tullio. *Processo de Execução*. 3. ed. São Paulo: Saraiva, 1968, n. 75, p. 125.

[2] "(...) apesar de a adjudicação possuir características similares à dação em pagamento, dela distingue-se por nada ter de contratual, consistindo, em verdade, em ato executivo de transferência forçada de bens, razão pela qual não fica impedida pela indisponibilidade cautelar, que se refere à disposição voluntária pelo devedor" (STJ, 3ª T., REsp 1.493.067/RJ, Rel. Min. Nancy Andrighi, ac. 21.03.2017, *DJe* 24.03.2017).

modalidades de apuração de numerário por meio de alienação judicial tornaram-se secundárias. A execução tende, em primeiro lugar, a propiciar ao exequente a apropriação direta dos bens constritos, em pagamento de seu crédito. Ao mesmo tempo, a inovação ampliou a legitimação dos que podem concorrer à adjudicação, nela incluindo aqueles que, antigamente, podiam exercer a remição (cônjuges, ascendentes e descendentes do executado), além de outros interessados (art. 876, § 5º). Desapareceu, pois, a remição como modalidade especial de expropriação executiva. O direito dos antigos remidores, porém, não desapareceu; transformou-se em direito à adjudicação.[3]

O conceito de adjudicação, portanto, ampliou-se, tanto na maior dimensão de seu papel na execução por quantia certa como na sua abrangência subjetiva.

Pode-se, diante do novo quadro legal, definir-se a *adjudicação* como o ato executivo expropriatório, por meio do qual o juiz, em nome do Estado, transfere o bem penhorado para o exequente ou para outras pessoas a quem a lei confere preferência na aquisição. Não se confunde com a arrematação, porque a função precípua da adjudicação, quando a exerce o próprio credor, não é a de transformar o bem em dinheiro, mas o de usá-lo diretamente como meio de pagamento. Contudo, "tanto como na arrematação, há neste ato expropriatório atuação processual executiva do Judiciário, no exercício da tutela jurisdicional"[4]. Em regra, não há desembolso de dinheiro por parte do adjudicatário, porque o valor do bem se destina ao resgate do crédito do próprio adquirente. Há, todavia, casos em que o preço da adjudicação, no todo ou parte, tem de ser depositado em juízo, como nas hipóteses dos §§ 4º e 5º do art. 876. São os casos em que o crédito do exequente é menor que o valor do bem adjudicado, ou aqueles em que o pretendente à adjudicação é terceiro sem preferência sobre o preço da expropriação.

325. REQUISITOS DA ADJUDICAÇÃO

Qualquer que seja a natureza do bem penhorado sua adjudicação é possível[5]. Mas para ser praticada eficazmente duas exigências são feitas pelo art. 876: (i) o requerimento do interessado, pois o juiz não pode impor ao credor aceitar em pagamento coisa diversa daquela que constitui o objeto da obrigação exequenda; há, pois, de partir da opção do interessado essa modalidade substitutiva de prestação obrigacional[6]; (ii) a oferta do pretendente à adjudicação não pode ser de preço inferior ao da avaliação. Se pretender o credor (ou outro legitimado) adquirir o bem por preço inferior ao da avaliação, isto somente será possível em hasta pública, na qual terá de sujeitar-se à licitação com todos os eventuais concorrentes[7].

---

[3] O direito de remição, como evento pós-licitação, apenas remanesceu, para o executado, em relação aos bens hipotecados (CPC/2015, art. 877, §§ 3º e 4º).

[4] MARQUES, José Frederico. *Manual de Direito Processual Civil*. 1. ed. atualizada, Campinas: Bookseller, 1997, v. IV, n. 896, p. 246.

[5] Se a penhora incidiu sobre direitos hereditários do executado sobre acervo ainda não inventariado e partilhado, o bem constrito pode ser adjudicado para satisfação do crédito exequendo. Porém, "Ante a natureza universal da herança, a adjudicação dos direitos hereditários não pode ser de um ou alguns bens determinados do acervo, senão da fração ideal que toca ao herdeiro devedor" (STJ, 3ª T., REsp 1.330.165/RJ, Rel. Min. Nancy Andrighi, ac. 13.05.2014, *DJe* 02.06.2014). Nesse caso, o acórdão ressaltou que se deve resguardar o direito de preferência dos demais herdeiros que concorrem à mesma sucessão, na qualidade de comunheiros sobre o acervo (CC, art. 1.794).

[6] "Não há adjudicação *invito creditore*: somente se o credor pedir a adjudicação, esta substitui o pagamento em dinheiro" (MARQUES, José Frederico. *Manual op. cit.*, loc. cit.).

[7] Na segunda praça ou no segundo leilão, o credor pode "arrematar pelo valor inferior ao da avaliação, desde que este não se qualifique como vil, sendo irrelevante; de todo modo, que não haja outros licitantes" (STJ, 4ª T., REsp. 243.880/SC, Rel. Min. Barros Monteiro, ac. 10.10.2000, *DJU* 27.11.2000, *RT* 788/212. No mesmo sentido: STJ, 3ª T., REsp. 184.717-SP, Rel. Min. Eduardo Ribeiro, ac. 19.11.1998, *DJU* 01.03.1999, *RT* 765/183).

326. INTIMAÇÃO DO EXECUTADO

O pleito da adjudicação não pode ser resolvido de plano pelo juiz, sem respeitar o contraditório. Uma vez requerida, o executado deverá ser intimado da pretensão do interessado na adjudicação, para que possa se manifestar e acompanhar o ato expropriatório, assegurando o direito ao contraditório e ampla defesa (art. 876, § 1º).

A intimação será feita nos termos do § 1º do art. 876 por uma das seguintes formas de comunicação processual:

(a) pelo *Diário da Justiça*, na pessoa de seu advogado constituído nos autos (inc. I);
(b) por *carta com aviso de recebimento*, quando representado pela Defensoria Pública ou quando não tiver procurador constituído nos autos (inc. II);
(c) por meio eletrônico, no caso das empresas públicas e privadas, quando não tenham advogado nos autos. É que ditas pessoas jurídicas são obrigadas a manter cadastro nos sistemas de processo em autos eletrônicos, por imposição do art. 246, § 1º (inc. III).

A intimação por via postal será considerada realizada com a simples remessa da correspondência quando o executado houver mudado de endereço e não tiver previamente comunicado ao juízo – mesmo quando a comunicação não tiver sido recebida pessoalmente pelo interessado, nos termos do art. 274, parágrafo único (art. 876, § 2º).

Fica dispensada a intimação, nos termos previstos no § 1º do art. 876, se o executado, citado por edital, não tiver procurador constituído nos autos (art. 876, § 3º). Observar-se-á a regra geral de que, perante o réu revel, os prazos correm independentemente de intimação, bastando a publicação do ato decisório no órgão oficial (art. 346).

327. DEPÓSITO DO PREÇO

O exequente, ao exercer o direito de adjudicar, está dispensado de exibir o preço, desde que este seja igual ou inferior ao seu crédito, e não haja concorrência de outros pretendentes com preferência legal sobre o produto da execução.

Se o preço da adjudicação for maior, caberá ao adjudicatário depositar imediatamente a diferença, como condição de apreciação de seu requerimento (CPC/2015, art. 876, § 4º, I). Sendo inferior dito preço, a adjudicação se faz sem depósito algum, e sem prejuízo do prosseguimento da execução pelo saldo devedor remanescente. A adjudicação, em tal caso, não importa quitação ou remissão da dívida, que ficará apenas amortizada.

Em algumas circunstâncias, o adjudicatário terá de efetuar o depósito integral do preço da adjudicação. É o caso em que concorre com outros credores com penhora anterior à sua ou com preferência legal sobre o bem adjudicado. Nesse tipo de concurso (art. 908), o exequente só tem direito de levantar o produto da alienação judicial se houver sobra depois de satisfeitos os credores preferenciais. Daí por que, ao requerer a adjudicação, tem de depositar integralmente o valor de avaliação do bem penhorado; para evitar que se frustre o direito de preferência do credor hipotecário ou pignoratício, ou titular de outros privilégios legais[8].

---

[8] 1º TACivSP, 3ª Câm., AI 352.385, Rel. Juiz Araújo Cintra, ac. 09.04.1986, *RT* 608/108; TJSC, 1ª Câm. Civ., AI 3.516, Rel. Des. Protásio Leal, ac. 10.06.1986, *RT* 612/167; 1º TACivSP, 8ª Câm., AI 441.074-4, Rel. Juiz Alexandre Germano, ac. 27.06.1990, *RT* 661/107.

328. LEGITIMAÇÃO PARA ADJUDICAR

Para designar o beneficiário da adjudicação, o léxico registra, tanto o nome de adjudicante como de adjudicatário[9]. O atual Código não fala mais em adjudicante, mas em requerente da adjudicação. E fala em adjudicação apenas no art. 877, § 1º.

O CPC/2015 ampliou bastante o rol de legitimados a requerer a adjudicação. De acordo com o disposto no art. 876, *caput* e seus §§ 5º e 7º são eles os seguintes:

a) *o exequente*, em primeiro lugar, ou seja, o que promove a execução em cujo andamento ocorreu a penhora dos bens a adjudicar;

b) *as pessoas indicadas* no art. 889, inc. II a VIII, ou seja: *(i)* o coproprietário de bem indivisível do qual tenha sido penhorada fração ideal; *(ii)* o titular de usufruto, uso, habitação, enfiteuse, direito de superfície, concessão de uso especial para fins de moradia ou concessão de direito real de uso, quando a penhora recair sobre bem gravado com tais direitos reais; *(iii)* o proprietário de terreno submetido ao regime de direito de superfície, enfiteuse, concessão de uso especial para fins de moradia ou concessão de direito real de uso, quando a penhora recair sobre tais direitos reais; *(iv)* o credor pignoratício, hipotecário, anticrético, fiduciário ou com penhora anteriormente averbada, quando a penhora recair sobre bens com tais gravames, caso não seja o credor, de qualquer modo, parte na execução; *(v)* o promitente comprador, quando a penhora recair sobre bem relação ao qual haja promessa de compra e venda registrada; *(vi)* o promitente vendedor, quando a penhora recair sobre direito aquisitivo derivado de promessa de compra e venda registrada; *(vii)* a União, o Estado e o Município, no caso de alienação de bem tombado[10] (art. 876, § 5º, 1ª parte).

c) *outros credores concorrentes* que, também, tenham penhora sobre o mesmo bem, caso em que a adjudicação pode ser pretendida mesmo que a alienação esteja sendo viabilizada em execução movida por credor diverso; a eventual disputa entre diferentes candidatos à adjudicação resolver-se-á por licitação entre eles (art. 876, § 6º). A ordem das penhoras não cria preferência na adjudicação, mas sobre o produto da expropriação, razão pela qual o adjudicatário, se não for o primeiro na ordem das penhoras, terá de depositar o preço para sobre ele realizar-se o direito de preferência de outros concorrentes;

d) *o cônjuge, o companheiro, descendentes ou ascendentes do executado*: os antigos legitimados à remição tornaram-se titulares do direito à adjudicação (CPC/2015, art. 876, § 5º);

e) *a sociedade, o sócio, ou o acionista*, quando houver penhora de quota social ou de ação de sociedade anônima fechada realizada em favor de exequente alheio à sociedade. Nesse caso, a sociedade será intimada da penhora (art. 861), ficando, então, responsável por informar a ocorrência aos sócios, assegurando-se a estes a preferência na adjudicação (art. 876, § 7º). O art. 861 não só autoriza expressamente

---

[9] *Adjudicatário*: "diz-se de ou pessoa a quem algo é adjudicado". *Adjudicante*: "mesmo que adjudicatário" (*Dicionário Houaiss da Língua Portuguesa*. Rio de Janeiro: Objetiva, 2006, p. 86).

[10] "O credor hipotecário, embora não tenha ajuizado execução, pode manifestar a sua preferência nos autos da execução proposta por terceiro. Não é possível sobrepor uma preferência processual a uma preferência de direito material. O processo existe para que o direito material se concretize" (STJ, 3ª T., REsp. 159.930-SP, Rel. Min. Ari Pargendler, ac. 06.03.2003, *DJU* 16.06.2003, p. 332. No mesmo sentido: STJ, 4ª T., REsp. 162.464-SP, Rel. Min. Sálvio de Figueiredo Teixeira, ac. 03.05.2001, *DJU* 11.06.2001, *RSTJ* 151/403).

a penhora de quotas e ações,[11] como assegura aos sócios e à própria sociedade a preferência para adquirir as quotas ou ações penhoradas por terceiros,[12] observadas as condições dos seus parágrafos, o que se torna possível por meio da adjudicação, reafirmando teses que já no regime da lei antiga eram acatadas pela jurisprudência.[13]

Fora da enumeração do Código de Processo Civil deve-se lembrar que também no direito material há algumas previsões de adjudicação, que hão de ser observadas subsidiariamente na alienação judicial, da execução por quantia certa, como a que se autoriza ao condômino do imóvel indivisível (CC, art. 1.322) e a que cabe ao credor hipotecário, no caso de falência, ou insolvência do devedor hipotecário (CC, art. 1.483, parágrafo único)[14] (ver *retro* n. 94).

329. ADJUDICAÇÃO POR CREDOR

Não é apenas o exequente que pode pleitear a adjudicação dos bens penhorados. A lei confere a três categorias de credor a legitimação para tanto: a) o credor que promove a execução em que a penhora se deu (art. 876, *caput*); b) as pessoas indicadas no art. 889, II a VIII (art. 876, § 5º), entre as quais se incluem os credores pignoratício e hipotecário (além do anticrético e do fiduciário); e c) outros credores concorrentes que hajam penhorado o mesmo bem (art. 876, § 5º).

A legitimação do credor titular de garantia real para a adjudicação independe de execução e penhora em ação própria. Decorre da preferência imanente ao seu direito real. Daí a necessidade de sua intimação após a penhora e antes da alienação executiva, qualquer que seja a modalidade do ato expropriatório (arts. 779, I, e 889, V).

O credor hipotecário pode se habilitar no concurso sobre o produto da excussão de outro credor sobre o bem hipotecado, mas para levantar o equivalente ao seu crédito, não fica dispensado de promover execução própria para o efetivo recebimento do bem[15]. Está em jogo, em tal situação, o direito de defesa que não pode ser negado ao executado, diante do credor hipotecário que, ainda, não propôs sua execução, a fim de ensejar-lhe o manejo dos competentes embargos. Daí por que não se pode permitir-lhe que "se aproprie do produto da penhora havida em outro processo sem que promova a sua própria execução, no bojo da qual seja dado ao devedor oportunidade de defesa"[16].

Esse entendimento pretoriano construído para a participação do credor hipotecário sobre o produto da arrematação em execução de outro credor, deve ser aplicado também sobre a adjudicação pretendida sobre o bem penhorado em execução alheia intentada contra o devedor

---

[11] STJ, 3ª T., REsp. 16.540/PR, Rel. Min. Waldemar Zveiter, ac. 15.12.1992, *DJU* 08.03.1993, p. 3.113; STJ, 4ª T., REsp. 316.017/SP, Rel. Min. Aldir Passarinho, ac. 11.06.2002, *DJU* 19.08.2002, p. 173; STJ, 4ª T., REsp. 317.651/AM, Rel. Min. Jorge Scartezzini, ac. 05.10.2004, *DJU* 22.11.2004.

[12] STJ, 4ª T., REsp 30.854-2-SP, Rel. Min. Sálvio de Figueiredo Teixeira, ac. 08.03.94, *RSTJ* 62/250; STJ, 4ª T., REsp 39.609-3-SP, Rel. Min. Sálvio de Figueiredo Teixeira, ac. 14.03.94, *RSTJ* 69/386.

[13] "A penhora (de quota) não acarreta a inclusão de novo sócio, devendo ser facultado à sociedade, na qualidade de terceira interessada, remir a execução, remir o bem ou conceder-se a ela e aos demais sócios a preferência na aquisição das cotas, a tanto por tanto (CPC, arts. 1.117, 1.118 e 1.119)" (STJ, 3ª T., REsp. 234.391-MG, Rel. Min. Menezes Direito, ac. 14.11.2000, *DJU* 12.02.2001, p. 113. No mesmo sentido: STJ, 6ª T., REsp. 201.181-SP, Rel. Min. Fernando Gonçalves, ac. 29.03.2000, *DJU* 02.05.2000, *RT* 781/197).

[14] O art. 1.483, parágrafo único do Código Civil foi revogado pelo CPC/2015 (art. 1.072, II). O direito do credor hipotecário à adjudicação na excussão do imóvel gravado foi mantido pelo art. 876, § 5º, c/c art. 889, V, ambos do CPC/2015.

[15] STJ, 4ª T., REsp 280.871/SP, Rel. Min. Luis Felipe Salomão, ac. 05.02.2009, *DJe* 23.03.2009.

[16] STJ, 3ª T., REsp 732.798/RS, Rel. Min. Sidnei Beneti, ac. 04.08.2009, *DJe* 18.08.2009.

comum. Afinal, arrematação e adjudicação são apenas espécies da expropriação praticável por meio da execução por quantia certa. Se o credor hipotecário não pode se pagar com o produto da arrematação promovida por outro credor, senão depois de ajuizada sua execução hipotecária, também não deve obter a lavratura do auto de adjudicação senão depois de ajuizar sua ação executiva e ensejar a oportunidade de defesa ao devedor.

Essa exigência só será superada se, intimado o devedor do pedido de adjudicação pelo credor hipotecário, manifestar-se ele concorde com a pretendida satisfação imediata do crédito privilegiado, na forma requerida.

330. CONDIÇÕES DE ADMISSIBILIDADE DA ADJUDICAÇÃO POR CREDOR

Duas são as exigências legais para que a adjudicação se torne admissível, seja qual for o credor pleiteante:

a) é preciso que a execução não tenha alcançado o estágio da alienação por iniciativa particular (art. 880) ou em leilão judicial (art. 881), porque nessa altura já se ultrapassou o tempo útil para requerer a adjudicação; e

b) que o preço oferecido pelo pretendente não seja inferior ao da avaliação (art. 876, *caput*).

Não se permite, como outrora fora autorizado, o pedido de adjudicação em concorrência com o lanço do arrematante. No sistema atual, o requerimento do interessado deve ser apresentado logo após a penhora e avaliação, antes, portanto, de que os bens penhorados sejam submetidos à venda por iniciativa particular ou à arrematação. Se o credor pretender adquirir os bens penhorados, já colocados em hasta pública, terá de licitar na disputa com os demais interessados, podendo, conforme o caso, ser dispensado de exibir o preço, se este puder ser compensado com o crédito exequendo (art. 892, § 1º).[17]

Frustrada, porém, a hasta pública, ou a alienação particular, por falta de licitantes ou proponentes, reabre-se a oportunidade para os credores pleitearem, se lhes convier, a adjudicação (v., adiante, o *item* 332).

Impende, por fim, ressaltar que a adjudicação realizada pelo credor hipotecário não autoriza o executado a exercer direito de retenção pelas benfeitorias realizadas no imóvel antes da adjudicação. Isto porque "a hipoteca abrange todas as acessões, melhoramentos ou construções do imóvel" (CC, art. 1.474). Sendo assim, as benfeitorias sujeitam-se à garantia hipotecária, ainda que não tenham sido transcritas na matrícula do imóvel, de tal sorte que a adjudicação do imóvel transfere ao adjudicatário a propriedade do bem com todas as benfeitorias, nos termos do art. 32 do Decreto-Lei n. 70/1966, c/c art. 7º, da Lei 5.741/1971, excluindo, portanto, o direito de retenção do executado.[18] Se, entretanto, benfeitorias e acessões de monta foram acrescidas ao imóvel depois da hipoteca, o devedor terá o direito de computá-las na avaliação, quando da respectiva penhora, o que refletirá sobre o preço da eventual adjudicação pelo exequente (CPC/2015, art. 876).

331. ADJUDICAÇÃO POR CÔNJUGE, COMPANHEIRO, DESCENDENTE OU ASCENDENTE DO EXECUTADO

As condições para adjudicação por cônjuge, descendente ou ascendente do executado são as mesmas que se faziam para a antiga remição (CPC/1973, art. 787 – revogado), que tinham de amoldar-se ao regime de aquisição fora da licitação em hasta pública.

---

[17] Só "no caso de leilão de bem hipotecado, o executado poderá remi-lo até a assinatura do auto de arrematação, oferecendo preço igual ao do maior lance oferecido" (CPC/2015, art. 902, *caput*).

[18] STJ, 3ª T., REsp. 1.399.143/MS, Rel. Min. Paulo de Tarso Sanseverino, ac. 07.06.2016, *DJe* 13.06.2016.

Em lugar de aguardar a arrematação para apresentar o requerimento, como dispunha o revogado art. 788 do CPC/1973, o pleito do cônjuge, companheiro, descendente ou ascendente deverá, no sistema do CPC/2015, ser manifestado logo após a avaliação e antes que a expropriação seja encaminhada para a alienação forçada por iniciativa particular ou em hasta pública (art. 876, c/c arts. 880 e 881).

Os parentes e o cônjuge ou companheiro têm, para exercício do direito de adjudicação, a mesma oportunidade que cabe ao exequente, mas o farão com preferência sobre todos os credores com penhora sobre os bens a adjudicar.[19]

Entre si, a escala de preferência será: primeiro o cônjuge ou o companheiro, depois o descendente e, finalmente, o ascendente. Havendo multiplicidade de pleiteantes no mesmo grau de preferência, realizar-se-á, em juízo, uma licitação entre eles, caso em que a adjudicação será deferida àquele que maior preço oferecer (art. 876, § 6º).

Em relação aos demais concorrentes o cônjuge, companheiro, descendente ou ascendente do executado gozam de preferência na licitação, de modo que não necessitam de superar o lanço do estranho. Bastará equipará-lo, para saírem vitoriosos na disputa pela adjudicação. Em concorrência, porém, com a sociedade, em caso de penhora de quota social ou de ação de sociedade anônima fechada, penhorada em execução por dívida pessoal do sócio, a preferência legal é dos outros sócios (art. 876, § 7º), ou, na omissão destes, será da própria sociedade (art. 861, § 1º). Essa preferência garantida pelo CPC/2015 tem o objetivo de permitir que a empresa consiga "manter em seus quadros uma homogeneidade societária, evitando-se o ingresso de terceiros na sociedade".[20]

A adjudicação por cônjuge, companheiro ou parente do devedor, obviamente, não tem cabimento quando o bem penhorado pertencer ao terceiro garante, como o fiador ou prestador de garantia real por dívida alheia. A preferência do cônjuge, companheiro, ascendente ou descendente do devedor só se explica *pietatis causa*, ou seja, como favor legal para dar uma oportunidade para a família do expropriado conservar o bem em vez de transmiti-lo a um estranho. Se o resultado é o mesmo para a execução, a lei prefere que, tanto por tanto, o bem continue na família do expropriado. O mesmo não ocorre quando ele não é do devedor, mas de outro responsável. Se nunca pertenceu a ele, não há como justificar que algum parente o queira conservar para a respectiva família. Em tal circunstância, somente o cônjuge, o companheiro, o descendente ou o ascendente do próprio responsável é que terá legitimação para adjudicar, nunca o cônjuge, companheiro ou parente daquele que não está sofrendo a expropriação executiva. Na verdade, executado no momento da alienação judicial é o terceiro garante, não o devedor garantido.

O mesmo ocorre com o coexecutado que não é proprietário do bem penhorado. Não cabe ao seu cônjuge, companheiro ou ao seu ascendente e descendente o direito de adjudicá-lo, pela simples razão de que o bem não está saindo da respectiva família e de que o executado, no momento do ato expropriatório, não é aquele cujos parentes ou cônjuge se candidatam à adjudicação.

332. ADJUDICAÇÃO (REMIÇÃO) DO BEM HIPOTECADO APÓS O PRACEAMENTO

A remição do bem penhorado foi abolida do Código de 1973 por meio da Lei n. 11.382/2006, que a instituiu pela adjudicação, ampliada para o cônjuge, ascendente ou descendente do

---

[19] "Na verdade, esta *adjudicação por terceiros alheios à execução* recebe, por ficção jurídica, o mesmo regime jurídico da genuína adjudicação do bem penhorado pelo exequente. Contudo, advirta-se, é uma espécie de *arrematação preferencial do bem penhorado* que é deferida a determinadas pessoas (terceiros na execução) em razão de um vínculo que possuem com o bem que está penhorado e que será levado a leilão judicial" (RODRIGUES, Marcelo Abelha; JORGE, Flávio Cheim. Adjudicação. In: ASSIS, Araken de; BRUSCHI, Gilberto Gomes (coords.). *Processo de execução e cumprimento de sentença*. 2. ed. São Paulo: RT, 2022, vol. 1, p. 728).

[20] ABELHA, Marcelo. *Manual de execução civil*. 5. ed. Rio de Janeiro: Forense, 2015, p. 376.

executado, com preferência sobre os credores (CPC/1973, art. 685-A, § 3º). O CPC/2015 repetiu a regra no art. 876, § 6º, ampliando a legitimação também para o companheiro do executado.

Há, porém, no campo da hipoteca, um direito de remição distinto, cuja instituição pertence ao direito material, como figura inerente ao direito real de garantia. Com efeito, o art. 877, § 3º, do CPC/2015 (repetindo o revogado art. 1.482 do Código Civil), dispõe que, mesmo depois de realizada a praça, o executado poderá, até a lavratura do auto de arrematação, remir o imóvel hipotecado, oferecendo preço igual ao da avaliação, se não tiver havido licitante, ou ao de maior lance oferecido[21]. Previa, ainda, o mesmo dispositivo de direito material, que a remição do imóvel hipotecado poderia ser efetuada, no regime traçado para o devedor, também pelo seu cônjuge, e pelos seus descendentes ou ascendentes (art. 1.482 do Código Civil, *in fine*). Esta previsão, entretanto, não foi mantida pelo CPC/2015. Agora, cabe ao cônjuge e parentes do executado o direito à adjudicação (art. 876, § 6º).

Todavia, o CPC/2015 – sem embargo de ter revogado o art. 1.482 do Código Civil –, repetiu a regra nele estatuída, prevendo, no art. 877, §§ 3º e 4º, a remição do imóvel hipotecado, restringindo-a ao executado e à sua massa falida, até a assinatura do auto de adjudicação (sobre o tema, ver item 339 *infra*).

Dessa maneira, a família do executado tem duas oportunidades para remir (ou adjudicar) o bem hipotecado: a primeira, sob a forma de adjudicação, antes do praceamento, nos termos do art. 876, § 6º; e a segunda, já então como verdadeira remição, após realizada a praça, mas sempre antes da lavratura do auto de arrematação (CPC/2015, art. 877, § 3º).

A remição, antes assegurada pelo direito substancial, e atualmente pelo art. 877, § 3º, do CPC/2015, é bem diferente da adjudicação prevista pela regra geral do direito processual: a) enquanto a adjudicação só é admissível antes da hasta pública (arts. 876 e 881), a remição somente pode ser pleiteada depois de encerrada a praça (art. 877, § 3º, do CPC/2015); b) enquanto a adjudicação só cabe ao cônjuge ou companheiro do executado ou seus descendentes e ascendentes (art. 876, § 6º), a remição pode ser promovida apenas pelo próprio executado (art. 877, § 3º, do CPC/2015).

Como a remição decorrente do direito material hipotecário tem de ser requerida antes da assinatura do auto de arrematação, o interessado deverá comparecer à hasta pública, pois não há mais um intervalo de tempo entre a licitação e o auto. Sua lavratura e assinatura são imediatas, devendo ocorrer de plano ao encerramento da licitação (art. 901). Logo, se o remidor não estiver presente à arrematação, não terá mais oportunidade de formular o pedido de remição a que alude o art. 877, § 3º.

Outro dado interessante era a autorização do Código Civil a que o próprio executado promovesse a remição do imóvel hipotecado, após a praça (possibilidade repetida pelo CPC/2015). Nesse caso, tem-se de ponderar que pouco interesse terá o devedor em fazê-lo. Se o preço do bem for maior do que o débito, melhor será efetuar a remição da execução, recolhendo em juízo apenas o *quantum debeatur* e seus acessórios (CPC/2015, art. 826). Se o valor da arrematação for inferior ao da dívida exequenda, ao credor será possível renovar a penhora sobre o mesmo imóvel remido, se outro bem exequível não for encontrado, porquanto a remição não o torna impenhorável.

Recaindo a nova penhora sobre o mesmo bem remido pelo executado, o credor já não mais agirá como credor privilegiado, pois pelo saldo remanescente sua condição é a de simples credor quirografário. Essa transmutação da natureza do débito restante talvez seja a única e escassa utilidade da remição hipotecária, já que, não sendo insolvente, poderá garantir a execução do saldo por outro bem que não o imóvel remido, se lhe for interessante.

---

[21] DIDIER, Fredie. Direito de adjudicar e direito de remir: confronto do art. 685-A, § 2º, Código de Processo Civil, com o art. 1.482 do Código Civil, *Revista de Processo*, v. 146, abr/2007.

333. PRAZO PARA A ADJUDICAÇÃO

Não se estabeleceu um prazo certo para o requerimento da adjudicação. Como só se pode adjudicar com observância do preço mínimo da avaliação, é claro que somente depois de concluída tal diligência, e resolvida as eventuais questões sobre ela suscitadas, é que se abrirá oportunidade aos interessados para o requerimento de adjudicação[22].

Se o devedor tiver oposto embargos à execução, o pleito de adjudicação deverá aguardar o julgamento dessa ação incidental, ou seja, somente se viabilizará a adjudicação após o trânsito em julgado da sentença que rejeitar referida defesa, tenha ou não sido processada com efeito suspensivo, como já decidiu o STF.[23]

Tratando de execução fiscal, há entendimento do STF no sentido de que se o devedor tiver oposto embargos, o pleito de adjudicação deverá aguardar o julgamento dessa ação incidental, ou seja, somente se viabilizará a adjudicação após o trânsito em julgado da sentença que rejeitar referida defesa, tenha ou não sido processada com efeito suspensivo[24]. A decisão, todavia, fundou-se em peculiaridades da Lei de Execução Fiscal, que não são adequadas a execução comum, pelo menos na extensão que o STF deu à restrição em foco. Com efeito, o decisório se apoiou nos arts. 19 e 24 e do § 2º, do art. 32 da LEF, dos quais se extraiu a regra que a Fazenda Pública poderá adjudicar os bens penhorados antes do leilão, se a execução não for embargada ou se rejeitados os embargos; e, ainda, que só após o trânsito em julgado, o depósito será devolvido ao depositante ou entregue à Fazenda Pública.

Não existe norma similar no regulamento da execução civil e a eventual oposição de embargos do devedor não impede a prática dos atos executivos, inclusive os de expropriação (art. 525, § 6º, do CPC). O que a jurisprudência dos tribunais locais tem reconhecido é a possibilidade de, em face de condições do caso concreto, ocorrer a suspensão dos atos expropriatórios, em caráter cautelar, até o julgamento definitivo dos embargos[25].

No entanto, a regra geral acatada, entre outros pelo TJSP, é de que a pendência de recurso de apelação contra sentença de improcedência dos embargos não impede o prosseguimento dos atos expropriatórios, já que, nessa altura, a execução assume o caráter de definitiva[26]. De

---

[22] "À falta de previsão legal quanto ao limite temporal para o exercício do direito à adjudicação, esta pode ser requerida após resolvidas as questões relativas à avaliação do bem e antes de realizada a hasta pública" (STJ, 4ª T., REsp 1.505.399/RS, Rel. Min. Maria Isabel Gallotti, ac. 12.04.2016, *DJe* 12.05.2016).

[23] "(...) Mesmo quando os embargos à execução fiscal não são dotados de efeito suspensivo pelo juiz, não é possível à Fazenda Pública adjudicar os bens penhorados ou levantar o valor do depósito em juízo antes do trânsito em julgado da sentença dos embargos" (STF, Pleno, ADI 5.165/DF, voto da Rel. Min. Carmen Lúcia, ac. 21.02. 2022, *DJe* 24.02.2022). Sobre a matéria, v. adiante o item 541.1.

[24] "Mesmo quando os embargos à execução fiscal não são dotados de efeito suspensivo pelo juiz, não é possível à Fazenda Pública adjudicar os bens penhorados ou levantar o valor do depósito em juízo antes do trânsito em julgado da sentença dos embargos" (STF, Pleno, ADI 5.165/DF, voto da Rel. Min. Cármen Lúcia, ac. 21.02.2022, *DJe* 24.02.2022).

[25] "Se os embargos à execução ainda não foram julgados, a prudência recomenda que os bens penhorados não sejam levados a leilão, já que constitui medida irreversível" (TJMG, 11ª Câmara Cível, AI: 10000220946529001 MG, Rel. Des. Marcos Lincoln, ac. 13/07/2022, Data de Publicação: 13/07/2022.) No mesmo sentido: TJMG, 10ª Câmara Cível, AI: 09560395220238130000, Rel. Des. Cavalcante Motta, ac. 04/07/2023, Data de Publicação: 10/07/2023.

[26] "Embargos à execução recebidos sem efeito suspensivo e julgados improcedentes. Execução de título extrajudicial que tem natureza definitiva e não provisória. Súmula 317 do STJ. Possibilidade de levantamento do valor bloqueado, não obstante a pendência do julgamento da apelação interposta nos embargos à execução. Decisão mantida" (TJSP, 18ª Câmara de Direito Privado, AI 20562748120228260000, Rel. Des. Helio Faria, Data de Julgamento: 01/08/2022, Data de Publicação: 01/08/2022). No mesmo sentido: TJSP, 24ª Câmara de Direito Privado, Agravo de Instrumento 2261021-61.2020.8.26.0000, Rel. Des. Marco Fábio Morsello, Data do Julgamento: 29/11/2021, Data de Registro: 29/11/2021.

tal modo, apenas haverá justificativa para suspender a expropriação ou o levantamento do respectivo produto quando presentes os requisitos da tutela cautelar (CPC, art. 300). Ainda assim, é de se observar que ao credor é dada a faculdade de oferecer caução idônea para contornar o embaraço supra, a exemplo do que ocorre com as execuções provisórias (CPC, art. 520, IV) e com o cumprimento definitivo de sentença (art. 525, § 10).

Sendo direito concorrente de vários titulares, não pode o exequente frustrá-los, requerendo a expedição de edital da hasta pública imediatamente após a penhora e avaliação. Haverá de aguardar-se um prazo razoável para exercício da faculdade legal, prazo que, à falta de previsão expressa da lei, será no mínimo de cinco dias (CPC/2015, art. 218, § 3º). Não nos parece, outrossim, que dita espera se sujeite a um prazo fatal ou preclusivo. Se a adjudicação é a forma preferencial da lei para promover a expropriação executiva, e se ainda não se realizou a hasta pública, sempre será de admitir-se o requerimento de adjudicação, seja do exequente ou de outros legitimados, mesmo que passados mais de cinco dias da avaliação. O que se deve evitar é o acréscimo de despesas processuais para o executado pelo retardamento do pedido de adjudicação. Gastos com atos processuais preparatórios da arrematação, por exemplo, devem correr por conta do exequente quando delibera pleitear a adjudicação tardiamente. Nunca se deve esquecer que a lei assegura ao devedor a execução sempre pela forma menos gravosa (art. 805). Mesmo após expedidos os editais de hasta pública, ainda será admissível a adjudicação por qualquer dos legitimados, caso em que o adjudicatário "arcará com as despesas dos atos que se tornarem desnecessários em razão de sua opção tardia"[27].

Uma vez iniciada a licitação em hasta pública não há como impedir que o arrematante adquira o bem. Não há na lei concorrência entre adjudicantes e arrematantes. Se, todavia, a hasta pública frustrar-se por falta de licitantes, não haverá inconveniente em que se prefira a adjudicação em vez de recolocar os bens penhorados em nova hasta pública. Ou seja, "frustradas as tentativas de alienação do bem, será reaberta oportunidade para requerimento de adjudicação, caso em que também se poderá pleitear a realização de nova avaliação" (art. 878).[28]

Quando se tratar de penhora de bem hipotecado, mesmo depois de deferida a adjudicação, ficará assegurado ao *executado* o direito de remição, enquanto não assinado o auto de adjudicação (art. 877, § 3º). Não há, porém, previsão de igual oportunidade para o *credor hipotecário*, de modo que seu pleito de adjudicação deverá ser anterior à arrematação. Colocado o imóvel hipotecado em leilão, o credor titular da garantia real terá de concorrer. Sua preferência, nessa situação, será exercida sobre o preço apurado no leilão (CC, art. 1.422, *caput*; CPC/2015, art. 908, *caput*). No concurso final entre os disputantes do produto da expropriação, os créditos que recaem sobre o bem alienado sub-rogam-se sobre o respectivo preço, observada a ordem de preferência (CPC/2015, art. 908, § 1º). Nessa altura não se cogita mais de preferência para a arrematação, mas apenas de preferência para se pagar com o produto arrecadado na alienação judicial.

334. CONCURSO ENTRE PRETENDENTES À ADJUDICAÇÃO

A adjudicação pode ser requerida em situações bem diferentes, gerando, ou não, disputa de pretendentes, ou seja, é possível que seja pleiteada:

a) por um só credor;
b) por vários credores, com ofertas de preços diferentes;
c) por vários credores, pelo mesmo preço;
d) por um ou vários dos legitimados não credores indicados no § 5º do art. 876;

---

[27] STJ, REsp 1.505.399/RS, *cit*.
[28] STJ, 3ª T., AgInt no AREsp 779.662/SP, Rel. Min. Ricardo Villas Bôas Cueva, ac. 09.03.2017, *DJe* 27.03.2017.

e) pelo sócio de empresa cuja quota social ou ação de sociedade anônima fechada foi penhorada em execução movida contra sócio, particularmente (art. 876, § 7º).

No caso de um só pretendente, a solução é simples: resume-se em, deferido o pedido, lavrar-se o auto, após cuja assinatura pelo juiz, pelo adjudicatário, pelo escrivão ou chefe de secretaria, e, se estiver presente, pelo executado, ter-se-á a adjudicação por perfeita e acabada, independentemente de sentença (art. 877, § 1º). Em se tratando de bem imóvel, serão expedidos a carta de adjudicação e o mandado de imissão na posse; e, sendo bem móvel, será expedida apenas a ordem de entrega ao adjudicatário (art. 877, § 1º, I e II). Não haverá nesta última hipótese necessidade de carta de adjudicação, porque a função desta é servir de título dominial para transcrição no registro imobiliário.

Havendo pluralidade de pretendentes, com ofertas de preços diversos, a solução do antigo art. 789 do CPC/1973 (revogado pela Lei n. 11.382/2006) era no sentido de acolher-se a pretensão de maior valor. A regra do atual art. 876, § 6º, não leva em conta o preço constante de cada requerimento. Desde que sejam iguais ou superiores à avaliação, todos os pedidos habilitarão os pretendentes a participar da licitação a ser realizada entre eles. O preço final fixado na licitação é que será considerado pelo juiz para deferimento da adjudicação. Desde, portanto, que haja mais de um pretendente, a licitação em juízo será promovida. Não haverá expedição de edital, porquanto a disputa fica restrita àqueles que requeiram a adjudicação. Basta que os interessados sejam intimados a comparecer em juízo em data marcada para formular seus lances verbalmente e perante o escrivão, o oficial de justiça ou quem o juiz designar. Pode o juiz optar, ainda, por lances escritos depositados em cartório, em invólucros fechados, para abertura, em audiência, na data designada no ato da intimação. De qualquer forma, é interessante notar que a lei apenas previu a licitação, sem nada dispor a respeito da forma com que ela deveria ser realizada. Ficou, portanto, a critério do juiz disciplinar, caso a caso, como promovê-la.

Se, dentro do critério eleito, não se lograr êxito na apuração de lance capaz de superar o empate ocasional de propostas, o remédio será a submissão da disputa ao regime da alienação judicial em hasta pública.[29]

Duas preferências legais, todavia, existem: a) a do cônjuge, companheiro ou parente do executado, em relação aos estranhos; e b) a dos sócios sobre a quota social, ou sobre a ação de sociedade anônima fechada, quando penhoradas, em face de qualquer estranho, inclusive os parentes do sócio executado. Nesses casos, os legitimados especiais à adjudicação entram no concurso sem necessidade de superar os lances dos demais, bastando-lhes a equiparação para saírem vitoriosos. Preço por preço a adjudicação ser-lhes-á deferida. A fixação do preço, no entanto, será sempre feita em licitação, mesmo que a disputa inicial se dê entre pretendentes preferenciais e não preferenciais.

A preferência dos sócios é prioritária sobre todos os demais candidatos à adjudicação porque se refere à quota de capital de sociedade de pessoas. Nessas sociedades não tem o terceiro arrematante da quota como forçar seu ingresso no contrato social. Havendo resistência dos demais sócios, o arrematante terá de contentar-se em receber da sociedade o valor dos haveres do sócio cuja quota arrematou. Nem os parentes do sócio executado têm condição de forçar seu ingresso na sociedade, contra a vontade dos outros sócios. Se irão, em última análise, receber apenas o valor monetário da quota, não há razão para sobrepor seu interesse ao dos outros sócios. Estes, sim, têm preferência natural sobre qualquer outro candidato à adjudicação, porque, já estando dentro da sociedade, poderão evitar o desfalque do capital e a saída de recursos sociais para satisfazer a obrigação particular do sócio executado.

---

[29] ASSIS, Araken de. *Manual da execução cit.*, n. 346.5, p. 1.098.

Assim, em se tratando de penhora de quota social ou de ação de sociedade anônima fechada, a preferência para a adjudicação é, antes de tudo, dos demais sócios; depois vem a do cônjuge, companheiro e parentes do executado; por último surgem os credores, que, na verdade, não têm preferência pessoal e hão de disputar na licitação e só sairão vitoriosos à base de maior preço.

Na disputa pela adjudicação entre os credores, são indiferentes os graus de preferência gerados pela ordem das penhoras. O concurso será resolvido pela licitação e não pela graduação das preferências. Estas, por sua vez, se manifestarão sobre o produto da adjudicação e não diretamente sobre o bem penhorado. Obterá a adjudicação aquele que oferecer maior lanço na licitação. Se o adjudicante se achar no primeiro lugar na escala de preferências, recolherá o bem sem necessidade de depositar o preço; havendo, porém, outro credor que se encontre em melhor posição, o preço da adjudicação terá de ser depositado, para que sobre ele se realize o concurso de preferências.

Mesmo no concurso entre o credor hipotecário e os quirografários, sua participação na licitação continua condicionada à condição de ultrapassar o lance dos outros disputantes. Apenas para a remição pleiteada pelo *executado* (e não pelos credores), é que a lei lhe assegura, na espécie, a preferência para resgatar o bem hipotecado pelo preço igual ao do maior lanço oferecido (CPC/2015, art. 877, § 3º).[30]

Sobre a disputa entre os vários detentores de preferência para adjudicação, em igualdade de oferta, veja-se, ainda, o item n. 331 *retro*.

335. AUTO DE ADJUDICAÇÃO

O deferimento do pedido de adjudicação se dá por meio de decisão interlocutória, impugnável, portanto, por agravo de instrumento.

Em face do requerimento do candidato à adjudicação podem surgir questões, as quais deverão ser dirimidas pelo juiz, antes ou no ato de deferir a pretensão. Uma vez superados os eventuais embaraços, ordenará o juiz a lavratura, pelo escrivão ou chefe de secretaria, do auto de adjudicação (art. 877, *caput*). Não há sentença de adjudicação. O que, em qualquer caso, formaliza e aperfeiçoa a adjudicação é o competente auto (art. 877, § 1º, I).

Uma vez que o auto de adjudicação é título material da alienação realizada em juízo, é imprescindível que nele se identifique, adequadamente, o objeto e o preço da operação. Os elementos utilizáveis, para tanto, serão basicamente o auto da penhora, o laudo da avaliação, o requerimento do adjudicante, a eventual licitação e a decisão de deferimento da adjudicação. Alguma falta ocorrida no auto poderá ser suprida quando da expedição da carta de adjudicação (art. 877, § 2º).

336. APERFEIÇOAMENTO DA ADJUDICAÇÃO

Duas eram as formas de aperfeiçoamento da adjudicação previstas pelo art. 715 do CPC/1973, antes da reforma realizada pela Lei n. 11.382/2006: (i) se apenas um pretendente surgisse, procedia-se à lavratura do auto, com que se tinha como perfeita e acabada a adjudicação (art. 715, *caput*); (ii) ocorrendo licitação, havia uma sentença que deferia a adjudicação ao vencedor (art. 715, § 2º).

---

[30] A disciplina da hipoteca confere ao titular dessa garantia real um regime especial de adjudicação, em que se estabelecem dois privilégios: a) possibilidade de adjudicação antes da alienação judicial do imóvel gravado (art. 876, § 5º, c/c art. 889, § 5º), antes da arrematação; b) ao credor hipotecário é assegurada a adjudicação sem depósito do preço do imóvel se este for igual ao valor de seu crédito ou menor do que ele (art. 876, § 4º, I).

O atual art. 877, *caput*, do CPC/2015 não cogita mais de sentença e, em qualquer caso, prevê que, solucionando o pedido único ou os diversos pedidos concorrentes, determinará o juiz a lavratura do auto de adjudicação. Aduz, mais, que, sempre, se deverá considerar "perfeita e acabada" a adjudicação pela lavratura e assinatura do auto[31]. Firmam-no o juiz, o adjudicatário e o escrivão ou chefe de secretaria. Eventual e não necessariamente, poderá assiná-lo, também, o executado, se presente ao ato (art. 877, § 1º).

337. INVALIDAÇÃO OU DESCONSTITUIÇÃO DA ADJUDICAÇÃO

Observa-se em doutrina que "o legislador extinguiu os embargos à adjudicação (CPC art. 746) e nada deixou no seu lugar. Todavia, ainda parece possível o *questionamento da adjudicação*, lançando mão, por analogia, das ferramentas previstas no art. 903, uma vez presentes os vícios ali descritos"[32].

Quer isto dizer que mesmo depois de assinado o termo de alienação, ainda será possível: *(a) invalidá-la* quando realizada por preço vil ou outro vício (art. 903, § 1º, I); *(b) declará-la ineficaz* por falta das intimações aos titulares de direito real sobre o bem penhorado relacionados no art. 804 e seus §§ (art. 903, § 1º, II); e *(c) resolvê-la* por falta de pagamento do preço ou não prestação de caução (art. 903, § 1º, III).

Enquanto não expedida a carta de alienação ou a ordem de entrega do bem alienado, o procedimento será sumário e respeitará, dentro dos próprios autos da execução, o necessário contraditório, nos moldes do § 2º, do art. 903. Depois das medidas aludidas, o ataque ao ato de expropriação executiva só será viável através de ação autônoma (art. 903, § 4º).

Será também possível a desistência da aquisição na forma do § 5º, do art. 903, ainda por aplicação analógica. Ver, adiante, o item 364.

338. CARTA DE ADJUDICAÇÃO

A carta elaborada pelo escrivão do processo descreverá o imóvel adjudicado, fazendo remissão à sua matrícula e aos seus registros, para permitir que se proceda ao devido assento no Cartório de Imóveis. Além disso, conterá cópia do auto de adjudicação (título material da transferência da propriedade) e a prova de quitação do imposto de transmissão (art. 877, § 2º).

Para evitar qualquer dúvida acerca das obrigações tributárias reclamáveis no ato, o dispositivo legal é bem preciso: a carta deverá conter a prova de pagamento do imposto referente à transferência do imóvel ao adjudicante, e não da quitação de todas as obrigações tributárias do executado. Débitos tributários, acaso existentes, relativos ao imóvel ou a seu antigo dono, sub-rogam-se no preço acaso recolhido no processo. O bem arrematado ou adjudicado nas alienações judiciais passa ao arrematante ou ao adjudicante livre de ônus tributários, que não sejam os decorrentes da própria transmissão operada em juízo.

Quando a aquisição versar sobre bem móvel, não haverá necessidade de carta de adjudicação. Expedir-se-á ordem de entrega ao adjudicatário, a ser cumprida pelo depositário (art. 877, § 1º, II). Com essa entrega, opera-se a tradição, com que a propriedade mobiliária se transfere, definitivamente, para o adquirente, sem depender de documentação em registro público.

---

[31] "Referida adjudicação, tal como a dos bens móveis e imóveis em geral, não dispensa a expedição e assinatura do respectivo auto de adjudicação. Antes disso, não pode ser considerada perfeita e acabada (arts. 826 e 871, § 1º, do CPC)" (STJ, 3ª T., REsp. 2.141.421/SP, Rel. Min. Moura Ribeiro, ac. 13.08.2024, DJe 15.08.2024).

[32] NEGRÃO, Theotônio; GOUVÊA, José Roberto F.; BONDIOLI, Luis Guilherme A.; FONSECA, João Francisco N. da. *Código de Processo Civil e legislação processual em vigor.* 50. ed. São Paulo: Saraiva Educação, 2019.

Sendo certo que é pelo auto de adjudicação que essa modalidade expropriatória se consuma, prevalecerá, para o executado, o direito de *remir* a execução (*i.e.*, resgatar o débito exequendo) enquanto não lavrado e assinado o *auto de adjudicação*[33]. Uma vez que a adjudicação só se aperfeiçoa pela lavratura e assinatura do respectivo auto (art. 877, § 1º), enquanto tal não acontece, o executado, a todo tempo, pode pagar ou consignar a importância atualizada da dívida, acrescida de juros, custas e honorários advocatícios, como expressamente autoriza o art. 826[34]. Nisto consiste o direito de remir a execução, direito que exercido pelo executado a tempo e modo, prejudica a adjudicação ainda não reduzida ao competente auto.

339. REMIÇÃO DO IMÓVEL HIPOTECADO

Prevê o art. 877, § 3º, do CPC/2015, que, versando a penhora sobre bem hipotecado o devedor pode remi-lo, impedindo a consumação da adjudicação, se o respectivo auto não tiver sido lavrado e assinado. Para tanto, terá de oferecer valor igual ao da avaliação.

Lucon, interpretando o dispositivo, igualou a remição do bem hipotecado à remição da execução (art. 826), de maneira que o executado somente conseguiria liberar o bem penhorado antes de a adjudicação aperfeiçoar-se ofertando valor correspondente ao total da dívida. Isto porque, ao seu sentir, a remição apenas pelo valor de avaliação não impediria que o bem resgatado da hipoteca continuasse penhorável pelo saldo remanescente do débito exequendo.[35]

Com respeitosa vênia, não se podem confundir remição de execução (art. 826) com remição do bem hipotecado (art. 877, § 3º). Remir a execução corresponde a efetuar o pagamento da dívida exequenda, de modo que o processo executivo se extingue, por desaparecimento do seu objetivo, que era justamente a satisfação do crédito do exequente.

A remição do bem hipotecado, por sua vez, é figura de direito material, apontada pelo art. 1.499, V, do Código Civil, como uma das causas de *extinção da hipoteca*. O art. 877, § 3º, do atual Código de Processo Civil, contém apenas norma instrumental reguladora da forma com que a *remição* do bem hipotecado se processa, quando já se encontre penhorado em execução do crédito garantido pelo direito real em questão.

Esta medida liberatória, portanto, não se destina a remir a execução, mas sim a excluir o bem penhorado da expropriação em vias de consecução fundada na garantia real que o vincula à dívida exequenda.

Com a remição do bem hipotecado, ele, de fato, não fica imune à responsabilidade patrimonial pelas dívidas do remidor, acaso existentes. Tal responsabilidade, contudo, se manifesta como relativa a débitos quirografários e não mais privilegiados. A situação da exequibilidade do bem remido muda completamente após a remição de que cuida o § 3º do art. 877 do CPC/2015.

---

[33] NOGUEIRA, Pedro Henrique Pedrosa. Parecer *in Rev. Dialética de Direito Processual*, n. 128, p. 139-140, nov/2015. A situação é a mesma, seja a expropriação efetuada por arrematação ou adjudicação: diante do art. 651 do CPC [CPC/2015, art. 826], "conclui-se que o direito de remição da execução pode ser exercido até a assinatura do auto de arrematação" (STJ 3ª T., RMS 31.914/RS, Rel. Min. Massami Uyeda, ac. 21.10.2010, *DJe* 10.11.2010), ou do auto de adjudicação.

[34] FUX, Luiz. *Curso de direito processual civil*. 4. ed. Rio de Janeiro: Forense, 2009, v. II, p. 232; NOGUEIRA, Pedro Henrique Pedrosa. *Op. cit., loc. cit.*

[35] "Na realidade, não se trata de 'remir o bem', mas remir a execução, pagando o que é devido e com isso, não retirando o bem de seu patrimônio. Isso porque se apenas pagar o valor do bem, havendo ainda débito a pagar, nova constrição será feita sobre o mesmo bem e assim sucessivamente" (LUCON, Paulo Henrique dos Santos. Comentários ao art. 877, do NCPC. *In:* WAMBIER, Teresa Arruda Alvim, DIDIER JR, Fredie; TALAMINI, Eduardo; DANTAS, Bruno. *Breves comentários ao novo Código de Processo Civil*. São Paulo: Ed. Revista dos Tribunais, 2015, p. 1988).

Após a liberação do bem remido, o ex-credor hipotecário, se pretender submetê-lo à execução pelo eventual saldo credor remanescente, terá de promover nova penhora sobre ele. Nessa altura, o devedor poderá impedi-la, nomeando, por exemplo, outro bem à segurança do juízo que se encontre em melhor posição na gradação legal para penhora (art. 835), ou que lhe proporcione execução por modo menos gravoso (art. 805).

Vê-se, portanto, que remição da execução (art. 826) e remição do bem hipotecado penhorado (art. 877, § 3º) são figuras processuais distintas, com finalidades diversas e que satisfazem diferentes interesses das partes. Não há, assim, como tratar a remição hipotecária como simples modo de ser da remição da execução. Cada qual desempenha papel próprio, justificado por requisitos e efeitos também próprios.[36]

Por último, prevê o § 4º do art. 877 que, caindo o devedor hipotecário em falência ou insolvência, o direito de remição previsto no § 3º do mesmo artigo, "será deferido à massa ou aos credores em concurso, não podendo o exequente recusar o preço da avaliação do imóvel".

340. EFEITO PREJUDICIAL DA REMIÇÃO SOBRE A ADJUDICAÇÃO

A remição da hipoteca pelo executado pode ter, ou não, efeito prejudicial sobre a adjudicação. Se ocorre em execução intentada pelo próprio credor hipotecário, verifica-se a liberação do bem penhorado do gravame judicial, restando prejudicada a pretensão do adjudicante. Havendo concorrência de outra penhora sobre o mesmo bem, o resgate da hipoteca não será suficiente para impedir o prosseguimento da expropriação executiva, já então em favor do exequente quirografário ou titular de segunda hipoteca.

---

[36] Tal como se passa com a adjudicação do bem penhorado, a remição do mesmo bem "só pode acontecer pelo valor estabelecido na avaliação" (ABELHA, Marcelo. *Manual de execução civil*. 5. ed. Rio de Janeiro: Forense, 2015, p. 368).

Capítulo XXIV
ALIENAÇÃO POR INICIATIVA PARTICULAR

341. AS ATUAIS DIMENSÕES DA EXPROPRIAÇÃO JUDICIAL ATRAVÉS DE ALIENAÇÃO POR INICIATIVA PARTICULAR

I – Cabimento da alienação por iniciativa particular

Na escala de preferência legal, a primeira forma de expropriação dos bens penhorados é a adjudicação (CPC/2015, art. 876). A segunda é a alienação por iniciativa particular (arts. 879, I e 880). A última é a alienação em leilão judicial eletrônico ou presencial (arts. 879, II e 881).

Para se cogitar da alienação por iniciativa particular, portanto, é necessário que não tenha ocorrido a adjudicação, por desinteresse do exequente e dos outros legitimados previstos nos §§ 5º e 7º do art. 876.[1]

O art. 700 do CPC/1973 (revogado pela Lei n. 11.382/2006) somente autorizava a alienação por iniciativa particular nos casos de imóveis, a qual deveria sempre realizar-se com a intermediação de corretor inscrito na entidade oficial da classe. A sistemática atual do art. 880 é muito mais ampla e flexível, pois: (i) a alienação particular pode referir-se a qualquer tipo de bem penhorado, e não mais apenas aos imóveis; e (ii) a operação pode ser feita, ou não, por meio de corretor, já que se permite ao exequente assumir, ele próprio, a tarefa de promover a alienação.

Essa alienação, embora seja feita de modo particular, configura "efetiva expropriação executiva, porquanto é o próprio órgão jurisdicional, no exercício de sua função, que transfere a título oneroso o direito do executado para outrem".[2]

II – Procedimento

Caberá ao exequente, após abrir mão do direito de adjudicar os bens penhorados pelo valor da avaliação (art. 876), requerer a alienação na modalidade prevista no art. 880.[3] Em seu requerimento proporá as bases da alienação projetada, esclarecendo se pretende ele próprio promover os atos alienatórios, ou se deseja confiá-los à intermediação de um corretor profissional ou leiloeiro público.

---

[1] "Confere-se, portanto, ao exequente, uma alternativa a esse procedimento [hasta pública], garantindo-lhe a oportunidade de promover a alienação do bem e, assim, satisfazer com maior celeridade e eficácia a tutela de seu crédito". Trata-se de um "mecanismo menos rígido e formalista do que a hasta pública e abre-se a possibilidade de participação de um corretor, que tem *expertise* na intermediação daquele específico tipo de bem que foi penhorado"(BECKER, Rodrigo Frantz. A alienação por iniciativa particular e o princípio da menor onerosidade da execução. *In*: ASSIS, Araken de; BRUSCHI, Gilberto Gomes (coords.). *Processo de execução e cumprimento de sentença*. 2. ed. São Paulo: RT, 2022, vol. 1, p. 751).

[2] BECKER, Rodrigo Frantz. A alienação por iniciativa particular e o princípio da menor onerosidade da execução, *cit.*, p. 752.

[3] São requisitos básicos dessa modalidade de alienação: "a) que tenha sido descartada a adjudicação de bem penhorado; b) que seja requerida essa modalidade pelo exequente; c) fixação do preço mínimo, pelo juiz, do bem a ser alienado; d) fixação do prazo em que o procedimento deve ser feito; e) definição da forma de sua publicidade; f) definição das condições de pagamento; g) definição das garantias; e h) definição da comissão de corretagem". Mas, havendo acordo entre as partes, as condições pactuadas devem ser respeitadas, por força do art. 190 do CPC (BECKER, Rodrigo Frantz. *Op. cit., loc. cit.*).

Ao juiz competirá aprovar os termos propostos ou alterá-los, na medida da conveniência da execução. Assim, ao deferir a alienação por iniciativa particular, o magistrado definirá: (i) o prazo dentro do qual a alienação deverá ser efetivada; (ii) a forma de publicidade a ser cumprida; (iii) o preço mínimo; (iv) as condições de pagamento; e (v) as garantias; e, ainda, (vi) a comissão de corretagem, se for o caso de interveniência de corretor ou leiloeiro público na alienação (art. 880, § 1º).

A experiência de expropriação executiva fora dos padrões da hasta pública judicial já é antiga no direito brasileiro. Por exemplo, contratos do sistema financeiro de habitação permitem à instituição financeira excutir extrajudicialmente os imóveis hipotecados (Lei n. 5.741/1971); o contrato de alienação fiduciária em garantia (bens móveis) enseja ao credor busca e apreensão judicial do bem vinculado, permitindo-lhe, em seguida, aliená-lo extrajudicialmente para se pagar o saldo devedor (Dec.-Lei n. 911/1969); o contrato de alienação fiduciária de imóvel dispensa, por sua vez, qualquer procedimento executivo judicial. Após a constituição em mora do devedor, por intimação efetuada através do Registro de Imóveis, o credor obtém a consolidação da propriedade por simples averbação na matrícula respectiva, ficando, a partir de então, autorizado a aliená-lo, extrajudicialmente, em leilão público (Lei n. 9.514/1997, arts. 22 a 27). Vê-se, dessa maneira, que não são raras as execuções de obrigações financeiras realizáveis sem o concurso dos meios expropriatórios judiciais.

Apoiando-se nos bons resultados obtidos fora da arrematação em juízo, a Lei n. 11.382/2006 animou-se a implantar a venda por iniciativa particular na disciplina geral da execução por quantia certa. Sua adoção depende de opção do exequente, que, uma vez aprovado seu projeto pelo juiz, poderá ultimá-lo pessoalmente ou por intermédio de corretor credenciado perante o juízo.

III – Alienação particular por iniciativa do devedor

Embora o art. 880 do CPC admita que o exequente requeira a alienação por sua própria iniciativa ou por intermédio de corretor ou leiloeiro público credenciado perante o órgão judiciário, parte da doutrina[4] entende que a iniciativa também pode partir do próprio executado – desde que haja concordância do exequente –, em razão, principalmente, dos princípios da isonomia e da menor onerosidade da execução.

É que a alienação particular pode permitir que a venda se realize por valor superior àquele que seria obtido por meio de hasta pública. Esta circunstância é benéfica ao credor, aumentando as chances de obter satisfação integral do seu crédito. Por outro lado, se o produto da alienação for maior do que o débito, o excedente é devolvido ao executado.

Aqueles que não reconhecem a legitimidade do executado para requerer a alienação particular do bem penhorado entendem que o Código é claro em conferir a prerrogativa apenas ao credor. Destarte, o princípio da isonomia não pode desnaturar a dinâmica da execução, que deve se realizar em benefício do credor.[5]

Entendemos que a melhor orientação é aquela que admite a venda particular pelo devedor, mormente porque o procedimento será todo fiscalizado pelo juiz, o que reduz a possibilidade

---

[4] BECKER, Rodrigo Frantz. A alienação por iniciativa particular e o princípio da menor onerosidade da execução, *cit.*, p. 755-758; NEVES, Daniel Amorim Assumpção. *Manual de Direito Processual Civil*. 10. ed. Salvador: JusPodivm, 2018, p. 1292 e ss.; NERY JÚNIOR, Nelson; NERY, Rosa Maria de Andrade. *Código de Processo Civil comentado*. 16. ed. São Paulo: RT, 2016, p. 1886; MEDINA, José Miguel Garcia. *Execução: teoria geral, princípios fundamentais e procedimento no processo civil brasileiro*. 5. ed. São Paulo: RT, 2017, p. 473.

[5] TALAMINI, Eduardo Rodrigues. Alienação por iniciativa particular como meio expropriatório executivo (CPC, art. 685-C, acrescido pela Lei 11.382/2006). *Revista Jurídica*, n. 385, nov./2009, p. 27; BONDIOLI, Luiz Guilherme Aidar. Comentários ao art. 880. In: CABRAL, Antônio do Passo; CRAMER, Ronaldo (org.). *Comentários ao Novo Código de Processo Civil*. Rio de Janeiro: Forense, 2015, p. 1251.

de fraude à execução. Ademais, havendo autorização do credor, não há razão para impedir a medida que, a um só tempo, permite ao credor ver satisfeito o seu crédito, de forma menos onerosa ao devedor.[6]

IV – Escolha do corretor ou leiloeiro público para a alienação por iniciativa particular

Se se recorrer à intermediação profissional, a escolha deverá recair sobre corretor ou leiloeiro público não só inscrito no órgão específico da classe, mas também inscrito no rol dos credenciados pela autoridade judiciária. O sistema de credenciamento poderá ser regulado por provimentos dos Tribunais, observando-se, em qualquer caso, o exercício mínimo na profissão de três anos. Sistemas eletrônicos de divulgação e licitação poderão ser incluídos na disciplina traçada pelos Tribunais (art. 880, § 3º).

Adotada a alienação por corretor ou leiloeiro público credenciado, sua comissão, aprovada pelo juiz, incluir-se-á nos custos processuais da execução a serem suportados pelo executado. Não haverá tal custo, se o exequente se encarregar pessoalmente da alienação particular.

Nada impede que o exequente, após assumir o encargo da alienação por sua própria conta, venha a ser auxiliado por corretor de sua confiança, fora, portanto, dos quadros credenciados do juízo. Se o exequente pode agir sem o concurso de qualquer intermediário, claro é que poderá também contar com alguma espécie de assessoramento privado. Há, porém, um detalhe: se a corretagem faz parte do programa previamente aprovado pelo juiz, a comissão integra as custas da execução; se, porém, o exequente não quis se submeter aos corretores credenciados do juízo, e preferiu assumir integralmente o encargo da alienação, a despesa que fizer com a remuneração do intermediário profissional de sua confiança não poderá figurar nos custos do processo, e, portanto, não será exigível do executado.

Nas localidades em que não houver corretor ou leiloeiro público credenciado nos termos do § 3º do art. 880, a indicação será de livre escolha do exequente, como prevê o § 4º do mesmo artigo. Segundo a jurisprudência, a indicação do exequente não vincula o juiz, que pode preferir nomear outro de sua confiança.[7]

342. O PREÇO MÍNIMO PARA A ALIENAÇÃO POR INICIATIVA PARTICULAR

I – Valor a observar na alienação

Não há na regulamentação legal traçada pelo CPC/2015 dispositivo expresso impondo que a alienação se dê com observância do preço mínimo da avaliação. Em lição ministrada ao tempo do CPC/1973, Araken de Assis, contudo, é de opinião que não se admitirá alienação abaixo do preço de avaliação, para não causar prejuízo injusto ao devedor.[8] Na verdade, porém, a

---

[6] "Todavia, penso que a solução da questão não passa unicamente pela análise da isonomia, mas sim pela menor onerosidade, na medida em que uma boa venda, em valor acima da avaliação, pode beneficiar tanto o credor (se o valor do bem penhorado for menor do que o da execução), como o devedor (se o valor da venda for acima do valor da execução), de forma que o procedimento de venda do bem penhorado estará observando os anseios do credor, em ver seu crédito satisfeito, sem descuidar da menor onerosidade do devedor, que poderá vender o seu bem por valor maior, atendendo também aos seus interesses" (BECKER, Rodrigo Frantz. A alienação por iniciativa particular e o princípio da menor onerosidade da execução, cit., p. 754-755).

[7] STJ, 2ª T., REsp. 1.354.974/MG, Rel. Min. Humberto Martins, ac. 05.03.2013, *DJe* 14.03.2013.

[8] ASSIS, Araken de. *Manual de execução*. 11. ed. São Paulo: RT, 2007, n. 286.3, p. 733. No mesmo sentido: CÂMARA, Alexandre Freitas. "O novo regime da alienação de bens do executado". *Revista de Processo*, v. 148, p. 238, jun/2007; TALAMINI, Eduardo. *Alienação por iniciativa particular* como meio expropriatório executivo (CPC, art. 685-C, acrescido pela Lei 11.382/2006)". *Revista Jurídica*, v. 385, p. 22-23, nov./2009.

técnica atual da alienação dos bens penhorados, não mais se vincula ao valor de avaliação[9]. Este, mesmo no leilão judicial, não impede que a arrematação se dê por lance menor. O valor de avaliação figura apenas como uma referência a observar para que a alienação não se dê por preço vil. É por isso que no edital de leilão figuram os dois dados, o da avaliação e o preço mínimo fixado pelo juiz (art. 886, II). Com isso, permite-se lance abaixo da avaliação, mas nunca abaixo do preço mínimo.

É certo que o CPC/2015 não permite que os bens penhorados sejam alienados por preço vil (art. 891). Contudo, não se pode considerar vil todo preço inferior ao de avaliação. Para que isso ocorra, é necessária uma grande discrepância entre o apurado na avaliação e aquele pelo qual se realizou a venda judicial. Superando omissão da legislação anterior, o atual Código define que, em regra, é vil a alienação feita abaixo do preço mínimo fixado pelo juiz. Se não houver tal fixação, vil será a arrematação feita por preço inferior a cinquenta por cento do valor da avaliação (art. 891, parágrafo único).

Assim, na alienação por iniciativa particular, poderá o juiz estipular um limite de oscilação de preço que, em determinadas condições, seja razoável dentro das cotações do mercado, sem, obviamente, ensejar permissão de preço vil.[10]

No regime do Código anterior (685-C, § 1º), nossa opinião, expendida de início, foi no sentido de que o preço mínimo, fixado pelo juiz, deveria, em regra, não ser inferior ao da avaliação. Levávamos em conta a referência que o dispositivo fazia ao art. 680, entre parênteses, o qual cogitava justamente da avaliação dos bens penhorados. Diante do sistema mais detalhado e preciso do CPC/2015 (art. 880, § 1º), que referência alguma faz à avaliação, pensamos que essa antiga orientação não há de prevalecer. O juiz fixará o preço mínimo, naturalmente menor que o da avaliação, levando em conta as particularidades e conveniências do caso concreto.[11]

Pense-se, v.g., no caso em que o prazo de início assinalado se escoou sem que se conseguisse candidato à aquisição pelo preço da avaliação.[12] Seria bastante razoável que o juiz, não só abrisse novo prazo, como também estipulasse outro preço mínimo.[13]

Há de se ponderar, também, sobre a eventualidade de a alienação por iniciativa particular ter sido adotada justamente pela frustração da hasta pública.[14] Será mais que justa, em seme-

---

[9] O art. 880, § 1º, do CPC/2015, ao regular as condições da alienação por iniciativa particular, prevê que o juiz fixará o preço mínimo, sem fazer qualquer menção ao valor da avaliação.

[10] NEVES, Daniel Amorim Assumpção. *Reforma do CPC-2*. São Paulo: Ed. RT, 2007, p. 386-387.

[11] Entretanto, para Luiz Guilherme Bondioli, o preço mínimo não pode ser inferior a 50% da avaliação, para não ser considerado preço vil (BONDIOLI, Luiz Guilherme Aidar. Comentários ao art. 880. In: CABRAL, Antônio do Passo; CRAMER, Ronaldo (org.). *Comentários ao Novo Código de Processo Civil*. Rio de Janeiro: Forense, 2015, p. 1.251).

[12] "Não é razoável autorizar, após sete tentativas inócuas, nova hasta pública de imóveis que não têm aceitação no mercado imobiliário local. Hipótese na qual o credor deverá solicitar a substituição do bem penhorado ou alienar os imóveis por iniciativa particular" (TJMG, 1ª C. Civ., AI Cv. 1.0620.03.002493-4/001, Rel. Des. Alberto Vilas Boas, ac. 1º.03.2011, DJMG 25.03.2011).

[13] "Nada impede que, de ofício ou a pedido do interessado, o juiz subsequentemente revise as balizas que havia na origem estabelecido, à luz das circunstâncias concretas. As vicissitudes enfrentadas na tentativa de alienação podem convencer o juiz da necessidade de mudança do prazo, condições de pagamento, garantias, etc." (TALAMINI, Eduardo. *Alienação por iniciativa particular*. cit., p.18). No mesmo sentido: KNIJNIK, Danilo et al. *A nova execução de títulos extrajudiciais: comentários à Lei 11.382/ de 06 de dezembro de 2006*, coord. de Carlos Alberto Alvaro de Oliveira. Rio de Janeiro: Forense, 2007, n. 167, p. 249.

[14] "A alienação por iniciativa particular pode ocorrer tanto antes como depois de iniciado o procedimento de venda por hasta pública, desde que ainda não realizada a arrematação" (CUNHA, Leonardo José Carneiro da. *A alienação por iniciativa particular*, Revista de Processo, n. 174, p. 57, ago/2009). "Tal como se passa com a adjudicação, torna-se novamente cabível a alienação por iniciativa privada se a hasta pública não for bem-sucedida" (TALAMINI, Eduardo. *Op. cit.*, p. 17).

lhante circunstância, a estipulação, pelo juiz, de um preço mínimo menor que o da avaliação, para os fins do art. 880, § 1º, do CPC/2015.[15]

II – Vantagens da alienação por iniciativa particular reconhecidas doutrinariamente

Não se pode deixar de observar que a alienação por iniciativa particular oferece vantagens evidentes para a efetividade da tutela executiva, tanto no ângulo dos interesses do exequente como do executado.

Na observação feita, a propósito, por Araken de Assis, ressaltam duas vantagens teóricas da alienação por iniciativa particular sobre a alienação por hasta pública: *(i)* em primeiro lugar, a cooptação do adquirente; *(ii)* em segundo lugar, a dispensa dos editais.[16] Há lucros, portanto, no plano da eficiência da execução e no de seus custos.

Não se pode, por fim, deixar de ponderar a maior flexibilidade com que o negócio jurídico processual se desenvolve pela participação direta que partes e juiz podem exercer sobre as condições práticas do ato expropriatório, com maior realce para preços, prazos de pagamento, garantias, adequando-os sempre à natureza dos bens e às peculiaridades do mercado.

Como bem ressalta Talamini, a propósito dessa inovadora modalidade expropriatória, "obviamente, trata-se de uma tentativa de escapar dos percalços burocráticos e do custo elevado da hasta pública, para ampliar as chances de sucesso da expropriação executiva. Nesse sentido, a inovação põe-se ao lado de uma série de outras alterações empreendidas pela Lei n. 11.382/2006, à época do CPC/1973, que buscam fazer com que a expropriação executiva não só efetivamente ocorra, o que em grande parte dos casos, no panorama anterior, já seria uma façanha, mas se desenvolva com celeridade e arrecadando a quantia a mais próxima possível do efetivo valor do bem penhorado".[17] O atual Código acata e estimula tal orientação.

343. FORMALIZAÇÃO DA ALIENAÇÃO POR INICIATIVA PARTICULAR

Seja promovida pelo próprio exequente, seja com o concurso de corretor profissional ou leiloeiro público credenciado, a alienação por iniciativa particular configura uma expropriação judicial dos bens penhorados, porque operada sob a intervenção da autoridade pública e sem o consentimento do respectivo proprietário. É o juiz que, afinal, irá promover a transferência do bem do domínio do executado para o do adquirente.

Esse ato jurídico processual aperfeiçoa-se por meio de termo lavrado nos autos da execução pelo escrivão do feito e subscrito pelo juiz, pelo exequente e pelo adquirente (CPC/2015, art. 880, § 2º). A alienação, não obstante particular, dispensa escritura pública[18]. O exequente, como é natural, será representado por seu advogado. O adquirente não depende de advogado para participar do ato, e poderá assiná-lo pessoalmente.

---

[15] Impende registrar, todavia, que a jurisprudência formada antes do CPC/2015, inclinava-se para a tese de que, sem concordância do devedor, a alienação por iniciativa particular não poderia ser praticada por preço inferior ao valor da avaliação (TRF, 4ª Região, 2ª T., AI 2009.04.00.041296-2, Rel. Desa. Vânia Hack de Almeida, j. 09.02.2010, *DE* 10.03.2010; TJMG, 8ª C. Civ., AI Cv 1.0460.04.016163-6/001, Rel. Des. Armando Freire, j. 29.06.2010, *DJMG* 16.07.2010; TJMG, 8ª C. Civ., AI Cv. 1.0460.05.017058-4/002, Rel. Desa. Teresa Cristina da Cunha Peixoto, j. 30.06.2011, *DJMG* 14.09.2011; TJSP, 29ª C. de Direito Privado, AI 990.09.228680-3, Rel. Des. Oscar Feltrin, j. 1º.12.2010, *DJ* 13.12.2010; TJSP, 21ª C. de Direito Privado, AI 0126637-79.2012.8.26.0000, Rel. Des. Itamar Gaino, j. 1º.10.2012, *DJ* 05.10.2012). Não cremos, no entanto, que esse posicionamento pretoriano seja compatível com a sistemática do Código de 2015.

[16] ASSIS, Araken de. *Manual da execução*. 18. ed. 2016, n. 352.3, p. 1.107.

[17] TALAMINI, Eduardo. *Alienação por iniciativa particular*, cit., p. 11-12.

[18] ALVIM, J. E. Carreira; CABRAL, Luciana G. Carreira Alvim. *Nova execução de título extrajudicial. Comentários à Lei 11.382/2006*. Curitiba: Juruá, 2ª tiragem, 2007, p. 145.

Prevê referido dispositivo que, além das assinaturas obrigatórias já referidas, o termo de alienação poderá ser firmado, também, pelo executado, se for presente. Naturalmente, não se trata de exigência necessária para o aperfeiçoamento e validade da alienação, mesmo porque não sendo o executado quem aliena o bem penhorado, mas o juízo, não depende a consumação do ato (que é expropriatório) da participação do devedor. De mais a mais, nunca haveria meio de coagir o executado a firmar o termo, de maneira que seria absurdo imaginar que a falta de sua presença e assinatura pudesse comprometer a eficácia de um ato jurisdicional soberano, como é a expropriação executiva na execução por quantia certa. A assinatura do executado, por isso, é mera eventualidade, cuja falta em nada compromete o aperfeiçoamento da alienação por iniciativa particular.

344. CARTA DE ALIENAÇÃO

I – Alienação de bem imóvel

Uma vez formalizado o termo a que alude o § 2º do art. 880 do CPC/2015, expedir-se-á, em favor do adquirente, *carta de alienação do imóvel*, para ultimar a transferência da respectiva propriedade no Registro Imobiliário correspondente. Tal como se passa com a adjudicação e a arrematação, há também na alienação por iniciativa particular um título *substancial* ou *material* e um *título instrumental* ou *formal*.

O termo nos autos é o aperfeiçoamento do título que permitirá a posterior transferência da propriedade. Equivale à escritura pública no caso de compra e venda. Mas, como a propriedade não se transfere só com o consenso negocial das partes, haverá de um traslado da escritura ser encaminhado ao Registro de Imóveis, para que, então, se dê ali a efetiva passagem do direito real para o comprador.

A carta de alienação é, nessa ordem de ideias, o instrumento de que se vai utilizar o adquirente para obter, junto ao Registro de Imóveis, a transmissão da propriedade prevista no ato substancial praticado entre ele e o órgão judicial executivo. É algo como o traslado da escritura pública, de compra e venda de imóvel.

Devendo desempenhar a mesma função da carta de adjudicação, o conteúdo da carta de alienação será equivalente àquele previsto no art. 877, § 2º, ou seja, conterá a descrição do imóvel, com remissão à sua matrícula e aos seus registros, a cópia do termo de alienação e a prova de quitação do imposto de transmissão.

Se a venda por iniciativa particular for a prazo, a carta transcreverá as respectivas condições, que, aliás, já constarão do *termo de alienação* previamente lavrado. Em tal caso, será indispensável a estipulação de garantias, aplicando-se, analogicamente, a disposição do § 1º do art. 895: o saldo devedor será garantido por hipoteca sobre o próprio imóvel. Essa garantia e outras acaso ajustadas serão constituídas no termo de alienação, cujo inteiro teor será reproduzido na carta a ser utilizada para registro no Cartório Imobiliário. O termo lavrado nos autos tem força de instrumento público e, por isso, dispensa o recurso à escritura pública em separado para o ajuste da hipoteca.

II – Alienação de bem móvel

Quando o bem penhorado for móvel, a alienação não ensejará a expedição de carta. Uma vez lavrado o termo, expedir-se-á simplesmente mandado de entrega ao adquirente (art. 880, § 2º, II).

III – Invalidação ou desconstituição da alienação por iniciativa particular

Tal como no leilão, na alienação por iniciativa particular, o ato expropriatório se documenta e se aperfeiçoa mediante termo nos autos (art. 880, § 2º) e se executa, no caso de imóvel, através de *carta de alienação*, destinada à transcrição no Registro Público competente (art. 880, § 2º, I). Em tese, é possível que, também, na alienação regulada pelo art. 880, ocorram os mesmos vícios previstos para invalidar, ineficaciar ou resolver a arrematação. (art. 903). Assim, embora não exista no Código regulação expressa no tocante à alienação por iniciativa particular, é intuitivo que se adote, também em relação a essa especial modalidade expropriatória, os mesmos remédios de impugnação enunciados no art. 903, pelo critério hermenêutico integrativo da analogia (sobre a matéria, ver, item n. 363 e ss.).

Capítulo XXV
ALIENAÇÃO EM LEILÃO JUDICIAL

345. CONCEITO DE LEILÃO JUDICIAL E ARREMATAÇÃO

Na concepção jurídica, *hasta pública* (que o CPC/2015 prefere denominar *leilão* judicial) é a alienação de bens em pregão (isto é, em oferta pública) promovida pelo poder público (especialmente pelo poder judiciário, nos casos disciplinados pelo direito processual civil)[1]. Dela se encarrega um agente especializado, o leiloeiro público. A *arrematação*, termo que se usa frequentemente como sinônimo de hasta pública, é, com mais adequação, o ato com que se conclui o pregão, adjudicando os bens ao licitante que formulou o melhor lanço.

Na execução por quantia certa a hasta pública é, tecnicamente, o ato de expropriação com que o órgão judicial efetua, a um dos concorrentes da licitação (o autor do lanço mais alto), a transferência coativa dos bens penhorados, mediante recebimento do respectivo preço, ou mediante compromisso de resgatá-lo dentro de determinado esquema de pagamento.

346. NATUREZA JURÍDICA

Define-se a arrematação como "ato de transferência coacta dos bens penhorados, mediante o recebimento do respectivo preço em dinheiro, para pagamento do exequente e demais credores concorrentes"[2]. Costuma-se tratá-la como a *venda judicial* dos bens penhorados.

Esse conceito, no entanto, é impróprio para definir o instituto jurídico. Falta-lhe o principal traço da compra e venda, que é o consenso do transmitente, que, *in casu*, vê o bem sair de seu patrimônio contra sua própria vontade e por um ato de força do Estado[3].

Pretendeu-se contornar a contradição, afirmando que o juiz agiria como representante do devedor, suprindo sua vontade. A construção é artificiosa e inaceitável, porquanto, na verdade, não pode haver representação contra a vontade do representante, nem suprimento de consentimento contra o interesse do suprido[4].

Para Chiovenda, o que se verifica é a expropriação pelo Estado da faculdade de dispor que compete ao proprietário. Detendo a faculdade desapropriada, o Estado *vende* os bens do devedor apreendidos na execução, não como representante dele, mas agindo no exercício de uma função pública e no interesse dela[5].

Mas, como procedentemente anotou Liebman, se o Estado tem o poder para expropriar a faculdade de dispor do proprietário, é claro que pode ir até as ulteriores consequências, realizando por sua própria função a transferência do direito. Podendo o Estado fazer o mais, que

---

[1] Hasta é o mesmo que *haste* ou *lança* (arma ofensiva de longo cabo e ponta metálica perfurante). A expressão *hasta pública*, segundo os léxicos, provém da circunstância de que, entre os romanos, os leilões eram promovidos em torno de uma lança plantada em praça pública, como sinal de autoridade (Houaiss, *Dicionário de Língua Portuguesa*, verbete hasta, p. 1.507).

[2] AMARAL SANTOS, Moacyr. *Direito Processual Civil*. 4. ed. São Paulo: Saraiva, 1980, v. III, n. 853, p. 303.

[3] LIMA, Cláudio Vianna. *Processo de Execução*. Rio de Janeiro: Forense, 1973, n. 2, p. 89.

[4] AMARAL SANTOS, Moacyr. *Op. cit.*, v. III, n. 852, p. 298-299.

[5] CHIOVENDA, Giuseppe. *Sulla natura giuridica del'espropnazioneforzata*. Rivista di Diritto Processuale Civile, 1926, v. I, p. 85 – apud LIEBMAN, Enrico Tullio. *Processo de Execução*. 3. ed. São Paulo: Saraiva, 1968, n 68, p. 110-111.

é desapropriar os bens do executado, "não se compreende que faça o menos, só para conferir à arrematação o caráter contratual de venda judicial"[6].

Na verdade, não se pode conciliar a natureza privatística da compra e venda com o caráter eminentemente público da arrematação. Já em 1855, o notável Paula Batista ressaltava, com grande propriedade, que "a arrematação assemelha-se à venda no ponto único de em ambas se dar a alienação da propriedade mediante o preço equivalente pago em moeda; mas a venda é um contrato, efeito do livre consentimento, que exprime a vontade dos contratantes, e a arrematação é uma desapropriação forçada, efeito da lei, que representa a justiça social no exercício de seus direitos e no uso de suas forças para reduzir o condenado à obediência do julgado"[7].

A conclusão a que chega a doutrina moderna, é, realmente, que a natureza contratual é incompatível com a arrematação, que há de ser entendida como "ato de desapropriação", ou seja, como "ato processual de soberania do Estado que, pelo órgão judicial, expropria os bens do executado"[8] e transfere, a título oneroso, sua propriedade a terceiro[9]. É *típico ato executivo*, portanto, ato de direito público, como é a desapropriação nos outros casos em que o Estado interfere no domínio privado por necessidade ou utilidade pública[10].

347. ESPÉCIES DE HASTA PÚBLICA E CONTEÚDO DOS EDITAIS

I – Espécies de hasta pública

O Código de 1973, segundo longa tradição do direito processual brasileiro, previa, além dos pregões em Bolsa de Valores (art. 704), duas modalidades de hasta pública para praticar a expropriação executiva: (i) a praça, para os bens imóveis, e (ii) o leilão, para os móveis (CPC/1973, art. 686, IV). O atual Código elimina essa dicotomia, para adotar, fora da Bolsa de Valores, somente o leilão judicial, que se pretende seja praticado de forma *eletrônica* ou *presencial* (art. 879, II).

Assim, a transferência forçada dos bens penhorados, quando realizada por meio de hasta pública, admite três variações, na sistemática do Código:

a) o *leilão judicial*: regra geral aplicada à alienação de todos os bens penhorados e que pode assumir as formas eletrônica ou presencial (CPC/2015, art. 881, *caput*);
b) o *pregão da Bolsa de Valores*: se se tratar de bens cuja alienação fique a cargo de corretores de bolsa de valores (art. 881, § 2º)[11]. *Ad instar* do que se passa com o leiloeiro (art. 883), permite-se ao exequente a indicação do corretor da Bolsa de Valores, que irá se encarregar da alienação, e cuja profissão se rege pelas resoluções do Banco Central[12].

---

[6] AMARAL SANTOS, Moacyr. *Op. cit.*, v. III, n 852, p. 301.

[7] BATISTA, Francisco de Paula. *Compêndio de Theoria e Prática do Processo Civil Comparado com o Comercial e de Hermenêutica Jurídica*. 6. ed. Rio de Janeiro: H. Garnier, 1901, p. 286.

[8] AMARAL SANTOS, Moacyr. *Op. cit.*, v. III, n. 852, p. 302.

[9] LIEBMAN, Enrico Tullio. *Op. cit.*, n. 68, p. 114; REIS, José Alberto dos. *Processo de Execução*. Coimbra: Coimbra Editora, 1943, v. I, n. 16, p. 38.

[10] ROSENBERG, Leo. *Tratado de Derecho Procesal Civil*. Buenos Aires: EJEA, 1955, v. III, p. 227.

[11] "Tendo em vista essa disposição, os títulos emitidos por pessoas jurídicas de direito público interno e aqueles que lhes são equiparados têm de ser postos para alienação, na Bolsa de Valores" (MARQUES, José Frederico. *Manual de Direito Processual Civil*, 1. ed. atualizada, Campinas: Bookseller, 1997, v. IV, n. 886, p. 234).

[12] ASSIS, Araken de. *Manual da execução*. 10. ed. São Paulo: RT, 2006, n. 316, p. 741.

Qualquer que seja a forma de leilão judicial, o juiz da execução só adotará essa modalidade expropriatória depois que o exequente tiver se desinteressado da adjudicação e da alienação por iniciativa particular (art. 881, *caput*).

Segundo a sistemática do CPC/2015, o leilão judicial realizar-se-á preferencialmente por meio eletrônico. Apenas quando não for possível o leilão eletrônico é que se utilizará o leilão presencial (art. 882). Observe-se que, quando se tratar de negociação em bolsa de valores, o *leilão eletrônico* é a única modalidade possível.[13]

O art. 883, em regra aplicável também ao corretor de bolsa, dispõe que a designação do leiloeiro público caberá ao juiz, podendo a parte indicá-lo. Segundo jurisprudência firmada no regime do Código anterior, mas que deverá prevalecer para a nova lei, a competência para a nomeação do leiloeiro é realmente do juiz. A parte apenas faz uma indicação, inexistindo para o juiz a obrigação de homologá-la.[14]

II – Conteúdo dos editais

O leilão judicial, seja eletrônico ou presencial, ou, ainda, por pregão de Bolsa[15], será sempre precedida de *editais*, isto é, de avisos ao público convocando todos os interessados para que venham participar da licitação. O conteúdo obrigatório dos editais, segundo o art. 886, é o seguinte:

a) a descrição do bem penhorado, com suas características e, tratando-se de imóvel, a situação e divisas, com remissão à matrícula e aos registros (inc. I);

b) o valor pelo qual o bem foi avaliado, o preço mínimo pelo qual poderá ser alienado, as condições de pagamento e, se for o caso, a comissão do leiloeiro designado (inc. II)[16]. No caso de título da dívida pública e de títulos negociados em bolsa, o valor será o da última cotação (art. 886, parágrafo único);

c) o lugar onde estiverem os móveis, os veículos e os semoventes; e tratando-se de crédito ou direitos, a identificação dos autos do processo, em que foram penhorados (inc. III). Essa indicação se justifica para que os interessados possam inspecionar os bens e o estado do processo em que ocorreu a penhora no rosto dos autos;[17]

d) o sítio, na rede mundial de computadores, e o período em que se realizará o leilão, salvo se este se der de modo presencial, hipótese em que serão indicados o local, o dia e a hora de sua realização (inc. IV);

---

[13] ASSIS, Araken de. *Manual da execução*. 18 ed. São Paulo: RT, 2016, n. 356, p. 1.111; BUENO, Cassio Scarpinella. Novo Código de Processo Civil anotado. São Paulo: Saraiva, 2015, p. 536.

[14] "Infere-se do art. 706 do CPC (o leiloeiro público será indicado pelo exequente) ser juridicamente possível a indicação de leiloeiro público pelo exequente, o que significa dizer que o credor tem o direito de indicar, mas não o de ver nomeado o leiloeiro indicado, porquanto inexiste obrigação de homologação pelo juiz" (STJ, 2ª T., REsp 1.354.974/MG, ac. 05.03.2013, Rel. Min. Humberto Martins, *DJe* 14.03.2013).

[15] A alienação por corretor da Bolsa de Valores segue o mesmo procedimento do leilão comum, devendo ser precedida por edital, nos moldes do CPC/2015, art. 886 e o corretor assume os mesmos encargos e responsabilidades do leiloeiro (ASSIS, Araken de. *Manual da execução*. 10. ed., n. 316, p. 741).

[16] Transcorrido longo prazo entre a avaliação e o leilão, torna-se conveniente a reavaliação, ou pelo menos a correção (atualização) do valor do bem penhorado. A omissão da medida, todavia, não prejudicará a validade da alienação judicial, se inexistirem nos autos, elementos evidenciadores da defasagem do preço fixado pelo laudo avaliatório (STJ, 2ª T., EDcl no REsp 1.551.263/SC, Rel. Min. Humberto Martins, ac. 05.11.2015, *DJe* 13.11.2015).

[17] ASSIS, Araken de. *Manual da execução*. 18. ed., n. 362.3, p. 1120.

e) a indicação do local, dia e hora do segundo leilão presencial, para a hipótese de não haver interessado no primeiro (inc. V). Na segunda licitação, "os pretendentes ofertam livremente e admitir-se-á a alienação pelo maior lanço, respeitado o preço mínimo, mas excluído o preço vil";[18]

f) a menção da existência de ônus, bem como de recurso ou causa pendente sobre os bens a serem arrematados (inc. VI).

O prazo dos editais de arrematação corre nas férias, pois não se trata de prazo assinado à parte para o exercício de faculdade processual. A hipótese é de divulgação perante terceiros, que nada têm que ver com a suspensão dos prazos processuais em período de férias forenses.

Os dados que a lei exige figurem nos editais são todos importantes para identificação das coisas oferecidas à adjudicação pública e das condições a serem observadas, para segurança e validade do ato expropriatório.

A menção da existência de ônus ou litígio sobre os bens colocados em hasta pública, por exemplo, tem reflexo sobre a eficácia da alienação, já que, não informado a seu respeito, o arrematante poderá desistir da arrematação, sendo-lhe devolvido o valor depositado, nos termos do art. 903, § 5º, I. Ademais, se a alienação for de bem litigioso, o arrematante correrá o risco de sofrer evicção, caso o executado saia vencido na demanda sobre a propriedade do bem arrematado[19].

A referência a recurso pendente tem o fito de esclarecer se a execução é definitiva ou provisória. Na última hipótese, porém, não transforma em provisória a própria arrematação. Esta é sempre definitiva, ainda que a execução não o seja. Caindo a execução provisória, em virtude do provimento do recurso do executado, não se desfaz a arrematação, que se tenha realizado sob caução ou sem ela. O problema resolve-se entre o exequente e o executado por meio de reparação de perdas e danos (art. 520, II). A caução, quando exigida, tem a função de facilitar a reparação do prejuízo do executado[20]. A menção no edital de recurso que torna provisória a execução é apenas para alertar o arrematante da real situação do processo, pois mesmo assegurada a validade da arrematação, pode ele querer evitar os possíveis inconvenientes das discussões que uma execução provisória sempre acarreta.

III – Regulamentação especial do leilão eletrônico

O Código de 2015 confere ao Conselho Nacional de Justiça a edição da regulamentação específica da *alienação* judicial por meio eletrônico (art. 882, § 1º)[21]. Essa regulamentação tem a função de assegurar, em tal leilão, as *garantias processuais* das partes, na dicção do dispositivo processual referido. Quer isto dizer que serão sempre asseguradas as "garantias de controle e da participação das partes e dos seus advogados através de meio hábil de comunicação com o agente da alienação" (*i. e*, o leiloeiro ou o corretor da Bolsa de Valores).[22]

---

[18] ASSIS, Araken de. *Manual da execução cit.*, n. 362.5, p. 1121.

[19] Nula é a arrematação "se o executado for vencido em demanda sobre a propriedade do bem arrematado" (ALVIM, J. E. Carreira; CABRAL, Luciana G. Carreira Alvim. *Nova execução de título extrajudicial. Comentários à Lei n. 11.382/2006*. Curitiba: Juruá, 2ª tiragem, 2007, p. 169; NEVES, Celso. *Comentários ao Código de Processo Civil*. 7. ed. Rio de Janeiro: Forense, 1999, v. VII, p. 107).

[20] THEODORO JÚNIOR, Humberto. *As novas reformas do Código de Processo Civil*. Rio de Janeiro: Forense, 2006, n. 5.2, p. 173 e *Curso de Direito Processual Civil*. 41. ed. Rio de Janeiro: Forense, 2007, n. 678 e 678-a.

[21] A Res. n. 236 do CNJ, de 13.07.2016, regulamenta os procedimentos relativos à alienação judicial por meio eletrônico, nos termos do art. 882, § 1º, do CPC.

[22] ASSIS, Araken de. *Manual da execução*. 18. ed. *cit.*, n. 356, p. 1.111.

Ainda a respeito das garantias da alienação judicial eletrônica, preconiza o § 2º do art. 882 do Atual Código que esse leilão "deverá atender aos requisitos de *ampla publicidade, autenticidade e segurança*, com observância das regras estabelecidas na legislação sobre *certificação digital*". Disso decorre a tomada de providências tendentes a superar a instabilidade do meio eletrônico e a evitar a interferência indevida de terceiros na operação, o que se evita pela adoção de senhas pessoais para a oferta de lances e até para efetuar o pagamento do preço por via eletrônica.[23]

IV – Lugar do leilão

O leilão a cargo de corretor da Bolsa de Valores (ações ou mercadorias) realizar-se-á, naturalmente, na sede da Bolsa competente, observando-se a publicidade inerente a essa modalidade negocial. Se houver exceção quanto ao lugar, o edital fará as adequadas indicações, e a alienação em Bolsa seguirá o procedimento nele traçado.

O leilão presencial será realizado no lugar designado pelo juiz e informado no edital, que explicitará o dia e a hora de sua efetivação (arts. 882, § 3º e 886, IV).

Em regra, o local do leilão deve coincidir com o da situação dos bens, mas ao juiz é dado determinar outro lugar (art. 884, II).

Para o leilão eletrônico, não há designação de lugar físico, mas do *sítio*, na rede mundial de computadores, através do qual a alienação judicial se processará (art. 886, IV). Em tais circunstâncias, é indiferente o lugar do domicílio do leiloeiro, que pode coincidir ou não com a sede do juízo.

348. LEILOEIRO PÚBLICO

I – Escolha do leiloeiro

Todo leilão de bem penhorado deve ser realizado por um leiloeiro público (art. 881, § 1º). Em regra, o leiloeiro é designado pelo juiz, entre profissionais legalmente habilitados a esse mister. A regulamentação da profissão de leiloeiro consta do Dec. 21.981/1932, e da Lei 4.021/1961. Contudo, sua indicação poderá ser feita por livre escolha do exequente, nas localidades em que não houver corretor ou leiloeiro público credenciado, em exercício profissional há pelo menos três anos (art. 880, §§ 3º e 4º). A faculdade do exequente de indicar o leiloeiro, segundo entendimento do STJ, não vincula o juiz, já que este pode preferir nomear outro, que julgue mais conveniente[24]. A atividade do leiloeiro é pessoal, não cabendo delegação a preposto.[25]

II – Deveres do leiloeiro

Ao leiloeiro público cabem as seguintes providências, previstas no art. 884:

a) publicar o edital, anunciando a alienação (inc. I);
b) realizar o leilão onde se encontrem os bens, ou no lugar designado pelo juiz (inc. II);
c) expor aos pretendentes os bens ou as amostras das mercadorias (inc. III);
d) receber e depositar, dentro de um dia, à ordem do juízo, o produto da alienação (inc. IV);
e) prestar contas nos dois dias subsequentes ao depósito (inc. V).

---

[23] ASSIS, Araken de. *Manual da execução*. 18. ed. *cit., loc. cit.*
[24] STJ, 2ª T., REsp 1354974/MG, Rel. Min. Humberto Martins, ac. 05.03.2013, *DJe* 14.03.2013.
[25] ASSIS, Araken de. *Manual da execução*. 18. ed. *cit.*, n. 358, p. 1.113.

III – Remuneração do leiloeiro

Todo leiloeiro faz jus ao recebimento de uma comissão estabelecida em lei ou arbitrada pelo juiz, que deverá ser paga pelo arrematante (art. 884, parágrafo único).

O Decreto-Lei n. 21.981/1932 (modificado pelo Decreto n. 22.427/1933) regulamenta a profissão do leiloeiro e prevê que "a taxa da comissão dos leiloeiros será regulada por convenção escrita que, sobre todos ou alguns dos efeitos a vender, eles estabelecerem com os comitentes. Em falta de estipulação prévia, regulará a taxa de 5% (cinco por cento), sobre moveis, mercadorias, joias e outros efeitos e a de 3 % (três por cento), sobre bens imóveis de qualquer natureza" (art. 24).[26] E complementa, em seu parágrafo único, que "os compradores pagarão *obrigatoriamente* cinco por cento sobre quaisquer bens arrematados".

O STJ já decidiu que a expressão "obrigatoriamente" revela a estipulação de um valor mínimo, não havendo um valor máximo que pode ser pago ao leiloeiro a título de comissão[27].

Em contrapartida, já decidiu aquela Corte que o direito à comissão surge apenas quando efetivamente realizado o leilão, com a consequente arrematação do bem. Assim, "ante a não efetivação do leilão e a inexistência de previsão expressa no edital acerca de eventual comissão devida se acaso suspensa ou anulada a hasta pública, não é devido nenhum pagamento ao pregoeiro a título de prestação de serviços". Ele faz jus apenas ao recebimento das "quantias que tiver desembolsado com anúncios, guarda e conservação do que lhe for entregue para vender, instruindo a ação com os documentos comprobatórios dos pagamentos que houver efetuado, por conta dos comitentes e podendo reter em seu poder algum objeto, que pertença ao devedor, até o seu efetivo embolso' (art. 40 do Decreto n. 21.981/1932)"[28].

Daí se conclui que a comissão do leiloeiro público, arbitrada judicialmente para ser paga pelo arrematante, nunca deverá ser inferior a cinco por cento do valor dos bens arrematados (Dec.-Lei n. 21.981/1932, art. 24, parágrafo único)[29].

---

[26] Entre comitente e leiloeiro, vigoram, à falta de convenção expressa, as taxas do art. 24, *caput,* do Dec. Lei 21.981/1932 (com redação do Decreto n. 22.427/1933). Se, porém, for o caso de a comissão ser paga pelo arrematante, a taxa será de cinco por cento (parágrafo único).

[27] "I – A expressão "obrigatoriamente", inserta no § único do art. 24 do Decreto-lei n. 21.981/1932, revela que a intenção da norma foi estabelecer um valor mínimo, ou seja, pelo menos cinco por cento sobre o bem arrematado. II – Não há limitação quanto ao percentual máximo a ser pago ao leiloeiro a título de comissão. III – Não há que se falar na exigência de negociação prévia acerca da remuneração do leiloeiro, pois com a publicação do edital, o arrematante teve ciência de todos os seus termos, oportunidade em que poderia ter impugnado o valor referente à comissão. IV – No caso dos autos, o arrematante não só não impugnou, como também pagou o valor, pois o despacho originário do presente agravo de instrumento determina a devolução do valor considerado pago a maior. Dessa forma, resta claro que sobre montante consentiu e anuiu. V – Não se vislumbra óbice à cobrança da taxa de comissão do leiloeiro no percentual de 10% sobre o valor do bem arrematado. VI – Recurso especial conhecido e provido" (STJ, 5ªT., Resp. 680.140/RS, Rel. Min. Gilson Dipp, ac. 02.02.2006, *DJU* 06.03.2006, p. 429).

[28] STJ, 4ªT., Resp. 1.179.087/RJ, Rel. Min. Luis Felipe Salomão, ac. 22/10/2013, *DJe* 04/11/2013.

[29] Já se decidiu que "a comissão de leiloeiro somente é devida quando há arrematação do bem" (STJ, 2ª Seção, REsp 764.636/RS, Rel. Min. Massami Uyeda, ac. 09.06.2010, *DJe* 21.06.2010). Se antes do leilão ou depois de sua frustração, ocorre adjudicação ou remição, não cabe a comissão do leiloeiro (STJ, 3ª T., REsp 646.509/RJ, Rel. Min. Humberto Gomes de Barros, ac. 20.09.2007, *DJU* 15.10.2007, p. 255; STJ, 2ª T., REsp 1.050.355/RS, Rel. Min. Humberto Martins, ac. 04.11.2008, *DJe* 21.11.2008). Pode, entretanto, o Edital prever que o terceiro que remir a execução após a hasta pública responderá pela comissão (STJ, 2ª T., REsp 954.668/RS, Rel. Min. Humberto Martins, ac. 17.02.2009, *DJe* 24.03.2009).

349. LEILÃO ELETRÔNICO (PARTICULARIDADES)

Entre as exigências para credenciamento do leiloeiro público pelo tribunal figura a declaração de possuir infraestrutura para a realização de leilões eletrônicos, bem como a de adotar medidas tecnológicas para garantir a privacidade, a confidencialidade, a disponibilidade e a segurança das informações de seus sistemas informatizados, para homologação pelo tribunal (Resolução CNJ n. 236/2016, art. 2º, § 1º, IV).

Essa modalidade eletrônica de leilão judicial deverá ser aberta para recepção de lances com, no mínimo, cinco dias de antecedência da data designada para o início do período em que se realizará o leilão (art. 886, IV, do CPC) (Resolução n. 236, art. 11).

O interessado em participar da alienação eletrônica, por meio da *internet*, deverá se cadastrar previamente no *site* respectivo (Resolução n. 236, art. 12). O cadastro de licitantes será eletrônico (*idem*, art. 14, § 1º). Caberá ao juiz ou ao leiloeiro definir a duração do período para realização da alienação, o qual constará do edital cuja publicação deverá ocorrer com antecedência mínima de cinco dias da data inicial do leilão (CPC/2015, art. 887, § 1º; Resolução n. 236, art. 20).

Durante a alienação, os lances serão oferecidos diretamente no sistema do gestor e imediatamente divulgados *on-line*, de modo a viabilizar a preservação do tempo real das ofertas (Resolução n. 236, art. 22, *caput*). Não serão admitidos lances por *e-mail* por posterior registro no *site* do leiloeiro, assim como qualquer outra forma de intervenção humana na coleta e no registro dos lances (*idem*, parágrafo único).

Aceito o lance vencedor, o sistema emitirá guia de depósito judicial identificado vinculado ao juízo da execução (*idem*, art. 23). O acesso imediato do juízo à alienação deverá ser disponibilizado pelo leiloeiro (*idem*, art. 28). Todo o procedimento será gravado em arquivos eletrônicos e de multimídia, com capacidade para armazenamento de som, dados e imagens (*idem*, art. 34).

No leilão eletrônico, da mesma forma que no presencial, é possível a proposta de pagamento parcelado, prevista no art. 895 do CPC/2015. O momento para a apresentação da proposta será aquele anterior ao início do leilão via internet (art. 886, IV)[30]. Aberto o pregão, já não mais será possível tal proposta, a não ser na hipótese de segundo leilão, caso em que se reabrirá a oportunidade de arrematação por preço parcelado (art. 895, II).

Fernando Sacco Neto ressalta os benefícios da realização do leilão eletrônico: a) as partes se beneficiam, porque a venda em ambiente virtual ocorre, em média, por valor superior à modalidade presencial; b) a entrega da prestação jurisdicional é feita de forma mais efetiva e eficiente, uma vez que reduz as discussões pós-arrematação e a realização de leilão sem licitantes, beneficiando o Poder Judiciário; e, por fim, c) favorece os arrematantes, porque podem acompanhar o certame eletronicamente, viabilizando a aquisição por preços melhores do que os praticados no mercado imobiliário convencional.[31]

350. EDITAIS E OUTRAS DIVULGAÇÕES DA HASTA PÚBLICA

O art. 887 dispõe sobre a divulgação e publicidade do edital. Inicialmente, o leiloeiro público deverá adotar providências para a ampla divulgação da alienação (art. 887, *caput*). O anúncio da alienação é mesmo o primeiro dos deveres do leiloeiro, previsto no inc. I do art. 884.

---

[30] "No leilão eletrônico, a proposta de pagamento parcelado (art. 895 do CPC), observado o valor mínimo fixado pelo juiz, deverá ser apresentada até o início do leilão, nos termos do art. 886, IV, do CPC" (Enunciado n. 157/CEJ/CJF).

[31] SACCO NETO, Fernando. Leilões judiciais de imóveis: novidades trazidas pelo CPC/2015. *In*: ASSIS, Araken de; BRUSCHI, Gilberto Gomes (coords.). *Processo de execução e cumprimento de sentença*. 2. ed. São Paulo: RT, 2022, vol. 1, p. 768.

O edital necessário deve ser publicado com antecedência mínima de cinco dias da data marcada para o leilão (art. 887, § 1º). Trata-se de prazo processual, que deverá ser contado em dias úteis.

O edital será publicado, em regra, "na rede mundial de computadores, em sítio designado pelo juízo da execução, e conterá descrição detalhada e, sempre que possível, ilustrada dos bens, informando expressamente se o leilão se realizará de forma eletrônica ou presencial" (§ 2º do art. 887). Vê-se, assim, que mesmo que se trate de leilão *presencial*, a publicação, em regra, deverá se dar por meio eletrônico.

"Não sendo possível a publicação na rede mundial de computadores ou considerando o juiz, em atenção às condições da sede do juízo, que esse modo de divulgação é insuficiente ou inadequado, o edital será afixado em local de costume e publicado, em resumo, pelo menos uma vez em jornal de ampla circulação local" (art. 887, § 3º). Observar-se-á também na divulgação pela imprensa a antecedência mínima de cinco dias determinada pelo § 1º do art. 887.

A atual sistemática prevê, ainda, a possibilidade de o Juiz modificar a forma de publicidade pela imprensa, conforme as particularidades do caso concreto (§ 4º). Assim, conforme o vulto e a natureza dos bens a arrematar, pode ser ordenada a sua divulgação em mais de um jornal, em cidades diferentes ou na mesma localidade, lançando-se mão também de outros veículos de divulgação, como rádio, televisão e outros sítios, se as circunstâncias aconselharem.

Recomenda, ainda, a lei, que os editais "de leilão de imóveis e de veículos automotores serão publicados pela imprensa ou por outros meios de divulgação, preferencialmente na seção ou no local reservados à publicidade dos respectivos negócios" (art. 887, § 5º).

As publicações, por deliberação do juiz, poderão ser reunidas em listas referentes a mais de uma execução, como forma de economia processual (art. 887, § 6º).

351. INTIMAÇÃO DO DEVEDOR

O § 5º do art. 687 do CPC/1973, em sua redação original, impunha fosse o executado intimado pessoalmente do dia, hora e local da praça ou leilão, por mandado, ou carta com aviso de recepção ou outro meio idôneo. A Lei n. 11.382/2006 aboliu a exigência de intimação pessoal, de maneira que a ciência do dia, hora e local da alienação judicial passou a ser normalmente feita por intermédio do seu advogado. A regra foi mantida pelo art. 889, I, do CPC/2015.

Assim, além do exequente (na pessoa do seu advogado), deverá, em primeiro lugar, ser intimado da alienação judicial, com pelo menos cinco dias de antecedência, o executado (também por meio do seu advogado)[32]. Somente quando não tiver procurador nos autos, é que dita intimação se dará pessoalmente por carta registrada, mandado, edital ou outro meio idôneo (art. 889, I).[33] Mesmo assim, a medida só se aplica ao executado com endereço conhecido no

---

[32] A falta de intimação do executado acarreta a nulidade do leilão (STJ, 2ª T., AgRg nos EDcl no AREsp 479.566/SP, Rel. Min. Herman Benjamin, ac. 16.09.2014, *DJe* 10.10.2014). Mas, a medida é desnecessária "quando demonstrado ter ele inequívoco conhecimento da data da hasta pública ao requerer, por intermédio do seu Advogado nos autos, o adiamento da praça, como ocorrido no caso" (STJ, 3ª T., REsp 1.423.308/PE, Rel. Min. Sidnei Beneti, ac. 20.02.2014, *DJe* 25.02.2014. No mesmo sentido: STJ, 4ª T., AgRg no Ag 1.243.290/PR, Rel. Min. Marco Buzzi, ac. 23.10.2014, *DJe* 07.11.2014).

[33] "Somente a publicação do edital de hasta pública não basta para ter-se o executado revel como intimado para os efeitos do art. 687, § 5º [CPC/2015, art. 889, I]. É preciso que o edital, na espécie, contenha a expressa finalidade de cientificação do devedor. Podem reunir-se num só edital as duas finalidades, desde que fique clara a intimação para os fins do art. 687, § 5º. Isto, porém, somente será admissível no caso de impossibilidade da intimação por meio de advogado, mandado ou carta" (STJ, 4ª T., REsp. 156.404-SP, Rel. Min. Sálvio de Figueiredo, ac. 25.10.1999, *DJU* 13.12.1999, *RSTJ* 130/356). Nesse sentido: STJ, 3ª T., REsp 944.455/SP, Rel. Ministro Humberto Gomes de Barros, ac. 17.3.2008, *DJe* 13.5.2008. Por outro lado: "A intimação pessoal da realização da hasta pública é necessária apenas em relação ao devedor-executado, cujo bem será alienado,

juízo, ainda que revel. Ignorado o atual paradeiro do executado, sua cientificação só se poderá fazer através dos próprios editais da hasta pública: "se o executado for revel e não tiver advogado constituído, não constando dos autos seu endereço atual ou, ainda, não sendo ele encontrado no endereço constante do processo, a intimação considerar-se-á feita por meio do próprio edital de leilão" (parágrafo único do art. 889).

Na execução fiscal, além do executado, também o procurador da Fazenda Pública exequente será intimado pessoalmente da arrematação, com a necessária antecedência (Lei n. 6.830/1980, art. 25). Admite-se, outrossim, que a intimação seja feita mediante vista dos autos, com remessa ao representante judicial da Fazenda Pública (art. 25, parágrafo único).

Perdeu sentido, diante do art. 889, I, do CPC/2015, a orientação jurisprudencial que, com rigor, cominava pena de nulidade para arrematação consumada sem a prévia intimação pessoal do devedor no local em que reside[34].

Entre outros meios idôneos para realizar a cientificação ao executado do local, dia e hora da hasta pública, referidos pelo dispositivo em questão, podem ser lembrados o telegrama, o telex, e o telefax, com as devidas cautelas. A intimação por meio de telefone não tem sido considerada idônea[35].

352. OUTRAS INTIMAÇÕES

O art. 889 do CPC/2015 arrola, também, outras pessoas cuja intimação da alienação judicial se faz necessária:

I – Outros credores com direito incidente sobre os bens a leiloar

a) o credor pignoratício, hipotecário, anticrético, fiduciário ou com penhora anteriormente averbada, quando a penhora recair sobre bens com tais gravames, caso não seja o credor, de qualquer modo, parte na execução. Qualquer bem penhorado sobre o qual recaia alguma garantia real (móvel ou imóvel) provocará a necessidade de intimação do respectivo credor antes da realização do leilão judicial.

b) Credor com penhora sobre o mesmo bem. Não é só o direito real que se há de levar em conta. Também o credor, mesmo quirografário, que tenha penhora anteriormente averbada, terá de ser intimado da alienação do bem na execução de que não é parte. Para o credor quirografário, todavia, a obrigação de intimação pressupõe averbação da penhora em registro público, como acontece com os bens imóveis (art. 884). Em relação a outros bens, para que o juiz de uma execução fique sujeito ao dever de intimar o credor de outro processo, é necessário que a outra penhora seja comunicada pelo interessado a fim de que a conexão de constrições judiciais se oficialize perante o juízo em que a alienação irá se efetivar.

Uma vez que seja do conhecimento do juízo a intercorrência de penhoras sobre o mesmo bem em processos diferentes, não poderá se dar a alienação judicial sem que todos os credores com penhora sobre ele tenham sido intimados com a antecedência mínima de cinco dias.

---

sendo desnecessária em relação ao seu cônjuge. Inteligência do § 5º do art. 687 do CPC." (STJ, 3ª T., REsp 981.669/TO, Rel. Min. Nancy Andrighi, ac. 12.8.2010, *DJe* 23.8.2010).

[34] STJ, 1ª T., REsp 58.627-5-RJ, Rel. Min. Garcia Vieira, ac. 29.03.1995, *DJU* 08.05.1995, *RSTJ* 74/417; STJ, AgRg no AI 39.928 SP, Rel. Min. Fontes de Alencar, ac. 26.10.1993, *RSTJ* 73/17.

[35] STJ, 3ª T., AgRg nos EDcl no REsp 1.427.316/SC, Rel. Min. Sidnei Beneti, ac. 05.08.2014, *DJe* 02.09.2014.

A importância das intimações anteriores à alienação do bem penhorado, exigidas pelo art. 889, V, está em que a sua omissão permite ao prejudicado, inclusive no caso de outro credor com penhora averbada, pleitear a ineficácia do ato expropriatório (art. 903, § 1º, II). É o caso, por exemplo, do credor, mesmo sendo quirografário, que perde a oportunidade de adjudicação dos bens levados a leilão, ou de exercício do direito de preferência sobre o produto da expropriação, assegurado pela gradação cronológica das penhoras.

- c) Consequência da falta de intimação dos credores concorrentes. A consequência da não intimação, particularmente para o credor hipotecário, é a nulidade da alienação. Essa medida pode ser postulada por meio de embargos de terceiro (art. 674, § 2º, IV) ou por ação autônoma (art. 903, § 4º). Pode ainda ser alegada, incidentalmente, perante o juízo da execução, se ainda não expedida a carta para registro do Registro de Imóveis (art. 903, § 2º). Não pode ser decretada de ofício, nem a requerimento de outrem, como o executado ou algum terceiro interessado. É que cabe ao credor não intimado escolher entre conservar seu direito real perante o adquirente ou desconstituir a arrematação.[36]

II – Titulares de direito real sobre o bem a leiloar

Além dos credores com garantia real, titulares de outros direitos reais sobre o bem penhorado também devem ser cientificados de sua alienação judicial, com a devida antecedência. São eles, ainda de acordo com o art. 889:

- a) o coproprietário de bem indivisível do qual tenha sido penhorada fração ideal (inc. II);[37]
- b) o titular de usufruto, uso, habitação, enfiteuse, direito de superfície, concessão de uso especial para fins de moradia ou concessão de direito real de uso, quando a penhora recair sobre bem gravado com tais direitos reais (inc. III);
- c) o proprietário do terreno submetido ao regime de direito de superfície, enfiteuse, concessão de uso especial para fins de moradia ou concessão de direito real de uso, quando a penhora recair sobre tais direitos reais (inc. IV)[38]
- d) o promitente comprador, quando a penhora recair sobre bem em relação ao qual haja promessa de compra e venda registrada (inc. VI);
- e) o promitente vendedor, quando a penhora recair sobre direito aquisitivo derivado de promessa de compra e venda registrada (inc. VII);
- f) a União, o Estado e o Município, no caso de alienação de bem tombado (inc. VIII).

---

[36] TRF 5ª R., Ap. n. 91.859-SP, Rel. Min. Torreão Braz, ac. de 14.04.86, in Bol. TRF, 124/15. O credor hipotecário não intimado para a arrematação, se quiser invalidá-la deverá interpor em tempo útil os embargos à arrematação. Se não o fizer não lhe será lícito usar embargos de terceiro para obstar a imissão na posse do arrematante. Ocorrerá a "persistência do gravame hipotecário que persegue a coisa dada em garantia com quem quer que esteja, enquanto não cumprida a obrigação assegurada pela sujeição do imóvel ao vínculo real." (STJ, 3ª T., REsp 303.325/SP, Rel. Min. Nancy Andrighi, ac. 26.10.2004, DJU 6.12.2004, p. 283).

[37] A intimação do condômino da coisa indivisível destina-se a assegurar-lhe preferência na aquisição do bem penhorado (STJ, 4ª T., REsp 229.247/SP, Rel. Min. Ruy Rosado de Aguiar, ac. 23.11.1999, DJU 17/12/1999 p. 381.; STJ, 2ª Seção, REsp 489.860/SP, Rel. Min. Nancy Andrighi, ac. 27.10.2004, DJU 13.12.2004 p. 212; STJ, 1ª T., REsp 899.092/RS, Rel. Min. Denise Arruda, ac. 15.02.2007, DJU 22.03.2007 p. 320.

[38] Também o titular do direito real de laje sobre o imóvel penhorado, bem como o proprietário da construção base da laje, deverão ser intimados do leilão para, conforme o caso, exercerem o direito de preferência na arrematação (CC, art. 1.510-D; CPC/2015, art. 799, X e XI).

Para cumprir-se a garantia do devido processo legal – que não permite seja o titular privado de seus direitos sem participar de contraditório e sem oportunidade de defesa (CF, art. 5º, LIV e LV) –, não são apenas as pessoas aludidas no art. 889, V, que haverão de ser intimadas antes da arrematação. Todo aquele que tiver algum direito real sobre o bem penhorado terá de ser previamente cientificado pelo juízo acerca do praceamento designado.

Assim, nos casos de alienação em fraude de execução, em que a propriedade se transfere para terceiro adquirente, mas o bem continua sujeito a responder pelo débito do executado (art. 790, V), o atual proprietário não poderá deixar de ser intimado da arrematação, sob pena de nulidade do ato.[39] O art. 792, § 4º, a propósito, determina que, antes de declarar a fraude de execução, seja intimado o terceiro adquirente, para, se quiser, opor embargos de terceiro.

Se o mero titular de hipoteca tem de ser intimado, *in casu*, com maior razão, haverá de sê-lo quem figure no Registro de Imóveis como o legítimo proprietário do bem posto à arrematação.[40]

A falta da intimação, por exemplo, do credor não exequente, mas com garantia real sobre o bem penhorado, acarretará a ineficácia da alienação do bem gravado, em relação ao credor pignoratício, hipotecário ou anticrético não intimado (arts. 804, *caput* e 903, II).

353. ADIAMENTO DA HASTA PÚBLICA

O leilão deve realizar-se no horário normal do expediente forense. Por isso se os trabalhos alcançarem a noite deverão ser suspensos para prosseguir no dia seguinte, a partir da mesma hora em que tiveram início, independentemente de novo edital (CPC/2015, art. 900).

Ocorrendo motivo justo que impeça a realização da hasta pública na data marcada, como suspensão extraordinária do serviço forense, doença súbita do leiloeiro etc., não será necessária a designação em edital de nova praça ou leilão; bastará que o juiz publique aviso na imprensa local e no órgão oficial, noticiando o adiamento (art. 888).

Se o adiamento tiver motivo em culpa do escrivão, do chefe de secretaria, do porteiro ou do leiloeiro, o culpado ficará responsável pelas despesas da nova publicação, podendo o juiz, ainda, aplicar-lhe a pena de suspensão por 5 dias a 3 meses, em procedimento administrativo regular (art. 888, parágrafo único).

---

[39] "O julgamento da fraude de execução sem a ouvida do devedor (alienante) e do terceiro (adquirente) é inconstitucional por ferir mortalmente o princípio do devido procedimento legal" (SOUZA, Gelson Amaro de. "Fraude de Execução e o Devido Processo Legal", in *Gênesis – Revista de Direito Processual Civil*, v. 16, p. 272). Nesse sentido, decidiu o STJ que a regra do art. 698 do CPC deve ser estendida ao atual proprietário do imóvel a pracear (isto é, àquele que o adquiriu em condições de fraude à execução), para que se respeite a garantia do contraditório. A falta de intimação, na espécie, "anula a garantia do devido processo legal" (STJ, 3ª T., REsp. 2008/SP, Rel. Min. Dias Trindade, ac. de 10.06.91, *Lex-JSTJ* 31/40). No mesmo sentido: STJ, 3ª T., REsp 23.753/SP, Rel. Ministro Dias Trindade, ac. 31.8.1992, *DJU* 28.9.1992, p. 16429).

[40] "Para declarar a ineficácia do negócio em relação ao credor é necessária a intimação do adquirente para fazer parte do processo" (TRF 1ª R., AI n. 91.01.125095/MG, 3ª T., Rel. Juiz Vicente Leal, ac. de 27.11.91, *in Lex-JSTJ*, 35/386). No mesmo sentido: *JTA*, 105/187. Ainda no sentido da obrigatoriedade da intimação do adquirente em fraude de execução, antes do praceamento, sob pena de nulidade, é o acórdão de 10.06.1991, do STJ, no REsp. n. 2.008/SP, Rel. Min. Waldemar Zveiter (*Lex-JSTJ* 31/40).

354. O LEILÃO JUDICIAL

I – Arrematação

A arrematação faz-se em leilão judicial, que, na forma presencial, consiste no *pregão* por meio do qual o agente do juízo (leiloeiro público) anuncia, publicamente e em alta voz, os bens a alienar, convocando os interessados a fazer seus *lances*. O atual Código estimula a adoção, sempre que possível, de leilão por meio eletrônico, recomendando aos tribunais a edição de disposições complementares sobre o respectivo procedimento (art. 880, § 3º), prevendo, outrossim, que o leilão será presencial, "não sendo possível a sua realização por meio eletrônico" (art. 882, *caput*). A regulamentação específica do leilão eletrônico foi confiada ao Conselho Nacional de Justiça (art. 882, § 1º).

Na primeira licitação, as ofertas, em regra, hão de ser superiores à avaliação. O CPC/2015, todavia, autoriza a fixação de um preço mínimo para a arrematação, que prevalecerá para a própria primeira licitação, caso não se encontre interessado em superar o valor estipulado na avaliação (arts. 885 e 886, II). E à medida que os interessados vão formulando seus lances, o pregoeiro os repete em voz alta para conhecimento de todos. Quando um lance não for mais superado por outro, estará concluído o leilão judicial, sendo considerado arrematante o autor da última e maior oferta.

Licitante, pois, é o que intervém no leilão (terceiro ou até o próprio exequente) e faz oferta, por meio de lance, para adquirir o bem penhorado. E *arrematante* é o licitante autor do maior lance, ou aquele cuja proposta escrita de aquisição a prazo foi deferida pelo juiz; ou seja, aquele ao qual o juiz transfere, através da expropriação executiva o bem penhorado e levado à hasta pública.

II – Frustração da alienação judicial

Na eventualidade de não surgir licitante algum, o primeiro leilão estará frustrado. Lavrar-se-á auto negativo e aguardar-se-á o segundo leilão, cuja designação já terá constado do edital. No novo leilão judicial, a arrematação já não mais estará vinculada ao preço de avaliação.

III – Repulsa ao preço vil

Não se admite, contudo, que o preço da arrematação, mesmo na segunda licitação, seja vil (art. 895, II), já que isto frustraria o próprio objetivo da execução forçada, que é o de resgatar a dívida ajuizada, e provocaria uma onerosidade excessiva para o devedor.

A proibição de arrematar-se o bem penhorado a preço vil, inicialmente de criação pretoriana, passou a texto expresso de lei com o CPC/1973 (art. 692, na redação das Leis n. 6.851/1980 e 8.953/1994). Porém, o CPC/2015 inovou ao quantificar e tarifar o que se entende por preço vil, pondo fim às controvérsias a seu respeito. Prevê o parágrafo único do art. 891 que se considera "vil o preço inferior ao mínimo estipulado pelo juiz e constante do edital, e, não tendo sido fixado preço mínimo, considera-se vil o preço inferior a cinquenta por cento do valor da avaliação".

Optou, assim, o CPC/2015 por uma solução mais pragmática (50% do valor da avaliação). Reconhecendo, contudo, que circunstâncias particulares do caso concreto podem aconselhar a adoção de *outro parâmetro*, o dispositivo aludido ressalva a hipótese de o *juiz fixar outro limite de preço mínimo* a ser observado na alienação judicial. É claro, portanto, que o padrão de cinquenta por cento funcionará apenas como regra geral, que, por isso mesmo, poderá ser alterado para mais ou para menos por decisão judicial. A deliberação, porém, haverá de ser tomada antes do leiloamento e figurará no respectivo edital, para que não haja surpresa para os interessados.

Recusado o lanço por preço vil, é como se a licitação tivesse se encerrado sem licitante. Ficará, assim, aberta ao credor a possibilidade de requerer a adjudicação. O mesmo acontecerá se a arrematação vier a ser anulada por igual motivo.

Outro caso que pode afetar a validade da arrematação é a do preço defasado em virtude de longo prazo decorrido entre a avaliação e a licitação. O STJ, por exemplo, decidiu que "a realização de leilão mais de dois anos após a data em que feita a avaliação do imóvel é capaz de impor prejuízo ao executado, pois tal lapso temporal é suficiente para alterar substancialmente o valor do bem. 2. Ademais, é de se considerar que a variação do valor de imóveis perante o mercado imobiliário não ocorre pelos mesmos índices aplicáveis à dívida executada, de modo que se torna essencial que o leilão ocorra com base no valor atualizado do bem, para evitar descompasso entre o valor pago pelo arrematante e o verdadeiro valor do bem"[41].

Assim, diante do largo tempo transcorrido depois da avaliação, é medida de prudência a atualização do respectivo valor antes de levar o bem penhorado à hasta pública, o que poderá, em regra, ser realizado por meio do oficial de justiça (art. 154, V).

IV – Situação após fracasso do leilão

Ocorrida a frustração das tentativas de alienação programadas pelo edital antes da realização de novo leilão, o juiz poderá:

a) determinar nova avaliação (CPC/2015, art. 878) bem como estipular novo preço mínimo; ou
b) promover a penhora de novos bens de melhor liquidez (art. 848, VI).

V – O papel do juiz na alienação mediante leilão

Cabe ao leiloeiro dirigir o leilão, apregoando o bem penhorado e recolhendo as propostas (lances) dos concorrentes, seja por meio eletrônico ou presencial (CPC/2015, art. 884, II). Será, ainda ele, que encerrará o pregão, definindo quem foi o arrematante, ou registrando em termo a frustração do leilão, por falta de licitante ou de lances válidos.

Ao juiz, no entanto, cabe presidir o leilão, não no sentido de permanecer *fisicamente* no lugar de sua realização, durante todo o tempo do pregão; mas no de permanecer *disponível*, e ao alcance dos interessados, para solucionar as questões surgidas ao longo do leilão, como, por exemplo, a decisão sobre a proposta mais vantajosa, nos casos de arrematação em prestações (art. 895, § 8º); o encerramento da licitação, assinando o auto de arrematação, justamente com o leiloeiro e o arrematante (art. 903, *caput*); a deliberação sobre a suspensão do leilão (arts. 899 e 900); a decisão sobre a idoneidade da caução oferecida no caso de aquisição em prestações do bem leiloado (art. 895, § 1º) etc.

355. LEGITIMAÇÃO PARA ARREMATAR

Podem lançar na hasta pública todos que estiverem na livre administração de seus bens (CPC/2015, art. 890, *caput*). Trata-se de negócio jurídico que, obviamente, exige do agente a necessária capacidade de exercício. Não podem, assim, licitar, os incapazes, nem aqueles que juridicamente estejam privados da livre administração de seus bens como o falido e o insolvente civil.

Além desses casos, também não é permitido participar da licitação, às seguintes pessoas (art. 890):

---

[41] STJ, 4ª T., AgInt no REsp 1.130.982/PB, Rel. Min. Raul Araújo, ac. 15.08.2017, *DJe* 29.08.2017.

I – tutores, curadores, testamenteiros, administradores, síndicos ou liquidantes, quanto aos bens confiados a sua guarda e responsabilidade;

II – mandatários, quanto aos bens de cuja administração ou alienação estejam encarregados[42];

III – juiz, membro do Ministério Público e da Defensoria Pública, escrivão, chefe de secretaria e demais servidores e auxiliares da Justiça,[43] em relação aos bens e direitos objeto de alienação na localidade onde servirem ou a que se estender a sua autoridade;

IV – servidores públicos em geral, quanto aos bens ou aos direitos da pessoa jurídica a que servirem ou que estejam sob sua administração direta ou indireta;

V – leiloeiros e seus prepostos, quanto aos bens de cuja venda estejam encarregados;

VI – advogados de qualquer das partes.

São ainda impedidos de lançar no novo leilão o arrematante e o fiador remissos (art. 897). Remisso é o arrematante que obteve prazo para pagar o preço, fixado na licitação e deixou de resgatá-lo no devido tempo. Em igual qualificativo se enquadra o fiador que não honrou a garantia judicial prestada ao arrematante inadimplente.

Os lanços de pessoas impedidas não podem ser recebidos pelo pregoeiro. Se porventura ocorrer a sua indevida admissão e o arrematante vier a ser uma dessas pessoas, caberá ao juiz, quando conhecer o vício, deixar de expedir a carta de arrematação.

O credor, também, pode licitar. Não existe mais o direito de adjudicação após a arrematação, com preferência para o exequente, preço a preço (art. 981 do Código de 1939). Só existe, agora, a possibilidade de adjudicação quando pleiteada antes do leilão (CPC/2015, art. 876). Quando isto não se der, o credor tem que disputar a licitação, se tiver interesse na aquisição dos bens penhorados. Mas não fica obrigado a exibir o preço, como os demais licitantes (art. 892, § 1º).

A dispensa pressupõe, porém, que a execução seja feita apenas no interesse do exequente e que não haja excesso de valor do bem sobre o crédito, nem privilégios de terceiros. Terá, assim, de depositar o preço, ou a diferença, quando:

a) o valor da arrematação superar seu crédito (art. 892, § 1º);

b) houver prelação de estranhos sobre os bens arrematados (art. 905, II

c) a execução for contra devedor insolvente (arts. 748 e segs., CPC/1973).[44]

A falta de depósito do lanço do credor (ou da diferença) nos casos enumerados dá lugar ao desfazimento da arrematação, voltando os bens ao leilão à custa do exequente (art. 892, § 1º).

Esboçou-se na jurisprudência o entendimento de que – à luz do antigo texto do art. 690-A, parágrafo único do CPC/1973 (CPC/2015, art. 892, § 1º), que fala em valor dos bens e não em preço da arrematação –, o credor estaria sempre obrigado, mesmo na segunda licitação, a arrematar pelo valor mínimo da avaliação.

---

[42] Entre os mandatários impedidos de lançar figura o advogado em relação ao processo em que tenha intervindo (ALVIM, J. E. Carreira; CABRAL, Luciana G. Carreira Alvim. *Nova execução cit.*, p. 163).

[43] "A proibição de lançar, pelas pessoas relacionadas neste incido, alcança apenas o lugar onde exercerem a sua função, ou até onde se estenda a sua autoridade, pois o objetivo da vedação é impedir o abuso de influência na condição de concorrentes ou que a sua participação ponha sob suspeita a administração da justiça" (ALVIM, J. E. Carreira; CABRAL, Luciana G. Carreira Alvim. *Nova execução cit.*, p. 163).

[44] Esses artigos continuam em vigor em razão do art. 1.052, do CPC/2015.

Mas o Supremo Tribunal Federal superou a divergência e fixou o entendimento de que não há discriminação legal contra o exequente, que, também, pode perfeitamente, em pé de igualdade com os demais pretendentes, licitar abaixo do preço de avaliação, no segundo leilão ou segunda praça. Portanto, "o depósito que o credor arrematante está obrigado a fazer, é o correspondente à diferença entre o crédito e o valor do lanço vencedor. Em se tratando de segunda praça, não há falar em valor de avaliação, pois a venda se faz a quem mais der".[45] Respeitar-se-á, porém, o preço mínimo fixado pelo juiz (art. 885), ou, na sua falta, evitar-se-á o preço vil caracterizado pelo parágrafo único do art. 891.

356. LEILÃO DE MÚLTIPLOS BENS

Se o leilão judicial for de diversos bens e houver mais de um lançador, será preferido aquele que se propuser arrematá-los englobadamente, oferecendo para os que não tiverem lance, preço igual ao da avaliação, e para os demais, o de maior lanço que, na tentativa de arrematação individualizada, tenha sido oferecido para eles (art. 893).

Quando os bens forem sendo parceladamente arrematados, será suspensa a hasta pública, logo que o produto da alienação já se mostrar suficiente para o pagamento do exequente (art. 899). Outro aspecto também interessante é, no caso do leilão múltiplo, o que diz respeito à ordem a observar no pregão, em relação aos diversos bens penhorados e relacionados no edital.

Não há em nosso Código a previsão de uma ordem imposta à arrematação, na espécie. Todavia, opinião doutrinária antiga preconizava a necessidade de manter na licitação a mesma ordem prevista para a preferência da penhora (CPC/2015, art. 835), recusando-se ao juiz liberdade para alterá-la.[46]

Pensamos, com Araken de Assis, que não há razão para manter rigorosa observância, na arrematação, à ordem de gradação da penhora. Se o CPC permite interromper o leilão quando a arrematação de alguns bens já se mostre suficiente para a satisfação do crédito do exequente, é natural que escolham para licitação preferencial aqueles cujo preço potencial se revele suficiente para cumprir o fim da execução. Bens muito valiosos, entre os penhorados, que superem o crédito exequendo, podem ser postergados, inicialmente, se outros menos cotados podem cumprir a função do processo.

Da mesma forma, se a lei manda preferir o lance em bloco ao lance de bem individualizado, é necessário conferir liberdade para compor o leilão de bens penhorados que interesse ao licitante preferencial.

Em conclusão, o melhor equacionamento do problema é o que se reconhece a inexistência de ordem rígida a prevalecer na licitação dos diversos bens penhorados numa só execução. Cabe, assim, uma certa liberdade do juiz para modificar ou autorizar a modificação da ordem da arrematação, no curso do leilão.

---

[45] STF, RE n. 91.187, 1ª Turma, ac. de 26.06.79, rel. Min. Soares Muñoz, in *Juriscível do STF*, 81/107; 1º TACivSP, AI 449.726-5, Rel. Juiz Castilho Barbosa, ac. de 17.10.90, in *RT* 669/117. No mesmo sentido firmou-se a jurisprudência do STJ (2ª Seção): 3ª T., REsp. 159.833, Rel. Min. Nilson Naves, ac. de 24.05.1999, *RSTJ* 128/247; 3ª T., REsp. 10.294/PR, Rel. Min. Cláudio Santos, *RDC* 61/184; 3ª T., REsp. 184.717/SP, Rel. Min. Eduardo Ribeiro, *RT* 765/184; 4ª T., REsp. 325.291/MS, Rel. Min. Aldir Passarinho, *DJU* 29.10.2001, p. 212.

[46] ASSIS, Araken de. *Manual da execução*. 18. ed., cit., n. 371, p. 1.134-1.135, reportando-se à lição de PONTES DE MIRANDA, Francisco Cavalcanti. *Comentários ao Código de Processo Civil*. 2. ed. Rio de Janeiro: Forense, 2002, v. X, p. 381.

357. FORMA DE PAGAMENTO DA ARREMATAÇÃO

A arrematação é, normalmente, feita com dinheiro à vista. Em regra, e salvo pronunciamento judicial diverso, o pagamento deverá ser realizado de imediato pelo arrematante, por depósito judicial ou por meio eletrônico (art. 892, *caput*).[47] O deferimento de prazo para o pagamento do preço da arrematação é excepcional, e importa exigência de prestação de caução, que pode ser real ou fidejussória.

Tão logo seja concluída a alienação, será imediatamente lavrado auto de arrematação, que poderá abranger bens penhorados em mais de uma execução, nele mencionadas as condições nas quais foi alienado o bem (art. 901). A ordem de entrega do bem móvel ou a carta de arrematação do bem imóvel, com o respectivo mandado de imissão na posse, será expedida depois de cumpridas as seguintes providências: *(i)* depósito do preço da arrematação, ou prestadas as garantias pelo arrematante; e *(ii)* pagamento da comissão do leiloeiro e das demais despesas da execução (§ 1º do art. 901). Se o preço não for pago no prazo estabelecido ou se não for oferecida caução idônea, em caso de pagamento parcelado (art. 895, § 1º), a arrematação poderá ser resolvida (art. 903, § 1º, III).

Antigamente, havia uma imposição de multa ao arrematante e o credor poderia optar entre levar os bens à nova hasta pública ou executar o arrematante e seu fiador pelo preço da arrematação e a multa (antigo § 1º do art. 695 do CPC/1973). Essa multa e essa opção não mais persistem. Com a Lei n. 11.382/2006 foram revogados os três parágrafos do art. 695 do CPC/1973, de sorte que, desde então, diante do inadimplemento do arrematante, só resta recolocarem-se os bens em nova hasta pública. A sanção aplicável será a perda da caução eventualmente prestada, em benefício do exequente, e a interdição de o arrematante e fiador remissos de participar da nova praça ou leilão (CPC/2015, art. 897).

Se o inadimplemento for apenas do arrematante, o fiador que houver pago o valor do lanço e a multa poderá requerer ao juiz da execução que a arrematação lhe seja transferida (CPC/2015, art. 898).

358. AUTO DE ARREMATAÇÃO

O aperfeiçoamento da arrematação, qualquer que seja a modalidade de leilão, ocorre com a assinatura do auto respectivo, que é lavrado pelo agente que houver promovido a hasta pública, isto é, o leiloeiro público (CPC/2015, art. 903, *caput*).

Esse agente encerrará a hasta pública, lavrando o respectivo auto, que será assinado por ele, pelo arrematante e pelo juiz. Ao escrivão caberá juntá-lo aos autos do processo. Não lhe cabe nem lavrá-lo nem assiná-lo. Apenas procederá à sua incorporação ao processo, mediante termo de juntada.

Arrematado o bem imóvel, não é possível ao arrematante obter, do juiz da execução, o cancelamento automático de registros imobiliários e de constrições judiciais ordenadas por juízos diversos. Isto porque:

> "2. O juízo da execução, na qual ocorreu a arrematação, autoridade impetrada, não detém competência para o desfazimento ou cancelamento automático de constrições e registros imobiliários determinados por outros juízos de mesma hierarquia.

---

[47] "O pagamento do preço pelo arrematante pode ser feito diretamente ao leiloeiro" (STJ, 3ª T., REsp 1.100.101/RJ, Rel. Des. convocado do TJ/RS, Min. Vasco Della Giustina, ac. 12.08.2010, DJe 20.08.2010). Competirá, porém, ao leiloeiro proceder, de imediato, ao recolhimento em depósito judicial ou à transferência por meio eletrônico (CPC, art. 892, *caput*).

3. Os titulares dos direitos decorrentes das decisões judiciais proferidas em outros processos, as quais geraram as constrições e registros imobiliários que os impetrantes-arrematantes pretendem cancelar, têm direito (este sim, líquido e certo) ao devido processo legal, com seus consectários, inclusive contraditório e ampla defesa".[48]

Uma importante inovação do CPC/1973, mantida pelo CPC/2015, foi a explicitação de que os embargos do executado, ainda pendentes, não impedem que a arrematação, com o auto, se aperfeiçoe, tornando-se irretratável. Nem mesmo a sentença de procedência dos embargos, proferida ulteriormente à arrematação, comprometerá, por si só, a eficácia da alienação judicial (CPC/2015, art. 903). Da mesma forma, a ação autônoma em que se pleiteia a invalidação da arrematação não impede seu aperfeiçoamento (novidade trazida pelo CPC/2015). O efeito operará apenas entre executado e exequente. Em ambos os casos, fica assegurada ao executado a possibilidade de reparação pelos prejuízos sofridos em face do exequente (art. 903, *caput* e § 4º). A execução do título extrajudicial é sempre definitiva, e os embargos do executado não têm, em regra, efeito suspensivo, de modo que, não obstante a oposição deles, a expropriação pode consumar-se de maneira irreversível.

Há um caso, porém, em que a execução do título extrajudicial iniciada como definitiva se torna provisória (CPC/2015, art. 1.012, § 2º): é quando os embargos do devedor foram processados com efeito suspensivo e a sentença os julgou improcedentes. É que a apelação, na espécie, não impedirá que a execução (até aquele momento, suspensa) retome seu curso, mas isto se dará, por previsão legal, em caráter de execução provisória, enquanto não julgado o recurso.

Mesmo em tal situação, a eventual arrematação não sofrerá prejuízo, em sua eficácia, se a apelação do executado-embargante for afinal provida. Tudo se resolverá em perdas e danos, entre as partes da execução, segundo a sistemática do § 4º do art. 520.

A diferença prática entre a execução definitiva e a provisória está na exigência de caução para que, nesta última, se promova a arrematação (art. 520, IV). Não se garante, todavia, o retorno dos bens ao executado quando expropriados em execução provisória. O que se prevê é a responsabilidade do exequente pela reparação das perdas e danos sofridas pelo executado (art. 520, I). A caução que a lei impõe ao exequente tem justamente a função de garantir o ressarcimento dessas perdas e danos, caso a vitória na apelação favoreça o executado.

Em suma: na execução definitiva a arrematação se dá sem exigência de caução, e na provisória essa garantia é indispensável. De qualquer modo, com ou sem caução, a eventual arrematação, uma vez autorizada pela lei, não se dará de maneira precária ou resolúvel, mas sempre se tornará, a benefício do terceiro arrematante, ato perfeito, acabado e irretratável, se praticada sem vícios invalidantes. É isto que se acha previsto no art. 520, I, e que vem, muito explicitamente, proclamado no *caput* do art. 903, quando se ressalta a perfeição e irretratabilidade da arrematação, "ainda que venham a ser julgados procedentes os embargos do executado"[49].

359. ARREMATAÇÃO DE IMÓVEIS

Existem regras especiais sobre a arrematação de *imóveis*, que compreendem a alienação por meio de proposta escrita, a proteção especial ao proprietário incapaz, a alienação fracionada do imóvel divisível e a alienação de todo o imóvel indivisível. Vejamos cada uma delas:

---

[48] STJ, 4ª T., RMS 48.609/MT, Rel. Min. Raul Araújo, ac. 19.05.2016, *DJe* 08.06.2016.

[49] Na sistemática atual – é importante sublinhar – os embargos do devedor não têm, de ordinário, efeito suspensivo, o que permite o prosseguimento da execução em caráter definitivo, mesmo quando embargada pelo executado (CPC/2015, art. 919).

I – *Proposta escrita prévia até o início do leilão*: A alienação judicial dos imóveis é feita em leilão judicial eletrônico ou presencial (CPC/2015, art. 886, IV), seguindo, ordinariamente, a regra do pagamento imediato, por depósito judicial ou por meio eletrônico (art. 892).

Admite-se, porém, a possibilidade de um regime especial de propostas para arrematação mediante pagamento em prestações, com oferta de pelo menos 25% à vista (art. 895, § 1º). Para utilizar esse regime excepcional, os interessados deverão apresentar proposta por escrito ao juízo da execução, até o início do leilão, a qual será juntada aos autos para exame e deliberação durante o leilão. Vê-se, pois, que a existência de proposta de aquisição em prestações não dispensa ou suspende o leilão (art. 895, § 6º)[50]. Se no leilão houver licitante para pagamento à vista, preferirá, sem dúvida, ao proponente da aquisição mediante parcelamento do preço (art. 895, § 7º). Só muito excepcionalmente será possível considerar a aquisição em prestações mais interessante que a feita com pagamento imediato. Não é, *v. g.*, de se desprezar uma proposta de pagamento parcelado que ofereça um preço substancialmente superior ao preço à vista, suficiente para cobrir, com larga margem, os acréscimos de juros e correção do crédito exequendo durante o tempo de espera. Necessária, em tais casos, a ouvida do exequente, antes de o juiz decidir entre o pagamento à vista e o parcelado, dada a excepcionalidade da solução[51].

II – *Imóvel de incapaz*: Quando o leilão referir-se a imóvel de incapaz e o preço atingido não alcançar, pelo menos 80% da avaliação, a hasta pública não se ultimará. O bem será confiado à guarda e administração de depositário idôneo, ficando a alienação adiada por prazo fixado pelo juiz, não superior a um ano (art. 896, *caput*).

Será lícito ao juiz, também, autorizar a locação do imóvel durante o prazo do adiamento (art. 896, § 3º), caso em que as rendas se aplicarão na amortização do crédito exequendo.

Aparecendo, durante o adiamento, pretendente que assegure, mediante caução idônea, o preço da avaliação, o juiz ordenará, de imediato, a alienação em leilão (art. 896, § 1º). Se vier a arrepender-se da proposta e o imóvel não for arrematado por outrem, o juiz imporá ao proponente multa de vinte por cento sobre o valor da avaliação, em benefício do incapaz, valendo a decisão como título executivo (art. 701, § 2º).

Só depois de vencido o prazo do adiamento é que a alienação do imóvel de incapaz poderá ser submetida a novo leilão (art. 896, § 4º). Nesse segundo lcilão, não mais se exigirá a observância do lance mínimo de 80% da avaliação. Prevalecerá, entretanto, a regra da vedação do preço vil, não inferior a 50% do valor da avaliação.

III – *Imóvel divisível*: Quando o imóvel penhorado admitir cômoda divisão, o juiz, a requerimento do devedor, ordenará a alienação judicial de parte dele, desde que suficiente para pagar o exequente e as despesas da execução (art. 894, *caput*). Se, contudo, não houver lançador para a parte desmembrada, a alienação será feita sobre o imóvel em sua integridade (art. 894, § 1º).

A alienação por partes deverá ser requerida a tempo de permitir a avaliação das glebas destacadas e sua inclusão no edital. Nesse caso, caberá ao executado instruir o requerimento com planta e memorial descritivo subscrito por profissional habilitado.

---

[50] "Na venda por proposta, é obrigatória, sob pena de nulidade, a publicação dos editais de praça (RTFR 136/91)" (NEGRÃO, Theotônio; e GOUVÊA, José Roberto F. *Código de Processo Civil e Leg. Processual em Vigor*. 38. ed. São Paulo: Saraiva, 2006, p. 815, nota 1 ao art. 700).

[51] "Não é causa de invalidade da arrematação o ulterior acordo entre o credor e o arrematante para parcelamento do preço pago pelo bem arrematado, considerando que este é superior ao da avaliação judicial e que houve a redução imediata e integral do saldo devedor, com a imposição ao credor dos riscos pelo não pagamento das parcelas vincendas (STJ, RF 378/279; 3ª T., REsp 557.467)" (NEGRÃO, Theotônio; e GOUVÊA, José Roberto F. *Código de Processo Civil e Legislação Processual em Vigor*. 38. ed. São Paulo: Saraiva, 2006, p. 815, nota 2 a ao art. 700).

Essa modalidade de arrematação de imóvel por partes depende, outrossim, de avaliação prévia, também, por partes, sugerindo-se, com a apresentação do memorial descritivo, os possíveis desmembramentos para alienação (art. 872, § 1º).

IV – *Imóvel indivisível*: Sendo indivisível o bem, a penhora que recair sobre a quota parte do executado acarretará a alienação de sua integralidade. A meação do cônjuge e a quota de outros condôminos não devedores serão resguardadas, incidindo sobre o produto da alienação do bem (art. 843, *caput*).

360. OPORTUNIDADE DA PROPOSTA DE ARREMATAÇÃO A PRAZO

O CPC/2015, em seu art. 895, traz novas e importantes regras referentes à apresentação das propostas e do pagamento do preço pelos interessados na aquisição do bem penhorado em prestações. Primeiramente, cumpre ressaltar que a nova legislação ampliou a possibilidade de apresentação de proposta escrita, ao se referir ao "bem penhorado" e, não, mais ao "bem imóvel", como a codificação anterior. Qualquer que seja, portanto, a natureza do bem levado a leilão, a alienação em prestações acha-se atualmente autorizada.

Até o início do primeiro leilão, os interessados em adquirir o bem penhorado poderão apresentar suas propostas de aquisição do bem, por valor não inferior ao da avaliação (art. 895, I). As propostas deverão ser formuladas por escrito, a qualquer momento, desde que não iniciado o leilão.

Frustrada a primeira licitação, poderá, ainda, ser apresentada proposta para aquisição em prestações, até o início do segundo leilão, e o limite mínimo do preço de avaliação já não será exigível. Não se aceitará, porém, valor considerado vil (art. 895, II). Observar-se-á, dessa maneira, o disposto no parágrafo único do art. 891: será considerado vil o preço inferior ao mínimo estipulado pelo juiz e constante do edital. À falta de tal estipulação, considerar-se-á vil a oferta inferior a cinquenta por cento do valor da avaliação.

361. REQUISITOS MÍNIMOS DA PROPOSTA

Para a proposta de aquisição a prazo ser admitida alguns requisitos são impostos pelo art. 895 e seu § 1º:

a) o preço ofertado, na primeira licitação, não pode ser inferior ao determinado pela avaliação (inc. I); na segunda licitação, não poderá ultrapassar o limite considerado vil pela lei (inc. II);

b) há de ocorrer um pagamento à vista, de pelo menos vinte e cinco por cento do preço proposto (§ 1º, 1ª parte);

c) o restante do preço poderá ser parcelado em até trinta meses, garantido por caução idônea, quando se tratar de bens móveis, e por hipoteca sobre o próprio bem, quando se tratar de imóvel (§ 1º, 2ª parte).

A proposta, na verdade, tanto pode simplesmente visar prazo para o pagamento, como pretender um esquema de parcelamento do preço ofertado.

Em relação ao parcelamento, as propostas deverão indicar o prazo, a modalidade, o indexador de correção monetária e as condições de pagamento do saldo (art. 895, § 2º).

Sobre a correção monetária, havia a previsão do § 3º do art. 895, que foi vetada pela Presidência da República. O dispositivo previa que as prestações, que poderiam ser pagas por meio eletrônico, seriam corrigidas mensalmente pelo índice oficial de atualização financeira, a ser informado, se for o caso, para a operadora do cartão de crédito. A justificativa para o veto foi de que "o dispositivo institui correção monetária mensal por um índice oficial de preços, o que caracteriza indexação. Sua introdução potencializaria a memória inflacionária, culminando em uma indesejada inflação inercial". O certo, porém, é que a correção monetária, nas obrigações sucessivas é autorizada pelo direito material (CC, art. 316), e, na arrematação a prazo continua sendo permitida pelo § 2º, do art. 895 do CPC/2015, malgrado o veto ao § 3º. A nosso ver, o que se objetivou com o referido veto foi impedir adoção de índices de previsão de inflação futura, de modo que, ao utilizá-los, antecipadamente na predeterminação imediata das parcelas futuras do preço, acabar-se-ia por estimular a "indesejada inflação inercial". Esse inconveniente não ocorre quando a atualização da parcela se faz no respectivo vencimento, mediante índice fixado em função da inflação já ocorrida entre a assunção do débito e o vencimento da prestação.

I – Mora ou inadimplemento do adquirente

Admitido o parcelamento, a alienação se aperfeiçoará pela lavratura do auto de arrematação, no qual se mencionarão as condições nas quais se deu a alienação do bem (art. 901).

Se o adquirente atrasar no pagamento de qualquer das prestações ajustadas, incorrerá em multa de dez por cento a incidir sobre a soma da parcela inadimplida com as parcelas vincendas (art. 895, § 4º).

Ocorrendo o inadimplemento, autoriza-se o exequente a optar por: *(i)* pedir a resolução da arrematação; ou *(ii)* promover, em face do arrematante, a execução do valor devido, com acréscimo da multa de dez por cento. Ambos os pedidos poderão ser formulados nos próprios autos da execução em que se deu a arrematação (art. 895, § 5º).

II – Realização do leilão, não obstante a proposta de parcelamento

As propostas que contemplam o pagamento parcelado não suspendem o leilão (art. 895, § 6º). A ideia do dispositivo é permitir que haja a realização do leilão, para que se dê verdadeira concorrência entre as propostas apresentadas antecipadamente, com as ofertas feitas durante o leilão. Embora seja admissível o parcelamento, sempre prevalecerá a proposta do pagamento do lance à vista sobre as propostas de pagamento parcelado (art. 895, § 7º).

Recomenda-se, todavia, cautela ao aplicar tal dispositivo. Na prática, podem ocorrer situações em que a proposta parcelada seja mais vantajosa para o exequente. Como exemplo, podemos citar uma proposta que ofereça R$ 25.000,00 à vista, para um bem avaliado em R$ 50.000,00. E, por outro lado, uma proposta parcelada que ofereça R$ 40.000,00, sendo R$ 15.000,00 à vista e R$ 25.000,00 em dez parcelas, sujeitas a atualização monetária. Nessa hipótese, a proposta parcelada é mais vantajosa.

Havendo dúvida, será conveniente que o juiz ouça o exequente antes de decidir pela aplicação de tal dispositivo.

O § 8º do art. 895 dispõe sobre a concorrência entre propostas de pagamento parcelado. Neste caso: *(i)* em diferentes condições, o juiz decidirá pela mais vantajosa, assim compreendida, sempre, a de maior valor (inc. I); e *(ii)* em iguais condições, o juiz decidirá pela formulada em primeiro lugar. Também nessas situações, cabe a cautela de ouvir-se o exequente antes de o juiz decidir qual a proposta vencedora.

362. O CUMPRIMENTO DAS PRESTAÇÕES

Nos respectivos vencimentos o adquirente recolherá em juízo o valor de cada prestação ajustada. Até o limite do crédito exequendo, os valores depositados pertencerão ao exequente, que os levantará durante o curso do cumprimento dos termos previstos na arrematação

(CPC/2015, art. 895, § 9º). Uma vez saldado o débito ajuizado, os depósitos subsequentes, se houver, serão destinados ao executado, salvo se outras penhoras pesarem cumulativamente sobre o bem arrematado. Nesse caso, sobre o saldo sobejante da primeira, sub-rogar-se-ão as demais penhoras.

363. REMÉDIOS CONTRA OS VÍCIOS DA ARREMATAÇÃO

Com a assinatura do *auto*, logo após o encerramento do leilão, qualquer que seja sua modalidade, a *arrematação* é considerada perfeita, acabada e irretratável, ainda que venham a ser julgados procedentes os embargos do executado ou a ação autônoma que pleiteia a invalidação da arrematação. Nesse caso, ficará assegurada a possibilidade de reparação pelos prejuízos sofridos, entre o embargante (executado) e o embargado (exequente) (CPC/2015, art. 903, *caput*). Trata-se de invalidação *sui generis*, porque não atinge o direito adquirido pelo arrematante. A procedência da pretensão de atacar a alienação judicial, em regra, resolve-se em indenização e, não, em restituição do bem alienado ao executado.

Excepcionalmente, no entanto, prevê o CPC/2015 casos de desconstituição da arrematação ou de supressão de seus efeitos (art. 903, § 1º):

a) *A arrematação será invalidada*, quando realizada por preço vil ou com outro vício (inc. I)[52].

Nesta hipótese, o juiz deverá ser provocado em até dez dias após o aperfeiçoamento da arrematação, ocorrido por meio do respectivo auto (art. 903, § 2º). O incidente será resolvido nos próprios autos da execução. Passado esse prazo sem que tenha havido qualquer alegação, será expedida a carta de arrematação e, conforme o caso, a ordem de entrega ou o mandado de imissão na posse (art. 903, § 3º). Após a expedição da carta de arrematação ou da ordem de entrega, a invalidação da arrematação só poderá ser pleiteada por ação autônoma, em cujo processo o arrematante figurará como litisconsorte necessário (art. 903, § 4º). A iniciativa da invalidação, em princípio, partirá do executado, ou do terceiro garante, pois teriam sido eles os prejudicados imediatos pelo ato de alienação de bem próprio, por preço vil. Em determinadas circunstâncias, porém, o exequente, também, poderá ostentar interesse na invalidação, como se dá, por exemplo, na apuração de um valor insuficiente para solução do crédito exequendo. Seu prejuízo não ocorreria, ou seria minimizado, caso a alienação judicial se desse por preço justo e não por preço vil; Observe-se que o art. 903, § 2º condiciona a desconstituição da arrematação, na espécie, à provocação do interessado, sem explicitar a quem tocaria a respectiva iniciativa.

São fatos distintos a não atualização do preço da avaliação e a arrematação por preço vil. O art. 891 é claro no sentido de que não se pode aceitar, no leilão, lance que ofereça *preço vil*. Por sua vez, prevê o art. 903, § 1º, a *invalidade* da arrematação realizada por preço vil, considerado como tal o *inferior a cinquenta por cento do valor da avaliação* (art. 891, parágrafo único)[53].

---

[52] A invalidação dar-se-á por meio de decisão judicial que anule a arrematação. Além do preço vil, outros vícios autorizam essa anulação, como a falta dos editais ou de requisitos essenciais destes (CPC/2015, art. 886); a ausência das intimações prévias da hasta pública do executado e dos titulares de direito real sobre o bem a leiloar (art. 889); ou, ainda, a arrematação realizada por pessoa impedida de participar do leilão (art. 890), entre as quais se incluem o arrematante e o fiador remissos (art. 897). "Portanto, é de se notar que vários vícios podem gerar a invalidação da arrematação, alguns ligados ao edital, outros relacionados à falta de publicidade em relação a sujeitos interessados e por fim, alguns ligados ao estado do arrematante. Segundo a lei, qualquer um desses vícios seria apto a levar à invalidação" (CORREA, Guilherme Augusto Bittencourt; PUGLIESE, William Soares. Os vícios na arrematação judicial e suas consequências. *Revista de Processo*, n. 290, p. 194, abr/2019).

[53] "Orienta-se a jurisprudência do Superior Tribunal de Justiça no sentido de que o preço vil caracteriza-se pela arrematação do bem em valor inferior a menos da metade da avaliação. Nesse sentido: STJ, AgInt no REsp

Quanto à avaliação antiga, de fato pode ser motivo para exigir-se atualização antes do leilão, sem que isto, entretanto, permita considerar sempre arrematação por preço vil toda aquela que, em tal circunstância, não foi precedida da referida atualização.

É que, a orientação razoável e predominante na jurisprudência é a que aplica a regra do art. 873, a qual admite nova avaliação quando "se verificar, posteriormente à avaliação, que houve majoração ou diminuição no valor do bem", ou seja:

> "Quanto à necessidade de atualização do valor da avaliação do bem penhorado antes do leilão ou da praça, esta é devida, caso demonstrada a incongruência entre o valor avaliado e o preço de mercado, cabendo à parte interessada trazer elementos que comprovem a valorização ou a desvalorização do bem, mormente se decorrido tempo significativo entre a avaliação e a arrematação"[54].

Portanto, para se ter como inválida a arrematação não é suficiente invocar o longo prazo transcorrido entre a avaliação e o leilão; é necessário que se demonstre o cabimento de reavaliação ou de atualização do valor em questão, nos moldes do art. 873, II, com base em elementos constantes dos autos[55].

b) A arrematação será considerada ineficaz, se consumada sem a intimação do credor pignoratício, hipotecário ou anticrético, nos termos do art. 804 (*caput*)[56];

c) A arrematação será resolvida, se não for pago o preço ou se não for prestada a caução, nos casos de alienação a prazo ou em prestações (art. 903, inc. III)[57].

O CPC/2015 extinguiu os embargos de arrematação, alienação e adjudicação, previstos no art. 746 do CPC/1973, e, em seu lugar, previu a possibilidade: *(i)* de impugnação em dez dias nos próprios autos (art. 903, § 2º); e *(ii)* de ação autônoma de invalidação, após a expedição da carta de arrematação (art. 903, § 4º). Estes expedientes não estão, outrossim, restritos à arrematação, mas podem dizer respeito também à alienação por iniciativa particular e à adjudicação.

Neles não se comporta uma discussão ampla como a que se faz por meio dos embargos à execução. Apenas os atos executivos da alienação judicial (arrematação e adjudicação) se sujeitam a questionamento nessa altura da execução por quantia certa. Pode, é verdade, arguir-se vício de ordem pública que afete a validade e regularidade do procedimento, mas desde que reflita sobre a validade ou eficácia da expropriação, a exemplo do previsto no art. 518[58]. Por outro lado, ao falar o § 1º do art. 903 em *invalidação, ineficácia* e *resolução* do ato de arrematação, em

---

1.461.951/PR, Rel. Ministro RICARDO VILLAS BÔAS CUEVA, TERCEIRA TURMA, *DJe* de 24.02.2017" (STJ, 2ª T., AgInt no AREsp 871.115/PR, Rel. Min(a). Assusete Magalhães, ac. 05.06.2018, *DJe* 08.06.2018).

54   STJ, 2ª T., EDcl no REsp 1.551.263/SC, Rel. Min. Humberto Martins, ac. 05.11.2015, *DJe* 13.11.2015.

55   "O decurso de tempo entre a avaliação do bem penhorado e a sua alienação não importa, por si só, nova avaliação, a qual deve ser realizada se houver, nos autos, indícios de que houve majoração ou diminuição no valor" (Enunciado n. 156/CEJ/CJF).

56   A ineficácia não interfere na validade do ato jurídico, apenas impede que seus efeitos se manifestem em face de determinados sujeitos. No caso da arrematação ineficaz os seus efeitos não prejudicam os direitos e preferências dos terceiros enunciados no art. 804 do CPC. "Note-se que, de forma geral, aquele que possui algum direito sobre o bem penhorado deverá ser intimado sob pena de ineficácia da futura alienação judicial" (CORREA, Guilherme Augusto Bittencourt; PUGLIESE, William Soares. Os vícios na arrematação judicial e suas consequências, *cit.*).

57   A resolução consiste no desfazimento do negócio jurídico em razão do não cumprimento da prestação devida: "a parte lesada pelo inadimplemento pode pedir a resolução do contrato, se não preferir exigir-lhe o cumprimento, cabendo, em qualquer dos casos, indenização por perdas e danos" (CC, art. 475).

58   ABELHA, Marcelo. *Manual de execução civil*. 5. ed. Rio de Janeiro: Forense, 2015, p. 491.

regra que se estende também à adjudicação, evidenciado fica que todo tipo de vício, anterior ou posterior ao ato alienatório, bem como seus efeitos podem ser atacados pela impugnação autorizada pelo *caput* do mesmo artigo[59].

d) Além das hipóteses invalidantes da arrematação arroladas pelo § 1º, do art. 903, podem terceiros, prejudicados em sua posse ou domínio sobre o bem expropriado, atacar a alienação judicial por meio de embargos de terceiro. Isto será permitido até cinco dias após efetivado o ato alienatório, "mas sempre antes da assinatura da respectiva carta" (art. 675). Depois disso, só por ação ordinária o terceiro terá como demandar a desconstituição ou invalidação do título dominial do arrematante ou adquirente (ver, adiante os n. 454 a 466 relacionados com os embargos de terceiro).

364. DESISTÊNCIA DA ARREMATAÇÃO

O arrematante poderá, no regime do CPC/2015, desistir da arrematação consumada, em determinadas circunstâncias legalmente previstas. Quando tal for possível, ser-lhe-á imediatamente devolvido o depósito que tiver sido feito (§ 5º, art. 903). A lei, portanto, não quer que haja uma retenção indeterminada do valor da arrematação, para aguardar o encerramento da execução ou a solução da pendência.[60]

Para que a desistência seja eficaz, cumprirá ao arrematante atender a um dos seguintes requisitos:

a) provar, nos dez dias seguintes ao leilão, a existência de ônus real ou de gravame sobre o bem arrematado, não mencionado no edital (§ 5º, inc. I); ou

b) alegar, antes de expedida a carta de arrematação ou a ordem de entrega, alguma das situações previstas no § 1º do art. 903, ou seja: *(i)* arrematação realizada por preço vil ou com outro vício invalidante; *(ii)* inobservância das intimações do art. 804; ou *(iii)* não pagamento do preço ou não prestação da caução, nos casos de arrematação a prazo (§ 5º, inc. II). Em todos esses prazos, a arguição poderá ser feita enquanto não expedida a carta de arrematação ou a ordem de entrega. O inc. II do § 5º do art. 903 não cogita dos dez dias exigidos pelo inc. I, de sorte que, enquanto não acontecer a expedição da carta, ainda será possível ocorrer a desistência; ou ainda

c) superveniência de ação autônoma de invalidação da arrematação (§ 4º do art. 903). Nesta hipótese, a desistência só será acolhida se o arrematante, citado, apresentá-la ao juízo da execução no prazo de que dispõe para responder àquela ação (§ 5º, inc. III).[61]

---

[59] ABELHA, Marcelo. *Op. cit.*, p. 493. Dispõe o art. 518 do CPC/2015 que "todas as questões relativas à validade do procedimento de cumprimento da sentença e dos atos executivos subsequentes poderão ser arguidas pelo executado nos próprios autos e nestes serão decididas pelo juiz".

[60] "A clareza da lei, ao prever que o depósito deva ser devolvido *imediatamente* ao arrematante (nessa hipótese de desistência da arrematação) nos parece confirmar a intenção do legislador de deixar claro, para o público interessado, que eventual depósito não ficará retido indefinidamente nos autos, aguardando definições, impugnações ou recursos" (SACCO NETO, Fernando. Leilões judiciais de imóveis: novidades trazidas pelo CPC/2015, *cit.*, p. 770).

[61] Esta hipótese "objetiva resguardar exclusivamente os interesses das partes, as quais, ante a inadimplência do arrematante (não pagamento do preço ou não prestação da caução), podem pedir que a arrematação seja resolvida" (SACCO NETO, Fernando. *Op. cit., loc. cit.*).

A desistência não reclama movimentação de ação, podendo ser manifestada por simples petição nos autos da execução.

365. PERDA DE EFICÁCIA DA ARREMATAÇÃO

I – Regime do CPC/1973

Com a assinatura do *auto*, logo após o encerramento da hasta pública, a *arrematação* era considerada perfeita, acabada e irretratável, ainda que viessem a ser julgados procedentes os embargos do executado (art. 694, *caput*, do CPC/1973 na redação da Lei n. 11.382/2006).

Excepcionalmente, no entanto, previa a Lei que a arrematação poderia ser tornada sem efeito (art. 694, § 1º, acrescentado pela Lei n. 11.382/2006). Os casos em que isto se dava eram os seguintes:

    I – vício de nulidade;
    II – falta de pagamento do preço ou prestação de caução;
    III – prova, pelo arrematante, nos 5 dias seguintes à hasta pública, de existência de ônus real ou de gravame não mencionado no edital (art. 686, V);
    IV – requerimento do arrematante quando sobrevierem embargos à arrematação (art. 746, §§ 1º e 2º);
    V – arrematação por preço vil (art. 692);
    VI – outros casos previstos no Código (art. 698).

II – Regime do CPC/2015

O art. 903, § 1º, do CPC atual, prevê que a arrematação poderá ser: "I – invalidada, quando realizada por preço vil ou com outro vício; II – considerada ineficaz, se não observado o disposto no art. 804; III – resolvida, se não for pago o preço ou se não for prestada a caução". Assim, ocorrerá nulidade da arrematação apenas na hipótese do inciso I. O inciso II cuida não de invalidação, mas de simples ineficácia, que consiste em manter o ato sem oponibilidade àquele que deveria ser intimado e não o foi. E o inciso III trata da faculdade de desfazimento da arrematação por descumprimento de obrigação a cargo do arrematante.

Portanto, o CPC de 2015 continua prevendo a ineficácia da arrematação do bem gravado de garantia real, sem prévia intimação do credor privilegiado (art. 903, § 1º, II). Mantém, também, para a mesma espécie, a possibilidade de o credor usar os embargos de terceiro para "obstar expropriação judicial do objeto de direito real de garantia, caso não tenha sido intimado, nos termos legais dos atos expropriatórios respectivos" (art. 674, § 2º, IV). Esses embargos não se inviabilizam diante do fato de o auto de arrematação já ter sido lavrado e assinado. O art. 675 prevê literalmente que eles serão manejáveis até cinco dias depois da adjudicação, da alienação por iniciativa particular ou da arrematação, mas sempre antes da assinatura da respectiva carta. Nessa altura, o auto de arrematação já terá sido lavrado e a alienação judicial já terá se consumado (art. 903, *caput*). Sendo assim, a função dos embargos, quando procedentes, será "constitutiva negativa, cancelando a constrição praticada em benefício do embargado".[62] Sendo assim, não se pode cogitar na espécie de simples ineficácia da alienação embargada. O caso, na

---

[62] LAMY, Eduardo de Avelar. Comentários ao art. 674. *In:* WAMBIER, Teresa Arruda Alvim, DIDIER JR, Fredie; TALAMINI, Eduardo; DANTAS, Bruno. *Breves comentários ao novo Código de Processo Civil*. São Paulo: Ed. Revista dos Tribunais, 2015, p. 1.574.

sistemática do atual Código, será induvidosamente de *invalidação* da arrematação, não obstante fale o art. 903, § 1º, II em ineficácia do ato.

A conjugação entre esses dois dispositivos conduz à conclusão de que nem sempre a lavratura do auto que aperfeiçoa a alienação judicial é embaraço à pretensão do credor com garantia real de invalidar, ou desconstituir, a arrematação realizada sem sua prévia intimação.

Na verdade, o que se deduz dos arts. 903, § 1º, II e 674, § 2º, IV, ambos do CPC/2015, é uma alternativa em favor dos credores com direito real, quando não regularmente intimados da hasta pública:

a) poderão pleitear ao juízo da execução o reconhecimento do vício grave incidente sobre a arrematação e, assim, obterem o retorno do bem ao estado anterior à hasta pública (voltará ao patrimônio do executado, ficando a alienação totalmente privada de efeito); ou

b) poderão não questionar a alienação judicial, hipótese em que perseguirão o bem gravado para exercício dos direitos reais ou oponíveis *erga omnes*, mesmo no patrimônio do arrematante. Ou seja, manutenção da validade da alienação entre executado e arrematante e ineficácia perante o titular do direito real.

Em princípio, o titular de um direito real de garantia não seria prejudicado pelo simples fato da arrematação feita por terceiro sem sua prévia ciência. A preferência que lhe cabe continuaria sub-rogada no preço apurado. Acontece que nem sempre a alienação sem a participação do credor privilegiado proporciona-lhe satisfação adequada de seus direitos. É por isso que, em outra oportunidade, o Código confere embargos de terceiro ao credor hipotecário, pignoratício ou anticrético, pignoratício ou anticrético, cuja garantia vem a ser penhorada por terceiro, desde que não tenha sido intimado da constrição promovida em execução de outro credor (CPC/2015, art. 674, § 2º, IV).

É dentro desse mesmo prisma que se pode reconhecer ao credor com garantia real: a) a faculdade de não impugnar a arrematação na forma do art. 903, § 1º, para exercer suas preferências legais sobre o produto da arrematação realizada sem sua prévia intimação; ou b) o poder de voltar-se contra a arrematação irregularmente praticada, a fim de que outra se realize com sua ciência e participação, permitindo-lhe o exercício útil e adequado das preferências legais em torno dos bens sobre os quais mantêm direitos e privilégios oponíveis *erga omnes*, inclusive contra o exequente e o arrematante. Nesse caso, o remédio processual utilizável seriam os embargos de terceiro (art. 674, § 2º, IV)[63].

366. NATUREZA DA PERDA DE EFEITOS DA ARREMATAÇÃO

Procurando escapar das controvérsias anteriormente estabelecidas sobre a natureza e os efeitos da impugnação à expropriação do bem penhorado, por parte do terceiro interessado, não regularmente intimado, o CPC/2015 discriminou, no art. 903, § 1º, como podem ser diferentes as consequências dos diversos ataques à arrematação.

---

[63] "O credor com garantia real tem o direito de impedir, por meio de embargos de terceiro, a alienação judicial do objeto da hipoteca" (STJ, 3ª T., REsp 578.960/SC, Rel. Min. Nancy Andrighi, ac. 07.10.2004, *DJU* 08.11.2004, p. 226). E é bom lembrar que os embargos de terceiro, manejáveis pelo credor hipotecário que não foi intimado do leiloamento do objeto de sua garantia real, podem ser opostos "até 5 (cinco) dias depois da adjudicação, da alienação por iniciativa particular ou da arrematação, mas sempre antes da assinatura da respectiva carta" (art. 675, *caput*).

De início, o dispositivo legal reconhece que há outras situações de invalidação do ato expropriatório previstas pelo Código, além daquelas nele arroladas. Ressalvando-se tais situações, três remédios com eficácia distinta foram elencados:

a) deve ser *invalidada* a arrematação, "quando realizada por preço vil ou com outro vício" (inc. I);
b) deve ser considerada *ineficaz*, se a arrematação for realizada sem as intimações previstas no art. 804 (inc. II);
c) deve ser *resolvida* a arrematação a prazo quando não for pago o preço ou não for prestada a caução (inc. III).

Fugindo das polêmicas que a legislação anterior acarretava em matéria da qualificação dos vícios invalidantes da arrematação, como se vê, o Código de 2015 teve o cuidado de enumerar e distinguir os casos em que ocorre a *anulação*, a *ineficácia*, ou a *resolução*, para que se possam definir os efeitos que ocorrerão em cada uma dessas hipóteses.

Assim, quando a arrematação tiver se consumado por *preço vil*, ou tiver sido contaminada por vício grave, capaz de provocar a nulidade dos negócios jurídicos em geral[64] e particularmente dos atos processuais[65], sua invalidação importará o retorno das partes do negócio processual ao estado em que antes dele se achavam (CC, art. 182). A ruptura da arrematação, portanto, será completa: o bem arrematado voltará à propriedade do executado e à condição de bem penhorado. Se o preço já houver sido pago, terá de ser restituído ao arrematante.

Se o caso for de arrematação *ineficaz*, como se dá quando é praticada sem prévia intimação do credor com garantia real sobre o bem leiloado, não se procederá à sua anulação, mas apenas se declarará a inoponibilidade de efeitos perante o credor não cientificado. Com isto, a arrematação permanecerá válida, no que se refere à aquisição realizada pelo arrematante, mas não afetará a garantia real que o onerava. O credor não intimado conservará sua garantia e seus privilégios sobre o bem leiloado, sem embargo de agora achar-se na propriedade de terceiro (o arrematante). É bom lembrar, porém, que o credor hipotecário, em lugar de defender apenas a ineficácia, nos moldes do art. 903, § 1º, II, pode exercer a pretensão de invalidar a arrematação, por meio dos embargos de terceiro, quando a arrematação se realizar sem sua prévia intimação (art. 674, § 2º, IV).

A *resolução* é, por fim, meio de desconstituição do negócio jurídico descumprido pelo devedor. Acontece nas arrematações a prazo, quando o arrematante não paga o preço ou não presta a respectiva caução (art. 903, § 1º, III).

As irregularidades processuais, para as quais o arrematante não concorreu, não podem repercutir sobre a arrematação. Se o executado sofreu prejuízo provocado por defeitos processuais, terá direito a ser reparado, mas as perdas e danos somente serão reclamáveis do exequente, responsável pelo vício procedimental.

O sistema do CPC/2015 é, nos termos do art. 903, o da manutenção da arrematação, ainda que os embargos do executado ou a ação de invalidação, decididos após a assinatura do auto respectivo, tenham sido julgados procedentes. Restará ao devedor prejudicado apenas a possibilidade de reparação pelos prejuízos sofridos em virtude da indevida execução, mas terá de pleiteá-la ao exequente e não ao arrematante. A arrematação, nesses termos, realiza-se de modo definitivo, não importando os vícios processuais acaso ocorridos no processo executivo.

---

[64] Por exemplo: venda de bem inalienável.
[65] Por exemplo: execução em que o devedor não foi citado validamente, tendo o processo corrido à sua revelia.

Salvo em caso de nulidade provocada pelo próprio arrematante, como se dá, *v.g.*, na arrematação por preço vil[66] (que invalida a própria aquisição do bem leiloado), os problemas em torno de defeitos da execução terão sempre de ser resolvidos "apenas entre as partes, sem que, com isso, se cause prejuízo ao arrematante".[67] A nosso ver, porém, nos casos em que a invalidade decorrer de ato do próprio arrematante, não será possível isentá-lo dos efeitos de sua conduta. O caso, portanto, será de ato anulado perante o próprio agente, que terá de sujeitar-se ao retorno ao estado anterior, como ocorre sempre com atos cuja anulação se reconhece em juízo.

Entre os vícios de origem no direito material que podem conduzir a invalidação dos atos expropriatórios, podem ser lembrados: *(i)* a execução de dívida já paga ou extinta ou *(ii)* de pretensão alcançada pela prescrição, desde que a matéria não tenha sido discutida e resolvida nos embargos do devedor. Releva notar que a prescrição não está sujeita a preclusão, podendo ser excepcionada a qualquer tempo e qualquer fase do processo, antes de sua extinção (CC, art. 193). Acolhida, todavia, uma dessas defesas tardias, a eficácia da respectiva procedência não afetará a aquisição feita pelo arrematante, se de qualquer forma não participou do defeito da execução. A impugnação repercutirá apenas nas relações entre exequente e executado cabendo ao primeiro reparar o prejuízo do segundo provocado pela execução nula (CPC/2015, art. 903, *caput*).

Há de se fazer, contudo, uma ressalva para os credores com garantia real que, quando não intimados da alienação (art. 889, V), dispõem de embargos de terceiro para obstar a expropriação judicial e cancelar o ato executivo indevidamente praticado (arts. 674, § 2º, IV e 681). Esse remédio conferido especificamente a tais credores não pode, por sua própria natureza, ser confundido com uma ação ordinária de invalidação, nos moldes do § 4º, do art. 903. Daí que, fazendo adequado uso dos embargos de terceiro, o credor hipotecário, pignoratício ou anticrético logrará o cancelamento da alienação judicial, em qualquer de suas formas, por expressa e específica tutela que o Código lhe proporciona.

367. ALIENAÇÃO DE BENS GRAVADOS COM DIREITOS REAIS EM FAVOR DE TERCEIROS

O art. 804 do CPC/2015 comina ineficácia para a alienação judicial de bens gravados com direitos reais quando o respectivo titular não houver sido previamente intimado da expropriação. Quer isto dizer que o ato alienatório valerá para o arrematante, mas o direito real se manterá sobre o bem transmitido. Em outros termos: o promissário comprador com contrato registrado conservará o direito real de aquisição; o credor fiduciário não perderá o direito de consolidar a propriedade sobre o bem gravado; o usufrutuário, o usuário e o titular do direito de habitação continuarão com seu direito real sobre o bem alienado; e assim por diante.

Naquelas situações em que o terceiro tenha direito de preferência na aquisição do bem submetido à alienação judicial, como no caso do condômino de bem indivisível, sua intimação prévia é obrigatória (CPC/2015, art. 889, II). Faltando esta, não será o caso de anulação do ato expropriatório. Sua preferência, contudo, perdurará em face do arrematante, se depositar o preço, no prazo de cento e oitenta dias, nos termos do art. 504, do Código Civil.

---

[66] MEDINA é de opinião que, mesmo na anulação da arrematação por preço vil, o efeito da impugnação do executado não afetará a transferência do bem leiloado ao arrematante, resolvendo-se a questão por meio de perdas e danos a cargo do exequente (MEDINA, José Miguel Garcia. *Novo Código de Processo Civil Comentado*. 3. ed. São Paulo: Ed. RT, 2015, p. 1.197).

[67] MEDINA, José Miguel Garcia, *op. cit., loc. cit.*

368. PROCEDIMENTO PARA OBTENÇÃO DAS MEDIDAS DO ART. 903 DO CPC/2015

Em todos os casos do art. 903, § 1º, a impugnação será resolvida de plano pelo juiz, nos próprios autos da execução, desde que o interessado provoque o incidente no prazo de dez dias contados do auto de arrematação e sempre antes de expedida a carta de arrematação (art. 903, §§ 2º e 5º, II). Ultrapassado esse termo, ainda será possível o exercício da pretensão de invalidar a arrematação, mas somente através de ação autônoma. Nesse novo processo, as partes da execução e o arrematante serão litisconsortes necessários (art. 903, § 4º).

369. ARREMATAÇÃO REALIZADA ANTES DO JULGAMENTO DOS EMBARGOS DO DEVEDOR

Os embargos do devedor, em regra, não têm mais efeito de suspender a execução (CPC/2015, art. 919, *caput*). É possível que esta, fluindo em caráter definitivo, alcance a expropriação dos bens penhorados antes que a ação incidental promovida pelo executado tenha encontrado solução definitiva.

Nessa situação, o eventual julgamento de procedência dos embargos pode ocorrer quando terceiro arrematante já tenha se tornado proprietário dos bens postos à arrematação. Em nome da definitividade da execução e em respeito à segurança jurídica estabelecida pela confiança nos atos estatais, o arrematante não sofrerá prejuízo, mesmo que os embargos provoquem o reconhecimento de não sujeição do devedor ao crédito exequendo.

A norma do art. 903, *caput*, do CPC/2015, regula essa situação, dispondo que, uma vez assinado o auto, "a arrematação será considerada *perfeita*, *acabada* e *irretratável*, ainda que venham a ser julgados procedentes os embargos do executado". Ao executado vitorioso nos embargos restará obter a reparação do seu prejuízo junto ao exequente, cuja responsabilidade civil objetiva é, *in casu*, prevista nos arts. 776 e 903, *caput, in fine*.

Os efeitos da acolhida dos embargos se farão sentir apenas no relacionamento jurídico entre as partes do processo de execução. A arrematação subsistirá incólume, no tocante aos direitos adquiridos pelo terceiro sobre os bens oferecidos à aquisição na hasta pública.

A solução legal é reconhecer, no caso de procedência dos embargos decididos depois de consumada a arrematação, o direito ao executado de exigir do exequente que lhe repasse o valor pelo qual se deu a respectiva arrematação. Se houver prejuízos, terá direito, ainda, à sua reparação (art. 903, *caput, in fine*).

A solução é, nessa ordem de ideias, econômica e não real, já que a arrematação acarreta a definitiva transmissão da propriedade dos bens penhorados para o terceiro, que não será alcançado pela eficácia da sentença dos embargos à execução. Ressalva-se apenas o caso em que o arrematante ou adjudicatário tenha sido o próprio exequente, e os bens ainda se achem em seu patrimônio. Nessa conjuntura, como está ele diretamente submetido à força da sentença, não há como se recusar a restituir os próprios bens (*in natura*) ao executado vitorioso nos embargos. Ao executado é que caberá optar, segundo suas conveniências, entre a devolução do preço ou a restituição do próprio bem retido pelo credor embargado.

370. ARREMATAÇÃO EM EXECUÇÃO PROVISÓRIA DE TÍTULO EXTRAJUDICIAL

Uma situação semelhante à da arrematação ocorrida antes do julgamento dos embargos do executado é aquela verificada após a interposição de apelação contra a sentença que os extinguiu sem apreciação de mérito ou os julgou improcedentes (art. 1.012, § 2º).

Embora a regra seja a ausência de efeito suspensivo para os embargos do devedor sobre a execução de título extrajudicial, é possível que se obtenha excepcionalmente tal eficácia, nos termos do § 1º do art. 919 (*i.e.*, "quando verificados os requisitos para a concessão da tutela provisória e desde que a execução já esteja garantida por penhora, depósito ou caução suficientes").

Obtida a suspensão do andamento da execução, a expropriação do bem penhorado não deve realizar-se enquanto não julgados o rejeitados os embargos. Uma vez, porém, desacolhidos os embargos por sentença, a eventual apelação do executado não impedirá a reabertura da marcha dos atos executivos. O § 2º do art. 1.012, todavia, confere a essa execução a natureza *provisória*, enquanto o recurso não for decidido.

Durante essa execução provisória será possível chegar-se à expropriação do bem penhorado, mas, para tanto, o exequente terá de prestar caução suficiente e idônea, como exige o art. 520, IV. Se o recorrente tiver sucesso na apelação, a execução provisória deverá ser extinta, restituindo-se as partes ao estado anterior (art. 520, II). Isto, no entanto, não importará desfazimento da arrematação. Caberá ao exequente reparar os prejuízos que a execução houver acarretado ao executado (art. 520, § 4º).

371. CARTA DE ARREMATAÇÃO

Com a assinatura do auto de arrematação pelo juiz, pelo arrematante e pelo leiloeiro, a alienação judicial considera-se perfeita, acabada e irretratável (CPC/2015, art. 903, *caput*).

A arrematação, como já ficou demonstrado, não é ato contratual, é ato processual de transferência coativa, daí a sua irretratabilidade.[68] Também não é sentença, de maneira que não pode ser objeto nem de recurso, nem de ação rescisória.[69] Enseja, porém, embargos do devedor e de terceiros, nos casos dos arts. 903, § 1º e 674, a primeira oponível no prazo de dez dias, e o segundo, em cinco dias, ambos contados da assinatura do auto. Da sentença proferida nesses embargos é que caberá recurso.

A arrematação é *título de domínio*, em sentido material, do arrematante sobre os bens adquiridos na hasta pública. O auto de arrematação funciona como título em sentido *formal*. Mas como a transferência de domínio, em nosso sistema jurídico se opera pela tradição, além do auto é necessária a *entrega* das coisas móveis, quando a arrematação versar sobre tais bens,[70] ou o *registro* no Registro Imobiliário quando se tratar de bens imóveis.[71]

No primeiro caso, a tradição é feita em cumprimento de mandado expedido pelo juiz da execução, determinando ao depositário que entregue os bens ao arrematante. No segundo, a transferência forçada aperfeiçoa-se com a expedição da *carta de arrematação*, que é o instrumento dela,[72] como o traslado é o instrumento da escritura lavrada nas notas do tabelião.

A carta de arrematação, que se destina ao registro no Registro Imobiliário, é redigida pelo escrivão e subscrita pelo Juiz, devendo conter (art. 901, § 2º):

I – a descrição do imóvel, com remissão à sua matrícula ou individuação e aos seus registros;

II – a cópia do auto de arrematação; e

---

[68] LIEBMAN, Enrico Tullio. *Op. cit.*, n. 71, p. 118; ROSENBERG, Leo. *op. cit.*, III, p. 227.

[69] LIEBMAN, Enrico Tullio. *Op. cit.*, n. 71, p. 118; MARQUES, José Frederico. *Instituições de Direito Processual Civil*. Rio de Janeiro: Forense, 1960, v. V, n. 1.219, p. 267.

[70] ROSENBERG, Leo. *Op. cit.*, III, p. 165.

[71] AMARAL SANTOS, Moacyr. *Op. cit.*, v. III, n. 862, p. 317.

[72] AMARAL SANTOS, Moacyr. *Op. cit.*, v. III, n. 862, p. 397.

III – a prova de quitação do imposto de transmissão; e
IV – a indicação da existência de eventual ônus real ou gravame.

Nos casos de execução por carta (*i.e.*, naqueles em que o imóvel penhorado situa-se fora da circunscrição territorial do juiz da causa), a carta de arrematação será, em regra, expedida no juízo deprecado. Mas, se a precatória retornar ao juízo deprecante, sem que o arrematante a tivesse requerido, nada impede que a expedição se dê através do expediente do juízo da execução. Aliás, não se trata de praticar um ato executivo, mas apenas de certificar um ato já praticado e documentado no processo, o que de fato vem a ser o desempenho de atividade meramente administrativa[73]. Naquela altura, quem tem poderes para extrair tal reprodução não é outro senão o escrivão do feito, sob cuja guarda se encontram os autos, e a quem cabe a necessária fé pública para certificação acerca do respectivo conteúdo (art. 901, § 2º). A assinatura do juiz, que se costuma observar apenas por praxe forense, nem sequer é uma exigência legal a que estivesse condicionada a validade da carta de arrematação. É, na verdade, o auto de arrematação que tem a eficácia subordinada à assinatura do juiz que presidiu o ato alienatório, do arrematante e do leiloeiro (art. 903, *caput*), não a carta de arrematação (art. 901, § 2º). Essa carta nada mais é do que um traslado das competentes peças do processo executivo. Daí por que, encerrada a diligência executiva desempenhada pelo juízo deprecado, com o retorno da carta cumprida ao juízo de origem, não haverá outro competente para expedir o título comprobatório da arrematação que não seja o escrivão do juízo da causa.

As despesas da arrematação, da extração da carta, bem como os impostos devidos pela transmissão do imóvel são ônus do arrematante. Os impostos acaso devidos pelo executado não são, porém, cobráveis do arrematante, pois, segundo a sistemática do Código Tributário Nacional, sub-rogam-se no preço da arrematação (art. 130, parágrafo único).[74]

A exigência de que a descrição seja feita com remissão à sua matrícula ou individuação e ao seu registro decorre da circunstância de que a carta se destina a realizar a transmissão da propriedade por meio do Registro Público competente. Não havendo consonância dos elementos do título com os assentos do Registro de Imóveis, inviabilizado estará o respectivo registro.

Por isso mesmo, é importante o oportuno registro da penhora, pois de antemão já estará verificada a atualidade do registro do imóvel e a fidelidade do ato constritivo aos termos da matrícula. Aliás, no próprio ato da penhora a lei exige do executado a prova da propriedade, que, no caso de imóvel, se faz com a comprovação das matrículas e registros por certidão do correspondente ofício (art. 847, § 1º, I). E, quando do leilão, os editais também terão de descrever o imóvel, com remissão à matrícula e aos registros (art. 886, I). Todas essas cautelas cumprem relevante papel na garantia de eficácia da alienação judicial e no impedimento de fraude à execução.

O § 2º do art. 901 explicita que na carta de arrematação figurará o auto de arrematação por cópia, e não em original, bem como conterá "a prova de quitação do imposto de transmissão".

Em correta aplicação da legislação tributária (CTN, art. 130, parágrafo único), a jurisprudência, mesmo antes da Lei n. 11.382/2006, à época do Código anterior, já vinha interpretando a exigência do art. 703 do CPC/1973 como se referindo apenas aos impostos incidentes sobre a própria arrematação, isto é, "os impostos sobre a transmissão do bem"[75]. As demais obrigações tributárias acaso existentes deverão sub-rogar-se no preço apurado na arrematação, de sorte a

---

[73] "A carta de arrematação é simples ato do processo de execução; de sua expedição não cabe apelação" (TRF – 4ª-T., AC 114.241, Rel. Min. Armando Rolenberg, ac. 11.2.1987, *DJU* 20.8.1987).

[74] BALEEIRO, Aliomar. *Direito Tributário Brasileiro*. Rio de Janeiro: Forense, 1970, p. 426.

[75] STF, 2ª T., RE 87.550/RS, Rel. Min. Cordeiro Guerra, j. 15.12.1978, *RTJ* 89/272; 1º TACivSP, 10ª Cam., Ap. 907.496-2, Rel. Juiz Candido Alem, j. 05.12.2000, *RT* 788/275.

permitir que o bem passe do arrematante livre de qualquer outro encargo tributário, que não seja o imposto de transmissão. O mesmo raciocínio deve ser aplicado ao certificado de quitação da previdência social. Sua exigência só é lícita quando o ato é praticado pela empresa contribuinte ou vinculada ao sistema previdenciário. Sendo a arrematação uma alienação forçada, em que o transmitente é o Estado e não executado, não há como condicionar a expedição da carta à exibição de certificado de quitação para com o INSS[76].

A jurisprudência do STJ, todavia, entende que as contribuições condominiais incidentes sobre o imóvel arrematado obrigam o arrematante, mesmo que anteriores à alienação judicial[77]. Exige-se, porém, que a existência dos débitos figure no edital de praça.[78]

Cumpre, porém, ressalvar a hipótese de a execução ter sido promovida pelo condomínio contra o condômino inadimplente. É que sendo a expropriação executiva realizada justamente para resgatar os encargos condominiais vencidos, não é admissível que o condomínio continue com o direito de penhorar novamente o imóvel arrematado por terceiro. Em tal situação, parece claro que, havendo saldo devedor, não terá o condomínio como penhorar outra vez o imóvel cuja alienação ele próprio realizou. O arrematante, então, receberá o imóvel adquirido em juízo livre da responsabilidade pelo saldo não acobertado pelo preço apurado na alienação judicial.

372. ARREMATAÇÃO E REMIÇÃO DA EXECUÇÃO

É muito importante não confundir o ato jurídico com a sua forma. Aquele se realiza pela declaração de vontade. A forma o materializa, permitindo que o ato passe a existir no mundo do direito e possa produzir os efeitos a que a declaração se destinou. No caso da arrematação, o ato jurídico se completa quando o juiz adjudica o bem leiloado ao licitante. Sua existência e eficácia, porém dependem de uma forma solene, que vem a ser o "auto de arrematação", lavrado no processo executivo, segundo os requisitos exigidos pelos arts. 901 e 902 do CPC/2015.

Depois que a arrematação está perfeita e acabada, o escrivão documenta o arrematante com um novo instrumento cuja função é a de permitir que a transferência do domínio em seu favor se dê por meio do registro no Cartório de Registro Imobiliário. Esta carta, que nada mais é do que o traslado (a cópia) do auto de arrematação, não é, em si, o ato translatício do domínio do bem alienado judicialmente. O ato jurídico, repita-se, é a arrematação consumada no respectivo auto. Logo, se não foi lavrado o auto, impossível é, ao escrivão, expedir a carta de arrematação, e se o fizer, estará produzindo documento despido de valor jurídico; terá documentado ato inexistente[79].

---

[76] TJSP, Mand. Seg. n. 228.644, ac. 09.04.75, *RT* 488/61. No mesmo sentido: TAMG, Ag. 905, ac. de 28.09.73, *DJMG*, de 06.11.73. TJMG, 2ª Câm. Cív. Apelação 1.0287.07.034399-4/001, Rel. Des. Jarbas Ladeira, ac. 5.8.2008, *DJMG* 2.9.2008; TJMG, 6ª Câm. Cív., Apelação, 1.0024.05.701131-4/001, Rel. Des. Batista Franco, ac. 7.3.2006, *DJMG* 24.3.2006. Com maiores divagações, já analisamos o mesmo tema em *comentário* publicado na *Rev. Bras. de Dir. Processual*, vol. 9, ps. 96-101. Igual é a orientação do STF (RE 90.313, rel. Min. Décio Miranda, in *Juriscível*, 105/145).

[77] STJ, 4ª T., REsp. 506.183/RJ; Rel. Min. Fernando Gonçalves, ac. 02.12.2003, *DJU* 25.02.2004, p. 183; STJ, 3ª T., REsp. 400.997/SP, Rel. Min. Castro Filho, ac. 06.04.2004, *DJU* 26.04.2004, p. 165).

[78] "3. A responsabilização do arrematante por eventuais encargos omitidos no edital de praça é incompatível com os princípios da segurança jurídica e da proteção da confiança. 4. Considerando a ausência de menção no edital da praça acerca dos ônus incidentes sobre o imóvel, conclui-se pela impossibilidade de substituição do polo passivo da ação de cobrança de cotas condominiais, mesmo diante da natureza *propter rem* da obrigação. 5. Recurso especial provido" (STJ, 3ª T., REsp 1.297.672/SP, Rel. Min. Nancy Andrighi, ac. 24.9.2013, *DJE* 01.10.2013, *Rev. Dialética de Dir. Proc.*, n. 129, p.113).

[79] "Rigorosamente, a carta de adjudicação representa apenas o documento a permitir o registro da adjudicação no cartório de imóveis. O ato processual de expropriação que corresponde à adjudicação *somente se*

Como ao executado é assegurado o direito de remição do débito exequendo a qualquer tempo, enquanto não expropriado o bem penhorado (art. 826), pode ele, mesmo depois da praça, impedir a lavratura do auto de arrematação, mediante recolhimento do valor da obrigação ajuizada. É que sem o *auto*, que é *forma essencial* de aperfeiçoar-se o ato expropriatório[80], ainda não há arrematação. Pouco importa se irregularmente se expediu a carta de arrematação. Enquanto não lavrado o auto, irremediavelmente ainda não há arrematação que possa impedir o devedor de pôr fim à execução, pelo pagamento do débito ajuizado.

373. EFEITOS DA ARREMATAÇÃO

A arrematação perfeita e acabada produz os seguintes efeitos:

a) *Transfere o domínio do bem ao arrematante.*[81]

A transferência é feita, porém, com as limitações que oneravam o direito do devedor sobre a coisa penhorada, como usufruto, servidões, enfiteuse etc. Se o bem não pertencia ao executado, o legítimo dono conservará contra o arrematante o direito de reivindicação, exercitável por embargos de terceiro até cinco dias após a arrematação ou, depois, por ação reivindicatória.[82] Quando, porém, o bem arrematado é imóvel, a consumação da transferência de propriedade só se dá no ato de registro da carta no Registro de Imóveis.[83]

b) *Transfere ao arrematante direito aos frutos pendentes, com a obrigação de indenizar as despesas havidas com os mesmos.*[84]
c) *Torna o arrematante e seu fiador devedores do preço, nos casos em que a arrematação é feita a prazo (art. 895 e §§).*
d) *Obriga o depositário judicial ou particular, ou eventualmente o devedor a transferir ao arrematante a posse dos bens arrematados.*[85]
e) *Extingue as hipotecas inscritas sobre o imóvel* (CC, art. 1.499, VI): O vínculo hipotecário sub-roga-se no preço da arrematação.[86]

A extinção, *in casu*, ocorre, desde que a execução tenha sido promovida pelo próprio credor hipotecário ou, caso contrário, quando tenha ocorrido sua intimação na forma dos arts. 799, I, 804 e 889, V do CPC/2015. A omissão dessa intimação, na execução promovida por terceiro, acarreta a *ineficácia relativa* da arrematação perante o titular do direito real e lhe dá, ainda, a opção de privar de efeitos a transferência forçada do imóvel hipotecado, como já se demonstrou (art. 674, § 2º, IV).

---

aperfeiçoa com lavratura do respectivo auto" (NOGUEIRA, Pedro Henrique Pedrosa. *Parecer in Rev. Dialética de Direito Processual*, n. 128, p. 138, nov/2015).

[80] GRECO, Leonardo. *O processo de execução*. Rio de Janeiro: Renovar, 2001. v.2, p. 420.
[81] GOLDSCHMIDT, James. *Derecho Procesal Civil*. Barcelona: Labor, 1936, V. III, § 104, p. 703.
[82] LIEBMAN, Enrico Tullio. *Op. cit.*, n. 72, p. 119-120.
[83] CC, art. 1.245, § 1º; Lei n. 6.015/1973, arts. 167, I, al. 26, e 172.
[84] AMARAL SANTOS, Moacyr. *Op. cit.*, v. III, n. 863, p. 317.
[85] LIEBMAN, Enrico Tullio. *Op. cit.*, n. 72, p. 121; AMARAL SANTOS, Moacyr. *Op. cit.*, v. III, n. 863, p. 317; GOLDSCHMIDT, James. *Op. cit.*, § 104, p. 704.
[86] ROSENBERG, Leo. *Op. cit.*, v. III, p. 228.

f) *Transfere para o preço depositado pelo arrematante o vínculo da penhora. O dinheiro succedit in loco rei.*[87] "O dinheiro pago toma, com efeito, o lugar dos bens arrematados, entra provisoriamente para o patrimônio do executado, mas no mesmo momento fica sujeito ao vínculo da penhora, porque deverá ser distribuído entre os credores depois de pagas as custas; o que sobrar eventualmente será devolvido à livre disposição do devedor".[88]

Sobre o procedimento da entrega dos bens arrematados ao arrematante, veja-se, *retro* o n. 312.

374. EVICÇÃO E ARREMATAÇÃO

Consiste a evicção na "perda, total ou parcial, da posse de uma coisa, em virtude de sentença que a garante a alguém que a ela tenha direito anterior".[89]

Nos contratos onerosos, o alienante é obrigado a resguardar o adquirente dos riscos da evicção (CC, art. 447) e quando ela ocorre, o prejudicado tem direito à restituição integral do preço, mais as indenizações previstas nos incisos I a III do art. 450 do Código Civil.

A arrematação, no entanto, não é um contrato, mas uma desapropriação, de sorte que não se pode falar em responsabilidade contratual como é a da garantia da evicção. Mas como a alienação forçada não exclui a ação reivindicatória de titulares do domínio sobre o bem arrematado, desde que estranhos à execução, há de se dar solução ao problema do arrematante que vem a ser privado do bem adquirido em hasta pública.

Aliás, o art. 447 do Código Civil enfrenta tal problema e dispõe que a garantia da evicção subsiste ainda que a aquisição se tenha realizado em hasta pública. Se a alienação de fato foi promovida, pelo titular do domínio, ou por alguém que o represente, a circunstância de consumar-se em juízo não altera a posição jurídica do alienante. O bem do incapaz vendido em hasta pública, por exemplo, não sofre desapropriação judicial; é vendido realmente pelo incapaz, por meio de seu representante legal. Da mesma forma, a alienação de títulos ou mercadorias em pregão de bolsa não deixa de representar um contrato de compra e venda para efeito de garantia da evicção. A situação é, todavia, diferente quando o órgão judicial, contra a vontade do dono, ou independentemente dela, promove a arrematação do bem penhorado. À evidência o proprietário não está vendendo bem algum. A possibilidade, contudo, de o arrematante vir a ser, depois da hasta pública, privado do domínio por ação de terceiro reivindicante não é descartável. Deve-se-lhe, pois, proporcionar um meio de alcançar o ressarcimento dos prejuízos decorrentes da perda do bem arrematado. Uma garantia equivalente à evicção contratual é de lhe ser reconhecida.

Trata-se de indenizar quem efetuou um pagamento sem causa, com injustificado enriquecimento do devedor que teve uma dívida quitada, e do credor que recebeu seu crédito, de quem não era obrigado pela dívida.[90] É inegável, portanto, o direito do arrematante a recuperar o preço indevidamente pago.

A solução mais plausível é, sem dúvida, a oferecida por Frederico Marques, apoiada em Micheli e Liebman; embora não haja compra e venda na arrematação, o executado responde pela evicção, porque se o seu patrimônio é garantia comum de todos os credores, seria injusto,

---

[87] LOPES DA COSTA, Alfredo de Araújo. *Direito Processual Civil Brasileiro*. 2. ed. Rio de Janeiro: Forense, 1959, v. IV, n. 238, p. 191.
[88] LIEBMAN, Enrico Tullio. *Op. cit.*, n. 72, p. 120.
[89] BEVILAQUA, Clóvis. *Direito das Obrigações*. 9. ed. Rio de Janeiro: Francisco Alves, 1957, § 63, p. 148.
[90] LIMA, Cláudio Vianna de. *Processo de Execução*. Rio de Janeiro: Forense, 1973, n. 6, p. 96.

caso o bem arrematado não lhe pertencesse, fosse o arrematante obrigado a arcar com todo o peso da execução, beneficiando os credores com um enriquecimento injustificado porque obtido à custa de algo que não era devido.[91]

Daí a conclusão de Liebman, de que o primeiro responsável pela reparação do prejuízo do arrematante é o executado e, subsidiariamente, o credor. Para o notável mestre peninsular, "embora não se possa falar de garantia da evicção propriamente dita, porque o executado não vendeu, é inegável o direito do arrematante de reaver o que pagou sem causa. Quem se enriqueceu indevidamente foi o executado que se livrou das dívidas à custa de bens alheios; é ele obrigado a indenizar o arrematante. Mas, às vezes, ele é insolvente; o arrematante poderá, então, repetir dos credores o que receberam, porque, embora tivessem direito ao pagamento, não o tinham a ser pagos pela alienação de bens de terceiros".[92]

Se, contudo, a evicção ocorrer com o exequente, ao adjudicar o bem, a execução deve prosseguir, no estágio em que se encontrava, até que o crédito seja efetivamente satisfeito.

Em todo caso, o Estado não deve ser responsabilizado, solidária ou subsidiariamente, pelos prejuízos suportados pelo adquirente, "como se dele se pudesse esperar um dever de vigilância ou fiscalização do bem adjudicado".[93]

375. VÍCIOS REDIBITÓRIOS

Em se tratando de alienação forçada e não de transferência contratual, o arrematante adquire a propriedade do bem praceado na situação em que ele se encontra, não havendo lugar para a reclamação contra eventuais vícios redibitórios.[94] Em outras palavras, na arrematação, o "arrematante não adquire nenhuma ação de garantia".[95]

O Código Civil de 1916 continha regra expressa excluindo, de forma categórica, a ação redibitória e a ação de abatimento no preço por defeitos ocultos da coisa alienada em hasta pública (art. 1.106). O Código de 2002 eliminou semelhante preceito.

Sem dúvida, o princípio continua vigendo para a generalidade dos casos de vendas judiciais. No entanto, a nova orientação da lei civil enseja uma possibilidade para o juiz enfrentar os casos concretos com mais flexibilidade e sem esbarrar em vedação rígida como a do sistema de 1916.

Dessa maneira, em muitos casos alguma forma de compensação ou ressarcimento poderá ser engendrada, em nome do combate, por exemplo, ao enriquecimento sem causa ou locupletamento ilícito, que em boa hora o Código de 2002 resolveu condenar e reprimir, de maneira explícita (arts. 884 a 886).

376. AÇÃO ANULATÓRIA DA ARREMATAÇÃO

Quando não for mais possível a anulação da arrematação dentro dos próprios autos da execução, a parte interessada terá de propor ação anulatória pelas vias ordinárias (CPC/2015, art. 903, § 4º).

---

[91] MARQUES, José Frederico. *Instituições de Direito Processual Civil*. Rio de Janeiro: Forense, 1960, v. V, n. 1.220, p. 268; CUCHE, Paul; VINCENT, Gean. *Voies d'Execution – Précis Dalloz*. 10. ed. Paris: Dalloz, 1970 n. 266 e 267, p. 312.

[92] LIEBMAN, Enrico Tullio. *Op. cit.*, n. 73, p. 124.

[93] RODRIGUES, Marcelo Abelha; JORGE, Flávio Cheim. Adjudicação. *In:* ASSIS, Araken de; BRUSCHI, Gilberto Gomes (coords.). *Processo de execução e cumprimento de sentença*. 2. ed. São Paulo: RT, 2022, vol. 1, p. 744.

[94] ROSENBERG, Leo. *Op. cit.*, v. III, p. 165; MARQUES, José Frederico. *Op. cit.*, V, n. 1.222, p. 272.

[95] GOLDSCHMIDT, James. *Op. cit.*, § 102, p. 693.

Não há sentença no procedimento da arrematação, de sorte que o ato processual em causa é daqueles que se anulam por ação comum, como os atos jurídicos em geral, e não pela via especial da ação rescisória (art. 966, § 4º).[96]

Por outro lado, encerrada a execução, nenhum vínculo guarda a ação anulatória da arrematação com o juízo em que ela se realizou. Não há conexão, porque tal não ocorre entre processo atual e outro já findo, e não há acessoriedade, porque o art. 61 não inclui, entre as causas de prevenção de competência, a circunstância de ser a ação atual oriunda de ato de outro processo.[97]

Versando, outrossim, a ação anulatória sobre carta de arrematação de imóvel já transcrita no Registro Imobiliário, a competência será do juízo da situação do bem e não daquele do local onde se deu a alienação judicial. A jurisprudência do STF tem reiteradamente afirmado que, para os fins do art. 95 do Código de Processo Civil/1973 [CPC/2015, art. 47], se considera como ação fundada em direito real sobre imóvel a que se volta para a anulação de atos jurídicos e consequente cancelamento de transcrições do Registro Imobiliário; pelo que é de prevalecer, na espécie, a competência do foro da situação do imóvel sobre qualquer outro.[98]

Se, porém, houve interposição de ação anulatória, e o feito se encerrou por sentença de mérito, confirmatória da validade da alienação judicial, é claro que, então, somente por meio da ação rescisória se admitirá reabertura de discussão sobre a matéria. Isto porque somente por via dessa ação se admite a desconstituição de sentença revestida da autoridade de coisa julgada material (art. 966).

Uma coisa merece ser ressaltada: a ação utilizada para anular a arrematação terá de ser intentada contra o exequente, e o arrematante, e, conforme o caso, o executado, já que entre eles se há de estabelecer um litisconsórcio necessário. É que o resultado do processo irá atingir as esferas jurídicas de todos eles, razão pela qual haverá nulidade do processo se um dos cointeressados não for regularmente citado, nos termos do art. 115, parágrafo único, do CPC/2015[99].

377. REMIÇÃO DOS BENS ARREMATADOS

O art. 787 do CPC/1973, em seu texto original, previa, para o cônjuge, o ascendente ou descendente do executado, o direito de remir os bens penhorados, depositando o preço por que tivessem sido alienados ou adjudicados.

A Lei n. 11.382/2006 revogou aquele dispositivo, extinguindo a remição e conferiu aos seus antigos beneficiários o direito de adjudicação, nos termos do § 2º do art. 685-A do CPC/1973 [CPC/2015, art. 876, § 5º] (ver, sobre o tema, o item n. 317).

---

[96] VIDIGAL, Luis Eulálio de Bueno. *Comentários ao Código de Processo Civil*. São Paulo: RT, 1974, v. VI, p. 161.

[97] TJSP, ac. de 30.09.76, *in Rev. Jur. TJSP*, 43/283; ac. de 31.08.76, *in RT*, 499/119. Em matéria de arrematação processada pela Justiça do Trabalho, a jurisprudência é no sentido de que a competência para a ação anulatória é da Justiça Especial e não da Justiça Comum. (STJ, 2ª Seção, CC 86.065/MG, Rel. Ministro Luis Felipe Salomão, ac. 13.12.2010, *DJe* 16.12.2010; STJ, 1ª Seção, CC 99.424/PB, Rel. Ministro Benedito Gonçalves, ac. 27.5.2009, *DJe* 10.6.2009).

[98] STF, RE 84.698, ac. de 08.06.76, Rel. Min. Thompson Flores, *in* A. de Paula, *Proc. Civ. à Luz da Jurisprudência* (nova série), ed. 1982, v. II, n. 2.576, p. 23; RTJ, 84/238; RE 90.676, ac. de 23.09.80, Rel. Min. Xavier de Albuquerque, *in RTJ* 95.347; e *Jurisível do STF*, 94/154; RE 89.215, Rel. Min. Moreira Alves, *in RTJ*, 91/184; e *RT* 527/232; STJ, REsp. 7272/GO, Rel. Min. Fontes de Alencar, ac. de 16.04.91, *in RSTJ* 28/459; STJ, 2ª Seção, CC 34393/GO, Rel. Ministro Antônio de Pádua Ribeiro, ac. 25.5.2005, *DJU* 1.7.2005, p. 362.

[99] "A ação anulatória de arrematação, na jurisprudência desta Corte, reclama a participação de interessados na controvérsia (arrematante, exequente e executado), que ostentam manifesto interesse jurídico no resultado da demanda cuja finalidade é desconstituir o ato judicial que favorece o ora recorrente, terceiro prejudicado". (STJ, 1ª T., REsp 927.334/RS, Rel. Min. Luiz Fux, ac. 20.10.2009, *DJe* 06.11.2009).

Tal como já antecipado na regulamentação da adjudicação (art. 877, § 3º), o CPC/2015 abriu a possibilidade de o executado, também na arrematação, remir o bem, no caso de leilão de bem hipotecado, até a assinatura do auto de arrematação (art. 902). Para tanto, ele deverá propor preço igual ao do maior lance oferecido. A remição do imóvel hipotecado, no regime do novo CPC, é possível não só na alienação judicial, mas igualmente no procedimento da adjudicação.

No caso de falência ou insolvência do devedor hipotecário, o direito de remição do bem hipotecado defere-se à massa ou aos credores em concurso, não podendo o exequente recusar o preço da avaliação do imóvel (parágrafo único do art. 902).

Havia, também, a previsão no direito material da remição do bem hipotecado alienado a terceiro, hipótese em que o Código Civil regulava, prevendo direito do executado de resgatá-lo, inclusive no caso arrematação na execução hipotecária (art. 1.482). O dispositivo da lei material foi revogado pela nova lei processual. Isto, porém, não eliminou a remição do bem hipotecado do direito positivo nacional, porque a figura jurídica passou a ser regulada pelo direito processual (arts. 877, § 3º e 902 do CPC/2015).

O CPC/2015, ao contrário do Código anterior, não permite ao cônjuge ou companheiro, descendentes ou ascendentes do executado a possibilidade de remição do bem, por ocasião do leilão, mas apenas lhes assegura o direito de preferência na sua adjudicação (art. 876, § 5º).

Conquanto inegável o direito à remição do imóvel gravado com hipoteca, pouca relevância prática se extrai da medida liberatória. É que, se a remição não for suficiente para solucionar todo o débito exequendo, o imóvel remido continuará sujeito a ser penhorado para complementar o resgate da obrigação. Daí o pouco interesse que a figura de remição desperta na prática (ver sobre a remição do bem hipotecado, itens 318 e 324, *retro*).

378. EFEITO PREJUDICIAL DA REMIÇÃO SOBRE O ATO EXPROPRIATÓRIO

Diz-se, em processo, que um ato é prejudicial quando se apresenta como antecedente lógico e necessário de outro, porquanto a decisão do primeiro influenciará a solução do segundo.[100] Nesse sentido, a remição do bem hipotecado pelo executado, em princípio, deve liberá-lo da execução em curso e, consequentemente, do ato expropriatório. Há, porém, duas situações a ponderar: (i) se a execução é da própria hipoteca, sem dúvida prejudicará a expropriação; (ii) se, no entanto, o caso é de remição pleiteada em face de mais de uma penhora sobre o mesmo bem, o ato liberatório ficará restrito ao crédito hipotecário, já que subsistirá a constrição em favor do exequente quirografário ou titular de segunda hipoteca. Em semelhante situação, consegue-se resgatar a hipoteca, mas não impedir a excussão promovida pelo outro credor concorrente.

379. OUTROS CASOS DE REMIÇÃO DE BENS DADOS EM GARANTIA REAL

Sem embargo da extinção da figura geral da remição de bens (antigo art. 787 do CPC/1973), noticiada no item anterior, deve-se atentar para as autorizações de direito material que permaneceram inalteradas e que continuam prevendo literalmente a *remição*, em situações especiais, para os bens gravados de garantia real.

Em relação a imóveis hipotecados, no item 90, *retro*, foram apontados os casos de remição de bens gravados, exercitável por parte:

   a) do *adquirente* (art. 1.481, CC): hipótese em que não se exige a remição total da execução, mas que a permite tomando-se como base o preço da aquisição *inter*

---

[100] MARQUES, José Frederico. *Manual de Direito Processual Civil*. 2. ed. Campinas: Millennium, 2001, v. III, p. 57.

vivos do imóvel hipotecado (art. 1.481, *caput*, CC), ou o do maior lanço apurado na sua venda judicial (art. 1.481, § 1º, CC);

b) do *credor da segunda hipoteca*: utilizável para liberar o bem da primeira hipoteca, o que se faz mediante depósito do valor integral do crédito ajuizado, sub-rogando-se nele e na garantia, de modo que o remidor passará a credor hipotecário de primeiro grau, pela soma dos dois créditos (isto é, o seu primitivo mais o que estava sendo executado pelo titular da hipoteca resgatada) (art. 1.478, parágrafo único, CC);

A par dessas remições típicas da hipoteca, outras são previstas para as demais garantias reais pelo Código Civil, cuja incidência também não se pode deixar de admitir sobre a execução por quantia certa, tais como:

a) a dos *sucessores do devedor* em relação à coisa objeto de *hipoteca* ou *penhor* (art. 1.429, CC): a particularidade da norma substancial consiste em que, agindo isoladamente, o sucessor universal não pode remir o bem gravado apenas na proporção de seu quinhão hereditário; deverá fazê-lo sempre no todo;

b) a do *adquirente* dos bens dados em *anticrese* (art. 1.510, CC); na verdade, o que o dispositivo permite é, com propriedade, a *remição da execução*, quando a dívida já está sendo exigida em juízo, porque, para resgatar o bem anticrético, o adquirente terá de pagar a totalidade da dívida, calculada na data do pedido de resgate apresentado no processo.

Essas remições especiais não podem simplesmente ser tratadas como objeto da atual adjudicação regulada pelo atual Código de Processo Civil nos arts. 876 e 877, § 1º, visto que as diferenças entre elas e a figura codificada não são apenas nominais ou rituais. Há impossibilidade, mesmo, de submetê-las ao procedimento do Código Processual. É que o direito de adjudicação disciplinado pela lei formal é aplicado para evitar a hasta pública, e se presta indistintamente a ser utilizado por todos os credores concorrentes sobre os bens penhorados. No entanto, as remições do Código Civil derivam sempre do direito real que o pretendente tem que manter sobre o bem afetado pela execução. Algumas não só podem ser praticadas após a hasta pública, como até a pressupõem, pois devem ser requeridas com base no maior lanço alcançado no praceamento (arts. 1.481, § 1º).

Não é o caso, por isso, de simplesmente submetê-las aos padrões procedimentais do Código de Processo Civil, tendo como derrogados os do Código Civil. São figuras jurídicas intimamente assentadas no plano material dos direitos reais. Não convêm tratá-las apenas como geridas por regras processuais heterotópicas inseridas no âmbito da legislação civil. Eliminar os dados fixadores de valores, limites temporais e pressupostos estatuídos no Código Civil representaria alterar a própria substância das faculdades inerentes aos direitos reais em jogo.

Capítulo XXVI
APROPRIAÇÃO DE FRUTOS E RENDIMENTOS

380. MODALIDADE ESPECIAL DE EXPROPRIAÇÃO

O art. 867 do CPC/2015 estabelece que, em lugar de penhorar a coisa rentável, móvel ou imóvel, o juiz possa ordenar a penhora dos respectivos frutos e rendimentos. O critério para que essa opção seja acatada é, na dicção do dispositivo legal aludido, o reconhecimento de que essa modalidade de segurança da execução se apresente como mais eficiente para o recebimento do crédito e menos gravosa ao executado.

Tratando-se de medida processual que atende a um só tempo os interesses do exequente e do executado, por proporcionar vantagens recíprocas (conservação dos bens na propriedade do devedor e absorção imediata dos rendimentos pela execução, facilitando a satisfação do direito do credor), pode o juiz admiti-la independentemente da gradação legal das preferências para a penhora. Pode ser deferida até para substituir o bem inicialmente penhorado, com apoio no art. 805, que recomenda ao juiz mandar, sempre que possível, seja promovida a execução pelo modo menos gravoso para o executado; assim como no art. 847, onde se autoriza ao executado requerer a substituição do bem penhorado, desde que comprove que lhe será menos onerosa e não trará prejuízo ao exequente.

É da penhora original sobre frutos e rendimentos, ou da substituição da penhora de outros bens pela de suas rendas (art. 867) que se origina a forma expropriatória qualificada como "apropriação de frutos e rendimentos de empresa ou de estabelecimentos e de outros bens" (art. 825, III).

Essa expropriação equivale ao levantamento, deferido ao exequente, da soma de dinheiro penhorada. Superada a fase reservada à avaliação, e não estando a atividade executiva obstada por eventuais embargos com efeito suspensivo, os valores dos rendimentos serão repassados pelo depositário-administrador (art. 868), ao exequente, à medida que forem sendo percebidos, até que o crédito exequendo seja inteiramente satisfeito. Depositados em juízo, o levantamento dos rendimentos observará o procedimento da satisfação executiva de "entrega do dinheiro", nos moldes do art. 904, I do CPC/2015. Tudo passará como se se tratasse de "uma satisfação a prazo, em prestações periódicas"[1].

381. INICIATIVA

Segundo se depreende do art. 867 do CPC/2015, a expropriação de frutos e rendimentos pode decorrer de penhora de tais bens deliberada por iniciativa do juiz, de ofício. Não há empecilho, porém, a que a medida seja pleiteada pelo executado ou pelo exequente, ou por ambos.

De quem quer que seja a iniciativa, deverá sempre ser assegurado o contraditório às partes, antes que o juiz decida sobre a questão. Não pode ser caprichoso, nem o requerimento nem a resistência à medida. A eventual controvérsia será solucionada pelo juiz com base nos requisitos previstos no art. 867, ou seja: *(i)* a penhora dos frutos e rendimentos deve ser mais eficiente para o recebimento do crédito; e *(ii)* menos gravosa ao executado.

---

[1] ABELHA, Marcelo. *Manual de execução civil*. 5. ed. Rio de Janeiro: Forense, 2015, p. 395.

382. PRESSUPOSTO

Para se decidir sobre a conveniência da penhora sobre os frutos e rendimentos é necessário que estes sejam avaliados, quanto à viabilidade de proporcionar a satisfação do crédito exequendo.

383. PROCEDIMENTO

A operacionalidade da expropriação por apropriação de frutos e rendimentos depende da nomeação de um depositário-administrador (art. 868), para percebê-los periodicamente e destiná-los ao pagamento parcelado do crédito do exequente, o qual será processado em juízo. Para maiores detalhes do procedimento da penhora sobre frutos e rendimentos, ver, *retro*, o item 289.

384. PAGAMENTO AO EXEQUENTE

À medida que os rendimentos são arrecadados pelo depositário-administrador e recolhidos em juízo, a satisfação, total ou parcial, do crédito do exequente, se processará de conformidade com a modalidade "entrega do dinheiro" (CPC/2015, art. 904, I), observadas as cautelas dos arts. 905 a 909, quais sejam: a limitação ao necessário à satisfação do crédito exequendo e o respeito à preferência da ordem das diversas penhoras incidentes sobre os bens expropriados, entre os credores quirografários, bem como outros privilégios e preferências oriundos do direito material.

Capítulo XXVII
EXECUÇÃO POR QUANTIA CERTA: PAGAMENTO AO CREDOR

385. OBSERVAÇÕES PRELIMINARES

A fase final da execução por quantia certa compreende o pagamento que o órgão judicial efetuará ao credor através dos meios obtidos na expropriação dos bens penhorados do devedor.

Pela própria natureza da obrigação exequenda, a *fase de instrução* deveria encerrar-se, em regra, com a arrematação e a fase de satisfação resumir-se-ia na entrega, ao credor, da importância arrecadada na alienação judicial, até o suficiente para cobrir o principal e seus acessórios, tal como ocorreria no *cumprimento voluntário* da obrigação pelo devedor. Com esse pagamento forçado extinguir-se-ia a obrigação e, consequentemente, a execução (CPC/2015, art. 924, II).

A entrega do dinheiro ao credor, porém, não é a única forma de *pagamento* prevista no sistema da execução por quantia certa. Representa a realização da *obrigação originária*, ou seja, o pagamento da *quantia* a que se obrigou o devedor, na mesma substância prevista no título executivo. Mas o Código prevê outras formas que também se prestam a satisfazer o direito do credor, mesmo sem lhe entregar a importância de dinheiro inicialmente reclamada em juízo. Aliás, a forma prioritária de satisfação da obrigação, indicada pelo art. 876 do CPC/2015, como medida prática e de economia processual, é a adjudicação dos próprios bens penhorados, se isto interessar ao exequente. Cabe a este, nesta sistemática, optar por abreviar a solução da execução por meio da adjudicação, ou por prosseguir nas formas mais complexas de expropriação para, afinal, obter o pagamento em dinheiro.

De acordo com essa posição, o art. 825 indica, na ordem de preferência, três modalidades de expropriação para preparar o pagamento, a saber:

I – *adjudicação* (que pode ser em favor do exequente ou das pessoas indicadas no § 5º do art. 876) (inc. I);

II – *alienação* (que pode ser por iniciativa particular ou por leilão judicial) (inc. II);

III – *apropriação de frutos e rendimentos* de empresa ou de estabelecimentos e de outros bens (inc. III).

A essas figuras de expropriação correspondem as formas de pagamento previstas no art. 904, que podem ser assim escalonadas:

I – a entrega do dinheiro (apurado na alienação do bem penhorado ou na apropriação dos frutos e rendimentos) (inc. I);

II – a adjudicação dos bens penhorados (inc. II).

Forma pura de pagamento é apenas aquela que se dá por meio da entrega ao exequente do dinheiro apurado na expropriação dos bens penhorados. As demais modalidades a que se refere o art. 904 correspondem a atividades complexas que, simultaneamente, realizam tanto a função de instrução, como a de satisfação. A adjudicação, a um só tempo, expropria bens do executado e os transfere para o exequente, daí dizer-se que é forma executiva híbrida, com duplo papel dentro da execução por quantia certa.

O pagamento por adjudicação já foi analisado, portanto, quando se estudou a instrução processual realizada por seu intermédio (v. itens 323 e seguintes). A seguir será abordado o pagamento por entrega de dinheiro.

386. ÚLTIMA ETAPA DO PROCESSO DE EXECUÇÃO

O pagamento a que alude o art. 904 é a fase culminante do processo de execução. Em qualquer de suas formas, o termo utilizado pelo legislador processual tem a acepção de *cumprimento da obrigação*, mesmo que este não se dê de maneira voluntária ou espontânea.[1] Ao contrário do que se passa no processo de conhecimento, a atividade executiva do juiz não se endereça a um julgado que defina o litígio para fazer atuar a vontade da lei. Toda a energia jurisdicional se concentra em buscar resultado concreto no plano patrimonial, de molde a deslocar bens da esfera jurídica de uma pessoa para a de outra. O processo é de resultado e não de definição.

Não se pode, de maneira alguma, considerar a sentença de que trata o art. 925 como o ato final da prestação executiva. A execução termina, como modalidade típica, quando ocorre a satisfação da obrigação, como deixa claro o art. 924, II. É, pois, o pagamento e não a sentença o ato de prestação jurisdicional praticado no processo de execução.

Inaceitável, nessa ordem de ideias, a tese de que a sentença do art. 925 seria um julgamento de mérito em torno do objeto da execução forçada. O mérito, na espécie, se resolve pelo cumprimento da obrigação exequenda, e nunca pelo ato formal de proclamar o fim da relação processual. Se a sentença declara extinta a execução, ela o faz por constatar que o provimento executivo já anteriormente se encerrara. Não é a sentença que extingue a execução; ela somente reconhece que essa extinção já se deu.

387. ENTREGA DO DINHEIRO

O pagamento do credor, pela entrega do dinheiro, que é a forma mais autêntica de concluir a execução por quantia certa, pressupõe, naturalmente, a prévia expropriação dos bens penhorados, através de arrematação ou remição, da qual tenha resultado o depósito do preço à ordem judicial. Pode também ocorrer, essa forma de pagamento, quando a penhora inicialmente tenha recaído sobre dinheiro, ou quando o devedor tenha efetuado, no curso do processo, o depósito da quantia correspondente à dívida exequenda.

O outro meio de satisfação, que é a adjudicação (CPC/2015, art. 904), só tem cabimento quando por ele optar o exequente (art. 876).

O levantamento da quantia apurada se faz em cumprimento de ordem ou mandado do juiz e ao credor compete firmar termo de quitação nos autos (art. 906).

O atual Código, para agilizar a satisfação do direito do exequente, permite que o mandado de levantamento do valor depositado em juízo possa ser substituído pela transferência eletrônica do valor depositado em conta bancária vinculada ao juízo para outra indicada pelo exequente (art. 906, parágrafo único).

O direito do credor, de levantar o dinheiro depositado, não compreende toda a soma existente, mas apenas o correspondente ao principal atualizado da dívida, juros, custas e honorários advocatícios (art. 826).

É sobre o *quantum* atualizado da dívida que se calcularão os juros e os honorários. As custas e despesas desembolsadas pelo exequente no curso da execução também sofrerão atualização monetária. Efetuado o pagamento completo, se houver remanescente, será restituído ao

---

[1] BUENO, Cássio Scarpinella. Comentários ao art. 708. In: Antonio Carlos Marcato (coord.). *Código de Processo Civil interpretado*. São Paulo: Atlas, 2004, p. 1.994.

executado (art. 907). É bom lembrar que os encargos da mora a serem suportados pelo executado não se transferem para a responsabilidade do banco depositário, no caso de a penhora recair sobre dinheiro. Sendo inferiores os índices aplicáveis à conta bancária, o devedor continuará responsável pela diferença, conforme jurisprudência vinculante do STJ[2].

Por fim, quanto à entrega do dinheiro, releva destacar a restrição do CPC/2015 que veda, durante o plantão judiciário, a concessão de pedidos de levantamento de importância em dinheiro ou valores ou de liberação de bens apreendidos (art. 905, parágrafo único). Já no regime do CPC/1973, o STJ se orientava nesse sentido, sob o argumento de que: *(i)* "o plantão judiciário objetiva garantir a entrega de prestação jurisdicional nas medidas de *caráter urgente* destinadas à *conservação de direitos*, quando possam ser *prejudicados* pelo adiamento do ato reclamado" (*g.n.*); e *(ii)* decisão de mérito "não se inclui dentre as providências de urgência"[3].

Na mesma linha do art. 905 do CPC/2015, a Resolução n. 71/2009 do CNJ também veda o exame de pedido de levantamento de importância de dinheiro constante de depósito judicial, por juiz de plantão.[4]

Em conclusão, tanto o CPC/2015 como a jurisprudência estão acordes em que não se tratando de medida de caráter urgente, não cabe ao juiz, durante o plantão, autorizar o levantamento de importâncias em dinheiro ou valores, assim como a liberação de bens apreendidos[5].

388. LEVANTAMENTO A MAIOR

Do montante apurado na expropriação, o exequente e seu advogado levantarão o valor correspondente ao crédito exequendo (principal, juros e correção monetária), honorários sucumbenciais, custas e despesas do processo, com o que se dará a respectiva quitação ao executado.

Havendo levantamentos parciais em momentos diversos, seria necessário, em caso de dúvida, a elaboração de cálculos, para determinar a correspondência entre o recebido pelo credor e a dívida do executado. Apurada a eventual ocorrência de levantamento a maior pelo exequente, deverá este ser compelido, por mandado judicial, a restituir ao executado, imediatamente, o excesso, nos próprios autos da execução[6]. Sujeitar-se-á o credor ao procedimento de cumprimento de sentença (penhora, avaliação e expropriação), caso a ordem de restituição seja descumprida.

389. O PAGAMENTO NO CASO DE FIANÇA BANCÁRIA E SEGURO-GARANTIA JUDICIAL

Ocorrendo a hipótese de segurança da execução por fiança bancária ou seguro-garantia judicial (CPC/2015, arts. 835, § 2º), o valor acobertado torna-se imediatamente exigível do responsável pela garantia, uma vez atingida a fase de satisfação do crédito exequendo. Superado o incidente dos embargos, seja porque não foram tempestivamente opostos, ou porque os opostos

---

[2] STJ, Corte Especial, REsp 1.820.963/SP- recurso repetitivo, Rel. Min. Nancy Andrighi, ac. 19.10.2022, *DJe* 16.12.2022.

[3] STJ, 1ªT., AgRg no REsp. 750.146/AL, Rel. Min. Luiz Fux, ac. 07.10.2008, *DJe* 03.11.2008.

[4] Segundo Araken de Assis, a vedação funda-se na "necessidade dessa liberação decorrer de pronunciamento emitido após ponderada consulta ao inteiro teor dos autos" (ASSIS, Araken de. *Manual da execução*. 18. ed. cit., n 391, p. 1.169).

[5] Teresa Arruda Alvim Wambier *et al* entendem que essa medida pode engessar a atuação do juiz, razão pela qual deve ser flexibilizada à luz do caso concreto. Isto porque, situações há em que, excepcionalmente, se exigirá o imediato levantamento do dinheiro ou a liberação do bem mesmo durante o período de plantão (*Primeiros Comentários ao novo Código de Processo Civil*. São Paulo: Ed. RT, 2015, p. 1.282).

[6] STJ, 4ª T., REsp 1.057.076/MA, Rel. Min. Maria Isabel Gallotti, ac. 07.12.2017, *DJe* 15.12.2017.

foram rejeitados, será o banco fiador (ou a seguradora, se for o caso) intimado a recolher em juízo, incontinente, a quantia correspondente à garantia prestada. O valor do recolhimento fica limitado ao da garantia. Se esta for contratualmente maior do que o débito finalmente apurado (principal atualizado, juros, custas e honorários), o garantidor recolherá apenas o montante que lhe seja correspondente. Sendo, porém, a garantia prestada inferior ao saldo da obrigação exequenda, o garantidor depositará em juízo apenas o valor contratual por que se obrigou. A execução não se extinguirá. Abatido o valor da garantia, o saldo será exigido mediante prosseguimento da execução sobre outros bens já penhorados ou que venham a ser penhorados.

390. CONCURSO DE PREFERÊNCIA SOBRE O PRODUTO DA EXECUÇÃO

I – O concurso do art. 908 do CPC

O pagamento ao credor, pela entrega do dinheiro, assume feições diversas conforme haja, ou não, preferência de terceiros sobre o produto da transferência forçada dos bens penhorados.

O Juiz autorizará que o credor levante, de pronto, a quantia necessária para a satisfação de seu crédito quando (CPC/2015, art. 905):

> I – a execução for movida só a benefício do exequente singular, a quem, por força da penhora cabe o direito de preferência sobre os bens penhorados e alienados;
> II – não houver sobre os bens alienados outros privilégios ou preferências instituídos anteriormente à penhora.

O levantamento, portanto, não cabe de imediato se houver decretação de insolvência do devedor (caso em que a execução se dá em benefício da comunidade dos credores – art. 762, § 2º, do CPC/1973, mantido pelo art. 1.052 do CPC/2015) ou se houver direitos reais ou privilégios de terceiros, que lhes assegurem preferência sobre o produto da transferência forçada.

Para a última hipótese, embora não haja o concurso universal, que é reservado para a execução contra o insolvente (falência civil), o Código prevê uma espécie de "concurso particular de preferência",[7] que pode ocorrer quando:

> a) verificar-se a multiplicidade de penhoras sobre os mesmos bens do devedor solvente (art. 797, parágrafo único); ou
> b) houver título legal de terceiro à preferência anterior à penhora, como no caso de dívidas fiscais, hipotecas, penhoras etc. (art. 905, II).

II – Legitimação

O concurso, *in casu*, é restrito tão somente ao produto da arrematação e limita-se aos credores quirografários que tenham penhora sobre o bem submetido à expropriação executiva e àqueles que desfrutem de preferência legal sobre ele, por força do privilégio de direito substancial anterior à penhora.

---

[7] LIMA, Cláudio Vianna de. *Processo de Execução*. Rio de Janeiro: Forense, 1973, n. 8, p. 101. Esse concurso tem a função de estabelecer "uma ordem de preferência entre os credores em face do mesmo executado, no que tange ao recebimento do fruto dos atos expropriatórios que recaíram sobre o bem penhorado" (FAGUNDES, Cristiane Druve Tavares. Concurso especial de credores. In: ASSIS, Araken de; BRUSCHI, Gilberto Gomes (coords.). *Processo de execução e cumprimento de sentença*. 2. ed. São Paulo: RT, 2022, vol. 1, p. 807).

São legitimados a figurar nesse concurso apenas os credores e o exequente, não havendo lugar para a participação do devedor (executado), salvo se for para questionar a qualidade de credor daquele que pretende participar do produto da alienação dos bens penhorados.[8]

III – Competência

O concurso particular de credores processa-se perante o juízo da execução em que a expropriação do bem penhorado se realizou.[9]

Em razão da intercorrência de penhoras, devem todas as execuções que atinjam o mesmo bem ser apensadas, a fim de que não se multipliquem inutilmente os atos executivos da mesma espécie, como a avaliação e a hasta pública, e, ainda, especialmente para que, naquele processo em que se deu a alienação forçada, também se instaure o concurso particular dos diversos credores que penhoraram o mesmo bem do devedor comum. Não sendo possível o apensamento, o interessado deverá trazer para os autos onde se processa o concurso, certidão comprobatória da penhora que o habilita a participar do produto da expropriação (sobre a reunião das execuções, para facilitar o processamento do concurso de preferências, v., adiante, o item 390.1).

IV – Objeto do concurso

Esse concurso particular será sumariamente processado como um incidente da fase de pagamento, dentro dos próprios autos da execução (art. 908, *caput*).[10] As preferências que visa assegurar podem decorrer da *ordem das penhoras*, quando os concorrentes forem todos quirografários ou pertencerem à mesma classe de direito material, sem privilégios uns diante dos outros. Ou podem ser *independentes de penhora*, como o privilégio fundado nos direitos reais de garantia.[11]

---

[8] FAGUNDES, Cristiane Druve Tavares. Concurso especial de credores, *cit.*, p. 813. Valiosa é a lição de Marcelo Abelha quanto à legitimidade: "São legitimados ativos para requerer o incidente os exequentes de outros processos/cumprimento de sentença que tenham penhorado o mesmo bem arrematado no processo em que foi arrecadado o dinheiro. Igualmente, também são legitimados os credores que possuam algum tipo de preferência ou privilégio sobre o bem alienado. A legitimidade passiva enseja a formação de litisconsórcio entre todos os demais exequentes que penhoraram o mesmo bem arrematado ou credores com privilégio ou preferência" (ABELHA, Marcelo. *Manual de execução civil*. 6. ed. Rio de Janeiro: Forense, 2016, p. 404-405).

[9] WAMBIER, Luiz Rodrigues; TALAMINI, Eduardo *Curso avançado de Processo Civil*. 17. ed. São Paulo: Ed. RT, 2020, v. 3, p. 361; BONDIOLI, Luis Guilherme Aidar. *In*: CABRAL, Antônio do Passo; CRAMER, Ronaldo (org.). *Comentários ao Novo Código de Processo Civil*. 2. ed. Rio de Janeiro: Forense, 2016, p. 1.285.

[10] "Particularmente, entendemos ser desnecessária a formação de autos apartados para dirimir o concurso especial de credores, devendo ser tal questão decidida nos próprios autos da execução em que se deu a expropriação do bem do devedor. Isto porque não se trata de incidente cognitivo que gerará atraso processual relevante, em virtude da limitação de temas que podem ser tratados nesta seara (direito de preferência e anterioridade da penhora). Pode tal questão, portanto, ser dirimida nos próprios autos da execução em que ocorreram ou ocorrerão os atos expropriatórios do bem executado" (FAGUNDES, Cristiane Druve Tavares. Concurso especial de credores, *cit.*, p. 814-815).

[11] LIMA, Alcides de Mendonça. *Comentários ao Código de Processo Civil*. Rio de Janeiro: Forense, 1974, v. VI, t. II, n. 1.425, p. 635. Já houve quem se mostrasse contrário à habilitação do crédito hipotecário no concurso particular sem a prévia execução da hipoteca, ao argumento de que o devedor ficaria sem meios de impugnar eventuais vícios do título ou de produzir defesa de mérito contra a pretensão do credor interveniente, uma vez que no concurso em questão só se permite discutir preferências (CPC/2015, art. 909). O certo, porém, é que o devedor não sofre cerceamento de defesa, uma vez que a limitação da matéria discutível se prende apenas ao *direito de preferência e a anterioridade da penhora*, e não entre estes e o devedor, como se depreende do texto do art. 909. E, além do mais, ao executado restará sempre o pedido de invalidade ou ineficácia da arrematação, nos próprios autos, enquanto não assinado o respectivo termo, ou o ajuizamento de ação anulatória, em cujo processo o arrematante figurará como litisconsorte necessário, nas demais hipóteses (art. 903, § 4º). Essa ação, sim, será o remédio ordinário contencioso adequado para anular a participação do

Há decisões que reclamam, até do credor hipotecário, a prévia promoção de execução e penhora para posteriormente ser admitido ao concurso de que tratam os arts. 908 e 909[12]. Essa, porém, não é a melhor exegese da lei, nem é a posição predominante nos tribunais. A preferência de direito material foi ressalvada pela lei formal e de maneira nenhuma pode ser desprezada ou superada no concurso pela preferência puramente instrumental reconhecida às penhoras[13]. Daí por que prevalece, na jurisprudência, a corrente que, acertadamente, entende que "a preferência do credor hipotecário independe de sua iniciativa na execução ou na penhora. A arrematação de imóvel gravado de hipoteca garante ao credor hipotecário a preferência no recebimento de seu crédito em relação ao exequente"[14].

Todavia, a evolução da jurisprudência do STJ, ao que parece, tende a um meio termo: a habilitação do credor hipotecário ao concurso de credores do art. 908 do CPC/2015 decorre de sua preferência de direito material, razão pela qual não se pode condicioná-la à preexistência de penhora. Em decorrência, porém, das garantias processuais do contraditório e ampla defesa, após a ultimação do concurso, o valor do crédito hipotecário permanecerá retido em juízo, e o respectivo levantamento só será autorizado após ajuizamento da execução da garantia real e da abertura de oportunidade de defesa ao executado[15].

Essa possibilidade de participar no concurso de preferências do art. 908 sem a prévia penhora, jurisprudência e doutrina dominantes, reconhecem apenas aos credores detentores de garantia real. Aqueles que, como os credores trabalhistas e tributários, contam somente com preferência legal, para terem acesso ao concurso terão de demonstrar que também promoveram execução e penhoraram o mesmo bem que, afinal foi levado à alienação judicial por outro exequente[16].

Os credores concorrentes, na verdade, aproveitam-se da atividade processual exercida pelo exequente e pode até acontecer que alguns deles se classifiquem em melhor posição do que o promovente da execução.

Como lembra José Alberto dos Reis,[17] "parecem injustos estes resultados jurídicos. O exequente requereu a execução; fez despesas, suportou incômodos, sujeitou-se a contingências desfavoráveis; enfrentou riscos e dificuldades para o seu direito de crédito. Pois bem, saem-lhe ao caminho outros credores do executado, utilizam-se da atividade que ele desenvolveu no

---

credor hipotecário, se, eventualmente, seu crédito declarado no concurso for ilíquido, incerto ou inexigível. Se houver fundamento relevante, o devedor poderá obter medida de urgência, em caráter liminar, para suspender o levantamento do produto da arrematação, pelo credor hipotecário (CPC/2015, art. 300).

[12] STJ, 4ª T., REsp 32.881/SP, Rel. Min. Cesar Asfor Rocha, ac. 02.12.1997, *RSTJ* 110/273; 1º TACivSP, 4ª C., AI 232.321, Rel. Juiz Andrade Vilhena, ac. 29.07.1977, *RT* 505/145.

[13] STJ, 3ª T., REsp 159.930/SP, Rel. Min. Ari Pargendler, ac. 06.03.2003, *DJU* 16.06.2003, p. 332.

[14] STJ, 4ª T., REsp 162.464/SP, Rel. Min. Sálvio de Figueiredo Teixeira, ac. 03.05.2001, *RSTJ* 151/403. No mesmo sentido: TJSP, 32ª C., AI 890760-0/7, Rel. Des. Kioitsio Chicuta, ac. 28.04.2005, *RT* 838/245; TARS, AI 187.012.364, Rel. Juiz Luiz Felipe Azevedo Gomes, ac. 31.03.1987, *RF* 302/145.

[15] STJ, 3ª T., REsp 1.580.750/SP, Rel. Min. Nancy Andrighi, ac. 19.06.2018, *DJe* 22.06.2018.

[16] STJ, 1ª T., REsp 871.190/SP, Rel. Min. Luiz Fux, ac. 07.10.2008, *DJe* 03.11.2008; STJ, 1ª T., REsp 655.233/PR, Rela. Min. Denise Arruda, ac. 21.08.2007, *DJU* 17.09.2007, p. 210; STJ, 1ª T., REsp 636.290/SP, Rel. Min. José Delgado, ac. 28.09.2004, *DJU* 08.11.2004, p. 180. Em doutrina, cf. NUNES, Dierle et al. *Curso de direito processual civil*. Belo Horizonte: Fórum, 2011, n. 5.13.6.1.8, p. 420; e DIDIER JÚNIOR, Fredie; CUNHA, Leonardo José Carneiro da; BRAGA, Paula Sarno; OLIVEIRA, Rafael. *Curso de direito processual civil. Execução*. 2. ed. Salvador: Ed. JusPodivm, 2010, v. 5, p. 674. Em sentido contrário: "O Art. 711 do CPC [CPC/2015, art. 908] não exige que o credor preferencial efetue penhora sobre o bem objeto da execução." (STJ, 3ª T., REsp 293.788/SP, Rel. Ministro Humberto Gomes de Barros, ac. 22.2.2005, *DJU* 14.3.2005, p. 318).

[17] REIS, José Alberto dos. *apud* ROCHA, José de Moura. *Comentários ao Código de Processo Civil*. São Paulo: Ed. RT, 1974, v. IX, p. 215 e 216.

intuito de conseguir o pagamento do seu crédito e despojam-no do que era produto de sua ação e do seu trabalho!".

Mas, como esclareceu o eminente processualista, "por mais extravagante e insólito que o caso pareça, a verdade é que se justifica perfeitamente em face dos princípios jurídicos. A preterição do exequente pelos credores privilegiados e preferentes colocados antes dele é uma exigência das regras de direito substancial. O que seria inadmissível é que o exequente obtivesse pagamento à custa da venda de bens sobre os quais outros credores têm, segundo a lei civil, privilégio ou preferência, enquanto estes não estiverem pagos".

V – Classificação dos credores

A classificação dos credores, para pagamento, será feita, portanto, com observância do seguinte critério:

a) independentemente de penhora, devem ser satisfeitos, em primeiro lugar, os que tiverem título legal de preferência, e possuírem, naturalmente, título executivo (fisco, credores das custas, credores com garantia real etc.);

b) não havendo preferências legais anteriores, ou depois de satisfeitas estas, os demais credores serão escalonados segundo a ordem cronológica das penhoras. Observe-se que no "concurso particular de preferência", o credor quirografário não é admitido a participar sem o pressuposto da penhora.[18] Não existe mais o protesto por rateio, como acontecia no Código de 1939.

Dispõe o art. 908 que, "havendo pluralidade de credores ou exequentes, o dinheiro lhes será distribuído e entregue consoante a ordem das respectivas preferências".

Mas, diante do sistema de preferência fundado na sequência cronológica das penhoras (art. 797), não importa qual o credor que tenha promovido primeiro a arrematação, e sim aquele que obteve em primeiro lugar a penhora do bem levado a leilão. Assim, a norma do art. 908 deve ser entendida como pertinente ao "credor que *primeiro promoveu a execução*,[19] pois foi redigida no pressuposto de que a primeira execução deveria também ser a que primeiro chegasse à expropriação (o que na prática, porém, pode não ocorrer)".

Para o estabelecimento da preferência entre as penhoras que recaem sobre o mesmo bem não se leva em conta a data das eventuais averbações dos atos constritivos em registros públicos.[20] É que tais assentamentos se fazem apenas para conhecimento de terceiros, e não como ato constitutivo da própria penhora. O aperfeiçoamento da medida executiva, para fins processuais, ocorre quando, após a apreensão e o depósito dos bens, se procede à lavratura do respectivo auto (art. 839). É esse, portanto, o dado relevante para a gradação de preferência entre as diversas penhoras, a que alude o art. 908, § 2º.[21]

---

[18] LIMA, Cláudio Vianna. *Op. cit.*, n. 8, p. 102.

[19] MARQUES, José Frederico. *Manual de Direito Processual Civil.* 1ª ed. atualizada por Vilson Rodrigues Alves. Campinas: Bookseller, 1997, v. IV, n. 904, p. 258.

[20] A ordem de gradação das penhoras no concurso independe de averbação no registro público e se estabelece em função do aperfeiçoamento da constrição nos moldes do art. 839 do CPC/2015. "Não há exigência de averbação imobiliária ou referência legal a tal registro da penhora como condição para definição do direito de preferência, o qual dispensa essas formalidades" (STJ, 4ª T., REsp 1.209.807/MS, Rel. Min. Raul Araujo, ac. 15.12.2011, *DJe* 15.02.2012). No mesmo sentido: STJ, 3ª T., AgRg no REsp. 1.195.540/RS, Rel. Min. Sidnei Benti, ac. 09.08.2011, *DJe* 22.08.2011; STJ, 3ª T., AgInt no REsp. 1.712.473/MS, Rel. Min. Paulo de Tarso Sanseverino, ac. 03.12.2018, *DJe* 07.12.2018.

[21] STJ, 4ª T., REsp 1.209.807/MS, Rel. Min. Raul Araújo, ac. 15.12.2011, *DJe* 15.02.2012.

VI – Procedimento

Os exequentes interessados devem formular suas pretensões de preferência em petição, nos autos em que ocorreu a alienação forçada (art. 909). A disputa entre os exequentes concorrentes só poderá versar sobre o direito de preferência ou sobre a anterioridade da penhora.

Quando surgir questão de alta indagação entre devedores e credores, ou entre os vários credores – como a discussão em torno da validade do próprio título do credor concorrente, vícios do contrato, extinção do crédito etc. – o juiz poderá sustar o pagamento e remeter os interessados para as vias ordinárias. Aqueles que ainda não possuem penhora, deverão ajuizar suas execuções a fim de obtê-la e, assim, lograr o levantamento da parcela que lhe tocar no concurso do art. 908[22].

Havendo acordo entre os interessados, inclusive o devedor, o juiz simplesmente determinará que o Contador prepare o plano de pagamento, segundo a ordem de preferências autorizando, a seguir, os respectivos levantamentos.

Apresentadas as razões e ouvidas as partes, para garantir o contraditório, o juiz decidirá as pretensões, apreciando exclusivamente os privilégios disputados e as preferências decorrentes da anterioridade de cada penhora (art. 909, *in fine*).[23] A decisão interlocutória acerca da disputa entre credores sobre o produto da arrematação é passível de impugnação por meio de agravo de instrumento (art. 1.015, parágrafo único).

O atual Código não manteve a regra do art. 712 do CPC/1973 que previa a possibilidade de audiência para produção de provas quando necessárias à solução do concurso[24]. Com isso, tudo indica que se entendeu que a disputa entre os concorrentes há de ser feita apenas com base em prova documental[25]. Observa, com procedência, Lucon, que enquanto o Código de 1973 falava em pretensões e requerimento de provas formulados pelos credores concorrentes (art. 712), o CPC/2015 apenas menciona que os exequentes formularão suas pretensões e que a disputa versará unicamente sobre o direito de preferência e a anterioridade da penhora, seguindo-se a decisão do juiz (art. 909). Essas matérias, de fato, se definem apenas à luz de documentos. Daí sua conclusão de que "não há espaço para audiência".[26]

390.1. Reunião das execuções para processamento do concurso de preferências

A reunião de execuções, a que se fez referência no item anterior, pressupõe: *(a)* que o regime executivo seja o do *devedor solvente*, pois, se já decretada sua insolvência, no plano civil ou empresarial, não será no bojo da execução singular que se processará o concurso de preferências,

---

[22] STJ, 3ª T., REsp 1.580.750/SP, Rel. Min. Nancy Andrighi, ac. 19.06.2018, *DJe* 22.06.2018.

[23] Na decisão, "o juiz competente fixará a ordem de satisfação dos créditos e apurará as massas ativa e passiva – não cabe ao juiz do concurso, porém, controlar o crédito habilitado –, ou seja, a importância disponível para distribuição e o montante dos créditos (principal e acessório)" (ASSIS, Araken de. *Manual da execução*. 18. ed. *cit.*, n. 394.2, p. 1182).

[24] STJ, 3ªT., REsp. 976.522/SP, Rel. Min. Nancy Andrighi, ac. 02.02.2010, *DJe* 25.02.2010.

[25] "A *prova das alegações* se fará, na maioria dos casos, por meio de *prova documental*, mas não se descarta a possibilidade de *prova oral* (testemunhas e depoimento pessoal do devedor) em audiência que deverá ser designada, se for o caso (WAMBIER, Teresa Arruda Alvim et al. *Primeiros comentários cit.*, p. 1.284).

[26] LUCON, Paulo Henrique dos Santos. Comentários ao art. 909. *In:* WAMBIER, Teresa Arruda Alvim et al. *Breves comentários cit.*, 2016, p. 2.018. No mesmo sentido, Araken de Assis, para quem a redação do art. 909, do CPC/2015 se justifica "pela inadmissibilidade de prova diversa da documental, haja vista os limites impostos à cognição. Testemunhas pouco contribuem à definição da data da penhora ou à prova da existência de privilégio" (ASSIS, Araken de. *Manual da execução*. 18. ed. *cit., loc. cit.*).

mas no concurso universal (falência ou insolvência civil); e *(b)* que haja superposição de penhoras sobre o mesmo bem, cujo produto haverá de ser distribuído entre credores diferentes.[27]

O concurso pode envolver penhoras acontecidas em juízos de competência absoluta diversa, mas a reunião de processos só será viável se o juízo da expropriação for igualmente competente para todos eles. Sendo caso de improrrogabilidade de competência, a habilitação do credor concorrente far-se-á mediante certidão da penhora ocorrida em processo em curso perante outro juízo.[28]

A reunião das execuções pode ser requerida a qualquer tempo, a partir do momento em que o mesmo bem sofreu a superposição de penhoras, e enquanto não tiver se encerrado o rateio previsto no art. 909 do CPC. A reunião de execuções e a participação no concurso repousam mais na conveniência prática do que na obrigatoriedade *ex lege*. Não havendo notícia da outra penhora nos autos em que se processa a expropriação, cada execução prosseguirá com autonomia sem que isso comprometa a eficácia do ato expropriatório que vier a ser consumado em tal circunstância.

Aos credores interessados é que cabe o ônus de controlar o andamento das diferentes execuções, para que, sendo o caso, se instaure regularmente o concurso de preferências, sem prejuízo dos interesses de cada um deles. O art. 889, V, exige a intimação do terceiro credor, que tenha penhora sobre o bem novamente constrito, mas apenas quando se trate de penhora anterior "averbada". Logo, se não consta de averbação em registro público ou de comunicação nos autos da segunda penhora, nem mesmo a intimação do art. 889, V, será necessária. Tampouco se poderá, em qualquer caso, se cogitar de invalidade da arrematação efetuada em desatenção à referida intimação. O vício acontecerá no pagamento ao credor, quando se der sem respeitar o concurso de preferência do qual o credor com penhora comunicada tempestivamente teria assegurado sua eventual participação privilegiada.[29]

Quanto ao credor que não averbou a sua penhora, nem de qualquer modo a comunicou ao juízo da expropriação, nada poderá arguir contra o rateio e pagamento realizados sem sua participação: "a distribuição do dinheiro se revela imune a controvérsias provocadas pelo preterido, cujo prejuízo econômico decorre da própria negligência", na lição de Araken de Assis.[30]

Essas observações aplicam-se, porém, às preferências decorrentes apenas da superposição de penhoras. Quando se tratar de preferência de direito material oponível *erga omnes*, como as geradas pelas garantias reais, o credor que não for parte no processo, não sendo intimado para o concurso sobre o produto da expropriação, terá direito à invalidação do rateio efetuado em prejuízo de sua garantia real. Reconhecida, como deve ser, a ineficácia da alienação e da distribuição do respectivo produto, os beneficiários do rateio deverão repor o que indevidamente

---

[27] ASSIS Araken de. *Comentários ao Código de Processo Civil*. 2. ed. São Paulo: Ed. RT, 2018, v. XIII, n. 8.1, p. 34.

[28] A competência para o concurso é do juízo em que ocorreu a expropriação, pouco importando que sua competência seja a comum e a da outra execução sobre o mesmo bem seja especial e absoluta. O concurso se estabelece em função de quem apurou o produto a ser distribuído entre o exequente e outros interessados eventuais. Este, e não outro, por mais especial que seja sua competência, é que terá de processar o concurso singular de preferências, como incidente que é do processo a seu cargo. Há, no entanto, acórdão do STJ que atribui a competência para o concurso ao juízo de competência especial e improrrogável, afastando-a do juízo da expropriação (STJ, 3ª T., REsp 976.522/SP, Rel. Min. Nancy Andrighi, ac. 02.02.2010, DJe 25.02.2010).

[29] Existindo penhora averbada (art. 889, V), "nessa contingência, preterida a intimação mostrar-se-á nula a distribuição realizada, e a renovação do ato ensejará a participação" (ASSIS, Araken de. *Comentários ao Código de Processo Civil*. 2. ed., *cit.*, n. 8.2., p. 35).

[30] *Idem, ibidem*.

receberam, para que novo rateio se efetue, com respeito aos direitos preferenciais. Se a própria alienação tiver sido nociva ao credor preferencial, titular de garantia real oponível *erga omnes*, até mesmo o ato alienatório poderá ser invalidado, a fim de ser renovado com sua participação. Caberá, porém, optar entre a invalidação apenas do rateio ou a da própria alienação judicial, se houver razão que a justifique.[31]

391. DAS PREFERÊNCIAS DE DIREITO SUBSTANCIAL

As disputas de preferências oriundas do direito material, inclusive as de natureza *propter rem*, são exercidas sobre o preço apurado na expropriação do bem alienado na execução. Entre os créditos *propter rem* arrolam-se as despesas condominiais (CC, art. 1.336, I), na proporção da unidade de cada comunheiro. Essa obrigação vincula diretamente o imóvel de cada condômino e o acompanha mesmo nas alienações negociais ou judiciais. Entretanto, entre os diversos privilégios de natureza material, o dos créditos trabalhistas prefere ao condominial, como tem decidido o STJ[32].

Diante disso, o STJ considera que, como obrigação *propter rem*, a despesa condominial, prefere, no concurso executivo particular, até mesmo ao crédito hipotecário, e estabelece a seguinte gradação de preferência, a incidir entre os créditos privilegiados[33]:

(a) o crédito decorrente da legislação do trabalho ou do acidente de trabalho vem em primeiro lugar;

(b) o crédito tributário vem em seguida, preferindo a todos os demais, mesmo aqueles gravados de garantia real ou sujeitos a preferência legal;

(c) em terceiro lugar, com preferência inclusive sobre a hipoteca, coloca-se a obrigação *propter rem* (despesa de condomínio, *v.g.*);

(d) segue, após, o crédito garantido por hipoteca (ou outra garantia real incidente sobre o bem excutido).

Quanto à habilitação do credor privilegiado, segundo o direito material, a jurisprudência do STJ fixou-se no sentido de que seu acesso ao concurso não depende de prévia penhora, "mas o levantamento do produto da alienação judicial não prescinde do aparelhamento da execução pelo credor trabalhista"[34]. A regra, naturalmente, se aplicará também aos outros privilégios, como o dos créditos alimentares e tributários. Dessa forma, o valor do crédito habilitado permanecerá retido em juízo, no aguardo de que o credor privilegiado ajuíze sua execução, e encontre solução para os eventuais embargos opostos pelo executado, se for o caso.

---

[31] "A alienação de bem gravado com hipoteca sem intimação do titular do direito real importa, em princípio, a possibilidade a este de requerer o desfazimento da arrematação, ou, caso não a requeira, a subsistência do ônus em face do credor hipotecário" (STJ, 1ª T., REsp 440.811/RS, Rel. Min. Teori Albino Zavascki, ac. 03.02.2005, DJU 28.02.2005, p. 189).

[32] "(...) 3. O propósito recursal é definir se há – sobre o produto da arrematação de bem imóvel – preferência de crédito trabalhista ao crédito condominial. 4. Esta Corte entende não ser possível sobrepor uma preferência de direito processual a uma de direito material, preferindo o credor trabalhista aos demais, sobre o crédito obtido na alienação do bem penhorado" (STJ, 3ª T., REsp 1.539.255/SP, Rel. Min. Nancy Andrighi, ac. 27.11.2018, DJe 06.12.2018).

[33] STJ, 3ª T., REsp 1.580.750/SP, Rel. Min. Nancy Andrighi, ac. 19.06.2018, DJe 22.06.2018.

[34] STJ, 3ª T., REsp 1.411.969/SP, Rel. Min. Nancy Andrighi, ac. 10.12.2013, DJe 19.12.2013.

392. O PRIVILÉGIO SUPERESPECIAL DOS CRÉDITOS TRABALHISTAS E DOS HONORÁRIOS DE ADVOGADO

Os créditos da Fazenda Pública, uma vez inscritos em Dívida Ativa, não se sujeitam a concurso com outros credores, podendo ser executados individualmente, mesmo quando já instaurada a execução concursal (Lei n. 6.830/1980, art. 29). Esse privilégio, no entanto, cede diante dos créditos trabalhistas e dos referentes aos acidentes do trabalho (CTN, art. 186; LEF, art. 30). Vale dizer que, no concurso de que trata o art. 908 do CPC/2015, os titulares dos referidos créditos, por força do seu privilégio superespecial, serão pagos com preferência antes da Fazenda Pública e dos credores com garantia real, pouco importando a ordem das respectivas penhoras[35].

O que determina o superprivilégio em causa não é uma regra processual, mas uma preferência de caráter material, derivada da natureza alimentar do crédito trabalhista[36].

Uma vez que se atribui aos honorários de advogado, também, a natureza alimentar, firmou-se a jurisprudência no sentido de que se equiparam, em privilégio, aos créditos trabalhistas, no concurso de credores[37]. E esse regime especial aplica-se tanto aos honorários contratuais quanto aos sucumbenciais[38] e, em qualquer hipótese, se sobrepõe aos credores hipotecários e tributários[39].

Os créditos privilegiados como os fiscais e os trabalhistas, embora não se sujeitem à ordem preferencial das sucessivas penhoras, para efeito de participação no concurso do art. 908, devem também ser objeto de execução. O entendimento do STJ a respeito do tema é no sentido de que, tendo a expropriação se consumado, por meio de remição ou adjudicação, o credor privilegiado não pode exercer sua preferência, se não providenciar a oportuna execução e penhora contra o mesmo devedor executado pelo credor quirografário, a tempo de habilitar-se no referido concurso de preferências.[40]

---

[35] "O crédito trabalhista goza de preferência no concurso particular de credores, em relação à penhora, ainda que anteriormente realizada" (STJ, 5ª T., REsp 914.434/SP, Rel. Min. Arnaldo Esteves, ac. 5.2.2009, *DJe* 9.3.2009. No mesmo sentido: STJ, 3ª T., REsp 267.910/SP, Rel. Min. Humberto Gomes de Barros, ac. 18.12.2003, *DJU* 7.6.2004, p. 215). O privilégio do credor trabalhista prevalece em relação a qualquer outro, inclusive o hipotecário, pouco importando que sua penhora tenha ocorrido "em momento posterior" à constrição promovida por "credor de categoria diversa" (TJMG, 11ª C.C., Proc. 1.0701.03.051558-2/001, Rel. Des. Selma Marques, ac. 31.10.2007, Pub. em 24.11.2007).

[36] TJMG, 14ª C.C., Proc. 1.024.05.783201-6/003, num. única: 7832016-67.2005.8.13.0024; Rel. Des. Renato Martins Jacob, ac. 26.4.2007, Pub: 25.5.2007; STJ, Corte Especial, EREsp 706.331/PR, Rel. Min. Humberto Gomes de Barros, ac. 20.2.2008, *DJe* 31.3.2008.

[37] STJ, 3ª T., REsp 988.126/SP, Rela. Min. Nancy Andrighi, ac. 20.4.2010, *DJe* 6.5.2010.

[38] STJ, 2ª T., AgRg no REsp 765.822/PR, Rel. Min. Mauro Campbell Marques, ac. 17.12.2009, *DJe* 4.2.2010.

[39] "Os honorários advocatícios, equiparados aos créditos trabalhistas, preferem aos créditos tributários, nos termos do art. 186, *caput*, do CTN" (STJ, 2ª T., REsp 941.652/RS, Rel. Min. Herman Benjamin, ac. 19.3.2009, *DJe* 20.4.2009).

[40] "O pedido de remição feito com base no art. 788 do Código de Processo Civil [de 1973 – correspondente ao art. 876, § 5º, do CPC/2015], já estando aperfeiçoado com decisão concessiva transitada em julgado e registro no cartório competente, não deve ser revogado por ter-se apurado posterior crédito privilegiado. A remição já aperfeiçoada indica que houve o depósito em dinheiro em favor do credor e nesse ato é que o exercício do direito de preferência deveria ter sido exercido" (STJ, 3ª T., REsp 1.278.545/MG, Rel. Min. João Otávio de Noronha, ac. 02.08.2016, *DJe* 16.11.2016). Nota: a remição regulada pelo CPC/1973 foi substituída, no regime do CPC/2015, pela adjudicação (art. 876, § 5º).

393. DISPUTA ENTRE O CLIENTE E O ADVOGADO NO CONCURSO DE PREFERÊNCIAS

A cobrança dos honorários sucumbenciais pelo titular do direito a essa remuneração – o advogado da parte vencedora – poderá ser por ele perpetrada mediante a execução do capítulo da sentença que trata dessa matéria, seja nos mesmos autos da demanda originária, seja em autos apartados; é o que estabelece o art. 23 do Estatuto da OAB.

Coexistindo, após a sentença, direitos distintos, no plano material, para a parte e para seu advogado, e podendo este executar, nos próprios autos da condenação, a verba honorária de sucumbência, surge no curso do feito, uma *parte nova* para a relação processual, titular de direitos conexos com os do litigante primitivo, dando origem a um verdadeiro *litisconsórcio superveniente* ou *incidental*. De qualquer modo, mesmo diante dessa nova situação jurídica, com a formação do litisconsórcio em referência, é possível o surgimento de verdadeiro conflito de interesses entre o advogado e seu cliente, nessa fase processual.

Explica Cahali:

"Com esta inserção do advogado no polo ativo da relação executória, na parte referente aos honorários da sucumbência, sem a necessária ou concomitante exclusão do vencedor titular do todo da condenação principal, permite-se reconhecer agora, na hipótese, mesmo por analogia, o estabelecimento de um *litisconsórcio facultativo* entre o advogado e o cliente, fundado na solidariedade ativa que entre ambos se configura, na parte da condenação referente aos honorários da sucumbência, respeitado sempre o *direito autônomo do advogado* a tais honorários que lhe pertencem."[41]

O crédito de honorários do advogado, não há dúvida, é *privilegiado*, por força de expressa previsão legal (art. 24 da Lei n. 8.906, 04.07.1994): "A decisão judicial que fixar ou arbitrar honorários e o contrato escrito que os estipular são títulos executivos e *constituem crédito privilegiado na falência, concordata, concurso de credores, insolvência civil e liquidação extrajudicial*".

À luz do privilégio estabelecido pelo Estatuto da Ordem dos Advogados do Brasil, *mister* se torna trazer à baila a norma disposta no art. 961 do Código Civil, que dispõe sobre a ordem de preferência dos créditos concorrentes, segundo a natureza da obrigação e a respectiva garantia; eis o enunciado legal: "O crédito real prefere ao pessoal de qualquer espécie; o crédito pessoal privilegiado, ao simples; e o privilegiado especial ao geral."

"Para Clóvis Beviláqua privilégio é a qualidade que a lei confere ao crédito pessoal, de ser pago de preferência aos outros (ob. cit., vol. V, p. 262). É a lei, e somente a lei, que estabelece o privilégio creditório; é a matéria que se encontra no campo da conveniência legislativa, cabendo ao detentor de crédito privilegiado o direito de obter a tutela estatal com preferência em relação aos demais credores. (...)

Esse privilégio comporta várias graduações, possibilitando estabelecer classificação diferenciada entre os créditos. Tais privilégios decorrem da qualidade dos créditos e não das características de seus detentores, ao contrário do que ocorria com o direito romano."[42]

---

[41] CAHALI, Yussef Said. *Honorários advocatícios*. 3. ed. São Paulo: RT, 1997, p. 805.

[42] DIREITO, Carlos Alberto Menezes; CAVALIERI FILHO, Sérgio. *Comentários ao novo Código Civil, volume XIII: da responsabilidade civil, das preferências e privilégios creditórios*. Rio de Janeiro: Forense, 2004, p. 486/487.

Sendo assim, na hipótese de existência de um concurso de credores, impõe-se observar a gradação estatuída no dispositivo legal em voga, para a satisfação dos créditos reclamados. E, para tanto, importa, preliminarmente, verificar se o credor goza de garantia real ou pessoal, assim como se cuida de privilégio especial (art. 964, CC) ou de privilégio geral (art. 965, CC). É de se destacar, ademais, que o privilégio geral compreende todos os bens do devedor não sujeitos a crédito real, nem a privilégio especial (art. 963, CC).

A despeito do incontestável privilégio de que goza o crédito relativo aos honorários advocatícios, à luz do disposto no art. 50 do Código de Ética e Disciplina da OAB[43], deve-se proceder a uma interpretação que permita à parte vencedora e seu advogado perceberem suas parcelas devidas, proporcionalmente ao pagamento feito pelo devedor. Pela particular vinculação jurídica que se estabelece entre o advogado e seu cliente, dentro do processo, em que um representa o outro, e tem uma missão particularíssima a desempenhar no patrocínio do interesse do representado, não se pode pensar no eventual concurso entre ambos como se se tratasse de uma comum disputa de preferências numa falência ou insolvência civil, onde se digladiam credores os mais diversos sem qualquer liame jurídico particular entre si.

Por isso, em vez de simplesmente colocar o interesse do advogado na frente do que pertence ao exequente, a medida que se impõe é: em cada montante proporcionado pela execução será devido o índice percentual a título de honorários de sucumbência, sem que se proceda primeiro ao pagamento integral da verba honorária, para evitar que, de outra forma, esgotem os recursos disponíveis, em lamentável prejuízo da satisfação do crédito da parte. Não há, nem pode haver, em razão da própria natureza dos serviços justificadores da remuneração na espécie, uma preferência absoluta que permita ao advogado receber integral e previamente os seus honorários, sem respeitar o direito do credor (seu cliente) ao produto da execução.

É preciso primeiro estabelecer o referido produto, de maneira correta. Sobre esse produto efetivo é que se há de calcular a cota do advogado, segundo o percentual de sucumbência estabelecido pela sentença. Se o trabalho técnico do advogado não produziu um resultado econômico suficiente para satisfazer o crédito do cliente e o seu, a verba sucumbencial será calculada mediante aplicação do percentual fixado na sentença, mas *aplicado sobre o valor obtido na arrematação*.

Afinal o processo não foi instaurado para, em primeiro lugar, realizar o direito do advogado, mas o crédito de seu cliente. Do produto apurado para a cobertura desse crédito é que se haverá de extrair o percentual honorário. Tem-se de manter um resultado útil para o cliente. Qualquer pretensão que importe anular as vantagens do credor exequente, para impor, *in concreto*, a satisfação apenas dos honorários de seu patrono, corresponde a exegese incompatível com a natureza e a função da prestação profissional advocatícia, ambas voltadas para a defesa dos direitos e interesses da parte que, afinal, o causídico representa e tutela em juízo.

A exigência de sua remuneração não pode transformar-se em expediente que subverta a obrigação contratual assumida pelo advogado. É uma questão de singela submissão ao princípio da *lógica do razoável* que tem de imperar na inteligência dos preceitos da lei e na solução de todos os problemas técnicos do direito, conforme se reconhece na moderna ciência da hermenêutica jurídica.

---

[43] "Art. 50. Na hipótese de adoção de cláusula *quota litis*, os honorários devem ser necessariamente representados por pecúnia e, quando acrescidos dos de honorários da sucumbência, não podem ser superiores às vantagens advindas em favor do constituinte ou do cliente. (...)"

Não é outro o caminho preconizado ao hermeneuta e ao aplicador do ordenamento jurídico brasileiro, pela Lei de Introdução:

"Na aplicação da lei, o juiz atenderá aos fins sociais a que ela se dirige e às exigências do bem comum".[44]

É óbvio, nesse enfoque, que não se insere nos fins sociais da disciplina normativa da atividade advocatícia tornar o patrono da causa o fator de insucesso e frustração do próprio patrocínio judicial prometido a seu cliente, traindo por completo a função assumida pela Justiça em sua missão institucional. As vantagens remuneratórias do patrono, por isso, hão de ser proporcionais aos benefícios econômicos carreados ao cliente. Não podem, à evidência, transformar-se em egoística e desleal supremacia dos interesses particulares do advogado, levada ao extremo de anular, por completo, ou quase completamente, os direitos da parte que lhe competia representar e defender. É esse, inclusive, o princípio a partir do qual o legislador determinou, no art. 50 do Código de Ética e Disciplina da OAB, que "Na hipótese da adoção de cláusula *quota litis*, os honorários devem ser necessariamente representados por pecúnia e, quando acrescidos dos honorários da sucumbência, *não podem ser superiores às vantagens advindas em favor do constituinte ou do cliente*." Se não podem ser maiores do que aqueles proveitos alcançados pelo cliente, com muito maior razão não podem absorver todo o produto e privar a parte de toda e qualquer vantagem produzida pela arrematação dos bens penhorados.

Entendemos, portanto, que, não obstante seja privilegiado o crédito advocatício, é a exegese exposta a que se impõe para a melhor e mais razoável solução do conflito de interesses eventualmente surgido entre a parte e seu patrono, nas hipóteses em que se forma entre eles evidente concurso de credores, e o produto obtido na execução não é suficiente para a satisfação integral de um e de outro. A interpretação sistemática[45] dos princípios e normas que regulam a atividade advocatícia (com especial destaque ao art. 50 do Código de Ética e Disciplina da OAB) não autoriza, pois, outra solução, sob pena de se subverter a ordem posta e a própria natureza e escopo da função do advogado. Além de tudo, não se pode esquecer que é da essência de

---

[44] Dec.-Lei n. 4.657/1942, art. 5º.

[45] "Consiste o Processo Sistemático em comparar o dispositivo sujeito a exegese, com outros do mesmo repositório ou de leis diversas, mas referentes ao mesmo objeto.

Por umas normas se conhece o espírito das outras. Procura-se conciliar as palavras antecedentes com as consequentes, e do exame das regras em conjunto deduzir o sentido de cada uma.

Em toda ciência, o resultado do exame de um só fenômeno adquire presunção de certeza quando confirmado, contrasteado pelo estudo de outros, pelo menos dos casos próximos, conexos; à análise sucede a síntese; do complexo de verdades particulares, descobertas, demonstradas, chega-se até à verdade geral.

Possui todo corpo órgãos diversos; porém a autonomia das funções não importa em separação; operam-se, coordenados, os movimentos, e é difícil, por isso mesmo, compreender bem um elemento sem conhecer os outros, sem os comparar, verificar a recíproca interdependência, por mais que à primeira vista pareça imperceptível. O processo sistemático encontra fundamento na lei da solidariedade entre os fenômenos coexistentes.

Não se encontra um princípio isolado, em ciência alguma; acha-se cada um em conexão íntima com outros. O Direito objetivo não é um conglomerado caótico de preceitos; constitui vasta unidade, organismo regular, sistema, conjunto harmônico de normas coordenadas, em interdependência metódica, embora fixada cada uma no seu lugar próprio. De princípios jurídicos mais ou menos gerais deduzem corolários; uns e outros se condicionam e restringem reciprocamente, embora se desenvolvam de modo que constituem elementos autônomos operando em campos diversos.

Cada preceito, portanto, é membro de um grande todo; por isso do exame em conjunto resulta bastante luz para o caso em apreço" (MAXIMILIANO, Carlos. *Hermenêutica e aplicação do direito*. Rio de Janeiro: Forense, 1999, p. 128).

qualquer mandato a obrigação que cabe ao mandatário de "aplicar toda sua diligência habitual na execução do mandato" (CC, art. 667)[46], ficando, por isso mesmo, obrigado a prestar contas ao mandante e a transferir-lhe as "vantagens provenientes do mandato, por qualquer título que seja" (CC, art. 668)[47]. Não são diferentes os deveres do advogado, no desempenho do mandato *ad judicia*, como explicita o art. 12 do Código de Ética.[48]

De mais a mais, ainda que se possa admitir um certo concurso entre o mandante e o mandatário, com possibilidade de dedução da verba remuneratória deste diretamente do produto apurado no desempenho do mandato (CC, art. 664; Estatuto da OAB, art. 22, § 4º), isto não se passa senão com os honorários contratuais, não podendo estender-se à verba legal da sucumbência, cujo vínculo liga o advogado a uma obrigação do adversário e não do seu cliente.

393-A. CONCURSO DE PREFERÊNCIA E CRÉDITO DA FAZENDA PÚBLICA

A cobrança judicial da Dívida Ativa da Fazenda Pública não é sujeita a concurso de credores ou habilitação em falência, concordata, liquidação, inventário ou arrolamento (art. 29 da Lei n. 6.830/1980). Dessa maneira, mesmo havendo penhora comum entre execução civil e execução fiscal, não se instaurará o concurso de preferência de que trata o art. 908 do CPC. O executivo fiscal, portanto, prosseguirá autonomamente até a satisfação integral do crédito exequendo.

Sobre o tema, ver, adiante, também o item 543-A.

---

[46] O mandatário é obrigado a aplicar toda a diligência habitual à execução do mandato (...). E se se tratar de procurador que o desempenhe profissionalmente, maior ainda o seu dever de bem cumprir, pois que de um lado dita a consciência profissional, e de outro a remuneração, concorrendo para que não deixe de pôr todo o seu interesse no cumprimento" (PEREIRA, Caio Mário da Silva. *Instituições de Direito Civil*. 10. ed. Rio de Janeiro: Forense, 2001, v. III, n. 253, p. 258).

[47] O mandatário, além de prestar contas ao mandante, é obrigado a "transferir-lhe todas as vantagens provenientes do mandato, pois foi em seu nome e para seu proveito que recebeu a outorga". Sujeita-se, em razão dessa obrigação essencial, a pagar juros sobre as quantias recebidas, se atrasar no seu repasse ao mandante, "independentemente de interpelação, pois que é seu dever não as usar para si." (PEREIRA, Caio Mário da Silva. *Instituições, cit.*, v. III, n. 253, p. 259).

[48] "Art. 12. A conclusão ou desistência da causa, tenha havido, ou não, extinção do mandato, obriga o advogado a devolver ao cliente bens, valores e documentos que lhe hajam sido confiados e ainda estejam em seu poder, bem como a prestar-lhe contas, pormenorizadamente, sem prejuízo de esclarecimentos complementares que se mostrem pertinentes e necessários. Parágrafo único. A parcela dos honorários paga pelos serviços até então prestados não se inclui entre os valores a ser devolvidos."

Fluxograma n. 9 – Execução por quantia certa com base em título extrajudicial (arts. 824 a 869)

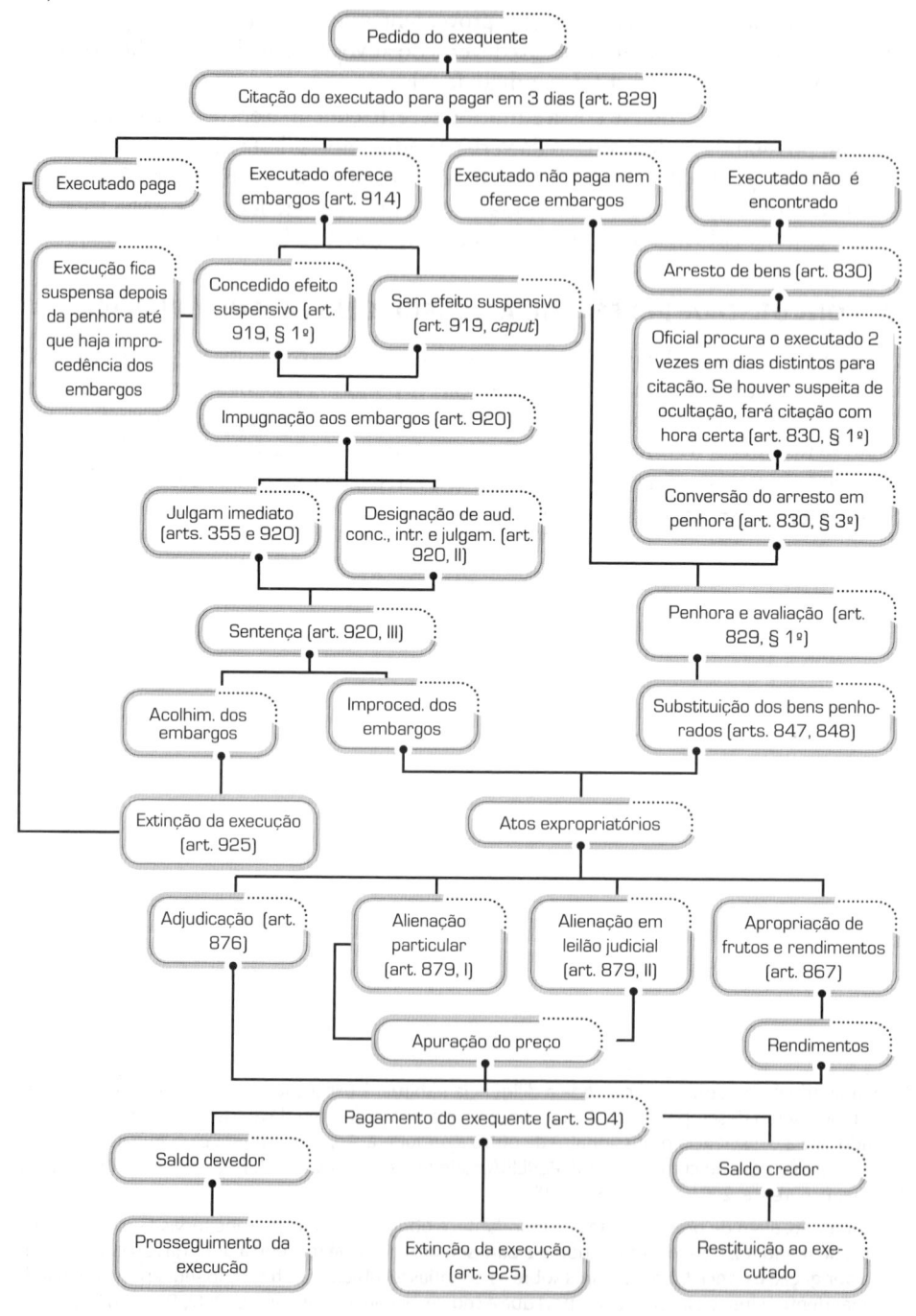

```
                              Pedido do exequente
                                      │
                    Citação do executado para pagar em 3 dias (art. 829)
                                      │
        ┌──────────────┬───────────────────────────┬──────────────────┐
   Executado paga   Executado oferece      Executado não paga nem    Executado não é
                    embargos (art. 914)    oferece embargos          encontrado
        │                  │                       │                      │
   Execução fica    ┌──────┴──────┐                │              Arresto de bens (art. 830)
   suspensa depois  Concedido efeito  Sem efeito suspensivo              │
   da penhora até   suspensivo (art.  (art. 919, caput)         Oficial procura o executado 2
   que haja impro-  919, § 1º)                                  vezes em dias distintos para
   cedência dos          │                   │                  citação. Se houver suspeita de
   embargos              └──────┬────────────┘                  ocultação, fará citação com
                                │                               hora certa (art. 830, § 1º)
                    Impugnação aos embargos (art. 920)                   │
                                │                              Conversão do arresto em
                    ┌───────────┴───────────┐                  penhora (art. 830, § 3º)
              Julgam imediato        Designação de aud.                  │
              (arts. 355 e 920)      conc., intr. e julgam. (art.
                    │                920, II)
                    │                       │                  Penhora e avaliação (art.
                    └───────────┬───────────┘                  829, § 1º)
                                │                                        │
                    Sentença (art. 920, III)                   Substituição dos bens penho-
                    ┌───────────┴───────────┐                  rados (arts. 847, 848)
              Acolhim. dos            Improced. dos
              embargos                embargos
                    │                       │                       │
            Extinção da execução       Atos expropriatórios
            (art. 925)
                    ┌──────────┬─────────────┬──────────────┐
              Adjudicação (art.  Alienação      Alienação em    Apropriação de
              876)               particular     leilão judicial frutos e rendimentos
                                 (art. 879, I)  (art. 879, II)  (art. 867)
                          └────────┬──────────────┘                    │
                              Apuração do preço                   Rendimentos
                                   │                                   │
                         Pagamento do exequente (art. 904)
                    ┌──────────────┬──────────────────────┐
              Saldo devedor   Extinção da execução    Saldo credor
                    │         (art. 925)                   │
              Prosseguimento da                      Restituição ao exe-
              execução                               cutado
```

Capítulo XXVIII
EXECUÇÃO POR QUANTIA CERTA: DÍVIDA DA FAZENDA PÚBLICA

394. EXECUÇÃO CONTRA A FAZENDA PÚBLICA

Os bens públicos, isto é, os bens pertencentes à União, Estado e Município, são legalmente impenhoráveis (CC, art. 100; CPC/2015, art. 832). Daí a impossibilidade de execução contra a Fazenda nos moldes comuns, ou seja, mediante penhora e expropriação.

Prevê o atual Código, por isso, um procedimento específico tanto para o cumprimento de sentença, inexistente no Código anterior, quanto para as execuções de título extrajudicial por quantia certa contra a Fazenda Pública, o qual não tem a natureza própria da execução forçada, visto que se faz sem penhora e arrematação, vale dizer, sem expropriação ou transferência forçada de bens.

No Código de 1973, ambas as hipóteses de título judicial ou extrajudicial davam ensejo ao mesmo procedimento previsto nos arts. 730 e seguintes daquele diploma.[1] Com efeito, não se pode ter como inconstitucional a norma que autoriza a execução de título extrajudicial contra a Fazenda, pelo simples fato de o art. 100 da Constituição regular a sistemática dos precatórios, referindo-se apenas à "sentença judiciária". O STJ já enfrentou, várias vezes, o problema e consolidou em sua súmula o enunciado n. 279, segundo o qual "é cabível execução por título extrajudicial contra a Fazenda Pública". O argumento decisivo da jurisprudência é que a referência do art. 100 da CF à "sentença judiciária" denota apenas "o propósito de disciplinar o pagamento de obrigação da Fazenda reconhecida judicialmente, e não restringir a possibilidade de expedição de precatório nos casos de condenação em processo de conhecimento", de sorte que a expressão constitucional "sentença judiciária" deve ser interpretada como abrangente também da "decisão do juiz que, em execução por título extrajudicial contra a Fazenda, após reconhecer a idoneidade do pedido, proclama o decurso *in albis* do prazo para embargar e autoriza a expedição do requisitório".[2]

O CPC/2015, ao regular separadamente o cumprimento de sentença que reconhece a exigibilidade de obrigação de pagar quantia certa pela Fazenda Pública e a execução por título extrajudicial contra a Fazenda, se pôs em harmonia com a jurisprudência pacífica atual.

A despeito da inovação quanto à separação dos procedimentos de acordo com a espécie de título, a sistemática de ambas as codificações é a mesma: não se realiza atividade típica de execução forçada, uma vez que ausente a expropriação (via penhora e arrematação) ou transferência forçada de bens. O que se tem é a simples requisição de pagamento, feita entre o Poder Judiciário e Poder Executivo, conforme dispõem os arts. 534, 535 e 919 do CPC/2015, observada a Constituição Federal (art. 100[3]).

---

[1] "A execução por quantia certa contra a Fazenda Pública pode fundar-se em título executivo extrajudicial" (STJ, 3ª T., REsp. 42.774-6/SP, Rel. Min. Costa Leite, ac. de 09.08.94, *RSTJ* 63/435; STJ, 3ª T., REsp. 79.222/RS, Rel. Min. Nilson Naves, ac. de 25.11.96, *RSTJ* 95/259; TJSP, Ap. 226.879-2, Rel. Des. Mohamed Amaro, ac. de 19.05.94, *JTJ* 160/107). O entendimento consolidou-se na Súmula n. 279 do STJ (STJ, 1ª T., REsp 456.447/MS, Rel. Min. Luiz Fux, ac. 18.03.2003, *DJU* 02.02.2004, p. 271).

[2] TFR, 4ª T., Ag 52108, Rel. Min. Ilmar Galvão, ac. 09.09.1987, *DJU* 24.09.1987.

[3] O art. 100 da CF e seus parágrafos foram alterados pela Emenda Constitucional n. 62, de 09.12.2009. O *caput* do dispositivo é, atualmente, o seguinte: "Art. 100. Os pagamentos devidos pelas Fazendas Públicas Federal, Estaduais, Distrital e Municipais, em virtude de sentença judiciária, far-se-ão exclusivamente na ordem

Na verdade, há tão somente uma *execução imprópria* na espécie, cujo procedimento é, sinteticamente, o seguinte:

I – Título judicial (cumprimento de sentença)

A Fazenda será *intimada* na pessoa de seu representante judicial, por carga remessa ou meio eletrônico, sem cominação de penhora, isso é, limitando-se à convocação para *impugnar* a execução no prazo de trinta dias (art. 535).

Não havendo impugnação, ou sendo esta rejeitada, o juiz, por meio do Presidente de seu Tribunal Superior, expedirá a requisição de pagamento, que tem o nome de *precatório*.

O juiz de primeiro grau, portanto, não requisita diretamente o pagamento, mas dirige-se, a requerimento do credor, ao Tribunal que detém a competência recursal ordinária (Tribunal de Justiça, Tribunal Regional Federal etc.), cabendo ao respectivo presidente formular a requisição à Fazenda Pública executada (art. 910, § 1º).

É obrigatória a inclusão, no orçamento, da verba necessária ao pagamento dos débitos constantes dos precatórios, apresentados até 1º de julho do ano anterior (Constituição Federal, 100, § 5º[4]) com os valores devidamente corrigidos.

As importâncias orçamentárias destinadas ao cumprimento dos precatórios ficarão *consignadas* diretamente ao Poder Judiciário, recolhidas nas repartições competentes (CF, art. 100, § 6º[5]).

O pagamento, por determinação do Presidente do Tribunal, será feito ao credor na ordem de apresentação do precatório e à conta do respectivo crédito (CPC/2015, art. 910, § 1º), salvo os créditos de natureza alimentícia (CF, art. 100, § 1º). O procedimento do cumprimento de sentença será analisado detidamente no item 593 *infra*.

II – Título extrajudicial

Se o credor da Fazenda Pública dispuser de um título executivo extrajudicial, deverá observar o procedimento do art. 910, cuja diferença do procedimento de cumprimento de sentença consiste basicamente: *(i)* na necessidade de *citação* do ente público (e não apenas a *intimação*); *(ii)* na defesa por meio de *embargos a execução* (e não por *impugnação*); e na *(iii)* ampliação da matéria de defesa a ser eventualmente oposta em sede de embargos à execução (art. 910, § 2º).

394.1. Prescrição

A pretensão de natureza econômica, seja a condenatória, seja a executiva, sujeita-se à prescrição, devendo-se observar que, na sucessão do acertamento por sentença e do cumprimento

---

cronológica de apresentação dos precatórios e à conta dos créditos respectivos, proibida a designação de casos ou de pessoas nas dotações orçamentárias e nos créditos adicionais abertos para este fim."

[4] O art. 100 da CF e seus parágrafos foram alterados pela Emenda Constitucional n. 62, de 09.12.2009. O § 5º do dispositivo é, atualmente, o seguinte: "É obrigatória a inclusão, no orçamento das entidades de direito público, de verba necessária ao pagamento de seus débitos, oriundos de sentenças transitadas em julgado, constantes de precatórios judiciários apresentados até 1º de julho, fazendo-se o pagamento até o final do exercício seguinte, quando terão seus valores atualizados monetariamente."

[5] O art. 100 da CF e seus parágrafos foram alterados pela Emenda Constitucional n. 62, de 09.12.2009. O § 6º do dispositivo é, atualmente, o seguinte: "§ 6º As dotações orçamentárias e os créditos abertos serão consignados diretamente ao Poder Judiciário, cabendo ao Presidente do Tribunal que proferir a decisão exequenda determinar o pagamento integral e autorizar, a requerimento do credor e exclusivamente para os casos de preterimento de seu direito de precedência ou de não alocação orçamentária do valor necessário à satisfação do seu débito, o sequestro da quantia respectiva."

(execução forçada) desta, verificam-se duas prescrições distintas: a da ação e a da execução. Não se há, pois, de pensar que, na espécie, a sentença condenatória funcione como uma causa interruptiva de um único prazo prescricional, que apenas provocaria o reinício de sua contagem na fase executiva do processo. Se assim fosse, a prescrição interrompida teria de ser contada, perante a Fazenda, pela metade, e outra interrupção não mais teria cabimento em face da mesma pretensão, por força do art. 3º do Decreto-lei n. 4.597/1942.[6]

Entretanto, dita regra diz respeito à prescrição intercorrente, aquela que se verifica em relação à pretensão objeto de procedimento que ainda não deu satisfação à pretensão do credor. Se se trata de fato extintivo do credor posterior ao processo findo, não se pode cogitar de interromper uma prescrição que não mais se acha em andamento: somente se há de pensar numa outra prescrição, referente, pois, a uma outra pretensão nascida após a sentença transitada em julgado no processo de conhecimento.[7]

O art. 535, VI, do CPC deixa claro que a Fazenda Pública pode impugnar a execução de sentença, mediante arguição de prescrição, mas não daquela pertinente à ação condenatória, mas da que nasceu e se consumou depois do trânsito em julgado do decisório exequendo. É certo, assim, que há duas prescrições distintas: a da pretensão condenatória e a da pretensão executória.

Em caráter geral, está assente na jurisprudência que o prazo de prescrição aplicável à execução da sentença é o mesmo que se aplica à ação da qual o título executivo judicial se originou (Súmula n. 150/STF).[8] Assente também se acha na jurisprudência que após o trânsito em julgado da condenação só se pode discutir a prescrição da execução e nunca a da ação: "A prescrição acontecida antes do trânsito em julgado não pode ser apreciada por ocasião do cumprimento da sentença, sob pena de afronta à coisa julgada".[9]

394.2. Cancelamento do precatório e prescrição da execução contra a Fazenda Pública

A execução de sentença contra a Fazenda Pública, de obrigação de quantia certa, se processa por expedição de ofício requisitório, que se cumpre mediante depósito pela entidade devedora, em conta gerida pelo tribunal competente, cujo presidente deverá efetuar o pagamento ao exequente.

---

[6] "A prescrição das dívidas passivas, direitos e ações a que se refere o Decreto n. 20.910, de 6 de janeiro de 1932, somente pode ser interrompida por uma vez, e recomeça a correr, pela metade do prazo, da data do ato que a interrompeu, ou do último do processo para a interromper..." (Decreto-lei n. 4.597/1942, art. 3º).

[7] "Só há se falar em renúncia, expressa ou tácita, à prescrição por manifestação da Administração que expresse reconhecimento de dívida postulada posteriormente ao decurso do respectivo prazo prescricional. É a lógica de que somente é possível renunciar àquilo que já se aperfeiçoou sob o domínio do renunciante. Por tal razão, a renúncia ao prazo prescricional não produz efeito idêntico àquele *decorrente da interrupção do prazo prescricional, que ocorre durante o lapso em curso. Isto porque não se interrompe o prazo quando ele já extinguiu.* Em consequência, não pode ser aplicada a regra que beneficia a recorrida pelo *reinício do prazo pela metade*" (g.n.) (STJ, 2ª T., REsp 1.314.964/RJ, Rel. Min. Mauro Campbell Marques, ac. 18.09.2012, DJe 04.10.2012).

[8] No caso da execução de sentença contra a Fazenda Pública, prevalece o prazo prescricional de cinco anos estipulado pelo art. 1º do Decreto n. 20.910/1932 para todas as dívidas passivas da União, dos Estados e dos Municípios, bem como para todo e qualquer direito ou ação contra a Fazenda federal, estadual ou municipal, seja qual for a sua natureza.

[9] NEGRÃO, Theotonio et al. *Código de Processo Civil e legislação processual em vigor*. 49. ed. São Paulo: Saraiva, 2018, p. 567, nota 20 ao art. 525; STJ, 3ª T., REsp 1.381.654/RS, Rel. Min. Paulo de Tarso Sanseverino, ac. 05.11.2013, DJe 11.11.2013.

A Lei n. 13.463/2017, no tocante à Fazenda Nacional, instituiu um prazo de dois anos para que o exequente proceda, junto ao tribunal, ao levantamento do depósito correspondente ao seu crédito, sob pena de ser cancelado o precatório (ou a RPV) e transferido o valor depositado para a conta única do Tesouro Nacional (art. 2º, § 1º).

Cancelado, assim, o precatório (ou a RPV), ressalvou o art. 3º, *caput*, da referida Lei a possibilidade de o credor requerer ao juízo da execução a expedição de "novo ofício requisitório". Vale dizer que o crédito e o respectivo título não são cancelados em razão da inércia bienal do credor, mas para provocar sua satisfação terá de ser reiniciado o processo executivo contra a Fazenda devedora.

Qual seria o regime prescricional aplicável a esse novo procedimento de cumprimento da sentença? Os acórdãos do STJ não chegam a uma resposta unívoca. Há os que aplicam o prazo quinquenal que era, desde a coisa julgada, o próprio da prescrição das ações de qualquer natureza contra a Fazenda Pública,[10] e outros que, a pretexto da ausência de previsão de prazo estipulado na Lei n. 13.463/2017 para a renovação da execução cancelada, qualificam-na como imprescritível, tratando o caso como de um direito potestativo exercitável a todo o tempo, sem sujeição, portanto, a qualquer prazo extintivo.[11]

Se a pretensão a executar uma sentença – como a de requerer o precatório e usá-lo como instrumento de compelir a Fazenda Pública devedora a efetuar o depósito em juízo necessário a realização do pagamento ao credor exequente – não é um direito potestativo, mas o exercício de uma pretensão ao cumprimento forçado de uma prestação obrigacional, e, por isso, se submete à prescrição comum das pretensões da espécie, não se nos afigura racional pretender que, após o cancelamento do precatório já expedido, a renovação do pleito executivo extinto se transforme em objeto de um direito potestativo perpétuo, que num passo de mágica se revista de total imunidade aos efeitos prescricionais.

Uma sentença que condene ao pagamento de um débito, além de satisfazer uma pretensão condenatória, gera uma outra pretensão, também em torno da mesma obrigação patrimonial, mas já agora voltada para a sua realização material forçada. Daí ser a ação de execução de sentença sujeita à prescrição tanto como a ação de conhecimento condenatória. Não se pode pensar, nessa altura, que a pretensão de executar uma condenação de natureza obrigacional possa ser vista como representativa de um direito potestativo à tutela jurisdicional que conseguisse escapar, perenemente, dos efeitos da prescrição. Ao contrário, o que se acha cristalizado na jurisprudência liderada pelo STF é a natural prescritibilidade da execução de sentença, a qual se perfaz em prazo igual ao da pretensão exercida através do processo de conhecimento (Súmula n. 150/STF), inclusive no tocante à execução da Fazenda Pública, no regime dos precatórios, conforme entendimento consolidado do STJ.[12]

---

[10] "A pretensão de expedição de novo precatório ou nova RPV, após o cancelamento de que trata o art. 2º da Lei n. 13.463/2017, não é imprescritível". (STJ, 2ª T., REsp 1.859.409/RN, Rel. Min. Mauro Campbell Marques, ac. 16.06.2020, DJe 25.06.2020)

[11] "Com efeito, por ausência de previsão legal quanto ao prazo para que o credor solicite a reexpedição do precatório ou RPV, não há que se falar em prescrição, sobretudo por se tratar do exercício de um direito potestativo, o qual não estaria sujeito à prescrição, podendo ser exercido a qualquer tempo" (STJ, 1ª T., REsp 1.856.498/PE, Rel. Min. Napoleão Nunes Maia Filho, ac. 06.10.2020, DJe 13.10.2020).

[12] "(...) 3. Este Superior Tribunal de Justiça tem entendimento firmado no sentido de que é de cinco anos, contados a partir do trânsito em julgado da sentença condenatória, o prazo prescricional para a propositura da ação executiva contra a Fazenda Pública, em conformidade com o entendimento sufragado na Súmula n. 150 do Supremo Tribunal Federal. Precedentes" (STJ, 5ª T., AgRg no REsp 1.143.254/PR, Rel. Min. Laurita Vaz, ac. 02.02.2012, DJe 13.02.2012). No mesmo sentido: STJ, 1ª T., AgRg no Ag 1.351.937/PR, Rel. Min. Benedito Gonçalves, ac. 17.02.2011, DJe 25.02.2011; STJ, 2ª T., AgRg no AREsp 41.588/MG, Rel. Min. Humberto Martins, ac. 25.10.2011, DJe 04.11.2011.

É muito estranho afirmar que o cancelamento de um precatório que não chegou a ser definitivamente cumprido tenha o poder de permitir o reinício da execução extinta, mas já, então, imune a qualquer efeito da prescrição, qualquer que seja o tempo que o credor passe sem dar início, em juízo, ao procedimento executivo via novo ofício requisitório ou nova requisição de pequeno valor.

O cancelamento do precatório não se fez de maneira a transformar a Fazenda devedora em depositária temporária do valor até então à disposição do juízo da execução. O que se dá, nos termos da Lei n. 13.463/2017, é um completo cancelamento do precatório (vale dizer, da execução da sentença), com total reapropriação do valor até aquele momento depositado à ordem judicial. De tal sorte, cancelado o precatório, a relação processual entre credor e devedor volta ao *status quo*, ou seja, a de um direito de crédito violado pelo obrigado e apenas reconhecido por uma sentença, cujo cumprimento se mantém na estaca zero. A pretensão de voltar a reclamar a reabertura do procedimento destinado à formação de outro precatório não pode ter natureza jurídica diferente daquela que tinha a exercida na obtenção do primeiro precatório, que veio a ser cancelado nos termos da Lei n. 13.463. Se a mesma pretensão executiva era prescritível na primeira vez em que foi exercida, por que em sua renovação, após o cancelamento legal, teria outra natureza capaz de transformá-la em direito potestativo insuscetível de prescrição?

Pouco importa, *data venia*, que a Lei n. 13.463, ao permitir o reinício da execução após o cancelamento do primitivo precatório, não tenha estipulado prazo prescricional para a medida tendente à busca da tutela jurisdicional. O certo é que, extinta a execução originária, subsistiu um direito de crédito insatisfeito ou violado pelo devedor. E no regime do direito obrigacional positivo brasileiro, da violação de qualquer direito patrimonial, nasce sempre a pretensão que irá, em regra, extinguir-se no prazo definido em lei (Código Civil, art. 189).

Os prazos prescricionais, por sua vez, quase nunca surgem atrelados à própria norma que cria ou reconhece os direitos obrigacionais. São, em regra, regulados pela legislação geral. Por isso, não se pode atribuir a imprescritibilidade a pretensão alguma, a pretexto de falta de previsão de prazo na lei pertinente ao direito que lhe diz respeito. Tem-se sempre de recorrer à lei geral, seja de direito público ou privado, para descobrir qual o prazo prescricional a ser observado, já que a regra é a prescritibilidade, sendo a imprescritibilidade exceção que só à lei é permitido estabelecer, sempre em caráter excepcionalíssimo, no campo dos direitos de obrigação.

Nesse sentido, o Código Civil prevê, para as obrigações de direito privado, o prazo de dez anos aplicável à prescrição de todas as ações relativas a pretensões para as quais inexista prazo específico estatuído em lei (Código Civil, art. 205). E, no campo do direito público, a regra geral é a do prazo de cinco anos, aplicável à prescrição de todos os débitos de responsabilidade da Fazenda Pública (Decreto n. 20.910/1932, art. 1º).

Se a regra da Lei n. 13.463 não fixou prazo para o credor exercitar o direito de reiniciar a execução extinta pelo cancelamento legal do precatório, isto, de forma alguma, há de ser visto, em nosso regime jurídico positivo, como um caso de imprescritibilidade.

Feitas essas ponderações, a nosso ver, a controvérsia em torno da matéria, sobre a prescritibilidade ou imprescritibilidade da pretensão de reinício da execução após o cancelamento do precatório ou da RPV, deve ser solucionada pela orientação traçada no julgamento do REsp 1.859.409/RN, ou seja, pela observância do princípio da *actio nata*, fundamental à correta inteligência do instituto de ordem pública que é a prescrição:

"1. Estabelecem, respectivamente, os arts. 2º e 3º da Lei 13.463/2017: 'Ficam cancelados os precatórios e as RPV federais expedidos e cujos valores não tenham sido levantados pelo credor e estejam depositados há mais de dois anos em instituição financeira oficial', 'cancelado o precatório ou a RPV, poderá ser expedido novo ofício requisitório, a requerimento do credor'. 2. A pretensão de expedição de novo precatório ou nova RPV, após o cancelamento de que trata o art. 2º da Lei n. 13.463/2017, não é imprescritível. 3. O direito do credor de que seja expedido novo precatório ou nova RPV começa a existir na data em que houve o cancelamento do precatório ou RPV cujos valores, embora depositados, não tenham sido levantados. 4. '[...] no momento em que ocorre a violação de um direito, considera-se nascida a ação para postulá-lo judicialmente e, consequentemente, aplicando-se a teoria da *actio nata*, tem início a fluência do prazo prescricional' (REsp 327.722/PE, Rel. Ministro Vicente Leal, Sexta Turma, DJ 17.09.2001, p. 205). 5. Recurso especial parcialmente provido".[13]

Note-se, por último, que não devem os tribunais, pela relevância dos fins sociais e econômicos justificadores da prescrição, enraizados na paz social e na segurança jurídica, tomar liberdades interpretativas incompatíveis com a disciplina rígida da legislação pertinente. Séria e correta é a advertência da jurisprudência a propósito do tema:

"[...] 'a prescrição é instituto que não visa a resguardar o interesse particular de um ou outro indivíduo – embora isso, concretamente, aconteça – senão atender, primordialmente, a interesses de ordem social, que culminam com a necessária estabilização das relações, depois de transcorrido lapso de tempo razoavelmente fixado em lei, e, pois, com a paz social'".[14]

Se a lei veda ao juiz alterar os prazos de prescrição, aumentando-os ou reduzindo-os (Código Civil, art. 192), com maior razão resta-lhe vedado negar a incidência da prescrição quando prevista, claramente, na sistemática da ordem jurídica positiva.

395. PROCEDIMENTO

Fora as especificidades do procedimento para a execução de título extrajudicial contra a Fazenda Pública suscitadas no item anterior, aplica-se o procedimento previsto nos arts. 534 e 535, por disposição expressa do Código (art. 910, § 3º).

Ou seja, o exequente deverá propor a execução munido de petição inicial contendo os requisitos gerais e apresentando demonstrativo discriminado e atualizado do crédito.[15]

A execução deverá ser ajuizada no juízo competente segundo as regras gerais de competência (CPC/2015, arts. 42 a 53).

Possuem legitimidade passiva as "Fazendas Públicas Federal, Estaduais, Distrital e Municipais" (art. 100, *caput*, da CF), abrangendo as autarquias e as fundações públicas.[16] Por outro lado, as sociedades de economia mista e empresas públicas, que se submetem ao regime jurídico próprio das empresas privadas, não se beneficiam desse procedimento especial:

"Os privilégios da Fazenda Pública são inextensíveis às sociedades de economia mista que executam atividades em regime de concorrência ou que tenham como objetivo distribuir lucros aos seus acionistas".[17]

"A sociedade de economia mista, posto consubstanciar personalidade jurídica de direito privado, sujeita-se, na cobrança de seus débitos ao regime comum das sociedades em

---

[13] STJ, 2ª T., REsp 1.859.409/RN, Rel. Min. Mauro Campbell Marques, ac. 16.06.2020, *DJe* 25.06.2020.
[14] STJ, 3ª T., AgInt no AREsp 1.326.459/SP, Rel. Min. Marco Aurélio Bellizze, ac. 03.12.2018, *DJe* 06. 12. 2018.
[15] ASSIS, Araken de. *Manual da execução*. 18. ed. *cit.*, n. 479, p. 1.370.
[16] ASSIS, Araken de. *Manual da execução*.18. ed. *cit.*, n. 481, p. 1.373.
[17] STF, Pleno, RE 599.628/DF, Rel. Min. Joaquim Barbosa, ac. 25.005.2011, *DJe* 17.10.2011.

geral, nada importando o fato de prestarem serviço público, desde que a execução da função não reste comprometida pela constrição. Precedentes".[18]

Há, porém, uma distinção entre as entidades paraestatais que desempenham atividade econômica e aquelas que se encarregam de serviços públicos primários, como, por exemplo, o Banco Central e a Empresa de Correios. Contra as primeiras, que se sujeitam constitucionalmente ao regime jurídico das empresas privadas, a execução segue o procedimento expropriatório comum. As empresas e sociedades de economia mista instituídas para desempenhar serviço público sujeitam-se a execução própria da Fazenda Pública, isto é, submetem-se à execução por meio de precatórios (ver adiante o item 399).

A Fazenda executada pode, após citada, opor embargos do devedor, no prazo de trinta dias (art. 910, *caput*).

396. DEFESA DA FAZENDA PÚBLICA

I – Conteúdo dos embargos à execução

A execução por quantia certa contra a Fazenda Pública, conforme já se registrou, pode fundar-se em título judicial ou extrajudicial (v., *retro*, n. 376), variando o rito executivo conforme o caso. O conteúdo e a forma da defesa do devedor também será diferente em cada uma das hipóteses. Nesse sentido, é ampla a matéria discutível frente ao título extrajudicial (arts. 910, § 2º e 917) e limitada a que se pode opor ao título judicial (art. 535).

A propósito do assunto, dispõe o art. 917, VI, que, nos embargos à execução fundados em título extrajudicial, o executado poderá alegar "qualquer matéria que lhe seria lícito de deduzir como defesa em processo de conhecimento", além de outras matérias típicas do processo executivo, como vícios do título executivo, penhora incorreta, excesso de execução etc. (art. 917, I a VI).

Quando a execução contra a Fazenda Pública estiver apoiada em título judicial, a regra a observar é a do art. 535.

Portanto, nos embargos de execução de títulos extrajudiciais contra a Fazenda Pública, os temas suscitáveis pela executada, em síntese são:

a) Os próprios de quaisquer embargos à execução por quantia certa, consoante o art. 917: *(i)* inexequibilidade do título ou inexigibilidade da obrigação; *(ii)* excesso de execução ou cumulação indevida de execuções; *(iii)* incompetência absoluta ou relativa do juízo da execução; *(iv)* qualquer matéria que seria lícito ao executado deduzir como defesa em processo de conhecimento.

b) Os específicos da impugnação ao cumprimento da sentença contra a Fazenda Pública (art. 535 aplicável, no que couber, à execução dos títulos extrajudiciais, conforme art. 910, § 3º), a saber: *(i)* ilegitimidade de parte; *(ii)* qualquer matéria modificativa ou extintiva da obrigação, como pagamento, novação, compensação, transação ou prescrição (as demais previsões dos incs. III, IV e V, do art. 535, são iguais às do art. 917, acima enumeradas.

II – Cumulação de execuções

Destaque-se, outrossim, que como regra geral, oriunda da disciplina pertinente aos títulos extrajudiciais, não há vedação a que se cumulem diversas execuções num só processo. Mas o

---

[18] STJ, 1ª T., REsp. 521.047/SP, Rel. Min. Luiz Fux, ac. 20.11.2003, *DJe* 16.02.2004.

cúmulo só é autorizado pela lei quando ocorre identidade de partes, de competência e de forma processual (art. 780). Fora disso, será ilícita a união de execuções e o devedor prejudicado poderá opor com êxito seus embargos. A defesa, todavia, será de natureza e eficácia meramente formais, já que só atacará o ato processual de cumulação, não impedindo que o credor volte a propor as execuções separadamente.

III – Arguição de incompetência

Quanto à arguição de incompetência do juízo, seja ela *absoluta* ou *relativa*, deverá ser arguida na própria impugnação ao cumprimento de sentença (arts. 525, VI, e 535, V) ou nos embargos à execução (art. 917, V), suprimindo-se a necessidade de instauração de incidente pela oposição de exceção em petição apartada, própria da Codificação anterior nas hipóteses de incompetência relativa.

IV – Arguição de suspeição ou impedimento

A suspeição ou o impedimento do juiz, por sua vez, devem ser alegados em petição apartada, no prazo de quinze dias, a contar do conhecimento do fato que lhes deu origem (arts. 535, § 1º e 917, § 7º). Caso a alegação não seja acolhida imediatamente pelo juiz, dará origem a um incidente processual, a ser julgado com observância do disposto no art. 146.

V – Excesso de execução

Já no tocante ao excesso de execução, a regra a aplicar é a do art. 917, § 2º, que o identifica nas seguintes hipóteses:

a) quando o exequente pleiteia quantia superior à do título;
b) quando recai sobre coisa diversa daquela declarada no título;
c) quando se processa de modo diferente do que foi determinado na sentença;
d) quando o exequente, sem cumprir a prestação que lhe corresponde, exige o adimplemento da do executado (art. 787);
e) se o exequente não provar que a condição se realizou.[19]

397. JULGAMENTO

I – Execução embargada

Quando houver oposição de embargos pela Fazenda Pública, instruído o processo, o julgamento se dará por sentença de acolhimento ou rejeição. O recurso cabível será a apelação. "A sentença de rejeição dos embargos à execução opostos pela Fazenda Pública não está sujeita à remessa necessária" (Enunciado n. 158/CEJ/CJF).

II – Execução não embargada

No caso de execução de título extrajudicial, entendia a jurisprudência, à época do Código anterior, que o juiz teria, mesmo na ausência dos embargos, de proferir uma sentença para autorizar a expedição do precatório. É que a execução, pela sistemática dos precatórios, teria

---

[19] Equivale à situação do inciso V a falta de prova de verificação do termo, que também se apresenta como requisito necessário para qualquer execução (art. 514).

de fundar-se sempre em "sentença judiciária", à luz do art. 100 da Constituição.[20] A orientação seguida pelo atual Código é bem diferente e muito mais singela: "não opostos embargos (...), expedir-se-á precatório ou requisição de pequeno valor em favor do exequente" (art. 910, § 1º). Só exige o dispositivo legal decisão transitada em julgado antes da expedição do precatório, quando os embargos opostos pela executada tiverem sido rejeitados. Logo, inexistindo embargos a julgar, o juiz simplesmente verificará a exequibilidade do título extrajudicial e, por meio de decisão interlocutória determinará a expedição do precatório. Não haverá, portanto, sentença de mérito quanto ao crédito acobertado por título extrajudicial, segundo o regime implantado pela nova legislação processual civil.

Já ao tempo do CPC/1973, se entendia que a sentença, na espécie, era meramente formal. O decisório não entrava no exame da relação jurídica material subjacente ao título executivo, porque o título, por si só, a justifica, e a Fazenda executada nada arguiu contra ele. Quando muito, o cálculo de atualização do débito ajuizado será conferido e homologado antes da remessa do precatório à Administração Pública. Por não ter resistido à execução nem mesmo haveria sucumbência para a Fazenda Pública, por expressa determinação legal. Apenas no julgamento dos eventuais embargos é que se configuraria a sucumbência justificadora da imposição de honorários advocatícios à Fazenda Pública, se vencida (Lei n. 9.494/1997, art. 1º-D).

III – Honorários advocatícios

Não havendo defesa, não haverá sucumbência, razão pela qual a Lei n. 9.494/1997 dispõe que "não serão devidos honorários advocatícios pela Fazenda Pública nas execuções não embargadas" (art. 1º-D, incluído pela Medida Provisória n. 2.180-35, de 24.08.2001). Esta isenção refere-se a honorários da execução e não exclui, como é óbvio, a verba que tenha sido prevista na sentença exequenda.[21] Essa sistemática já vigia ao tempo do Código anterior e não foi alterada pelo atual Código, devendo ser observada, naturalmente, também nas execuções contra a Fazenda Pública, não embargadas.

Para o Superior Tribunal, porém, a isenção de honorários sucumbenciais, de que trata a Lei n. 9.494/1997, não tem aplicação no âmbito das sentenças coletivas, quando os beneficiários intentam execuções singulares. A posição jurisprudencial encontra-se sumulada com o seguinte enunciado: "São devidos os honorários advocatícios pela Fazenda Pública nas execuções individuais de sentença proferida em ações coletivas, ainda que não embargadas" (Súmula n. 345 do STJ).

IV – Erro e excessos nos cálculos homologados

O Presidente do Tribunal não pode rever o conteúdo da sentença passada em julgado. Cabe-lhe, porém, proceder ao exame dos cálculos homologados, para corrigir-lhe eventuais

---

[20] Mesmo após a EC n. 30, de 13.09.2000, continuou o STF entendendo ser cabível a execução de título extrajudicial contra a Fazenda Pública: "o art. 730, CPC, há de ser interpretado assim: a) os embargos, ali mencionados, devem ser tidos como contestação, com incidência da regra do art. 188, CPC; b) se tais embargos não forem opostos, deverá o juiz proferir sentença, que estará sujeita ao duplo grau de jurisdição (CPC, art. 475, I); c) com o trânsito em julgado da sentença condenatória, o juiz requisitará o pagamento, por intermédio do Presidente do Tribunal, que providenciará o precatório" (STF, 2ª T., AgRg. n. RE 421.233/PE, Rel. Min. Carlos Velloso, ac. 15.06.2004, *DJU* 06.08.2004). No regime do art. 910 do CPC atual, não há mais lugar para se cogitar da remessa necessária, antes do processamento do precatório.

[21] Esse entendimento afasta as execuções singulares oriundas de ações coletivas do regime da Lei nº 9.494/1977, art. 1º-D.

erros ou excessos (Lei n. 9.494/1997, art. 1º-E, incluído pela Medida Provisória n. 2.180-35, de 24.8.2001).[22]

A deliberação do Presidente durante o processamento dos precatórios, configura, segundo o Supremo Tribunal Federal, *ato administrativo*, e não *ato jurisdicional*, mesmo quando ocorra exame e ratificação pelo Plenário da Corte de origem.[23] Por isso descabe, na espécie, a interposição de recurso especial ou extraordinário.[24]

O juiz da execução contra a Fazenda Pública não é o Presidente do Tribunal, é o juiz da causa. A este, portanto, é que cabe decidir sobre a extinção da execução[25], sobre as questões incidentes[26] e sobre a expedição do precatório complementar[27].

V – Ordem de preferência para o cumprimento dos precatórios. Credores idosos ou portadores de doença grave e pessoas com deficiência

Os pagamentos a cargo da Fazenda Pública, em virtude de sentença judiciária, deverão ser feitos exclusivamente na ordem cronológica de apresentação dos precatórios e à conta dos respectivos créditos (CF, art. 100, *caput*).

Essa ordem é superada, porém, em duas exceções constitucionais:

a) débitos de natureza alimentícia em geral (CF, art. 100, § 1º);
b) débitos de natureza alimentícia cujos titulares tenham 60 anos de idade, ou sejam portadores de doença grave, ou pessoas com deficiência, assim definidos na forma da lei (CF, art. 100, § 2º).

As obrigações alimentares em geral (§ 1º)[28] serão pagas com preferência sobre os demais débitos (CF, art. 100, § 1º). Mas, os débitos alimentícios em favor de idosos (pessoas com 60 anos ou mais) ou de portadores de doença grave ou com deficiência gozarão de preferência sobre todos, inclusive sobre os credores de alimentos de idade inferior (CF, art. 100, § 2º)[29].

---

[22] "Os atos do presidente do tribunal que disponham sobre processamento e pagamento de precatório não têm caráter jurisdicional" (Súmula 311, do STJ). Contra eles não cabe recurso extraordinário (STF, AI 162.775/SP, Rel. Min. Celso de Mello, ac. 01.08.1995, *DJU* 10.08.1995, *RDA* 201/192).

[23] STF, Pleno, ADI 1.098/SP, Rel. Min. Marco Aurélio, ac. 11.09.1996, *RTJ* 161/796. No mesmo sentido: STJ, Súmula 311; STJ, 1ª T., REsp. 697.225/RN, Rel. Min. Teori Zavascki, ac. 15.12.2005, *DJU* 13.02.2006, p. 686.

[24] Súmula 733 do STF; STJ, 1ª T., AgRg. no Ag. 721.024/SP, Rel. Min. José Delgado, ac. 12.09.2006, *DJU* 16.10.2006, p. 296.

[25] STJ, 2ª T., REsp 2.061/SP, Rel. Min. Ilmar Galvão, ac. 07.03.1990 *RSTJ* 11/382; STJ, 2ª T., REsp. 2.198/SP, Rel. Min. Ilmar Galvão, ac. 21.05.1990, *RT* 658/208; STJ, 1ª T., REsp. 50.826/SP, Rel. Min. Cesar Asfor Rocha, ac. 05.09.1994 *RSTJ* 64/304.

[26] STJ, 1ª T., REsp 15.032/SP, Rel. Min. Garcia Vieira, ac. 05.02.92, *DJU* 06.04.92, p. 4.467; STJ, 2ª T., REsp 9.296-0/SP, Rel. Min. José de Jesus Filho, ac. 05.04.93, *DJU* 03.05.93, p. 7.781.

[27] STJ, 6ª T., REsp 437.432/SP, Rel. Min. Vicente Leal, ac. 13.08.02, *DJU* 02.09.2002, p. 273.

[28] "Os débitos de natureza alimentícia compreendem aqueles decorrentes de salários, vencimentos, proventos, pensões e suas complementações, benefícios previdenciários e indenizações por morte ou por invalidez, fundadas em responsabilidade civil, em virtude de sentença judicial transitada em julgado" (CF, art. 100, § 1º).

[29] "Os débitos de natureza alimentícia cujos titulares, originários ou por sucessão hereditária, tenham 60 (sessenta) anos de idade, ou sejam portadores de doença grave, ou pessoas com deficiência, assim definidos na forma da lei, serão pagos com preferência sobre todos os demais débitos, até o valor equivalente ao triplo fixado em lei para os fins do disposto no § 3º deste artigo, admitido o fracionamento para essa finalidade, sendo que o restante será pago na ordem cronológica de apresentação do precatório" (CF, art. 100, § 2º) (redação dada pela EC n. 94, de 2016).

A última preferência, porém, prevalecerá até o equivalente ao triplo do teto fixado para as "requisições de pequeno valor" (CF, art. 100, §§ 2º e 3º). O que ultrapassar dito valor será pago na ordem cronológica de apresentação do precatório (art. 100, § 2º). Naturalmente, o remanescente não perderá sua natureza alimentícia e, por isso, será inserido na ordem cronológica específica dos precatórios dessa natureza, e não na ordem geral de todos os precatórios pendentes.

VI – Acordos diretos para pagamento de precatórios

As Leis n. 9.469/1997 e 10.522/2002, alteradas pela Lei n. 14.057/2020, disciplinam, no âmbito da União, de suas autarquias e de suas fundações, os acordos diretos para pagamento de precatórios de grande valor, nos termos do § 20 do art. 100 da Constituição Federal, e acordos terminativos de litígios contra a Fazenda Pública.

A análise dessa matéria consta dos itens 634.1 e 634.2, adiante.

398. OPÇÃO ENTRE EXECUÇÃO E ORDINÁRIA DE COBRANÇA CONTRA A FAZENDA PÚBLICA

Se se reconhece cabível a execução contra a Fazenda Pública com base em título extrajudicial, pode-se pensar que o credor, munido de tal documento, não teria interesse para justificar o uso da ação ordinária de cobrança. Careceria ele de ação na via do processo de conhecimento. A tese, todavia, não é procedente. Nem mesmo se pode detectar uma substancial diferença entre uma ação de cobrança contra a Fazenda Pública e a figura especial que o art. 910 disciplina como execução contra a Fazenda Pública.

Com efeito, a quantidade e predominância de cognitividade são as mesmas nos dois remédios processuais, tanto que se considera execução imprópria do art. 910. Basta lembrar que se tivesse sido proposta a *execução*, nos referidos moldes, e esta tivesse sido embargada, a matéria submetida a acertamento daria lugar à formação de um *processo de conhecimento*, que, mesmo sendo extinta a execução por desistência do credor, teria vida própria. O acertamento continuaria, por si só, até a sentença de mérito (CPC/2015, art. 775, parágrafo único).

Ora, proposta, desde logo a ação de cognição, para acertamento de todas as divergências do negócio existente entre as partes, que sentido teria, depois de já instruído e julgado o feito por sentença anulá-lo, para que a execução fosse proposta, e a discussão se reabrisse por meio de embargos?

A rigor não há execução contra a Fazenda Pública, porque o processo nunca se inicia por atos de agressão patrimonial. A citação nem sequer é *para pagar*, mas para *embargar* (equivale: *contestar*) (art. 910).

Que diferença essencial, pois, haveria entre uma ação ordinária de cobrança contestada e uma execução contra a Fazenda Pública? Nenhuma. Cabe, assim, ao credor, em cada caso, ponderar sobre a conveniência de propor uma execução imprópria ou uma ação ordinária de cobrança, segundo os princípios modernos da denominada tutela jurisdicional diferenciada. De sua escolha, qualquer que seja, nenhum prejuízo acontecerá para a Fazenda Pública.

399. EXECUÇÃO FISCAL CONTRA A FAZENDA PÚBLICA

Tratando-se de obrigação de quantia certa, o procedimento adequado para executar o débito do Poder Público é do art. 910 do atual Código de Processo. Mesmo que o credor seja alguma pessoa jurídica de direito público e seu crédito seja tributário ou previdenciário, não poderá lançar mão do executivo fiscal da Lei n. 6.830, de 22.09.1980, para exigi-lo de outra instituição integrante da Administração Pública[30]. A execução por quantia certa contra a Fazenda Pública, não importa quem seja o credor, é uma só: a prevista no art. 910 do CPC[31].

400. EXECUÇÃO CONTRA ENTIDADE DA ADMINISTRAÇÃO INDIRETA

O processo de execução por quantia certa, regulado pelo art. 910 do Código de Processo Civil, aplica-se às autarquias e demais pessoas jurídicas de direito público interno[32], como as fundações de direito público, cujos bens, tal como os das autarquias são impenhoráveis[33].

O mesmo não acontece com as sociedades de economia mista e as empresas públicas organizadas pelo Poder Público para a prática de operações econômicas em concorrência com as empresas privadas. A essas, a Constituição manda aplicar o regime próprio das empresas privadas, inclusive quanto às obrigações trabalhistas e tributárias (CF, art. 173, § 1º). Logo, não se lhes aplica a execução especial do art. 910, devendo seus débitos serem exigidos em juízo no regime comum, ou seja, no regime de penhora e expropriação aplicável a qualquer devedor, segundo o Livro II, do Código de Processo Civil[34].

Permanecem, de outro lado, sujeitas ao regime especial do art. 910, as empresas públicas e sociedades de economia mista instituídas, não para exploração da atividade econômica própria das empresas privadas, mas para prestar serviço público da competência da União Federal, como é o caso da empresa Brasileira de Correios e Telégrafos. Empresas dessa natureza o STF equipara à Fazenda Pública, excluindo-as do alcance do art. 173, § 1º, da Constituição, e, no campo do processo, as submete ao regime executivo dos precatórios, por força do art. 100 da mesma lei fundamental[35].

401. EXECUÇÃO DE OBRIGAÇÃO DE DAR OU DE FAZER E NÃO FAZER

Note-se, por fim, que as regras especiais de execução imprópria, via requisitório, só se referem à execução por quantia certa, como expressamente dispunha o art. 730 do CPC/1973. Muito embora o art. 910 do CPC/2015 trate apenas da "execução fundada em título extrajudicial", o entendimento permanece o mesmo.[36]

Isto porque só esta modalidade de execução forçada importa, ordinariamente, expropriação de bens patrimoniais do devedor inadimplente, atingindo, assim, bens e receitas do Tesouro Público.

---

[30] STJ, 2ª T., REsp 28.883-0/SP, Rel. Min. Hélio Mosimann, ac. 18.11.92, *DJU* 01.02.93, p. 459.

[31] STJ, 1ª T., REsp 642.122/PR, Rel. Min. Francisco Falcão, ac. 07.12.2004, *DJU* 14.03.2005, p. 218; TRF-4ª Região, Súmula n. 58.

[32] STF, 1ª T., RE 158.694-0/SP, Rel. Min. Celso de Mello, ac. 25.04.95, *DJU* 15.09.95, p. 29.523.

[33] STJ, 6ª T., MC 633/SP, Rel. Min. Vicente Cernicchiaro, ac. 16.12.96, *DJU* 31.03.97, p. 9.641.

[34] STJ, 1ª T., REsp 521.047/SP, Rel. Min. Luiz Fux, ac. 20.11.2003, *DJU* 16.02.2004, p. 214; STJ, 2ª T., REsp 176.078/SP, Rel. Min. Ari Pargendler, ac. 15.12.1998, *RSTJ* 117/296; 1º TACivSP, 6ª C., Rel. Juiz Marciano da Fonseca, ac. 07.11.2000, *RT* 788/292. Recomenda-se, apenas, evitar que as medidas executivas comprometam a função atribuída ao ente paraestatal.

[35] STF, Pleno, RE 220.906-9/DF, Rel. Min. Maurício Corrêa, ac. 16.11.2000, *DJU* 14.11.2002, p. 15; STF, 1ª T., RE 300.449-2/SP, Rel. Min. Moreira Alves, ac. 15.05.2001, *RT* 796/195; STF, 2ª T., AC-REF-MC 2.318-1/AL, Rel. Min. Joaquim Barbosa, ac. 09.06.2009, *DJE* 01.07.2009.

[36] "Os créditos de outra natureza, em que figure como obrigada pessoa jurídica de direito público, bem como as ordens emitidas pelo órgão judiciário, executam-se pelas vias executórias comuns a todos os devedores, ou seja, através dos meios porventura aplicados aos particulares" (ASSIS, Araken de. *Manual da execução*. 18. ed. *cit.*, n. 474, p. 158).

Na execução para entrega de coisa certa, ou incerta, não há que se cogitar do procedimento do art. 910 do CPC/2015, visto que a atividade *jurissatisfativa* se refere, na espécie, aos bens do próprio credor e não da Fazenda Pública. Esta, conforme os termos da sentença, tem apenas a posse ou detenção de bens de outrem, competindo-lhe, por isso, restituí-los ao legítimo dono, ou a quem de direito.

Aqui, portanto, a execução é feita *in natura*, sem nenhum privilégio, mediante o procedimento normal dos arts. 806 a 813, do atual Código de Processo Civil, e especialmente do art. 538, que resultará, no caso de recalcitrância do Poder Público, em imissão na posse, se a coisa for imóvel, ou em busca e apreensão, se se tratar de móvel.

Nessas execuções, como nas de obrigações e fazer e não fazer, tem cabimento impor à Fazenda Pública o meio coercitivo da *astreinte*, tanto em face de antecipação de tutela, como de execução definitiva[37].

A execução de obrigação de fazer e não fazer contra a Fazenda Pública, quando envolva problema de política pública, deve ser feita de maneira diversa daquela ordinariamente traçada para as execuções comuns, abrindo espaço para o denominado "processo estrutural", cuja formatação foi objeto de análise no item 6.4, *retro*.

---

[37] STJ, 1ª T., REsp. 806.765/RS, Rel. Min. Teori Albino Zavascki, ac. 20.04.2006, *DJU* 02.05.2006 p. 267. No mesmo sentido: STJ, 1ª T., AgRg no AREsp. 575.203/PE, Rel. Min. Napoleão Nunes Maia Filho, ac. 18.02.2016, *DJe* 02.03.2016; ATJ, 4ª T., AgRg no AgRg no REsp. 1.108.445/MS, Rel. Min. Maria Isabel Gallotti, ac. 04.08.2015, *DJe* 10.08.2015; STJ, 2ª T., AgRg no AREsp. 555.542/AC, Rel. Min. Mauro Campbell Marques, ac. 10.02.2015, *DJe* 18.02.2015.

Fluxograma n. 10 – Execução contra a Fazenda Pública com base em título extrajudicial (art. 910)

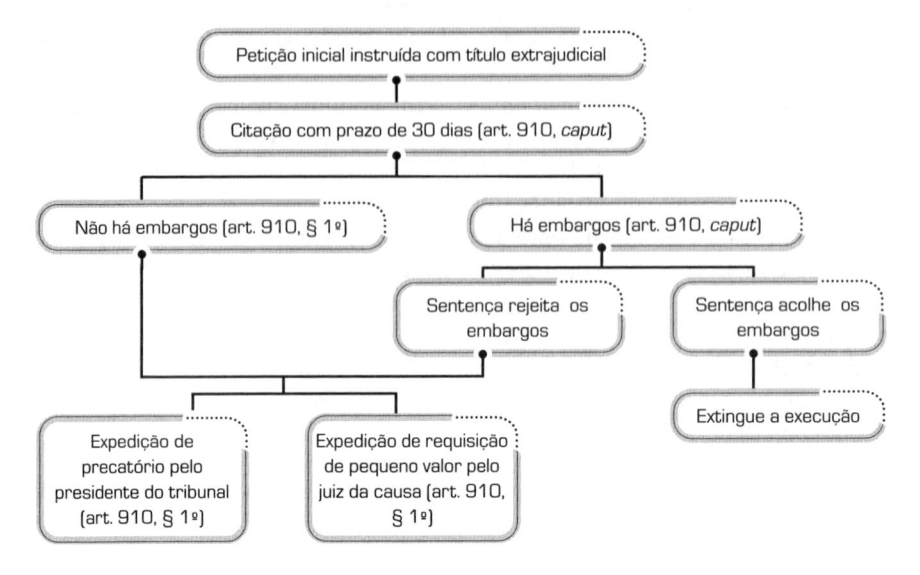

```
              ┌─────────────────────────────────────────────┐
              │ Petição inicial instruída com título extrajudicial │
              └─────────────────────────────────────────────┘
                                   │
              ┌─────────────────────────────────────────────┐
              │ Citação com prazo de 30 dias (art. 910, caput) │
              └─────────────────────────────────────────────┘
                        │                            │
        ┌───────────────────────────┐    ┌───────────────────────────┐
        │ Não há embargos (art. 910, § 1º) │    │ Há embargos (art. 910, caput) │
        └───────────────────────────┘    └───────────────────────────┘
                    │                        │                    │
                    │            ┌───────────────────┐  ┌───────────────────┐
                    │            │ Sentença rejeita os │  │ Sentença acolhe os │
                    │            │     embargos        │  │     embargos        │
                    │            └───────────────────┘  └───────────────────┘
                    │                        │                    │
                    │                        │          ┌───────────────────┐
                    │                        │          │ Extingue a execução │
                    │                        │          └───────────────────┘
        ┌───────────┴───────────┐
┌──────────────────┐  ┌──────────────────────┐
│ Expedição de     │  │ Expedição de requisição │
│ precatório pelo  │  │ de pequeno valor pelo   │
│ presidente do tribunal │ │ juiz da causa (art. 910, │
│ (art. 910, § 1º) │  │        § 1º)           │
└──────────────────┘  └──────────────────────┘
```

Capítulo XXIX
EXECUÇÃO POR QUANTIA CERTA DE TÍTULOS EXTRAJUDICIAIS EM MATÉRIA DE ALIMENTOS

402. INTRODUÇÃO

O atual Código não deixa dúvida sobre a possibilidade de a execução da prestação de alimentos ser promovida com base tanto em título executivo judicial, como em extrajudicial. O cumprimento de sentença para dar satisfação a crédito alimentício acha-se regulado pelos arts. 528 a 533, e o de verba da mesma natureza constante de título extrajudicial, pelos arts. 911 a 913 do CPC/2015. Em ambos os casos ocorre execução por quantia certa, com variações procedimentais para atender as peculiaridades do regime de direito material a que se acham sujeitas as obrigações da espécie.

403. EXECUÇÃO AUTÔNOMA DA PRESTAÇÃO ALIMENTÍCIA

O atual Código rompeu com o modelo anterior de manter o procedimento executivo para alimentos vinculado a uma ação autônoma, nas hipóteses em que se requeria a prisão do devedor. Anteriormente, abria-se ao credor de alimentos duas vias executivas: a) a de execução comum de obrigação de quantia certa (art. 732, CPC/1973); e b) a da execução especial, sem penhora e com sujeição do executado inadimplente à prisão civil (art. 733, CPC/1973). Ambas eram ações autônomas, pouco importando a natureza do título que fixava a prestação alimentícia, se judicial ou extrajudicial.

Na hipótese do art. 732, CPC/1973 a execução de sentença se processava nos moldes do disposto no Capítulo IV do Título II do Livro II daquele Código, no qual se achava disciplinada a "execução por quantia certa contra devedor solvente" (arts. 646 a 724, CPC/1973), cuja instauração se dava por meio de *citação* do devedor para pagar em 3 dias (art. 652, *caput*, CPC/1973), sob pena de sofrer penhora (*item*, § 1º). Como a Lei n. 11.232/2005 não alterou o art. 732 do CPC/1973, continuava prevalecendo nas ações de alimentos o primitivo sistema dual, em que acertamento e execução forçada reclamavam o sucessivo manejo de duas ações separadas a autônomas: uma para condenar o devedor a prestar alimentos e outra para forçá-lo a cumprir a condenação.

A segunda via executiva à disposição do credor de alimentos também não escapava do sistema dual. A redação inalterada do art. 733, CPC/1973 determinava, expressamente, que na execução de sentença que fixa a pensão alimentícia "o juiz mandará citar o devedor para, em três dias, efetuar o pagamento, provar que o fez ou justificar a impossibilidade de efetuá-lo". Logo, tanto na via do art. 732, CPC/1973 como na do art. 733, CPC/1973, o credor de alimentos se via sujeito a recorrer a uma nova ação para alcançar a satisfação forçada da prestação assegurada pela sentença. O procedimento executivo era, pois, o dos títulos extrajudiciais (Livro II) e não o de cumprimento da sentença instituído pelos arts. 475-J a 475-Q, do CPC/1973.

O atual Código levou para o âmbito do cumprimento de sentença a execução das decisões definitivas ou interlocutórias que fixem alimentos, a teor do art. 528. Dispensa-se, dessa forma, a instauração de nova ação executiva. Para tanto, segue-se no procedimento originalmente instaurado com a intimação do executado, para que este cumpra a obrigação de prestar alimentos, em três dias, ou prove já tê-lo feito, ou, ainda, justifique a impossibilidade de fazê-lo. Assim, quando se tratar de decisão judicial que fixe alimentos, o regime será o do cumprimento de sentença do art. 528. Apenas quando se tratar de título extrajudicial é que o procedimento aplicável será o do art. 911.

O cumprimento de sentença com base no art. 528 começa com a intimação pessoal do devedor para pagar o débito alimentar. Segundo jurisprudência do STJ, quando ocorrem sucessivas inadimplências e o devedor tem ciência inequívoca da execução pendente, não há obrigatoriedade de nova intimação pessoal, sendo suficiente a feita na pessoa do advogado[1].

404. EXECUÇÃO DE ALIMENTOS FUNDADA EM TÍTULO EXTRAJUDICIAL, SEGUNDO O CPC/2015

O art. 911 do CPC/2015 institui um procedimento especial para a execução de alimentos, quando o credor se basear em título executivo extrajudicial (contrato, acordo etc.). O art.13, do Estatuto do Idoso (Lei 10.741/2003) permite que "as transações relativas a alimentos poderão ser celebradas perante o Promotor de Justiça ou Defensor Público, que as referendará, e passarão a ter efeito de título executivo extrajudicial nos termos da lei processual civil". Já antes do CPC atual, vinha o STJ admitindo a prisão civil em execução de alimentos fixados em acordo extrajudicial[2].

É bem verdade que a execução da prestação alimentícia fixada em título extrajudicial poderia ser tratada apenas como uma execução por quantia certa subordinada ao mesmo procedimento das demais dívidas de dinheiro (art. 913). Porém, dada a relevância do crédito por alimentos e as particularidades das prestações a ele relativas, o Código permite medidas tendentes a tornar mais efetiva a execução e a atender a certos requisitos da obrigação alimentícia, que vão além das cabíveis na execução comum de quantia certa.

A primeira delas refere-se à hipótese de recair a penhora em dinheiro, caso em que o oferecimento de embargos não obsta a que o exequente levante mensalmente a importância da prestação (art. 913), o que será feito independentemente de caução. Outras são: *(i)* a possibilidade de prisão civil do devedor; *(ii)* o protesto de ofício da sentença; *(iii)* a decisão interlocutória que condene o devedor a prestar alimentos; e *(iv)* o desconto da pensão em folha de pagamento; o que, evidentemente, importa certas alterações no procedimento comum da execução por quantia certa.

Dessa sorte, tratando-se de execução fundada em título executivo extrajudicial que contenha obrigação alimentar, o juiz "mandará citar o executado para, em 3 (três) dias, *(i)* efetuar o pagamento das parcelas anteriores ao início da execução e das que se vencerem no seu curso; *(ii)* provar que o fez; ou *(iii)* justificar a impossibilidade de fazê-lo" (art. 911). Daí em diante, aplica-se, no que couber, o disposto nos §§ 2º a 7º do art. 528, que serão examinados no tópico n. 636, que cuida do cumprimento de decisão que fixa alimentos.

405. AVERBAÇÃO EM FOLHA DE PAGAMENTO

Em se tratando de devedor que exerça cargo público, militar ou civil, direção ou gerência de empresa, bem como emprego sujeito à legislação do trabalho, a execução de alimentos será feita mediante ordem judicial de desconto em folha de pagamento (art. 912, *caput* e § 1º).

---

[1] "Dessa forma, havendo inequívoca ciência do devedor acerca do débito alimentar objeto de execução, não há que se falar em ilegalidade na decisão do Juízo a quo, que determinou nova intimação na pessoa do seu advogado" (STJ, 3ª T., HC 831.606/SP, Rel. Min. Marco Aurélio Bellizze, ac. 24.10.2023, *DJe* 26.10.2023).

[2] "(...) O acordo referendado pela Defensoria Pública estadual, além de se configurar como título executivo, pode ser executado sob pena de prisão civil" (STJ, 3ª T., REsp 1.117.639/MG, Rel. Min. Massami Uyeda, ac. 20.05.2010, *DJe* 21.02.2011).

Nestes casos, "[...] o juiz oficiará à autoridade, à empresa ou ao empregador, determinando, sob pena de crime de desobediência, o desconto a partir da primeira remuneração posterior do executado, a contar do protocolo do ofício" (art. 912, § 1º).

Uma vez averbada a prestação em folha, considera-se seguro o juízo, como se penhora houvesse, podendo o devedor pleitear efeito suspensivo aos seus eventuais embargos à execução, se for caso (art. 919, § 1º).[3] Será excepcionalíssima esta hipótese, mas não poderá ser descartada, pois sempre haverá possibilidade de decisões absurdas e insustentáveis, mesmo em se tratando de concessão de alimentos.

406. PRISÃO CIVIL DO DEVEDOR

Quando não for possível o desconto em folha de pagamento, o devedor será citado para, em três dias, efetuar o pagamento, provar que já o fez, ou justificar a impossibilidade de efetuá-lo (art. 911).

Se o devedor não pagar, nem se escusar, o juiz além de mandar protestar da decisão na forma do art. 517, decretar-lhe-á a prisão por prazo de um a três meses (arts. 911, parágrafo único, c/c 528, § 3º).

O STJ, inicialmente, não admitia a prisão civil do devedor quando a dívida alimentícia se fundava em título extrajudicial.[4] Entretanto, o entendimento foi modificado, admitindo-se a prisão também para essa execução.[5]

Essa prisão civil não é meio de *execução*, mas apenas de coação, de maneira que não impede a penhora de bens do devedor e o prosseguimento dos atos executivos propriamente ditos.[6] Por isso mesmo, o cumprimento da pena privativa de liberdade "não exime o devedor do pagamento das prestações vencidas e vincendas" (art. 528, § 5º).

De acordo com a redação original do § 2º do art. 733, CPC/1973 cumprida a prisão, vedado era ao juiz outra imposição de pena ao mesmo devedor, ainda que houvesse inadimplemento posteriormente de outras prestações da dívida de alimentos. Essa ressalva, todavia, foi excluída pela nova redação que a Lei n. 6.515/1977 deu ao referido dispositivo, tornando o devedor passível de tantas prisões, quantos sejam os inadimplementos, desde, é claro, que não prove sua incapacidade para cumprir a prestação alimentícia a seu cargo.

A mesma sistemática vigora na legislação atual, com a ressalva expressa de que o débito alimentar que autoriza a prisão civil do alimentante é o que compreende até as três prestações anteriores ao ajuizamento da execução e as que se vencerem no curso do processo (art. 528,

---

[3] AMARAL SANTOS, Moacyr. Primeiras linhas de *Direito Processual Civil*. 4. ed. São Paulo: Max Limonad, 1970, v. III, n. 836, p. 271.

[4] "Excluídas da competência do Juizado Especial as causas de natureza alimentar, o acordo celebrado pelas partes, ainda que homologado por aquele Juízo, não tem eficácia para a compulsão executória da prisão civil do devedor, à míngua do devido processo legal" (STJ, 4ª T., REsp. 769.334/SC, Rel. Min. Jorge Scartezzini, ac. 07.12.2006, *DJU* 05.02.2007, p. 246).

[5] "1. Execução de alimentos lastrada em título executivo extrajudicial, consubstanciado em acordo firmado perante órgão do Ministério Público (art. 585, II, do CPC), derivado de obrigação alimentar em sentido estrito – dever de sustento dos pais a bem dos filhos. 2. Documento hábil a permitir a cominação de prisão civil ao devedor inadimplente, mediante interpretação sistêmica dos arts. 19 da Lei n. 5.478/1968 e Art. 733 do Estatuto Processual Civil" (STJ, 4ª T., REsp. 1.285.254/DF, Rel. Min. Marco Buzzi, ac. 04.12.2012, *DJe* 01.08.2013).

[6] Para Cândido Rangel Dinamarco, trata-se de medida excepcional, "em nome de um valor que nesses limites supera o dogma da liberdade do devedor, a saber, as necessidades vitais do alimentando" (DINAMARCO, Cândido Rangel. *Instituições do Direito Processual Civil*. 4. ed. São Paulo: Malheiros, 2019, v. IV, p. 680). Por se tratar de medida que deve ser aplicada excepcionalmente, a jurisprudência dá preferência ao desconto em folha de pagamento (TJSP, 7ª Câmara de Direito Privado, AgInt 2243597-11.2017.8.26.0000, Rel. Des. Miguel Brandi, ac. 18.06.2018, Publicação 18.06.2018).

§ 7º).[7] Se, porém, no curso da prisão, a prestação vier a ser paga, o juiz mandará pôr em liberdade o devedor imediatamente (art. 528, § 6º).

Explica-se a restrição da prisão civil apenas às parcelas vencidas até três prestações vencidas antes do ajuizamento da ação pela consideração de que a demora no ingresso em juízo faz com que as prestações antigas – acumuladas por inércia do credor –, com o passar do tempo perdem o cunho alimentar, passando a ter caráter de ressarcimento de despesas realizadas[8].

A prisão civil, é importante lembrar, não deve ser decretada *ex officio*. É o credor que "sempre estará em melhores condições que o juiz para avaliar sua eficácia e oportunidade". Deixa-se, pois, ao exequente "a liberdade de pedir, ou não, a aplicação desse meio executivo de coação, quando, no caso concreto, veja que lhe vai ser de utilidade, pois pode bem acontecer que o exequente, maior interessado na questão, por qualquer motivo, não julgue oportuna e até considere inconveniente a prisão do executado".[9] Por se tratar de medida de exclusiva iniciativa do credor, tampouco tem o Ministério Público legitimidade para requerê-la.[10] Porém, é de jurisprudência do STJ que "feita a escolha do procedimento que permite a prisão civil do executado, desde que observado o disposto na Súmula 309/STJ, como na espécie, não se mostra possível a sua conversão, de ofício, para o rito correspondente à execução por quantia certa"[11], como expediente impeditivo da prisão.

Por fim, a dívida que autorize a imposição da pena de prisão é aquela diretamente ligada ao pensionamento em atraso. Não se pode, pois, incluir na cominação de prisão verbas como custas processuais e honorários de advogado.[12]

---

[7] STJ, REsp. 157.647/SP, Rel. Min. Sálvio de Figueiredo Teixeira, ac. de 02.02.99, in DJU 28.06.99, p. 117; STJ, REsp. 140.876/SP, Rel. Min. Sálvio de Figueiredo Teixeira, ac. de 01.12.98, in DJU 15.03.99, p. 231; STJ, RO em HC 8.399/MG, Rel. Min. Waldemar Zveiter, ac. de 04.05.99, in DJU de 21.06.99, p. 148; STJ, 4ª T., RHC 8880/DF, Rel. Min. Sálvio de Figueiredo Teixeira, ac. 23.11.1999, DJU 14.02.2000, p. 31; STJ, 4ª T., REsp 216560/SP, Rel. Min. César Asfor Rocha, ac. 28.11.2000, DJU 05.03.2001, p. 169; STJ, 4ª T., RHC 20394/RS, Rel. Min. Massami Uyeda, ac. 06.02.2007, DJU 26.02.2007, p. 590; STJ, 3ª T., RHC 11.724/SP, Rel. Min. Ari Pargendler, ac. 11.09.2001, DJU 29.10.2001, p. 199; STJ, 4ª T., RHC 37.365/SP, Rel. Min. Marco Buzzi, ac. 25.06.2013, DJe 06.08.2013. A matéria acha-se sumulada no STJ: "O débito alimentar que autoriza a prisão civil do alimentante é o que compreende as três prestações anteriores ao ajuizamento da execução e as que vencerem no curso do processo" (Súmula n. 309 do STJ).

[8] STF, 1ª T., HC 75.180/MG, Rel. Min. Moreira Alves, ac. 10.06.1997, DJU 01.08.1997, p. 33.467.

[9] CASTRO, Amílcar de. *Comentários ao Código de Processo Civil*. 2. ed. Rio de Janeiro: Forense, 1963, v. X, n. 166, p. 165.

[10] TJSP, Ag. 208.511-1, Rel. Des. Leite Cintra, ac. de 09.03.94, in JTJSP 158/186. Nem mesmo o juiz pode tomar a iniciativa de ordenar a prisão civil do devedor de alimentos: "Não se concebe, contudo, que a exequente da verba alimentar, maior interessada na satisfação de seu crédito e que detém efetivamente legitimidade para propor os meios executivos que entenda conveniente, seja compelida a adotar procedimento mais gravoso para com o executado, do qual não se utilizou voluntariamente, muitas vezes para não arrefecer ainda mais os laços de afetividade, já comprometidos com a necessária intervenção do Poder Judiciário, ou por qualquer outra razão que assim repute relevante" (STJ, 3ª T., HC 128.229/SP, Rel. Min. Massami Uyeda, ac. 23.04.2009, DJe 06.05.2009).

[11] STJ, 3ª T., REsp 1.773.359/MG, Rel. Min. Marco Aurélio Bellizze, ac. 13.08.2019, DJe 16.08.2019.

[12] O dispositivo consolida a jurisprudência assentada no Superior Tribunal de Justiça, no sentido de que "em princípio apenas na execução de dívida alimentar atual, quando necessária a preservação da sobrevivência do alimentando, se mostra justificável a cominação de pena de prisão do devedor. Em outras palavras, a dívida pretérita, sem o escopo de assegurar no presente a subsistência do alimentando, seria insusceptível de embasar decreto de prisão. Assim, doutrina e jurisprudência admitiam a incidência do procedimento previsto no art. 733, CPC/1973, quando se trata de execução referente às últimas prestações, processando-se a cobrança da dívida pretérita pelo rito do art. 732, CPC/1973 (execução por quantia certa). Tem-se por 'dívidas pretéritas' aquelas anteriores a sentença ou a acordo que as tenha estabelecido, não sendo razoável favorecer aquele que está a merecer a coerção pessoal". (STJ, RHC 1.303/RJ, Rel. Min. Carlos Thibau, ac. de 26.08.91, in RSTJ 25/141; TJRS, Ag. 592117519, Rel. Des. Alceu Binato de Moraes, ac. de 09.06.93, in RJTJRS

É importante ressaltar que, segundo jurisprudência do STJ, a dosagem do tempo de duração da prisão por dívida de alimentos não deve ser feita discricionariamente pelo juiz, exigindo fundamentação específica por meio de um juízo de ponderação acerca dos efeitos ético-sociais da reprimenda frente às garantias constitucionais, observados os critérios da proporcionalidade e razoabilidade, principalmente quando se tratar de imposição acima do mínimo legal[13].

407. OPÇÃO ENTRE A EXECUÇÃO COMUM POR QUANTIA CERTA E A EXECUÇÃO ESPECIAL DE ALIMENTOS

Cabe ao credor, na abertura da execução de alimentos, optar entre requerer a citação com cominação de prisão (art. 911), ou apenas de penhora (arts. 913). Mas a escolha da primeira opção não lhe veda o direito de, após a prisão ou a justificativa do devedor, pleitear o prosseguimento da execução por quantia certa, sob o rito comum das obrigações dessa natureza (art. 913), caso ainda persista o inadimplemento.

Nem o Código nem a Lei n. 5.478/1968 impõem ao credor de alimentos a obrigação de primeiro executar o alimentando pelas vias comuns da execução por quantia certa para só depois requerer as medidas coativas do art. 911, de sorte que pode perfeitamente iniciar-se o processo executivo por qualquer dos dois caminhos legais.[14]

160/292; STJ, RHC 2.998-6/PB, Rel. Min. Flaquer Scartezzini, ac. de 13.10.93, in DJU de 08.11.93, p. 23.571; STJ, 3ª T., HC 20.726/SP, Rel. Min. Antônio de Pádua Ribeiro, ac. 16.04.2002, DJU 13.05.2002, p. 205.).

[13] "...6. Por conseguinte, deve o magistrado fixar de forma individualizada, proporcional e razoável, como toda medida de índole coercitiva, o tempo de restrição da liberdade, estabelecendo critérios objetivos de ponderação, enquanto não houver tal estipulação pelo legislador, evitando-se, assim, a escolha de prazo de restrição da liberdade ao mero talante do julgador. 7. Na hipótese, constata-se ter a decisão acerca da prisão civil do devedor se limitado a indicar o prazo máximo de três meses de confinamento, sem justificativa suficiente e adequada. Diante da ausência de fundamentação na fixação do prazo da prisão civil decretada, constata-se ilegalidade e concede-se a ordem de habeas corpus para reduzir o prazo da prisão para o mínimo legal de um mês" (STJ, 4ª T., RHC 188.811/GO, Rel. Min. Raul Araújo, ac. 12.03.2024, DJe 02.04.2024).

[14] TJPR, Apel. 391/76, in A. Paula, op. cit., VI, n. 13.280, p. 517; TJPR, HC 19.335-7, Rel. Des. Troiano Netto, ac. de 11.03.92, in Alexandre de Paula, Código de Processo Civil Anotado, São Paulo, RT, 1998, 7ª ed., v. III, p. 2.998; TJSP, HC 14.068, Rel. Des. Leite Cintra, ac. de 19.06.96, in RT 732/222; STJ, 4ª T., REsp 345.627/SP, Rel. Min. Sálvio de Figueiredo Teixeira, ac. 02.05.2002, DJU 02.09.2002, p. 194; TJMG, 7ª Câm. Cív. Ag. Inst. 0296600-82.2011.8.13.0000, Rel. Des. Peixoto Henriques, ac. 04.10.2011, DJMG 14.10.2011.

Fluxograma n. 11 – Execução de prestação de alimentos com base em título extrajudicial (arts. 911 a 913)

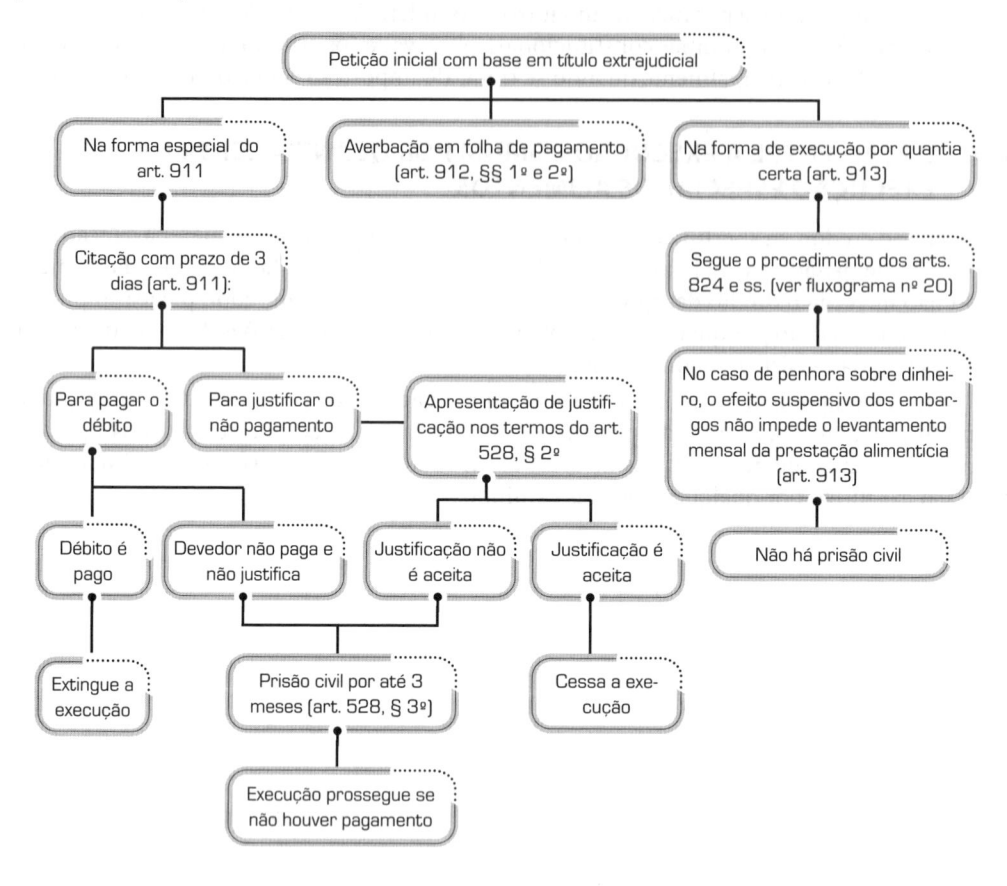

```
                         Petição inicial com base em título extrajudicial
                                             │
        ┌────────────────────────────┬───────┴──────────────────┬────────────────────────────┐
        │                            │                          │
Na forma especial do      Averbação em folha de pagamento   Na forma de execução por quantia
    art. 911                 (art. 912, §§ 1º e 2º)              certa (art. 913)
        │                                                              │
Citação com prazo de 3                                         Segue o procedimento dos arts.
   dias (art. 911):                                            824 e ss. (ver fluxograma nº 20)
        │                                                              │
        │                                                       No caso de penhora sobre dinhei-
        │                                                       ro, o efeito suspensivo dos embar-
        │                                                       gos não impede o levantamento
        │                                                       mensal da prestação alimentícia
        │                                                       (art. 913)
   ┌────┴────┬──────────────┬────────────────────────┐                 │
Para pagar o   Para justificar o   Apresentação de justifi-      Não há prisão civil
  débito        não pagamento      cação nos termos do art.
                                         528, § 2º
   │              │                    │         │
Débito é    Devedor não paga e   Justificação não   Justificação é
  pago       não justifica        é aceita            aceita
   │              │                    │                │
Extingue a    Prisão civil por até 3              Cessa a exe-
execução      meses (art. 528, § 3º)                 cução
                   │
              Execução prossegue se
              não houver pagamento
```

Capítulo XXX
A DEFESA DO DEVEDOR. INCIDENTES DA EXECUÇÃO

408. RESISTÊNCIA À EXECUÇÃO

Não é a execução um processo essencialmente dialético. Sua índole não se mostra voltada para o contraditório,[1] pelo menos para aquele que ordinariamente se trava no processo de conhecimento, em busca da definição do pretenso direito subjetivo do autor. Quando se cumpre o mandado executivo, a citação do devedor é para pagar a dívida representada no título do credor e não para se defender. Dessa maneira, o transcurso do prazo de citação tem como eficácia prática imediata a confirmação do inadimplemento, em lugar da revelia que se registra no processo de conhecimento[2].

Esse caráter específico do processo executivo, todavia, não impede que interesses do devedor ou de terceiro sejam prejudicados ou lesados pela execução. Daí a existência de remédios especiais para defesa de tais interesses e, através dos quais, pode-se atacar o processo de execução em razão de *nulidades* ou de *direitos materiais* oponíveis ao do credor.

São os *embargos* a via para opor-se à execução forçada[3]. Configuram eles *incidentes* em que o devedor, ou terceiro, procura defender-se dos efeitos da execução, não só visando evitar a deformação dos atos executivos e o descumprimento de regras processuais, como também resguardar direitos materiais supervenientes ou contrários ao título executivo, capazes de neutralizá-lo ou de reduzir-lhe a eficácia, como pagamento, novação, compensação, remissão, ausência de responsabilidade patrimonial etc.[4]

No sistema do atual Código de Processo Civil, os embargos oponíveis à execução podem ser:

a) *embargos do executado* (arts. 910 e 914 a 920); e
b) *embargos de terceiro* (arts. 674 a 681).

No regime do Código de 1973, o capítulo que tratava dos embargos à execução também dispunha sobre os embargos à *adjudicação, alienação* ou *arrematação* (CPC/1973, art. 746).

---

[1] O credor, a cujo título a lei confere força executiva, mesmo sem ter passado pelo crivo do acertamento judicial, "nada mais tem a discutir com o devedor", trata apenas de executar seu direito, tornando-o efetivo (CASTRO, Amilcar de. *Comentários do Código de Processo Civil*. Rio de Janeiro: Forense, 1963, v. X, t. 2, n. 422, p. 420).

[2] O fim da execução, segundo Amaral Santos, é apenas e simplesmente a realização da sanção expressa no título (AMARAL SANTOS, Moacyr. *Direito Processual Civil*. 4. ed. São Paulo: Saraiva, 1980, v. III, n. 896, p. 359). É por isso que, nesse tipo de processo, "o fim imediato da citação não é o de chamar o executado para se defender, mas sim o de confirmar o inadimplemento", segundo requisito específico da execução forçada, ao lado do título executivo (Cf. CASTRO, Amilcar de. *Op. cit., loc. cit.*).

[3] Enquanto para o credor basta a exibição do título executivo para instaurar e levar a cabo o processo de execução forçada, ao devedor, que queira defender-se, incumbe a abertura e movimentação de "un especial juicio de cognición para evitar las consecuencias de la ejecución" (MICHELI, Gian Antonio. *Curso de Derecho Procesal Civil*. Buenos Aires: EJEA, 1970, v. III, p. 144).

[4] Ensina, por isso, Goldschmidt, que a ação de embargos à execução é o meio para conseguir a privação de força do título executivo (GOLDSCHMIDT, James. *Derecho Procesal Civil*. Barcelona: Labor, 1936, v. III, § 92, p. 615), assumindo a feição de uma ação de mandamento como contrapartida da executiva. Desse modo, seu objetivo é: a) a declaração de inexistência da ação de direito material ou da executiva; b) a expedição de um mandamento que veda a realização dos atos executivos (GOLDSCHMIDT, James. *Op. cit.*, § 92, p. 619).

Eram, pois, três os embargos regulados sob a rubrica "Embargos do Devedor" no Título III, do Livro II, do CPC/1973. No CPC/2015, todavia, não se tratou dessa modalidade, destinada a permitir que o executado, no prazo de cinco dias contados da adjudicação, alienação ou arrematação, alegasse nulidade ou causa extintiva da execução que fosse superveniente à penhora.

Agora, as situações de nulidade que poderiam ser arguidas ao modo dos antigos *embargos à adjudicação, alienação ou arrematação* passaram a ser objeto de *ação autônoma* ou de simples *arguição* dentro da própria execução, se formulada antes de se expedir a carta de arrematação ou de adjudicação (CPC/2015, art. 903, §§ 2º e 3º). Dessa forma, após a expedição da carta de arrematação ou da ordem de entrega do bem leiloado, a invalidação da arrematação só poderá ser pleiteada em novo processo de conhecimento, figurando o arrematante como litisconsorte necessário, como se vê no § 4º do art. 903 do CPC/2015. O dispositivo é aplicável, por analogia, à *alienação* por iniciativa particular e à *adjudicação*, hipóteses em que o adquirente figurará como litisconsorte passivo necessário, no primeiro caso, e apenas o exequente figurará no polo passivo da demanda, no segundo.

Assim, os *embargos do executado*, atualmente, acham-se subdivididos por especialização procedimental, em apenas dois tipos diferentes: *(i)* os que se referem à execução de *título extrajudicial* contra a *Fazenda Pública* (art. 910); e *(ii)* os oponíveis à execução intentada contra os demais devedores (arts. 914 a 920).

Os *embargos do executado* acham-se regulados dentro da parte que o Código reserva para o processo de execução (Título III, do Livro II, da Parte Especial), visto que representam incidente só ocorrível em face da execução forçada. Já os *embargos de terceiro* estão disciplinados no Título III, do Livro I, da Parte Especial, relativo aos "procedimentos especiais", porquanto são ação incidental que se pode opor a qualquer tipo de ação onde posse ou direito de estranho sofre moléstia ou turbação por ato judicial, mesmo fora do âmbito da execução forçada em sentido estrito.

Na execução dos títulos judiciais, em regra, não cabem os embargos do devedor, porque, tendo sido implantado no direito brasileiro a técnica da *executio per officium iudicis*, as objeções, que acaso queira o executado opor ao cumprimento da sentença condenatória, deverão figurar em simples impugnação (art. 525) (ver n. 576).

409. OUTROS MEIOS IMPUGNATIVOS

Tanto no direito nacional como no comparado, reconhecem-se vários meios processuais de que se pode valer o executado para resistir à execução ou a algum ato executivo.

Em Portugal, por exemplo, admite-se a *oposição à execução* por meio de *ação declaratória* (embargos de executado) (CPC/2013, art. 728-1) e também a *oposição por simples requerimento* (CPC/2013, arts. 723-1-d). Nem sempre o executado tem de submeter-se às solenidades e complexidades da ação de embargos. "Tratando-se de vícios cuja demonstração não carece de alegação de fatos novos nem de prova, o meio da oposição à execução (embargos) seria demasiado pesado, pelo que basta um requerimento do executado em que este suscite a questão no próprio processo executivo. O novo preceito do art. 809-1-d[5] (admissibilidade, em geral, do requerimento da parte ao juiz do processo – sem prejuízo da multa a que pode dar lugar quando manifestamente infundado: art. 809-2[6]) não permite duvidar da admissibilidade deste meio"[7], ou seja, de arguir em *oposição por requerimen-*

---

[5] O art. 809-1-d citado é do CPC português de 1961 e corresponde ao art. 723-1-d do Código de 2013.

[6] O art. 809-2 citado é do CPC português de 1961 e corresponde ao art. 723-2 do Código de 2013.

[7] FREITAS, José Lebre de. *A Acção Executiva depois da reforma*. 4. ed. Coimbra: Coimbra Editora, 2004, n. 12.3, p. 187.

to as matérias do art. 814[8] do CPC português, ou mesmo outras ali não contempladas, desde que possam afetar o direito à execução sem depender de maior dilação probatória. Enquanto a oposição à execução por embargos tem a natureza de ação de conhecimento (*ação declaratória*, na linguagem preferida em Portugal)[9], a oposição por requerimento é um simples *incidente* da própria execução.

No direito brasileiro, mesmo sem expressa disciplina no Código, a jurisprudência construiu a figura da *exceção* (ou *objeção*) *de não executividade*, para permitir ao devedor liberar-se da execução indevida, em situações de flagrante ausência de condições de procedibilidade *in executivis*, sem passar pelos percalços da ação de embargos à execução[10]. Cumpre ressaltar, que embora o CPC/2015 não fale expressamente na exceção de pré-executividade, a admite, nos arts. 803, parágrafo único[11] e 917, § 1o[12] que o executado apresente defesa nos próprios autos da execução, por simples petição.[13]

No Código anterior, após a reforma da execução iniciada com a Lei n. 11.232/2005 e concluída com a Lei n. 11.382/2006, a oposição à execução ficou dividida entre dois remédios processuais: (i) a *impugnação*, para o cumprimento das sentenças (novo rótulo da execução do título judicial) (CPC/1973, art. 475-L), e (ii) os *embargos do executado*, no caso de execução dos títulos extrajudiciais (CPC/1973, art. 736) e das sentenças contra a Fazenda Pública (CPC/1973, art. 730) e contra o devedor de alimentos (CPC/1973, art. 732). O atual Código, como já dito, consolidou a técnica da impugnação para a objeção às execuções de títulos judiciais (*cumprimento de sentença*), que passa a ser o meio próprio, mesmo em se tratando de sentença contra a Fazenda Pública ou que condene o executado à determinada prestação alimentícia.

A impugnação, a exemplo da antiga exceção de pré-executividade, é defesa que dispensa o uso de ação, e que se dá por simples "petição incidental", ou "*simples petitio*". Na verdade, o Código anterior, ao disciplinar o cumprimento da sentença relativa à obrigação por quantia certa – pois apenas no tocante a estas a regulamentação se endereçou de maneira expressa – nada mais fez do que institucionalizar a praxe jurisprudencial consubstanciada na exceção de pré-executividade[14]. O Código atual estendeu a impugnação a todos os títulos judiciais e

---

[8] O art. 814 citado é do CPC português de 1961 e corresponde ao art. 729 do Código de 2013.

[9] "Diversamente da contestação da ação declarativa, a oposição à execução, constituindo, *do ponto de vista estrutural*, algo extrínseco à acção executiva, toma o caráter duma *contra-ação* tendente a obstar a produção dos efeitos do título executivo e (ou) da acção que nele se baseia" (FREITAS, José Lebre de. *Op. cit.*, n. 12.4.1., p. 188).

[10] "A objeção de pré-executividade pressupõe que o vício seja aferível de plano e que se trate de matéria ligada à admissibilidade da execução, e seja, portanto, conhecível de ofício e a qualquer tempo" (STJ, 4ª T., REsp. 221.202-MT, Rel. Min. Sálvio de Figueiredo Teixeira, ac. 09.10.2001, *DJU* 04.02.2002, *RSTJ* 163/356. E ainda: STJ, 2ª T., REsp. 229.394-RN, Rel. Min. Eliana Calmon, ac. 07.08.2001, *DJU* 24.09.2001, *RSTJ* 152/231).

[11] "A nulidade de que cuida este artigo poderá ser pronunciada pelo juiz, de ofício ou a requerimento da parte, independentemente de embargos à execução".

[12] "A incorreção da penhora ou da avaliação poderá ser impugnada por simples petição, no prazo de 15 (quinze) dias, contado da ciência do ato".

[13] MEDINA, José Miguel Garcia. *Direito processual civil moderno*. 2. ed. rev., atual. e ampl. São Paulo: Editora Revista dos Tribunais, 2016., p. 1071.

[14] "Doravante, cumpre ao devedor opor-se ao requerimento executivo, em primeiro lugar, *nos próprios autos*; em segundo lugar, através de simples petição, denominada *impugnação*" (KNIJNIK, Danilo. *Comentário ao art. 475-L*. In: OLIVEIRA, Carlos Alberto Álvaro de. Coord., *A Nova Execução*. Rio de Janeiro: Forense, 2006, n. 66, p. 146.

consolidou a prática da objeção por simples "petição incidental" no âmbito do *cumprimento de sentença*[15].

409-A. DEFESAS DO DEVEDOR FORA DO PROCESSO EXECUTIVO

I – Defesas heterotópicas

Hoje não se põe em dúvida a possibilidade de defesa contra a execução por mais de uma via de questionamento judicial, seja ela interna ou externa ao processo executivo.

Fala-se em defesa heterotópica quando o devedor lança mão de *ação autônoma prejudicial* à execução, ou seja, quando usa de um remédio impugnativo externo para atacar a obrigação constante do título executivo, fora, portanto, dos meios típicos de defesa previstos no processo executivo, fato que pode ocorrer antes que este seja instaurado, durante a pendência deste e até mesmo depois de sua extinção.

Com efeito, se na própria estrutura procedimental da execução a defesa admitida é, em regra, exercitável não por contestação, mas pela *ação* de embargos, fugindo assim da técnica do processo de cognição, onde a resposta do demandado se concentra num só instrumento de defesa (art. 336 do CPC),[16] torna-se fácil admitir que o devedor tenha também a seu alcance outras ações de estrutura similar à ação de embargos para discutir a obrigação subjacente ao título executivo.

O atual direito processual positivo apresenta vários dispositivos que permitem afirmar a coexistência de outras ações que concorrem com os embargos na atuação do devedor no campo da defesa contra a pretensão do credor baseada em relação obrigacional certificada por título executivo extrajudicial:

(i) o primeiro e mais significativo deles é o § 1º do art. 784 do CPC, que, de forma indireta mas conclusiva, reconhece a possibilidade de o executado propor "qualquer ação relativa a débito constante de título executivo", independentemente da fase em que se encontre a execução;[17]

(ii) o segundo é o art. 55, § 2º, do CPC que prevê a conexão entre a ação de conhecimento "relativa ao mesmo ato jurídico" e a "execução de título extrajudicial"; e

(iii) ainda há o art. 38 da Lei de Execução Fiscal (Lei n. 6.830/1980) que admite expressamente a possibilidade de a discussão acerca da obrigação contida na CDA (título executivo da Fazenda Pública) ocorrer fora dos embargos e através de outras ações como o mandado de segurança e a ação anulatória do título executivo.[18]

A verdade é que, como preconiza a jurisprudência do STJ:

"Se é certo que a propositura de qualquer ação relativa ao débito constante do título não inibe o direito do credor de promover-lhe a execução (CPC, art. 585, § 1º [equivalente ao art. 784, § 1º, do CPC/2015]), o inverso também é verdadeiro: *o ajuizamento da*

---

[15] "Todas as questões relativas à validade do procedimento de cumprimento da sentença e dos atos executivos subsequentes poderão ser arguidas pelo executado nos próprios autos e nestes serão decididas pelo juiz" (CPC, art. 518). A impugnação do devedor, no cumprimento de sentença relativa a obrigação de quantia certa, apresentada nos próprios autos, poderá versar sobre as questões enumeradas no § 1º do art. 525 do CPC.

[16] "Incumbe ao réu alegar, na contestação, toda a matéria de defesa, expondo as razões de fato e de direito com que impugna o pedido do autor e especificando as provas que pretende produzir" (CPC, art. 336).

[17] MARTINS, Sandro Gilbert. A defesa heterotópica e o novo CPC. In: ASSIS, Araken de; BRUSCHI, Gilberto Gomes (coords.). *Processo de execução e cumprimento de sentença*. 2. ed. São Paulo: RT, 2022, vol. 1, p. 923.

[18] Idem, ibidem.

ação executiva não impede que o devedor exerça o direito constitucional de ação para ver declarada a nulidade do título ou a inexistência da obrigação, seja por meio de embargos (CPC, art. 736), seja por outra ação declaratória ou desconstitutiva".[19]

Até mesmo depois de encerrada a execução continua para o STJ possível ao devedor mover ação autônoma com objetivo de questionar a obrigação realizada por meio da ação executiva: "A execução não embargada, e assim também aquela em que os embargos não foram recebidos ou apreciados pelo mérito, é simples sucedâneo do adimplemento, de molde a resguardar ao executado o direito de acionar o exequente sob alegação de enriquecimento sem causa e repetição do indébito. A respeito, por todos, Humberto Theodoro Júnior, *in Processo de Execução*. 7. ed., 1983, cap. XXVIII, n. 6 e 7, p. 453 e ss.".[20]

Costuma-se indicar os seguintes exemplos de ações autônomas prejudiciais à execução de maior frequência na prática forense: a ação rescisória (CPC, art. 966); a ação anulatória (CPC, art. 966, § 4º, e art. 903, § 4º, quando utilizada para atacar a adjudicação, após expedição da respectiva carta); a ação declaratória de inexistência de relação jurídica ou de falsidade do título executivo (CPC, art. 19); a *querela nullitatis*; a ação de consignação em pagamento (CPC, art. 539); o mandado de segurança (Lei n. 12.016/2009); as ações para suspensão da exigibilidade do crédito tributário (CTN, art. 151); as ações revisionais de contratos e de alimentos; os embargos de terceiro (CPC, art. 674) etc.[21]

Diante da amplitude com que a lei admite a defesa heterotópica, considera-se até mesmo que hoje o procedimento dos embargos à execução acha-se esvaziado, perdendo a relevância funcional que outrora se lhe reconhecia.[22]

II – Classificação das defesas heterotópicas

As ações prejudiciais à execução podem ser classificadas segundo diversos critérios:[23]

---

[19] STJ, 1ª T., REsp. 741.507/RS, Rel. Min. Teori Albino Zavascki, ac. 02.10.2008, *DJe* 17.12.2008; STJ, 3ª T., REsp. 817.829/MT, Rel. Min. Nancy Andrighi, ac. 25.11.2008, *DJe* 16.12.2008. Sobre o tema, v. *retro* também o item 116 – Invalidação do título executivo.

[20] STJ, 4ª T., AgRg no Ag. 8.089/SP, Rel. Min. Athos Carneiro, ac. 23.04.1991, *DJU* 20.05.1991. Sobre o tema, ver adiante o capítulo XXXV – Execução forçada e coisa julgada (n. 519-530), no qual se demonstra a não formação de coisa julgada material no encerramento da execução não embargada ou não impugnada em matéria relacionada com a obrigação constante do título executivo. Interessante julgado do STJ recebeu embargos à execução intempestivos como defesa heterotópica: "1. Embargos à execução, visando ao reconhecimento da ilegitimidade do débito fiscal em execução, têm natureza de ação cognitiva, semelhante à da ação anulatória autônoma. Assim, a rigor, a sua intempestividade não acarreta necessariamente a extinção do processo. Interpretação sistemática e teleológica do art. 739, I, do CPC, permite o entendimento de que a rejeição dos embargos intempestivos não afasta a viabilidade de seu recebimento e processamento como ação autônoma, ainda que sem a eficácia de suspender a execução. Esse entendimento é compatível com o princípio da instrumentalidade das formas e da economia processual, já que evita a propositura de outra ação, com idênticas partes, causa de pedir e pedido da anterior, só mudando o nome (de embargos para anulatória)" (STJ, 1ª T., REsp. 729.149/MG, Rel. Min. Teori Albino Zavascki, ac. 24.05.2005, *DJU* 06.06.2005, p. 229).

[21] MARTINS, Sandro Gilbert. A defesa heterotópica e o novo CPC, *cit.*, p. 929.

[22] MACHADO, Marcelo Pacheco. Reflexões sobre o mérito e a admissibilidade dos embargos à execução. In: ASSIS, Araken de; BRUSCHI, Gilberto Gomes (coords.). *Processo de execução e cumprimento de sentença*. 2. ed. São Paulo: RT, 2022, vol. 1, p. 855.

[23] MARTINS, Sandro Gilbert. *Op. cit.*, p. 929.

a) Quanto ao *momento* do ajuizamento da ação prejudicial em relação à execução, pode ela ser *antecedente* ou *incidente*. É antecedente a que se ajuíza antes da execução, como a revisional ou a anulatória do negócio jurídico figurante no título executivo. É incidente a manejada quando a execução já se acha em curso, como pode acontecer com a ação anulatória do negócio objeto de homologação judicial a que alude o art. 966, § 4º, do CPC, ou a ação anulatória do crédito fiscal inscrito em dívida ativa (Lei n. 6.830, art. 38).

b) Quanto ao *efeito* sobre a execução, a ação prejudicial pode ser *inibitória* ou *suspensiva*, conforme impeça o início da execução (ex.: liminar de mandado de segurança que suspende a exigibilidade do tributo, nos termos do art. 151 do CTN), ou apenas impeça o normal andamento da execução (ex.: liminar de ação rescisória que suspende provisoriamente a execução da sentença rescindenda, conforme o art. 969 do CPC).

c) Quanto ao *objeto*, a ação prejudicial pode ser *formal* ou *causal*. A formal ataca o título executivo quanto à sua forma ou quanto aos seus requisitos necessários, ou visa desfazer apenas o ato da própria execução (ex.: ação de falsidade do título executivo e ação de embargos de terceiro). Causal é a que atinge o direito material retratado no título executivo, negando sua existência ou eficácia, como na ação de consignação em pagamento, na ação que suspende a exigibilidade do crédito tributário, na ação de revisão contratual ou na ação de rescisão do negócio subjacente ao título executivo etc.

III – Diferenças entre a defesa via embargos e a através de ação heterotópica

De início, costumava-se apontar os seguintes traços diferenciadores da defesa típica por meio de embargos e a atípica através de ação heterotópica:

a) os embargos estariam sujeitos a prazo preclusivo e exigiriam prévia segurança da execução pela penhora;

b) enquanto a defesa por outras ações autônomas, fora do procedimento executivo, não estaria sujeita a prazo, nem dependeria de prévia segurança do processo, mas não teria força suspensiva em face da execução.

Acontece que no regime atual do CPC os embargos não mais se subordinam à anterioridade da penhora (art. 914) e nas ações heterotópicas a suspensão da execução pode ser obtida através de medidas urgentes cautelares ou antecipatórias (arts. 300 e ss.). Assim, os embargos, como procedimento incidental ou acessório da execução, oferecem vantagens principalmente de economia processual, enquanto as ações autônomas se livram da curta disponibilidade de tempo e da preclusão a que se submetem os embargos, mas impõem maiores gastos e correm o risco de encargos sucumbenciais majorados. Quando ainda não foi ajuizada a ação executiva, ou quando já se ultrapassou o prazo para manejo dos embargos, o ataque ao título executivo ou à obrigação por ele veiculada somente poderá se dar por via da ação autônoma (defesa heterotópica).

São, pois, as circunstâncias do caso concreto que levarão o devedor a optar pelo uso dos meios típicos de defesa próprios da execução ou dos meios externos e atípicos da ação autônoma.

IV – Fungibilidade ou conexão entre a ação de embargos e a ação autônoma de defesa contra a execução

Há objetivos e fundamentos iguais, no todo ou em parte, nas ações de embargos e de questionamento externo à execução. Daí a possibilidade de substituição, apensamento e conexão entre elas:

a) se a ação anulatória (ou outra que afete a eficácia ou exigibilidade da obrigação) é proposta pelo devedor antes da ação executiva, não haverá necessidade de posterior oposição dos embargos (salvo se o executado tiver outras defesas a arguir). Poderá requerer que a ação prejudicial já existente seja tratada como embargos.[24]

b) "A execução ajuizada após a propositura de ação que tem por objeto a desconstituição do título extrajudicial dispensa a oposição de embargos do devedor e, ultimada a penhora, fica suspensa até a sentença proferida na ação de conhecimento".[25]

c) Se os embargos contiverem temas diferentes poderá se reconhecer sua conexão com a ação preexistente, para julgamento simultâneo.[26]

Sobre a matéria, ver, também, o item 116, *retro*.

410. EXCEÇÃO DE PRÉ-EXECUTIVIDADE

Não apenas por meio dos embargos o devedor pode atacar a execução forçada. Quando se trata de acusar a falta de condições da ação de execução, ou a ausência de algum pressuposto processual, a arguição pode ser dada por meio de simples petição nos próprios autos do processo executivo.

A esse incidente Pontes de Miranda deu o nome de "exceção de pré-executividade."[27] Atualmente, a doutrina tem preferido o *nomen iuris* de "objeção de pré-executividade",[28] ou "objeção de não-executividade"[29].

Explica Cândido Dinamarco que o mito de ser os embargos à execução o único remédio à disposição do devedor para se defender contra o processo executivo, já não vigora mais, principalmente quando a objeção a ser feita no cabimento da execução tenha como fundamento matéria que ao juiz incumba conhecer e decidir de ofício.[30] Essa matéria, sendo de ordem pública, não pode ter sua apreciação condicionada exclusivamente à ação incidental de embargos.[31]

---

[24] STJ, 3ª T., REsp. 33.000/MG, Rel. Min. Eduardo Ribeiro, ac. 06.09.1994, *DJU* 26.09.1994, p. 25.646; STJ, 4ª T., REsp. 435.443/SE, Rel. Min. Barros Monteiro, ac. 06.08.2002, *DJU* 28.10.2002, p. 327; STJ, 4ª T., AgRg no Ag. 434.205/TO, Rel. Min. Barros Monteiro, ac. 17.03.2005, *DJU* 09.05.2005, p. 309.

[25] STJ, 3ª T., REsp. 437.167/RS, Rel. Min. Ari Pargendler, ac. 27.08.2002, *DJU* 02.12.2002, p. 308; STJ, 3ª T., REsp. 508.994/DF, Rel. Min. Antônio Pádua Ribeiro, ac. 10.06.2003, *DJU* 28.10.2003, p. 287; STJ, 4ª T., REsp. 486.069/SP, Rel. Min. Aldir Passarinho Júnior, ac. 03.02.2004, *DJU* 08.03.2004, p. 259.

[26] STJ, 1ª Seção, CC 38.009/MA, Rel. Min. Luiz Fux, ac. 22.10.2003, *DJU* 19.12.2003, p. 306; STJ, 4ª T., REsp. 294.562/RJ, Rel. Min. Barros Monteiro, ac. 25.03.2003, *DJU* 02.06.2003, p. 299.

[27] PONTES DE MIRANDA, Francisco Cavalcanti. *Dez anos de pareceres*. Rio de Janeiro: Livraria Francisco Alves Editora S/A, 1974, vol. 4, p. 134 e ss. (*vide* Carlos Furno. *Disegno Sistemático*, p. 63).

[28] SHIMURA, Sérgio. *Título Executivo*. São Paulo: Saraiva, 1997, n. 157, p. 69; CÂMARA, Alexandre Freitas. *Lições de Direito Processual Civil*. 2. ed. Rio de Janeiro: Ed. Lumen Juris, 1999, vol. II, p. 364; NERYJÚNIOR, Nelson. *Princípios do Processo Civil na Constituição Federal*. 4. ed. São Paulo: Ed. RT, 1997, p. 134.

[29] BARBOSA MOREIRA, José Carlos. Exceção de pré-executividade: uma denominação infeliz. *In*: Temas de Direito Processual. 7ª série. São Paulo: Saraiva, 2001, p. 119-121.

[30] DINAMARCO, Cândido Rangel. *Execução Civil*. 5. ed. São Paulo: Malheiros, 1997, p. 451.

[31] ROSA, Marcus Valle Feu. *Exceção de pré-executividade*. Porto Alegre: Sérgio Antônio Fabris Editor, 1996, p. 52; SIQUEIRA FILHO, Luiz Peixoto de. *Exceção de pré-executividade*. Rio de Janeiro: Lumen Juris, 1997, p. 71;

Entre os casos que podem ser cogitados na exceção de pré-executividade figuram todos os que impedem a configuração do título executivo ou que o privam da força executiva, como por exemplo as questões ligadas à falta de liquidez ou exigibilidade da obrigação, ou ainda à inadequação do meio escolhido para obter a tutela jurisdicional executiva.[32]

É uma questão de lógica e bom senso. Se o processo de execução somente pode ter curso dentro da fiel observância de suas condições legais, evidente é que não pode o juiz condicionar a objeção pertinente a estas preliminares à realização dos atos executivos. Somente conhecer das bases de legitimidade do ato depois de consumado "afigura-se injusto e mesmo odioso".[33] "Soa, no mínimo como um contrassenso exigir que o demandado se submeta a um ato executivo para poder afirmar que aquele ato não poderia ser praticado".[34]

É assim que está assente na doutrina e jurisprudência atuais a possibilidade de o devedor usar da exceção de pré-executividade, independentemente de penhora ou depósito da coisa e sem sujeição ao procedimento dos embargos, sempre que sua defesa se referir a matéria de ordem pública e ligada às condições da ação executiva e seus pressupostos processuais.[35]

O que se reclama para permitir a defesa fora dos embargos do devedor é versar ela sobre questão de direito ou de fato documentalmente provado[36]. Se houver necessidade de maior pesquisa probatória, não será própria a exceção de pré-executividade. As matérias de maior complexibilidade, no tocante à análise do suporte fático, somente serão discutíveis dentro do procedimento regular dos embargos.[37] Daí decidir o STJ que "a alegação de excesso de execução não é cabível em sede de pré-executividade, salvo quando esse excesso for evidente", uma vez que essa defesa é possível quando atendidos, simultaneamente, "dois requisitos, um de ordem material e outro de ordem formal, ou seja: (a) é indispensável que a matéria invocada seja suscetível de conhecimento de ofício pelo juiz; e (b) é indispensável que a decisão possa ser tomada sem necessidade de dilação probatória".[38] Para o STJ, outrossim, não ofende a exigência

---

CÂMARA, Alexandre Freitas. *Ob. cit., loc. cit.*

[32] CÂMARA, Alexandre Freitas. *Ob. cit.*, p. 364.

[33] SHIMURA, Shimura. *Ob. cit.*, p. 72.

[34] CÂMARA, Alexandre Freitas. *Ob. cit.*, p. 365.

[35] STF, RE 100.397-9/SP, 1ª T., Rel. Min. Oscar Corrêa, *in* JSTJ/Lex 90/69; STJ, REsp. 13.960/SP, Rel. Min. Waldemar Zveiter, ac. 26.11.91, *in* RSTJ 40/447; STJ, REsp. 3.264/PR, 3ª T., Rel. Min. Eduardo Ribeiro, ac. 28.6.90, *in* RT 671/187; STJ, 2ª T., REsp 720.595/RS, Rel. Min. Eliana Calmon, ac. 1.9.2005, *DJU* 19.9.2005, p. 296. "É admissível exceção de pré-executividade para postular a nulidade da execução, independentemente dos embargos do devedor" (STJ, 3ª T., REsp 220.631/MT, Rel. Min. Antônio de Pádua Ribeiro, ac. 19.03.2001, *DJU* 30.04.2001, p. 131). Com a prescrição o crédito exequendo perde sua exigibilidade e, consequentemente, impede a respectiva exequibilidade: Assim, a prescrição, dispensando dilação probatória, "pode ser arguida em sede de execução de pré-executividade" (COSTA, Rosalina Moitta Pinto da. O acolhimento da prescrição em sede de execução de pré-executividade. *Revista de Processo*, São Paulo, v. 350, p. 163, abr. 2024).

[36] "A exceção de pré-executividade é cabível quando atendidos simultaneamente dois requisitos, um de ordem material e outro de ordem formal, ou seja: (i) a matéria a ser analisada deve ser suscetível de conhecimento de ofício pelo juiz; e (ii) é indispensável que a decisão possa ser tomada sem necessidade de dilação probatória." (REsp 1.110.925/SP, julgado sob o rito do art. 543-C, do CPC, Rel. Min. Teori Albino Zavascki, *DJe* de 04.05.09)" (STJ, 1ª T., AgRg no REsp 1.292.916/RJ, Rel. Min. Benedito Gonçalves, ac. 04.10.2012, *DJe* 10.10.2012). No mesmo sentido: STJ, 4ª T., AgInt no AgInt no AREsp 1.077.490/RS, Rel. Min. Lázaro Guimarães, ac. 21.11.2017, *DJe* 27.11.2017.

[37] "A utilização da exceção, em sede de execução fiscal, em face do que dispõe o art. 16 da Lei n. 6.830/1980, somente deve ser admitida em hipóteses restritas, quando a demonstração do equívoco do processo executivo possa ser levada a efeito de plano pelo executado, prescindindo de produção de prova. Do contrário, abre-se-lhe, apenas, a via dos embargos à execução" (STJ, 1ª T., REsp. 80.4295/MG, Rel. p/ acórdão Min. Luiz Fux, ac. 20.06.2006, *DJU* 18.09.2006 p. 285).

[38] STJ, 4ª T., REsp. 1.717.166/RJ, Rel. Min. Luis Felipe Salomão, ac. 05.10.2021, *DJe* 25.11.2021.

de prova pré-constituída, a complementação da documentação inicialmente produzida pelo excipiente ordenada pelo juiz, uma vez que não se tem, na espécie, a configuração de "dilação probatória", permanecendo, assim, respeitados os limites da exceção de pré-executividade[39].

Deve-se ressaltar que qualquer execução pode ser questionada por meio de exceção de pré-executividade, seja fundada em título extrajudicial ou em sentença. Se, por exemplo, o credor inclui na execução verba que evidentemente não foi contemplada na sentença, o devedor tem direito de impugnar o excesso, independentemente de penhora, porque, nessa parte, estará havendo execução sem título[40].

Arguições como a de pagamento, prescrição,[41] decadência e qualquer outra que conduza à extinção da dívida, podem ser veiculadas por meio da exceção de pré-executividade, pois correspondem ao desaparecimento da exigibilidade da obrigação constante do título executivo. A execução torna-se inviável por falta ou extinção do inadimplemento, que, ao lado do título executivo, é uma condição de procedibilidade *in executivis* (CPC/2015, art. 786). Por isso, o art. 803, considera nula execução quando o título executivo não for exigível por qualquer razão de direito; e o art. 788 determina que o credor não pode iniciar a execução, ou nela prosseguir, se o executado tiver cumprido a obrigação[42]. O importante é que a exceção se funde em fato que não reclame dilação probatória, isto é, fato evidente nos autos, invocado com base em prova documental pré-constituída e incontroversa[43].

Desde que, com a alteração do CPC/1973 pela Lei n. 11.382/2006, se dispensou a penhora para o manejo dos embargos do executado, pretendeu-se que teria desaparecido a exceção de pré-executividade nas execuções de título extrajudicial.

No entanto, a angústia do prazo legal da ação incidental não pode impedir que o executado use a referida exceção quando tenha arguição de falta de condições de procedibilidade, por envolver a matéria questão de ordem pública não sujeita a preclusão e suscetível de apreciação judicial até mesmo de ofício.[44]

De tal sorte, pode-se concluir que, de fato, muito reduzido ficou o campo prático de aplicação da exceção de pré-executividade dentro da sistemática que dispensa a penhora para o manejo dos embargos do devedor (CPC/2015, art. 914, *caput*).

Na verdade, porém, a previsão da ação especial de embargos do executado para defender-se contra a exceção forçada não deve inibir a parte de arguir, por simples petição, a inexistência

---

[39] STJ, 3ª T., REsp 1.912.277/AC, Rel. Min. Nancy Andrighi, ac. 18.05.2021, *DJe* 20.05.2021).

[40] "Identificando-se, de logo, que a capitalização dos juros não foi determinada na sentença transitada em julgado, de sorte que os cálculos de execução discrepam dos limites nela traçados, inovando-se na lide, possível podar-se o excesso mediante exceção de pré-executividade" (STJ, 4ª T., REsp. 545.568/MG, Rel. Min. Aldir Passarinho Júnior, ac. 16.10.2003, *DJU* 24.11.2003).

[41] "O entendimento da Corte estadual encontra-se em harmonia com a jurisprudência consolidada neste Sodalício, no sentido de considerar possível em exceção de pré-executividade a arguição de prescrição do título executivo. Precedentes" (STJ, 4ª T., AgInt no AREsp. 982.508/DF, Rel. Min. Luis Felipe Salomão, ac. 09.03.2017, *DJe* 17.03.2017).

[42] Sobre arguição de pagamento por meio de exceção de pré-executividade, conferir: STJ, 1ª T., REsp 371.460/RS, Rel. Min. José Delgado, ac. 05.02.2002, *DJU* 18.03.2002, p.188. Sobre prescrição: 1º TACivSP, 7ª C., Ap. 367.266-3, Rel. Juiz Vasconcellos Pereira, ac. 19.05.1987, *RT* 624/105; 1º TACivSP, 5ª C., AI 741.094-2, Rel. Juiz Joaquim Garcia, ac. 18.06.1997, *RT* 744/260; 1º TACivSP, 7ª C., AI 765.864-6, Rel. Juiz Álvares Lobo, ac. 17.02.1998, *RT* 754/301; STJ, Pleno, Ed no REsp 388.000/RS, Rel. Min. José Delgado, ac. 16.03.2005, *DJU* 28.11.2005, p. 169.

[43] STJ, 4ª T., REsp. 221.202/MT, Rel. Min. Sálvio de Figueiredo, ac. 09.10.2001, *RSTJ* 163/356; STJ, 2ª T., REsp. 229.394/RN, Rel. Min. Eliana Calmon, ac. 07.08.2001, *RSTJ* 152/231.

[44] Arlete Inês Aurelli e Izabel Pinheiro Cardoso Pantaleão Ferreira trataram do tema no artigo A defesa do executado por simples petição no cumprimento da sentença. *In*: ASSIS, Araken de; BRUSCHI, Gilberto Gomes (coords.). *Processo de execução e cumprimento de sentença*. 2. ed. São Paulo: RT, 2022, vol. 1, p. 539-541.

de pressupostos processuais ou de condições da ação executiva, desde que tais tema são de conhecimento obrigatório pelo juiz, até mesmo de ofício (CPC, art. 485, § 3º).

Certo é que atualmente o executado está liberado do ônus da penhora para legitimar-se à propositura da ação de embargos. Não se pode, todavia, esquecer que o manejo dos embargos está sujeito à preclusão temporal e a respectiva propositura corresponde a uma nova ação, com ônus, encargos e riscos que se podem evitar, tornando mais singela a via processual para objetar-se à execução ilegal ou incabível. Basta lembrar que nos embargos, além da tramitação pesada e inevitável de uma ação de conhecimento, haverão as partes de suportar os encargos da eventual sucumbência, inclusive com a imposição de novos honorários advocatícios acumuláveis com os da ação de execução ou da ação principal. A impugnação por simples petição, não passando de mero incidente, favorece à parte excipiente, uma vez que não terá de enfrentar nova verba sucumbencial caso a decisão lhe seja adversa.[45]

Em conclusão, pode-se afirmar que:

a) nem no procedimento incidental do cumprimento da sentença, nem na ação autônoma de execução, restou inviabilizado o recurso à exceção (ou objeção) de pré-executividade (ou de não executividade);

b) dentro dos pressupostos e requisitos da construção doutrinária e jurisprudencial anteriores à reforma da execução forçada, continua cabível a impugnação por simples petição, a qualquer tempo, para impedir a penhora ou para fazer cessar a execução a que faltem pressupostos processuais ou condições da ação (CPC/2015, arts. 485, § 3º, 518 e 803, parágrafo único);

c) o Código atual positivou a exceção de pré-executividade nos arts. 518 e 803, parágrafo único, ao prever a possibilidade de arguição das matérias ali elencadas "nos próprios autos" e "independentemente de embargos à execução".[46]

---

[45] Só se considera sentença, e, por isso, redunda em imposição de verbas honorárias ao sucumbente (credor), a solução dada à exceção (impugnação) que extinga a execução. A sucumbência, então, não se verifica propriamente no incidente, mas no processo principal, cuja extinção se decreta. Não há, pois, um tratamento não igualitário para o excipiente e o exceto. Na ação de execução, com ou sem impugnação, o devedor estaria sujeito aos honorários de advogado (CPC/2015, arts. 85, § 1º, e 827). Provocando a extinção do processo executivo, o executado torna-se vitorioso no desfecho da ação principal e, por isso, faz jus ao reembolso dos honorários de advogado, como qualquer parte que vence na demanda judicial. Se não logra êxito na exceção, continua o devedor sujeito aos honorários devidos na execução. Não haverá razão, porém, para nova verba sucumbencial, visto que não arrastou o credor para uma nova ação (a de embargos). Tudo se resolveu singelamente em mero incidente da execução. O entendimento majoritário no STJ é nesse sentido: "Descabe condenação em honorários advocatícios em exceção de pré-executividade rejeitada (EREsp 1048043/SP, CORTE ESPECIAL)" (STJ, 4ª T., REsp 968.320/MG, Rel. Min. Luis Felipe Salomão, ac. 19.08.2010, DJe 03.09.2010). No mesmo sentido: STJ, 2ª T., REsp 1.256.724/RS, Rel. Min. Mauro Campbell Marques, ac. 07.02.2012, DJe 14.02.2012; STJ, 5ª T., REsp 442.156/SP, Rel. Min. José Arnaldo da Fonseca, ac. 15.10.2002, DJU 11.11.2002, p. 286. No caso, porém, de procedência parcial da exceção de pré-executividade, mesmo que a execução não se extinga por inteiro, "os honorários de advogado são devidos na medida do respectivo proveito econômico" (STJ, 1ª T., REsp 1.276.956/RS, Rel. Min. Ari Pargendler, ac. 04.02.2014, DJe 13.02.2014). É que, na espécie, a exceção de pré-executividade é "acolhida para a extinção parcial da execução" (STJ, 2ª T., REsp 1.192.177/PR, Rel. Min. Eliana Calmon, ac. 15.06.2010, DJe 22.06.2010; STJ, 4ª T., REsp 664.078/SP, Rel. Min. Luis Felipe Salomão, ac. 05.04.2011, DJe 29.04.2011).Da mesma forma, "são devidos horários advocatícios ao excipiente vencedor, em sede de exceção de pré-executividade, quando há a sua exclusão do polo passivo da execução, ainda que esta venha a prosseguir quanto aos demais executados" (STJ, 5ª T., REsp 784.370/RJ, Rel. Min. Laurita Vaz, ac. 04.12.2009, DJe 08.02.2010).

[46] BONAGURA, Anna Paola de Souza; GOMES, Ricardo Vick. Exceção de pré-executividade. In: ASSIS, Araken de; BRUSCHI, Gilberto Gomes (coords.). *Processo de execução e cumprimento de sentença*. 2. ed. São Paulo: RT, 2022, vol. 1, p. 891-892. No mesmo sentido José Miguel Garcia Medina: "O art. 518 cuida de figura conhecida na praxe forense como exceção de pré-executividade. Diz respeito a temas que o juiz deve manifestar-se

O que costuma provocar uma certa indisposição contra a exceção de pré-executividade é o nome pomposo que Pontes de Miranda entendeu de atribuir a uma figura muito singela, e a pretensão presunçosa de alguns doutrinadores de teorizá-la de maneira exagerada e injustificável. A verdade é que não se trata de ação nem de um verdadeiro incidente que aos embargos possa assemelhar-se ou equiparar-se. A pretensa exceção nem mesmo como procedimento defensivo pode ser encarada. Falta-lhe, tecnicamente, condição para sequer para receber o *nomen iuris* de exceção. Não passa de simples exercício do direito de petição informalmente praticado ao longo da marcha do processo executivo. Como a parte tem o inconteste direito de participar da formação e desenvolvimento do processo e de zelar pela validade da relação processual e de todos os atos que dentro dela se realizem, claro é que nessa participação ativa se tenha de incluir a faculdade de apontar ao juiz as causas que invalidam o processo e o impedem de chegar até o provimento de mérito para o qual foi projetado pelo exequente.

Exceção de pré-executividade, nesta ordem de ideias, não é mais que simples notícia dada ao juiz de questão que lhe competia examinar de ofício, não merecendo sequer o pomposo e inadequado nome jurídico de exceção, visto que a técnica jurídica reserva tal denominação justamente para arguição de matérias impeditivas, modificativas ou extintivas de direitos das quais o órgão judicial não tenha condições de conhecer e apreciar de ofício[47].

Não é correto, outrossim, imaginar que apenas as questões de direito podem ser objeto de arguição por via da petição intitulada de exceção de pré-executividade. Qualquer fato que determine a inviabilidade da execução cabe em seu âmbito. Assim, estando a execução forçada sujeita a dois *requisitos legais de admissibilidade* – o *título executivo* e o *inadimplemento* – *qualquer fato* que negue a existência do título (e das características que a lei exija para reconhecer-lhe a executividade) ou do inadimplemento da obrigação que lhe corresponde, configurará tema abordável pela via singela da exceção de pré-executividade (*rectius*: objeção de não executividade).

Obrigação não documentada em título que a lei reconheça como executivo – ou a que faltem os atributos da certeza, liquidez e exigibilidade –, priva o processo de condição da ação executiva, tornando o pretenso credor carente da ação intentada, representando, sem dúvida, matéria arguível na pré-falada exceção, porque tem o juiz de apreciá-la a qualquer tempo e de ofício[48]. O que impede sua abordagem imediata ou de plano é a sua vinculação a fatos ainda pendentes de acertamento[49]. Mas, se o executado dispõe de prova documental pré-constituída inequívoca, a questão torna-se pura *quaestio iuris*, de modo a permitir seu imediato enfrentamento.

As causas extintivas da obrigação exequenda comportam-se na *objeção de não-executividade*, desde que provadas por documentação idônea, já que a inexistência ou inexigibilidade do débito ajuizado corresponde à falta de condição de procedibilidade *in executivis*, por definição

---

de ofício, no curso da execução, independentemente de impugnação à execução (prevista no art. 525 do CPC/2015)" (MEDINA, José Miguel Garcia. *Novo Código de Processo Civil comentado*. 4. ed. São Paulo: Ed. RT, 2016, p. 848).

[47] BARBOSA MOREIRA, José Carlos. *Op. cit.*, p. 12-121.

[48] CPC/2015, arts. 485, § 3º e 803, parágrafo único.

[49] "Não se admite a arguição de ilegitimidade passiva *ad causam* por meio de exceção de pré-executividade, quando sua verificação demandar extenso revolvimento de provas" (STJ-1ª T., AgRg no REsp 604.257-MG, Rel. Min. Teori Zavascki, ac. 04.5.2004, *DJU* 24.5.2004, p. 196). No mesmo sentido: STJ, 2ª T., AgInt no AREsp 823.512/SP, Rel. Min. Assusete Magalhães, ac. 09.08.2016, *DJe* 22.08.2016.

da própria lei (arts. 783, 784 e 786).⁵⁰ Somente obrigam o manejo da ação incidental de embargos se seu reconhecimento depende, ainda, de apuração de fatos em dilação probatória⁵¹.

Nenhum juiz, portanto, pode recusar-se a apreciar arguição, por mera petição, de matérias de ordem pública, de nulidades absolutas, de falta de pressupostos processuais ou de ocorrência de carência da ação executiva, a pretexto de que o executado teria de formular suas objeções por meio de embargos, por duas simples razões:

a) é inconteste o direito do litigante participar da formação e desenvolvimento do processo e de postular contra seus vícios fundamentais; e

b) uma vez comunicada nos autos, com base em elementos inequívocos de conhecimento, a causa da extinção necessária do processo, o juiz não tem como desprezar a arguição, sob pena de abuso de autoridade e descumprimento do dever funcional que a lei lhe imputa de apreciar e decretar a qualquer tempo, e mesmo de ofício, os vícios que afetam os pressupostos processuais e as condições da ação⁵².

Eis porque os novos regimes executivos dos títulos judiciais e extrajudiciais, implantados pelas Leis n. 11.232/2005 e 11.382/2006, ainda à época do CPC/1973, e mantidos pelo CPC/2015, não impedem (nem podiam fazê-lo sem ofensa ao devido processo legal) o direito do executado de opor-se à execução ilegítima e nula por meio da petição simples a que se atribui a denominação imprópria de exceção de pré-executividade. Deve-se, ainda, ponderar que as questões dessa natureza não se sujeitam à preclusão temporal dos embargos à execução, já que podem, e devem, ser conhecidas e decididas a qualquer tempo e em qualquer fase do processo. Daí a legitimidade, por mais esta razão, do cabimento de sua cognição por meio da exceção de pré-executividade, antes ou depois do prazo legal estipulado para os embargos.⁵³

Tem-se decidido que "se a executada opôs embargos do devedor, não pode depois propor a exceção de pré-executividade".⁵⁴ Mas, esse impedimento só vale para os casos de evento

---

⁵⁰ "A suscitação da exceção de pré-executividade dispensa penhora, posto limitada às questões relativas aos pressupostos processuais; condições da ação; vícios do título e exigibilidade e prescrição manifesta" (STJ-1ª T., AgRg no Ag 591.949-RS, Rel. Min. Luiz Fux, ac. 18.11.2004, DJU 13.12.2004, p. 231). No mesmo sentido: STJ-2ª T., REsp 541.811-PR, Rel. Min. João Otávio Noronha, ac. 22.6.2004, DJU 16.8.2004, p. 198.

⁵¹ "... a doutrina e a jurisprudência, diante de vícios no título executivo que possam ser declarados de ofício, vêm admitindo a utilização da exceção de pré-executividade...", a qual, porém, deve restringir-se às hipóteses em que "a demonstração do equívoco do processo executivo possa ser levada a efeito de plano pelo executado, prescindindo de produção de prova. Do contrário, abre-se-lhe, apenas, a via dos embargos à execução" (STJ-1ª T., REsp 804.295-MG, Rel. p/ ac. Min. Luiz Fux, ac. 20.6.2006, DJU 18.9.2006, p. 285). No mesmo sentido: STJ, 2ª T., AgRg no Ag. 1.051.891/SP, Rel. Min. Castro Meira, ac. 23.09.2008, DJe 23.10.2008.

⁵² "A exceção de pré-executividade pode ser arguida em relação às questões relativas aos pressupostos processuais, condições da ação e vícios objetivos do título, referentes a certeza, liquidez e exigibilidade (grifamos), desde que não demandem dilação probatória" (STJ-1ª T., AgRg no REsp 588.045-RJ, Rel. Min. Francisco Falcão, ac. 17.2.2004, DJU 28.4.2004, p. 239). STJ, 2ª Seção, EREsp 905.416/PR, Rel. Min. Marco Buzzi, ac. 09.10.2013, DJe 20.11.2013.

⁵³ "A exceção de pré-executividade é passível de dedução, ainda que esgotado o prazo para a oposição de embargos à execução, quando a alegação do executado pertine a vício do processo de execução ou do título executivo relativo à matéria cognoscível *ex officio* pelo julgador" (STJ, 1ª T., REsp. 888.676/SP, Rel. Min. Luiz Fux, ac. 12.02.2008, DJe 18.06.2008). No mesmo sentido: STJ, 1ª T., AgRg no Ag. 1.128.845/RJ, Rel. Min. Denise Arruda, ac. 04.06.2009, DJe 01.07.2009. A preclusão dos embargos não prejudica o direito de manejar a exceção de pré-executividade. "Ainda que (....) eventualmente preclusos os embargos à execução, o executado pode suscitar matérias passíveis de serem conhecidas de ofício pelo juiz, por meio da exceção de pré-executividade" (STJ, 2ª Seção, EDcl. no REsp. 905.416/PR, Rel. Min. Marco Buzzi, ac. 09.10.2013, DJe 20.11.2013, voto do Relator).

⁵⁴ STJ, 3ª T., REsp. 624.813/PR, Rel. para o acórdão Min. Ari Pargendler, ac. 19.04.2007, DJe 26.11.2008.

acontecido previamente aos embargos. Se a exceção se funda em fato posterior a eles (como, *v. g.*, pagamento, prescrição, ou qualquer outro fato extintivo da obrigação ou da execução), não há como recusar a arguição, pelo executado, após os embargos, mesmo porque o juiz deve apreciar a matéria de ofício e a qualquer tempo.[55]

Mesmo em se tratando de matéria de ordem pública contemporânea aos embargos, mas que não tenha sido neles questionada e decidida, "pode ela ser objeto de exceção de pré-executividade", posteriormente, porque o tema é "conhecível de ofício" e porque a hipótese é de "coisa julgada inexistente", que possa impedir sua apreciação a qualquer tempo e grau de jurisdição.[56]

411. EMBARGOS E IMPUGNAÇÃO

Como já se viu, após a reforma do Código de 1973, duas eram as vias de resistência à execução: os embargos e a impugnação. Os primeiros eram oponíveis à execução fundada em título extrajudicial, e a última à execução (ou cumprimento) da sentença. Havia, no entanto, uma aparente contradição na disciplina legal dos dois remédios processuais: no caso dos embargos, o executado estaria autorizado a manejá-los independentemente de penhora (CPC/1973, art. 736), enquanto a impugnação estava prevista para os quinze dias subsequentes à penhora (art. 475-J, § 1º). O atual Código eliminou essa aparente contradição, ao dispor que a impugnação será oferecida nos quinze dias subsequentes ao transcurso do prazo para pagamento ou cumprimento voluntário da obrigação (art. 525).

Andou bem o legislador ao eliminar a possibilidade de controvérsia quanto ao ponto. Até porque, uma vez que o tema da oposição do executado envolva matéria pertinente às condições de procedibilidade *in executivis*, não há momento certo e obrigatório para seu enfrentamento nos autos. A qualquer tempo e em qualquer fase do processo o juiz terá de solucionar a questão que lhe diga respeito, a requerimento da parte, ou mesmo *ex officio* (CPC/2015, art. 485, § 3º). Como o juiz está jungido a fazer extinguir o processo a que faltem os pressupostos processuais, ou as condições da ação, sem atingir a solução de mérito, não se pode impedir que o executado a qualquer tempo, antes ou depois da penhora, demonstre a impossibilidade de prosseguimento do feito.

Iliquidez, incerteza e inexigibilidade da obrigação retratada no título, seja em decorrência de seu próprio conteúdo, seja em razão de causas extintivas, modificativas ou impeditivas exteriores ao título, são dados que eliminam a possibilidade da execução forçada e que, quando não detectados de início, acarretam a nulidade do processo executivo (CPC/2015, art. 803). Logo, sendo evidenciados nos autos, não podem ser desconsiderados pelo juiz, qualquer que seja a fase em que a execução se encontre. Não basta o título executivo para que o credor leve a execução até suas últimas consequências. É tão importante como o título, a configuração da certeza, liquidez e exigibilidade da obrigação nele documentada (art. 783), e, ainda, a conjugação dele com o inadimplemento do devedor (art. 786).

Sem título executivo, não há execução válida. Mas, também, sem inadimplemento, não pode haver execução, mesmo que exista o título do exequente. O credor – dispõe o art. 788 – "não poderá iniciar a execução ou nela prosseguir se o devedor cumprir a obrigação". E o processo

---

[55] "A exceção de pré-executividade pode ser deduzida em qualquer momento e grau de jurisdição, inclusive depois do julgamento dos embargos à execução, podendo versar, inclusive, sobre questão não suscitada anteriormente, haja vista que, em se tratando de matéria de ordem pública, não se opera a preclusão" (STJ, 1ª T., AgRg no Ag. 1.128.845/RJ, Rel. Min. Denise Arruda, ac. 04.06.2009, *DJe* 01.07.2009).

[56] STJ, 4ª T., REsp. 419.376/MS, Rel. Min. Aldir Passarinho Júnior, ac. 16.05.2002, *DJU* 19.08.2002, p. 181. No mesmo sentido: STJ, 3ª T., REsp; 1.100.014/SP, Rel. Min. Ricardo Villas Bôas, Cueva, ac. 08.05.2012, *DJe* 28.05.2012.

de execução extinguir-se-á quando, a qualquer tempo, se verificar que a obrigação foi satisfeita ou que, por qualquer meio, a dívida exequenda foi remida ou extinta (art. 924).

As condições ou requisitos de existência da execução e da validade dos atos executivos estão sob permanente controle do juízo – porquanto representam condições de legitimidade do próprio exercício da jurisdição – de maneira que, a seu respeito não se pode admitir a preclusão temporal (arts. 485, § 3º e 803, parágrafo único).

Correta, portanto, a lição de Luiz Rodrigues Wambier, Teresa Arruda Alvim Wambier e José Miguel Garcia Medina, ainda em relação ao Código anterior, *in verbis*:

> "Como tais matérias podem ser conhecidas *ex officio* pelo juiz, nada impede que este seja provocado pelo executado *antes* da oportunidade processual própria para a apresentação da impugnação. Assim, não obstante o Código estabeleça que o executado deverá apresentar a impugnação *após* a penhora, nada impede que, intimado para cumprimento da sentença, o executado alegue, por exemplo, que a sentença é juridicamente inexistente, em razão da ausência de citação (CPC, art. 475-L, inc. I). A propósito, a ausência de requisitos para a execução ou a invalidade de atos executivos pode ser arguida mesmo após o prazo estabelecido no art. 475-J, § 1º, do CPC. Caso, no entanto, o executado deixe de alegar tais vícios na primeira oportunidade em que lhe incumbe falar nos autos, incidirão as sanções referidas nos arts. 22 e 267, § 3º, do CPC, conforme o caso."[57]

Na mesma linha, e com inteira procedência, preleciona Danilo Knijnik que não se pode impor ao executado aguardar a consumação da penhora para poder demonstrar a ilegalidade ou inviabilidade da execução já esboçada. E a consequência disso é que o entendimento doutrinário e jurisprudencial, que construíra o mecanismo da exceção (ou objeção) de pré-executividade (ou de não executividade) como instrumento impugnativo fora dos embargos e sem sujeição a seus requisitos, persiste válido e útil, mesmo após a reforma da Lei n. 11.232/2005. "Tal como antes, nada impedirá que o devedor compareça antecipadamente nos autos, antes de formalizada qualquer constrição, para arguir matérias que configurem típicas objeções, como vinha sendo reconhecido, até então, pela jurisprudência do STJ, em sede de processo executivo autônomo"[58].

O importante é que, para admitir-se a impugnação a qualquer tempo, mesmo depois de vencido o prazo legal para exercício dessa forma de objeção (ou exceção), é necessário que a matéria alegada não dependa de prova a ser produzida em juízo, por se tratar de questão de direito, ou por se apoiar em certificação por prova pré-constituída[59].

Igual raciocínio pode ser transposto para a codificação atual. Mesmo porque a lei nova não relaciona a defesa do executado à segurança do juízo. Intimado o devedor a cumprir a sentença exequenda, terá ele quinze dias para pagar e, escoado esse prazo, mais quinze dias serão abertos para a impugnação ao cumprimento da sentença. tudo isso fluirá sem necessidade de penhora (CPC/2015, art. 523).

É bom registrar que a construção jurisprudencial aperfeiçoada pelo Superior Tribunal de Justiça não limitou o tema da exceção de pré-executividade apenas às questões de ordem pública, mas admitiu que exceções outras pudessem, a qualquer tempo, ser arguidas por seu intermédio, com a condição de que não demandassem a ulterior produção de provas. Enfim:

---

[57] WAMBIER, Luiz Rodrigues; WAMBIER, Teresa Arruda Alvim; e MEDINA, José Miguel Garcia. *Breves Comentários à Nova Sistemática Processual Civil*. São Paulo: RT, 2006, v. 2, p. 152.

[58] KNIJNIK, Danilo. *A nova execução de títulos extrajudiciais: comentários à Lei 11.382/ de 06 de dezembro de 2006*, coord. de Carlos Alberto Alvaro de Oliveira. Rio de Janeiro: Forense, 2007, n. 68, p. 150.

[59] "A exceção de pré-executividade tem por objeto a cognição rarefeita das condições da ação e pressupostos processuais da ação de execução, de um lado, e, de outro, das objeções substanciais, todos mediatizáveis pelo título" (KNIJNIK, Danilo. *A Exceção de Pré-Executividade*. Rio de Janeiro: Forense, 2001, p. 192).

independentemente de penhora, e do prazo de impugnação, "as matérias passíveis de serem alegadas em exceção de pré-executividade não são somente as de ordem pública, mas também os fatos modificativos ou extintivos do direito do exequente, desde que comprovados de plano, sem necessidade de dilação probatória"[60].

O mesmo raciocínio aplicado à impugnação ao cumprimento da sentença deve prevalecer, também, para a execução de título extrajudicial. A previsão da ação especial de embargos do executado não deve inibir a parte de arguir, por simples petição, a inexistência de pressupostos processuais ou de condições da ação executiva, desde que tais temas são de conhecimento obrigatório pelo juiz, até mesmo de ofício.

É verdade que, desde a codificação anterior, o executado já estava liberado do ônus da penhora para legitimar-se à propositura da ação de embargos. Não se pode, todavia, esquecer que o manejo dos embargos está sujeito à preclusão temporal e a respectiva propositura corresponde a uma nova ação, com ônus, encargos e riscos que se podem evitar, tornando mais singela a via processual para objetar-se à execução ilegal ou incabível. Basta lembrar que nos embargos, além da tramitação pesada e inevitável de uma ação de conhecimento, haverão as partes de suportar os encargos da eventual sucumbência, inclusive com a imposição de novos honorários advocatícios acumuláveis com os da ação de execução ou da ação principal. A impugnação por simples petição, não passando de mero incidente, favorece à parte excipiente, uma vez que não terá de enfrentar nova verba sucumbencial caso a decisão lhe seja adversa.[61]

Esse é o entendimento do STJ, assentado sob o regime dos recursos repetitivos, segundo o qual, para efeito da verba honorária, deve-se distinguir o caso de rejeição da impugnação daquele em que esta é acolhida:

a) "não são cabíveis honorários advocatícios pela rejeição da impugnação ao cumprimento da sentença";

b) "apenas no caso de acolhimento da impugnação, ainda que parcial, serão arbitrados honorários em benefício do executado, com base no art. 20, § 4º, do CPC" [CPC/2015, art. 85, § 1º].[62]

Embora não seja o caso de aplicar nova verba ao executado pelo só fato de sua impugnação ter sido rejeitada, é de se ponderar a permissão que o CPC/2015 confere ao juiz para majorar os honorários inicialmente arbitrados na taxa certa de dez por cento (art. 827, *caput*), sempre que o volume do trabalho desempenhado pelo advogado o justificar, tenha havido ou não embargos (art. 827, § 2º). Essa regra estende-se ao cumprimento da sentença, por força dos arts. 513 e 771.

---

60 STJ, 2ª T., AgRg no REsp 767.677/RJ, Rel. Min. Castro Meira, ac. 13.09.2005, *DJU* 12.12.2005, p. 351.

61 Só se considera sentença, e, por isso, redunda em imposição de verbas honorárias ao sucumbente (credor), a solução dada à exceção (impugnação) que extinga a execução (art. 475-M, § 3º) [CPC/2015, sem correspondente]. A sucumbência, então, não se verifica propriamente no incidente, mas no processo principal, cuja extinção se decreta. Não há, pois, um tratamento não igualitário para o excipiente e o exceto. Na ação de execução, com ou sem impugnação, o devedor estaria sujeito aos honorários de advogado (art. 20, § 1º, e art. 652-A) [CPC/2015, arts. 85, § 5º e 827]. Provocando a extinção do processo executivo, o executado torna-se vitorioso no desfecho da ação principal e, por isso, faz jus ao reembolso dos honorários de advogado, como qualquer parte que vence na demanda judicial. Se não logra êxito na exceção, continua o devedor sujeito aos honorários devidos na execução. Não haverá razão, porém, para nova verba sucumbencial, visto que não arrastou o credor para uma nova ação (a de embargos). Tudo se resolveu singelamente em mero incidente da execução.

62 STJ, 2ª Seção, REsp. 1.373.438/RS, Rel. Min. Paulo de Tarso Sanseverino, ac. 11.06.2014, *DJe* 17.06.2014; STJ, Corte Especial, REsp. 1.134.186/RS, Rel. Min. Luis Felipe Salomão, ac. 01.08.2011, *DJe* 21.10.2011. Sobre o tema dos honorários de sucumbência no julgamento da exceção de pré-executividade, ver outros acórdãos citados no item 410, retro.

Em conclusão, pode-se afirmar que:

a) nem no procedimento incidental do cumprimento da sentença, nem na ação autônoma de execução, restou inviabilizado o recurso à exceção (ou objeção) de pré-executividade (ou de não executividade);

b) dentro dos pressupostos e requisitos da construção doutrinária e jurisprudencial anteriores à reforma da execução forçada, continua cabível a impugnação por simples petição, a qualquer tempo, para impedir a penhora ou para fazer cessar a execução a que faltem pressupostos processuais ou condições da ação.

412. NATUREZA JURÍDICA DOS EMBARGOS À EXECUÇÃO

Os embargos, tal como indica o léxico, são obstáculos ou impedimentos que o devedor procura antepor à execução proposta pelo credor.

"Enquanto o título estiver de pé, o respectivo beneficiário dispõe da ação executiva, quer tenha quer não tenha, na realidade, o direito de crédito. Para que o direito à ação executiva se extinga, é necessário anular o título, fazê-lo cair, e para conseguir tal fim, tem o executado de mover *uma verdadeira ação declarativa*",[63] ou de cognição, que são os embargos do devedor.

Sua natureza jurídica é a de uma *ação de cognição* incidental[64] de caráter *constitutivo*, conexa à execução por estabelecer, como ensina Chiovenda, uma "relação de causalidade entre a solução do incidente e o êxito da execução"[65].

Não são os embargos uma simples resistência passiva como é a contestação no processo de conhecimento. Só aparentemente podem ser tidos como resposta do devedor ao pedido do credor. Na verdade, o embargante toma uma posição ativa ou de ataque, exercitando contra o credor o *direito de ação* à procura de uma sentença que possa extinguir o processo de execução ou desconstituir a eficácia do título executivo.

Por visar a desconstituição da relação jurídica líquida e certa retratada no título é que se diz que os embargos são uma *ação constitutiva*, uma nova relação processual,[66] em que o devedor é o autor e o credor o réu.[67-68]

A previsão desses embargos é que permite a alguns doutores a classificação do processo executivo como "processo de contraditório eventual", porque podem, ou não, esses incidentes ocorrer no curso da execução forçada, que, na sua falta, chegará a termo sem qualquer julgamento ou provimento de mérito.[69]

---

[63] REIS, José Alberto dos. *Processo de Execução*. Coimbra: Coimbra Editora, 1943, v. I, n. 41, p. 109.
[64] COSTA, Sérgio. *Manuale di Diritto Processuale Civile*. Torino: Editrice Torinense, 1963, n. 450, p. 591.
[65] CHIOVENDA, Giuseppe. Apud CASTRO, Amilcar de. *Comentários ao Código de Processo Civil*. 2. ed. Rio de Janeiro: Forense, 1963, v. X, t. II, n. 421, p. 419.
[66] AMARAL SANTOS, Moacyr. *Direito Processual Civil*. 4. ed. São Paulo: Saraiva, 1980 v. III, n. 897, p. 362.
[67] LIEBMAN, Enrico Tullio. *Processo de Execução*. 3. ed. São Paulo: Saraiva, 1968, n. 89, p. 158.
[68] José Miguel Garcia Medina entende que os embargos à execução possuem duas naturezas distintas, dependendo da matéria veiculada: a) mera defesa incidental, quando fundados nos arts. 803, parágrafo único ou 917, § 1º, do CPC/2015; e, b) ação de conhecimento, quando "contém *objeto litigioso distinto* do da execução que se encontra em curso". Segundo o autor, "é necessário investigar o *conteúdo* dos embargos, a fim de identificar a natureza da pretensão neles veiculada e, consequentemente, seu regime jurídico-processual" (MEDINA, José Miguel Garcia. *Direito Processual Civil Moderno*. 2. ed. rev., atual. e ampl. São Paulo: Editora Revista dos Tribunais, 2016, p. 1075).
[69] CASTRO, Amílcar de. *Comentários ao Código de Processo Civil*. 2. ed. Rio de Janeiro: Forense, 1963, v. X, t. II, n. 421, p. 418.

Julgados os embargos, há coisa julgada material, nos termos dos arts. 502 e 503 do CPC/2015 de sorte que será impossível reabrir discussão em torno da matéria definitivamente decidida, mormente quando as questões resolvidas digam respeito à relação substancial documentada no título executivo.

412.1. Sucumbência nos embargos à execução

Como ação, os embargos à execução seguem a regra geral da sucumbência, no tocante às custas processuais e aos honorários advocatícios, ou seja, a sentença que os julgar condenará o vencido a pagar ao vencedor as despesas que antecipou (art. 82, § 2º) e os honorários de seu advogado (art. 85, *caput*).

Quando a execução por quantia certa é proposta, o juiz, ao deferir a citação do executado, arbitra, desde logo, a verba advocatícia em 10% sobre o valor do débito exequendo (art. 827, *caput*). Trata-se, porém, de arbitramento provisório, sujeito a redução no caso de pagamento nos três dias da citação (art. 827, § 1º) e de elevação quando rejeitados os embargos à execução (art. 827, § 2º).

Sendo os embargos uma ação e não uma simples resistência à execução, a respectiva sentença tem de resolver a questão relacionada com os efeitos da sucumbência, e nesse aspecto há algumas particularidades a destacar:

(a) se os embargos são acolhidos, no todo ou em parte, o arbitramento inicial de honorários em favor do exequente pode ser invalidado ou reduzido: se o acolhimento é total desaparece a verba inicial em benefício do credor e prevalece a condenação cominada na sentença dos embargos em prol do executado embargante, nos limites de 10% a 20% do proveito econômico, ou do valor da causa (art. 85, § 2º);[70]

(b) rejeitados os embargos, novo arbitramento de honorários será feito em favor do exequente embargado, não podendo, entretanto, ultrapassar o limite de 20% a soma das duas verbas advocatícias impostas ao executado (art. 827, § 2º).[71]

Pode acontecer de o credor desistir da execução ou esta ser extinta antes de o devedor ser citado. É preciso distinguir, em situações como essa, se o executado, independentemente da citação, se fez representar por advogado no processo, ou se chegou a opor exceção de pré-executividade, ou, ainda, se a extinção do processo executivo se deu quando já pendiam embargos do devedor.

Naturalmente, se a desistência da execução ou sua extinção ocorreram antes da citação ou de qualquer atividade processual defensiva do executado, não haverá razão para justificar a

---

[70] O proveito econômico a ser considerado no caso de procedência dos embargos não se mede pelo valor dos bens penhorados ou a penhorar, mas pelo montante do débito exequendo: "Deve-se ter em conta, como proveito econômico" – como assentado pelo STJ – "o potencial que a ação ajuizada ou o expediente utilizado possui na esfera patrimonial das partes, pois, no caso dos autos, se fosse permitido o curso do executivo fiscal, os bens do embargante estariam sujeitos à constrição até o limite da dívida excutida, e não unicamente ao montante em que efetivada a penhora" (STJ, 2ª T., REsp. 1.671.930/SC, Rel. Min. Og Fernandes, ac. 27.06.2017, *DJe* 30.06.2017). O caso julgado pelo STJ referiu-se a embargos do sócio-administrador da empresa devedora, contra o qual se pretendeu redirecionar a execução fiscal.

[71] "(...) 2. Os embargos do devedor são ação de conhecimento incidental à execução, razão porque os honorários advocatícios podem ser fixados em cada uma das duas ações, de forma relativamente autônoma, respeitando-se os limites de repercussão recíproca entre elas, desde que a cumulação da verba honorária não exceda o limite máximo previsto no § 3º do art. 20 do CPC/1973" [CPC/2015, art. 85, § 2º] (STJ, Corte Especial, REsp 1.520.710/SC, Rel. Mauro Campbell Marques, ac. 18.12.2018, *DJe* 27.02.2019, Recurso Repetitivo, tema 587).

imposição dos honorários advocatícios em favor do executado. Mas, mesmo ficando prejudicados os embargos ou qualquer outra medida processual defensiva intentados pelo executado, sujeitar-se-á o exequente à verba sucumbencial, pelo princípio da causalidade lembrado pelo § 10 do art. 85.[72]

412.2. Embargos limitados à arguição de nulidade da citação

No entendimento do STJ, "a procedência dos embargos do devedor apenas para reconhecer a nulidade de ato processual existente no processo de execução, determinando a sua renovação, não justifica a condenação ao pagamento de honorários sucumbenciais, haja vista que o assistido não se sagrou vencedor, tal como ocorreria se os embargos fossem acolhidos para julgar improcedente (total ou parcialmente) a execução ou para extingui-la".[73]

413. CLASSIFICAÇÃO DOS EMBARGOS DO DEVEDOR

Prevê o art. 917 do CPC/2015 que o executado fundamente seus embargos em temas variados, como nulidade da execução (I), incorreção na penhora, ou avaliação errônea (II), excesso de execução ou cumulação indevida de execuções (III), retenção por benfeitorias (IV), e, enfim, qualquer matéria que lhe seria lícito deduzir como defesa em processo de conhecimento (V). Assim, classificam-se os embargos do devedor em:

a) embargos ao direito de execução; e
b) embargos aos atos de execução.

Nos primeiros, o devedor impugna, ao credor, como no caso de pagamento, novação ou remissão da dívida, o direito de propor a execução forçada. "Na essência, com esta oposição procura-se fazer declarar a *inexistência da ação executiva*".[74] Podem ser chamados, também, de *embargos de mérito*, pois com eles se ataca a pretensão de direito material do exequente.

Nos embargos aos atos executivos, o devedor contesta a regularidade formal do título, da citação, ou de algum ato sucessivo do processo, ou sua oportunidade. São, pois, embargos de *rito* ou de *forma*, não de mérito, como ocorre, por exemplo, com as irregularidades da penhora ou da avaliação e a incompetência do juízo.[75]

Com eles, o ataque do executado atinge a pretensão de direito processual, no todo ou em parte. Podem ser subdivididos em:

a) *embargos de ordem*, os que visam a anulação do processo, como os que tratam da impropriedade de forma, a falta do direito de postular em juízo, a ausência do título executivo etc.; e
b) *embargos elisivos, supressivos ou modificativos dos efeitos da execução*, como os que tratam da impenhorabilidade, do benefício de ordem, do excesso de penhora, da litispendência, do direito de retenção etc.[76]

---

[72] "Consoante o princípio da causalidade, os honorários advocatícios são devidos quando o credor desiste da ação de execução após o executado constituir advogado e indicar bens à penhora, independentemente da oposição ou não de embargos do devedor à execução" (STJ, 4ª T., AgInt no REsp 1.849703/CE, Rel. Min. Marco Buzzi, ac. 30.03.2020, DJe 02.04.2020).

[73] STJ, 3ª T., REsp 1.912.281/AC, Rel. Min. Marco Aurélio Bellizze, ac. 12.12.2023, DJe 14.12.2023.

[74] COSTA, Sérgio. *Op. cit.*, n. 451, p. 592.

[75] COSTA, Sérgio. *Op. cit.*, n. 452, p. 594.

[76] CASTRO, Amílcar de. *Op. cit.*, n. 428, p. 426-427.

Esta classificação é importante, porque a sentença dos embargos de mérito faz coisa julgada material a respeito do direito substancial do exequente, até então não acertado em juízo. Os embargos de *rito* ou de *forma* apenas geram coisa julgada formal. Há, ainda, reflexos sobre a competência: versando sobre o mérito os embargos serão sempre processados e julgados pelo juiz da execução; mas se forem apenas de impugnação a atos executivos, poderão, conforme o caso, ser julgados no juízo deprecado, fora, portanto, do juízo da execução (art. 914, § 2º).

414. LEGITIMAÇÃO

Pode propor os embargos o sujeito passivo da execução forçada, ou seja, o *devedor* contra quem se expediu o mandado executivo. Será ele ordinariamente o *vencido* na ação de condenação (título judicial), ou o apontado como *devedor* no título extrajudicial, bem como o seu sucessor. São, também, legitimados os terceiros com responsabilidade executiva (fiador, sócio, sucessor, sub-rogado etc.), desde que, atingidos pelos atos de execução, assumam a posição de parte na relação processual criada pela ação proposta pelo credor[77]. O réu da execução (devedor) é o autor dos embargos; e o autor (credor) passa a ser o réu no incidente.

O terceiro responsável, como sócio solidário ou o gestor corresponsável da sociedade, ou o prestador de garantia real à dívida ajuizada, ou outras figuras de responsável não devedor, pode figurar no processo originariamente, ou de forma superveniente. No primeiro caso é citado na abertura da relação processual executiva, como parte do processo e o prazo para embargar contar-se-á na forma do art. 231 do CPC/2015, em regra, da juntada do mandado de citação cumprido (CPC/2015, art. 915). No último caso, sendo superveniente a inclusão do responsável no processo, o que há é um redirecionamento da execução, cuja prática depende de nova citação e ele endereçada. O prazo para embargos, então, será contado dessa nova citação. Se houver penhora irregular (porque não há penhora sem citação prévia) o terceiro responsável não citado poderá embargar em prazo a ser contado da ciência da penhora. De qualquer maneira, ao se pedir o redirecionamento, o exequente terá a obrigação de identificar o fato gerador da responsabilidade, pois só assim ficará assegurada ao novo executado condição de se defender.

O terceiro não responsável pela execução e que não é parte no feito e nem pode pretender, a qualquer título, a posição da parte na relação processual executiva, não é legitimado para opor embargos de devedor. Se atingido por atos executivos, caberá defender-se por *embargos de terceiro*, que são o remédio processual próprio para repelir os esbulhos judiciais não só na execução como em qualquer outro procedimento (CPC/2015, art. 674).

Muito se discutiu no regime do Código anterior, antes da Lei n. 11.382, de 06.12.2006, nos casos de execução contra vários devedores reunidos em uma única execução, em litisconsórcio passivo, se seria possível ao executado oferecer embargos baseado na penhora de bens de outro litisconsorte. Duas correntes antagônicas chegaram a se estabelecer: uma que só admitia embargos por parte de quem houvesse sofrido penhora, outra que se satisfazia com a penhora de bens de qualquer dos litisconsortes, para legitimar todos eles a embargar.

O problema desapareceu já com o art. 736 do CPC/1973, na redação da Lei n. 11.382, de 06.12.2006, ao dispor que o executado poderá opor-se à execução por meio de embargos "independentemente de penhora". Pouco importa saber, pois, de quem são os bens penhorados numa determinada execução. Cada coexecutado se defende com autonomia e sem condicionamento a qualquer tipo de segurança do juízo executivo. Essa liberdade é irrecusável na sistemática atual

---

[77] Além do devedor – "também o *terceiro responsável* pode oferecer embargos à execução e não apenas embargos de terceiro" (ALVIM, J. E. Carreira e CABRAL, Luciana Alvim. *Nova execução de título extrajudicial. Comentários à Lei 11.382/2006*. Curitiba: Juruá, 2ª tiragem, 2007, p. 193).

do CPC/2015, visto que o manejo dos embargos se mantém completamente desvinculado da preexistência de penhora (art. 914).

415. AUTONOMIA DOS EMBARGOS DE CADA EXECUTADO

O litisconsórcio passivo na execução não reflete obrigatoriamente sobre a legitimidade e demais condições da ação incidental de embargos.

Deve-se lembrar que sendo os embargos *ação* e não simples *contestação* do executado, a esse tipo de ação incidental não se aplicam as regras e princípios que só dizem respeito à resposta típica dos processos de conhecimento.

Assim, os embargos de cada devedor têm caráter autônomo e independente, de modo que a falta de citação de um deles na execução, por exemplo, é irrelevante em face da ação incidental, seja no tocante à *regularidade* da relação processual, seja quanto à contagem do prazo de defesa.[78] Vale dizer: "estabelecido litisconsórcio passivo facultativo entre dois coobrigados solidários, a falta de citação de um deles não obsta o prosseguimento da execução em relação ao outro, que, citado, deve pagar ou nomear bens à penhora".[79]

Da autonomia dos embargos de cada coexecutado decorrem as seguintes consequências:

a) a ação de embargos de cada executado é particular, não estando por isso mesmo subordinada a litisconsórcio ou anuência dos outros codevedores;

b) o prazo para embargar é individual e nasce, para cada coexecutado, a partir da juntada do respectivo mandado citatório (CPC/2015, art. 915, § 1º), sem qualquer subordinação ao prazo assinado para pagamento e à existência ou não de penhora (art. 914, *caput*);

c) a circunstância de não terem sido citados todos os codevedores é irrelevante, por não ser condição para o prosseguimento da execução sobre os bens de outros litisconsortes passivos, de sorte que aquele que recebeu a citação tem de ajuizar logo seus embargos, sem cogitar da situação dos demais (CPC/2015, art. 915, § 1º);

d) em virtude da autonomia dos embargos de cada codevedor, e da circunstância de não se tratar de contestação, nem de simples fala nos autos, não se aplica à espécie a contagem de prazo em dobro quando vários são os executados e diversos os seus advogados (art. 229).

A regra da autonomia da contagem dos prazos dos coexecutados mereceu uma ressalva no § 1º do art. 915 que ser refere à situação do litisconsórcio passivo entre cônjuges. Estabelecido este por força da nomeação à penhora de bens imóveis do casal, o prazo de embargos é comum e só começa a fluir, para os dois cônjuges, depois que o último deles for citado ou intimado. Esta ressalva foi feita pelo legislador na regra geral de autonomia constante do § 1º do art. 915.

---

[78] "Na execução em que há litisconsórcio passivo facultativo, ante a autonomia do prazo para a oposição de embargos do devedor, a ausência da citação de coexecutados não configura óbice oponível ao prosseguimento da execução quanto aos demais já citados, sendo, portanto, inaplicável a regra contida no art. 241 do Código de Processo Civil." (STJ, 5ª T., REsp 760.152/DF, Rel. Min. Laurita Vaz, ac. 10.9.2009, DJe 28.9.2009).

[79] STJ, REsp. 28.098-2/SP, Rel. Min. Sálvio de Figueiredo Teixeira, ac. de 28.06.93, in RSTJ 52/151. No mesmo sentido: STJ, REsp. 46.415-3/GO, Rel. Min. Fontes de Alencar, ac. de 27.06.94, in RSTJ 66/444; STJ, 1ª T., REsp 182.234/SP, Rel. Min. Milton Luiz Pereira, ac. 12.3.2002, DJU 29.4.2002, p. 164; STJ, 3ª T., AgInt no REsp 1.387.711/AL, Rel. Min. Marco Aurélio Bellizze, ac. 18.03.2019, DJe 22.03.2019.

Consagrou-se, mais uma vez, a orientação traçada pela jurisprudência antes da reforma do art. 738 do Código anterior.[80]

É bom lembrar, porém, que a comunhão do prazo não importa formação de litisconsórcio necessário na ação incidental de embargos, de sorte que cada cônjuge pode opor-se à execução, dentro do prazo comum, separadamente, sem depender de anuência do outro. Duas hipóteses são possíveis: a) a citação executiva já se fez sobre os dois cônjuges; b) um dos cônjuges passou a integrar a execução depois da intimação da penhora. Em qualquer caso, porém, o prazo será comum. Intimado da penhora um deles, reaberto estará o prazo para ambos. Nessa última situação, tem-se uma quebra da contagem do prazo de embargos a partir da citação, porque um dos litisconsortes necessários só adquiriu sua condição de parte depois de intimado da penhora sobre o bem do casal.

Ainda da autonomia dos embargos, decorre a regra de que "a concessão de efeito suspensivo aos embargos oferecidos por um dos executados não suspenderá a execução contra os que não embargaram quando o respectivo fundamento disser respeito exclusivamente ao embargante" (art. 919, § 4º).

Por fim, admite a lei que os embargos sejam apenas sobre parte do crédito exequendo, caso em que o seu eventual efeito suspensivo não impedirá o prosseguimento da execução quanto à parte restante (art. 919, § 3º).

416. COMPETÊNCIA

O juízo da ação de embargos, que é feito incidental, é o mesmo da ação principal, isto é, da execução (CPC/2015, art. 61).

Quando, porém, a penhora é realizada em comarca estranha ao foro da causa (art. 845, § 2º), diz o Código que se dará a "execução por carta" e a competência para processar e julgar os embargos caberá ora ao juízo deprecado, ora ao deprecante, conforme a matéria debatida (art. 914, § 2º).

Será o objetivo visado pelos embargos que, em suma, determinará qual o juízo competente para o respectivo processamento e julgamento.

Se a matéria debatida referir-se "apenas a irregularidade da penhora, da avaliação, ou da alienação", isto é, dos atos delegados ao deprecado, a decisão dos embargos a este caberá. Se disser respeito, contudo, "ao âmago da execução, às exceções ou ao título executivo", a competência "não pode deixar de caber ao juízo deprecante".[81]

Trata-se, portanto, de distinguir entre embargos à execução (mérito ou exceções ligadas ao juízo da ação principal, como a de suspeição, impedimento etc.) e embargos aos *atos executivos* (defesa formal contra irregularidades da penhora, avaliação e praceamento)[82].

---

[80] STJ, 3ª T., REsp. 681.266/DF, Rel. Min. Nancy Andrighi, ac.02.06.2005, *DJU* 01.07.2005, p. 530; STJ, 4ª T., REsp 328.635/GO, Rel. Ruy Rosado, ac. 12.03.2002, *DJU* 20.05.2002, p. 150.

[81] CASTRO, Amílcar de. *Comentários ao Código de Processo Civil*. São Paulo: RT, 1974, v. VIII, n. 261, p. 417. "Nas execuções por carta é competente para julgar os embargos de terceiro o Juízo deprecante, se o bem penhorado foi por este expressamente indicado. Inocorrendo tal indicação, a competência permanece com o Juízo deprecado, se deste partiu a determinação de apreensão do bem (Súmula 33 do TFR)" (TACiv. RJ, Ag. 1.060/95, Rel. Juiz Eduardo Duarte, *in* ADV 09.06.96, n. 74.147; STJ, 2ª Seção, AgRg nos EDcl no CC 51.389/RJ, Rel. Min. Carlos Alberto Menezes Direito, ac. 14.12.2005, *DJU* 15.3.2006, p. 210).

[82] Já antes da Lei n. 8.953/1994, a doutrina e jurisprudência, mesmo diante da redação ambígua do primitivo art. 747 do CPC/1973, vinha entendendo a competência do juízo deprecado em sentido equivalente ao do novo texto da lei: CASTRO, Amílcar de. *Op. cit., loc. cit.*, nesse sentido decidiram: TJMG, conf. jur. n. 670, Rel. Des. Hélio Costa, in DJMG de 16.12.75; 1ª TACSP, conf. jur. n. 203.492, Rel. Juiz Paula Bueno, in RT, 469/142; TJMG, Agr. Inst. n. 13.897, Rel. Des. Erotides Diniz, in DJMG de 14.11.75; 1º TACSP, conf. jur. n. 205.405, Rel. Juiz

Se o executado formular embargos versando matéria que pertence à competência do juiz deprecado, este reterá a precatória até o julgamento da ação incidental, ocasião em que os autos, tanto da carta como dos embargos, serão remetidos ao juízo da execução. Neste caso, o prazo para embargos será contado "da juntada, na carta, da certificação da citação", conforme art. 915, § 2º, I do CPC/2015.

Uma vez que os embargos de mérito deverão ser opostos perante o juiz da execução e tendo em vista que a restituição da precatória pode demandar longo tempo, determina a lei que, cumprida a citação, o deprecado providenciará imediatamente sua comunicação ao deprecante, inclusive por meios eletrônicos. Nesse caso, a contagem do prazo de embargos dar-se-á a partir da juntada aos autos do processo principal de tal comunicação (art. 915, § 2º, II).

Convém notar que a competência do juiz deprecado é excepcional e somente ocorrerá no caso de defesa limitada "unicamente a vícios ou defeitos da penhora, avaliação ou alienação dos bens". Logo, se tal matéria vier a ser alegada em conjunto com outras arguições, a competência a prevalecer será a do juiz da execução (isto é, o deprecante). O mais recomendável, porém, é que em tais casos os embargos sejam formulados em peças separadas, já que o processamento do feito que versa sobre o mérito independe de aperfeiçoamento da penhora. Se o executado assim não o fizer, o juiz poderá, a seu critério, ordenar o desmembramento dos embargos.

Há uma regra especial na 1ª parte do § 2º, do art. 914 ainda sobre os embargos na execução por carta precatória: mesmo que o juízo deprecado não seja o competente para o processamento dos embargos, o executado poderá ali apresentá-los, para remessa ao juízo deprecante, junto com a precatória cumprida. Trata-se de simples faculdade conferida ao executado, para facilitar-lhe a defesa. Pode, se lhe for conveniente, produzir os embargos diretamente no juízo da execução. De qualquer maneira, o prazo é sempre o mesmo, fluindo da juntada aos autos principais (no juízo deprecante) da comunicação prevista no art. 915, § 2º, II.

417. GENERALIDADES SOBRE O PROCESSAMENTO DOS EMBARGOS

Em se tratando de uma nova ação, sujeita-se à distribuição, registro e autuação próprios (CPC/2015, arts. 206 e 284), devendo, também receber valor de causa, na respectiva petição inicial, como determina o art. 291.

Diante da inegável conexão que se nota entre a execução e os embargos, a distribuição destes é feita por dependência (art. 286).

Submete-se, outrossim, a ação de embargos, como qualquer outra, à exigência de preparo prévio, de sorte que o não pagamento das custas iniciais em quinze dias importa cancelamento da distribuição e extinção do processo em seu nascedouro (art. 290).[83]

Toledo Piza, in O Novo Cód. de Proc. nos Tribs. de Alçada Civil de São Paulo, de Evaristo dos Santos, vol. II, n. 892; idem, conf. jur. n. 205.615, Rel. Juiz Francisco Negrisolo, idem, n. 895, p. 287; idem, conf. jur. n. 210.231, Rel. Juiz Bandeira de Mello, idem, n. 899, p. 831.

[83] "Os embargos do devedor constituem ação, não propriamente defesa ou resposta do réu, e assim deve o embargante pagar inicialmente as custas pelo Regimento respectivo exigidas aquém seja autor" (CPC, arts. 19 e 736 c/c Tabela 1, anexa à Lei 6.032, 30.4.74 Regimento de Custas da Justiça Federal) (STF – R.E. 92.956, ac. de 17.10.80, Rel. Min. DÉCIO MIRANDA, in "Juriscível do STF", 99/169). No mesmo sentido: 1º TACivSP – Apel. 221.045, Rel. GERALDO MOURA, ac. 12-5-76, in "RT", 489/134; STJ, 3ª T., REsp 1.014.847/PA, Rel. Min. Humberto Gomes de Barros, Rel. p/ Acórdão Min. Ari Pargendler, ac. 24.3.2008, DJe 26.11.2008. Na Justiça Federal, antigamente, prevalecia a regra de que era necessário realizar o preparo prévio dos embargos. Hoje, porém, este pagamento foi dispensado, conforme dispõe a Lei n. 9.289/1996, art. 7º. Na justiça estadual, o problema se resolve conforme o regimento de custas local dispense ou não dito preparo.

Os embargos, como ação cognitiva, devem ser propostos por meio de petição inicial, que satisfaça as exigências dos arts. 319 e 320.[84] Submeter-se-ão à distribuição por dependência, ao juízo da causa principal (a ação executiva).

Formarão autos próprios, apartados da ação de execução. Se não ocorrer o deferimento do efeito suspensivo, os embargos deverão tramitar sem prejuízo da marcha normal da execução. Por isso, caberá ao embargante instruir sua petição inicial com cópias das peças do processo principal cujo exame seja relevante para o julgamento da pretensão deduzida na ação incidental (art. 914, § 1º), já que pode acontecer de cada uma das ações tomar rumo diferente, exigindo a prática de atos incompatíveis entre si, e subindo, em momentos diversos, a tribunais distintos[85]. Não deve, à vista disso, faltar na autuação dos embargos peças da execução cujo exame seja indispensável ao julgamento da oposição do executado. Procurações, título executivo, citação, auto de penhora (se já houver) são exemplos de peças cujo traslado comumente haverá de efetuar-se[86]. Com esse novo critério de instrução da petição de embargos, eliminou-se o velho problema, antes existente, da subida dos autos da execução, para processamento da apelação interposta contra a sentença de improcedência dos embargos. Não há mais empecilho algum a que os autos dos embargos sejam desapensados para a subida do recurso ao Tribunal (v. adiante, item 493).

Todas as cópias deverão ser autenticadas, mas não há necessidade de interferência do escrivão na autenticação. Permite a lei que as cópias das peças do processo principal sejam declaradas autênticas pelo próprio advogado do embargante, sob sua responsabilidade pessoal (art. 425, IV).

Há duas correntes em torno do modo com que as peças copiadas podem ser consideradas autenticadas pelo advogado:

a) uma exegese mais formalista e literal exige que devem ser *expressamente autenticadas* pelo advogado que as produz[87];

b) outra, menos formalista e mais objetivista, entende que a simples produção da cópia junto à petição subscrita pelo advogado equivale à respectiva autenticação[88].

---

[84] STJ, 3ª Seção, ED no REsp. 255.673-SP, Rel. Min. Gilson Dipp, ac. 10.04.2002, *DJU* 13.05.2002, p. 150. Havendo preparo a realizar-se, segundo o regimento de custas, sujeita-se a ação de embargos, ao cancelamento da distribuição, caso não ocorra o pagamento devido, no prazo e nos termos do art. 257 do CPC [1973] (STJ, Corte Especial, ED no REsp 264.895-PR, Rel. Min. Ari Pargendler, ac. 19.12.2001, *DJU* 15.04.2002, p. 156).

[85] No regime do Código anterior, o parágrafo único do art. 736 do CPC, incluído pela Lei 11.382/2006 e alterado pela Lei 12.322/2010, tornou obrigatória a instrução dos embargos pelas cópias das peças processuais relevantes da execução, autenticadas pelo próprio advogado da parte, medida necessária para compatibilizar a tramitação da ação incidental sem prejudicar a marcha da execução, nos casos de recurso sem efeito suspensivo. No entanto, admitia-se, mesmo antes da reforma, que os autos dos embargos fossem desapensados da execução, para subida ao Tribunal, em grau de apelação (STJ, 4ª T., REsp 38.201-PR, Rel. Min. Sálvio de Figueiredo, ac. 26.09.1994, *DJU* 31.10.1994, p. 29.503; STJ, 1ª T., REsp 85.368-SP, Rel. Min. Milton Luiz Pereira, ac. 19.11.1996, *DJU* 09.12.1997, *RSTJ* 103/50; STJ, 5ª T., REsp 584.806/RJ, Rel. Min. José Arnaldo da Fonseca, ac. 25.11.2003, *DJU* 15.12.2003, p. 397; STJ, 6ª T., AgRg no Ag 470.752/RJ, Rel. Min. Hélio Quaglia Barbosa, ac. 29.11.2005, *DJU* 19.12.2005, p. 482).

[86] As falhas de traslados, todavia, são sanáveis, não devendo ser tratadas como motivo para rejeição liminar dos embargos. Já decidiu o STJ que "sendo o instrumento de mandato juntado à ação de execução e estando esta apensada aos embargos do devedor, não resta configurada a ausência de pressuposto de constituição e desenvolvimento válido do processo" (STJ, 5ª T., AgRg no REsp 1.133.724/RS, Rela. Min. Laurita Vaz, ac. 18.2.2010, *DJe* 15.3.2010).

[87] STJ, 1ª Seção, Ag. 500.722/SP-AgRg, Rel. Min. Francisco Falcão, ac. 18.12.2003, *DJU* 22.03.2004; STF, 2ª T., AI 172.559-2/SC-AgRg., Rel. Min. Marco Aurélio, ac. 26.09.1995, *DJU* 03.11.1995, p. 37.258.

[88] STF, Pleno, AI 466.032/GO-AgRg., Rel. Min. Sepúlveda Pertence, ac. 19.08.2004, *DJU* 18.03.2005, p. 47; STJ, Corte Especial, AI 563.189/SP-AgRg., Rel. Min. Eliana Calmon, ac. 15.09.2004, *DJU* 16.11.2004, p. 175.

A melhor posição é, a nosso ver, a que não se apega ao formalismo injustificado, e contenta-se com a responsabilidade presumida do advogado que faz juntar as cópias ao processo. Afinal, não se trata de ato notarial, mas de simples declaração de origem das peças, circunstância que vem afirmada pelo próprio teor da petição que as faz juntar aos autos. A reprodução, outrossim, não é de documentos desconhecidos do adversário ou do juiz, mas de peças cujos originais já se encontram no processo principal. Dessa maneira, a qualquer momento sua autenticidade poderá ser questionada e aferida, se necessário for. Não se justifica, portanto, o formalismo de um ato solene do advogado a seu respeito. Benemérita de aplausos a posição do Pleno do STF e da Corte Especial do STJ em favor da inexistência de exigência na lei de que o advogado firme um termo solene e expresso de autenticação, na espécie[89].

418. SEGURANÇA DO JUÍZO

Nas execuções por quantia certa ou para entrega de coisa, a admissibilidade dos embargos do devedor sempre foi, na tradição de nosso direito processual civil, condicionada à prévia segurança do juízo, que se fazia pela penhora, no primeiro caso, e pelo depósito da coisa, no segundo (art. 737 do CPC/1973).

A Lei n. 11.382, de 06.12.2006, no entanto, ao remodelar a sistemática do processo de execução na codificação anterior, revogou o art. 737 e modificou a redação do art. 736 para adotar orientação completamente oposta, qual seja, a de que a oposição do executado à execução por meio de embargos dar-se-á "independentemente de penhora, depósito ou caução".

Por outro lado, os embargos, já também na codificação anterior, perderam sua força de acarretar sempre suspensão da execução (art. 739-A, *caput*, do CPC/1973). Essa eficácia passou a ser excepcional e dependente de decisão caso a caso do juiz, sendo então, obrigatória, a segurança do juízo, além de outros requisitos apontados pelo § 1º do art. 739-A do CPC/1973.

Igual sistemática foi adotada pelo CPC/2015, como se vê nos arts. 914 e 919. Assim, tal como se dava no CPC/1973, a segurança do juízo não foi, propriamente, eliminada da disciplina dos embargos à execução. Mudou, porém, de papel. Em lugar de condição de procedibilidade passou a ser requisito do efeito suspensivo, quando pleiteado pelo embargante (art. 919).

Quando cabível, realiza-se por meio de *penhora*, nas execuções por quantia certa, ou de *depósito*, nas execuções para entrega de coisa (art. 919, § 1º). Pode, ainda, no caso de penhora, ser substituída por *caução*, representada por fiança bancária ou seguro garantia judicial (art. 848, parágrafo único).

A lei não prevê a segurança do juízo nas execuções das obrigações de fazer ou não fazer. Não se descarta, contudo, a necessidade de se acautelar contra riscos de danos sérios que eventualmente a suspensão de tais execuções possa acarretar para o exequente. Segundo as particularidades do caso concreto, também nas execuções de fazer ou não fazer, o juiz pode impor ao devedor embargante a prestação de caução, para segurança do juízo. Aliás, entre os poderes do credor, nas execuções em geral, figura o de obter, incidentalmente, "medidas urgentes" (art. 799, VIII); e nas ações que tenham por objeto o cumprimento de obrigação de

---

[89] Em doutrina, esta é também a opinião de Athos Gusmão Carneiro: "Em nosso entendimento, *d. v.*, a exigência de autenticação de cópias extraídas 'do mesmo processo' (!) – eis que o agravo implica apenas na bifurcação procedimental, tal exigência vem de encontro à orientação antiformalista prestigiada pela doutrina processual moderna, infensa aos excessos do 'cartorialismo' reinol. As cópias de peças constantes do próprio processo não são, e temos este asserto por curial, aqueles 'documentos particulares' a que se refere o art. 384 do CPC para exigir sua autenticação a fim de que valham como 'certidões'. A lei, outrossim, não exige as 'certidões textuais' extraídas por escrivão, de que cuida o art. 365, I, do CPC, mas se contenta com 'cópias' das peças do processo necessárias ao instrumento de agravo. Estas cópias, se não impugnadas, presumem-se verdadeiras..." (citação no ac. STJ, 1ª T., AI 492.642/SP-AgRg, Rel. Min. Denise Arruda, ac. 02.03.2004, *DJU* 28.04.2004, p. 229).

fazer e não fazer, cabe ao juiz determinar "providências que assegurem a obtenção de tutela pelo resultado prático equivalente" (arts. 497 e 536), entre as quais se incluem medidas acautelatórias ou preventivas (art. 536, § 1º), como a caução, no caso de ser a execução embaraçada por embargos do executado. Não há, como se vê, incompatibilidade entre os embargos à execução das obrigações de fazer ou não fazer e a segurança do juízo quando se pretenda obter a suspensão dos atos executivos (art. 919, § 1º).

419. PRAZO PARA PROPOSITURA DOS EMBARGOS DO DEVEDOR

No regime anterior, o art. 738 do CPC/1973, em seu texto primitivo, mandava contar o prazo para embargos, então de 10 dias, em função da comprovação nos autos da medida executiva com que se constituía a segurança do juízo.

Com a Lei n. 11.382, de 06.12.2006, a segurança do juízo deixou de ser requisito para o exercício da ação incidental de embargos do executado. Por isso, perdeu relevância, desde então, a data da intimação da penhora ou do depósito da coisa *sub executione*. Deu-se, também, a ampliação do prazo para quinze dias (CPC/1973, art. 738, *caput*). A mesma lógica aplica-se ao CPC/2015, de modo que a contagem do prazo para embargos, em qualquer modalidade de execução de título extrajudicial, terá como ponto de partida a citação do executado[90]. E tal como se passa no processo de conhecimento, *dies a quo* é determinado não pela data do cumprimento do mandado citatório pelo oficial de justiça, mas, na forma do art. 231 do CPC/2015.

É, pois, da data da juntada aos autos do mandado com que se cumpriu a citação executiva que se iniciará a fluência do prazo para pagar e embargar, aplicando-se a regra geral de que o *dies a quo* não se computa (art. 224), contando-se apenas os dias úteis (art. 219). Não há duas citações, nem há uma citação e uma intimação, uma para o pagamento e outra para os embargos. Da citação única correm dois prazos, o de pagamento e o de embargos à execução (art. 915).[91]

Se não há obrigatoriedade da prévia segurança do juízo para ensejar a propositura dos embargos, é, porém, obrigatória a intimação da penhora, para que a continuidade do procedimento executivo se dê rumo à expropriação dos bens constritos, e à satisfação do direito do exequente (art. 841). Trata-se de medida indispensável à observância da garantia do contraditório.

Quando a citação executiva se faz por meio de carta precatória, o § 2º, II, do art. 915 do CPC/2015, adota uma precaução para que o andamento da execução não sofra maiores embaraços. Ao juiz deprecado incumbe comunicar imediatamente a realização da citação e da juntada aos autos principais dessa comunicação será contado o prazo para embargos, sem depender do retorno efetivo da carta precatória. Se houver omissão da parte do deprecado quanto ao informe do cumprimento da citação, o prazo para os embargos começará a correr da juntada da precatória cumprida aos autos da execução[92].

---

[90] A lei não inclui a audiência de conciliação no procedimento da ação de embargos do devedor. Se deferida a medida preliminarmente, a requerimento da parte, a tentativa de conciliação não interromperá a fluência do prazo de 15 dias para a interposição dos embargos, cujo início se dá a partir da citação, ou, mais propriamente, da juntado do mandado citatório (STJ, 3ª T., REsp 1.919.295/DF, Rel. Min. Nancy Andrighi, ac. 18.05.2021, *DJe* 20.05.2021).

[91] A contagem do prazo de impugnação ao cumprimento de sentença e a dos embargos à execução do título extrajudicial sujeitam-se a regras distintas: a primeira manda contar os 15 dias para a defesa do executado a partir do vencimento do prazo de pagamento voluntário (art. 525, *caput*); a segunda determina que os embargos serão opostos nos 15 dias contados da juntada do mandado de citação (art. 915, *caput* c/c art. 231). Portanto, os prazos para pagamento e impugnação, no cumprimento de sentença, são *sucessivos*, enquanto na execução de título extrajudicial são *cumulativos* os prazos para pagamento e para embargos, correndo simultaneamente.

[92] SANTOS, Ernane Fidélis dos. *As reformas de 2006 do Código de Processo Civil: execução dos títulos extrajudiciais*. São Paulo: Saraiva, 2007, n. 26-a, p. 58.

Deve-se, outrossim, observar que o prazo de embargos do devedor é único, pouco importando a eventual multiplicidade de penhoras, principalmente porque, na atual sistemática, não é mais contado do ato constritivo, mas da citação do executado. As modificações, substituições ou complementações da penhora, para fins de embargos do devedor, são irrelevantes.[93] Na execução de títulos pertinentes a obrigações de trato sucessivo, porém, a regra deveria ser mitigada. As ampliações de penhora para acobertar prestações supervenientemente acrescidas poderiam ensejar novos embargos desde que limitados a questões ligadas apenas aos acréscimos do *quantum* inicialmente exigido.[94] No sistema do atual Código, todavia, a questão é muito mais singela. Os atos executivos ocorridos depois do prazo de embargos, ou de impugnação, serão discutidos e solucionados, incidentalmente, nos próprios autos da execução (arts. 525, § 11; 771, *caput*; e 803, parágrafo único). Tudo se passa independentemente de novos embargos, portanto.

No regime anterior à reforma do CPC/1973, efetivada pela Lei n. 11.382/2006 ressalvava-se, também, as hipóteses de invalidação ou nulidade da penhora, para permitir que o novo gravame pudesse ser atacado por meio de embargos formais como os previstos no art. 746 daquele Código. Uma vez, porém, que os novos dispositivos introduzidos pela Lei n. 11.382/2006 passaram a prever substituições, ampliações, reduções e renovações de penhora resolvidos em decisões de plano, no curso da própria execução (arts. 656, 657, parágrafo único, 668 e 685, todos do CPC/1973), não se justificava o emprego de embargos para impugnar irregularidades da penhora praticada depois de extinto o prazo fixado a partir da citação. As reclamações poderiam ser formuladas por simples petição e solucionadas por decisão interlocutória. Igual sistemática aplica-se ao atual Código de Processo Civil, o qual, aliás, admite a possibilidade genérica de discutir e pronunciar nulidades do processo de execução, "independentemente de embargos" (art. 803, parágrafo único). De qualquer maneira, em hipótese alguma se poderá prevalecer da nova penhora para novos embargos de mérito, cabíveis unicamente nos quinze dias posteriores à juntada do mandado citatório (art. 914).

420. LITISCONSÓRCIO PASSIVO E PRAZO PARA EMBARGAR

Mesmo que vários sejam os codevedores executados no mesmo processo, a ação de embargos de cada um deles será autônoma (CPC/2015, art. 915, § 1º). Podem, eventualmente, agruparem-se numa só ação, mas isto será facultativo, isto é, o litisconsórcio não será necessário.

Dessa autonomia decorre a independência dos prazos de embargos para os diversos coexecutados. Sendo citados por mandados diferentes, o prazo para cada um deles se contará autonomamente a partir da juntada do respectivo mandado.[95]

---

[93] STF, RE 86.534, Rel. Min. Cunha Peixoto, *in Rev. Forense,* 260/202; STJ, REsp. 109.327/GO, Rel. Min. Cesar Asfor Rocha, ac. de 20.10.98, *in DJU* de 01.02.99, p. 199; STJ, REsp. 141.364/PR, Rel. Min. Ruy Rosado de Aguiar, ac. de 07.05.98, *in DJU* de 29.06.98, p. 195; TJMG, 9ª Câm. Cív., Apelação 2.0000.00.498029-2/000, Rel. Des. Fernando Caldeira Brant, ac. 21.3.2006, *DJMG* 20.4.2006; STJ, 1ª Seção, REsp 1127815/SP, Rel. Min. Luiz Fux, ac. 24.11.2010, *DJe* 14.12.2010.

[94] No regime do Código anterior, dentre as previstas no art. 741 do CPC/1973, se é possível invocar causa nova em relação às prestações sucessivas, são admissíveis novos embargos, visto que a hipótese "não se confunde com a de segunda penhora, prevista no art. 667 do CPC [1973]" (STJ, 3ª T., REsp. 164.930/RS, Rel. Min. Eduardo Ribeiro, ac. de 17.09.98, *DJU* de 19.04.99, p. 137).

[95] A matéria não sofreu maiores alterações em relação ao regime anterior, a respeito do qual a jurisprudência já assentava que: "Efetivada a citação e penhora do coexecutado, cabe-lhe exercer a sua defesa, através de embargos, independentemente da citação dos demais devedores" (STJ, 4ª T., REsp 73.643-SP, Rel. Min. Ruy Rosado, ac. 21.11.1995, *DJU* 11.03.1996, p. 6.631). O prazo para cada coexecutado "é autônomo, individual" (STJ, 5ª T., REsp 256.439-GO, Rel. Min. Vicente Leal, ac. 07.02.2002, *DJU* 04.03.2002, p. 304). Nesse sentido: STJ, 5ª T., REsp 760.152/DF, Rel. Min. Laurita Vaz, ac. 10.9.2009, *DJe* 28.9.2009.

Ressalva-se, contudo, o litisconsórcio necessário formado entre cônjuges, principalmente quando se trata de execução sobre bens do casal (art. 915, § 1º, *in fine*). Nessa hipótese, o prazo é único.

Outrossim, porque não se trata de contestação, mas de ação incidental, não há de se aplicar a dobra do prazo prevista para o caso de resposta dos litisconsortes passivos representados por advogados diferentes. Opor embargos não é o mesmo que falar nos autos, nem tampouco é igual a contestar a ação. Isto já estava reconhecido pela jurisprudência erigida no âmbito da codificação anterior[96]. É que o § 3º do art. 738 do CPC/1973, acrescido pela Lei n. 11.382/2006, apenas explicitou o que já estava assente nos tribunais: "aos embargos do executado não se aplica o disposto no art. 191 desta Lei" (i.e., do CPC/1973). O mesmo se dá em relação ao correlato art. 229 do CPC/2015.

421. REJEIÇÃO LIMINAR DOS EMBARGOS

I – Casos de rejeição liminar dos embargos

Permite-se a rejeição liminar dos embargos do devedor (art. 918):

I – quando intempestivos;
II – nos casos de indeferimento da petição inicial e de improcedência liminar do pedido;
III – manifestamente protelatórios.

O regramento do CPC/2015, rejeitando liminarmente os embargos *manifestamente protelatórios*, mantém a linha, valorizada pelas últimas reformas do CPC/1973, a qual dispensa enérgico combate ao comportamento processual atentatório à dignidade da justiça.

II – Embargos intempestivos

Também no regime do Código anterior, previa o antigo inciso I, do art. 739 o indeferimento liminar dos embargos "apresentados fora do prazo legal". Como a lei considerava a penhora requisito de admissibilidade dos embargos à execução e determinava que o prazo para sua interposição se contasse a partir da intimação da penhora, chegou-se a cogitar de sua inviabilidade quando ajuizados antes da segurança do juízo e de sua necessária intimação ao executado. A exegese, porém, era excessivamente literal e, por isso, não vingou.

Havia então assentado a jurisprudência, com inteira procedência, que embargos anteriores à penhora poderiam ser, quando muito, prematuros, mas nunca intempestivos[97]. O que se deveria fazer, em tal caso, seria apenas sustar o anda – mento da ação incidental até que a segurança do juízo se aperfeiçoasse, e não indeferi-la de plano[98].

---

[96] STF, 1ª T., RE 96.361-SP, Rel. Min. Alfredo Buzaid, j. 08.06.1982, *RTJ* 102/855; STF, 1ª T., RE 97.138-SP, Rel. Min. Soares Moñoz, j. 25.06.1982, *RTJ* 103/1.294; STJ, 4ª T., REsp. 454-RJ, Rel. Min. Sálvio de Figueiredo, j. 22.08.1989, *RSTJ* 5/498.

[97] "Não há obrigatoriedade de comprovar-se antecipadamente a intimação da penhora para ajuizarem-se os embargos à execução" (STJ, 4ª T., REsp 264.644-MT, Rel. Min. Aldir Passarinho Junior, ac. 22.10.2002, *DJU* 10.02.2002, *RT* 814/173). "O executado pode apresentar seus embargos antes mesmo da devolução do mandado de penhora a cartório (*RT* 471/144), e até antes da penhora (*JTA* 126/126)" (NEGRÃO, Theotônio e GOUVÊA, José Roberto F. *Código de Processo Civil e Legislação Processual em Vigor*. 38. ed. São Paulo: Saraiva, 2006, p. 842, nota 9 ao art. 738).

[98] "Apresentados os embargos do devedor antes da penhora, ficará o seu processamento condicionado à efetivação ou regularização daquela, adiando-se a admissibilidade dos embargos para o momento em que for seguro o juízo, atendendo-se ao princípio do aproveitamento dos atos processuais" (STJ, 2ª T., REsp

Foi prestigiando a tese jurisprudencial, que a Lei n. 11.382/2006 alterou o texto do inciso I do art. 739 do CPC/1973,⁹⁹ para evitar a expressão equívoca embargos "apresentados fora do prazo legal". Dessa maneira, substituindo-a por embargos "intempestivos", ficou claro que somente deveriam ser liminarmente indeferidos aqueles que fossem ajuizados depois de ultrapassado o prazo legal. Os embargos apresentados antes da citação não poderiam ser indeferidos só por isso, já que não se enquadravam na categoria dos intempestivos. Igual raciocínio deve ser estendido ao atual Código, admitindo-se os embargos, mesmo que antes da citação. Até porque, o comparecimento espontâneo do demandado supre a citação (art. 239, § 1º), pelo que, vindo o executado ao processo para se defender por meio de embargos, sem ter sido ainda citado, sua própria conduta processual produz os efeitos da citação. É por isso que não se pode pretender sejam intempestivos os embargos assim opostos, já que eles mesmos fazem as vezes tanto do ato citatório como da defesa do executado. O CPC/2015 não deixa subsistir qualquer dúvida a respeito do entendimento exposto, pois seu art. 218, § 4º, dispõe, com ênfase, que "será considerado tempestivo o ato praticado antes do termo inicial do prazo".

III – Inépcia da petição inicial e outros casos de indeferimento

O inciso II do art. 918 do CPC/2015 prevê a rejeição liminar dos embargos por indeferimento da petição inicial, fato que ocorre, segundo o art. 330, § 1º, quando:

a) quando *for inepta a petição inicial* (inc. I), isto é, *(i)* se lhe faltar pedido ou causa de pedir, ou *(ii)* quando da narração dos fatos não decorrer logicamente a conclusão, ou *(iii)* se contiver pedidos incompatíveis entre si; tudo conforme o § 1º do mesmo art. 330 do CPC/2015).¹⁰⁰

b) em caso de *ilegitimidade manifesta da parte* (inc. II);¹⁰¹

c) na hipótese de *carência de interesse processual do autor* (inc. III);¹⁰²

238.132-MG, Rel. Min. Peçanha Martins, ac. 23.10.2001, *DJU* 18.02.2002, p. 295; STJ, 3ª T., REsp 84.856-RJ, Rel. Min. Nilson Naves, ac. 10.06.1997, *DJU* 04.08.1997, p. 34.744). No regime do CPC/2015 o processamento dos embargos à execução não depende mais do requisito de prévia penhora (art. 914, *caput*).

⁹⁹ CPC/2015, art. 918, I.

¹⁰⁰ "Embora deva o magistrado intimar o autor para que emende a inicial, caso a considere inepta, essa possibilidade desaparece se apresentada a contestação e a alteração da peça importe mudanças no pedido ou na causa de pedir" (STJ, 3ª T., REsp. 177.769/RJ, Rel. Min. Eduardo Ribeiro, ac. 26.06.2000, *DJU* 28.08.2000, p. 75). No mesmo sentido: STJ, 2ª T., REsp. 1.291.225/MG, Rel. Min. Mauro Campbell Marques, ac. 07.02.2012, *DJe* 14.02.2012; STJ, 4ª T., REsp. 540.332/RS, Rel. Min. Barros Monteiro, ac. 16.08.2005, *DJU* 03.10.2005, p. 260. Mas, se a emenda da inicial não importa alteração do pedido ou da causa de pedir, "a contestação do réu não obsta a possibilidade de emenda" (STJ, 1ª T., REsp. 837.449/MG, Rel. Min. Denise Arruda, ac. 08.08.2006, *DJU* 31.08.2006, p. 266). No mesmo sentido: STJ, 3ª T., Ag.Rg. no REsp. 327.085/MG, Rel. Min. Vasco Della Giustina, ac. 25.05.2010, *DJe* 10.06.2010; STJ, 4ª T., REsp. 239.561/RS, Rel. Min. Aldir Passarinho Júnior, ac. 22.04.2006, *DJU* 15.05.2006, p. 216; STJ, 6ª T., REsp. 101.013/CE, Rel. Min. Hamilton Carvalhido, ac. 11.06.2003, *DJU* 18.08.2003, p. 232; STJ, 1ª T., Ag.Rg. no REsp. 628.463/RJ, Rel. Min. Francisco Falcão, ac. 27.02.2007, *DJU* 29.03.2007, p. 218.

¹⁰¹ "Sendo o erro na indicação da parte passiva defeito essencial e relativo à falta de condição da ação, a petição inicial é incorrigível" (STJ, 6ª T., AgRg na MC 383/RS, Rel. Min. Adhemar Maciel, ac. 26.03.1996, *DJU* 14.10.1996, p. 39.035). No mesmo sentido: STJ, 2ª T., AgRg no REsp. 1.414.606/AL, Rel. Min. Herman Benjamin, ac. 10.12.2013, *DJe* 06.03.2014; STJ, 5ª T., AgRg no REsp. 1.166.037/MG, Rel. Min. Jorge Mussi, 05.06.2014, *DJe* 11.06.2014; STJ, 3a T., REsp. 758.622/RJ, Rel. Min. Castro Filho, ac. 15.09.2005, *DJU* 10.10.2005, p. 366. Mas, se o caso se enquadra em erro de fato, como costuma acontecer em relação à individuação da pessoa jurídica dentro de grupo econômico, a emenda pode se dar até mesmo após a citação (STJ, 2ª T., AgRg. no REsp. 1.362.921/MG, Rel. Min. Mauro Campbell Marque, ac. 25.06.2013, *DJe* 01.07.2013).

¹⁰² A falta de interesse processual revelada pelo binômio *necessidade – adequação* da tutela pretendida, "determina o indeferimento da petição inicial (art. 330, III), com a consequente prolação de sentença terminativa (art. 485, I e VII)" (THEOTONIO NEGRÃO; GOUVÊA, José Roberto F.; BONDIOLI, Luis Guilherme A.; FONSECA,

d) quando *não atender as prescrições dos arts. 106 e 321* (inc. IV), ou seja: *(i)* não constar da inicial o endereço do advogado do exequente, seu número de inscrição na OAB e o nome da sociedade de advogados da qual participar, para recebimento de intimações (art. 106, I); e *(ii)* quando intimado a emendar ou completar a inicial, em quinze dias, o exequente deixar de fazê-lo (art. 321, parágrafo único).[103]

Esse rol engloba exigências ligadas aos pressupostos processuais e às condições da ação, matéria que compete ao juiz examinar, até mesmo de ofício, a todo tempo, inclusive no despacho da petição inicial (art. 485, § 3º). Por representar, porém, causas de frustração do acesso à justiça, "as regras de indeferimento da petição inicial recebem interpretação restritiva".[104]

Sobre a configuração das causas de indeferimento da petição inicial, ver o desenvolvimento do tema no vol. I do Curso de Direito Processual Civil, itens 95 a 99, 563 a 565.

IV – Vícios sanáveis

O que se deve ponderar é que as deficiências ou irregularidades da inicial, quando supríveis, não deverão motivar de pronto a rejeição dos embargos. O juiz deverá conceder, primeiro, o prazo de quinze dias para que o devedor emende ou complete a petição inicial (art. 321), decretando a rejeição liminar somente após transcurso do referido lapso sem a necessária providência do devedor (art. 321, parágrafo único).

Conforme pacífico entendimento jurisprudencial, "a petição, formalmente defeituosa, pode ser emendada ou completada por determinação judicial ou espontaneamente, nesta hipótese, antes da citação. O indeferimento sumário destrói a esperança da parte e obstaculiza o acesso à via judicial, constituindo desprestígio para o Judiciário".[105] Daí por que a lei impõe ao juiz, antes de indeferir a petição inicial, conceder à parte oportunidade de emendá-la, desde que sanável o defeito detectado (CPC/2015, arts. 321 e 801).[106]

João Francisco N. da. *Código de Processo Civil e legislação processual em vigor*. 47 ed. São Paulo: Saraiva, 2016, nota 2 ao art. 17, p. 111). O STJ já decidiu que falta interesse para justificar o ingresso em juízo se a pretensão de benefício previdenciário nunca for manifestada pelas vias administrativas (STJ, 6ª T., REsp. 151.818/SP, Rel. Min. Fernando Gonçalves, ac. 10.03.1998, *DJU* 30.03.1998, p. 166; STJ, 2ª T., REsp. 1.310.042/PR, Rel. Min. Herman Benjamin, ac. 15.05.2012, *DJe* 28.05.2012). Em sentido contrário: STJ, 1ª T., AgRg no REsp. 1.339.350/PB, Rel. Min. Sérgio Kukina, ac. 02.04.2013, *DJe* 05.04.2013.

[103] "Considerando o juiz incompletos ou insuficientes os documentos ou cálculos apresentados pelo credor, tem lugar a *emenda* da inicial da ação executiva e não a extinção do processo, *ainda que já opostos os embargos do devedor*, caso em que, regularizado o vício, deve ser oportunizado ao embargante o aditamento dos embargos" (STJ, 4ª T., REsp. 440.719/SC, Rel. Min. Cesar Asfor Rocha, ac. 07.11.2002, *DJU* 09.12.2002, p. 352). "Inocorrentes a má-fé ou malícia por parte do exequente, é permitido ao juiz de direito ordenar a juntada do original do título de crédito objeto da execução, ainda que já tenham sido opostos os embargos do devedor denunciando a falta" (STJ, 4ª T., REsp. 329.069/MG, Rel. Min. Barros Monteiro, ac. 06.09.2001, *DJU* 04.03.2002, p.265). No mesmo sentido: STJ, 3ª T., REsp. 1.203.083/PE, Rel. Min. Nancy Andrighi, ac. 15.12.2011, *DJe* 28.03.2012). Assim, "a extinção do processo, sem exame de mérito, somente poderá ser proclamada depois de proporcionada à parte tal oportunidade, nos termos do art. 284, do CPC [de 1973], em *observância ao princípio da função instrumental do processo*" (STJ, 2ª T., AgEg no AREsp. 8.006/SC, Rel. Min. Herman Benjamin, ac. 28.06.2011, *DJe* 01.09.2011).

[104] STJ, 1ª T., REsp. 356.368/BA, Rel. Min. José Delgado, ac. 26.02.2002, *DJU* 25.03.2002, p. 196.

[105] STJ, 1ª T., Resp. 70.546/RS, Rel. Min. Milton Luiz Pereira, ac. 13.12.1995, *DJU* 18.03.1996, p. 7.532. No mesmo sentido: STJ, 1ª T., REsp. 170.202/SP, Rel. Min. Milton Luiz Pereira, 09.06.1998, *DJU* 24.08.1998, p. 29.

[106] STJ, 1ª T., REsp. 812.323/MG, Rel. Min. Luiz Fux, ac. 16.09.2008, *DJe* 02.10.2008.

V – Natureza do indeferimento

A rejeição dos embargos é, na espécie, medida preliminar e unilateral que se faz de plano, fora do contraditório, de maneira que o juiz não tem necessidade sequer de ouvir o credor embargado.[107] Nada obstante, não deve fazê-lo, sem abrir oportunidade ao embargante de sanar os defeitos superáveis.

Essa rejeição liminar é forma de indeferimento de petição inicial. Tem força de sentença, por extinguir o processo da ação de embargos do devedor. O recurso cabível, portanto, é o de apelação, nos termos dos arts. 1.009 e 331 do Código.[108] Em face da regra expressa que prevê a apelação para o indeferimento da petição inicial (art. 331), configura erro grosseiro a interposição de agravo de instrumento contra a rejeição liminar dos embargos à execução. Em semelhante conjuntura, não se pode aplicar o princípio da fungibilidade recursal para salvar o recurso impropriamente manejado pelo embargante[109].

A apelação, *in casu*, não afeta o andamento da execução, mesmo porque, repelidos *in limine*, os embargos nem sequer chegaram, em momento algum, a suspender a ação principal.

VI – Embargos protelatórios

O preceito do inciso III do art. 739 do CPC/1973 (transposto para o art. 918, III, do CPC/2015) era novidade entre as hipóteses de indeferimento liminar dos embargos à execução. Já estava, contudo, em harmonia com o sistema do Código anterior, que reprimia energicamente a litigância de má-fé (arts. 16, 17 e 18, do CPC/1973), no âmbito do processo de conhecimento, e os atos atentatórios à dignidade da justiça, no campo do processo de execução (art. 600 do CPC/1973).

O Código atual reforça ainda mais a lógica do sistema anterior, ao estipular a boa-fé e a cooperação como normas (deveres) fundamentais dirigidas a todos no processo. Além disso, o art. 77, inc. II, do CPC/2015 impõe às partes o dever de "não formular pretensão ou de apresentar defesa quando cientes de que são destituídas de fundamento"; enquanto o art. 774, inc. II, declara atentatório à dignidade da Justiça o ato do executado que "se opõe maliciosamente à execução, empregando ardis e meios artificiosos".

Sem dúvida, resiste maliciosamente à execução aquele que a embarga com argumentos que, à evidência, não se apoiam no direito. A litigância de má-fé se esboça e o atentado à dignidade da justiça não pode ser recusado.

A prestação jurisdicional em tempo razoável e a adoção de medidas de celeridade processual representam garantia fundamental consagrada no art. 5º, inc. LXXVIII, da Constituição. Portanto, tumultuar a execução com embargos protelatórios configura agressão ao devido processo legal e ao acesso à justiça, princípios largamente valorizados pelo moderno Estado Democrático de Direito.

Aliás, desde o regime do Código anterior, o empenho no combate ao uso temerário ou malicioso de remédios processuais, já vinha sendo, de longa data, ressaltado pelo art. 17 do CPC/1973, quando considerava litigante de má-fé a parte que "deduzir pretensão ou defesa contra texto expresso de lei ou fato incontroverso" (inc. I); que "opuser resistência injustificada

---

[107] FADEL, Sérgio Sahione. *Op. cit.*, p. 124.

[108] TJRJ, Apel. 91.613, Rel. Des. Doreste Baptista, ac. de 16.06.75, *in Rev. Forense*, 252/235; TJRJ, Ap. 1.862/90, Rel. Des. Humberto Mendonça Manes, ac. de 18.04.91, *in RDTJRJ* 13/174; 1º TACiv.-SP, Ag. 506.911-2, Rel. Juiz Ferraz Nogueira, ac. de 19.05.92, *in RT* 687/105.

[109] Os requisitos para aplicação do princípio da fungibilidade recursal são: a) ocorrência de "dúvida objetiva quanto ao recurso cabível"; b) "inexistência de erro grosseiro"; e, c) "observância do prazo do recurso adequado" (STJ, 2ª T., PET no REsp 1.211.913/MT, Rel. Min. Humberto Martins, ac. 09.08.2011, *DJe* 17.08.2011). No mesmo sentido: STJ, 3ª T., AgRg nos EDcl no Ag 1.303.939/SP, Rel. Min. Sidnei Beneti, ac. 09.08.2011, *DJe* 22.08.2011; STJ, 6ª T., REsp 180.598/SP, Rel. Min. Hamilton Carvalhido, ac. 03.04.2001, *DJU* 27.08.2001, p. 419.

ao andamento do processo" (inc. IV); que "provocar incidentes manifestamente infundados" (inc. VI); e que "interpuser recurso com intuito manifestamente protelatório" (inc. VII).

Agora, com maior intensidade deve atuar a repressão à resistência temerária ou maliciosa à execução forçada, pois então o que se inibe e frustra não é apenas o direito do exequente, mas a própria atividade executiva do Poder Judiciário. Por isso é que a lei fala, na espécie, em atentado à dignidade da justiça, de preferência à litigância de má-fé (art. 774).

Não se deve, porém, exagerar na repressão aos embargos do executado, sob pena de privá-lo da garantia do contraditório e da ampla defesa. Para que se indefira liminarmente a ação incidental, na espécie, é necessário que o seu caráter procrastinatório se manifeste com evidência notória, seja por contrariar texto expresso de lei, seja por argumentar contra fatos já definitivamente assentados no processo[110].

É para conter a repressão aos atos de litigância de má-fé dentro de seus necessários limites que o indeferimento liminar dos embargos do executado só deve ocorrer quando o seu caráter protelatório seja *manifesto*. Vale dizer: quando o juiz não tenha dúvida em torno de ser a defesa formulada contra direito evidente e contra fatos incontroversos e irrecusáveis.

VII – Sancionamento ao atentado à dignidade da justiça

Configurado o caso de indeferimento da petição inicial dos embargos à execução ou de improcedência liminar do pedido, em situação evidenciadora de puro intento procrastinatório do executado (CPC, art. 918, parágrafo único), será aplicada ao ímprobo embargante a pena de multa prevista no parágrafo único do art. 774 do mesmo Código, cujo montante não deverá ser superior a 20% do valor atualizado do débito em execução.[111]

422. PROCEDIMENTO

O procedimento dos embargos do devedor acha-se sintetizado no art. 920 do CPC/2015, onde se lê que "recebidos os embargos" – o que ocorre quando não se verifica a rejeição liminar – "o exequente será ouvido no prazo de 15 (quinze) dias; a seguir, o juiz julgará imediatamente o pedido ou designará audiência; encerrada a instrução, o juiz proferirá sentença".

Embora sejam os embargos uma ação de conhecimento, em razão de sua incidentalidade, o Código não prevê citação do sujeito passivo (o exequente) nem atribui à sua resposta a denominação de contestação. Há simples intimação, com que se lhe noticia a propositura dos embargos, com abertura do prazo de quinze dias para se manifestar. Entretanto, não se pode recusar a força de citação a tal intimação, que, no entanto, se fará diretamente ao advogado que já representa o exequente nos autos. Também o pronunciamento do embargado, quando impugnar a pretensão do embargante, representará verdadeira contestação.

---

[110] A esse respeito, vale destacar a jurisprudência erigida ainda sob a égide da Codificação anterior: "A lide temerária somente se caracteriza quando o autor, sabendo que não tem razão, ajuíza ação cuja vitória tem consciência de que jamais poderá alcançar" (TJPR, 7ª Cam. Cív., Ap. 149.606-2, Rel. Des. Accácio Cambi, j. 16.03.2004, RT 825/353). A jurisprudência considera, por exemplo, "resistência injustificada ao andamento do processo", e, portanto, litigância de má-fé, entre outros, "suscitar matéria transitada em julgado, ou preclusa", "utilizar expediente protelatório para impedir a realização de leilão"; ou para impedir que o bem penhorado "seja removido" etc. (Cf. NEGRÃO, Theotônio e GOUVÊA, José Roberto F. *Cód. Proc. Civil cit.* 38. ed., 2006, p. 137, 138 e 750).

[111] A multa prevista pelo art. 774, parágrafo único, do CPC, aplica-se tanto aos embargos protelatórios como à impugnação ao cumprimento de sentença afetada por igual abusividade (CPC, arts. 513 e 525) (ARAGÃO, Nilsiton Rodrigues de Andrade. A violação ao princípio da boa-fé processual nas demandas executórias e os obstáculos práticos à aplicação da multa por ato atentatório à dignidade da justiça. *Revista de Processo*, v. 342, p. 205, ago. 2023).

No seu curso normal, registram-se as mesmas fases que caracterizam o procedimento de cognição, ou seja: a *postulação* (petição inicial e impugnação), o *saneamento* (eliminação de vícios procedimentais), a *instrução* (coleta dos elementos de convicção) e a *sentença* (solução judicial para a lide).

O rito previsto pelo Código, no entanto, é bastante simplificado, de molde a superar o mais rápido possível o empecilho que os embargos representam para o andamento da execução.

Assim, há casos em que o Código dispensa a fase de saneamento e mesmo a de instrução e julgamento e passa da postulação diretamente à sentença. Por força do art. 920, c/c art. 355, não haverá audiência quando não houver necessidade de produção de outras provas.

Diante da impugnação do credor, pode, eventualmente, ocorrer necessidade da fase de "providências preliminares", prevista nos arts. 347 a 353, que se aplica ao processo de execução, nos termos do art. 771. Haverá, até mesmo, o "saneamento do processo", se for o caso de conduzir o feito à audiência de instrução e julgamento (art. 357).

A audiência, outrossim, continua acontecendo apenas quando não ocorrer a situação prevista no art. 355[112], já que então os embargos terão de ser imediatamente apreciados e julgados, sempre que a questão de mérito for unicamente de direito, ou, sendo de direito e de fato, não houver necessidade de produzir prova em audiência. Sobre as consequências da revelia na ação de embargos, trataremos, adiante, no item 425.

Quanto à sentença, o inc. III do art. 920 prevê sua prolação quando "encerrada a instrução". Embora não se fale em prazo, não deixa o juiz de contar com o prazo de trinta dias para elaboração de sua sentença quando verificar que não há necessidade de audiência, porque este é o prazo geral fixado pelo art. 226, III.

423. A MULTA APLICÁVEL AOS EMBARGOS MANIFESTAMENTE PROTELATÓRIOS

Preocupado com a repressão à litigância de má-fé e com a preservação de efetividade na prestação jurisdicional executiva, o art. 774, II, do CPC/2015 considera atentatório à dignidade da justiça o ato do devedor que "se opõe maliciosamente à execução, empregando ardis e meios artificiosos", cominando-lhe pena de até 20% do valor atualizado da execução (art. 774, parágrafo único).

Com o mesmo espírito, o parágrafo único do art. 918, considera ato atentatório à dignidade da justiça o oferecimento de embargos manifestamente protelatórios, sujeitando-se o embargante a uma multa de até 20% do valor atualizado do débito, tal como previsto no § 2º, do art. 77 do CPC/2015.

De fato, embargos com tais características equivalem à maliciosa resistência à execução, de modo a justificar a sanção de ato atentatório à dignidade da justiça. No regime do Código anterior, o parágrafo único do art. 740 do CPC/1973, aplicava igual multa. À época, o dispositivo não teria inovado. Apenas explicitou e realçou a preocupação com a repressão de um ato de má-fé altamente comprometedor da eficiência do devido processo legal em sede de execução forçada. Com ou sem o novo dispositivo, os embargos apenas procrastinatórios já estariam sujeitos à sanção dos arts. 600 e 601 do CPC/1973, antes mesmo da Lei n. 11.382/2006. O que, em realidade, motivou o legislador foi o intuito de evitar que a aplicação da pena fosse vista como mera faculdade. A um só tempo os embargos protelatórios foram identificados, de maneira expressa, como figura de atentado à dignidade da justiça, e ao juiz foi imposto o dever de aplicar a correspondente pena ao embargante de má-fé. A norma legal era imperativa e clara:

---

[112] CPC/2015: "Art. 355. O juiz julgará antecipadamente o pedido, proferindo sentença com resolução de mérito, quando: I – não houver necessidade de produção de outras provas; II – o réu for revel, ocorrer o efeito previsto no art. 344 e não houver requerimento de prova, na forma do art. 349".

"no caso de embargos manifestamente protelatórios, o *juiz imporá*, em favor do exequente, multa ao embargante em valor não superior a vinte por cento do valor em execução". Em vista disso, em que pese o atual Código fazer referência à aplicação de sanção prevista na parte geral (CPC/2015, art. 77, § 2º), igualmente não há faculdade e sim um dever de o juiz aplicar a multa, no caso de embargos manifestamente protelatórios (art. 774, parágrafo único).

Convém lembrar, outrossim, que, além das hipóteses de ato atentatório descritas no art. 77 (descumprimento de decisões provisórias e inovação ilegal no estado do objeto litigioso), outras são especificamente previstas para o processo de execução no art. 774, submetidas a tratamento um pouco diferenciado.

Ao contrário do Código anterior, porém, no qual a multa por má-fé e por ato atentatório à dignidade da justiça se confundiam, no CPC/2015 o legislador diferencia as duas situações. Enquanto para as hipóteses definidas nas disposições gerais do Código (art. 77), a pena aplicada aos atos atentatórios à dignidade da justiça ali definidos, reverte à União ou ao Estado (art. 77, § 3º), o regramento do processo de execução determina que, no atentado cometido na prática de seus atos, a multa "será revertida em proveito do exequente" (art. 774, parágrafo único). Dessa forma, o combate ao atentado à dignidade da Justiça começa com a liminar rejeição dos embargos e se completa com a aplicação da pena correspondente, em favor do exequente. Trata-se, em ambos os casos, de sancionar uma lesão à atividade judiciária por multa que ora pertence ao ente federado, ora à parte prejudicada, conforme o tipo de processo em que o atentado ocorreu.

Já a sanção aplicável ao litigante de má-fé, cuja configuração consta do art. 80 e é distinta dos atos atentatórios à dignidade da Justiça, reverte sempre em favor da parte prejudicada (art. 81). A imposição dessas penalidades será examinada no tópico seguinte.

Uma coisa, porém, deve ser ressalvada: não se pode aplicar a multa apenas porque os embargos foram rejeitados. O direito de embargar a execução corresponde à garantia de contraditório e ampla defesa, assegurada constitucionalmente. Para que seu exercício mereça punição é necessário que tenha sido praticado de forma abusiva, ou seja, contra os objetivos próprios do remédio processual utilizado, e apenas com o nítido propósito de embaraçar a execução.

A norma legal não se contenta em serem protelatórios os embargos, exige que sejam "manifestamente protelatórios". Todos os embargos de alguma forma protelam a execução. O que justifica a repressão legal é não terem outro propósito senão o de embaraçar e protelar a execução. E este aspecto tem de ser *manifesto*, ou seja, tem de estar visível, impossível de ser negado ou ocultado, tem, em suma, de ser evidente ou notório. Erro de direito ou de fato, por si só, não é, em regra, suficiente para impor ao embargante a pecha de litigante de má-fé, sob pena de diminuir muito, ou mesmo anular a garantia de ampla defesa assegurada constitucionalmente.

A sanção do § 2º do art. 77 do CPC/2015 terá de ser aplicada com prudência pelo juiz, para evitar que ocorra desvio de finalidade legal. Mas, uma vez evidenciado o uso abusivo da faculdade processual dos embargos, de maneira manifesta, a penalidade tem de ser energicamente imposta ao devedor de má-fé, para que o processo executivo não se torne instrumento de injustiça contra o credor já prejudicado, com gravidade, pelo inadimplemento do devedor, em face de um direito já acertado, líquido e exigível.

Alguns exemplos de embargos manifestamente protelatórios arrolados por Vitor José de Mello Monteiro sob a égide do Código anterior e que podem ser transpostos para a nova Codificação: "litigância contra texto expresso de lei ou fato incontroverso (art. 17, I, do CPC [de 1973]) ou contra súmula vinculante (art. 103-A da Constituição e art. 2º da Lei n. 11.417/2006), a alteração da verdade dos fatos na exposição da causa de pedir dos embargos (arts. 14, I e II, e 17 do CPC [de 1973]), a oposição de resistência injustificada ao andamento da execução (arts. 14, III, e 17, IV e VI, do CPC [de 1973]), bem como a litigância contra teses já consolidadas em enunciados da Súmula da jurisprudência dos tribunais superiores ou pleiteando a aplicação de norma declarada inconstitucional pelo Supremo Tribunal Federal, em sede de controle concentrado da constitucionalidade."[113] São, todavia, apenas parâmetros, de modo que outros casos de embargos protelatórios poderão surgir na aplicação do parágrafo único do art. 918 do CPC/2015, que corresponde a um conceito vago ou a uma cláusula geral, cujo conteúdo haverá de ser definido pelo juiz no exame das situações concretas com que se deparar.

424. COBRANÇA DAS MULTAS E INDENIZAÇÕES DECORRENTES DE LITIGÂNCIA DE MÁ-FÉ

A cobrança de multa, ou de indenizações decorrentes de litigância de má-fé (arts. 80 e 81), passou a ser situação distinta da multa aplicada contra conduta atentatória à dignidade da justiça e, conforme prevê o § 3º, do art. 81, será cobrada junto com as respectivas indenizações por dano processual no próprio processo de execução.

Releva notar que, no regime anterior, o art. 35 do CPC/1973 já previa que as sanções impostas aos litigantes de má-fé seriam incluídas na conta das custas processuais em benefício da parte contrária. O mesmo se dá com o correlato art. 96 do CPC/2015.

O art. 739-B do CPC/1973 explicitava o que se achava implícito na regra do art. 35, ou seja, o poder e a forma do beneficiário da sanção reparatória exigir o respectivo pagamento. Seu propósito foi apenas o de adequar a cobrança das sanções ao procedimento específico do processo de execução.

Apurado o valor da obrigação do infrator, a parte credora poderia promover sua execução nos autos do processo executivo em curso, segundo as normas da execução dos títulos judiciais para obrigação de quantia certa.

Se a sanção fosse aplicada ao exequente, seria abatida do valor do crédito exequendo, por compensação, sempre que isto se mostrasse viável.

Sendo o executado o responsável pela litigância de má-fé, poderia o montante da multa e (ou) da indenização ser acrescido ao *quantum* do crédito principal, tal como se dá, normalmente, com os juros e custas devidos na execução.

Embora o atual Código não seja explícito a esse respeito, é certo que a cobrança da multa seguirá o procedimento de cumprimento de sentença, nos próprios autos dos embargos, nos quais serão exigidas por simples petição. Decerto que, querendo, poderá o exequente, por memória de cálculo, acrescê-la ao débito constante do feito executivo, se assim lhe convier. Também poderá o executado reclamar a devida compensação com o montante que lhe é cobrado, se for o caso.

Enfim, a imposição das referidas sanções processuais deve ser efetuada independentemente de uma nova e especial ação de execução. Tudo se passará como simples incidente do processo dentro do qual a condenação do litigante de má-fé se deu, tal como, modernamente, se procede em relação ao cumprimento dos títulos executivos judiciais, e às decisões concessivas de tutela provisória (arts. 513 e 519)[114].

Da mesma maneira com que se cobra a multa pela litigância de má-fé, executa-se também aquela derivada do atentado à dignidade da Justiça cometido durante o processo de execução. Ressalva-se, todavia, o atentado cometido em outros processos que não o executivo. Nesta última hipótese, a multa pertence, conforme o caso, à União ou ao Estado, os quais, para

---

[113] MONTEIRO, Vitor José de Mello. "Embargos protelatórios (arts. 739-B e 740, parágrafo único)". In: GIANNICO, Maurício; MONTEIRO, Vitor José de Mello (coord.). *As novas reformas do CPC e de outras normas processuais*. São Paulo: Saraiva, 2009, p. 201.

[114] "O que o art. 777 do CPC determina é, na verdade, que a execução de multa constitui mera fase processual integrando-se ao processo como um todo, sem necessidade de ação própria, ou seja, de inaugurar uma nova relação processual com essa exclusiva finalidade" (MACÊDO, Lucas Buril de; GÓIS, Filiph de Carvalho. Multa coercitiva no direito brasileiro (parte 3 de 3): questões relacionadas à sua liquidação e execução. *Revista de Processo*, São Paulo, v. 344, p. 144, out. 2023).

cobrá-la, procederão à inscrição em dívida ativa e promoverão a competente execução fiscal (art. 77, § 3º)[115].

425. OS EMBARGOS À EXECUÇÃO E A REVELIA DO EMBARGADO

Ainda no regime da codificação anterior, em face do procedimento expressamente traçado pelo art. 740 do CPC/1973 em seu texto primitivo, sempre entendemos que não havia lugar para a aplicação dos efeitos da revelia quando o exequente (embargado) deixasse de apresentar impugnação aos embargos do executado. O texto do art. 740, *caput*, derivado da Lei n. 11.382, de 06.12.2006, fazia remissão, no entanto, entre parênteses, ao art. 330, de maneira genérica. Assim, poder-se-ia pensar, em face do inc. II do referido art. 330, que naquela sistemática, a revelia poderia influir no julgamento de plano dos embargos do executado, beneficiando este não só com o julgamento antecipado da lide, como também, com a presunção de veracidade dos fatos não impugnados.

Acontece, porém, que a revelia, no processo de conhecimento, autoriza o julgamento imediato da lide porque, diante da cominação contida obrigatoriamente no mandado de citação, produz a presunção legal de veracidade dos fatos alegados pelo autor da inicial, como se via no art. 285 do CPC/1973 (atualmente correspondente ao art. 250, II, do CPC/2015). Não havendo citação na ação incidental de embargos, não ocorre cominação alguma ao exequente que possa autorizar a presunção dos fatos que o embargante aduz contra um título que, por lei, já desfruta do privilégio da certeza, liquidez e exigibilidade.

Daí por que a dispensa da audiência só pode acontecer quando o embargante não necessite de produzir provas orais pela natureza da defesa produzida. A não impugnação dos embargos, diante do título em que se apoia a execução, não dispensa o embargante do ônus da prova, em situação alguma. Logo, se os fatos contrapostos à obrigação constante do título não forem adequadamente provados pelo devedor, subsistirá sempre o título do exequente com seu natural revestimento dos atributos da certeza, liquidez e exigibilidade. É, assim, indiferente que o credor impugne, ou não, os embargos do devedor. Aquele não tem mais o que provar, além ou fora do título[116]. Ao embargante, sim, é que toca demonstrar a defesa capaz de desconstituir a força executiva de que o título ajuizado desfruta por vontade da lei.[117]

Mesmo quem admitia alguma forma de revelia na ação de embargos do devedor, só o fazia de maneira mitigada, ou seja, sem as consequências normais verificáveis no processo de conhecimento. É o que, *v.g.*, observava Paulo Henrique Lucon, em lição anterior à Lei n. 11.382/2006, na qual admitia a verificação de revelia por falta de impugnação do exequente aos embargos do executado, sem entretanto deixar de cotejá-la com a prova já existente no processo, isto é, o título que sustenta o direito do credor. Eis a sua importante doutrina:

> "Assim, nos termos aqui expostos, a revelia é passível de ocorrer ao embargado que deixa de impugnar os embargos à execução. Entretanto, o juiz deve estar atento ao fato de que a favor do embargado existe um título com eficácia executiva que indica uma situação de elevado grau de probabilidade de existência de um preceito jurídico material descum-

---

[115] NERY JR., Nelson; NERY, Rosa Maria de Andrade. *Código de Processo Civil comentado*. 16. ed. São Paulo: Ed. Revista dos Tribunais, 2016, p. 446.

[116] "O exequente já vem a juízo com um título executivo líquido e certo, que, por si, constitui prova bastante de sua pretensão, que é a de promover o processo de execução" (ALVIM, J. E. Carreira; CABRAL, Luciana G. Carreira Alvim. *Nova execução de título extrajudicial. Comentários à Lei 11.382/2006*. Curitiba: Juruá, 2ª tiragem, 2007, p. 196).

[117] Persiste a doutrina forjada antes da reforma do CPC/1973 sobre a inocorrência da revelia, em sentido técnico, nos embargos à execução (Cf. FAVER, Marcus. A inocorrência da revelia nos embargos de devedor, *Rev. de Processo*, 57/55, jan-mar/1990; THEODORO JÚNIOR, Humberto. *Curso de Direito Processual Civil*. 40. ed. Rio de Janeiro. Forense: 2006, v. II, n. 907, p. 187).

prido (título executivo judicial) ou de grande preponderância de seu interesse sobre o do embargante (título executivo extrajudicial).

Na realidade, existe uma presunção de veracidade dos fatos alegados pelo embargante e não impugnados pelo embargado desde que capazes de inquinar o título executivo, respeitado o poder do juiz de livremente investigar acerca dos fatos narrados."[118]

É bom lembrar que nem mesmo no processo de conhecimento, sede onde a figura da revelia exerce em maior amplitude sua eficácia de prova ficta ou presumida, não se apresenta como fonte de presunção plena ou absoluta[119]. É tranquila a posição da jurisprudência segundo a qual o juiz, no caso de revelia, não pode se contentar com a falta de contestação do réu, e tem o dever de considerar também os demais elementos disponíveis no processo, que bem podem infirmar a presunção relativa (*juris tantum*) surgida da revelia[120].

Ora, funcionando o título executivo (tanto judicial como extrajudicial) como prova completa do direito do credor, tanto que a lei lhe franqueia o acesso à execução forçada, sem necessidade de maior acertamento, não tem o juiz condição de acolher os embargos do devedor, desacompanhados de prova suficiente para desmerecer a força probante do título do exequente, apenas em função da falta de impugnação às alegações do executado. A presunção relativa derivada da revelia não pode prevalecer contra prova concreta e documental existente em favor do adversário, como aquela que a lei reconhece ao título executivo.

Reconheça-se, ou não, a presença jurídica da revelia nos embargos à execução, a presunção dela emergente sempre esbarraria com a força probante muito maior do título executivo em favor do credor embargado. Enquanto aquele tem mera presunção relativa em seu favor, milita em prol do último prova concreta e efetiva, capaz de suplantar as meras alegações formuladas da inicial dos embargos.

É claro que a falta de impugnação pode reforçar a posição do embargante e facilitar a formação de convencimento do juiz em favor do executado, se algum elemento de prova acompanhar a petição inicial dos embargos. O que, entretanto, não se afigura lógico nem razoável é acatar a revelia como causa de rejeição da força do título do credor apenas em função de uma presunção relativa, que pode sempre cair em face de outras provas existentes no bojo dos autos.

Daí por que, ainda no sistema da lei anterior, a reforma do art. 740 não alterou o quadro antes esboçado pela jurisprudência em torno do julgamento antecipado da lide por causa da revelia do demandado. A mesma lógica se aplica ao sistema atual. Se não há provas concretas que desmereçam a presunção legal relativa, não cabe julgar a lide com fundamento na revelia. A audiência tem de ser instalada, para que o direito invocado pelo autor seja realmente comprovado, em seu suporte fático. É esse, sem dúvida, o quadro circunstancial sempre encontrável na ação de embargos do executado. Contra suas alegações sempre atuará a força probante do título executivo do exequente. Somente a prova efetiva (em contrário) será capaz de desmerecê-la, razão pela qual a revelia *in casu* se mostra inoperante[121].

---

[118] LUCON, Paulo Henrique. Comentários ao art. 740, *in*: MARCATO, Antônio Carlos (coord.). *Código de Processo Civil Interpretado*. São Paulo: Atlas, 2004, p. 2.091.

[119] "O efeito da revelia não induz procedência do pedido e nem afasta o exame de circunstâncias capazes de qualificar os fatos fictamente comprovados" (STJ, 4ª T., REsp 38.325-0-PB, Rel. Min. Dias Trindade, j. 11.10.1993, *RSTJ* 53/335). No mesmo sentido: STJ, 3ª T., REsp 723.083/SP, Rel. Min. Nancy Andrighi, ac. 9.8.2007, *DJU* 27.8.2007, p. 223.

[120] "A presunção de veracidade dos fatos alegados pelo autor em face da revelia do réu é relativa, podendo ceder a outras circunstâncias constantes dos autos, de acordo com o princípio do livre convencimento do juiz" (STJ, 4ª T., REsp 47.107-MT, Rel. Min. César Asfor Rocha, ac. 19.06.1997, *DJU* 08.09.1997, *RSTJ* 100/183). No mesmo sentido: STJ, 3ª T., AgRg no Ag 1.088.359/GO, Rel. Min. Sidnei Beneti, ac. 28.4.2009, *DJe* 11.5.2009.

[121] Há uma articulação entre o título e a obrigação exequenda, de sorte que "a existência desta *não é pressuposto da execução*: presumida pelo título executivo, dela não há necessidade de fazer prova (...). Ao exequente mais

426. EFEITOS DOS EMBARGOS SOBRE A EXECUÇÃO

No Código anterior, o regime dos efeitos dos embargos foi totalmente alterado pela Lei n. 11.382/2006. Antes, todos os embargos eram, sempre, recebidos com efeito suspensivo, provocando a imediata paralisação do processo executivo (art. 739, § 1º, do CPC/1973, em seu texto primitivo). Com a reforma, a regra foi justamente em sentido contrário: "Os embargos do executado não terão efeito suspensivo" (art. 739-A, *caput*, CPC/1973). A norma foi reproduzida no art. 919 do CPC/2015, de modo que os embargos, de tal sorte, não afetarão a sequência dos atos executivos.

Se a execução for definitiva, prosseguirá até final expropriação dos bens penhorados. Havendo julgamento favorável ao embargante, após a alienação judicial, esta não será desfeita. O executado-embargante será indenizado pelo exequente, pelo valor dos bens expropriados (CPC/2015, art. 903, *in fine*). Naturalmente, se os bens tiverem sido adjudicados pelo exequente e ainda se encontrarem em seu patrimônio, terá o executado direito de recuperá-los *in natura*, em vez de se contentar com as perdas e danos. Os terceiros arrematantes é que não serão atingidos pelos efeitos da procedência dos embargos decretada após a alienação judicial. A reposição de perdas e danos decorre justamente da impossibilidade de os bens serem restituídos pelo exequente ao executado. Ocorrendo a viabilidade da restituição, é esta que se deverá realizar, em respeito ao direito de propriedade do executado sobre os bens penhorados e em consequência imediata da injuridicidade da execução promovida pelo credor adjudicatário.

427. ATRIBUIÇÃO DE EFEITO SUSPENSIVO AOS EMBARGOS

Em caráter excepcional, o juiz é autorizado a conferir efeito suspensivo aos embargos do executado (CPC/2015, art. 919, § 1º). Não se trata, porém, de um poder discricionário. Para deferimento de semelhante eficácia, deverão ser conjugados os mesmos requisitos para concessão de tutela provisória de urgência (CPC/2015, art. 300) ou de evidência (art. 311). No primeiro caso (tutela provisória de urgência), é necessário cumulativamente:[122]

a) que os fundamentos dos embargos sejam *relevantes*, ou seja, a defesa oposta à execução deve se apoiar em fatos verossímeis e em tese de direito plausível; em outros termos, a possibilidade de êxito dos embargos deve insinuar-se como razoável; é algo equiparável ao *fumus boni iuris* exigível para as medidas cautelares; e

b) que o prosseguimento da execução represente, manifestamente, *risco de dano grave para o executado, de difícil ou incerta reparação*; o que corresponde, em linhas gerais, ao risco de dano justificador da tutela cautelar em geral (*periculum in mora*).[123]

---

não compete, relativamente à existência desta obrigação, do que exibir em tribunal o título (executivo) pelo qual ela é constituída ou reconhecida" (FREITAS, José Lebre de. *A acção executiva*. 4. ed. Coimbra: Coimbra Editora, 2004, n. 4.1., p. 81).

[122] "O art. 919, § 1º, do CPC/2015 prevê que o Juiz poderá atribuir efeito suspensivo aos embargos à execução quando presentes, *cumulativamente*, os seguintes requisitos: (a) *requerimento* do embargante; (b) *relevância* da argumentação; (c) *risco* de dano grave de difícil ou incerta reparação; e (d) *garantia do juízo*" (g.n.) (STJ, 3ª T., REsp 1.846.080/GO, Rel. Min. Nancy Andrighi, ac. 01.12.2020, *DJe* 04.12.2020).

[123] "O art. 919, § 1º, do CPC/2015 prevê que o magistrado poderá atribuir efeito suspensivo aos embargos à execução quando presentes, cumulativamente, os seguintes requisitos: (a) requerimento do embargante; (b) relevância da argumentação; (c) risco de dano grave de difícil ou incerta reparação; e (d) garantia do juízo" (STJ, 3ª T., REsp 1.743.951/MG, Rel. Min. Nancy Andrighi, ac. 06.10.2020, *DJe* 14.10.2020). O perigo de dano grave é fácil de ser admitido quando se corre o risco de expropriação iminente ou de ameaça de constrição excessivamente gravosa para o executado, havendo possibilidade de segurança do juízo por outros bens já nomeados, sem prejuízo para a liquidez da execução. Enquanto a posse e uso do bem penhorado estejam assegurados ao executado, não haverá, em princípio, motivo suficiente para os embargos acarretarem a

A lei, portanto, dispensa ao executado, no caso de concessão de efeito suspensivo aos embargos à execução, uma *tutela cautelar incidental*, pois não há necessidade de uma ação cautelar, e tudo se resolve de plano, no próprio bojo dos autos da ação de oposição manejada pelo devedor.

No segundo caso (tutela da evidência), poderá haver concessão de efeito suspensivo nos hipóteses dos incisos II e IV do art. 311 do CPC/2015, ou seja, se: *(i)* as alegações de fato do embargante puderem ser comprovadas apenas documentalmente e houver tese firmada em julgamento de casos repetitivos ou em súmula vinculante; ou *(ii)* a petição inicial dos embargos for instruída com prova documental suficiente dos fatos constitutivos do direito do embargante, a que o exequente não oponha prova capaz de gerar dúvida razoável.

Em ambos os casos, deve, ainda, estar seguro o juízo antes de ser a eficácia suspensiva deferida; os embargos podem ser manejados sem o pré-requisito da penhora ou outra forma de caução; não se conseguirá, porém, paralisar a marcha da execução se o juízo não restar seguro adequadamente.

Mesmo que os embargos sejam relevantes e que, no final, o ato executivo seja perigoso para o executado, não haverá efeito suspensivo para sustar o andamento da execução, se o devedor não oferecer garantia ao juízo.[124] Aliás, é razoável que assim seja, visto que, se ainda não houver penhora ou outra forma de agressão concreta ao patrimônio do executado, não sofre ele dano atual, nem risco de dano grave e iminente. Logo, não há perigo a ser acautelado, por enquanto. Será depois da penhora e do risco de alienação judicial do bem penhorado que se poderá divisar o perigo de dano necessário para justificar a suspensão da execução.

O deferimento do efeito suspensivo, por outro lado, é provisório e reversível a qualquer tempo (art. 919, § 2º). A cassação, ou modificação, no entanto, deverá ser provocada por requerimento do exequente, a quem incumbirá demonstrar alteração ocorrida no quadro fático das circunstâncias que motivaram a providência cautelar.[125] O juiz, destarte, não pode decidir de ofício sobre a questão.

O juiz, por sua vez, para revogar o efeito suspensivo, terá de proferir decisão adequadamente fundamentada, não podendo fazê-lo laconicamente (art. 919, § 2º). Aliás, ressalte-se que, tanto no deferimento como na revogação da medida, o juiz profere decisão interlocutória, cuja validade depende sempre de fundamentação, por exigência constitucional (CF, art. 93, IX). A impugnação, num e noutro caso, dar-se-á por agravo de instrumento.

De qualquer maneira, ainda que o executado obtenha efeito suspensivo para seus embargos, tal não impedirá o cumprimento do mandado executivo para ultimação da penhora

---

suspensão da execução, salvo se a hipótese enquadrar-se na tutela da evidência, já que então a medida provisória independerá do requisito do perigo de dano (art. 311).

[124] "4. 'O art. 919, § 1º, do CPC/2015 prevê que o juiz poderá atribuir efeito suspensivo aos embargos à execução quando presentes, cumulativamente, os seguintes requisitos: (a) requerimento do embargante; (b) relevância da argumentação; (c) risco de dano grave de difícil ou incerta reparação; e (d) *garantia do juízo*' (g.n.). Precedentes. 5. A relevância e a possibilidade de a matéria arguida ser apreciada em sede de exceção de pré-executividade não retira o requisito expressamente previsto para a concessão de efeito suspensivo dos embargos à execução" (STJ, 3ª T., REsp 1.772.516/SP, Rel. Min. Nancy Andrighi, ac. 05.05.2020, *DJe* 11.05.2020). Vale dizer: em nenhuma hipótese dispensa-se a segurança do juízo.

[125] Segundo Araken de Assis, "a cessação das circunstâncias originárias, em razão da superveniência de fato novo, e, portanto, a iniciativa do interessado, pode ocorrer a qualquer tempo. Na verdade, enquanto pender a relação processual dos embargos, em qualquer grau de jurisdição. Assim, o início das providências tendentes à alienação, cogitadas no art. 875, ou o pedido do exequente para levantar o dinheiro penhorado, caracterizam o receio de dano de difícil e incerta reparação" (*Manual da execução*. 18. ed. revista, atualizada e ampliada, São Paulo: Editora Revista dos Tribunais, 2016, n. 569.5.3, p. 1.603).

e avaliação dos bens que formarão a garantia do juízo. A paralisação da execução, portanto, somente acontecerá após a penhora e avaliação (art. 919, § 5º).

428. EMBARGOS PARCIAIS

Prevê o § 3º do art. 919 que "quando o efeito suspensivo atribuído aos embargos disser respeito apenas a parte do objeto da execução, esta prosseguirá quanto à parte restante". Este dispositivo apenas reproduz a norma que anteriormente constava do § 3º do art. 739 do CPC/1973. Persiste, pois, a regra segundo a qual, se os embargos atacam apenas parte da pretensão do exequente, deverá prosseguir normalmente a execução quanto à parte não embargada.

Em tal situação, mesmo que o executado consiga deferimento da suspensão da execução, esta não se paralisará na parte não atingida pelos embargos. A suspensão não poderá ir além do objeto afetado pelos embargos, como é óbvio.

Nesse sentido, ensina Araken de Assis que haveria uma limitação objetiva e subjetiva do efeito suspensivo dos embargos. Se, por exemplo, a impugnação questiona apenas a taxa de juros e sua capitalização, a execução prosseguirá, definitivamente, com relação à parte incontroversa. A limitação seria, portanto, objetiva. Se, contudo, apenas um dos executados embarga a execução, apenas em relação a ele haverá suspensão (limitação subjetiva).[126]

429. EMBARGOS DE UM DOS COEXECUTADOS

O § 4º do art. 919 do CPC/2015, reproduz a regra disposta no § 4º, do art. 739-A do CPC/1973, acrescido pela Lei n. 11.382/2006, no sentido de que "a concessão de efeito suspensivo aos embargos oferecidos por um dos executados não suspenderá a execução contra os que não embargaram quando o respectivo fundamento disser respeito exclusivamente ao embargante". Já na codificação anterior, a norma não traduzia novidade. Repetia simplesmente a regra antes contida no § 3º do art. 739 do CPC/1973 não reformado.

Naturalmente, só se poderá pensar em tal prosseguimento se existir (ou puder vir a existir) penhora sobre bens do não embargante. Além disso, é necessário que a defesa contida nos embargos do litisconsorte somente seja aproveitável a ele mesmo, sem beneficiar, de modo algum, os demais codevedores. Se, ao contrário, a tese ventilada nos embargos tiver o condão de derrubar por completo o crédito exequendo, não haverá como prosseguir a execução contra quem não embargou, dado o caráter prejudicial da defesa para toda a execução (pense-se na arguição de falsidade do título executivo, no pagamento ou em outras formas de extinção completa da obrigação).

Por outro lado, prosseguindo a execução, de forma definitiva, apenas contra um ou alguns dos executados que não a embargaram, é possível ocorrer a perda superveniente do interesse processual daquele que opôs sua defesa. Imagine-se a hipótese em que os embargos versem unicamente sobre a ilegitimidade passiva do embargante, e o bem penhorado, que pertence ao executado que não impugnou a execução, seja alienado. Nesse caso, satisfeito o crédito, nenhum interesse haverá para que a questão da ilegitimidade seja decidida pelo juiz.[127]

430. EMBARGOS FUNDADOS EM EXCESSO DE EXECUÇÃO

Nas execuções por quantia certa, o atual Código incumbe o credor do dever de instruir a petição inicial com "o demonstrativo do débito atualizado até a data da propositura da ação" (CPC/2015, art. 798, I, *b*).

---

[126] ASSIS, Araken. *Manual da execução*. 18. ed. *cit.*, n. 569.5.4, p. 1.603.
[127] ASSIS, Araken. *Manual da execução*. 18. ed. *cit.*, n. 569.5.5, p. 1.604.

Simetricamente, o § 3º do art. 917, imputa igual ônus ao executado, quando seus embargos fundarem-se na arguição de excesso de execução. Sob pena de não serem conhecidos os embargos de tal natureza, o executado deverá juntar à inicial a memória de cálculo do débito que entende correto. A falta de cumprimento dessa exigência legal acarreta a rejeição liminar dos embargos, se o excesso de execução for a única defesa manejada; ou o não conhecimento da objeção, se vier cumulada com outras defesas (CPC/2015, art. 917, § 4º, I e II).

Assim como não se deve indeferir a inicial da execução sem dar oportunidade ao credor de suprir a falta de memória de cálculo, em quinze dias (art. 801), também não se poderá indeferir sumariamente a petição de embargos do executado, sem ensejar-lhe igual oportunidade de suprimento, caso sua defesa tenha sido formulada sem o demonstrativo analítico do excesso de execução. As partes têm o direito ao tratamento igualitário durante todo o curso do processo (art. 139, inc. I).

431. EMBARGOS À EXECUÇÃO DE SENTENÇA

O art. 525 do CPC/2015, assim como já acontecia ao tempo do art. 475-L do CPC/1973, atribui conteúdo restrito aos embargos quando opostos à execução de título judicial. Já à época da codificação anterior, com a inovação da Lei n. 11.232, de 22.12.2005, praticamente não havia mais embargos na espécie. Assim, atualmente, a resposta do executado, diante do procedimento de "cumprimento da sentença" relativa a prestação de quantia certa faz-se por meio de simples impugnação incidental. Perante as obrigações de fazer, não fazer e entregar coisa (CPC/2015, arts. 536 a 538), a lei nem sequer registra a possibilidade de impugnação. O cumprimento da sentença é imediato, em sequência à condenação. Claro, porém, que faltando algum pressuposto ou alguma condição de procedibilidade, a parte poderá acusar o vício a qualquer tempo, mediante petição simples, pois ao juiz incumbe legalmente o dever de cuidar da matéria até mesmo de ofício (art. 485, § 3º).

Nem mesmo em relação às execuções de sentença contra a Fazenda Pública e contra o devedor de alimentos se pode ainda entrever a possibilidade de uma ação de embargos, de natureza cognitiva e com interferência suspensiva sobre a marcha do processo de execução, uma vez que o atual Código também adotou a sistemática da impugnação, ao contrário do que ocorria na codificação anterior.

Assim, para a hipótese de cumprimento de sentença que reconheça a exigibilidade de obrigação de pagar quantia certa proferida contra a Fazenda Pública, o art. 535 do CPC/2015 restringe a matéria da impugnação aos seguintes temas:

    I – falta ou nulidade da citação se, na fase de conhecimento, o processo correu à revelia;
    II – ilegitimidade de parte;
    III – inexequibilidade do título ou inexigibilidade da obrigação
    IV – excesso de execução ou cumulação indevida de execuções;
    V – incompetência absoluta ou relativa do juízo da execução;
    VI – qualquer causa modificativa ou extintiva da obrigação, como pagamento, novação, compensação, transação ou prescrição, desde que superveniente ao trânsito em julgado da sentença.[128]

---

[128] Para que seja acolhida a arguição de compensação é preciso que se trate de questão que não tenha sido rejeitada no processo de conhecimento, porque, a não ser assim, erguer-se-ia a barreira da coisa julgada. Não há prazo fatal para arguir a compensação, não havendo preclusão pelo fato de ter sido omitida a alegação a seu respeito no prazo de impugnação ao cumprimento da sentença, previsto no art. 525 do CPC/2015. O pedido de compensação "pode ser apresentado a qualquer tempo". Mas, caberá ao juiz "analisar se estão

Sobre as objeções manifestáveis contra o título judicial, ver os n. 576 a 584 relativos ao "cumprimento da sentença" (art. 525) e o n. 594, referente ao "cumprimento de sentença que reconheça a exigibilidade de obrigação de pagar quantia certa pela Fazenda Pública" (art. 535).

432. ARGUIÇÃO DE INCOMPETÊNCIA, SUSPEIÇÃO OU IMPEDIMENTO

A arguição de incompetência do juízo para a execução do título extrajudicial, seja ela absoluta ou relativa, far-se-á por meio dos embargos à execução. Não há, no sistema do CPC/2015, as exceções de incompetência do juízo como incidente apartado (art. 917, V).

Já a alegação de suspeição e de impedimento do juiz continuará sendo feita em incidente próprio, na forma prevista nos arts. 146 e 148 do CPC/2015, cujo julgamento cabe ao Tribunal, se o juiz não acatar a arguição. Daí a necessidade de autos próprios, os quais serão formados apensa depois do não reconhecimento pelo juiz, da suspeição arguida (art. 146, § 1º).

Os casos de suspeição e impedimento estão arrolados nos arts. 144 e 145 do CPC/2015. A competência é impessoal e diz respeito ao órgão judicial apontado pela Organização Judiciária como o encarregado da prestação jurisdicional. Já a suspeição e o impedimento relacionam com a pessoa do Juiz, mas não afastam o processo do juízo. O substituto legal assumirá o comando do processo em lugar do impedido ou do suspeito.

Não se deve, outrossim, elaborar numa só peça os embargos e a arguição de suspeição ou impedimento. É que as duas medidas devem correr necessariamente em autos diversos, diante do que se acha previsto nos arts. 914, § 1º e 146, § 1º.

433. EMBARGOS DE RETENÇÃO POR BENFEITORIAS

Ao possuidor de boa-fé, o Código Civil (art. 1.219) assegura o direito à indenização das benfeitorias necessárias e úteis, e enquanto não pagas, caber-lhe-á o direito de retenção do bem benfeitorizado. Quando demandado pela entrega ou restituição do referido bem, poderá o possuidor exercer a defesa dilatória tendente a condicionar o cumprimento da decisão judicial à indenização a que faz jus, sob o amparo do *jus retentionis*.

Previa o anterior Código de Processo Civil, antes da reforma de 2002, uma espécie de embargo à execução de sentença, com conteúdo particular e algumas especializações procedimentais, para o fim de exercitar-se o direito de retenção perante a execução para entrega de coisa certa.

Com a inovação da Lei n. 10.444, de 07.05.2002, que transformou a sentença da espécie em executiva *lato sensu*, não há mais possibilidade de usar os embargos de retenção em face do título judicial. Toda a defesa do réu haverá de ser manejada na contestação, pois não havendo *actio iudicati*, não haverá oportunidade para qualquer tipo de embargos, salvo apenas a hipótese de terceiro prejudicado (embargos de terceiro). Com isso, a ação incidental de embargos de retenção, àquela altura, ficou restrita à hipótese de execução forçada de título extrajudicial relativo a obrigação de entrega de coisa.

A Lei n. 11.382, de 06.12.2006, por sua vez, revogou o art. 744 do CPC/1973 e colocou o direito de retenção como um dos temas arguíveis dentro da matéria geral dos embargos à execução do título extrajudicial (art. 745, IV, do CPC/1973). Com isso, desapareceu totalmente a figura dos embargos de retenção como um procedimento especial, tanto no âmbito da execução dos títulos judiciais como dos títulos extrajudiciais.

---

presentes os requisitos para a compensação, determinando-a [apenas], se preenchidas as seguintes condições: reciprocidade das obrigações, liquidez, exigibilidade e fungibilidade das dívidas (arts. 368 e 369, do CCB)" (TJMG, Ag. Inst. 1.0701.98.014583-6/001(1), Rel. Des. Eduardo Mariné da Cunha, ac. 27.11.2008, Publicação em 28.01.2009).

A sistemática foi mantida pelo CPC/2015, no art. 917, IV, que dispõe ser arguível, em embargos à execução, a "retenção por benfeitorias necessárias ou úteis, nos casos de execução para entrega de coisa certa", regra aplicável apenas aos títulos extrajudiciais. Ao cumprimento de sentença, nenhuma pertinência tem a arguição do direito de retenção. Essa matéria haverá de ser debatida e resolvida na fase de conhecimento que antecede ao julgamento do mérito da causa.[129] Com efeito, o art. 538, § 2º, é claro em estatuir que "o direito de retenção por benfeitorias deve ser exercido na contestação, na fase de conhecimento".

Nesse sentido, o entendimento do STJ:

"3. Consoante a jurisprudência deste Tribunal Superior, embora em sede de ação possessória, cujo comando judicial tem intensa força executiva, o pedido de retenção de benfeitorias deva ser formulado em sede de contestação, sob pena de preclusão consumativa e vedação à propositura de ação autônoma, nos feitos de natureza meramente declaratória o referido pedido pode ser manejado em ação própria".[130]

434. EMBARGOS À EXECUÇÃO DE TÍTULO EXTRAJUDICIAL

Embora o título extrajudicial goze de força executiva igual à da sentença, como fundamento para sustentar a execução forçada independentemente de acertamento em juízo acerca do crédito, não se apresenta revestido da imutabilidade e indiscutibilidade próprias do título judicial passado em julgado. Daí por que, ao regular os embargos manejáveis contra a execução de títulos extrajudiciais, a lei permite ao executado arguir tanto questões ligadas aos pressupostos e condições da execução forçada como quaisquer outras defesas que lhe seria lícito opor ao credor, caso sua pretensão tivesse sido manifestada em processo de conhecimento. Com os embargos, estabelece-se, ou pode estabelecer-se, eventual contraditório, a que o processo de execução não estava, originariamente, preordenado, mas que, uma vez provocado, não pode ser impedido. Fala-se, então, que o contencioso sobre o direito do credor é acidental e não essencial nesse tipo de processo. Cabe ao executado a iniciativa de provocá-lo, e o remédio próprio para isso é a ação incidental de embargos à execução[131].

Consoante prevê o art. 917, nos embargos à execução de título extrajudicial, o executado poderá alegar:

I – inexequibilidade do título ou inexigibilidade da obrigação;
II – penhora incorreta ou avaliação errônea;
III – excesso de execução ou cumulação indevida de execuções;
IV – retenção por benfeitorias necessárias ou úteis, nos casos de execução para entrega de coisa certa (art. 810);
V – incompetência absoluta ou relativa do juízo da execução;
VI – qualquer matéria que lhe seria lícito deduzir como defesa em processo de conhecimento.

---

[129] Perante o cumprimento da sentença, "não são cabíveis embargos de retenção por benfeitorias em fase de execução judicial" (STJ, 4ª T., AgRg no AG 969.139/MG, Rel. Min. Aldir Passarinho Júnior, ac. 18.09.2008, DJe 28.10.2008).

[130] STJ, 4ª T., AgInt no REsp. 1.595.685/DF, Rel. Min. Marco Buzzi, ac. 01.06.2020, DJe 10.06.2020. No mesmo sentido: STJ, 3ª T., REsp. 1.278.094/SP, Rel. Min. Nancy Andrighi, ac. 18.08.2012, DJe 22.08.2012.

[131] Compreende-se a possibilidade dos embargos e sua grande amplitude no caso de execução dos títulos não sentenciais porque "o executado não teve ocasião de, em acção declarativa prévia, se defender amplamente da pretensão do exequente. Pode, pois, o executado alegar nos embargos matéria de *impugnação* e de *excepção*" (FREITAS, José Lebre de. *A Acção Executiva cit.*, n. 12.2.2., p. 182-183).

Um traço interessante que se observa no cotejo entre os embargos à execução do título extrajudicial e a impugnação ao cumprimento da sentença é detectado na situação temporal dos fatos arguíveis. Ainda no regime do Código anterior, conforme o art. 475-L do CPC/1973, o executado se defendia contra a pretensão do credor invocando, em regra, apenas fatos posteriores à formação do título (eventos supervenientes com força impeditiva, modificativa ou extintiva)[132]. Quando, porém, se cuidava de título extrajudicial, embora a lei lhe assegurasse força executiva igual à da sentença, o início da execução se dava sem que o órgão judicial tivesse feito qualquer acertamento prévio do crédito a executar. A mesma sistemática se dá no Código atual. Assim, confia-se apenas no título portado pelo exequente. Em razão disso, tal como ocorria durante a vigência do Código de 1973, a instauração de um juízo incidental cognitivo é, no regime do código atual, amplo e pode atingir tanto os fatos anteriores à formação do título (a *causa debendi*) como os posteriores, que possam provocar a modificação ou extinção do crédito ou o impedimento à sua exigibilidade. Fala-se, nesse sentido, que na execução do título extrajudicial, ocorreria "execução adiantada", com 'inversão da ordem das atividades jurisdicionais"[133]. Executa-se primeiro para depois, e apenas eventualmente, realizar a cognição, se provocada pelo devedor por meio de seus embargos.

435. ARGUIÇÃO DE NULIDADE DA EXECUÇÃO

Toda execução, obrigatoriamente, há de se fundar em título executivo (CPC/2015, art. 784), que, além do mais, terá de retratar obrigação certa, líquida e exigível (art. 783).

Só é, outrossim, título executivo aquele que assim for definido em lei (art. 784). Não será, contudo, executivo um título apenas por figurar no rol da lei. Para ser ungido da força de sustentar a execução, o título terá de apresentar-se complementado pelos atributos da certeza, liquidez e exigibilidade da obrigação nele retratada. Uma nota promissória, por exemplo, é, em tese, título executivo extrajudicial (art. 784, I). Se, no entanto, não estiver vencida, faltar-lhe-á autoridade legal para fundamentar uma execução válida.

Prevê o art. 803: "É nula a execução se: I – o título executivo extrajudicial não corresponder a obrigação certa, líquida e exigível". E o art. 917, I, aduz que o executado pode resistir à execução, por meio de embargos, arguindo a "inexequibilidade do título ou inexigibilidade da obrigação". Isto equivale a dizer que a nulidade invocável nos embargos tanto pode consistir na não presença do título no rol daqueles a que a lei enumera como executivo, como na ausência dos atributos de liquidez, certeza e exigibilidade, sem embargo de achar-se incluído no aludido rol.

A impugnação à qualidade ou à força do título é defesa processual. Afeta apenas o cabimento da via processual eleita pelo credor. A procedência dos embargos liberará o devedor do processo executivo. Não impedirá, contudo, o retorno do credor a juízo pela via do processo de conhecimento.

Só a impugnação ao mérito do título, negando a existência da obrigação nele documentada, é capaz de produzir no acolhimento dos embargos coisa julgada material com eficácia de inviabilizar definitivamente a cobrança do débito em qualquer outro processo, seja de natureza executiva ou cognitiva.

---

[132] São excepcionais os casos de impugnação com base em fatos pretéritos, previstos pelo Código de 1973 e mantidos atual, como a falta ou nulidade da citação no processo de conhecimento (CPC/2015, art. 525, I) e a declaração de inconstitucionalidade da lei que serviu de base à sentença exequenda (CPC/2015, arts. 525, §§ 12 e 14).

[133] PONTES DE MIRANDA. *Comentários ao Código de Processo Civil*. Rio de Janeiro: Forense, 1974, t. IX, p. 63; ZAVASCKI, Teori Albino. *Processo de execução – parte geral*. 3. ed. São Paulo: RT, 2004, p. 273.

Convém notar que a falta de título executivo ou a falta de exequibilidade do título correspondem à ausência de condição de procedibilidade *in executivis*. O caso, nessa ordem, envolve matéria cuja abordagem e solução pode, e deve ocorrer, a qualquer tempo, a requerimento da parte, ou por iniciativa do próprio juiz (art. 485, § 3º). Trata-se de suscitar simples *objeção*, e não propriamente de uma verdadeira *exceção*. Vícios nas condições basilares do processo de execução – como a falta de título, ou a carência de certeza, liquidez e exigibilidade – geram nulidade, que a parte pode arguir "independentemente de embargos do devedor, assim como pode e cumpre ao juiz declarar, de ofício, a inexistência desses pressupostos formais contemplados na lei processual civil"[134]. E isto pode acontecer a todo tempo, sem se sujeitar à preclusão temporal[135].

Vê-se, pois, que, embora os arts. 803, I, e 917, I, arrolem a nulidade da execução por falta de título executivo, a matéria é daquelas que tanto pode ser arguida em embargos como em simples petição, no curso do processo, a qualquer tempo (CPC, arts. 485, § 2º e 803, parágrafo único).

436. VÍCIOS DA PENHORA E DA AVALIAÇÃO

A penhora é feita, normalmente, por indicação do credor (CPC/2015, art. 798, II, *c*), e, assim, pode atingir bens impenhoráveis (art. 833) ou pode ofender a ordem legal de preferência (art. 835). Nestes casos, não há necessidade de embargar a execução. A substituição poderá ser pleiteada por petição avulsa, nos moldes dos arts. 847 e 848.

O que pode justificar os embargos é a incorreção jurídica da penhora, por inobservância dos requisitos do próprio ato executivo; e, principalmente, as avaliações errôneas, que podem comprometer a eficácia ou a lisura do ato expropriatório, quer dificultando o interesse de potenciais licitantes, quer favorecendo locupletamento indevido em adjudicação.

O uso do embargo, na espécie, é de escassa aplicação prática, visto que os problemas suscitáveis em torno de irregularidades ou de erros na avaliação, em sua maioria, são perfeitamente apreciáveis e dirimíveis sem as complicações da ação de embargos.

Dentro do espírito da execução civil moderna, retratada nas linhas gerais seguidas, a penhora e a avaliação, quando ocorridas supervenientemente aos embargos do executado (casos como o de substituição, ampliação ou renovação da penhora), ou quando somente realizadas depois de esgotado o prazo para os embargos por motivo relacionado com os próprios serviços forenses, não devem ser tratados como matéria própria para segundos embargos. O caso é típico de incidente executivo cuja discussão se trava sumariamente e se decide de plano, por meio de decisão interlocutória, impugnável por agravo de instrumento. A base normativa para tratamento do incidente não deve ser procurada na disciplina dos embargos à execução (art. 917, II), mas na das modificações ou renovações da penhora e da avaliação (arts. 847, § 4º e 874).

A boa exegese é a que escolhe o caminho mais simples e não a que prefere o mais complexo e demorado. O que não pode é faltar o contraditório, antes de o juiz apreciar e decidir o incidente; como se deduz das normas fundamentais previstas na parte geral da nova codificação.

Cumprida a audiência bilateral e ensejada a comprovação imediata dos fatos justificadores da impugnação à penhora ou à avaliação supervenientes aos embargos (ou ao prazo de embargos), o juiz decidirá, sem maiores delongas, a questão incidental, proferindo de plano sua decisão interlocutória e adotando, se for o caso, as medidas de correção da penhora ou do laudo avaliatório.

---

[134] STJ, 3ª T., REsp 13.960-SP, Rel. Min. Waldemar Zveiter, ac. 26.11.91, *RSTJ* 40/447; STJ, 2ª T., REsp 911.358/SC, Rel. Min. Castro Meira, ac. 10.4.2007, *DJU* 23.4.2007, p. 249.

[135] 1º TACivSP, 11ª Câm., AI 603.862-4, Rel. Juiz Ary Bauer, ac. 02.02.1995, *RT* 717/187; STJ, 4ª T., REsp. 39.268-3-SP, Rel. Min. Barros Monteiro, ac. 13.11.1994, *DJU* 29.04.96, *RSTJ* 85/256.

O legislador, quando inseriu as irregularidades da penhora e avaliação no rol das questões arguíveis nos embargos do devedor, tanto no Código anterior quanto no CPC/2015, o fez com o propósito de permitir a discussão do tema naquela ação incidental, mas não com o de tornar tal ação o remédio único e exclusivo para sua abordagem. O caso é igual ao das causas extintivas da obrigação exequenda, como o pagamento e a remissão da dívida, e o da falta de condições da ação executiva, que podem ser suscitadas em embargos, mas que também podem, e devem, ser apreciada e dirimida a qualquer tempo, para pôr fim à execução ou regularizar sua tramitação, sem a dependência necessária da via especial dos embargos (arts. 485, § 3º, 788 e 924, II e III).

436.1. Excesso de execução e excesso de penhora

Cumpre distinguir o excesso de execução do excesso de penhora para avaliar qual a via processual adequada à arguição de um ou outro desses vícios executivos. Conforme já acentuou o STJ, trata-se de conceitos inconfundíveis:[136]

(a) o excesso de execução, que consiste em cobrança de valor superior ao autorizado pelo título executivo (ou nas demais irregularidades enumeradas no § 2º do art. 917), é vício que afeta a pretensão executiva e que, em regra, se levanta por meio de *embargos à execução* (art. 917, III);

(b) o excesso de penhora, porém, não atinge a pretensão creditícia do exequente, já que provoca apenas a impugnação do excesso cometido no aperfeiçoamento da segurança do juízo. Isso se dá quando a penhora desrespeita o limite legal de incidir sobre tantos bens quantos bastem para o pagamento do débito, nele incluídos, além do principal atualizado, os juros, as custas e os honorários do advogado do credor (art. 831). Nesse tipo de defesa, por não se cogitar de obstar ou invalidar o exercício da pretensão creditícia do exequente, mas apenas de corrigir defeito de um ato executivo isolado, não há de se exigir a propositura de embargos à execução. Tudo se pode resolver sumariamente, por meio de petição simples manifestada nos próprios autos da execução.

A lei, porém, não impede que o devedor, pretendendo atacar a execução por meio de embargos, neles inclua, se for o caso, o eventual excesso de penhora (art. 917, II).

437. EXCESSO DE EXECUÇÃO

Há execução em excesso, para os fins do inc. III do art. 917, quando se postula quantia maior do que o título permite, ou quando se exige objeto diverso do que nela se prevê.

O art. 917, § 2º, considera, também, configurado o excesso de execução quando:

a) A execução se processa de modo diferente do que foi determinado no título;
b) O exequente, sem cumprir a prestação que lhe corresponde, exige o adimplemento da prestação do executado;
c) O exequente não prova que a condição se realizou.

Essas hipóteses, na verdade, tornam a obrigação inexigível, e assim infringem o disposto nos arts. 783 e 803, possibilitando a alegação da parte e o conhecimento de ofício do juiz, sem depender, obrigatoriamente, dos embargos à execução. Como, entretanto, podem envolver

---

[136] STJ, 2ª T., REsp 531.307/RS, Rel. Min. João Otávio de Noronha, ac. 05.12.2006, *DJU* 07.02.2007, p. 277.

situações fáticas mais complexas, nada impede que a discussão a seu respeito se trave na via dos embargos. Aliás, sempre que a apreciação do excesso de execução ou da inexigibilidade da obrigação exigir dilação probatória que vá além do simples documento, a observância do procedimento da ação incidental de embargos se tornará obrigatória.

A cobrança excessiva, não envolvendo matéria de ordem pública, tem de ser arguida em embargos, não podendo ser objeto de reclamação em fase ulterior do processo. Sujeita-se ao regime da preclusão e da estabilização do objeto do processo[137]. Não tendo sido, porém, embargada a execução, admite-se que, em lugar dos embargos do devedor, se preste a exceção de pré-executividade "para discutir excesso de execução, desde que esse seja perceptível de imediato, sem dilação probatória e, para tanto, baste examinar a origem do título que embasa a execução"[138]. É que, revelando o próprio título executivo que o exequente está exigindo soma maior do que seu crédito efetivo, o que, em realidade, ocorre é uma pretensão, em parte, sem cobertura em título executivo. Nessa parte, portanto, tem-se uma execução sem título, caso para o qual a previsão legal é de nulidade da execução.

Entretanto, o excesso em hipótese como a ora aventada não acarreta a nulidade do processo executivo como um todo. Reconhecida a exorbitância da pretensão, o acolhimento dos embargos acarretará a redução da execução aos limites da força do título exequendo[139].

437.1. Excesso de execução e confissão de dívida

É comum o devedor compor-se com o credor, confessando o saldo devedor de obrigações vencidas, para obter um parcelamento a ser cumprido em novo esquema de pagamento, mantidas as garantias preexistentes ou estabelecidas novas garantias. Geralmente, as taxas remuneratórias e os indexadores monetários também costumam ser repactuados. Não obstante essa moratória, são constantes os inadimplementos e quando o credor ajuíza a execução da confissão de dívida, ajustada em termos de certeza e liquidez evidentes (CPC, art. 784, III), o devedor confesso, numa tentativa extrema de protelar o desfecho da execução forçada, apresenta embargos para arguir pretensas ilegalidades que teriam sido cometidas nos contratos que precederam a confissão de dívida exequenda.

Esse tipo de defesa é, em princípio, viável em face do disposto no art. 917, VI, do CPC, que possibilita ao executado veicular, nos embargos à execução, "qualquer matéria que lhe seria lícito deduzir como defesa em processo de conhecimento". Nesse sentido, prevê a Súmula n. 286/STJ que "a renegociação de contrato bancário ou a confissão da dívida não impede a possibilidade de discussão sobre eventuais ilegalidades dos contratos anteriores".

Acontece que, ao arguir tais irregularidades, o executado, diante de título de obrigação certa e líquida pelos próprios termos da confissão exequenda, está, na verdade, qualificando a execução como excessiva, mesmo porque não nega a existência da dívida e questiona apenas o seu montante. E sendo assim, tem de sujeitar seus embargos aos requisitos do § 3º do art. 917 do CPC:

> "Quando alegar que o exequente, em excesso de execução, pleiteia quantia superior à do título, o embargante declarará na petição inicial o valor que entende correto, apresentando demonstrativo discriminado e atualizado de seu cálculo"[140].

---

[137] STJ, 2ª T., AgRg no AREsp 150.035/DF, Rel. Min. Humberto Martins, ac. 28.05.2013, DJe 05.06.2013.

[138] STJ, 3ª T., REsp 733.533/SP, Rel. Min. Nancy Andrighi, ac. 04.04.2006, DJU 22.05.2006, p. 198. No mesmo sentido: STJ, 1ª T., REsp 841.967/DF, Rel. Min. Luiz Fux, ac. 12.02.2008, DJe 02.04.2008.

[139] STJ, 2ª T., REsp 97.409/PR, Rel. Min. Ari Pargendler, ac. 18.06.1998, DJU 03.08.1998, p. 177.

[140] De acordo com o § 4º do art. 917 do CPC/2015, se o devedor não apontar o valor correto a seu ver, ou não apresentar o devido demonstrativo, seus embargos "serão liminarmente rejeitados, sem resolução de mérito,

Em respeito ao título executivo do credor e à especial tutela que a lei lhe dispensa, não pode o devedor esquivar-se da situação jurídica de sujeição à execução forçada, mediante alegações meramente genéricas, de modo que sua resistência haverá de dar-se em termos tão precisos e exatos como os que se exigem para o título do credor. Ou seja:

> "(...) 3. O pedido de revisão contratual, deduzido em sede de embargos do devedor, tem natureza mista de matéria ampla de defesa (art. 745, V, CPC) e de excesso de execução (art. 745, III, CPC), com preponderância, entretanto, desta última, dada sua inevitável repercussão no valor do débito.
> 4. Assim, incumbe ao devedor declarar na petição inicial o valor que entende correto e apresentar a respectiva memória de cálculo, por imposição do art. 739-A, § 5º, CPC" [art. 917, § 3º, CPC/2015][141].

Tem-se, pois, como firme a jurisprudência do STJ no sentido de que:

> "A pretensão de revisar contratos anteriores de forma genérica, sem impugnação específica das ilegalidades ou abusividades existentes, com a apresentação de planilha e indicação do valor do débito, não é mais possível em sede de embargos à execução após a nova redação do art. 739-A, § 5º, do Código de Processo Civil de 1973 [art. 917 do CPC/2015]"[142].

438. CUMULAÇÃO INDEVIDA DE EXECUÇÕES

A cumulação de execuções que o inc. III do art. 917 veda não é a que decorre da reunião de vários títulos executivos do mesmo credor contra o mesmo devedor, tendo por objeto obrigação de igual natureza. Há duas circunstâncias em que a expressão "cúmulo de execuções" incorre na censura da jurisprudência e da lei: (i) a que decorre da diversidade de procedimentos para os diversos títulos que se pretende cumular numa só execução; e (ii) a que decorre do simultâneo ajuizamento de diversas execuções baseadas num mesmo título, quando há garantias diversas e vários coobrigados em torno de uma única dívida.

No primeiro caso, a lei exige para permitir a reunião de várias execuções num só processo sejam todas subordinadas à mesma competência e à mesma forma procedimental, e se travem entre o mesmo credor e o mesmo devedor (art. 780). O cúmulo será indevido, portanto, se algum dos requisitos em questão for inobservado.

No segundo caso, a multiplicação de execuções a partir de um só título ofende o princípio da economia processual e onera desnecessariamente o devedor com o custo e os ônus de um concurso de processos perfeitamente evitável. A reiteração da mesma pretensão em mais de uma execução, *in casu*, esbarra na regra do art. 805 que impõe seja a execução, sempre que possível, realizada pelo "modo menos gravoso para o executado". Por isso, não pode o credor "promover duas execuções, cobrando a mesma dívida ao mesmo tempo e separadamente",

---

se o excesso de execução for o seu único fundamento" (inciso I). Se houver outro fundamento, os embargos serão processados, "mas o juiz não examinará a alegação de excesso de execução" (inciso II).

[141] STJ, 3ª T., REsp 1.365.596/RS, Rel. Min. Nancy Andrighi, ac. 10.09.2013, *DJe* 23.09.2013. No mesmo sentido: STJ, 3ª T., AgRg no AREsp 393.327/RS, Rel. Min. Ricardo Villas Bôas Cueva, ac. 20.03.2014, *DJe* 31.03.2014.

[142] STJ, 4ª T., AgInt no Resp 1.635.589/PR, Rel. Min. Maria Isabel Gallotti, ac. 16.05.2017, *DJe* 22.05.2017. No mesmo sentido: STJ, 4ª T., AgInt no AREsp 1.388.397/PR, Rel. Min. Antonio Carlos Ferreira, ac. 27.05.2019, *DJe* 30.05.2019; STJ, 4ª T., AgInt no AREsp 1.467.674/PR, Rel. Min. Maria Isabel Gallotti, ac. 24.08.2020, *DJe* 27.08.2020.

ou seja, cobrando, do devedor, com base no contrato, e, dos seus garantes, com base na nota promissória vinculada ao contrato. Isto, para o Superior Tribunal de Justiça, seria uma ofensa intolerável ao princípio do "*non bis in idem*"[143]. A jurisprudência continua atual, pois as diversas execuções contra os vários coobrigados ou versando sobre as diversas garantias poderiam ser resumidas a um único processo, com evidente redução de custos e encargos para o executado.

439. RETENÇÃO POR BENFEITORIAS

O direito de retenção por benfeitorias corresponde à típica exceção dilatória, prevista em favor de quem tem a coisa alheia em sua posse e nela efetua gastos para conservá-la ou melhorá-la. Por isso, ao ser reclamada por quem de direito, aquele que a deve restituir, tem o direito de recusar a fazê-lo enquanto não ressarcido dos referidos gastos (CC, art. 1.219).

O exercício do direito de retenção, diante da execução para a entrega de coisa com base em título extrajudicial, é praticado por meio de embargos do executado (art. 917, IV), cabendo ao embargante explicitar quais são as benfeitorias por ele realizadas na coisa, objeto da execução, e qual o valor pelo qual deseja ser indenizado. Na definição de tal valor levará em conta as regras do direito material que disciplinam o *jus retentionis*.[144] Desta forma, o embargante não poderá requerer a retenção por benfeitorias voluptuárias, que justificam apenas o seu levantamento, se não prejudicarem o bem principal.[145]

Como o Código Civil, art. 1.221, permite compensação entre as benfeitorias e os danos acaso provocados pelo possuidor que introduziu melhoramentos na coisa a restituir, o atual Código de Processo Civil, art. 917, § 5º, autoriza o exequente a requerer dita compensação no bojo dos embargos de retenção. Para cumprir essa medida, o juiz determinará a apuração dos respectivos valores por perito. Tratando-se de diligência simples, como a da avaliação dos bens penhorados, não haverá de observar-se a complexidade normal das provas técnicas reguladas pelo processo de conhecimento. Sem necessidade de assistentes técnicos, o juiz nomeará perito de sua confiança e lhe fixará breve prazo para entrega do laudo. É o que singelamente prevê o § 5º do art. 917[146].

Em se tratando de exceção simplesmente dilatória, cujo único objetivo é somente o de protelar a entrega da coisa devida até que a indenização das benfeitorias se dê, estipula o § 6º do art. 917 que pode ocorrer, a qualquer tempo, a cessação da retenção por meio de imissão do exequente na posse do bem objeto da execução. Bastará que o valor devido (isto é, o das benfeitorias ou o resultante da compensação) seja depositado ou caucionado em juízo.

Esse depósito pode ser para satisfação do direito do embargante, e então os embargos se extinguirão por reconhecimento da procedência do pedido, ou como garantia do juízo (caução), caso em que o levantamento pelo embargante dependerá do julgamento dos embargos e da impugnação a eles oposta.

---

[143] STJ, 3ª T., REsp. 34.195-8/RS, Rel. Min. Nilson Naves, ac. 22.12.1994, *RF* 330/303; STJ, 4ª T., REsp 40.282-4/PA, Rel. Min. Barros Monteiro, ac. 18.11.1997, *DJU* 15.12.1997, *RSTJ* 106/308; STJ, 4ª T., REsp. 24.242-7-RS, Rel. Min. Sálvio de Figueiredo, ac. 08.08.95, *DJU* 02.10.1995, 79/229; STJ, 4ª T., AgRg no Ag 983.182/RS, Rel. Min. Maria Isabel Gallotti, ac. 16.08.2011, *DJe* 24.08.2011.

[144] Código Civil – "Art. 1.219. O possuidor de boa-fé tem direito à indenização das benfeitorias necessárias e úteis, bem como, quanto às voluptuárias, se não lhe forem pagas, a levantá-la, quando o puder sem detrimento da coisa, e poderá exercer o direito de retenção pelo valor das benfeitorias necessárias e úteis".

[145] VICENTE, Fabrizzio Matteucci. Embargos de retenção por benfeitorias – análise da jurisprudência. *In*: ASSIS, Araken de; BRUSCHI, Gilberto Gomes (coords.). *Processo de execução e cumprimento da sentença*: temas atuais e controvertidos. São Paulo: RT, 2022, vol.1, p. 882-883.

[146] ALVIM, Carreira; e CABRAL, Luciana Alvim. ALVIM, J. E. Carreira; CABRAL, Luciana G. Carreira Alvim. *Nova execução de título extrajudicial. Comentários à Lei 11.382/2006.* Curitiba: Juruá, 2ª tiragem, 2007, p. 219.

Os embargos que invocam retenção, como todos e quaisquer embargos à execução, correspondem a uma ação de conhecimento, cujo desate há de ser dado por sentença, desafiando recurso de apelação.

Importante, por fim, ressaltar, que esse inciso também se aplica às acessões, embora sejam elas conceitualmente distintas das benfeitorias, nos termos da jurisprudência do STJ.[147-148]

440. DEFESAS PRÓPRIAS DO PROCESSO DE CONHECIMENTO

Além das matérias específicas da execução (CPC/2015, art. 917, incs. I a V), prevê a lei que ao executado é permitido oferecer embargos para se defender com invocação de qualquer matéria que lhe seria lícito deduzir contra a pretensão do credor em processo de conhecimento (inc. VI).

Em face da obrigação reclamada pelo exequente pode o embargante arguir defesas processuais em torno dos pressupostos processuais comuns e das condições gerais da ação; pode, também, invocar defesas lastreadas em fatos extintivos, impeditivos ou modificativos do direito do credor, da maneira mais ampla possível.[149] Como o direito feito valer pelo credor nunca passou por acertamento em juízo, embora documentado em título executivo, tem o executado o direito de erguer contra ele tudo o que poderia objetar contra uma pretensão formulada numa comum ação de conhecimento. O tratamento que a resposta do executado dá à execução do título extrajudicial corresponde a verdadeira transformação da execução em ação ordinária de cobrança, pelo menos enquanto estiver pendente os embargos opostos pelo executado. O crédito passa a ser objeto de ampla indagação e de completo acertamento, tanto positivo como negativo. Tudo isto – é claro – dentro das particularidades do crédito e das objeções e exceções que o direito material prevê e autoriza.

A comparação com a ação de cobrança é, naturalmente, em sentido figurado, porquanto as medidas executivas já praticadas (penhora e avaliação) subsistem sem sofrer impacto do aforamento dos embargos. A própria sequência dos atos executivos ulteriores à penhora não sofre interrupção, a não ser que o juiz defira efeito suspensivo aos embargos. A maior diferença entre a execução embargada e a comum ação de cobrança está em que os embargos são ação e não contestação. É o devedor (e não o credor) que inicia o contencioso incidental sobre a pretensão exercida em juízo. A defesa, assim, realiza-se por ação contra a execução, em lugar da contestação própria do processo de conhecimento. O julgamento dos embargos, todavia, acontecerá como se se estivesse julgando uma ordinária de cobrança contestada, podendo extinguir

---

[147] "Conforme entendimento do Superior Tribunal de Justiça, é possível a retenção do imóvel, pelo possuidor de boa-fé, até que seja indenizado pelas acessões nele realizadas" (STJ, 5ª T., REsp. 805.522/RS, Rel. Min. Arnaldo Esteves Lima, ac. 07.12.2006, *DJU* 05.02.2007, p. 351). No mesmo sentido: STJ, 4ª T., REsp. 430.810/MS, Rel. Min. Ruy Rosado de Aguiar, ac. 01.10.2002, *DJU* 18.11.2002, p. 226.

[148] Como bem explica Fabrizzio Matteucci, "a equiparação das acessões industriais às benfeitorias para exercício dos direitos de indenização e retenção permite a leitura extensiva do inciso IV [do art. 917, *caput*, do CPC]" e, "ainda que assim não fosse, o inciso VI do art. 917 não deixa dúvidas acerca da possibilidade de debate desse tema" (VICENTE, Fabrizzio Matteucci. Embargos de retenção por benfeitorias – análise da jurisprudência, *cit.*, p. 883).

[149] O STJ, por exemplo, já entendeu que "sendo o exequente e executado, respectivamente, credor e devedor da relação fundamental que deu ensejo ao surgimento do título, pode o último, em sede de embargos à execução, opor as *exceções pessoais* que lhe assistam, inclusive preenchimento abusivo do título" (RSTJ, 71/383; *In* NEGRÃO, Theotonio, *et al. Código de Processo Civil e legislação processual em vigor*. 47 ed. São Paulo: Saraiva, 2016, nota 15 ao art. 917, p. 821). Da mesma forma, entendeu ser possível a arguição de abusividade de cláusula contratual, por meio dos embargos (STJ, 3ª T., REsp. 259.150/MS, Rel. Min. Ari Pargendler, ac. 15.09.2000, *DJU* 09.10.2000, p. 145).

os efeitos dos atos executivos ou impor a recomposição dos prejuízos que os atos consumados acarretaram ao devedor, se sua impugnação afinal for sentenciada como procedente.

Como a causa é apreciada e julgada na qualidade de uma resposta do executado contra o exequente, as defesas que este produz para excluir ou reduzir o crédito *sub judice* correspondem a fatos extintivos ou modificativos de um direito já anteriormente provado pelo credor. O ônus da prova dos fatos suscitados pelo embargante ficará inteiramente a seu cargo. Mesmo que o credor deixe de impugnar os embargos, não se pode pretender a presunção de sua veracidade. É que já consta dos autos a prova legal do direito do credor por meio do título executivo. A presunção de revelia, mesmo quando esta se dá no genuíno processo de conhecimento, é apenas relativa e não pode prevalecer contra elementos de convencimento já existentes nos autos (ver a respeito a jurisprudência citada no item 425).

441. PAGAMENTO EM DOBRO DO VALOR COBRADO INDEVIDAMENTE

Prevê o direito material que "aquele que demandar por dívida já paga, no todo ou em parte, sem ressalvar as quantias recebidas ou pedir mais do que for devido, ficará obrigado a pagar ao devedor, no primeiro caso, o dobro do que houver cobrado e, no segundo, o equivalente do que dele exigir, salvo se houver prescrição" (CC, art. 940). No CDC, também há cominação de restituição em dobro das quantias cobradas indevidamente (art. 42, parágrafo único).

Uma controvérsia antiga referia-se à forma processual de impor ao litigante de má-fé a sanção que, aliás, já era prevista no art. 153 do Código Civil de 1916, visto que, às vezes, se exigia o manejo de ação própria ou reconvenção, ora se admitia que o tema permitia arguição em simples defesa ou contestação. O Superior Tribunal de Justiça, depois de alguma divergência interna, ainda no regime do Código anterior, fixou majoritariamente sua jurisprudência no sentido da desnecessidade de reconvenção ou de ação própria, de modo que não há mais dúvida de ser possível a condenação do exequente infrator do art. 940 do atual Código Civil a pagar ao executado o dobro da dívida já paga, mediante pleito formulado nos embargos à execução.[150] Trata-se, pois, de arguição manejável incidentalmente em qualquer processo, e muito especialmente nos embargos, sejam *aqueles opostos* à execução, como os intentados contra a ação monitória.[151]

442. AUTONOMIA DOS EMBARGOS DO DEVEDOR EM RELAÇÃO À EXECUÇÃO

Os embargos, como já se afirmou, não são mera resistência passiva como a contestação. Sua natureza é de verdadeira ação de conhecimento. É, na verdade, uma espécie de reconvenção

---

[150] "Embargos à execução. Repetição em dobro de indébito. Possibilidade de requerimento em sede de embargos. 1. A condenação ao pagamento em dobro do valor indevidamente cobrado (art. 1.531 do Código Civil de 1916) prescinde de reconvenção ou propositura de ação própria, podendo ser formulado em qualquer via processual, sendo imprescindível a demonstração de má-fé do credor. Precedentes. 2. Recurso especial provido"(STJ, 4ª T., REsp 1.005.939/SC, Rel. Min. Luis Felipe Salomão, ac. 09.10.2012, *DJe* 31.10.2012. No mesmo sentido: STJ, 3ª T., REsp 608.887, Rel. Min. Nancy Andrighi, ac. 18.08.2005, *DJU* 13.03.2006, p. 315; STJ, 2ª T., REsp 759.929, Rel. Min. Eliana Calmon, ac. 21.06.2007, *DJU* 29.06.2007, p. 537; STJ, 4ª T., REsp 661.945, Rel. Min. Luis Felipe Salomão, ac. 17.08.2010, *DJe* 24.08.2010; STJ, 3ª T., AI 689.254-AgRg, Rel. Min. Sidnei Beneti, ac. 26.08.2008, *DJe* 16.12.2008. Em sentido contrário: STJ, 3ª T., REsp 915.621 – EDcl-AgRg, Rel. Min. Ari Pargendler, ac. 04.12.2007, *DJU* 1º.02.2008, p. 1; STJ, 3ª T., AI 326.119-AgRg, Rel. Min. Ari Pargendler, ac. 17.04.2001, *DJU* 04.06.2001, p. 176).

[151] STJ, 3ª T., REsp 608.887 (*DJU* 13.03.2006). Firmou-se, de tal maneira, o entendimento jurisprudencial de que a aplicação da sanção do art. 940 do Código Civil é matéria enquadrável no inciso V do art. 745 do CPC, podendo, perfeitamente, ser veiculada nos embargos do devedor.

em que o devedor, aproveitando-se da iniciativa do credor, de instaurar a relação processual, tenta desconstituir o título executivo.

A melhor doutrina destaca, como uma das principais características dos embargos, a sua autonomia, que se mostra evidente no caso de desistência da execução pelo credor.

Assim, o fato de extinguir o processo de execução por desistência do exequente não afeta a ação conexa do executado, que pode perfeitamente prosseguir nos embargos à busca de uma sentença que anule o título ou declare a inexigibilidade da dívida nele documentada.[152]

O parágrafo único do art. 775 do CPC/2015, faz uma distinção entre os embargos puramente processuais (de forma) e aqueles que suscitam questões substanciais (de mérito). No primeiro caso, a desistência da execução acarreta também a extinção dos embargos do devedor, mesmo porque extinta a relação processual executiva ficaria sem objeto a ação de embargos. Ao credor, porém, serão imputados os encargos sucumbenciais, isto é, a responsabilidade pelas custas e honorários advocatícios. No segundo caso, ou seja, nos embargos de mérito, a desistência da execução não afeta a ação do embargante, justamente porque lhe assiste o direito de prosseguir na ação incidental para encontrar uma solução judicial definitiva para o vínculo obrigacional litigioso.

Não há verba honorária a cargo do exequente, quando desistir da execução não embargada, nem impugnada, a qualquer título pelo devedor. Também não haverá sucumbência a reparar quando o exequente desistir da execução depois de julgados improcedentes os embargos opostos pelo executado. Ainda em razão da autonomia dos embargos e porque a eles se aplicam as regras do processo de conhecimento (art. 771), cabe a sua extinção sem julgamento de mérito, quando o embargante abandonar a causa por mais de trinta dias (art. 485, III), hipótese em que cessa a suspensão da execução, retomando essa, seu curso normal[153].

443. SUCUMBÊNCIA NOS EMBARGOS DO DEVEDOR

Como ação de conhecimento, os embargos do devedor, em seu julgamento, acarretam, para a parte vencida, os encargos da sucumbência, inclusive honorários de advogado (item n. 151). Situação interessante pode ocorrer quando os embargos perdem objeto, seja por razões ligadas ao direito material do credor, seja por questão ligada diretamente aos embargos. Não podendo prosseguir até o seu definitivo julgamento de mérito, não pode ficar sem solução a atribuição dos encargos sucumbenciais do incidente instaurado pelo executado.

Entende a jurisprudência que se a extinção dos embargos se deveu a fato superveniente, os ônus sucumbenciais serão imputados à parte que os deveria suportar caso o feito chegasse a seu desfecho normal. Assim, o juiz realizará um "julgamento hipotético" por meio do qual apurará quem "deu causa à instauração do processo de modo objetivamente injurídico"[154]. Esse critério apelidado de princípio da causalidade foi expressamente adotado pelo art. 85, § 10, do CPC/2015.

---

[152] SATTA, Salvatores. *L'Esecuzione Forzata*. 4. ed. Torino: Torinense, 1963 n. 168, p. 233. Ainda sobre o tema da autonomia dos embargos, veja-se, *retro*, o item n. 415.

[153] TAPR, Apel. 319/76, Rel. Renato Pedroso, ac. *in RT*, 490/228; TJMG, 2ª Câm. Cív., Apelação 1.0024.06.102745-4/001, Rel. Des. Brandão Teixeira, ac. 7.4.2009, *DJMG* 13.5.2009.

[154] ZAVASCKI, Teori Albino. *Processo de Execução* – parte geral. 3. ed. São Paulo: RT, 2004, p. 110; CAHALI, Yussef Said. *Honorários advocatícios*. 2. ed. São Paulo: RT, 1990, p. 327. STJ, 3ª T., REsp. 7.772/PA, Rel. Min. Waldemar Zveiter, ac. 25.08.1992, *DJU* 21.09.1992 p. 15.686; STJ, 5ª T., AgRg. no Ag. 60331/DF, Rel. Min. Jesus Costa Lima, ac. 22.03.1995, *DJU* 10.04.1995 p. 9290; STJ, 2ª T., REsp. 13.404/PE, Rel. Min. Antônio de Pádua Ribeiro, ac. 31.03.1993, *RSTJ* 52/103; STJ, 1ª Seção, REsp 1.452.840/SP, Rel. Min. Herman Benjamin, ac. 14.09.2016, *DJe* 05.10.2016; STJ, 3ª T., REsp 1.183.061/MS, Rel. Min. Nancy Andrighi, ac. 20.08.2013, *DJe* 30.08.2013; STJ, 3ª T., REsp 1.641.160/RJ, Rel. Min. Nancy Andrighi, ac. 16.03.2017, *DJe* 21.03.2017.

O recurso a algumas hipóteses melhor contribuirá para a compreensão do denominado "julgamento hipotético":

a) Suponhamos que os embargos ficaram sem objeto porque o direito do credor em execução se extinguiu por força de uma sentença que anulou ou rescindiu o contrato que servia de título executivo. Em tal situação, fácil é verificar que os embargos, envolvendo matéria igual ou conexa com a que foi apreciada na ação anulatória, chegaria naturalmente a um desfecho favorável ao embargante. Logo, sua extinção prematura propiciará ao juiz condição de atribuir a verba honorária à responsabilidade do embargado, mesmo que o mérito da ação incidental nunca venha a ser efetivamente julgado;

b) De outro lado, imaginemos a extinção dos embargos porque a alegação de defesa do devedor vem a ser rejeitada em ação à parte, entre os mesmos interessados. Sua extinção prematura por perda de objeto fará com que a verba advocatícia seja imputada ao embargante. É o mesmo caso de uma anistia que provoca a extinção do processo executivo e com ele o dos embargos. Entretanto, a defesa do executado era substancialmente adequada para invalidar a execução, ainda que não tivesse ocorrido a anistia. Também aqui se deve atribuir os honorários ao credor embargado. Já, ainda no caso de anistia, pode acontecer que os embargos eram manifestamente improcedentes, situação em que, mesmo beneficiado pela extinção da dívida exequenda, terá o embargante de suportar os encargos da sucumbência na ação incidental.

444. EMBARGOS À ADJUDICAÇÃO, ALIENAÇÃO OU ARREMATAÇÃO

Antigamente, existiu uma ação incidental específica a que se atribuía a denominação de "embargos à adjudicação, alienação ou arrematação", a qual se prestava a invalidar os atos executivos praticados após os embargos do devedor, inclusive e principalmente, os das diversas formas de alienação do bem penhorado. Estes embargos desapareceram, de sorte que no sistema atual a arrematação e as outras modalidades expropriatórias ou *(i)* são impugnadas incidentalmente nos autos da execução, nos dez dias de que cogita o § 2º do art. 903, ou *(ii)* após esse prazo, por meio da ação autônoma cogitada no § 4º do mesmo dispositivo.

Destarte, o sistema de impugnação à arrematação (que se estende também às demais formas de expropriação executiva), se desdobra em dois procedimentos:

a) depois da lavratura do auto e antes da expedição da respectiva carta e da ordem de entrega, o executado pode atacar a arrematação dentro dos próprios autos da execução (art. 903, § 2º);

b) expedida a carta de arrematação ou a ordem de entrega, a impugnação somente será possível por meio de ação autônoma (art. 903, § 4º)

Para a impugnação nos autos, o Código fixa o prazo de dez dias, a contar do aperfeiçoamento da arrematação, *i.e.*, da assinatura do respectivo auto (art. 903, § 2º). Dessa impugnação, poderá constar pretensão de invalidar, de tornar ineficaz ou de resolver a arrematação (§ 1º), conforme o vício que se imputar-lhe.

A ação autônoma manejável após expirado prazo de alegação interna para invalidação da alienação judicial deverá observar o procedimento comum, e incluirá o arrematante como litisconsorte necessário (art. 903, § 4º). Embora o art. 903 só fale diretamente em invalidar a arrematação, a norma nele contida aplica-se igualmente à adjudicação e à alienação judicial por iniciativa particular, já que também estas integram a expropriação que se realiza na execução por quantia certa.

De qualquer maneira, portanto, o ponto de partida do prazo da impugnação do art. 903, § 2º, haverá de ser sempre aquele em que se documentou nos autos a transferência forçada do bem penhorado. No caso da adjudicação ou arrematação, será o respectivo auto. Na alienação particular, será o termo. Na venda em bolsa, será a juntada do comprovante apresentado pelo corretor nos autos; e, na hipótese de apropriação de frutos e rendimentos, será a expedição da ordem judicial de levantamento das respectivas importâncias.[155]

445. LEGITIMAÇÃO PARA A AÇÃO AUTÔNOMA DO ART. 903, § 4º, DO CPC/2015

No regime do Código anterior, o art. 746 deixava claro que os embargos, nele previstos, caberiam ao executado. A legitimação ativa era, em princípio, daquele que sofria a execução: o devedor, e não qualquer eventual interessado, era o sujeito ativo legalmente credenciado para a propositura da ação incidental *sub cogitatione*.

Nos casos, porém, em que a responsabilidade executiva recaía sobre terceiro (não devedor), como nas aquisições válidas mas contaminadas por fraude de execução, ao dono atual do bem penhorado era reconhecida a legitimação para manejar os embargos à arrematação ou adjudicação[156]. No sistema de ação de invalidação autônoma, admitida pelo § 4º do art. 903 do CPC/2015, o critério de identificação da legitimidade ativa e passiva será a mesma: *(i)* o executado ou o responsável, conforme o caso, atuará como autor e *(ii)* o arrematante e o exequente serão os réus, em litisconsórcio necessário.[157]

446. OBJETO DA AÇÃO AUTÔNOMA DO ART. 903, § 4º, DO CPC/2015

No regime do Código anterior, podiam ser arguidos em embargos posteriores à alienação judicial dos bens penhorados: (i) nulidade do processo ocorrida após a penhora[158]; (ii) nuli-

---

[155] Há jurisprudência que, no regime ainda do Código anterior, não admite possa fluir o prazo do art. 746 do CPC/1973 [CPC/2015, art. 903, § 2º] sem que o executado tenha sido regularmente intimado da arrematação ou da adjudicação. Desrespeitada a regra que impõe a prévia intimação do executado, o prazo para os embargos à arrematação ou adjudicação somente teria início "quando do cumprimento do mandado de imissão na posse", pois seria então o momento de sua ciência do ato alienatório (cf. STJ, 3ª T., REsp. 29.033-1-SP, Rel. Min. Dias Trindade, ac. 24.11.1992, *RSTJ* 43/488). Nesse sentido: STJ, 3ª T., AgRg no Ag 1.157.430/DF, Rel. Min. Massami Uyeda, ac. 23.11.2010, *DJe* 07.12.2010. Pondere-se, contudo, que o executado está ciente do ato expropriatório, uma vez que sua intimação é requisito legal de validade da arrematação. Não cabe, por isso, escudar-se na falta de intimação da expedição da carta da expedição da ordem de entrega, que se cumpre, na sistemática do Código, sem necessidade alguma de cientificação do executado. A ordem de entrega, quando ocorre, é destinada ao depositário, em razão de sua função no processo. Quando o executado a recebe, o que é excepcional, isto será devido à circunstância de estar ele encarregado da função de depositário.

[156] STJ, 3ª T., REsp. 14.264-RS, Rel. Min. Nilson Naves, ac. 10.08.1992, *DJU* 26.10.1992, *RF* 321/157; TJMG, 11ª Câm. Cív. Apelação 2.0000.00.484289-9/000, Rel. Des. Teresa Cristina da Cunha Peixoto, ac. 8.6.2005, *DJMG* 25.6.2005.

[157] "É indispensável a presença do arrematante, na qualidade de litisconsorte necessário, na ação de embargos à arrematação, porquanto o seu direito será discutido e decidido pela sentença" (STJ, 3ª T., REsp. 316.441-RJ, Rel. Min. Antônio de Pádua Ribeiro, ac. 25.05.04, *DJU* 21.06.2004, *RSTJ* 184/242. No mesmo sentido: STJ, 1ª T., REsp. 6.284-0/PA, Rel. Min. Garcia Vieira, ac. 04.05.1992, *RSTJ* 36/295; STJ, 4ª T., REsp. 45.514-6/MG, Rel. Min. Barros Monteiro, ac. 25.04.1994, *DJU* 06.06.1994, p. 14.281).

[158] Em relação à jurisprudência erigida no âmbito da codificação anterior, é de se ressaltar-se que se a execução se encontra contaminada pelas nulidades de que cogita o art. 618, do CPC/1973, seu reconhecimento não dependerá de embargos nem à execução, nem à arrematação. Poderá ser feito a requerimento (simples)

dade do ato alienatório apenas; (iii) fato extintivo da obrigação que não tenha sido repelido no julgamento dos embargos à execução, e que tenha ocorrido após a penhora. Fatos extintivos anteriores deveriam ter sido invocados nos embargos à execução e, se não o foram, incorreram em preclusão, pelo menos no juízo da execução.[159]

O texto primitivo era casuístico e arrolava como defesas manejáveis, ao ensejo dos embargos à arrematação, "pagamento, novação, transação ou prescrição". Tinha o inconveniente de não prever outras causas que também poderiam ensejar a extinção do crédito exequendo, como a remissão, a renúncia, a compensação etc. Tentando evitar os riscos da enumeração incompleta, o texto reformado adotou o critério da generalização, estipulando que o embargante poderá arguir "causa extintiva da obrigação", superveniente à penhora. Ocorre que a prescrição não é causa extintiva da obrigação, mas apenas da pretensão, como define o direito material (CC, art. 189). Isto, contudo, não conduzia a rejeitar-se a prescrição como matéria invocável na espécie, visto que, segundo o art. 193 do CC, a exceção de que se trata não depende de ação para ser manejada e pode ser alegada em qualquer grau de jurisdição, pela parte a quem aproveita.

Igual sistemática pode ser aplicada, por analogia, à ação autônoma do art. 903, § 4º, do CPC/2015. Pouco importa, pois, não seja a prescrição fato extintivo do direito do credor, se é certo que a respectiva exceção paralisa a pretensão deduzida em juízo e afasta a tutela judicial de que o exequente pretendia valer-se para atingir o patrimônio do executado. Tratando-se, então, de pretensão prescrita, com ou sem embargos, o devedor tem a possibilidade de utilizar a exceção a qualquer tempo, enquanto não encerrado o processo de execução do título extrajudicial.

447. A POSIÇÃO ESPECIAL DO ARREMATANTE

Se o arrematante atuou de boa-fé e não contribuiu para a nulidade que o executado invoca na impugnação do art. 903, § 2º, do MCPC, ou na ação autônoma do § 4º, do mesmo dispositivo legal, a procedência de uma ou outra, em princípio, não deverá invalidar os direitos adquiridos em razão da alienação judicial. O exequente é que responderá pelo ressarcimento dos prejuízos acarretados ao executado (art. 903, *caput, in fine*).

Pode, no entanto, ocorrer a nulidade no próprio ato do arrematante, como, por exemplo, na aquisição por preço vil ou por pessoa impedida de licitar, ou na realização da hasta pública sem observância dos mínimos preceitos legais pertinentes. Em situações desse jaez, não tem o arrematante como escapar da invalidação do ato aquisitivo.

Reconhece-se, por outro lado, a faculdade de o arrematante evitar o litígio proposto pelo executado por via da ação autônoma. Se não convém disputar a manutenção da arrematação ou outra modalidade de aquisição judicial dos bens penhorados, poderá simplesmente "desistir da aquisição" (§ 5º do art. 903), fazendo-o por meio de simples petição nos autos dos aludidos embargos.

Assim, poderá o arrematante desistir da arrematação se for surpreendido *(i)* pela impugnação da arrematação, nos termos do § 1º do art. 903 ou *(ii)* pela propositura da ação prevista no § 4º do mesmo artigo.

---

do devedor ou de ofício pelo juiz (STJ, 3ª T., REsp 13.960-SP, Rel. Min. Waldemar Zveiter, ac. 26.11.91, *RSTJ* 40/447; STJ, 2ª T., REsp 911.358/SC, Rel. Min. Castro Meira, ac. 10.4.2007, *DJU* 23.4.2007, p. 249; STJ, 4ª T., REsp 663.874/DF, Rel. Min. Jorge Scartezzini, ac. 2.8.2005 *DJU* 22.8.2005, p. 295).

[159] Também aplicável ao novo Código, por analogia, a doutrina que dispunha: *Os embargos à arrematação* ou "embargos de segunda fase" foram idealizados pelo legislador "com a finalidade precípua de conceder ao executado uma oportunidade de impugnar a validade e a legitimidade dos atos de expropriação", e não de conferir uma segunda oportunidade ao executado "para se defender contra a execução" (MONTEIRO, Vitor José de Mello. "Abrangência do instituto". *In*: GIANNICO, Maurício; MONTEIRO, Vitor José de Mello (coord.). *As novas reformas do CPC e de outras normas processuais*. São Paulo: Saraiva, 2009, p. 219).

No primeiro caso, a desistência deverá ser formulada antes da expedição da carta ou da ordem de entrega (§ 5º, II). E no segundo, dentro do prazo de resposta à ação de invalidação (§ 5º, III). Em qualquer caso, basta que a desistência seja formulada por simples petição nos autos.[160]

Cuidou o legislador, porém, de destacar como ato atentatório à dignidade da justiça a suscitação infundada de vício com o objetivo de ensejar a desistência do arrematante (CPC/2015, art. 903, § 6º). Em hipóteses tais, o suscitante será condenado ao pagamento de multa, a ser fixada pelo juiz em favor do exequente, em montante não superior a vinte por cento do valor atualizado do bem, sem prejuízo da responsabilidade por perdas e danos. Entretanto, é de se destacar que "a sanção do art. 903, § 6º não é cumulável com a multa prevista no art. 81, *caput*, em razão da idêntica função punitiva de ambas".[161]

Tomando conhecimento do requerimento abdicativo do adquirente, o juiz o deferirá de plano, declarando prejudicadas a impugnação e a ação autônoma, por perda de objeto. Não havendo conluio do adquirente na prática do ato que teria acarretado a nulidade arguida, não nos parece que se haja de lhe impor honorários advocatícios de sucumbência. A desistência da aquisição, *in casu*, apresenta-se como faculdade legal cujo objetivo é justamente propiciar ao desistente uma saída para não se envolver no incidente em torno da pretensão de invalidar-se a alienação operada em juízo.

Havendo má-fé do adquirente ou ocorrendo resistência à ação autônoma, ou mesmo diante da não utilização do expediente abdicativo franqueado, terá de se sujeitar aos encargos sucumbenciais, caso seja julgado procedente o pedido do executado.

Deferida a desistência, todavia, os efeitos são imediatos. Extinguem-se os efeitos da alienação judicial e o preço depositado pelo adquirente será liberado em seu favor, *incontinenti*.

448. SUCUMBÊNCIA NA EXCEÇÃO DE PRÉ-EXECUTIVIDADE

Não passando a exceção de pré-executividade de um simples requerimento de conteúdo sujeito a apreciação *ex officio* pelo juiz, não há, em princípio, que se cogitar de imposição de honorários advocatícios sucumbenciais. A jurisprudência, seguindo posição assentada também na doutrina, entende, majoritariamente, que somente quando configurada a sucumbência do exequente, com o acolhimento da exceção, "deve incidir a verba honorária", seja total[162] ou parcial[163] seu efeito extintivo sobre a execução.

Quando a exceção é rejeitada, e a execução prossegue em toda sua dimensão, o entendimento dominante no STJ é de que "descabe a condenação em honorários advocatícios"[164].

---

[160] NEGRÃO, Theotonio; GOUVÊA, José Roberto F.; BONDIOLI, Luis Guilherme A.; FONSECA, João Francisco N. da. *Código de Processo Civil e legislação processual em vigor*. 47 ed. São Paulo: Saraiva, 2016, nota 10a ao art. 903, p. 805.

[161] NEGRÃO, Theotonio. *Código de Processo Civil cit.*, nota 13 ao art. 903, p. 805.

[162] STJ, 4ª T., AgRg. nos EDcl. no REsp. 434.900/PA, Rel. Min. Fernando Gonçalves, ac. 02.09.2003, *DJU* 15.09.2003 p. 323; STJ, 6ª T., REsp. 411.321/PR, Rel. Min. Fernando Gonçalves, ac. 16.05.2002, *DJU* 10.06.2002 p. 285; STJ, 2ª T., AgRg. no Ag. 621.488/PR, Rel. Min. João Otávio de Noronha, ac. 09.11.2004, *DJU* 01.02.2005, p. 508.

[163] STJ, 3ª T., AgRg. no REsp. 631.478/MG, Rel. Min. Nancy Andrighi, ac. 26.08.2004, *DJU* 13.09.2004 p. 240; STJ, 3ª T., REsp. 696.177/PB, Rel. Min. Carlos Alberto Menezes Direito, ac. 12.05.2005, *DJU* 22.08.2005 p. 272.

[164] "De acordo com recente julgado desta 5ª Turma (REsp n. 442.156-SP, rel. Min. José Arnaldo, DJ de 11/11/2002), a condenação ao pagamento de verba honorária somente é cabível no caso em que a exceção de pré-executividade é julgada procedente, com a consequente extinção da execução. Ao revés, vencido o excipiente-devedor, prosseguindo a execução (como ocorreu *in casu*), incabível é a condenação em verba honorária. Recurso provido" (STJ, 5ª T., REsp. 446.062/SP, Rel. Min. Felix Fischer, ac. 17.12.2002, *DJU* 10.03.2003, p. 295). No mesmo sentido: STJ, 4ª T., AgRg. no Ag. 489.915/SP, Rel. Min. Barros Monteiro, ac. 02.03.2004, *DJU* 10.05.2004,

A imposição da verba questionada, mesmo no caso de acolhida da exceção de pré-executividade, não está ligada diretamente ao julgamento do incidente. O que a justifica é a "extinção do processo executivo", conforme se acentua em todos os precedentes do STJ, já invocados e que permanecem aplicáveis à legislação atual. Na verdade, ao ser acolhida a exceção, profere-se "sentença terminativa da execução, onde será o autor condenado nas despesas do processo e nos honorários"[165]. É por isso que não se cogita de honorários se, rejeitada a arguição incidental, a execução prossegue normalmente. A última hipótese não é de julgamento de causa principal ou incidental, mas solução de mera questão apreciada em decisão interlocutória, caso em que não tem aplicação o art. 85 do CPC/2015 em qualquer de suas previsões. Se, portanto, "a arguição formulada for rejeitada, responsável pelas custas acrescidas, se houver, será o seu autor (da arguição)"[166], não havendo que se cogitar de honorários[167].

Quando vários são os executados, e apenas um deles consegue excluir-se da execução por meio de exceção de pré-executividade, tornam-se devidos os honorários de sucumbência, ainda que o processo tenha de prosseguir contra os demais coobrigados[168]. É que contra o excluído, a execução se encerrou. O mesmo entendimento prevalece quando se trata de exceção de pré-executividade que não acarreta senão a exclusão de uma pretensa responsabilidade de terceiro, haja vista que isto equivale a uma "extinção também parcial da execução[169]. A propósito, a 1ª Seção do STJ assentou em regime de recursos repetitivos, a seguinte tese: "Observado o princípio da causalidade, é cabível a fixação de honorários advocatícios, em exceção de pré-executividade, quando o sócio é excluído do polo passivo da execução fiscal, que não é extinta"[170], tese que obviamente não se aplica quando a exceção é rejeitada e a execução prossegue, sem qualquer redução objetiva ou subjetiva.

---

p. 288; STJ, 5ª T., REsp. 576119/SP, Rel. Min. Laurita Vaz, ac. 17.06.2004, *DJU* 02.08.2004, p. 517. Em sentido de cabimento dos honorários, mesmo na improcedência total da exceção: STJ, 4ª T., REsp. 407.057/MG, Rel. Min. Aldir Passarinho Junior, ac. 25.02.2003, *RSTJ* 186/410; STJ, 3ª T., REsp. 296.932/MG, Rel. Min. Carlos Alberto Menezes Direito, ac. 15.10.2001, *DJU* 04.02.2002 p. 349. A divergência interna entre as Turmas do STJ foi superada pela posição afinal adotada pela Corte Especial daquele Tribunal, no sentido de que "descabe condenação em honorários advocatícios em exceção de pré-executividade rejeitada (EREsp 1.048.043/SP, Corte Especial)" (STJ, 4ª T., REsp 968.320/MG, Rel. Min. Luiz Felipe Salomão, ac. 19.8.2010, *DJe* 3.9.2010).

[165] ROSA, Marcos Valle Feu. *Exceção de pré-executividade.* Porto Alegre: Sérgio Antonio Fabris, 1996, p. 90. No mesmo sentido: SIQUEIRA FILHO, Luiz Peixoto de. *Exceção de pré-executividade.* 3. ed. Rio de Janeiro: Lúmen Júris, 1999, p. 82; PAULO, José Ysnaldo Alves. *Pré-executividade contagiante no processo civil brasileiro.* Rio de Janeiro: Forense, 2000, p. 204; MOREIRA, Alberto Camiña. *Defesa sem embargos do executado.* São Paulo: Saraiva, 1998, p. 200.

[166] ROSA, Marcos Valle Feu. *Exceção de pré-executividade cit.,* p. 90.

[167] Sobre os honorários de sucumbência em exceção de pré-executividade, ver, retro, o item 225, em que são arrolados vários posicionamentos jurisprudenciais em torno da matéria.

[168] STJ, 5ª T., REsp 784.370/RJ, Rela. Min. Laurita Vaz, ac. 4.12.2009, *DJe* 8.2.2010.

[169] STJ, Corte Especial, REsp 1.134.186/RS, Rel. Min. Luís Felipe Salomão, ac. 01.08.2011, *DJe* 21.10.2011.

[170] STJ, 1ª Seção, REsp 1.358.837/SP, recurso repetitivo, Rel. Min. Assusete Magalhães, ac. 10.03.2021, *DJe* 29.03.2021. "O mesmo se passa quando a Exceção de Pré-Executividade, acolhida, acarreta a extinção parcial do objeto da execução, ou seja, quando o acolhimento da objeção implica a redução do valor exequendo" (precedentes invocados, entre outros, no acórdão do REsp 1.358.837/SP: STJ, 1ª Seção, EREsp 1.084.875/PR, Rel. Min. Mauro Campbell Marques, ac. 24.03.2010, *DJe* 09.04.2010; STJ, 1ª T., AgRg no AREsp 579.717/PB, Rel. Min. Sérgio Kukina, ac. 18.12.2014, *DJe* 03.02.2015; STJ, 2ª T., REsp 1.243.090/RS, Rel. Min. Mauro Campbell Marques, ac. 14.04.2011, *DJe* 28.04.2011). Ou mais explicitamente: "O indeferimento do pedido de desconsideração da personalidade jurídica, tendo como resultado a não inclusão do sócio (ou da empresa) no polo passivo da lide, dá ensejo à fixação de verba honorária em favor do advogado de quem foi indevidamente chamado a litigar em juízo" (STJ, 3ª T., REsp 1.925.959/SP, Rel. p/ac. Ricardo Villas Bôas Cueva, ac. 12.09.2023, *DJe* 22.09.2023). Mas, foi feita a ressalva, no voto vencedor do relator do acórdão, "de que o arbitramento de honorários deve ocorre *apenas nos casos em que o incidente for rejeitado*" (g.n.).

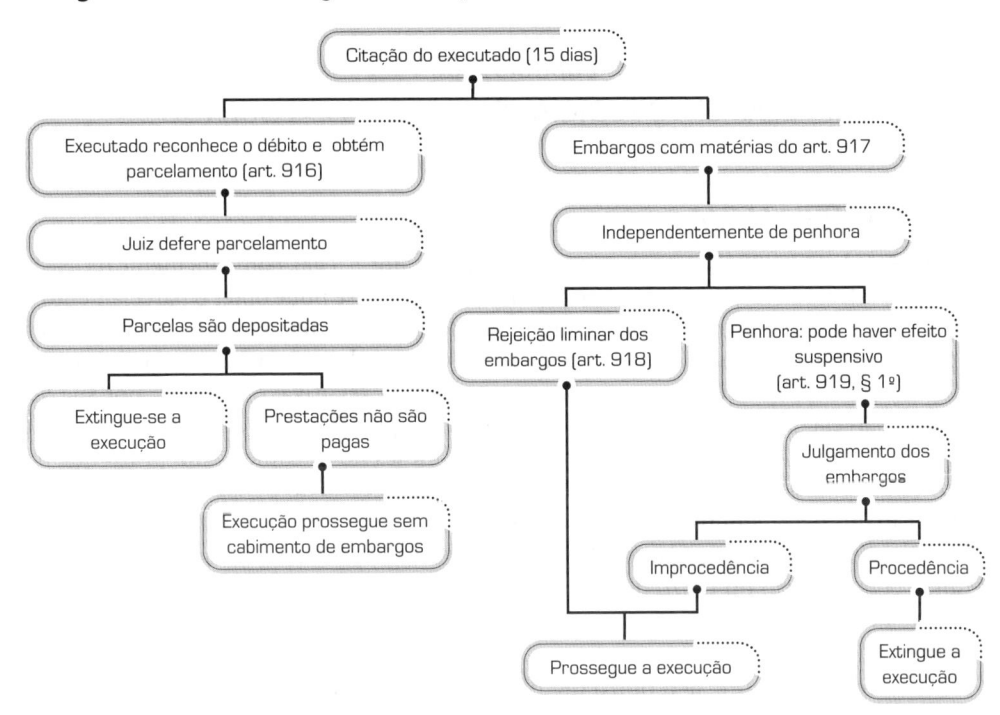

Tít. II • Cap. XXX – A DEFESA DO DEVEDOR. INCIDENTES DA EXECUÇÃO 649

Fluxograma n. 12 – Embargos à execução (arts. 914 a 920)

```
                          ┌──────────────────────────────┐
                          │ Citação do executado (15 dias)│
                          └──────────────┬───────────────┘
            ┌────────────────────────────┴────────────────────────────┐
┌───────────────────────────────┐                      ┌────────────────────────────────┐
│ Executado reconhece o débito e obtém│                      │ Embargos com matérias do art. 917│
│ parcelamento (art. 916)       │                      └────────────────┬───────────────┘
└───────────────┬───────────────┘                                       │
                │                                       ┌───────────────────────────────┐
┌───────────────────────────────┐                      │ Independentemente de penhora   │
│ Juiz defere parcelamento      │                      └───────────────┬───────────────┘
└───────────────┬───────────────┘                 ┌─────────────────────┴──────────────────┐
                │                      ┌──────────────────────┐      ┌─────────────────────────────┐
┌───────────────────────────────┐      │ Rejeição liminar dos │      │ Penhora: pode haver efeito  │
│ Parcelas são depositadas      │      │ embargos (art. 918)  │      │ suspensivo                  │
└──────┬────────────────┬───────┘      └──────────┬───────────┘      │ (art. 919, § 1º)            │
       │                │                         │                  └──────────────┬──────────────┘
┌──────────────┐  ┌──────────────────┐             │                  ┌──────────────────────────┐
│ Extingue-se a│  │ Prestações não são│            │                  │ Julgamento dos embargos  │
│ execução     │  │ pagas            │             │                  └──────────────┬───────────┘
└──────────────┘  └────────┬─────────┘             │              ┌──────────────────┴──────────────┐
                           │                       │      ┌───────────────┐             ┌──────────────┐
                  ┌────────────────────────┐       │      │ Improcedência │             │ Procedência  │
                  │ Execução prossegue sem │       │      └───────┬───────┘             └──────┬───────┘
                  │ cabimento de embargos  │       │              │                            │
                  └────────────────────────┘       └──────────────┤                   ┌────────────────┐
                                                                  │                   │ Extingue a     │
                                                   ┌─────────────────────┐            │ execução       │
                                                   │ Prossegue a execução│            └────────────────┘
                                                   └─────────────────────┘
```

Capítulo XXXI
PARCELAMENTO JUDICIAL DO CRÉDITO EXEQUENDO

449. MORATÓRIA LEGAL

O art. 916 do CPC/2015 institui uma espécie de moratória legal, como incidente da execução do título extrajudicial por quantia certa, por meio do qual se pode obter o parcelamento da dívida. A medida tem o propósito de facilitar a satisfação do crédito ajuizado, com vantagens tanto para o executado como para o exequente. O devedor se beneficia com o prazo de espera e com o afastamento dos riscos e custos da expropriação executiva; e o credor, por sua vez, recebe uma parcela do crédito, desde logo, e fica livre dos percalços dos embargos do executado. De mais a mais, a espera é pequena – apenas seis meses no máximo –, um prazo que não seria suficiente para solucionar os eventuais embargos do executado e chegar, normalmente, à expropriação dos bens penhorados e à efetiva satisfação do crédito ajuizado.

Ensaia-se, através do parcelamento, realizar a execução da forma menos onerosa para o devedor, e com redução do prazo de duração do processo para o credor. Trata-se, porém, de uma faculdade que a lei cria para o executado, a quem cabe decidir sobre a conveniência ou não de exercitá-la.

Citado o devedor, abre-se o prazo de quinze dias para embargos. Durante esse tempo, escolherá livremente entre embargar ou parcelar o débito.[1] A opção escolhida, qualquer que seja, eliminará a outra faculdade processual. Se se opõem os embargos não cabe mais o parcelamento; se se obtém o parcelamento, extingue-se a possibilidade de embargos à execução.[2]

Curioso destacar que o parcelamento excepciona a regra da indivisibilidade (unidade ou integridade) da prestação, prevista no art. 314 do Código Civil.[3]

Com efeito, o legislador processual admitiu, ainda que de forma excepcional, a divisibilidade da prestação, com vistas a permitir a satisfação do crédito do exequente em período de tempo inferior, uma vez que, ao requerer o parcelamento, o devedor renuncia ao direito de opor embargos à execução.[4]

450. REQUISITOS PARA A OBTENÇÃO DO PARCELAMENTO

O parcelamento concebido pelo art. 916 do CPC/2015 é um incidente típico da execução por quantia certa fundada em título extrajudicial, que se apresenta como uma alternativa aos

---

[1] Ultrapassado o prazo para embargos, não mais pode o executado requerer o parcelamento do valor da execução (NEGRÃO, Theotonio. José Roberto F.; BONDIOLI, Luis Guilherme A.; FONSECA, João Francisco N. da. *Código de Processo Civil e legislação processual em vigor.* 47 ed. São Paulo: Saraiva, 2016, nota 1 ao art. 916, p. 819).

[2] "A opção pelo parcelamento importa em *renúncia* ao direito de opor embargos" (NEVES, Murilo Sechieri Costa. O parcelamento legal previsto no art. 916 do CPC. *In:* ASSIS, Araken de; BRUSCHI, Gilberto Gomes (coords.). *Processo de execução e cumprimento da sentença:* temas atuais e controvertidos. São Paulo: RT, 2022, vol. 1, p. 900).

[3] Art. 314: "Ainda que a obrigação tenha por objeto prestação divisível, não pode o credor ser obrigado a receber, nem o devedor a pagar, por partes, se assim não se ajustou".

[4] NEVES, Murilo Sechieri Costa. O parcelamento legal previsto no art. 916 do CPC, *cit.*, p. 900-901.

embargos do executado.⁵ Figura dentre os dispositivos que regulam os embargos, ação que nem sequer existe na execução de sentença. Aliás, não teria sentido beneficiar o devedor condenado por sentença judicial com novo prazo de espera, quando já se valeu de todas as possibilidades de discussão, recursos e delongas do processo de conhecimento. Seria um novo e pesado ônus para o credor, que teve de percorrer a longa e penosa *via crucis* do processo condenatório, ter ainda de suportar mais seis meses para tomar as medidas judiciais executivas contra o devedor renitente. O que justifica a moratória do art. 916 é a sua aplicação no início do processo de execução do título extrajudicial. Com o parcelamento legal busca-se abreviar, e não procrastinar, a satisfação do direito do credor que acaba de ingressar em juízo. O credor por título judicial não está sujeito à ação executiva nem tampouco corre o risco de ação de embargos do devedor. O cumprimento da sentença desenvolve-se sumariamente e pode atingir, em breve espaço de tempo, a expropriação do bem penhorado e a satisfação do valor da condenação. Não há, pois, lugar para prazo de espera e parcelamento num quadro processual como esse⁶. O CPC/2015 é bastante claro ao dispor, expressamente, no § 7º do art. 916, que o parcelamento "não se aplica ao cumprimento da sentença". Esse dispositivo afasta o antigo entendimento do STJ no sentido de que seria possível impor o parcelamento naquela hipótese.⁷

Mas, se ao executado não cabe a faculdade de exigir o parcelamento durante o cumprimento da sentença, nada impede que ambas as partes o estabeleçam convencionalmente, por meio de negócio jurídico processual, nos moldes do art. 190 do CPC/2015, caso em que a execução será suspensa pelo tempo ajustado para completar o pagamento do débito (art. 313, II). Em outros termos, o que o parágrafo do art. 916 veda é o parcelamento forçado na execução do título judicial, não aquele consensualmente negociado entre exequente e executado.

Na execução por quantia certa, fundada em título extrajudicial, é que o terreno se torna propício à moratória legal, cujo deferimento reclama observância dos seguintes requisitos:

a) *sujeição ao prazo fixado para embargos* (15 dias contados da citação), sob pena de preclusão da faculdade processual; ultrapassado esse prazo, qualquer parcelamento ou espera dependerá de aquiescência do credor;

b) *requerimento do executado*, pois o parcelamento não é imposto por lei nem pode ser objeto de deliberação do juiz *ex officio*;

c) *reconhecimento do crédito do exequente*, com a consequente renúncia do direito aos embargos à execução. O atual Código foi bastante claro quanto à renúncia do executado, no § 6º, do art. 916: "a opção pelo parcelamento de que trata este artigo importa renúncia ao direito de opor embargos";

---

⁵ "O art. 745-A do CPC [art. 916 do CPC/2015] não tem aplicação no cumprimento de sentença" (NUNES, Dierle; BAHIA, Alexandre; CÂMARA, Bernardo Ribeiro; SOARES, Carlos Henrique. *Curso de direito processual civil*. Belo Horizonte: Ed. Fórum, 2011, no 5.13.6.1.6, p. 412). Aliás, o atual § 7º do art. 916 é expresso quanto a não aplicação do parcelamento no caso de título judicial.

⁶ TJRJ, 9ª CC., AI 70027000488, Rel. Des. Marilene Bonzanini Bernardi, DOERS 02.04.2009, p. 46; *Revista Magister de Direito Civil e Direito Processual Civil*, v. 29, p. 150, mar abr/2009. No mesmo sentido: TJRS, AI 70022129605, Rel. Des. Elaine Harzheim Macedo, 17ª Câm. Cív., ac. 14.02.2008, DJ 22.02.2008; TJMG, AI 1.0707.98.007585-7/001, Rel. Des. Elpídio Donizetti, 18ª Câm. Cív., ac. 21.10.2008, DJ 05.11.2008; TJRS, AI 70022494231, Rel. Des. José Ataídes Siqueira Trindade, 8ª Câm. Cív., ac. 14.02.2008, DJ 05.11.2008. No entanto, já se decidiu, ao tempo do CPC/1973, que "o parcelamento da dívida pode ser requerido também na fase de cumprimento da sentença, dentro do prazo de 15 dias previsto no art. 475-J, *caput*, do CPC" (STJ, 4ª T., REsp 1.264.272/RJ, Rel. Min. Luis Felipe Salomão, ac. 15.05.2012, DJe 22.06.2012). A controvérsia, porém, desapareceu com o advento do CPC/2015, cujo art. 916, em seu § 7º, é textual na previsão de que o parcelamento autorizado pelo seu *caput* "não se aplica ao cumprimento da sentença".

⁷ STJ, 3ª T., AgRg no AREsp 209.947/RS, Rel. Min. João Otávio de Noronha, ac. 15.03.2016, DJe 28.03.2016; STJ, 3ª T., AgRg no REsp. 1.577.155/SP, Rel. Min. Ricardo Villas Bôas Cueva, ac. 12.04.2016, DJe 19.04.2016.

d) *depósito em juízo de trinta por cento do valor em execução* deve preceder o requerimento de parcelamento; além disso, na base de cálculo do depósito incluir-se-ão as custas e honorários de advogado;

e) *pagamento do saldo em parcelas mensais*, até o máximo de seis, as quais serão acrescidas de correção monetária e juros de um por cento ao mês, contados a partir do levantamento que servir de base para o cálculo das prestações. A lei não impõe um número fixo de prestações. Cabe ao requerente estipular o número de parcelas, mas não poderá ir além de seis.

451. PROCEDIMENTO DO INCIDENTE

O parcelamento deve ser requerido em petição simples, no bojo dos autos da execução. Ouvido o exequente, para cumprir-se o contraditório, verificará o juiz a observância das exigências do *caput* do art. 916. Estando satisfeitas, proferirá decisão interlocutória, com que deferirá o parcelamento. Não se trata de ato discricionário do juiz, nem muito menos de direito potestativo absoluto do executado, no entendimento do STJ.[8] Desde então, o exequente poderá levantar a quantia depositada em preparação da moratória legal (§ 3º).

Enquanto não apreciado o requerimento pelo juiz, o executado deverá depositar as parcelas vincendas, podendo o exequente proceder ao seu levantamento (§ 2º). Caso haja o levantamento por parte do credor, os valores serão abatidos da dívida executada.

Enquanto vigorar o parcelamento, ficarão suspensos os atos executivos (art. 916, § 3º). Pode acontecer que, quando do requerimento do executado, já esteja consumada a penhora (esta pode ocorrer três dias após a citação e o executado tem quinze dias para pleitear o parcelamento). Em tal circunstância, a suspensão dos atos executivos não invalidará a penhora e vigorará apenas para os atos expropriatórios subsequentes. A situação assemelha-se à dos embargos (art. 919, § 5º). Não me parece, contudo que seja obrigatória a realização da penhora, se o pedido de parcelamento for manifestado antes da constrição executiva. É que, na regulamentação do art. 916, não se condiciona o benefício do parcelamento à penhora, nem se ordena que ela se cumpra em seguida. No caso dos embargos com efeito suspensivo, ao contrário, é a própria suspensão que fica subordinada à segurança do juízo (art. 919, § 1º). Daí que já existindo a penhora, o parcelamento não a cancelará; não existindo, porém, não ficará o executado sujeito àquele ato executivo enquanto estiver prevalecendo o efeito suspensivo gerado pela moratória legal, visto que, sem ressalvas, fica, neste caso, suspensa a prática de atos executivos (art. 916, § 3º).

Em face das circunstâncias do caso, do vulto do crédito, e das condições financeiras do executado, não será descabida a ordem judicial (*ex officio* ou a requerimento do credor) para

---

[8] "3. Não obstante, o parcelamento da dívida não é direito potestativo do devedor, cabendo ao credor impugná-lo, desde que apresente motivo justo e de forma fundamentada, sendo certo que o juiz poderá deferir o parcelamento se verificar atitude abusiva do exequente, uma vez que tal proposta é-lhe bastante vantajosa, a partir do momento em que poderá levantar imediatamente o depósito relativo aos 30% do valor exequendo e, ainda, em caso de inadimplemento, executar a diferença, haja vista que as parcelas subsequentes são automaticamente antecipadas e é inexistente a possibilidade de impugnação pelo devedor, nos termos dos §§ 2º e 3º do art. 745-A" [CPC/2015, art. 916, § 5º] (STJ, 4ª T., REsp. 1.264.272/RJ, Rel. Min. Luiz Felipe Salomão, ac. 15.05.2012, *DJe* 22.06.2012). No mesmo sentido, NERY JÚNIOR, Nelson; NERY, Rosa Maria Andrade. *Comentários ao Código de Processo Civil – Novo CPC*. São Paulo: RT, 2015, p. 1.809. Não obstante esse entendimento do STJ, no sentido de que o exequente pode se recusar ao parcelamento caso não o faça de forma abusiva, parte da doutrina entende tratar-se de direito potestativo do executado, que deve ser acolhido uma vez preenchidos os requisitos legais: NEVES, Murilo Sechieri Costa. O parcelamento legal previsto no art. 916 do CPC, cit., p. 903-904; DIDIER JÚNIOR, Fredie. *Curso de Direito Processual Civil*. Salvador: JusPodivm, 2009, v. 5, p. 359; BUENO, Cassio Scarpinela. *Reforma do Código de Processo Civil*. Saraiva: São Paulo, 2007, p. 306; ASSIS, Araken de. *Manual da execução*, 11. ed. São Paulo: RT, 2007, p. 470.

que a segurança do juízo se aperfeiçoe antes de despachado o pedido de parcelamento. É bom lembrar que a partir do terceiro dia após a citação já é cabível a penhora, e a interdição dos atos executivos não antecede ao parcelamento, mas só se verifica depois do seu deferimento, como deixa certo o § 3º do art. 916.

452. INDEFERIMENTO DO PARCELAMENTO

Não se afigura, *in casu*, um poder discricionário do juiz diante do pedido de parcelamento. Presentes os requisitos legais, é direito do executado obtê-lo. Ausente, contudo, algum desses requisitos, o requerimento haverá de ser indeferido.

Tanto no caso de deferimento, como no indeferimento, ter-se-á uma decisão interlocutória, cuja impugnação recursal dar-se-á por meio de agravo de instrumento (CPC/2015, art. 1.015, parágrafo único).

Da denegação do parcelamento decorre o prosseguimento normal dos atos executivos, mesmo porque o eventual agravo não terá, em regra, efeito suspensivo. O depósito preparatório da medida frustrada não será devolvido, sendo convertido em penhora (art. 916, § 4º); permanecerá como garantia do juízo e, se já não houver tempo útil para embargos, poderá ser levantado pelo credor, para amortizar o débito do executado. Deve-se lembrar que ao postular o parcelamento o executado já reconheceu o crédito do exequente.[9] Não terá mais possibilidade de oferecer embargos de mérito. Se houver tempo, poderá apenas, e eventualmente, opor exceções processuais, como as arguições de penhora incorreta e avaliação errônea, o que, na verdade, independe até mesmo de embargos.

453. DESCUMPRIMENTO DO PARCELAMENTO

Para se beneficiar da moratória legal, o executado terá de cumprir pontualmente as prestações previstas. Qualquer parcela que não seja paga a seu termo provocará o vencimento antecipado, de pleno direito, de todas as subsequentes, com o restabelecimento imediato dos atos executivos (CPC/2015, art. 916, § 5º, I).

Não há necessidade de uma sentença. O inadimplemento tem efeitos definidos pela própria lei. Diante dele, o juiz simplesmente determina o prosseguimento do processo, "com o imediato reinício dos atos executivos", até então suspensos (art. 916, § 5º, I).

O executado que descumpre o parcelamento, deixando de resgatar qualquer prestação em seu vencimento, sofrerá, ainda, uma sanção: multa de dez por cento sobre o valor das prestações não pagas (art. 916, § 5º, II).

Não tem, por outro lado, como embargar a execução pelo mérito, uma vez que o requerimento do devedor de parcelamento se fez com o expresso reconhecimento do crédito do exequente (art. 916, *caput*, e § 6º) e com sujeição ao efeito legal de "renúncia ao direito de opor embargos" (art. 916, § 6º). A vedação, contudo, atinge os embargos à execução (art. 914), mas não alcança a ulterior impugnação ou arguição de irregularidade nos atos executivos, inclusive a arrematação ou adjudicação, atos estes que se atacam por meio de simples petição (arts. 903, § 2º e 917, § 1º).

---

[9] Ressalta Theotonio Negrão que esse reconhecimento deve ser visto com muita cautela, "pois, uma vez reconhecido o crédito do exequente, fica o executado *desarmado para impugnar seu valor*, na hipótese de sua proposta ser indeferida e haver a reforma dos atos executivos" (NEGRÃO, Theotonio. *Código de Processo Civil, cit.*, nota 1b, ao art. 916, p. 819). A proposta do executado, todavia, não se subordina à aquiescência do exequente. Se vem a ser indeferida isto só poderá ser imputado à inobservância dos requisitos impostos pela lei. Só se haverá de atribuir ao próprio devedor o insucesso da pretensão, já que teria reconhecido o débito exequendo sem atentar para o cumprimento dos demais requisitos do parcelamento.

453-A. PROTEÇÃO AO CONSUMIDOR SUPERENDIVIDADO

Além do direito ao parcelamento previsto no art. 916 do CPC, a Lei n. 14.181/2021 criou uma espécie de recuperação judicial em benefício do consumidor vítima de superendividamento, permitindo-lhe a possibilidade de uma renegociação em bloco de todas as suas dívidas e o estabelecimento de um parcelamento compatível com sua capacidade de pagamento, sem comprometer seu mínimo existencial.

Sobre a matéria, ver, adiante, os itens 489-A a 489-D.

453-B. PARCELAMENTO NA AÇÃO MONITÓRIA

O CPC/2015, ao tratar da ação monitória, admite que o réu requeira o parcelamento do débito em até 6 prestações mensais, acrescidas de juros de 1% ao mês e correção monetária (art. 701, § 5º).

Importante esclarecer que não há incompatibilidade entre essa regra e o § 7º, do art. 916, que veda o parcelamento no cumprimento de sentença. É que, na ação monitória, o réu poderá requerer o benefício no prazo para apresentação dos embargos. E, nessa oportunidade, o título executivo judicial ainda não terá sido constituído, donde não há que se falar em cumprimento de sentença. De fato, o réu irá requerer o cumprimento do mandado de pagamento (e não da condenação judicial) de forma fracionada.[10]

---

[10] NEVES, Murilo Sechieri Costa. O parcelamento legal previsto no art. 916 do CPC, *cit.*, p. 914.

Fluxograma n. 13 – Parcelamento judicial do crédito exequendo (art. 916)

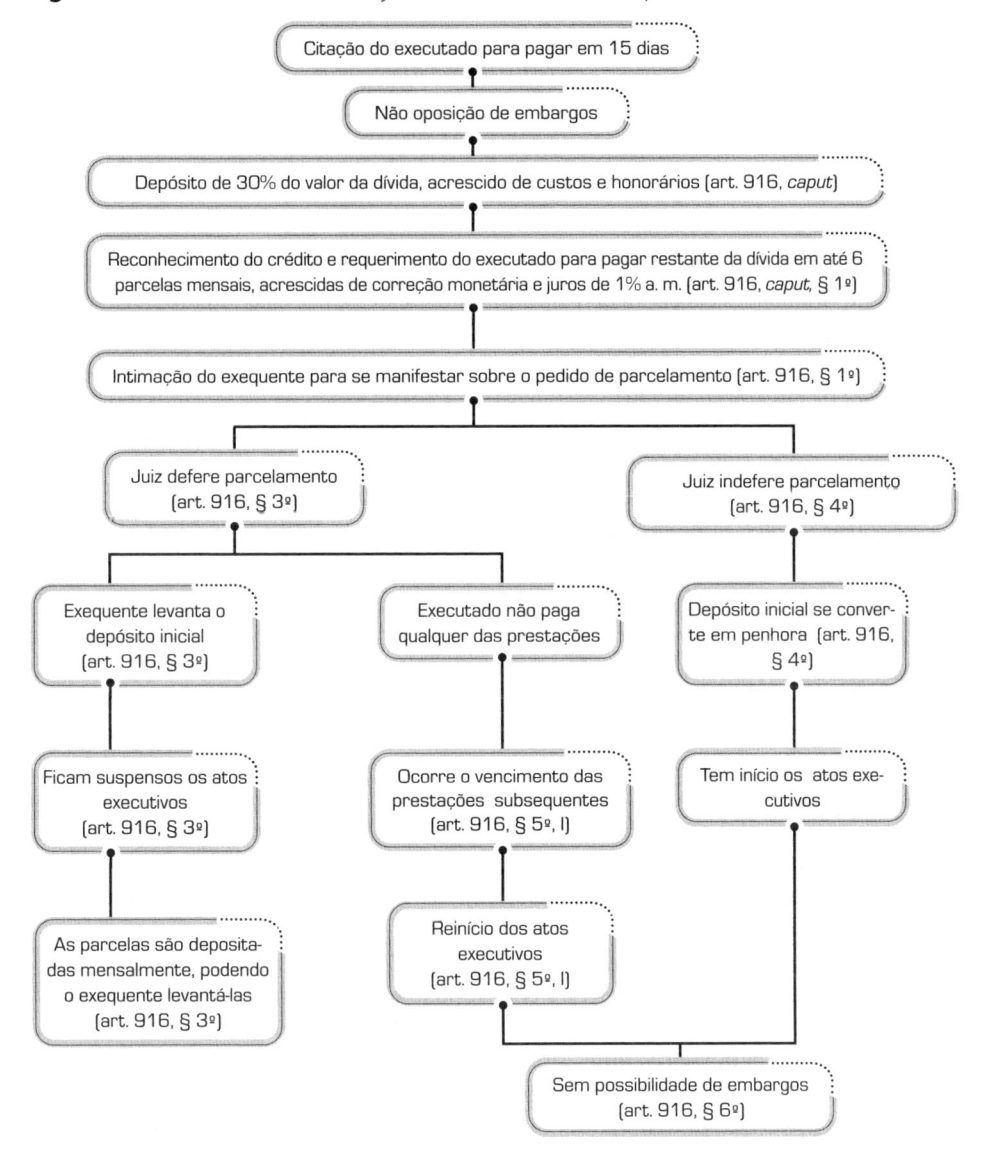

- Citação do executado para pagar em 15 dias
- Não oposição de embargos
- Depósito de 30% do valor da dívida, acrescido de custos e honorários (art. 916, *caput*)
- Reconhecimento do crédito e requerimento do executado para pagar restante da dívida em até 6 parcelas mensais, acrescidas de correção monetária e juros de 1% a. m. (art. 916, *caput*, § 1º)
- Intimação do exequente para se manifestar sobre o pedido de parcelamento (art. 916, § 1º)

Juiz defere parcelamento (art. 916, § 3º):
- Exequente levanta o depósito inicial (art. 916, § 3º)
- Ficam suspensos os atos executivos (art. 916, § 3º)
- As parcelas são depositadas mensalmente, podendo o exequente levantá-las (art. 916, § 3º)

Executado não paga qualquer das prestações:
- Ocorre o vencimento das prestações subsequentes (art. 916, § 5º, I)
- Reinício dos atos executivos (art. 916, § 5º, I)

Juiz indefere parcelamento (art. 916, § 4º):
- Depósito inicial se converte em penhora (art. 916, § 4º)
- Tem início os atos executivos
- Sem possibilidade de embargos (art. 916, § 6º)

Nota: O parcelamento judicial não se aplica ao cumprimento de sentença (art. 916, § 7º).

Capítulo XXXII
EMBARGOS DE TERCEIRO

454. CONCEITO

O princípio geral é que somente o patrimônio do devedor fica sujeito à execução (CPC/2015, art. 789), embora haja as exceções de responsabilidade de terceiros contempladas no art. 790.

Por isso, quando a execução ultrapassar os limites patrimoniais da responsabilidade pela obrigação ajuizada, o terceiro prejudicado pelo esbulho judicial tem a seu dispor o remédio dos *embargos de terceiro* (CPC/2015, art. 674).

No conceito de Liebman esses embargos são ação proposta por terceiro em defesa de seus bens contra execuções alheias.[1]

No direito pátrio, os embargos de terceiro visam a proteger tanto a propriedade como a posse e podem fundamentar-se quer em direito real quer em direito pessoal, dando lugar a uma cognição imediata sobre a legitimidade ou não da apreensão judicial.

Segundo a tradição de nosso direito, espelhada no regime adotado pelo Código anterior, os embargos de terceiro eram um procedimento sumário, tanto no rito (que era o das medidas cautelares), como nos limites do acertamento judicial em torno da controvérsia objeto da demanda. A lide nos embargos se referia apenas "à exclusão ou inclusão da coisa na execução e não aos direitos que caibam ao terceiro sobre a coisa, mesmo quando deles se tenha discutido".[2] Predominava, então, o caráter possessório dos embargos de terceiro[3].

O sistema adotado pelo CPC/2015 é completamente diverso: *(i)* o procedimento a observar nos embargos de terceiro não é mais o *sumário*, e sim o *procedimento comum* (art. 679), e *(ii)* a sentença que os acolher determinará o cancelamento do ato de constrição indevido, "com o *reconhecimento do domínio*, da *manutenção da posse* ou da *reintegração definitiva do bem* ou do *direito ao embargante*" (art. 681).

De tal sorte, no regime inovado pelo CPC de 2015, os embargos de terceiro configuram ação autônoma, de natureza constitutiva, e com aptidão para acertamento definitivo e exauriente da lide neles debatida, bem como com força capaz de gerar coisa julgada material em torno do direito dominial ou da posse reconhecidos ou negados ao embargante (art. 681).

O CPC/2015 deixa claro que os embargos podem ser manejados tanto em caráter repressivo como preventivo, ou seja, podem tanto objetivar a desconstituição do ato judicial impugnado, como impedir aquele apenas ameaçado (art. 674)[4].

---

[1] LIEBMAN, Enrico Tullio. *Processo de Execução*. 3. ed. São Paulo: Saraiva, 1968, n. 47, p. 86. Sobre o tema dos embargos de terceiro, ver também nosso *Curso de Direito Processual Civil*, v. II os n. 200 a 215.

[2] LIEBMAN, Enrico Tullio. *Op. cit.*, n. 47, p. 87.

[3] "Os embargos de terceiro constituem uma ação de procedimento especial incidente e autônoma, de natureza possessória, admissível sempre que o terceiro sofrer turbação ou esbulho na posse de seus bens 'por ato de constrição judicial', pressuposto indispensável para o seu aforamento" (STJ, 4ª T., REsp 107.295/SC, Rel. Min. Cesar Asfor Rocha, ac. 29.04.1998, *DJU* 22.06.1998, p. 85). "Os embargos de terceiro voltam-se contra a moléstia judicial à posse, que se configura com a turbação, o esbulho e a simples ameaça de turbação ou esbulho" (STJ, 1ª T., REsp 1.019.314/RS, Rel. Min. Luiz Fux, ac. 02.03.2010, *DJe* 16.03.2010).

[4] "A ameaça de lesão encerra o interesse de agir no ajuizamento preventivo dos embargos de terceiro, máxime à luz da cláusula pétrea da inafastabilidade, no sentido de que nenhuma lesão ou ameaça de lesão escapará

A melhor conceituação dos embargos de terceiro é, portanto, a que vê nesse remédio processual uma ação de natureza constitutiva, que busca *desconstituir* o ato judicial abusivo, restituindo as partes ao estado anterior à apreensão impugnada[5], quer em defesa da posse ou propriedade e de outros direitos reais, quer de quaisquer direitos patrimoniais, como explicitam o *caput* e o § 1º do art. 674 do atual CPC.

455. OBJETO DOS EMBARGOS

Prestam-se os embargos de terceiro tanto à defesa da posse como de direitos reais sobre os bens constritos judicialmente, ou ameaçados de constrição, em processo de que o embargante não é parte, nem deveria afetar sua esfera patrimonial.

A posse, *in casu*, pode ser direta ou indireta. Incluem-se, por exemplo, a posse do proprietário, do usufrutuário, do locatário, do locador, do promissário comprador, dentre outros. A turbação não decorre de atos violentos ou clandestinos contra a posse do embargante, como se passa com os interditos possessórios típicos. O que justifica os embargos do art. 674 do CPC é simplesmente a circunstância de um ato judicial estar atingindo, ou ameaçando, esfera patrimonial de quem não se acha sobre o efeito ou alcance da relação processual, e, portanto, sem ter de suportar a responsabilidade patrimonial em face da obrigação *sub iudice*.

Além disso, "não só a propriedade e a posse são passíveis de tutela por meio dos embargos de terceiro, mas outros direitos de eficácia e garantia real, móveis ou imóveis (v.g., CC 80 II), bem como os suscetíveis de penhora, e, portanto, sujeitos à alienação judicial. Podem ser defendidos pelos embargos: a) quotas de sociedade (RT 477/138); b) direito de uso de linha telefônica (STF-RT 533/236); c) direito de concessão de lavra (DL. 227/1967-43. Código de Mineração); d) titularidade de direitos sobre marcas e patente (LPI, L 9.279; DOU 15.5.1996, p. 8.353); e) créditos e outros direitos patrimoniais (CPC 855 a 860); f) direitos oriundos de compromisso de compra e venda não registrado".[6]

Com relação aos embargos opostos com fundamento em compromisso de compra e venda, não há de se exigir prova de posse física do embargante, mesmo porque, estando ainda em construção o imóvel, o que se estará defendendo, na verdade, é o direito originado do contrato preliminar.[7]

456. LEGITIMAÇÃO ATIVA

Legitimado ativo dos embargos de terceiro é aquele que, não sendo parte no processo, vem a sofrer constrição ou ameaça de constrição sobre bens que possua ou sobre os quais tenha direito incompatível com o ato constritivo (CPC/2015, art. 674, *caput*).

à apreciação do judiciário (art. 5º, inciso XXXV, da CF)" (STJ, 1ª T., REsp 1.019.314/RS, Rel. Min. Luiz Fux, ac. 02.03.2010, *DJe* 16.03.2010).

[5] LIMA, Cláudio Vianna de. *Processo de Execução*. Rio de Janeiro: Forense, 1973, n. 4, p. 201.

[6] NERY JR., Nelson; NERY, Rosa Maria de Andrade. *Código de Processo Civil comentado*. 16. ed. São Paulo: Ed. Revista dos Tribunais, 2016, p. 1.599, nota 9 ao art. 674.

[7] "(...) 6. Na hipótese, o imóvel adquirido só não estava na posse da recorrida em razão de ainda estar em fase de construção, razão pela qual o instrumento particular de compra e venda colacionado aos autos – ainda que desprovido de registro – deve ser considerado para fins de comprovação de sua posse, admitindo-se, via de consequência, a oposição dos embargos de terceiro. 7. Ademais, o instrumento de compra e venda foi firmado em data anterior ao próprio ajuizamento da ação de execução em que foi determinada a penhora do bem, não havendo que se falar em fraude à execução ou má-fé da parte adquirente" (STJ, 3ª T., REsp 1.861.025/DF, Rel. Min. Nancy Andrighi, ac. 12.05.2020, *DJe* 18.05.2020).

Considera-se, também, terceiro o cônjuge quando defende a posse de bens dotais, próprios, reservados ou de sua meação (art. 674, § 2º, I). Nessa circunstância, não importa o fato de ter sido, ou não, o cônjuge intimado da penhora, já que seu comparecimento nos embargos se dá a título jurídico diverso daquele com que se lhe fez a intimação. Por isso, ao contemplar a defesa da meação em posição particular, dentre os casos de embargos de terceiro, o Código teve a evidente intenção de reconhecer ao cônjuge, em qualquer tempo, a qualidade de terceiro para demandar a exclusão de seus bens da injusta apreensão judicial.[8]

Numa só hipótese o cônjuge não poderá interpor embargos de terceiros em defesa de meação ou dos bens reservados: é quando a ação for proposta diretamente contra ele, na qualidade de *litisconsorte*, sob a afirmação, na inicial, de que se trata de dívida contraída pelo consorte a bem da família (art. 73, § 1º, III). É que, nesse caso, a questão da responsabilidade da meação ou dos bens reservados já, de início, integra o objeto da lide, de maneira que não poderá ser subtraído ao alcance do julgamento da causa principal. Aqui, sim, estará o cônjuge jungido a defender-se apenas nos embargos de devedor.[9] Também não poderá fazê-lo na hipótese do art. 843 do CPC/2015, que trata da penhora de bem indivisível do casal. O montante que compete ao cônjuge que não é parte na execução recairá sobre o produto da alienação do bem, não se podendo impedir a constrição.[10]

No âmbito da família, o CPC/2015 (art. 674, § 2º, I) estende o acesso aos embargos de terceiro ao companheiro ou companheira (em união estável), na defesa da posse de bens próprios ou de sua meação, em igualdade de condições com o cônjuge. Ressalva, porém, a hipótese de a penhora recair sobre bem comum indivisível, caso em que, tal como se passa com o cônjuge, a constrição não será evitada, mas a meação será preservada sobre o produto da alienação judicial (art. 843).

É parte legítima para os embargos de terceiro, ainda, aquele que for prejudicado pelo reconhecimento da fraude à execução. Trata-se do adquirente que acreditava estarem livres e desimpedidos os bens que lhe foram alienados, mas que, posteriormente, se deparou com constrição decorrente do reconhecimento, em favor do exequente, de fraude à execução (art. 674, § 2º, II). A jurisprudência já havia assentado, na vigência da codificação anterior, que

---

[8] MORAES E BARROS, Hamilton. *Comentários ao Código de Processo Civil*. Rio de Janeiro: Forense, 1974, v. IX, p. 295. "Com a vigência do novo Estatuto Processual Civil, dúvida não mais pode subsistir quanto à possibilidade da oposição de embargos de terceiro pelo cônjuge para defesa da posse de sua meação" (TJMG, Ap. 38.919, Rel. Des. Edésio Fernandes, *in* Rev. Lemi, 82/151; no mesmo sentido: 1º TACSP, Ap. 206.954, Rel. Juiz Octávio Stucchi, *in RT*, 472/133: "Esta Corte tem entendido que, mesmo intimada da penhora (art. 669 do CPC), o cônjuge feminino pode, para defender sua meação, opor embargos de terceiro. Súmula 134-STJ." (STJ, 2ª T., REsp 314.433/RS, Rel. Ministro Castro Meira, ac. 5.5.2005, *DJU* 12.9.2005, p. 263). No mesmo sentido: STJ, 4ª T., REsp 1.123.448/MS, Rel. Min. Honildo do Amaral de Mello Castro, ac. 20.04.2010, *DJe* 04.05.2010.

[9] "No caso do cônjuge, contudo, a lei processual lhe atribui dupla legitimação: no caso, é intimado da penhora de bem imóvel e, na condição de litisconsorte necessário, pode opor embargos do devedor, a fim de impugnar o próprio título executado ou a regularidade do processo executivo; e também pode opor embargo de 'terceiro', mas com propósito diverso, qual seja, defender a posse de bens de sua meação" (voto da Relatora no EREsp. 306.465/ES, Corte Especial, Rel. Min. Laurita Vaz, ac. 20.03.2013, *DJe* 04.06.2013).

[10] José Miguel Garcia Medina ressalta ser, em princípio, desnecessária a defesa do cônjuge por meio de embargos de terceiro, "já que, de acordo com o art. 843 do CPC/2015 a meação do cônjuge recairá sobre o produto da alienação do bem penhorado (art. 674, § 2º, I, do CPC/2015)" (MEDINA, José Miguel Garcia. *Direito Processual Civil Moderno*. 2. ed. rev., atual. e ampl. São Paulo: Editora Revista dos Tribunais, 2016, p. 861). Araken de Assis, por sua vez, destaca que os embargos podem ser usados pelo cônjuge "não sendo indivisível o imóvel" (ASSIS, Araken de. *Manual da execução*. 18. ed. revista, atualizada e ampliada, São Paulo: Editora Revista dos Tribunais, 2016, n. 615.1.4, p. 1701).

a fraude contra credores não poderia ser objeto de embargos de terceiro,[11] mas a fraude à execução sim[12].

Não há, aqui, grande novidade em relação ao regramento anterior. O atual Código apenas encampa esse entendimento jurisprudencial e consigna expressamente a legitimação do terceiro adquirente de bem alienado em fraude, para que este discuta a licitude da alienação ou sua boa-fé no ato de aquisição, como se viu nas discussões sobre a Súmula n. 375[13] do STJ acerca dos arts. 593, II c.c. 659, § 4º, do CPC/1973.

Há, porém, novidade em relação à legitimidade do sócio ou associado que, diante da desconsideração da personalidade jurídica de sociedade da qual participe e não tendo sido parte do incidente mencionado nos arts. 133 a 137[14] do CPC/2015, sofre constrição judicial de seus bens (art. 674, § 2º, III). Havendo, porém, sua participação no incidente de desconsideração da personalidade jurídica, esse será a sede própria para discussão da matéria.

Também o credor com garantia real pode usar os embargos de terceiro para obstar expropriação judicial do objeto de direito real de garantia, desde que não tenha sido intimado, nos termos legais dos atos expropriatórios (art. 674, IV). Mesmo intimado da penhora, pode o credor hipotecário impedi-la, apontando a existência de outros bens livres do executado para segurança do juízo[15].

A mesma faculdade assiste ao compromissário comprador, desde que possua contrato devidamente formalizado, celebrado e inscrito no Registro Público em data anterior à apreensão judicial,[16] com fundamento em seu *direito real de aquisição*. Mesmo que não esteja registrado o compromisso, viável será o manejo dos embargos se o compromissário comprovar posse efetiva sobre o bem desde época anterior à penhora.[17] Nesse caso, defende-se a posse e não diretamente o direito real de aquisição[18].

Quando o juiz da execução delibera atingir bem de terceiro, em casos como, *v.g.*, o daquele que adquiriu o bem litigioso ou do adquirente de bens em fraude de execução, ou de qualquer outro que tenha interesse em embargar, cumpre-lhe ordenar que o terceiro interessado seja intimado pessoalmente (art. 675, parágrafo único).

---

[11] Súmula n. 195 do STJ: "Em embargos de terceiro não se anula ato jurídico, por fraude contra credores."

[12] Cf. STJ, 4ª Turma, AgRg no AREsp 628392/RJ, relator: Min. Luis Felipe Salomão. *DJe* 18.03.2015, e AGA 319442/SP, relator: Min. Antônio de Pádua Ribeiro, DJ de 30.09.2002.

[13] Súmula n. 375 do STJ: "O reconhecimento da fraude à execução depende do registro da penhora do bem alienado ou da prova de má-fé do terceiro adquirente".

[14] Trata-se do *incidente de desconsideração da personalidade*, que o CPC/2015 insere nos casos de intervenção de terceiros (arts. 133 a 137), e sem cuja observância a execução por dívida da pessoa jurídica não pode alcançar bens particulares dos sócios ou administradores (art. 795, § 4º).

[15] "O credor com garantia real tem o direito de impedir, por meio de embargos de terceiro, a alienação judicial do objeto da hipoteca; entretanto, para o acolhimento dos embargos, é necessária a demonstração pelo credor da existência de outros bens sobre os quais poderá recair a penhora" (STJ, 3ª T., REsp 578.960/SC, Rel. Min. Nancy Andrighi, ac. 07.10.2004, *DJU* 08.11.2004, p. 226).

[16] TJMG, Ap. 17.739, Rel. Des. Gonçalves da Silva, in *Minas Forense*, 42/70; STJ, 4ª T., REsp 263.261/MG, Rel. Ministro Cesar Asfor Rocha, ac. 12.3.2002, *DJU* 20.5.2002, p. 146.

[17] Súmula n. 84, do STJ: "*É admissível a oposição de embargos de terceiro fundados em alegação de posse advinda do compromisso de compra e venda ainda que desprovido do registro*"; STJ, REsp. n. 90.368/SC, Rel. Min. Waldemar Zveiter, DJ de 02.12.96, in *JSTJ/TRFs*, 93/21; STJ, 4ª T., REsp 263.261/MG, Rel. Ministro César Asfor Rocha, ac. 12.3.2002, *DJU* 20.5.2002, p. 146; STJ, 1ª T., REsp 599.970/SC, Rel. Ministro Luiz Fux, ac. 21.10.2004, *DJU* 29.11.2004, p. 241.

[18] Para efeito dos embargos do promissário comprador, "'a hipoteca firmada entre a construtora e o agente financeiro, anterior ou posterior à celebração da promessa de compra e venda, não tem eficácia perante os adquirentes do imóvel' (Súmula 308/STJ)" (STJ, 3ª T., REsp 593.474/RJ, Rel. Min. Paulo de Tarso Sanseverino, ac. 16.11.2010, *DJe* 01.12.2010). No mesmo sentido: STJ, 4ª T., REsp 625.091/RJ, Rel. Min. Aldir Passarinho Jr., ac. 09.02.2010, *DJe* 08.03.2010).

Assim, ainda que se trate de um terceiro legalmente responsável pela dívida exequenda, como se passa especialmente com quem adquire bem do executado em fraude da execução, a penhora não pode atingir o bem indevidamente desviado, sem prévia observância do contraditório e ampla defesa, razão pela qual antes da declaração da fraude ocorrida, "o juiz deverá intimar o terceiro adquirente, que, se quiser, poderá opor embargos de terceiro, no prazo de 15 (quinze) dias" (art. 792, § 4º).

457. LEGITIMAÇÃO PASSIVA

Legitimado passivo é o exequente – isto é, aquele que promove a execução e provoca, em seu proveito, o ato constritivo impugnado (CPC/2015, art. 677, § 4º) – e, às vezes também o executado, quando a nomeação de bens partir dele.[19-20] A participação do devedor, em qualquer caso, é de ser sempre admitida, desde que postulada como assistente, na forma dos arts. 119 a 124.

458. VALOR DA CAUSA

O valor da causa, nos embargos de terceiro, deve ser o dos bens pretendidos e não o valor dado à causa onde foram eles objeto de apreensão judicial, consoante jurisprudência fixada por nossos tribunais no regime do Código anterior.[21] Não poderá, entretanto, superar o valor do débito exequendo, já que, em caso de eventual alienação judicial, o que ultrapassar esse valor será destinado ao embargante e não ao exequente embargado.[22]

Se a penhora impugnada já se acha consumada, o valor dos embargos levará em conta a avaliação constante do processo executivo, a exemplo do que se passa com a ação de reivindicação, com cujo objetivo os embargos de terceiro guardam estreitas semelhanças de ordem prática (CPC/2015, art. 292, IV). Haverá, porém, de ser respeitado o limite do valor da execução, visto que está em jogo, no ato constritivo, não o valor total do bem penhorado, mas apenas a parcela de seu preço que será empregada na satisfação do direito do exequente.

459. COMPETÊNCIA

A competência para processamento e julgamento dos embargos de terceiros é do juiz que ordenou a constrição (CPC/2015, art. 676), isto é, do que expediu o mandado de penhora ou de apreensão judicial. Nos casos de carta precatória, a competência é do juiz deprecado.[23]

---

[19] "Desse modo, parece correta a tese prevalecente de só o exequente, a quem aproveita a execução, legitimar-se passivamente, ressalvadas duas hipóteses: (a) cumulação de outra ação (v. g., negatória) contra o executado; e (b) a efetiva e exclusiva participação do executado no ato ilegal (v. g., indicando o bem de terceiro em lugar dos bens indicados pelo exequente, a teor do art. 829, § 2º)" (ASSIS, Araken de. *Manual da execução*. 18. ed. cit., n. 615.2, p. 1708).

[20] "Nas hipóteses em que o imóvel de terceiro foi constrito em decorrência de sua indicação à penhora por parte do credor, somente este detém legitimidade para figurar no polo passivo dos Embargos de Terceiro, inexistindo, como regra, litisconsórcio passivo necessário com o devedor" (STJ, 3ª T., REsp. 282.674/SP, Rel. Min. Nancy Andrighi, ac. 03.04.2001, *DJU* 07.05.2001, p. 140).

[21] TAMG, Agr. n. 76, Rel. Juiz Lamartine Campos, in Minas Forense, 51/102; TJSP, Agr. n. 63.260,Rrel. Des. Cantidiano de Almeida, in Rev. For., 158/260; TACSP, Agr. 120.007, Rel. Juiz Campos Gouvêa, in Rev. For., 230/155; 1º TACivSP, Ag. 675.913-5, Rel. Juiz Roberto Midolla, ac. de 30.04.96, in JTACiv.-SP, 159/80; STJ, 1ª T., AgRg no Ag 1.052.363/CE, Rel. Min. Denise Arruda, ac. 6.11.2008, DJe 4.12.2008.

[22] STJ, 3ª T., REsp. n. 86.039/SP, Rel. Min. Costa Leite, ac. de 16.12.96, *RSTJ*, 92/221; 1º TACSP, AI n. 239.879, Rel. Juiz Geraldo Arruda, ac. de 14.12.77, *RT*, 515/157; STJ, 4ª T., REsp 787.674/PA, Rel. Ministro Jorge Scartezzini, ac. 3.8.2006, *DJU* 12.3.2007, p. 245; STJ, 3ª T., AgRg no Ag 1.057.960/SP, Rel. Ministro Massami Uyeda, ac. 5.11.2008, *DJe* 18.11.2008.

[23] STF, RE n. 68.330, Rel. Min. Aliomar Baleeiro, in *RTJ*, 51/717; STJ, CC 10.501-3, Rel. Min. Ruy Rosado de Aguiar, *DJ* de 21.11.94, in *ADV* 29.01.95, n. 68.166; CLÁUDIO VIANNA DE LIMA, op. cit., n. 6, p. 207; STJ, 2ª Seção, CC

Quando, porém, a designação do bem a penhorar é feita, expressamente, pelo juiz deprecante, como, por exemplo, se dá nas execuções de garantia reais, falece ao juiz deprecado competência para examinar e decidir embargos de terceiros que tenham por objetivo o bem penhorado. Só o próprio juiz deprecante poderá rever seu ato executivo.[24]

460. OPORTUNIDADE

A oportunidade para interposição dos embargos de terceiro ocorre a qualquer tempo no curso da execução, desde a determinação da apreensão judicial até cinco dias depois da arrematação, adjudicação ou remição, mas sempre antes da assinatura da respectiva carta (CPC/2015, art. 675).

O Superior Tribunal de Justiça, entretanto, à época da codificação anterior, já entendeu ser possível a oposição dos embargos mesmo após o trânsito em julgado da sentença, ao fundamento de que "a coisa julgada é fenômeno que só diz respeito aos sujeitos do processo, não atingindo terceiros".[25] Acontece que, referindo-se o ato impugnado a processo de conhecimento, a lei só permite os embargos de terceiro "enquanto não transitada em julgado a sentença" (art. 675). A coisa julgada, contudo, continuará não oponível ao terceiro prejudicado. Sua defesa, todavia, não haverá de ser praticada por meio dos embargos de terceiro, porquanto já preclusa a oportunidade de usá-los. Restar-lhe-á, nessa altura, a via ordinária do processo cognitivo.

Por outro lado, "o prazo para oferecimento dos embargos de terceiro, não detendo o terceiro prejudicado conhecimento acerca da adjudicação, deve se iniciar a partir de sua intimação para desocupação do imóvel"[26] ou "da efetiva turbação da posse".[27]

Aquele que adquiriu o imóvel, por meio de compromisso de compra e venda anterior à penhora, mas não registrou seu título no Cartório Imobiliário, pode mesmo assim defender sua posse por meio dos embargos de terceiro[28]. Não poderá fazê-lo, todavia, depois que a expropriação executiva se concluiu pela arrematação e o adquirente promoveu o registro da carta no Registro Imobiliário. É que antes do registro do compromisso de compra e venda, o promissário comprador só tem direito pessoal ou obrigacional, cujos efeitos só se manifestam entre as partes contratantes. Nem mesmo a posse do promissário pode prevalecer, depois do registro da carta de arrematação, contra o domínio do arrematante, o qual, àquela altura, apresenta-se como "um direito oponível perante terceiros (efeito *erga omnes*), com relação à transferência do domínio do imóvel". Tratando-se de direito real legitimamente constituído em

---

44.223/GO, Rel. Ministro Jorge Scartezzini, ac. 22.6.2005, *DJU* 1.8.2005, p. 313. Trata-se de matéria sumulada (Súmula n. 33 do extinto TFR).

[24] "Se a constrição recai sobre bem indicado pelo juízo deprecante, é dele a competência para processar e julgar os embargos de terceiro. Agravo regimental não provido." (AgRg no REsp 656989/MT, Rel. Ministro Ari Pargendler, Terceira Turma, julgado em 15.09.2005, DJ 21.11.2005, p. 229)" (STJ, 2ª T., AgRg no AREsp. 370.968/AL, Rel. Min. Humberto Martins, ac. 05.12.2013, *DJe* 16.12.2013).

[25] STJ, 3ª T., REsp. 1.548.882/SP, Rel. Min. Moura Ribeiro, ac. 01.12.2015, *DJe* 11.12.2015. "O trânsito em julgado da sentença adotada em reintegratória de posse nao constitui óbice aos embargos de terceiro" (STJ, 4ª T., REsp. 4.004/MT, Rel. Min. Fontes de Alencar, ac. 03.09.1996, *DJU* 29.10.1996, p. 41.649). No mesmo sentido: STJ, 3ª T., REsp. 341.391/SP, Rel. Min. Nancy Andrighi, ac. 12.11.2001, *DJU* 18.02.2002, p. 424.

[26] STJ, 3ª T., REsp. 604.172/SP, Rel. Min. Humberto Gomes de Barros, ac. 27.03.2007, *DJU* 21.05.2007, p. 568.

[27] STJ, 3ª T., AgRg no Ag. 1.193.859/SP, Rel. Min. Paulo de Tarso Sanseverino, ac. 06.09.2001, *DJe* 14.09.2011. No mesmo sentido: STJ, 4ª T., REsp. 540.269, Rel. Min. Cesar Rocha, ac. 09.09.2003, *DJU* 17.11.2003; STJ, 2ª T., AgRg nos EDcl no Ag. 812.823/PE, Rel. Min. Herman Benjamin, ac. 17.03.2009, *DJe* 27.03.2009; STJ, 3ª T., AgRg no REsp 1.504.959/SP, Rel. Min. Marco Aurélio Bellizze, ac. 15.12.2015, *DJe* 02.02.2016; STJ, 3ª T., REsp 1.608.950/MT, Rel. Min. Paulo de Tarso Sanseverino, ac. 25.09.2018, *DJe* 13.11.2018.

[28] STJ, 4ª T., REsp 658.551/PE, Rel. Min. Aldir Passarinho Júnior, ac. 16.03.2006, *DJU* 22.05.2006, p. 205.

favor do arrematante, não se pode admitir que o simples direito obrigacional do promissário comprador lhe seja oponível, como já decidiu o STJ[29].

461. JULGAMENTO E RECURSO

A decisão que julga os embargos de terceiro põe fim a um processo incidente, mas de objeto próprio: é sentença (CPC/2015, art. 203, § 1º). Desafia, portanto, apelação (art. 1.009), que terá apenas efeito devolutivo no caso de improcedência (art. 1.012, § 1º. III).

No regime do CPC/1973 era controvertido o efeito da apelação em relação à sentença dos embargos de terceiro. Era majoritário, todavia, o entendimento de que "a apelação interposta contra sentença que rejeitar liminarmente ou julgar improcedentes os embargos de terceiro não terá efeito suspensivo em relação à execução", que se afinava com a Súmula 317 do STJ, a qual dispõe: "É definitiva a execução de título extrajudicial, ainda que pendente apelação contra sentença que julgue improcedentes os embargos"[30].

462. PROCEDIMENTO

A distribuição dos embargos de terceiro é feita por dependência ao juízo que ordenou o ato constritivo, mas a autuação será apartada (CPC/2015, art. 676).

O procedimento é semelhante ao das ações possessórias podendo haver até justificação sumária da posse com possibilidade de reintegração liminar em favor do embargante (arts. 677 e 678).

O embargado deve ser citado regularmente, pois os embargos são forma de *ação*.[31] Estando representado nos autos, o ato citatório será feito na pessoa do advogado. Somente haverá citação pessoal, quando o embargado não tiver procurador constituído nos autos da ação principal (art. 677, § 3º).[32] A discussão a propósito dessa matéria, que ocorria ao tempo do CPC anterior, restou superada, diante da regulamentação clara e expressa do atual Código.

Pode haver julgamento de plano, nos casos de revelia e quando as questões a decidir forem apenas de direito ou quando as provas forem puramente documentais (art. 355).

Havendo contestação, a ser apresentada no prazo de quinze dias, o rito a observar é o do procedimento comum (art. 679), respeitada, inclusive, a fase dos debates ou alegações finais dos litigantes, no caso de produção de prova oral.[33]

---

[29] STJ, 3ª T., REsp 1.724.716/MS, Rel. Min. Nancy Andrighi, ac. 25.09.2018, *DJe* 01.10.2018.

[30] STJ, 2ª T., REsp 1.222.626/PR, Rel. Min. Mauro Campbell Marques, ac. 03.02.2011, *DJe* 14.02.2011. No mesmo sentido: STJ, 3ª T., REsp 1.083.098/SP, Rel. Min. Sidnei Beneti, ac. 27.10.2009, *DJe* 18.11.2009. Em sentido de ser recebida no duplo efeito a apelação interposta contra a sentença proferida em embargos de terceiro, ver STJ, 4ª T., AgRg no REsp 1.177.145/RJ, Rel. Min. Aldir Passarinho Jr., ac. 17.02.2011, *DJe* 01.03.2011.

[31] No entanto, a jurisprudência já admitia, ao tempo do Código anterior, que a citação pudesse ser feita, nos embargos de terceiro, ao advogado do embargado, a exemplo do que se passava na oposição, na reconvenção, na liquidação de sentença e na habilitação. Nesse sentido: *RTJ*, 94/631; *RT*, 489/141; *Revista AMAGIS*, 11/223.

[32] A jurisprudência já admitia, no regime do CPC/1973, que a citação pudesse ser feita, nos embargos de terceiro, ao advogado do embargado, a exemplo do que se passava na oposição (art. 57), na reconvenção (art. 316), na liquidação de sentença (art. 603, parágrafo único) e na habilitação (art. 1.057, parágrafo único). Nesse sentido: *RTJ*, 94/631; *RT*, 489/141; *Revista AMAGIS*, 11/223. Contra: 1º TACSP, AI n. 698.327-7, *RT*, 736/265; STJ, 3ª T., REsp. n. 23.352-9/SP, DJU de 19.04.93, p. 6.679; 4ª T., REsp. n. 2.892/RO, DJU de 17.09.90, p. 9.514; TJSP, 4ª Câm. de Dir. Priv., 0046917-34.2010.8.26.0000, Rel. Teixeira Leite, ac. 29.04.2010, DJSP 11.05.2010. O atual Código optou expressamente por esse entendimento (art. 677, § 3º).

[33] TJSP, Embs. 176.471, Rel. Des. Góes Nobre, *in Rev. For.*, 236/121; TJRS, Ap. 595.149.295, Rel. Des. Paulo Heerdt, ac. de 12.06.96, *in RJTJRS*, 179/280. O debate oral é uma garantia do contraditório e sua falta pode conduzir à

462.1. Reconhecimento de fraude contra credores em reconvenção a embargos de terceiro

Sob o regime do CPC anterior, duas teses foram largamente adotadas pela doutrina e principalmente pela jurisprudência:

(a) os embargos de terceiro não poderiam ensejar reconvenção porque se tratava então de ação sumária, submetida ao rito das medidas cautelares (CPC/1973, art. 1.053)[34];

(b) daí a conclusão inserida na Súmula nº 195/STJ: "em embargos de terceiro não se anula ato jurídico por fraude contra credores". Por conseguinte, só pela via própria da ação pauliana autônoma era que poderia ser decretada a anulação do negócio jurídico, na espécie. Mesmo porque outro empecilho ainda existia: a ação de embargos de terceiro, desenvolvendo-se apenas entre o embargante e o exequente, não poderia ser palco adequado para anular um contrato firmado entre o terceiro e o executado, por ser este um estranho à relação processual estabelecida paralelamente à execução[35].

A situação mudou bastante sob o regime do CPC/2015, uma vez que agora, a partir da contestação, os embargos de terceiro seguem o procedimento comum, como prevê o seu art. 679. Não prevalecendo mais o rito sumário do CPC/1973, tornou-se viável a reconvenção[36]. Por outro lado, o fato de o executado não ser, em princípio, parte necessária dos embargos de terceiro, não impede sua inclusão na ação reconvencional, como litisconsorte, quando o embargado se defender mediante arguição de fraude contra credores, para sustentar a penhora. Essa inclusão de terceiros no processo reconvencional em litisconsorte passivo com o reconvindo, atualmente, acha-se autorizada de forma expressa pelo art. 343, § 3º, do Código vigente.

Portanto, no sistema do CPC/2015, em que os embargos de terceiro passaram a seguir o procedimento comum, permitindo assim a reconvenção em seu bojo, tornou-se – segundo forte corrente doutrinária –, também cabível a dedução, pela via reconvencional, da "pretensão de anulação de negócio jurídico celebrado em fraude contra credores, desde que atendidos os requisitos para a admissão do pedido reconvencional"[37].

Dentro desse prisma, é razoável reconhecer que o pedido de declaração de fraude contra credores tanto pode ser objeto de ação pauliana autônoma como de reconvenção do exequente contra embargos de terceiro. Lembre-se, a propósito, que a fraude à execução – cujo efeito (restaurar a garantia patrimonial a que tem direito o credor) e cuja causa (ofensa à responsabilidade

---

nulidade da sentença. A lei, entretanto, faculta sua substituição por memoriais. A falta da diligência, todavia, "somente acarreta a nulidade da sentença quando for demonstrada a ocorrência de prejuízo ao interessado" (STJ, 1ª T., REsp 819.024/SP, Rel. Min. Teori Zavascki, ac. 24.06.2008, *DJe* 01.07.2008). No mesmo sentido: STJ, 2ª T., AgRg no AI 987.853/PE, Rel. Min. Mauro Campbell, ac. 02.12.2008, *DJe* 17.12.2008.

[34] "A teor dos artigos 803 e 1.053 do CPC/1973, os embargos de terceiro, após a fase de contestação, seguem o rito especial previsto para as medidas de natureza cautelar, o que impede o oferecimento de reconvenção por incompatibilidade procedimental" (STJ, 3ª T., REsp 1.578.848/RS, Rel. Min. Ricardo Villas Bôas Cueva, ac. 19.06.2018, *DJe* 25.06.2018).

[35] NERY JÚNIOR, Nelson. Fraude contra credores e embargos de terceiro. *Revista de Processo*, São Paulo, v. 23, p. 95, jul-set.1981.

[36] DIDIER JR., Fredie; CABRAL, Antonio do Passo; CUNHA, Leonardo Carneiro da. *Por uma nova teoria nos procedimentos especiais*. 2. ed. Salvador: JusPodivm, 2021, p. 75.

[37] BUFFULIN, Augusto Passamani; PUPPIN, Ana Carolina Bouchabki; ENCARNAÇÃO, Paulo Vitor da. A viabilidade de reconhecimento de fraude contra credores em embargos de terceiro. *Revista dos Tribunais*, São Paulo, v. 1.055, p. 212, set. 2023. Cf. também BAYEUX FILHO, José Luiz. Fraude contra credores e fraude de execução. *Revista de Processo*, São Paulo, v. 61, p. 252, jan-mar. 1991. A matéria acha-se tratada também no vol. II deste Curso, itens 204 e 204-A, com referência a vários outros autores pró e contra a tese ora exposta.

patrimonial do devedor) são os mesmos da fraude contra credores –, é reconhecível incidentemente dentro da própria execução (CPC, art. 792, § 4º)[38]. Logo, não há, em princípio, razão para impedir em caráter absoluto a declaração incidental também da fraude contra credores, desde, é claro, que se observe um procedimento em contraditório e com oportunidade à ampla defesa, equiparável ao da ação pauliana.

Destaque-se, no entanto, que a pretensão de declaração incidental da fraude contra credores no curso de embargos de terceiro suscita questão prejudicial à exequibilidade do bem já penhorado, de modo que a execução, em relação a ele, não poderá prosseguir enquanto o negócio fraudulento não for anulado por sentença (CPC, art. 921, I c/c art. 313, V, "a").

Há, entretanto, uma ressalva a ser feita: o fato de ser viável a discussão sobre a fraude contra credores no bojo de embargos de terceiro, não equivale ao reconhecimento do direito do credor de obter liminarmente a penhora de bens de terceiro, mediante a simples alegação de ter havido aquisição sujeita à anulação com base no questionado vício. Se o bem reconhecidamente se acha na posse e domínio do terceiro adquirente, sua sujeição a execução contra o alienante só se legitimará após anulação da alienação em ação própria (a pauliana), como dispõe o art. 790, VI, do CPC e preveem o arts. 161 e 165 do CC.

De tal sorte, para que se pense em declaração da fraude em incidente de embargos de terceiro, é preciso que o bem constrito continue, de alguma forma, sob a disponibilidade do alienante ao tempo da penhora, de maneira que a transferência da propriedade não seja conhecida do juízo da execução, ou mesmo não tenha ainda se consumado juridicamente. Se for evidente o domínio do terceiro, não será lícito autorizar a penhora, pois em se tratando de negócio apenas anulável, o retorno do bem ao patrimônio do devedor alienante somente ocorrerá após a respectiva anulação por sentença, como deixa claro o disposto nos arts. 790, VI, do CPC e 165, *caput*, do CC.

Assim, só se há de equiparar a reconvenção em embargos de terceiro à ação pauliana quando a alienação fraudulenta só vier a ser conhecida no juízo da execução após os próprios embargos, ou seja, quando a penhora se apresentar como fato consumado àquele tempo.

É muito perigoso facilitar a penhora de bens de terceiros não responsáveis, à base de arguição de fatos ainda não acertados regularmente em juízo. Impõe-se evitar que a ampliação das vias de defesa do credor degenere em práticas abusivas capazes de fragilizar injustificadamente a proteção constitucional do direito de propriedade (CF, art. 5º, XXII) e a segurança dos negócios jurídicos (CF, art. 5º, *caput*).

463. EFEITOS DOS EMBARGOS QUANDO HÁ DEFERIMENTO DA LIMINAR

O efeito dos embargos sobre a execução forçada, quando ocorre concessão de liminar, é a suspensão do processo principal. Isto quando, naturalmente, os embargos versarem sobre todos os bens constritos ou ameaçados de constrição. Se forem parciais, a execução prosseguirá com referência aos bens não embargados.

Entretanto, para que a suspensão se dê *initio litis*, é preciso que o embargante a requeira e que o juiz reconheça, por decisão fundamentada, que o domínio ou a posse estão suficientemente provados. Só então determinará a suspensão das medidas constritivas sobre os bens litigiosos objeto dos embargos, bem como a manutenção ou a reintegração provisória da posse. (CPC/2015, art. 678).

---

[38] BUFFULIN, Augusto Passamani; PUPPIN, Ana Carolina Bouchabki; ENCARNAÇÃO, Paulo Vitor da. A viabilidade de reconhecimento de fraude contra credores em embargos de terceiro. *Revista dos Tribunais*, São Paulo, v. 1.055, p. 212, set.2023.

Configurado o cabimento da liminar, o parágrafo único do art. 678 do CPC/2015 autoriza que o juiz condicione a ordem de manutenção ou de reintegração provisória de posse à prestação de caução pelo embargante. A medida tem o objetivo de resguardar o exequente de futuros prejuízos, caso os embargos sejam julgados improcedentes.

464. EFEITOS DO JULGAMENTO DO MÉRITO DOS EMBARGOS

Na sistemática inovadora do CPC de 2015 o acolhimento definitivo dos embargos de terceiro acarreta a desconstituição do ato constritivo, se já consumado, ou o mandado proibitório, se a constrição se acha apenas ameaçada.

No regime do Código anterior, o julgamento não passava do desfazimento ou proibição do ato impugnado, não chegando à declaração definitiva acerca da existência ou inexistência do domínio ou da posse do embargante. Agora, para o CPC/2015, o procedimento deixou de ser sumário e passou a ser o comum, permitindo, outrossim, um acertamento exauriente sobre o direito material do autor. Nesse sentido, dispõe o art. 681 que "acolhido o pedido inicial, o ato de constrição judicial indevida será cancelado, com o reconhecimento do domínio, da manutenção da posse ou da reintegração definitiva do bem ou do direito ao embargante".

465. EMBARGOS DE TERCEIRO OPOSTOS POR CREDOR COM GARANTIA REAL

Permite a lei que o credor hipotecário ou pignoratício embargue a alienação judicial do bem gravado, quando penhorado por outro credor. Não se trata, porém, de instituir a impenhorabilidade do bem hipotecado ou apenhado, mas apenas de evitar que se penhore tal bem quando outros livres existam em condições de garantir as execuções dos credores quirografários.[39]

No caso de embargos do credor com garantia real, por isso, o Código limita a defesa do credor embargado, que só poderá alegar que (CPC/2015, art. 680):

    I – o devedor comum é *insolvente*;
    II – o título é nulo ou não obriga a terceiro;
    III – outra é a coisa dada em garantia.

Para a hipótese do 1º item, que é a mais polêmica, não é preciso que esteja o devedor sofrendo a "execução por quantia certa contra o devedor insolvente" (arts. 748 e segs. do CPC/1937),[40] porque, se isto se der, nem sequer haverá penhora, mas sim arrecadação de todos os bens do insolvente, livres e onerados. Para repelir os embargos do credor hipotecário ou pignoratício, bastará ao embargado demonstrar a situação patrimonial deficitária do executado, ou a inexistência de outros bens a penhorar, como sempre ensinou, com maestria, Pontes de Miranda.[41] Aliás, pelo próprio Código, o simples fato de só possuir o devedor bens gravados já funciona como presunção legal de insolvência (art. 750, I, do CPC/1973).

---

[39] "O credor com garantia real tem o direito de impedir, por meio de embargos de terceiro, a alienação judicial do objeto da hipoteca; entretanto, para o acolhimento dos embargos, é necessária a demonstração pelo credor da existência de outros bens sobre os quais poderá recair a penhora" (STJ, 3ª T., REsp. 578.960/SC, Rel. Min. Nancy Andrighi, ac. 07.10.2004, *DJU* 08.11.2004, p. 226).

[40] "Até a edição de lei específica, as execuções contra devedor insolvente, em curso ou que venham a ser propostas, permanecem reguladas pelo Livro II, Título IV, da Lei n. 5.869, de 11 de janeiro de 1973" CPC/2015, art. 1.052).

[41] PONTES DE MIRANDA, Francisco Cavalcanti. *Tratado de Direito Privado*, atualizado por Nelson Nery Junior e Luciano de Camargo Penteado. São Paulo: Ed. RT, 2012, t. XX, § 2.557, p. 381, *in verbis*: "Ainda que não esteja vencida a hipoteca, podem os credores quirografários penhorar o bem gravado, *se há* insolvência, ou *se*

Os embargos do credor hipotecário ou pignoratício devem ser propostos antes da alienação judicial, pois sua destinação é justamente impedir que ela ocorra. Se o ato expropriatório já se consumou, não terá mais como se insurgir contra ele. Deverá contentar-se com o direito de sequela oponível ao adquirente[42], salvo se houver motivo que justifique a anulação da arrematação (art. 903, § 1º) (sobre a invalidação da alienação judicial, ver, os itens 337, 344 e 715).

466. SUCUMBÊNCIA NA AÇÃO DE EMBARGOS DE TERCEIRO

O reconhecimento da procedência dos embargos de terceiros gera para o embargado os ônus da sucumbência (custas e honorários advocatícios), mesmo que não tenha contestado a ação ou tenha concordado com o levantamento da penhora (reconhecimento do pedido), na forma dos arts. 82 e 85 e 90.[43]

Se, porém, a penhora foi realizada por iniciativa apenas do Oficial de Justiça, sem nomeação ou mesmo sem ciência do exequente, e este, logo ao tomar conhecimento dos embargos, reconhece o direito do embargante e pede o levantamento da penhora, não é justo imputar, em tal circunstância, ao embargado o ônus da sucumbência, porquanto o incidente decorreu de um ato judicial que não lhe pode ser imputado, a título algum. A falha, *in casu*, seria apenas do aparelhamento judiciário e só o Poder Público há de responder por suas consequências.[44]

Para obviar problemas como esse ou mesmo para evitar inúteis ou desnecessários ajuizamentos de embargos de terceiro, de *lege ferenda* seria recomendável condicionar o manejo desse remédio processual a um prévio pedido de liberação do bem, formulado pelo terceiro através de simples petição, nos autos principais. Só quando o exequente não concordasse com a liberação sumária é que o terceiro estaria legitimado a propor a sua ação de embargos. Com isso, atender-se-ia ao princípio da economia processual, tão valorizado pelo direito formal de nossos tempos. A jurisprudência, aliás, erigida ao tempo do Código anterior, tem sido sensível a esse problema, decidindo que se o exequente não tiver contribuído com culpa para que a penhora recaísse sobre bens de terceiro, não se lhe pode impor os honorários sucumbenciais, mesmo porque em casos de simples e involuntário equívoco, bastaria uma simples petição do interessado para liberar o bem indevidamente constrito.[45]

---

não há outros bens." Sobre o tema, consulte-se nosso *Curso de direito processual civil*. 53. ed. Rio de Janeiro: Forense, 2019, v. II, n. 206, p. 354-356.

[42] STJ, 3ª T., REsp. 303.325/SP, Rel. Min. Nancy Andrighi, ac. 26.10.2004, *DJU* 06.12.2004, p. 283.

[43] STJ, REsp. n. 41.453-9/MS, Rel. Min. Nilson Naves, *DJ* de 28.08.95, *in ADV* 12.11.95, n. 71.457; STJ, 1ª T., AgRg no Ag 355.830/RS, Rel. Min. Francisco Falcão, ac 4.2.2003, *DJU* 7.4.2003, p. 225; STJ, 4ª T., AgRg no REsp 1.171.749/SP, Rel. Min. Aldir Passarinho Jr., ac. 10.08.2010, *DJe* 06.09.2010.

[44] SANTOS, Ernane Fidélis dos. *Procedimentos Especiais*. São Paulo: Leud, 1976, p. 276-277.

[45] Se a penhora, por exemplo, se deu por iniciativa apenas do oficial de justiça, os embargos de terceiro, mesmo sendo procedentes, não acarretam, necessariamente, os encargos de sucumbência para o embargado, por que não estaria configurada, tecnicamente, a sucumbência, por falta de causalidade entre a constrição e a conduta do exequente (STJ, 3ª T., REsp. n. 70.401-0/RS, Rel. Min. Costa Leite, ac. de 11.09.95, *RSTJ*, 76/300), "à míngua de derrota objetiva", ou porque, em tal espécie, o exequente "não dá causa ao processo", pelos honorários sucumbenciais ele não responde (STJ, 3ª T., REsp. n. 45.727-0/MG, ac. de 28.11.94, *RSTJ*, 78/202); mormente, quando, não havendo resistência do exequente, "a desconstituição da penhora poderia ter sido postulada através de simples petição nos autos da execução" (STJ, 3ª T., REsp. n. 148.322/RS, Rel. Min. Waldemar Zveiter, ac. de 03.03.98, *DJU* de 11.05.98, p. 93). A propósito dessa situação, assentou o STJ que "penhora efetivada sobre bem imóvel de terceiro, que não é parte no processo, por iniciativa exclusiva do oficial de justiça. A desconstituição da penhora poderia ter sido postulada através de simples petição nos autos da execução; optando pela via dos embargos de terceiro, deve arcar com as custas processuais, pelo manejo indevido deste remédio processual. Descabível a condenação da embargada em ônus da sucumbência, quando não resistida a pretensão" (STJ, 3ª T., REsp. 148.322/RS, cit.). Pelo princípio da causalidade, mesmo quando a penhora é feita por indicação do exequente, a jurisprudência entende que, em se tratando de título ainda

Fluxograma n. 14 – Embargos de terceiros (arts. 674 a 681)

```
                        Petição inicial
                        ┌──────┴──────┐
        Prova documental da posse ou do      Audiência de prova testemunhal da
              direito (art. 677)                    posse (art. 677, § 1º)
                        └──────┬──────┘
                         Liminar (art. 678)
                               │
                   Citação na pessoa do advogado
                         (art. 677, § 3º)
                               │
                   Contestação em 15 dias (art.
                                679)
                               │
                    Prossegue pelo procedimento
                   comum (ver fluxograma nº 12,
                            no vol. I)
```

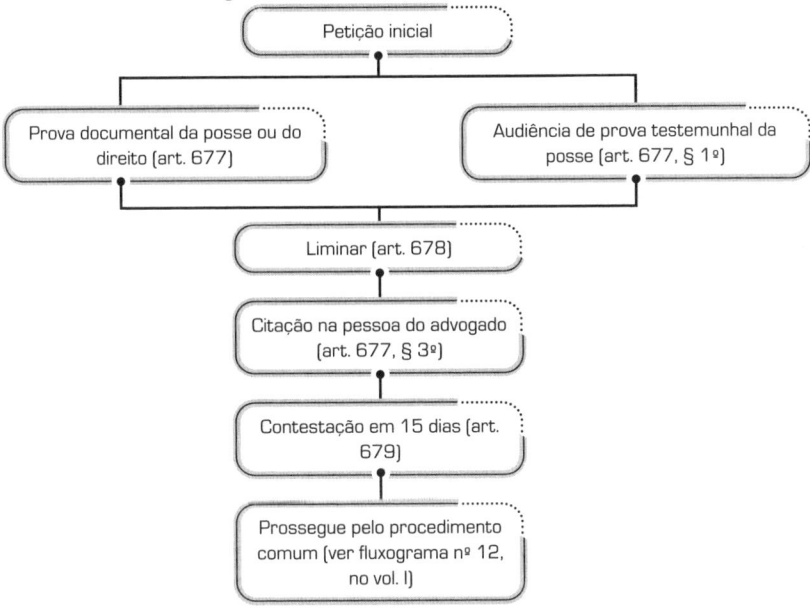

não registrado, os ônus da procedência dos embargos não devem recair sobre ele, já que a responsabilidade pela consumação da penhora seria do próprio embargante que não cuidou de dar publicidade à aquisição por meio do registro público. "É que a imposição dos ônus processuais, no Direito Brasileiro pauta-se pelo princípio da sucumbência, norteado pelo princípio da causalidade, segundo o qual aquele que deu causa à instauração do processo deve arcar com as despesas dele decorrentes." Com isso, "afasta-se a aplicação do Enunciado sumular n. 303/STJ" (STJ, 1ª T., REsp 848.070/GO, Rel. Min. Luiz Fux, ac. 3.3.2009, *DJe* 25.3.2009).

Capítulo XXXIII
EXECUÇÃO POR QUANTIA CERTA CONTRA O DEVEDOR INSOLVENTE: INSOLVÊNCIA CIVIL

467. INTRODUÇÃO

O atual Código previu a futura edição de uma lei especial para regular a execução por quantia certa contra devedor insolvente. Entretanto, resguardou, no art. 1.052, que, enquanto não editada referida lei, permanecem vigentes as disposições do Livro II, Título IV, do Código de 1973 (arts. 748 a 786-A do CPC/1973). Assim, a insolvência civil será tratada adiante, reportando-se, sempre, aos artigos do Código de 1973. Quando quisermos nos reportar ao atual Código, será acrescida aos dispositivos a menção ao CPC/2015.

468. EXECUÇÃO COLETIVA E EXECUÇÃO SINGULAR

O Código de Processo Civil de 1973, sob o *nomen juris* de "execução por quantia certa contra o devedor insolvente", instituiu o concurso universal de credores com feição de verdadeira falência civil.[1]

Diversamente do que se passava ao tempo do Código de 1939, o concurso creditório deixou de ser mero incidente da execução singular, para assumir a posição de processo principal, autônomo, independente, figurando no rol das várias formas especiais de execução catalogadas pelo legislador.[2] Não se pode pretender a declaração de insolvência como mero incidente no bojo de execução singular, em razão de não serem localizados bens a penhorar. "O processo de insolvência é autônomo, de cunho declaratório-constitutivo, e busca um estado jurídico para o devedor, com as consequências de direito processual e material, não podendo ser confundido com o processo de execução, em que a existência de bens é pressuposto de desenvolvimento do processo".[3]

Trata-se, na verdade, de um juízo universal, com características peculiares, marcado pelos pressupostos básicos da situação patrimonial deficitária do devedor e da disputa geral de todos os seus credores num só processo.

Como espécie da execução forçada por quantia certa, subordina-se a execução do insolvente aos mesmos princípios fundamentais que lastreiam aquela forma de atuação jurisdicional,[4] quais sejam:

   a) responsabilidade patrimonial incidindo sobre bens presentes e futuros do devedor (CPC/2015, art. 789);

---

[1] O CPC 2015 não criou um novo procedimento para a insolvência civil. Em suas "Disposições Transitórias", todavia, estatuiu que as regras da execução contra devedor insolvente, do CPC/1973, permanecerão em vigor, até que uma lei específica seja editada (art. 1.052).
[2] NEVES, Celso. *Comentários ao Código de Processo Civil*. Rio – São Paulo: Forense, s/d, v. VII, n. 113, p. 260.
[3] STJ, 3ª T., REsp 1.823.944/MS, Rel. Min. Nancy Andrighi, ac. 19.11.2019, *DJe* 22.11.2019.
[4] MONIZ DE ARAGÃO, Egas Dirceu. Execução contra o Devedor Insolvente, *in Revista Forense*, v. 246, p. 68, abr-jun/1974.

b) objetivo da execução consistente na expropriação de bens do devedor para satisfação dos direitos dos credores (CPC/2015, art. 824); e
c) fundamentação do processo sempre em título executivo, judicial ou extrajudicial (CPC/2015, arts. 783 e 786).

Mas a estrutura e os objetivos específicos da execução concursal são totalmente diversos dos da execução singular. Enquanto nesta última, o ato expropriatório executivo se inicia pela penhora e se restringe aos bens estritamente necessários à solução da dívida ajuizada, na executiva universal, há, *ad instar* da falência do comerciante, uma arrecadação geral de todos os bens penhoráveis do insolvente para satisfação também da universalidade dos credores.

Além disso, o critério de tratamento dos diversos credores é feito pelo Código de maneira diferente, conforme a situação econômico-financeira do devedor comum. Se o executado é *solvente*, o procedimento é de índole individualista, realizado no interesse particular do credor, assegurando-lhe a penhora direito de preferência perante os demais credores quirografários, segundo a máxima *prior tempore potior jure* (CPC/2015, art. 797). Mas se o devedor é insolvente, o princípio que rege a execução já se inspira na solidariedade e universalidade, dispensando o legislador um tratamento igualitário a todos os credores concorrentes, tendente a realizar o ideal da *par condicio creditorum*.

Inspira-se essa modalidade de execução, segundo Prieto-Castro, num princípio de justiça distributiva que exigiu do legislador a criação de um processo que fosse apto a evitar que credores mais diligentes ou espertos viessem a agir arbitrariamente, antecipando-se em execuções singulares ruinosas e prejudiciais à comunidade dos credores do devedor comum.[5]

Dessa forma, por meio do processo executivo concursal, impõe-se um princípio de ordem, fazendo com que todos os bens do devedor comum se integrem numa única massa para responder pelo conjunto de créditos, até onde alcance o produto da execução, de modo que assegure a observância de regras equitativas de distribuição, capazes de evitar que o patrimônio do insolvente seja dilapidado inútil ou nocivamente, com desigualdade e prejuízos à ordem econômica geral. Daí, a conclusão do mesmo Prieto-Castro de que essa execução coletiva atua como garantia do princípio de comunhão de perdas a observar entre os vários credores do insolvente.[6]

Diante da autonomia e especificidade do processo concursal, deve-se concluir que não é admissível a pretensão de converter-se execução singular em insolvência civil, dadas as peculiaridades de cada procedimento e a natureza concursal da execução do insolvente, implicando, eventualmente, até mesmo diferentes competências de foco, de acordo com a jurisprudência do STJ.[7]

469. PRESSUPOSTOS DA EXECUÇÃO COLETIVA

Pode-se definir a execução coletiva ou concursal como o processo "que se observa quando existe um patrimônio que há de responder por um conjunto de dívidas, constitutivas de outros tantos créditos em favor de uma pluralidade de credores, e é insuficiente, no momento, para satisfazer a todos esses créditos em sua integralidade".[8]

---

[5] PRIETO-CASTRO Y FERRÁNDIZ, Leonardo. *Derecho concursal, Procedimientos sucesorios, Jurisdicción Voluntaria, Medidas Cautelares*. Madrid: Tecnos, 1974, n. 1, p. 21.
[6] PRIETO-CASTRO Y FERRÁNDIZ, Leonardo. *Op. e loc. cit.*
[7] STJ, 3ª T., REsp 1.823.944/MS, Rel. Min. Nancy Andrighi, ac. 19.11.2019, *DJe* 22.11.2019.
[8] PRIETO-CASTRO Y FERRÁNDIZ, Leonardo. *Op. e loc. cit.*

Em se tratando de procedimento executivo, subordina-se, em princípio, aos pressupostos ou requisitos necessários a toda e qualquer execução, ou seja, o título executivo e o inadimplemento do devedor (CPC/2015, art. 786).

Mas, em se cuidando de forma especial de execução, há um pressuposto, igualmente extraordinário, reclamado para sua admissibilidade, que é o estado de insolvência do executado, verificável sempre que "as dívidas excederem à importância dos bens do devedor" (CPC/1973, art. 748).

Não bastam, portanto, o título e o inadimplemento. Três são, de tal sorte, os pressupostos da execução coletiva: o título, a mora e a declaração judicial de insolvência,[9] reveladora da situação patrimonial do devedor de *impotência* para satisfazer integralmente todas as obrigações exigíveis.

Esse pressuposto específico é definido, pelo Código, de maneira puramente *objetiva* e sob critério diverso daquele seguido pela legislação falimentar. Enquanto a Lei n. 11.101/2005 considera configurada a insolvência do comerciante pela simples falta de pagamento, no vencimento, de obrigação constante de título que autorize a execução forçada, ainda que o ativo do devedor possa superar seu passivo (LF, art. 94, I), para o Código de Processo Civil a insolvência não pode basear-se tão somente no inadimplemento de obrigação documentada em título executivo.[10] Diversamente, o Código exige o pressuposto efetivo do desequilíbrio patrimonial, "decorrente de um ativo inferior ao passivo, sem o qual a execução jamais seria contra devedor insolvável".[11] Para a insolvência civil, de tal forma, o inadimplemento nada mais é do que um dos requisitos de admissibilidade, mas não condição suficiente.

Aliás, em muitos casos, pode-se até dispensar o inadimplemento ou a cessação de pagamentos como pressuposto da execução coletiva.

Assim é que Moura Rocha lembra que mesmo "havendo o devedor suspendido os seus pagamentos, mas sendo o seu ativo superior ao seu passivo, não será declarada a insolvência. Contrariamente, se não suspendeu os pagamentos, existindo fatos outros indicativos da sua insolvência, então será esta declarada e dará lugar à execução coletiva".[12]

Como exemplos de situação em que a insolvência pode ser declarada na ausência de títulos vencidos, podemos arrolar: a) a autoinsolvência, porquanto o art. 759 do CPC/1973 assegura ser lícito ao devedor ou ao seu espólio requerê-la a *todo tempo*;[13] e b) a insolvência requerida após serem arrestados bens do devedor, com fundamento no art. 813, I, II e III do CPC/1973, já que a medida cautelar, nas circunstâncias em foco, não depende de

---

[9] MONIZ DE ARAGÃO, Egas Dirceu. Execução contra o Devedor Insolvente, in *Revista Forense*, v. 246, abr-jun/1974, p. 71.

[10] MOURA ROCHA, José de. *Comentários ao Código de Processo Civil*. São Paulo: RT, 1974, v. IX, p. 12.

[11] NEVES, Celso. Rio – São Paulo: Forense, s/d, v. VII, n. 114, pág. 262. Para Moura Rocha, "enquanto na falência há cessação de pagamento, ainda que o ativo apareça, em realidade superior ao passivo, possibilitando a sua decretação, a insolvência civil só poderá ser declarada quando as dívidas excederem à importância dos bens do devedor" (*Op. cit.*, p. 20).

[12] MOURA ROCHA, José de. *Op. cit.*, p. 20-21.

[13] Moniz de Aragão assim interpreta o texto do art. 759: "O *a todo tempo* parece-me cláusula que exonera o devedor da necessidade de aguardar o vencimento do título. Poderá o devedor, antes mesmo de estar em mora, pretender a declaração da sua própria insolvência" (*Op. cit.*, p. 69).

vencimento da dívida e autoriza a decretação de insolvência, conforme dispõe o art. 750, II.[14-15]

Note-se, outrossim, que mesmo existindo a situação fática da insolvência, não está o credor obrigado a lançar mão da execução concursal. Assiste-lhe o direito de optar entre os dois remédios previstos em lei, de sorte que poderá "buscar a satisfação de seus direitos de crédito tanto com o processo de execução singular quanto através de um processo de execução concursal".[16]

É claro que a opção vigora apenas enquanto inexistir sentença declaratória do estado de insolvência do devedor, porquanto esta é de eficácia constitutiva *erga omnes*, gerando para o devedor a privação da administração dos próprios bens e para os credores a vinculação obrigatória ao juízo universal do concurso.

Na verdade, antes da declaração de insolvência não existe execução contra o insolvente, mas apenas um processo de cognição tendente a verificar a existência ou não da insolvabilidade. Como lembra Moniz Aragão, "o processo da execução se inicia, como resulta do art. 751, n. III, através da declaração da insolvência".[17] É assim, com base no citado momento que se ingressa no campo da execução propriamente dita, com agressão ao patrimônio do devedor, visando sua partilha entre os credores segundo a força dos títulos de cada um deles. Registre-se, por fim, que diante da moderna distinção que se faz entre dívida e responsabilidade, não só o devedor propriamente dito, mas também o apenas responsável pelo débito alheio pode vir a ser declarado insolvente.

Lembra, a propósito, Celso Neves que embora possível um concurso de credores versando apenas sobre bens do responsável, não se lhe pode negar, todavia, a invocação do benefício de ordem (CPC/2015, art. 794), com eficácia inclusive de excluir a insolvência, caso se demonstre que o verdadeiro devedor disponha de bens suficientes para a solução de seu passivo.[18]

Há de ser atendido, também, um pressuposto de natureza *subjetiva*: a qualidade civil do devedor, isto é, só pode haver a execução coletiva universal regulada pelo Código de Processo Civil quando o insolvente não for comerciante ou *empresário*, na linguagem do Código Civil de 2002 (Ver, adiante, o item n. 456).

470. EFEITOS DA DECLARAÇÃO DE INSOLVÊNCIA

Da declaração de insolvência decorrem efeitos análogos ao da falência do comerciante, que se fazem sentir objetiva e subjetivamente, tanto para o devedor como para seus credores.

---

[14] Esse art. 750, II se reporta ao art. 813, que não tem correspondente no CPC/2015. Entretanto, os casos a que se reporta esse dispositivo para justificar a presunção de insolvência são os seguintes: "I. quando o devedor sem domicílio certo intentar ausentar-se ou alienar os bens que possui, ou deixa de pagar a obrigação no prazo estipulado; II. Quando o devedor que tem domicílio: a) se ausenta ou tenta ausentar-se furtivamente; b) caindo em insolvência, aliena ou tenta alienar bens que possui; contrai ou tenta contrair dívidas extraordinárias; põe ou tenta pôr os seus bens em nome de terceiros; ou comete outro qualquer artifício fraudulento, a fim de frustrar a execução ou lesar credores; III. Quando o devedor, que possui bens de raiz, tenta aliená-los, hipotecá-los ou dá-los em anticrese, sem ficar como algum ou alguns, livres e desembargados, equivalentes às dívidas".

[15] CARVALHO MANGE, Roger de. A Insolvência no Novo Código de Processo Civil. *Revista dos Tribunais*, v. 464, p. 34, jun/1974.

[16] MOURA ROCHA, José de. *Op. cit.*, p. 58.

[17] MONIZ DE ARAGÃO, Egas Dirceu. *Op. cit.*, p. 71.

[18] NEVES, Celso. *Op. cit.*, n. 115, p. 264. Para o referido autor, "a assunção da responsabilidade é subordinação de bens próprios à solução de dívida de outrem...". É o que se passa, por exemplo, com o fiador e com o prestador de garantia real (penhor, hipoteca etc.) através de bens próprios para assegurar pagamento de débito de terceiro.

Efeitos objetivos são o vencimento antecipado de todas as dívidas; a arrecadação de todos os seus bens penhoráveis, tanto os atuais como aqueles que vieram a ser adquiridos no curso do processo; e a execução coletiva ou juízo universal do concurso dos credores.

Esses efeitos atingem os credores de várias maneiras, merecendo maior destaque a perda de eficácia das penhoras existentes, pois a força atrativa do juízo universal da insolvência, não só arrasta para seu bojo todas as execuções singulares existentes, como impede que outras sejam iniciadas.

As próprias execuções em curso são obstadas em seus efeitos porque as penhoras individuais perdem toda eficácia e privilégio diante da arrecadação geral dos bens do devedor.

O maior efeito da declaração de insolvência é, porém, o de caráter *subjetivo* e que se faz sentir sobre a pessoa do devedor. Trata-se da perda do direito de administrar os seus bens e dispor deles, até a liquidação total da massa (art. 752 do CPC/1973), interdição essa que, na verdade, perdura até a sentença declaratória de extinção de todas as obrigações do insolvente, conforme esclarece o art. 782 do CPC/1973.

Com a abertura da insolvência, o patrimônio do devedor passa a representar uma massa vinculada à satisfação da universalidade de credores e, por isso mesmo, submetida à administração judicial. A figura do administrador não é, assim, a de um representante do insolvente, mas a de um auxiliar da justiça que atua no interesse geral dos credores comuns, e exerce função pública.

A situação do insolvente é a mesma do falido. A perda da administração, no entanto, não pode ser equiparada à perda de capacidade ou da personalidade do insolvente, uma vez que conserva ele a plenitude da aptidão para exercer todos os direitos não patrimoniais e mesmo os de natureza patrimonial que se refiram a bens não penhoráveis. Nem sequer a arrecadação importa em perda da propriedade do devedor sobre os bens confiados à gestão do administrador. A perda, enquanto não ocorre a expropriação executiva final, refere-se apenas e tão somente à disponibilidade e administração dos mesmos bens.[19]

Não só a gestão administrativa e financeira é afastada do devedor, mas também a atividade judicial lhe é restringida. Embora possa assistir e fiscalizar as ações em que tenha interesse patrimonial, o insolvente perde a capacidade processual ou a de ser parte.[20] Não pode, por isso, estar em juízo, nem na qualidade de autor, nem na de réu,[21] já que toda a representação da massa compete ao administrador (art. 766, II do CPC/1973).

Questão não abordada pelo Código foi a da eficácia da declaração de insolvência sobre os contratos bilaterais do devedor. Na Lei de Falências existe dispositivo expresso que exclui a resolução dos contratos bilaterais da eficácia da sentença declaratória da quebra. Mas diante da identidade de situações, a doutrina já reconhece que, *ad instar* do art. 117 da Lei n. 11.101/2005, também a declaração de insolvência não resolve os contratos bilaterais, competindo ao administrador dar-lhes cumprimento, se houver conveniência para a massa.[22]

Interessante aplicação desse entendimento é o que se refere ao contrato de alienação fiduciária, regulada pelo Dec.-Lei n. 911/1969, que, conforme a lição de Paulo Restiffe Neto, não deve ser considerado antecipadamente vencido, da mesma maneira que se dá nos casos de

---

[19] MOURA ROCHA, José de. *Op. cit.*, p. 193.

[20] PRIETO-CASTRO Y FERRÁNDIZ, Leonardo. *Derecho concursal, Procedimientos sucesorios, Jurisdicción Voluntaria, Medidas Cautelares*. Madrid: Tecnos, 1974, n. 16, p. 39; Moura Rocha, tratando da representação da massa pelo administrador, adverte que se deve "atentar para o fato de não poder o insolvente estar em juízo, nem na qualidade de autor, nem na qualidade de réu, já que ele sofre a perda da representação" (*Op. cit.*, p. 193).

[21] MOURA ROCHA, José de. *Op. cit.*, p. 193.

[22] NEVES, Celso. *Comentários ao Código de Processo Civil*. Rio – São Paulo: Forense, s/d, v. VII, n. 129, p. 288; RESTIFFE NETO, Paulo. *Garantia Fiduciária*. São Paulo: RT, 1975, n. 133, p. 569. O art. 43 do Decreto-Lei n. 7.661, citado no texto, corresponde ao art. 117, da nova Lei de Falências (Lei n. 11.101, de 9.2.2005).

falência. Inexistindo mora do devedor, "poderá o administrador, se achar conveniente para a massa, prosseguir na execução normal do contrato, pagando em dia as prestações vincendas".[23]

471. CARACTERÍSTICAS DA EXECUÇÃO COLETIVA

As principais características do processo de insolvência[24] são:

a) a *universalidade*, por alcançar a execução a totalidade dos bens do devedor, constituindo a *massa* de bens do insolvente;

b) o caráter de *execução coletiva*, pois "ao juízo da insolvência concorrerão todos os credores do devedor comum" (art. 762 do CPC/1973) e nele será realizada a transferência forçada de toda a massa para pagamento, em rateio, dos concorrentes, com observância da *par condicio creditorum*;

c) a convocação geral dos credores, por editais (*provocatio ad agendum*) (art. 761, II do CPC/1973), como medida de ampla publicidade do estado de insolvência do devedor e como elemento delimitador da oportunidade de os credores reclamarem seus direitos no juízo universal da insolvência, sob pena de perda de preferências e de direito a cotas na realização do ativo;

d) a nomeação de *administrador* para a massa, com poderes de representação, ativa e passiva, em juízo e fora dele, e com exclusão do devedor da gestão e disponibilidade de seus bens (arts. 752 e 763 do CPC/1973);

e) a *extinção das obrigações* do insolvente, ainda que não inteiramente resgatadas (art. 778 do CPC/1973).

472. ALGUMAS DIFERENÇAS ENTRE A FALÊNCIA E A INSOLVÊNCIA CIVIL

Muito embora a insolvência, no âmbito do Código de Processo Civil, seja similar à falência,[25] desempenhando, de fato, função análoga à do processo falimentar, notam-se algumas diferenças entre o tratamento legal da insolvência mercantil e da insolvência civil, que em linhas gerais podem ser assim resumidas:

a) Enquanto a falência produz efeitos diversos, conforme seja classificada em *fraudulenta* ou *fortuita*, a insolvência civil não sofre influência de tal classificação. Apenas no direito ao pensionamento durante o processo é que o Código cogita da falta de culpa do devedor por sua ruína financeira (art. 785 do CPC/1973).

b) Como decorrência da irrelevância de ter sido fortuita ou fraudulenta a insolvência civil, não instituiu o legislador figuras penais análogas aos crimes falimentares para o devedor civil. E por isso mesmo inexiste o inquérito judicial, que é obrigatório na falência.

c) Diversamente do que se passa com a falência, a sentença de declaração de insolvência não estipula um período suspeito, nem goza de eficácia retroativa e muito menos gera para os credores remédios processuais revocatórios especiais de atos do insolvente. Assim, a impugnação ou desconstituição de negócios jurídicos frau-

---

[23] RESTIFFE NETO, Paulo. *Op. cit., loc. cit.*
[24] LIMA, Cláudio Vianna de. Rio de Janeiro: Forense, 1973, p. 1.259.
[25] No direito comparado, há ordenamentos jurídicos que tratam a insolvência num único estatuto legal, disciplinando-a indistintamente em face tanto do devedor empresário como do devedor civil. É o caso, por exemplo, da Alemanha, cujo *direito das falências* prevê um processo de insolvência uniforme (Insolvenzordnung – InsO).

dulentos ou lesivos do devedor, realizados anteriormente à sentença declaratória, só podem ser postuladas segundo as normas gerais do Direito Civil referentes a ações comuns de fraude contra credores.[26]

d) O comerciante insolvente tem o dever de requerer a autofalência (Lei n. 11.101/2005, arts. 94 e 105). Já o devedor civil desconhece tal obrigação, pois o que o Código lhe dá é a faculdade de lançar mão do processo de insolvência (art. 759 do CPC/1973).

e) Para evitar a falência, há remédios legais que a antiga Lei de Falências denominava de concordata, e que a Lei n. 11.101/2005 classificou como "recuperação judicial" da empresa (art. 47 e segs.). Na regulamentação da insolvência civil inexiste figura análoga, embora se admita, após a aprovação do "Quadro Geral dos Credores", a possibilidade de acordo entre o insolvente e os credores habilitados, com o objetivo de estabelecer uma forma consensual de pagamento dos créditos concursais (CPC/1973, art. 783).

f) Porque, ao contrário da falência, não se baseia a insolvência civil na cessação de pagamentos ou na impontualidade do devedor, não há obrigatoriedade de ser a petição inicial instruída com o *protesto* do título insatisfeito.

473. INSOLVÊNCIA DE CÔNJUGES

No sistema introduzido pela Lei n. 4.121, de 1962, as dívidas individuais de cada cônjuge não obrigam os bens do outro nem os comuns além da meação do devedor (art. 3º; e CC, art. 1.666).

Mas o cônjuge não devedor pode assumir responsabilidade pela obrigação do consorte, quer tomando-a para si na própria origem da dívida, quer aderindo ao vínculo obrigacional por meio de garantias como o aval e a fiança, ou por posterior assunção do débito.

Há, ainda, a responsabilidade comum provinda da própria natureza da obrigação, pois as dívidas contraídas individualmente, mas a benefício da família, sempre se comunicam e afetam toda a comunhão e até os bens reservados de ambos os cônjuges, como se deduz do disposto no Código Civil de 2002, arts. 1.644, 1.663, § 1º e 1.664.

O art. 749 do CPC/1973 permite que a declaração de insolvência de ambos os cônjuges seja feita no mesmo processo, desde que:

a) o outro esposo tenha assumido a dívida, legal ou voluntariamente; e
b) os bens próprios do devedor direto não sejam suficientes para o resgate do débito.

A insolvência conjunta dos cônjuges, todavia, é exceção e não regra, de maneira que, ordinariamente, apenas o devedor será declarado insolvente e terá os seus bens arrecadados, provocando uma verdadeira *dissolução* da comunhão universal, posto que a meação do outro consorte deverá ser apartada e excluída do processo concursal executivo.

Para obter a exclusão de sua meação da insolvência do marido, a mulher, se não atendida voluntariamente pelos credores, poderá se valer dos embargos de terceiro (CPC/2015, art. 674, § 2º, I).

---

[26] PRIETO-CASTRO Y FERRÁNDIZ, Leonardo. *Op. cit.*, n. 92, p. 121-122.

474. APURAÇÃO OU VERIFICAÇÃO DA INSOLVÊNCIA. NATUREZA JURÍDICA DO PROCESSO

Tal como ocorre no processo falimentar, a execução do devedor insolvente compreende duas fases: uma inicial, que tende à verificação do estado de insolvência do devedor, e uma subsequente em que são executados seus bens para saldar os créditos concorrentes.

Como ensina Prieto-Castro, o processo concursal está convocado a realizar fins que são próprios de processo de cognição, de processo de execução e até de processo cautelar.[27]

Com efeito, o estado de insolvência, com seus efeitos inerentes, não o pode criar o devedor por si mesmo e só a sentença judicial tem poderes para produzir semelhante *status*, como se passa, aliás, em todos os casos em que no mundo jurídico se reclama uma sentença constitutiva.[28]

Por isso, na primeira fase do processo de insolvência não se pode ainda falar em execução forçada, pois a atividade jurisdicional então desenvolvida é tipicamente de cognição, encontrando sua culminância na sentença que declara, ou não, o estado de insolvência do devedor.

Se não se prova o *deficit* patrimonial, a demanda será rejeitada por improcedência e a sentença terá a natureza de decisão declaratória negativa. Se o pedido é acolhido, com o reconhecimento da insolvência, a sentença terá, segundo o melhor entendimento, força constitutiva, donde nascerá o processo de execução coletiva do insolvente.

Daí dizer Celso Neves que "à atividade *jurisdicional* que culmina com a sentença declaratória da insolvabilidade segue-se, *incontinenti*, a atividade *juris-satisfativa* própria da execução concursal", que se inicia com a nomeação de administrador, a arrecadação de bens e a convocação geral dos credores.[29]

Na primeira fase da insolvência não há sequer universalidade, já que o pronunciamento jurisdicional se dá apenas diante de um pedido unilateral do devedor (jurisdição voluntária) ou de uma lide travada entre um credor e o devedor (jurisdição contenciosa).

É, pois, a sentença que decreta a insolvência que abre ou inicia a execução, gerando nova relação processual, já então aberta à participação da generalidade dos credores.

Do reconhecimento do estado de insolvência, decorrem várias medidas de resguardo aos interesses da massa, como o afastamento do devedor da administração dos bens e entrega destes a um administrador judicial, medidas essas a que Prieto-Castro reconhece o cunho de providências cautelares ou preventivas.[30]

A constitutividade da sentença de decretação da insolvência é preponderante, pois, "após ela, há um estado jurídico que antes não existia".[31] Basta lembrar que por força dela ocorre o vencimento antecipado das dívidas do insolvente, a arrecadação de seus bens, e a perda da administração e disponibilidade do devedor sobre os mesmos bens[32].

---

[27] PRIETO-CASTRO Y FERRÁNDIZ, Leonardo. *Op. cit.*, n. 4, p. 23-24.

[28] PRIETO-CASTRO Y FERRÁNDIZ, Leonardo. *Op. cit.*, n. 21, p. 45.

[29] NEVES, Celso. *Op. cit.*, n. 127, p. 284.

[30] PRIETO-CASTRO Y FERRÁNDIZ, Leonardo. *Op. cit.*, n. 4, p. 23-24.

[31] PONTES DE MIRANDA, Francisco Cavalcanti. *Tratado das Ações*. São Paulo: RT, 1972, v. III, § 95, p. 375.

[32] "A insolvência civil é ação de cunho declaratório/constitutivo, tendente a aferir, na via cognitiva, a insolvabilidade do devedor, condição esta que, uma vez declarada judicialmente, terá o efeito de estabelecer nova disciplina nas relações entre o insolvente e seus eventuais credores" (STJ, 4ª T., REsp 621.492/SP, Rel. Min. João Otávio de Noronha, ac. 15.10.2009, *DJe* 26.10.2009).

Aberta a insolvência, cria-se um juízo duplamente universal, por abranger a universalidade dos bens do devedor e a universalidade de seus credores. Diz-se, por isso, que a universalidade da insolvência é tanto objetiva como subjetiva.[33]

Nessa execução coletiva, "liquida-se para que todos os credores sejam satisfeitos com todos os bens e para que se saiba o que restou de bens ou o que faltou para que a satisfação fosse completa. Parte-se do princípio da *par condicio creditorum* ou princípio do igual tratamento dos credores e somente se atendem as exceções que a lei crie a esse princípio",[34] como os direitos reais de garantia e os privilégios especiais de certos credores.

A universalidade objetiva consiste na *expropriação ou transferência forçada* de todo o patrimônio do insolvente para apurar-se o numerário com que pagar os credores concorrentes. Naturalmente, só os bens alienáveis podem ser penhorados, de maneira que o concurso universal não atinge aqueles legalmente inalienáveis, nem os restritamente impenhoráveis (art. 751, II do CPC/1973).

Nos processos de execução coletiva, como a falência e a insolvência, não há apenas uma relação processual, mas várias e sucessivas, enfeixadas numa relação maior, que é a iniciada com a decretação do estado de quebra ou insolvência e que só vai terminar com a sentença final de encerramento do processo. Essa relação maior é, no dizer de Pontes de Miranda, "a estrada larga" aberta pela decretação de insolvência, em cujo leito caminharão outras relações menores como a de verificação de contas, a dos procedimentos para a admissão de credores, as concordatas etc.

O concurso de credores, propriamente dito, é apenas um incidente da execução do devedor insolvente, no qual os credores disputarão entre si o direito ao rateio e suas preferências, culminando com o julgamento do quadro geral. Sua natureza é de processo de cognição, pois visa apreciar, discutir e definir direitos dos concorrentes.[35]

475. CARACTERIZAÇÃO DA INSOLVÊNCIA

A insolvência, como pressuposto da execução concursal, para o Código, pode ser *real* ou *presumida*.

É *real* aquela definida pelo art. 748 do CPC/1973 e que se dá, efetivamente, "toda vez que as dívidas excederem a importância dos bens do devedor". Revela-se pelo balanço concreto da situação patrimonial do obrigado.

A insolvência é *presumida* pela lei, nos casos do art. 750 do CPC/1973, isto é, quando:

I – o devedor, ao ser executado, não possuir outros bens livres e desembaraçados para nomear a penhora, o que se verifica por já estarem todos os seus bens penhorados em outras execuções ou por não possuir bens penhoráveis; ou, ainda, por estarem onerados todos os seus bens;

II – forem arrestados bens do devedor, com fundamento no art. 813, I, II e III do CPC/1973, ou seja:

---

[33] PONTES DE MIRANDA, Francisco Cavalcanti. *Op. cit.*, III, § 94, p. 369.
[34] PONTES DE MIRANDA, Francisco Cavalcanti. *Op. cit.*, III, § 94, p. 370.
[35] THEODORO JÚNIOR, Humberto. O Concurso de Credores e a Execução Singular. *Revista dos Tribunais*, v. 437, p. 40, mar./1972; CASTRO, Amílcar de. *Comentários ao Código de Processo Civil*. 2. ed. Rio de Janeiro: Forense, 1963, v. X, n. 516, p. 510; REDENTI, Enrico. *Profili Pratici del Diritto Processuale Civile*. Milano: A. Giuffrè, 1939, n. 326 e 344, p. 563-564 e 594.

1) quando o devedor sem domicílio certo intenta ausentar-se ou alienar os bens que possui, ou deixa de pagar a obrigação no prazo estipulado;
2) quando o devedor, que tem domicílio: a) se ausenta ou tenta ausentar-se furtivamente; b) caindo em insolvência, aliena ou tenta alienar bens que possui; c) contrai ou tenta contrair dívidas extraordinárias; d) põe ou tenta pôr os seus bens em nome de terceiros; e) ou comete outro qualquer artifício fraudulento, a fim de frustrar a execução ou lesar credores;
3) quando o devedor, que possui bens de raiz, intenta aliená-los, hipotecá-los ou dá-los em anticrese, sem ficar com algum ou alguns, livres e desembargados, equivalentes às dívidas.

Nas hipóteses de admissibilidade de arresto já apontadas, o credor de título não vencido poderá legitimar-se extraordinariamente a propor a insolvência do devedor, mediante utilização do procedimento cautelar como preparatório (art. 750, II do CPC/1973). "Obtido o arresto e efetivado este, o credor terá o prazo do art. 806 do CPC [CPC/2015, art. 308] (30 dias) para ajuizar o pedido de decretação da insolvência".[36]

Cabe ao credor promovente o ônus de provar o fato de que decorre a presunção de insolvência. E mesmo diante dessa prova, a presunção, em todos os casos, é *juris tantum*, e é lícito ao devedor ilidi-la mediante produção de prova em contrário, que consistirá em demonstrar que seu ativo supera o passivo.

Diante do interesse social envolvido nas ações de insolvência, pois a decretação tem eficácia *erga omnes* e atinge credores que não figuram na relação processual inicial, admite-se que o juiz desenvolva investigação *inquisitória* e não fique vinculado aos princípios comuns de ônus da prova para a solução do caso.[37]

476. LEGITIMAÇÃO

Tomando por base a provocação inicial do processo, a insolvência pode ser, segundo a classificação de Prieto-Castro, *voluntária* ou *necessária*, conforme sua decretação se dê em virtude de manifestação do próprio devedor, ou seja requerida pelos credores.[38]

Nosso Código conhece as duas espécies de insolvência, pois o art. 753 do CPC/1973 admite que sua declaração possa ser requerida:

I – por qualquer credor quirografário;
II – pelo devedor;
III – pelo inventariante do espólio do devedor.

No caso de iniciativa do credor estabelece-se um contraditório, ficando o credor promovente como sujeito ativo e o devedor como passivo, indo culminar a cognição numa sentença de mérito que, acolhendo o pedido, constituirá para o demandado uma nova situação jurídica: a de insolvente, com todos os consectários de direito.

Nos casos dos itens II e III, não há controvérsia ou contraditório, pois o próprio devedor, ou seu espólio, reconhece o estado deficitário de seu patrimônio e pede a declaração judicial a respeito, com a posterior convocação geral dos credores. Trata-se da *autoinsolvência*, similar

---

[36] CARVALHO MANGE, Roger de. A Insolvência no Novo Código de Processo Civil. *Revista dos Tribunais*, v. 464, p. 34, jun/1974.

[37] MOURA ROCHA, José de. *Op. cit.*, p. 155, apoiando-se na lição de Satta.

[38] PRIETO-CASTRO Y FERRÁNDIZ, Leonardo. *Op. cit.*, n. 87, p. 118.

da *autofalência*, em que a relação processual inicial é apenas bilateral (devedor-juiz), configurando, assim, uma espécie de procedimento de jurisdição voluntária. Todavia, para os fins de legitimação ao juízo concursal, a expressão *devedor* há de ser tomada em sentido amplo, de modo que abranja não só o *devedor stricto sensu*, mas também o apenas *responsável* por obrigação alheia, como fiador, sócio solidário e equivalentes.

O Código não prevê a decretação de insolvência *ex officio* pelo juiz, nem como iniciativa originária de processo, nem como incidentes de execução singular. Prova disso é que o fato de não serem encontrados bens a penhorar não conduz ao reconhecimento da insolvência do devedor, mas apenas a suspensão da execução singular, como dispõe expressamente o art. 921, III, do CPC/2015.

Destarte, e tendo presente o princípio geral do *ne procedat judex ex officio*, esposado pelo art. 2º do CPC/2015, a possibilidade de iniciativa do juiz para a declaração de ofício de insolvência deve ser repelida.

"Nula", portanto – como decidiu o Tribunal de Justiça de Minas Gerais – "se revela a decisão que admite a transformação do processo de ação iniciada como execução contra devedor solvente em execução contra devedor insolvente, transformação esta alicerçada no simples fundamento de não se encontrarem bens ou foram estes insuficientes para satisfação da dívida executada. É que a declaração de insolvência exige processo de conhecimento que não é processo de execução, e cujo rito se inscreve na lei como procedimento ordinário" o que torna "incabível a transformação",[39] como aliás, já demonstramos no item n. 112.

Por fim, somente os não empresários, pessoas físicas e jurídicas, é que se submetem ao regime da insolvência civil, sob o rito da execução por quantia certa contra o devedor insolvente.[40]

Ao tempo do Código de 1939, vozes abalizadas como a de Carvalho de Mendonça defendiam, não sem opositores, a possibilidade do concurso universal de credores (arts. 1.017 a 1.030 do Cód. de 1939) ser instaurado tanto contra o devedor civil como o comerciante.

A tese era, então, admissível porque o concurso de credores não passava de simples incidente da execução singular.

Hoje, porém, que a insolvência civil se transformou em processo principal e autônomo, assumindo a feição de verdadeira falência do devedor civil, não há mais lugar a dúvidas: só o devedor não empresário se sujeita à declaração de insolvência nos moldes regulados pelo processo civil.

O concurso universal dos credores do empresário só pode ser obtido mediante decretação da respectiva falência. Há, contudo, pessoas jurídicas qualificadas como não empresárias, como alguns casos de administradoras de planos de saúde e cooperativas[41] que se sujeitam à insolvência civil, hipótese em que se permite a inclusão no concurso até mesmo do patrimônio dos "administradores, gerentes, conselheiros ou assemelhados".[42]

---

[39] T. J. M. G. – Ap. 41.768, ac. 19.6.75, Rel. SANTIAGO, Assis. *in* "D. Jud. M. G.", de 16-9-75; TJMG, 3ª Câm. Civ., Ap. Civ. 2.0000.00.401337-4/000(1), Rel. Des. Albergaria Costa, ac. 26.11.2003 e 6.12.2003; TJSP, 31ª Câm. D. 6º Grupo (Ext. 2º TAC), Ag. In. 0067986-64.2006.8.26.0000, Rel. Des. Antônio Rigolin, ac. 7.11.2006, DJSP 8.11.2006.

[40] "Por força do art. 24-D da Lei 9.656/1998, as normas do Código de Processo *Civil* aplicam-se, subsidiariamente, à liquidação extrajudicial, falência e *insolvência civil* das operadoras de planos de saúde, no que for compatível com a legislação especial, como ocorre com os dispositivos que versam sobre o poder geral de cautela, sobretudo por se tratar de poder com acento em princípios processuais gerais como o da efetividade da jurisdição e o da segurança jurídica" (STJ, 3ª T., REsp 1.845.214/RJ, Rel. Min. Nancy Andrighi, ac. 20.10.2020, DJe 26.10.2020).

[41] " As cooperativas são sociedades de pessoas, com forma e natureza jurídica próprias, de natureza civil, não sujeitas a falência, constituídas para prestar serviços aos associados, distinguindo-se das demais sociedades pelas seguintes características" (Lei n. 5.764/1971, art. 4º, *caput*).

[42] STJ, REsp 1.845.214/RJ, *cit*.

Há, porém, possibilidade de concurso particular na execução de devedor empresário, nos casos de intercorrência de penhoras sobre o mesmo bem ou de existência de privilégios de direito material anteriores à penhora, na forma prevista nos arts. 908 e 909 do CPC/2015, o que se processará como simples incidente da execução singular, sem ensejar, por isso mesmo, a declaração de insolvência, nem tampouco a convocação geral de credores.

477. INSOLVÊNCIA REQUERIDA PELO CREDOR

Só o credor quirografário (isto é, o que não possui garantia de direito real ou privilégio especial) é legitimado a requerer a insolvência do devedor. O credor privilegiado carece de interesse processual para propô-la, visto que sua preferência é resguardada e executável independente do juízo universal, bastando lançar mão de execução singular ou de simples incidente na fase de pagamento, caso algum credor quirografário tenha se antecipado na propositura de ação executiva singular (CPC/2015, arts. 908 e 909). Contra as preferências de direito material, não prevalece a da penhora (CPC/2015, art. 905, II).

O credor privilegiado, porém, pode vir a requerer a insolvência, desde que tenha previamente renunciado à sua qualidade ou à garantia real,[43] mediante expressa comunicação ao devedor, caso em que se transformará em quirografário.

A insolvência integra o processo de execução por quantia certa, como de início se demonstrou. Por isso, o credor ao intentar sua decretação, há de satisfazer os seus pressupostos, instruindo o pedido com título executivo judicial ou extrajudicial (art. 754 do CPC/1973), pelo qual se verifique ser o crédito certo, líquido e exigível (CPC/2015, art. 783).[44]

Mas, a execução concursal é de natureza especial, de modo que não bastam os pressupostos ordinários da execução por quantia certa: título executivo e inadimplemento. É indispensável a verificação de um terceiro requisito, que é o estado de insolvência do devedor (art. 748 do CPC/1973).

O ilustre juiz paulista Paulo Restiffe Neto, em sentença que foi divulgada pela imprensa, entendeu que o credor tem o ônus de demonstrar, "com a inicial, sob pena de inviabilidade da instauração da instância, que o devedor, já com bens penhorados por outros credores, não possui *outros bens livres* para nomear à penhora". E como, no caso concreto, o credor não noticiou nenhuma execução individual dele requerente ou de outros credores, julgou o brilhante magistrado "impossível a verificação dos pressupostos caracterizadores da insolvência".[45]

Ouso divergir dessa opinião, porquanto sua adoção esvaziaria de sentido e conteúdo a fase de cognição do processo de insolvência e recambiaria o processo concursal à antiga condição de simples incidente da execução singular.

Exigir que primeiro exista uma execução individual para justificar o pedido de insolvência é renegar a autonomia que o Código imprimiu à execução concursal civil, a exemplo do que já ocorria com a execução falimentar.

É claro que a execução coletiva só se instaura mediante demonstração, em juízo, do fato da insolvência do devedor. Mas não está nem na lei, nem na doutrina, que a prova desse estado tenha que forçosamente preexistir à iniciativa processual do credor.

---

[43] Também o perecimento do bem constitutivo da garantia real, bem como o exaurimento de sua excussão sem solução total do débito, podem justificar o requerimento da insolvência civil por iniciativa do ex-credor privilegiado. "Pode o credor detentor de crédito privilegiado optar por ajuizar a ação de insolvência civil, renunciando, com isso, implicitamente, ao seu privilégio" (STJ, 4ª T., REsp 488.432/MG, Rel. Min. Raul Araújo, ac. 06.11.2012, *DJe* 01.07.2013).

[44] NEVES, Celso. *Comentários ao Código de Processo Civil*. Rio – São Paulo: Forense, s/d, v. VII, n. 120, p. 273-274.

[45] RESTIFFE NETO, Paulo. Sentença divulgada pelo "Estado de S. Paulo" de 23-3-75, p. 160.

Com relação à insolvência existem duas situações reconhecidas pelo Código: a *real* apurável pelo efetivo balanço patrimonial (art. 748 do CPC/1973), e a *presumida* que se apoia em situações concretas que façam induzir a impotência patrimonial do devedor para satisfazer a totalidade dos credores, como é o caso do executado, com bens penhorados, que não disponha de outros bens livres para nova penhora (art. 750, I do CPC/1973).

Somente nos casos de insolvência presumida é que teria o credor condições de demonstrar *initio litis* a situação patrimonial deficitária do devedor, mas o Código não restringe a decretação de insolvência aos casos em que esta se presume.

Por isso, na maioria dos casos, ao despachar a petição inicial, o juiz não pode saber se o devedor é realmente solvente ou insolvente. E, na verdade, enquanto não houver a sentença declaratória, o devedor "deve ser tratado como solvente", "ainda que não possua outros bens livres e desembaraçados para nomear à penhora, ou tenha bens arrastados", conforme a lição de Amílcar de Castro.[46]

Daí ter o Código instituído um juízo de conhecimento prévio, onde, "a fim de verificar se o devedor é ou não é insolvente está-se examinando uma das condições da ação no processo da insolvência", segundo o magistério de Moniz de Aragão.[47]

Como elucida o respeitável processualista, "só há a possibilidade de execução coletiva se o devedor for insolvente. Como não se sabe de antemão se o devedor é ou não é insolvente, instala-se um processo que não é propriamente de execução – embora nela, execução, esteja inserto – porque se trata de um processo tipicamente de conhecimento, que visa à *apuração do fato* e à declaração por sentença da ocorrência desse *fato,* que no caso concreto é a insolvência".[48]

Se o próprio objeto do processo de cognição preparatória da execução coletiva é a demonstração e reconhecimento da insolvência, não tem sentido exigir do credor que demonstre esse fato como condição de acesso ao mesmo processo. Em suma, o pressuposto da execução concursal, "é apurado em juízo através de um processo de conhecimento no qual o juiz ficará habilitado a declarar a ocorrência da insolvência",[49] e não por meio de prova legal pré-constituída.

Não há, outrossim, obrigatoriedade para o credor de promover a execução concursal, mesmo que o devedor esteja notoriamente insolvente. Conforme a lição de Provinciali, inexiste "qualquer diferenciação entre a promoção da execução singular e a concursal", de modo que "o credor pode, para a recuperação do seu crédito, adotar, entre os meios que a lei lhe põe à disposição, aquele que mais convém ou interessa".[50]

Naturalmente, se a opção foi pelo processo concursal, ocorre para o credor a impossibilidade de voltar a utilizar a execução singular contra o mesmo devedor, posto que a sentença declaratória de insolvência é constitutiva e gera um estado novo e irreversível para o devedor.[51]

Tem-se afirmado que não seria admissível o processamento da insolvência civil quando, anteriormente, em execução singular tivesse sido comprovada a inexistência de bens penhoráveis. Isto porque não se concebe execução sem objeto, e o objetivo da execução seja do devedor solvente ou do insolvente é o de expropriar bens para satisfazer o direito dos credores.

---

[46] CASTRO, Amílcar de. *Comentários ao Código de Processo Civil.* São Paulo: RT, 1974, v. VIII, n. 254, p. 191.
[47] MONIZ DE ARAGÃO, Egas Dirceu. Execução contra o Devedor Insolvente, *in Revista Forense*, v. 246, abr-jun/1974, pág. 69.
[48] MONIZ DE ARAGÃO, Egas Dirceu. *Op. cit., loc. cit.*
[49] MONIZ DE ARAGÃO, Egas Dirceu. *Op. cit., loc. cit.*
[50] PROVINCIALI, Renzo. *Apud* MOURA ROCHA, José de. *Comentários ao Código de Processo Civil.* São Paulo: RT, 1974, v. IX, p. 97.
[51] MOURA ROCHA, José de. *Op. cit.*, p. 99.

A tese não merece acolhida, a nosso ver. O processo de insolvência civil não nasce como uma execução forçada, mas como um procedimento típico de cognição, quase nada tem a ver com a existência ou inexistência de bens do devedor. Na primeira fase, o que se busca é a decretação de um estado jurídico novo para o devedor, com consequências de direito processual e material, tanto para o insolvente como para seus credores.

Não se pode, portanto, falar em ausência de interesse das partes pelo simples fato da ausência de bens penhoráveis. Da declaração de insolvência decorrem consequências importantes como a eliminação de preferência por gradação de penhoras, enquanto durar o estado declarado, o vencimento antecipado de todas as dívidas; e, ainda, o afastamento do devedor da gestão patrimonial, dos bens presentes e futuros, o que evitará a disposição sub-reptícia de valores acaso adquiridos após a sentença, a qualquer título, inclusive *causa mortis*; e a mais importante de todas, que é a extinção das dívidas do insolvente.

Só isto já é mais do que suficiente para demonstrar que o processo da insolvência civil, em sua primeira fase, não pode ser obstado pela simples inexistência de bens penhoráveis. Apenas na segunda fase, que se abre com a arrecadação, é que o processo de insolvência se torna executivo. Aí, então, à falta de bens penhoráveis, ocorrerá a suspensão dos atos executivos e a declaração de encerramento do feito, para contagem do prazo de extinção das obrigações do insolvente.

Como se vê, a inexistência de bens penhoráveis não impede o ajuizamento nem da autoinsolvência nem da insolvência requerida pelos credores[52].

Ao propor a ação de insolvência, o credor assume, obviamente, o ônus da prova do fato alegado contra o devedor. Admite-se, no entanto como demonstra Satta, a possibilidade de investigação *inquisitória* de iniciativa do juiz, tendo em vista o cunho de ordem pública e os reflexos que a sentença pode ter sobre a generalidade dos credores, inclusive daqueles que não participam do processo.[53] Além disso, há a possibilidade de a comprovação da insolvência resultar da presunção de veracidade da alegação do requerente pela falta de contestação do requerido (CPC/2015, art. 344).

O uso abusivo ou doloso do processo falimentar redunda em obrigação para o credor de reparar perdas e danos suportados pelo dispositivo semelhante na regulamentação da insolvência civil, o princípio é-lhe facilmente aplicável, de maneira que o requerimento doloso de insolvência deve gerar também para o credor o dever de indenizar.

O procedimento da insolvência, quando promovida pelo credor, tem início com a citação do devedor para opor embargos em dez (10) dias (art. 755 do CPC/1973). Em se tratando de procedimento de cognição, melhor teria sido qualificar a resposta do réu, *in casu, como contestação*, posto que embargos representam, tecnicamente, ação cognitiva do devedor ou terceiro incidentemente instaurada no curso da execução.

Como a execução concursal só inicia depois da sentença de insolvência, o pedido de declaração de credor "reflete exercício de direito de ação de que resulta, desde logo, processo de conhecimento", o que leva à conclusão e que a defesa deveria ser por contestação e não por embargos.[54]

Cumprida a citação, podem ocorrer cinco situações diferentes, com consequências naturalmente diversas, a saber:

---

[52] STF, RE 105.504/PR, Rel. Min. Oscar Corrêa, ac. 20.08.1985; STJ, 3ª T., REsp 170.251/MG, Rel. Min. Waldemar Zveiter, ac. 24.10.2000, *RSTJ* 140/308; TJSP, 23ª Câm. de Dir. Priv., Ap. 9092478-74.2000.8.26.0000, Rel. Des. Paulo Roberto de Santana, ac. 24.11.2010, *DJSP* 15.12.2010. STJ, 3ª T., REsp 957.639/RS, Rel. Min. Sidnei Beneti, ac. 07.12.2010, *DJe* 17.12.2010; STJ, 4ª T., REsp 1.072.614/SP, Rel. Min. Luis Felipe Salomão, ac. 26.02.2013, *DJe* 12.03.2013.

[53] SATTA, Salvatore. *Apud* MOURA ROCHA, José de. *Op. cit.*, p. 155.

[54] NEVES, Celso. *Comentários ao Código de Processo Civil*. Rio – São Paulo: Forense, s/d, v. VII, n. 121, p. 274-275.

I – o devedor *paga a dívida* em que se baseia o promovente, o que além de demonstrar sua solvabilidade, importa em extinção da execução no próprio nascedouro (CPC/2015, art. 924, II);

II – o devedor *silencia-se*, deixando de opor embargos no prazo legal: o juiz proferirá, então, em dez dias, sua sentença (art. 755 do CPC/1973), que ordinariamente acolherá o pedido, pois, pela sistemática do Código, basta a revelia para se terem como verdadeiros os fatos arrolados pelo autor (CPC/2015, art. 344). Pode, no entanto, ocorrer que o título exibido pelo credor não satisfaça aos requisitos de certeza, liquidez ou exigibilidade, ou que o próprio enunciado da inicial evidencie que o caso não é de insolvência. Nessas hipóteses, malgrado a revelia, o juiz denegará o pedido de insolvência.[55] Ressalva-se, também e mais uma vez, o poder inquisitório do juiz em tais procedimentos, o qual não fica obrigatoriamente jungido ao sistema de ônus da prova e sempre que julgar conveniente pode exigir ou promover *ex officio* a investigação da veracidade dos fatos alegados;

III – o devedor formula *embargos*, para justificar o não pagamento da dívida, caso em que poderá manejar a matéria cabível nos embargos comuns do devedor solvente (CPC/2015, arts. 535, 917 e CPC/1973, 756, I). Não está obrigado a nomear bens à penhora, nem a depositar o valor da dívida, mas se for vencido, a insolvência fatalmente será decretada;

IV – o devedor opõe *embargos* apenas para provar que seu passivo é menor do que o ativo, vale dizer, procura ilidir o pedido demonstrando sua solvabilidade (art. 756, II do CPC/1973)[56]. Aqui, também, não está obrigado a garantir a execução, sujeitando-se, porém, à decretação da insolvência, caso seus embargos sejam improcedentes;

V – no prazo de embargos, o devedor *deposita* a importância do crédito do requerente, para discutir-lhe a legitimidade ou o valor, caso em que a insolvência já estará, desde logo, ilidida (art. 757 do CPC/1973).

Com o depósito prévio terá o devedor evidenciado seu estado de solvência, de maneira que, qualquer que seja o resultado dos embargos, não será mais possível a decretação da insolvência.

Trata-se de depósito *pro solvendo*, que desfigura a lide inicialmente posta em juízo, passando a controvérsia a girar não mais em torno da insolvabilidade do devedor, mas em torno da matéria exposta nos embargos, que assumem feição de ação declaratória incidental sobre "a relação creditícia que se torna, então, litigiosa".[57]

Se julgados procedentes os embargos, o devedor levantará o depósito, sendo o credor condenado nas custas e honorários advocatícios, em virtude da sucumbência. Se rejeitados, ao credor será deferido o levantamento do depósito, correndo os ônus da sucumbência a cargo do devedor, mas não haverá a decretação de insolvência.

Em todos os casos de embargos, o juiz tem dez dias para sentenciar, desde que não se faça necessária a produção de provas (art. 758, 1ª parte), circunstância que ocorre quando a discussão gira em torno apenas de questões de direito ou quando a prova documental existente é suficiente para formar a convicção do julgador.

Havendo, contudo, necessidade de outras provas, o juiz designará audiência de instrução e julgamento, com as formalidades do procedimento ordinário (art. 758, 2ª parte).

---

[55] LIMA, Cláudio Vianna de. *Processo de Execução*. Rio de Janeiro: Forense, 1973, p. 255.

[56] "Insolvência civil. Ônus da prova. Ao devedor incumbe a prova de sua solvência" (STJ, 4ª T., REsp 1.436/GO, Rel. Min. Bueno de Souza, ac. 07.06.1995, *DJU* 21.08.1995, p. 25.367).

[57] NEVES, Celso. *Op. cit.*, n. 123, p. 277.

Da sentença que decide os embargos, caberá recurso de apelação, que não terá efeito suspensivo se a decisão for de rejeição da defesa (CPC/2015, art. 1.012, III).

478. INSOLVÊNCIA REQUERIDA PELO DEVEDOR OU SEU ESPÓLIO

Inexiste para o devedor civil a obrigação de promover a própria insolvência.[58] Diversamente do que se passa com o empresário, que é *obrigado* a requerer a *autofalência* (Lei n. 11.101/2005, arts. 94 e 105), o devedor civil, ou seu espólio, tem apenas a *faculdade* de requerer a *autoinsolvência*, segundo se depreende do art. 759 do CPC/1973, onde se lê que "é lícito ao devedor ou ao seu espólio, a todo tempo, requerer declaração de insolvência".

Deve a petição inicial conter, além dos requisitos comuns, mais os seguintes dados (art. 760, I a III):

I – a relação nominal de todos os credores, com a indicação do domicílio de cada um, bem como da importância e da natureza dos respectivos créditos;

II – a individuação de todos os bens, com a estimativa do valor de cada um;

III – o relatório do estado patrimonial, com a exposição das causas que determinam a insolvência.

"Não há citação dos credores para o processo de declaração de insolvência, quando esta é requerida pelo devedor ou seu espólio" (SIMP – concl – LXI, *in RT,* 482/272). Trata-se de procedimento unilateral, sem parte contrária, em sua fase cognitiva inicial. Somente após a sentença declaratória da insolvência é que os credores são convocados para o concurso universal.

Em se tratando de uma confissão de insolvência é preciso, como se vê, que a petição do devedor contenha todos os elementos caracterizadores de seu estado patrimonial deficitário. Pois será com base nela que a sentença declaratória de insolvência será proferida (art. 761 do CPC/1973).

A confissão de insolvência importa, ainda, renúncia implícita à administração e disponibilidade dos próprios bens. De modo que a procuração outorgada para seu processamento depende de poderes especiais.[59]

Muito se tem discutido, em doutrina, a propósito da natureza jurídica do pedido de autoinsolvência.

Em seus "Comentários ao Código de Processo Civil", o douto professor Celso Neves ensina que "no sistema do Código de 1973, o requerimento do devedor, de declaração da própria insolvabilidade, denota exercício de direito de ação, de que resulta o procedimento preambular, tipicamente jurisdicional, a que se segue, uma vez acolhido o pedido, "a execução por concurso universal" (art. 751, III).[60]

O Ministro Buzaid, escrevendo ao tempo do Código revogado, mas em termos que se aplicam perfeitamente à sistemática do Código atual, ensinava que "o executado não exerce *ação*, antes pede o reconhecimento judicial do seu estado de insolvência, a fim de permitir que os credores compareçam e deduzam os seus direitos. O poder de pedir a abertura do concurso não lhe confere a qualidade de *autor*. Deverá continuar como executado. Provoca a execução coletiva, mas não a dirige".[61]

---

[58] MOURA ROCHA, José de. *Comentários ao Código de Processo Civil.* São Paulo: RT, 1974, v. IX, p. 87.
[59] NEVES, Celso. *Op. cit.,* n. 126, p. 282.
[60] NEVES, Celso. *Op. cit.,* n. 125, p. 281.
[61] BUZAID, Alfredo. *Do Concurso de Credores no Processo de Execução.* São Paulo: Saraiva, 1952, n. 243, p. 289.

Em lição atualizadíssima, Moura Rocha invoca a opinião de Adolfo Parry para afirmar que "a iniciativa do insolvente é o modo normal de abertura do juízo de concurso. Porém, a declaração do devedor é considerada, não como uma verdadeira instância processual, mas uma denúncia do próprio estado de insolvência, a fim de dar oportunidade ao juiz para decretar, se diria de ofício, a abertura do concurso".[62]

No direito italiano, Bonelli sustenta, por isso, que a autofalência tem antes a natureza de *jurisdição voluntária* já que o devedor pratica um ato de disposição análogo ao da *cessio bonorum*.[63]

Consideram-na também procedimento de jurisdição voluntária, entre outros, Carnelutti, Oetker e Redenti[64].

A objeção que se fez à conceituação da autofalência como medida de jurisdição voluntária consistiu unicamente em dizer que o devedor empresário não dispõe de liberdade para exercer uma manifestação voluntária, que seria necessária para a efetiva configuração do procedimento em tela; isto porque a lei falimentar lhe impõe o *dever de pedir* a abertura da própria falência.[65] O argumento, no entanto, não atinge a insolvência civil, porque a autoinsolvência, em nosso sistema, é realmente, uma *faculdade* e não um dever, como já se demonstrou.

Fala Celso Neves em uma figura especial de ação, em que a pretensão à tutela jurisdicional se apresentaria sem angularidade. "A relação, aí", segundo o eminente processualista, "seria *linear*: do devedor ao juiz e do juiz ao devedor, sem a *in ius vocatio*, imprescindível, apenas, nos casos de angularidade necessária".[66]

O próprio enunciador da tese, todavia, reconhece que a figura "é de difícil explicação doutrinária". E a nós nos parece mesmo, que a melhor posição é a que vê na autoinsolvência uma forma de procedimento de jurisdição voluntária.

Falar em ação sem partes, ou em relação processual litigiosa sem angularidade ou sem contraditório se me afigura tentativa de construção de imagem que não se amolda bem nos padrões ordinariamente seguidos em Direito Processual.

Uma das funções precípuas, senão a verdadeira função, da ação de cognição é gerar a *coisa julgada*. E isto jamais seria possível numa relação linear, visto que a *res judicata* limita sua eficácia subjetiva aos sujeitos da relação processual (CPC/2015, art. 506). A quem o devedor poderia opor o caso julgado?

O que, segundo a mais atual doutrina, distingue a atividade da jurisdição voluntária das ações constitutivas, é justamente a presença, nestas, da *contenda*, ou da pretensão ao exercício de um direito *contra outrem*; ao passo que "na jurisdição voluntária não existe parte adversária e só se trata de uma fixação, de valor substancial em si e por si".[67]

Frederico Marques aponta as seguintes características para a jurisdição voluntária: "a) como função estatal, ela tem natureza administrativa, sob o aspecto material, e é ato judiciário, no plano subjetivo-orgânico; b) em relação às suas finalidades, é função preventiva e também constitutiva".[68]

Pressuposto da jurisdição voluntária é, no dizer do mesmo processualista, "um negócio ou ato jurídico, e não, como acontece na jurisdição contenciosa, uma lide ou situação litigiosa.

---

[62] MOURA ROCHA, José de. *Op. cit.*, p. 135.
[63] BONELLI, Andre. *Del Falimento, in 63, apud* BUZAID, Alfredo. *Op. cit.*, n. 241, p. 288.
[64] MOURA ROCHA, José de. *Op. cit.*, p. 159-160.
[65] BUZAID, Alfredo. *Op. cit.*, n. 241, p. 288.
[66] NEVES, Celso. *Op. cit.*, n. 126, p. 282.
[67] PRIETO-CASTRO Y FERRÁNDIZ, Leonardo. *Op. cit.*, n. 135, p. 180.
[68] MARQUES, José Frederico. *Manual de Direito Processual Civil*. São Paulo: Saraiva, 1974, v. I, n. 62, p. 29.

O contraditório entre as partes é traço exterior da jurisdição contenciosa... Inexistindo lide, a jurisdição voluntária é, por isso mesmo, um procedimento que se desenvolve sem partes".[69]

Daí a conclusão de Alcala-Zamora de que na jurisdição voluntária não há litígio, mas negócio jurídico; não há partes, mas simples participantes; nem há ação, mas apenas pedido.[70]

Em conclusão, há procedimento de jurisdição voluntária, quando, conforme Prieto-Castro, os órgãos judiciais são convocados a desempenhar uma função administrativa destinada "a tutelar a ordem jurídica mediante a constituição, asseguramento, desenvolvimento e modificação de estados e relações jurídicas com caráter geral, ou seja, frente a todos".[71]

É justamente o que se passa com o pedido de insolvência dirigido unilateralmente pelo devedor ao juiz: não há parte contrária e da sentença surge um estado jurídico novo, com efeitos *erga omnes*.

Sem contraditório, sem partes, sem litígio ou lide, mas com simples relação processual linear, não se pode ver em tal pedido o exercício de pretensão jurisdicional configurador de *ação*, tudo não passando de mero e típico procedimento de jurisdição voluntária ou graciosa.

A conceituação da autoinsolvência como um procedimento de jurisdição voluntária tem a relevante consequência de permitir a anulação da sentença que a decretar irregularmente por meio de ação ordinária, dispensando-se a rescisória (CPC/2015, art. 966, § 4º), pois, "os atos de jurisdição graciosa ou voluntária, como não produzem coisa julgada, não podem ser objeto de ação rescisória"; de modo que, "na lição de Chiovenda, os interessados podem sempre obter revogação deles dirigindo-se aos mesmos órgãos que os prolataram, desde que os convençam de haverem errado".[72]

479. COMPETÊNCIA

A competência para processamento da autoinsolvência está expressamente determinada pelo Código e cabe ao juízo da Comarca onde o devedor tem seu domicílio (art. 760, *caput* do CPC/1973). Não o prejudica o foro contratual, nem a convenção de local diverso para pagamento de dívidas.[73]

Com relação ao pedido de insolvência formulado por credor, a competência é fixada pela regra geral de que o réu deve ser demandado em seu domicílio (CPC/2015, art. 46). Também aqui não influi o foro contratual nem o local de cumprimento da obrigação, visto que o procedimento de declaração de insolvência não se confunde com a ação de cobrança, por ter objeto e finalidade diversos. Como lembra Prieto-Castro, a doutrina jurisprudencial estabelece como foro o do domicílio do insolvente presuntivo. E "a competência territorial, no processo de insolvência, não pode ter o caráter dispositivo, no sentido de que não são admissíveis os pactos de prorrogação ou submissão".[74] É fácil de compreender que assim o seja, dada a circunstância de que os efeitos da insolvência não se restringem aos participantes da relação de conhecimento inicialmente travada em juízo entre credor e devedor, mas atingem, ao contrário, toda a universalidade subjetiva dos credores do insolvente.

---

[69] MARQUES, José Frederico. *Op. cit.*, n. 62, p. 79-80.
[70] ALCALA-ZAMORA. *Apud* MARQUES, José Frederico. *Op. cit., loc. cit.*
[71] PRIETO-CASTRO Y FERRÁNDIZ, Leonardo. *Op. cit.*, n. 135, p. 179-180.
[72] VIDIGAL, Luis Eulálio de Bueno. *Comentários ao Código de Processo Civil*. São Paulo: RT, 1974, v. VI, p. 154/155.
[73] FADEL, Sérgio Sahione. *Código de Processo Civil Comentado*. Rio de Janeiro: J. Kofino, 1974, t. IV, p. 159-160; RESTIFFE NETO, Paulo. *Garantia Fiduciária*. São Paulo: RT,1975, n. 133, p. 570.
[74] PRIETO-CASTRO Y FERRÁNDIZ, Leonardo. *Op. cit.*, n. 7, p. 28.

Observe-se que, consoante dispunha o art. 92, I, do CPC/1973,[75] só os *juízes de direito*, isto é, os *togados*, com as garantias constitucionais, é que poderiam funcionar nos processos de insolvência. Essa exigência, todavia, foi derrogada pelo art. 22, § 2º da Lei Complementar n. 35/1979 (Lei da Magistratura), ao dispor que os juízes "mesmo que não hajam adquirido a vitaliciedade, poderão praticar todos os atos reservados por lei aos juízes vitalícios".

Uma vez decretada a insolvência, ocorre o mesmo fenômeno que se dá com a falência; o juízo concursal exerce *vis atractiva* sobre todas as ações patrimoniais contra o insolvente.

"O desígnio fundamental do processo de execução coletiva se frustraria se à margem dele continuassem subsistindo outros processos singulares anteriores contra o insolvente, de conteúdo patrimonial, que afetassem à massa passiva (de credores) e chegassem a seu fim com execução separada, consagrando discriminação contrária à regra da *par condicio creditorum*. Este resultado insatisfatório é evitado mediante a aplicação de uma norma de cumulação que atende à conexão que se origina entre os processos pendentes e a concursal".[76]

Ademais, perdendo o devedor insolvente a capacidade processual, as ações passam a correr contra o administrador da massa, que atua sob a supervisão permanente do juiz do concurso.

Por isso mesmo, entende Paulo Restiffe Neto que, em matéria de alienação fiduciária, não pode haver ação de depósito contra o insolvente, cabendo ao adquirente fiduciário voltar sua pretensão contra o administrador da massa, com observância da competência universal do juízo à insolvência (art. 762 do CPC/1973).[77]

480. DECLARAÇÃO JUDICIAL DE INSOLVÊNCIA

Acolhido o pedido do credor ou do próprio devedor (ou de seu espólio), o juiz proferirá sentença, encerrando a fase preliminar ou de cognição do processo de insolvência.

Essa sentença, embora tenha a função evidente de declarar um estado de fato do devedor (a insuficiência patrimonial para cobrir todas as dívidas), reveste-se, também, de preponderante eficácia constitutiva, criando uma situação jurídica nova para o devedor e para os credores.[78]

Basta dizer que, por força da sentença de insolvência, o devedor perde a administração e disponibilidade dos bens e que os credores perdem os privilégios decorrentes de penhoras anteriores e são arrastados pela força atrativa do concurso universal.

Ensina Celso Neves que os efeitos questionados dependem do trânsito em julgado da sentença ou, excepcionalmente, da pendência de apelação apenas devolutiva.[79]

Como, no entanto, das sentenças que julgam improcedentes os embargos, a apelação sempre tem apenas o efeito devolutivo (CPC/2015, art. 1.012, § 1º, III), força é convir em que a decretação de insolvência, ordinariamente, produzirá eficácia imediata[80].

---

[75] CPC/2015, sem correspondência.
[76] PRIETO-CASTRO Y FERRÁNDIZ, Leonardo. *Op. cit.*, n. 8, p. 28.
[77] RESTIFFE NETO, Paulo. *Op. cit.*, n. 133, p. 570.
[78] NEVES, Celso. *Comentários ao Código de Processo Civil*. Rio – São Paulo: Forense, s/d, v. VII, n. 117, p. 266.
[79] NEVES, Celso. *Comentários ao Código de Processo Civil*. Rio – São Paulo: Forense, s/d, v. VII, n. 118, p. 269.
[80] "A sentença que declara a insolvência civil do devedor tem eficácia imediata, produzindo efeitos na data de sua prolação, tanto para o devedor como para os credores, independentemente do trânsito em julgado"(STJ, 4ª T., REsp 1.074.724/MG, Rel. Min. Raul Araújo, ac. 27.04.2017, *DJe* 18.05.2017). Mostra-se de todo apropriado o entendimento jurisdicional que equipara os embargos à insolvência aos embargos à execução opostos por devedor solvente, para fins de aplicação da regra ínsita no art. 520, inciso V, do Código de Processo Civil

Desde que a execução coletiva não pode ser instaurada sem a sentença declaratória da insolvência, exerce ela, além da função de encerrar a fase vestibular do processo, a importantíssima eficácia de produzir a "execução por concurso universal".[81] Pois é com ela que se iniciam os autos executivos propriamente ditos, representados pela apreensão de bens para preparar a transferência forçada e a satisfação dos direitos dos credores.

Daí a procedência da lição de Satta e Provinciali no sentido de que em tal sentença há "uma declaração constitutiva, onde se encontra caráter probatório de título executivo",[82] isto é, a sentença de insolvência "exercita a função que na execução singular tem o título executivo, para abertura de expropriação coletiva, enquanto lhe declara as condições de legitimidade".[83]

Na mesma sentença, o juiz ao declarar a insolvência nomeará, dentre os maiores credores, um administrador da massa (art. 761, I, do CPC/1973) e mandará expedir edital, convocando todos os credores para que apresentem, no prazo de vinte dias, a declaração de crédito, acompanhada do respectivo título (art. 761, II).

Embora não conste expressamente do Código, é intuitivo que os credores domiciliados no foro da causa devem ser preferidos para a administração da massa. A publicação do edital será feita segundo a regra geral do art. 257 do CPC/2015: em jornal local de ampla circulação ou por outros meios, considerando as peculiaridades da comarca.

A universalidade do juízo da insolvência, como já ficou ressaltado, atrai para seu âmbito todos os credores do insolvente, sejam privilegiados os quirografários (art. 762 do CPC/2015). A execução é coletiva e concursal. Excetuam-se unicamente os créditos fiscais, que não se sujeitam aos juízos universais por expressa disposição de lei (CTN, art. 187), mas que devem, contudo, ser reclamados perante o administrador da massa e não em face do devedor insolvente.

Mesmo os credores de cédulas rurais hipotecárias e pignoratícias, cujas garantias se revestem de impenhorabilidade perante os credores quirografários do devedor comum (Dec.-Lei n. 167, de 14.02.1967, art. 69), não se excluem do juízo universal da insolvência.[84]

Todas as execuções individuais serão remetidas para o juízo comum da insolvência (art. 762, § 1º do CPC/1973)[85]. As penhoras perdem a eficácia e os exequentes os privilégios de ordem de penhoras. As execuções são neutralizadas, cessando os respectivos cursos, salvo apenas no caso de existir praça ou leilão já designados, quando, então, a alienação judicial será realizada, mas o produto não beneficiará mais o exequente singular, visto que entrará para a massa (art. 762, § 2º).

A perda da capacidade processual do devedor e a representação da massa pelo administrador judicial fazem com que a universalidade do juízo concursal atinja toda e qualquer ação patrimonial instaurada contra o insolvente, inclusive aquelas em que haja intervenção da União

---

[art. 1.012, III, do CPC/2015], que determina o recebimento da apelação apenas no seu efeito devolutivo" (STJ, 4ª T., REsp 621.492/SP, Rel. Min. João Otávio de Noronha, ac. 15.10.2009, *DJe* 26.10.2009).

81 NEVES, Celso. *Op. cit.*, n. 117, p. 267.

82 SATTA e PROVINCIALI, *apud* MOURA ROCHA, José de. *Comentários ao Código de Processo Civil*. São Paulo: RT, 1974, v. IX., p. 161.

83 PROVINCIALI, Renzo. *apud* NEVES, Celso. *Op. cit.*, n. 117, p. 267.

84 1º TACivSP – Apel. 215.321, ac. de 17-12-75, *in* "RT", 487/104.

85 "A remessa das execuções individuais ao juízo universal da insolvência não supre a necessidade de habilitação. À exceção da Fazenda Pública, todos os credores estão sujeitos a habilitação através de petição escrita que atenda aos requisitos do art. 282, CPC" (STJ, 4ª T., REsp 45.634/MG, Rel. Min. Sálvio de Figueiredo Teixeira, ac. 26.05.1997, *DJU* 23.06.1997, p. 29.133). O próprio requerente da insolvência e o credor nomeado administrador da massa não escapam da obrigatoriedade da declaração de crédito (CPC/1973, art. 765, mantido em vigor pelo CPC/2015, art. 1.052).

ou Território, na forma do art. 51 do CPC/2015.[86] A atração do juízo da insolvência exerce-se sobre todas as ações patrimoniais movidas contra o insolvente, exceto as execuções fiscais (arts. 5º e 29 da Lei n. 6.830/1980). Não afeta aquelas que forem ajuizadas pela massa contra devedores do insolvente. Estas se sujeitarão às regras comuns de competência fixadas no CPC.

481. ATRIBUIÇÕES DO ADMINISTRADOR DA MASSA

Com a decretação de insolvência, o devedor perde a administração e disponibilidade de seu patrimônio, sendo todos os bens penhoráveis arrecadados e entregues a um *administrador* designado pelo juiz da execução (art. 761).

A arrecadação é ato de natureza e eficácia similares às da penhora na execução singular, isto é, apresenta-se como medida processual executiva tendente a vincular os bens ao processo executivo, preparando a expropriação com que se apurará o numerário para resgate dos créditos concorrentes.

Com a arrecadação, opera-se a subtração dos bens à disponibilidade física do devedor, já que a indisponibilidade jurídica decorre simplesmente de sentença de insolvência.[87]

A função do administrador na insolvência é a mesma do síndico na falência (ou "administrador judicial" na nomenclatura da Lei n. 11.101/2005). Incumbe-lhe conservar e administrar com diligência os bens da massa, procurando assegurar que produzam as rendas, frutos ou produtos habituais, até que chegue o momento da alienação forçada. Sua administração é feita sob direção e superintendência do juiz (art. 763 do CPC/1973).

Exerce o administrador uma função pública, de natureza processual, e age como um auxiliar extraordinário do juízo. Substitui o devedor na administração dos bens arrecadados, mas não é representante dele. É, na verdade, um órgão do processo de execução coletiva, agindo mais propriamente como um "delegado da autoridade judiciária".[88] De tal arte, não há representação nem do devedor nem dos credores, mas exercício de função própria, que visa o interesse comum da universalidade dos credores e até mesmo do devedor.

Com a perda da gestão e disponibilidade de bens sofrida pelo insolvente, compete ao administrador a representação ativa e passiva da massa, mas não desfruta de liberdade de deliberação, pois seu cargo é exercido sob a direção e superintendência do juiz. Seus planos e decisões, por isso, devem ser submetidos à apreciação judicial, antes de postos em prática. A última palavra é a do juiz.[89]

Logo após a publicação da sentença de declaração da insolvência, e independentemente de trânsito em julgado, o escrivão intimará o administrador nomeado a firmar, em vinte e quatro horas, o termo de compromisso de desempenhar bem e fielmente o cargo (art. 764 do CPC/1973).

O compromisso, que constará de termo assinado pelo juiz e pelo escrivão, é exigência que provém do caráter público da função a ser exercida e da ausência de pré-vinculação judicial do administrador.[90] Dele decorrem direitos, deveres e proibições.

As obrigações mais evidentes são as de bem administrar e conservar os bens arrecadados e a de prestar contas da gestão. Pela atividade desenvolvida no processo, o administrador faz jus a uma remuneração que será arbitrada pelo juiz, atendendo à diligência do gestor, ao trabalho e

---

[86] NEVES, Celso. *Op. cit.*, n. 128, p. 285.
[87] PRIETO-CASTRO Y FERRÁNDIZ, Leonardo. *Op. cit.*, n. 24, p. 49-50.
[88] MOURA ROCHA, José de. *Comentários ao Código de Processo Civil*. São Paulo: RT, 1974, v. IX, p. 182.
[89] FADEL, Sérgio Sahione. FADEL, Sérgio Sahione. *Código de Processo Civil Comentado*. Rio de Janeiro: J. Kofino, 1974, t. IV, p. 163.
[90] NEVES, Celso. *Op. cit.*, n. 129, p. 287-288.

à responsabilidade da função, e à importância da massa (art. 767 do CPC/1973). A lei não fixa limites máximos nem mínimos, de modo que a remuneração dependerá do prudente arbítrio do juiz.[91] E é da massa que deverão ser extraídos os recursos para remunerar o administrador. Do arbitramento, podem os credores ou o próprio administrador recorrer por meio de agravo de instrumento (CPC/2015, art. 1.015, parágrafo único).

Pelos prejuízos que causar à massa, por dolo ou culpa, o administrador responderá civilmente, além de perder a remuneração que lhe foi arbitrada (CPC/2015, art. 161).

Como proibição decorrente do exercício do cargo de administrador, cita-se a de não poder participar da arrematação dos bens arrecadados (CPC/2015, art. 890, I).

No próprio ato da assinatura do compromisso, caberá ao administrador entregar sua declaração de crédito, acompanhada do título executivo. Pode ocorrer, todavia, que o título de crédito não esteja em seu poder. Se isto se der, a apresentação imediata da declaração terá de ser feita, mas permitir-se-á a juntada do título posteriormente, no prazo de vinte dias previsto para as habilitações dos demais credores (art. 765 do CPC/1973). Não será viável, contudo, a assunção do cargo sem a concomitante declaração de crédito. Será outrossim, destituído o administrador que se compromisssou sem o título e não o exibiu posteriormente no prazo legal. Investido no *munus*, cumprirá ao administrador (art. 766):

I – *arrecadar todos os bens do devedor*, onde quer que estejam, requerendo para esse fim as medidas judiciais que se fizerem necessárias, como busca e apreensão, arresto, carta precatória etc.

Com exclusão dos impenhoráveis, todos os bens patrimoniais do insolvente são recolhidos pelo administrador para sujeitarem-se à alienação forçada e ao concurso universal dos credores.

II – *representar a massa, ativa e passivamente*: deverá, naturalmente, contratar advogado, cujos honorários, no entanto, serão previamente ajustados e submetidos à aprovação do juiz da execução;

III – praticar todos os atos conservatórios de direitos e ações, bem como promover a cobrança das dívidas ativas;

IV – *alienar* em praça ou em leilão, com autorização judicial, os bens da massa: a praça é a forma de alienação dos imóveis, e o leilão a dos móveis, conforme dispõem os arts. 886, IV e 881, § 2º, do CPC/2015.[92]

O Código não estipula o momento certo da alienação, cuja escolha, em cada caso concreto, ficará, assim, a critério do administrador, sob a supervisão do juiz. Normalmente, ocorrerá após a aprovação do Quadro Geral de credores, porque é nessa fase que se permite o acordo do devedor com os credores para suspender a execução com estabelecimento de uma forma especial de pagamento (art. 783 do CPC/1973).

No entanto, desde a arrecadação já existe a possibilidade de alienação dos bens, que não depende obrigatoriamente da finalização do concurso de credores, tanto assim que o art. 770 do CPC/1973 prevê que no Quadro Geral já possa figurar a cota que no rateio caberá a cada concorrente. Esta medida, sem dúvida, é a melhor quando a massa compuser-se de bens móveis ou perecíveis, ou de onerosa custódia.[93]

---

[91] LIMA, Cláudio Vianna de. *Op. cit.*, p. 261.

[92] Tendo o CPC/2015 unificado a forma de alienação judicial na figura do leilão (art. 881), não se justifica manter na execução coletiva do insolvente a duplicidade de praça e leilão, devendo prevalecer o regime da lei nova.

[93] PRIETO-CASTRO Y FERRÁNDIZ, Leonardo: "La actividad de realización de los bienes no se produce en un momento fijo, determinado de manera automática por disposición legal, sino que aparece confundido con los

482. VERIFICAÇÃO E CLASSIFICAÇÃO DOS CRÉDITOS

Todos os credores do insolvente devem concorrer na execução coletiva, declarando seus créditos e suas preferências no prazo de vinte dias contados do edital a que se refere o art. 761, II.

Mesmo os credores com garantia real e os demais privilegiados estão sujeitos ao juízo universal da insolvência. O mesmo acontece com os credores de ação executiva singular anterior, que não ficam isentos de habilitar os créditos na insolvência. Só a Fazenda Pública não está obrigada a declarar a dívida ativa na insolvência.[94]

Sobre a forma da habilitação, nada dispôs o Código, a não ser que deverá ser instruída com o respectivo título executivo (arts. 765 e 768 do CPC/1973)[95]. Será feita, portanto, segundo a forma habitual de petição, firmada por advogado, contendo os requisitos indispensáveis do nome e qualificação dos interessados (devedor e credor), a origem e natureza do crédito assim como seu valor e sua classificação.[96]

Se a massa comportar, os créditos habilitados serão pagos com juros e correção monetária, como afirma a jurisprudência, à semelhança do que se passa com o processo falimentar.[97] A propósito, "é assente na jurisprudência do Superior Tribunal de Justiça a orientação de que 'o preceito que exclui a cobrança de juros após a decretação da falência do devedor, contido no art. 26 do DL 7.661/1945, também deve ser aplicado para os casos de decretação da *insolvência civil*, porquanto ambos institutos possuem a mesma causa e finalidade' (AgRg no REsp 1.236.362/RS, Rel. Min. Benedito Gonçalves, Primeira Turma, *DJe* 30.10.2013)".[98]

Vencido o prazo de habilitação, que é de vinte dias (art. 761, II, do CPC/1973), o escrivão colocará em ordem as declarações de crédito, autuando-as, separadamente, cada uma com seu respectivo título (art. 768 do CPC/1973). Na verdade, cada habilitação tem o conteúdo de uma ação incidente contra a massa. Depois dos competentes registros (CPC/2015, art. 284), as diversas autuações serão apensadas ao processo principal.

Isto feito, providenciará o escrivão a intimação, por edital, de todos os credores para, no prazo de vinte dias, que lhes é comum, alegarem as suas preferências ou apresentarem suas

---

demás actos del processo... En efecto da ley deja al arbitrio de la sindicatura con la supervisión del comisario y la decisión de juez, la fijación de las fechas o épocas de las ventas, sin que se prescriba una enajenación en bloque de toda la masa activa" (*Op. cit.*, ns. 43 e 44, p. 67 e 68).

[94] MOURA ROCHA, José de. *Op. cit.*, p. 217.

[95] "Desimporta, para habilitação de crédito na insolvência civil, que o título seja líquido e certo" (STJ, 3ª T., REsp 39.037/SP, Rel. Min. Waldemar Zveiter, ac. 09.05.1995, *DJU* 12.06.1995, p. 17.623). Entretanto, o Código exige que a habilitação seja feita com base em *título executivo* (arts. 765 e 768). Logo, os requisitos da certeza e liquidez não podem ser dispensados, visto que somente são títulos executivos para fundamentar execução por quantia certa aqueles que correspondem a obrigações certas e líquidas (CPC/2015, art. 783).

[96] CTN, art. 187. Na hipótese de já ter sido previamente declarada a insolvência, poderá o Fisco optar entre declarar seu crédito ou iniciar execução autônoma, caso em que a penhora será feita no rosto dos autos, com intimação do *administrador da massa*, para embargar (Cfr. ac. do T.F.R., de 29-11-72, *in* "Rev. Lemi", 65/187; e "Jur. Mineira", 52/201). "A Fazenda Pública goza de foro privilegiado para cobrar seus créditos, por rito próprio e específico, não se sujeitando à habilitação de seu crédito no processo de quebra ou insolvência, consoante o art. 5º e o art. 29 da LEF". (TJMG, 6ª Câm. Cív., Apelação 1.0000.00.311165-5/000, Rel. Des. Célio César Paduani, ac. 31.3.2003, *DJMG* 22.8.2003).

[97] STJ, 4ª T., REsp 11.217/PR, Rel. Min. Sálvio de Figueiredo Teixeira, ac. 25.02.1992, *DJU* 30.03.1992, RT 686, p. 198. STJ, 3ª T., REsp 8.980/SP, Rel. Min. Dias Trindade, ac. 29.04.1991, *DJU* 03.06.1991, p. 7.428; STJ, 4ª T., REsp 12.487/PR, Rel. Min. Antônio Torreão Braz, ac. 08.11.1994, *DJU* 05.12.1994, p. 33.561.

[98] STJ, 2ª T., AgInt no REsp 1.536.153/RS, Rel. Min. Og Fernandes, ac. 20.04.2021, *DJe* 03.05.2021.

impugnações aos créditos declarados, que poderão versar sobre nulidade, simulação, fraude ou falsidade de dívidas e contratos (art. 768 do CPC/1973)[99].

Cada impugnação funciona como um contraditório gerando ações incidentais de cognição. Aos credores abre-se oportunidade de ampla pesquisa sobre a legitimidade dos créditos concorrentes, para evitar burlas, fraudes ou conluios maliciosos tendentes a frustrar a *par condicio creditorum*[100]. O próprio título judicial (sentença condenatória) pode ser atacado pelos credores na impugnação de crédito.[101] Como ensina Buzaid, "o executado não pode impugnar a sentença, porque lhe veda a autoridade da coisa julgada; não assim o terceiro, que só está obrigado a reconhecer o julgado, quando este é legítimo. Mas se a sentença é proferida em processo simulado, que resultou de colusão entre credor e devedor, o terceiro tem legitimidade para impugnar os seus efeitos.[102]

A classificação dos créditos habilitados far-se-á, finalmente, segundo os critérios de privilégios previstos no Código Civil (arts. 955 a 965), depois de observados os preconizados pela legislação trabalhista e tributária. Prevalece, em síntese, a seguinte classificação: *(i)* créditos trabalhistas e de acidentes do trabalho; *(ii)* créditos tributários; *(iii)* créditos com garantia real; *(iv)* créditos com privilégio especial; *(v)* créditos com privilégio geral; *(vi)* créditos quirografários.

Na falência, de modo particular, e por força do CTN, art. 186, parágrafo único (acrescido pela LC n. 118/2005), bem como da Lei de Recuperação de Empresa e Falência, arts. 83 e 84, a classificação dos créditos obedece à seguinte ordem:

(a) *créditos extraconcursais* (credores da massa, art. 84);
(b) *créditos concursais* (art. 83):
  (b-1) créditos trabalhistas, limitados a 150 salários mínimos, e os decorrentes de acidente do trabalho (imputados ao empregador por culpa ou dolo);
  (b-2) créditos com garantia real, até o limite do bem gravado;
  (b-3) créditos tributários;
  (b-4) créditos com privilégio especial (referente a certos bens);
  (b-5) créditos com privilégio geral;
  (b-6) créditos quirografários;
(c) *créditos que concorrem, somente após satisfeitos os quirografários* (art. 83, VIII), ditos "subordinados":
  (c-1) multas tributárias e penas pecuniárias legais ou contratuais;
  (c-2) créditos de sócios e administradores (sem vínculo empregatício) da sociedade falida.

---

[99] "Diferentemente da falência, em que há regra especial afastando os honorários de advogado (DL 7.661/1945, art. 208, § 2º), na insolvência civil o vencido no incidente de impugnação de crédito se sujeita ao regime geral (CPC, art. 20), respondendo pela sucumbência" (STJ, 3ª T., REsp 37.703/SP, Rel. p/ac. Min. Ari Pargendler, ac. 08.06.2000, *DJU* 28.08.2000, p. 70).

[100] As impugnações às habilitações são rejeitáveis por sentença, e, assim, o recurso cabível, na espécie, é a apelação nos termos do art. 1.012 do CPC (NEGRÃO, Theotônio; *et al. Código de Processo Civil e legislação processual em vigor*. 50. ed. São Paulo: Saraiva Educação, 2019, p. 1.208, nota 1 ao art. 772 do CPC/1973).

[101] CELSO NEVES ensina: "O comparecimento a juízo, mediante declaração de crédito – ato jurídico processual de inserção efetiva no juízo universal do concurso – depende de *legitimatio ad causam* comprovável pela exibição do título de crédito, e de *capacidade postulacional*, esta segundo a disciplina dos arts. 36 usque 40 do Código" (*Comentários ao Código de Processo Civil*. Rio – São Paulo: Forense, s/d, v. VII, n. 127, p. 285).

[102] MONIZ DE ARAGÃO entende como BUZAID, que "não é possível opor-se aos demais credores habilitados a sentença que provém de um processo de conhecimento anterior, ainda que transitada em julgado, se neste processo não foram eles partes, o que não significa, entretanto, que a sentença fique desprovida da sua força executiva" (MONIZ DE ARAGÃO, Egas Dirceu. Execução contra o Devedor Insolvente, *in Revista Forense*, v. 246, abr-jun/1974, p. 72).

483. CREDORES RETARDATÁRIOS E CREDORES SEM TÍTULO EXECUTIVO

Só os credores com título executivo podem habilitar-se na execução do insolvente. E deverão fazê-lo no prazo legal (art. 761, II, do CPC/1973), sob pena de não serem admitidos ao rateio, ainda que gozem de direito real de preferência ou de algum privilégio especial.

Permite, porém o Código que o retardatário demande a massa, em ação direta, desde que o faça antes do rateio final, para obter o reconhecimento do direito de preleção ou de cota proporcional ao seu crédito (art. 784 do CPC/1973). Essa pretensão, todavia, será pleiteada em processo à parte, fora da execução, observado o procedimento comum de maneira que não suspenda nem prejudique a marcha do concurso.

Realizado o rateio, nenhum direito contra os concorrentes terá o credor retardatário que permaneceu inerte, mesmo que seu crédito gozasse de privilégio legal.[103] Daí ensinar Celso Neves que a inação tem "consequência de índole *processual e material*".[104]

Mas, se julgada procedente a ação direta proposta antes do rateio, o retardatário terá assegurada sua participação na massa, inclusive com a preleção que lhe conferir a natureza jurídica do seu crédito.

A situação do credor sem título executivo é análoga à do retardatário: não goza de acesso ao concurso universal. Para tanto terá de lançar mão de ação direta, em tudo semelhante à do retardatário.[105] Uma vez obtida a sentença condenatória estará habilitado a participar do rateio.

484. QUADRO GERAL DE CREDORES

Vencido o prazo do art. 768 do CPC/1973, duas situações diversas podem ocorrer, conforme existam ou não impugnações.

I – Inexistindo impugnação

Diversamente do que se passa na falência, os créditos habilitados na insolvência não se submetem a julgamento, quando não impugnados no prazo legal. Os autos são encaminhados diretamente ao Contador, que se encarregará de organizar o quadro geral dos credores, observando, quanto à classificação dos créditos e dos títulos legais de preferência, o que dispõe a lei civil (art. 769). Se os concorrentes forem todos credores quirografários, a formulação do quadro observará a ordem alfabética apenas (art. 769, parágrafo único).

II – Existindo impugnação

Se, todavia, algum credor ou o devedor impugnar crédito concorrente, o contador não poderá organizar o quadro geral antes de solucionado o caso por decisão judicial.

---

[103] BUZAID, Alfredo. *Do Concurso de Credores no Processo de Execução*. São Paulo: Saraiva, 1952, n. 231, p. 277-278.

[104] CASTRO, Amílcar. *Apud* MOURA ROCHA, José de. *Op. cit.*, p. 281. A obrigação dos credores privilegiados de disputarem suas pretensões no concurso de credores é, aliás, da tradição de nosso direito. O Regulamento 737, reproduzindo norma haurida nas Ordenações Manuelinas, já dispunha em seu art. 613 que "para a preferência devem ser citados os credores conhecidos com a cominação de perderem a preleção que lhes compete" (Cfr. BUZAID, Alfredo. *Op. cit.*, n. 313, p. 349-350).

[105] NEVES, Celso: "*processual*, porque veda a ação direta após o pagamento final segundo a *par condicio creditorum*. *Material*, porque perde o retardatário o direito de participar do rateio" (NEVES, Celso. *Comentários ao Código de Processo Civil*. Rio – São Paulo: Forense, s/d, v. VII, n. 149, p. 312).

Se a impugnação versar sobre questão de direito tão somente, ou se estiver apoiada em prova documental suficiente, o juiz, ouvido o credor impugnado, proferirá de plano sua sentença, deferindo ou não a habilitação (art. 772 do CPC/1973).

Se, porém, se fizer necessária a produção de outras provas, o juiz as autorizará e só depois da sua apreciação proferirá a decisão. Quando a prova deferida for oral (depoimento de partes, inquirição de testemunhas, esclarecimentos de peritos etc.), haverá designação de audiência de instrução e julgamento (art. 772, § 1º), na qual, além de coleta dos elementos probatórios, proceder-se-á ao debate oral e à prolação da sentença.

Cada crédito habilitado terá de ser impugnado separadamente, correndo a disputa nos autos da respectiva declaração. Haverá, em consequência, uma instrução e uma sentença para cada impugnação.

Só após o trânsito em julgado de todas as sentenças é que será organizado, pelo Contador, o quadro geral dos credores (art. 772, § 2º).

Ao organizar o quadro, em qualquer das duas hipóteses expostas, se os bens da massa já tiverem sido alienados, o contador indicará a percentagem que caberá a cada credor no rateio (art. 770 do CPC/1973).

Sobre o quadro geral, poderão opinar todos os interessados (devedor e credores concorrentes). Para tanto, o juiz mandará abrir vista, em cartório, pelo prazo comum de dez dias, a todos eles (art. 771 do CPC/1973). Não há, como na falência, publicação do quadro por edital.

As eventuais reclamações só poderão versar sobre equívocos ou incorreções materiais ocorridas na feitura do quadro, com erro de conta ou de classificação dos concorrentes, já que as questões de mérito estão preclusas desde o encerramento da fase das impugnações. O juiz apreciará de plano as alegações.

Haja ou não impugnação, o Quadro Geral será objeto de sentença (art. 771), cuja função é meramente declaratória dos direitos dos credores concorrentes, pois nesta fase não pode mais o juiz indeferir ou restringir as habilitações de crédito.[106] O juiz apenas aprovará o quadro geral dos credores para que os concorrentes nele figurantes possam participar do rateio sobre o produto de execução coletiva, segundo a força e na proporção de cada crédito habilitado.[107]

Com essa sentença encerra-se uma das várias relações processuais de cognição incidentes no processo principal da insolvência: o concurso de credores.[108] Dela é interponível o recurso de apelação, no duplo efeito de direito.[109]

485. APURAÇÃO DO ATIVO E PAGAMENTO DOS CREDORES

Compete ao administrador apurar o ativo da massa, promovendo a alienação dos bens arrecadados, com prévia anuência do juiz da causa (art. 766, IV). No texto do CPC/1973, a venda

---

[106] FADEL, Sérgio Sahione. *Op. cit.*, IV, p. 174.

[107] MOURA ROCHA, José de: "A natureza desta sentença será eminentemente executiva. Dir-se-ia ser tal sentença título para justificar o crédito por ela declarado e assim é, bastando que se considere o fato de que para o concurso não se faz novo pronunciamento" (*Op. cit.*, p. 227). Assim, reconhecida à sentença de julgamento do Quadro Geral a natureza de título executivo para admissão dos credores ao produto da execução coletiva, fica corroborada a natureza de processo de cognição ou acertamento que Redenti e Amílcar de Castro atribuem ao concurso de credores como incidente da insolvência. Nessa ordem de ideias a sentença de abertura da Insolvência é o título executivo geral, que abre a possibilidade da comunidade de credores executar globalmente o devedor insolvável; e a sentença do Quadro Geral é a sentença que confere título executivo especial e particular a cada credor habilitado, legitimando a respectiva atuação nos atos executivos posteriores.

[108] CASTRO, Amílcar de. *Comentários ao Código de Processo Civil*. 2. ed. Rio de Janeiro: Forense, 1963, v. X, t. II, ns. 516 e 517, p. 510-512.

[109] NEVES, Celso. *Op. cit.*, n. 137, p. 297.

judicial deveria ser efetuado por meio da praça, realizada pelo oficial porteiro, é o meio próprio para a transferência forçada dos bens imóveis (art. 686, IV), e o leilão, efetuado por leiloeiro (agente comercial), é a forma de alienação judicial dos bens móveis (art. 704). Atualmente, no regime processual vigente, a alienação judicial se submete apenas ao leilão (CPC/2015, art. 881).

A hasta pública realizar-se-á com observância das regras ordinárias das arrematações, previstas nos arts. 879 a 903 do CPC/2015.

O fim último da execução concursal é a satisfação, quanto possível, dos direitos dos credores. Diferentemente da execução singular, que admite meios indiretos de satisfação (adjudicação de imóveis ou usufruto de empresas), a execução coletiva só conhece a transferência forçada como meio de obter os recursos para ultimar seus objetivos.[110]

Apurado o preço das arrematações, e atendidos previamente os encargos da massa como custas, remuneração do administrador, débitos fiscais etc., segue-se, *incontinente*, o pagamento dos credores, que observará a gradação de preferência e os quocientes estabelecidos no quadro geral de credores. Assim como a realização do ativo pode ser fracionada em vários atos de disposição, também o pagamento aos credores não é obrigatoriamente efetuado numa só oportunidade e pode ser levado ao efeito paulatinamente à medida das disponibilidades do juízo concursal.

O Código não fixa um momento certo e determinado para a alienação. O art. 770 admite expressamente a possibilidade de ter a arrematação ocorrido antes da elaboração do quadro geral dos credores. E do conteúdo do art. 773, conclui-se que o juiz determinará a realização de praça e leilão dos bens da massa após o julgamento do quadro, somente quando a alienação não tiver ocorrido antes de sua organização.

Deduz, assim, que a arrematação é ato de administração da massa, que não se subordina à resolução das questões jurídicas a serem solucionadas no curso do processo. Ultimada a arrecadação e a avaliação dos bens, se nada contraindicar, estará o administrador preparado para realizar a apuração do ativo. Obtida a anuência do juiz, poderá realizar a hasta pública, segundo a sistemática das "arrematações" (CPC/2015, arts. 879 a 903) e "alienações judiciais" (CPC/2015, art. 730).

Não havendo razões especiais, porém, deve-se aguardar o julgamento do Quadro Geral de Credores, porque é nessa fase que se enseja oportunidade ao devedor de se compor com os credores habilitados para negociar um plano de pagamento, evitando a alienação forçada do patrimônio arrecadado.

486. ENCERRAMENTO E SUSPENSÃO DO PROCESSO

O processo de insolvência pode terminar de três maneiras diversas:

1) sem chegar à execução coletiva, quando os embargos do devedor são acolhidos, na primeira fase do processo;
2) pelo cumprimento do acordo de pagamento ajustado entre devedor e credores, na forma do art. 783 do CPC/1973; e
3) por ter atingido o seu fim próprio e específico que é a liquidação total do ativo e rateio de todo o produto apurado entre os credores concorrentes.

Qualquer que seja a forma de término da insolvência, há sempre uma sentença de encerramento, cujo trânsito em julgado, nos casos de incompleta satisfação dos credores, funcionará

---

[110] PRIETO-CASTRO Y FERRÁNDIZ, Leonardo. *Derecho concursal, Procedimientos sucesorios, Jurisdicción Voluntaria, Medidas Cautelares*. Madrid: Tecnos, 1974, n. 43, p. 67.

como marco do reinício do curso das prescrições (art. 777 do CPC/1973) e como ponto de partida do prazo de extinção das obrigações do insolvente (art. 778 do CPC/1973).[111]

Seria conveniente que tal sentença fosse publicada por edital, como acontece na falência. No entanto, o Código não instituiu essa modalidade de publicação, de forma que os credores terão de ser intimados na forma usual.

A suspensão da execução concursal se dá, segundo Prieto-Castro, em três oportunidades diferentes, todas elas caracterizadas pela paralisação momentânea do processo, com possibilidade de reinício posterior do respectivo curso, a saber:

1) Quando ocorre a convenção entre devedor e credores para estabelecimento de um plano de pagamento (art. 783);
2) De uma maneira geral, quando o produto da realização do ativo não é suficiente para a solução integral dos créditos concorrentes, dada a possibilidade de reabertura da execução caso o devedor venha a adquirir novos bens penhoráveis (arts. 775 e 776);[112]
3) E, finalmente, quando não se encontram bens a arrecadar ou o ativo da massa não se mostra suficiente sequer para atender os gastos processuais da insolvência (CPC/2015, arts. 836 e 921, III).[113]

É razoável entender que equivale, também, a uma suspensão a falta de habilitação de credores no prazo legal. A execução não poderia ter andamento sem os sujeitos ativos. A reabertura, se aparecer algum futuro interessado, seria feita sob a forma de habilitação retardatária de crédito, após o que a insolvência retomaria o curso normal. No entanto, a jurisprudência, entende que o processo da execução coletiva deve extinguir-se, se nenhum credor se habilitar no devido prazo[114].

Não se exige, porém, que o requerente, para instaurar o processo de insolvência, comprove, desde logo, a existência da pluralidade de credores, como pressuposto da execução coletiva. O concurso de credores é a consequência da insolvência civil, e não sua causa, como bem denota o art. 751, CPC[115].

---

[111] Para Prieto-Castro, "en todo caso, la terminación del proceso de quiebra de cualquiera de los modos indicados origina los seguientes efectos: a) el proceso se dá por terminado con todas sus consecuencias, aunque a los acreedores que no fueren satisfechos totalmente en sus creditos se les notifica el resultado definitivo e se hace público por edictos. b) los sindicos presentan cuentas generales de su gestión. c) por lo que se refiere al *quebrado*, las consecuencias del convenio son distintas según que el pasivo haya sido o no completamente cancelado: I. si se liquida por entero, el quebrado es rehabilitado... 2. si el activo no hubiese bastado para la total cancelación del pasivo, entonces no se originan tales consecuencias, hasta que el deudor satisfaga lo que reste por pagar." (*Op. cit.*, n. 50, p. 75).

[112] Não obstante a sentença de encerramento, que tem função de marcar o ponto inicial do prazo de reabilitação da insolvente, na verdade "o processo de execução só se encerra com a sentença declaratória que tenha por objeto a extinção das obrigações do devedor... Neste sentido basta que se atente ao art. 776 quando os bens do devedor poderão ser arrecadados nos autos do mesmo processo quando se procederá à sua alienação e à distribuição do produto entre os credores, na proporção dos seus saldos... o processo de execução continua existindo portanto (MOURA ROCHA, José de. *Op. cit.*, p. 261).

[113] PRIETO-CASTRO Y FERRÁNDIZ, Leonardo. *Op. cit.*, n. 51, p. 75-76.

[114] "(...) Verifica-se a inexistência de credores habilitados na insolvência, o que, a exemplo do que ocorre na falência, ocasiona a extinção da execução coletiva, uma vez que a fase executória propriamente dita somente se instaura com a habilitação dos credores, os quais integram o polo ativo do feito e sem os quais, por óbvio, não há a formação da relação processual executiva" (STJ, 4ª T., REsp 1.072.614/SP, Rel. Min. Luis Felipe Salomão, ac. 26.02.2013, *DJe* 12.03.2013).

[115] STJ, 3ª T., REsp 875.982/RJ, Rel. Min. Nancy Andrighi, ac. 02.12.2008, *DJe* 20.05.2009.

487. SALDO DEVEDOR

A sentença de encerramento, embora ponha momentaneamente fim à execução, não desobriga, de pronto, o devedor pelo remanescente de débitos da insolvência. Continua ele, pois, obrigado pelo saldo (art. 774 do CPC/1973).

Diante do princípio de que o devedor responde pelas obrigações com todos os seus bens presentes e futuros (CPC/2015, art. 789), dispõe o Código que pelo pagamento do saldo insatisfeito responderão os bens que o insolvente vier a adquirir enquanto não declarada a extinção de suas obrigações, na forma do art. 778 do CPC/1973, desde que sejam bens penhoráveis (art. 775 do CPC/1973).

Não há início de outra execução contra o devedor. Aparecendo novos bens, a arrecadação deles será feita nos próprios autos da insolvência, que serão reabertos a requerimento de qualquer dos credores incluídos no quadro geral (art. 776 do CPC/1973). Enquanto não satisfeitos todos os créditos ou não extintas as obrigações, pode-se dizer que "subsiste o processo concursal".[116]

Não é lícito, porém, o procedimento *ex officio* do juiz da execução. E também os terceiros, ainda que interessados, não serão legitimados a promover a medida do art. 776 do CPC/1973, se não figuraram no quadro geral dos credores.

Pode, naturalmente, o devedor defender-se contra essas novas arrecadações arguindo, por exemplo, a impenhorabilidade dos bens supervenientes, a inexistência de saldo de seu débito ou a prescrição dos direitos dos credores. O incidente será sumariamente processado, e se improcedente, seguir-se-á a alienação judicial para imediata distribuição do produto, entre os credores, na proporção de seus saldos (art. 776), conforme plano que o contador do juízo organizará.

O administrador, para a reabertura do feito, salvo impedimento, continuará a ser o que figurou na fase primitiva do processo de insolvência.[117]

488. EXTINÇÃO DAS OBRIGAÇÕES

A execução por quantia certa contra o insolvente é uma autêntica falência civil, culminando, por isso, com a extinção das obrigações, ainda que não inteiramente satisfeitas, tal como ocorre com o comerciante submetido ao regime falimentar típico.

Como advertia o Ministro Buzaid, nenhuma razão justificava o tratamento desigual antigamente dispensado ao devedor civil e ao comerciante, em matéria de extinção de dívidas quando verificada a insolvência. Com a equiparação feita pelo Código, decorridos cinco anos, contados da data do encerramento do processo de insolvência, "consideram-se extintas todas as obrigações do devedor" (art. 778 do CPC/1973).

O *dies a quo* da contagem deste prazo é, portanto, o do trânsito em julgado da sentença proferida após o pagamento dos credores concorrentes com o produto apurado na arrematação dos bens arrecadados.[118]

Com a instauração do concurso universal de credores, interrompe-se a prescrição de todas as obrigações do insolvente. Só a partir do trânsito em julgado da sentença de encerramento é que se reinicia a fluência do prazo prescricional (art. 777 do CPC/1973), com referência aos saldos insatisfeitos na execução.

---

[116] MOURA Rocha, José de. *Comentários ao Código de Processo Civil*. São Paulo: RT, 1974, v. IX, p. 243.
[117] LIMA, Cláudio Vianna de. *Processo de Execução*. Rio de Janeiro: Forense, 1973, p. 265.
[118] NEVES, Celso. *Comentários ao Código de Processo Civil*. Rio-São Paulo: Forense, s/d, v. VII, n. 144, p. 306.

Esses prazos são variáveis, conforme a natureza do título de cada credor e decorrem de disposições do direito material. Podem, outrossim, ser novamente suspensos ou interrompidos conforme prevê o Código Civil de 2002 (arts. 197 e 204).

Mas, ultrapassado o prazo de cinco anos da referida sentença, haja ou não verificado a prescrição, todas as obrigações do devedor insolvente serão consideradas extintas (art. 778 do CPC/1973). Esse prazo é decadencial, ou fatal, de modo que não admite nem suspensão nem interrupção, preterindo qualquer outro mais longo previsto de maneira específica para o crédito de algum concorrente à execução.

A extinção alcança todos os créditos que concorreram no processo de insolvência, privilegiados ou não, e também aqueles outros que tinham condições de concorrer mas não foram habilitados pelos interessados.

A extinção no caso é direito inconteste do devedor, e resulta do simples decurso do prazo legal,[119] mas depende de declaração judicial para operar seus efeitos jurídicos (art. 782 do CPC/1973).

Não pode o juiz declará-la *ex officio*, nem de plano. Caberá ao devedor requerer ao juiz da insolvência a extinção de suas obrigações, o qual apreciando o pedido, junto aos autos da execução, determinará a expedição de edital, com prazo de trinta dias, a ser publicado no órgão oficial e em outro jornal de grande circulação (art. 779 do CPC/1973). Abre-se, assim, mais um procedimento de cognição incidental na execução coletiva.[120]

O pedido de extinção, de ordinário, será fundado no transcurso do prazo decadencial de cinco anos previstos no art. 778; mas não é esse o único fundamento invocável, pois as obrigações podem extinguir-se em prazo prescricional menor, ou mediante resgate integral antes do termo questionado. Nessas hipóteses especiais, o pedido poderá ser feito antes dos cinco anos.

Publicado o edital, e sendo o fundamento do pedido o simples decurso do prazo do art. 778, poderão os credores, em trinta dias, impugnar a pretensão, arguindo:

I – o não transcurso de cinco anos da data do encerramento da insolvência;

II – *a aquisição de bens pelo devedor, sujeitos à arrecadação*: A aquisição de bens penhoráveis pelo insolvente, após o encerramento da execução, sem a competente arrecadação é fato impeditivo da decretação de extinção das obrigações não prescritas e não inteiramente resgatadas. Carecerá, porém, de interesse processual, para obter a extinção, o impugnante já satisfeito em seu direito, bem como o cujo crédito já prescreveu.[121]

O incidente será processado sumariamente: o juiz ouvirá o devedor sobre a impugnação, em dez dias, e decidirá de plano. Somente quando houver necessidade de provas é que designará audiência de instrução e julgamento (art. 781 do CPC/1973).

A sentença poderá acolher o pedido do devedor, caso em que julgará extintas todas as suas obrigações, ou receber a impugnação, denegando a extinção, caso em que o insolvente terá de

---

[119] NEVES, Celso. *Op. cit., loc. cit.*

[120] NEVES, Celso. *Op. cit.*, p. 307.

[121] "Prescrição é a extinção da uma ação ajuizável, em virtude da inércia de seu titular durante um certo lapso de tempo..." (CÂMARA LEAL, Antônio Luís. *Da Prescrição e da Decadência*. 2. ed. Rio de Janeiro: Forense, 1959, n. 7, p. 26). "Com a prescrição não desaparece o direito e sim a possibilidade de fazê-lo valer" (TORNAGHI, Hélio. *Comentários ao Código de Processo Civil*. São Paulo: Ed. Revista dos Tribunais, 1975, v. 2, p. 349). Assim, "no concurso de credores, comum ou falencial, a dívida cuja pretensão prescreveu não é admitida, porque falta a eficácia da ação condenatória, que o concurso supõe" (PONTES DE MIRANDA, Francisco Cavalcanti. *Tratado de Direito Privado*. 2. ed. Rio de Janeiro: Borsoi, 1955, t. VI, § 672, p. 163).

aguardar a complementação do prazo de cinco anos ou submeter-se à arrecadação dos bens adquiridos, para só então poder voltar a pleitear o provimento judicial extintivo.

Observe-se que, enquanto não declaradas extintas suas obrigações, o devedor está privado da livre gestão de seus bens (art. 782 do CPC/1973). As alienações porventura feitas após o encerramento do processo, mas antes da sentença liberatória, serão, portanto, ineficazes, configurando fraude de execução e propiciando aos credores o direito de arrecadar os bens em poder dos terceiros adquirentes, sem necessidade de prévia ação anulatória.

O fato de ter sido a insolvência fraudulenta, e mesmo o de ter sido o devedor condenado criminalmente pela fraude, não foram contemplados pelo Código como obstativos da extinção das dívidas do insolvente, ao cabo do prazo do art. 778 do CPC/1973.

A sentença, que declarar extintas as obrigações, será publicada por edital e só transitará em julgado, se não houver recurso, após a ultrapassagem do prazo estipulado na publicação, que será o comum das intimações (CPC/2015, art. 257, III).[122]

Trata-se de sentença *constitutiva* e não meramente declarativa, pois dependem dela a eficácia da extinção das dívidas do insolvente e a reabilitação do devedor para praticar livremente todos os atos da vida civil (art. 782 do CPC/1973).[123]

Do exposto, é de concluir-se que, na verdade, "o processo de execução só se encerra com a sentença declaratória que tenha por objeto a extinção das obrigações do devedor".[124]

489. CONCORDATA CIVIL

A insolvência levada às últimas consequências gera a ruína do devedor. Para obviar esse mal, quando ainda remediável, a antiga Lei de Falências previa a possibilidade da concordata (preventiva ou suspensiva), que é a moratória deferida ao devedor para lhe propiciar exoneração das dívidas sem encerramento da atividade comercial e sem ruína total da empresa (a Lei n. 11.101/2005 instituiu um sistema de múltiplos remédios para tentar recuperar a empresa em dificuldades, inclusive a moratória).

Para o devedor civil, o art. 783 do CPC/1973 prevê também um sucedâneo da antiga concordata suspensiva, como uma forma especial de reabilitar-se o devedor antes que a insolvência atinja a liquidação de todo o ativo. Segundo aquele dispositivo, o devedor insolvente poderá, depois da aprovação do quadro geral, acordar com seus credores, propondo-lhes a forma de pagamento.

Apresentada a proposta de liquidação, o juiz ouvirá todos os credores habilitados, assinando-lhes prazo razoável para pronunciamento. Se não houver oposição, o juiz aprovará a proposta por sentença (art. 783 do CPC/1973), aperfeiçoando-se assim a concordata do devedor civil, mediante negócio jurídico processual.[125]

---

[122] MOURA ROCHA, José de: "note-se que o edital é forma de publicação da sentença, não de comunicação da mesma sentença" (*Op. cit.*, p. 265).

[123] PRIETO-CASTRO Y FERRÁNDIZ, Leonardo: "La rehabilitación del quebrado es el efecto de una actividad jurisdicional que constituye, hasta cierto punto, el reverso de aquella otra declaración de la quiebra, con sus consecuencias inherentes sobre la persona; y, por tanto, significa reintegrarle a lo que era antes de esa declaración, es decir, volverle a permitir el desarrollo en su vida normal, o, como dice el Código de Comercio, hacer que cesen "todas las interdicciones que produce la (dicha) 'declaración de quiebra', con lo que queda expresado cuáles son los efectos de la rehabilitación" (*Op. cit.*, n. 54, p. 78).

[124] MOURA ROCHA, José de. *Op. cit.*, p. 261.

[125] NEVES, Celso. *Comentários ao Código de Processo Civil*. Rio – São Paulo: Forense, s/d, v. VII, n. 148, p. 311. Também para José de Moura Rocha, "a aceitação das proposições formadoras do acordo implicará na constituição de contrato processual de índole novativa" (*Op. cit.*, p. 272).

Não se requer a concordância expressa dos credores pois basta a tácita, representada pela ausência de oposição, conforme se deduz do art. 783, *in fine*. Mas será suficiente a oposição de um ou alguns credores, ainda que em minoria, para que fique frustrada a concordata do devedor civil.[126] Sua admissibilidade e estruturação pelo Código foram, como se vê, tímidas e pouco práticas.

A sentença de aprovação da concordata, na insolvência é homologatória apenas, de sorte que não extingue, por si, as obrigações do devedor, nem elimina a possibilidade de ser restabelecida a execução, caso haja descumprimento do acordo.[127] Provoca, portanto, a suspensão apenas da execução coletiva.

489-A. LEI DO SUPERENDIVIDAMENTO NAS RELAÇÕES DE CONSUMO (LEI N. 14.181/2021)

Em 1º de julho de 2021, foi editada a Lei n. 14.181/2021, que acrescentou vários artigos ao Código de Defesa do Consumidor com o duplo objetivo de prevenir e solucionar o problema do superendividamento do consumidor. A nova lei, de um lado, oferece aos consumidores que não conseguem pagar seus empréstimos e crediários em geral uma forma de renegociação consensual ou compulsória das dívidas e de recuperação de sua saúde financeira. E, de outro lado, como meio de prevenção do superendividamento, a lei obriga o fornecedor de crédito a prestar informações prévias e adequadas sobre a operação, a fim de que o consumidor tenha total conhecimento de todos os custos do negócio, de modo a obter um crédito responsável (CDC, arts. 54-B, 54-C, 54-D e 54-G). Tudo isso se passa fora do processo de execução do devedor insolvente e sem prejuízo dele (art. 104-A, § 5º, do CDC).

Entende-se por superendividamento, segundo a Lei, "a impossibilidade manifesta de o consumidor pessoa natural, de boa-fé, pagar a totalidade de suas dívidas de consumo, exigíveis e vincendas, sem comprometer seu mínimo existencial" (art. 54-A, § 1º, do CDC). As dívidas abrangidas pela Lei são "quaisquer compromissos financeiros assumidos decorrentes de relação de consumo, inclusive operações de crédito, compras a prazo e serviços de prestação continuada" (§ 2º). São as chamadas dívidas de consumo, a exemplo das contas de água, luz, empréstimos e financiamentos.

Não se beneficiam, contudo, dessa Lei os consumidores "cujas dívidas tenham sido contraídas mediante fraude ou má-fé, sejam oriundas de contratos celebrados dolosamente com o propósito de não realizar o pagamento ou decorram da aquisição ou contratação de produtos e serviços de luxo de alto valor" (art. 54-A, § 3º, do CDC).

Além das dívidas fraudulentas, excluem-se do regime especial do superendividamento, também, aquelas provenientes de "contratos de crédito com garantia real, de financiamentos imobiliários e de crédito rural" (art. 104-A, § 1º, do CDC).

A grande novidade trazida pela Lei n. 14.181/2021 é a possibilidade de o consumidor fazer uma negociação em bloco de todas as suas dívidas, com o que viabilizará o pagamento do "conjunto das suas dívidas com sua única fonte de renda", pondo fim ao "tormento psicológico de pagar uma dívida e faltar dinheiro para pagar outras"[128]. Trata-se de uma espécie de recuperação judicial para o consumidor pessoa física.

---

[126] MOURA ROCHA, José de. *Op. cit.*, p. 271.

[127] FADEL, Sérgio Sahione. *Código de Processo Civil Comentado*. Rio de Janeiro: J. Kofino, 1974, t. IV, p. 188.

[128] Informativo do CNJ. CNJ Serviço: o que muda com a lei do superendividamento. *Revista Síntese direito civil e processual civil*, n. 133, set.-out./2021, p. 66.

O procedimento traçado pela inovação do CDC pode ser assim esquematizado:

(a) O juízo competente para processar e julgar a repactuação do consumidor superendividado é o do domicílio do autor, segundo a regra geral do art. 101, I, do CDC.

(b) Na expectativa de obter uma solução consensual, o consumidor requererá ao juiz a designação de audiência conciliatória presidida pelo magistrado ou por conciliador credenciado no juízo, para a qual serão chamados a participar todos os credores, pessoalmente ou por procurador com poderes especiais e plenos para transigir. Na oportunidade, o consumidor apresentará proposta de plano de pagamento com prazo máximo de 5 (cinco) anos, preservados o mínimo existencial, as garantias e as formas de pagamento originalmente pactuadas (art. 104-A do CDC)[129].

(c) O credor que não comparecer, injustificadamente, à audiência, terá a exigibilidade do crédito suspensa, com a interrupção dos encargos da mora. A sua ausência (ou do procurador) também poderá acarretar a sujeição compulsória ao plano de pagamento da dívida, se o montante de seu crédito for certo e conhecido do consumidor, devendo o pagamento a esse credor ocorrer apenas após a quitação de todos os credores presentes à audiência (art. 104-A, § 2º, do CDC)[130].

(d) A conciliação será feita, havendo ou não adesão de todos os credores. Com qualquer número de aderentes, lavrar-se-á termo de acordo contendo o plano de pagamento da dívida, o qual, uma vez homologado pelo juiz, adquirirá entre os signatários eficácia de título executivo e força de coisa julgada (art. 104-A, § 3º, do CDC).

(e) Do plano constarão: (i) medidas de dilação dos prazos de pagamento e de redução dos encargos da dívida ou da remuneração do fornecedor, entre outras destinadas a facilitar o pagamento da dívida; (ii) referência à suspensão ou à extinção das ações judiciais em curso; (iii) data a partir da qual será providenciada a exclusão do consumidor de bancos de dados e de cadastros de inadimplentes; e (iv) condicionamento de seus efeitos à abstenção, pelo consumidor, de condutas que importem no agravamento de sua situação de superendividamento (art. 104-A, § 4º, do CDC).

(f) O pedido de renegociação não importará declaração de insolvência civil e poderá ser repetido após o prazo de dois anos, "contado da liquidação de todas as obrigações previstas no plano de pagamento homologado" (art. 104-A, § 5º, do CDC).

(g) Não havendo êxito na conciliação em relação a qualquer credor, o juiz, a pedido do consumidor, "instaurará processo por superendividamento para revisão e integração dos contratos e repactuação das dívidas remanescentes mediante plano

---

[129] O CNJ, para incrementar a composição consensual do problema do superendividamento do consumidor, recomendou "aos tribunais brasileiros a implementação de Núcleos de Conciliação e Mediação de Conflitos oriundos de superendividamento, os quais poderão funcionar perante aos CEJUSCs já existentes, responsáveis principalmente pela realização do procedimento previsto no art. 104-A, do Código de Defesa do Consumidor" (Recomendação n. 125/CNJ, art. 1º).

[130] "Não se ignora que ninguém é obrigado a conciliar. Contudo, é salutar a imposição legal do dever de comparecimento à audiência de conciliação designada na primeira fase do processo, inclusive mediante procurador com "poderes especiais e plenos para transigir" (art. 104-A, § 2º, do CDC), sob pena de esvaziamento finalidade do ato" (voto do Relator no REsp 2.168.199). Destacou o acórdão do STJ: "2. O processo de tratamento do superendividamento divide-se em duas fases: consensual (pré-processual) e contenciosa (processual). 3. O comparecimento à audiência de conciliação designada na primeira fase é um dever anexo do contrato celebrado entre a instituição financeira e o consumidor, cujo descumprimento enseja as seguintes sanções: i) suspensão da exigibilidade do débito; ii) interrupção dos encargos da mora; iii) sujeição compulsória ao plano de pagamento da dívida se o montante devido ao credor ausente for certo e conhecido pelo consumidor; e iv) pagamento após o adimplemento das dívidas perante os credores presentes à audiência conciliatória (art. 104-A, § 2º, do CDC)" (STJ, 3ª T., REsp 2.168.199/RS, Rel. Min. Ricardo Villas Bôas Cueva, ac. 03.12.2024, *DJe* 06.12.2024).

(h) Citados, os credores terão 15 dias para juntar documentos e expor as razões da negativa de aceder ao plano voluntário ou de renegociar (art. 104-B, § 2º, do CDC).

(i) O juiz poderá nomear um administrador, se isso não onerar as partes, o qual, em até 30 dias, deverá apresentar um plano de pagamento que contemple medidas de temporização ou de atenuação de encargos (art. 104-B, § 3º, do CDC). Esse plano judicial compulsório deverá assegurar aos credores, no mínimo, o valor do principal, corrigido monetariamente por índices oficiais de preço, com prazo de pagamento de, no máximo, 5 anos, assegurando ao devedor até 180 dias para o pagamento da primeira parcela. O restante da dívida deverá ser pago em parcelas mensais iguais e sucessivas (art. 104-B, § 4º, do CDC).

(j) Por fim, é facultado aos órgãos públicos integrantes do Sistema Nacional de Defesa do Consumidor realizar a fase conciliatória e preventiva do processo de repactuação de dívidas. Os acordos firmados com a participação desses órgãos registrarão a data a partir da qual será providenciada a exclusão do consumidor do banco de dados e cadastros de inadimplentes, bem como o condicionamento de seus efeitos "à abstenção, pelo consumidor, de condutas que importem no agravamento de sua situação de superendividamento, especialmente a de contrair novas dívidas" (art. 104-C, §§ 1º e 2º, do CDC).

Como se vê, o procedimento traçado pela lei de superendividamento pode repercutir diretamente nas execuções singulares em curso contra o consumidor superendividado, na medida em que (i) acarreta a suspensão do débito e a interrupção dos encargos de mora em relação ao credor que não comparece, injustificadamente, à audiência de conciliação, e (ii) pode sujeitar esse credor, compulsoriamente, ao plano de pagamento da dívida, que ocupará lugar desprivilegiado na ordem de satisfação do crédito, pois receberá apenas após a quitação de todos os credores presentes à audiência.[131]

489-B. SUPERENDIVIDAMENTO DO CONSUMIDOR E INSOLVÊNCIA CIVIL

O pedido de repactuação de dívida, nos moldes da Lei n. 14.181/2021, não importa confissão de insolvência para efeito de execução concursal contra devedor civil (art. 104-A, § 5º, do CDC). Por sua vez, os credores de obrigações sujeitas à referida repactuação, aderindo ou não ao plano, ficam impedidos de recorrer ao procedimento comum da insolvência civil: (i) os aderentes, porque se sujeitam aos tempos e condições de pagamento do plano de repactuação; (ii) os não aderentes, porque somente terão retomada a exigibilidade de seus créditos após cumprido o plano de repactuação.

Ocorrendo, porém, descumprimento do acordo homologado, autorizada estará a sua resolução e consequentemente aberta estará a oportunidade para a execução singular ou coletiva contra o consumidor inadimplente.

Os efeitos do plano de repactuação não atingem os credores excepcionados pelo art. 104-A, § 1º (débitos provenientes de contratos de crédito com garantia real, de financiamento imobiliário e de crédito rural), motivo pelo qual não ficam impedidos de promover a execução cabível.

Registre-se, outrossim, que a moratória compulsória assegurada pela Lei n. 14.181/2021 (CDC, arts. 104-A a 104-C) é apenas dilatória, já que não inclui redução das dívidas (remissão de

---

[131] MIGLIAVACCA, Carolina Moraes. Impactos da Lei do Superendividamento no processo de execução. *In:* ASSIS, Araken de; BRUSCHI, Gilberto Gomes (coords.). *Processo de execução e cumprimento da sentença*: temas atuais e controvertidos. São Paulo: RT, 2022, p. 220-221.

parte do *quantum debeatur*), a não ser mediante acordo ajustado entre o devedor inadimplente e seus credores. Por isso, quando não se chega a um acordo, e a reestruturação se torna objeto de processo judicial contencioso, o juiz, em regra, nomeará um administrador (técnico), com o encargo de apresentar plano de pagamento que contemple medidas de temporização ou de atenuação dos encargos (art. 104-B, § 3º) (apenas os encargos podem ser reduzidos; o principal terá de ser parcelado para pagamento integral em até cinco anos). Quando a capacidade de pagamento do devedor não for suficiente para o resgate, dentro do quinquênio legal, de todas as obrigações inadimplidas, e não tiver ocorrido acordo com os credores de remissão parcial dos débitos, evidenciada estará a situação de insolvência do endividado. Inviabilizada a reestruturação programada pelo CDC, abrir-se-á caminho concursal do CPC, próprio para a insolvência civil. Aliás, o próprio devedor, ciente de sua incapacidade econômica de honrar um escalonamento quinquenal para seus compromissos inadimplidos, pode optar, desde logo, pelo procedimento da autoinsolvência civil como possível saída da crise econômico-financeira em que se envolveu.

Se a Lei não confere poderes ao juiz para compulsoriamente reduzir o montante das dívidas, e se o insolvente não consegue transacionar com os credores tal redução, seria contraproducente exigir dele que tentasse solucionar sua crise de solvabilidade por meio de requerimento da reestruturação judicial prevista no CDC. Semelhante pretensão estaria fadada a inevitável rejeição.

489-C. RECUPERAÇÃO JUDICIAL DO PRODUTOR RURAL, NOS MOLDES DA LEI N. 11.101/2005

A recuperação judicial disciplinada pela Lei n. 11.101/2005 (Lei de Falências) é um benefício destinado apenas ao empresário e à sociedade empresária (LF, art. 1º). Portanto, o devedor civil não organizado em empresa não pode recorrer à recuperação judicial para superar eventual crise de insolvência.

O produtor rural nem sempre organiza sua atividade econômica em forma empresarial e, na maioria das vezes, atua em regime de economia familiar sem qualquer organização mercantil. Há, porém, aqueles que se organizam como verdadeiros empresários, equiparando-se às empresas mercantis. O produtor rural, de tal sorte, pode atuar tanto como empresário, como não empresário.

Por sua vez, o Código Civil dispensa à atividade agropecuária um tratamento particular, segundo o qual os agentes desse ramo econômico gozam da liberdade de escolha entre inscrever-se ou não no Registro Público de Empresas Mercantis, vale dizer, de operar ou não como empresários. Assim, optando pela inscrição e uma vez consumada a medida, "ficará equiparado, para todos os efeitos, ao empresário sujeito a registro" (Cód. Civ., art. 971).

Em sequência, o art. 48 da Lei n. 11.101/2005 dispõe que apenas após tal inscrição é que o produtor rural poderá se valer da recuperação judicial, desde que comprovadamente também venha se dedicando à sua atividade de forma empresarial por mais de dois anos.

Discutiu-se muito sobre a cumulatividade temporal dos dois requisitos, isto é, se os dois anos de exploração empresarial deveriam se contar, ou não, a partir do registro. A controvérsia, no entanto, acha-se superada pela jurisprudência vinculante do Superior Tribunal de Justiça, que, em regime de recurso repetitivo, firmou a seguinte tese:

> "Ao produtor rural que exerça sua atividade de forma empresarial há mais de dois anos é facultado requerer a recuperação judicial, desde que esteja inscrito na Junta Comercial no momento em que formalizar o pedido recuperacional, independentemente do tempo de seu registro"[132].

---

[132] STJ, 2ª Seção, REsp 1.905.573/MT – recurso repetitivo – tema 1.145, Rel. Min. Luis Felipe Salomão, ac. 22.06.2022, *DJe* 03.08.2022.

Em outros termos: para fazer jus à recuperação judicial, o produtor rural deve ter registro na Junta Comercial anterior ao requerimento do referido benefício; mas, a comprovação da regularidade da atividade empresarial por dois anos é requisito que independe da anterioridade do questionado registro. "O que a lei pretende, em verdade, é assegurar a utilização do instituto a empresas já consolidadas. A *contrario sensu*, uma vez comprovado, por quaisquer meios, o exercício consolidado da atividade pelo período determinado pela lei, atestada estará a relevância da empresa rural, qualificando-a, assim, ao deferimento do processamento da recuperação"[133].

489-D. RECUPERAÇÃO JUDICIAL E CONCOMITÂNCIA DE EXECUÇÃO SINGULAR

O empresário sob regime de recuperação judicial nem sempre ficará imune às execuções singulares. Assim, por exemplo, "os créditos constituídos após o deferimento do pedido de recuperação judicial, por serem extraconcursais, não se submetem aos seus efeitos, sendo facultado ao credor propor a respectiva execução, que se processa pelas regras ordinárias aplicáveis a qualquer outro feito executivo e perante o juízo competente, a quem cabe promover todos os atos processuais, exceto a apreensão e a alienação de bens"[134].

Portanto, de acordo com a mesma orientação jurisprudencial, "compete ao juízo da recuperação acompanhar e autorizar a excussão de bens da empresa em recuperação, ainda que destinados à satisfação de créditos extraconcursais", incorrendo em nulidade a expropriação executiva praticada em juízo diverso. De tal sorte, "anulada a adjudicação de bem imóvel em virtude da efetiva competência do juízo recuperacional para acompanhar e autorizar a excussão de bens da empresa e convolada a recuperação em falência, não resta outra alternativa à credora senão habilitar seu crédito nos autos da falência, observada, se for o caso, a preferência legal estabelecida no art. 84 da Lei n. 11.101/2005".[135]

489-E. RECUPERAÇÃO JUDICIAL E CREDOR NÃO HABILITADO

No regime da Lei n. 11.101/2005, o titular do crédito que for voluntariamente excluído do plano recuperacional detém a prerrogativa de decidir entre habilitar o seu crédito ou promover a execução individual após finda a recuperação, como decidiu o STJ[136].

De fato, ainda na inteligência daquela Corte Superior, "se a obrigação não for abrangida pelo acordo recuperacional, ficando suprimida do plano, não haverá falar em novação, excluindo-se o crédito da recuperação, o qual, por conseguinte, poderá ser satisfeito pelas vias ordinárias (execução ou cumprimento de sentença)". Nessa perspectiva, "caso o credor excluído tenha optado pela execução individual, ficará obrigado a aguardar o encerramento da recuperação judicial e assumir as consequências jurídicas (processuais e materiais) de sua escolha para só então dar prosseguimento ao feito, em consonância com o procedimento estabelecido pelo CPC". O certo, portanto, é que quando o credor tiver sido excluído do plano recuperacional e optado por prosseguir com o processo executivo singular, "não poderá ser ele obrigado a habilitar o seu crédito"[137].

490. PENSÃO PARA O DEVEDOR

---

[133] Voto do Relator no REsp 1.905.573, *cit.*

[134] STJ, 3ª T., REsp 1.935.022/SP, Rel. Min. Ricardo Villas Bôas Cueva, ac. 21.09.2021, *DJe* 23.09.2021.

[135] STJ, 3ª T., REsp 1.935.022/SP, *cit.*

[136] STJ, 4ª T., REsp 1.851.692/RS, Reel. Min. Luis Felipe Salomão, ac. 25.05.2021, *DJe* 29.06.2021.

[137] *Idem, ibidem.*

O devedor que caiu em estado de insolvência sem culpa sua, pode requerer ao juiz, se a massa o comportar, que lhe arbitre uma pensão, até a alienação dos bens (art. 785 do CPC/1973).

Trata-se de regalia *pietatis causa* semelhante à do art. 38 da antiga Lei Falimentar, cujos pressupostos são:

a) a ausência de culpa do devedor pela insolvência; e
b) a capacidade da massa para comportar o pensionamento.

Sua duração vai apenas até a alienação dos bens arrecadados. E sobre o pedido do devedor, o juiz ouvirá os credores concorrentes e proferirá, em seguida, decisão, concedendo ou não a pensão (art. 785).

É bastante difícil apurar quando a massa comporta tal encargo, pois em se tratando de insolvente, em princípio os bens já não são suficientes sequer para o pagamento integral das dívidas existentes.

A nosso ver, a pensão será cabível apenas quando a massa possuir capacidade de produzir frutos ou rendimentos, dos quais se possa destacar a ajuda para o devedor, sem diminuição efetiva dos bens arrecadados. Não será deferida, a *contrario sensu*, quando importar necessidade de dispor de bens arrecadados, em prejuízo imediato da massa.[138]

491. INSOLVÊNCIA DE PESSOAS JURÍDICAS

As pessoas jurídicas que não se dediquem às práticas empresariais – sociedades civis *lato sensu*, ou mais precisamente *sociedades não-empresárias* – não são incluídas no âmbito da Lei Falimentar, cuja aplicação se restringe, na dicção da Lei n. 11.101/2005, ao *empresário* e à *sociedade empresária* (art. 1º).

Daí ter o Código estendido o instituto da insolvência também às *sociedades civis*, qualquer que seja a sua forma (art. 786 do CPC/1973).

Com a expressão "sociedades civis" quis o legislador abranger genericamente todos os entes morais de direito privado não compreendidos no âmbito de incidência da falência e da liquidação extrajudicial prevista em certas leis especiais.[139]

Dentre estas podem ser citadas as sociedades de prestação de serviço, *desde que não organizadas como empresas*, as associações de fins recreativos culturais, assistenciais ou religiosos e as fundações de direito privado.

O processamento da insolvência dessas pessoas jurídicas será feito segundo o mesmo rito preconizado para a execução concursal da pessoa natural.

Com o advento do Código Civil de 2002, não se faz mais distinção entre sociedade civil e sociedade mercantil. A diferença é de se fazer entre sociedade empresária e sociedade não empresária (arts. 983/984 e 997/998). Diante dessa nova classificação, a atual Lei de Falência endereça seu regime especial para o *empresário* e a *sociedade empresária*. Dessa maneira, ficarão sujeitos à insolvência civil o devedor não empresário, a sociedade não empresária e as associações e fundações civis. Também se incluem nas sociedades não empresárias as simples e as cooperativas (CC, art. 982, parágrafo único), as quais, portanto, regem-se pela disciplina da insolvência civil e não da falência, em caso de crise econômico-financeira.

---

[138] Para Celso Neves, "tal fixação terá em conta, precipuamente, a massa ativa patrimonial, arrecadada, e os eventuais rendimentos que produza ou possa produzir" (*Op. cit.*, n. 150, p. 314-315).

[139] NEVES, Celso. *Comentários ao Código de Processo Civil*. Rio – São Paulo: Forense, s/d, v. VII, n. 151, p. 316; PRIETO-CASTRO Y FERRÁNDIZ, Leonardo. *Op. cit.*, n. 108, p. 139. Também pensa assim Moniz de Aragão: "desde que não esteja abrangido por liquidação extrajudicial e não seja comerciante o devedor insolvente ficará sujeito ao tipo de processo que o Código trata no Livro II, correspondente à execução, no seu Título IV" (MONIZ DE ARAGÃO, Egas Dirceu. Execução contra o Devedor Insolvente, *in Revista Forense*, v. 246, abr-jun/1974, p. 68).

Fluxograma n. 15 – Execução por quantia certa contra devedor insolvente (arts. 748 a 773 do CPC/1973)

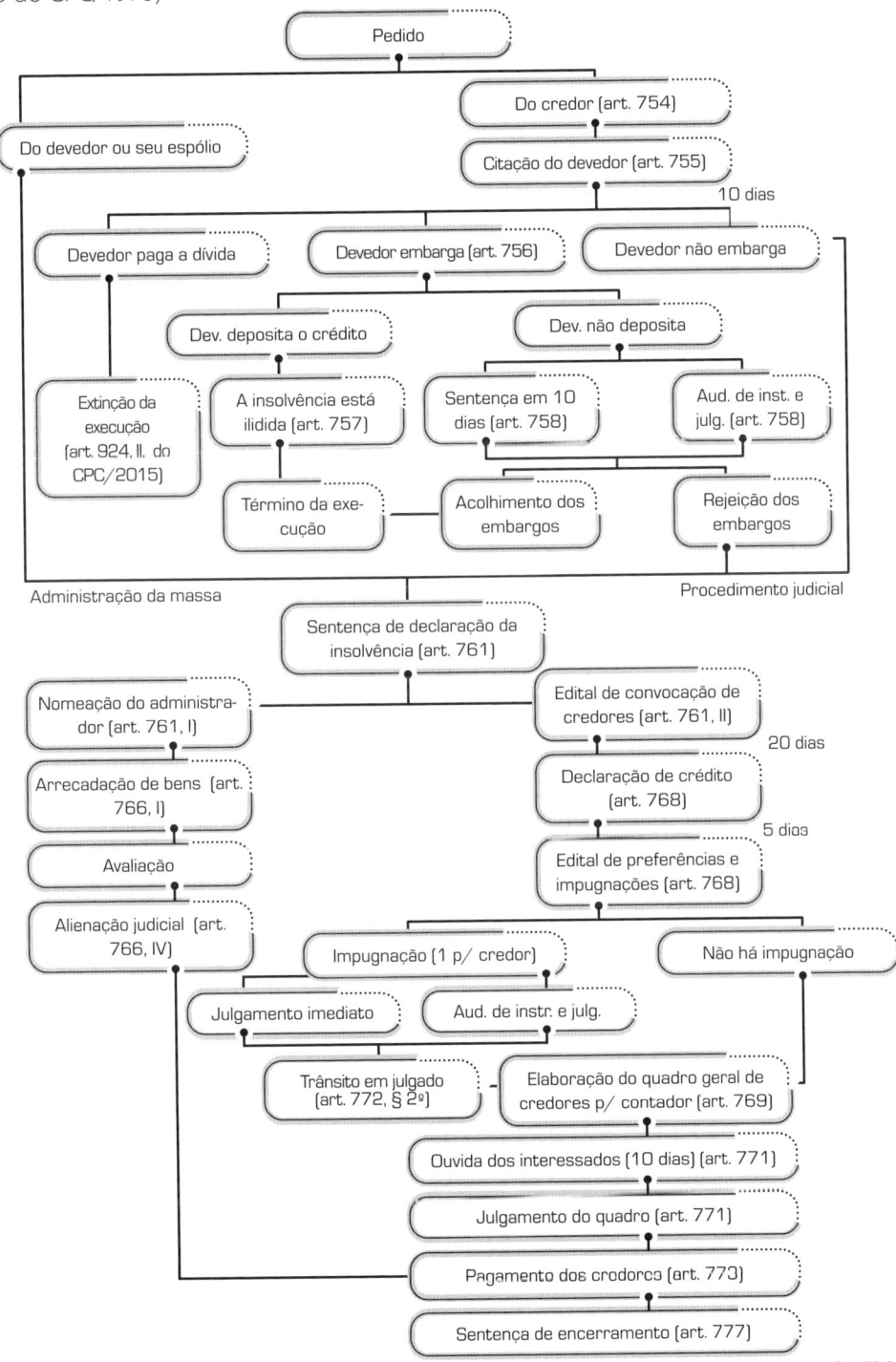

- Pedido
  - Do devedor ou seu espólio
  - Do credor (art. 754)
    - Citação do devedor (art. 755) — 10 dias
      - Devedor paga a dívida
        - Extinção da execução (art. 924, II, do CPC/2015)
      - Devedor embarga (art. 756)
        - Dev. deposita o crédito
          - A insolvência está ilidida (art. 757)
            - Término da execução
        - Dev. não deposita
          - Sentença em 10 dias (art. 758)
          - Aud. de inst. e julg. (art. 758)
            - Acolhimento dos embargos
            - Rejeição dos embargos
      - Devedor não embarga

Administração da massa | Procedimento judicial

- Sentença de declaração da insolvência (art. 761)
  - Nomeação do administrador (art. 761, I)
  - Arrecadação de bens (art. 766, I)
  - Avaliação
  - Alienação judicial (art. 766, IV)
  - Edital de convocação de credores (art. 761, II) — 20 dias
    - Declaração de crédito (art. 768) — 5 dias
      - Edital de preferências e impugnações (art. 768)
        - Impugnação (1 p/ credor)
          - Julgamento imediato
          - Aud. de instr. e julg.
            - Trânsito em julgado (art. 772, § 2º)
        - Não há impugnação
          - Elaboração do quadro geral de credores p/ contador (art. 769)
            - Ouvida dos interessados (10 dias) (art. 771)
              - Julgamento do quadro (art. 771)
                - Pagamento dos credores (art. 773)
                  - Sentença de encerramento (art. 777)

Nota: A execução do insolvente rege-se pelos arts. 748 a 773 do CPC/1973, mantidos em vigor pelo CPC/2015 (art. 1.052).

Fluxograma n. 16 – Extinção das obrigações do insolvente (arts. 777 a 782 do CPC/1973)

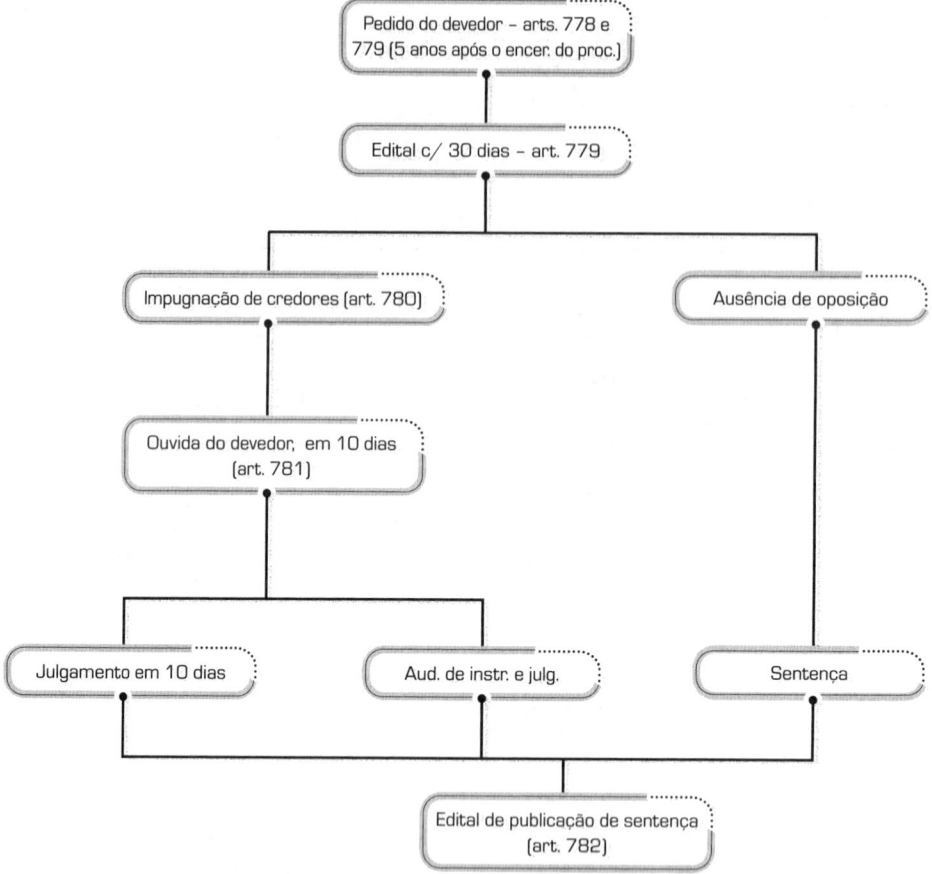

```
                  ┌─────────────────────────────────────┐
                  │ Pedido do devedor – arts. 778 e     │
                  │ 779 (5 anos após o encer. do proc.) │
                  └─────────────────┬───────────────────┘
                                    │
                  ┌─────────────────┴───────────────────┐
                  │   Edital c/ 30 dias – art. 779      │
                  └─────────────────┬───────────────────┘
                                    │
              ┌─────────────────────┴─────────────────────┐
              │                                           │
  ┌───────────┴──────────────────┐           ┌────────────┴──────────┐
  │ Impugnação de credores       │           │ Ausência de oposição  │
  │ (art. 780)                   │           └────────────┬──────────┘
  └───────────┬──────────────────┘                        │
              │                                           │
  ┌───────────┴──────────────────┐                        │
  │ Ouvida do devedor, em 10 dias│                        │
  │ (art. 781)                   │                        │
  └───────────┬──────────────────┘                        │
              │                                           │
   ┌──────────┴──────────┐                                │
   │                     │                                │
┌──┴──────────────┐ ┌────┴──────────────────┐  ┌──────────┴────┐
│ Julgamento em   │ │ Aud. de instr. e julg.│  │   Sentença    │
│ 10 dias         │ │                       │  └──────┬────────┘
└──┬──────────────┘ └────┬──────────────────┘         │
   │                     │                            │
   └─────────────────────┴────────────┬───────────────┘
                                      │
                      ┌───────────────┴─────────────────┐
                      │ Edital de publicação de sentença │
                      │ (art. 782)                       │
                      └──────────────────────────────────┘
```

Nota: O CPC/2015 (art. 1.052) manteve em vigência os dispositivos do CPC/1973 que regulam a execução do devedor insolvente.

Capítulo XXXIV
SUSPENSÃO E EXTINÇÃO DO PROCESSO DE EXECUÇÃO. RECURSOS

492. SUSPENSÃO DA EXECUÇÃO

Consiste a *suspensão da execução* do título extrajudicial numa situação jurídica provisória e temporária, durante a qual o processo não deixa de existir e produzir seus efeitos normais, mas sofre uma paralisação em seu curso, não se permitindo que nenhum ato processual novo seja praticado enquanto dure a referida crise.[1] A eficácia da suspensão é, pois, a de "congelar o processo",[2] de sorte que cessada a causa que a motivou, o procedimento retoma, automaticamente, seu curso normal, a partir da fase ou momento processual em que se deu a paralisação.

Às vezes, no entanto, a causa de suspensão pode, a seu termo, transmudar em causa de extinção da execução, como, por exemplo, se dá quando os embargos do devedor são julgados procedentes.

Classifica-se a suspensão da execução em:

a) *necessária*; e
b) *voluntária*.

É *necessária* ou *ex lege*, a suspensão imposta pela lei, de forma cogente, diante de determinada situação processual, como no caso de morte de qualquer das partes (CPC/2015, art. 313, I), de arguição de impedimento ou suspeição do juiz (CPC/2015, art. 313, III) e demais hipóteses contempladas no art. 313.

É *voluntária* ou *convencional*, a que decorre de ato de vontade ou ajuste entre as partes (art. 922).

A suspensão de que se trata ocorre após o ajuizamento do feito e a jurisprudência tem repelido a possibilidade de uso de tutela provisória de urgência (art. 294) para suspender, preventivamente, o direito de ajuizar a execução forçada antes mesmo de sua propositura. Semelhante medida importaria restrição incabível ao direito de ação, que goza da condição de garantia constitucional, de maneira que, dispondo o credor de título executivo, será direito seu irrecusável o de propor a respectiva execução forçada. Não obstante, é possível que a medida judicial provoque a suspensão dos atos satisfativos. Mas, nesse caso, segundo Antonio Adonias Aguiar Bastos, "há que se exigir uma garantia para a concessão da tutela provisória, a fim de não impor ao credor um possível prejuízo em decorrência da eventual diminuição ou alteração do patrimônio do devedor e/ou responsável, que pode acontecer no transcurso do tempo sem a prática dos atos satisfativos".[3] Nesse sentido, o entendimento do STJ: "a suspensão da ação de

---

[1] FURNO, Carlo. *La sospensione del processo executivo*. Milano: A. Giuffrè, 1956, n. 8, p. 30.

[2] D'ONOFRIO, Paolo. *Commento al Codice di Procedura Civile*. Torino: Unione Tipográfico-Editrice Torinense, 1953, v. I, p. 419.

[3] BASTOS, Antonio Adonias Aguiar. A execução e os títulos de crédito. As ações de conhecimento relativas à inexistência, à invalidação ou à inexigibilidade do título executivo extrajudicial ou da relação obrigacional. O art. 784, § 1º, do CPC/2015. *In*: ASSIS, Araken de; BRUSCHI, Gilberto Comes (coords.). *Processo de execução e cumprimento da sentença*. 2. ed. São Paulo: RT, 2022, vol. 1, p. 94.

execução em decorrência do trâmite simultâneo de ação revisional depende de estar garantido o juízo, o que não se verificou neste processo".[4]

A suspensão incidental somente ocorrerá nos casos expressamente previstos em lei[5], e só se haverá de pensar nela depois de instaurada a execução, e nunca como expediente para vetar sua propositura.

Poder-se-ia pensar que prejudicialidade externa (*i. e.*, a que decorre da pendência de outra ação capaz de desconstituir a validade ou eficácia do título exequendo) estaria excluída do rol das causas de suspensão da execução, por não ter figurado no inc. I do art. 921. Não é isto, porém, o que se passa na espécie. As normas do processo de conhecimento são todas subsidiariamente aplicáveis ao processo de execução (art. 771, parágrafo único). Somente quando incompatíveis com a natureza da execução, ou quando expressamente afastadas por alguma regra expressa do Livro II, é que se há de recusar a incidência dos preceitos do Livro I da Parte Especial no âmbito da execução forçada.

Nada há, em princípio, na disciplina da suspensão da execução que se mostre incompatível com o art. 313, V, *a*. Aliás, a ação anulatória, quando precedente à execução, tem sido equiparada pela jurisprudência aos embargos do devedor.[6] Assim, a possibilidade de suspensão da execução de ação da espécie é a mesma que se reconhece aos embargos. Configurados os requisitos da relevância do objeto da causa e o risco de dano grave e de difícil reparação gerado pelo prosseguimento da execução, a ação prejudicial terá, sem dúvida, força para justificar a suspensão da execução, exatamente como se passa com os embargos (art. 919, § 1º).[7]

Deve-se lembrar que, fora do regime do CPC, a recuperação judicial também tem força de suspender as execuções singulares, inclusive as de natureza trabalhista, como medida necessária

---

[4] STJ, 3ª T., REsp. 2.009.207/MS, Rel. Min. Nancy Andrighi, ac. 08.11.2022, *DJe* 21.11.2022. Ainda sobre o tema: STJ, 2ª Seção, REsp. 1.340.236/SP, Rel. Min. Luis Felipe Salomão, ac. 14.10.2015, *DJe* 06.10.2015; STJ, 4ª T., AgInt no AREsp. 1.605.268/RJ, Rel. Min. Antonio Carlos Ferreira, ac. 01.06.2020, *DJe* 05.06.2020.

[5] STJ, REsp. 1935-MA, 3ª T., Rel. Min. Nilson Naves, ac. de 20.02.90, *DJU* 26.03.90, p. 2.175; 2º TACiv-SP, Ação Caut. Inc. n. 217.108-9/03 – Ag. Rg., Rel. Juiz Gildo dos Santos, ac. de 03.05.88, *in RT*, 631/169; TJRJ, MC 4 (Ag.Rg.), ac. de 23.03.81, Rel. Des. Graccho Aurélio, *in RT*, 560/222. Mesmo no caso de ação declaratória manejada contra o título executivo extrajudicial, em regra, "não deve [a execução] resultar paralisada à espera de definição do pedido declaratório, até porque a doutrina não avaliza a suspensão da execução em casos fora do rol legal" (TJMG, 15ª Câm. Cív., Agravo de Inst. 2.0000.00.322376-9/000, Rel. Des. Pedro Quintino do Prado, ac. 23.11.2000, *DJMG* 13.12.2000). Convém lembrar que o fenômeno dos embargos à execução, como ação incidental e com força eventual de suspender o processo executivo, se tornou restrito aos casos de títulos extrajudiciais, já que o cumprimento de sentença (título executivo judicial) não se dá mais sob a forma de ação autônoma (*actio iudicati*). "Os embargos do devedor constituem instrumento processual típico de oposição à execução forçada promovida por ação autônoma (CPC, art. 736 do CPC). Sendo assim, só cabem embargos de devedor nas ações de execução processadas na forma disciplinada no Livro II do Código de Processo" (STJ, 1ª T., REsp 721.808/DF, Rel. Ministro Teori Albino Zavascki, ac. 01.09.2005, *DJU* 19.09.2005, p. 212). Por não dispor da ação de embargos, o devedor não fica privado do direito de defesa contra os excessos ou ilegalidades acaso cometidos um procedimento de cumprimento de sentença. Para tanto, todavia, terá possibilidade de impugná-los, por petição, no curso da fase executiva superveniente à sentença condenatória (CPC/2015, art. 525, § 1º). A impugnação, *in casu*, não tem de ordinário efeito suspensivo, podendo tê-lo, conforme o caso, por decisão judicial (CPC/2015, art. 525, § 6º).

[6] "Cumpre a ele [juiz prevento], se for o caso, dar à ação declaratória ou anulatória anterior o tratamento que daria à ação de embargos com idêntica causa de pedir e pedido, inclusive, se garantido o juízo, com a suspensão da execução" (STJ, 1ª Seção, CC 38.045/MA, Rel. p/ Acórdão Min. Teori Albino Zavascki, ac. 12.11.2003, *DJU* 09.12.2003, p. 202). No mesmo sentido: STJ, 1ª T., REsp. 803.352/RS, Rel. Min. Teori Albino Zavascki, ac. 16.03.2006, *DJU* 03.04.2006, p. 292; STJ, 3ª T., REsp. 437.167/RS, Rel. Min. Ari Pargendler, ac. 27.08.2002, *DJU* 02.12.2002, p. 308.

[7] STJ, 4ª T., REsp. 466.129/MT, Rel. Min. Aldir Passarinho Júnior, ac. 16.10.2007, *DJU* 12.11.2007, p. 218.

à preservação da empresa em crise (Lei n. 11.101/2005, art. 47)[8]. Igual efeito suspensivo sobre as execuções individuais exerce o procedimento de liquidação extrajudicial de empresa sujeita ao regime da Lei n. 6.024/1974[9].

Os casos comuns de suspensão do processo previstos para o processo de cognição aplicam-se, também, à execução forçada; mas há casos particulares que só ocorrem com referência a esta última espécie de processo.

Daí prever o art. 921 a suspensão da execução nos seguintes casos:

I – nas hipóteses dos arts. 313 e 315, no que couber;

II – no todo ou em parte, quando recebidos com efeito suspensivo os embargos à execução;

III – quando não for localizado o executado ou bens penhoráveis (redação dada pela Lei n. 14.195/2021);

IV – se a alienação dos bens penhorados não se realizar por falta de licitantes e o exequente, em quinze dias, não requerer a adjudicação nem indicar outros bens penhoráveis;

V – quando concedido o parcelamento de que trata o art. 916.

Examinaremos, a seguir, cada uma das situações.

493. SUSPENSÃO PREVISTA NOS ARTS. 313 E 315 DO CPC/2015

I – Previsões do art. 313

As hipóteses do art. 313, para o processo de conhecimento, e que o art. 921, I manda aplicar, também, ao processo de execução, compreendem:

a) a *morte* ou *perda da capacidade processual* de qualquer das partes, de seu representante legal ou de seu procurador (inc. I do art. 313);

b) a *convenção das partes*, pelo prazo máximo de seis meses (art. 313, II e § 4º). Na execução forçada, todavia, o art. 922 prevê a suspensão do processo por acordo das partes, sem a restrição de prazo desde que a convenção vise a estabelecer um prazo determinado para cumprimento voluntário da obrigação pelo executado;

c) a arguição de *suspeição ou impedimento do juiz* (inc. III do art. 313). A arguição do juiz da causa se processará na forma do art. 146; e as medidas urgentes, durante o sobrestamento do processo para aguardar a solução do incidente, poderão ser requeridas ao substituto legal do juiz arguido de suspeição ou impedimento (art. 146, § 3º).

d) *a admissão do incidente de resolução de demandas repetitivas* (inc. IV do art. 313). Nesse caso, os processos pendentes, individuais ou coletivos, que tramitam no estado ou na região, identificados como relativos à mesma questão de direito são paralisados até que o tribunal de segundo grau julgue a tese comum, com eficácia

---

[8] STJ, 2ª Seção, CC 108.141/SP, Rel. Min. Fernando Gonçalves, ac. 10.02.2010, *DJe* 26.02.2010; STJ, 4ª T., REsp 1.193.480/SP, Rel. Min. Aldir Passarinho Jr., ac. 05.10.2010, *DJe* 18.10.2010.

[9] STJ, 2ª T., REsp 717.166/PE, Rel. Min. Eliana Calmon, ac. 08.11.2005, *DJU* 21.11.2005, p. 199; STJ, 1ª T., REsp 727.076/PE, Rel. Min. Luiz Fux, ac. 12.09.2006, *DJU* 21.09.2006, p. 221.

para todo o conjunto de demandas. O Código admite, todavia, a realização de atos urgentes para evitar dano irreparável (art. 314);

e) *a prejudicialidade*, que ocorre quando a sentença de mérito: *(a)* depender do julgamento de outra causa ou da declaração de existência ou de inexistência de relação jurídica que constitua o objeto principal de outro processo pendente; ou, *(b)* tiver de ser proferida somente após a verificação de determinado fato ou a produção de certa prova, requisitada a outro juízo (inc. V do art. 313);

f) *o motivo de força maior* (inc. VI do art. 313);[10]

g) *a discussão em juízo de questão decorrente de acidentes e fatos da navegação de competência do tribunal marítimo* (inc. VII do art. 313). Por tribunal marítimo entende-se o órgão administrativo que cuida de certos problemas ocorridos durante a navegação. O processo judicial pode referir-se a pretensões apoiadas em fatos que se encontrem sob a averiguação e regulação de órgão dessa natureza, donde a previsão para que se suspenda o processo;

h) *os demais casos que o Código regula* (inc. VIII do art. 313);

i) *o parto ou a concessão de adoção*, quando a advogada responsável pelo processo constituir a única patrona da causa (inc. IX do art. 313, incluído pela Lei n. 13.363);

j) *o advogado* responsável pelo processo constituir o único patrono da causa e tornar-se pai (inc. X do art. 313, incluído pela Lei n. 13.363).

Sobre as consequências e peculiaridades das suspensões em cogitação, veja-se o que ficou exposto no volume I, n. 524 a 532, de nosso *Curso de Direito Processual Civil*.

Entretanto, quanto à hipótese do inciso VIII do art. 313, dos "casos que o Código regula", impende ressaltar a instauração do incidente de desconsideração da personalidade jurídica que, por força do art. 134, § 3º, enseja a suspensão do processo. Analisando o tema, José Miguel Garcia Medina afirma, corretamente, que a suspensão deverá cingir-se "à questão da desconsideração – nada impedindo a prática de outros atos executivos, por exemplo, no curso do procedimento".[11] Com efeito, se houver, por exemplo, penhora de bem da executada (sociedade) ou de algum garante (fiador, avalista etc.), esses bens poderão ser excutidos, não havendo motivo para suspensão, apenas em razão do incidente de desconsideração.

II – Previsão do art. 315

A hipótese do art. 315, diz respeito à situação em que o conhecimento do mérito depender de verificação da existência de fato delituoso. Nesse caso, o juiz poderá determinar a suspensão do processo até que a justiça criminal se pronuncie. Para que o processo não fique paralisado eternamente, o CPC/2015 estabelece que se a ação penal não for proposta no prazo de três meses, contado da intimação do ato de suspensão, o processo prosseguirá, cabendo ao juiz cível examinar incidentalmente a questão prévia. O prazo máximo para a paralisação da ação, caso seja ajuizada a ação penal, é de um ano (sobre essa hipótese de suspensão, veja no volume I, item 534, do nosso *Curso de Direito Processual Civil*).

---

[10] Araken de Assis exemplifica como casos de força maior capazes de suspender a execução: a greve generalizada dos serventuários da justiça; a greve dos correios, que servem de protocolo forense; incêndio no foro; problemas na estrutura do prédio do foro (*Manual da execução*, 18. ed. revista, atualizada e ampliada, São Paulo: Editora Revista dos Tribunais, 2016, n. 150.7, p. 693).

[11] MEDINA, José Miguel Garcia. *Novo Código de Processo Civil comentado*. 3. ed. São Paulo: Ed. RT, 2015, p. 227.

III – Suspensão convencional (art. 313, II)

Na hipótese de suspensão convencional para concessão de prazo ao executado para realizar o adimplemento da dívida (art. 922), se o resgate de fato ocorrer, a execução se extinguirá definitivamente. Se, porém, a dilação concedida pelo exequente transcorrer sem que o executado solva o débito, o processo executivo simplesmente retomará o seu curso (art. 922, parágrafo único). De todo modo, as partes devem estabelecer um prazo destinado ao cumprimento voluntário da obrigação (art. 922, *caput*). Não pode, obviamente, ocorrer uma suspensão por prazo indeterminado, tendo em vista o dever que toca ao juiz de velar pela duração razoável do processo e pela rápida composição do litígio (CF, art. 5º, LXXVIII, e CPC/2015, art. 139, II). Mas, ajustado o prazo entre as partes, deve prevalecer como objeto de negócio jurídico entre elas aperfeiçoado, não cabendo ao juiz senão a atividade homologatória, para que os respectivos efeitos operem sobre o procedimento da execução, acarretando a desejada suspensão temporária do processo.[12]

O efeito do negócio jurídico processual em questão não é a extinção do processo, mas apenas o de suspendê-lo "até o adimplemento da obrigação", de modo que se o prazo ajustado findar sem a solução da dívida, "o processo retomará seu curso normal".[13]

Se, *ex nunc* a eficácia da suspensão, permanecem íntegros os atos executivos consumados anteriores à convenção, e não cumprido o convencionado, a execução "retomará seu curso no estado em que se encontrava no momento da suspensão".[14]

Não há momento especial para o acordo de suspensão da execução, de modo que poderá ser ajustada entre as partes até mesmo antes da citação, sem que de tal negócio processual se possa presumir falta de interesse no eventual prosseguimento da execução por descumprimento da transação, consoante já decidiu o STJ (REsp 2.165.124/DF). Tampouco, "a simples notícia de acordo firmado entre as partes, em princípio, não implica em suspensão automática do curso processual, salvo se houver no acordo a celebração de negócio jurídico processual específico do sobrestamento do processo, sendo irrelevante o fato de o acordo ter sido celebrado antes da citação do executado" (REsp *cit.*).

IV – Suspensão para parcelamento legal do débito

O art. 916 instituiu outra hipótese de suspensão da execução para propiciar condições especiais de pagamento pelo executado. Ao contrário do art. 922, que cogita de um prazo de pagamento convencional, a nova regra legal prevê a concessão de um prazo para pagamento parcelado que é deferível pelo juiz independentemente de consentimento do exequente. Uma vez deferido o benefício legal, suspendem-se os atos executivos enquanto o parcelamento estiver sendo regularmente cumprido. Este benefício legal, porém, é exclusivo das execuções lastreadas em títulos executivos extrajudiciais. Não se aplica ao cumprimento de sentença (art. 916, § 7º).

---

[12] "Se acordo com a lei de processo, a suspensão da execução, por convenção das partes, tem caráter de negócio jurídico, sendo a intervenção do juiz, no caso, meramente declaratória da estipulação dos que integram a relação processual. Estando a execução 'suspensa', por concessão das partes, não flui o prazo para oferecimento dos embargos do executado" (STJ, 1ª T., REsp. 15.269/SP, Rel. Min. Demócrito Reinaldo, ac. 06.12.1993, *DJU* 21.02.1994, p. 2.120).

[13] STJ, 3ª T., REsp. 158.302/MG, Rel. Min. Waldemar Zveiter, ar. 16.02.2001, *DJU* 09.04.2001, p. 351. "...6. O interesse de agir decorrente da celebração de negócio jurídico processual de suspensão de processo executivo está no incentivo ao cumprimento do acordo pela parte contra a qual a condição de retomada do curso da ação corre - i.e., o devedor e executado - além da preservação do crédito exequendo no seu montante original e seus consectários decorrentes do reestabelecimento da mora quanto ao título extrajudicial original" (STJ, 3ª T., REsp 2.165.124/DF, Rel. Min. Nancy Andrighi, ac. 15.10.2024, *DJe* 17.10.2024).

[14] STJ, 3ª T., HC 70.959/SP, Rel. Min. Castro filho, ac. 08.03.2007, *DJU* 26.03.2007, p. 230.

V – Suspensão por transação

A transação, no processo executivo, pode ser causa de extinção ou de suspensão do feito. Se, por ela se concede quitação ao executado, com sua homologação, extinta estará, a execução forçada. Se, porém, o que se nova é o valor do débito ou a forma de cumprir a obrigação criando, por exemplo, um parcelamento da mesma obrigação novada, o caso será de simples suspensão do processo, para aguardar-se o cumprimento do acordo. No primeiro caso, aplica-se o art. 924, II, e, no segundo, o art. 922.

Quando a suspensão for provocada por convenção das partes, findo o prazo ajustado sem cumprimento da obrigação, o processo retomará seu curso normal, para ensejar a realização do débito integral ou de seu saldo remanescente (art. 922, parágrafo único). Se a transação contiver cláusula resolutória para a hipótese de descumprimento, o executado que a inadimplir perderá a eventual redução convencionada, e a execução deverá "prosseguir pelos valores originários",[15] além da multa convencional, se houver.

494. SUSPENSÃO PROVOCADA POR EMBARGOS

Antes da Lei n. 11.382, de 06.12.2006, à época do CPC de 1973, bastava que os embargos fossem recebidos para processamento para que a execução ficasse, automaticamente, suspensa. Atualmente, a regra básica é que os embargos do executado "não terão efeito suspensivo" (CPC/2015, art. 919, *caput*). Somente em circunstâncias especiais é que o juiz poderá atribuir, a requerimento do executado, efeito suspensivo aos embargos (art. 919, § 1º).

Sobre as condições para que a situação excepcional de eficácia suspensiva ocorra, ver, *retro*, o item n. 427.

Deve-se observar que há possibilidade de os embargos referirem-se apenas a parte da obrigação exequenda. Se isto ocorrer, mesmo que o embargante obtenha efeito suspensivo, a execução não paralisará totalmente, mas apenas no tocante às verbas impugnadas. No mais, terá prosseguimento normal (art. 919, § 3º). Também quando um só dos coexecutados oferece embargos e obtém deferimento de efeito suspensivo, a execução terá prosseguimento quanto aos que não embargaram. Isto só não acontecerá se o fundamento dos embargos disser respeito a todos os litisconsortes (art. 919, § 4º). Pense-se, por exemplo, no caso de alegação de pagamento da obrigação exequenda: mesmo que um só, dentre os vários coexecutados, tenha embargado, a defesa beneficiará a todos eles. Por isso, a suspensão afetará o curso total da execução.

495. SUSPENSÃO POR INEXISTÊNCIA DE BENS PENHORÁVEIS

O objeto da execução forçada são os bens do executado, dos quais se procurará extrair os meios de resgatar a dívida exequenda. Não há, no processo de execução, provas a examinar, nem sentença a proferir. Daí por que a falta de bens penhoráveis do devedor importa suspensão da execução pelo prazo de um ano, período em que se suspenderá, também, a prescrição (art. 921, III e § 2º). A falta de bens a penhorar – destaque-se – não acarreta a definitiva frustração da execução por quantia certa. Inviabiliza, no entanto, o prosseguimento momentâneo dessa modalidade executiva, cujo objetivo consiste em apreender e expropriar bens patrimoniais do executado para realizar a satisfação do crédito do exequente. Sem que se conte com bens expropriáveis, não há, obviamente, como dar sequência ao curso do processo. O impasse, porém, é episódico, visto que podem surgir, mais tarde, no patrimônio do executado, bens exequíveis, tornando viável a retomada da marcha da execução. Deve-se lembrar que a responsabilidade patrimonial em que se apoia a execução por quantia certa abrange tanto os bens atuais do

---

[15] STJ, 4ª T., REsp. 1.034.264/DF, Rel. Min. Fernando Gonçalves, ac. 11.11.2008, *DJe* 11.05.2009.

executado como os futuros (art. 789). Por isso, a lei prevê que, não se encontrando bens a penhorar, a execução será suspensa (art. 921, III), e não extinta.

495-A. SUSPENSÃO POR NÃO LOCALIZAÇÃO DO EXECUTADO

A não localização do executado, para cumprimento da citação executiva, não é, por si só, motivo suficiente para a suspensão da execução. O credor poderá promover a citação por edital ou com hora certa, conforme o caso.

Mas, se além de não localizado o executado, também não se encontram bens penhoráveis para viabilizar o andamento da execução, inevitável será a suspensão do processo (CPC, art. 921, III, com a redação da Lei n. 14.195/2021).

Essa suspensão não impedirá o executado de comparecer em juízo, enquanto não extinto o processo, para opor embargos à execução, já que esse procedimento não se subordina ao requisito da segurança do juízo por meio da penhora (art. 914). O interesse do embargante pode justificar-se através de exceções, tanto processuais, como substanciais, já que os embargos à execução de títulos extrajudiciais comportam todas as defesas cabíveis nas ações cognitivas comuns (art. 917, VI). Assim, será possível ao devedor, através dos embargos, transformar a suspensão provisória em extinção definitiva da execução, se comprovar motivo jurídico para se liberar da pretensão do exequente.

496. SUSPENSÃO E PRESCRIÇÃO INTERCORRENTE

I – Execução por quantia certa

Decorrido o prazo de um ano da suspensão da execução por quantia certa, sem que seja localizado o executado ou que sejam encontrados bens penhoráveis, os autos serão arquivados em caráter provisório (art. 921, § 2º), podendo ser reativados a qualquer tempo, desde que surjam bens a executar (§ 3º). O primeiro problema provocado pela suspensão é definir até quando perdurará a paralisia do processo. E o segundo é saber que destino terá a execução quando a suspensão durar mais do que o prazo legal de prescrição da obrigação exequenda.

O CPC/2015 enfrentou esses problemas no art. 921 (com as alterações e acréscimos da Lei n. 14.195/2021) e deu-lhes as seguintes soluções:

(a) A suspensão decretada por falta de bens a penhorar é destinada a prevalecer inicialmente durante o prazo fixo de um ano, dentro do qual permanecerá também suspensa a prescrição (§ 1º).

(b) A suspensão, depois de ultrapassado um ano, acarretará o arquivamento dos autos (§ 2º), sem, entretanto, provocar a extinção do processo.

(c) No curso do processo, a prescrição da execução tem como *termo* inicial a ciência (pelo exequente) da primeira tentativa infrutífera de localização do devedor ou de bens penhoráveis, e será *suspensa* por uma única vez, pelo prazo máximo de um ano previsto no § 1º do art. 921 (é o que dispõe o § 4º do mesmo artigo, com a redação da Lei n. 14.195/2021).

(d) Efetivada a citação, a intimação do devedor ou a constrição de bens penhoráveis, interrompido será o prazo de prescrição, o qual não corre durante o tempo necessário à citação e à intimação do devedor, bem como às formalidades da penhora, desde que o credor cumpra os prazos previstos na lei processual ou fixados pelo juiz (§ 4º-A, acrescido pela Lei n. 14.195).

(e) Transcorrido prazo suficiente para aperfeiçoar-se a prescrição da pretensão do credor, o juiz, depois de ouvida as partes, no prazo de quinze dias, poderá, de ofício, reconhecer a prescrição intercorrente extinguindo o processo, sem ônus para as partes (§ 5º, alterado pela Lei n. 14.195/2021).

O art. 921, III (com alteração da Lei n. 14.195/2021), fala em suspender a execução quando o executado não possuir bens a penhorar ou quando o devedor não for encontrado para citação. Não quer isto dizer que será necessária uma decisão que expressamente decrete a suspensão e o arquivamento do processo. Basta que diante do embaraço ao prosseguimento da execução, sobrevenha sua paralisação pelo prazo de um ano, sem que nada de concreto se tenha feito para descobrir bem para segurança do juízo executivo ou para localizar o executado. Para a prescrição, a suspensão é um fato equiparável à simples paralisação do processo.

Nesse sentido, decidiu o TJ/DF que "o prazo de prescrição intercorrente previsto no art. 921, § 4º, tem início automaticamente um ano após a intimação da decisão de suspensão de que trata o seu § 1º"[16].

Ressalte-se que, para romper a suspensão do processo, cabe ao exequente promover o andamento da execução, apontando concretamente os bens necessários ao alcance do objetivo do feito. Ciente de que não foram eles encontrados, é ônus seu diligenciar no sentido de localizá-los. Se nada faz para desincumbir-se desse ônus, o processo está, na verdade, abandonado. É o suficiente para que o prazo da prescrição intercorrente tenha início[17]. Pretender que dito prazo só comece a contar de um ato de intimação solene acerca da paralisação do processo, ensejaria sua eternização, permitindo que indefinidamente o credor pudesse escapar dos efeitos de ordem pública da prescrição, graças à sua própria inércia, o que é intolerável na espécie. Por isso mesmo, é de todo inócuo o simples requerimento genérico de prosseguimento do processo, em busca de efetuar a penhora, sem que os bens a constringir sejam, desde logo, identificados. Só se pode cogitar de impedir a consumação da prescrição intercorrente se a diligência requerida pelo credor, antes da respectiva consumação, se revelar frutífera.

Observe-se que, uma vez consumado o lapso prescritivo, a audiência das partes (CPC/2015, art. 921, § 5º) não se destina a convocá-las a dar prosseguimento à execução. Nessa altura, se não demonstrada alguma causa de interrupção da prescrição, outro destino não terá o processo senão a sua extinção por força da perda legal da pretensão do exequente (CC, art. 189).

A prévia intimação do exequente ao decreto da prescrição já ocorrida resulta apenas do dever de obediência ao contraditório em seu aspecto moderno da *não surpresa*. Serve, portanto, para dar-lhe oportunidade "tão somente, de demonstrar suposto equívoco do julgador na contagem do prazo, ou causa interruptiva ou suspensiva da prescrição, sem supressão de instância"[18].

Essa dinâmica da contagem da prescrição intercorrente sujeita-se a uma regra especial de direito intertemporal, que consiste em ter como termo inicial do respectivo prazo a data de

---

[16] TJ/DF, 2ª T. Cív., Apelação Civil 1108917, Rel. Des. João Egmont, j. 2018, *Revista Brasileira de Direito Comercial*, n. 25, p. 148, out-nov/2018. No texto atual do § 4º do art. 921 com a redação da Lei n. 14;195/2021, está previsto que "o termo inicial da prescrição no curso do processo será a ciência da primeira tentativa infrutífera de localização do devedor ou de bens penhoráveis, e será suspensa, por uma única vez, pelo prazo máximo previsto no § 1º deste artigo".

[17] "Incide a prescrição intercorrente, quando o exequente permanece inerte por prazo superior ao de prescrição do direito material vindicado, conforme interpretação extraída do art. 202, parágrafo único, do Código Civil de 2002" (STJ, 3ª T., REsp 1.589.753/PR, Rel. Min. Marco Aurélio Bellizze, ac. 17.05.2016, *DJe* 31.05.2016).

[18] REIS, José Maria dos; REIS, Francis Vanine de Andrade. Da prescrição intercorrente na execução civil: incompletude do texto do inciso III do art. 791 do CPC. *AMAGIS Jurídica*, Belo Horizonte, ano VI, n. II, p. 69, jul-dez/2014.

vigência do atual Código (art. 1.056), para os processos já suspensos no regime da lei anterior (CPC/1973, art. 791, III)[19].

Justifica-se a prescrição intercorrente, basicamente, com o argumento de que a eternização da execução é incompatível com a garantia constitucional de duração razoável do processo e de observância de tramitação conducente à rápida solução dos litígios (CF, art. 5º, LXXVIII). Tampouco, se pode admitir que a inércia do exequente, qualquer que seja sua causa, redunde em tornar imprescritível uma obrigação patrimonial. O sistema de prescrição, adotado por nosso ordenamento jurídico, é incompatível com pretensões obrigacionais imprescritíveis. Nem mesmo se subordina a prescrição civil a algum tipo de culpa por parte do credor na determinação da inércia no exercício da pretensão. A prescrição, salvo os casos legais de suspensão ou interrupção, flui objetivamente, pelo simples decurso do tempo.[20]

Daí a criação pretoriana da apelidada *prescrição intercorrente*, agora adotada expressamente pelo CPC/2015 (art. 921, § 4º, com a redação da Lei n. 14.195/2021), que se verifica justamente quando a inércia do processo perdure por tempo superior ao lapso da prescrição prevista para a obrigação disputada em juízo. Assim é que, decorrido o prazo de um ano da ciência da primeira tentativa infrutífera de localização do devedor, ou de bens penhoráveis sem que o exequente se manifeste, retoma curso o prazo de prescrição suspenso desde quando se inviabilizou o prosseguimento da execução pelos motivos arrolados no § 1º do referido art. 921. Mas, para que a prescrição se aperfeiçoe e seja decretada, acarretando a extinção do processo, o juiz deverá ouvir previamente as partes, no prazo de quinze dias (§ 5º, alterado pela Lei n. 14.195/2021), a fim de que seja cumprida a garantia do contraditório. Naturalmente, essa audiência só se dará apenas na pessoa do exequente, se o executado não tiver se feito presente nos autos, por meio de advogado.

Poder-se-ia objetar que, interrompida pela citação, a prescrição somente deveria voltar a correr, de acordo com o direito material, depois de encerrado o processo (CC, art. 202, parágrafo único). A regra, no entanto, pressupõe processo que esteja em andamento regular, não aquele que, anomalamente, tenha sido acometido de paralisação por longo tempo, isto é, por tempo superior àquele em que a obrigação seria atingida pela prescrição.[21]

O CPC/2015 acabou, também, com a divergência que existia à época do Código anterior, quanto à possibilidade de o juiz reconhecer a prescrição superveniente, sem a provocação do executado. O art. 194 do Código Civil, que vedava ao juiz o pronunciamento *ex officio* da prescrição, foi revogado pela Lei n. 11.280/2006. O art. 487, II do CPC/2015, por isso admite que possa ser declarada de ofício pelo juiz, embora não deva fazê-lo sem antes dar oportunidade às partes de manifestar-se (art. 487, parágrafo único).

Quanto à possibilidade de a prescrição ser decretada pelo juiz de ofício, a jurisprudência do STJ faz uma interessante distinção:

a) quando se trata de prescrição intercorrente, em execução fiscal, sob regência do art. 40, § 4º, da Lei n. 6.830/1980, antes de decretá-la no processo suspenso por falta de bem a penhorar, o juiz deverá ouvir a Fazenda exequente (e não o executado), para ensejar-lhe a arguição e comprovação de algum fato obstativo ou suspensivo

---

[19] O CPC de 1973 previa em seu art. 791, III, apenas a suspensão da execução "quando o devedor não possuir bens penhoráveis". Não existia, como no Código atual, uma previsão explícita de prescrição intercorrente.

[20] Não entra na definição da prescrição o elemento subjetivo. Dois apenas são os seus elementos essenciais: "o tempo e a inércia do titular". Nada mais do que isto (PEREIRA, Caio Mário da Silva. *Instituições de Direito Civil*. 20. ed. Rio de Janeiro: Forense, 2004, v. I, n. 121, p. 683).

[21] THEODORO JÚNIOR, Humberto. *Comentários ao novo Código Civil Brasileiro*. 4. ed. Rio de Janeiro: Forense, 2008, v. III, t. I, n. 364, p. 330-331.

do efeito da prescrição (a observação vale também para a prescrição intercorrente na execução civil, tendo em vista o disposto no art. 921, § 5º, do CPC, alterado pela Lei n. 14.195);

b) quando, porém, se trata de prescrição consumada antes da citação do devedor, o seu reconhecimento poderá ser feito de ofício no despacho de indeferimento da petição inicial, sem depender de alegação ou audiência de qualquer das partes (CPC, arts. 332, § 1º c/c 487, parágrafo único).[22] Nesse caso, entretanto, a prescrição não é intercorrente, pois se consumou antes do ajuizamento da ação;

c) no caso de reconhecimento da prescrição intercorrente por ausência de localização de bens penhoráveis, a imputação da verba honorária sucumbencial não segue a regra comum de condenação da parte vencida (art. 85, *caput*). Segundo jurisprudência do STJ, "diante dos princípios da efetividade do processo, da boa-fé processual e da cooperação, não pode o devedor se beneficiar do não cumprimento de sua obrigação"[23]. A questão, segundo antiga jurisprudência, se resolveria nos termos do princípio da causalidade, de maneira que não sendo o credor o causador da prescrição, o encargo sucumbencial deveria ser suportado pela parte que deu causa à instauração do processo, isto é, o executado. O entendimento, no entanto, acha-se superado por inovação legislativa (ver, adiante, o subitem IV).

II – Nulidade do procedimento de decretação da prescrição intercorrente

O art. 921 e seus parágrafos estabelecem um procedimento a ser cumprido para legitimar a extinção da execução em virtude da prescrição intercorrente, voltado especificamente para a modalidade das execuções por quantia certa, tanto as fundadas em títulos extrajudiciais, como as relativas a cumprimento de sentença (art. 921, § 7º, acrescido pela Lei n. 14.195/2021)[24]. A inobservância desse procedimento pode acarretar sua nulidade, desde que verificado efetivo prejuízo para as partes. Apenas a inexistência de intimação acerca do insucesso da localização do devedor ou de bens penhoráveis (art. 921, § 4º) é que autoriza presunção de prejuízo para o exequente (§ 6º). Outras irregularidades procedimentais só serão acatadas como causa de nulidade quando o interessado comprovar efetivo prejuízo.

Na apreciação da prescrição intercorrente, o juiz pronunciará decisão interlocutória quando negar a respectiva decretação, caso em que o recurso manejável será o agravo de instrumento (art. 1.015, parágrafo único). Extinta a execução pelo reconhecimento da prescrição através de sentença (art. 925), desafiado estará o recurso de apelação (art. 1.009).

---

[22] "1. A prescrição pode ser decretada pelo juiz *ex officio* por ocasião do recebimento da petição inicial do executivo fiscal, ou antes de expedido o mandado de citação, porquanto configurada causa de indeferimento liminar da exordial, nos termos do art. 295, IV, c/c art. 219, § 5º, do CPC, bem assim de condição específica para o exercício do direito da ação executiva fiscal, qual seja a exigibilidade da obrigação tributária materializada na CDA. (...) 5. O advento da aludida lei possibilita ao juiz da execução decretar *ex officio* a prescrição intercorrente, desde que previamente ouvida a Fazenda Pública para que possa suscitar eventuais causas suspensivas ou interruptivas do prazo prescricional (Precedentes: 1ª T., REsp 803.879/RS, Rel. Min. José Delgado, DJ 03.04.2006; 1ª T., REsp 810.863/RS, Rel. Min. Teori Albino Zavascki, DJ 20.03.2006; 2ª T., REsp 818.212/RS, Rel. Min. Castro Meira, DJ 30.03.2006) (...)" (STJ, 1ª T., REsp 1.004.747/RJ, Rel. Min. Luiz Fux, ac. 06.05.2008, DJe 18.06.2008).

[23] STJ, 4ª T., REsp 1.769.201/SP, Rel. Min. Maria Isabel Gallotti, ac. 12.03.2019, DJe 20.03.2019.

[24] No plano do direito material, o art. 206-A do Cód. Civil (redação da Lei n. 14.382/2022) dispõe: "A prescrição intercorrente observará o mesmo prazo de prescrição da pretensão, observadas as causas de impedimento, de suspensão e de interrupção da prescrição previstas neste Código e observado o disposto no art. 921 da Lei n. 13.105, de 16 de março de 2015 (Código de Processo Civil)".

III – Outras modalidades de execução

O art. 921, § 4º, do CPC/2015 (com redação da Lei n. 14.195/2021) disciplina a prescrição intercorrente da execução por quantia certa por falta de bens a penhorar (com redação da Lei n. 14.195/2021). Isto, porém, não quer dizer que essa modalidade de prescrição somente possa ocorrer em relação às obrigações de prestação em dinheiro.

Toda pretensão derivada de obrigação descumprida se sujeita à extinção por prescrição depois de perdurar a inércia do credor pelo tempo estabelecido em lei (CC, art. 189), o qual varia conforme o tipo de obrigação (CC, art. 205). A prescrição, por outro lado, tanto pode referir-se à pretensão condenatória como à executória, de modo que, mesmo depois de exercida a ação de conhecimento dentro do prazo prescricional previsto, uma nova prescrição começa a correr após o trânsito em julgado e que diz respeito à pretensão de executar a sentença. Se tal não se der, ocorrerá a segunda prescrição em face de uma só obrigação. E esta prescrição pode acontecer em torno de qualquer pretensão executiva, não havendo motivo para admiti-la tão somente em referência às obrigações de pagar quantia certa. Imagine-se o caso em que o locador, depois de obter sentença de despejo, deixa de promover a desocupação do prédio locado, mantendo a relação *ex locato* por mais de dez anos. Não poderá, obviamente, requerer a expedição do mandado *de evacuando* depois de prazo tão longo. Para recuperar a posse do imóvel, terá de ajuizar nova ação de despejo, porquanto a pretensão de exigir cumprimento para a primitiva sentença terá se extinguido por força da prescrição da pretensão executiva não exercida em prazo hábil após o trânsito em julgado do título judicial.

Enfim, seja judicial ou extrajudicial o título, a execução sujeita-se à prescrição em prazo igual àquele que antes se aplicava à pretensão exercitável no processo de conhecimento. As regras do art. 921 e parágrafos, do CPC/2015 são específicas para as obrigações cuja execução depende de penhora. Para as demais, bastará a paralisação do processo executivo, sem qualquer justificativa, por tempo suficiente para configurar a prescrição intercorrente[25].

IV – Prescrição intercorrente e supressio

A prescrição intercorrente, admitida de forma expressa pelo CPC, não decorre da figura da *supressio* (efeito acessório da boa-fé objetiva). "A *supressio* consubstancia-se na impossibilidade de se exercer um direito por parte de seu titular em razão de seu não exercício por certo período variável de tempo e que, em razão desta omissão, gera da parte contrária uma expectativa legítima de que não seria mais exigível. Não se confunde, ademais, com a prescrição e com a decadência, institutos pelos quais se opera a extinção da pretensão ou do direito potestativo pela simples passagem do tempo"[26]. Já a *supressio* só se configura diante de uma conduta omissiva qualificada do credor.

V – Prescrição intercorrente e honorários advocatícios

Embora a verba sucumbencial de honorários advocatícios esteja prevista pelo art. 85 do CPC como imposição cabível à parte vencida, reconhece-se, na jurisprudência, a existência

---

[25] "Incide a prescrição intercorrente, quando o exequente permanece inerte por prazo superior ao de prescrição do direito material vindicado, conforme interpretação extraída do art. 202, parágrafo único, do Código Civil de 2002" (STJ, 3ª T., REsp 1.589.753/PR, Rel. Min. Marco Aurélio Bellizze, ac. 17.05.206, DJe 31.05.2016). Ressalva, porém, o acórdão que "o contraditório é princípio que deve ser respeitado em todas as manifestações do Poder Judiciário, que deve zelar pela sua observância, inclusive nas hipóteses de declaração de ofício da prescrição intercorrente, devendo o credor ser previamente intimado para opor algum fato impeditivo à incidência da prescrição".

[26] STJ, 4ª T., REsp 1.717.144/SP, Rel. Min. Antonio Carlos Ferreira, ac. 14.02.2023, DJe 28.02.2023.

de situações em que, mesmo não sucumbindo no plano do direito material, uma parte, ainda que vitoriosa, pode ser qualificada como responsável pela causa que produziu o processo e todas as despesas a ele inerentes. Recorre-se, então, ao princípio da causalidade como critério de imposição dos encargos processuais, em lugar do critério da sucumbência genericamente adotado pelo art. 85.

Com base nesse princípio, a 4ª Turma do STJ esposou o entendimento de que: "Declarada a prescrição intercorrente por ausência de localização de bens, incabível a fixação de verba honorária em favor do executado, eis que, diante dos princípios da efetividade do processo, da boa-fé processual e da cooperação, não pode o devedor se beneficiar do não cumprimento de sua obrigação". Portanto: "A prescrição intercorrente por ausência de localização de bens não retira o princípio da causalidade em desfavor do devedor, nem atrai a sucumbência para o exequente".[27]

O problema, todavia, foi melhor enfrentado e solucionado pela Lei n. 14.195/2021, que deu nova redação ao § 5º do art. 921 do CPC: "O juiz, depois de ouvidas as partes, no prazo de 15 (quinze) dias, poderá, de ofício, reconhecer a prescrição no curso do processo e extingui-lo, sem ônus para as partes". Logo, não há de se cogitar de recuperação de despesas pelo credor, nem de condenação do devedor a honorários advocatícios. O encerramento da execução fiscal se dará, simplesmente, sem novos encargos, seja para o exequente ou para o executado.

A questão dos honorários em caso de reconhecimento da prescrição intercorrente, foi definitivamente decidida pela Corte Especial nos Embargos de Divergência em Agravo no REsp 1.854.589, nos seguintes termos:

> "1. A controvérsia cinge-se em saber se a resistência do exequente ao reconhecimento de prescrição intercorrente é capaz de afastar o princípio da causalidade na fixação dos ônus sucumbenciais, mesmo após a extinção da execução pela prescrição.
> 2. Segundo farta jurisprudência desta Corte de Justiça, em caso de extinção da execução, em razão do reconhecimento da prescrição intercorrente, mormente quando este se der por ausência de localização do devedor ou de seus bens, é o princípio da causalidade que deve nortear o julgador para fins de verificação da responsabilidade pelo pagamento das verbas sucumbenciais.
> 3. Mesmo na hipótese de resistência do exequente – por meio de impugnação da exceção de pré-executividade ou dos embargos do executado, ou de interposição de recurso contra a decisão que decreta a referida prescrição –, é indevido atribuir-se ao credor, além da frustração na pretensão de resgate dos créditos executados, também os ônus sucumbenciais com fundamento no princípio da sucumbência, sob pena de indevidamente beneficiar-se duplamente a parte devedora, que não cumpriu oportunamente com a sua obrigação, nem cumprirá.
> 4. A causa determinante para a fixação dos ônus sucumbenciais, em caso de extinção da execução pela prescrição intercorrente, não é a existência, ou não, de compreensível resistência do exequente à aplicação da referida prescrição. É, sobretudo, o inadimplemento do devedor, responsável pela instauração do feito executório e, na sequência, pela extinção do feito, diante da não localização do executado ou de seus bens.
> 5. A resistência do exequente ao reconhecimento de prescrição intercorrente não infirma nem supera a causalidade decorrente da existência das premissas que au-

---

[27] STJ, 4ª T., REsp 1.769.201/SP, Rel. Min. Maria Isabel Gallotti, ac. 13.03.2019, DJe 20.03.2019.

torizaram o ajuizamento da execução, apoiadas na presunção de certeza, liquidez e exigibilidade do título executivo e no inadimplemento do devedor.
6. Embargos de divergência providos para negar provimento ao recurso especial da ora embargada".[28]

Duas observações, entretanto, se impõem para que bem se defina o alcance do julgado da Corte Especial ora lembrado: *(i)* em primeiro lugar, a sentença que, no caso julgado, extinguiu a execução por prescrição intercorrente foi pronunciada antes da vigência da Lei 14.195/2021 e imputou à exequente a verba advocatícia sucumbencial; *(ii)* em grau de embargos de divergência, a Corte Especial do STJ, por unanimidade, reformou o acórdão da Turma julgadora que havia declarado que "o reconhecimento da prescrição intercorrente não permite a condenação da *parte exequente* em honorários advocatícios com base no princípio da causalidade", quando não houver de sua parte resistência ao *pedido* de extinção processual *formulado, em defesa, pelo executado*; mas, "ao revés, havendo oposição do credor, a *verba honorária será* devida, com respaldo no princípio da *sucumbência*".

Portanto, a controvérsia enfrentada pelo STJ no acórdão da Corte Especial cingiu-se "em saber se a *resistência do exequente* ao reconhecimento da prescrição intercorrente é capaz de afastar o princípio da causalidade na fixação dos ônus sucumbenciais, mesmo após a extinção da execução pela prescrição" (ementa do acórdão dos Embargos de Divergência).

Essa questão, que versava apenas sobre a responsabilidade sucumbencial do exequente, como bem evidenciou o voto-vista da Min. Nancy Andrighi, só mereceu enfrentamento pela Corte Especial porque versava sobre caso anterior à Lei nº 14.195/2021, visto que o § 5º, do art. 921, do CPC, com a redação dada pela referida ei, eliminou por completo a controvérsia até então existente, ao dispor, taxativamente, que, após a inovação legislativa, "o reconhecimento da prescrição intercorrente *não acarretará ônus para as partes*" (g.n.)[29].

Em suma, a jurisprudência atual do STJ sobre a matéria consolidou-se da seguinte maneira:
a) se a extinção da execução, decretada antes da Lei 14.195/2021, se dá por força de prescrição intercorrente, com ou sem provocação do devedor, não há *sucumbência do exequente* para justificar-se a sujeição dos honorários advocatícios, nem mesmo sob o fundamento do princípio da causalidade; embora se possa, em nome desse princípio, cogitar da responsabilidade do *executado*, por ter sido ele quem *causou a propositura da execução*[30].
b) Após o advento da Lei nº 14.195/2021, ou seja, para as prescrições decretadas a partir de 26.08.2021, não cabe a condenação ao pagamento dos encargos sucumbenciais, nem ao exequente, nem ao executado[31].

---

[28] STJ, Corte Especial, EAREsp 1.854.589/PR, Rel. Min. Raul Araújo, ac. 09.11.2023, *DJe* 24.11.2023.
[29] STJ, Corte Especial, EAREsp 1.854.589/PR *cit.*, voto vista da Min. Nancy Andrighi.
[30] "A causa determinante para a fixação dos ônus sucumbenciais, em caso de extinção da execução pela prescrição intercorrente ... É, sobretudo, o inadimplemento do devedor, responsável pela instauração do feito executório..." (EAREsp 1.854.589/PR, *cit.*).
[31] STJ, 3ª T., REsp 2.075.761/SC, Rel. Min. Nancy Andrighi, ac. 03.10.2023, *DJe* 09.10.2023.

497. A PRESCRIÇÃO INTERCORRENTE E A JURISPRUDÊNCIA DO STJ ANTERIOR AO CPC/2015

A prescrição intercorrente não era regulada no CPC/1973, como fenômeno aplicável à execução civil, mas acabou sendo acatada pela jurisprudência, como necessidade evidente de evitar a eternização das obrigações ajuizadas, isto é, de impedir o estabelecimento de dívidas imprescritíveis.

À falta de tratamento legislativo para o tema, a jurisprudência estabeleceu alguns requisitos para a decretação dessa modalidade prescricional, os quais se embasaram analogicamente na disciplina do abandono da causa (CPC/1973, art. 267, II: "extingue-se o processo, sem resolução de mérito ... quando ficar parado durante mais de um ano por *negligência das partes*").

Nessa linha de entendimento, restou assentado pelo STJ[32] que:

a) "Não flui o prazo da prescrição intercorrente no período em que o processo de execução fica suspenso por ausência de bens penhoráveis".

b) "A prescrição intercorrente pressupõe desídia do credor que, intimado a diligenciar, se mantém inerte."

c) Não tendo sido constatado comportamento negligente do exequente ou abandono da causa, "não há como se reconhecer a ocorrência de prescrição".

d) O reconhecimento da prescrição intercorrente pressupõe abandono da causa pela parte, cuja configuração requer "intimação pessoal dela para que desse seguimento ao feito".

Em síntese a jurisprudência consolidada daquela alta Corte era no sentido de que "para reconhecimento da prescrição intercorrente, é imprescindível a comprovação da inércia do exequente, bem como sua intimação pessoal para diligenciar nos autos".[33] A nosso ver, essa orientação pretoriana, construída sob o regime da lei velha, foi inteiramente superada pela regulamentação com que o CPC/2015 preencheu a lacuna do anterior e que consta do art. 921, III e §§ 1º a 7º, com a redação da Lei n. 14.195/2021[34].

Com efeito, para a nova e expressa disciplina normativa, verificada a ausência de bens penhoráveis, cabe ao juiz, de ofício, suspender a execução pelo prazo de um ano, durante o qual também a prescrição ficará suspensa (art. 921, § 1º). Ultrapassado esse limite, os autos serão arquivados, se até então não surgiram bens a penhorar (§ 2º). Nessa altura, uma vez que o processo tenha permanecido sem manifestação do exequente durante um ano a contar do insucesso da citação ou da penhora (§ 1º), começará *ex lege* a correr o prazo de prescrição intercorrente (§ 4º). Em nenhum momento a disciplina do CPC/2015 cogita de inércia culposa

---

[32] STJ, 4ª T., REsp 774.034/MT, Rel. Min. Raul Araújo, ac. 18.06.2015, *DJe* de 03.08.2015.

[33] STJ, 4ª T., AgRg no REsp 1.521.490/SP, Rel. Min. Maria Isabel Gallotti, ac. 12.05.2015, *DJe* 19.05.2015. No mesmo sentido: STJ, 4ª T., AgRg no AREsp 277.620/DF, Rel. Min. Antonio Carlos Ferreira, ac. 17.12.2013, *DJe* de 3.2.2014; STJ, 3ª T., AgRg no AREsp 593.723/SP, Rel. Min. Marco Aurélio Bellizze, ac. 14.04.2015, *DJe* 24.04.2015. No entanto, não se considerava quebra da inércia do credor diligências infrutíferas como simples requerimento de andamento do processo, sem informar a existência de bens penhoráveis, ou pedido de bloqueio de recursos sem encontrar saldo disponível: "Requerimentos de diligências infrutíferas não são capazes de interromper ou suspender o fluxo da prescrição intercorrente, que se consuma depois de cinco anos contados do fim do prazo anual durante o qual se suspende o curso do feito" (STJ, 1ª T., AgRg no AREsp. 251.790/GO, Rel. Min. Napoleão Nunes Maia Filho, ac.10.11.2015, *DJe* 30.11.2015).

[34] Também o Cód. Civil se alinhou com o CPC, reconhecendo a possibilidade e os requisitos da prescrição intercorrente (CC, art. 206-A, com a redação da Lei n. 14.382/2022) (cf., *retro*, o item 171 e, adiante, os itens 496, 584, 585, 586 e 587).

ou de abandono da causa pelo exequente. Parte, ao contrário, apenas da inviabilidade objetiva de penhorar bens do executado.

Portanto, tudo flui automaticamente no esquema legal. Não há necessidade de apurar culpa ou razão para explicar a inércia processual. Tudo se analisa e avalia objetivamente em face da ocorrência de um processo arquivado e não reativado pelo exequente durante o prazo estatuído em lei. Fácil, em suma, é verificar que a opção do legislador não foi, na espécie, punir inércia culposa ou abandono da causa por parte do exequente. Apenas o decurso do tempo e a inércia processual foram por ele levados em consideração. Sua preocupação foi única e exclusivamente submeter a obrigação inserida num processo inviabilizado a um regime que não lhe confira a indesejável condição de imprescritibilidade prática. Convém ressaltar que já na vigência do Código de 2015 o STJ, diante de controvérsias que não chegaram a ser superadas totalmente ao tempo do Código anterior, houve por bem uniformizar o tratamento a ser dado aos processos pendentes, ao tempo da entrada em vigor do Código atual, principalmente em face da regra transitória disposta no art. 1.056, do CPC/2015. Assim, restaram fixadas as seguintes teses em Incidente de Assunção de Competência:

> "1.1 Incide a prescrição intercorrente, nas causas regidas pelo CPC/73, quando o exequente permanece inerte por prazo superior ao de prescrição do direito material vindicado, conforme interpretação extraída do art. 202, parágrafo único, do Código Civil de 2002.
>
> 1.2 O termo inicial do prazo prescricional, na vigência do CPC/1973, conta-se do fim do prazo judicial de suspensão do processo ou, inexistindo prazo fixado, do transcurso de um ano (aplicação analógica do art. 40, § 2º, da Lei 6.830/1980).
>
> 1.3 O termo inicial do art. 1.056[35] do CPC/2015 tem incidência apenas nas hipóteses em que o processo se encontrava suspenso na data da entrada em vigor da novel lei processual, uma vez que não se pode extrair interpretação que viabilize o reinício ou a reabertura de prazo prescricional ocorridos na vigência do revogado CPC/1973 (aplicação irretroativa da norma processual).
>
> 1.4. O contraditório é princípio que deve ser respeitado em todas as manifestações do Poder Judiciário, que deve zelar pela sua observância, inclusive nas hipóteses de declaração de ofício da prescrição intercorrente, devendo o credor ser previamente intimado para opor algum fato impeditivo à incidência da prescrição"[36].

Através dessa tese fixada, a 2ª Seção do STJ superou a divergência instalada ao tempo da vigência do CPC/1973 sobre a necessidade, ou não, de intimação do exequente para dar andamento ao processo, a fim de que a prescrição intercorrente tivesse início. Reconheceu-se a existência de uma distinção ontológica entre prescrição intercorrente e o abandono da causa, este sim dependente de inércia do autor após a indispensável intimação de que cogitava o art. 267, § 1º, do CPC/1973, não a prescrição intercorrente. É que a extinção do processo por abandono pressupõe comportamento processual desidioso, que a lei só admite seja punido, após a necessária convocação judicial da parte feita sob a cominação de "extinção da demanda sem resolução de mérito". A prescrição intercorrente, simples modalidade da prescrição tradicional, é, como esta, de caráter objetivo, configurando-se pela simples conjugação entre inércia da parte e decurso do tempo, sem qualquer propósito de sancionamento de comportamento desidioso. Enfim, esse passou a ser o entendimento vinculante do STJ, tanto em relação às execuções iniciadas sob o regime do CPC de 1973 como na vigência do CPC atual.

---

35 Art. 1.056, do CPC/2015: "Considerar-se-á como termo inicial do prazo da prescrição prevista no art. 924, inciso V, inclusive para as execuções em curso, a data de vigência deste Código".

36 STJ, 2ª Seção, REsp. 1.604.412/SC, Rel. Min. Marco Aurélio Bellizze, ac. 27.08.2018, *DJe* 22.08.2018.

Essa tese não encontra obstáculo na regra de direito transitório do art. 1.056 do CPC/2015, que prevê contagem da prescrição intercorrente nele regulada a partir da data de vigência do Código atual, visto que sua aplicação só pode se dar, na interpretação do STJ, sobre processos que se encontravam suspensos quando do advento da nova legislação, mas sem serem ainda afetados pela prescrição[37].

A intimação que deve ser feita ao exequente, depois de completado o prazo da prescrição intercorrente (CPC atual, art. 921, § 5º), tem o fito de cumprir o contraditório antes que a extinção da demanda seja decretada. Não é para que a parte dê andamento ao processo, mas para ensejar-lhe oportunidade de se defender mediante eventual oposição de "algum fato impeditivo à incidência da prescrição"[38].

498. SUSPENSÃO DA EXECUÇÃO E POSSIBILIDADE DE EMBARGOS DO DEVEDOR

Releva destacar a atual desvinculação dos embargos do devedor da prévia segurança do juízo.[39] Com ou sem penhora o executado pode embargar a execução nos quinze dias que se seguem à citação.[40] Assim, mesmo fadada à suspensão por inexistência de bens penhoráveis, a execução poderá ser palco da ação incidental do executado tendente a atacar o título executivo e a extinguir o processo de execução.

Até mesmo quando eventualmente tenha se expirado o prazo dos embargos, terá ainda o devedor possibilidade de, através de ação anulatória comum, invalidar o título executivo e desconstituir a relação obrigacional subjacente. Isto porque a previsão da ação especial de embargos não exclui a legitimidade do devedor de se defender em juízo pelas vias ordinárias.[41]

499. SUSPENSÃO DA EXECUÇÃO POR FALTA DE INTERESSADOS NA ARREMATAÇÃO DOS BENS PENHORADOS

Em dispositivo novo, o CPC de 2015 prevê um outro caso de suspensão do processo, que ocorre quando a alienação dos bens já penhorados não se realizar por falta de licitantes e o exequente não requerer, em quinze dias, a adjudicação deles, nem indicar outros bens penhoráveis (art. 921, IV). Nessa situação, o exequente não terá seu crédito satisfeito, mas a execução não poderá prosseguir pela inexistência de outros bens penhoráveis do executado, tal como se dá no inc. III, do art. 921[42]. A situação processual equivale à de ausência de bens penhoráveis para efeito de suspensão da execução e aplicação da prescrição intercorrente.[43]

---

[37] Ver item 1.3 da ementa do REsp. 1.604.412/SC, *cit.*

[38] Ver item 1.4 da ementa do REsp. 1.604.412/SC, *cit.*

[39] CPC/2015, art. 914, *caput*: "O executado, independentemente de penhora, depósito ou caução, poderá se opor à execução por meio de embargos".

[40] CPC/2015, art. 915: "Os embargos serão oferecidos no prazo de 15 (quinze) dias, contado, conforme o caso, na forma do art. 231".

[41] "Em curso processo de execução, não há impedimento a que seja ajuizada ação, tendente a desconstituir o título em que aquela se fundamenta" (STJ, 3ª T., REsp. 135.355/SP, Rel. Min. Eduardo Ribeiro, ac. 04.04.2000, RSTJ 134/269). No mesmo sentido: STJ, 4ª T., REsp. 234.809/RJ, Rel. Min. Ruy Rosado de Aguiar, ac. 25.04.2000, *DJU* 12.02.2001, p. 121.

[42] WAMBIER, Teresa Arruda Alvim; CONCEIÇÃO, Maria Lúcia Lins; RIBEIRO, Leonardo Ferres da Silva; MELLO, Rogério Licastro Torres de. *Primeiros Comentários ao novo Código de Processo Civil*. São Paulo: Ed. RT, 2015, p. 1.306.

[43] Araken de Assis, no entanto, entende não ser possível a aprovação da prescrição intercorrente, na hipótese aventada, "porque há bens garantindo o crédito". Nessa situação, segundo o autor, "ao exequente abrem-se

De fato, só existir bens que não encontram comprador equivale, praticamente, à ausência de bens penhoráveis, pois a execução, numa e noutra situação, ficará paralisada, sem condições de ultimar a expropriação e a satisfação do crédito exequendo. O reconhecimento do impasse terá, assim, de provocar a suspensão do processo, mediante aplicação analógica do art. 921, III.

500. SUSPENSÃO EM RAZÃO DO PARCELAMENTO DO DÉBITO

A última hipótese de suspensão da execução trazida pelo art. 921 do CPC/2015 é a concessão do parcelamento do débito, nos termos do art. 916. Deferido o pedido de parcelamento pelo juiz, o processo se suspende, pelo prazo máximo de seis meses, até que o executado pague as parcelas do débito estabelecidas.

501. INOCORRÊNCIA DE SUSPENSÃO DA EXECUÇÃO POR SUPERVENIÊNCIA DE AÇÃO COGNITIVA

Proposta a execução pelo credor, o posterior ajuizamento de ação contra a obrigação retratada no título executivo não tem o condão de, por si só, provocar a suspensão do processo executivo não embargado, "uma vez que as causas de suspensão da execução são as previstas no art. 791 do CPC [art. 921 do CPC/2015], não estando arroladas, dentre elas, a propositura de ação de conhecimento".[44]

Releva notar que a preexistência de demanda cognitiva em que se visa a desconstituição do título executivo "não inibe o credor de promover-lhe a execução" (CPC/2015, art. 784, § 1º). Esse feito, contudo, é visto como conexo com a execução, devendo "operar como verdadeiros embargos".[45] Sendo assim, pode, eventualmente, provocar a suspensão da ação de execução, nos mesmo casos e nas mesmas condições em que aos embargos do devedor a lei permite atribuir, excepcionalmente, tal eficácia, isto é, nos termos do art. 919, § 1º.[46] Em face de particularidades do caso concreto, o STJ já dispensou tratamento de embargos até mesmo a demanda ajuizada após a propositura da execução.[47] Também já reconheceu aquela Corte a possibilidade de conferir efeito suspensivo à exceção de pré-executividade.[48]

502. SUSPENSÃO DA EXECUÇÃO EM VIRTUDE DE RECUPERAÇÃO JUDICIAL

O Superior Tribunal de Justiça já decidiu que o deferimento da recuperação judicial faz incidir seus efeitos sobre a universalidade dos credores, impedindo o prosseguimento de

---

dois termos de alternativa, findo o prazo de suspensão: (a) ou requer a alienação do(s) bem(ns) penhorado(s), antecipando as respectivas despesas; (b) ou desiste da execução, impossibilitado de pleitear a substituição do art. 848, VI" (*Manual da execução,* 18 ed. *cit.,* n. 159, p. 715).

[44] STJ, 3ª T., REsp. 764.739/MS, Rel. Min. Castro Filho, ac. 22.03.2007, *DJU* 16.04.2007, p. 186.

[45] STJ, 4ª T., REsp. 294.562/RJ, Rel. Min. Barros Monteiro, ac. 25.03.2003, *DJU* 02.06.2003, p. 299. No mesmo sentido: STJ, 4ª T., AgRg. no REsp. 626.629/PR, Rel. Min. Aldir Passarinho Júnior, ac. 10.08.2004, *DJU* 08.11.2004, p. 246.

[46] Para se obter o efeito suspensivo para os embargos do devedor (e, consequentemente, para a ação anulatória precedente, é necessário que se verifiquem os requisitos da tutela provisória (*fumus boni iuris* e *periculum in mora,* ou em vez deste último, a prova capaz de justificar a *evidência* do direito manifestado pelo embargante), conforme se deduz do art. 919, § 1º, do CPC/2015. É necessário, ainda, que "o juízo esteja garantido" por penhora, depósito ou caução suficientes (STJ, 1ª T., REsp. 803.352/RS, Rel. Min. Teori Albino Zavascki, ac. 16.03.2006, *DJU* 03.04.2006, p. 292).

[47] STJ, 4ª T., REsp. 486.069/SP, Rel. Min. Aldir Passarinho Júnior, ac. 03.02.2004, *DJU* 08.03.2004, p. 259.

[48] STJ, 4ª T., REsp. 268.532/RS, Rel. Min. Aldir Passarinho Júnior, ac. 05.04.2001, *DJU* 11.06.2001, p. 230.

execuções individuais nos juízos do trabalho, sob pena de frustração do procedimento.[49] Nos termos do § 4º, do art. 6º, da Lei n. 11.101/2005, entretanto, a suspensão não deverá exceder a cento e oitenta dias contados do deferimento do processamento da recuperação, restabelecendo-se, após o decurso do prazo, o direito dos credores de iniciar ou continuar suas ações e execuções. Segundo jurisprudência do STJ, esse prazo não é rígido, podendo ser extrapolado caso as instâncias ordinárias considerem que sua prorrogação seja necessária para não frustrar o plano de recuperação.[50] A Lei n. 14.112/2020, no entanto, alterou o texto do § 4º do art. 6º da LRJF, para dispor que a prorrogação só é viável uma única vez, em caráter excepcional, desde que o devedor não haja concorrido com a superação do lapso temporal primitivo.

Também as execuções hipotecárias se sujeitam à suspensão de 180 dias, referida no § 4º do art. 6º da LRJF como acontece com todos os créditos sujeitos à recuperação judicial ou à falência. Em todas essas hipóteses a suspensão cessa automaticamente ao fim do respectivo prazo, ou de eventual prorrogação, "restabelecendo-se, após o decurso do prazo, o direito dos credores de iniciar ou continuar suas *ações e execuções*, independentemente de pronunciamento judicial".[51]

503. SUSPENSÃO DA EXECUÇÃO EM VIRTUDE DE LIQUIDAÇÃO EXTRAJUDICIAL

De acordo com a Lei n. 6.024/1974, as execuções singulares em curso contra entidades sujeitas a seu regime suspendem-se diante da instauração do procedimento da liquidação extrajudicial. Essa suspensão, todavia, não é generalizada a todas as execuções suportadas pela empresa liquidanda. Deve limitar-se às ações e execuções que possam implicar o esvaziamento do acervo patrimonial "em detrimento de seus credores e do próprio sistema financeiro"[52]. A suspensão, nessa perspectiva, "há que ser aplicada com certo temperamento, de modo a ressalvar as lides que, em razão de sua natureza, não tenham repercussão na massa liquidanda"[53]. Por exemplo, excluem-se da suspensão *(i)* "casos de créditos relativos a depósitos ou letras de câmbio de aceite da instituição financeira liquidanda"[54]; e, *(ii)* as execuções fiscais[55].

---

[49] STJ, 2ª Seção, CC 108.141/SP, Rel. Min. Fernando Gonçalves, ac. 10.02.2010, *DJe* 26.02.2010. No mesmo sentido: STJ, 4ª T., REsp. 1.193.480/SP, Rel. Min. Aldir Passarinho Júnior, ac. 05.10.2010, *DJe* 18.10.2010. Entretanto, cm relação à execução fiscal, a 2ª Seção decidiu não ser ela "suspensa em razão do deferimento da recuperação judicial", não podendo, entretanto, haver "a prática de atos que comprometam o patrimônio do devedor ou excluam parte dele do processo de recuperação judicial" (STJ, 2ª Seção, AgRg no CC 107.065/RJ, Rel. Min. Luis Felipe Salomão, ac. 13.10.2010, *DJe* 18.10.2010).

[50] STJ, 3ª T., AgInt no REsp 1.717.939/DF, Rel. Min. Ricardo Villas Bôas Cueva, ac. 28.08.2018, *DJe* 06.09.2018.

[51] STJ, 1ª T., REsp 844.279/SC, Rel. Min. Luiz Fux, ac. 05.02.2009, *DJe* 19.02.2009.

[52] STJ, 1ª T., REsp 727.076/PE, Rel. Min. Luiz Fux, ac. 12.09.2006, *DJU* 21.09.2006, p. 221; STJ, 1ª T., REsp 696.976/PE, Rel. Min. Luiz Fux, ac. 04.11.2010, *DJe* 25.11.2010.

[53] STJ, 3ª T., REsp 7.467/SP, Rel. Min. Cláudio Santos, ac. 20.09.1994, *DJU* 17.10.1994, p. 27.890 (o acórdão refere-se a ação de prestação de contas); STJ, 2ª T., REsp 717.166/PE, Rel. Min. Eliana Calmon, ac. 08.11.2005, *DJU* 21.11.2005, p. 199 (o acórdão refere-se a reajuste de prestações do SFH); STJ, 4ª T., AgRg no Ag 1.415.635/PR, Rel. Min. Maria Isabel Gallotti, ac. 06.09.2012, *DJe* 24.09.2012 (o acórdão refere-se a não suspensão de ação de conhecimento para constituição de título executivo extrajudicial contra a entidade em liquidação).

[54] STJ, 4ª T., REsp 1.163.649/SP, Rel. Min. Marco Buzzi, ac. 16.09.2014, *DJe* 27.02.2015.

[55] "O art. 6º da Lei n. 11.101, de 2005, dispôs no § 7º: 'As execuções de natureza fiscal não são suspensas pelo deferimento da recuperação judicial, ressalvada a concessão de parcelamento nos termos do Código Tributário Nacional e da legislação ordinária específica'. Nessa linha, em termos de interpretação literal, a decisão do Ministro Menezes Direito está a salvo de censura. A jurisprudência, todavia, sensível à importância social das empresas, temperou desde sempre o rigor da lei nesse particular". (...). "Salvo melhor entendimento, processado o pedido de recuperação judicial, suspendem-se automaticamente os atos de alienação na execução fiscal, e só estes, dependendo o prosseguimento do processo de uma das seguintes circunstâncias: a inércia da devedora já como beneficiária do regime de recuperação judicial em requerer o parcelamento

504. SUSPENSÃO DA EXECUÇÃO EM VIRTUDE DE CONSIGNAÇÃO EM PAGAMENTO

O Superior Tribunal de Justiça entende que julgada procedente a ação de consignação em pagamento, pendente de recurso extraordinário, "impõe-se permaneça suspensa execução promovida posteriormente pelo credor [relacionada com a mesma obrigação], que não sofre prejuízo, uma vez que garantido seu crédito, seja pelo depósito, seja pela penhora já efetivada".[56]

505. SUSPENSÃO DA EXECUÇÃO EM RAZÃO DO INCIDENTE DE DESCONSIDERAÇÃO DA PERSONALIDADE JURÍDICA

O incidente de desconsideração da personalidade jurídica disciplinado pelo CPC/2015 como uma forma de *intervenção de terceiro* (art. 133), que, no caso de execução, opera como instrumento de seu redirecionamento, visando alcançar pessoa que não figura na relação processual originária, nem no título exequendo. Funciona, portanto, como uma nova demanda, que, incidentalmente, produz a inserção de nova pretensão contra terceiro, a que se imputa responsabilidade patrimonial simultânea à do demandado primitivo. O resultado é um cúmulo subjetivo superveniente no polo passivo processual.

Por isso, determina a lei que a instauração do incidente seja imediatamente comunicada ao distribuidor para as anotações devidas (art. 133, § 1º). É, aliás, o que se passa com qualquer demanda, seja originária seja incidental, tendo em vista a publicidade *erga omnes* a que se sujeita qualquer processo judicial.

A par dessa indispensável publicidade registral, determina o § 3º do art. 134 do CPC/2015 que "a instauração do incidente suspenderá o processo", até que este venha a ser decidido. É natural que assim seja, porquanto, ao iniciar o procedimento incidental, ainda não há título executivo contra o terceiro, contra quem se pretende ampliar a atividade executiva em curso *inter alios*. Só depois de reconhecida dita responsabilidade patrimonial por decisão judicial é que o sujeito passivo do incidente se torna *executado*, podendo, a partir daí, sofrer penhora e demais atos de expropriação executiva.

No entanto, a suspensão de que cogita o § 3º, do art. 134, não deve atingir toda a execução pendente, mas apenas aquela parte abrangida pelo redirecionamento provocado pelo incidente. Assim, nada deverá impedir a continuidade da prática de atos executivos relacionados com o executado primitivo.[57] Fala-se, por isso, numa "suspensão imprópria", já que não vai além dos atos executivos integrantes do próprio procedimento incidental.[58]

Se houver, por exemplo, penhora de bens do executado originário (a pessoa jurídica) ou de algum garante (fiador, avalista etc.), tais bens serão excutidos, não havendo motivo para

---

administrativo do débito fiscal ou o indeferimento do respectivo pedido" (STJ, 1ª T., REsp 844.279/SC, *cit.*). A situação das execuções fiscais, atualmente, rege-se pelo § 7º-B do art. 4º, na redação da Lei n. 14.112/2020, que prevê sua exclusão das hipóteses de suspensão previstas no *caput* do referido artigo. Admite o dispositivo, todavia, "a competência do juízo da recuperação judicial para determinar a substituição dos atos de constrição que recaiam sobre bens de capital essenciais à manutenção da atividade empresarial até o encerramento da recuperação judicial, a qual será implementada mediante a cooperação jurisdicional, na forma do art. 69, da Lei n. 13.105 de 16 de março de 2015 (Código de Processo Civil), observado o disposto no art. 805 do referido Código".

[56] STJ, 3ª T., REsp. 35.220/RO, Rel. Min. Dias Trindade, ac. 28.06.1993, *DJU* 20.09.1993, p. 19.176.
[57] MEDINA, José Miguel Garcia. *Novo Código de Processo Civil comentado*. 3. ed. São Paulo: Ed. RT, 2015, p. 227.
[58] CÂMARA, Alexandre Freitas. *O novo processo civil brasileiro*. 2. ed. revista e atualizada. São Paulo: Atlas, 2016, p. 100.

suspender o procedimento expropriatório a seu respeito. O incidente de desconsideração não os afeta, de forma alguma.

Julgada procedente a desconsideração, não há necessidade de aguardar-se o trânsito em julgado, para dar início aos atos executivos contra o redirecionado. Mas, se ao recurso manejado não for conferido efeito suspensivo, a execução contra o novo executado submeter-se-á ao regime da *execução provisória* (CPC/2015, art. 520).

506. SUSPENSÃO DA EXECUÇÃO EM VIRTUDE DE FALÊNCIA DO EXECUTADO

Nos termos do art. 6º, *caput* (alterado pela Lei n. 14.112/2020), e do art. 99, V, ambos da Lei n. 11.101/2005, após a decretação da falência, em regra, são suspensas tanto as ações quanto as execuções movidas contra o devedor. A medida tem por finalidade impedir que sigam em curso, simultaneamente, duas pretensões em busca da satisfação do mesmo crédito, já que todos os credores do falido devem cobrar seus créditos no concurso universal.

Observe-se que "quaisquer dos desfechos possíveis da ação falimentar – pagamento da integralidade dos créditos ou insuficiência de acervo patrimonial apto a suportá-lo – conduzem à conclusão de que eventual retomada das execuções individuais suspensas se traduz em medida inócua: na hipótese de satisfação dos créditos, o exequente careceria de interesse, pois sua pretensão já teria sido alcançada; no segundo caso, o exaurimento dos recursos arrecadados conduziria, inexoravelmente, ao seu insucesso"[59]. Daí a conclusão do STJ no sentido de que, "nesse contexto, após a formação de juízo de certeza acerca da irreversibilidade da decisão que decretou a quebra, deve-se admitir que as execuções individuais até então suspensas sejam extintas, por se tratar de pretensões desprovidas de possibilidades reais de êxito".

507. SUPERPOSIÇÃO DE PENHORAS NÃO ACARRETA SUSPENSÃO DA EXECUÇÃO

Não veda a lei que o mesmo bem seja penhorado em diversas execuções simultâneas, movidas por diferentes credores. A ocorrência resolve-se, afinal, em distribuição do produto da expropriação entre os vários exequentes, no concurso de preferências previsto no art. 908 do CPC/2015.

Enquanto não se alcança, em alguma das execuções conexas, a fase de "satisfação do crédito" (art. 904), cada uma delas desenvolverá seu procedimento autonomamente. Mas, é óbvio que o ato expropriatório do bem penhorado não poderá acontecer senão uma vez. Daí a instauração do concurso entre os diversos exequentes, quando o ato expropriatório se consumar em qualquer das execuções em que o mesmo bem foi penhorado.

Essa expectativa de expropriação e concurso não é motivo para suspender as execuções iniciadas após a primeira penhora, em face da já refletida autonomia existente entre elas. A melhor medida para preparar o concurso de preferências é a reunião das diversas execuções em que o mesmo bem foi penhorado, como comumente se passa entre as ações conexas por comunhão de objeto (art. 55, § 1º).

Mas tal medida pressupõe que os diversos processos se encontrem em fase que permita a reunião das execuções e não provoque tumulto procedimental incompatível com a economia processual. Assim, não se haverá de cogitar de semelhante providência se, além do objeto comum, outros bens também tenham sido penhorados em uma das execuções apenas; ou se em alguma delas houver litisconsórcio passivo envolvendo devedor não figurante naquela em que o bem comum se acha constrito; ou se uma execução já se achar em condições de ultimar

---

[59] STJ, 3ª T., REsp 1.564.021/MG, Rel. Min. Nancy Andrighi, ac. 24.04.2018, *DJe* 30.04.2018.

a expropriação e outra se deparar com embargos ou impugnação ainda não solucionados em caráter definitivo. Em todas essas situações, e muitas outras igualmente embaraçantes, a reunião das execuções acarretaria complexidades procedimentais e delongas do provimento executivo incompatíveis com a celeridade e a economia processuais, fundamentos da reunião das ações conexas.

Por outro lado, a ultimação de uma das execuções com objeto comum a outro processo não acarreta prejuízo ao direito dos outros credores concorrentes. É que havendo mais de uma penhora sobre o bem expropriado, o levantamento do dinheiro apurado só será realizado com observância das preferências respectivas (art. 908, *caput*). Ou seja, a distribuição do produto da expropriação executiva efetuar-se-á sempre com observância dos privilégios legais desfrutados por alguns credores, ou segundo a preferência definida pela ordem das penhoras entre os credores não privilegiados (art. 908, § 2º). Portanto, mesmo que a alienação do bem penhorado tenha ocorrido em ação movida por credor sem preferência sobre os concorrentes, não conseguirá ele levantar o dinheiro apurado senão depois de satisfeitos os titulares de preferência, nos termos da lei.

Para que sejam resguardados os interesses dos credores com *garantia real* e dos que contem com *penhora anteriormente averbada*, o Código de 2015 determina sejam eles cientificados da alienação judicial programada em processo alheio, com pelo menos cinco dias de antecedência (art. 889, V). Dessa forma, terão ditos credores condições de velar pela observância do concurso de preferências, em que seus privilégios legais haverão de prevalecer (art. 908).

508. EFEITOS DA SUSPENSÃO

"Suspensa a execução, não serão praticados atos processuais, podendo o juiz, entretanto, salvo no caso de arguição de impedimento ou de suspeição, ordenar providências urgentes" (CPC/2015, art. 923).

Suspensa a execução, não serão praticados atos processuais, segundo o mandamento geral da lei. O juiz poderá, entretanto, ordenar providências urgentes (CPC/2015, art. 923). Quando a suspensão decorrer de arguição de impedimento ou de suspeição, as medidas urgentes não poderão ser deliberadas pelo juiz da causa. Os interessados deverão requerê-las ao substituto legal (art. 146, § 3º). Tal posicionamento está em consonância com o art. 314 do mesmo diploma, que, na dúvida sobre a legitimidade da atuação do juiz, determina a abstenção da prática de atos processuais, inclusive aqueles urgentes com a finalidade de evitar danos irreparáveis, até que a situação se defina pelos meios adequados. Ou seja, o juiz, cuja suspeição ou impedimento foram alegados, não pode, em nenhuma circunstância, praticar qualquer ato, enquanto não solucionado o incidente que acarretou a suspensão do processo. Por isso, caso haja necessidade de atos urgentes, deverão ser requeridos ao substituto legal (art. 146, § 3º) (sobre o tema ver itens 305 e 526, do volume I, do nosso *Curso de Direito Processual Civil*).

Durante a suspensão nenhum ato executivo novo pode ser praticado, sob pena de nulidade.[60] Subsistem, contudo, os efeitos do processo, como, por exemplo, a penhora e o depósito dos bens excutidos.[61]

Além disso, em caráter excepcional, pode o juiz determinar medidas provisórias de urgência, como a alienação de bens avariados, ou perecíveis, a remoção de bens, a prestação de caução etc., medidas essas adotáveis *ex officio* ou por provocação da parte.

---

[60] COSTA, Sérgio. *Manuale di Diritto Processuale Civile*. 4. ed. Torino: Editrice Torinese, 1973, n. 459, p. 606.
[61] COSTA, Sérgio. *Op. cit., loc. cit.*

A eficácia da suspensão é *ex nunc*. Atinge o processo na fase ou situação em que se encontrar, projetando seus efeitos a partir de então e só para o futuro. Inibe o prosseguimento da marcha processual, mas preserva intactos os atos já realizados.

Ao final da crise de suspensão, o processo retoma seu curso normal a partir da fase em que se deu a paralisação, salvo se, como ficou ressalvado no número anterior, a causa de suspensão transmudar-se, a seu termo, em causa de extinção da execução.

509. EXTINÇÃO DA EXECUÇÃO

Embora a execução não se destine à obtenção de uma sentença de resolução do conflito existente entre as partes, não se pode ignorar a existência do mérito do processo executivo, que se localiza na pretensão do exequente à satisfação do crédito documentado no título executivo (esse é, com efeito, o *pedido* formulado na petição inicial da ação de execução).

Dessa forma, é possível falar, tal como se passa no processo de conhecimento, em extinção da execução com ou sem resolução de mérito, conforme ocorra em juízo a satisfação, ou o reconhecimento da satisfação do crédito (pedido do exequente) ou o reconhecimento de que o pretenso crédito reclamado pelo exequente inexiste juridicamente (improcedência, portanto, do pedido do exequente)[62].

A execução forçada termina normalmente com a exaustão de seus atos e com a satisfação do seu objeto, que é o pagamento do credor.[63] Pode, porém, encontrar termo de maneira anômala e antecipada, como nos casos em que se extingue o próprio direito de crédito do exequente, por qualquer dos meios liberatórios previstos no direito material, ainda que ocorridos fora do processo (ex.: pagamento, novação, remissão, prescrição etc.).

O Código, no art. 924, previu a extinção da execução:

I – Quando a petição inicial for indeferida

A petição inicial pode ser indeferida quando (CPC/2015, art. 330):

a) for inepta (inciso I);
b) a parte for manifestamente ilegítima (inciso II);
c) o autor carecer de interesse processual (inciso III);
d) não atendidas as prescrições dos arts. 106 e 321 (inciso IV): ou seja, quando o autor não proceder à diligência determinada pelo juiz para sanar omissões, defeitos ou irregularidades da petição inicial.

Entende-se por inepta a petição inicial quando (art. 330, § 1º):

a) lhe faltar *pedido* ou *causa de pedir* (inciso I);
b) o pedido for *indeterminado,* ressalvadas as hipóteses legais em que se permite o pedido genérico (inciso II);
c) da narração dos fatos não decorrer logicamente a conclusão (inciso III);
d) contiver pedidos *incompatíveis* entre si (inciso IV).

---

[62] "Sempre que a extinção da execução ocorrer com exame do pedido de satisfação da obrigação, há extinção com solução de mérito" (DIDIER JÚNIOR, Fredie; CUNHA, Leonardo José Carneiro da; BRAGA, Paula Sarno; OLIVEIRA, Rafael. *Curso de Direito Processual Civil*. 7. ed. Salvador: JusPodivm, 2017, v. 5, p. 453).

[63] COSTA, Sérgio. *Op. cit.*, n. 461, p. 607.

O atual Código não mais considera inepta a petição inicial quando o pedido for juridicamente impossível, porquanto essa matéria é tratada como pertencente ao mérito da causa, ou, às vezes, se confunde com a falta do interesse.

Não se recomenda uma interpretação ampliativa, ou extensiva, das hipóteses legais de indeferimento sumário da inicial. O correto será estabelecer-se, primeiro, o contraditório, sem o qual o processo, em princípio, não se mostra completo e apto a sustentar o provimento jurisdicional nem a solução das questões incidentais relevantes. O indeferimento liminar e imediato da petição inicial, antes da citação do executado, é de se ver como exceção.

Mesmo quando faltar o título executivo ou qualquer outro documento indispensável à propositura da execução, caberá ao juiz determinar ao exequente que a corrija, no prazo de quinze dias, sob pena de indeferimento (art. 801). Deve-se sempre evitar as extinções do processo por vícios sanáveis, respeitando a primazia da solução da causa pelo mérito[64], mesmo quando a falha é detectada durante a tramitação de recurso no Tribunal[65].

II – Quando a obrigação for satisfeita

O fim da execução forçada é a satisfação coativa do direito do credor. Se o pagamento é obtido, seja voluntária ou forçadamente, exaurida estará a missão do processo.[66] O pagamento, no curso da ação, quando se trata de execução por quantia certa, faz-se por meio da *remição da execução*, e deve compreender o principal atualizado, juros, custas e honorários advocatícios (CPC/2015, art. 826). A remição é possível "até a assinatura do auto de arrematação".[67] Isto porque, com a carta de arrematação ocorre a transferência do bem para o arrematante, vale dizer, "o devedor perde definitivamente o bem que compunha seu patrimônio", operando-se "de forma irretratável, a preclusão".[68] É interessante notar que o pagamento da dívida é ordinariamente feito pelo devedor, que na execução é citado para fazê-lo no prazo de três dias (CPC, art. 829). Mas para provocar a extinção da execução é indiferente que a satisfação da obrigação

---

[64] "Seguindo entendimento assente nesta eg. Corte, considerando o juiz incompletos ou *insuficientes* os *documentos* ou *cálculos apresentados pelo credor*, tem lugar a emenda da inicial da ação executiva e não a extinção do processo, ainda que já opostos os embargos do devedor, caso em que, regularizado o vício, deve ser oportunizado ao embargante o aditamento dos embargos" (STJ, 4ª T., REsp 440.719/SC, Rel. Min. Cesar Asfor Rocha, ac. 07.11.2002, *DJU* 09.12.2002, p. 352. No mesmo sentido: STJ, 3ª T., REsp 971.804/SC, Rel. p/ ac. Min. Massami Uyeda, ac. 16.12.2010, *DJe* 11.04.2011; STJ, 2ª T., AgRg no AREsp 8.006/SC, Rel. Min. Herman Benjamin, ac. 28.06.2011, *DJe* 01.09.2011).

[65] STJ, 3ª T., REsp 648.108/SC, Rel. Min. Nancy Andrighi, ac. 06.09.2005, *DJU* 26.09.2005, p. 364; STJ, 4ª T., AgInt no EDcl no AREsp 1.186.170/RS, Rel. Min. Luis Felipe Salomão, ac. 22.03.2018, *DJe* 02.04.2018.

[66] No caso do art. 924, III, do CPC/2015, "não há necessidade de intimação pessoal [do exequente], porquanto a extinção do processo não se dá por abandono, mas por satisfação da obrigação, à qual é presumida quando o credor, intimado por seu patrono, não se insurge contra os valores depositados" (STJ, 1ª Seção, EDcl no REsp. 844.964/SP, Rel. Min. Humberto Martins, ac. 24.03.2010, *DJe* 09.04.2010).

[67] "A remição da execução, consagrada no art. 826 do CPC/2015, consiste na satisfação integral do débito executado no curso da ação e impede a alienação do bem penhorado. A jurisprudência desta Corte orienta-se pela possibilidade de o direito de remição da execução ser exercido até a assinatura do auto de arrematação (RMS 31.914/RS; AgRg no REsp 958.769/RS). Para a remição da execução, o executado deve pagar ou consignar o montante correspondente à totalidade da dívida executada, acrescida de juros, custas e honorários de advogado, não sendo possível exigir-lhe o pagamento de débitos executados em outras demandas" (STJ, 3ª T., REsp. 1.862.676/SP, Rel. Min. Nancy Andrighi, ac. 23.02.2021, *DJe* 01.03.2021).

[68] DANIEL, Letícia Succolo Paschoal da Costa; DORNA, Mário Henrique de Barros. Meios de sustação e de suspensão de leilões. O pagamento da dívida e o cancelamento do ato expropriatório. *In*: ASSIS, Araken de; BRUSCHI, Gilberto Gomes (coords.). *Processo de execução e cumprimento de sentença*. 2. ed. São Paulo: RT, 2022, vol. 1, p. 801.

tenha sido promovida pelo devedor ou por terceiro, responsável ou não pela dívida[69]. Pouco importa, também, que o pagamento seja *voluntário* ou decorrente de *ato executivo*, como a expropriação de bem penhorado em arrematação ou por meio de adjudicação.

É comum reconhecer-se por presunção a satisfação do crédito exequendo, quando intimado o exequente a manifestar-se sobre eventual existência de saldo, após depósito efetuado pelo executado, aquele permanece inerte. Em tal situação, tem-se decretado a extinção do processo com fundamento na presunção de pagamento (CPC/2015, art. 924, II)[70].

Todavia, em recurso de força uniformizadora, decidido sob o regime do art. 543-C do CPC/1973, a Corte Especial do STJ assentou que "a renúncia ao crédito exequendo remanescente, com a consequente extinção do processo satisfativo, reclama prévia intimação, vedada a presunção de renúncia tácita"[71].

Melhor apreciando a questão, o Ministro João Otávio de Noronha colocou-a em seus devidos termos, da seguinte maneira[72]:

"Entendo que, para se extinguir a ação executiva pelo pagamento, é necessária a comprovação nos autos, estando desautorizada a presunção a seu respeito, salvo nas hipóteses de presunção legal, a exemplo daquelas previstas nos arts. 322, 323 e 324 do Código Civil, que tratam, respectivamente da presunção do pagamento das cotas anteriores quando paga a última cota sucessiva; do pagamento dos juros, quando há quitação do capital sem reserva destes; e do pagamento da dívida representada por título de crédito, quando o devedor estiver na posse da cártula.

Havendo presunção legal, o juiz pode extinguir a execução pelo pagamento se o credor, devidamente intimado, independentemente se de forma pessoal ou por publicação no órgão oficial, a manifestar-se sobre os documentos e alegações trazidos pelo devedor, sob pena de extinção pelo pagamento, quedar-se inerte".

Adverte o mesmo julgador que, "na falta de presunção legal, nem mesmo a intimação pessoal do credor autoriza a extinção da ação executiva pelo pagamento, se os documentos juntados pelo devedor não se mostrarem aptos a permitir tal conclusão". Em outros termos, é preciso, diante do silêncio do exequente, que a documentação apresentada para sustentar arguição de pagamento seja adequada para autorizar a conclusão de que realmente essa causa extintiva ocorreu.

III – Quando o executado obtiver, por qualquer outro meio, a extinção total da dívida

Esse dispositivo corrigiu erro terminológico do Código anterior, que tratava a transação como remissão da dívida. Agora, na dicção do Código de 2015, a "extinção da dívida" que leva à extinção da execução, pode ocorrer por "qualquer outro meio" (art. 924, III), tais como: remissão, transação, novação, confusão, compensação etc.:

---

[69] Dispõe o art. 304, *caput*, do Cód. Civil que "qualquer interessado na extinção da dívida pode pagá-la", e o parágrafo único do mesmo artigo acrescenta: "Igual direito cabe ao terceiro não interessado, se o fizer em nome e à conta do devedor, salvo oposição deste".

[70] STJ, 1ª Seção, EREsp 844.964/SP, Rel. Min. Humberto Martins, ac. 24.03.2010, *DJe* 09.04.2010; STJ, 1ª Seção, EREsp 854.926/SP, Rel. Min. Herman Benjamin, ac. 28.04.2010, *DJe* 24.06.2010; STJ, 4ª T., AgRg no AREsp 15.158/RS, Rel. Min. Antônio Carlos Ferreira, ac. 16.02.2012, *DJe* 02.03.2012.

[71] STJ, Corte Especial, REsp 1.143.471/PR, Rel. Min. Luiz Fux, ac. 03.02.2010, *DJe* 22.02.2010.

[72] STJ, 3ª T., REsp 1.513.263/RJ, decisão monocrática do Rel. Min. João Otávio de Noronha, *DJe* 23.05.2016.

a) *Transação* é meio liberatório que consiste em prevenir ou terminar o litígio mediante concessões mútuas dos interessados (art. 840 do CC). Embora o estabelecimento, entre a partes, de novo prazo convencional, para a solução do débito, não configure propriamente uma novação, representa, sem dúvida, algo equiparável à transação, cujo efeito imediato é a eliminação da exigibilidade atual da obrigação. Se o acordo é anterior à execução, esta não poderá ser proposta, enquanto não vencido o novo termo ajustado. Se é pactuado no curso do processo executivo, não poderá este prosseguir, senão depois de descumprido o acordo. Em ambos os casos, faltará exigibilidade atual à obrigação, o que tornará o credor carente da ação executiva. Nula será a execução proposta depois da transação (art. 803, I) ou nulos serão os atos de prosseguimento da execução praticados em afronta ao ajuste do novo termo final da obrigação, já que, na espécie, no mínimo o processo teria de ser suspenso necessariamente e, durante a suspensão, proibida é a prática de novos atos processuais (art. 923).[73]

b) *Remissão* é forma de perdão ou de liberação gratuita do devedor, ou seja, renúncia de direito. Extinguindo-se o direito material de crédito do exequente, é lógico que também desaparece a ação de execução, que se destinava justamente a realizá-lo (art. 385, do CC).

c) *Novação*, segundo o Código Civil, é a extinção da obrigação pela criação de uma nova quando: (i) o devedor contrai com o credor nova dívida para extinguir e substituir a anterior; (ii) o novo devedor sucede ao antigo, ficando este quite com o credor; (iii) em virtude de obrigação nova, outro credor é substituído ao antigo, ficando o devedor quite com este (art. 360, do CC).

d) *Confusão* é a extinção da obrigação em razão de na mesma pessoa se confundirem as qualidades de credor e devedor (art. 381, do CC).

e) *Compensação*, de acordo com o Código Civil, ocorre quando duas pessoas forem ao mesmo tempo credor e devedor uma da outra, ensejando a extinção das duas obrigações, até onde se compensarem (art. 368, CC).

IV – Quando o exequente renunciar ao crédito

A renúncia ao crédito em sentido lato é o ato de abandono voluntário de um direito; é o desligamento espontâneo do titular em face de seu direito subjetivo. Nesse aspecto, é a forma mais completa de remissão de dívida, e assim já se acha compreendida nos termos amplos e genéricos do art. 924, III, pelo que foi ociosa sua menção no inciso IV.

V – Quando ocorrer a prescrição intercorrente

O CPC/2015 tratou expressamente da prescrição intercorrente nos §§ 4º e 5º do art. 921, com a redação da Lei n. 14.195/2021 (ver, *retro*, os itens n. 496 e 497)[74]. A não localização de bens penhoráveis e a inércia do exequente para superação do obstáculo à exigência do seu

---

[73] A propósito da verba advocatícia na execução extinta negocialmente, assentou o STJ o seguinte entendimento: "O acordo bilateral entre as partes, envolvido na renegociação da dívida, demanda reciprocidade das concessões, não caracteriza sucumbência e é resultado da conduta de ambas as partes. Nessa situação, os honorários devem ser arcados por cada parte, em relação a seu procurador (arts. 90, § 2º, do CPC/15 e 12 da Lei 13.340/16)" (STJ, 3ª T., REsp 1.836.703/TO, Rel. Min. Nancy Andrighi, ac. 06.10.2020, *DJe* 15.10.2020).

[74] Também o Cód. Civil tratou da prescrição intercorrente, correlacionando-a à disciplina formal do CPC, conforme se vê no disposto no art. 206-A do primeiro Código (cf., *retro*, os itens 282, II, e 576, II).

crédito dão ensejo à suspensão da execução e, subsequentemente, à prescrição intercorrente. Caso transcorra o lapso temporal da prescrição, correspondente à obrigação exequenda, extinguir-se-á a execução pela perda da pretensão deduzida em juízo pelo exequente (art. 924, V). Para tal fim e em regime de direito intertemporal, estabeleceu o art. 1.056, que o critério de determinação do termo inicial da prescrição intercorrente nas execuções em curso, paralisadas ainda ao tempo de vigência do Código anterior, será a data de vigência do atual Código (sobre o tema, ver *retro* o item 496, III, especialmente a respeito da questão dos honorários advocatícios sucumbenciais).

O inciso V do art. 924 do CPC trata apenas da *prescrição intercorrente*, ou seja, a que se perfaz durante a pendência da execução e por inércia de seu curso regular. O certo, contudo, é que também a prescrição consumada antes do ajuizamento da ação executiva pode acarretar a extinção do processo. Trata-se de defesa de mérito arguível a qualquer tempo e em qualquer grau de jurisdição (CC, art. 193) e que pode ser conhecida e acolhida até mesmo de ofício pelo juiz (CPC, arts. 332, § 1º, e 487, parágrafo único).

VI – A sentença de extinção da execução

Há, outrossim, vários casos previstos no CPC em que a extinção decorre de falta de pressuposto processual ou de vício formal, como, por exemplo, a inépcia da petição inicial e a falta de legitimidade. A enumeração do art. 924, que não é exaustiva, engloba extinções da execução tanto com resolução de mérito, como sem sua apreciação.

A sentença de extinção, qualquer que seja o respectivo conteúdo, é normalmente pronunciada nos autos da própria execução, mas pode também ocorrer nos autos dos embargos à execução, quando a defesa do executado for acolhida nessa ação incidental.

510. OUTROS CASOS DE EXTINÇÃO DA EXECUÇÃO

Faltaram, na enumeração do art. 924, dois casos muito comuns de extinção do processo executivo, ou seja:

a) a *desistência da execução*: que é uma faculdade expressamente assegurada ao exequente pelo art. 775.

Com a *renúncia ao crédito* não se confunde a *desistência do processo*. Enquanto a primeira é de direito material, fazendo extinguir o próprio direito à prestação obrigacional, a segunda é um ato meramente formal, que apenas põe fim à relação processual pendente, sem atingir o direito substancial da parte. Quem renuncia não pode mais voltar a demandar a obrigação, que definitivamente se extinguiu. Mas quem desiste pode voltar a disputar a mesma prestação em nova relação processual.

A desistência da execução é faculdade unilateral do exequente exercitável, pois, sem necessidade de prévio consentimento do executado. Pode ser total ou parcial, *i. e*, referente a toda pretensão executiva ou apenas parte dela

b) a *improcedência da execução*: por decorrência de acolhimento de embargos do devedor.

A ação de embargos, que é um incidente do processo de execução, "tem por objeto obter a declaração de improcedência, total ou em parte, da execução com base no título apresentado pelo credor".[75]

---

[75] GOLDSCHMIDT, James. *Derecho Procesal Civil*. Barcelona: Labor, 1936, v. III, § 92, p. 618.

Por isso, "a ação de execução, enquanto direito de justiça material, extingue-se, também, pelo desaparecimento da ação civil que lhe serve de base", o que o devedor consegue por meio da "ação de embargos".[76]

É verdade que na maioria dos casos o que se reconhece nos embargos é a satisfação da dívida ou a liberação do devedor por alguma forma especial de resgate ou remissão do débito, hipóteses essas que já estariam compreendidas nos itens do art. 924. Acontece, porém, que se admite o acolhimento de embargos e a rejeição do processo executivo por motivos outros, muito diversos da satisfação ou resgate da obrigação, como, *verbi gratia*, a falta ou nulidade da citação no processo de conhecimento, a incerteza, iliquidez ou inexigibilidade da obrigação exequenda, a ilegitimidade de parte, a cumulação indevida de execuções (art. 535) e alguns casos de excesso de execução (art. 917, § 2º, IV e V).

Além dos casos já enumerados, que são típicos do processo executivo, pode ele extinguir-se em outras hipóteses previstas para o processo de conhecimento, mas que também se aplicam à execução forçada (art. 771, parágrafo único), como as de:

a) indeferimento da inicial (art. 485, I);
b) paralisação do feito por desídia do credor ou de ambas as partes (art. 485, II e III);
c) ausência de pressupostos processuais (art. 485, IV);
d) carência de ação (art. 485, VI)

Em todos esses exemplos, a extinção pode ser provocada por simples petição da parte, independentemente de embargos, e o juiz tem poderes para decretá-la mesmo de ofício, já que se relacionam com requisitos procedimentais de ordem pública.[77]

É possível, ainda, a extinção parcial da execução, limitada apenas a um dos coexecutados, em caso como o da transação que não envolva todos os devedores. A execução, na espécie, prosseguirá contra os litisconsortes passivos que não transigiram. E contra a decisão extintiva parcial, que tem natureza de interlocutória, o recurso cabível será o agravo de instrumento, e não a apelação.[78]

511. SENTENÇA DE EXTINÇÃO

Qualquer que seja o motivo, a extinção da execução só produz efeitos quando declarada por sentença (CPC/2015, art. 925). No caso de embargos, a declaração fica contida na própria sentença de acolhimento da ação do devedor, que é constitutiva e importa na declaração de inexistência da ação de direito material ou da executiva, bem como na expedição de um mandamento proibitório da execução, no dizer de Goldschmidt.[79]

Nos demais casos, a sentença é meramente declaratória e visa apenas produzir efeitos processuais perante a execução.

---

[76] GOLDSCHMIDT, James. *Op. cit.*, § 92, p. 615.

[77] "Aplicam-se, supletivamente, à extinção da execução as normas relativas à extinção do processo sem resolução do mérito (art. 485), no que couber (STJ – RTJE 109/199)" (NEGRÃO, Theotônio; *et al. Código de Processo Civil e legislação processual em vigor*, 47 ed., São Paulo: Saraiva, 2016, p. 827. Nota 3 ao art. 924). A inércia (ou abandono da causa) pelo exequente, pode acarretar a extinção do processo de execução, mas a parte deverá ser intimada, prévia e pessoalmente, a dar andamento ao feito (CPC/2015, art. 485, § 1º) (STJ, 1ª T., REsp. 854.926/SP, Rel. Min. Luiz Fux, ac. 17.11.2009, *DJe* 02.12.2009; STJ, 4ª T., REsp. 576.113/ES, Rel. Min. Cesar Asfor Rocha, ac. 03.08.2004, *DJU* 25.10.2004, p. 357).

[78] STJ, 5ª T., REsp. 838.911/SF, Rel. Min. Arnaldo Esteves, ac. 10.06.2008, *DJe* 01.09.2008.

[79] GOLDSCHMIDT, James. *Op. cit.*, § 92, p. 619.

Não há, realmente, nenhum provimento de mérito, na espécie, mas apenas o reconhecimento de que a relação processual se exauriu, nada mais havendo que realizar no processo, em termos de execução forçada. O provimento executivo é o ato de satisfação do direito do credor. É ele, e não a sentença do art. 925, que exaure a prestação jurisdicional específica do processo de execução.

O recurso cabível é, outrossim, a apelação, porque qualquer que seja a natureza da sentença, contra ela sempre cabe apelação (art. 1.009).

Uma distinção, no entanto, deve ser feita: não contém julgamento de mérito a sentença que apenas declara extinta a execução, sem solucionar no ato questão alguma suscitada pelas partes. Se, todavia, eclode, dentro da própria execução, uma controvérsia em torno de, *v.g.*, ter, ou não, ocorrido o pagamento ou qualquer outra causa extintiva do crédito exequendo, não se pode recusar que a solução de semelhante questão de direito substancial configure um julgamento de mérito, capaz de produzir coisa julgada material.

Na verdade, quando se fala que não é de mérito a sentença proferida no processo de execução, o que se afirma não é a inexistência de mérito em tal processo, mas apenas que não é apreciável o seu mérito (crédito exequendo) no bojo da execução, porque o local apropriado para o respectivo enfrentamento são os embargos.[80] Ali é que, ordinariamente, portanto, se produz o julgamento de mérito em torno do objeto da execução. Mas, se, por qualquer razão de direito, a extinção do crédito ou sua inexistência vem a ser apreciada dentro do próprio procedimento executivo, a natureza do julgamento será idêntica à da sentença dos embargos.[81] É emblemático o que, por exemplo, ocorre com a execução de sentença, contra a qual não cabe embargos, mas o devedor pode se defender, internamente, por simples impugnação, alegando, inclusive questões de mérito (pagamento, compensação, prescrição etc.) (art. 525, § 1º, VII).

A decisão desse incidente é qualificada por lei como sentença sempre que provocar extinção da execução (art. 203, § 1º); e haverá, sem dúvida, de ser classificada como sentença de mérito quando contiver acertamento judicial sobre a extinção da obrigação exequenda.

A extinção da execução por pura satisfação do direito do exequente não corresponde à resolução de controvérsia entre as partes e, por isso, não cuida de impor a uma delas a verba sucumbencial de honorários advocatícios. Essa matéria já terá sido resolvida em decisão

---

[80] "O afastamento das questões de mérito [para os embargos] não significa, porém, que inexista mérito no processo executivo. Há mérito representado pela pretensão executiva deduzida mediante a demanda inicial" (DINAMARCO, Cândido Rangel. *Fundamentos do processo civil moderno*. 2. ed. São Paulo: RT, 1987, n. 112, p. 207). "Só em casos muito especiais proferirá o juízo da execução alguma sentença que se possa reputar 'de mérito': assim, *v.g.*, quando indefira a inicial por verificar, desde logo, a ocorrência de prescrição (arts. 295, n. IV, e 598)" (BARBOSA MOREIRA, José Carlos. *Comentários ao Código de Processo Civil*. 14. ed. Rio de Janeiro: Forense, 2008, v. V, n. 69, p. 112).

[81] O STJ tem admitido rescisão de sentença que extingue a execução por reconhecer a satisfação do crédito exequendo, o que configuraria decisão de "conteúdo material" (CPC, art. 794, I) (STJ, 6ª T., REsp. 238.059/RN, Rel. Min. Fernando Gonçalves, ac. 21.03.2000, *DJU* 10.04.2000, p. 144; STJ, 6ª T., REsp. 147.735/SP, Rel. Min. Vicente Leal, ac. 23.05.2000, *DJU* 12.06.2000, p. 139). A rescindibilidade, todavia, como adverte Yarshell, não se baseia na simples extinção do processo, mas depende do "*objeto*" do julgado e do "*grau de cognição*" com que a *questão* do pagamento ou da extinção da obrigação se deu. "Se no processo de execução não houve cognição adequada e suficiente porque (i) aí não foram deduzidas alegações defensivas ou (ii) as alegações aí apresentadas exigiam cognição incompatível com aquela possível e adequada à estrutura e fins desse processo, então, realmente, não há que se cogitar de julgamento do mérito, e, nessa medida, descarta-se a ocorrência de coisa julgada material" (YARSHELL, Flávio Luiz. *Ação rescisória*. São Paulo: Malheiros, 2005, p. 216-217). Quer isto dizer que a extinção por pagamento ocorrido durante o curso do processo não é suficiente, por si só, para transformar em sentença de mérito a que apenas põe fim à execução (CPC/2015, art. 924, II). Para que isto ocorra é necessário que sobre o pagamento tenha havido controvérsia (questão) e que o juiz a tenha dirimido (sentença de mérito), proferindo, aí sim, julgamento de mérito, capaz de produzir sentença passível de rescisão (CPC/2015, art. 966).

interlocutória, no próprio curso da execução, ou na sentença de julgamento dos embargos do executado. Se, ao extinguir a execução a sentença o faz, enfrentando questão de mérito, cuja solução se apresenta como condição determinante do encerramento do processo, claro é que se deparará com hipótese de vencido e vencedor, e então, terá de impor ao vencido a responsabilidade pelos honorários do advogado do vencedor, segundo a regra geral do art. 85.

Há, entretanto, situações em que a execução se extingue por motivo objetivo, sem que este possa ser imputado a uma ou outra parte, como se dá com a prescrição intercorrente, por exemplo. Em semelhante situação, aplica-se o princípio da eventualidade, segundo o qual a verba sucumbencial será atribuída àquele que deu causa à instauração do processo, normalmente, o devedor (ver, *retro*, o item 496). Cumpre, todavia, distinguir entre a extinção por prescrição consumada anteriormente ao ajuizamento da execução e aquela que se configura já no curso da execução: *(a)* a primeira, que pode ser acolhida em embargos do devedor, ou incidentalmente, por provocação da parte ou até *ex officio*, importa derrota processual para o credor, com os consectários da sucumbência; *(b)* já a prescrição intercorrente (arts. 921, § 5º, e 924, V) segue o princípio da causalidade, ficando a cargo do executado os ônus da sucumbência[82]. É que a inexistência de bens penhoráveis do executado – causa da prescrição intercorrente –, não se deve a fato imputável ao exequente, como é óbvio.

512. EXTINÇÃO PARCIAL DA EXECUÇÃO

Por falar o art. 925 que a execução só se extingue por meio de *sentença*, não se pode entender, como já ocorreu em doutrina[83], que seria inviável a extinção parcial da execução, já que esta teria de ser promovida por meio de *decisão interlocutória*. Assim, decisões que reconhecessem, incidentalmente, a prescrição intercorrente, o pagamento, a compensação, a remissão do débito ou qualquer outra forma da extinção da obrigação, quando relacionada apenas a um ou alguns dos diversos títulos executivos cumulados no mesmo processo, não teriam nenhum efeito extintivo sobre a execução, enquanto não chegasse a oportunidade de pronunciar, por sentença, a solução final do processo.

Se é possível resolver parceladamente o mérito do processo de conhecimento, através de decisão interlocutória (art. 356, *caput*) – caso em que a demanda se encerra parcialmente, com trânsito em julgado (art. 356, § 3º) –, não há razão para que semelhante fenômeno não ocorra também no processo de execução, ao qual as regras daquele se aplicam subsidiariamente (arts. 318, parágrafo único e 771, parágrafo único).

A circunstância de o art. 925 cogitar, expressamente, apenas de sentença como ato extintivo da execução, deve-se ao fato de o legislador ter regulado só o que mais comumente acontece. Lido o dispositivo dentro da sistemática do Código, a *sentença*, na espécie, foi empregada de modo genérico, compreendendo também a decisão interlocutória.

Sendo possível a declaração de parcial extinção das obrigações exequendas, é claro que o juiz na mesma decisão interlocutória poderá decretar, também, a extinção parcial da execução. E se isto se der com base em solução de questão de mérito, essa decisão interlocutória, além de pôr fim a uma parcela da execução, passará normalmente em julgado, tal como ocorreria se tivesse sido resolvido na sentença da ação incidental de embargos do executado.

---

[82] "Declarada a prescrição intercorrente por ausência de localização de bens, incabível a fixação de verba honorária em favor do executado, eis que, diante dos princípios da efetividade do processo, da boa-fé processual e da cooperação, não pode o devedor se beneficiar do não-cumprimento de sua obrigação" (STJ, 4ª T., REsp 1.769.201/SP, Rel. Min. Maria Isabel Gallotti, ac. 12.03.2019, DJe 20.03.2019).

[83] CATELLI, Thales Aporta; SILVA, Danilo Pierote. As resoluções parciais no processo de execução. *Revista dos Tribunais*, v. 1.002, p. 274-276, abr/2019.

513. RECURSOS NO PROCESSO DE EXECUÇÃO

A matéria recursal no processo de execução rege-se pelo disposto na regulamentação geral do processo nos tribunais e dos meios de impugnação das decisões judiciais (Livro III, da Parte Especial). É que não há regras específicas a respeito da matéria no Livro II, que disciplina o Processo de Execução.

O sistema recursal, regulado pelo Livro III, é bastante singelo e, quanto ao primeiro grau de jurisdição, pode ser resumido em 3 proposições fundamentais:

a) contra as *sentenças*, o recurso é a *apelação*, qualquer que seja a matéria decidida (art. 1.009);

b) contra algumas *decisões interlocutórias*, expressamente elencadas em lei, se admite o *agravo de instrumento* (art. 1.015); e, nas outras hipóteses, cabe impugnação em preliminar de apelação ou em contrarrazões desse recurso (art. 1.009, § 1º);mas, por força do parágrafo único do art. 1.015, contra as decisões interlocutórias proferidas na fase de "cumprimento de sentença, no processo de execução", sempre será cabível o agravo de instrumento;

c) contra os *despachos* nenhum recurso é admitido (art. 1.001).

A conceituação, outrossim, do que seja sentença, decisão interlocutória e despacho de expediente é fornecida pelo próprio Código, no art. 203 e seus parágrafos.

Destarte, para aplicar-se o sistema recursal do processo de conhecimento à execução forçada, impõe-se classificar, antes de mais nada, as deliberações que o juiz da execução forçada normalmente profere, seja no processo principal, seja nos seus incidentes.

514. SENTENÇAS E DECISÕES EM MATÉRIA DE EXECUÇÃO E SEUS INCIDENTES

Na execução forçada propriamente dita não há sentença, a não ser a que declara extinto o processo, que, entretanto, é meramente formal e, em regra, não contém julgamento de mérito. É que a prestação jurisdicional na espécie não é de declaração, mas de realização de direito do credor.

Os incidentes da execução geralmente são discutidos em processos à parte, como os embargos do devedor e de terceiros. Estes sim, como ações de conhecimento, terminam por verdadeiras sentenças de mérito, quase sempre de natureza constitutiva (quando procedentes), por atacarem e modificarem atos jurídicos processuais como a penhora, a arrematação e adjudicação, ou situações jurídicas de direito material como o próprio título executivo.

Há, no entanto, algumas decisões de valor que ocorrem incidentemente nos próprios autos da execução, como, por exemplo, as relativas à ampliação ou redução da penhora, à prestação de caução, à adjudicação, à alienação, ao concurso de preferências etc. Todas elas representam decisões interlocutórias porque sua solução não importa alcançar o provimento final do processo de execução (art. 203, § 2º). Na sistemática primitiva do Código de 1973, a liquidação de sentença não era simplesmente um incidente, mas um verdadeiro processo preparatório da execução, pois seu processamento e julgamento antecediam à citação executiva (art. 611, CPC/1973). A liquidação, que se abria por nova citação, terminava por meio de verdadeira *sentença*, como aliás mencionavam os arts. 605, parágrafo único, e 607, parágrafo único, CPC/1973. O recurso cabível era evidentemente a apelação. Com a Lei n. 11.232, de 22.12.2005, à época do Código anterior, o regime da liquidação mudou profundamente, passando à simples condição de incidente do processo em que ocorre a sentença genérica. Daí ter se tornado o agravo o recurso manejável contra a decisão que define o *quantum debeatur* (art. 475-H, CPC/1973). A sistemática continua no CPC/2015, em razão do parágrafo único do art. 1.015, que dispõe, expressamente, ser cabível o agravo "contra as decisões interlocutórias" proferidas na fase de liquidação de sentença[84].

Ainda de acordo com jurisprudência do STJ, "entende-se que a decisão judicial que resolve incidente de liquidação deixa de ter natureza interlocutória se extinguir o próprio processo, sendo cabível nesses casos a impugnação da decisão por meio do recurso de apelação"[85].

No caso de adjudicação, a qualidade de decisão interlocutória emprestada ao julgamento do respectivo pedido, acha-se implicitamente reconhecida pelo próprio Código, também no parágrafo único do art. 1.015, pois se trata de decisão interlocutória proferida no processo de execução. O mesmo entendimento deve prevalecer para as decisões relativas às alienações por iniciativa particular.

Na execução por quantia certa contra o devedor insolvente há, na verdade, dois grandes processos cumulados: um de declaração do estado de insolvência (de cognição) e outro executivo concursal, subsequente. A declaração de insolvência é, pois, uma sentença, visto que encerra o processo preliminar de conhecimento.

Cada declaração de crédito funciona, outrossim, como ação incidente, passível de julgamento por sentença caso haja impugnação. Também o julgamento do quadro geral dos credores resolve outra ação incidental de conhecimento, que é a do concurso universal de credores propriamente dito, declarando por sentença o direito de cada concorrente ao produto de execução coletiva (art. 771, CPC/1973, mantido pelo CPC/2015, art. 1.052).

No entanto, sem constituir ações, várias questões incidentes são, igualmente, resolvidas no correr da insolvência, pelas decisões interlocutórias, como as relativas à substituição de administrador, à restituição de bens, ao pedido de pensão para o devedor etc.

Com a simplificação do sistema recursal, além dos embargos declaratórios (art. 1.022), admitem-se apenas a apelação (art. 1.009) e o agravo de instrumento (art. 1.015) diante dos julgamentos proferidos no primeiro grau de jurisdição.

Assim, toda vez que o julgamento tiver o objetivo de extinguir a execução, sua natureza será de *sentença* e o recurso adequado será a *apelação*. Nos demais casos, isto é, quando o pronunciamento judicial der solução apenas a *questões* que não importem em solução final da prestação jurisdicional buscada no processo (principal ou incidental) ocorrerão *decisões interlocutórias* e o recurso interponível será o *agravo de instrumento*.

São exemplos de sentença: a declaração de extinção da execução, a homologação da desistência do credor, o julgamento dos embargos do devedor ou de terceiro, a declaração de insolvência, o julgamento da impugnação do quadro geral dos credores, a decretação de extinção das obrigações do insolvente, a homologação da proposta de pagamento (concordata suspensiva) etc. Contra todas estas, o recurso admissível é a apelação.

Se o juiz resolve qualquer questão que lhe é proposta no curso do feito, mas não põe fim ao processo de execução, seu ato decisório é uma *decisão interlocutória* (art. 203, § 2º), e o recurso oponível, o *agravo de instrumento* (art. 1.015, parágrafo único).

São exemplos de *decisões interlocutórias*: as que determinam ampliação ou redução de penhora, deferem a adjudicação ou a alienação, resolvem a impugnação à avaliação, decidem

---

[84] Já se decidiu, até mesmo, que configuraria erro grosseiro a interposição de apelação contra a decisão da liquidação de sentença, em lugar do agravo de instrumento a que alude o CPC (STJ, 4ª T., EDcl no AgRg no REsp 1.044.447/SP, Rel. Min. Raul Araújo, ac. 01.12.2016, *DJe* 14.12.2016; STJ, 2ª T., AgInt no REsp 1.623.408/PB, Rel. Min. Francisco Falcão, ac. 05.02.2019, *DJe* 14.02.2019).

[85] STJ, AgInt no REsp 1.623.408/PB, *cit.*

sobre o pedido de pensão do insolvente, autorizam levantamento de dinheiro etc., todas elas impugnáveis por meio de agravo de instrumento.

É caso, também, de agravo o da decisão em torno da atualização do valor do crédito, nas execuções de título extrajudicial, assim como a que prepara a execução do título judicial, quando a condenação é proferida de forma genérica (decisão de liquidação).

Ao contrário do que se passa no processo de conhecimento, em que nem todas decisões interlocutórias podem ser atacadas por agravo de instrumento, no processo de execução todas as decisões da espécie são agraváveis (art. 1.015, parágrafo único).

515. EFEITOS DOS RECURSOS

Quanto aos efeitos dos recursos na execução, verificam-se as seguintes particularidades:

a) O agravo de instrumento corre à parte e não obsta ao andamento do processo (CPC/2015, art. 995), salvo nas hipóteses de haver risco de dano grave, de difícil ou impossível reparação e ficar demonstrada a probabilidade de provimento do recurso (art. 995, parágrafo único). Nestes casos, contudo, a suspensão dos efeitos da decisão agravada não ocorre automaticamente, pois dependerá de requerimento do agravante e de deliberação do relator, no tribunal *ad quem* (art. 995, parágrafo único).[86]

b) A apelação normalmente tem efeito suspensivo e devolutivo (art. 1.012, *caput*). Será, entretanto, recebida só no efeito devolutivo, e por isso não impedirá o prosseguimento da execução (em caráter provisório), quando interposta da sentença que extingue sem resolução do mérito ou julga improcedentes os embargos do executado (art. 1.012, § 1º, III).

Ficam sob a dupla eficácia, por isso, a decisão que julga procedente os embargos, a que indefere o pedido de insolvência, a que homologa a concordata proposta pelo insolvente, a que julga extinto o processo, a que declara a extinção das obrigações do insolvente etc.

Acarreta apenas a devolução do conhecimento da causa ao Tribunal a apelação interposta da sentença que extingue sem resolução do mérito ou julga improcedentes os embargos do executado, bem como a que decreta a insolvência, a que rejeita impugnação ao crédito habilitado no concurso de credores e a que aprova o quadro geral de credores, porque são da mesma natureza da que conclui pela improcedência dos embargos (art. 1.012, § 1º, III).

Em qualquer dos casos em que o recurso (agravo ou apelação) ordinariamente não tenha eficácia suspensiva, ao relator se atribui o poder de suspender o cumprimento da decisão recorrida até o pronunciamento definitivo da Turma ou Câmara do Tribunal competente (art. 995, parágrafo único). A medida é excepcional e tem aplicação se da imediata produção de efeitos da decisão recorrida houver risco de dano grave, de difícil ou impossível reparação, e ficar demonstrada a probabilidade de provimento do recurso.

---

[86] "Para o deferimento de medida liminar conferindo efeito suspensivo a recurso especial, é necessário avaliar a extensão dos efeitos que o eventual provimento do recurso atingirá. Tanto a aparência de direito quanto o perigo de demora na decisão devem ser analisados com as vistas voltadas ao conteúdo do recurso. A regra do art. 497 do CPC é abrandada apenas quando verificados (i) a possibilidade de êxito do recurso interposto e (ii) a existência de dano de difícil ou incerta reparação, advindo de eventual demora na definição da lide" (STJ, 3ª T., MC 16.584/MS, Rel. Min. Nancy Andrighi, ac. 23.03.2010, *DJe* 01.07.2010). No mesmo sentido: STJ, 2ª T., MC 6.366/DF, Rel. Min. Mauro Campbell Marques, ac. 16.04.2009, *DJe* 04.05.2009; STJ, 1ª T., AgRg na MC 14.073/RJ, Rel. Min. Luiz Fux, ac. 17.03.2009, *DJe* 23.04.2009.

516. DESAPENSAMENTO DOS AUTOS DOS EMBARGOS PARA TRAMITAÇÃO DA APELAÇÃO

Quando, no regime velho, se interpunha apelação da sentença de improcedência dos embargos negava-se, na jurisprudência, a possibilidade de desapensamento para subida apenas dos autos dos embargos. O argumento principal era de que a execução poderia prosseguir em autos suplementares ou carta de sentença, enquanto a não remessa dos autos principais prejudicaria, muitas vezes, o exame de questões relevantes para o julgamento da apelação, dado que peças e atos decisivos, como a citação, a penhora, a intimação, as procurações, etc., permaneciam nos autos da execução[87].

O problema foi superado pela sistemática de formação dos autos dos embargos, preconizada pela redação do parágrafo único do art. 736 do CPC/1973, acrescido pela Lei n. 11.382, de 06.12.06, e mantido pelo art. 914 do CPC/2015, segundo o qual todas as peças processuais relevantes haverão de ser trasladadas por cópias, pelo embargante, junto da inicial. Essa técnica faz com que, na apelação, seja possível o desapensamento, com a consequente subida apenas dos autos dos embargos. E, além disso, facilita o prosseguimento da execução, se for o caso, sem os ônus da carta de sentença. Desvincula-se, assim, a tramitação das duas ações durante a pendência da apelação, sem que nenhuma delas sofra maiores prejuízos.

517. CAUSAS DE ALÇADA

Em matéria de execução fiscal, o sistema de recursos do Código de 1973 sofreu alteração introduzida pela Lei n. 6.830/1980, art. 34, que eliminou a apelação nos processos de valor igual ou inferior a 50 ORTN, caso em que os únicos recursos cabíveis serão os embargos de declaração e os embargos infringentes, cujo efeito não é devolutivo, cabendo o julgamento, portanto, ao próprio juiz da causa.

Nessas execuções não vigora a dualidade de instâncias, de sorte que nem o agravo de instrumento, nem o duplo grau necessário de jurisdição (recurso *ex officio*) tem cabimento.

518. RECURSOS EXTRAORDINÁRIO E ESPECIAL

Não há regras particulares para as decisões do processo de execução, quanto ao regime dos recursos extraordinário e especial. Sobre a matéria, consultar nosso *Curso de Direito Processual Civil*, v. III, n. 817 a 842.

---

[87] 1º TACSP, Ap. 208.845, ac. de 13.05.75, Rel. Juiz Marzagão Barbuto, in Evaristo dos Santos, *O Novo Código de Processo nos Tribunais de Alçada de São Paulo*, vol. II, n. 843, p. 791; 1º TACiv.-SP, AI 685673-4, Rel. Juiz Manoel Mattos, ac. de 05.06.96, in JUIS – Saraiva, n. 14. Admitindo o desapensamento em circunstâncias especiais: STJ, REsp. 38201/PR, Rel. Min. Sálvio de Figueiredo, ac. de 26.09.94, in *DJU* de 31.10.94, p. 29.503.

Fluxograma n. 17 – Suspensão do processo e prescrição intercorrente (art. 921, III)

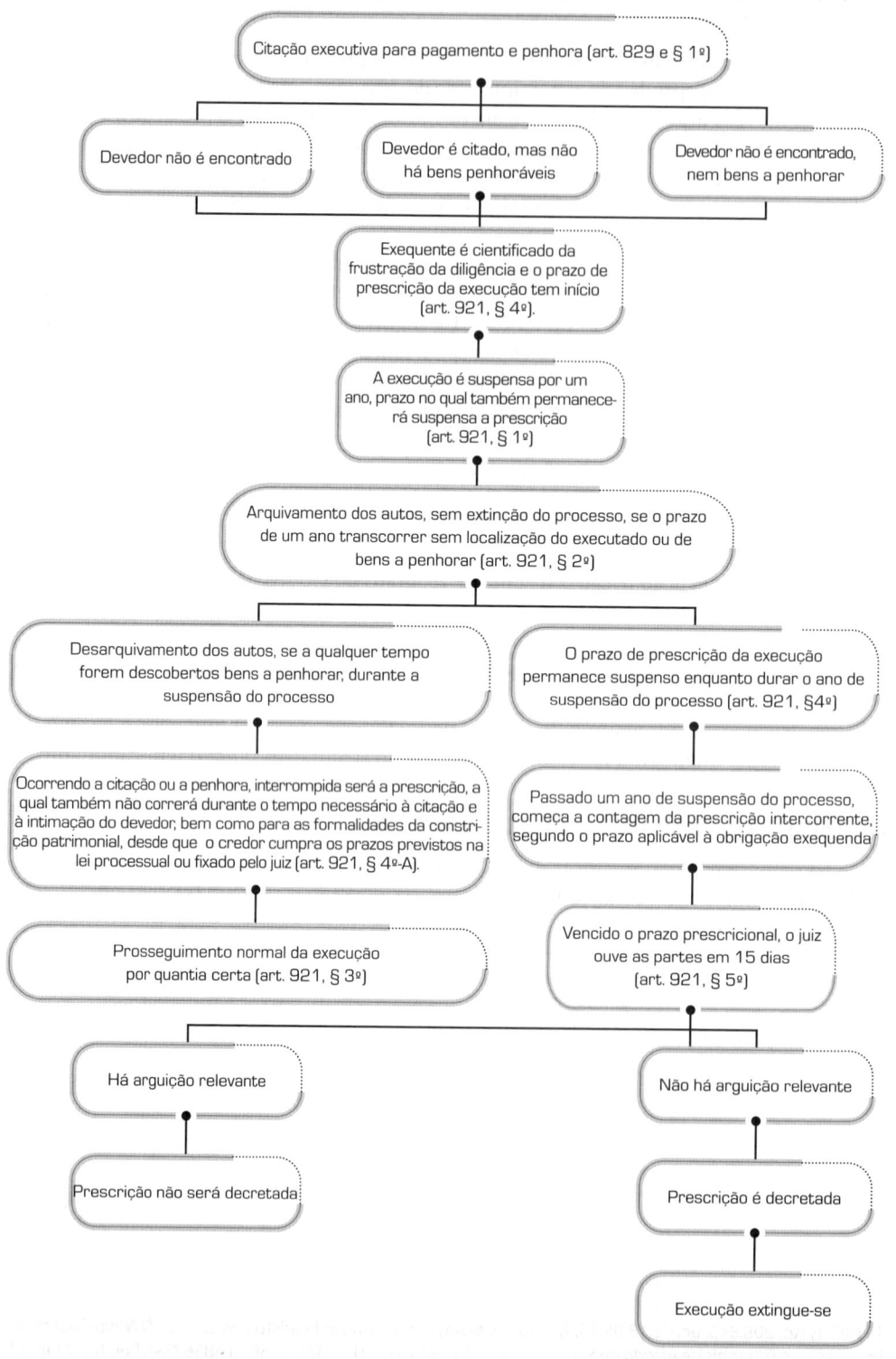

- Citação executiva para pagamento e penhora (art. 829 e § 1º)
  - Devedor não é encontrado
  - Devedor é citado, mas não há bens penhoráveis
  - Devedor não é encontrado, nem bens a penhorar

- Exequente é cientificado da frustração da diligência e o prazo de prescrição da execução tem início (art. 921, § 4º).

- A execução é suspensa por um ano, prazo no qual também permanecerá suspensa a prescrição (art. 921, § 1º)

- Arquivamento dos autos, sem extinção do processo, se o prazo de um ano transcorrer sem localização do executado ou de bens a penhorar (art. 921, § 2º)

  - Desarquivamento dos autos, se a qualquer tempo forem descobertos bens a penhorar, durante a suspensão do processo
    - Ocorrendo a citação ou a penhora, interrompida será a prescrição, a qual também não correrá durante o tempo necessário à citação e à intimação do devedor, bem como para as formalidades da constrição patrimonial, desde que o credor cumpra os prazos previstos na lei processual ou fixado pelo juiz (art. 921, § 4º-A).
    - Prosseguimento normal da execução por quantia certa (art. 921, § 3º)
      - Há arguição relevante
        - Prescrição não será decretada

  - O prazo de prescrição da execução permanece suspenso enquanto durar o ano de suspensão do processo (art. 921, §4º)
    - Passado um ano de suspensão do processo, começa a contagem da prescrição intercorrente, segundo o prazo aplicável à obrigação exequenda
    - Vencido o prazo prescricional, o juiz ouve as partes em 15 dias (art. 921, § 5º)
      - Não há arguição relevante
        - Prescrição é decretada
          - Execução extingue-se

Nota: O incidente de prescrição intercorrente aplica-se a todas as execuções por quantia certa, inclusive ao cumprimento de sentença (art. 921, § 7º).

Capítulo XXXV
EXECUÇÃO FORÇADA E COISA JULGADA

519. INTRODUÇÃO

Consumada a expropriação do bem penhorado e efetuado o pagamento ao credor com o produto apurado na alienação forçada, extingue-se o processo de execução (CPC/2015, art. 924, II).

Surge, então, um problema que pode ser formulado com a seguinte indagação: não se destinando a execução, no sistema do Código, a uma sentença de mérito, e podendo encerrar-se o processo executivo, mesmo quando baseado apenas em título negocial, sem decisão valorativa sobre o crédito do exequente e sua satisfação judicial coativa, haveria em tais circunstâncias o fenômeno da coisa julgada ou algum fato processual análogo incidindo sobre o resultado ou os efeitos da execução forçada? Ou continuaria permitido às partes discutir o mérito da legitimidade do pagamento forçado, em futuras ações de cognição?

Para encontrarmos a solução do problema teremos de analisá-lo com base em três outras indagações básicas, para fixar-se bem:

a) o objetivo e a natureza do processo de execução, feito o cotejo com o processo de conhecimento;

b) a natureza e os efeitos dos embargos do devedor; e

c) a coisa julgada como fenômeno restrito ao processo de conhecimento.

520. PROCESSO DE EXECUÇÃO

A tutela jurisdicional que o Estado põe à disposição das partes, para impedir a justiça das próprias mãos dos interessados, compreende a declaração da norma jurídica aplicável ao caso concreto, bem como a realização de atos materiais sobre o patrimônio do devedor, para, à custa dele, tornar efetivo o direito do credor.

No primeiro caso, temos o processo de *conhecimento*, em que o Estado, por meio de um sistema dialético, proclama "a lei do caso concreto".[1] Na segunda hipótese; temos o processo de *execução*, no qual, por meio de um sistema prático, desenvolvem-se as medidas necessárias para que a vontade dessa lei seja realmente cumprida.[2]

Tanto num como noutro caso, desenvolve o Estado a *jurisdição*, que é o poder-dever (*a função*) de fazer atuar a vontade concreta da ordem jurídica, nas situações litigiosas, quer por meio da declaração do direito do caso concreto, quer por meio de execução efetiva do direito reconhecido à parte.

521. DIFERENÇAS FUNDAMENTAIS ENTRE O PROCESSO DE CONHECIMENTO E O PROCESSO DE EXECUÇÃO

Como ensina Calamandrei, "a cognição destina-se a retirar da norma abstrata da lei um preceito concreto, individualizado. Isso implica uma atividade de interpretação destinada a

---

[1] DINAMARCO, Cândido Rangel. *Execução Civil*. São Paulo: RT, 1973, n. 6, p. 63.

[2] CHIOVENDA, Giuseppe. *Instituições de Direito Processual Civil*. 3. ed. Trad. Guimarães Menegale. São Paulo: Saraiva, 1969, v. I, p. 285.

eliminar uma situação de incerteza, quanto às consequências jurídicas decorrentes de uma determinada espécie fática, quando dois ou mais interessados estejam em conflito, cada qual deles procurando interpretar o direito de modo a obter consequências favoráveis ao seu interesse individual. A prestação jurisdicional de cognição consiste, pois, em aplicar ao fato a lei que lhe corresponde, definindo o comando concreto da ordem jurídica para a solução do caso controvertido. Resume-se numa declaração de direito subjetivo".[3]

No processo de execução, porém, não se encontra o objetivo de buscar essencialmente a formação de um juízo de veracidade ou de justiça em torno da pretensão do credor. Tudo se passa em torno da realização de atos materiais tendentes à satisfação do direito do promovente, como penhora de bens do devedor, alienação forçada dos referidos bens e pagamento ao credor.[4]

Atua o Estado, na execução, como um substituto, promovendo uma atividade que competia originariamente ao devedor exercer e que consiste em dar satisfação à prestação a que tem direito o credor. E somente quando o obrigado não cumpre voluntariamente a obrigação é que tem lugar a intervenção do órgão judicial executivo, que configura a "execução forçada", em contraposição à imagem de "cumprimento voluntário" da prestação, que vem a ser, tecnicamente, o *adimplemento*[5].

Enquanto no processo de conhecimento o juiz examina a lide para "descobrir e formular a regra jurídica concreta que deve regular o caso", no processo de execução providencia "as operações práticas necessárias para efetivar o conteúdo daquela regra, para modificar os fatos da realidade de modo a que se realize a coincidência entre as regras e os fatos".[6]

Embora tanto num como noutro a parte exerça perante o Estado o direito subjetivo público de ação, a grande diferença entre os dois processos reside no fato de tender o processo de cognição à pesquisa do direito dos litigantes, ao passo que o processo de execução parte justamente da certeza do direito do credor, atestada pelo "título executivo".

Não há destarte, decisão de mérito em ação de execução.[7] A atividade do juiz "é prevalentemente prática e material",[8] buscando produzir na situação de fato as modificações necessárias para pô-la de acordo com a norma jurídica reconhecida e proclamada no título executivo.

Porque a declaração de certeza é pressuposto que antecede ao exercício da ação de execução,[9] não se pode considerar o processo executivo como contraditório, pelo menos no sentido dialético, pois o que resulta dele não é uma relação jurídica de equilíbrio ou igualdade das partes, mas de *sujeição* do devedor à coação estatal posta a atuar em benefício do credor.[10]

Não se deve, porém, considerar o juiz da execução como um autômato que simplesmente atende ao comando do credor. Exerce ele a jurisdição que, como é óbvio, se subordina a requisitos ou pressupostos. E dessa forma, para deferir a coação estatal, terá o juiz de verificar e conhecer das condições de legitimidade da pretensão executiva, exercendo um juízo de *legalidade*. Mas seu conhecimento, *in casu*, será sumário e restrito à existência do título executivo e sua

---

[3] NEVES, Celso. *Coisa Julgada Civil*. São Paulo: RT, 1971, p. 451.

[4] REDENTI, Enrico. *Diritto Processuale Civile*. 2. ed. Milano: Giuffrè, v. III, n. 205, p. 116.

[5] AMARAL SANTOS, Moacyr. *Primeiras Linhas de Direito Processual Civil*. 4. ed. São Paulo: Saraiva, 1970, v. III, n. 799, p. 221.

[6] LIEBMAN, Enrico Tullio. *Processo de Execução*. 3. ed. São Paulo: Saraiva, 1968, n. 18, p. 37.

[7] DINAMARCO, Cândido Rangel. *Op. cit.*, n. 16, p. 126.

[8] LIEBMAN, Enrico Tullio. *Op. cit.*, n. 18, p. 37.

[9] MICHELI, Gian Antonio. *Curso de Derecho Procesal Civil*. Buenos Aires: EJEA, 1970, v. III, p. 4.

[10] ALLORIO, Enrico. *Problemas de Derecho Procesal*. Buenos Aires: EJEA, 1963, v. II, n. 9, p. 144; FURNO, Carlo. *La Sospensione del Processo Esecutivo*. Milano: A. Giuffrè, 1956, n. 4, p. 1.

perfeição formal, além dos demais pressupostos processuais, que, de ordinário, se exigem para a formação da relação processual. Sobre esses pontos, há cognição e acertamento jurisdicional.

Realizando *jurisdição (jus dicere)*, também o juiz da execução declara ou reconhece o direito da parte, mas apenas o direito pertinente à execução, isto é, proclama que, em face do título apresentado, o credor tem o direito de ver realizada a expropriação executiva. Nada mais.

O título executivo, que é a condição necessária e suficiente para o processo de execução, é fato jurídico que se aperfeiçoa antes da própria execução, assumindo a figura de um pressuposto de legitimidade da atuação jurisdicional executiva. Os fatos anteriores e posteriores ao título, e estranhos a seu contexto, não são levados em conta pelo juiz ao deferir a coação executiva.

A atividade jurisdicional do órgão executivo parte da existência do título do credor e do inadimplemento do devedor e vai até a satisfação coativa da prestação constante do título. Quaisquer outras questões existentes entre as partes, ainda que pertinentes ao negócio jurídico documentado no título, não são cuidadas pelo juízo da execução.

Poderão, é certo, ser aventadas e trazidas a juízo pelo devedor, mas não no processo de execução, e sim no processo de conhecimento, pelo ajuizamento da ação de embargos, que implica a instauração de uma nova relação processual entre as partes do primitivo processo de execução, com objeto completamente diverso do deste último, embora possa eventualmente prejudicar o resultado prático da execução pendente.

522. EXECUÇÃO FORÇADA NO ATUAL DIREITO BRASILEIRO

O Código de 1973 aboliu a distinção entre ação executória, baseada em sentença de condenação, e ação executiva baseada em título extrajudicial, que vigorava entre nós desde o Brasil colônia.

No regime anterior (de 1939), não havia na ação executória a contestação, e a defesa do executado só podia ser formulada em procedimento à parte, denominado *embargos*. Na ação executiva, contudo, adiantava-se a penhora logo após a citação, mas seguia-se, depois, o procedimento cognitivo, com possibilidade de contestação nos mesmos autos, e obrigatoriedade de despacho saneador, audiência de instrução e julgamento, e finalmente sentença para ratificar o título extrajudicial.

O Código brasileiro de 1973, no que foi seguido pelo CPC/2015, esposou o conceito unitário, abolindo a ação executiva para absorvê-la, inteiramente, na ideia única de processo de execução.

Deixou de existir, quanto à força e efeitos executórios, distinção entre título executivo judicial e extrajudicial. Nem se conhece mais, portanto, a ação executiva, como procedimento especial misto de cognição e execução.

Qualquer defesa, no regime de 1973 e no atual, em todos os casos de execução, só se tornou possível mediante o procedimento dos embargos, fora dos autos da ação de execução, em que nenhuma sentença de mérito é proferida. E, por isso mesmo, não havendo embargos, seguem-se sempre, após a penhora e a avaliação, os atos de expropriação de bens (CPC/2015, art. 875), sem a dependência de sentença confirmatória do título executivo, seja ele judicial ou não.

Desde então, só haverá julgamento de mérito quando o executado interpuser embargos, mas isto ocorrerá em autos apartados (processo incidente de cognição) e sem interferência no processo de execução, salvo sua suspensão nos casos especiais do art. 919, § 1º, do CPC/2015.

Houve, pois, completa abolição da fase obrigatória de conhecimento da antiga ação executiva.[11]

---

[11] LACERDA, Galeno. *O Novo Direito Processual Civil e os Feitos Pendentes*. Rio de Janeiro: Forense, 1974, p. 40.

As reformas por que passou o Código de 1973 a partir da última década do séc. XX, que foram mantidas pelo CPC/2015, simplificaram ao extremo a execução do título judicial. Criou-se um mecanismo processual que permite ao exequente obter o cumprimento forçado da sentença sem depender da propositura, em separado, de uma nova ação. Na mesma relação processual em que a sentença for proferida, dar-se-á a expedição do mandado executivo e dessa maneira atingir-se-á a satisfação da prestação a que tem direito o credor, por meio de um simples incidente processual (art. 475-I do CPC/1973, com a redação da Lei n. 11.232/2005).[12] A ação executiva, em procedimento separado e autônomo em face do processo de conhecimento, somente subsistiu para os títulos extrajudiciais (Livro II do CPC/1973).[13] Se a execução dos títulos judiciais adotou procedimento mais expedito e mais econômico, a ação executiva conservou toda a força que o Código sempre atribuiu ao título extrajudicial, que continua autorizando execução forçada sem depender de prévio ou subsequente acertamento por sentença.

A Lei n. 11.382, de 06.12.2006, ainda à época do Código anterior, inspirada nas modernas garantias de efetividade e economia processual, procedeu, à reforma da execução do título extrajudicial, a única que, realmente, justifica a existência de um processo de execução completamente autônomo frente à atividade cognitiva da jurisdição.

Na atual sistemática da execução civil (CPC/2015), abriram-se oportunidades de atuação das partes com maior autonomia e mais significativa influência sobre os atos executivos e a solução final do processo. Com isso, reconheceu o legislador, acompanhando o entendimento da melhor doutrina, que as partes não são apenas figurantes passivos da relação processual, mas agentes ativos com poderes e deveres para uma verdadeira e constante cooperação na busca e definição do provimento que, afinal, pela voz do juiz, virá pôr fim ao conflito jurídico. Aliás, ninguém mais do que as partes têm, na maioria das vezes, condições de eleger, ou pelo menos tentar eleger, o melhor caminho para pacificar e harmonizar as posições antagônicas geradoras do litígio, endereçando-as para medidas consentâneas com a efetividade esperada da prestação jurisdicional. Merecem destaque, por exemplo, as inovações introduzidas na nomeação de bens à penhora, cuja iniciativa passou basicamente para o exequente, que também assumiu o comando da expropriação dos bens penhorados, podendo, desde logo, adjudicá-los ou submetê-los à venda particular, evitando os inconvenientes da alienação em hasta pública. Do lado do devedor, ampliaram-se as possibilidades de substituição da penhora, desde que não prejudicado o interesse do credor na pronta exequibilidade da garantia judicial. A defesa do executado, por sua vez, ficou grandemente facilitada, porque não mais dependeria da existência de prévia penhora. Em compensação, o credor passou a ter meios de prosseguir na execução com maior agilidade, porque só por exceção os embargos teriam efeito suspensivo. A execução provisória deixou de depender de carta de sentença nos moldes tradicionais. À própria parte assumiu o encargo de obter e autenticar as cópias de peças necessárias para promovê-la. A prevenção contra fraude do devedor foi bastante ampliada e facilitada pelo remédio singelo da averbação em registro público da distribuição do feito, antes mesmo da citação, graças à pura iniciativa do exequente. Tudo isso e muitas outras medidas práticas e eficientes introduzidas no CPC/1973 pela reforma da Lei n. 11.382, de 06.12.2006, e mantidas pelo CPC/2015, conferiram

---

[12] CPC/2015, art. 513.

[13] Apenas para a execução de sentença contra a Fazenda Pública, quando referente à quantia certa, a Lei n. 11.232/2005 manteve a ação executiva autônoma (CPC/1973, art. 730). O CPC/2015, entretanto, admitiu o cumprimento de sentença contra a Fazenda Pública (arts. 534 e 535), conservando a ação executiva autônoma tão somente para as execuções de títulos executivos extrajudiciais (art. 910).

ao processo de execução o moderno feitio de instrumento útil à plena cooperação entre partes e juiz, mitigando o excesso de publicismo que vinha minimizando a participação dos litigantes no destino do processo. Em boa hora, o aspecto cooperativo saiu da retórica e entrou no plano prático da execução judicial[14].

O resultado prático (provimento executivo) permanece o mesmo, tanto no cumprimento da sentença como na ação de execução do título extrajudicial. Os procedimentos é que se diferenciaram, em prol da política legislativa de atribuir maior efetividade à prestação jurisdicional do processo de conhecimento.

523. EMBARGOS À EXECUÇÃO

A execução forçada tem como pressuposto o título executivo que atesta a certeza, liquidez e exigibilidade da dívida. Não visa ela, desta forma, a discussão e a fixação do direito das partes, mas diretamente a realização da prestação que o título faz presumir como um direito pré-reconhecido do credor.

Como se expôs no item n. 412, *retro*, "enquanto o título estiver de pé, o respectivo beneficiário dispõe da ação executiva, quer tenha quer não tenha, na realidade, o direito de crédito. Para que o direito à ação executiva se extinga, é necessário anular o título, fazê-lo cair; e para conseguir tal fim, tem o executado de mover uma *verdadeira ação declarativa*"[15] ou de cognição que são os embargos à execução.

Sua natureza jurídica é a de uma *ação de cognição incidental*,[16] de caráter constitutivo, conexa à execução por estabelecer, como lembra Chiovenda, uma "relação de causalidade entre a solução do incidente e o êxito de execução".[17]

Não se confundem os embargos com uma simples exceção (defesa). Na realidade configuram uma "verdadeira demanda", sob forma de "uma reconvenção *sui generis*" visto que goza de autonomia frente à execução, gerando uma nova relação processual, com estrutura e função normal do processo de cognição.[18]

A autonomia dos embargos costuma ser ressaltada pelos doutores com invocação das seguintes particularidades:

> *a)* "A nulidade do ato executivo contra o qual os embargos foram formalmente propostos não incide sobre a validade do juízo dos embargos, nem impede o seu prosseguimento a fim de obter a condenação do vencido, ou a rejeição definitiva da exceção";[19]

---

[14] "As partes têm o direito de obter em prazo razoável a solução integral do mérito, incluída a atividade satisfativa" (CPC/2015, art. 4º). "Todos os sujeitos do processo devem cooperar entre si para que se obtenha, em tempo razoável, decisão de mérito justa e efetiva" (CPC/2015, art. 6º).

[15] REIS, José Alberto dos. *Processo de Execução*. Coimbra: Coimbra Editora, 1943, v. I, n. 41, p. 109.

[16] COSTA, Sérgio. *Manuale di Diritto Processuale Civile*. Torino: Editrice Torinese, 1963, n. 450, p. 591.

[17] CASTRO, Amílcar de. *Comentários ao Código de Processo Civil*. 2. ed. Rio de Janeiro: Forense, 1963, v. X, t. II, n. 421, p. 419.

[18] LIEBMAN, Enrico Tullio. *Embargos do Executado*. (Oposições de mérito no processo de execução). 2. ed. Tradução da 2ª edição italiana por J. Guimarães Menegale. São Paulo: Saraiva, 1968, n. 141, p. 214-215.

[19] SATTA, Salvatore. *L'esecuzione forzata*. 4. ed. Torino: Torinese, 1963, n. 168, p. 233.

b) Pode haver demanda reconvencional nos embargos.[20] E "o juízo sobre a pretensão reconvencional não fica precluso pela rejeição dos embargos";[21]
c) A extinção do juízo dos embargos não arrasta consigo o processo executivo; e tampouco a extinção do processo principal, se por acaso tiver prosseguimento o procedimento dos embargos, implica a extinção destes;[22]
d) A posição das partes na ação de embargos não é a mesma do processo de execução; o credor passa a réu, e o devedor a autor;[23]
e) E, finalmente, nem as partes são necessariamente as mesmas ou todas as da relação executória, mas somente as que propõem e em referência às quais se propõe a demanda de oposição. Dessa forma, as duas relações processuais podem desenvolver-se cada qual por sua conta, com trajetórias independentes.[24]

Não são, como se vê, os embargos mera resistência passiva, como é a contestação no processo de conhecimento. Só aparentemente podem ser tidos como resposta do devedor ao pedido do credor. Na verdade, o embargante toma, facultativamente, uma posição ativa ou de ataque, exercitando contra o credor o *direito de ação* à procura de uma sentença que possa extinguir o processo ou desconstituir a eficácia do título executivo.

Por não serem fase do processo de execução, mas outra ação manejada, incidentemente, pelo executado contra o exequente, os embargos à execução participam da natureza da *reconvenção*,[25] pois também como esta, consistem numa ação do demandado enxertada no processo principal instaurado pelo autor, visando obter um resultado jurisdicional diferente e contrário àquele buscado pelo autor reconvindo, capaz de neutralizar a pretensão deste.

Assim como a preclusão do direito de reconvir, por falta de interposição da medida incidental em tempo hábil, não impede o demandado de formular o pedido reconvencional mediante uma ação principal, fora do processo em curso, também a falta de embargos do devedor, no

---

[20] LIEBMAN, Enrico Tullio. *Op. cit.*, n. 146, p. 219. No direito brasileiro, porém, a reconvenção não tem sido admitida nem no processo de execução, nem nos embargos do devedor (CALMON DE PASSOS, José Joaquim. *Comentários ao Código de Processo Civil*. Rio de Janeiro: Forense, v. III, 1974, n. 178, p. 319-321; T.J.S.P., ac. *in* "RT", 488/135). Entretanto, Araken de Assis a admite, especialmente se se tratar de embargos de cognição plena (CPC/2015, art. 917, VI). O autor rebate todos os argumentos suscitados pela doutrina para afastar a possibilidade de reconvenção nos embargos, aos seguintes fundamentos: *(i) Procedimento*: adotando-se o procedimento comum aos embargos à execução, perfeitamente cabível seria a reconvenção. *(ii) Falta de interesse*: não procede a assertiva de que não haveria interesse processual, pois a reconvenção provocaria óbice ao processo executivo, sendo mais útil ao embargado veicular o seu direito por meio de ação autônoma, uma vez que "quando é admitida a via reconvencional ao réu se mostra lícito veicular seu direito por ação própria". Destarte, "é opção segundo as conveniências da parte. O impedimento à execução deriva dos embargos e sobre ele a reconvenção exercerá reduzida influência".

[21] *(iii) Falta de matéria conexa*: em se tratando de embargos de cognição plena, há conexão entre o "direito alegado pelo embargante, trazendo à discussão, quiçá, o negócio jurídico subjacente ao título, e o direito do embargado reconvir, utilizando a reconvenção nos embargos para obter título judicial em razão de créditos excluídos do título extrajudicial executado". *(iv)* a reconvenção seria *contra-ataque ao contra-ataque*: o CPC/2015 superou o antigo problema, uma vez que não proíbe a reconvenção da reconvenção (ASSIS, Araken de. *Manual da execução*. 18. ed. revista, atualizada e ampliada, São Paulo: Editora Revista dos Tribunais, 2016, n. 578, p. 1616 e 1617).
SATTA, Salvatore. *Op. cit., loc. cit.*

[22] SATTA, Salvatore. *Op. cit., loc. cit.*

[23] REDENTI, Enrico. *Diritto Processuale Civile*. 2. ed. Milano: Giuffrè, v. III, n. 243, p. 310.

[24] LIEBMAN, Enrico Tullio. *Embargos do Executado*, cit., 2. ed. n. 141, p. 213.

[25] LIEBMAN, Enrico Tullio. *Op. cit.*, n. 107 e 141, p. 173 e 215.

prazo legal, não deve impedir a propositura, pelas vias ordinárias de ação de cognição tendente a declarar a nulidade do título executivo ou a obter sua anulação.[26]

As duas ações correrão paralelamente – a de execução e a de cognição –, mas se for acolhida a de conhecimento, prejudicada ficará a de execução acarretando a desconstituição dos atos executivos acaso praticados.[27]

A ação ordinária do devedor não terá, é claro, o efeito suspensivo perante a execução, pois este é, no sistema do Código, próprio dos embargos.

É o que ocorre, por exemplo, com a compensação que não for arguida durante o processo de conhecimento e, portanto, não foi levada em conta na sentença condenatória (título executivo judicial). "Sem embargo, em consequência da natureza de contradireito da exceção de compensação, se bem que esta seja inoponível à coisa julgada, o crédito do devedor que se poderia opor e não se opôs em compensação, permanece a salvo e pode-se alegar em separado".[28]

Ainda dentro da mesma linha de raciocínio, outro caso interessante se dá quando o executado perde a oportunidade de embargar a execução, com ou sem penhora realizada. Se não forem localizados bens a penhorar, o processo executivo ficará suspenso pelo prazo de 1 (um) ano (CPC, art. 921, § 1º), e assim permanecerá enquanto não se verificar a eventual prescrição intercorrente (CPC, art. 921, § 5º).

Mas isso não impede que o devedor, nas vias ordinárias, instaure um processo comum de cognição, para tentar anular ou rescindir o título do credor, isto é, o direito de postular a decretação jurisdicional de invalidade do negócio jurídico subjacente não pode sofrer prejuízo ou inibição pelo simples fato de ter entrado em crise (suspensão) o processo de execução. Em suma: a execução forçada, por si só, não induz litispendência sobre o negócio jurídico material gerador do título executivo. Os eventuais embargos do devedor é que têm aptidão para tanto.

524. COISA JULGADA E ESTABILIDADE DOS EFEITOS DA EXECUÇÃO FORÇADA

Coisa julgada material é "a autoridade que torna imutável e indiscutível a decisão de mérito não mais sujeita a recurso" (CPC/2015, art. 502). É fenômeno que só diz respeito às decisões de mérito, isto é, às decisões que julgam, no todo ou em parte, o mérito (art. 503).

Como ensina Celso Neves, "ao realizar a aplicação da lei ao fato, o juiz define o comando concreto que regula o caso controvertido. Exauridos os meios que o processo põe à disposição dos litigantes, para garantir que a decisão seja exata, adquire ela a autoridade de *coisa julgada*, tornando-se legalmente indiscutível. Encerra-se, aí, o primeiro momento de atividade jurisdicional, no plano do processo de conhecimento. Resolvido o problema da certeza do direito, continua em aberto o problema da sua realização prática que, ou se dá voluntariamente pela submissão do obrigado ao comando emergente da decisão ou pode ser obtida coercitivamente, através da execução forçada".[29]

---

[26] "Esta Corte Superior possui orientação de que 'a validade e eficácia do título executivo extrajudicial podem ser objeto de posterior ação de conhecimento, quando na execução não forem opostos embargos do devedor, e, igualmente, quando tais embargos, embora opostos, não foram recebidos ou apreciados em seu mérito, inocorrendo a preclusão e a coisa julgada material" (STJ, 4ª T., AgRg no AResp. 97.608/MG, Rel. Min. Raul Araújo, ac. 17.10.2013, *DJe* 04.12.2013). No mesmo sentido: STJ, 1ª T., REsp. 336.995/PR, Rel. Min. José Delgado, ac. 18.10.2001, *DJU* 04.02.2002.

[27] CARNELUTTI, Francesco. *Instituciones del processo civil*. 2. ed. Buenos Aires: EJEA, 1973, v. III, n. 835, p. 170.

[28] LIEBMAN, Enrico Tullio. *Op. cit.*, n. 122, p. 186.

[29] NEVES, Celso. *Coisa Julgada Civil*. São Paulo: RT, 1971, p. 452.

Entre os dois pesos que equilibram a balança do Direito – o ideal de justiça e o de segurança – a coisa julgada é instituto destinado a dar corpo ao último, pois seria intolerável à humanidade a possibilidade eterna de demandas sobre uma mesma lide.

Liga-se, assim, a coisa julgada às declarações de vontade concreta da lei formuladas pelo órgão judicial na solução dos litígios. É fato que só ocorre no processo de cognição, pois só nele é que a tutela jurisdicional consiste em decisões definidoras do direito da parte. No processo de execução, a atividade do juiz é material, prática, consistente em tornar efetivo um direito declarado antes do próprio processo executivo.

É certo que a jurisdição tem um conceito unitário, que compreende tanto a declaração de direito como a sua realização prática. Mas, a sentença condenatória, a única que, na doutrina clássica, autoriza a execução forçada,[30] aparece, lógica e juridicamente, como antecedente da atividade executiva, o que leva à conclusão de que é "a coisa julgada o pressuposto da execução, aperfeiçoando-se, portanto, antes dessa", de modo que "a atividade de conhecimento é antecedente lógico-jurídico da atividade executória".[31]

Muito embora questões de conveniência de ordem prática levem o legislador a permitir a execução, em vários casos, antes da existência da *res iudicata*, o certo é que a fonte primária, básica, da faculdade de executar, se localiza na força e nos efeitos da decisão trânsita em julgado.

Sendo de tal sorte a coisa julgada um *prius* lógico jurídico da execução, não é nos elementos constitutivos da sentença que se localiza sua força, mas apenas e tão somente no elemento declaração da sentença, como ensina Hellwig.[32]

"Quando se passa à *execução*, é porque já se julgou salvo adiantamentos ou equiparações que não eliminam a evidência da sucessividade necessária das duas funções... Tanto o *conhecer*, como o *executar*, pertencem, pois, ao âmbito das funções jurisdicionais do Estado. A coisa julgada, porém, é fenômeno próprio e exclusivo da atividade de conhecimento do juiz e insuscetível de configurar-se no plano de suas atividades executórias, consequenciais e consecutivas".[33]

Relaciona-se, destarte, tão somente às decisões que resolvem o *meritum causae*, pondo termo ao processo de *conhecimento*; nunca vai além do conteúdo declaratório da sentença definitiva, portanto.

Se, por outro lado, há consenso entre os doutores a respeito da inexistência de coisa julgada no processo de execução, por outro lado, o mesmo não ocorre, todavia, com o que se refere à estabilidade dos efeitos da execução forçada.

Quando há interposição de embargos do devedor, a questão é simples, porque, sendo a medida um procedimento de cognição, acaba por gerar a coisa julgada, seja quando desconstitui o título executivo, seja quando confirma sua eficácia, pela rejeição da exceção.

O problema se agrava quando o devedor deixa de oferecer embargos em tempo hábil, mormente quando a execução é de título extrajudicial que nunca foi submetido ao crivo da apreciação jurisdicional.

No Brasil a questão é nova, porque até 1973 o sistema de ação executiva filiava o título extrajudicial obrigatoriamente ao processo de cognição, que, mesmo não contestado, obrigava o juiz a uma atividade de conhecimento e à prolação de uma sentença de mérito. Havia, até então, sempre a coisa julgada, qualquer que fosse o sentido do julgamento.

---

[30] Para o atual CPC, qualquer decisão que reconheça a exigibilidade de alguma obrigação é *título executivo judicial*, e não apenas as sentenças condenatórias (art. 515, I).

[31] NEVES, Celso. *Op. cit.*, p. 454.

[32] NEVES, Celso. *Op. cit., loc. cit.*

[33] NEVES, Celso. *Op. cit.*, p. 500-501.

Na Europa, porém, onde o processo executivo unitário prevalece há mais de século, reina controvérsia em torno do tema, podendo as principais opiniões serem reunidas em dois grandes grupos:

1) aqueles que entendem que só por meio de tempestivos embargos pode o devedor opor-se à eficácia da execução (Redenti, Minoli, Micheli, Carnelutti); e
2) os que consideram a execução não embargada como um simples sucedâneo do adimplemento, de modo que quando a execução for injusta, mesmo depois de encerrada, haverá sempre a possibilidade de o devedor acionar o credor pela repetição do pagamento indevido mediante ação comum de enriquecimento sem causa (Garbagnati, Allorio, Satta, Liebman, Hellwig-Oertmann).

Para Redenti ocorre com a execução um fenômeno denominado preclusão *pro iudicato* que, mesmo na ausência de qualquer acertamento propriamente dito, produz um resultado prático igual ao da autoridade da coisa julgada. Assim, para o referido mestre, se um credor age executivamente, com base em título extrajudicial e a execução atinge o seu término sem que o devedor tenha interposto embargos, torna-se preclusa a ação que, contra a execução finda, o devedor pudesse eventualmente exercitar, para recuperar a quantia obtida pelo credor por meio da via executiva, ainda que a execução não tenha sido efetuada com base em acertamento jurisdicional do crédito do exequente.[34]

Disso resulta que, sem qualquer julgamento, e, consequentemente, sem qualquer sentença de mérito que pudesse fazer coisa julgada, a execução forçada, à falta de embargos, provocaria "uma preclusão com efeitos análogos à coisa julgada".

Como adverte Garbagnati, "a construção é, sem dúvida, muito sugestiva, mas não pode ser acolhida".[35]

Aliás, o próprio Redenti parece ter dado a mão à palmatória, pois, no volume III de seu *Diritto Processuale Civile*, na segunda edição, fez constar a seguinte ressalva:

"Exaurido e findo o procedimento executivo, nenhum embargo é mais possível. Não é, todavia, excluído que fora dos embargos possa caber ao devedor executado outro remédio contra uma execução que tenha sido radicalmente e absolutamente privada de fundamento (caso de inexistência da ação executiva) como, para dar um exemplo escolástico, se alguém havia promovido e levado avante uma expropriação contra pessoa diversa da de seu devedor ou havia requerido e obtido a entrega de um imóvel não contemplado no título executivo e a cuja posse ou detenção ele não tinha direito."

"A falta de uma oposição (embargos) proposta em tempo útil, não pode valer neste caso como uma espécie de aquiescência tácita à execução, que exclua qualquer possibilidade de remédio."

"Parece, portanto, que se deva conceder à vítima uma ação na forma e nos moldes ordinários, para obter a reparação que seja ainda possível, de par com o ressarcimento dos danos, salvo ou resguardado o direito adquirido pelos terceiros."[36]

---

[34] REDENTI, Enrico. *Profili Pratici del Diritto Processuale Civile*. Milano: A Giuffrè, 1939, n. 83, p. 136; *Diritto Processuale Civile*. Milano: A. Giuffrè, 1947, v. I, n. 15, p 42.

[35] GARBAGNATI, Edoardo. Preclusione pro iudicato e titolo ingiuntivo, in Riv. Diritto Processuale, v. IV, parte I, 1949, p. 303.

[36] REDENTI, Enrico. *Diritto Processuale Civile*. 2. ed. Milano: Giuffrè, 1954, v. III, n. 243, p. 319.

Comentando a opinião de Minoli, que se fundamenta em Redenti e Carnelutti para negar a possibilidade de repetição do pagamento forçado oriundo de execução injusta, Allorio conclui que os referidos autores não fizeram nenhum esforço de convencimento para demonstrar a procedência da tese de que a execução, não fazendo coisa julgada, produz estabilidade de resultado prático (preclusão *pro iudicato*), tornando-o irrevogável e irreparável, exatamente como se houvera a *res iudicata*.

Minoli procura justificar seu ponto de vista na afirmativa de que a ação executiva é uma entidade que não existe senão conjuntamente com o direito substancial, daí a estabilidade de seus resultados também do ponto de vista material.

A tese já havia sido rebatida, com vantagem, por Garbagnati, para quem é certo que o título executivo garante ao credor o exercício da execução forçada de maneira autônoma, sujeitando o devedor a suportá-la, independentemente da real existência do crédito a que se refere o título, que é a causa necessária e suficiente do processo executivo.

"Mas – explica o grande processualista – é igualmente certo que um eventual contraste, no terreno da execução forçada, entre direito substancial e direito processual, deve em definitivo resolver-se com a prevalência do primeiro sobre o segundo". É este, aliás, o objetivo dos embargos de mérito do devedor executado, que, quando procedentes, fazem extinguir a eficácia do título executivo e da própria ação executiva, por uma razão de direito substancial.[37]

Não é admissível, pois, com base no simples silêncio da Lei, e sem um argumento sólido de direito, afirmar que o mero fato do encerramento da execução, sem que o devedor tenha oposto embargos, seja causador de efeitos jurídicos análogos aos que provêm da sentença de mérito trânsita em julgado, com efetivo acertamento positivo do direito do credor.

Lembre-se que a coisa julgada, no âmbito do processo de conhecimento, só tem a força que ostenta em razão de texto expresso de lei, que faz ostensivamente prevalecer a segurança sobre a justiça em torno da relação litigiosa.

Mas, sendo inaplicável a coisa julgada ao processo de execução, como é de geral entendimento, e inexistindo dispositivo legal aplicável à execução forçada similar ao que instituiu a *res iudicata*, nada leva à conclusão de que, finda uma execução desenvolvida à revelia do devedor, que mais tarde vem a descobrir prova da inexistência material da dívida executada, esteja ele privado da ação de repetição do indébito, por uma preclusão derivada da simples inércia na fase própria dos embargos.

Não fica ao alvedrio de doutrinadores, por mais conspícuos e sábios que sejam, impedir em termos tão radicais o ingresso de uma pretensão legítima em juízo. Para que a execução produzisse o efeito da preclusão *pro iudicato*, tornando indiscutíveis todas e quaisquer questões anteriores e posteriores ao título do credor, mesmo não debatidas em juízo, seria indispensável a existência de norma expressa do direito positivo, tal como se dá com a que cuida da sentença de mérito e sua autoridade de *res iudicata*.

Observe-se, bem, que se facultando a ação de repetição do indébito ao devedor vítima de execução injusta, não se está pondo em dúvida a validade processual dos atos executivos. Contra estes, à falta dos oportunos embargos, nada poderá objetar o devedor. Mesmo na inexistência material do crédito, feito valer na execução forçada, esta, não obstante, será válida, do ponto de vista processual, porque o título executivo garantia ao pretenso credor o direito de promovê-la e ao órgão jurisdicional correspondia o poder de sujeitar o pretenso devedor à sanção executiva. É claro, assim, que finda a execução não se tolere mais falar em embargos à execução, mesmo porque já, então, nem sequer existirá o que embargar. Por isso, ainda que

---

[37] GARBAGNATI, Edoardo. *Op. cit.*, p. 304.

injusta a execução não embargada, nunca será possível, por exemplo, revogar a arrematação do bem penhorado, feita por terceiro estranho ao processo.

Mas, ainda na lição de Garbagnati, uma coisa é negar a possibilidade de embargos à execução depois de findar o processo executivo, outra é sustentar que, finda a execução, não seja mais admissível remédio algum contra a eventual injustiça substancial da mesma execução; e que esteja preclusa uma ação comum do executado dirigida à repetição, perante o exequente, da importância recebida por meio da execução injusta, sem que antes tivesse ocorrido o prévio acertamento da dívida em juízo.

Não é possível, portanto, aderir à última opinião, a não ser à custa de aceitar que a falta de tempestivos embargos do executado pudesse ter o condão de sanar *ex post* e com eficácia retroativa, a originária ilegitimidade substancial da execução: "de modo que o simples fato do cumprimento de uma execução injusta seria suficiente para cancelar definitivamente sua injustiça".[38]

É verdade que se pode falar que também na *coisa julgada* há o risco de chancelar judicialmente injustiça. Mas é que no processo de cognição a função do juiz é atingir a certeza na relação jurídica entre as partes, ainda que, para tanto, tenha que se sacrificar, em determinadas circunstâncias, o ideal inatingível da Justiça pura. Mas não se deve esquecer que o demandado é chamado justamente para participar da busca da verdade e da realização da verdadeira justiça, na definição do direito subjetivo litigioso. Se não o faz, suporta, por conta e risco pessoal, e conscientemente, a possibilidade de que a sentença seja proferida em detrimento de seu eventual direito, por falta de prova não ministrada oportunamente, ou por falta de contestação à pretensão do autor.

Existe, de qualquer maneira, um acertamento judicial, uma sentença que, solenemente declara a vontade concreta da lei e define o direito subjetivo da parte. É esse acertamento, essa solene declaração de direito, que, extinta a possibilidade de impugnação recursal, se torna imutável e indiscutível, sob a chancela da *coisa julgada*, por expressa vontade do legislador.

"Mas, no processo de execução forçada, o órgão judicial não desenvolve, nem mesmo sumariamente, uma função de acertamento do direito que se fez valer processualmente, limitando-se a dar atuação à sanção executiva invocada em seu próprio favor pelo exequente."[39]

Por que motivo, surgindo posteriormente ao encerramento da execução, uma lide em relação ao título executivo extrajudicial que lhe serviu de base, deverá ser sacrificado o direito de ação do devedor, em torno de uma pretensão que nunca foi sequer deduzida em juízo e sobre a qual nunca houve qualquer pronunciamento jurisdicional?

Nem se pode falar numa presumida aquiescência do devedor ao resultado da execução (por sua inércia na ocasião própria para os embargos). Sua inércia pode muito bem ser causada pelo desconhecimento do fato defensivo na época da execução; ou pode ter havido impossibilidade de obter naquela ocasião a prova necessária para demonstração do fato extintivo da dívida; ou da falsidade da obrigação.

Observe-se que no processo de cognição existe o fenômeno do ônus da prova (o processo é visceralmente contraditório), o que não ocorre na execução (que é unilateral, e na qual a posição do devedor é de inferioridade ou de sujeição). Ademais, para o processo de conhecimento existe a *ação rescisória* para obviar as deficiências ou injustiças decorrentes da coisa julgada. E

---

[38] "Di guisa che il semplice fatto del comprimento di un'esecuzione ingiusta sarebbe sufficiente per cancelarne definitivamente l'ingiustizia!". GARBAGNATI, Edoardo. *Op. cit.*, p. 304.

[39] GARBAGNATI, Edoardo. *Op. cit.*, p. 305.

no processo de execução, como poderia o devedor eliminar as injustiças apontadas, se houvesse a pretendida preclusão *pro iudicato*?

É, sem dúvida, absurdo, valer-se do simples silêncio da lei para pretender atribuir ao resultado do processo executivo não embargado (com base em título negocial) uma estabilidade maior do que aquela reconhecida à própria sentença passada em julgado.

Isto porque, se há rescisão da sentença, conforme permite o art. 966 do CPC/2015, mesmo depois de executada, as partes serão reconduzidas ao *statu quo ante*, cabendo ao credor restituir tudo quanto tenha auferido do executado por força da sentença rescindida. Sendo certo que não se pode falar em ação rescisória de uma execução de título negocial não embargada, a tese que defende a estabilidade dos resultados da execução, impedindo a ação ordinária de repetição do indébito, estaria dando maior força ao documento extrajudicial do que à própria sentença trânsita em julgado. Contra a sentença injusta existe a ação rescisória, mas contra a execução injusta de simples cambial (por exemplo) nenhum remédio caberia ao infeliz devedor.

Impõe-se, por conseguinte, concluir inevitavelmente, por uma questão evidente de lógica, que "no processo eventualmente promovido pelo executado contra o exequente, para restituição do quanto tenha este obtido na via coativa em virtude de um título extrajudicial, não está precluso o acertamento jurisdicional sobre a existência do direito constante do título".[40]

525. REPETIÇÃO DO PAGAMENTO INDEVIDO

O princípio da restituição do indébito é básico e consagrado por todas as legislações dos povos civilizados. Para ser afastado numa determinada situação, dependeria, obviamente, de texto expresso de lei em sentido contrário. No entanto, os defensores da tese da preclusão *pro iudicato* não apresentam amparo nem nas leis nem em princípio de direito capaz de elidir a imperatividade da obrigação de restituir o objeto do pagamento sem causa. Basta dizer que são unânimes em reconhecer que não há coisa julgada na execução forçada, mas ao mesmo tempo defendem a imutabilidade e indiscutibilidade dos efeitos da mesma execução, quando definitivamente encerrada. Ora, qual seria, então, a diferença lógico jurídica entre a coisa julgada e a preclusão *pro iudicato*? Como adverte Allorio, por mais capilar ou microscópica que se queira, tal diversidade teria de existir, não obstante, desde que a lei atribui, textualmente, a eficácia de coisa julgada *tão somente às sentenças de mérito*, e não o faz com relação aos atos executivos.[41]

De uma execução injusta e não embargada jamais poderá nascer um crédito que não tenha existência própria. Assim, aquilo que Minoli chama de o estado real dos direitos substanciais, por expressa determinação da própria lei só pode desaparecer num caso, isto é, por efeito da coisa julgada que o desconheça, no processo de cognição, nunca, porém, pela simples ausência de embargos à execução forçada de títulos negociais.

Está dito, com todas as letras, no art. 876 do Código Civil que "todo aquele que recebeu o que lhe não era devido fica obrigado a restituir".

Mesmo quem cumpre voluntariamente um pagamento indevido, tem assegurado o direito de repetir o que pagou por erro (CC, art. 877). Por que, então, idêntico direito não deve *a fortiori* ser reconhecido ao executado diante do credor que realizou *coativamente* o seu pretenso crédito mediante expropriação de bens de quem, na verdade, não devia a prestação?

A falta de embargos pode justamente decorrer de que o devedor se suponha realmente responsável pela dívida exequenda. E conforme os civilistas, basta a simples dúvida do *solvens* para que o pagamento não se considere voluntário e fique o autor da ação de repetição do

---

[40] GARBAGNATI, Edoardo. *Op. cit.*, p. 306-307.

[41] ALLORIO, Enrico. *Problemas de Derecho Procesal*. Buenos Aires: EJEA, 1963, v. II, n. 10, p. 71.

indébito dispensado de provar erro na solução do débito. De tal sorte, a exigência da prova do erro só se dá nos pagamentos voluntários, inocorrendo "nos casos de constrangimento judicial ou administrativo, demanda, execução atual ou iminente".[42]

Se o executado só posteriormente ao encerramento da execução veio a descobrir a prova da injustiça da expropriação sofrida; se não houve julgamento algum, por falta de tempestivos embargos; se inexiste coisa julgada, por que estaria ele impedido de demandar, em ação ordinária, a restituição do pagamento indevido, obtido pelo pretenso credor por meio de execução injusta a toda luz?

Ademais, é de se ver que semelhante ação não ataca os atos executivos, nem a eficácia propriamente dita da execução forçada.[43] Não é a nulidade da execução que se busca, mas o reembolso apenas daquilo que reverteu em enriquecimento ilícito do exequente.[44] Os atos de expropriação, como a arrematação, permanecerão íntegros, porque realizados dentro de um processo executivo formalmente perfeito. A nova ação limitar-se-á à lide do enriquecimento sem causa, estritamente entre devedor e credor.

Aliás, a possibilidade dessa ação de repetição do indébito encontra lastro no art. 776 do CPC/2015, onde se estatui que "o exequente ressarcirá ao executado os danos que este sofreu, quando a sentença, transitada em julgado, declarar inexistente, no todo ou em parte, a obrigação que ensejou a execução".[45]

Por fim, é bom lembrar que a coisa julgada não é apanágio da sentença. Qualquer decisão em processo contencioso que solucione questão ligada ao mérito da causa fará coisa julgada. Ao conceituar a coisa julgada material, o art. 502 do CPC/2015 não mais alude à *sentença*, mas à *decisão de mérito*, no evidente propósito de admitir que tanto as sentenças como as decisões interlocutórias são capazes de se revestir da autoridade da res iudicata. Bastará que tenham enfrentado e resolvido questão de mérito.

É por isso que, mesmo no bojo do processo de execução, que naturalmente não é voltado para declarar ou negar o direito material do credor, pode eventualmente essa matéria ser suscitada. E se o for, e se o juiz, em contraditório, enfrentá-la, a decisão interlocutória pronunciada será *decisão de mérito*, e, como tal, formará coisa julgada, nos exatos termos do art. 467 do CPC/2015. Tal, porém, nunca acontecerá numa execução não embargada, na qual nenhuma decisão de mérito certificou a existência da obrigação exequenda.

526. JURISDIÇÃO E EXECUÇÃO

É verdade que o juiz, na execução, não age mecanicamente como um simples cobrador a serviço do credor. Sendo a execução parte integrante da jurisdição, que corresponde ao poder-dever de realizar concretamente a vontade da ordem jurídica pelo processo para eliminar uma situação litigiosa, é claro que a atividade executiva jurisdicional está subordinada a pressupostos de legalidade e legitimidade. E, por conseguinte, antes de autorizar a agressão patrimonial contra o devedor, terá o juiz de verificar a satisfação desses requisitos jurídicos, praticando uma cognição e fazendo *acertamento* sobre eles.

---

[42] NONATO, Orozimbo. *Curso de Obrigações*. 2ª parte. Rio de Janeiro: Forense, 1960, v. II, n. 10, p. 159.

[43] COUTURE, Eduardo J. *Fundamentos del Derecho Procesal Civil*. Buenos Aires: Depalma, 1974, n. 310, p. 475.

[44] LIEBMAN, Enrico Tullio. (Oposições de mérito no processo de execução). 2. ed. Tradução da 2ª edição italiana por J. Guimarães Menegale. São Paulo: Saraiva, 1968, n. 140, p. 211; COUTURE, Eduardo J. *Fundamentos del Derecho Procesal Civil*. Buenos Aires: Depalma, 1974, n. 310, p. 475; THEODORO JÚNIOR, Humberto. *Processo de Execução*. 28. ed. São Paulo: LEUD 2014, n. 441. p. 556.

[45] THEODORO JÚNIOR, Humberto. *Processo de Execução cit.*, n. 442, p. 556-557.

Como, todavia, o título executivo é a condição necessária e suficiente para autorizar a execução forçada, a cognição do órgão executivo não vai além da existência do referido documento e da perfeição de seus requisitos formais, de par com outras questões processuais como a legitimação da parte, sua capacidade de agir, a competência do juízo etc.

Não entram na área de atuação específica do órgão jurisdicional, para deferir a expropriação executiva, nem o negócio jurídico subjacente ao título, nem os fatos jurídicos ocorridos entre as partes posteriormente à elaboração do título, se não averbados no próprio documento.

Quando, portanto, o credor propõe a execução, não está ele sujeitando ao acertamento jurisdicional essas questões estranhas ao título executivo. A lide que se submete ao órgão executivo é apenas a da pretensão insatisfeita, que consiste em exibir um título de crédito, satisfazendo a determinados requisitos formais, vencido e não resgatado.

O devedor é que, eventualmente, pode abrir, no curso da execução, um juízo incidental de cognição sobre aqueles outros fatos exteriores do título, para obter o reconhecimento judicial da existência de fato jurídico extintivo do crédito do exequente e, assim, neutralizar a força do título executivo utilizado em juízo para a promoção da coação estatal que é a execução forçada, impedindo, dessa forma, a consumação da expropriação executiva.

Mas, se o devedor não utiliza dessa faculdade processual, vale dizer, não utiliza de seu direito de ação, visto que os embargos do executado são ação de conhecimento e não fase do processo executivo, torna-se evidente que a ultimação da expropriação e subsequente pagamento ao credor serão feitos sem qualquer acertamento de mérito, por parte do órgão jurisdicional, em torno dos negócios jurídicos anteriores ou posteriores ao título.

Não se poderá mais, é claro, discutir sobre a regularidade dos atos executivos, por uma questão lógica de preclusão interna do procedimento encerrado. O processo de execução, atendidos os seus pressupostos específicos e encerrado sem oposição do devedor, ostenta, assim, a garantia de regularidade e legitimidade dentro de seu objetivo, que é o de realizar a sanção a que corresponde o título do credor.

Alcançado, porém, o *desideratum* do promovente da execução, que era não discutir seu direito de crédito, mas apenas realizá-lo, permanecem virgens as questões estranhas ao título, mas que podem ter influência sobre a legitimidade do pagamento obtido em juízo. Essas questões, que só poderiam ser tratadas em procedimento de cognição, não são, por isso mesmo, excluídas da possibilidade de serem apreciadas e acertadas em um procedimento adequado, em decorrência do simples encerramento da execução, que delas não cuidou, nem tampouco teria condições de cuidar, por serem inteiramente estranhas ao campo do processo executivo.

É, de tal sorte, justamente do resultado da execução (resultado processualmente perfeito), que, muitas vezes, surgirá o direito de ação para o devedor, como quando o credor fez executar dívida já paga ou inexigível por algum fato jurídico exterior ao título executivo.

Não se trata de revogar a execução, ou desconstituir os atos executivos, depois de finda a execução, mas do exercício do direito de ação correspondente à pretensão à recuperação de um pagamento indevido, que nunca poderá ser considerado como querido pelo órgão executivo e cuja ilegitimidade nunca foi objeto de acertamento jurisdicional.

O que o juiz da execução acertou jurisdicionalmente foi apenas a existência do título e do inadimplemento do devedor. Nada mais. De sorte que todas as outras questões, anteriores ou posteriores ao título permanecem fora do alcance do acertamento levado a efeito tão somente dentro dos limites da execução forçada.

Na ação de repetição do indébito, a execução injusta não será o objeto do processo, mas apenas a sua causa. A satisfação coativa da obrigação que foi efeito da execução passa a ser causa da repetição (que é o objeto da ação de enriquecimento), como ensina Carnelutti, na passagem transcrita a seguir.

527. OPINIÕES DE CARNELUTTI E MICHELI

Carnelutti reconhece expressamente que a *execução injusta* "ao provocar uma transferência de bens *não querida pelo direito*, tem, por isso, o efeito característico do *pagamento indevido* (arts. 1.145, 1.146, 1.237, Cód. Civ.); não podendo, assim, extinguir uma obrigação que não existe, *faz nascer a obrigação de* restituir a cargo daquele, a quem foi transferido aquilo a que não tinha direito de receber, bem como *o correlativo direito* em favor daquele, que foi privado do que não estava obrigado a entregar". Não obstante reconheça que, no caso, a execução seja ao contrário da regra geral (fato extintivo da obrigação), "um fato constitutivo da obrigação", limita Carnelutti o direito de repetição apenas enquanto não ocorre a *estabilidade dos efeitos da execução*.[46]

Acontece, porém, que enquanto não se encerra a execução, pela expropriação de bem do executado, pagamento indevido ainda não houve; logo a obrigação de restituir só pode nascer depois de extinta a execução, justamente quando Carnelutti afirma ocorrer a pretensa estabilidade dos efeitos de execução.

Em sua última obra – *Diritto e Processo* – Carnelutti voltou ao tema da injustiça da execução e da sua irreparabilidade quando se dá a estabilidade dos seus efeitos práticos. Sua tese esvazia-se de conteúdo prático e de sentido jurídico, portanto. Procurou, no entanto, afastar o problema do campo da execução forçada para outras áreas, fazendo a seguinte distinção:

1. Se o devedor opõe embargos, a questão dos efeitos da execução se desloca para o campo do processo de cognição, agasalhando-se sobre a eficácia da coisa julgada oriunda da sentença de mérito proferido na ação de embargos;
2. Se o devedor não opõe embargos, a eventual injustiça do resultado da execução forçada "e acobertada, então pela aquiescência".[47]

E conclui: "desse exame resulta que a eficácia jurídica da satisfação [do exequente] não é imanente como a eficácia da coisa julgada, mas transcendente por decorrer, ou do processo de cognição, que certifica sua justiça, ou da aquiescência dos interessados".[48]

No que toca à execução embargada, a solução preconizada é irrefutável. Mas quanto ao simples silêncio do devedor ser transformado num obstáculo intransponível ao exame do resultado da execução, por uma mera presunção de aquiescência, se nos afigura tese inaceitável, por carência de força de convencimento lógico e por falta de suporte no direito objetivo.

É certo que no processo de cognição se admite a *aquiescência* do demandado, nos casos de revelia, como fato suficiente para autorizar a sentença de mérito em seu desfavor. Mas isto decorre, na espécie, de texto expresso do Código, bem como da própria natureza contraditória do processo de conhecimento, e do mecanismo legal do ônus da prova. Nada disso, porém, se dá com o processo de execução, que não é de índole contraditória, não se destina à prova do direito das partes nem muito menos a sua definição jurisdicional.

---

[46] "Cagionando uno spostamento di beni *non voluto dal diritto*, ha, a sua volta, l'effetto caratteristico del *pagamento indebito* (arts. 1.145, 1.146, 1.237, Cód. Civ.); non potendo, cio è, estinguere un obbligo che non esiste, *fa nascere l'obbligo della restituzione* a carico di colui, a cui fu dato ciò che non aveva diritto di ricevere, e *il diritto correlativo* a favore di colui, a cui fu tolto ciò che non aveva obbligo di dare" (CARNELUTTI, Francesco. *Lezioni di Diritto Processuale Civile – Processo di Esecuzione*. Ristampa, Padova: Cedam, 1932, v. I, n 23/417, "b", p. 52).

[47] CARNELUTTI, Francesco. *Diritto e Processo*. Napoli: Morano, 1958, n. 229, p. 351.

[48] "Da questo esame risulta che l'efficacia giuridica dell'attribuzione non è immanente, come l'efficacia del giudicato, ma trascendente in quanto deriva o dal processo di cognizione, che ne accerta la giustizia o dalla acquiescenza degli interessati" (CARNELUTTI, Francesco. *Diritto e Processo, cit.*, n. 229, p. 352).

O próprio Redenti, defensor da tese da preclusão *pro iudicato*, em sua última lição, reconheceu textualmente que "a falta de uma oposição (embargos) proposta em tempo útil, não pode valer neste caso como uma espécie de aquiescência tácita à execução, que exclua qualquer possibilidade de remédio".[49]

Esposando-se a tese de Carnelutti, chegar-se-ia mais uma vez ao absurdo de uma injustiça irremediável, sem que nunca sobre ela se tivesse pronunciado o órgão jurisdicional. Se a própria decisão de mérito trânsita em julgado, quando injusta, pode ser rescindida (CPC/2015, art. 966), como explicar que uma simples execução de título extrajudicial teria tamanha intangibilidade, a ponto de não permitir discussão alguma, em processo nenhum.

O mesmo Carnelutti sempre ensinou que *attribuzione* (pagamento ao credor no processo executivo) é "o equivalente judicial do adimplemento"[50] e que "o escopo da execução é idêntico ao do adimplemento".[51]

Não há então, como fugir da conclusão lógica de que se o pagamento voluntário quando indevido autoriza a ação de repetição de indébito, com muito maior razão deve ocorrer o mesmo com o pagamento forçado, obtido coativamente por meio de processo de execução, já que nenhum texto legal ou princípio de direito exclui a reparação de tal dano da tutela jurisdicional.

Daí o acerto inegável da lição de Satta, no sentido de que, diante da execução injusta, cabe ao devedor optar entre embargar para inutilizar a força do título ou "*pagar e depois repetir*".[52]

Resta examinar a opinião de Micheli, que também defende a tese da preclusão *pro iudicato* na execução não embargada, sob o argumento de que, embora inexista a coisa julgada material, dá-se a imutabilidade dos efeitos processuais derivados dos atos do juiz da execução, dado o *imperium* de que se acha revestido no processo.[53]

Também aqui o fundamento procurado para sustentar a estabilidade dos efeitos da execução não merece acolhida, por não encontrar ressonância nem no direito objetivo, nem tampouco nos princípios gerais que regem a matéria. Com efeito, *jus imperii* existe em todo ato de poder do Estado, seja administrativo ou jurisdicional. Nem por isso estes outros atos deixam de ser revogáveis ou anuláveis em ações próprias. Ademais, o ataque que se faz não é propriamente ao ato executivo, mas sim ao enriquecimento ilícito do exequente.

528. PRECLUSÃO *PRO IUDICATO*

De um ângulo geral, demonstra Garbagnati que a própria invocação da figura processual da *preclusão* é injurídica no que se relaciona com os efeitos que se pretende outorgar à execução não tempestivamente embargada.

Como ensina Chiovenda, "a preclusão opera exclusivamente no interior do processo, no qual ela se dá".[54]

Não se pode, portanto, invocar a preclusão para justificar um fenômeno externo ao processo, como o de impedir a manipulação da ação ordinária de repetição do indébito após findo o processo executivo não embargado. A preclusão explica a impossibilidade de ajuizar

---

[49] REDENTI, Enrico. *Diritto Processuale Civile*. 2. ed. Milano: Giuffrè, 1954, v. III, n. 243, p. 317.
[50] CARNELUTTI, Francesco. *Diritto e Processo*, n. 225, p. 348.
[51] CARNELUTTI, Francesco. *Lezioni cit.*, n. 18/412, p. 41.
[52] SATTA, Salvatore. *L'esecuzione Forzata*. 4. ed. Torino: Torinese, 1963, n. 168, p. 232.
[53] MICHELI, Gian Antonio. *Curso de Derecho Procesal Civil*. Buenos Aires: EJEA, 1970, v. I, n. 87, p. 347.
[54] "La preclusione opera esclusivamente nell'interno del processo, nel quale essa si verifica".(CHIOVENDA, Giuseppe. *Istituzioni*, vol. I, ed. 35, n. 117, pág. 43, *apud* GARBAGNATI, Edoardo. Preclusione pro iudicato e titolo ingiuntivo, *in* "Riv. Diritto Processuale", v. IV, parte I, 1949, p. 307).

os embargos depois de vencido o termo legal, mas nunca a vedação de uma ação posterior, de cognição, sobre matéria que nunca sequer foi ventilada no anterior processo executivo. Entender de modo contrário, importará efetuar "uma confusão entre o conceito de *preclusão* e o conceito de *coisa julgada,* que não pode beneficiar a recíproca clareza dos dois conceitos".[55-56]

Finalmente, como ensinam Chiovenda,[57] Betti,[58] Zanzzuchi[59] e Garbagnati,[60] a essência da preclusão está na extinção de um poder *processual* da parte. No entanto, a tese da preclusão *pro iudicato* situa-se, sem dúvida, no terreno dos fenômenos de direito material. Consagra um fato capaz de extinguir o direito do executado à repetição do indébito, antes mesmo do seu aparecimento no mundo jurídico, que só poderá ocorrer, a toda evidência, depois do encerramento da execução. E, mais, institui uma *presunção juris et de iure*, sem apoio em texto legal nenhum, da existência de um direito de crédito incontestável, pelo simples fato de ter encerrado uma execução sem que o devedor manipulasse a ação de embargos.[61]

Ressalte-se que a própria decisão de mérito passada em julgado não produz implacavelmente a consagração da injustiça material, pois admite o Código a sua rescisão em vários casos, por intermédio da ação de conhecimento de natureza especial que é a rescisória (art. 966).

No entanto, o próprio Código dispõe, expressamente, que "os atos de disposição de direitos, praticados pelas partes ou por outros participantes do processo e homologados pelo juízo, bem como os atos homologatórios praticados no curso da execução, estão sujeitos à anulação, nos termos da lei" (art. 966, § 4º), isto é, sem se sujeitar ao procedimento especial da ação rescisória.

Ora, o *pagamento ao credor* com o produto da expropriação executiva é "ato judicial que não depende de sentença". Logo, diante dos termos claros de nosso Código: da mesma forma que a arrematação, a adjudicação e a remição,[62] pode também ser rescindido, quando configurar pagamento indevido, na forma do art. 876 do Código Civil, ou seja, pela *ação comum* de natureza indenizatória.

Pretender dar à preclusão uma eficácia fora do processo, no caso da falta de embargos à execução, além de grave erro de técnica processual, importa subversão de valores, por eliminar, mediante supervalorização de regra formal, inconteste e consagrado direito substancial do devedor prejudicado pela execução *injusta*.

O tema do pagamento indevido, que inclui forçosamente o pagamento forçado obtido por meio da execução judicial, "integra-se no assunto mais geral do enriquecimento ilegítimo, no locupletamento injusto, sem causa, de que constitui hipótese particularmente frequente e de especial importância".[63]

Em virtude de um fato injusto como esse, "o *solvens* se empobrece; enriquece o *accipiens*; a conexidade laça o empobrecimento de um ao enriquecimento de outro, e *nenhum direito existe permitindo ao 'accipiens' a conservação da riqueza obtida*".[64]

---

[55] "Una commistione fra il concetto di *preclusione* ed il concetto di *cosa giudicata*, che non può giovare alla reciproca chiarezza dei due concetti" (GARBAGNATI, Edoardo. *Op. cit.*, p. 308).

[56] "Iá commistione risulta chiaramente della stessa espressione: *preclusione pro iudicato*". GARBAGNATI, Edoardo. *Op. cit., loc. cit.*

[57] CHIOVENDA, Giuseppe. *Istituzioni di diritto processuale civile*. Napoli: Eugenio Jovene, 1936, v. II, n. 354, p. 179.

[58] BETTI, Emílio. *Diritto Processuale Civile Italiano*. Roma: Società editrice del "Foro Romano", 1936, n. 13, p. 59.

[59] ZANZUCCHI. Marco Tullio. *Diritto Processuale Civile*. 4. ed. Milano: A. Giuffrè, 1946, v. I, p. 396.

[60] GARBAGNATI, Edoardo. *Op. cit.*, p. 308.

[61] GARBAGNATI, Edoardo. *Op. cit.*, p. 308.

[62] VIDIGAL, Bueno. *Comentários ao Código de Processo Civil*. São Paulo: RT, 1974, v. VI, p. 161-163.

[63] NONATO, Orozimbo. *Op. cit.*, p. 91.

[64] FULGÊNCIO, Tito. *Programa, apud* NONATO, Orozimbo. *Curso de Obrigações*. 2ª parte. Rio de Janeiro: Forense, 1960, v. II., p. 89.

Resta-nos, pois, encerrar a análise do tema com a douta e cristalina lição de Liebman e dos autores alemães por ele invocados, *in verbis*:

"Concluída a execução com a entrega ao credor daquilo que lhe pertence, exclui-se definitivamente toda possibilidade de oposição [embargos]. Tal não exclui, porém, que o devedor possa ainda alegar contra o credor a inexistência do crédito e, consequentemente, a ilegitimidade da execução realizada, sob condição, é claro, de que não se lhe hajam anteriormente rejeitado as alegações em seguida à oposição [embargos] por ele formulada antes. Semelhante ação, que nenhuma relação tem, mais, com o processo de execução, já encerrado, e não se dirige nem contra um ato executivo, nem contra o título, destina-se à restituição das coisas subtraídas com a execução (arts. 2.083, Código Civil, e 571, Código de Processo Civil), pelo menos, se tal não é mais possível, ao pagamento de uma quantia equivalente a título de indenização".[65]

Como registra o notável processualista peninsular, "também a doutrina alemã é concorde em admitir a sobrevivência de uma ação de enriquecimento".[66]

529. EXECUÇÃO INJUSTA NO CPC/2015

O art. 776 do CPC/2015 prevê que "o exequente ressarcirá ao executado os danos que este sofreu, quando a sentença, transitada em julgado, declarar inexistente, no todo ou em parte, a obrigação que ensejou a execução".

É evidente, pois, que a responsabilidade civil do exequente pode ser apurada em processo posterior ao encerramento da execução forçada. O que demonstra que, para sistema de nosso direito processual positivo, não é vedada a litigiosidade e, consequentemente, o processo de conhecimento acerca do título executivo mesmo após a extinção da execução forçada, com pagamento em favor do credor.

Ensina, a propósito, Teori Albino Zavascki, que "o reconhecimento da inexistência da obrigação executada, que faz incidir a regra do art. 574 do CPC [art. 776 do CPC/2015], pode decorrer não só da sentença ou do acórdão proferido em embargos do executado, como também em ação declaratória, proposta antes ou, inexistindo embargos, até mesmo no curso ou após a execução. Pode, igualmente, decorrer do acórdão que julgar procedente ação rescisória da sentença executada ou da que julgou improcedentes os embargos[67].

A doutrina arrola um exemplo interessante na aplicação do art. 515, VI, do CPC/2015, onde se prevê a força executiva civil (dano *ex delicto*) para a sentença condenatória criminal. Que acontecerá se após a execução civil o devedor conseguir a invalidação da condenação criminal? A doutrina responde com acerto: o efeito anexo da condenação penal não pode desfrutar de uma estabilidade maior que a da sentença que o provocou. A solução será, portanto, uma ação do devedor contra o credor, para recuperar tudo o que lhe foi indevidamente pago, com esteio no art. 776 do CPC/2015, conforme ensina Araken de Assis.[68]

---

[65] LIEBMAN, Enrico Tullio. *Embargos do Executado*. (Oposições de mérito no processo de execução). 2. ed. Tradução da 2ª edição italiana por J. Guimarães Menegale. São Paulo: Saraiva, 1968, n. 140, p. 210-211. No mesmo sentido é a lição de COUTURE, para quem "no hay aqui ninguna nulidad que reparar. El juicio ordinario será, tan solo, una acción apoyada en la pretensión legítima de repetición de pago de lo indebido. La sentencia condenará al presunto acreedor ejecutante, a reintegrar al ejecutado lo que indebidamente obtuvo por obra dela sentencia" (*Fundamentos del Derecho Procesal Civil*. Buenos Aires: Depalma, 1974, n. 310, p. 475).

[66] HELLWIG-OERTMANN – *System*, v. II, n. 140, p. 192 e 199 apud LIEBMAN, Enrico Tullio. *Embargos do Executado*. (Oposições de mérito no processo de execução). 2. ed. Tradução da 2ª edição italiana por J. Guimarães Menegale. São Paulo: Saraiva, 1968, nota n. 162, p. 211.

[67] ZAVASCKI, Teori Albino. *Processo de execução*. 3. ed. São Paulo: RT, 2004, p. 119.

[68] ASSIS, Araken de. Eficácia civil da sentença penal condenatória no código do consumidor, *in Revista de Processo*, n. 66, p.145.

Eis, aí, portanto, um exemplo significativo da admissão da ação de repetição de indébito, permitido pelo atual Código de Processo Civil, para emprego após o encerramento da execução forçada, sem que o impeça a pretensa preclusão *pro iudicato*.

529-A. IMPOSSIBILIDADE DE SE FORMAR COISA JULGADA MATERIAL SOBRE A SENTENÇA QUE APENAS EXTINGUE A EXECUÇÃO

Já houve quem reconhecia a possibilidade de formação de coisa julgada material pela sentença que decreta a extinção da execução, depois de verificada a satisfação do direito do credor pelo produto apurado na expropriação do bem penhorado[69]. Argumenta-se que se trataria de sentença de mérito, e, como tal, se enquadraria na figura definida pelo art. 502 do CPC, ou seja: coisa julgada material é "a autoridade que torna imutável e indiscutível a decisão de mérito não mais sujeita a recurso"[70].

Acontece, porém, que não basta qualificar-se como de mérito uma decisão para atribuir--lhe a aptidão de formar a *res iudicata*. Na sistemática do CPC, esse fenômeno só acontece nos julgamentos de definição ou acertamento de situações jurídicas controvertidas, objeto próprio da atividade processual cognitiva. Assim é que após o art. 502 relacionar a coisa julgada com a decisão de mérito não mais sujeita a recurso, o art. 503 traça os limites objetivos de seu conteúdo: "A decisão que julgar total ou parcialmente o mérito *tem força de lei nos limites da questão principal expressamente decidida*" (g.n.).

Ora, sentença que extingue execução não embargada, ou em que a existência ou validade da obrigação exequenda não foram sequer objeto de impugnação incidental no bojo do próprio processo executivo, não enfrenta nem resolve *questão* alguma de direito material. Simplesmente atua no plano processual, ou seja, reconhece a exaustão da atividade executiva, por ter sido atingida a meta específica da execução forçada. Daí a impossibilidade jurídica de vedar posterior discussão sobre a mesma obrigação em outro processo, esse sim de natureza cognitiva,

---

[69] "A sentença que extingue a execução tem conteúdo declaratório (art. 795 do CPC), nela ficando reconhecida a ocorrência do fato jurídico que deu causa ao encerramento da execução" (STJ, 4ª T., REsp 691.785/RJ, Rel. Min. Raul Araújo, ac. 07.10.2010, DJe 20.10.2010). "A decisão que extingue a execução pelo pagamento reveste-se de conteúdo material, podendo ser desconstituída por ação rescisória" (STJ, 3ª T., AgRg no REsp 1.413.984/RS, Rel. Min. João Otávio de Noronha, ac. 16.04.2015, DJe 23.04.2015). Em ambos os casos, o que se reconheceu, afinal, foi que a sentença de extinção da execução tem conteúdo declaratório sobre o motivo jurídico que ensejou o encerramento do processo, e nesse limite pode ser havida como sentença de mérito. A tese, quando muito, é aceitável se invocada em face da situação do exequente que reclamou em juízo a satisfação do crédito e a obteve, tal como a pretensão de direito material foi deduzida no processo. Não tem sentido, porém, aplicá-la a quem foi convocado apenas para pagar o débito num processo que não tinha como objetivo discutir a obrigação, mas tão simplesmente cumpri-la, sob pena de sofrer os atos executivos pertinentes à sua satisfação forçada. Melhor, portanto, foi a tese adotada no julgamento do REsp 1.487.124/PR, segundo a qual a exceção de pagamento, se não incluída nos embargos do devedor, não pode posteriormente ser arguida em decorrência da preclusão da oportunidade de defesa por ação incidental, típica do procedimento executivo, sujeita, por isso, à estabilização do pedido após a resposta do embargado. "Inocorrência, porém, de coisa julgada material, ficando aberta a via da ação autônoma para se obter a declaração de quitação parcial, bem como a condenação da exequente às sanções devidas pela cobrança de dívida já paga, se for o caso" (STJ, 3ª T., REsp 1.487.124/PR, Rel. Min. Paulo de Tarso Sanseverino, ac. 26.09.2017, DJe 02.10.2017).

[70] "Nos casos do art. 924, II-IV, do CPC, a sentença de extinção do procedimento executivo contém declaração de extinção da própria relação de direito material havida entre as partes, fazendo, bem por isso, coisa julgada, sujeita, portanto, à ação rescisória (CPC, art. 966)" (DIDIER JÚNIOR, Fredie; CUNHA, Leonardo José Carneiro da; BRAGA, Paula Sarno; OLIVEIRA, Rafael. *Curso de Direito Processual Civil*. 7. ed. Salvador: JusPodivm, 2017, v. 5, p. 63).

versando, por exemplo, sobre *questão* como invalidade, inexistência ou extinção da obrigação, cobrança excessiva ou pagamento indevido[71].

Nenhuma questão de direito material como essa foi resolvida pela sentença de extinção da execução não embargada, nem mesmo poderia ser cogitada por aquele decisório, visto não configurar *questão principal* do processo executivo extinto[72].

O que sucede, na correta e precisa lição de Leonardo Greco, é que, sendo a finalidade essencial da execução a satisfação do exequente, "alcançado esse objetivo, nenhuma atividade coativa ou satisfativa poderá mais ser praticada, porque a jurisdição executória estará exaurida". De tal sorte, a exigência de sentença, do art. 925 do CPC, para declarar a extinção da execução não passa, na ótica do referido processualista, de "ocioso formalismo", já que serve "apenas para encerrar o procedimento executório, num ato decisório cuja cognição é absolutamente superficial e precária, porque consiste apenas numa constatação fática de que nada mais há a prover porque, pelo menos aparentemente, o credor está plenamente satisfeito". Logo, "não tem o efeito de dar ao réu quitação da dívida exequenda com a autoridade da coisa julgada, mas apenas de extinguir o procedimento judicial em face da constatação resultante de cognição estritamente sumária de que há elementos nos autos que indicam que o crédito está satisfeito, o que não impede que, a qualquer tempo, venha um processo a ser retomado se o credor trouxer alguma informação consistente de que ainda existe alguma parte do crédito inadimplida a exigir seja novamente desencadeada a prática de atos coativos, ou ainda, se discordar da decisão do juiz que declarou satisfeita a obrigação". Por outro lado, conclui Greco, "se, satisfeito o credor, deixar de ser proferida essa decisão [a do art. 925], nem por isso poderá ser praticado qualquer novo ato executório. A atividade executória estará encerrada pela satisfação e não pela decisão"[73].

Em suma:

(a) se há embargos à execução ou impugnação incidental envolvendo questão de direito material, forma-se a coisa julgada, nos limites das questões resolvidas;

(b) se a extinção da execução não embargada ocorre por meio de sentença que nenhuma questão de direito material resolveu, não se formou coisa julgada que impeça o executado de discutir, em futura demanda cognitiva, questões, por exemplo, relacionadas ao pagamento da dívida, ou a qualquer outra causa extintiva da obrigação anterior à execução, cobrança excessiva, repetição de pagamento indevido etc.

---

[71] Nesse sentido: STJ, 3ª T., REsp 1.487.124/PR, Rel. Min. Paulo de Tarso Sanseverino, ac. 26.09.2017, *DJe* 02.10.2017.

[72] A tese jurisprudencial de que a sentença de extinção do processo em virtude da satisfação do crédito exequendo reveste-se da autoridade de julgamento de mérito capaz de impedir o credor de voltar, em outro processo, a formular outras pretensões derivadas da mesma obrigação material que foi satisfeita pelas vias executivas, justifica-se não propriamente pelo fenômeno da coisa julgada, mas pela natureza do pagamento, no plano do direito material das obrigações. Toda obrigação nasce com o caráter da temporariedade e, pois, com o destino infalível de extinguir-se pelo pagamento. Assim, ocorrido ou reconhecido o pagamento em juízo de execução, extingue-se definitivamente a obrigação retratada no título executivo, de que se valeu o credor para intentar a cobrança judicial. Logo, não havendo mais a obrigação, impossível será ao credor satisfeito renovar qualquer outra demanda a seu respeito.

[73] GRECO, Leonardo. *Comentários ao Código de Processo Civil*. São Paulo: Saraiva, 2020, v. XVI, p. 390. Na mesma linha, Celso Neves esclarecia, com inteira procedência, que a sentença declaratória do fato extintivo produz apenas e tão somente o efeito de pôr termo ao procedimento. Nada mais, portanto, do que uma ordem administrativa para que os autos sejam remetidos ao arquivo e para que sejam feitas as devidas anotações da baixa nos registros cartorários (cf. NEVES, Celso. *Comentários ao Código de Processo Civil*. Rio de Janeiro: Forense, 1974, v. VII, p. 336).

530. CONCLUSÕES

Diante do exposto, nosso pensamento pode ser assim sintetizado:

a) O processo de execução não é de índole contraditória e não se destina a nenhum julgamento ou acertamento de mérito, no plano material da obrigação exequenda;[74]

b) A coisa julgada material é fenômeno específico das sentenças de mérito, isto é, das que solucionam ou compõem o litígio de pretensão contestada (acertamento), ficando sua força ou eficácia restrita ao elemento declaratório do julgado.

c) Só ocorre, portanto, coisa julgada no processo de conhecimento.

d) A eficácia ou autoridade de coisa julgada só atinge resultado prático da execução quando esta é embargada pelo devedor, porque, então, os embargos, que são procedimentos de cognição, culminam por sentença de mérito.

e) A execução não embargada não contém nenhum acertamento jurisdicional sobre o direito material de crédito do promovente. Equipara-se em seu resultado ao adimplemento. É mero pagamento forçado. Sujeita-se, portanto, às regras comuns de validade do pagamento.

f) Se a execução de título extrajudicial não embargada foi injusta, por inexistência do direito material do exequente, o que houve foi *pagamento indevido* e ao devedor será lícito o manejo da ação de *repetição do indébito*, na forma do art. 876 do CC.

g) Esta ação de enriquecimento sem causa limita-se às relações jurídicas entre devedor e credor e não tem a força de uma anulatória da execução, pois, esta, em termos processuais, não apresenta vícios. Por isso, nenhum prejuízo acarretará a terceiros e deixará incólume a eficácia de atos executivos como a arrematação e a adjudicação por terceiros.

h) A tese da estabilidade ou imutabilidade dos efeitos da execução de título extrajudicial não embargada em tempo hábil, conquanto engenhosa, não encontra apoio nem na lei nem nos princípios gerais do direito processual ou material.

i) A *preclusão* é fenômeno específico do direito formal e atua apenas internamente no processo onde se deu a perda da oportunidade de exercer uma faculdade processual da parte. Não pode, em boa técnica, impedir à parte o exercício de outras pretensões em outros processos de objeto e forma distintos. A expressão preclusão *pro iudicato*, contém, pois, uma *contraditio in adjecto*, ou uma enorme impropriedade jurídica, por dar à *preclusão* a força e autoridade da coisa julgada, de tal modo que, a se aceitar essa estranha tese, nenhuma diferença se conseguirá entrever entre a *res iudicata* e a preclusão *pro iudicato*.

j) *De lege ferenda*, seria conveniente regular ou solucionar o problema da execução injusta, por lei expressa, mediante ação especial, com requisitos especificados pelo legislador e sujeito a prazo decadencial pequeno, *ad instar* da ação rescisória da

---

[74] A sucessão de atos executivos não está estruturada "para o debate sobre a existência do direito material constante no título. O réu é citado para adimplir, não para contestar". De forma que "não há espaço, no procedimento executivo em si, para a cognição sobre o direito constante no título. O ambiente para este tipo de litígio não nasce ordinariamente no *iter* da execução, organizada que está para o cumprimento da norma jurídica individual contida no título" (BASTOS, Antonio Adonias Aguiar. A conexão entre a execução de título extrajudicial e a ação de conhecimento relativa ao mesmo ato jurídico (art. 55, § 2º, I, do CPC/2015). *In*: BELLIZZE, Marco Aurélio; MENDES, Aluisio Gonçalves de Castro; ALVIM, Teresa Arruda; CABAL, Trícia Navarro Xavier (coords.). *Execução civil*: Estudos em homenagem ao professor Arruda Alvim. Indaiatuba: Editora Foco, 2022. p. 350).

sentença de mérito. O Código de Processo Civil, contudo, não deixa dúvida que o pagamento indevido realizado por meio de execução não embargada, pode ser objeto de recuperação através de ação comum de repetição de indébito (art. 776).

Capítulo XXXVI
EXECUÇÃO DA DÍVIDA ATIVA DA FAZENDA PÚBLICA

531. PROCEDIMENTO ESPECIAL DA EXECUÇÃO FISCAL

Já fizemos observações nos Capítulos IV, VII e X a respeito da atual regulamentação do processo de execução da Dívida Ativa da Fazenda Pública. Damos a seguir uma visão panorâmica das principais características do procedimento a que se submete o Executivo Fiscal.

Em linhas gerais, a sistemática da execução fiscal introduzida pela Lei n. 6.830/1980 é a mesma do Código de Processo Civil, ou seja, a execução por quantia certa contra devedor da Fazenda Pública é processo de pura atividade de realização do direito do credor.

Não se destina a acertamento da relação creditícia, nem à definição de responsabilidades, mas apenas à expropriação de bens do devedor para satisfação do direito do credor (CPC/2015, art. 495).

Só o título líquido, certo e exigível pode autorizá-lo, como dispõe o art. 783 do mesmo Código, já que no bojo do processo executivo não há lugar para discussões e definições de situações controvertidas.

O acertamento é fato que precede à execução e que se consolida no título executivo (no caso, a "certidão de dívida ativa"). Daí a equiparação do título extrajudicial à sentença condenatória trânsita em julgado, para efeito de autorizar a execução por quantia certa (CPC/2015, art. 784).

A execução fiscal não foge à regra geral da execução forçada. Assim é que somente a Dívida Ativa regularmente inscrita é que goza da presunção de liquidez e certeza (Lei n. 6.830/1980, art. 3º). E, na definição da Lei, é a *inscrição* que se constitui "no ato de controle administrativo da legalidade", sendo promovida "pelo órgão competente para apurar a liquidez e certeza do crédito" (art. 2º, § 3º).

Antes, portanto, de ingressar em juízo, tem a Fazenda Pública de promover o acertamento de seu crédito, mediante o procedimento da inscrição, para atribuir-lhe liquidez e certeza.

Somente depois da inscrição e da extração da competente certidão de Dívida Ativa (que é o título executivo fiscal), é que estará habilitada a promover a execução em juízo. A oposição à execução fiscal, por parte do devedor executado faz-se, por não ser o processo de índole contraditória, por meio de embargos. Ao contrário da contestação, que é simples resistência passiva do réu, no processo de conhecimento, os embargos à execução configuram verdadeira ação paralela ao executivo fiscal, movida pelo devedor contra a Fazenda Pública, para tentar desconstituir o título que serve de fundamento à atividade executiva do Estado posta à disposição do credor.

Continua, pois, inadmissível, em executivo fiscal, pretender a Fazenda o acertamento de responsabilidade de terceiros ou coobrigados que não figuraram no processo administrativo e contra quem não se formou o título executivo que é a certidão de Dívida Ativa.

Não importa que o art. 4º, da Lei n. 6.830/1980, diga que a execução fiscal pode ser promovida contra outras pessoas além do devedor. O certo é que a mesma lei dispõe que a liquidez e certeza, requisito *sine qua non* da execução forçada, só decorre da regular inscrição do débito pelo órgão competente para apurar a mesma liquidez e certeza (arts. 2º e 3º, *caput*).

O não devedor, destarte, pode também ser executado, mas apenas quando por algum dispositivo legal, ou por acertamento judicial ou administrativo prévio tiver tornado líquida e certa sua corresponsabilidade. Isto, aliás, é fora de dúvida, pelos próprios termos da Lei n.

6.830/1980 que manda seja feita a inscrição, como ato de controle da legalidade do crédito público, em nome do devedor e dos corresponsáveis.

Evidentemente, a corresponsabilidade também há de ser apurada e só depois do indispensável acertamento é que ela será havida como líquida e certa, o que, como é óbvio, nunca poderá ser feito depois da penhora, no bojo da execução forçada.

Continua, destarte, indispensável o respeito aos limites do título executivo, objetivos e subjetivos, na promoção da execução fiscal (a respeito do tema, veja-se, ainda, o item n. 54).[1]

No entanto, não havendo embargos do executado no prazo legal, a execução fiscal prosseguirá normalmente até os últimos atos de expropriação dos bens penhorados e satisfação do credor, sem que haja sentença para julgar o pedido da Fazenda exequente, já que o processo é de realização e não de definição de direito.

Nos tópicos seguintes indicaremos as principais inovações do procedimento da execução fiscal, instituído pela Lei n. 6.830/1980.

532. SIMPLIFICAÇÃO DA PETIÇÃO INICIAL

A petição inicial, agora, nas execuções de Dívida Ativa, será bastante singela. A exequente indicará tão somente:

I – o Juiz a quem é dirigida a petição;
II – o pedido;
III – o requerimento para a citação (art. 6º da Lei 6.830/1980).

Os demais requisitos serão completados pela certidão de Dívida Ativa, que se considerará parte integrante da inicial, como se nela "estivesse transcrita" (art. 6º, § 1º).

Facultado será, também, elaborar-se documento único, que contenha já a petição inicial e a própria certidão de Dívida Ativa (art. 6º, § 2º).

533. DESPACHO DA INICIAL

Mesmo que não seja explícito, o despacho da petição inicial importará, automaticamente, ordem para:

I – *citação*, pelas sucessivas modalidades que a Lei n. 6.830 prevê no art. 8º;

---

[1] O art. 4º da Lei n. 6.830 diz que a execução fiscal poderá ser promovida contra: I – o devedor; II – o fiador; III – o espólio; IV – a massa; V – o responsável tributário; VI – os sucessores a qualquer título. Entre estes legitimados passivos, naturalmente o fiador, o espólio e a massa são responsáveis *ex vi legis* pelas dívidas daquele cujo nome figura como devedor na inscrição da Dívida Ativa, não havendo necessidade de acertamento algum para permitir a abertura da execução fiscal. Perante o Fisco ocupam a mesma posição jurídica do devedor primitivo. Já o mesmo não ocorre com os sucessores a título singular e os responsáveis tributários, pois seu vínculo com o contribuinte (devedor) e com a obrigação tributária deste pode depender de fato estranho ao acertamento já promovido. E sendo incerto o fato jurídico básico, que não decorre de situação líquida e certa criada pela própria lei (como a sucessão *causa mortis*, a falência, a insolvência civil, a fiança etc.), não se poderá dizer que a Fazenda Pública, na maioria dos casos, dispõe de título executivo líquido e certo, hábil a permitir-lhe o manejo da execução forçada contra o sucessor singular e o corresponsável tributário. Terá esta, portanto, que, primeiramente, criar o título executivo, por meio de vias adequadas. Forçoso é reconhecer, no entanto, que a jurisprudência do STJ admite o redirecionamento da execução fiscal contra sócios ou diretores de sociedades mercantis, sem prévia inscrição da dívida ativa em seus respectivos nomes, assumindo a Fazenda Pública o ônus da prova acerca do fato gerador da corresponsabilidade tributária (STJ, 2ª T., REsp 7.397/MT, Rel. Min. Ari Pargendler, ac. 04.09.1995, *RSTJ* 81/159; STJ 1ª T., REsp 544.879/SC-AgRg, Rel. Min. Teori Zavascki, ac. 20.05.04, *DJU* 07.06.04, p. 163).

II – *penhora*, se não for paga a dívida, nem garantida a execução, por meio de depósito ou fiança;

III – *arresto*, se o executado não tiver domicílio ou dele se ocultar;

IV – *registro da penhora ou do arresto*, independentemente do pagamento de custas ou outras despesas;

V – *avaliação* dos bens penhorados ou arrestados (art. 7º).

Além das providências enumeradas pela Lei n. 6.830, pode-se obter com o deferimento da petição inicial do executivo fiscal a determinação judicial de inclusão do nome do executado em cadastros de inadimplentes, prevista, em geral, para as execuções fundadas em títulos extrajudiciais, nos termos do art. 782, § 3º, do CPC.[2] Trata-se de medida que se pode obter através de requerimento ao juiz, ou por diligência do próprio exequente junto ao cadastro de inadimplentes.[3]

534. CITAÇÃO DO DEVEDOR

Com relação ao ato citatório, o procedimento apresenta notáveis novidades:

a) A citação, em regra, será feita pelo correio, salvo pedido da Fazenda exequente para que se observe outra forma (art. 8º, I). E o aperfeiçoamento da citação dar-se-á pela simples entrega da carta no endereço do devedor (art. 8º, II), dispensada, portanto, a comprovação de recebimento pessoal do ofício pelo executado.

A propósito, observa Clito Fornaciari Júnior que "na sistemática da nova Lei da Execução Fiscal, a regra é ser feita a citação pelo correio (art. 8º, I), independendo, para tanto, de requerimento da Fazenda Pública credora, da atividade desenvolvida pelo devedor, do fato de ser ele pessoa física ou jurídica, e, ainda, do seu próprio domicílio, podendo a citação ser feita a devedor domiciliado em comarca diversa daquela onde esteja sendo desenvolvida a execução. Apenas se o devedor estiver no estrangeiro esta forma não pode ser utilizada reservando-se, então, a citação por edital para a hipótese".[4]

b) Quando feita a citação por edital, o prazo será sempre de trinta dias para ter-se como citado o devedor; e a publicação será apenas uma vez no Órgão Oficial, abolida, portanto, a divulgação do edital na imprensa local (art. 8º, III). Quando, porém, o executado estiver ausente do País, o prazo do edital será ampliado para sessenta dias.

c) A citação far-se-á com prazo de pagamento ou penhora de cinco dias (art. 8º, *caput*).

---

[2] "(...) Não há dúvidas, portanto, de que o art. 782, § 3º, ao determinar que 'A requerimento da parte, o juiz pode determinar a inclusão do nome do executado em cadastros de inadimplentes', dirige-se às execuções fundadas em títulos extrajudiciais" (STJ, 1ª Seção, REsp 1.807.180/PR, Rel. Min. Og Fernandes, ac. 24.02.2021, *DJe* 11.03.2021, tema repetitivo 1.026).

[3] "(...) O Poder Judiciário determina a inclusão nos cadastros de inadimplentes com base no art. 782, § 3º, por meio do SERASAJUD, sistema gratuito e totalmente virtual, regulamentado pelo Termo de Cooperação Técnica n. 020/2014 firmado entre CNJ e SERASA. O ente público, por sua vez, tem a opção de promover a inclusão sem interferência ou necessidade de autorização do magistrado, mas isso pode lhe acarretar despesas a serem negociadas em convênio próprio" (STJ, 1ª Seção, REsp 1.807.180/PR, *cit.*).

[4] A citação da nova execução fiscal, *in* "O Estado de S. Paulo" de 19.10.80, p. 49.

534-A. EXECUÇÃO FISCAL CONTRA DEVEDOR FALIDO

A falência do devedor não afeta o direito da Fazenda Pública de manejar a execução fiscal para cobrança da Dívida Ativa, cujo processamento permanece livre, tanto para os executivos ajuizados antes da decretação da quebra, como para aqueles supervenientes à abertura do processo concursal (Lei n. 6.830, art. 29, *caput*). Está assente na jurisprudência do STJ que "a decretação da falência não paralisa o processo de execução fiscal, nem desconstitui a penhora. A execução continuará a se desenvolver, até à alienação dos bens penhorados"[5]. Mas o fato de os créditos fiscais não estarem sujeitos a habilitação no juízo falimentar não os livra da classificação perante outros créditos de maior preferência, como os trabalhistas. Por isso, "na execução fiscal contra falido o dinheiro resultante da alienação de bens penhorados deve ser entregue ao juízo da falência, para que se incorpore ao monte e seja distribuído, observadas as preferências e as forças da massa"[6].

Se o ajuizamento do executivo fiscal ocorrer durante o curso da falência, a penhora deverá ocorrer no rosto dos autos do processo concursal, sem que isso importe inovação na competência para dar sequência ao pleito fazendário[7].

O mesmo regime de autonomia da execução fiscal (art. 29, *caput*, da Lei n. 6.830) deve ser observado em relação às instituições financeiras sob liquidação extrajudicial. A Lei de Execução Fiscal, segundo o STJ, é lei especial com prevalência sobre a Lei n. 6.024/1974, que trata da insolvência dos estabelecimentos de crédito. A suspensão de ações prevista nessa legislação bancária não atinge, portanto, a execução fiscal[8].

535. PRESCRIÇÃO

Nas execuções fiscais, considerar-se-á interrompida a prescrição não mais pela citação, mas simplesmente pelo despacho do juiz que a ordenar (LEF, art. 8º, § 2º). Para essas execuções, portanto, não se terá, doravante, que cogitar se a citação foi ou não efetivada, e se se observou ou não o prazo de dez dias para sua consecução, pois, com a nova lei o ato interruptivo é apenas o despacho positivo da petição inicial. Dita regra encontra respaldo, no direito material, no Código Tributário Nacional, art. 174, parágrafo único, inc. I.

Outra regra importante da Lei n. 6.830/1980 é a de seu art. 40, *caput*, em que se dispõe que "o juiz suspenderá o curso da execução, enquanto não for localizado o devedor ou encontrados bens sobre os quais possa recair a penhora, e, nesses casos, não correrá o prazo de prescrição".

A polêmica sobre a imprescritibilidade, ou não, durante a suspensão indefinida do executivo fiscal sem penhora, foi finalmente superada pela Lei n. 11.051, de 29.12.2004, que acrescentou o § 4º ao art. 40 da Lei de Execuções Fiscais, com o seguinte teor: "se da decisão que ordenar o arquivamento tiver decorrido o prazo prescricional, o juiz, depois de ouvida a Fazenda Pública, poderá, de ofício, reconhecer a prescrição intercorrente e decretá-la de imediato".

---

[5] STJ, Corte Especial, REsp 188.148/RS, Rel. Min. Humberto Gomes de Barros, ac. 19.12.2001, *DJU* 27.05.2002, p. 121. No mesmo sentido: STJ, 2ª T., REsp 423.686/RS, Rel. Min. Castro Meira, ac. 16.09.2004, *DJ* 13.12.2004, p. 278; STJ, 1ª Seção, CC 29.710/RJ, Rel. Min. Denise Arruda, ac. 22.09.2004, *DJ* 25.10.2004, p. 204; STJ, 1ª T., REsp 1.013.252/RS, Rel. Min. Luiz Fux, ac. 19.11.2009, *DJe* 09.12.2009.

[6] STJ, Corte Especial, REsp 188.148/RS, *cit*. No mesmo sentido: STJ, 1ª Seção, EREsp 444.964/RS, Rel. p/ ac. Min. João Otávio de Noronha, ac. 06.10.2003, *DJU* 09.12.2003, p. 204.

[7] Cf. nosso *Lei de Execução Fiscal*, 14. ed. São Paulo: Saraiva, 2022, n. 260, p. 458-459.

[8] STJ, 1ª T., REsp 1.032.814/RS, Rel. Min. Luiz Fux, ac. 20.10.2009, *DJe* 06.11.2009.

Sobre a contagem do prazo da prescrição intercorrente, o STJ fixou o seguinte entendimento: "Em execução fiscal, não localizados bens penhoráveis, suspende-se o processo por um ano, findo o qual se inicia o prazo da prescrição quinquenal intercorrente" (Súmula n. 314).[9]

Chegou-se a decidir que o reinício do fluxo prescricional não seria automático, ficando na dependência da necessária intimação pessoal do credor para diligenciar no processo[10].

No entanto, em grau de recurso repetitivo, assentou a 1ª Seção do STJ que são automáticos a suspensão do processo por falta de bens a penhorar ou por falta de citação do executado e a fluência do prazo prescricional, no caso do art. 40 da LEF, não sendo cabível subordiná-los a decisão formal de suspensão, nem de reinício do prazo extintivo da pretensão executiva[11].

O juiz, entretanto, não decretará a extinção do executivo fiscal sem antes ouvir a Fazenda exequente, que poderá ter algum motivo legal para arguir contra a prescrição[12]. Após o silêncio da credora ou diante da improcedência de seus argumentos é que a decretação da prescrição intercorrente se dará.

A imprescritibilidade de início projetada pelo legislador ordinário, felizmente, foi repelida pela jurisprudência, pelo menos nos termos absolutos que o texto legal sugeria originalmente[13], e que afinal o próprio legislador corrigiu com a reforma do § 4º do art. 40.

535.1. Teses vinculantes firmadas pelo STJ em matéria de prescrição intercorrente

O STJ, por sua 1ª Seção, fixou, em recurso repetitivo, a premissa de que "nem o Juiz e nem a Procuradoria da Fazenda Pública são os senhores do termo inicial do prazo de 1 (um) ano de suspensão previsto no *caput*, do art. 40, da LEF, somente a lei o é (ordena o art. 40: '[...] o juiz suspenderá [...]'). Não cabe ao Juiz ou à Procuradoria a escolha do melhor momento para o seu início. No primeiro momento em que constatada a não localização do devedor e/ou ausência de bens e intimada a Fazenda Pública, inicia-se automaticamente o prazo de suspensão, na forma do art. 40, *caput*, da LEF".[14]

---

[9] Uma observação se impõe: a suspensão de que cogita o art. 40 da LEF não depende de decisão solene do juiz; basta que o feito seja paralisado por falta de citação ou de penhora para tê-lo como suspenso, desde que a Fazenda exequente nada tenha requerido para viabilizar a citação ou a constrição de bens e o andamento normal da execução. O dado mais significativo acrescentado à Súmula n. 314 foi a autorização legal à decretação *ex officio*, pelo juiz, da prescrição intercorrente definida pelo art. 40, § 4º, da LEF, a partir da Lei n. 11.051/2004. Mas, tal não se dará sem que antes seja ouvida a Fazenda exequente, como exige o mesmo dispositivo legal.

[10] "Não corre a prescrição intercorrente durante o prazo de suspensão do processo de execução determinada pelo juízo. Para a retomada de seu curso, faz-se necessária a intimação pessoal do credor para diligenciar no processo, porque é a sua inação injustificada que faz retomar-se o curso prescricional" (STJ, 4ª T., AgRg no AREsp 755.602/PR, Rel. Min. Maria Isabel Gallotti, ac. 17.11.2015, *DJe* 23.11.2015). No mesmo sentido: STJ, 3ª T., AgRg no REsp 1.538.845/RS, Rel. Min. João Otávio de Noronha, ac. 24.11.2015, *DJe* 01.12.2015.

[11] STJ, 1ª Seção, REsp 1.340.553/RS – recurso repetitivo, Rel. Min. Mauro Campbell Marques, ac. 12.09.2018, *DJe* 16.10.2018. Para o aresto, é conveniente que o juiz suspenda formalmente o processo, mas a inobservância do ato não interfere no estabelecimento do momento em que a paralisação do procedimento opera para o efeito prescricional previsto no art. 40 da LEF.

[12] A Fazenda Pública, v.g., poderá arguir alguma outra causa legal de suspensão ou interrupção da prescrição ocorrida enquanto o executivo esteve arquivado (STJ, 1ª T., REsp 735.220, Rel. Min. Teori Zavascki, ac. 03.05.05, *DJU* 16.05.05, p. 270).

[13] STJ, 1ª T., REsp 654.340, Rel. Min. Teori Zavascki, ac. 14.06.05, *DJU* 27.06.05, p. 243.

[14] STJ, 1ª Seção, EDcl no REsp 1.340.553/RS, Rel. Min. Mauro Campbell Marques, ac. 27.02.2019, *DJe* 13.03.2019: "1. (...) Indiferente aqui, portanto, o fato de existir petição da Fazenda Pública requerendo a suspensão do feito por 30, 60, 90 ou 120 dias a fim de realizar diligências, sem pedir a suspensão do feito pelo art. 40, da

A partir desse pressuposto, o acórdão do STJ firmou as seguintes teses com força vinculante (CPC, art. 927, III):[15]

(a) "4.1.) O prazo de 1 (um) ano de suspensão do processo e do respectivo prazo previsto no art. 40, §§ 1º e 2º da Lei n. 6.830/1980 – LEF tem início automaticamente na data da ciência da Fazenda Pública a respeito da não localização do devedor ou da inexistência de bens penhoráveis no endereço fornecido, havendo, sem prejuízo dessa contagem automática, o dever de o magistrado declarar ter ocorrido a suspensão da execução".

(b) "4.1.1.) Sem prejuízo do disposto no item 4.1., nos casos de execução fiscal para cobrança de dívida ativa de natureza tributária (cujo despacho ordenador da citação tenha sido proferido antes da vigência da Lei Complementar n. 118/2005), depois da citação válida, ainda que editalícia, logo após a primeira tentativa infrutífera de localização de bens penhoráveis, o Juiz declarará suspensa a execução".

(c) "4.1.2.) Sem prejuízo do disposto no item 4.1., em se tratando de execução fiscal para cobrança de dívida ativa de natureza tributária (cujo despacho ordenador da citação tenha sido proferido na vigência da Lei Complementar n. 118/2005) e de qualquer dívida ativa de natureza não tributária, logo após a primeira tentativa frustrada de citação do devedor ou de localização de bens penhoráveis, o Juiz declarará suspensa a execução".

(d) "4.2.) Havendo ou não petição da Fazenda Pública e havendo ou não pronunciamento judicial nesse sentido, findo o prazo de 1 (um) ano de suspensão inicia-se automaticamente o prazo prescricional aplicável (de acordo com a natureza do crédito exequendo) durante o qual o processo deveria estar arquivado sem baixa na distribuição, na forma do art. 40, §§ 2º, 3º e 4º da Lei n. 6.830/1980 – LEF, findo o qual o Juiz, depois de ouvida a Fazenda Pública, poderá, de ofício, reconhecer a prescrição intercorrente e decretá-la de imediato".

(e) "4.3.) A efetiva constrição patrimonial e a efetiva citação (ainda que por edital) são aptas a interromper o curso da prescrição intercorrente, não bastando para tal o mero peticionamento em juízo, requerendo, *v.g.*, a feitura da penhora sobre ativos financeiros ou sobre outros bens. Os requerimentos feitos pelo exequente, dentro da soma do prazo máximo de 1 (um) ano de suspensão mais o prazo de prescrição aplicável (de acordo com a natureza do crédito exequendo) deverão ser processados, ainda que para além da soma desses dois prazos, pois, citados (ainda que por edital) os devedores e penhorados os bens, a qualquer tempo – mesmo depois de escoados os referidos prazos –, considera-se interrompida a prescrição intercorrente, retroativamente, na data do protocolo da petição que requereu a providência frutífera".

(f) "4.4.) A Fazenda Pública, em sua primeira oportunidade de falar nos autos (art. 245 do CPC/1973, correspondente ao art. 278 do CPC/2015), ao alegar

---

LEF. Esses pedidos não encontram amparo fora do art. 40 da LEF que limita a suspensão a 1 (um) ano. Também indiferente o fato de que o Juiz, ao intimar a Fazenda Pública, não tenha expressamente feito menção à suspensão do art. 40, da LEF. O que importa para a aplicação da lei é que a Fazenda Pública tenha tomado ciência da inexistência de bens penhoráveis no endereço fornecido e/ou da não localização do devedor. Isso é o suficiente para inaugurar o prazo, *ex lege*. 2. De elucidar que a 'não localização do devedor' e a 'não localização dos bens' poderão ser constatadas por quaisquer dos meios válidos admitidos pela lei processual (*v.g.* art. 8º, da LEF). A Lei de Execuções Fiscais não faz qualquer discriminação a respeito do meio pelo qual as hipóteses de 'não localização' são constatadas, nem o repetitivo julgado".

[15] STJ, 1ª Seção, REsp 1.340.553/RS, Rel. Min. Mauro Campbell Marques, ac. 12.09.2018, *DJe* 16.10.2018.

nulidade pela falta de qualquer intimação dentro do procedimento do art. 40 da LEF, deverá demonstrar o prejuízo que sofreu (exceto a falta da intimação que constitui o termo inicial – 4.1., onde o prejuízo é presumido), por exemplo, deverá demonstrar a ocorrência de qualquer causa interruptiva ou suspensiva da prescrição".

(g) "4.5.) O magistrado, ao reconhecer a prescrição intercorrente, deverá fundamentar o ato judicial por meio da delimitação dos marcos legais que foram aplicados na contagem do respectivo prazo, inclusive quanto ao período em que a execução ficou suspensa".

O acórdão do REsp 1.340.553/RS foi bem analítico quanto à situação de fato em que as teses firmadas se fundaram, cumprindo, assim, a recomendação do art. 926, § 2º, do CPC. A divulgação delas pós-acórdão, no entanto, se deu de forma bem mais sucinta, de modo que, ao aplicá-las, é aconselhável reportar-se ao acórdão paradigma, para que eventuais dificuldades interpretativas sejam contornadas. Eis como as referidas teses vinculantes foram, afinal, sintetizadas:

(a) "O prazo de 1 (um) ano de suspensão do processo e do respectivo prazo prescricional previsto no art. 40, §§ 1º e 2º da Lei n. 6.830/1980 – LEF tem início automaticamente na data da ciência da Fazenda Pública a respeito da não localização do devedor ou da inexistência de bens penhoráveis no endereço fornecido, havendo, sem prejuízo dessa contagem automática, o dever de o magistrado declarar ter ocorrido a suspensão da execução".

(b) "Havendo ou não petição da Fazenda Pública e havendo ou não pronunciamento judicial nesse sentido, findo o prazo de 1 (um) ano de suspensão inicia-se automaticamente o prazo prescricional aplicável".

(c) "A efetiva constrição patrimonial e a efetiva citação (ainda que por edital) são aptas a interromper o curso da prescrição intercorrente, não bastando para tal o mero peticionamento em juízo, requerendo, *v.g.*, a feitura da penhora sobre ativos financeiros ou sobre outros bens".

(d) "A Fazenda Pública, em sua primeira oportunidade de falar nos autos (art. 245 do CPC/1973, correspondente ao art. 278 do CPC/2015), ao alegar nulidade pela falta de qualquer intimação dentro do procedimento do art. 40 da LEF, deverá demonstrar o prejuízo que sofreu (exceto a falta da intimação que constitui o termo inicial – 4.1., onde o prejuízo é presumido), por exemplo, deverá demonstrar a ocorrência de qualquer causa interruptiva ou suspensiva da prescrição".

De qualquer forma, deve-se reconhecer que restou bem evidenciado que as teses vinculantes assentadas levaram em conta a circunstância em que a norma do art. 40 e §§ da Lei n. 6.830/1980 se aplica na falta de formalização da suspensão do executivo fiscal por ato do juiz, e na ausência de diligência da Fazenda Pública que fosse exitosa na superação do evento causador da suspensão automática da execução.

535.2. Parcelamento da obrigação fiscal

Nos termos da Súmula n. 653 do STJ, "o pedido de parcelamento fiscal, ainda que indeferido, interrompe o prazo prescricional, pois caracteriza confissão extrajudicial do débito".

536. PENHORA

Poderá, nas execuções fiscais, recair a penhora em bens de terceiro, desde que, é claro, ofertados pelo legítimo dono e aceitos pela Fazenda Pública (art. 9º, IV, da Lei 6.830/1980).

É admissível, outrossim, a substituição da penhora por *fiança bancária ou seguro garantia* (art. 9º, II), observadas as condições pré-estabelecidas pelo Conselho Monetário Nacional (art. 9º, § 5º).

Quando passível de registro, a penhora será inscrita por diligência do próprio Oficial de Justiça, com base em contrafé e cópia do termo ou auto de penhora, independentemente do pagamento de custas ou outras despesas (art. 7º, IV).

A ordem de registro constará do despacho da inicial e, se não houver expressa menção ao fato, será considerada implícita na ordem de citação executiva transcrita no instrumento de comunicação processual (mandado, carta, edital).

O registro da penhora, nos termos do art. 14 da Lei n. 6.830/1980, será feito:

I – *no Registro Imobiliário*, se o bem penhorado for imóvel ou a ele equiparado;

II – *no Serviço de Trânsito* (órgão que emite o certificado de registro), se se tratar de veículo;

III – *na Junta Comercial, na Bolsa de Valores, e na sociedade comercial*, se forem ações debêntures parte beneficiárias, cota ou qualquer outro título, crédito ou direito societário nominativo.

537. REMOÇÃO E SUBSTITUIÇÃO DOS BENS PENHORADOS

É direito da Fazenda Pública exigir a remoção dos bens penhorados, quando móveis, "em qualquer fase do processo" (art. 11, § 3º).

A remoção poderá ser feita para depósito judicial, particular ou da própria Fazenda exequente, conforme indicação desta.[16]

A substituição dos bens penhorados é possível também "em qualquer fase do processo", conforme dispõe o art. 15 da Lei n. 6.830/1980, e será promovida tanto a requerimento da credora como do devedor.

Ao executado permite-se requerer a substituição da penhora por depósito, fiança bancária ou seguro garantia (art. 15, I). E à Fazenda faculta-se postular a substituição dos bens penhorados por outros, sem maiores especificações, bem como o reforço da penhora insuficiente (art. 15, II).

Como se vê, o poder de substituição conferido ao devedor é bastante restrito, mas o da Fazenda Pública é excessivamente amplo e não tem que se ater nem mesmo à gradação legal de preferência para a nomeação à penhora. O critério será, portanto, apenas o da conveniência de melhor segurança e maior liquidez da penhora.[17]

---

[16] A jurisprudência entende que a Fazenda não pode requerer arbitrariamente a remoção, devendo fundamentar sua pretensão (STJ, 1ª T., AI 488.680/RS-AgRg, Rel. Min. Francisco Falcão, ac. 17.06.03, p. 227).

[17] A jurisprudência tem abrandado a literalidade do art. 15, II, fazendo prevalecer a regra do art. 620 do CPC/1973 [art. 805 do CPC/2015], segundo a qual o devedor tem direito à execução pelo modo que lhe seja menos gravoso. Logo, a Fazenda não pode, diante de uma nomeação de bens à penhora, feita regularmente pelo devedor, usar a faculdade de substituição prevista no art. 15, II, da Lei n. 6.830, como exigência "caprichosa" ou sujeita a "justificativas impertinentes" (STJ, 1ª T., REsp 149.740/SP, Rel. Min. Demócrito Reinaldo, ac. 21.05.1998, *RT* 758/168; STJ, 1ª T., REsp 53.652-9-SP, Rel. Min. Cesar Rocha, ac. 06.02.95, *DJU* 13.03.95, p. 5.259). No mesmo sentido: STJ, 1ª T., AgRg no REsp 1.482.181/SP, Rel. Min. Napoleão Nunes Maia Filho, ac. 11.11.2014, *DJe* 18.11.2014.

538. EMBARGOS DO DEVEDOR

I – Noções gerais

A intimação da penhora, para efeito do prazo de embargos, sofreu também notáveis modificações pela Lei n. 6.830/1980, a saber:

- a) nas capitais, onde houver órgão Oficial, qualquer que seja a forma com que se realizou a penhora, a intimação será feita mediante publicação do ato de juntada do *termo* ou *auto* de penhora (art. 12, *caput*). Não haverá mais, nas capitais, portanto, intimação pessoal de penhora, em regra;
- b) no interior, a intimação será feita normalmente (isto é, por mandado), podendo, no entanto, realizar-se por via postal, da mesma forma que a citação (art. 12, § 1º). Se, porém, a citação postal não tiver sido comprovada por "A.R." assinado pelo próprio devedor, a intimação da penhora será sempre pessoal, ou seja, por via de mandado (art. 12, § 3º);
- c) será por edital a intimação da penhora, quando a citação também tiver sido efetuada por essa maneira, como no caso de devedor ausente do País ou devedor com domicílio incerto e não sabido;
- d) a intimação do cônjuge, quando a penhora recair sobre imóvel, observará as regras relativas à citação, podendo, assim realizar-se também por via postal (art. 12, § 2º).

O prazo para embargar a execução fiscal foi dilatado para trinta dias da intimação da penhora (art. 16). E o prazo de impugnação dos embargos igualmente foi fixado em trinta dias (art. 17).

Quando a citação executiva for cumprida por carta precatória, prevê a Lei n. 6.830/1980 que os embargos deverão ser oferecidos no Juízo deprecado, que, no entanto, não terá competência para julgá-los. Juntamente com a carta precatória, os embargos serão encaminhados ao Juízo deprecante, para instrução e julgamento (art. 20).

Quando, todavia, os embargos versarem apenas sobre vícios ou irregularidades de atos do próprio Juízo deprecado, a competência será unicamente dele para todo processamento e decisão (art. 20, parágrafo único).

Se o devedor pretender atacar nos embargos tanto a diligência realizada pelo Juízo deprecado como o mérito da execução, terá de apresentar duas petições: uma para discutir as preliminares perante o próprio deprecado, e outra para enfrentar o mérito, cujo processamento a iniciar perante o deprecado terá prosseguimento e solução no Juízo deprecante. Haverá, na hipótese, dois embargos autuados separadamente. E o de mérito ficará retido em poder do Juízo deprecado até solução do de natureza preliminar, dado que este terá eficácia prejudicial em relação ao outro.

Finalmente, a regra que manda sejam os embargos de mérito apresentados ao Juízo deprecado para posterior remessa ao deprecante, deve ser entendida em termos, não se me afigurando que tal seja uma verdadeira condição de admissibilidade da ação incidental do executado. Assim, se dentro do prazo legal, os embargos forem deduzidos diretamente perante o Juízo deprecante, razão não haverá para negar-lhes curso. A nosso ver a regra visou, mais, foi beneficiar o executado, facilitando-lhe a dedução dos embargos no local em que receber a citação, sem ter que enfrentar viagem e diligência mais difícil para tal mister.[18]

---

[18] "2. Os arts. 20, da Lei n. 6.830/1981, e 747, do Código de Processo Civil [CPC/2015, art. 914, § 2º], visam facilitar a interposição de embargos do executado, de modo que deve prevalecer a regra disposta no segundo, podendo os embargos ser oferecidos tanto no Juízo deprecado como no Juízo deprecante. Todavia, tal regra

Assim também, quando a precatória for apenas para penhora, porque a citação se fez no próprio Juízo deprecante, em cuja sede reside o devedor, razão não haverá para aplicar-se o art. 20 da Lei n. 6.830/1980.

II – Matéria arguível

Como execução de título extrajudicial, a defesa do devedor na execução fiscal é ampla, podendo abarcar toda a matéria que lhe seria lícito deduzir em contestação no processo de conhecimento (CPC/2015, art. 917, VI). A Lei n. 6.830/1980, todavia, veda ao executado incluir em seus embargos a reconvenção e a compensação, determinando, ainda, que as exceções de suspeição, incompetência e impedimento sejam arguidas em preliminar e julgadas com os embargos (art. 16, § 3º).

III – Vedação à exceção de compensação

O texto do § 3º do art. 16 da LEF não contém ressalva, ao vedar a pretensão do executado de requerer compensação entre o crédito fiscal exequendo e algum débito da Fazenda exequente perante o embargante. Essa vedação, na verdade, não é absoluta, visto que não deve incluir a denominada "compensação tributária pretérita", segundo interpretação do STJ. Há de ser levada em conta legislação posterior à LEF, que abriu oportunidade à arguição de compensação nos embargos que tenha adquirido "a natureza de direito subjetivo do contribuinte". Em caráter de solução jurisprudencial uniformizadora, em recurso repetitivo,[19] o STJ assentou o seguinte, acerca do tema:

"1. A compensação tributária adquire a natureza de direito subjetivo do contribuinte (*oponível em sede de embargos à execução fiscal*), em havendo a concomitância de três elementos essenciais: (i) a existência de crédito tributário, como produto do ato administrativo do lançamento ou do ato-norma do contribuinte que constitui o crédito tributário; (ii) a existência de débito do fisco, como resultado: (a) de ato administrativo de invalidação do lançamento tributário, (b) de decisão administrativa, (c) de decisão judicial, ou (d) de ato do próprio administrado, quando autorizado em lei, cabendo à Administração Tributária a fiscalização e ulterior homologação do débito do fisco apurado pelo contribuinte; e (iii) a existência de lei específica, editada pelo ente competente, que autorize a compensação, *ex vi* do art. 170, do CTN (*g.n.*).

2. Deveras, o § 3º, do art. 16, da Lei 6.830/1980, proscreve, de modo expresso, a alegação do direito de compensação do contribuinte em sede de embargos do executado.

3. O advento da Lei 8.383/1991 (que autorizou a compensação entre tributos da mesma espécie, sem exigir prévia autorização da Secretaria da Receita Federal) superou o aludido óbice legal, momento a partir do qual passou a ser admissível, no âmbito de embargos

---

não é absoluta, eis que a parte final do aludido art. 747, do CPC, traz exceção à alternatividade de Juízos, ao afirmar que os vícios ou defeitos da penhora, avaliação ou alienação dos bens devem ser julgados no Juízo deprecado. 3. Portanto, em suma, os embargos podem ser oferecidos tanto no Juízo deprecante, como no Juízo deprecado, sendo, no entanto, do Juízo deprecante a competência para julgá-los, salvo se disserem respeito tão-somente a máculas atinentes à penhora, avaliação ou alienação dos bens, quando então, o Juízo deprecado conhecerá e julgará o feito. A jurisprudência é assente nesse rumo, o que levou, aliás, à edição da Súmula 46 do Superior Tribunal de Justiça, que passo a transcrever:'Na execução por carta, os embargos do devedor serão decididos no juízo deprecante, salvo se versarem unicamente vícios ou defeitos da penhora, avaliação ou alienação dos bens'" (TRF3ª Região, 5ª T., Agravo legal em AI 0028190-75.2005.4.03.0000/SP, Rel. Des. Luiz Stefanini, ac. 18.07.2011, e-DJF3 28.07.2011).

[19] STJ, 1ª Seção, REsp. 1.008.343/SP, Rel. Min. Luiz Fux, ac. 09.12.2009, DJe 1.02.2010.

à execução fiscal, a alegação de extinção (parcial ou integral) do crédito tributário em razão de compensação já efetuada (encartada em crédito líquido e certo apurado pelo próprio contribuinte, como sói ser o resultante de declaração de inconstitucionalidade da exação), sem prejuízo do exercício, pela Fazenda Pública, do seu poder-dever de apurar a regularidade da operação compensatória.[20]

4. A alegação da extinção da execução fiscal ou da necessidade de dedução de valores pela compensação total ou parcial, respectivamente, impõe que esta já tenha sido efetuada à época do ajuizamento do executivo fiscal, atingindo a liquidez e a certeza do título executivo, o que se dessume da interpretação conjunta dos arts. 170, do CTN, e 16, § 3º, da LEF, sendo certo que, ainda que se trate de execução fundada em título judicial, os embargos do devedor podem versar sobre causa extintiva da obrigação (art. 714, VI, do CPC).

5. Ademais, há previsão expressa na Lei 8.397/1992, no sentido de que: "O indeferimento da medida cautelar fiscal não obsta a que a Fazenda Pública intente ação judicial da Dívida Ativa, nem influi no julgamento desta, *salvo se o juiz, no procedimento, cautelar fiscal, acolher a alegação* de pagamento, *de compensação,* de transação, de remissão, de prescrição ou decadência, de conversão do depósito em renda, ou qualquer outra modalidade de extinção da pretensão deduzida." (art. 15) (*g.n.*).

6. Consequentemente, a compensação efetuada pelo contribuinte, antes do ajuizamento do feito executivo, pode figurar como fundamento de defesa dos embargos à execução fiscal, a fim de ilidir a presunção de liquidez e certeza da CDA, máxime quando, à época da compensação, restaram atendidos os requisitos da existência de crédito tributário compensável, da configuração do indébito tributário, e da existência de lei específica autorizativa da citada modalidade extintiva do crédito tributário".[21]

538-A. TRANSAÇÃO RESOLUTIVA DE LITÍGIO RELATIVA À COBRANÇA DE CRÉDITO DA FAZENDA PÚBLICA FEDERAL

A Lei n. 13.988/2020 estabelece os requisitos e as condições para que a União e suas autarquias e fundações realizem com os devedores transação resolutiva de litígio relativa à cobrança de créditos de natureza tributária ou não tributária (art. 1º, *caput*). Quando se tratar de créditos de natureza tributária, a transação será realizada nos termos do art. 171 do CTN.

---

[20] Precedentes do STJ: EREsp 438.396/RS, Rel. Ministro Humberto Martins, Primeira Seção, julgado em 09.08.2006, *DJ* 28.08.2006; REsp 438.396/RS, Rel. Ministro José Delgado, Primeira Turma, julgado em 07.11.2002, *DJ* 09.12.2002; REsp 505.535/RS, Rel. Ministro Luiz Fux, Primeira Turma, julgado em 07.10.2003, *DJ* 03.11.2003; REsp 395.448/PR, Rel. Ministro Teori Albino Zavascki, Primeira Turma, julgado em 18.12.2003, *DJ* 16.02.2004; REsp 613.757/RS, Rel. Ministro Castro Meira, Segunda Turma, julgado em 10.08.2004, *DJ* 20.09.2004; REsp 426.663/RS, Rel. Min. Denise Arruda, Primeira Turma, julgado em 21.09.2004, *DJ* 25.10.2004; e REsp 970.342/RS, Rel. Ministro Luiz Fux, Primeira Turma, julgado em 04.11.2008, *DJe* 01.12.2008.

[21] REsp. 1.008.343/SP, *cit.*:"7. *In casu*, o contribuinte, em sede de embargos à execução fiscal, alegou a inexigibilidade do crédito tributário, em virtude de compensação sponte própria efetuada ante o pagamento indevido de CSSL (art. 8º, da Lei 7.689/1988) declarada inconstitucional pelo Supremo Tribunal Federal, tendo sido ajuizada ação ordinária para ver reconhecido seu direito à liquidação da obrigação tributária por meio da compensação efetuada. De acordo com o embargante, 'compensou 87.021,95 UFIRs relativos aos créditos tributários oriundos da CONTRIBUIÇÃO SOCIAL SOBRE O LUCRO, do exercício de 1988, pagos indevidamente, com 87.021,95 UFIRs relativas a créditos tributários líquidos e certos, concernente à mesma CONTRIBUIÇÃO SOCIAL SOBRE O LUCRO do exercício de 1992'... 9. Destarte, a indevida rejeição da compensação como matéria de defesa arguível em sede de embargos à execução fiscal, conjugada ao julgamento antecipado da lide, resultou em prematura extinção da ação antiexacional, razão pela qual merece prosperar a pretensão recursal. 10. Recurso especial provido. Acórdão submetido ao regime do art. 543-C, do CPC, e da Resolução STJ 08/2008".

São previstas três modalidades de transação: (a) as realizadas por proposta individual ou por adesão, na cobrança de créditos inscritos na dívida ativa da União, de suas autarquias e fundações públicas, ou na cobrança de créditos que seja da competência da Procuradoria-Geral da União (art. 2º, I); (b) as realizadas por adesão, nos demais casos de contencioso judicial ou administrativo tributário (art. 2º, II); e (c) e as efetuadas por adesão, no contencioso tributário de pequeno valor (art. 2º, III).

A proposta de transação deverá expor os meios para a extinção dos créditos nela contemplados e ficará condicionada, no mínimo, à assunção pelo devedor dos compromissos enumerados nos incisos I a V do art. 3º da Lei n. 13.988/2020. Quando a transação envolver moratória ou parcelamento, observar-se-á, para todos os fins, o disposto no art. 151, *caput*, I e VI, da Lei n. 5.172/1966. Os casos de rescisão da transação são enumerados no art. 4º da Lei n. 13.988/2020.

A proposta de transação da cobrança da dívida ativa da Fazenda Pública Federal poderá ser feita, conforme o caso, pela Procuradoria-Geral da Fazenda Nacional, pela Procuradoria-Geral Federal ou, ainda, pela Procuradoria-Geral da União, em relação aos créditos sob sua responsabilidade. Também o devedor poderá postular a transação, por adesão ou iniciativa própria (Lei n. 13.988/2020, art. 10).

As modalidades de benefícios que cabem na transação estão enumeradas nos incisos I a III do *caput* do art. 11 da referida Lei. Os casos em que a transação é vedada constam do § 2º do mesmo art. 11.

Há previsão de competência especial do Ministro de Estado da Economia para propor transação resolutiva de litígios aduaneiros ou tributários decorrentes de relevante e disseminada controvérsia jurídica, o que se fará com base em manifestação da Procuradoria-Geral da Fazenda Nacional e da Secretaria Especial da Receita Federal do Brasil do Ministério da Economia (art. 16 da Lei n. 13.988/2020). Há, ainda, regras especiais para a transação por adesão no contencioso tributário de pequeno valor, constantes dos arts. 23 a 27 da Lei citada, cuja regulamentação é atribuída ao Procurador-Geral da Fazenda Nacional e ao Secretário Especial da Receita Federal do Brasil em seus respectivos âmbitos de atuação (art. 27)[22].

No âmbito do contencioso de pequeno valor, a Lei n. 14.375/2022 introduziu na Lei n. 13.988/2020 o art. 27-A que, além dos créditos tributários, prevê a aplicação do regime transacional também: I – à dívida ativa da União de natureza não tributária cujas inscrição, cobrança e representação incumbam à Procuradoria-Geral da Fazenda Nacional, nos termos do art. 12 da Lei Complementar n. 73, de 10 de fevereiro de 1993; II – aos créditos inscritos em dívida ativa do FGTS, vedada a redução de valores devidos aos trabalhadores e desde que autorizado pelo seu Conselho Curador; e III – no que couber, à dívida ativa das autarquias e das fundações públicas federais cujas inscrição, cobrança e representação incumbam à Procuradoria-Geral Federal, e aos créditos cuja cobrança seja competência da Procuradoria-Geral da União, sem prejuízo do disposto na Lei n. 9.469, de 10 de julho de 1997. Para essa última hipótese, o parágrafo único do referido art. 27-A previu que a transação dos créditos referidos no inciso III será disciplinada por ato do Advogado-Geral da União.

539. EXPROPRIAÇÃO

Não haverá, em regra, *avaliação* dos bens penhorados, nos moldes da execução comum. O próprio termo ou auto de penhora deverá conter a avaliação, "efetuada por quem o lavrar"

---

[22] O regime do contencioso de pequeno valor, a que se refere o art. 23 da Lei n. 13.988/2020, foi estendido pelo art. 27-B, incluído pela Medida Provisória n. 1.160/2023, ao contencioso administrativo fiscal de baixa complexidade, assim compreendido aquele cujo lançamento fiscal ou controvérsia não supere mil salários mínimos.

(art. 13), isto é, pelo oficial de justiça, ou pelo escrivão, que nesse caso, por não dispor de conhecimentos técnicos, nem contato direto com os bens, terá que se basear em dados fornecidos pela própria parte que oferecer ou nomear os bens.

Somente quando impugnada a estimativa do oficial de justiça ou do devedor, é que o juiz ordenará a avaliação judicial ordinária (art. 13, §§ 1º a 3º).

Passado o prazo de embargos, sem que o devedor os oponha, a fase de expropriação dos bens penhorados terá seguimento sem necessidade de sentença para julgar a execução fiscal. Mas, o juiz, antes de ordenar a arrematação, ouvirá a Fazenda Pública sobre a garantia da execução (art. 18), pois poderá ser o caso de ampliação, redução ou substituição da penhora.

Se a garantia da execução for fidejussória ou se os bens penhorados pertencerem a terceiro, não se iniciará a expropriação, mesmo sem embargos à execução, ou com rejeição deles, sem antes dar-se oportunidade ao terceiro garantidor de resgatar a dívida e evitar a arrematação.

Para tanto, far-se-á a intimação do terceiro, para, nos termos do art. 19 da Lei n. 6.830/1980, e no prazo de quinze dias:

I – *remir* o bem, se a garantia for real; ou

II – *pagar* o valor da dívida exequente, se a garantia for fidejussória.

Se escoar o prazo da intimação sem a diligência do terceiro, a execução de sua garantia prosseguirá nos próprios autos (art. 19, *caput*), da seguinte maneira:

I – sendo real a garantia, promover-se-á desde logo a arrematação do bem do terceiro já alcançado pela penhora;

II – sendo fidejussória, promover-se-á penhora de bens do fiador, seguindo-se os trâmites normais do procedimento expropriatório até a arrematação.

540. ARREMATAÇÃO

O procedimento da arrematação dos bens penhorados segundo a Lei n. 6.830/1980, apresenta as seguintes características:

I – o edital, além de afixado na sede do juízo, será publicado uma só vez no Órgão Oficial (art. 22), não havendo mais a publicação na imprensa local;[23]

II – o prazo entre a publicação do edital e a hasta pública deverá ficar entre o mínimo de dez e o máximo de trinta dias (art. 22, § 1º);

III – todo e qualquer bem penhorado será arrematado em leilão público, isto é, por meio de leiloeiro oficial (art. 23). Não há, para a execução fiscal, a distinção entre praça e leilão que o Código de Processo Civil de 1973 fazia (cumpre ressaltar que o CPC/2015 também não faz mais essa distinção). O leiloeiro é agente comercial autônomo devidamente matriculado. Sua escolha compete ao exequente (CPC/2015, art. 883);

IV – haverá intimação pessoal do representante judicial da Fazenda exequente da realização do leilão, no prazo mínimo de dez e máximo de trinta dias (art. 22, § 2º). Dita intimação do advogado da Fazenda Pública, como se vê, não mais poderá ser

---

[23] "A existência de dispositivo na Lei de Execução Fiscal derrogando preceito geral do CPC autoriza concluir pela validade de edital de arrematação publicado apenas em órgão de publicação oficial, embora recomendável a adoção de ampla publicidade da hasta pública" (STJ, 2ª T., REsp. 1.080.969, Rel. Min. Eliana Calmon, ac. 16.06.209, *DJe* 29.06.2009).

feita pela imprensa, mesmo onde houver órgão oficial encarregado da divulgação dos atos judiciais;[24]

V – a comissão do leiloeiro e as despesas da arrematação indicadas no edital ficarão por conta do arrematante (art. 23, § 2º). Mas, com exceção da comissão do leiloeiro, é preciso que o edital indique quais as despesas que o arrematante terá de custear (art. 23, § 2º).

541. ADJUDICAÇÃO

A Lei n. 6.830/1980 admite a adjudicação dos bens penhorados, pela Fazenda Pública exequente, após a hasta pública, tanto no caso de ausência de licitantes, como em concorrência com o licitante que faz o maior lanço, e até mesmo permite a adjudicação *prévia*, isto é, anterior à hasta pública.

As condições de deferimento da adjudicação, na sistemática do executivo fiscal, são as seguintes:

I – oferta do preço de avaliação, se a Fazenda Pública requerer a adjudicação antes de realizar a hasta pública (art. 24, I);

II – oferta do preço de avaliação, se realizado o leilão, não houve licitante (art. 24, II, *a*);

III – oferta de preço igual ao do maior lanço, com preferência para a Fazenda, quando o leilão houver se encerrado mediante concurso de licitantes. Essa adjudicação em prejuízo do arrematante poderá ser feita até trinta dias depois do leilão (art. 24, II, *b*). Assim, findo o leilão e certificada a ocorrência nos autos, o juiz não deverá autorizar a entrega dos bens ao arrematante senão depois do prazo conferido à Fazenda para exercício do direito de adjudicação.

Se o preço da adjudicação for menor do que o crédito exequendo, a Fazenda nada terá que depositar. Mas, se for maior, o deferimento da adjudicação só será feito pelo juiz se a Fazenda depositar a diferença em trinta dias (art. 24, parágrafo único).[25] Naturalmente, ter-se-á que fazer, logo após o pedido, o cálculo do crédito para apurar-se a diferença, correndo da intimação de dito cálculo o prazo de trinta dias para o respectivo depósito à ordem judicial.

541.1. Momento processual da adjudicação

A Fazenda exequente, segundo o art. 24 da LEF, pode pleitear a adjudicação antes ou depois do leilão. Mas, como proceder no caso de ser a execução embargada?

---

[24] A jurisprudência admite como intimação pessoal a que se faz por via postal, quando o procurador da Fazenda Pública tem sede funcional fora da comarca onde corre o processo (STJ, 2ª T., REsp. 496.978/MG, Rel. Min. Eliana Calmon, ac. 09.11.2005, *DJU* 12.12.2005, p. 263. No mesmo sentido: STJ, 2ª T., REsp. 621.829/MG, Rel. Min. Eliana Calmon, ac. 07.12.2004, *DJU* 14.02.2005, p. 176; STJ, 1ª T., REsp. 509.622/MG, Rel. Min. José Delgado, ac. 05.06.2003, *DJU* 08.09.2003, p. 242; STJ, REsp. 97.726/MG, *RSTJ* 106/81; STJ, 1ª T., AgRg no REsp. n. 1.157.225/MT, Rel. Min. Benedito Gonçalves, ac. 11.05.2010, *DJe* 20.05.2010).

[25] "A Lei n. 6.830, art. 24, I, conferiu à Fazenda Pública a faculdade de adjudicar os bens apreendidos antes do leilão e pelo preço de avaliação. Deste modo, a fim de evitar locupletamento indevido, é lícito ao juiz determinar a atualização do valor dos referidos bens, mediante nova avaliação ou pela correção monetária" (TFR, 5ª T., Agl 46.545, Rel. Min. Torreão Braz, ac. 15.05.1985, *DJU* 13.06.1985, p. 9.455). De maneira geral, tem prevalecido a orientação de "fazer-se atualização da avaliação, a fim de não propiciar locupletamento do credor" (STJ, 1ª T., REsp 18.571-0/SP, Rel. Min. Demócrito Reinaldo, ac. 18.05.1992, *DJU* 22.06.1992, p. 9.727. No mesmo sentido, STJ, 1ª T., AgRg no AREsp. 146.690/SE, Rel. Min. Ari Pargendler, ac. 19.02.2013, *DJe* 13.03.2013), ou seja: "É recomendável que, antes do leilão, se corrija monetariamente o valor de avaliação do bem a ser alienado" (STJ, 1ª T., RMS 4.230-8/SP, Rel. Min. Humberto Gomes de Barros, ac. 21.06.1994, *RSTJ*, *690*:186).

Quando se conjuga o art. 32, § 2º, da LEF, com os arts. 720, IV, e 919, § 5º do CPC se vê o sistema legal da execução provisória não compreende os atos de transferência de posse nem os de alienação da propriedade e outros direitos reais. Mesmo nas execuções definitivas embargadas sem efeito suspensivo, a regra não é diferente:[26] a execução não se interrompe nem se suspende, no aguardo do julgamento dos embargos, mas não pode chegar à transferência forçada dos bens penhorados, restando obstaculizadas a consumação da arrematação e da adjudicação, enquanto não se der o trânsito em julgado da decisão de rejeição dos embargos.

Embora os embargos, em regra, só tenham efeito suspensivo quando deferido pelo juiz (CPC, art. 919, § 1º) na hipótese em que tal efeito será automático: é quando se chega à fase satisfativa da execução, "pois a adjudicação e o levantamento da garantia depositada dependem do trânsito em julgado da sentença dos embargos".[27] Enquanto, pois, não passada em julgado a sentença de rejeição dos embargos, não se admitirá a adjudicação dos bens penhorados (CPC, art. 876).[28]

542. DESPESAS PROCESSUAIS

Pela Lei n. 6.830/1980, a Fazenda Pública, na execução fiscal, não está mais sujeita ao pagamento de custas e emolumentos, inexistindo, pois, para os atos de seu interesse, preparo ou prévio depósito (art. 39).

No entanto, se vencida a Fazenda nos embargos do devedor, a ela se imporão, normalmente, os ônus da sucumbência, ou seja, terá de se sujeitar ao ressarcimento das despesas feitas pela parte vencedora (custas e honorários advocatícios) (art. 39, parágrafo único).[29]

No caso de desistência da execução fiscal, antes do julgamento dos embargos do devedor em primeira instância, por cancelamento da inscrição, a qualquer título, haverá extinção do processo sem qualquer ônus para as partes (art. 26).

A regra, todavia, não se aplica à execução embargada, pois conforme se acha assentado na jurisprudência, "a desistência da execução fiscal, após o oferecimento dos embargos, não exime o exequente dos encargos da sucumbência" (Súmula. n. 153 do STJ)[30].

Em síntese, o que assegura o art. 26 da Lei n. 6.830/1980 é apenas permitir que a *execução fiscal*, sempre que houver cancelamento ulterior da inscrição de Dívida Ativa, seja extinta sem ônus para as partes. Isto quer dizer que a execução que se iniciou sem depósito e sem pagamento

---

[26] Em se tratando de bens imóveis, existe na Lei dos Registros Públicos, a regra de que o cancelamento do registro da propriedade imobiliária com base em decisão judicial só é possível após o respectivo trânsito em julgado (Lei n. 6.015/1973, art. 250, I).

[27] DIDIER JR., Fredie; CUNHA, Leonardo Carneiro da; BRAGA, Paula Sarno; OLIVEIRA, Rafael Alexandria de. Curso de direito processual civil: execução. 7.ed. Salvador: JusPodivm, 2017, p. 1.023-1.024.

[28] "... mesmo quando os embargos à execução fiscal não são dotados de efeito suspensivo pelo juiz, não é possível à Fazenda Pública adjudicar os bens penhorados ou levantar o valor do depósito em juízo antes do trânsito em julgado da sentença dos embargos" (Voto da Relatora Min. Carmen Lúcia, no ac. Unânime do Pleno do STF, de 21.02.2022, na ADI 5.165/DF, *DJe* 24.02.2022).

[29] A jurisprudência do STJ é firme no sentido de que não há isenção da Fazenda Pública quanto ao pagamento de emolumentos cartorários, "havendo apenas diferimento deste para o final do processo, quando deverá ser suportado pelo vencido" (STJ, 1ª T., AgRg no REsp. 1.276.844/RS, Rel. Min. Napoleão Nunes Maia Filho, ac. 05.02.2013, *DJe* 21.02.2013). No mesmo sentido: STJ, 2ª T., REsp. 988.390/SP, Rel. Min. Castro Meira, ac. 15.04.2008, *DJe* 30.04.2008.

[30] Mesmo antes dos embargos se o executado foi citado e contratou advogado para defendê-lo, não pode a Fazenda Pública deixar de responder pelos gastos processuais realizados (STJ, 1ª T., AI 573.309-AgRg, Rel. Min. Denise Arruda, ac. 24.08.04, DJU 27.09.04, p. 238). Diante de exceção de pré-executividade procedente, responderá, também, a Fazenda exequente pela verba advocatícia (STJ, 2ª T., REsp 529.885/PR, Rel. Min. Peçanha Martins, ac. 22.06.04, *DJU* 23.08.04, p. 189; STJ, 1ª T., REsp 661.662, Rel. Min. Francisco Falcão, ac. 18.11.04. *DJU* 17.12.04, p. 464).

prévio de custas será encerrada também sem tais exigências *a posteriori*. Mas o direito do devedor embargante de se ressarcir das custas efetivamente despendidas e outras despesas já realizadas no curso de seus embargos, inclusive honorários advocatícios, não foi negado pelo aludido dispositivo legal. Segue a regra geral da sucumbência, não revogada peremptoriamente pela lei de cobrança judicial da Dívida Ativa.[31]

542.1. Extinção do executivo sem resolução do mérito

Em regra, o valor da causa do executivo fiscal representado pelo valor da dívida constante da certidão de dívida ativa corresponde, no caso de procedência da ação, ao "valor da condenação" e, no caso de improcedência, ao "proveito econômico obtido", para os fins de arbitramento dos honorários sucumbenciais, nos termos do § 3º do art. 85 do CPC/2015.

Todavia, "nos casos em que o acolhimento da pretensão não tenha correlação com o valor da causa ou não se observe proveito econômico com a extinção da execução, os honorários de sucumbência devem ser arbitrados por apreciação equitativa, com observância dos critérios do § 2º do art. 85 do CPC/2015, conforme disposto no § 8º desse mesmo dispositivo".[32]

Assim, o § 8º do art. 85 do CPC/2015, que permite o arbitramento equitativo, "deve ser observado sempre que a extinção da execução fiscal não acarrete impacto direto na questão de fundo, vez que o crédito tributário é ainda objeto de controvérsia judicial nas demais ações correlatas".[33]

542-A. SUSPENSÃO E EXTINÇÃO DE EXECUTIVOS FISCAIS DE PEQUENO VALOR

Prevê o art. 20 da Lei n. 10.522/2002 (redação da Lei n. 11.033/2004, alterada pela Lei n. 13.874/2019) o arquivamento provisório, sem baixa na distribuição, mediante requerimento do Procurador da Fazenda Nacional, dos autos das execuções fiscais de débitos inscritos como Dívida Ativa da União, de valor consolidado igual ou inferior àquele estabelecido em ato do Procurador-Geral da Fazenda Nacional.[34] Ocorrendo reunião de processos contra o mesmo devedor (art. 28 da LEF), para os fins de que trata o limite indicado no *caput* do art. 20, será considerada a soma dos débitos consolidados das inscrições reunidas (art. 20, § 4º, incluído pela Lei n. 11.033/2004).

Durante o arquivamento, se o valor do débito, pelo crescimento dos acessórios respectivos, ultrapassar o referido limite, os autos da execução serão reativados (Lei n. 10.522, art. 20, § 1º).

Naturalmente, o arquivamento provisório não poderá durar eternamente. Por analogia deve-se observar o sistema do § 4º do art. 40 da Lei n. 6.830/1980, ou seja: "se da decisão que ordenar o arquivamento tiver decorrido o prazo prescricional, o juiz, depois de ouvida a Fazenda Pública, poderá, de ofício, reconhecer a prescrição intercorrente e decretá-la de imediato".

Por outro lado, dispõe a mesma Lei n. 10.522 que, a requerimento do Procurador da Fazenda Nacional, deverão ser extintas todas as execuções fiscais que versem exclusivamente

---

[31] Cf. PACHECO, José da Silva. *Comentários à Nova Lei de Execução Fiscal*. 4. ed. São Paulo: Saraiva, 1995, n. 183, p. 125. Na jurisprudência tem prevalecido entendimento similar (TFR, AC 65.955, ac. de 4.4.1983, Rel. Min. Geraldo Sobral, *DJU*, 18 ago. 1983, p. 12092; AC 81.037, ac. de 15.8.1983, Rel. Min. Torreão Braz, *DJU*, 15 set. 1983, p. 13915; TJSP, Ap. 62.495-2, ac. de 6-12-1983, Rel. Des. Silvio Lemmi, *RT*, 582:74).

[32] STJ, 1ª T., REsp 1.776.512/SP, Rel. Min. Gurgel de Faria, ac. 12.05.2020, *DJe* 22.05.2020.

[33] STJ, REsp 1.776.512/SP, *cit*.

[34] Súmula n. 583/STJ: "O arquivamento provisório previsto no art. 20 da Lei 10.522/2002, dirigido aos débitos inscritos como dívida ativa da União pela Procuradoria-Geral da Fazenda Nacional ou por ela cobrados, não se aplica às execuções fiscais movidas pelos conselhos de fiscalização profissional ou pelas autarquias federais".

sobre honorários de valor igual ou inferior a R$ 1.000,00 (um mil reais), devidos à Fazenda Nacional (art. 20, § 4º, incluído pela Lei n. 11.033).

Ressalte-se, mais uma vez, que o regime especial instituído pelo art. 20 da Lei n. 10.522 aplica-se apenas aos executivos fiscais da Dívida Ativa da União e demais créditos executados pela Procuradoria-Geral da Fazenda Nacional. No entanto, o STF assentou em tese o seguinte entendimento: "É legítima a extinção de execução fiscal de baixo valor pela ausência de interesse de agir tendo em vista o princípio constitucional da eficiência administrativa, respeitada a competência constitucional de cada ente federado. 2. O ajuizamento da execução fiscal dependerá da prévia adoção das seguintes providências: a) tentativa de conciliação ou adoção de solução administrativa; e b) protesto do título, salvo por motivo de eficiência administrativa, comprovando-se a inadequação da medida. 3. O trâmite de ações de execução fiscal não impede os entes federados de pedirem a suspensão do processo para a adoção das medidas previstas no item 2, devendo, nesse caso, o juiz ser comunicado do prazo para as providências cabíveis"[35].

Sobre restrição às execuções fiscais relativas a contribuições em favor de Conselho de Classe (Lei n. 12.514/2011), v., *retro*, o item 77.

543. RECURSOS

Ao sistema recursal do Código de Processo Civil, a Lei n. 6.830/1980 introduziu a alteração constante de seu art. 34, eliminando a apelação nos executivos de valor igual ou inferior a cinquenta Obrigações Reajustáveis do Tesouro Nacional (ORTN), caso em que os recursos cabíveis serão apenas os embargos de declaração e os embargos infringentes, cujo efeito não é devolutivo, cabendo o julgamento, portanto, ao próprio juiz da causa.[36]

Voltou-se, assim, ao sistema de causas de alçada, para as quais não vigora o duplo grau de jurisdição, nem por provocação das partes, nem *ex officio*.

Para exame mais aprofundado da execução fiscal, regulada pela Lei n. 6.830, consultar nosso livro *A Lei de Execução Fiscal* (13ª ed., São Paulo, Saraiva, 2016).

543-A. FRAUDE À EXECUÇÃO FISCAL

O regime da fraude à execução relacionado aos créditos da Fazenda Pública inscritos em Dívida Pública assumiu feição própria, que o diferencia em boa parte do regime geral do Código de Processo Civil, mormente após a LC n. 118/2005.

Após dita lei, o art. 185, *caput*, do CTN passou a dispor que "presume-se fraudulenta a alienação ou oneração de bens ou rendas, ou seu começo, por sujeito passivo em débito para com a Fazenda Pública, por crédito tributário regularmente inscrito como dívida ativa". Ressalvou, porém, o parágrafo único do mesmo artigo que o disposto no seu *caput* "não se aplica na hipótese de terem sido reservados, pelo devedor, bens ou rendas suficientes ao total pagamento da dívida inscrita".

Em face dessa nova regra, a Súmula n. 375/STJ, que condicionava o reconhecimento da fraude à execução à existência de penhora registrada sobre o bem alienado ou à prova da má-fé do adquirente, deixou de ser aplicável aos executivos fiscais, segundo a jurisprudência atual do STJ, como se pode ver do seguinte aresto:

---

[35] STF, Pleno, RE 1.355.208/SC, Rel. Min. Cármen Lúcia, ac. 19.12.2023, *DJe* 02.04.2024.

[36] O prazo marcado pela Lei n. 6.830/1980 é de 10 dias para interposição dos embargos infringentes (art. 34, § 3º). Para a Fazenda Pública, dito prazo será contado em dobro: "A ampliação dos prazos a que se refere o art. 32 do Código de Processo Civil aplica-se aos executivos fiscais" (Súmula 507, do STF).

"Ao julgar o REsp. 1.141.990/PR, Rel. Min. Luiz Fux, *DJe* 19.11.2010, representativo da controvérsia, esta Corte assentou o entendimento de que não se aplica à Execução Fiscal o Enunciado 375 Súmula de sua jurisprudência, segundo o qual o reconhecimento da fraude à execução depende do registro da penhora do bem alienado ou da prova de má-fé do terceiro adquirente. Sendo assim, há presunção absoluta da fraude à execução quando a alienação é efetivada após a inscrição do débito tributário em Dívida Ativa, ou, em sendo a alienação feita em data anterior à entrada em vigor da LC n. 118/2005, presume-se fraudulenta quando feita após a citação do devedor, sendo desnecessária, portanto, a discussão acerca da má-fé ou não do adquirente".[37]

Prevalece, de tal sorte, o entendimento de que a fraude à execução, em matéria de Dívida Ativa, prescinde após a LC n. 118/2005, da apuração da boa ou má-fé do terceiro adquirente, se o devedor alienante não dispõe de outros bens para garantir o executivo fiscal. Há, em suma, uma presunção legal plena de que a inscrição em dívida ativa se impõe ao conhecimento de todos, não podendo o terceiro adquirente alegar ignorância da existência do crédito público defraudado[38]. Esse entendimento é estendido pelo STJ até mesmo para os casos de alienações sucessivas, ou seja, "'considera-se fraudulenta a alienação, mesmo quando há transferências sucessivas do bem, feita após a inscrição do débito em dívida ativa, sendo desnecessário comprovar a má-fé do terceiro adquirente'" (REsp 1.833.644/PB, Rel. Ministro Herman Benjamin, Segunda Turma, *DJe* 18/10/2019)[39].

543-B. MEDIDA CAUTELAR FISCAL

Em lei especial, foi instituída medida cautelar típica para resguardar o crédito tributário de manobras que o contribuinte possa praticar por meio de disposição de seu patrimônio, sem o qual a responsabilidade executiva se inutiliza. Trata-se da denominada "medida cautelar fiscal", regulada pela Lei n. 8.397, de 06.01.1992, e que consiste no decreto judicial de indisponibilidade dos bens do devedor, até o limite da satisfação da obrigação, podendo, no caso de pessoa jurídica, alcançar bens do acionista controlador e dos administradores, e no caso de alienações, os bens transferidos, mesmo em poder de terceiros (art. 4º, § 1º).[40] A medida cautelar, na espécie, é ampla e tutela não apenas os créditos tributários, mas todo e qualquer crédito da Fazenda Pública, desde que regularmente constituído (arts. 2º e 3º, I), podendo alcançar até mesmo os bens indevidamente transferidos a terceiros[41].

---

[37] STJ, 1ª T., AgInt no REsp 1.861.400/PR, Rel. Min. Napoleão Nunes Maia Filho, ac. 05.10.2020, *DJe* 08.10.2020.

[38] "...2. A Primeira Seção, no julgamento do REsp 1.141.990/PR, realizado na sistemática dos recursos repetitivos, decidiu que 'a alienação efetivada antes da entrada em vigor da LC n.º 118/2005 (09.06.2005) presumia-se em fraude à execução se o negócio jurídico sucedesse a citação válida do devedor; posteriormente a 09.06.2005, consideram-se fraudulentas as alienações efetuadas pelo devedor fiscal após a inscrição do crédito tributário na dívida ativa'. 3. Nesse contexto, não há porque se averiguar a eventual boa-fé do adquirente, se ocorrida a hipótese legal caracterizadora da fraude, a qual só pode ser excepcionada no caso de terem sido reservados, pelo devedor, bens ou rendas suficientes ao total pagamento da dívida inscrita" (STJ, 1ª T., AgInt no REsp 1.820.873/RS, Rel. Min. Benedito Gonçalves, ac. 25.04.2023, *DJe* 23.05.2023).

[39] STJ, 1ª T., AgInt no REsp 1.820.873/RS, *cit.*

[40] "A medida cautelar fiscal, variável do fenômeno da cautelaridade, serve para viabilizar a satisfação do crédito sob execução, atuando sobre o patrimônio do devedor de modo a fazê-lo provisoriamente indisponível" (CONRADO, Paulo Cesar. Medida cautelar fiscal. *In:* ASSIS, Araken de; BRUSCHI, Gilberto Gomes (coords.). *Processo de execução e cumprimento de sentença*. 2. ed. São Paulo: RT, 2022, vol. 1, p. 979).

[41] "Terceiro. Bens. Aquisição. Indisponibilidade. Polo passivo. Nos termos do art. 4º, § 2º da Lei n. 8.397, de 1992 a *indisponibilidade* patrimonial pode ser estendida aos bens adquiridos a qualquer título do requerido, caso em que cabe incluir o adquirente no polo passivo da ação, justamente a fim de sofrer os efeitos da decisão

Em matéria de obrigação tributária, a medida cautelar pode anteceder a própria constituição do crédito, quando os atos fraudulentos forem graves e consistirem em manobras do devedor para pôr ou tentar pôr seus bens em nome de terceiros (art. 1º, parágrafo único, incluído pela Lei n. 9.532/1997). Essa "medida cautelar fiscal", prevista na Lei n. 8.397/1992, tem como objetivo preparar, em regra, futura execução fiscal, coibindo atos de disposição de bens do devedor antes do aforamento da pretensão da Fazenda Pública. Eventualmente, pode ser utilizada mesmo depois de ajuizada a execução fiscal, mas sempre na dependência de iniciativa da Fazenda Pública ao juiz competente para a execução judicial de dívida ativa ou ao relator do recurso (art. 5º).

543-C. MEDIDA ADMINISTRATIVA PREPARATÓRIA

Como medida preparatória de futura e eventual providência judicial acautelatória, a Lei n. 9.532/1997 regula um arrolamento administrativo de bens e direitos do contribuinte, quando suas obrigações tributárias superarem 30% do seu patrimônio conhecido (art. 64, *caput*). Essa medida administrativa não elimina a disponibilidade dos bens arrolados, mas impõe que todas as alienações sejam comunicadas ao órgão fazendário com jurisdição sobre o domicílio tributário do sujeito passivo (art. 64, § 3º). O descumprimento dessa cautela autoriza, por si só, o requerimento, em juízo, de medida cautelar fiscal contra o sujeito passivo tributário (art. 64, § 4º).

Os bens e direitos arroláveis administrativamente são aqueles suscetíveis de registro público, com prioridade para os imóveis, em valor suficiente para cobrir o montante do crédito tributário de responsabilidade do sujeito passivo (Lei n. 9.532, art. 64-A, acrescido pela Medida Provisória n. 2.158-35/2001).

543-D. CONCURSO DE PREFERÊNCIA E CRÉDITO DA FAZENDA PÚBLICA

A cobrança judicial da Dívida Ativa da Fazenda Pública não é sujeita a concurso de credores ou habilitação em falência, concordata, liquidação, inventário ou arrolamento (art. 29 da Lei n. 6.830/1980). Dessa maneira, mesmo havendo penhora comum entre execução civil e execução fiscal, não se instaurará o concurso de preferência de que trata o art. 908 do CPC. O executivo fiscal, portanto, prosseguirá autonomamente até a satisfação integral do crédito exequendo.

De acordo com o parágrafo único do art. 29 da LEF, concurso de preferência somente se verificaria entre pessoas jurídicas de direito público, observada a seguinte ordem: I – União e suas autarquias; II – Estados, Distrito Federal e Territórios e suas autarquias, conjuntamente e *pro rata*; III – Municípios e suas autarquias, conjuntamente e *pro rata*. O Supremo Tribunal Federal, entretanto, declarou na ADPF 357 "não recepcionados pela Constituição da República de 1988 as normas previstas no parágrafo único do art. 187 da Lei n. 5.172/1966 (Código Tributário Nacional) e no parágrafo único do art. 29 da Lei n. 6.830/1980 (Lei de Execuções Fiscais)" (*DJe* 07.10.2021), tendo em vista a autonomia dos entes federados e a isonomia que deve prevalecer entre eles, respeitadas as competências estabelecidas pela Constituição, princípios esses qualificados como fundamentos da Federação[42].

---

e poder exercer seu direito de defesa" (TRF 4ª Região, 2ª T., Ag.de Inst. 5038642-07.2020.4.04.0000/RS, Rel. Des. Rômulo Pizzolatti, ac. 09.12.2020).

[42] "1. A arguição de descumprimento de preceito fundamental viabiliza a análise de constitucionalidade de normas legais pré-constitucionais insuscetíveis de conhecimento em ação direta de inconstitucionalidade. Precedentes. 2. A autonomia dos entes federados e a isonomia que deve prevalecer entre eles, respeitadas as competências estabelecidas pela Constituição, é fundamento da Federação. O federalismo de cooperação e de equilíbrio posto na Constituição da República de 1988 não legitima distinções entre os entes federados por norma infraconstitucional. 3. A definição de hierarquia na cobrança judicial dos créditos da dívida pública

Vale dizer, os créditos de todos os entes públicos, nacionais, estaduais e municipais, além de não se sujeitarem a concurso com créditos particulares (salvo o privilégio dos trabalhistas) serão executados com autonomia, sem verificação de qualquer espécie de preferência entre eles.

Com a eliminação do concurso de preferência entre os entes federados, reconhecida pela ADPF 357, remanesceu o concurso de rateio em regime de paridade entre os créditos públicos concorrentes. Aliás, o concurso *pro rata* já era previsto pelo próprio parágrafo único do art. 29 da LEF, quando a disputa fosse entre Estados ou entre Municípios (incisos II e III).

Logo, sempre que a verba a pagar aos diversos credores públicos não for suficiente para a satisfação completa de todos eles, proceder-se-á ao rateio proporcional ao crédito de cada qual, em situação de paridade e, pois, sem preferência alguma.

Concorrendo execuções múltiplas sobre o patrimônio do mesmo devedor continuará havendo concurso, seja com a participação, ou não, de um ou alguns credores públicos. Esse concurso será de preferência se envolver credor público e credor privado, e será tão somente de rateio quando se estabelecer apenas entre entes federados.

Restam, portanto, atuais as soluções jurisprudenciais dadas aos principais problemas surgidos durante a vigência do parágrafo único do art. 29 da LEF e do parágrafo único do art. 187 do CTN, envolvendo, por exemplo, o requisito da superposição de penhoras e a definição do juízo competente. É o que será objeto dos itens seguintes.

543-E. CONCURSO DE PREFERÊNCIA ENTRE ENTES PÚBLICOS, APÓS O JULGAMENTO DA ADPF 357

Se não mais prevalece o concurso de preferência entre pessoas jurídicas de direito público nos moldes do escalonamento previsto no art. 187, parágrafo único, do CTN, e no art. 29, parágrafo único, da LEF, é preciso definir qual a regra a observar quando pretensões de vários entes estatais disputarem satisfação sobre os mesmos bens do devedor comum.

Se, *in casu*, incidiu em inconstitucionalidade o escalonamento de preferências, o mesmo não se pode dizer da regra traçada para o concurso entre créditos de entes públicos colocados no mesmo nível, qual seja, a do rateio. Dispõe, por exemplo, o CTN no impugnado parágrafo único do art. 187, que entre os Estados, o concurso será feito *pro rata* (inc. II), prevalecendo o mesmo critério também no concurso entre Municípios (inc. III). Idêntica foi a orientação seguida pelo impugnado parágrafo único do art. 29 da LEF. Outrossim, não é diferente o critério da Lei de Falência, cuja ordem de pagamento segue, segundo o art. 149, a classificação dos créditos estabelecida pelo art. 83, com observância das preferências legais. Logo, quando, no concurso falencial, a verba disponível não é suficiente para pagar integralmente todos os credores classificados no mesmo grau de preferência, a solução, no processo de falência, é a distribuição *pro rata* entre os concorrentes com igual privilégio.

Assim, deve ser também no concurso entre os credores públicos, classificados todos como privilegiados sem gradação alguma entre eles, diante da invalidação daquela que consta da Lei de Falência e da Lei de Execução Fiscal, por decisão do STF: não havendo, pois, no juízo concursal recursos para atender a todos os credores públicos concorrentes, a verba disponível será rateada, sem que preferência alguma prevaleça entre os titulares de igual privilégio.

---

da União aos Estados e Distrito Federal e esses aos Municípios descumpre o princípio federativo e contraria o inc. III do art. 19 da Constituição da República de 1988. 4. Cancelamento da Súmula n. 563 deste Supremo Tribunal editada com base na Emenda Constitucional n. 1/1969 à Carta de 1967. 5. Arguição de descumprimento de preceito fundamental julgada procedente para declarar não recepcionadas pela Constituição da República de 1988 as normas previstas no parágrafo único do art. 187 da Lei n. 5.172/1966 (Código Tributário Nacional) e no parágrafo único do art. 29 da Lei n. 6.830/1980 (Lei de Execuções Fiscais)" (STF, Pleno, ADPF 357, Rel. Min. Cármen Lúcia, ac. 24.06.2021, *DJe* 07.10.2021).

543-F. CONCORRÊNCIA DE PENHORAS DE EXECUÇÃO FISCAL E EXECUÇÃO COMUM

A submissão de um bem a penhora do executivo fiscal não impede que sobre ele venha a recair nova penhora promovida por devedor civil. E, com maior razão, a penhora da execução comum não pode embaraçar a Fazenda Pública de posteriormente atingir o mesmo bem em execução fiscal. Embora diversos os graus de preferência, podem os credores em questão provocar um concurso de penhoras.

Quando os credores se acham em igualdade de grau de preferência, o concurso não é de rateio, mas de ordem de prelação. Aplica-se o art. 797 do CPC/2015, ou seja:

> "Havendo duas execuções movidas contra o mesmo devedor, com pluralidade de penhoras sobre o mesmo bem, instaura-se o concurso especial ou particular, posto não versar o mesmo a totalidade dos credores do executado, nem todos os seus bens, o que caracterizaria o concurso universal"[43].

Nesse concurso particular, de que participam apenas os credores com penhora sobre o mesmo bem, não se procede a um rateio, mas a uma atribuição sucessiva dos recursos apurados na execução entre os concorrentes, observando-se, à falta de privilégio legal entre os créditos, a ordem cronológica das diversas penhoras (CPC, art. 612). Donde, "recaindo mais de uma penhora sobre os mesmos bens, cada credor conservará o seu título de preferência" (CPC, art. 613) derivado da ordem com que o gravame judicial se estabeleceu. Somente depois de pago integralmente o primeiro credor penhorante é que se passará a utilizar o eventual saldo para satisfação do segundo e, assim, sucessivamente, enquanto suportar o produto apurado na arrematação.

A preferência oriunda da ordem das penhoras, porém, não anula as preferências de direito material, anteriores ao ato executivo. Diferente, portanto, será o tipo de concurso que, *in casu*, se dará entre os credores. Dispõe, a propósito, o art. 711 do CPC:

> "Concorrendo vários credores (no concurso particular), o dinheiro ser-lhes-á distribuído e entregue consoante a ordem das respectivas prelações; não havendo título legal à preferência, receberá em primeiro lugar o credor que promoveu a execução, cabendo aos demais concorrentes direito sobre a importância restante, observada a anterioridade de cada penhora".

Como, pelo direito material, "o crédito tributário goza de preferência sobre os demais créditos, à exceção dos créditos de natureza trabalhista e os encargos da massa, na hipótese de insolvência do devedor" (STJ, REsp 501.924, *cit.*), o concurso não se processa segundo a ordem das penhoras, mas consoante as respectivas prelações. Ou seja:

> "Coexistindo execução fiscal e execução civil, contra o mesmo devedor, com pluralidade de penhoras recaindo sobre o mesmo, o produto da venda judicial do bem há que, por força da lei, satisfazer ao crédito fiscal em primeiro lugar"[44].

Para evitar o risco de arrematações conflitantes em juízos diferentes e de apropriação do produto da arrematação por credor fora da ordem legal de preferência, a medida que se recomenda é a reunião dos diversos processos, pelo princípio da conexão de causas por comunhão

---

[43] STJ, 1ª T., REsp 501.924/SC, Rel. Min. Luiz Fux, ac. 04.11.2003, *DJU* 24.11.2003, p. 222.
[44] STJ, REsp 501.924, *cit.*

de objeto (pedido ou causa de pedir) (CPC/2015, art. 55 e §§, c/c art. 771, parágrafo único), que deverá ser ordenada, antes da expropriação executiva, de ofício, ou a requerimento da parte.

Instaurado o concurso singular na justiça estadual, onde se deu a arrematação do bem penhorado, eventual habilitação do crédito fazendário não importa deslocamento do processo para o juízo privativo da Fazenda Pública como se acha assentado na jurisprudência do STJ: "O protesto pela preferência de crédito, apresentado por ente federal em execução que tramita na Justiça Estadual, não desloca a competência para a Justiça Federal" (Súmula n. 270/STJ). É que se trata de mero incidente, provocado pela Fazenda Nacional em processo em curso na Justiça do Estado por meio de simples petição, de sorte que não seria o ente federal nem autor, nem réu e, tampouco, assistente ou opoente (CF, art. 109, I). Com tal argumento, tem mantido o STJ sua posição constante da Súmula n. 270 em acórdãos reiterados[45]. Da decisão que, na espécie, denegar a habilitação da Fazenda Nacional, o recurso cabível deverá ser interposto perante o Tribunal de Justiça, ao qual se acha vinculado o juiz de primeiro grau, sendo irrelevante a circunstância de o apelo ter sido aforado pela União (Súmula n. 55/STJ: "Tribunal Regional Federal não é competente para julgar recurso de decisão proferida por juiz estadual não investido de jurisdição federal").

Em síntese, a concorrência entre execução comum e execução fiscal resolve-se sempre num concurso de preferências, definido a partir dos privilégios de direito material, que ora beneficiam o crédito privado, ora o público. Não há, pois, interferência do privilégio processual estabelecido pela ordem cronológica das penhoras.

543-G. PARTICIPAÇÃO DA FAZENDA PÚBLICA NO CONCURSO FALIMENTAR

Admite o STJ que a Fazenda Pública possa optar entre a penhora no rosto dos autos da falência e a habilitação de seu crédito no juízo concursal, como se vê do seguinte aresto:

> "Não viola o art. 535 do CPC [CPC/2015, art. 1.022] o acórdão que soluciona a controvérsia com base em fundamento prejudicial ao ponto sobre o qual não houve enfrentamento no âmbito do Tribunal de origem. Os arts. 187 e 29 da Lei n. 6.830/1980 não representam um óbice à habilitação de créditos tributários no concurso de credores da falência; tratam, na verdade, de uma prerrogativa da entidade pública em poder optar entre o pagamento do crédito pelo rito da execução fiscal ou mediante habilitação do crédito. Escolhendo um rito, ocorre a renúncia da utilização do outro, não se admitindo uma garantia dúplice. Precedentes"[46].

Enfim, a jurisprudência do STJ consolidou-se definitivamente no julgamento do REsp 1.872.759/SP, sob regime de recursos repetitivos, no qual se firmou a segunda tese: "É possível a Fazenda Pública habilitar em processo de falência crédito objeto de execução fiscal em curso, mesmo antes da vigência da Lei n. 14.112/2020 e desde que não haja pedido de constrição no juízo executivo"[47].

A tese se baseou na argumentação de que a alteração da Lei de Falência pela Lei n. 14.112/2020 teria superado a polêmica sobre a habilitação de crédito tributário no processo falimentar. Mas, mesmo antes da referida inovação do direito positivo, inexistia qualquer óbice legal à coexistência do executivo fiscal com o pedido de habilitação de crédito. Tanto isso é

---

[45] STJ, 1ª Seção, CC 116.579/DF, Rel. Min. Mauro Campbell Marques, ac. 22.06.2011, *DJe* 02.08.2011; STJ, 2ª Seção, CC 107.213/SP, Rel. Min. Nancy Andrighi, ac. 23.09.2009, *DJe* 30.09.2009.

[46] STJ, 2ªT., REsp 1.103.405/MG, Rel. Min. Castro Meira, ac. 02.04.2009, *DJe* 27.04.2009. Precedentes citados pelo acórdão: STJ, 4ª T., REsp 402.254/RJ, *DJe* 30.06.2008; STJ, 2ª T., REsp 988.468/RS, *DJ* 29.11.2007; STJ, 2ª T., REsp 185.838/SP, *DJ* 12.11.2001; STJ, 1ª T., REsp 287.824/MG, *DJ* 20.02.2006.

[47] STJ, 1ª Seção, REsp 1.872.759/SP, recurso repetitivo, Rel. Min. Gurgel de Faria, ac. 18.11.2021, *DJe* 25.11.2021.

verdade que o entendimento do STJ, de há muito consolidado, é no sentido de que a falência superveniente do devedor não tem o condão de paralisar o processo de execução fiscal.

Contudo – esclareceu o aresto do STJ em apreciação –, não obstante a possibilidade de ambos os procedimentos coexistirem, sendo a opção por um deles prerrogativa da Fazenda Pública, observa-se que, proposta a execução fiscal e, posteriormente, apresentado o pedido de habilitação de crédito no juízo falimentar, a ação de cobrança perderá a sua utilidade, pelo menos momentaneamente, pois dependerá do despacho do processo de falência e, por isso, deverá ser suspensa, não importando esse fato, no entanto, em renúncia da Fazenda Pública ao direito de cobrar o crédito tributário através do executivo fiscal.

Portanto – conclui o acórdão –, da interpretação sistemática da legislação de regência, a execução fiscal e o pedido de habilitação de crédito no juízo falimentar coexistem a fim de preservar o interesse maior, que é a satisfação do crédito tributário, não podendo a prejudicialidade do processo falimentar ser confundida com falta de interesse de agir do ente público. Desse modo, a habilitação no concurso creditório falimentar não acarreta a extinção da execução fiscal, apenas suspende seu curso, impedindo temporariamente que o credor tributário continue com o impulso do processo individual, penhorando e expropriando bens, em paralelo à sua participação no processo coletivo[48]. É esse, precisamente, o sentido da tese aprovada pelo STJ no julgamento do REsp 1.872.759[49].

Ressalva, porém, o STJ que "o fato de permitir a habilitação do crédito tributário em processo de falência não significa admitir o requerimento de quebra por parte da Fazendo Pública"[50].

543-H. EXECUÇÃO FISCAL E MEIOS EXTRAJUDICIAIS DE SOLUÇÃO DE CONFLITOS

I – Arbitragem

A resistência à arbitragem no âmbito dos conflitos que envolvem matérias de direito Público, entre particulares e a Administração Pública, atualmente se acha superada. A Lei n.º 13.129/2015 modernizou o juízo arbitral disciplinado originalmente pela Lei n.º 9.307/1996, deixando clara a possibilidade de o direito do Estado ser submetido a acertamento através de arbitragem privada[51]. Consta hoje textualmente do art. 1º, § 1º da Lei nº 9.307 (acrescido pela Lei n.º 13.129): "A administração Pública direta e indireta poderá utilizar-se da arbitragem para dirimir conflitos relativos a direitos patrimoniais disponíveis".

---

[48] "Revela-se cabível a coexistência da habilitação de crédito em sede de juízo falimentar com a execução fiscal desprovida de garantia, desde que a Fazenda Nacional se abstenha de requerer a constrição de bens em relação ao executado que também figure no polo passivo da ação falimentar" (STJ, 1ª T., REsp 1.831.186/SP, Rel. p/ ac. Min. Regina Helena, ac. 26.05.2020, *DJe* 19.06.2020).

[49] Nessa mesma linha, proclamou a 3ª Turma do STJ que: "Esta Corte já decidiu que '[a] prejudicialidade do processo falimentar para a satisfação do crédito tributário não implica a ausência de interesse processual no pedido de habilitação do crédito tributário ou na penhora no rosto dos autos' (REsp 1.729.249/SP)", de sorte a oferecer uma alternativa legítima à Fazenda Pública, acrescentamos (STJ, 3ª T., REsp 1.857.055/SP, Rel. Min. Nancy Andrighi, ac. 12.05.2020, *DJe* 18.05.2020). Esclareceu este último acórdão que "escolhendo, portanto, o ente estatal um dos ritos à sua disposição, ocorre a renúncia da utilização do outro – ou a paralisação de sua tramitação, especialmente, como se verifica na hipótese, no caso de a ação executiva ter sido ajuizada anteriormente à quebra –, na medida em que não se pode admitir *bis in idem* [...]".

[50] REsp 1.103.405/MG, *cit.*

[51] PRATA FILHO, Ricardo Barreto; TRIGUEIRO, Victor Guedes. Arbitragem no âmbito tributário: relação entre arrecadação tributária eficiente e segurança jurídica. *Revista de Processo*, São Paulo, v. 345, p. 293, nov.2023.

Nos termos da lei, como se vê, nem todos os conflitos da Administração Pública podem ser resolvidos arbitralmente, mas apenas aqueles relacionados a "direitos patrimoniais disponíveis". Nessa categoria entram os litígios envolvendo, por exemplo, a responsabilidade civil ou as relações contratuais, como locação de imóveis, licitações em geral, concessão de serviços públicos etc.[52] Não entram os que versam sobre matéria de ordem pública, como os relacionados com políticas públicas em geral, educação, segurança, saúde pública, meio ambiente, funcionalismo, em outras palavras: "os casos de inadmissibilidade da arbitragem em relação ao Poder Público são aqueles marcados pela objetiva *indisponibilidade* do direito ou dos poderes do Estado e não pela razão subjetiva representada pela simples presença de um ente público na relação"[53].

Carlos Alberto Salles, tratando dos contratos propriamente administrativos, destaca alguns limites que restringem, nesse campo, o cabimento da arbitragem, quais sejam: os que dizem respeito "ao mérito do ato administrativo, à vedação de utilização do juízo de equidade, à impossibilidade de escolha da lei aplicável e à intangibilidade da capacidade sancionatória do Estado"[54].

Mais precisamente, "a Administração Pública pode submeter-se à arbitragem e é conveniente que o faça quando não se trate de examinar nem decidir sobre a legitimidade dos atos administrativos, *mas de suas consequências patrimoniais*" (g.n.)[55].

Quanto ao direito tributário, o CTN prevê, entre os vários meios extintivos do crédito de tal natureza, a transação (art. 156, III) e a decisão judicial (art. 156, X). Não inclui, porém, a sentença arbitral.

Não haverá, entretanto, razão apriorística para se ver uma incompatibilidade lógica ou sistemática entre a natureza do crédito tributário e sua submissão ao juízo arbitral. Principalmente porque, diante da expressa admissão, na espécie, da transação, que sabidamente é um meio consensual de solução de conflitos, se tem evidenciada a natureza do crédito tributário de "direito patrimonial disponível", requisito que a Lei n.º 13.129/2015 exige para o direito da Fazenda ser apreciado em juízo arbitral.

A doutrina é francamente favorável e incentivadora da adoção da arbitragem como meio recomendável à composição dos conflitos de ordem tributária[56]. A objeção séria que ainda prevalece contra a imediata admissão da arbitragem é, entre outras, a de que as causas de extinção de crédito tributário são taxativamente enunciadas pelo CTN sem menção à sentença arbitral. Dessa maneira, somente através de lei complementar é que seria viável a inserção da arbitragem na sistemática atual do CTN[57]. Registre-se, a propósito, que ora tramitam pelo Senado Federal vários projetos de Lei regulando a arbitragem em torno do crédito tributário, seja no processo de execução fiscal, seja na fase administrativa contenciosa (PL 4.257/2019, PL 4.468/2020 e PL 2.486/2022).

---

[52] DINAMARCO, Cândido Rangel. *O processo arbitral*. 2.ed. Curitiba: Ed. Direito Contemporâneo, 2022, n. 31, p. 99.

[53] DINAMARCO, *op. cit.*, n. 31, p. 99-100.

[54] SALLES, Carlos Alberto. *Arbitragem em contratos administrativos*. Rio de Janeiro: Forense, 2011, p. 215.

[55] LEMES, Selma Ferreira. Arbitragem em concessão de serviços públicos. Arbitrabilidade objetiva. Confidencialidade ou publicidade processual. In: GUILHERME, Luiz Fernando do Vale de Almeida (coord.). *Novos rumos da arbitragem no Brasil*. São Paulo: Fiuza Editores, 2004, p. 370-371.

[56] Cf., por todos, TORRES, Helena Taveira. Transação, arbitragem e conciliação judicial como medidas alternativas para resolução de conflitos entre administração e contribuintes: simplificação e eficiência administrativa. *Revista Fórum de Direito Tributário*, Belo Horizonte, v. 1, n. 2, p. 50.

[57] PRATA FILHO, Ricardo Barreto; TRIGUEIRO, Victor Guedes. Arbitragem no âmbito tributário: relação entre arrecadação tributária eficiente e segurança jurídica. *Revista de Processo*, São Paulo, v. 345, p. 301-302, nov.2023; MENDONÇA, Priscila Faricelli de. In: MENDONÇA, Priscila Faricelli de; GRINOVER, Ada Pelegrini; WATANABE, Kazuo (coords.). *Arbitragem e transação tributárias*. Brasília: Gazeta Jurídica, 2014, p. 100.

II – Mediação, transação e negócio jurídico processual

A solução consensual das controvérsias, inclusive as relativas à matéria tributária, é objeto de previsão e estímulo do legislador, a exemplo do CPC, art. 3º, §§ 2º e º, §§ 2º e 3º[58].

Nessa linha de programação normativa, o CNJ editou a Recomendação 120/2021, recomendando aos juízos priorizarem, sempre que possível, a solução consensual da controvérsia, incentivando a negociação, a conciliação, a mediação ou a transação tributária. Aos tribunais, o CNJ recomendou a implementação dos Centros Judiciários de Solução de Conflitos Tributários (CEJUSC Tributário) para o tratamento de questões tributárias em fase pré-processual ou em demandas já ajuizadas. "O tribunal que implementar o CEJUSC Tributário deverá observar o disposto no Código Tributário Nacional, na Lei 13.988/2020 (Lei de Transação Tributária), na Lei 13.105/2015 (Código de Processo Civil), na Lei 13.140/2015 (Lei da Mediação), na legislação de cada ente Federativo e na Resolução CNJ 125/2010, no que couber, especialmente providenciando a capacitação específica de conciliadores(as) e mediadores(as) em matéria tributária"[59].

A transação, por sua vez, como forma de acordo ajustado consensualmente de concessões recíprocas sobre aspectos do próprio crédito tributário, "encontra previsão desde a primeira edição do Código Tributário Nacional (1966), tendo sido regulamentada pela novel Lei 13.988/2020"[60].

Por outro lado, a Lei de Mediação (Lei 13.140/2015) contém um capítulo inteiramente dedicado à "autocomposição de conflitos em que for parte pessoa jurídica de direito público" (arts. 32 a 40). Há, nesse capítulo, a autorização para que a União, os Estados, o Distrito Federal e os Municípios criem Câmaras de Prevenção e Resolução Administrativa de Conflitos, no âmbito dos respectivos órgãos da Advocacia Pública (art. 32, *caput*), com poderes para promover a autocomposição e, chegando as partes a acordo, este será reduzido a termo, com força de título executivo extrajudicial (art. 32, § 2º)[61]. Pelo que se deduz do art. 34 da mesma Lei, a matéria tributária não se exclui do regime de autocomposição promovida por mediação.

Por fim, o negócio jurídico processual que, com base no art. 190 do CPC, permite às partes, de comum acordo, promover alterações no procedimento legal, antes ou durante o processo judicial, alcança os conflitos entre a Administração e os particulares, inclusive os de natureza tributária. A propósito, a Portaria PGFN 742, de 21.12.2018, disciplina, nos termos do art. 190, do CPC e do art. 19, § 13, da Lei n.º 10.522/2002, a celebração de negócio jurídico processual (NJP) em sede de execução fiscal, para fins de equacionamento de débitos inscritos em Dívida Ativa da União e do FGTS[62]. Como a Dívida Ativa da Fazenda Pública compreende tanto créditos tributários como não tributários (Lei n.º 6.830/1980, art. 2º), vê-se que bastante amplo é o alcance da autorização legal do negócio jurídico em torno de processos relacionados com conflitos envolvendo pessoas jurídicas de direito público.

---

[58] "Art. 3º. (...) § 2º O Estado promoverá, sempre que possível, a solução consensual dos conflitos. § 3º A conciliação, a mediação e outros métodos de solução consensual de conflitos deverão ser estimulados por juízes, advogados, defensores públicos e membros do Ministério Público, inclusive no curso do processo judicial".

[59] PRATA FILHO, Ricardo Barreto; TRIGUEIRO, Victor Guedes. Arbitragem no âmbito tributário *cit.*, p. 298.

[60] *Idem, ibidem*.

[61] Enquanto não forem criadas as Câmaras de Mediação, os conflitos envolvendo a Administração e particulares poderão ser dirimidos nos termos do procedimento comum previsto nos arts. 14 a 20 da Lei 13.140/2015, conforme autorização do art. 33 da mesma Lei.

[62] PRATA FILHO, Ricardo Barreto; TRIGUEIRO, Victor Guedes. Arbitragem no âmbito tributário *cit.*, p.297.

Título III
Cumprimento da Sentença

Capítulo XXXVII
A EXECUÇÃO FORÇADA COM BASE EM TÍTULO JUDICIAL

544. AS VIAS EXECUTIVAS NO PROCESSO CIVIL BRASILEIRO

A Lei n. 11.232, de 22.12.05, ainda à época do CPC de 1973, completou o movimento reformista com que se aboliu a execução de sentença como ação separada e autônoma diante da ação de cognição. A sistemática foi mantida pelo CPC/2015, de sorte que não há mais a velha *actio iudicati* para proporcionar ao credor a passagem do acertamento da causa à realização forçada da prestação assegurada na sentença. Tudo agora – definição do litígio e execução da obrigação definida – realiza-se num único processo, promovido por uma única ação. A relação processual unitária cumpre, sem solução de continuidade, as duas funções básicas da jurisdição: o conhecimento e a execução.

O processo começa com a petição inicial e, havendo prestação a cargo do vencido, somente se encerra quando esta se realiza, voluntária ou forçadamente. O compromisso da Justiça Pública não é apenas com a definição do conflito, mas com sua efetiva e completa superação, o que exige mais que uma sentença e só se exaure quando o direito subjetivo violado é tutelado e satisfeito *in concreto*.[1]

545. A EXECUÇÃO COMO OFÍCIO NORMAL DO JUIZ

O juiz, para promover a satisfação do direito do credor reconhecido em sentença, não tem de ser provocado por duas ações distintas e sucessivas. De acordo com o art. 513 do atual Código de Processo Civil, não é mais pela ação de execução de sentença que se faz cumprir a condenação judicial civil, mas por um simples incidente realizado dentro da relação processual em que se realizou o acertamento da obrigação inadimplida. No ofício do juiz que sentencia já se inclui a função de fazer cumprir o comando condenatório.

---

[1] Anota TARZIA que *o justo processo*, assegurado pela Convenção Europeia, para garantia dos direitos do homem e da liberdade, não se limita ao procedimento cognitivo, mas também e, necessariamente, compreende o *procedimento civil de execução*. Para a Corte Europeia, "seria ilusório se o ordenamento jurídico interno de um dos Estados participantes permitisse que uma decisão judicial definitiva e vinculante restasse inoperante em prejuízo de uma parte (...) a execução de uma sentença, de qualquer jurisdição, deve, portanto, ser considerada como parte integrante do *processo*", qualificado como *justo* (TARZIA, Giuseppe. Il giusto processo di esecuzione. *In: Atti dei Convegni Lincei*, n. 184, Roma: Accademia Nazionale dei Lincei, 2003, p. 185).

Cumprimento de sentença, para o atual Código de Processo Civil, deixa de ser objeto do Livro II, da Parte Especial (Processo de Execução) para constituir Título do Livro I, também da Parte Especial (Título II, do Cumprimento da Sentença).

As principais consequências imediatas dessa nova sistemática são:

a) não há mais citação, após a sentença, para instaurar-se um novo processo destinado a alcançar o provimento que irá provocar a satisfação do direito subjetivo acertado em juízo;

b) o vencido deve cumprir, dentro do prazo que lhe foi assinado na sentença ou na lei, a prestação definida em juízo; a intimação, quando ocorrer, será feita ao advogado do devedor, e não pessoalmente a este;

c) não o fazendo, sujeitar-se-á a sanção pecuniária (multa), e suportará os atos executivos cabíveis de imediato. Não há nova cominação. O preceito já se contém na própria sentença que não é mais só condenatória, mas executiva em plenitude. O devedor, em se tratando de obrigação de pagar quantia certa, será simplesmente intimado a cumprir a sentença;

d) a eventual resistência à execução injusta da sentença não reclama ação de embargos; processa-se como simples e sumária impugnação, que o juiz deve solucionar de plano, sempre que possível;

e) o mandado expedido após a sentença não é uma convocação para cumpri-la ou embargá-la; é, desde logo, a ordem para realizar os atos executivos: busca e apreensão, imissão na posse, penhora e avaliação, feitura ou desfazimento de obra;

f) o requerimento de que fala o art. 523 não é uma petição inicial, nem reclama a presença dos requisitos do art. 319 do CPC/2015. É uma petição, cuja função é apresentar o demonstrativo atualizado do montante da condenação (art. 798, I, b), e provocar a expedição do mandado de penhora, caso não ocorra o pagamento voluntário. Da mesma maneira, a impugnação mencionada no art. 525 não corresponde à propositura da ação de embargos, mas simples objeção à prática dos atos de cumprimento de sentença. Não se sujeita, portanto, aos requisitos de uma petição inicial, nem pode ser tratada como tal;

g) só se fala, *in casu*, em requerimento da parte do credor, porque o direito de executar qualquer condenação é disponível, por natureza, e só seu titular decide da conveniência de exercitá-lo ou não (art. 775);

h) de outro lado, não há mais ação de embargos do devedor, porque tampouco existe ação de execução; e para enfrentar e resistir à prática dos atos executivos, as arguições do art. 525, § 1º não vão além de matérias ligadas às condições de procedibilidade, temas que ao juiz da execução cabe examinar, de ofício, quando se depara nos autos com a presença dos dados que o fundamentam (arts. 485, § 3º, 771, parágrafo único e 803). Daí por que uma simples petição presta-se a suscitar as impugnações ao cumprimento do mandado de busca e apreensão, de despejo, de imissão na posse, de feitura ou desfazimento de obra, ou de penhora e avaliação, quando ditos atos se realizam nos moldes do art. 513.

"Cabe, enfim – como ressalta Paulo Hoffman – destacar que a Lei n. 11.232/2005 alterou substancialmente o processo de execução objetivando exatamente dar maior efetividade e agilidade à execução. Foram incorporados os anseios do meio jurídico em geral, eliminando-se pontos de estrangulamento, medidas inócuas e causadoras de uma maior duração e ineficiência da execução."[2]

Para não desvirtuar a profunda reforma da execução de sentença e não trair os propósitos de singeleza, informalidade e efetividade perseguidos pela renovação do processo civil pátrio, os intérpretes e os aplicadores da nova execução dos títulos judiciais se despiram de preconceitos e praxes forjados sob o impacto do arcaico sistema formalista até pouco tempo vigente no país, totalmente superado e incompatível com os anseios modernos de um *processo justo, célere e eficiente*. A continuidade do sucesso da reforma muito dependerá do comportamento daqueles a quem compete pô-la em prática no foro. Vale a pena repetir a lúcida e atual advertência de Misael Montenegro Filho:

"(...) o êxito da nova legislação dependerá da demonstração de *coragem* por parte do operador do direito. Se a fase de execução de sentença for tratada como ação judicial (como no modelo antigo), se a impugnação for tratada como se embargos fosse, inevitavelmente vamos nos manter atados a um sistema arcaico. É hora de progredir com *coragem*, visualizando o processo não como um fim, mas como meio de realização do direito material."[3]

546. O CUMPRIMENTO DE SENTENÇA NO CPC/2015

O CPC/2015, nos arts. 513 a 519, enuncia *disposições gerais* aplicáveis ao cumprimento de todas as sentenças, qualquer que seja a natureza da obrigação reconhecida no provimento judicial. Prestações derivadas de obrigações de fazer, não fazer, entregar coisa ou pagar quantia, todas são exequíveis segundo os preceitos dos arts. 513 a 519. Apenas as regras dos parágrafos do art. 513 é que são voltadas mais diretamente para o cumprimento do dever de pagar quantia certa.

São, portanto, regras aplicáveis ao cumprimento da generalidade das sentenças, a que regula a executividade das obrigações sujeitas a condição ou termo (art. 514), a que enumera os títulos executivos judiciais (art. 515), a que define a competência (art. 516), a que autoriza o protesto da sentença transitada em julgado (art. 517), a que permite a impugnação dos atos executivos nos próprios autos (art. 518), assim como a que determina sejam aplicadas às decisões concessivas de tutela provisória, no que couber, as disposições relativas ao cumprimento da sentença (art. 519).

A expressão cumprimento de sentença a que recorre o Código de Processo Civil é genérica, pois ao enumerar os títulos judiciais que o podem sustentar arrola não só as sentenças em sentido estrito, prevendo que também as decisões interlocutórias que reconheçam a exigibilidade de obrigação podem desempenhar a mesma função atribuída à sentença no plano da execução forçada.

---

[2] HOFFMAN, Paulo. "Primeiras dúvidas de ordem prática na aplicação da Lei n. 11.232/2005". In: HOFFMAN, Paulo e SILVA, Leonardo Ferres da. *Processo de execução civil. Modificações da Lei n. 11.232/2005*. São Paulo: Quartier Latin, 2006, p. 215.

[3] MONTENEGRO FILHO, Misael. *Cumprimento da sentença e outras reformas processuais*. São Paulo: Atlas, 2006, n. 2.24, p. 122. Oportuna e adequada é, também, a lição de Luís Otávio de Cerqueira: "O processo civil deve caminhar para a unificação e a simplificação dos procedimentos, a fim de que cada vez mais se alcance a tão almejada efetividade dos provimentos jurisdicionais. Nesse sentido, ainda que tardia, a eliminação da dicotomia entre processo de conhecimento e de execução foi um grande passo" (CERQUEIRA, Luís Otávio. O cumprimento da sentença, a inadimplência e a improbidade processual. *In*: HOFFMAN, Paulo e SILVA, Leonardo Ferres da. *Processo de execução civil. Modificações da Lei n. 11.232/2005*. São Paulo: Quartier Latin, 2006, p. 180).

Sem grandes inovações em face do regime do Código anterior, em melhor tratamento sistemático, o atual Código distribuiu a matéria em vários Capítulos:

a) *Capítulo I* (do Título II – Do Cumprimento da Sentença), cuidou das *Disposições Gerais* observáveis na execução dos diversos títulos judiciais (CPC/2015, arts. 513 a 519);

b) *Capítulo II* (do Título II), cuidou do *cumprimento provisório da sentença que reconhece a exigibilidade de obrigação de pagar quantia certa* (arts. 520 a 522);

c) *Capítulo III* (do Título II), regulou o *cumprimento definitivo da sentença que reconhece a exigibilidade de obrigação de pagar quantia certa* (arts. 523 a 527);

d) *Capítulo IV* (do Título II), dispôs sobre o *cumprimento de sentença que reconheça a exigibilidade de obrigação de prestar alimentos* (arts. 528 a 533);

e) *Capítulo V* (do Título II), disciplinou o *cumprimento de sentença que reconheça a exigibilidade de obrigação de pagar quantia certa pela Fazenda Pública* (arts. 534 e 535);

f) *Capítulo VI* (do Título II), cuidou do *cumprimento de sentença que reconheça a exigibilidade de obrigação de fazer ou de não fazer*, e se desdobrou em duas seções: *(i)* a *Seção I*, relativa ao *cumprimento de sentença que reconheça a exigibilidade de obrigação de fazer ou de não fazer* (arts. 536 e 537); e *(ii)* a *Seção II*, referente ao *cumprimento de sentença que reconheça a exigibilidade de obrigação de entregar coisa* (art. 538).

Capítulo XXXVIII
CUMPRIMENTO DA SENTENÇA CONDENATÓRIA

547. A NOÇÃO DE SENTENÇA CONDENATÓRIA PERANTE AS NOVAS TÉCNICAS DE CUMPRIMENTO DOS JULGADOS

A história da execução do título judicial construiu-se em torno da sentença condenatória, embora no estágio atual já não perdure, em caráter absoluto, como veremos adiante, um vínculo exclusivo entre o cumprimento forçado e aquela modalidade de sentença. A estrutura da sentença condenatória, contudo, é importante para compreender o procedimento utilizado na execução forçada dos títulos formados em juízo.

As obrigações, no plano do direito material, correspondem a vínculos jurídicos que conferem a um dos seus sujeitos o poder de exigir do outro determinada prestação. A não realização da prestação devida, por parte do sujeito passivo, é que se apresenta como o objeto da pretensão que a sentença condenatória tem de enfrentar e solucionar.

Por trás dessa modalidade de sentença, portanto, está sempre uma crise na relação obrigacional, pois o credor, para ter seu direito subjetivo satisfeito, depende de ato do devedor. O inadimplemento provocado pelo comportamento omissivo do devedor é "uma crise de cooperação", como explica Proto Pisani[1].

É para enfrentar essa crise que a sentença define a prestação a que o demandado fica sujeito a realizar para restaurar ou prevenir o *direito subjetivo* violado ou ameaçado. No pensamento de Proto Pisani não é necessário que a sentença prepare uma execução forçada para ser havida como condenatória; basta que formule a regra concreta a ser observada por quem violou ou ameaçou o direito de outrem. Essa *injunção* ditada em face do causador da "crise de falta de cooperação" é que justifica e explica a condenação a ser cumprida pelo ofensor do direito subjetivo alheio[2]. A atividade jurisdicional não fica, portanto, limitada ao acertamento de direito e obrigação, entra a predispor remédios tendentes a permitir a ulterior intromissão do órgão judicial na esfera jurídica do condenado, invasão essa que poderá assumir o feitio de verdadeira execução forçada ou de medidas coercitivas de várias modalidades, todas, porém, tendentes a provocar o cumprimento da prestação definida no acertamento condenatório.

A intervenção judicial no âmago dessa crise se dá para sujeitar o devedor às consequências do inadimplemento. A sentença condenatória acerta (declara) não só a existência do direito subjetivo do credor, como a sanção em que o inadimplente está incurso, ou seja, define também a prestação que haverá de ser realizada pelo condenado em favor da parte vencedora no pleito judicial[3].

Como o vencido pode não realizar espontaneamente a prestação que lhe cabe, e como a sentença não é apenas um parecer, mas um comando de autoridade, reconhece-se que lhe corresponde a função de fonte da execução forçada. O condenado não poderá impunemente abster-se de cumprir a condenação, pois o órgão judicial, diante do definitivo acertamento

---

[1] PISANI, Andréa Proto. *Lezioni di diritto processuale civile*. 3. ed. Napoli: Jovene, 1999, p. 34.

[2] PISANI, Andréa Proto. *Lezioni cit.*, p. 169-170.

[3] Há, pois, sentença condenatória quando o juiz "declara o direito existente" e, também, declara "a sanção a que se sujeita o vencido" (BARBOSA MOREIRA, José Carlos Barbosa. Reflexões críticas sobre uma teoria da condenação civil. In: *Temas de direito processual civil*. 1ª série. São Paulo: Saraiva, 1977, p. 76).

da situação jurídica dos litigantes, tomará, em satisfação do direito reconhecido ao credor, as providências necessárias para *forçar* a realização da prestação definida na sentença.

Antigamente, tinha o credor de instaurar sempre um novo processo (processo de execução), por meio do exercício de uma nova ação (a ação de execução de sentença) para fazer atuar a tutela jurisdicional até suas últimas consequências[4]. A efetividade da jurisdição, para o credor, não era alcançada no processo de conhecimento, pois ficava na dependência de novo processo posterior ao encerramento da relação processual cognitiva.

Como, em alguns casos, a lei permitia a expedição do mandado de cumprimento da sentença, de imediato, sem necessidade de movimentação da ação executiva autônoma, construiu-se uma teoria segundo a qual seriam de naturezas distintas (a) a *sentença condenatória* (exequível por meio de nova ação – a ação executiva), e (b) a *sentença executiva lato sensu* e a *sentença mandamental* (estas exequíveis por simples mandado, dentro da mesma relação processual).

A distinção era, porém, equivocada. *Pelo objeto,* não havia distinção entre os dois grupos de sentenças. Todos se referiam a acertamentos de direitos violados e de sanções correspondentes. A diferença não estava no ato de sentenciar, mas apenas na forma de operar os efeitos condenatórios.

Quando se classificavam as sentenças em declaratórias, constitutivas e condenatórias sempre se levava em conta o *objeto* (o conteúdo do ato decisório). Já quando se cogitou das sentenças executivas ou mandamentais, o que se ponderou foram os efeitos de certas sentenças. Não pode, como é evidente, uma classificação ora lastrear-se no objeto ora nos efeitos, sob pena de violar comezinha regra de lógica: toda classificação deve compreender todos os objetos do universo enfocado e deve observar um só critério para agrupar as diversas espécies classificadas.

Pode haver, portanto, classificação por objeto e classificação por efeitos. Não pode, todavia, admitir-se como correta uma classificação que utiliza, para formação de alguns grupos de elementos, o critério do conteúdo e, para outros, o dos efeitos[5]. Isto levaria, fatalmente, a superposições e conflitos entre as espécies irregularmente agrupadas.

Na verdade, uma sentença condenatória (segundo seu objeto ou conteúdo), tanto pode ser de efeito imediato como diferido, sem que isto lhe altere a substância. A diferença levaria não a comprometer-lhe o caráter condenatório, mas apenas o comportamento posterior a seu aperfeiçoamento. No plano dos efeitos é que a diferença se registraria. Aí, porém, o que estaria em jogo não seria mais o *interior* do ato (seu conteúdo) e, sim, o seu *exterior* (os seus efeitos).

Assim, à luz do critério censurado, a sentença que ordena a entrega de coisa até recentemente era sentença condenatória, cuja execução se dava pelo processo da *actio iudicati*. Depois da Lei n. 10.444, de 07.05.2002, que introduziu o art. 461-A no CPC/1973, teria adquirido a natureza de *sentença executiva* já que passou a ser exequível sem depender da *actio iudicati*. Houve, porém, alguma alteração em seu *conteúdo* ou *objeto*? Nenhuma. Seu cumprimento (ato externo e ulterior) é que mudou de critério operacional.

---

[4] No campo do processo de conhecimento, dispunha o art. 463 do CPC/1973, em texto que também foi alcançado pela reforma efetuada pela Lei n. 11.232, de 22.12.2005, que o juiz ao publicar a sentença de mérito, cumpria e acabava o ofício jurisdicional. Daí por que somente por meio de nova ação (a *actio iudicati*) era possível executar a sentença condenatória, dentro do rigor do sistema clássico do processo executivo, sistema que já não vigorava, havia bastante tempo, para as condenações relativas às obrigações de fazer e não fazer (art. 461, CPC/1973) nem para as obrigações de entrega de coisas (art. 461-A, CPC/1973), e que a Lei n. 11.232, de 22.12.2005 finalmente aboliu também para as obrigações de quantia certa (art. 475-J, CPC/1973).

[5] "Podemos classificar as sentenças de acordo com o conteúdo, ou de acordo como os efeitos. O que decididamente não podemos é passar, no meio de um caminho, de um critério a outro" (BARBOSA MOREIRA, José Carlos Barbosa. Questões velhas e novas em matéria de classificação das sentenças. *In*: *Temas de direito processual: oitava série*. São Paulo: Saraiva, 2004, p. 141).

Posteriormente, com a reforma arquitetada pela Lei n. 11.232, de 22.12.2005, todas as sentenças passaram a um regime único de cumprimento e nenhuma delas dependeria mais de *ação executiva* separada para ser posta em execução. Teria sido extinto algum tipo de sentença quanto ao objeto ou conteúdo? Nenhum. As sentenças, como sempre, continuaram a ser, segundo o conteúdo, declaratórias, constitutivas e condenatórias[6].

Assim, após as profundas reformas da execução, passou a não mais haver, na sistemática do CPC/1973, distinção entre as sentenças condenatórias. Todas passaram a ser de cumprimento independente de ação executiva autônoma. Todas se realizavam por meio de mandado expedido após sua prolação, na mesma relação processual em que se formou a sentença. O sistema, portanto, passou a ser o da *executio per officium iudicis* e não mais o da *actio iudicati*. Em regra, ação autônoma de execução somente continuou a existir para os títulos extrajudiciais[7].

548. CUMPRIMENTO DE SENTENÇA E CONTRADITÓRIO

Embora tenha sido abolido do direito processual civil brasileiro a ação autônoma de execução de sentença, transformando-a em simples incidente ou fase do processo em que a demanda foi acolhida, não há como recusar ao executado a garantia do contraditório e da adequada defesa, durante os atos de cumprimento do julgado.

É evidente o reconhecimento ao devedor de opor-se ao cumprimento de sentença, não pelo clássico remédio dos embargos à execução, mas por meio de simples petição destinada a acusar ilegalidades, excessos ou quaisquer irregularidades ocorridas, sejam pertinentes ao mérito ou às formalidades procedimentais, quando dos atos executivos postos em prática[8]. A garantia do contraditório e ampla defesa é conferida à parte pela Constituição de maneira universal, de modo a cobrir todo e qualquer processo judicial, e até mesmo os procedimentos administrativos (CF, art. 5º, LV).

---

[6] Se se pretender uma classificação correta das sentenças quanto aos efeitos, poder-se-iam agrupá-las em: (a) sentenças de eficácia *interna* ou *imediata*, cuja força eficacial se realiza e se exaure dentro do próprio ato decisório (casos, em regra, das declaratórias e constitutivas), e (b) sentenças de eficácia *externa* ou *mediata* (casos em que os efeitos são produzidos fora do ato decisório, dependendo de atos ulteriores da parte ou do juiz), como se dá nas sentenças que impõem prestações à parte vencida. É o que se passa com as condenatórias e outras que, mesmo não contendo o comando próprio das condenatórias, são dotadas de força executiva por disposição legal, a exemplo das que homologam acordo, julgam a partilha ou a prestação de contas e até as próprias declaratórias, quando acertam não só a existência da relação controvertida como também reconhecem sua violação. Nesse sentido decidiu o STJ: "Tem eficácia executiva a sentença declaratória que traz definição integral da norma jurídica individualizada. Não há razão alguma, lógica ou jurídica, para submetê-la, antes da execução, a um segundo juízo de certificação, até porque, a nova sentença não poderia chegar a resultado diferente do da anterior, sob pena de comprometimento da garantia da coisa julgada assegurada constitucionalmente. E instaurar um processo de cognição sem ofertar às partes e ao juiz outra alternativa de resultado que não um, já prefixado, representaria atividade meramente burocrática e desnecessária, que poderia receber qualquer outro qualificativo, menos o de jurisdicional" (STJ, 1ª T, REsp. 588.202/PR, Rel. Min. Teori Albino Zavascki, ac. un 10.2.2002, *DJU* 25.02.2004, p. 123). No mesmo sentido: STJ, 1ª Seção, EREsp 502.618/RS, Rel. Min. João Otávio de Noronha, ac. 08.06.2005, *DJU* 01.07.2005, p. 359; STJ, 4ª T., AgRg no REsp 822.717/RS, Rel. Min. Raul Araújo, ac. 27.08.2013, *DJe* 18.09.2013; STJ, 3ª T., AgRg no REsp 1.446.433/SC, Rel. Min. Sidnei Beneti, ac. 27.05.2014, *DJe* 09.06.2014.

[7] "'A sentença, qualquer que seja sua natureza, de procedência ou improcedência do pedido, constitui título executivo judicial, desde que estabeleça obrigação de pagar quantia, de fazer, não fazer ou entregar coisa, admitida sua prévia liquidação e execução nos próprios autos'" (STJ, Corte Especial, REsp 1.324.152/SP, Rel. Min. Luis Felipe Salomão, ac. 04.05.2016, *DJe* 15.06.2016 – Recurso repetitivo – Tema 889).

[8] CAMBI, Accácio. Impugnação à execução de título judicial. *Juris Plenun*, n. 57, p. 84, mai/2014; MARTINS, Sandro Gilbert. Apontamentos sobre a defesa do executado no "cumprimento da sentença". *Revista de Processo*, n. 116, p. 174, jul-ago/2004.

548-A. MEDIDAS COERCITIVAS EM REFORÇO DA AUTORIDADE DA SENTENÇA

A sentença condenatória (e outras a ela equiparadas em eficácia) tem como efeito principal a geração do título executivo.

Há, ainda, vários outros efeitos secundários, dentre os quais se destacam:

a) quando a sentença condenar o réu ao pagamento de prestação em dinheiro (ou quando determinar a conversão de prestação de fazer, não fazer ou dar coisa) autorizará a constituição de hipoteca judiciária (CPC, art. 495);

b) poderá, outrossim, após o trânsito em julgado e o decurso do prazo para pagamento voluntário, ser levada a protesto (CPC, art. 517 c/c art. 523).

Da hipoteca judiciária resulta para o credor com título judicial "o direito de preferência quanto ao pagamento em relação a outros credores, observada a prioridade no registro" (CPC, art. 495, § 4º). Sobre as características dessa garantia especial, ver no nosso *Curso de Processo Civil*, v. I, item n. 793.

O protesto é ato formal e solene, a cargo de oficial público, com o qual se prova a inadimplência e o descumprimento da obrigação originada dos títulos de dívida, inclusive a sentença condenatória, dando ainda publicidade em face de terceiros.[9]

Como lembra Teresa Arruda Alvim, o protesto assume, a par de sua função probatória, a potencialidade coercitiva, "traduzindo-se num meio executivo bastante eficaz de coação do executado, instando-o a pagar". Isso porque, na prática, "o protesto implica imediato abalo no acesso ao crédito e inscrição do devedor nos cadastros dos órgãos de restrição ao crédito".[10]

É por constituir o protesto "técnica de indução, tendente a forçar o devedor a adimplemento da prestação",[11] que a lei autoriza seja a sentença transitada em julgado levada a protesto, tal como se passa com os títulos de crédito em geral.[12]

549. NECESSIDADE DE REQUERIMENTO DO EXEQUENTE

O atual Código agora deixa expressa a necessidade de requerimento do exequente para se dar início ao cumprimento da sentença que reconhece o dever de pagar quantia certa, seja provisório ou definitivo (CPC/2015, art. 513, § 1º). Rejeita-se, desta forma, o início do cumprimento da sentença por impulso oficial do juiz. Uma vez, porém, requerido o cumprimento do julgado, pode essa atividade satisfativa prosseguir até as últimas consequências por impulso oficial.

O art. 775, *caput*, do CPC/2015, repetindo norma que já constava do art. 569 do CPC/1973, proclama que "o exequente tem o direito de desistir de toda a execução ou de apenas alguma medida executiva". Nisso consiste o clássico princípio da livre disponibilidade da execução pelo credor, do qual decorre a necessidade de esperar dele a iniciativa da atividade processual executiva, contemplada no § 1º do dispositivo *sub examine*.

---

[9] RIBEIRO, Flávia Pereira. Protesto prévio no projeto de Lei 6.204/2019 como importante medida coercitiva na execução. *In*: BELLIZZE, Marco Aurélio; MENDES, Aluísio Gonçalves de Castro; ALVIM, Teresa Arruda; CABRAL, Tricia Navarro Xavier. *Execução civil*: Estudos em homenagem ao professor Arruda Alvim. Indaiatuba: Editora Foco, 2022, p. 702.

[10] ALVIM, Teresa Arruda, et al. Primeiros comentários ao Código de Processo Civil. 3. ed., São Paulo: RT, 2020, p. 965.

[11] MARINONI, Luiz Guilherme; ARENHART, Sérgio Cruz; MITIDIERO, Daniel. *Código de Processo Civil comentado*. 6. ed. São Paulo: Editora RT, 2020, p. 666.

[12] CPC, art. 517. Incluem-se entre os títulos sujeitos a protesto também os títulos executivos da Dívida Ativa da Fazenda Pública (CDA) (Lei n. 9.492/1997, art. 1º, parágrafo único).

Nota-se, contudo, que o atual Código, que foi expresso quanto à matéria na disciplina do cumprimento de sentença relativa a obrigação de quantia certa, silenciou-se, a seu respeito, quando regulou a execução de sentença relacionada às obrigações de fazer, não fazer e entregar coisas. O que permitiria a conclusão, já adotada em doutrina, de que nessas últimas hipóteses, a diligência de fazer cumprir a condenação seria um consectário automático da própria sentença, a dispensar qualquer impulso da parte vencedora[13].

Invoca-se para sustentar essa tese a previsão do art. 536, *caput* (aplicável também à obrigação de entregar coisa, de acordo com o art. 538, § 3º), segundo a qual "no cumprimento de sentença que reconheça a exigibilidade de obrigação de fazer ou de não fazer, o juiz poderá, *de ofício ou a requerimento*, para a efetivação da tutela específica ou a obtenção de tutela pelo resultado prático equivalente, *determinar as medidas necessárias à satisfação do exequente*"[14].

Se a expedição do mandado executivo, *in casu*, estaria autorizada como eficácia natural da condenação, certo é, porém, que ao vencedor sempre restará livre a faculdade de abster-se da promoção do imediato cumprimento forçado do título judicial, dentro do princípio geral da livre disponibilidade da execução. Motivos vários podem desaconselhar a implementação imediata da prestação ordenada pela sentença, seja em razão de ordem ética, como a necessidade de não ultrapassar a dignidade humana do devedor, seja de ordem prática ou econômica, como a viabilidade de solução consensual mais interessante para o relacionamento que as partes pretendam manter.[15] A vontade do juiz não pode ser indiferente a quadro de tal natureza. Em última análise, mesmo diante de prestações de fazer ou de entrega de coisa, seria sempre mais prudente aguardar-se a manifestação do credor após o trânsito em julgado da decisão de mérito, antes de expedir o mandado executivo.

Reforça esse entendimento a circunstância de que o já citado art. 536, ao cogitar da iniciativa de cumprimento da sentença, na espécie, prevê que as medidas de efetivação da condenação poderão ocorrer de ofício ou *a requerimento* da parte.[16] A nosso ver, todavia, as *medidas de efetivação* da tutela específica da obrigação de fazer ou de não fazer, a que alude o art. 536, e que pode o juiz adotar de ofício, não incluem a iniciativa da abertura do incidente de cumprimento da sentença. Referem-se, isto sim, às medidas coercitivas ou de apoio, à atividade executiva. O § 1º, do referido art. 536, esclarece que tais medidas, entre outras, compreendem "a imposição

---

[13] "Tal regra é diversa nas execuções que visam à satisfação de obrigação de entrega de coisa, de fazer ou não fazer, as quais comportam a prática de atos tendentes à satisfação do título independentemente do impulso da parte exequente" (WAMBIER, Teresa Arruda Alvim *et al*. *Primeiros Comentários ao novo Código de Processo Civil*. São Paulo: Ed. RT, 2015, p. 842). No mesmo sentido: SANTOS, Welder Queiroz dos. O cumprimento das decisões judiciais que reconhecem a exigibilidade de obrigação de fazer e de não fazer. *In* LUCON, Paulo Henrique dos Santos, *et al* (coords.). *Processo em Jornadas*, Salvador: Editora JusPodivm, 2016, p. 1000-1001.

[14] A indispensabilidade do requerimento do exequente e da intimação do executado, nos casos de cumprimento de sentença relacionados com a obrigação por quantia certa, explicar-se-ia pela expropriação patrimonial a que conduz a atividade executiva na espécie, fato que não ocorre normalmente nas execuções de obrigações de fazer ou de entregar coisa (ABELHA, Marcelo. *Manual de execução civil*. 5. ed. Rio de Janeiro: Forense, 2015, p. 212-213).

[15] "Também nesses casos [obrigação de fazer, não fazer e dar], havendo o dever de prestar do futuro executado, o princípio da oportunidade autoriza o vencedor a promover, ou não, a execução forçada. Essa função jurisdicional subordina-se a limitações políticas e práticas que, a mais das vezes, apresentam-se na execução de obrigações de dar ou de fazer (...) Em princípio, subsiste a inércia do órgão judicial (art. 2º do NCPC)" (ASSIS, Araken de. *Manual da Execução cit.*, 18. ed., n. 131, p. 625).

[16] Marcelo Abelha, depois de reconhecer que há tratamentos diferenciados para o cumprimento da sentença, conforme se trate de realizar obrigações de pagar quantia ou de fazer, não fazer e entregar coisa, no que toca ao requerimento pela parte interessada, adverte que "seria de bom alvitre que o NCPC tivesse retirado essa exigência e mantido uma uniformidade teórica e lógica em relação ao cumprimento de sentença para pagamento de quantia com os demais casos" (*Manual de execução civil cit.*, p. 213).

de multa, a busca e apreensão, a remoção de pessoas e coisas, o desfazimento de obras e o impedimento de atividade nociva", e, caso necessário, a requisição do "auxílio da força policial". Estas providências de apoio, e não a iniciativa de abertura do cumprimento da sentença, é que o juiz pode tomar *de ofício*, ou a requerimento da parte, nos termos do art. 536, *caput*.

550. INTIMAÇÃO DO DEVEDOR

I – Regra geral

O Código atual determina que o cumprimento da sentença tenha início pela intimação do devedor, aparentando que a regra se enderece apenas à realização de prestação de quantia certa a que foi judicialmente condenado. Diligência essa que se cumprirá, em regra, na pessoa de seu advogado (CPC/2015, art. 513, § 2º, I). Igual procedimento, contudo, será também observado em relação às obrigações de fazer, não fazer e entregar coisa. Isto porque ao cumprimento de sentença a elas relativa, aplicam-se, no que couber, as regras do art. 525, que por sua vez remete ao art. 523, que é justamente aquele onde se prevê a intimação do devedor através de seu advogado, segundo a disciplina do cumprimento de sentença relativa a obrigação de quantia certa (art. 513, § 2º).

Desta forma, a regra é a de que toda intimação para cumprir sentença, não importa a natureza da obrigação exequenda, será feita, em princípio, pelo Diário da Justiça, na pessoa do advogado constituído nos autos (art. 513, § 2º, I)[17].

Há quem defenda a subsistência da exigência da Súmula n. 410 do STJ de que a intimação para cumprir a sentença, no caso de obrigação de fazer, seja obrigatoriamente feita na pessoa do devedor, e não na de seu advogado, como se deduz do art. 513, § 2º, I. Argumenta-se com a complexidade da prestação e as exigências da segurança jurídica postas em risco pelas graves consequências que podem advir do não cumprimento da prestação só realizável pelo próprio executado. Por isso, seria natural e imperiosa, em nome da garantia constitucional do processo democrático, que a intimação, na espécie, se fizesse pessoalmente ao executado[18].

Sendo evidente, porém, a vontade normativa, expressa pelo CPC/2015, de uniformizar a forma de realizar a intimação executiva para o cumprimento de todas as obrigações, parecia-nos injustificável a tentativa de fazer prevalecer uma súmula assentada no regime da lei velha sobre regra claramente adotada pelo legislador atual, em sentido contrário. Só uma inconstitucionalidade irremediável da inovação legislativa justificaria sua recusa, o que, a nosso ver, não acontece com uma regra processual que apenas expande uma forma de intimação de longa data admitida na regulamentação de outros procedimentos de cumprimento de sentença[19].

---

[17] "Como estamos diante de apenas uma *fase do novo processo*, o executado deste não precisa ser citado, *pois não se inaugura uma nova relação jurídica processual*, pois é apenas uma fase daquela que já havia se iniciado com a fase cognitiva. Por isso, anteriormente, a parte foi citada, e, para a fase executiva, será somente *intimado* da pretensão ao cumprimento de sentença" (ABELHA, Marcelo. *Op. cit.*, p. 214).

[18] BALZANO, Felice. Mais do mesmo: ainda a Súmula 410 do STJ. *Revista de Processo*, v. 263, p. 420-421, São Paulo, jan/2017.

[19] No sentido da validade da intimação na pessoa do advogado, também no cumprimento de condenação a prestação de fazer, não fazer e entregar coisa, no regime do CPC/2015, ver, MARINONI, Luiz Guilherme; ARENHART, Sérgio Cruz; MITIDIERO, Daniel. *Novo Código de Processo Civil comentado*. São Paulo: Ed. RT, 2015, p. 530; MEDINA, José Miguel Garcia. *Novo Código de Processo Civil comentado*. São Paulo: Ed. RT, 2015, p. 858; WAMBIER, Teresa Arruda Alvim, *et al. Primeiros comentários ao novo Código de Processo Civil, artigo por artigo*. São Paulo: Ed. RT, 2015, p. 842; BUENO, Cássio Scarpinella. *Manual de direito processual civil*. 2. ed. São Paulo: Saraiva, 2016, p. 424.

Entretanto, não foi, lamentavelmente, o que acabou prevalecendo, após conflito interno, na jurisprudência do STJ, já que a tese vitoriosa em sua Corte Especial foi a da necessidade da intimação pessoal do executado no cumprimento de sentenças ou decisões que imponham prestações de fazer ou não fazer, mantendo-se vigente, mesmo depois do advento do CPC/2015, o enunciado da Súmula n. 410 do STJ[20].

Pensamos, com a devida vênia, que se há de fazer uma distinção entre a intimação para o cumprimento da prestação principal (fazer ou não fazer) e aquela feita para o pagamento da multa pelo atraso na satisfação da prestação imposta pela decisão exequenda. A intimação pessoal a que se refere a Súmula 410 do STJ, como pressuposto para a cobrança da *astreinte* só pode ser a que é feita para cumprimento do *facere*, havido como ato de responsabilidade imediata do próprio executado. Uma vez inadimplida a obrigação principal e liquidado o valor da multa, a cobrança desta corresponde a execução de obrigação de quantia certa, em relação à qual o art. 513, § 2º, I, determina seja feita a intimação executiva na pessoa do advogado do devedor.

II – Exceções

Há, contudo, exceções:

a) A intimação será feita por carta com aviso de recebimento, quando o executado for representado pela Defensoria Pública ou quando não tiver procurador constituído nos autos (inc. II do § 2º do art. 513), ressalvadas as hipóteses de intimação por edital (art. 513, inc. IV). A regra aplica-se, entre outros, ao caso de devedor cujo mandado *ad judicia* tenha sido outorgado com prazo certo de vigência como até o fim da fase de conhecimento do processo, se outro credenciamento não tiver ocorrido para a fase executiva.

b) A intimação será feita por meio eletrônico, no caso das empresas públicas e privadas, quando não tenham advogado nos autos. É que ditas pessoas jurídicas são obrigadas a manter cadastro nos sistemas de processo em autos eletrônicos, por imposição do art. 246, § 1º[21]. Não se aplicará, entretanto, essa modalidade de intimação às microempresas e empresas de pequeno porte, que não tenham procurador nos autos (art. 513, § 2º, III).

c) A intimação se dará por edital quando o devedor também tiver sido citado por edital na fase de conhecimento (art. 256), e mesmo assim tiver se mantido revel (art. 513, § 2º, IV).

III – Intimação presumida

Nas hipóteses de intimação postal e por meio eletrônico (incs. II e III do § 2º do art. 513), a intimação será considerada realizada quando o devedor houver mudado de endereço e não tiver previamente comunicado ao juízo – mesmo quando a comunicação não for recebida pessoalmente pelo interessado, nos termos do art. 274, parágrafo único (§ 3º do art. 513).

---

[20] "É necessária a prévia intimação pessoal do devedor para a cobrança de multa pelo descumprimento de obrigação de fazer ou não fazer antes e após a edição das Leis n. 11.232/2005 e 11.382/2006, nos termos da Súmula 410 do STJ, cujo teor permanece hígido também após a entrada em vigor do novo Código de Processo Civil" (STJ, Corte Especial, EREsp 1.360.577/MG, Rel. p/ac. Min. Luis Felipe Salomão, ac. 19.12.2018, DJe 07.03.2019).

[21] Sobre as inovações das intimações e citações eletrônicas introduzidas pela Lei n. 14.195/2021, v. os itens n. 395-A e 412-A, em nosso *Curso de Direito Processual Civil*, volume I.

IV – Inatividade processual longa

Há, por último, uma regra especial que afasta a intimação executiva do advogado do devedor. Trata-se do caso em que o exequente só vem a formular o requerimento exigido pelo § 1º do art. 513 um ano após o trânsito em julgado da sentença em vias de cumprimento. É que o longo tempo de inércia processual pode, com frequência, fazer desaparecer o contato entre o advogado e a parte devedora, dificultando o acesso a dados necessários à sua defesa, nesse novo estágio.

Configurada essa situação processual, impõe-se seja a intimação efetivada ao devedor pessoalmente, por meio de carta com aviso de recebimento, encaminhada ao endereço constante dos autos (art. 513, § 4º). Ressalta o dispositivo em questão que a mudança de endereço não comunicada nos autos importa aplicação da norma do art. 274, parágrafo único, há pouco aludida.

V – Prazo da intimação

Caberá ao ato intimatório assinar o prazo de cumprimento voluntário da sentença, que varia conforme a modalidade da prestação exequenda (arts. 523, 525, 536, § 4º e 538)[22], bem como explicitar quais são as sanções incorríveis.

551. LEGITIMAÇÃO ATIVA E PASSIVA. DEVEDORES SOLIDÁRIOS

Tratando-se de simples continuidade do processo em que a sentença foi pronunciada, as partes da sua execução continuam sendo as mesmas entre as quais a coisa julgada se formou. Existindo litisconsórcio, pode a atividade executiva eventualmente ser endereçada a um ou alguns dos devedores condenados. O que não se admite é o cumprimento de sentença movido contra quem não foi parte do processo de conhecimento, mesmo que se trate do fiador, do coobrigado ou de qualquer corresponsável pela dívida, segundo as regras do direito material[23] (CPC/2015, art. 513, § 5º). A regra que, de maneira expressa, dispõe sobre essa vedação é uma novidade trazida pelo CPC/2015, que pôs termo a antiga discussão jurisprudencial em torno do assunto.[24] Assim, não mais pairam dúvidas de que o fiador ou o devedor solidário, que não foram demandados, escapam do alcance do procedimento de cumprimento da sentença. Esposou a lei, de tal sorte, o correto entendimento do STJ no sentido de que "o art. 275 do Código Civil que prevê a solidariedade passiva é norma de direito material, restringindo-se sua aplicação ao momento de formação do processo cognitivo, quando então o credor pode incluir no polo passivo da demanda todos, alguns ou um específico devedor; sendo certo que a sentença somente terá eficácia em relação aos demandados, não alcançando aqueles que não participaram da relação jurídica processual, nos termos do art. 472 do Código de Processo Civil [CPC/2015, art. 506]".[25]

Com efeito, "a responsabilidade solidária – na lição contida no referido acórdão do STJ – precisa ser declarada em processo de conhecimento, sob pena de tornar-se impossível a execução do devedor solidário", com ressalva apenas dos casos especiais de sucessor, de sócio e demais hipóteses previstas no art. 790 do CPC/2015.

---

[22] O prazo é de quinze dias, no caso de obrigação de pagar quantia certa (art. 523). Para os demais casos o prazo será o determinado em decisão judicial (arts. 536, § 4º, e 538).

[23] CPC/2015, art. 506: "A sentença faz coisa julgada às partes entre as quais é dada, não prejudicando terceiros".

[24] V. Súmula 268 do STJ: "O fiador que não integrou a relação processual na ação de despejo não responde pela execução do julgado". "A regra é de uma obviedade incrível porque apenas aquele sujeito que tiver integrado a relação jurídica processual cognitiva, ainda que no direito material figurasse como corresponsável, é que suportará a condição de executado no cumprimento de sentença" (ABELHA, Marcelo. *Manual cit.*, p. 216).

[25] STJ, 4ª T., REsp 1.423.083/SP, Rel. Min. Luis Felipe Salomão, ac. 06.05.2014, *DJe* 13.05.2014.

552. REGRAS DISCIPLINADORAS DO CUMPRIMENTO DAS SENTENÇAS

Há sentenças que trazem em si toda a carga eficacial esperada do provimento jurisdicional. Dispensam, portanto, atos ulteriores para satisfazer a pretensão deduzida pela parte em juízo. É o que se passa, em regra, com as sentenças declaratórias e constitutivas. Há, contudo, aquelas que, diante da violação de direito cometida por uma parte contra a outra, não se limitam a definir a situação jurídica existente entre elas, e determinam também a prestação ou prestações a serem cumpridas em favor do titular do direito subjetivo ofendido. Estas últimas são as sentenças que se qualificam como *condenatórias*.

Embora não se exija mais a instauração de uma ação executória, o cumprimento da sentença, à falta de satisfação voluntária do comando judicial, realiza-se por meio de um simples incidente processual o qual, no tocante aos atos expropriatórios, observará as medidas e procedimentos correspondentes à ação executiva dos títulos extrajudiciais (CPC/2015, art. 513, *caput*). Nesse sentido, o atual Código prevê expressamente a aplicabilidade subsidiária das normas traçadas no Livro II da Parte Especial, "no que couber", ao cumprimento das sentenças (art. 513, *caput*). É certo que as disposições relativas à execução, seja ela de título judicial, ou extrajudicial, devem ser basicamente as mesmas, respeitadas as peculiaridades de cada procedimento. Exemplo dessa aplicação subsidiária se encontra nas disposições relativas à penhora e à expropriação de bens (arts. 831 e segs.), situadas no Livro do Processo de Execução, que haverão de prevalecer no incidente de cumprimento da sentença quando nela prevista a satisfação de obrigação por quantia certa[26]. O fato de as sentenças declaratórias e as constitutivas não dependerem de atos executivos para realizar o provimento jurisdicional a que correspondem, não afasta a hipótese de ser tomada alguma providência ulterior, no terreno, principalmente, da documentação e publicidade. Assim, em muitas ações de rescisão ou anulação de negócios jurídicos (sentenças constitutivas), de nulidade de contratos, ou de reconhecimento de estado de filiação (sentenças declaratórias), há necessidade de expedir-se mandado para anotações em registros públicos (efeitos mandamentais complementares aos efeitos substanciais da sentença).

Por outro lado, não há sentenças de pura força declarativa ou constitutiva, já que em qualquer decisão que solucione o litígio sempre haverá um capítulo destinado a impor ao vencido os encargos da sucumbência. Nessa parte, portanto, toda sentença será condenatória, e autorizará a movimentação ulterior do incidente de cumprimento forçado, se necessário. Em situação contrária, as sentenças condenatórias nem sempre constituem título executivo em seu conteúdo nuclear, visto que casos há em que o preceito sentencial se basta, como *v.g.*, a que impõe ao réu a perda do sinal ou das benfeitorias realizadas pelo possuidor de má-fé.

Para passar, outrossim, à execução do comando sentencial é indispensável que a condenação corresponda a uma obrigação certa, líquida e exigível (art. 783). Por isso, se a sentença ao acolher pedido genérico (art. 324, § 1º), não definir o valor devido, ter-se-á de complementá-la por meio do procedimento de liquidação (arts. 509 a 512), antes de dar andamento aos atos destinados a efetivar o seu cumprimento forçado. Eis aí mais um tipo de sentença condenatória que não se apresenta como título executivo, dando razão a Proto Pisani[27] e Barbosa Moreira[28]

---

[26] "É preciso deixar claro que não há possibilidade de que o cumprimento de sentença possa chegar ao seu final sem o uso de regras processuais da Parte Especial do Livro II do CPC" (ABELHA, Marcelo. *Manual de execução civil*. 5. ed. Rio de Janeiro: Forense, 2015, p. 212).

[27] Numa exata compreensão da tutela condenatória, PROTO PISANI divisa nela uma duplicidade de funções – repressiva e preventiva. Daí que a atuação dos efeitos da condenação tanto pode transitar pela *execução forçada* como pelas *medidas coercitivas* (PISANI, Andréa Proto. *Lezioni di diritto processuale civile*. 3. ed. Napoli: Jovene, 1999, p. 161).

[28] Também Barbosa Moreira aponta vários exemplos de sentença condenatória que não correspondem a título executivo e, portanto, não desencadeiam o processo de execução, como a que condena à perda do sinal

quando advertem que muitas sentenças condenatórias não correspondem a título executivo (v. adiante o Capítulo XLV).

553. A POSSIBILIDADE DE EXECUÇÃO COM BASE EM SENTENÇA DECLARATÓRIA

Ao descrever o título executivo judicial básico, o art. 515, I, do CPC/2015 reconhece como título executivo não apenas as sentenças, mas todas as "decisões proferidas no processo civil que admitem a exigibilidade de obrigação de pagar quantia, de fazer, de não fazer ou de entregar coisa". Alargou-se, desta forma, a força executiva das sentenças para além dos tradicionais julgados de condenação, acolhendo corrente doutrinária e jurisprudencial que, mesmo antes da reforma do CPC/1973, já vinha reconhecendo possibilidade, em certos casos, de instaurar execução por quantia certa também com base em sentenças declaratórias. A redação do art. 515, I do CPC/2015, apoiando-se no reconhecimento judicial de exigibilidade de obrigação, como elemento capaz de identificar a decisão básica do cumprimento forçado do provimento judicial, evidenciou a possibilidade de incluir-se em tal procedimento, também, os julgados declaratórios e constitutivos, desde que neles se contenham os dados configuradores de obrigação exigível, que, para tanto, haverá naturalmente de ser certa e líquida.

Não falando mais o Código em sentença, mas, em decisões, não resta dúvida que são títulos executivos judiciais as decisões relativas às tutelas de urgência ou de evidência, ou quaisquer outras que, no curso do processo, imponham à parte prestações certas e líquidas, de imediato exigíveis.[29]

Na clássica tripartição das sentenças, somente às condenatórias se reconhecia a qualidade de título executivo, porque seriam elas as únicas que conteriam o comando ao devedor no sentido de compeli-lo à realização de uma prestação. As declaratórias, limitadas à determinação de certeza, não gerariam força alguma para sustentar a pretensão de realização coativa em juízo de qualquer prestação. As constitutivas, também, não seriam títulos executivos, porque seu efeito não é a certificação de direito a alguma prestação, mas simplesmente a instituição de uma nova situação jurídica que se estabelece imediatamente por emanação da própria sentença, independentemente de qualquer modalidade de cooperação ou comportamento do sujeito passivo.

Mesmo essa visão que parecia tão singela e tão óbvia acabou por sofrer, no direito brasileiro, uma releitura, da qual adveio interessantíssima doutrina com reflexos notáveis sobre a jurisprudência do Superior Tribunal de Justiça, formada ainda dentro da vigência do CPC/1973.

No texto daquele Código frestas já se abriam fragilizando a teoria de que apenas as sentenças condenatórias produziam título executivo, porque, por exemplo, o art. 584 do CPC/1973 incluía no rol dos títulos executivos judiciais sentenças em que, de forma alguma, o juiz cogitara de ordenar ao vencido qualquer tipo concreto de prestação (sentença penal condenatória, sentença homologatória de conciliação ou transação, formal de partilha). Portanto, não estabelecia o Código de 1973, um monopólio da executibilidade para a sentença condenatória.

---

pago, a relativa à prestação futura de alimentos a serem descontados em folha de pagamento, as referentes a prestações de obrigações de fazer infungíveis; em todas elas o credor poderá apenas utilizar medidas coercitivas em face do obrigado, mas nunca terá como realizar a execução forçada para obter a prestação objeto da condenação (BARBOSA MOREIRA, José Carlos. *Temas de direito processual: oitava série*. São Paulo: Saraiva, 2004, p. 135).

[29] Diante da expressa extensão conferida pela lei ao título judicial exequível, a todas as decisões, e não apenas às sentenças, pôs-se fim, segundo Teresa Wambier et al., à controvérsia a respeito da força executiva das decisões relativas às tutelas de urgência ou de evidência (WAMBIER, Teresa Arruda Alvim; CONCEIÇÃO, Maria Lúcia Lins; RIBEIRO, Leonardo Ferres da Silva; MELLO, Rogério Licastro Torres de. *Primeiros Comentários ao novo Código de Processo Civil*. São Paulo: Ed. RT, 2015, p. 845).

Dois outros fatores contribuíram para a doutrina fragilizar, ainda mais, a pretensa exclusividade outrora reconhecida à sentença de condenação:

a) a ação declaratória, pelo art. 4º, parágrafo único do CPC de 1973, passou a ser cabível até mesmo depois de a obrigação ser exigível, isto é, assegurou-se o acesso da parte à declaração de seu direito, quando já era possível reclamar o adimplemento do obrigado por via de provimento condenatório;

b) nos últimos anos do século XX, o CPC de 1973 passou por uma série de reformas, todas preocupadas com a melhor e mais efetiva prestação jurisdicional. Boa parte das inovações ocorreram no terreno da execução forçada, tendo como objetivo eliminar entraves burocráticos à rápida satisfação do direito do credor, e ainda, facilitar o seu acesso ao processo executivo. Nesse sentido, instituíram-se em leis extravagantes novos e numerosos títulos executivos extrajudiciais. No rol do art. 585 do CPC/1973, a mais significativa inovação deu-se no seu inciso II, onde a partir da Lei n. 8.953, de 13.12.1994 se conferiu força de título executivo a qualquer documento público ou particular assinado pelo devedor, desde que, no último caso, fosse subscrito também por duas testemunhas. Obviamente o documento haveria de retratar obrigação certa, líquida e exigível, por imposição do art. 586 do mesmo Código.

Foi aquele o momento propício para rever a doutrina clássica de que a sentença declaratória nunca poderia ser utilizada como título executivo. E foi o que nos últimos tempos se deu na jurisprudência sob liderança do Superior Tribunal de Justiça:

"1. No atual estágio do sistema do processo civil brasileiro não há como insistir no dogma de que as sentenças declaratórias jamais têm eficácia executiva. O art. 4º, parágrafo único, do CPC considera admissível a ação declaratória ainda que tenha ocorrido violação do direito, modificando, assim, o padrão clássico da tutela puramente declaratória, que a tinha como tipicamente preventiva. Atualmente, portanto, o Código dá ensejo a que uma sentença declaratória possa fazer juízo completo a respeito da existência e do modo de ser da relação jurídica concreta.

2. Tem eficácia executiva a sentença declaratória que traz definição integral da norma jurídica individualizada. Não há razão alguma, lógica ou jurídica, para submetê-la, antes da execução, a um segundo juízo de certificação, até porque, a nova sentença não poderia chegar a resultado diferente do da anterior, sob pena de comprometimento da garantia da coisa julgada assegurada constitucionalmente. E instaurar um processo de cognição sem ofertar às partes e ao juiz outra alternativa de resultado que não um, já prefixado, representaria atividade meramente burocrática e desnecessária, que poderia receber qualquer outro qualificativo, menos o de jurisdicional."[30]

De fato, se nosso direito processual positivo caminha para a outorga de força de título executivo a todo e qualquer documento particular em que se retrate obrigação certa, líquida

---

[30] STJ, 1ª T., REsp 588.202-PR, Rel. Min. Teori Albino Zavascki, ac. un. 10.2.2002, DJU 25.02.2004. O caso decidido pelo acórdão referia-se a uma sentença declaratória que reconheceu direito de crédito oriundo de pagamento indevido para fins de compensação tributária, a qual, todavia, veio a inviabilizar-se na prática. Daí ter o contribuinte optado por executar a sentença para haver o montante de seu crédito, em dinheiro. Já outros procedentes do STJ haviam adotado igual entendimento: REsp. 207.998/RS, 1ª T., Rel. Min. Humberto Gomes de Barros, ac. 18.11.1999, *RSTJ* 134/90; REsp. 551.184/PR, 2ª T., Rel. Min. Castro Meira, ac. 21.10.2003, *DJU* 01.12.2003, p. 341.

e exigível, por que não se reconhecer igual autoridade à sentença declaratória? Esta, mais do que qualquer instrumento particular, tem a inconteste autoridade para acertar e positivar a existência de obrigação certa, líquida e exigível[31]. Seria pura perda de tempo exigir, em prejuízo das partes e da própria Justiça a abertura de um procedimento condenatório em tais circunstâncias. Se o credor está isento da ação condenatória, bastando dispor de instrumento particular para atestar-lhe o crédito descumprido pelo devedor inadimplente, melhor será sua situação de acesso à execução quando estiver aparelhado com prévia sentença declaratória onde se ateste a existência de dívida líquida e já vencida[32].

Observe-se, porém, que nem toda sentença declaratória pode valer como título executivo, mas apenas aquela que na forma do art. 20 do CPC/2015), se refira à existência de relação obrigacional já violada pelo devedor. Ou seja, a que reconheça a "exigibilidade de obrigação de pagar quantia, de fazer, de não fazer ou de entregar coisa" (CPC/2015, art. 515, I). As que se limitam a conferir certeza a relação de que não conste dever de realizar modalidade alguma de prestação (como *v.g.* a nulidade de negócio jurídico ou a inexistência de dívida ou obrigação), não terão obviamente, como desempenhar o papel de título executivo, já que nenhuma prestação terá a parte a exigir do vencido

A mesma ponderação é cabível em face das decisões constitutivas que, em regra, se limitam a estabelecer nova situação jurídica para as partes, sem prever prestações e contraprestações entre elas, dispensando medidas executivas ulteriores. Não se pode esquecer, todavia, dos casos em que o decisório constitutivo, ao definir o relacionamento jurídico inovado, prevê obrigação doravante exigível entre os litigantes. Pense-se na ação renovatória de locação ou na revisional de contrato que estabeleça novos aluguéis e novos encargos para os interessados. É irrecusável a força executiva para exigir as prestações definidas em sentenças constitutivas dessa natureza.

Eis aí mais uma evidência de que o dado relativo à execução forçada não deve ser parâmetro obrigatório a influir nas categorias de sentenças do processo de conhecimento. O que nesse campo se procura, por meio da atividade jurisdicional, é certificar a existência ou não de direitos subjetivos materiais e estabelecer definições de situações jurídicas materiais preexistentes ou formadas pela própria sentença. Os efeitos práticos, manifestáveis pelo cumprimento de prestações ou comportamentos da parte sucumbente não interferem na essência do ato sentencial e se regem por regras e princípios próprios conectados às exigências do direito material e as conveniências políticas de se estabelecer um procedimento executivo mais singelo ou mais complexo para atingir o efeito concreto ordenado pelo ato sentencial.

---

[31] "É interessante registrar que a primeira causa de grande repercussão, lastreada no parágrafo único do art. 4º, do atual CPC [de 1973], se deu no famoso caso Herzog, jornalista torturado e morto nas dependências do Exército em São Paulo, durante a ditadura militar. A viúva, não desejando pleitear indenização, mas visando tornar certa a responsabilidade do Estado pela morte do marido, pleiteou simplesmente a sua declaração por sentença. O Tribunal Federal de Recursos, por maioria de votos, desacolheu a preliminar de carência de ação por falta de interesse, mas proclamou que a declaração, na espécie, apoiada no permissivo do parágrafo único do art. 4º do CPC, era, *in concreto*, acolhida com força condenatória, visto que outro não poderia ser o acertamento nas circunstâncias da causa trazida a juízo (TFR, 1ª T., Ap. Cív. 59.873/SP, Rel. Min. Leitão Krieger, ac. 21.06.1983, *RTFR* 114/39). Já antes, porém, da vigência do CPC de 1973, o mesmo TFR decidira: "Admissível é a ação declaratória, ainda que a parte já disponha de ação condenatória, para a reintegração do seu direito" (TFR, 1ªT., Ap. Civ. 28.342, *DJU* 19.03.1973, p. 1.526; FADEL, Sérgio Sahione. *Código de Processo Civil* Comentado. 7. ed. Rio de Janeiro: Forense, 2003, p. 11).

[32] "Não procede a afirmação de que a sentença declaratória jamais é título executivo, ela terá força executiva quando contiver certificação de todos os elementos de uma norma jurídica concreta, relativa a obrigação com características acima referidas", ou seja, quando contiver obrigação "líquida, certa e exigível de entregar coisa, ou de fazer, ou de não fazer ou de pagar quantia em dinheiro, entre sujeitos determinados" (ZAVASCKI, Teori Albino. Sentenças declaratórias, sentenças condenatórias e eficácia executiva dos julgados. *Revista de Processo*, v. 109, p. 56).

Assim, uma sentença condenatória pode ser cumprida com o sem necessidade do processo autônomo de execução forçada; uma sentença condenatória, pela natureza da prestação violada, pode nunca desaguar numa *actio iudicati*, ficando apenas no terreno das medidas coercitivas indiretas; uma sentença declaratória, que, em regra, nada tem a executar, pode, em determinadas circunstâncias tornar-se título executivo judicial.

Nessa maleabilidade de manejo que as figuras processuais adquiriram no processo efetivo e justo dos novos tempos é que reside a grande riqueza da prestação jurisdicional moderna. Saber fazer uso da abundância dessa fonte de justiça é a virtude por que aspiram os processualistas realmente comprometidos com os novos recursos das garantias constitucionais de tutela jurídica.

553.1. Efeito implícito do acertamento efetuado pela sentença

Toda sentença de mérito – seja de natureza declaratória, constitutiva ou condenatória – produz sempre um efeito natural ou necessário: torna certa a existência ou inexistência de uma situação jurídica de direito material. É esta situação jurídica que se estabiliza por força da coisa julgada e adquire, conforme o seu conteúdo, a força executiva que credencia a parte a invocar a tutela jurisdicional executiva em seu favor.

Se o caso é de sentença condenatória, o bem da vida a ser obtido através do cumprimento forçado do comando sentencial vem normalmente explicitado no próprio título judicial. Nas sentenças constitutivas e nas meramente declaratórias, o acertamento se limita, em princípio, a definir a existência ou inexistência de uma relação jurídica ou a estabelecer uma situação jurídica nova entre as partes. O efeito da sentença se cumpre e exaure no próprio ato judicial, não havendo necessidade, portanto, de instauração do procedimento executivo, em regra.

Toda sentença, no entanto, pode, além dos efeitos nela explicitados, desdobrar-se em eventuais consequências de direito material, as quais, conforme o caso, podem ser reclamadas no cumprimento do julgado, sem exigência do manejo de nova ação de acertamento complementar.

Isso acontece, sobretudo, quando a decisão, ao acertar determinada situação jurídica, define a *fattispecie* constitutiva de uma nova situação de direito, a qual "surge e se produz sem a necessidade de ser expressamente declarada na própria decisão", como lembra Ricci.[33] É que, em tal conjuntura, se pode deparar com efeitos ulteriores coligados aos acertamento já consumado, por força da lei. Fala-se, em tais casos, num *acertamento constitutivo*, que, por decorrência da lei, tem um duplo valor: "por um lado, torna certa a situação definida, objeto da decisão; e por outro, dá vida (constitui) uma situação nova, à qual a decisão não se referiu".[34]

Nessa ordem de ideias, o direito material dispõe, por exemplo, que as perdas e os danos, por descumprimento de obrigações de pagamento em dinheiro, serão pagos com atualização monetária e compreenderão juros, custas e honorários de advogado (CC, art. 404, *caput*). Por isso, os juros legais, a correção monetária e as verbas sucumbenciais, independentemente de requerimento expresso do autor, "serão incluídas na condenação, enquanto durar a obrigação, se o devedor no curso do processo deixar de pagá-las ou consigná-las" (CPC, art. 323).[35] Não importa, pois, que a sentença não tenha previsto as verbas sucumbenciais: ao executar a condenação, os juros moratórios e a correção monetária serão incluídos ao débito exequendo,

---

[33] RICCI, Edoardo F. Verbete "Accertamento giudiziale". *In*: *Digesto delle dicipline privatistiche*. Torino: UTET, 1987, v. 1, p. 16-27.

[34] *Idem, ibidem*.

[35] "Consoante entendimento sumulado do Supremo Tribunal Federal, 'incluem-se os juros moratórios na liquidação, embora omisso o pedido inicial ou a condenação' (Súmula n. 254/STF)" (STJ, 3ª T., AgRg no Ag 1.326.027/SP, Rel. Min. Sidnei Beneti, ac. 26.10.2010, *DJe* 12.11.2010).

por decorrência necessária de regra, inafastável na espécie, oriunda do direito material, de incidência automática.[36]

O mesmo se passa no terreno das sentenças declaratórias de nulidade ou das sentenças constitutivas que anulam ou resolvem negócios jurídicos, em face da norma de direito material constante do art. 182 do Código Civil: "Anulado o negócio jurídico, restituir-se-ão as partes ao estado em que antes dele se achavam, e não sendo possível restituí-las, serão indenizadas com o equivalente".

Em se tratando, pois, de consequência legal da invalidação ou desconstituição do negócio jurídico, não é necessário que a restituição das partes ao *statu quo ante* seja previsto na sentença, para que os efeitos desta a compreendam.[37] Desconstituído ou anulado, por exemplo, uma compra e venda ou um compromisso de compra e venda, a pretensão executiva de recuperar a posse do bem negociado ou o preço pago é exercitável em cumprimento da sentença, mesmo que não tenha sido expressamente prevista no título judicial. Essa eficácia restitutória não depende de um acertamento explícito, nem na sentença, nem em outro processo subsequente. Trata-se de eficácia natural do acertamento constitutivo já consumado.[38]

554. A POSSIBILIDADE DE EXECUÇÃO DA SENTENÇA DE IMPROCEDÊNCIA DA DEMANDA

Já se chegou ao extremo – que não merece incentivo, pelo menos, em sua excessiva extensão – de pretender que toda sentença de improcedência do pedido, sendo declaratória negativa em relação à pretensão do autor, poderia funcionar como título executivo em favor do réu, sempre que este invocasse na contestação defesa indireta para contrapor relação obrigacional extintiva daquela em que se fundara a ação. O que, entretanto, é objeto do acertamento judicial é o direito pretendido pelo autor, e não o possível direito do demandado. Este apenas resiste à pretensão tornada objeto do processo. Sentença de mérito, para o art. 487, I, é aquela em que o juiz *acolhe* ou *rejeita* "o pedido formulado na ação ou na reconvenção".

Quando, pois, se desacolhe o pedido, a definição sentencial que vai transitar em julgado é a afirmação de que o autor não tem o direito que intentou exercitar contra o réu. A defesa do réu, quando acolhida, é apenas o motivo em que se apoia a sentença, motivo que sabidamente não entra na coisa julgada, visto não configurar o objeto do acertamento proposto pela parte

---

[36] "A correção monetária, mesmo não pedida na inicial nem expressa na sentença, 'não passa de elemento de cálculo da parcela indenizatória' (*RTJ* 81/234; 84/564), podendo, portanto, ser incluída na liquidação, sem ofensa à coisa julgada (*RTJ* 81/232; 81/315; 84/561)" (NERY JÚNIOR, Nelson; NERY, Rosa Maria de Andrade. *Código de Processo Civil comentado*. 19. ed. São Paulo: Ed. RT, 2020, p. 1.314).

[37] "No provimento judicial que decreta a rescisão ou a nulidade contratual está ínsito o direito de devolução das quantias eventualmente adiantadas pelos contratantes, independentemente de requerimento expresso nesse sentido, sob pena de enriquecimento sem causa" (STJ, 3ª T., REsp 1.611.415/PR, Rel. Min. Marco Aurélio Bellizze, ac. 21.02.2017, *DJe* 07.03.2017).

[38] "1. Decretada a resolução do contrato de promessa de compra e venda, deve o juiz, ainda que não tenha sido expressamente provocado pela parte interessada, determinar a restituição, pelo promitente vendedor, das parcelas do preço pagas pelos promitentes compradores. 2. Concretização da eficácia restitutória da resolução, aplicável em benefício das duas partes do contrato, como consequência natural da desconstituição do vínculo contratual. 3. Inocorrência de decisão 'extra petita'" (STJ, 3ª T., REsp 1.286.144/MG, Rel. Min. Paulo de Tarso Sanseverino, ac. 07.03.2013, *DJe* 01.04.2013). "Em havendo rescisão do compromisso de compra e venda, o desfazimento da relação contratual implica, automaticamente, como decorrência lógica e necessária, na restituição das prestações pagas, reservada uma parte, que fica deduzida, em favor da alienante, para ressarcir-se de despesas administrativas, sendo desnecessário que tal devolução conste nem do pedido exordial (quando o autor é o vendedor), nem da contestação (quando o autor é o comprador), por inerente à natureza da lide" (STJ, 4ª T, REsp 500.038/SP, Rel. Min. Aldir Passarinho Júnior, ac. 22.04.2003, *DJU* 25.08.2003, p. 322).

e realizado pela sentença (art. 504, I). Daí por que não se deve atribuir, indiscriminadamente, à sentença de improcedência do pedido do autor a força de título executivo judicial em favor do réu, em relação às matérias de resistência levantadas na contestação[39]. Mas, se se trata de sentença que julga improcedente o pedido de declaração de inexistência de certa obrigação, parece evidente que o julgado resulta em certificação de que a obrigação negada pelo autor efetivamente existe. Portanto, não há como se recusar à sentença de improcedência, na espécie, a força de título executivo judicial, tal como identificado pelo art. 515, I.

Outro caso de sentença de improcedência com força executiva é aquela em que o pedido condenatório formulado pelo autor decai diante de defesa indireta, na qual se opõe crédito do demandado capaz de extinguir o do demandante, desde, é claro, que se trate de obrigação identificada por elementos configuradores de sua certeza, liquidez e exigibilidade. Se faltar apenas a liquidez, é possível superar a insuficiência mediante o procedimento de liquidação de sentença.

Na jurisprudência, ainda no regime do CPC/1973 alterado pela Lei 11.232/2005, para introduzir o art. 475-N que ampliou a executividade da sentença para além da condenatória, registra-se acórdão do STJ que pela primeira vez admitiu a possibilidade de executar a sentença de improcedência[40]. E já na vigência do atual CPC, o STJ, por decisão de sua Corte Especial, assentou que, estabelecendo obrigação de pagar quantia, de fazer, não fazer ou entregar coisa, a sentença, qualquer que seja sua natureza, de procedência ou improcedência do pedido, "constitui título executivo judicial", com admissibilidade de sua "prévia liquidação e execução nos próprios autos"[41].

Os argumentos favoráveis à executividade da sentença de improcedência utilizados em sede de doutrina, são vários, merecendo destaque os seguintes[42]:

(a) eliminação do vocábulo "condenatória" na definição das decisões exequíveis (CPC/2015, art. 515, I);

(b) previsão do art. 525, § 1º, VII, de que a pretensão de cumprimento da sentença condenatória possa ser impugnada mediante arguição de existência de causa impeditiva, modificativa ou extintiva da obrigação exequenda. Logo, se tal defesa for anterior à sentença, sua acolhida poderá conferir à sentença de improcedência da demanda do autor, título executivo judicial em favor do réu;

(c) respeito à coisa julgada, em sua função negativa, que veda voltar à discussão judicial as questões de mérito já definitivamente resolvidas (arts. 502, 503 e 507)[43],

---

[39] "O reconhecimento da inexistência de relação jurídico tributária, pretensão de cunho declaratório, não implica direito automático à restituição de eventual indébito tributário, visto que ambas as pretensões, uma de cunho declaratório e outra de cunho condenatório, possuem requisitos próprios para seu reconhecimento. No caso da restituição de indébito, além da necessidade de se reconhecer ser indevido o tributo, também devem ser analisadas questões como a prescrição, a comprovação do pagamento indevido, a não ocorrência de compensação, dentre outras" (STJ, 2ª T., AgInt no REsp 1.585.793/SP, Rel. Min. Mauro Campbell Marques, ac. 06.04.2017, *DJe* 17.04.2017).

[40] STJ, 1ª Seção, REsp 1.261.888/RS – Recurso repetitivo – tema 509, Rel. Min. Mauro Campbell Marques, ac. 09.11.2011, *DJe* 18.11.2011.

[41] STJ, Corte Especial, REsp 1.324.152/SP, Recurso repetitivo – tema 889, Rel. Min. Luis Felipe Salomão, ac. 04.05.2016, *DJe* 15.06.2016.

[42] SILVA, Rinaldo Mouzalas de Souza e. Executividade das decisões de improcedência de acordo com o Código de Processo Civil de 2015. *Juris Plenun*, v. 85, p. 71 e ss., jan/2019.

[43] "Aquilo que for abarcado pelos limites da coisa julgada não poderá ser submetido à nova decisão judicial. Por esta exata razão, defende-se que 'outra finalidade da coisa julgada reside na busca da harmonia dos julgados'. Logo, de duas maneiras distintas pode-se fazer uso da coisa julgada: para impedir a repetição da

e em sua função positiva, que vincula o juízo futuro à decisão acobertada pela *res iudicata*[44];

(d) eficiência e concretização da duração razoável do processo (CF, arts. 5º, LXXVIII e 37, *caput*; CPC, arts. 6º e 8º)[45];

(e) incentivo à pacificação social: "em razão da certificação, proporcionada pela sentença declaratória (inclusive a de improcedência), a possibilitar (quando necessário) o seu cumprimento coercitivo, afirma-se a pacificação social"[46].

Em síntese, o reconhecimento da executividade da sentença de improcedência (sentença declaratória negativa do direito do autor e positiva do direito oposto pelo réu) é, na atualidade, "exigência proveniente das diversas garantias constitucionais, entre elas, a da eficiência, da duração razoável do processo e da segurança jurídica"[47], além da imperiosa necessidade de se respeitar a força da coisa julgada[48].

555. TUTELA INTERDITAL COMO PADRÃO

O processo de conhecimento, na nova sistemática do direito brasileiro, distanciou-se da meta da condenação, que se manifestava pela busca da formação de título executivo, como fecho de um processo e preparação de outro. A sentença não é mais um título de condenação, mas uma fonte direta da execução real ou mandamental, o que a aproxima dos interditos romanos, cuja implementação não se dava por meio da *actio iudicati*, mas em razão de medidas concretas determinadas de plano pelo pretor. Foge-se, no dizer de Ovídio A. Baptista da Silva,

---

mesma ação e para vincular o juízo futuro à decisão já proferida. Na primeira hipótese, está-se diante da função negativa, e na segunda, frente à função positiva (Idem, p. 75).

[44] Certamente a maior utilidade da função positiva "é interna ao processo em que proferida a sentença que alcançou a qualidade da coisa julgada, a subministrar o órgão judicial da necessária legitimidade para garantir a executividade da sentença de improcedência. Estando o objeto litigioso delimitado pelas afirmações da existência de direito que são apresentadas pelas partes, com adesão, portanto, às exceções materiais apresentadas (geralmente pelo réu da relação processual originária, que passa a ser o autor da afirmação), a coisa julgada vem a reboque para impossibilitar a renovação da discussão acerca do mesmo objeto" (Idem, ibidem).

[45] "Na medida em que vai além de simplesmente negar o direito que é afirmado pelo autor, a admissão pela executividade da sentença de improcedência possibilita que, por intermédio do mesmo processo, proporcione-se a satisfação do direito reconhecido em favor do réu (...). A admissibilidade da execução da sentença de improcedência conduz a eficiência a patamar mais elevado. Possibilita o efetivo acesso à justiça com o mínimo de dispêndio de atividade, sobretudo porque reduz a prática de atos jurisdicionais (evita propositura de nova ação, agora condenatória) e, ao mesmo tempo, proporciona a harmonia (tão aspirada pelo sistema processual e pela própria realidade fática)". (Idem, p. 79).

[46] Rinaldo Mouzalas de Souza e. *Op. cit.* p. 80. Fundamenta o autor: "pelo respeito à certificação judicial, ou pelo receio ao advento de futura execução, a parte vencida não ferirá (ou pelo menos assim o fará em menor frequência) a esfera jurídica da parte vencedora. Como a finalidade do processo, por interesse social não é apenas a tutela dos direitos, mas, igualmente, a pacificação, ela constitui ideal a ser perseguido. E é exatamente por isso que admitir a possibilidade de execução da sentença de improcedência, além de ser tecnicamente possível, é necessário no aspecto social" (*Op. cit., loc. cit.*).

[47] SILVA, Rinaldo Mouzalas de Souza e. *Op. cit.*, p. 96.

[48] "O réu da relação processual, independentemente da formulação de pedido(s), pode ser beneficiado pelos efeitos da coisa julgada, a ponto de ver reconhecido, em seu favor, direito à prestação como decorrência da certificação, advinda da contraditoriedade e/ou do acolhimento de exceção substancial apresentada e/ou da agregação de efeitos anexos e/ou secundários. Explica-se, portanto, a executividade da sentença de improcedência quando reconhecido o direito à prestação em favor do réu. Não será, então, preciso o réu intentar nova ação cognitiva" (SILVA, Rinaldo Mouzalas de Souza e. *Op. cit.*, p. 96-97).

da ordinariedade do processo de conhecimento, que, nos moldes primitivos do CPC/1973, fazia confundir a sentença de condenação com uma sentença declaratória. O Código anterior, através de sucessivas reformas, conseguiu superar o modelo romano denominado *ordo iudiciorum privatorum*.

Mais do que a pura eliminação da autonomia do processo de execução de sentenças, que se alcança com a força de se cumprirem desde logo, no próprio processo da ação cognitiva, o mérito maior da Lei n. 11.232/2005 foi justamente o de adotar como padrão executivo o da tutela interdital, que vê na sentença muito mais do que a definição do direito da parte e da obrigação do devedor, mas um mandamento logo exequível por força imediata do provimento com que se acolhe a pretensão da parte.[49] Essa sistemática foi totalmente absorvida e aprimorada pelo atual Código.

556. DEFESA DO EXECUTADO

Embora seja sumária a execução da sentença prevista nos arts. 497, 498 e 523 do CPC/2015, não se pode recusar o direito ao executado de se defender contra procedimentos ilegítimos ou ilícitos.

É claro que, diante da sentença que encerrou a fase cognitiva, não é mais possível ao devedor, na fase de cumprimento do julgado, discutir a condenação que lhe foi definitivamente imposta. Mas a própria sentença pode estar contaminada de nulidade, como no caso de falta de citação inicial no procedimento condenatório. Pode, também, acontecer nulidade da execução por inexistência de título executivo, por iliquidez ou incerteza da obrigação, inexigibilidade da prestação, excesso da execução, falta de algum pressuposto processual ou condição de procedibilidade. A execução compõe-se, outrossim, de uma série de atos de agressão patrimonial, todos eles subordinados a requisitos legais, cuja presença não pode faltar, sob pena de comprometer o devido processo legal. É óbvio que o executado tem o direito de controlar a legalidade de todos eles e de evitar que seu patrimônio sofra expropriações injustas.

Se a execução fosse de título extrajudicial, o remédio adequado à defesa contra a execução irregular seriam os embargos do devedor (art. 917). No cumprimento de sentença, todavia, não há lugar para essa ação incidental. Como a execução não pode privar a parte da garantia constitucional do contraditório (CF, art. 5º, LV), tem o executado, diante das irregularidades da execução de sentença, o direito de impugná-las, por meio de simples petição, incumbindo ao juiz processar e julgar, de plano, as impugnações formuladas como incidentes do cumprimento da sentença relativa às obrigações de fazer e não fazer[50], assim como nos casos de obrigações de entrega de coisa ou de pagamento de quantia certa.

Até mesmo questões de mérito, como pagamento, novação, prescrição etc., podem ser suscitadas em impugnação ao cumprimento da sentença, mas somente se permite essa espécie de oposição quando fundada em fatos extintivos ou impeditivos posteriores ao julgado exequendo (art. 525, § 1º, VII).[51] É interessante notar que dois são os requisitos legais de toda

---

[49] As sentenças, após a reforma, "ou serão execuçoes reais, quando digam respeito a pretensões à entrega de coisa certa, ou serão preponderantemente mandamentais, quando não, em certas hipóteses, igualmente execuções reais, as pretensões que digam respeito ao cumprimento das obrigações de fazer ou não fazer, segundo prevê o § 5º do art. 461. Aproximamo-nos, portanto, das formas peculiares à tutela interdital. Este, a nosso ver, é um ganho expressivo no caminho da publicização do direito processual civil" (SILVA, Ovídio A. Baptista da. Sentença condenatória na Lei n. 11.232. *Revista Jurídica*, v. 345, p. 20).

[50] DIDIER JR., Fredie; BRAGA, Paulo Sarno e OLIVEIRA, Rafael. *Curso de direito processual civil*. Salvador: JusPodivm, 2007, v. 2, p. 367.

[51] A impugnação ao cumprimento da sentença, com o conteúdo previsto no art. 525, § 1º, do CPC/2015, e por meio de simples petição, cabe na execução de qualquer modalidade de obrigação corporificada em

execução: o título executivo e o inadimplemento. Desse modo, tendo ocorrido o pagamento ou qualquer outra causa extintiva da obrigação, desaparece uma das condições de procedibilidade *in executivis* (o interesse de agir), tornando-se inadmissível a propositura ou o prosseguimento do "cumprimento da sentença" (art. 788).

Quanto ao prazo para impugnar a execução de obrigação de fazer ou não fazer, prevista em sentença, deve ser utilizado, por analogia, o de quinze dias, previsto nos arts. 523, *caput*, e 915, *caput*. Trata-se, porém, quase sempre, de prazo não preclusivo, já que as matérias geralmente invocáveis relacionam-se com pressupostos processuais e condições de procedibilidade, cuja falta deve ser conhecida de ofício pelo juiz a qualquer tempo e grau de jurisdição (art. 485, § 3º). Além disso, os atos executivos praticados depois dos quinze dias previstos no art. 525, serão questionáveis, em sequência, nos próprios autos e neles serão decididos pelo juiz (art. 518).

A impugnação ao cumprimento da sentença, por outro lado, não depende de segurança do juízo, por penhora, depósito ou caução (art. 525).

A solução das impugnações configurará decisão interlocutória, recorrível por meio de agravo, se não acarretar a extinção da execução (art. 1.015, parágrafo único, do CPC/2015). Ter-se-á, no entanto, sentença atacável por apelação, se o acolhimento da oposição resultar em pôr fim à execução. Merece destacar que, mesmo quando ocorrer o acolhimento parcial da impugnação, em virtude de alguma das matérias tratadas nos arts. 485 e 487 do CPC/2015, a decisão, que não extinguirá por completo a execução, haverá de ser tratada como interlocutória, e o recurso manejável continuará sendo o agravo de instrumento.

556-A. O EXCESSO DE EXECUÇÃO NO CUMPRIMENTO DE SENTENÇA

I – A configuração do excesso de execução

O excesso de execução previsto no art. 917, III, e definido no § 2º do mesmo artigo, é matéria arguível tanto nos embargos à execução de títulos executivos extrajudiciais, como no cumprimento de sentença (art. 525, V).

O caso mais típico de excesso de execução ocorre quando o credor pleiteia quantia superior à prevista no título (art. 917, § 2º, I), mas é interessante, sobretudo para a impugnação do cumprimento de sentença, o excesso de execução que se dá quando "o exequente, sem cumprir a prestação que lhe corresponde, exige o adimplemento da prestação do executado" – *exceptio non adimpleti contractus* (art. 917, § 2º, IV); assim como na hipótese em que deixa de comprovar a ocorrência da condição a que a obrigação exequenda se acha sujeita (art. 917, § 2º, V)[52].

II – Exceção de contrato não cumprido

A exceção de contrato não cumprido é uma defesa de direito material, prevista pelo art. 476 do Código Civil, cujos efeitos podem ser pleiteados tanto antes da sentença como na fase ulterior de cumprimento da sentença, como se deduz do art. 525, V, c/c art. 917, § 2º, IV, ambos do CPC.

---

título judicial, seja ela de quantia certa, fazer ou não fazer, ou entrega de coisa (BASTOS, Antônio Adonias. *A defesa do executado de acordo com os novos regimes da execução*. Salvador: JusPodivm, 2008, p. 123; GRECO, Leonardo. "A defesa na execução imediata". *In*: Fredie Didier Jr. (org.). *Execução Civil: Estudos em homenagem ao Prof. Paulo Furtado*. Rio de Janeiro: Lumen Juris, 2006).

[52] Outros casos de excesso de execução aplicáveis ao cumprimento de sentença são: a) pretensão que recai sobre coisa diversa daquela declarada no título (art. 917, § 2º, II); e b) execução processada de modo diferente do que foi determinado no título (art. 917, § 2º, III).

Dispõe o art. 476 do CC que "nos contratos bilaterais, nenhum dos contratantes, antes de cumprida a sua obrigação, pode exigir o implemento da do outro". O que se costuma discutir são os efeitos da arguição dessa exceção substancial, quando acolhida em juízo, na fase cognitiva do processo, ou seja, quando da sentença de mérito que se destina a servir de título executivo em favor do autor da demanda.

Segundo doutrina clássica, defendida, entre outros, por Pontes de Miranda[53], a exceção de contrato não cumprido não é peremptória, mas apenas dilatória[54]. Sua acolhida não conduz à improcedência do pedido do autor da ação. Provoca apenas a suspensão da exigibilidade da prestação, enquanto o credor não cumpre ou não oferece a que lhe cabe no sinalagma contratual. Reporta-se o grande mestre brasileiro à previsão, sobre a qual nosso Código se omite, mas que de forma expressa é explicitada no § 322 do BGB (Código Civil Alemão), para ensinar que:

"Se o figurante exerce a exceção *non adimpleti contractus*, ou a *non rite adimpleti contractus*, com isso não se pré-exclui o julgamento da procedência da demanda; apenas se condena o demandado a prestar simultaneamente, ao receber a contraprestação. A condenação a prestar, simultaneamente tanto se dá se as prestações haviam de ser simultâneas como se a prestação do demandante tinha de ser anterior, ou se ambas já têm de ser feitas. Se o demandado não opõe a exceção, o juiz somente pode condená-lo a prestar, ainda que a) seja evidente, nos autos, que o demandante teria de prestar primeiro, ou b) não pudesse o demandante exigir primeiro a prestação de demandado. Se o demandado opõe a exceção, tem o demandante de alegar e provar que já satisfez a sua dívida, como, por exemplo, se consignou em depósito a prestação. Se o não alega, ou se o alega e não consegue prová-lo, tem de prestar, para que se cumpra a sentença condenatória contra o demandado. Com o exercício da exceção, o demandado evita a incursão em mora"[55].

III – Ônus da prova

Se não há consenso entre as partes, a exceção de contrato não cumprido exigirá instrução adequada à controvérsia instalada. Há quem defenda que o ônus da prova caberia ao excipiente (embargante ou impugnante). Não é essa, entretanto, a correta opção. A bilateralidade da obrigação decorre dos próprios termos do título executivo e dos encargos que a propositura da execução imputa ao exequente, dentre os quais o de comprovar liminarmente a exigibilidade do crédito cobrado (arts. 783 e 786, ambos do CPC). Por isso, o art. 798, I, *d*, do CPC exige do credor que, ao propor a execução, exiba a prova, se for o caso, de que "adimpliu a contraprestação que lhe corresponde ou que lhe assegura o cumprimento, se o executado não for obrigado a satisfazer a sua prestação senão mediante a contraprestação do exequente".

---

[53] PONTES DE MIRANDA, Francisco Cavalcanti. *Tratado de direito privado*. 2. ed. Rio de Janeiro: Borsoi, 1959, t. XXVI, p. 103.

[54] A doutrina majoritária sustenta que a acolhida da *exceptio non adimpleti contractus*, como defesa dilatória e não peremptória, não impede a procedência da demanda, mas permite a condenação do réu "a pagar assim que a contraprestação for adimplida pelo autor" (BIAZI, João Pedro de Oliveira. *A exceção de contrato não cumprido no direito privado brasileiro*. Rio de Janeiro: GZ Editora, 2019, p. 218).

[55] PONTES DE MIRANDA, Francisco Cavalcanti. *Tratado de direito privado*. T. XXVI – *Direito das obrigações*: Inadimplemento. Atualizado por Ruy Rosado de Aguiar Júnior e Nelson Nery Júnior. São Paulo: Ed. RT, 2012, p. 214. Na nota dos atualizadores restou consignado que na doutrina contemporânea o entendimento é no sentido de que "julgada procedente a exceção, se já vencida a dívida, há a condenação ao cumprimento simultâneo. Se ainda não vencida a obrigação do autor, este prestará caução para solver na data do vencimento. Certamente, esta é a melhor solução, embora haja julgados em contrário. O autor adverte: não se confunda condenação condicional com a condenação à prestação futura" (*Panorama atual pelos Atualizadores, Tratado*, cit., p. 210).

Assim, não há como reclamar do devedor que prove o inadimplemento da contraprestação a cargo do exequente, tal como nas obrigações unilaterais não se exige do exequente, em princípio, que prove o não pagamento, pelo executado, da dívida posta em execução. Prova negativa é quase sempre impossível. Oposta, então, a exceção de contrato não cumprido, depara-se com a regra explícita da lei de que é o promovente da execução que tem o dever de provar o cumprimento do contrato sinalagmático, no tocante à sua contraprestação (art. 798, I, *d*), e jamais o executado[56].

IV – Momento adequado à arguição de contrato não cumprido

É diferente o regime da arguição da exceção de contrato não cumprido em relação ao título executivo judicial e ao título extrajudicial. No primeiro caso, antes da formação do título (sentença condenatória), a exceção deverá ser levantada pelo devedor, na contestação (CPC, art. 336), de modo que, sendo desacolhida pela sentença, não terá como ser renovada na fase de cumprimento da decisão. Mas, uma vez acatada, figurará como condição de exequibilidade, facultando ao devedor impugnar o cumprimento do julgado por excesso de execução, caso o credor não comprove a realização da contraprestação a seu cargo (CPC, art. 525, § 1º, V, c/c art. 798, I, *d*).

Na execução do título executivo extrajudicial, a constatação da existência de obrigação bilateral se faz a partir dos próprios termos do negócio jurídico documentado no título. Por isso, para que se inicie a respectiva execução, na espécie, não basta exibir em juízo o título extrajudicial. É indispensável que, desde logo, o credor junte à petição inicial o comprovante da realização da contraprestação (art. 798, I, *d*), sob pena de não se ter como satisfeito o requisito da exigibilidade da obrigação (art. 786) e de nulidade da execução declarável de ofício pelo juiz (art. 803, I).

É bem verdade que o juiz, embora possa atuar de ofício, não fica autorizado a indeferir de imediato a petição inicial que venha desacompanhada da prova de cumprimento da contraprestação devida pelo exequente. Em nome da economia processual e da primazia da solução de mérito do processo, ordena o art. 801 que, diante da omissão cometida na abertura da execução, o juiz determinará, antes de tudo, que o comprovante necessário seja apresentado em quinze dias, sob pena, aí sim, de indeferimento da postulação.

Veja-se como difere o tratamento da exceção de contrato não cumprido no processo condenatório e no executório. No processo de conhecimento, é o devedor que tem a iniciativa da exceção e o ônus de provar-lhe os requisitos, e se este não exerce a defesa facultativa, não poderá a sentença acolhê-la, nem será possível ao devedor argui-la tardiamente na impugnação ao cumprimento da sentença. Mas, ocorrendo arguição e sendo ela acolhida na decisão do processo de conhecimento, lícito será ao devedor impugnar o eventual cumprimento da sentença enquanto o credor não realizar o pagamento da prestação que lhe toca.

Já no processo de execução do título extrajudicial, é ao credor que cabe, na própria inicial, provar a inexistência dos pressupostos da exceção de contrato não cumprido, antes mesmo de qualquer arguição do executado, como condição necessária à abertura e prosseguimento dos atos executórios. Se, por equívoco, o juiz der andamento à execução, sem atentar para a omissão do credor, caberá ao executado argui-la nos embargos à execução, postulando seja aplicada a sanção de nulidade do processo[57]. Essa decretação, mesmo quando feita em sede

---

[56] É, pois, na exceção de contrato não cumprido, "injustificado exigir do réu prova do inadimplemento do autor – que na maioria das vezes é de difícil produção" (BIAZI, João Pedro de Oliveira de. *Op. cit.*, p. 222). Lembra o autor, no mesmo sentido, as lições de Carvalho Santos, Hector Masnatta e Giovanni Persico.

[57] PONTES DE MIRANDA, Francisco Cavalcanti. *Comentários ao Código de Processo Civil*. Rio de Janeiro: Forense, 1976, t. IX, p. 201; BIAZI, João Pedro de Oliveira de. *Op. cit.*, p. 226.

de embargos, não ocorrerá sem que antes se dê ao exequente a oportunidade de supri-la em quinze dias, na forma do art. 801 do CPC.

V – Efeitos da exceção de contrato não cumprido no plano da execução forçada

Explica Pontes de Miranda que ao condenar o devedor a cumprir a obrigação, não obstante a acolhida da exceção *non adimpleti contractus*, não está a sentença a condenar a prestação futura. O direito do credor é atual, o que há, diante da exceção, é apenas o condicionamento da prestação devida pelo excipiente à simultânea contraprestação do exceto. Trata-se, pois, de "exceção dilatória", de direito material[58]. De forma que, "para julgar a exceção, tem o juiz de declarar o direito do autor; mas, advirta-se, declarar não é condenar. A condenação – segundo Pontes de Miranda – é ao cumprimento simultâneo"[59] porquanto se está diante de prestações atuais e contrapostas.

Enfim, "o fato de não existir [no CC brasileiro] uma disposição legal [explícita] que fundamente as condenações ao cumprimento *zug um zug*, como acontece no ordenamento jurídico alemão, não deve impedir os tribunais [brasileiros] de condenar o réu a cumprir contra a realização da contraprestação"[60]. É que, nada há, também, que vede, entre nós, o tratamento da *exceptio non adimpleti contractus* como exceção dilatória. E é nesse sentido que a doutrina mais atual continua fiel ao pensamento de Pontes de Miranda:

"Observa-se que, considerando que o exercício da exceção substancial dilatória opera uma ampliação do objeto litigioso do processo, a solução que lhe é dada deve compor o dispositivo da decisão judicial. Assim, ao acolher a exceção exercida pelo réu, a sentença é *duplamente procedente*: reconhece a existência do direito do autor (cuja exigibilidade fica, contudo, suspensa) e reconhece também a existência do contradireito do réu. As afirmações de direito feitas pelas partes, que compõem o objeto litigioso do processo, são [ambas] procedentes"[61].

Vitor Lemes Castro[62], no entanto, entende que a exceção de contrato não cumprido, sendo acolhida pela sentença, impede a formação de título executivo para o demandante, porque: a) o efeito da procedência da exceção substancial *in casu* é a improcedência da pretensão do demandante, a quem a *exceptio* foi oposta, à falta de previsão, no direito brasileiro, de dispositivo equivalente ao que consta do Código alemão; e b) ainda porque não se pode no sistema processual brasileiro admitir uma sentença que, ao mesmo tempo que julga procedente o pedido do credor, sujeita sua eficácia a uma condição não prevista na *causa petendi* arrolada na fundamentação do pedido. Seria, a seu ver, inaplicável ao direito nacional a qualificação da exceção de contrato não cumprido na categoria de exceção dilatória, feita pela lei alemã[63].

---

[58] PONTES DE MIRANDA, Francisco Cavalcanti. *Op. cit.*, p. 208.

[59] Idem, ibidem.

[60] BIAZI, João Pedro de Oliveira de. *A exceção de contrato não cumprido no direito privado brasileiro*. Rio de Janeiro: GZ, 2019, p. 219-220.

[61] DIDIER JR., Fredie; BRAGA, Paula Sarno; OLIVEIRA, Rafael Alexandria de. *Curso de direito processual civil*. 14. ed. Salvador: JusPodivm, 2019, v. 2, p. 512.

[62] CASTRO, Vitor Lemos. Os efeitos da sentença que acolhe a exceção de contrato não cumprido. *Revista de Processo*, v. 332, p. 77-105, São Paulo, out./2022.

[63] O STJ também já decidiu que "o efeito processual do acolhimento da exceção de contrato não cumprido é a improcedência do pedido" (STJ, 3ª T., REsp 869.354/RS, Rel. Min. Humberto Gomes de Barros, ac. 14.06.2007, *DJU* 24.09.2007, p. 294; no mesmo sentido: STJ, 3ª T., REsp 673.773/RN, Rel. p/ ac. Min. Ari Pargendler, ac. 15.03.2007, *DJU* 23.04.2007, p. 256). Há, porém, outras decisões de sentido diverso.

No entanto, o que se deduz da sistemática do CPC aqui em vigor é que os títulos executivos que encobrem obrigações sujeitas a condição suspensiva ou a cláusula de bilateralidade autorizadora de manejo da *exceptio non adimpleti contractus* convivem perfeitamente com a execução tanto dos títulos judiciais como dos extrajudiciais.

O que nosso direito positivo cria, no âmbito processual, é apenas uma preliminar a ser cumprida pelo exequente:

a) havendo previsão de subordinação do crédito exequendo a condição suspensiva, ou termo, caberá ao credor comprovar que a condição já se cumpriu ou que já se ultrapassou o termo, sob pena de configurar *excesso de execução* (art. 525, V; e art. 917, § 2º, V) e de provocar a nulidade do processo (art. 803, III);

b) quanto aos títulos representativos de obrigações contratuais bilaterais, prevê o art. 787, *caput*, que "se o devedor não for obrigado a satisfazer sua prestação senão mediante a contraprestação do credor, este deverá provar que a adimpliu ao requerer a execução, sob pena de extinção do processo".

Longe, portanto, de impedir a formação de títulos executivos mediante previsão de contraprestação pendente a cargo do exequente, o CPC admite, expressamente, a viabilidade daqueles que contemplam a cláusula da exceção de contrato bilateral não cumprido. O que, na realidade, o CPC exige em tal circunstância é que a contraprestação prevista na sentença seja cumprida e provada ao ensejo do requerimento da respectiva execução.

A situação jurídica criada pela exceção de contrato não cumprido é, em tudo, a mesma que se estabelece pela exceção do direito de retenção, que também é uma exceção dilatória e não peremptória. Em ambos os casos, não se deixa de acolher a pretensão condenatória exercitada pelo autor, mas apenas se impõe, em benefício do excipiente, que a condenação somente seja executada na forma própria da sentença condicional, que, como lembra Serpa Lopes, é instituto expressamente contemplado por nosso Código de Processo Civil, desde o Estatuto de 1939, e que se conserva até hoje pelo Código de 2015[64].

Também para Enneccerus – em lição perfeitamente ao nosso direito –, a exceção *non adimpleti contractus* não tem como consequência a improcedência da demanda, mas apenas a de que a condenação do demandado seja cumprida simultaneamente com a contraprestação devida pelo demandante. Portanto, a execução da sentença, no caso da exceção de contrato não cumprido segue as mesmas regras aplicáveis "em outros casos de *direito de retenção*".[65]

Logo, o sistema de nosso direito processual civil não repele a tese de que a exceção de contrato não cumprido, mesmo quando acolhida na fase de conhecimento do processo, atua apenas como exceção dilatória, e não como defesa impeditiva de formação de título executivo em favor do credor demandante.

Nem se diga que o reconhecimento da procedência do pedido do credor simultaneamente com a procedência da exceção em referência importaria alteração da prestação jurisdicional que fora postulada pelo exceto, o que contrariaria a vedação legal de alteração do pedido sem consentimento de ambas as partes. É que o objeto litigioso se forma não apenas pelo pedido

---

[64] Diante do caráter condicional reconhecido às exceções dilatórias, como a de contrato não cumprido e a do *ius retentionis*, a sentença, ao acolher esse tipo de defesa, não discute propriamente o direito do autor, já que "o réu não nega a obrigação; repele, porém, a sua exigibilidade, por um fundamento ínsito à própria relação vinculativa" (SERPA LOPES, Miguel Maria de. *Exceções substanciais*: exceção de contrato não cumprido. Rio de Janeiro: Freitas Bastos, 1959, n. 26, p. 135).

[65] ENNECCERUS, Ludwig; KIPP, Theodor; WOLFF, Martin. *Tratado de derecho civil*: derecho de obligaciones. Barcelona: Bosch, 1947, t. II, v. 1º, § 33, p. 167-168.

do autor, mas também pelas defesas e exceções substanciais opostas pelo réu. De maneira que a resolução do mérito da causa compreende a solução dada tanto à pretensão do autor como das defesas diretas e indiretas do demandado.

Há sentença de mérito, na perspectiva do CPC, quando o pedido formulado na ação é acolhido ou rejeitado no todo ou em parte. O juiz não está obrigado a acolher ou rejeitar por inteiro o pedido do autor, pois é seu dever também dar solução à defesa oposta pelo réu. E nessa conjuntura, é perfeitamente legítimo o deferimento da pretensão do autor reduzindo seu alcance eficacial, em função daquilo em que a resistência ou oposição do réu se afigurar juridicamente procedente.

A tese de que, em face da exceção substancial de contrato não cumprido, a sentença somente poderia ser de procedência ou de improcedência por inteiro da ação ou da *exceptio*, não encontra apoio no regime de nosso direito positivo, principalmente quando se enfoca seu ramo processual, hoje largamente comprometido com a economia e a eficiência do processo[66].

Entre as normas fundamentais, que nosso atual CPC extrai da garantia do moderno processo justo, insere-se o reconhecimento de que o acesso à justiça contemplado no inciso XXXV do art. 5º da Constituição compreende "o direito de obter em prazo razoável a *solução integral do mérito*, inclusive a atividade satisfativa" (CPC, art. 4º), assim como o dever de todos os sujeitos do processo de "cooperar entre si para que se obtenha, em tempo razoável, *decisão de mérito justa e efetiva*" (art. 6º); devendo, ainda, o juiz aplicar o ordenamento jurídico, atendendo aos fins sociais e às exigências do bem comum, de modo a resguardar tanto a legalidade como a *eficiência*, na prestação da tutela jurisdicional (art. 8º). Nenhuma dessas garantias seria observada caso prevalecesse a teoria de que – embora certificado, no processo, tanto o direito do credor como a exceção que apenas suspende temporariamente a exigência da prestação reclamada em juízo – teria o credor de renovar, após a sentença, todo o pleito condenatório para só depois ser contemplado com o título executivo judicial. Por que, então, insistir na atribuição de caráter peremptório e inexorável ao acolhimento da exceção de contrato não cumprido, se o próprio CPC resguarda ao credor o direito de comprovar o adimplemento da contraprestação a que se acha obrigado por força da exceção acolhida em juízo, ao tempo do requerimento da execução?

VI – Distinção entre exceção de contrato não cumprido e ação de resolução de contrato por inadimplemento

Cabendo ao autor cumprir primeiro sua obrigação decorrente de contrato bilateral, duas pretensões distintas podem ser exercidas alternativamente pelo demandado: a) a exceção dilatória do art. 476 do CC; ou b) a ação reconvencional de resolução do contrato, essa sim uma defesa peremptória, em face da ação proposta pelo autor (CC, art. 475)[67].

A exceção de contrato não cumprido, na sua feição de defesa dilatória, pressupõe que, por lei ou pelo contrato, o demandado não tenha a obrigação de cumprir sua prestação antes que o autor cumpra a contraprestação a seu cargo. Trata-se, pois, de exceção que tem "incidência

---

[66] "O sistema de nosso direito, portanto, não é o de repelir a ação do exceto, mas a de conferir-lhe uma sentença condicional contra o excipiente. O que, enfim, se visa na exegese exposta pode ser resumido na preocupação de impregnar a exceção de contrato não cumprido, no seu feitio processual, dos predicamentos do devido processo legal, dentre os quais avulta a meta de máxima efetividade da tutela jurisdicional com o mínimo de energia e custo" (THEODORO JÚNIOR, Humberto. *O contrato e seus princípios*. 3. ed. Rio de Janeiro: AIDE, 2001, p. 136).

[67] "A parte lesada pelo inadimplemento pode pedir a resolução do contrato, se não preferir exigir-lhe o cumprimento, cabendo em qualquer dos casos, indenização por perdas e danos" (CC, art. 475).

temporária e de efeito primordial de indução do contratante renitente ao cumprimento das obrigações contratual e voluntariamente assumidas"[68].

Na essência, essa exceção não tem objetivo de negar o direito à prestação contratual exercido pelo autor. Pelo contrário, pressupõe o reconhecimento desse direito, e reclama apenas a suspensão temporária de sua eficácia, enquanto o demandante não cumprir a respectiva contraprestação. Daí, a possibilidade da dupla procedência da ação e da exceção, autorizando que a sentença condene o réu a realizar a prestação reclamada pelo autor, mas só esteja sujeito a fazê-lo depois que a contraprestação do demandante seja cumprida.

Se, porém, o que pretende o réu é provocar a resolução do contrato em razão do inadimplemento do autor, a quem competia primeiro cumprir a prestação a seu cargo, o caso não é de exceção de contrato não cumprido (art. 476 do CC), mas de ação reconvencional, através da qual se buscaria não só a improcedência do pleito do autor, mas também a total extinção do vínculo contratual existente entre as partes (art. 475 do CC).

VII – Encargos sucumbenciais aplicáveis na acolhida da exceção de contrato não cumprido

Em se tratando de sentença que acolhe a típica exceção de contrato não cumprido, ocorre sucumbência parcial e recíproca, mas a principal e majoritária vitória cabe ao réu, dado que a ação do autor teria sido prematura e sua efetiva eficácia só operará depois de cumprida a condição suspensiva reconhecida por sentença em prol do excipiente. Portanto, pelo princípio da causalidade os encargos sucumbenciais, inclusive honorários de advogado, deverão ser imputados ao autor, como responsável pela instauração do processo sem a precaução do art. 476 do CC[69].

557. IMPUGNAÇÃO À VALIDADE DOS ATOS POSTERIORES AO PRAZO DO ART. 525

Não há lugar na sistemática do CPC/2015 para incidentes solenes de *embargos* ou de *impugnação* aos sucessivos atos executivos, como a penhora, a arrematação, a adjudicação etc.

Prevê o Código um momento inicial para impugnação ao cumprimento da sentença, que ocorre nos 15 dias após a intimação do devedor para o pagamento voluntário da obrigação (art. 525), na qual se poderão questionar os vários vícios processuais eventualmente ocorridos até então. Quanto aos atos executivos subsequentes, a parte terá oportunidade de impugná-los nos 15 dias contados da intimação ou da comprovada ciência, podendo fazê-lo por meio de simples petição (art. 525, § 11).

Note-se, porém, que há questões de ordem pública, como os pressupostos processuais e as condições da ação, que não precluem e podem a qualquer tempo ser apreciadas pelo juiz, até mesmo de ofício (art. 485, § 3º). Logo, a nulidade do processo decorrente de iliquidez, incerteza ou inexigibilidade da obrigação (art. 803) é uma das arguições que não se sana pelo fato de não ter sido suscitada nos 15 dias do art. 525, *caput* e § 11[70]. O mesmo se pode dizer

---

[68] STJ, 3ª T., REsp 1.331.115/RJ, Rel. Min. Nancy Andrighi, ac. 19.11.2013, DJe 22.04.2014).

[69] Quando o princípio da sucumbência não se mostra adequado para definir a imputação dos encargos processuais, a jurisprudência recorre ao princípio da causalidade, atribuindo tais encargos à parte que houver dado causa ao processo (STJ, 1ª Seção, REsp 1.452.840/SP, Rel. Min. Herman Benjamin, ac. 14.09.2016, DJe 05.10.2016 – julgamento em regime de recursos repetitivos).

[70] CPC/2015, art. 803: "É nula a execução se: I – o título executivo extrajudicial não corresponder a obrigação certa, líquida e exigível (...) Parágrafo único. A nulidade de que cuida este artigo será pronunciada pelo juiz, de ofício ou a requerimento da parte, independentemente de embargos à execução". A nulidade na espécie

da penhora quando recai sobre bem absolutamente impenhorável[71]. O problema resolve-se, por iniciativa da parte, por meio de expediente simples, como algo equivalente à exceção de pré-executividade, quando se apresente como de solução evidente *prima facie*, sem depender de provas complexas.

558. CUMPRIMENTO POR INICIATIVA DO DEVEDOR

O Código de 2015 regula o cumprimento de sentença por iniciativa do devedor, dispondo que "é lícito ao réu, antes de ser intimado para o cumprimento da sentença, comparecer em juízo e oferecer em pagamento o valor que entender devido, apresentando memória discriminada do cálculo" (art. 526).

É bom lembrar que se a execução forçada figura no sistema do Código como uma faculdade (direito subjetivo) de que o credor pode livremente dispor (CPC/2015, art. 775), ao devedor a lei civil reconhece não apenas o *dever* de cumprir a obrigação, como também o *direito* de liberar-se da dívida (art. 334 do Código Civil)[72]. Simplificado o procedimento de cumprimento da sentença, não há mais um rito contencioso especial para a consignação como antes determinava o art. 570 do CPC/1973. Tudo se passa da forma mais singela possível: o devedor oferecerá o pagamento diretamente ao credor, dele obtendo a quitação, que será juntada ao processo; ou oferecerá em juízo o depósito da soma devida para obter do juiz o reconhecimento da extinção da dívida e consequente encerramento do processo. Em sua petição, fará incluir o demonstrativo de atualização do débito, se o credor ainda não tiver tomado iniciativa em tal sentido.

Com isso, antecipando à execução do credor, terá condições de evitar multa e encargos acrescidos. Ouvido o credor, e não havendo impugnação, o juiz declarará satisfeita a obrigação e extinguirá o processo (art. 526, § 3º).

559. O CUMPRIMENTO FORÇADO POR INICIATIVA DO DEVEDOR NO CASO DE DÍVIDA DE DINHEIRO

A situação se complica um pouco mais quando a prestação seja de quantia certa e o devedor não tenha recursos disponíveis para efetuar imediatamente o pagamento da soma a que se acha obrigado. Dispondo de bens adequados à penhora, não nos parece vedada a ele a iniciativa de provocar o procedimento expropriatório. Não seria razoável inviabilizar a execução e manter o devedor indefinidamente vinculado à obrigação, quando, no sistema processual em vigor, os atos executivos subsequentes à sentença constituem simples prosseguimento do processo de conhecimento.

Diante da omissão do credor em requerer a expedição do mandado de penhora, previsto no art. 523, com indicação dos bens passíveis de constrição (art. 524, VII), o devedor, no exercício do direito de se liberar da obrigação, tomaria as rédeas da execução e nomearia ao juiz

---

"não requer a propositura da ação de embargos à execução, sendo resolvida incidentalmente" (STJ, 3ª T., REsp 3.079/MG, Rel. Min. Cláudio Santos, 10.09.1990, No mesmo sentido: STJ, 3ª T., REsp 124.364/PE, Rel. Min. Waldemar Zveiter, ac. 05.12.1997, 26.10.1998; STJ, 4ª T., REsp 932.910/PE, Rel. Min. João Otávio de Noronha, ac. 05.04.2011, 12.04.2011).

[71] "– Em se tratando de nulidade absoluta, a exemplo do que se dá com os bens absolutamente impenhoráveis (CPC, art. 649), prevalece o interesse de ordem pública, podendo ser ela arguida em qualquer fase ou momento, devendo inclusive ser apreciada de ofício" (STJ, 4ª T., REsp 192.133/MS, Rel. Min. Sálvio de Figueiredo Teixeira, ac. 04.05.1999, *DJU* 21.06.1999, p. 165. No mesmo sentido: STJ, 2ª T., AgRg no AREsp 223.196/RS, Rel. Min. Humberto Martins, ac. 16.10.2012, *DJe* 24.10.2012).

[72] NONATO, Orozimbo. *Curso de Obrigações*. 3ª parte. Rio de Janeiro/ São Paulo: Editora Jurídica e Universitária Ltda., 1971, n. 1, p. 10; PEREIRA, Caio Mário da Silva. *Instituições de Direito Civil*, II, n. 158, p. 163.

os bens a serem penhorados, requerendo que a constrição se realizasse por termo nos autos. Pensamos que o princípio do *favor debitoris*, princípio geral das obrigações acolhido desde as origens romanas, justifique possa o próprio devedor dar início ao cumprimento da sentença, oferecendo ele mesmo bens à penhora, sem ter de aguardar indefinidamente pela diligência do credor, cuja omissão, às vezes, pode ser caprichosa e abusiva. O princípio do *favor debitoris*, frequentemente invocado pelo STJ para liberar, de forma anômala, o devedor, de contratos que realmente não tem como cumprir nos termos da avença originária,[73] poderá explicar a possibilidade da autoexecução de condenação à prestação de dinheiro, quando o credor simplesmente deixa de iniciar o procedimento de cumprimento forçado. Assim, a excussão desses bens proporcionaria a satisfação do direito do credor e a liberação do devedor, pondo fim ao processo, cujo desfecho estaria paralisado por inércia do credor.

Dir-se-á que o devedor não se libera da obrigação senão quando oferece ao credor exatamente a coisa devida e, desse modo, não poderia se safar da obrigação mediante oferta em juízo de coisa diversa daquela que efetivamente está obrigado a prestar. *In casu*, porém, o devedor não está oferecendo o bem penhorado em pagamento; está propiciando ao juiz da execução um meio de chegar à soma de dinheiro com que o débito afinal será resgatado, tal como previsto no título de que dispõe o credor. Convém observar que se está no meio da marcha de um processo complexo, cujo desfecho haverá de ser a satisfação de uma dívida de dinheiro, e a penhora se apresenta como o caminho natural para se chegar à realização da prestação correspondente ao título do credor.

Não haverá de ser o capricho do credor um obstáculo intransponível a que o devedor busque a liberação a que tem direito, dentro de um processo que, em seu prosseguimento, oferece condições jurídicas à solução plena e definitiva do litígio submetido ao crivo da justiça, resguardando tanto os interesses do credor como devedor.

Uma vez penhorado o bem nomeado pelo devedor, caberá ao credor optar entre adjudicá-lo (CPC/2015, art. 876) ou levá-lo à alienação judicial perante o público (arts. 880 e 881). Se decidiu pela adjudicação, será pago por bem diverso do que originariamente previsto em seu título. Fá-lo-á, entretanto, por livre escolha, e não por imposição do devedor. Não lhe interessando essa modalidade especial de pagamento, aguardará o desfecho da venda judicial, para se pagar em dinheiro, ou seja, no objeto específico da obrigação.

A ordem jurídica não pode amparar e estimular situações abusivas como a de o credor impedir, a qualquer custo, a liberação do devedor. Diante do impasse criado pelo credor, hão de ser buscadas vias alternativas para que, sem violação do direito do sujeito ativo, possa o sujeito passivo encontrar remédio capaz de liberá-lo do liame obrigacional. Para tanto, recorre-se, com frequência, a um antigo e sempre prestigiado princípio geral do direito das obrigações, que é o do *favor debitoris*. Segundo tal princípio de origem romana, o devedor deve ser protegido de modo a favorecer sua liberação do débito, mediante abrandamento das premissas racionais informativas dos princípios básicos reguladores do direito de crédito[74]. Mesmo que o caminho

---

[73] No caso, por exemplo, de compromisso de compra e venda, cujo cumprimento se tornou inviável para o promissário comprador, este, mesmo sendo a parte inadimplente, tem sido reconhecido como parte legítima para pedir a rescisão do contrato e recuperar, pelo menos em parte, o que tiver pago ao promitente vendedor. Reconhece-se, portanto, que o devedor não pode ficar eternamente atrelado a um contrato que jamais terá condições de cumprir (STJ, 2ª Seção, EREsp. n. 59.870-SP, Rel. Min. Barros Monteiro, ac. 10.04.2002, *RSTJ* 171/206-207). A faculdade de romper o contrato não foi prevista em lei para ser exercida pelo contratante inadimplente, mas em situações emergenciais poderá ser-lhe estendida, como única forma de libertá-lo do vínculo obrigacional. O mesmo princípio geral pode ser aplicado ao devedor que não tem outro recurso para satisfazer a condenação do que provocar a autoexecução.

[74] MOREIRA ALVES, José Carlos. As normas de proteção ao devedor e o *favor debitoris* do Direito Romano ao Direito Latino-Americano. *RTJE*; v. 92, p. 9/61. O STJ tem aplicado esse princípio, com frequência, para resolver

eleito não seja ortodoxo, deve ser admitido em juízo, se, na conjuntura do caso concreto é o que se apresenta como adequado para proporcionar a liberação do devedor.

560. SUCUMBÊNCIA

I – Regime do Código de 1973

O entendimento, que prevalecia, após certa controvérsia pretoriana, era o de que o cumprimento da sentença não deveria ser tratado de maneira diferente daquela em que se desenvolvia a velha ação executiva, em matéria de honorários sucumbenciais. Ou seja: prevalecia a regra de que na execução de sentença, com ou sem oposição do devedor, este ficaria sujeito a pagar novos honorários de advogado ao credor.[75]

II – Regime do atual Código

Regulando de forma expressa e clara essa situação processual, prevê o art. 523, § 1º, do CPC/2015 que, à falta de cumprimento espontâneo da obrigação de pagar quantia certa, o devedor será intimado a pagar o débito em quinze dias acrescido de custas e honorários advocatícios de dez por cento, sem prejuízo daqueles impostos na sentença. Nesta altura, portanto, dar-se-á a soma das duas verbas sucumbenciais, a da fase cognitiva e a da fase executiva. Esta última incide, de início, sob a forma de alíquota legal única de dez por cento.

Não se previu norma similar para o cumprimento de sentenças relacionadas com as obrigações de fazer, não fazer e de entregar coisa. Porém, a sujeição do devedor a nova verba advocatícia ocorrerá, também nesses casos, tendo em vista a regra geral de que "são devidos honorários advocatícios (...) no cumprimento de sentença, provisório ou definitivo, na execução, resistida ou não (...) cumulativamente" (art. 85, § 1º).

Portanto, haja ou não, o incidente de impugnação ao cumprimento da sentença (CPC/2015, art. 525, § 1º), a verba honorária incidirá sempre que o devedor não cuidar de promover o pagamento voluntário antes de escoado o prazo assinado para tanto (art. 523). Nesse rumo, firmou-se a jurisprudência do STJ, de sorte que, a ultrapassagem do termo legal de cumprimento voluntário da sentença, sem que este tenha sido promovido, acarreta não só a sujeição à multa legal do art. 523, § 1º, como também à nova verba de honorários sucumbenciais (art. 85, § 1º).[76]

---

o problema do promissário comprador de imóvel que, por dificuldades financeiras, não consegue honrar as prestações pactuadas. Para liberá-lo do vínculo contratual, reconhece-lhe legitimidade para propor ação de resolução do contrato, fugindo do rigor da lei, que, em princípio, somente poderia partir de iniciativa do credor, e nunca do devedor inadimplente. "Corresponde o *favor debitoris* – na exegese do STJ – "à manifestação específica do *favor libertatis* em sentido amplo". Donde: se o compromissário-comprador "deixa de cumprir o contrato em face da insuportabilidade da obrigação assumida, tem o direito de promover ação afim de [rescindir o contrato] e receber a restituição das importâncias pagas" (STJ, 2ª seção, EREsp 59.870/SP, Rel. Min. Barros Monteiro, ac. 10.04.2002, *RSTJ* 171, p. 206-207; STJ, 3ª T., REsp 293.214/SP, Rela. Min. Nancy Andrighi, ac. 17.05.2011, *RSTJ* 149/321-322; STJ, 3ª REsp 345.725/SP, Rela. Min. Nancy Andrighi, ac. 13.05.2003, *RSTJ* 181/262).

[75] STJ, Corte Especial, REsp 1.028.855/SC, Rel. Min. Nancy Andrighi, ac. 27.11.2008, *DJe* 05.03.2009.

[76] Na exegese do STJ, o prazo para pagamento voluntário somente se inicia depois de intimado o advogado do devedor. Findo esse prazo sem solução da dívida, caberá a verba honorária relativa ao cumprimento da sentença, haja ou não impugnação do devedor. "Não são cabíveis honorários advocatícios pela rejeição da impugnação ao cumprimento de sentença. Apenas no caso de acolhimento da impugnação, ainda que parcial, serão arbitrados honorários em benefício do executado, com base no art. 20, § 4º, do CPC", hipótese em que os anteriormente arbitrados em favor do credor deixam de existir (STJ, Corte Especial, REsp 1.134.186/RS, Rel. Min. Luis Felipe Salomão, ac. 1.8.2011, *DJe* 21.10.2011).

III – Sucumbência na impugnação ao cumprimento da sentença

A formulação de impugnação ao cumprimento da sentença não gera, só por si, nova sucumbência para o executado. A propósito, o STJ, em decisão de recursos repetitivos, fixou entendimento que merece prevalecer para o regime do CPC atual, segundo o qual se deve fazer uma distinção entre a impugnação rejeitada e a acolhida, de modo que: *(i)* "não são cabíveis honorários advocatícios pela rejeição da impugnação ao cumprimento da sentença"; e *(ii)* "apenas no caso de acolhimento da impugnação, ainda que parcial, serão arbitrados honorários em benefício do executado, com base no art. 20, § 4º, do CPC" [CPC/2015, art. 85, § 1º][77]. Mas, o executado já se acha submetido a honorários pelo cumprimento da sentença, haja ou não impugnação de sua parte, como se explicitou no subitem II, retro. Não é a impugnação frustrada que gera a verba advocatícia, mas a própria execução da sentença (art. 523, § 1º).

Qual o critério a utilizar para o arbitramento dos honorários sucumbenciais pela sentença que acolhe no todo ou em parte a impugnação ao cumprimento da sentença? Responde a jurisprudência do STJ que, em regra, não será o caso do arbitramento por equidade, o qual só se aplica "nas causas em que for inestimável ou irrisório o proveito econômico ou, ainda, quando valor da causa for muito baixo" (art. 85, § 8º). Prevalecerá, então, a regra geral, de aplicação obrigatória, que determina o cálculo de dez a vinte por cento sobre o proveito econômico proporcionado ao executado, pela acolhida de sua impugnação (art. 85, § 2º), proveito esse que se equiparará ao valor da pretensão executiva do credor, no caso de acolhida integral da impugnação, ou à parcela que o devedor lograr reduzir daquele valor, quando a procedência de sua defesa for parcial[78].

IV – Base de cálculo da verba advocatícia

Discutiu-se, ao tempo do CPC/1973, sobre ser, ou não, obrigatória a inclusão da multa do art. 475-J na base de cálculo dos honorários advocatícios da fase de cumprimento da sentença. A posição do STJ, que merece prevalecer perante o atual Código, foi a de que o montante da multa, "para a fixação dos honorários da fase de cumprimento de sentença, não integra necessariamente sua base de cálculo"[79]. Na doutrina elaborada já para o CPC/2015, Sérgio Shimura ensina que, na espécie, "os honorários advocatícios têm a sua base de cálculo no valor indicado na sentença, e não na *somatória* do valor constante da decisão e da multa de 10%"[80].

V – Despesas e custas do cumprimento de sentença

Quanto aos gastos do cumprimento de sentença, há que se fazer a distinção entre custas e despesas processuais (CPC/2015, art. 84). Tratando-se de simples prosseguimento do processo em que a sentença foi prolatada, não há margem, em princípio, para exigir novo preparo. As

---

[77] STJ, 2ª Seção, REsp. 1.373.438/RS, Rel. Min. Paulo de Tarso Sanseverino, ac. 11.06.2014, *DJe* 17.06.2014; STJ, Corte Especial, REsp. 1.134.186/RS, Rel. Min. Luis Felipe Salomão, ac. 01.08.2011, *DJe* 21.10.2011.

[78] STJ, 2ª Seção, REsp 1.746.072/PR, Rel. p/ ac. Min. Raul Araújo, ac. 13.02.2019, *DJe* 29.03.2019: "1. O novo Código de Processo Civil – CPC/2015 promoveu expressivas mudanças na disciplina da fixação dos honorários advocatícios sucumbenciais na sentença de condenação do vencido. 2. Dentre as alterações, reduziu, visivelmente, a subjetividade do julgador, restringindo as hipóteses nas quais cabe a fixação dos honorários de sucumbência por equidade, pois: a) enquanto, no CPC/1973, a atribuição equitativa era possível: (a.I) nas causas de pequeno valor; (a.II) nas de valor inestimável; (a.III) naquelas em que não houvesse condenação ou fosse vencida a Fazenda Pública; e (a.IV) nas execuções, embargadas ou não (art. 20, § 4º); b) no CPC/2015 tais hipóteses são restritas às causas: (b.I) em que o proveito econômico for inestimável ou irrisório ou, ainda, quando (b.II) o valor da causa for muito baixo (art. 85, § 8º)".

[79] STJ, 3ª T., REsp 1.291.738/RS, Rel. Min Nancy Andrighi, ac. 1.10.2013, *DJe* 7.10.2013.

[80] SHIMURA, Sérgio. Comentários ao art. 523. *In*: WAMBIER, Teresa Arruda Alvim *et al*. *Breves comentários ao novo Código de Processo Civil*. São Paulo: Ed. RT, 2015, p. 1.357.

custas iniciais referem-se a todo o processo, salvo a instituição por lei local de um novo preparo para o incidente de cumprimento de sentença, já que as custas participam da natureza tributária e somente podem ser instituídas por lei.[81] Já as despesas (gastos com atividades desempenhadas fora dos autos, como transporte, depósito, publicidade etc.) submetem-se ao regime da cobrança antecipada, previsto no art. 82 do CPC/2015.[82]

Lembrando que os honorários advocatícios sucumbenciais constituem direito do advogado (CPC, art. 85, § 14), quando este requerer a respectiva execução, regra especial o dispensa de adiantar o pagamento das custas processuais, caso em que caberá ao réu ou executado "suprir, ao final do processo, o seu pagamento, se tiver dado causa ao processo" (CPC, art. 82, § 3º, acrescido pela Lei nº 15.109, de 13.03.2025).

561. SENTENÇA QUE DECIDE RELAÇÃO JURÍDICA SUJEITA A CONDIÇÃO OU TERMO

Dispõe o art. 514 do CPC/2015 que "quando o juiz decidir relação jurídica sujeita a condição ou termo, o cumprimento da sentença dependerá de demonstração de que se realizou a condição ou de que ocorreu o termo".

As condições, em direito material, podem ser suspensivas e resolutivas (CC, arts. 125, 127 e 128). O dispositivo em questão, embora não seja explícito, trata, evidentemente, da suspensiva, porque o efeito da condição resolutiva é incompatível com a execução, já que a sua ocorrência importa dissolução do vínculo obrigacional.

Enquanto a condição refere-se a evento futuro e incerto, o termo é o momento também futuro, mas certo, em que o ato jurídico deve produzir seus efeitos.

A não ocorrência da condição ou do termo previstos na sentença faz com que ainda não seja exigível a obrigação, impedindo o acesso à jurisdição satisfativa, já que nula é a execução fundada em título de obrigação inexigível (art. 783). Na realidade, enquanto não realizada a condição ou ocorrido o termo, simplesmente não existirá título executivo[83]. Daí se falar-se que – quando o Código prevê execução de sentença sujeita a condição ou termo – cogita, na verdade, de um "título executivo misto, com parte dele judicial (sentença) e parte dele extrajudicial (demonstração da superação do termo ou condição)"[84]. Em outras palavras, trata-se de um título judicial cuja eficácia, todavia, depende de ato extrajudicial posterior.

Chiovenda e Carnelutti são contrários à permissibilidade da sentença subordinada a condição suspensiva. Esclarece o último que a doutrina repele a admissibilidade de uma sentença "cuja eficiência depende de um acontecimento futuro e incerto". Conforme a lição do festejado mestre, "o fundamento comumente aduzido e indubitavelmente fundado é a contradição entre o estado de pendência e a função da declaração no processo".[85]

---

[81] STF, Pleno, ADI-MC 1.378, Rel. Min. Celso de Mello, ac. 29.11.1995, *DJU* 30.05.1997, p. 225; TJPR, 11ª C.C., Ag 637.778-2, ac. n. 15.476, *DJ* 16.03.2010; *Juris Plenum*, n. 48, p. 28; TJPR, 8ª CC, Ag 387.106-5, ac. 05.07.2007; TJPR, 10ª CC, Ag 7451912 – PR, ac. 07.04.2011, *Juris Plenum*, n. 48, p. 29.

[82] A exigência de preparo prévio para custas relativas à impugnação ao cumprimento da sentença é matéria que pode ser regulada no Regimento de Custas de cada Tribunal, a exemplo do que se passa com os incidentes processuais em geral, inclusive com os embargos à execução. (REINALDO FILHO, Demócrito Ramos. Custas no cumprimento da sentença, *Juris Plenum*, n. 48, p. 39, nov/2012). Nesse sentido, por exemplo, é a jurisprudência do TJPR: "A impugnação a cumprimento de sentença, por se tratar de incidente procedimental que comporta instrução, passível de autuação em apartado, comporta pagamento de custas", nos moldes do CPC/1973, art. 20, § 1º, e da Tabela IX, do Reg. de Custas do PR (TJPR, 5ª C.C., Ag 567.968-3, ac. 12.03.2009, *Juris Plenum*, n. 48, p. 37).

[83] ABELHA, MARCELO. *Manual cit.*, p. 216.

[84] ABELHA, Marcelo. *Manual cit.*, p. 217.

[85] CARNELUTTI, Francesco. *Sistema di Diritto Processuale Civile*. Padova: Cedam, 1938, v. II, n. 541, p. 475.

Entre nossos processualistas, Lopes da Costa lembra que "a sentença condicional destoa, ainda de certo modo, da sistemática de nosso direito substantivo" (CC, art. 125). Pois "o direito sujeito a condição suspensiva não é ainda direito, mas simples esperança de direito: *spes debitum iri*". Tanto assim que, pelo art. 130 do mesmo Código, o titular de tal situação jurídica "tem apenas, para garantia da realização possível, direito a medidas cautelares".[86]

No entanto, as várias legislações têm admitido a existência de sentenças condenatórias condicionais ou a termo, muito embora a hipótese seja de difícil e rara configuração, na prática. O CPC de 1939 a contemplava no art. 893, o CPC/1973, no art. 572, enquanto o atual mantém a tradição, regulando a execução de tais sentenças nos termos do art. 514.

Não se pode deixar de observar que, dada a impossibilidade de mandar a sentença realizar um direito cuja existência definitiva ainda pende de condições a realizar, o pronunciamento jurisdicional, em semelhantes casos, não chegaria a atender ao fim último do processo que é a composição da lide. Subsiste, como adverte Lopes da Costa, ainda após a prolação da sentença, "o mesmo estado de incerteza".[87] Nunca, porém, seria admissível uma sentença puramente condicional ou hipotética. Em qualquer hipótese, o vínculo jurídico material que a sentença aprecia tem de ser *certo* e *atual*, mesmo que originariamente contraído sob condição. Só o evento condicionante de algum efeito seu é que pode, ao tempo da sentença, sujeitar-se à comprovação ulterior.

Melhor seria, *de lege ferenda*, a pura e simples vedação da sentença condicional tomada em sua acepção total. Haveremos, no entanto, de aceitar a opção do legislador, sendo impossível negar a permissão que o Código deu à existência de sentenças sancionadoras de relações jurídicas condicionais ou a termo. O que se impõe ao aplicador da regra processual é compreendê-la em dimensões operacionais que se compatibilizem com o direito material em jogo. Se este não reconhece a existência do direito da parte antes do implemento da condição, não pode fazê-lo a sentença, já que, assim procedendo, estaria tutelando direito subjetivo inexistente.

O sentido de solução judicial para "relação jurídica sujeita a condição" há de ser diverso daquele com que o Código Civil define obrigação cujo efeito é subordinado a "evento futuro e incerto" (art. 121 do CC). O condicionamento aceitável no plano do processo só pode ser o lógico, segundo o qual uma pretensão certa tem o seu exercício dependente de um fato também certo a ser cumprido ou respeitado pelo credor. A sentença a respeito só pode ser pronunciada quando formada a certeza acerca dos dois fatos, isto é, do constitutivo do direito da parte, e do outro que lhe condiciona os efeitos.

Pense-se no locador, que tem direito de retomada do imóvel locado, uma vez vencido o prazo negocial, mas que, diante de benfeitorias necessárias introduzidas no prédio pelo locatário, só pode executar a sentença de despejo depois de superar o contradireito de retenção, ou seja, depois de pagar os gastos efetuados pelo réu com a conservação do bem a restituir. Pense-se, também, nos contratos bilaterais em geral, como a compra e venda, a permuta etc., em que o adquirente só pode exigir a entrega da coisa depois de pago ou ofertado o preço ou a contraprestação.

A condenação, *in casu*, é possível e legítima, mas só se torna exequível quando, após a sentença, ocorrer a *condição* estipulada pelo julgador, de modo que para exigir a entrega da coisa adquirida, terá o credor de provar primeiro a realização da prestação a seu cargo, exatamente como prevê o art. 514. Sem essa prova, portanto, será carente do direito de reclamar o cumprimento da sentença. Enquanto tal não ocorrer, a obrigação contemplada no título judicial será certa, mas não exigível. Repita-se: sem o requisito da exigibilidade, nenhuma execução é processualmente manejável. Cumpre, então, distinguir entre sentença *condicional* (cuja eficácia fica na inteira dependência de um fato que ainda não se apurou, nem se sabe se será apurável,

---

[86] LOPES DA COSTA, Alfredo Araújo. *Direito Processual Civil Brasileiro*. 2. ed. Rio de Janeiro: Forense, 1959, v. IV, n. 81, p. 78.

[87] LOPES DA COSTA, Alfredo Araújo. *Op.* e *loc. cit.*

e, por isso não se mostra admissível na técnica processual) e a sentença de *efeito futuro*, mas previsível e não fortuito, portanto, compatível com a regra do art. 514 do CPC. Exemplos: condenação a cumprimento de obrigação de trato sucessivo (CPC, art. 323), condenação do fiador não solidário juntamente com o afiançado (CPC, art. 794), condenação conjunta da sociedade e do sócio (CPC, art. 795, § 1º), condenação à entrega de coisa sujeita ao direito de retenção (CPC, art. 917, IV) etc.

Uma coisa, pois, deve ficar bem esclarecida: quando a lei permite a condenação condicional ou a termo, o que tem em mira é apenas a prestação e nunca a própria relação obrigacional. Seria totalmente inadmissível uma sentença que condenasse alguém a pagar, por exemplo, uma indenização, se ficar, no futuro, provado que praticou ato ilícito, ou, se, em liquidação, se provar que o autor sofreu algum prejuízo. A relação obrigacional, ainda quando sujeita a condição ou termo, tem de ser certa e tem de ser provada antes da condenação. A sentença somente deixará pendente o momento de exigibilidade da prestação, que será aquele em que ocorrer o fato condicionante ou o termo. Fora disso, ter-se-ia uma sentença meramente hipotética, por declarar uma tese e não solucionar um caso concreto (lide), o que contrariaria todos os princípios do processo e da função jurisdicional.

561-A. UMA MELHOR VISÃO DA PRECISÃO NA SENTENÇA SOBRE RELAÇÃO JURÍDICA CONDICIONAL

Tal como o pedido, que deve ser *certo e determinado* (CPC, arts. 322 e 324), a sentença, que é a resposta ao pedido, há também "de ser *certa*, ainda que decida relação jurídica condicional" (art. 492, parágrafo único). A possibilidade de sentença condicional, como já visto, por sua inevitável incerteza, sempre foi alvo de rejeição doutrinária. No entanto, os Códigos costumam conter dispositivos com previsão de sentenças proferidas sobre relação jurídica condicional, sem prejuízo da certeza da decisão, como dispõe o art. 492, parágrafo único, do CPC brasileiro. Estaria de fato a lei aprovando a *sentença condicional*?

O problema se supera através de uma distinção que há de ser feita no plano do direito material, pois o dispositivo de nosso CPC não se refere propriamente a uma sentença condicional, mas a uma sentença sobre "relação jurídica condicional", com a expressa ressalva de que, mesmo nessa circunstância, a decisão judicial terá de ser *certa*. Impõe-se, portanto, descobrir quando o direito material permite reconhecer como certa, ou não, uma obrigação convencionada sob condição.

Em primeiro lugar, a palavra *condição* admite na linguagem jurídica dois sentidos: um *específico* que se aplica a uma das modalidades do negócio jurídico, e que inclui a denominada *condição suspensiva*; e outro *genérico*, que se aplica amplamente a qualquer negócio cuja eficácia fique subordinada a algum evento futuro[88].

O CPC, no dispositivo em foco, não pode se referir à modalidade típica de obrigação sujeita a condição suspensiva, pela simples razão de que relações da espécie não geram direito

---

[88] "No direito brasileiro, a palavra *condição* corresponde a duas acepções distintas. Num primeiro sentido, é a cláusula que subordina a eficácia do negócio jurídico a um evento futuro e incerto, com fundamento no exercício da autonomia negocial (...). Em um segundo sentido, a palavra 'condição' é chamada de *condição imprópria* ou *condição em sentido impróprio*. Representa um conceito negativo, dizendo respeito a todo uso da palavra condição, no direito brasileiro, que não corresponda ao conceito de *condição em sentido próprio*. Serão *condições impróprias*, por exemplo, as convenções que prescindam de algum elemento estrutural da condição – futuridade, voluntariedade, incerteza –, como, por exemplo, a *condição impossível*" (MARTINS-COSTA, Fernanda Mynarski. *Condição suspensiva: função, estrutura e regime jurídico*. São Paulo: Almedina, 2017, p. 23-24).

para a parte, mas simples expectativa de direito, caracterizada pela completa incerteza do fato condicionante.

Com efeito, dispõe o art. 125 do Código Civil que "subordinando-se a eficácia do negócio jurídico à condição suspensiva, enquanto esta se não verificar, *não se terá adquirido o direito, a que ele visa*" (g.n.). Nessa perspectiva de direito material, o que se estabelece é que "a condição suspensiva posterga tanto a *aquisição* quanto o *exercício* do direito (art. 125)"[89]. Torna-se, por conseguinte, insuscetível de figurar como objeto do processo judicial a tutela de mérito de uma obrigação dependente de condição suspensiva. Afinal, a parte não tem interesse algum sobre direito atual e eficaz.

O que se enquadra na hipótese do parágrafo único do art. 492 do CPC é aquilo que Cândido Dinamarco chama de "condenações para o futuro", que ocorre, frequentemente, nos casos de sentenças que dispõem sobre as obrigações de trato sucessivo, abrangendo prestações vencidas e vincendas (CPC, art. 323), e as das ações de alimento, cujas prestações periódicas continuam exigíveis enquanto perdurar a obrigação do alimentante. É também o que se passa com as sentenças que condenam o réu a uma prestação sujeitando-a, porém, a uma contraprestação do autor. A parte vencedora não poderá executar o vencido, senão depois de cumprida a contraprestação a seu cargo.

O problema não é de existência do direito da parte, mas apenas de sua *exigibilidade*. A relação obrigacional existe, é atual, o dever de cumprimento é que ainda não se configurou: isto vai ocorrer mais tarde, ou seja, quando se atingir o termo ou vencimento da obrigação, ou quando o evento condicionante da exigibilidade da prestação se implementar.

Em todos os casos de prestações vincendas ou sujeitas a condição, não se pode afirmar que a sentença condenatória seja condicional, pois a *exigibilidade* ou *inexigibilidade* apresenta-se como *predicado do direito substancial*, não da decisão judicial. Esclarece, com propriedade, Cândido Dinamarco:

"O que se considera sujeito a *condição* é o direito afirmado em sentença, não ela própria – uma vez que sentenças em si mesmas condicionais são contrárias ao sistema e proibidas em lei: 'a decisão deve ser certa, ainda que resolva relação jurídica condicional' (CPC, art. 492, par. – *supra*, n. 1.081)"[90].

Sentença condicional em si mesma seria, por exemplo, a que condenasse à indenização de danos não provados na instrução processual, relegando sua apuração para posterior procedimento liquidatório. Em tal situação, o direito reconhecido como base do julgado seria puramente hipotético e a sentença, portanto, se contaminaria de igual eventualidade.

O que se admite, na sistemática da *sentença certa* de que cogita o parágrafo único do art. 492 do CPC, é, enfim, a resultante do reconhecimento de relação jurídica concreta atual (e, portanto, *certa*), da qual decorre prestação cuja exigibilidade é futura (a termo) ou subordinada ao cumprimento de requisito a ser preenchido pelo sujeito ativo da obrigação, antes de exigir sua execução. Não é nunca a que condena ao cumprimento de uma obrigação inteiramente subordinada a condição suspensiva, visto que não se trataria de direito ainda não exigível, mas,

---

[89] NEGRÃO, Theotonio; GOUVÊA, José Roberto F.; BONDIOLI, Luis Guilherme A.; FONSECA, João Francisco N. da. *Código Civil e legislação civil em vigor*. 37. ed. São Paulo: Saraiva, 2019, p. 97.

[90] DINAMARCO, Cândido Rangel. *Instituições de direito processual civil*. 7. ed. São Paulo: Malheiros, 2017, v. III, n. 1.103, p. 289.

isto sim, de direito *inexistente*, pura expectativa de direito, substancialmente impregnada de completa *incerteza* (CC, art. 125)[91].

562. REQUISITO DO REQUERIMENTO DE CUMPRIMENTO DA SENTENÇA QUE DECIDE RELAÇÃO JURÍDICA SUJEITA A CONDIÇÃO OU TERMO

Já ficou demonstrado que toda execução pressupõe o título executivo e o inadimplemento do devedor. Sem a conduta do obrigado, representada pelo inadimplemento de obrigação *exigível* (CPC/2015, art. 786), não se pode falar em execução forçada. Carnelutti, aliás, destaca que o fim da citação do processo de execução não é convocar o devedor "para se defender", mas sim para "confirmar o *inadimplemento*".[92] Por isso, se a eficácia da condenação estiver subordinada a condição suspensiva ou a termo inicial não ultrapassado, "é claro que não poderá o vencedor exercer seu direito de execução, enquanto não se tornar o vencido inadimplente";[93] e não se pode cogitar de obrigação vencida, se sujeita a condição ou termo, não tiver ainda ocorrido o fato condicionante ou o momento da exigibilidade. É exatamente por isso que, nos termos do art. 514, o requerimento de cumprimento da sentença, em tal situação, deverá ser instruído com prova adequada de que já se realizou a *condição* ou de que já ocorreu o *termo*. Só assim a atividade executiva estará objetivamente fundamentada em título de obrigação certa, líquida e exigível (art. 783).

---

[91] "Se [a condição] é *suspensiva*, o direito ainda *não se adquire*, ou *não nasce*, enquanto o evento não se realiza: aquele que alienou continua proprietário; o que adquiriu não tem ainda nenhum direito nascido e atual; não se constitui senão uma *obligatio incerta*, mas como algo existe mais do que o nada, pois que é eventualidade futura converterá de plano este estado de incerteza em uma *obligatio pura*, considera-se a situação imanente como um direito e obrigação em *germe*, uma situação em que no momento nada é devido, mas vigora a esperança de vir a ser: *nihil adhuc debetur, sed spes debitum iri*" (PEREIRA, Caio Mário da Silva. *Instituições de Direito Civil*. 31. ed. Rio de Janeiro: Forense, 2018, v. I, n. 96, p. 469).

[92] CARNELUTTI, Francesco. *Apud* CASTRO Amílcar de. *Comentários ao Código de Processo Civil*. 2. ed. Rio de Janeiro: Forense, 1963, v. X, t. I, n. 69, p. 88.

[93] CASTRO, Amílcar de. *Comentários, cit.*, n. 69, p. 88.

Capítulo XXXIX
CUMPRIMENTO DA SENTENÇA RELATIVA ÀS OBRIGAÇÕES DE FAZER E NÃO FAZER

563. NOÇÃO DE OBRIGAÇÃO DE FAZER E NÃO FAZER

As obrigações, na espécie, correspondem a prestação que o devedor fica sujeito a realizar em favor do credor. Dizem-se *positivas* quando a prestação corresponde a uma *ação* do devedor, e *negativas* quando se cumprem por meio de uma *abstenção*.

As de *fazer* são típicas obrigações *positivas*, pois concretizam-se por meio de "um ato do devedor". A *res debita* corresponde normalmente a prestação de trabalho, que pode ser físico, intelectual ou artístico. Pode também assumir maior sofisticação, como no caso de promessa de contratar, cuja prestação não se resume a colocar a assinatura num instrumento; mas envolve toda a operação técnica da realização de um negócio jurídico (um contrato), em toda sua complexidade, e com todos os seus efeitos.[1]

São exemplos comuns de obrigações de fazer a contratação da pintura de quadro, da reforma de um automóvel, da construção de uma casa, da realização de um espetáculo artístico, da demolição de um prédio e tantos outros modos de criar coisas ou fatos novos. Às vezes a prestação de fazer é *personalíssima*, outras vezes não, conforme só deva ser cumprida pessoalmente pelo devedor, ou admita a respectiva execução indistintamente pelo devedor ou por outra pessoa. Nessa última hipótese, a obrigação de fazer é considerada *fungível*, e no primeiro caso, ela se diz *infungível*. Essa diferença terá significativo reflexo sobre a execução judicial, como a seguir se verá.

As obrigações de *não fazer* são tipicamente negativas, já que por seu intermédio o devedor obriga-se a uma abstenção, devendo manter-se numa situação omissiva (um *non facere*). É pela inércia que se cumpre a prestação devida. Se fizer o que se obrigou a não fazer, a obrigação estará irremediavelmente inadimplida. A execução forçada, na espécie, não se endereça à realização da prestação devida, mas ao desfazimento daquilo que indevidamente se fez, e se isto não for possível, converte-se em reparação de perdas e danos.[2]

A jurisprudência erigida sob a égide do Código de 1973 entende que as obrigações de fazer e não fazer, exequíveis na forma do art. 461 daquele diploma (art. 536 do CPC/2015), não são apenas as derivadas de relações negociais privadas. Também aquelas originadas de deveres decorrentes da lei, no terreno tanto do direito privado, como do direito público, podem ser objeto de condenação e execução, sob o procedimento próprio do cumprimento das obrigações de fazer ou não fazer. Tudo o que se há de cumprir mediante um *facere* ou um *non facere* caberia, processualmente, no regime do art. 461 e §§, do CPC/1973 e, portanto, também no regime do Código atual (art. 536, CPC/2015).[3] O atual Código, aliás, tem texto expresso sobre o tema,

---

[1] PEREIRA, Caio Mário da Silva. *Instituições de direito civil*. 20. ed. Rio de Janeiro: Forense, 2003, v. II, n 135, p. 58.

[2] PEREIRA, Caio Mário da Silva. *Instituições* cit., v. II, n. 136, p. 66.

[3] O STJ por exemplo, tem admitido, nos processos de desapropriação para reforma agrária, que a Fazenda Pública possa ser compelida judicialmente a emitir Títulos da Dívida Agrária (TDAs), sob pena de multa diária pelo descumprimento de dever legal, porquanto "a sua natureza é de obrigação de fazer" (STJ, 2ª T., AgRg no REsp. 1.353.924/GO, Rel. Min. Mauro Campbell Marques, ac. 20.2.2014, *DJe* 28.2.2014).

de sorte a positivar que as regras pertinentes ao cumprimento das obrigações de fazer e não fazer aplicam-se, no que couber, também às sentenças que reconheçam "deveres de fazer e de não fazer de natureza não obrigacional" (art. 536, § 5º)[4-5].

564. EXECUÇÃO ESPECÍFICA E EXECUÇÃO SUBSTITUTIVA

Como ao direito repugna constranger alguém fisicamente a fazer alguma coisa, e como as obrigações de fazer e não fazer dependem sempre de um comportamento pessoal do devedor, regra antiga dispunha que o inadimplemento, na espécie, resolver-se-ia em perdas e danos.

Todavia, considerando que essa solução era, em muitos casos, injusta e insatisfatória, criou-se a concepção da *fungibilidade* de certas obrigações de fazer, que seria aplicável sempre que a prestação devida não fosse personalíssima e pudesse ser cumprida a contento mediante ato de terceiro. Assim, a execução da obrigação poderia ser feita de maneira específica, proporcionando ao credor exatamente o resultado ajustado, mesmo sem a colaboração do devedor. A este, afinal, caberia suportar os custos da realização *in natura* da prestação por obra de outrem. A adjudicação do empreendimento a um terceiro fazia-se por meio de uma empreitada judicial, segundo o complicado procedimento traçado pelo Código de Processo Civil de 1973 nos arts. 632 a 643 (no atual, arts. 815 a 823).

Quando a prestação somente pudesse ser cumprida pelo devedor, por sua natureza ou convenção, o inadimplemento somente poderia ser remediado pela conversão em indenização (art. 816 do CPC/2015). Nesses casos, a obrigação de fazer ou não fazer, era qualificada de *infungível*.

Tal como se almeja no plano moderno de direito substancial, também na esfera do direito processual civil, a prestação jurisdicional em favor do credor de obrigação de fazer e de não fazer assumiu, nos últimos tempos, um compromisso sempre crescente com a "tutela específica", como sendo esta a que melhor serve ao processo *justo* e *efetivo*. Ou seja, o devedor haverá de ser condenado a realizar, em favor do credor, exatamente a prestação a que se acha obrigado, pelo contrato ou pela lei (CPC/2015, art. 497). A conversão da obrigação em perdas e danos ("tutela substitutiva") deixou de ser faculdade do juiz e somente acontecerá em duas situações: a) se o próprio credor a requerer, nos casos em que o direito substancial lhe permitir tal opção; ou b) quando a execução específica se mostrar impossível, de fato ou de direito (*v.g.*, obrigação infungível, ou prestação tornada impossível por culpa do devedor), de modo a torná-la inalcançável pela parte.

Essa estrutura processual, que já constava da reforma do CPC/1973 (art. 461, § 1º), prevalece hoje como critério básico da tutela às obrigações de fazer e de não fazer reguladas pelo CPC/2015, tanto na fase de conhecimento (arts. 497 e 499) como no estágio executivo do cumprimento da sentença (art. 536).

Na verdade, e com mais propriedade, a fungibilidade, ou não, é atributo mais do objeto do que propriamente da obrigação de fazer ou não fazer. É o *fato do devedor* (isto é, a prestação por ele devida) que pode ou não ser substituído por *fato de terceiro*. Mais precisamente, deve-se dizer que a prestação de fato pode ser *fungível* ou *infungível*. É, nessa ordem de ideias, por

---

[4] Caso de cumprimento de prestação de fazer pode ocorrer quando a sentença condena o Poder Público a praticar atos relacionados a políticas públicas, diante de "inescusável omissão estatal", quando esta atinja direitos essenciais inclusos no conceito mínimo existencial (STF, 1ª T., AI 739.151 AgR/PI, Rel. Min. Rosa Weber, ac. 27.05.2014, *DJe* 11.06.2014; STF, 1ª T., AI 708.667 AgR/SP, Rel. Min. Dias Toffoli, ac. 28.02.2012, *DJe* 10.04.2012; STJ, 2ª T., REsp 1.304.269/MG, Rel. Min. Og Fernandes, ac. 17.10.2017, *DJe* 20.10.2017).

[5] Admite-se, a condenação judicial do Poder Público a cumprir a obrigação de fornecer medicamentos, sob cominação de *astreintes*, porque estando em jogo o direito à saúde, justifica-se "o preceito cominatório, sob pena de ser subvertida garantia fundamental" (STJ, 1ª Seção, REsp 1.474.665/RS – recurso repetitivo – tema 98, Rel. Min. Benedito Gonçalves, ac. 26.04.2017, *DJe* 22.06.2017).

antonomásia que se qualifica, de maneira abreviada, a obrigação como fungível ou infungível, em lugar de falar-se, extensivamente, em obrigação de prestação de fato fungível ou infungível.

Cabe à execução em questão tanto com base em título judicial (arts. 536 e 537), como extrajudicial (arts. 814 a 823), naturalmente com as diferenças de procedimento, entre a ação de execução e o cumprimento de sentença.

565. TUTELA ESPECÍFICA

I – Técnica processual na legislação anterior (tutela específica e tutela subsidiária)

Ao cumprimento forçado, em juízo, da prestação na forma prevista no título da obrigação de fazer ou não fazer, atribuiu-se o *nomen iuris* de "tutela específica". A execução do equivalente econômico denominou-se "tutela substitutiva" ou "subsidiária".

A modernização do Código de Processo Civil de 1973, na disciplina do cumprimento das obrigações em questão, deu-se por meio das Leis n. 8.952 de 13 de dezembro de 1994, e 10.444, de 07 de maio de 2002, que imprimiram nova redação ao art. 461, e acrescentaram-lhe diversos parágrafos.

A primeira grande norma da reforma consistiu em eliminar o arbítrio judicial nas conversões das obrigações da espécie em perdas e danos. Imperativamente o *caput* do art. 461, CPC/1973 impôs ao juiz a concessão da tutela específica. A sentença que desse provimento ao pedido de cumprimento de obrigação de fazer ou não fazer deveria condenar o devedor a realizar, *in natura*, a prestação devida. Para que essa condenação fosse dotada de maior efetividade, a norma do art. 461, CPC/1973 se afastava do complexo procedimento tradicionalmente observável nas execuções das obrigações de fazer e não fazer (arts. 632 a 643 do CPC/1973) e recomendava uma providência prática e funcional: na sentença de procedência do pedido, competiria ao juiz determinar "providências que assegurem o resultado prático equivalente ao do adimplemento".

Dessa maneira, tão logo transitada em julgado a condenação, as providências determinadas na sentença (ou em complemento desta) seriam postas em prática por meio de mandado dirigido ao devedor ou por meio de autorização para as medidas a cargo do credor ou de terceiros sob sua direção. Assim, tarefas que, primitivamente, eram do devedor podiam ser autorizadas ao próprio credor, que as implementaria por si ou por prepostos, como previsto no art. 249 do Código Civil. Concluída a obra, caberia ao credor apresentar nos autos as contas dos gastos efetuados e dos prejuízos acrescidos, para prosseguir na execução por quantia certa. As medidas de cumprimento deviam ser, em regra, precedidas de autorização judicial, inseridas na sentença ou em decisão subsequente. Entretanto, nos casos de urgência, como, *v.g.*, na premência de demolir edificação em perigo de ruína, ou diante da necessidade inadiável de afastar riscos ecológicos ou de danos à saúde, e outros, de igual urgência, havia autorização legal para que o credor executasse ou mandasse executar o fato, independentemente de autorização judicial, para posteriormente reclamar o cabível ressarcimento (Código Civil, art. 249, parágrafo único).

Os poderes do juiz para fazer cumprir especificamente a obrigação de fazer, seja na regulamentação do Código anterior, seja na do atual, não ficam restritos à autorização para que o credor realize ou mande realizar por terceiro o fato devido. Pode o juiz adotar outras providências que, mesmo não sendo exatamente o fato devido, correspondam a algo que assegure o resultado prático equivalente ao do adimplemento (CPC/2015, art. 497). Por exemplo, o fabricante de um aparelho eletrônico ou de um veículo automotor, que deve garantir seu funcionamento durante certo tempo, não efetua a contento os reparos necessários. Diante da gravidade do defeito e da impossibilidade de manter o objeto em condições de funcionamento dentro de um prazo razoável, pode o juiz ordenar que, em lugar dos fracassados reparos, o fabricante substitua a máquina defeituosa por uma equivalente, mas que esteja em condições de perfeito funcionamento. Outras vezes, diante da insuficiência técnica da oficina que deve efetuar os reparos, o juiz pode autorizar ao credor que confira o serviço a outra oficina. Há, portanto, muitos caminhos para que a tutela específica proporcione ao credor de obrigação de fazer o resultado prático que deveria advir do fiel cumprimento da prestação devida.

Não se deve, seguindo o velho e o atual Código, considerar como tutela substitutiva ou subsidiária a que se realiza por meio de providência que assegure o *resultado prático equivalente* ao cumprimento da obrigação de fazer. Continua sendo execução específica toda aquela que, por qualquer via, gera os mesmos efeitos práticos esperados do adimplemento espontâneo. Não há conversão de uma obrigação em outra, como ocorre quando se substitui o fato (ou obra) devido por indenização em moeda. Aí, sim, pode-se falar em tutela substitutiva, porque as perdas e danos representam justamente o reconhecimento de que a prestação devida não foi nem será cumprida. Ao entregar ao credor algo que se iguala em resultado prático à prestação originariamente devida, não se entrevê tutela substitutiva ou subsidiária, já que a prestação obtida em juízo terá o mesmo efeito concreto que seria alcançável pela prestação originária[6].

Essa orientação normativa, inaugurada pela reforma do CPC/1973, continua válida para o regime executivo disciplinado pelo atual Código de Processo Civil, o qual, como o anterior, bem se harmoniza com o sistema de direito material traçado pelo Código Civil para o cumprimento das obrigações de fazer e de não fazer.

566. TUTELA SUBSTITUTIVA

O credor tem o direito de exigir, por meio da tutela jurisdicional, a tutela específica, de maneira que o juiz não pode, em regra, forçá-lo a se satisfazer com a indenização de perdas e danos. A obrigação, como prevê o art. 499 do CPC/2015, somente se converterá no equivalente econômico em duas hipóteses: a) quando o próprio credor, diante do inadimplemento, prefira pleitear a reparação dos prejuízos, em lugar do cumprimento *in natura*; b) quando a prestação específica, por sua natureza ou pelas circunstâncias do caso concreto, se torne impossível, o mesmo ocorrendo com a obtenção de resultado prático equivalente.

Esse regime legal aplica-se tanto às obrigações de fazer ou não fazer, como às de entregar coisa (art. 499). A escolha entre obrigação específica e substitutiva é conferida pela lei ao credor, segundo suas conveniências. Ao devedor só cabe requerer a conversão, independente da vontade do credor, quando configurada a hipótese de impossibilidade, fática ou jurídica, de realizar a prestação originária. Essa pretensão o devedor pode manifestar antes da sentença ou depois dela, dependendo do momento em que a impossibilidade ocorrer.

Há quem questione o poder absoluto do credor de exigir o equivalente econômico, quando conforme a regra da execução segundo o princípio da menor onerosidade para o devedor, seria mais conveniente cumprir a prestação específica, de fazer ou de dar[7]. Não nos parece seja este o melhor entendimento, em face da sistemática do direito material aplicável à espécie.

---

[6] AMIGO, Bianca Neves. A natureza jurídica do resultado prático equivalente, *Revista de Processo*, v. 152, p. 368, out/2007; ABELHA, Marcelo. *Manual de Execução Civil*. Rio de Janeiro: Forense, 2006, p. 214; TALAMINI, Eduardo. *Tutela relativa aos deveres de fazer e não fazer e sua extensão aos deveres de entrega de coisa: CPC, arts. 461 e 461-A; CDC, art. 84*. 2. ed. São Paulo: RT, 2003, p. 230.

[7] Em nome da menor onerosidade, prevista no art. 620 do CPC/1973 [CPC/2015, art. 805], Ada Pellegrini Grinover entende que o juiz tenha poderes para contrariar a opção do credor pelas perdas e danos e forçá-lo a aceitar, mesmo tardiamente, a prestação específica, se esta corresponder à execução de forma menos gravosa para o executado (Cf. GRINOVER, Ada Pellegrini. Tutela jurisdicional nas obrigações de fazer e não fazer, *in Reforma do Código de Processo Civil*. São Paulo: Saraiva, 1996, p. 259, nota de rodapé n. 25; no mesmo sentido: Cf. ALVIM, J. E. Carreira. *Tutela específica das obrigações de fazer, não fazer e entregar coisa*. 2. ed. Rio de Janeiro: Forense, 2002, p. 78-79).

Do inadimplemento nasce para o credor a opção natural entre executar a obrigação em sua prestação específica ou convertê-la em perdas e danos[8], de maneira que, tendo sido descumprida a obrigação é ao credor que compete definir o caminho a seguir para reparar a infração cometida pelo inadimplente[9]. Enquanto purgável a mora, ao devedor é possível emendá-la pela oferta da prestação acrescida de perdas e danos (CC, art. 401, I). Depois, entretanto, que, com a propositura da ação, a mora se transformou em inadimplemento absoluto, não há mais oportunidade para o devedor contrariar a vontade legitimamente manifestada pelo credor na demanda deduzida em juízo. O juiz dispõe de poderes oficiais para comandar o processo, inclusive no tocante a impor a execução específica, mas não o pode fazer para modificar o pedido do autor. Pode denegá-lo, se contrário ao direito. Não lhe toca, porém, substituí-lo por outro, nem mesmo a pretexto de fazer justiça ao demandado, se o autor exerce, de forma legítima o direito subjetivo que a ordem jurídica lhe reconhece.

O art. 805 do CPC/2015, quando permite ao juiz escolher a forma menos gravosa de realizar a execução, pressupõe a existência de mais de um meio executivo para satisfazer a prestação a que faz jus o exequente. Não se aplica para alterar aquilo que a lei lhe assegura e que somente ele tem o poder de definir: o objeto da ação, o pedido. O caminho para satisfazer o pedido é que o juiz pode alterar, para minimizar o sacrifício que a execução acarreta ao devedor, nunca o próprio objeto do pedido, se legitimamente formulado[10].

Impende considerar a inovação trazida pela Lei nº 14.833/2024, que criou o parágrafo único do art. 499 do CPC, para estabelecer em algumas hipóteses especiais a possibilidade excepcional de o executado opor-se à opção do credor já exercida em juízo pela tutela substitutiva. Esse tema será desenvolvido no item seguinte.

566-A. POSSIBILIDADE DE O DEVEDOR EXCEPCIONALMENTE IMPOR A EXECUÇÃO ESPECÍFICA EM RESISTÊNCIA A PRETENSÃO DO CREDOR ÀS PERDAS E DANOS (LEI Nº 14.833/2024)

Como deixa claro o art. 499 do CPC, a conversão em perdas e danos das obrigações de fazer ou não fazer, assim como das de entrega de coisa certa, somente se dá por *opção do credor* ou por impossibilidade da tutela específica. Quer isto dizer que a regra geral da lei processual afeiçoa-se à regra de direito material, segundo a qual, descumprida a obrigação contratual, e não sendo mais cabível a purga da mora, cabe à parte lesada pelo inadimplemento pedir a resolução do contrato com perdas e danos, se não preferir exigir-lhe o cumprimento, caso em que também poderá obter o ressarcimento do adimplemento (CC, art. 475).

Assim, tanto para o CPC como para o CC, a regra básica é a de que ao credor toca, com exclusividade, a faculdade de substituir, opcionalmente, a execução específica das obrigações de fazer ou não fazer por perdas e danos.

A Lei nº 14.833/2024, no entanto, acrescentou o parágrafo único ao art. 499 do CPC, para abrir três hipóteses em que o inadimplente e os responsáveis subsidiários e solidários podem se opor à execução requerida pelo credor pelas perdas e danos, exercitando a faculdade tardia

---

[8] Cf. NEVES, Daniel Amorim Assumpção. A tutela específica e o princípio dispositivo – Ampla possibilidade de conversão em perdas e danos por vontade do autor. *Revista Dialética de Direito Processual Civil*, v. 28, p. 42/44.

[9] CC, art. 247: "Incorre na obrigação de indenizar perdas e danos o devedor que recusar a prestação a ele só imposta, ou só por ele exequível".

[10] "O caráter instrumental do processo obsta que regras e princípios venham a alterar os desígnios do direito material. Portanto, já tendo havido violação do direito patrimonial disponível, seu titular é livre para optar pela tutela indenizatória" (TALAMINI, Eduardo. *Tutela relativa aos deveres de fazer e de não fazer*. 2. ed. São Paulo: RT, 2003, p. 331-332).

de utilizar o "cumprimento da tutela específica". Esta neutralização, pelo devedor, da regular execução substitutiva das perdas e danos, segundo a inovação da lei processual, poderá acontecer em relação apenas às seguintes responsabilidades contratuais:

a) a de rejeição das coisas objeto de contrato comutativo, em razão de vícios redibitórios (CC, art. 441);
b) a de responsabilidade do construtor, por cinco anos, pela segurança e solidez da obra, nos contratos de empreitada de edifícios ou outras construções consideráveis (CC, art. 618); e
c) a da obrigação de garantia contraída pelo segurador por meio do contrato de seguro (CC, art. 757).

Salvo as exceções instituídas pelo novo parágrafo único do art. 499 do CPC, continua vigorando como princípio ou regra geral o *caput* do mesmo dispositivo, ou seja, "após o inadimplemento, o devedor inadimplente não tem direito de forçar o credor a submeter-se ao cumprimento da prestação. Por isso, reconhece-se ao credor, lesado pelo inadimplemento, o *direito de pleitear, desde logo, reparação por perdas e danos*"[11] (g.n.).

A propósito, duas ponderações devem ser feitas:

a) a oposição do devedor à conversão em perdas e danos só é possível no curso da fase cognitiva do processo, pois uma vez acolhida a pretensão do credor por sentença definitiva, em princípio não mais será possível, durante a fase de cumprimento da decisão, escapar da força de coisa julgada consolidada;
b) a referência do parágrafo único do art. 499 do CPC à extensão do privilégio nele estabelecido aos casos de "responsabilidade subsidiária e solidária", não pode ser entendida como abrangente de toda e qualquer obrigação subsidiária, mas apenas daquelas relacionadas às três obrigações principais enunciadas. Do contrário, estabelecer-se-ia uma contradição entre o principal e o complemento, pois não é admissível que o alcance do acessório seja mais amplo do que o do principal. Correto, destarte, o entendimento de Medina, no sentido de que "as responsabilidades subsidiária e solidária dizem respeito às hipóteses antes mencionadas no dispositivo, isso é, aquelas previstas nos arts. 441, 618 e 757 do Código Civil"[12].

567. MEDIDAS SUB-ROGATÓRIAS E ANTECIPATÓRIAS NO CUMPRIMENTO DE SENTENÇA

Quando for viável a efetivação da tutela específica (realização do exato fato devido), o juiz na sentença condenatória, ou em ato subsequente, adotará medidas acessórias ou de apoio, que

---

[11] "É o que consta, textualmente, do *caput* do art. 499 do CPC, e também decorre de várias disposições do Código Civil, a exemplo dos arts. 389 e 475 do CC. O novo parágrafo único do art. 499 do CPC prevê exceções, assim justificadas no relatório aprovado no Senado: ...'o projetado dispositivo destina-se a sempre garantir ao devedor o direito de cumprir diretamente a prestação - ou seja, cumprir a tutela específica -, antes da conversão da obrigação em indenização. Essa faculdade deferida ao devedor é restrita aos casos de: a) aquisição de bens com vícios ocultos (vício redibitório) (art. 441 do Código Civil); b) defeitos em construções (art. 618 do Código Civil); c) cobertura securitária (art. 757 do Código Civil); d) responsabilidade subsidiária ou solidária'". (MEDINA, José Miguel Garcia. A tutela específica mitigada: a alteração do CPC pela Lei 14.833/24. *In:* https://www.migalhas.com.br/depeso/404424/tutela-especifica-mitigada-alteracao-do-cpc-pela-lei-14-833-24) Acesso em 15.04.2024.

[12] MEDINA, José Miguel Garcia. A tutela específica mitigada: a alteração do CPC pela Lei 14.833/24. *Op. cit.*

reforcem a exequibilidade do julgado (CPC/2015, art. 497). Entretanto, quando não se puder assegurar que resultado específico será alcançado, o juiz adotará medidas voltadas à obtenção do resultado prático equivalente àquele que decorreria do cumprimento pessoal pelo executado.[13] O novo texto legal preconiza, entre outras medidas, as seguintes:

a) *tutela específica da obrigação*: o juiz está obrigado a concedê-la como regra geral. Deve-se, ainda, considerar tutela específica a que, por vias indiretas, proporcione "resultado prático equivalente" ao do adimplemento da obrigação exequenda (art. 536, *caput*);

b) *tutela pelo resultado prático equivalente*: ao condenar o réu ao cumprimento da obrigação de fazer ou não fazer, o juiz deverá determinar providências concretas que assegurem o adimplemento, seja na forma direta, seja por meio de outra prestação capaz de proporcionar ao exequente o mesmo resultado prático do cumprimento da prestação originária. Para tanto, se valerá de medidas de apoio ou coercitivas, tendentes a compelir o executado a se submeter ao cumprimento da obrigação exatamente como foi contraída, ou por medida que lhe equivalha, do ponto de vista prático (CPC/2015, art. 536, § 1º). Tendo em vista o resultado a que chega a execução, nesta última situação, não se pode qualifica-la como *tutela substitutiva*, mas como meio hábil a realizar, por medidas executivas *atípicas*, ou alternativas, o mesmo resultado da *tutela específica*;

c) *tutela provisória*: admite-se, outrossim, a tutela provisória de urgência ou de evidência, desde que observadas determinadas cautelas (arts. 300 e 311), podendo a medida ser, desde logo, reforçada por imposição de multa diária (art. 537) ou qualquer outra medida considerada adequada para efetivação da tutela provisória (art. 297);

d) *conversão da tutela específica na tutela substitutiva*: a obrigação originária converter-se-á em perdas e danos, se o autor o requerer, na fase de conhecimento, ou se, na fase de cumprimento da sentença, verificar-se a impossibilidade da tutela específica (CPC/2015, art. 499)[14].

Cabe observar que, para a concessão da tutela específica que se destine a inibir a prática, a reiteração ou a continuação de um ilícito, ou a sua remoção, é irrelevante a demonstração da ocorrência de dano ou da existência de culpa ou dolo (art. 497, parágrafo único). A tutela, na espécie, é preventiva, e tem por objetivo evitar o dano ou sua continuação, e não repará-lo.

Diante de tais mecanismos, o objetivo da demanda pode vir a ser completamente realizado ainda no início da fase de cognição, de sorte a tornar desnecessário o procedimento dos arts. 536 e seguintes. Por meio da tutela provisória, o demandante pode, por exemplo, ser autorizado a concluir, de imediato, obra paralisada pelo réu. Demolições, reparos e interdições, igualmente, podem ocorrer antes do julgamento da causa. Assim, a sentença posterior limitar-se-á a aprovar definitivamente aquilo que já se fez, antecipada e provisoriamente.

---

[13] MEDINA, José Miguel Garcia. *Novo Código de Processo Civil Comentado*. 3. ed. São Paulo: Ed. RT, 2015, p. 759.

[14] "2. Se o executado para cumprir obrigação de fazer não promover a sua satisfação, poderá o credor requerer a conversão em indenização, que será apurada em liquidação, seguindo-se a execução para cobrança de quantia certa. 3. Caso a indenização seja arbitrada sem o procedimento de liquidação e sem a garantia da ampla defesa e do contraditório, torna-se inaplicável o princípio da instrumentalidade das formas, que não tem vez se a nulidade sacrifica os fins de justiça do processo" (STJ, 4ª T., REsp 885.988/ES, Rel. Min. João Otávio de Noronha, ac. 09.03.2010, *DJe* 22.03.2010). O caso será mesmo de nulidade do procedimento inadequadamente manejado.

Valendo-se de medidas sub-rogatórias, a sentença pode, por outro lado, simplificar o acesso do autor ao fato visado pela obrigação discutida em juízo. Em determinados casos, por exemplo, pode determinar a substituição do bem defeituoso por outro, evitando assim reparos problemáticos e ineficientes; assim como pode autorizar, de imediato, que a prestação de serviço devida pelo réu seja substituída pela locação de serviços equivalentes a cargo de terceiro. Em casos desse jaez, o bem perseguido em juízo será muito mais facilmente alcançado, graças aos expedientes instituídos pelo juiz para assegurar "a obtenção de tutela pelo resultado prático equivalente" (art. 497, *caput*).

Algumas dessas providências não são propriamente medidas executivas, pois não se prestam a realizar, por si só, a satisfação do direito do exequente. Apenas servem de apoio às reais medidas executivas, isto é, aquelas que diretamente proporcionarão o implemento da prestação que o título executivo garante ao credor. São, nessa ordem de ideias, expedientes utilizados para compelir o devedor a realizar a prestação devida ou a facilitar a atividade jurisdicional satisfativa desempenhada pelos órgãos executivos por sub-rogação.

Entre essas medidas coercitivas, pode-se destacar a multa diária (*astreinte*), que o juiz impõe ao devedor, pela demora no cumprimento da prestação, a requerimento do credor ou de ofício. Outras medidas são, ainda previstas pelo § 1º do art. 536 do CPC/2015 tais como a busca e apreensão, a remoção de pessoas e coisas, o desfazimento de obras e o impedimento de atividade nociva, se necessário com requisição de força policial. A enumeração é, segundo se deduz do dispositivo legal em tela, meramente exemplificativa, tendo, portanto, o juiz poder para tomar outras providências práticas compatíveis com o tipo de obrigação a cumprir e com os princípios que fundamentam o devido processo legal.

É bom lembrar que todas essas medidas práticas são de cunho coercitivo e não integram o patrimônio do credor. Sua adoção depende de decisão judicial, tomável, modificável e revogável, pelo juiz da causa, em nome da utilidade e conveniência que possam representar para concretização da tutela específica da obrigação de fazer e não fazer. Disso decorre que, sendo o caso de conversão necessária em equivalente econômico, e já tendo sido operada a conversão (obrigação personalíssima inexequível *in natura* ou que sendo originariamente fungível, se tornou, por qualquer razão, de realização impossível), as medidas de apoio ou coerção se apresentam inaplicáveis[15]. Ao credor caberá promover a liquidação do equivalente econômico (se já não estiver previsto na sentença) para que o cumprimento do julgado se faça segundo os moldes das obrigações por quantia certa (arts. 509 a 512).

---

[15] "As obrigações de fazer infungíveis também são objeto de pedido cominatório, eis que irrelevante seja o objeto da prestação fungível ou infungível" (STJ, 3a T., REsp 6.314/RJ, Rel. Min. Waldemar Zveiter, ac. 25.02.1991, *DJU* 23.05.1991, p. 3.222). "Conquanto se cuide de obrigação de fazer fungível, ao autor é facultado pleitear a cominação da pena pecuniária" (STJ, 4a T., REsp. 6.377/SP, Rel. Min. Barros Monteiro, ac. 25.08.1991, *RSTJ*, 25/389). "É admissível a aplicação de multa no caso de inadimplemento de obrigação personalíssima, como a de prestação de serviços artísticos, não sendo suficiente a indenização pelo descumprimento do contrato, a qual visa a reparar as despesas que o contratante teve que efetuar com a contratação de um outro profissional" (STJ, 3a T., REsp 482.094/RJ, Rel. Min. Nancy Andrighi, ac. 20.05.2008, *DJe* 24.04.2009).
Como se vê, o STJ, para aplicação da *astreinte* não distingue entre obrigações fungíveis e infungíveis. É necessário, entretanto, que a prestação, fungível ou infungível, ainda seja suscetível de execução *in natura* pelo devedor. Penso, ainda, que, no caso das prestações infungíveis, a aplicação da *astreinte* pressupõe, pelo menos, a substituição da prestação originária por medida que assegure o resultado prático equivalente ao do adimplemento (art. 497). Se a prestação for absolutamente infungível, e não houve como alcançar-lhe o equivalente, o caso é de conversão imediata em perdas e danos e não de aplicação de multa por retardamento (CC, art. 247; CPC, art. 821, parágrafo único). Nesse sentido: STJ, 1a T., REsp 1.069.441/PE, Rel. Ministro Luiz Fux, ac. 14.12.2010, *DJe* 17.12.2010.

568. CONVERSÃO EM PERDAS E DANOS

O CPC atual admite que a conversão da obrigação de fazer ou não fazer em perdas e danos se dê em duas hipóteses: *(i)* quando se tornar impossível a tutela específica, ou a obtenção de tutela pelo resultado prático equivalente; e, *(ii)* por requerimento do autor (art. 499).

A conversão por impossibilidade material ou jurídica pode se dar em qualquer fase do processo de conhecimento e até mesmo no estágio de cumprimento da sentença, de ofício ou a requerimento da parte (exequente ou executado), sem que isso importe ofensa à coisa julgada.

A conversão por conveniência do credor, entretanto, deverá acontecer em regra no processo de conhecimento, antes da sentença. Depois da condenação à prestação específica, só poderá ser pleiteada com justificativa adequada, pois àquela altura o devedor teria o direito de cumprir a sentença na forma nela estatuída, salvo sua impossibilidade[16]. Realmente, verificada a impossibilidade superveniente da execução específica, mesmo que a opção do credor acolhida pela sentença, venha a ocorrer, não haverá como se recusar a conversão em perdas e danos, pouco importando a fase em que se encontre o processo[17]. Qualquer que seja o momento da conversão, esta haverá de ser precedida de oportunidade para discussão e análise em torno do cabimento da medida, nos limites em que a lei a permite. A apuração do respectivo *quantum* será feita pelo procedimento de liquidação de sentença ou por incidente processual equivalente[18].

Nos casos de títulos extrajudiciais, pretendendo o credor exigir, desde logo, as perdas e danos, terá de recorrer ao procedimento de conhecimento para apuração do valor da indenização a que faz jus. Só poderá ingressar diretamente com a execução por quantia certa se o título contiver cláusula que pré-liquide os danos decorrentes do eventual inadimplemento. É que, sem tal previsão convencional, o título não conterá obrigação líquida, o que é indispensável para qualquer execução forçada (art. 783).

Por outro lado, embora a conversão em perdas e danos, em regra, seja um direito potestativo do credor (art. 499, *caput*), há três hipóteses em que se enseja ao devedor a possibilidade de fazer prevalecer a execução específica, mesmo depois de a execução judicial ter sido proposta reclamando a prestação indenizatória (art. 499, parágrafo único, acrescido pela Lei nº 14.833/2024) (ver, retro, o item 566-A).

569. A MULTA (*ASTREINTE*)

I – Conceito

Uma boa conceituação do que seja *astreinte*, figura originada do direito francês, foi dada pela Corte de Cassação da França, que a definiu em aresto de 1976 como "uma medida destinada a vencer a resistência oposta à execução de uma condenação"[19]. Consiste em multa coercitiva que não chega a ser uma verdadeira medida executiva, mas "um *meio de pressão* consistente

---

[16] "(...) A obrigação somente se converterá em perdas e danos se impossível a tutela específica ou a obtenção do resultado prático correspondente" (STJ, 3ª T., AgInt no AREsp 467.606/MG, Rel. Min. Marco Aurélio Bellizze, ac. 01.12.2016, *DJe* 09.12.2016).

[17] "Na linha de pacífica jurisprudência deste Superior Tribunal de Justiça, é possível a conversão da obrigação de fazer em perdas e danos, independentemente do pedido do titular do direito subjetivo, em qualquer fase processual, quando verificada a impossibilidade de cumprimento da tutela específica. Precedentes" (STJ, 1ª T., REsp. 2.121.365/MG, Rel. Min. Regina Helena Costa, ac. 03.09.2024, *DJe* 09.09.2024).

[18] CAMBI, Eduardo; DOTTI, Rogéria; PINHEIRO, Paulo Eduardo D'Arce; MARTINS, Sandro Gilbert; KOZIKOSKI, Marcelo. *Curso de processo civil completo*. São Paulo: Ed. RT, 2017, p. 1.095.

[19] DONNIER, Marc et DONNIER, Jean-Baptiste. *Voies d'exécution et procedures de distribution*. 6. ed. Paris: Litec, 2001, n. 301, p. 107.

na condenação do devedor a pagar uma soma de dinheiro cujo montante aumenta segundo periodicidade fixada pelo juiz até o cumprimento das obrigações a cargo da parte"[20].

Em realidade, não é uma medida executiva propriamente dita porque seu objetivo não é diretamente a expropriação de bens do executado (isto é, não é a "venda forçada" de tais bens). É "um meio de pressão original e autônomo derivado do poder de *imperium* do juiz e (situado) nos confins do direito civil das obrigações e do direito processual das medidas de execução"[21].

Segundo o STJ, "a *astreinte* não tem natureza de punição, mas é medida legítima de coação, visando forçar a satisfação de prestação que deveria ser cumprida de forma espontânea pelo devedor".[22]

II – Cabimento da multa

Já no sistema do Código de 1973, a multa por atraso no cumprimento da obrigação de fazer ou não fazer era cabível tanto na sentença como em decisão interlocutória de antecipação de tutela. Caberia, também, em decisão incidental na fase de cumprimento da sentença, se esta não a houvesse estipulado. A sujeição às *astreintes* ocorreria tanto para os particulares como para o Poder Público, não havendo razão de direito para que desse regime fossem excluídas as pessoas jurídicas de direito público.[23]

O atual Código adota sistema semelhante. Assim, em suma: a multa diária cabe na decisão interlocutória de antecipação de tutela e na sentença definitiva[24] (art. 537 do CPC/2015). Faltando sua previsão nesses atos judiciais, não ficará o juiz impedido de a ela recorrer na fase de cumprimento do julgado, como deixa claro o aludido art. 537[25]. Sua aplicação pode derivar de requerimento da parte ou de iniciativa, de ofício, do juiz[26].

III – Valor da multa

O valor da multa é fixado pelo juiz que a impõe, na tutela provisória, na sentença definitiva ou na execução, não havendo um critério legal rígido a observar. Será levada em conta a capacidade de resistência do devedor. De maneira geral, recomenda a doutrina que seja elevada, tal que possa impressionar o condenado[27]. Incide, porém, o princípio da razoabilidade: em primeiro lugar porque o Código impõe que a execução se dê sempre pelo modo menos oneroso para o devedor (art. 805); em segundo lugar, porque sua função é alcançar o cumprimento da prestação devida e não arruinar simplesmente o executado. "Obviamente, não pode o juiz fixar uma multa cujo pagamento seja inviável pelo executado, ou que seja capaz de reduzi-lo à

---

[20] DONNIER, Marc et DONNIER, Jean-Baptiste. *Op. cit., loc. cit.*

[21] DONNIER, Marc et DONNIER, Jean-Baptiste. *Op. cit.*, ns. 370 e 375, ps. 128 e 129.

[22] STJ, 3ª T., AgRg no Ag. 436.086/MT, Rel. Min. Paulo Furtado, ac. 26.05.2009, *DJe* 04.08.2009.

[23] STF, 2ª T., RE n. 495.740/DF, Rel. Min. Celso de Mello, ac. 02.06.2009, *DJe* 14.08.2009. Em matéria de antecipação de tutela, porém, devem ser excluídas do regime de urgência, e, consequentemente, da sujeição às *astreintes*, as causas enumeradas pelo art. 1º da Lei n. 9.494/1997, "cuja validade constitucional foi integralmente confirmada pelo STF, Pleno, no julgamento da ADC n. 4/DF, Rel. p/ ac. Min. Celso de Mello, ac. 01.10.2008" (*DJe* 15.10.2008). No mesmo sentido: STJ, 2ª T., AgRg no Ag 1.326.439/RJ, Rel. Min. Herman Benjamin, ac. 07.10.2010, *DJe* 02.02.2011.

[24] Também na legislação francesa, a *astreinte* pode ser aplicada em medidas preventivas ou cautelares (Nouveau Code de Procédure Civile, art. 491, al. 1er).

[25] É permitida a imposição de multa diária (*astreintes*) a ente público para compeli-lo a fornecer medicamentos a pessoa desprovida de recursos financeiros, em nome da garantia fundamental do direito à vida. (STJ, 1ª Seção, REsp 1.474.665/RS – Recurso repetitivo, Rel. Min. Benedito Gonçalves, ac. 26.04.2017, *DJe* 22.06.2017).

[26] Igual possibilidade está prevista no direito francês (Loi du 9 juillet 1991, art. 33, al. 1er).

[27] DONIER et DONNIER. *Op. cit.*, n. 330, p. 116.

insolvência"[28]. Ou como adverte Luiz Guilherme Marinoni: "o valor da multa deve ser graduado de acordo com a capacidade econômica do demandado"[29]. Não pode, enfim, ser nem excessiva (intolerável) nem irrisória (insignificante)[30].

Segundo Araken de Assis, "o valor da *astreinte* deve ser fixado de molde a quebrar a vontade do obrigado ou do destinatário da ordem judicial, desvinculado dos limites ideais de indenização de dano", ou seja, "o órgão judiciário fixará a multa numa quantia 'suficiente para constranger'". Assim, o juiz deverá levar em conta o patrimônio do executado e a magnitude da sua provável resistência, preocupando-se em aplicar um valor expressivo, a seu critério, capaz de forçar "o cumprimento espontâneo pretendido pelo exequente, e, conseguintemente, a execução em natura".[31]

IV – Reexame da multa

Não há definitividade, outrossim, na imposição e arbitramento da *astreinte*, mesmo porque não se trata de verba que integra originariamente o crédito da parte, mas de simples instrumento legal de coerção utilizável em apoio à prestação jurisdicional executiva. É por isso que não há de pensar-se em coisa julgada[32] na decisão que a impõe ou que lhe define o valor, ou lhe determina a periodicidade. E é em consequência desse feitio apenas coercitivo da multa que o § 1º do art. 537 autoriza o juiz, a qualquer tempo, e de ofício, a modificar o valor ou a periodicidade da *astreinte*, caso verifique que se tornou insuficiente ou excessiva.

Se o juiz verificar que a prestação específica já era impossível desde o tempo da sentença, não poderá manter na execução a exigência da multa indevidamente estipulada pelo inadimplemento da obrigação de fazer[33]. Se a impossibilidade, porém, foi superveniente à condenação e se deveu a fato imputável ao devedor, a multa subsistirá até a data em que a prestação se tornou irrealizável *in natura*. Em tal situação, o credor poderá executar as perdas e danos resultantes da conversão da obrigação de fazer em seu equivalente econômico acrescido da multa diária enquanto essa tiver prevalecido (art. 500).

Pode-se concluir que a sistemática da multa coercitiva, tal como prevê o Código de Processo Civil, não segue uma orientação que torne obrigatória e inflexível sua aplicação em todas

---

[28] MEDINA, José Miguel Garcia. *Execução civil*. 2. ed. São Paulo: RT, 2004, n. 24.4.2, p. 446.

[29] MARINONI, Luiz Guilherme. *Tutela específica (arts. 461, CPC e 84, CDC)*. São Paulo: RT, 2000, no 4.1.10.3, p. 106.

[30] MEDINA, José Miguel Garcia. Op. cit., no 24.4.2, p. 446. No mesmo sentido, a jurisprudência do STJ: "a multa pelo descumprimento de decisão judicial não pode ensejar o enriquecimento sem causa da parte a quem favorece, como no caso, devendo ser reduzida a patamares razoáveis" (STJ, 4ª T., REsp. 793.491/RN, Rel. Min. Cesar Asfor Rocha, ac. 26.09.2006, *DJU* 06.11.2006, p. 337).

[31] ASSIS, Araken de. *Manual da execução*. 18. ed. revista, atualizada e ampliada, São Paulo: Editora Revista dos Tribunais, 2016, n. 222.2, p. 829.

[32] "É firme a jurisprudência do Superior Tribunal de Justiça no sentido de que a multa cominatória deve ser fixada em valor razoável, podendo, em casos como o dos autos, em que desobedecidos os princípios da razoabilidade e da proporcionalidade, ser revista em qualquer fase do processo, até mesmo após o trânsito em julgado da decisão que a fixou, pois tal não constitui ofensa a coisa julgada" (STJ, 2ª Seção, Reclamação 3.897/PB, Rel. Min. Raul Araújo, ac. 11.04.2012, *DJe* 12.06.2012). Pode, por isso, ser modificada a *astreinte*, "a requerimento da parte ou de ofício, seja para aumentar ou diminuir o valor da multa ou, ainda, para suprimi-la" (STJ, 3ª T., REsp 1.691.748/PR, Rel. Min. Ricardo Villas Bôas Cueva, ac. 07.11.2017, *DJe* 17.11.2017).

[33] Poderá, entretanto, ao determinar a conversão da obrigação em perdas e danos, aplicar, daí em diante, a multa própria da execução por quantia certa (art. 523, CPC/2015). STJ, 4ª T., REsp 1.057.369/RS, Rel. originário Min. Fernando Gonçalves, Rel. para acórdão Min. Aldir Passarinho Junior, ac. 23.6.2009; STJ, 3ª T., REsp 1.117.570, Rel. Min. Nancy Andrighi, ac. 9.3.2010, *DJe* 17.3.2010. Já se decidiu, sobre o tema, que (sic) "há violação ao art. 461 do CPC/1973 [art. 497 do CPC/2015] a imposição de multa cominatória para obrigação de fazer que se afigura impossível de ser cumprida, o que enseja o afastamento das *astreintes*" (STJ, 3ª T., REsp 1.342.640/SP, Rel. Min. Nancy Andrighi, ac. 07.02.2017, *DJe* 14.02.2017).

as causas relativas ao cumprimento das obrigações de fazer ou não fazer e de entrega de coisa. Há de se apurar, em cada caso, a possibilidade, ou não, de a sanção pecuniária ter a força de compelir o devedor a cumprir, de fato, a prestação *in natura*. Se esta não for mais praticável, por razões de fato ou de direito, não cabe a aplicação de *astreinte*. Daí falar a jurisprudência mais em faculdade do magistrado, do que propriamente numa imposição ao juiz, quando se analisava teleologicamente o art. 461, § 4º, do CPC/1973 (dispositivo reproduzido pelo art. 536, § 1º, do CPC/2015).[34] A imposição da multa coercitiva não mantém vínculo que a subordine as perdas e danos de modo que pode ser estimada e aplicada independentemente destas, conforme prevê o direito brasileiro (art. 500, CPC/2015) e também o francês (*Loi du juillet* 1991, art. 34, al. 1er.).

V – Casos de modificação ou exclusão da multa

Prevê o § 1º do art. 537 do CPC/2015, que a multa *vincenda* pode ser alterada no seu *quantum* e na sua periodicidade, quando o juiz verificar, de ofício ou a requerimento, que se tornou "insuficiente ou excessiva" (inc. I).[35] A alteração pode ser tanto para aumentar como reduzir valor e periodicidade. A avaliação acerca da insuficiência ou excessividade da multa deve se dar levando-se em conta o momento da fixação, e, não, "na oportunidade em que o executado pleiteia a redução, porque o valor atingido é alto".[36-37]

Poderá também ocorrer a exclusão da multa, no caso de demonstração pelo executado de justa causa para o descumprimento da obrigação que se invoca para justificar a sanção (inc. II, *in fine*).[38] Isto porque, segundo Arruda Alvim, "considerando que as *astreintes* não têm

---

[34] "Não mais existe a fixação da multa como uma imposição ao juiz, mas, remetendo-se ao art. 461 do CPC, verifica-se que a penalidade é uma faculdade do magistrado, o que impossibilita que esta Corte a determine" (STJ, 5ª T., REsp. 585.460/RS, Rel. Min. José Arnaldo, ac. 14.10.2003, DJU 17.11.2003, p. 379).

[35] "O legislador concedeu ao juiz a prerrogativa de impor multa diária ao réu com vista a assegurar o adimplemento da obrigação de fazer (art. 461, *caput*, do CPC), bem como permitiu que o magistrado afaste ou altere, de ofício ou a requerimento da parte, o seu valor quando se tornar insuficiente ou excessiva, mesmo depois de transitada em julgado a sentença, não se observando a preclusão ou a coisa julgada, de modo a preservar a essência do instituto e a própria lógica da efetividade processual (art. 461, § 6º, do CPC)" (STJ, 4ª T., AgRg no AREsp. 195.303/SP, Rel. Min. Marco Buzzi, ac. 28.05.2013, DJe 12.06.2013). No mesmo sentido: STJ, 4ª T., AgRg no REsp. 1.371.369/RN, Rel. Min. Marco Buzzi, ac. 23.02.2016, DJe 26.02.2016.

[36] ASSIS, Araken de. *Manual da execução cit.*, n. 222.4, p. 832. No mesmo sentido, a jurisprudência do STJ: "(...) o valor total fixado a título de *astreinte* somente poderá ser objeto de redução se fixada a multa diária em valor desproporcional e não razoável à própria prestação que ela objetiva compelir o devedor a cumprir, nunca em razão do simples valor total da dívida, mera decorrência da demora e inércia do próprio devedor. 6. Esse critério, por um lado, desestimula o comportamento temerário da parte que, muitas vezes e de forma deliberada, deixa a dívida crescer a ponto de se tornar insuportável para só então bater às portas do Judiciário pedindo a sua redução, e, por outro, evita a possibilidade do enriquecimento sem causa do credor, consequência não respaldada no ordenamento jurídico" (STJ, 3ª T., AgRg nos EDcl no REsp. 1.277.152/RS, Rel. Min. Marco Aurélio Belize, ac. 06.08.2015, DJe 21.08.2015).

[37] "(...) 3. Consoante a orientação apregoada por esta e. Terceira Turma, o critério mais justo e eficaz para a aferição da proporcionalidade e da razoabilidade da multa cominatória consiste em comparar o valor da multa diária, no momento de sua fixação, com a expressão econômica da prestação que deve ser cumprida pelo devedor. (...) Assim, em se verificando que a multa diária foi estipulada em valor compatível com a prestação imposta pela decisão judicial, eventual obtenção de valor final expressivo, decorrente do decurso do tempo associado à inércia da parte em cumprir a determinação, não enseja a sua redução (STJ, 3ª T., REsp 1.714.990/MG, Rel. Min. Nancy Andrighi, ac. 16.10.2018, DJe 18.10.2018).

[38] "(...) 3. Assim, deixando a medida de ser adequada para seu mister, não havendo mais justa causa para sua mantença, deve-se reconhecer, também, a possibilidade de revogação das *astreintes* pelo magistrado, notadamente quando a prestação tiver se tornado fática ou juridicamente inexigível, desnecessária ou impossível, tendo-se modificado sobremaneira a situação para a qual houvera sido cominada, sempre levando-se em conta os parâmetros da razoabilidade e proporcionalidade. 4. É que, deixando de haver razão para a manutenção da multa, esta perderá a eficácia para o fim a que se justificava, e o próprio provimento que determinava

finalidade reparatória ou punitiva, mas, sim, executiva, não faz sentido sua imposição caso a realização da prestação seja impossível, ainda que parcialmente".[39]

Justifica-se a redução, outrossim, quando restar comprovado que ocorreu o cumprimento parcial da sentença (inc. II, 1ª parte).

Pela literalidade do dispositivo legal em exame, somente a multa vincenda poderia ser alterada ou excluída pelo juiz da execução. Sobre a possibilidade de reexame, também das *astreintes* vencidas, numa aplicação menos rígida da norma, trataremos mais adiante.

VI – A multa e as obrigações personalíssimas

Deve-se ponderar, ainda, que segundo o art. 247 do CC, quando se trata de obrigação de fazer, "incorre na obrigação de indenizar perdas e danos o devedor que se recusar a prestação a ele só imposta, ou só por ele exequível". Esse dispositivo da lei material veio pôr fim à discussão sobre cabimento, ou não, da *astreinte* nas obrigações personalíssimas ou infungíveis. A sanção legalmente estabelecida é a conversão da obrigação de fazer em perdas e danos, pelo que não cabe ao credor impor-lhe multa como meio de coação a realizar a prestação específica. Esta é, claramente, afastada pela lei substancial. Nessa sistemática de direito positivo, portanto, a multa cominatória fica restrita aos casos de obrigações fungíveis, ou seja, aquelas cuja prestação pode ser realizada por terceiro ou substituída por "resultado prático equivalente" determinado pela sentença (CPC/2015, arts. 497 e 534)[40]. Há, também, que se levar em conta o art. 821 do CPC/2015, que, disciplinando o cumprimento da sentença de condenação a prestação de fazer infungível, determina a fixação, pelo juiz, de um prazo para o devedor adimpli-la; e, havendo recusa ou mora do devedor citado, sua obrigação pessoal converter-se-á em perdas e danos (parágrafo único do mesmo artigo), caso em que se observará o procedimento de execução por quantia certa.

---

sua incidência perderá a razão de ser, deixando de desempenhar o papel de coerção sobre a vontade do devedor. 5. O novo Código de Processo Civil previu expressamente essa possibilidade, ao estabelecer que "o juiz poderá, de ofício ou a requerimento, modificar o valor ou a periodicidade da multa vincenda ou excluí-la, caso verifique que: I – se tornou insuficiente ou excessiva; II – o obrigado demonstrou cumprimento parcial superveniente da obrigação ou justa causa para o descumprimento" (NCPC, art. 537, § 1°)" (STJ, 4ª T., REsp. 1.186.960/MG, Rel. Min. Luis Felipe Salomão, ac. 15.03.2016, *DJe* 05.04.2016).

[39] ARRUDA ALVIM NETTO, José Manoel de. *Novo contencioso cível no CPC/2015*. São Paulo: Editora RT, 2016, p. 402. No mesmo sentido, a lição de Guilherme Rizzo Amaral: "Fazer incidir a multa em período durante o qual estava o réu impossibilitado de cumprir a decisão implica dar às *astreintes* caráter *punitivo*, o que não se mostra adequado, sendo a multa de caráter exclusivamente *coercitivo*. Enquanto perdurar a justa causa, não poderá incidir a multa" (AMARAL. Guilherme Rizzo. *In:* WAMBIER, Teresa Arruda Alvim *et al*. Breves comentários ao novo Código de Processo Civil. 3. ed. São Paulo: Ed. RT, 2016, p. 1.410).

[40] No regime do Código anterior, a doutrina dispunha que, inexistindo meio de se obter, por outras vias, o "resultado prático equivalente" de que cogita o art. 461 do CPC, "estará comprovado que se trata de obrigação que só pelo réu poderá ser cumprida, hipótese em que se converterá a obrigação em perdas e danos, conforme previsto no art. 461, § 1°, do Código de Processo Civil, e no art. 247 do Novo Código Civil" MESQUITA, José Ignácio Botelho de. *et al*. "Breves considerações sobre a exigibilidade e a execução das astreintes", in *Revista Jurídica*, v. 338, p. 36, dez/2005). Não se pode ignorar, entretanto, a existência de vozes abalizadas que defendem o cabimento das *astreintes* também na execução das obrigações infungíveis, mesmo após o Código Civil de 2002, como Barbosa Moreira (BARBOSA MOREIRA, José Carlos. *O Novo Processo Civil Brasileiro*, 23. ed. Rio de Janeiro: Forense, 2005, p. 218), cuja posição é aplaudida por Luís Guilherme Aidar Bondioli (BONDIOLI, Luís Guilherme Aidar. *A multa atrelada* à tutela específica no CPC (arts. 461 e afins). *Revista Jurídica*, n. 350, p. 136, dez/2006). Na jurisprudência, registra-se decisão do TJSP que inadmitiu o uso das *astreintes* para forçar novelista a cumprir obrigação contratual de escrever uma telenovela (9ª Câm., Ap. Civ. 241.166-4/0, Rel. Des. Antônio Vilenilson, ac. 17.09.2002, *DOE* 25.10.2002; *apud* Luís Guilherme Aidar Bondioli, op. cit., p. 137). STJ, 4ª T., REsp 6.377/SP, Rel. Min. Monteiro de Barros, ac. 25.8.1991, *RSTJ* 25/389; STJ, 1ª T., REsp 1.069.441/PE, Rel. Min. Luiz Fux, ac. 14.12.2010, *DJe* 17.12.2010.

Tanto, pois, no direito material (CC, art. 247) como no direito processual (CPC/2015, art. 821), a previsão do ordenamento jurídico brasileiro não é a de insistir na execução específica das obrigações de fato infungível, mas de transformá-la em execução por quantia certa, tão logo se comprove a recusa ou mora do executado no cumprimento da respectiva sentença.[41]

O Código de Processo Civil de Portugal, antes da última reforma, continha regra que excluía, textualmente, do campo de incidência das multas coercitivas as "obrigações de prestação de facto infungível, positivo ou negativo", cujo cumprimento exigisse "especiais qualidades científicas ou artísticas do obrigado" (art. 829-A, n. 1). A doutrina, por sua vez, à luz do referido Código, ensinava que "é inequívoco que, quando a obrigação é de *prestação de facto infungível*, isto é, insubstituível por uma prestação de terceiro por lhe ser essencial a pessoa do devedor, o credor não pode senão executar o seu direito à indemnização"[42].

No direito francês, embora sem o caráter absoluto, há exclusão da *astreinte* sobre obrigações personalíssimas em casos relevantes em que a multa possa pôr em risco "direitos extrapatrimoniais garantidos pela lei, particularmente o direito moral do criador de uma obra de arte". Quando isto se dá fica impedida a utilização da multa coercitiva, ainda que seja contra o artista que se obrigou a criar a obra de arte cuja realização em seguida se recusa a concluir.[43]

Justifica-se o entendimento afirmando que o artista tem o direito exclusivo de decidir se determinada obra é ou não digna de ser realizada, razão pela qual a justiça não pode coagi-lo a executá-la sob cominação de *astreinte*. A única sanção cabível na espécie é a das perdas e danos[44].

Quanto às obrigações fungíveis há opiniões de injustificabilidade da aplicação da multa diária, ao fundamento de que sendo a obra realizável pelo próprio credor ou por outrem, de sua escolha, não haveria justificativa para coagir o devedor com a referida sanção pecuniária. A objeção, entretanto, não procede uma vez que a índole da *astreinte* traduz-se na preocupação de evitar, para o credor, os inconvenientes e retardamentos processuais que adviriam, necessariamente, da execução judicial mesmo quando a obra pudesse ser realizada por terceiro, com observância dos mecanismos executivos normais previstos pela legislação processual. É que as vicissitudes do procedimento quase sempre "geram o sentimento de denegação de justiça"[45]. Daí por que, do ponto de vista teórico, seria cabível a multa diária indiferentemente para a execução das obrigações de fazer fungíveis e infungíveis.

Sustenta-se a razoabilidade da *astreinte* em face das obrigações fungíveis ressaltando, entre os vários motivos advindos das dificuldades da execução judicial específica, o caso de falta de

---

[41] Entretanto, cumpre ressaltar o entendimento do STJ permitindo a aplicação da *astreinte* para obrigação de fazer infungível: "I. É admissível a aplicação de multa no caso de inadimplemento de obrigação personalíssima, como a de prestação de serviços artísticos, não sendo suficiente a indenização pelo descumprimento do contrato, a qual visa a reparar as despesas que o contratante teve que efetuar com a contratação de um outro profissional. II. Caso contrário, o que se teria seria a transformação de obrigações personalíssimas em obrigações sem coerção à execução, mediante a pura e simples transformação em perdas e danos que transformaria em fungível a prestação específica contratada. Isso viria a inserir caráter opcional para o devedor, entre cumprir ou não cumprir, ao baixo ônus de apenas prestar indenização" (STJ, 3ª T., REsp. 482.094/RJ, Rel. p. ac. Min. Sidnei Beneti, ac. 20.05.2008, DJe 24.04.2009). No mesmo sentido: STJ, 4ª T., AgRg no AgRg no REsp. 1.108.445/MS, Rel. Min. Maria Isabel Gallotti, ac. 04.08.2015, DJe 10.08.2015.

[42] FREITAS, José Lebre de. A *Acção Executiva depois da reforma*. 4. ed. Coimbra: Coimbra Editora, 2004, n. 23.2.1, p. 389. Somente a infungibilidade convencional (não natural) pode ser renunciada pelo credor, caso em que pedirá a execução por terceiro, como se faz com as obrigações naturalmente fungíveis explica o autor.

[43] DONNIE et DONNIE. *Op. cit.*, n. 305, p. 109.

[44] STARC, Boris; ROLAND, Henri et BOYER, Laurent. *Obligations – Régime Général*. 5. ed. Paris: Litec, 1995, n. 590, p. 249.

[45] STARC, Boris; ROLAND, Henri et BOYER, Laurent. *Op. cit.*, n. 586, p. 247.

recursos disponíveis por parte do credor para assumir, ainda que temporariamente, o custeio da obra (CPC/2015, art. 817, parágrafo único). Eis porque se mostra justa a imposição da multa coercitiva como expediente útil para forçar o inadimplente a cumprir sua obrigação *in natura*[46]. É bom recordar que a adoção da *astreinte* no processo civil moderno está diretamente ligada à garantia constitucional de efetividade da tutela jurisdicional, que, além de justa e eficiente (CF, art. 5º, XXXV) haverá de ser célere e pronta (CF, art. 5º, LXXVIII).

Enfrentando o problema no direito brasileiro, todavia, teremos de reconhecer que, *de lege lata*, não há como aplicar as *astreintes*, entre nós, na execução das obrigações de fazer infungíveis. *De lege ferenda*, pensamos que seria conveniente prever a multa de coação também para as obrigações infungíveis, não, porém, de maneira ampla e incondicionada. O ideal seria disciplinar a sanção coercitiva levando em conta as particularidades de cada caso, a exemplo do direito espanhol. A moderna *Ley de Enjuriciamiento Civil*, de 7.01.2000, prevê a multa coercitiva apenas para as condenações à prestação de fazer *personalíssima*. Não a autoriza nos casos de execução específica, por entender que a possibilidade de realizar a obra por terceiro ou sua conversão em perdas e danos é suficiente para tutelar a pretensão do credor. Mas, nunca há aplicação da multa *ex officio* pelo juiz. O exequente deverá requerê-la e o juiz ouvirá o executado, dentro do prazo assinado para cumprimento da prestação, sobre os motivos de sua inadimplência, e, só então, decidirá sobre a conveniência ou não da aplicação da pena ou da possibilidade de tratar a obrigação como exequível por terceiro (LEJ, art. 709).

Somente quando ficar o juiz convencido de que a obrigação é realmente personalíssima é que ao exequente será facultado optar entre requerer a imposição de multa mensal pelo retardamento ou pleitear o prosseguimento da execução pelo equivalente pecuniário (LEJ, art. 709, n. 1). Quando, pois, o credor optar pela execução por quantia certa, não haverá possibilidade de aplicação da *astreinte*. A solução do direito espanhol, nessa hipótese, equivale à do direito brasileiro que, à luz dos arts. 247 do CC e 821, parágrafo único, do atual Código de Processo Civil, não aplica multa diária pelo tempo do retardamento, mas apenas faz a conversão da obrigação de fazer em perdas e danos, passando o processo a observar o procedimento da execução, por quantia certa. Há, todavia, na conversão, multa fixa de 50% do valor da obrigação, tal como se passa na execução por quantia certa do CPC/2015 brasileiro, que, entretanto, a estipula em 10% (art. 523, § 1º).

Na hipótese de insistir o credor no cumprimento da obrigação infungível pelo executado, poderá o juiz, segundo a lei da Espanha, impor uma *multa mensal*, exigível a partir do término do prazo que lhe houver sub assinado no processo, e que durará por três meses. A cada trimestre, perdurando o inadimplemento, o exequente poderá renovar o requerimento da multa, até que se perfaça o prazo total de um ano, e a soma das penalidades aplicadas atinja o equivalente a vinte por cento do valor da obrigação (art. 709, n. 3, e 711, n. 1). Depois de um ano, não haverá mais incidência de multa periódica, e a execução necessariamente passará a versar sobre o equivalente econômico já então acrescido das multas periódicas vencidas (20%) e da multa fixa (50%).

O importante na legislação espanhola é a precisão das regras que autorizam a aplicação das *astreintes*, fixando condições claras e estabelecendo valores e limites. A falta de iguais cuidados pela lei brasileira, torna caótica a interpretação e aplicação da multa coercitiva na execução das obrigações de fazer entre nós.

---

[46] CARNEIRO, Athos Gusmão. Das "astreintes" nas obrigações de fazer fungíveis. *Revista Ajuris*, n. 14, p. 129; GUERRA, Marcelo Lima. *Execução Indireta*. São Paulo: RT, 1998, p. 182-183.

Eis aí um capítulo de nosso direito processual que bem merecia uma meticulosa reforma, para propiciar aos jurisdicionados segurança e confiança na sistemática do direito positivo processual.

Estando, porém, o destino da obrigação de fazer infungível definido pelo direito material, parece-nos que não cabe sequer condenar o devedor inadimplente a cumpri-la *in natura*, mas sempre ao pagamento das perdas e danos, em que legalmente se converter. E se tal condenação for praticada, seu efeito não pode ser outro senão aquele predeterminado pelo art. 247 do CC, qual seja, o da execução pelas equivalentes perdas e danos.[47]

VII – As astreintes e a Fazenda Pública

Como já afirmado, a aplicação da *astreinte* cabe em relação a qualquer condenado a cumprir obrigação de fazer ou não fazer, não se excluindo, portanto, a Fazenda Pública quando responsável pelo descumprimento de prestação da espécie[48]. Tratando particularmente da obrigação de fornecer medicamento imposta judicialmente, decidiu o STJ que "a particularidade de impor obrigação de fazer ou de não fazer à Fazenda Pública não ostenta a propriedade de mitigar, em caso de descumprimento, a sanção de pagar multa diária, conforme prescreve o § 5º do art. 461 do CPC/1973. E, em se tratando do direito à saúde, com maior razão deve ser aplicado, em desfavor do ente público devedor, o preceito cominatório, sob pena de ser subvertida garantia fundamental. Em outras palavras, é o direito-meio que assegura o bem maior: a vida". Ressalvou-se, porém, na linha de reiterados precedentes, que "a eventual exorbitância na fixação do valor das astreintes aciona mecanismo de proteção ao devedor: como a cominação de multa para o cumprimento de obrigação de fazer ou de não fazer tão somente constitui método de coerção, obviamente não faz coisa julgada material, e pode, a requerimento da parte ou ex officio pelo magistrado, ser reduzida ou até mesmo suprimida, nesta última hipótese, caso a sua imposição não se mostrar mais necessária"[49].

570. CUMULAÇÃO DA MULTA DIÁRIA COM MEDIDA DE EXECUÇÃO ESPECÍFICA

Não há motivo para incompatibilizar a *astreinte* com a execução específica da obrigação de fazer fungível. A cumulação na espécie é cabível desde que praticada com o fito de se tentar, antes da entrega da obra a terceiro, a assunção dela pelo próprio devedor. Mas, a cumulação deve ser sucessiva e não simultânea, pois não terá sentido persistir a cominação de multa diária depois que a obra for efetivamente confiada a realização do credor ou de alguém por ele contratado, pela via da execução específica das obrigações fungíveis.

---

[47] Diante da controvérsia acerca do cabimento, ou não, de condenação a um *facere* ou *non facere* infungível, a solução tradicional é no sentido negativo, porque há uma "correlação necessária entre condenação e execução forçada" da qual deriva a "admissibilidade da condenação somente pelas obrigações (de pagar, de dar, de entregar, de fazer ou não fazer) suscetíveis de execução forçada" (TARZIA, Giuseppe. *Lineamenti del processo civile di cognizione*. 2. ed. Milano: Giuffrè, 2002, n. 55, p. 239). Há na doutrina e jurisprudência, no entanto, corrente que defende a aplicação das *astreintes* também na execução das obrigações infungíveis, conforme já asseverado (BARBOSA MOREIRA, José Carlos. *O novo processo civil brasileiro*. 25. ed. Rio de Janeiro: Forense, 2007, p. 228; STJ, 3ª T., REsp. n. 6.314/RJ; STJ, 4ª T., REsp. n. 6.377/SP; STJ, 1ª T., REsp 1.069.441/PE, Rel. Min. Luiz Fux, ac.14.12.2010, *DJe* 17.12.2010).

[48] O REsp 1.474.665/RS foi acolhido pela 1ª Seção do STJ "para declarar a possibilidade de imposição de multa diária à Fazenda Pública. Acórdão submetido à sistemática do § 7º do art. 543-C do Código de Processo Civil de 1973 e dos arts. 5º, II, e 6º, da Resolução STJ n. 08/2008" (STJ, 1ª Seção, REsp 1.474.665/RS – recurso repetitivo, Rel. Min. Benedito Gonçalves, ac. 26.04.2017, *DJe* 22.06.2017).

[49] STJ, REsp 1.474.665/RS, *cit.*

É o caso, portanto, "de se determinar que a execução se faça por terceiro e, mesmo assim, até que se inicie concretamente a realização da obrigação, impor multa diária ao devedor por dia de atraso, na esperança de que, antes disso, ele satisfaça por si mesmo o direito do credor"[50].

571. EXECUÇÃO DA MULTA

I – Procedimento

A decisão que comina a multa diária não é, em si, um ato executivo como já se demonstrou. Torna-se, entretanto, um título executivo quando o executado deixa de cumprir a prestação de fato a que está obrigado sob aludida cominação. Uma vez, então, ocorrido o descumprimento no tempo assinado, poderá o credor utilizar a execução forçada por quantia certa para exigir o pagamento da multa[51]. O procedimento será o do cumprimento de sentença, nos moldes dos arts. 523 e seguintes, do CPC/2015.

II – Regime do Código de 1973

A jurisprudência, ao tempo do Código anterior, ponderava que a cobrança da multa coercitiva, em regra, deveria acontecer após o trânsito em julgado, ou a partir de quando fosse possível a execução provisória[52]. Exigia-se, portanto, que houvesse um procedimento de execução da prestação principal para, então, definir-se o efetivo inadimplemento e, por conseguinte, configurar-se a incursão na pena coercitiva da *astreinte*[53]. Assim, se não era possível a execução definitiva nem a provisória (caso, *v.g.*, de decisão recorrida ou impugnada com efeito suspensivo), não incidiria a multa, enquanto não se superasse o impedimento. Se não caberia ao credor exigir a prestação principal, também não lhe seria permitido reclamar a sanção correspondente.

III – Regime do CPC de 2015

O atual Código, porém, coerente com a lógica da efetividade que o informa, adotou posicionamento de não se negar imediata executividade à multa imposta para cumprimento de tutela antecipada, já que esta se cumpre de plano, segundo os princípios da execução provisória (art. 297 do CPC/2015). A posição que sempre defendemos em relação à legislação anterior era de que, ao promover a execução da antecipação de tutela, havendo retardamento por parte do devedor, tornar-se-ia exigível a multa, mesmo antes da sentença definitiva atingir a coisa julgada. O importante, no entanto, era que se apurasse a liquidez e certeza da pena coercitiva, antes de reclamá-la em juízo. O devedor deveria, portanto, ser intimado a cumprir a medida decretada em antecipação de tutela e o credor teria de comprovar o não cumprimento no prazo marcado, assim como o tempo de duração do inadimplemento. Esses dados não poderiam ficar apenas na singela afirmação do credor. Cumpria fossem adequadamente demonstrados nos autos. O procedimento, para tanto, era singelo. Não se exigia uma "ação de liquidação", mas apenas um incidente processual nos moldes dos arts. 475-A a 475-H do CPC/1973, submetido afinal a uma decisão interlocutória recorrível por meio de agravo. A execução, após a liquidação, também seria sumária, tal como estatuía o procedimento concebido pela Lei n.

---

50 GUERRA, Marcelo Lima. *Op. cit.*, p. 185.
51 DONNIER et DONNIER. *Op. cit.*, n. 370, p. 128.
52 TJBA, 4ª CC., Ap. 12.162-0/1999, Rel. Des. Paulo Furtado, ac. 26.06.2002, *RT* 810/315.
53 TJSP, 6ª C. Dir. Privado, AI 242.450-4/3-00, Rel. Des. Sebastião Carlos Garcia, ac. 29.08.2002, *JTJ* 260/314.

11.232/2005 para "cumprimento" de sentença condenatória referente à obrigação de quantia certa (arts. 475-J e segs. do CPC/1973).

Em conclusão, sempre defendemos que podia haver execução da multa cominatória tanto em face da decisão de antecipação de tutela como da sentença definitiva. No primeiro caso, porém, a execução seria provisória, sujeitando-se à sistemática e aos riscos previstos no art. 558 do CPC/1973 como determinava o § 3º do art. 273. Vale dizer: no caso de a sentença, afinal, decretar a improcedência do pedido, a quantia da multa exigida em antecipação provisória de tutela deveria ser restituída ao executado[54].

Nessa linha de entendimento, o regime do atual Código adotou expressamente a possibilidade de cumprimento provisório da decisão que fixar multa, como se vê no § 3º do art. 537 (redação da Lei 13.256/2016). Dispôs, todavia, que a multa em tal caso, deverá ser "depositada em juízo, permitido o levantamento do valor após o trânsito em julgado da sentença favorável à parte". Autoriza-se, assim, a execução provisória, mas impede-se ao exequente levantar a multa depositada, enquanto não obtiver julgamento de mérito em seu favor, e em caráter definitivo. Portanto, se o recurso pendente contra a sentença resultar em sua cassação, o valor da multa jamais reverterá em favor do exequente provisório, e será restituído ao executado vitorioso na via recursal.

Cuidando das multas decorrentes de litigância de má-fé, o art. 777 autoriza sua cobrança no próprio processo em que ocorreu a respectiva imposição. A regra analogicamente, aplica-se também às multas coercitivas, cuja exigência não depende de manejo de uma ação própria, podendo ser efetuada de maneira incidental, como simples fase processual, seja no momento de cumprimento da sentença, seja em incidente limitado apenas à cobrança da multa tornada exigível[55].

IV – A necessidade de constituir-se um título judicial completo para a execução da multa

A execução não é lugar adequado à comprovação do direito do exequente. Só há possibilidade de se executar um crédito quando este esteja dotado de elementos reveladores de sua *certeza, liquidez* e *exigibilidade* (arts. 783 e 786 do CPC/2015). Quem conta apenas com a decisão que cominou a multa para o caso do respectivo descumprimento não dispõe ainda de título capaz de certificar o seu direito atual a exigir a pronta satisfação da medida sancionatória. Tal direito subjetivo, para ser incorporado a um título executivo de natureza judicial, depende de um acertamento em juízo.

Lembra Fábio Guidi Tabosa Pessoa, com propriedade, que o fato gerador do direito do credor à multa não se acha na condenação ao cumprimento da obrigação principal, mas num evento ulterior – o descumprimento da prestação a que foi condenado – que é sim o "próprio elemento constitutivo nuclear desse direito" (o direito à multa). Para que, portanto, se possa dar início à cobrança da *astreinte*, como execução de título judicial, é preciso que se certifique em juízo a ocorrência do respectivo fato gerador, com oportunidade ao devedor de um contraditório maior do que aquele permitido na impugnação ao cumprimento da sentença prevista no art. 525, § 1º do CPC/2015. É necessário dar-lhe oportunidade para demonstrar, se for o caso, que não ocorreu o descumprimento afirmado pelo credor[56].

---

[54] MESQUITA, José Ignácio Botelho de. *et al.* "Breves considerações sobre a exigibilidade e a execução das *astreintes*", *in Revista Jurídica*, v. 338, p. 37. STJ, 4ª T., AgRg no REsp 1094296/RS, Rel. Min. João Otávio de Noronha, ac. 3.3.2011, *DJe* 11.3.2011; STJ, 1ª T., REsp 1.098.028/SP, Rel. Ministro Luiz Fux, ac. 9.2.2010, *DJe* 2.3.2010. No sentido de descabimento de execução provisória (STJ, 3ª T., AgRg no REsp 1.153.033/MG, Rel. Min. Sidnei Beneti, ac. 15.4.2010, *DJe* 7.5.2010).

[55] MACÊDO, Lucas Buril de; GÓIS, Filiph de Carvalho. Multa coercitiva no direito brasileiro *cit.*, p. 144; ASSIS, Araken de. *Processo civil brasileiro*. 3.ed. São Paulo: Ed. RT, 2022, v. II, p. 293.

[56] É preciso distinguir entre a condenação principal e a previsão de multa para o seu descumprimento. "No tocante ao arbitramento de multa, não há obrigação alguma desde logo afirmada, no momento da cominação, em

De tal sorte, uma solução prática para o problema seria, por exemplo, adotar a intimação para pagar a multa, feita, analogicamente, nos moldes da que se pratica no cumprimento da sentença contra devedor de alimentos (CPC/2015, art. 528), ou seja: o executado será intimado, no prazo que lhe for assinado, a pagar o débito, provar que já o fez ou *justificar* porque não está sujeito a fazê-lo. Se o devedor nada alegar, ou se sua justificativa não for acolhida pelo juiz, a decisão sobre o incidente aperfeiçoará o título executivo judicial para sustentar a execução da multa. Se a defesa for acatada, o título executivo não terá se configurado e nenhuma execução forçada terá lugar.

V – Termo inicial e final de incidência da multa

No regime anterior, um requisito havia de ser cumprido para que a execução da *astreinte* se tornasse cabível: mesmo tendo transitado em julgado a imposição da pena, *a parte a ela sujeita teria de ser intimada a cumprir a prestação de fazer ou não fazer antes de se lhe exigir a multa por desobediência ao mandamento judicial*, estivesse ele contido em decisão interlocutória ou em sentença. Segundo antiga jurisprudência do STJ, que chegou a ser sumulada, não se considerava suficiente a intimação do advogado, de modo que teria de ser a parte *pessoalmente intimada* a cumprir a obrigação para que sua incursão na multa se tornasse real.[57] No entanto, a Segunda Seção daquele Tribunal, em embargos de divergência, adotou uma nova interpretação para a súmula existente, afastando-se de sua literalidade, a fim de fixar a tese de que, embora indispensável a intimação do devedor, pode ela ser realizada na pessoa de seu advogado, tal como se dá ordinariamente no cumprimento de sentença relativa a obrigação por quantia certa (CPC/2015, art. 523).[58]

De fato, constou da ementa do EAg 857.738/RS, da 2ª Seção, relatado pela Min. Nancy Andrighi, que a intimação para cumprimento da obrigação de fazer, pressuposto necessário

---

torno do crédito pecuniário, apenas no tocante à obrigação principal, de outra ordem. Para a formação do crédito pecuniário, o silêncio não produz consequências automáticas, pois precisará ser valorado e apenas então permitirá afirmação, inovadora, do direito à cobrança de determinada quantia (...). Por derradeiro, parece-nos importante destacar, também sob a ótica do contraditório, a impossibilidade de exigência de multa a partir de requerimento unilateral do credor da obrigação de fazer e da referência singela à decisão cominatória da multa" (PESSOA, Fábio Guidi Tabosa. Novo CPC: reflexões em torno da imposição e cobrança de multas. *Revista do Advogado*, n. 126, AASP, p. 73, mai/2015).

[57] "A prévia intimação pessoal do devedor constitui condição necessária para a cobrança de multa pelo descumprimento de obrigação de fazer ou não fazer" (Súmula n. 410 do STJ). "A parte a quem se destina a ordem de fazer ou não fazer deve ser pessoalmente intimada da decisão cominatória, especialmente quando há fixação de *astreintes*" (STJ, 3ª T., AgRg no REsp. n. 993.209/SE, Rel.ª Min.ª Nancy Andrighi, ac. 18.03.2008, *DJe* 04.04.2008). No mesmo sentido STJ, 3ª T., AgRg no REsp. n. 1.067.903/RS, Rel. Min. Sidnei Beneti, ac. 21.10.2008, *DJe* 18.11.2008; STJ, 4ª T., Ag. n. 1.050.330/RS, Rel. Min. João Otávio de Noronha, ac. 17.06.2010, *DJe* 29.06.2010; STJ, 4ª T., AgRg no Ag. n. 988.734/RS, Rel. Min. Raul Araújo Filho, ac. 8.06.2010, *DJe* 18.06.2010.

[58] "A intimação do devedor acerca da imposição da multa do art. 461, § 4º, do CPC, para o caso de descumprimento de obrigação de fazer ou não fazer, pode ser feita via advogado porque: (i) guarda consonância com o espírito condutor das reformas que vêm sendo imprimidas ao CPC, em especial a busca por uma prestação jurisdicional mais célere e menos burocrática, bem como a antecipação da satisfação do direito reconhecido judicialmente; (ii) em que pese o fato de receberem tratamento legal diferenciado, não há distinção ontológica entre o ato de fazer ou de pagar, sendo certo que, para este último, consoante entendimento da Corte Especial no julgamento do REsp 940.274/MS, admite-se a intimação, via advogado, acerca da multa do art. 475-J, do CPC; (iii) eventual resistência ou impossibilidade do réu dar cumprimento específico à obrigação terá, como consequência final, a transformação da obrigação numa dívida pecuniária, sujeita, pois, à multa do art. 475-J do CPC que, como visto, pode ser comunicada ao devedor por intermédio de seu patrono"... (STJ, Segunda Seção, EAg 857.758/RS, Rela. Min, Nancy Andrighi, ac. 23.2.2011, *DJe* 25.8.2011). Nada obstante, a 2ª Turma do STJ continuou a decidir que o termo inicial para incidência da *astreinte* "é a data da *intimação pessoal* do devedor para cumprimento da obrigação de fazer" (STJ, 2ª T., AgRg no REsp 1.251.059/MG, Rel. Min. Humberto Martins, ac. 16.10.2012, *DJe* 25.10.2012).

da exigência da *astreinte*, poderia ser feita por via do advogado do devedor. Entretanto, em julgamento posterior, a mesma Seção teve o cuidado de esclarecer que essa tese, embora discutida no acórdão anterior, não teria sido acolhida pela maioria dos votos, de modo que o entendimento sumulado não restou revogado, e, ao contrário, do dito na ementa do primeiro acórdão, foi mantido e reafirmado, nas duas oportunidades. O decisório superveniente é muito claro e categórico, em esclarecer que a 2ª Seção não cogitou, em momento algum, de rever ou cancelar a Súmula n. 410 do STJ[59].

Em síntese, já no regime do Código anterior, a dúvida que durante muito tempo perdurou a respeito do início da contagem da multa desapareceu pela posição firme que afinal o Superior Tribunal de Justiça adotou nos termos da sua Súmula n. 410 do STJ: "A prévia intimação pessoal do devedor constitui condição necessária para a cobrança de multa pelo descumprimento de obrigação de fazer ou não fazer."

As diversas causas que definem o início e o fim da incidência da *astreinte* já foram enumeradas no item n. 205.2, *retro*.

VI – Cobrança da multa segundo o regime do CPC/2015

Pela sistemática do atual Código, a multa será devida "desde o dia em que se configurar o descumprimento da decisão e incidirá enquanto não for cumprida a decisão que a tiver cominado" (CPC/2015, art. 537, § 4º). Assim, considerando a orientação jurisprudencial do STJ, tudo indicava que a "configuração do descumprimento da decisão" dependeria da prévia intimação do devedor a realizar a prestação nela ordenada. Somente a partir do escoamento do prazo assinado para o respectivo cumprimento, é que seria devida a multa, a qual incidiria progressivamente. Pareceu-nos, todavia, que não se poderia continuar exigindo que a intimação do devedor fosse sempre obrigatoriamente *pessoal*. É que, ao disciplinar o cumprimento das decisões judiciais, o CPC/2015, a título de *disposições gerais* estabeleceu regra para a intimação do devedor, aplicável genericamente a todas as modalidades obrigacionais, prevendo a possibilidade de realizá-la *"na pessoa de seu advogado"* (art. 513, § 2º, I).

Portanto, salvo nas exceções dos incs. II e III, pensamos que não haveria justificativa para exigir, no regime do CPC/2015, no cumprimento da sentença relativa a obrigações de fazer, não fazer ou entregar coisa, a intimação executiva fosse feita necessariamente na pessoa do devedor. Realmente, sem o pressuposto da intimação da parte – que a Súmula 410 do STJ outrora exigia fosse pessoal – para cumprir a decisão que lhe cominou a multa coercitiva, não se teria como configurar o descumprimento do ato judicial. Mas a constituição em mora poderia, para efeito da cobrança da multa, perfeitamente dar-se por meio de intimação do advogado, como, em regra, acontece nas diversas modalidades de cumprimento de sentença, especialmente nas que condenam a pagar quantia certa.

Sem embargo de o novo entendimento encontrar respaldo em boa doutrina, o tema voltou a debate no STJ, após a vigência do CPC/2015, tendo aquela Alta Corte, por decisão de sua Corte Especial, reafirmado a velha tese de insuficiência da intimação do advogado do devedor

---

[59] 1. "'A prévia intimação pessoal do devedor constitui condição necessária para a cobrança de multa pelo descumprimento de obrigação de fazer ou não fazer.' Entendimento compendiado na Súmula n. 410, editada em 25.11.2009, anos após a entrada em vigor da Lei 11.232/2005, o qual continua válido em face do ordenamento jurídico em vigor. Esclarecimento do decidido pela 2ª Seção no EAg 857.758-RS. 2. Hipóteses em que não houve intimação específica para o cumprimento da obrigação de fazer sequer em nome do advogado. *A intimação do conteúdo da sentença, em nome do advogado, para o cumprimento da obrigação de pagar, realizada na forma do art. 475-J do CPC, não é suficiente para o início da fluência da multa cominatória voltada ao cumprimento da obrigação de fazer*. 3. Recurso especial provido" (g.n.) (STJ, 2ª Seção, REsp 1.349.790/RJ, Rel. Min. Maria Isabel Gallotti, ac. 25.9.2013, *DJe* 27.2.2014).

de obrigação de fazer ou não fazer[60]. Mas, a intimação pessoal obrigatória ao devedor, exigida pela antiga Súmula 410 do STJ, refere-se, pelos seus próprios termos, apenas ao cumprimento da decisão que impôs a prestação de fazer (obrigação principal), cujo inadimplemento acarretará, em seguida, a sujeição ao pagamento da multa (*astreinte*), ou seja, prestação de quantia certa. Verificado, pois, o descumprimento da obrigação principal, a multa se apresenta como objeto de prestação de quantia certa, cuja execução deverá seguir o rito do art. 513, § 2º, I c/c art. 523 que se contenta com a intimação do advogado do executado, já então passível do acréscimo da multa legal de 10%, se o débito não for saldado em 15 dias.

É, aliás, o que se pode extrair da tese uniformizada pela Corte Especial do STJ no aresto em referência: "é necessária a prévia intimação pessoal do devedor para a cobrança de multa pelo descumprimento de obrigação de fazer ou não fazer antes e após a edição das Leis n. 11.232/2005 e 11.382/2006, nos termos da Súmula 410 do STJ, cujo teor permanece hígido também após a entrada em vigor do atual Código de Processo Civil". É a certificação, como se vê, do descumprimento da obrigação de fazer, que o enunciado da Súmula exige seja fundada em prévia intimação pessoal do devedor, não a cobrança da multa posterior ao referido descumprimento.

Em suma, diante do atual posicionamento da jurisprudência, a execução de obrigação de fazer, depende de duas intimações, de natureza diversa:

(a) a intimação para cumprir a decisão que impôs a prestação de fazer, a qual deve ser feita pessoalmente ao devedor (Súmula 410 do STJ); e

(b) a intimação (após o não cumprimento da prestação de fazer, no devido prazo) para pagar a multa cominada ao inadimplemento, intimação essa que se poderá efetuar na pessoa do advogado do devedor (CPC/2015, art. 513, § 2º).

VII – As astreintes *e a tutela provisória*

A possibilidade de cominação da multa coercitiva se dá tanto na tutela definitiva quanto na provisória, seja de urgência ou de evidência (art. 267). No entanto, sofre as consequências da natureza provisória e acessória própria desses provimentos, de maneira que as medidas deferidas nesse âmbito vinculam-se à estabilização da tutela ou à sentença final.

Lógica semelhante era aplicada no Código anterior para o procedimento cautelar, entendendo a jurisprudência que "o desacolhimento da pretensão formulada na ação principal esvazia o provimento acautelatório de um dos pressupostos sobre os quais se fundou: a *verossimilhança do direito invocado*".[61] Daí por que não subsiste o direito de exigir a multa depois que a decisão de estabilização da tutela ou a sentença de mérito nos embargos do executado se firmaram no sentido da improcedência do pleito principal do credor. É o que se pode deduzir, aliás, do art. 537, § 3º, do CPC/2015.

VIII – *Multa diária, correção monetária e juros moratórios*

Não há dúvida de que uma vez cominada a multa diária, seu valor fica sujeito à atualização monetária. Segundo jurisprudência do STJ, "o poder de intimidação refletido no valor arbitrado pelo Juiz a título de multa diária, nos termos do § 4º do art. 461 do CPC [CPC/2015,

---

[60] STJ, Corte Especial, EREsp 1.360.577/MG, Rel. p/ac. Min. Luis Felipe Salomão, ac. 19.12.2018, *DJe* 07.03.2019.

[61] STJ, 3ª T., REsp 1.370.707/MT, Rel. Min. Nancy Andrighi, ac. 04.06.2013, *DJe* 17.06.2013. Explicita o acórdão: "Os efeitos da sentença proferida em ação cautelar – demanda de natureza acessória e de efeitos temporários, cujo objetivo é garantir a utilidade do resultado de outra ação – não subsistem diante do julgamento de improcedência do pedido deduzido no processo principal, *o que inviabiliza a execução da multa lá fixada*" (grifamos).

art. 537, *caput*], deve ser preservado ao longo do tempo – e, portanto, corrigido – a fim de que corresponda, desde então, à expectativa de ser o suficiente para a obtenção da tutela específica. Assim, a partir de sua fixação, o contexto apresentado para o devedor tem de revelar, sempre, que lhe é mais interessante cumprir a obrigação principal que pagar a multa". Quanto ao termo inicial de incidência da correção monetária sobre a multa, "deve ser a data do respectivo arbitramento, como ocorre nas hipóteses de dano moral (Súm. 362/STJ)"[62].

Se é necessário manter-se atualizado o valor da multa diária, no tocante aos juros moratórios sua incidência não se justifica, porque a sanção pelo retardamento do cumprimento da obrigação é feita justamente por meio das *astreintes*. Não teria, por isso, sentido cumular-se a multa com os juros. Ainda no entendimento do STJ, "*mutatis mutandis*, os juros de mora estão para a obrigação de pagar quantia certa como a multa está para a obrigação de fazer ou não fazer, são duas faces da mesma moeda, consequências do atraso no cumprimento da prestação". Daí a conclusão de que "aceitar a incidência dos juros moratórios sobre a multa seria admitir a existência de verdadeira 'mora da mora', o que configuraria evidente *bis in idem*".[63]

Em suma, o valor arbitrado para a *astreinte* sujeita-se a correção monetária, mas não se acresce de juros de mora durante o tempo em que a multa for aplicada, sob pena de dupla sanção pelo mesmo atraso no adimplemento[64].

572. PROCEDIMENTO A OBSERVAR NA EXECUÇÃO DA MULTA

A multa, conforme já visto, é imposta por decisão judicial, cuja execução segue o procedimento do cumprimento da sentença (arts. 523 e seguintes, do CPC/2015). Como, entretanto, sua exigibilidade não decorre imediatamente da cominação judicial, não se pode imaginar uma executividade automática como aquela da sentença condenatória em torno da obrigação principal de quantia certa. O credor depende da configuração da mora do devedor, consubstanciada no descumprimento da decisão, e de sua intimação ao resgate, para só depois pretender a expedição do mandado de penhora e avaliação.

Não há na lei uma previsão expressa das cautelas procedimentais aplicáveis à execução da multa, seja com relação a que é imposta em decisão interlocutória (antecipação de tutela) seja aquela prevista na sentença definitiva ou em decisão incidente na fase de execução da condenação principal. O procedimento, que é o mesmo em qualquer das circunstâncias aventadas, corresponde ao do cumprimento das sentenças pertinentes às obrigações de quantia certa, com pequenas adaptações. Guilherme Rizzo Amaral, à época do Código anterior, sugeria o seguinte rito[65], cuja acatação recomendamos à legislação atual:

a) o credor requererá a execução por petição nos autos em que houve a imposição das *astreintes*[66]; como, quase sempre, é claro nos autos o dia em que se iniciou o

---

[62] STJ, 3ª T., REsp 1.327.199/RJ, Rel. Min. Nancy Andrighi, ac. 22.04.2014, *DJe* 02.05.2014.

[63] STJ, REsp 1.327.199/RJ, *cit*. No mesmo sentido: STJ, 4ª T., REsp 23.137/RJ, Rel. Min. Aldir Passarinho Júnior, ac. 19.02.2002, *DJU* 08.04.2002, p. 218.

[64] "Com efeito, 'a jurisprudência desta Corte orienta que não devem incidir juros de mora sobre os valores fixados a título de multa, haja vista a natureza cominatória da imposição, sob pena de representar dupla penalidade' (4ª T., AgInt no REsp n. 1.891.797/RS, Rel. Min. Maria Isabel Gallotti, j. 23.05.2022, *DJe* 26.05.2022)" (STJ, 3ª T., AgInt no AREsp 2.143.947/RJ, Rel. Min. Marco Aurélio Bellizze, ac. 14.11.2022, *DJe* 18.11.2022).

[65] AMARAL, Guilherme Rizzo. *As "astreintes" e o processo civil brasileiro*. 2. ed. Porto Alegre: Livraria do Advogado, 2010, p. 251-254.

[66] Só haverá processamento da execução das *astreintes* em autos apartados quando simultaneamente se promoverem as duas execuções: a da obrigação de fazer ou de entregar coisa e a de cobrança da multa. Observar-se-ão, então, no procedimento apartado, as cautelas determinadas no art. 522 do CPC/2015.

atraso no cumprimento da prestação, cabe à parte, por cálculo aritmético, demonstrar o montante atual do débito a ser executado (se houver fatos a apurar, deverá previamente proceder à liquidação, nos moldes dos arts. 509 e segs.);

b) o devedor será *intimado* (não é o caso de citação) a pagar o montante do débito em quinze dias, sob pena de sujeitar-se à multa de 10% prevista no art. 523; a intimação será feita ao advogado, como ocorre com os atos processuais em geral; somente será pessoal à parte, quando esta não possuir advogado nos autos[67];

c) após a intimação, poderá o devedor, em quinze dias, apresentar, se for o caso, a impugnação de que trata o art. 525;

d) sobre a impugnação, será ouvido o exequente, em igual prazo (15 dias), para cumprir-se o contraditório;

e) colhida a prova, se cabível, pronunciará o juiz decisão, acolhendo ou rejeitando a impugnação;

f) o recurso cabível será, em regra, o agravo de instrumento; se for acolhida a impugnação para extinguir a execução por inteiro, o recurso será a apelação;

g) rejeitada a impugnação, no todo ou em parte, prosseguir-se-á nos atos expropriatórios próprios da execução por quantia certa.

573. MODIFICAÇÃO DA MULTA IMPOSTA

Poder-se-ia pensar em preclusão, capaz de impedir a alteração da multa, quando a parte tenha deixado de recorrer oportunamente da decisão que a cominara? Pensamos que não. A multa não é direito da parte. Na espécie, trata-se de medida judicial coercitiva, utilizada para assegurar efetividade à execução. Interessa muito mais ao órgão judicial do que ao credor, o que lhe assegura o caráter de providência de ordem pública[68]. Esse caráter está bem evidenciado na regra do art. 537 do CPC/2015, onde o poder-dever do juiz de aplicar a *astreinte* está expressamente previsto como exercitável independentemente de requerimento da parte; regra que se completa com a do § 1º do mesmo dispositivo, que, mesmo depois da respectiva fixação, prevê a possibilidade de o juiz de ofício "modificar o valor ou a periodicidade da multa *vincenda*", sempre que verificar "que se tornou insuficiente ou excessiva".[69]

---

[67] "(...) Segundo entendimento do STJ, após a vigência da Lei n. 11.232/2005, é desnecessária a intimação pessoal do executado para cumprimento da obrigação de fazer imposta em sentença, para fins de aplicação das astreintes" (STJ, 1ª T., AgInt no AREsp 62.961/RJ, Rel. Min. Gurgel de Faria, ac. 26.06.2018, *DJe* 08.08.2018). No entanto, levada a questão a exame da Corte Especial, prevaleceu a tese contrária, qual seja, a da necessidade da citação pessoal para a execução de obrigação da espécie (STJ, EREsp 1.360.577/MG, *cit*.). A intimação pessoal, entretanto, é obrigatória quando se trata de exigir o cumprimento da prestação de fazer e não para a cobrança da multa. Descumprida a prestação principal (de fazer), a execução da multa (*astreinte*) se processará como as obrigações de quantia certa, podendo, então, a intimação para o respectivo pagamento ser efetuada na pessoa do advogado, como expressamente autoriza o art. 523, *caput*.

[68] "É preciso perceber que a multa processual tem por objetivo assegurar a efetividade das decisões do juiz e, portanto, que o seu fim não pode ser confundido com o da indenização ou com o da multa contratual" (MARINONI, Luiz Guilherme. *Técnica processual e tutela dos direitos*. São Paulo: RT, 2004, p. 395). É justamente por isso que "a multa não se submete ao trânsito em julgado que imuniza os efeitos da sentença, ou à preclusão que acoberta o pronunciamento interlocutório que a fixou"; e pode ser alterada, de ofício e a qualquer tempo, devendo o magistrado "fundamentar o pronunciamento que determina a elevação [ou a redução] do valor da multa, demonstrando que a fixação anterior *não surtiu o efeito desejado*, dizendo respeito ao estímulo ao adimplemento da obrigação específica" (MONTENEGRO FILHO, Misael. *Código de Processo Civil Comentado e Interpretado*. São Paulo: Atlas, 2008, p. 494).

[69] Relativamente ao Código anterior, tem-se que "como a multa que deriva do art. 461, a de natureza cominatória, tem como função exercer pressão psicológica sobre o réu, ela deve ser fixada e modelada pelo juiz, atento às circunstâncias fáticas e com os olhos voltados *também* para a predisposição do réu para acatar,

Quando algum acórdão deixa, eventualmente, de conhecer do pedido de redução da multa, sob o argumento de não ter havido oportuno agravo contra sua imposição, o que, na verdade, se afirma é que a matéria, não tendo sido objeto de recurso oportuno, não poderia ser objeto de posterior arguição direta no tribunal. Haveria, se assim não se procedesse, quebra do duplo grau de jurisdição. A solução aparenta ser correta porque, até então, não se tratava de questão enfrentada e solucionada na instância *a quo*, à qual a lei atribui a competência para aumentar ou reduzir a pena. Uma vez, porém, que se cuida de matéria de ordem pública, a falta de agravo não impede que o juiz da causa (ou da execução) exerça o poder de alterar a multa, agindo até mesmo de ofício, como determina o § 1º do art. 537, em relação às parcelas vincendas da multa. Esse poder, inerente à competência do magistrado que dirige o processo, não desaparece em virtude da inércia da parte, pela simples razão de que a lei, ao instituí-lo, não o subordinou à provocação do litigante.[70]

A boa jurisprudência, erigida no regime do Código anterior, prestigiada por numerosos precedentes do STJ, considerava que a previsão do § 6º do art. 461 do CPC/1973 (faculdade de o juiz da causa reduzir ou ampliar a multa, a qualquer tempo, e de ofício) não se sujeita aos embaraços da preclusão, nem mesmo da coisa julgada. O único requisito legal para que ocorresse a alteração da *astreinte* é que o valor antes arbitrado "tenha-se tornado *insuficiente* ou *excessivo*",[71] o que será aferido segundo a "peculiaridade do caso concreto",[72] observada sempre a finalidade da medida: "compelir o devedor a realizar a prestação devida",[73] de modo que "o meio executivo deve conduzir ao cumprimento da obrigação e não o inviabilizar pela bancarrota patrimonial do devedor".[74]

Daí por que não precluía para o juiz a faculdade de, a qualquer tempo, alterar o valor das *astreintes*, bastando ocorrer a circunstância de ser aquele *quantum* insuficiente ou excessivo para sua natural finalidade.[75] Era pacífica a jurisprudência do STJ nesse sentido.

No regime do atual Código, porém, o legislador ressalvou expressamente a possibilidade de alteração apenas da parcela *vincenda* da multa (art. 537, § 1º). Com esse preceito, a nosso entender, o CPC/2015 excluiu a redução do montante vencido, seja quando questionado pela parte ou mesmo quando a iniciativa for do juiz.[76] Parece-nos que a intenção da norma é compelir o devedor a questionar logo a multa que ele considera excessiva, evitando impugnações tardias, quando as *astreintes* já teriam se acumulado, sem resistência alguma do obrigado. Muitas vezes é o próprio credor que provoca a progressão da multa. É preciso, portanto, avaliar

---

 ou não, sua determinação. Ela deve ser modificada, no que diz respeito a seu valor e periodicidade, prazo de exigibilidade, tanto quanto as circunstâncias concretas recomendem. É esse o conteúdo do § 6º do art. 461..." (BUENO, Cassio Scarpinella. *Tutela antecipada*. São Paulo: Saraiva, 2004, p. 117).

[70] As omissões ou inércias, na espécie, "são fadadas à ineficácia, em primeiro lugar porque o juiz é dotado, como agente estatal, do poder de conduzir o processo pelos rumos adequados; a ausência de preclusividade também concorre para [evitar] a manutenção de situações jurídico-processuais cuja eliminação contraria a ordem pública" (DINAMARCO, Cândido. *A instrumentalidade do processo*. 5. ed. São Paulo: Malheiros, 1996, p. 57, nota 28).

[71] "A disposição contida no § 6º do art. 461 do Código de Processo Civil não obriga ao magistrado alterar o valor da multa, mas, em verdade, confere uma faculdade condicionada ao preenchimento de *um requisito*, qual seja, que tal valor tenha se tornado insuficiente ou excessivo" (STJ, 1ª T., REsp. 938.605/CE, Rel. Min. Francisco Falcão, ac. 04.09.2007, *DJU* 08.10.2007, p. 234).

[72] STJ, 1ª T., REsp. 770.753/RS, Rel. Min. Luiz Fux, ac. 27.02.2007, *DJU* 15.03.2007, p. 267).

[73] STJ, REsp. 770.753/RS *cit*.

[74] STJ, REsp. 770.753/RS *cit*.

[75] STJ, 3ª T., REsp. 705.914/RN, Rel. Min. Humberto Gomes de Barros, ac. 15.12.2005, *DJU* 06.03.2006, p. 378.

[76] Nesse sentido, também, o entendimento de José Miguel Garcia Medina (*Novo Código de Processo Civil comentado cit.*, p. 858).

caso a caso a razão pela qual as multas vencidas se acumularam, para que o art. 537, § 1º, seja aplicado de forma justa e razoável.

Esse novo sistema, segundo pensamos, poderá – se tratado como absoluto – gerar distorções nos casos em que, por exemplo, a redução da multa se justifica em razão de o credor, maliciosamente ter deixado passar longo tempo sem executá-la, só o fazendo depois de ter assumido um montante exagerado, capaz de arruinar economicamente o devedor ou de provocar-lhe um dano iníquo e injustificável eticamente. Essa conduta, conforme as proporções que assuma, pode ser qualificada como ofensiva ao dever processual de boa-fé e lealdade, preconizada pelo art. 5º do CPC/2015, cabendo ao juiz reprimi-la como litigância de má-fé.[77] Decerto que, em hipóteses tais, mesmo as parcelas vencidas da multa poderiam ser reduzidas, considerando que, como princípio geral, a ninguém é dado beneficiar-se da própria torpeza.

Além de tudo, é importante observar, como faz Araken de Assis, que a regra do atual Código disciplina apenas a hipótese de *alteração* das multas *vincendas*, o poder do juiz de excluir a multa, nos casos legais, não é atingido pela regra limitativa do § 1º do art. 537, podendo afetar tanto as multas vencidas como as vincendas.[78]

Ademais, é bom sempre ter presente que a *astreinte* não incide a partir apenas da decisão que a comina. É preciso que a execução da obrigação seja objeto de intimação da parte para que, de seu retardamento, decorra a incidência da multa. Assim, só se considera *astreinte* vencida aquela verificada posteriormente à intimação do devedor. Com isso, o rigor da previsão do § 1º do art. 537 não conduzirá necessariamente a exclusão de grande volume de multas acumuladas. Intimado o devedor, terá ele condições de impugnar a exigência do exequente, antes mesmo que se vença qualquer parcela da sanção cominada. Se exercer seu direito de defesa no tempo adequado, nenhuma multa ficará excluída do reexame judicial, já que, naquela altura, não haverá senão *astreintes* vincendas.

Embora o dispositivo legal autorize alteração da *astreinte* de ofício, o STJ já decidiu que, tendo recorrido apenas o devedor, o tribunal, sem requerimento do credor não poderia majorar a multa, sob pena de "violação do princípio da vedação da reforma em prejuízo da parte recorrente ('non reformatio in pejus'), orientado pelos princípios do dispositivo, da congruência e do devido processo legal"[79].

574. OBRIGAÇÕES DE NÃO FAZER

O art. 536 do atual Código prevê que a efetivação das medidas tendentes à realização da tutela específica das obrigações de fazer ou não fazer, ou de outras medidas capazes de produzir resultado prático equivalente, possa ser determinada, no cumprimento da sentença, pelo juiz, de ofício ou a requerimento do exequente.

A nosso ver a intimação do executado para cumprir a condenação, no caso das prestações de fato, é quase sempre consequência automática da cominação pronunciada na sentença. O pedido formulado na propositura da ação já contém, de costume, pretensão nesse sentido, de sorte que sua acolhida pelo juiz deságua na expedição de um mandado executivo que não

---

[77] Ver no nosso *Curso de Direito Processual Civil*, vol. I, 2016, os n. 48 e 75.

[78] "A modificação produzirá efeitos *ex nunc*. Não apaga o valor porventura acumulado até a oportunidade da decisão na qual o juiz altera o valor ou a periodicidade. Parece bem claro que a alusão à "multa vincenda" respeita ao poder de "modificar o valor ou a periodicidade da multa", e, não, à exclusão ulterior da multa, por força de um dos motivos legais" (*Manual da execução cit.*, n. 222.4, p. 832).

[79] STJ, 3ª T., REsp 1.753.224/RS, Rel. Min. Paulo de Tarso Sanseverino, ac. 16.10.2018, *DJe* 19.10.2018.

depende de nova postulação do promovente. A sentença, na espécie, assume o caráter mandamental (*i.e.*, apresenta-se como "uma ordem para cumprimento"[80]).

Essa força mandamental acha-se consagrada pelo art. 536, § 3º, quando estatui que, na execução das sentenças que imponham prestações de fazer ou de não fazer, "o executado incidirá nas penas de litigância de má-fé quando injustificadamente descumprir a ordem judicial, sem prejuízo de sua responsabilização por crime de desobediência".

Quando, porém, a ordem judicial não tiver sido cumprida pelo executado no prazo assinalado pela intimação, caberá ao exequente requerer as medidas executivas e as coercitivas que entender necessárias e convenientes[81].

Já no sistema do Código anterior, a condenação a prestação negativa (abstenção de fazer alguma coisa) cumpria-se, ordinariamente com a simples intimação da sentença ao devedor. Se, porém, houvesse prática do ato vedado, o cumprimento forçado da sentença (ou da antecipação de tutela) dava-se da mesma maneira que se passava com as condenações pertinentes às prestações positivas (obrigações de fazer). Executava-se o julgado de modo a forçar o desfazimento da obra ilegitimamente realizada. O credor promovia a atividade judicial executiva, tendo como objeto o dever do demandado de realizar o desfazimento daquilo que se praticou em contravenção ao comando judicial. A sistemática é a mesma no Código atual. Quer isto dizer que o credor terá direito de obter mandado que lhe assegure resultado prático equivalente ao do adimplemento. À custa do devedor, e por obra deste ou de outrem, a situação será reposta no seu *statu quo ante*, mediante demolição ou reconstituição. É nesse sentido que se procederá a abertura do procedimento do cumprimento de sentença, intimando o executado a desfazer o que indevidamente fez.

Tornando-se impossível o completo desfazimento do evento contrário à obrigação de não fazer[82], dar-se-á sua conversão em perdas e danos e o cumprimento da sentença processar-se-á nos moldes da execução das obrigações por quantia certa.

575. DEFESA DO EXECUTADO

Embora seja sumária a execução da sentença prevista no art. 536, não se pode recusar o direito ao executado de se defender contra procedimentos ilegítimos ou ilícitos.

É claro que, diante da sentença que encerrou a fase cognitiva, não é mais possível ao devedor, na fase de cumprimento do julgado, discutir a condenação que lhe foi definitivamente imposta. Mas a própria sentença pode estar contaminada de nulidade, como no caso de falta de citação inicial no procedimento condenatório. Pode, também, acontecer nulidade da execução por inexistência de título executivo, por iliquidez ou incerteza da obrigação, inexigibilidade da prestação, excesso da execução, falta de algum pressuposto processual ou condição de procedibilidade. A execução compõe-se, outrossim, de uma série de atos de agressão patrimonial, todos eles subordinados a requisitos legais, cuja presença não pode faltar, sob pena de comprometer o devido processo legal. É óbvio que o executado tem o direito de controlar a legalidade de todos eles e de evitar que seu patrimônio sofra expropriações injustas.

---

[80] AMARAL, Guilherme Rizzo. Comentários aos art. 536 do NCPC. *In:* WAMBIER, Teresa Arruda Alvim, *et al. Breves comentário, cit.*, p. 1.401.

[81] AMARAL, Guilherme Rizzo. *Op. cit., loc. cit.*

[82] A sentença que proíbe a concorrência desleal ou o uso de marca ou nome comercial, *v.g.*, quando violada não tem, em regra, como ser executada de forma específica. O inadimplemento é irremediável e somente poderá ser reparado por meio de indenização. Medidas de apoio, no entanto, poderão ser adotadas como a busca e apreensão dos bens objeto de contrafação, ou a interdição do estabelecimento onde a prática ilícita está se desenvolvendo.

Se a execução fosse de título extrajudicial, o remédio adequado à defesa contra a execução irregular seriam os embargos do devedor (art. 917). No cumprimento de sentença, todavia, não há lugar para essa ação incidental. Como a execução não pode privar a parte da garantia constitucional do contraditório (CF, art. 5º, LV), já no Código anterior, tinha o executado, diante das irregularidades da execução de sentença, o direito de impugná-las, por meio de simples petição, incumbindo ao juiz processar e julgar, de plano, as impugnações formuladas como incidentes do cumprimento da sentença relativa às obrigações de fazer e não fazer.[83] Trata-se da impugnação ao cumprimento de sentença, regulada pelo atual Código no art. 525, cuja aplicação às obrigações de fazer e não fazer se acha expressamente prevista no art. 536, § 4º do mesmo Código.

Até mesmo questões de mérito, como pagamento, novação, prescrição etc., podem ser suscitadas em impugnação ao cumprimento da sentença, mas somente se permite essa espécie de oposição quando fundada em fatos extintivos ou impeditivos posteriores ao julgado exequendo (art. 525, VII).[84] É interessante notar que dois são os requisitos legais de toda execução: o título executivo e o inadimplemento. Desse modo, tendo ocorrido o pagamento ou qualquer outra causa extintiva da obrigação, desaparece uma das condições de procedibilidade *in executivis* (o interesse de agir), tornando-se inadmissível a propositura ou o prosseguimento do "cumprimento da sentença" (art. 788).

Quanto ao prazo para impugnar a execução de obrigação de fazer ou não fazer, prevista em sentença, deve ser utilizado, por analogia, o de quinze dias, previsto nos arts. 523, *caput*. Trata-se, porém, quase sempre, de prazo não preclusivo, já que as matérias geralmente invocáveis relacionam-se com pressupostos processuais e condições de procedibilidade, cuja falta deve ser conhecida de ofício pelo juiz a qualquer tempo e grau de jurisdição (art. 485, § 3º).

A solução das impugnações configurará decisão interlocutória, recorrível por meio de agravo, se não acarretar a extinção da execução. Ter-se-á, no entanto, sentença atacável por apelação, se o acolhimento da oposição resultar em pôr fim à execução (art. 925). Merece destacar que, mesmo quando ocorrer o acolhimento parcial da impugnação, em virtude de alguma das matérias tratadas nos arts. 485 e 487 do CPC/2015, a decisão, que não extinguirá por completo a execução, haverá de ser tratada como interlocutória, e o recurso manejável continuará sendo o agravo de instrumento.

Em se tratando de execução de obrigação de fazer fundada em título executivo extrajudicial, a defesa do executado far-se-á por meio de embargos à execução, caso em que a impugnação será a mais ampla possível, comportando todas as defesas admissíveis no processo de conhecimento (art. 917, VI), além daquelas específicas da execução, arroladas nos diversos incisos e parágrafos do art. 917 (sobre o tema, ver, retro, itens 408 e ss.).

576. ENCERRAMENTO DO PROCESSO

O cumprimento da sentença relativa a prestação de fazer, no caso de *executio per officium iudicis*, não exigiria, a rigor, pronunciamento judicial por meio de nova sentença para pôr fim

---

[83] DIDIER JR., Fredie; BRAGA, Paulo Sarno; OLIVEIRA, Rafael. *Curso de direito processual civil*. Salvador: JusPodivm, 2007, v. 2, p. 367.

[84] No regime do Código anterior, a doutrina dispunha que impugnação ao cumprimento da sentença, com o conteúdo previsto no art. 475-L, e por meio de simples petição, caberia na execução de qualquer modalidade de obrigação corporificada em título judicial, seja ela de quantia certa, fazer ou não fazer, ou entrega de coisa (BASTOS, Antônio Adonias. *A defesa do executado de acordo com os novos regimes da execução*. Salvador: JusPodivm, 2008, p. 123; GRECO, Leonardo. "A defesa na execução imediata". *In*: DIDIER JR., Fredie (org.). *Execução Civil: Estudos em homenagem ao Prof. Paulo Furtado*. Rio de Janeiro: Lumen Juris, 2006).

ao processo. A causa já está sentenciada e a atividade pós-condenação é simples complemento do comando sentencial.

Cumprido o mandado, cuja expedição decorreu necessariamente da sentença, o processo se exaure, sendo os autos remetidos ao arquivo. É o que sempre se observou nas ações possessórias e de despejo: "a sentença de procedência tem eficácia executiva *lato sensu*, com execução mediante simples expedição e cumprimento de um mandado"[85]. Mas, não se arquiva um processo sem que haja autorização judicial, de modo que terá o juiz de reconhecer que a execução (cumprimento da sentença) se exauriu para ordenar o arquivamento.

---

[85] STJ, 4ª T., REsp 14.138-0/MS, Rel. Min. Sálvio de Figueiredo, ac. 20.10.1993, *DJU* 29.11.1993, p. 25.882. Especificamente sobre as obrigações de fazer: STJ, 1ª T., REsp 1.008.311/RN, Rel. Ministro Teori Albino Zavascki, ac. 5.4.2011, *DJe* 15.4.2011.

Fluxograma n. 18 – Cumprimento de sentença que reconhece a exigibilidade de obrigação de fazer ou não fazer (arts. 536 e 537)

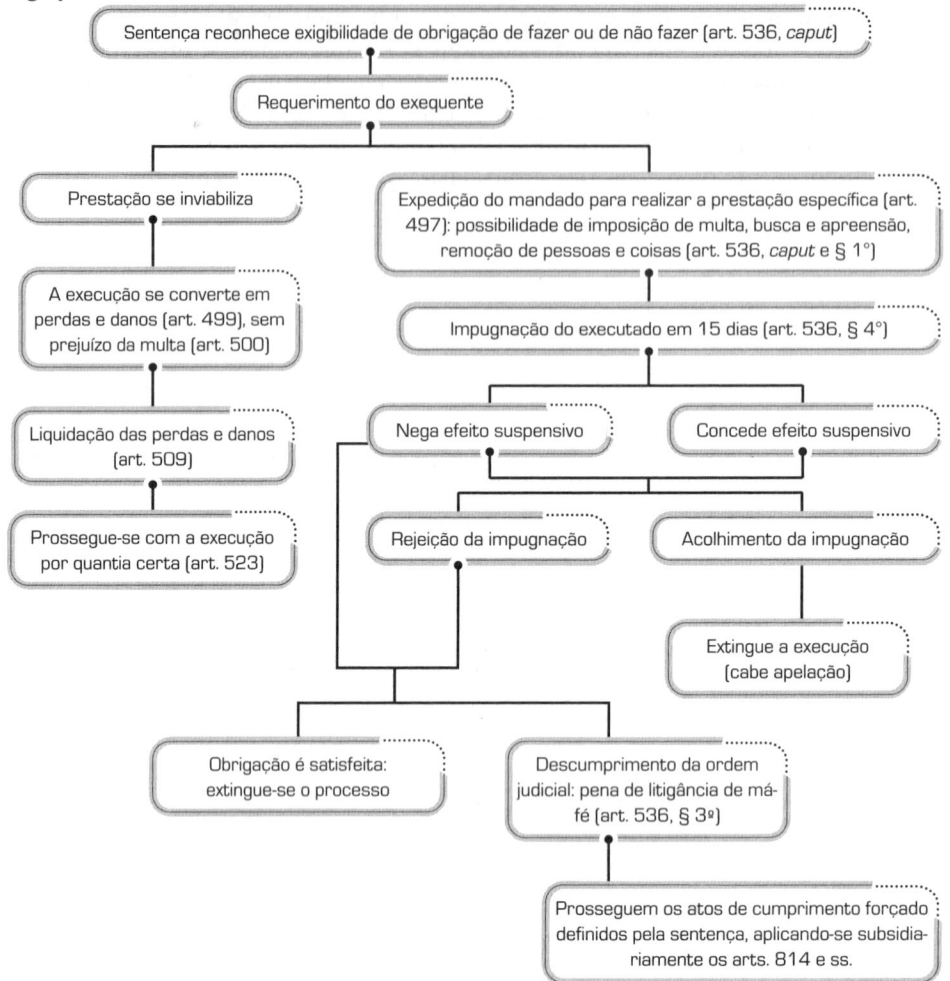

```
Sentença reconhece exigibilidade de obrigação de fazer ou de não fazer (art. 536, caput)
                                    │
                         Requerimento do exequente
                                    │
              ┌─────────────────────┴─────────────────────┐
    Prestação se inviabiliza              Expedição do mandado para realizar a prestação específica (art.
              │                           497): possibilidade de imposição de multa, busca e apreensão,
              │                           remoção de pessoas e coisas (art. 536, caput e § 1°)
    A execução se converte em                              │
    perdas e danos (art. 499), sem        Impugnação do executado em 15 dias (art. 536, § 4°)
    prejuízo da multa (art. 500)                           │
              │                                ┌───────────┴───────────┐
    Liquidação das perdas e danos     Nega efeito suspensivo      Concede efeito suspensivo
            (art. 509)                         │                           │
              │                     Rejeição da impugnação      Acolhimento da impugnação
    Prossegue-se com a execução                │                           │
    por quantia certa (art. 523)                                 Extingue a execução
                                                                  (cabe apelação)

                        ┌────────────────────────┴────────────────────────┐
              Obrigação é satisfeita:                    Descumprimento da ordem
              extingue-se o processo                     judicial: pena de litigância de má-
                                                         fé (art. 536, § 3º)
                                                                    │
                                                Prosseguem os atos de cumprimento forçado
                                                definidos pela sentença, aplicando-se subsidia-
                                                       riamente os arts. 814 e ss.
```

Nota: A decisão que fixa a multa relativa às obrigações de fazer ou não fazer é passível de cumprimento provisório, devendo, porém, ser depositada em juízo para levantamento após o trânsito em julgado da sentença favorável à parte (§ 3º do art. 537 do CPC/2015).

Capítulo XL
EXECUÇÃO DA SENTENÇA QUE CONDENA AO CUMPRIMENTO DE OBRIGAÇÃO DE DECLARAR VONTADE

577. EXECUÇÃO DAS PRESTAÇÕES DE DECLARAÇÃO DE VONTADE

As promessas de contratar, como as de declaração de vontade em geral, representam típicas obrigações de fazer. Durante muito tempo prevaleceu o entendimento de que o ato de vontade era personalíssimo (só o devedor podia prestá-lo), de modo que tais obrigações figurariam entre as *infungíveis* e só ensejariam perdas e danos quando descumpridas.

O Código de 1939, em boa hora, rompeu com a injustificada tradição e esposou tese contrária, isto é, no sentido da *fungibilidade* dessas prestações, admitindo o suprimento da declaração de vontade omitida por uma manifestação judicial equivalente (art. 1.006 e parágrafos).

Assentou-se, assim, o entendimento de que a infungibilidade das prestações de declaração de vontade até então proclamada era apenas jurídica e não essencial ou natural. Da mesma maneira como nas execuções de dívida de dinheiro o órgão judicial pode, contra a vontade do devedor, agredir o seu patrimônio e expropriar bens para satisfação coativa da prestação a que tem direito o credor, também é lógico que pode suprir a vontade do promitente e realizar o contrato de transferência dominial a que validamente se obrigou. Não há diferença essencial ou substancial entre as duas hipóteses de agressão ao patrimônio do executado para realizar a sanção a que se submeteu juridicamente.

A concordância do devedor, o seu ato de vontade, não é fato ausente das obrigações sob apreciação. Acontece que firmando o compromisso de contratar, sem a possibilidade de arrependimento, já houve a vontade indispensável para a vinculação do promitente. A execução, por isso, poderá prescindir de nova aquiescência do obrigado.

Do pré-contrato (promessa ou compromisso) nasce, portanto, ao credor o direito à conclusão do contrato principal. Se o devedor não cumpre a obrigação, será lícito ao credor obter uma condenação daquele a emitir a manifestação de vontade a que se obrigou, por meio de uma sentença que, uma vez transitada em julgado, produzirá os efeitos da declaração não emitida (CPC/2015, art. 501).

No Código de 1973, o art. 466-B era de mais largo alcance ainda, pois admitia que o pré-contrato, em determinadas condições, pudesse ser executado com a força do contrato definitivo, ocupando o seu lugar e gerando as consequências e obrigações que adviriam do negócio jurídico principal. Dava-se, então, a eficácia que só poderia existir se houvesse sido firmado o contrato principal prometido.

Isto seria viável quando inexistisse cláusula contratual em contrário e as condições do pré-contrato fossem suficientes para satisfazer as exigências e requisitos do contrato definitivo. Seria oneroso, em tais condições, exigir que primeiro se obtivesse uma sentença para suprir o contrato outorgado, e depois outra que condenasse o devedor à execução do mesmo contrato.

Daí dispunha o art. 466-B que a sentença "produz o mesmo efeito do contrato a ser firmado", admitindo, dessa forma, a cumulação de duas ações e dando lugar a que o credor, numa só decisão, alcançasse o estabelecimento do vínculo contratual definitivo e a condenação do devedor à prestação do contrato como se já estivesse pactuado efetivamente entre os contraentes. Reconhecia-se, de tal sorte, que "as promessas de contratar são obrigativas desde logo, quanto ao objeto do contrato prometido, se se observarem quanto ao fundo e à forma os pressupostos que a lei exige ao contrato prometido".[1]

Embora o antigo dispositivo não tenha sido reproduzido literalmente pela nova legislação, as situações do art. 466-B do CPC/1973, são implicitamente abarcadas pelo art. 501 do CPC/2015, considerando que, mesmo na promessa de conclusão do contrato, o que se tem é a obrigação de se emitir uma declaração de vontade capaz de suprir a falta do contrato prometido. Logo, o art. 501 resolve tais situações pré-contratuais. Mesmo porque, a lei material prevê, expressamente, essa possibilidade, ao dispor que, "esgotado o prazo, poderá o juiz, a pedido do interessado, suprir a vontade da parte inadimplente, conferindo caráter definitivo ao contrato preliminar, salvo se a isto se opuser a natureza da obrigação" (CC, art. 464).

Tome-se, por exemplo, o caso de alguém prometer vender, sem possibilidade de arrependimento, um aparelho em vias de montagem, estipulando, desde logo, o prazo, o preço, a data de entrega e tudo mais que se requer para um contrato de compra e venda, ficando a assinatura do documento definitivo apenas na dependência da conclusão da montagem pelo promitente-vendedor. Uma vez concluída a obra por este, e havendo recusa de cumprimento do pré-contrato, o promissário não terá necessidade de obter primeiro a condenação de outorgar o contrato de compra e venda. Poderá, desde logo, obter a condenação a executar o contrato, como se já fora definitivamente estabelecido. Dá-se, no dizer de Pontes de Miranda, um "salto" que permite, no campo processual, e com base no pré-contrato, pedir-se "a condenação como se fosse pedida a prestação do contrato"[2]. Isto, naturalmente, só é possível se a prestação já se tornou exigível. "Se ainda há de correr prazo, óbvio que só se peça o contrato", "aguardando-se a expiração do prazo para cumprimento dele"[3].

Há casos excepcionais em que a lei brasileira permite executar a obrigação de concluir contrato sem recorrer à sentença. É o que se passa com o compromisso de compra e venda de imóveis loteados, e com a promessa de contratar ou ceder tal compromisso, cujo cumprimento forçado é obtido com a intervenção apenas do Oficial do Registro de Imóveis, segundo procedimentos administrativos regulados pelos arts. 26 e 27 da Lei n. 6.766, de 19.12.1979: a) na primeira hipótese, bastará ao promissário exibir o compromisso de compra e venda acompanhado de comprovante de quitação do preço, para que o oficial lhe reconheça valor de título hábil para o registro definitivo da propriedade em favor do adquirente do lote (art. 26, § 6º); b) na segunda hipótese, o Oficial notificará o loteador para cumprir o negócio prometido (ou seja, outorgar o compromisso de venda do lote), e após o transcurso do prazo de 15 dias, sem impugnação, procederá ao registro do pré-contrato prometido (isto é, do compromisso de compra e venda), que passará a vigorar entre as partes segundo os termos do contrato padrão (art. 27, *caput*). Em ambos os casos, o alcance do contrato prometido pelo loteador ocorre, para o promissário, independentemente de sentença do juiz para fazer-lhe as vezes. Tudo se resolve na esfera de atribuições do oficial do registro imobiliário.

578. SATISFAÇÃO DA CONTRAPRESTAÇÃO A CARGO DO EXEQUENTE

Nos casos de condenação a outorga de contrato ou a declaração de vontade, não há execução de sentença. A ação já é executiva, por sua própria natureza, e exaure-se com a sentença, que, uma vez passada em julgado, produz todos os efeitos da declaração não emitida (CPC/2015, art. 501).

---

[1] PONTES DE MIRANDA. *Comentários ao Código de Processo Civil*. Rio de Janeiro: Forense, 1976, t. X, p. 113.

[2] PONTES DE MIRANDA. *Op. cit.*, p. 117.

[3] PONTES DE MIRANDA. *Op. cit., loc. cit.*

Se o caso é de contrato sinalagmático (CC, art. 476),[4] como ocorre nas transferências da propriedade de coisas e outros direitos, deve o credor, para obter a sentença que irá substituir o contrato prometido, cuidar de provar que sua contraprestação foi cumprida. Se não o foi ainda, deve oferecê-la, depositando-a como medida preparatória da ação, considerando o regramento civil da matéria já citado (CC., art. 476). O CPC anterior trazia dispositivo expresso sobre a matéria (art. 466-C), ao passo que o atual Código não cuidou de regular expressamente o tema. Permanecem, não obstante, as mesmas diretrizes, considerando a lei material incidente na espécie.

A falta de comprovação do resgate da contraprestação leva à carência da ação e não à sua improcedência[5], de maneira que não impede a futura renovação de processo com o mesmo fim. O caso é de falta de interesse atual. O interesse sobrevém a partir do momento em que a contraprestação seja adimplida.

De conformidade com as cláusulas e particularidades do negócio, pode haver, também, sentença de eficácia condicionada a contraprestações futuras e ainda inexigíveis (art. 514). Se isto ocorrer, a transcrição da sentença, para os efeitos de transmissão da propriedade imobiliária, é que ficará subordinada à comprovação da oportuna satisfação da prestação do credor. Em se tratando de prova documental, o credor deverá juntá-la ao pedido de expedição do mandado de transcrição da sentença, devendo o juiz ouvir a parte contrária, antes de deferir o requerimento. Se o fato da contraprestação depender de outro tipo de prova, deverá o juiz determinar a diligência cabível, com citação do devedor, proferindo, após, decisão que reconheça o atendimento da condição da sentença. O mandado de transcrição conterá, outrossim, a sentença condenatória e a decisão que reconheceu o cumprimento da contraprestação[6].

Situação interessante surge quando a contraprestação compõe-se também de declaração negocial de vontade, tal como se dá na permuta. O promissário que entra em juízo não pretende apenas adquirir o bem que lhe prometeu o réu, mas também transferir a este o domínio da coisa prometida em troca.

Se a tradição já se deu negocialmente, antes do ajuizamento da ação, na inicial essa circunstância será afirmada e justificada, para efeito de cumprir a exigência da lei material, conforme se dava com o art. 466-C do CPC/1973. Se tal ainda não ocorreu, o bem será oferecido em depósito, à disposição do demandado. De qualquer modo, com entrega prévia ou incidental, o promovente terá condições de obter sentença que seja apta a produzir o efeito simultâneo do cumprimento das duas obrigações que formam a essência da permuta. O réu será condenado tanto ao cumprimento da transferência dominial devida ao autor como à aceitação daquela que este lhe deve. É que o contrato definitivo, cujo cumprimento forçado ocorre em juízo, compreende a bilateralidade essencial da permuta. Portanto, só se terá por efetivamente cumprido o pré-contrato consistente em promessa de permuta quando a sentença impuser ao réu o aperfeiçoamento da dupla transferência dos bens permutados.

Afinal, a sentença com que se cumpre a obrigação de declaração de vontade tem de produzir, com o trânsito em julgado, "todos os efeitos da declaração não emitida", como expressamente determina o art. 501 do CPC/2015. Logo, proposta a ação por um dos promitentes da permuta contra o outro, o efeito da sentença será o mesmo do aperfeiçoamento voluntário do contrato de permuta prometido no negócio preliminar. Dela decorrerá o título judicial para transferência de domínio de ambos os imóveis permutados, no Registro Público competente.

---

[4] Código Civil: Art. 476. Nos contratos bilaterais, nenhum dos contratantes, antes de cumprida a sua obrigação, pode exigir o implemento da do outro.

[5] LIMA, Alcides de Mendonça. *Comentários ao Código de Processo Civil*. Rio de Janeiro: Forense, 1974, v. VI, t II, n. 1.751, p. 761.

[6] AMERICANO, Jorge. *Comentários ao CPC do Brasil. Comentários ao Código de Processo Civil do Brasil*. 2. ed. São Paulo: Saraiva, 1960, v. IV, p. 275.

579. A EXECUÇÃO DAS SENTENÇAS QUE CONDENAM À DECLARAÇÃO DE VONTADE

Já ficou demonstrado que as promessas de declaração de vontade são obrigações de fazer de natureza fungível (a infungibilidade outrora defendida era apenas jurídica). Sujeitam-se, por isso, à execução forçada específica (*in natura*). Se há recusa ou mora do devedor, é possível ao Estado substituí-lo e outorgar ao credor o contrato ou a declaração de vontade que lhe assegurou o pré-contrato ou a promessa de contratar.

Obtida a sentença que condenou o devedor a emitir a prometida declaração de vontade, o atendimento da pretensão do credor não mais dependerá de qualquer atuação do promitente. A própria sentença, uma vez transitada em julgado, substituirá a declaração não emitida, produzindo todos os efeitos jurídicos a que esta se destinava. A sentença, em outras palavras, supre a declaração de vontade sonegada pelo devedor (art. 501). Já no Código anterior, andou correta a reforma da Lei n. 11.232, de 22.12.2005, quando deslocou o regime do julgado em questão do campo da execução para o dos efeitos da sentença (Seção I, do Capítulo VIII, do Título VIII, do Livro I do Código de Processo Civil, de 1973). O atual Código trata o tema da mesma forma.

Os casos mais comuns de pré-contrato ou promessa de contratar são os compromissos de compra e venda[7]. Mas o art. 501 refere-se a qualquer promessa de contratar, salvo aquelas em que se admitir a possibilidade de arrependimento. Existindo esta faculdade contratual, o devedor deverá exercê-la na fase da contestação, pois após a sentença condenatória não haverá a oportunidade dos embargos. A sentença é autoexequível e não depende da *actio iudicati* para surtir os efeitos a que se destina.

Nem mesmo no caso de sentença condicional, *i. e.*, de eficácia sujeita à contraprestações do credor, será possível ao devedor alegar o direito de arrependimento fora da contestação, ou no intervalo entre a condenação e a contraprestação. A preclusão terá ocorrido muito antes, como adverte Pontes de Miranda[8].

O registro da sentença não é propriamente uma forma de execução. Tem apenas a função própria dos atos de registro público: eficácia *erga omnes*, transferência dominial, criação de direito real etc., tal como ocorreria com a transcrição do contrato principal se firmado fosse diretamente pelas partes. Deve o registro, no entanto, ser feito mediante mandado do juiz da ação.

580. ALGUMAS OBSERVAÇÕES SOBRE O COMPROMISSO DE COMPRA E VENDA DE IMÓVEIS

A ação de adjudicação compulsória, com que se obtém o cumprimento forçado do compromisso de compra e venda aplica-se aos casos de imóveis não loteados (Dec.-Lei n. 58/1937, art. 22). Pressupõe ausência de cláusula de arrependimento.

Quando se trata de terrenos loteados, a irretratabilidade do compromisso é imposição de lei, de sorte que nula será a cláusula de arrependimento (Lei n. 6.766/1979, art. 25). O cumprimento forçado, na espécie, independe de sentença judicial, em regra: basta ao promissário comprador, no caso de não cumprimento da promessa de outorga da escritura definitiva, comparecer perante o oficial do Registro de Imóveis, exibindo o pré-contrato e o comprovante

---

[7] Jurisprudência antiga exigia que o cumprimento forçado de compra e venda de imóvel fosse sempre fundado em pré-contrato registrado no Registrado de Imóveis (Súmula n. 167 do STF). A ação de cumprimento do compromisso é, entretanto, ação pessoal, e não real, pelo que a jurisprudência atual do STJ firmou-se no sentido de que "o direito à adjudicação compulsória não se condiciona ao registro do compromisso de compra e venda no cartório de imóveis" (Súmula n. 239 do STJ).

[8] PONTES DE MIRANDA. *Op. cit.*, p. 123.

da quitação do preço. Essa documentação valerá como "título para o registro da propriedade do lote adquirido", por força do art. 26, § 6º, da Lei n. 6.766/1979. É, pois, uma hipótese de execução extrajudicial de contrato.

Tanto no caso do imóvel não loteado como no de terrenos loteados, o compromisso independe de escritura pública, podendo a adjudicação compulsória e a execução administrativa, basearem-se em negócio aperfeiçoado por documento particular, desde que cumpridas as formalidades previstas nos arts. 26, da Lei n. 6.766, e 462, do Código Civil.

O compromisso de compra e venda pode ser rescindido por descumprimento seja do alienante seja do adquirente, como ocorre nos contratos bilaterais em geral (CC, art. 475). Quando o inadimplemento for imputado ao promissário comprador, a resolução terá de ser decretada por sentença, e a ação de rompimento do pré-contrato só terá cabimento depois de notificado o devedor para purgar a mora no prazo de quinze dias, ainda que exista cláusula resolutória expressa na avença (Dec.-Lei n. 745/1969)[9]. A regra vale para os compromissos em torno de imóveis não loteados (Dec.-Lei n. 58/1937, art. 22). Em relação aos loteamentos, há uma regra especial no art. 32 da Lei n. 6.766/1979, onde se prevê que a rescisão será precedida de notificação com prazo de 30 dias. A medida será realizada por meio de oficial do Registro de Imóveis, a quem compete cancelar o registro do pré-contrato, se a mora não for purgada em tempo útil, sem depender de sentença ou mandado judicial (Lei n. 6.766/1979, art. 32, § 3º). Tem-se, portanto, uma rescisão administrativa, ou extrajudicial.

Sendo a ação de rescisão de compromisso intentada pelo promissário comprador, fundada em descumprimento contratual praticado pelo promitente vendedor, não se aplica o Dec.-Lei n. 745/1969, uma vez que esse tem como único objetivo propiciar oportunidade à purga da mora do promissário comprador[10]. A ação, portanto, poderá ser desde logo ajuizada, sem prévia notificação. A medida premonitória só terá cabimento se a falta atribuída ao promitente vendedor corresponder à obrigação estatuída no contrato sem prazo determinado. É que aí a mora estará sempre dependente de interpelação, como dispõe art. 397, parágrafo único, do CC.[11]

580.1. Compromisso de compra e venda não registrado

Contrariando antigo posicionamento doutrinário e jurisprudencial, a 3ª Turma do STJ, no julgamento do REsp 1.851.104/SP, condicionou o cabimento da ação de adjudicação compulsória ao prévio registro, ou à registrabilidade do imóvel objeto do compromisso de compra e venda.[12]

---

[9] "Sem a prévia notificação para a constituição em mora do devedor a execução carece de condição de procedibilidade que não é suprida pela citação" (STJ, 3ª T, REsp 576.038/BA, Rel. p/ac Min. Humberto Gomes de Barros, ac. 25.09.2007, DJU 06.11.2007, p. 168). Na verdade, a notificação que o Dec. Lei 745/1969 obriga não constitui o promissário comprador em mora, pois o simples vencimento do prazo contratual já o coloca em *mora solvendi*, segundo a regra do art. 397 do Código Civil. A real finalidade da notificação, na espécie, é abrir para o devedor faltoso um prazo obrigatório para a purga da mora *ex re* já configurada. O que não admite a lei é o ingresso da ação de rescisão sem antes ter transcorrido o prazo instituído pelo Dec.-Lei 745. Há no expediente uma condição da ação. Sua inobservância, destarte, acarreta carência de ação (CPC/2015, art. 485, VI).

[10] STJ, 4ª T, REsp 159.661/MS, Rel. Min. Sálvio de Figueiredo, ac. 09.11.1999, DJU 14.02.2000, p. 35. Aplica-se à rescisão por culpa do vendedor, a regra geral de que a citação inicial se presta a constituir em mora o réu (STJ, 4ª T., AgRg no REsp 862.646/ES, Rel. Min. Raul Araújo, ac. 13.11.2012, DJe 11.12.2012).

[11] STJ, 4ª T, REsp 159.661/MS *cit*.

[12] "A averbação do desmembramento do imóvel urbano, devidamente aprovado pelo Município, é formalidade que deve anteceder qualquer registro da área desmembrada. A existência de imóvel registrável é condição específica da ação de adjudicação compulsória, indispensável para a procedência da ação de adjudicação compulsória" (STJ, 3ª T., REsp 1.851.104/SP, Rel. Min. Ricardo Villas Bôas Cueva, ac. 12.05.2020, DJe 18.05.2020).

Acontece que a ação de condenação à obrigação de fazer não é essencialmente uma ação real, destinada à transferência da propriedade imobiliária. É, como se deduz do art. 501, a ação de que o beneficiário de um compromisso de contratar se vale para obter o aperfeiçoamento do contrato definitivo, independentemente da declaração de vontade do promitente vendedor inadimplente. Trata-se, portanto, de ação pessoal, que não entra no terreno da transferência da propriedade a ser cogitada em outro nível, ou seja, o da tradição do bem negociado, a ser obtida, no caso de imóvel, através do registro público.

Explica Nelson Nery Júnior que, na espécie, não há nem mesmo uma ação executiva, motivo pelo qual, ainda na vigência do CPC/1973, o legislador transferiu a ação que tem por objeto emissão de declaração de vontade, do Livro do Processo de Execução para o Processo de Conhecimento, na parte que cuida dos efeitos da sentença (orientação adotada pelo art. 466-A do CPC/1973 e mantida pelo art. 501 do atual Código).[13] Lembra ainda o mesmo autor a doutrina de José Osório de Azevedo Júnior[14] e de Darcy Bessone,[15] no sentido de que:

"(...) há que se distinguir, no compromisso de venda e compra, o direito real que decorre do registro e é oponível contra todos, do direito pessoal, que existe entre os partícipes do ajuste e que, portanto, decorre da celebração em si, independentemente de qualquer registro (...). O posicionamento doutrinário (...) ganhou vulto após o advento do CPC/1973, cujos arts. 639 e 641 passaram a disciplinar, de forma ampla e bem delimitada, as hipóteses em que é viável a execução direta, com a substituição da manifestação de vontade do devedor renitente pela sentença, que produza todos os efeitos da declaração não emitida. Daí por que a jurisprudência tem também entendido que, estando perfeito o ajuste, em seu aspecto formal, nada obsta a que o compromissário-comprador pleiteie a adjudicação que, em última análise, apenas configura o direito de exigir-se do promitente-vendedor aquela manifestação de vontade à qual desde o início se obrigou e que, sem justo motivo, é por ele negada, tornando indispensável o suprimento judicial. Portanto, simples execução direta, *de cunho nitidamente pessoal, entre os signatários da obrigação originária, independe de qualquer formalidade*" (g.n.).[16]

Portanto, a não registrabilidade momentânea do imóvel, por embaraço administrativo, é fato circunstancial superável, depois da constituição do título negocial definitivo e antes de sua transcrição no registro público. Lembre-se de que, no plano obrigacional, é lícita a compra e venda até mesmo de bem futuro, isto é, de bem que, no momento do contrato, nem sequer existe (Cód. Civ., art. 483).

Assim, não há impedimento intransponível a que se negocie a compra e venda de um lote que no momento não pode ser matriculado no Registro Imobiliário. Se, mais tarde, o vendedor não criar as condições legais a que a tradição ocorra, e se esse risco não foi assumido negocialmente pelo comprador, o caso não será de contrato nulo, mas simplesmente de inadimplemento contratual, que se resolve não pela invalidação do negócio jurídico, mas pela indenização das perdas e danos (Cód. Civ., art. 389).

O compromisso ou promessa de compra e venda é um contrato preliminar e, como tal, se subordina aos requisitos do contrato definitivo, e não aos da transferibilidade atual da propriedade. Por isso, ultrapassado o prazo de outorga do contrato definitivo, poderá o juiz, a pedido

---

[13] NERY JÚNIOR, Nelson; NERY, Rosa Maria de Andrade. *Comentários ao Código de Processo Civil*. São Paulo: Ed. RT, 2015, p. 1.189, nota 3 ao art. 501.

[14] *Compromisso de compra e venda*, 1979, p. 19 e ss.

[15] *Da compra e venda, promessa e reserva de domínio*, p. 110 e ss.

[16] NERY JÚNIOR, Nelson; NERY, Rosa Maria de Andrade. *Op. cit.*, p. 1.189-1.190.

do promissário comprador, conferir por sentença, caráter definitivo ao contrato prometido, nos termos do art. 464 do Código Civil e do art. 501 do Código de Processo Civil. Tudo isso se passa no campo do direito obrigacional, e não do direito real de propriedade.

O mais estranho é que a decisão do STJ tomada no REsp 1.851.104 entra em contradição com o entendimento consolidado em enunciado de Súmula daquela própria Corte, de que a ação de adjudicação compulsória, por ser de natureza pessoal, "não se condiciona ao registro do compromisso de compra e venda no cartório de imóveis" (Súmula n. 239/STJ). Atrita também com o Enunciado n. 95 das Jornadas de Direito Civil do CEJ/CJF, que interpretou o art. 1.418 do Código Civil, justamente a partir daquela mesma Súmula: "o direito à adjudicação compulsória (art. 1.418 do novo CC), quando exercido em face do promitente vendedor, não se condiciona ao registro da promessa de compra e venda no cartório de registro imobiliário (Súmula 239 do STJ)". Esse posicionamento histórico do STJ, que nasceu de antiga doutrina já lembrada, torna evidente que o cumprimento do contrato preliminar de compromisso de compra e venda imobiliário só se subordina ao registro no cartório de imóveis, quando se pretenda opô-lo a terceiro sucessor do promitente vendedor, já que aí será preciso invocar a eficácia *erga omnes* do direito real de aquisição previsto no art. 1.417 do Código Civil.[17]

580.2. Ilicitude da comercialização de loteamento irregular

Poder-se-ia dizer que, sendo ilícito comercializar terrenos de loteamento ainda não registrado no Registro de Imóveis, não haveria como obter condenação judicial ao cumprimento de promessa de compra e venda de lotes em semelhante situação. Urge, porém, distinguir entre comercialização criminosa de lotes e alienação apenas de terreno não registrável.

Na verdade, a Lei n. 6.766/1979 proíbe a venda ou promessa de venda de parcela de loteamento não registrado (art. 37) e define como crime a promessa feita em tal circunstância (art. 50, parágrafo único), o que torna nulo o contrato preliminar *in casu*, pela ilicitude de seu objeto. A Lei em questão, todavia, incrimina o loteador – aquele que cria o loteamento irregular – e os que servem de instrumento à comercialização ilícita do loteamento não aprovado nem registrado pelo Poder Público.[18] Não é o caso, contudo, de quem tem posse de pequenas áreas, sem título de propriedade registrado ou registrável, e que de boa-fé negocia, no todo ou em parte, seus direitos relativos à posse com *animus domini*, por meio de contrato ou promessa de contrato. Convém lembrar que, pela lei, a posse pode ser transferida por sucessão universal ou singular (CC, art. 1.207), sem se submeter às solenidades do Registro Público (CC, art. 1.204), e até mesmo por meio do *constituto possessório* (CC, art. 1.267, parágrafo único).

Logo, quem possui um lote de terreno de boa-fé, sem ter sido cúmplice do loteador que originariamente o comercializou de forma ilícita, não está impedido de alienar ou prometer alienar sua posição jurídica sobre o bem possuído com ânimo de dono. E o eventual promissário comprador, se não obtém voluntariamente o instrumento definitivo da alienação compromissada, pode perfeitamente lançar mão da ação pessoal de cumprimento de obrigação de declarar vontade ou de cumprir contrato preliminar (CPC, art. 501), sem ser embaraçado pela falta de registro do bem no Registro de Imóveis.

---

[17] Enunciado n. 253 do CEJ: "O promitente comprador, titular de direito real (art. 1.417), tem a faculdade de reivindicar de terceiro o imóvel prometido à venda".

[18] O adquirente é a vítima e não o agente dos crimes tipificados nos arts. 50 e 51 da Lei n. 6.766. Em defesa da coletividade, especialmente dos compradores de terrenos iludidos por propaganda enganosa, o MP conseguiu fosse o loteador condenado a indenizar dano moral coletivo, em caso de venda de terrenos integrantes de loteamento irregular ou clandestino, sob a falsa afirmação de tratar-se de loteamento aprovado e registrado (STJ, 4ª T., REsp 1.539.056/MG, Rel. Min. Luis Felipe Salomão, ac. 06.04.2021, *Informativo/STJ n. 0691* de 12.04.2021).

Observe-se, mais uma vez, que a ação em questão não é uma ação real em que o autor age judicialmente em função de um direito real, mas apenas uma demanda sobre o cumprimento de obrigação pessoal de outorgar um contrato definitivo. Nada mais do que isto.

Além do mais, o terreno que teve origem remota em loteamento irregular não pode ser perpetuamente estigmatizado como produto de crime capaz de torná-lo para sempre banido da negociabilidade jurídica. A própria Lei 6.766/1979 prevê a possibilidade de a Prefeitura Municipal tomar a iniciativa de compelir o responsável pela implantação de loteamento não autorizado a proceder à devida regularização do empreendimento. E se for desatendida a respectiva notificação administrativa, caberá à própria Prefeitura regularizá-lo, "para evitar lesão aos seus padrões de desenvolvimento urbano e na *defesa dos direitos dos adquirentes de lotes*" (art. 40, *caput*) (*g.n.*).[19]

Portanto, em busca da regularização do loteamento clandestino, os moradores podem mover ação contra o loteador ou contra o litisconsórcio passivo formado entre o loteador e o Município,[20] com fundamento na Lei n. 6.766/1979, o que torna evidente que os adquirentes de lotes irregulares não são titulares de *res nullius* ao total desabrigo da ordem jurídica.[21]

Vista de outra perspectiva, a postura apriorística e sistemática de negar tutela jurisdicional ao adquirente de área situada em loteamento irregular põe-se, muitas vezes, em atrito com a política pública de defesa do direito à moradia e ao trabalho, a qual, em vez da incriminação, opta pela facilitação da aquisição da propriedade, reduzindo os prazos e simplificando os requisitos para a usucapião dos moradores em ocupações urbanas e aos exploradores em regime familiar da pequena propriedade rural. Figuras tutelares dessa natureza são contempladas até mesmo na ordem constitucional, sob os rótulos de *usucapião urbana* (CF, art. 183) e de *usucapião social* ou *"prolabore"* (CF, art. 191). E, na ordem privada, a propriedade é vencida, em ação reivindicatória, pela posse de boa-fé dos ocupantes de extensas áreas por mais de cinco anos, mesmo sem os requisitos da usucapião, desde que ressalvada ao proprietário a justa indenização (CC, art. 1.228, §§ 4º e 5º).[22] Nunca é pouco lembrar que o direito à moradia figura entre os direitos fundamentais sociais assegurados pelo art. 6º da Constituição, cuja efetividade é proporcionada pelas políticas públicas preconizadas pelo Estatuto da Cidade (Lei n. 10.257/2001).

581. A NATUREZA JURÍDICA DA SENTENÇA

A sentença do art. 501 contém uma condenação, como se depreende do próprio texto legal. Trata-se, portanto, de sentença *condenatória*[23]. Mas não apenas de condenação é a sua eficácia. A prestação jurisdicional, na sistemática do Código, a um só tempo condena o réu à

---

[19] "Existe o poder-dever do Município de regularizar loteamentos clandestinos ou irregulares (...)", de forma, porém, "a atender somente os *moradores já instalados*, não havendo esse dever em relação a parcelas do loteamento irregular eventualmente ainda não ocupadas" (*g.n.*) (STJ, 1ª Seção, REsp 1.164.893/SE, Rel. Min. Herman Benjamin, ac. 23.11.2016, *DJe* 01.07.2019).

[20] TJSP, AI 801.760-5/6-00, *Jurisprudência do Tribunal de Justiça do Estado de São Paulo – JTJ*, vol. 333, p. 691.

[21] "(...) 3. Para evitar lesão aos padrões de desenvolvimento urbano, o Município não pode eximir-se do dever de regularizar loteamentos irregulares, se os loteadores e responsáveis, devidamente notificados, deixam de proceder com as obras e melhoramentos indicados pelo ente público" (STJ, 2ª T., REsp 1.113.789/SP, Rel. Min. Castro Meira, ac. 16.06.2009, *DJe* 29.06.2009).

[22] Nessa mesma linha de orientação, já decidiu o STJ que, com maior razão, "improcede a reivindicatória, se o titular do domínio tem a obrigação de outorgar escritura definitiva de compra e venda ao reconvinte, promitente-cessionário à compra do mesmo imóvel" (NERY JÚNIOR, Nelson; NERY, Rosa Maria de Andrade. *Código de Processo Civil comentado*. 19. ed. São Paulo: Ed. RT, 2020, p. 1.242, nota 4 ao art. 501; STJ, 4ª T., REsp 810/SP, Rel. Min. Athos Gusmão Carneiro, ac. 24.09.1991, *DJU* 21.10.1991, p. 14.748).

[23] LIEBMAN, Enrico Tullio. *Processo de Execução*. 3. ed. São Paulo: Saraiva, 1968, n. 99, p. 172.

declaração de vontade e, com o trânsito em julgado, produz logo "todos os efeitos da declaração não emitida" (art. 501). Criando uma nova situação jurídica material para as partes, grande, sem dúvida, é a carga de constitutividade da sentença prevista no art. 501.

A sentença, destarte, "opera imediatamente a sub-rogação e fornece um título que substituirá o contrato definitivo". De tal sorte que não há necessidade de se ajuizar uma execução, pois "na sentença do art. 501 não há título executivo que dê início à execução de prestação a cargo do vencido, no caso totalmente desnecessária".[24]

Não há que se falar, destarte, em execução de tal sentença, nem mesmo sob a forma de preceito cominatório. Em face dela, na verdade o devedor "não tem nenhuma liberdade de prestar e de não prestar".[25] Apenas com a sentença o Estado já executa a prestação, enunciando a declaração a que estava obrigado o devedor. Pela voz do órgão judicial, "o Estado emite, pelo réu, a declaração, como lhe penhoraria os bens em qualquer ação executiva... e solveria a dívida".[26]

Não há lugar para a *actio iudicati* porque a enunciação da declaração de vontade, feita pela sentença, já é a própria execução que se exaure no momento do trânsito em julgado.

A sentença, nessas condições, deve ser classificada como executiva *lato sensu*, com forma simultânea de "declaração, condenação e execução".[27]

Por outro lado, não tem cabimento pretender executar a obrigação de declarar vontade pelas vias do processo de execução como se se tratasse de um título executivo extrajudicial comum de obrigação de fazer (CPC/2015, arts. 815 a 818). Isto porque o regime jurídico de tutela dessa especial modalidade obrigacional não envolve prestações materiais como aquelas que se realizam por meio do processo de execução. Tudo se passa no plano estritamente jurídico.

Do pré-contrato nasce o direito à escritura definitiva (CC, art. 1.418). E, para efetivar a tutela jurisdicional, no caso de inadimplemento do promitente, o remédio processual específico instituído pelo Código de Processo Civil consiste numa *sentença* que supra a vontade do obrigado e produza o mesmo efeito do contrato que por ele deveria ter sido firmado (art. 501). Como o processo de execução não se destina à prolação de sentença, o cumprimento das obrigações de contratar somente pode ser perseguido pelas vias do processo de conhecimento, isto é, daquela modalidade de tutela jurisdicional apta a produzir a sentença de mérito.[28]

---

[24] ASSIS, Araken de. *Manual da execução*. 18. ed. revista, atualizada e ampliada, São Paulo: Editora Revista dos Tribunais, 2016, n. 243.1, p. 865.

[25] PONTES DE MIRANDA. *Op. cit.*, p. 139.

[26] PONTES DE MIRANDA. *Op. cit.*, p. 139.

[27] PONTES DE MIRANDA. *Op. cit.*, p. 145. Goldschmidt adverte, contudo, que a condenação de emissão ou declaração de vontade, e, consequentemente, a de transferir a propriedade ou ceder um crédito, não se executa segundo as regras observáveis nas demais obrigações de fazer. Na realidade, a lei "estabelece a ficção de considerar feita a manifestação de vontade quando a sentença transita em julgado, ou seja, que ela, apesar de ser uma sentença de condenação, é tratada como constitutiva" (GOLDSCHMIDT, James. *Derecho Procesal Civil*. Barcelona: Labor, 1936, v. III, § 110, p. 739).

[28] A peculiaridade da obrigação de emitir declaração de vontade é consistir numa "atividade que não se resolve em uma obra material, razão pela qual não se pode empregar a execução forçada das obrigações de fazer, segundo os arts. 612 e segs." (CAPONI, Remo; PISANI, Andrea Proto. *Lineamenti di diritto processuale civile*. Napoli: Jovene Editore, 2001, n. 32, p. 133).

Capítulo XLI
CUMPRIMENTO DA SENTENÇA RELATIVA À OBRIGAÇÃO DE ENTREGA DE COISA

582. NOÇÃO DE OBRIGAÇÃO DE DAR (ENTREGA DE COISA)

As obrigações de *dar* (ou de *entrega de coisa*, como fala o Código de Processo Civil) são modalidade de obrigação *positiva*, cuja prestação consiste na entrega ao credor de um bem corpóreo, seja para transferir-lhe a propriedade, seja para ceder-lhe a posse, seja para restituí-la[1].

Em qualquer das modalidades da obrigação de dar, ocorrido o inadimplemento, cabível se torna a tutela judicial da execução para entrega de coisa. Não há mais, no direito moderno, razão para distinguir entre a obrigação de dar para transferência da propriedade (tradição da coisa móvel) e a de entregar ou restituir, em cumprimento de vínculo pessoal ou creditício. Toda execução de entrega de coisa, em princípio, deve ocorrer de "forma específica" (CPC/2015, art. 498), pouco importando que a prestação decorra de direito real ou pessoal, de obrigação convencional ou legal.

583. HISTÓRICO DOS TÍTULOS ESPECIAIS DE ENTREGA DE COISA: AÇÕES EXECUTIVAS *LATO SENSU*

I – Regime antigo

Antes da Lei n. 10.444, de 07.05.2002, à época do Código anterior, poucas eram as sentenças condenatórias que levavam à entrega forçada de coisa, sem passar pela *actio iudicati*. A regra era a submissão geral das obrigações da espécie a dois processos: um de acertamento, para obtenção do título executivo judicial (ação condenatória), e outro para realização forçada da condenação (ação executória).

Sempre houve, porém, exceções. Assim é que, por tradição, nas ações de despejo e de reintegração de posse, embora haja sentença que condena à entrega de coisa certa (prestação de dar ou de restituir), a execução de seus decisórios não seguia o procedimento comum dos arts. 621 e segs. do Código de 1973. É que essas ações, além de condenatórias, são "preponderantemente executivas", no dizer de Pontes de Miranda,[2] de maneira que já tendem à execução de suas sentenças independentemente do processo próprio, da execução forçada.

Trata-se, como já ficou dito, de ações executivas, *lato sensu*, de modo que "sua execução é sua força, e não só efeito de sentença condenatória".[3] Tal mecanismo foi estendido a todas as obrigações de entregar coisa pela reforma do CPC de 1973 operada pela Lei 10.444/2002. O atual Código conserva esse procedimento (art. 538).

---

[1] GOMES, Orlando. *Obrigações*. 15. ed. Rio de Janeiro: Forense, 2001, n. 33, p. 37. Explica o civilista: "Na prestação de dar *stricto sensu*, o devedor transfere, pela tradição, a propriedade de uma coisa; na de entregar, proporciona o uso ou o gozo da coisa; na de restituir, devolve a coisa que recebeu do credor".
[2] PONTES DE MIRANDA, Francisco Cavalcanti. *Tratado das Ações*. São Paulo: RT, 1970, v. I, p. 125.
[3] PONTES DE MIRANDA, Francisco Cavalcanti. *Apud* ANDRADE, Luis Antônio de. *Op. cit.*, n. 119, p. 97.

II – Regime atual

A generalização da sentença executiva *lato sensu*, iniciada ao tempo do Código de 1973 e conservada e aprimorada pelo CPC/2015, fez com que a outrora excepcional passasse a ser a regra geral, de modo que nenhuma sentença de condenação ao cumprimento de obrigação de entrega de coisa se submeteria ao sistema da duplicidade de ações. Uma única relação processual passou a proporcionar o acertamento e a realização do direito do credor de coisa. Generalizou-se, no campo dessas obrigações, a ação executiva *lato sensu*. Desde então, apenas se empregará a ação executiva para os títulos executivos extrajudiciais.

O procedimento unitário é assim disciplinado pelo CPC/2015:

a) Sempre que o credor reclamar, no processo de conhecimento, a entrega de coisa, o juiz lhe concederá a tutela específica, fixando, na sentença, o prazo para cumprimento da obrigação (art. 498, *caput*)[4], ou seja, para a entrega da coisa devida que pode ser móvel ou imóvel.

b) Após o trânsito em julgado da sentença, independentemente de nova citação, o executado será intimado a entregar a coisa devida, no prazo assinado na condenação. Questiona-se sobre a exigência ou não dessa intimação[5]. Todavia, o art. 536, § 4º, manda aplicar o disposto no art. 525, à espécie. Este por sua vez, prevê o prazo de quinze dias para o executado apresentar sua impugnação, a contar do término do prazo do art. 523. Por último, o art. 523 estipula que o cumprimento da sentença far-se-á a requerimento do exequente, sendo o executado intimado para cumprir a obrigação (pagar o débito) em quinze dias, devendo o mandado executivo ser expedido depois de ultrapassado o termo previsto para o pagamento voluntário. Com esse mecanismo remissivo do atual Código, parece-nos que o cumprimento da sentença relativo a prestação de entrega de coisa não prescinde de intimação do devedor (que se admite seja feita na pessoa do advogado da parte) para que se alcance o momento adequado à expedição do mandado de busca e apreensão ou de imissão na posse, com que se realizará a prestação satisfativa a que tem direito o exequente.[6]

c) Comunicado nos autos o transcurso do prazo sem que o devedor tenha cumprido a obrigação, expedir-se-á em favor do credor mandado para sua realização compulsória por oficial de justiça: o mandado será de busca e apreensão, se se tratar de coisa móvel; e de imissão na posse, se o bem devido for coisa imóvel (art. 538). No primeiro caso, o oficial toma fisicamente posse da coisa e a entrega ao credor; no segundo, os ocupantes são desalojados do imóvel, para que o credor dele se

---

[4] Mesmo quando a obrigação seja de coisa genérica (indicada pelo gênero e quantidade), o caráter de ação executiva *lato sensu* perdurará: "[...] o autor individualizá-la-á na petição inicial, se lhe couber a escolha, ou, se a escolha couber ao réu, este a entregará individualizada, no prazo fixado pelo juiz" (art. 498, parágrafo único).

[5] Guilherme Rizzo Amaral entende que o prazo para impugnação previsto no art. 523, *caput*, aplicável ao cumprimento das obrigações de fazer, bem como das de entrega de coisa, "inicia-se após o término do prazo fixado na sentença para seu cumprimento, seja ele qual for, independentemente de nova intimação" (AMARAL, Guilherme Rizzo. Comentários ao art. 536. *In:* WAMBIER, Teresa Arruda Alvim, *et al. Breves comentários ao novo Código de Processo Civil*. 3. ed. São Paulo: Ed. RT, 2016, p. 1.403).

[6] Araken de Assis é da mesma opinião, ou seja, "o prazo de entrega da coisa já individualizada é o fixado na sentença (art. 498, *caput*). Omisso que seja o título judicial, o prazo é de quinze dias, a teor do art. 806, *caput*, c/c art. 513, *caput*" (ASSIS, Araken de. *Manual da execução*. 18. ed. revista, atualizada e ampliada, São Paulo: Editora Revista dos Tribunais, 2016, n. 196, p. 795).

assenhoreie. A diligência, portanto, se aperfeiçoa com a colocação do exequente na posse efetiva e desembaraçada do imóvel disputado.

III – Providências cabíveis para reforçar a efetividade da tutela às obrigações de entrega de coisa

O Código atual, além de prever a execução de sentença sem depender da *actio iudicati* para as obrigações de entrega de coisa, que se cumprirão por meio de simples mandado expedido por força imediata da própria sentença condenatória (art. 538), reforçou a exequibilidade com enérgicas medidas de apoio, mandando aplicar-lhes os mesmos procedimentos coercitivos previstos para a execução das obrigações de fazer e não fazer (art. 538 c/c art. 536, § 1º). Dentre essas medidas acessórias, a de maior destaque é, sem dúvida, a permissão para empregar-se, também nas ações relativas às obrigações de dar, a multa periódica por retardamento no cumprimento da decisão judicial (*astreintes*). O atual Código mantém a sistemática de emprego das medidas de apoio em referência (art. 538, § 3º, c/c art. 536, § 1º). Para Araken de Assis, "a possibilidade desse cúmulo descansa na circunstância de a técnica da coerção patrimonial, em si mesma, prescindir da realização de atos materiais no processo pendente seguramente conduzirá à sua eventual cominação no mandado de citação". Destarte, se a entrega da coisa for efetivada no prazo legal, a multa não será devida. Entretanto, se o mandado for descumprido, a "multa passará a fluir e o respectivo crédito há de ser executado autonomamente".[7]

584. EXECUÇÃO ESPECÍFICA E EXECUÇÃO SUBSTITUTIVA

Tal como se passa com as obrigações de fazer e não fazer, o art. 498 do CPC/2015 destina ao julgamento das prestações de entrega de coisa a "tutela específica", ou seja, o devedor haverá de ser condenado a realizar em favor do credor, a transferência da posse exatamente da coisa devida (*caput*). A conversão da obrigação em perdas e danos ("tutela substitutiva") não é faculdade do juiz e somente acontecerá em duas situações: a) se o próprio credor a requerer, nos casos em que o direito material lhe permitir tal opção; ou b) quando a execução específica mostrar-se impossível (*v.g.*, perecimento ou desvio da coisa, de modo a torná-la inalcançável pela parte) (art. 499, aplicável também às obrigações de dar ou restituir, por força do § 3º do art. 538).

Ao contrário, porém, do que se dispunha acerca das obrigações de fazer e não fazer (art. 461, *caput*, CPC/1973) não havia, na Codificação anterior – e continua não havendo no CPC/2015 –, no caso de obrigação de entrega de coisa a previsão de substituir a prestação específica por outra que produzia resultado prático equivalente ao adimplemento (v., *retro*, o Capítulo XV).

Não sendo localizada a coisa, haverá a conversão em perdas e danos, como, aliás, dispõe a lei material (CC, art. 234, *in fine*).[8] Esta conversão – "tutela substitutiva" – pode ser pleiteada pelo credor (a) na petição inicial; ou (b) em petição avulsa, no caso de a impossibilidade de alcançar a coisa devida acontecer durante a fase de cumprimento da sentença, hipótese em que se transforma em incidente da execução. Nesta última eventualidade será objeto de decisão interlocutória, impugnável por meio de agravo de instrumento, e a iniciativa tanto poderá partir do exequente como do executado (ver, *retro*, os n. 193 e 194). O que não se admite é que o processo caia num impasse insolúvel, quando a prestação originária não mais comporte

---

[7] ASSIS, Araken de. *Manual da execução cit.*, n. 198, p. 797. No mesmo sentido, ZAVASCKI, Teori Albino. *Comentários ao Código de Processo Civil*, São Paulo: Ed. RT, 2000, v. 8, p. 214.

[8] Código Civil: "Art. 234. Se, no caso do artigo antecedente, a coisa se perder, sem culpa do devedor, antes da tradição, ou pendente a condição suspensiva, fica resolvida a obrigação para ambas as partes; se a perda resultar de culpa do devedor, responderá este pelo equivalente e mais perdas e danos".

execução específica. O destino natural do processo será a conversão em indenização, cujo valor e cuja realização se definirão no mesmo feito ainda em andamento.

A mudança de rumo da execução, substituindo a entrega da coisa pelo equivalente econômico, não atrita com a imutabilidade da sentença transitada em julgado. É o próprio direito material reconhecido ao credor que traz ínsito o poder de transmudar seu objetivo. Sempre, pois, que se emite uma condenação da espécie, implícita estará a eventualidade de ser cumprida sob a forma de indenização, se a entrega da coisa se tornar impossível.

É a mesma lógica do Código anterior que continua aplicável ao sistema da atual codificação. Assim, não encontrada a coisa a ser entregue, resolver-se-á em perdas e danos o caso. O sistema executivo do atual Código não pode ser diferente do anterior, porque ambos instrumentalizam a mesma norma de direito material, qual seja, a de converter-se a execução de entrega de coisa em execução por quantia certa (equivalente econômico) sempre que a apreensão do objeto da obrigação exequenda se inviabilizar, por não se conseguir encontrá-lo.

585. PROCEDIMENTO PÓS-SENTENÇA

O atual Código manteve em linhas gerais, o regime do cumprimento da sentença relativa à obrigação de entregar coisa, nos moldes do Código de 1973, regulando-o nos arts. 536 a 538. Mereceu, outrossim, expresso tratamento a questão relacionada com a existência de benfeitorias na coisa a ser entregue.

Pelo novo regramento, como já ressaltado – como aliás já reconhecia a jurisprudência – a existência eventual de benfeitorias, precisa ser alegada em sede de contestação, de forma discriminada e com atribuição, sempre que possível e justificadamente, do respectivo valor (art. 538, § 1º). Ou seja, não se admitirá que tal alegação se faça na fase de cumprimento da sentença, ficando preclusa a matéria se não figurar na contestação, oportunidade em que o devedor deverá também invocar o respectivo direito de retenção (art. 538, § 2º). Não quer isso dizer que a omissão elimine o direito material do executado ao ressarcimento dos gastos feitos em benfeitorias. Poderá recuperá-los, mas não na fase de cumprimento da sentença, devendo socorrer-se de ação própria. Nessa ação própria, entretanto, não se admite, por preliminar de urgência, que se volte a exercer o direito de retenção precluso na ação primitiva.[9]

Condenando à entrega de coisa, o juiz fixará o prazo para o cumprimento da obrigação (CPC/2015, art. 498). O início da atividade executiva tendente a provocar o cumprimento forçado da sentença[10] se dará por meio de intimação do executado, na pessoa do advogado que o representa nos autos, para cumprir a prestação devida no prazo assinalado no título judicial exequendo. Ultrapassado o tempo para realização voluntária da entrega, sem que a prestação tenha sido realizada, expedir-se-á mandado executivo para cumprimento forçado da sentença, que, de acordo com o art. 538, será:

a) de *busca e apreensão,* no caso de coisa móvel; ou
b) de *imissão na posse,* se se tratar de coisa imóvel.

---

[9] STJ, 3ª T., REsp. 1.278.094/SP, Rel. Min. Nancy Andrighi, ac. 16.08.2012, DJe 22.08.2012.

[10] Já ao tempo do Código de 1973, a eficácia executiva da sentença condenatória dispensava a ação autônoma de execução forçada. A execução, *in casu*, se processava com a "simples expedição e cumprimento de um mandado", como sempre se procedeu nas ações possessórias e de despejo (STJ, 4ª T., REsp. 739/RJ, Rel. Min. Athos Carneiro, ac. 21.08.1990, *RSTJ* 17/293). Nesse sentido: STJ, 1ª T., REsp 1.008.311/RN, Rel. Min. Teori Albino Zavascki, ac. 05.04.2011, *DJe* 15.04.2011; STJ, 4ª T., REsp 549.711/PR, Rel. Min. Barros Monteiro, ac. 16.12.2003, *DJU* 05.04.2004.

A diferença é que o primeiro mandado se cumpre por meio de deslocamento físico da coisa, que uma vez apreendida é removida, pelo agente judiciário, para ser entregue ao exequente. No caso de imóvel, não há como pensar em deslocamento da coisa, motivo pelo qual é o credor que é encaminhado até a situação do bem e, aí, é imitido na sua posse, da qual fica, no mesmo ato, afastada a parte contrária, por obra do oficial encarregado do cumprimento do mandado.

Executado o mandado, este é juntado aos autos, dando-se por encerrado o processo, o qual, será arquivado, por decisão judicial.

586. TUTELA SUBSTITUTIVA

Se o credor já na propositura da ação demandou a indenização pelo descumprimento da obrigação de entrega da coisa, a sentença será executada desde logo nos moldes próprios das obrigações de quantia certa: o mandado, expedido após o transcurso do prazo de pagamento voluntário, será para penhora e avaliação dos bens necessários à satisfação do direito do credor (CPC/2015, art. 523, § 3º).

Aos trâmites dos atos executivos subsequentes aplicar-se-ão os arts. 523 e seguintes.

Outra hipótese de tutela substitutiva se dá quando, condenado o devedor à prestação específica, o cumprimento da sentença se frustra, porque a coisa devida não é encontrada (pereceu, foi consumida ou desviada), ou o devedor tem, como *v.g.*, no caso do art. 252 do CC, o direito de substituir a entrega da coisa pelo pagamento do respectivo preço[11].

Diante do embaraço – cuja iniciativa pode ser ora do credor, ora do devedor –, caberá ao juiz resolvê-lo por meio de decisão interlocutória, ordenando, se for o caso, a conversão da execução específica em execução do equivalente econômico. O recurso manejável será o agravo de instrumento, tanto no deferimento como no indeferimento da conversão (art. 1.015, parágrafo único)[12].

Liquidado o valor da indenização pela não-entrega da coisa, será o executado intimado a pagá-lo ou depositá-lo, e não ocorrendo a satisfação do débito no prazo do art. 513, expedir-se-á o mandado de penhora e avaliação, com que se dará início à execução por quantia certa. Esta liquidação, se houver elementos suficientes nos autos, poderá ser resumida em memória de cálculo preparada pelo credor, nos termos do art. 509, § 2º. Se se exigir mais do que simples cálculo aritmético, observar-se-á o procedimento incidental da liquidação por arbitramento (art. 509, I) ou pelo procedimento comum (art. 509, II). Em qualquer dos casos, o incidente será apreciado por decisão interlocutória, e o recurso cabível será o agravo de instrumento (art. 1.015, parágrafo único).

A conversão em perdas e danos é medida que se aplica tanto às obrigações de coisa certa como incerta (genérica)[13].

---

[11] CC, art. 252: "Nas obrigações alternativas, a escolha cabe ao devedor, se outra coisa não se estipulou".

[12] "Tal qual ocorre nas obrigações de fazer e não fazer, também em relação à obrigação de entrega de coisa poderá ocorrer a sua conversão em perdas e danos, o que igualmente poderá decorrer da vontade do credor (conversão voluntária) ou mesmo da necessidade diante da impossibilidade da tutela específica (conversão obrigatória)" (CAMBI, Eduardo; DOTTI, Rogéria; PINHEIRO, Paulo Eduardo d'Arce; MARTINS, Sandro Gilbert; KOZIKOSKI, Sandro Marcelo. *Curso de processo civil completo*. São Paulo, Ed. RT, 2017, p. 1.100).

[13] "(...) O art. 629 e seguintes do CPC disciplinam o processo executivo para entrega de coisa incerta fundado em título executivo extrajudicial, sendo aplicáveis à espécie, por força do art. 631 do CPC, as regras processuais relativas à execução de dar coisa certa (arts. 621 a 628 do CPC)" (STJ, 3ª T., REsp 1.159.744/MG, Rel. Min. Nancy Andrighi, ac. 11.06.2013, *DJe* 24.06.2013).

587. MULTA E OUTRAS MEDIDAS DE APOIO

O atual Código prevê que no cumprimento das sentenças que determinem a entrega de coisa são utilizáveis todas as medidas sub-rogatórias, ou de apoio, aplicáveis às execuções de fazer e não fazer (art. 538, § 3º), dentre as quais se sobressai a multa (*astreinte*) pelo atraso no cumprimento da prestação devida (art. 536, § 1º). Assim, a intimação executiva será feita para proceder à entrega da coisa, no prazo assinalado na sentença, sob pena de incursão na referida multa, que já poderá constar da condenação, ou ser arbitrada pelo juiz da execução.

Ainda à época do Código anterior, a multa, outrora específica das obrigações de fazer e não fazer, passou a ser medida de coerção executiva aplicável também às prestações de entrega de coisa (art. 287, CPC/1973, com a redação da Lei n. 10.444, de 07.05.2002). Sua aplicação cabia tanto nas antecipações de tutela como na sentença definitiva e deveria observar as regras pertinentes às causas sobre obrigações de fazer e não fazer (art. 461, §§ 1º e 6º, CPC/1973), já examinadas no n. 569, *retro*. A sistemática foi preservada pelo Código atual, conforme já se viu. Para maiores detalhes a respeito do tema, consultar, ainda, o nosso "Curso de Direito Processual Civil", v. I, o n. 775, e no v. III, o n. 113.

A extensão das *astreintes* para as obrigações de entrega de coisa, efetuada na reforma do nosso Código de Processo Civil de 1973, por meio do art. 461-A, correspondeu a um fenômeno que se deu também no direito francês[14], onde apenas as obrigações de quantia certa, tal como entre nós, não se executam sob a cominação deste tipo de medida coercitiva[15].

A multa de que cogitam os arts. 497 e 536 do CPC/2015, são as *astreintes* impostas para coagir o executado ao cumprimento específico das prestações de fazer ou de entregar coisa. Convertidas estas em seu equivalente econômico, não cabe desde então aplicar a multa diária por atraso no adimplemento. Caberá, todavia, a multa única de 10% própria da execução por quantia certa, se o pagamento não ocorrer no prazo legal de quinze dias (CPC/2015, art. 523, § 1º). O prazo de quinze dias para pagamento espontâneo contar-se-á da intimação da decisão que decretar a conversão, se o valor do equivalente econômico já for conhecido. Se necessário apurá-lo proceder-se-á à liquidação (art. 509) e quando intimada a decisão que fixar o *quantum debeatur* é que começarão a fluir os quinze dias do art. 523.

588. DEFESA DO EXECUTADO

Eventuais arguições contra ilegalidade ou irregularidades do cumprimento da sentença serão manifestadas por meio de petição, nos mesmos moldes e prazos da impugnação prevista para o procedimento executivo das obrigações de quantia certa, aplicáveis às demais por força dos arts. 538, § 3º e 536, § 4º. Tal impugnação será solucionada por decisão interlocutória ou por sentença, conforme extinga ou não a execução forçada, desafiando, no primeiro caso, agravo de instrumento, e, no segundo, apelação.

No mais, o cumprimento de sentença, conforme dispõe o art. 513, observará, no que couber, o regramento da execução de título extrajudicial que reconheça a obrigação de entregar coisa (arts. 806 e ss.) (sobre o prosseguimento detalhado da execução, ver, retro, os itens 187 a 201).

---

[14] "Toutes les obligations (*de donner, de faire ou de ne pas faire*) sont en principe susceptibles d'astreintes" (DONNIER, Marc; DONNIER, Jean-Baptiste. *Voies d'exécution et procedures de distribution*. 6. ed. Paris: Litec, 2001, n. 303, p. 108).

[15] A Corte de Apelação de Paris em decisão de 06.05.1999 decidiu que não se havia de impor *astreintes* na condenação a cumprir o contrato na medida em que não se impunha uma obrigação de fazer, mas uma obrigação a executar por meio de pagamento de uma soma de dinheiro (DONNIER et DONNIER. *Op. cit.*, n. 304, p. 108).

589. OBRIGAÇÃO GENÉRICA

Quando a obrigação for de coisa genérica (isto é, de coisa determinada pelo gênero e quantidade, como *v.g.,* tantas sacas de arroz ou milho, ou tantos bois para abate), cabe, no cumprimento da sentença condenatória, observar a escolha das unidades que irão compor a prestação devida. Esta escolha, conforme o título obrigacional, ou nos termos da lei material, pode competir ao credor ou ao devedor (CC, art. 244).

Se a opção é do credor, a escolha dar-se-á na petição inicial, de sorte que ao acolher o pedido, a condenação já imporá ao devedor a entrega das coisas, na forma definida na propositura da causa. Quando, porém, a opção for do devedor, a escolha deste será feita ao dar cumprimento à sentença. No prazo que lhe for assinado para cumprir a condenação, o devedor procederá à individualização do objeto previsto genericamente na condenação e o entregará ao credor, ou o depositará em juízo, à ordem deste (CPC/2015, art. 498, parágrafo único). Urge respeitar o princípio de que nenhuma execução de crédito se processa em juízo sem observância do requisito da certeza, liquidez e exigibilidade da obrigação, seja em forma definitiva ou provisória (art. 783).

Segundo se depreende do parágrafo único do art. 498, o juiz deve policiar o ajuizamento da ação de conhecimento relativa a obrigações genéricas, exigindo do autor que a escolha a seu cargo seja explicitada na petição inicial, recorrendo, se necessário, ao expediente recomendado pelo art. 801[16]. Com isso serão evitadas complicações para a eventual execução da sentença. Se, entretanto, a condenação vier a ser pronunciada sem que o credor tivesse procedido à escolha, a medida haverá de ser tomada antes da expedição do mandado de busca e apreensão, por meio de petição preparatória do cumprimento da sentença. Havendo escolha posterior à sentença, pode acontecer impugnação, tanto quando a iniciativa for do credor como do devedor. Não haverá necessidade de recorrer a embargos. Tudo se resolverá, incidentemente, por decisão interlocutória (aplicam-se os arts. 525, *caput* e § 11; e art. 1.015, parágrafo único).

590. RETENÇÃO POR BENFEITORIAS

Já no sistema do Código anterior, a retenção por benfeitorias, como objeto de embargos à execução, era incidente que, por definição da lei, apenas ocorria nas execuções de títulos extrajudiciais (art. 745, IV, CPC/1973, acrescido pela Lei n. 11.382/2006).

Abolida a ação de execução separada do processo de conhecimento, e transformado o cumprimento da sentença em simples incidente da relação processual unitária, não havia mais lugar para se cogitar de embargos à execução de sentença para se pretender a retenção por benfeitorias, diante da condenação à entrega de coisa.

Retenção por benfeitorias tampouco poderia ser matéria de discussão, de forma originária, em impugnação à execução de sentença. Deveria ser debatida na contestação e solucionada na sentença. Se fosse acolhida na sentença funcionava como *condição* a ser cumprida antes da execução. Se não fosse arguida, somente por ação própria se poderia pleitear a indenização. A execução far-se-ia sem embaraço para o credor e sem prejuízo para o direito do devedor, de postular a indenização em ação separada, se fosse o caso.

O atual Código, que mantém um processo de duas fases, uma para a cognição e outra para a execução da sentença, cuida expressamente do tema, dispondo que a arguição do *ius*

---

[16] CPC/2015, Art. 801: "Verificando que a petição inicial está incompleta ou que não está acompanhada dos documentos indispensáveis à propositura da execução, o juiz determinará que o exequente a corrija, no prazo de 15 (quinze) dias, sob pena de indeferimento".

retentionis somente será viável na contestação (art. 538, § 2º). Trata-se, pois, de tema afetado exclusivamente à fase de conhecimento.

Em sua defesa, o réu, quando invocar o direito de indenização e retenção, deverá se submeter às exigências formais dos embargos estatuídas no § 5º do art. 917, ou seja, a contestação conterá os dados que permitam a identificação das benfeitorias e seus valores, sem os quais não será possível à sentença examinar-lhe o mérito ou tratar da eventual compensação.[17]

Depois da sentença, não haverá mais oportunidade para o expediente. Ou seja, o mandado de busca e apreensão (móveis) ou de imissão de posse (imóveis) será consequência imediata da sentença, sem ensejar novas oportunidades, para qualquer incidente cognitivo ou de acertamento, limitando-se a defesa contra o cumprimento da obrigação de entrega da coisa às matérias arroladas no art. 525, § 1º.

Para pleitear o direito de retenção, na contestação à ação em que se busca a entrega de coisa, o réu deve se submeter às exigências naturais necessária para apreciação do pleito à luz das regras traçadas no Código Civil, ou seja, haverá de descrever detalhadamente as benfeitorias, de modo a que possam ser qualificadas como úteis ou necessárias (só estas são capazes de gerar o *ius retentionis*, quando praticadas de boa-fé – CC, art. 1.219), devendo, ainda, informar seu valor atual (CC, art. 1.222, *in fine*). O custo dos melhoramentos é irrelevante. O que importa é quanto valem no momento da execução da entrega ao exequente[18]. O CPC/2015, seguindo o direito material, determinou que a alegação seja feita "de forma discriminada e com atribuição, sempre que possível e justificadamente, do respectivo valor" (art. 538, § 1º).

Se o executado efetuou gastos na conservação ou melhoria da coisa que tem de entregar ao exequente, mas isto não representa atualmente nenhum acréscimo ao valor que o objeto teria sem a benfeitoria, não há direito de indenização e tampouco de retenção. Como dispõe o art. 1.221 do CC as benfeitorias, quaisquer que sejam, "só obrigam ao ressarcimento se ao tempo da evicção ainda existirem". Daí a importância de arrolar o possuidor, em sua contestação, os dados que permitam concluir sobre a existência do direito oponível ao reivindicante. Sem a explicitação de tais elementos, a parte contrária não poderá exercer o contraditório e ampla defesa, e o juiz não terá como analisar e julgar, adequadamente, o pleito deduzido em juízo sob invocação do *ius retentionis*.

Convém lembrar, ainda, que o reivindicante, quando deva indenizar benfeitorias do atual possuidor, tem a faculdade de compensá-las com os danos (lucros cessantes, frutos, rendimentos etc.) de responsabilidade deste (CC, art. 1.221). É mais um motivo para que se exija do contestante a atual avaliação dos melhoramentos que invocar para exercício do direito de retenção, pois isto será dado indispensável para decidir-se em torno da aludida compensação.

---

[17] "Menção genérica de realização de benfeitorias é insuficiente para a realização de provas e indenização dos melhoramentos, bem como reconhecimento do direito à retenção" (STJ, 3ª T., REsp. 20.978/DF, Rel. Min. Cláudio Santos, ac. 20.10.1992, *RSTJ* 43/393. No mesmo sentido: STJ, 4ª T., REsp. 66.192-7/SP, Rel. Min. Sálvio de Figueiredo, ac. 21.06.1995, *DJU* 04.09.1995, p. 27.837; STJ, 5ª T., AgRg no REsp 506.831/RJ, Rel. Min. Felix Fischer, ac. 16.05.2006, *DJU* 12.06.2006, p. 532).

[18] "Menção genérica de realização de benfeitorias é insuficiente para a realização de provas e indenização dos melhoramentos, bem como reconhecimento do direito à retenção" (STJ, 3ª T., REsp. 20.978/DF, Rel. Min. Cláudio Santos, ac. 20.10.1992, *RSTJ* 43/393. No mesmo sentido: STJ, 4ª T., REsp 66.192-7/SP, Rel. Min. Sálvio de Figueiredo, ac. 21.06.1995, *DJU* 04.09.1995, p. 27.837). Nesse sentido: STJ, 4ª T., AgRg no REsp 915.705/SP, Rel. Min. Luis Felipe Salomão, ac. 7.10.2010, *DJe* 13.10.2010; STJ, 2ª T., AgRg no REsp 693.376/SC, Rel. Min. Humberto Martins, ac. 18.6.2009, *DJe* 1.7.2009.

Repita-se, todavia, que não é por embargos, mas por contestação que se argui a retenção por benfeitorias nos processos em que se forma o título judicial para a execução de obrigação de entrega de coisa. É antes da sentença condenatória, e não depois dela, que esse tipo de defesa se apresenta exercitável.

Isto não quer dizer, como visto, que a parte perca o direito de ser indenizada por eventuais benfeitorias, pelo fato de não tê-lo invocado na fase de conhecimento da ação reipersecutória. Se o tema não foi aventado na litiscontestação, sobre ele não se formou a coisa julgada. Não se impedirá, pois, a execução pura e simples da entrega da coisa, já que não haverá oportunidade para embargos de retenção, mas o titular do direito ao ressarcimento do valor das benfeitorias, poderá exercitá-lo por meio de ação comum, que, nessa altura, porém, não prejudicará o cumprimento do mandado de entrega oriundo da primeira demanda.

Segundo Araken de Assis, entretanto, "omisso o título a esse respeito, não é possível controverter a retenção na execução do art. 538, ou através de demanda autônoma para essa finalidade",[19] porque, citando jurisprudência do STJ, "o mesmo resultado não pode ser vedado quando perseguido por uma via processual, e aceito por outra via".[20] Assim, conclui o autor, "é indispensável, portanto, uma disposição expressa no provimento que constituirá o título judicial".[21]

591. ENCERRAMENTO DO PROCESSO

O cumprimento da sentença relativa a obrigação de entrega de coisa, tal como se passa com as obrigações de fazer, no caso de *executio per officium iudicis*, não exige pronunciamento judicial por meio de nova sentença de mérito para pôr fim ao processo. A causa já está sentenciada e a atividade pós-condenação é simples complemento do comando sentencial.

Cumprido o mandado, cuja expedição decorreu necessariamente da sentença, e não existindo impugnação do executado pendente, o processo se exaure, sendo os autos remetidos ao arquivo. É o que sempre se observou nas ações possessórias e de despejo: "A sentença de procedência tem eficácia executiva *lato sensu*, com execução mediante simples expedição e cumprimento de um mandado."[22]

O encerramento do feito, todavia, não se dará sem que antes o juiz se certifique do fiel cumprimento do mandado executivo, e sem que dele parta a ordem de arquivamento. O processo é uma relação processual que se estabelece e aperfeiçoa sob o comando do juiz e que, por isso mesmo, só pode se encerrar por deliberação dele.

---

[19] ASSIS, Araken de. *Manual da execução cit.*, n. 197, p. 796.

[20] STJ, 3ª T., REsp. 1.278.094/SP, Rel. Min. Nancy Andrighi, ac. 16.08.2012, *DJe* 22.08.2012. No mesmo sentido, declarando a preclusão do direito de retenção se não exercido em contestação da ação de conhecimento: STJ, 3ª T., AgRg no REsp. 1.273.356/SP, Rel. Min. João Otávio de Noronha, ac. 25.11.2014, *DJe* 12.12.2014.

[21] ASSIS, Araken de. *Ob cit., loc. cit.* Nesse sentido, a jurisprudência do STJ: "A liquidação prévia a que faz referência o art. 628 do CPC [CPC/2015, art. 810] pressupõe o reconhecimento, no título executivo, das benfeitorias a serem indenizadas" (STJ, 4ª T., AgRg no Ag. 405.978/SP, Rel. Min. Barros Monteiro, ac. 18.03.2003, *DJU* 02.06.2003, p. 300).

[22] STJ, 4ª T., REsp. 14.138-0/MS, Rel. Min. Sálvio de Figueiredo, ac. 20.10.1993, *DJU* 29.11.1993, p. 25.882. Especificamente sobre as obrigações de fazer (STJ, 1ª T., REsp 1.008.311/RN, Rel. Min. Teori Albino Zavascki, ac. 05.04.2011, *DJe* 15.4.2011).

Fluxograma n. 19 – Cumprimento de sentença que reconhece a exigibilidade de obrigação de entregar coisa (art. 538)

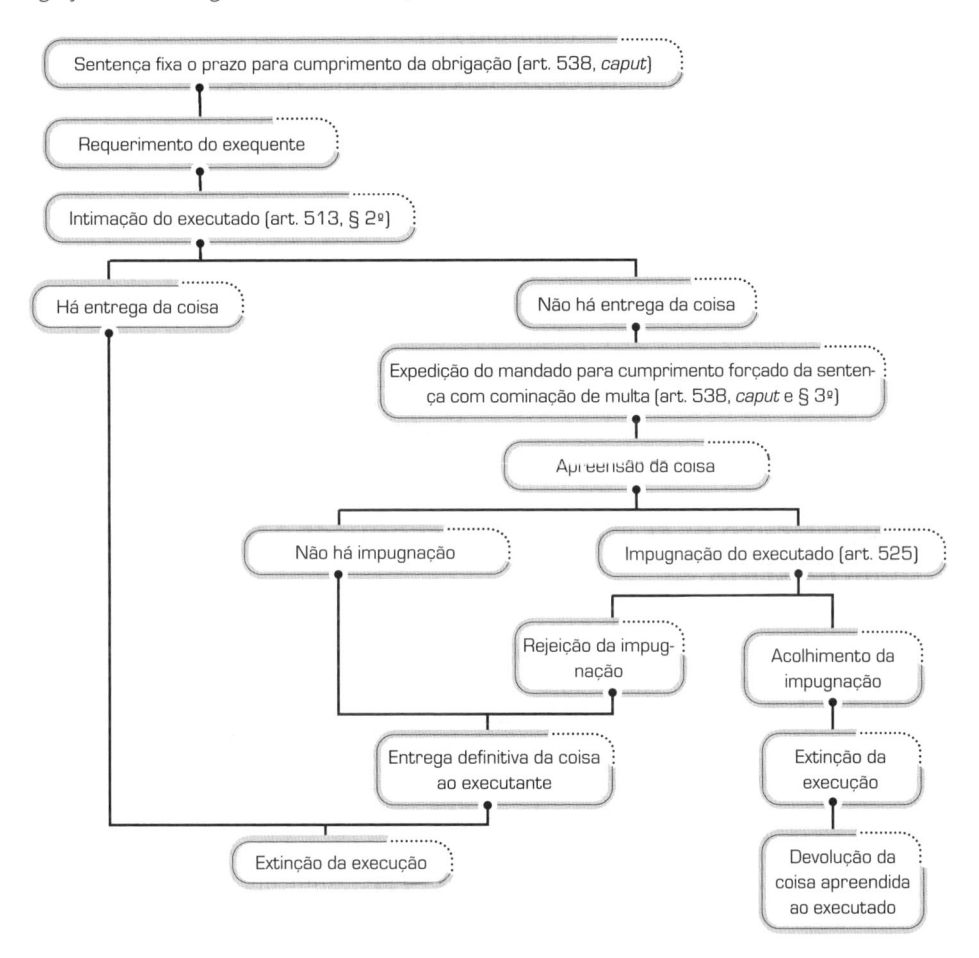

```
Sentença fixa o prazo para cumprimento da obrigação (art. 538, caput)
        │
Requerimento do exequente
        │
Intimação do executado (art. 513, § 2º)
        │
   ┌────┴────────────────────────┐
Há entrega da coisa         Não há entrega da coisa
        │                           │
        │              Expedição do mandado para cumprimento forçado da sentença
        │              com cominação de multa (art. 538, caput e § 3º)
        │                           │
        │                    Apreensão da coisa
        │                           │
        │              ┌────────────┴────────────┐
        │         Não há impugnação       Impugnação do executado (art. 525)
        │                │                       │
        │                │            ┌──────────┴──────────┐
        │                │     Rejeição da           Acolhimento da
        │                │     impugnação            impugnação
        │                │            │                    │
        │                └────┬───────┘              Extinção da
        │              Entrega definitiva                execução
        │              da coisa ao executante               │
        │                     │                      Devolução da coisa
        │                     │                      apreendida ao executado
        └─────────────────────┤
                Extinção da execução
```

Capítulo XLII
CUMPRIMENTO DA SENTENÇA RELATIVA À OBRIGAÇÃO POR QUANTIA CERTA

592. NOÇÃO DE OBRIGAÇÃO POR QUANTIA CERTA

Obrigação por quantia certa é aquela que se cumpre por meio de dação de uma soma de dinheiro. O débito pode provir de obrigação originariamente contraída em torno de dívida de dinheiro (*v.g.*, um mútuo, uma compra e venda, em relação ao preço da coisa, uma locação, em relação ao aluguel, uma prestação de serviço, no tocante à remuneração convencionada etc.); ou pode resultar da conversão de obrigação de outra natureza no equivalente econômico (indenização por descumprimento de obrigação de entrega de coisa, ou de prestação de fato, reparação de ato ilícito etc.).

593. CUMPRIMENTO DE SENTENÇA QUE RECONHECE O DEVER DE PAGAR QUANTIA CERTA

O art. 513 do CPC/2015, em seu § 1º, fala em cumprimento da sentença que reconhece o *dever* de pagar quantia, para deixar claro que não são apenas aos débitos oriundos das *obrigações civis* que se aplicam as normas enunciadas nos seus diversos parágrafos. O cumprimento da sentença observará a mesma sistemática quando a condenação referir-se a qualquer *dever* de cumprir prestação em dinheiro, mesmo aquelas oriundas de imposição ou sanção legal, sejam de direito privado ou de direito público.

Todas as regras dos cinco parágrafos do art. 513[1] aplicam-se indistintamente ao cumprimento de sentença definitivo e provisório. Há, porém, em outros dispositivos o detalhamento das medidas que regulam, com maior especificidade, o procedimento de uma e outra dessas modalidades executivas (arts. 520-522 e 523-527, respectivamente).

O atual Código enuncia *disposições gerais* aplicáveis ao cumprimento de todas as sentenças, qualquer que seja a natureza da obrigação reconhecida no provimento judicial. Prestações derivadas de obrigações de fazer, não fazer, entregar coisa ou pagar quantia, todas são exequíveis segundo os preceitos dos arts. 513 a 519. Apenas as regras dos parágrafos do art. 513 é que são voltadas mais diretamente para o cumprimento do dever de pagar quantia certa.

---

[1] CPC/2015: "Art. 513. O cumprimento da sentença será feito segundo as regras deste Título, observando-se, no que couber e conforme a natureza da obrigação, o disposto no Livro II da Parte Especial deste Código. § 1º O cumprimento da sentença que reconhece o dever de pagar quantia, provisório ou definitivo, far-se-á a requerimento do exequente. § 2º O devedor será intimado para cumprir a sentença: I – pelo Diário da Justiça, na pessoa de seu advogado constituído nos autos; II – por carta com aviso de recebimento, quando representado pela Defensoria Pública ou quando não tiver procurador constituído nos autos, ressalvada a hipótese do inciso IV; III – por meio eletrônico, quando, no caso do § 1º do art. 246, não tiver procurador constituído nos autos. IV – por edital, quando, citado na forma do art. 256, tiver sido revel na fase de conhecimento. § 3º Na hipótese do § 2º, incisos II e III, considera-se realizada a intimação quando o devedor houver mudado de endereço sem prévia comunicação ao juízo, observado o disposto no parágrafo único do art. 274. § 4º Se o requerimento a que alude o § 1º for formulado após 1 (um) ano do trânsito em julgado da sentença, a intimação será feita na pessoa do devedor, por meio de carta com aviso de recebimento encaminhada ao endereço constante dos autos, observado o disposto no parágrafo único do art. 274 e no § 3º deste artigo. § 5º O cumprimento da sentença não poderá ser promovido em face do fiador, do coobrigado ou do corresponsável que não tiver participado da fase de conhecimento".

E ainda há a menção expressa quanto à aplicabilidade subsidiária das normas traçadas no Livro II da Parte Especial para a execução dos títulos executivos extrajudiciais, "no que couber", ao cumprimento das sentenças (art. 513, *caput*). Da mesma forma, o art. 771 deixa claro que "o procedimento da execução fundada em título extrajudicial" se aplica, "no que couber", "aos atos executivos realizados no procedimento de cumprimento da sentença, bem como aos efeitos de atos ou fatos processuais que a lei atribuir força executiva". Exemplo desse intercâmbio é o que se passa com as disposições relativas à penhora e à expropriação de bens (arts. 831 e segs.), situadas no Livro do Processo de Execução, que haverão de prevalecer no incidente de cumprimento da sentença de obrigação por quantia certa.

O juiz para satisfazê-la, após a condenação, terá de obter a transformação de bens do executado em dinheiro, para em seguida utilizá-lo no pagamento forçado da prestação inadimplida. Não se trata, obviamente, de conservar a ação de execução de sentença, mas apenas de utilizar os meios processuais executivos necessários para consumar o fim visado pelo cumprimento da sentença, em face do objeto específico da dívida. Há, pois, cumprimento de sentença que reconhece o dever de pagar quantia certa, mas não ação de execução por quantia certa, sempre que o título executivo for sentença.

O procedimento da execução por quantia certa consiste numa atividade jurisdicional expropriatória. A justiça se apropria de bens do patrimônio do devedor e os transforma em dinheiro, para afinal dar satisfação ao crédito do exequente. Eventualmente, os próprios bens expropriados podem ser utilizados na solução do crédito exequendo por meio de adjudicação. É nesse amplo sentido, que o art. 824 afirma que "a execução por quantia certa realiza-se pela expropriação de bens do executado, ressalvadas as execuções especiais". Pense-se, por exemplo, nas execuções contra a Fazenda Pública, que se realizam sem penhora, por meio de precatórios (arts. 534-535).

Se o credor dispõe de título executivo extrajudicial (art. 784), não necessita de utilizar o processo de conhecimento. Ingressa em juízo, diante do inadimplemento, diretamente no processo de execução, por meio do exercício da ação executiva autônoma. À falta de tal título, terá de obter, em processo de conhecimento, a sentença condenatória, para em seguida atingir o patrimônio do devedor. Não terá, porém, de passar pelo ajuizamento de ação executiva separada para chegar aos atos expropriatórios. Por meio de requerimento do exequente, o devedor, após a sentença, será intimado para pagar o débito, no prazo de quinze dias, acrescido de custas, se houver. Não efetuado tempestivamente o pagamento, será expedido desde logo, mandado de penhora e avaliação, seguindo-se os atos de expropriação (art. 513, §§ 1º e 2º e art. 523).

Caberá ao credor requerer a medida, em simples petição formulada no processo em que a condenação foi proferida, a qual será instruída com o demonstrativo discriminado e atualizado do crédito (art. 524, *caput*), e, se for o caso, com o comprovante de que já ocorreu a condição ou o termo, se tais elementos foram previstos na sentença, ensejando-se o contraditório, acerca da documentação exibida (art. 7º).

Não se trata, é bom ressaltar, de uma petição inicial, mas de petição simples, que o art. 524 qualifica de mero "requerimento" sem maiores solenidades ou exigências de conteúdo, de modo que a ele não se aplicam os requisitos do art. 319. Basta que o credor requeira singelamente o início do procedimento de cumprimento de sentença, com a intimação do executado. Exige-se, porém tal requerimento porquanto não tem o juiz poder de iniciativa em matéria de execução forçada. Só a parte pode promovê-la. Não há execução judicial *ex officio*, seja o título judicial ou extrajudicial.

594. MULTA LEGAL E HONORÁRIOS DE ADVOGADO

I – Cabimento

O montante da condenação será acrescido de multa de 10%, e honorários também de 10% (CPC/2015, art. 523, § 1º), sempre que o executado não proceder ao pagamento voluntário nos quinze dias subsequentes à sua intimação (CPC/2015, art. 523, § 2º).[2] Não há que se cogitar de tal multa enquanto não liquidada a sentença genérica.[3] Quanto ao montante da multa legal, trata-se de dado estipulado de maneira precisa, sem deixar margem à modulação judicial: "o percentual de 10% (dez por cento) previsto no art. 523, § 1º, do CPC/2015 não admite mitigação porque: i) a um, a própria lei tratou de tarifar-lhe expressamente; ii) a dois, a fixação equitativa da verba honorária só tem lugar nas hipóteses em que constatado que o proveito econômico é inestimável ou irrisório, ou o valor da causa é muito baixo (art. 85, § 8º, do CPC/2015); e iii) a três, os próprios critérios de fixação da verba honorária, previstos no art. 85, § 2º, I a IV, do CPC/2015, são destinados a abalizar os honorários advocatícios a serem fixados, conforme a ordem de vocação, no mínimo de 10% (dez por cento) ao máximo de 20% (vinte por cento) do valor da condenação, do proveito econômico ou do valor atualizado da causa".[4]

Se há atraso na juntada aos autos do comprovante do pagamento efetuado por depósito judicial ou diretamente ao credor, isto não será motivo para aplicação da multa de 10%. "A quitação voluntária do débito, por si só afasta a incidência da penalidade"[5].

Se a execução é movida contra espólio do devedor, o pagamento depende de autorização do juiz do inventário. Realizado além dos quinze dias previstos no art. 523, não será aplicada a multa, desde que o inventariante prove ter requerido, ao juízo da sucessão, a necessária autorização para o pagamento, em tempo útil, e que o atraso se deveu apenas à burocracia forense[6].

A contagem do prazo para pagamento, segundo entendimento do STJ, será feita em dobro no caso de serem vários os devedores executados em litisconsórcio, com procuradores distintos, observando-se a regra do art. 229 do CPC/2015[7].

---

[2] Ao tempo do CPC/1973, chegou-se a decidir (embora minoritariamente) que a multa legal de 10% decorreria da pura fluência do prazo de pagamento voluntário, que seria uma obrigação do devedor, independente de qualquer intimação após a condenação transitada em julgado. Tal como os juros de mora e a correção monetária, a multa legal seria acrescentada ao montante do débito independentemente de ter, ou não, o credor dado início à execução da sentença (STJ, 4ª T., REsp 1.205.228/RJ, Rel. Min. Luis Felipe Salomão, ac. 21.02.2013, *DJe* 13.03.2013). A questão, entretanto, foi totalmente superada pelo CPC/2015, que dispõe, com clareza, no § 1º do seu art. 523, que o acréscimo da multa de 10% acontecerá quando não ocorrer o pagamento voluntário no prazo estipulado no *caput* do mesmo artigo. A penalidade, portanto, só se aplica após escoado prazo assinado na intimação de cumprimento da sentença.

[3] STJ, 3ª T., REsp 1.691.748/PR, Rel. Min. Ricardo Villas Bôas Cueva, ac. 07.11.2017, *DJe* 17.11.2017.

[4] STJ, 3ª T., REsp 1.701.824/RJ, Rel. Min. Nancy Andrighi, ac. 09.06.2020, *DJe* 12.06.2020.

[5] "Isso não significa que tal inércia não seja passível de punição; apenas não sujeita o devedor à multa do art. 475-J do CPC [art. 523, § 1º, do CPC/2015]. Contudo, conforme o caso, pode o devedor ser condenado a arcar com as despesas decorrentes de eventual movimentação desnecessária da máquina do Judiciário, conforme prevê o art. 29 do CPC [art. 93 do CPC/2015]; ou até mesmo ser considerado litigante de má-fé, por opor resistência injustificada ao andamento do processo, nos termos do art. 17, IV, do CPC [art. 80, IV, do CPC/2015]" (STJ, 3ª T., REsp 1.047.510/RS, Rel. Min. Nancy Andrighi, ac. 17.11.2009, *DJe* 02.12.2009. No mesmo sentido: STJ, 4ª T., AgInt no AgInt no AREsp 1.082.286/MG, Rel. Min. Luis Felipe Salomão, ac. 11.09.2018, *DJe* 18.09.2018).

[6] STJ, 4ª T., EDcl nos EDcl nos EDcl no REsp 1.021.416/AM, Rel. Min. Maria Isabel Gallotti, ac. 12.11.2013, *DJe* 10.12.2013.

[7] STJ, 4ª T., REsp 1.693.784/DF, Rel. Min. Luis Felipe Salomão, ac. 28.11.2017, *DJe* 05.02.2018.

A inconformação com a multa aplicada por ato do juiz ensejará agravo de instrumento[8].

II – Multa no cumprimento provisório da sentença

O CPC/2015, tomando posição acerca de discussão doutrinária travada a respeito do tema à época do Código anterior, previu, expressamente, o cabimento da aplicação da multa de dez por cento e dos honorários advocatícios também de dez por cento ao cumprimento provisório de sentença (art. 520, § 2º). Assim, não tem mais aplicação a jurisprudência do STJ adotada no Código anterior.[9]

Muito se discutiu, ao tempo do CPC/1973, sobre o cabimento, ou não, da multa de 10% para o cumprimento de sentença relativa a obrigações de quantia certa, no caso de execução provisória, o que agora se acha expressamente autorizado pelo CPC/2015.

Da mesma forma, muita controvérsia também se estabeleceu sobre a possibilidade, ou não, de o exequente exigir nova verba advocatícia pela circunstância da instauração da execução provisória de sentença. A controvérsia, esclareça-se, não se relacionava com a condenação dos honorários impostos pela sentença, mas daqueles decorrentes da própria execução forçada. O CPC/2015 tomou posição sobre a matéria, deixando claro que incide nova verba advocatícia na fase de cumprimento provisório da sentença (art. 520, § 3º).

Como a execução provisória, por expressa dicção legal, corre por iniciativa, conta e responsabilidade do exequente (CPC/2015, art. 520, I), sendo provido o recurso manejado contra a sentença exequenda, ficarão prejudicados a multa e os honorários impostos ao executado. A este, pois, incumbirá a reposição dos respectivos valores, se já levantados durante o cumprimento provisório. Esse reembolso faz parte da reparação dos prejuízos acarretados ao executado em razão da execução provisória, cujo cabimento é determinado pelo art. 520, II.

Contudo, insta admitir que a nova regra do Código de 2015 põe fim a enorme discussão doutrinária e pretoriana. A execução provisória, para ganhar efetividade, deve ter a mesma eficiência que a execução definitiva. Resguardam-se, porém, meios ao executado para pagar a dívida sem a incidência de multa e honorários de advogado, bem como para evitar que o exequente venha a exigi-los. Nesse sentido é a novidade introduzida no § 3º do art. 520, que dispõe que "se o executado comparecer tempestivamente e depositar o valor, com a finalidade de isentar-se da multa, o ato não será havido como incompatível com o recurso por ele interposto". Para resguardar-se da multa, como é óbvio, o executado terá de efetuar depósito que cubra todo o valor da execução (principal e acessórios) (art. 523, c/c arts. 831 e 835, § 2º).

Assim, a imposição efetiva da multa somente poderá ocorrer depois do julgamento do recurso, e desde que este seja improvido e o levantamento pelo exequente seja obstaculizado, no todo ou em parte, por manobras processuais do executado. Obviamente, se for facultado ao credor o pronto recebimento de seu crédito, por meio da importância depositada em juízo, antes do recurso, não haverá margem para a multa, visto que, o depósito se fez justamente para liberar o executado daquela sanção. Apenas quando outras impugnações se apresentarem, no

---

[8] STJ, 3ª T., REsp 1.187.805/ AM, Rel. Min. Sidnei Beneti, ac. 05.11.2013, DJe 27.11.2013.

[9] "1. O art. 475-J, com a redação dada pela Lei n. 11.232/2005, foi instituído com o objetivo de estimular o devedor a realizar o pagamento da dívida objeto de sua condenação, evitando assim a incidência da multa pelo inadimplemento da obrigação constante do título executivo. 1. A execução provisória não tem como escopo primordial o pagamento da dívida, mas sim de antecipar os atos executivos, garantindo o resultado útil da execução. 3. Compelir o litigante a efetuar o pagamento sob pena de multa, ainda pendente de julgamento o seu recurso, implica em obrigá-lo a praticar ato incompatível com o seu direito de recorrer (art. 503, parágrafo único, do CPC), tornando inadmissível o recurso. 4. Por incompatibilidade lógica, a multa do art. 475-J do CPC não se aplica na execução provisória. Tal entendimento não afronta os princípios que inspiraram o legislador da reforma" (STJ, 2ª T., REsp 1.100.658/SP, Rel. Min. Humberto Martins, ac. 07.05.2009, DJe 21.05.2009).

juízo da execução, procrastinando a solução da dívida, ou quando o depósito tiver sido insuficiente para sua total cobertura, é que se justificará a aplicação da multa prevista nos arts. 520, § 2º e 523, § 1º.

III – Pagamento parcial do débito

Havendo pagamento parcial da condenação no referido prazo de quinze dias, a multa do art. 523, § 1º, incidirá sobre o saldo remanescente (art. 523, § 2º).[10]

IV – Pagamento integral do débito

Não tem cabimento, entretanto, a multa se o cumprimento da prestação se der dentro dos quinze dias estipulados pela lei. Para evitar a multa, tem o executado que tomar a iniciativa de cumprir a condenação no prazo legal, que flui a partir do momento em que é intimado, após o requerimento do exequente. "O tardio cumprimento da sentença, ou eventuais posteriores cauções, não livram o devedor da multa já incidente"[11].

A liberação do dever de pagar a multa, *in casu*, somente ocorre se o devedor realmente proceder ao pagamento do débito, acrescido das custas, se houver (arts. 523, *caput* e 526), ou ao depósito em juízo com a destinação de saldá-lo. O simples depósito, para garantir o juízo e permitir impugnação ao cumprimento da sentença não tem força para isentar o executado da sanção do art. 523, § 1º do CPC/2015[12]. Somente na hipótese de execução provisória é que o depósito, para aguardar-se o julgamento do recurso pendente, tem força para impedir a incursão do devedor na multa legal (art. 520, § 3º).

V – Multa na execução de sentença arbitral e outras decisões

A previsão de multa constante do § 1º do art. 523 alcança o cumprimento de qualquer dos títulos executivos judiciais enumerados no art. 515 e não apenas as sentenças condenatórias. A propósito da arbitragem, o STJ, em tese fixada para os efeitos do art. 543-C do CPC/1973 (CPC/2015, art. 1.036) assentou que "no âmbito de cumprimento de sentença arbitral condenatória de prestação pecuniária, a multa de 10% (dez por cento) do art. 475-J do CPC [de 1973 – CPC/2015, art. 523] deverá incidir se o executado não proceder ao pagamento espontâneo no prazo de 15 (quinze) dias contados da juntada do mandado de citação devidamente cumprido nos autos (em caso de título executivo contendo quantia líquida) ou da intimação do devedor, na pessoa de seu advogado, mediante publicação na imprensa oficial (em havendo prévia liquidação da obrigação certificada pelo juízo arbitral)"[13].

---

[10] "Ocorrendo impugnação do cálculo elaborado pelo exequente, deve o juiz, primeiramente, resolver a divergência sobre o excesso de execução e, uma vez apurado que o depósito realizado pelo executado é inferior ao devido, a multa incidirá apenas sobre a diferença" (STJ, 2ª T., REsp 1.244.059/SC, Rel. Min. Castro Meira, ac. 06.03.2012, DJe 16.03.2012).

[11] "Se o pagamento de parte do débito ocorrer *após* o término do prazo dos quinze dias, não ocorrerá a diminuição da multa", salvo acordo entre as partes (CARNEIRO, Athos Gusmão. Análise sumária do cumprimento de sentença nos termos da Lei n. 11.232/2005. *Revista Magister de Direito Civil e Processual Civil*, v. 11, p. 81-83).

[12] "A atitude do devedor, que promove o mero depósito judicial do *quantum* exequendo, com finalidade de permitir a oposição de impugnação ao cumprimento de sentença, não perfaz adimplemento voluntário da obrigação, autorizando o cômputo da sanção de 10% sobre o saldo devedor" (STJ, 4ª T., REsp 1.175.763/RS, Rel. Min. Marco Buzzi, ac. 21.06.2012, DJe 05.10.2012). No mesmo sentido: STJ, 3ª T., AgInt no REsp 1.597.623/PA, Rel. Min. Marco Aurélio Bellizze, ac. 20.09.2016, DJe 04.10.2016.

[13] STJ, Corte Especial, Resp. 1.102.460/RJ, Rel. Min. Marco Buzzi, ac. 17.06.2015.

Igual procedimento há de prevalecer para o cumprimento civil da sentença penal condenatória, para a sentença estrangeira homologada pelo STJ e demais títulos executivos judiciais previstos nos incisos II a V do art. 515, sempre que versarem sobre obrigação de pagar quantia.

VI – Quando cabe a verba honorária, e como arbitrá-la

Segundo jurisprudência do STJ, o fato de a execução ser um simples incidente do processo não impede a condenação em honorários[14]. O CPC/2015 adota expressamente essa tese em seu art. 523, § 1º. Passado o tempo do pagamento voluntário, o executado incorrerá nos honorários sucumbenciais de dez por cento, tenha havido ou não impugnação ao cumprimento de sentença (CPC/2015, art. 523, *caput*)[15].

A base de cálculo do valor dos honorários advocatícios deve levar em conta apenas o valor principal da dívida. Não se deve somar a ela o valor da multa, segundo Shimura[16]. Igual entendimento prevalece também na jurisprudência do STJ[17].

VII – *Depósito do* quantum *devido, antes de recorrer da sentença exequenda*

Indagava-se, no regime do CPC/1973, se o depósito do valor da condenação, para evitar a multa, inviabilizaria o próprio direito à apelação, por importar aceitação da sentença. O CPC/2015 tomou posição expressa acerca do problema, para autorizar a convivência útil do depósito com o recurso.

Convém lembrar que, de fato, o direito de recorrer integra a garantia do devido processo legal (CF, art. 5º, inciso LV). Daí a regra do § 3º do art. 520 do CPC/2015, que prevê "se o executado comparecer tempestivamente e depositar o valor, com a finalidade de isentar-se da multa, o ato não será havido como incompatível com o recurso por ele interposto". O litigante não poderá, assim, ser penalizado por se utilizar, adequadamente e sem abuso, desse remédio processual legítimo. Trata-se, porém, de depósito realizado em função do risco de ocorrer a execução provisória da sentença impugnada por recurso sem efeito suspensivo. Se o caso é de execução definitiva de sentença, não haverá como escapar da multa senão efetuando o pagamento do débito exequendo no prazo legal.

Por outro lado, se não efetuar o depósito preventivo logo após a sentença, ficará sujeito a suportar a execução provisória, na qual teria que sofrer a imposição da multa. Por isso, o art. 520, § 3º, permite expressamente:

a) que o devedor compareça tempestivamente em juízo e deposite o valor da dívida;
b) que esse depósito seja capaz de impedir a incidência da multa;
c) que esse depósito não seja havido como aceitação da sentença, e, por isso, não impeça a interposição do recurso cabível na espécie.

---

[14] STJ, Corte Especial, REsp 1.028.855/SC, Rel. Min Nancy Andrighi, ac. 27.11.2008, *DJe* 05.03.2009.

[15] "São devidos honorários advocatícios no cumprimento de sentença, haja ou não impugnação, depois de escoado o prazo para pagamento voluntário, que se inicia após a intimação do advogado da parte executada" (Súmula n. 517 do STJ).

[16] SHIMURA, Sergio Seiji. Comentários ao art. 523. In: WAMBIER, Teresa Arruda Alvim, *et.al Breves comentários*, cit., 2015, p. 1357.

[17] "(...) A base de cálculo sobre a qual incidem os honorários advocatícios devidos em cumprimento de sentença é o valor da dívida (quantia fixada em sentença ou na liquidação), acrescido das custas processuais, se houver, sem a inclusão da multa de 10% (dez por cento) pelo descumprimento da obrigação dentro do prazo legal (art. 523, § 1º, do CPC/2015)" (STJ, 3ª T., REsp 1.757.033/DF, Rel. Min. Ricardo Villas Bôas Cueva, ac. 09.10.2018, *DJe* 15.10.2018).

O depósito, para ser útil ao devedor, haverá de ser efetuado antes que se escoe o prazo de quinze dias estipulado para a satisfação voluntária da obrigação constante da sentença (art. 523, § 1º).

VIII – Acessoriedade da multa

Outro aspecto interessante da multa do art. 523 é o seu caráter de acessório do crédito exequendo. Isto quer dizer que, podendo dispor do principal, no todo ou em parte, pode o credor não exigir a multa e optar por executar apenas o valor simples da condenação.

Assim, ao requerer a execução, nos termos do art. 523, pode não incluir no demonstrativo do *quantum* exigido a multa em questão. Dir-se-á que as multas processuais em regra são aplicáveis *ex officio* pelo juiz. Se isto é verdade, o certo também é que elas, quando revertidas em favor da parte somente podem ser por ela exigidas. Trata-se de valor patrimonial disponível, razão pela qual não pode o juiz executá-la sem que a respectiva pretensão tenha sido exercitada em juízo pelo titular do crédito.

Se, então, o credor não postula a multa em seu requerimento executivo, não foi ela incluída no objeto da execução por quem de direito. A penhora e a expropriação do bem penhorado cobrirão apenas o valor do crédito arrolado pelo exequente.

IX – Necessidade de requerimento do exequente

A divergência anteriormente existente foi totalmente superada pelo CPC/2015, que determina, expressamente, a necessidade de haver prévio requerimento do exequente e intimação do executado, tanto nos cumprimentos definitivos, como nos provisórios (art. 513, § 1º) para que a fluência do prazo do art. 523, *caput*, se dê e a multa de dez por cento e os honorários de dez por cento se tornem exigíveis.

595. REQUERIMENTO DO CREDOR

I – Iniciativa do credor

Embora não dependa o cumprimento da sentença de instauração de uma nova ação (*actio iudicati*), o mandado de cumprimento da sentença condenatória, nos casos de quantia certa, não será expedido sem que o exequente o requeira (CPC/2015, art. 513, § 1º). É que lhe compete preparar a atividade executiva com o competente demonstrativo discriminado e atualizado do crédito, com base na qual o executado realizará o pagamento, e o órgão executivo procederá, à falta de adimplemento, à penhora dos bens a expropriar, independentemente de novo requerimento (art. 523, § 3º).[18]

Trata-se de aplicação dos princípios *dispositivo* e da *inércia da jurisdição*, que figuram entre as normas fundamentais do processo civil, no Estado Democrático de Direito (CPC/2015, arts. 2º e 775).[19] O credor, portanto, tem a liberdade de promover, ou não, a execução de seu

---

[18] Arruda Alvim aponta a alteração procedida pela nova codificação, uma vez que "a intimação do devedor fica na dependência de requerimento do credor, ao passo que a expedição do mandado de penhora e avaliação se dá de modo automático" (ARRUDA ALVIM NETTO, José Manoel de. *Novo contencioso cível no CPC/2015*. São Paulo: Editora RT, 2016, p. 417).

[19] "Importante destacar a primazia do princípio da demanda quanto às condenações ao pagamento de quantia. Não há execução *ex officio*, mas subordinada à iniciativa da parte, como reclama o processo civil constitucionalmente justo e equilibrado" (ASSIS, Araken de. *Manual da execução*. 18. ed. revista, atualizada e ampliada, São Paulo: Editora Revista dos Tribunais, 2016, n. 255, p. 892).

crédito reconhecido em sentença. Não cabe ao juiz instaurar, de ofício, o procedimento do cumprimento da sentença.

II – Iniciativa do devedor

Antes de ser intimado para o cumprimento da sentença, o executado, para evitar a multa legal e os honorários de advogado, pode tomar a iniciativa de comparecer em juízo e oferecer em pagamento o valor que entender devido, apresentando memória discriminada do cálculo, liberando-se, assim, da obrigação (art. 526, *caput*). É bom lembrar que o devedor tem não só o dever de pagar, mas também o direito de fazê-lo, para se desvincular da obrigação.

Feito o depósito, o exequente será intimado para se manifestar em cinco dias, podendo impugnar o valor depositado, sem prejuízo do levantamento da parcela incontroversa (art. 526, § 1º).

Concluindo o juiz pela insuficiência do depósito, sobre a diferença incidirão multa de dez por cento e honorários também de dez por cento, seguindo-se a execução com penhora e atos subsequentes (art. 526, § 2º). Mas, não havendo oposição por parte do exequente, o juiz declarará satisfeita a obrigação e extinguirá o processo (art. 526, § 3º).

Tendo sido genérica a sentença, a exigibilidade do débito somente acontecerá depois de sua liquidação em procedimento adequado (arts. 509 e ss.). Se é de interesse do devedor liberar-se da obrigação, ou de seus encargos, caber-lhe-á promover, antes, o procedimento liquidatório, cuja iniciativa a lei assegura tanto ao credor como ao devedor (art. 509, *caput*).

Ocorrendo impugnação ao cálculo feito pelo devedor, caberá ao juiz resolver a divergência por meio de decisão interlocutória, podendo, conforme o caso, valer-se de cálculo do contabilista do juízo para esclarecer-se (art. 524, § 2º). Reconhecendo-se que o depósito foi feito a menor, terá havido pagamento parcial. A multa e os honorários de advogado previstos no § 1º do art. 523 incidirão sobre o restante (art. 523, § 2º).

596. INTIMAÇÃO DO DEVEDOR

I – Regra geral

O atual Código determina que o cumprimento da sentença tenha início pela intimação do devedor para realizar a prestação de quantia certa a que foi judicialmente condenado, intimação essa que será feita, em regra, na pessoa de seu advogado (CPC/2015, art. 513, § 2º, I). Igual procedimento será também observado em relação às obrigações de fazer, não fazer e entregar coisa. Isto porque ao cumprimento de sentença a elas relativa, aplicam-se, no que couber, as regras do art. 525, que por sua vez remete ao art. 523, que é justamente aquele onde se prevê a intimação do devedor através de seu advogado, segundo a disciplina do cumprimento de sentença relativa a obrigação de quantia certa (art. 513, § 2º).

Aliás, o § 2º do art. 513, no qual se determina a intimação do devedor para cumprir a sentença, está inserido nas "disposições gerais" aplicáveis a todas as decisões judiciais exequíveis e não apenas às relacionadas às obrigações de pagar quantia.

Portanto, a regra é que todo cumprimento de sentença, não importa a natureza da obrigação exequenda, terá início por meio de intimação do executado, feita, em princípio, pelo Diário da Justiça, na pessoa do advogado constituído nos autos (art. 513, § 2º, I)[20].

---

[20] "Como estamos diante de apenas uma *fase do novo processo*, o executado deste não precisa ser citado, *pois não se inaugura uma nova relação jurídica processual*, pois é apenas uma fase daquela que já havia se iniciado com a fase cognitiva. Por isso, anteriormente, a parte foi citada, e, para a fase executiva, será somente

II – Exceções

Há, contudo, exceções:

a) A intimação será feita por carta com aviso de recebimento, quando o executado for representado pela Defensoria Pública ou quando não tiver procurador constituído nos autos (inc. II do § 2º do art. 513), ressalvadas as hipóteses de intimação por edital (art. 513, inc. IV). A regra aplica-se, entre outros, ao caso de devedor cujo mandado *ad judicia* tenha sido outorgado com prazo certo de vigência como até o fim da fase de conhecimento do processo, se outro credenciamento não tiver ocorrido para a fase executiva. É o que ocorre, também, quando o advogado morre ou renuncia ao mandato, e o executado não constitui novo representante processual.

b) A intimação será feita por meio eletrônico, no caso das empresas públicas e privadas, quando não tenham advogado nos autos. É que ditas pessoas jurídicas são obrigadas a manter cadastro nos sistemas de processo em autos eletrônicos, por imposição do art. 246, § 1º[21]. Não se aplicará essa modalidade de intimação às microempresas e empresas de pequeno porte que não tenham procurador nos autos (art. 513, § 2º, III).

c) A intimação se dará por edital quando o devedor também tiver sido citado por edital na fase de conhecimento (art. 256), e mesmo assim tiver se mantido revel (art. 513, § 2º, inc. IV).

III – Intimação presumida

Nas hipóteses de intimação postal e por meio eletrônico (inc. II e III do § 2º do art. 513), a intimação será considerada realizada quando o devedor houver mudado de endereço e não tiver previamente comunicado ao juízo – mesmo quando a comunicação expedida não for recebida pessoalmente pelo interessado, nos termos do art. 274, parágrafo único (§ 3º do art. 513).

IV – Inatividade processual longa

Há, por último, uma regra especial que afasta a intimação executiva do advogado do devedor. Trata-se do caso em que o exequente só vem a formular o requerimento exigido pelo § 1º do art. 513, após um ano do trânsito em julgado da sentença em vias de cumprimento. É que o longo tempo de inércia processual pode, com frequência, fazer desaparecer o contato entre o advogado e a parte devedora, dificultando o acesso a dados necessários à sua defesa, nesse novo estágio.

Configurada essa situação processual, impõe-se seja a intimação efetivada ao devedor pessoalmente, por meio de carta com aviso de recebimento, encaminhada ao endereço constante dos autos (art. 513, § 4º). Ressalta o dispositivo em questão que a mudança de endereço não comunicada nos autos importa aplicação da norma do art. 274, parágrafo único, há pouco aludida, isto é, presumir-se-á válida a intimação, ainda que a correspondência não tenha sido recebida pelo executado pessoalmente.

---

intimado da pretensão ao cumprimento de sentença" (ABELHA, Marcelo. *Manual de execução civil*. 5. ed. Rio de Janeiro: Forense, 2015, p. 214).

[21] Sobre as inovações das intimações e citações eletrônicas introduzidas pela Lei n. 14.195/2021, v. os itens n. 395-A e 412-A, em nosso *Curso de Direito Processual Civil*, volume I.

V – Prazo da intimação

Caberá ao ato intimatório assinar o prazo de cumprimento voluntário da sentença, que varia conforme a modalidade da prestação exequenda (arts. 523, 525, 536, § 4º e 538), bem como explicitar quais são as sanções incorríveis. Por exemplo: no caso de dívida de quantia certa, a intimação será para pagá-la em quinze dias, sob pena de multa de dez por cento; se se tratar de obrigação de entregar coisa, o executado será intimado a cumpri-la no prazo estabelecido na sentença, sob pena de multa progressiva, pelo atraso; em relação às obrigações de fazer ou não fazer, além da multa pelo retardamento, outras medidas coercitivas poderão ser cominadas, a teor do art. 536, § 1º.

597. CONTAGEM DO PRAZO PARA PAGAMENTO

Como já se viu, cabe ao credor requerer a promoção do cumprimento da sentença, com a necessária intimação do devedor. Quando se trata de obrigação por quantia certa, tem o executado o prazo de quinze dias para realizar a satisfação do direito do exequente, contado da respectiva intimação (art. 523, *caput*). Em regra, a intimação é feita na pessoa do advogado do executado, que deve contactar seu cliente e informá-lo sobre o prazo em curso para o pagamento (art. 513, § 2º, I). Ressalte-se que, segundo o atual Código, na contagem dos prazos processuais em dias, deverão ser computados apenas os dias úteis (art. 219). Essa é a regra geral, e que, segundo o histórico de sua inserção no CPC/2015, veio privilegiar o advogado, assegurando-lhe os dias úteis para a elaboração de suas peças, recursos etc.

Contudo, em se tratando de prazo para *pagamento*, existe entendimento doutrinário em torno do art. 523, que afasta a aplicação da contagem em dias úteis, porque no cumprimento da intimação executiva, "não há atividade preponderantemente técnica ou postulatória a exigir a presença – indispensável – do advogado". Tal prazo dependeria, para o que assim pensam, "quase que exclusivamente da vontade ou situação do próprio executado". Daí concluir Shimura que "o prazo de 15 dias há de fluir de modo ininterrupto, e não apenas nos dias úteis".[22] No entanto, o prazo para impugnação ao cumprimento da sentença (art. 523), referindo-se a ato processual do advogado, terá de ser contado apenas em dias úteis, consoante a regra geral já mencionada.[23]

Para Medina, por exemplo, o prazo de pagamento, no cumprimento da sentença, é sim prazo processual, e, por isso, não se enquadra na ressalva do parágrafo único do art. 219 (prazos não processuais), devendo seguir a regra geral da contagem em dias úteis, como determina o *caput* do mesmo artigo.[24] Assim, também, entende Araken de Assis.[25] De fato, parece-nos melhor esta última exegese, visto que o art. 219, ao instituir a contagem em dias úteis, não restringiu o critério aos prazos relativos aos atos dos advogados, mas aos "prazos processuais", genericamente (parágrafo único, do art. 219). Ora, se o prazo de pagamento refere-se a um evento típico do processo de execução, melhor mesmo é considerá-lo como um "prazo processual" e não como um "prazo de direito material" ou um "prazo extraprocessual", como seriam aqueles,

---

[22] SHIMURA, Sergio Seiji. Comentários ao art. 523. In: WAMBIER, Teresa Arruda Alvim, et.al. Breves Comentários ao novo Código de Processo Civil. 2. ed. São Paulo: Ed. RT, 2015 p. 1356.

[23] BRUSCHI, Gilberto Gomes. O cumprimento definitivo da sentença de obrigação pecuniária – o ponto de vista do credor – questões práticas relevantes. In: ASSIS, Araken de; BRUSCHI, Gilberto Gomes (coords.). Processo de execução e cumprimento de sentença. 2. ed. São Paulo: RT, 2022, vol. 1, p. 413-415.

[24] MEDINA, José Miguel Garcia. Direito processual civil moderno. 2. ed. rev., atual. e ampl. São Paulo: Editora Revista dos Tribunais, 2016, p. 935.

[25] ASSIS, Araken de. Manual da execução cit., n. 216.2, p. 893.

por exemplo, fixados em contrato.[26] Essa foi, aliás, a orientação traçada pelo Enunciado n. 89 do CEJ/I Jornada de Direito Processual Civil, para a contagem do prazo previsto no *caput* do art. 523[27].

Também, para a jurisprudência do STJ, o prazo do art. 523, é um *prazo processual*:

"O Superior Tribunal de Justiça, ao examinar a natureza do prazo fixado para o cumprimento das obrigações de pagar quantia certa, concluiu que 'a intimação para o cumprimento de sentença, independentemente de quem seja o destinatário, tem como finalidade a prática de um ato processual, pois, além de estar previsto na própria legislação processual (CPC), também traz consequências para o processo, caso não seja adimplido o débito no prazo legal, tais como a incidência de multa, fixação de honorários advocatícios, possibilidade de penhora de bens e valores, início do prazo para impugnação ao cumprimento de sentença, dentre outras. E, sendo um ato processual, o respectivo prazo, por decorrência lógica, terá a mesma natureza jurídica, o que faz incidir a norma do art. 219 do CPC/2015, que determina a contagem em dias úteis' (3ª T., REsp 1.708.348/RJ, Rel. Min. Marco Aurélio Bellizze, j. 25.06.2019, *DJe* 01.08.2019)".[28]

Em outra oportunidade, reafirmando a natureza processual do prazo, em caso de litisconsórcio passivo, com executados representados por advogados distintos, o STJ entendeu que deverá ser contado em dobro[29].

Recaindo, porém, o décimo quinto dia do prazo em dia não útil, o termo *a quo* ficará prorrogado para o primeiro dia útil seguinte (art. 224, § 1º), tanto no caso do pagamento como no da impugnação.

598. PRAZO DE PAGAMENTO E LITISCONSÓRCIO PASSIVO

Já decidiu o STJ que ao prazo para pagamento voluntário (art. 523, *caput*), aplica-se, no cumprimento de sentença, o regime da contagem em dobro, previsto no art. 229 para as manifestações dos litisconsortes representados por procuradores diferentes[30].

A nosso ver, todavia, não se justifica, *in casu*, a contagem dobrada de prazo. Em primeiro lugar porque não se trata propriamente de um prazo de manifestação nos autos, mas de um ato material (o pagamento, que pode se dar até extrajudicialmente); e, em segundo lugar, porque o sistema do CPC é o da autonomia processual dos coobrigados, no tocante à execução contra mais de um devedor pela mesma obrigação.

Com efeito, o art. 915, § 1º, diferentemente do que se passa no processo de conhecimento, não prevê prazo comum para defesa ou manifestação de litisconsortes passivos da execução forçada. Ao contrário, o que dispõe, expressamente, o referido dispositivo do CPC é que, havendo mais de um executado, o prazo de embargos será contado separadamente para cada um deles, a partir da respectiva citação. Ora, se até para a defesa principal (os embargos),

---

[26] WAGNER JR., Luiz Guilherme da Costa. Comentários ao art. 219, *in* WAMBIER, Teresa Arruda Alvim *et. al. Breves comentários ao Novo Código de Processo Civil*. 2 ed. São Paulo: Ed. RT, 2016, p. 699.

[27] Admitiu o STJ que o prazo de quinze dias previsto no art. 523, como prazo processual que é, deve ser contado em dias úteis e não em dias corridos (STJ, 4ª T., REsp 1.693.784/DF, Rel. Min. Luis Felipe Salomão, ac. 28.11.2017, *DJe* 05.02.2018). No mesmo sentido: STJ, 3ª T., REsp 1.708.348/RJ, Rel. Min. Marco Aurélio Bellizze, ac. 25.06.2019, *DJe* 01.08.2019.

[28] STJ, 2ª T., REsp. 1.778.885/DF, Rel. Min. Og Fernandes, ac. 15.06.2021, *DJe* 21.06.2021.

[29] STJ, 4ª T., REsp 1.693.784/DF, Rel. Min. Luis Felipe Salomão, ac. 28.11.2017, *DJe* 05.02.2018.

[30] STJ, 4ª T., REsp 1.693.784/DF, *cit*.

não há lugar para prazo comum em dobro, justificação inexiste para que o ato que o precede (o pagamento voluntário) seja duplicado. Para a execução, o mais importante é a singeleza e celeridade do procedimento, como se deduz do regime específico aplicável aos embargos dos diversos coexecutados, o qual deve também ser observado na impugnação ao cumprimento da sentença, como dispõem os arts. 513, *caput*, e 771, *caput*.

Portanto, sendo vários os intimados a cumprir a sentença, o prazo de 15 dias para que o débito exequendo seja pago sem acréscimo da multa de 10% (art. 523, *caput*), contar-se-á individualmente para cada litisconsorte passivo a partir da respectiva intimação, não havendo lugar para a dobra prevista no art. 229, estejam eles representados ou não no processo por advogados diferentes.

Por fim, convém deixar claro que a contagem em dobro do prazo para cumprimento de sentença foi admitida pelo STJ apenas para os processos físicos, uma vez que tal benefício foi expressamente suprimido pela lei nos casos de processos que correm em autos eletrônicos (art. 229, § 2º)[31].

599. PENHORA E AVALIAÇÃO

Passado *in albis* o prazo de pagamento, *i.e.*, sem que o devedor o tenha realizado, haverá a expedição automática do mandado de penhora e avaliação dos bens, tendo início os atos de expropriação (art. 523, § 3º). Não há, assim, necessidade de novo requerimento do exequente. É ato que faz parte do impulso oficial a cargo do juiz. Dá-se início, destarte, aos atos de expropriação (art. 523, § 3º), os quais serão praticados segundo as regras da execução por quantia certa fundada em título extrajudicial (arts. 513 e 771).

Cumpre ressaltar que a penhora não depende de prévia nomeação pelo credor ou pelo devedor.[32] O que, entretanto, não impede que a parte tome iniciativa nesse sentido (ver abaixo, item 574). Aliás, o art. 524, VII, ao cuidar dos termos do requerimento de abertura do procedimento de cumprimento da sentença, dispõe que o exequente deverá indicar os "bens passíveis de penhora, sempre que possível".

600. INEXECUTIVIDADE DO FIADOR E OUTROS COOBRIGADOS

Tratando-se de simples continuidade do processo em que a sentença foi pronunciada, as partes da sua execução continuam sendo as mesmas entre as quais a coisa julgada se formou. Existindo litisconsórcio, pode a atividade executiva eventualmente ser endereçada a um ou alguns dos devedores condenados. O que não se admite é o cumprimento de sentença movido contra quem não foi parte do processo de conhecimento, mesmo que se trate do fiador, do coobrigado ou de qualquer corresponsável pela dívida, segundo as regras do direito material[33] (CPC/2015, art. 513, § 5º). A regra que, de maneira expressa, dispõe sobre essa vedação é uma

---

[31] "(...) A impossibilidade de acesso simultâneo aos autos físicos constitui a *ratio essendi* do prazo diferenciado para litisconsortes com procuradores distintos, tratando-se de norma processual que consagra o direito fundamental do acesso à justiça" (STJ, REsp 1.693.784/DF, *clt*.). Essa razão de ser não alcança o processo eletrônico, como dispõe o art. 229, § 2º, do CPC.

[32] "Na sistemática do cumprimento de sentença, a penhora é determinada de ofício pelo Poder Judiciário, independentemente de indicação de bens à penhora pelo credor ou de contraditório prévio quanto ao bem alcançado, não estando o órgão julgador limitado aos bens apontados pelas partes" (STJ, 3ª T., REsp. 1.366.722/SP, Rel. Min. Nancy Andrighi, ac. 13.08.2013, *DJe* 23.08.2013).

[33] CPC/2015, art. 506: "A sentença faz coisa julgada às partes entre as quais é dada, não prejudicando terceiros".

novidade trazida pelo CPC/2015, que pôs termo a antiga discussão jurisprudencial em torno do assunto.[34]

Assim, não mais pairam dúvidas de que o fiador ou o devedor solidário, que não foram demandados, escapam do alcance do procedimento de cumprimento da sentença. Esposou a lei, de tal sorte, o correto entendimento do STJ no sentido de que "o art. 275 do Código Civil que prevê a solidariedade passiva é norma de direito material, restringindo-se sua aplicação ao momento de formação do processo cognitivo, quando então o credor pode incluir no polo passivo da demanda todos, alguns ou um específico devedor; sendo certo que a sentença somente terá eficácia em relação aos demandados, não alcançando aqueles que não participaram da relação jurídica processual, nos termos do art. 472 do Código de Processo Civil" [CPC/2015, art. 506].[35]

Com efeito, "a responsabilidade solidária – na lição contida no referido acórdão do STJ – precisa ser declarada em processo de conhecimento, sob pena de tornar-se impossível a execução do devedor solidário", com ressalva apenas dos casos especiais de sucessor, de sócio e demais hipóteses previstas no art. 790 do CPC/2015.

601. O PROCEDIMENTO EXECUTIVO

I – Dados necessários do requerimento

Como já visto, o credor deve requerer o início do cumprimento de sentença. Esse requerimento deve ser instruído com o demonstrativo discriminado e atualizado do crédito (art. 524), e ainda conter:

a) o nome completo, o número de inscrição no Cadastro de Pessoas Físicas ou no Cadastro Nacional da Pessoa Jurídica do exequente e do executado, observado os requisitos da petição inicial constantes dos §§ 1º a 3º do art. 319 (inc. I);
b) o índice de correção monetária adotado (inc. II);
c) os juros aplicados e as respectivas taxas (inc. III);
d) o termo inicial e o termo final dos juros e da correção monetária utilizados (inc. IV);
e) a periodicidade da capitalização dos juros, se for o caso (inc. V);
f) especificação dos eventuais descontos obrigatórios realizados (inc. VI);
g) indicação dos bens passíveis de penhora, sempre que possível (inc. VII).

II – Depósito do valor da dívida no prazo da intimação para cumprimento da sentença

Se o devedor efetua o depósito do valor da execução, após a intimação para cumprir a sentença e antes da expedição do mandado de penhora, presume-se que, sem a competente ressalva, a destinação do dinheiro será a solução do débito exequendo, segundo o fim perseguido pela função jurisdicional, no estágio em que o processo se encontra.

"Caso o devedor prefira, no entanto,, antecipar-se à constrição de seu patrimônio, realizando depósito, em dinheiro, nos autos, para a garantia do juízo, o ato intimatório da penhora

---

[34] V. Súmula 268 do STJ: "O fiador que não integrou a relação processual na ação de despejo não responde pela execução do julgado". "A regra é de uma obviedade incrível porque apenas aquele sujeito que tiver integrado a relação jurídica processual cognitiva, ainda que no direito material figurasse como corresponsável, é que suportará a condição de executado no cumprimento de sentença" (ABELHA, Marcelo. Manual cit., p. 216).

[35] STJ, 4ª T., REsp 1.423.083/SP, Rel. Min. Luis Felipe Salomão, ac. 06.05.2014, DJe 13.05.2014.

não é necessário. O prazo para o devedor impugnar o cumprimento de sentença deve ser contado da data da efetivação do depósito judicial da quantia objeto da execução".[36]

Deve-se ter em mente, outrossim, que, "ao promover depósito judicial, em cumprimento à norma do art. 475-J do CPC [de 1973], o devedor que tiver a intenção de que o mesmo seja recebido como *garantia*, em lugar de *pagamento*, deve fazer ressalva expressa".[37] Do contrário, o numerário recolhido em juízo será fatalmente aplicado na solução da dívida sob execução.

III – Nomeação dos bens a penhorar

Passado *in albis* o prazo de pagamento sem que o devedor o tenha realizado, o credor poderá, para facilitar a penhora, indicar, em seu requerimento, os bens a serem penhorados (art. 524, VII); o que, porém, não exclui o direito do devedor de obter a substituição da penhora quando configuradas algumas das hipóteses do art. 848. Não se trata, todavia, de um ônus, na medida em que sua omissão não acarretará consequências processuais negativas.

Cumpre ressaltar, outrossim, que o credor pode, ainda, realizar o protesto da sentença já transitada em julgado, "como forma de constranger o devedor a adimplir a dívida". Nesse caso, deverá apresentar perante o tabelião certidão de teor da decisão[38] (art. 517, § 1º).

IV – Definição do quantum exequendo

Incumbe ao exequente fixar em memória de cálculo juntada ao requerimento de início do cumprimento da sentença, o montante atualizado do débito correspondente à condenação, demonstrando a forma com que foi ele apurado (art. 524, *caput*).

Quando o valor apontado no demonstrativo do exequente aparentemente exceder os limites da condenação, a execução terá início pelo valor pretendido, mas a penhora terá por base o valor que o juiz entender adequado (art. 524, § 1º)[39]. Para que o juiz possa indicar esse valor adequado, ou seja, para a verificação desses cálculos, ele poderá se valer de contabilista do juízo, que terá o prazo máximo de trinta dias para efetuá-lo, salvo se outro lhe for determinado (art. 524, § 2º)[40].

Como será que o juiz fará essa aferição, em se tratando de cálculos complexos? Terá que enviar todos os cálculos para o contabilista? Será esta a melhor orientação, nos estados de dúvida[41]. Mas, se não tiver suspeita sobre o levantamento do exequente, melhor será aguardar a impugnação do executado, para deliberar sobre a necessidade ou não da aludida diligência.

---

[36] STJ, 3ª T., REsp. 972.812/RJ, Rel. Min. Nancy Andrighi, ac. 23.09.2008, *DJe* 12.12.2008. No mesmo sentido: STJ, 4ª T., AgRg no Ag. 1.185.526/RS, Rel. Min. Luis Felipe Salomão, ac. 10.08.2010, *DJe* 18.08.2010.

[37] STJ, 3ª T., REsp. 1.122.284/SP, Rel. Min. Nancy Andrighi, ac. 18.11.2010, *DJe* 25.11.2010.

[38] ARRUDA ALVIM NETTO, José Manoel de. *Novo contencioso cível no CPC/2015*. São Paulo: Editora RT, 2016, p. 417.

[39] "Na hipótese de execução de valores exageradamente elevados, cuja demonstração dependa de dilação probatória, é possível ao juízo, nos termos da doutrina citada no acórdão, determinar a penhora de valor menor que o exigido pelo credor, de modo que reste garantido o pagamento da parcela incontroversa do débito. O excesso de execução, assim, pode ser discutido posteriormente, mediante embargos do devedor" (STJ, 3ªT., REsp 410.063/PE, Rel. p/ac. Min. Nancy Andrighi, ac. 03.04.2007, *DJU* 21.05.2007, p. 567).

[40] "O juiz dispõe de poder *ex officio* para determinar a remessa dos autos à Contadoria Judicial para certificar-se dos valores apresentados pelo credor, se assim entender necessário" (STJ, 1ª T., REsp 804.382/RS, Rel. Min. Luiz Fux, ac. 09.09.2008, *DJe* 01.10.2008). No mesmo sentido: STJ, 2ª T., REsp 615.548/RS, Rel. Min. João Otávio de Noronha, ac. 27.02.2007, *DJe* 28.03.2007, p. 199.

[41] Em caso de plano de previdência privada, em que se reclamava resgate de reserva de poupança, diante de pretensão do credor com base em seus cálculos unilaterais, representava um salto de R$ 677.945,13 para R$ 2.996.683,74, decidiu o STJ: "Diante da exorbitância da importância obtida, mostra-se recomendável a

V – Demonstrativo que dependa de dados extra-autos

Quando a elaboração do referido demonstrativo depender de dados em poder de terceiros ou do próprio executado, o juiz, a pedido do exequente, poderá requisitá-los, sob cominação do crime de desobediência (art. 524, § 3º).

Se os dados adicionais necessários à complementação do demonstrativo se acharem em poder do executado, o juiz, assinará prazo de até trinta dias para que a exibição se faça (art. 524, § 4º). Se tais dados não forem apresentados, sem justificativa, no prazo designado, reputar-se-ão corretos os cálculos organizados pelo exequente apenas com base nos elementos de que dispuser (art. 524, § 5º)[42].

602. CUMPRIMENTO DE SENTENÇA E EXCEÇÃO DE PRÉ-EXECUTIVIDADE

A via própria para questionar o cumprimento da sentença é a impugnação prevista no art. 525 do CPC/2015, interponível nos quinze dias que se seguem ao prazo para pagamento voluntário, independentemente de penhora e de nova intimação.

Essa estipulação, todavia, não impede o executado de recorrer à exceção de pré-executividade, antes ou depois do prazo constante do art. 525. Aliás, o próprio Código prevê que, para as questões relacionadas a fatos supervenientes ao prazo da impugnação e para aquelas relativas aos atos executivos que se lhe seguem, a arguição do devedor será formulada em simples petição, em quinze dias contados da ciência do fato ou da intimação do ato (§ 11 do art. 525).

Se é lícito a defesa por simples petição, à medida que os atos executivos se sucedem, fora do prazo da impugnação inicial, não há razão para recusar ao executado o manejo da exceção de pré-executividade, a qualquer tempo, para questionar as matérias que ao juiz compete apreciar de ofício. Temas dessa natureza não sofrem o efeito da preclusão e, por isso mesmo, sua abordagem não se sujeita ao rito da impugnação do art. 525, nem ao prazo fixado nesse dispositivo, seja no seu *caput*, seja no § 11. Nesse sentido é a jurisprudência do STJ.[43]

---

liquidação da sentença mediante a realização de perícia contábil, com vistas à apuração da correta atualização monetária dos valores devidos" (STJ, 3ª T., AgRg no AREsp 8.964/MG, Rel. Min. Sidnei Beneti, ac. 23.04.2013, DJe 08.05.2013).

[42] A instituição financeira não se exime do dever de apresentar em juízo os extratos de caderneta de poupança, em função do longo lapso temporal havido entre a data do advento dos planos econômicos e o pleito exibitório. O entendimento do STJ, "consagra a obrigação da instituição financeira em manter a guarda dos documentos atinentes à escrituração das contas mantidas por seus clientes enquanto não prescritas eventuais pretensões derivadas da relação jurídica bancária. Ônus do executado exibir os documentos indispensáveis para realização de cálculos voltados a apurar o quantum da condenação, sob pena de não poder contestar as contas a serem formuladas pelo exequente" (STJ, 4ª T., AgRg no Ag 1.275.771/SP, Rel. Min. Marco Buzzi, ac. 13.03.2012, DJe 23.03.2012).

[43] "1. Esta Corte já se pronunciou no sentido do cabimento do incidente de pré-executividade na execução fiscal para se discutir matérias de ordem pública e que não demandem dilação probatória. 2. O art. 475-I do CPC é expresso ao afirmar que o cumprimento da sentença, nos casos de obrigação pecuniária, faz-se por execução, o que não impede a oposição da exceção de pré-executividade para se discutir matérias aferíveis de ofício pelo julgador. Assim, em se tratando de revisão de valor fixado a título de multa diária (*astreintes*), matéria que pode ser conhecida de ofício pelo juiz, segundo disposto no art. 461, § 6º do CPC [1973], não há razão para repelir o cabimento da exceção de pré-executividade" (STJ, 2ª T., REsp. 1.187.637/MG, Rel. Min. Mauro Campbell Marques, ac. 22.11.2011, DJe 01.12.2011)." A exceção de pré-executividade é servil à suscitação de questões que devam ser conhecidas de ofício pelo juiz, como as atinentes à liquidez do título executivo, os pressupostos processuais e as condições da ação executiva. O espectro das matérias suscitáveis através da exceção tem sido ampliado por força da exegese jurisprudencial mais recente, admitindo-se a arguição de prescrição e decadência, desde que não demande dilação probatória (exceção *secundum eventos probationis*)" (STJ, 1ª T., AgRg no Ag. 1.060.318/SC, Rel. Min. Luiz Fux, ac. 02.12.2008, DJe 17.12.2008".

603. IMPUGNAÇÃO DO EXECUTADO

Uma vez que não há mais ação de execução de sentença civil condenatória, desaparece também a ação incidental de embargos do devedor. Sendo única a relação processual em que se obtém a condenação e se lhe dá cumprimento, as matérias de defesa devem, em princípio, ficar restritas à contestação, onde toda resistência oponível à pretensão do credor haverá de ser exposta[44].

No entanto, como os atos executivos sujeitam-se a requisitos legais, não se pode pretender realizá-los sem propiciar às partes o adequado controle de legalidade.

Para que se cumpra, então, o devido processo legal e, especialmente, para se manter o contraditório, o art. 525, *caput*, prevê o direito do executado de oferecer impugnação, nos 15 dias seguintes ao prazo de quinze dias para pagamento voluntário da obrigação, o que poderá se dar independentemente de penhora ou nova avaliação.

Vê-se, assim, que o executado, após a intimação para pagar a dívida, terá o prazo de trinta dias úteis (art. 219) para apresentar a impugnação: quinze dias para realizar o pagamento voluntário, e mais quinze dias para impugnar o cumprimento da sentença, se for o caso. E tal prazo se conta agora independentemente de penhora ou depósito, pondo fim a controvérsia doutrinária ao tempo do CPC/1973, acerca de ser ou não a garantia da execução o marco inicial do prazo da defesa do executado.[45] Ou seja, o executado pode apresentar a impugnação sem qualquer garantia prévia do juízo.[46]

Uma vez que a dívida exequenda já foi acertada por sentença, não cabe ao executado reabrir discussão sobre o mérito da condenação. Sua impugnação terá de cingir-se ao terreno das preliminares constantes dos pressupostos processuais e condições da execução. Matérias de mérito (ligadas à dívida propriamente dita), somente poderão se relacionar com fatos posteriores à sentença que possam ter afetado a subsistência, no todo ou em parte, da dívida

---

[44] Sendo a execução simples fase do processo de conhecimento, "não mais assiste ao devedor a possibilidade de defender-se através [de] uma *ação* de embargos do devedor (com a natureza de *ação de conhecimento* intercalada), mas sim mediante simples impugnação, aos atos executórios, isto é, mediante uma atividade meramente incidental, sem a instauração de *nova* relação jurídica processual" (CARNEIRO, Athos Gusmão. Análise sumária do cumprimento de sentença nos termos da Lei n. 11.232/2005. *Revista Magister de Direito Civil e Processual Civil*, v. 11, p. 84).

[45] "A garantia do juízo é pressuposto para o processamento da impugnação ao cumprimento da sentença (...). Se o dispositivo – art. 475-J, § 1º, do CPC [de 1973] – prevê a impugnação posteriormente à lavratura do auto de penhora e avaliação, é de se concluir pela existência de garantia do juízo anterior ao oferecimento da impugnação (...)" (STJ, 3ª T., REsp 1.195.929/SP, Rel. Min. Massami Uyeda, ac. 24.04.2012, *DJe* 09.05.2012). Nossa opinião, todavia, era no sentido de que "a referência à penhora, no aludido dispositivo legal não deve ser entendida como definidora de um requisito do direito de impugnar o cumprimento da sentença. O intuito do legislador no § 1º, do art. 475-J foi apenas o de fixar um momento processual em que a impugnação normalmente deva ocorrer" (THEODORO JÚNIOR, Humberto. *Curso de direito processual civil*. 49. ed. Rio de Janeiro: Forense, 2014, v. II, n. 652, p. 58).

[46] No regime CPC/1973, o devedor podia apresentar impugnação ao cumprimento da sentença a partir da intimação da penhora ao seu advogado. Desse modo, costumava-se afirmar que "a garantia do juízo" era pressuposto para "o processamento da impugnação ao cumprimento de sentença" em face do disposto no § 1º, do art. 475-J do Código revogado (STJ, 3ª T., REsp. 1.303.508/RS, Rel. Min. Marco Buzzi, ac. 19.06.2012, *DJe* 29.06.2012). Antes da penhora, o executado somente poderia questionar o cumprimento da sentença por meio da limitada exceção de pré-executividade, e nunca através de impugnação (STJ, 3ª T., REsp. 1.148.643/MS, Rel. Min. Nancy Andrighi, ac. 06.09.2011, *DJe* 14.09.2011). Essa interpretação colocava a oposição ao cumprimento da sentença em situação inferior ao da execução por título extrajudicial, já que nesta os embargos do devedor independiam de prévia segurança do juízo. Essa disparidade de tratamento foi eliminada pelo CPC/2015, que liberou a defesa do devedor do requisito da penhora, tanto na execução do título extrajudicial como no cumprimento da sentença (arts. 525, *caput*; 914).

reconhecida pelo acertamento judicial condenatório, como o caso de pagamento, novação, remissão, compensação, prescrição etc., ocorridos supervenientemente.

Se é certo, entretanto, que não cabe na impugnação à execução rediscutir o mérito da sentença transitada em julgado, visto que acobertada pela indiscutibilidade e imutabilidade, é de se convir que "em situações até bastante ocorrentes, mostra-se perfeitamente *cabível* e *necessário*, no âmbito de embargos à execução ou de impugnação ao cumprimento de sentença, suscitar o executado a discussão acerca dos precisos termos da decisão condenatória, objeto de execução, *sem que isso importe pretensão de afronta à coisa julgada*, sobretudo quando as partes divergem acerca de interpretações possíveis para o mesmo título".[47]

Afinal, não é possível cogitar-se de cumprir fielmente uma sentença, sem interpretá-la adequadamente, com vistas a compreender e delimitar exatamente o seu objeto. Interpretar, portanto, não equivale a rever a solução dada à demanda pela sentença, mas apenas configura uma operação racional de fixação do verdadeiro e único sentido que o julgado tem. Tudo que se traduz em linguagem exige interpretação. E a sentença transitada em julgado não é diferente.

Por fim, é de se ressaltar que a mesma razão que levou a extinguir a ação de embargos do devedor, prevalece também para os embargos à arrematação e adjudicação. Se os primeiros foram transformados explicitamente em simples impugnação, não há razão para se manter a natureza de ação incidental para o ataque aos atos executivos posteriores à penhora. Num e noutro caso os questionamentos do executado haverão de ser feitos por meio de incidentes no bojo do próprio procedimento de cumprimento da sentença. A solução sempre será encontrada por meio de decisão interlocutória e o recurso interponível será o agravo de instrumento.[48]

603.1. Prazo para a impugnação

É de amplo consenso que "no CPC/2015, com a redação do art. 525, § 6º, do CPC/2015, a garantia do juízo deixa expressamente de ser requisito para a apresentação do cumprimento de sentença, passando a se tornar apenas mais uma condição para a suspensão dos atos executivos".[49]

Por essa razão, no regime atual, a intimação da penhora e o termo de depósito não mais demarcam o início do prazo para a oposição da defesa do devedor, sendo expressamente disposto, em seu art. 525, *caput*, que o prazo de 15 dias para a apresentação da impugnação se inicia após o prazo do pagamento voluntário.

Mesmo que o executado realize o depósito para garantia do juízo no prazo para pagamento voluntário, "o prazo para a apresentação da impugnação somente se inicia após transcorridos os 15 (quinze) dias contados da intimação para pagar o débito, previsto no art. 523 do CPC/2015, independentemente de nova intimação".[50]

---

[47] STJ, 4ª T., REsp. 1.243.701/BA, Rel. Min. Raul Araújo, ac. 04.0.2011, *DJe* 12.03.2012.

[48] "Os embargos à arrematação e à adjudicação passam a constituir ação que diz respeito, como regra geral, à execução fundada em título executivo extrajudicial. Incidentes relativos à expropriação apoiada em título executivo judicial, devem ser resolvidos, doravante e via de regra, dentro do próprio processo originário, em sua fase executiva, mostrando-se inadequado o ajuizamento de embargos de segunda fase" (OLIVEIRA, Robson Carlos de. *Embargos à arrematação e à adjudicação*, São Paulo: RT, 2006, p. 322 – Coleção estudos de direito de processo Enrico Tullio Liebman, v. 59).

[49] STJ, 3ª T., REsp 1.761.068/RS, Rel. p/ ac. Min Nancy Andrighi, ac. 15.12.2020, *DJe* 18.12.2020.

[50] STJ, REsp 1.761.068/RS, *cit.*

603.2. Agravo de instrumento em lugar de impugnação ao cumprimento de decisão

Quando já houver decisão interlocutória resolvendo questão pertinente à penhora, não estará obrigado o executado a primeiro impugnar o cumprimento de sentença para depois interpor o agravo de instrumento. A regra do § 11 do art. 525 do CPC, que permite a insurgência em 15 dias, através de "simples petição" contra questões relativas à validade e adequação da penhora, da avaliação e dos atos executivos subsequentes, não estabelece um ônus ao executado; e, muito menos, impõe uma condição de admissibilidade de eventual recurso. Estabelece, isto sim, na ótica do STJ, uma faculdade que pode ou não ser utilizada pelo devedor na medida de seu interesse[51].

A norma do § 11 do art. 525 tem o evidente escopo de facilitar a defesa do devedor contra certos atos executivos no âmbito do cumprimento de sentença, liberando-o de maiores formalidades para buscar efeitos substanciais imediatos e menos onerosos. Assim, atribuir-lhe a força de uma condição que impede, para o devedor, o manejo do agravo sem antes se defender por meio de simples petição – ainda na interpretação jurisprudencial – significaria a rigor interpretar o dispositivo legal contrariamente à sua própria finalidade: "se a finalidade do texto legal é tutelar a posição do executado, cabe a ele o exame da conveniência da utilização do instrumento processual ali previsto antes da interposição de eventual recurso".

De mais a mais, se o ato executivo decorreu de decisão interlocutória preexistente do juiz da execução, o cabimento do agravo de instrumento é literalmente assegurado pelo art. 1.015, parágrafo único, do CPC, não podendo o intérprete criar um requisito de admissibilidade do recurso não previsto em lei[52].

604. ENUMERAÇÃO LEGAL DOS TEMAS ABORDÁVEIS NA IMPUGNAÇÃO AO CUMPRIMENTO DA SENTENÇA

A matéria arguível na impugnação ao cumprimento da sentença é restrita, tendo em vista que não cabe mais discutir o mérito da causa. A solução dada ao litígio, após o acertamento jurisdicional, torna-se lei para as partes (CPC/2015, art. 503), revestindo-se de imutabilidade por força da *res iudicata*. Mesmo quando a execução é provisória, porque ainda há recurso pendente sem eficácia suspensiva, ao juiz da causa, encarregado de fazer cumprir sua própria sentença, não se permite rever, alterar ou suprimir o que já se acha assentado no decisório exequendo. Nenhum juiz, em regra, decidirá novamente as questões já decididas, relativas à mesma lide, conforme dispõe o art. 505, cumprindo o princípio da preclusão *pro iudicato*.

Mesmo a exceção de ofensa à coisa julgada, com que se intente invalidar a sentença em fase de cumprimento, não é matéria que se possa arguir por meio de impugnação. "A exceção de coisa julgada não suscitada apropriadamente na fase de conhecimento e, tendo havido o trânsito em julgado da decisão de mérito [objeto da atual execução], não sendo fato superveniente a esta (art. 475-L do CPC) [art. 525, VII, do CPC/2015], somente pode ser alegada na via da ação rescisória (art. 485, IV, do CPC) [art. 966, IV, do CPC/2015] e não na fase de cumprimento de sentença"[53].

---

[51] STJ, 3ª T., REsp 2.023.890/MS, Rel. Min. Nancy Andrighi, ac. 25.10.2022, *DJe* 27.10.2022.

[52] STJ, 3ª T., REsp 2.023.890/MS, *cit*.

[53] STJ, 3ª T., EDcl no AgRg nos EDcl no REsp 1.309.826/RS, Rel. Min. Ricardo Villas Bôas Cueva, ac. 01.03.2016, *DJe* 07.03.2016.

Reportando-se a fundamentos, que tanto podem versar sobre a *substância* do débito, como a vícios *formais* do processo, o art. 525, § 1º[54] enumera, de maneira exaustiva, as arguições admissíveis na resistência à ordem judicial de cumprimento da sentença. A impugnação, nos termos do dispositivo legal enfocado, somente poderá versar sobre:

a) falta ou nulidade da citação se, na fase de conhecimento, o processo correu à revelia (inc. I);

b) ilegitimidade de parte (inc. II);

c) inexequibilidade do título ou inexigibilidade da obrigação (inc. III);

d) penhora incorreta ou avaliação errônea (inc. IV);

e) excesso de execução ou cumulação indevida de execuções (inc. V);

f) incompetência absoluta ou relativa do juízo da execução (inc. VI);

g) qualquer causa modificativa ou extintiva da obrigação, como pagamento, novação, compensação, transação ou prescrição, desde que supervenientes à sentença (inc. VII).

Analisaremos a seguir cada um desses argumentos de defesa do executado.

I – Falta ou nulidade da citação se, na fase de conhecimento, o processo correu à revelia

Para a validade do processo, segundo a norma do art. 239, "é indispensável a citação do réu ou do executado, ressalvadas as hipóteses de indeferimento da petição inicial ou de improcedência liminar do pedido". A falta (ou nulidade) da citação válida impede a formação e desenvolvimento válidos da relação processual e contamina todo o processo, inclusive a sentença nele proferida, que dessa maneira não chega a fazer coisa julgada e, por isso mesmo, não se reveste da indiscutibilidade prevista no art. 502[55]. Mas, para arguir a falta ou nulidade da citação, nas circunstâncias do art. 525, § 1º, I, é necessário que a questão não tenha sido suscitada e resolvida nos autos, antes da sentença, ou nela própria. Se o tema já foi enfrentado, sobre ele incide, se não a *res iudicata*, pelo menos a preclusão *pro iudicato* (arts. 502, 505 e 507).[56]

A nulidade, *in casu*, ocorre, porém, apenas quando configurada a revelia, porque se, malgrado o grave vício do ato citatório, o réu se fez presente nos autos para se defender, seu comparecimento supriu a citação (art. 239, § 1º)[57].

---

[54] Por exemplo, "O fiador que não compôs o polo passivo da ação de despejo é parte ilegítima para figurar no polo passivo da ação de execução do respectivo título executivo judicial" (STJ, 5ª T., REsp. n. 1.040.421/SP, Rel. Min. Arnaldo Esteves Lima, ac. 04.02.2010, DJe 08.03.2010).

[55] "Nula a citação, não se constitui a relação processual e a sentença não transita em julgado, podendo, a qualquer tempo, ser declarada nula, em ação com esse objetivo, ou em embargos à execução, se o caso (CPC, art. 741, I)" (STJ, 3a T., REsp. 7.556/RO, Rel. Min. Eduardo Ribeiro, ac. 13.08.1991, RSTJ 25/439). Com as inovações da Lei n. 11.232, de 22.12.2005, os embargos aludidos no acórdão do STJ foram substituídos por simples impugnação (petição simples) e o dispositivo do NCPC que trata da matéria passou a ser o art. 525, § 1º, inc. I. "Como ensina a doutrina, o art. 741, I, do Código de Processo Civil destina-se àqueles casos em que houve falta ou nulidade de citação, se ocorreu revelia. Ausente esse pressuposto, não cabe sua invocação nos embargos à execução de título judicial" (STJ, 3ª T., Resp. 503.091/RO, Rel. Min. Carlos Alberto Menezes Direito, ac. 18.11.2003, DJU 25.02.2004, p. 169).

[56] "A eficácia preclusiva do julgado impede que a parte renove, no processo de execução matérias atinentes ao processo de cognição, salvo a falta de citação no caso de revelia (art. 741, I, do CPC), hipótese em que os embargos revelam nítido caráter rescindente" (STJ, 1ª T., Resp. 492.891/RS, Rel. Min. Luiz Fux, ac. 16.12.2003, DJU 16.0.2004, p. 209).

[57] Entretanto, é necessário que o comparecimento do réu seja feito de modo a propiciar-lhe condições de produzir sua defesa. Se o advogado simplesmente junta procuração para ter acesso ao processo, mas o faz

Araken de Assis ensina que o réu, nesse caso, tem à sua disposição três remédios processuais, cuja utilização dependerá do juízo de oportunidade ou da falta de consumação de prazo preclusivo. São eles: a ação rescisória, a ação anulatória e a impugnação ao cumprimento da sentença.[58] "Mas, veiculada a pretensão por qualquer dos caminhos disponíveis (embargos, ação rescisória ou *querela nullitatis*), fecham-se os demais".[59]

Segundo Marcelo Abelha Rodrigues, essa hipótese – a da ausência ou nulidade da citação do réu revel – constitui "a única exceção à regra de que, ainda que no módulo de conhecimento tenha havido nulidades absolutas, não podem ser arguidas em via de impugnação, pois sobre as mesmas já pesa a autoridade da coisa julgada, só sendo possível a utilização da ação rescisória para cassar a parte dispositiva da sentença definitiva que tem sobre si a imutabilidade e autoridade da coisa julgada".[60]

Cumpre ressaltar, outrossim, que a alegação de nulidade a que aduz o dispositivo limita-se à da citação, não se referindo a outros defeitos graves ocorridos no processo de conhecimento que ensejou o cumprimento de sentença.[61] Mas, é caso de nulidade que atinge a citação, a "ausência de nomeação de curador especial ao réu preso" ou ao revel citado por edital (art. 72, II).

II – Ilegitimidade das partes

A legitimidade *ad causam* já foi apurada e reconhecida na fase processual anterior à sentença e não cabe, em princípio, reapreciar a matéria após a coisa julgada. Há, porém, de se manter durante toda a marcha do processo, sendo certo que fatos supervenientes podem afetar a titularidade do crédito após a sentença, por força de sucessão, cessão, sub-rogação, por exemplo.

A ilegitimidade arguível contra o pedido de cumprimento da sentença é a contemporânea aos atos de execução, e não importa revisão do que já se acertou antes do julgamento da causa.[62]

Essa ilegitimidade pode ser tanto da parte ativa como da passiva e decorre de não ser ela o vencedor ou o vencido na ação de conhecimento, nem seu sucessor. Pode, também, ser *ad causam* ou *ad processum*, conforme diga respeito à titularidade da obrigação ou à capacidade para agir em juízo. Vale dizer: o cumprimento da sentença não pode ser promovido senão pela parte vencedora na fase de conhecimento do processo, ou seu legítimo sucessor, nem pode ser

---

sem poderes para receber a citação, esse comportamento "não se assimila ao comparecimento espontâneo, a que alude o art. 214, § 1º, do CPC" (STJ, 3ª T., REsp 193.106/DF, Rel. Min. Ari Pargendler, ac. 15.10.2001, DJU 19.11.2001, pág. 261. No mesmo sentido: STJ, 3ª T., REsp 64.636-SP, Rel. Min. Costa Leite, ac. 24.11.98, DJU 22.03.1999, p. 187; STJ, 4ª T., REsp 92.373/MG, Rel. Min. Barros Monteiro, ac. 12.11.1996, DJU 26.05.1997, p. 22.545; STF, 2ª T., RE 109.091-0, Rel. Min. Francisco Rezek, ac. 27.06.1986, RT 613/259; STJ, 4ª T., AgRg no AgRg no Ag 681.299/ES, Rel. Min. Carlos Fernando Mathias, ac. 26.08.2008, DJe 22.09.2008).

[58] ASSIS, Araken de. *Manual da execução cit.*, n. 592.1, p. 1648.

[59] FABRÍCIO, Adroaldo Furtado. Réu revel não citado, *querela nullitatis* e ação rescisória. *Ajuris*, 42, Porto Alegre: s/e, 1988, n. 10, p. 25.

[60] ABELHA, Marcelo. *Manual de execução civil*. 5. ed. Rio de Janeiro: Forense, 2015, p. 484.

[61] "Com exceção da hipótese de nulidade absoluta por falta ou nulidade da citação, o art. 741 do Código de Processo Civil não prevê a possibilidade de ataque ao título executivo judicial tendo em vista nulidades no processo de conhecimento. De modo que os embargos do executado não podem substituir nem a ação rescisória (CPC, art. 485), nem a ação ordinária anulatória de sentença meramente homologatória (CPC, art. 486)" (STJ, 3ª T., Resp. 402.291/PB, Rel. Min. Castro Filho, ac. 21.10.2003, DJU 10.11.2003, p. 186). No mesmo sentido: STJ, 3ª T., Resp. 439.236/MG, Rel. Min. Nancy Andrighi, ac. 01.04.2003, DJU 12.05.2003, p. 300).

[62] "As questões efetivamente decididas, de forma definitiva, no processo de conhecimento (ação civil pública), ainda que de ordem pública, como a legitimidade passiva à causa, não podem ser novamente debatidas, sobretudo no processo de execução, sob pena de vulneração à coisa julgada" (STJ, 4ª T., Resp. 917.974/MS, Rel. Min. Luis Felipe Salomão, ac. 05.04.2011, DJe 04.05.2011). No mesmo sentido: STJ, 3ª T., AgRg no AG 1.275.364/SP, Rel. Min. Sidnei Beneti, ac. 20.042010, DJe 05.05.2010; STJ, 1ª T., REsp. 871.166/SP, Rel. Min. Luiz Fux, ac. 21.10.2008, DJe 13.11.2008.

intentado senão contra o devedor apontado na sentença, ou seu sucessor de direito. Desrespeitada essa pertinência subjetiva, seja no polo ativo ou no polo passivo, dar-se-á a ilegitimidade de parte prevista no inciso II do § 1º do art. 525. É nesse sentido, por exemplo, que o § 5º do art. 513 dispõe que "o cumprimento da sentença não poderá ser promovido em face do fiador, do coobrigado ou do corresponsável que não tiver participado da fase de conhecimento".

É de se destacar que se houver erro na indicação do executado, apesar de sua ilegitimidade torna-se ele parte, razão pela qual não pode ser considerado terceiro para fins de oposição de embargos de terceiro, de modo que, certamente, terá de utilizar-se da impugnação.[63]

Nos casos de incapazes, além da representação legal da parte por quem de direito, impõe-se a participação do Ministério Público no processo, sob pena de nulidade (CPC/2015, art. 178, II).

III – Inexequibilidade do título ou inexigibilidade da obrigação

A) Generalidades

Inexequibilidade do título e inexigibilidade da obrigação, matérias arguíveis na impugnação ao cumprimento da sentença, são ideias distintas, mas que se interpenetram. Com efeito, só há execução quando o credor disponha de título executivo, e, por outro lado, só é título executivo o documento a que a lei confere a autoridade de viabilizar a execução forçada em juízo. Carece, pois, de *exequibilidade*, em primeiro lugar, a sentença ou decisão judicial que não se enquadrar no rol do art. 515, como, *v.g.*, a que resolve o mérito da causa, mas não contém a certificação de exigibilidade de uma obrigação de pagar quantia, de fazer, de não fazer ou de entregar coisa (inciso I, do referido artigo); ou a que homologa a autocomposição em que as partes põem fim ao litígio sem, entretanto, estipular prestações obrigacionais a serem cumpridas entre elas (inc. II).

Em outra perspectiva, para que a execução forçada se legitime, não basta existir um título que formalmente se enquadre no rol do art. 515. É necessário ainda que se atenda ao requisito da *exigibilidade atual* da obrigação cuja existência foi certificada na decisão judicial. É que a execução somente pode ser instaurada quando o devedor não satisfaça a obrigação certa, líquida e *exigível* prevista em *título executivo* (art. 786). Assim, a exequibilidade pressupõe a dupla ocorrência *(i)* do título executivo e *(ii)* do inadimplemento, pois só com essa concomitância, o ingresso ao juízo executivo se dará com o fito de realizar obrigação *exigível*, e o provimento judicial satisfativo se apresentará alcançável pelo exequente. A sentença genérica, por exemplo, certifica a existência da obrigação, mas não a faz exigível senão depois de submetida à competente liquidação. Só então lhe será agregada a liquidez indispensável à respectiva exigibilidade.

Nula, de tal sorte, será a execução proposta com base em título executivo que não corresponda a obrigação exigível (art. 803, I) ou, quando a obrigação nele definida dependa de condição ainda não cumprida pelo credor, ou de termo ainda não ocorrido (art. 803, III).

Portanto, a impugnação ao cumprimento da sentença (ou da decisão judicial) pode inviabilizar a execução, tanto quando o exequente *não tenha título executivo*, como quando o título existente retrate *obrigação certa mas ainda não exigível*.

B) Excesso de execução

Entende-se, outrossim, também como execução sem título executivo, aquela em que o exequente pretenda prestação exorbitante do acertamento a que chegou a decisão judicial. É o

---

[63] "A parte citada na execução como executada, mesmo indevidamente, integra a relação processual enquanto não excluída por decisão judicial. Assim, na defesa de seu direito, não poderá ela se valer do manejo de embargos de terceiro, por ser essa via deferida apenas a quem não é parte no processo" (STJ, 4ª T., Resp. 98.655/RS, Rel. Min. Aldir Passarinho Júnior, ac. 12.09.2000, *DJU* 17.03.2003, p. 231).

que se denomina *excesso de execução*, fato configurável, segundo o art. 917, § 2º, entre outros casos, quando o exequente pleiteia quantia superior à do título (inc. I), ou coisa diversa daquela declarada no título (inc. II). Assim, a pretensão ajuizada, no caso de excesso de execução, se revela carente de título que possa sustentá-la, tal como postulada pelo credor.

Vê-se, enfim, que *(i)* o título do credor pode ser *inexequível*, por sua própria natureza, sempre que o provimento nele retratado não permitir a configuração de uma das modalidades de *título executivo*, previstas no art. 515; e que, *(ii)* sendo ainda *inexigível* a obrigação nele certificada, a consequência será, também, a sua *inexequibilidade*.

Importante ressaltar que para repelir o pagamento indevido ocorrido em *excesso de execução*, o executado pode pedir a restituição do indébito nos próprios autos da execução, e uma vez reconhecida a ocorrência por decisão judicial, o respectivo processamento se dará sob a forma de *cumprimento de sentença*.[64] O CPC/2015, art. 523, admite a execução de *título judicial*, em forma de incidente no bojo dos autos em que a *decisão* (e não apenas a *sentença*) foi proferida, sem depender de *ação autônoma*, ou de formalização de *embargos*.[65]

Os atos executivos são praticados e controlados pelo juiz, que, diante do excesso reconhecido, tem o dever de ofício de sanar a ilegalidade cometida. É bom de ver que o ato executivo praticado fora das forças do título se contamina de nulidade reconhecível pelo juiz de ofício, e, por isso, não incorre em preclusão.[66] É em razão disso, que a questão pode ser enfrentada, decidida e executada, de plano, nos próprios autos em que o excesso foi cometido.

Ao alegar o excesso, o executado deverá indicar, de imediato, o valor que entende correto, acompanhado de demonstrativo discriminado e atualizado (art. 525, § 4º).[67]

Por fim, cumpre ressaltar que a interpretação da sentença, para fins de se demonstrar o excesso de execução não ofende a coisa julgada.[68] Da mesma forma, admite-se "a correção da

---

[64] "Reconhecido o excesso de execução por ato decisório com trânsito em julgado, não há óbice em determinar ao exequente, mediante intimação na pessoa do seu advogado, que devolva a parcela declarada indevida, observando-se o disposto nos arts. 475-B e 475-J do diploma processual, sem a necessidade de propositura de ação autônoma" (STJ, 4ª T., Resp. 1.090.635/PR, Rel. Min. João Otávio de Noronha, ac. 02.12.2008, *DJe* 18.12.2008). Vale dizer: para obter, o executado, a restituição do valor apropriado pelo exequente além da força da sentença, bastará a formulação de requerimento acompanhado de memória de cálculo (CPC/2015, art. 526), com o pedido de intimação para cumprir a decisão quer reconheceu o excesso, sob cominação de multa e penhora (CPC/2015, art. 523, *caput*, e § 3º).

[65] "O pedido de restituição do executado não exige ação autônoma. O ideal é que seja feito nos autos dos embargos, mas nada obsta que, excepcionalmente, tenha lugar na própria execução" (STJ, 3ª T., Resp. 757.850/RJ, Rel. Min. Humberto Gomes de Barros, ac. 15.02.2006, *DJU* 15.05.2006, p. 211). Ou seja: " (...) eventual levantamento do valor depositado em juízo que transborde aquele efetivamente devido impõe ao credor, nos mesmo autos, a imediata restituição do excedente; (...) Reconhecido, por decisão transitada em julgado (decisão que julgou os embargos do devedor), o dever do exequente restituir determinado valor indevidamente levantado, em se tratando de título executivo judicial, seu cumprimento deve-se dar nos mesmo autos" (STJ, 3ª T., Resp. 1.104.711/PR, Rel. Min. Massami Uyeda, ac. 02.09.2010, *DJe* 17.09.2010).

[66] "A alegação de *excesso de execução* por indevida inclusão da multa do art. 475-J do CPC [1973] é matéria reservada à *impugnação ao cumprimento da sentença*, não se operando preclusão ainda que haja ciência inequívoca da decisão que determinou sua inclusão nos cálculos inicialmente apresentados pelo credor" (STJ, 3ª T., EDcl. EDcl. no Ag em Resp. 202.458/MS, Rel. Min. João Otávio de Noronha, ac. 24.09.2013, *DJe* 02.10.2013).

[67] "É indispensável apontar, na petição de impugnação ao cumprimento de sentença, a parcela incontroversa do débito, bem como as incorreções encontradas nos cálculos do credor, sob pena de rejeição liminar da petição, não se admitindo emenda à inicial" (STJ, Corte Especial, Resp. 1.3873248/SC, Rel. Min. Paulo de Tarso Sanseverino, ac. 07.05.2014, *DJe* 19.05.2014). Segundo o acórdão, é impossível reiterar na impugnação aquilo que constitui "matéria já preclusa no curso da execução".

[68] "A teor do disposto nos arts. 741 do CPC [1973], afigura-se viável alegar, na via dos embargos, excesso de execução com base na interpretação do título judicial exequendo, sem que isso importe no revolvimento

conta de liquidação, na hipótese em que a memória de cálculo apresentada pela parte exequente está em desacordo com o comando expresso no título judicial exequendo, sem que isso implique violação da coisa julgada".[69]

C) Inconstitucionalidade da sentença como causa de inexigibilidade da obrigação nela reconhecida (art. 525, §§ 12 a 15)

A sentença que afronta a Constituição contamina-se de nulidade absoluta. Para Cândido Dinamarco, o seu objeto incorre em impossibilidade jurídica, pelo que, na realidade, nem mesmo chegar-se-ia a atingir a autoridade da coisa julgada material[70]. Com efeito, no Estado Democrático de Direito, não apenas a lei, mas todos os atos de poder devem adequar-se aos padrões da ordem constitucional, de sorte que a inconstitucionalidade pode acontecer também no âmbito dos provimentos jurisdicionais[71], e as ideias de constitucionalidade e inconstitucionalidade resolvem-se naturalmente numa relação, ou seja, "a relação que se estabelece entre uma coisa – a Constituição – e outra coisa – uma norma ou um ato – que lhe está ou não conforme, que com ela é ou não compatível"[72]. Trata-se de uma relação de validade, pois sem que se dê a adequação entre os termos cotejados, não se poderá pensar em eficácia do ato[73]. Donde a conclusão: da concordância com a vontade suprema da Constituição decorre a relação positiva que corresponde a "validade do ato", e do contraste, surge a relação negativa que implica em "invalidade"[74].

Sendo, pois, caso de nulidade, a coisa julgada não tem o condão de eliminar a profunda ineficácia da sentença, que, por isso mesmo, será insanável e arguível a qualquer tempo. Assim, como a lei inconstitucional é irremediavelmente nula, também a sentença formalmente transitada em julgado não tem força para se manter, quando prolatada contra a vontade soberana da Constituição.

É à luz dessa concepção que o § 12 do art. 525 do CPC/2015 considera "inexigível a obrigação reconhecida em título executivo judicial fundado em lei ou ato normativo considerado inconstitucional pelo Supremo Tribunal Federal, ou fundado em aplicação ou interpretação da lei ou do ato normativo tidos pelo Supremo Tribunal Federal como incompatível com a Constituição Federal, em controle de constitucionalidade concentrado ou difuso". Se a inconstitucionalidade da lei aplicada pela sentença exequenda tiver sido reconhecida pelo STF, ou vier a sê-lo, afastada irremediavelmente estará a *exigibilidade* da imposição contida no título judicial que se pretende executar (art. 525, § 12). É a autoridade do STF, como Corte Constitucional,

---

de matéria já decidida no processo de conhecimento" (STJ, 2ª T., REsp. 505.944/RS, Rel. Min. João Otávio de Noronha, ac. 05.12.2006, *DJU* 07.02.2007, p. 274).

[69] STJ, 3ª Seção, AgRg na AR 3913/RN, Rel. Min. Rogério Schietti Cruz, ac. 25.02.2016, *DJe* 02.03.2016.

[70] "A irrecorribilidade de uma sentença não apaga a inconstitucionalidade daqueles resultados substanciais política e socialmente ilegítimos, que a Constituição repudia" (DINAMARCO, Cândido Rangel. Relativizar a coisa julgada material, *in Meio jurídico*, ano IV, n. 44, abr/2001, p. 23).

[71] "Ninguém nega que uma decisão judicial possa incidir na inconstitucionalidade, por violar a Carta Magna de um País" (TAVARES, André Ramos. *Tratado da Arguição de Preceito Fundamental*. São Paulo: Saraiva, 2001, p. 176).

[72] MIRANDA, Jorge. *Contributo para uma teoria da inconstitucionalidade*. Reimp., Coimbra: Coimbra Editora, 1996, p. 11. "A inconstitucionalidade de uma lei, de um ato executivo ou jurisdicional, é um caso particular de invalidade dos atos jurídicos em geral" (BASTOS, Celso Ribeiro. *Curso de direito constitucional*. 21. ed. São Paulo: Saraiva, 2001, p. 388).

[73] MIRANDA, Jorge. *Contributo para uma teoria da inconstitucionalidade*, cit., p. 11.

[74] MIRANDA, Jorge. *Contributo para uma teoria da inconstitucionalidade*, cit., p. 11.

que se põe em jogo. Sentenças assim contaminadas de inconstitucionalidade "ficam sujeitas à rescisão por via de embargos [ou de impugnação], dispensada a ação rescisória própria"[75].

O reconhecimento da nulidade da sentença inconstitucional, portanto, não depende de rescisória e pode verificar-se a qualquer tempo e em qualquer processo, inclusive na via incidental da impugnação ao pedido de cumprimento da sentença[76]. Mas é de se levar em conta que a arguição fora da ação rescisória é possível em impugnação à execução de sentença, limitada, porém, às hipóteses de reconhecimento da inconstitucionalidade em precedente do STF. A jurisprudência do STJ, na vigência do atual Código, prestigia tal entendimento, interpretando seu art. 525, § 12, que mantém a norma do Código anterior (art. 475-L, § 1º).[77]

Nem há que se pensar em inconstitucionalidade do § 12 do art. 525 pelo simples fato de a Constituição proteger a coisa julgada (CF, art. 5º, XXXVI). É que nem a própria Constituição lhe confere uma tutela absoluta, já que reconhece sua possível rescindibilidade e deixa a cargo da lei ordinária a previsão das hipóteses em que tal se dará. Esclarece Teori Zavascki, a propósito:

"A constitucionalidade do parágrafo único do art. 741 [de 1973] [CPC/2015, art. 525, § 12] decorre do seu significado e da sua função. Trata-se de preceito normativo que, buscando harmonizar a garantia da coisa julgada com o primado da Constituição, veio apenas agregar ao sistema um mecanismo processual com eficácia rescisória de certas sentenças inconstitucionais. Até o seu advento, o meio apropriado para rescindir tais sentenças era o da ação rescisória (art. 485, V) [CPC/2015, art. 966, V]".[78]

A 1ª T. do STJ, no entanto, fez uma distinção quanto ao momento em que a declaração *difusa* de inconstitucionalidade deve afetar os efeitos da sentença transitada em julgado: *(i)* a partir da Resolução do Senado que suspende a execução da lei, universalizando a eficácia do acórdão do STF, cessam os efeitos temporais da sentença transitada em julgado com base no ato normativo inconstitucional, independentemente de sua rescisão; *(ii)* os efeitos produzidos

---

[75] ZAVASCKI, Teori Albino. Embargos à execução com eficácia rescisória: sentido e alcance do art. 741, parágrafo único do CPC. *In*: NASCIMENTO, Carlos Valder do; DELGADO, José Augusto (organizadores). *Coisa Julgada Inconstitucional*. Belo Horizonte: Editora Fórum, 2006, p. 338.

[76] "A norma contida no art. 475-L, § 1º criado pela Lei n. 11.232/2005, conducente à retirada de exigibilidade do executivo diante de ter a lei que o suporta sido a *posteriori* declarada inconstitucional, revela de forma granítica o fortalecimento no seio do direito processual da tendência à superação de óbices tradicionalmente arraigados no processo (como a coisa julgada) em caso de conflito da decisão exequenda com o texto constitucional, ainda que tal conflito venha à tona ulteriormente ao passamento em julgado da decisão. A mitigação dos efeitos da coisa julgada, neste sentir, mostra-se compatibilizada com a própria retroatividade que em regra deriva das decisões de procedência das ações diretas de inconstitucionalidade" (MELLO, Rogério Licastro Torres de. "A defesa da nova execução de título judicial". *In* HOFFMAN, Paulo; RIBEIRO, Leonardo Ferres da Silva. *Processo de execução civil. Modificações da Lei n. 11.232/2005*. São Paulo: Quartier Latin, 2006, p. 302).

[77] (...) "3. A partir da entrada em vigor da Lei n. 11.232/2005, que incluiu, no Código de Processo Civil de 1973, o art. 475-L, passou a existir disposição expressa e cogente assegurando ao executado arguir, em impugnação ao cumprimento de sentença, a inexigibilidade do título judicial. 4. Nos termos do § 1º do próprio art. 475-L do CPC/1973, considera-se também inexigível o título judicial fundado em aplicação ou interpretação da lei ou ato normativo tidas pelo Supremo Tribunal Federal como incompatíveis com a Constituição Federal (...)" (STJ, 3ª T., REsp. 1.531.095/SP, Rel. Min. Ricardo Villas Bôas Cueva, ac. 09.08.2016, *DJe* 16.08.2016).

[78] ZAVASCKI, Teori Albino. Embargos à execução com eficácia rescisória: sentido e alcance do art. 741, parágrafo único, do CPC, *apud* COSTA, Inês Moreira da. Execução de título judicial contra a Fazenda Pública. Procedimentos e controvérsias, *Revista da Escola da Magistratura do Estado de Rondônia*, v. 18, pp. 91-92, 2008. Anota Zavascki que, na espécie, pouco importa a época em que o precedente do STF foi editado, "se antes ou depois do trânsito em julgado da sentença exequenda, distinção que a lei não estabelece" (p. 92).

antes do decreto de inconstitucionalidade pronunciado em caráter *difuso* pelo STF persistem, tornando-se necessária a ação rescisória para desconstituí-los.[79]

Quando, porém, se trata de vício decretado em controle *concentrado*, a ação *direta de inconstitucionalidade* produz efeito *erga omnes* e, naturalmente, *ex tunc*.[80]

A jurisprudência do Supremo Tribunal Federal não deixa dúvida sobre o natural efeito retroativo da declaração *abstrata (ou concentrada)* de inconstitucionalidade de lei, quando feita sem qualquer restrição à eficácia temporal do pronunciamento. A retroação se dá até o "momento em que surgiu, no sistema do direito positivo, o ato estatal atingido pelo pronunciamento judicial (nulidade *ab initio*). É que atos inconstitucionais são nulos e desprovidos de qualquer carga de eficácia jurídica".[81]

Isto faz com que a declaração concentrada de inconstitucionalidade atinja, em regra, as sentenças que aplicaram a lei contrária à Constituição, dando ensejo à incidência do art. 525, § 1º do CPC/2015, independente de ação rescisória e sem fazer distinção entre as decisões transitadas em julgado antes ou depois do pronunciamento do STF. Há, porém, a possibilidade de o STF, na declaração concentrada de inconstitucionalidade restringir seus efeitos temporais, impedindo excepcionalmente sua eficácia retroativa, levando em conta "razões de segurança jurídica ou de excepcional interesse social" (Lei n. 9.868/1999, art. 27).[82] É claro que se tal acontecer, as sentenças exequendas que tenham se fundado na lei inconstitucional somente se tornarão inexequíveis, para os fins do art. 525, § 12 do CPC/2015, a partir do momento fixado pelo pronunciamento do STF.

Com efeito, o texto do § 14 do art. 525, em sua literalidade, restringe o cabimento da impugnação incidental apenas aos casos em que haja prévio pronunciamento do Supremo Tribunal Federal, que não precisa ser em ação direta de inconstitucionalidade, mas que deve

---

[79] STJ, 1ª T., REsp. n. 1.103.584/DF, Rel. Min. Luiz Fux, ac. 18.05.2010, *DJe* 10.09.2010.

[80] "A declaração de inconstitucionalidade da lei tem eficácia retroativa, produzindo efeito *ex tunc* (*RTJ* 82/791, 97/1.369, 157/1.063; STF, *RT* 798/206; *RSTJ* 10/164; *RTFR* 129/75 – Pleno, v.u.) e, por isso 'os atos praticados com apoio na mesma lei são nulos' (*RT* 657/176)" (NEGRÃO, Theotônio *et al*, *Código de Processo Civil e legislação processual em vigor*. 39. ed. São Paulo: Saraiva, 2007. p. 1.158, nota 26.1). Entretanto, por razões excepcionais para preservar a segurança jurídica e o interesse público, admite-se que possa atribuir-se "efeitos *pro futuro* à declaração incidental de inconstitucionalidade" (RE 197.917/SP, Rel. Min. Maurício Corrêa, ac. 06.06.2002, *DJU* 07.05.2004, p. 8).

[81] STF, Pleno, ADI n. 1.434-MC/SP, Rel. Min. Celso de Melo, ac. 20.08.1996, *DJU* 22.11.1996, p. 45.684; STF, Pleno, ADI n. 652/MA-QO, Rel. Min. Celso de Melo, ac. 02.04.1992, *RTJ* 146/461. No mesmo sentido é a orientação do STJ: "O vício da inconstitucionalidade acarreta a nulidade da norma, conforme orientação assentada há muito tempo no STF e abonada pela doutrina dominante. Assim, a afirmação da constitucionalidade ou da inconstitucionalidade da norma, mediante sentença de mérito em ação de *controle concentrado*, tem efeitos puramente declaratórios. Nada constitui nem desconstitui. Sendo declaratória a sentença, a sua eficácia temporal, no que se refere à validade ou à nulidade do preceito normativo é *ex tunc* (STJ, 1ª Seção, EDREsp. n. 517.789, Rel. Min. Teori Albino Zavascki, ac. 22.03.2006, *DJU* 10.04.2006, p. 112).

[82] O STF já entendeu que, presentes os requisitos constitucionais, a modulação dos efeitos da decisão que declara a inconstitucionalidade da lei é obrigatória pela Corte, inclusive, em sede de embargos de declaração: "1. O art. 27 da Lei n. 9.868/1999 tem fundamento na própria Carta Magna e em princípios constitucionais, de modo que sua efetiva aplicação, quando presentes os seus requisitos, garante a supremacia da Lei Maior. Presentes as condições necessárias à modulação dos efeitos da decisão que proclama a inconstitucionalidade de determinado ato normativo, esta Suprema Corte tem o dever constitucional de, independentemente de pedido das partes, aplicar o art. 27 da Lei n. 9.868/1999. 2. Continua a dominar no Brasil a doutrina do princípio da nulidade da lei inconstitucional. Caso o Tribunal não faça nenhuma ressalva na decisão, reputa-se aplicado o efeito retroativo. Entretanto, podem as partes trazer o tema em sede de embargos de declaração" (STF, Pleno, ADI 3601 ED/DF, Rel. Min. Dias Toffoli, ac. 09.09.2010, *DJe* 14.12.2010).

ter afirmado, ainda que em controle difuso[83], a incompatibilidade da lei aplicada na sentença com a Constituição. Uma segunda hipótese, literalmente, invocada pelo mesmo dispositivo, compreenderia a interpretação ou aplicação de lei de forma considerada pelo Supremo Tribunal incompatível com a Constituição. A inconstitucionalidade seria da exegese e não propriamente da lei aplicada. A sentença não teria, em outras palavras, feito sua interpretação de forma compatível com a Constituição, segundo o que já vinha sendo feito a seu respeito pelo Supremo Tribunal Federal. Assim, se a questão da inconstitucionalidade não tiver sido previamente acolhida pelo Supremo Tribunal Federal, não poderá o devedor suscitá-la na impugnação[84] (§ 14 do art. 525).

Isto, obviamente, não quer dizer que a ofensa à Constituição consumada se torne irremediável pelo simples fato de inexistir prévio pronunciamento da Suprema Corte. Algum remédio há de existir, porque a gravidade do vício invalidante é evidente e no Estado Democrático de Direito não há como compactuar com ele. O CPC/2015 remete a impugnação *in casu* para a ação rescisória. Como, entretanto, a ação está sujeita a prazo decadencial curto, a sua contagem foi alterada, devendo ser feita a partir do trânsito em julgado da decisão do STF proferida posteriormente à sentença impugnada (CPC/2015, art. 525, § 15).[85] O atual Código superou, como se vê, a jurisprudência da 1ª Turma do STF que recusava permissão a que a inconstitucionalidade da sentença passada em julgado fosse apreciada em incidente da execução, ainda que lastreada em lei declarada inconstitucional pela Suprema Corte, em controle concentrado ou difuso[86].

A posição inovadora do CPC de 2015 pode ser assim sintetizada:

a) Se a declaração de inconstitucionalidade pronunciada pelo STF for anterior à sentença impugnada, a arguição de inexigibilidade da obrigação figurante no título exequendo poderá ser feita por meio de incidente no procedimento de cumprimento do julgado, independentemente de ação rescisória (CPC/2015, art. 525 § 14).

b) Se a sentença exequenda for de data anterior à declaração de inconstitucionalidade proferida pelo STF somente por ação rescisória[87] a sentença (que se quer cumprir) poderá ser ineficaciada, muito embora o prazo de rescisão se deva contar, segundo

---

[83] CARNEIRO, Athos Gusmão. Análise sumária do cumprimento de sentença nos termos da Lei n. 11.232/2005. *Revista Magister de Direito Civil e Processual Civil*, v. 11, p. 86.

[84] "A impugnação de precedente do STF representa, portanto, o diferencial indispensável a essa peculiar forma de rescisão do julgado" (ZAVASCKI, Teori Albino. *Embargos à execução*, cit., p. 338).

[85] Barbosa Moreira é daqueles que advogam a ação rescisória sem limitação de prazo para atacar a sentença que ofenda a Constituição (BARBOSA MOREIRA, José Carlos. "Considerações sobre a chamada 'relativização' da coisa julgada material". *Revista Dialética de Direito Processual*, v. 22, jan/2005, p. 111).

[86] É importante registrar que as decisões da 1ª Turma constaram de atos singulares de relator ou acórdãos daquele órgão fracionário. Assim, explícita ou implicitamente, se atribuiu inconstitucionalidade à regra legal expressa dos arts. 475-L, § 1º, e 741, parágrafo único, do CPC/1973, sem que a questão tivesse sido levada a julgamento perante o Plenário do STF. Ignorou-se, de tal maneira, o assentado na Súmula Vinculante n. 10, que considera ofensiva ao art. 97 da CF, qualquer decisão de órgão fracionário de tribunal que, mesmo sem explícita declaração de inconstitucionalidade, afasta incidência, no todo ou em parte, de lei ou ato normativo do poder público. Isto talvez se explique, ou se tolere, pela circunstância de a matéria ter sido cogitada pela 1ª Turma do STF apenas a título de argumentação (*obter dictum*), e não propriamente como objeto da causa ou do recurso (*thema decidendum*). O certo, de tal modo, é que, na vigência do CPC/1973, o STF nunca chegou, por seu Pleno, a um pronunciamento válido e definitivo de inconstitucionalidade em torno dos referidos dispositivos legais, e que o CPC/2015 adotou regra diversa para a matéria, como se vê do texto desta mesma alínea, especialmente de sua parte final.

[87] "A coisa julgada não poderá ser desconstituída através de *querela nulitatis*, mesmo após julgamento do Supremo Tribunal Federal que reconhece a inconstitucionalidade da lei que fundamentou a sentença que se pretende desconstituir" (STJ, Corte Especial, AgInt nos EAREsp 44.901/PR, Rel. Min. Felix Fischer, ac. 07.12.2016, DJe 15.12.2016).

o CPC/2015, a partir do trânsito em julgado do acórdão do STF e não da sentença rescindenda (art. 525, § 15).[88]

c) De qualquer forma, para o Código atual a arguição de inconstitucionalidade da sentença exequenda somente se admitirá na impugnação prevista no § 12 do art. 525, quando apoiada em pronunciamento do STF, em controle de constitucionalidade concentrado ou difuso.

D) Permissão para modulação temporal da decisão que acolhe a inexigibilidade da obrigação por inconstitucionalidade

Na acolhida da impugnação com base em inconstitucionalidade, os efeitos da decisão do STF sobre a sentença exequenda poderão ser modulados no tempo, em atenção à segurança jurídica (art. 525, § 13).[89]

E) Direito intertemporal em matéria de arguição de inconstitucionalidade

Tendo adotado regime diverso do Código anterior, em matéria de arguição de inconstitucionalidade na impugnação ao cumprimento de sentença, o CPC/2015 estatuiu uma norma especial de direito intertemporal. Trata-se do art. 1.057, no qual restou disposto o seguinte: (i) as regras constantes dos arts. 525, §§ 14 e 15 e do art. 535, §§ 7º e 8º aplicam-se às decisões transitadas em julgado após a entrada em vigor do atual Código; (ii) às decisões transitadas em julgado anteriormente, continua aplicável o disposto no art. 475-L, § 1º e no art. 741, parágrafo único, do CPC/1973. Quer isto dizer que o sistema que faz distinção entre os casos de *impugnação* e de *ação rescisória*, criado pelo CPC/2015, para arguição da inconstitucionalidade da sentença exequenda, conforme a época da declaração do STF, só se aplica quando o trânsito em julgado do título executivo judicial houver ocorrido após a entrada em vigor do CPC/2015. O regime de impugnação à exigibilidade das sentenças passadas em julgado ao tempo da vigência do CPC/1973, continua disciplinado por este, nos moldes dos seus arts. 475-L, § 1º e 741, parágrafo único, os quais permitiam que o tema fosse sempre objeto de impugnação ou embargos à execução.

IV – Penhora incorreta ou avaliação errônea

Ilícita ou abusiva é a penhora que recai sobre bem inalienável ou legalmente impenhorável, bem como a que desrespeita as regras processuais sobre a constituição da segurança do juízo executivo. Esses vícios da penhora devem, em princípio, ser arguidos por meio de impugnação. Nem sempre, porém, o executado terá condição de assim proceder.

É que a impugnação está sujeita a prazo que corre independentemente da realização de prévia penhora, de modo que, na maioria das situações, quando esta ocorrer, a impugnação já

---

[88] Para Teresa Arruda Alvim Wambier, a alteração mais significativa entre os regimes dos dois Códigos situa-se no plano da ação rescisória da sentença que aplicou lei inconstitucional. Pelo Código velho, a rescisória deveria ser proposta no prazo de 2 anos, a contar do trânsito em julgado da decisão rescindenda. O novo CPC "estende o prazo para ajuizamento da ação rescisória, que, para a situação específica do título judicial fundado em lei ou ato normativo declarado inconstitucional pelo STF, será contado a partir do trânsito em julgado dessa decisão proferida em controle concentrado ou difuso de constitucionalidade, e não, do trânsito em julgado da decisão exequenda" (WAMBIER, Teresa Arruda Alvim, et al. In: *Primeiros Comentários ao novo Código de Processo Civil* cit., 2016, p. 1.713).

[89] "Situação excepcional em que a declaração de nulidade, com seus normais efeitos *ex tunc*, resultaria grave ameaça a todo o sistema legislativo vigente. Prevalência do interesse público para assegurar, em caráter de exceção, efeitos pro futuro à declaração incidental de inconstitucionalidade" (STF, Pleno, RE 197.917/SP, Rel. Min. Maurício Corrêa, ac. 06.06.2002, *DJU* 07.05.2004, p. 8).

terá sido manejada. Nessa hipótese, caberá ao executado arguir as questões "relativas à validade e à adequação da penhora, da avaliação e dos atos executivos subsequentes" por meio de simples petição no bojo dos autos da própria execução (CPC/2015, art. 525, § 11).[90]

A penhora deve incidir sobre bens legalmente penhoráveis (art. 832, CPC/2015 "não estão sujeitos à execução os bens que a lei considera impenhoráveis ou inalienáveis") e há de respeitar o montante da dívida exequenda (art. 831: limitar-se-á a "tantos bens quantos bastem para o pagamento do principal atualizado, dos juros, das custas e dos honorários advocatícios"). Legítima, portanto, é a impugnação do devedor em face da constrição de bens que não podem ou não devem figurar na execução.

O mesmo acontece com o gravame sobre bens que, embora penhoráveis, sejam de valor muito maior do que o crédito ajuizado. Por isso, o executado tem legítimo interesse em reclamar da avaliação incorreta, que afinal pode acarretar uma expropriação exagerada e desnecessária na hasta pública, ou até causar-lhe uma perda indevida em caso de adjudicação do bem penhorado pelo exequente. Se esta legalmente se faz pelo preço de avaliação (art. 876), e se a estimativa não espelha a realidade, fatalmente se terá um locupletamento ilícito do credor à custa do injusto prejuízo do devedor.

V – Excesso de execução ou cumulação indevida de execução

Ocorre, por exemplo, cumulação indevida de execuções, quando se requer concomitantemente, nos mesmos autos, execuções sujeitas a ritos diversos e inconciliáveis (*v.g.*, requerimento cumulativo de prestações de pagar quantia e de entregar coisa, ou de realizar fato).

Há, outrossim, excesso de execução quando o pedido do credor esteja em desconformidade com o título, o que pode ocorrer, segundo o art. 917, § 2º:

a) Quando o exequente pleiteia quantia superior à prevista na sentença:

Aqui a procedência da impugnação não exclui integralmente a viabilidade da execução, mas apenas a reduz ao *quantum* compatível com o título.

b) Quando recai a execução sobre coisa diversa daquela declarada na sentença:

A diversidade pode dizer respeito à quantidade ou à qualidade das coisas devidas nas obrigações de dar coisas certas ou incertas (arts. 806 e 811). E a impugnação, quando procedente, pode conduzir à anulação de toda a execução ou apenas à redução dela à quantidade compatível com a força da sentença.

c) Quando se processa a execução de modo diferente do que foi determinado no título:

Não se pode executar a coisa *in natura*, quando a sentença condenou apenas à indenização de seu equivalente. Nem se pode, desde logo, executar como obrigação de pagar quantia certa aquela que fora objeto de condenação a prestação de fazer ou de dar coisa certa ou incerta. As sentenças devem ser executadas fielmente, sem ampliação ou restrição do que nelas estiver

---

[90] "Nos termos do art. 741, V, do Código de Processo Civil e presente o princípio da instrumentalidade do processo, as questões relativas à nulidade da penhora podem ser apresentadas por simples petição nos autos da execução ou nos embargos correspondentes" (STJ, 3ª T., REsp. 555.968/PR, Rel. Min. Carlos Alberto Menezes Direito, ac. 14.06.2004, *DJU* 23.08.2004, p. 231). "Excesso de execução e excesso de penhora são conceitos inconfundíveis. O primeiro, impugna-se mediante ação de embargos, enquanto que a ocorrência do segundo é alegável por simples petição nos próprios autos do processo de execução. O primeiro consiste em cobrança de importância superior àquela constante do título executivo, ao passo que o segundo denuncia apenas excesso na constrição judicial, vale dizer, a penhora não se limitou a "tantos bens quanto bastem para o pagamento" integral do débito (CPC, art. 659, *caput*) [1973], sem que, no entanto, se impute qualquer mácula ao ato executivo" (STJ, 2ª T., REsp. 531.307/RS, Rel. Min. João Otávio de Noronha, ac. 05.12.2006, *DJU* 07.02.2007, p. 277).

disposto (art. 891, do Código de Processo Civil de 1939)[91]. É certo que ao credor cabe, em determinadas circunstâncias, optar pelo equivalente econômico das prestações de fazer ou de entregar coisa, descumpridas. Mas tal opção deve ser anterior à sentença[92], ou, se posterior, deverá decorrer da frustração da execução da prestação originária acatada pelo título judicial.[93]

d) *Quando o exequente, sem cumprir a prestação que lhe corresponde, exige o adimplemento da do executado*:

É carente da execução o credor que não cumpre previamente a contraprestação a que está subordinada a eficácia do negócio sinalagmático retratado no título (art. 787). Se insistir em fazê-lo, a execução será nula nos termos do inciso III do art. 803.

Trata-se da exceção *non adimpleti contractus*, que é de natureza substancial, e paralisa a eficácia do direito do credor, tornando prematura a execução intentada sem cumprimento ou oferecimento da prestação do credor, por atentar contra o disposto no art. 476 do Código Civil.

e) *Se o credor não provar que a condição se realizou*:

A condição *suspensiva* impede que o negócio jurídico produza seus efeitos enquanto não ocorrido o evento a que sua eficácia ficou subordinada (CC, art. 125). Dessa forma, quando a sentença decidir relação jurídica sujeita a uma condição dessa natureza, o credor não poderá executá-la sem provar que se realizou o evento previsto como necessário à produção dos efeitos da condenação (art. 514). Embora o art. 917, § 2º, V, mencione expressamente apenas a falta de prova de realização da *condição*, a regra se aplica também ao *termo* como se deduz do já citado art. 514. Se a obrigação ainda não se venceu, ou a condição a que se acha subordinada ainda não se verificou, a situação é uma só: não há, por enquanto, débito exigível. E sem a ocorrência da exigibilidade, não há título para justificar a execução.

Será carecedor da execução o credor que não fizer previamente essa prova, cabendo ao devedor a impugnação de excesso de execução para ilidir a pretensão executiva.

Teresa Wambier entende que em situações de flagrante excesso, mesmo na ausência de alegação e de apresentação do demonstrativo, o juiz pode conhecer desse vício de ofício, por ser matéria de ordem pública. A execução terá sido proposta sem suporte no título executivo no tocante à parcela exorbitante. De fato, a cobertura da pretensão executiva por título exequível é uma condição de procedibilidade, cuja falta pode ser reconhecida a qualquer tempo pelo juiz, inclusive *ex officio* (art. 485, § 3º).

---

[91] "Continua válido o princípio consignado no CPC anterior, art. 891" (NEGRÃO, Theotônio; GOUVÊA, José Roberto F. *Código de Processo Civil e legislação processual em vigor*. 37. ed. São Paulo: Saraiva, 2005, nota 3 ao art. 610, p. 724). Nesse sentido: "Liquidação de sentença. A sentença deve ser fielmente cumprida (CPC, art. 610), defesa na fase de execução a reativação de questão resolvida no processo de conhecimento por decisão irrecorrida" (STJ, 2ª T., REsp 109.817/BA, Rel. Min. Ari Pargendler, ac. 01.12.1998, *DJU* 22.02.1999, p. 90).

[92] A sentença, a respeito das ações relativas a prestações de fazer ou de entregar coisa, deve conceder a tutela específica (arts. 497 e 498). A conversão em perdas e danos somente ocorrerá quando o autor da ação condenatória a requerer, ou quando se tornar impossível a tutela específica (CPC/2015, art. 499).

[93] Na execução de sentença que condene a cumprir obrigação de fazer ou não fazer, o juiz determinará as medidas necessárias "à satisfação do exequente", seja por meio da "tutela específica", quer para alcançar "resultado prático equivalente" (CPC/2015, art. 536). Na execução de sentença que condene a entrega de coisa, o cumprimento se dará por meio da expedição de mandado de busca e apreensão ou de imissão na posse, conforme se tratar de coisa móvel ou imóvel (art. 538). Se o mandado executivo correspondente a entrega da coisa devida se frustrar, por desvio ou deterioração do objeto do título exequendo, é que surgirá para o credor o direito de converter a execução para a tutela substitutiva (valor da coisa e das perdas e danos) (art. 627, *caput*), procedendo-se à competente liquidação (art. 627, § 2º), antes de iniciar-se a execução por quantia certa, em substituição à tutela específica fracassada.

f) Requisito especial da arguição de excesso de execução:

Estando a impugnação ao cumprimento da sentença limitada a alegação de excesso de execução, sobre o *quantum* correspondente ao título executivo judicial, caberá ao executado declarar, desde logo, "o valor que entende correto, apresentando demonstrativo discriminado e atualizado de seu cálculo" (art. 525, § 4º).

O descumprimento de tal exigência legal (*i.e.* falta de apontamento do valor correto retratado em adequado demonstrativo) acarretará a liminar rejeição da impugnação. Essa sanção processual, porém, somente será aplicada se o excesso for o único fundamento da impugnação. Havendo outras defesas suscitadas, o processamento da impugnação terá sequência, "mas o juiz não examinará a alegação de excesso de execução" (art. 525, § 5º).

VI – Incompetência absoluta ou relativa do juízo da execução

O CPC/2015 traz à tona hipótese de matéria que pode ser arguida em sede de impugnação ao cumprimento de sentença, tema de que cogitava o CPC/1973, mas que havia sido suprimida pela reforma operada pela Lei n. 11.232/2005.

Agora está autorizado ao executado arguir, nos próprios autos, a incompetência do juízo da execução, tanto a absoluta como a relativa, com a seguinte distinção:

a) A incompetência relativa pode ser alegada na própria impugnação, sob pena de preclusão, porquanto o atual Código não prevê a possibilidade de argui-la por exceção de incompetência.

b) A incompetência absoluta, por sua vez, pode ser alegada não apenas na impugnação, mas em qualquer fase da execução, e até mesmo o juiz pode conhecê-la, de ofício.[94]

Poder-se-ia pensar que a matéria de incompetência já estaria solucionada na fase de cognição do processo e assim mostrar-se-ia irrelevante a regra que permite sua abordagem na impugnação ao cumprimento da sentença. Não é bem assim, uma vez que a execução de título judicial pode ser deslocada pelo exequente para outros foros, como prevê o art. 516, parágrafo único. Além disso, existem vários títulos judiciais que se originaram em processos de outros juízos distintos daqueles em que haverão de ser submetidos ao cumprimento forçado, como a sentença penal, a sentença estrangeira e a sentença arbitral. É claro que em todas essas situações particulares o processo de cumprimento da sentença pode ser aforado perante juízo incompetente, desafiando arguição em impugnação ou em petição avulsa, conforme se trate de incompetência relativa ou absoluta.

VII – Qualquer causa modificativa ou extintiva da obrigação

Sem reabrir discussão sobre o conteúdo da sentença, fatos posteriores à condenação podem afetar o direito do credor, impedindo-lhe a execução, ou modificando-lhe os termos de exigibilidade[95]. Nessa categoria de eventos impeditivos, modificativos ou extintivos, o art. 525,

---

[94] STJ, 2ª T., REsp. 919.308/PR, Rel. Min. Castro Meira, ac. 04.09.2009, *DJe* 18.09.2007). No mesmo sentido: STJ, 1ª T., REsp 667.002/DF, Rel., Min. Luiz Fux, ac. 12.12.2006, *DJU* 26.03.2007, p. 206.

[95] "Se anteriores à sentença, a matéria necessariamente é considerada abrangida pelo decisório" (CARNEIRO, Athos Gusmão. Análise sumária do cumprimento de sentença nos termos da Lei n. 11.232/2005. *Revista Magister de Direito Civil e Processual Civil,* v. 11, p. 85).

§ 1º, VII, elenca o pagamento,[96] a novação, a compensação,[97] a transação[98] ou prescrição, desde que ocorridos posteriormente à sentença. Se anteriores à formação do título executivo, estará preclusa a possibilidade de invocá-los por incompatibilidade com a sentença que os exclui, definitivamente, segundo o princípio do art. 508.

O CPC/2015 excluiu do rol das defesas do executado, a causa *impeditiva da obrigação*, que constava no CPC/1973. Barbosa Moreira já censurava o CPC anterior por não conceber que uma causa superveniente à sentença pudesse se apresentar como "impeditiva da obrigação" nela certificada[99]. É de se reconhecer, porém, que existem eventos que *impedem* a execução singular, sem propriamente extinguir a obrigação.

Por isso, a enumeração do referido dispositivo é vista como exemplificativa, existindo outros casos impeditivos do cumprimento da condenação nos autos em que foi proferida como, por exemplo, a recuperação judicial e a falência do comerciante e a declaração de insolvência do devedor civil.

A ocorrência do fato extintivo do direito do credor deve ser cumpridamente provada, correndo o ônus da prova por inteiro a cargo do devedor impugnante, tendo em vista a presunção legal de certeza e liquidez que ampara o título executivo devidamente formalizado.

Quanto à compensação, só é admissível quando operada com crédito do impugnante que se revista das mesmas características do título do exequente, o que vale dizer que "não é possível admitir-se compensação de dívida líquida e certa por crédito ilíquido ou pendente de apuração judicial"[100]. É de se destacar, outrossim, não mais prevalecer o entendimento do STJ permitindo a compensação dos honorários advocatícios, diante da vedação do art. 85, § 14, do CPC/2015.

Aliás, o Código Civil é expresso em determinar que "a compensação efetua-se entre dívidas líquidas, vencidas e de coisas fungíveis" (art. 369).

---

[96] Com relação ao pagamento, cumpre ressaltar jurisprudência do STJ que entendeu não ser possível impugnar o cumprimento da sentença a esse argumento, se o pretenso pagamento ocorreu antes da formação do título: "Esta Corte tem consagrado o entendimento de que impossível ao devedor impugnar o título judicial com base em pagamento pretensamente ocorrido em fase anterior à formação do título executivo judicial – art. 741, VI, do CPC (REsp n. 871.166/SP, Rel. Min. Luiz Fux, *DJe* 13.11.2008; REsp n. 392.573/RS, Rela. Mina. Eliana Calmon, DJ 5.8.2002; REsp n. 269.403/SP, Rel. Min. José Arnaldo da Fonseca, DJ 26.3.2001; REsp n. 713.052/PR, Rel. Min. Cesar Asfor Rocha, DJ 29.6.2007)" (STJ, 4ª T., AgRg no Resp. 1.081.870/PR, Rel. Min. Aldir Passarinho Júnior, ac. 24.03.2009, *DJe* 11.05.2009). O entendimento do STJ é firme no sentido de que "em embargos à execução de título judicial, somente se admite a alegação de pagamento posterior à sentença exequenda" (STJ, 3ª T., AgRg no REsp. 849.434/PR, Rel. Min. Sidnei Beneti, ac. 17.06.2010, *DJe* 30.06.2010).

[97] "Embargos de devedor. Compensação. A devedora que não é titular de dívida líquida e vencida não pode pretender a compensação (art. 741, VI, do CPC)" (STJ, 4ª T., Resp. 29.675/SP, Rel. Min. Ruy Rosado de Aguiar, ac. 13.06.1994, *DJU* 01.08.1994, p. 18.653).

[98] "A eventual existência de vícios maculando a transação judicial deve ser discutida em ação própria, pois as matérias suscetíveis de exame em embargos à execução de título judicial são somente aquelas elencadas no art. 741 do Código de Processo Civil" (STJ, 4ª T., Resp. 778.344/RS, Rel. Min. Fernando Gonçalves, ac. 18.11.2008, *DJe* 20.04.2009). "Nos termos do art. 794, inciso II, do Código de Processo Civil, extingue-se a execução quando o devedor obtém, por transação ou por qualquer outro meio, a remissão total da dívida. Todavia, a teor do que dispõe o art. 741, inciso VI, do Estatuto Processual, a transação só obstará a execução se tiver sido celebrada após a prolação da sentença" (STJ, 5ª T., AgRg no Resp. 869.343/RS, Rel. Min. Laurita Vaz, ac. 12.02.2008, *DJU* 03.03.2008, p.1).

[99] "A redação [do inciso VI do art. 475 – L, do CPC/1973] é parcialmente imprópria porque não se concebe a ocorrência *superveniente* de causa *impeditiva* da obrigação: se a sentença reconheceu a existência desta, ou o órgão repeliu a alegação de fato impeditiva, ou tal alegação deixou de ser feita e está preclusa; o que pode configurar-se é alguma causa impeditiva *da execução* singular, não *da obrigação*, como a falência do devedor (Lei n. 11.101 de 09.02.2005, art. 6º)" BARBOSA MOREIRA, José Carlos. *O novo processo civil brasileiro*. 25. ed. Rio de Janeiro: Forense, 2007, p. 199; WAMBIER, Teresa Arruda Alvim. *Primeiros comentários*, cit., 2015, p. 874.

[100] STF, AgRg. no RE 328.812/AM cit., p. 347-348.

Sob outra perspectiva, é de se notar que as causas extintivas da obrigação afetam uma das condições de procedibilidade – a exigibilidade –, cujo desaparecimento, a qualquer tempo, impede o prosseguimento da execução e acarreta a imediata extinção do processo. Trata-se, pois, de perda de condição da ação, cujo conhecimento se impõe de imediato, de ofício ou a requerimento da parte, sem a limitação temporal do prazo de quinze dias previsto no *caput* do art. 525 para impugnação.[101]

VIII – Nulidade da sentença arbitral

Fora do elenco do art. 525, § 1º, é de se lembrar da nulidade da sentença arbitral, que segundo o art. 33, § 3º da Lei n. 9.307/1996, também é matéria arguível em impugnação ao cumprimento do título judicial, ou em ação autônoma[102].

605. ATOS EXECUTIVOS POSTERIORES AO PRAZO LEGAL DA IMPUGNAÇÃO

A irrelevância do prazo do art. 525 manifesta-se não apenas em relação às questões pertinentes aos pressupostos processuais e às condições de procedibilidade *in executivis*, que são naturalmente imunes à preclusão. Muitos são os atos executivos que, de ordinário ocorrem, ou podem ocorrer, depois de escoado o prazo ordinário da impugnação.

Para que não fique o executado privado do contraditório diante de tais atos, ressalva-lhe o § 11 do art. 525 a possibilidade de arguir as questões e os fatos processuais supervenientes ao termo estatuído pelo *caput* do mesmo artigo (assim como as relativas à validade e à adequação da penhora, da avaliação e dos atos executivos subsequentes) por meio de simples petição, em quinze dias contados da ciência do fato ou da intimação do ato. É claro, porém, que esse novo prazo de quinze dias, tal como o da impugnação ordinária, nem sempre pode ser visto como peremptório ou fatal. Se a arguição for de fato extintivo ou impeditivo da própria execução (nulidade absoluta, pagamento, remissão, prescrição intercorrente etc.), lícita será sua suscitação em juízo, a qualquer tempo, enquanto não extinto o processo.

Aliás, prevê o art. 518 do atual Código que todas as questões relativas à validade do procedimento de cumprimento de sentença e dos atos executivos subsequentes poderão ser arguidas pelo executado nos próprios autos e serão decididas pelo juiz. Tal arguição poderá ser feita por meio de simples petição ou por impugnação (art. 525, § 11). O referido art. 518, no dizer de Shimura, tem tudo para fazer as vezes do que a prática forense denominou de *exceção de pré-executividade*[103].

Tratando-se de matéria conhecida dentro do prazo para apresentação da impugnação, recomenda-se que sejam alegadas na impugnação, reservando-se a alegação por petição para as matérias relativas a fatos supervenientes à sua apresentação ou conhecidos após ela. Tratando-se, ainda, de matéria típica de impugnação (matéria de ordem pública), também se recomenda que a arguição seja feita por meio da impugnação. Mas isto não quer dizer que o executado

---

[101] A propósito da compensação, por exemplo, o TJMG decidiu, com acerto, que a ultrapassagem de prazo do art. 475-J é irrelevante: "*In casu*, embora seja intempestiva a impugnação aviada, deve o julgador *a quo* apreciar o pedido de compensação, que pode ser apresentado a qualquer tempo. Nesse sentido, deverá o magistrado analisar se estão presentes os requisitos para a compensação, determinando-a, se preenchidas as seguintes condições: reciprocidade das obrigações; liquidez, exigibilidade e fungibilidade das dívidas (arts. 368 e 369 do CCB)" (TJMG, Proc. n. 1.0701.98.014583-6/001(1). Numeração única: 0145836-72.1998.8.13; Rel. Des. Eduardo Mariné da Cunha; j. em 27.11.2008; publicado em 28.01.2009).

[102] CARNEIRO, Athos Gusmão. *Op. cit.*, p. 85.

[103] SHIMURA, Sergio Seiji. Comentários ao art. 518. *In:* WAMBIER, Teresa Arruda Alvim, DIDIER JR, Fredie; TALAMINI, Eduardo; DANTAS, Bruno. *Breves comentários ao novo Código de Processo Civil*. São Paulo: Ed. Revista dos Tribunais, 2015, p. 1.334.

não possa, por meio de simples petição, arguir matérias de ordem pública pertinentes, p.ex., à validade da execução, na medida em que podem ser conhecidas até mesmo de ofício pelo juiz, a qualquer tempo[104].

Configurado o abuso de direito processual, a violação à boa-fé objetiva, a litigância de má-fé e o ato atentatório à dignidade da justiça, o juiz aplicará as sanções cabíveis, de ofício ou a requerimento do exequente (arts. 772 e 774, parágrafo único).

Das decisões do juiz, na impugnação ou nas questões suscitadas em petição avulsa, cabe agravo de instrumento, salvo quando implicar extinção do processo, hipótese em que o recurso será a apelação[105].

606. O CUMPRIMENTO DA SENTENÇA E A PRESCRIÇÃO

Está sumulado o entendimento do Supremo Tribunal Federal de que, em função da autonomia da execução e da cognição, há duas prescrições distintas: (i) a da pretensão veiculada no processo de conhecimento e (ii) a da execução da condenação obtida na sentença. O prazo a observar, nas duas situações, é, no entanto, o mesmo (Súmula n. 150 do STF).

Em razão da referida autonomia, quando se tratar de obrigação ativa ou passiva da Fazenda Pública, não se aplicará à execução de sentença a redução do prazo prescricional à metade, prevista pelo Decreto n. 20.910/1932. Os cinco anos serão contados por inteiro, tanto para o processo de conhecimento, como para a execução da sentença[106].

Para nenhum efeito, se computará a citação do processo de conhecimento como uma interrupção da prescrição relativa à execução forçada do título judicial. Desse modo, os atos interruptivos acaso ocorridos antes da sentença (todos eles, e não apenas a citação) não têm repercussão sobre a contagem do prazo prescricional originário da pretensão executiva. A esse novo e autônomo prazo de prescrição não se aplica a regra do Decreto n. 20.910/1932 (contagem pela metade)[107] e tampouco a do art. 202 do CC (interrupção apenas uma vez)[108]. O certo é que a prescrição da execução é outra em relação à do processo de conhecimento.

A adoção do sistema de cumprimento da sentença sem depender de ação executiva separada não interfere no regime tradicional que distingue a prescrição aplicável à pretensão condenatória e aquela correspondente à pretensão executiva. Não importa que uma só relação processual se preste ao acertamento do direito do credor (atividade cognitiva) e à realização do mesmo direito (atividade executiva). O que releva notar é o tratamento diferenciado que sempre se dispensou à prescrição de cada uma dessas pretensões.

Ainda que uma única relação processual seja cabível na espécie, lícito não é ao credor formular de início o pedido de execução forçada, por ainda não dispor de título executivo.

---

[104] No caso do art. 803, do CPC/2015, aplicável subsidiariamente ao cumprimento da sentença, que acarreta a nulidade da execução por incerteza, iliquidez ou inexigibilidade da obrigação constante do título executivo; ou por falta de citação do executado, ou, ainda, por instauração do procedimento executivo antes de verificada a condição ou de ocorrido o termo, "a nulidade será pronunciada pelo juiz, de ofício ou a requerimento da parte, independentemente de impugnação" (SHIMURA, Sergio Seiji. Comentários aos art. 518. In: WAMBIER, Teresa Arruda Alvim, et al. Breves Comentários, cit., 2015, p. 1.404).

[105] STJ, 4ª T., REsp 1.698.344/Mg, Rel. Min. Luis Felipe Salomão, ac. 22.05.2018, DJe 01.08.2018.

[106] STJ, 6ª T., AgRg no REsp 1.106.716/RS, Rel. Min. Maria Thereza de Assis Moura, ac. 5.11.2009, DJe 23.11.2009.

[107] Ou seja, não é aplicável na execução "o prazo pela metade para ações ajuizadas contra a Fazenda Pública" (STJ, 6ª T., AgRg no REsp 995.013/RS, Rel. Min. Og Fernandes, ac. 28.9.2010, DJe 25.10.2010. No mesmo sentido: STJ, 6ª T., AgRg no REsp 1.157.535/RS, Rel. Min. Og Fernandes, ac. 2.9.2010, DJe 27.9.2010).

[108] O fato de ter ocorrido interrupção de prescrição durante o processo de conhecimento não impede que a propositura da execução da sentença provoque outra interrupção, desta vez, relativamente à pretensão executiva. Aqui não se aplica, portanto, a regra do art. 202 do CC que só admite uma única interrupção.

Somente depois de a sentença concluir o acertamento do direito do credor é que se tornará viável o início da atividade judicial jussatisfativa. E isto não se dará sem que o credor manifeste a pretensão de que a relação processual transmude sua destinação. Segundo dispõe o art. 513, § 1º do CPC/2015, o cumprimento de sentença apenas se fará mediante requerimento do exequente, de modo que o mandado executivo só será expedido por provocação dele.

O Código, por outro lado, não deixa dúvida de que continuam a existir as duas prescrições sucessivas e distintas: uma, para a pretensão condenatória, e outra, para a pretensão executiva. Tanto é assim que, transformado o procedimento em executivo, admite-se, entre as defesas possíveis contra o cumprimento da sentença transitada em julgado, a *exceção de prescrição*, desde que superveniente ao título judicial (CPC, art. 525, § 1º, VII).[109] Com efeito, a prescrição ocorrida antes do trânsito em julgado da sentença exequenda não pode ser arguida em impugnação ao respectivo cumprimento, sob pena de afronta à própria coisa julgada[110].

Sendo duas as prescrições, não se pode cogitar da ocorrência de efeito interruptivo da citação inicial em relação ao prazo de prescrição da pretensão de executar a sentença, como já se observou acima. O efeito interruptivo da propositura da ação condenatória sobre o prazo de prescrição perdura até o trânsito em julgado da sentença que encerra a fase cognitiva do procedimento complexo. A partir daí nasce a pretensão executiva, cujo prazo é novo, embora quantitativamente igual ao que antes prevaleceu para a pretensão condenatória.[111]

Feitas essas distinções impostas pela nova coligação procedimental entre cognição e execução, em matéria de título judicial, pode-se afirmar que a Súmula n. 150 do STF não se invalidou com o advento do atual mecanismo legal.

Não obstante a concepção do cumprimento do título judicial, como incidente do processo único previsto para certificação e realização do direito do credor, continua persistindo o discernimento entre a pretensão de acertamento e a de execução, de modo a sujeitar cada uma delas a uma prescrição própria e não contemporânea. Primeiro, flui a da pretensão de condenação; depois, a da pretensão de fazer cumprir a respectiva sentença.

Em matéria de prescrição, outro fato importante a ser levado em conta é o da sentença condenatória genérica, já que esta confere certeza ao direito do credor, mas não lhe atribui liquidez, e sem tal requisito não pode haver execução, seja o título judicial ou extrajudicial (art. 783). Logo, enquanto não for definido, no processo de conhecimento, o *quantum debeatur*, não

---

[109] "A ausência de manifestação, no título judicial exequendo, sobre a prescrição, inviabiliza sua análise na fase executiva, sob pena de ofensa à coisa julgada, nos termos do art. 741, VI, do CPC. Precedentes desta Corte" (STJ, 5ª T., AgRg no Res´. 1.073.923/PR, Rel. Min. Jorge Mussi, ac. 18.11.2008, *DJe* 02.02.2009). "1. Prescrição da pretensão indenizatória arguida após o trânsito em julgado da sentença de procedência do pedido na fase de cumprimento de sentença. 2. Ocorrendo o trânsito em julgado da sentença condenatória prolatada em ação indenizatória, surge a eficácia preclusiva da coisa julgada, impedindo o conhecimento até mesmo das matérias de ordem pública, como a prescrição da pretensão indenizatória, na fase de cumprimento de sentença" (STJ, 3ª T., Resp. 1.381.654/RS, Rel. Min. Paulo de Tarso Sanseverino, ac. 05.11.2013, *DJe* 11.11.2013). "Em se tratando de execução fundada em título judicial, somente é possível a arguição, em sede de embargos à execução, da prescrição superveniente à sentença, consoante o disposto no art. 741, VI, do CPC [1973], sob pena de ofensa à coisa julgada" (TRF 1ª Região, AC 0064829-24.2010.4.01.9199/MG, Rel. Juiz Emmanuel Mascena de Medeiros, ac. 17.02.2016, *e-DJF1* 03.03.2016).

[110] STJ, 3ª T., REsp 1.381.654/RS, Rel. Min. Paulo de Tarso Sanseverino, ac. 05.11.2013, *DJe* 11.11.2013.

[111] "1. Incide a prescrição intercorrente, quando o exequente permanece inerte por prazo superior ao de prescrição do direito material vindicado, conforme interpretação extraída do art. 202, parágrafo único, do Código Civil de 2002. 2. O contraditório é princípio que deve ser respeitado em todas as manifestações do Poder Judiciário, que deve zelar pela sua observância, inclusive nas hipóteses de declaração de ofício da prescrição intercorrente, devendo o credor ser previamente intimado para opor algum fato impeditivo à incidência da prescrição" (STJ, 3ª T., REsp. 1.589.753/PR, Rel. Min. Marco Aurélio Bellizze, ac. 17.05.2016, *DJe* 31.05.2016).

se viabilizará o procedimento de cumprimento da sentença, e, por consequência, não começará a fluir o prazo de prescrição da pretensão executiva.

De fato, o processo cognitivo não se encerra com a sentença genérica. Permanece pendente, mesmo após o julgamento de mérito, no aguardo do incidente de liquidação; e enquanto não findar o processo de acertamento, não retomará curso o prazo de prescrição interrompido pela citação – como dispõe o parágrafo único do art. 202 do CC[112]. Assim, nem sempre se pode contar a prescrição da execução a partir do trânsito em julgado da sentença condenatória. Se esta for genérica, a contagem deverá ser feita somente a partir do encerramento do incidente de liquidação, previsto nos arts. 509 a 512 do CPC/2015[113].

É certo, portanto, que não correrá prescrição no intervalo entre o julgamento da ação condenatória e a liquidação da sentença genérica, havendo quem fale num "congelamento" do prazo da prescrição da pretensão executiva, na espécie.[114] Se a demora na ultimação do incidente não conduz, por si só, à prescrição, não se pode, por outro lado, tolerar o abandono do processo pelo credor, por tempo indefinido, visto que não é aceitável transformar em causa de imprescritibilidade da ação de execução, o que, à evidência, é incompatível com o sistema do direito material. Haver-se-á, pois, de admitir a configuração da *prescrição intercorrente*, se a paralisação do processo perdurar, por culpa do credor, por tempo maior do que o lapso prescricional aplicável à espécie, a espécie, a exemplo do que se passa com a execução fiscal arquivada, nos termos do art. 40, § 4º, da Lei 6.830/1980.

Essa prescrição intercorrente não pode, outrossim, ser submetida ao regime do abandono da causa, que só se configura depois de intimação pessoal da parte a dar andamento ao processo, em cinco dias, suprindo a falta causadora da paralisação do feito (art. 485, § 1º). A prescrição não é fenômeno processual, mas sim de direito substancial. Sua configuração é objetiva, formada pela simples soma da inércia da parte com o transcurso do prazo legal. Não há que se cogitar, portanto, de só contar o prazo da prescrição intercorrente a partir do momento em que o autor é intimado a promover a retomada da marcha processual, nos moldes do § 1º do art. 485.

O atual Código, a exemplo do que já previa a Lei de Execução Fiscal (art. 40), quando a execução paralisa por falta de citação do executado ou de bens a penhorar, determina simplesmente que o processo seja suspenso pelo prazo de um ano, findo o qual os autos serão arquivados e, desde então sujeitar-se-á ao regime da "prescrição intercorrente" (CPC/2015, art. 921, §§ 2º,

---

[112] "Doutrina e jurisprudência têm entendido que a liquidação é ainda fase ao processo de cognição, só sendo possível iniciar-se a execução quando o título, certo pelo trânsito em julgado da sentença de conhecimento, apresenta-se também líquido" (STJ-2ª T., AgRg nos EDcl no Ag 1.231.917/PR, Rel. Min. Eliana Calmon, ac. 1.6.2010, *DJe* 17.6.2010).

[113] "A ação de execução prescreve no mesmo prazo da ação de conhecimento, consoante a dicção da Súmula 150/STF". Mas "o lapso prescricional da ação de execução [cumprimento da sentença] só tem início quando finda a liquidação" (STJ-2ª Turma, REsp 1.072.882/SP, Rel. Min. Castro Meira, ac. 20.11.2008, *DJe* 12.12.2008. No mesmo sentido: STJ-2ªT., REsp 543.559/DF, Rel. Min. Eliana Calmon, ac. 14.12.2004, *DJU* 28.2.2005, p. 283; STJ-1ªT., AgRg no Ag 1.418.380/RS, Rel. Min. Arnaldo Esteves Lima, ac. 15.12.2011, *DJe* 02.02.2012; STJ, 1ª T., AgRg no AREsp 186.796/PR, Rel. Min. Napoleão Nunes Maia Filho, ac. 25.6.2013, *DJe* 7.8.2013).

[114] "Trata-se, a rigor, do *congelamento do prazo prescricional* (mais precisamente o do *dies a quo*) quando é necessário transformar em líquido o valor ilíquido da sentença genérica, a fim de que, conjugado com os requisitos da certeza e exigibilidade, a execução possa ser precipitada, homenageando-se a regra da fidelidade da execução do título" (DINAMARCO, Cândido Rangel. *Instituições de Direito Civil*. 4. ed. São Paulo: Malheiros, 2004, v. IV, p. 633). No mesmo sentido: "Doutrina e jurisprudência têm entendido que a liquidação é ainda fase ao processo de cognição, só sendo possível iniciar-se a execução quando o título, certo pelo trânsito em julgado da sentença de conhecimento, apresenta-se também líquido" (STJ, 2ª T., Resp. 543.559/DF, Rel. Min. Eliana Calmon, ac. 14.12.2004, *DJU* 28.02.2005, p. 283); STJ, 1ª T., AgRg no AREsp. 186.796/PR, Rel. Min. Napoleão Nunes Maia Filho, ac. 25.06.2013, *DJe* 07.08.2013; STJ, 1ª T., AgRg no AREsp. 1.418.380/RS, Rel. Min. Arnaldo Esteves Lima, ac. 15.12.2011, *DJe* 02.02.2012; STJ, 2ª Seção, Resp. 1.072.882/SP, Rel. Min. Castro Meira, ac. 20.11.2008, *DJe* 12.12.2008.

4º e 4º-A, estes dois últimos com redação dada pela Lei n. 14.195/2021). Somente depois de ultrapassado o prazo prescricional é que o juiz ouvirá em 15 (quinze) as partes, antes de decretar de ofício a prescrição (§ 5º do art. 921, com redação dada pela Lei n. 14.195/2021). Mas, essa ouvida não é para permitir-lhe a retomada do curso da execução. É simplesmente para que se estabeleça o contraditório em torno da própria prescrição, permitindo que os interessados possam eventualmente arguir algum fato suspensivo ou impeditivo de sua consumação.

Se se permitisse que o exequente simplesmente requeresse alguma medida processual de reavivamento do processo, para só depois começar a fluir o prazo de prescrição, estar-se-ia implantando um regime de verdadeira eternização do impedimento à prescrição. Sem que ato executivo algum fosse levado a efeito, o credor, de tempos em tempos simplesmente requereria novos mandados de penhora, sempre fadados ao insucesso, e nunca se extinguiria o processo, sem ultrapassar nem mesmo o momento inicial da atividade executiva.

A abordagem detalhada do procedimento da decretação da prescrição intercorrente, aplicável tanto ao cumprimento de sentença, como à execução do título extrajudicial, consta dos itens n. 495, 495-A e 496, *retro*.

607. CASOS PARTICULARES DE PRESCRIÇÃO E DECADÊNCIA

I – Ação de repetição do pagamento indevido

Quando a sentença resolve questão ligada à invalidação de cláusula contratual ou do próprio contrato, costumam-se reunir num só processo duas pretensões: a de invalidar o negócio viciado e a de recuperar os pagamentos indevidamente feitos em função do ajuste nulo ou anulado.

Não há no Código Civil a previsão específica do prazo prescricional aplicável à repetição do indébito. Existe, porém, a regra do seu art. 206, § 3º, IV, que estabelece o prazo de três anos para "a pretensão de ressarcimento de enriquecimento sem causa". Seria esta a prescrição aplicável à repetição do pagamento indevido? Ou seria a prescrição decenal genérica do art. 205?

Em diversas hipóteses de repetição de pagamento efetuado com base em cláusula negocial abusiva ou nula, o STJ, inclusive em recursos repetitivos, tem assentado a tese de que, com o reconhecimento judicial da nulidade ou com a invalidação promovida em juízo, *desaparece a causa lícita do pagamento*, caracterizando, assim, *o enriquecimento indevido daquele que o recebeu*.

Nessa perspectiva, o enriquecimento sem causa, visto mais como um princípio do que como um instituto, abrange, para efeito prescricional, a pretensão de recuperação do pagamento realizado em função do negócio ou cláusula invalidados. Por conseguinte, a pretensão de reconhecimento de nulidade de cláusula de reajuste de preço, constante de determinado contrato – como *v. g.* o de plano de saúde, com a consequente repetição do indébito –, corresponde a *ação fundada no enriquecimento sem causa*, de modo que o prazo prescricional a aplicar é o trienal de que trata o art. 206, § 3º, IV, do CC.[115]

Para a aplicação da prescrição própria do enriquecimento sem causa, na espécie, não importa que a ação seja declaratória (de nulidade), insuscetível de prescrição, ou constitutiva (de nulidade), sujeita a prazo decadencial, visto que, a respeito da repetição do pagamento indevido, a pretensão é de natureza condenatória. A qualquer tempo, o requerimento do

---

[115] STJ, 2ª Seção, REsp. 1.361.182/RS, Rel. p. acórdão Min. Marco Aurélio Bellizze, ac. 10.08.2016, *DJe* 19.09.2016. A mesma tese foi aplicada à cláusula que abusivamente imputava ao promissário comprador a obrigação de pagar comissão de corretagem ou de serviço de assistência técnico-imobiliária (SATI), ou atividade congênere. Também aqui, em caráter uniformizador da jurisprudência, foi fixada a tese da incidência da prescrição trienal própria da pretensão de ressarcimento do enriquecimento sem causa (Código Civil, art. 206, § 3º, IV) (STJ, 2ª Seção, REsp. 1.551.956/SP, Rel. Min. Paulo de Tarso Sanseverino, ac. 24.08.2016, *DJe* 08.09.2016).

contratante de reconhecimento da cláusula contratual abusiva ou ilegal poderá ser deduzido em juízo. "Porém, sua pretensão condenatória de repetição do indébito terá que se sujeitar à prescrição das parcelas vencidas no período anterior à data da propositura da ação, conforme o prazo prescricional aplicável", como ressaltado no REsp 1.361.182/RS, pela 2ª Seção do STJ.

O que prevalece para o STJ, portanto, é o entendimento de que:

"Tanto os *atos unilaterais* de vontade (promessa de recompensa, arts. 854 e ss.; gestão de negócios, arts. 861 e ss.; pagamento indevido, arts. 876 e ss.; e o próprio enriquecimento sem causa, arts. 884 e ss.) como os *negociais,* conforme o caso, comportam o ajuizamento de ação fundada no enriquecimento sem causa, cuja pretensão está abarcada pelo *prazo prescricional trienal previsto no art. 206, § 3º, IV, do Código Civil de 2002*" (g.n.).[116]

Uma última observação: mesmo que a ação de repetição do indébito, decorrente de cláusula contratual abusiva ou nula, tenha sido ajuizada e julgada sem infringir o prazo trienal de prescrição, é preciso estar atento ao posterior prazo de prescrição da pretensão executiva, aplicável ao cumprimento da sentença condenatória (CPC/2015, art. 525, § 1º, VII). Se o credor, após o trânsito em julgado da decisão que reconheceu o seu direito à repetição do pagamento indevido permanecer inerte, deixando de requerer a instauração da fase executiva do processo (CPC/2015, art. 523, *caput*), a pretensão ao cumprimento da sentença se extinguirá em três anos. É bom ter sempre em mente que, a partir da *res iudicata*, "prescreve a execução no mesmo prazo de prescrição da ação" (Súmula 150 do STF) (ver, retro, o item 579).

II – Ação de anulação da fiança prestada sem outorga conjugal

Prevê a lei material que um cônjuge não pode prestar fiança, sem autorização do outro, exceto no regime da separação absoluta (CC, art. 1.647, III). A ação anulatória, *in casu*, é exercitável pelo cônjuge prejudicado ou por seus herdeiros, no prazo decadencial de dois anos contados do término da sociedade conjugal (CC, arts. 1.649 e 1.650).

Sobre o tema, especialmente quanto ao prazo decadencial, a jurisprudência do STJ fixou os seguintes posicionamentos:[117]

a) "O legislador, projetando as graves consequências patrimoniais do cônjuge prejudicado, fixou o prazo de 2 anos – que será contabilizado após o encerramento do matrimônio – para questionar a invalidade da fiança firmada sem a devida outorga conjugal (CC, art. 1.649)";

b) "A outorga possui significativa relevância para a validade do ato negocial, se realizado com pessoa casada. Até porque o intuito do legislador não é só a tutela patrimonial do casal, mas também busca preservar a convivência entre os cônjuges. Por isso, estende o prazo para 2 anos após o encerramento do vínculo matrimonial, pois se assim não fosse, poderia ocasionar um abalo na *affectio maritalis*";

c) "A codificação civil expressamente prevê que o ajuizamento da ação de anulabilidade da fiança prestada sem a outorga conjugal será deflagrado apenas, e tão somente, pelo outro cônjuge, ou, com o seu falecimento, pelos herdeiros – como legitimado sucessivo";

---

[116] STJ, 2ª Seção, REsp. 1.361.182/RS, cit.

[117] STJ, 4ª T., REsp. 1.273.639/SP, Rel. Min. Luis Felipe Salomão, ac. 10.03.2016, *DJe* 18.04.2016.

d) "Entende-se, portanto, que o prazo decadencial de 2 anos, estipulado inicialmente para o consorte prejudicado, reflete-se também nos herdeiros que, no lugar daquele, buscará a anulabilidade de um ato negocial defectível";

O regime de anulabilidade da fiança previsto nos arts. 1.647, III e 1.649, do CC não se aplica à união estável, por razões que têm sido ressaltadas pelo STJ:[118]

a) "Não é nula nem anulável a fiança prestada por fiador convivente em união estável sem a outorga uxória do outro companheiro. Não incidência da Súmula n. 332/STJ à união estável";[119]
b) "Mostra-se de extrema relevância para a construção de uma jurisprudência consistente acerca da disciplina do casamento e da união estável saber, diante das naturais diferenças entre os dois institutos, quais os limites e possibilidades de tratamento jurídico diferenciado entre eles";
c) "Toda e qualquer diferença entre casamento e união estável deve ser analisada a partir da dupla concepção do que seja casamento – por um lado, ato jurídico solene do qual decorre uma relação jurídica com efeitos tipificados pelo ordenamento jurídico, e, por outro, uma entidade familiar, dentre várias outras protegidas pela Constituição";
d) "Assim, o casamento, tido por entidade familiar, não se difere em nenhum aspecto da união estável – também uma entidade familiar –, porquanto não há famílias timbradas como de "segunda classe" pela Constituição Federal de 1988, diferentemente do que ocorria nos diplomas constitucionais e legais superados. Apenas quando se analisa o casamento como ato jurídico formal e solene é que as diferenças entre este e a união estável se fazem visíveis, e somente em razão dessas diferenças entre casamento – ato jurídico – e união estável é que o tratamento legal ou jurisprudencial diferenciado se justifica";
e) "A exigência de outorga uxória a determinados negócios jurídicos transita exatamente por este aspecto em que o tratamento diferenciado entre casamento e união estável é justificável. É por intermédio do ato jurídico cartorário e solene do casamento que se presume a publicidade do estado civil dos contratantes, de modo que, em sendo eles conviventes em união estável, hão de ser dispensadas as vênias conjugais para a concessão de fiança".

608. IMPEDIMENTO OU SUSPEIÇÃO DO JUIZ

A incompetência absoluta ou relativa do juízo da execução é arguível no bojo da impugnação ao cumprimento da sentença (CPC/2015, art. 525, § 1º, VI).

No tocante à alegação de impedimento e suspeição do juiz, o atual Código determina que ela deve observar o disposto nos arts. 146 e 148, ou seja, essa matéria deve ser alegada por meio do incidente próprio, e não por meio da impugnação.[120]

---

[118] STJ, 4ª T., REsp. 1.299.866/DF, Rel. Min. Luis Felipe Salomão, ac. 25.02.2014, *DJe* 21.03.2014.
[119] Súmula 332/STJ: "a fiança prestada sem autorização de um dos cônjuges implica a ineficácia total da garantia".
[120] CPC/2015, art. 146: "no prazo de 15 (quinze) dias, a contar do conhecimento do fato, a parte alegará o impedimento ou a suspeição, em petição específica dirigida ao juiz do processo, na qual indicará o fundamento da recusa, podendo instruí-la com documentos em que se fundar a alegação e com rol de testemunhas".

609. EXECUTADOS COM DIFERENTES PROCURADORES

Havendo, no mesmo processo, mais de um executado com diferentes procuradores, de escritórios de advocacia distintos, o prazo para impugnação ao cumprimento da sentença será contado em dobro, por remissão expressa do art. 525, § 3º ao art. 229, ambos do CPC/2015[121].

610. REGRA ESPECIAL PARA A IMPUGNAÇÃO POR EXCESSO DE EXECUÇÃO, NO TOCANTE A OBRIGAÇÃO DE QUANTIA CERTA

Para que o executado seja ouvido, quando sua impugnação acuse excesso de execução (CPC/2015, art. 525, § 1º, V), é indispensável que a afirmação de estar o exequente a exigir quantia superior à resultante da condenação seja acompanhada da declaração imediata de qual o valor que entende correto, mediante apresentação de demonstrativo discriminado e atualizado do seu cálculo (art. 525, § 4º).

Não sendo apontado pelo executado o valor que entende correto, nem sendo apresentado o demonstrativo da dívida, a impugnação será liminarmente rejeitada, nos termos do § 5º do art. 525, se: *(i)* o único fundamento da impugnação for o excesso de execução; ou *(ii)* havendo outra alegação, a impugnação será processada, mas o juiz não examinará a alegação de excesso de execução.

611. O PROBLEMA DA ILIQUIDEZ DA SENTENÇA

Se a sentença é genérica, não é admissível pretender seu cumprimento sem que antes tenha sido apurado o *quantum* devido, o que haverá de ser definido segundo o procedimento previsto nos arts. 509 a 512 do CPC/2015.[122]

A iliquidez pode ser arguida tanto diante de sentença contra particular como contra a Fazenda Pública (arts. 535, II e 917, I) por meio de impugnação formal ao cumprimento da sentença (art. 525, § 1º, III), o que, entretanto, não quer dizer que essa arguição somente seja possível através daquele remédio impugnativo. É que a certeza, liquidez e exigibilidade são requisitos que se apresentam como condições de procedibilidade *in executivis* (art. 783), razão pela qual é juridicamente impossível qualquer execução quando a obrigação retratada no título extrajudicial ou na sentença não se revista de tais requisitos. E se assim é, a iliquidez configura tema apreciável a qualquer tempo ou fase do processo executivo, seja por provocação da parte, seja por iniciativa do juiz, *ex officio* (art. 485, § 3º). Daí por que não é lícito ao juiz escusar-se de examinar a iliquidez arguida pelo executado, remetendo a questão para embargos ou para a impugnação formal do art. 525, § 1º.

Coerente com essa natureza da matéria, o Código declara nula a execução quando o título não corresponder à obrigação certa e líquida (art. 803). Tratando-se, portanto, de nulidade expressamente cominada, representa *vício fundamental* do título, podendo ser "pronunciada pelo juiz, de ofício ou a requerimento da parte, independentemente de embargos à execução" (art. 803, parágrafo único). Nesse sentido já era a jurisprudência pacificada do STJ: a nulidade pode

---

[121] Não só o prazo para impugnação será contado em dobro para os coexecutados representados por advogados distintos, mas também o prazo para pagamento da dívida exequenda (STJ, 4ª T., REsp 1.693.784/DF, Rel. Min. Luis Felipe Salomão, ac. 28.11.2017, DJe 05.02.2018).

[122] "(...) Não há como aplicar, na fase de cumprimento de sentença, a multa de 10% (dez por cento) prevista no art. 475-J do CPC/1973 (atual art. 523, § 1º, do CPC/2015) se a condenação não se revestir da liquidez necessária ao seu cumprimento espontâneo. 6. Configurada a iliquidez do título judicial exequendo (perdas e danos e *astreintes*), revela-se prematura a imposição da multa do art. 475-J do CPC/1973, sendo de rigor o seu afastamento" (STJ, 3ª T., REsp 1.691.748/PR, Rel. Min. Ricardo Villas Bôas Cueva, ac. 07.11.2017, DJe 17.11.2017).

ser arguida "independentemente de embargos do devedor, assim como pode e cumpre ao juiz declarar de ofício a inexistência de seus pressupostos formais contemplados na Lei Processual Civil".[123] Para tanto, como é óbvio, basta uma "simples petição" do executado, já que o assunto é apreciável, de ofício, a todo tempo e em qualquer grau de jurisdição[124].

Se se pode arguir a iliquidez do título por simples petição, é claro que também se pode fazê-lo por meio do incidente que a prática forense intitulou de *exceção de pré-executividade* (*rectius*: "objeção de não executividade")[125].

Entre os casos de iliquidez se inclui o da sentença que condena ao pagamento de quantia certa, prevendo, todavia, a exclusão ou compensação de créditos do réu cujo montante não foi ainda acertado. Dessa maneira, o próprio crédito do autor, embora certo em parte, se tornou ilíquido em sua expressão final. Não seria admissível, por conseguinte, a execução com base no valor certo constante da sentença, relegando a apuração dos valores dedutíveis para os embargos do devedor. A hipótese é, sem dúvida, de sentença ilíquida, cuja exequibilidade somente se configurará após o procedimento liquidatório dos arts. 509 a 512, indispensável na espécie. Por isso, a execução quando iniciada antes da obrigatória liquidação, se contaminará da nulidade prevista no art. 803, cuja arguição e decretação independem de embargos ou de impugnação formal nos termos do art. 525, § 1º.

Em suma: a iliquidez da obrigação exequenda tanto pode ser alegada em embargos à execução, como em impugnação formal ao cumprimento da sentença ou em simples petição, bem como através de exceção de pré-executividade. Pode, ainda, ser reconhecida de ofício pelo juiz, independentemente de arguição da parte.

611.1. Não é ilíquida a sentença omissa quanto aos juros e correção monetária

Dispõe o art. 322 do CPC que o pedido, que irá definir o objeto do processo, deve ser certo. Mas há verbas legais que se contemplam na sentença independentemente de requerimento da parte. É o que se passa com os juros legais e a correção monetária, que a lei considera compreendidos no principal, assim como as verbas sucumbenciais, inclusive os honorários advocatícios (§ 1º do art. 322). Previsão semelhante se encontra no direito material: "responde o devedor pelos prejuízos a que sua mora der causa, mais juros, atualização dos valores monetários segundo índices oficiais regularmente estabelecidos e honorários de advogado" (Código Civil, art. 395).

Por isso, mesmo quando a sentença não se pronuncie sobre esses complementos da dívida principal, não se pode tratá-los como excluídos da condenação, e tampouco pode ela ser qualificada como ilíquida, se tais verbas podem ser agregadas por simples cálculo aritmético ao pedido de cumprimento da sentença. E quando for o caso de liquidação, figurarão naturalmente no respectivo procedimento, sem embargo de não previstas na sentença (STF, Súmula 254; STJ, 4ª T., REsp 253.671/RJ, Rel. Min. Sálvio de Figueiredo, ac. 05.09.2000, *DJU* 09.10.2000).[126]

---

[123] STJ, 3ª T., REsp 124.364/PE, Rel. Min. Waldemar Zveiter, ac. 5.12.1997, *DJU* 26.10.1998, p. 113; STJ, 3ª T., REsp 3.264/PR, Rel. Min. Nilson Naves, ac. 28.6.1990, *DJU* 18.2.1991, p. 1.034.

[124] STJ, 4ª T., REsp 39.268/SP, Rel. Min. Barros Monteiro, ac. 13.11.1995, *DJU* 29.4.1996, p. 13.421; STJ, 3ª T., REsp 3.079/MG, Rel. Min. Cláudio Santos, *DJU* 10.9.1990, p. 9.126. Conf. também RSTJ 40/447.

[125] STJ, 3ª T., REsp 124.364/PE, Rel. Min. Waldemar Zveiter, ac. 5.12.1997, *DJU* 26.10.1998, p. 113; STJ, 4ª T., REsp 475.632/SC, Rel. Min. Aldir Passarinho Jr., ac. 6.5.2008, *DJU* 26.5.2008; STJ, 1ª T., REsp 435.372/SP, Rel. Min. Luiz Fux, *DJU* 9.12.2002, p. 299.

[126] "Resta saber se o juiz pode fixar os juros legais, ainda que estes não tenham sido requeridos pelo credor. A resposta deve ser afirmativa. À primeira vista, tal resposta pareceria conflitar com algumas normas processuais. De fato, dispõe o art. 324 do CPC que o pedido deve ser certo ou determinado (...). Entretanto, tal fato não ocorre, pois o próprio CPC prevê no art. 322, § 1º, que compreende-se no principal os *juros legais, a correção monetária* e *as verbas sucumbenciais*, inclusive os honorários advocatícios. Portanto, os juros legais (moratórios

612. AS DECISÕES HOMOLOGATÓRIAS DE AUTOCOMPOSIÇÃO E A DEFESA DO EXECUTADO

"Os atos de disposição de direitos, praticados pelas partes ou por outros participantes do processo e homologados pelo juízo, bem como os atos homologatórios praticados no curso da execução, estão sujeitos à anulação, nos termos da lei" (CPC/2015, art. 966, § 4º).

Assim, as decisões que homologam a autocomposição, sem apreciar o mérito do negócio jurídico avençado entre as partes, não tornam esse mesmo negócio passível de ação rescisória. Suas eventuais anulação ou resolução haverão de ser demandadas em ação ordinária, como se passa com os atos jurídicos em geral. Mesmo assim, o CPC/2015 considera título judicial esse tipo de decisão (art. 515, II e III). Sendo assim, a execução forçada não ensejará ao devedor defender-se amplamente para tentar a eventual invalidação da decisão de autocomposição por meio de embargos ou de impugnação ao cumprimento da sentença homologatória. A defesa do executado, no bojo da execução, ou de seus incidentes, não poderá ir além das matérias arguíveis contra os títulos judiciais (arts. 525, § 1º e 535). Os vícios da autocomposição, quaisquer que sejam eles, deverão ser discutidos na ação ordinária de que fala o § 4º do art. 966, e nunca em sede de oposição à execução.[127]

613. PROCEDIMENTO DA IMPUGNAÇÃO

A impugnação – a exemplo do que se admitia nas chamadas *exceções de pré-executividade* ou *objeção de não-executividade* – manifesta-se por meio de simples petição no bojo dos autos. Não se trata de petição inicial de ação incidental, como é o caso dos embargos à execução de título extrajudicial. Por isso, não há citação do credor e nem sempre se exige autuação apartada. Cumpre-se, naturalmente, o contraditório, ouvindo-se a parte contrária através de seu advogado e permitindo-se provas necessárias à solução da impugnação.

614. EFEITO DA IMPUGNAÇÃO

De ordinário a impugnação não tem efeito suspensivo, de modo que "não impede a prática dos atos executivos, inclusive os de expropriação" (CPC/2015, art. 525, § 6º). Os atos executivos prosseguem, destarte, em sua sequência normal.

Se o juiz considerar que os fundamentos da impugnação são relevantes e que o prosseguimento da execução seja manifestamente suscetível de causar ao executado dano grave e de difícil ou incerta reparação, poderá atribuir-lhe efeito suspensivo (art. 525, § 6º).

São necessários, pois, os seguintes requisitos para obtenção do efeito suspensivo: *(i)* requerimento do executado; *(ii)* garantia do juízo com penhora, caução ou depósito suficientes; *(iii)* relevância dos fundamentos do executado; *(iv)* possibilidade de que o prosseguimento da

---

ou compensatórios) podem ser fixados *independentemente de requerimento do credor*" (g.n.) (OLIVEIRA, José Maria Leoni de. *Direito civil – obrigações*. 3. ed. Rio de Janeiro: Forense, 2019, VitalBook file). "Tais institutos são meros consectários legais da condenação", de sorte que podendo ser aplicados de ofício, não se pode, a seu respeito, cogitar de "julgamento *extra petita*" e tampouco de "ocorrência de preclusão consumativa" (STJ, 2ª T., AgInt no REsp 1.353.317/RS, Rel. Min. Og Fernandes, ac. 03.08.2017, *DJe* 09.08.2017. No mesmo sentido: STJ, 3ª Seção, AgInt na ExAR 3.955/CE, Rel. Min. Nefi Cordeiro, ac. 11.12.2019, *DJe* 16.12.2019).

[127] STJ – 2ª T., AgRg no REsp 693.376/SC, Rel. Min. Humberto Martins, ac. 18.06.2009, *DJe* 01.07.2009; STJ, 3ª T., REsp 187.537/RS, Rel. Min. Ari Pargendler, ac. 23.11.2000, *DJU* 05.02.2001, p. 99.

execução cause ao executado grave dano de difícil ou incerta reparação. É preciso, para obtenção do favor legal, que concorram cumulativamente todos os requisitos aludidos.[128]

A concessão judicial do efeito suspensivo, como se vê, depende da observância dos requisitos da tutela cautelar: a) o *fumus boni iuris*, decorrente da relevância dos fundamentos da arguição; e b) o *periculum in mora*, representado pelo risco de dano grave e de difícil ou incerta reparabilidade.

A suspensão provocada pela impugnação não impedirá a efetivação dos atos de substituição, de reforço ou de redução da penhora e de avaliação de bens (art. 525, § 7º). O efeito suspensivo não impede, portanto, o andamento dos atos de execução, que devem prosseguir até o momento anterior à expropriação. Trata-se de "acelerar, na medida do possível, o cumprimento da sentença".[129]

Pode, ainda, o efeito suspensivo ser *parcial*, ou seja, dizer respeito apenas a parte do objeto da execução (art. 525, § 8º). Nesse caso, a execução prosseguirá normalmente quanto à parte restante, até seu exaurimento[130].

Havendo litisconsórcio passivo, a concessão do efeito suspensivo à impugnação deduzida por um dos executados não tem o condão de suspender a execução contra os que não impugnaram, desde que o fundamento diga respeito exclusivamente ao impugnante (art. 525, § 9º).

Mas, ainda que seja atribuído efeito suspensivo à impugnação, é lícito ao exequente requerer o prosseguimento da execução, oferecendo e prestando, nos próprios autos, caução suficiente e idônea a ser arbitrada pelo juiz (art. 525, § 10). Com isto, a tutela cautelar antes favorável ao executado impugnante passa a atuar em benefício do exequente, o qual, mediante adequada caução, terá condições de levar a execução até a final expropriação dos bens penhorados.

615. INSTRUÇÃO PROBATÓRIA

Em regra, as matérias arguíveis na impugnação (CPC/2015, art. 525, § 1º) são apenas de direito ou, envolvendo fatos, comprovam-se por documentos. Assim, logo após a manifestação do executado, será aberta vista para o exequente, que poderá responder no prazo que lhe assinar o juiz, levando em conta a maior ou menor complexidade do ato (art. 218). Silenciando-se o ato judicial a respeito do prazo de resposta, poderia ser de cinco dias (art. 218, § 3º). No entanto, é mais aconselhável que se confira o prazo de 15 dias ao exequente para responder a impugnação, tendo em conta que este foi o que teve o executado para produzir a impugnação. Com isto, manter-se-á o tratamento igualitário das partes e respeitar-se-á o parâmetro da resposta aos embargos do devedor nas execuções de título extrajudicial (art. 920, I).[131]

---

[128] "Dentro da nova sistemática de cumprimento das sentenças fixada pela Lei n. 11.232/2005, que inseriu, entre outros, o art. 475-M no CPC [art. 525, § 6º, do CPC/2015], o próprio juiz pode suspender a execução, bastando, para tanto, que o executado comprove a presença dos requisitos legais" (STJ, 3ª T., MC 13.208/PR, Rel. Min. Nancy Andrighi, ac. 04.09.2007, *DJU* 24.09.2007, p. 286).

[129] ASSIS, Araken de. *Manual da execução*. 18. ed. revista, atualizada e ampliada, São Paulo: Editora Revista dos Tribunais, 2016, n. 602, p. 1682.

[130] "Ocorre que, tratando-se de impugnação parcial ao cumprimento de sentença, é direito da parte exequente prosseguir com os atos executórios sobre a parte incontroversa da dívida, inclusive com realização de penhora, nos termos do que dispõe o art. 525, § 6º, do CPC/2015. Com efeito, por se tratar de quantia incontroversa, não há razão para se postergar a execução imediata, pois, ainda que a impugnação seja acolhida, não haverá qualquer modificação em relação ao valor não impugnado pela parte devedora" (STJ, 3ª T., REsp. 2.077.121/GO, Rel. Min. Marco Aurélio Bellizze, ac. 08.08.2023, *DJe* 15.08.2023).

[131] "Apresentada impugnação terá o exequente prazo idêntico – de quinze dias – para apresentar resposta, seguindo-se sumária instrução, se necessária" (CARNEIRO, Athos Gusmão. Análise sumária do cumprimento de sentença nos termos da Lei n. 11.232/2005. *Revista Magister de Direito Civil e Processual Civil*, v. 11, p. 84).

Em casos especiais, em que se evidenciar a necessidade de apuração fática de dados arguidos na impugnação, o juiz poderá determinar a diligência instrutória adequada. Não se pode, porém, abrir uma ampla instrução probatória, porque não se está numa ação cognitiva incidental, como são os embargos de devedor manejáveis apenas contra os títulos extrajudiciais. O conteúdo do título judicial já se encontra acertado definitivamente pela sentença exequenda, pelo que descabe reabrir debate a seu respeito na fase de cumprimento do julgado. O incidente, por isso, há de ser processado de maneira sumária e, sem maiores delongas, dirimido. É claro, porém, que haverá de se assegurar, na medida do possível, o contraditório e a ampla defesa garantidos constitucionalmente, dentro dos limites das questões de mérito, cuja solução se enquadre nos permissivos do art. 525, § 1º.

616. JULGAMENTO DA IMPUGNAÇÃO. RECURSO CABÍVEL

O julgamento da impugnação se dá por meio de decisão interlocutória quando rejeitada a defesa. O recurso cabível será o agravo de instrumento (CPC/2015, art. 1.015, parágrafo único). Se for acolhida a arguição, para decretar a extinção da execução, o ato é tratado pela lei como sentença (CPC/2015, art. 203, § 1º), desafiando, portanto, o recurso de apelação (art. 1.009, *caput*). Por outro lado, mesmo sendo acolhida a defesa, se o caso não for de extinção da execução, mas apenas de alguma interferência em seu objeto ou em seu curso, o recurso a manejar será o agravo de instrumento[132].

Caso, porém, a impugnação tenha sido processada e julgada como embargos, e não como incidente, a apelação acaso interposta pelo devedor embargante, consoante jurisprudência do STJ, não pode ser inadmitida pelo tribunal, mesmo que a defesa tenha sido produzida no regime de cumprimento de sentença[133]. A tese era plausível ao tempo em que, por alteração do CPC/1973, se introduziu o regime de cumprimento da sentença como incidente ao processo formador do título judicial. Agora, que o CPC/2015, sem maiores inovações, simplesmente dá seguimento ao regime do Código anterior, não há, em princípio, razão para dar processamento aos equivocados embargos do devedor no bojo do incidente de cumprimento da sentença. O correto será o recebimento de tais embargos como simples impugnação, processando e julgando-o como tal, inclusive para os efeitos recursais.

617. COISA JULGADA NO INCIDENTE DE IMPUGNAÇÃO AO CUMPRIMENTO DE SENTENÇA

A impugnação prevista no art. 525, § 1º comporta, como qualquer oposição à execução forçada, temas tanto de direito material como processual, o que irá influir na formação de coisa

---

[132] "No sistema regido pelo NCPC, o recurso cabível da decisão que acolhe impugnação ao cumprimento de sentença e extingue a execução é a apelação. As decisões que acolherem parcialmente a impugnação ou a ela negarem provimento, por não acarretarem a extinção da fase executiva em andamento, têm natureza jurídica de decisão interlocutória, sendo o agravo de instrumento o recurso adequado ao seu enfrentamento" (STJ, 4ª T., REsp 1.698.344/MG, Rel. Min. Luis Felipe Salomão, ac. 22.05.2018, DJe 01.08.2018. No mesmo sentido: STJ, 1ª T., AgInt no AREsp 711.036/RJ, Rel. Min. Benedito Gonçalves, ac. 21.08.2018, DJe 29.08.2018; STJ, 2ª T., REsp 1.767.663/SP, Rel. Min. Herman Benjamin, ac. 13.11.2018, DJe 17.12.2018).

[133] "Processo civil. Recurso especial. Embargos do devedor opostos sob a égide da Lei n. 11.232/2005 e que não foram recebidos como impugnação (...). 2. (...) a razoabilidade exige que o Direito Processual não seja fonte de surpresas, sobretudo quando há amplo dissenso doutrinário sobre os efeitos da lei nova. O processo deve viabilizar, tanto quanto possível, a resolução de mérito. 3. Na hipótese, tendo em vista que os embargos do devedor não foram recebidos como impugnação, e foram julgados por sentença, o mérito da apelação deve ser analisado pelo Tribunal de origem. 4. Recurso especial conhecido e provido". (STJ. 3ª T., REsp 1.185.390/SP, Rel. Min. Nancy Andrighi; ac. 27.8.2013, DJe 5.9.2013).

julgada formal ou material, conforme as questões concretamente dirimidas no julgamento do incidente[134].

O fenômeno da coisa julgada não é exclusivo do ato judicial denominado sentença, já que sua configuração se prende à natureza das questões decididas e não à forma do ato decisório. O que importa é saber se o pronunciamento judicial enfrentou o debate sobre a obrigação ou a relação de direito material controvertida, ou se apenas se restringiu a problemas de ordem procedimental, como os referentes aos pressupostos de formação válida e desenvolvimento regular do processo, e às condições da ação. Se o juiz conhece de temas ligados à existência, inexistência, modificação ou extinção da obrigação exequenda, sua decisão será de mérito, ainda que pronunciada em caráter incidental, sem a configuração, portanto, de uma verdadeira sentença.

Enfocando-se o rol de defesas arguíveis elencadas no art. 525, § 1º, haverá julgamento de mérito, com formação de coisa julgada material, sempre que se decidir sobre as defesas constantes do inciso VII daquele dispositivo legal (causas modificativas ou extintivas da obrigação, supervenientes à sentença, como pagamento, novação, compensação, transação ou prescrição). As demais impugnações previstas no art. 525, § 1º veiculam defesas apenas de rito, de maneira que a decisão a seu respeito não atinge o mérito do processo e, por isso, apenas geram coisa julgada formal,[135] ainda que sua apreciação tenha ocorrido em sentença.

618. SUSPENSÃO DO CUMPRIMENTO DE SENTENÇA EM VIRTUDE DE RESCISÓRIA

De início, a jurisprudência opôs muita resistência à sustação da força executiva da sentença transitada em julgado, com base em pendência de *ação rescisória*.[136] Desde, porém, que a Lei n. 11.280/2006 alterou o texto do art. 489 do CPC de 1973, a questão mudou de figura, já que passou a ser contemplada em dispositivo expresso a previsão de medida cautelar ou antecipatória de tutela para impedir o cumprimento da sentença rescindenda, "sob os pressupostos previstos em lei" para a concessão das medidas de urgência. O CPC/2015 mantém essa orientação, como se pode ver de seu art. 969: "a propositura da ação rescisória não impede o cumprimento da decisão rescindenda, ressalvada a concessão de tutela provisória".

Diante dessa postura do direito positivo, é hoje inconteste que a ação rescisória pode ser motivo para suspender cautelarmente o cumprimento da decisão rescindenda, desde que adequadamente se demonstrem "a plausibilidade jurídica concernente à rescisória e o *periculum in mora*".[137] A antecipação de tutela, uma vez ocorrentes os seus requisitos legais, também deve ter lugar na ação rescisória, como já vinha há algum tempo sendo reconhecido pelo STJ.[138] Costuma-se, todavia, reclamar maior rigor na aferição dos requisitos ordinariamente exigidos para a tutela antecipatória, quando se trata de suspender os efeitos da sentença passada em julgado.[139] O que o direito contemporâneo positivo deixa evidente é que "não possui a garantia

---

[134] RIBEIRO, Flávia Pereira. *Impugnação ao cumprimento de sentença*. Curitiba: Juruá, 2009, p.129-130.

[135] ABELHA, Marcelo. *Manual de execução civil*. 2. ed. Rio de Janeiro: Forense Universitária, 2007, p. 525 e 531.

[136] Entendia-se que, salvo casos excepcionalíssimos, não seria "razoável presumir-se a existência da aparência do bom direito contra quem tem a seu favor uma coisa julgada obtida em processo de cognição exauriente" (STJ, 3ª Seção, AgRg no AR 3.154/TO, Rel. Min. Laurita Vaz, ac. 11.05.2005, *DJU* 06.06.2005, p. 177).

[137] STJ, 2ª Seção, AgRg. na MC 4.170/SP, Rel. Min. Castro Filho, ac. 10.04.2002, *DJU* 25.08.2003, p. 259.

[138] STJ, 3ª Seção. AgRg na AR 2.995/RS, Rel. Min. Gilson Dipp, ac. 10.03.2004, *DJU* 19.04.2004, p. 151; STJ, AgRg na AR 1.291/SP, Rel. Min. Luiz Fux, ac. 25.08.2004, *DJU* 27.09.2004, p. 174.

[139] "A antecipação dos efeitos da tutela, em tema de ação rescisória, somente é de ser autorizada na presença de excepcionalidade que a justifique" (STJ, 3ª Seção, AgRg na AR 4.580/PE, Rel. Min. Celso Limongi, ac.

constitucional da coisa julgada valor absoluto capaz de opor-se à legitimidade do instituto da ação rescisória ou medida cautelar obstinada a garantir-lhe eficácia".[140] Se é certo que a propositura da ação rescisória, por si só, não impede a execução da sentença impugnada, certo é, também, que as medias de tutela de urgência, quando presentes seus requisitos legais, podem fazê-lo (CPC/2015, art. 969).

14.03.2011, *DJe* 21.03.2011). É que, para autorizá-la, o art. 489 do CPC/1973, exige, além dos pressupostos legais (art. 273 do CPC/1973), a *imprescindibilidade da medida* (STJ, 1ª Seção, AgRg na AR 4.165/RJ, Rel. Min. Humberto Martins, ac. 09.12.2009, *DJe* 18.12.2009. No mesmo sentido: STJ, 3ª Seção, AgRg na AR 4.333/CE, Rel. Min. Napoleão Nunes Maia Filho, ac. 28.10.2009, *DJe* 18.11.2009).

[140] STF, 1ª T., AgRg no Ag 216.676-2/RS, Rel. Min. Octavio Gallotti, ac. 2508.1998, *DJU* 20.11.1998, p. 6.

Tít. III • Cap. XLII – CUMPRIMENTO DA SENTENÇA RELATIVA À OBRIGAÇÃO POR QUANTIA CERTA

Fluxograma n. 20 – Cumprimento definitivo da sentença que reconhece a exigibilidade de obrigação de pagar quantia certa (arts. 523 a 527)

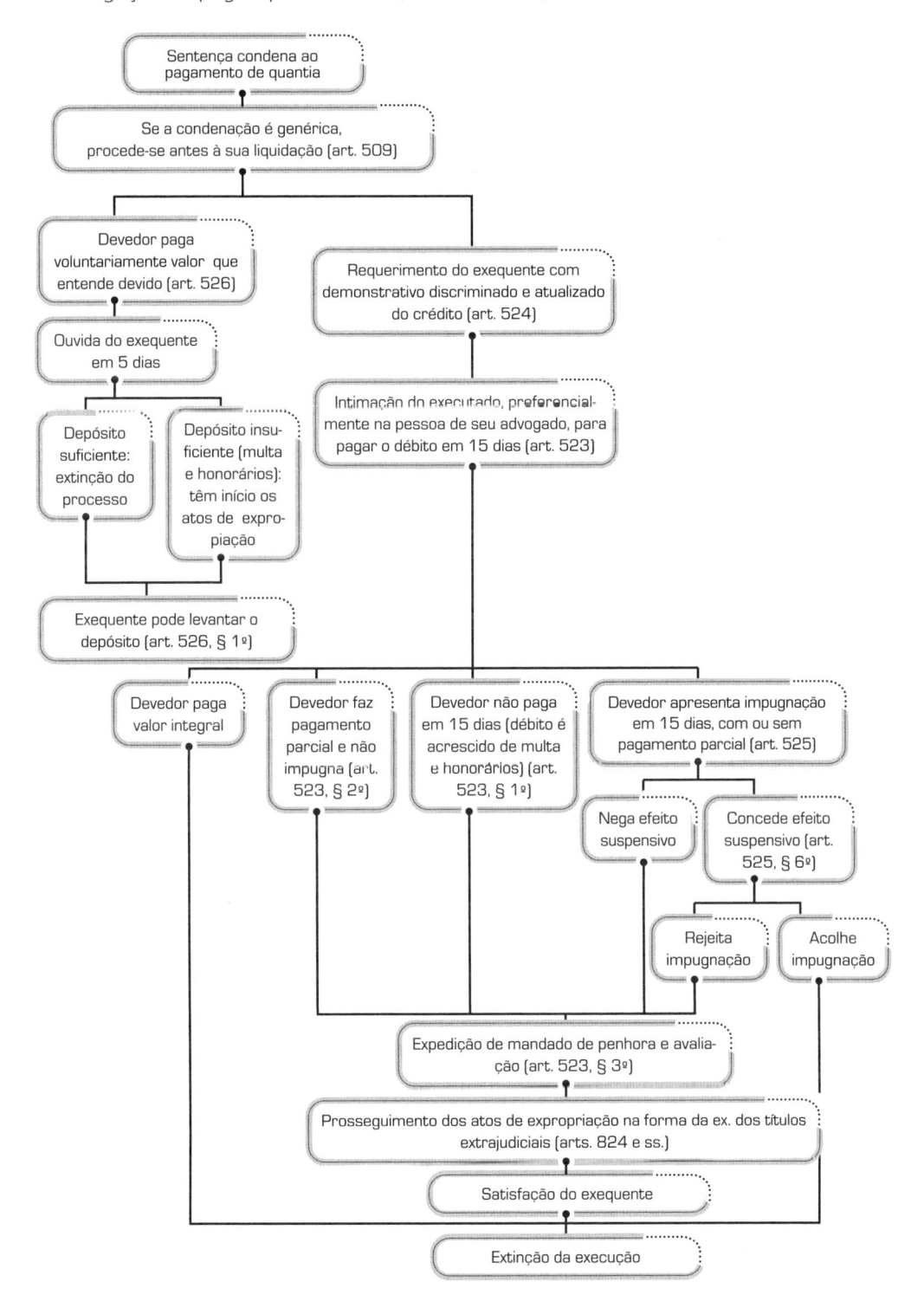

- Sentença condena ao pagamento de quantia
- Se a condenação é genérica, procede-se antes à sua liquidação (art. 509)
- Devedor paga voluntariamente valor que entende devido (art. 526)
  - Ouvida do exequente em 5 dias
    - Depósito suficiente: extinção do processo
    - Depósito insuficiente (multa e honorários): têm início os atos de expropiação
  - Exequente pode levantar o depósito (art. 526, § 1º)
- Requerimento do exequente com demonstrativo discriminado e atualizado do crédito (art. 524)
  - Intimação do executado, preferencialmente na pessoa de seu advogado, para pagar o débito em 15 dias (art. 523)
    - Devedor paga valor integral
    - Devedor faz pagamento parcial e não impugna (art. 523, § 2º)
    - Devedor não paga em 15 dias (débito é acrescido de multa e honorários) (art. 523, § 1º)
    - Devedor apresenta impugnação em 15 dias, com ou sem pagamento parcial (art. 525)
      - Nega efeito suspensivo
      - Concede efeito suspensivo (art. 525, § 6º)
        - Rejeita impugnação
        - Acolhe impugnação
- Expedição de mandado de penhora e avaliação (art. 523, § 3º)
- Prosseguimento dos atos de expropriação na forma da ex. dos títulos extrajudiciais (arts. 824 e ss.)
- Satisfação do exequente
- Extinção da execução

Capítulo XLIII
CUMPRIMENTO DE SENTENÇA QUE RECONHECE A EXIGIBILIDADE DE OBRIGAÇÃO DE PAGAR QUANTIA CERTA PELA FAZENDA PÚBLICA

619. EVOLUÇÃO DA EXECUÇÃO POR QUANTIA CERTA FUNDADA EM SENTENÇA CONTRA A FAZENDA PÚBLICA

No Código anterior, a Lei n. 11.232, de 22.12.2005 já havia substituído a ação de execução de sentença condenatória a prestação de quantia certa por um procedimento complementar incidental denominado "cumprimento da sentença", que se realiza dentro da mesma relação processual em que se pronunciou a condenação (arts. 475-I a 475-R do CPC/1973).

Embora a abolição da ação de execução de sentença separada da ação condenatória tivesse sido adotada como regra para aquele sistema renovado do Código de Processual Civil de 1973, o antigo sistema dual foi preservado para as ações que buscassem impor o adimplemento de prestações de quantia certa ao Poder Público.

Assim, no regime anterior, tais ações, a despeito da sentença de mérito, continuavam sendo o ato pelo qual o órgão judicial "cumpre e acaba o ofício jurisdicional", no processo de conhecimento, tal como dispunha o art. 463, em sua redação anterior à Lei n. 11.232/2005.[1]

Agora, na sistemática do atual CPC, publicada a sentença condenatória contra a Fazenda Pública, não mais se tem por finda a prestação jurisdicional a que se destinava o processo, de modo que, para alcançar medidas concretas de coerção da devedora, com vistas à satisfação do direito reconhecido em juízo, em favor do credor, desnecessário se torna a propositura de uma nova ação – a ação de execução da sentença (*actio iudicati*). Desta feita, enquanto para a codificação anterior se faziam necessárias nova *petição inicial* a ser deduzida em juízo, e nova *citação* da devedora, e a eventual resposta da Fazenda executada deveria se dar por meio de *embargos à execução*, e não por contestação nem por simples impugnação (art. 730, CPC/1973); pelo atual Código, basta a *intimação* do ente público, por seu representante judicial, cuja defesa se processará como incidente de impugnação ao cumprimento de sentença, conforme dispõem os arts. 534 e 535. Tudo se processará e se resolverá dentro da mesma relação jurídica processual em que a sentença foi pronunciada. A atividade cognitiva e a satisfativa desenvolvem-se apenas como *fases* de um mesmo processo; não mais como objeto de dois processos distintos.

620. GENERALIDADES DO CUMPRIMENTO DE SENTENÇA CONTRA A FAZENDA PÚBLICA

I – Execução por quantia certa sem penhora e expropriação

Diferentemente de seu antecessor, o atual Código separa um procedimento específico tanto para o cumprimento de sentença, antes inexistente, quanto para as execuções de título

---

[1] Não tinha cabimento a multa de 10% prevista no art. 475-J, do CPC, em relação à Fazenda Pública, visto que o pagamento, na espécie não poderia ser efetuado no prazo de 15 dias, como queria aquele dispositivo legal, por ser vedado pagamento voluntário em ofensa ao regime dos precatórios (art. 100 da CF) (CARNEIRO, Athos Gusmão. *Cumprimento da sentença civil*. Rio de Janeiro: Forense, 2007, p. 112-113; HOSSNE, Beatriz de Araújo Leite Nacif. Da execução por quantia certa contra a Fazenda Pública: aspectos polêmicos. *Revista de Processo*, v. 216, p. 115, 2013).

extrajudicial contra a Fazenda Pública². No Código de 1973, ambas as hipóteses de título judicial ou extrajudicial davam ensejo ao mesmo procedimento previsto nos arts. 730 e seguintes daquele diploma.³

Entretanto, a despeito da inovação quanto à separação dos procedimentos de acordo com a espécie de título, a sistemática de ambas as codificações é a mesma: não se realiza atividade típica de execução forçada, diante da impenhorabilidade dos bens pertencentes à União, aos Estados e aos Municípios. Não se procede, pois, à expropriação (via penhora e arrematação) ou transferência forçada de bens. O que se tem é a simples requisição de pagamento, feita entre o Poder Judiciário e o Poder Executivo, conforme dispõem os arts. 534, 535 e 910, observada a Constituição Federal (art. 100⁴)⁵.

Na verdade, há tão somente uma *execução imprópria* na espécie, cujo procedimento irá variar em algumas peculiaridades, conforme se trate do valor e da modalidade do título executivo, se judicial ou extrajudicial.

O presente tópico se dedica à primeira modalidade de título executivo. A execução de título extrajudicial foi tratada no Capítulo XXVIII. Assim, se o credor da Fazenda Pública dispuser de um título executivo extrajudicial, deverá observar o procedimento do art. 910, cuja diferença cm relação àquele previsto neste capítulo consiste basicamente: *(i)* na necessidade de *citação* do ente público (e não apenas a *intimação*) e na *(ii)* ampliação da matéria de defesa a ser eventualmente oposta em sede de embargos à execução (art. 910, § 2º). De resto, aplica-se o procedimento previsto nos arts. 534 e 535, por disposição expressa do Código (art. 910, § 3º), examinados no tópico a seguir.

II – Execução de outras obrigações da Fazenda Pública

Cabe destacar que as regras especiais de execução imprópria, via requisitório, tem o objetivo de evitar a expropriação de bens do patrimônio público. Por isso, só se referem à execução por quantia certa, como expressamente dispõem os arts. 534 e 910. Outras hipóteses de execução

---

² Assim como as sociedades de economia mista e as empresas públicas, também os *Conselhos de Fiscalização* não se submetem aos sistemas de execução por precatório (STF, Pleno, RE 938.837/SP – Repercussão Geral – Mérito – Tema 877, Rel. p/ac. Min. Marco Aurélio, ac. 19.04.2017, *DJe* 25.09.2017).

³ "A execução por quantia certa contra a Fazenda Pública pode fundar-se em título executivo extrajudicial" (STJ, 3ª T., REsp 42.774-6/SP, Rel. Min. Costa Leite, ac. de 09.08.94, *RSTJ* 63/435; STJ, 3ª T., REsp 79.222/RS, Rel. Min. Nilson Naves, ac. de 25.11.96, *RSTJ* 95/259; TJSP, Ap. 226.879-2, Rel. Des. Mohamed Amaro, ac. de 19.05.94, *JTJ* 160/107). O entendimento consolidou-se na Súmula n. 279 do STJ (STJ, 1ª T., REsp 456.447/MS, Rel. Min. Luiz Fux, ac. 18.03.2003, *DJU* 02.02.2004, p. 271).

⁴ O art. 100 da CF e seus parágrafos foram alterados pela Emenda Constitucional n. 62, de 09.12.2009. O caput do dispositivo é, atualmente, o seguinte: "Art. 100. Os pagamentos devidos pelas Fazendas Públicas Federal, Estaduais, Distrital e Municipais, em virtude de sentença judiciária, far-se-ão exclusivamente na ordem cronológica de apresentação dos precatórios e à conta dos créditos respectivos, proibida a designação de casos ou de pessoas nas dotações orçamentárias e nos créditos adicionais abertos para este fim."

⁵ A expressão "Fazenda Pública" utilizada pelo art. 534, do CPC/2015, compreende a União, o Estado, o Distrito Federal, o Município e as respectivas autarquias e fundações públicas. "As sociedades de economia mista e as empresas públicas, portanto, ficam fora desse conceito, porque se sujeitam ao regime próprio das empresas privadas, inclusive quanto aos direitos e obrigações civis (CF, art. 173, § 1º, II)" (CAMBI, Eduardo *et al. Curso de processo civil completo*, cit., p. 1.120). As regras específicas da execução contra a Fazenda Pública não alcançam as "entidades paraestatais que possuem personalidade de pessoa jurídica de direito privado" (STF, 2ª T., AI 783.136 AgR/PR, Rel. Min. Eros Grau, ac. 20.04.2010, *DJe* 14.05.2010. No mesmo sentido: STF, Pleno, AI 841.548 – RG/PR, Rel. Min. Cezar Peluso, ac. 09.06.2011, *DJe* 31.08.2011). O STF, entretanto, ressalva a Empresa Brasileira de Correios e Telégrafos (ECT), que, embora seja empresa pública, tem seu patrimônio impenhorável e, assim, se sujeita à execução por precatórios (STF, 1ª T., RE 393.032 AgR/MG, Rel. Min. Carmen Lúcia, ac. 27.10.2009, *DJe* 17.12.2009).

forçada não importam, ordinariamente, na expropriação de bens patrimoniais do devedor inadimplente. Assim, na execução para entrega de coisa certa, ou incerta[6], não há que se cogitar do procedimento dos arts. 534 ou 910, visto que a atividade *jurissatisfativa* se refere, na espécie, a bens do próprio credor e não da Fazenda Pública. Esta, conforme os termos da sentença, tem apenas a posse ou detenção de bens de outrem, competindo-lhe, por isso, restituí-los ao legítimo dono, ou a quem de direito, conforme previsto na sentença.

Aqui, portanto, a execução é feita *in natura*, sem nenhum privilégio, mediante o procedimento normal do art. 538, em se tratando de cumprimento de sentença ou dos arts. 806 e seguintes, que resultará, no caso de recalcitrância do Poder Público, em imissão na posse, se a coisa for imóvel, ou em busca e apreensão, se se tratar de móvel. O mesmo se passa com as obrigações de fazer ou não fazer[7].

III – Execução de obrigações de fazer. Políticas públicas

As sentenças que imponham prestações de fazer cumprem-se de maneira específica, cabendo ao juiz determinar as medidas necessárias à satisfação do exequente. É possível, também, que a tutela específica seja substituída por medida capaz de proporcionar resultado prático equivalente. Esse procedimento, previsto pelo art. 536 do CPC/2015, é aplicável tanto aos particulares como à Fazenda Pública.

Aspectos interessantes se notam quando a sentença importa, em caráter excepcional, intervenção do Judiciário no terreno das políticas públicas a cargo de órgãos integrantes de outros Poderes, possibilidade hoje admitida pacificamente na visão das Cortes Judiciárias Superiores. Exige-se, porém, que se trate de medidas indispensáveis à concretização de direitos fundamentais, fator que se impõe especialmente quando o provimento se insere no *âmbito do mínimo existencial*[8].

Em casos de tal natureza, a sentença, em caráter excepcional, pode impor ao Poder Público a realização de prestações de fazer, cujo cumprimento costuma encontrar sérios obstáculos, seja no plano complexo dos fatos, seja no plano da rigidez do próprio direito público. É que o juiz não conta com a técnica adequada para definir e dimensionar convenientemente as obras a realizar, assim como falta à Administração recursos disponíveis e autonomia executiva, fora dos parâmetros orçamentários, o que, por si só, inviabiliza a implementação da condenação, de imediato ou em curto prazo.

Diante de tais embaraços, a melhor solução é a negocial, por meio da qual se pode, em esforço conjunto, elaborar um projeto exequível dentro das técnicas observáveis na realização de obras públicas e em sua adequação orçamentária. Só assim o empenho dos sujeitos processuais (juiz, partes, Ministério Público), com colaboração de órgãos especializados da Administração e até mesmo com assistência de algum agente do Tribunal de Contas, poderia resultar numa negociação processual por meio da qual se estabeleceria a *convenção de cumprimento da*

---

[6] STJ, 6ª T., AgRg no Ag 1.073.258/DF, Rel. Min. Celso Limongi (Des. Convocado), ac. 19.08.2010, *DJe* 06.09.2010.

[7] STF, Pleno, RE 573.872/RS, Rel. Min. Edson Fachin, ac. 24.05.2017, *DJe* 11.09.2017.

[8] "1. O STJ tem decidido que, ante a demora do Poder competente, o Poder *Judiciário* poderá determinar, em caráter excepcional, a implementação de *políticas públicas* de interesse social – principalmente nos casos em que visem resguardar a supremacia da dignidade humana sem que isso configure invasão da discricionariedade ou afronta à reserva do possível. 2. O controle jurisdicional de *políticas públicas* se legitima sempre que a 'inescusável omissão estatal' na sua efetivação atinja direitos essenciais inclusos no conceito de mínimo existencial. 3. O Pretório Excelso consolidou o posicionamento de ser lícito ao Poder *Judiciário* 'determinar que a Administração Pública adote medidas assecuratórias de direitos constitucionalmente reconhecidos como essenciais, sem que isso configure violação do princípio da separação dos Poderes' (g.n.) (AI 739.151 AgR, Rel. Min. Rosa Weber, *DJe* 11.06.2014, e AI 708.667 AgR, Rel. Ministro Dias Toffoli, *DJe* 10.04.2012)" (STJ, 2ª T., AgInt no REsp 1.304.269/MG, Rel. Min. Og Fernandes, ac. 17.10.2017, *DJe* 20.10.2017).

sentença. Nela, afinal, se avaliaria e se estabeleceria o necessário *plano de trabalho*, bem como se aprovaria o cronograma, tudo a partir de projeto técnico proposto pelo gestor público. Na mesma convenção se estabeleceria o mecanismo de controle das diversas etapas da obra, com definição de deveres e sanções.

Através desse tipo de negociação processual superar-se-ia a verdadeira barreira inviabilizadora, em regra, da execução judicial das medidas relacionadas com políticas públicas. Esse negócio processual estimulado e presidido pelo juiz da execução, funcionaria como algo parecido com o já conhecido "termo de ajustamento de conduta" (TAC), no qual se negocia, por exemplo, o tempo e o modo de cumprir a reparação de um dano coletivo[9].

Daniel Sarmento, a propósito do tema, entende que a atuação isolada do Poder Judiciário na solução de problemas estruturais que demandem a correção ou formulação de políticas públicas complexas não é a resposta mais adequada[10]. "Aliás, no mais das vezes sequer está o julgador preparado, mesmo que bem intencionado, para essa tarefa, já que sua função precípua é compor os conflitos e não administrar a coisa pública"[11]. Daí a procedência da proposição de Sarmento no sentido de se dar preferência às denominadas técnicas processuais mais flexíveis, permeadas pelo diálogo interinstitucional[12]. Para alcançar tal objetivo, presta-se, sem dúvida, o negócio jurídico processual, nas vastas dimensões com que é autorizado pelo art. 190 do CPC de 2015.

Se não se logra chegar a uma solução consensual, resta ao juiz criar um Conselho, de que participem representantes das partes, tecnicamente credenciados e do Ministério Público, além de outros organismos públicos e privados, cuja manifestação se mostrar conveniente, a juízo do magistrado condutor da execução. Esse ente consultivo discutirá as posições contraditórias e, se não conseguir unanimidade, pelo menos indicará qual a posição majoritária que se formou dentro do Conselho, manifestada em relatório do qual constarão as propostas divergentes e os respectivos argumentos. Caberá, enfim, ao juiz definir o plano da execução, se não entender que outras diligências técnicas ainda devam ser cumpridas para melhor deliberação de como pôr em prática o comando da sentença estrutural. Não há um procedimento único e simples para execuções de obrigações por natureza muito complexas. A competência, o zelo e o bom senso do magistrado é que recomendarão os passos da execução estrutural, evitando que a condenação da Administração Pública desague em frustração desmoralizadora da Justiça (sobre a matéria, tratamos também no v. II, de nosso *Curso de Direito Processual Civil*, item 560-A, relativamente à ação civil pública).

IV – Ações estruturais na ótica do STJ e do STF

Segundo importante entendimento do STJ, "para a *adequada resolução* dos litígios estruturais, é preciso que a decisão de mérito seja construída em *ambiente colaborativo e democrático*, mediante a efetiva compreensão, participação e consideração dos fatos, argumentos, possibilidades e limitações do Estado em relação aos anseios da sociedade civil adequadamente representada no processo, por exemplo, pelos *amici curiae* e pela Defensoria Pública na função de *custos vulnerabilis*, permitindo-se que processos judiciais dessa natureza, que revelam as mais profundas mazelas sociais e as mais sombrias faces dos excluídos, sejam utilizados para

---

[9] MACEDO, Elaine Harzhein; RODRIGUES, Ricardo Schneider. Negócios jurídicos processuais e políticas públicas: tentativa de superação das críticas ao controle judicial. *Revista de Processo*, São Paulo, v. 273, p. 85, nov.2017.

[10] SARMENTO, Daniel. *Dignidade da pessoa humana: conteúdo, trajetórias e metodologia*. Belo Horizonte: Fórum, 2016, p. 234-239.

[11] MACEDO e RODRIGUES. *Op. cit.*, p. 87.

[12] SARMENTO. *Op. cit., loc. cit.*

a construção de caminhos, pontes e soluções que tencionem a resolução definitiva do conflito estrutural em sentido amplo"[13] (g.n.).

O STF, em regime de repercussão geral (Tema 698), em caso relacionado com graves problemas vivenciados por grande hospital público, reconheceu a tese de que no processo estrutural deve prevalecer a decisão diretiva, ao invés da puramente impositiva, de modo a orientar o administrador indicando-lhe "as finalidades a serem alcançadas", bem como no fito de "determinar à Administração Pública a apresentação de plano e/ou os meios adequados para alcançar o resultado". Observam Rennan Thamay *et al.* que a decisão da Suprema Corte consagrou o viés colaborativo ou coparticipativo do Poder Judiciário, "na medida em que, afastando-se da imposição pura e simples do dever de agir do gestor público, aponta caminhos e soluções possíveis, bem como estabelece as premissas fundantes do processo dialógico na condução das políticas públicas judicializadas, como é o caso da saúde pública no Estado do Rio de Janeiro"[14]. As conclusões do importante aresto do STF foram assim resumidas:

> "1. Recurso extraordinário, com repercussão geral, que discute os limites do Poder Judiciário para determinar obrigações de fazer ao Estado, consistentes na realização de concursos públicos, contratação de servidores e execução de obras que atendam o direito social da saúde. No caso concreto, busca-se a condenação do Município à realização de concurso público para provimento de cargos em hospital específico, além da correção de irregularidades apontadas em relatório do Conselho Regional de Medicina.
>
> 2. O acórdão recorrido determinou ao Município: (i) o suprimento do déficit de pessoal, especificamente por meio da realização de concurso público de provas e títulos para provimento dos cargos de médico e funcionários técnicos, com a nomeação e posse dos profissionais aprovados no certame; e (ii) a correção dos procedimentos e o saneamento das irregularidades expostas no relatório do Conselho Regional de Medicina, com a fixação de prazo e multa pelo descumprimento.
>
> 3. A saúde é um bem jurídico constitucionalmente tutelado, por cuja integridade deve zelar o Poder Público, a quem incumbe formular – e implementar – políticas sociais e econômicas que visem a garantir, aos cidadãos, o acesso universal e igualitário às ações e serviços para sua promoção, proteção e recuperação"[15].

---

[13] STJ, 3ª T., REsp 1.854.842/CE, Rel. Min. Nancy Andrighi, ac. 02.06.2020, *DJe* 04.06.2020. Cf., também, STJ, 2ª Seção, EDcl no REsp 1.712.163/SP, Rel. Min. Moura Ribeiro, ac. 25.09.2019, *DJe* 27.09.2019.

[14] THAMAY, Rennan; SCREMIN NETO, Ferdinando; PAGANI, Lucas Augusto Gaioski. O controle judicial de políticas públicas a partir do viés colaborativo e coparticipativo. *Revista de Processo*, São Paulo, v. 350, p. 229, abr.2024.

[15] STF, Pleno, RE 684.612/RJ, Rel. p/ac. Min. Roberto Barroso, ac. 03.07.2023, *DJe* 07.08.2023. A propósito de processo estrutural que versava sobre políticas públicas na seara carcerária, o STF destacou que não havia lugar para se falar em indevida quebra dos limites da separação dos poderes. Ou seja: "I - É lícito ao Judiciário impor à Administração Pública obrigação de fazer, consistente na promoção de medidas ou na execução de obras emergenciais em estabelecimentos prisionais. II - Supremacia da dignidade da pessoa humana que legitima a intervenção judicial. III - Sentença reformada que, de forma correta, buscava assegurar o respeito à integridade física e moral dos detentos, em observância ao art. 5º, XLIX, da Constituição Federal. IV - Impossibilidade de opor-se à sentença de primeiro grau o argumento da reserva do possível ou princípio da separação dos poderes. V - Recurso conhecido e provido" (STF, Pleno, RE 592.581/RS, Rel. Min. Ricardo Lewandowski, ac. 13.08.2015, *DJe* 01.02.2016- Tema 220 de Repercussão Geral).

621. PROCEDIMENTO

I – Requerimento do exequente

Não cabe ao juiz promover de ofício a execução de suas sentenças. Incumbe ao credor requerê-la (CPC/2015, art. 513, § 1º). O requerimento de cumprimento da sentença que estabeleça a obrigação da Fazenda Pública por quantia certa deverá ser instruído com demonstrativo discriminado e atualizado do crédito do exequente (CPC/2015, art. 534). Constarão dele os seguintes dados indispensáveis:

a) O nome completo e o número de inscrição no Cadastro de Pessoas Físicas ou no Cadastro Nacional da Pessoa Jurídica do exequente (inc. I);
b) O índice de correção monetária adotado (inc. II);[16]
c) Os juros aplicados e as respectivas taxas (inc. III);[17]
d) O termo inicial e o termo final dos juros e da correção monetária utilizados (inc. IV)
e) A periodicidade da capitalização dos juros, se for o caso (inc. V);
f) A especificação dos eventuais descontos obrigatórios realizados (inc. VI).

Havendo litisconsórcio de exequentes, cada um apresentará o seu próprio demonstrativo (art. 534, § 1º). Nos casos de grande número de credores, será lícito ao juiz limitar o litisconsórcio, se for facultativo, a fim de evitar tumulto processual e assegurar a rápida solução do cumprimento da sentença (art. 113, § 1º). Note-se que o requerimento de desdobramento da execução interrompe o prazo de impugnação, que recomeçará a partir da intimação da decisão que o determinou (art. 113, § 2º).

II – Execução contra a Fazenda Pública no Juizado Especial

Um grande problema prático, verificado principalmente nos Juizados Especiais, tem sido a dificuldade, e às vezes até a impossibilidade, de o credor elaborar o demonstrativo discriminado do crédito exequendo, como previsto no art. 534. A solução alvitrada no juízo do cumprimento de sentença tem sido a de impor à Fazenda Pública devedora o encargo de fazer o cálculo, mesmo porque os dados necessários encontram-se em seu poder. É bom lembrar que, quando se trata de elaboração do demonstrativo com base nos dados em poder do executado, a lei prevê o poder do juiz de requisitá-los, sob cominação do crime de desobediência (art. 524, § 3º). A partir dessa norma geral, o STF decidiu, em consideração aos princípios que regem os Juizados Especiais, e levando em conta, principalmente, as poucas condições econômicas das pessoas que demandam perante tais órgãos jurisdicionais, que é legítima a determinação de

---

[16] A EC 62/2009, que acrescentou o § 12 ao art. 100 da CF, determinava que a atualização dos valores de requisitórios, após sua expedição, até o efetivo pagamento, seria feita pelo índice de remuneração básica da caderneta de poupança. Esse dispositivo, no entanto, foi declarado inconstitucional pelo STF (ADI 4.357/DF, Rel. p/ ac. Min. Luiz Fux, ac. 14.03.2013, *DJe* 26.09.2014). A Res. n. 303/2019 do CNJ, atualmente, estabelece que a correção monetária se faz pelo índice IPCA-E/IBGE, devendo, porém, observar-se, nos períodos anteriores a 26.03.2015, os indexadores então vigentes, os quais se acham enumerados, escalonadamente, no art. 1º e §§, da referida Resolução.

[17] "Na eventual omissão do título exequendo quanto ao percentual de juros de mora, incidirão juros legais..." (Res. n. 303/2019, art. 22, parágrafo único).

que a União faça os cálculos para execução de verbas devidas em ações nas quais for condenada por Juizados Especiais Federais.[18]

Lembrou o Ministro Luiz Fux no referido julgamento que as autoridades fazendárias têm informações relativas aos processos e fazem seu próprio cálculo para verificar se é preciso impugnar os valores apresentados pelo autor. Por outro lado, nos Juizados Especiais, muitas vezes a ação é ajuizada sem advogado, e o autor não tem conhecimento necessário para discriminar juros, correção monetária e outros aspectos necessários para a apuração. Ressaltou que os Juizados Especiais foram criados para julgar ações cíveis de pequeno valor, e assim ampliar o acesso à Justiça e simultaneamente reduzir a duração e os custos do processo. Como as ações muitas vezes têm pessoas hipossuficientes como parte, a inversão da obrigação de apresentar os cálculos para execução seria legítima.

III – Intimação da Fazenda executada

De acordo com o atual Código, a Fazenda será *intimada,* na pessoa de seu representante judicial, por carga, remessa ou meio eletrônico, sem cominação de penhora, isso é, limitando-se à convocação para *impugnar* a execução no prazo de trinta dias (CPC/2015, art. 535)[19].

Pela tipicidade do procedimento, em que a executada não é intimada a pagar a quantia devida, mas apenas a impugnar a execução, dispõe o art. 534, § 2º, que a multa de 10% prevista no § 1º do art. 523 não se aplica às execuções por quantia certa contra a Fazenda Pública.

IV – Expedição do precatório

Não havendo impugnação, ou sendo esta rejeitada, o juiz, por meio do Presidente de seu tribunal superior, expedirá a requisição de pagamento, que tem o nome de *precatório* (art. 535, § 3º, I), ou a *requisição de pequeno valor.* Esta constará de ordem do próprio juiz, dirigida à autoridade citada em nome do ente público na fase de conhecimento do processo (art. 535, § 3º, II).[20]

No primeiro caso, a inclusão da verba no orçamento do ente federado deve observar um procedimento mais rigoroso, ao passo que, no segundo, tem-se uma requisição mais célere. De fato, não se sujeitam ao regime dos precatórios os pagamentos de obrigações definidas em lei como de pequeno valor que a Fazenda Federal, Estadual, Distrital ou Municipal deva fazer em virtude de sentença judicial transitada em julgado (CF, art. 100, § 3º). A requisição de pequeno valor, por sua vez, deve ser paga no prazo de dois meses após a entrega da requisição (art. 535, § 3º, II). Os detalhes sobre o processamento tanto de um quanto de outro são tratados, adiante, no item 627.

---

[18] STF, Pleno, ADPF 219, Rel. Min. Marco Aurélio, ac. 20.05.2021 (Disponível em: https://www.conjur.com.br/2021-mai-20/stf-valida-obrigacao-uniao-calcular-execucao-sentencas-jefs. Acesso em: 5 out. 2021).

[19] Com a abolição da *actio iudicati* e a implantação do sistema de *cumprimento de sentença*, não há mais *citação* da Fazenda Pública para abertura da fase processual executiva das ações em que a pessoa jurídica de direito público é condenada a cumprir alguma prestação patrimonial. Basta a intimação da Procuradoria que a representa no processo.

[20] A expedição do precatório ocorrerá ainda que haja interposição de agravo, recurso especial ou extraordinário, uma vez que não há remessa necessária nas ações de cumprimento de sentença: "A remessa *ex officio*, prevista no art. 475, II, do Código de Processo Civil [de 1973], providência imperativa na fase de conhecimento, sem o que não ocorre o trânsito em julgado da sentença, é descabida em fase de execução de sentença" (STJ, Corte Especial, EREsp. 246.936/SC, Rel. Min. Vicente Leal, ac. 19.12.2002, *DJU* 05.05.2003, p. 207).

V – Créditos de alimentos

Os pagamentos dos créditos constantes de títulos ajuizados contra a Fazenda Pública (Federal, Estadual, Distrital e Municipal) "far-se-ão exclusivamente na ordem cronológica de apresentação dos precatórios e à conta dos créditos respectivos" (CF, art. 100, *caput*).

Não se sujeitam, porém, a essa ordem cronológica os créditos de natureza alimentícia (CF, art. 100, § 1º), compreendendo-se nessa categoria os decorrentes de salários, vencimentos, proventos, pensões e suas complementações, benefícios previdenciários e indenizações por morte ou invalidez, fundadas na responsabilidade civil, em virtude de sentença transitada em julgado (CF, art. 100, § 1º, com a redação da EC n. 62/2009).[21] No entanto, é bom notar que "a exceção prevista no art. 100, *caput*, [atual art. 100, § 1º], da Constituição, em favor dos créditos de natureza alimentícia, não dispensa a expedição de precatório, limitando-se a isentá-los da observância da ordem cronológica dos precatórios decorrentes de condenações de outra natureza" (Súmula n. 655 do STF).

Dentre os créditos alimentares terão preferência para pagamento sobre os demais da mesma natureza, aqueles cujos titulares, originários ou por sucessão hereditária, tenham sessenta anos de idade (CF, art. 100, § 2º, com redação da EC n. 94/2016). Essa preferência prevalece até o valor equivalente ao triplo do montante considerado "pequeno valor", na forma dos §§ 3º e 4º do mesmo dispositivo Constitucional. Permite-se, para esse fim, o fracionamento do precatório, mas destacada a porção equivalente ao triplo do "pequeno valor", o restante será pago na ordem cronológica de apresentação dos precatórios da categoria alimentar (CF, art. 100, § 2º). No âmbito da Fazenda Federal, esse limite corresponde ao triplo de 60 salários mínimos. Em relação às demais Fazendas, enquanto a legislação local não fixar outro teto, o triplo será de 40 salários para os Estados e o Distrito Federal, e de 30 salários para os Municípios ou seja: o teto para credores alimentícios de 60 anos ou mais, ou portadores de doença grave, até que a lei fixe outro, será de 180 salários mínimos para a União, 120 salários mínimos para os Estados e o Distrito Federal, e 90 salários mínimos para os Municípios.

Ainda dentre os créditos de natureza alimentar, terão a mesma preferência do § 2º do art. 100 da CF, aqueles cujos titulares, não importa a idade, sejam portadores de doença grave, ou pessoas com deficiência, definidos na forma da lei. Dessa maneira, a Constituição, após a Emenda n. 62/2009, complementada pela EC 94/2016, criou três graus de preferência a serem observados no cumprimento dos precatórios: *(i)* em primeiro lugar serão pagos os credores alimentícios de 60 anos, os portadores de doença grave e as pessoas com deficiência;[22] *(ii)* em seguida virão os demais credores de verbas alimentícias (inclusive do saldo superveniente ao pagamento do teto previsto para os sexagenários, doentes e deficientes); e *(iii)* por último, serão pagos todos os demais credores.

---

[21] "Os honorários advocatícios, sejam eles contratuais ou sucumbenciais, possuem natureza alimentar. Incluem-se, portanto, na ressalva do art. 100 da Constituição da República. Precedentes do STF e do STJ" (STJ, 2ª T, RMS 12.059/RS, Relª Min.ª Laurita Vaz, ac. de 05.11.2002, *RSTJ* 165/189). Mesmo após a EC n. 30 o STF continua decidindo que, para efeito de precatório, "os honorários advocatícios consubstanciam, para os profissionais liberais do direito, prestação alimentícia" (STF, 1ª T., RE 470.407/DF, Rel. Min Marco Aurélio, ac. 09.05.2006, *DJU* 13.10.2006, p. 51). Nessa linha, foi editada a Súmula Vinculante n. 47, com a seguinte redação: "os honorários advocatícios incluídos na condenação ou destacados do montante principal devido ao credor consubstanciam verba de natureza alimentar cuja satisfação ocorrerá com a expedição de precatório ou requisição de pequeno valor, observada ordem especial restrita aos créditos dessa natureza".

[22] Na verdade, o super privilégio do § 2º do art. 100 da CF nem chega a interferir na classificação dos precatórios, porque sua cobrança é efetuada diretamente pelo juízo da execução junto ao ente devedor, antes, portanto, do procedimento executivo realizado com a interferência do Tribunal, na forma do art. 100, *caput*, da CF.

VI – Parcelamento do precatório (CF, art. 100, § 2º – incluído pela EC n. 94/2016)

A regra constitucional é de que o pagamento do precatório deve ocorrer até o final do exercício do ano seguinte à sua apresentação (CF, art. 100, *caput*). No entanto, quando haja entre os diversos precatórios algum que seja de valor superior a 15% do total dos precatórios apresentados para o mesmo exercício, o § 20 do citado art. 100, prevê, para ele, um pagamento parcelado: *(i)* 15% do montante do precatório de grande valor serão pagos normalmente até o final do exercício competente; *(ii)* o restante será pago em cinco parcelas iguais nos cinco exercícios subsequentes, acrescidas de juros de mora e correção monetária. Prevê, ainda, o mesmo dispositivo constitucional, a possibilidade de acordos diretos, perante juízos auxiliares de conciliação de precatórios, mediante redução máxima de 40% do valor do crédito atualizado, "desde que em relação ao crédito não penda recurso ou defesa judicial e que sejam observados os requisitos definidos na regulamentação editada pelo ente federado".

Antes do advento do § 20, acrescentado pela EC n. 94/2016 ao art. 100 da CF, outra EC (a de n. 30/2000) havia introduzido o art. 78 ao Ato das Disposições Constitucionais Transitórias, para permitir novo parcelamento, por até 10 anos, de precatórios antigos pendentes de pagamento, não obstante outras moratórias anteriores descumpridas pela Fazenda devedora. O STF, no entanto, deferiu medida liminar em ação declaratória de inconstitucionalidade, suspendendo a eficácia do questionado dispositivo do ADCT.[23]

VII – Financiamento de parte dos precatórios e obrigações de pequeno valor (CF, art. 100, § 19 – incluído pela EC n. 94/2016)

O § 19 do art. 100 da CF, prevê a seguinte hipótese de financiamento parcial da dívida da Fazenda Pública: "caso o montante total de débitos decorrentes de condenações judiciais em precatórios e obrigações de pequeno valor, em período de 12 (doze) meses, ultrapasse a média do comprometimento percentual da receita corrente líquida nos 5 (cinco) anos imediatamente anteriores, a parcela que exceder esse percentual poderá ser financiada, excetuada dos limites de endividamento de que tratam os incisos VI e VII do art. 52 da Constituição Federal e de quaisquer outros limites de endividamento previstos, não se aplicando a esse financiamento a vedação de vinculação de receita prevista no inciso IV do art. 167 da Constituição Federal".

VIII – A importância da ordenação cronológica dos precatórios na execução contra a Fazenda Pública

Por força de regra constitucional, "os pagamentos devidos pelas Fazendas Públicas Federal, Estaduais, Distrital e Municipais, em virtude de sentença judiciária, far-se-ão exclusivamente na ordem cronológica de apresentação dos precatórios e à conta dos créditos respectivos, proibida a designação de casos ou de pessoas nas dotações orçamentárias e nos créditos adicionais abertos para este fim" (CF, art. 100, *caput*).

A imposição dessa ordem decorre do conjunto de garantias fundamentais que resulta na total repulsa de qualquer tipo de privilégio nas relações entre o Estado e os particulares, as quais, entre outras garantias constitucionais, se sujeitam ao tratamento isonômico de todos os credores e aos princípios da impessoalidade e da moralidade (CF, arts. 5º, *caput*, e 37, *caput*). Somente a própria Constituição pode estabelecer preferência ou privilégio nesse relacionamento

---

[23] STF, Pleno, ADI 2.356-MC, Rel. Min. Ayres Britto, ac. 25.11.2010, *DJe* 19.05.2011 (ADI pendente de julgamento do mérito). Sobre a matéria, consultar: ZAVASCKI, Teori Albino. Parcelamento de precatórios judiciais (art. 78 do ADCT): abuso do poder constituinte derivado? *In: IP (Revista Bimestral de Direito Público)*, 31/39; MARTINS, Sandro Gilberti; VICENTINI, Sandro. Os precatórios judiciais; a Emenda Constitucional 30/2000 e o poder liberatório do pagamento de tributos da entidade devedora. *In: Revista de Processo*, 129/92.

do Poder Público com os particulares, a exemplo do que se passa com os credores de prestação alimentícia, contemplados nos §§ 1º e 2º do art. 5º da Lei Maior.[24]

Em razão desse tratamento diferenciado, duas ordens cronológicas de pagamento dos precatórios serão estabelecidas entre os débitos da entidade pública: uma para os credores de alimentos e outra para os demais credores, sendo que estes últimos só começarão a receber depois de esgotados os créditos de natureza alimentar.

Entre os créditos de natureza alimentícia, existe uma subespécie que o § 2º do art. 100 da Constituição permite seja executada fora do regime dos precatórios, atribuindo-lhes a classificação de créditos *superpreferenciais*: são eles resultado do fracionamento do crédito original constante do título executivo formado contra a Fazenda Pública, cuja executividade é imediata e se cumpre pelo regime das requisições de pequeno valor, a que alude o § 3º do art. 100 da CF. Essa parcela superpreferencial, que pode ser de montante equivalente até o triplo fixado em lei para as obrigações de pequeno valor, nem chega a figurar no precatório, pois o fracionamento pode ocorrer antes mesmo do ofício requisitório expedido pelo juízo da execução ao Tribunal (sobre os credores que fazem jus à superpreferência, e sobre o procedimento observável para exercê-la, v. o item, 625.1, *infra*).

A Resolução n. 303 do CNJ interpreta e regulamenta o art. 100 da Constituição, estatuindo, sobre a cronologia do cumprimento dos precatórios, o seguinte:

> *(a)* a ordem cronológica de pagamentos será instituída, por exercício, e em relação a cada entidade devedora, de acordo com o *momento de apresentação* de cada precatório (art. 12, *caput*);
> *(b)* considera-se como momento de apresentação do precatório o do *recebimento*, no Tribunal, do ofício oriundo do juízo da execução (art. 12, § 1º).

O pagamento dos precatórios, portanto, se escalonará segundo os exercícios e as classes dos créditos dentro de cada exercício: iniciará pelo exercício mais antigo em que houver débitos e respeitará as classes, exercício por exercício.

O desrespeito à ordem cronológica de pagamento autoriza o sequestro de valor, nas contas do ente devedor, necessário à satisfação dos credores prejudicados (Res. n. 303/CNJ, art. 19).[25]

IX – Utilização de créditos, do interessado ou de terceiros, para quitação de débitos junto à União, Autarquias e Fundações Federais

O § 11 do art. 100 da Constituição Federal prevê a possibilidade de o titular de crédito junto à União oferecê-lo em quitação de débitos mantidos perante esta, desde que se trate de créditos líquidos e certos, próprios ou adquiridos de terceiros, e tenham sido reconhecidos pelo ente federativo ou por decisão judicial transitada em julgado.

---

[24] "A exceção prevista no art. 100, *caput*, da Constituição, em favor dos créditos de natureza alimentícia, não dispensa a expedição de precatório, limitando-se a isentá-los da observância da ordem cronológica dos precatórios decorrentes de condenação de outra natureza" (Súm. 655/STF). "Os honorários advocatícios incluídos na condenação ou destacados do montante principal devido ao credor consubstanciam verba de natureza alimentar cuja satisfação ocorrerá com a expedição de precatório ou requisição de pequeno valor, observada ordem especial restrita aos créditos dessa natureza" (Súm. Vinculante 47/STF).

[25] A Resolução n. 482/2022 conferiu a faculdade de sequestro ao credor também: "I – pelo valor parcialmente inadimplido, quando a disponibilização de recursos pela entidade devedora não atender o disposto no art. 100, § 5º, da Constituição Federal; e II – do valor correspondente a qualquer das frações próprias ao parcelamento previsto no art. 100, § 20, da Constituição Federal, se vencido o exercício em que deveriam ter sido disponibilizadas. § 2º A não alocação orçamentária do valor requisitado prevista no *caput*, observará, quando for o caso, o disposto no art. 107-A do Ato das Disposições Constitucionais Transitórias".

Destaque-se que, por expressa previsão do texto constitucional, os créditos utilizáveis dentro da operação devem ser, obrigatoriamente, líquidos e certos (*i. e., precisos quanto sua existência e respectivo quantum debeatur*), podendo tal característica decorrer, tanto de reconhecimento administrativo do próprio Poder Público, como de decisão judicial definitiva *(ou seja, decisório transitado em julgado)*.

Trata-se de medida que permite dotar de maior liquidez os créditos de particulares perante o Poder Público, evitando ou minimizando os dissabores da *via crucis* do complexo e demorado procedimento da execução por precatório (CF, art. 100, *caput*). O inconveniente a ponderar é o deságio que a comercialização dos créditos, que antecede à oferta facultada pelo § 11 do art. 100 da CF/1988, tem de suportar. Mas os percalços e delongas do procedimento precatorial são tão graves que, quase sempre, vale a pena suportar algum deságio para usufruir mais rapidamente o valor liberatório conferido pela referida norma constitucional.

O Decreto n. 11.249/2022, regulamentando questionado dispositivo constitucional, dispõe sobre o procedimento a ser observado na espécie e prevê que a oferta de créditos é uma faculdade do credor exercitável para os seguintes objetivos (art. 2º):

I – quitação de débitos parcelados ou débitos inscritos em dívida ativa da União, inclusive em transação resolutiva de litígio, e, subsidiariamente, débitos com autarquias e fundações federais;

II – compra de imóveis públicos de propriedade da União disponibilizados para venda;

III – pagamento de outorga de delegações de serviços públicos e demais espécies de concessão negocial promovidas pela União;

IV – aquisição, inclusive minoritária, de participação societária da União disponibilizada para venda; e

V – compra de direitos da União disponibilizados para cessão, inclusive, da antecipação de valores a serem recebidos a título do excedente em óleo em contratos de partilha de petróleo.

Destacam-se do regulamento as seguintes disposições:

(a) A oferta de créditos de que trata o *caput* não autorizará o levantamento, total ou parcial, de depósito vinculado aos ativos de que trata o inciso I do *caput* (art. 2º, § 1º).

(b) Para fins do disposto nos incisos II a V do *caput*, a utilização dos créditos obedecerá, em igualdade de condições, aos requisitos procedimentais do ato normativo que reger a disponibilização para venda, outorga, concessão negocial, aquisição de participação societária ou compra de direitos estabelecida pelo órgão ou pela entidade responsável pela gestão, pela administração ou pela guarda do bem ou do direito que se pretende adquirir, amortizar ou liquidar (art. 2º, § 2º).

(c) Para fins do disposto no art. 2º, a utilização dos créditos líquidos e certos de que trata este Decreto será feita por meio de encontro de contas (art. 3º).

(d) A oferta de créditos será requerida pelo credor e pressuporá a apresentação de documentação comprobatória ao órgão ou à entidade detentora do ativo que o credor pretende liquidar (art. 4º), podendo o Advogado-Geral da União dispor, em ato próprio, sobre garantias necessárias à proteção contra os possíveis riscos decorrentes de medida judicial propensa à desconstituição do título judicial ou do precatório (art. 5º, parágrafo único).

(e) Ato do Procurador-Geral da Fazenda Nacional do Ministério da Economia disporá sobre a utilização dos créditos líquidos e certos de que trata este Decreto para quitação ou amortização de débitos inscritos em dívida ativa da União, inclusive em transação resolutiva de litígio (art. 6º)[26].
(f) Ato do Ministro de Estado da Economia disporá sobre os procedimentos de finanças públicas necessários à realização do encontro de contas de que trata este Decreto (art. 7º).

Observe-se, finalmente, que o § 11 do art. 100 da CF/1988 autoriza a oferta de créditos, imediatamente, perante a União, permitindo que tal ocorra também em face dos demais entes federativos, mas, quanto a estes, conforme o que vier a ser estabelecido em lei local.

622. DEFESA DA FAZENDA

I – Temas discutíveis

O oferecimento de defesa pela Fazenda Pública deverá observar o título impugnado: *(1)* tratando-se de cumprimento de sentença, o juiz deverá julgar eventual impugnação da Fazenda Pública, prevista no art. 525 e aplicável, no que couber, ao rito especial aqui examinado; e *(ii)* tratando-se de execução de título extrajudicial, deverá observar o rito dos embargos à execução regulado nos arts. 914 e seguintes, também aplicável naquilo que couber, ao presente capítulo.

A diferença mais significativa diz respeito aos temas que podem figurar na defesa contra a execução. É mais ampla a matéria discutível frente ao título extrajudicial (CPC/2015, arts. 910, § 2º e 917), do que em relação ao título judicial (art. 535). Dessa forma, quando a execução contra a Fazenda Pública estiver apoiada em título judicial, a regra a observar é a do art. 535, que não tolera a rediscussão daquilo já resolvido no provimento da fase de cognição, e que, portanto, só admite verse a impugnação sobre:

a) Falta ou nulidade da citação se, na fase de conhecimento, o processo correu à revelia (inc. I);
b) Ilegitimidade da parte (inc. II);
c) Inexequibilidade do título ou inexigibilidade da obrigação (inc. III);
d) Excesso de execução ou cumulação indevida de execuções (inc. IV);
e) Incompetência absoluta ou relativa do juízo da execução (inc. V);
f) Qualquer causa modificativa ou extintiva da obrigação, como pagamento, novação, compensação, transação ou prescrição, desde que supervenientes ao trânsito em julgado da sentença (inc. VI).

Os embargos à execução do título extrajudicial, como ação de conhecimento que são, admitem amplo ataque à obrigação exequenda (art. 910, § 2º), não se sujeitando, portanto, às limitações da impugnação ao cumprimento da sentença, previstas no art. 535.

II – Alguns destaques

Para efeito do disposto no inciso III do *caput* do art. 535, a lei considera também *inexigível* o título judicial fundado: *(i)* "em lei ou ato normativo declarados inconstitucionais pelo Supremo

---

[26] A Portaria n. 10.826, de 21 de dezembro de 2022, da Procuradoria-Geral da Fazenda Nacional do Ministério da Economia, baixou o regulamento do art. 6º do Decreto n. 11.249/2022.

Tribunal Federal"; ou *(ii)* "fundado em aplicação ou interpretação da lei ou ato normativo tidas pelo Supremo Tribunal Federal como incompatíveis com a Constituição Federal, em controle de constitucionalidade concentrado ou difuso" (art. 535, § 5º)[27] (ver, *retro*, o item 604).[28]

Os temas do art. 535 e seus parágrafos foram já abordados no comentário relativo à "impugnação" à execução de sentença prevista no art. 525 (ver n. 604). A diferença entre os dois dispositivos é que, nesta última, se pode questionar a penhora incorreta ou a avaliação errônea (art. 525, § 1º, IV), ambas, porém, inexistentes no âmbito do cumprimento de sentença contra a Fazenda Pública. Daí a omissão quanto ao tema no art. 535, o qual, no mais, traz hipóteses idênticas ao art. 525.

Já o art. 917, VI, que trata dos embargos à execução fundada em título extrajudicial, dispõe que o executado poderá alegar "qualquer matéria que lhe seria lícito deduzir como defesa em processo de conhecimento", além de outras matérias típicas do processo executivo, como vícios do título executivo, penhora incorreta, excesso de execução etc. (art. 917, I a V). Vale dizer: quando a execução se apoia em título extrajudicial, os embargos do devedor podem atacar tanto o direito de crédito do exequente como o direito à execução, e, ainda, os atos executivos de *per si*.

III – Arguição de incompetência, suspeição ou impedimento do juízo

A incompetência do juízo, seja ela *absoluta* ou *relativa*, deverá ser arguida na própria impugnação ao cumprimento de sentença (art. 525, VI e 535, V), suprimindo-se a necessidade de instauração de incidente pela oposição de exceção em petição apartada, própria da Codificação anterior nas hipóteses de incompetência relativa (art. 742, CPC/1973).

A suspeição ou o impedimento do juiz, por sua vez, devem ser alegados em petição apartada, no prazo de quinze dias, a contar do conhecimento do fato que lhes deu origem (art. 535, § 1º e art. 917, § 7º). Não cabe formulá-la dentro da impugnação porque se trata de incidente que será diretamente encaminhado a julgamento pelo tribunal, sempre que o juiz não reconhecer seu impedimento ou suspeição (art. 146, § 1º), formando um procedimento de competência originária do tribunal (§ 2º).

É por isso que o Código não permite tais alegações como argumento da impugnação ao cumprimento da sentença, e determina que sejam feitas na forma do art. 146 (art. 535, § 1º), isto

---

[27] No STF, antes do advento do CPC/2015, vinha sendo recusada aplicação ao parágrafo único do art. 741 do CPC/1973, ao argumento de que "a sentença de mérito transitada em julgado só pode ser desconstituída mediante ajuizamento de específica ação autônoma (*ação rescisória*) que haja sido proposta na fluência do prazo decadencial previsto em lei, pois, com o exaurimento do referido lapso temporal, estar-se-á diante da coisa soberanamente julgada, insuscetível de ulterior modificação, ainda que o ato sentencial encontre fundamento em legislação que, em momento posterior, tenha sido declarada inconstitucional pelo Supremo Tribunal Federal, quer em sede de controle abstrato, quer no âmbito de fiscalização incidental de constitucionalidade" (STF, RE n. 603.023, decisão monocrática do Min. Celso de Mello de 02.06.2010, *Rev. Forense*, 409/415. Precedentes: STF, 1ª T., RE n. 504.197-AgRg-RS, Rel. Min. Ricardo Lewandowski, ac. 20.11.2007, *DJU* 19.12.2007, p. 48; STF, 1ª T., RE n. 473.715-AgRg-CE, Rel. Min. Aires Brito, ac. 26.04.2007, *DJU* 25.05.2007, p. 75; STF, 1ª T., RE n. 431.014-AgRg-RN, Rel. Min. Sepúlveda Pertence, ac. 24.04.2007, *DJU* 25.05.2007, p.75). Releva notar, porém, que as decisões da 1ª Turma implicaram reconhecimento implícito de inconstitucionalidade do parágrafo único do art. 741 do CPC, o que somente seria válido se o julgamento tivesse sido levado a efeito pelo Plenário do STF (CF, art. 97). Descumpriu-se, portanto, a Súmula Vinculante n. 10/STF: "Viola a cláusula de reserva de plenário (CF, art. 97) a decisão de órgão fracionário de tribunal que, embora não declare expressamente a inconstitucionalidade de lei ou ato normativo do poder público, afasta sua incidência, no todo ou em parte" (sobre o caráter *obter dictum* dos referidos pronunciamentos do STF, v., *retro*, o item 604).

[28] A constitucionalidade do sistema que permite a arguição de inexigibilidade do título judicial por basear-se em lei declarada inconstitucional foi objeto de reconhecimento do STF na ADI 3.740/DF (Pleno, Rel. Min. Gilmar Mendes, ac. 27.09.2019, *DJe* 02.12.2019).

é, em petição específica dirigida ao juiz do processo, na qual o executado indicará o fundamento da recusa, podendo instruir sua peça com documentos e rol de testemunhas.

Caso a alegação não seja acolhida imediatamente pelo juiz, dará origem a um incidente processual, a ser julgado, na instância superior, com observância do disposto no art. 146 e seus parágrafos.

IV – Duplo grau obrigatório

Mesmo que a decisão venha a desacolher a impugnação da Fazenda embargante, não se aplicará o duplo grau necessário de jurisdição (CPC/2015, art. 496), conforme jurisprudência assentada pelo Superior Tribunal de Justiça.[29] É que o CPC/2015, em norma repetida do CPC de 1973, só prevê a remessa necessária para os embargos à execução fiscal julgados procedentes, silenciando-se quanto aos incidentes de outras execuções que envolvam a Fazenda Pública[30]. Com maior razão não se há de pensar no reexame necessário, quando o ente público executado não opuser embargos, já que então nenhuma sentença haverá.

Vale dizer que no cumprimento de sentença contra a Fazenda Pública, mesmo quando julgada improcedente eventual impugnação, não cabe a remessa necessária do art. 496 do CPC, uma vez que não teria havido propriamente decisão "contra a Fazenda Pública". Como ensina Nelson Nery, simplesmente teria se confirmado "a presunção de liquidez, certeza e exigibilidade, que já pesava sobre o título executivo judicial". A decisão "contra" a Fazenda Pública já fora proferida, ainda conforme a mesma acatada doutrina, no processo de conhecimento, "esta sim submetida ao duplo grau necessário".[31]

V – Atribuições do Presidente do Tribunal na execução da Fazenda Pública

A execução de sentença por obrigação de quantia certa contra a Fazenda Pública é da competência do juízo da causa em que a condenação se deu, mas o pagamento respectivo depende de precatório expedido pelo Presidente do Tribunal ao ente público devedor (CF, art. 100, *caput*). Entretanto, a função do Presidente se desenvolve no plano administrativo, permanecendo as atribuições jurisdicionais com o juízo da execução, ao qual, por exemplo, cabe julgar a impugnação e os embargos interpostos ao cumprimento da sentença e à execução do título extrajudicial.

No exercício de sua função administrativa, competem ao Presidente do Tribunal, dentre outras, as atribuições previstas no art. 3º da Res. n. 303/2019 do CNJ, quais sejam:

(a) aferir a regularidade formal do precatório;
(b) organizar e observar a ordem de pagamento dos créditos, nos termos da Constituição Federal;
(c) registrar a cessão de crédito e a penhora sobre o valor do precatório, quando comunicado sobre sua ocorrência;

---

[29] "O legislador, ao tratar do reexame necessário, limitou seu cabimento, relativamente ao processo de execução, quando procedentes embargos opostos em execução de dívida ativa, silenciando-se quanto aos outros casos de embargos do devedor" (STJ, Corte Especial, EREsp. 241.959/SP, Rel. Min. Sálvio de Figueiredo, ac. de 29.05.2003, *DJU* 18.08.2003, p. 149). No mesmo sentido: STJ, Corte Especial, EREsp. 251.841/SP, Rel. Min. Edson Vidigal, ac. 25.03.2004, *DJU* de 03.05.2004, p. 85; STJ, 2ª T., REsp 1.107.662/SP, Rel. Min. Mauro Campbell Marques, ac. 23.11.2010, *DJe* 02.12.2010.

[30] Em se tratando de títulos executivos extrajudiciais, "a sentença de rejeição dos embargos à execução opostos pela Fazenda Pública não está sujeita à remessa necessária" (Enunciado n. 158/CEJ/CJF).

[31] NERY JÚNIOR, Nelson; NERY, Rosa Maria de Andrade. *Código de Processo Civil comentado*. 19. ed. São Paulo: Ed. RT, 2020, p. 1.396, nota 5 ao art. 534.

(d) decidir sobre impugnação aos cálculos do precatório e sobre o pedido de sequestro, nos termos da Resolução n. 303 do CNJ;

(e) processar e pagar o precatório observando a legislação pertinente e as regras estabelecidas na Resolução 303 do CNJ; e

(f) velar pela efetividade, moralidade, impessoalidade, publicidade e transparência dos pagamentos.

Dentro das atribuições administrativas inclui-se a de corrigir erros de digitação cometidos no preenchimento do ofício precatório, configuradores de erro material passível de retificação, perante o Tribunal, sem necessidade de devolução do ofício precatório ao juízo de origem (Res. n. 303, art. 7º, § 8º).

Entretanto, reclamações sobre diferenças decorrentes de índices de correção monetária e juros, não especificadas nos arts. 21 a 25 da Res. n. 303, constantes ou não do título executivo, deverão ser objeto de decisão do juízo da execução e, sendo o caso, autorizada a expedição de novo precatório (Res. n. 303, art. 23).

Em virtude de sua natureza administrativa, das decisões do Presidente do Tribunal, pronunciadas no processamento de precatórios, não cabe recurso extraordinário, nos termos da Súmula n. 733 do STF.

VI – Impugnações e revisões de cálculo perante o Tribunal e perante o juízo da execução

A revisão de cálculos com fundamento no art. 1º- E da Lei n. 9.494/1997 poderá ser pleiteada perante o Presidente do Tribunal quando o questionamento se referir a critérios de atualização monetária e juros aplicados após a apresentação do ofício precatório (Res. n. 303/CNJ, art. 26, *caput*).

Esse procedimento pode abranger também a apreciação das inexatidões materiais presentes nas contas do precatório, inclusive os cálculos produzidos pelo juízo da execução.[32] Não alcançará, entretanto, sob qualquer aspecto, a análise dos critérios de cálculo (Res. n. 303, art. 26, § 1º). Tratando-se de questionamento relativo a critério de cálculo judicial, assim considerado aquele resultante das escolhas do julgador, a revisão da conta competirá ao juízo da execução (idem, art. 26, § 2º). Não se admitirá pedido de revisão de cálculos que importe em inclusão de novos exequentes ou alteração do objeto da execução (idem, art. 26, § 3º).

O procedimento de revisão de cálculo, seja perante o Tribunal ou o juízo da execução, deverá respeitar sempre o contraditório e a ampla defesa. A parte incontroversa do precatório, porém, será paga, desde logo (Res. n. 303, art. 27, § 1º).

A revisão que, em caráter definitivo, majorar o débito exequendo fará com que a diferença apurada seja objeto de nova requisição de precatório ao Tribunal (Res. n. 303, art. 29). Decorrendo a diferença do reconhecimento de erro material ou inexatidão aritmética, admite-se o pagamento complementar nos autos do precatório original (idem, art. 29, parágrafo único).

No caso de redução do valor original, a retificação do débito exequendo ocorrerá sem cancelamento do precatório (idem, art. 30). Decorrendo de decisão do juiz da execução, este apenas a informará ao Presidente do Tribunal (idem, art. 30, § 1º). Tratando-se de precatório sujeito ao regime especial de pagamentos, a retificação de valor deverá ser informada ao Presidente do Tribunal de Justiça (idem, art. 30, § 2º).

---

[32] "Erro ou inexatidão material abrange a incorreção detectada na elaboração da conta decorrente da inobservância de critério de cálculo adotado na decisão exequenda, assim também considerada aquela exarada na fase de cumprimento de sentença ou execução" (Res. n. 303/CNJ, art. 28).

Ao requerer a revisão perante o juízo da execução ou Presidente do Tribunal, a parte (credor ou devedor) deverá cumprir os requisitos do art. 27 da Res. n. 303/CNJ:

(a) deverá apontar e especificar claramente quais são as incorreções existentes no cálculo, discriminando o montante que entende correto e devido;
(b) deverá demonstrar que o defeito no cálculo se refere a incorreção material ou a fato superveniente ao título executivo, segundo o CPC;
(c) deverá proceder à demonstração de que não ocorreu a preclusão relativamente aos critérios de cálculo aplicados na elaboração da conta de liquidação na fase de conhecimento, liquidação, execução ou cumprimento de sentença.

VII – Revisão do cálculo de juros de mora e coisa julgada

Como está assentado na jurisprudência do STF, a revisão de cálculos de juros moratórios pode compreender a aplicação de juros moratórios inovados por legislação superveniente ao precatório, sem ofensa à coisa julgada. Incide a aplicação imediata da lei nova às situações jurídicas pendentes, em consonância com o princípio *tempus regit actum*, desde que se respeitem os efeitos da sentença até a data da lei nova. Assim, para aplicação dos juros moratórios regulados pela Lei nº 9.494/1997, alterada pela Lei nº 11.960/2009, o STF fixou a seguinte tese: "É aplicável às condenações da Fazenda Pública envolvendo relações jurídicas não tributárias o índice de juros moratórios estabelecido no art. 1º-F da Lei n. 9.494/1997, na redação dada pela Lei n. 11.960/2009, a partir da vigência da referida legislação, mesmo havendo previsão diversa em título executivo judicial transitado em julgado".[33]

622-A. HONORÁRIOS ADVOCATÍCIOS SUCUMBENCIAIS NO CUMPRIMENTO DE SENTENÇA CONTRA A FAZENDA PÚBLICA

A partir da MP 2.180-35, de 24.08.2001, que acrescentou o art. 1º-D à Lei nº 9.494/1997, a questão da sucumbência nas execuções contra a Fazenda Pública passou a se submeter a um duplo regime: (i) no caso de execução por precatório, não sendo opostos embargos, a Fazenda não se sujeitaria à verba advocatícia sucumbencial; (ii) já o mesmo não ocorreria com a execução por meio de requisição de pequeno valor (RPV)[34], hipótese em que os honorários sucumbenciais seriam devidos, independentemente de impugnação[35].

O entendimento continuou sendo observado pelo STJ, mesmo após a entrada em vigor do CPC/2015[36], até que a 1ª Seção procedeu à revisão do antigo tratamento da matéria, decidindo que não há razão para se manter a antiga distinção entre sucumbência em execução por precatório e por RPV[37].

Com efeito, se, no cumprimento de sentença contra particular, o devedor não paga honorários se efetuar o pagamento no prazo de 15 dias previsto no art. 523, nada justifica impor

---

[33] STF, Pleno, RE 1.317.982/ES, Rel. Min. Nunes Marques, ac. 12.12.2023, DJe 08.01.2024.

[34] "... Fazenda Pública: execução não embargada: honorários de advogado: constitucionalidade declarada pelo Supremo Tribunal, com interpretação conforme ao art. 1º-D da L. 9.494/97, na redação que lhe foi dada pela MPr 2.180-35/2001, de modo a reduzir-lhe a aplicação à hipótese de execução por quantia certa contra a Fazenda Pública (C. Pr. Civil, art. 730), excluídos os casos de pagamento de obrigações definidos em lei como de pequeno valor (CF/88, art. 100, § 3º)" (STF, Pleno, RE 420.816/PR, Rel. p/ac. Min. Sepúlveda Pertence, ac. 29.09.2004, DJU 10.12.2006, p. 50).

[35] STJ, 1ª Seção, EREsp 676.719/SC, Rel. Min. José Delgado, ac. 28.09.2005, DJU 24.10.2005, p. 165.

[36] STJ, 1ª T., AgInt no REsp 2.021.231/SC, Rel. Min. Paulo Sérgio Domingues, ac. 06.03.2023, DJe 10.03.2023.

[37] STJ, 1ª Seção, REsp 2.029.636/SP- recurso repetitivo, Rel. Min. Herman Benjamin, ac. 20.06.2024, DJe 01.07.2024.

tal verba à Fazenda Pública, que, não impugnando a execução, tem assegurado o prazo de dois meses para depositar no banco o valor do débito constante da RPV. Daí, ter a 1ª Seção do STJ fixado a seguinte tese, em regime de recurso repetitivo:

> "Na ausência de impugnação à pretensão executória, não são devidos honorários advocatícios sucumbenciais em cumprimento de sentença contra a Fazenda Pública, ainda que o crédito esteja submetido a pagamento por meio de Requisição de Pequeno Valor – RPV".

O fato de o art. 85, § 7º, do CPC, só mencionar a isenção dos honorários na execução por precatório não embargada, não foi considerado empecilho à interpretação sistemática da matéria, uma vez que, para o STJ, não seria razoável manter-se a distinção superada no julgamento em tela[38].

623. EXECUÇÃO PROVISÓRIA CONTRA A FAZENDA PÚBLICA

Embora não esteja a Fazenda Pública imune à execução provisória (CPC/2015, arts. 513, § 1º e 520),[39] quando se tratar de sentença que tenha por objeto a liberação de recurso, inclusão em folhas de pagamento, reclassificação, equiparação, concessão de aumento ou extensão de vantagens a servidores da União, dos Estados, do Distrito Federal e dos Municípios, inclusive de suas autarquias e fundações, a execução somente será possível após o trânsito em julgado, ou seja, somente se admitirá, na espécie, a execução definitiva (Lei n. 9.494/1997, art. 2º-B, incluído pela MP n. 2.180-35, de 24.8.2001).

Com a Emenda Constitucional n. 30, de 13.09.2000, que alterou a redação do § 1º do art. 100 da CF/1988, ficou claro que, no caso de obrigação por quantia certa, a execução contra a Fazenda Pública, nos moldes da literalidade do art. 534 do CPC/2015, somente será possível com base em sentença transitada em julgado, restando, pois, afastada, na espécie, a execução provisória.[40] A Emenda n. 62/2009 manteve igual orientação no texto renovado do atual § 5º que continua prevendo que o regime de precatórios se aplica às "sentenças transitadas em julgado".

O Superior Tribunal de Justiça, todavia, tem interpretado a vedação constitucional de maneira mais branda, ou seja, a EC n. 30 não teria eliminado totalmente a execução provisória,

---

[38] "Note-se: como não pode pagar voluntariamente, a única conduta que o Estado pode adotar em favor do imediato cumprimento do título executivo judicial é o de não impugnar a execução e depositar a quantia requisitada pelo juiz no prazo legal. Não é razoável que o particular que pague voluntariamente a obrigação fique isento do pagamento de honorários sucumbenciais, mas o Poder Público, reconhecendo a dívida (ao deixar de impugná-la) e pagando-a também no prazo legal, tenha de suportar esse ônus" (STJ, REsp 2.029.636/SP, cit.).

[39] "O art. 730 do CPC não impede a execução provisória de sentença contra a Fazenda Pública" (STJ, 1ª T., REsp. 56.239-2/PR, Rel. Min. Humberto Gomes de Barros, ac. 15.3.95, DJU 24.4.95, p. 10.388). Súmula n. 279 do STJ: "É cabível execução por título extrajudicial contra a Fazenda Pública".

[40] STJ, 2ª T., REsp 447.406/SP, Rel. Min. Eliana Calmon, ac. 20.02.03, DJU 12.05.03, p. 286. Já se decidiu, porém, de maneira menos radical: "Há de se entender que, após a Emenda 30, limitou-se o âmbito dos atos executivos, mas não foi inteiramente extinta a execução provisória. Nada impede que se promova, na pendência de recurso com efeito apenas devolutivo, a liquidação da sentença, e que a execução (provisória) seja processada até a fase dos embargos (CPC, art. 730, primeira parte), ficando suspensa, daí em diante, até o trânsito em julgado do título executivo, se os embargos não forem opostos, ou forem rejeitados" (STJ, 1ª T., MC 6.489/SP, Rel. Min. Teori Albino Zavascki, ac. 24.05.2003, RSTJ 169/144). No mesmo sentido: STJ, 5ª T., REsp 839.501/RS, Rel. Min. Arnaldo Esteves Lima, ac. 29.05.2008, DJe 04.08.2008. Segundo, pois, tal orientação jurisprudencial, seria possível resolver, em execução provisória, a liquidação da sentença e os embargos da Fazenda Pública. Somente dependeria da execução definitiva a expedição e processamento do precatório. A solução nos parece razoável e mais consentânea com a preocupação atual do direito processual de acelerar, quando possível, a marcha do processo e evitar os entraves formais que contribuem desnecessariamente para a notória demora da prestação jurisdicional.

a qual poderia ser processada até a fase de impugnação, inclusive, "ficando suspensa, daí em diante, até o trânsito em julgado do título executivo, se os embargos não forem opostos, ou forem rejeitados"[41].

A posição atual daquela Alta Corte parece ter se fixado no seguinte entendimento:

"1. É possível, em regra, o cumprimento imediato da sentença concessiva de mandado segurança, ressalvados, todavia, os casos de concessão de aumento ou extensão de vantagens, que deverão ser executados somente após o trânsito em julgado do decisum, nos termos do disposto no art. 5º, parágrafo único, da Lei 4.348/1964 c/c o art. 2.º-B da Lei 9.494/1997.

2. O Superior Tribunal de Justiça consagra orientação segundo a qual a vedação à execução provisória contra a Fazenda Pública, prevista no art. 2º.-B da Lei 9.494/1997, deve se limitar às hipóteses expressamente elencadas, não se aplicando nos casos de restabelecimento de parcela remuneratória ilegalmente suprimida, como na espécie. Precedentes do STJ (AgRg no Ag. 1.292.836/PI, relator Min. Herman Benjamin, *DJe* 14.09.2010)".[42]

Em suma, a jurisprudência do STJ e do STF tem admitido a execução provisória contra a Fazenda Pública em algumas situações nas quais se torna importante preservar os direitos fundamentais e a dignidade da pessoa humana, como nas ações que versem sobre a injusta diminuição dos vencimentos dos servidores públicos, aposentadorias, ou concessão de remédios ou tratamentos médicos (Súmula n. 729/STF, relativa às causas de natureza previdenciária).[43]

623.1. Execução parcial da condenação na pendência de recurso da Fazenda Pública

Questão distinta da execução provisória é a da parte incontroversa da condenação, enquanto pende recurso a respeito apenas de parte do julgado.

Sendo indiscutível a possibilidade de julgamento parcial do mérito transitar em julgado e tornar-se objeto de execução em caráter definitivo, sem ter de aguardar o resultado do recurso contra a parte controvertida da disputa (CPC, art. 356, §§ 2º e 3º), é pacífica e vinculante a tese assentada pelo STF no sentido de ser permitido, na execução contra a Fazenda Pública, o respectivo fracionamento, mediante expedição de precatório para pagamento da parte incontroversa da condenação acobertada pela *res iudicata*.

O que cumpre evitar é que esse fracionamento ofenda o regime executivo definido para o total da condenação: se é dos precatórios ou das requisições de pequeno valor. A esse respeito,

---

[41] STJ, 1ª T., MC 6489/SP, Rel. Min. Teori Albino Zavascki, ac. 27.05.2003, *DJU* 16.06.2003 p. 261.

[42] STJ, 1ª T., AgInt no AREsp 894.495/SP, Rel. Min. Sérgio Kukina, ac. 21.03.2017, *DJe* 29.03.2017.

[43] "2. A maioria dos componentes da Primeira Seção tem considerado possível a concessão de tutela específica para determinar o bloqueio de valores em contas públicas a fim de garantir o custeio de tratamento médico indispensável, como meio de concretizar o princípio da dignidade da pessoa humana e do direito à vida e à saúde"(STJ, 2ª T., REsp. 868.038/RS, Rel. Min. Eliana Calmon, ac. 27.05.2008, *DJe* 12.06.2008);"Procuradores da Fazenda Nacional. Vencimentos e proventos. Vantagem pessoal nominalmente identificada – VPNI. Restabelecimento. Antecipação de tutela contra a Fazenda Pública. Admissibilidade. Inaplicabilidade da decisão da ADC n. 4. Nova orientação assentada pelo Plenário. Reclamação julgada improcedente. Agravo improvido. Não ofende a autoridade do acórdão proferido na ADC n. 4, decisão que, a título de antecipação de tutela, não traduz aumento pecuniário, mas representa mero óbice judicial à redução de verba salarial"(STF, Pleno, Rcl 3483 AgR, Rel. Min. Cezar Peluso, ac. 15.03.2006, *DJU* 28.04.2006, p. 5); MAIDAME, Márcio Manoel. Execução contra a Fazenda Pública. In: ASSIS, Araken de; BRUSCHI, Gilberto Gomes (coords.). Processo de execução e cumprimento da sentença: temas atuais e controvertidos. São Paulo: RT, 2022, vol.1, p. 956-957.

a tese vinculante firmada pelo STF foi a seguinte: "surge constitucional expedição de precatório ou requisição de pequeno valor para pagamento da parte incontroversa e autônoma do pronunciamento judicial transitada em julgado, observada a importância total executada para os efeitos de dimensionamento como obrigação de pequeno valor".[44]

O que há de se evitar é que – sendo pequena a parcela incontroversa –, seja ela submetida ao regime das requisições de pequeno valor, quando o total do crédito reconhecido no julgado esteja sujeito à execução por precatório. Em face do disposto no § 8º do art. 100 da Constituição, a parcela fracionada, na espécie, deverá permanecer sob o sistema de precatório, qualquer que seja seu valor.

624. EXECUÇÃO DEFINITIVA SOB FORMA DE PRECATÓRIO

A execução por quantia certa contra a Fazenda Pública, uma vez requerida pelo credor, realizar-se-á por meio de requisição judicial de pagamento, ou seja, mediante precatório expedido pelo presidente do tribunal competente (CF, art. 100, *caput*).[45]

Cabe ao juiz da execução oficiar ao tribunal a que se acha hierarquicamente vinculado (Tribunal de Justiça, no caso de juiz de direito estadual; Tribunal Regional Federal, no caso de juiz federal etc.), a fim de requisitar o processamento administrativo da expedição do precatório a ser encaminhado ao órgão da Administração Pública responsável pelo pagamento previsto na decisão judicial exequenda.

O ofício precatório expedido pelo juízo da execução ao Tribunal, em forma padronizada e por via eletrônica, conterá os dados e informações determinados pelos arts. 5º e 6º da Resolução 303/CNJ.[46]

---

[44] STF, Pleno, RE 1.205.530/SP, Rel. Min. Marco Aurélio, ac. 08.06.2020, tema 28 de Repercussão Geral, *DJe* 01.07.2020.

[45] Márcio Manoel Maidame, lembrando lição de Leonardo José Carneiro da Cunha, ressalta que o cumprimento de sentença contra a Fazenda Pública "ainda obedece (em essência) ao vetusto modelo da execução *ex intervalo*. Transitada em julgado a sentença condenatória, incumbe ao exequente instaurar o cumprimento de sentença (art. 534, *caput*), aparelhando-a com os dados do credor (inc. I), planilha atualizada do débito (incs. II a IV)" (MAIDAME, Márcio Manoel. Execução contra a Fazenda Pública, *cit.*, p. 959).

[46] "Art. 6º No ofício precatório constarão os seguintes dados e informações: I – numeração única do processo judicial, número originário anterior, se houver, e data do respectivo ajuizamento; II – número do processo de execução ou cumprimento de sentença, no padrão estabelecido pelo Conselho Nacional de Justiça, caso divirja do número da ação originária; (redação dada pela Resolução n. 482, de 19.12.2022) III – nome(s) do(s) beneficiário(s) do crédito, do seu procurador, se houver, com o respectivo número no Cadastro de Pessoas Físicas – CPF, no Cadastro Nacional de Pessoas Jurídicas – CNPJ ou no Registro Nacional de Estrangeiro – RNE, conforme o caso; (redação dada pela Resolução n. 482, de 19.12.2022) IV – indicação da natureza comum ou alimentícia do crédito; (redação dada pela Resolução n. 482, de 19.12.2022) V – valor total devido a cada beneficiário e o montante global da requisição, constando o principal corrigido, o índice de juros ou da taxa SELIC, quando utilizada, e o correspondente valor; (redação dada pela Resolução n. 482, de 19.12.2022) VI – a data-base utilizada na definição do valor do crédito; (redação dada pela Resolução n. 482, de 19.12.2022) VII – data do trânsito em julgado da sentença ou do acórdão lavrado na fase de conhecimento do processo judicial; (redação dada pela Resolução n. 482, de 19.12.2022) VIII – data do trânsito em julgado dos embargos à execução ou da decisão que resolveu a impugnação ao cálculo no cumprimento de sentença, ou do decurso do prazo para sua apresentação; (redação dada pela Resolução n. 482, de 19.12.2022) IX – data do trânsito em julgado da decisão que reconheceu parcela incontroversa, se for o caso; (redação dada pela Resolução n. 482, de 19.12.2022) X – a indicação da data de nascimento do beneficiário, em se tratando de crédito de natureza alimentícia e, se for o caso, indicação de que houve deferimento da superpreferência perante o juízo da execução; (redação dada pela Resolução n. 482, de 19.12.2022) XI – a natureza da obrigação (assunto) a que se refere à requisição, de acordo com a Tabela Única de Assuntos – TUA do CNJ; (redação dada pela Resolução n. 482, de 19.12.2022) XII – número de meses – NM a que se refere a conta de liquidação e o valor das deduções da base de cálculo, caso o valor tenha sido submetido à tributação na forma de rendimentos

O procedimento no tribunal tradicionalmente se acha disciplinado pelo regimento interno de cada tribunal. Há também normas uniformizadoras baixadas pelo CNJ, pela Resolução n. 303/2019, alterada pelas Resoluções n. 327/2020; 365/2021; 390/2021; 431/2021; 438/2021; 448/2022 e 482/2022.

Os precatórios correspondem a uma espécie da carta de sentença[47] e deverão ser expedidos individualmente, por credor, ainda que exista litisconsórcio (Resolução n. 303, art. 7º, *caput*). Ao advogado que tem honorários contratuais a receber do beneficiário ou em caso de cessão parcial de crédito, admitir-se-á a indicação de mais de um beneficiário no precatório (Resolução n. 303, art. 7º, § 1º). Quanto aos honorários sucumbenciais, constarão de precatório individualizado em favor do advogado (Resolução n. 303, art. 8º). A apresentação dos precatórios requisitados ao tribunal e sua comunicação à entidade devedora poderão ser realizadas eletronicamente (Resolução n. 303, arts. 5º, parágrafo único, e 15, § 1º).

Previa o § 9º do art. 100 da CF, na redação da EC n. 62/2009, que no momento da expedição do precatório seria abatido dele, a título de compensação o valor de débitos líquidos e certos, inscritos ou não em dívida ativa, de responsabilidade do exequente. E o § 10 do mesmo artigo, também originário da EC n. 62/2009, impunha ao Tribunal, antes da expedição do precatório, solicitar à Fazenda Pública executada informação, com prazo de trinta dias, sobre eventuais débitos nas condições do citado § 9º, sob pena de perda do direito de abatimento no bojo do precatório. Entretanto, o STF declarou inconstitucionais os §§ 9º e 10 da CF, incluídos pela referida EC, qualificando-os de embaraço à efetividade da jurisdição (CF, art. 5º, XXXV), desrespeito à coisa julgada material (CF, art. 5º, XXXVI), vulneração à separação dos Poderes (CF, art. 2º) e ofensa à isonomia entre o Poder Público e o particular (CF, art. 5º, *caput*), "cânone essencial ao Estado Democrático de Direito (CF, art. 1º, *caput*)".[48]

Contornando a inconstitucionalidade, a EC n. 113/2021 deu uma nova redação ao § 9º do art. 100, dispondo que o valor correspondente aos eventuais débitos inscritos em dívida ativa contra o credor do requisitório e seus substituídos deverá ser depositado à conta do juízo responsável pela ação de cobrança, que decidirá pelo seu destino definitivo. Manteve-se, contudo, o encargo do tribunal de, antes da expedição do precatório, solicitar à Fazenda Pública executada

---

recebidos acumuladamente RRA, conforme o art. 12-A da Lei n. 7.713/1988; (redação dada pela Resolução n. 482, de 19.12.2022) XIII – o órgão a que estiver vinculado o empregado ou servidor público, civil ou militar, da administração direta, quando se tratar de ação de natureza salarial, com a indicação da condição de ativo, inativo ou pensionista, caso conste dos autos; (redação dada pela Resolução n. 482, de 19.12.2022) XIV – quando couber, o valor: (incluído pela Resolução n. 482, de 19.12.2022) a) das contribuições previdenciárias, bem como do órgão previdenciário com o respectivo CNPJ; (incluído pela Resolução n. 482, de 19.12.2022) b) da contribuição para o Fundo de Garantia por Tempo de Serviço – FGTS; (incluído pela Resolução n. 482, de 19.12.2022) c) de outras contribuições devidas, segundo legislação do ente federado. (incluído pela Resolução n. 482, de 19.12.2022) XV – identificação do Juízo de origem da requisição de pagamento; (incluído pela Resolução n. 482, de 19.12.2022) XVI – identificação do Juízo onde tramitou a fase de conhecimento, caso divirja daquele de origem da requisição de pagamento; (incluído pela Resolução n. 482, de 19.12.2022) XVII – no caso de sucessão e/ou cessão, o nome do beneficiário originário, com o respectivo número de inscrição no CPF ou CNPJ, conforme o caso. (incluído pela Resolução n. 482, de 19.12.2022)".

[47] ASSIS, Araken de. *Manual da execução*. 18. ed. São Paulo: RT, 2016, n. 488, p. 1.384.

[48] STF, Pleno, ADI 4.425/DF, Rel. p/ ac. Min. Luiz Fux, ac. 14.03.2013, *RT* 944/251. No mesmo sentido: STF, Pleno, RE 678.360/RS, Rel. Min. Luiz Fux, ac. 27.11.2024, *DJe* 18.12.2024. Não se pretendeu, porém, tornar absolutamente impossível a compensação do débito fazendário. A inconstitucionalidade reconhecida pelo STF se deveu à forma arbitrária e autoritária com que a medida fora imposta pela EC n. 62/2009. A Resolução n. 303/CNJ prevê a compensação desde que realizada no âmbito do órgão fazendário com base em lei do ente federado e limitada ao valor líquido disponível (arts. 45-A e 46). "Considera-se valor líquido disponível aquele ainda não liberado ao beneficiário, obtido após reserva para pagamento dos tributos incidentes e demais valores já registrados junto ao precatório, como a cessão parcial de crédito, penhora, depósitos de FGTS e honorários advocatícios contratuais" (art. 46-A, § 1º).

informação, com prazo de trinta dias, sobre eventuais débitos nas condições do citado § 9º, sob pena de perda do direito de abatimento no bojo do precatório (CF, art. 100, § 10).

Prevê, outrossim, o ADCT a possibilidade de leilões de precatórios (art. 97, § 9º), assim como de acordos diretos entre credores e a instituição devedora (art. 97, § 8º, III). A instituição de Juízo Auxiliar de Conciliação de Precatórios é facultada aos tribunais com a finalidade de buscar a conciliação àqueles submetidos ao regime especial[49].

Os valores previstos no orçamento para cumprimento dos precatórios serão, de acordo com o § 6º do art. 100 da CF, consignados diretamente ao tribunal respectivo, o qual os administrará, abrindo contas judiciais individualizadas para cada credor. O levantamento pelo titular será efetuado por meio de alvará judicial, uma vez constatada a inexistência de qualquer pendência acerca do crédito constante do precatório.

O CNJ, após julgamento pelo STF das ADIs 4.357 e 4.425, e depois do advento das ECs n. 94/2016 e 99/2017, e tendo em vista a complexidade do regime especial de pagamentos de precatórios estabelecido pelo atual art. 101 do ADCT, baixou a Resolução n. 303/2019, que dispôs minuciosamente sobre a gestão dos precatórios e respectivos procedimentos operacionais no âmbito do Poder Judiciário.[50]

A Resolução questionada compõe-se de 87 artigos e entrou em vigor em 1º de janeiro de 2020, tendo sofrido alterações por meio das Resoluções n. 327/2020; 365/2021; 390/2021; 431/2021; 438/2021; 448/2022 e 482/2022, todas do CNJ. Essas Resoluções do CNJ cumprem um importante papel na missão institucional de aprimorar o espinhoso procedimento da execução contra a Fazenda Pública, facilitando, na medida do possível, o acesso dos particulares a uma tutela jurisdicional que há muito tempo reclama maior eficiência.

625. EXECUÇÃO DEFINITIVA NA MODALIDADE "REQUISIÇÃO DE PEQUENO VALOR"

O regime de execução de débitos da Fazenda Pública por meio de precatório não se aplica às obrigações que a lei defina como de *pequeno valor*, desde que reconhecidas por sentença judicial transitada em julgado (CF, art. 100, § 3º, com a redação determinada pela EC n. 62/2009) (sobre a quantificação do *pequeno valor*, v., adiante, o item n. 627).

As Leis n. 10.259/2001, art. 17, e 12.153/2009, art. 13, ao instituírem o Juizado Especial Federal e os Juizados Especiais da Fazenda Pública, respectivamente, dispuseram que no caso de cumprimento de sentença referente a obrigações de quantia certa de *pequeno valor* contra

---

[49] Também o art. 97 do ADCT, acrescentado pela EC n. 62/2009, teve sua inconstitucionalidade reconhecida, mas sujeita à modulação, pelo Supremo Tribunal Federal (ADI 4.425, *cit.*), nos seguintes termos: "(i) consideram-se válidas as compensações, os leilões e os pagamentos à vista por ordem crescente de crédito previstos na Emenda Constitucional n. 62/2009, desde que realizados até 25.03.2015, data a partir da qual não será possível a quitação de precatórios por tais modalidades; (ii) fica mantida a possibilidade de realização de acordos diretos, observada a ordem de preferência dos credores e de acordo com lei própria da entidade devedora, com redução máxima de 40% do valor do crédito atualizado" (ADI 4.425 QO, j. 25.03.2015, *DJe* 04.08.2015).

[50] O *Título II* da Resolução n. 303 é dedicado especificamente ao precatório e contém os seguintes Capítulos: I – Da expedição, recebimento, validação e processamento; II – Da expedição do ofício requisitório; III – Do aporte de recursos; IV – Do pagamento. O *Título III* compõe-se de Capítulos dedicados à Penhora de valores do precatório; à Cessão de crédito; e à Compensação. O *Título IV* ocupa-se do Pagamento das obrigações de pequeno valor. Por último, o *Título V* tem um longo Capítulo sobre o Regime especial de pagamento de precatórios, voltado diretamente para aplicação dos atuais arts. 101 a 105 do ADCT, onde se trata, além do controle administrativo da gestão dos recursos destinados ao cumprimento dos precatórios, de medidas excepcionais, como o Sequestro de recursos públicos; o Cadastro das entidades inadimplentes de precatórios (CEDINPREC); o Pagamento de precatórios no regime especial; o Pagamento mediante acordo direto; a Compensação no regime especial; e a Extinção do regime especial.

as entidades integrantes das Fazendas Públicas Federal, Estadual e Municipal, proceder-se-á mediante *requisição judicial*, feita em ofício à autoridade que foi inicialmente citada para a causa, sem necessidade de precatório. O pagamento deverá ser realizado no prazo máximo de sessenta dias (Leis n. 10.259, art. 17, *caput*; 12.153, art. 13, I).

A Resolução CJF 458, de 04.10.2017, do Conselho da Justiça Federal, aplicável aos processos da Justiça Federal, faz uma distinção entre os julgados contra a União e suas autarquias e fundações e aqueles em que a condenação for contra as Fazendas Estadual, Distrital ou Municipal, e suas respectivas autarquias e fundações e a Empresa Brasileira de Correios e Telégrafos (EBCT).

No primeiro caso (*i.e.*, Fazenda Federal), a *requisição de pequeno valor* será expedida por meio de *ofício requisitório* endereçado pelo juízo da execução ao Presidente do tribunal correspondente, o qual "organizará mensalmente a relação das requisições em ordem cronológica, com os valores por beneficiário", encaminhando-a à Secretaria de Planejamento, Orçamento e Finanças do Conselho da Justiça Federal e ao representante legal da entidade devedora (Res. CJF n. 458/2017, art. 3º, § 1º e art. 6º).

No segundo caso (Fazenda Estadual, Distrital ou Municipal, e suas autarquias, e a EBCT), a *requisição de pequeno valor* será encaminhada pelo juiz da execução, diretamente a própria instituição devedora (Res. n. 458, art. 3º, § 2º). A Resolução do CNJ n. 303/2019, no entanto, permite que, por lei própria ou mediante convênio, seja estabelecida descentralização de recursos orçamentários pela Fazenda Pública, caso em que a requisição de pequeno valor será encaminhada ao Tribunal de Justiça (art. 49, § 4º).

Em ambos os casos, o prazo de pagamento, mediante depósito no Banco do Brasil ou na Caixa Econômica, ou, ainda, em juízo (Justiça Estadual), será de sessenta dias (Lei n. 10.259, art. 17 e Lei n. 12.153, art. 13, I).

As *requisições de pequeno valor* expedidas pelo juízo da execução, sem interferência do tribunal, deverão conter, basicamente, os mesmos dados das requisições de precatório (CPC/2015, art. 534; Resolução CJF n. 458/2017, art. 8º; Resolução CNJ n. 303/2019, art. 49, § 1º). Não se submetem, porém, à ordem cronológica de apresentação dos precatórios, já que independem de inclusão em orçamento.[51]

Para impedir que o total de uma só condenação seja executada em parte por precatório e em parte por requisição de pequeno valor (RPV), a Constituição veda a expedição de precatórios complementares ou suplementares de valor pago, bem como o fracionamento, repartição ou quebra do valor da execução, que pudesse levar parcela do total ao regime executivo de RPV (CF, art. 100, § 8º – incluído pela EC n. 62, de 2009). Não há, porém, empecilho a que sendo vários os credores, num só processo, possam alguns receber seus créditos individuais por regimes distintos (precatório ou RPV), tendo em conta o valor que couber a cada um deles[52]. Tampouco entende o STJ que o referido dispositivo constitucional impeça a expedição de "requisição de pequeno valor complementar para pagamento da correção monetária devida entre a data da elaboração dos cálculos e a efetiva satisfação da obrigação pecuniária".[53]

625.1. Requisição de pequeno valor em caso de crédito alimentar "superpreferencial"

Os créditos alimentares não integram a ordem cronológica geral de pagamento dos precatórios, mas seu pagamento segue o regime comum do art. 100 da CF. Têm preferência sobre

---

[51] CAMBI, Eduardo, *et al*. *Curso de processo civil completo*, cit., p. 1.128.
[52] STJ, 1ª Seção, REsp 1.347.736/RS – recurso repetitivo – tema 608, Rel. p/ac. Min. Herman Benjamin, ac. 09 10.2013, *DJe* 15.04.2014.
[53] STJ, Corte Especial – REsp 1.143.677/RS – recurso repetitivo – temas 291 e 292, Rel. Min. Luiz Fux, ac. 02.12.2009, *DJe* 04.02.2010.

os demais credores da Fazenda Pública, mas sujeitam-se a precatórios, formando uma escala cronológica de pagamento própria.

Há, porém, um regime particular para os créditos alimentares qualificados como *superpreferenciais*: são *preferenciais* os créditos de natureza alimentar previstos no art. 100, § 1º, da CF; e *superpreferenciais* os correspondentes à parcela dos créditos alimentares passível de fracionamento e adiantamento dos termos do art. 100, § 2º, da CF e do art. 102, § 2º, do ADCT (Resolução n. 303/CNJ, art. 2º, II e III).

Esse superprivilégio é estabelecido em favor dos titulares (originários ou por sucessão hereditária) de créditos alimentícios, que sejam idosos, portadores de doença grave ou pessoas com deficiência, assim definidos em lei, dentro do limite de um valor equivalente ao triplo fixado em lei como "obrigação de pequeno valor" (Resolução n. 303, art. 9º).

É duplo esse superprivilégio: *(i)* assegura preferência sobre todos os demais credores, inclusive os alimentícios; e, *(ii)* permite o fracionamento do valor da execução, a fim de que a parcela superprivilegiada seja cobrada adiantadamente sob o regime próprio das "obrigações de pequeno valor". Para tanto, o credor formulará requerimento ao juízo da execução, instruído com a prova da idade, da moléstia grave ou da deficiência (Res. n. 303, art. 9º, § 1º). Ouvida a parte contrária e sendo deferido o pedido, o juízo da execução expedirá a requisição de pequeno valor, distinta do precatório, a fim de que seja satisfeita a parcela superpreferencial do crédito alimentar nos moldes do art. 535, § 3º, II, do CPC (Res. n. 303, art. 9º, §§ 3º e 4º).[54]

Havendo remanescente do crédito alimentar, será este objeto de ofício precatório a ser expedido e pago na ordem cronológica de sua apresentação ao Tribunal (Idem, § 5º), dentro, porém, da classe própria dos credores de alimentos (CF, art. 100, § 1º).

625.2. Pagamento do precatório em parcelas ou por acordo direto

Postos os recursos requisitados à disposição do Tribunal, os beneficiários dos precatórios serão convocados a receber os respectivos créditos, pessoalmente ou através de procurador, com ciência às partes e ao juízo da execução. O pagamento poderá ser realizado mediante saque bancário, através de alvará, mandado ou guia de pagamento, ou por meio de transferência bancária eletrônica para a conta pessoal do destinatário (Res. n. 303, art. 31, § 1º).

Em regra, o pagamento é feito por inteiro, de uma só vez, mas o § 5º do art. 100 da CF prevê, também, a hipótese de parcelamento, observável quando um só precatório apresentar valor superior a 15% de todos os precatórios apresentados no exercício. Em tal situação, o ente devedor pode pagar 15% do precatório a fracionar, até o final do ano seguinte, juntamente com os demais precatórios pendentes, e manifestar a forma com que satisfará o remanescente da dívida parcelada, a qual poderá se dar de duas maneiras, segundo previsão do art. 34 da Res. n. 303 do CNJ:

> I – *Pagamento em cinco parcelas anuais iguais*, atualizadas na forma da Resolução, exigíveis nos exercícios imediatamente subsequentes com observância do disposto nos §§ 5º e 6º, do art. 100 da CF, inclusive em relação à previsão de sequestro, dispensadas novas requisições (Res. n. 303, art. 34, § 2º, I);
>
> II – Poderá optar, outrossim, por *acordo direto*, destinado à obtenção de um deságio do valor do precatório, ajustado com o credor e homologado pelo Juízo Auxiliar de Conciliação de Precatórios do Tribunal, nos termos do art. 34, § 2º, II, da Resolução n. 303, o que dependerá das seguintes comprovações:

---

[54] Os §§ 3º e 7º do art. 9º da Resolução n. 303/2019 encontram-se suspensos por Medida Cautelar deferida na ADI 6.556, ainda pendente de julgamento definitivo no STF.

a) da vigência da norma regulamentadora do ente federado e do cumprimento dos requisitos nela previstos;
b) da inexistência de recurso ou impugnação judicial contra o crédito; e
c) do respeito ao deságio máximo de 40% do valor remanescente e atualizado do precatório (*i.e.*, do saldo superveniente ao resgate da parcela inicial de 15% do valor integral do precatório).

Se o ente devedor não optar expressamente pelo acordo direto, o Tribunal processará o cumprimento do precatório na forma parcelada da opção I, constante do art. 34, § 2º, da Resolução n. 303. Essa última modalidade de pagamento parcelado é opção do devedor, que não pode ser recusada pelo beneficiário do precatório, se presentes os requisitos do § 20 do art. 100 da CF (Res. n. 303, art. 34, § 3º).

625.3. Limite legal das requisições de pequeno valor

As requisições de pequeno valor (RPV), que excluem a execução contra a Fazenda Pública por precatório, estão sujeitas a um limite que as Fazendas Estaduais, Distrital e Municipais estabelecerão em leis próprias, levando em conta a capacidade econômica própria, respeitado, porém, o mínimo igual ao valor do maior benefício do regime geral de previdência social (CF, art. 100, § 4º, com a redação determinada pela EC n. 62, de 09.12.2009).

Enquanto os entes federados não criassem seus próprios limites, o art. 87 do ADCT estabeleceu limites provisórios para evitar que a omissão legislativa local se tornasse impeditivo do regime especial das RPVs. Não eram eles, entretanto, uma vedação a que os limites definitivos fossem inferiores aos provisórios do ADCT. Essa liberdade, todavia, encontrou uma barreira na regra da EC n. 62, que veio a dispor que, no mínimo, o limite de requisição de pequeno valor teria de respeitar o do maior benefício do regime geral da Previdência Social (art. 100, § 4º, da CF).

Dessa maneira, o STF tem decidido que, a partir da EC n. 62/2009, sob pena de inconstitucionalidade da lei local, "o teto das obrigações de pequeno valor não pode ser inferior à importância correspondente ao maior benefício do regime geral de previdência social (art. 100, § 4º, da Lei Maior)".[55] Os entes federados podem até estipular limite maior, mas nunca inferior ao determinado pelo dispositivo constitucional em destaque.

625.4. Parâmetros traçados pelo STF para as requisições de pequeno valor

Em Ação Direta de Inconstitucionalidade, o Supremo Tribunal Federal fixou interessantes orientações para a boa interpretação e correta aplicação das execuções de pequeno valor contra a Fazenda Pública,[56] a saber:

"1. A autonomia expressamente reconhecida na Constituição de 1988 e na jurisprudência do Supremo Tribunal Federal aos estados-membros para dispor sobre obrigações de pequeno valor restringe-se à fixação do valor referencial. Pretender ampliar o sentido da jurisprudência e do que está posto nos §§ 3º e 4º do art. 100 da Constituição, de modo a afirmar a competência legislativa do estado-membro para estabelecer também o prazo para pagamento das RPV, é passo demasiadamente largo.

---

[55] STF, Pleno, ADPF 370/SP, Rel. Min. Rosa Weber, ac. 28.09.2020, *DJe* 06.10.2020. Precedente: STF, Pleno, ADI 5.100/SC, Rel. Min. Luiz Fux, ac. 27.04.2020, *DJe* 14.05.2020

[56] STF, Pleno ADI 5.534, Rel. Min. Dias Toffoli, ac. 21.12.2020, *DJe* 12.02.2021.

2. A jurisprudência do Supremo Tribunal Federal confere ampla autonomia ao estado-membro na definição do valor referencial das obrigações de pequeno valor, permitindo, inclusive, a fixação de valores inferiores ao do art. 87 do ADCT (ADI n. 2868, Tribunal Pleno, Rel. Min. Ayres Britto, Rel. p/ ac. Min. Joaquim Barbosa, *DJ* de 12.11.2004). A definição do montante máximo de RPV é critério razoável e suficiente à adequação do rito de cumprimento das obrigações de pequeno valor à realidade financeira e orçamentária do ente federativo.

3. O Supremo Tribunal Federal reconhece a natureza processual das normas que regulamentam o procedimento de execução das obrigações de pequeno valor, por versarem sobre os atos necessários para que a Fazenda Pública cumpra o julgado exequendo. Precedentes: RE n. 632.550-AgR, Primeira Turma, da minha relatoria, *DJe* de 14.05.2012; RE n. 293.231, Segunda Turma, Rel. Min. Maurício Corrêa, *DJ* de 01.06.2001). A norma do art. 535, § 3º, inciso II, do Código de Processo Civil detém natureza nitidamente processual, a atrair a competência privativa da União para dispor sobre tema (art. 22, inciso I, da Constituição de 1988).

4. O Supremo Tribunal Federal declarou, em julgamento com repercussão geral, a constitucionalidade da expedição de precatório ou requisição de pequeno valor para pagamento da parte incontroversa e autônoma do pronunciamento judicial transitada em julgado, observada a importância total executada para efeitos de dimensionamento como obrigação de pequeno valor. Precedente: RE n. 1.205.530 [...]".

626. SEQUESTRO DE VERBAS PÚBLICAS

A execução das dívidas da Fazenda Pública, como já se observou, não segue o sistema da penhora e expropriação de bens do devedor, já que o patrimônio público é naturalmente impenhorável. Cumpre-se, portanto, a execução contra a Fazenda, requisitando-se a inclusão da verba necessária no orçamento e aguardando-se que a satisfação do crédito ajuizado se dê de forma voluntária pelo obrigado.

Medida executiva propriamente dita é o sequestro de verbas públicas que a lei primeiramente só permitia quando a Fazenda devedora quebrasse a ordem cronológica dos precatórios, mediante pagamento direto a outro exequente, fora do respectivo grau na escala de preferência.

Com a EC n. 62/2009 a possibilidade de sequestro foi ampliada, tornando-se cabível não só por preterição do direito de preferência, mas também quando não ocorrer a alocação orçamentária do valor necessário à satisfação do débito exequendo (CF, art. 100, § 6º). A nova disposição constitucional não apenas tornou obrigatória a inclusão do valor do precatório no orçamento, como sujeitou a Fazenda devedora a sofrer sequestro de receita, quando o dever legal for descumprido.

Da mesma forma, o § 20 do art. 100 da CF (acrescentado pela EC n. 94/2016) prevê uma outra hipótese em que o sequestro tem cabimento: é a de ocorrência de inadimplemento no devido termo das parcelas em que o valor original do precatório se desdobrou (Res. n. 303, art. 34, § 2º, I).

A ordem de sequestro, cuja natureza é a mesma da penhora, isto é, ato executivo expropriatório para propiciar o pagamento forçado ao credor exequente, deve ser requerida ao Presidente do Tribunal que expediu o precatório. Não se trata, *in casu*, de medida cautelar, e sim de medida executiva, cujo procedimento se acha detalhado na Resolução n. 115/2010 do CNJ.

O art. 78, § 4º, do ADCT, acrescido pela EC n. 30/2000 (que instituiu moratória de dez anos para solução de precatórios pendentes), previa mais um caso de sequestro de recursos financeiros da Fazenda Pública executada. Trata-se do inadimplemento de qualquer das parcelas decorrentes da moratória.[57]

É de se lembrar, ainda, do sequestro autorizado para as execuções da Fazenda Pública, por requisições de pequeno valor (CF, art. 100, § 3º; Lei n. 10.259/2001, art. 17, § 2º), o qual é decretável quando não se verifica o cumprimento da condenação no prazo de sessenta dias após a ordem judicial (Resolução n. 303/CNJ, art. 19).

O procedimento da execução da Fazenda Pública, com possibilidade eventual de sequestro de verbas públicas, está previsto apenas para a obrigação por quantia certa (art. 534). As obrigações de fazer ou de entrega de coisa seguem o procedimento executivo comum, conforme constem de sentença (arts. 536 e seguintes) ou de título executivo extrajudicial (806 e seguintes), mesmo quando o executado seja o Poder Público[58].

Quando se trata, porém, de decisão mandamental que impõe ao serviço médico estatal fornecer medicamento a necessitado, o descumprimento da prestação pode ser convertido em outra medida capaz de proporcionar resultado prático equivalente (art. 536, *caput* e § 1º). Entre essas medidas substitutivas e coercitivas, a jurisprudência inclui "até mesmo o sequestro de valores do devedor (bloqueio)", segundo o prudente arbítrio do juiz, "e sempre com adequada fundamentação".[59]

626.1. Procedimento do sequestro

O sequestro, provocado por requerimento do credor, é medida administrativa que cabe ao presidente do tribunal processar e decidir (Res. CNJ n. 303, art. 20, § 1º). Protocolizado o pedido, será intimado o gestor da entidade devedora para que, em dez dias, comprove o pagamento realizado, promova-o ou preste informações (idem, § 2º). Dar-se-á vista, em seguida ao representante do Ministério Público, para manifestação em cinco dias (idem, § 3º). Deferido o sequestro da quantia necessária à liquidação integral do valor atualizado devido, sua execução dar-se-á eletronicamente pelo sistema SISBAJUD (idem, § 4º).

A medida executória de sequestro, quando for o caso, alcança não só o valor atualizado da requisição inadimplida ou preterida, mas também os valores atualizados dos demais precatórios não quitados precedentes na ordem cronológica (idem, § 5º).

626.2. Outras medidas coercitivas

Há uma corrente doutrinária que entende cabível a aplicação de outras medidas coercitivas, semelhantes *contempt of court*[60] do sistema norte-americano, contra a Fazenda Pública

---

[57] A propósito do art. 78, § 4º, do ADCT, o STJ já decidiu que o sequestro é cabível independentemente de a Fazenda devedora ter ultrapassado em sua mora o prazo total da moratória, bastando que ocorra o inadimplemento de qualquer parcela (STJ, 1ª T., RMS n. 29.014, Rel.ª Min.ª Denise Arruda, ac. 20.11.2009, *DJe*; Precedente citado (RMS n. 22.205/PR, 1ª T., Rel. Min. Teori Albino Zavascki, *DJU*, 21.6.2007). A propósito do tema fixou o STF a seguinte tese: "É constitucional o sequestro de verbas públicas pela autoridade judicial competente nas hipóteses do §4º do art. 78 do ADCT, cuja normatividade veicula regime especial de pagamento de precatórios de observância obrigatória por parte dos entes federativos inadimplentes na situação descrita pelo *caput* do dispositivo" (STF, Pleno, RE 597.092/RJ- Repercussão Geral, Rel. Min. Edson Fachin, ac. 26.06.2023, *DJe* 29.09.2023).

[58] STF, Pleno, RE 573.872/RS, Rel. Min. Edson Fachin, ac. 24.05.2017, *DJe* 11.09.2017; STJ, 6ª T., AgRg no Ag 1.073.258/DF, Rel. Min. Celso Limongi, ac. 19.08.2010, *DJe* 06.09.2010.

[59] STJ, 1ª Seção, REsp 1.069.810/RS, Rel. Min. Napoleão Nunes Maia Filho, ac. de 23.10.2013, sob regime do art. 543-C do CPC, *DJe* 06.11.2013.

[60] Araken de Assis define o *contempt of court* como sendo a "ofensa ao órgão judiciário ou à pessoa do juiz, que recebeu o poder de julgar do povo, comportando-se a parte conforme suas conveniências, sem respeitar a

quando não há o pagamento do precatório.⁶¹ A medida se justificaria porque o inadimplemento configuraria infringência aos arts. 77, IV; § 1º e 139, IV, do CPC.⁶²

Nesses casos, a sanção pelo *contempt of court*, segundo os que a admitem, deveria ser dirigida ao gestor responsável pela alocação de recursos para pagamento, especialmente ministros, secretários de fazenda, ou até mesmo o chefe do Poder Executivo. Além de multas pessoais, poderiam ser aplicadas as seguintes penas: "impossibilidade de candidatar-se a cargo público, bloqueio de passaporte e carta de motorista, determinação de apuração (art. 40 do CPP) dos crimes previstos na Lei de Responsabilidade Fiscal, proibição do Ente Público contrair novos empréstimos, realizar abertura de créditos suplementares, bloqueio de aquisições e bens de luxo, para servidores de primeiro escalão ou vedação de propaganda", entre outras.⁶³

627. EXCEÇÕES AO REGIME DOS PRECATÓRIOS

O procedimento codificado de execução contra a Fazenda Pública, segundo certa jurisprudência, não deveria ser observado nas ações de desapropriação, onde os precatórios seriam logo processados sem passar pelo contraditório exigido pelo art. 534.⁶⁴ Esse entendimento, contudo, não tem sido mais sustentado.⁶⁵

Não se sujeitam ao regime dos precatórios os pagamentos de obrigações definidas em lei como de pequeno valor que a Fazenda Federal, Estadual, Distrital ou Municipal deva fazer em virtude de sentença judicial transitada em julgado (CF, art. 100, § 3º); cabe, pois, à lei ordinária estipular os parâmetros para identificação das causas de pequeno valor, admitindo-se a possibilidade de diferenciação conforme a capacidade de pagamento das entidades de direito público (CF, art. 100, § 4º). Nesses casos, a execução se faz por meio de requisição de pagamento expedida pelo juiz da causa ao órgão estatal competente para efetuá-lo, sem interferência, portanto, do Presidente do Tribunal.

O regime das execuções das obrigações de pequeno valor (RPV) aplica-se, inclusive, às sentenças cujo precatório tenha sido expedido antes da EC n. 37/2002. Para tanto, ocorrerá a automática sujeição do pagamento do precatório ao sistema da Requisição de Pequeno Valor

---

ordem emanada da autoridade judicial". Com esse desacato, a autoridade pode "coagir à cooperação, ainda que de modo indireto, através da aplicação de sanções às pessoas sujeitas à jurisdição" (ASSIS, Araken de. O *contempt of court* no Direito Brasileiro. *RJ* 318/8-9).

61 MAIDAME, Márcio Manoel. Execução contra a Fazenda Pública, *cit.*, p. 970; GUERRA, Marcelo Lima. *Execução indireta*. São Paulo: RT, 1998, p. 185; TALAMINI, Eduardo. Concretização jurisdicional de direitos fundamentais e prestações positivas do Estado. *In*: TESHEINER, José Maria Rosa; MILHORANZA, Mariângela Guerreiro; PORTO, Sérgio Gilberto (coords.). *Instrumentos de coerção e outros temas de Direito Processual Civil*: Estudos em homenagem aos 25 anos de docência do Prof. Dr. Araken de Assis. Rio de Janeiro: Forense, 2007, p. 169-170; BUENO, Cassio Scarpinella. Execução por quantia certa contra a Fazenda Pública – uma proposta de sistematização. *In*: SHIMURA, Sérgio; WAMBIER, Teresa Arruda Alvim (coords.). *Processo de execução e assuntos afins*. São Paulo: RT, 2001, v. II, p. 149-150.

62 MAIDAME, Márcio Manoel. *Op. cit., loc. cit.*

63 Idem, ibidem.

64 "Desapropriação. Citação. Fazenda Pública. A regra do art. 730 do CPC não se aplica à execução no processo de desapropriação direta, que é essencial e não comporta embargos à execução. A apuração da indenização e o pagamento são prévios" (STJ, 1ª T., REsp. 160.573/SP, Rel. Min. Garcia Vieira, ac. 17.4.98, *DJU* 8.6.98, p. 46).

65 A jurisprudência do STJ mudou de orientação, mais recentemente: "Também em execução em ação de desapropriação, a execução se faz na forma especial prevista nos arts. 730 do CPC e 100 da CF" (STJ, 1ª T., REsp. 210.706/SP, Rel. Min. Garcia Vieira, ac. 22.06.1999, *DJU* 16.08.1999, p. 57). No mesmo sentido: STJ, 2ª T., REsp. 127.702/SP, Rel. Min. Ari Pargendler, ac. 15.06.1998, *DJU* 09.08.1999, p. 157. Na verdade, a dispensa do procedimento relativo ao precatório só teria cabimento no tocante ao pagamento antecipado do preço ofertado pela Administração, nunca em relação ao montante imposto pela condenação.

(RPV), não se lhe aplicando o parcelamento previsto no art. 78 do ADCT (art. 86, *caput*, do ADCT, acrescentado pela EC n. 37/2002).[66]

Cumprindo o novo preceito constitucional, a Lei n. 10.259, de 12.7.2001, definiu as obrigações de pequeno valor como sendo as que se inserem na competência do Juizado Especial Federal Cível (art. 17, § 1º), ou seja, aquelas cujo valor seja de até 60 (sessenta) salários mínimos (art. 3º, *caput*), regra a ser aplicada para as execuções da esfera federal.[67] Quanto aos demais entes da Federação que, na sistemática do art. 100 da CF/1988, poderão sujeitar-se a limites diferenciados, a Emenda Constitucional n. 37, de 12.6.2002, estabeleceu no art. 87 do Ato das Disposições Constitucionais Transitórias, provisoriamente, os seguintes parâmetros para identificar as causas de pequeno valor:

I – quarenta salários mínimos, perante a Fazenda dos Estados e do Distrito Federal;
II – trinta salários mínimos, perante a Fazenda dos Municípios.

Os referidos valores vigorarão "até que se dê a publicação oficial das respectivas leis definidoras pelos entes da Federação" (art. 87 do ADCT). Essa sistemática foi mantida pelo § 12 do art. 97 do Ato das Disposições Constitucionais Transitórias (ADCT), acrescido pela Emenda Constitucional n. 62/2009. Há, contudo, que se observar uma importante ressalva trazida pela EC n. 62: a liberdade dos Estados, do Distrito Federal e dos Municípios não é total na fixação das "dívidas de pequeno valor". O mínimo nunca poderá ser inferior "ao valor do maior benefício do regime geral de previdência social" (CF, art. 100, § 4º). Com isso, evita-se a estipulação de pisos irrisórios que poderiam tornar ilusória a tutela das dívidas de pequeno valor fora do regime dos precatórios.

Estabeleceu, finalmente, o parágrafo único do art. 87 do ADCT que "se o valor da execução ultrapassar o estabelecido neste artigo, o pagamento far-se-á, sempre, por meio de precatório, sendo facultada à parte exequente a renúncia ao crédito do valor excedente, para que possa optar pelo pagamento do saldo sem o precatório, da forma prevista no § 3º do art. 100".

De qualquer maneira, não se admite "a expedição de precatório complementar ou suplementar de valor pago, bem como fracionamento, repartição ou quebra do valor da execução, a fim de que seu pagamento não se faça, em parte, na forma estabelecida no § 3º deste artigo e, em parte, mediante expedição de precatório" (§ 4º, com a redação da EC n. 37, de 12.6.2002).

O fracionamento vedado do crédito exequendo tem como objetivo impedir que o mesmo credor utilize simultaneamente do sistema de precatório e de RPV. Não há impedimento, porém, a que vários credores reunidos como litisconsortes numa só ação pretendam receber seus créditos por sistemas distintos, de acordo com o valor que toca a cada um deles[68].

---

[66] STF, Pleno, RE 587.982/RS, Rel. Min. Edson Fachin, ac. 27.03.2019, *DJe* 12.04.2019: "É harmônica com a normatividade constitucional a previsão no art. 86 do ADCT na dicção da EC 32/2002 de um regime de transição para tratar dos precatórios reputados de pequeno valor, já expedidos antes de sua promulgação".

[67] A natureza alimentar e previdenciária do crédito não é suficiente para excluí-lo do regime da execução por precatório. É pelo "pequeno valor" que as obrigações da espécie permitem execução direta sobre recursos do tesouro público. Acima daquele valor, o credor, mesmo de verbas previdenciárias (inclusive acidentárias) tem de se submeter ao sistema dos precatórios, muito embora não fique adstrito à ordem cronológica geral (Súmula n. 655 do STF).

[68] STJ, 1ª Seção, REsp 1.347.736/RS, Recurso repetitivo – tema 608, Rel. Min. Herman Benjamin, ac. 09.10.2013, *DJe* 15.04.2014. O entendimento do acórdão inclui entre os litisconsortes que podem se valer de regime executivo distinto, o advogado da causa, relativamente à verba honorária.

627-A. ACORDO PARA PAGAMENTO COM DESCONTO DE PRECATÓRIOS FEDERAIS

A Lei n. 14.057/2020 disciplina o possível acordo com credores para pagamento com desconto de precatórios federais, assim como o acordo terminativo de litígio contra a Fazenda Pública, dispondo também sobre a destinação dos recursos deles oriundos para o combate à pandemia da Covid-19 durante a vigência do estado de calamidade pública reconhecido pelo Decreto Legislativo n. 6/2020.[69]

A proposta de acordo, cuja iniciativa pode ser da Fazenda Pública ou do devedor, será apresentada ao juízo auxiliar de conciliação de precatórios vinculado ao presidente do tribunal que proferiu a decisão exequenda. Ouvida a parte contrária, ser-lhe-á permitido apresentar contraproposta, respeitado o limite máximo de 40% do crédito atualizado nos termos legais. Formado o consenso, o acordo será homologado pelo juízo auxiliar. A correção monetária e os juros moratórios (CF, art. 100, § 12) em nenhuma hipótese serão excluídos pelo acordo.

Os acordos terminativos de litígio de que tratam o art. 1º da Lei n. 9.469/1997 e o § 12 do art. 19 da Lei n. 10.522/2002 também poderão ser propostos pela Fazenda Pública ou pelos titulares do direito creditório, sendo permitido o estabelecimento de condições diferenciadas de deságio e de parcelamento. O acordo será processado perante o juízo da causa. O parcelamento, entretanto, não será superior a: (a) oito parcelas anuais e sucessivas, se houver título judicial transitado em julgado; (b) doze parcelas anuais e sucessivas, se ainda não houver título judicial transitado em julgado. Ao Poder Executivo caberá o regulamento da Lei, inclusive com relação à competência do Advogado-Geral da União para assinar os acordos firmados, diretamente ou por delegação.

Cumprindo o preceito constitucional, a Lei n. 10.259, de 12.07.2001, definiu as obrigações de pequeno valor como sendo aquelas que se inserem na competência do Juizado Especial Federal Cível (art. 17, § 1º), ou seja, aquelas cujo valor seja de até 60 (sessenta) salários mínimos (art. 3º, *caput*), regra a ser aplicada para as execuções da esfera federal.[70] Quanto aos demais entes da Federação que, na sistemática do art. 100 da CF/1988, poderão sujeitar-se a limites diferenciados, a Emenda Constitucional n. 37, de 12.06.2002, estabeleceu no art. 87 do Ato das Disposições Constitucionais Transitórias, provisoriamente, os seguintes parâmetros para identificar as causas de pequeno valor: *(i)* quarenta salários mínimos, perante a Fazenda dos Estados e do Distrito Federal; *(ii)* trinta salários mínimos, perante a Fazenda dos Municípios.

Os referidos valores vigorarão "até que se dê a publicação oficial das respectivas leis definidoras pelos entes da Federação" (art. 87 do ADCT). Essa sistemática foi mantida pelo § 12 do art. 97 do Ato das Disposições Constitucionais Transitórias (ADCT), acrescido pela Emenda Constitucional n. 62/2009. Há, contudo, que se observar uma importante ressalva trazida pela EC n. 62: a liberdade dos Estados, do Distrito Federal e dos Municípios não é total na fixação das "dívidas de pequeno valor". O mínimo nunca poderá ser inferior "ao valor do maior benefício do regime geral de previdência social" (CF, art. 100, § 4º). Com isso, evita-se a estipulação de pisos irrisórios que poderiam tornar ilusória a tutela das dívidas de pequeno valor fora do regime dos precatórios.

---

[69] A Lei n. 14.057/2020 apoia-se na autorização constitucional para acordos diretos de pagamento de precatórios de grande valor (CF, art. 100, § 20), e cuida também dos acordos terminativos de litígios em complemento às Leis n. 9.469/1997 e n. 10.522/2002.

[70] A natureza alimentar e previdenciária do crédito não é suficiente para excluí-lo do regime da execução por precatório. É pelo "pequeno valor" que as obrigações da espécie permitem execução direta sobre recursos do tesouro público. Acima daquele valor, o credor, mesmo de verbas previdenciárias (inclusive acidentárias), tem de se submeter ao sistema dos precatórios, muito embora não fique adstrito à ordem cronológica geral (STF, Súmula n. 655) (cf., *retro*, o item n. 97, IV).

Dispôs, finalmente, o parágrafo único do art. 87 do ADCT que, "se o valor da execução ultrapassar o estabelecido neste artigo, o pagamento far-se-á, sempre, por meio de precatório, sendo facultada à parte exequente a renúncia ao crédito do valor excedente, para que possa optar pelo pagamento do saldo sem o precatório, da forma prevista no § 3º do art. 100".

De qualquer maneira, não se admite "a expedição de precatórios complementares ou suplementares de valor pago, bem como o fracionamento, repartição ou quebra do valor da execução para fins de enquadramento de parcela do total ao que dispõe o § 3º deste artigo" (§ 8º, com a redação da Emenda Constitucional n. 62, de 2009).

O fracionamento vedado do crédito exequendo tem como objetivo impedir que o mesmo credor utilize simultaneamente do sistema de precatório e de RPV. Não há impedimento, porém, a que vários credores reunidos como litisconsortes numa só ação pretendam receber seus créditos por sistemas distintos, de acordo com o valor que toca a cada um deles[71].

628. AUTONOMIA DO CRÉDITO DE HONORÁRIOS SUCUMBENCIAIS

Sendo autônomo o direito do advogado à verba honorária de sucumbência (Lei n. 8.906/1994, art. 23; CPC/2015, art. 85, § 14), pode ela ser objeto de precatório expedido diretamente em favor do próprio causídico.[72]

Vinha, entretanto, decidindo a jurisprudência do STJ que não se poderia pretender a execução separada dos honorários, como crédito de "pequeno valor", fora do regime dos precatórios, se a soma desse acessório com o principal da condenação ultrapassasse o limite a que alude o § 3º do art. 100 da CF. A manobra, esbarraria na vedação de fracionamento não só do dispositivo constitucional referido (antigo § 4º), como também do art. 128 da Lei n. 8.213/1991.[73]

Esse entendimento, todavia, não mais prevalece no STF, em face de alterações ocorridas nos parágrafos do art. 100 da CF/1988, retratadas na Súmula Vinculante n. 47[74], sendo certo, atualmente, que a execução dos honorários advocatícios sucumbenciais pode ser processada por meio de RPV, mesmo quando a condenação principal ultrapasse o limite dessa modalidade simplificada de execução contra a Fazenda Pública[75]. O que remanesceu foi a discussão

---

[71] STJ, 1ª Seção, REsp 1.347.736/RS, Recurso Repetitivo – tema 608, Rel. Min. Herman Benjamin, ac. 09.10.2013, DJe 15.04.2014. O entendimento do acórdão inclui entre os litisconsortes que podem se valer de regime executivo distinto o advogado da causa, relativamente à verba honorária.

[72] STJ, 1ª T., REsp. 487.535, Rel. Min. Teori Zavascki, ac. 03.02.2005, DJU 28.02.2005, p. 190; STJ, 2ª T., REsp. 874.462, Rel. Min. Eliana Calmon, ac. 21.10.2008, DJe 18.11.2008.

[73] STJ, 6ª T., REsp. 425.407/RS, Rel. Min. Hamilton Carvalhido, ac. 11.02.2003, DJU 10.03.2003, p. 330. No mesmo sentido: STJ, 2ª T., REsp. 414.753/PR, Rel. Min. Paulo Medina, ac. 08.10.2002, DJU 02.12.2002, p. 284.

[74] "Os honorários advocatícios incluídos na condenação ou destacados do montante principal devido ao credor consubstanciam verba de natureza alimentar cuja satisfação ocorrerá com a expedição de precatório ou requisição de pequeno valor, observada ordem especial restrita aos créditos dessa natureza" (Súmula Vinculante 47/STF).

[75] Entre os precedentes que fundamentaram a Súmula Vinculante n. 47, figura o RE 564.132, cuja decisão assentou: "A finalidade do preceito acrescentado pela EC 37/2002 (art. 100, § 4º) ao texto da CF/1988 é a de evitar que o exequente se valha simultaneamente, mediante o fracionamento, repartição ou quebra do valor da dívida, de dois sistemas de satisfação de crédito: o do precatório para uma parte dela e o do pagamento imediato (sem expedição de precatório) para outra. 23. Daí que a regra constitucional apenas se aplica a situações nas quais o crédito seja atribuído a um mesmo titular. E isso de sorte que, a verba honorária não se confundindo com o principal, o preceito não se aplica quando o titular do crédito decorrente de honorários pleiteie o seu recebimento. Ele não sendo titular de dois créditos não incide, no caso, o disposto no art. 100, § 4º, da Constituição do Brasil. 24. A verba honorária consubstancia direito autônomo, podendo mesmo ser executada em separado. Não se confundindo com o crédito principal que cabe à parte, o advogado tem o direito de executar seu crédito nos termos do disposto nos arts. 86 e 87 do ADCT. 25. A única exigência a ser, no caso, observada é a de que o fracionamento da execução ocorra antes da expedição do ofício requisitório,

acerca do fracionamento da verba advocatícia em caso de litisconsórcio facultativo, tema que afinal foi superado por decisão do Pleno, que será objeto de tratamento no item 630, adiante.

É interessante lembrar que, para a jurisprudência do STF e do STJ, o crédito de honorários advocatícios tem a natureza de obrigação alimentar, para efeito de seu tratamento preferencial no regime de precatórios.

629. CREDORES LITISCONSORCIADOS

O atual § 8º do art. 100 da Constituição proíbe a expedição de precatórios complementares ou suplementares de valor já pago assim como o fracionamento do valor da execução para o fim de que parte da obrigação escape do regime dos precatórios e se beneficie da execução direta de "requisição de pequeno valor".

Na verdade, não há necessidade de novo precatório, quando aquele já processado não proporcionou pagamento integral ao respectivo titular. O STF já decidiu que o mesmo precatório serve apenas para autorizar pagamentos complementares quando a insuficiência se deveu a erro material e inexatidão aritmética contidos no precatório original, bem assim da substituição, por força de lei, do índice aplicado.[76] É claro, outrossim, que a execução não se extingue quando a verba orçamentária disponibilizada não cobre o valor integral do precatório pendente. Não há, porém, necessidade de outro precatório para complementar a satisfação do débito. A execução prossegue até que a Fazenda satisfaça a dívida por inteiro.[77]

É perfeitamente possível, no entanto, a expedição de mais de um precatório nos mesmos autos, na hipótese de julgamentos fracionados do litígio, de modo que parte da condenação transite em julgado antes do encerramento total da causa. Essa eventualidade não pode ser tratada, obviamente, como desmembramento ou parcelamento de precatório.[78]

Outra hipótese de legitimidade de múltiplos precatórios ocorre nos processos que versem sobre a obrigação divisível tratada em juízo por meio de litisconsórcio facultativo. Na verdade, em tal conjuntura, congregam-se várias ações e várias condenações, uma para cada litisconsorte. As obrigações desde a origem eram individualizáveis, razão pela qual não se vê no desmembramento da execução posterior à sentença única uma ofensa à regra do atual § 8º do art. 100 da CF (§ 4º, antes da EC n. 62). Diante do litisconsórcio facultativo, portanto, "a execução continuará sob o rito do precatório em relação aos litisconsortes com créditos não classificados como de pequeno valor", e poderá adotar a forma de requisição direta de pagamento para aqueles litisconsortes, cujo crédito se enquadre no conceito legal de *dívida de pequeno valor*. Dessa maneira, não incide a vedação constitucional de fracionamento do precatório, cujo objetivo é impedir que uma mesma dívida seja satisfeita, em parte, na forma de precatório, e em parte como obrigação de pequeno valor.[79]

---

sob pena de quebra da ordem cronológica dos precatórios" (STF, RE 564.132, voto do rel. min. Eros Grau, red. p/ o ac. min. Cármen Lúcia, P, j. 30-10-2014, *DJE* 27 de 10-2-2015, Tema 18).

[76] STF, Tribunal Pleno, ADI n. 2.924, Rel. Min. Carlos Velloso, ac. 30.11.2005, *DJU* 06.09.2007, p. 036.

[77] Releva notar que, com a EC n. 62/2009, tornou-se possível o sequestro de receita da Fazenda Pública devedora que não inclui no orçamento a verba necessária ao cumprimento do precatório tempestivamente processado (CF, art. 100, § 6º).

[78] "Longe fica de conflitar com o art. 100, § 4º, da Constituição Federal enfoque no sentido de ter-se a expedição imediata de precatório relativamente à parte incontroversa do título judicial, dando-se sequência ao processo quanto àquela impugnada por meio de recurso" (STF, 1ª T., RE n. 458.110/MG, Rel. Min. Marco Aurélio, ac. 13.06.2006, *DJU* 29.09.2006, p. 48. No mesmo sentido: STJ, 1ª T., AgRg. no REsp. n. 980.560/PE, Rel. Min. José Delgado, ac. 11.12.2007, *DJU* 07.02.2008; *Revista Jurídica* 364/163).

[79] STF, 1ª T., RE n. 484.770, Rel. Min. Sepúlveda Pertence, ac. 06.06.2006, *DJU* 01.09.2006, p. 22. "No litisconsórcio facultativo, é possível individualizar o precatório" (Súmula n. 5 do TJSP).

630. POSSIBILIDADE DE FRACIONAMENTO DO PRECATÓRIO

A vedação do fracionamento do precatório impede que o mesmo credor pretenda execução separada de verbas diferentes de um só título judicial, como, *v.g.*, a condenação principal e a da restituição das despesas processuais. "A jurisprudência do Supremo Tribunal Federal firmou-se no sentido de que a execução do pagamento das verbas acessórias não é autônoma, havendo de ser considerada em conjunto com a condenação principal. Deve, portanto, ser respeitado em tal conjuntura o art. 100, § 8º, da Constituição da República, que veda o fracionamento, a repartição ou a quebra do valor da execução. Nesse sentido, o RE n. 143.802, Rel. Min. Sydney Sanches, Primeira Turma, *DJ* 09.04.1999".[80]

No entanto, a restrição aplica-se apenas aos casos em que a titularidade de todas as verbas da condenação pertença ao mesmo credor. Diversa é a situação em que vários credores sejam contemplados numa só sentença. Aí não haverá lugar para se impedir que cada um deles promova execução própria e distinta para os respectivos créditos. É o que se passa, por exemplo, com as custas e honorários advocatícios. Se é a parte vencedora que executa a sentença para cobrar o principal e o reembolso dos gastos do processo, não será possível o desmembramento do precatório. Mas se a execução for intentada em nome próprio pelo advogado ou pelo serventuário, será perfeitamente possível a execução individualizada, mesmo que algum deles venha a enquadrar-se na categoria de requisição direta de obrigação de pequeno valor.[81] Em face do denominado complemento positivo estabelecido pelo art. 17 da Lei n. 10.257/2001, que serviria de pretexto para que benefício previdenciário pudesse ser implantado imediatamente sem passar pelo regime do precatório, o STF já assentou, em regime de repercussão geral, que a tese adotada em sua jurisprudência é no sentido da "vedação do fracionamento da execução pecuniária contra a Fazenda Pública, com efeito de afastar o pagamento mediante Complemento Positivo".[82] O caso mais evidente e notório é o do crédito autônomo do advogado sobre a verba de honorários sucumbenciais, que não pode ser vista como simples acessório da condenação principal. Como já visto, atualmente, não mais se discute o tratamento de obrigação principal, por ser legalmente autônomo o crédito do advogado na espécie (ver, retro, o item, 628).

Se se tornou certo na jurisprudência do STF que se podiam requerer precatórios autônomos para a condenação principal e para os honorários do advogado, permaneceu polêmica, todavia, nos casos de litisconsórcio ativo, a execução fracionada da verba advocatícia em proporção a cada execução individualizada para cada credor. Chegou-se a decidir, na 1ª Turma do STF no sentido favorável ao fracionamento também dos honorários advocatícios[83]. No entanto, levado o problema à decisão do Pleno, prevaleceu o entendimento de que, se for global e única a condenação da Fazenda Pública à verba advocatícia, não se pode fracioná-la, para escapar do regime de precatórios, ainda que se trate de litisconsórcio facultativo, superando-se, dessa forma, a posição divergente da 1ª Turma[84].

---

[80] Decisão singular de 15.06.2007 da Min.ª Carmen Lúcia, no RE n. 544.479/RS, *DJU* 27.06.2007.

[81] Nesse sentido, o STF decidiu não haver ofensa ao art. 100, § 4º (atual § 8º), da CF, quando o titular do cartório executa o valor das custas do processo, perante a Fazenda Pública sucumbente, porque a parte vencedora, "por ser beneficiária de assistência judiciária gratuita, não as adiantou" (STF, Pleno, RE n. 578.695-1/RS, Rel. Min. Ricardo Lewandowski, ac. 29.10.2008, *DJe* 20.03.2009).

[82] STF, Pleno, ARE 723307 Manif-RG/PB, Rel. Min. Gilmar Mendes, ac. 08.08.2014, *DJe* 27.09.2016.

[83] STF, 1ª T., RE 919.269 AgR/RS, Rel. Min. Edson Fachin, ac. 15.12.2015, *DJe* 11.04.2016, RTJRGS 300/35, jun./2016.

[84] "(...) Nas causas em que a Fazenda Pública for condenada ao pagamento da verba honorária de forma global, é vedado o fracionamento de crédito único, consistente no valor total dos honorários advocatícios devidos, proporcionalmente à fração de cada litisconsorte, sob pena de afronta ao art. 100, § 8º, da Constituição" (STJ, Pleno, RE 919.793 AgR-ED-EDv/RS, Rel. Min. Dias Toffoli, ac. 07.02.2019, *DJe* 26.06.2019).

Em suma, a posição do STF se consolidou, através do plenário, da seguinte maneira: *(a)* é possível fracionar a condenação principal da Fazenda Pública em tantos precatórios ou requisições de pequeno valor, quantos sejam os credores litisconsorciados; *(b)* não se admite, porém, que a verba advocatícia estabelecida de forma global e única, possa ser fracionada pelo mesmo advogado que assistiu em conjunto os litisconsortes, de maneira que o precatório para execução da verba advocatícia terá de ser único e indivisível.

631. CESSÃO E COMPENSAÇÃO NO ÂMBITO DOS PRECATÓRIOS

Os créditos constantes de precatórios, mesmo os de natureza alimentar, podem ser livremente cedidos, sem depender da concordância da Fazenda devedora (CF, art. 100, § 13, incluído pela EC n. 62/2009).[85] Contudo, se tal ocorrer em relação a créditos alimentares, o cessionário não se beneficiará dos privilégios executivos anteriormente conferidos ao cedente. Vale dizer: após a cessão, o crédito perde sua natureza alimentar, passando à categoria de crédito comum, em face da executada[86]. O STF, entretanto, apreciando o tema 361 em repercussão geral fixou a seguinte tese: "a cessão de crédito alimentício não implica a alteração da natureza". Com isso, prevaleceu o entendimento de que não há "transmudação da natureza de precatório alimentar em normal em virtude de cessão do direito nele estampado"[87].

O mesmo ocorre com a obrigação de pequeno valor: se não há impedimento legal à cessão do crédito sujeito a execução por requisição direta, não há como privar o cessionário de se valer dessa modalidade executiva. Vale o mesmo princípio de que a cessão de crédito não implica a alteração da sua natureza.

A cessão de precatórios, contudo, "não impede o juiz de controlar *ex officio* a validade de sua transmissão, negando a produção de efeitos a negócios jurídicos eivados de nulidade, independentemente de ajuizamento de ação própria, como dispõe o art. 168, parágrafo único do Código Civil"[88].

Há, por outro lado, uma compensação possível entre o crédito que se pretende executar por meio do precatório e o débito inscrito em dívida ativa contra o credor do requisitório e seus substituídos (CF, art. 100, § 9º, com redação da EC n. 113/2021). Não se trata de compensação tributária regida pelo CTN, mas de compensação constitucional fundada exclusivamente em obrigação inscrita previamente em dívida ativa da Fazenda credora. Para se cumprir a compensação constitucional, o Tribunal, antes de expedir o precatório, solicitará à Fazenda devedora que informe sobre os débitos passíveis de compensação. A informação deverá ser prestada no prazo de trinta dias, sob pena de perda do direito de abatimento (CF, art. 100, § 10).[89]

Havendo dívida compensável, o precatório será expedido pela soma líquida, isto é, pelo apurado depois do devido abatimento.

Outra compensação autorizada pela EC n. 62/2009 é aquela que se previu no novo art. 97, § 10, II, do ADCT, para caso de não liberação tempestiva dos recursos relativos ao *regime especial* instituído pelo citado dispositivo transitório.[90] Em tal conjuntura, o credor poderá obter do Presidente do Tribunal ordem de compensação automática com seus débitos líquidos

---

[85] A eficácia da cessão de precatórios somente ocorrerá após comunicação, por meio de petição protocolizada, ao tribunal de origem e à entidade devedora (CF, art. 100, § 14).
[86] TJRGS, 4ª Câm. Civ.,Ag.Inst. nº 70032645434, Rel. Des. João Carlos Branco Cardoso, *DJe* 12.03.2010.
[87] STF, Pleno, RE 631.537/RS, Rel. Min. Marco Aurélio, ac. 22.05.2020, *DJe* 03.06.2020.
[88] STJ, 1ª T., REsp. 1.896.515/RS, Rel. Min. Regina Helena Costa, ac. 11.04.2023, *DJe* 17.04.2023.
[89] Os §§ 9º e 10, acrescentados ao art. 100 da CF pela EC n. 62/2009, foram declarados inconstitucionais pelo STF (ADI 4.425, Pleno, Rel. Min. Luiz Fux, ac. 14.03.2013, *RT* 944/251).
[90] O art. 97, acrescido ao ADCT pela EC n. 62/2009, foi declarado inconstitucional pelo STF (ADI 4.425, *cit.*).

mantidos com a Fazenda executada. Sobejando saldo em favor do exequente, seu valor terá automaticamente poder liberatório para pagamento de tributos devidos à executada, até onde se compensarem.[91]

Prevê, ainda, a EC n. 113/2021 a possibilidade de o credor ofertar créditos líquidos e certos que originalmente lhe são próprios ou adquiridos de terceiros reconhecidos pelo ente federativo ou por decisão judicial transitada em julgado para: I – quitação de débitos parcelados ou débitos inscritos em dívida ativa do ente federativo devedor, inclusive em transação resolutiva de litígio, e, subsidiariamente, débitos com a administração autárquica e fundacional do mesmo ente; II – compra de imóveis públicos de propriedade do mesmo ente disponibilizados para venda; III – pagamento de outorga de delegações de serviços públicos e demais espécies de concessão negocial promovidas pelo mesmo ente; IV – aquisição, inclusive minoritária, de participação societária, disponibilizada para venda, do respectivo ente federativo; ou V – compra de direitos, disponibilizados para cessão, do respectivo ente federativo, inclusive, no caso da União, da antecipação de valores a serem recebidos a título do excedente em óleo em contratos de partilha de petróleo (CF, art. 100, §11).

Por último, a EC n. 113/2021 acrescentou o § 21 ao art. 100 da CF, para autorizar a União e os demais entres federativos, nos montantes que lhes são próprios, desde que aceito por ambas as partes, utilizar valores objeto de sentenças transitadas em julgado devidas a pessoa jurídica de direito público para amortizar dívidas, vencidas ou vincendas: I – nos contratos de refinanciamento cujos créditos sejam detidos pelo ente federativo que figure como devedor na sentença de que trata o *caput* deste artigo; II – nos contratos em que houve prestação de garantia a outro ente federativo; III – nos parcelamentos de tributos ou de contribuições sociais; e IV – nas obrigações decorrentes do descumprimento de prestação de contas ou de desvio de recursos.

Essas amortizações, se realizadas em obrigações vencidas, será imputada primeiramente às parcelas mais antigas; nas obrigações vincendas, reduzirá uniformemente o valor de cada parcela devida, mantida a duração original do respectivo contrato ou parcelamento (CF, art. 100, § 22).

632. REGIME ESPECIAL DOS PRECATÓRIOS

Na sistemática traçada pelo art. 100 da Constituição, as sentenças relativas a prestações de natureza alimentícia proferidas contra a Fazenda Pública não se sujeitam ao regime de cumprimento segundo a ordem cronológica dos precatórios. Não ficam, porém, tais créditos excluídos do regime de execução por meio de precatórios. Apenas o seu pagamento será preferencial e não se dará dentro da ordem cronológica geral. Estabelecer-se-á uma ordem preferencial própria, também sob critério cronológico, mas incluindo só os precatórios alimentícios (Lei n. 9.469/1997, art. 6º, § 1º).

Para tentar solucionar o atraso crônico na solução dos precatórios no País, a Emenda Constitucional n. 30/2000 instituiu um parcelamento, cujo descumprimento pela Fazenda Pública faria com que as parcelas inadimplidas adquirissem poder liberatório para pagamento de tributos da entidade devedora (§ 2º do art. 78, acrescido pela EC 30 ao ADCT). Previu-se, ainda, o sequestro de recursos financeiros da devedora, para o mesmo fim (§ 4º do citado artigo).

---

[91] Como se vê, "a *compensação* prevista na EC n. 62, é um instituto distinto da compensação tributária prevista no CTN, tanto formalmente, já que tem sede constitucional, quanto materialmente, pois a previsão constitucional confere aos precatórios poder liberatório, com o fim específico de extinguir obrigações tributárias". Além disso, a *imputação em pagamento* que a EC n. 62 prevê como forma de "compensação automática" não segue as regras nem do CTN nem do Código Civil. São regras próprias traçadas pela própria lei constitucional (CALMON, Sacha. Emenda n. 62 à Constituição da República. *Revista pela Ordem*. Belo Horizonte, ano 1, n. 2, p. 32-33, abr/2010).

Do regime de parcelamento, todavia, ficaram expressamente excluídos os créditos de pequeno valor e os de natureza alimentícia (*caput* do art. 78, *cit.*). Aparentemente, os precatórios de alimentos teriam ficado em situação de menor proteção que os comuns, porque não entrariam no regime especial da força liberatória para pagar tributos e não ensejariam sequestro de recursos da entidade devedora, nos casos de inadimplemento.

O Supremo Tribunal Federal, contudo, enfrentou o tema e, em decisão pioneira, reconheceu a possibilidade de que os precatórios de natureza alimentícia podem ser negociados com empresas, as quais terão possibilidade de compensá-los com dívidas de ICMS. Atribuiu-se, dessa maneira, poder liberatório de obrigações tributárias, aos referidos precatórios, quando não cumpridos tempestivamente, sem depender de lei especial para autorizar a compensação[92].

633. ATRASO NO CUMPRIMENTO DOS PRECATÓRIOS

Um problema que aflige partes e juízes é o da demora no cumprimento dos precatórios pela Administração Pública. É natural que, estando a Administração sujeita a rígido controle orçamentário no que diz respeito à aplicação das Rendas Públicas, o pagamento das execuções só possa se fazer dentro de um prazo mais ou menos longo. Surge, então, uma diferença de acessórios (juros e correção monetária) em detrimento do credor.

Sendo inevitável um espaço de tempo entre a expedição e o cumprimento do precatório, parece-nos curial que o credor não deverá arcar com o prejuízo decorrente dessa defasagem. Mas, também, não é possível admitir que a liquidação e solução da execução se tornem infindáveis, graças a uma sucessiva e infinita apuração de diferenças.

Para uma antiga jurisprudência do STF não se concebia que houvesse, dentro do processo, uma sucessão indefinida de liquidações e precatórios. Sendo impossível a satisfação imediata do precatório, o direito do credor haveria de restringir-se tão somente ao espaço de tempo normalmente compreendido entre a expedição do requisitório e o seu efetivo cumprimento pela Administração Pública.

Assim, numa mesma execução de sentença contra a Fazenda, só deveria, em princípio, haver dois requisitórios:

1) o *primitivo*, expedido logo após apuração do *quantum* da dívida exequenda; e
2) o *complementar*, expedido após o pagamento do primitivo, e compreendendo tão apenas os acessórios vencidos entre o cálculo originário e a data do efetivo pagamento ao credor.[93]

A melhor solução, porém, era a que se adotava nos Tribunais de São Paulo e Minas Gerais, segundo a qual os precatórios deveriam ser expedidos com valor expresso em ORTN, ou seja, com cláusula de correção monetária automática. Dessa maneira, desapareceria o problema da defasagem entre o cálculo e o cumprimento do precatório, porque a Fazenda depositaria, em juízo, o valor das ORTNs no dia do recolhimento.[94]

---

[92] STF, 2ª T., RE 550.400/RS, Rel. Min. Eros Grau, decisão monocrática de 28.08.2007, *DJU* 18.09.2007.
[93] STF, 2ª T., RE 78.499, Rel. Min. Aldir Passarinho, ac. 03.12.82, *DJU* de 06.05.83, p. 6.026/7.
[94] TJSP, Ap. 39.679, *RT* 564/89; Ap. 40.555, *RT* 567/74; TJMG, Ap. 62.403, *Rev. da AMAGIS*, v. II, p. 228. O STF, depois de aprovar o entendimento citado no texto (REsp. 1.238-7-SP, Pleno, ac. de 07.08.85, *DJU* 13.09.85), mudou de orientação para decidir que os precatórios em ORTN contrariam o art. 117, § 1º, da Constituição Federal (RE 111.316-2-SP, *DJU* 14.11.86). O dispositivo da Constituição Federal de 1988, equivalente ao citado pelo STF, é o art. 100, § 1º.

O STF já admitiu, por outro lado, que "não ofende o § 3º do art. 153 da Constituição Federal, nem o art. 1.064 do Código Civil, decisão segundo a qual, cumprido o precatório, a cobrança de juros, em complementação a ele, somente pode ser pleiteada em ação ordinária".[95] Trata-se, porém, de entendimento superado.

De fato, não há inconveniente em que a diferença seja apurada pelo procedimento de liquidação nos próprios autos do processo originário. Não há litígio novo, fora daquele que já foi definitivamente julgado pela sentença exequenda que justifique a perda de tempo e de energia processual representada pela instauração de um novo processo ordinário apenas para atualizar acessórios da sentença cumprida com atraso pelo Poder Público.

O quadro jurisprudencial, todavia, mudou-se completamente, de sorte que a orientação atual da jurisprudência é a seguinte:

1) admitem-se sucessivos precatórios complementares enquanto houver defasagem de juros e correção monetária entre o requisitório e o efetivo adimplemento da obrigação pelo Poder Público,[96] porque "*a expedição do precatório não produz o efeito de pagamento*"; os juros moratórios continuarão incidindo, "*enquanto não solvida a obrigação*";[97]

2) firmou-se a jurisprudência do STF no sentido de não permitir a expedição de precatório em que o valor da obrigação seja expresso em certa quantidade de ORTNs, para assegurar sua correção monetária automática. O valor do precatório somente pode ser expresso em moeda nacional.[98] Não se impede, porém, que, no precatório, além do valor da obrigação em moeda corrente, se mencione também o seu equivalente em título público capaz de permitir sua ulterior atualização.[99]

Finalmente, a Emenda Constitucional n. 30, de 13.09.2000, solucionou de vez o problema da demora no cumprimento, alterando o texto dos parágrafos do art. 100 da Constituição Federal e instituindo as seguintes regras novas:

a) o pagamento do precatório deve ser realizado até o final do exercício seguinte ao de sua tempestiva apresentação (§ 5º);

b) os precatórios terão seus valores atualizados monetariamente na época do pagamento (§ 5º); durante o período previsto no § 5º não correm juros ou mora sobre os precatórios que nele sejam pagos (STF – Súm. Vinculante n. 17); não sendo adimplida a dívida no prazo constitucional, os juros moratórios passam a fluir a partir do 1º dia do exercício financeiro seguinte ao que deveria ter sido pago o precatório;[100]

---

[95] RE 85.921, ac. de 21.02.78, *RTJ* 86/627. Na Constituição de 1988, o dispositivo que equivale ao citado no acórdão do STF é o art. 5º, inc. XXXVI. No Código Civil de 2002, o artigo correspondente ao invocado no texto é o 407.

[96] STJ, REsp. 20.031-7/SP, 1ª Turma, Rel. Min. Garcia Vieira, ac. de 26.08.92, *DJU* 19.10.92, p. 18.217; STJ, AgRg no AI 6.734/SP, 1ª Turma, Rel. Min. Demócrito Reinaldo, ac. de 11.09.91, *DJU* 04.11.91, p. 15.656; STJ, REsp. 65.459-9/DF, 1ª Turma, Rel. Min. Demócrito Reinaldo, ac. de 06.09.95, *DJU* 25.09.95, p. 31.083.

[97] STJ, REsp. 2.625, 2ª Turma, Rel. Min. Ilmar Galvão, ac. de 16.05.90, *DJU* 04.06.90, p. 5.055.

[98] STF, RE 107.858/SP, Rel. Min. Carlos Madeira, ac. de 29.04.86, *RTJ* 119/372; STF, RE 109.383/SP, Rel. Min. Aldir Passarinho, ac. de 10.06.86, *RTJ* 119/444; STF, RE 116.961/SP, Rel. Min. Celso de Mello, ac. de 17.08.93, *RTJ*, 155/893; STF, RE 117.842-6/SP, Rel. Min. Ilmar Galvão, ac. de 15.03.94, *RT* 710/199.

[99] STJ, REsp. 1.374, Rel. Min. José Delgado, 1ª Turma, ac. de 22.11.90, *RF*, 310/122.

[100] STF, 1ª T., RE 940.236-AgR/MG, Rel. p/ ac. Min. Roberto Barroso, ac. 25.10.2016, *DJe* 10.08.2017.

c) o presidente do Tribunal competente que, por ato comissivo ou remissivo, retardar ou tentar frustrar a liquidação regular de precatório incorrerá em crime de responsabilidade (§ 7º).

A Resolução n. 303/2019 do CNJ, atualizada pela Resolução n. 448/2022, estabelece os seguintes critérios para a atualização dos valores dos precatórios, após sua expedição e até o efetivo pagamento:

a) os valores requisitados, independentemente de sua natureza, para fins de atualização monetária, remuneração do capital e de compensação da mora, serão corrigidos pelo índice da taxa referencial do Sistema Especial de Liquidação e de Custódia (Selic), acumulado mensalmente (art. 21 da Resolução n. 303);

b) os precatórios não tributários requisitados anteriormente a dezembro de 2021 serão atualizados a partir de sua data-base, observando-se os indexadores indicados no art. 21-A da Resolução;

c) antes de dezembro de 2021, os valores serão atualizados segundo os índices previstos no título executivo ou na conta de liquidação (art. 21-A, § 1º);

d) para os precatórios expedidos no âmbito da administração pública federal, aplicar-se-á o IPCA-E como índice de atualização no período de vigência dos arts. 27 das Leis n. 12.919/2013 e 13.080/2015 (art. 21-A, § 2º);

e) até novembro de 2021, aos precatórios de natureza tributária serão aplicados os mesmos critérios de atualização e remuneração da mora utilizados pela Fazenda Pública na remuneração de seu crédito tributário, seguindo, a partir do mês seguinte, as regras do art. 21 da Resolução (art. 21-A, § 4º);

f) a atualização dos precatórios não tributários deve observar o período a que alude o § 5º do art. 100 da CF, em cujo período o valor sujeitar-se-á exclusivamente à correção monetária pelo IPCA-E/IBGE – de 26.03.2015 a 30 de novembro de 2021 (art. 21-A, § 5º);

g) não havendo pagamento no prazo do § 5º do art. 100 da CF, a atualização dos precatórios, de qualquer natureza, será feita pela taxa Selic (art. 21-A, § 6º);

h) a utilização da TR no período de 10.12.2009 a 25.03.2015 somente é admitida para os precatórios pagos ou expedidos até 25.03.2015 (art. 21-A, § 7º);

i) os juros de mora incidirão somente até o mês de novembro de 2021, observando-se que, no período a que alude o § 5º do art. 100 da CF, o valor se sujeitará exclusivamente à correção monetária pelo – IPCA-E/IBGE de 26.03.2015 a 30.11.2021 (art. 22, *caput*);

j) a partir de dezembro de 2021, a compensação da mora dar-se-á da forma discriminada no art. 20 desta Resolução, ocasião em que a taxa referencial do Sistema Especial de Liquidação e de Custódia – Selic incidirá sobre o valor consolidado, correspondente ao crédito principal atualizado monetariamente na forma do art. 22 desta Resolução até novembro de 2021 e aos juros de mora, observado o disposto nos §§ 5º e 6º do art. 21-A (art. 22, § 1º);

k) em nenhuma hipótese a atualização monetária e o cálculo dos juros, previstos nos arts. 21 e 21-A, poderão retroagir a período anterior da data-base da expedição do precatório (art. 22, § 2º);

l) as diferenças decorrentes da utilização de outros índices de correção monetária e juros que não os indicados na resolução, constantes ou não do título executivo, deverão ser objeto de decisão do juízo da execução e, sendo o caso, objeto de precatório complementar (art. 23);

m) essa metodologia de atualização também se aplica às requisições de pequeno valor até a data do pagamento (art. 24, *caput*). Vencido o prazo para pagamento, a atualização é devida na forma do art. 20 da Resolução (art. 24, parágrafo único);

n) nas ações de desapropriação podem ser cumulados juros compensatórios e juros moratórios, sem que isto configure anatocismo vedado em lei (Res. n. 303, art. 25, § 2º); mas os juros compensatórios não incidem após a expedição do precatório (Res. n. 303, art. 25, *caput*) e os juros compensatórios incidirão até a data da promulgação da EC n. 62/2009, caso o precatório tenha sido expedido antes dessa data e sua incidência tenha decorrido de decisão transitada em julgado (art. 25, § 1º).

Ainda a propósito dos juros devidos pela Fazenda Pública, em razão de atraso no cumprimento do precatório, estatuiu o STF, na Súmula Vinculante n. 17, que, no período compreendido entre a inscrição do precatório no tribunal e o respectivo pagamento (até o final do exercício seguinte), o crédito será corrigido monetariamente, mas não incidirão juros de mora. "No entanto, não havendo pagamento dentro deste período, passam a incidir juros de mora desde 1º de janeiro do ano seguinte até o efetivo pagamento"[101].

A incerteza dos critérios a observar na mora do cumprimento do precatório ou da requisição de pequeno valor levou a uma divergência entre o STJ e o STF: enquanto (i) o STJ firmara por sua Corte Especial a tese de que incidiriam juros moratórios no período compreendido entre a homologação da conta de liquidação e a requisição de pequeno valor (RPV) ou da expedição do precatório[102]; (ii) o STF, em regime de repercussão geral consolidou o entendimento de que *incidem juros de mora no período compreendido entre a data da realização dos cálculos e a expedição de requisição de pagamento e o registro do precatório ou RPV*[103]. Finalmente, a divergência cessou com a capitulação do STJ diante da nova orientação do STF (RE 579.431)[104]. Assim, as duas Cortes Superiores estão acordes em que "incidem os juros da mora no período compreendido entre a data da realização dos cálculos e a da requisição ou do precatório"[105].

634. PROCEDIMENTO PARA OBTENÇÃO DO PRECATÓRIO COMPLEMENTAR

O fato de o retardamento no cumprimento do precatório gerar, para o credor, o direito a um complemento não conduz à necessidade de instauração de uma nova execução contra a Fazenda Pública. Enquanto não ocorrer a total satisfação do crédito exequendo o processo executivo não se encerrará.

Em se tratando de simples apuração de complemento (saldo) do débito aforado, não fica obrigado o credor a promover nova citação executiva, nem tampouco se permite à devedora manejar novos embargos à execução. Tudo se processará como simples incidente da execução pendente, que se encerrará por simples decisão interlocutória (e não por nova sentença). Não se há, pois, de pensar em apelação nem em remessa *ex officio*. O caso desafiará, quando contrariado

---

[101] CAMBI, Eduardo, et al. *Curso de processo civil completo, cit.*, p. 1.125.
[102] STJ, Corte Especial, REsp 1.143.677/RS, recurso repetitivo – temas 291-292, Rel. Min. Luiz Fux, ac. 02.12.2009, *DJe* 04.02.2010.
[103] STF, Pleno, RE 579.431/RS, Rel. Min. Marco Aurélio, ac. 19.04.2017, *DJe* 30.06.2017.
[104] STJ, Corte Especial, AgRg nos EREsp 1.164.967/RS, Rel. Min. Napoleão Nunes Maia Filho, ac. 06.06.2018, *DJe* 14.06.2018.
[105] STJ, Corte Especial, AgInt no AREsp 658.534/RS, Rel. Min. Francisco Falcão, ac. 16.05.2018, *DJe* 23.05.2018.

o interesse de alguma das partes, recurso de agravo de instrumento[106]. Não há de pensar-se em agravo retido, nem mesmo de decisão proferida sob o regime do CPC/1973, por ser inútil, na espécie, essa figura impugnativa, diante da inexistência de posterior apelação para ratificá-la.

634.1. Acordos diretos para pagamento de precatórios

As Leis n. 9.469/1997 e 10.522/2002, alteradas pela Lei n. 14.057/2020, disciplinam, no âmbito da União, de suas autarquias e de suas fundações, os acordos diretos para pagamento de precatórios de grande valor, nos termos do § 20 do art. 100 da Constituição Federal, e acordos terminativos de litígios contra a Fazenda Pública.

Suas principais disposições são as seguintes:

I – Em relação ao acordo de pagamento de precatórios

a) "As propostas de acordo direto para pagamento de precatório nos termos do § 20 do art. 100 da Constituição Federal serão apresentadas pelo credor ou pela entidade devedora perante o Juízo Auxiliar de Conciliação de Precatórios vinculado ao presidente do tribunal que proferiu a decisão exequenda" (Lei n. 14.057, art. 2º). As propostas "poderão ser apresentadas até a quitação integral do valor do precatório e não suspenderão o pagamento de suas parcelas, nos termos da primeira parte do § 20 do art. 100 da Constituição Federal" (Idem, § 1º).

b) "Em nenhuma hipótese a proposta de acordo implicará o afastamento de atualização monetária ou dos juros moratórios previstos no § 12 do art. 100 da Constituição Federal" (Idem, art. 2º, § 2º).

c) "Recebida a proposta de acordo direto, o Juízo Auxiliar de Conciliação de Precatórios intimará o credor ou a entidade devedora para aceitar ou recusar a proposta ou apresentar-lhe contraproposta, observado o limite máximo de desconto de 40% (quarenta por cento) do valor do crédito atualizado nos termos legais" (idem, art. 2º, § 3º). "Aceita a proposta de acordo feita nos termos deste artigo, o Juízo Auxiliar de Conciliação de Precatórios homologará o acordo e dará conhecimento dele ao Presidente do Tribunal para que sejam adotadas as medidas cabíveis" (Idem, art. 2º, § 4º).

II – Em relação ao acordo terminativo de litígio

a) "Os acordos terminativos de litígio de que tratam o art. 1º da Lei n. 9.469, de 10 de julho de 1997, e o § 12 do art. 19 da Lei n. 10.522, de 19 de julho de 2002, poderão ser propostos pela entidade pública ou pelos titulares do direito creditório e poderão abranger condições diferenciadas de deságio e de parcelamento para o pagamento do crédito deles resultante" (Lei n. 14.057, art. 3º, *caput*). Em nenhuma hipótese tais propostas poderão pretender parcelamento superior a (art. 3º, § 1º): *(i)*

---

[106] "Recurso especial. Precatório complementar. Apresentação da conta pelo exequente. Meio de impugnação. Embargos à execução. Inadmissibilidade. Processo uno. (...). Os embargos à execução constituem meio de impugnação incabível contra a conta de atualização apresentada pelo exequente para a expedição de precatório complementar, sob pena de enxertar-se uma infinidade de processos de execução para um único processo de conhecimento, perpetuando-se, assim, a dívida da Fazenda Pública. A execução é um processo uno e foi há muito iniciada, momento em que, na forma do art. 730 do Código de Processo Civil, foi a União citada para oferecer embargos, motivo pelo qual não é necessária uma nova citação para a oposição de novos embargos, basta que se intime a devedora para impugnar a conta" (STJ, 1ª T., REsp. 385.413-0/MG, Rel. Min. Franciulli Netto, ac. por maioria, de 27.05.02, RSTJ 169/114).

8 (oito) parcelas anuais e sucessivas, se houver título executivo judicial transitado em julgado (art. 3º, § 1º, II, "a"); e *(ii)* 12 (doze) parcelas anuais e sucessivas, se não houver título executivo judicial transitado em julgado (art. 3º, § 1º, II, "b")

b) "Recebida a proposta, o juízo competente para o processamento da ação intimará o credor ou a entidade pública, conforme o caso, para aceitar ou recusar a proposta ou apresentar-lhe contraproposta" (art. 3º, § 2º). "Aceito o valor proposto, esse montante será consolidado como principal e parcelado em tantas quantas forem as parcelas avençadas, observado o disposto nos §§ 5º e 12 do art. 100 da Constituição Federal quanto à atualização monetária e aos juros de mora" (art. 3º, § 2º).

A Lei n. 14.057/2020 não só dispôs sobre os acordos acima, como também regulou a destinação dos recursos deles oriundo, para combate à Covid-19 durante a vigência do estado de calamidade pública reconhecido pelo Decreto Legislativo n. 6/2020.

634.2. Renúncia parcial do crédito para demandá-lo através do Juizado Especial Federal

Decidiu o STJ que não há ofensa ao juízo natural quando o credor da Fazenda Pública renuncia a parcelas de seu crédito para se beneficiar das vantagens da execução perante o Juizado Especial. Se, com efeito, "o legislador, na fase de cumprimento da decisão, previu expressamente a possibilidade de renúncia ao crédito excedente para fins de o credor se esquivar do recebimento via precatório (art. 17, § 4º, da Lei n. 10.259/2001), não se compreende como razoável vedar-se ao interessado, no ato de ajuizamento da ação, a possibilidade de dispor de valores presumidamente seus, em prol de uma solução mais célere do litígio perante os Juizados Especiais Federais".[107]

Em sede de Embargos de Declaração, o STJ esclareceu, conforme tese firmada no recurso repetitivo, que:

"Ao autor que deseje litigar no âmbito de Juizado Especial Federal Cível, é lícito renunciar, de modo expresso e para fins de atribuição de valor à causa, ao montante que exceda os 60 (sessenta) salários mínimos previstos no art. 3º, *caput*, da Lei 10.259/2001, aí incluídas, sendo o caso, até doze prestações vincendas, nos termos do art. 3º, § 2º, da referida lei, c/c o art. 292, §§ 1º e 2º, do CPC/2015".[108]

O alcance da tese vinculante, a nosso ver, é o seguinte:

a) para efeito de se valer da execução na forma de Requisição de Pequeno Valor, a renúncia parcial de crédito deve incidir sobre o somatório do crédito vencido ao tempo da propositura da ação e de doze prestações mensais vincendas, com o que a pretensão do autor se acomodaria dentro do teto da competência do Juizado Especial;

b) as prestações que se vencerem após as doze incluídas no cálculo da renúncia, e que se acumularem em virtude da demora da conclusão do processo, não seriam afetadas: somariam ao valor do crédito inicialmente reduzido para permitir o processamento pelo Juizado Especial, mesmo que o somatório final ultrapasse

---

[107] STJ, 1ª Seção, REsp 1.807.665/SC, Rel. Min. Sérgio Kukina, ac. 28.10.2020, *DJe* 26.11.2020, tema repetitivo 1.030.

[108] STJ, 1ª Seção, EDcl no REsp 1.807.665/SC, Rel. p/ ac. Og. Fernandes, ac. 12.05.2021, *DJe* 01.07.2021.

o valor-teto de competência normal do referido Juizado; é que, por lei, cabe ao Juizado Especial executar as próprias sentenças (Lei n. 10.259, art. 3º, *caput*).

c) ter-se-á, dessa forma, uma execução por Requisitório de Pequeno Valor, sem embargo de a quantificação do crédito exequendo ultrapassar o valor-teto do art. 3º da Lei n. 10.259/2001,[109] e o valor da causa estipulado pelo art. 292, §§ 1º e 2º, do CPC.[110]

634.3. Execução por quantia certa contra entidade da Administração Pública Indireta

O processo de execução por quantia certa, regulado tanto pelo regime do cumprimento de sentença (art. 534) quanto pela execução autônoma (art. 910), aplica-se às autarquias e demais pessoas jurídicas de direito público interno,[111] como as fundações de direito público, cujos bens, tal como os das autarquias, são impenhoráveis.[112]

O mesmo não acontece com as sociedades de economia mista e as empresas públicas organizadas pelo Poder Público para a prática de operações econômicas em concorrência com as empresas privadas. A essas, a Constituição manda aplicar o regime próprio das empresas privadas, inclusive quanto aos direitos e obrigações civis, comerciais, trabalhistas e tributários (CF, art. 173, § 1º, II, com a redação da EC n. 19/1998). Logo, não se lhes aplica a execução especial dos arts. 534 e 910, devendo seus débitos serem exigidos em juízo no regime comum, ou seja, no regime de penhora e expropriação aplicável a qualquer devedor, conforme o caso.[113]

Igual regime aplica-se à execução de débito de Conselhos de Fiscalização (como CREA, COREN etc.), a qual, segundo jurisprudência do STF, "não se submete ao sistema de precatório",[114] devendo responder por suas dívidas pelas vias executivas comuns. A execução por precatório pressupõe débito da Fazenda Pública. Como os Conselhos de Fiscalização Profissional, embora entidades de direito público (autarquias especiais ou corporativistas), não se incluem no conceito de Fazenda Pública, não há como submetê-las a um regime processual executivo específico das entidades que gerem as finanças públicas, como assentado pela Suprema Corte.

Permanecem, de outro lado, sujeitas ao regime especial dos arts. 534 e 910 as empresas públicas e sociedades de economia mista instituídas não para exploração da atividade econômica própria das empresas privadas, mas para prestar serviço público da competência da União Federal, como é o caso da empresa Brasileira de Correios e Telégrafos.[115] Empresas dessa natureza o STF equipara à Fazenda Pública, excluindo-as do alcance do art. 173, § 1º, da Constituição,

---

[109] "Compete ao Juizado Especial Federal Cível processar, conciliar e julgar causas de competência da Justiça Federal até o valor de sessenta salários mínimos, bem como executar as suas sentenças" (Lei n. 10.259/2001, art. 3º). "Quando a pretensão versar sobre obrigações vincendas, para fins de competência do Juizado Especial, a soma de doze parcelas não poderá exceder o valor referido no art. 3º, *caput*" (§ 2º do mesmo art. 3º).

[110] "Quando se pedirem prestações vencidas e vincendas, considerar-se-á o valor de umas e outras" (CPC, art. 292, § 1º). "O valor das prestações vincendas será igual a uma prestação anual, se a obrigação for por tempo indeterminado ou por tempo superior a 1 (um) ano, e, se por tempo inferior, será igual à soma das prestações" (§ 2º do mesmo art. 292).

[111] STF, 1ª T., RE 158.694-0/SP, Rel. Min. Celso de Mello, ac. 25.04.1995, *DJU* 15.09.1995, p. 29.523.

[112] STJ, 6ª T., MC 633/SP, Rel. Min. Vicente Cernicchiaro, ac. 16.12.1996, *DJU* 31.03.1997, p. 9.641.

[113] STJ, 1ª T., REsp 521.047/SP, Rel. Min. Luiz Fux, ac. 20.11.2003, *DJU* 16.02.2004, p. 214. Recomenda-se, apenas, evitar que as medidas executivas comprometam a função atribuída ao ente paraestatal.

[114] STF, Pleno, RE 938.837/SP, Rel. p/ ac. Min. Marco Aurélio, ac. 19.04.2017, *DJe* 25.09.2017.

[115] "É aplicável o regime dos precatórios às sociedades de economia mista prestadoras de serviço público próprio do Estado e de natureza não concorrencial. Precedentes" (STF, Pleno, ADPF 387/PI, Rel. Min. Gilmar Mendes, ac. 23.03.2017, *DJe* 25.10.2017).

e, no campo do processo, as submete ao regime executivo dos precatórios, por força do art. 100 da mesma lei fundamental.[116]

Fluxograma n. 21 – Cumprimento de sentença que reconhece a exigibilidade de obrigação de pagar quantia certa pela Fazenda Pública (arts. 534 e 535)

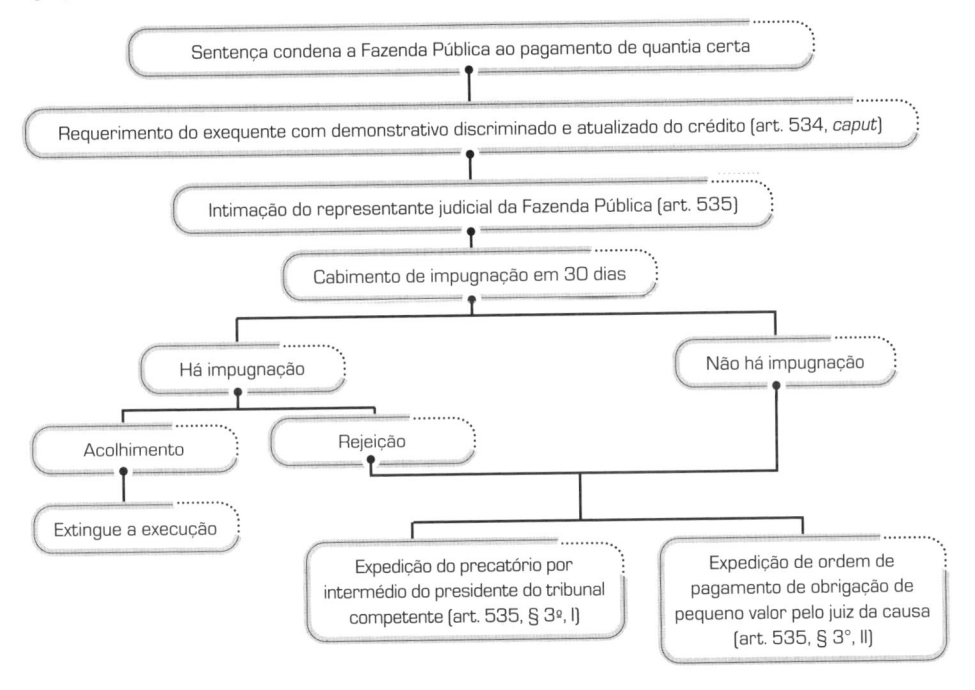

- Sentença condena a Fazenda Pública ao pagamento de quantia certa
  - Requerimento do exequente com demonstrativo discriminado e atualizado do crédito (art. 534, *caput*)
    - Intimação do representante judicial da Fazenda Pública (art. 535)
      - Cabimento de impugnação em 30 dias
        - Há impugnação
          - Acolhimento
            - Extingue a execução
          - Rejeição
            - Expedição do precatório por intermédio do presidente do tribunal competente (art. 535, § 3º, I)
            - Expedição de ordem de pagamento de obrigação de pequeno valor pelo juiz da causa (art. 535, § 3º, II)
        - Não há impugnação
          - Expedição do precatório por intermédio do presidente do tribunal competente (art. 535, § 3º, I)
          - Expedição de ordem de pagamento de obrigação de pequeno valor pelo juiz da causa (art. 535, § 3º, II)

---

[116] STF, Pleno, RE 220.906-9/DF, Rel. Min. Mauricio Corrêa, ac. 16.11.2000, *DJU* 14.11.2002, p. 15; STF, 1ª T., RE 136.247/RJ, Rel. Min. Sepúlveda Pertence, ac. 20.06.2000, *RTJ* 176/384; STF, 1ª T., RE 300.449-2/SP, Rel. Min. Moreira Alves, ac. 15.05.2001, *RT* 796/195; STF, 2ª T., AC-REF-MC 2.318-1/AL, Rel. Min. Joaquim Barbosa, ac. 09.06.2009, *DJe* de 01.07.2009; *Rev. Magister de Direito Empresarial* 27/98.

Capítulo XLIV
CUMPRIMENTO DE SENTENÇA QUE RECONHECE A EXIGIBILIDADE DE OBRIGAÇÃO DE PRESTAR ALIMENTOS

635. EXECUÇÃO DE PRESTAÇÃO ALIMENTÍCIA

O cumprimento de sentença condenatória de prestação alimentícia é uma execução por quantia certa, subordinada em princípio ao mesmo procedimento das demais dívidas de dinheiro (CPC/2015, art. 528, § 8º).

Dada a relevância do crédito por alimentos e as particularidades das prestações a ele relativas, o Código acrescenta ao procedimento comum algumas medidas tendentes a tornar mais pronta a execução e a atender certos requisitos da obrigação alimentícia.

A primeira delas refere-se à hipótese de recair a penhora em dinheiro, caso em que o oferecimento de embargos não obsta a que o exequente levante mensalmente a importância da prestação (art. 528, § 8º), o que será feito independentemente de caução.

Outras são a possibilidade de prisão civil do devedor e o desconto da pensão em folha de pagamento, o que, evidentemente, importa certas alterações no procedimento comum da execução por quantia certa.

636. A AÇÃO DE ALIMENTOS E A TÉCNICA DE CUMPRIMENTO DA SENTENÇA

O atual Código, coerente com a lógica de celeridade e eficiência que lhe inspira, trouxe para o âmbito do cumprimento de sentença a execução das decisões definitivas ou interlocutórias que fixem alimentos, a teor do art. 528, ao contrário do que ocorria na legislação anterior.[1] Dispensa-se, nesse novo regime, portanto, a instauração de ação executiva autônoma, seguindo-se com a intimação do executado no próprio procedimento originalmente instaurado pelo credor, em se tratando de decisão definitiva ou em autos apartados, em se tratando de decisão provisória (art. 531, §§ 1º e 2º).

O credor, neste momento, pode (i) optar por executar a obrigação observando as regras gerais do cumprimento de sentença que reconheça a exigibilidade de obrigação de pagar quantia certa (Livro I da Parte Especial, Título II, Capítulo III), caso em que não será admissível a prisão do executado, ou, (ii) seguir no procedimento específico, hipótese em que se permite a prisão (art. 528, § 8º). Em qualquer situação, porém, poderá levar a cabo o procedimento executivo

---

[1] O Código de 1973 previa, no art. 732, o primitivo sistema dual para as ações de alimentos, em que acertamento e execução forçada reclamavam o sucessivo manejo de duas ações separadas e autônomas: uma para condenar o devedor a prestar alimentos e outra para forçá-lo a cumprir a condenação. Da mesma forma, a via especial do pedido de prisão, prevista no art. 733, também não escapava do sistema dual. A redação deste dispositivo determinava, expressamente, que na execução de sentença que fixa a pensão alimentícia, "o juiz mandará citar o devedor para, em três duas, efetuar o pagamento, provar que o fez ou justificar a impossibilidade de efetuá-lo". Logo, tanto na via do art. 732 como na do art. 733, o credor de alimentos se via sujeito a recorrer a uma nova ação para alcançar a satisfação forçada da prestação assegurada pela sentença. O procedimento executivo era, pois, o dos títulos extrajudiciais.

no juízo de seu domicílio (art. 528, § 9º), escapando assim da normal competência do juízo em que a sentença foi proferida (juízo da causa)[2].

Optando o exequente pelo regime geral do cumprimento de sentença que reconhece obrigação de pagar quantia certa, a única peculiaridade procedimental, já prevista na legislação anterior, será que, recaindo a penhora em dinheiro, a concessão de efeito suspensivo a eventual defesa do devedor não obstará o levantamento mensal da importância da prestação pelo exequente (art. 528, § 8º).

De outro modo, optando o credor pelo procedimento específico que autoriza a prisão, existem outras peculiaridades que serão examinadas com maior detalhe no tópico seguinte e que já se abordou nos itens 406 e 407, a propósito do procedimento de execução de título executivo extrajudicial.

637. PROCEDIMENTO ESPECÍFICO DE CUMPRIMENTO DA DECISÃO QUE FIXA ALIMENTOS

O atual Código determina que o devedor da obrigação de prestar alimentos constante de decisão judicial definitiva ou provisória seja intimado para (i) cumpri-la em três dias, ou provar já tê-lo feito, ou, ainda, para (ii) justificar a impossibilidade de fazê-lo (art. 528)[3]. Destaque-se, desde logo, uma singular distinção em face da regra geral das execuções por quantia certa: a intimação do devedor de alimentos terá de ser feita *pessoalmente e não através de seu advogado*. A exigência dessa cautela prende-se, não só às eventuais justificativas da impossibilidade de pagamento, que só o próprio devedor está em condições de esclarecê-las, como também à grave sanção da prisão civil a que se acha sujeito, caso não resgate o débito nem apresente razões legítimas para a falta, dentro do prazo legal.

Não sendo feito o pagamento, ou não apresentada a prova de sua realização, ou, ainda, não sendo justificada a impossibilidade de efetuá-lo, o juiz mandará protestar o pronunciamento judicial, observadas as regras próprias do art. 517, naquilo que couber (art. 528, § 1º).

Trata-se, aqui, do protesto de documento que reconheça dívida feito em cartório. Embora o expediente já fosse possível sob a égide da legislação anterior, por iniciativa do credor, não havia previsão expressa a esse respeito no Código de 1973. Não há propriamente, pois, uma novidade trazida pelo legislador, mas apenas se tornou obrigatório o expediente do protesto, como forma de impor maior celeridade e efetividade à execução do crédito alimentício. O assunto é abordado em detalhe no item 608, abaixo, ao qual remetemos o leitor para maior aprofundamento.

---

[2] STJ, 2ª Seção, CC 118.340/MS, Rel. Min. Nancy Andrighi, ac. 11.09.2013, *DJe* 19.09.2013.

[3] "O prazo de 3 (três) dias previsto pelo art. 528 do CPC conta-se em dias úteis e na forma dos incisos do art. 231 do CPC, não se aplicando seu § 3º" (Enunciado n. 146/CEJ/CJF).

Pode haver, como visto, a apresentação de justificativa pelo executado pela mora. Todavia, para que o inadimplemento se justifique, a defesa deve ser tal que comprove impossibilidade absoluta[4] de o executado prestar os alimentos a que está obrigado (art. 528, § 2º).[5.]

O Código dispensa maiores formalidades para essa justificativa, basta a simples apresentação de petição, contendo a descrição do fato que gerou a impossibilidade absoluta de pagamento, ou seja, prescindindo-se do regime da impugnação ao cumprimento de sentença. Neste caso, se a justificativa apresentada não for aceita, o juiz, além de mandar protestar o pronunciamento judicial, decretará a prisão do devedor pelo prazo de um a três meses (art. 528, § 3º)[6].

A prisão será cumprida em regime fechado, mas deixando-se o devedor separado dos presos comuns (art. 528, § 4º)[7]. Além disso, o cumprimento da pena não exime o executado do pagamento das prestações vencidas e vincendas (art. 528, § 5º), mas, uma vez paga a prestação alimentícia, o juiz suspenderá o cumprimento da ordem de prisão (art. 528, § 6º).

---

[4] A jurisprudência reconhece o descabimento da prisão quando o inadimplemento do débito alimentar se apresente "involuntário e escusável" (STF, 2ª T., HC 106.709, Rel. Min. Gilmar Mendes, ac. 21.06.2011, DJe 15.09.2011). A incapacidade do devedor para o trabalho também já foi considerada justificativa para o inadimplemento dos alimentos (STJ, 4ª T., RHC 22.635/RS, Rel. Min. Fernando Gonçalves, ac. 10.02.2009, DJe 26.02.2009). O desemprego, porém, nas circunstâncias do processo, já foi qualificado como motivo insuficiente para "afastar a exigibilidade da prisão civil" do devedor inadimplente de alimentos (STJ, 3ª T., AgRg no EDcl no REsp 1.005.597/DF, Rel. Min. Sidnei Beneti, ac. 16.10.2008, DJe 03.11.2008). Ordinariamente, o desemprego não constitui motivo para afastar a prisão: "Conforme assente jurisprudência deste Tribunal, a apresentação de justificativa de inadimplemento de prestações alimentícias, por si só, oferecida pelo executado, ora Agravante, nos autos de ação de execução de alimentos, aliada ao ajuizamento de ação revisional de alimentos e à condição de desemprego do alimentante, não constitui motivo bastante para afastar a exigibilidade da prisão civil" (STJ, 3ª T., AgRg nos EDcl no REsp. 1.005.597/DF, Rel. Min. Sidnei Beneti, ac. 16.10.2008, DJe 03.11.2008). Ressalta a jurisprudência: "Da leitura do art. 5º, inc. LXVII, da CF, depreende-se que a gravidade da medida coercitiva de prisão civil só será aplicável em casos excepcionais, nos quais o descumprimento da obrigação revele-se inescusável (...)" (STJ, 4ª T., RHC 28.382/RJ, Rel. Min. Raul Araújo, ac. 21.10.2010, DJe 10.11.2010). O mais recomendável, entretanto, é a análise, caso a caso, da incapacidade de pagamento arguida pelo devedor de alimentos desempregado. Não é razoável, genericamente, afirmar que o desemprego sempre justifique o inadimplemento, como tampouco nunca é capaz de justificá-lo.

[5] "(...) ponderação entre a máxima efetividade da tutela satisfativa e a menor onerosidade da execução. III. Na hipótese, além de o devedor estar comprovadamente desempregado, consignou-se que a credora não está em situação de risco iminente de vida, pois é pessoa maior, capaz e que se recolocou profissionalmente no ano de 2013, de modo que, nesse contexto específico, os alimentos, indiscutivelmente devidos até que haja a eventual exoneração por sentença, deverão ser executados sem a possibilidade de decretação da prisão civil, podendo o juízo de 1º grau, inclusive, valer-se de outras medidas típicas e atípicas de coerção ou sub-rogação, como autoriza o art. 139, IV, do CPC/15" (STJ, 3ª T., HC 422.699/SP, Rel. Min. Nancy Andrighi, ac. 26.06.2018, DJe 29.06.2018).

[6] A prisão civil do devedor de alimentos não deve ser decretada pelo juiz de ofício, havendo de aguardar-se o requerimento do exequente (STJ, 3ª T., HC 128.229/SP, Rel. Min. Massami Uyeda, ac. 23.04.2009, DJe 06.05.2009). Nem ao Ministério Público se reconhece legitimidade para tal requerimento (STJ, 3ª T., HC 33.783/BA, Rel. Min. Carlos Alberto Menezes Direito, ac. 29.06.2004, DJU 27.09.2004, p. 354). Nessa mesma linha, quando o exequente requerer a execução nos moldes apenas patrimoniais, "que não prevê restrição de liberdade do executado, é inadmissível a conversão de ofício para o rito mais gravoso" [o da prisão civil] (STJ, 3ª T., HC 188.630/RS, Rel. Min. Nancy Andrighi, ac. 08.02.2011, DJe 11.02.2011).

[7] "1. Se o ordenamento jurídico garante a advogado supostamente infrator da lei penal o recolhimento em sala de Estado Maior, razão não há que justifique recolhimento em cela comum de delegacia de polícia de causídico devedor de alimentos, porque um ilícito civil não pode justificar tratamento mais gravoso do que o previsto para aquele que pretensamente viola a norma penal. 2. Aplica-se à prisão civil de advogado a regra contida no art. 7º, V, da Lei 8.906/1994" (STJ, 4ª T., HC 271.256/MS, Rel. Min. Raul Araújo, ac. 11.02.2014, DJe 26.03.2014).

638. DISPOSIÇÕES PRÓPRIAS DO CUMPRIMENTO DA DECISÃO QUE FIXA PRESTAÇÃO ALIMENTÍCIA

I – Legitimação

Em se tratando de alimentando menor, a execução deve ser proposta por quem detém a respectiva guarda. Verificada a transferência da guarda, durante a fase de cumprimento da sentença, o genitor que foi afastado da representação dos filhos menores continua com a legitimidade "para prosseguir na execução de débitos alimentares proposta à época em que era guardiã das menores, visando a satisfação de prestações pretéritas, até o momento da transferência da guarda", segundo entendimento do STJ.[8]

Fundamenta aquela alta Corte seu aresto no argumento de que:

"... 2.1. A mudança da guarda das alimentandas em favor do genitor no curso da execução de alimentos, não tem o condão de extinguir a ação de execução envolvendo débito alimentar referente ao período em que a guarda judicial era da genitora, vez que tal débito permanece inalterado.

2.2. Não há falar em ilegitimidade ativa para prosseguimento da execução, quando à época em que proposta, e do débito correspondente, era a genitora a representante legal das menores. Ação de execução que deve prosseguir até satisfação do débito pelo devedor, ora recorrido".

II – Competência

A competência para o cumprimento da decisão que condena a prestar alimentos não se sujeita a regra da *perpetuatio iurisdiccionis*, de maneira que não é só o juízo originário da causa que se legitima ao processamento da respectiva execução. A critério do exequente, o cumprimento forçado, nos termos do art. 528, § 9º, poderá ser promovido num dos seguintes juízos[9]:

a) No juízo da causa, *i.e.*, naquele em que a decisão exequenda foi pronunciada (regra geral do art. 516, II, do CPC/2015).

b) Num dos juízos opcionais enumerados no art. 516, parágrafo único, ou seja: *(i)* no juízo do atual domicílio do executado; *(ii)* no juízo do local onde se encontrem os bens sujeitos à execução; ou, *(iii)* no juízo onde a obrigação de fazer deva ser executada.

c) No juízo do domicílio do exequente (regra especial do art. 528, § 9º)[10].

---

[8] STJ, 4ª T., REsp. 1.410.815/SC, Rel. Min. Marco Buzzi, ac. 09.08.2016, *DJe* 23.09.2016.

[9] "... 4. Mesmo em se tratando de alimentando maior de idade e absolutamente capaz, na aplicação das regras de competência territorial para o cumprimento de sentença, deve-se conferir a interpretação mais favorável ao alimentando, que busca na prestação jurisdicional executiva meios para garantir sua subsistência... 6. Assim, o alimentando, ainda que maior de idade e absolutamente capaz, poderá requerer a remessa dos autos do cumprimento de sentença, mesmo que já iniciado, para o juízo que melhor confira efetividade à execução, podendo optar entre aquele: a) que proferiu a sentença; b) do seu domicílio; c) do domicílio do alimentante, ou; d) do local onde se encontrem os bens do alimentante sujeitos à execução (art. 528, § 9º, do CPC)" (STJ, 2ª Seção, CC 207.779/DF, Rel. Min. Nancy Andrighi, ac. 25.09.2024, *DJe* 30.09.2024).

[10] STJ, 2ª Seção, CC 118.340/MS, Rel. Min. Nancy Andrighi, ac. 11.09.2013, *DJe* 19.09.2013.

Optando o exequente por exigir o cumprimento em juízo diverso daquele em que a condenação ocorreu, não haverá expedição de carta precatória. Os próprios autos do processo serão encaminhados pelo juízo de origem ao juízo da execução (art. 516, parágrafo único).

III – Averbação em folha de pagamento

Em se tratando de devedor que exerça cargo público, militar ou civil, direção ou gerência de empresa, bem como emprego sujeito à legislação do trabalho, a execução de alimentos será feita mediante ordem judicial de desconto em folha de pagamento (art. 529, *caput*). Nestes casos, "[...] o juiz oficiará à autoridade, à empresa ou ao empregador, determinando, sob pena de crime de desobediência, o desconto a partir da primeira remuneração posterior do executado, a contar do protocolo do ofício" (art. 529, § 1º). O ofício deverá indicar o nome e o número de inscrição no Cadastro de Pessoas Físicas do exequente e do executado, a importância a ser descontada mensalmente, o tempo de sua duração e a conta na qual deverá ser feito o depósito (art. 529, § 2º).

O desconto dos débitos vencidos poderá dar-se, junto à fonte pagadora dos rendimentos ou rendas do executado, de forma parcelada, contanto que, somado à parcela vincenda devida, não ultrapasse cinquenta por cento de seus ganhos líquidos (art. 529, § 3º)[11].

Uma vez averbada a prestação em folha, considera-se seguro o juízo, como se penhora houvesse, podendo o devedor pleitear efeito suspensivo à sua defesa, se for caso.[12] Ao contrário, se frustrado o desconto, seguir-se-á com a penhora de bens do executado (art. 831), conforme determina o art. 530 do CPC/2015.

O STJ já admitiu a possibilidade de o credor requerer o desconto em folha de pagamento e a penhora de bens do executado, quando cumuladas na execução prestações antigas e recentes, desde que respeitados os princípios da efetividade e da menor onerosidade da execução:

"4 – Respeitada a necessidade fundamentação adequada e que justifique a técnica adotada a partir de critérios objetivos de ponderação, razoabilidade e proporcionalidade, conformando os princípios da máxima efetividade da execução e da menor onerosidade do devedor, permite-se, a partir do CPC/2015, a adoção de técnicas de executivas apenas existentes em outras modalidades de execução, a criação de técnicas executivas mais apropriadas para cada situação concreta e a combinação de técnicas típicas e atípicas, sempre com o objetivo de conferir ao credor o bem da vida que a decisão judicial lhe atribuiu.

---

[11] "É possível, portanto, o desconto em folha de pagamento do devedor de alimentos, inclusive quanto a débito pretérito, contanto que o seja em montante razoável e que não impeça sua própria subsistência" (STJ, 4ª T., REsp 997.515/RJ, Rel. Min. Luis Felipe Salomão, ac. 18.10.2011, *DJe* 26.10.2011). "Suspenso o desconto em folha, em virtude de desemprego do devedor, e o pagamento regular de pensão alimentícia, não se ressente de ilegalidade a determinação judicial de bloqueio parcial dos valores relativos do fundo de garantia de tempo de serviço, visando atender aquele pagamento" (STJ, 3ª T., RMS 980/RJ, Rel. Min. Eduardo Ribeiro, ac. 20.08.1991, *DJU* 16.09.1991, p. 12.630).

[12] AMARAL SANTOS, Moacyr. *Primeiras Linhas de Direito Processual Civil*. 4. ed. São Paulo: Max Limonad, 1970, v. III, n. 836, p. 271. Em regra, não se confere efeito suspensivo ao cumprimento da prestação de alimentos impugnada pelo devedor. Haverá casos, todavia, em que se possa cogitar desse provimento cautelar excepcional. É o que pode ocorrer com execução de alimentos pretéritos, acumulados por desinteresse do próprio credor e que sejam objeto de impugnação relevante. A jurisprudência, outrossim, já reconheceu o cabimento de suspensão dos alimentos provisórios quando a sentença de mérito deu pela improcedência da demanda, mas foi impugnada por apelação processada apenas no efeito devolutivo (STJ, 4ª T., REsp 857.228/SP, Rel. Min. João Otávio de Noronha, ac. 01.12.2009, *DJe* 14.12.2009).

5 – Na hipótese, pretende-se o adimplemento de obrigação de natureza alimentar devida pelo genitor há mais de 24 (vinte e quatro) anos, com valor nominal superior a um milhão e trezentos mil reais e que já foi objeto de sucessivas impugnações do devedor, sendo admissível o deferimento do desconto em folha de pagamento do débito, parceladamente e observado o limite de 10% sobre os subsídios líquidos do devedor, observando-se que, se adotada apenas essa modalidade executiva, a dívida somente seria inteiramente quitada em 60 (sessenta) anos, motivo pelo qual se deve admitir a combinação da referida técnica sub-rogatória com a possibilidade de expropriação dos bens penhorados".[13]

IV – Protesto da decisão judicial

Se o devedor não pagar o débito alimentício sem justificativa ou sendo esta recusada, o juiz além de mandar protestar a decisão na forma do art. 517, decretar-lhe-á a prisão por prazo de um a três meses (art. 528, § 3º). Não se trata aqui de meio *executivo*, mas apenas de meio de coação, de maneira que o ato não impede a penhora de bens do devedor e o prosseguimento dos atos executivos propriamente ditos. Por isso mesmo, o cumprimento da pena privativa de liberdade "não exime o devedor do pagamento das prestações vencidas e vincendas" (art. 528, § 5º).

V – Prisão civil do executado

A dívida que autoriza a imposição da pena de prisão é aquela diretamente ligada ao pensionamento em atraso, compreendendo as três prestações anteriores ao ajuizamento da execução e as que se vencerem no curso do processo (art. 528, § 7º[14]). As verbas alimentícias mais antigas, destarte, devem ser executadas através da via expropriatória, visto que não faz "sentido anos depois, prender o inadimplente de prestações remotas".[15] Entretanto, o STJ afasta o caráter pretérito das verbas alimentícias quando for realizado acordo entre as partes para seu pagamento, descumprido pelo executado.[16]

---

[13] STJ, 3ª T., REsp. 1.733.697/RS, Rel. Min. Nancy Andrighi, ac. 11.12.2018, *DJe* 13.12.2018.

[14] O atual dispositivo encampa o enunciado da Súmula n. 309 do STJ, de 27 abril de 2005, uniformizando o entendimento daquela alta Corte acerca do número de parcelas alimentares que poderiam ser exigidas na execução de alimentos pela modalidade coercitiva (art. 733 do CPC/1973), com a seguinte redação "O débito alimentar que autoriza a prisão civil do alimentante é o que compreende as três prestações anteriores ao ajuizamento da execução e as que se vencerem no curso do processo" (Enunciado n. 309 do STJ alterado em 22.03.2006). "Basta o inadimplemento de uma parcela, no todo ou em parte, para decretação da prisão civil prevista no art. 528, § 7º, do CPC" (Enunciado n. 147/CEJ/CJF).

[15] STJ, 6ª T., REsp. 39.839/SP, Rel. Min. Adhemar Maciel, ac. 15.12.1993, *DJU* 07.03.1994, p. 3.683. Araken de Assis questiona a limitação da prisão apenas aos três últimos meses da pensão, uma vez que "do ponto de vista técnico, o envelhecimento da dívida não altera a sua natureza. Os alimentos pretéritos não deixam de constituir 'alimentos', pelo simples decurso do tempo". Além disso, segundo o autor, se é certo que o executado pode não conseguir reunir recursos para, em três dias, pagar valor elevado relativo às pensões antigas, "sua defesa certamente elidirá o aprisionamento, porque demonstrará a impossibilidade prevista no art. 528, § 2º, exceção dilatória relacionada à sorte momentânea de sua fortuna". A situação, para o autor, privilegia o executado, que "goza de toda a proteção jurídica", em desfavor do alimentário que não recebe seu crédito, "na medida em que ele 'não desfruta de qualquer proteção social, pois inexistem no País planos de assistência social que amparem condignamente à infância, à velhice e à invalidez' (GRECO, Leonardo. *O Processo de Execução*. Rio de Janeiro: Renovar, 2001, v. 2, n. 11.1.3, p. 534)" (ASSIS, Araken de. *Manual da execução* 18. ed. revista, atualizada e ampliada, São Paulo: Editora Revista dos Tribunais, 2016, n. 466, p. 1.326).

[16] "Se houve transação entre alimentante e alimentanda sobre verbas alimentares já fixadas em sentença, resta descaracterizada a dívida pretérita, tornando cabível a prisão. II – Se a prisão se fundou no descumprimento de parte desse acordo firmado para pagamento da verba alimentar, ainda que referente a período anterior,

Não se pode, da mesma forma, incluir na cominação de prisão verbas como custas processuais e honorários de advogado.[17] "Com efeito, para a cobrança de verbas estranhas ao pensionamento inadimplido, tais como custas, honorários advocatícios e multa processual, o sistema legal prevê instrumentos próprios, não sendo admitida a utilização da prisão civil para tanto, evidenciando-se, assim, a manifesta ilegalidade do decreto prisional subjacente"[18].

A prisão será cumprida em regime fechado, mas o preso ficará separado dos detentos comuns (art. 528, § 4º). Se, contudo, no curso da prisão, a prestação vier a ser paga, o juiz mandará pôr em liberdade o devedor imediatamente (art. 528, § 6º). Mas, em se tratando de alimentante mulher com filho de até 12 anos de idade incompletos, o art. 318, V, do CPP, estabelece a possibilidade de conversão da prisão fechada em domiciliar[19].

A prisão por dívida é sempre medida odiosa, por afetar profundamente a dignidade humana, no que toca à liberdade individual, e que só se tolera excepcionalmente, quando ofendidos outros valores superiores, também integrantes da própria dignidade humana. É o que se passa com o devedor de obrigação alimentícia, o qual, com o inadimplemento, põe em risco necessidades vitais do credor, como a saúde e a sobrevivência condigna do alimentando.

Há, no entanto, um cuidado muito grande por parte dos tribunais em restringir ao máximo o emprego desse meio coercitivo, mesmo na execução de crédito de alimentos. É que, com o passar do tempo e com a evolução da situação pessoal do credor, o acúmulo de prestações pretéritas não satisfeitas em seu devido tempo, sem eliminar o direito do alimentando, o reduz, na prática, a um mero crédito de quantia certa. Esse entesouramento acaba por afastar a necessidade premente específica da prestação alimentícia.

Diante dessa especial circunstância, o STJ tem condicionado a prisão civil do devedor de alimentos aos requisitos da "atualidade da dívida", da "urgência" e da "necessidade na percepção do valor pelo credor", e ainda ao fato de que "o inadimplemento do devedor seja voluntário e inescusável"[20]. Com essa argumentação, a medida constritiva foi negada, por exemplo, a ex-cônjuge do devedor, ao fundamento de tratar-se de pessoa maior, economicamente independente, de maneira que inexistiria "situação emergencial a justificar a medida extrema da restrição da

---

inocorre ilegalidade" (STJ, 4ª T., HC 11.919/PR, Rel. Min. Sálvio de Figueiredo Teixeira, ac. 15.04.2000, *DJU* 05.06.2000, p. 161).

[17] O dispositivo consolida a jurisprudência assentada no Superior Tribunal de Justiça, no sentido de que "em princípio apenas na execução de dívida alimentar atual, quando necessária a preservação da sobrevivência do alimentando, se mostra justificável a cominação de pena de prisão do devedor. Em outras palavras, a dívida pretérita, sem o escopo de assegurar no presente a subsistência do alimentando, seria insusceptível de embasar decreto de prisão. Assim, doutrina e jurisprudência admitiam a incidência do procedimento previsto no art. 733, CPC/1973, quando se trata de execução referente às últimas prestações, processando-se à cobrança da dívida pretérita pelo rito do art. 732, CPC/1973 (execução por quantia certa). Tem-se por 'dívidas pretéritas' aquelas anteriores a sentença ou a acordo que as tenha estabelecido, não sendo razoável favorecer aquele que está a merecer a coerção pessoal". (STJ, RHC 1.303/RJ, Rel. Min. Carlos Thibau, ac. de 26.08.91, *in RSTJ* 25/141; TJRS, Ag. 592117519, Rel. Des. Alceu Binato de Moraes, ac. de 09.06.93, *in RJTJRS* 160/292; STJ, RHC 2.998-6/PB, Rel. Min. Flaquer Scartezzini, ac. de 13.10.93, *in DJU* de 08.11.93, p. 23.571; STJ, 3ª T., HC 20.726/SP, Rel. Min. Antônio de Pádua Ribeiro, ac. 16.04.2002, *DJU* 13.05.2002, p. 205).

[18] STJ, 3ª T., HC 775.090/SP, Rel. Min. Marco Aurélio Bellizze, ac. 18.04.2023, *DJe* 20.04.2023.

[19] "...7- Se a finalidade essencial do art. 318, V, do CPP, é a proteção integral da criança, minimizando-se as chances de ela ser criada no cárcere conjuntamente com a mãe ou colocada em família substituta ou em acolhimento institucional na ausência da mãe encarcerada, mesmo diante da hipótese de possível prática de um ilícito penal, não há razão para que essa mesma regra não se aplique às mães encarceradas em virtude de dívida de natureza alimentar, observada a necessidade de adaptação desse entendimento às particularidades dessa espécie de execução" (STJ, 3ª T., HC 770.015/SP, Rel. Min. Nancy Andrighi, ac. 07.02.2023, *DJe* 09.02.2023).

[20] STJ, 3ª T., RHC 95.204/MS, Rel. Min. Ricardo Villas Bôas Cueva, ac. 24.4.2018, *DJe* 30.04.2018.

liberdade sob o regime fechado de prisão". Concluiu-se que "a obrigação, porquanto pretérita, poderá ser cobrada pelo rito menos gravoso da expropriação"[21].

Em outro caso, em que as prestações pretéritas, impostas entre pai e filho, se acumularam ao longo de dezenove anos e estavam sendo executadas, por credor maior, também aquela mesma Alta Corte de Justiça decidiu que:

> " (...) O fato de o credor dos alimentos, durante o trâmite da execução, ter atingido a maioridade civil, cursado ensino superior e passado a exercer atividade profissional remunerada, embora não desobrigue o genitor pela dívida pretérita contraída exclusivamente em razão de sua recalcitrância, torna desnecessária, na hipótese, a prisão civil como medida coativa, seja em razão da ausência de atualidade e de urgência da prestação dos alimentos, seja porque essa técnica será ineficaz para compelir o devedor a satisfazer integralmente o débito que se avolumou de forma significativa"[22].

VI – Cumprimento da decisão definitiva e da decisão provisória que fixa alimentos

O regramento previsto nos arts. 528 e ss. do atual Código aplica-se tanto aos alimentos definitivos quanto aos provisórios (art. 531). Tratando-se, como visto anteriormente, da execução de alimentos provisórios ou fixados em sentença ainda não transitada em julgado, a execução se processará em autos apartados (art. 531, § 1º). Já o cumprimento definitivo da obrigação de prestar alimentos será processado nos mesmos autos em que tenha sido proferida a sentença (art. 531, § 2º).

O atual Código sepulta de vez a antiga tese pontiana de que a hipótese de prisão seria própria apenas da execução de *alimentos provisionais*.[23] Para o mestre Pontes de Miranda, a prisão somente ocorreria se houvesse *sentença ou decisão* fixando alimentos provisionais, já que a referência dos textos dos arts. 733 e 735 do Código de 1973 seria apenas a essa modalidade de prestação alimentícia.[24] Contudo, já existia dispositivo legal posterior ao Código de 1973 que, numa interpretação autêntica, declarou justamente o contrário da conclusão de Pontes de Miranda.[25] Também, para Moura Bittencourt, o Código de 1973 não daria margem a dúvidas, sendo certo que "a pena de prisão tem lugar para assegurar a prestação alimentícia de qualquer natureza, seja provisional, provisória ou definitiva, originária ou revista",[26] orientação igualmente encampada pela jurisprudência.[27]

---

[21] RHC 95.204/MS, *cit*.

[22] STJ, 3ª T., HC 415.215/SP, Rel. Min. Nancy Andrighi, ac. 06.02.2018, *DJe* 08.02.2018.

[23] PONTES DE MIRANDA, Francisco Cavalcanti. *Comentários ao Código de Processo Civil*. Rio de Janeiro: Forense, 1976, t. X, p. 492.

[24] Realmente era ambíguo o texto do art. 733 e podia ensejar, numa interpretação puramente literal, a conclusão a que chegou o grande processualista. Mas, se se admitisse a prisão civil de um devedor de alimentos sujeito apenas a uma condenação provisória, como se explicaria, dentro da lógica e do bom senso, que a mesma medida seria inadmissível perante uma condenação definitiva?

[25] Com efeito, a Lei n. 6.014, de 27.12.73, que fez a adaptação da Lei de Alimentos ao Código de Processo Civil de 1973, ao tratar da sentença definitiva que julga a ação de alimentos (principal), dispôs que, não sendo possível a averbação em folha de pagamento, "poderá o credor requerer a execução da sentença na forma dos arts. 732, 733 e 735 do Código de Processo Civil".

[26] MOURA BITTENCOURT, Edgar. *Alimentos*. 4. ed. São Paulo: Leud, 1979, n. 108-D, p. 161.

[27] STF, HC n. 52.025, Rel. Min. Aliomar Baleeiro, *in* A. Paula, *op. cit.,* v. V, n. 13.304, p. 525; *idem*, HC n. 56.108, Rel. Min. Djaci Falcão, *in RTJ*, 86/129; RECrim. n. 88.005, Rel. Min. Xavier de Albuquerque, *in RTJ*, 87/1.025; STJ, REsp. 137.149/RJ, Rel. Min. Cesar Asfor Rocha, ac. de 01.09.98, *in DJU* de 09.11.98, p. 108; STJ, 4ª T., REsp 345.627/SP, Rel. Min. Sálvio de Figueiredo Teixeira, ac. 02.05.2002, *DJU* 02.09.2002, p. 194.

Havia, entretanto, distinção no prazo de duração da prisão para cada uma das hipóteses: na execução da prestação de alimentos provisionais, poderia variar de um até três meses (art. 733, § 1º, CPC/1973); e no caso de alimentos definitivos só poderia ir até o máximo de sessenta dias (Lei n. 5.478/1968, art. 19).[28] Com o atual Código, além da substituição da antiga expressão "alimentos provisionais" do art. 733 do CPC/1973 pela expressão "prestação alimentícia", que dissipou qualquer possibilidade de dúvida quanto ao cabimento de prisão para decisões definitivas, também se unificaram os dois regimes quanto ao prazo para prisão do executado: mínimo de um e máximo de três meses (art. 528).

Por fim, o Código atual dispensou, na execução provisória de sentença, a prestação de caução, quando se tratar de crédito de natureza alimentar, independentemente de sua origem, e de seu valor (CPC/2015, art. 521, I). Acabou, assim, a divergência havida na legislação revogada.

O atual Código, destarte, voltou à regra de limite amplo.

Não obstante, estará sempre ressalvada a possibilidade do exercício do poder geral de cautela para permitir ou suspender o levantamento de prestações que exorbitem dos padrões de razoabilidade. Com efeito, é possível imaginar-se negar a verba alimentícia quando a situação pessoal do credor esteja correndo sério risco no plano da saúde, da sobrevivência e das necessidades irrecusáveis nascidas da tutela à dignidade humana. Da mesma forma, não se deve prevalecer da dispensa contida no art. 521, para permitir o imediato e livre levantamento das pensões depositadas, quando houver risco de grave e irreparável dano ao executado. É, aliás, o que genericamente autoriza o art. 520, inc. IV,[29] desde que o alimentante demonstre, satisfatoriamente, o *fumus boni iuris* e o *periculum in mora*. Estes dois requisitos estarão configurados quando o recurso do alimentante se revelar fundado em razões *relevantes*, capaz de autorizar a previsão de acolhimento do recurso aforado contra a sentença exequenda. O perigo de dano irreparável, por seu lado, sempre estará presente, já que a prestação alimentar é naturalmente irrepetível.

VII – Crime de abandono material

O retardamento ou não pagamento injustificado da prestação alimentícia pode ter repercussão penal. Daí o atual Código dispor expressamente que, constatada a "conduta procrastinatória do executado", deverá o juiz, se for o caso, dar ciência ao Ministério Público dos indícios da prática do crime de abandono material (art. 532).[30]

---

[28] STF, RHC n. 56.176, Rel. Min. Xavier de Albuquerque, *in RTJ*, 87/67; TJSP, HC n. 141.301, *in* A. Paula, *op. cit.*, v. VI, n. 13.328, pp. 531-532; TJSP, HC 222.643-1/7, Rel. Des. Antônio Manssur, ac. de 08.12.94, *in Adcoas* de 10.09.94, n. 144.739; TJMG, 7ª Câm. Cív. Ag. Inst. 1.0024.08.179122-0/001, Rel. Des. Wander Marotta, ac. 23.03.2010, *DJMG* 13.04.2010. Em outra oportunidade, o TJSP entendeu que só estaria prevalecendo, depois da Lei n. 6.014/1973, que alterou o art. 19 da Lei de Alimentos, limite único de 60 (sessenta) dias para a prisão por alimentos, sejam eles definitivos ou provisionais (TJSP, HC 163.340-1, Rel. Des. Silvério Ribeiro, ac. de 25.02.92, *in RJTJSP* 137/432). O entendimento não é pacífico, entretanto, no próprio TJSP: aplicando o limite de 60 dias da Lei 5.478/1968 – 7ª Câm. Dir. Priv., Ag. In. 0202310-49.2010.8.26.0000, Rel. Des. Álvaro Passos, ac. 26.05.2010, *DJSP* 08.06.2010; aplicando o limite de 90 dias do CPC – 9ª Câm. Dir. Priv., Ag. In., 0340407-63.2009.8.26.0000, Rel. Des. José Luiz Gavião de Almeida, ac. 24.11.2009, *DJSP* 22.12.2009.

[29] CARNEIRO, Athos Gusmão. *Cumprimento da Sentença Civil*. Rio de Janeiro: Forense, 2007, n. 34.1, p. 96.

[30] Trata-se de crime tipificado no art. 244, do CP, o qual prevê como criminosa a conduta de: "Deixar, sem justa causa, de prover a subsistência do cônjuge, ou de filho menor de 18 (dezoito) anos ou inapto para o trabalho, ou de ascendente inválido ou maior de 60 (sessenta) anos, não lhes proporcionando os recursos necessários ou faltando ao pagamento de pensão alimentícia judicialmente acordada, fixada ou majorada; deixar, sem justa causa, de socorrer descendente ou ascendente, gravemente enfermo". A pena imposta ao transgressor da norma é a de detenção, de um a quatro anos e multa, de uma a dez vezes o maior salário mínimo vigente no País. Além disso, incide nas mesmas penas o devedor solvente que frustra ou ilide, de qualquer modo,

É mais uma hipótese que, embora não prevista expressamente na legislação anterior, já seria permitida, antes mesmo do novo CPC, considerando que, em regra, o magistrado deve oficiar o órgão do Ministério Público quando tiver ciência do indício de qualquer ilícito penal. Não obstante, a nosso juízo, andou bem o legislador, mais uma vez inspirado no propósito de efetividade, ao adotar a postura pedagógica de dispor expressamente sobre a matéria na nova codificação.[31]

VIII – Pensionamento decorrente de ato ilícito

Existem no direito material *(i)* alimentos *legítimos*, que se originam das relações do direito de família, *(ii)* alimentos *remuneratórios* que correspondem aos rendimentos do trabalho, aos quais se atribui, por lei, a natureza alimentar, e, ainda, *(iii)* alimentos *indenizatórios* que são aqueles com que se indenizam danos provenientes do ato ilícito.

O procedimento especial de cumprimento de sentença regulado pelos arts. 528 a 532 correspondem apenas aos alimentos legítimos.[32] Os remuneratórios executam-se pelas vias comuns de cumprimento de obrigação por quantia certa[33].

Para a execução de pensionamento ordenado em sentença de reparação do ato ilícito, são traçadas regras especiais (art. 533) que abordaremos nos itens que se seguem, devendo desde logo ficar esclarecido que, nesse caso, não há lugar para a imposição da prisão civil, conforme entendimento consolidado do STJ.[34]

639. SENTENÇAS DE INDENIZAÇÃO POR ATO ILÍCITO

Entre os casos de sentenças que condenam a prestações alimentícias, o CPC/2015 inclui não só as que se originam das relações de família, como também as de reparação de dano

---

inclusive por abandono injustificado de emprego ou função, o pagamento de pensão alimentícia judicialmente acordada, fixada ou majorada.

[31] Para Araken de Assis "o art. 523 propõe-se a encerrar toda uma era de alegre irresponsabilidade, recolhendo o órgão judiciário competente para a execução civil os indícios da prática de abandono material e remetendo peças ao Ministério Público, órgão encarregado da persecução penal" (ASSIS, Araken de. *Manual da execução*. 18. ed. revista, atualizada e ampliada, São Paulo: Editora Revista dos Tribunais, 2016, n. 462, p. 1308).

[32] José Miguel Garcia Medina defende que a prisão civil pode ser decretada também em relação aos alimentos indenizatórios, uma vez que "os dispositivos legais que regulam a matéria não fazem qualquer limitação à

[33] possibilidade de utilização desta medida executiva também quanto à obrigação alimentar decorrente de ato ilícito". Para o autor, o juiz deveria distinguir o título da indenização, se, por exemplo, para indenizar a morte de um filho, levando-se em conta os rendimentos que ele obteria até quando atingisse determinada idade, ou para prestar alimentos para quem o morto os devia. Nesta última hipótese, em razão do caráter preponderantemente alimentar da indenização, deveria ser possível a prisão (MEDINA, José Miguel Garcia. *Direito Processual Civil Moderno*. 2. ed. rev., atual. e ampl. São Paulo: Editora Revista dos Tribunais, 2016, p. 958). É de se ressaltar que o STJ já realizou construção semelhante de raciocínio para admitir a penhora de bem de família, em execução de pensão alimentícia decorrente de ato ilícito (STJ, 2ª Seção, EREsp. 679.456/SP, Rel. Min. Sidnei Beneti, ac. 08.06.2011, *DJe* 16.06.2011; STJ, 3ª T., Resp. 1.186.225/RS, Massami Uyeda, ac. 04.09.2012, *DJe* 13.09.2012). Entretanto, é abundante e pacífica a jurisprudência do STJ que afasta o cabimento da prisão civil na execução de verba alimentícia de natureza indenizatória.

Não cabe, por exemplo, a prisão civil do alimentante em matéria de pensionamento derivado de indenização por ato ilícito (STJ, 3ª T., REsp 93.948/SP, Rel. Min. Eduardo Ribeiro, ac. 02.04.1998, *DJU* 01.06.1998, p. 79).

[34] "2. Os alimentos devidos em razão da prática de ato ilícito, conforme previsão contida nos arts. 948, 950 e 951 do Código Civil, possuem natureza indenizatória, razão pela qual não se aplica o rito excepcional da prisão civil como meio coercitivo para o adimplemento" (STJ, 4ª T., HC 523.357/MG, Rel. Min. Maria Isabel Gallotti, ac. 01.09.2020, *DJe* 16.10.2020). No mesmo sentido: STJ, 4ª T., HC 531.034/BA, Rel. Min. Maria Isabel Gallotti, ac. 01.09.2020, *DJe* 16.10.2020; STJ, 4ª T., HC 182.228/SP, Rel. Min. João Otávio de Noronha, ac. 01.03.2011, *DJe* 11.03.2011; STJ, 3ª T., HC 92.100/DF, Rel. Min. Ari Pargendler, ac. 13.11.2007, *DJU* 01.02.2008, p. 1.

provocado pelo ato ilícito. Para estas últimas, no entanto, existe norma especial para garantir o eventual pensionamento em favor da vítima ou de seus dependentes.

Assim, "quando a indenização por ato ilícito incluir prestação de alimentos, caberá ao executado, a requerimento do exequente, constituir capital cuja renda assegure o pagamento do valor mensal da pensão" (CPC/2015, art. 533). Não há inovação, a propósito, dessa sistemática, uma vez que a garantia ora prevista já era estabelecida pelo Código anterior em seu art. 475-Q.

A finalidade da constituição de capital é a de garantir o adimplemento da obrigação alimentar devida pela prática de ato ilícito,[35] mediante um patrimônio de afetação dos bens do executado, que, entretanto, para o CPC/2015, não se forma por iniciativa do juiz, de ofício, mas depende de requerimento do interessado.[36]

Optando pela constituição de capital, o seu montante será definido por meio do procedimento incidental de liquidação de sentença, cujo rito variará conforme o tipo de operação que se fizer necessário para estimar a idoneidade do bem garantidor oferecido pelo devedor e sua rentabilidade. Da maior ou menor complexidade da operação, poder-se-á ir do simples cálculo da própria parte até as medidas contenciosas da liquidação por arbitramento ou por artigos (arts. 509 a 512).

A lei manda que o valor da garantia seja arbitrado de imediato pelo juiz, quando admite substituição do capital por fiança bancária ou garantia real (art. 533, § 2º). Entendemos que esse arbitramento é para efeito de implantação imediata do pensionamento, o que não impede que posteriormente se discuta uma revisão, em contraditório, para melhor e mais justo equacionamento da situação jurídico-econômica das partes, *ad instar* do que o Código admite até mesmo a respeito do valor da pensão (art. 533, § 3º).

A jurisprudência do STJ admite o arbitramento de multa para compelir o devedor a constituir o capital, uma vez que se trata de "obrigação de fazer".[37]

O capital poderá ser representado por:

a) imóveis;
b) direitos reais sobre imóveis suscetíveis de alienação.
c) títulos da dívida pública; ou
d) aplicações financeiras em banco oficial.

Em qualquer caso sujeitar-se-á à inalienabilidade e impenhorabilidade, restrições que deverão perdurar enquanto subsistir a obrigação do devedor, além de se constituírem em patrimônio de afetação (bens que não se sujeitarão a responder por outras obrigações do executado) (CPC/2015, art. 533, § 1º). O que equivale dizer que após a constituição do capital garantidor da dívida alimentar, penhora sobre o seu objeto só poderá acontecer se a própria dívida ou prestações dela forem executadas.[38]

---

[35] "A constituição de capital se destina a garantir o adimplemento da prestação de alimentos (CPC, art. 602) [1973]; não pode abranger outras parcelas da condenação" (STJ, 3ª T., EDcl na MC 10.949/RJ, Rel. Min. Ari Pargendler, ac. 05.09.2006, *DJU* 04.12.2006, p. 290).

[36] A jurisprudência anterior ao CPC/2015 permitia a constituição de capital determinada de ofício pelo juiz: "5. Em ação de indenização, procedente o pedido, é necessária a constituição de capital ou caução fidejussória para a garantia de pagamento da pensão, independentemente da situação financeira do demandado." 6. É lícito ao juiz determinar que o réu constitua capital para garantir o adimplemento da pensão a que foi condenado, mesmo sem pedido do autor" (STJ, 3ª T., REsp. 899.869/MG, Rel. Min. Humberto Gomes de Barros, ac. 13.02.2007, *DJU* 26.03.2007, p. 242).

[37] STJ, 3ª T., REsp. 631.756/RJ, Rel. Min. Carlos Alberto Menezes Direito, ac. 06.09.2005, *DJU* 21.11.2005, p. 228).

[38] AMADEI, Vicente de Abreu. Penhora imobiliária no novo Código de Processo Civil. *In* DIPP, Ricardo (coord.). *Direito Registral e o novo Código de Processo Civil*, Rio de Janeiro: Forense, 2016, p. 118.

Se o pensionamento é dado à vítima do ato ilícito, em compensação de incapacidade laboral, durará enquanto viver. Se a indenização é proporcionada a dependentes da vítima falecida em razão do ato ilícito, a duração do pensionamento dependerá do que se apurar na sentença relativamente ao tempo e às circunstâncias do direito a alimentos que os dependentes tinham em relação ao morto. A regra geral é, pois, que o culpado pela morte deverá alimentar os dependentes da vítima pelo tempo equivalente à duração presumível de sua vida e enquanto mantida a condição de dependentes dos beneficiários.[39] A jurisprudência entende que o filho menor deve receber a pensão do pai até os 25 anos de idade.[40]

Para a hipótese de morte de filho menor, a jurisprudência "fixa em 14 anos o termo a partir do qual as famílias pobres são indenizadas, em razão de dano material".[41] O pensionamento é devido ainda que a vítima não exercesse atividade laborativa, uma vez que a presunção é a de que, quando possível, o menor iria começar a auxiliar no pagamento das despesas da casa.[42]

Para tanto, a jurisprudência considerava limite provável de vida a idade de 65 anos.[43] Mais modernamente, tem-se adotado como limite a idade correspondente a uma tabela de expectativa de vida, levantada pelo IBGE, que leva em conta a idade que tinha a vítima quando veio a falecer. Essa tabela, e não a rigorosa prevalência do limite de 65 anos, tem sido aceita em julgados do STJ[44]. Daí por que, se a vítima já havia ultrapassado a idade correspondente à "expectativa de

---

[39] A jurisprudência do STJ admite o direito de acrescer em caso de pensionamento: "Cabimento do direito de acrescer, independentemente de previsão no título executivo, no caso de pensão 'intuitu familiae', como na espécie. Precedentes" (STJ, 3ª T., AgRg nos EDcl no AG 1.209.255/MG, Rel. Min. Paulo de Tarso Sanseverino, ac. 0708.2012, DJe 13.08.2012). No mesmo sentido: "O direito de acrescer decorre logicamente do pedido formulado na petição inicial das ações de natureza indenizatória, cujo escopo é recompor o estado das coisas existente antes do evento danoso. Assim, o direito de acrescer encontra fundamento no fato de que a renda da vítima sempre seria revertida em benefício dos demais familiares quando qualquer deles não mais necessitasse dela. 4. Não se afigura razoável que, cessado o direito de um dos familiares ao recebimento da pensão, o valor correspondente simplesmente deixe de ser pago pelo réu. Para manter a coerência da premissa que justifica a própria imposição da pensão mensal – de que o pai de família participaria do orçamento doméstico até a sua morte natural – esta deve continuar a ser paga integralmente. A saída de um dos filhos do núcleo familiar não permite inferir que a contribuição do pai diminuiria; apenas significa que esse valor seria distribuído de forma diferente" (STJ, 3ª T., REsp. 1.155.739/MG, Rel. Min. Nancy Andrighi, ac. 02.12.2010, DJe 10.10.2011); STJ, 2ª T., EDcl no REsp. 1.155.559/SP, Rel. Min. Herman Benjamin, ac. 16.11.2010, DJe 04.02.2011).

[40] "A jurisprudência do STJ sedimentou-se no sentido de fixar a indenização por perda do pai ou progenitor, com pensão ao filho menor até os 24 (vinte e quatro) anos de idade (integralmente considerados), ou seja, até a data de aniversário dos 25 anos" (STJ, 2ª T., REsp. 592.671/PA, Rel. Min. Eliana Calmon, ac. 06.04.2004, DJU 17.05.2004, p. 199). No mesmo sentido: STJ, 4ª T., AgRg no Ag. 718.562/MG, Rel. Min. Carlos Fernando Mathias, ac. 05.08.2008, DJe 25.08.2008).

[41] STJ, Corte Especial, EREsp. 107.617/RS, Rel. Min. Ari Pargendler, ac. 04.05.2005, DJU 01.08.2005, p. 297.

[42] "I – Em sendo a vítima fatal menor e pertencente à família de baixa renda, presume-se que ela reverteria parte dos rendimentos provenientes do seu trabalho para a manutenção do lar. II – Os portadores de deficiência mental não estão automaticamente excluídos do mercado de trabalho. III – Cabe ao causador do ilícito desconstituir a presunção de que o acidentado não auxiliaria materialmente a sua família" (STJ, 3ª T., REsp. 1.069.288/PR, Rel. Min. Massami Uyeda, ac. 14.12.2010, DJe 04.02.2011). No mesmo sentido: STJ, 4ª T., REsp. 740.059/RJ, Rel. Min. Aldir Passarinho Júnior, ac. 12.06.2007, DJU 06.08.2007, p. 500; STJ, 1ª T., EDcl no REsp. 147.412/DF, Rel. Min. José Delgado, ac. 21.05.1998, DJU 03.08.1998, p. 90.

[43] STJ, 4ª T., REsp. 28.861/PR, Rel. Min. Sálvio de Figueiredo, ac. 14.12.1992, RSTJ 50/305; STJ, 4ª T., REsp. 159.637/SP, Rel. Min. Ruy Rosado de Aguiar, ac. 12.05.1998, RSTJ 111/263; STJ, 4ª T., REsp. 226.412/SC, Rel. Min. Barros Monteiro, ac. 15.08.2000, RSTJ 147/324; STJ, 4ª T., REsp. 138.373-SP, Rel. Min. Sálvio de Figueiredo, ac. 21.05.1998, DJU 29.06.1998, p. 194; STJ, 3ª T., REsp 876.448/RJ, Rel. Min. Sidnei Beneti, ac. 17.06.2010, DJe 21.09.2010.

[44] STJ, ED no REsp. 119.649/RJ, decisão do Relator; Min. Sálvio de Figueiredo, DJU 12.06.2001, p. 97; NEGRÃO, Theotônio; GOUVÊA, José Roberto. Código de Processo Civil e legislação processual em vigor. 37. ed. São Paulo:

vida média do brasileiro", este fato, por si só, não afasta o deferimento do benefício, razão pela qual "é cabível a utilização da tabela de sobrevida, de acordo com os cálculos elaborados pelo IBGE, para melhor valorar a expectativa de vida da vítima quando do momento do acidente automobilístico e, consequentemente, fixar o termo final da pensão".[45]

Atingindo o momento da expectativa de vida, ou excluindo-se a condição de dependentes dos beneficiários (maioridade, emancipação, casamento, morte etc.), cessa a obrigação alimentar do causador do dano.

Os bens, que integram a fonte de rendimentos com que se realiza a pensão, continuam sendo de propriedade do devedor. Não há transferência de domínio ao credor, mas apenas vinculação ao cumprimento da condenação.

No tocante aos juros moratórios, tratando-se de pensão mensal, o STJ já decidiu que "por se tratar de uma prestação de trato sucessivo, os juros moratórios não devem iniciar a partir do ato ilícito – por não ser uma quantia singular – tampouco da citação – por não ser ilíquida –, mas devem ser contabilizados a partir do vencimento de cada prestação, que ocorre mensalmente". No que se refere às parcelas vincendas, não "há razões para mantê-las na relação estabelecida com os juros de mora. Sem o perfazimento da dívida, não há como imputar ao devedor o estigma de inadimplente, tampouco o indébito da mora, notadamente se este for pontual no seu pagamento".[46]

A critério do juiz, a constituição do capital (representado ordinariamente por imóveis, direitos reais sobre imóveis suscetíveis de alienação, títulos da dívida pública ou aplicações financeiras) poderá ser substituída por uma das seguintes medidas (art. 533, § 2º):

a) inclusão do exequente em folha de pagamento;[47]
b) fiança bancária;
c) garantia real, em valor a ser arbitrado de imediato pelo juiz.

O Código ressalva que a inclusão em folha de pagamento deve ser realizada apenas contra pessoas jurídicas de notória capacidade econômica. A deliberação de substituir o capital previsto no § 1º do aludido art. 533 (imóveis, direitos reais sobre imóveis suscetíveis de alienação, títulos públicos ou aplicações financeiras em banco oficial) por inclusão em folha de pagamento é decisão que o juiz toma independentemente de requerimento ou aquiescência do exequente ou do executado.

Já a substituição por fiança bancária ou garantia real somente pode ocorrer a requerimento do executado. São garantias muito onerosas, de custo elevado, de sorte que somente ao executado cabe a respectiva opção. Uma vez requerida a substituição, porém, sujeita-se a parte ao valor que o juiz arbitrar de imediato (§ 2º). É claro que posteriormente poderá haver revisão para melhor ajuste das garantias à realidade do pensionamento, a exemplo do que se permite para revisão do próprio valor da pensão (art. 533, § 3º). Mas, para que se defira a substituição do

---

Saraiva, 2005, nota 11 ao art. 602, p. 719).
[45] STJ, 3ª T., REsp. 1.311.402/SP, Rel. Min. João Otávio de Noronha, ac. 18.02.2016, *DJe* 07.03.2016.
[46] STJ, 4ª T., REsp. 1.270.983/SP, Rel. Min. Luis Felipe Salomão, ac. 08.03.2016, *DJe* 05.04.2016.
[47] "(...) Os arts. 16 da Lei n. 5.478/1968 e 734 do Código de Processo Civil preveem, preferencialmente, o desconto em folha para satisfação do crédito alimentar. Destarte, não havendo ressalva quanto ao tempo em que perdura o débito para a efetivação da medida, não é razoável restringir-se o alcance dos comandos normativos para conferir proteção ao devedor de alimentos. Precedente do STJ. 4. É possível, portanto, o desconto em folha de pagamento do devedor de alimentos, inclusive quanto a débito pretérito, contanto que o seja em montante razoável e que não impeça sua própria subsistência. 5. Recurso especial parcialmente provido" (STJ, 4ª T., REsp. 997.515/RJ, Rel. Min. Luis Felipe Salomão, c. 18.10.2011, *DJe* 26.10.2011).

capital por fiança bancária ou garantia real é necessário que a parte se submeta ao arbitramento imediato do juiz. Não há mais permissão para a fiança comum. Nos termos da lei, apenas a fiança bancária pode ser utilizada para garantia do pensionamento judicial.

Uma das críticas que se faziam ao sistema anterior incidia sobre o rigor inflexível com que se exigia a constituição do capital para custear a pensão destinada à reparação do ato ilícito. Argumentava-se que, mesmo nas relações de parentesco, a lei tolerava as variações e até a extinção do dever alimentar, quando modificadas as condições financeiras do alimentante e as necessidades do alimentando (CC, art. 1.699). Já na reparação do ato ilícito, quaisquer que fossem as mudanças na sorte das partes, a pensão seria conservada e exigida sempre com o mesmo rigor.

640. REVISÃO, CANCELAMENTO, EXONERAÇÃO OU MODIFICAÇÃO DO PENSIONAMENTO

O atual Código de Processo Civil enfrentou o problema, dispondo expressamente, e *ad instar* do dever familiar de alimentos, que, "se sobrevier modificação nas condições econômicas, poderá a parte requerer, conforme as circunstâncias, redução ou aumento da prestação" (CPC/2015, art. 533, § 3º). Para tanto, utilizar-se-á de uma ação revisional, que tramitará segundo o procedimento comum.[48]

A propósito da regra em questão, assentou o STJ que duas são as hipóteses em que se admite a alteração do valor da prestação de alimentos decorrente do ato ilícito: uma, o decréscimo das condições econômicas da vítima, compreendida, neste caso, a eventual defasagem da indenização fixada. A outra, a modificação na capacidade de pagamento do devedor, que pode ser desdobrada da seguinte maneira: a) se houver melhora, poderá a vítima requerer revisão para mais, até atingir a integralidade do dano material futuro; b) se houver piora, caberá ao devedor pedir a revisão para menor em atenção ao princípio da dignidade humana, e segundo a faculdade concedida pelo então art. 533, § 3º. A melhora unilateral das condições econômicas da vítima não pode reverter, por si só, em prêmio para o causador do dano irreversível, de modo que, *in casu*, não caberá a exoneração ou a redução do pensionamento.[49]

Finalmente, "finda a obrigação de prestar alimentos", deverá ser cancelada a cláusula de inalienabilidade e impenhorabilidade sobre o capital vinculado à execução, restabelecendo-se sobre ele a plena disponibilidade do devedor. Se for o caso de desconto em folha, dar-se-á seu encerramento, e se houver garantias de qualquer espécie serão canceladas. Em qualquer caso, porém, os interessados deverão solicitar a decisão do juiz da execução, a quem compete determinar o cancelamento ou a exoneração mencionados (art. 533, § 5º).

No caso de lesão incapacitante ou que reduza a capacidade de trabalho da vítima, o pensionamento pode, segundo o art. 950, parágrafo único, do Código Civil, ser substituído por uma indenização a ser paga de uma só vez. Essa substituição depende de opção do prejudicado e terá o valor arbitrado, de forma específica, para a remodelação do ressarcimento único, segundo prudente arbítrio do juiz.[50] É medida mais facilmente suportável quando o devedor

---

[48] TJMG, ac. de 22.06./1, na Apel. 34.572, in *Jur. Mineira* 49/231; STJ, REsp. 22.549-1/SP, Rel. Min. Eduardo Ribeiro, ac. de 23.03.93, in *DJU* de 05.04.93, p. 5.836; STJ, 3ª T., REsp 913.431/RJ, Rel. Min. Nancy Andrighi, ac. 27.11.2007, *DJe* 26.11.2008.

[49] STJ, 3ª T., REsp. 913.431/RJ, Rel. Min. Nancy Andrighi, ac. 27.11.07; STJ, 4ª T., REsp 594.238/RJ, Rel. Min. Luis Felipe Salomão, ac. 04.08.2009, *DJe* 17.08.2009.

[50] "O parágrafo único do art. 950 do novo Código Civil institui direito potestativo do lesado para exigir pagamento da indenização de uma só vez, mediante arbitramento do valor pelo juiz, atendido ao disposto nos arts. 944 e 945 e à possibilidade econômica do ofensor" (Enunciado 48 do Centro de Estudos Jurídicos do Conselho da Justiça Federal).

é uma grande empresa, mas que deve respeitar a capacidade de pagamento quando se trata de pessoa física de patrimônio módico.

641. PENSIONAMENTO EM SALÁRIOS MÍNIMOS

Muito se discutiu a respeito de ser, ou não, lícito o uso do salário mínimo como referência para fixar o valor do pensionamento derivado de ato ilícito. A controvérsia restou superada com o CPC/1973, que o permitiu. O CPC/2015 manteve tal indexação, prevendo claramente que "a prestação alimentícia poderá ser fixada tomando por base o salário mínimo" (art. 533, § 4º). Com isso guarda-se relação ao caráter alimentar da condenação na espécie e simplifica-se o problema da correção monetária, diante da multiplicidade de índices existentes no mercado.

Aliás, o STF já vinha decidindo que a pensão no caso de responsabilidade civil deveria ser calculada com base no salário mínimo vigente ao tempo da sentença e ajustada às variações ulteriores (Súmula n. 490).[51] O STJ, porém, voltou a um entendimento antigo, na interpretação do uso do salário mínimo na fixação dos alimentos: "As parcelas de pensão fixadas em salário mínimo devem ser convertidas em valores líquidos à data do vencimento e, a partir de então, atualizadas monetariamente"[52].

---

[51] Mesmo depois que a Constituição, no art. 7º, IV, proibiu o emprego do salário mínimo como índice de correção monetária, o STF continuou entendendo que o dispositivo não alcançava o pensionamento civil (*RT* 724/223; *RT* 714/126). O posicionamento, todavia, não era pacífico, nem mesmo no interior do STF (RE 141.355/GO), e não acolhido por decisórios do STJ (*RSTJ* 79/246; *RT* 705/195). Jurisprudência mais recente era no sentido de adotar, a exemplo do entendimento tanto do Supremo Tribunal Federal, como a do STJ, ou seja, predominava a vedação à fixação de valor de indenização em quantitativo de salários mínimos, "que não serve como indexador para efeito de correção monetária" (STJ, 4ª T., REsp 586.547/SP, Rel. Min. Aldir Passarinho Junior, ac. 02.06.2005, *DJU* 27.06.2005, p. 404). Quando muito, permitia-se que a condenação tomasse como valor originário o salário mínimo, devendo, porém, a atualização ser feita obrigatoriamente por índices oficiais de correção monetária (STF, 1ª T., AI 603.843 AgR, Rel. Min. Ricardo Lewandowski, ac. 29.04.2008, *DJe* 23.05.2008; STF, 1ª T., AI 510.244 AgR, Rel. Min. Cezar Peluso, ac. 16.12.2004, *DJU* 04.03.2005). Parece que o atual Código voltou ao regime da Súmula n. 490 do STF.

[52] STJ, 2ª Seção, EREsp 1.191.598/DF, Rel. Min. Marco Aurélio Bellizze, ac. 26.04.2017, *DJe* 03.05.2017.

Fluxograma n. 22 – Cumprimento de sentença que reconhece a exigibilidade de obrigação de prestar alimentos (arts. 528 a 533)

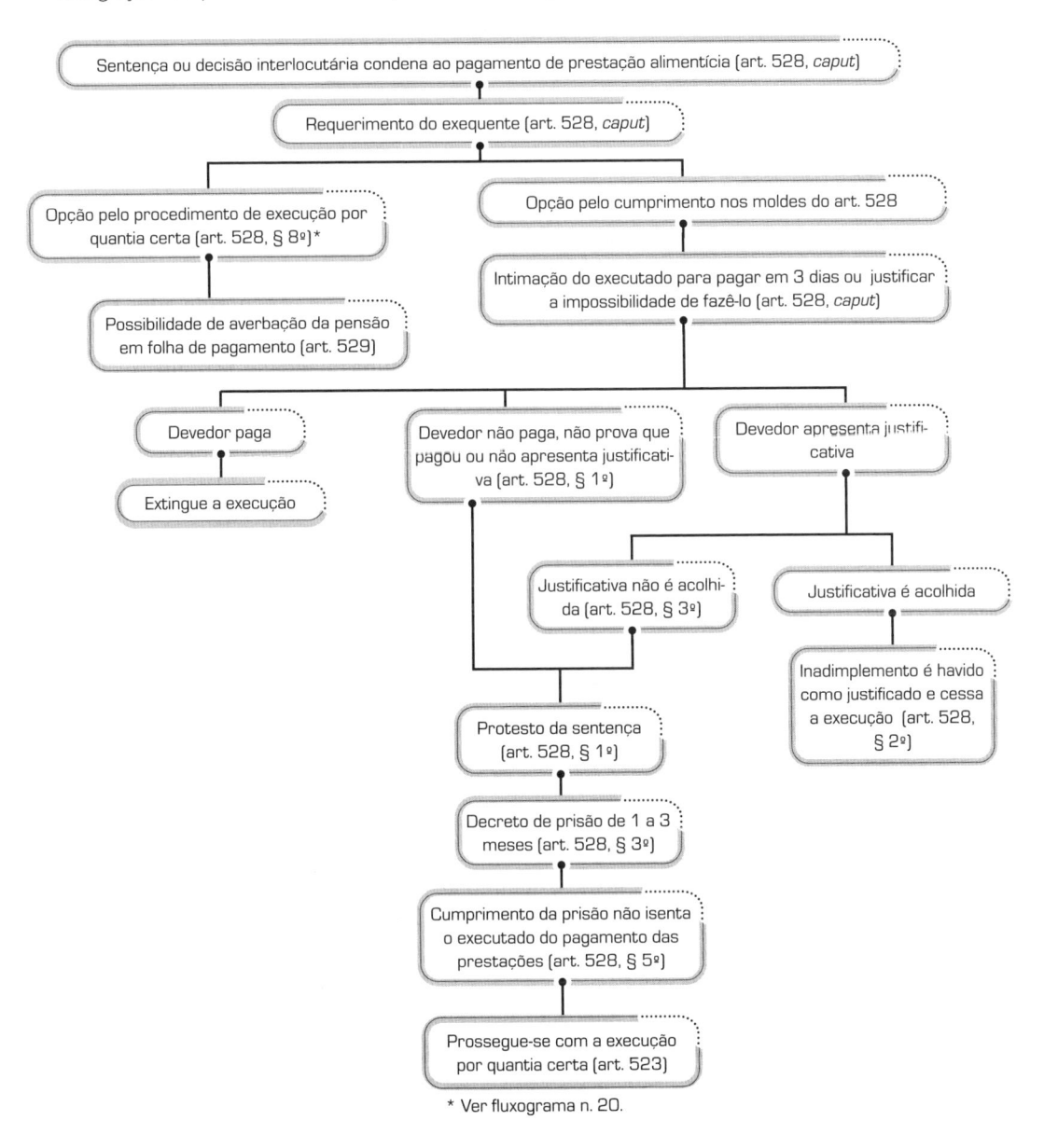

```
Sentença ou decisão interlocutória condena ao pagamento de prestação alimentícia (art. 528, caput)
                                    │
                    Requerimento do exequente (art. 528, caput)
                                    │
        ┌───────────────────────────┴───────────────────────────┐
Opção pelo procedimento de execução por        Opção pelo cumprimento nos moldes do art. 528
quantia certa (art. 528, § 8º)*                                │
        │                                  Intimação do executado para pagar em 3 dias ou justificar
Possibilidade de averbação da pensão           a impossibilidade de fazê-lo (art. 528, caput)
em folha de pagamento (art. 529)                               │
                ┌──────────────────┬────────────────────────────┐
        Devedor paga      Devedor não paga, não prova que    Devedor apresenta justifi-
                │         pagou ou não apresenta justificati-        cativa
        Extingue a execução    va (art. 528, § 1º)                    │
                                  │                  ┌────────────────┴────────────────┐
                                  │          Justificativa não é acolhi-    Justificativa é acolhida
                                  │          da (art. 528, § 3º)                       │
                                  │                                        Inadimplemento é havido
                                  │                                        como justificado e cessa
                                  │                                        a execução (art. 528,
                                  │                                                § 2º)
                        Protesto da sentença
                           (art. 528, § 1º)
                                  │
                        Decreto de prisão de 1 a 3
                        meses (art. 528, § 3º)
                                  │
                        Cumprimento da prisão não isenta
                        o executado do pagamento das
                        prestações (art. 528, § 5º)
                                  │
                        Prossegue-se com a execução
                        por quantia certa (art. 523)
```

* Ver fluxograma n. 20.

Capítulo XLV
TÍTULOS EXECUTIVOS JUDICIAIS

642. NOÇÕES INTRODUTÓRIAS

Para o fim de autorizar o cumprimento forçado da sentença, o título executivo por excelência é a sentença condenatória. Existem, porém, outros provimentos judiciais a que a lei atribui igual força executiva, como se dá, *v.g.*, com as decisões homologatórias e os formais de partilha. É, pois, correto afirmar-se que, genericamente, devem ser considerados títulos executivos judiciais os oriundos de processo[1].

Por outro lado, uma novidade do atual Código foi atribuir a qualidade de título executivo não limitadamente às *sentenças*, para tratar como tal qualquer *decisão* proferida no processo civil que reconheça "a exigibilidade de obrigação de pagar quantia, de fazer, de não fazer ou de entregar coisa" (CPC/2015, art. 515, I). Com isso, entram na categoria, além da sentença, as decisões interlocutórias do juiz de direito, as decisões monocráticas do relator, bem como os acórdãos dos tribunais, desde que em qualquer um desses atos judiciais se reconheça a *exigibilidade* de determinada obrigação, que, naturalmente, pressupõe sua *certeza* e *liquidez*.

Para o Código atual, os títulos executivos judiciais, cujo cumprimento se realiza de acordo com o Título II, Capítulo I, do Livro I, da Parte Especial, são os seguintes (art. 515):[2]

> I – as decisões proferidas no processo civil que reconheçam a exigibilidade de obrigação de pagar quantia, de fazer, de não fazer ou de entregar coisa (inc. I);
> II – a decisão homologatória de autocomposição judicial (inc. II);
> III – a decisão homologatória de autocomposição extrajudicial de qualquer natureza (inc. III);
> IV – o formal e a certidão de partilha, exclusivamente em relação ao inventariante, aos herdeiros e aos sucessores a título singular ou universal (inc. IV);
> V – o crédito de auxiliar da justiça, quando as custas, emolumentos ou honorários tiverem sido aprovados por decisão judicial (inc. V);
> VI – a sentença penal condenatória transitada em julgado (inc. VI);
> VII – a sentença arbitral (inc. VII);
> VIII – a sentença estrangeira homologada pelo Superior Tribunal de Justiça (inc. VIII);
> IX – a decisão interlocutória estrangeira, após a concessão do *exequatur* à carta rogatória pelo Superior Tribunal de Justiça (inc. IX).

Foi vetado pela Presidência da República o inciso X do art. 515, que considerava título executivo judicial "o acórdão proferido pelo Tribunal Marítimo quando do julgamento de acidentes e fatos da navegação". A justificativa para o veto foi a de que "ao atribuir natureza de

---

[1] LIMA, Alcides de Mendonça. *Comentários ao Código de Processo Civil*. Rio de Janeiro: Forense, 1974, v. VI, t. I, n. 651, p. 292.

[2] "A sentença, qualquer que seja sua natureza, de procedência ou improcedência do pedido, constitui título executivo judicial, desde que estabeleça obrigação de pagar quantia, de fazer, não fazer ou entregar coisa, admitida sua prévia liquidação e execução nos próprios autos" (STJ, Corte Especial, REsp 1.324.152/SP – Recurso repetitivo – tema 889, Rel. Min. Luis Felipe Salomão, ac. 04.05.2016, *DJe* 15.06.2016).

título executivo judicial às decisões do Tribunal Marítimo, o controle de suas decisões poderia ser afastado do Poder Judiciário, possibilitando a interpretação de que tal colegiado administrativo passaria a dispor de natureza judicial". Na verdade, tais decisões, na estrutura dos serviços públicos, são de natureza administrativa, a exemplo do que se passa com as pronunciadas pelo Tribunal de Contas da União e pela Câmara de Recursos da Previdência Social, a que, mesmo quando condenatórias, a jurisprudência atribui a qualidade de título executivo extrajudicial.[3]

A enumeração do código é *taxativa*, "não permitindo interpretações extensivas e analógicas, pela própria índole da execução"[4].

O atual Código, ao utilizar a expressão "decisões" no *caput* do art. 515, corrigiu a nomenclatura utilizada pela legislação anterior, que fazia referência apenas à "sentença" proferida no processo civil. Mas, já àquela época, a palavra sentença utilizada pelo legislador para identificar o título executivo judicial era entendida como "empregada para designar todo e qualquer provimento judicial (decisão interlocutória, sentença e acórdão) que imponha ao sujeito processual o cumprimento de uma prestação de dar, fazer ou não fazer. Aqui se incluem tanto os provimentos judiciais que pretendam debelar crises jurídicas de cooperação (adimplemento ou descumprimento) como aqueles outros que são impostos na condenação por má-fé processual, os relativos aos honorários advocatícios etc. Enfim, qualquer provimento judicial que imponha uma prestação no curso do processo"[5].

A doutrina portuguesa costuma classificar os títulos executivos provenientes do processo, em *judiciais* e *parajudiciais*. Aqueles seriam a sentença de condenação, e estes a de homologação de transação acordada entre as partes, onde há um misto de título judicial e extrajudicial, limitando-se o juiz a dar eficácia ao ato das partes, sem julgá-lo[6].

A distinção, no entanto, tem feitio apenas acadêmico, posto que, para o processo de execução, a força e os efeitos do título executivo são os mesmos, tanto na sentença condenatória como nos outros casos em que o título provém de processo, mas não consubstancia, no mérito, uma decisão do próprio juiz (decisões homologatórias de autocomposição judicial). Ademais, a decisão de que fala o art. 515, I, não é apenas aquela que literalmente encerra o processo de conhecimento pelo juiz de primeiro grau. É, como já visto, todo aquele ato decisório que imponha ou preveja uma obrigação a ser cumprida por um litigante em favor do outro. Tanto

---

[3] SHIMURA, Sérgio Seiji. Comentários ao art. 515. *In:* WAMBIER, Teresa Arruda Alvim, *et al*. *Breves Comentários ao novo Código de Processo Civil*. São Paulo: Ed. RT, 2015, p. 1.330. "Processual Civil. Ação de cobrança. Acórdão do TCU. Título Executivo Extrajudicial. 1. Nos termos do art. 23, III, "b" da Lei n. 8.443/1992, o acórdão do Tribunal de Contas da União constitui título executivo bastante para cobrança judicial da dívida decorrente do débito ou da multa, se não recolhida no prazo pelo responsável. Desse modo, não há necessidade de inscrição por Termo de Dívida Ativa para obter-se a respectiva Certidão prevista na Lei de Execução Fiscal, ensejando ação de cobrança por quantia certa. 2. Recurso especial não provido" (STJ, 2ª T., REsp. 1.059.393/RN, Rel. Min. Castro Meira, ac. 23.09.2008, *DJe* 23.10.2008). No mesmo sentido: "Tais decisões já são títulos executivos extrajudiciais, de modo que prescindem da emissão de Certidão de Dívida Ativa – CDA, o que determina a adoção do rito do CPC quando o administrador discricionariamente opta pela não inscrição" (STJ, 2ª T., REsp. 1.390.993/RJ, Rel. Min. Mauro Campbell Marques, ac. 10.09.2013, *DJe* 17.09.2013).

[4] LIMA, Alcides de Mendonça. *Op. e loc. cits*.

[5] ABELHA, Marcelo. *Manual de execução civil*. Rio de Janeiro: Forense Universitária, 2006, p. 123. STJ, 1ª Seção, EREsp 502.618/RS, Rel. Min. João Otávio de Noronha, ac. 08.06.2005, *DJU* 01.07.2005, p. 359; STJ, 4ª T., AgRg no REsp 822.717/RS, Rel. Min. Raul Araújo, ac. 27.08.2013, *DJe* 18.09.2013; STJ, 3ª T., AgRg no REsp 1.446.433/SC, Rel. Min. Sidnei Beneti, ac. 27.05.2014, *DJe* 09.06.2014; STJ, 2ª T., REsp 1.297.897/DF, Rel. Min. Herman Benjamin, ac. 11.12.2012, *DJe* 19.12.2012.

[6] CASTRO, Artur Anselmo de. *A Ação Executiva Singular, Comum e Especial*. Coimbra: Coimbra Ed., 1970, n. 5, p. 11.

podem fundamentar a execução as sentenças propriamente ditas, como as decisões interlocutórias e acórdãos. É o conteúdo do decisório, e não sua forma, que confere a força executiva ao provimento judicial.

Todos os títulos arrolados no art. 515 têm, entre si, um traço comum, que é a autoridade da *coisa julgada (formal ou material)*, que torna seu conteúdo imutável e indiscutível (ou, pelo menos, não suscetível de nova decisão no mesmo processo, em virtude da preclusão *pro iudicato*) e, por isso, limita grandemente o campo das eventuais impugnações à execução, que nunca poderão ir além das matérias indicadas no art. 525, § 1º.[7]

Mesmo tendo a jurisprudência se inclinado para o entendimento de que a homologação da autocomposição judicial não impede que o negócio jurídico das partes seja anulado ou rescindido pelas vias ordinárias, nos moldes do art. 966, § 4º, e não pela rescisória (art. 966)[8], no caso de execução forçada não será cabível invocar nos embargos de devedor, contra título judicial emergente da homologação, matéria que ultrapasse o rol dos arts. 525, § 1º e 535[9]. Somente em ação própria poderá o devedor tentar invalidar ou desconstituir a transação como se faz com os negócios jurídicos em geral (art. 966, § 4º).

643. MEDIDAS PREPARATÓRIAS ESPECIAIS

Em alguns casos, não é possível proceder-se ao cumprimento da obrigação contemplada em título executivo judicial, em simples incidente imediato à sentença exequenda.

É o que se passa, por exemplo: (i) com as sentenças penais, que não se pronunciam acerca da indenização civil (sua força executiva civil decorre imediatamente da lei); (ii) com as sentenças arbitrais, que não podem ser executadas no próprio processo em que pronunciada; e, (iii) com as sentenças estrangeiras e as decisões interlocutórias estrangeiras, que podem não quantificar a prestação devida (condenação genérica). Em todos esses casos, o cumprimento da sentença, no juízo civil, depende da instauração de um processo novo e não da simples continuidade do feito já em curso, como se dá com os demais títulos arrolados nos incisos do art. 515 do CPC/2015. Há de se instaurar relação processual civil *ex novo*, ou seja, de forma originária, mediante petição inicial e citação do devedor e, se for o caso, por meio de prévia liquidação do *quantum debeatur* (art. 515, § 1º).

As próprias sentenças civis nem sempre definem a quantia a ser paga pelo devedor (*quantum debeatur*), embora acertem a existência da dívida (*an debeatur*). Por isso, também elas, quando genéricas, hão de passar por um procedimento preparatório de liquidação para, finalmente, propiciar a abertura do procedimento de cumprimento forçado em juízo (art. 509). Isto, porém, não exige a propositura de uma nova ação. Tudo se resolve como incidente do processo em que a sentença ilíquida foi prolatada.

---

[7] As exceções substanciais que poderiam ser opostas ao crédito exequendo, são aquelas elencadas no art. 525, § 1º, de modo que, após a coisa julgada, somente podem ser arguidas através de ação rescisória, se for o caso (STJ, 3ª T., EDcl no AgRg nos EDcl no REsp 1.309.826/RS, Rel. Min. Ricardo Villas Bôas Cueva, ac. 01.03.2016, *DJe* 07.03.2016).

[8] RTJ, 117/219; RTJ, 127/23; RT 605/211; RSTJ, 4/1537; RJTJESP, 99/338 e 113/454. Nesse sentido: STJ, 4ª T., AgRg no REsp 915.705/SP, Rel. Min. Luis Felipe Salomão, ac. 7.10.2010, *DJe* 13.10.2010; STJ, 2ª T., AgRg no REsp 693.376/SC, Rel. Min. Humberto Martins, ac. 18.06.2009, *DJe* 01.07.2009.

[9] "Quaisquer vícios na transação devem ser discutidos na ação ordinária de rescisão da sentença homologatória (CPC, art. 486) [1973], e não em sede de embargos à execução" (STJ, 3ª T., Rel. Min. Ari Pargendler, ac. 23.11.2000, *DJU* 05.02.2001, p. 99, *RSTJ*, 140/324). No mesmo sentido: STJ, 4ª T., REsp 778.344/RS, Rel. Min. Fernando Gonçalves, ac. 18.11.2008, *DJe* 20.04.2009.

644. PROCEDIMENTO ESPECIAL: SENTENÇA PENAL, SENTENÇA ARBITRAL E SENTENÇA OU DECISÃO INTERLOCUTÓRIA ESTRANGEIRA

Nos casos de sentença penal condenatória transitada em julgado, sentença arbitral e sentença estrangeira homologada pelo Superior Tribunal de Justiça, além de decisão interlocutória estrangeira, após a concessão do *exequatur* à carta rogatória pelo Superior Tribunal de Justiça (CPC/2015, art. 515, VI, VII, VIII e IX), a execução será precedida de liquidação, no juízo cível competente, nos moldes dos arts. 509 a 512, se se tratar de título representativo de obrigação ainda ilíquida. Nesse caso, o credor iniciará o processo mediante citação do devedor para acompanhar a definição do *quantum debeatur*. Após a respectiva decisão, proceder-se-á, nos autos da liquidação, à expedição do mandado de penhora e avaliação, nos moldes do art. 523, § 3º, caso o devedor não realize o pagamento voluntário nos quinze dias mencionados no dispositivo.

Advirta-se que o julgamento da liquidação não se dá por meio de sentença, mas de decisão interlocutória, sujeita a agravo de instrumento.

A sentença penal é sempre ilíquida, porque não cabe ao juiz criminal fixar o valor definitivo da reparação civil *ex delicto*[10]. Entretanto, no regime atual, assim como no anterior, o trânsito em julgado da decisão penal condenatória enseja o imediato acesso à execução cível, razão pela qual "a vítima carece de interesse na propositura da ação civil que, julgada procedente, produziria título executivo equivalente e da mesma natureza do já obtido".[11]

As decisões proferidas em juízo arbitral, as relativas à homologação da sentença estrangeira, além das decisões interlocutórias estrangeiras, após a concessão do *exequatur* à carta rogatória pelo STJ, no entanto, podem retratar obrigações líquidas. Nessas hipóteses, não há procedimento de liquidação no juízo da execução. A eventual atualização da dívida será feita por memória de cálculo preparada pelo credor, ao requerer a execução, no juízo cível competente. Como naquele juízo não correu processo condenatório, ao iniciar a execução, o devedor será citado primeiro para pagar em 15 dias a quantia devida. Depois de transcorrido dito prazo, sem o adimplemento, é que se expedirá o mandado de penhora e avaliação (art. 515 c/c art. 523, § 3º).

Em suma, a execução dos títulos mencionados nos incisos VI, VII, VIII e IX reclama a abertura de processo novo, com petição inicial e citação. A citação por sua vez pode ser: a) imediatamente voltada para o pagamento da soma devida; ou b) para os atos preparatórios de liquidação, aos quais seguirá a providência executiva, caso não se dê o pagamento espontâneo da quantia liquidada. De qualquer maneira, não haverá embargos à execução, e qualquer objeção que tenha de produzir o devedor, constará de simples impugnação, nos moldes dos arts. 525, *caput* e § 1º, do CPC/2015.

Advirta-se que o julgamento da liquidação não se dá por meio de sentença, mas de decisão interlocutória, sujeita a agravo de instrumento, como explicita o art. 1.015, parágrafo único, cuja observância se impõe também nos casos de cumprimento de sentença penal, sentença arbitral e sentença ou decisão interlocutória estrangeira[12].

---

[10] O art. 387, IV, do CPP, no texto que lhe deu a Lei 11.719/2008, prevê que a sentença penal condenatória estipule, em caráter provisório, a indenização mínima devida ao ofendido, o que, entretanto, não exclui a possibilidade de posterior apuração definitiva do dano no juízo civil, por meio do adequado procedimento liquidatório.

[11] ASSIS, Araken de. *Manual da execução*. 18. ed. revista, atualizada e ampliada, São Paulo: Editora Revista dos Tribunais, 2016, n. 28.6, p. 233.

[12] Somente se haverá de cogitar de apelação se, na fase de liquidação, o julgamento assumir um teor que importe em inviabilização do programado cumprimento de sentença.

645. ENCERRAMENTO DO CUMPRIMENTO DE SENTENÇA

No cumprimento das sentenças relativas a obrigações de fazer ou não fazer e de entrega de coisa, tudo se resume, praticamente, na expedição de um mandado, que, uma vez cumprido, acarreta o encerramento do processo e o arquivamento dos autos, sem maiores solenidades. Mesmo assim, não se dispensa uma decisão judicial, pois somente o juiz tem poder para reconhecer a exaustão da atividade executiva e determinar o arquivamento dos autos (art. 925).

As sentenças que condenam a prestação da quantia certa cumprem-se de maneira mais complexa, pois para satisfazer o direito reconhecido ao credor exige-se uma larga atividade de afetação e avaliação de determinados bens do devedor, os quais finalmente são expropriados e transformados em dinheiro. Só, então, realizará o órgão judicial o ato de satisfação.

Diante dessa complexidade, a lei, embora não trate a execução por quantia certa como um processo distinto em face daquele onde se proferiu a sentença condenatória, qualifica implicitamente como sentença a decisão que, ao acolher a impugnação do executado, determina a extinção do processo, visto que desse decisório o recurso cabível é a apelação, nos termos do art. 925 do CPC/2015.

Igual decisão há de ser tomada também quando, após a satisfação do direito previsto na sentença, o juiz verificar a exaustão dos atos de cumprimento da condenação. Dar-se-á a sentença de que fala aquele dispositivo (aplicável ao cumprimento da sentença por força do art. 513), sentença essa meramente terminativa, pois não realiza nenhum acertamento de mérito e apenas reconhece que os atos de execução se completaram.

Há, dessa maneira, duas sentenças de extinção da execução de sentença de condenação a prestação de quantia certa: a) uma que põe fim à execução, de maneira prematura, em razão da acolhida de impugnação do devedor (art. 925); b) outra que encerra a execução, em virtude de ter sido satisfeito, por inteiro, o direito do credor (arts. 924, I e 925).

Em ambos os casos é possível o manejo do recurso de apelação, pela parte que se considerar prejudicada pela extinção do processo (art. 1.009).[13]

646. SENTENÇA CONDENATÓRIA CIVIL

Segundo clássica divisão, as sentenças no processo civil podem ser declaratórias, constitutivas e condenatórias[14].

O atual Código, na mesma linha adotada pela legislação anterior após a reforma perpetrada pela Lei n. 11.232/2005, configura como título executivo judicial qualquer decisão proferida no processo civil que reconheça "a exigibilidade de obrigação de pagar quantia, de fazer, de não fazer ou de entregar coisa" (CPC/2015, art. 515, I). A hipótese é, pois, de sentença que, mesmo não tendo cogitado imediatamente impor o cumprimento da obrigação, tenha procedido ao acertamento ou certificação de todos os seus elementos (certeza, liquidez e exigibilidade). É o que pode acontecer em certas sentenças declaratórias ou em algumas sentenças constitutivas. Destarte, não apenas as sentenças condenatórias, mas, também, as declaratórias e constitutivas admitem execução.

---

[13] "O arquivamento dos autos determinado pela decisão apelada deve ser considerado sentença", razão pela qual sujeita-se a apelação (STJ, 4ª T., REsp 651.200/RS, Rel. Min. Luis Felipe Salomão, ac. 03.09.2009, DJe 21.09.2009).

[14] CHIOVENDA, Giuseppe. Instituições de Direito Processual Civil. 3. ed. Trad. Guimarães Menegale. São Paulo: Saraiva, 1969, v. I, n. 42, p. 182-183.

Com efeito, eram as sentenças condenatórias que, nos termos primitivos do art. 584, I, do CPC/1973, tradicionalmente habilitavam o vencedor a intentar contra o vencido as medidas próprias da execução forçada. Às demais, àquele tempo, faltaria tal eficácia[15].

De fato, a sentença constitutiva, criando uma situação jurídica nova para as partes, como, por exemplo, quando anula um contrato, dissolve uma sociedade conjugal ou renova um contrato de locação, por si só exaure a prestação jurisdicional possível. O mesmo ocorre com a sentença declaratória cujo objetivo é unicamente a declaração de certeza em torno da existência ou inexistência de uma relação jurídica (CPC/2015, art. 19). Em ambos os casos, não há, em regra, o que executar após a sentença, quanto ao objeto específico da decisão.

O mandado judicial que às vezes se expede após estas sentenças, como o que determina o cancelamento de transcrição no Registro Imobiliário, ou a averbação à margem de assentos no Registro Civil, não tem função executiva, no sentido processual. Sua finalidade é tão somente a de dar *publicidade* ao conteúdo da decisão *constitutiva* ou *declarativa*.

Já a sentença condenatória, além de definir a vontade concreta da lei diante do litígio[16], "contém um comando diverso do da sentença de mera apreciação. Esse comando especial e diferente consiste nisto: em determinar que se *realize* e torne *efetiva* uma certa sanção". Contém a sentença de condenação, portanto, a *vontade* do Estado, traduzida pelo juiz, de que a sanção nela especificada, "seja aplicada e executada", criando para o condenado, como acentua Calamandrei, "um estado de sujeição"[17].

Todavia, para autorizar a execução, sempre se entendeu que não se devia considerar sentença condenatória apenas a proferida na ação de igual nome. A parte dispositiva de todas as sentenças, inclusive das declaratórias e constitutivas, contém sempre provimentos de condenação relativos aos encargos processuais (custas e honorários de advogado), e, nesse passo, legitimam o vencedor a promover a execução forçada, assumindo o caráter de título executivo judicial, também como *sentença condenatória*[18].

Uma vez, outrossim, que o art. 4º, parágrafo único do CPC/1973 admitia a declaratória mesmo após a violação do direito, passou-se a reconhecer que, em tal situação, a declaração judicial conteria, necessariamente o acertamento da sanção em que incorreu o infrator. Como o objetivo da execução forçada é a realização da sanção, a sentença declaratória já estaria em condições de franquear o acesso às vias executivas, visto que nada mais haveria a acertar entre credor e devedor. Nessa especial conjuntura, o STJ reconheceu que "tem eficácia executiva a sentença declaratória que traz definição integral da norma jurídica individualizada", por entender que "não há razão alguma, lógica ou jurídica, para submetê-la, antes da execução, a um segundo juízo de certificação, até porque a nova sentença não poderia chegar a resultado diferente do da anterior, sob pena de comprometimento da garantia da coisa julgada, assegurada constitucionalmente"[19]. Sensível a essa realidade, a Lei n. 11.232, de 22.12.2005 alterou o texto do inciso I do antigo art. 584 (posterior art. 475-N do CPC/1973), para substituir, como título executivo judicial básico, "a sentença *condenatória* proferida no processo civil" pela "sentença proferida no processo civil que reconheça a existência de obrigação de fazer, não fazer, entregar coisa ou pagar quantia". O importante para autorizar a execução forçada não residia mais no comando

---

[15] LIEBMAN, Enrico Tullio. *Instituições de Direito Processual Civil*. 3. ed. Trad. Guimarães Menegale. São Paulo: Saraiva, 1969, v. I, n. 28, p. 54.

[16] CHIOVENDA, Giuseppe. *Op. cit.*, n. 33, p. 157-158.

[17] REIS, José Alberto dos. *Processo de Execução*. Coimbra: Coimbra Editora, 1943, v. I, n. 34, p. 94.

[18] MICHELI, Gian Antonio. *Curso de Derecho Procesal Civil*. Buenos Aires: EJEA, 1970, v. III, n. 3, p. 6.; LIEBMAN, Enrico Tullio. *Op. cit.*, n. 28, p. 54.

[19] STJ, 1ª T., REsp. 588.202/PR, rel. Min. Teori Albino Zavascki, ac. de 10.02.2004, *DJU* de 25.02.2004, p. 123, *Informativo Incijur*, n. 58, encarte de jurisprudência, em. n. 662/2004 – maio/2004.

condenatório, mas no completo acertamento sobre a existência de uma prestação obrigacional a ser cumprida pela parte.[20] O atual Código, como se disse, manteve a sistemática (art. 515, I).

As sentenças declaratórias e constitutivas que não configuram título executivo são, na verdade, aquelas que se limitam a declarar ou constituir uma situação jurídica sem acertar prestação a ser cumprida por um dos litigantes em favor do outro. São, pois, as sentenças puramente declaratórias ou puramente constitutivas[21].

Além disso, nos casos de pedidos múltiplos e consequentes, pode ocorrer sentença mista, como aquelas que, numa só decisão, resolvem ou anulam o contrato e condenam o vencido a restituir o bem negociado. O provimento constitutivo não reclama execução, mas a decisão de mandar devolver o objeto do contrato é tipicamente de condenação e poderá ensejar execução forçada.

Por outro lado, não se deve considerar título executivo apenas a sentença de condenação proferida em processo de jurisdição contenciosa. Também em alguns casos de jurisdição voluntária, como na separação consensual, pode-se ensejar a execução forçada, quando, por exemplo, um dos cônjuges se recuse a cumprir o acordo da partilha do patrimônio do casal[22], ou deixe de pagar a pensão alimentícia convencionada.

A sentença exequível, outrossim, tanto pode provir de processo de conhecimento, como de procedimentos provisórios (tutelas urgentes, conservativas ou satisfativas, e da evidência), pouco importando que o procedimento tenha sido comum ou especial.

Entenda-se, por fim, a sentença passível de execução, nos termos do art. 203, § 1º, como "o pronunciamento por meio do qual o juiz, com fundamento nos arts. 485 e 487, põe fim à fase cognitiva do procedimento comum, bem como extingue a execução". Dessa maneira, é de se reconhecer a força executiva, no todo ou em parte, que pode ser detectada tanto em sentenças *definitivas* (com resolução de mérito) como em sentenças *terminativas* (sem apreciação do mérito da causa). O que importa é conter o julgado o reconhecimento de alguma prestação a ser cumprida pela parte vencida.

Além do mais, o CPC/2015 teve o cuidado de explicitar que o título executivo judicial não se limita às sentenças propriamente ditas. Igual força cabe também a qualquer decisão interlocutória, em primeiro ou superior grau de jurisdição, que reconheça a exigibilidade de alguma obrigação de pagar quantia, de fazer, de não fazer ou de entregar coisa (art. 515, I).

647. SENTENÇA CONDENATÓRIA CONTRA A FAZENDA PÚBLICA

Pela impossibilidade de penhora sobre bens públicos, lembra Pontes de Miranda que a sentença condenatória passada contra a Fazenda Pública é, excepcionalmente, desprovida de

---

[20] Assim sintetiza Paulo Henrique dos Santos Lucon: "(i) para fins de identificação da sentença apta a dar início ao processo de execução é preciso levar em consideração o *conteúdo* da decisão e não o *título* que a ela se atribua; (ii) por conta da natureza dúplice do elemento declaratório presente em toda decisão judicial, o julgamento de improcedência resulta em prestação de tutela jurisdicional ao réu tanto quanto o julgamento de procedência proporciona ao autor; (iii) para que se atribua executividade às sentenças judiciais é preciso que as partes tenham deliberado a respeito de todos os elementos que caracterizam o direito que se pretende fazer valer pela via executiva. Por conta disso é necessário se atentar à existência de interesse do autor na manifestação judicial acerca desses elementos, pois, apenas assim, será oportunizada ao réu a possibilidade de impugná-los" (LUCON, Paulo Henrique dos Santos. Eficácia executiva das decisões judiciais e extensão da coisa julgada às questões prejudiciais; ou o predomínio da realidade sobre a teoria em prol da efetividade da jurisdição. *In Revista de Processo*, n. 254, 2016, p. 140).

[21] Uma sentença constitutiva proferida em ação revisional de contrato, ao alterar os valores das prestações, terá força executiva em relação a essas novas prestações.

[22] LIMA, Alcides de Mendonça. *Comentários ao Código de Processo Civil*. Rio de Janeiro: Forense, 1974, v. VI, t. I, n. 664, p. 298.

força executiva[23]. A restrição diz respeito, porém, apenas às condenações a pagamento por quantia certa, cuja execução *imprópria* (porque sem a força de agressão sobre o patrimônio do devedor) será processada com observância do art. 910 do CPC/2015[24]. Quanto às demais condenações (obrigações de entrega de coisa, de fazer e não fazer), a Fazenda Pública não tem imunidade executiva[25].

Não se pode, outrossim, negar a natureza de sentença condenatória ao julgado que impõe à Fazenda Pública a realização de pagamento de soma de dinheiro, apenas pela circunstância de a respectiva execução não autorizar penhora e os comuns atos expropriatórios. O que configura a sentença condenatória não é a força de provocar a execução forçada em sua plenitude, mas a presença do comando que impõe ao vencido a realização da prestação a que tem direito a parte vencedora. O modo de alcançar sua efetivação, após a sentença, é indiferente.

648. NOVA VISÃO DOS EFEITOS DA SENTENÇA DECLARATÓRIA

O atual Código de Processo Civil manteve a posição clara, já explicitada pelo CPC/1973 (art. 4º, parágrafo único) diante da controvérsia outrora existente em torno da admissibilidade, ou não, da ação declaratória sobre obrigação já exigível. A circunstância de já poder o credor reclamar a prestação inadimplida não é empecilho a que se postule o reconhecimento por sentença apenas da existência da relação obrigacional, como se deduz do art. 20 do CPC/2015. À míngua da condenação nesse tipo de julgamento, entendia-se, antes da reforma da Lei n. 11.232/2005, operada no CPC/1973, que o credor, sem embargo da sentença declaratória, continuaria sem título para executar o devedor. Para tanto teria de mover nova ação em que a sentença anterior atuaria com força de preceito, embora, em razão da *res iudicata*, seu conteúdo não pudesse ser discutido no bojo da ação condenatória.

Para superar essa incongruência, o art. 475-N, inc. I, introduzido no CPC/1973 através da referida Lei n. 11.232, deu definição legal ao título executivo judicial, que afastou sua vinculação com a sentença condenatória, de modo a considerar título da espécie qualquer sentença que "reconheça a existência de obrigação de fazer, não fazer, entregar coisa ou pagar quantia". Com isso, a atribuição da força executiva passou a alcançar também as sentenças declaratórias e as constitutivas, na medida em que procedessem ao reconhecimento da existência de obrigação certa, líquida e exigível. Acolheram-se, em suma, as ponderações daquela Corte e da boa doutrina, que lhe dera fundamentação, já que para conferir a natureza executiva a uma sentença civil, a lei não mais exige seja ela tipicamente um julgado condenatório, mas que, apenas contenha o reconhecimento da existência de obrigação a ser cumprida por uma parte em favor da outra.

Nessa perspectiva, até mesmo as sentenças declaratórias de improcedência podem, em determinadas circunstâncias, gerar título executivo, como se passa no caso em que a pretensão do autor, repelida pelo decisório de mérito, consistia em negar a existência de uma relação obrigacional perfeitamente identificada. Julgando improcedente o pedido, a sentença claramente reconhecerá a relação negada pelo autor, e fornecerá ao réu certificação positiva de direito, qualificável como título hábil para o procedimento de cumprimento forçado de título judicial.

---

[23] PONTES DE MIRANDA, Francisco Cavalcanti. *Comentários ao Código de Processo Civil*. Rio de Janeiro: Forense, 1961, t. XIII, p. 11.

[24] Na atual sistemática das condenações de entrega ou restituição de coisas, que manteve o procedimento adotado pelo CPC/1973, o cumprimento da sentença não depende mais de processo separado de execução. A partir da Lei n. 10.444, de 07.05.2002, as sentenças da espécie adquiriram a natureza de executivas *lato sensu*. Uma vez tomadas definitivas, seu cumprimento se dá por simples e imediata expedição de mandado, sem depender, portanto, da instauração de nova relação processual (*actio iudicati*).

[25] LIMA, Alcides de Mendonça. *Op. cit.*, n. 665, p. 298.

Advirta-se, porém, que toda sentença de improcedência de demanda é de natureza declaratória, mas nem sempre será título executivo judicial. Para que isso ocorra, necessário será que o julgamento contenha explícito fundamento na existência de obrigação certa e exigível oposta pelo réu à pretensão do autor.

Em regra, portanto, a improcedência da demanda não acarreta acertamento definitivo de algum direito do réu contra o autor, de modo que a sentença proferida em desabono da pretensão do autor não terá força para legitimar uma execução de eventual direito obrigacional arguido como matéria de defesa na contestação.

Para que a sentença tenha efeito bifronte, gerando título executivo indistintamente para qualquer dos contendores, é necessário que a ação manejada seja dúplice ou que tenha o réu lançado mão da reconvenção, ou, pelo menos, de defesa indireta de mérito (fato jurídico que impeça ou altere o direito invocado na inicial).

No caso, porém, de ação declaratória, cujo objeto seja o reconhecimento da inexistência de determinada relação obrigacional, a sentença de improcedência poderá, com mais adequação, configurar título executivo em favor do réu. É que em tal julgado se terá reconhecido, justamente, a existência, entre as partes, da obrigação negada pelo autor; e essa afirmação assumirá a autoridade de coisa julgada, tornando-se lei entre demandante e demandado (CPC/2015, arts. 502 e 503). Nesse sentido decidiu o STJ, com a eficácia vinculativa do art. 543-C, § 7º, do CPC/1973 [CPC/2015, art. 1.039].[26]

Em conclusão, é indiscutível a possibilidade, no direito atual, de uma sentença declaratória adquirir força de título executivo judicial, desde que de seu conteúdo se possa extrair a certificação da existência de obrigação exigível entre as partes.

649. AÇÃO DECLARATÓRIA E PRESCRIÇÃO

Shimura tem uma visão restritiva da inclusão das sentenças declaratórias no rol dos títulos executivos judiciais. Afasta a possibilidade de configurar título da espécie a sentença *meramente declaratória*, ao argumento de faltar-lhe qualquer conteúdo que possa corresponder a uma condenação. Ademais, entende que não estando sujeita à prescrição a pretensão meramente declaratória poderia ser manejada para burlar os efeitos prescricionais, criando novo título para reviver aquele que já perdera eficácia pelo decurso do tempo[27]. Por isso, conclui que a força executiva do pronunciamento declaratório só poderia advir por previsão legal ou de efeito secundário da decisão, como, *v.g.*, se passa na homologação de autocomposição judicial ou extrajudicial, no formal e certidão de partilha, na sentença que na consignação em pagamento

---

[26] "Processual civil. Executividade de sentença. Improcedência de ação declaratória negativa. Reconhecimento, em favor do demandado, da existência de obrigação de pagar. Incidência do art. 475-N, I, do CPC. Matéria decidida pela 1ª Seção, sob o regime do art. 543-C do CPC. Especial eficácia vinculativa (CPC, art. 543-C, § 7º). 1. Nos termos do art. 475-N, I do CPC, é título executivo judicial "a sentença proferida no processo civil que reconheça a existência da obrigação de fazer, não fazer, entregar coisa ou pagar quantia". (...) 2. Nessa linha de entendimento, o art. 475-N, I do CPC se aplica também à sentença que, julgando improcedente (parcial ou totalmente) o pedido de declaração de inexistência de relação jurídica obrigacional, reconhece a existência de obrigação do demandante para com o demandado" (STJ, 1ª T., REsp. 1.300.213/RS, Rel. Min. Teori Albino Zavascki, ac. 12.04.2012, *DJe* 18.04.2012). No mesmo sentido: STJ, 1ª Seção, REsp 1.261.888/RS, Rel. Min. Mauro Campbell Marques, ac. 09.11.2011, *DJe* 18.11.2011.; "Para fins do art. 543-C do CPC [1973], firma-se a seguinte tese: 'a sentença, qualquer que seja sua natureza, de procedência ou improcedência do pedido, constitui título executivo judicial, desde que estabeleça obrigação de pagar quantia, de fazer, não fazer ou entregar coisa, admitida sua prévia liquidação e execução nos próprios autos" (STJ, Corte Especial, REsp. 1.324.152/SP, Rel. Min. Luis Felipe Salomão, ac. 04.05.2016, *DJe* 15.06.2016).

[27] SHIMURA, Sérgio Seiji. Comentários ao art. 515. *In*: WAMBIER, Teresa Arruda Alvim *et al. Breves comentários cit.*, 2015, p. 1.324.

define o montante devido pelo autor, e na sentença da ação de prestação de contas que apura o saldo em favor de uma das partes.

Ora, é o próprio Código que admite possa versar a ação meramente declaratória sobre relação jurídica referente a obrigação já exigível (CPC/2015, art. 20), de maneira que, tal ocorrendo, ter-se-á configurado o título executivo judicial descrito no art. 515, I, ou seja, ter-se-á uma *decisão proferida no processo civil que reconhece a exigibilidade de determinada obrigação*. Pouco importa, nessa situação, que o decisório não contenha o comando típico da condenação, se o acertamento judicial positivou a existência, entre as partes, de uma obrigação certa, líquida e exigível. A remissão feita ao caráter condenatório da sentença, para se tornar título executivo, corresponde a um posicionamento superado em nosso direito positivo. Desde a última reforma do CPC/1973, a lei não mais define o título executivo judicial a partir do requisito da condenatoriedade, mas sim da certificação judicial de certeza, liquidez e exigibilidade de uma obrigação civil.

Ademais, a burla à prescrição por via de ação declaratória jamais acontecerá, pois, a sentença, *in casu*, não cria relação obrigacional nova e apenas reconhece aquela preexistente, cujos atributos continuam, no plano material, a ser os mesmos. Se a obrigação estava afetada, em sua eficácia, pela prescrição, assim continuará após a sentença que a houver declarado.

É de se ter em conta, ainda, que, embora a pretensão declaratória não se sujeite, em princípio, à prescrição, certo é que o devedor poderá resisti-la, por perda de interesse, quando a pretensão principal respectiva tenha se extinguido pela prescrição. Sem esta (*i.e.*, quando o crédito não possa mais ser cobrado), não haveria utilidade jurídica a ser extraída da declaratória pelo credor, o que é suficiente para o devedor arguir a carência da ação declaratória por ausência de interesse[28]. Assim, não há objeção grave à qualificação da sentença declaratória como título executivo judicial, quando presentes os elementos arrolados pelo inc. I do art. 515 do CPC/2015.

650. SENTENÇA PENAL CONDENATÓRIA

I – Força civil da sentença penal

Desde o Código de 1973, encerrou-se a controvérsia acerca da força executiva civil da condenação criminal, harmonizando-se, assim, com a norma de direito material contida no art. 91, I, do Código Penal, onde se vê que é efeito da condenação "tornar certa a obrigação de indenizar o dano causado pelo crime".

Essa reparação tanto pode consistir em *restituição* do bem de que a vítima foi privada em consequência do delito como no *ressarcimento* de um valor equivalente aos prejuízos suportados.

O sistema de nossa legislação, no tocante à responsabilidade civil frente à responsabilidade penal, é o da *autonomia* (CC, art. 935). Mas a autonomia é apenas *relativa* e não absoluta, pois enquanto a responsabilidade civil pode existir sem a responsabilidade penal, esta, no entanto,

---

[28] "Se a relação envolvida na incerteza tem seu objeto obrigacional afetado por prescrição, de sorte que o credor, mesmo acertando sua existência, nenhum resultado prático obterá, a prescrição poderá ser invocada, não para submeter a ação declaratória aos efeitos prescricionais, mas para extingui-la por falta de interesse do autor (CPC, art. 3º). Se, por exemplo, depois de cumprido o pagamento, o *solvens* descobre uma causa de nulidade do contrato, não terá interesse em obter sua declaração, se a pretensão da repetição do indébito já estiver prescrita. A situação é igual à da nulidade do título de aquisição, quando o adquirente já teve consumado em seu favor o usucapião. Será carente de ação declaratória por evidente falta de interesse" (THEODORO JÚNIOR, Humberto. *Comentários ao novo Código Civil*. 4. ed. Rio de Janeiro: Forense, 2008, v. III, t. II, n. 306, p. 177). Nesse sentido: CHIOVENDA, Giuseppe. *Ensayos de derecho procesal civil*. Buenos Aires: Ed. Jurídicas Europa-América, 1949, v. I, p. 129; FERRARA, Francisco. *A simulação dos negócios jurídicos*. Campinas: Red Livros, 1999, p. 458.

sempre acarreta a primeira (CP, art. 91, I). O réu condenado no crime não escapa do dever de indenizar o prejuízo acarretado à vítima, não havendo necessidade de uma sentença civil a respeito dessa responsabilidade. Com efeito, a sentença penal condenatória possui "o efeito anexo extrapenal, conferindo título executivo em favor da vítima e de seus herdeiros".[29]

Por outro lado, a eficácia civil da responsabilidade penal só atinge a pessoa do condenado na justiça criminal, sem alcançar os corresponsáveis pela reparação do ato ilícito, como é o caso de preponentes, patrões, pais etc. Contra estes, a vítima do delito não dispõe de título executivo. Terá de demonstrar a corresponsabilidade em processo civil de conhecimento e obter a sentença condenatória para servir de título executivo[30].

II – Requisitos da execução civil da sentença penal

Para a execução civil da sentença penal, exigem-se os seguintes requisitos:

a) a sentença criminal deve ser *definitiva*, de maneira que as sentenças de pronúncia, que mandam o réu a julgamento final perante o júri, nenhuma consequência têm no tocante à execução civil[31];

b) a condenação criminal há de ter passado em julgado, de maneira que não cabe, na espécie, a execução provisória;[32]

c) a vítima deve, preliminarmente, promover a liquidação do *quantum* da indenização a que tem direito, observando-se, no procedimento preparatório da execução (CPC/2015, arts. 509 a 512), as normas e critérios específicos traçados pelo Código Civil para liquidação das obrigações resultantes de atos ilícitos e que constam de seus arts. 944 a 954[33]. De tal sorte, o título judicial executivo só existirá, no plano civil, após o trânsito em julgado da sentença proferida no procedimento de liquidação, de que falam os arts. 509 e 515, § 1º, pois só então existirá efetivamente um título representativo de obrigação certa, líquida e exigível.

III – Condenação civil provisória no bojo da sentença penal

A reforma do art. 387, IV, do CPP, operada pela Lei n. 11.719/2008, prevê que a sentença penal, doravante, conterá a indenização mínima devida ao ofendido. A novidade, no entanto,

---

[29] ASSIS, Araken de. *Manual da execução*. 18. ed. revista, atualizada e ampliada, São Paulo: Editora Revista dos Tribunais, 2016, n. 28.6, p. 233. Segundo o autor "o lesado que se absteve de propor a ação civil de reparação do dano, na expectativa do resultado da ação penal, quando h condenação no juízo repressivo mão precisa ajuizar semelhante demanda, valendo-se apenas da incontrovertibilidade quanto à existência do fato ou da autoria (art. 935, 2ª parte, do CC)" (*ob. cit., loc. cit.*).

[30] STF, 2ª T., AI 68.821 AgR/DF, Rel. Min. Leitão de Abreu, ac. 14.06.1977, *DJU* 16.09.1977, p. 6.283, *RTJ* 83/70; TACivSP, 1ª Câm., Ap. 954.493-4, Rel. Juiz Correia Lima, j. 19.02.2001, *RT* 789/264. Nesse sentido: STJ, 3ª T., REsp 343.917/MA, Rel. Ministro Castro Filho, ac. 16.10.2003, *DJU* 3.11.2003, p. 315.

[31] Também, "não constitui título executivo no juízo cível a decisão proferida em processo criminal que, nos termos do art. 89 da Lei 9.099/1995, recebe a denúncia e acata a proposta do MP para a suspensão do processo (RT 810/239)" (NEGRÃO, Theotônio; *et al. Código de Processo Civil e legislação processual em vigor*. 50 ed. São Paulo: Saraiva, 2019, p. 553, nota 8 ao art. 515). A nota refere-se a processo penal de competência de Juizado Especial Criminal.

[32] "A sentença penal condenatória dotada de semelhante efeito é a definitiva, transitada em julgado – não existe execução provisória –, e submetida, obrigatoriamente, ao procedimento de liquidação (art. 509, I e II, do NCPC, exceto no que respeita ao valor fixado no próprio ato a título de perdas e danos" (ASSIS, Araken de. *Manual da execução cit.*, n. 28.6, p. 234).

[33] TJRS, 6ª Câm. Civ., Apel. Cível n. 589075456, Rel. Des. Luiz Fernando Koch, ac. 15.05.1990, *RJTJRGS* 149/463. Nesse sentido: STJ, 4ª T., REsp 722.429/RS, Rel. Ministro Jorge Scartezzini, ac. 13.9.2005, *DJU* 3.10.2005.

é quase inócua, porque não sendo o ofendido parte do processo penal, contra ele não se formará a coisa julgada civil. Dessa maneira, continuará com o direito de promover a liquidação de prejuízo que o delito realmente lhe houver acarretado, sem ficar limitado ao valor previsto pelo juiz criminal. A única vantagem prática do novo sistema é que, se o ofendido se conformar com o valor estipulado no juízo criminal, estará habilitado a promover a execução civil sem necessidade de passar pelo procedimento liquidatório[34].

De toda forma, na liquidação é possível aferirem-se questões relevantes para o valor da condenação, que não foram tratadas na ação penal, como, por exemplo, a participação da vítima no resultado, que certamente reduzirá a indenização devida pelo autor do dano.[35]

A indenização mínima instituída pela Lei n. 11.719/2008 pode ser estipulada tanto para cobrir dano material como para dano moral, pode cobrir ambos cumulativamente, como um ou outro isoladamente[36].

Por fim, cumpre ressaltar que se a ação penal for, futuramente, revista, "desaparece o efeito anexo" no âmbito cível. Destarte, "se a execução houver se exaurido, mediante satisfação do credor (art. 924, II, do CPC/2015), ensejar-se-á a responsabilidade objetiva do antigo exequente (art. 776 do CPC/2015), apurando-se o valor da indenização em liquidação promovida pelo executado". Cabe, entretanto, ao exequente, provar que o resultado penal não interfere na ação cível, porque, apesar de a conduta do executado não se configurar crime, caracteriza-se ilícito civil.[37]

IV – Legitimação para a execução civil da sentença penal

São legitimados para promover a execução civil da sentença penal condenatória "o ofendido, seu representante legal ou seus herdeiros" (CPP, art. 63). O requisito do trânsito em julgado cinge-se à sentença penal. Uma vez instaurado o procedimento civil liquidatório, a execução não dependerá necessariamente do trânsito em julgado do *quantum* liquidando, de modo que, atendidas as cautelas legais, será possível a execução provisória, mesmo durante a tramitação do agravo de instrumento acaso manejado pelo devedor, por falta de efeito suspensivo.[38] Se o credor for pobre, a legitimação alcançará, também, o Ministério Público, que,

---

[34] Sobre o tema, há interessante artigo de Alexandre Freitas Câmara, em que a norma introduzida pela Lei n. 11.719/2008 é qualificada como inconstitucional, por incompatibilidade com a garantia fundamental do contraditório, até mesmo em relação ao condenado. Entende, por isso, que o tratamento dos efeitos civis da sentença penal continuará sendo o da independência entre a responsabilidade civil e a criminal, tal como se observava antes da reforma do art. 387, IV, do CPP (Cf. Efeitos Civis e Processuais da sentença condenatória criminal. Reflexões sobre a Lei n. 11.719/2008, *Revista EMERJ*, v.12, n. 46, p. 111-123 – abr-maio-jun./2009). Antônio do Passo Cabral discorda da imputação de inconstitucionalidade ao novo art. 387, IV, do CPP. Concorda, porém, com a ausência de coisa julgada em torno do arbitramento do valor mínimo da indenização feito na sentença penal condenatória (cf. O valor mínimo da indenização cível fixado na sentença condenatória penal: Notas sobre o novo art. 387, IV, do CPP, *Revista FMFRJ*, v. 13, n. 49, p. 302-328, 2010).

[35] ASSIS, Araken de. *Manual da execução cit.*, n. 28.6, p. 234-235.

[36] "Nos casos de violência contra a mulher praticados no âmbito doméstico e familiar, é possível a fixação de valor mínimo indenizatório a título de dano moral, desde que haja pedido expresso da acusação ou da parte ofendida, ainda que não especificada a quantia, e independentemente de instrução probatória" (STJ, 3ª Seção, REsp 1.643.051/MS, Rel. Min. Rogerio Schietti Cruz, ac. 28.02.2018, *DJe* 08.03.2018 – julg. em regime de recs. repetitivos).

[37] ASSIS, Araken de. *Ob. cit., loc.cit.*

[38] SHIMURA, Sérgio Seiji. Comentários ao art. 515. In: WAMBIER, Teresa Arruda Alvim *et al. Breves comentários cit.*, 2015, p. 1.326-1.327.

a pedido do interessado, promoverá a execução como *substituto processual*, isto é, em nome próprio mas na tutela de interesse de terceiro (CPP, art. 68, e CPC/2015, art. 778, § 1º, I).[39]

Por outro lado, "a sentença só faz coisa julgada em relação às partes entre as quais é proferida, de modo que a sentença penal condenatória do preposto não pode, no âmbito civil, ser oposta ao preponente"[40]. Assim já era o antigo entendimento do Supremo Tribunal Federal[41].

V – Prescrição criminal

A sanção civil é independente da sanção criminal, a não ser nos casos de excludente da criminalidade, como no caso da legítima defesa e do exercício regular de direito, e na hipótese de negação do fato ou da autoria, situações essas em que o decidido no juízo criminal prejudica o reexame da matéria no juízo cível (CPP, art. 65). No caso, pois, de sentença absolutória criminal apoiar-se em ausência ou insuficiência de provas, ou em inconsciência da ilicitude, remanescerá a possibilidade do ilícito civil, com o consequente dever de indenizar o dano suportado, pela vítima[42]. Também quando o réu é absolvido criminalmente pelo reconhecimento do estado de necessidade, esse fato não pode ser ignorado no cível[43], muito embora, conforme as circunstâncias, essa excludente de criminalidade nem sempre isente o agente do dever de reparar o dano (CC, art. 929).

Situação, porém, que tem merecido maior atenção da jurisprudência é a da extinção da punibilidade pela prescrição penal. Prevalece, em regra, que sendo a prescrição reconhecida após o trânsito em julgado da condenação, com efeito retroativo, não fica afastada a caracterização da sentença penal como título executivo no âmbito civil, a ensejar a apuração do dano imposto ao ofendido[44].

Mesmo sem o pressuposto do anterior trânsito em julgado da condenação criminal, a ocorrência de reconhecimento de prescrição para extinguir a pretensão punitiva do Estado "não produz [por si só] o efeito na esfera cível, de isentar o autor do ato ilícito da reparação correspondente"[45]. É que, na espécie, a extinção decretada não vai além da área da repressão criminal, deixando certo tão somente que o Estado perdeu o direito de punir o acusado. Isto, porém, não é motivo jurídico para que o ilícito escape, no juízo cível, da apuração do fato danoso, da autoria e da culpa, para efeito de reconhecimento, se for o caso, da responsabilidade civil do agente.

---

[39] A legitimação do MP subsiste, no caso de vítima pobre, enquanto não for instituída a Defensoria Pública (STF, 1ª T., RE 147.776/SP, Rel. Min. Sepúlveda Pertence, ac. 19.05.1998, *RTJ* 175/309; STJ, 4ª T., REsp 134.736/MG, Rel. Min. Ruy Rosado de Aguiar, ac. 08.10.1997, *RSTJ* 105/348; STJ, 2ª T., REsp 25.956/SP, Rel. Min. Ari Pargendler, ac. 22.08.1996, *RSTJ* 89/154. Nesse sentido: STJ, 3ª T., REsp 510.969/PR, Rel. Min. Nancy Andrighi, ac. 06.10.2005, *DJU* 06.03.2006; STF, 2ª T., RHC 88.143, Rel. Min. Joaquim Barbosa, ac. 24.04.2007, *DJe* 08.06.2007. Contra: STJ, 3ª T., REsp 57.092/MG, Rel. Min. Waldemar Sveiter, ac. 04.06.1996, *RSTJ* 103/201).

[40] STJ, 3ª T., REsp 268.018/SP, Rel. Min. Ari Pargendler, ac. 07.04.2003, *DJU* 23.06.2003. No mesmo sentido: STJ, 4ª T., REsp 1.135.988/SP, Rel. Min. Luis Felipe Salomão, ac. 08.10.2013, *DJe* 17.10.2013.

[41] *RTJ* 83/70.

[42] STJ, 2ª T., REsp 975/RJ, Rel. Min. Luiz Vicente Cernicchiaro, ac. 07.02.1990, *DJU* 05.03.1990, p. 1403, *RSTJ*, 7/400.

[43] STJ, 4ª T., REsp 89.390/RJ, Rel. Min. Ruy Rosado de Aguiar, ac. 10.06.1996, *DJU* 26.08.1996, p. 29.694.

[44] STJ, 4ª T., REsp 722.429/RS, Rel. Min. Jorge Scartezzini, ac. 13.09.2005, *DJU* 03.10.2005, p. 279.

[45] STJ, 3ª T., REsp 166.107/MG, Rel. Min. Castro Filho, ac. 29.10.2003, *DJU* 17/11/2003, p. 317.

651. SENTENÇA HOMOLOGATÓRIA DE AUTOCOMPOSIÇÃO E A DEFESA DO EXECUTADO

I – Autocomposição judicial

Para o atual Código, são formas de autocomposição, que implicam resolução do mérito da causa (art. 487, III) encontrada pelas próprias partes, os seguintes atos ou negócios processuais: *(i)* o reconhecimento da procedência do pedido formulado na ação ou na reconvenção; *(ii)* a transação; *(iii)* a renúncia à pretensão formulada na ação ou na reconvenção. Todos eles assumem a qualidade de solução judicial definitiva mediante homologação do juiz e se revestem dos atributos da coisa julgada e da força executiva.

Note-se que o título executivo, na espécie, não é apenas a sentença propriamente dita. O art. 515, II do CPC/2015, fala em *decisão homologatória de autocomposição*, o que revela a possibilidade de se formá-lo tanto por meio de sentença como de decisão interlocutória. Justifica-se essa posição legislativa pelo fato de que a autocomposição pode ser total ou parcial e, nessa última hipótese, não porá fim ao processo. Mas, naquilo que se definiu negocialmente, o conflito estará findo e a homologação, portanto, configurará decisão interlocutória relativa ao mérito, inclusive na hipótese do inc. II do art. 515[46].

Nos casos de decisão *homologatória* de autocomposição judicial, o provimento jurisdicional apenas na *forma* pode ser considerado *sentença*, já que, na realidade, "o juiz que a profere não julga ou não decide se houve ou não acerto justo ou legal das partes". Não decide, enfim, o conflito de interesses.[47]

Em última análise, trata-se de composição extrajudicial da lide, prevalecendo a vontade das partes. A intervenção do juiz é apenas para chancelar o acordo de vontades dos interessados (transação, conciliação, reconhecimento e renúncia), limitando-se à fiscalização dos aspectos formais do negócio jurídico (o acordo ou transação é, segundo a lei civil, um contrato)[48].

A homologação, todavia, outorga ao ato das partes, nova natureza e novos efeitos, conferindo-lhe o caráter de ato processual e a força da executoriedade.

Assim, a transação, de iniciativa das partes, devidamente homologada, chega a um resultado construído por elas mesmas, e, equiparando-se ao julgamento do mérito da causa (CPC/2015, art. 487, III), importa composição definitiva da lide. Da mesma forma, a autocomposição obtida entre as partes em audiência, uma vez reduzida a termo, resolve o litígio e será "homologada por sentença" (art. 334, § 11).

---

[46] Trata-se, no dizer de Teresa Arruda Alvim Wambier, "de sentença *atípica*, na medida em que o órgão judicial quando homologa o instrumento de transação, limita-se apenas a conferir ao ato das partes a eficácia e a autoridade de uma sentença de mérito, sem propriamente exercer cognição a respeito do seu conteúdo" (WAMBIER, Teresa Arruda Alvim. *Nulidades do processo e da sentença*. 7. ed. São Paulo: Ed. RT, 2014, n. 1.5.4, p. 102).

[47] Cândido Dinamarco vê, na espécie, um ato complexo, composto, de um lado, pela sentença homologatória, com caráter formal e de continente e, de outro, pelo conteúdo, representado pelo ato negocial firmado pelas partes. A um ato negocial acresce-se um ato jurisdicional, portanto. "Somados, ambos produzem o mesmo resultado de uma sentença que efetivamente julgasse o *meritum causae* e por isso é que o Código de Processo Civil animou-se a encaixá-los no tratamento da extinção do processo com julgamento do mérito. (art. 269, incs. II, III e V)" [CPC/2015, art. 487, III, *a, b* e *c*] (DINAMARCO, Cândido Rangel. *Instituições de direito processual civil*. São Paulo: Malheiros, 2001, v. III, n. 936, p. 269).

[48] CC, art. 840.

II – Amplitude subjetiva da autocomposição judicial

A decisão homologatória de autocomposição judicial, de que fala o art. 515, II, refere-se a negócio jurídico estabelecido entre as partes para pôr fim a processo pendente (art. 487, III).

O acordo, todavia, não precisa limitar-se ao objeto do processo findante. Como explicita o § 2º do art. 515 do CPC/2015, a autocomposição operada em juízo pode, também, se expandir para incluir matéria nova ainda não posta em juízo, bem como pode envolver sujeito estranho ao processo. Numa ação de cobrança de aluguel, por exemplo, podem as partes entrar em acordo para alterar cláusulas do contrato locatício, ou podem ajustar a sua rescisão; ou numa ação renovatória podem, em lugar da prorrogação postulada, convencionar a cessão do contrato ou seu encerramento findo um determinado prazo.

Para se falar em título executivo, em todos os casos acima, é indispensável que o ato homologado contenha, ainda que implicitamente, a imposição de uma prestação a uma ou a ambas as partes, *ad instar* do que se passa com a sentença condenatória. Pois só diante de *condenação* é que se pode falar em execução. Vale dizer, apenas diante da certificação de uma obrigação exigível é que se pode cogitar de execução (art. 515, I). Se a autocomposição limitou-se a simples efeitos declaratórios ou constitutivos (reconhecimento de validade de documento, inexistência de relação jurídica, resolução de contrato etc.), terá, por si só, exaurido a prestação que ao órgão judicial se poderia reclamar, sem nada restar para a execução.

Havendo prestações recíprocas, cada parte será legitimada, individualmente, para executar o ato homologado no que lhe for favorável, observados, naturalmente, os princípios dos negócios jurídicos bilaterais (CPC/2015, art. 787).

III – Procedimento executivo

A forma da execução será determinada pela natureza das prestações convencionadas ou estipuladas no ato homologado, podendo, conforme o caso, dar lugar ao procedimento da execução por quantia certa, para entrega de coisa, ou de obrigação de fazer ou não fazer.

IV – A defesa do executado

A decisão que homologa a autocomposição, sem apreciar o mérito do negócio jurídico avençado entre as partes, não torna esse mesmo negócio passível de ação rescisória. Suas eventuais anulação ou resolução haverão de ser demandadas em ação comum, como se passa com os atos jurídicos em geral, "nos termos da lei civil" (CPC/2015, art. 966, § 4º). Mesmo assim, o Código considera título judicial esse tipo de decisão (art. 515, II).[49] Sendo assim, a execução forçada não ensejará ao devedor defender-se amplamente para tentar a eventual invalidação do contrato de autocomposição por meio de embargos ou de impugnação ao cumprimento da sentença homologatória. A defesa do executado, no bojo da execução, ou de seus incidentes, não poderá ir além das matérias arguíveis contra os títulos judiciais (CPC/2015, arts. 525, § 1º e 518). Os vícios da transação, quaisquer que sejam eles, deverão ser discutidos na ação comum de que fala o art. 966, § 4º, e nunca em sede de oposição à execução.[50]

---

[49] Segundo Araken de Assis, "embora haja restrições de ordem doutrinária, forçoso admitir eficácia de coisa julgada nas sentenças homologatórias dos negócios jurídicos de disposição, malgrado o remédio mais flexível do art. 966, § 4º". Mas ressalta que "o título é o ato judicial e, não, o negócio jurídico formado pelas partes" (*Manual da execução cit.*, n. 28.2, p. 227).

[50] STJ, 2ª T., AgRg no REsp 693.376/SC, Rel. Min. Humberto Martins, ac. 18.06.2009, *DJe* 01.07.2009; STJ, 3ª T., REsp 187.537/SC, Rel. Min. Ari Pagendler, ac. 23.11.2000, *DJU* 05.02.2001, p. 99.

V – Autocomposição extrajudicial

Por autocomposição extrajudicial entende-se aquela a que chegam os litigantes sobre conflito instalado entre eles, antes de submetê-lo à composição judicial. Tudo se passa no plano dos negócios jurídicos civis, uma vez que o Código Civil arrola a transação como um dos contratos nominados (arts. 840 a 850), cujos efeitos, no plano obrigacional, independem de aprovação judicial[51]. Sem embargo disso, sempre houve interesse em reforçar a eficácia negocial na espécie, por meio de judicialização dos negócios realizados com o propósito de encerrar conflitos.

Nunca houve dúvida de que o acordo acerca do objeto de processo em curso poderia ser submetido a homologação judicial, mesmo sendo ajustado fora dos autos. Registrou-se, entretanto, em determinada época, uma resistência por parte de alguns setores da jurisprudência ao cabimento da pretensão das partes de obterem homologação do acordo extrajudicial, antes da existência de qualquer demanda aforada entre as partes.

A reforma do CPC de 1973, realizada por meio da Lei n. 11.232, de 22.12.2005, espancou qualquer incerteza que acaso pairasse sobre o tema, atribuindo, categoricamente, a qualidade de título executivo judicial ao "acordo extrajudicial, de qualquer natureza, homologado judicialmente" (art. 475-N, V). De maneira alguma se admite, portanto, que o juiz se recuse a homologar a transação sob pretexto de inexistir processo em curso entre as partes. O pedido de homologação, *in casu*, deve ser processado como expediente de jurisdição voluntária (art. 1.103) [CPC/2015, art. 719]. O atual Código mantém o mesmo entendimento já sedimentado, qual seja, o de "estimular a solução amigável dos conflitos e contribuir com uma tutela jurisdicional mais célere e efetiva"[52] (art. 3º, §§ 2º e 3º).

Registre-se, porém, que há acórdão não unânime do STJ no sentido de somente ser homologável o acordo estabelecido em torno de processo pendente, embora se admita a inclusão de matéria não posta em juízo.[53] Não acreditamos que tal entendimento possa prevalecer diante da clareza do art. 725, VIII, do CPC/2015, no qual se qualifica como objeto de procedimento de jurisdição voluntária a "homologação de autocomposição extrajudicial, de qualquer natureza ou valor".

652. SENTENÇA ARBITRAL

Antigamente, o laudo arbitral só se tornava título executivo judicial depois de submetido à homologação em juízo. Após a Lei n. 9.307, de 23.09.96, a exequibilidade da sentença arbitral tornou-se força que decorre dela própria. Isto é, têm-se na espécie um título executivo judicial equiparável plenamente à sentença dos órgãos judiciários, sem depender de qualquer ato homologatório do Poder Judiciário. É o que dispõe o art. 31 da Lei n. 9.307, *in verbis*: "A sentença arbitral produz, entre as partes e seus sucessores, os mesmos efeitos da sentença proferida pelos órgãos do Poder Judiciário e, sendo condenatória, constitui título executivo".

Prevê, porém, o art. 32 da referida lei casos de nulidade da sentença arbitral que poderão ser invocados em procedimento judicial comum (art. 33, § 1º), ou em impugnação ao cumprimento de sentença, processados de acordo com os arts. 741 e seguintes do CPC/1973 [CPC/2015, art. 525] (§ 3º)[54].

---

[51] A transação, mesmo não homologada em juízo, pode configurar título executivo extrajudicial, desde que atendidos os requisitos do art. 784, II, III ou IV, assim como o do art. 783, todos do CPC/2015.

[52] WAMBIER, Teresa Arruda Alvim, *et al. Primeiros Comentários ao Novo Código de Processo Civil cit.*, 2015, p. 848.

[53] STJ, 3ª T., REsp 1.184.151/MS, Rel. Min. Massami Uyeda (vencido), Rel. p/ ac. Min. Nancy Andrighi, ac. 15.12.2011, *DJe* 09.02.2012.

[54] "Não é possível a análise do mérito da sentença arbitral pelo Poder Judiciário, sendo, contudo, viável a apreciação de eventual nulidade no procedimento arbitral" (STJ, 3ª T., REsp 693.219/PR, Rel. Min. Nancy Andrighi, ac. 19.04.2005, *DJU* 06.06.2005, p. 327).

Vê-se, pois, que a Lei n. 9.307 equipara a sentença arbitral à sentença judicial, dispensando qualquer ato homologatório; mas não atribui ao órgão arbitral competência executiva, a qual fica reservada inteiramente ao Poder Judiciário (CPC/2015, art. 515, VII). No entanto, quando a sentença arbitral for estrangeira, terá de submeter-se à prévia homologação pelo Superior Tribunal de Justiça para ser executada no Brasil (o art. 35 da Lei de Arbitragem, que previa a competência do STF, foi modificado pela EC n. 45, de 8.12.2004, que acrescentou a alínea "i" ao art. 105, I, da CF)[55].

Adaptando-se à sistemática da legislação especial, o atual Código de Processo Civil inclui no rol dos títulos executivos a sentença arbitral, sem condicioná-la à homologação judicial (CPC/2015, art. 515, VII)[56]. E, conforme alerta Araken de Assis, "inexistindo liquidez no laudo arbitral, o vencedor poderá liquidá-lo por quaisquer das modalidades admissíveis".[57]

Convém observar, contudo, que a execução forçada de obrigação sujeita a arbitragem nem sempre estará na dependência de prévio acertamento do débito no juízo arbitral. Se o negócio jurídico em que se previu a arbitragem contiver, por seus próprios termos, um título executivo extrajudicial, sua natural executividade não ficará afetada, caso ocorra o inadimplemento da dívida, mesmo não sendo instaurado o juízo arbitral. Apresentando-se a obrigação como certa, líquida e exigível, caberá ao credor recorrer à execução judicial por quantia certa, independentemente de submissão ao regime da arbitragem, o qual não passa da atividade cognitiva, e, portanto, não compreende a execução forçada, nem mesmo de suas próprias sentenças (Lei n. 9.307/1996, art. 31; CPC/2015, art. 515, VII).[58]

Pelas mesmas razões, "a falência, instituto que ostenta a natureza de execução coletiva, não pode ser decretada por sentença arbitral". Dessa forma, munido de instrumento configurador de título executivo extrajudicial, tem o credor legitimidade para requerer a instauração do processo falimentar (Lei n. 11.101/2005, art. 94, I), perante a jurisdição estatal, diretamente[59].

653. SENTENÇA ESTRANGEIRA

I – Sentença estrangeira

A sentença estrangeira sempre foi tratada como exequível pela justiça nacional, desde que submetida ao juízo de delibação, antigamente a cargo do STF, e atualmente do STJ. O Código novo amplia sua regulamentação executiva para contemplar também o cumprimento de decisões interlocutórias estrangeiras (CPC/2015, art. 515, IX).

A eficácia dos julgados de tribunais estrangeiros só se inicia no Brasil após a respectiva homologação pelo Superior Tribunal de Justiça (CPC/2015, art. 515, VIII e CF, art. 105, I, *i*, com a redação da EC n. 45, de 08.12.04).[60] Sem essa medida judicial, que é de caráter constitutivo, a

---

[55] "Considera-se sentença arbitral estrangeira a que tenha sido proferida fora do território nacional" (Lei n. 9.307/1996, art. 34, parágrafo único).

[56] Sendo nacional a sentença arbitral, desnecessária é sua homologação pelo STJ (STJ, 3ª T., REsp 1.231.554/RJ, Rel. Min. Nancy Andrighi, ac. 24.05.2011, *DJe* 01.06.2011).

[57] ASSIS, Araken de. *Manual da execução cit.*, n. 28.7, p. 236.

[58] STJ, 3ª T., REsp 1.277.725/AM, Rel. Min. Nancy Andrighi, ac. 12.3.2013, *DJe* 18.3.2013.

[59] STJ, REsp 1.277.725/AM, *cit.*

[60] A homologação da sentença estrangeira é atribuição do Presidente do STJ, estando seu procedimento regulado pelos arts. 216-A a 216-N do Regimento Interno daquele Tribunal. A matéria é objeto, ainda, dos arts. 960 a 965 do atual Código de Processo Civil. Sobre tal procedimento, v. nosso *Curso de Direito Processual Civil*, v. III, n. 633 a 646.

sentença estrangeira não possui autoridade em nosso território, em decorrência da soberania nacional, da qual é parte integrante a função jurisdicional.

Mas, após a homologação, equipara-se a decisão alienígena, em toda extensão, aos julgados de nossos juízes. Dá-se, em linguagem figurada, a *nacionalização* da sentença. Sua execução, então, será possível segundo "as normas estabelecidas para o cumprimento de decisão nacional" (CPC/2015, art. 965).

O procedimento deve respeitar o disposto nos arts. 960 a 965 do CPC, bem como o Regimento Interno do STJ, arts. 216-A a 216 – N acrescentados pela Emenda Regimental n. 18/2014.

Embora o juízo de delibação seja a regra geral, o art. 961, *caput*, prevê a possibilidade de sua dispensa por disposição de lei ou tratado. E o § 5º do mesmo artigo permite a execução da sentença estrangeira de divórcio consensual, independentemente de homologação pelo STJ.

Caberá ao exequente requerer ao juiz federal competente o cumprimento da sentença estrangeira, instruindo sua petição com cópia autenticada da decisão que a homologou no STJ (art. 965, parágrafo único). Não há mais a necessidade de uma "Carta de Sentença", como antes exigia o art. 216-N do RISTJ. Basta uma simples "certidão", no regime do atual CPC.

II – Decisão interlocutória estrangeira

Por decisão estrangeira executável no Brasil, o CPC/2015 considera não só a sentença propriamente dita, mas também as decisões interlocutórias "após a concessão do *exequatur* à carta rogatória pelo Superior Tribunal de Justiça" (art. 515, IX). Pode ser igualmente executada entre nós a sentença arbitral estrangeira, submetida a prévia homologação, nos termos dos arts. 34 a 40 da Lei n. 9.307/1996 e do art. 960, § 3º do CPC/2015[61].

O *exequatur* consiste, a um só tempo, numa autorização, e numa ordem de cumprimento do postulado na carta rogatória. Concedido o *exequatur*, a carta rogatória é remetida ao Juízo Federal de primeiro grau competente para cumprimento, que seguirá o procedimento de execução dos títulos judiciais.

Uma vez cumprida, ou verificada a impossibilidade de cumprimento, o juiz federal a devolverá ao STJ, para que a remeta ao país de origem[62].

III – Sentença oriunda de país membro do MERCOSUL

Por força do art. 961, *caput*, do CPC/2015, a sentença estrangeira depende de homologação para ser executada no Brasil, e as cartas rogatórias serão cumpridas depois de obtido o competente *exequatur*. No entanto, o art. 960 prevê que a homologação poderá ser dispensada quando houver "disposição especial em sentido contrário prevista em tratado". Também a exigência do *exequatur* prevalece, "salvo disposição em sentido contrário de lei ou tratado" (art. 961, *caput, in fine*).

O Protocolo de Las Leñas, que regula o MERCOSUL, confere eficácia extraterritorial, no âmbito do bloco, às sentenças oriundas de Estado-Membro (art. 20), o que importa exclusão da necessidade de submetê-las ao regime comum da delibação pelo STJ para adquirir

---

[61] "Por decisão *estrangeira* entenda-se tanto a proferida por órgão estatal, como a exarada por órgão não estatal, que pela lei brasileira tenha natureza jurisdicional (exemplo: sentença arbitral) e seja final e definitiva; incluam-se também as decisões meramente declaratórias, tendo em vista a derrogação do parágrafo único do art. 15 da Lei de Introdução das normas do Direito Brasileiro" (SHIMURA, Sérgio Seiji. Comentários ao art. 515. *In:* WAMBIER, Teresa Arruda Alvim *et al. Breves comentários cit.*, 2015, p. 1.328).

[62] SHIMURA, Sérgio Seiji, *op. cit.*, p. 1.329.

exequibilidade no Brasil[63]. A propósito, o art. 216-O, § 2º, do Regimento Interno do STJ, com a redação da Emenda Regimental n. 18, prevê que os pedidos de cooperação jurídica internacional que tiverem por objeto atos que não ensejem juízo de delibação por aquela Corte, "ainda que denominados de carta rogatória, serão encaminhados ou devolvidos ao Ministério da Justiça para as providências necessárias ao cumprimento por auxílio direto". Fica certo, portanto, que o cumprimento das sentenças oriundas de país membro do MERCOSUL, qualquer que seja a forma de sua documentação, será objeto de auxílio direto, já que se encontram no rol das decisões que dispensam o juízo de delibação pelo STJ.[64]

A execução de tais sentenças terá início perante o juiz competente, a quem a Autoridade Central encaminhará a carta rogatória (art. 19, do Protocolo de Las Leñas), e a quem competirá a verificação do cumprimento das exigências das alíneas do art. 20[65], do mesmo Protocolo.

654. O FORMAL E A CERTIDÃO DE PARTILHA

Formal de partilha "é a carta de sentença extraída dos autos de inventário, com as formalidades legais, para título e conservação do direito do interessado, a favor de quem ela foi passada"[66].

Nos pequenos inventários ou arrolamentos, quando o quinhão resultante da sucessão hereditária não ultrapasse cinco salários mínimos, "o formal de partilha poderá ser substituído por *certidão*" (CPC/2015, art. 655, parágrafo único).

Trata-se de título executivo especial, visto que a sentença que julga a partilha não pode, a rigor, ser considerada como condenatória[67]. É, aliás, uma comprovação histórica de que, mesmo no regime antigo, anterior até ao CPC/1973 (CPC/1939, art. 510), a qualidade de título executivo judicial nunca esteve totalmente vinculada à sentença condenatória.

A força executiva do formal ou da certidão de partilha atua "exclusivamente em relação ao inventariante, aos herdeiros e aos sucessores a título universal ou singular" (CPC/2015, art. 515, IV), e se refere objetivamente aos bens integrantes do acervo partilhado no juízo hereditário e a sua efetiva entrega a quem de direito.

Se o bem herdado se encontrar na posse de estranho, sem vínculo com o inventariante ou os demais sucessores do acervo partilhado, o titular do formal não poderá utilizar-se diretamente

---

[63] "A interpretação sistemática do Protocolo de Las Leñas, à luz dos princípios fundamentais e em observância às regras hermenêuticas aplicáveis à espécie, permite concluir que o requerimento de cumprimento das sentenças oriundas de outros países integrantes do MERCOSUL será instrumentalizado através do chamado auxílio direto (...)" (HILL, Flávia Pereira. *O direito processual transnacional como forma de acesso à justiça no século XX*. Rio de Janeiro: GZ Editora, 2013, p. 390).

[64] HILL, Flávia Pereira. *Op. cit.*, p. 391.

[65] Protocolo de Las Leñas: "Art. 20 – As sentenças e os laudos arbitrais a que se refere o artigo anterior terão eficácia extraterritorial nos Estados Partes quando reunirem as seguintes condições: a) que venham revestidos das formalidades externas necessárias para que sejam considerados autênticos no Estado de origem; b) que estejam, assim como os documentos anexos necessários, devidamente traduzidos para o idioma oficial do Estado em que se solicita seu reconhecimento e execução; c) que emanem de um órgão jurisdicional ou arbitral competente, segundo as normas do Estado requerido sobre jurisdição internacional; d) que a parte contra a qual se pretende executar a decisão tenha sido devidamente citada e tenha garantido o exercício de seu direito de defesa; e) que a decisão tenha força de coisa julgada e/ou executória no Estado em que foi ditada; f) que claramente não contrariem os princípios de ordem pública do Estado em que se solicita seu reconhecimento e/ou execução. Os requisitos das alíneas (a), (c), (d), (e) e (f) devem estar contidos na cópia autêntica da sentença ou do laudo arbitral."

[66] OLIVEIRA, Itabaiana de. *Elementos de Direito das Sucessões*, s/d, p. 602.

[67] LIMA, Alcides de Mendonça. *Comentários ao Código de Processo Civil*. Rio de Janeiro: Forense, 1974, v. VI, t. I, n. 664, n. 706, p. 315.

da execução forçada; terá de recorrer, primeiro, ao processo de conhecimento para obter a condenação do terceiro à entrega da coisa.

Caso, porém, o referido bem tenha sido transferido pelo inventariante ou por algum herdeiro – a título singular ou universal (inclusive *causa mortis*) o adquirente ficará, segundo o art. 515, IV, sujeito à força executiva do formal, pois terá, então, apenas ocupado o lugar do transmitente na sujeição ao título executivo. Aplica-se, em termos, a regra do art. 109, § 3º do CPC/2015.

A forma da execução dependerá da natureza dos bens integrantes do quinhão do exequente: se for soma de dinheiro, observar-se-á procedimento da execução por quantia certa; se se tratar de outros bens, adotar-se-á o rito de execução para entrega de coisa, certa ou incerta etc.

É de se notar que, no regime atual de cumprimento de sentença, não há mais necessidade de instaurar-se uma nova ação (*actio iudicati*), para se forçar a execução de sentença relativa à obrigação de pagar quantia, de dar ou restituir coisa. Vigora, em nosso direito processual civil, em larga extensão, o sistema das sentenças de natureza executiva *lato sensu*. Quando se trata de obrigação de entregar os bens partilhados ou adjudicados, seu cumprimento se dá de plano, por meio de mandado de imissão na posse (imóveis) ou de busca e apreensão (móveis) (CPC/2015, art. 538).[68] Assim, portanto, haver-se-á de proceder, também, nas divisões e partilhas judiciais[69].

Merece lembrar, ainda, a possibilidade de realizar-se o inventário e partilha extrajudicialmente, por meio de escritura pública, nos termos da Lei n. 11.441/2007. Nesse caso, a escritura pública terá força apenas de título executivo extrajudicial. Adquirirá, entretanto, a qualidade de título judicial, se for submetida, no processo de inventário, à homologação do respectivo juiz.

655. CRÉDITO DE AUXILIAR DA JUSTIÇA

Entre os títulos executivos judiciais o CPC/2015 arrola "o crédito de auxiliar da justiça, quando as custas, emolumentos ou honorários tiverem sido aprovados por decisão judicial" (art. 515, V). No regime anterior, esse crédito figurava entre os títulos executivos extrajudiciais, que além dele compreendia também os emolumentos devidos no foro dito extrajudicial (tabeliães, oficiais de registro etc.). Duas novidades podem ser entrevistas no Código novo: *(i)* somente os créditos adquiridos pelos auxiliares da justiça durante a tramitação do processo é que assumem a forma de título judicial, quando participam da conta dos autos aprovada por decisão do juiz; *(ii)* os emolumentos das serventias notariais ou de registro continuam sendo cobráveis como título executivo extrajudicial, mas já não dependem mais de aprovação judicial; basta que o próprio notário expeça certidão relativa aos valores devidos pelos atos por ele praticados (art. 784, XI). Funcionam nos processos judiciais vários *auxiliares da justiça*, que compreendem não só os serventuários permanentes do juízo como outros eventualmente convocados a colaborar com os órgãos judiciais. Os auxiliares permanentes são escrivães, escreventes, distribuidores, contadores, tesoureiros, oficiais de justiça, depositários, avaliadores, tabeliães, oficiais de registro etc. Eventuais são o perito, o intérprete e o tradutor. A todos o Código atribui legitimidade para propor execução visando à cobrança dos respectivos créditos adquiridos pelos serviços prestados em juízo, quando as custas, emolumentos ou honorários tiverem sido aprovados judicialmente (art. 515, V).

A aprovação pode se dar por meio da sentença ou de qualquer outra decisão proferida acerca das contas apuradas nos autos.

---

[68] SOARES, Lara Rafaelle Pinho. O cumprimento da sentença e o formal de partilha. *In:* ASSIS, Araken de; BRUSCHI, Gilberto Gomes (coords.). *Processo de execução e cumprimento de sentença.* 2. ed. São Paulo: RT, 2022, vol. 1, p. 487-499.

[69] Cf. nosso *Terras Particulares: demarcação, divisão e tapumes.* 4. ed. São Paulo: Saraiva, 1999, n 302, p. 481.

Capítulo XLVI
PARTICULARIDADES DE ALGUNS TÍTULOS JUDICIAIS

656. CONDENAÇÕES A PRESTAÇÕES ALTERNATIVAS

Nas obrigações alternativas, o devedor pode liberar-se através de prestações distintas, ficando a escolha ora ao arbítrio do credor, ora do próprio devedor (CC, art. 252).

Na execução de sentença que condene a uma obrigação dessa natureza, observar-se-ão, quanto ao procedimento, as seguintes particularidades:

a) se a escolha for do credor, na petição inicial da execução, este já fará a opção, citando o devedor para cumprir a prestação escolhida, com observância das particularidades de sua natureza (CPC/2015, arts. 800, § 2º, 798, II, *a*, 806, 815 e 829);

b) se a escolha for do devedor, a execução será iniciada com a citação dele para:
   I – exercer a opção; e
   II – realizar a prestação.

Para as duas providências, terá o devedor o prazo comum de 10 (dez) dias, "se outro prazo não lhe foi determinado em lei ou em contrato" (art. 800).

Não realizando o devedor a opção no prazo devido, será a faculdade transferida para o credor (art. 800, § 1º), o qual, feita a escolha por manifestação nos autos, dará prosseguimento à execução, observando o rito adequado à natureza da prestação escolhida (quantia certa, entrega de coisa, obrigação de fazer etc.).

657. SENTENÇA QUE DECIDE RELAÇÃO JURÍDICA SUJEITA A CONDIÇÃO OU TERMO

I – Noção de condição e termo

Dispõe o art. 514 do CPC/2015 que "quando o juiz decidir relação jurídica sujeita a condição ou termo, o cumprimento da sentença dependerá de demonstração de que se realizou a condição ou de que ocorreu o termo". Enquanto não realizada a condição ou não ocorrido o termo, carece a obrigação de exigibilidade, de sorte que nula será a execução instaurada sem observância das exigências do art. 514. Incidirá a regra do art. 803 que comina a pena geral de nulidade para a execução de obrigação não exigível (inc. I) e especificamente para aquelas instauradas "antes de se verificar a condição ou de ocorrer o termo" (inc. III)[1].

As condições, em direito material, podem ser suspensivas e resolutivas (CC, arts. 125, 127 e 128). O dispositivo em questão, embora não seja explícito, trata, evidentemente, da suspensiva, porque o efeito da condição resolutiva é incompatível com a execução, já que a sua ocorrência importa dissolução do vínculo obrigacional.

---

[1] STJ, 4ª T., REsp 1.680/PR, Rel. Min. Sálvio de Figueiredo Teixeira, ac. 06.03.1990, *DJU* 02.04.1990, p. 2.458, STJ, 4ª T., REsp 932.910/PE, Rel. Min. João Otávio de Noronha, ac. 05.04.2011, *DJe* 12.04.2011.

Enquanto a condição refere-se a evento futuro e incerto, o termo é o momento também futuro, mas certo, em que o ato jurídico deve produzir seus efeitos.

II – Restrições doutrinárias às sentenças condicionais

Chiovenda e Carnelutti são contrários à permissibilidade da sentença subordinada a condição suspensiva. Esclarece o último que a doutrina repele a admissibilidade de uma sentença "cuja eficiência depende de um acontecimento futuro e incerto". Conforme a lição do festejado mestre, "o fundamento comumente aduzido e indubitavelmente fundado é a contradição entre o estado de pendência e a função da declaração no processo"[2].

Entre nossos processualistas, Lopes da Costa lembra que "a sentença condicional destoa, ainda de certo modo, da sistemática de nosso direito substantivo" (CC, art. 125). Pois "o direito sujeito a condição suspensiva não é ainda direito, mas simples esperança de direito: *spes debitum iri*". Tanto assim que pelo art. 130 do mesmo Código, o titular de tal situação jurídica "tem apenas, para garantia da realização possível, direito a medidas cautelares"[3].

III – Admissibilidade legal da sentença condicional

No entanto, as várias legislações têm admitido a existência de sentenças condenatórias condicionais ou a termo, muito embora a hipótese seja de raríssima aplicação prática. O CPC/2015 a contempla no art. 514.

Não se pode deixar de observar que, dada a impossibilidade de mandar a sentença realizar um direito cuja existência definitiva ainda pende de condições ou de transcurso de prazo, o pronunciamento jurisdicional, em semelhantes casos, não chega a atender o fim último do processo que é a composição da lide. Subsiste, como adverte Lopes da Costa, ainda após a prolação da sentença, "o mesmo estado de incerteza"[4].

Melhor seria, *de lege ferenda*, a pura e simples vedação da sentença condicional. Haveremos, no entanto, de aceitar a opção do legislador, sendo impossível negar a permissão que o Código deu à existência de sentenças sancionadoras de relações jurídicas condicionais ou a termo. E, de fato, há casos em que a prática forense se depara com condições não totalmente absolutas nem inteiramente aleatórias, perante as quais se torna inevitável a pronúncia de condenação sujeita, na fase de cumprimento, à prévia observância de alguma contraprestação em favor da parte vencida.

Como exemplo prático de um caso em que pode aplicar-se o art. 514, arrolamos o do contrato de fornecimento sucessivo, com prazo determinado, ou condicionado a eventos futuros e incertos (como cotação de bolsa, resultados de colheita etc.). Declarando o devedor, antecipadamente, sua intenção de suspender a execução do contrato, o credor, ante o manifesto propósito de descumprimento da obrigação, pedirá a condenação do obrigado às prestações vincendas, sujeitando-se normalmente às respectivas contraprestações e quaisquer outras condições existentes na convenção. A sentença proferida em tal conjuntura, acolhendo o pedido do credor, terá sua eficácia subordinada, não só ao oportuno atendimento das contraprestações e condições, como a ultrapassagem do termo contratual. A eventual execução da sentença enquadrar-se-ia nos moldes do art. 514.

---

[2] CARNELUTTI, Francesco. *Sistema di Diritto Processuale Civile*. Padova: Cedam, 1938, v. II, n. 541, p. 475.

[3] LOPES DA COSTA, Alfredo de Araújo. *Direito Processual Civil Brasileiro*. 2. ed. Rio de Janeiro: Forense, 1959, v. IV, n. 81, p. 78.

[4] LOPES DA COSTA, Alfredo de Araújo. *Op. e loc. cits*. Nunca, porém, será admissível uma sentença puramente condicional ou hipotética. O vínculo jurídico que a sentença aprecia tem de ser *certo*. Só o evento condicionante de algum efeito seu é que pode ser variável ou falível.

Outro exemplo, mais comum, de sentença *condicional* é o da proferida nos interditos possessórios, quando se comina *pena* para a hipótese de transgressão do preceito ou de reiteração de atos de turbação ou esbulho, após o julgamento da causa (art. 555, parágrafo único, I). A condenação, *in casu*, só se torna exequível quando, após a sentença, ocorrer a *condição* estipulada pelo julgador, de modo que para cobrar a *multa prevista na sentença* terá o credor de provar primeiro a transgressão do preceito ou a ocorrência da nova turbação ou esbulho. Isto poderá ser feito, na maioria dos casos, através de uma vistoria. Outro exemplo, ainda, pode ser o da condenação a entrega de coisa sobre a qual se assegura ao réu o direito de retenção enquanto não indenizado por benfeitoria realizada de boa-fé (art. 917, IV).

Exemplo típico, outrossim, de sentença que acolhe obrigação a termo é o daquela que condena ao cumprimento de prestações de trato sucessivo, como se passa com os débitos alimentícios.

Uma coisa, porém, deve ficar bem esclarecida: quando a lei permite a condenação condicional ou a termo, o que tem em mira é apenas a prestação e nunca a própria relação obrigacional. Seria totalmente inadmissível uma sentença que condenasse alguém a pagar, por exemplo, uma indenização, se ficar, no futuro, provado que praticou ato ilícito, ou, se, em liquidação posterior vier a se provar que o autor sofreu algum prejuízo. A relação obrigacional, ainda quando sujeita a condição ou termo, tem de ser certa e tem de ser provada antes da condenação. A sentença somente deixará pendente o momento de exigibilidade da prestação, que será aquele em que ocorrer o fato condicionante ou o termo. Fora disso, ter-se-ia uma sentença meramente hipotética, por declarar uma tese e não solucionar um caso concreto (lide), o que contrariaria todos os princípios do processo e da função jurisdicional.

658. REQUISITO DE ADMISSIBILIDADE DA SENTENÇA CONDICIONAL OU A TERMO

Já ficou demonstrado que toda execução pressupõe o título executivo e o inadimplemento do devedor ou a exigibilidade da obrigação.

Sem a conduta do obrigado, representada pelo inadimplemento de obrigação *exigível* (CPC/2015, art. 786), não se pode falar em execução forçada. Carnelutti, aliás, destaca que o fim da citação do processo de execução não é convocar o devedor "para se defender", mas sim para "confirmar o *inadimplemento*"[5].

Logo, se a eficácia da condenação estiver subordinada a condição suspensiva ou a termo inicial não ultrapassado, "é claro que não poderá o vencedor exercer seu direito de execução, enquanto não se tornar o vencido inadimplente"[6].

Somente, portanto, após verificada a *condição* – acontecimento a que está subordinada a eficácia da sentença – ou atingido o *termo* – momento a partir do qual a prestação se torna exigível – é que se poderá comprovar, ou não, o requisito indispensável à execução forçada consistente no *inadimplemento* de obrigação certa, líquida e exigível (arts. 786 e 783).

De tal sorte, para iniciar o procedimento de cumprimento da sentença, deverá o credor não só apoiar-se no título executivo (decisão condenatória), como fazer prova da verificação da condição ou do atingimento do termo (art. 514). Registre-se, finalmente, que a possibilidade de executar título representativo de obrigações bilaterais, condicionais ou a termo, não é exclusiva das sentenças. Também pode o contrato bilateral (CC, art. 476) ensejar execução forçada, se o exequente tem condições de comprovar documentalmente já ter o executado recebido a prestação a que tinha direito (CPC/2015, art. 798, I, *d*).

---

[5] Apud CASTRO, Amílcar de. *Comentários ao Código de Processo Civil*. 2. ed. Rio de Janeiro: Forense, 1963, v. X, t. I, n. 69, p. 88.

[6] CASTRO, Amílcar de. *Comentários cit.*, n. 69, p. 88.

659. JULGAMENTO FRACIONADO DA LIDE

Dentro da sistemática das fases lógicas com que se concatena o processo de conhecimento, o julgamento da lide (mérito da causa) ocorre na sentença, na qual se resolvem todas as questões (pontos controvertidos) levantadas entre as partes. Entretanto, o CPC/2015 previu, expressamente, a possibilidade de fracionamento da lide, por meio de decisão interlocutória (arts. 354, parágrafo único, e 356), afastando-se do entendimento de que a solução do conflito deveria realizar-se de forma *unitária*.

Assim, além de julgamento fracionado no procedimento comum, há, ainda, procedimentos especiais em que a própria lei fraciona a lide, para sujeitar suas questões a solução em mais de uma decisão. As ações de exigir contas e as ações do juízo divisório (divisão e demarcação) são exemplos de procedimento em que duas sentenças, em momentos distanciados no tempo, se encarregam de compor progressivamente o objeto da causa: na primeira fase, uma sentença decide sobre o direito de exigir contas ou de reclamar a extinção do condomínio; e na segunda, são acertadas as verbas que integram as contas ou definidos os quinhões com que se cumpre a divisão do bem comum. Duas sentenças de mérito podem, no mesmo processo, assumir a natureza de título executivo, propiciando mais de um procedimento de cumprimento de condenação. A condenação de verbas sucumbenciais da primeira fase pode ser executada antes do julgamento da segunda fase, por exemplo.

Na ação de consignação em pagamento, também pode ocorrer fracionamento do objeto do processo em mais de uma hipótese: quando o réu argui a insuficiência do depósito (art. 545) e quando há dúvida quanto a quem efetuar o pagamento (art. 547). Nestes dois casos é possível julgar-se separadamente a força liberatória do depósito feito, para em seguida prosseguir no processo para dirimir posteriormente a parcela controvertida da obrigação (art. 545, § 1º) ou para definir a quem pertence o depósito feito pelo autor (art. 548).

Outro caso de fracionamento do julgamento de mérito, muito comum no processo de conhecimento, é aquele em que se dá a sentença genérica ou ilíquida. Num primeiro julgamento define-se a existência da obrigação de indenizar e, posteriormente, declara-se o montante da indenização (art. 509). Como a iliquidez pode ser apenas de parte da sentença, pode o processo fracionar-se tomando cada segmento rumo procedimental diferente: a parte líquida pode ser de imediato objeto de execução e, paralelamente, a outra parte pode submeter-se a liquidação (art. 509, § 1º).

Os casos mais recentes de parcelamento da composição da lide são os previstos no art. 356 do CPC/2015, que ocorrem quando: *(i)* tendo sido formulados vários pedidos, um ou alguns deles mostrarem-se incontroversos; ou *(ii)* estiverem em condições de imediato julgamento, nos termos do art. 355.

Em todos os casos de fracionamento do julgamento do objeto da causa é possível a ocorrência de execução forçada mais de uma vez num só processo. Cada decisão fracionária permitirá o respectivo procedimento de cumprimento, independentemente do prosseguimento do feito em busca do acertamento das demais questões de mérito. Fracionado o acertamento do litígio, fracionado também poderá ser o procedimento executivo.

660. DECISÕES PROFERIDAS EM PROCEDIMENTO DE TUTELA PROVISÓRIA

Uma vez concedida a tutela provisória, cautelar ou antecipada, a sua efetivação dar-se-á de imediato, embora se sujeitando ao regime das execuções provisórias. Nesse sentido dispõe o CPC/2015 que "a efetivação da tutela provisória observará as normas referentes ao cumprimento provisório da sentença, no que couber" (art. 297, parágrafo único).

Consolidada a condenação proferida a título de tutela provisória, pela sua manutenção na sentença de mérito, o respectivo cumprimento processar-se-á segundo os ditames da execução definitiva.

Em outros termos, executam-se as decisões cautelares ou antecipatórias segundo as regras do cumprimento provisório de sentença, enquanto conservarem seu caráter de tutela provisória. Assumem o regime de cumprimento definitivo de sentença, se já incorporadas na resolução de mérito da causa principal (art. 519).

661. PROTESTO DA DECISÃO JUDICIAL TRANSITADA EM JULGADO

I – A sentença como título protestável

O CPC/2015 transformou em regra expressa (art. 517) prática já adotada no foro extrajudicial, qual seja, a da possibilidade de se levar a protesto decisão judicial transitada em julgado que prevê obrigação de pagar quantia, desde que seja certa, líquida e exigível. Entretanto, o protesto, na espécie, só será efetivado após o prazo de quinze dias para pagamento voluntário, previsto no art. 523.

A remissão do art. 517 ao art. 523, que diz respeito à execução por quantia certa, deixa claro que o protesto só pode se referir às sentenças que autorizam aquela modalidade executiva. Há de se levar em conta, contudo, que sentenças relacionadas a obrigações de fazer ou de entrega de coisa podem eventualmente ensejar conversão para a obrigação substitutiva do equivalente econômico. Ocorrida a conversão, a sentença se tornará passível de protesto.

Trata o protesto de meio de prova especial que tem por finalidade tornar inequívoco o inadimplemento da obrigação e dar publicidade da mora do devedor. É uma medida coercitiva bastante eficaz, que visa dar maior efetividade ao cumprimento da decisão, na medida em que abala o acesso ao crédito por parte do devedor inadimplente. De certa forma, funciona como medida de reforço da atividade processual executiva, de modo a conduzir o executado à solução voluntária da obrigação, evitando os encargos e incômodos da execução forçada.

O protesto ficou reservado à decisão judicial transitada em julgado, não se admitindo sua realização com base nos títulos que permitem apenas a execução provisória. São, porém, protestáveis todas as decisões que o CPC/2015 qualifica como títulos executivos judiciais, inclusive a sentença arbitral e as decisões homologatórias de autocomposição.

II – Procedimento do protesto

O procedimento do protesto está descrito nos parágrafos do art. 517 do CPC/2015, e pode ser assim resumido:

a) O protesto será pleiteado pelo credor, ao Tabelião de Protesto de Títulos, mediante apresentação de certidão de teor da decisão (§ 1º). Não poderá ser promovido de ofício, por determinação do magistrado, salvo no caso de sentença que condene a prestação de alimentos (art. 528, § 1º).

b) A certidão do teor da decisão deverá ser fornecida, pelo cartório judicial, no prazo de três dias e indicará os nomes e qualificação do exequente e do executado, o número do processo, o valor da dívida e a data em que transcorreu o prazo de quinze dias para pagamento voluntário (§ 2º).

c) O interessado somente poderá levar a sentença a protesto depois de seu trânsito em julgado e depois de transcorrido o prazo de quinze dias para o pagamento voluntário previsto no art. 523. Isto significa que apenas após o início do procedimento de cumprimento da sentença, e depois de confirmado o não pagamento da dívida nos autos, é que o protesto poderá ser efetivado.

d) A quantia apontada para o protesto deve corresponder ao total da dívida, englobando o valor principal da condenação e seus acessórios (correção monetária, juros, multa, honorários e custas), tal como figuram no demonstrativo discriminado e atualizado do débito, apensado ao requerimento de cumprimento da sentença (art. 524, *caput*).

e) A intimação do executado e o registro do protesto consumado observarão os prazos e cautelas da Lei n. 9.492/1997.

III – Pagamento no cartório de protesto

Submete-se o título judicial ao mesmo regime de pagamento previsto para o procedimento aplicável ao protesto dos demais títulos de dívida, de modo que pode acontecer o respectivo pagamento no cartório de protestos, para evitar justamente a consumação do ato notarial (art. 19 da Lei n. 9.492/1997). Tal pagamento deverá compreender o montante total da dívida, conforme demonstrativo que figurará na certidão apresentada a protesto.

Qualquer diferença decorrente de desatualização da memória de cálculo ou de omissão de verba contemplada na condenação judicial continuará reclamável em juízo, durante a tramitação do cumprimento da sentença. O ato notarial comprovará o pagamento apenas das parcelas efetivamente recebidas em cartório.

IV – Cancelamento do protesto

O protesto será cancelado por ordem judicial, a requerimento do executado, mediante expedição de ofício ao cartório, no prazo de três dias, contado da data de protocolo do requerimento, desde que comprovada a satisfação integral da obrigação (art. 517, § 4º).

V – Superveniência de ação rescisória

Havendo propositura de ação rescisória para desconstituir a decisão exequenda, objeto do protesto, autoriza o art. 517, § 3º, ao executado requerer, a suas expensas e sob sua responsabilidade, a anotação da propositura daquela ação à margem do registro do protesto (Lei n. 9.492/1997, arts. 20 e ss.). A superveniência da ação rescisória não tem, por si só, o condão, de cancelar o protesto. A averbação de tal ação tem apenas a função de publicidade da respectiva existência.

Por outro lado, o legislador previu a averbação, à margem do registro do protesto, não de qualquer ação existente entre devedor e credor, mas apenas da ação rescisória, mesmo porque esta é a única que pode desconstituir a condenação transitada em julgado.[7]

VI – Inscrição em cadastro de inadimplentes

Além do protesto, a sentença se sujeita a anotação em cadastros de inadimplentes nos termos do art. 782, § 3º. Essa inscrição do nome do executado em cadastro de proteção ao crédito está prevista no referido dispositivo legal como medida própria da execução de título extrajudicial. O § 5º do mesmo artigo, porém, autoriza sua aplicação também à execução de título judicial, mas apenas quando se processar em caráter definitivo. Não se aplica, portanto, ao cumprimento provisório de sentença.[8]

---

[7] ABELHA, Marcelo. *Manual de execução civil*. 5. ed. revista e atualizada. Rio de Janeiro: Forense, 2015, p. 220.

[8] WAMBIER, Teresa Arruda Alvim *et al. Primeiros comentários ao Código de Processo Civil cit.*, 2. ed., 2016, p. 1.241.

662. CUMPRIMENTO PARCELADO DA SENTENÇA

Em determinadas circunstâncias o produto da execução pode ser apurado e levantado em parcelas sucessivas. É o caso, por exemplo, da penhora sobre faturamento (CPC/2015, art. 866) ou sobre frutos e rendimentos de determinada coisa (art. 867), em que as quantias apuradas vão sendo paulatinamente entregues ao exequente para imputação ao pagamento da dívida exequenda. Em tais circunstâncias, podem surgir dúvidas quanto à total ou parcial satisfação do direito do exequente, depois de múltiplos levantamentos distanciados no tempo, reclamando operação de cálculo do valor atualizado da dívida, para se determinar o prosseguimento ou a extinção do processo, em função de saldo apurado em favor do credor ou do devedor. Isto se processa de plano, e se resolve mediante decisão interlocutória.

Apurada a ocorrência de levantamento a maior pelo exequente, deverá o valor excedente ser imediatamente restituído ao executado, nos próprios autos da execução. Caso, ao contrário, remanesça saldo em favor do credor, dever-se-á proceder ao cumprimento de sentença, para realização do *quantum* liquidado, nos moldes do procedimento recomendado pelo art. 523 do CPC/2015[9] *i.e.*, segundo o procedimento do "cumprimento definitivo da sentença que reconhece a exigibilidade de obrigação de pagar quantia certa", constante dos arts. 523 a 527 do CPC.

---

[9] STJ, 4ª T., REsp 1.057.076/MA, Rel. Min. Maria Isabel Gallotti, ac. 07.12.2017, *DJe* 15.12.2017.

Capítulo XLVII
EXECUÇÃO PROVISÓRIA E DEFINITIVA

663. NOÇÕES INTRODUTÓRIAS

Admite o Código que a execução por quantia certa, em cumprimento de sentença, possa ser *definitiva* ou *provisória* (CPC/2015, arts. 520 e 523). Execução definitiva "é aquela em que o credor tem sua situação reconhecida de modo imutável, decorrente da própria natureza do título em que se funda a execução"[1]. Baseia-se ou em título extrajudicial ou em sentença trânsita em julgado. É a regra geral da execução forçada das decisões judiciais.

Execução provisória, que, em regra, só pode ocorrer em casos de títulos executivos judiciais e que tem caráter excepcional, é a que se passa, nas hipóteses previstas em lei, quando a situação do credor é passível de ulteriores modificações, pela razão de que a sentença que reconheceu seu crédito não se tornou ainda definitiva, dada a inexistência de *res judicata*. Provisória, em suma, é a execução da sentença impugnada por meio de recurso pendente recebido só no efeito devolutivo (CPC/2015, art. 520).[2]

O atual Código manteve a regra de que o cumprimento provisório da sentença se processará do mesmo modo que o cumprimento definitivo (CPC/2015, art. 520, *caput*).

A opção de permitir o cumprimento provisório deriva tanto da lei (*ope legis*) – quando não confere efeito suspensivo a alguns recursos – como por decisão judicial (*ope iudicis*). Neste último caso, quando o magistrado confirmar, conceder ou revogar *tutela provisória* na sentença, a apelação não terá efeito suspensivo (art. 1.012, § 1º, V), possibilitando a eficácia imediata da decisão.

Em relação aos títulos extrajudiciais a execução forçada nasce sempre definitiva. Pode, apenas eventualmente, tornar-se provisória durante seu curso. Essa mutação acontece quando o executado oferece embargos e obtém do juiz suspensão da execução (CPC/2015, art. 919, § 1º). Se, estando os atos executivos sob tal eficácia, os embargos forem julgados improcedentes e o executado apelar, o prosseguimento da execução, na pendência do recurso, se requerida pelo credor, assumirá o feitio de execução provisória (art. 1.012, § 2º) (v. adiante, o item 665).

Embora a regulamentação dos arts. 520 a 522 cuide apenas das sentenças relativas a obrigação de pagar quantia certa, também a sentença que reconheça obrigação de fazer, de não fazer ou de dar coisa sujeita-se ao regimento do cumprimento provisório, com as devidas adaptações (art. 520, § 5º).

664. FUNDAMENTOS DA EXECUÇÃO PROVISÓRIA

Em regra, a execução baseia-se na perfeição do título e no seu caráter *definitivo*. Se é certo que a sentença "tem força de lei nos limites da questão principal expressamente decidida" (CPC/2015, art. 503), não é menos exato que é a *res judicata* que torna o decisório "imutável

---

[1] LIMA, Alcides de Mendonça. *Comentários ao Código de Processo Civil*. Rio de Janeiro: Forense, 1974, v. VI, t. II, n. 924, p. 414.

[2] O cumprimento provisório da sentença "corresponde ao instituto jurídico processual, em que se permite que sentenças ou acórdãos ainda não transitados em julgado possam produzir a satisfação do direito exequendo, reconhecida a possibilidade de desfazer o que foi executado caso seja provido o recurso do devedor" (ABELHA, Marcelo. *Manual de execução civil*. 5. ed. Rio de Janeiro: Forense, 2015, p. 285).

e indiscutível" (art. 502). Daí a afirmação geral de que a sentença para ser executada deve ter transitado em julgado, fato que ocorre quando não seja mais admissível a interposição de recurso (art. 502).

A lei, no entanto, abre certas exceções, porque leva em conta a distinção que se pode fazer entre *eficácia* e *imutabilidade da sentença*. Assim, em circunstâncias especiais, confere eficácia a determinadas decisões, mesmo antes de se tornarem imutáveis. É o que se passa quando o recurso interposto é recebido apenas no efeito devolutivo[3].

São questões de ordem prática que, em nome da efetividade da tutela jurisdicional, levam o legislador a tal orientação, já que, em algumas ocasiões, seria mais prejudicial o retardamento da execução do que o risco de se alterar o conteúdo da sentença com o reflexo sobre a situação de fato decorrente dos atos executivos.

665. EXECUÇÃO DE TÍTULO EXTRAJUDICIAL EMBARGADA

A execução do título extrajudicial é definitiva porque o título que a fundamenta não está, de início, pendente de julgamento que o possa alterar ou cassar.

Mas, uma vez interpostos embargos do devedor (CPC/2015, arts. 914 e segs.), o título extrajudicial torna-se litigioso. Mesmo assim, como os embargos, em regra, "não terão efeito suspensivo" (art. 919, *caput*), os atos executivos não ficarão impedidos. No passado, muita divergência se estabeleceu sobre se seriam os atos executivos praticados como definitivos ou provisórios, depois que os embargos fossem rejeitados e a apelação fosse processada sem efeito suspensivo.

A matéria foi palco de grandes polêmicas na jurisprudência, tendo, afinal, se pacificado na interpretação do STF e STJ, que assentou o caráter definitivo da execução de título extrajudicial, ainda que pendente de julgamento a apelação intentada contra a sentença que repeliu os embargos do executado[4].

A posição pretoriana, por último, encontrou reforço no art. 475-O, II,[5] com redação da Lei 11.232, de 22.12.2005, segundo a qual o sistema da execução provisória alterou-se profundamente, de modo a permitir a transferência definitiva do bem penhorado, resolvendo-se, no caso de reforma da sentença no julgamento posterior do recurso, em perdas e danos o direito do executado. A tanto serviria a caução que se prestou para a movimentação da execução provisória (v., adiante, o n. 667). Se até na execução originariamente provisória, não estava mais inibida a alienação judicial dos bens penhorados, de fato não haveria mais razão para insistir

---

[3] CASTRO, Amílcar de. *Comentários ao Código de Processo Civil*. 2. ed. Rio de Janeiro: Forense, 1963, v. X, t. I, n. 3, p. 29.

[4] STF, RE n. 95.583, ac. de 22.05.84, Rel. Min. Décio Miranda, *DJU* de 15.06.84, p. 9.794 (*RSTJ*, 78/306, 54/276, 65/434, 79/259, 81/245). Segundo essa orientação, até mesmo a venda de bens penhorados é admissível (REsp n. 45.967-2/GO, *DJU* 23.05.94, p. 12.618; STJ, 3ª T., REsp. 144.127/SP, Rel. Min. Waldemar Zveiter, ac. de 15.10.1998, *DJU* 01.02.1999, p. 185; STJ, 4ª T., REsp 80.655/MG, Rel. Min. Barros Monteiro, ac. de 03.05.2001, *DJU* 20.08.2001, p. 468); e não há necessidade de caução (*RT* 708/120) (STJ, 1ª Seção, Emb. Div. no REsp 399.618/RJ, Rel. Min. Peçanha Martins, ac. de 11.06.2003, *DJU* 08.09.2003, p. 216). No entanto, a orientação legal alterou-se: "Consoante o art. 587 do CPC, com a redação dada pela Lei 11.382/2006, 'é definitiva a execução fundada em título extrajudicial; é provisória enquanto pendente apelação da sentença de improcedência dos embargos do executado, quando recebidos com efeito suspensivo (art. 739)'". (STJ, 3ª T., AgRg no Ag 1.243.624/SP, Rel. Ministro Vasco Della Giustina, ac. 14.9.2010, *DJe* 20.9.2010).

[5] CPC/2015, art. 520, II.

no caráter provisório da execução do título extrajudicial, na pendência de apelação sem efeito suspensivo, se ela desde o princípio fora processada como execução definitiva.[6]

Todavia, uma grande inovação no regime da execução provisória foi feita pela Lei n. 11.382, de 06.12.2006, que, em certos casos, a estendeu também aos títulos extrajudiciais (sobre o tema ver, *retro*, o item 124).

666. SITUAÇÃO DO TEMA NO CÓDIGO DE 2015

Para o Código atual, a execução é *definitiva* quando fundada em: a) *título extrajudicial*; ou b) *título judicial* com autoridade de coisa julgada (art. 523). E é provisória, quando a) baseada em título judicial, impugnado por recurso desprovido de efeito suspensivo (art. 520), ou b) ainda, quando fundada em título extrajudicial, enquanto pendente apelação da sentença de improcedência dos embargos do executado, quando recebidos com efeito suspensivo (art. 1.012, § 1º, III).

No sistema do atual Código, vários são os recursos que podem ter efeito apenas devolutivo e, por isso, ensejam execução provisória na sua pendência: a) a apelação, nos casos dos incisos do art. 1.012, § 1º; b) o recurso ordinário, em regra; c) o recurso especial e o recurso extraordinário; e d) o agravo de instrumento.[7]

O agravo de instrumento, limitado a questões incidentes solucionadas em decisões interlocutórias, é de natureza especial e não obsta ao andamento do processo (art. 995), nem suspende a execução da medida impugnada, salvo nos casos do art. 1.019, I (agravo a que o relator, defere efeito suspensivo, ou quando, em antecipação de tutela, defere, total ou parcialmente, a pretensão recursal).

O agravo em recurso especial ou extraordinário (art. 1.042) interposto da decisão que denega seu processamento, impede execução definitiva do acórdão, que só pode basear-se em decisão passada em julgado, caráter de que não se reveste a decisão enquanto houver possibilidade de recurso ordinário ou extraordinário. Todavia, a execução provisória, na espécie, pode ser realizada com dispensa de caução (art. 521, III).

No entanto, todos os recursos que ordinariamente não suspendem a eficácia dos julgados, por eles atingidos, e, por isso não impedem a execução, podem excepcionalmente adquirir força suspensiva, por decisão do relator, no tribunal, nas condições estipuladas pelo parágrafo único do art. 995.[8] Decretado, por exceção, o efeito suspensivo ao recurso, a decisão impugnada perde a eficácia que antes ensejava a execução provisória.

Os casos de apelação sem efeito suspensivo, que, por isso, permitem a execução provisória, acham-se enumerados no art. 1.012, § 1º e são os que se referem às seguintes sentenças:

   a)   de homologação da divisão ou da demarcação de terras;
   b)   de condenação a pagar alimentos;
   c)   de extinção sem resolução de mérito dos embargos opostos à execução ou de decretação de sua improcedência;

---

[6] A relevância de considerar definitiva a execução de título extrajudicial, mesmo na pendência de recurso contra a sentença de rejeição dos embargos, prende-se ao fato de ficar o exequente isento da obrigação de prestar caução (cf. nota de rodapé anterior).

[7] LIMA, Alcides de Mendonça. *Op. cit.*, n. 949, p. 429.

[8] "Art. 995. Os recursos não impedem a eficácia da decisão, salvo disposição legal ou decisão judicial em sentido diverso. Parágrafo único. A eficácia da decisão recorrida poderá ser suspensa por decisão do relator, se da imediata produção de seus efeitos houver risco de dano grave, de difícil ou impossível reparação, e ficar demonstrada a probabilidade de provimento do recurso".

d) de julgamento de procedência do pedido de instituição de arbitragem;
e) de confirmação, concessão ou revogação da tutela provisória;
f) de decretação da interdição.

De conformidade com o art. 1.013, *caput*, a apelação devolverá ao tribunal apenas "o conhecimento da matéria impugnada", que, por isso mesmo, pode não abranger toda a extensão da condenação.

Lembra, a propósito, Amílcar de Castro, com muita propriedade, que sendo apenas parcial a impugnação do apelante, ainda que recebido o recurso em ambos os efeitos, "poderá a parte não-impugnada ser executada, uma vez seja possível separá-la da outra". É que, segundo a lição de Ramalho, "consideram-se no julgado tantas sentenças quanto são os artigos distintos". De modo que a parte não recorrida "não pode deixar de ser tida como sentença transitada em julgado"[9]. E nesse caso, será definitivo o cumprimento da parte da sentença não recorrida (CPC/2015, art. 525, § 8º).

Repetindo, outrossim, norma constante do CPC/1973, o CPC/2015 dispõe que a possibilidade de cumprimento provisório da sentença não obsta a concretização da hipoteca judiciária (art. 495, § 1º, II).

667. NORMAS BÁSICAS DA EXECUÇÃO PROVISÓRIA

O procedimento que, basicamente, orienta o cumprimento provisório da sentença é o mesmo do definitivo (CPC/2015, art. 520, *caput*), e se sujeita ao seguinte regime específico.

I – *A execução provisória corre por iniciativa, conta e responsabilidade do exequente*[10]. Dessa forma, se a sentença vier a ser reformada, estará ele obrigado a reparar os prejuízos que o executado houver sofrido[11]. Trata-se de hipótese de responsabilidade objetiva por dano processual[12]. A forma mais completa de ressarcimento é a restituição dos bens e valores expropriados executivamente, mais os prejuízos ocorridos pela privação deles durante o tempo em que prevaleceu o efeito da execução provisória. Tendo sido eles, porém, transmitidos a terceiros, não alcançáveis pelo efeito do julgamento do recurso pendente, transformar-se-á a reposição em dever de indenização total do valor dos bens e demais perdas acarretadas ao executado. Em face do grave risco que a execução provisória pode representar para o exequente, não pode ser instaurada de ofício pelo juiz. Dependerá sempre de requerimento da parte (art. 520, I).

II – A execução provisória *fica sem efeito*, sobrevindo decisão que modifique ou anule a sentença objeto da execução, *restituindo-se as partes ao estado anterior* e liqui-

---

[9] CASTRO, Amílcar de. *Comentários ao Código de Processo Civil*. 2. ed. Rio de Janeiro: Forense, 1963, v. X, t. I, n. 4, p. 30.

[10] "É direito subjetivo da parte vencedora em instância ordinária valer-se da execução provisória na busca da tutela estatal para a satisfação do seu crédito" (STJ, 2ª T., AgRg na MC 11.520/SP, Rel. Min. Humberto Martins, ac. 08.05.2007, *DJe* 25.06.2007, p. 223).

[11] "(...) caso o exequente [no cumprimento provisório de sentença] cause eventual prejuízo ao executado, será ele restituído nos mesmos autos, por arbitramento, sendo que qualquer levantamento da quantia depositada pelo executado depende de caução idônea" (STJ, 2ª T., AgRg na MC 11.520/SP, Rel. Min. Humberto Martins, ac. 08.05.2007, *DJU* 25.06.2007, p. 223).

[12] ABELHA, Marcelo. *Manual de execução civil*. 5. ed. Rio de Janeiro: Forense, 2015, p. 287.

dando-se eventuais prejuízos nos mesmos autos (art. 520, II)[13]. Esse dispositivo atribui eficácia *ex tunc* à decisão que anula ou reforma o título provisório, de modo "que a situação jurídica do executado deve ser, sempre que puder, a mais coincidente possível com aquela que possuía antes de sujeitar-se à execução de um título instável"[14]. Confirmada a sentença no grau de recurso, a execução provisória transmuda-se, automaticamente, em definitiva.

A restituição ao *statu quo ante*, provocada pelo provimento do recurso contra a sentença exequenda, se dá entre as pessoas do exequente e do executado e não, necessariamente, sobre os bens expropriados judicialmente durante a execução provisória, e, portanto, já transferidos ao patrimônio de terceiro.

O atual Código ressalva, nesse sentido, que a restituição ao estado anterior "não implica o desfazimento da transferência de posse ou da alienação de propriedade ou de outro direito real eventualmente já realizada" (art. 520, § 4º). Fica, porém, ressalvado sempre o direito à reparação dos prejuízos causados ao executado[15]. A reposição ao estado anterior à execução provisória é, assim, econômica e não real.

A provisoriedade, em suma, se passa entre as partes do processo e não atinge terceiros que legitimamente tenham adquirido a propriedade dos bens excutidos. Dessa forma, qualquer alienação judicial ocorrida durante o cumprimento provisório deverá ser preservada, sem prejuízo da apuração das perdas e danos, de responsabilidade do exequente.

Se, contudo, o credor foi quem se assenhoreou dos bens do devedor, por força da execução provisória, é claro que caindo esta, terá ele de restituí-los *in natura*,[16] sem prejuízo da indenização dos demais prejuízos decorrentes do processo executivo frustrado. Se, contudo, foram eles transferidos por arrematação a terceiro, o exequente não terá como restituí-los ao executado. Arcará, então, com a responsabilidade de reembolsá-lo de todos os prejuízos ocasionados pela definitiva perda dos bens expropriados judicialmente. É assim que as partes serão *restituídas ao estado anterior*, conforme exige o inc. II do art. 520. Observar-se-á o procedimento liquidatório que for compatível com o caso concreto, a fim de se definir o *quantum* da indenização cabível.

---

[13] "Embora possibilite a fruição imediata do direito material, a tutela antecipada [em execução provisória] não perde a sua característica de provimento provisório e precário, daí por que a sua futura revogação acarreta a restituição dos valores recebidos em decorrência dela (...)" (STJ, 5ª T., REsp 988.171/RS, Rel. Min. Napoleão Nunes Maia Filho, ac. 04.12.2007, *DJU* 17.12.2007, p. 343. No mesmo sentido: STJ, 1ª Seção, MS 11.957/DF, Rel. Min. Teori Albino Zavascki, ac. 14.11.2007, *DJU* 10.12.2007, p. 275).

[14] ABELHA, Marcelo Abelha. *Op. cit.*, p. 288.

[15] O cumprimento provisório da decisão, na pendência de recurso sem efeito suspensivo, ou em virtude de antecipação de tutela, "tem a sua execução realizada por iniciativa, conta e responsabilidade do exequente, que se obriga, se a decisão for reformada, a reparar os danos que o executado haja sofrido" (STJ, 5ª T., REsp 988.171/RS, Rel. Min. Napoleão Nunes Maia Filho, ac. 04.12.2007, *DJU* 17.12.2007, p. 343).

[16] Para Scarpinella Bueno, em face do previsto no art. 520, § 4º mesmo a adjudicação do bem penhorado pelo exequente deverá ser preservada, pois o dispositivo legal se refere indiscriminadamente aos atos executivos de alienação da posse ou da propriedade (BUENO, Cássio Scarpinella. Comentários ao art. 520 do NCPC. In: WAMBIER, Teresa Arruda Alvim, DIDIER JR, Fredie; TALAMINI, Eduardo; DANTAS, Bruno. *Breves comentários ao novo Código de Processo Civil*. São Paulo: Ed. Revista dos Tribunais, 2015, p. 1345). Não pensamos assim. A situação do exequente, como arrematante ou adjudicante, não é igual a do terceiro que adquire em juízo o bem penhorado. O credor que se dispõe a promover o cumprimento provisório, o faz consciente de que terá de repor o executado no *status quo ante*, se a sentença cair no julgamento do recurso pendente contra ela. Sendo ele o próprio responsável pela reposição, e estando em seu poder o bem expropriado, o natural é que restitua ao executado o que de direito nunca devia ter-lhe sido subtraído, qual seja, o bem penhorado e adjudicado pelo exequente. Trata-se de dever estabelecido entre partes, e não entre parte e terceiro, não havendo razão para tratar o credor arrematante ou adjudicante como adquirente de boa-fé.

Toda reposição, qualquer que seja a modalidade, haverá de correr a expensas do exequente. Mas, como notam os doutores, a responsabilidade do credor não é *aquiliana*, ou fundada em culpa; é *objetiva* e decorre da vontade da própria lei, que prescinde do elemento subjetivo dolo ou culpa *stricto sensu*[17]. Isto porque, na verdade, não se pode afirmar que o credor tenha praticado ato ilícito, desde que a execução provisória, nos casos admitidos em lei, é um direito seu, embora de consequências e efeitos aleatórios[18]. Praticou-o, porém, consciente do risco objetivo assumido[19].

> III – Se o título executivo (sentença) é reformado apenas em parte, somente naquilo que foi subtraído de sua força condenatória é que a execução provisória ficará sem efeito. Se o exequente apurou mil e o recurso lhe reconheceu o direito apenas a oitocentos, terá ele de restituir os duzentos que recebeu a mais, além dos prejuízos eventualmente acarretados ao executado, na parte excessiva da execução (art. 520, III).
>
> IV – Nos casos de *levantamento de depósito em dinheiro e de prática de atos que importem transferência de posse ou alienação de propriedade ou de outro direito real* sobre os bens exequendos, ou de outros atos dos quais possa resultar grave dano ao executado, a execução provisória só se ultimará mediante caução suficiente e idônea, arbitrada de plano pelo juiz e prestada nos próprios autos (art. 520, IV). A caução, que pode ser real ou fidejussória, tem de ser idônea, isto é, há de representar, para o devedor, o afastamento do risco de prejuízo, na eventualidade de ser cassado ou reformado o título executivo judicial que sustenta a execução provisória.

Idônea, *in casu*, é a garantia realizável praticamente (é, *v.g.*, a fiança prestada por alguém que disponha de patrimônio exequível), e *suficiente* é aquela que cobre todo o valor de eventual prejuízo que a execução provisória possa acarretar ao executado (é, por exemplo, a hipoteca ou o penhor de um bem de valor igual ou superior ao do prejuízo temido).

Deve o juiz ser rigoroso na aferição da garantia, para evitar situações de falsa caução, em que, por exemplo, se ofereça título cambiário subscrito pelo próprio exequente ou fiança de quem não tenha patrimônio compatível com o valor da execução. O arbitramento deve observar um critério de razoabilidade, de previsão dos eventuais danos e prejuízos que o devedor possa sofrer. Permitir a execução provisória sem acautelamento integral do risco de prejuízo para o executado equivale a ultrajar o devido processo legal é realizar um verdadeiro confisco de sua propriedade, ao arrepio das normas constitucionais que protegem tal direito.

Desde a reforma do art. 588 do CPC/1973, promovida pela Lei n. 10.444, de 07.05.02, eliminou-se a exigência sistemática de caução para dar início à execução provisória. O momento de prestar a garantia, conforme já vinha preconizando a jurisprudência[20], é o que antecede a

---

[17] CASTRO, Amílcar de. *Op. cit.*, n. 10, p. 33.

[18] LIMA, Alcides de Mendonça. *Op. cit.*, n. 967, p. 437.

[19] A responsabilidade daquele que promove execução provisória de decisão que, posteriormente, vem a ser cassada, constitui "responsabilidade objetiva do exequente pelos danos suportados pelo executado", os quais, conforme as particularidades do caso, podem compreender o reembolso pelo exequente das despesas que este realizou "com a contratação de carta de fiança para garantia do juízo" (STJ, 3ª T., REsp 1.576.994/SP, Rel. Min. Marco Aurélio Bellizze, ac. 21.11.2017, DJe 29.11.2017).

[20] A execução provisória só obriga a prestação de caução na fase de leilão ou de levantamento do dinheiro ou bens, podendo desenvolver-se normalmente antes disso sem necessidade de garantia, conforme a jurisprudência (*RSTJ*, 71/188; 89/81; *JTJ-SP*, 162/56). Nesse sentido: STJ, 2ª T., REsp 323.854/PR, Rel. Min. Castro Meira, ac. 2.12.2004, *DJU* 25.4.2005, p. 260. A jurisprudência dispensa a caução quando a execução se refere a uma parte incontroversa da obrigação (STJ, 3ª T., REsp 1.069.189/DF, Rel. Min. Sidnei Beneti, ac. 4.10.2011,

ordem judicial de levantamento do depósito de dinheiro ou o ato que importe a alienação de domínio (arrematação, adjudicação etc.).

A orientação da reforma, mantida pela Lei n. 11.232, de 22.12.2005, e que prevalece no regime do CPC/2015 é no sentido de não impedir que a execução provisória alcance atos de repercussão dominial, mas de condicioná-los à existência de garantia adequada para recompor todo o possível prejuízo que possa vir a sofrer o executado, se porventura cair o título judicial, no todo ou em parte, no julgamento do recurso ainda pendente.

O procedimento da execução provisória, portanto, pode ter início e andamento enquanto não alcance os atos expropriatórios finais (arrematação, adjudicação, levantamento do dinheiro penhorado etc.). Estes últimos atos executivos também podem ser realizados. Dependem, porém, de caução idônea e suficiente.

A caução será, ainda, exigível em todas as situações em que, mesmo não havendo transferência de domínio, o ato executivo possa representar um "grave dano" para o sujeito passivo da execução, como, *v.g.*, na interdição da atividade econômica, na demolição de obras de vulto, na submissão a prestações de fato de grande onerosidade, nas autorizações para uso de marca ou patentes alheias, etc.

Prestada a competente caução, a transferência de domínio para terceiro, por meio de arrematação, não será provisória. Perante o arrematante, a operação de aquisição da propriedade será definitiva. Entre as partes, se houver cassação ou reforma da sentença exequenda, a solução será a indenização de perdas e danos. Não repercutirá, portanto, sobre o direito adquirido, pelo terceiro arrematante.

Ainda, pois, que a arrematação ocorra em execução provisória, o arrematante terá título definitivo para transcrição no Registro Imobiliário. Não se aplicará, *in casu*, a regra do art. 256 da Lei n. 6.015, de 1973, que veda o cancelamento de assentamentos no aludido Registro com base em "sentença sujeita a recurso". É que, na espécie, o que está sujeito a recurso é o processo executivo, não o ato de transferência dominial. Este é definitivo, em relação ao terceiro adquirente.

A caução, em regra, é uma exigência legal (*ope legis*), não havendo liberdade para o magistrado permitir o levantamento do depósito nem mesmo a transferência da posse ou propriedade sem a prestação de caução suficiente e idônea. Assim, configurando-se uma das hipóteses legais, há a possibilidade de a caução ser determinada de ofício pelo juiz, mesmo sem requerimento do executado. Contudo, deve o juiz ouvir o executado antes da fixação da caução.

668. CASOS DE DISPENSA DE CAUÇÃO

O art. 521 do CPC/2015 elenca as hipóteses em que poderá haver a dispensa da caução. Não há a exigência cumulativa das hipóteses arroladas, ou seja, independem umas das outras. Basta o atendimento de uma delas para que se abra a possibilidade de dispensa de caução. São elas as seguintes:

I – *Créditos de natureza alimentar, independentemente de sua origem*. Não há mais um limite máximo de valor, como existia no CPC/1973. E em todos os casos de crédito de natureza alimentar (direito de família, responsabilidade civil, valores recebidos por profissionais liberais para sua subsistência etc.) haverá dispensa de caução.

II – *Credor em situação de necessidade* (inc. II). Trata-se de um conceito vago, que engloba as hipóteses em que o exequente demonstra "premência do recebimento

---

DJe 17.10.2011), ou quando se refere a crédito de natureza alimentar (STJ, 3ª T., AgRg no Ag 1.041.304/RS, Rel. Min. Vasco Della Giustina, ac. 22.9.2009, *DJe* 2.10.2009).

para evitar dano grave ou irreparável ao seu direito"[21], análogo ao que legitima a concessão do benefício da assistência judiciária gratuita, ou ao risco que permite a tutela de urgência. Cabe ao exequente a produção de prova convincente acerca de suas condições adversas, para obter a dispensa da caução.

III – *Pendência de agravo do art. 1.042* (endereçado ao STF ou ao STJ). Trata-se das hipóteses de agravo em recurso especial ou extraordinário, endereçado ao tribunal superior, quando este é inadmitido pelo presidente ou vice-presidente do tribunal local, conforme previsto no art. 1.030, V e § 1º. É bom lembrar que a Lei n. 13.256, de 04 de fevereiro de 2016, que deu nova redação ao art. 1.030, restabeleceu o juízo de admissibilidade dos recursos extraordinário e especial no tribunal perante o qual o apelo extremo foi interposto. Nem todas as inadmissões, todavia, são impugnáveis pelo *agravo* dirigido ao STF ou ao STJ.

Segundo o § 2º do art. 1.030, será submetida somente a *agravo interno* a negativa de seguimento:

i) quando o recurso extraordinário discutir questão constitucional acerca da qual o STF já houver reconhecido a inexistência da repercussão geral; ou

ii) quando o extraordinário atacar acórdão que estiver em conformidade com entendimento do STF exarado no regime de repercussão geral (art. 1.030, I, "a"); ou, ainda,

iii) quando o recurso extraordinário ou especial houver sido interposto contra acórdão que esteja em conformidade com entendimento do STF ou do STJ, respectivamente, exarado no regime de *julgamento de recursos repetitivos* (art. 1.030, I, "b").

Em todos esses três casos, o recurso contra a inadmissão do recurso extraordinário ou especial não sobe ao STF ou STJ. Será resolvido no próprio tribunal de origem, mediante o agravo interno.

Ao dispensar a caução para execução provisória, o novo texto do art. 521, III, dado pela Lei n. 13.256/2016, o faz apenas para a hipótese de pendência do agravo do art. 1.042 do CPC/2015, que é o agravo endereçado ao tribunal superior contra inadmissão de recurso extraordinário ou especial. Dessa maneira, a regalia não pode ser estendida à hipótese de agravo interno, manejado perante o colegiado do próprio tribunal local (art. 1.030, § 2º), devendo a execução provisória, *in casu*, sujeitar-se à exigência normal de caução.

IV – Se *a sentença a ser provisoriamente cumprida estiver em consonância com súmula da jurisprudência do STF ou do STJ ou em conformidade com acórdão proferido no julgamento de casos repetitivos* (inc. IV)[22]. Essa hipótese é uma novidade introduzida no CPC/2015, e se justifica diante da grande possibilidade de a decisão proferida ser mantida. Trata-se de verdadeira espécie de tutela da evidência.

Contudo, em todas as hipóteses acima arroladas, *a exigência de caução será mantida* se houver a demonstração, perante o juiz da execução provisória, que, nas circunstâncias da causa, da dispensa "possa resultar manifesto risco de grave dano de difícil ou incerta reparação" (art. 521, parágrafo único). Este dispositivo deve ser interpretado dentro do contexto do caso

---

[21] BUENO, Cassio Scarpinella. Comentários ao art. 521 do NCPC. *In:* WAMBIER, Teresa Arruda Alvim, *el al. Breves Comentários, cit.*, p. 1.348.

[22] "A caução exigível em cumprimento provisório de sentença poderá ser dispensada se o julgado a ser cumprido estiver em consonância com tese firmada em incidente de assunção de competência" (Enunciado n. 136/CEJ/CJF).

concreto. A reais chances de êxito do recurso interposto devem ser levadas em conta para se manter o caucionamento. Não seria razoável dispensar a caução quando a execução provisória estiver apoiada em sentença cuja cassação, em grau de recurso, facilmente se antevê.

669. NOVAS REGRAS RELATIVAS AO CUMPRIMENTO PROVISÓRIO

O atual Código, no § 1º do art. 520, prevê expressamente a possibilidade de o executado apresentar *impugnação* ao cumprimento provisório da sentença, nos termos do art. 525. Com efeito, não haveria sentido em restringir tal direito que decorre da garantia do contraditório, cuja incidência se impõe ainda mais por se tratar de atividade executiva baseada em título provisório, sujeito a modificação ou cassação posteriores.

Passa também a ser certo no cumprimento provisório de sentença que imponha o pagamento de quantia, o cabimento de aplicação da multa de dez por cento e dos honorários advocatícios também de dez por cento, referidos no § 1º do art. 523 (art. 520, § 2º).

Muito se discutiu, ao tempo do CPC/1973, sobre o cabimento, ou não, da multa de 10% para o cumprimento de sentença relativa a obrigações de quantia certa, no caso de execução provisória, o que agora se acha expressamente autorizado pelo CPC/2015 (sobre o tema, ver item 594, *retro*). Da mesma forma, a legislação atual não deixa dúvida acerca da incidência de nova verba advocatícia na fase de cumprimento provisório da sentença, verba esta decorrente da própria execução forçada (art. 520, § 2º).[23]

Entretanto, a legislação atual resguardou meios ao executado para pagar a dívida sem a incidência de multa e honorários de advogado, bem como para evitar que o exequente venha a exigi-los: "se o executado comparecer tempestivamente e depositar o valor, com a finalidade de isentar-se da multa, o ato não será havido como incompatível com o recurso por ele interposto" (art. 520, § 3º). A imposição efetiva da multa, destarte, somente poderá ocorrer depois do julgamento do recurso, e desde que este seja improvido e o levantamento pelo exequente seja obstaculizado, no todo ou em parte, por manobras processuais do executado. Obviamente, se for facultado ao credor o pronto recebimento de seu crédito, por meio da importância depositada em juízo, antes do recurso, não haverá margem para a multa, visto que, o depósito se fez justamente para liberar o executado daquela sanção. Apenas quando outras impugnações se apresentarem, no juízo da execução, procrastinando a solução da dívida, ou quando o depósito tiver sido insuficiente para sua total cobertura, é que se justificará a aplicação da multa prevista nos arts. 520, § 2º e 523, § 1º.

Por fim, é de se ressaltar que a execução provisória corre por iniciativa, conta e responsabilidade do exequente (CPC/2015, art. 520, I), razão pela qual, se for provido o recurso interposto contra a sentença exequenda, o exequente deverá repor os respectivos valores, se já levantados durante o cumprimento provisório, como reparação dos prejuízos acarretados ao executado em razão da execução provisória (art. 520, II).

670. APLICAÇÃO SUBSIDIÁRIA DAS REGRAS DE CUMPRIMENTO PROVISÓRIO DE OBRIGAÇÃO DE QUANTIA CERTA ÀS OBRIGAÇÕES DE FAZER, NÃO FAZER OU DE DAR

O Capítulo II do Título II, que trata do Cumprimento da Sentença, cuida expressamente do *cumprimento provisório da sentença que reconhece a exigibilidade de obrigação de pagar*

---

[23] Fica, então, superada a jurisprudência da Corte Especial do STJ que fixou, para efeitos do art. 543-C, do CPC/1973, o entendimento de que "em execução provisória, descabe o arbitramento de honorários advocatícios em benefício do exequente" (STJ, Corte Especial, REsp. 1.291.736/PR, Rel. Min. Luis Felipe Salomão, ac. 20.11.2013, *DJe* 19.12.2013).

quantia certa (CPC/2015, arts. 520 a 522). Contudo, para evitar qualquer dúvida a respeito, o atual Código foi expresso ao dizer que as normas em questão se aplicam, no que couber também, ao cumprimento provisório de sentença que reconheça a obrigação de fazer, de não fazer, ou de dar coisa (art. 520, § 5º).

671. INCIDENTES DA EXECUÇÃO PROVISÓRIA

Prevê o art. 520 do CPC/2015 dois incidentes que podem ocorrer ao longo da execução provisória:

a) o requerimento da caução; e
b) o pedido de reparação dos danos do executado.

O início da execução provisória não está condicionado à prestação de caução. Antes, porém, do levantamento do depósito de dinheiro ou da realização do ato executivo que importe alienação de domínio, e de qualquer ato que possa acarretar grave dano para o executado, terá o exequente que oferecer ao juízo caução idônea.[24] Para tanto, não necessitará de submeter-se ao procedimento cautelar apartado. Formulará a pretensão em petição avulsa dentro dos próprios autos da execução, instruindo-a com os documentos necessários à prova de idoneidade da garantia oferecida (títulos de propriedade e inexistência de ônus e avaliação, no caso de caução real; comprovantes de lastro patrimonial do garante, na hipótese de garantia fidejussória). Ouvido o executado, decidirá, de plano, o magistrado, acolhendo ou rejeitando o requerimento do exequente. O caso é de decisão interlocutória, recorrível por meio de agravo.

O segundo incidente acontece quando, durante a execução provisória, ou finda esta, a sentença condenatória é anulada ou reformada pelo acórdão que solucionou o recurso contra ela manifestado. Terá o exequente de reparar todos os prejuízos que a execução levou ao executado. Também aqui não se exige a instauração de um processo à parte. A liquidação se processará no bojo dos autos da execução provisória, seguindo-se o procedimento que se adaptar às peculiaridades do feito (arts. 520, II e 509 a 512).

672. PROCESSAMENTO DA EXECUÇÃO PROVISÓRIA

O procedimento (rito) da execução provisória é o mesmo da execução definitiva (art. 520, *caput*, do CPC/2015). Como deve, entretanto, correr apartadamente, reclama a formação de autos próprios, o que se fará utilizando cópias extraídas dos autos principais, por iniciativa do exequente. Aboliu-se a solenidade de uma carta de sentença pela autoridade judiciária. Bastará a extração das cópias do processo, cuja autenticidade poderá ser certificada pelo próprio advogado, sob sua responsabilidade pessoal (art. 522, *caput*).

Se a sentença exequenda possuir capítulos líquido e ilíquido, poderá o exequente formar dois autos autônomos, a fim de liquidar e executar simultaneamente o *decisum* (art. 509, § 1º).

O cumprimento provisório será requerido por petição dirigida ao juiz competente (art. 522, *caput*), isto é, ao juiz da causa, observados os requisitos enumerados no art. 524. Será acompanhada das necessárias cópias das peças do processo originário, porque o recurso acarreta a subida dos autos ao tribunal e força o curso da execução provisória em autos apartados.

---

[24] O Tribunal de Justiça do Paraná já considerou como caução idônea "o precatório requisitório de valor suficiente" (TJPR, 12ª Câm., AgIn 381.098-4, Rel. Des. Rafael Augusto Cassetari, ac. 15.05.2007, *In* MEDINA, José Miguel Garcia. *Novo Código de Processo Civil Comentado*. 3. ed. São Paulo: Ed. RT, 2015, nota V. ao art. 520, p. 810).

São as seguintes as peças, cujas cópias se exigem para instruir o requerimento de execução provisória:

I – decisão exequenda: o próprio título executivo;
II – certidão de interposição do recurso não dotado de efeito suspensivo: comprovante de interposição do recurso;
III – procurações outorgadas pelas partes: documentos hábeis à comprovação da regularidade da representação processual das partes;
IV – decisão de habilitação, se for o caso: em havendo o falecimento de qualquer das partes, deve-se comprovar a sucessão;
V – facultativamente, outras peças processuais que o exequente considere necessárias para demonstrar a existência do crédito: exemplos seriam documentos relativos à quantificação do valor da obrigação, a eventual transferência do crédito etc.

No caso de autos eletrônicos, não há necessidade de o requerimento ser instruído com cópias para fundamentar o pedido, ou seja, não precisam ser atendidos os incisos do parágrafo único do art. 522, como esclarece este dispositivo.

Deixando o exequente de apresentar alguma peça essencial, o magistrado não deverá indeferir o pedido, mas sim, determinar diligência a cargo da parte para suprir a omissão, no prazo de quinze dias, a teor do art. 801.

673. PRAZO PARA AJUIZAMENTO DO CUMPRIMENTO PROVISÓRIO DA SENTENÇA

Não estipula a lei um prazo específico para o requerimento do cumprimento provisório, cuja oportunidade "recai na esfera de disposição do exequente".[25] O § 2º do art. 1.012 dispõe que o pedido de cumprimento provisório pode ser promovido "depois de publicada a sentença". Nos casos em que o recurso cabível seja provido apenas de eficácia devolutiva, a decisão produz efeitos exequíveis, tão logo seja publicada. Não haverá necessidade de aguardar-se eventual interposição de recurso, pois a eficácia da decisão é reconhecida pela lei. Contudo, é de se destacar que sem que haja requerimento do credor, não terá início o cumprimento provisório.

Entretanto, se se pretende executar a *astreinte* fixada para a indução do cumprimento de tutela provisória, deve-se aguardar a confirmação da sentença pelo tribunal competente, evitando-se "o problema da atribuição patrimonial sem causa do valor da multa ao vencido, em caso de recalcitrância do vencedor".[26]

Ressalta notar que o credor está autorizado a executar a *astreinte* durante o julgamento do recurso. Seu valor, entretanto, será depositado em juízo, e o levantamento somente será permitido "após o trânsito em julgado da sentença favorável à parte" credora (CPC/2015, art. 537, § 3º).

---

[25] ASSIS, Araken de. *Manual da execução*. 18. ed. revista, atualizada e ampliada, São Paulo: Editora Revista dos Tribunais, 2016, n. 167 78.1, p. 482. Para o autor, o exequente deverá realizar um prognóstico acerca do êxito do recurso interposto pelo vencido, a fim de decidir se inicia o cumprimento provisório ou não. Em todo caso, "a responsabilidade objetiva do art. 520, I, constitui fator poderoso para induzir uma iniciativa bem meditada e prudente" (*ob. cit., loc. cit.*).

[26] ASSIS, Araken de. *Ob. cit., loc. cit.*

Fluxograma n. 23 – Cumprimento provisório de sentença que reconhece a exigibilidade de obrigação de pagar quantia certa (arts. 520 a 522)

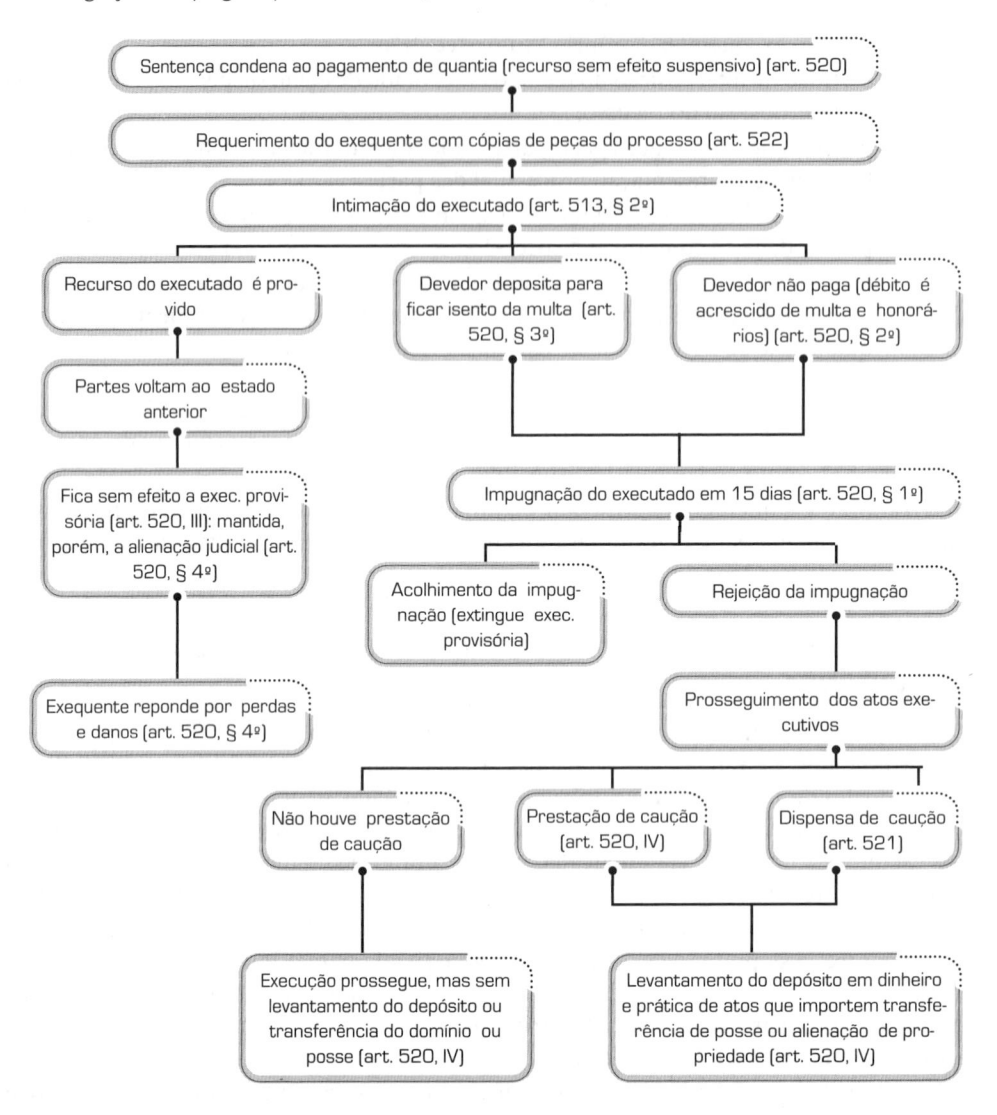

```
┌─────────────────────────────────────────────────────────────┐
│ Sentença condena ao pagamento de quantia (recurso sem       │
│ efeito suspensivo) (art. 520)                               │
└─────────────────────────────────────────────────────────────┘
                              │
┌─────────────────────────────────────────────────────────────┐
│ Requerimento do exequente com cópias de peças do processo   │
│ (art. 522)                                                  │
└─────────────────────────────────────────────────────────────┘
                              │
        ┌─────────────────────────────────────────┐
        │ Intimação do executado (art. 513, § 2º) │
        └─────────────────────────────────────────┘
                              │
    ┌─────────────────────────┼─────────────────────────┐
    │                         │                         │
┌───────────────┐   ┌───────────────────┐   ┌───────────────────┐
│ Recurso do    │   │ Devedor deposita  │   │ Devedor não paga  │
│ executado é   │   │ para ficar isento │   │ (débito é acresci-│
│ provido       │   │ da multa (art.    │   │ do de multa e ho- │
│               │   │ 520, § 3º)        │   │ norários) (art.   │
│               │   │                   │   │ 520, § 2º)        │
└───────────────┘   └───────────────────┘   └───────────────────┘
        │                   │                         │
┌───────────────┐           │                         │
│ Partes voltam │           └─────────────┬───────────┘
│ ao estado     │                         │
│ anterior      │      ┌──────────────────────────────────┐
└───────────────┘      │ Impugnação do executado em 15    │
        │              │ dias (art. 520, § 1º)            │
┌───────────────┐      └──────────────────────────────────┘
│ Fica sem efei-│                         │
│ to a exec.    │           ┌─────────────┴─────────────┐
│ provisória    │           │                           │
│ (art. 520,III)│   ┌───────────────┐         ┌───────────────┐
│ mantida, po-  │   │ Acolhimento   │         │ Rejeição da   │
│ rém, a alie-  │   │ da impugnação │         │ impugnação    │
│ nação judici- │   │ (extingue     │         │               │
│ al (art. 520, │   │ exec. provi-  │         │               │
│ § 4º)         │   │ sória)        │         │               │
└───────────────┘   └───────────────┘         └───────────────┘
        │                                             │
┌───────────────┐                           ┌───────────────────┐
│ Exequente     │                           │ Prosseguimento    │
│ repõe por     │                           │ dos atos executi- │
│ perdas e da-  │                           │ vos               │
│ nos (art.     │                           └───────────────────┘
│ 520, § 4º)    │                                     │
└───────────────┘              ┌──────────────────────┼──────────────────────┐
                               │                      │                      │
                      ┌───────────────┐   ┌───────────────────┐   ┌───────────────────┐
                      │ Não houve     │   │ Prestação de      │   │ Dispensa de       │
                      │ prestação de  │   │ caução (art.      │   │ caução (art. 521) │
                      │ caução        │   │ 520, IV)          │   │                   │
                      └───────────────┘   └───────────────────┘   └───────────────────┘
                               │                      │                      │
                      ┌───────────────────┐   ┌───────────────────────────────────┐
                      │ Execução prosse-  │   │ Levantamento do depósito em       │
                      │ gue, mas sem le-  │   │ dinheiro e prática de atos que    │
                      │ vantamento do     │   │ importem transferência de posse   │
                      │ depósito ou       │   │ ou alienação de propriedade       │
                      │ transferência do  │   │ (art. 520, IV)                    │
                      │ domínio ou posse  │   │                                   │
                      │ (art. 520, IV)    │   │                                   │
                      └───────────────────┘   └───────────────────────────────────┘
```

Nota: O cumprimento provisório previsto no art. 520 aplica-se, no que couber, às sentenças que reconhecem obrigação de fazer, de não fazer, ou de dar coisa (art. 520, § 5º).

Capítulo XLVIII
COMPETÊNCIA

674. JUÍZO COMPETENTE PARA O CUMPRIMENTO DA SENTENÇA

Transformada a atividade executiva, após o aperfeiçoamento do título executivo judicial, em simples fase do processo, a competência para realizar o cumprimento da sentença submete-se a critério *funcional*, mormente quando se trata de sentença prolatada no próprio juízo civil. Por competência *funcional* entende-se a que provém da repartição das atividades jurisdicionais entre os diversos órgãos que devam atuar dentro de um mesmo processo.

Assim, não importa que a execução se refira ao acórdão que o tribunal proferiu em grau de recurso. Quando se passa à fase de cumprimento do julgado, os atos executivos serão processados perante o juiz de primeiro grau (CPC/2015, art. 516, II)[1]. Ressalva-se, contudo, o acórdão proferido em ação de competência originária de tribunal, caso em que o respectivo cumprimento permanece a cargo do órgão que o prolatou (CPC/2015, art. 516, I).[2]

Há, porém, execuções de sentença cuja competência se define por outros critérios, sob predomínio da *territorialidade*, exatamente como se dá no processo de conhecimento (execução civil de sentença penal, de sentença arbitral ou de sentença e decisão interlocutória estrangeiras) (art. 516, III).

Enquanto a competência funcional se caracteriza pela *improrrogabilidade*, a territorial é *relativa*, podendo ser modificada pelas partes, expressa ou tacitamente (v. em nosso "Curso de Direito Processual Civil", v. I, os n. 169 e 174). A regra geral da funcionalidade é parcialmente quebrada na hipótese do parágrafo único do art. 516, onde se estabelece opção para o credor processar o cumprimento da sentença excepcionalmente perante juízo diverso daquele em que o título executivo judicial se formou (ver, adiante, o n. 677).

675. REGRAS LEGAIS SOBRE COMPETÊNCIA APLICÁVEIS AO CUMPRIMENTO DA SENTENÇA

Determina o art. 516 do CPC/2015 que o cumprimento da sentença deverá efetuar-se perante:

I – os *tribunais* nas causas de sua competência originária;
II – o *juízo* que decidiu a causa no primeiro grau de jurisdição;
III – o *juízo cível competente*, quando se tratar de sentença condenatória, de sentença arbitral, de sentença estrangeira ou de acórdão proferido pelo Tribunal Marítimo.[3]

---

[1] "É competente para processar a execução de sentença quem a emitiu, ainda que, posteriormente, venha a lume norma constitucional estabelecendo novas regras de distribuição de competência"(STJ, 2ª Seção, AgRg no CC 69.200/RJ, Rel. Min. Humberto Gomes de Barros, ac. 12.09.2007, *DJU* 24.09.2007, p. 241).

[2] Para o STJ, não se considera como *causa de competência originária* o incidente de suspeição, mesmo quando instaurado no curso de apelação do Tribunal de Justiça, ocasião em que teria sido aplicado multa por litigância de má-fé. A execução dessa decisão, portanto, deve-se fazer "perante o juízo de primeira instância no qual se processou e julgou a demanda original, de ação de desapropriação indireta" (STJ, 2ª T., REsp 1.405.629/AM, Rel. Min. Mauro Campbell Marques, ac. 25.02.2014, *DJe* 11.03.2014).

[3] O inciso III do art. 516 continua falando em competência para execução de acórdão do Tribunal Marítimo. Como o veto Presidencial o excluiu do rol dos títulos executivos judiciais, a execução prevista no inc. III, se

Os processos chegam aos Tribunais em duas circunstâncias distintas:

a) como consequência de recurso, que faz a causa subir do juiz de primeiro grau para o reexame do Tribunal; ou

b) por conhecimento direto do Tribunal, em razão de ser a causa daquelas que se iniciam e findam perante a instância superior.

No primeiro caso, diz-se que a competência do Tribunal é *recursal*, e, no segundo, *originária*.

Para a execução da sentença, não importa que o feito tenha tramitado pelo Tribunal em grau de recurso, nem mesmo é relevante o fato de ter o Tribunal reformado a sentença de primeiro grau.

A regra fundamental é que a execução da sentença compete ao *juízo da causa*, e como tal entende-se aquele que a aprecia em primeira ou única instância, seja juiz singular ou tribunal. Em outras palavras, *juízo da causa* é o órgão judicial perante o qual se formou a relação processual ao tempo do ajuizamento do feito.

Por isso, se a causa foi originariamente proposta perante um tribunal (*v.g.*, ação rescisória), a execução do acórdão terá de ser promovida perante o referido Tribunal. Mas se o início do feito se deu perante um juiz de primeiro grau, pouco importa que o decisório a executar seja o acórdão do Tribunal de Justiça ou do Supremo Tribunal Federal: a competência executiva será sempre do *juízo da causa*, isto é, daquele órgão jurisdicional que figurou na formação da relação processual.

A competência, *in casu*, porém, não se liga à pessoa física do juiz, mas sim ao órgão judicial que ele representa. Na verdade, o competente é o *juízo*, como deixa claro o art. 516, II. Por isso, irrelevantes são as eventuais alterações ou substituições da pessoa do titular do juízo.

É, outrossim, *funcional* e, por isso, *absoluta* e *improrrogável*, a competência prevista no art. 516, para o cumprimento da sentença civil, salvo a opção prevista no seu parágrafo único[4]. A execução da sentença arbitral e da sentença penal condenatória rege-se, todavia, por norma de competência territorial comum. Em regra, portanto, será a do foro do domicílio do executado (art. 46).

676. EXECUÇÃO DOS HONORÁRIOS ADVOCATÍCIOS SUCUMBENCIAIS

Prevê a Lei 8.906/1994 (Estatuto da OAB), art. 24, § 1º, que "a execução dos honorários pode ser promovida nos mesmos autos da ação em que tenha atuado o advogado, *se assim lhe convier*" (g.n.). Portanto, "se a execução nos próprios autos é faculdade conferida ao advogado, é de se entender possível a execução em ação autônoma".[5]

Sendo a Lei n. 8.906/1994, *lei especial* em face do CPC, "deve reger a matéria relativa à competência para a execução de honorários advocatícios de sucumbência", em detrimento

---

dará na qualidade de execução de título extrajudicial, em juízo de primeiro grau, a exemplo do que se passa com as decisões do Tribunal de Contas da União. A propósito, o STF é firme no entendimento de que as decisões dos Tribunais de Contas correspondem a títulos executivos extrajudiciais (STF, Pleno, ARE 823.347-RG/MA, Rel. Min. Gilmar Mendes, ac. 02.10.2014, *DJe* 28.10.2014). No mesmo sentido: STJ, 1ªT., AgRg no REsp. 1.232.388/MG, Rel. Min. Sérgio Kukina, ac. 17.03.2015, *DJe* 24.03.2015; STJ, 2ª T., AgRg. no REsp. 1.381.289/MA, Rel. Min. Humberto Martins, ac. 20.11.2014, *DJe* 11.12.2014.

[4] "É absoluta a competência funcional estabelecida no art. 575, II do Código de Processo Civil [art. 516, II, do CPC/2015], devendo a execução ser processada no juízo em que decidida a causa no primeiro grau de jurisdição"(STJ, 4ªT., REsp 538.227/MT, Rel. Min. Fernando Gonçalves, ac. 20.04.2004, *DJU* 10.05.2004, p. 291).

[5] STJ, 2ªT., REsp 595.242/SP, Rel. Min. Castro Meira, ac. 22.03.2005, *DJU* 16.05.2005, p. 304.

da regra codificada[6]. Vale dizer: o advogado a quem cabe direito autônomo para executar a sentença, no tocante à verba honorária, não está vinculado à competência funcional prevista no art. 516, II, do CPC/2015, podendo, por opção própria, escolher a via do cumprimento da sentença, nos autos em que a sentença condenatória foi pronunciada, ou a via da ação autônoma, segundo as regras de competência relativa codificadas.

Diverso é o regime aplicável à verba sucumbencial quando a parte vencedora é entidade pública assistida processualmente por procuradoria institucionalizada. Nesse caso, não cabe falar em direito autônomo do procurador, nem em direito à execução dos honorários em seu próprio nome, conforme entendimento majoritário do STJ[7].

Após a execução dos honorários de sucumbência, na eventualidade de rescisória procedente contra a sentença da ação de que se originou a verba sucumbencial, é possível a repercussão do decreto desconstitutivo sobre o direito do causídico, inclusive, aqueles já levantados: na ótica do STJ, "o princípio da irrepetibilidade das verbas de natureza alimentar [entre as quais se incluem os honorários dos advogados] não é absoluto e, no caso, deve ser flexibilizado para viabilizar a restituição dos honorários de sucumbência já levantados, tendo em vista que, com o provimento parcial da ação rescisória, não mais subsiste a decisão que lhes deu causa. Aplicação dos princípios da vedação ao enriquecimento sem causa, da razoabilidade e da máxima efetividade das decisões judiciais".[8]

Entretanto, para que tal repercussão ocorra, é necessário que o advogado seja incluído como parte passiva da ação rescisória, em litisconsórcio com a parte principal demandada.[9]

677. COMPETÊNCIA OPCIONAL PARA O CUMPRIMENTO DA SENTENÇA

Em se tratando de execução a cargo do juiz da causa, isto é, daquele que processou a causa no primeiro grau de jurisdição (CPC/2015, art. 516, II), ou das sentenças arroladas no inc. III, do mesmo artigo, a regra definidora da competência para o cumprimento da sentença é flexibilizada pelo parágrafo único do art. 516 do CPC/2015. Permite-se ao exequente, em tais situações, optar (i) pelo juízo do atual domicílio do executado; (ii) pelo juízo do local onde se encontrem os bens sujeitos à execução; ou, (iii) pelo juízo do local onde deva ser executada a obrigação de fazer ou de não fazer. Para tanto, caberá ao exequente formular requerimento ao juízo de origem, que ordenará a competente remessa dos autos.

Essa competência opcional vale para: *(i)* as hipóteses em que havia uma ação originária em tramitação em juízo de primeiro grau, e nela se formou o título executivo e; *(ii)* as situações

---

[6] STJ, REsp 595.242/SP, *cit.*

[7] *"Diversamente do demandante privado vencedor,* quando os honorários profissionais, de regra, constituem direito patrimonial *do* advogado, tratando-se de ente estatal não pertencem ao seu procurador ou representante judicial. Os honorários advenientes integram o patrimônio público" (STJ, 1ª T., REsp 151.225/SP, Rel. Min. Humberto Gomes de Barros, ac. 16.06.1998, *DJU* 31.08.1998, p. 21. No mesmo sentido: STJ, 2ª T., REsp 1.213.051/RS, Rel. Min. Mauro Campbell Marques, ac. 14.12.2010, *DJe* 08.02.2011; STJ, 1ª T., AgRg no AREsp 5.466/SP, Rel. Min. Benedito Gonçalves, ac. 23.08.2011, *DJe* 26.08.2011).

[8] STJ, 3ª T., REsp 1.549.836/RS, Rel. p/ac. João Otávio de Noronha, ac. 17.05.2016, *DJe* 06.09.2016.

[9] "Se tanto o advogado quanto a parte por ele representada detêm legitimidade para executar os honorários advocatícios de sucumbência, pelas mesmas razões ambas as partes também são partes legítimas para integrar a ação rescisória em que se discutem os próprios honorários" (STJ, 1ª Seção, AR 3.273/SC, voto do Relator Min. Mauro Campbell Marques, ac. 09.12.2009, *DJe* 18.12.2009). Todavia, não há legitimidade para justificar a intervenção do advogado, quando a rescisória for ajuizada "sob fundamentos que só alcançam a relação jurídica formada entre as partes da demanda originária, revelando-se insuficientes para atingir o direito autônomo do profissional aos honorários sucumbenciais" (STJ, 2ª Seção, AR, 5.311/RJ, voto do Relator Min. Raul Araújo, ac. 28.02.2018, *DJe* 18.04.2018).

em que não havia processo cível antecedente responsável pela formação do título (sentença penal, sentença arbitral e sentença e decisão interlocutória estrangeiras[10]).

A inovação é de significativo cunho prático, pois evita o intercâmbio de precatórias entre os dois juízos, com economia de tempo e dinheiro na ultimação do cumprimento da sentença e como instrumento capaz de conferir maior efetividade à prestação jurisdicional executiva. Os próprios autos do processo serão deslocados de um juízo para outro. Não se procederá, entretanto, de ofício, devendo a medida ser sempre de iniciativa do exequente.

Os únicos fundamentos que a lei exige para o deslocamento da competência executiva são aqueles arrolados no referido parágrafo do art. 516, quais sejam: preferência *(i)* pelo juízo atual do domicílio do executado; *(ii)* pelo juízo do local onde se encontrem os bens exequíveis; ou *(iii)* pelo juízo do local onde deva ser cumprida a obrigação. Portanto, o requerimento não deverá ter outro fundamento senão a de configuração de uma das hipóteses arroladas pelo referido dispositivo legal, não havendo lugar para impor outras justificativas ao exequente[11].

Mesmo no curso do cumprimento de sentença, se este encontrar entraves ou embaraços na localização de bens no foro originário da causa, não haverá vedação a que o requerimento a que alude o parágrafo único do art. 516, seja incidentemente formalizado. Não cremos que a execução do título judicial se sujeite aos rigores da *perpetuatio iurisdictionis*, concebida que foi especificamente para a fase de cognição do processo. Tanto é assim que o legislador não encontrou dificuldade em permitir que o cumprimento da sentença pudesse ser processado em outro juízo que não o da causa originária.[12]

Essa mudança tem puro feitio de economia processual, tendo em vista superar a duplicidade de juízos que ocorreria fatalmente na aplicação do sistema da execução por precatória. É por isso que, mesmo depois de iniciado o cumprimento da sentença no foro de competência

---

[10] Embora o inciso III do art. 516 só mencione a competência para execução da *sentença estrangeira*, é claro que a expressão foi utilizada em seu sentido genérico, devendo abranger necessariamente também a decisão interlocutória estrangeira.

[11] "Trata-se de foros concorrentemente competentes, elegíveis livremente pelo exequente. A opção do exequente, todavia, pode ser impugnada, nos casos em que o executado não for ali domiciliado ou quando for outro o local em que a obrigação possa ou deva ser cumprida" (NEGRÃO, Theotônio, *et al. Código de Processo Civil e legislação processual em vigor*. 50 ed. São Paulo: Saraiva, 2019, p. 555, nota 8 ao art. 516). Todavia, já se decidiu que, "No caso, trata-se de *competência relativa*, sendo defeso ao juízo [escolhido pela parte] declará-la de ofício, a teor do que dispõe o art. 112 do CPC [art. 65 do CPC/2015], segundo o qual somente através de exceção a incompetência relativa poderá ser arguida" [através de *contestação*, segundo o art. 337, II, do CPC/2015] (STJ, 1ª Seção, CC 120.987/SP, Rel. Min. Mauro Campbell Marques, ac. 12.09.2012, *DJe* 18.09.2012). No caso de execução de título extrajudicial, a arguição de incompetência se faz através de embargos do devedor (art. 917, V), e no caso de cumprimento de sentença, por meio de impugnação (art. 525, § 1º, VI).

[12] Cumpre ressaltar a Resolução n. 805/2015, do Tribunal de Justiça de Minas Gerais, que criou a Central de Cumprimento de Sentença – CENTRASE, na Comarca de Belo Horizonte, para atuar em regime de cooperação, no processo e julgamento de determinados feitos cíveis, em fase de cumprimento de sentença transitada em julgado. O organismo compõe-se de juízes da própria Comarca, aos quais, se atribui a função especializada de processar o cumprimento das sentenças dos vários juízos que a integram, aliviando-os das tarefas da fase executiva do processo. A um só tempo, racionaliza-se, dentro do próprio foro, a distribuição de tarefas sob critério funcional, e se estabelecem condições técnicas e práticas, para que a atividade executiva seja mais pronta e efetiva. Trata-se de uma experiência em que se deposita esperança de bons resultados no plano da eficácia da prestação jurisdicional satisfativa. Essa medida *visou a redução do acervo e o oferecimento de uma justiça mais célere e eficaz*, de acordo com a nova sistemática do CPC/2015. Assim, nos termos do art. 2º de referida resolução, caberá à CENTRASE processar e julgar o processo originário das Varas Cíveis da Comarca de Belo Horizonte, em fase de cumprimento de sentença transitada em julgado, com condenação em obrigação de fazer ou em quantia certa, ou de condenação genérica, já fixada em liquidação, bem como o decidido em incidente processual e em ação conexa. O processamento se dará, exclusivamente, por meio eletrônico (art. 3º, da Resolução). Estão excluídas da competência da CENTRASE (i) o cumprimento provisório e a liquidação de sentença, e, (ii) o cumprimento de sentença já iniciada em meio físico.

originária, pode supervenientemente surgir uma situação enquadrável na opção permitida pelo dispositivo legal *sub examine*. Insistir em que a execução continuasse implacavelmente conduzida pelo juiz da causa, sem que existissem bens localizados em sua jurisdição, somente burocratizaria e encareceria o processo, mediante desdobramento de atos deprecados.

A opção assegurada pelo parágrafo único do art. 516 tem, ainda, evidente fundamento de ordem pública – assegurar a maior eficiência à atividade processual executiva –, motivo pelo qual afasta as demais regras definidoras da competência,[13] inclusive, pois, a oriunda da eleição convencional de foro e aquela que prevê, em princípio, a competência funcional do juízo da causa para processar o cumprimento da sentença por ele pronunciada. Pela natureza e função do direito potestativo outorgado ao exequente, *in casu*, não há razão alguma para excluir de sua incidência a execução de sentença prolatada em processo de conhecimento, cujo curso tenha se dado em foro de eleição.[14]

678. COMPETÊNCIA PARA CUMPRIMENTO DA SENTENÇA ARBITRAL

Ao juízo arbitral reconhece-se jurisdição para proferir sentença com a mesma força dos julgados da justiça estatal. Falta-lhe, contudo, o *imperium* para fazer cumprir forçadamente o que assenta nos respectivos arestos. Por isso, a parte vencedora, que não seja satisfeita pelo cumprimento voluntário da prestação devida terá de recorrer ao Poder Judiciário para instaurar a competente execução forçada.

O título executivo, *in casu*, é a sentença arbitral, por sua própria natureza. Com o advento da Lei n. 9.307, de 23.09.96, essa modalidade de decisório deixou de ser mero laudo, para transformar-se em verdadeira sentença, cuja natureza de título executivo judicial decorre da lei, independentemente de homologação em juízo.

A execução caberá, outrossim, ao juízo civil que teria competência para julgar a causa, se originariamente tivesse sido submetida ao Poder Judiciário, em lugar do juízo arbitral (CPC/2015, art. 516, III).[15] Prevalecem, portanto, as regras comuns traçadas pelo Código de Processo Civil, para disciplina da competência territorial (arts. 46 a 53).

Vale lembrar que nessa modalidade de execução, além do sistema geral do CPC/2015, há a possibilidade de o exequente exercer a opção de competência instituída pelo parágrafo único do art. 516 (ver o item anterior).

Sobre a execução do contrato que contenha convenção arbitral e que configure, por si só, título executivo extrajudicial, ver retro o item 90.

679. COMPETÊNCIA PARA EXECUÇÃO CIVIL DA SENTENÇA PENAL

A sentença penal condenatória torna certo o dever de reparar, civilmente, o dano provocado pelo delito. Por isso, não há interesse em propor ação civil indenizatória contra o réu condenado na esfera penal.

---

[13] MARINONI, Luiz Guilherme; ARENHART, Sérgio Cruz. *Curso de processo civil:* execução. 2. ed. São Paulo: RT, 2007, v. 3, p. 244.

[14] CARRETEIRO, Mateus Aimoré. Competência concorrente para execução fundada em título extrajudicial no CPC/2015. In: MARCATO, Ana Cândida Menezes et al. (coord.). *Reflexões sobre o Código de Processo Civil de 2015*. São Paulo: Verbatim, 2018, p. 574-575.

[15] O art. 29, primeira parte, da Lei 9.307/1996, dispõe que proferida a sentença arbitral, dá-se por finda a arbitragem.

A vítima ou seus dependentes, isto é, os lesados pelo crime, podem utilizar a sentença penal, diretamente, como título executivo civil, para fins indenizatórios. Terão, apenas, que promover a *liquidação* do *quantum* a indenizar (CPC/2015, art. 509).[16]

Uma vez que o juiz criminal não tem competência para a execução civil, esta será fixada, entre os juízes cíveis, dentro das regras comuns do processo de conhecimento. Será, pois, competente para a execução, o juízo que seria competente para a ação condenatória, caso tivesse que ser ajuizada.

Entre as regras aplicáveis à espécie, merece destaque a do art. 53, IV, *a*, do CPC/2015, que prevê, a par da competência geral do foro do domicílio do réu, a do *forum delicti commissi*, como critério particular para as ações de reparação de dano. No caso de desastre automobilístico criminoso, observar-se-á, ainda, a faculdade do art. 53, V, ou seja, a possibilidade de opção do autor pelo foro de seu próprio domicílio ou do local do fato, à sua escolha.

A competência, na espécie, não é absoluta, como a da sentença civil condenatória; é territorial, relativa e prorrogável, portanto. Vale lembrar, ainda, que nessa modalidade de execução há a opção de escolha, pelo exequente, dos juízos especiais mencionados no parágrafo único do art. 516.

680. COMPETÊNCIA INTERNACIONAL

A decisão judicial estrangeira, em regra, não pode ser direta e imediatamente executada no Brasil.

Em face de regras pertinentes à soberania nacional, a eficácia da sentença e da decisão interlocutória estrangeiras em nosso território depende de sua prévia homologação pelo Superior Tribunal de Justiça; e a da decisão interlocutória, do *exequatur* concedido por aquele mesmo Tribunal (CF, art. 105, I, *i*, acrescentado pela EC n. 45, de 8.12.2004).

Com a homologação do decisório estrangeiro, dá-se a sua "nacionalização" e nasce, assim, sua força de título executivo no País, que se estende igualmente à concessão de *exequatur*, no caso das decisões interlocutórias (CPC/2015, arts. 960 a 965).

O processo homologatório da decisão provinda da justiça de outros povos é causa de competência originária do Superior Tribunal de Justiça. Mas, a competência para a execução da sentença homologada não cabe àquele Tribunal Superior. Consoante o art. 109, X, da Constituição da República, é atribuição específica dos juízes federais do primeiro grau de jurisdição.

Não se admite, enfim, que o credor ajuíze uma execução no estrangeiro e diretamente faça cumprir o mandado executivo no Brasil. Se seu título é judicial, deverá obter sua homologação pela Justiça brasileira e requerer a execução perante nossa Justiça Federal. Se se trata, porém, de título extrajudicial formado em outro país, e exequível no Brasil, sua execução não se sujeita a homologação, e poderá ser requerida diretamente em nossa justiça comum, e não em foro alienígena. Portanto, em regra, não haverá *exequatur* para carta rogatória executiva. Se a ação executiva era da competência nacional, não pode, segundo antigo entendimento do STF, ser

---

[16] Araken de Assis ressalta que "não interessa, aqui, qual a 'justiça' que produziu o título, pois o vínculo se dissolve, exceto no que respeita aos títulos produzidos perante o Juizado Especial". Assim, segundo o autor, "a sentença penal condenatória da Justiça Federal se executará perante a Justiça Comum, pois a competência daquela Justiça é especial e residual, não se incluindo tal causa no rol do art. 109 da CF/1988" (ASSIS, Araken de. *Manual da execução*. 18. ed. revista, atualizada e ampliada, São Paulo: Editora Revista dos Tribunais, 2016, n. 92.4, p. 530).

processada no estrangeiro, com expedição de carta rogatória expedida para cumprimento do ato executivo em nosso território.[17]

A sentença arbitral estrangeira submete-se, segundo a Lei n. 9.307, de 23.9.1996, art. 35, ao mesmo regime homologatório das sentenças judiciais. Após a Emenda Constitucional n. 45, de 8.12.2004, a competência para essa homologação passou do Supremo Tribunal Federal para o Superior Tribunal de Justiça. Vale lembrar que nessa modalidade de execução cabe ao credor a opção de competência prevista no parágrafo único do art. 516.

Está assente na jurisprudência do STJ que, sendo territorial a competência para a execução da sentença arbitral, é válida a cláusula de eleição de foro, incluída na convenção da arbitragem, para definir o foro do respectivo cumprimento da sentença[18].

Por fim, o regime de cooperação internacional, entre os países integrantes do Mercosul, submete o cumprimento de sentenças e decisões estrangeiras a procedimento diverso daquele fundado em homologação ou *exequatur*. Sobre o tema, confira-se o exposto no § 15 (itens 122 a 126), do v. I do nosso Curso de Direito Processual Civil.

681. DIREITO INTERTEMPORAL

Regras relativas à competência, quando alteradas posteriormente à sentença, não devem interferir na fase de sua execução ou cumprimento. Prevalece, em princípio, a norma básica da competência do juízo, que decidiu a causa no primeiro grau de jurisdição, para processar a execução fundada em título judicial (CPC/2015, art. 516, II). Trata-se de competência funcional que a alteração legislativa, salvo expressa previsão em contrário, não alcança.[19] Portanto, se a inovação legal de competência funcional não contém regra especial a respeito, a execução de sentença continuará privativa do juízo que a pronunciou. Trata-se, porém, de uma regra de preservação mitigada, pois o próprio parágrafo único do art. 516, que a instituiu, contém exceção que permite ao exequente, em determinadas circunstâncias, optar pela execução em juízo diverso do originariamente previsto.

---

[17] STF, Pleno Exeq. n. 1.395, Min. Oswaldo Trigueiro, ac. de 31.10.74, *RTJ* 72/663-666; CASTRO, Amílcar de. *Direito Internacional Privado*. 2. ed. Rio de Janeiro: Forense, 1968, v. II. p. 263. No entanto, "a execução, por meio de carta rogatória, de sentença proferida em processo ajuizado na Justiça argentina encontra previsão nos arts. 19 e 20 do Protocolo de Cooperação e Assistência em Matéria Civil, Comercial, Trabalhista e Administrativa no âmbito do Mercosul – Protocolo de Las Leñas – promulgado no Brasil pelo Decreto n. 2.067/1996. (STJ, Corte Especial, AgRg nos EDcl nos EDcl na CR 398/AR, Rel. Min. Rel. p/ Acórdão Min. Cesar Asfor Rocha, ac. 29.6.2010, *DJe* 12.8.2010).

[18] STJ, 3ª T., REsp 904.813/PR, Rel. Min. Nancy Andrighi, ac. 20.10.2011, *DJe* 28.02.2012; STJ, 4ª T., REsp 1.312.651/SP, Rel. Min. Marco Buzzi, ac. 18.02.2014, *DJe* 25.02.2014.

[19] A prevalência da competência funcional para executar a sentença, tal como prevista no art. 575, II, do CPC/1973, foi reconhecida pelo STJ até mesmo diante da Emenda Constitucional n. 45/2004, no tocante às alterações que afetaram as atribuições da Justiça Federal e da Justiça do Trabalho (STJ, 2ª Seção, CC 74.531/SP, Rel. Min. Nancy Andrighi, ac. 24.10.2007, *DJU* 08.11.2007 p. 157). Precedentes: STJ, CC 54.442-SP, *DJU* 08.05.2006; Rcl. 1.356/RJ, *DJU* 26.04.2004 e CC 35.933/RS, *DJU* 20.10.2003. No mesmo sentido: STJ, 2ª Seção, AgRg no CC 69.200/RJ, Rel. Min. Humberto Gomes de Barros, ac. 12.09.2007, *DJU* 24.09.2007, p. 241: "É competente para processar a execução de sentença quem a emitiu, ainda que, posteriormente, venha a lume norma constitucional estabelecendo novas regras de distribuição de competência".

Capítulo XLIX
TÍTULO JUDICIAL ILÍQUIDO

682. SENTENÇA ILÍQUIDA

O processo de conhecimento está preparado para atingir um provimento jurisdicional que ponha fim à controvérsia instalada entre as partes. É a sentença que cumpre essa função, realizando o acertamento da situação litigiosa. Com sua publicação o juiz apresenta o provimento devido aos sujeitos da lide e não pode mais revogá-la ou modificá-la (CPC/2015, art. 494). Considera-se solucionado o mérito da causa (art. 487).

Eliminado o litígio com o acertamento da relação jurídica entre as partes, o direito reconhecido ao vencedor pode ser satisfeito voluntariamente pelo vencido, e não haverá mais ensejo para a atuação da Justiça. Mas, sem embargo do pronunciamento judicial, a pretensão do credor pode continuar insatisfeita. Surge, então, a necessidade de voltar perante os órgãos judiciários em busca de novas providências para que o direito proclamado na sentença seja tornado efetivo. Esta tarefa é a finalidade, o objeto da *execução forçada*, que outrora se promovia numa nova relação processual, independente e autônoma diante do processo de conhecimento, mas que, após a reforma do processo civil brasileiro, passou à categoria de simples incidente complementar da condenação.

As sentenças condenatórias, contudo, embora sejam as que tipicamente se destinam a ensejar a execução, nem sempre o fazem imediatamente. Se sempre declaram a certeza do crédito do vencedor, nem sempre são precisas quanto ao valor da dívida ou à individuação do objeto da prestação. Às vezes ficam apenas no campo da generalidade, sem descer à espécie do bem da vida a ser prestado.

Existem, nessa ordem de ideias, sentenças *líquidas* e sentenças *ilíquidas*.

683. EXECUÇÃO DA SENTENÇA ILÍQUIDA

Ilíquida é a sentença que não fixa o valor da condenação ou não lhe individua o objeto. Essa condição é incompatível com a índole do processo executivo que pressupõe, sempre, a lastreá-lo um título representativo de obrigação *certa*, *líquida* e *exigível* (CPC/2015, art. 783).

Como é sabido, a atividade própria da execução forçada não é de índole contraditória. Não se presta a medida de *acertamento* ou *definição* do direito substancial do exequente, mas apenas e tão somente de *realização* prática de uma situação jurídica, cuja certeza e legitimidade já se encontram demonstradas no *título executivo*. A cognição do juiz fica, destarte, limitada à comprovação de existência e perfeição do título *in limine litis*.

Como o juiz executivo não vai julgar, mas apenas realizar o conteúdo do título, é imprescindível que o conteúdo desse documento seja *líquido*, isto é, determinado especificamente quanto à *quantidade*, à *coisa*, ou ao *fato* devidos.

Daí a necessidade de recorrer o credor à prévia liquidação sempre que a sentença condene ao pagamento de quantia ilíquida (CPC/2015, art. 509). É que, sem a identificação exata do bem devido pelo condenado, a sentença ainda não produziu a *exigibilidade* da prestação para o vencedor e, portanto, o título executivo, embora dotado de certeza, ainda se acha incompleto, por carecer de *liquidez*, requisito que lhe será agregado por nova decisão no procedimento liquidatório, que ainda tem a natureza de atividade de conhecimento.

Essa providência é típica do título executivo judicial. Quanto aos documentos extrajudiciais, faltando-lhes a determinação exata da soma devida, perdem a própria natureza executiva e só podem ser cobrados pelo processo de cognição[1]. Não há, portanto, liquidação de título executivo extrajudicial.[2]

Embora o normal seja a liquidação acontecer logo após a sentença, a medida pode também se dar incidentalmente no curso da execução, em casos como o da conversão em perdas e danos de obrigação de fazer ou de entrega de coisa (arts. 809, § 2º e 816, parágrafo único).

684. LIQUIDAÇÃO DE SENTENÇA DECLARATÓRIA E DE OUTROS TÍTULOS JUDICIAIS

O título executivo judicial básico não é mais identificado com a sentença condenatória, mas sim com a decisão que reconheça "a exigibilidade de obrigação de pagar quantia, de fazer, de não fazer ou de entregar coisa" (CPC/2015, art. 515, I). Tanto faz, portanto, que a sentença seja condenatória, constitutiva ou declaratória. Se do seu conteúdo se extrair o reconhecimento judicial de uma obrigação a ser cumprida por uma das partes em relação à outra, configurado estará o título executivo judicial.

Como toda execução pressupõe certeza, liquidez e exigibilidade da obrigação (art. 783), a sentença declaratória, como qualquer das outras previstas no art. 515, somente terá força executiva quando contiver todos os elementos da relação jurídica obrigacional, ou seja, quando identificar partes, natureza e objeto da obrigação, tempo e demais condições para o seu cumprimento. Portanto, sentença que simplesmente declara a inexistência de uma relação jurídica ou a existência genérica de um dever jurídico, não pode ser qualificada como título executivo.

Quid juris se a sentença declaratória (ou a homologatória de um acordo) contiver todos os elementos da obrigação, mas não lhe fixar o valor devido? Admitir-se-á, sem dúvida, sua submissão ao procedimento de liquidação regulado nos arts. 509 a 512. É importante registrar que, coerentemente com a nova sistematização legal dos títulos executivos judiciais (art. 515), a disciplina da liquidação não se restringe às sentenças condenatórias genéricas. De fato o art. 509 dispõe que "quando a sentença condenar ao pagamento de quantia ilíquida, proceder-se-á a sua liquidação, a requerimento do credor ou devedor". Mas como o art. 515, I, conceitua o título executivo judicial sem levar em conta a natureza da sentença, também o procedimento liquidatório é traçado para ser aplicado a qualquer sentença – e não apenas à condenatória – que acerte a existência de uma obrigação sem determinar o respectivo valor.[3]

---

[1] REIS, José Alberto dos. *Processo de Execução*. Coimbra: Coimbra Editora, 1943, v. I, n. 54, p. 177.

[2] Aqueles que advogam a possibilidade de liquidação de título extrajudicial, o fazem encaminhando o caso para uma ação autônoma, que culminaria, na verdade, numa sentença condenatória (ARAÚJO, Luciano Vianna. A ação de liquidação de título executivo extrajudicial. *Revista de Processo*, n. 229, São Paulo, 2014, p. 225). Ao contrário da sentença genérica, a certeza da obrigação retratada no título extrajudicial não estaria imune à controvérsia e ao julgamento de mérito na pretensa "ação de liquidação". Logo, tudo não passaria de mera ação ordinária de cobrança em que, o título executivo líquido e certo gerado seria, em verdade, a sentença e, não, aquele extrajudicial que apenas funcionou como fundamento da ação cognitiva.

[3] "Caso a sentença declaratória contenha todos os elementos da obrigação, mas não faça referência ao valor devido, admitir-se-á a liquidação de tal sentença, tal como ocorre com a liquidação de sentença condenatória" (MEDINA, José Miguel Garcia. "A sentença declaratória como título executivo". *Revista de processo*, v. 136, p. 77, jun./2006).

685. CASOS DE ILIQUIDEZ DA SENTENÇA

A *iliquidez* da condenação pode dizer respeito à quantidade, à coisa, ou ao fato devidos. Nas dívidas de dinheiro, dá-se a iliquidez da sentença, em relação ao *quantum debeatur* quando:

a) condena ao pagamento de perdas e danos, sem fixar o respectivo valor;
b) condena em juros, genericamente;
c) condena à restituição de frutos, naturais ou civis;
d) condena o devedor a restituir o equivalente da coisa devida;
e) em lugar do fato devido, e a que foi condenado o devedor, o credor prefere executar o valor correspondente, ainda não determinado[4].

Em relação à *coisa devida*, a sentença é ilíquida quando condena: *a)* à restituição de uma universalidade de fato, como por exemplo na petição de herança; *b)* em obrigação alternativa[5].

Considera-se, finalmente, ilíquida a sentença, com relação ao *fato devido*, quando condena o vencido a obras e serviços não individualizados, tais como reparação de tapumes, medidas para evitar ruína, poluição ou perigo de dano a bens de outrem etc.

Como a lei reconhece força executiva não apenas às típicas sentenças condenatórias, cabível é, em determinados casos, a liquidação das sentenças declaratórias, constitutivas e homologatórias (CPC/2015, art. 515). Aliás, ao prever o cabimento da liquidação, o art. 509 não faz menção à sentença condenatória, mas genericamente à sentença que "condenar ao pagamento de quantia ilíquida", deixando claro que qualquer título executivo judicial pode submeter-se ao procedimento liquidatório.

Embora vários sejam os casos de iliquidez de sentença, o procedimento liquidatório especial regulado pelos arts. 509 a 512 do CPC/2015 cuida apenas das sentenças genéricas proferidas sobre obrigações de prestação em dinheiro, ou substituídas por prestação dessa espécie.

A iliquidez pode ocorrer no julgamento de qualquer modalidade de ação ou procedimento. Todavia, no procedimento sumário *ratione materiae*, previsto no art. 275, II, do CPC de 1973, e mantido temporariamente pelo art. 1.046, § 1º, do CPC/2015, a condenação pecuniária não pode ser ilíquida. Compete ao juiz proferir sempre condenação de valor determinado, valor que será definido segundo a prova disponível, ou o mesmo sendo imprecisa dita prova, caberá ao sentenciante fixá-lo "a seu prudente critério" (art. 475-A, § 3º, do CPC/1973). A mesma regra é adotada pela Lei 9.099/1995 em relação aos processos do Juizado Especial Cível, cujo art. 38, parágrafo único, dispõe que "não se admitirá sentença condenatória por quantia ilíquida, ainda que genérico o pedido".

686. NATUREZA JURÍDICA DA LIQUIDAÇÃO DA SENTENÇA

Na história do processo civil brasileiro, a liquidação de sentença já foi classificada como incidente da ação executiva, ou seja, como fase vestibular do próprio processo de execução (Código de 1939). No texto primitivo do Código de 1973 passou à categoria de "processo preparatório", anterior à instauração da execução forçada, desenvolvendo-se, ainda no plano do processo de conhecimento, mas em outra relação processual inaugurada após o encerramento

---

[4] LOPES DA COSTA, Alfredo de Araújo. *Direito Processual Civil Brasileiro*. 2. ed. Rio de Janeiro: Forense, 1959, v. IV, n. 73, p. 71, ed. 1959; CASTRO, Amílcar de. *Comentários ao Código de Processo Civil*. 2. ed. Rio de Janeiro: Forense, 1963, v. X, t. 1º n. 127, p. 130.

[5] LOPES DA COSTA, Alfredo de Araújo. *Op. cit.*, p. 72.

do processo principal que culminara com uma sentença genérica⁶. Somente após uma nova sentença é que, nos termos do antigo art. 611 do CPC/1973, o credor poderia propor a ação de execução da sentença. O julgado do procedimento liquidatório, configurava, portanto, uma sentença de natureza declaratória, necessária para completar o título executivo, já que antes dela, o credor ainda não contava com título de obrigação certa, líquida e exigível, para atender as exigências do art. 586 do CPC/1973.⁷

Tinha-se, na espécie, um *título* executivo *múltiplo*, porquanto integrado por mais de um documento e mais de uma declaração de vontade: assim é que a primeira sentença dava *certeza* ao direito do credor, e a segunda lhe adicionava a *liquidez* e, consequentemente, a *exigibilidade*⁸.

De tal arte, a sentença que fixava e determinava o objeto da condenação ilíquida era sentença de *mérito*, como aquela que a antecedera e ficara incompleta pela indeterminação do *quantum* ou do *quod debeatur*. Completando a atividade jurisdicional de conhecimento a sentença liquidatória fazia *coisa julgada material*, nos precisos termos dos arts. 467 e 468 do CPC/1973⁹.

Em conclusão, não mais se podia conceituar a liquidação como uma *fase* ou incidente da execução. Seu caráter era típico de um processo de conhecimento preparatório de uma futura execução forçada¹⁰.

A reforma do CPC de 1973 implantada pela Lei n. 11.232, de 22.12.2005, ao extinguir a *actio iudicati*, aboliu também, a liquidação como ação contenciosa cognitiva entre o encerramento do processo principal e a abertura do processo de execução. Assim como os próprios atos de cumprimento da sentença deixaram de ser objeto de ação separada (*actio iudicati*), também os atos de liquidação passaram à condição de simples incidente complementar da sentença condenatória genérica. Esse entendimento foi seguido pelo Código de 2015.

Não há mais uma nova sentença de mérito. A definição do *quantum debeatur* transmudou-se em simples decisão interlocutória de caráter complementar e com função integrativa. Tal como se fora um embargo de declaração, o decisório de liquidação simplesmente agrega o elemento faltante à sentença, isto é, o *quantum* a ser pago em função do débito já reconhecido no julgado ilíquido.

Isto não quer dizer que o julgamento do incidente não decida sobre o mérito da causa. Embora sob a forma de decisão interlocutória (CPC/2015, art. 1.015, parágrafo único), o tema enfrentado integra questão genuinamente de mérito, por versar sobre um dos elementos da lide. Não deixará, portanto, de produzir a coisa julgada material. Aliás, o atual Código desatrelou o conceito de coisa julgada material da sentença, reconhecendo-a, genericamente, a qualquer decisão de mérito não mais sujeita a recurso (art. 502).

Não ofende a coisa julgada a liquidação que, por meio de compensações, chegue a um saldo igual a zero ou negativo em desfavor daquele que tenha sido beneficiado com a sentença de procedência da pretensão condenatória. Ser reconhecido como credor de certa obrigação não exclui a possibilidade de compensação, mormente quando tal tenha sido previsto na sentença. Se o julgado é ilíquido, a apuração definitiva dos créditos de cada parte dependerá do

---

6 A liquidação é "o processo preparatório em que se determina o objeto da condenação, a fim de se dar ao vencido possibilidade de cumprir o julgado, e ao vencedor possibilidade de executá-lo depois de verificado o inadimplemento" (CASTRO, Amílcar de. *Op. cit.*, n. 127, p. 130).

7 AMARAL SANTOS, Moacyr. *Primeiras Linhas do Direito Processual Civil*. 4. ed. São Paulo: Saraiva, 1970, v. III, n. 823, p. 259.

8 CARNELUTTI, Francesco. *Istituzioni del Processo Civile Italiano*. 5. ed. Roma: Società Editrice del Foro Italiano, 1956, v. I, n. 175, p. 165.

9 TEIXEIRA, Sálvio Figueiredo. *Código de Processo Civil*. Rio de Janeiro: Forense, 1979, nota ao art. 609, p. 146.

10 LIMA, Alcides de Mendonça. *Comentários ao Código de Processo Civil*. Rio de Janeiro: Forense, 1974, v. VI, t. I, n. 128, p. 572.

procedimento liquidatório, cujo resultado era imprevisível ao tempo do julgamento do processo de conhecimento. O que se acertou na fase cognitiva foi apenas a existência do *an debeatur*, de sorte que o *quantum debeatur* somente passaria por acertamento através da liquidação da sentença. Nessa altura, é que será definido o crédito de cada um dos litigantes e apurado o saldo credor, que tanto poderá ser igual a zero (se os créditos recíprocos se igualarem), como poderá se revelar favorável ao autor ou ao réu.[11]

Outra situação interessante ocorre quando a sentença define a obrigatoriedade de indenização de determina dano, "mas nenhuma das partes está em condições de demonstrar a existência e extensão desse dano", caso em que "não é possível ao juízo promover a liquidação da sentença valendo-se, de maneira arbitrária, de meras estimativas". A orientação do STJ é no sentido de que "impossibilitada a demonstração do dano sem culpa de parte a parte, deve-se, por analogia, aplicar a norma do art. 915 do CPC/1939, extinguindo-se a liquidação sem resolução de mérito quanto ao dano cuja extensão não foi comprovada". Assim, facultar-se-á à parte interessada "o reinício dessa fase processual, caso reúna, no futuro, as provas cuja inexistência se constatou".[12]

Erro grave e lamentavelmente reiterado com certa frequência é o da sentença condenar ao pagamento de perdas e danos ou de lucros cessantes sem que a verificação de sua ocorrência tenha se dado na fase instrutória. Assim procedendo, o juiz condena a prestação incerta ou hipotética, uma vez que na liquidação pode-se chegar à certificação da inexistência de danos ou lucros indenizáveis, daí advindo aquilo que se costuma qualificar de "liquidação de saldo zero". A verdade é que tanto doutrina como jurisprudência ensinam que não cabe imposição de reparação hipotética, a pretexto de sentenciar de maneira ilíquida. Em torno de demanda da espécie, o STJ reiterou seu entendimento "no sentido de não admitir a indenização por lucros cessantes sem comprovação e, por conseguinte, rejeitar os lucros hipotéticos, remotos ou presumidos, incluídos nessa categoria aqueles que supostamente seriam gerados pela rentabilidade de atividade empresarial que sequer foi iniciada"[13].

687. A LIQUIDAÇÃO E OS HONORÁRIOS ADVOCATÍCIOS

O atual Código de Processo Civil, sem embargo de reconhecer que a execução de sentença não configura mais ação e que não passa de mero incidente processual, manteve sua sujeição a nova verba sucumbencial advocatícia, no art. 85, § 1º. Se assim é para o cumprimento e a impugnação, no caso de sentença líquida, assim também haverá de ser para o caso do incidente de liquidação da sentença genérica.

Importante ressaltar que, antes da Lei n. 11.232/2005, à época do CPC/1973, havia na jurisprudência controvérsia acerca da aplicação de nova verba honorária no procedimento de liquidação da sentença genérica.

---

[11] Chegar na liquidação à conclusão de que *o quantum debeatur* é zero, "de forma alguma, significa inobservância da coisa julgada". Ou seja, a situação, "ainda que não desejada, tem o condão de adequar à realidade uma sentença condenatória que por ocasião de sua liquidação, mostra-se vazia, por quanto não demonstrada sua quantificação mínima e, por conseguinte, sua própria existência" (STJ, 3º T., REsp 1.011.733/MG, Rel. Min. Massami Uyeda, ac. 1º.09.2011, *DJe* 26.10.2011). "Não comprovada a extensão do dano (*quantum debeatur*), possível enquadrar-se em liquidação com 'dano zero', ou 'sem resultado positivo', ainda que reconhecido o dever da União em indenizar (*an debeatur*)" (STJ, 1ª Seção, REsp 1.347.136/DF – Recurso repetitivo – temas 613-733, Rel. Min. Eliana Calmon, ac. 11.12.2013, *DJe* 07.03.2014).

[12] STJ, 3ª T., REsp 1.280.949/SP, Rel. Min. Nancy Andrighi, ac. 25.09.2012, *DJe* 03.10.2012.

[13] STJ, 3ª T., REsp 1.750.233/SP, Rel. Min. Nancy Andrighi, ac. 05.02.2019, *DJe* 08.02.2019. No mesmo sentido: "O suposto prejuízo sofrido pelas empresas possui natureza jurídica dupla: danos emergentes (dano positivo) e lucros cessantes (dano negativo). Ambos exigem efetiva comprovação, não se admitindo indenização em caráter hipotético, ou presumido, dissociada da realidade efetivamente provada. Precedentes" (STJ, 1ª Seção, REsp 1.347.136/DF, *cit.*).

Na liquidação por arbitramento, o STJ entendia que não era o caso de honorários advocatícios, porquanto a disputa se limitava ao quantitativo da condenação e não à sua qualidade[14]. Na liquidação por artigos (hoje denominada liquidação pelo procedimento comum), chegou-se a decidir que o cunho de maior contenciosidade permitia a imposição de novos honorários à parte sucumbente[15]. Havia, contudo, decisões em sentido contrário[16].

Tendo a liquidação perdido o caráter de um novo e separado procedimento para se tornar um simples incidente do procedimento ordinário, tanto que o art. 1.015, parágrafo único, do CPC/2015 prevê a interposição de agravo de instrumento contra as decisões proferidas na fase de liquidação de sentença, passamos a entender que não haveria mais razão para se pretender aplicar a verba sucumbencial advocatícia, na espécie. Com efeito, a condenação em honorários ocorria apenas na sentença do processo de conhecimento (CPC/1973, art. 20, *caput*)[17] e na execução resistida ou não (CPC/1973, art. 20, § 4º). Os incidentes e recursos desse tipo de processo, julgados por decisão interlocutória não dariam lugar à aplicação de tal sanção[18]. Daí a conclusão de que no sistema da liquidação embutida no processo condenatório, não se poderia aplicar a verba de honorários advocatícios prevista no art. 20 do CPC/1973.

Força é notar que a orientação adotada pelo Superior Tribunal de Justiça, no tocante ao incidente de cumprimento da sentença e de liquidação da condenação genérica, tomou rumo diferente daquele que havíamos preconizado, o qual veio a prevalecer no art. 85, § 1º, do CPC/2015. Observe-se, porém, que o dispositivo em questão prevê os honorários sucumbenciais cumulativos nas causas incidentais apenas em relação à reconvenção, ao cumprimento de sentença e nos recursos. Nele, portanto, não se incluiu a liquidação das decisões genéricas. Para esta modalidade de procedimento, a imposição da verba honorária só encontra justificativa quando a liquidação assume a forma de processo comum, dado que nesse caso, a contenciosidade é da essência do procedimento.

Conservou-se, de tal sorte, o antigo posicionamento do STJ, segundo o qual na liquidação por arbitramento, como mero acertamento de valores, não há em regra sucumbência e, portanto, descabe a imposição de honorários de advogado. Já na liquidação pelo procedimento comum, em que por regra se registra contenciosidade, podendo divisar-se parte vencida e parte vencedora, justifica-se a aplicação do encargo advocatício.[19]

Entende, todavia, Araken de Assis, que não se deva conservar a tese do STJ, porque, dentro do espírito do atual Código, a verba advocatícia há de ser imposta para remunerar "todo trabalho suplementar do advogado". E ademais, a seu juízo, o entendimento velho não se harmonizaria com o princípio da causalidade previsto no art. 85, *caput*, do CPC/2015.[20]

De qualquer modo, para se cogitar de sucumbência, seja para o fim de honorários de advogado, seja para justificar a remessa necessária (nos casos de participação da Fazenda Pública), é indispensável que a liquidação tenha sido impugnada, pois somente na solução de pontos

---

[14] STJ, 4ª T., REsp 276.010/SP, Rel. Min. Sálvio de Figueiredo Teixeira, ac. 24.10.2000, *RSTJ* 142/387; STJ, 3ª T., REsp. 39.371/RS, Rel. Min. Nilson Naves, ac. 08.08.1994, *DJU* 24.10.1994, p. 28.753.

[15] STJ, 3ª T., REsp 7.489/SP, Rel. Min. Dias Trindade, ac. 20.03.1991, *DJU* 22.04.1991, p. 4.787; STJ, Corte Especial, EREsp 179.355/SP, Rel. Min. Barros Monteiro, ac. 17.10.2001, *RSTJ* 164/34.

[16] STJ, 3ª T., REsp. 29.151/RJ, Rel. Min. Nilson Naves, ac. 20.09.1994, *RSTJ* 76/162.

[17] CPC/2015, art. 85, *caput*.

[18] STF, 1ª T., RE 97.031/RJ, Rel. Min. Alfredo Buzaid, ac. 05.11.1982, RTJ 105/388; STJ, 4ª T., REsp 40.879/SP, Rel. Min. Fontes de Alencar, ac. 05.04.1994, *RSTJ* 63/405, STJ, 1ª T., REsp 3.925/SE, Rel. Min. Armando Rolemberg, ac. 20.08.1990, *RSTJ* 13/419.

[19] STJ, Corte Especial, EREsp. n. 179.355/SP, Rel. Min. Barros Monteiro, *DJU* 11.03.2002; STJ, 4ª T., REsp. n. 276.010/SP, Rel. Min. Sálvio de Figueiredo, ac. 24.10.2000, *RSTJ* 142/387.

[20] ASSIS, Araken de. *Manual da execução cit.*, 18. ed., n. 63.4, p. 429.

controvertidos (*i. e.*, de questões) é possível divisar vencidos e vencedores (Lei n. 9.494/1997, art. 1º-D).[21] Logo, se o incidente complementar da condenação ilíquida transcorre livre de qualquer resistência ou questionamento, de parte à parte, inexistirá justificativa para outra verba honorária, a par daquela constante na sentença[22].

688. LIMITES DA LIQUIDAÇÃO

A decisão de liquidação é um simples complemento da sentença de condenação[23]. O procedimento preparatório da liquidação não pode ser utilizado como meio de ataque à sentença liquidanda, que há de permanecer intacta. Sua função é apenas a de gerar uma decisão declaratória do *quantum debeatur* que, na espécie, já se contém na sentença genérica, e que é proferida em complementação desta[24].

Por isso, o Código é taxativo ao dispor que "na liquidação é vedado discutir de novo a lide ou modificar a sentença que a julgou" (CPC, art. 509, § 4º). Essa vedação compreende tanto a redução e a ampliação da condenação genérica, como a substituição do objeto da sentença[25].

Não se deve nunca perder de vista o conceito que o Código faz da sentença, considerando-a solenemente como portadora da "força de lei nos limites da questão principal expressamente decidida" (art. 503, *caput*) e tornando-a imutável e indiscutível após o trânsito em julgado (art. 502).

A restrição do art. 509, § 4º, todavia, não atinge os juros, nas dívidas de dinheiro ou que se reduzem a dinheiro, porque nas condenações a elas referentes considera-se implicitamente contida a verba acessória dos juros, nos termos do art. 322, § 1º. Dessa forma, "incluem-se os juros moratórios, na liquidação, embora omisso o pedido inicial ou a condenação" (*Súmula* n. 254 do STF).[26] O mesmo é de observar-se com a correção monetária, prevista no art. 389 do

---

[21] "De acordo com o art. 1º-D da Lei 9.494/1997, caso a Fazenda Pública não se oponha à execução, não serão devidos honorários advocatícios (cf. STJ, AgRg no REsp. 642.947/RS, 2ª T., j. 26.6.2007, Rel. Min. João Otávio de Noronha)" (MEDINA, José Miguel Garcia. *Novo Código de Processo Civil comentado cit.*, p. 845). Se assim é no caso do cumprimento de sentença e na execução do título extrajudicial, não há razão para ser diferente no incidente de liquidação de sentença.

[22] " Sempre que a liquidação por arbitramento assumir nítido caráter contencioso, cabe a fixação de honorários advocatícios". Porém, adverte o acórdão, "na liquidação por arbitramento, a perícia decorre do próprio procedimento fixado pelo art. 475-D do CPC [art. 510 do CPC/2015], e não de eventual insurgência do réu, de sorte que não se pode relacionar sua realização com a existência de litigiosidade. Tanto é assim que, mesmo na hipótese do réu manter-se inerte após ser cientificado acerca da liquidação por arbitramento, deverá o Juiz nomear perito para quantificação da obrigação contida no título executivo judicial" (STJ, 3ª T., REsp 1.084.907/SP, Rel. Min. Nancy Andrighi, ac. 23.02.2010, *DJe* 05.03.2010. No mesmo sentido: STJ, 4ª T., AgRg no AREsp 269.224/RJ, Rel. Min. Marco Buzzi, ac. 03.05.2016, *DJe* 12.05.2016). Todavia, "uma vez estabelecida a resistência da parte ré na liquidação de sentença por arbitramento, devida a estipulação de honorários advocatícios, nos termos do art. 20, § 4º, do CPC" [art. 85, § 1º] (STJ, 4ª T., AgRg no REsp 1.195.446/PR, Rel. Min. Aldir Passarinho Júnior, ac. 08.02.2011, *DJe* 24.02.2011).

[23] LOPES DA COSTA, Alfredo de Araújo. *Direito Processual Civil Brasileiro.* 2. ed. Rio de Janeiro: Forense, 1959, v. IV, n. 75, p. 73.

[24] AMARAL SANTOS, Moacyr. *Op. cit.*, n. 827, p. 262.

[25] "Na verdade, conferir à presente liquidação contornos mais abrangentes daqueles gizados na ação de resolução parcial do contrato, dissonante, portanto, de seu objeto, tal como pretendido pelo ora recorrente, redundaria, inequivocamente, à tangibilidade da coisa julgada, o que não se afigura, na espécie, permitido" (STJ, 3ª T., REsp 1.011.733/MG, Rel. Min. Massami Uyeda, ac. 01.09.2011, *DJe* 26.10.2011).

[26] Quando se trata, porém, de *juros sobre capital próprio*, regulados pela legislação especial das sociedades anônimas, o STJ, em regime de recursos repetitivos (CPC/1973, art. 543-C – CPC/2015, art. 1.036) fixou o seguinte entendimento: "admite-se a condenação ao pagamento de dividendos e juros sobre capital próprio independentemente de pedido expresso"; mas, descabe incluir tais juros no cumprimento da sentença,

CC, que é um complemento legal ou necessário de qualquer sentença condenatória e que, por isso mesmo, independe de pedido do autor ou de declaração expressa da sentença.

Tratando-se de obrigação legal, a verba de honorários advocatícios sucumbenciais, quando omitida na sentença, poderia ser apurada na liquidação, tal como a dos juros. Entretanto, a jurisprudência consolidada do STJ é no sentido de que "os honorários sucumbenciais, quando omitidos em decisão transitada em julgado, não podem ser cobrados em execução ou em ação própria" (Súmula n. 453 do STJ).

Embora o atual Código não tenha acolhido integralmente o entendimento do STJ, pois admite o ajuizamento de ação autônoma na hipótese, parece que também não permitiu a cobrança dos honorários omitidos em execução, uma vez que dispôs, expressamente, no art. 85, § 18 que "caso a decisão transitada em julgado seja omissa quanto ao direito aos honorários ou ao seu valor, *é cabível ação autônoma* para sua definição e cobrança". Assim, ao que tudo indica, se a parte não interpuser embargos declaratórios para suprir a lacuna, antes da formação da coisa julgada, não poderá pleitear a inclusão dos honorários na ulterior liquidação de sentença.

De qualquer forma, o princípio básico a observar é que a liquidação deve respeitar critério de interpretação estrita da sentença, não cabendo nesse estágio do processo dar à coisa julgada mais do que nela se contém por meio de inadequada exegese extensiva[27]. Exemplo de ofensa aos limites da sentença liquidanda, o STJ identificou no caso em que o tribunal de origem, diante da comprovação de inexistência dos lucros cessantes previstos na sentença ilíquida, apurou o *quantum debeatur* segundo aquilo que seria a eventual perda de uma chance. Depois de fazer a correta e precisa distinção entre lucros cessantes (baseados na "certeza da vantagem perdida") e a perda de uma chance (mera "probabilidade perdida de se auferir uma vantagem"), aquela Alta Corte, diante "do confronto entre o título executivo judicial – que condenou a ré a indenização por lucros cessantes – e o acórdão recorrido – que [na liquidação] calculou o valor da indenização com base na teoria perda de uma chance" –, chegou à conclusão de que da confusão criada pelo acórdão recorrido, se extrai a "configuração de ofensa à coisa julgada"[28].

Está assente, contudo, que a vedação de inovação do julgado liquidando não impede que, na fase de definição do *quantum debeatur*, se proceda à interpretação do alcance da sentença, de modo a emprestar-lhe efeito útil e torná-la exequível, até mesmo complementando-a, em caso como aquele em que na liquidação se fixa o *dies a quo* da multa cominatória aplicada pela sentença sem esclarecimento desse dado[29]. O que não se admite são modificações, que a pretexto de liquidar a sentença, de fato procuram corrigir erros ou injustiças imputados ao decisório transitado em julgado[30].

---

sem que esta os tenha previsto. (STJ, 2ª Seção, REsp. 1.373.438/RS, Rel. Min. Paulo de Tarso Sanseverino, ac. 11.06.2014, *DJe* 17.06.2014).

[27] STJ, 2ª Seção, AR 3.150/MG, Rel. p/ac Min. Ari Pargendler, ac. 28.11.2007, *DJe* 21.11.2008.

[28] STJ, 3ª T., REsp 1.750.233/SP, Rel. Min. Nancy Andrighi, ac. 05.02.2019, *DJe* 08.02.2019.

[29] STF, 2ª T., RE 85.263/RJ, Rel. Min. Leitão de Abreu, ac. 23.08.1977, *DJU* 17.10.1977, p. 7.209, *RTJ* 83/493; STF, 1ª T., AI 135.022 AgR/DF, Rel. Min. Sepúlveda Pertence, ac. 25.07.1991, *DJU* 09.08.1991, *RT* 679/255.

[30] STJ, 3ª T., REsp 13.746/PR, Rel. p/ac. Min. Waldemar Zveiter, ac. 29.10.1991, *DJU* 13.04.1992, p. 4.996, *RSTJ* 32/394. Na verdade, "o juízo de liquidação pode interpretar o título formado na fase de conhecimento, com o escopo de liquidá-lo, extraindo-se o sentido e alcance do comando sentencial mediante integração de seu dispositivo com a sua fundamentação, mas, nessa operação, nada pode acrescer ou retirar, devendo apenas aclarar o exato alcance da tutela antes prestada" (STJ, 3ª T., AgInt no REsp 1.599.412/BA, Rel. Min. Nancy Andrighi, ac. 06.12.2016, *DJe* 24.02.2017).

689. CONTRADITÓRIO

O devedor é sempre ouvido na liquidação, que segue a forma de um contraditório perfeito. Poderá defender-se, combatendo excessos do credor e irregularidades na apuração do *quantum debeatur*. Tal defesa não se confunde com os embargos à execução e, por isso mesmo, pode ser produzida independentemente de penhora.

Aliás, é bom lembrar que a impugnação oposta ao cumprimento da sentença, após a sua liquidação, não pode reabrir discussão sobre as questões solucionadas na decisão liquidatária. Sobre seu conteúdo incide a *res iudicata*, de maneira que à impugnação do devedor só resta a matéria do art. 525, § 1º, do CPC/2015.

690. LIQUIDEZ PARCIAL DA SENTENÇA

Pode ocorrer que uma só sentença condene o vencido a uma parcela líquida e outra ilíquida, como é comum acontecer nas reparações do dano provocado em colisão de automóveis, onde quase sempre se determina o ressarcimento do valor exato das despesas de oficina e mais os prejuízos da paralisação do automóvel a serem estimados em liquidação do julgado.

Em tais hipóteses, é direito do credor, desde logo, executar a parte líquida da sentença. Poderá, também, facultativamente, propor em paralelo a liquidação da parte ilíquida.

São, no entanto, dois procedimentos distintos e de objetos totalmente diversos, que poderão, em suas marchas processuais, inclusive dar ensejo a provimentos e recursos diferentes e inconciliáveis. Deverão, por isso, correr em autos apartados: a execução nos autos principais, e a liquidação em autos apartados formados com cópias das peças processuais pertinentes (CPC/2015, art. 509, § 1º).[31]

Observe-se, porém, que o ajuizamento simultâneo é uma faculdade apenas do credor, que, por isso, poderá preferir liquidar primeiro a parte ilíquida e depois ajuizar a execução, de uma só vez, sobre toda a condenação.

691. LIQUIDAÇÃO POR INICIATIVA DO VENCIDO

O devedor tem não apenas o dever de cumprir a condenação, mas também o direito de liberar-se da obrigação. Por esse motivo, o CPC atual foi expresso em autorizar a liquidação pelo devedor: "quando a sentença condenar ao pagamento de quantia ilíquida, proceder-se-á à sua liquidação, *a requerimento do credor ou do devedor*" (art. 509, *caput*).

Sendo a liquidação um processo preparatório da execução, e também um meio de propiciar ao devedor a solução de sua obrigação, e se o credor permanece inerte após a sentença condenatória, não se pode recusar ao devedor a faculdade de tomar a iniciativa de propor a liquidação, assumindo posição ativa no procedimento. Daí a ressalva expressa quanto à legitimidade do devedor, feita pelo CPC/2015 (art. 509).

692. RECURSOS

Com a simplificação do procedimento de cumprimento da sentença, o decisório que julga o incidente de liquidação, em qualquer de suas formas (arbitramento ou procedimento comum), passou a configurar *decisão interlocutória*, cuja impugnação recursal haverá de ser feita por agravo de instrumento (CPC/2015, art. 1.015, parágrafo único). Tal recurso é desprovido de

---

[31] LIMA, Alcides de Mendonça. *Comentários ao Código de Processo Civil*. Rio de Janeiro: Forense, 1974, v. VI, t. II, n. 920, p. 413.

efeito suspensivo (art. 995), de sorte a não impedir os atos subsequentes de cumprimento da sentença liquidada.

Não só da decisão final do incidente de liquidação, mas também das questões resolvidas incidentalmente no curso da liquidação, caberá o agravo de instrumento (art. 1.015, parágrafo único). Tanto aquela como estas são decisões interlocutórias em relação à fase do processo de conhecimento que se segue à sentença e precede à fase de cumprimento do julgado principal.

Nos atos preparatórios da execução de títulos extrajudiciais não há lugar para o procedimento específico de liquidação disciplinado pelos arts. 509 a 512. É comum, no entanto, discussão e deliberação acerca dos cálculos de atualização do valor executado com fundamento em títulos extrajudiciais. O caso, também, é de decisão interlocutória atacável por agravo de instrumento, se a controvérsia não se travar no bojo dos embargos do devedor[32]. Somente nesta última hipótese é que se há de admitir apelação, porque os embargos se encerram, realmente, por meio de uma sentença.

Também não tem sentido, a exigência de um procedimento liquidatório sujeito à sentença de mérito e duplo grau de jurisdição, quando o título judicial contém condenação de valor certo sujeito apenas a juros e correção monetária, por índices certos ou oficiais. Ditos acessórios que variam dia a dia não retiram da condenação o caráter de liquidez. Devem, por isso, ser apurados no curso do processo, no momento da satisfação efetiva do direito do credor, por simples cálculo aritmético. Tal como se passa em relação ao título executivo extrajudicial, devem ser tratados e solucionados, quando houver alguma controvérsia a seu respeito, em simples decisões interlocutórias, sem procrastinação dos atos executivos normais. Exigir o julgamento de cálculos desse tipo por sentença antes do início da execução é um formalismo inútil e sem qualquer sentido prático, pois, ao efetuar-se a citação executiva, o cálculo prévio do *quantum debeatur* já estará inevitavelmente defasado.

693. LIQUIDAÇÃO FRUSTRADA

Quando o promovente não fornece os elementos necessários à apuração do *quantum debeatur*, ou quando promove a liquidação por meio inadequado (arbitramento em lugar do procedimento comum, por exemplo), o processo fica frustrado, por não alcançar o seu objetivo, que é a definição precisa do objeto da condenação.

In casu, não ocorre improcedência do pedido, mas sim extinção do processo sem julgamento do mérito, que será reconhecida por sentença. Esse julgamento acarretará o ônus das custas para o credor, mas não impedirá que ele proponha nova liquidação[33], porque não haverá coisa julgada material.[34]

Esta, também, será a solução quando, tentada a liquidação pelo procedimento comum, não se conseguir a prova dos fatos necessários para a definição do *quantum debeatur*.[35] Extin-

---

[32] TAMG, Apel. 19.995, voto do Juiz Humberto Theodoro Jr., Apel. 19.866, rel. Juiz Sálvio de Figueiredo, *in ADV-Inf. Semanal* n. 14/1982, n. 8.971; STJ, Emb. Div. em REsp. n. 16.541-0/SP, Rel. Min. Costa Leite, ac. de 12.11.92, *in RSTJ*, 42/385.

[33] TAMG, ac. de 18.05.73, na Apel. 3.958, *in D. Jud. de M. Gerais*, de 11.09.74; TJSP, Apel. 154.930-2, Rel. Des. Pinto de Sampaio, ac. de 07.08.90, *in RJTJSP*, 129/123; STJ, 3ªT., AgRg no REsp 373.891/SP, Rel. Min. Humberto Gomes de Barros, ac. 18.8.2005, *DJU* 12.9.2005, p. 315.

[34] Súmula 344 do STJ: "a liquidação por forma diversa da estabelecida na sentença não ofende a coisa julgada".

[35] "Na hipótese em que a sentença fixa a obrigatoriedade de indenização de determinado dano, mas nenhuma das partes está em condições de demonstrar a existência e extensão desse dano, não é possível ao juízo promover a liquidação da sentença valendo-se, de maneira arbitrária, de meras estimativas. Impossibilitada a demonstração do dano sem culpa de parte a parte, deve-se, por analogia, aplicar a norma do art. 935 do CPC/1939, extinguindo-se a liquidação sem resolução do mérito quanto ao dano cuja extensão não foi

guir-se-á o processo liquidatório e, à falta de outros meios, proceder-se-á a sua reabertura sob a forma de *liquidação por arbitramento*, para não se transformar em inexequível a sentença condenatória genérica que já apurou e declarou a existência da obrigação do vencido[36]. Ao devedor, porém, será admissível opor-se ao arbitramento, assumindo o ônus de provar os fatos necessários à quantificação da obrigação de maneira precisa, evitando assim sua mera estimativa. É importante lembrar que o direito de liquidar a sentença genérica não é exclusivo do credor e cabe igualmente ao devedor (CPC/2015, art. 509, *caput, in fine*).

A rigor não deveria acontecer liquidação negativa, ou seja, sem saldo algum a favor do credor, pois a condenação, se pode ser genérica, não pode, entretanto, ser hipotética. Ao juiz é dado condenar sem conhecer exatamente o montante do débito a ser satisfeito; não lhe cabe, porém, condenar sem saber se existe o débito. A liquidação, na verdade, pressupõe certeza da obrigação já definida no julgamento anterior. Não obstante, é possível que a previsão do juiz falhe e ao liquidar-se a condenação genérica, se chegue justamente à conclusão de que nada há a ser pago pelo réu ao autor.[37] É o que se passa, por exemplo, quando ao se compensarem os danos a indenizar com benfeitorias a ressarcir, se chega à ausência de saldo em favor da parte promovente da liquidação; ou quando ao se quantificar os efeitos dos fatos cogitados na sentença se apure lucro em vez de prejuízo.

A sentença liquidatória, em tal situação, encerrará o processo declarando a inexistência de crédito em prol da parte que o promoveu. Não se terá, todavia, frustrado a liquidação, visto que, de qualquer modo, estará definitivamente acertada entre as partes a situação imprecisa decorrente da condenação genérica.

693.1. Inviabilidade da liquidação de danos apenas hipotéticos

Muitas vezes a sentença ilíquida é pronunciada sem a efetiva apuração da existência dos danos apontados genericamente pela parte. Não são raros os casos, por exemplo, em que se postula reparação dos lucros cessantes apenas porque a obra contratada não foi realizada; e a sentença acolhe o pedido relegando para a fase de liquidação a apuração e quantificação de tais lucros, cuja existência não foi objeto de comprovação adequada antes da condenação.

A jurisprudência tem, a propósito, posição firme no sentido de que "não se admite a indenização de lucros cessantes sem a efetiva comprovação, rejeitando-se lucros presumidos ou

---

comprovada, facultando-se à parte interessada o reinício dessa fase processual, caso reúna, no futuro, as provas cuja inexistência se constatou" (STJ, 3ª T., REsp. 1.280.949/SP, Rel. Min. Nancy Andrighi, ac. 25.09.2012, DJe 03.10.2012).

[36] "As alterações no método de liquidação não podem ser realizadas *ad aeternum*, pois inviabilizariam não só o exercício da função jurisdicional, mas também a pretensão da parte credora, o que atenta contra o princípio da segurança jurídica e viola o ditame legal constante do art. 4º do NCPC". Por isso, depois de fixado definitivamente o critério a ser observado diante das dificuldades do caso concreto, ter-se-á a preclusão formada pela coisa julgada formal, após a qual impedirá outra alteração do regime de liquidação (STJ, 4ª T., REsp 1.538.301/PE, Rel. p/ac. Min. Marco Buzzi, ac. 04.04.2017, DJe 23.05.2017).

[37] "Na hipótese de sentença condenatória ao pagamento de lucros cessantes, em que se postergou a apuração para a liquidação de sentença, não há nenhuma ilegalidade em que os cálculos sejam negativos, mormente quando se trata de sociedade que apresentou, no período dos cálculos, resultado negativo, e não lucro. O que se veda na hipótese de lucros cessantes é a liquidação da sentença baseada em estimativas não condizentes com a realidade vivenciada pela empresa ou a apuração com base em elementos outros que não decorram do dano sofrido" (STJ, 3ª T., EDcl no REsp. 1.383.187/PR, Rel. Min. João Otávio de Noronha, ac. 07.10.2014, DJe 04.11.2014). No mesmo sentido: "5. Quando reconhecido o direito à indenização (*an debeatur*), o *quantum debeatur* pode ser discutido em liquidação da sentença por arbitramento, em conformidade com o art. 475-C do CPC [1973]. 6. Não comprovada a extensão do dano (*quantum debeatur*), possível enquadrar-se em liquidação com "dano zero", ou "sem resultado positivo", ainda que reconhecido o dever da União em indenizar (*an debeatur*)" (STJ, 1ª Seção, REsp. 1.347.136/DF, Rel. Min. Eliana Calmon, ac. 11.12.2013, DJe 07.03.2014).

hipotéticos, dissociados da realidade efetivamente comprovada. Ainda que reconhecido o direito de indenizar, 'não comprovada a extensão do dano (*quantum debeatur*), possível enquadrar-se em liquidação com *dano zero*, ou *sem resultado positivo*' (REsp 1.347.136/DF, processado sob o regime do art. 543-C do CPC/1973, Rel. Min. ELIANA CALMON, PRIMEIRA SEÇÃO, *DJe* de 07.03.2014)".[38]

Entre os casos de admissibilidade de lucros cessantes, inclui-se na jurisprudência do STJ, aquele em que o empreendimento frustrado sequer atingiu o estágio de operação, inviabilizando previsão nem mesmo razoável e objetiva de lucro, que pudesse propiciar parâmetro anterior e concreto "capaz de configurar a potencialidade de lucro"[39].

694. PROCEDIMENTOS POSSÍVEIS

O processamento da liquidação faz-se, ordinariamente, nos próprios autos da ação condenatória. Quando, porém, couber a execução provisória (CPC/2015, arts. 520 e 1.012, § 2º), liquida-se a sentença em autos apartados formados com cópias de peças processuais pertinentes (art. 512). Assim também se procede quando a sentença contém parte líquida e parte ilíquida, porque o credor tem direito de promover, paralelamente, o cumprimento da condenação já liquidada na sentença e a liquidação da sua parte genérica (art. 509, § 1º).

Nos casos de liquidação e execução, parciais e simultâneas, de um só julgado, os pedidos devem ser formulados e processados separadamente. Procedimentos de conhecimentos e de execução não podem ser acumulados simultaneamente num só feito, como é óbvio.

O procedimento da liquidação de sentença variará conforme a natureza das operações necessárias para fixação do *quantum debeatur* ou do *quod debeatur*.

Para tanto, prevê o Código duas modalidades distintas de liquidação:

a) liquidação por arbitramento (art. 509, I);
b) liquidação pelo procedimento comum (art. 509, II).

Na estrutura de cumprimento da sentença, adotada pelo atual Código de Processo Civil, a exemplo do Código de 1973, a liquidação não se dá mais por meio de nova relação processual. Resume-se a simples incidente do processo em que houve a condenação genérica. Por isso, não há mais citação do devedor, mas simples intimação de seu advogado para acompanhar os atos de definição do *quantum debeatur* requeridos pelo credor (arts. 510 e 511). Se o réu for revel e não tiver patrono nos autos, nenhuma intimação lhe será feita, porque, na sistemática do art. 346 o feito corre independentemente de intimação da parte ausente, enquanto não intervier no processo, sendo suficiente a publicação do ato decisório no órgão oficial (CPC/2015, art. 346, *caput*).

695. LIQUIDAÇÃO POR CÁLCULO

O atual CPC, seguindo a orientação da legislação anterior, dispõe, em seu art. 509, § 2º, que o próprio credor promova, desde logo, o cumprimento da sentença, quando o *quantum*

---

[38] STJ, 4ª T., AgInt nos EDcl no AREsp 110.662/SP, Rel. Min. Lázaro Guimarães, ac. 05.06.2018, *DJe* 12.06.2018. No mesmo sentido: STJ, 3ª T., REsp 1.658.754/PE, Rel. Min. Ricardo Villas Bôas Cueva, ac. 14.08.2018, *DJe* 23.08.2018.
[39] STJ, 3ª T., REsp 846.455/MS, Rel. p/ac. Min. Sidnei Beneti, ac. 10.03.2009, *DJe* 22.04.2009. No mesmo sentido: STJ, 4ª T., AgInt no AREsp 964.233/SP, Rel. p/ac. Min. Maria Isabel Gallotti, ac. 04.04.2017, *DJe* 23.05.2017.

depender de meros cálculos.[40] Como é cediço, já sob a égide do Código de 1973, foi abolida a judicialidade da liquidação por simples cálculos, para as hipóteses em que a apuração do *quantum debeatur* se fazia por meio de operações aritméticas sobre dados já conhecidos no processo (juros, gêneros e títulos cotados em bolsa). Entretanto, segundo entendimento do Superior Tribunal de Justiça, "o fato de os cálculos aritméticos serem de alguma complexidade e de resultarem em valor significativo, por si só, não impede a liquidação da forma do art. 475-B do CPC [1973; CPC/2015, art. 509, § 2º]".[41]

Obviamente, embora o atual Código não determine de forma expressa, o credor deverá elaborar o demonstrativo do montante da dívida na data da instauração da execução, desde, é claro, que tudo se faça mediante simples cálculo aritmético. Para esse fim, o requerimento de cumprimento da sentença será instruído com "demonstrativo discriminado e atualizada do crédito" (CPC/2015, art. 524, *caput*).

Se, eventualmente, o executado não aceitar o cálculo do credor, terá de impugná-lo com fundamento em excesso de execução (CPC/2015, art. 525, § 1º, V). Sendo material o erro ocorrido, poderá ser corrigido em qualquer tempo, já que a respeito de tais lapsos não se opera a preclusão, ainda que o cálculo tivesse sido homologado judicialmente[42], providência hoje totalmente dispensada pela lei. Não se pode, outrossim, aceitar que o devedor impugne laconicamente o cálculo do credor. Assim como o exequente tem o ônus de discriminar a formação do montante do seu crédito, também o executado, para atacá-lo, terá de apontar, analiticamente, o saldo que entende correto (art. 525, § 4º).

Como a lei marca um prazo (15 dias) para o devedor cumprir a prestação a que foi condenado (art. 523), a ele também cabe a elaboração da memória de cálculo, se o credor não a diligenciar antes do referido termo. É bom lembrar que o devedor tem não só a obrigação de pagar a prestação devida, mas também tem o direito de fazê-lo, para se libertar do vínculo jurídico que o prende ao credor. É de se ressaltar, ainda, que o não pagamento no prazo legal (*tempus iudicati*) acarreta-lhe pesada sanção representada pela multa de 10% prevista no art. 523, § 1º. Daí seu legítimo interesse em providenciar tempestivamente o cálculo necessário ao cumprimento da sentença[43].

O Código atual inovou ao determinar que o Conselho Nacional de Justiça desenvolva e coloque à disposição dos interessados programa de atualização financeira, a fim de uniformizar os cálculos para todos os tribunais e foros nacionais (art. 509, § 3º). Até então, à falta

---

[40] "2. – A sentença que determina o montante a ser pago (duzentas e noventa e seis vezes o valor do salário da vítima no mês de seu falecimento) não é ilíquida, uma vez que o valor do salário da vítima, empregado da agravante, pode ser por esta apresentado para a realização do cálculo. 3. – O salário da vítima não é fato novo e tampouco fora definido após a prolação de sentença, não sendo, pois, cabível a realização de liquidação por artigos, já que possível a definição exata do valor devido por simples cálculo aritmético" (STJ, 3ª T., AgRg no Ag. 1.401.781/BA, Rel. Min. Sidenei Beneti, ac. 28.06.2011, *DJe* 01.07.2011).

[41] STJ, 3ª T., REsp. 1.148.643/MS, Rel. Min. Nancy Andrighi, ac. 06.09.2011, *DJe* 14.09.2011.

[42] RIBAS, Antônio Joaquim. *Consolidação das Leis do Processo Civil*. 3. ed. Rio de Janeiro: Jacintho Ribeiro dos Santos, 1915 comentário CCCLXXI: PEREIRA E SOUZA, Joaquim José Caetano. *Primeiras Linhas sobre o Processo Civil*. Coimbra: Imprensa Litteraria, 1872, p. 882; CASTRO, Amilcar de. *Comentários ao Código de Processo Civil*. 2. ed. Rio de Janeiro: Forense, 1963, vol. X, t. 1º, n. 136, p. 137.

[43] Observa-se, porém, que a jurisprudência do STJ, à época do Código de 1973, acabou por fixar o entendimento de que a multa de 10% do art. 475-J, CPC/1973 não deve ser aplicada pelo simples decurso de 15 dias após o trânsito em julgado da condenação. Esse prazo somente se contará depois que o credor houver apresentado a memória de cálculo relativa à atualização do *quantum debeatur*, da qual o devedor será intimado na pessoa do advogado que o representa nos autos. A aplicação da multa, portanto, não depende de intimação pessoal do devedor, mas depende da intimação do advogado, na forma ordinária de cientificação dos atos do processo em geral (STJ, Corte Especial, REsp 940.274/MS, Rel. p/ ac. Min. João Otávio de Noronha, ac. 7.4.2010, *DJe* 31.5.2010).

de previsão legal, vigorava a praxe de cada tribunal instituir sua própria tabela de índices de atualização monetária a ser observada nos juízos sob sua jurisdição. A nova disposição legal supera, portanto, os inconvenientes notórios do regime pretérito, que não convivia bem com o princípio da isonomia.

696. CÁLCULO COM BASE EM DADOS AINDA NÃO JUNTADOS AOS AUTOS

É muito comum, principalmente em litígios com a Administração Pública e com instituições do sistema financeiro, que o cálculo do crédito a executar, embora apurável por simples operações aritméticas, dependa, para ser preciso, de dados e datas que se acham nos registros do devedor ou de outra fonte oficial.

Cabendo a todos, partes ou não do processo, o dever cívico de colaborar com o Poder Judiciário na prestação jurisdicional (CPC/2015, arts. 6º e 378) e sendo dever da parte cumprir com exatidão as decisões jurisdicionais e não criar embaraços à sua efetivação (art. 77, IV), é dado ao juiz ordenar, ao litigante ou terceiro, que apresente em juízo os dados úteis à elaboração da memória de cálculo, no prazo que fixar (arts. 396, 401 e 524, §§ 3º e 4º).

Se os dados se acham sob controle do devedor, o não cumprimento da ordem judicial redundará na sanção de reputarem-se corretos os cálculos apresentados pelo credor (art. 524, § 5º). Tal como se passa com a ação de prestação de contas, o executado perderá o direito de impugnar o levantamento da parte contrária. É óbvio, contudo, se o demonstrativo se mostrar duvidoso ou inverossímil, o juiz poderá se valer do contador do juízo para conferi-lo, ou de qualquer outro expediente esclarecedor a seu alcance, se entender conveniente (art. 524, § 2º)[44].

Quando o detentor dos dados não for parte no processo, a sanção será a da desobediência à ordem de autoridade competente, que poderá redundar em medidas criminais e coercitivas como busca e apreensão, exibição, vistoria etc., conforme o caso (arts. 403, parágrafo único e 524, § 3º).

697. MEMÓRIA DE CÁLCULO A CARGO DA PARTE BENEFICIÁRIA DA ASSISTÊNCIA JUDICIÁRIA

Quando a parte estiver sob o pálio da *assistência judiciária* e tiver dificuldades para preparar, com precisão, o cálculo da condenação, o encargo que lhe toca poderá ser transferido, por decisão judicial, ao contador do juízo.[45] Aplica-se à hipótese a regra geral do § 3º, I, do art. 95 do CPC/2015, de que a parte hipossuficiente tem direito a que a perícia seja realizada por servidor do Poder Judiciário ou por órgão público conveniado.

---

[44] "...4. Conforme a jurisprudência desta Corte, a teor do art. 475-B, § 2º, do CPC/1973 [art. 524, § 5º do CPC/2015], se o devedor não fornece os documentos necessários para a confecção dos cálculos executivos, serão presumidos como corretos os cálculos apresentados pelo credor. 5. A norma, assim, objetiva impedir que, quando o ônus de trazer os documentos necessários para o cálculo é do devedor, o silêncio deste impeça o cumprimento da decisão judicial, frustrando a satisfação do crédito perseguido e a efetiva entrega da prestação jurisdicional" (STJ, 3ª T., REsp 1.993.202/MT, Rel. Min. Nancy Andrighi, ac. 11.04.2023, *DJe* 14.04.2023).

[45] "Se o credor for beneficiário da gratuidade de justiça, pode-se determinar a elaboração dos cálculos pela contadoria judicial" (STJ, 2ª Seção, REsp 1.274.466/SC, Rel. Min. Paulo de Tarso Sanseverino, ac. 14.5.2014, *DJe* 21.05.2014, Rec. repetitivo: CPC, art. 543-C. Precedente: STJ, Corte Especial, EREsp 450.809/RS, Rel. Min. Franciulli Netto, ac. 23.10.2003, *DJU* 9.2.2004, p. 126).

698. MEMÓRIA DE CÁLCULO APARENTEMENTE EXCESSIVA

O CPC de 1973 previa, expressamente, no § 3º, do art. 475-B, que: "poderá o juiz valer-se do contador do juízo, quando a memória apresentada pelo credor aparentemente exceder os limites da decisão exequenda". Destarte, antes de ordenar a expedição do mandado executivo, podia o juiz, de ofício ou a requerimento do credor, submeter a memória de cálculo elaborada pela parte, ao exame e conferência do contador do juízo.

Após o cálculo do contador, era ouvido o credor, que podia acatá-lo ou não. Havendo aquiescência, o valor da pretensão executiva era alterado e o devedor era citado para satisfazê-lo, na forma normal da execução por quantia certa.

Ocorrendo, porém, desaprovação do valor calculado pelo auxiliar do juízo, a execução se fazia pelo valor indicado originariamente pelo exequente. Determinava o § 4º do art. 475-B, entretanto, que a penhora tomasse por base o valor apurado pelo contador.

O atual Código não adotou expressamente essa solução na liquidação de sentença, mas admitiu a possibilidade de o juiz valer-se do contador do juízo quando a planilha apresentada pelo exequente, no pedido de cumprimento de sentença, "aparentemente exceder os limites da condenação". Em tal hipótese, a execução "será iniciada pelo valor pretendido, mas a penhora terá por base a importância que o juiz entender adequada" (CPC/2015, art. 524, § 1º). Nesse caso, o excesso de execução será decidido por meio da impugnação (art. 525), oportunidade em que se dará o contraditório.

Releva notar que o incidente não provoca decisão judicial definitiva sobre o valor da dívida exequenda. Trata-se de deliberação provisória tomada no início do procedimento de cumprimento da sentença apenas para evitar penhora aparentemente excessiva. Nenhuma preclusão recai sobre o despacho que impõe penhora em valor menor que o resultante do cálculo do credor.

Na fase reservada para impugnação (art. 525) é que afinal será proferida, após competente contraditório e adequada instrução, a decisão sobre a ocorrência ou não de excesso nos cálculos do *quantum debeatur*.

Como pode acontecer que o executado não formalize a impugnação nos termos da lei, caberá ao exequente pleitear ao juiz seu julgamento definitivo, depois de feitos os esclarecimentos e produzidos os elementos de prova cabíveis, se for o caso.

Esse julgamento, qualquer que seja a solução judicial encontrada, configurará decisão interlocutória, recorrível por meio de agravo de instrumento (art. 1.015, parágrafo único).

699. LIQUIDAÇÃO POR ARBITRAMENTO

Far-se-á a liquidação por arbitramento quando (CPC/2015, art. 509, I):

I – determinado pela sentença;
II – convencionado pelas partes;
III – o exigir a natureza do objeto da liquidação.

Quando a própria sentença condenatória determina que a liquidação se faça por arbitramento, a questão é simples e nada mais resta ao credor senão cumprir o julgado.

A convenção das partes pode decorrer de cláusula contratual anterior à sentença, ou de transação posterior ao decisório.

Havendo necessidade de provar fatos novos para se chegar à apuração do *quantum* da condenação, a liquidação terá de ser feita sob a forma do procedimento comum (art. 509, II). Quando, porém, existirem nos autos todos os elementos necessários para os peritos declararem o valor do débito, o caso é de arbitramento.

A diferença deste procedimento com o anterior é que, agora, reclamam-se conhecimentos técnicos dos árbitros para estimar-se o montante da condenação, enquanto nas liquidações por cálculo ocorrem apenas operações aritméticas, que o próprio exequente se encarrega de realizar no requerimento do cumprimento de sentença (art. 524).

São exemplos de arbitramento: estimativa de desvalorização de veículos acidentados, de lucros cessantes por inatividade de pessoa ou serviço, de perda parcial da capacidade laborativa etc.[46]

Além dos casos em que a sentença de condenação determina o arbitramento, ou em que as partes elegem de comum acordo esse sistema de liquidação, terá ele cabimento, ainda, em todos os outros em que a própria natureza da prestação o exigir.

Sua admissibilidade não é restrita às obrigações por quantia certa. Cabe, igualmente, nas condenações de entrega de coisa e nas prestações de fazer, quando se inviabilizar a execução específica.

O atual Código simplificou e facilitou o procedimento da liquidação por arbitramento, na medida em que conferiu ao juiz poder de intimar as partes para apresentarem pareceres ou documentos elucidativos, no prazo que fixar (art. 510).[47] Após analisar a documentação apresentada, se entender possuir todos os elementos necessários para decidir, julgará a liquidação de plano, dispensando até mesmo a prova pericial (art. 510, *in fine*).

Somente, portanto, na hipótese de não serem suficientes os documentos apresentados pelas partes é que o juiz nomeará perito, e o arbitramento se processará com observância das normas gerais da prova pericial. É de se observar que o campo do arbitramento é daqueles em que o emprego das presunções é o único ou o mais acessível caminho para liquidar a condenação genérica. A propósito, o STJ assentou a seguinte orientação:

"... 5. A utilização de presunções não pode ser afastada de plano, uma vez que sua observância no direito processual nacional é exigida como forma de facilitação de provas difíceis, desde que razoáveis.

6. Na apreciação de lucros cessantes, o julgador não pode se afastar de forma absoluta de presunções e deduções, porquanto deverá perquirir acerca dos benefícios legítimos que não foram realizados por culpa da parte *ex adversa*. Exigir prova absoluta do lucro que não ocorreu, seria impor ao lesado o ônus de prova impossível".[48]

Ao final do procedimento liquidatório, o juiz proferirá decisão interlocutória, na qual definirá o objeto líquido da condenação, desafiando recurso de agravo de instrumento.[49]

---

[46] "Arbitramento é a forma de liquidação dos lucros cessantes, relativos a aplicações financeiras frustradas pelo pagamento indevido de cheques, quando tais dados não venham no processo" (STJ, 3ª T., REsp. 1.349.894/SP, Rel. Min. Sidnei Beneti, ac. 04.04.2013, *DJe* 11.04.2013).

[47] "Na fase autônoma de liquidação de sentença (por arbitramento ou por artigos), incumbe ao *devedor* a antecipação dos honorários periciais", e não ao credor, porque, na espécie, quem deve suportar os custos da execução é aquele e não este (STJ, 2ª Seção, REsp 1.274.466/SC, Rel. Min. Paulo de Tarso Sanseverino, ac. 14.5.2014, *DJe* 21.05.2014). A decisão foi pronunciada em regime de recursos repetitivos, na forma do art. 543-C do CPC.

[48] STJ, 3ª T., REsp. 1.549.467/SP, Rel. Min. Marco Aurélio Bellizze, ac. 13.09.2016, *DJe* 19.09.2016.

[49] Para Theotônio Negrão, contudo, como o CPC/2015 não é expresso quanto ao recurso manejável contra a decisão que julga a liquidação, haveria dúvida quanto à natureza do ato. Assim, "nos casos em que a sentença é ilíquida, é o pronunciamento que julga a liquidação o ato que encerra as atividades eminentemente voltadas à cognição, o que levaria ao seu enquadramento como *sentença* (art. 203, § 1º) e à sua impugnação por meio de *apelação* (art. 1.009, *caput*). Ademais, o art. 1.015, parágrafo único prevê o cabimento de agravo de instrumento apenas 'contra decisões interlocutórias proferidas na fase de liquidação de sentença'".

700. LIQUIDAÇÃO PELO PROCEDIMENTO COMUM

Far-se-á a liquidação pelo procedimento comum "quando houver necessidade de alegar e provar fato novo" (CPC/2015, art. 509, II). Esse tipo de liquidação era denominado pelo Código de 1973 de *liquidação por artigos*.

O credor, em petição *articulada*, indicará os fatos a serem provados para servir de base à liquidação. Não cabe a discussão indiscriminada de quaisquer fatos arrolados ao puro arbítrio da parte. Apenas serão arrolados e articulados os fatos que tenham influência na fixação do *valor da condenação* ou na *individuação do seu objeto*. E a nenhum pretexto será lícito reabrir a discussão em torno da lide, definitivamente decidida na sentença de condenação (art. 509, § 4º).

O direito em jogo na liquidação é bilateral, pois a legitimidade para promovê-la é comum a autor e réu. Ambos têm legítimo interesse na correção e completude da operação de fixação do valor exato da condenação. Assim, em sua defesa, o devedor pode impugnar inclusão de verbas indevidas, o arrolamento de fatos irrelevantes e desinfluentes na apuração do *quantum debeatur*, bem como pretender a inclusão de fatos não invocados pelo promovente, mas que devem influir na operação liquidatória.

Para compreender-se bem o conteúdo das provas a serem produzidas na liquidação, é útil o exemplo da ação de indenização. No processo de cognição, deve o lesado provar a *existência dos danos*: ruína do prédio, estragos do veículo, paralisação dos serviços, redução da capacidade de trabalho etc. Na liquidação da sentença, apurar-se-á apenas o valor desses danos já reconhecidos como existentes na condenação. É injurídica a pretensão, por isso mesmo, de provar o dano na liquidação da sentença, já que, nesse procedimento especial, nunca será possível nem restringir nem ampliar o fato dos danos e seus limites obrigatoriamente assentados na sentença condenatória.

Exata é a afirmação de Amaral Santos, de que "a liquidação se destina a *demarcar* os limites enunciados na sentença liquidanda"[50]. Nada além do *quantum debeatur*. O fim colimado é apenas e tão somente uma sentença declaratória que, obviamente, não pode assentar-se em fatos ou direitos tendentes a modificar ou inovar a condenação.

A forma de requerer a liquidação pelo procedimento comum, com rigoroso controle de conteúdo da petição inicial, prende-se à necessidade de forçar o exequente a deduzir sua pretensão da maneira mais clara possível, evidenciando, à primeira vista os *fatos novos*, com que intentará fixar o *quantum debeatur*, e, ao mesmo tempo, facilitando à parte contrária e ao juiz aquilatarem da pertinência, ou não, dos mesmos fatos diante da condenação a liquidar.

Um exemplo: um sitiante foi condenado a indenizar seu vizinho pelo prejuízo decorrente da invasão da lavoura por animais com destruição de toda a colheita esperada. Na ação de conhecimento, como não podia deixar de ser, ficaram provadas a invasão e a destruição da lavoura. Na liquidação, o prejudicado articulará os seguintes fatos a serem provados para a apuração do valor da indenização:

Destarte, concluiu o autor, "até que se defina com maior firmeza a natureza da decisão que julga a liquidação e consequentemente o recurso contra ela cabível, deve haver um recrudescimento da *fungibilidade* entre a apelação (art. 1.009, *caput*) e o agravo (art. 1.015, II)" (NEGRÃO, Theotônio. *Código de Processo Civil e legislação processual em vigor*. 47. ed. São Paulo: Saraiva, 2016, nota 5 ao art. 510, p. 545). Araken de Assis, por sua vez, entende que a recorribilidade por meio de agravo de instrumento seria "a melhor solução por razões práticas, como já se entendia no direito anterior" (ASSIS, Araken de. *Manual da execução*. 18. ed. revista, atualizada e ampliada, São Paulo: Editora Revista dos Tribunais, 2016, n. 67, p. 444).

[50] AMARAL SANTOS, Moacyr. AMARAL SANTOS, Moacyr. *Primeiras Linhas do Direito Processual Civil*. 4. ed. São Paulo: Saraiva, 1970, v. III, n. 827, p. 262.

- *a)* extensão da área destruída;
- *b)* produtividade da lavoura;
- *c)* volume da produção prevista;
- *d)* qualidade do produto esperado;
- *e)* sua cotação no mercado;
- *f)* valor final líquido da produção não obtida (prejuízo a ser indenizado, que será igual à diferença entre o valor da produção e o custo da lavoura).

Apresentado o requerimento do credor, será realizada a intimação do vencido, na pessoa de seu advogado ou da sociedade de advogados a que estiver vinculado, para, querendo, acompanhar a liquidação, apresentando contestação, no prazo de quinze dias (art. 511). Na sequência, será observado, o disposto no Livro I da Parte Especial, ou seja, o procedimento comum (especialmente os dispositivos que cuidam da fase postulatória, da audiência de conciliação, do saneamento e da instrução probatória) (art. 511, *in fine*).

Muito embora a liquidação, na espécie, observe o procedimento contencioso completo das ações de conhecimento, seu encerramento não se dá por meio de sentença, mas, de decisão interlocutória, desafiadora de agravo de instrumento, já que se forma e se resolve incidentalmente dentro do processo de cognição (art. 1.015, parágrafo único).

Cumpre ressaltar, o entendimento de Theotônio Negrão, no sentido de que não há previsão expressa no CPC/2015 acerca do recurso cabível contra a decisão que julga a liquidação pelo procedimento comum, razão pela qual haveria dúvida quanto à natureza da decisão (sentença ou decisão interlocutória). Assim, entende o autor que até que se defina com segurança a natureza dessa decisão, "deve haver um recrudescimento da *fungibilidade*" entre a apelação e o agravo.[51]

Araken de Assis, nesse particular, entende que a decisão que encerra a liquidação tem natureza de sentença. Assim, "do art. 1.015, parágrafo único, do CPC/2015, prevendo agravo de instrumento contra as decisões proferidas 'na fase de liquidação de sentença', não parece lícito inferir que essa sentença é agravável". Segundo o autor, "só o tempo, outra vez, ministrará subsídios maiores à questão. Parece preferível o agravo, pois permitiria o imediato ingresso da pretensão a executar, salvo a concessão de efeito suspensivo pelo relator; porém, a tese lança a barra longe demais: o art. 1.015, alude a 'decisões interlocutórias' e o procedimento comum encerra-se por meio de sentença". Se o ato é sentença, cabe apelação, razão pela qual, "a execução iniciará após o julgamento definitivo da liquidação".[52]

A questão, como se vê, encontra-se controvertida, havendo quem entenda que, embora a decisão tenha conteúdo típico de sentença de mérito, o legislador "a classifica como interlocutória de mérito", determinando, no parágrafo único do art. 1.015, que o recurso cabível é o agravo de instrumento. De tal sorte que se trata "de decisão com conteúdo de sentença de mérito, mas por haver disposição legal expressa, desafia o agravo de instrumento".[53] A nosso ver, esta é a interpretação mais próxima à intenção prática do legislador, ligado ao tratamento uniforme dispensado a todas as decisões que, indiferentemente da natureza de seu conteúdo, não têm o propósito de extinguir o processo. A liquidação é um incidente que se instaura entre a sentença e seu cumprimento. Não há razão para tratá-la como outra coisa que não seja *decisão* interlocutória. Penso que somente se poderá cogitar em sentença quando o juiz decidir incabível a liquidação e decretar a extinção do processo, ordenando o arquivamento dos autos.

---

[51] NEGRÃO, Theotônio; *et al. Código de Processo civil cit.*, nota 4 ao art. 511, p. 546.
[52] ASSIS, Araken de. *Manual da execução cit.*, n. 68, p. 446.
[53] WAMBIER, Teresa Arruda Alvim, *et al. Primeiros Comentários ao Novo Código de Processo Civil*. São Paulo: Editora RT, 2016, p. 926.

701. A INDISPONIBILIDADE DO RITO DA LIQUIDAÇÃO

Não têm as partes, nem o juiz, ampla disponibilidade acerca dos procedimentos previstos para a liquidação de sentença. Cada um deles foi traçado pela lei visando situações específicas e só o uso daquele que for adequado ao caso concreto é que deverá prevalecer, em princípio.

O ponto de partida para a escolha entre os diversos ritos está na análise do grau de imprecisão da sentença liquidanda, já que será esse o dado que irá permitir a adoção de um dos caminhos autorizados pela lei, ou seja, o cálculo do próprio credor, o arbitramento ou o procedimento comum.

Se o julgado se aproximar bastante do *quantum debeatur*, deixando-o apenas a depender de simples operações aritméticas, bastará ao credor fazer ditas operações na própria inicial da execução. Se o grau de imprecisão é muito grande, a ponto de não se encontrarem nos autos todos os dados e fatos indispensáveis à liquidação e, ao contrário, só se alcançará o *quantum debeatur* recorrendo-se a fatos estranhos àqueles até então apurados e comprovados, será a liquidação pelo procedimento comum a única capaz de permitir a declaração válida do objeto da condenação genérica.

Se, por fim, não é a sentença suficientemente precisa para que o *quantum* seja alcançado por operações aritméticas, nem é tão imprecisa a ponto de exigir apuração de fatos novos, podendo, por isso, a operação liquidatória realizar-se com fundamento em dados já disponíveis, o caso será de liquidação por arbitramento. Age-se, na verdade, por exclusão, isto é, procede-se por arbitramento, quando não é o caso nem de cálculo nem de artigos[54].

Só se admite o uso judicial de um procedimento quando a parte revela *interesse*, e só há interesse, em sentido processual, quando o procedimento eleito seja *útil* e *adequado* à pretensão do promovente. "Trata-se – segundo Cândido Dinamarco – de matéria de ordem pública, uma vez que situada no campo das *condições da ação*", cujo exame se impõe ao órgão judicial, de ofício, "a qualquer tempo ou grau de jurisdição"[55].

Não se pode deixar de observar que, em alguns casos, o procedimento estipulado pela lei acaba sendo infrutífero, visto que não logra alcançar a efetiva determinação do *quantum debeatur*, por particularidades do caso concreto. Não podendo permanecer eternamente ilíquida a condenação, haverá de ser tomada providência para que por outro meio procedimental se possa superar o indesejável impasse (v., *retro*, o n. 693).

Sendo o procedimento de liquidação mera técnica processual, o pronunciamento a seu respeito na sentença condenatória não entra na denominada solução do mérito da causa. Se, pois, a sentença genérica determinar equivocadamente que a liquidação deva ser processada de maneira diversa da prevista no Código, o seu erro não transita em julgado. A liquidação poderá ser realizada pelo procedimento correto sem que isto ofenda a coisa julgada[56]. Já figura em jurisprudência sumulada do STJ que "a liquidação por forma diversa da estabelecida na sentença não ofende a coisa julgada" (Súmula n. 344).

702. RESCISÃO DA DECISÃO LIQUIDATÓRIA

Nos casos de condenação ilíquida, a lide fica apenas parcialmente solucionada: assenta-se a certeza do direito do litigante, mas não se define, ainda, exatamente o seu *quantum*. Por isso, quando, no julgamento subsequente, chega-se à definição exata do objeto da condenação, o

---

[54] PONTES DE MIRANDA. *Comentários ao Código de Processo Civil*. Rio de Janeiro: Forense, 1976, v. 9, p. 534-535.

[55] DINAMARCO, Cândido Rangel. As três figuras da liquidação de sentença. *In: Estudos de Direito Processual em Memória de Luiz Machado Guimarães*. Rio de Janeiro: Forense, 1997, p. 110.

[56] STJ, 3ª T., REsp. 657.476/MS, Rel. Min. Nancy Andrighi, ac. 18.05.2006, *DJU* 12.06.2006, p. 475.

decisório ainda está versando sobre parte da lide, e, consequentemente, diz respeito ao mérito da causa.

Jurisprudência antiga e remansosa sempre entendeu, no regime originário do CPC de 1973, que o julgamento da liquidação, como sentença de mérito que era, fazia coisa julgada material e, por isso, esgotada a via recursal, somente poderia ser atacada por ação rescisória (art. 485, CPC/1973).[57] Não haveria que se pensar, na espécie, em ação comum anulatória, como a mencionada no art. 486 do CPC/1973[58]; nem tampouco seria lícito pretender rediscutir o conteúdo da decisão liquidatória na oportunidade de embargos à execução[59].

Após a reforma da Lei n. 11.232, de 22.12.2005, à época do CPC de 1973, que transformou o julgamento da liquidação em decisão interlocutória atacável por agravo de instrumento (art. 475-H; CPC/2015, art. 1.015, parágrafo único), a natureza do julgamento não sofreu alteração alguma. Se o *quantum debeatur* é algo indissociável do mérito da causa, não importa se sua apreciação se dá formalmente em sentença ou em decisão interlocutória; o julgado a seu respeito será sempre decisão de mérito e sua força sempre será a de coisa julgada material. Continuará, pois, sendo atacável por ação rescisória[60].

Assim, já se decidiu que, embora as decisões de agravo não apreciem, em regra, questões de mérito, o que afastaria o cabimento da ação rescisória, há, contudo, casos em que, no julgamento de recurso de espécie (proposto contra decisão interlocutória) a decisão final do incidente "constitui autêntico exame do mérito, de forma que deferida ou indeferida a pretensão (...), contra ela cabe, evidentemente, ação rescisória"[61]. O entendimento merece prevalecer para o regime atual da liquidação de sentença, já que embora julgada por decisão interlocutória, se aperfeiçoa com exame e solução de questão de mérito.

No caso da definição do *quantum debeatur* por simples cálculo aritmético da parte, não há propriamente uma liquidação, já que não se considera ilíquida a condenação em tal circunstância. Esse cálculo, na verdade, nem sequer dependerá de homologação. Mas, se o executado questioná-lo em impugnação ao cumprimento da sentença, o juiz o resolverá em decisão interlocutória, que a acolhendo ou rejeitando terá enfrentado questão ligada ao mérito da causa. Formar-se-á, então, coisa julgada passível de ataque eventual em ação rescisória.

---

[57] CPC/2015, art. 963.

[58] "No julgamento da liquidação de sentença, ainda que por cálculo do contador, existe verdadeira decisão do juiz. Não se limita a autenticar o ato do contador. Fixa os limites do aresto exequendo e, consequentemente, é sentença de mérito. Ela não é apenas uma sentença na forma, mas também de conteúdo, de fundo" (STF, RE 87.109, Rel. Min. Cunha Peixoto, ac. 18.03.1980, DJU de 25.04.1980). Qualquer que seja a forma de liquidação, a sentença faz coisa julgada e só pode ser desconstituída mediante rescisória, tanto na ótica do STF como do STJ (RTJ 101/665 e 114/788; RSTJ 99/37).

[59] Como decidiu o TJMG, não se pode discutir, em embargos, a pretexto de excesso de execução, o valor "formado pela sentença condenatória liquidada com aprovação do recorrente", e que "deu ensejo a uma sentença que julgou a liquidação, sem que houvesse contra ela qualquer recurso" (TJMG, 4ª CC., Ap. 76.841-4, Rel. Des. Paulo Viana Gonçalves, ac. 18.08.1988, *Jurisprudência Mineira*, 104/228). Nesse sentido: STJ, 2ª T., REsp 1.107.662/SP, Rel. Min. Mauro Campbell Marques, ac. 23.11.2010, *DJe* 2.12.2010.

[60] Releva notar que o atual CPC define a coisa julgada material não como qualidade da *sentença*, mas da *decisão* (em sentido amplo), desde que contenha julgamento de mérito (art. 502).

[61] 1º TACivSP, AR n. 380.002, Rel. Juiz Bruno Neto, ac. 10.08.88, RT 634/93. O STJ, nessa linha, admite, ação rescisória contra decisão singular do relator em agravo contra o despacho denegatório do especial, se a questão federal (mérito) foi apreciada (STJ – 2ª seção, AR 311-0/MA, Rel. Min. Nilson Naves, *RSTJ* 82/139. No mesmo sentido: *RSTJ* 103/279 e *RT* 712/731); STJ, 3ª Seção, AR 2.716/RJ, Rel. Min. Nilson Naves, Rel. p/ Acórdão Ministro Felix Fischer, ac. 13.2.2008, *DJe* 13.8.2008).

Capítulo L
EXECUÇÃO DE AÇÕES COLETIVAS

703. HISTÓRICO

Caracterizam-se as *ações coletivas* pela circunstância de atuar o autor não em defesa de um direito próprio, mas em busca de uma tutela que beneficia toda a comunidade ou grandes grupos, aos quais compete realmente a titularidade do direito material invocado.

O surgimento das ações coletivas é fruto da superação, no plano jurídico-institucional, do individualismo exacerbado pela concepção liberal que o Iluminismo e as grandes revoluções do final do século XVIII impuseram à civilização ocidental. O século XX descobriu que a ordem jurídica não podia continuar disciplinando a vida em sociedade à luz de considerações que focalizassem o indivíduo solitário e isolado, com capacidade para decidir soberanamente seu destino. A imagem que se passou a ter do sujeito de direito, em sua fundamentalidade, é a "da pessoa humana dotada de um valor próprio, mas inserido por vínculos e compromissos, na comunidade em que vive".[1]

Essa visão destacou não apenas o "homem social", pois o próprio "grupo" impôs-se à valoração jurídica. Primeiro realçou-se o papel conferido a associações, sindicatos e outros organismos para ensejar o melhor exercício das franquias individuais e coletivas. Depois, reconheceram-se direitos subjetivos que, a par dos *individuais,* eram atribuídos diretamente ao *grupo* e, que, por isso mesmo, teriam de ser qualificados como *coletivos,* e, como tais, haveriam de ser exercidos e protegidos.

Por meio da *ação popular* concebeu-se, entre nós, o primeiro procedimento judicial de tutela de *direitos coletivos.* Por seu intermédio qualquer cidadão foi legitimado a pleitear em juízo contra atos ilícitos de autoridade pública, lesivos ao patrimônio público (Constituição de 1934, art. 113, n. 38).

A ampliação da tutela jurisdicional, para introduzir as autênticas *ações coletivas,* ou *de grupo,* no direito processual pátrio, ocorreu com a instituição da *ação civil pública* por meio da Lei Complementar n. 40, de 13.12.81, e Lei n. 7.347, de 27.07.85. A partir de então, o campo de manifestação dos direitos coletivos ou difusos deixou de ser apenas o de atuação dos agentes do Poder Público, como se passava ao tempo da ação popular. A defesa coletiva tornou-se possível contra quem quer que cometesse ofensa aos interesses coletivos ou difusos, fosse um administrador público ou algum particular.

704. DIREITO MATERIAL COLETIVO E DIREITO PROCESSUAL COLETIVO

O fato de a Lei n. 7.347/1985 ter instituído uma ação especial para defesa dos direitos coletivos ou difusos não quer dizer que todos os interesses de grupo automaticamente passaram a contar com a tutela jurisdicional da *ação civil pública.*

Tanto como os interesses individuais, os interesses difusos para alcançarem, *in concreto,* a tutela processual, têm de atingir a categoria de direito previsto em norma de natureza material. A lei processual não é, por si, fonte de direitos subjetivos materiais, mas apenas instrumento de proteção e realização daqueles previstos pelas normas de natureza material.

---

[1] TROCKER, Nicolò. *Processo civile e costituzione.* Milano: Griuffrè, 1974, p. 197.

Tratando das ações coletivas, ensina Cappelletti que o que se protege, nesse novo tipo de processo civil, é "o interesse difuso, *na medida em que a lei substantiva* o transforma em direito", direito que "não é privado, nem público; nem completamente privado, nem completamente público."[2]

Segundo o mestre italiano, a evolução da tutela jurídica dos interesses difusos, tal como se dá, aliás, com os interesses individuais, envolve dois momentos sucessivos, encadeados de maneira lógica e necessária:

a) num primeiro estágio, normas constitucionais e infraconstitucionais tomam o rumo de defender os interesses difusos (ou, mais precisamente, alguns deles) e, assim, surgem "leis de direito substancial que protegem o consumidor, o ambiente, as minorias raciais, *civil rights,* direitos civis etc.";[3]

b) no segundo estágio, sente-se a necessidade de alterar o sistema tradicional de tutela processual, criando-se ações adequadas aos interesses difusos transformados em direitos pelas leis materiais.[4]

Nessa perspectiva, a Lei n. 7.347/1985 insere-se na preocupação de proteger processualmente os direitos difusos ou coletivos já definidos entre nós, ou que venham a ser definidos, por outros diplomas legais, tanto ordinários como constitucionais. Vale, portanto, a advertência do STF: trata-se de lei, em sua quase totalidade, de conteúdo normativo de natureza *processual.*[5] Daí que a definição e caracterização dos direitos difusos ou coletivos não serão encontrados na Lei da Ação Civil Pública, mas terão de ser buscadas em outras fontes junto ao direito material.[6]

705. CONFIGURAÇÃO DOS DIREITOS MATERIAIS TUTELÁVEIS PELA AÇÃO CIVIL PÚBLICA

A Lei n. 7.347/1985, como já se afirmou, limitou-se a disciplinar processualmente a ação civil pública que, segundo sua previsão, seria genericamente aplicável nas causas sobre responsabilidade por danos morais e patrimoniais causados *(i)* ao meio ambiente, *(ii)* ao consumidor, *(iii)* a bens e direitos de valor artístico, estético, histórico, turístico, paisagístico *(iv)* a qualquer outro interesse difuso ou coletivo, *(v)* por infração da ordem econômica; *(vi)* à ordem urbanística, *(vii)* à honra e à dignidade de grupos raciais, étnicos ou religiosos, *(viii)* ao patrimônio público e social (art. 1º).

No plano material há abundante legislação acerca do meio ambiente, do patrimônio histórico e cultural, das reservas florestais, paisagísticas, e da repressão às ofensas à ordem econômica popular.

A mais importante inovação legislativa, a propósito das matérias tratáveis nas ações coletivas, veio por meio do Código de Defesa do Consumidor (Lei n. 8.078, de 11.09.1990), já que, além de definir materialmente os direitos coletivos ou difusos nascidos das relações de consumo, incluiu entre os casos de ação coletiva os "direitos individuais homogêneos" (art. 81, parágrafo único, III).

---

[2] CAPPELLETTI, Mauro. "Tutela dos interesses difusos", *Ajuris,* v. 33, p. 174.
[3] CAPPELLETTI, Mauro. *Op. cit.,* p. 172.
[4] CAPPELLETTI, Mauro. *Op. cit.,* p. 174.
[5] STF, Pleno, A 35/RJ, Rel. Min. Sydney Sanches, ac. 02.12.1987, *DJU* 01.12.1989, p. 17.759, *RTJ* 130/485-497.
[6] MEIRELLES, Hely Lopes. *Mandado de Segurança.* 31. ed. São Paulo: Malheiros, 2008, p. 122-123.

Com isto, a partir da lei consumerista, criou-se, na verdade, uma nova *ação coletiva*, uma vez que na estrutura legal da *ação civil pública* não figuram senão os *direitos difusos ou coletivos*, que obviamente não compreendem *direitos individuais*, ainda que homogêneos[7].

706. AÇÕES COLETIVAS POSSÍVEIS APÓS O CDC

I – Ações coletivas

Diante da inovação criada pelo Código de Defesa do Consumidor, o horizonte das ações coletivas ampliou-se para além dos limites estabelecidos pela Lei da Ação Civil Pública (Lei n. 7.347/1985). Desde então, três são os tipos de ações coletivas existentes entre nós:[8]

a) as relativas a direitos *coletivos*;
b) as pertinentes a direitos *difusos*; e
c) as referentes a direitos *individuais homogêneos*.

Os direitos coletivos e difusos, embora definidos separadamente pelo CDC, têm em comum sua *transindividualidade* e *indivisibilidade*. Pertencem ao grupo e não podem ser exercidos e defendidos senão pelo grupo ou em seu benefício.

II – Direitos individuais homogêneos

Quando a lei consumerista cuida da proteção coletiva dos direitos individuais homogêneos não está atribuindo a eles a categoria de direitos coletivos ou difusos. Apenas, por política processual lhes confere, no âmbito das relações de consumo, um remédio que possibilite, por economia processual, tratá-las cumulativamente num só processo. Essa ação especial, portanto, não pode ser confundida com a *ação civil pública* da Lei n. 7.347/1985, que tutela os verdadeiros direitos coletivos ou difusos, inclusive os dessa categoria originados de relações de consumo. É equivocado tanto tratar os direitos individuais homogêneos como espécie de direitos coletivos ou difusos como pretender que a ação civil pública seja destinada a resolver os conflitos em torno dos direitos individuais homogêneos.

Adverte Teori Albino Zavascki que "o legislador brasileiro criou mecanismos próprios para defesa dos chamados 'direitos individuais homogêneos', *distintos e essencialmente inconfundíveis*, dos que se prestam à defesa dos direitos difusos e coletivos".[9]

Assim é que o Título III do Código, que trata "da defesa do consumidor[10] em juízo", estabelece neste tópico distinções importantes entre a configuração processual da defesa dos

---

[7] Várias medidas de esclarecimento a cargo do fornecedor nas operações de consumo foram instituídas pela Lei 12.741 de 08.12.2012, arts. 1º e 2º, e pelas alterações que ela introduziu no art. 6º, III da Lei 8.078/1990 (CDC). A importância das inovações repercute sobre as ações singulares e coletivas, já que de sua eventual inobservância decorrerão, além de sanções administrativas, responsabilidades de natureza civil e penal (Lei n. 12.741/2012, art. 5º c/c art. 56 do CDC).

[8] GRECO FILHO, Vicente. *Direito Processual Civil Brasileiro*. 16. ed. São Paulo: Saraiva, 2003, v. III, n. 87, p. 335.

[9] ZAVASCKI, Teori Albino. Defesa de direitos coletivos e defesa coletiva de direitos, *Revista Forense*, v. 329, p. 148, jan-fev-mar/1995.

[10] Para a interpretação do conceito de consumidor, a jurisprudência pátria adota a teoria subjetiva (ou finalista). Em situações excepcionais, o STJ tem mitigado o rigor dessa teoria "para autorizar a incidência do CDC nas hipóteses em que a parte (pessoa física ou jurídica), embora não seja propriamente destinatária final do produto ou do serviço, apresenta-se em situação de vulnerabilidade ou submetida a prática abusiva" (AgRg no REsp 1.413.939/SC, 4ª T., Rel. Min. Antonio Carlos Ferreira, ac. 24.03.2015, DJe 30.03.2015).

direitos coletivos e difusos dos consumidores e da defesa dos seus direitos individuais, traçando-lhes regimes *próprios* e *diferenciados*.[11]

III – Direitos difusos e coletivos

No sistema jurídico pátrio, a tutela dos interesses difusos e coletivos no âmbito das relações de consumo se faz por instrumento próprio, qual seja, a *ação civil pública* (Lei n. 7.347/1985), mormente quando promovida pelo Ministério Público. Trata-se de mecanismo moldado à natureza dos direitos e interesses a que se destina tutelar – ou seja, os difusos e coletivos.

Diante da destinação expressa que lhe foi dada pelo legislador e pelas próprias características com que foi concebida, a ação civil pública é talhada para defesa de direitos coletivos *lato sensu*, e "*não para defender coletivamente direitos subjetivos individuais, que têm, para isso, seus próprios mecanismos processuais*".[12]

Logo, vedada é a utilização do instrumento específico de defesa dos interesses e direitos difusos e coletivos para veicular pretensão destinada à tutela de direitos individuais homogêneos.

À proteção desta categoria de direitos destinou o legislador outros mecanismos de defesa coletiva, a saber: o *Mandado de Segurança Coletivo* (art. 5º, LXX, da CF) e a *Ação Civil Coletiva*, prevista nos arts. 91 a 100 do Código de Proteção e Defesa do Consumidor (Lei n. 8.078/1990).[13]

No âmbito da proteção aos direitos coletivos de consumidores, há regras específicas e indisponíveis, elencadas em capítulo próprio do Código do Consumidor. E só em relação a elas se poderá cogitar de uso da ação civil pública da Lei n. 7.347/1985.

A legitimação extraordinária concedida às pessoas do art. 82 do CDC, em se tratando de tutela dos direitos individuais homogêneos, não é ampla, sendo, tão somente, "*restrita à ação coletiva de responsabilidade por danos individualmente sofridos por consumidores*".[14] Isto, porém, não se faz por meio da ação civil pública, como já se afirmou.

Entretanto, com a superveniente homogeneização procedimental das ações coletivas, deixou de ser relevante a distinção entre ação civil pública e ação coletiva de consumo, reduzida que foi apenas ao plano terminológico.

IV – Procedimento único

Vê-se, pois, que, originariamente, no ordenamento pátrio impossível era destinar-se os instrumentos de defesa dos direitos coletivos *lato sensu* à tutela de direitos individuais homogêneos e vice-versa. Com efeito, não se poderia veicular em sede de ação civil pública – talhada para defesa dos direitos difusos e coletivos – pretensão voltada para a proteção de direitos individuais homogêneos; ou, ainda, aviar ação civil coletiva – destinada à defesa de direitos individuais homogêneos – para postular a tutela de direitos coletivos ou difusos.

Em suma, não se poderia confundir *defesa de direitos coletivos* (objeto da ação civil pública) com *defesa coletiva de direitos* (realizável pela ação coletiva de consumo em prol dos titulares de direitos individuais homogêneos).

Embora essa distinção de substância dos objetos da ação civil pública e da ação coletiva de defesa dos consumidores tenha sido feita originariamente pela doutrina, veio a perder significado, do ponto de vista processual, diante da circunstância de ter a Lei n. 8.078/1990

---

[11] ZAVASCKI, Teori Albino. Op. cit., p. 155.
[12] ZAVASCKI, Teori Albino. Op. cit., p. 151.
[13] Cf. BITTAR, Carlos Alberto. *Direitos do Consumidor*. Rio de Janeiro: Forense Universitária, 1990, p. 90-95; ZAVASCKI, Teori Albino. Op. cit., p. 151, dentre outros.
[14] ZAVASCKI, Teori Albino. Op. cit., p. 156.

mandado aplicar genericamente "à defesa dos direitos e interesses difusos, coletivos e individuais, no que for cabível, os dispositivos do Título III da Lei que instituiu o Código de Defesa do Consumidor" (art. 21 acrescentado à Lei n. 7.347/1985, pelo art. 117 do CDC). Assim, uniformizou-se o procedimento observável, tanto quanto possível, de todas as ações coletivas, sejam elas manejadas na área da ação civil pública (Lei n. 7.347) ou da ação coletiva dos consumidores (Lei n. 8.078 – CDC).[15]

A partir da uniformização procedimental definida pela jurisprudência, a doutrina sentiu-se autorizada a ensaiar a revisão da tese, até então predominante, de inexistência de direito coletivo material no âmbito dos direitos individuais homogêneos, e sim mero critério processual de defesa coletiva de direitos divisíveis e individualizáveis.

Nessa nova linha de pensamento, *o coletivo, in casu,* também se apresenta como qualificativo dos interesses individuais homogêneos, aproximando-se, de certa forma, dos típicos direitos coletivos ou difusos. Explica Talamini que "não basta haver uma pluralidade de indivíduos, titulares de pretensões homogêneas", para que se justifique a movimentação da ação civil pública. Segundo o autor – "é preciso mais: a suposta lesão ou ameaça deve ter a potencialidade de atingir um número significativo de indivíduos"[16].

Um imóvel pertencente a um condomínio de duas ou três pessoas, por exemplo, quando sofrer dano derivado de ato ilícito, não poderá ser objeto de defesa pelo Ministério Público em ação coletiva. Mesmo diante de interesses homogêneos titularizados por mais de um proprietário, faltaria *o interesse coletivo* capaz de justificar a *tutela processual coletiva*.

Não é preciso, nessa ordem de ideias, que os interessados sejam de número indeterminado. Deve, porém, a *origem comum* dos direitos homogêneos ser adequada à justificação de uma meta transindividual, que autorize uma "condenação genérica", reveladora de "uma utilidade processual indivisível", a qual, na lição de Alcides Muñoz da Cunha, atue "em favor de todas as vítimas ou sucessores, em virtude de danos que têm origem comum".[17]

Admitido que a ação coletiva não pode reduzir-se a algo como um litisconsórcio especial, a indivisibilidade da pretensão coletiva perdura até a sentença genérica que a soluciona. Somente na fase de liquidação e execução é que o objeto da causa se mostrará divisível, para todos os fins de direito, material e processual. "Enquanto se buscar a condenação genérica, entretanto, estar-se-á buscando um *bem indivisível* para uma multiplicidade de vítimas com interesses convergentes na obtenção desta condenação".[18]

Na sociedade de massas, a ação coletiva de tutela dos direitos individuais homogêneos em sua integralidade e especificamente no mecanismo do art. 100 do CDC (liquidação e execução coletiva) são a resposta que o ordenamento processual dá a uma demanda, uma necessidade, que provêm do direito material. "Na sociedade de massas – conclui Talamini – é um valor jurídico material relevante – consubstanciado em *interesse difuso* titularizado pela coletividade – *coibir condutas ilícitas geradoras de lesões multitudinárias*".[19] É por isso que, mesmo sendo vários os prejudicados pelo dano de origem comum, nem sempre se haverá de cogitar de ação civil

---

[15] "Conforme comando inserto no art. 21 da Lei n. 7.347/1985, é possível a aplicação subsidiária do Código de Defesa do Consumidor às ações coletivas ainda que não versem sobre relação de consumo" (STJ, 5ª T., AgRg no REsp 486.919/RS, Rel. Min. Felix Fischer, ac. 05.02.2004, DJU 08.03.2004, p. 318).

[16] TALAMINI, Eduardo. Direitos individuais homogêneos e seu substrato coletivo: ação coletiva e os mecanismos previstos no Código de Processo Civil de 2015. *Revista de Processo*, v. 241, p. 349, mar/2015.

[17] CUNHA, Alcides Muñoz da. A evolução das ações coletivas no Brasil. *Revista de Processo*, v. 77, p. 233, jan/1995.

[18] CUNHA, Alcides Muñoz da. *Op. cit.,* p. 233-234.

[19] TALAMINI, Eduardo. *Op. Cit.,* p. 347.

pública, se não configurado o interesse difuso voltado "à coibição e dissuasão da formação de conflitos de massa", sem cuja presença não se estabelece a "necessidade da tutela coletiva".[20]

707. COISA JULGADA

A coisa julgada nas ações em que se tutelam direitos difusos ou coletivos caracteriza-se por sua eficácia *erga omnes*, e isto se passa tanto nas ações populares como nas ações civis públicas. É, aliás, um dos motivos pelos quais a doutrina chega à conclusão de que ambas são apenas espécies do mesmo gênero. Outro traço comum é a não formação da coisa julgada nas rejeições dessas ações, quando o julgamento negativo se baseia na falta ou insuficiência de prova.[21]

Nas ações populares ou civis públicas cujo objeto seja direito *difuso* ou *coletivo* propriamente dito, não há concorrência entre direitos de grupo e direitos individuais, porque o que se tutela é um direito transindividual e indivisível entre os membros da comunidade. Nenhum indivíduo pessoalmente pode reclamar para si o bem comum a todos. Só uma ação coletiva, movida no interesse de todo o grupo, pode tutelá-lo. Conexamente, no entanto, podem coexistir a lesão ao direito coletivo (transindividual) e o prejuízo pessoal de certos membros da coletividade (lesão reflexa de direito individual). Nesse caso, surgem os direitos individuais homogêneos, se vários forem aqueles que pessoalmente sofrerem prejuízos, que tanto podem ser tutelados singular como coletivamente.

No caso, porém, da tutela dos interesses individuais homogêneos, não há mais direito do grupo. A ação coletiva se forma por conveniência prática, já que os direitos são diretamente tutelados no interesse dos indivíduos. Os efeitos positivos da demanda beneficiam todos os titulares de situação jurídica igual à deduzida em juízo; mas nenhum deles está obrigado a aceitar a tutela coletiva e, não tendo figurado no processo, não tem, no direito brasileiro, que sofrer os prejuízos do insucesso da causa.[22]

Em regra, os benefícios se expandem além dos sujeitos presentes no processo, não os prejuízos. A relação entre a coisa julgada na ação coletiva e os interesses individuais homogêneos dos membros da coletividade representada na causa, segundo o direito positivo brasileiro, pode ser assim sintetizada:

a) Se a ação coletiva é *rejeitada*, seja por insuficiência de prova ou não, os particulares não serão alcançados pela coisa julgada que se manifestará apenas entre os legitimados para a ação coletiva; poderão os particulares exercitar suas ações individuais para buscar ressarcimento para os danos pessoalmente suportados (Lei n. 8.078, art. 103, § 3º); apenas serão prejudicados os "interesses individuais" dos que efetivamente figuraram no processo coletivo (*idem*, art. 94 c/c art. 103, § 2º).

b) Se a ação coletiva é julgada *procedente*, os particulares deverão valer-se da *coisa julgada*, ficando dispensados de nova ação individual condenatória; apenas terão

---

[20] TALAMINI, Eduardo. *Op. cit.*, p. 349.

[21] SANTOS, Ernane Fidelis dos. *Ação popular e ações de interesse coletivo*, Relatório para o Congresso de Roma, 2002, *apud* THEODORO JÚNIOR, Humberto. Relatório Geral Luso-Americano. *Revista Iberoamericana de Derecho Procesal*, n. 2, Buenos Aires, 2002, p. 125, nota 81.

[22] Consideram-se, no direito brasileiro, diferentes os objetos da ação coletiva e da ação singular, embora ambas se relacionem com o mesmo evento. "O réu (da ação coletiva) pode ser demandado, por exemplo, para abster-se de poluir e vencer a demanda (reconhecimento de não poluir), sem que se obste que o particular pleiteie indenização pela poluição que lhe causou prejuízos. Causas completamente diversas" (SANTOS, Ernane Fidelis dos. *Ação popular e ações de interesse coletivo*, Relatório *cit.*, *apud* THEODORO JÚNIOR, Humberto. Relatório Geral Luso-Americano. *Revista Iberoamericana de Derecho Procesal*, n. 2, Buenos Aires, 2002, p. 125, nota 82.

de liquidar o montante de seus prejuízos individuais em procedimento de *liquidação de sentença* (Lei n. 8.078, arts. 97 e 100). A exemplo do que se passa com a sentença penal condenatória, também a sentença de procedência da ação civil coletiva representa para as vítimas uma coisa julgada acerca da *causa petendi* da pretensão indenizatória.[23] Dá-se o "transporte, à ação individual, da sentença coletiva favorável", ampliando a Lei "o objeto da ação coletiva" para nele incluir a indenização de danos sofridos individualmente.[24]

Há um caso, porém, em que os benefícios da coisa julgada *erga omnes* deixam de operar; é o que se passa com a vítima do dano comum que, diante da ação coletiva, se abstém de suspender sua ação individual nos trinta dias seguintes à ciência da causa comum. A concorrência entre ação coletiva e ações individuais não é vedada pela lei. Mas a pessoa que quiser se beneficiar dos efeitos da coisa julgada da ação coletiva terá de requerer, oportunamente, a suspensão da demanda individual (CDC, art. 104).

708. EXECUÇÃO

O objetivo da ação civil pública pode ser a condenação ao pagamento de uma certa soma de dinheiro, ou ao cumprimento de uma obrigação de fazer e não fazer (Lei n. 7.347/1985, art. 3º). A regra, diante dos direitos coletivos ou difusos, é a reparação *in natura*, ou seja, por meio das obras ou medidas tendentes a eliminar o dano aos bens da comunidade. Deve o responsável, portanto, restaurar, agindo de forma positiva ou negativa, os bens lesados. A condenação a uma indenização em dinheiro somente acontecerá quando o dano for irreversível.

Para a execução das obrigações de fazer e não fazer, o juiz adotará as medidas preconizadas pelos arts. 84 do CDC, 21 da Lei n. 7.347/1985, e 497 do CPC/2015. Com isso, é possível conferir à tutela o caráter mandamental, que justifica o emprego de medidas coercitivas, inclusive a multa por atraso no cumprimento da sentença.[25]

Nas condenações pecuniárias, a execução seguirá o procedimento das obrigações de quantia certa, mas o produto não será recolhido pelo exequente; reverterá a um fundo próprio, cujo montante possa ser empregado em restauração dos bens lesados (art. 13, da Lei n. 7.347/1985).

A legitimação natural para a execução é do autor da ação civil pública. Quando este, entretanto, for uma associação e se mantiver inerte por mais de sessenta dias após o trânsito em julgado, o Ministério Público ou outros entes legitimados previstos no art. 5º poderão tomar a iniciativa da execução da sentença (art. 15, da Lei n. 7.347/1985).

No caso de danos a direitos individuais homogêneos, a condenação ao respectivo ressarcimento será genérica (CDC, art. 95). Ter-se-á de proceder à liquidação para definir o prejuízo de cada consumidor que se habilitar. Observar-se-á, em regra, a liquidação segundo o procedimento comum, uma vez que os interessados terão de provar fatos novos, necessários ao enquadramento individual no alcance dos benefícios proporcionados pela sentença coletiva. Tal procedimento liquidatório poderá ser promovido pela entidade autora da ação ou pelas vítimas

---

[23] GRINOVER, Ada Pellegrini. *A marcha do processo*. Rio de Janeiro: Forense Universitária, 2000.

[24] SAAD, Eduardo Gabriel. *Comentário ao Código de Defesa do Consumidor*. 2. ed. São Paulo: LTr, 1997, n. 282, p. 608.

[25] LUCON, Paulo Henrique dos Santos. *In* MARCATO, Antônio Carlos (coord.). *Código de Processo Civil Interpretado*. São Paulo: Atlas, 2004, p. 1.870-1.871, nota 16; BUENO, Cassio Scarpinella. *In* MARCATO, Antônio Carlos (coord.). *Código de Processo Civil Interpretado*. São Paulo: Atlas, 2004, p. 1.406, nota 17.

e seus sucessores (CDC, art. 98), bem como por outros legitimados que, eventualmente, não tenham participado do processo condenatório. A execução, assim, poderá ser também coletiva.[26]

É possível, outrossim, a execução individual, no interesse exclusivo de uma vítima, a par da execução coletiva a benefício de todos os interessados (CDC, art. 98, *caput*). A execução é da competência do juízo da liquidação ou da ação condenatória, quando se trata de execução individual; e do juízo da condenação, quando coletiva a execução (CDC, art. 98, § 2º).

As regras do art. 98, todavia, não excluem outras que, a benefício do consumidor, constam do CDC. Assim, o foro da condenação pode ser afastado pelo foro do domicílio do beneficiário, por aplicação da regra tutelar que permite ao consumidor ajuizar no seu próprio foro as demandas individuais relativas à responsabilidade do fornecedor (CDC, art. 101, I).

Com efeito, ao tratar da execução singular da sentença coletiva, o CDC estabeleceu dois foros: o da condenação e o da liquidação (art. 98, § 2º, I). Sendo assim, o juízo da causa não pode ser visto como absoluto para a execução, já que a lei prevê que o cumprimento de sentença também possa ocorrer no juízo da liquidação. Ora, a liquidação, *in casu*, representa uma ação individual subsequente à condenação genérica coletiva, sujeitando-se à regra do art. 101, I, do CDC, onde se acha facultada a propositura da ação individual no foro do autor (*i.e.*, do consumidor).

Daí a interpretação jurisprudencial do que "a analogia com o art. 101, I, do CDC e a integração desta regra com a contida no art. 98, § 2º, I, do mesmo diploma legal garantem ao consumidor a prerrogativa processual do ajuizamento da execução individual derivada de decisão proferida no julgamento de ação coletiva no foro de seu domicílio".[27] É tese que também prevalece na doutrina.[28]

---

[26] Em se tratando de direitos individuais homogêneos, o normal será a liquidação e execução promovidas pelas vítimas do dano, individualmente, já que os substitutos processuais, em regra, não disporão de elementos para individualizar os créditos exequíveis. A execução coletiva é também possível quando a liquidação dos direitos individuais homogêneos já tiver sido promovida pelos próprios titulares ou sucessores (STJ, 4ª T., REsp 869.583/DF, Rel. Min. Luis Felipe Salomão, ac. 05.06.2012, *DJe* 05.09.2012, RT, 928/502-503). Portanto, não há dúvida de que, por exemplo, os sindicatos, como substitutos processuais, têm legitimidade para atuar "tanto nos feitos cognitivos, quanto nas liquidações, como, ainda, nas execuções" (STJ, 2ª T., REsp 1.225.034/RJ, Rel. Min. Eliana Calmon, ac. 16.10.2012, *DJe* 22.10.2012; STJ, 1ª T., AgRg no Ag 1.399.632/PR, Rel. Min. Arnaldo Esteves Lima, ac. 04.12.2012, *DJe* 10.12.2012). Mas, os entes públicos previstos no art. 82 do CDC carecem de legitimidade para liquidar a sentença genérica, antes da iniciativa dos titulares dos direitos individuais homogêneos, dada a disponibilidade de tais direitos pelos interessados (STJ, 4ª T., REsp. 869.583/DF, *cit.*). A legitimidade dos sujeitos arrolados no art. 82 do CDC, para a liquidação e execução da sentença coletiva sobre direitos individuais homogêneos é subsidiária (STJ, 3ª T., REsp 1.955.899/PR, Rel. Min. Nancy Andrighi, ac. 15.03.2022, *DJe* 21.03.2022).

[27] STJ, 3ª T., REsp. 1.098.242/GO, Rel. Min. Nancy Andrighi, ac. 21.10.2010, *DJe* 28.10.2010. "Não se pode obrigar os beneficiários de sentença coletiva a liquidá-la e executá-la no foro em que a ação coletiva fora processada julgada, sob pena de inviabilizar a tutela dos seus direitos" (STJ, 2ª T., REsp 1.112.292/GO, Rel. Min. Castro Meira, ac. 21.09.2010, *DJe* 04.10.2010. No mesmo sentido: STJ, 3ª Seção, CC 96.682/RJ, Rel. Min. Arnaldo Esteves Lima, ac. 10.02.2010, *DJe* 23.03.2010; STJ, 3ª T., AgRg no Ag 633.994/PR, Rel. Min. Vasco Della Giustina, ac. 08.06.2010, *DJe* 24.06.2010; STJ, 3ª T., AgRg no REsp 755.429/PR, Rel. Min. Sidnei Beneti, ac. 17.12.2009, *DJe* 18.12.2009; STJ, Corte Especial, REsp. 1.243.887/PR, Rel. Min. Luis Felipe Salomão, ac. 19.10.2011, *DJe* 12.12.2011).

[28] GRINOVER, Ada Pellegrini; *et al*. *Código brasileiro de defesa do consumidor*: comentado pelos autores do anteprojeto. 7. ed. Rio de Janeiro: Forense Universitária, 2004, p. 891; BENJAMIN, Antônio Herman; MARQUES, Claudia Lima; MIRAGEM, Bruno. *Comentários ao Código de Defesa do Consumidor*. São Paulo: RT, 2006, p. 1.098-1.097.

Por fim, cumpre ressaltar que a prescrição da pretensão executiva individual é interrompida pelo ajuizamento da execução coletiva.²⁹

709. EXECUÇÃO COLETIVA POR MEIO DE SINDICATO OU ASSOCIAÇÃO

Nos casos de direitos individuais homogêneos, tanto os titulares do crédito reconhecido em sentença condenatória, como a entidade que os substituiu processualmente, têm legitimidade para promover a liquidação do julgado e o subsequente cumprimento forçado do título judicial coletivo.

Há, porém, uma distinção a se fazer:

a) se se trata de sindicato, a execução coletiva pode ser intentada em favor de qualquer membro da categoria representada pelo órgão sindical, seja associado ou não; não há nem mesmo necessidade de autorização dos trabalhadores, porque o âmbito da substituição processual decorre da própria função atribuída aos sindicatos pela Constituição: "defesa dos direitos e interesses coletivos ou individuais da categoria" (CF, art. 8º, III)³⁰. A execução coletiva, por meio do sindicato, todavia, requer a indicação nominal, pelo substituto processual, das pessoas em favor das quais o cumprimento da sentença é promovido, com a explicitação do valor devido a cada uma delas;³¹

b) quando a ação coletiva houver sido promovida por associação, a substituição processual, em matéria de direitos individuais homogêneos, limita-se aos seus filiados (CF, art. 5º, XXI).³² A Lei n. 9.494/1997, art. 2º-A (introduzido pela Medida Provisória n. 2.180-35/2001) não deixa dúvida de que a ação de caráter coletivo

---

[29] "2. O fato de constar da fundamentação do acórdão produzido na ação coletiva, uma diretiva para a forma de execução, não tem o condão de afastar a interrupção da prescrição, ocorrente pelo ajuizamento da execução coletiva, tendo em vista o disposto no art. 219 do CPC e a jurisprudência do Superior Tribunal de Justiça sobre a questão. Precedente: TRF2, 5ª Turma Especializada, AC 201251010474730, Rel. Des. Fed. ALUISIO GONÇALVES DE CASTRO MENDES, E-DJF2R 27.11.2015. 3. Além de a prescrição executiva ser contada no prazo de 5 (cinco) anos, a partir do trânsito em julgado do *decisum* condenatório, nos termos do art. 1º do Decreto n. 20.910/1932, tal prazo é passível da incidência de uma causa interruptiva, conforme prevê o art. 8º do mesmo diploma legal. Configurada a interrupção do prazo da prescrição executiva, a qual pode decorrer do ajuizamento de ação de execução coletiva, o prazo prescricional terá sua contagem reiniciada, pela metade, consoante dispõe o art. 9º do referido decreto, a partir do ato que o interrompeu ou do último ato ou termo do respectivo processo. Afastada a prescrição da pretensão executória. Precedentes: TRF2, 5ª Turma Especializada, AC 201451011104219, Rel. Des. Fed. ALUISIO GONÇALVES DE CASTRO MENDES, DJF2R 03.12.2015. 4. Apelação provida." (TRF 2ª Região, Turma Espec. III, Ap. 0105274-90.2014.4.02.5101, Rel. Des. Ricardo Perlingeiro, ac. 03.03.2016, *DJe* 07.03.2016).

[30] STF, Pleno: RE 193.503/SP, RE 193.579/SP, RE 208.983/SC, RE 211.874/RS, RE 213.111/SP. Em todos esses julgados, o Relator originário era o Min. Carlos Veloso e o Relator para o acórdão foi o Min. Joaquim Barbosa; todos os processos foram julgados em 12.06.2006 e publicados no *DJe* de 24.08.2007. Também o STJ segue a orientação traçada pelo STF: "tanto na fase de conhecimento, como na de liquidação ou de cumprimento da sentença proferida em ações em que se discutam direitos individuais homogêneos, a atuação do sindicato se dá na qualidade de substituto processual, sem necessidade de prévia autorização dos trabalhadores. (...) prevaleceu [no STF] a ideia de máxima ampliação da garantia constitucional à defesa coletiva dos direitos e interesses dos trabalhadores em juízo" (STJ, Corte Especial, EREsp 760.840/RS, Rel. Min. Nancy Andrighi, ac. 04.11.2009, *DJe* 14.12.2009).

[31] STJ, Corte Especial, EREsp 760.840/RS, Rel. Min. Nancy Andrighi, ac. 04.11.2009, *DJe* 14.12.2009.

[32] SILVA, José Afonso da. *Curso de Direito Constitucional Positivo*. 15. ed. São Paulo: Malheiros, 1998, p. 264; BASTOS, Celso Ribeiro. *Comentários à Constituição do Brasil*. São Paulo: Saraiva, 1989, v. II, p. 111 e 113; GRECO FILHO, Vicente. *Comentários ao Código de Defesa do Consumidor*. São Paulo: Saraiva, 1991, p. 352; MACHADO, Hugo de Brito. *Mandado de Segurança em Matéria Tributária*. 2. ed. São Paulo: Ed. RT, 1995, n. 4.2.4.4, p. 73.

é proposta pela entidade associativa "na defesa dos interesses e direitos dos seus associados", e o efeito da sentença abrange os substituídos (filiados) "que tenham, na data da propositura da ação, domicílio no âmbito da competência territorial do órgão prolator". Daí que a execução coletiva promovida pela associação "abrangerá apenas os substituídos [i.e., os seus associados] que tenham, na data da propositura da ação, domicílio no âmbito da competência territorial do órgão prolator", na exata conformidade com "os termos do art. 2º-A da Lei 9.494/1997".[33] É claro, outrossim, que não será possível o início da execução pela associação sem que sejam identificados os credores dos direitos individuais exequendos (associados que satisfaçam os requisitos do art. 2º-A da Lei 9.494/1997), bem como apontados os valores líquidos que correspondam a cada um deles. Cumpre ressaltar, outrossim, que o Supremo Tribunal Federal, por seu Pleno, no julgamento do Recurso Extraordinário 573.232/SC, decidiu que "as balizas subjetivas do título judicial, formalizado em ação proposta por associação, é definida pela representação no processo de conhecimento, presente a autorização expressa dos associados e a lista destes juntada à inicial".[34] Em razão desse julgamento, prevalece o entendimento de que a associação, como substituta processual, deve juntar à inicial relação nominal dos filiados e autorização expressa deles.[35]

c) quando, porém, a ação foi promovida por associação de defesa de consumidores, com a pretensão de tutela nacional e a sentença acolheu o pedido nos termos amplos em que foi ajuizada a demanda coletiva, o alcance do decisório no estágio da execução não pode ficar restrito aos associados da entidade autora, nem aos residentes na circunscrição territorial do juízo. Todos os titulares dos iguais direitos individuais homogêneos tutelados, sob o amparo da coisa julgada, independente de fazerem parte ou não dos quadros da associação autora, qualquer que seja o seu domicílio – por força também da coisa julgada –, deterão legitimidade para ajuizar o cumprimento individual da sentença coletiva[36].

---

[33] STJ, 5ª T., AgRg no Ag 1.012.591/PE, Rel. Min. Arnaldo Esteves Lima, ac. 04.12.2009, DJe 01.02.2010; STJ, 6ª T., AgRg no REsp 972.765/PE, Rel. Min. Paulo Gallotti, ac. 18.06.2009, DJe 10.08.2009; STJ, 5ª T., AgRg no REsp 1.173.524/DF, Rel. Min. Jorge Mussi, ac. 23.11.2010, DJe 13.12.2010.

[34] STF, Pleno, RE 573.232/SC, Rel. Min. Marco Aurélio, ac. 14.05.2014, DJe 19.09.2014.

[35] STJ, 6ª T., Ag. 1.156.989/GO, Rel. Min. Maria Thereza de Assis Moura, ac. 01.12.2015, DJe 11.12.2015.

[36] STJ, 2ª Seção, REsp 1.391.198/RS – Recurso repetitivo – Temas 723-724, Rel. Min. Luis Felipe Salomão, ac. 13.08.2014, DJe 02.09.2014 (julgamento em regime de recurso repetitivo – art. 543-C do CPC/1973).

Capítulo LI
DIREITO INTERTEMPORAL NA EXECUÇÃO E NO CUMPRIMENTO DE SENTENÇA

710. INTRODUÇÃO

Sempre que uma legislação processual nova é editada, alterando o procedimento anterior, as inovações são de incidência imediata, atingindo até mesmo os processos em curso. Respeitam-se, contudo, os atos e fases processuais já consumados, procedendo-se à adequação do procedimento aos atos futuros.

O CPC de 2015 trouxe algumas inovações em relação ao Código anterior, relativas à execução de título extrajudicial e ao cumprimento de sentença, de sorte que a análise do direito intertemporal faz-se necessária, para o fim de afastar quaisquer dúvidas a respeito de qual lei aplicar aos processos em curso.

Convém rememorar os ensinamentos de Galeno Lacerda,[1] em tema de direito intertemporal, a respeito de inovações verificadas sobre normas do processo executivo:

"As modificações na eficácia processual da ação aplicam-se desde logo, embora os títulos sejam de data anterior à lei nova, desde que as ações se proponham depois da vidência do Código". Vale dizer:

(i) para as execuções em curso, aforadas antes do atual Código, a eficácia executiva do título continua regida pela lei anterior;

(ii) para as execuções propostas na vigência do atual Código, a força executiva será a definida pela lei nova, valendo tanto para os títulos criados antes do advento da lei nova como para os posteriores;

(iii) dessa forma, o que era título executivo deixará de sê-lo, para as ações que se intente propor, se o atual Código não mais lhe reconhece a mesma qualidade (não se aplica, *in casu*, o princípio *tempus regit actum*);

(iv) nos processos novos, a força executiva será definida pelo Código novo, pouco importando que ao tempo de sua criação a lei velha não o qualificasse como título executivo (também aqui não se aplica o princípio *tempus regit actum*, mas a norma da *vigência imediata* das leis processuais);

(v) todas essas regras de direito intertemporal relativas aos títulos executivos aplicam-se igualmente aos casos em que o atual Código apenas introduziu diferentes requisitos, ou reduziu requisitos, para a configuração de determinados títulos, em relação ao que dispunha a lei anterior;

(vi) as inovações no regime da penhora aplicam-se nos processos em andamento, mesmo quando a constrição tenha se verificado no regime do Código anterior;

(vii) o regime inovado de expropriação (arrematação, adjudicação etc.) é de aplicação imediata, se a alienação judicial ainda não foi praticada.

---

[1] LACERDA, Galeno. *O novo direito processual civil e os feitos pendentes*. Rio de Janeiro: Forense, 1974, p. 60-64.

Quanto ao título executivo judicial, a tese dominante é no sentido de que a força executória da sentença é a prevista pela lei do tempo em que foi prolatada e adquiriu a autoridade de coisa julgada.[2] As modalidades e processos de sua execução ou cumprimento sujeitam-se, porém, à regra geral que manda aplicar imediatamente a lei nova, respeitados os atos já praticados e respectivos efeitos. Incide, nessa altura, o princípio de direito intertemporal consagrado de que "não há direito adquirido à forma em curso". Só não pode ser aplicado o procedimento novo naquilo que negue os efeitos do ato executivo consumado sob o império da lei anterior.[3]

Analisaremos, nos itens seguintes, as alterações ocorridas e qual lei a se aplicar.

711. CUMPRIMENTO DE SENTENÇA QUE RECONHECE A EXIGIBILIDADE DE OBRIGAÇÃO DE PAGAR QUANTIA CERTA CONTRA A FAZENDA PÚBLICA

Conforme já observado no Capítulo XLII *supra*, durante a vigência do CPC de 1973, a Lei n. 11.232, de 22.12.2005 substituiu a ação de execução de sentença condenatória a prestação de quantia certa por um procedimento complementar incidental denominado cumprimento da sentença, que se realiza dentro da mesma relação processual em que se pronunciou a condenação (arts. 475 I a 475 R, do CPC/1973). Entretanto, o antigo sistema dual foi preservado para as ações que buscassem impor o adimplemento de prestações de quantia certa ao Poder Público.

Agora, na sistemática do novo CPC, publicada a sentença condenatória contra a Fazenda Pública, não mais se tem por finda a prestação jurisdicional a que se destinava o processo, de modo que desnecessário se torna a propositura de uma nova ação – a ação de execução da sentença (*actio iudicati*). Desta feita, enquanto para o CPC de 1973 o credor devesse elaborar nova *petição inicial*, com pedido de nova *citação* da devedora, cuja resposta eventual se daria por meio de *embargos à execução*; pelo atual Código, basta a *intimação* do ente público, por seu representante judicial, para apresentar, caso queira, impugnação ao cumprimento de sentença, conforme dispõem os arts. 534 e 535. Tudo se processará e se resolverá dentro da mesma relação jurídica processual em que a sentença foi pronunciada. A atividade cognitiva e a satisfativa desenvolvem-se apenas como *fases* de um mesmo processo; não mais como objeto de dois processos distintos.

Em razão dessa alteração, deve-se analisar qual lei será aplicada ao processo já em curso. Se a execução contra a Fazenda Pública já tiver sido iniciada, por meio processo autônomo, com a respectiva citação do ente público para opor embargos, quando da entrada em vigor do CPC/2015, o procedimento deverá prosseguir como determinado pelo CPC de 1973, até o seu encerramento por sentença. Aplica-se, na hipótese, o art. 1.046, § 1º, do CPC/2015,[4] previsto para os procedimentos especiais que foram revogados pela nova codificação. Isto porque "afinal, a execução contra a Fazenda Pública é, rigorosamente, um procedimento especial. É um

---

[2] "La forza esecutiva dela sentenza va regolata dalla legge del tempo in cui essa fu pronunziata. La legge nuova non può togliere la forza esecutiva alle sentenze che l'avevano... Al procedimento di esecuzione deve applicarsi la legge nuova, al momento in cui essa in vigore, rispettandosi gli atti già compiutti..." (DONATO FAGGELLA, *apud* BATALHA, Wilson de Souza Campos. *Direito intertemporal*. Rio de Janeiro: Forense, 1980, p. 571-572).

[3] BATALHA, op. cit., p. 572-576, com invocação de CHIOVENDA, MAXIMILIANO, ROUBIER, entre outros, além da jurisprudência do STF.

[4] "Art. 1.046. Ao entrar em vigor este Código, suas disposições se aplicarão desde logo aos processos pendentes, ficando revogada a Lei n. 5.869, de 11 de janeiro de 1973. § 1º As disposições da Lei n. 5.869, de 11 de janeiro de 1973, relativas ao procedimento sumário e aos procedimentos especiais que forem revogadas aplicar-se-ão às ações propostas e não sentenciadas até o início da vigência deste Código".

procedimento especial de execução, mas é um procedimento especial".[5] Destarte, a Fazenda Pública terá o prazo de 30 dias, após sua citação, para opor embargos à execução, nos moldes do art. 910 do CPC/2015.

Todavia, se, apesar de iniciada a execução, o Poder Público ainda não houver sido citado, o exequente poderá emendar a inicial, transformando-a em cumprimento de sentença, observando o disposto no art. 534 do CPC/2015. Assim, a Fazenda Pública será *intimada*[6] para, querendo, oferecer *impugnação*[7] no prazo de 30 dias, alegando as matérias previstas no art. 535.

712. TÍTULO EXECUTIVO ACRESCIDO AO CPC/2015

O atual Código fez poucas alterações em relação aos títulos executivos. Entretanto, uma delas foi qualificar "o crédito de auxiliar da justiça, quando as custas, emolumentos ou honorários tiverem sido aprovados por decisão judicial" *como título executivo judicial* (art. 515, V). O Código anterior o concebia como título extrajudicial.

A alteração enseja a utilização de procedimento executivo diverso para a cobrança do crédito, que, a partir de março de 2016, passou a ser o cumprimento de sentença. Em razão disso, é de se analisar a legislação aplicável a algumas situações limítrofes.

Se a decisão que aprovou os emolumentos ou honorários tiver sido proferida ainda na vigência do Código de 1973, mas sem o início do processo executivo de título extrajudicial, poderá o auxiliar da justiça requerer, já em vigor o CPC/2015, o cumprimento de sentença. Isto porque, segundo Leonardo Carneiro da Cunha, "a qualidade do título deve ser verificada no momento da propositura da demanda. Se o título, quando formado, era extrajudicial, mas agora, quando do ajuizamento da execução, for judicial, deve a parte propor cumprimento de sentença".[8]

A questão foi analisada pelo Fórum Permanente de Processualistas Civis (FPPC), no Enunciado 527: "os créditos referidos no art. 515, inc. V, e no art. 784, inc. X e XI do CPC-2015 constituídos ao tempo do CPC-1973, são passíveis de execução de título executivo judicial e extrajudicial, respectivamente".

A regra clássica de direito intertemporal a observar é aquela que em caráter geral já era preconizada por Galeno Lacerda: o reconhecimento da força executiva a determinado título é de eficácia imediata, mesmo que o documento tenha sido criado anteriormente à lei nova.[9]

713. ALTERAÇÕES NO PROCEDIMENTO DO CUMPRIMENTO DE SENTENÇA

I – Prazo para oferecimento de impugnação ao cumprimento da sentença

Apesar de o atual Código manter o procedimento de cumprimento de sentença, inseriu algumas modificações procedimentais, que podem gerar dúvidas acerca da legislação a ser aplicada ao caso concreto.

---

[5] CUNHA, Leonardo Carneiro da. *Direito intertemporal e o novo Código de Processo Civil*. Rio de Janeiro: Forense, 2016, p. 103.

[6] Não haverá mais citação.

[7] Ao invés de embargos à execução.

[8] CUNHA, Leonardo Carneiro da. *Direito intertemporal cit.*, p. 104. No mesmo sentido, a lição de Galeno Lacerda: "as modificações na eficácia processual da ação aplicam-se desde logo, embora os títulos sejam de data anterior à lei nova, desde que as ações se proponham depois da vigência do Código" (LACERDA, Galeno. *O novo direito processual civil e os feitos pendentes*. 2. ed. Rio de Janeiro: Forense, 2006, p. 61).

[9] LACERDA, Galeno. *O novo direito processual civil e os feitos pendentes*. 2. ed. Rio de Janeiro: Forense, 2006, p. 61.

No Código de 1973, o executado era intimado para pagar a quantia fixada na sentença no prazo de 15 dias. Se não o fizesse, o juiz expediria mandado de penhora e avaliação. Realizada a diligência, o executado seria intimado para, querendo, oferecer impugnação (CPC/1973, art. 475-J, *caput* e § 1º). Na atual sistemática, referidos prazos *são sucessivos e correm independentemente de intimação* (CPC/2015, arts. 523 e 525). Ou seja, iniciado o cumprimento de sentença, o executado será intimado para, em quinze dias, efetuar o pagamento da condenação. Transcorrido referido prazo, sem o cumprimento da obrigação, "inicia-se o prazo de 15 (quinze) dias para que o executado, independentemente de penhora ou nova intimação, apresente, nos próprios autos, sua impugnação" (art. 525).

Três situações merecem análise, para fins de aferição de qual legislação aplicar ao caso concreto:

i) *o cumprimento de sentença iniciou-se na vigência do CPC/1973, tendo transcorrido integralmente o prazo de quinze dias para pagamento voluntário do executado*: nesse caso, ainda que não tenha sido efetivada a penhora, o executado deverá ser intimado para que o prazo de oferecimento da impugnação se inicie. Isto porque, tendo a nova legislação afastado a necessidade de garantia do juízo para o oferecimento de defesa, a penhora não poderá ser exigida. Entretanto, não se pode pretender que o prazo para a impugnação corra sucessivamente àquele para o pagamento voluntário, independentemente de nova intimação do devedor, sob pena de causar-lhe prejuízo e surpresa. Assim, o executado deve ser intimado para, querendo, apresentar impugnação em 15 dias, sem se exigir a efetivação da penhora. Nesse sentido, o Enunciado 530 do FPPC: "após a entrada em vigor do CPC-2015, o juiz deve intimar o executado para apresentar impugnação ao cumprimento de sentença, em quinze dias, ainda que sem depósito, penhora ou caução, caso tenha transcorrido o prazo para cumprimento espontâneo da obrigação na vigência do CPC-1973 e não tenha àquele tempo garantido o juízo".

ii) *o cumprimento de sentença iniciou-se na vigência do CPC/1973, mas ainda se encontra em curso o prazo para pagamento espontâneo da condenação*: nesta hipótese, dada a aplicação imediata da legislação processual e levando-se em conta que o prazo para pagamento voluntário encerrar-se-á na vigência do CPC/2015, o prazo para oferecimento da impugnação começará a correr tão logo esgotado aquele, independentemente de penhora e intimação (art. 523).

iii) *apesar de iniciado o cumprimento de sentença, ainda não teve início os prazos para pagamento voluntário ou oferecimento de impugnação*: não há dúvidas de que aplicar-se-á integralmente a nova legislação, devendo o executado ser intimado para, em quinze dias, efetuar o pagamento espontâneo da condenação e, não o fazendo, oferecer impugnação, também no prazo de quinze dias, independentemente de penhora ou nova intimação.

II – Multa e honorários advocatícios no cumprimento provisório de sentença

À época do CPC de 1973, o entendimento prevalente era no sentido de não serem cabíveis a aplicação da multa de 10% e o arbitramento de honorários ao cumprimento provisório de sentença. Essa orientação foi alterada, uma vez que o art. 520, § 2º, do CPC/2015 foi expresso ao determinar que "a multa e os honorários a que se refere o § 1º do art. 523 são devidos no cumprimento provisório de sentença condenatória ao pagamento de quantia certa".

Se o cumprimento de sentença foi iniciado na vigência do CPC/1973, já tendo sido efetuada a penhora, não será possível pretender a aplicação da multa e dos honorários previstos no §

2º, do art. 520 do CPC/2015, sem que ocorra indevida retroação da nova lei. Nessa hipótese, entendemos que não haverá lugar para condenação na multa e nos honorários de advogado. Diversa, entretanto, será a situação, caso não tenha sido realizada ou determinada a penhora quando do início da vigência do CPC/2015. Ainda que o cumprimento de sentença tenha sido requerido sob a vigência da lei anterior, o executado deverá ser intimado para depositar em juízo o valor da condenação, sob pena de incidência de multa de 10% sobre o valor da obrigação e da fixação de honorários advocatícios.

Leonardo Carneiro da Cunha[10] entende que, na espécie, a multa será exigível, mas os honorários só serão fixados se o cumprimento de sentença for requerido já na lei nova. Não vemos, todavia, razão para fazer distinção entre a aplicação de multa e a dos honorários. O que importa é o momento em que o requerimento da execução provisória é deferido: se na vigência do Código novo, a cominação de multa e honorários é cabível, porque este é o regime executivo da lei nova.[11] Mesmo que o requerimento tenha sido formulado antes da lei nova, deve-se ter em conta que o credor tem a faculdade de desistir da execução ou de atos executivos a qualquer tempo (CPC/2015, art. 775: princípio da livre disponibilidade da execução). Logo, se fosse o caso de a aplicação da multa ou dos honorários ser recusada, bastaria ao credor desistir do requerimento anterior para em seguida formular outro, já no regime do atual Código. Aí, não haveria como se lhe negar o acréscimo dos acessórios em exame. A sujeição da parte a um expediente como esse, evidentemente não atende às exigências da efetividade e celeridade exigíveis do moderno processo justo.[12]

Por isso, é mais prático e eficaz incluir, desde logo, na intimação da execução provisória pendente a possibilidade de sujeitar-se o executado à multa e honorários, caso o pagamento não se dê no prazo assinado já na vigência do atual Código.

Nesse sentido, sempre se entendeu que, em matéria de inovação no plano da execução, nada impede que o juiz – após a entrada em vigor da lei que exige instrução da inicial com documento diverso daquele previsto na lei velha –, determine o suprimento da falta com a juntada da peça simplificada exigida pela lei nova.[13] *Mutatis mutandis*, a mesma regra justifica a inclusão dos acessórios da lei nova à intimação da execução provisória que se está deferindo no regime do Código novo, embora o requerimento do credor esteja datado de momento anterior.

714. PENHORA *ON-LINE*

A reforma da Lei n. 11.382/2006 consagrou, no Código de 1973, a denominada penhora *on-line*, por meio da qual o juiz da execução obtém, por via eletrônica, o bloqueio junto ao

---

[10] CUNHA, Leonardo Carneiro da. *Op. cit.*, p. 109.

[11] "Em se tratando de sucumbência – inclusive no que diz respeito a honorários de advogado – os novos critérios legais de sua fixação se aplicam aos processos em curso, inclusive em grau de recurso extraordinário, quando este, por ter sido conhecido, dá margem a que se julgue a causa e, portanto, se aplique a lei que esteja em vigor na época desse julgamento" (STF, 2ª T., RE 92.462/RJ, Rel. Min. Moreira Alves, *DJU* 05.09.1980, p. 6612). No mesmo sentido: STF, Pleno, RE 93.116/RJ, Rel. Min. Xavier de Albuquerque, ac. 26.11.1980, *DJU* 03.07.1981, p. 6650; STF, 2ª T., RE 93.678/GO, Rel. Min. Djaci Falcão, ac. 07.04.1981, *RTJ* 103/678. O STJ também assim se posicionou: "A sucumbência rege-se pela lei vigente à data da sentença que a impõe" (STJ, 1ª T., REsp. 770.559/RJ, Rel. Min. Teori Zavascki, ac. 17.08.2006, *DJU* 25.09.2006, p. 236). No caso do cumprimento de sentença, a imposição dos honorários ocorre justamente no momento em que o juiz defere a intimação do devedor para cumprir a obrigação. Logo, nesse momento, será aplicada a norma da lei então em vigor.

[12] Em situação análoga, Guilherme Rizzo Amaral observa: "exigir-se a desistência da execução e o ajuizamento de outra constituiria formalismo exacerbado, sendo que a proteção ao ato consumado de instauração do processo não realizaria nenhum valor relevante, nem mesmo o valor *segurança*" (AMARAL. Guilherme Rizzo. *Estudos de Direito Intertemporal e Processo*. Porto Alegre: Livraria do Advogado Editora, 2007, p. 43).

[13] AMARAL, Guilherme Rizzo. *Op. cit.*, p. 29.

Banco Central, de depósitos bancários ou de aplicações financeiras mantidas pelo executado. O sistema foi mantido e aperfeiçoado pelo CPC/2015, em seu art. 854.

À época do Código anterior, o juiz requisitava, primeiramente, informação à autoridade supervisora do sistema bancário sobre os ativos existentes em nome do executado. Na requisição era informado o montante necessário para cobrir a quantia exequenda (CPC/1973, art. 659).

O CPC/2015 alterou um pouco o procedimento ao determinar, no *caput* do art. 854, que o juiz determine às instituições financeiras que torne indisponíveis ativos financeiros existentes em nome do executado. Como se vê, não há mais o requerimento de informações prévias. A determinação já é de imediata indisponibilidade do numerário, "*sem dar ciência prévia do ato ao executado*" (art. 854, *caput*). O contraditório, destarte, será diferido, acontecendo após a indisponibilidade, oportunidade em que o executado poderá comprovar o excesso da medida ou a impenhorabilidade do numerário (§ 3º). Rejeitada a defesa do executado, ou não apresentada, a indisponibilidade será convertida em penhora, sem necessidade de lavratura de termo.

O atual Código, portanto, tornou a penhora *on-line* em ato complexo: primeiro procede-se à indisponibilidade do numerário; e somente após a defesa do executado é que se efetiva a penhora.

Essa alteração procedimental pode ensejar dúvidas a respeito de qual legislação aplicar. Se o CPC/2015 entrar em vigor antes mesmo da determinação da indisponibilidade do numerário (art. 854, *caput*), obviamente a diligência deverá seguir a nova legislação. Da mesma forma, se já realizada a penhora *on-line*, mas ainda não iniciado o prazo para apresentação de defesa do executado (seja ela impugnação ou embargos à execução), deve-se aplicar a nova regra que determina a intimação do devedor para, no prazo de cinco dias, comprovar o excesso da medida ou a impenhorabilidade do numerário (art. 854, § 3º).

Diversa, contudo, é a situação se o atual Código houver entrado em vigor quando já iniciado o prazo para apresentação de defesa pelo executado, uma vez que o bloqueio já terá sido convertido em penhora, razão pela qual qualquer discussão acerca da diligência deverá ser efetivada em impugnação ou embargos à execução.[14]

715. INVALIDAÇÃO DA ARREMATAÇÃO

À época da codificação de 1973, existiu uma ação incidental a que se atribuía a denominação de "embargos à adjudicação, alienação ou arrematação" (CPC/2015, art. 746), a qual se prestava a invalidar os atos executivos praticados após os embargos do devedor, inclusive e principalmente, os das diversas formas de alienação do bem penhorado. Estes embargos desapareceram, de sorte que, no sistema atual, a arrematação e as outras modalidades expropriatórias ou *(i)* são impugnadas incidentalmente, nos próprios autos, no prazo dez dias, a contar do aperfeiçoamento da arrematação, ou seja, da assinatura do respectivo auto (CPC/2015, art. 903, § 2º), ou *(ii)* após esse prazo, por meio da ação autônoma cogitada no § 4º, do art. 903.

Em face da supressão dos embargos à arrematação pelo CPC/2015, cumpre analisar a possibilidade de sua utilização mesmo após a vigência da nova codificação.

Na hipótese de a arrematação ter ocorrido durante a vigência do CPC de 1973, não se pode negar que a parte adquiriu o direito aos embargos à arrematação, razão pela qual poderá opor essa defesa, mesmo quando já em vigor a nova legislação. Assim, a impugnação nos próprios autos ou a utilização de ação autônoma previstas nos §§ 2º e 4º, do art. 903, somente se aplicam quando a arrematação ocorra já na vigência do CPC/2015, sob pena de aplicação retroativa da nova lei.[15]

---

[14] CUNHA, Leonardo Carneiro da. *Direito intertemporal e o novo Código de Processo Civil cit.*, p. 111.

[15] CUNHA, Leonardo Carneiro da. *Direito intertemporal e o novo Código de Processo Civil cit.*, p. 114.

716. PROTESTO DA DECISÃO JUDICIAL TRANSITADA EM JULGADO

Por fim, cumpre destacar que o protesto da decisão judicial transitada em julgado, previsto no art. 517 do CPC/2015, pode ser realizado ainda que a sentença tenha sido proferida e transitado em julgado ainda na vigência do CPC de 1973. Isto porque, não há, essencialmente, uma inovação, na medida em que o STJ já previa esse protesto durante o CPC/1973, a despeito de inexistir norma específica sobre o tema.[16]

---

[16] STJ, 3ª T., REsp. 750.805/RS, Rel. Min. Humberto Gomes de Barros, ac. 14.02.2008, *DJe* 16.06.2009; STJ, 3ª T., AgRg no AREsp. 291.608/RS, Rel. Min. Ricardo Villas Bôas Cueva, ac. 22.10.2013, *DJe* 28.10.2013.

Bibliografia

ABELHA, Marcelo. *Manual de Execução Civil*. Rio de Janeiro: Forense, 2006.

ABELHA, Marcelo. 2. ed. Rio de Janeiro: Forense Universitária, 2007.

ABELHA, Marcelo. 5. ed. Rio de Janeiro: Forense, 2015.

ABELHA, Marcclo. 6. ed. Rio de Janeiro: Forense, 2016.

AFONSO BORGES, Marcos. *Comentários ao Código de Processo Civil*. São Paulo: Universitária de Direito – LEUD,1974.

ALEXANDRE DE PAULA. *O Processo Civil à Luz da Jurisprudência*. Rio de Janeiro: Forense, 1960, v. 21.

ALEXANDRE DE PAULA. *Código de Processo Civil Anotado*. 7. ed. São Paulo: RT, 1998, v. III.

ALEXY, Robert. *Teoría de los derechos fundamentales*. Trad. de Ernesto Garzón Valdés. Madrid: Centro de Estúdios Constitucionales, 1997.

ALLORIO, Enrico. *Problemas de Derecho Procesal*. Buenos Aires: EJEA, 1963, v. II.

ALMEIDA E SOUZA, Manuel de. *Segundas Linhas sobre Processo Civil*. 1. ed., s/data.

ALMENDRA, Matheus Leite. Limites e critérios para a execução de decisão estruturante no processo para solução de conflitos de interesse público. *Revista de Processo*, São Paulo, n. 309, nov. 2020.

ALVIM, Agostinho. *Da Inexecução das Obrigações e suas Consequências*. 3. ed. Rio de Janeiro: Jurídica Universitária, 1965.

ALVIM, Agostinho. *Da Compra e Venda e da Troca*. Rio de Janeiro: Forense, 1961.

ALVIM, J. E. Carreira. *Código de Processo Civil Reformado*. 5. ed. Rio de Janeiro: Forense, 2003.

ALVIM, J. E. Carreira. *Cumprimento da sentença*. Curitiba: Juruá, 2006.

ALVIM, J. E. Carreira. *Tutela específica das obrigações de fazer, não fazer e entregar coisa*. 2. ed. Rio de Janeiro: Forense, 2002.

ALVIM, J. E. Carrcira; CABRAL, Luciana G. Carreira Alvim. *Nova execução de título extrajudicial. Comentários à Lei 11.382/06*. Curitiba: Juruá, 2ª tiragem, 2007.

ALVIM, Teresa Arruda; CONCEIÇÃO, Maria Lúcia Lins; RIBEIRO, Leonardo Ferres da Silva; MELLO, Rogério Licastro Torres de. *Primeiros Comentários ao Novo Código de Processo Civil*: artigo por artigo. 3. ed. São Paulo: RT, 2020.

AMADEI, Vicente de Abreu. Penhora Imobiliária no Novo Código de Processo Civil. *In*: DIP, Ricardo (coord.). *Direito Registral e o Novo Código de Processo Civil*. Rio de Janeiro: Forense, 2016.

AMARAL, Guilherme Rizzo. *Estudos de Direito Intertemporal e Processo*. Porto Alegre: Livraria do Advogado Editora, 2007.

AMARAL, Guilherme Rizzo. *As "astreintes" e o processo civil brasileiro*. 2. ed. Porto Alegre: Livraria do Advogado, 2010.

AMARAL, Guilherme Rizzo. *Comentários às alterações do novo CPC*. São Paulo: Ed. RT, 2015.

AMARAL, Guilherme Rizzo. *In:* WAMBIER, Teresa Arruda Alvim *et al*. *Breves comentários ao novo Código de Processo Civil*. 3. ed. São Paulo: Ed. RT, 2016.

AMARAL SANTOS, Moacyr. *Primeiras Linhas de Direito Processual Civil*. 3. ed. 2ª tiragem. São Paulo: Max Limonad, 1962, v. I.

AMARAL SANTOS, Moacyr. *Primeiras Linhas de Direito Processual Civil*. 4. ed. São Paulo: Max Limonad, 1970, v. III.

AMARAL SANTOS, Moacyr. *As Fases Lógicas do Procedimento Ordinário, Revista Forense*, Rio de Janeiro, v. 243, jul-ago-set.1973.

AMARAL SANTOS, Moacyr. *Direito Processual Civil*. 4. ed. São Paulo: Saraiva, 1973, v. III.

AMARAL SANTOS, Moacyr. *Comentários ao Código de Processo Civil*. série Forense, vol. IV, 1ª ed., 1976.

AMARAL SANTOS, Moacyr. *Direito Processual Civil*. 4. ed. São Paulo: Saraiva, 1980, v. III.

AMERICANO, Jorge. *Comentários ao Código de Processo Civil do Brasil*. 2. ed. São Paulo: Saraiva, 1958, v. IV.

AMERICANO, Jorge. *Comentários ao Código de Processo Civil do Brasil*. 2. ed. São Paulo: Saraiva, 1960, v. IV.

AMIGO, Bianca Neves. A natureza jurídica do resultado prático equivalente. *Revista de Processo*, São Paulo, v. 152, out.2007.

ANDRADE, Darcy Bessone de Oliveira. *Da Compra e Venda, Promessa e Reserva de Domínio*. Belo Horizonte: B. Álvares, 1960.

ANDRADE, Luiz Antônio de. *Locação e Despejo*. Rio de Janeiro: Forense, 1966.

ANDRADE, Luis Antonio de, *apud* LIMA, Paulo C. A. *Código de Processo Civil*. Rio de Janeiro: Edições Trabalhistas, 1973.

ANJOS, Alberico Teixeira dos. Títulos de Crédito Industrial. *Revista Forense, Rio de janeiro*, v. 266, abr.-jun. 1979.

ARAÚJO CINTRA, Antônio Carlos de. A ação para cobrança de duplicata no novo Código de Processo Civil, in "R.T. – Informa", 1ª quinzena de maio/74.

ARAÚJO, José Henrique Mouta. *In:* WAMBIER, Teresa Arruda Alvim, *et al*. *Breves Comentários ao novo Código de Processo Civil*. São Paulo: Ed. RT, 2015.

ARAÚJO, Luciano Vianna. A ação de liquidação de título executivo extrajudicial. *Revista de Processo, São Paulo*, v. 229, mar. 2014.

ARENHART, Sérgio Cruz. Processos estruturais no Brasil: reflexões a partir do caso da ACP do Carvão. *In:* GRINOVER, Ada Pellegrini *et al*. *O processo para solução de conflitos de interesse público*. Salvador: JusPodivm, 2017.

ARRUDA ALVIM, Angélica. Fraude à execução no Novo CPC e a Súmula nº 375/STJ, *Revista Forense*, Rio de Janeiro, v. 421, jan.-jun. 2015.

ARRUDA ALVIM NETTO, José Manoel de. Parecer, *in Revista Forense*, Rio de Janeiro, v. 246, abr-maio-jun.1974.

ARRUDA ALVIM NETTO, José Manoel de; ARRUDA ALVIM, Eduardo; BRUSCHI, Gilberto Gomes; CHECHI, Mara Larsen; COUTO, Mônica Bonetti. *Execução fiscal e temas afins: Estudos em homenagem ao Professor Araken de Assis*. São Paulo: Ed. RT, 2014.

ARRUDA ALVIM NETTO, José Manoel de. *Novo contencioso cível no CPC/2015*. São Paulo: Editora RT, 2016.

ASSIS, Araken de. *Manual do Processo de Execução*. 5. ed. São Paulo: RT, 1998.

ASSIS, Araken de. *Manual do processo de execução*. 10. ed. São Paulo: RT, 2006.

ASSIS, Araken de. *Manual de execução*. 11. ed. São Paulo: RT, 2007.

ASSIS, Araken de. *Manual da execução*. 18. ed. revista, atualizada e ampliada. São Paulo: Editora Revista dos Tribunais, 2016.

ASSIS, Araken de. *Eficácia da coisa julgada inconstitucional*. In: NASCIMENTO, Carlos Valder do; DELGADO, José Augusto (org.). *Coisa Julgada Inconstitucional*. Belo Horizonte: Fórum, 2006.

ASSIS, Araken de. *Comentários ao Código de Processo Civil*. Rio de Janeiro: Forense, 2000, v. VI.

ASSIS, Araken de. *Comentários ao Código de Processo Civil*. Porto Alegre: Lejur, 1985, v. IX.

ASSIS, Araken de. Eficácia civil da sentença penal condenatória no código do consumidor, *in Revista de Processo*, São Paulo, n. 66, abr.-jun. 1992.

ASSIS, Araken de. Fraude contra execução no registro de imóveis. *In*: DIP, Ricardo (coord.). *Direito Registral e o Novo Código de Processo Civil*. Rio de Janeiro: Forense, 2016.

ASSIS, Araken de. *Comentários ao Código de Processo Civil*. 2. ed. São Paulo: Ed. RT, 2018.

ASSIS, Araken de. O *contempt of court* no Direito Brasileiro. *RJ*, 318.

ASSIS, Araken de. *Processo civil brasileiro*. 3. ed. São Paulo: Ed. RT, 2022, v. II.

ASSIS, Jacy de. *Procedimento Ordinário*. São Paulo: Lael, 1975.

AURELLI, Arlete Inês; FERREIRA, Izabel Pinheiro Cardoso Pantaleão. A defesa do executado por simples petição no cumprimento da sentença. *In*: ASSIS, Araken de; BRUSCHI, Gilberto Gomes (coords.). *Processo de execução e cumprimento de sentença*. 2. ed. São Paulo: RT, 2022, vol. 1.

AURICCHIO, Alberto. *Simulação no Negócio Jurídico*. Coimbra: Coimbra Ed.,1964.

AZEVEDO, Gustavo Henrique Trajano de; CUNHA, Leonardo Carneiro da. Comentário do art. 774, do NCPC. *In*: STRECK, Lenio Luiz; NUNES, Dierle; CUNHA, Leonardo Carneiro da (org.); FREIRE, Alexandre (coord. executivo). *Comentários ao Código de Processo Civil*. São Paulo: Saraiva, 2016.

AZEVEDO JÚNIOR, José Osório de. *Compromisso de compra e venda*. São Paulo: Saraiva, 1979.

BAHIA, Alexandre Melo Franco de Moraes; NUNES, Leonardo Silva; COTA, Samuel Paiva. Das ações coletivas aos processos estruturais: as formas de tutela diferenciada dos direitos fundamentais. *In*: NUNES, Dierle et al. (orgs.). *Processo coletivo, desenvolvimento sustentável e tutela diferenciada dos direitos fundamentais*. Porto Alegre: Ed. Fi, 2019.

BALDISSERA, Leonardo; PEGORARO JÚNIOR, Paulo Roberto. Averbação premonitória no novo Código de Processo Civil. *Revista de Processo*, São Paulo, v. 256, jun. 2016.

BALEEIRO, Aliomar. *Direito Tributário Brasileiro*. Rio de Janeiro: Forense, 1970.

BALZANO, Felice. A penhora *on-line* e o prazo dos embargos de terceiro. *Revista de Processo*, São Paulo, v. 252, fev. 2016.

BALZANO, Felice. Mais do mesmo: ainda a Súmula 410 do STJ. *Revista de Processo*, São Paulo, v. 263, jan.2017.

BARBI, Celso Agrícola. *Ação Declaratória no Processo Civil Brasileiro*. 3. ed. 1968.

BARBI, Celso Agrícola. *Comentários ao Código de Processo Civil*. Rio de Janeiro: Forense, 1975, v. I.

BARBOSA MOREIRA, José Carlos. Exceção de pré-executividade: uma denominação infeliz. In: *Temas de Direito Processual*. 7ª série. São Paulo: Saraiva, 2001.

BARBOSA MOREIRA, José Carlos. *O Novo Processo Civil*. 2. ed. Rio de Janeiro: Forense, 1976, v. II.

BARBOSA MOREIRA, José Carlos. *O Novo Processo Civil Brasileiro*. 19. ed. Rio de Janeiro: Forense, 1998.

BARBOSA MOREIRA, José Carlos. *O Novo Processo Civil Brasileiro*, 23. ed. Rio de Janeiro: Forense, 2005.

BARBOSA MOREIRA, José Carlos. *O novo Processo Civil Brasileiro*. 25. ed. Rio de Janeiro: Forense, 2007.

BARBOSA MOREIRA, José Carlos. *Comentários ao Código de Processo Civil*. 14. ed. Rio de Janeiro: Forense, 2008, v. V.

BARBOSA MOREIRA, José Carlos. Reflexões críticas sobre uma teoria da condenação civil. In: *Temas de direito processual civil*. 1ª série. São Paulo: Saraiva, 1977.

BARBOSA MOREIRA, José Carlos. Questões velhas e novas em matéria de classificação das sentenças. In: *Temas de direito processual: oitava série*. São Paulo: Saraiva, 2004.

BARBOSA MOREIRA, José Carlos. *Temas de direito processual: oitava série*. São Paulo: Saraiva, 2004.

BARBOSA MOREIRA, José Carlos. "Considerações sobre a chamada 'relativização' da coisa julgada material". *Revista Dialética de Direito Processual*, São Paulo, v. 22, jan.2005.

BARROSO, Luís Roberto. *Interpretação e aplicação da Constituição*: fundamentos de uma dogmática constitucional transformadora. 3. ed. São Paulo: Saraiva, 1999.

BASTOS, Antônio Adonias. *A defesa do executado de acordo com os novos regimes de execução*. Salvador: JusPodivm, 2008.

BASTOS, Antonio Adonias Aguiar. A conexão entre a execução de título extrajudicial e a ação de conhecimento relativa ao mesmo ato jurídico (art. 55, § 2º, I, do CPC/2015). In: BELLIZZE, Marco Aurélio; MENDES, Aluisio Gonçalves de Castro; ALVIM, Teresa Arruda; CABAL, Trícia Navarro Xavier (coords.). *Execução civil*: Estudos em homenagem ao professor Arruda Alvim. Indaiatuba: Editora Foco, 2022.

BASTOS, Celso Ribeiro. *Curso de direito constitucional*. 21. ed. São Paulo: Saraiva, 2001.

BATALHA, Wilson de Souza Campos. *Direito processual societário*. Rio de Janeiro: Forense, 1986.

BATISTA, Francisco de Paula. *Compêndio de Teoria e Prática do Processo Civil Comparado com o Comercial e de Hermenêutica Jurídica*. São Paulo: Saraiva, 1935.

BATISTA, Francisco de Paula. *Compêndio de Theoria e Prática do Processo Civil Comparado com o Comercial e de Hermenêutica Jurídica*. 6.ed. Rio de Janeiro: H. Garnier, 1901.

BATISTA MARTINS, Pedro. *Comentários ao Código de Processo Civil*. 2. ed. Rio de Janeiro: Forense, 1961, v. I, II e III.

BAYEUX FILHO, José Luiz. Fraude contra credores e fraude de execução. *Revista de Processo*, São Paulo, v. 61, jan-mar. 1991.

BECKER, Rodrigo Frantz. A alienação por iniciativa particular e o princípio da menor onerosidade da execução. *In*: ASSIS, Araken de; BRUSCHI, Gilberto Gomes (coords.). *Processo de execução e cumprimento de sentença*. 2. ed. São Paulo: RT, 2022, vol. 1.

BENNESBY, Melvin. Notas sobre a expropriação forçada de bem indivisível também pertencente a terceiro coproprietário não devedor – art. 843 do CPC/2015. *In*: NASCIMENTO FILHO, Firly; FERREIRA, Márcio Vieira Souto Costa; BENEDUZI, Renato (coords.). *Estudos em homenagem a Sérgio Bermudes*. Rio de Janeiro: GZ Editora, 2023.

BENJAMIN, Antônio Herman; MARQUES, Cláudia Lima; MIRAGEM, Bruno. *Comentários ao Código de Defesa do Consumidor*. São Paulo: RT, 2006.

BERIZONCE, Roberto. Los conflictos de interés publico. *In*: GRINOVER, Ada Pellegrini *et al.* (coords.). *O processo para solução de conflitos de interesse público*. Salvador: JusPodivm, 2017.

BESSONE, Darcy. *Da compra e venda – promessa & reserva de domínio*. 3.ed. São Paulo: Saraiva, 1988.

BETTI, Emílio. *Diritto Processuale Civile Italiano*. Roma: Società editrice del "Foro Romano", 1936.

BEVILÁQUA, Clóvis. *Direito das Obrigações*. 9. ed. Rio de Janeiro: Francisco Alves, 1957.

BIANCA, Cesare Massimo di. Verbete Autotutela (dir. priv.). *Enciclopedia del Diritto*. Milano: Giuffrè, 2000. v. IV.

BIAZI, João Pedro de Oliveira de. *A exceção de contrato não cumprido no direito privado brasileiro*. Rio de Janeiro: GZ, 2019.

BITTAR, Carlos Alberto. *Direitos do Consumidor*. Rio de Janeiro: Forense Universitária, 1990.

BONAGURA, Anna Paola de Souza; GOMES, Ricardo Vick. Exceção de pré-executividade. *In*: ASSIS, Araken de; BRUSCHI, Gilberto Gomes (coords.). *Processo de execução e cumprimento de sentença*. 2. ed. São Paulo: RT, 2022, vol. 1.

BONDIOLI, Luis Guilherme Aidar. A multa atrelada à tutela específica no CPC (arts. 461 e afins). *Revista Jurídica*, Porto Alegre, n. 350, dez.2006.

BONDIOLI, Luis Guilherme Aidar. Comentários ao art. 880. *In*: CABRAL, Antônio do Passo; CRAMER, Ronaldo (org.). *Comentários ao Novo Código de Processo Civil*. Rio de Janeiro: Forense, 2015.

BONDIOLI, Luis Guilherme Aidar. *In*: CABRAL, Antônio do Passo; CRAMER, Ronaldo (org.). *Comentários ao Novo Código de Processo Civil*. 2. ed. Rio de Janeiro: Forense, 2016.

BONGIORNO, Girolamo. Profili sistematice e prospettiva dell' esecuzione forzata in autotutela. *Rivista Trimestrale di Diritto e Procedura Civile*. Milano: Giuffrè, anno XLII, 1988.

BORGES, João Eunápio. *Títulos de Crédito*. Rio de Janeiro: Forense, 1971.

BRAGA, Paula Sarno; OLIVEIRA, Rafael. *Curso de direito processual civil. Execução*. 2. ed. Salvador: Ed. Jus Podivm, 2010, v. 5.

BORGES, Marcos Afonso. *Comentários ao Código de Processo Civil*. São Paulo: LEUD, 1974, v. I.

BRUSCHI, Gilberto Gomes; LEÃO, Leandro. Cumprimento da sentença de obrigação pecuniária: aspectos relevantes. *In* LUCON, Paulo Henrique dos Santos; OLIVEIRA, Pedro Miranda de (coords). *Panorama atual do novo CPC.* 2. ed. Florianópolis: Empório do Livro, 2016.

BRUSCHI, Gilberto Gomes. O cumprimento definitivo da sentença de obrigação pecuniária – o ponto de vista do credor – questões práticas relevantes. *In*: ASSIS, Araken de; BRUSCHI, Gilberto Gomes (coords.). *Processo de execução e cumprimento de sentença.* 2 ed. São Paulo: RT, 2022, vol. 1.

BUENO, Cassio Scarpinella. Comentários ao art. 537. *In*: GOUVÊA, José Roberto F.; BONDIOLI, Luis Guilherme A.; FONSECA, João Francisco N. da. *Comentários ao Código de Processo Civil.* São Paulo: Saraiva Educação, 2018.

BUENO, Cassio Scarpinella. Comentários ao art. 708. *In*: MARCATO, Antonio Carlos (coord.). *Código de Processo Civil Interpretado.* São Paulo: Atlas, 2004.

BUENO, Cássio Scarpinella. Comentários ao art. 520 do NCPC. *In:* WAMBIER, Teresa Arruda Alvim, DIDIER JR, Fredie; TALAMINI, Eduardo; DANTAS, Bruno. *Breves comentários ao novo Código de Processo Civil.* São Paulo: Ed. Revista dos Tribunais, 2015.

BUENO, Cassio Scarpinella. Comentários ao art. 521 do NCPC. *In:* WAMBIER, Teresa Arruda Alvim, DIDIER JR, Fredie; TALAMINI, Eduardo; DANTAS, Bruno. *Breves comentários ao novo Código de Processo Civil.* São Paulo: Ed. Revista dos Tribunais, 2015.

BUENO, Cassio Scarpinella. *Curso sistematizado de direito processual civil.* São Paulo: Saraiva, 2008, v. 3.

BUENO, Cassio Scarpinella. *Tutela Antecipada.* São Paulo: Saraiva, 2004.

BUENO, Cassio Scarpinella. *Manual de direito processual civil.* 2.ed. São Paulo: Saraiva, 2016.

BUENO, Cassio Scarpinella. *Reforma do Código de Processo Civil.* São Paulo: Saraiva, 2007.

BUENO, Cassio Scarpinella. Execução por quantia certa contra a Fazenda Pública – uma proposta de sistematização. *In*: SHIMURA, Sérgio; WAMBIER, Teresa Arruda Alvim (coords.). *Processo de execução e assuntos afins.* São Paulo: RT, 2001, v. II.

BUENO, Cassio Scarpinella. *Novo Código de Processo Civil anotado.* São Paulo: Saraiva, 2015.

BUFFULIN, Augusto Passamani; PUPPIN, Ana Carolina Bouchabki; ENCARNAÇÃO, Paulo Vitor da. A viabilidade de reconhecimento de fraude contra credores em embargos de terceiro. *Revista dos Tribunais*, São Paulo, v. 1.055, set. 2023.

BULOW, Oscar. *La Teoria de las Excepciones Procesales y los Presupuestos Procesales*, Barcelona, 1964.

BUZAID, Alfredo. *Do Concurso de Credores no Processo de Execução.* São Paulo: Saraiva, 1952.

CAHALI, Yussef Said. *Honorários advocatícios.* 2. ed. São Paulo: RT, 1990.

CAHALI, Yussef Said. *Honorários advocatícios.* 3. ed. São Paulo: RT, 1997.

CAHALI, Yussef Said. *Dos Alimentos.* São Paulo: RT, 1984.

CAHALI, Yussef Said. *Fraudes contra credores.* São Paulo: Ed. RT, 1989.

CALAMANDREI, Piero. *Instituciones de Derecho Procesal Civil*, Buenos Aires, 1964.

CALMON DE PASSOS, José Joaquim. *Da Revelia do Demandado*, 1960.

CALMON DE PASSOS, José Joaquim. *Comentários ao Código de Processo Civil.* Rio de Janeiro: Forense, 1974, v. III.

CALMON DE PASSOS, José Joaquim. Responsabilidade do exequente no novo Código de Processo Civil. *Revista Forense Comemorativa – 100 anos*, t. V, 2006.

CALMON, Sacha. Emenda nº 62 à Constituição da República. *Revista pela Ordem*. Belo Horizonte, ano 1, n. 2, abr.2010.

CÂMARA, Alexandre Freitas. Reconhecimento de ofício da prescrição: uma reforma descabeçada e inócua. *Revista IOB de Direito Civil e Processual Civil*, n. 43, set-out.2006.

CÂMARA, Alexandre Freitas. "O novo regime da alienação de bens do executado". *Revista de Processo*, São Paulo, v. 148, jun.2007.

CÂMARA, Alexandre Freitas. *Lições de Direito Processual Civil*. 2. ed. Rio de Janeiro: Ed. Lumen Juris, 1999, v. II.

CÂMARA, Alexandre Freitas. *O novo processo civil brasileiro*. 2. ed. revista e atualizada. São Paulo: Atlas, 2016.

CÂMARA, Alexandre Freitas. Será o fim da categoria "condições da ação"? Uma resposta a Fredie Didier Jr. *Revista de Processo*, São Paulo, v. 197, jul.2011.

CÂMARA JÚNIOR, José Maria. *In*: WAMBIER, Teresa Arruda Alvim, *et al*. *Breves Comentários ao novo Código de Processo Civil*. São Paulo: Ed. RT, 2015.

CÂMARA LEAL, Antônio Luís. *Da Prescrição e da Decadência*. 2. ed. Rio de Janeiro: Forense, 1959.

CAMBI, Accácio. Impugnação à execução de título judicial. *Juris Plenun*, nº 57, maio.2014.

CAMBI, Eduardo; DOTTI, Rogéria; PINHEIRO, Paulo Eduardo D'Arce; MARTINS, Sandro Gilbert; KOZIKOSKI, Marcelo. *Curso de processo civil completo*. São Paulo: Ed. RT, 2017.

CANAN, Ricardo. Impenhorabilidade da pequena propriedade rural. *Revista de Processo*, São Paulo, v. 221, jul.2013.

CANOTILHO, José Joaquim Gomes. *Direito constitucional e teoria da Constituição*. 4. ed. Coimbra: Almedina, s/d.

CAPONI, Remo; PISANI, Andrea Proto. *Lineamenti di diritto processuale civile*. Napoli: Jovene Editore, 2001.

CAPONI, Remo. A autonomia privata e processo civile: gli accordi processuali. *In*: CARPI, Federico *et alii*. *Accordi di parte e processo*. Milano: Giuffrè, 2008.

CAPPELLETTI, Mauro. *La Oralidad y las Pruebas en el Proceso Civil* Buenos Aires: EJEA, 1972.

CAPPELLETTI, Mauro. "Tutela dos interesses difusos", *Ajuris*, v. 33.

CARDOSO, Eurico Lopes. *Manual da Ação Executiva*. Coimbra: Almedina, 1964.

CARMONA, Carlos Alberto. Considerações sobre a cláusula compromissória e a cláusula de eleição de foro. In: CARMONA, Carlos Alberto *et al* (coords.). *Arbitragem*: Estudos em homenagem ao Prof. Guido Fernando da Silva Soares. São Paulo: Atlas, 2007.

CARMONA, Carlos Alberto. Comentários ao art. 781. In: TUCCI, José Rogério Cruz *et al*. (Coord.). *Código de Processo Civil anotado*. Rio de Janeiro: GZ, 2016.

CARNEIRO, Athos Gusmão. *Cumprimento da sentença civil*. Rio de Janeiro: Forense, 2007.

CARNEIRO, Athos Gusmão. Das "astreintes" nas obrigações de fazer fungíveis. *Revista Ajuris*, nº 14.

CARNEIRO, Athos Gusmão. Análise sumária do cumprimento de sentença nos termos da Lei nº 11.232/05. *Revista Magister de Direito Civil e Processual Civil*, Porto Alegre, v. 11, mar.-abr. 2006.

CARNELUTTI, Francesco. *Istituzioni del Processo Civile Italiano*. 5.ed. Roma: Società Editrice del Foro Italiano, 1956, v. I.

CARNELUTTI, Francesco. *Instituciones del processo civil*. 2. ed. Buenos Aires: EJEA, 1973, v. III.

CARNELUTTI, Francesco. *Diritto e Processo*. Napoli: Morano Editore, 1958.

CARNELUTTI, Francesco. *Sistema del Diritto Processuale Civile. Sistema di Diritto Processuale Civile*. Padova: CEDAM, 1936, v. I.

CARNELUTTI, Francesco. *Sistema di Diritto Processuale Civile*. Padova: Cedam, 1938, v. II.

CARNELUTTI, Francesco. *Sistema de direito processual civil*. Tradução Hiltomar Martins Oliveira, São Paulo: Classic Book, 2000, v. I.

CARNELUTTI, Francesco. *Sistema de Direito Processual Civil*. São Paulo: Classic-Book, v. II, 2000.

CARNELUTTI, Francesco. *Lezioni di Diritto Processuale Civile – Processo di Esecuzione*, Ristampa, Padova: Cedam,1932, v. I.

CARRETEIRO, Mateus Aimoré. Competência concorrente para execução fundada em título extrajudicial no CPC/2015. *In*: MARCATO, Ana Cândida Menezes *et al.* (Coord.). *Reflexões sobre o Código de Processo Civil de 2015*. São Paulo: Verbatim, 2018.

CARRETEIRO, Mateus Aimoré. Competência concorrente para execução fundada em título extrajudicial no CPC/2015. In: MARCATO, Ana Cândida Menezes *et al.* (Coord.). *Reflexões sobre o Código de Processo Civil de 2015*. São Paulo: Verbatim, 2018.

CARVALHO, Afrânio. *Registro de Imóveis*. Rio de Janeiro: Forense, 1997.

CARVALHO DE MENDONÇA, J. X. *Tratado de direito comercial brasileiro*. Rio de Janeiro: Freitas Bastos, 1960, v. V, 2ª parte.

CARVALHO DE MENDONÇA, J. X. *Tratado de direito comercial brasileiro*. 5.ed. Rio de Janeiro: Liv. Freitas Bastos, 1956, v. VI, Parte II

CARVALHO, Fabiano. Comentário ao art. 771. *In:* WAMBIER, Teresa Arruda Alvim; DIDIER JÚNIOR, Fredie; TALAMINI, Eduardo; DANTAS, Bruno. *Breves Comentários ao novo Código de Processo Civil*. São Paulo: Ed. RT, 2015.

CARVALHO FILHO, Antônio. Comentários ao art. 828. *In* STRECK, Lenio Luiz; *et al* (cords). *Comentários ao Código de Processo Civil*. São Paulo: Saraiva, 2016.

CARVALHO MANGE, Roger de. A Insolvência no Novo Código de Processo Civil. *Revista dos Tribunais*, São Paulo, v. 464, jun.1974.

CASTRO, Amílcar de. *Comentários ao Código de Processo Civil*. Rio de Janeiro: Forense, 1961, v. XIII.

CASTRO, Amílcar de. *Comentários ao Código de Processo Civil*. 2. ed. Rio de Janeiro: Forense, 1963,v. X, t. 1º.

CASTRO, Amílcar de. *Comentários ao Código de Processo Civil*. 2. ed. Rio de Janeiro: Forense, 1963, v. X, t. 2º.

CASTRO, Amílcar de. *Comentários ao Código de Processo Civil*. São Paulo: RT, 1974, v. VIII.

CASTRO, Amílcar de. *Direito Internacional Privado*. 2. ed. Rio de Janeiro: Forense, 1968, v. II.

CASTRO, Artur Anselmo de. *A Ação Executiva Singular, Comum e Especial*. Coimbra: Coimbra Ed., 1970.

CASTRO, Artur Anselmo de. *A acção executiva singular, comum e especial*. Coimbra: Coimbra Ed., 1973.

CASTRO, Artur Anselmo de. *A acção executiva singular, comum e especial*. 3.ed. Coimbra: Coimbra Ed., 1977.

CASTRO, Vitor Lemos. Os efeitos da sentença que acolhe a exceção de contrato não cumprido. *Revista de Processo*, São Paulo, v. 332, out.2022.

CATELLI, Thales Aporta; SILVA, Danilo Pierote. As resoluções parciais no processo de execução. *Revista dos Tribunais*, São Paulo, v. 1.002, abr.2019.

CELSO – Digesto, 42, 1, 13.

CERQUEIRA, Luís Otávio. O cumprimento da sentença, a inadimplência e a improbidade processual. *In*: HOFFMAN, Paulo e SILVA, Leonardo Ferres da. *Processo de execução civil. Modificações da Lei nº 11.232/05*. São Paulo: Quartier Latin, 2006.

CHALUB, Melhim Namen. Primeiras impressões: direito imobiliário e o novo CPC. *In*: ALVIM, Thereza; CAMARGO, Luiz Henrique Volpe Camargo; SCHMITZ, Leonard Ziesemer; CARVALHO, Nathália Gonçalves de Macedo (coord.). *O novo Código de Processo Civil brasileiro* – Estudos dirigidos: sistematização e procedimentos. Rio de Janeiro: Forense, 2015.

CHERRY, Richard T. *Introdução à Administração Financeira*. São Paulo: Atlas, 1975, *apud* Enciclopédia Saraiva de Direito, verbete "Capital de giro", v. 13.

CHIOVENDA, Giuseppe. *Instituições de Direito Processual Civil*. 3. ed. Trad. Guimarães Menegale. São Paulo: Saraiva, 1969, v. I.

CHIOVENDA, Giuseppe. *Ensayos de derecho procesal civil*. Buenos Aires: Ed. Jurídicas Europa-América, 1949, v. I.

CHIOVENDA, Giuseppe. *IstituzionI di diritto processuale civile*. Napoli: Eugenio Jovene, 1936, v. II.

COELHO, Fábio Ulhoa. O direito de voto das ações empenhadas e penhoradas. *Revista dos Tribunais*, São Paulo, v. 920, jun.2012.

COELHO, Fábio Ulhoa. A ação de dissolução parcial de sociedade. *Revista de Informação Legislativa*. Brasília: Senado Federal, ano 48, n. 190, abr.-jun.2011.

COMPARATO, Fábio Konder; SALOMÃO FILHO, Calixto. *O poder de controle da sociedade anônima*. 3. ed. Rio de Janeiro: Forense, 1983.

CONCEIÇÃO, Maria Lúcia Lins; CARDOSO, David Pereira. É necessária a assinatura de testemunhas instrumentárias para formação do título executivo? O papel da jurisprudência na atribuição de maior efetividade ao processo de execução. *In*: BELLIZZE, Marco Aurélio; MENDES, Aluisio Gonçalves de Castro; ALVIM, Teresa Arruda; CABRAL, Tricia Navarro Xavier. *Execução civil*: Estudos em homenagem ao professor Arruda Alvim. Indaiatuba: Editora Foco, 2022.

CONRADO, Paulo Cesar. Medida cautelar fiscal. *In*: ASSIS, Araken de; BRUSCHI, Gilberto Gomes (coords.). *Processo de execução e cumprimento de sentença*. 2. ed. São Paulo: RT, 2022, vol. 1.

CORREA, Guilherme Augusto Bittencourt; PUGLIESE, William Soares. Os vícios na arrematação judicial e suas consequências. *Revista de Processo*, São Paulo, n. 290, abr.2019.

CORREIA, André de Luizi. Em defesa da penhora *on-line*. *Revista de Processo*, São Paulo, v. 125, jul.2005.

COSTA, Daniel Carnio. Execução fiscal da Fazenda Nacional – Inalienabilidade dos bens penhorados. Alcance e Aplicação do art. 53, § 1º da Lei nº 8.212/91. *Síntese Jornal*, n. 72, fev.2003.

COSTA, Eduardo José da Fonseca. A "execução negociada" de políticas públicas em juízo. *Revista de Processo*, São Paulo, v. 212.

COSTA E SILVA, Paula. A constitucionalidade da execução hipotecária do Decreto-Lei 70, de 21 de novembro de 1966. *Revista de Processo*, São Paulo, v. 284, out.2018.

COSTA, Rosalina Moitta Pinto da; MOURA, João Vitor Mendonça de. Descortinando novos caminhos para um sistema multiportas de execução no Brasil: "há vários caminhos até a montanha". *Revista de Processo, São Paulo*, v. 334, dez.2022.

COSTA, Rosalina Moitta Pinto da. O acolhimento da prescrição em sede de execução de pré-executividade. *Revista de Processo*, São Paulo, v. 350, p. 163, abr.2024.

COSTA, Sérgio. *Manuale di Diritto Processuale Civile*. Torino: Editrice Torinese, 1963.

COSTA, Sérgio. *Manuale di Diritto Processuale Civile*. 4. ed. Torino: Editrice Torinese, 1973.

COUTURE, Eduardo J. *Fundamentos del Derecho Procesal Civil*. Buenos Aires: Depalma, 1974.

CUCHE, Paul; VINCENT, Gean. *Voies d'Exécution – Précis Dalloz*. 10. ed. Paris: Dalloz, 1970.

CUNHA, Alcides Muñoz da. A evolução das ações coletivas no Brasil. *Revista de Processo*, São Paulo, v. 77, jan.1995.

CUNHA CAMPOS, Ronaldo. *Execução Fiscal e Embargos do Devedor*. Rio de Janeiro: Forense, 1978.

CUNHA, Leonardo Carneiro da. Será o fim da categoria condições da ação? *Revista de Processo, São Paulo*, v. 198, ago.2011.

CUNHA, Leonardo José Carneiro da. *A alienação por iniciativa particular*, Revista de Processo, São Paulo, nº 174, ago.2009.

CUNHA, Leonardo José Carneiro da. *Direito intertemporal e o novo Código de Processo Civil*. Rio de Janeiro: Forense, 2016.

CUNHA PEIXOTO, Carlos Fulgêncio. *Sociedade por ações*. São Paulo: Saraiva, 1972, v. 2.

CZAJKOWSKI, Rainer. *A impenhorabilidade do bem de família*. Curitiba: Ed. Juruá, 2001.

Dicionário Houaiss da Língua Portuguesa. Rio de Janeiro: Objetiva, 2006.

DANIEL, Letícia Succolo Paschoal da Costa; DORNA, Mário Henrique de Barros. Meios de sustação e de suspensão de leilões. O pagamento da dívida e o cancelamento do ato expropriatório. *In*: ASSIS, Araken de; BRUSCHI, Gilberto Gomes (coords.). *Processo de execução e cumprimento de sentença*. 2 ed. São Paulo: RT, 2022, vol. 1.

D'AMICO, Giovanni; PAGLIANTINI, Stefano; PIRAINO, Fabrizio; RUMI, Tiziana. *I nuovi marciani*. Torino: G. Giappichelli Editore, 2017.

DANTAS, Bruno; VARGAS, Daniel. Vianna. A tutela executiva na contemporaneidade: reflexões sobre a desjudicialização. *In*: BELLIZZE, Marco Aurélio; MENDES, Aluisio Gonçalves de Castro; ALVIM, Teresa Arruda; CABAL, Trícia Navarro Xavier (coords.). *Execução civil*: Estudos em homenagem ao professor Arruda Alvim. Indaiatuba: Editora Foco, 2022.

DIDIER JÚNIOR, Fredie. Direito de adjudicar e direito de remir: confronto do art. 685-A, § 2º, Código de Processo Civil, com o art. 1.482 do Código Civil, *Revista de Processo*, São Paulo, v. 146, abr.2007.

DIDIER JÚNIOR, Fredie; BRAGA, Paulo Sarno; OLIVEIRA, Rafael. *Curso de direito processual civil*. Salvador: JusPodivm, 2007, v. 2.

DIDIER JÚNIOR, Fredie. *Curso de Direito Processual Civil*. Salvador: JusPodivm, 2009, v. 5.

DIDIER JÚNIOR, Fredie; CUNHA, Leonardo José Carneiro da; BRAGA, Paula Sarno; OLIVEIRA, Rafael. *Curso de direito processual. Execução*. 2. ed. Salvador: JusPodivm, 2010, v. 5.

DIDIER JÚNIOR, Fredie; CUNHA, Leonardo José Carneiro da; BRAGA, Paula Sarno; OLIVEIRA, Rafael. *Curso de Direito Processual Civil*. 7. ed. Salvador: JusPodivm, 2017, v. 5.

DIDIER JÚNIOR, Fredie; CABRAL, Antonio do Passo. Negócios jurídicos processuais atípicos e execução. *Revista de Processo*, São Paulo, v. 275, jan.2018.

DIDIER JÚNIOR, Fredie. Será o fim da categoria "condições da ação"? Um elogio ao projeto do novo Código de Processo Civil. *Revista de Processo, São Paulo*, v. 197, jul.2011.

DIDIER JÚNIOR, Fredie; BRAGA, Paula Sarno; OLIVEIRA, Rafael Alexandria de. *Curso de direito processual civil*. 14. ed. Salvador: JusPodivm, 2019, v. 2.

DIDIER JÚNIOR, Fredie; CABRAL, Antonio do Passo; CUNHA, Leonardo Carneiro da. Por uma nova teoria nos procedimentos especiais. 2.ed. Salvador: JusPodivm, 2021.

DINAMARCO, Cândido Rangel. *A Execução Civil*. São Paulo: RT, 1973.

DINAMARCO, Cândido Rangel. As três figuras da liquidação de sentença. *In: Estudos de Direito Processual em Memória de Luiz Machado Guimarães*. Rio de Janeiro: Forense, 1997.

DINAMARCO, Cândido Rangel. *Execução Civil*. 5. ed. São Paulo: Malheiros, 1997.

DINAMARCO, Cândido Rangel. *Execução civil*. 8. ed. São Paulo: Malheiros, 2002.

DINAMARCO, Cândido Rangel. Relativizar a coisa julgada material, *Meio jurídico*, ano IV, n. 44, abr. 2001.

DINAMARCO, Cândido Rangel. *Instituições de direito processual civil*. São Paulo: Malheiros, 2001, v. III.

DINAMARCO, Cândido Rangel. *Instituições de direito processual civil*. 7. ed. São Paulo: Malheiros, 2017, v. III.

DINAMARCO, Cândido Rangel. *Instituições de direito processual civil*. 4. ed. São Paulo: Malheiros, 2004, v. I.

DINAMARCO, Cândido Rangel. *Instituições de Direito Processual Civil*. 4. ed. São Paulo: Malheiros, 2004, v. IV.

DINAMARCO, Cândido Rangel. *Instituições de direito processual civil*. 3. ed. São Paulo: Malheiros, 2009, v. IV.

DINAMARCO, Cândido Rangel. *Instituições de direito processual civil*. 4. ed. São Paulo: Malheiros, 2019, v. IV.

DINAMARCO, Cândido Rangel. *A instrumentalidade do processo*. 5. ed. São Paulo: Malheiros, 1996.

DINAMARCO, Cândido Rangel. *O processo arbitral*. 2.ed. Curitiba: Ed. Direito Contemporâneo, 2022.

DINIZ, Maria Helena. *Dicionário Jurídico*. São Paulo: Saraiva, 1998.

DIREITO, Carlos Alberto Menezes; CAVALIERI FILHO, Sérgio. *Comentários ao novo Código Civil, volume XIII: da responsabilidade civil, das preferências e privilégios creditórios*. Rio de Janeiro: Forense, 2004.

DONATO FAGGELLA, apud BATALHA, Wilson de Souza Campos. *Direito intertemporal*. Rio de Janeiro: Forense, 1980.

DONNIER, Marc; DONNIER, Jean-Baptiste. *Voies d'exécution et procedures de distribution*. 6. ed. Paris: Litec, 2001.

DONOSO, Denis. Aspectos polêmicos sobre o caput do novo art. 475-J do CPC. *Revista Dialética de Direito Processual*, n. 45, dez. 2006.

D'ONOFRIO, Paolo. *Commento al Codice di Procedura Civile*. Torino: Unione Tipográfico-Editrice Torinese, 1953, v. I.

Enciclopédia Saraiva de Direito , verbete "Capital de giro", v. 13.

ENNECCERUS, Ludwig; KIPP, Theodor; Wolff, Martin. *Tratado de derecho civil*: derecho de obligaciones. Barcelona: Bosch, 1947, t. II, v. 1º.

ERPEN, Décio Antônio. Registro da penhora e eficácia frente a terceiros, *Revista AJURIS*, Porto Alegre, v. 27.

ESTRELLA, Hernani. Duplicata não aceita é título inábil para decretação de falência, in *Revista Forense*, Rio de Janeiro, v. 237, jan.-mar. 1972.

FABRÍCIO, Adroaldo Furtado. Réu revel não citado, *querela nullitatis* e ação rescisória. *Ajuris*, 42, Porto Alegre: s/e, 1988.

FADEL, Sérgio Sahione. *Código de Processo Civil Comentado*. Rio de Janeiro: J. Kofino, 1974, t. IV.

FADEL, Sérgio Sahione. *Código de Processo Civil* Comentado. 7. ed. Rio de Janeiro: Forense, 2003.

FAGUNDES, Cristiane Druve Tavares. Concurso especial de credores. *In*: ASSIS, Araken de; BRUSCHI, Gilberto Gomes (coords.). *Processo de execução e cumprimento de sentença*. 2 ed. São Paulo: RT, 2022, vol. 1.

FARIA, Márcio Carvalho. Primeiras impressões sobre o Projeto de Lei 6.204/2019. *Revista de Processo, São Paulo*, v. 313, mar.2021.

FAVER, Marcus. A inocorrência da revelia nos embargos de devedor, *Revista de Processo*, São Paulo, nº 57, jan-mar.1990.

FÉRES, Marcelo Andrade. Ampliação da impenhorabilidade da pequena propriedade rural: leitura a partir do novo art. 649, VIII, do CPC (Lei nº 11.382/06). *Revista Dialética de Direito Processual*, São Paulo, n. 47, fev. 2007.

FERRARA, Francisco. *A simulação dos negócios jurídicos*. Campinas: Red Livros, 1999.

FONSECA, Arnoldo Medeiros da. *Direito de Retenção*. 3. ed. Rio de Janeiro: Forense, 1957.

FRAGA, Afonso. *Direitos Reais de Garantia*, São Paulo: Acadêmica, 1933.

FREITAS, José Lebre de. *A acção executiva depois da reforma*. 4. ed. Coimbra: Coimbra Editora, 2004.

FREITAS, José Lebre de. *Ação executiva à luz do Código de Processo Civil de 2013*. 7. ed. Coimbra: Gestlegal, 2018.

FULGÊNCIO, Tito. *Direito Real da Hipoteca*. 2. ed. Rio de Janeiro: Forense, 1930, v. I.

FULGÊNCIO, Tito. *Programa*, apud NONATO, Orozimbo. *Curso de Obrigações*. 2ª parte. Rio de Janeiro: Forense, 1960, v. II.

FURNO, Carlo. *La Sospensione del Processo Esecutivo*. Milano: A. Giuffrè, 1956.

FUX, Luiz. *A reforma do processo civil*. Niterói: Impetus, 2006.

FUX, Luiz. *Curso de direito processual civil*. 4. ed. Rio de Janeiro: Forense, 2009, v. II.

FUX, Rodrigo. Multa coercitiva (*astreintes*) e indução de comportamento processual. *In*: BELLIZZE, Marco Aurélio; MENDES, Aluisio Gonçalves de Castro; ALVIM, Teresa Arruda; CABAL, Trícia Navarro Xavier (coords.). *Execução civil*: Estudos em homenagem ao professor Arruda Alvim. Indaiatuba: Editora Foco, 2022.

GABRIELLI, Enrico. Pegno "non possessorio" e teoria dele garanzie mobiliari. *Rivista del Diritto Commerciale e del Diritto Generale delle obbligazioni*. Padova: Piccin, anno CXV, 2017.

GAIO JÚNIOR, Antônio Pereira; OLIVEIRA, Thais Miranda de. Processo Civil e os modelos de investigação patrimonial na atividade executiva. *Revista de Processo*, São Paulo, v. 259, set.2006.

GAJARDONI, Fernando da Fonseca. *Teoria geral do processo*. São Paulo: Método, 2016.

GARBAGNATI, Edoardo. *Il Concorso di Creditori nel Processo di Exproprizione*. Milano: A. Giuffrè, 1959.

GARBAGNATI, Edoardo. Preclusione pro iudicato e titolo ingiuntivo, *in* "Riv. Diritto Processuale", v. IV, parte I, 1949.

GASTALDI, J. Petrelli. *Elementos de Economia Política*. 15. ed. São Paulo: Saraiva, 1992.

GOLDSCHMIDT, James. *Derecho Procesal Civil*. Barcelona: Labor, 1936, v. III.

GOLDSCHMIDT, James. *Princípios Generales del Proceso*. Buenos Aires: EJEA, 1961.

GOMES, Orlando. *Sucessões*. Rio de Janeiro: Forense, 1970.

GOMES, Orlando. *Obrigações*. 15. ed. Rio de Janeiro: Forense, 2001.

GRAU, Eros Roberto. *A ordem econômica na Constituição de 1988*. 8. ed. São Paulo: Malheiros, 2003.

GRECO FILHO, Vicente. *Du execuçao contra a Fazenda Pública*. São Paulo: Saraiva, 1986.

GRECO FILHO, Vicente. Direito Processual Civil Brasileiro. 16. ed. São Paulo: Saraiva, 2003, v. III.

GRECO, Leonardo. *O processo de execução*. Rio de Janeiro: Renovar, 1999, v. I.

GRECO, Leonardo. A defesa na execução imediata. *In*: DIDIER JÚNIOR, Fredie (org.). *Execução civil*: Estudos em Homenagem ao Prof. Paulo Furtado. Rio de Janeiro: Lumen Juris, 2006.

GRECO, Leonardo. *O Processo de Execução*. Rio de Janeiro: Renovar, 2001, v. 2.

GRECO, Leonardo. *Comentários ao Código de Processo Civil*. São Paulo: Saraiva, 2020, v. XVI.

GRECO, Leonardo. Coações indiretas na execução pecuniária. *Revista EMERJ*, Rio de Janeiro, v. 20, jan.-abr. 2018.

GRINOVER, Ada Pellegrini. *Direito Processual Civil*. São Paulo: J. Bushatsky, 1974.

GRINOVER, Ada Pellegrini. Tutela jurisdicional nas obrigações de fazer e não fazer. *In*: TEIXEIRA, Sálvio de Figueiredo (org.). *Reforma do Código de Processo Civil*. São Paulo: Saraiva, 1996.

GRINOVER, Ada Pellegrini. *A marcha do processo*. Rio de Janeiro: Forense Universitária, 2000.

GRINOVER, Ada Pellegrini *et al*. *Código brasileiro de defesa do consumidor*: comentado pelos autores do anteprojeto. 7. ed. Rio de Janeiro: Forense Universitária, 2004.

GUASP, James. *Derecho Procesal Civil*. Madrid: Instituto de Estudios Políticos, 1956.

GUERRA, Marcelo Lima. *Execução Indireta*. São Paulo: RT, 1998.

GUERRA, Marcelo Lima. Título executivo como representação documental típica do crédito. In: DIDIER JÚNIOR, Fredie; JORDÃO, Eduardo Ferreira (coords.). *Teoria do processo*: panorama doutrinário mundial. Salvador: JusPodivm, 2008.

HANADA, Nelson. *Da insolvência e sua prova na ação pauliana*. 4. ed. São Paulo: Ed. RT, 2005.

HELLWIG-OERTMANN – *System*, vol. II, n. 140, p. 192 e 199 apud LIEBMAN, Enrico Tullio. *Embargos do Executado*. (Oposições de mérito no processo de execução). 2. ed. Tradução da 2ª edição italiana por J. Guimarães Menegale. São Paulo: Saraiva, 1968.

HILL, Flávia Pereira. *O direito processual transnacional como forma de acesso à justiça no século XX*. Rio de Janeiro: GZ Editora, 2013.

HOFFMAN, Paulo. "Primeiras dúvidas de ordem prática na aplicação da Lei nº 11.232/05". In: HOFFMAN, Paulo e SILVA, Leonardo Ferres da. *Processo de execução civil. Modificações da Lei nº 11.232/05*. São Paulo: Quartier Latin, 2006.

HOSSNE, Beatriz de Araújo Leite Nacif. Da execução por quantia certa contra a Fazenda Pública: aspectos polêmicos. *Revista de Processo*, São Paulo, v. 216, fev. 2013.

INFORMATIVO DO CNJ. CNJ Serviço: o que muda com a lei do superendividamento. *Revista Síntese direito civil e processual civil*, n. 133, set.-out.2021.

JAPUR, José. O Tribunal de Contas e o Municipalismo, *in Rev. de Direito Administrativo*, Rio de Janeiro, v. 107, jan.1972.

JOBIM, Candice Lavocat Galvão; GALVÃO, Ludmila Lavocat. Duração razoável do processo e desjudicialização da execução civil. *In*: BELLIZZE, Marco Aurélio; MENDES, Aluisio Gonçalves de Castro; ALVIM, Teresa Arruda; CABAL, Trícia Navarro Xavier (coords.). *Execução civil*: Estudos em homenagem ao professor Arruda Alvim. Indaiatuba: Editora Foco, 2022.

JORGE, Flávio Cheim; DIDIER JÚNIOR, Fredie; RODRIGUES, Marcelo Abelha. *A Terceira Etapa da Reforma Processual Civil*. São Paulo: Saraiva, 2006.

JUSCELINO, Cristhiane Bessas. Débito e responsabilidade. *Revista dos Tribunais*, São Paulo, v. 287, jan.2019.

KNIJNIK, Danilo. *Comentários ao art. 475-L*. In: OLIVEIRA, Carlos Alberto Alvaro de (coord.). *A Nova Execução*. Rio de Janeiro: Forense, 2006.

KNIJNIK, Danilo et al. *A nova execução de títulos extrajudiciais: comentários à Lei 11.382/ de 06 de dezembro de 2006*, coord. de Carlos Alberto Alvaro de Oliveira. Rio de Janeiro: Forense, 2007.

KNIJNIK, Danilo. *A Exceção de Pré-Executividade*. Rio de Janeiro: Forense, 2001.

KROL, Heloisa da Silva. Relativização da coisa julgada inconstitucional. *Revista dos Tribunais*, São Paulo, v. 853, nov.2006.

LACERDA, Galeno. *O Novo Direito Processual Civil e os Feitos Pendentes*. Rio de Janeiro: Forense,1974.

LACERDA, Galeno. *O novo direito processual civil e os feitos pendentes*. 2. ed. Rio de Janeiro: Forense, 2006.

LAMEGO, Nelson Luiz Machado. Recuperação de crédito: evitando a excussão judicial de garantias. *Revista dos Tribunais*, São Paulo: Ed. RT, v. 891, jan. 2010.

LAMY, Eduardo de Avelar. Comentários ao art. 674. *In:* WAMBIER, Teresa Arruda Alvim; DIDIER JR, Fredie; TALAMINI, Eduardo; DANTAS, Bruno. *Breves comentários ao novo Código de Processo Civil.* São Paulo: Ed. Revista dos Tribunais, 2015.

LEMES, Selma Ferreira. Arbitragem em concessão de serviços públicos. Arbitrabilidade objetiva. Confidencialidade ou publicidade processual. *In:* GUILHERME, Luiz Fernando do Vale de Almeida (coord.). *Novos rumos da arbitragem no Brasil.* São Paulo: Fiuza Editores, 2004.

LEPORE, Andrea. *Autotutela e autonomia negoziale.* Napoli: Edizioni Scientifiche Italiane, 2019.

LIEBMAN, Enrico Tullio. *Le opposizioni di merito nel processo d'esecuzione.* 2. ed. Roma: Soc. Editrice del Foro Italiano, 1936.

LIEBMAN, Enrico Tullio. *Processo de Execução.* 3. ed. São Paulo: Saraiva, 1968.

LIEBMAN, Enrico Tullio. *Processo de Execução.* 4. ed. São Paulo: Saraiva, 1980.

LIEBMAN, Enrico Tullio. *Processo de execução.* 5.ed. São Paulo: Saraiva, 1986.

LIEBMAN, Enrico Tullio. *Embargos do Executado.* (Oposições de mérito no processo de execução). 2. ed. Tradução da 2ª edição italiana por J. Guimarães Menegale. São Paulo: Saraiva, 1968.

LIMA, Alcides de Mendonça. *Comentários ao Código de Processo Civil.* Rio de Janeiro: Forense, 1974, v. VI, t. I e t. II.

LIMA, Alcides de Mendonça. A Executividade da Duplicata não Aceita, *in Revista Ajuris*, v. 5º, s/data.

LIMA, Cláudio Vianna de. *Processo de Execução.* Rio de Janeiro: Forense, 1973.

LINS, Roberto Maia; FERNANDES, Pablo Gurgel; REQUE, Taísa Silva. A liquidação antecipada do seguro garantia no processo judicial tributário federal: um mecanismo *sui generis* de execução. *Revista de Processo,* São Paulo, v. 345, nov. 2023.

LOPES DA COSTA, Alfredo de Araújo. *Direito Processual Civil Brasileiro.* 2. ed. Rio de Janeiro: Forense, 1959, v. IV.

LUCON, Paulo Henrique dos Santos. Comentários ao art. 740. *In:* MARCATO, Antônio Carlos (coord.) *Código de Processo Civil Interpretado.* São Paulo: Atlas, 2004.

LUCON, Paulo Henrique dos Santos. *In* MARCATO, Antônio Carlos (coord.). *Código de Processo Civil Interpretado.* São Paulo: Atlas, 2004.

LUCON, Paulo Henrique dos Santos. Comentários ao art. 871. *In* WAMBIER, Teresa Arruda Alvim; DIDIER JR, Fredie; TALAMINI, Eduardo; DANTAS, Bruno. *Breves Comentários ao novo Código de Processo Civil.* 2. ed. São Paulo: Ed. RT, 2015.

LUCON, Paulo Henrique dos Santos. Comentários ao art. 877, do NCPC. *In:* WAMBIER, Teresa Arruda Alvim; DIDIER JR, Fredie; TALAMINI, Eduardo; DANTAS, Bruno. *Breves comentários ao novo Código de Processo Civil.* São Paulo: Ed. Revista dos Tribunais, 2015.

LUCON, Paulo Henrique dos Santos. Eficácia executiva das decisões judiciais e extensão da coisa julgada às questões prejudiciais; ou o predomínio da realidade sobre a teoria em prol da efetividade da jurisdição. *In Revista de Processo*, São Paulo, v.. 254, abr.2016.

LUCON, Paulo Henrique dos Santos. Comentários ao art. 908 *in* Wambier, Teresa Arruda Alvim; DIDIER JÚNIOR, Fredie; TALAMINI, Eduardo; DANTAS, Bruno. *Breves Comentários ao novo Código de Processo Civil.* 3. ed. São Paulo: Ed. RT, 2016.

LUCON, Paulo Henrique dos Santos. Comentários ao art. 909. *In:* Wambier, Teresa Arruda Alvim; DIDIER JÚNIOR, Fredie; TALAMINI, Eduardo; DANTAS, Bruno. *Breves Comentários ao novo Código de Processo Civil*. 3. ed. São Paulo: Ed. RT, 2016.

LUCON, Paulo Henrique dos Santos. Perfil histórico da execução civil: do direito romano ao CPC de 2015. *In:* NASCIMENTO FILHO, Firly; FERREIRA, Márcio Vieira Souto Costa; BENEDUZI, Renato (coords.). *Estudos em homenagem a Sérgio Bermudes*. Rio de Janeiro: GZ Editora, 2023.

LUCON, Paulo Henrique dos Santos. Fundamentos de processo estrutural. *In*: JAYME, Fernando et al. (coords.). *Inovações e modificações do Código de Processo Civil*: avanços, desafios e perspectivas. Belo Horizonte: Del Rey, 2017.

LUMINOSO, Angelo. Patto comissorio, patto marciano e nuovi strumenti di autotutela executiva. *Rivista di Diritto Civile*. Padova: CEDAN, anno LXIII, 2017.

LUMINOSO, Angelo. Corte di Cassazione, 21 *gennaio* 2005, n. 1.273; 9 *maggio* 2013, n. 10.986; 28 *gennaio* 2015, n. 1.625.

LUMINOSO, Angelo. Patto marciano e sottotipi. *Rivista de Diritto Civile*. Imprenta: Padova, A. Milani, 1955, v. 63, n. 6, nov.-dic./2017.

MACEDO, Elaine Harzhein; RODRIGUES, Ricardo Schneider. Negócios jurídicos processuais e políticas públicas: tentativa de superação das críticas ao controle judicial. *Revista de Processo*, São Paulo, v. 273, nov.2017.

MACÊDO, Lucas Buril de; GÓIS, Filiph de Carvalho. Multa coercitiva no direito brasileiro (parte 3 de 3): questões relacionadas à sua liquidação e execução. *Revista de Processo*, São Paulo, v. 344, out.2023.

MACEDO, Lucas Buril de. Seguro garantia judicial no CPC/2015. *Revista de Processo, São Paulo*, v. 321, nov.2021.

MACHADO, Marcelo Pacheco. Reflexões sobre o mérito e a admissibilidade dos embargos à execução. *In:* ASSIS, Araken de; BRUSCHI, Gilberto Gomes (coords.). *Processo de execução e cumprimento de sentença*. 2. ed. São Paulo: RT, 2022, vol. 1.

MACHADO GUIMARÃES, Luiz. *Comentários ao Código de Processo Civil*. Rio de Janeiro: Forense, 1942, v. IV.

MAIDAME, Márcio Manoel. Execução contra a Fazenda Pública. *In:* ASSIS, Araken de; BRUSCHI, Gilberto Gomes (coords.). *Processo de execução e cumprimento da sentença*: temas atuais e controvertidos. São Paulo: RT, 2022, vol. 1.

MANDRIOLI, Crisanto. *L'Esecuzione Forzata in forma Specifica*. Milano: Giuffrè, 1953.

MANDRIOLI, Crisanto. *L'Azione Esecutiva*. Milano: Giuffrè, 1955.

MANDRIOLI, Crisanto. *Corso di diritto processuale civile*. Torino: G. Giapichelli, 1995, v. I.

MANDRIOLI, Crisanto. *Corso di diritto processuale civile*. 6. ed. Torino: G. Giappichelli, 2008, v. I.

MARINONI, Luiz Guilherme. *Tutela específica (arts. 461, CPC e 84, CDC)*. São Paulo: RT, 2000.

MARINONI, Luiz Guilherme. *Tutela específica*: arts. 461, CPC, e 84, CDC. 2. ed. São Paulo: Ed. RT, 2001.

MARINONI, Luiz Guilherme. *Técnica processual e tutela dos direitos*. São Paulo: RT, 2004.

MARINONI, Luiz Guilherme. *Novo Código de Processo Civil comentado*. São Paulo: Ed. RT, 2015.

MARINONI, Luiz Guilherme; ARENHART, Sergio Cruz; MITIDIERO, Daniel. *O novo processo civil*. São Paulo: Ed. RT, 2015.

MARINONI, Luiz Guilherme; ARENHART, Sérgio Cruz; MITIDIERO, Daniel. *Código de Processo Civil comentado*. 6. ed. São Paulo: Editora RT, 2020.

MARINONI, Luiz Guilherme; MITIDIERO, Daniel. *Código de Processo Civil Comentado artigo por artigo*. São Paulo: RT, 2008.

MARINONI, Luiz Guilherme; ARENHART, Sérgio Cruz. *Curso de processo civil*: execução. 2. ed. São Paulo: RT, 2007, v. 3.

MARMITT, Arnaldo. *A penhora*. 2. ed. Rio de Janeiro: Aide, 1992.

MARQUES, Azevedo. *A Hipoteca*. São Paulo: M. Lobato, 1925.

MARQUES, José Frederico. *Instituições de Direito Processual Civil*. Rio de Janeiro: Forense, 1958, v. II.

MARQUES, José Frederico. *Instituições de Direito Processual Civil*. Rio de Janeiro: Forense, 1960, v. V.

MARQUES, José Frederico. *Manual de Direito Processual Civil*. São Paulo: Saraiva, 1974, v. I.

MARQUES, José Frederico. *Manual de Direito Processual Civil*. São Paulo: Saraiva, 1976, v. IV.

MARQUES, José Frederico. *Manual de Direito Processual Civil*. 1. ed. atual. por Vilson Rodrigues Alves. Campinas: Bookseller, 1997, v. IV.

MARQUES, José Frederico. *Manual de Direito Processual Civil*. 2. ed. Campinas: Milennium, 2001, v. III.

MARQUES, José Frederico. O Artigo 749 do C.P.C., *in* "O Est. de S. Paulo" de 17.3.1974.

MARQUES, José Frederico. Embargos do Executado, *in* "O Est. de S. Paulo" de 1.9.1974.

MARQUES, José Frederico. Duplicata sem aceite como título executivo, *in* "O Estado de S. Paulo" de 21.9.1975.

MARQUES, José Frederico. Recurso extraordinário e natureza da execução, *in* "O Estado de S. Paulo" de 16.11.1975.

MARQUES, José Frederico. Liquidação da sentença, *in* "O Estado de S. Paulo" de 4.1.1976.

MARTINS-COSTA, Fernanda Mynarski. *Condição suspensiva*: função, estrutura e regime jurídico. São Paulo: Almedina, 2017.

MARTINS, Fran. *Títulos de Crédito*. 7. ed. Rio de Janeiro: Forense, 1994, v. II.

MARTINS, Sandro Gilbert. Apontamentos sobre a defesa do executado no "cumprimento da sentença". *Revista de Processo*, São Paulo, n. 116, jul-ago.2004.

MARTINS, Sandro Gilbert; VICENTINI, Sandro. Os precatórios judiciais; a Emenda Constitucional 30/2000 e o poder liberatório do pagamento de tributos da entidade devedora. *Revista de Processo*, São Paulo, n. 129, nov.2005.

MARTINS, Sandro Gilbert. A defesa heterotópica e o novo CPC. *In*: ASSIS, Araken de; BRUSCHI, Gilberto Gomes (coords.). *Processo de execução e cumprimento de sentença*. 2. ed. São Paulo: RT, 2022, vol. 1.

MAXIMILIANO, Carlos. *Hermenêutica e aplicação do direito*. Rio de Janeiro: Forense, 1999.

MAZZEI, Rodrigo; MERÇON-VARGAS, Sara. Comentários ao art. 833. *In*: CABRAL, Antônio do Passo; CRAMER, Ronaldo (coords.). *Comentários ao novo Código de Processo Civil*. Rio de Janeiro: Forense, 2015.

MEDEIROS NETO, Elias Marques. Desjudicialização: a execução no sistema processual português. *In*: LUCON, Paulo Henrique dos Santos; APRIGLIANO, Ricardo de Carvalho; SILVA, João Paulo Hecker; VASCONCELOS, Ronaldo; ORTHMANN, André. *Processo em Jornadas. XI Jornadas Brasileiras de Direito Processual e XXV Jornadas Ibero-Americanas de Direito Processual*. Salvador: Editora JusPodivm, 2016.

MEDINA, José Miguel Garcia. A tutela específica mitigada: a alteração do CPC pela Lei 14.833/24. *In*: https://www.migalhas.com.br/depeso/404424/tutela-especifica-mitigada--alteracao-do-cpc-pela-lei-14-833-24) Acesso em 15.04.2024.

MEDINA, José Miguel Garcia. *Execução civil*. 2. ed. São Paulo: RT, 2004.

MEDINA, José Miguel Garcia. *Execução*: teoria geral, princípios fundamentais e procedimento no processo civil brasileiro. 5. ed. São Paulo: RT, 2017.

MEDINA, José Miguel Garcia. *Novo Código de Processo Civil. Comentado*. 3.ed. São Paulo: Ed. RT, 2015.

MEDINA, José Miguel Garcia. *Novo Código de Processo Civil comentado*. 4. ed. São Paulo: Ed RT, 2016.

MEDINA, José Miguel Garcia. Processo novo. Impactos processuais da reforma da Lei 14.825/2024 na recuperação de créditos. *In*: https://www.conjur.com.br/2024-mar-22/impactos-processuais-da-reforma-da-lei-14-825-2024-na-recuperacao-de-creditos/ (Acesso em: 25.03.2024).

MEDINA, José Miguel Garcia. *Direito Processual Civil Moderno*. 2.ed. rev., atual. e ampl. São Paulo: Editora Revista dos Tribunais, 2016.

MEDINA, José Miguel Garcia. "A sentença declaratória como título executivo". *Revista de processo*, São Paulo, v. 136, jun.2006.

MEIRELLES, Hely Lopes. *Mandado de Segurança*. 31. ed. São Paulo: Malheiros, 2008.

MELO, Gustavo de Medeiros. Seguro Garantia Judicial: Aspectos processuais e materiais de uma figura ainda desconhecida. *Rev. Forense*, Rio de Janeiro, v. 415, jan-jun.2012.

MELO, Marco Aurélio Bezerra de. *Direito civil*: coisas. 3. ed. Rio de Janeiro: Forense, 2019.

MELLO, Rogério Licastro Torres de. *Responsabilidade executiva secundária*. 2. ed. São Paulo: Ed. RT, 2015.

MELLO, Rogério Licastro Torres de. "A defesa da nova execução de título judicial". *In* HOFFMAN, Paulo; RIBEIRO, Leonardo Ferres da Silva. *Processo de execução civil. Modificações da Lei nº 11.232/05*. São Paulo: Quartier Latin, 2006.

MENDES, Gilmar Ferreira. O papel do Senado Federal no controle de constitucionalidade: um caso clássico de mutação constitucional. *Revista de Informação Legislativa*, nº 162.

MENDONÇA, J. X. Carvalho de. *Tratado de Direito Comercial Brasileiro*, Rio de Janeiro: Freitas Bastos, v. V, 2ª parte, 1960.

MENDONÇA, Priscila Faricelli de. *In*: MENDONÇA, Priscila Faricelli de; GRINOVER, Ada Pelegrini; WATANABE, Kazuo (coords.). *Arbitragem e transação tributárias*. Brasília: Gazeta Jurídica, 2014.

MENDONÇA, Vinícius de Carvalho Pires. O seguro garantia judicial no novo Código. *Revista Tributária e de Finanças Públicas*, São Paulo, v. 126, 2016.

MESQUITA, José Ignácio Botelho de; *et al*. "Breves considerações sobre a exigibilidade e a execução das *astreintes*", in Revista Jurídica, v. 338, dez.2005.

MICHELI, Gian Antonio. *Curso de Derecho Procesal Civil*. Buenos Aires: EJEA, 1970, v. III.

MICHELI, Gian Antonio. *Curso de Derecho Procesal Civil*. Buenos Aires: EJEA, 1970, v. I

MIGLIAVACCA, Carolina Moraes. Impactos da Lei do Superendividamento no processo de execução. *In*: ASSIS, Araken de; BRUSCHI, Gilberto Gomes (coords.). *Processo de execução e cumprimento da sentença*: temas atuais e controvertidos. São Paulo: RT, 2022, vol. 1.

MINEIRO, Pedro Edgar. *Competências do juiz e do agente de execução na ação executiva para pagamento de quantia certa*. Coimbra: Almedina, 2016.

MIRANDA, Jorge. *Contributo para uma teoria da inconstitucionalidade*. Reimp. Coimbra: Coimbra Editora, 1996.

MONIZ ARAGÃO, Egas Dirceu. *Comentários ao Código de Processo Civil*. Rio de Janeiro: série Forense, 1974, v. II.

MONIZ ARAGÃO, Egas Dirceu. Execução contra o Devedor Insolvente, *in Revista Forense*, Rio de Janeiro, v. 246, abr-jun.1974.

MONTEIRO FILHO, Ralpho Waldo de Barros. Penhora de quotas sociais. *In*: ASSIS, Araken de; BRUSCHI, Gilberto Gomes (coords.). *Processo de execução e cumprimento de sentença*. 2 ed. São Paulo: RT, 2022, vol. 1.

MONTENEGRO FILHO, Misael. *Código de processo civil comentado e interpretado*. São Paulo: Atlas, 2008.

MONTENEGRO FILHO, Misael. *Cumprimento da sentença e outras reformas processuais*. São Paulo: Atlas, 2006.

MONTEIRO, Vitor José de Mello. "Embargos protelatórios (arts. 739-B e 740, parágrafo único)". *In*: GIANNICO, Maurício; MONTEIRO, Vitor José de Mello (coord.). *As novas reformas do CPC e de outras normas processuais*. São Paulo: Saraiva, 2009.

MONTEIRO, Washington de Barros. *Curso de direito civil – Direito das obrigações*. 1ª parte. 29. ed. São Paulo: Saraiva, 1997, v. IV.

MORAES E BARROS, Hamilton de. *Comentários ao Código de Processo Civil*. Rio de Janeiro: Forense, 1974, v. IX.

MORAES E BARROS, Hamilton de. Alguns Problemas da Execução Forçada, *in Revista Forense*, v. 248.

MOREIRA, Alberto Camiña. *Defesa sem embargos do executado*. São Paulo: Saraiva, 1998.

MOREIRA ALVES, José Carlos. As normas de proteção ao devedor e o *favor debitoris* do Direito Romano ao Direito Latino-Americano. *RTJE*; v. 92.

MOURA BITTENCOURT, Edgar. *Alimentos*. 4. ed. São Paulo: Leud, 1979.

MOURA ROCHA, José de. *Comentários ao Código de Processo Civil*. São Paulo: RT, 1974, v. IX.

NASSAR, Marcos. Revisão judicial de políticas públicas no Brasil: a novidade dos provimentos estruturais e as velhas sentenças mandamentais e executivas. *Revista de Processo*, São Paulo, v. 333, nov. 2022.

NEGRÃO, Theotônio; GOUVÊA, José Roberto F. *Código de Processo Civil e legislação processual em vigor*. 36. ed. São Paulo: Saraiva, 2004.

NEGRÃO, Theotônio; GOUVÊA, José Roberto F. *Código de Processo Civil e legislação processual em vigor*. 37. ed. São Paulo: Saraiva, 2005.

NEGRÃO, Theotônio; GOUVÊA, José Roberto F. *Código de Processo Civil e Leg. Processual em Vigor*. 38. ed. São Paulo: Saraiva, 2006.

NEGRÃO, Theotônio; GOUVÊA, José Roberto F. *Código de Processo Civil e legislação processual em vigor*. 39. ed. São Paulo: Saraiva, 2007.

NEGRÃO, Theotônio; GOUVÊA, José Roberto F.; BONDIOLI, Luis Guilherme A.; FONSECA, João Francisco N. da. *Código de Processo Civil e legislação processual em vigor*. 47. ed. São Paulo: Saraiva, 2016.

NEGRÃO, Theotônio; GOUVÊA, José Roberto F.; BONDIOLI, Luis Guilherme A.; FONSECA, João Francisco N. da. *Código de Processo Civil e legislação processual em vigor*. 49. ed. São Paulo: Saraiva, 2018.

NEGRÃO, Theotônio; GOUVÊA, José Roberto F.; BONDIOLI, Luis Guilherme A.; FONSECA, João Francisco N. da. *Código de Processo Civil e legislação processual em vigor*. 50.ed. São Paulo: Saraiva Educação, 2019.

NEGRÃO, Theotônio; GOUVÊA, José Roberto F.; BONDIOLI, Luis Guilherme A.; FONSECA, João Francisco N. da. *Código Civil e legislação civil em vigor*. 37. ed. São Paulo: Saraiva, 2019.

NERY JÚNIOR, Nelson. *Princípios do Processo Civil na Constituição Federal*. 4. ed. São Paulo: Ed. RT, 1997.

NERY JR., Nelson; NERY, Rosa Maria de Andrade. *Código de Processo Civil comentado*. 16.ed. São Paulo: Ed. Revista dos Tribunais, 2016.

NERY JR., Nelson; NERY, Rosa Maria Andrade. *Comentários ao Código de Processo Civil – Novo CPC*. São Paulo: RT, 2015.

NERY JR., Nelson; NERY, Rosa Maria Andrade. *Comentários ao Código de Processo Civil* – 2ª tiragem. São Paulo: Ed. RT, 2015.

NERY JR., Nelson; NERY, Rosa Maria de Andrade. *Código de Processo Civil comentado*. 16. ed. São Paulo: RT, 2016.

NERY JR., Nelson; NERY, Rosa Maria de Andrade. *Código de Processo Civil comentado*. 19. ed. São Paulo: Ed. RT, 2020.

NERY JR., Nelson. Fraude contra credores e embargos de terceiro. Revista de Processo, São Paulo, v. 23, jul-set.1981.

NEVES, Celso. *Comentários ao Código de Processo Civil*. Rio-São Paulo: Forense, s/d, v. VII.

NEVES, Celso. *Comentários ao Código de Processo Civil*. Rio de Janeiro: Forense, 1974, v. VII.

NEVES, Celso. *Comentários ao Código de Processo Civil*. 7. ed. Rio de Janeiro: Forense, 1999, v. VII.

NEVES, Celso. *Constituição Federal comentada e legislação constitucional*. 6. ed. São Paulo: Ed. Revista dos Tribunais, 2017.

NEVES, Celso. *Coisa julgada Civil*. São Paulo: RT, 1971.

NEVES, Daniel Amorim Assumpção. *Manual de direito processual civil*. 6. ed. Rio de Janeiro: Forense, 2014.

NEVES, Daniel Amorim Assumpção. *Manual de direito processual civil*. 9.ed. Salvador: JusPodivm, 2017.

NEVES, Daniel Amorim Assumpção. *Manual de direito processual civil*. 10. ed. Salvador: JusPodivm, 2018.

NEVES, Daniel Amorim Assumpção. *Reforma do CPC-2*. São Paulo: Ed. RT, 2007.

NEVES, Daniel Amorim Assumpção. A tutela específica e o princípio dispositivo – Ampla possibilidade de conversão em perdas e danos por vontade do autor. *Revista Dialética de Direito Processual Civil*, São Paulo, n. 28, jul.2005.

NEVES, Daniel Amorim Assumpção. Medidas executivas coercitivas atípicas na execução de obrigação de pagar quantia certa – Art. 139, IV, do novo CPC. *Revista de Processo*, São Paulo, v. 265, mar.2017.

NEVES, Daniel Amorim Assumpção. *Comentários ao Código de Processo Civil*. São Paulo: Saraiva, 2018, v. XVII.

NEVES, Murilo Sechieri Costa. O parcelamento legal previsto no art. 916 do CPC. *In*: ASSIS, Araken de; BRUSCHI, Gilberto Gomes (coords.). *Processo de execução e cumprimento da sentença*: temas atuais e controvertidos. São Paulo: RT, 2022, vol. 1.

NICÁCIO, Antônio. *A Nova Lei de Execução Fiscal*: cobrança judicial da dívida ativa da União, Estados e Municípios: Lei n. 6.830, de 22.9.1980. São Paulo: LTr, 1981.

NOGUEIRA, Pedro Henrique Pedrosa. Parecer *in Rev. Dialética de Direito Processual*, São Paulo, n. 128, nov.2015.

NONATO, Orozimbo. *Da Coação como Defeito do Ato Jurídico*. Rio de Janeiro: Forense, 1957.

NONATO, Orozimbo. *Curso de Obrigações*. 2ª parte. Rio de Janeiro: Forense, 1960, vol. II.

NONATO, Orozimbo. *Curso de Obrigações*. 3ª parte. Rio de Janeiro/São Paulo: Editora Jurídica e Universitária Ltda, 1971.

NUNES, Dierle; BAHIA, Alexandre; CÂMARA, Bernardo Ribeiro; SOARES, Carlos Henrique. *Curso de direito processual civil*. Belo Horizonte: Fórum, 2011.

NUNES, Dierle; ANDRADE, Tatiane Costa de. Tecnologia a serviço da efetividade na execução: uma alternativa aos dilemas do art. 139, IV CPC: mais um passo na discussão – PT2. *Revista de Processo*, São Paulo, v. 304, jun.2020.

NUSSBAUM, Arthur. Tratado de Derecho Hipotecario Alemán. *Revista de Derecho Privado*, 1929.

OLIVEIRA FILHO, João de. Parecer, *in Revista Forense*, n. 74.

OLIVEIRA, Guilherme Peres de. *In*: WAMBIER, Teresa Arruda Alvim, DIDIER JR, Fredie; TALAMINI, Eduardo; DANTAS, Bruno. *Breves comentários ao novo Código de Processo Civil*. São Paulo: Ed. Revista dos Tribunais, 2015.

OLIVEIRA, Itabaiana de. *Elementos de Direitos das Sucessões*, s/data.

OLIVEIRA, José Maria Leoni de. *Direito Civil – Obrigações*. 3. ed. Rio de Janeiro: Forense, 2019, VitalBook file.

OLIVEIRA, Lauro Laertes de *et al*. Contributo à penhora de valores depositados em contas bancárias com emprego do Sisbajud. *Revista dos Tribunais*, São Paulo, v. 1.040, jun.2022.

OLIVEIRA, Robson Carlos de. *Embargos à arrematação e à adjudicação*. São Paulo: RT, 2006.

OLIVEIRA NETO, Olavo de; PRADO, Pedro Pierobon Costa do. Penhora, bens penhoráveis e impenhorabilidades. *In*: ASSIS, Araken de; BRUSCHI, Gilberto Gomes (coords.). *Processo de execução e cumprimento de sentença*. 2. ed. São Paulo: RT, 2022, vol. 1.

ORTENEY, Jaqueline Brizante; RODRIGUES, Rafael Ribeiro. Leilão de bens móveis e semoventes. *In*: ASSIS, Araken de; BRUSCHI, Gilberto Gomes (coords.). *Processo de execução e cumprimento de sentença*. 2. ed. São Paulo: RT, 2022, vol. 1.

PACHECO, José da Silva. *Comentários à Nova Lei de Execução Fiscal*. 4. ed. São Paulo: Saraiva, 1995.

PACHECO, José da Silva. *Tratado das Execuções – Execução de Sentença*. São Paulo: Borsoi, 1959, v. II.

PACHECO, José da Silva. *Tratado das Execuções – Processo de Execução*. São Paulo: Saraiva, l975, v. I e v. II.

PACIFICI-MAZZONI, Emidio. *Codice civile italiano commentato com la legge romana: tratratatto dei privilegi e dele ipoteche*. 1904, v. I, apud OLIVEIRA FILHO, João de. *Revista Forense*, n. 74.

PAES DE BARROS LEÃES, Luiz Gastão. Comentário in *Rev. de Direito Mercantil* (nova série), v. 5.

PAULO, José Ysnaldo Alves. *Pré-executividade contagiante no processo civil brasileiro*. Rio de Janeiro: Forense, 2000.

PELUSO, Antônio Cézar. Decisão in "O Estado de São. Paulo" de 15.6.1974.

PENTEADO, Luciano de Camargo. Prescrição do crédito hipotecário não afeta *ipso facto* a garantia. *Revista de Direito Privado*, São Paulo, v. 62, abr-jun. 2015.

PEREIRA, Caio Mário da Silva. *Instituições de Direito Civil*. 18. ed. Rio de Janeiro: Forense, 1997, v. I.

PEREIRA, Caio Mário da Silva. *Instituições de Direito Civil*. 10. ed. Rio de Janeiro: Forense, 2001, v. III.

PEREIRA, Caio Mário da Silva. *Instituições de direito civil*. 20. ed. Rio de Janeiro: Forense, 2003, v. II.

PEREIRA, Caio Mário da Silva. *Instituições de Direito Civil*. 20. ed. Rio de Janeiro: Forense, 2004, v. I.

PEREIRA, Caio Mário da Silva. *Instituições de Direito Civil*. 31. ed. Rio de Janeiro: Forense, 2018, v. I.

PEREIRA, Caio Mário da Silva. *Instituições de direito civil*: direitos reais. 26. ed. atualizada por Carlos Edson do Rêgo Monteiro Filho. Rio de Janeiro: Forense, 2018, v. IV.

PEREIRA E SOUZA, Joaquim José. *Primeiras Linhas sobre o Processo Civil*. Coimbra: Imprensa Literária,1872.

PEREIRA, Luiz Fernando Casagrande. In: WAMBIER, Teresa Arruda Alvim, DIDIER JR, Fredie; TALAMINI, Eduardo; DANTAS, Bruno. *Breves comentários ao novo Código de Processo Civil*. São Paulo: Ed. Revista dos Tribunais, 2015.

PEREIRA, Rafael Caselli. A teimosinha como instrumento para efetividade da penhora de dinheiro via Sisbajud. *In*: ASSIS, Araken de; BRUSCHI, Gilberto Gomes (coords.). *Processo de execução e cumprimento de sentença*. 2. ed. São Paulo: RT, 2022, vol. 1.

PESSOA, Fábio Guidi Tabosa. Novo CPC: reflexões em torno da imposição e cobrança de multas. *Revista do Advogado*, São Paulo, n. 126, AASP, mai.2015.

PESTANA DE AGUIAR, João Carlos. *Comentários ao Código de Processo Civil*. São Paulo: Revista dos Tribunais, 1974, v. IV.

PIMENTEL, Wellington Moreira. *Comentários ao Código de Processo Civil*. São Paulo: Revista dos Tribunais, 1975, v. III.

PISANI, Andréa Proto. *Lezioni di diritto processuale civile*. 3. ed. Napoli: Jovene, 1999.

PONTES DE MIRANDA, Francisco Cavalcanti. *Tratado de Direito Privado*. 2. ed. Rio de Janeiro: Borsoi, 1954 a 1969.

PONTES DE MIRANDA, Francisco Cavalcanti. *Tratado de Direito Privado*. 2. ed. Rio de Janeiro: Borsoi, s/d, v. XI.

PONTES DE MIRANDA, Francisco Cavalcanti. *Tratado de Direito Privado*. 2. ed. Rio de Janeiro: Borsoi, 1955, t. VI.

PONTES DE MIRANDA, Francisco Cavalcanti. *Tratado de direito privado*. 2. ed. Rio de Janeiro: Borsoi, 1959, t. XXVI.

PONTES DE MIRANDA, Francisco Cavalcanti. *Tratado de direito privado*. 3. ed. São Paulo: RT, 1984, t. 50.

PONTES DE MIRANDA, Francisco Cavalcanti. *Tratado de Direito Privado*, atualizado por Nelson Nery Junior e Luciano de Camargo Penteado. São Paulo: Ed. RT, 2012, t. XX.

PONTES DE MIRANDA, Francisco Cavalcanti. *Tratado de direito privado*. T. XXVI – *Direito das obrigações*: Inadimplemento. Atualizado por Ruy Rosado de Aguiar Júnior e Nelson Nery Júnior. São Paulo: Ed. RT, 2012.

PONTES DE MIRANDA, Francisco Cavalcanti. *Tratado das Ações*. São Paulo: RT, v. I a V, 1970 a 1974.

PONTES DE MIRANDA, Francisco Cavalcanti. *Comentários ao Código de Processo Civil*. Rio de Janeiro: Forense, 1959, v. V.

PONTES DE MIRANDA, Francisco Cavalcanti. *Comentários ao Código de Processo Civil*. Rio de Janeiro: Forense, 1961, v. XIII.

PONTES DE MIRANDA, Francisco Cavalcanti. *Comentários ao Código de Processo Civil*. Rio de Janeiro: Forense, 1974, t. IX.

PONTES DE MIRANDA, Francisco Cavalcanti. *Comentários ao Código de Processo Civil*. Rio de Janeiro: Forense, t. I a VI, 1974; v. VII e VIII, 1975; e IX, 1976.

PONTES DE MIRANDA, Francisco Cavalcanti. *Comentários ao Código de Processo Civil*. Rio de Janeiro: Forense, 1976, t. X.

PONTES DE MIRANDA, Francisco Cavalcanti. *Comentários ao Código de Processo Civil*. 5. ed. Rio de Janeiro: Forense, 1996, t. I.

PONTES DE MIRANDA, Francisco Cavalcanti. *Comentários ao Código de Processo Civil*. 2. ed. Rio de Janeiro: Forense, 2001, t. IX.

PONTES DE MIRANDA, Francisco Cavalcanti. *Comentários ao Código de Processo Civil*. 2. ed. Rio de Janeiro: Forense, 2002, t. X.

PONTES DE MIRANDA, Francisco Cavalcanti. *Dez anos de pareceres*. Rio de Janeiro: Livraria Francisco Alves Editora S/A, 1974, v. 4.

POTHIER, Robert Joseph. *Traité des Obligations*. Paris: Libr. De L'oeuvre de Saint-Paul, 1883.

PORTO, Antônio Rodrigues. Do chamamento ao processo no novo Código de Processo Civil, *in Revista dos Tribunais*, São Paulo, v. 458, dez. 1973.

PRATA, Edson Gonçalves. Simpósio Nacional de Direito Processual Civil, realizado em Curitiba, em 1975, conf. relato de Edson Prata, *in Revista Forense*, Rio de Janeiro, v. 257,, jan-mar.1977.

PRATA, Edson Gonçalves. As "astreintes" no direito brasileiro. *Revista Brasileira de Direito Processual*, v. 2, Uberaba, 1980.

PRATA FILHO, Ricardo Barreto; TRIGUEIRO, Victor Guedes. Arbitragem no âmbito tributário: relação entre arrecadação tributária eficiente e segurança jurídica. *Revista de Processo*, São Paulo, v. 345, nov.2023.

PRIETO-CASTRO Y FERRANDIZ, Leonardo. *Derecho concursal, Procedimientos sucesorios, Jurisdicción Voluntaria, Medidas Cautelares*. Madrid: Tecnos, 1974.

PUGLIATI, Salvatore. *Esecuzione Forzata e Diritto Sostanziale*. Milano: Giuffrè, 1935.

PUNZI, Carmine. *Il processo civile, sistema e problematiche*: il processo di esecuzione. 2. ed. Torino: G. Giappichelli, 2010, v. IV.

RÁO, Vicente. *O Direito e a Vida dos Direitos*. São Paulo: Max Limonad, 1960, v. II.

REDENTI, Enrico. *Profili Pratici del Diritto Processuale Civile*. Milano: A. Giuffrè,1939.

REDENTI, Enrico. *Diritto Processuale Civile*. Milano: A. Giuffrè, 1947, v. I.

REDENTI, Enrico. *Diritto Processuale Civile*. 2. ed. Milano: Giuffrè, 1954, v. III.

REDONDO, Bruno Garcia. *In:* WAMBIER, Teresa Arruda Alvim, DIDIER JR, Fredie; TALAMINI, Eduardo; DANTAS, Bruno. *Breves comentários ao novo Código de Processo Civil*. São Paulo: Ed. Revista dos Tribunais, 2015.

REINALDO FILHO, Demócrito Ramos. Penhora: possibilidade sobre saldos de contas bancárias de origem salarial – Interpretação do inciso IV do art. 649 do CPC em face da alteração promovida pela Lei nº 11.382, de 06.12.2006. *Revista Magister de Direito Civil e Processual Civil*, v. 24, maio-jun/2008.

REINALDO FILHO, Demócrito Ramos. Custas no cumprimento da sentença, *Juris Plenum*, Caxias do Sul, n. 48, nov.2012.

REIS, José Alberto dos. *Processo de Execução*. Coimbra: Coimbra Editora, 1943, v. I.

REIS, José Alberto dos. *Código de Processo Civil Anotado*. Coimbra: Coimbra Ed., 1952, v. I.

REIS, José Alberto dos. *Processo de Execução*. Coimbra: Coimbra Editora, 1954, v. II.

REIS, José Alberto dos. *Comentários ao Código de Processo Civil*. 2. ed. Coimbra: Coimbra Editora, 1960, v. I.

REIS, José Maria dos; REIS, Francis Vanine de Andrade. Da prescrição intercorrente na execução civil: incompletude do texto do inciso III do art. 791 do CPC. *AMAGIS Jurídica*, Belo Horizonte, ano VI, n. II, jul-dez.2014.

REQUIÃO, Rubens. *Curso de direito comercial*. 27.ed. São Paulo: Saraiva, 2010, v. II.

RESTIFFE NETO, Paulo. Sentença *in* "O Estado de S. Paulo" de 28.4.1974, p. 47.

RESTIFFE NETO, Paulo. Sentença divulgada pelo "Estado de S. Paulo" de 23.3.1975, p. 160.

RESTIFFE NETO, Paulo. Confissões de Dívida perante o novo Código de Processo Civil, *in* "O Estado de S. Paulo" de 5.5.1974, p. 244.

RESTIFFE NETO, Paulo. Adjudicação em Execução *in* "O Estado de S. Paulo" de 22.6.1975.

RESTIFFE NETO, Paulo. *Garantia Fiduciária*. São Paulo: RT, 1975.

RESTIFFE NETO, Paulo; RESTIFFE, Paulo Sérgio. *Lei do cheque e novas medidas de proteção aos usuários*. 5.ed. São Paulo: Malheiros, 2012.

REZENDE FILHO, Gabriel José Rodrigues de. *Curso de Direito Processual Civil*. 5. ed. São Paulo: Saraiva, 1959, v. III.

RIBAS, Antônio Joaquim. *Consolidação das Leis do Processo Civil*. 3. ed. Rio de Janeiro: Jacintho Ribeiro dos Santos, 1915.

RIBEIRO, Flávia Pereira. *Impugnação ao cumprimento de sentença*. Curitiba: Juruá, 2009.

RIBEIRO, Flávia Pereira. Protesto prévio no projeto de Lei 6.204/2019 como importante medida coercitiva na execução. *In*: BELLIZZE, Marco Aurélio; MENDES, Aluísio Gonçalves de Castro; ALVIM, Teresa Arruda; CABRAL, Tricia Navarro Xavier. *Execução civil*: Estudos em homenagem ao professor Arruda Alvim. Indaiatuba: Editora Foco, 2022.

RIBEIRO, Sérgio Luiz de Almeida. *Execução Civil no Novo CPC*. São Paulo: Lualri Editora, 2016.

RICCI, Edoardo F. Verbete "Accertamento giudiziale". *In*: *Digesto dele dicipline privatistiche*. Torino: UTET, 1987, v. 1.

RIZZARDO, Arnaldo. *Direito das Coisas*. Rio de Janeiro: Forense, 2004.

ROCCO, Alfredo. *La Sentencia Civil*. México: D.F. Editorial Stylo, 1944.

ROCCO, Ugo. *Tratatto di Diritto Processuale Civile*. Torino: UTET, 1959, v. IV.

ROCCO, Ugo. *Tratado de derecho procesul civil*. Buenos Aires: Depalma, 1976, v. IV.

ROCCO, Ugo. *Tratado de derecho procesal civil*. Buenos Aires: Depalma, 1979, v. V.

ROCHA, José de Moura. *Comentários ao Código de Processo Civil*. São Paulo: Ed. RT, 1974, v. IX.

RODRIGUES, Marcelo Abelha. *Manual de execução civil*. 5. ed. Rio de Janeiro: Forense, 2015.

RODRIGUES, Marcelo Abelha. Tutela específica do art. 461 do CPC e o processo de execução. *In*: SHIMURA, Sérgio; WAMBIER, Teresa Arruda Alvim (coords.). *Processo de execução*. São Paulo: Ed. RT, 2001.

RODRIGUES, Marcelo Abelha; JORGE, Flávio Cheim. Adjudicação. *In*: ASSIS, Araken de; BRUSCHI, Gilberto Gomes (coords.). *Processo de execução e cumprimento de sentença*. 2. ed. São Paulo: RT, 2022, vol. 1.

RODRIGUES, Raphael Silva; *et al*. A possibilidade de aplicação de medida coercitiva atípica para suspensao da Carteira Nacional de Habilitação na execução civil de pagar quantia certa: avanço ou retrocesso? *Revista Magister de Direito Civil e Processual Civil*, v. 97, jul-ago.2020.

RODRIGUES, Silvio. *Direito Civil*. 25. ed. São Paulo: Saraiva, 1995, v. I.

ROSA, Marcos Valle Feu. *Exceção de pré-executividade*. Porto Alegre: Sérgio Antonio Fabris, 1996.

ROSENBERG, Leo. *Tratado de Derecho Procesal Civil*. Buenos Aires: EJEA, 1955, v. III.

SAAD, Eduardo Gabriel. *Comentário ao Código de Defesa do Consumidor*. 2. ed. São Paulo: LTr, 1997.

SACCO NETO, Fernando. Leilões judiciais de imóveis: novidades trazidas pelo CPC/2015. *In*: ASSIS, Araken de; BRUSCHI, Gilberto Gomes (coords.). *Processo de execução e cumprimento de sentença*. 2. ed. São Paulo: RT, 2022, vol. 1.

SALLES, Carlos Alberto. *Arbitragem em contratos administrativos*. Rio de Janeiro: Forense, 2011.

SÁNCHEZ, A. Cabanillas. Verbete "Acción real". *In*: *Enciclopédia Jurídica Básica*, Madrid: Editorial Civitas, 1995, v. 1.

SANTOS, Ernane Fidélis dos. *Estudos de Direito Processual Civil*. Ed. Faculdade de Direito de Uberaba, 1975.

SANTOS, Ernane Fidélis dos. *Procedimentos Especiais*. São Paulo: Leud, 1976.

SANTOS, Ernane Fidélis dos. *Novos perfis do processo civil brasileiro*. Belo Horizonte, Del Rey, 1996.

SANTOS, Ernane Fidélis dos. *As reformas de 2006 do Código de Processo Civil: execução dos títulos extrajudiciais*. São Paulo: Saraiva, 2007.

SANTOS, Ernane Fidélis dos. *Ação popular e ações de interesse coletivo*, Relatório para o Congresso de Roma, 2002, *apud* THEODORO JÚNIOR, Humberto. Relatório Geral Luso-Americano. *Revista Iberoamericana de Derecho Procesal*, nº 2, Buenos Aires, 2002.

SANTOS JR., Eduardo Francisco dos. Processo de execução visando à obrigação pecuniária – Fase inicial. *In*: ASSIS, Araken de; BRUSCHI, Gilberto Gomes (coords.). *Processo de execução e cumprimento de sentença*. 2. ed. São Paulo: RT, 2022, vol. 1.

SANTOS, Silas Silva. Modificações da penhora. *In*: ASSIS, Araken de; BRUSCHI, Gilberto Gomes (coords.). *Processo de execução e cumprimento de sentença*. 2. ed. São Paulo: RT, 2022, vol. 1.

SANTOS, Theófilo de Azeredo. *Manual dos Títulos de Crédito*. 3. ed. Rio de Janeiro: Pallas, 1975.

SANTOS, Welder Queiroz dos. O cumprimento das decisões judiciais que reconhecem a exigibilidade de obrigação de fazer e não fazer. *In*: LUCON, Paulo Henrique dos Santos; APRIGLIANO, Ricardo de Carvalho; SILVA, João Paulo Hecker; VASCONCELOS, Ronaldo; ORTHMANN, André. *Processo em Jornadas. XI Jornadas Brasileiras de Direito Processual e XXV Jornadas Ibero – Americanas de Direito Processual*. Salvador: Editora JusPodivm, 2016.

SARMENTO, Daniel. *Dignidade da pessoa humana: conteúdo, trajetórias e metodologia*. Belo Horizonte: Fórum, 2016.

SATTA, Salvatore. *Direito Processual Civil*, trad. brasileira, 7.ed. Rio de Janeiro: Borsoi,1973, v. II.

SATTA, Salvatore. *L'esecuzione forzata*. 4. ed. Torino: Torinese, 1963.

SCHONKE, Adolfo. *Derecho Procesal Civil*. Barcelona: Bosch, 1950.

SENE, José Candido da Costa. Caução. *In*: CARVALHO SANTOS, J. M. de. *Repertório Enciclopédico do Direito Brasileiro*. Rio de Janeiro: Borsoi, s/d, v. VII.

SERPA LOPES, Miguel Maria de. *Exceções Substanciais*. Rio de Janeiro: Freitas Bastos, 1959.

SHIMURA, Sérgio. *Título executivo*. São Paulo: Saraiva, 1997.

SHIMURA, Sérgio. Comentários ao art. 523. *In*: WAMBIER, Teresa Arruda Alvim *et al*. *Breves comentários ao novo Código de Processo Civil*. São Paulo: Ed. RT, 2015.

SHIMURA, Sérgio. Comentários ao art. 515. *In*: WAMBIER, Teresa Arruda Alvim *et al*. *Breves comentários ao novo Código de Processo Civil*. São Paulo: Ed. RT, 2015.

SHIMURA, Sérgio. O princípio da menor gravosidade ao executado. *In*: BRUSCHI, Gilberto Gomes; SHIMURA, Sérgio (coords.). *Execução civil e cumprimento da sentença*. São Paulo: Método, 2007, v. 2.

SHIMURA, Sérgio. Intervenção do credor hipotecário em execução alheia. *In*: DIDIER JR., Fredie; WAMBIER, Teresa Arruda Alvim; BRONZATTO, Alexandre Novelli (coords.). *Aspectos polêmicos e atuais sobre os terceiros no processo civil (e assuntos afins)*. São Paulo: Ed. Revista dos Tribunais, 2004.

SILVA, Ellen Carolina; ASSAD, José Roberto Camasmie. Importância do financiamento privado no agronegócio sob o prisma da nova Lei do Agro. Disponível em: https:/luchesiadv.com.br/2020/07/20/importancia-do-financiamento-privado-no-agro... Acesso em: 29 mar. 2021.

SILVA, Jaqueline Mielke; XAVIER, José Tadeu Neves. *Reforma do processo civil*. Porto Alegre: Verbo Jurídico, 2006.

SILVA, José Afonso da. *Execução Fiscal*. São Paulo: RT, 1975.

SILVA, Ovídio A. Baptista da. Ação para cumprimento das obrigações de fazer e não fazer. *In*: TEIXEIRA, José Carlos (org.). *Inovações do Código de Processo Civil*. Porto Alegre: Livraria do Advogado, 1996.

SILVA, Ovídio A. Baptista da. Sentença condenatória na Lei nº 11.232. *Revista Jurídica*, Porto Alegre, v. 345, jul. 2006.

SILVA, Paula Costa e; LOURENÇO, Paula Meira. A desjudicialização da execução cível em Portugal. *In*: BELLIZZE, Marco Aurélio; MENDES, Aluisio Gonçalves de Castro; ALVIM, Teresa Arruda; CABAL, Trícia Navarro Xavier (coords.). *Execução civil*: Estudos em homenagem ao professor Arruda Alvim. Indaiatuba: Editora Foco, 2022.

SILVA, Rinaldo Mouzalas de Souza e. Executividade das decisões de improcedência de acordo com o Código de Processo Civil de 2015. *Juris Plenun*, v. 85, e ss., jan.2019.

SIQUEIRA FILHO, Luiz Peixoto de. *Exceção de pré-executividade*. Rio de Janeiro: Lumen Juris, 1997.

SIQUEIRA FILHO, Luiz Peixoto de. *Exceção de pré-executividade*. 3. ed. Rio de Janeiro: Lúmen Júris, 1999.

SOARES, Lara Rafaelle Pinho. O cumprimento da sentença e o formal de partilha. *In*: ASSIS, Araken de; BRUSCHI, Gilberto Gomes (coords.). *Processo de execução e cumprimento de sentença*. 2. ed. São Paulo: RT, 2022, vol. 1.

SOUZA, Gelson Amaro de. Teoria da Aparência e Fraude à Execução, *Revista Intertemas*, Presidente Prudente: Faculdades Toledo, v. 5, nov.2001.

SOUZA, Gelson Amaro de. Fraude de Execução e o Devido Processo Legal, *in Gênesis – Revista de Direito Processual Civil*, v. 16.

SOUZA, Rubens Gomes de. Sujeito Passivo das Taxas, *in Revista de Direito Público*, v. 16.

STARCK, Boris; ROLAND, Henri; BOYER, Laurent. *Obligations-Régime Général*. 5. ed. Paris: Litec, 1995.

STRECK, Lenio Luiz; NUNES, Dierle; CUNHA, Leonardo Carneiro da (org.); FREIRE, Alexandre (coord. executivo). *Comentários ao Código de Processo Civil*. São Paulo: Saraiva, 2016.

TALAMINI, Eduardo. *Tutela relativa aos deveres de fazer e não fazer e sua extensão aos deveres de entrega de coisa (CPC, arts. 461 e 461-A; CDC, art. 84)*. 2. ed. São Paulo: RT, 2003.

TALAMINI, Eduardo. *Alienação por iniciativa particular* como meio expropriatório executivo (CPC, art. 685-C, acrescido pela Lei nº 11.382/2006)". *Revista Jurídica*, São Paulo, n. 385, nov.2009.

TALAMINI, Eduardo. *Tutela relativa aos deveres de fazer e de não fazer*: CPC, art. 461; CDC, art. 84. São Paulo: Ed. RT, 2001.

TALAMINI, Eduardo. Direitos individuais homogêneos e seu substrato coletivo: ação coletiva e os mecanismos previstos no Código de Processo Civil de 2015. *Revista de Processo*, São Paulo, v. 241, mar.2015.

TALAMINI, Eduardo. Concretização jurisdicional de direitos fundamentais e prestações positivas do Estado. *In*: TESHEINER, José Maria Rosa; MILHORANZA, Mariângela Guerreiro; PORTO, Sérgio Gilberto (coords.). *Instrumentos de coerção e outros temas de*

Direito Processual Civil: Estudos em homenagem aos 25 anos de docência do Prof. Dr. Araken de Assis. Rio de Janeiro: Forense, 2007.

TARUFFO, Michele. General Report. *In* TARUFFO, Michele et all. *Abuse of procedural rights, comparative standards of procedural fairness.* The Hague: Klumer Law International. 1999.

TARZIA, Giuseppe. Il giusto processo di esecuzione. *In: Atti dei Convegni Lincei,* nº 184, Roma: Accademia Nazionale dei Lincei, 2003.

TARZIA, Giuseppe. *Lineamenti del processo civile di cognizione.* 2. ed. Milano: Giuffrè, 2002.

TAVARES, André Ramos. *Tratado da Arguição de Preceito Fundamental.* São Paulo: Saraiva, 2001.

TEIXEIRA, Sálvio de Figueiredo Teixeira. *Código de Processo Civil* Rio de Janeiro: Forense, 1979.

TEPEDINO, Gustavo; MONTEIRO FILHO, Carlos Edson do Rêgo; RENTERIA, Pablo. *Fundamentos do direito civil.* Rio de Janeiro: Forense, 2020, v. 5.

THAMAY, Rennan; SCREMIN NETO, Ferdinando; PAGANI, Lucas Augusto Gaioski. O controle judicial de políticas públicas a partir do viés colaborativo e coparticipativo. *Revista de Processo,* São Paulo, v. 350, abr.2024.

THEODORO JÚNIOR, Humberto. *O Concurso de Credores e a Execução Singular. Revista dos Tribunais,* São Paulo, v. 437, mar.1972.

THEODORO JÚNIOR, Humberto. *O contrato e seus princípios.* 3. ed. Rio de Janeiro: AIDE, 2001.

THEODORO JÚNIOR, Humberto. *As novas reformas do Código de Processo Civil.* Rio de Janeiro: Forense, 2006.

THEODORO JÚNIOR, Humberto. *A reforma da execução do título extrajudicial.* Rio de Janeiro: Forense, 2007.

THEODORO JÚNIOR, Humberto. *Curso de Direito Processual Civil.* 40. ed. Rio de Janeiro. Forense: 2006, v. II.

THEODORO JÚNIOR, Humberto. *Curso de Direito Processual Civil.* 41. ed. Rio de Janeiro: Forense, 2007, v. II.

THEODORO JÚNIOR, Humberto. *Curso de Direito Processual Civil.* 52. ed. Rio de Janeiro: Forense, 2011, v. I.

THEODORO JÚNIOR, Humberto. *Curso de Direito Processual Civil.* 49.ed. Rio de Janeiro: Forense, 2014, v. II.

THEODORO JÚNIOR, Humberto. *Curso de Direito Processual Civil.* 60.ed. Rio de Janeiro: Forense, 2019, v. I.

THEODORO JÚNIOR, Humberto. *Curso de direito processual civil.* 55. ed. Rio de Janeiro: Forense, 2022, v. III.

THEODORO JÚNIOR, Humberto. *Curso de direito processual civil.* 64. ed. Rio de Janeiro: Forense, 2023, v. I.

THEODORO JÚNIOR, Humberto. *Código de Processo Civil anotado.* 25. ed. Rio de Janeiro: Forense, 2022.

THEODORO JÚNIOR, Humberto. *Lei de Execução Fiscal.* 14. ed. São Paulo: Saraiva, 2022.

THEODORO JÚNIOR, Humberto. *Fraude contra credores.* 2. ed. Belo Horizonte: Del Rey, 2001.

THEODORO JÚNIOR, Humberto. *Comentários ao Novo Código Civil.* 4. ed. Rio de Janeiro: Forense, 2008, v. III, t. I.

THEODORO JÚNIOR, Humberto. "O problema da exequibilidade do cheque emitido em promessa de pagamento e do cheque sem data". *Revista dos Tribunais*, v. 561, jul.1982.

THEODORO JÚNIOR, Humberto. *Processo de Execução*. 28. ed. São Paulo: LEUD 2014.

THEODORO JÚNIOR, Humberto. *Terras Particulares: demarcação, divisão e tapumes*. 4. ed. São Paulo: Saraiva, 1999.

THEODORO JÚNIOR, Humberto. A extinção da hipoteca pelo decurso do tempo no regimento do Código Civil de 2002. *Revista Magister de Direito Civil e Processo Civil*, São Paulo, v. 22, jan.-fev.2008.

THEODORO JÚNIOR, Humberto; NUNES, Dierle; BAHIA, Alexandre Melo Franco. Litigância de interesse público e execução comparticipada de políticas públicas. *Revista de Processo*, São Paulo, v. 224, out.2013.

TOLOSA FILHO, Benedito. *Lei das concessões e permissões de serviços públicos*. Rio de Janeiro: AIDE, 1995.

TORNAGHI, Hélio. *Comentários ao Código de Processo Civil*. São Paulo: Editora Revista dos Tribunais, 1974, v. 1.

TORNAGHI, Hélio. *Comentários ao Código de Processo Civil*. São Paulo: Editora Revista dos Tribunais, 1975, v. 2.

TORRES, Helena Taveira. Transação, arbitragem e conciliação judicial como medidas alternativas para resolução de conflitos entre administração e contribuintes: simplificação e eficiência administrativa. *Revista Fórum de Direito Tributário*, Belo Horizonte, v. 1.

TÔRRES, Magarinos. *Nota Promissória*. 6. ed. Rio de Janeiro, s/data, v. II.

TROCKER, Nicolò. *Processo civile e costituzione*. Milano: Griuffrè, 1974.

TUCCI, Rogério Lauria. *Do Julgamento conforme o Estado do Processo*. São Paulo: José Bushatsky, 1975.

TUCCI, Rogério Lauria. *Curso de Direito* Processual. São Paulo: José Bushatsky,1976.

VAMPRÉ, Spencer; FERREIRA, Waldemar; MENDONÇA, Carvalho de. *Apud* RAZUK, Abrão. *Da Penhora*. São Paulo: Saraiva, 1980.

VENOSA, Silvio de Salvo. *Direito civil – Direitos reais*. 8.ed. São Paulo: Atlas, 2008.

VIDIGAL, Luís Eulálio Bueno. *Comentários ao Código de Processo Civil*. São Paulo: RT, 1974, v. VI.

VILAR, Willard de Castro. *Processo de Execução*. São Paulo: RT, 1975.

VINCENT, Jean. *Voies d'Execution – "Précis Dalloz"*. 10. ed. Paris: Dalloz, s/data.

VICENTE, Fabrizzio Matteucci. Embargos de retenção por benfeitorias – análise da jurisprudência. *In*: ASSIS, Araken de; BRUSCHI, Gilberto Gomes (coords.). *Processo de execução e cumprimento da sentença*: temas atuais e controvertidos. São Paulo: RT, 2022, vol. 1.

VITORELLI, Edilson. *Processo civil estrutural*: teoria e prática. Salvador: JusPodivm, 2020.

VON TUHR, Andreas. *Tratado de las Obligaciones*. Madrid: Editorial Reus, 1934, v. I.

XAVIER, José Tadeu Neves. A processualização da desconsideração da personalidade jurídica. *Revista de Processo*, São Paulo, nº 254, jun.2016.

WAGNER JR., Luiz Guilherme da Costa. Comentários ao art. 219, *in* WAMBIER, Teresa Arruda Alvim *et. al. Breves comentários ao Novo Código de Processo Civil*. 2. ed. São Paulo: Ed. RT, 2016.

WALD, Arnoldo. *Curso de Direito Civil Brasileiro – Obrigações e Contratos*. 2. ed. São Paulo: Sugestões Literárias, 1969.

WAMBIER, Luiz Rodrigues; WAMBIER, Teresa Arruda Alvim; MEDINA, José Miguel Garcia. *Breves Comentários à Nova Sistemática Processual Civil*. São Paulo: RT, 2006, v. 2.

WAMBIER, Luiz Rodrigues. *Curso Avançado de Direito Processual Civil*. São Paulo: Ed. RT, 2008, v. II.

WAMBIER, Luiz Rodrigues; TALAMINI, Eduardo. *Curso Avançado de Processo Civil*. 17. ed. São Paulo: Ed. RT, 2020, v. 3.

WAMBIER, Teresa Arruda Alvim; CONCEIÇÃO, Maria Lúcia Lins; RIBEIRO, Leonardo Ferres da Silva; MELLO, Rogério Licastro Torres de. *Primeiros Comentários ao novo Código de Processo Civil*. São Paulo: Ed. RT, 2015.

WAMBIER, Teresa Arruda Alvim; CONCEIÇÃO, Maria Lúcia Lins; RIBEIRO, Leonardo Ferres da Silva; MELLO, Rogério Licastro Torres de. *Primeiros Comentários ao Novo Código de Processo Civil*. 2.ed. São Paulo: Editora RT, 2016.

WAMBIER, Teresa Arruda Alvim; DIDIER JÚNIOR, Fredie; TALAMINI, Eduardo; DANTAS, Bruno. *Breves Comentários ao novo Código de Processo Civil*. 2. ed. São Paulo: Ed. RT, 2015.

WAMBIER, Teresa Arruda Alvim; DIDIER JÚNIOR, Fredie; TALAMINI, Eduardo; DANTAS, Bruno. *Breves Comentários ao novo Código de Processo Civil*. 3. ed. São Paulo: Ed. RT, 2016.

WAMBIER, Teresa Arruda Alvim. *Nulidades do processo e da sentença*. 7. ed. São Paulo: Ed. RT, 2014.

WATANABE, Kazuo. Tutela antecipatória e tutela específica das obrigações de fazer e não fazer. *In*: TEIXEIRA, Sálvio de Figueiredo (org.). *Reforma do Código de Processo Civil*. São Paulo: Saraiva, 1996.

WATANABE, Kazuo. *In*: GRINOVER, Ada Pellegrini *et al*. *Código brasileira de defesa do consumidor comentado pelos autores do Anteprojeto*. 7. ed. Rio de Janeiro: Forense Universitária, 2001.

WHITAKER, José Maria. *Letra de Câmbio*. 7. ed. São Paulo: RT, 1963.

YARSHELL, Flávio Luiz. *Ação rescisória*. São Paulo: Malheiros, 2005.

YARSHELL, Flávio Luiz. Ampliação da responsabilidade patrimonial: caminho para solução da falta de efetividade da execução civil brasileira? *In*: ARRUDA ALVIM; ALVIM, Eduardo Arruda; BRUSCHI, Gilberto Gomes; CHECHI, Mara Larsen; COUTO, Mônica Bonetti (coords.). *Execução civil e temas afins: do CPC/1973 ao novo CPC* – Estudos em homenagem ao Prof. Araken de Assis. São Paulo: Ed. RT, 2014.

YARSHELL, Flávio Luiz; RODRIGUES, Viviane Siqueira. Desjudicialização da execução civil: uma solução útil e factível entre nós? *In*: MEDEIROS NETO, Elias Marques; RIBEIRO, Flávia Pereira (coords.). *Reflexões sobre a desjudicialização da execução civil*. Curitiba: Juruá Editora, 2020.

ZANETTI JÚNIOR, Hermes. *Comentários ao Código de Processo Civil*. São Paulo: Ed. RT, 2017, v. XIV.

ZANZUCCHI, Marco Tulio. *Diritto Processuale Civile*. 4. ed. Milano: A. Giuffrè, 1946, v. I.

ZARZANA, Dávio A. Prado. *Enciclopédia Saraiva do Direito*, v. 13, verbete "Capital de giro tributário".

ZATZ, Debora Ines Kram Baumöhl. O sistema de avaliação dos bens penhorados no CPC/2015: principais peculiaridades. *In*: ASSIS, Araken de; BRUSCHI, Gilberto Gomes (coords.). *Processo de execução e cumprimento de sentença*. 2. ed. São Paulo: RT, 2022, vol. 1.

ZAVASCKI, Teori Albino. Controle das liquidações fraudulentas. Fraude nas execuções contra a Fazenda Pública. *In*: *Cadernos do CEJ*, v. 23.

ZAVASCKI, Teori Albino. Defesa de direitos coletivos e defesa coletiva de direitos, *Revista Forense*, Rio de Janeiro, v. 329, jan-fev-mar.1995.

ZAVASCKI, Teori Albino. *Comentários ao Código de Processo Civil*. São Paulo: Ed. RT, 2000, v. 8.

ZAVASCKI, Teori Albino. *Processo de execução – parte geral*. 3. ed. São Paulo: RT, 2004.

ZAVASCKI, Teori Albino. Embargos à execução com eficácia rescisória: sentido e alcance do art. 741, parágrafo único do CPC. *In*: NASCIMENTO, Carlos Valder do; DELGADO, José Augusto (org.). *Coisa Julgada Inconstitucional*. Belo Horizonte: Fórum, 2006.

ZAVASCKI, Teori Albino. Sentenças declaratórias, sentenças condenatórias e eficácia executiva dos julgados. *Revista de Processo*, São Paulo, v. 109, jan-mar. 2003.

ZAVASCKI, Teori Albino. Embargos à execução com eficácia rescisória: sentido e alcance do art. 741, parágrafo único, do CPC, *apud* COSTA, Inês Moreira da. Execução de título judicial contra a Fazenda Pública. Procedimentos e controvérsias, *Revista da Escola da Magistratura do Estado de Rondônia*, v. 18, 2008.

ZAVASCKI, Teori Albino. Defesa de direitos coletivos e defesa coletiva de direitos, *Revista Forense*, Rio de Janeiro, v. 329, jan-fev-mar. 1995.

ZAVASCKI, Teori Albino. *Comentários ao Código de Processo Civil – artigos 771 ao 796*. São Paulo: Ed. RT, v. XII.

ZAVASCKI, Teori Albino. *Comentários ao Código de Processo Civil – artigos 771 ao 796*. 2. ed. São Paulo: Ed. RT, 2018, v. XII.

ZOPPINI, Andrea. L'effettività *in-vece* del processo. *Rivista di Diritto Processuale*. Padova: CEDAN, anno LXXIV, 2019.

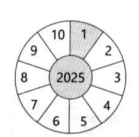

HUMBERTO TH